송 하 윤
건양대 의학과 2025년 입학
대전 유성여고 졸

"약점 유형만 따로 모은 오답 수첩과
나만의 암기 노트로 효율적으로 공부하자!"

■ 서두르지 말고, 제대로 이해하자!

영어 시험지를 받으면 글이 너무 길어서 압박감이 확 몰려오잖아? 나도 처음엔 '빨리 읽어야겠다'는 생각부터 들었는데, 항상 '서두르지 말자'라는 말을 되새겼어. 단어만 빠르게 훑으면 정작 내용이 머리에 안 남아서 문제를 풀 수가 없더라구. 그래서 조금 느리더라도 한 번 볼 때 확실히 이해하고 정답을 고르려고 했어.

결국 영어는 속도 싸움이 아니라 이해 싸움이라고 생각했어. 그 점에서 자이스토리 영어 독해 교재가 딱 맞았어.

'자이스토리 영어 독해 기본'에서 기초 독해력을 차근차근 다지고, '완성편'에서 응용까지 이어가니까 내가 원하던 공부 흐름이랑 잘 맞더라구.

■ '유형 설명＋풀이 비법'을 꼼꼼히 보자!

영어 시험은 순서, 요약문, 문장 삽입처럼 유형이 뚜렷해. 근데 틀린 문제들을 모아보니까 내가 계속 같은 유형에서 실수한다는 걸 깨달았어. 그래서 모든 문제를 똑같이 풀기보단 약점 유형 위주로 집중했지.

'자이스토리 영어 독해 완성' 교재는 문제가 유형별로 정리돼 있어서, 쉬운 문제는 빠르게 넘어가고, 순서나 삽입처럼 헷갈리는 유형은 '유형 설명＋풀이 비법'을 꼼꼼히 보고 반복 연습했어. 특히 '자이 쌤's Follow Me!'코너는 접근 팁이랑 체크 포인트가 정리돼 있어서 정말 유용했어.

나는 거기에 조금 더 추가해서, 순서·삽입 같은 약점 유형만 따로 오답 수첩을 만들어 정리했어. 시험 직전에 그 수첩만 다시 보는 습관을 들였는데, 같은 실수를 줄이는 데 큰 도움이 됐지.

이렇게 정리하다 보니 단순히 문제를 많이 푸는 것보다, 약점을 정확히 짚고 보완하는 게 훨씬 효과적이라는 걸 알게 되었어. 덕분에 시험장에서 낯선 문제가 나와도 당황하지 않고, 익힌 풀이 흐름대로 차분히 접근할 수 있었지.

■ 암기는 '나만의 노트'로!

영어는 결국 외운 걸 실제 문제에서 쓸 수 있어야 하잖아? 그래서 나는 암기 노트를 따로 만들었어. 문법 구조나 기본 개념은 '문법 노트', 지문 읽다가 모르는 단어는 따로 '어휘 노트'로 정리했지.

특히 단어는 그냥 단어만 외우지 않고, 그 단어가 쓰였던 지문의 맥락까지 같이 떠올리며 암기했어. 덕분에 시험장에서 단어가 나오면 글의 흐름이랑 분위기까지 자동으로 연결돼서 훨씬 빨리 이해할 수 있었어.

나는 이 노트들을 들고 다니면서 틈틈이 복습했어. 자이스토리 어법·어휘 교재랑 휴대용 단어장도 같이 활용했는데, 버스를 기다리거나 쉬는 시간 5분 같은 짧은 틈새시간에도 꼭 필요한 걸 확인할 수 있어서 진짜 효율적이었어.

■ 해설지를 통해 사고 훈련하기!

자이스토리의 해설지는 그냥 해설이 아니라 또 하나의 교재야. 단순히 정답만 던져주는 게 아니라, 글의 주제·핵심 문장·구문 풀이·어휘·글의 흐름·오답 설명까지 세세하게 들어 있어서, 문제를 푼 뒤에 다시 한 번 '미니 강의'를 듣는 느낌이었어.

나는 문제를 맞혔더라도 반드시 해설을 봤어. 겉으로는 정답을 고른 것 같아도, 사실은 감으로 찍거나 우연히 맞힌 경우가 있을 수 있잖아. 그래서 해설을 통해 "내가 왜 이 답을 골랐는지, 그리고 다른 선지들은 왜 오답인지"를 꼼꼼히 확인했어. 이 과정을 반복하다 보니 단순히 '감각'으로 문제를 푸는 게 아니라, 정답을 도출하는 사고 과정을 단계별로 훈련할 수 있었지.

덕분에 비슷한 유형의 문제가 다시 나왔을 때, 단순히 정답만 고르는 게 아니라 근거를 바탕으로 자신 있게 풀 수 있었어!

My Story Xi Story [영어 독해 완성]

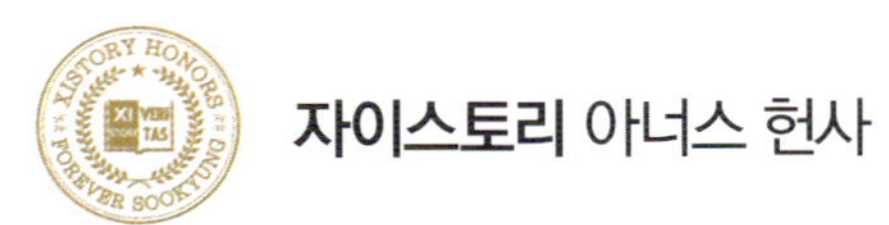 **자이스토리** 아너스 헌사

DREAMS COME TRUE

물이 강줄기를 따라 흐르는 것은
그것이 물의 흐름을 가장 쉽게 하는 자연의 순리이기 때문입니다.
최소 저항의 길이라는 이 길을
우리는 세상을 살아가면서 끊임없이 부딪히고, 또 이쪽저쪽 재며 갈등합니다.
순리대로 힘들이지 않고 가면 되는 길인 것 같지만 꼭 그렇지만은 않은가 봅니다.
모두가 으레 밟고 지나가는 이 길이 때로는 버거운 짐이라 느껴져
어떻게든 거슬러 보려고 하지만 바로 이 길만이 최소 저항의 길인 것입니다.

가장 자유로워야 할, 그리고 무한한 가능성을 알맞게 빚어나가야 할 나이에
여러 가지 족쇄에 얽매여 날개를 움츠러뜨린
이 땅의 수많은 수험생들 여러분,
내 앞에 놓인 이 길을 어차피 지나가야 하는 거라면
저 멀고 높은 곳을 목표로 삼아 한 번 멋지게 이뤄보는 것은 어떤가요?
현재가 불안한 사람일수록 앞날을 알고 싶어합니다.
그러나 미래를 아는 사람은 이 세상에 단 한 사람도 없습니다.
그런데 100%는 아니지만 조금이나마
미래를 알 수 있는 방법이 하나 있습니다.

그것은 자신의 현재를 살펴보는 것입니다.
현재에 충실한 것이 곧 내가 꿈꾸는 미래를 만들어 가는 것입니다.
내일을 염려하지 말고 오늘에 충실하면 됩니다.
스스로를 신뢰하고 긍정적인 사고로 전환하면 꿈꾸던 미래가 현실이 됩니다.
더 나은 내일을 위해 고전 분투하는 수험생들을 위해
오늘날의 교육 환경 모두를 개선하는 것은 역부족이지만,
뜻을 모으고, 머리를 맞대고, 마음의 정성을 쏟아
오로지 공부만을 위한 공부가 아닌 편안한 마음으로 볼 수 있는 교재,
노력한 만큼 뿌듯한 결과를 안겨줄 수 있는 교재를
만들어 드리기 위해 꾸준히 노력하겠습니다.

이 땅의 수험생 여러분께 진심으로 경의를 표합니다!!

수경출판사 임직원 올림

영어는 반드시 1등급을 받아야 합니다.

수능 출제 원칙이 킬러 문항을 배제한다고 했지만,
낯설고 긴 지문이 많아지고, 선택지가 까다로워서
수험생들은 여전히 독해 문제가 많이 어렵다고 느낍니다.

자이스토리는 수능 영어 독해 문제를
단순히 유형별로 분류한 것이 아니라
각 문제 유형에 맞는 이해 순서와 논리적 풀이법을 제공하여
빠르고 정확하게 정답을 찾는 방법을 습득하도록 하였습니다.

각 유형마다 따라가기만 하면
저절로 독해 유형 공부가 되는
'자이 쌤's Follow Me!'가 영어 1등급으로 가는
가장 똑똑한 독해 공부법입니다.
꼭 따라서 공부해 보세요.

문제를 풀고 난 이후에는
정답의 근거와 오답 함정까지 알려주는 입체 첨삭 해설을 통해
모든 문제를 완전히 이해하면서 공부할 수 있습니다.

이 책의 마지막 페이지를 넘길 때쯤
여러분은 이미 영어 1등급에 도달해 있을 것입니다.

– 대한민국 No.1 수능 문제집 자이스토리 –

🍀 내신＋수능 **1등급** 완성 학습 계획표 [26일]

Day	페이지	틀린 문제 / 헷갈리는 문제 번호 적기	날짜		복습 날짜	
1	**A** 9~20		월	일	월	일
2	**B** 21~28		월	일	월	일
3	**C** 29~40		월	일	월	일
4	**D** 41~54		월	일	월	일
5	**E** 55~66		월	일	월	일
6	**F** 67~80		월	일	월	일
7	**G** 81~96		월	일	월	일
8	**H** 97~108		월	일	월	일
9	**I** 109~120		월	일	월	일
10	**J** 121~136		월	일	월	일
11	**K** 137~148		월	일	월	일
12	**L** 149~160		월	일	월	일
13	**M** **1** 161~169		월	일	월	일
14	**2** 170~183		월	일	월	일
15	**3** 184~198		월	일	월	일
16	**N** 199~210		월	일	월	일
17	**O** 211~234		월	일	월	일
18	**P** 235~256		월	일	월	일
19	**Q** 257~273		월	일	월	일
20	**R** 275~285		월	일	월	일
21	286~296		월	일	복습	일
22	**S** 297~305		월	일	월	일
23	306~316		월	일	월	일
24	**모의 1회** 318~323		월	일	월	일
25	**모의 2회** 324~329		월	일	월	일
26	**모의 3회** 330~335		월	일	월	일

- 나는 ______________ 대학교 ______________ 학과 __________ 학번이 된다.

- **磨斧作針** (마부작침) – 도끼를 갈아 바늘을 만든다. (아무리 어려운 일이라도 끈기 있게 노력하면 이룰 수 있음을 비유하는 말)

🍀 집필진 · 감수진 선생님들

🌸 자이스토리는 내신 + 수능 준비를 가장 효과적으로
할 수 있도록 수능, 모의평가, 학력평가 기출문제를
개념별, 유형별, 난이도별로 수록하였습니다.
그리고 명강의로 소문난 학교·학원 선생님들께서 명쾌한
해설을 입체 첨삭으로 집필하셨습니다.

[집필진]

김도원 군포 수리고등학교	윤혜경 부천 소사고등학교	
김현아 서울 가락고등학교	이탁균 서울 대일외국어고등학교	
박형우 안산 경안고등학교	이혜은 서울 잠실고등학교	
신수진 서울 한영외국어고등학교	수경 English Lab.	

중요·핵심 문제 동영상 강의

자이스토리 유튜브 채널

Blair Lee(블쌤영어), 황영희

[특별 감수진]

김은비 화성 정현고등학교	박유나 광주 광주서석고등학교	윤예주 인천 대건고등학교
김지현 평택 비전고등학교	안제희 부산 퀸즈영어	임백규 남양주 동화고등학교
남현수 서울 강동구 에스원영어학원	안지원 남해 남해제일고등학교	한기윤 서울 수능영어의 神-Iris
박수진 서울 (송파) 이은재어학원	유 승 인천 인천외국어고등학교	

[감수진]

BRIAN T.K 제주 Top Class Academy	박희진 태안 박쌤영어	이진환 파주 코치스에듀
Jay쌤 (임정순) 춘천 (석사동) 헤럴드고등 영어학원	서세미 세종 바로영어	이채윤 서울 채움영어
William 인천 JLS청라정상어학원	서세정 순천 에이원영어학원	이홍주 서울 쿠키영어 (교습소)
강래희 서울 전회경영어학원	서정인 대구 서울입시학원	이희우 시흥 와튼영어스쿨
강용수 시흥 (배곧) 에이투지학원	소현정 용인 (수지) 메이영어학원	임동현 천안 엘리트영어학원
권익재 대구 제이슨영어	손예은 부산 로엠어학원	임종빈 부산 보리영어학원
권하련 대구 아너스이엠에스학원	심영서 서울 (위례) SP영어학원	임지상 광주 상무외대어학원
김고운 의정부 ENGLISH STANDARD	심지나 화성 블루북영어	임지윤 부천 꿀잼영어
김고은 안양 유담영어	안미영 파주 어썸영어	장경희 여수 하이터치잉글리시
김광수 화성 더배움잉글리쉬학원	양도영 인천 청담바름학원	장성임 부산 어스티치영어
김도영 하남 (미사) LOGOS EAP	양용국 익산 마이엠영수학원	장지우 인천 정상어학원 (송도국제캠퍼스)
김미연 성남 (분당) 이오파머스영어학원	양진오 의정부 비앤비영어	장혜지 서울 (목동) 미래탐구
김보경 전주 뽀쌤영어	엘리박 서울 (목동) 씨앤씨학원	전수경 남양주 (덕소) 디일리트영어학원
김성호 천안 j&k 튜터영어	오원석 포항 깁스쌤영어	정대웅 대구 유신학원
김예린 여수 미라클입시학원	오일권 구미 블루원입시단과	정무건 고양 (관산) 중앙학원
김유림 광주 (진월동) 뉴욕영어학원	오진우 광주 SLT 어학원수학원	정성록 진주 에이블영어학원
김은주 울산 공부발전소학원	유연주 서울 (서대문구) 유연주영어	정시은 포항 SE잉글리시어학원
김지은 계룡 일타영어	유인숙 수원 수피아잉글리쉬	정유진 부천 정유진영어튜터
김지혜 서울 와이즈학원	윤사희 용인 구갈 위클당당	정유진 부산 (연산동) 에이블영어학원
김치훈 김해 에센셜영어학원	윤세호 서울 PMP영어	정혜영 부산 (안락) 이스턴어학원
김태연 부산 니즈영어학원	윤애리 인천 (송도) 이명학원	정희찬 고양 파란영어학원
김혜준 대구 일리있는영어	윤영서 서울 (중계동) 탑노치영어학원	조명은 부산 명진학원
김효선 대구 E&M 입시학원	이가영 대구 어썸코칭영어학원	주성훈 서울 Standard 학원
김효은 부산 김효은영어전문학원	이동훈 수원 장안 리케이온 어학원	차지운 영천 프라임학원
니 콜 서울 SAT청산학원	이보람 거제 하임힐영어	최성일 포항 젠초이에이블영어학원
문혜정 서울 청어람학원	이새벽 제주 C&M 어학원	최영재 청주 제이스영어
박령이 문경 한뜻입시학원	이석쥬 서울 (서초) 뮤엠	최인선 광주 캐써린쌤의슈가영어
박민호 고양 (일산) 이영신 EST	이아영 의정부 감성영어학원	최희준 진주 이정홍입시학원
박성희 수원 박쌤영어	이용범 화성 (동탄) 로고스영어	허기혜 파주 (운정) 이엠스터디학원
박소현 대구 감동어학원	이은성 광주 송원학원	허다빈 경산 SNP영어학원
박정현 하남 조이영어	이정인 춘천 이엠솔루션학원	현윤선 영주 능률영어전문학원
박정현 성남 JHS파르타영어학원	이종혁 김해 (율하) 아이윌아카데미영어학원	황인숙 전주 조이영어전문학원
박주영 창원 아이비영재학원	이지원 서울 제이원잉글리쉬	황정미 대전 바이엠잉글리쉬
박지연 포항 케일리영어	이지은 군포 (당정) 킹스어학원	
	이진경 인천 (검단) SNU영어학원	

🍀 차 례

🍀 완벽한 기출 분석, 유형별 풀이법 훈련으로 내신 + 수능 **1등급** 완성

❶ 기출 독해 문제 유형 분석 및 풀이 비법

수능을 철저히 분석하여 독해 유형별로 기출 문제를 정리했으며
유형에 대한 기본 개념을 잡을 수 있도록 하였습니다.
또, 단계별로 유형 풀이 비법을 익힐 수 있습니다.

- **유형 풀이 비법** : 좀 더 빠르고 정확하게 문제에 접근하는 풀이법 정리
- **자주 출제되는 어휘 및 표현** : 유형별로 시험에 자주 나오는 어휘와
  표현 수록

❷ 자이 쌤's Follow Me!

유형을 가장 잘 나타내는 대표 유형 문제를 강의식으로
설명하여 읽기만 해도 독해 학습이 저절로 이해되도록
구성하였습니다.

- **1st**, **2nd**, **3rd** : 유형별 효과적인 문제 접근법 제시
- **빈칸 문제** : 직접 빈칸을 채우면서 문제를 해결하는 스킬 연습
- **수능 Tip** : 어려운 구문을 심화학습 할 수 있도록 수록

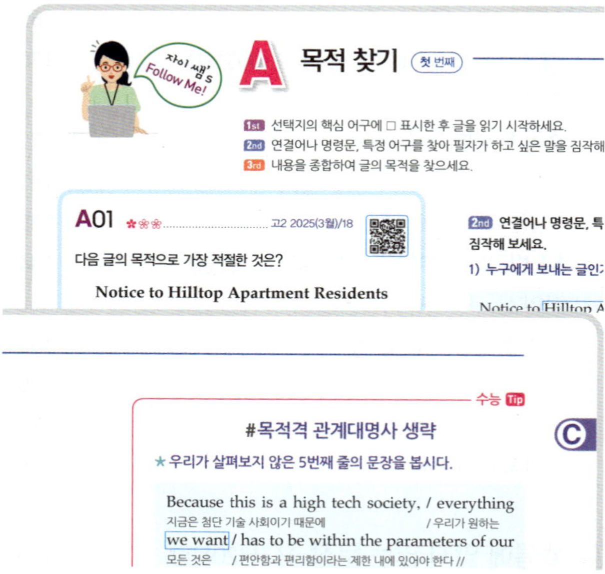

❸ 수능 유형별 기출 문제

독해 유형별 풀이법을 쉽게 이해하고 훈련할 수 있도록
꼼꼼히 유형을 분류하고 난이도별로 문항을 배열하였습니다.
이를 통해 한층 독해 공부가 쉬워질 것입니다.

- **난이도** : ✽✽✽-상, ✽✽✽-중, ✽✽✽-하
- **출처 표시** : 학력평가 – 실시연도
  - 고2 2023 (9월)/18 : 2023년 9월에 실시한 고2 학력평가 18번
  - 2025 실시 3월 학평 21 (고3) : 2025년 3월에 실시한 고3 학력평가 21번

❹ Special 고난도 유형 독해 모의고사 3회

2025~2023 고3 3월 학력평가 문제 중 고난도 유형에
해당하는 12문항을 선별하여 어려워지는 시험에 대비하도록
하였습니다.

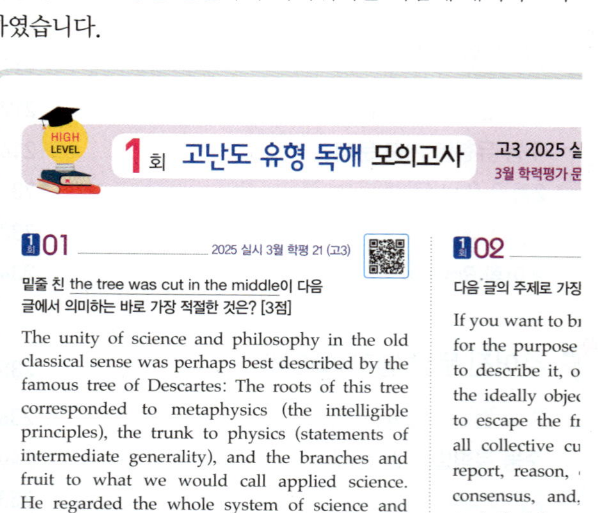

5 1등급, 2등급 대비 문제 선별

1등급, 2등급을 가르는 고난이도 문제들을 별도로 표시하여
수록하였습니다. 한 문제씩 꼼꼼히 풀어가면 반드시 1등급에
도달할 수 있습니다.

- ★ **1등급 대비** : 어려운 지문 또는 정답을 쉽게 찾기 힘든, 1등급을
  가르는 최고난도 문제
- ☆ **2등급 대비** : 헷갈리기 쉬운 매력적 오답이 있어 정답률이 낮은,
  2등급을 가르는 고난도 문제

6 1등급 대비 · 2등급 대비 문제 단계별 해설

문제 분석
왜 이 문제가 등급을 가르는
대비 문제인지를 설명하고
정답을 찾는 데 가장 핵심이
되는 단서를 설명했습니다.

문제 풀이 순서
단순히 정답만 설명하는 것이
아니라 정답을 찾아가는 과정을
단계별로 자세히 설명함으로써
앞으로 만날 고난도 문제를
스스로 풀 수 있도록
훈련시킵니다.

선택지 분석
오답 선택지까지 다시 한번
완벽히 분석하여 더이상 오답의
함정에 빠지지 않도록 합니다.

7 입체 첨삭 해설!

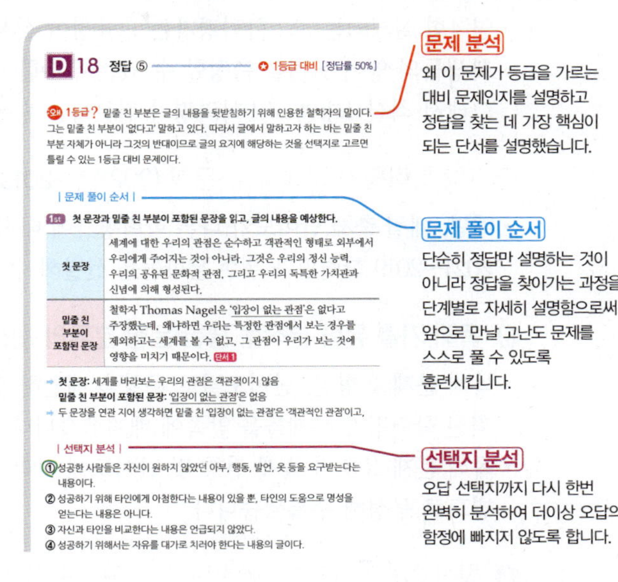

글의 주제
지문의 내용을 한 눈에 파악할 수
있도록 주제를 제시하였습니다.

직독직해
의미 중심의 문장별 끊어
읽기 표시와 해석을 달아주어
바로바로 해석할 수 있도록
돕습니다.

왜 정답
정답이 되는 핵심 이유와
문제풀이를 알기 쉽고 자세하게
수록하였습니다.

핵심 문장
글의 핵심 문장을
표시하였습니다.

구문 풀이
해석과 지문 이해에 기본이
되는 구문 설명을 직접 첨삭하여
문법과 독해 실력 모두를 키울 수
있습니다.

어휘 풀이
어휘의 뜻을 정리하여 독해를
하면서 어휘 실력 또한 키울 수
있게 하였습니다.

단서
문제를 푸는 데 핵심이 되는
어구나 문장을 표시했습니다.

선택지 첨삭 해설
정확한 정답을 확인할 수 있도록
선택지를 분석했습니다.

글의 흐름
고난도 지문의 경우, 글의 전개
방식을 한눈에 파악할 수 있도록
도표로 정리하여 수록하였습니다.

배경 지식
지문과 관련 있는 알아두면 유용한
배경 지식을 수록하였습니다.

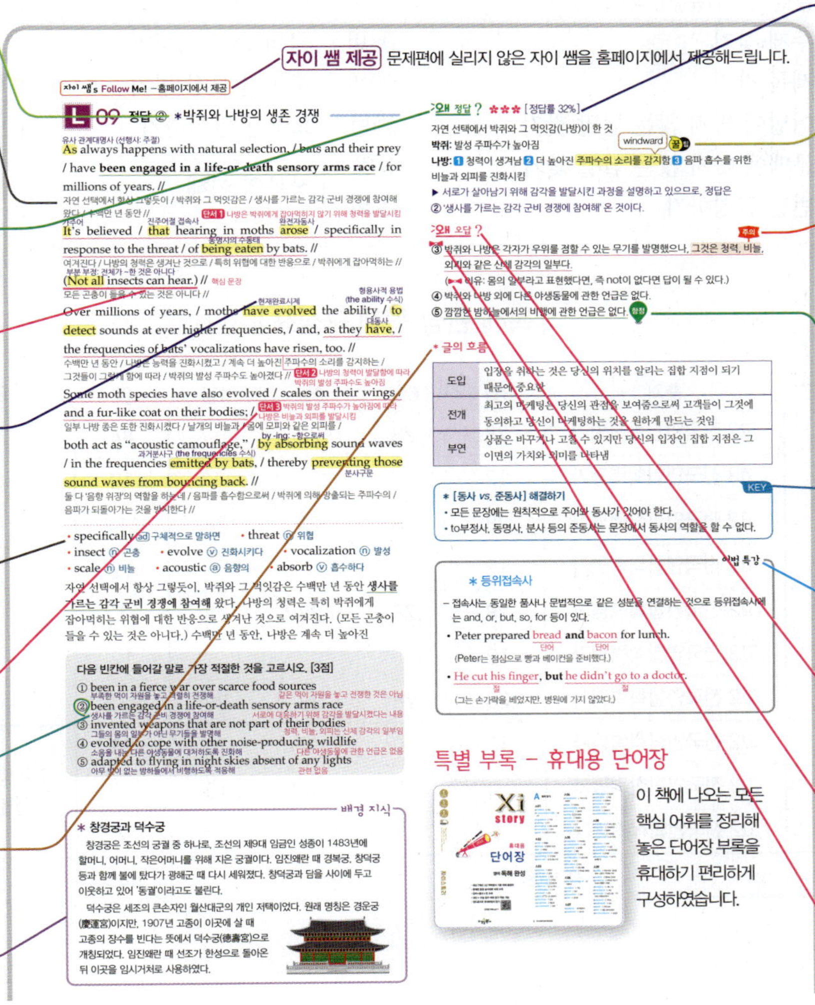

자이 쌤 제공 문제편에 실리지 않은 자이 쌤을 홈페이지에서 제공해드립니다.

정답률
교육청 자료, 기타 기관 공지
자료와 내부 검토 과정을 거쳐
제시됩니다.

꿀팁
문제를 쉽고 빨리 풀 수 있는
특별한 꿀팁입니다.

주의
단서를 잘못 이용할 가능성이
있을 때, 올바른 풀이로 나아갈
수 있도록 합니다.

함정
빠지기 쉬운 함정을 체크해
주고 해결할 수 있는 방법을
제시하였습니다.

KEY: 문제 속 어법 설명
해당 어법 사항이 문제로
출제됐을 때 정답을 찾는 가장
핵심적인 방법을 설명했습니다.

어법 특강
핵심 어법 사항을 한 번 더 짚어
주어 심화학습을 돕습니다.

왜 오답
오답 선택지와 매력적 오답을
상세히 분석해 오답의 함정에
빠지지 않도록 하였습니다.

매력적 오답
오답을 정답이라고 착각하게
되는 이유에 대해 철저하게
분석하고 대책까지 제시합니다.

매력적 오답 이유
매력적 오답이 되는 이유를
자세히 설명합니다.

특별 부록 – 휴대용 단어장

이 책에 나오는 모든
핵심 어휘를 정리해
놓은 단어장 부록을
휴대하기 편리하게
구성하였습니다.

🍀 문제 배열 및 구성 [543제]

❶ 최신 4개년 고2 학력평가 독해 유형 전 문항 수록 (2025년~2022년) [420문항]

- 연 4회 실시되는 고2 학력평가는 교육청이 실시하는 공식 시험으로
  학생들의 영어 실력을 측정할 수 있는 우수한 문제들입니다.
  그래서 최신 4개년 고2 학력평가 전문항을 수록했습니다.

❷ 고2 학력평가 독해 우수 문항 (2021년~2019년) [87문항]

- 매년, 매월 출제 난이도가 다른 학력평가에 대비하기 위해
  2021~2019 학력평가 우수 문항들을 선별해 수록하였습니다.

❸ 독해 기출 유형 분석을 통한 문항 분류와 최신 기출 문제 우선 배치

- 독해 문제 유형별, 난이도별로 문항을 배열하였고,
  최신 학력평가 문제들을 앞쪽에 배치했습니다.
- 독해 문제 유형별 출제 경향 및 난이도에 따라 2등급 대비 문제, 1등급 대비 문제를
  별도로 구성해 수록했습니다.

❹ 최신 3개년 고3 3월 학력평가 – 고난도 유형 모의고사 수록 [36문항]

- 회차별 문제 구성 (12문항)

01번 – 밑줄 친 부분의 의미 찾기	07번 – 빈칸 완성하기
02번 – 주제 찾기	08번 – 글의 순서 정하기
03번 – 제목 찾기	09번 – 주어진 문장 넣기
04번 – 어법에 맞지 않는 낱말 찾기	10번 – 요약문 완성하기
05번 – 문맥에 맞지 않는 낱말 찾기	11번 ┐ 장문의 이해
06번 – 빈칸 완성하기	12번 ┘

[독해 완성 문제 구성표]

실시 연도	출처	3월	6월	9월	11월	합	비고
2025	고2 전국연합학력평가	28	28	28		84	
	고3 전국연합학력평가	12				12	
2024	고2 전국연합학력평가	28	28	28	28	112	
	고3 전국연합학력평가	12				12	
2023	고2 전국연합학력평가	28	28	28	28	112	
	고3 전국연합학력평가	12				12	
2022	고2 전국연합학력평가	28	28	28	28	112	
2021	고2 전국연합학력평가	17	10	17	14	58	고2 우수 문항 선별 수록
2020	고2 전국연합학력평가	6	7	4	10	27	
2019	고2 전국연합학력평가	1		1		2	
총 문항 수						543	

A 목적 찾기

★ 유형 설명

> 다음 글의 목적으로 가장 적절한 것은?
>
> Dear Ms. Lopez,
> We want to express our gratitude for your

주로 편지글이 지문으로 출제되며, 필자가 편지를 쓴 목적이 무엇인지 찾아야 한다.

🔑 편지를 쓴 사람과 편지를 받는 사람 (주로 Dear, To 이하)이 어느 집단의 누구인지 먼저 파악한다. 편지를 쓴 목적을 직접적으로 나타내는 문장이 글에 자주 등장하므로, 조동사나 특정 표현에 주의하며 읽는다.

Tip 글에서 언급된 내용의 일부분을 근거로 정답을 고르지 않도록 주의한다.

🎭 유형 풀이 비법

1 글의 종류를 파악하라!
- 광고문, 기사문, 소설, 편지 등 글의 종류를 먼저 파악한다.

2 글쓴이와 받는 사람을 보라!
- 글을 누구에게 쓰는지
- 관계가 공적인지 사적인지
- 어느 집단이나 회사 소속인지

3 특정 어구를 확인하라!
- **조동사**: would (like to), will, hope 등 의지를 나타내는 단어
- **특정 표현**: please ~, request 등 요청하는 표현
- **공통 단어**: 글의 주제, 문제 상황 추론 가능

4 글을 쓴 의도를 찾아라!
- 글을 통해 전달하고자 하는 최종적인 의도에 집중한다.

📍 자주 출제되는 표현

- ☐ **Dear Residents** 주민들께
- ☐ **on behalf of** ~을 대신하여
- ☐ **in regard to** ~와 관련하여
- ☐ **Please ensure** ~을 확실히 하십시오
- ☐ **To whom it may concern** 관계자분께
- ☐ **I would like to-v** 저는 ~하고 싶습니다
- ☐ **Thank you in advance** 미리 감사드립니다
- ☐ **I look forward to v-ing** 저는 ~을 고대합니다
- ☐ **I'm the manager of** ~ 저는 ~의 관리인입니다
- ☐ **Please join us for** ~에 우리와 함께해 주세요
- ☐ **We kindly ask that** 우리는 ~을 정중히 요청합니다
- ☐ **I'm asking you to-v** 저는 당신이 ~할 것을 요청합니다
- ☐ **We hope to see you at** ~에서 당신을 뵙기를 바랍니다
- ☐ **Would you be willing to-v?** 흔쾌히 ~해 주실 수 있으신가요?
- ☐ **We would be grateful for** 우리는 ~에 감사히 여길 것입니다
- ☐ **I'm writing to inform you** 저는 여러분에게 알리기 위해 씁니다
- ☐ **Many thanks for your cooperation** 협조해 주셔서 매우 감사합니다

📖 어휘 및 표현 Preview

- ☐ **craft** 공예품
- ☐ **weed** 잡초
- ☐ **urge** 강력히 촉구하다
- ☐ **registration form** 신청서
- ☐ **leave out** ~을 놓다[남기다]
- ☐ **brief** 짧은, 잠시 동안의
- ☐ **expand** 확대하다
- ☐ **horizon** 지평선
- ☐ **house** 소장하다
- ☐ **inquiry** 문의
- ☐ **resident** 주민
- ☐ **discontinue** 중단하다
- ☐ **evacuation** 대피
- ☐ **disrupt** 방해하다, 지장을 주다
- ☐ **shelter** 주거지
- ☐ **generosity** 관대함
- ☐ **involvement** 참여

A 목적 찾기 〔첫 번째〕

1st 선택지의 핵심 어구에 □ 표시한 후 글을 읽기 시작하세요.
2nd 연결어나 명령문, 특정 어구를 찾아 필자가 하고 싶은 말을 짐작해 보세요.
3rd 내용을 종합하여 글의 목적을 찾으세요.

A01 ✱✱✱ ·················· 고2 2025(3월)/18 

다음 글의 목적으로 가장 적절한 것은?

Notice to Hilltop Apartment Residents

In accordance with fire safety regulations, it is essential to keep all hallways free of personal belongings such as bicycles, boxes, and small furniture. Hallways serve as critical 5 evacuation routes during emergencies, and anything left there could block the way and pose serious safety risks. To ensure the safety of all residents, we request that any personal items placed in the hallways be removed by 10 Monday, April 14th. Please note that not following this may result in penalties. We appreciate your cooperation in maintaining a safe environment.

① 화재 발생 시 대피 요령을 안내하려고
② 소형 가구의 분리 배출 방법을 공지하려고
③ 소방 안전 규정 위반으로 벌금이 부과되었음을 알리려고
④ 주인 없이 방치된 물품이 폐기되었음을 통보하려고
⑤ 복도에 놓인 개인 물품을 치울 것을 요청하려고

1st 선택지의 핵심 어구에 □ 표시한 후 글을 읽기 시작하세요.

① 화재 발생 시 대피 요령을 안내하려고
② 소형 가구의 분리 배출 방법을 공지하려고
③ 소방 안전 규정 위반으로 벌금이 부과되었음을 알리려고
④ 주인 없이 방치된 물품이 폐기되었음을 통보하려고
⑤ 복도에 놓인 개인 물품을 치울 것을 요청하려고

● 선택지에 겹치는 어구를 통해 글의 내용을 예상해 봅시다.
②, ④, ⑤에 소형 가구, **❶**(   )이라는 어구가 있고, ①, ③에 화재 대피 요령, 소방 안전 규정이라는 어구가 있는 것으로 보아, 화재가 발생할 경우에 소형 가구와 같은 물품들이 경로 방해가 될 수 있다는 글이라는 것을 예상할 수 있어요.

2nd 연결어나 명령문, 특정 어구를 찾아 필자가 하고 싶은 말을 짐작해 보세요.

1) 누구에게 보내는 글인가요?

Notice to Hilltop Apartment Residents /
Hilltop 아파트 주민 대상 공지   /
We appreciate your cooperation / in maintaining a safe
협조해 주셔서 감사합니다   / 안전한 환경을 유지하는 데 //
environment. //

● **받는 사람:** Hilltop 아파트 주민
특정 아파트 주민에게 보내는 글이에요. 누가 보내는 것인지는 글에 명확하게 나와 있지 않지만, 안전한 환경을 유지하는 데 협조해 달라는 말을 덧붙인 것으로 보아, 아파트 관리실에서 보냈을 것 같아요.

2) 선택지에서 살펴보았던 어구가 눈에 띄어요.

In accordance with fire safety regulations, / it is
소방 안전 규정에 따라   /~이
essential / to keep all hallways free of personal
중요합니다 / 모든 복도에는 개인 물품이 없도록 하는 것이
belongings / such as bicycles, boxes, and small
           / 자전거, 상자, 작은 가구와 같은 //
furniture. //

● **소방 안전 규정에 따라 무엇이 중요하다고 하나요?**
복도에 자전거, 상자, 작은 가구와 같은 개인 물품이 없어야 한대요.

3) 직접적으로 글의 목적을 드러내는 표현이 있나요?

To ensure the safety of all residents, / we request /
모든 주민들의 안전을 보장하기 위해   / 저희는 요청드립니다 /
that any personal items placed in the hallways / be
복도에 놓인 모든 개인 물품들을   /
removed by Monday, April 14th. //
4월 14일 월요일까지 다 치워 주시기를   //

● **request는 '요청하다'를 뜻해요.**
주민들의 안전을 위해 복도에 놓인 개인 물품들을 특정일까지 치워 줄 것을 요청하고 있네요. 글의 목적이 명확해 보이죠?

3rd 내용을 종합하여 글의 목적을 찾으세요.
모든 복도에는 개인 물품을 둘 수 없다는 소방 안전 규정을 소개하며, 주민들의 안전을 위해 복도에 놓인 개인 물품들을 전부 치워달라고 요청하고 있어요. 따라서 글의 목적은 **❷**(   )이에요.

빈칸 정답 ❶ ⑤ ❷ 물품 ❶

A 목적 찾기 두 번째

1st 선택지의 핵심 어구에 □ 표시한 후 글을 읽기 시작하세요.
2nd 연결어나 명령문, 특정 어구를 찾아 필자가 하고 싶은 말을 짐작해 보세요.
3rd 내용을 종합하여 글의 목적을 찾으세요.

A02 * ❋ ❋ .... 고2 2024(3월)/18 

다음 글의 목적으로 가장 적절한 것은?

Dear Art Crafts People of Greenville,
For the annual Crafts Fair on May 25 from 1 p.m. to 6 p.m., the Greenville Community Center is providing booth spaces to rent as in previous years. To reserve your space, please ⁵ visit our website and complete a registration form by April 20. The rental fee is $50. All the money we receive from rental fees goes to support upcoming activities throughout the year. We expect all available spaces to be¹⁰ fully booked soon, so don't get left out. We hope to see you at the fair.

① 지역 예술가를 위한 정기 후원을 요청하려고
② 공예품 박람회의 부스 예약을 안내하려고
③ 대여 물품의 반환 방법을 설명하려고
④ 지역 예술가가 만든 물품을 홍보하려고
⑤ 지역 행사 일정의 변경 사항을 공지하려고

1st 선택지의 핵심 어구에 □ 표시한 후 글을 읽기 시작하세요.

① 지역 예술가를 위한 정기 후원을 요청하려고
② 공예품 박람회의 부스 예약을 안내하려고
③ 대여 물품의 반환 방법을 설명하려고
④ 지역 예술가가 만든 물품을 홍보하려고
⑤ 지역 행사 일정의 변경 사항을 공지하려고

● **선택지에 겹치는 어구를 통해 글의 내용을 예상해 봅시다.**
①, ④, ⑤에 **1**(   ) 예술가, **1**(   ) 행사라는 어구가 있고, ①, ②, ④에 예술가, 공예품이라는 어구가 있는 것으로 보아 지역 내 예술 행사와 관련된 글이라는 것을 예상할 수 있어요.

2nd 연결어나 명령문, 특정 어구를 찾아 필자가 하고 싶은 말을 짐작해 보세요.

1) 누가 누구에게 보내는 글인가요?

Dear Art Crafts People of Greenville, /
친애하는 Greenville의 공예가들에게   /
For the annual Crafts Fair / on May 25 from 1 p.m.
연례 공예품 박람회를 위해서   / 5월 25일 오후 1시부터 6시까지
to 6 p.m., / the Greenville Community Center is
열리는   / Greenville 커뮤니티 센터에서는 대여 부스 공간을 제공합니다
providing booth spaces to rent / as in previous
                                / 지난 몇 년간처럼 //
years. //

● **보내는 곳**: Greenville 커뮤니티 센터
받는 사람: Greenville의 공예가들
Greenville 커뮤니티 센터에서 지역 내 공예가들에게 보내는 글이에요. 몇 년간 그래왔던 것처럼 대여 부스 공간을 제공한대요.

2) 명령문이 등장해요.

To reserve your space, / please visit our website /
공간을 예약하려면   / 저희 웹사이트를 방문하여   /
and complete a registration form / by April 20. //
신청서를 작성하시기 바랍니다   / 4월 20일까지   //

● **웹사이트를 방문해서 신청서를 작성하라고 했어요.**
'공간을 예약하기 위해서' 해야 하는 일을 명령문으로 말하고 있어요.

3) 또 다른 명령문이 등장해요.

We expect / all available spaces to be fully booked
저희는 예상합니다 / 모든 이용할 수 있는 공간이 곧 모두 예약될 것으로
soon, / so don't get left out. //
       / 그러니 놓치지 마세요   //

● **공간을 예약하는 것을 놓치지 말라고 했어요.**
모든 이용할 수 있는 공간이 곧 모두 예약될 것이니 놓치지 말라며 다시 한번 빨리 예약할 것을 강조하고 있네요.

3rd 내용을 종합하여 글의 목적을 찾으세요.
공예품 박람회의 일정을 소개하며, 예년처럼 부스 공간을 대여해 준다고 안내하고 있어요. 구체적인 대여 방법과 요금 등을 안내하고 있으므로, 글의 목적은 **2**(   )이에요.

A03　✽✽✽　고2 2025(6월)/18 

다음 글의 목적으로 가장 적절한 것은?

Dear Ms. Lopez,

We want to express our gratitude for your dedication as a Spanish instructor. With exceptional teaching skills, you have significantly improved our students' progress and confidence in Spanish. As the year is about to end, it is time for us to reflect on your contributions and consider the renewal of your contract. Given your positive impact, we would like to offer an extension of your contract for the next academic year. We believe your continued involvement will further enhance our students' learning experience and academic achievement. We look forward to your response.

Sincerely,
James Martin
Principal

① 강당 보수 공사를 위한 협조를 구하려고
② 스페인어 강사의 계약 연장을 제안하려고
③ 수업 개선을 위한 세미나 개최를 안내하려고
④ 교내 말하기 대회 심사 위원으로 위촉하려고
⑤ 새롭게 개설되는 스페인어 특강을 홍보하려고

A04　✽✽✽　고2 2025(9월)/18 

다음 글의 목적으로 가장 적절한 것은?

Dear Principal Smith,

My name is Kara Peterson, and I am the Community Event Coordinator at the Greenfield Community Center. We are organizing a drone show for the local community and are excited about this special event. While searching for the ideal location, we found that your school is the best place to ensure the safety and accessibility of all attendees. I kindly request your permission to use the school playground on Saturday, December 6th, from 6 p.m. to 8 p.m. We will ensure that all safety rules are strictly followed, and that any cleanup will be handled efficiently. Please let me know if there are any specific procedures for obtaining approval. Thank you for your time and consideration. I will be eagerly awaiting your response.

Sincerely,
Kara Peterson

① 학교 운동장 사용 허가를 요청하려고
② 학교 행사의 진행 요원 모집을 안내하려고
③ 지역 축제에 따른 도로 통제를 공지하려고
④ 드론 사용 중 안전 규칙 준수를 당부하려고
⑤ 행사에서 발생한 쓰레기 처리를 부탁하려고

A05 ✿✿✿

다음 글의 목적으로 가장 적절한 것은?

Dear Executive Manager Schulz,
It is a week before the internship program starts. I am writing to bring your attention to a matter that requires immediate consideration regarding the issue my department has. As the coordinator, it is becoming apparent to me that the budget, previously approved by your department, needs some adjustments in order to meet the emerging modifications. Since my department has hired three more interns than planned initially, the most expensive need is for additional funding to cover their wages, training costs, and materials. I kindly request an additional budget allocation for these expenses. Please refer to the attachment for details. Thank you for your attention.
Best regards,
Matt Perry

① 인턴사원의 추가 채용 계획을 알리려고
② 임금 인상에 대해 논의할 일정을 문의하려고
③ 현재 담당하고 있는 업무의 조정을 건의하려고
④ 인턴십 프로그램을 위한 추가 예산을 요청하려고
⑤ 직원 연수에 할당된 예산의 변경에 이의를 제기하려고

A06 ✿✿✿

다음 글의 목적으로 가장 적절한 것은?

Dear Residents,

My name is Kari Patterson, and I'm the manager of the River View Apartments. It's time to take advantage of the sunny weather to make our community more beautiful. On Saturday, July 13 at 9 a.m., residents will meet in the north parking lot. We will divide into teams to plant flowers and small trees, pull weeds, and put colorful decorations on the lawn. Please join us for this year's Gardening Day, and remember no special skills or tools are required. Last year, we had a great time working together, so come out and make this year's event even better!

Warm regards,
Kari Patterson

① 아파트 내 정원 조성에 대한 의견을 수렴하려고
② 정원가꾸기 날 행사에 참여할 것을 독려하려고
③ 쓰레기를 지정된 장소에 버릴 것을 당부하려고
④ 지하 주차장 공사 일정에 대해 공지하려고
⑤ 정원박람회 개최 날짜 변경을 안내하려고

A07 ✳✿✿ ________________ 고2 2024(9월)/18

다음 글의 목적으로 가장 적절한 것은?

To whom it may concern,
My name is Peter Jackson and I am thinking of applying for the Advanced Licensed Counselor Program that the university provides. I found that the certification for 100 hours of counseling experience is required for the application. However, I do not think I could possibly complete the required counseling experience by the current deadline. So, if possible, I kindly request an extension of the deadline until the end of this summer vacation. I am actively working on obtaining the certification, and I am sure I will be able to submit it by then. I understand the importance of following the application process, and would greatly appreciate your consideration of this request. I look forward to your response.
Sincerely,
Peter Jackson

① 상담 경력 증명서의 제출 기한 연장을 요청하려고
② 서류 심사 결과 발표의 지연에 대해 항의하려고
③ 전문 상담 강좌의 추가 개설을 제안하려고
④ 대학의 편의 시설 확충을 건의하려고
⑤ 대학 진학 상담 예약을 취소하려고

A08 ✳✳✳ ________________ 고2 2023(6월)/18

다음 글의 목적으로 가장 적절한 것은?

Dear parents,
Regular attendance at school is essential in maximizing student potential. Recently, we've become concerned about the number of unapproved absences across all grades. I would like to further clarify that your role as a parent is to approve any school absence. Parents must provide an explanation for absences to the school within 7 days from the first day of any period of absence. Where an explanation has not been received within the 7-day time frame, the school will record the absence as unjustified on the student's record. Please ensure that you go to the parent portal site and register the reason any time your child is absent. Please approve all absences, so that your child will not be at a disadvantage.
Many thanks for your cooperation.
Sincerely,
Natalie Brown, Vice Principal

① 자녀의 결석 사유를 등록해 줄 것을 요청하려고
② 학교 홈페이지의 일시적 운영 중단을 공지하려고
③ 자녀가 지각하지 않도록 부모의 지도를 당부하려고
④ 방과 후 프로그램에 대한 부모의 관심을 독려하려고
⑤ 인정 결석은 최대 7일까지 허용된다는 것을 안내하려고

다음 글의 목적으로 가장 적절한 것은?

Dear parents and students of Douglas School,

As you know, our school was built over 150 years ago. While we are proud of our school's history, the facilities are not exactly what they should be for modern schooling. Thanks to a generous donation to the school foundation, we will be able to start renovating those parts of our campus that have become outdated. We hope this will help provide our students with the best education possible. I'm writing to inform you that the auditorium will be the first building closed for repairs. Students will not be able to use the auditorium for about one month while the repairs are taking place. We hope that you will understand how this brief inconvenience will encourage community-wide benefits for years to come.

Sincerely,
Vice Principal Kyla Andrews

① 수리로 인한 강당 폐쇄를 안내하려고
② 캠퍼스 투어 프로그램 일정을 조정하려고
③ 강당 사용을 위한 신청 방법을 공지하려고
④ 강당 신축을 위한 기금 모금 행사를 홍보하려고
⑤ 집짓기 행사에 참여할 자원 봉사자를 모집하려고

다음 글의 목적으로 가장 적절한 것은?

It was a pleasure meeting you at your gallery last week. I appreciate your effort to select and exhibit diverse artwork. As I mentioned, I greatly admire Robert D. Parker's paintings, which emphasize the beauty of nature. Over the past few days, I have been researching and learning about Robert D. Parker's online viewing room through your gallery's website. I'm especially interested in purchasing the painting that depicts the horizon, titled *Sunrise*. I would like to know if the piece is still available for purchase. It would be a great pleasure to house this wonderful piece of art. I look forward to your reply to this inquiry.

① 좋아하는 화가와의 만남을 요청하려고
② 미술 작품의 구매 가능 여부를 문의하려고
③ 소장 중인 미술 작품의 감정을 의뢰하려고
④ 미술 작품의 소유자 변경 내역을 확인하려고
⑤ 기획 중인 전시회에 참여하는 화가를 홍보하려고

A11 ✽❀❀   고2 2022(9월)/18 

다음 글의 목적으로 가장 적절한 것은?

Dear Customer Service,

I am writing in regard to my magazine subscription. Currently, I have just over a year to go on my subscription to *Economy Tomorrow* and would like to continue my subscription as I have enjoyed the magazine for many years. Unfortunately, due to my bad eyesight, I have trouble reading your magazine. My doctor has told me that I need to look for large print magazines and books. I'd like to know whether there's a large print version of your magazine. Please contact me if this is something you offer. Thank you for your time. I look forward to hearing from you soon.

Sincerely,
Martin Gray

① 잡지 기삿거리를 제보하려고
② 구독 기간 변경을 신청하려고
③ 구독료 인상에 대해 항의하려고
④ 잡지의 큰 글자판이 있는지 문의하려고
⑤ 잡지 기사 내용에 대한 정정을 요구하려고

A12 ✽❀❀   고2 2021(6월)/18 

다음 글의 목적으로 가장 적절한 것은?

Dear animal lovers,

I am writing on behalf of the Protect Animal Organization. Our organization was founded on the belief that all animals should be respected and treated with kindness, and must be protected by law. Over the past 20 years, we have provided lost animals with protection, new homes, and sometimes health care. Currently, our animal shelter is full, and we need your help to build a new shelter. We are seeking donations in any amount. Every dollar raised goes to building homes for animals in need. You can donate to us online at www.protectanimal.org. Thank you for considering supporting us.

Sincerely,
Stella Anderson

① 사무실을 빌려준 것에 대해 감사하려고
② 동물 병원 설립의 필요성을 주장하려고
③ 새롭게 시행되는 동물 보호법에 대해 설명하려고
④ 동물 보호 단체의 봉사 활동 프로그램을 안내하려고
⑤ 새로운 동물 보호소를 짓기 위한 기부를 요청하려고

다음 글의 목적으로 가장 적절한 것은?

Dear local business owners,
My name is Carol Williams, president of the student council at Yellowstone High School. We are hosting our annual quiz night on March 30 and plan to give prizes to the winning team. However, this event won't be possible without the support of local businesses who provide valuable products and services. Would you be willing to donate a gift certificate that we can use as a prize? We would be grateful for any amount on the certificate. In exchange for your generosity, we would place an advertisement for your business on our answer sheets. Thank you for taking time to read this letter and consider our request. If you'd like to donate or need more information, please call or email me. I look forward to hearing from you soon.
Carol Williams

① 행사 홍보물 게시가 가능한지를 문의하려고
② 학교 퀴즈 행사에 사용할 물품 제작을 의뢰하려고
③ 우승 상품으로 사용할 상품권을 기부해 줄 것을 요청하려고
④ 학교 행사로 예상되는 소음 발생에 대해 양해를 구하려고
⑤ 퀴즈 행사 개최를 위한 장소 사용 허가를 받으려고

다음 글의 목적으로 가장 적절한 것은?

To whom it may concern,

I am writing to inform you of an ongoing noise issue that I am experiencing. My apartment faces the basketball courts of the community center. While I fully support the community center's services, I am constantly being disrupted by individuals playing basketball late at night. Many nights, I struggle to fall asleep because I can hear people bouncing balls and shouting on the basketball courts well after 11 p.m.. Could you restrict the time the basketball court is open to before 9 p.m.? I'm sure I'm not the only person in the neighborhood that is affected by this noise issue. I appreciate your assistance.

Sincerely,
Ian Baldwin

① 체육관의 바닥 교체 공사를 요구하려고
② 농구 코트의 운영 시간 제한을 요청하려고
③ 문화 센터 시설의 대관 날짜를 변경하려고
④ 건강 증진 프로그램 신청 방법을 문의하려고
⑤ 지역 내 체육 시설의 증설 가능 여부를 확인하려고

A15　✱✿✿　고2 2021(11월)/18 

다음 글의 목적으로 가장 적절한 것은?

To whom it may concern,

I am a parent of a high school student who takes the 145 bus to commute to Clarkson High School. This is the only public transport available from our area and is used by many students. Recently, I heard that the city council is planning to discontinue this service. My husband and I start work early in the morning and this makes it impossible for us to drop our son off at school. It would take him nearly an hour to walk to school and there is a lot of traffic in the morning, so I do not consider it safe to bike. This matter will place many families, including ours, under a lot of stress. As a resident of Sunnyville, I think such a plan is unacceptable. I urge the council to listen to the concerns of the community.

Sincerely,
Lucy Jackson

① 버스 노선 변경에 항의하려고
② 버스 운행 중단 계획에 반대하려고
③ 버스 배차 간격 조정을 요청하려고
④ 자전거 전용 도로 설치를 건의하려고
⑤ 통학로 안전 관리 강화를 촉구하려고

A16　✱✿✿　고2 2022(6월)/18 

다음 글의 목적으로 가장 적절한 것은?

Dear Ms. Stevens,

My name is Peter Watson, and I'm the manager of the Springton Library. Our storytelling program has been so well-attended that we are planning to expand the program to 6 days each week. This means that we need to recruit more volunteers to read to the children. People still talk about the week you filled in for us when one of our volunteers couldn't come. You really brought those stories to life! So, would you be willing to read to the preschoolers for an hour, from 10 to 11 a.m. every Friday? I hope you will take this opportunity to let more children hear your voice. We are looking forward to your positive reply.

Best regards,
Peter Watson

① 도서관의 운영 시간 연장을 제안하려고
② 봉사 활동 시간이 변경된 것을 안내하려고
③ 독서 토론 수업에 참여할 아동을 모집하려고
④ 봉사 활동에 참여하지 못하게 된 것을 사과하려고
⑤ 책 읽어 주기 자원봉사에 참여해 줄 것을 요청하려고

A17 ~ 18 ▶ 제한시간 4분

A17 ⭐ 2등급 대비   고2 2023(9월)/18

다음 글의 목적으로 가장 적절한 것은?

To whom it may concern,
I would like to draw your attention to a problem that frequently occurs with the No. 35 buses. There is a bus stop about halfway along Fenny Road, at which the No. 35 buses are supposed to stop. It would appear, however, that some of your drivers are either unaware of this bus stop or for some reason choose to ignore it, driving past even though the buses are not full. I would be grateful if you could remind your drivers that this bus stop exists and that they should be prepared to stop at it. I look forward to seeing an improvement in this service soon.
Yours faithfully,
John Williams

① 버스 운전기사 채용 계획을 문의하려고
② 버스 정류장의 위치 변경을 요청하려고
③ 도로 공사로 인한 소음에 대해 항의하려고
④ 출퇴근 시간의 버스 배차 간격 단축을 제안하려고
⑤ 버스 정류장 무정차 통과에 대한 시정을 요구하려고

A18 ⭐ 2등급 대비   고2 2022(3월)/18

다음 글의 목적으로 가장 적절한 것은?

As I explained on the telephone, I don't want to take my two children by myself on a train trip to visit my parents in Springfield this Saturday since it is the same day the Riverside Warriors will play the Greenville Trojans in the National Soccer Championship. I would really appreciate it, therefore, if you could change my tickets to the following weekend (April 23). I fully appreciate that the original, special-offer ticket was non-exchangeable, but I did not know about the soccer match when I booked the tickets and I would be really grateful if you could do this for me. Thank you in advance.

① 특가로 제공되는 기차표를 구매하려고
② 축구 경기 입장권의 환불을 요구하려고
③ 다른 날짜로 기차표 변경을 요청하려고
④ 기차표 예약이 가능한 날짜를 알아보려고
⑤ 축구 경기 날짜가 연기되었는지를 확인하려고

 **어휘** Review

※ 다음 영어는 우리말 뜻을, 우리말은 영어 단어를 〈보기〉에서 찾아 쓰시오.

〈보기〉

완전히	통학하다	craft	경기
discontinue	council	지평선	urge
도움	결석	weed	occur

01 fully ___________

02 match ___________

03 commute ___________

04 assistance ___________

05 horizon ___________

06 공예품 ___________

07 잡초 ___________

08 강력히 촉구하다 ___________

09 (지방 자치 단체의) 의회 ___________

10 중단하다 ___________

※ 다음 우리말에 알맞은 영어 표현을 찾아 연결하시오.

11 알지 못하는 •　　　• unaware of

12 ~로 대하다 •　　　• drop off

13 ~를 내려주다 •　　　• treat with

14 ~를 대표하여 •　　　• leave out

15 ~을 남기다 •　　　• on behalf of

※ 다음 우리말 표현에 맞는 단어를 고르시오.

16 지속되는 소음 문제 ➡ an (ongoing / upcoming) noise

17 마감 기한의 연장을 요청하다 ➡ request an (estimate / extension) of the deadline

18 당신의 협조로부터 크게 도움을 받다 ➡ benefit greatly from your (inclusion / cooperation)

19 여러분의 이웃에 폐를 끼치면서 ➡ at the (payment / expense) of your neighbors

20 그의 그림을 좋아하다 ➡ (afford / admire) his paintings

※ 다음 문장의 빈칸에 알맞은 단어를 〈보기〉에서 찾아 쓰시오.

〈보기〉

restrict	unjustified	convenience	eyesight
absent	generosity	certificate	subscription
disrupted	application	attendance	inquiry

21 학교에 정기적으로 출석하는 것은 필수적입니다.
➡ Regular ___________ at school is essential.

22 당신은 농구 코트를 여는 시간을 밤 9시 이전으로 제한해 주실 수 있으십니까?
➡ Could you ___________ the time the basketball court is open to before 9 p.m.?

23 형편이 되는 대로 빨리 알려주시기 바랍니다.
➡ Please advise at your earliest ___________.

24 이 문의에 대한 귀하의 답변을 손꼽아 기다립니다.
➡ I look forward to your reply to this ___________.

25 저는 잡지 구독과 관련하여 글을 씁니다.
➡ I am writing in regard to my magazine ___________.

26 학교는 결석을 정당하지 않은 것으로 기록할 것입니다.
➡ The school will record the absence as ___________.

27 저는 밤늦게 농구를 하는 사람들에 의해 끊임없이 방해받고 있습니다.
➡ I am constantly being ___________ by individuals playing basketball late at night.

28 100시간의 상담 경력 증명서가 지원을 위해 필요합니다.
➡ The certification for 100 hours of counseling experience is required for the ___________.

29 우리는 어떤 액수의 상품권 기부든 감사히 여길 것입니다.
➡ We would be grateful for any amount on the ___________.

30 저의 좋지 않은 시력 때문에 귀사의 잡지를 읽는 데 어려움이 있습니다.
➡ Due to my bad ___________, I have trouble reading your magazine.

B 심경의 이해
마음의 상태

★ 유형 설명

다음 글의 상황에 나타난 분위기로 가장 적절한 것은?

다음 글에 드러난 Peter의 심경 변화로 가장 적절한 것은?

다음 글에 드러난 'Nathan'의 심경으로 가장 적절한 것은?

Nathan boarded the train on Saturday evening. As he made his way to his seat, he found someone

등장인물이나 상황에 대한 직접적·간접적인 묘사를 읽고
등장인물의 심리 상태, 묘사된 상황의 분위기를 파악해야 한다.

심경이나 분위기를 나타내는 형용사에 특히 주의를 기울인다.
글에서 묘사되는 상황이 어떤 상황인지, 등장인물이 어떤 상황에 처해
있는지를 파악한다.

유형 풀이 비법

1 글의 상황을 파악하라!
- 필자나 등장인물이 어떤 상황에 처해 있는지 정확히 이해해야 한다.

2 특정 표현들을 찾아라!
- 글에서 다뤄지는 중심 사건이나 심경을 나타내는 단어나 표현을 파악한다.
- feel, felt 뒤에 이어지는 표현에 집중한다.

3 심경과 분위기를 파악하라!
- 감정 표현(주로 형용사)으로 심리 상태와 분위기를 파악한다.

Tip 심경 변화를 묻는 문제는 글에서 상황이 바뀌는 부분을 찾는다. 주로 부사(suddenly 등)나 접속사(but, however)로 상황이 전환된다.

자주 출제되는 감정 및 분위기를 나타내는 형용사

- content 만족한
- grateful 감사하는
- cheerful 유쾌한
- relieved 안도하는
- confident 자신감 있는
- lively 활기찬
- delighted 기쁜
- thrilled 흥분한
- mysterious 신비한
- curious 호기심에 찬
- startling 놀라운
- monotonous 단조로운
- indifferent 무관심한
- tense 긴장되는

- desperate 필사적인
- urgent 긴급한
- horrified 공포에 질린
- frightened 두려운
- ashamed 부끄러운
- embarrassed 당황한
- irritated 짜증이 난
- furious 화가 난
- disappointed 실망한
- anxious 염려스러운
- frustrated 좌절하는
- regretful 후회하는
- jealous 질투하는
- envious 부러워하는

어휘 및 표현 Preview

- stump 그루터기
- rite 의례
- stability 안정
- border on 거의 ~에 달하다
- trivial 하찮은, 사소한
- inscribe (이름 등을) 새기다
- heart rate 심박 수
- hesitation 망설임, 주저함
- envelope 봉투
- uniqueness 독창성
- shake off ~을 쫓아버리다
- transform 변형시키다
- fade 서서히 사라지다
- handiwork (예술적 솜씨를 발휘한) 일

B 심경의 이해 첫 번째

B01 ✿✿✿ .... 고2 2025(6월)/19

다음 글에 드러난 Peter의 심경 변화로 가장 적절한 것은?

Peter stepped out of the freezing night air and into the brightly lit hospital lobby, holding his three-year-old daughter in his arms. The harsh light made her look even more unwell, her face all red and sweaty. Her 5 fever had started suddenly, just before dinner, but it wouldn't go down despite his efforts. At the front desk, he explained her symptoms, his concern growing with every moment. They were quickly led to the 10 doctor, who reassured him and carefully examined his daughter. After the doctor gave her a shot, her fever went down and she seemed more comfortable. As Peter watched her sleep peacefully that night, he felt a wave 15 of calm wash over him.

① angry → proud
② bored → thrilled
③ confident → confused
④ hopeful → disappointed
⑤ worried → relieved

1st 글의 앞부분을 읽으며 등장인물이 처한 상황을 파악하세요.

Her fever had started suddenly, / just before dinner, /
그녀의 열은 갑자기 시작되었는데 / 저녁 식사 직전에 /
but it wouldn't go down / despite his efforts. //
열이 내리지 않았다 / 그의 노력에도 불구하고 //
At the front desk, / he explained her symptoms, /
접수대에서 / 그는 그녀의 증상을 설명하였고 /
his concern growing with every moment. //
매 순간 그의 걱정이 커졌다 //

● **He는 Peter를 말해요.**
Peter가 증상을 설명하고 있는 사람은 Peter의 딸이에요.
저녁 식사 전 Peter의 딸에게 열이 나기 시작했고, 병원 접수대에서 그런 증상을 설명하면서 Peter의 ❶( )은 커졌어요.
앞부분에서 느껴지는 Peter의 심경은 ⑤ '걱정하는'이에요.

2nd 글을 읽으며 어떤 상황이 전개되는지 확인하세요.

They were quickly led to the doctor, / who
그들은 신속히 의사에게 안내되었고 / 의사는
reassured him / and carefully examined his
그를 안심시키며 / 그의 딸을 세심히 진찰했다 //
daughter. //
After the doctor gave her a shot, / her fever went
의사가 그녀에게 주사를 놓은 후 / 그녀의 열이 내렸고
down / and she seemed more comfortable. //
/ 그녀는 한결 편안해 보였다 //

● **Peter의 설명을 듣고 병원에서는 어떤 조치를 취했나요?**
Peter는 신속히 의사를 만났고, 의사는 그를 안심시키며 딸을 세심히 진찰했다고 했어요. 주사를 놓고 나니 다행히 그녀의 열이 내렸네요!

3rd 바뀐 상황에 대해 등장인물이 어떤 심경을 느끼는지 파악하세요.

As Peter watched / her sleep peacefully that night, /
Peter는 지켜보며 / 그녀가 그날 밤 평화롭게 잠자는 것을 /
he felt a wave of calm wash over him. //
그는 안도의 물결이 그에게 밀려오는 것을 느꼈다 //

● **Peter는 딸이 평화롭게 잠을 자는 것을 지켜봤어요.**
의사가 그녀에게 주사를 놓자 그녀의 열은 내렸고, 딸은 평화롭게 잠이 들었어요. 그것을 지켜보는 Peter는 ❷( )의 물결이 그에게 밀려오는 것을 느꼈대요.

선택지에서 정답을 찾아볼까요?

병원 접수대에서 열이 내리지 않는 딸의 상황을 설명하며 매 순간 걱정이 커졌지만, 의사의 세심한 진료 후 주사를 맞고 평화롭게 자는 딸을 보며 안도감을 느꼈어요.
따라서 Peter의 심경 변화로 가장 적절한 것은 '걱정하는 → 안도한'의 ❸( )이에요.

빈칸 정답 ❶ 걱정 ❷ 안도 ❸ 안도감 ⑤

B 심경의 이해 (두 번째)

1st 글의 앞부분을 읽으며 등장인물이 처한 상황을 파악하세요.
2nd 글을 읽으며 어떤 상황이 전개되는지 확인하세요.
3rd 바뀐 상황에 대해 I가 어떤 심경을 느끼는지 파악하세요.

B02 ❋❀❀ .... 고2 2024(9월)/19

다음 글에 드러난 'I'의 심경 변화로 가장 적절한 것은?

The passport control line was short and the inspectors looked relaxed; except the inspector at my window. He seemed to want to model the seriousness of the task at hand for the other inspectors. Maybe that's why I 5 felt uneasy when he studied my passport more carefully than I expected. "You were here in September," he said. "Why are you back so soon?" "I came in September to prepare to return this month," I replied with 10 a trembling voice, considering if I missed any Italian regulations. "For how long?" he asked. "One month, this time," I answered truthfully. I knew it was not against the rules to stay in Italy for three months. "Enjoy your 15 stay," he finally said, as he stamped my passport. Whew! As I walked away, the burden I had carried, even though I did nothing wrong, vanished into the air. My shoulders, once weighed down, now 20 stretched out with comfort.

① angry → ashamed   ② nervous → relieved
③ bored → grateful   ④ curious → frightened
⑤ hopeful → disappointed

1st 글의 앞부분을 읽으며 등장인물이 처한 상황을 파악하세요.

He seemed to want to model / the seriousness of the
그는 모범을 보여주고 싶어 하는 것 같았다 / 당면한 업무의 심각성에 대해
task at hand / for the other inspectors. //
 / 다른 심사관들에게 //
Maybe that's why I felt uneasy / when he studied
아마 그것이 내가 불안감을 느꼈던 이유였다 / 그가 내 여권을 더 꼼꼼히
my passport more carefully / than I expected. //
살펴볼 때 / 내가 예상했던 것보다 //

● I는 불안감을 느꼈대요.
다른 심사관들과 달리 I가 입국 심사를 받게 된 심사관은 엄격해 보여서
❶(   )을 느꼈다고 했어요.
앞부분에서 느껴지는 I의 심경은 ① '화난', ② '긴장한'으로 볼 수 있겠네요.

2nd 글을 읽으며 어떤 상황이 전개되는지 확인하세요.

"Enjoy your stay," / he finally said, / as he stamped
"즐거운 여행 되세요" / 그가 마침내 말했다 / 내 여권에 도장을
my passport. //
찍으며 //

● 심사관의 도장을 받았어요.
몇 번의 질문과 응답이 오간 뒤, 심사관은 마침내 I의 여권에 도장을
찍어줬어요.

3rd 바뀐 상황에 대해 I가 어떤 심경을 느끼는지 파악하세요.

As I walked away, / the burden I had carried, / even
내가 걸어 나갈 때 / 내가 짊어지고 있던 짐이 / 나는
though I did nothing wrong, / vanished into the air. //
아무 잘못도 하지 않았는데도 / 허공으로 사라졌다 //
My shoulders, / once weighed down, / now
내 어깨가 / 한때 눌렸던 / 이제 편한
stretched out with comfort. //
마음과 함께 쭉 펴졌다 //

● I는 어떤 심경인가요?
짊어지고 있던 짐이 허공으로 사라졌고, 눌렸던 어깨가 ❷(   )
마음과 함께 쭉 펴졌다고 했어요.
뒷부분에서 느껴지는 I의 심경은 ② '안도한', ③ '고마운' 정도가 되겠네요.

✎ 선택지에서 정답을 찾아볼까요?
엄격한 입국 심사관에게 입국 심사를 받게 되어 불안감을 느꼈지만, 입국
심사에 무사히 통과하자 눌렸던 어깨가 편한 마음으로 쭉 펴졌다고 했어요.
따라서 I의 심경 변화로 가장 적절한 것은 '긴장한 → 안도한'의
❸(   )이에요.

수능 유형별 기출 문제

PATTERN PRACTICE

B03 ✽❀❀ 

고2 2025(3월)/19

다음 글에 드러난 Nathan의 심경 변화로 가장 적절한 것은?

Nathan boarded the train on Saturday evening. As he made his way to his seat, he found someone already sitting there. Confused, he checked his ticket and realized his mistake — it was for Sunday, not Saturday! A flush of panic spread across his face. He quickly approached a train attendant and explained the situation. "Is there anything I can do to resolve this?" Nathan asked. "Don't worry, sir. We still have seats available," the attendant said with a reassuring smile. Nathan exchanged his old ticket for a new one, his worries melting away. Settling into his seat, he let out a deep breath, feeling the tension in his shoulders ease as the train began to move.

① embarrassed → relieved
② indifferent → surprised
③ hopeful → disappointed
④ ashamed → sympathetic
⑤ bored → excited

B04 ✽❀❀ 

고2 2025(9월)/19

다음 글에 드러난 Amina의 심경 변화로 가장 적절한 것은?

When Amina returned home from the river with her full clay water jar, she noticed men with tools near her family's hut. She wondered who they were. Her uncle stood among them, pointing to a spot beyond the baobab tree. She put the jar down and walked closer, wanting to know what was happening. The men began clearing and marking the ground. Amina ran to her uncle with a mind full of questions. "Uncle, what's happening?" she asked. "We're preparing the land. Something important will be built. A school!" her uncle said with a proud smile. Amina's eyes sparkled with joy. The school nearest to her village was hours away on foot. "It's for all the children in the village," her uncle continued. Amina imagined learning how to read and write, and her heart swelled with excitement.

① jealous → grateful
② curious → delighted
③ proud → ashamed
④ indifferent → regretful
⑤ hopeful → disappointed

B05 ✽❀❀ 

고2 2024(10월)/19

다음 글에 드러난 Katie의 심경 변화로 가장 적절한 것은?

Katie approached the hotel front desk to check-in but an unexpected event unfolded. The receptionist couldn't find her reservation under the name 'Katie'. "I'm sorry, but I can't seem to locate a reservation under that name," the receptionist said. "No way, I definitely made a reservation on the phone," Katie said, puzzled. The receptionist asked, "Can you tell me your phone number?" and Katie told it to him, thinking 'What happened? Did I make a mistake?' "Just a moment," the receptionist said, typing deliberately on the keyboard. "I found it! It seems there was a small misspelling. Your reservation is under 'K-A-T-Y'," the receptionist explained. With a sense of ease, Katie watched her reservation appearing on the screen. With her heart slowing to a gentle rhythm, she proceeded with her check-in, thinking that a simple misspelling might have ruined her plans.

① confused → relieved
② sorry → fulfilled
③ rewarded → stirred
④ indifferent → annoyed
⑤ nervous → exhausted

다음 글에 드러난 Sarah의 심경 변화로 가장 적절한 것은?

Sarah, a young artist with a love for painting, entered a local art contest. As she looked at the amazing artworks made by others, her confidence dropped. She quietly thought, 'I might not win an award.' The moment of judgment arrived, and the judges began announcing winners one by one. It wasn't until the end that she heard her name. The head of the judges said, "Congratulations, Sarah Parker! You won first prize. We loved the uniqueness of your work." Sarah was overcome with joy, and she couldn't stop smiling. This experience meant more than just winning; it confirmed her identity as an artist.

① hopeful → regretful   ② relieved → grateful
③ excited → disappointed ④ depressed → frightened
⑤ discouraged → delighted

B07 ✽❀❀   고2 2024(6월)/19

다음 글에 드러난 Emma의 심경 변화로 가장 적절한 것은?

It was the championship race. Emma was the final runner on her relay team. She anxiously waited in her spot for her teammate to pass her the baton. Emma wasn't sure she could perform her role without making a mistake. Her hands shook as she thought, "What if I drop the baton?" She felt her heart rate increasing as her teammate approached. But as she started running, she received the baton smoothly. In the final 10 meters, she passed two other runners and crossed the finish line in first place! She raised her hands in the air, and a huge smile came across her face. As her teammates hugged her, she shouted, "We did it!" All of her hard training had been worth it.

① nervous → excited
② doubtful → regretful
③ confident → upset
④ hopeful → disappointed
⑤ indifferent → amused

B08 ❀❀❀   고2 2023(6월)/19 

다음 글에 드러난 Ester의 심경 변화로 가장 적절한 것은?

Ester stood up as soon as she heard the hum of a hover engine outside. "Mail," she shouted and ran down the third set of stairs and swung open the door. It was pouring now, but she ran out into the rain. She was facing the mailbox. There was a single, unopened letter inside. She was sure this must be what she was eagerly waiting for. Without hesitation, she tore open the envelope. She pulled out the paper and unfolded it. The letter said, 'Thank you for applying to our company. We would like to invite you to our internship program. We look forward to seeing you soon.' She jumped up and down and looked down at the letter again. She couldn't wait to tell this news to her family.

① anticipating → excited ② confident → ashamed
③ curious → embarrassed ④ surprised → confused
⑤ indifferent → grateful

B09 ✽✽✽   고2 2022(9월)/19 

다음 글에 드러난 'I'의 심경 변화로 가장 적절한 것은?

There was no choice next morning but to turn in my private reminiscence of Belleville. Two days passed before Mr. Fleagle returned the graded papers, and he returned everyone's but mine. I was anxiously expecting for a command to report to Mr. Fleagle immediately after school for discipline when I saw him lift my paper from his desk and rap for the class's attention. "Now, boys," he said, "I want to read you an essay. This is titled 'The Art of Eating Spaghetti.'" And he started to read. My words! He was reading *my words* out loud to the entire class. What's more, the entire class was listening attentively. Then somebody laughed, then the entire class was laughing, and not in contempt and ridicule, but with openhearted enjoyment. I did my best to avoid showing pleasure, but what I was feeling was pure ecstasy at this startling demonstration that my words had the power to make people laugh.   * reminiscence: 회상

① relieved → scared   ② nervous → delighted
③ bored → confident   ④ satisfied → depressed
⑤ confused → ashamed

B10 ❀❀❀  고2 2023(11월)/19

다음 글에 드러난 Chaske의 심경 변화로 가장 적절한 것은?

Chaske, a Cherokee boy, was sitting on a tree stump. As a rite of passage for youths in his tribe, Chaske had to survive one night in the forest wearing a blindfold, not knowing he was observed by his father. After the sunset, Chaske could hear all kinds of noises. The wind blew the grass and shook his stump. A sense of dread swept through his body. *What if wild beasts are looking at me? I can't stand this*! Just as he was about to take off the blindfold to run away, a voice came in from somewhere. "I'm here around you. Don't give up, and complete your mission." It was his father's voice. *He has been watching me from nearby!* With just the presence of his father, the boy regained stability. What panicked him awfully a moment ago vanished into thin air.

① nervous → doubtful
② horrified → relieved
③ disappointed → curious
④ ashamed → frightened
⑤ bored → delighted

B11 ❀❀❀  고2 2022(6월)/19

다음 글에 드러난 'I'의 심경 변화로 가장 적절한 것은?

I walked up to the little dark brown door and knocked. Nobody answered. I pushed on the door carefully. When the door swung open with a rusty creak, a man was standing in a back corner of the room. My hands flew over my mouth as I started to scream. He was just standing there, watching me! As my heart continued to race, I saw that he had also put his hands over his mouth. Wait a minute... It was a mirror! I took a deep breath and walked past a table to the old mirror that stood in the back of the room. I felt my heartbeat returning to normal, and calmly looked at my reflection in the mirror.

① terrified → relieved
② hopeful → nervous
③ confident → anxious
④ annoyed → grateful
⑤ disappointed → thrilled

B12 ❀❀❀  고2 2023(9월)/19

다음 글에 드러난 'I'의 심경 변화로 가장 적절한 것은?

My 10-year-old appeared, in desperate need of a quarter. "A quarter? What on earth do you need a quarter for?" My tone bordered on irritation. I didn't want to be bothered with such a trivial demand. "There's a garage sale up the street, and there's something I just gotta have! It only costs a quarter. Please?" I placed a quarter in my son's hand. Moments later, a little voice said, "Here, Mommy, this is for you." I glanced down at the hands of my little son and saw a four-inch cream-colored statue of two small children hugging one another. Inscribed at their feet were words that read *It starts with 'L' ends with 'E' and in between are 'O' and 'V.'* As I watched him race back to the garage sale, I smiled with a heart full of happiness. That 25-cent garage sale purchase brought me a lot of joy. *quarter: 25센트 동전 **inscribe: 새기다

① annoyed → delighted
② ashamed → relieved
③ excited → confused
④ scared → confident
⑤ indifferent → jealous

B13 ✽✽✽   고2 2022(3월)/19

다음 글에 드러난 'I'의 심경으로 가장 적절한 것은?

Hours later — when my back aches from sitting, my hair is styled and dry, and my almost invisible makeup has been applied — Ash tells me it's time to change into my dress. We've been waiting until the last minute, afraid any refreshments I eat might accidentally fall onto it and stain it. There's only thirty minutes left until the show starts, and the nerves that have been torturing Ash seem to have escaped her, choosing a new victim in me. My palms are sweating, and I have butterflies in my stomach. Nearly all the models are ready, some of them already dressed in their nineteenth-century costumes. Ash tightens my corset.

① tense and nervous
② proud and confident
③ relieved and pleased
④ indifferent and bored
⑤ irritated and disappointed

B14 ✽✽✽   고2 2023(3월)/19

다음 글에 드러난 Isabel의 심경 변화로 가장 적절한 것은?

On opening day, Isabel arrives at the cafe very early with nervous anticipation. She looks around the cafe, but she can't shake off the feeling that something is missing. As she sets out cups, spoons, and plates, Isabel's doubts grow. She looks around, trying to imagine what else she could do to make the cafe perfect, but nothing comes to mind. Then, in a sudden burst of inspiration, Isabel grabs her paintbrush and transforms the blank walls into landscapes, adding flowers and trees. As she paints, her doubts begin to fade. Looking at her handiwork, which is beautifully done, she is certain that the cafe will be a success. 'Now, success is not exactly guaranteed,' she thinks to herself, 'but I'll definitely get there.'

① calm → surprised   ② doubtful → confident
③ envious → delighted   ④ grateful → frightened
⑤ indifferent → uneasy

B15 ✽✽✽   고2 2022(11월)/19

다음 글에 드러난 'I'의 심경 변화로 가장 적절한 것은?

Dan and I were supposed to make a presentation that day. Right after the class started, my phone buzzed. It was a text from Dan saying, "I can't make it on time. There's been a car accident on the road!" I almost fainted. 'What should I do?' Dan didn't show up before our turn, and soon I was standing in front of the whole class. I managed to finish my portion, and my mind went blank for a few seconds, wondering what to do. 'Hold yourself together!' I quickly came to my senses and worked through Dan's part of the presentation as best as I could. After a few moments, I finished the entire presentation on my own. Only then did the tension vanish. I could see our professor's beaming face.

① panicked → relieved
② sorrowful → indifferent
③ sympathetic → content
④ jealous → delighted
⑤ confused → humiliated

B16 ✽✽✽   고2 2021(6월)/19

다음 글에 드러난 Dave의 심경 변화로 가장 적절한 것은?

Dave sat up on his surfboard and looked around. He was the last person in the water that afternoon. Suddenly something out toward the horizon caught his eye and his heart froze. It was every surfer's worst nightmare — the fin of a shark. And it was no more than 20 meters away! He turned his board toward the beach and started kicking his way to the shore. Shivering, he gripped his board tighter and kicked harder. 'I'm going to be okay,' he thought to himself. 'I need to let go of the fear.' Five minutes of terror that felt like a lifetime passed before he was on dry land again. Dave sat on the beach and caught his breath. His mind was at ease. He was safe. He let out a contented sigh as the sun started setting behind the waves.   *fin: 지느러미

① scared → relieved   ② indifferent → proud
③ amazed → horrified   ④ hopeful → worried
⑤ ashamed → grateful

B 어휘 Review

※ 다음 영어는 우리말 뜻을, 우리말은 영어 단어를 〈보기〉에서 찾아 쓰시오.

┌─────〈보기〉─────┐

아프다	몫	shiver	무관심한
delighted	땀이 나다	손바닥	rite
다과	judge	vanish	stump

01 ache ___________

02 palm ___________

03 sweat ___________

04 refreshments ___________

05 indifferent ___________

06 (몸을) 떨다 ___________

07 심사위원 ___________

08 기쁜 ___________

09 그루터기 ___________

10 의례 ___________

※ 다음 우리말에 알맞은 영어 표현을 찾아 연결하시오.

11 ~을 내뿜다 •　　　　• wash over

12 밀려오다 •　　　　• let out

13 차츰 사라지다 •　　　　• shake off

14 ~을 쫓아버리다 •　　　　• melt away

15 ~을 짓누르다 •　　　　• weigh down

※ 다음 우리말 표현에 맞는 단어를 고르시오.

16 두려운 감정 ➡ a sense of (dread / patience)

17 온데간데없이 사라지다 ➡ (occur / vanish) into thin air

18 활짝 열리다 ➡ (swing / sewing) open

19 녹슬어 삐걱거리는 소리 ➡ a (nasty / rusty) creak

20 편한 마음과 함께 쭉 펴지다 ➡ stretch out with (consent / comfort)

※ 다음 문장의 빈칸에 알맞은 단어를 〈보기〉에서 찾아 쓰시오.

┌─────〈보기〉─────┐

irritation	buzzed	inscribed	beaming
entire	trivial	command	fade
stability	identity	pour	envelope

21 그녀는 봉투를 찢어 열었다.
➡ She tore open the ___________.

22 Ted는 기대감에 차 밝게 웃으며 앉았다.
➡ Ted sat down, ___________ in anticipation.

23 그들의 발 밑에는 말이 새겨져 있었다.
➡ ___________ at their feet were words.

24 나의 말투는 거의 짜증에 가까웠다.
➡ My tone bordered on ___________.

25 나는 초조하게 지시를 기다리고 있었다.
➡ I was anxiously expecting for a(n) ___________.

26 나는 혼자서 전체 발표를 끝냈다.
➡ I finished the ___________ presentation on my own.

27 이것은 그녀에게 예술가로서의 정체성을 확인해 주었다.
➡ It confirmed her ___________ as an artist.

28 수업이 시작된 직후에 나의 전화가 울렸다.
➡ Right after the class started, my phone ___________.

29 그림을 그리면서 그녀의 불안도 서서히 사라지기 시작한다.
➡ As she paints, her doubts begin to ___________.

30 그의 아버지의 존재만으로도 소년은 안정을 되찾았다.
➡ With just the presence of his father, the boy regained ___________.

C 주장 찾기

★유형 설명

> 다음 글에서 필자가 주장하는 바로 가장 적절한 것은?
> Fans who are inclined to spend a lot of time thinking about what athletes owe them as fans

어떤 논점에 대해 필자(글쓴이)가 갖는 주장(의견)이 무엇인지 파악해야 한다.

🗝 '~해야 한다.'라고 끝맺는 우리말 선택지가 등장하는 경우가 많다. 필자의 어조가 명확하게 드러나는 문장, 즉 명령문이나 must, have to, should 등의 조동사, important, necessary, in my opinion 등의 표현이 포함된 문장에 주의를 기울인다.

🎭 유형 풀이 비법

1 반복되는 것에 주목하라!
- 반복되는 부분을 중심으로 필자가 전달하고자 하는 내용을 파악한다.

2 처음이나 끝을 확인하라!
- 글의 첫 부분과 끝 부분에 필자의 주장이 주로 나타난다.

3 반전이 있는지 잘 보자!
- 글의 중간이나 마지막에 필자가 태도를 바꾸는 곳이 있는지 꼭 확인한다.

> (Tip) 연결어의 앞이나 명령문에 필자의 주장이 자주 등장한다.

🔑 주장을 명확하게 드러내는 표현

- ☐ You must ~ 당신은 ~해야 한다
- ☐ You should ~ 당신은 ~해야 한다
- ☐ You have to-v 당신은 ~해야 한다
- ☐ You ought to-v 당신은 ~해야 한다
- ☐ You need to-v 당신은 ~할 필요가 있다
- ☐ You can ~ 당신은 ~할 수 있다
- ☐ Don't + 동사원형 ~을 하지 마라
- ☐ Never + 동사원형 절대 ~을 하지 마라
- ☐ Avoid -ing ~하는 것을 피하라
- ☐ Start from -ing ~하는 것으로부터 시작하라
- ☐ Keep in mind that ~한다는 것을 명심하라
- ☐ No one can ~ 아무도 ~할 수 없다
- ☐ If you ~, then 동사원형 당신이 ~한다면, …하라
- ☐ A is a must A는 필수적인 것이다
- ☐ It is crucial to-v ~하는 것은 중요하다
- ☐ It is important to-v ~하는 것은 중요하다
- ☐ It is vital to-v ~하는 것은 필수적이다
- ☐ It is essential to-v ~하는 것은 필수적이다
- ☐ It is necessary to-v ~하는 것은 필수적이다

📖 어휘 및 표현 Preview

- ☐ tempt 유혹하다
- ☐ impatience 조바심
- ☐ unwanted 원하지 않는
- ☐ compassion 연민
- ☐ inward 내부의
- ☐ discern 식별하다
- ☐ march 나아가다
- ☐ extensive 광범위한
- ☐ uneconomical 경제성이 안 맞는
- ☐ scarcity 희소성, 결핍
- ☐ point out ~을 강조하다
- ☐ derive A from B B에서 A를 얻다
- ☐ miss out on ~을 놓치다
- ☐ point of view 관점
- ☐ unreliability 신뢰할 수 없음
- ☐ reassurance 안심, 안도
- ☐ tease 놀리다
- ☐ hatred 증오, 혐오
- ☐ on one's own 독자적으로

C 주장 찾기 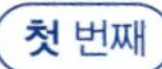 첫 번째

- **1st** 선택지를 통해 글의 소재를 파악하고 어떤 내용이 전개될지 생각해 보세요.
- **2nd** 글을 처음부터 읽으며 필자의 주장이 드러나는 부분을 찾아보세요.
- **3rd** 필자의 주장을 우리말 한 문장으로 정리한 선택지를 찾으세요.

C01 ✽✾✾ .... 고2 2024(3월)/20

다음 글에서 필자가 주장하는 바로 가장 적절한 것은?

Too many times people, especially in today's generation, expect things to just happen overnight. When we have these false expectations, it tends to discourage us from continuing to move forward. Because this is [5] a high tech society, everything we want has to be within the parameters of our comfort and convenience. If it doesn't happen fast enough, we're tempted to lose interest. So many people don't want to take the time it [10] requires to be successful. Success is not a matter of mere desire; you should develop patience in order to achieve it. Have you fallen prey to impatience? Great things take time to build. 　　　　* parameter: 매개 변수, 제한 [15]

① 성공하기 위해서는 인내심을 길러야 한다.
② 안락함을 추구하기보다 한계에 도전해야 한다.
③ 사회 변화의 속도에 맞춰 빠르게 대응해야 한다.
④ 기회를 기다리기보다 능동적으로 행동해야 한다.
⑤ 흥미를 잃지 않으려면 자신이 좋아하는 일을 해야 한다.

1st 선택지를 통해 글의 소재를 파악하고 어떤 내용이 전개될지 생각해 보세요.

① 성공하기 위해서는 인내심을 길러야 한다.
② 안락함을 추구하기보다 한계에 도전해야 한다.
③ 사회 변화의 속도에 맞춰 빠르게 대응해야 한다.
④ 기회를 기다리기보다 능동적으로 행동해야 한다.
⑤ 흥미를 잃지 않으려면 자신이 좋아하는 일을 해야 한다.

● **선택지를 구체적으로 살펴볼까요?**
　①이 정답이라면 성공에 있어서 인내심이 중요하다는 내용일 것이고,
　②은 안락함보다 한계에 도전할 것을 높게 평가하는 글일 거예요.
　③은 변화 속도에 맞게 빠르게 대응할 것을 강조하는 글일 것이고요.
　④은 능동적으로 행동할 것을, ⑤은 자신이 좋아하는 일을 하는 것의 중요성을 설명하는 글일 거예요.
　모두 삶에 있어서 어떤 태도를 갖는 것이 중요한지 설명하고 있어요.
　따라서 이 글은 삶을 살아갈 때 갖춰야 할 태도에 대해 설명할 것이고, 그것이 ① 인내심인지, ② 한계에 도전하는 것인지, ③ 속도에 대응하는 것인지, ④ 능동적으로 행동하는 것인지, ⑤ 좋아하는 일을 하는 것인지 알아봅시다.

2nd 글을 처음부터 읽으며 필자의 주장이 드러나는 부분을 찾아보세요.

1) 첫 번째 문장을 봅시다.

Too many times / people, especially in today's
너무나 많은 경우에　　　/ 사람들, 특히 오늘날의 세대는
generation, / expect things to just happen
　　　　　　　/ 일이 하룻밤 사이에 일어나기를 기대한다 //
overnight. //

● **'하룻밤 사이'가 비유적으로 의미하는 것은 무엇일까요?**
　오늘날의 세대는 일이 '하룻밤 사이'에 일어나기를 기대한대요.
　하룻밤 사이에 일어나기를 기대한다는 것은, 일이 빠르게 진행되기를, 성과가 빠르게 나타나기를 기대한다는 의미로 볼 수 있어요.
　하룻밤 사이에 일어나기를 기대하는 태도가 옳지 않다는 내용이 이어진다면 성공하기 위해서는 인내심을 길러야 한다는 주장인 ①이 정답이겠죠?

2) 이어지는 문장을 봅시다.

> When we have these false expectations, / it tends to
> 우리가 이러한 잘못된 기대를 가질 때 　　　　　 / 그것은 방해하는
> discourage / us from continuing to move forward. //
> 경향이 있다 　 / 우리가 계속해서 앞으로 나아가는 것을 　　　 //

● **'이러한 잘못된 기대'는 무엇을 가리키는 걸까요?**

'이러한 잘못된 기대'는 바로 앞 문장에서 말한 '일이 ❶(　　　　　　)
사이에 일어나기를 바라는 것'을 말해요. 그런 잘못된 기대는 우리가
계속해서 앞으로 나아가는 것을 방해한다고 했어요.
여기까지 봐서는 성공하기 위해서는 인내심을 길러야 한다고 주장하는
①이 정답인 것 같죠?

3) 필자의 주장이 일관되게 이어지는지 글의 뒷부분도 봅시다.

> Success is not a matter of mere desire; / you should
> 성공은 단순한 욕망의 문제가 아니다 　　　　　 / 여러분은 인내심을
> develop patience / in order to achieve it. //
> 길러야 한다 　 / 그것(성공)을 이루기 위해 　　//

● **필자의 주장이 아주 잘 드러나는 문장이에요.**

그것, 즉 성공을 이루기 위해서는 인내심을 길러야 한다는, ①의 내용이
그대로 글에 드러나 있어요.

4) 글의 마지막 문장에 필자의 주장을 뒷받침하는 내용이 이어져요.

> Great things take time to build. //
> 위대한 일이 이루어지는 데에는 시간이 걸린다 　 //

● **위대한 일을 이루는 데에는 시간이 걸린대요.**

따라서 일이 하룻밤 사이에 일어나기를 바라는 것은 잘못된 기대이며,
성공을 이루기 위해서는 인내심을 길러야 한다고 주장하는 글이네요.

3rd 필자의 주장을 우리말 한 문장으로 정리한 선택지를 찾으세요.

사람들, 특히 오늘날의 세대는, 일이 하룻밤 사이에 일어나기를 바란다며,
이러한 잘못된 기대를 가질 때 그것은 우리가 계속해서 앞으로 나아가는
것을 방해하는 경향이 있다고 했어요.
위대한 일이 이루어지는 데에는 시간이 걸리기 때문에 성공을 이루기
위해서는 인내심을 길러야 한다고 말하고 있어요.
따라서 필자의 주장을 잘 정리한 것은 ❷(　　　　)이에요.

✦ 글의 흐름을 정리하며 필자의 주장을 다시 한번 확인해 보세요.

도입	오늘날의 세대는 일이 하룻밤 사이에 일어나기를 기대함

↓

전개	이러한 잘못된 기대는 우리의 진보를 방해함

↓

주장	성공을 이루기 위해 인내심을 길러야 함

↓

부연	위대한 일이 이루어지는 데에는 시간이 걸림

— 수능 **Tip**

#목적격 관계대명사 생략

★ 우리가 살펴보지 않은 5번째 줄의 문장을 봅시다.

> Because this is a high tech society, / everything
> 지금은 첨단 기술 사회이기 때문에 　　　　　 / 우리가 원하는
> we want / has to be within the parameters of our
> 모든 것은 　 / 편안함과 편리함이라는 제한 내에 있어야 한다 //
> comfort and convenience. //

1 문장은 두 개의 절로 이루어져 있어요.

주절과 접속사 Because가 이끄는 부사절로 이루어진
문장이에요.

2 주절의 주어와 동사는 무엇인가요?

주어는 everything이고, 동사는 그 뒤에 온 has to
be예요. 그렇다면 그 사이에 있는 we want는
무엇일까요?
we want는 everything을 수식하는 관계대명사절인데,
목적격 관계대명사는 생략 가능하기 때문에 we want 앞에
목적격 관계대명사가 생략된 형태예요. 따라서 '우리가
원하는 모든 것'으로 해석해요.

C 주장 찾기 (두 번째)

C02 ★★✿ ················· 고2 2023(3월)/20

다음 글에서 필자가 주장하는 바로 가장 적절한 것은?

The more people have to do unwanted things the more chances are that they create unpleasant environment for themselves and others. If you hate the thing you do but have to do it nonetheless, you have choice⁵ between hating the thing and accepting that it needs to be done. Either way you will do it. Doing it from place of hatred will develop hatred towards the self and others around you; doing it from the place of acceptance¹⁰ will create compassion towards the self and allow for opportunities to find a more suitable way of accomplishing the task. If you decide to accept the fact that your task has to be done, start from recognising that¹⁵ your situation is a gift from life; this will help you to see it as a lesson in acceptance.

① 창의력을 기르려면 익숙한 환경에서 벗어나야 한다.
② 상대방의 무리한 요구는 최대한 분명하게 거절해야 한다.
③ 주어진 과업을 정확하게 파악한 후에 일을 시작해야 한다.
④ 효율적으로 일을 처리하기 위해 좋아하는 일부터 해야 한다.
⑤ 원치 않는 일을 해야만 할 때 수용적인 태도를 갖춰야 한다.

1st 선택지를 통해 글의 소재를 파악하고 어떤 내용이 전개될지 생각해 보세요.

① 창의력을 기르려면 익숙한 환경에서 벗어나야 한다.
② 상대방의 무리한 요구는 최대한 분명하게 거절해야 한다.
③ 주어진 과업을 정확하게 파악한 후에 일을 시작해야 한다.
④ 효율적으로 일을 처리하기 위해 좋아하는 일부터 해야 한다.
⑤ 원치 않는 일을 해야만 할 때 수용적인 태도를 갖춰야 한다.

● **다섯 개 선택지에 똑같은 어구가 등장하지는 않아요.**

선택지를 통해서 글의 소재를 파악하라는 것은 다섯 개 선택지 모두에 똑같이 등장하는 어구가 글의 소재라는 말이 아니에요. 이 문제에는 선택지에 똑같은 어구가 등장하지 않아요. 하지만 차근차근 선택지를 읽어 보면 일을 할 때 우리가 어떤 태도를 갖춰야 효율적으로 할 수 있는지에 관한 글이라는 걸 알 수 있어요.
글이 어떤 흐름으로 전개될지 큰 맥락만 이해해도 읽기 시작할 때 도움이 되니, 선택지에 공통적으로 등장하는 어구가 없어도 글의 내용을 예상해 보도록 해요.

● **좀 더 구체적으로 선택지를 살펴봅시다.**

① 창의력을 기르려면 익숙한 환경에서 벗어나야 한다는 건, '새로움'을 중시하는 주장이에요. ② 상대방의 무리한 요구를 분명하게 거절하라는 건 필요할 땐 부정적인 의사 표현도 분명히 해야 한다는 것이고요. ③은 정확하게 파악하는 것이, ④은 좋아하는 일부터 하는 것이 과업을 처리할 때 중요하다고 주장하고 있네요. ⑤은 원치 않는 일을 할 때 부정적인 마음보다는 수용적인 태도를 갖추라는 주장일 거예요.

2nd 가정을 통해 필자가 주장하는 바를 파악하세요.

1) 첫 번째 If를 봅시다.

If you hate the thing you do / but have to do it
만약 여러분이 자기가 하는 일을 싫어하지만 / 그럼에도 불구하고 해야
nonetheless, / you have choice / between / hating
한다면 / 여러분은 선택할 수 있다 / ~ 중에서 / 그것을
the thing / and accepting that it needs to be done. //
싫어하는 것과 / 그것이 완료될 필요가 있다는 것을 받아들이는 것 //

● **싫어하는 일을 해야 하는 상황을 가정했어요.**

그 상황에서는 '그것을 싫어하는 것'과 '그것을 해야 하는 것을 받아들이는 것', 두 가지 중 한 가지를 선택할 수 있대요.

● **비슷한 내용을 선택지에서 봤었죠?**

⑤이 원치 않는 일을 할 때 부정적인 마음보다는 수용적인 태도를 갖추라는 주장이었어요. 전자보다는 후자를 선택하라는 거죠. 글의 나머지 부분에서 후자를 선택할 것을 주장한다면 ⑤이 정답일 거예요.

2) 전자(증오의 영역)를 선택할 경우에 어떻다고 설명하는지 봅시다.

Doing it from place of hatred / will develop hatred /
증오의 영역에서 그것을 하는 것은 / 증오를 키울 것이다 /
towards the self and others around you; /
여러분 자신과 여러분 주변의 사람들을 향한 /

● **부정적인 결과를 말하고 있어요.**
전자, 즉 그것을 싫어하는 증오의 영역을 선택한다면 스스로와 주변의
사람들을 향한 ❶(   )를 키울 것이라고 했어요.

3) 후자(수용의 영역)를 선택할 경우에 어떻다고 설명하는지 봅시다.

doing it from the place of acceptance / will create
수용의 영역에서 그것을 하는 것은 / 자신을 향한
compassion towards the self / and allow for
연민을 일으키고 / 기회를 갖게 될 것이다
opportunities / to find a more suitable way / of
/ 더 적합한 방법을 찾을 /
accomplishing the task. //
그 과업을 성취할 //

● **긍정적인 결과를 말하고 있어요.**
후자, 즉 그것을 해야 하는 것을 받아들이는 ❷(   )의 영역을
선택한다면 과업을 성취할 더 적합한 방법을 찾을 기회를 갖게 된대요.

▶ 정답을 한번 생각해 볼까요?
싫어하지만 그럼에도 불구하고 해야 한다면, 수용의 영역에서 하는 것이 그
과업을 성취할 더 적합한 방법을 찾게 할 거라고 했어요.
앞서 살펴본 선택지 ⑤과 같은 주장이네요!

4) 두 번째 If도 마저 봅시다.

If you decide to accept the fact / that your task has
만약 당신이 사실을 받아들이기로 한다면 / 여러분의 과업이 완료되어야
to be done, / start from recognising / that your
한다는 / 인식하는 것으로부터 시작하라 / 여러분의 상황이
situation is a gift from life; / this will help you / to
삶으로부터의 선물임을 / 이는 여러분을 도울 것이다 /
see it as a lesson in acceptance //
그것을 수용의 교훈으로 여기게 //

● **수용의 영역을 선택하는 방법을 설명하고 있어요.**
받아들이려는 그 상황이 삶으로부터의 선물임을 인식하는 것으로부터
시작하면 수용의 교훈으로 여기게 도울 것이라는 내용이네요. 글의
끝까지 같은 주장을 하고 있어요.

3rd 필자의 주장을 우리말 한 문장으로 정리한 선택지를 찾으세요.

원치 않는 일을 할 때, 그것을 싫어하는 것(증오의 영역)과 그것이 완료될
필요가 있다는 것을 받아들이는 것(수용의 영역)에서 선택할 수 있어요.
증오의 영역에서 그것을 한다면 증오를 키울 것이지만, 수용의 영역에서
그것을 한다면 성취할 더 적합한 방법을 찾을 기회를 갖게 될 것이라고
설명하며, 그 방법을 알려주는 것으로 글을 마무리했어요.
따라서 글에서 필자가 주장하는 바로 가장 적절한 것은
❸(   )이에요.

▶ 글의 흐름을 정리하며 필자의 주장을 다시 한번 확인해 보세요.

| 도입 | 해야 하는 일이 있을 때, 그것을 증오하거나 수용할 수 있음 |

↓

| 상황 ① | 증오의 영역에서 그것을 한다면 증오를 키울 것임 |

↓

| 상황 ② | 수용의 영역에서 그것을 한다면 그 과업을 성취할 더 적합한 방법을 찾을 기회를 갖게 될 것임 |

↓

| 부연 | 수용의 영역에서 할 것이라면 상황이 선물임을 인식하는 것으로부터 시작하는 것이 좋음 |

 단어장

C03 ~ 06 ▶ 제한시간 7분

C03 ❋❋❋ 
고2 2025(3월)/20

다음 글에서 필자가 주장하는 바로 가장 적절한 것은?

Fans who are inclined to spend a lot of time thinking about what athletes owe them as fans should also think about the corresponding obligations that fans might have *as fans*. One who thinks only about what they are entitled to receive from their friends without ever giving a moment's thought to what they owe their friends is, to put it mildly, not a very good friend. Similarly, fans who only think about what athletes owe them without ever thinking about what they owe to athletes have failed to take the fan/athlete relationship all that seriously. As in nearly every other area of human life, whatever special rights fans may possess are limited by a corresponding set of obligations, and fans who never think about how they can be better fans even as they confidently opine about what athletes owe them are hardly fulfilling their end of the bargain.

* opine: (의견을) 말하다, 밝히다

① 팬과 선수는 승리를 위해 동반자 관계를 유지해야 한다.
② 팬은 팀의 경기 결과보다 자기의 삶에 더 집중해야 한다.
③ 팬은 선수에게 요구하는 만큼 자신의 의무도 고민해야 한다.
④ 선수는 팬의 기대를 충족시키기 위해 경기력을 향상해야 한다.
⑤ 선수는 팬을 친구처럼 여기고 팬과 적극적으로 소통해야 한다.

C04 ❋❋❋ 
고2 2025(6월)/20

다음 글에서 필자가 주장하는 바로 가장 적절한 것은?

Imagine you have the best tea in the world and you put it into a bag that's impermeable. It won't work. You just won't be able to make a cup of tea. For the teabag to work, it needs to be porous. You need the tea and the water to come in contact with each other. In our lives too, we cannot survive and thrive in isolation. Leaders need to be careful not to build walls around themselves that prevent people from reaching out to them. As a leader, you need to be able to touch other people. The tea was meant to mix with the water. Similarly all of us were designed to work with other people, with teams, and with society at large.

* impermeable: 스며들지 않는 ** porous: 구멍이 있는

① 리더는 팀원들에게 영감을 줄 수 있는 비전을 제시해야 한다.
② 리더는 장벽 없이 다른 사람들과 접촉할 수 있어야 한다.
③ 리더는 변화에 대처할 수 있는 적응력을 갖추어야 한다.
④ 리더는 타인의 의견보다 자신의 판단을 믿어야 한다.
⑤ 리더는 내면의 강점을 키우는 데 집중해야 한다.

C05 ✤✤✤ 　　　　　　　　고2 2025(9월)/20

다음 글에서 필자가 주장하는 바로 가장 적절한 것은?

"Tactics" is a term drawn from military usage. Strategies are plans of action directing a military force when attacking another, and tactics are responses to conditions on the ground. In this vein, time is imposed on us by our cultures, by the technologies that have regimented time down to the nanosecond, and by its own finite nature and the fact that we're going to live only so long. In response, we must develop tactics for dealing with time and waiting. These aren't tactics to eliminate waiting; instead, these are tactics for teaching us how to learn from the seams. These tactics have the potential to reorient us in profound ways, transforming our perspectives on our wait times. Such renewed perspectives transform waiting from a burden to a springboard toward things like creativity, social critique, or reflection on our inner state and the state of our relationships. 　　*regiment: 조직화하다　**seam: 이음매

① 기다림에 대한 관점을 전환하여 도약의 기회로 삼아야 한다.
② 자기 성찰을 위해 명상하는 시간을 충분히 확보해야 한다.
③ 자신의 시간이 소중한 만큼 타인의 시간도 존중해야 한다.
④ 계획 수립 시 일정 사이에 낭비되는 시간을 줄여야 한다.
⑤ 업무 효율 향상을 위해 팀원 간 화합을 도모해야 한다.

C06 ✤✤✤ 　　　　　　　　고2 2024(10월)/20

다음 글에서 필자가 주장하는 바로 가장 적절한 것은?

To be mathematically literate means to be able to think critically about societal issues on which mathematics has bearing so as to make informed decisions about how to solve these problems. Dealing with such complex problems through interdisciplinary approaches, mirroring real-world problems requires innovative ways of planning and organizing mathematical teaching methods. Navigating our world means being able to quantify, measure, estimate, classify, compare, find patterns, conjecture, justify, prove, and generalize within critical thinking and when using critical thinking. Therefore, making decisions, even qualitatively, is not possible without using mathematics and critical thinking. Thus, teaching mathematics should be done in interaction with critical thinking along with a decision-making process. They can be developed into the mathematical context, so that there is no excuse to not explicitly support students to develop them.

① 비판적 사고를 통한 의사 결정 능력이 수학적 맥락에서 함양되어야 한다.
② 객관적 사고를 위해 사회 현상을 수학적 관점에서 바라볼 수 있어야 한다.
③ 수학 수업의 과제는 실생활의 제반 문제를 해결하는 것과 연관되어야 한다.
④ 의사 결정 시 정량적인 방법에 치중해 정성적인 부분을 간과해서는 안 된다.
⑤ 수학적 사고력을 기르기 위해서는 범교과적인 학습 기회가 제공되어야 한다.

C07 ★★☀   고2 2024(6월)/20 

다음 글에서 필자가 주장하는 바로 가장 적절한 것은?

Most people resist the idea of a true self-estimate, probably because they fear it might mean downgrading some of their beliefs about who they are and what they're capable of. As Goethe's maxim goes, it is a great failing "to see yourself as more than you are." How could you really be considered self-aware if you refuse to consider your weaknesses? Don't fear self-assessment because you're worried you might have to admit some things about yourself. The second half of Goethe's maxim is important too. He states that it is equally damaging to "value yourself at less than your true worth." We underestimate our capabilities just as much and just as dangerously as we overestimate other abilities. Cultivate the ability to judge yourself accurately and honestly. Look inward to discern what you're capable of and what it will take to unlock that potential.

* maxim: 격언

① 주관적 기준으로 타인을 평가하는 것을 피해야 한다.
② 정확하고 정직하게 자신을 평가하는 능력을 길러야 한다.
③ 자신이 가진 잠재력을 믿고 다양한 분야에 도전해야 한다.
④ 다른 사람과 비교하기보다는 자신의 성장에 주목해야 한다.
⑤ 문제를 해결하기 위해 근본 원인을 정확하게 분석해야 한다.

C08 ★☀☀   고2 2024(9월)/20 

다음 글에서 필자가 주장하는 바로 가장 적절한 것은?

Merely convincing your children that worry is senseless and that they would be more content if they didn't worry isn't going to stop them from worrying. For some reason, young people seem to believe that worry is a fact of life over which they have little or no control. Consequently, they don't even try to stop. Therefore, you need to convince them that worry, like guilt and fear, is nothing more than an emotion, and like all emotions, is subject to the power of the will. Tell them that they can eliminate worry from their lives by simply refusing to attend to it. Explain to them that if they refuse to act worried regardless of how they feel, they will eventually stop feeling worried and will begin to experience the contentment that accompanies a worry-free life.

① 아이가 죄책감과 책임감을 구분하도록 가르쳐야 한다.
② 아이가 스스로 불안의 원인을 찾도록 도와주어야 한다.
③ 아이의 감정에 공감하고 있음을 구체적으로 표현해야 한다.
④ 부모로서 느끼는 감정에 관해 아이와 솔직하게 대화해야 한다.
⑤ 아이에게 자기 의지로 걱정을 멈출 수 있음을 알려주어야 한다.

C09 ★★☀   고2 2021(11월)/20 

다음 글에서 필자가 주장하는 바로 가장 적절한 것은?

In 2003, British Airways made an announcement that they would no longer be able to operate the London to New York Concorde flight twice a day because it was starting to prove uneconomical. Well, the sales for the flight on this route increased the very next day. There was nothing that changed about the route or the service offered by the airlines. Merely because it became a scarce resource, the demand for it increased. If you are interested in persuading people, then the principle of scarcity can be effectively used. If you are a salesperson trying to increase the sales of a certain product, then you must not merely point out the benefits the customer can derive from the said product, but also point out its uniqueness and what they will miss out on if they don't purchase the product soon. In selling, you should keep in mind that the more limited something is, the more desirable it becomes.

① 상품 판매 시 실현 가능한 판매 목표를 설정해야 한다.
② 판매를 촉진하기 위해서는 가격 경쟁력을 갖추어야 한다.
③ 효과적인 판매를 위해서는 상품의 희소성을 강조해야 한다.
④ 고객의 신뢰를 얻기 위해서는 일관된 태도를 유지해야 한다.
⑤ 고객의 특성에 맞춰 다양한 판매 전략을 수립하고 적용해야 한다.

C10 ✽✽✽

다음 글에서 필자가 주장하는 바로 가장 적절한 것은?

Clarity in an organization keeps everyone working in one accord and energizes key leadership components like trust and transparency. No matter who or what is being assessed in your organization, what they are being assessed on must be clear and the people must be aware of it. If individuals in your organization are assessed without knowing what they are being assessed on, it can cause mistrust and move your organization away from clarity. For your organization to be productive, cohesive, and successful, trust is essential. Failure to have trust in your organization will have a negative effect on the results of any assessment. It will also significantly hinder the growth of your organization. To conduct accurate assessments, trust is a must — which comes through clarity. In turn, assessments help you see clearer, which then empowers your organization to reach optimal success.

① 조직이 구성원에게 제공하는 보상은 즉각적이어야 한다.
② 조직의 발전을 위해 구성원은 동료의 능력을 신뢰해야 한다.
③ 조직 내 구성원의 능력에 맞는 명확한 목표를 설정해야 한다.
④ 조직의 신뢰 형성을 위해 구성원에 대한 평가 요소가
　명확해야 한다.
⑤ 구성원의 의견 수용을 위해 신뢰에 기반한 조직 문화가
　구축되어야 한다.

C11 ✽✽✽

다음 글에서 필자가 주장하는 바로 가장 적절한 것은?

Though we are marching toward a more global society, various ethnic groups traditionally do things quite differently, and a fresh perspective is valuable in creating an open-minded child. Extensive multicultural experience makes kids more creative (measured by how many ideas they can come up with and by association skills) and allows them to capture unconventional ideas from other cultures to expand on their own ideas. As a parent, you should expose your children to other cultures as often as possible. If you can, travel with your child to other countries; live there if possible. If neither is possible, there are lots of things you can do at home, such as exploring local festivals, borrowing library books about other cultures, and cooking foods from different cultures at your house.

① 자녀가 전통문화를 자랑스럽게 여기게 해야 한다.
② 자녀가 주어진 문제를 깊이 있게 탐구하도록 이끌어야 한다.
③ 자녀가 다른 문화를 가능한 한 자주 접할 수 있게 해야 한다.
④ 창의성 발달을 위해 자녀의 실수에 대해 너그러워야 한다.
⑤ 경험한 것을 돌이켜 볼 시간을 자녀에게 주어야 한다.

C12 ✽✽✽

다음 글에서 필자가 주장하는 바로 가장 적절한 것은?

Without guidance from their teacher, students will not embark on a journey of personal development that recognizes the value of cooperation. Left to their own devices, they will instinctively become increasingly competitive with each other. They will compare scores, reports, and feedback within the classroom environment — just as they do in the sporting arena. We don't need to teach our students about winners and losers. The playground and the media do that for them. However, we do need to teach them that there is more to life than winning and about the skills they need for successful cooperation. A group working together successfully requires individuals with a multitude of social skills, as well as a high level of interpersonal awareness. While some students inherently bring a natural understanding of these skills with them, they are always in the minority. To bring cooperation between peers into your classroom, you need to teach these skills consciously and carefully, and nurture them continuously throughout the school years.

① 학생의 참여가 활발한 수업 방법을 개발해야 한다.
② 학생에게 성공적인 협동을 위한 기술을 가르쳐야 한다.
③ 학생의 의견을 존중하는 학교 분위기를 조성해야 한다.
④ 학생의 전인적 발달을 위해 체육활동을 강화해야 한다.
⑤ 정보를 올바르게 선별하도록 미디어 교육을 실시해야 한다.

C13 ❋❋❋   고2 2023(9월)/20

다음 글에서 필자가 주장하는 바로 가장 적절한 것은?

Managers frequently try to play psychologist, to "figure out" why an employee has acted in a certain way. Empathizing with employees in order to understand their point of view can be very helpful. However, when dealing with a problem area, in particular, remember that it is not the person who is bad, but the actions exhibited on the job. Avoid making suggestions to employees about personal traits they should change; instead suggest more acceptable ways of performing. For example, instead of focusing on a person's "unreliability," a manager might focus on the fact that the employee "has been late to work seven times this month." It is difficult for employees to change who they are; it is usually much easier for them to change how they act.

① 직원의 개인적 성향을 고려하여 업무를 배정하라.
② 업무 효율성 향상을 위해 직원의 자율성을 존중하라.
③ 조직의 안정을 위해 직원의 심리 상태를 수시로 확인하라.
④ 직원의 업무상 고충을 이해하기 위해 직원과 적극적으로 소통하라.
⑤ 문제를 보이는 직원에게 인격적 특성보다는 행동 방식에 대해 제안하라.

C14 ❋❋❋   고2 2023(11월)/20

다음 글에서 필자가 주장하는 바로 가장 적절한 것은?

Agriculture includes a range of activities such as planting, harvesting, fertilizing, pest management, raising animals, and distributing food and agricultural products. It is one of the oldest and most essential human activities, dating back thousands of years, and has played a critical role in the development of human civilizations, allowing people to create stable food supplies and settle in one place. Today, agriculture remains a vital industry that feeds the world's population, supports rural communities, and provides raw materials for other industries. However, agriculture faces numerous challenges such as climate change, water scarcity, soil degradation, and biodiversity loss. As the world's population continues to grow, it is essential to find sustainable solutions to address the challenges facing agriculture and ensure the continued production of food and other agricultural products.

① 토양의 질을 개선하기 위해 친환경 농법의 연구와 개발이 필요하다.
② 세계 인구의 증가에 대응하기 위해 농산물 품종의 다양화가 필요하다.
③ 기후 변화에 대한 지속 가능한 대책은 경제적 관점에서 고려되어야 한다.
④ 다른 산업 분야와의 공동 연구를 통해 상품성을 가진 농작물을 개발해야 한다.
⑤ 농업이 직면한 문제 해결 및 식량과 농산물의 지속적 생산을 위한 방안이 필요하다.

C15 ❋❋❋   고2 2020(9월)/20

다음 글에서 필자가 주장하는 바로 가장 적절한 것은?

Children may develop imaginary friends around three or four years of age. Imaginary friends are only a concern if children replace all social interactions with pretend friends. As long as children are developing socially with other children, then imaginary friends are beneficial. Parents often will need reassurance about imaginary friends; they should be respectful of the pretend friends, as well as of their child. Children who create imaginary friends should never be teased, humiliated, or ridiculed in any way. Parents may tire of including the friends in daily activities, such as setting an extra plate at dinner, but they should be reassured that the imaginary friends stage will pass. Until then, imaginary friends should be respected and welcomed by parents because they signify a child's developing imagination.

① 아이들의 상상력을 자극하는 질문을 해야 한다.
② 식사 시간을 자녀와 대화하는 기회로 삼아야 한다.
③ 사회성 발달을 위해 단체 활동에 적극 참여해야 한다.
④ 자녀의 노력을 구체적으로 칭찬하는 부모가 되어야 한다.
⑤ 부모는 자녀의 가상의 친구를 존중하고 받아들여야 한다.

C16 ✿✿✿ 

다음 글에서 필자가 주장하는 바로 가장 적절한 것은?

We usually take time out only when we really need to switch off, and when this happens we are often overtired, sick, and in need of recuperation. Me time is complicated by negative associations with escapism, guilt, and regret as well as overwhelm, stress, and fatigue. All these negative connotations mean we tend to steer clear of it. Well, I am about to change your perception of the importance of me time, to persuade you that you should view it as vital for your health and wellbeing. Take this as permission to set aside some time for yourself! Our need for time in which to do what we choose is increasingly urgent in an overconnected, overwhelmed, and overstimulated world.

* recuperation: 회복

① 나를 위한 시간의 중요성을 인식해야 한다.
② 자신의 잘못을 성찰하는 자세를 가져야 한다.
③ 어려운 일이라고 해서 처음부터 회피해서는 안 된다.
④ 사회의 건강과 행복을 위하여 타인과 연대해야 한다.
⑤ 급변하는 사회에서 가치 판단을 신속하게 할 수 있어야 한다.

C17 ~ 18 ▶ 제한시간 4분

C17 ⭐ 2등급 대비

다음 글에서 필자가 주장하는 바로 가장 적절한 것은?

In the rush towards individual achievement and recognition, the majority of those who make it forget their humble beginnings. They often forget those who helped them on their way up. If you forget where you came from, if you neglect those who were there for you when things were tough and slow, then your success is valueless. No one can make it up there without the help of others. There are parents, friends, advisers, and coaches that help. You need to be grateful to all of those who helped you. Gratitude is the glue that keeps you connected to others. It is the bridge that keeps you connected with those who were there for you in the past and who are likely to be there in the end. Relationships and the way you treat others determine your real success.

① 원만한 인간관계를 위하여 사고의 유연성을 길러야 한다.
② 성공에 도움을 준 사람들에게 감사하는 마음을 가져야 한다.
③ 자신의 분야에서 성공하기 위해서는 경험의 폭을 넓혀야 한다.
④ 원하는 직업을 갖기 위해서는 다른 사람의 조언을 경청해야 한다.
⑤ 타인의 시선을 의식하지 않고 부단히 새로운 일에 도전해야 한다.

C18 ⭐ 2등급 대비 

다음 글에서 필자가 주장하는 바로 가장 적절한 것은?

The introduction of new technologies clearly has both positive and negative impacts for sustainable development. Good management of technological resources needs to take them fully into account. Technological developments in sectors such as nuclear energy and agriculture provide examples of how not only environmental benefits but also risks to the environment or human health can accompany technological advances. New technologies have profound social impacts as well. Since the industrial revolution, technological advances have changed the nature of skills needed in workplaces, creating certain types of jobs and destroying others, with impacts on employment patterns. New technologies need to be assessed for their full potential impacts, both positive and negative.

① 기술 혁신을 저해하는 과도한 법률적 규제를 완화해야 한다.
② 기술의 도입으로 인한 잠재적인 영향들을 충분히 고려해야 한다.
③ 혁신적 농업 기술을 적용할 때는 환경적인 측면을 검토해야 한다.
④ 기술 진보가 가져온 일자리 위협에 대한 대비책을 마련해야 한다.
⑤ 기술 발전을 위해서는 혁신적 사고와 창의성이 뒷받침되어야 한다.

※ 다음 영어는 우리말 뜻을, 우리말은 영어 단어를 〈보기〉에서 찾아 쓰시오.

┌─ 보기 ─┐

최적의	convince	관련	노출시키다
cohesive	불신	measure	유혹하다
biodiversity	자격을 주다	conjecture	march

01 entitle ___________________

02 optimal ___________________

03 tempt ___________________

04 bearing ___________________

05 expose ___________________

06 생물 다양성 ___________________

07 측정하다 ___________________

08 추측하다 ___________________

09 나아가다 ___________________

10 설득하다 ___________________

※ 다음 우리말에 알맞은 영어 표현을 찾아 연결하시오.

11 대체적인 • • be subject to

12 ~의 영향을 받기 쉽다 • • make it

13 ~을 지적하다 • • point out

14 성공하다 • • self-estimate

15 자기 평가 • • at large

※ 다음 우리말 표현에 맞는 단어를 고르시오.

16 경쟁 우위 ➡ (competitive / concerning) advantage

17 상응하는 의무 ➡ the corresponding (obligations / aggravation)

18 당신의 진정한 성공을 결정하다 ➡ (defend / determine) your real success

19 만족감을 경험하다 ➡ experience the (argument / contentment)

20 특정한 신문을 읽다 ➡ read a (particular / beneficial) newspaper

※ 다음 문장의 빈칸에 알맞은 단어를 〈보기〉에서 찾아 쓰시오.

┌─ 보기 ─┐

hatred	desirable	empathizing	thrive
traits	connotations	senseless	inward
profound	impatience	assessments	sector

21 무언가가 더 한정적일수록 그것이 더 가치 있게 된다.
➡ The more limited something is, the more ___________ it becomes.

22 평가는 여러분이 더 분명하게 볼 수 있도록 도와준다.
➡ ___________ help you see clearer.

23 여러분은 조바심의 먹잇감이 되어 본 적이 있는가?
➡ Have you fallen prey to ___________?

24 우리 삶에서도 마찬가지로, 우리는 고립된 채로는 살아갈 수도 성장할 수도 없다.
➡ In our lives too, we cannot survive and ___________ in isolation.

25 새로운 기술은 심오한 사회적 영향을 끼친다.
➡ New technologies have ___________ social impacts.

26 이러한 모든 부정적인 함축은 우리가 그것을 피하려는 경향이 있음을 의미한다.
➡ All these negative ___________ mean we tend to steer clear of it.

27 직원들에게 인격적 특성에 대해 제안하는 것을 피하라.
➡ Avoid making suggestions to employees about personal ___________.

28 여러분의 아이들을 걱정은 의미 없다고 설득하는 것은 그들이 걱정하는 것을 멈추게 하지 않을 것이다.
➡ Convincing your children that worry is ___________ isn't going to stop them from worrying.

29 네가 할 수 있는 것을 파악하기 위해 내면을 들여다봐라.
➡ Look ___________ to discern what you're capable of.

30 직원들과 공감하는 것은 매우 도움이 될 수 있다.
➡ ___________ with employees can be very helpful.

D 밑줄 친 부분의 의미 찾기

★ 유형 설명

밑줄 친 forward "thinking"이 다음 글에서 의미하는 바로 가장 적절한 것은?

I suspect fungi are a little more forward "thinking" than their larger partners. Among trees, each

밑줄 친 부분은 비유적인 표현인 경우가 많다. 글의 내용과 문맥에 맞게 그 직접적인 의미가 무엇인지 추론해야 한다.

➔ 똑같은 비유적인 표현도 어떤 글에서 쓰였는지에 따라 그 의미가 달라지므로 글의 내용을 정확히 파악한 후에 그에 맞게 비유적 표현의 의미를 찾아야 한다.
정답으로 고른 선택지를 밑줄 친 부분 대신에 넣어 보고 글이 자연스러운지 확인한다.

유형 풀이 비법

1 밑줄 친 부분을 파악하라!
- 밑줄 친 부분이 어디 있는지 확인한 후, 어떤 부분에 집중해서 전체 글을 읽어야 하는지 파악한다.

2 핵심 내용을 종합하라!
- 처음부터 글을 읽으면서 전체 내용을 이해하고 핵심어와 요지를 찾는다.

3 선택지를 해석해 보라!
- 밑줄 친 부분에 정답으로 고른 선택지의 해석을 넣어서 맞는지 확인한다.

(Tip) 밑줄 친 부분의 앞뒤 내용뿐만 아니라 전체 글의 흐름에 매끄럽게 들어맞는지 확인한다.

어휘 및 표현 Preview

□ **regional** 지역의
□ **corruption** 변질, 오염
□ **norm** 규범
□ **savor** (맛을) 음미하다
□ **nutritionist** 영양학자
□ **utterly** 완전히, 아주
□ **disrupt** 지장을 주다
□ **pursue** 추구하다
□ **distraction** 방해물
□ **strategic** 전략적인
□ **demanding** 부담이 큰, 힘든
□ **victorious** 우세한
□ **infect** 감염시키다
□ **sprout** 싹이 나다
□ **dominate** 우세하다
□ **invasion** 침입
□ **regenerate** 재건하다

□ **transaction** 거래
□ **slavery** 노예제
□ **reside** 존재하다, 거주하다
□ **aesthetics** 미학
□ **enlighten** 이해시키다
□ **all-or-nothing** 양단의
□ **mentality** 사고방식
□ **spray** 뿌리다
□ **patch** 좁은 땅
□ **intervene** 개입하다
□ **dynamics** 역학 관계
□ **fence** 울타리를 치다
□ **inherently** 본질적으로
□ **soften** 완화시키다
□ **coin** 만들다
□ **innocent** 무고한, 순진한
□ **override** 무효화하다

□ **truth** 진상
□ **resulting** 그로 인해 발생하는
□ **filtering** 여과
□ **devastating** 파괴적인
□ **hierarchy** 위계 관계
□ **subordinate** 부하 직원
□ **peacemaker** 평화 중재자
□ **negotiator** 협상가
□ **supply chain** 공급망
□ **stick to** ~을 고수하다
□ **yield** 수확량
□ **firing line** (활동의) 제일선
□ **pose a challenge** 어려움을 주다
□ **be worth -ing** ~할 가치가 있다
□ **lose one's marbles** 분별을 잃다
□ **kick in** 발동하다, 효과가 나다
□ **water down** 효과를 약화시키다

D 밑줄 친 부분의 의미 찾기 (첫 번째)

1st 밑줄 친 부분을 먼저 읽고, 글에서 찾아야 할 내용이 무엇인지 생각해 보세요.
2nd 앞에서 찾은 단서를 활용하여 글을 읽고 밑줄 친 부분이 의미하는 바를 추론하세요.
3rd 파악한 글의 내용을 종합하여 선택지에서 정답을 찾으세요.

D01 ★★★ ································· 고2 2025(3월)/21

밑줄 친 keeping the ball on a slope가 다음 글에서 의미하는 바로 가장 적절한 것은? [3점]

The concept of ecosystem states should be familiar to anyone with a home vegetable garden. The garden is a small ecosystem that the grower attempts to keep in a specific state, namely the maximization of fruit and [5] vegetable production. To achieve this, the grower is almost always intervening in the dynamics of the ecosystem; they remove unwanted plants that begin to grow and perhaps spray insecticides and fence off the [10] patch to stop insects and other animals from consuming the vegetables. Since maximizing vegetable growth is an inherently unstable state for the ecosystem, the grower is effectively keeping the ball on a slope. If the [15] grower stops intervening, even for a day, the ecosystem, that small patch of ground, will naturally begin to shift to a more stable state. Vegetables may still grow, but yield will almost certainly be lower as other plants [20] crowd out the vegetables and wildlife consume the produce.

* insecticide: 살충제

① improving the garden's environment without human intervention
② altering the ecosystem of the garden to maximize its stability
③ balancing increased plant diversity with ecosystem stability
④ maintaining an unstable ecosystem for high vegetable yield
⑤ boosting the harmonious growth of plants in the wild

1st 밑줄 친 부분을 먼저 읽고, 글에서 찾아야 할 내용이 무엇인지 생각해 보세요.

> Since maximizing vegetable growth / is an
> 채소의 성장을 극대화하는 것은 /
> inherently unstable state / for the ecosystem, / the
> 본질적으로 불안정한 상태이기 때문에 / 생태계에게는 /
> grower is effectively keeping the ball on a slope. //
> 재배자는 사실상 경사면 위에 공을 잡아 두고 있는 것이다 //

● 밑줄 친 부분이 포함된 문장을 봅시다.
  채소의 성장을 극대화하는 것은 생태계에게는 본질적으로 불안정한 것이라고 했어요.

● 재배자는 채소를 키우는 사람이죠?
  채소를 키우는 사람이라면 채소의 성장을 극대화하길 바랄 것이고, 따라서 '경사면 위에 공을 잡아 두고 있는 것'은 채소의 성장을 극대화하기 위해 생태계를 불안정한 상태로 만드는 것을 뜻할 거예요.

2nd 앞에서 찾은 단서를 활용하여 글을 읽고 밑줄 친 부분이 의미하는 바를 추론하세요.

1) 글을 처음부터 읽어봅시다.

> The concept of ecosystem states / should be familiar
> 생태계 상태라는 개념은 / 누구나 익숙할 것이다
> to anyone / with a home vegetable garden. //
> / 가정용 텃밭이 있는 사람이라면 //

● '가정용 텃밭이 있는 사람'은 앞에서 살펴본 '재배자'를 뜻해요.
  재배자라면 생태계 상태라는 개념에 익숙할 것인데, 그 생태계와 불안정한 상태에 대한 관련성은 아직 언급하지 않았어요.

2) 글을 계속 읽어봅시다.

> The garden is a small ecosystem / that the grower
> 텃밭은 작은 생태계이다 / 재배자가 특정한 상태를
> attempts to keep in a specific state, / namely the
> 유지하려고 애쓰는 / 즉 과일과 채소
> maximization of fruit and vegetable production. //
> 생산의 극대화를 //

● '극대화'가 언급됐어요.
  과일과 채소 생산의 극대화를 위해 지배자가 '특정한 상태'를 유지하려고 애쓴다고 했어요. 즉, 그 '특정한 상태'는 생태계에게는 불안정한 상태이며, 이를 유지하려는 노력이 keeping the ball on a slope로 비유된 것이네요.

3) 구체적으로 하는 일들을 나열하고 있어요.

> To achieve this, / the grower is almost always
> 이를 달성하기 위해 　　　　/ 재배자는 거의 항상 개입한다
> intervening / in the dynamics of the ecosystem; /
> 　　　　　　　/ 생태계의 역학 관계에 　　　　　　　/
> they remove unwanted plants / that begin to grow /
> 즉, 그들은 원치 않는 식물을 제거하고 / 자라나기 시작하는 　/
> and perhaps spray insecticides / and fence off the
> 어쩌면 살충제를 뿌리고 　　　　　/ 밭에 울타리를 칠 수도 있다
> patch / to stop insects and other animals from
> 　　　/ 곤충과 다른 동물들이 채소를 먹는 것을 막기 위해 //
> consuming the vegetables. //

- **재배자가 생태계에 '개입'한다고 하네요.**
  자신이 기르는 과일 또는 채소 생산의 극대화를 위해 원치 않는 식물을
  제거하고, 살충제를 뿌리고, 울타리를 치는 등 재배자가 생태계의 역학
  관계에 개입한다고 했어요.

4) 밑줄 친 문장의 다음 문장부터 글의 마지막까지 읽어봅시다.

> If the grower stops intervening, / even for a day, /
> 만약 재배자가 개입을 멈춘다면 　/ 단 하루만이라도 　　/
> the ecosystem, that small patch of ground, / will
> 그 생태계, 즉 그 땅의 작은 밭 　　　　　　　　/ 자연히
> naturally begin to shift / to a more stable state. //
> 변화하기 시작할 것이다 / 더 안정된 상태로 　　　//
> Vegetables may still grow, / but yield will almost
> 채소는 여전히 자라겠지만 　/ 수확량은 거의 틀림없이 더 적을
> certainly be lower / as other plants crowd out the
> 것이다 　　　　　/ 다른 식물이 채소를 밀어내고
> vegetables / and wildlife consume the produce. //
> 　　　　　/ 야생 동물이 작물을 먹기 때문에 　　　//

- **반대의 상황을 가정하고 있어요.**
  생태계 개입 → 불안정한 상태 유지 → 수확량 ❶ (최대화 / 감소)
  생태계 개입 중단 → 안정된 상태 복귀 → 수확량 ❷ (최대화 / 감소)
  밑줄 친 부분은 재배자가 개입하는 첫 번째 상황을 의미해요.
  즉, 채소 생산을 극대화하기 위해 텃밭의 재배자가 '경사면 위에 공을
  잡아 두고 있다'는 것은 생태계에서 채소 생산을 극대화하는 데 필요한
  불안정성을 유지한다는 것이죠.

3rd 파악한 글의 내용을 종합하여 선택지에서 정답을 찾으세요.

1) 글의 흐름을 정리하며 밑줄 친 내용의 의미를 다시 확인해 봅시다.

도입	텃밭은 작은 생태계이며, 채소 생산 극대화를 유지하려는 재배자의 노력이 수반됨

⬇

부연	재배자는 잡초 제거, 살충제 사용, 울타리 설치 등을 통해 생태계에 적극적으로 개입함

⬇

전개	채소 생산 극대화는 생태계에게는 본래 불안정한 상태임

⬇

결론	개입이 멈추면 생태계는 자연스럽고 안정된 방향으로 변화하지만 수확량의 감소를 초래함

2) 선택지를 해석해 봅시다.

> ① improving the garden's environment without
>   human intervention 인간의 개입 없이 텃밭의 환경을 개선하는 것
> ② altering the ecosystem of the garden to maximize
>   its stability 안정성을 극대화하기 위해 텃밭의 생태계를 바꾸는 것
> ③ balancing increased plant diversity with ecosystem
>   stability 생태계 안정성과 증가한 식물 다양성의 균형을 맞추는 것
> ④ maintaining an unstable ecosystem for high
>   vegetable yield
>   높은 채소 생산량을 위해 불안정한 생태계를 유지하는 것
> ⑤ boosting the harmonious growth of plants in the
>   wild 야생 식물들의 조화로운 성장을 촉진하는 것

- **정답을 골라봅시다.**
  재배자의 개입이 없다면 텃밭 생태계는 안정되며 채소 수확량도 줄어들
  것이므로, 채소 생산성을 극대화하기 위해서는 텃밭 생태계의 불안정성을
  유지해야 한다는 내용의 글이에요.
  따라서 밑줄 친 부분이 의미하는 것은 ④ '높은 채소 생산량을 위해
  불안정한 생태계를 유지하는 것'이에요.

오답 선택지를 확인해 볼까요?

- **②을 정답으로 골랐나요?**
  텃밭의 생태계를 가꾸는 이유는 안정성을 위해서가 아니라 채소 생산을
  극대화하기 위함이에요. 또 이 글에 따르면 안정성을 극대화하면 채소
  생산을 극대화할 수 없죠.

D 밑줄 친 부분의 의미 찾기 (두 번째)

1st 밑줄 친 부분을 먼저 읽고, 앞으로 글에서 찾아야 할 내용이 무엇인지 생각해 보세요.

2nd 앞에서 찾은 단서를 활용하여 글을 읽고 밑줄 친 부분이 의미하는 바를 추론하세요.

3rd 추론한 내용을 선택지에서 찾고, 다시 글을 읽으며 맞는지 확인하세요.

D02 ★★★ .... 고2 2023(6월)/21

밑줄 친 have entirely lost our marbles가 다음 글에서 의미하는 바로 가장 적절한 것은? [3점]

North America's native cuisine met the same unfortunate fate as its native people, save for a few relics like the Thanksgiving turkey. Certainly, we still have regional specialties, but the Carolina barbecue will almost⁵ certainly have California tomatoes in its sauce, and the Louisiana gumbo is just as likely to contain Indonesian farmed shrimp. If either of these shows up on a fast-food menu with lots of added fats or HFCS, we¹⁰ seem unable either to discern or resist the corruption. We have yet to come up with a strong set of generalized norms, passed down through families, for savoring and sensibly consuming what our land and¹⁵ climate give us. We have, instead, a string of fad diets convulsing our bookstores and bellies, one after another, at the scale of the national best seller. Nine out of ten nutritionists view this as evidence that we²⁰ have entirely lost our marbles.

*relic: 전해 내려오는 풍속 **HFCS: 액상 과당*
*** convulse: 큰 소동을 일으키다*

① have utterly disrupted our complex food supply chain
② have vividly witnessed the rebirth of our classic recipes
③ have completely denied ourselves access to healthy food
④ have become totally confused about our distinctive food identity
⑤ have fully recognized the cultural significance of our local foods

---

1st 밑줄 친 부분을 먼저 읽고, 앞으로 글에서 찾아야 할 내용이 무엇인지 생각해 보세요.

Nine out of ten nutritionists view this / as evidence
10명 중 9명의 영양학자들은 이것을 본다 / 증거로
/ that we have entirely lost our marbles. //
/ 우리가 완전히 우리의 분별력을 잃었다는 //

● **밑줄 친 부분이 글의 끝에 있어요.**
앞에서 언급한 내용을 this(이것)로 가리키며 '우리가 완전히 우리의 분별력을 잃은' 증거라고 했어요. this가 무엇인지를 파악해서 무엇을 분별력을 잃은 것이라 표현했는지 선택지에서 고르면 되겠네요.

● **조금 더 생각해 볼까요?**
'영양학자'가 this를 ~의 증거로 본다는 것으로 보아, this는 음식과 관련된 내용일 거예요. 또, 분별력을 잃었다는 것은 긍정적이기보다는 **❶**( ) 것을 설명할 때 쓰겠죠? 음식과 관련된 부정적인 현상을 소개하는 글이라는 단서도 얻었어요.

2nd 앞에서 찾은 단서를 활용하여 글을 읽고 밑줄 친 부분이 의미하는 바를 추론하세요.

1) 첫 문장부터 읽어 봅시다.

North America's native cuisine / met the same
북미의 토착 요리는 / 같은 불행한 운명을
unfortunate fate / as its native people, / save for a
맞이했다 / 원주민들과 / 몇 가지 전해
few relics / like the Thanksgiving turkey. //
내려오는 풍속을 제외하고 / 추수감사절 칠면조와 같은 //

● **첫 문장에서부터 cuisine이 나오네요.**
밑줄 친 부분이 포함된 문장을 통해 우리는 이 글이 음식과 관련된 부정적인 현상을 소개하는 글일 것이라는 단서를 얻었어요.

● **요리, 특히 토착 요리에 대한 설명으로 글이 시작돼요.**
북미의 토착 요리가 원주민들과 같은 운명을 맞이했대요. 어떤 운명인지 정확히는 몰라도 '불행한' 운명이라고 하는 것으로 보아 토착 요리에 일어난 부정적인 현상에 대해 소개할 것 같아요.

2) 그다음 문장에서 구체적인 예시를 들고 있어요.

Certainly, / we still have regional specialties, / but
확실히 　 / 우리는 여전히 지역 특색 음식을 가지고 있다 　 / 하지만
the Carolina barbecue will almost certainly have
Carolina 바비큐는 거의 확실히 California 토마토를 넣을 것이고
California tomatoes / in its sauce, / and the Louisiana
　 / 소스에 　 / Louisiana 검보도
gumbo is just as likely to contain / Indonesian farmed
마찬가지로 포함할 것이다 　 / 인도네시아 양식 새우를 //
shrimp. //

● **예시를 통해 알 수 있는 것은 무엇인가요?**
 – 예시 ①: Carolina 바비큐 - 소스에 California 토마토를 넣음
 – 예시 ②: Louisiana 검보 - 인도네시아 양식 새우를 포함함
 Carolina 바비큐에 Carolina 토마토가 아닌 California 토마토가 소스에
 들어가고, Louisiana 검보에 Louisiana가 아닌 다른 나라인 인도네시아
 양식 새우가 포함되는 것은 그 지역의 토착 요리가 변질됐다는 것을
 말해요.

3) 그것을 우리가 막을 수 있다고 하나요?

If either of these shows up / on a fast-food menu /
만약 이것들 중 하나가 나타난다면 　 / 패스트푸드 메뉴에 　 /
with lots of added fats or HFCS, / we seem unable
지방이나 액상 과당이 많이 첨가되어 　 / 우리는 그 변질을
either to discern or resist the corruption. //
식별하거나 막을 수 없을 것 같다 　 //

● **더 부정적인 상황을 가정하고 있어요.**
 패스트푸드 메뉴에 토착 요리가 지방이나 액상 과당이 많이 첨가되어
 나타난다 해도 우리는 변질하는 것을 막을 수 없다고 설명하고 있어요.

4) 그 이유가 무엇인가요?

We have yet to come up with / a strong set of
우리는 아직 생각해내지 못했다 　 / 강력한 일반화된 규범을
generalized norms, / passed down through families,
　 / 가계를 통해 전해져 내려오는
/ for savoring and sensibly consuming / what our
/ 음미하고 현명하게 소비하기 위해 　 / 우리의 땅과
land and climate give us. //
기후가 우리에게 주는 것을 　 //

● **막지 못하는 이유에 대해 설명하는 부분이에요.**
 우리가 아직 토착 요리를 전통 그대로 지킬 수 있는 '강력한 일반화된
 규범'을 생각해내지 못해서 변질을 식별하거나 막을 수 없다는 거죠.

5) 대신 우리가 가지고 있는 것은 무엇인가요?

We have, instead, a string of fad diets / convulsing
대신, 우리는 일련의 유행하는 식단을 가지고 있다 　 / 서점과 배(腹)에
our bookstores and bellies, / one after another, / at
큰 소동을 일으키는 　 / 연이어 　 /
the scale of the national best seller. //
전국적인 베스트셀러의 규모로 　 //

● **유행하는 식단은 무엇을 의미할까요?**
 우리는 대신 전국적으로 유행하는 식단을 가지고 있다고 했어요. 이는
 식단이 변질되어 퍼져나가는 것을 막지 못한다는 것을 의미하겠죠.

▶ **그렇다면 밑줄 친 부분이 포함된 문장의 This가 가리키는 것은
무엇일까요?**

밑줄 친 부분이 포함된 문장에서 영양학자들은 '이것'을 ~의 증거로 본다고
했어요. '이것'은 앞의 두 문장에서 설명한 일반화된 규범을 생각해내지 못한
채 변질된 식단이 퍼져나가는 것을 가리킬 거예요.

3rd 추론한 내용을 선택지에서 찾고, 다시 글을 읽으며 맞는지
확인하세요.

① have utterly disrupted our complex food supply
 chain 우리의 복잡한 식품 공급망을 완전히 혼란에 빠뜨렸다
② have vividly witnessed the rebirth of our classic
 recipes 우리의 고전적인 요리법의 재탄생을 생생하게 목격했다
③ have completely denied ourselves access to
 healthy food 건강에 좋은 음식에 대한 접근을 완전히 거부했다
④ have become totally confused about our
 distinctive food identity
 우리의 독특한 음식 정체성에 대해 완전히 혼란스러워졌다
⑤ have fully recognized the cultural significance of
 our local foods 우리 지역 음식의 문화적 중요성을 완전히 인식했다

● **정답은 무엇일까요?**
 몇 가지 전해 내려오는 풍속을 제외하고 토착 요리는 지역의 특색을 잃게
 되었다는 글이에요. 그것을 지킬 강력한 일반화된 규범을 생각해내지
 못했기 때문에 그것의 변질을 식별하거나 막을 수 없는 거죠. 따라서
 영양학자들은 이런 상황을 '우리의 독특한 음식 정체성에 대해 완전히
 혼란스러워진' 증거로 볼 거예요. 정답은 ❷(　　　)!

D03 ~ 06 ▶ 제한시간 8분

D03 ★★★  고2 2025(6월)/21

밑줄 친 every man has a horizon of his own이 다음 글에서 의미하는 바로 가장 적절한 것은? [3점]

It is difficult, if not impossible, to define the limits which reason should impose on the desire for wealth; for there is no absolute or definite amount of wealth which will satisfy a man. The amount is always relative, that is to say, just so much as will maintain the proportion between what he wants and what he gets; for to measure a man's happiness only by what he gets, and not also by what he expects to get, is as pointless as to try and express a fraction which shall have a numerator but no denominator. A man never feels the loss of things which it never occurs to him to ask for; he is just as happy without them; whilst another, who may have a hundred times as much, feels miserable because he has not got the one thing he wants. In fact, every man has a horizon of his own, and he will expect as much as he thinks it is possible for him to get.

> * fraction: 분수   ** numerator: 분자   *** denominator: 분모

① one's success is judged by how many goals he has achieved

② each one has his own methods of getting what he wants

③ there cannot be any limit to what one desires in his mind

④ one's standard of happiness is tailored to societal norms

⑤ the limit of what one desires to get varies by person

D04 ★★★  고2 2025(9월)/21

밑줄 친 swimming alongside the boat가 다음 글에서 의미하는 바로 가장 적절한 것은? [3점]

Mirror neurons are the hardware of empathy, and so what would make more sense than to look and see which animals possess these cells? And this is exactly where modern research now stands: all researchers know so far is that apes possess mirror neurons. We still need to test to see which other species are like us in this respect. Scientists often publicly speculate that we can probably expect surprises here, too. They assume that all animals that live in herds or large groups possess similar brain mechanisms, because social units function only if individuals can see things from the perspective of others in the group and feel what they are feeling. I can see a goldfish waving its fin at us. As an animal that travels around in a tightly-knit group, it's on board with this idea — or at least swimming alongside the boat.

① reluctant to empathize with other members in its group

② potentially able to be proven to possess mirror neurons

③ learning effective swimming skills with the help of others

④ constantly trying to hide from animals that have mirror neurons

⑤ cautious about potential conflict over resources with other species

D05 ★★★

밑줄 친 Popping a pill cannot make you a better person이 다음 글에서 의미하는 바로 가장 적절한 것은?

Imagine that your usually stingy friend delights in buying you a Christmas present after taking a generosity booster. How would you feel? Undoubtedly, there is something praiseworthy about the action. You'd be pleased to receive the gift. You'd say 'thank you', and mean it. But his change of heart is not entirely satisfying. According to Zagzebski, an American philosopher, he is not really generous. When we praise someone's character, we use words for various virtues: 'generous', 'kind', 'courageous', etc. A person who gives one gift isn't generous. Instead, generosity is a stable part of a person's 'moral identity', an emotional habit that is part of who you are. Thus virtues, as opposed to nontypical impulse, are the result of your personal history. They are part of who you are, as they are part of how your character was formed. Instant virtue is therefore impossible. Popping a pill cannot make you a better person.

① Impulsive deeds rather than habitual actions can damage reputation.
② Insincere goodwill does not impress others regardless of frequency.
③ Material rewards can be a shortcut to make someone a good person.
④ Good traits come from established behavior, not from a single action.
⑤ Virtue cannot be acquired by habits as someone's character is inborn.

D06 ★★★

밑줄 친 we were still taping bricks to accelerators가 다음 글에서 의미하는 바로 가장 적절한 것은? [3점]

If you had wanted to create a "self-driving" car in the 1950s, your best option might have been to strap a brick to the accelerator. Yes, the vehicle would have been able to move forward on its own, but it could not slow down, stop, or turn to avoid barriers. Obviously not ideal. But does that mean the entire concept of the self-driving car is not worth pursuing? No, it only means that at the time we did not yet have the tools we now possess to help enable vehicles to operate both autonomously and safely. This once-distant dream now seems within our reach. It is much the same story in medicine. Two decades ago, we were still taping bricks to accelerators. Today, we are approaching the point where we can begin to bring some appropriate technology to bear in ways that advance our understanding of patients as unique individuals. In fact, many patients are already wearing devices that monitor their conditions in real time, which allows doctors to talk to their patients in a specific, refined, and feedback-driven way that was not even possible a decade ago.

* strap: 끈으로 묶다   ** autonomously: 자율적으로

① the importance of medical education was overlooked
② self-driving cars enabled patients to move around freely
③ the devices for safe driving were unavailable at that time
④ lack of advanced tools posed a challenge in understanding patients
⑤ appropriate technologies led to success in developing a new medicine

D07 ★★★　　　　　　　　　　　고2 2024(9월)/21

밑줄 친 Build a jazz band가 다음 글에서 의미하는
바로 가장 적절한 것은?

In today's information age, in many companies and on many teams, the objective is no longer error prevention and replicability. On the contrary, it's creativity, speed, and keenness. In the industrial era, the goal was to minimize variation. But in creative companies today, maximizing variation is more essential. In these situations, the biggest risk isn't making a mistake or losing consistency; it's failing to attract top talent, to invent new products, or to change direction quickly when the environment shifts. Consistency and repeatability are more likely to suppress fresh thinking than to bring your company profit. A lot of little mistakes, while sometimes painful, help the organization learn quickly and are a critical part of the innovation cycle. In these situations, rules and process are no longer the best answer. A symphony isn't what you're going for. Leave the conductor and the sheet music behind. Build a jazz band instead.

① Foster variation within an organization.
② Limit the scope of variability in businesses.
③ Invent a new way of minimizing risk-taking.
④ Promote teamwork to forecast upcoming changes.
⑤ Share innovations over a sufficient period of time.

D08 ★★★　　　　　　　　　　　고2 2021(3월)/21

밑줄 친 training for a marathon이 다음 글에서
의미하는 바로 가장 적절한 것은? [3점]

The known fact of contingencies, without knowing precisely what those contingencies will be, shows that disaster preparation is not the same thing as disaster rehearsal. No matter how many mock disasters are staged according to prior plans, the real disaster will never mirror any one of them. Disaster-preparation planning is more like training for a marathon than training for a high-jump competition or a sprinting event. Marathon runners do not practice by running the full course of twenty-six miles; rather, they get into shape by running shorter distances and building up their endurance with cross-training. If they have prepared successfully, then they are in optimal condition to run the marathon over its predetermined course and length, assuming a range of weather conditions, predicted or not. This is normal marathon preparation.

*contingency: 비상사태 **mock: 모의의
***cross-training: 여러 가지 운동을 조합하여 행하는 훈련법

① developing the potential to respond to a real disaster
② making a long-term recovery plan for a disaster
③ seeking cooperation among related organizations
④ saving basic disaster supplies for an emergency
⑤ testing a runner's speed as often as possible

D09 ★★★❀

밑줄 친 the innocent messenger who falls before a firing line이 다음 글에서 의미하는 바로 가장 적절한 것은? [3점]

Perhaps worse than attempting to get the bad news out of the way is attempting to soften it or simply not address it at all. This "Mum Effect" — a term coined by psychologists Sidney Rosen and Abraham Tesser in the early 1970s — happens because people want to avoid becoming the target of others' negative emotions. We all have the opportunity to lead change, yet it often requires of us the courage to deliver bad news to our superiors. We don't want to be the innocent messenger who falls before a firing line. When our survival instincts kick in, they can override our courage until the truth of a situation gets watered down. "The Mum Effect and the resulting filtering can have devastating effects in a steep hierarchy," writes Robert Sutton, an organizational psychologist. "What starts out as bad news becomes happier and happier as it travels up the ranks — because after each boss hears the news from his or her subordinates, he or she makes it sound a bit less bad before passing it up the chain."

① the employee being criticized for being silent
② the peacemaker who pursues non-violent solutions
③ the negotiator who looks for a mutual understanding
④ the subordinate who wants to get attention from the boss
⑤ the person who gets the blame for reporting unpleasant news

D10 ★★★

밑줄 친 bringing together contradictory characteristics가 다음 글에서 의미하는 바로 가장 적절한 것은?

The creative team exhibits paradoxical characteristics. It shows tendencies of thought and action that we'd assume to be mutually exclusive or contradictory. For example, to do its best work, a team needs deep knowledge of subjects relevant to the problem it's trying to solve, and a mastery of the processes involved. But at the same time, the team needs fresh perspectives that are unencumbered by the prevailing wisdom or established ways of doing things. Often called a "beginner's mind," this is the newcomers' perspective: people who are curious, even playful, and willing to ask anything — no matter how naive the question may seem — because they don't know what they don't know. Thus, bringing together contradictory characteristics can accelerate the process of new ideas.

* unencumbered: 방해 없는

① establishing short-term and long-term goals
② performing both challenging and easy tasks
③ adopting temporary and permanent solutions
④ utilizing aspects of both experts and rookies
⑤ considering processes and results simultaneously

D11 ★★❋ 

고2 2022(3월)/21

밑줄 친 *Fish is Fish*-style assimilation이 다음 글에서 의미하는 바로 가장 적절한 것은? [3점]

Studies by Vosniado and Brewer illustrate *Fish is Fish*-style assimilation in the context of young children's thinking about the earth. They worked with children who believed that the earth is flat (because this fit their experiences) and attempted to help them understand that, in fact, it is spherical. When told it is round, children often pictured the earth as a pancake rather than as a sphere. If they were then told that it is round like a sphere, they interpreted the new information about a spherical earth within their flat-earth view by picturing a pancake-like flat surface inside or on top of a sphere, with humans standing on top of the pancake. The model of the earth that they had developed — and that helped them explain how they could stand or walk upon its surface — did not fit the model of a spherical earth. Like the story *Fish is Fish*, where a fish imagines everything on land to be fish-like, everything the children heard was incorporated into their preexisting views.

① established knowledge is questioned and criticized
② novel views are always favored over existing ones
③ all one's claims are evaluated based on others' opinions
④ new information is interpreted within one's own views
⑤ new theories are established through experiments

D12 ★★★ 

고2 2022(11월)/21

밑줄 친 "eating my problems for breakfast"가 다음 글에서 의미하는 바로 가장 적절한 것은?

Research in the science of peak performance and motivation points to the fact that different tasks should ideally be matched to our energy level. For example, analytical tasks are best accomplished when our energy is high and we are free from distractions and able to focus. I generally wake up energized. Over the years, I have consistently stuck to the habit of "eating my problems for breakfast." I'm someone who tends to overthink different scenarios and conversations that haven't happened yet. When I procrastinate on talking with an unhappy client or dealing with an unpleasant email, I find I waste too much emotional energy during the day. It's as if the task hangs over my head, and I'll spend more time worrying about it, talking about it, and avoiding it, than it would actually take to just take care of it. So for me, it'll always be the first thing I get done. If you know you are not a morning person, be strategic about scheduling your difficult work later in the day.

* procrastinate: 미루다

① thinking of breakfast as fuel for the day
② trying to reflect on pleasant events from yesterday
③ handling the most demanding tasks while full of energy
④ spending the morning time improving my physical health
⑤ preparing at night to avoid decision making in the morning

D13 ★★★

밑줄 친 a "media diet"가 다음 글에서 의미하는 바로 가장 적절한 것은?

The most dangerous threat to our ability to concentrate is not that we use our smartphone during working hours, but that we use it too irregularly. By checking our emails every now and then on the computer and our text messages here and there on our phone with no particular schedule or rhythm in mind, our brain loses its ability to effectively filter. The solution is to regulate your devices as if you were on a strict diet. When it comes to nutrition, sticking to a fixed time plan for breakfast, lunch, and dinner allows your metabolism to adjust, thereby causing less hunger during the in-between phases. Your belly will start to rumble around 12:30 p.m. each day, but that's okay because that's a good time to eat lunch. If something unexpected happens, you can add a snack every now and then to get fresh energy, but your metabolism will remain under control. It's the same with our brain when you put it on a "media diet."

* rumble: 우르르 울리다

① balancing the consumption of traditional and online media
② regulating the use of media devices with a set schedule
③ avoiding false nutritional information from the media
④ stimulating your brain with various media sources
⑤ separating yourself from toxic media contents

D14 ★★★

밑줄 친 'give away the house'가 다음 글에서 의미하는 바로 가장 적절한 것은? [3점]

For companies interested in delighting customers, exceptional value and service become part of the overall company culture. For example, year after year, Pazano ranks at or near the top of the hospitality industry in terms of customer satisfaction. The company's passion for satisfying customers is summed up in its credo, which promises that its luxury hotels will deliver a truly memorable experience. Although a customer-centered firm seeks to deliver high customer satisfaction relative to competitors, it does not attempt to *maximize* customer satisfaction. A company can always increase customer satisfaction by lowering its price or increasing its services. But this may result in lower profits. Thus, the purpose of marketing is to generate customer value profitably. This requires a very delicate balance: the marketer must continue to generate more customer value and satisfaction but not 'give away the house'.

* credo: 신조

① risk the company's profitability
② overlook a competitor's strengths
③ hurt the reputation of the company
④ generate more customer complaints
⑤ abandon customer-oriented marketing

D15 ~ 16 ▶ 제한시간 4분

D15 ⭐ 2등급 대비 　　　　　　　고2 2023(9월)/21

밑줄 친 forward "thinking"이 다음 글에서 의미하는
바로 가장 적절한 것은?

I suspect fungi are a little more forward "thinking" than their larger partners. Among trees, each species fights other species. Let's assume the beeches native to Central Europe could emerge victorious in most forests there. Would this really be an advantage? What would happen if a new pathogen came along that infected most of the beeches and killed them? In that case, wouldn't it be more advantageous if there were a certain number of other species around — oaks, maples, or firs — that would continue to grow and provide the shade needed for a new generation of young beeches to sprout and grow up? Diversity provides security for ancient forests. Because fungi are also very dependent on stable conditions, they support other species underground and protect them from complete collapse to ensure that one species of tree doesn't manage to dominate.

* fungus: 균류, 곰팡이류 (*pl.* fungi)　** beech: 너도밤나무
*** pathogen: 병원균

① responsible for the invasion of foreign species
② eager to support the dominance of one species
③ aware that diversity leads to the stability of forests
④ indifferent to helping forests regenerate after collapse
⑤ careful that their territories are not occupied by other species

D16 ⭐ 2등급 대비 　　　　　　　고2 2024(6월)/21

밑줄 친 "Slavery resides under marble and
gold."가 다음 글에서 의미하는 바로 가장 적절한 것은? [3점]

Take a look at some of the most powerful, rich, and famous people in the world. Ignore the trappings of their success and what they're able to buy. Look instead at what they're forced to trade in return — look at what success has cost them. Mostly? Freedom. Their work demands they wear a suit. Their success depends on attending certain parties, kissing up to people they don't like. It will require — inevitably — realizing they are unable to say what they actually think. Worse, it demands that they become a different type of person or do bad things. Sure, it might pay well — but they haven't truly examined the transaction. As Seneca put it, "Slavery resides under marble and gold." Too many successful people are prisoners in jails of their own making. Is that what you want? Is that what you're working hard toward? Let's hope not.

* trappings: 장식

① Your success requires you to act in ways you don't want to.
② Fame cannot be achieved without the help of others.
③ Comparing yourself to others makes you miserable.
④ Hard labor guarantees glory and happiness in the future.
⑤ There exists freedom in the appearance of your success.

D17 ⭐ 1등급 대비 고2 2023(11월)/21

밑줄 친 be more than just sugar on the tongue이 다음 글에서 의미하는 바로 가장 적절한 것은? [3점]

The arts and aesthetics offer emotional connection to the full range of human experience. "The arts can be more than just sugar on the tongue," Anjan Chatterjee, a professor at the University of Pennsylvania, says. "In art, when there's something challenging, which can also be uncomfortable, this discomfort, if we're willing to engage with it, offers the possibility of some change, some transformation. That can also be a powerful aesthetic experience." The arts, in this way, become vehicles to contend with ideas and concepts that are difficult and uncomfortable otherwise. When Picasso painted his masterpiece *Guernica* in 1937, he captured the heartbreaking and cruel nature of war, and offered the world a way to consider the universal suffering caused by the Spanish Civil War. When Lorraine Hansberry wrote her play *A Raisin in the Sun*, she gave us a powerful story of people struggling with racism, discrimination, and the pursuit of the American dream while also offering a touching portrait of family life.

① play a role in relieving psychological anxiety
② enlighten us about the absoluteness of beauty
③ conceal the artist's cultural and ethnic traditions
④ embrace a variety of experiences beyond pleasure
⑤ distort the viewers' accurate understanding of history

D18 ✪ 1등급 대비 고2 2023(3월)/21

밑줄 친 helping move the needle forward가 다음 글에서 의미하는 바로 가장 적절한 것은? [3점]

Everyone's heard the expression *don't let the perfect become the enemy of the good*. If you want to get over an obstacle so that your idea can become the solution-based policy you've long dreamed of, you can't have an all-or-nothing mentality. You have to be willing to alter your idea and let others influence its outcome. You have to be okay with the outcome being a little different, even a little *less*, than you wanted. Say you're pushing for a clean water act. Even if what emerges isn't as well-funded as you wished, or doesn't match how you originally conceived the bill, you'll have still succeeded in ensuring that kids in troubled areas have access to clean water. That's what counts, that *they* will be safer because of your idea and your effort. Is it perfect? No. Is there more work to be done? Absolutely. But in almost every case, helping move the needle forward is vastly better than not helping at all.

① spending time and money on celebrating perfection
② suggesting cost-saving strategies for a good cause
③ making a difference as best as the situation allows
④ checking your resources before altering the original goal
⑤ collecting donations to help the education of poor children

D 어휘 Review

※ 다음 영어는 우리말 뜻을, 우리말은 영어 단어를 〈보기〉에서 찾아 쓰시오.

〈보기〉

개입하다	refined	가파른	aesthetics
slavery	연료	이해시키다	boost
벽돌	peak	scope	좁은 땅

01 patch ________________

02 intervene ________________

03 steep ________________

04 brick ________________

05 enlighten ________________

06 촉진하다 ________________

07 정제된 ________________

08 노예제 ________________

09 미학 ________________

10 범위 ________________

※ 다음 우리말에 알맞은 영어 표현을 찾아 연결하시오.

11 어려움을 주다 • • pose a challenge

12 ~을 밀어내다 • • kiss up to

13 ~을 즐기다 • • crowd out

14 아부하다 • • delight in

15 희석시키다 • • water down

※ 다음 우리말 표현에 맞는 단어를 고르시오.

16 지구는 평평하다 ➡ the earth is (flat / floating)

17 미의 절대성 ➡ (relativity / absoluteness) of beauty

18 미묘한 균형 ➡ a (delicate / dedicated) balance

19 장애물을 피하다 ➡ avoid (barriers / applause)

20 뛰어난 가치와 서비스 ➡ (ordinary / exceptional) value and service

※ 다음 문장의 빈칸에 알맞은 단어를 〈보기〉에서 찾아 쓰시오.

〈보기〉

virtue	predict	variations	contradictory
impose	definite	prisoners	conductor
ranks	passion	bill	conceive

21 즉각적인 미덕은 그러므로 있을 수 없다.
➡ Instant __________ is therefore impossible.

22 우리는 무슨 일이 일어날지 예측할 수 없었다.
➡ We couldn't __________ what was going to happen.

23 그 기업의 열정은 그것의 신조에 요약되어 있다.
➡ The company's __________ is summed up in its credo.

24 한 사람을 만족시킬 절대적이거나 정해진 부의 양은 없다.
➡ There is no absolute or __________ amount of wealth which will satisfy a man.

25 많은 이미지들은 이후의 변형물이 아니라 그의 초기 스케치에 바탕을 두었다.
➡ Many of the images were based on his early sketches, not the later __________.

26 그것은 음식과 관련된 두 가지의 모순된 심리적 충동을 낳는다.
➡ It results in two __________ psychological impulses regarding diet.

27 이성이 부에 대한 욕망에 두어야 할 한계를 규정하는 것은 어렵다.
➡ It is difficult to define the limits which reason should __________ on the desire for wealth.

28 지휘자와 악보는 내버려 두어라.
➡ Leave the __________ and the sheet music behind.

29 너무 많은 성공한 사람들은 그들이 스스로 만든 감옥의 죄수들이다.
➡ Too many successful people are __________ in jails of their own making.

30 Pazano는 서비스업 중 최상위 또는 상위권을 차지한다.
➡ Pazano __________ at or near the top of the hospitality industry.

E 요지 찾기

★ 유형 설명

다음 글의 요지로 가장 적절한 것은?

Most parents think that if our child would just "behave," we could stay calm as parents. The

글의 주제에 대해 어떠한 견해를 갖고 있는 글인지를 우리말로 표현한 선택지를 찾아야 한다.

🔑 명확히 드러나는 주제문이나 반복되는 부분, 같은 의미를 다른 말로 바꾸어 표현한 부분을 중심으로 글의 주제를 파악한다. 그 주제에 부합하는 요지를 선택지에서 고른다.

🎭 유형 풀이 비법

1 주제문을 찾아라!
- 반복되는 부분에 주목하면서 필자가 전달하려는 중심 내용을 파악한다.

2 특정 부분을 잘 보자!
- 요지는 주로 글의 첫 부분과 끝 부분에 잘 나온다.

3 요지의 범위를 확인하라!
- 범위가 너무 넓거나 좁지 않은지, 중간에 필자의 태도가 바뀌는 곳은 없는지도 확인한다.

(Tip) 주로 특정 어구 (rather, however, while 등)의 바로 앞이나 뒤에 필자의 요지가 담겨있다.

🔑 요지를 뒷받침하는 주요 표현

☐ Well begun is half done. 시작이 반이다.
☐ Every cloud has a silver lining. 새옹지마
☐ Habit is a second nature. 습관은 제2의 천성이다.
☐ No pains, no gains. 노력이 있어야 얻는 것이 있다.
☐ Honesty is the best policy. 정직이 최상의 방책이다.
☐ Look before you leap. 돌다리도 두들겨 보고 건너라.
☐ Blood is thicker than water. 피는 물보다 더 진하다.
☐ Two heads are better than one. 백지장도 맞들면 낫다.
☐ Better late than never. 늦더라도 하지 않는 것보다 낫다.
☐ All that glitters is not gold. 번쩍인다고 다 금은 아니다.
☐ Actions speak louder than words. 행동은 말보다 미덥다.
☐ A good turn deserves another. 좋은 일은 보답을 받는다.
☐ The end justifies the means. 목적이 수단을 정당화시킨다.
☐ Adversity makes a man wise. 역경은 사람을 현명하게 만든다.
☐ Time will show who is right. 시간이 지나면 누가 옳은지 밝혀질 것이다.
☐ Don't put all your eggs in one basket. 위험은 여러 곳으로 분산시켜라.
☐ Every man knows his own business best. 자신의 일은 자신이 가장 잘 안다.
☐ A burnt child dreads the fire. 자라 보고 놀란 가슴 솥뚜껑 보고 놀란다.
☐ A friend in need is a friend indeed.
　　　　곤경에 빠졌을 때의 친구야말로 참다운 친구이다.

📘 어휘 및 표현 Preview

☐ **mechanical** 기계로 작동되는
☐ **transaction** 거래
☐ **retailer** 소매업자
☐ **wholesaler** 도매업자
☐ **allocate** 분배하다
☐ **relevance** 적합성
☐ **executive** 경영의
☐ **integrate** 흡수하다
☐ **depict** 표현하다, 묘사하다
☐ **lobby** 로비하다
☐ **intervene** 개입하다
☐ **unwind** 긴장을 풀다
☐ **inevitable** 피할 수 없는
☐ **undercut** 약화시키다
☐ **conservationist** 환경 보호주의자
☐ **static** 정적인
☐ **lifespan** 수명
☐ **consequent** 결과적인
☐ **advent** 출현, 도래
☐ **joint** 공동의

E 요지 찾기 (첫 번째)

1st 선택지를 통해 핵심 소재를 확인하고 글의 내용을 짐작해 보세요.
2nd 선택지에서 찾은 소재가 글 속에서 어떻게 표현되는지 확인하세요.
3rd 글의 요지를 가장 잘 표현한 선택지를 찾으세요.

E01 ✽✽✽ ·························· 고2 2023(11월)/22

다음 글의 요지로 가장 적절한 것은?

Many historians have pointed to the significance of accurate time measurement to Western economic progress. The French historian Jacques Le Goff called the birth of the public mechanical clock a turning point [5] in Western society. Until the late Middle Ages, people had sun or water clocks, which did not play any meaningful role in business activities. Market openings and activities started with the sunrise and typically ended [10] at noon when the sun was at its peak. But when the first public mechanical clocks were introduced and spread across European cities, market times were set by the stroke of the hour. Public clocks thus greatly [15] contributed to public life and work by providing a new concept of time that was easy for everyone to understand. This, in turn, helped facilitate trade and commerce. Interactions and transactions between [20] consumers, retailers, and wholesalers became less irregular. Important town meetings began to follow the pace of the clock, allowing people to better plan their time and allocate resources in a more [25] efficient manner.

① 공공 시계는 서양 사회의 경제적 진보에 영향을 미쳤다.
② 서양에서 생산된 시계는 세계적으로 정교함을 인정받았다.
③ 서양의 시계는 교역을 통해 전파되어 세계적으로 대중화되었다.
④ 기계 시계의 발명은 다른 측량 장비들의 개발에 도움을 주었다.
⑤ 중세 시대의 시계 발명은 자연법칙을 이해하는 데 큰 전환점이 되었다.

1st **선택지를 통해 핵심 소재를 확인하고 글의 내용을 짐작해 보세요.**

① 공공 시계는 서양 사회의 경제적 진보에 영향을 미쳤다.
② 서양에서 생산된 시계는 세계적으로 정교함을 인정받았다.
③ 서양의 시계는 교역을 통해 전파되어 세계적으로 대중화되었다.
④ 기계 시계의 발명은 다른 측량 장비들의 개발에 도움을 주었다.
⑤ 중세 시대의 시계 발명은 자연법칙을 이해하는 데 큰 전환점이 되었다.

● **선택지에 반복되는 단어가 있나요?**
모든 선택지에 공통되는 **❶**( )가 글의 소재일 거예요.

● **선택지를 자세히 살펴봅시다.**
①, ④, ⑤은 시계가 무언가에 영향을 미쳤다는 내용이에요.
시계가 '경제적 진보'에 영향을 미쳤다는 내용이라면 ①이,
'측량 장비들의 개발'에 영향을 미쳤다는 내용이라면 ④이,
'자연법칙의 이해'에 영향을 미쳤다는 내용이라면 ⑤이 정답일 거예요.
②, ③은 특히 서양의 시계에 대해 말하고 있어요.
서양의 시계가 정교하다는 내용이라면 ②이,
교역을 통해 대중화되었다는 내용이라면 ③이 정답이겠네요.

2nd **선택지에서 찾은 소재가 글 속에서 어떻게 표현되는지 확인하세요.**

1) 글을 처음부터 읽어봅시다.

Many historians have pointed to the significance /
많은 역사가들은 중요성을 시사해 왔다 /
of accurate time measurement / to Western
정확한 시간 측정의 / 서양의 경제적 진보에
economic progress. //
있어서 //

● **'정확한 시간 측정'을 '시계'로 볼 수 있겠죠?**
많은 역사가들은 서양의 '경제적 진보'에 있어 '정확한 시간 측정'의
중요성, 즉 시계의 중요성을 시사해 왔다는 말로 글이 시작해요.

● **우리는 비슷한 내용을 선택지에서 봤어요.**
①, ④, ⑤ 선택지에 시계가 무언가에 영향을 미쳤다는 내용이 있었어요.
그리고 ① 선택지 내용이 시계, 특히 공공 시계가 서양 사회의 경제적
진보에 영향을 미쳤다는 내용이었고요.
글의 첫 문장을 통해서 우리는 ①이 정답과 가깝다는 것을 알아냈어요.
나머지 부분도 읽으며 단서를 더 찾아봅시다.

2) 정확한 시간 측정이 불가능했던 때에 대한 설명이 이어져요.

Until the late Middle Ages, / people had sun or
중세 말기까지 / 사람들은 해시계와 물시계를
water clocks, / which did not play any meaningful
가지고 있었는데 / 그것들은 아무런 의미 있는 역할을 하지 못했다
role / in business activities. //
/ 경제 활동에 있어서 //
Market openings and activities started with the
시장 개장과 활동들은 일출과 함께 시작했고
sunrise / and typically ended at noon / when the
/ 정오에 일반적으로 끝났다 / 태양이 최고점에
sun was at its peak. //
이르는 //

● **해시계와 물시계는 정확한 시간 측정이 불가능했던 때를 말해요.**
앞에서 정확한 시간 측정이 서양의 경제적 진보에 있어서 중요한 역할을 했다는 내용을 뒷받침하기 위해, 정확한 시간 측정이 불가능했던 중세 말기에 대한 설명이 이어져요.
그때 해시계와 물시계가 있었는데, 경제 활동에 있어서 아무런 역할을 하지 않았다는 내용이에요.

3) 공공 기계 시계들이 도입되고 어떻게 바뀌었나요?

But when the first public mechanical clocks were
그러나 최초 공공 기계 시계들이 도입되고
introduced / and spread across European cities, /
/ 유럽 도시들 전역으로 확산되었을 때 /
market times were set / by the stroke of the hour. //
시장 시간은 정해졌다 / 시간을 알리는 소리에 의해 //

● **비로소 시장 시간이 정해졌어요.**
– 해시계와 물시계: 태양의 위치에 따라 시장 활동이 시작되고 끝남
– 공공 기계 시계: 시간을 알리는 소리에 의해 시장 시간이 정해짐

4) 공공 시계가 무엇을 촉진했나요?

Public clocks thus greatly contributed to public life
따라서 공공 시계들은 공공의 생활과 일에 크게 기여했다
and work / by providing a new concept of time /
/ 시간의 새로운 개념을 제공함으로써 /
that was easy for everyone to understand. //
모든 사람이 이해하기 쉬운 //
This, in turn, / helped facilitate trade and
그 결과 이것은 / 무역과 상업을 촉진하는 데 도움을 주었다 //
commerce. //

● **공공 시계들이 어떤 영향을 미쳤는지 설명하고 있어요.**
공공의 생활과 일에 크게 기여했고, 나아가 무역과 상업을 촉진하는 데 도움을 주었다고 했어요.

5) 글의 마지막 문장까지 확인해 봅시다.

Important town meetings began to follow the pace
중요한 마을 회의들은 시계의 속도를 따르기 시작했고
of the clock, / allowing / people to better plan their
/ 이것은 허락해 주었다 / 사람들이 그들의 시간을 더 잘
time / and allocate resources in a more efficient
계획하고 / 더 효율적인 방식으로 자원들을 분배하는 것을 //
manner. //

● **공공 시계는 다른 것 또한 가능하게 했어요.**
중요한 회의도 시계의 속도를 따르기 시작하며, 사람들이 시간을 더 효율적인 방식으로 계획하고 분배할 수 있게 한 거죠.

3rd 글의 요지를 가장 잘 표현한 선택지를 찾으세요.
해시계와 물시계를 사용했던 중세 말까지 사람들은 해의 위치에 따라 경제 활동을 시작하고 마쳤어요. 하지만 공공 기계 시계들이 도입되기 시작하면서 모든 사람들이 이해하기 쉬운 시간의 새로운 개념이 생겨나 무역과 상업을 촉진하고, 나아가 효율적인 자원 분배도 허락했어요.
이것은 공공 기계 시계의 탄생으로 인해서 서양 사회가 경제적 변화를 이루었다는 내용이므로 정답은 **2** ( )이에요.

수능 Tip

#5형식 #목적격 보어

★ 우리가 살펴보지 않은 3번째 줄의 문장을 봅시다.

The French historian Jacques Le Goff called / the
프랑스 역사가 Jacques Le Goff는 불렀다 / 공공
birth of the public mechanical clock / a turning
기계 시계의 탄생을 / 서구 사회에서의
point in Western society. //
전환점이라고 //

● **call A B (A를 B라고 부르다)**
call은 5형식 문장으로 쓰일 때, 'A를 B라고 부르다'를 의미해요. 이 문장에서 목적어(A)에 해당하는 것이 the birth of the public mechanical clock이고, 목적격 보어(B)에 해당하는 것이 a turning point in Western society예요. 따라서 이 문장은 '프랑스 역사가 Jacques Le Goff는 공공 기계 시계의 탄생을 서구 사회에서의 전환점이라고 불렀다.'라고 해석해요.

E 요지 찾기 (두 번째)

1st 선택지를 통해 글의 소재를 파악하고 정답을 찾기 위해 앞으로 할 일을 생각해 보세요.
2nd 선택지에서 찾은 소재가 글 속에서 어떻게 표현되는지 확인하세요.
3rd 두 예시를 종합하여 글의 요지를 가장 잘 표현한 선택지를 찾으세요.

E02 ★★★ ·········· 고2 2023(3월)/22

다음 글의 요지로 가장 적절한 것은?

Brands that fail to grow and develop lose their relevance. Think about the person you knew who was once on the fast track at your company, who is either no longer with the firm or, worse yet, appears to have hit a [5] plateau in his or her career. Assuming he or she did not make an ambitious move, more often than not, this individual is a victim of having failed to stay relevant and embrace the advances in his or her industry. Think [10] about the impact personal computing technology had on the first wave of executive leadership exposed to the technology. Those who embraced the technology were able to integrate it into their work styles and excel. [15] Those who were resistant many times found few opportunities to advance their careers and in many cases were ultimately let go through early retirement for failure to stay relevant and update their skills. [20]

* hit a plateau: 정체기에 들다

① 다양한 업종의 경력이 있으면 구직 활동에 유리하다.
② 직원의 다양한 능력을 활용하면 업계를 주도할 수 있다.
③ 기술이 발전함에 따라 단순 반복 업무가 사라지고 있다.
④ 자신의 약점을 인정하면 동료들로부터 도움을 얻기 쉽다.
⑤ 변화를 받아들이지 못하면 업계에서의 적합성을 잃게 된다.

1st 선택지를 통해 글의 소재를 파악하고 정답을 찾기 위해 앞으로 할 일을 생각해 보세요.

① 다양한 **업종**의 경력이 있으면 구직 활동에 유리하다.
② 직원의 다양한 능력을 활용하면 **업계**를 주도할 수 있다.
③ 기술이 발전함에 따라 단순 반복 **업무**가 사라지고 있다.
④ 자신의 약점을 인정하면 **동료**들로부터 도움을 얻기 쉽다.
⑤ 변화를 받아들이지 못하면 **업계**에서의 적합성을 잃게 된다.

● **업종, 업계, 업무가 언급됐어요.**
약점을 인정하라는 말과 함께 쓰인 ④의 '동료' 또한 직장 동료일 것 같아요. 이 글은 결국 업무, 직장 등에 대해 이야기하는 것이겠네요.

● **그럼 이제 우리는 글을 읽으며 무엇을 파악해야 할까요?**
이 글이 업무와 관련해 구체적으로 어떤 내용을 다루고 있는지 파악해야 하는데, 각 선택지에서 짝을 이루는 소재를 단서로 활용할 수 있어요. 만약 이 글이 개인의 업무 능력에 대해 설명하고 있고 그것이 '다양한 업종의 경력'이라면 ①, 약점을 인정하는 것이라면 ④, 변화를 받아들이는 것이라면 ⑤이 정답일 거예요. 업계의 입장이라면 ②의 '직원의 다양한 능력', ③의 '단순 반복 업무'를 단서로 이용해서 정답을 찾아야 해요.

2nd 선택지에서 찾은 소재가 글 속에서 어떻게 표현되는지 확인하세요.

1) 첫 문장에서는 일단 업계의 입장을 말하고 있어요.

Brands that fail to grow and develop / lose their
성장과 발전에 실패한 브랜드는 / 그들의 적합성을
relevance. //
잃는다 //

● **'성장과 발전'이 중요하다고 했어요.**
브랜드가 적합성을 잃지 않으려면 성장과 발전을 계속 해야 한다고 하네요. 계속해서 업계에 관한 이야기가 유지되는지 좀 더 읽어 봐야겠어요.

2) 바로 다음 문장에서는 개인의 입장을 말하고 있어요.

Think about the person you knew / who was once
여러분이 알던 사람을 생각해 보라 / 한때 여러분의 회사에서
on the fast track at your company, / who is either
승진 가도에 있었는데 / 더 이상 회사에 있지
no longer with the firm / or, worse yet, / appears to
않거나 / 더 나쁘게는 / 정체기에 든
have hit a plateau / in his or her career. //
것으로 보이는 / 자신의 경력의 //

● 어떤 사람을 생각해 보라고 했나요?
승진 가도에 있었는데 더 이상 회사에 있지 않거나 경력의 정체기에 든
것으로 보이는 사람을 생각해 보라고 했어요.
앞 문장과 연결해서 생각해 보면 ❶(   )을 잃은 사람일
것이고, 그 이유를 '성장과 발전'을 하지 않아서라고 설명할 거예요.

3) 그 사람을 어떻게 표현하고 있나요?

Assuming / he or she did not make an ambitious
가정하면　　　/ 그 사람이 야심에 찬 행동을 하지 않았다고
move, / more often than not, / this individual is a
　　/ 대개　　　　　　　/ 이 사람은 실패한 희생자이다
victim of having failed / to stay relevant and
　　　　　　　　　　/ 적합성을 유지하고 발전을
embrace the advances / in his or her industry. //
포용하는 데　　　　/ 자기 업계에서　　　　//

● 우리가 예상한 대로예요.
야심에 찬 행동, 즉 '성장과 발전'을 하지 않아서 적합성을 유지하고
발전을 포용하는 데 실패한 희생자라고 표현하고 있어요.

[illegible] 정답을 한번 찾아볼까요?
우리는 이 글이 업무, 업계에 관한 글이라는 걸 선택지 분석을 통해 알았고,
개인 또는 업계의 입장일 것이라고 예상했어요.
처음에는 업계의 입장일 것을 예상했지만, 한 개인을 예로 들며 성장과
발전을 하지 않아 적합성을 유지하는 데 실패했다고 했죠. 이는 변화를
받아들이지 못하면 업계에서의 적합성을 잃게 된다는 ⑤과 일맥상통해요.
나머지 부분을 읽으며 이러한 시각이 유지되는지 봅시다.

4) 또 다른 예시가 나와요.

Think about the impact / personal computing
영향을 생각해 보라　　　/ 개인용 컴퓨터 사용 기술이 미친
technology had / on the first wave of executive
　　　　　　/ 경영 지도자의 첫 물결에
leadership / exposed to the technology. //
　　　/ 이 기술에 노출된　　　　//

● '경영 지도자'에 대한 내용이에요.
'개인용 컴퓨터 사용 기술'이 '성장과 발전'일 것이고, 그 기술에 대한
태도가 경영 지도자에게 어떤 영향을 미쳤는지가 이어질 거예요.

5) 첫 번째 결과예요.

Those who embraced the technology / were able to
기술을 포용한 이들은　　　　　　　/ 그것을 흡수할 수
integrate it / into their work styles / and excel. //
있었다　　/ 그들의 작업 스타일에　/ 그리고 탁월할 수 있었다 //

● 기술을 포용한 이들, 즉 성장과 발전을 한 사람들이에요.
성장과 발전을 한 사람들은 기술을 그들의 작업 스타일에 흡수해 탁월할
수 있었대요.

6) 상반되는 두 번째 결과예요.

Those who were resistant many times / found few
여러 번 (기술에) 저항한 이들은　　　　/ 자기 경력을
opportunities to advance their careers / and in
발전시키기 위한 기회를 거의 찾을 수 없었고　　　　/ 많은 경우
many cases / were ultimately let go through early
　　　　/ 이들은 결국 이른 은퇴를 통해 사라지게 되었다
retirement / for failure to stay relevant and update
　　　　/ 적합성을 유지하고 기술을 새롭게 하는 데 실패하여 //
their skills. //

● 기술에 저항한 이들은 어떻게 됐나요?
그들은 경력을 발전시키기 위한 기회를 거의 찾을 수 없었고, 결국 이른
은퇴를 통해 사라지게 되었대요. 이를 적합성을 유지하고 기술을 새롭게
하는 데 실패했다고 표현하고 있고요.

3rd 두 예시를 종합하여 글의 요지를 가장 잘 표현한 선택지를
찾으세요.

예시 ①: 회사에서 승진 가도에 있었는데 더 이상 회사에 있지 않거나 경력의
정체기에 든 사람 → 야심 찬 행동을 하지 않아 적합성을 유지하고 발전을
포용하는 데 실패한 사람임
예시 ②: 개인용 컴퓨터 사용 기술이 경영 지도자에게 미친 영향 → 기술을
포용한 이들은 탁월할 수 있었던 반면, 저항한 이들은 적합성을 유지하고
기술을 새롭게 하는 데 실패하여 이른 은퇴를 통해 사라지게 됨
따라서 정답은 ❷(   )이에요.

E03 ~ 07 ▶ 제한시간 8분

E03 ★★★  고2 2025(3월)/22

다음 글의 요지로 가장 적절한 것은?

Commitment is the glue holding together characteristically human forms of social life. Commitments make individuals' behavior predictable in the face of fluctuations in their desires and interests, thereby facilitating the planning and coordination of joint actions involving multiple agents. Moreover, commitments make people willing to perform actions that they would not otherwise perform. For example, a taxi driver picks up his clients and transports them to their desired destination because they are committed to paying him afterwards for the service, and a construction worker performs her job every day because her employer has made a credible commitment to pay her at the end of the month. Indeed, the taxi driver and the construction worker are willing to accept money as payment only because a network of other agents (notably the central bank) is committed to taking various measures to sustain the currency in question. Thus, social objects and institutions such as jobs, money, government, scientific collaborations and marriage depend for their origin and stability upon the credibility of commitments.

* fluctuation: 동요

① 약속에 대한 신뢰가 사회 체계를 형성하고 지탱한다.
② 사회적 압력이 개인의 비자발적인 행동을 유도한다.
③ 사회가 발전함에 따라 사회 제도가 더 복잡해진다.
④ 사회 구성원들 간의 결속은 인위적으로 유지될 수 없다.
⑤ 위험도에 따른 차등적 보상의 약속이 직업 선택의 기준이 된다.

E04 ★★★  고2 2025(6월)/22

다음 글의 요지로 가장 적절한 것은?

All of the restaurants are using carefully chosen words to evoke vivid mental images of delicious food and rich desserts in order to draw the potential customer to their particular establishment. Just like the restaurants, nature has its own dining establishments. In a fashion similar to the restaurants' financial dependence upon drawing in many customers, the restaurateurs of the natural world (i.e., flowers) must also attract potential diners to sample their offerings. In the natural world, there are no neon signs or flashy words in which to market a potential meal to hungry animals. These restaurants that I am referring to are the world's flowers, and the potential guests are the host of organisms that visit flowers to obtain nectar and other valuable resources. Instead of using a written language or neon sign, they advertise their offerings just as effectively using the language of smell.

* evoke: 불러일으키다

① 음식점은 자연의 색과 향기로 잠재적 고객을 유혹한다.
② 자연 세계에서 꽃은 다양한 종의 생존에 중요한 역할을 한다.
③ 꽃은 생물을 유인하기 위해 냄새라는 광고 수단을 사용한다.
④ 음식점과 꽃은 주변 환경에 생동감을 준다는 공통점이 있다.
⑤ 꽃은 동물의 도움으로 생태계 내에서 번식을 이어갈 수 있다.

E05 ✳✳✳

다음 글의 요지로 가장 적절한 것은?

The future of work depends on two forces: a harmful substituting force and a helpful complementing one. Many tales have a hero and a villain fighting each other for dominance, but in our story, technology plays both roles at once, displacing workers while simultaneously raising the demand for their efforts elsewhere in the economy. This interaction helps explain why past worries about automation were misplaced: our ancestors had predicted the wrong winner in that fight, underestimating quite how powerful the complementing force would prove to be or simply ignoring that factor altogether. It also helps to explain why economists have traditionally been dismissive of the idea of technological unemployment: there appeared to be firm limits to the substituting force, leaving lots of tasks that could not be performed by machines, and a growing demand for human beings to do them instead.

① 기술은 인간을 대체하면서도 인력 수요를 늘린다.
② 신기술 도입은 노동자에게 적응의 부담을 안겨 준다.
③ 자동화 시대에는 창의적 역량의 중요성이 더 커진다.
④ 기술 격차는 노동 시장에서 새로운 불평등을 초래한다.
⑤ 노동 시장 문제는 역사적 사례를 기반으로 해결할 수 있다.

E06 ✳✳✳

다음 글의 요지로 가장 적절한 것은?

To determine the mass of my bowling ball, I might put it onto a balance and compare it with a known mass, such as a number of metal cubes each weighing 1, 10, or 100 grams. Things get much more complicated if I want to know the mass of a distant star. How do I measure it? We can roughly say that measuring the mass of a star involves various theories. If we want to measure the mass of a binary star, we first determine a center of mass between the two stars, then their distance from that center which we can then use, together with a value for the period and a certain instance of Kepler's Third Law, to calculate the mass. In other words, in order to "measure" the

star mass, we measure other quantities and use those values, together with certain equations, to calculate the mass. Measurement is not a simple and unmediated estimation of independently existing properties, but a determination of certain magnitudes before the background of a number of accepted theories.

* binary star: 쌍성

① 각기 다른 실험으로부터 도출된 결괏값은 모두 유의미하다.
② 정밀한 측정을 위해 가능한 한 많은 이론을 고려하는 것이 좋다.
③ 검증된 공식들을 적용하기 전에 측량 단위를 정하는 것이 중요하다.
④ 측정은 이미 정립된 이론들을 토대로 값을 구하는 과정이다.
⑤ 관찰자와 물체의 거리가 멀수록 측정 과정이 복잡해진다.

E07 ✳✳✳

다음 글의 요지로 가장 적절한 것은?

Any new or threatening situation may require us to make decisions and this requires information. So important is communication during a disaster that normal social barriers are often lowered. We will talk to strangers in a way we would never consider normally. Even relatively low grade disruption of our life such as a fire drill or a very late train seems to give us the permission to break normal etiquette and talk to strangers. The more important an event to a particular public, the more detailed and urgent the requirement for news becomes. Without an authoritative source of facts, whether that is a newspaper or trusted broadcast station, rumours often run riot. Rumours start because people believe their group to be in danger and so, although the rumour is unproven, feel they should pass it on. For example, if a worker heard that their employer's business was doing badly and people were going to be made redundant, they would pass that information on to colleagues.

* redundant: (일시) 해고된

① 소수에 의한 정보 독점은 합리적 의사 결정을 방해한다.
② 대중의 지속적 관심이 뉴스의 공정성을 향상시킬 수 있다.
③ 위기에 처한 사람은 권위 있는 전문가의 의견을 구하려고 한다.
④ 소문은 유사한 성향을 지닌 사람들 사이에서 더 빠르게 퍼진다.
⑤ 위기 상황에서는 확인되지 않은 정보라도 전달하려는 경향이 크다.

E08 ✽❀❀  고2 2024(6월)/22

다음 글의 요지로 가장 적절한 것은?

If a firm is going to be saved by the government, it might be easier to concentrate on lobbying the government for more money rather than taking the harder decision of restructuring the company to be able to be profitable and viable in the long term. This is an example of something known as moral hazard — when government support alters the decisions firms take. For example, if governments rescue banks who get into difficulty, as they did during the credit crisis of 2007-08, this could encourage banks to take greater risks in the future because they know there is a possibility that governments will intervene if they lose money. Although the government rescue may be well intended, it can negatively affect the behavior of banks, encouraging risky and poor decision making.

* viable: 성장할 수 있는

① 기업에 대한 정부의 지원이 새로운 기술의 도입을 촉진한다.
② 현명한 소비자들은 윤리적 기업의 제품을 선택하는 경향이 있다.
③ 정부와 기업은 협력으로 사회적 문제의 해결책을 모색할 수 있다.
④ 정부의 구제는 기업의 의사 결정에 부정적인 영향을 미칠 수 있다.
⑤ 합리적 의사 결정은 다양한 대안에 대한 평가를 통해 이루어진다.

E09 ✽✽✽  고2 2024(3월)/22

다음 글의 요지로 가장 적절한 것은?

We tend to overrate the impact of new technologies in part because older technologies have become absorbed into the furniture of our lives, so as to be almost invisible. Take the baby bottle. Here is a simple implement that has transformed a fundamental human experience for vast numbers of infants and mothers, yet it finds no place in our histories of technology. This technology might be thought of as a classic time-shifting device, as it enables mothers to exercise more control over the timing of feeding. It can also function to save time, as bottle feeding allows for someone else to substitute for the mother's time. Potentially, therefore, it has huge implications for the management of time in everyday life, yet it is entirely overlooked in discussions of high-speed society.

① 새로운 기술은 효율적인 시간 관리에 도움이 된다.
② 새로운 기술에 비해 기존 기술의 영향력이 간과되고 있다.
③ 현대 사회의 새로운 기술이 양육자의 역할을 대체하고 있다.
④ 새로운 기술의 사용을 장려하는 사회적 인식이 요구된다.
⑤ 기존 기술의 활용은 새로운 기술의 개발에 도움이 된다.

E10 ✽✽❀  고2 2022(6월)/22

다음 글의 요지로 가장 적절한 것은?

The problem with simply adopting any popular method of parenting is that it ignores the most important variable in the equation: the uniqueness of your child. So, rather than insist that one style of parenting will work with every child, we might take a page from the gardener's handbook. Just as the gardener accepts, without question or resistance, the plant's requirements and provides the right conditions each plant needs to grow and flourish, so, too, do we parents need to custom-design our parenting to fit the natural needs of each individual child. Although that may seem difficult, it is possible. Once we understand who our children really are, we can begin to figure out how to make changes in our parenting style to be more positive and accepting of each child we've been blessed to parent.

* equation: 방정식

① 자녀의 특성에 맞는 개별화된 양육이 필요하다.
② 식물을 키우는 것이 자녀의 창의성 발달에 도움이 된다.
③ 정서적 교감은 자녀의 바람직한 인격 형성에 필수적이다.
④ 자녀에게 타인을 존중하는 태도를 가르치는 것이 중요하다.
⑤ 전문가에 의해 검증된 양육 방식을 따르는 것이 바람직하다.

다음 글의 요지로 가장 적절한 것은?

Advice from a friend or family member is the most well-meaning of all, but it's not the best way to match yourself with a new habit. While hot yoga may have changed your friend's life, does that mean it's the right practice for you? We all have friends who *swear* their new habit of getting up at 4:30 a.m. changed their lives and that we have to do it. I don't doubt that getting up super early changes people's lives, sometimes in good ways and sometimes not. But be cautious: You don't know if this habit will actually make your life better, especially if it means you get less sleep. So yes, you can try what worked for your friend, but don't beat yourself up if your friend's answer doesn't change you in the same way. All of these approaches involve guessing and chance. And that's not a good way to strive for change in your life.

① 한번 잘못 들인 습관은 바로잡기가 어렵다.
② 꾸준한 반복을 통해 올바른 습관을 들일 수 있다.
③ 친구나 가족의 조언은 항상 귀담아들을 필요가 있다.
④ 사소하더라도 좋은 습관을 들이면 인생이 바뀔 수 있다.
⑤ 타인에게 유익했던 습관이 자신에게는 효과가 없을 수 있다.

다음 글의 요지로 가장 적절한 것은?

It's remarkable that positive fantasies help us relax to such an extent that it shows up in physiological tests. If you want to unwind, you can take some deep breaths, get a massage, or go for a walk — but you can also try simply closing your eyes and fantasizing about some future outcome that you might enjoy. But what about when your objective is to make your wish a reality? The *last* thing you want to be is relaxed. You want to be energized enough to get off the couch and lose those pounds or find that job or study for that test, and you want to be motivated enough to stay engaged even when the inevitable obstacles or challenges arise. The principle of "Dream it. Wish it. Do it." does not hold true, and now we know why: in dreaming it, you undercut the energy you need to do it. You put yourself in a temporary state of complete happiness, calmness — and inactivity.

* physiological: 생리학적인

① 과도한 목표 지향적 태도는 삶의 만족감을 떨어뜨린다.
② 긍정적 자세로 역경을 극복할 때 잠재 능력이 발휘된다.
③ 편안함을 느끼는 상황에서 자기 개선에 대한 동기가
　 생긴다.
④ 낙관적인 상상은 소망을 실현하는 데 필요한 동력을
　 약화시킨다.
⑤ 막연한 목표보다는 명확하고 구체적인 목표가 실현
　 가능성이 크다.

다음 글의 요지로 가장 적절한 것은?

When it comes to the decision to get more exercise, you are setting goals that are similar to running a half marathon with very little training! You make a decision to buy a gym membership and decide to spend an hour at the gym every day. Well, you might stick to that for a day or two, but chances are you won't be able to continue to meet that commitment in the long term. If, however, you make a commitment to go jogging for a few minutes a day or add a few sit-ups to your daily routine before bed, then you are far more likely to stick to your decision and to create a habit that offers you long-term results. The key is to start small. Small habits lead to long-term success.

① 상황에 따른 유연한 태도가 목표 달성에 효과적이다.
② 올바른 식습관과 규칙적인 운동이 건강 유지에 도움이
　 된다.
③ 나쁜 습관을 고치기 위해서는 장기적인 계획이
　 필수적이다.
④ 꿈을 이루기 위해서는 원대한 목표를 세우는 것이
　 중요하다.
⑤ 장기적인 성공을 위해 작은 습관부터 시작하는 것이 필요
　 하다.

E14 ★★☆

고2 2022(9월)/22

다음 글의 요지로 가장 적절한 것은?

Most parents think that if our child would just "behave," we could stay calm as parents. The truth is that managing our own emotions and actions is what allows us to feel peaceful as parents. Ultimately we can't control our children or the obstacles they will face — but we can always control our own actions. Parenting isn't about what our child does, but about how we respond. In fact, most of what we call parenting doesn't take place between a parent and child but within the parent. When a storm brews, a parent's response will either calm it or trigger a full-scale tsunami. Staying calm enough to respond constructively to all that childish behavior — and the stormy emotions behind it — requires that we grow, too. If we can use those times when our buttons get pushed to reflect, not just react, we can notice when we lose equilibrium and steer ourselves back on track. This inner growth is the hardest work there is, but it's what enables you to become a more peaceful parent, one day at a time.

① 자녀의 행동 변화를 위해 부모의 즉각적인 반응이 필요하다.
② 부모의 내적 성장을 통한 평정심 유지가 양육에 중요하다.
③ 부모는 자녀가 감정을 다스릴 수 있게 도와주어야 한다.
④ 부모와 자녀는 건설적인 의견을 나눌 수 있어야 한다.
⑤ 바람직한 양육은 자녀에게 모범을 보이는 것이다.

E15 ★★★

고2 2021(9월)/22

다음 글의 요지로 가장 적절한 것은?

Too many officials in troubled cities wrongly imagine that they can lead their city back to its former glories with some massive construction project — a new stadium or light rail system, a convention center, or a housing project. With very few exceptions, no public policy can slow the tidal forces of urban change. We mustn't ignore the needs of the poor people who live in the Rust Belt, but public policy should help poor *people*, not poor places. Shiny new real estate may dress up a declining city, but it doesn't solve its underlying problems. The hallmark of declining cities is that they have *too much* housing and infrastructure relative to the strength of their economies. With all that supply of structure and so little demand, it makes no sense to use public money to build more supply. The folly of building-centric urban renewal reminds us that cities aren't structures; cities are people.

① 도시 재생을 위한 공공정책은 건설보다 사람에 중점을 두어야 한다.
② 대중 교통 이용이 편리하도록 도시 교통 체계를 구축해야 한다.
③ 사회기반시설 확충을 통해 지역 경제를 활성화해야 한다.
④ 에너지를 절감할 수 있는 친환경 건물을 설계해야 한다.
⑤ 문화유산 보존을 우선하는 도시 계획을 수립해야 한다.

E16 ★★★

고2 2022(11월)/22

다음 글의 요지로 가장 적절한 것은?

In one study, when researchers suggested that a date was associated with a new beginning (such as "the first day of spring"), students viewed it as a more attractive time to kick-start goal pursuit than when researchers presented it as an unremarkable day (such as "the third Thursday in March"). Whether it was starting a new gym habit or spending less time on social media, when the date that researchers suggested was associated with a new beginning, more students wanted to begin changes right then. And more recent research by a different team found that similar benefits were achieved by showing goal seekers modified weekly calendars. When calendars depicted the current day (either Monday or Sunday) as the first day of the week, people reported feeling more motivated to make immediate progress on their goals.

① 새로운 시작을 하기 전에 장기적인 계획을 세우는 것이 바람직하다.
② 자신이 해야 할 일을 일정표에 표시하는 것이 목표 달성에 효과적이다.
③ 문제 행동을 개선하기 위해 원인이 되는 요소를 파악할 필요가 있다.
④ 날짜가 시작이라는 의미와 관련지어질 때 목표 추구에 강한 동기가 부여된다.
⑤ 상세한 일정표를 작성하는 것은 여러 목표를 동시에 달성하는 데 도움이 된다.

E17 ⭐ 2등급 대비　　　　　고2 2021(3월)/22 

다음 글의 요지로 가장 적절한 것은?

Fears of damaging ecosystems are based on the sound conservationist principle that we should aim to minimize the disruption we cause, but there is a risk that this principle may be confused with the old idea of a 'balance of nature.' This supposes a perfect order of nature that will seek to maintain itself and that we should not change. It is a romantic, not to say idyllic, notion, but deeply misleading because it supposes a static condition. Ecosystems are dynamic, and although some may endure, apparently unchanged, for periods that are long in comparison with the human lifespan, they must and do change eventually. Species come and go, climates change, plant and animal communities adapt to altered circumstances, and when examined in fine detail such adaptation and consequent change can be seen to be taking place constantly. The 'balance of nature' is a myth. Our planet is dynamic, and so are the arrangements by which its inhabitants live together.　　*idyllic: 목가적인

① 생물 다양성이 높은 생태계가 기후 변화에 더 잘 적응한다.
② 인간의 부적절한 개입은 자연의 균형을 깨뜨린다.
③ 자연은 정적이지 않고 역동적으로 계속 변한다.
④ 모든 생물은 적자생존의 원칙에 순응하기 마련이다.
⑤ 동식물은 상호 경쟁을 통해 생태계의 균형을 이룬다.

E18 ⭐ 2등급 대비　　　　　고2 2023(6월)/22  

다음 글의 요지로 가장 적절한 것은?

Perhaps, the advent of Artificial Intelligence (AI) in the workplace may bode well for Emotional Intelligence (EI). As AI gains momentum and replaces people in jobs at every level, predictions are, there will be a premium placed on people who have high ability in EI. The emotional messages people send and respond to while interacting are, at this point, far beyond the ability of AI programs to mimic. As we get further into the age of the smart machine, it is likely that sensing and managing emotions will remain one type of intelligence that puzzles AI. This means people and jobs involving EI are safe from being taken over by machines. In a survey, almost three out of four executives see EI as a "must-have" skill for the workplace in the future as the automatizing of routine tasks bumps up against the impossibility of creating effective AI for activities that require emotional skill.

* bode: ~의 징조가 되다　　** momentum: 추진력

① 감성 지능의 결여는 직장 내 대인 관계 갈등을 심화시킨다.
② 미래의 직장에서는 감성 지능의 가치가 더욱 높아질 것이다.
③ 미래 사회에서는 감성 지능을 갖춘 기계가 보편화될 것이다.
④ 미래에는 대부분의 직장 업무를 인공 지능이 대신할 것이다.
⑤ 인간과 인공 지능 간의 상호 작용은 감성 지능의 발달을 저해한다.

※ 다음 영어는 우리말 뜻을, 우리말은 영어 단어를 〈보기〉에서 찾아 쓰시오.

〈보기〉

약속	번성하다	용이하게 하다	flashy
depict	steer	일상	agent
분배하다	intervene	추구	unproven

01 commitment ______________

02 facilitate ______________

03 routine ______________

04 flourish ______________

05 allocate ______________

06 주체 ______________

07 화려한 ______________

08 조종하다 ______________

09 개입하다 ______________

10 입증되지 않은 ______________

※ 다음 우리말에 알맞은 영어 표현을 찾아 연결하시오.

11 소방 훈련 •   • stick to

12 ~을 고수하다 •   • fire drill

13 많은 •   • beat oneself up

14 자책하다 •   • a host of

15 ~에 노출되다 •   • be exposed to

※ 다음 우리말 표현에 맞는 단어를 고르시오.

16 파괴를 최소화하다 ➡ minimize the (disruption / dimension)

17 달라진 환경 ➡ (altered / asserted) circumstances

18 그들의 적합성을 잃다 ➡ lose their (creativity / relevance)

19 인공 지능의 출현 ➡ the (advent / address) of Artificial Intelligence

20 사회적 제도 ➡ social (instruments / institutions)

※ 다음 문장의 빈칸에 알맞은 단어를 〈보기〉에서 찾아 쓰시오.

〈보기〉

establishments	assuming	roughly	myth
authoritative	undercut	eventually	offerings
predictable	distant	executive	mimic

21 약속은 그들의 행동을 예측 가능하게 만든다.
➡ Commitments make individuals' behavior __________ .

22 음식점들과 같이, 자연도 자신만의 식당을 가지고 있다.
➡ Just like the restaurants, nature has its own dining __________ .

23 일을 더 빠르게 함으로써 여러분이 더 많이 할 것이라고 가정하는 것은 함정이다.
➡ __________ that by doing things faster you will get more done is a trap.

24 그들은 냄새라는 언어를 사용하여 그만큼 효과적으로 그들의 제공물을 광고한다.
➡ They advertise their __________ just as effectively using the language of smell.

25 그것을 꿈꾸는 중에, 여러분은 에너지를 약화시킨다.
➡ In dreaming it, you __________ the energy.

26 '자연의 균형'은 잘못된 통념이다.
➡ The 'balance of nature' is a(n) __________ .

27 만약 내가 먼 별의 질량을 알고 싶다면 상황은 훨씬 더 복잡해진다.
➡ Things get much more complicated if I want to know the mass of a(n) __________ star.

28 소문은 사실에 대한 공신력 있는 출처 없이 자주 제멋대로 뻗어 나간다.
➡ Without a(n) __________ source of facts, rumours often run riot.

29 생태계는 결국 변할 것임에 틀림없고 정말 변한다.
➡ Ecosystems must and do change ________ .

30 우리는 대략적으로 별의 질량을 측정하는 것은 다양한 이론을 포함한다고 말할 수 있다.
➡ We can __________ say that measuring the mass of a star involves various theories.

F 주제 찾기

★ 유형 설명

다음 글의 주제로 가장 적절한 것은?

Native Americans often sang and danced in preparation for launching an attack. The

'무엇'에 관해 이야기하는 글인지를 찾는 문제로,
주제를 찾는 것이 요지, 주장, 제목을 찾는 밑바탕이 된다.

주제는 글에서 중심이 되는 이슈로, 주장 찾기 유형이 글의 주제에 대한 필자의 주장을 묻는 문제라면 주제 찾기 유형은 주제 그 자체를 찾는 문제이다.
"무엇에 관한 글인가?"라는 질문에 대답한다는 생각으로 정답을 찾는다.

유형 풀이 비법

1 핵심어를 찾아라!
- 글 전체적으로 반복해서 나오는 핵심어를 찾는 것이 가장 중요하다.

2 처음과 끝에 집중하라!
- 글의 처음이나 끝에 주제가 나오는 경우가 많으므로 특히 주의해서 본다.

3 태도가 바뀌는 곳에 유의하라!
- 반대 내용을 나타내는 접속사 뒤에 주제문이 나올 가능성이 높으므로 태도가 바뀌는지 확인한다.

(Tip) 범위가 너무 넓거나 좁은 내용이 들어간 선택지를 고르지 않도록 주의한다.

어휘 및 표현 Preview

- □ **affective** 정서적인
- □ **consultant** 자문 위원
- □ **foster** 기르다, 양육하다
- □ **color-blind** 색맹의
- □ **interpretation** 해석
- □ **biology** 생물학
- □ **anthropologist** 인류학자
- □ **exclusive** 독점적인, 배타적인
- □ **dynamic** 역학
- □ **spark** 촉발하다
- □ **household** 가정
- □ **dietary** 식이 요법의
- □ **domestic** 가정의
- □ **trunk** (나무의) 몸통
- □ **branch** 나뭇가지
- □ **twig** (나무의) 잔가지
- □ **practitioner** 종사자, 종업자
- □ **abstract** 추출하다, 끌어내다

- □ **disciplinary** 학문의
- □ **conception** 개념, 관념
- □ **drawback** 결점, 문제점
- □ **diversify** 다양화하다
- □ **integrate** 통합시키다
- □ **shed** (빛을) 비추다
- □ **intake** 섭취
- □ **cognitively** 인지적으로
- □ **component** 요소, 부품
- □ **inverse** 역의, 반대의
- □ **cortex** (대뇌의) 피질
- □ **excessive** 지나친, 과도한
- □ **consumption** 섭취
- □ **tier** 단계, 층위
- □ **launch** 개시하다, 시작하다
- □ **neurochemical** 신경 화학적인
- □ **preparatory** 준비의
- □ **stamina** 힘

- □ **firsthand** 직접, 체험적으로
- □ **arousal** (정서적) 자극
- □ **march** 행진하다
- □ **intimidate** 겁을 주다
- □ **spectacle** 장관
- □ **sheer** 순전한
- □ **compensate** 보상하다
- □ **generously** 관대하게, 넉넉히
- □ **hold out** 버티다
- □ **inconsistent** 일관되지 않은
- □ **immediacy** 즉시성
- □ **be bound to** ~하게 마련이다
- □ **stem from** ~에 유래하다
- □ **partial** 부분적인
- □ **turning point** 전환점
- □ **trial and error** 시행착오
- □ **market research** 시장 조사
- □ **it stands to reason** ~은 당연하다

F 주제 찾기 （첫 번째）

F01 ★★❋  고2 2025(6월)/23

다음 글의 주제로 가장 적절한 것은?

Would you rather receive $1,000 in a year or $1,100 in a year and a month? Most people will opt for the larger sum in thirteen months — where else will you find a monthly interest rate of 10 percent. A wise choice, since the [5] interest will compensate you generously for any risks you face by waiting the extra few weeks. Second question: Would you prefer $1,000 today cash on the table or $1,100 in a month? If you think like most people, you'll [10] take the $1,000 right away. This is amazing. In both cases, if you hold out for just a month longer, you get $100 more. In the first case, it's simple enough. You figure: "I've already waited twelve months; what's one more?" [15] Not in the second case. The introduction of "now" causes us to make inconsistent decisions. Science calls this phenomenon *hyperbolic discounting*. The closer a reward is, the higher our "emotional interest rate" rises [20] and the more we are willing to give up in exchange for it.

① the impact of reward immediacy on decision-making
② the role of risk perception in weighing economic benefits
③ drawbacks of short-term investment for economic stability
④ the link between money management and future success
⑤ the necessity of balancing financial rewards and emotional ones

---

1st 첫 문장을 읽고, 이어질 내용을 예상해 보세요.

Would you rather receive / $1,000 in a year / or
당신은 받을 것인가 / 1년 후에 1,000달러를 /
$1,100 in a year and a month? //
아니면 1년 1개월 후에 1,100달러를 (받을 것인가) //

● **글의 첫 문장을 읽어봅시다.**
1년 후 1,000달러를 받는 것과, 한 달을 더 기다려 1,100달러를 받는 것 중 무엇을 선택하겠냐는 물음으로 글이 시작되고 있어요.

● **어떤 내용이 이어질까요?**
한 달 더 기다림에 대한 보상으로 100달러가 주어진다면 그것을 선택할 것인지 묻는 것으로 보아, 보상에 대한 기다림을 사람들이 어떻게 보는지 설명할 것 같아요.

2nd 1st 에서 발상한 것을 토대로 글을 읽고, 내용을 파악해 보세요.

1) 첫 문장에 이어지는 문장들을 봅시다.

Most people will opt for / the larger sum in thirteen
대부분의 사람들은 선택할 것이다 / 13개월 후 더 큰 금액을
months / — where else will you find / a monthly
/ 다른 어느 곳에서 찾을 것인가 / 10퍼센트의 월
interest rate of 10 percent. //
이율을 //
A wise choice, / since the interest will compensate
현명한 선택인데 / 왜냐하면 이자가 당신에게 충분히 보상해 줄 것이기
you generously / for any risks you face / by waiting
때문이다 / 당신이 직면하는 어떤 위험에 대해서도 / 추가로 몇
the extra few weeks. //
주를 기다림으로써 //

● **어떤 답변을 예상하고 있나요?**
1개월에 100달러가 이자로 붙는다는 것은 월 이율이 10퍼센트이기 때문에 대부분의 사람들은 13개월을 선택할 거예요. 직면할 수 있는 위험에 대해 보상해주기 때문에 현명한 선택이기도 하다는 거죠.

2) 그다음 문장을 봅시다.

Second question: / Would you prefer $1,000 today
두 번째 질문 / 당신은 오늘 당장 현금 1,000달러를 선호하는가
cash on the table / or $1,100 in a month? //
/ 아니면 한 달 후 1,100달러를 (선호하는가) //

● **새로운 질문을 했어요.**
첫 질문과 똑같이 한 달을 더 맡겨 100달러를 받는 상황인데, 이번에는 12개월과 13개월이 아닌, ❶(   )과 1개월 뒤를 묻는 상황이에요.

3) 이번엔 어떤 답변을 예상했나요?

If you think like most people, / you'll take the
만약 당신이 대부분의 사람들처럼 생각한다면　　/ 당신은 즉시 1,000달러를
$1,000 right away. //
가져갈 것이다　　　　//

● **첫 번째 질문과는 다른 답변을 예상하네요!**
　첫 번째 질문에 대해서는 한 달을 더 기다려서 100달러를 더 받는 것을
　선택할 거라고 예상했는데, 이번에는 금액이 더 적더라도 즉시 돈을 받는
　걸 선택할 거라고 했어요.

4) 그 이유를 살펴봅시다.

In the first case, / it's simple enough. //
첫 번째 경우　　　/ 그것은 충분히 간단하다　　//
You figure: / "I've already waited twelve months; /
당신은 판단한다　/ "나는 이미 12개월을 기다렸어　　　　　/
what's one more?" //
한 달 더가 뭐라고"　　　//

● **첫 번째 질문에 대해 분석하고 있어요.**
　12개월과 13개월을 기다리는 것은 이미 기다림이 수반되기 때문에
　100달러를 위해서 1개월을 기꺼이 더 기다리려 한다는 거죠.

5) 두 번째 경우는요?

Not in the second case. //
두 번째 경우는 아니다　　　//
The introduction of "now" / causes us to make
'지금'의 도입은　　　　　　　　　/ 우리가 일관되지 않은 결정을
inconsistent decisions. //
내리게 만든다　　　//

● **두 번째 경우에는 '지금'이 도입된대요.**
　지금 바로 1,000달러를 가질 수 있다면 100달러를 더 받기 위해 한 달을
　기다리려 하지 않는다는 거예요.

6) 왜 그럴까요?

The closer a reward is, / the higher our "emotional
보상이 더 가까울수록　　　/ 우리의 '감정적 이율'이 더 높이 상승하고
interest rate" rises / and the more we are willing to
　　　　　　　　　/ 우리는 더 기꺼이 포기하려 한다
give up / in exchange for it. //
　　　/ 그것을 대가로　　　//

● **그 이유를 설명하는 문장이에요.**
　보상받을 수 있다는 '감정적 이율'이 더 높이 상승하게 되어 더 큰 보상이
　있을 것이라고 하더라도 기꺼이 포기하고 당장의 보상을 받게 된다는
　내용이네요.

3rd 선택지를 꼼꼼히 해석하고 글의 주제를 고르세요.

1) 선택지를 먼저 해석해 봅시다.

① the impact of reward immediacy on decision-making 보상의 즉시성이 의사 결정에 미치는 영향
② the role of risk perception in weighing economic benefits 경제적 이점의 경중을 잴 때 위험 인식의 역할
③ drawbacks of short-term investment for economic stability 경제적 안정성에 대한 단기 투자의 단점
④ the link between money management and future success 돈 관리와 미래 성공 사이의 연결 고리
⑤ the necessity of balancing financial rewards and emotional ones 재정적 보상과 감정적 보상의 균형을 맞출 필요성

● **선택지 ❷(　　　)이 글의 주제와 일치해요.**
　우리는 똑같이 한 달을 더 기다렸을 때 100달러를 더 받게 되는 선택
　상황에서, 12개월 후에 받을 금액은 한 달을 기꺼이 더 기다리고자
　하지만, 지금 바로 받을 금액은 한 달을 더 기다리려고 하지 않는다고
　했어요.
　따라서 보상이 더 가까울수록 감정적 이율이 높아지고, 이를 대가로 쉽게
　포기하게 되는 것이므로, 글의 주제는 ❷(　　　)이에요.

2) 글의 흐름을 정리하며 글의 내용을 다시 확인해 봅시다.

 1년 후에 1,000달러 vs. 1년 1개월 후에 1,100달러의 상황에서
대부분의 사람들은 1년 1개월 후 더 큰 금액을 선택함

 오늘 당장 1,000달러 vs. 한 달 후 1,100달러의 상황에서는 즉시
1,000달러를 가지는 것을 선택함

 보상이 더 가까울수록, 우리의 '감정적 이율'이 더 높이 상승하여,
기다림 뒤 이어질 대가를 기꺼이 포기하려 함

F 주제 찾기 (두 번째)

- **1st** 첫 문장을 읽고, 이어질 내용을 예상해 보세요.
- **2nd** **1st** 에서 발상한 것을 토대로 글을 읽고, 내용을 파악해 보세요.
- **3rd** 선택지를 꼼꼼히 해석하고 글의 주제를 고르세요.

F02 ✽✾✾  고2 2024(6월)/23

다음 글의 주제로 가장 적절한 것은?

If there is little or no diversity of views, and all scientists see, think, and question the world in a similar way, then they will not, as a community, be as objective as they maintain they are, or at least aspire to be. The solution is that there should be far greater diversity in the practice of science: in gender, ethnicity, and social and cultural backgrounds. Science works because it is carried out by people who pursue their curiosity about the natural world and test their and each other's ideas from as many varied perspectives and angles as possible. When science is done by a diverse group of people, and if consensus builds up about a particular area of scientific knowledge, then we can have more confidence in its objectivity and truth.

* consensus: 일치

① value of acquiring scientific knowledge through trial and error
② necessity of various perspectives in practicing science
③ benefits of building good relationships among scientists
④ curiosity as a key factor in designing experiments
⑤ importance of specialization in scientific research

1st 첫 문장을 읽고, 이어질 내용을 예상해 보세요.

If there is little or no diversity of views, / and all
만약 견해의 다양성이 거의 없거나 전혀 없고 / 모든
scientists see, think, and question the world in a
과학자들이 비슷한 방식으로 세상을 보고, 생각하고, 의문을 제기한다면
similar way, / then they will not, as a community,
/ 그러면 그들은, 하나의 공동체로서, 객관적이지 않을
be as objective / as they maintain they are, / or at
것이다 / 자신들이 주장하는 것만큼 / 혹은
least aspire to be. //
적어도 그렇게 되기를 열망하는 것만큼 //

● **글의 첫 문장을 읽어봅시다.**
모든 과학자들이 견해의 다양성이 없이 비슷한 방식으로 세상을 본다면, 그들은 객관적이지 않을 것이라고 했어요.

● **어떤 내용이 이어질까요?**
과학자들은 객관성을 유지하는 것이 중요하기 때문에 모두가 비슷한 방식으로 세상을 바라보는 것은 지양해야 할 태도겠죠. 따라서 과학자들이 객관성을 유지하기 위해서 다양성을 가져야 한다는 흐름으로 글이 이어질 것 같아요.

2nd **1st** 에서 발상한 것을 토대로 글을 읽고, 내용을 파악해 보세요.

1) 첫 문장에 이어지는 그다음 문장을 봅시다.

The solution is / that there should be far greater
해결책은 / 훨씬 더 많은 다양성이 있어야 한다는 것이다
diversity / in the practice of science: / in gender,
/ 과학의 실행에 있어 / 성별, 인종,
ethnicity, and social and cultural backgrounds. //
그리고 사회적 문화적 배경에서 //

● **바로 해결책을 제시하고 있어요.**
객관성을 유지하기 위해서는 과학의 실행에 있어 성별, 인종 등에서 훨씬 더 많은 다양성이 있어야 한다고 하네요.

2) 그다음 문장을 봅시다.

Science works / because it is carried out by people /
과학은 작동한다 / 그것이 사람들에 의해 수행되기 때문에 /
who pursue their curiosity about the natural world
자연 세계에 대한 호기심을 추구하고
/ and test their and each other's ideas / from as
/ 그들의 그리고 서로의 아이디어를 검증하는 /
many varied perspectives and angles as possible. //
가능한 한 다양한 관점과 각도에서 //

- ● **과학이 작동하는 과정을 설명하고 있어요.**
  과학은 자연 세계에 대한 호기심을 추구하고 가능한 한 다양한 관점과
  각도에서 그들의 그리고 서로의 아이디어를 검증하는 사람들에 의해
  수행되기 때문에 작동한대요.

- ● **무엇을 말하고 싶은 걸까요?**
  과학은 '다양한' 관점과 각도에서 서로의 아이디어를 검증하는 사람들에
  의해 수행되기 때문에 과학이 잘 작동하기 위해서는 '다양한' 관점과
  각도를 계속해서 나눠야 한다는 걸 말하는 거네요.

3) 마지막 문장을 살펴봅시다.

When science is done / by a diverse group of
과학이 행해질 때 　　　　　/ 다양한 집단의 사람들에 의해
people, / and if consensus builds up / about a
　　　　/ 그리고 만약 의견 일치가 이루어진다면 　　/ 과학 지식의
particular area of scientific knowledge, / then we
특정 영역에 대한 　　　　　　　　　　　/ 그러면 우리는
can have more confidence / in its objectivity and
더 큰 자신감을 가질 수 있다 　　　/ 그것의 객관성과 진실성에
truth. //
있어서 //

- ● **다양한 집단 + 의견 일치 = 객관성, 진실성**
  다양한 집단의 사람들에 의해 행해지고, 특정 영역에 대한 그들의 의견
  일치가 이루어진다면 객관성과 진실성이 더 힘을 갖는다는 거네요.

✂ 글의 내용을 한번 정리해 볼까요?

견해의 ( )이 없다면 과학자들은 객관성을 잃기 때문에 과학의
실행에 있어 많은 다양성이 있어야 한다고 했어요. 그리고 그 다양한 집단의
사람들에 의해 행해지고 그때 과학 지식의 특정 영역에 대한 의견 일치가
이루어진다면, 우리는 그것의 객관성과 진실성에 있어서 더 큰 자신감을
가질 수 있고요.

3rd 선택지를 꼼꼼히 해석하고 글의 주제를 고르세요.

1) 선택지를 먼저 해석해 봅시다.

① value of acquiring scientific knowledge through
   trial and error 시행착오를 통해 과학적 지식을 얻는 것의 가치
② necessity of various perspectives in practicing
   science 과학을 행하는 것에 있어 다양한 관점의 필요성
③ benefits of building good relationships among
   scientists 과학자들 사이에 좋은 관계를 형성하는 것의 이점
④ curiosity as a key factor in designing experiments
   실험을 설계할 때 주요 요소로서의 호기심
⑤ importance of specialization in scientific research
   과학적 연구에서 전문성의 중요성

- ● **선택지 ( )이 글의 주제와 일치해요.**
  과학을 행할 때는 여러 관점에서의 다양성이 있어야 과학의 객관성과
  진실성을 확신할 수 있다고 했으므로, 정답은 ( ) '과학을
  행하는 것에 있어 다양한 관점의 필요성'이에요.

2) 글의 흐름을 정리하며 글의 내용을 다시 확인해 봅시다.

도입　만약 모든 과학자들이 비슷한 방식으로 세상을 보고, 생각하고,
　　　　　의문을 제기한다면, 그들은 객관적이지 않을 것임

↓

주제　과학의 실행에 있어 훨씬 더 많은 다양성이 있어야 함

↓

부연　다양한 집단의 사람들이 특정 영역에 대한 의견 일치가
　　　　　이루어진다면, 그것의 객관성과 진실성에 있어서 더 큰 자신감을
　　　　　가질 수 있음

— 수능 **Tip**

#as 원급 as possible

★ 9번째 줄의 문장을 다시 봅시다.

Science works / because it is carried out by
과학은 작동한다 　　　/ 그것이 사람들에 의해 수행되기 때문에
people / who pursue their curiosity about the
　　　　/ 자연 세계에 대한 호기심을 추구하고
natural world / and test their and each other's
　　　　　　　/ 그들의 그리고 서로의 아이디어를 검증하는
ideas / from as many varied perspectives and
　　　/ 가능한 한 다양한 관점과 각도에서 //
angles as possible. //

1 as 원급 as possible (가능한 한 ~한[하게])

「as + 원급 + as + possible」은 「as + 원급 + as + 주어
+ can[could]」과 같은 의미로, '가능한 한 ~한[하게]'를
뜻해요.

2 이 문장에서 '원급'에 해당하는 건 무엇일까요?

as와 as possible 사이에는 many varied perspectives
and angles가 있어요. 여기서 '원급'에 해당하는 형용사는
many로, '가능한 한 많은'이라는 의미를 완성하고 있어요.

F03 ~ 06 ▶ 제한시간 8분

F03 ★★★  고2 2025(3월)/23

다음 글의 주제로 가장 적절한 것은?

If the brain has already stored someone's face and name, why do we still end up remembering one and not the other? This is because the brain has something of a two-tier memory system at work when it comes to retrieving memories, and this gives rise to a common yet infuriating sensation: recognising someone, but not being able to remember how or why, or what their name is. This happens because the brain differentiates between familiarity and recall. To clarify, familiarity (or recognition) is when you encounter someone or something and you know you've done so before. But beyond that, you've got nothing; all you can say is this person/thing is already in your memories. Recall is when you can access the original memory of how and why you know this person; recognition is just flagging up the fact that the memory exists.

* retrieve: 꺼내다 ** infuriating: 짜증 나는

① process of recalling details from partial memories
② impact of emotional responses on memory retrieval patterns
③ dangers of memory loss regarding face and name recognition
④ ways to manage the difficulty of recognising faces and names
⑤ distinction between recall and familiarity in the memory system

F04 ★★★  고2 2024(10월)/23

다음 글의 주제로 가장 적절한 것은?

Based on discoveries in neuroscience, pain and pleasure are formed and processed in the same area of the brain. Our bodies constantly strive for homeostasis, which is defined as the balance of bodily functions. Without the body's effective compensatory mechanisms, which may cushion potential highs and lows, we would not be capable of surviving. Pleasure and pain are like two sides of the same coin; they seem to work together and are heavily reliant on one another and keep balance. If you imagine pleasure and pain as the two opposite points on a scale, you can easily understand that as one of the two points rises, the other must correspondingly fall. We've all heard the expression, "No pain, no gain." Well, according to psychiatrist Dr. Anna Lembke, there may be some truth to these words. She says that our attempts to escape being miserable are in fact making us even more miserable. This is because pain is actually an essential component of our ability to maintain a neutral state, and allowing it will in turn reset our internal scale back to balance.

① interplay of multiple emotions that hinder homeostasis
② disruption of pleasure's beneficial functioning due to pain
③ counteraction of pleasure and pain in maintaining stability
④ overflow of opposite feelings that induces emotional unrest
⑤ ignorance of necessity of other feelings than pain and pleasure

다음 글의 주제로 가장 적절한 것은?

Empathy is frequently listed as one of the most desired skills in an employer or employee, although without specifying exactly what is meant by *empathy*. Some businesses stress cognitive empathy, emphasizing the need for leaders to understand the perspective of employees and customers when negotiating deals and making decisions. Others stress affective empathy and empathic concern, emphasizing the ability of leaders to gain trust from employees and customers by treating them with real concern and compassion. When some consultants argue that successful companies foster empathy, what that translates to is that companies should conduct good market research. In other words, an "empathic" company understands the needs and wants of its customers and seeks to fulfill those needs and wants. When some people speak of design with empathy, what that translates to is that companies should take into account the specific needs of different populations — the blind, the deaf, the elderly, non-English speakers, the color-blind, and so on — when designing products.

* empathy: 공감, 공감 능력   ** compassion: 동정심

① diverse benefits of good market research
② negative factors in making business decisions
③ difficulties in designing products with empathic concern
④ efforts to build cognitive empathy among employees
⑤ different interpretations of empathy in business

다음 글의 주제로 가장 적절한 것은?

People seem to recognize that the arts are cultural activities that draw on (or react against) certain cultural traditions, certain shared understanding, and certain values and ideas that are characteristic of the time and place in which the art is created. In the case of science, however, opinions differ. Some scientists, like the great biologist J. B. S. Haldane, see science in a similar light — as a historical activity that occurs in a particular time and place, and that needs to be understood within that context. Others, however, see science as a purely "objective" pursuit, uninfluenced by the cultural viewpoint and values of those who create it. In describing this view of science, philosopher Hugh Lacey speaks of the belief that there is an underlying order of the world which is simply there to be discovered — the world of pure "fact" stripped of any link with value. The aim of science according to this view is to represent this world of pure "fact", independently of any relationship it might bear contingently to human practices and experiences.

* contingently: 혹여라도

① misconceptions on how experimental data should be measured
② views on whether science is free from cultural context or not
③ ways for minimizing cultural bias in scientific pursuits
④ challenges in achieving objectivity in scientific studies
⑤ functions of science in analyzing cultural phenomena

F07 ★★★  고2 2023(9월)/23

다음 글의 주제로 가장 적절한 것은?

If cooking is as central to human identity, biology, and culture as the biological anthropologist Richard Wrangham suggests, it stands to reason that the decline of cooking in our time would have serious consequences for modern life, and so it has. Are they all bad? Not at all. The outsourcing of much of the work of cooking to corporations has relieved women of what has traditionally been their exclusive responsibility for feeding the family, making it easier for them to work outside the home and have careers. It has headed off many of the domestic conflicts that such a large shift in gender roles and family dynamics was bound to spark. It has relieved other pressures in the household, including longer workdays and overscheduled children, and saved us time that we can now invest in other pursuits. It has also allowed us to diversify our diets substantially, making it possible even for people with no cooking skills and little money to enjoy a whole different cuisine. All that's required is a microwave.

① current trends in commercial cooking equipment
② environmental impacts of shifts in dietary patterns
③ cost-effective ways to cook healthy meals at home
④ reasons behind the decline of the food service industry
⑤ benefits of reduced domestic cooking duties through outsourcing

F08 ★★❀  고2 2021(11월)/23

다음 글의 주제로 가장 적절한 것은?

Shutter speed refers to the speed of a camera shutter. In behavior profiling, it refers to the speed of the eyelid. When we blink, we reveal more than just blink rate. Changes in the speed of the eyelid can indicate important information; shutter speed is a measurement of fear. Think of an animal that has a reputation for being fearful. A Chihuahua might come to mind. In mammals, because of evolution, our eyelids will speed up to minimize the amount of time that we can't see an approaching predator. The greater the degree of fear an animal is experiencing, the more the animal is concerned with an approaching predator. In an attempt to keep the eyes open as much as possible, the eyelids involuntarily speed up. Speed, when it comes to behavior, almost always equals fear. In humans, if we experience fear about something, our eyelids will do the same thing as the Chihuahua; they will close and open more quickly.

* eyelid: 눈꺼풀

① eye contact as a way to frighten others
② fast blinking as a symptom of eye fatigue
③ blink speed as a significant indicator of fear
④ fast eye movement as proof of predatory instinct
⑤ blink rate as a difference between humans and animals

다음 글의 주제로 가장 적절한 것은?

What consequences of eating too many grapes and other sweet fruit could there possibly be for our brains? A few large studies have helped to shed some light. In one, higher fruit intake in older, cognitively healthy adults was linked with less volume in the hippocampus. This finding was unusual, since people who eat more fruit usually display the benefits associated with a healthy diet. In this study, however, the researchers isolated various components of the subjects' diets and found that fruit didn't seem to be doing their memory centers any favors. Another study from the Mayo Clinic saw a similar inverse relationship between fruit intake and volume of the cortex, the large outer layer of the brain. Researchers in the latter study noted that excessive consumption of high-sugar fruit (such as mangoes, bananas, and pineapples) may cause metabolic and cognitive problems as much as processed carbs do.

* hippocampus: (대뇌 측두엽의) 해마   ** carb: 탄수화물 식품

① benefits of eating whole fruit on the brain health
② universal preference for sweet fruit among children
③ types of brain exercises enhancing long-term memory
④ nutritional differences between fruit and processed carbs
⑤ negative effect of fruit overconsumption on the cognitive brain

다음 글의 주제로 가장 적절한 것은?

In the movie *Groundhog Day*, a weatherman played by Bill Murray is forced to re-live a single day over and over again. Confronted with this seemingly endless loop, he eventually rebels against living through the same day the same way twice. He learns French, becomes a great pianist, befriends his neighbors, helps the poor. Why do we cheer him on? Because we don't want perfect predictability, even if what's on repeat is appealing. Surprise engages us. It allows us to escape autopilot. It keeps us awake to our experience. In fact, the neurotransmitter systems involved in reward are tied to the level of surprise: rewards delivered at regular, predictable times yield a lot less activity in the brain than the same rewards delivered at random unpredictable times. Surprise gratifies.

* loop: 고리   ** neurotransmitter: 신경전달물질

① considerations in learning foreign languages
② people's inclination towards unpredictability
③ hidden devices to make a movie plot unexpected
④ positive effects of routine on human brain function
⑤ danger of predicting the future based on the present

F11 ★★★  고2 2022(11월)/23

다음 글의 주제로 가장 적절한 것은?

Native Americans often sang and danced in preparation for launching an attack. The emotional and neurochemical excitement that resulted from this preparatory singing gave them stamina to carry out their attacks. What may have begun as an unconscious, uncontrolled act — rushing their victims with singing and beating drums in a frenzy — could have become a strategy as the victors saw firsthand the effect their actions had on those they were attacking. Although war dances risk warning an enemy of an upcoming attack, the arousal and synchronizing benefits for the attackers may compensate for the loss of surprise. Humans who sang, danced, and marched may have enjoyed a strong advantage on the battlefield as well as intimidated enemies who witnessed such a spectacle. Nineteenth-and twentieth-century Germans feared no one more than the Scots — the bagpipes and drums were disturbing in their sheer loudness and visual spectacle.

* frenzy: 격분   ** synchronize: 동시에 움직이게 하다

① cultural differences in honoring war victims
② benefits of utilizing sound and motion in warfare
③ functions of music in preventing or resolving conflicts
④ strategies of analyzing an enemy's vulnerable points in war
⑤ effects of religious dances on lowering anxiety on the battlefield

F12 ★★★  고2 2023(6월)/23

다음 글의 주제로 가장 적절한 것은? [3점]

Education must focus on the trunk of the tree of knowledge, revealing the ways in which the branches, twigs, and leaves all emerge from a common core. Tools for thinking stem from this core, providing a common language with which practitioners in different fields may share their experience of the process of innovation and discover links between their creative activities. When the same terms are employed across the curriculum, students begin to link different subjects and classes. If they practice abstracting in writing class, if they work on abstracting in painting or drawing class, and if, in all cases, they call it abstracting, they begin to understand how to think beyond disciplinary boundaries. They see how to transform their thoughts from one mode of conception and expression to another. Linking the disciplines comes naturally when the terms and tools are presented as part of a universal imagination.

① difficulties in finding meaningful links between disciplines
② drawbacks of applying a common language to various fields
③ effects of diversifying the curriculum on students' creativity
④ necessity of using a common language to integrate the curriculum
⑤ usefulness of turning abstract thoughts into concrete expressions

F13 ★★❀ 

다음 글의 주제로 가장 적절한 것은?

I was brought up to believe that if I get lost in a large forest, I will sooner or later end up where I started. Without knowing it, people who are lost will always walk in a circle. In the book *Finding Your Way Without Map or Compass*, author Harold Gatty confirms that this is true. We tend to walk in circles for several reasons. The most important is that virtually no human has two legs of the exact same length. One leg is always slightly longer than the other, and this causes us to turn without even noticing it. In addition, if you are hiking with a backpack on, the weight of that backpack will inevitably throw you off balance. Our dominant hand factors into the mix too. If you are right-handed, you will have a tendency to turn toward the right. And when you meet an obstacle, you will subconsciously decide to pass it on the right side.

① abilities to construct a mental map for walking
② factors that result in people walking in a circle
③ reasons why dominance exists in nature
④ instincts that help people return home
⑤ solutions to finding the right direction

F14 ★★★❀

다음 글의 주제로 가장 적절한 것은?

We have already seen that learning is much more efficient when done at regular intervals: rather than cramming an entire lesson into one day, we are better off spreading out the learning. The reason is simple: every night, our brain consolidates what it has learned during the day. This is one of the most important neuroscience discoveries of the last thirty years: sleep is not just a period of inactivity or a garbage collection of the waste products that the brain accumulated while we were awake. Quite the contrary: while we sleep, our brain remains active; it runs a specific algorithm that replays the important events it recorded during the previous day and gradually transfers them into a more efficient compartment of our memory.

* consolidate: 통합 정리하다

① how to get an adequate amount of sleep
② the role that sleep plays in the learning process
③ a new method of stimulating engagement in learning
④ an effective way to keep your mind alert and active
⑤ the side effects of certain medications on brain function

F15 ~ 16 ▶ 제한시간 4분

F15 ✪ 2등급 대비 ⸺⸺⸺ 고2 2025(9월)/23

다음 글의 주제로 가장 적절한 것은?

It's conceivable that in a world where solar panels are incredibly expensive and there's an extreme collapse in the cost of launching objects to space, you might want to maximize your energy per panel by putting them above the atmosphere. But panels are cheap, and even if we assume pretty steep drops in the cost of space launch, the numbers don't add up. This becomes especially clear when you start to think about maintenance. Try to imagine acres upon acres of glass panels in space, regularly hit by intense radiation and bits of space debris while enduring the extreme heat of constant sunlight. They'll have to be repaired and cared for either by astronauts or an army of advanced robots. Solar panels in Australia can be cleaned by a teenager with a spray bottle and a cloth.

* debris: 파편

① economic benefits of using renewable energy
② environmental issues from solar panel installation
③ reasons why placing solar panels in space is impractical
④ ways to cope with the challenges caused by space debris
⑤ efficient solutions for reducing the cost of space exploration

F16 ✪ 2등급 대비 ⸺⸺⸺ 고2 2023(11월)/23

다음 글의 주제로 가장 적절한 것은?

Sylvan Goldman invented the shopping cart and introduced it in his stores in 1937. It was an excellent device that would make it easy for shoppers to buy as much as they wanted without getting tired or seeking others' help. But Goldman discovered that in spite of his repeated advertisements and explanations, he could not persuade his shoppers to use the wheeled carts. Men were reluctant because they thought they would appear weak if they pushed such carts instead of carrying their shopping. Women wouldn't touch them because the carts reminded them of baby carriages. It was only a few elderly shoppers who used them. That made the carts even less attractive to the majority of the shoppers. Then Goldman hit upon an idea. He hired several models, men and women, of different ages and asked them to wheel the carts in the store and shop. A young woman employee standing near the entrance told the regular shoppers, 'Look, everyone is using the carts. Why don't you?' That was the turning point. A few shills disguised as regular shoppers easily accomplished what logic, explanations, and advertisements failed to do. Within a few weeks shoppers readily accepted those carts.

* shill: 바람잡이

① persuasive power of peer behavior
② methods to help consumers shop less
③ innovative ways to reduce waste in retail
④ hidden nature of human beings to support materialism
⑤ importance of a store layout based on customer needs

F17 ~ 18 ▶ 제한시간 4분

F17 ⭐ 1등급 대비

고2 2021(9월)/23 

다음 글의 주제로 가장 적절한 것은?

Many marine species including oysters, marsh grasses, and fish were deliberately introduced for food or for erosion control, with little knowledge of the impacts they could have. Fish and shellfish have been intentionally introduced all over the world for aquaculture, providing food and jobs, but they can escape and become a threat to native species, ecosystem function, or livelihoods. Atlantic salmon are reared in ocean net-pens in Washington State and British Columbia. Many escape each year, and they have been recovered in both saltwater and freshwater in Washington State, British Columbia, and Alaska. Recreational fishing can also spread invasive species. Bait worms from Maine are popular throughout the country. They are commonly packed in seaweed which contains many other organisms. If the seaweed is discarded, it or the organisms on it can colonize new areas. Fishing boots, recreational boats, and trailers can pick up organisms at one location and move them elsewhere.

* aquaculture: 양식(업)

① benefits of recreational ocean fishing
② ways to maintain marine biodiversity
③ potential value of the ocean for ecotourism
④ contribution of ocean farming to food supply
⑤ human influence on the spread of invasive species

F18 ⭐ 1등급 대비

고2 2022(3월)/23 

다음 글의 주제로 가장 적절한 것은?

Individual human beings differ from one another physically in a multitude of visible and invisible ways. If races — as most people define them — are real biological entities, then people of African ancestry would share a wide variety of traits while people of European ancestry would share a wide variety of *different* traits. But once we add traits that are less visible than skin coloration, hair texture, and the like, we find that the people we identify as "the same race" are less and less like one another and more and more like people we identify as "different races." Add to this point that the physical features used to identify a person as a representative of some race (e.g. skin coloration) are continuously variable, so that one cannot say where "brown skin" becomes "white skin." Although the physical differences themselves are real, the way we use physical differences to classify people into discrete races is a cultural construction.

* entity: 실체 ** discrete: 별개의

① causes of physical variations among different races
② cultural differences between various races
③ social policies to overcome racism
④ importance of environmental factors in evolution
⑤ misconception about race as a biological construct

F 어휘 Review

※ 다음 영어는 우리말 뜻을, 우리말은 영어 단어를 〈보기〉에서 찾아 쓰시오.

〈보기〉

드러내다	launch	단위, 층계	immediacy
victor	drawback	상상	부분적인
cram	dominant	정서적인	돌격하다

01 tier ______________

02 affective ______________

03 partial ______________

04 imagination ______________

05 reveal ______________

06 즉시성 ______________

07 밀어 넣다 ______________

08 단점 ______________

09 개시하다 ______________

10 우성의 ______________

※ 다음 우리말에 알맞은 영어 표현을 찾아 연결하시오.

11 ~을 선택하다 •   • opt for

12 시장 조사 •   • compensate for

13 ~을 보상하다 •   • market research

14 ~을 유발하다 •   • flag up

15 ~을 표시하다 •   • give rise to

※ 다음 우리말 표현에 맞는 단어를 고르시오.

16 기억 복구 패턴 ➡ memory (recital / retrieval) patterns

17 높은 과일 섭취 ➡ higher fruit (intake / undertake)

18 잠재적인 변동을 완화시키다 ➡ (couch / cushion) potential highs and lows

19 매장 배치 ➡ a store (layoff / layout)

20 믿음을 반영하다 ➡ reflect the (insight / belief)

※ 다음 문장의 빈칸에 알맞은 단어를 〈보기〉에서 찾아 쓰시오.

〈보기〉

empathic	twig	isolated	carriages
purely	shed	reputation	inverse
intervals	conflicts	dietary	marched

21 다른 이들은 정서적 공감과 공감적 관심을 강조한다.
➡ Others stress affective empathy and __________ concern.

22 겁이 많은 것으로 평판이 있는 동물을 생각해 보라.
➡ Think of an animal that has a(n) __________ for being fearful.

23 하지만 다른 사람들은 과학을 순전히 '객관적인' 일로 본다.
➡ Others, however, see science as a(n) __________ "objective" pursuit.

24 사람들은 노래하고, 춤추고, 행진했다.
➡ Humans sang, danced, and __________.

25 연구원들은 다양한 요소들을 분리했다.
➡ The researchers __________ various components.

26 또 다른 연구에서는 유사한 역관계를 확인했다.
➡ Another study saw a similar __________ relationship.

27 그것은 많은 가정 내 갈등을 막아냈다.
➡ It has headed off many of the domestic __________.

28 학습은 규칙적인 간격으로 행해질 때 효율적이다.
➡ Learning is efficient when done at regular __________.

29 몇 가지 대규모 연구가 새로운 견해를 밝히는 데 도움이 되었다.
➡ A few large studies have helped to __________ some light.

30 여성들은 카트들이 그들에게 유모차를 연상시키기 때문에 그것들에 손대려 하지 않았다.
➡ Women wouldn't touch them because the carts reminded them of baby __________.

G 제목 찾기

★ 유형 설명

> 다음 글의 제목으로 가장 적절한 것은?
>
> Since their start in the early 1950s U.S. television sitcoms have charted many of the social conflicts

글의 중심 내용을 간결하고 명료하게, 그리고 비유적으로 나타낸 제목을 찾아야 한다.

🔑 반복되는 부분을 통해 중심 소재와 주제를 확인한다.
그 주제에 대해 필자가 갖고 있는 생각을 파악한 다음 그것을 압축해서 나타낸 선택지를 찾는다.
글의 주제와 제목이 동일한 경우도 있지만, 비유적으로 나타낸 표현이 제목이 되는 경우가 더 많다.

🎭 유형 풀이 비법

1 중심 문장을 찾아라!
• 필자가 전달하려는 중심 생각이나 요지가 드러나 있는 문장을 찾는다.

2 세부 사항을 종합하라!
• 글의 세부 사항들을 종합해서 주제를 파악한다.

3 내용을 적절히 압축하라!
• 글의 내용을 너무 넓거나 좁게 나타내지 않은 제목을 고른다.

(Tip) 글의 일부분에만 해당하는 선택지를 답으로 선택하지 않도록 한다.

📍 제목에 자주 쓰이는 표현

- A Secret to ~의 비결
- A Way to-v ~하는 방법
- Don't ~ ~하지 마라
- Factors for ~에 대한 요소들
- Functions of ~의 기능들
- How to ~하는 방법
- The History of ~의 역사
- The Kinds of ~의 종류
- Why ~? 왜 ~하는가
- Increase of ~의 증가
- Effects of ~의 영향
- Needs of ~의 필요성
- What is ~란 무엇인가
- The Importance of ~의 중요성
- Origin of ~의 기원
- Examples of ~의 예시
- The Sides of ~의 양쪽면
- A Variety of 다양한

📖 어휘 및 표현 Preview

- clinical 임상의, 병상의
- mythology 신화
- preventive 예방적인
- hygiene 위생
- treatment 치료
- professionalism 전문성
- heroic 영웅적인
- sanitary 위생의
- surgical 수술적인
- pharmaceutical 제약의
- bioengineered 생물 공학적인
- attainable 달성 가능한
- scolding 비난, 꾸짖음
- counterparty 상대방, 한쪽 당사자
- clarification 명확화, 해명
- interchange (특히 생각·정보의) 교환
- reliable 믿을 만한
- capitalistic 자본주의적

- exert 행사하다, 휘두르다
- dump (쓰레기 따위를) 버리다
- by-product 부산물
- waterway 수로
- urbanization 도시화
- craze 열풍
- reinterpretation 재해석
- recreational 여가의
- aspirational 열망의
- demonstrative 표현하는
- tolerant 관용적인
- manifest 분명한
- dweller 거주자
- cartoonish 만화같은
- synthetic 인조의
- driving force 원동력
- the well-off 부유한 사람들
- in mass quantities 대량으로

G 제목 찾기 (첫 번째)

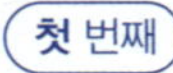

1st 첫 문장을 읽고, 이어질 글의 내용에 대한 단서를 찾으세요.
2nd **1st**에서 발상한 것을 토대로 글을 읽고, 내용을 파악해 보세요.
3rd 글의 핵심 내용을 포괄하고 있는 선택지를 고르세요.

G01 ★★❀ .... 고2 2024(3월)/24 

다음 글의 제목으로 가장 적절한 것은?

The most prevalent problem kids report is that they feel like they need to be accessible at all times. Because technology allows for it, they feel an obligation. It's easy for most of us to relate — you probably feel the same [5] pressure in your own life! It is really challenging to deal with the fact that we're human and can't always respond instantly. For a teen or tween who's still learning the ins and outs of social interactions, it's even [10] worse. Here's how this behavior plays out sometimes: Your child texts one of his friends, and the friend doesn't text back right away. Now it's easy for your child to think, "This person doesn't want to be my friend [15] anymore!" So he texts again, and again, and again — "blowing up their phone." This can be stress-inducing and even read as aggressive. But you can see how easily this could happen. [20]

* tween: (10~12세 사이의) 십대 초반의 아동

① From Symbols to Bytes: History of Communication
② Parents' Desire to Keep Their Children Within Reach
③ Building Trust: The Key to Ideal Human Relationships
④ The Positive Role of Digital Technology in Teen Friendships
⑤ Connected but Stressed: Challenges for Kids in the Digital Era

---

1st 첫 문장을 읽고, 이어질 글의 내용에 대한 단서를 찾으세요.

The most prevalent problem / kids report / is that
가장 일반적인 문제는 / 아이들이 이야기하는 / 그들이
they feel like / they need to be accessible at all
느낀다는 것이다 / 항상 연락될 수 있어야 한다고 //
times. //

● **첫 문장에서는 문제점을 소개하고 있어요.**
아이들은 항상 연락이 될 수 있어야 한다고 느끼고, 이것을 문제로 생각한대요.

● **어떤 내용이 이어질까요?**
문제점을 소개하며 글이 시작되고 있기 때문에 해당 문제가 발생하게 된 배경과 해결 방안을 이어서 이야기할 것 같아요.

2nd **1st**에서 발상한 것을 토대로 글을 읽고, 내용을 파악해 보세요.

1) 이어지는 문장들을 읽어봅시다.

Because technology allows for it, / they feel an
기술이 그것을 허용하기 때문에 / 그들은 의무감을
obligation. //
느낀다 //
It's easy for most of us to relate / — you probably
우리 대부분은 공감하기 쉬운데 / 아마 여러분도 같은 압박을
feel the same pressure / in your own life! //
느낄 것이다 / 자신의 삶에서 //

● **문제가 발생하게 된 배경을 소개하고 있어요.**
아이들뿐 아니라 우리도 그런 압박을 느낄 것인데, 그것은
❶(　　　　　)이 발달했기 때문이래요.

2) 그다음 문장도 살펴봅시다.

It is really challenging / to deal with the fact / that
매우 힘들다 / 사실에 대처하는 것은 / 우리가
we're human / and can't always respond instantly. //
인간이고 / 항상 즉각적으로 응답할 수 없다는 //

● **힘든 이유를 풀어서 설명하고 있어요.**
언제, 어디서나 연락이 되어야 한다고 압박을 느끼는데, 사실 언제나 즉각적으로 응답할 수 없기 때문에 압박은 더 힘들게 다가오는 거라고 설명하네요.

3) 특히 누구에게 힘들다고 하나요?

For a teen or tween / who's still learning the ins and
십 대(13 ~ 19세)나 십 대 초반(10 ~ 12세)의 아동에게 / 아직 사회적 상호
outs of social interactions, / it's even worse. //
작용의 세부적인 것들을 배우고 있는   / 상황은 훨씬 더 심각하다 //
Here's how this behavior plays out sometimes: //
때때로 이 행동이 나타나는 방식은 다음과 같다   //

● **teen은 '십 대'를, tween은 '십 대 초반'을 말해요.**
첫 문장에서 이야기했던 것처럼 아이들이 특히 힘들어하는데, 그들은
사회적 상호 작용의 세부적인 것들을 배우는 시기에 있기 때문에 더욱
그러하대요.

4) 구체적인 예시도 읽어봅시다.

Your child texts one of his friends, / and the friend
여러분의 자녀가 친구 중 한 명에게 문자 메시지를 보내고 / 그 친구가 즉시
doesn't text back right away. //
답장을 보내지 않는다   //
Now it's easy for your child to think, / "This person
이제 여러분의 자녀는 생각하기 쉽다   / "얘는 더 이상 내
doesn't want to be my friend anymore!" //
친구가 되기를 원하지 않는구나"라고   //

● **문자 메시지를 예로 들고 있어요.**
문자 메시지는 휴대폰만 있으면 언제 어디서든 바로 읽고 답할 수 있죠?
그렇기 때문에 메시지에 대한 답장이 조금이라도 늦어진다면 "얘는 더
이상 내 친구가 되기를 원하지 않는구나!"라고 생각하기 쉽다는 거예요.

5) 그래서 어떤 행동을 하게 되나요?

So he texts again, and again, and again / —
그래서 다시, 다시, 그리고 또 다시 문자 메시지를 보내다가   /
"blowing up their phone." //
'전화기를 폭파하는(과부하 상태로 만드는) 것'이다 //
This can be stress-inducing / and even read as
이것은 스트레스를 유발하고   / 심지어 공격적인 것으로 읽힐
aggressive. //
수 있다   //

● **좋지 않은 행동이 이어져요.**
답장을 기다리지 못하고 계속해서 문자 메시지를 보내게 된대요. 이는
보내는 사람에게는 스트레스를 주고, 받는 사람에게는 공격적인 것으로
읽힌대요.

3rd **글의 핵심 내용을 포괄하고 있는 선택지를 고르세요.**

1) 먼저 글의 내용을 종합해 봅시다.
기술의 발달로 모두와 즉각적인 연락이 가능한 시대가 되었지만, 이는
오히려 우리에게 압박감을 준다는 글이에요. 특히 사회적 상호 작용의
세부적인 것들을 배우는 시기에 있는 십 대에게는 이것이 인간관계 형성에
스트레스를 준다고 설명하고 있어요.

2) 선택지를 해석해 봅시다.

① From Symbols to Bytes: History of Communication
기호에서 바이트로: 통신의 역사
② Parents' Desire to Keep Their Children Within
Reach
자식을 힘이 미치는 곳에 두고자 하는 부모의 욕구
③ Building Trust: The Key to Ideal Human
Relationships
신뢰 형성하기: 이상적인 인간관계의 열쇠
④ The Positive Role of Digital Technology in Teen
Friendships
십 대의 우정에서 디지털 기술의 긍정적인 역할
⑤ Connected but Stressed: Challenges for Kids in
the Digital Era
연결되어 있지만 스트레스가 되는: 디지털 시대 아이들의 어려움

● **선택지 ❺(   )이 글의 주제를 포괄하고 있어요.**
즉각적인 연락이(연결되어 있는) 가능한 시대(디지털 시대)가 되었지만,
이는 오히려 우리에게 스트레스를 주고, 특히 십 대에게(아이들)
두드러진다고 했으므로 정답은 ❺(   )!

3) 글의 흐름을 정리하며 전체 내용을 다시 확인합시다.

도입 아이들은 항상 연락될 수 있어야 한다고 느낌

↓

전개 우리는 항상 즉각적으로 응답할 수 없기 때문에 매우 힘듦

↓

부연 사회적 상호 작용의 세부적인 것들을 배우고 있는 아이들에게는
더 심각한 문제가 됨

↓

예시 친구에게 보낸 문자 메시지의 답장이 즉각적으로 오지 않는다면,
계속해서 문자를 보내게 되고, 이는 스트레스를 유발함

G 제목 찾기 두 번째

1st 첫 문장을 읽고, 이어질 글의 내용에 대한 단서를 찾으세요.
2nd 연결어를 단서로 삼아 글을 읽으며, 전체 흐름을 파악하세요.
3rd 글의 핵심 내용을 종합해 주제를 파악하고, 그 주제를 포괄하고 있는 제목을 고르세요.

G02 ★★★ .... 고2 2023(6월)/24

다음 글의 제목으로 가장 적절한 것은?

New words and expressions emerge continually in response to new situations, ideas and feelings. *The Oxford English Dictionary* publishes supplements of new words and expressions that have entered the language. Some people deplore this kind of thing and see it as a drift from correct English. But it was only in the eighteenth century that any attempt was made to formalize spelling and punctuation of English at all. The language we speak in the twenty-first century would be virtually unintelligible to Shakespeare, and so would his way of speaking to us. Alvin Toffler estimated that Shakespeare would probably only understand about 250,000 of the 450,000 words in general use in the English language now. In other words, so to speak, if Shakespeare were to materialize in London today he would understand, on average, only five out of every nine words in our vocabulary.

* deplore: 한탄하다

① Original Meanings of Words Fade with Time
② Dictionary: A Gradual Continuation of the Past
③ Literature: The Driving Force Behind New Words
④ How Can We Bridge the Ever-Widening Language Gap?
⑤ Language Evolution Makes Even Shakespeare Semi-literate!

1st 첫 문장을 읽고, 이어질 글의 내용에 대한 단서를 찾으세요.

> New words and expressions emerge continually / in
> 새로운 단어들과 표현들이 계속해서 생겨난다 /
> response to new situations, ideas and feelings. //
> 새로운 상황, 생각, 감정에 반응하여 //

● **새로운 단어들, 표현들이 계속해서 생겨난대요.**
  단어와 표현이 계속해서 생겨난다는 내용으로부터 이어지는 내용은 새로운 단어와 표현을 끊임없이 배워야 한다는 것일 수도 있고, 그로 인해 언어 격차가 생겨난다는 등의 내용일 수 있어요. 글을 마저 읽으며 주제를 찾아봅시다.

2nd 연결어를 단서로 삼아 글을 읽으며, 전체 흐름을 파악하세요.

1) 이어지는 문장들을 읽어 봅시다.

> *The Oxford English Dictionary* publishes / supplements
> Oxford 영어 사전은 출판한다 / 새로운 단어들과
> of new words and expressions / that have entered
> 표현들의 추가분을 / 그 언어에 등장한 //
> the language. //
> Some people deplore this kind of thing / and see it /
> 어떤 사람들은 이런 일을 한탄하고 / 그것을 본다 /
> as a drift from correct English. //
> 올바른 영어에서 벗어난 것으로 //

● **사전이 새로 생겨난 단어들과 표현들을 출판한대요.**
  새로운 상황, 생각 등에 반응하여 새로운 단어들과 표현들이 계속해서 생겨나고, 영어 사전은 그 추가분을 출판한다고 했어요. 그런데 몇몇 사람들은 그것을 올바른 영어에서 벗어난 것으로 보고 한탄한대요.

2) 역접의 연결어 But이 보여요.

> But it was only in the eighteenth century / that any
> 그러나 18세기에 이르러서였다 / 시도가
> attempt was made / to formalize spelling and
> 이루어진 것은 / 영어의 철자와 구두법을 공식화하려는 //
> punctuation of English at all. //

● **But은 앞부분과 뒤에 이어지는 내용이 반대라는 의미예요.**
  그러니까 어떤 사람들은 새로운 단어들과 표현들이 사전에 추가되는 것을 올바른 영어에서 벗어난 것으로 보고 한탄하는데, 사실 영어의 철자와 구두법을 공식화한 것이 그리 오래되지 않았음을 말하고 있어요.

● **왜 But으로 연결했을까요?**
  새로운 단어들과 표현들을 사전에 추가하는 것이 '올바른 영어'에서 벗어난다고 생각하는 사람들이 있지만, 사실 '올바른 영어'라는 것이 겨우 18세기에 들어서 생겨난 것이기 때문에 문제 될 게 없다는 입장인 거죠.

3) 뒷받침하는 설명이 이어져요.

The language we speak in the twenty-first century /
21세기에 우리가 사용하는 언어는   /

would be virtually unintelligible to Shakespeare, /
Shakespeare에게는 사실상 이해되기 어려울 것이며   /

and so would his way of speaking to us. //
그의 말하는 방식은 우리에게도 마찬가지일 것이다   //

● **Shakespeare를 언급하고 있어요.**
  언어는 어차피 계속 변하는 것이기 때문에 영국의 대문호인
  Shakespeare조차도 21세기에 우리가 사용하는 언어를 이해할 수 없을
  것이라는 내용이네요.

4) **Shakespeare에 대한 설명이 이어져요.**

Alvin Toffler estimated / that Shakespeare would
Alvin Toffler는 추정했다   / Shakespeare가 450,000개의 단어 중

probably only understand about 250,000 of the
약 250,000개만을 이해할 것이라고

450,000 words / in general use / in the English
               / 일반적으로 사용되는   / 현재 영어에서 //

language now. //

● **구체적인 숫자를 들며 설명하고 있어요.**
  Shakespeare도 21세기에 우리가 사용하는 언어를 이해하기 어려울
  것인데, 그 어려운 정도를 450,000개의 단어 중 약 250,000개만을
  이해할 것이라고 구체적인 수치로 설명하고 있어요.

➦ **글의 내용을 한번 정리해 볼까요?**
새로운 상황, 생각 등에 반응하여 새로운 단어들과 표현들이 계속 생겨나게
돼요. 어떤 사람들은 새로 생겨난 단어들과 표현들을 사전에 추가하는 것을
올바른 영어에서 ❶(   ) 것으로 생각하죠.
하지만 애초에 영어의 철자와 구두법을 공식화하려는 시도는 18세기에
이르러서야 이루어졌어요. 그렇기 때문에 Shakespeare조차도 현재 영어를
겨우 반 정도만 이해할 수 있을 것이라고 추정하죠.

1) **선택지를 먼저 해석해 봅시다.**

① Original Meanings of Words Fade with Time
  단어의 원래 의미는 시간이 지남에 따라 흐려진다
② Dictionary: A Gradual Continuation of the Past
  사전: 과거의 점진적인 연속체
③ Literature: The Driving Force Behind New Words
  문학: 새로운 단어의 원동력
④ How Can We Bridge the Ever-Widening Language
  Gap? 계속 확대되는 언어 격차를 어떻게 해소할 수 있을까?
⑤ Language Evolution Makes Even Shakespeare Semi-
  literate! 언어 진화는 셰익스피어마저도 반 문맹으로 만든다!

● **선택지 ❷(   )이 글의 주제를 포괄하고 있어요.**
  언어의 변천으로 인해 현대 영어의 어휘는 예전과 많이 달라졌음을
  반복해서 말하고 있어요. 특히 셰익스피어마저도 현대 언어의 5/9, 즉 반
  정도만 이해할 수 있을 것이라고 설명하고 있어요.
  이를 포괄한 제목으로는 ⑤ '언어 진화는 셰익스피어마저도 반 문맹으로
  만든다!'가 가장 적절해요.

2) **글의 흐름을 정리하며 글의 내용을 다시 확인해 봅시다.**

도입	새로운 상황, 생각, 감정에 반응하여 새로운 단어들과 표현들이 계속해서 생겨남
전개	Oxford 영어 사전은 새로운 단어들과 표현들의 추가분을 출판함
대조	어떤 사람들은 이런 일을 한탄하고 그것을 올바른 영어에서 벗어난 것으로 봄
반전	그러나 영어의 철자와 구두법을 공식화하려는 시도는 18세기에 이르러서야 이루어졌음
부연	21세기에 우리가 사용하는 언어는 Shakespeare에게는 사실상 이해되기 어려울 것임

G03 ★★❀  고2 2025(3월)/24 

다음 글의 제목으로 가장 적절한 것은?

Since their start in the early 1950s U.S. television sitcoms have charted many of the social conflicts in U.S. society: civil rights, women's rights in the home and in the workplace, children's rights, immigration and multiculturalism, as well as evolving conceptions of the family. Each of these issues has been addressed through humour in a way that has helped to make more progressive values more acceptable than previously. Often a character, usually someone marked as a bigot, resisted one or more of these developments and was then made to appear ridiculous. They were cut down either through their own stupidity, a brief scolding from others, or both. In this way, the humour of sitcoms acted as a cost-effective means to encourage acceptance of a more pluralistic and tolerant society.

* bigot: 편견이 아주 심한 사람　** pluralistic: 다원적인

① Why Do Sitcoms Criticize Progressive Ideas?
② Acceptability of Humour in Multicultural Society
③ The Decline of U.S. Sitcoms along with Social Change
④ Production Costs: Why TV Commercials Are Necessary
⑤ Humour in Sitcoms Helps Acceptance of Progressive Values

G04 ★★❀ 고2 2025(6월)/24

다음 글의 제목으로 가장 적절한 것은?

Of central importance for understanding the development of handedness is the answer to the question of when in development it is actually determined whether a child will be left-handed or right-handed. It was long thought that handedness could only be reliably determined in elementary school, when a child learns to write. However, this assumption is incorrect. In fact, scientific studies show that left-handedness is established in many children long before elementary school — interestingly, even before birth in most people. In such studies, the hand and arm movements of unborn children in the womb are recorded using ultrasound images. Using this technique, it was shown that a clear preference for the movement of the right arm exists as early as 10 weeks after fertilization. In this study, ultrasound images of 72 unborn children 10 weeks after fertilization were evaluated and 85% showed more movements of the right arm than the left. This number is already very close to the approximately 89.4% right-handers among adults.

* ultrasound: 초음파　** fertilization: 수정

① Why Is Handedness Swayed by the Environment?
② Use Your Less-dominant Hand More to Be Creative!
③ Scientific Efforts to Uncover the Root of Intelligence
④ Handedness, the Crucial Determinant of Special Talent
⑤ The Handedness Clock: When Does It Actually Begin?

다음 글의 제목으로 가장 적절한 것은?

Everything in the world exists on a continuum, whether in speed, size, or any other possible descriptor you could think of. Still, we create and mindlessly adopt sharp distinctions, and those distinctions change lives far more dramatically than marginal differences ever do. Indeed, all differences are arbitrary, but drawing hard lines between categories hides this arbitrariness and can be severely damaging. I call this resulting damage "the borderline effect." The examples are endless. Someone's IQ is 69 and someone else's is 70 — but only the score of 70 is deemed to be within the range of normal. We don't have to be statisticians to know there is not a meaningful difference between 69 and 70. Yet once the person with the lower score is labeled "cognitively impaired," his or her life will unfold differently than the person with a one-point advantage.

* arbitrary: 자의(恣意)적인

① Drawing Distinct Lines: Is It Appropriate?
② Stick to Your Ideas, Listen to Your Heart
③ What Should Be Done to Improve IQ Testing?
④ Accepting Differences: How to Live in Harmony
⑤ Myths and Truths about Human Cognitive Abilities

다음 글의 제목으로 가장 적절한 것은?

Manufacturers masterfully sow seeds of doubt about the adequacy of our current devices. Suddenly, the phone that was your lifeline a year ago is now a museum piece, unable to keep pace with your digital demands. And thus, the itch to upgrade begins, often before there's a genuine need. This cycle isn't just confined to our digital companions. It spills over into almost every aspect of consumer electronics, from the self-driving car to the smart fridge. Every product seems to be on an unstoppable march towards the next version, the next generation that promises to revolutionize your life. What's fascinating, or perhaps disturbing, is the utter efficacy of this cycle in shaping our desires. It's not so much that we want the newest device; we're led to believe we need it. The distinction between want and need blurs, shifting our financial priorities in favor of staying current with trends. For all the logical arguments against this ceaseless upgrading, the temptation remains compelling.

① The More One Needs, the More One Wants
② What You Are Using Represents Who You Are
③ Dash to the New: Genuine Necessity vs. Steered Desire
④ Why It Pays to Know the Way of Upgrading Digital Devices
⑤ Manipulative Techniques Keeping Us Away From Other Brands

G07 ✸✸❋  고2 2024(6월)/24

다음 글의 제목으로 가장 적절한 것은?

We tend to break up time into units, such as weeks, months, and seasons; in a series of studies among farmers in India and students in North America, psychologists found that if a deadline is on the other side of a "break" — such as in the New Year — we're more likely to see it as remote, and, as a result, be less ready to jump into action. What you need to do in that situation is find another way to think about the timeframe. For example, if it's November and the deadline is in January, it's better to tell yourself you have to get it done "this winter" rather than "next year." The best approach is to view deadlines as a challenge that you have to meet within a period that's imminent. That way the stress is more manageable, and you have a better chance of starting — and therefore finishing — in good time.

* imminent: 임박한

① Delayed Deadlines: No Hurries, No Worries
② How Stress Affects Your Perception of Time
③ Why Do We Manage Our Tasks Worse in Winter?
④ Trick Your Mind to Get Your Work Done in Time
⑤ The Sooner You Start, The More Errors You Make

G08 ✸✸✸❋   고2 2024(9월)/24

다음 글의 제목으로 가장 적절한 것은?

Mental development consists of individuals increasingly mastering social codes and signals themselves, which they can master only in social situations with the support of more competent individuals, typically adults. In this sense, mental development consists of internalizing social patterns and gradually becoming a responsible actor among other responsible actors. In Denmark, the age of criminal responsibility is 15 years, which means that we then say that people have developed sufficient mental maturity to be accountable for their actions at this point. And at the age of 18 people are given the right to vote and are thereby formally included in the basic democratic process. I do not know whether these age boundaries are optimal, but it is clear that mental development takes place at different rates for different individuals, and depends especially on the social and family environment they have been given. Therefore, having formal limits for responsibility from a specific age that apply to everyone is a somewhat questionable practice. But the question, of course, is whether it can be done any differently.

① Adult Influence Is Key to Child Development
② How Can Social Codes Limit People's Cognition?
③ Democracy Grows Only with Responsible Youth
④ Setting Responsibilities Based on Age: Is It Appropriate?
⑤ Aging: A Possible Obstacle to Consistent Personal Growth

다음 글의 제목으로 가장 적절한 것은?

Winning turns on a self-conscious awareness that others are watching. It's a lot easier to move under the radar when no one knows you and no one is paying attention. You can mess up and be rough and get dirty because no one even knows you're there. But as soon as you start to win, and others start to notice, you're suddenly aware that you're being observed. You're being judged. You worry that others will discover your flaws and weaknesses, and you start hiding your true personality, so you can be a good role model and good citizen and a leader that others can respect. There is nothing wrong with that. But if you do it at the expense of being who you really are, making decisions that please others instead of pleasing yourself, you're not going to be in that position very long. When you start apologizing for who you are, you stop growing and you stop winning. Permanently.

① Stop Judging Others to Win the Race of Life
② Why Disappointment Hurts More than Criticism
③ Winning vs. Losing: A Dangerously Misleading Mindset
④ Winners in a Trap: Too Self-Conscious to Be Themselves
⑤ Is Honesty the Best Policy to Turn Enemies into Friends?

다음 글의 제목으로 가장 적절한 것은?

Since the early 1980s, Black Friday has been a kind of unofficial U.S. holiday marking the beginning of the holiday season and, consequently, the most profitable time for retailers in the year. But in recent years, a new movement has come to light, adding a more ecological philosophy. The movement is called Green Friday, and it seeks to raise awareness about the damage that Black Friday brings to the environment. Think of the carbon emissions caused by driving to the mall, the shipping of millions of items around the world, the plastic waste produced by packaging, and even the long-term waste produced by mindlessly buying things we don't need. Green Friday is about changing the way we see this day and switching our mindset from "buy, buy, buy" to finding alternative ways to give gifts during the holiday season so we don't cause further damage to the Earth. Even if only a small percentage of the population makes the switch, it'll mean great things for the environment.

① Compare Deals, Save Money
② Turning Black Friday Green
③ Online Shops for Green Consumers
④ Marketing Tricks Used on Black Friday
⑤ What Makes You Spend Beyond Your Budget?

G11 ★★★　　　　　　고2 2023(11월)/24

다음 글의 제목으로 가장 적절한 것은?

In response to human-like care robots, critics might charge that human-robot interactions create moral hazards for dementia patients. Even if deception is sometimes allowed when it serves worthy goals, should it be allowed for vulnerable users? Just as children on the autism spectrum with robot companions might be easily fooled into thinking of robots as friends, older adults with cognitive deficits might be. According to Alexis Elder, a professor at UMD, robots are *false* friends, inferior to true friendship. Reasoning along similar lines, John Sullins, a professor at Sonoma State University, holds that robots should "remain iconic or cartoonish so that they are easily distinguished as synthetic even by unsophisticated users." At least then no one is fooled. Making robots clearly fake also avoids the so-called "uncanny valley," where robots are perceived as scary because they so closely resemble us, but not quite. Other critics of robot deception argue that when care recipients are deceived into thinking that robots care, this crosses a line and violates human *dignity*.

* dementia: 치매　** autism: 자폐성

① The Importance of Protecting Human Dignity
② Robots Can't Surpass Human Beings in Nursing Jobs
③ Why Robots for Vulnerable People Should Look Like Robots
④ Can Robots Learn Ethical Behavior Through Human Interaction?
⑤ Healthcare Robots: Opening the Era of Online Medical Checkups

G12 ★★❀　　　　　　고2 2023(9월)/24

다음 글의 제목으로 가장 적절한 것은?

As you may already know, what and how you buy can be political. To whom do you want to give your money? Which companies and corporations do you value and respect? Be mindful about every purchase by carefully researching the corporations that are taking our money to decide if they deserve our support. Do they have a record of polluting the environment, or do they have fair-trade practices and an end-of-life plan for the products they make? Are they committed to bringing about good in the world? For instance, my family has found a company producing recycled, plastic-packaging-free toilet paper with a social conscience. They contribute 50 percent of their profits to the construction of toilets around the world, and we're genuinely happy to spend our money on this special toilet paper each month. Remember that the corporate world is built on consumers, so as a consumer you have the power to vote with your wallet and encourage companies to embrace healthier and more sustainable practices with every purchase you choose to make.

① Green Businesses: Are They Really Green?
② Fair Trade Does Not Always Appeal to Consumers
③ Buy Consciously, Make Companies Do the Right Things
④ Do Voters Have a Powerful Impact on Economic Policy?
⑤ The Secret to Saving Your Money: Record Your Spending

다음 글의 제목으로 가장 적절한 것은?

A building is an inanimate object, but it is not an inarticulate one. Even the simplest house always makes a statement, one expressed in brick and stone, in wood and glass, rather than in words — but no less loud and obvious. When we see a rusting trailer surrounded by weeds and abandoned cars, or a brand-new mini-mansion with a high wall, we instantly get a message. In both of these cases, though in different accents, it is "Stay Out of Here." It is not only houses, of course, that communicate with us. All kinds of buildings — churches, museums, schools, hospitals, restaurants, and offices — speak to us silently. Sometimes the statement is deliberate. A store or restaurant can be designed so that it welcomes mostly low-income or high-income customers. Buildings tell us what to think and how to act, though we may not register their messages consciously.

* inarticulate: 표현을 제대로 하지 못하는

① Buildings Do Talk in Their Own Ways!
② Design of Buildings Starts from Nature
③ Language of Buildings: Too Vague to Grasp
④ Which Is More Important, Safety or Beauty?
⑤ How Do Architects Attach Emotions to Buildings?

다음 글의 제목으로 가장 적절한 것은?

If a food contains more sugar than any other ingredient, government regulations require that sugar be listed first on the label. But if a food contains several different kinds of sweeteners, they can be listed separately, which pushes each one farther down the list. This requirement has led the food industry to put in three different sources of sugar so that they don't have to say the food has that much sugar. So sugar doesn't appear first. Whatever the true motive, ingredient labeling still does not fully convey the amount of sugar being added to food, certainly not in a language that's easy for consumers to understand. A world-famous cereal brand's label, for example, indicates that the cereal has 11 grams of sugar per serving. But nowhere does it tell consumers that more than one-third of the box contains added sugar.

① Artificial Sweeteners: Good or Bad?
② Consumer Benefits of Ingredient Labeling
③ Sugar: An Energy Booster for Your Brain
④ Truth About Sugar Hidden in Food Labels
⑤ What Should We Do to Reduce Sugar Intake?

G15 ★★★  고2 2022(11월)/24

다음 글의 제목으로 가장 적절한 것은?

The recent "cycling as a lifestyle" craze has expressed itself in an increase in the number of active cyclists and in growth of cycling club membership in several European, American, Australian and Asian urban areas. It has also been accompanied by a symbolic reinterpretation of the bicycle. After the bicycle had been associated with poverty for many years, expensive recreational bicycles or recreationally-inspired commuting bicycles have suddenly become aspirational products in urban environments. In present times, cycling has become an activity which is also performed for its demonstrative value, its role in identity construction and its effectiveness in impressing others and signaling social status. To a certain extent, cycling has turned into a symbolic marker of the well-off. Obviously, value-laden consumption behavior is by no means limited to cycling. However, the link with identity construction and conspicuous consumption has become particularly manifest in the case of cycling.

* conspicuous: 눈에 잘 띄는

① Cycling Contributes to a City's Atmosphere and Identity
② The Rise of Cycling: A New Status Symbol of City Dwellers
③ Cycling Is Wealth-Building but Worsens Social Inequality
④ How to Encourage and Sustain the Bicycle Craze in Urban Areas
⑤ Expanding Bike Lane Networks Can Lead to More Inclusive Cities

G16 ★★★   고2 2021(9월)/24

다음 글의 제목으로 가장 적절한 것은?

Before the fancy high-rises, financial headquarters, tourist centers, and souvenir peddlers made their way to Battery Park City, the area behind the World Trade Center was a giant, gross landfill. In 1982, artist Agnes Denes decided to return that landfill back to its roots, although temporarily. Denes was commissioned by the Public Art Fund to create one of the most significant and fantastical pieces of public work Manhattan has ever seen. Her concept was not a traditional sculpture, but a living installation that changed the way the public looked at art. In the name of art, Denes put a beautiful golden wheat field right in the shadow of the gleaming Twin Towers. For *Wheatfield — A Confrontation*, Denes and volunteers removed trash from four acres of land, then planted amber waves of grain atop the area. After months of farming and irrigation, the wheat field was thriving and ready. The artist and her volunteers harvested thousands of pounds of wheat to give to food banks in the city, nourishing both the minds and bodies of New Yorkers.

① Living Public Art Grows from a Landfill
② Why Does Art Fade Away in Urban Areas?
③ New York: Skyscraper Capital of the World
④ Art Narrows the Gap Between the Old and Young
⑤ How City Expansion Could Affect Food Production

G17 ✲✲❀

다음 글의 제목으로 가장 적절한 것을 고르시오.

Some beginning researchers mistakenly believe that a good hypothesis is one that is guaranteed to be right (e.g., *alcohol will slow down reaction time*). However, if we already know your hypothesis is true before you test it, testing your hypothesis won't tell us anything new. Remember, research is supposed to produce *new* knowledge. To get new knowledge, you, as a researcher-explorer, need to leave the safety of the shore (established facts) and venture into uncharted waters (as Einstein said, "If we knew what we were doing, it would not be called research, would it?"). If your predictions about what will happen in these uncharted waters are wrong, that's okay: Scientists are allowed to make mistakes (as Bates said, "Research is the process of going up alleys to see if they are blind"). Indeed, scientists often learn more from predictions that do not turn out than from those that do.

*uncharted waters: 미개척 영역

① Researchers, Don't Be Afraid to Be Wrong
② Hypotheses Are Different from Wild Guesses
③ Why Researchers Are Reluctant to Share Their Data
④ One Small Mistake Can Ruin Your Whole Research
⑤ Why Hard Facts Don't Change Our Minds

2등급 대비 문제

G18 ⭐ 2등급 대비

다음 글의 제목으로 가장 적절한 것은?

In government, in law, in culture, and in routine everyday interaction beyond family and immediate neighbours, a widely understood and clearly formulated language is a great aid to mutual confidence. When dealing with property, with contracts, or even just with the routine exchange of goods and services, concepts and descriptions need to be as precise and unambiguous as possible, otherwise misunderstandings will arise. If full communication with a potential counterparty in a deal is not possible, then uncertainty and probably a measure of distrust will remain. As economic life became more complex in the later Middle Ages, the need for fuller and more precise communication was accentuated. A shared language facilitated clarification and possibly settlement of any disputes. In international trade also the use of a precise and well-formulated language aided the process of translation. The Silk Road could only function at all because translators were always available at interchange points.

*accentuate: 강조하다

① Earn Trust with Reliable Goods Rather Than with Words!
② Linguistic Precision: A Key to Successful Economic Transactions
③ Difficulties in Overcoming Language Barriers and Distrust in Trade
④ The More the Economy Grows, the More Complex the World Gets
⑤ Excessive Confidence: The Biggest Reason for Miscommunication

다음 글의 제목으로 가장 적절한 것은?

The realization of human domination over the environment began in the late 1700s with the industrial revolution. Advances in manufacturing transformed societies and economies while producing significant impacts on the environment. American society became structured on multiple industries' capitalistic goals as the development of the steam engine led to the mechanized production of goods in mass quantities. Rural agricultural communities with economies based on handmade goods and agriculture were abandoned for life in urban cities with large factories based on an economy of industrialized manufacturing. Innovations in the production of textiles, iron, and steel provided increased profits to private companies. Simultaneously, those industries exerted authority over the environment and began dumping hazardous by-products in public lands and waterways.

① Strategies for Industrial Innovations
② Urbanization: A Road to a Better Life
③ Industrial Development Hurt the Environment
④ Technology: A Key to Sustainable Development
⑤ The Driving Force of Capitalism Was Not Greed

1등급 대비 문제

G20 ~ 21 ▶ 제한시간 4분

다음 글의 제목으로 가장 적절한 것은? [3점]

From the earliest times, healthcare services have been recognized to have two equal aspects, namely clinical care and public healthcare. In classical Greek mythology, the god of medicine, Asklepios, had two daughters, Hygiea and Panacea. The former was the goddess of preventive health and wellness, or hygiene, and the latter the goddess of treatment and curing. In modern times, the societal ascendancy of medical professionalism has caused treatment of sick patients to overshadow those preventive healthcare services provided by the less heroic figures of sanitary engineers, biologists, and governmental public health officers. Nevertheless, the quality of health that human populations enjoy is attributable less to surgical dexterity, innovative pharmaceutical products, and bioengineered devices than to the availability of public sanitation, sewage management, and services which control the pollution of the air, drinking water, urban noise, and food for human consumption. The human right to the highest attainable standard of health depends on public healthcare services no less than on the skills and equipment of doctors and hospitals.

* ascendancy: 우세 ** dexterity: 기민함

① Public Healthcare: A Co-Star, Not a Supporting Actor
② The Historical Development of Medicine and Surgery
③ Clinical Care Controversies: What You Don't Know
④ The Massive Similarities Between Different Mythologies
⑤ Initiatives Opening up Health Innovation Around the World

다음 글의 제목으로 가장 적절한 것은?

The free market has liberated people in a way that Marxism never could. What is more, as A. O. Hirschman, the Harvard economic historian, showed in his classic study *The Passions and the Interests*, the market was seen by Enlightenment thinkers Adam Smith, David Hume, and Montesquieu as a powerful solution to one of humanity's greatest traditional weaknesses: violence. When two nations meet, said Montesquieu, they can do one of two things: they can wage war or they can trade. If they wage war, both are likely to lose in the long run. If they trade, both will gain. That, of course, was the logic behind the establishment of the European Union: to lock together the destinies of its nations, especially France and Germany, in such a way that they would have an overwhelming interest not to wage war again as they had done to such devastating cost in the first half of the twentieth century.

* Marxism: 마르크스주의

① Trade War: A Reflection of Human's Innate Violence

② Free Market: Winning Together over Losing Together

③ New Economic Framework Stabilizes the Free Market

④ Violence Is the Invisible Hand That Disrupts Capitalism!

⑤ How Are Governments Involved in Controlling the Market?

G 어휘 Review

※ 다음 영어는 우리말 뜻을, 우리말은 영어 단어를 〈보기〉에서 찾아 쓰시오.

〈보기〉

벽돌	expense	해변	dweller
섭취	obligation	textile	scolding
덫	violence	잡초	공격적인

01 intake   ________________

02 shore   ________________

03 aggressive   ________________

04 brick   ________________

05 weed   ________________

06 거주자   ________________

07 의무감   ________________

08 직물, 섬유   ________________

09 비난, 꾸짖음   ________________

10 폭력   ________________

※ 다음 우리말에 알맞은 영어 표현을 찾아 연결하시오.

11 부산물 •   • by-product

12 ~을 망치다 •   • slow down

13 ~로 과감히 들어가다 •   • venture into

14 ~을 둔화시키다 •   • low-income

15 저소득의 •   • mess up

※ 다음 우리말 표현에 맞는 단어를 고르시오.

16 결정적인 결정자 ➡ the crucial (deception / determinant)

17 보다 진보적인 가치들 ➡ more (progressive / conservative) values

18 인간의 존엄성을 보호하다 ➡ protect human (dignity / integrity)

19 지능의 뿌리를 밝히다 ➡ (cover / uncover) the root of intelligence

20 정확한 양을 기술하다 ➡ describe (precise / primary) amounts

※ 다음 문장의 빈칸에 알맞은 단어를 〈보기〉에서 찾아 쓰시오.

〈보기〉

optimal	convey	ecological	drift
silently	advances	contains	voter
liberated	deception	poverty	awareness

21 나는 이러한 연령 경계가 최적인지 아닌지 알지 못한다.
➡ I do not know whether these age boundaries are __________.

22 자전거는 가난과 연관되어왔다.
➡ The bicycle had been associated with __________.

23 자유 시장은 사람들을 자유롭게 해왔다.
➡ The free market has __________ people.

24 모든 종류의 건물들이 우리에게 조용히 말한다.
➡ All kinds of buildings speak to us __________.

25 좀 더 생태학적인 철학이 더해져서 새로운 움직임이 나타났다.
➡ A new movement has come to light, adding a more __________ philosophy.

26 승리는 자의식적 인식을 촉발한다.
➡ Winning turns on a self-conscious __________.

27 좋은 리드는 많은 정보를 전달할 수 있다.
➡ A good lead can __________ a lot of information.

28 상자의 3분의 1 넘게 첨가당을 함유하고 있다.
➡ More than one-third of the box __________ added sugar.

29 제조업의 발달은 사회와 경제를 변화시켰다.
➡ __________ in manufacturing transformed societies and economies.

30 속임수가 때때로 허용된다고 하더라도 취약한 사용자들에게 그것이 허용되어야 할까?
➡ Even if __________ is sometimes allowed should it be allowed for vulnerable users?

H 도표의 이해

★ 유형 설명

다음 도표의 내용과 일치하지 않는 것은?

How People Commute in Five Countries

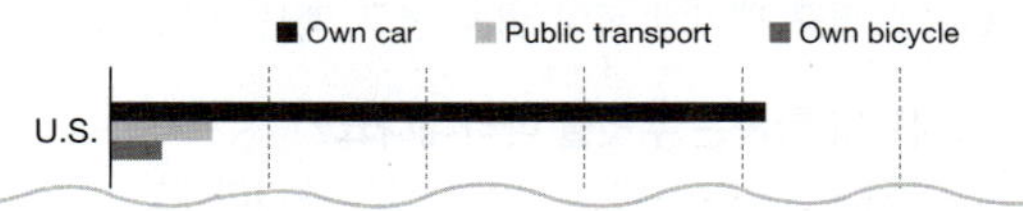

다양한 분야의 통계 자료를 이해하고 그것을 제대로 설명했는지를 판단해야 한다.

🔑 비교 표현, 증가나 감소를 나타내는 표현, 배수 표현 등이 많이 쓰이는 점에 주의한다.

🎭 유형 풀이 비법

1 정보를 파악하라!
- 도표와 도표의 제목, 글의 시작 부분을 보고 어떤 것에 대한 내용인지 이해한다.

2 정확히 해석하라!
- 도표와 글이 일치하는지 확인하려면 각 문장을 정확히 해석한다.

3 일치하는지 판단하라!
- 선택지와 자료를 하나씩 빠르게 대조해서 일치하는지 판단해야 한다.

Tip 도표의 자료를 설명할 때 자주 쓰이는 비교, 배수 등의 표현을 익혀둔다.

🔑 도표의 자료를 설명할 때 자주 쓰이는 표현

① 분수
- □ half (1/2), one third, a third (1/3), two thirds (2/3), a quarter, one fourth (1/4)

② 배수
- □ double, twice (2배), three times (3배), four times (4배), ten times (10배)

③ 증가 (오르다, 늘어나다)
- □ grow, increase, rise, go up, soar, climb, add to, raise, multiply

④ 감소 (줄다, 떨어지다)
- □ drop, decrease, fall, go down, decline, reduce, diminish

⑤ 비교
- □ more than ~ (~보다 더 많은), less than ~ (~보다 더 적은), higher than ~ (~보다 더 높은), lower than ~ (~보다 더 낮은), largest, most, greatest (가장 큰/많은), smallest, least (가장 작은/적은)

⑥ 기타
- □ unit (단위), degree (정도), amount (양, 액수), rank (순위), percentage (퍼센트), percentage point (퍼센트포인트), total (전체의, 총), sum (합계), the number of ~ (~의 수), average (평균), extent (정도, 크기), portion (부분), proportion (비율)

📖 어휘 및 표현 Preview

- □ elementary 초보의, 초급의
- □ reverse 정반대
- □ protein 단백질
- □ consumption 섭취(량)
- □ dairy 유제품
- □ poultry 가금류
- □ respectively 각각
- □ emission 배출
- □ surpass 능가하다
- □ tourism 관광
- □ contribution 기여
- □ recreational 오락의
- □ import 수입액
- □ dose 투여, 복용
- □ vaccination 백신 접종
- □ the Mediterranean 지중해
- □ project 예상하다, 추정하다
- □ mode of transportation 교통수단
- □ in terms of ~에 관하여
- □ account for 차지하다

H 도표의 이해

1st 무엇을 다룬 도표인지, 어떤 항목들이 있는지부터 분석하세요.
2nd 각 문장을 읽고, 도표에서 확인해야 하는 부분에 □ 표시하세요.
3rd 정답 문장을 도표와 일치하도록 수정해 보세요.

H01  ✽❀✽ .... 고2 2023(6월)/25 

다음 도표의 내용과 일치하지 <u>않는</u> 것은?

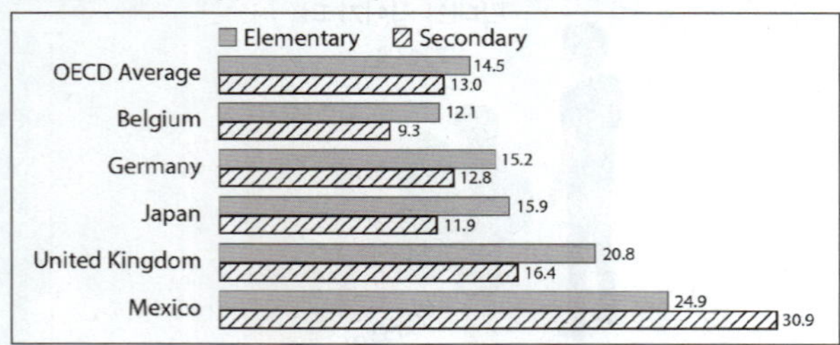

The graph above shows the average number of students per teacher in public elementary and secondary schools across selected countries in 2019. ① Belgium was the only country with a smaller number of students [5] per teacher than the OECD average in both public elementary and secondary schools. ② In both public elementary and secondary schools, the average number of students per teacher was the largest in Mexico. ③ In [10] public elementary schools, there was a smaller number of students per teacher on average in Germany than in Japan, whereas the reverse was true in public secondary schools. ④ The average number of students [15] per teacher in public secondary schools in Germany was less than half that in the United Kingdom. ⑤ Of the five countries, Mexico was the only country with more students per teacher in public secondary [20] schools than in public elementary schools.

1st 무엇을 다룬 도표인지, 어떤 항목들이 있는지부터 분석하세요.

● **도표의 제목부터 확인해 봅시다.**
선정된 국가의 2019년 공립 초등학교 및 중등학교 교사 1인당 평균
❶(   ) 수를 나타낸 도표예요.

● **어떤 국가가 속하나요?**
OECD 평균, 벨기에, 독일, 일본, 영국, 멕시코의 그래프가 보여요.

● **그래프의 항목은 무엇을 나타내나요?**
회색 막대그래프는 초등학교의 학생 수를 나타내고,
빗금 친 막대그래프는 중등학교 학생 수를 나타내요.

2nd 각 문장을 읽고, 도표에서 확인해야 하는 부분에 □ 표시하세요.

1) ①은 벨기에와 OECD 평균을 비교하고 있어요.

> ① Belgium was the only country / with a smaller
> 벨기에는 유일한 나라였다   / 교사 1인당 학생 수가
> number of students per teacher / than the OECD
> 더 적은   / OECD 평균보다
> average / in both public elementary and secondary
> / 공립 초등학교와 중등학교 모두에서 //
> schools. //

● **벨기에, OECD 평균 / 초등학교, 중등학교**
벨기에 초등학교: 12.1 < OECD 평균 초등학교: 14.5
벨기에 중등학교: 9.3 < OECD 평균 중등학교: 13.0

● **도표와 비교해 볼까요?**
초등학교의 학생 수를 나타내는 회색 막대그래프를 보면, OECD 평균인
14.5보다 학생 수가 더 적은 나라는 벨기에뿐이에요.
중등학교의 학생 수를 나타내는 빗금 친 막대그래프를 보면, OECD
평균인 13.0보다 학생 수가 더 적은 나라는 벨기에, 독일, 일본이 있지만,
초등학교와 중등학교의 학생 수가 모두 OECD 평균보다 적은 나라는
벨기에뿐이에요.

2) ②은 어떤 나라의 교사 1인당 평균 학생 수를 설명하나요?

> ② In both public elementary and secondary
> 공립 초등학교와 중등학교 모두에서
> schools, / the average number of students per
> / 교사 1인당 평균 학생 수는
> teacher / was the largest in Mexico. //
> / 멕시코에서 가장 많았다   //

- ● **멕시코 / 초등학교, 중등학교**
  멕시코 초등학교: 24.9, 멕시코 중등학교: 30.9

- ● **도표와 비교해 볼까요?**
  초등학교의 학생 수를 나타내는 회색 막대그래프를 보면, 멕시코가
  24.9로 가장 많아요.
  중등학교의 학생 수를 나타내는 빗금 친 막대그래프를 보면, 멕시코가
  30.9로 가장 많아요.

3) ③은 두 나라를 비교하고 있어요.

③ In public elementary schools, / there was a
공립 초등학교에서는   / 교사 1인당 평균
smaller number of students per teacher on average
학생 수가 독일에서 더 적었다
in Germany / than in Japan, / whereas the reverse
        / 일본보다   / 반면 공립 중등학교에서는 그
was true in public secondary schools. //
반대였다   //

- ● **독일, 일본 / 초등학교, 중등학교**
  독일 초등학교: 15.2 < 일본 초등학교: 15.9
  독일 중등학교: 12.8 > 일본 중등학교: 11.9

- ● **도표와 비교해 볼까요?**
  초등학교의 학생 수를 나타내는 회색 막대그래프를 보면, 독일이
  일본보다 적어요.
  중등학교의 학생 수를 나타내는 빗금 친 막대그래프를 보면, 독일이
  일본보다 많아요.

4) ④은 두 나라를 구체적으로 비교하고 있어요.

④ The average number of students per teacher / in
교사 1인당 평균 학생 수는   /
public secondary schools / in Germany / was less
공립 중등학교의   / 독일에서   / 영국의
than half that in the United Kingdom. //
절반보다 더 적었다   //

- ● **독일, 영국 / 중등학교**
  독일 중등학교: 12.8, 영국 중등학교: 16.4

- ● **도표와 비교해 볼까요?**
  중등학교의 학생 수를 나타내는 빗금 친 막대그래프를 보면, 영국은
  16.4니까 절반은 8.2인데, 독일은 12.8이므로 영국의 절반보다 적지
  않아요.

5) ⑤은 한 나라의 두 항목을 비교하고 있어요.

⑤ Of the five countries, / Mexico was the only
5개국 중   / 멕시코는 유일한 나라였다
country / with more students per teacher in public
        / 공립 중등학교의 교사 1인당 학생 수가 더 많은
secondary schools / than in public elementary
                      / 공립 초등학교보다 //
schools. //

- ● **멕시코 / 초등학교, 중등학교**
  멕시코 초등학교: 24.9 < 멕시코 중등학교: 30.9

- ● **도표와 비교해 볼까요?**
  멕시코를 보면, 초등학교의 학생 수를 나타내는 회색 막대그래프가
  24.9이고, 중등학교의 학생 수를 나타내는 빗금 친 막대그래프는
  30.9예요.
  중등학교가 초등학교보다 1인당 학생 수가 많은 유일한 나라예요.

3rd 정답 문장을 도표와 일치하도록 수정해 보세요.

④ The average number of students per teacher / in
교사 1인당 평균 학생 수는   /
public secondary schools / in Germany / was less(→
공립 중등학교의   / 독일에서   / 영국의 절반보다
more) than half that in the United Kingdom. //
더 적었다(→ 더 많았다)   //

- ● **공립 중등학교에서 독일의 학생 수는 영국의 절반보다 많았어요.**
  독일 중등학교: 12.8, 영국 중등학교: 16.4
  16.4의 절반은 8.2인데, 12.8은 8.2보다 많기 때문에 '더 적은'을
  의미하는 less는 **2**(   )로 바꿔야 해요.

H02 ～ 05 ▶ 제한시간 8분

H02 ✱✱❀

다음 도표의 내용과 일치하지 <u>않는</u> 것은?

**Primary Reasons for E-bike Purchase
in European Countries, 2022**

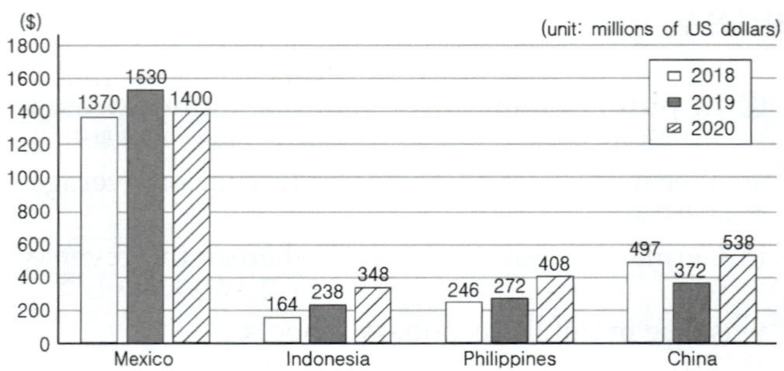

Note: Percentages do not add up to 100% due to missing data.

The graph above shows the percentages of the primary reasons for E-bike purchase in five European countries in 2022. ① In Germany, recreational purpose accounted for the highest percentage of reasons for E-bike purchase, which was also the case in the Netherlands and Belgium. ② In Austria, the percentage of sporting activity was the highest at 41%, which was three times higher than that of commute to work. ③ Switzerland was the only country where the percentage of recreational purpose was below 30%. ④ The gap between the percentage of recreational purpose and that of sporting activity was smaller in Germany than in the Netherlands. ⑤ The Netherlands and Belgium showed the same ranking order for reasons for E-bike purchase, where recreational purpose ranked first, followed by commute to work, while sporting activity ranked lowest.

H03 ❀❀❀

다음 도표의 내용과 일치하지 <u>않는</u> 것은?

**US Dairy Product Imports in Selected Countries
from 2018 to 2020**

The graph above shows US dairy product imports in selected countries from 2018 to 2020. ① Among the four countries above, Mexico consistently recorded the highest imports of US dairy products from 2018 to 2020. ② However, US dairy product imports in Mexico decreased from 2019 to 2020, while the reverse was true in the other three countries during the same period. ③ In Indonesia, US dairy product imports in 2020 were more than twice those in 2018. ④ The increase in US dairy product imports in the Philippines from 2018 to 2019 was larger than that in Indonesia in the same period. ⑤ China was the only country where imports of US dairy products dropped between 2018 and 2019.

다음 도표의 내용과 일치하지 <u>않는</u> 것은?

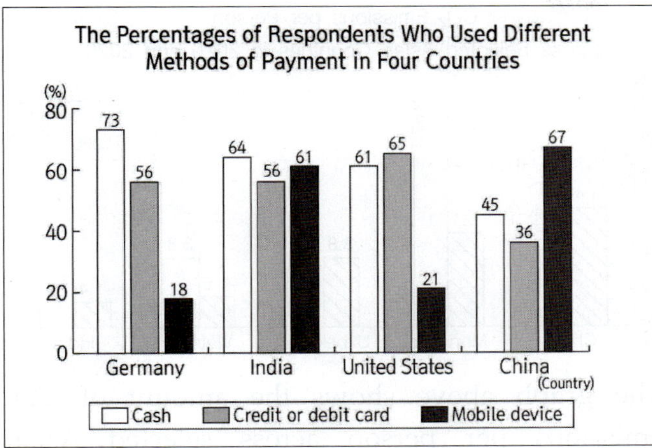

The above graph, which was based on a survey conducted from April of 2022 to March of 2023, shows the percentages of respondents in four countries who used different methods of payment. ① Overall, the percentage of respondents who used cash exceeded 60% in three out of the four countries. ② The percentage of respondents who used credit or debit cards in Germany was the same as that in India, at 56%. ③ The percentage of respondents who used credit or debit cards in the United States was more than double that in China. ④ The percentage of respondents who used mobile devices in Germany was 3 percentage points lower than that in the United States. ⑤ Among the four countries, China recorded the highest percentage of respondents who used mobile devices, followed by India.

* debit card: 직불 카드

다음 도표의 내용과 일치하지 <u>않는</u> 것은?

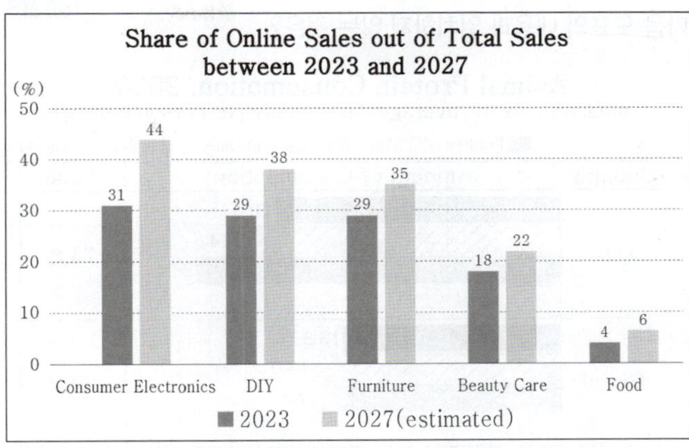

The graph above shows the shares of online sales out of total sales by each of five product categories in 2023 and the estimated ones in 2027. ① The shares of all five categories are expected to increase by 2027 respectively, while not surpassing 50%. ② Based on the selected categories, consumer electronics is anticipated to show the biggest gap in the share of online sales between 2023 and 2027. ③ DIY and furniture showed the same share of online sales with 29% in 2023 but the share of DIY online sales is estimated to exceed that of furniture online sales by 2027. ④ The share of beauty care online sales was lower than 20% by 2 percentage points in 2023, but is estimated to be higher than 20% in 2027. ⑤ In 2023, food showed the lowest share of online sales among the categories, but that share is projected to more than double by 2027.

H06 ✿❀❀  고2 2024(3월)/25

다음 도표의 내용과 일치하지 <u>않는</u> 것은?

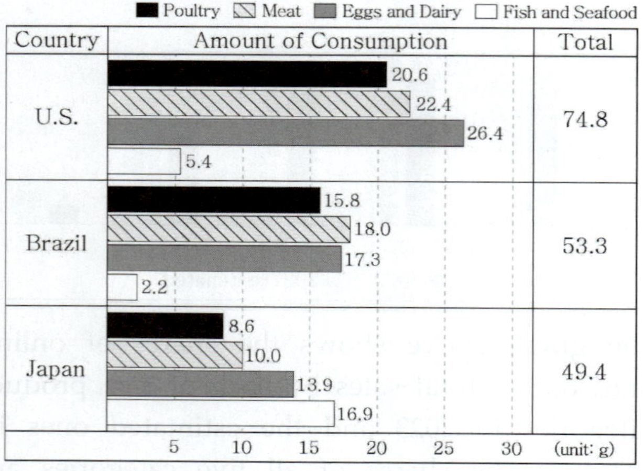

The graph above shows the animal protein consumption measured as the average daily supply per person in three different countries in 2020. ① The U.S. showed the largest amount of total animal protein consumption per person among the three countries. ② Eggs and Dairy was the top animal protein consumption source among four categories in the U.S., followed by Meat and Poultry at 22.4g and 20.6g, respectively. ③ Unlike the U.S., Brazil consumed the most animal protein from Meat, with Eggs and Dairy being the second most. ④ Japan had less than 50g of the total animal protein consumption per person, which was the smallest among the three countries. ⑤ Fish and Seafood, which was the least consumed animal protein consumption source in the U.S. and Brazil, ranked the second highest in Japan.

H07 ✿❀❀ 고2 2024(6월)/25 

다음 도표의 내용과 일치하지 <u>않는</u> 것은?

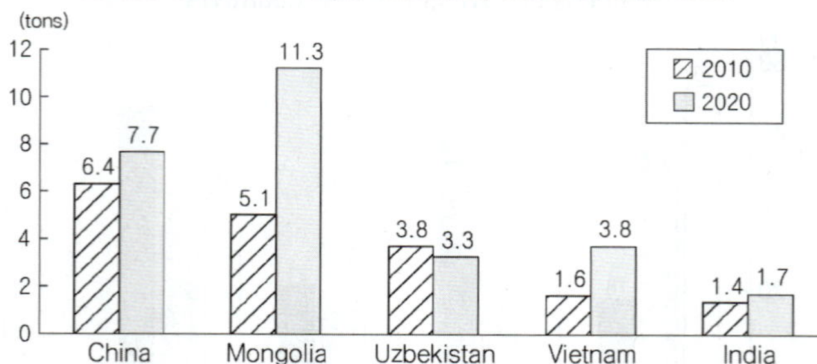

The graph above shows the amount of CO_2 emissions per person across selected Asian countries in 2010 and 2020. ① All the countries except Uzbekistan had a greater amount of CO_2 emissions per person in 2020 than that in 2010. ② In 2010, the amount of CO_2 emissions per person of China was the largest among the five countries, followed by that of Mongolia. ③ However, in 2020, Mongolia surpassed China in terms of the amount of CO_2 emissions per person, with the amount of Mongolia more than twice that of China. ④ In 2010, Uzbekistan produced a larger amount of CO_2 emissions per person than Vietnam, while the opposite was true in 2020. ⑤ Among the five countries, India was the only one where the amount of CO_2 emissions per person was less than 2 tons in 2020.

다음 도표의 내용과 일치하지 <u>않는</u> 것은?

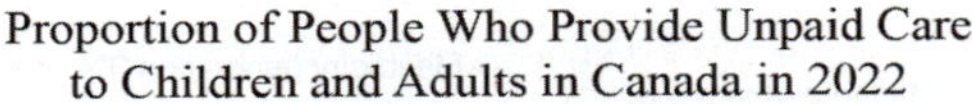

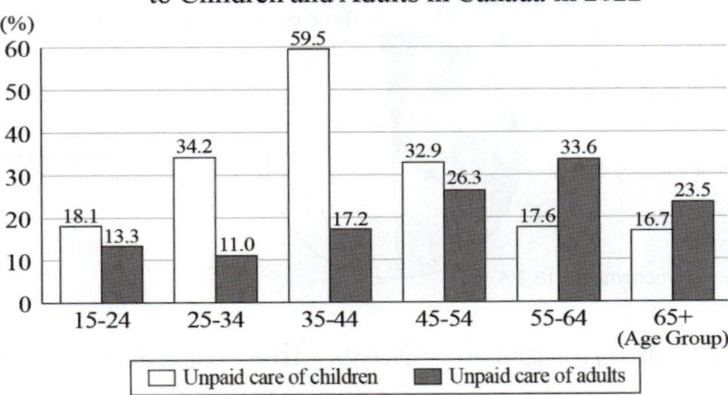

Proportion of People Who Provide Unpaid Care to Children and Adults in Canada in 2022

The graph above shows the percentage of people who provided unpaid care to children and adults by age group in Canada in 2022. ① Notably, the 35-44 group had the highest percentage of individuals providing unpaid care to children, reaching 59.5%. ② However, the highest percentage of individuals providing unpaid care to adults was found in the 55-64 group. ③ Compared to the 25-34 group, the 15-24 group had a lower percentage of individuals providing unpaid care to children and a higher percentage of individuals providing unpaid care to adults. ④ The percentage of people providing unpaid care to adults in the 45-54 group was more than twice as high as that in the 35-44 group. ⑤ The 55-64 group and the 65 and older group showed a similar percentage of individuals providing unpaid care to children, with a difference of less than 1 percentage point.

다음 도표의 내용과 일치하지 <u>않는</u> 것은?

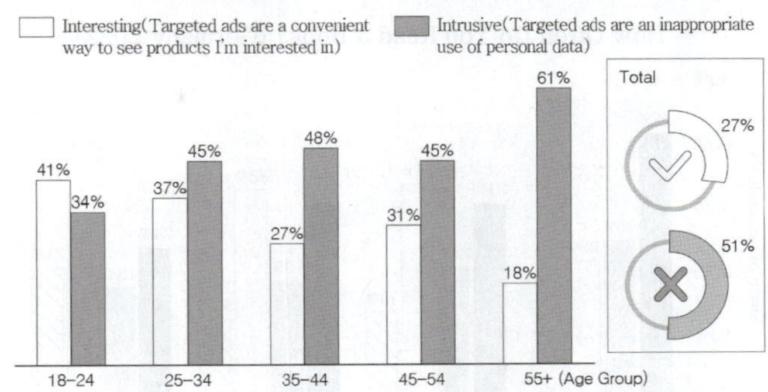

View of Targeted Online Advertising Among Americans, by Age Group

Conducted on May 1, 2019 (missing percentages to 100%: "don't know")

The graph above shows the results of a 2019 survey on the views of American age groups on targeted online advertising. ① In total, while 51% of the respondents said targeted ads were intrusive, 27% said they were interesting. ② The percentage of respondents who believed that targeted ads were interesting was the highest in the age group of 18 to 24. ③ The percentage of respondents aged 25 to 34 who said that targeted ads were intrusive was the same as that of respondents aged 45 to 54 who said the same. ④ Among all age groups, the gap between respondents who said targeted ads were interesting and those who believed them to be intrusive was the largest in the 35-to-44 age group. ⑤ The age group of 55 and above was the only group where the percentage of respondents who believed targeted ads were intrusive was more than 50%.

H10 ❋❋❋   고2 2023(3월)/25

다음 도표의 내용과 일치하지 <u>않는</u> 것은?

How Often Do You Read a Book? (Germany 2022)

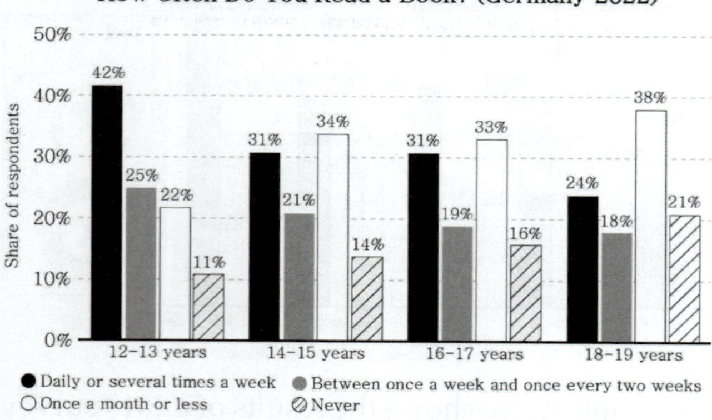

Note: All percentages may not total 100% due to rounding.

The above graph shows how often German children and young adults read books in 2022 according to age groups. ① In each age group except 12 to 13-year-olds, those who said they read books once a month or less accounted for the largest proportion. ② Of the 12 to 13-year-old group, 42% stated they read daily or several times a week, which was the highest share within that group. ③ In the 14 to 15-year-old group, the percentage of teenagers who read daily or several times a week was three times higher than that of those who never read a book in the same age group. ④ In the 16 to 17-year-old group, those who read between once a week and once every two weeks were less than 20%. ⑤ More than one fifth of the age group of 18 to 19 years responded that they never read any book.

H11 ❋❋❋   고2 2022(9월)/25

다음 도표의 내용과 일치하지 <u>않는</u> 것은?

Distribution of oil demand in the OECD in 2020, by sector

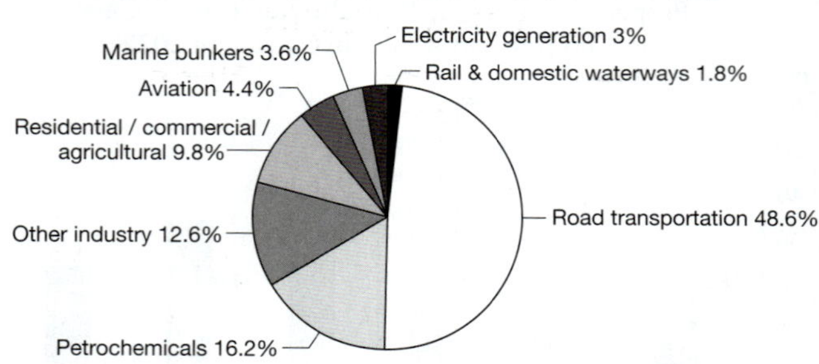

The above graph shows the distribution of oil demand by sector in the OECD in 2020. ① The Road transportation sector, which took up 48.6%, was the greatest oil demanding sector in the OECD member states. ② The percentage of oil demand in the Petrochemicals sector was one-third that of the Road transportation sector. ③ The difference in oil demand between the Other industry sector and the Petrochemicals sector was smaller than the difference in oil demand between the Aviation sector and the Electricity generation sector. ④ The oil demand in the Residential, commercial and agricultural sector took up 9.8% of all oil demand in the OECD, which was the fourth largest among all the sectors. ⑤ The percentage of oil demand in the Marine bunkers sector was twice that of the oil demand in the Rail & domestic waterways sector.

다음 도표의 내용과 일치하지 <u>않는</u> 것은?

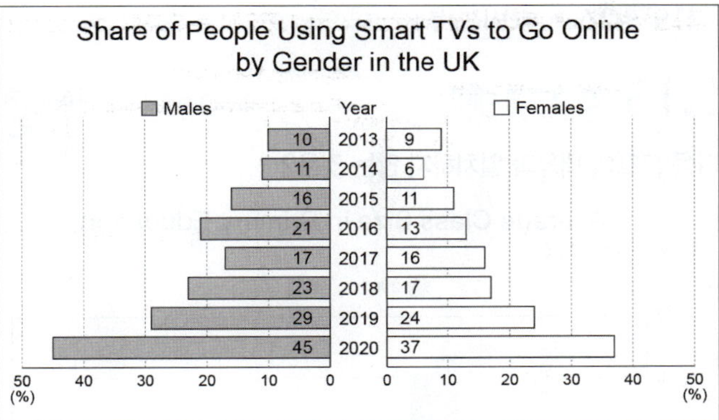

The graph above shows the findings of a survey on the use of smart TVs to go online in the UK from 2013 to 2020, by gender. ① In each year from 2013 to 2020, the percentage of male respondents who used smart TVs to access the Internet was higher than that of female respondents. ② The percentage gap between the two genders was the largest in 2016 and in 2020, which both had an 8 percentage point difference. ③ In 2020, the percentage of respondents who reported using smart TVs to go online was higher than 30% for both males and females. ④ For male respondents, 2017 was the only year that saw a decrease in the percentage of those accessing the Internet via smart TVs compared to the previous year, during the given period. ⑤ In 2014, the percentage of females using smart TVs to access the Internet was the lowest during the given period at 6%, and it was still below 10% in 2015.

다음 도표의 내용과 일치하지 <u>않는</u> 것은?

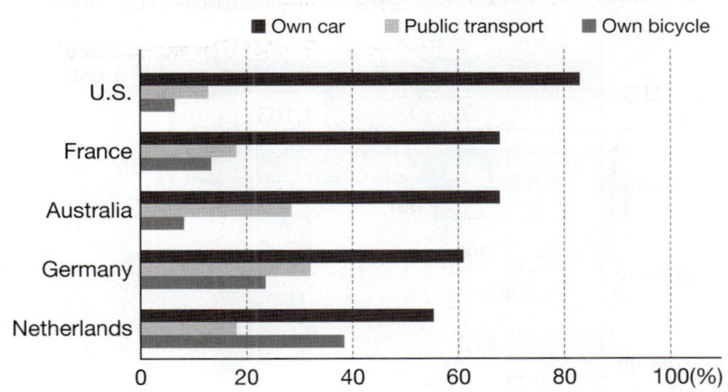

The above graph shows which modes of transportation people use for their daily commute to work, school, or university in five selected countries. ① In each of the five countries, the percentage of commuters using their own car is the highest among all three modes of transportation. ② The U.S. has the highest percentage of commuters using their own car among the five countries, but it has the lowest percentages for the other two modes of transportation. ③ Public transport is the second most popular mode of transportation in all the countries except for the Netherlands. ④ Among the five countries, France has the biggest gap between the percentage of commuters using their own car and that of commuters using public transport. ⑤ In terms of commuters using public transport, Germany leads all of the countries, immediately followed by Australia.

H14 ✹✹✿

다음 도표의 내용과 일치하지 <u>않는</u> 것은?

Travel and Tourism's Contribution to GDP

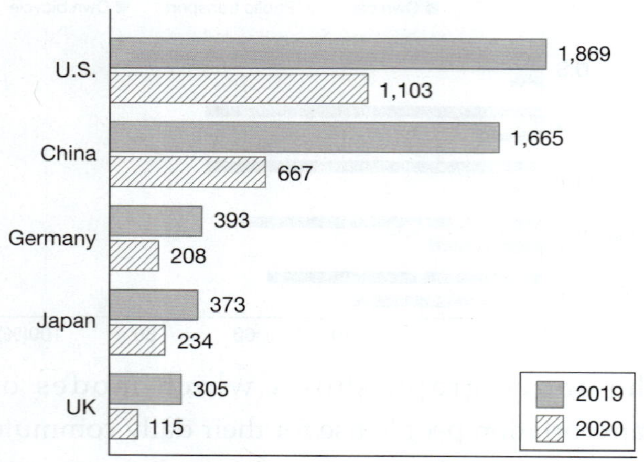

The above graph shows travel and tourism's contribution to GDP for each of the five countries in 2019 and in 2020. ① In all five countries, travel and tourism's contribution to GDP in 2020 decreased compared to the previous year. ② Both in 2019 and in 2020, the U.S. showed the largest contribution of travel and tourism to GDP among the five countries, followed by China. ③ In China, travel and tourism's contribution to GDP in 2020 was less than a third that in 2019. ④ In 2019, Germany showed a larger contribution of travel and tourism to GDP than Japan, whereas the reverse was true in 2020. ⑤ In 2020, the UK was the only country where the contribution of travel and tourism to GDP was less than $200 billion.

2등급 대비 문제

H15 ~ 16 ▶ 제한시간 4분

H15 ⭐ 2등급 대비

다음 도표의 내용과 일치하지 <u>않는</u> 것은?

Average Class Size in Primary Education

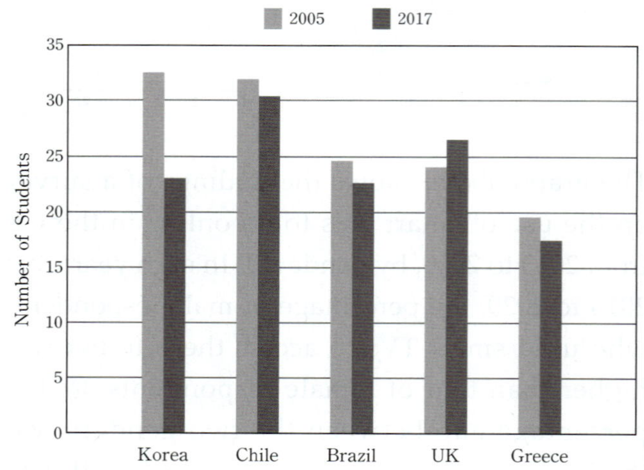

The above graph shows the average class size in primary education of five countries in 2005 and 2017. ① In every country except the UK, the average class size in 2017 decreased compared to that in 2005. ② In 2005, Korea's average class size was the largest of all the countries, with more than 30 students in a class. ③ In 2017, however, Chile's average class size was the largest of all the countries, with fewer than 30 students in a class. ④ In 2005, the average class size in Brazil was larger than that in the UK, whereas the reverse was true in 2017. ⑤ In Greece, the average class size was fewer than 20 students in a class in both 2005 and 2017.

다음 도표의 내용과 일치하지 <u>않는</u> 것은?

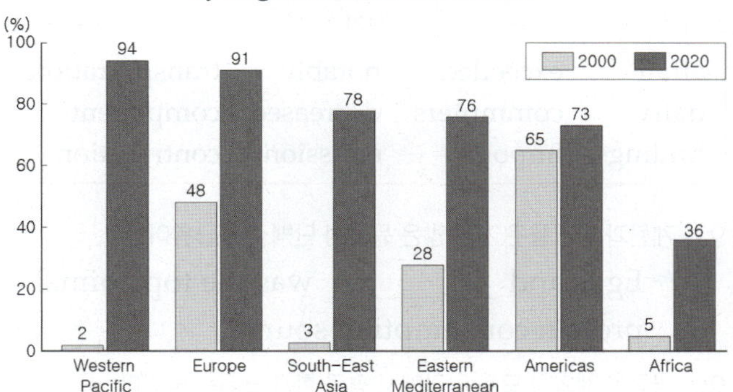

* measles: 홍역

The graph above shows the percentage of children who received second-dose measles vaccinations in six regions in 2000 and in 2020. ① The percentage of vaccinated children in the Western Pacific was lower than that of Europe in 2000, but the vaccination percentage in 2020 of the Western Pacific exceeded that of Europe by 3 percentage points. ② Among all regions, South-East Asia achieved the second biggest increase in its percentage of vaccinated children over the two decades, and it ranked third in the percentage of vaccinated children among the six regions in 2020. ③ In the Eastern Mediterranean, the percentage of vaccinated children more than doubled from 2000 to 2020, but did not exceed that of the Americas in either year. ④ The percentage of vaccinated children in the Americas was the highest among the six regions in 2000, but it increased the least of all regions over the two decades. ⑤ In Africa, the percentage of children who received the vaccine in 2020 was more than seven times higher than in 2000, but was still the lowest among the six regions in 2020.

✦ 정답 및 해설 101~103p

※ 다음 영어는 우리말 뜻, 우리말은 영어 단어를 〈보기〉에서 찾아 쓰시오.

〈보기〉

aviation	몫	복용	vaccination
무급의	waterway	respectively	petrochemicals
reverse	가금류	능가하다	침해적인

01 share ___________________

02 unpaid ___________________

03 poultry ___________________

04 surpass ___________________

05 intrusive ___________________

06 항공 ___________________

07 수로 ___________________

08 각각 ___________________

09 정반대 ___________________

10 백신 접종 ___________________

※ 다음 우리말에 알맞은 영어 표현을 찾아 연결하시오.

11 전기 자전거 • 　　• primary education

12 초등 교육 • 　　• account for

13 ~와 비교하면 • 　　• the Mediterranean

14 ~을 차지하다 • 　　• E-bike

15 지중해 • 　　• compared to

※ 다음 우리말 표현에 맞는 단어를 고르시오.

16 평균 학급 크기 ➡ the (overall / average) class size

17 넘어설 것으로 추정되다 ➡ be estimated to (exhaust / exceed)

18 여가 목적의 비율 ➡ the percentage of (redundant / recreational) purpose

19 원유 수요 분포 ➡ (distribution / implication) of oil demand

20 동물성 단백질 섭취량 ➡ the animal (fiber / protein) consumption

※ 다음 문장의 빈칸에 알맞은 단어를 〈보기〉에서 찾아 쓰시오.

〈보기〉

affair	exceeded	notably	transportation
dairy	commuters	decreased	component
findings	imports	emissions	contribution

21 계란과 유제품은 가장 많은 동물성 단백질 공급원이었다.
➡ Eggs and ___________ was the top animal protein consumption source.

22 영국을 제외한 모든 나라에서 평균 학급 크기는 줄었다.
➡ In every country except the UK, the average class size ___________.

23 그래프는 스마트 TV 사용에 대한 설문 조사 결과를 보여준다.
➡ The graph shows the ___________ of a survey on the use of smart TVs.

24 서태평양의 백신 접종율은 유럽의 그것을 앞질렀다.
➡ The vaccination percentage of the Western Pacific ___________ that of Europe.

25 그래프는 2010년과 2020년 1인당 CO2 배출량을 보여준다.
➡ The graph shows the amount of CO_2 ___________ per person in 2010 and 2020.

26 위 그래프는 선택된 국가들의 미국 유제품 수입액을 보여준다.
➡ The graph above shows US dairy product ___________ in selected countries.

27 그래프는 2020년 GDP에 대한 여행 및 관광의 기여를 보여 준다.
➡ The graph shows travel and tourism's ___________ to GDP in 2020.

28 특히 35~44세 집단은 아동에게 무급 돌봄을 제공하는 사람의 비율이 가장 높았다.
➡ ___________, the 35-44 group had the highest percentage of individuals providing unpaid care to children.

29 그래프는 친환경 교통수단을 사용한 통근자의 비율을 보여 준다.
➡ The graph shows the percentage of ___________ using eco-friendly transportation.

30 석유화학 부문의 원유 수요 비율은 도로 교통 부문의 원유 수요 비율의 삼 분의 일이었다.
➡ The percentage of oil demand in the Petrochemicals sector was one-third that of the Road ___________ sector.

I 내용 불일치

★ 유형 설명

> Henry David Thoreau에 관한 다음 글의 내용과 일치하지 않는 것은?
>
> Henry David Thoreau was born in Concord, Massachusetts in 1817. When he was 16, he

특정 인물이나 동식물 등에 대해 설명하는 글을 정확하게 해석하여 선택지와 대조해야 한다.

🔑 글에서 언급된 내용과 똑같은 순서로 선택지가 제시된다.
선택지를 먼저 읽은 후에 글에서 해당 내용을 찾아 그 선택지의 일치 여부를 확인한다.
일치하는 것을 찾는 문제인지, 일치하지 않는 것을 찾는 문제인지 꼭 다시 한 번 확인한다.

🎭 유형 풀이 비법

1 지시문을 확인하라!
- 문제를 읽고 무엇에 관한 글인지, 일치를 묻는지, 불일치를 묻는지 확인한다.

2 선택지를 살펴보라!
- 선택지를 빠르게 훑어보면서 글에서 어떤 세부 정보를 확인해야 하는지 알아본다.

3 선택지와 글을 대조하라!
- 선택지에 해당하는 글의 부분을 정확하게 대조하며 답을 찾는다.

> **Tip** 글에 나온 내용에만 근거해서 답을 골라야지 상식이나 배경지식을 통해 일치 여부를 판단하면 안 된다.

📍 어휘 및 표현 Preview

- ☐ **blacksmith** 대장장이
- ☐ **priesthood** 사제직
- ☐ **botany** 식물학
- ☐ **catalogue** 목록, 카탈로그
- ☐ **orphan** 고아로 만들다
- ☐ **storytelling** 이야기를 하는
- ☐ **fiction** 허구, 소설
- ☐ **notable** 저명한, 주목할 만한
- ☐ **meteorologist** 기상학자
- ☐ **mathematical physics** 수리 물리학
- ☐ **geophysical** 지구 물리학의
- ☐ **scholarship** 장학금
- ☐ **weather forecasting** 일기 예보
- ☐ **chair** 권위 있는 지위
- ☐ **discrimination** 차별

- ☐ **charitable** 자선의
- ☐ **marked** 뚜렷한
- ☐ **mineralogy** 광물학
- ☐ **mineral** 광물
- ☐ **attribute** 속성
- ☐ **classification** 분류
- ☐ **conventional** 전통적인
- ☐ **appoint** 임명하다
- ☐ **remains** 유적
- ☐ **chapel** 예배당
- ☐ **machinery** 기계
- ☐ **theatrical** 연극의
- ☐ **consultant** 자문 위원
- ☐ **doctorate** 박사 학위
- ☐ **co-author** 공동 집필하다
- ☐ **famine** 기근

- ☐ **deforestation** 삼림 벌채
- ☐ **preservation** 보존
- ☐ **hydroelectric** 수력 발전의
- ☐ **mind** 지성인
- ☐ **portrait** 인물 사진
- ☐ **energetically** 활기차게
- ☐ **convert** 개조하다
- ☐ **illustrative** 설명적인, 실례가 되는
- ☐ **monarch** 제왕, 군주
- ☐ **belong to** ~에 속하다
- ☐ **devote to** ~에 전념하다
- ☐ **doctoral degree** 박사 학위
- ☐ **air mass** 기단(氣團)
- ☐ **arranged marriage** 중매결혼
- ☐ **merge with** ~와 합병하다
- ☐ **Great Depression** 대공황

I 내용 불일치 (첫 번째)

I01 ✽✽✽ ································· 고2 2024(9월)/26

Charles Elton에 관한 다음 글의 내용과
일치하지 <u>않는</u> 것은?

Born in the English city of Liverpool, Charles
Elton studied zoology under Julian Huxley
at Oxford University from 1918 to 1922. After
graduating, he began teaching as a part-time
instructor and had a long and distinguished ₅
teaching career at Oxford from 1922 to 1967.
After a series of arctic expeditions with
Huxley, he worked with a fur-collecting and
trading company as a biological consultant,
and examined the company's records to ₁₀
study animal populations. In 1927, he wrote
his first and most important book, *Animal
Ecology*, in which he demonstrated the nature
of food chains and cycles. In 1932, he helped
establish the Bureau of Animal Population at ₁₅
Oxford. In the same year he became the
editor of the new *Journal of Animal Ecology*.
Throughout his career, Elton wrote six books
and played a major role in shaping the
modern science of ecology. ₂₀

① 대학에서 동물학을 공부했다.
② 대학 졸업 후 가르치는 일을 시작했다.
③ 생물학 컨설턴트로서 한 회사와 함께 일했다.
④ 마지막으로 쓴 저서는 *Animal Ecology*였다.
⑤ 1932년에 *Journal of Animal Ecology*의 편집자가
되었다.

1st 글에서 쉽게 찾을 수 있도록 선택지의 핵심 어구에
□ 표시하세요.

① 대학에서 동물학을 공부했다.
② 대학 졸업 후 가르치는 일을 시작했다.
③ 생물학 컨설턴트로서 한 회사와 함께 일했다.
④ 마지막으로 쓴 저서는 *Animal Ecology*였다.
⑤ 1932년에 *Journal of Animal Ecology*의 편집자가 되었다.

● **글에서 □ 표시한 어구가 언급된 부분에 주의를 기울이세요.**
　해당 내용이 선택지 순서대로 글에서 제시될 거예요.
　대학 재학과 졸업 과정을 설명한 부분에서 ❶, ❷을 확인할 수 있을
　것이고, 나머지 ❸, ❹, ❺은 업적을 설명한 부분에 있을 거예요.

2nd 선택지와 글을 일대일로 대조하여 일치/불일치 여부를
판단하세요.

1) ① 대학에서 무엇을 공부했나요?

Born in the English city of Liverpool, / Charles
영국의 도시 Liverpool에서 태어난　　　　　　　　　 / Charles
Elton studied zoology under Julian Huxley / at
Elton은 Julian Huxley 아래에서 동물학을 공부했다　　　 /
Oxford University / from 1918 to 1922. //
Oxford 대학에서　　　 / 1918년부터 1922년까지　//

● **글의 첫 문장을 봅시다.**
　글의 첫 문장을 보니 Charles Elton은 Oxford 대학에서 zoology를
　공부했다고 했어요. zoology가 바로 '동물학'을 뜻하니까 ❶은 글의
　내용과 일치하네요.

2) ② 졸업 후에는 무엇을 했나요?

After graduating, / he began teaching as a part-time
졸업 후　　　　　　　 / 그는 시간제 강사로 가르치는 일을 시작했고
instructor / and had a long and distinguished
　　　　　　 / 장기간의 훌륭한 교수 경력을 가졌다
teaching career / at Oxford / from 1922 to 1967. //
　　　　　　　　 / Oxford 대학에서 / 1922년부터 1967년까지　//

● **After를 찾았나요?**
　졸업 '후'에 Charles Elton은 시간제 강사로 가르치는 일을 시작했다고
　했어요. 따라서 ❷도 글의 내용과 일치하네요.

3) ③ 생물학 컨설턴트로 일한 게 맞는지 봅시다.

> After a series of arctic expeditions with Huxley, / he
> Huxley와 함께한 일련의 북극 탐험 후   / 그는
> worked with a fur-collecting and trading company /
> 한 모피 수집 및 무역 회사와 함께 일했고   /
> as a biological consultant, / and examined the
> 생물학 컨설턴트로서   / 그 회사의 기록을 검토했다
> company's records / to study animal populations. //
>   / 동물 개체군을 연구하기 위해   //

● **work with**는 '~와 함께 일하다'를 뜻해요.
  Charles Elton은 한 모피 수집 및 무역 회사와 함께 일했는데, 바로
  '생물학 컨설턴트로서' 일했대요. ③도 글의 내용과 일치해요.

4) ④ 그의 저서를 소개하는 부분도 봅시다.

> In 1927, / he wrote his first and most important
> 1927년   / 그의 처음이자 가장 중요한 저서인 *Animal Ecology*를 썼고
> book, *Animal Ecology*, / in which he demonstrated
>   / 그 저서에서 그는 먹이사슬과 순환의
> the nature of food chains and cycles. //
> 본질을 설명했다   //

● *Animal Ecology*를 찾았나요?
  그가 1927년에 *Animal Ecology*라는 저서를 쓴 것은 맞아요. 그런데
  그의 '처음이자 가장 중요한 저서'라고 그것을 소개하고 있네요! 따라서
  마지막으로 쓴 저서라고 *Animal Ecology*를 소개한 ④이 글의 내용과
  일치하지 않아요.

5) ⑤ 1932년에는 편집자가 되었는지 봅시다.

> In 1932, / he helped establish the Bureau of Animal
> 1932년에   / 그는 Oxford 대학에서 Bureau of Animal Population을 설립하는
> Population at Oxford. //
> 것을 도왔다   //
> In the same year / he became the editor / of the new
> 같은 해에   / 그는 편집자가 되었다   / 새로운 *Journal*
> *Journal of Animal Ecology*. //
> *of Animal Ecology*의   //

● **1932년**이라는 표현은 앞 문장에 있어요.
  하지만 '같은 해'에 *Journal of Animal Ecology*의 편집자가 되었다고
  했으니, 1932년에 편집자가 되었다는 ⑤은 글의 내용과 일치해요.

3rd 선택지가 글의 내용과 일치하면 ○ 일치하지 않으면 ✕ 표시를
하고, 글의 지시문을 다시 한번 확인하세요.

1) 각 선택지의 일치/불일치 여부를 표시해 봅시다.

> ① 대학에서 동물학을 공부했다. **1** (   )
> ② 대학 졸업 후 가르치는 일을 시작했다. **2** (   )
> ③ 생물학 컨설턴트로서 한 회사와 함께 일했다. **3** (   )
> ④ 마지막으로 쓴 저서는 *Animal Ecology*였다. **4** (   )
> ⑤ 1932년에 *Journal of Animal Ecology*의 편집자가 되었다.
>   **5** (   )

2) 지시문을 꼭 다시 한번 확인하세요!

> Charles Elton에 관한 다음 글의 내용과 일치하지 <u>않는</u> 것은?

● 이 문제는 일치하지 않는 선택지를 고르는 문제네요!
  글에서 Charles Elton은 대학에서 동물학을 공부하고, 졸업한 후에는
  가르치는 일을 시작했어요. 생물학 컨설턴트로서 한 회사와 함께 일을
  시작했고, 1932년에는 *Journal of Animal Ecology*의 편집자가 된
  것은 맞지만, *Animal Ecology*는 그의 마지막 저서가 아닌 첫 저서이기
  때문에 **6** (   )이 글의 내용과 일치하지 않아요.

▸ 다음 문제들도 풀어 보세요.

● 다음 문장들이 맞으면 ○ 틀리면 ✕ 표시하세요.

> • 영국의 한 도시에서 태어났다. **7** (   )
> • 혼자 북극 탐험을 했다. **8** (   )
> • 1927년에 첫 저서를 집필했다. **9** (   )
> • 1932년에 Bureau of Animal Population 설립을 도왔다.
>   **10** (   )
> • 총 열여섯 권의 저서를 썼다. **11** (   )

I 내용 불일치 〔두 번째〕

I02 ✱❀❀ ···························· 고2 2022(11월)/26

Janaki Ammal에 관한 다음 글의 내용과 일치하지 <u>않는</u> 것은?

Janaki Ammal, one of India's most notable scientists, was born in 1897, and was expected to wed through an arranged marriage. Despite living at a time when literacy among women in India was less than ⁵ one percent, she decided to reject tradition and attend college. In 1924, she went to the U.S. and eventually received a doctorate in botany from the University of Michigan. Ammal contributed to the development of ¹⁰ the sweetest sugarcane variety in the world. She moved to England where she co-authored the *Chromosome Atlas of Cultivated Plants*. Following a series of famines, she returned to India to help ¹⁵ increase food production at the request of the Prime Minister. However, Ammal disagreed with the deforestation taking place in an effort to grow more food. She became an advocate for the preservation of native plants ²⁰ and successfully saved the Silent Valley from the construction of a hydroelectric dam.

① 관습을 따르지 않고 대학에 입학하기로 결심했다.
② 세계에서 가장 단 사탕수수 품종 개발에 기여했다.
③ *Chromosome Atlas of Cultivated Plants*를 공동 집필했다.
④ 식량 생산을 증가시키는 데 도움을 주기 위해 인도로 돌아갔다.
⑤ 수력 발전 댐의 건설로부터 Silent Valley를 지키는 데 실패했다.

1st 글에서 쉽게 찾을 수 있도록 선택지의 핵심 어구에 □ 표시하세요.

① 관습을 따르지 않고 대학에 입학하기로 결심했다.
② 세계에서 가장 단 사탕수수 품종 개발에 기여했다.
③ *Chromosome Atlas of Cultivated Plants*를 공동 집필했다.
④ 식량 생산을 증가시키는 데 도움을 주기 위해 인도로 돌아갔다.
⑤ 수력 발전 댐의 건설로부터 Silent Valley를 지키는 데 실패했다.

● **글에서 □ 표시한 어구가 언급된 부분에 주의를 기울이세요.**
선택지 순서대로 해당 내용이 글에서 제시될 거예요.
성장 과정을 설명하는 부분에서 ①을 확인할 수 있을 것이고, 나머지는 업적을 설명한 부분에 있을 거예요.
특히 ⑤은 Silent Valley를 지키는 데 '성공한' 것인지 '실패한' 것인지를 확인해야겠네요.

2nd 선택지와 글을 일대일로 대조하여 일치/불일치 여부를 판단하세요.

1) ① 전통, 관습을 뜻하는 tradition이 보여요.

Despite living at a time / when literacy among
시기에 살았음에도 불구하고 　　　　　/ 인도 여성들의 식자율이 1퍼센트보다
women in India was less than one percent, / she
낮았던 　　　　　　　　　　　　　　　 / 그녀는
decided to reject tradition / and attend college. //
관습을 따르지 않고 　　　 / 대학에 입학하기로 결심했다 //

● **관습을 따랐나요?**
Janaki Ammal은 인도 여성들의 식자율이 1퍼센트보다 낮았던 시기를 살았다고 했어요. 그 시기의 관습은 여자들이 글을 배우지 않았던 거겠죠. 그런데 Janaki Ammal은 관습을 따르지 않고 대학에 입학하기로 결심했다고 했어요.

2) ② 사탕수수(sugarcane)가 언급됐어요.

Ammal contributed to the development / of the
Ammal은 개발에 기여했다 　　　　　　　　　　 / 세계에서
sweetest sugarcane variety in the world. //
가장 단 사탕수수 품종의 　　　　　　　　　 //

● **Ammal이 어디에 기여했나요?**
sweet의 최상급은 sweetest예요. 따라서 Ammal이 개발에 기여한 것은 '세계에서 가장 단 사탕수수 품종'이 맞아요.

3) ③ author는 집필하다, co-author는 공동 집필하다를 뜻해요.

> She moved to England / where she co-authored the
> 그녀는 영국으로 건너가 / 그곳에서 Chromosome Atlas of
> *Chromosome Atlas of Cultivated Plants.* //
> Cultivated Plants를 공동 집필했다 //

● **co-authored가 보여요.**
  She는 Janaki Ammal을 가리키니까, Chromosome Atlas of
  Cultivated Plants를 공동 집필한 것이 맞아요. 선택지 ③까지 모두 글의
  내용과 일치하네요.

4) ④ 인도에 돌아간 이유가 나오는 부분이에요.

> Following a series of famines, / she returned to
> 연이은 기근이 있은 후 / 그녀는 인도로 돌아갔다
> India / to help increase food production / at the
> / 식량 생산을 증가시키는 데 도움을 주기 위해 / 수상의
> request of the Prime Minister. //
> 요청으로 //

● **그녀가 무엇 때문에 인도로 돌아갔나요?**
  식량 생산을 증가시키는 데 도움을 주기 위해 수상의 요청으로 인도로
  돌아갔다고 했어요. ④도 선택지와 일치하는 내용이에요.

5) ⑤ 역시 실패한 것이 틀린 걸까요?

> She became an advocate / for the preservation of
> 그녀는 옹호자가 되었고 / 토종 식물 보존에 대한
> native plants / and successfully saved the Silent
> / Silent Valley를 성공적으로 지켰다
> Valley / from the construction of a hydroelectric
> / 수력 발전 댐의 건설로부터 //
> dam. //

● **Silent Valley를 지키는 데 실패했나요?**
  수력 발전 댐의 건설로부터 Silent Valley를 성공적으로 지켰다고 했어요.
  따라서 실패했다고 한 ⑤이 글의 내용과 일치하지 않아요.

3rd 글의 지시문을 다시 한번 확인하고, 정답을 고르세요.

1) 각 선택지의 일치/불일치 여부를 표시해 봅시다.

① 관습을 따르지 않고 대학에 입학하기로 결심했다. **1** ( )
② 세계에서 가장 단 사탕수수 품종 개발에 기여했다. **2** ( )
③ *Chromosome Atlas of Cultivated Plants*를 공동 집필했다.
   3 ( )
④ 식량 생산을 증가시키는 데 도움을 주기 위해 인도로 돌아갔다.
   4 ( )
⑤ 수력 발전 댐의 건설로부터 Silent Valley를 지키는 데 실패했다.
   5 ( )

2) 지시문을 꼭 다시 한번 확인하세요!

Janaki Ammal에 관한 다음 글의 내용과 일치하지 <u>않는</u> 것은?

● **이 문제는 일치하지 않는 선택지를 고르는 문제네요!**
  글에서 Janaki Ammal는 토종 식물 보존에 대한 옹호자가 되었고, 수력
  발전 댐의 건설로부터 Silent Valley를 성공적으로 지켰다고 했기 때문에
  지키는 데 실패했다는 **6** ( )이 글의 내용과 일치하지 않아요.

➔ 다음 문제들도 풀어 보세요.
● **다음 문장들이 맞으면 ○ 틀리면 × 표시하세요.**

• 1897년에 태어났다. **7** ( )
• 1924년에 미국을 떠나 인도로 돌아왔다. **8** ( )
• Michigan 대학에서 동물학 박사 학위를 받았다. **9** ( )
• 식량을 재배하기 위한 노력으로써 삼림 벌채가 일어나는 것에
  동의했다. **10** ( )
• 그녀는 토종 식물 보존에 대한 옹호자가 되었다. **11** ( )

I03　✲❈❈　고2 2025(3월)/26 

Friedrich Mohs에 관한 다음 글의 내용과 일치하지 않는 것은?

Friedrich Mohs, a well-known mineralogist, was born on January 29, 1773, in Gernrode, Germany. He displayed a marked interest in science at an early age. He studied chemistry, mathematics, and physics at the University of Halle and also studied mineralogy at the Mining Academy. In his late twenties, he went to Austria and classified minerals by their physical attributes. This new classification system of his led to conflicts with many mineralogists who followed the conventional methods. In 1812, Mohs was appointed Professor of Mineralogy at the Joanneum, where he developed the Mohs Scale of Mineral Hardness. Mohs ended his remarkable career at the Mining University in Leoben and died at the age of 66 in Italy.

* mineralogist: 광물학자

① 어린 시절 과학에 뚜렷한 흥미를 보였다.
② University of Halle에서 화학, 수학, 물리학을 공부했다.
③ 전통적인 방식을 따르는 많은 광물학자들과 협력했다.
④ 1812년에 Joanneum의 광물학 교수로 임명되었다.
⑤ 이탈리아에서 66세의 나이로 사망했다.

I04　✲❈❈　고2 2025(6월)/26 

Filippo Brunelleschi에 관한 다음 글의 내용과 일치하지 않는 것은?

Filippo Brunelleschi is considered to be the founding father of Renaissance architecture. He was born in Florence in 1377. Filippo was artistically talented, and trained as a goldsmith and a clockmaker before becoming an architect. When he was around 25, he traveled to Rome with his friend, the sculptor Donatello, where he studied the remains of ancient Roman buildings. His first architectural commission was the Ospedale degli Innocenti, which is one of the great Renaissance buildings. A number of other fine works, including chapels in Florentine churches, strengthened his reputation. And the stunning dome of Il Duomo is his masterpiece. He also designed machinery to produce special effects in theatrical productions. He died in Florence and was buried in Il Duomo.

① 1377년에 Florence에서 태어났다.
② 예술적으로 재능이 있었다.
③ 25세일 무렵, 조각가인 아버지와 로마로 여행을 갔다.
④ 첫 번째 건축 임무는 Ospedale degli Innocenti였다.
⑤ 연극 작품들의 특수 효과를 만들기 위한 기계를 설계했다.

I05 

Barry Commoner에 관한 다음 글의 내용과 일치하지 않는 것은?

Barry Commoner, born in Brooklyn in 1917, was the son of Jewish immigrants from Russia. Commoner was a leading ecologist and one of the founders of the modern environmental movement. He earned his doctoral degree in cellular biology from Harvard University in 1941. After serving in the US Navy during World War II, Commoner moved to Missouri, and became a professor of plant physiology at Washington University in 1947, where he taught for 34 years. In the late 1950s, Commoner became widely known for his opposition to nuclear weapons testing and went on to write several books about the negative ecological effects of atmospheric nuclear testing. In 1980, Commoner founded the Citizens Party to serve as a vehicle for his ecological message. In his later years, Commoner continued his efforts to raise awareness about the impact that human activity has on the environment.

① 유대인 이민자의 아들이었다.
② Harvard University에서 박사 학위를 받았다.
③ Missouri로 이주한 후 해군에서 복무했다.
④ 핵무기 실험을 반대한 것으로 널리 알려졌다.
⑤ 1980년에 Citizens Party를 설립했다.

I06 

Helen Suzman에 관한 다음 글의 내용과 일치하지 않는 것은?

Helen Suzman was an activist against apartheid, a racist political and social system in the Republic of South Africa. Suzman was born to Jewish immigrant parents in Germiston in the Union of South Africa in 1917. While working as a lecturer on economic history at Witwatersrand University, she joined the South African Institute of Race Relations. In 1953, she joined the United Party and was elected to Parliament, but when the United Party adopted a more moderate stance on apartheid, Suzman and other progressive members left it and formed the Progressive Party in 1959. Suzman

tirelessly fought against apartheid, exposing the government's abuses and challenging its laws for a total of 36 years in Parliament. Even after her retirement in 1989, she continued to advocate for a multi-racial democracy in the Republic of South Africa and influenced the drafting of the country's new constitution after the end of apartheid. She remained an active voice for human rights and democracy until her death in 2009.

① 유대인 이민자 부모 밑에서 태어났다.
② 대학에서 경제사 강사로 일하던 중 인종 관계 연구소에 들어갔다.
③ 1953년부터 은퇴 전까지 동일한 하나의 정당에서 활동했다.
④ 남아프리카 공화국의 새 헌법의 작성에 영향을 주었다.
⑤ 사망 전까지 인권과 민주주의를 적극적으로 대변했다.

I07 

Henry David Thoreau에 관한 다음 글의 내용과 일치하지 않는 것은?

Henry David Thoreau was born in Concord, Massachusetts in 1817. When he was 16, he entered Harvard College. After graduating, Thoreau worked as a schoolteacher but he quit after two weeks. In June of 1838 he set up a school with his brother John. However, he had hopes of becoming a nature poet. In 1845, he moved into a small self-built house near Walden Pond. At Walden, Thoreau did an incredible amount of reading. The journal he wrote there became the source of his most famous book, *Walden*. In his later life, Thoreau traveled to the Maine woods, to Cape Cod, and to Canada. At the age of 43, he ended his travels and returned to Concord. Although his works were not widely read during his lifetime, he never stopped writing, and his works fill 20 volumes.

① 졸업한 후에 교사로 일했다.
② 자연 시인이 되기를 희망했다.
③ Walden에서 엄청난 양의 독서를 했다.
④ 43세에 여행을 마치고 Concord로 돌아왔다.
⑤ 그의 작품은 그의 일생 동안 널리 읽혔다.

I08

✤✤✤ 고2 2024(3월)/26

Theodore von Kármán에 관한 다음 글의 내용과 일치하지 <u>않는</u> 것은?

Theodore von Kármán, a Hungarian-American engineer, was one of the greatest minds of the twentieth century. He was born in Hungary and at an early age, he showed a talent for math and science. In 1908, he received a doctoral degree in engineering at the University of Göttingen in Germany. In the 1920s, he began traveling as a lecturer and consultant to industry. He was invited to the United States to advise engineers on the design of a wind tunnel at California Institute of Technology (Caltech). He became the director of the Guggenheim Aeronautical Laboratory at Caltech in 1930. Later, he was awarded the National Medal of Science for his leadership in science and engineering.

① 어린 시절 수학과 과학에 재능을 보였다.
② University of Göttingen에서 공학 박사 학위를 받았다.
③ 1920년대에 강연자 겸 자문 위원으로 다니기 시작했다.
④ Caltech의 공학자를 초청하여 조언을 구했다.
⑤ National Medal of Science를 받았다.

I09

✤✤✤ 고2 2022(3월)/28

Gordon Parks에 관한 다음 글의 내용과 일치하지 <u>않는</u> 것은?

Gordon Parks was a photographer, author, film director, and musician. He documented the everyday lives of African Americans at a time when few people outside the black community were familiar with their lives. Parks was born the youngest of 15 children and grew up on his family's farm. After the death of his mother, he went to live with a sister in Minnesota. Parks eventually dropped out of school and worked at various jobs. His interest in photography was inspired by a photo-essay he read about migrant farm workers. After he moved to Chicago, Parks began taking photos of poor African Americans.

In 1949, he became the first African American to be a staff photographer for *Life* magazine. He also wrote music pieces in his life and in 1956 the Vienna Orchestra performed a piano concerto he wrote. Parks was an inspiring artist until he died in 2006.

① 15명의 자녀 중 막내로 태어났다.
② 어머니가 돌아가신 후 Minnesota에 있는 누나와 살러 갔다.
③ 학교를 중퇴하지 않고 다양한 일자리에서 일했다.
④ *Life* 지의 사진 기자가 된 최초의 아프리카계 미국인이었다.
⑤ 그가 작곡한 피아노 협주곡을 1956년에 Vienna Orchestra가 연주했다.

I10

✤✤✤ 고2 2020(11월)/26

Alice Coachman에 관한 다음 글의 내용과 일치하지 <u>않는</u> 것은?

Alice Coachman was born in 1923, in Albany, Georgia, U.S.A. Since she was unable to access athletic training facilities because of the racism of the time, she trained using what was available to her, running barefoot along the dirt roads near her home and using homemade equipment to practice her jumping. Her talent in track and field was noticeable as early as elementary school. Coachman kept practicing hard and gained attention with her achievements in several competitions during her time in high school and college. In the 1948 London Olympics, Coachman competed in the high jump, reaching 5 feet, 6.5 inches, setting both an Olympic and an American record. This accomplishment made her the first black woman to win an Olympic gold medal. She is in nine different Halls of Fame, including the U.S. Olympic Hall of Fame. Coachman died in 2014, at the age of 90 in Georgia after she had dedicated her life to education.

① 집 근처에서 맨발로 달리며 훈련했다.
② 육상 경기에서의 재능을 고등학교 때부터 보였다.
③ 런던 올림픽에서 높이뛰기 올림픽 기록과 미국 기록을 세웠다.
④ 흑인 여성 최초로 올림픽 금메달리스트가 되었다.
⑤ 9개의 명예의 전당에 올랐다.

I11

monarch butterfly에 관한 다음 글의 내용과 일치하지 <u>않는</u> 것은?

The monarch butterfly has lovely bright colors splashed on its wings. The wings have white spots on the outer margins. The hind wings are rounded, and they are lighter in color than the front wings. The body is black with white spots. The mother butterfly lays only one egg on the underside of milkweed leaves, which hatches about three to five days later. The monarch loves to fly around in the warm sunshine, from March through October, all across the United States. The monarch cannot survive the cold winter temperatures of the northern states. So, it very wisely migrates from the northern states to the south, and hibernates. The monarch is the only insect that can fly more than four thousand kilometers to a warmer climate.

* hibernate: 동면하다

① 날개의 바깥 가장자리에 흰 점이 있다.
② 뒷날개는 앞날개보다 색이 더 밝다.
③ 알은 약 3일에서 5일 후에 부화한다.
④ 북부 주의 추운 겨울 기온에 잘 버틴다.
⑤ 4천 킬로미터 넘게 날 수 있다.

I12

Camille Flammarion에 관한 다음 글의 내용과 일치하지 <u>않는</u> 것은?

Camille Flammarion was born at Montigny-le-Roi, France. He became interested in astronomy at an early age, and when he was only sixteen he wrote a book on the origin of the world. The manuscript was not published at the time, but it came to the attention of Urbain Le Verrier, the director of the Paris Observatory. He became an assistant to Le Verrier in 1858 and worked as a calculator. At nineteen, he wrote another book called *The Plurality of Inhabited Worlds*, in which he passionately claimed that life exists outside the planet Earth. His most successful work, *Popular Astronomy*, was published in 1880, and eventually sold 130,000 copies. With his own funds, he built an observatory at Juvisy and spent May to November of each year there. In 1887, he founded the French Astronomical Society and served as editor of its monthly publication.

* observatory: 천문대

① 어린 나이에 천문학에 흥미가 생겼다.
② 1858년에 Le Verrier의 조수가 되었다.
③ 19세에 쓴 책에서 외계 생명체의 존재를 부인했다.
④ 자신의 자금으로 Juvisy에 천문대를 세웠다.
⑤ French Astronomical Society를 설립했다.

I13

Maggie L. Walker에 관한 다음 글의 내용과 일치하지 <u>않는</u> 것은?

Maggie L. Walker achieved national prominence as a businesswoman and community leader. She was among the earliest Black students to attend newly-established public schools for African Americans. After graduating, she worked as a teacher for three years at the Valley School, where she had studied. In the early 1900s, Virginia banks owned by white bankers were unwilling to do business with African American organizations or individuals. The racial discrimination by white bankers drove her to study banking and financial laws. She established a newspaper to promote closer communication between the charitable organization she belonged to and the public. Soon after, she founded the St. Luke Penny Savings Bank, which survived the Great Depression and merged with two other banks. It thrived as the oldest continually African American-operated bank until 2009. Walker achieved successes with the vision to make improvements in the way of life for African Americans.

① 아프리카계 미국인을 위해 설립된 학교에 다녔다.
② 졸업 후 자신이 공부했던 학교에서 교사로 일했다.
③ 인종 차별로 인해 은행 금융법 공부를 시작할 수 없었다.
④ 자선 단체와 대중 간의 소통을 장려하고자 신문사를 설립했다.
⑤ 그녀가 설립한 은행은 대공황에서 살아남아 다른 은행들과 합병했다.

I14  ✱✱❀   고2 2023(6월)/26 

John Ray에 관한 다음 글의 내용과 일치하지 <u>않는</u> 것은?

Born in 1627 in Black Notley, Essex, England, John Ray was the son of the village blacksmith. At 16, he went to Cambridge University, where he studied widely and lectured on topics from Greek to mathematics, before joining the priesthood in 1660. To recover from an illness in 1650, he had taken to nature walks and developed an interest in botany. Accompanied by his wealthy student and supporter Francis Willughby, Ray toured Britain and Europe in the 1660s, studying and collecting plants and animals. He married Margaret Oakley in 1673 and, after leaving Willughby's household, lived quietly in Black Notley to the age of 77. He spent his later years studying samples in order to assemble plant and animal catalogues. He wrote more than twenty works on theology and his travels, as well as on plants and their form and function.

* theology: 신학

① 마을 대장장이의 아들이었다.
② 성직자의 길로 들어서기 전 **Cambridge** 대학에 다녔다.
③ 병에서 회복하기 위해 자연을 산책하기 시작했다.
④ **Francis Willughby**에게 후원받아 홀로 유럽을 여행하였다.
⑤ 동식물의 목록을 만들기 위해 표본을 연구하며 말년을 보냈다.

I15  ✱❀❀   고2 2021(6월)/26 

Carol Ryrie Brink에 관한 다음 글의 내용과 일치하지 <u>않는</u> 것은?

Born in 1895, Carol Ryrie Brink was orphaned by age 8 and raised by her grandmother. Her grandmother's life and storytelling abilities inspired her writing. She married Raymond Woodard Brink, a young mathematics professor she had met in Moscow, Idaho many years before. After their son and daughter were born, early in her career, she started to write children's stories and edited a yearly collection of short stories. She and her husband spent several years living in France, and her first novel *Anything Can Happen on the River* was published in 1934. After that, she wrote more than thirty fiction and nonfiction books for children and adults. She received the Newbery Award in 1936 for *Caddie Woodlawn*.

① 할머니에 의해 길러졌다.
② Moscow에서 만났던 수학 교수와 결혼했다.
③ 자녀가 태어나기 전에 어린이 이야기를 쓰기 시작했다.
④ 1934년에 그녀의 첫 번째 소설이 출간되었다.
⑤ *Caddie Woodlawn*으로 Newbery 상을 받았다.

I16  ✱✱✱   고2 2022(9월)/26 

Carl-Gustaf Rossby에 관한 다음 글의 내용과 일치하지 <u>않는</u> 것은?

Carl-Gustaf Rossby was one of a group of notable Scandinavian researchers who worked with the Norwegian meteorologist Vilhelm Bjerknes at the University of Bergen. While growing up in Stockholm, Rossby received a traditional education. He earned a degree in mathematical physics at the University of Stockholm in 1918, but after hearing a lecture by Bjerknes, and apparently bored with Stockholm, he moved to the newly established Geophysical Institute in Bergen. In 1925, Rossby received a scholarship from the Sweden-America Foundation to go to the United States, where he joined the United States Weather Bureau. Based in part on his practical experience in weather forecasting, Rossby had become a supporter of the "polar front theory," which explains the cyclonic circulation that develops at the boundary between warm and cold air masses. In 1947, Rossby accepted the chair of the Institute of Meteorology, which had been set up for him at the University of Stockholm, where he remained until his death ten years later.

① Stockholm에서 성장하면서 전통적인 교육을 받았다.
② University of Stockholm에서 수리 물리학 학위를 받았다.
③ 1925년에 장학금을 받았다.
④ polar front theory를 지지했다.
⑤ University of Stockholm에 마련된 직책을 거절했다.

I17

Julia Margaret Cameron에 관한 다음 글의 내용과 일치하지 <u>않는</u> 것은?

British photographer Julia Margaret Cameron is considered one of the greatest portrait photographers of the 19th century. Born in Calcutta, India, into a British family, Cameron was educated in France. Given a camera as a gift by her daughter in December 1863, she quickly and energetically devoted herself to the art of photography. She cleared out a chicken coop and converted it into studio space where she began to work as a photographer. Cameron made illustrative studio photographs, convincing friends and family members to pose for photographs, fitting them in theatrical costumes and carefully composing them into scenes. Criticized for her so-called bad technique by art critics in her own time, she ignored convention and experimented with composition and focus. Later critics appreciated her valuing of spiritual depth over technical perfection and now consider her portraits to be among the finest expressions of the artistic possibilities of the medium.

* chicken coop: 닭장

① 인도에서 태어나고 프랑스에서 교육받았다.
② 딸로부터 카메라를 선물로 받았다.
③ 친구들과 가족 구성원에게 연극 의상을 입히고 촬영했다.
④ 능숙한 사진 기술로 자기 시대 예술 비평가에게 인정받았다.
⑤ 정신적 깊이에 가치를 둔 점을 훗날 높이 평가받았다.

I18

Patricia Bath에 관한 다음 글의 내용과 일치하지 <u>않는</u> 것은?

Patricia Bath spent her life advocating for eye health. Born in 1942, she was raised in the Harlem area of New York City. She graduated from Howard University's College of Medicine in 1968. It was during her time as a medical intern that she saw that many poor people and Black people were becoming blind because of the lack of eye care. She decided to concentrate on ophthalmology, which is the branch of medicine that works with eye diseases and disorders. As her career progressed, Bath taught students in medical schools and trained other doctors. In 1976, she co-founded the American Institute for the Prevention of Blindness (AiPB) with the basic principle that "eyesight is a basic human right." In the 1980s, Bath began researching the use of lasers in eye treatments. Her research led to her becoming the first African-American female doctor to receive a patent for a medical device.

① 뉴욕 시의 Harlem 지역에서 성장했다.
② 1968년에 의과 대학을 졸업했다.
③ 의과 대학에서 학생을 가르쳤다.
④ 1976년에 AiPB를 단독으로 설립했다.
⑤ 의료 장비 특허를 받았다.

※ 다음 영어는 우리말 뜻을, 우리말은 영어 단어를 〈보기〉에서 찾아 쓰시오.

〈보기〉

광물	mind	theatrical	botany
기근	명성	예배당	인종 차별
appoint	bureau	시설	barefoot

01 mineral　＿＿＿＿＿＿＿＿＿

02 prominence　＿＿＿＿＿＿＿＿＿

03 chapel　＿＿＿＿＿＿＿＿＿

04 racism　＿＿＿＿＿＿＿＿＿

05 facility　＿＿＿＿＿＿＿＿＿

06 맨발로　＿＿＿＿＿＿＿＿＿

07 지성인　＿＿＿＿＿＿＿＿＿

08 연극의　＿＿＿＿＿＿＿＿＿

09 임명하다　＿＿＿＿＿＿＿＿＿

10 부서, 국　＿＿＿＿＿＿＿＿＿

※ 다음 우리말에 알맞은 영어 표현을 찾아 연결하시오.

11 먹이사슬　•　　　• devote to

12 ~에 전념하다 •　　　• food chain

13 그 당시　•　　　• set up

14 ~을 설립하다 •　　　• of the time

15 비포장도로 •　　　• dirt road

※ 다음 우리말 표현에 맞는 단어를 고르시오.

16 야외 박물관을 건립하다 → (establish / publish) an outdoor museum

17 북부 주에서 이주하다 → (migrate / diminish) from the northern states

18 성직자의 길로 들어서다 → join the (adulthood / priesthood)

19 자선 단체 → the (charitable / impersonal) organization

20 물리적 속성 → physical (contributes / attributes)

※ 다음 문장의 빈칸에 알맞은 단어를 〈보기〉에서 찾아 쓰시오.

〈보기〉

margins	earned	advocate	manuscript
doctoral	reject	famine	machinery
buried	ecology	mineralogy	inspiring

21 그는 수리 물리학의 학위를 받았다.

→ He ＿＿＿＿＿＿＿＿ a degree in mathematical physics.

22 날개에는 바깥쪽 가장자리에 흰 점들이 있다.

→ The wings have white spots on the outer ＿＿＿＿＿＿＿＿ .

23 Parks는 2006년에 사망할 때까지 영감을 주는 예술가였다.

→ Parks was a(n) ＿＿＿＿＿＿＿＿ artist until he died in 2006.

24 그 원고는 그 당시 출판되지 않았다.

→ The ＿＿＿＿＿＿＿＿ was not published at the time.

25 1908년 그는 공학 박사 학위를 받았다.

→ In 1908, he received a(n) ＿＿＿＿＿＿＿＿ degree in engineering.

26 그녀는 토종 식물 보존에 대한 옹호자가 되었다.

→ She became a(n) ＿＿＿＿＿＿＿＿ for the preservation of native plants.

27 그는 Mining Academy에서 광물학을 공부했다.

→ He studied ＿＿＿＿＿＿＿＿ at the Mining Academy.

28 그는 Florence에서 사망했고 Il Duomo에 묻혔다.

→ He died in Florence and was ＿＿＿＿＿＿＿＿ in Il Duomo.

29 그는 또한 연극 작품들의 특수 효과를 만들기 위한 기계를 설계했다.

→ He also designed ＿＿＿＿＿＿＿＿ to produce special effects in theatrical productions.

30 Elton은 현대 생태학을 형성하는 데 주요한 역할을 했다.

→ Elton played a major role in shaping the modern science of ＿＿＿＿＿＿＿＿ .

J 실용문의 이해

★ 유형 설명

Casting Call for Movie Extras에 관한 다음 안내문의 내용과 일치하지 <u>않는</u> 것은?

> **Casting Call for Movie Extras**
> Step into the world of cinema and become

광고문이나 안내문, 제품의 설명서 등에 담긴 정보를 제대로 선택지와 대조해야 한다.

🔑 날짜나 금액, 할인 대상 등이 정답이 되는 경우가 많으므로 특히 주의를 기울인다.

🎭 유형 풀이 비법

1 정보를 파악하라!
- 실용문의 제목을 보고 어떤 것에 대한 내용인지 이해한다.

2 정확히 해석하라!
- 실용문과 선택지가 일치하는지 확인하려면 각 문장을 정확히 해석한다.

3 일치하는지 판단하라!
- 선택지와 실용문의 내용을 하나씩 빠르게 대조해서 일치하는지 판단해야 한다.

(Tip) 선택지가 글에서 언급되는 것과 똑같은 순서로 제시된다.

📍 실용문에 자주 쓰이는 표현

- ☐ Price 가격, Cost 비용
- ☐ Categories 부문, Theme 주제
- ☐ How to Enter 참가 방법
- ☐ registration 등록
- ☐ Other Information 기타 정보
- ☐ Register at ~에서 등록하세요
- ☐ Join us for ~에 참여하세요
- ☐ Winner Announcement Date 수상자 발표일
- ☐ Prize 시상, 1st place 1등, 2nd place 2등
- ☐ Participation Fee & Qualification 참가비 & 자격
- ☐ How to submit your entry 출품작 제출 방법
- ☐ Notices 공지, Guidelines 지침, Details 세부 사항
- ☐ feature 특징, Highlights 주요 특징
- ☐ To join the party 파티에 참가하려면
- ☐ Students can get a 10% discount. 학생은 10% 할인을 받을 수 있습니다.
- ☐ Lunch is included in the participation fee.
  점심 식사는 참가비에 포함됩니다.
- ☐ Children must be accompanied by legal guardians.
  어린이는 법적 보호자를 동반해야 합니다.
- ☐ No pre-reservations necessary, just show up and enjoy.
  사전 예약은 필요하지 않으며 바로 와서 즐기세요.

- ☐ Location 위치, Place 장소
- ☐ Opening Times 운영 시간
- ☐ Cancellation Policy 취소 방침
- ☐ refreshment 다과
- ☐ Submission Deadline 제출 마감 기한
- ☐ Participate in ~에 참가하세요
- ☐ Join us on ~에 참여하세요

🌐 어휘 및 표현 Preview

- ☐ explore 탐험하다
- ☐ wonder 경이로움
- ☐ robotics 로봇 공학
- ☐ charity 자선
- ☐ endangered 멸종 위기에 처한
- ☐ species 종(種)
- ☐ length 길이
- ☐ steam 데우다
- ☐ ingredient 재료
- ☐ dairy 유제품
- ☐ alternative 대체, 대안
- ☐ bonding 유대
- ☐ preserve 자연 보호 구역
- ☐ treat 음식
- ☐ hallway 복도
- ☐ job fair 채용 박람회
- ☐ show off ~을 뽐내다
- ☐ beginning 시작, 도입부
- ☐ hands-on 직접 하는
- ☐ priority 우대, 우선권
- ☐ sustainable 지속 가능한

J 실용문의 이해

1st 선택지를 먼저 읽고 안내문에서 확인해야 하는 부분에 □ 표시를 하세요.
2nd 확인해야 할 정보를 찾아 안내문과 선택지를 일대일로 꼼꼼하게 비교하세요.
3rd 지시문을 다시 한번 확인하고, 일치하거나 일치하지 않는 선택지를 고르세요.

J01 ✽✻✻   고2 2022(9월)/27 

The Colchester Zoo Charity Race에 관한 다음 안내문의 내용과 일치하지 <u>않는</u> 것은?

The Colchester Zoo Charity Race

Join us for a charity event to help endangered species.
You will be running through Colchester Zoo, home to over 260 species!

Date: Sunday, Sep. 25th, 2022

Time: 9:00 a.m. – 11:00 a.m.

Registration Fee: $50
- Registration fee includes a free pass to the zoo, food and drinks, and official photos.
- Register at www.info.colchesters.com.

Course Length: 10km
- Every runner will run 1km of the race through the zoo before going out to the main road.

Other Information
- Only the runners who complete the race will receive a medal at the finish line.
- Event T-shirts can be purchased at the zoo.

① 2시간 동안 진행된다.
② 등록비에는 음식과 음료가 포함된다.
③ 코스 길이는 10km이다.
④ 모든 참가자는 메달을 받는다.
⑤ 행사 티셔츠는 동물원에서 구입할 수 있다.

1st 선택지를 먼저 읽고 안내문에서 확인해야 하는 부분에 □ 표시를 하세요.

> ① 2시간 동안 진행된다.
> ② 등록비에는 음식과 음료가 포함된다.
> ③ 코스 길이는 10km이다.
> ④ 모든 참가자는 메달을 받는다.
> ⑤ 행사 티셔츠는 동물원에서 구입할 수 있다.

● **우리는 안내문에서 다섯 가지 정보만 확인하면 돼요.**
안내문은 선택지에 제시된 순서대로 해당 정보를 설명할 거예요. 차례로 자선 행사가 ① '얼마 동안' 진행되는지, ② 등록비에는 어떤 것이 '포함'되는지, ③ 달리는 코스 '길이'는 어느 정도인지, ④ '모든' 참가자들이 '메달'을 받는지, ⑤ 행사 티셔츠는 '어디에서' 구입할 수 있는지가 안내된다는 거죠.

2nd 확인해야 할 정보를 찾아 안내문과 선택지를 일대일로 꼼꼼하게 비교하세요.

1) 행사의 진행 시간을 확인합시다.

> **Time** : / 9:00 a.m. – 11:00 a.m. /
> 시간   / 오전 9시 ~ 오전 11시   /

● **언제 시작해서 언제 끝나나요?**
행사는 오전 9시에 시작해서 오전 11시에 끝난다고 했어요. 총 ❶(   ) 시간 동안 진행돼요.

2) 이제 등록비와 관련된 정보를 찾으러 가 봅시다.

> **Registration Fee**: / $50 /
> 등록비   / 50달러 /
> - Registration fee includes / a free pass to the zoo, /
>   등록비는 포함합니다   / 동물원 무료 입장권   /
> food and drinks, / and official photos. //
> 음식과 음료   / 그리고 공식 사진을   //

● **등록비에는 무엇이 포함되어 있나요?**
등록비는 50달러인데, 동물원 무료 입장권, 음식과 음료, 그리고 공식 사진이 포함되어 있다고 했어요. 음식과 음료가 등록비에 포함되는 게 맞네요.

3) 코스 길이는 얼마나 된다고 했나요?

Course Length: / 10km /
코스 길이 / 10km /
- Every runner will run / 1km of the race / through the
모든 주자는 달릴 것입니다 / 1km의 레이스를 / 동물원을 통과하여
zoo / before going out to the main road. //
/ 주 도로로 나가기 전에 //

● 코스 길이는 10km라고 했어요.
동물원을 **2**( )km 달린 다음에 주 도로로 나간다고 했고, 총
코스 길이는 10km예요.

4) 누구에게 메달이 주어지는지 봅시다.

Other Information /
기타 정보 /
- Only the runners / who complete the race / will
오직 주자만 / 경주를 완주한 / 메달을
receive a medal / at the finish line. //
받을 것입니다 / 결승선에서 //

● 기타 정보 부분에 메달에 대한 내용이 있어요.
경주를 완주한 주자만 메달을 받을 수 있을 거라고 했어요. finish line은
'결승선'이라는 의미예요.

● 잠깐! 이 문장을 좀 더 살펴볼게요.
who는 앞에 나온 주어 Only the runners를 수식하는 주격
관계대명사로, 주어(오직 주자만)에 '경주를 완주한'이라는 의미를 더해서
'오직 경주를 완주한 주자만'이라는 의미를 완성하고 있어요.

5) 행사 티셔츠에 대한 정보도 봅시다.

- Event T-shirts can be purchased / at the zoo. //
행사 티셔츠는 구입할 수 있습니다 / 동물원에서 //

● 마찬가지로 기타 정보 부분에 행사 티셔츠에 대한 내용이 있어요.
행사 티셔츠는 동물원에서 구입할 수 있다고 했어요.

3rd 지시문을 다시 한번 확인하고, 일치하거나 일치하지 않는
선택지를 고르세요.

The Colchester Zoo Charity Race에 관한 다음 안내문의 내용과
일치하지 않는 것은?

● 일치하지 '않는' 선택지를 골라야 해요.
안내문에 따르면 메달은 오직 경주를 완주한 주자만 받을 수 있다고
했어요. 그런데 ④에서는 모든 참가자들이 메달을 받는다고 했으므로
④이 안내문의 내용과 일치하지 않아요.

▸ 나머지 부분들도 정확히 이해했는지 다음 문제들을 풀면서 내용을
정리해 봅시다.

● 다음을 읽고, 안내문의 내용과 일치하면 O, 일치하지 않으면 X로
표시하세요.

- 2022년 9월에 열린다. **3**( )
- 등록비는 40달러이다. **4**( )
- 등록비에는 공식 사진이 포함되어 있다. **5**( )
- 코스는 동물원 내에서만 진행된다. **6**( )

▸ 추가 문제에 대한 정답을 확인해 볼까요?

Date: / Sunday, Sep. 25th, 2022 /
일자 / 2022년 9월 25일, 일요일 /

● 행사는 언제 열리나요?
9월 25일, 일요일에 열린다고 했어요.

Registration Fee: / $50 /
등록비 / 50달러 /

● 등록비는 얼마인가요?
등록비는 50달러라고 했어요.

- Registration fee includes / a free pass to the zoo, /
등록비는 포함합니다 / 동물원 무료 입장권 /
food and drinks, / and official photos. //
음식과 음료 / 그리고 공식 사진을 //

● 등록비에는 무엇이 포함되어 있나요?
등록비에는 동물원 무료 입장권, 음식과 음료, 그리고 공식 사진이
포함되어 있다고 했어요.

- Every runner will run / 1km of the race / through the
모든 주자는 달릴 것입니다 / 1km의 레이스를 / 동물원을 통과하여
zoo / before going out to the main road. //
/ 주 도로로 나가기 전에 //

● 코스는 어떻게 되나요?
동물원을 통과하여 주 도로로 나간다고 했어요.

J02 ～05 ▶ 제한시간 7분

J02 ✿✿✿ ___________________ 고2 2025(3월)/27 

Casting Call for Movie Extras에 관한 다음 안내문의 내용과 일치하지 <u>않는</u> 것은?

Casting Call for Movie Extras

Step into the world of cinema and become an extra in an exciting upcoming movie!

Filming Time: Sunday, April 20th, 2025, 8 a.m. – 4 p.m.
Place: At the Golden Film Production Studio
Scenes
· Chatting in a hallway
· Dining at a restaurant
Payment: $100 (Lunch provided)
Who Can Apply
· Applicants must be 18 years or older.
· Applicants with previous acting experience will be given priority.
How to Apply:
Email the application to goldenstudio@movie.com by Thursday, April 10th, 2025.

---

① 촬영은 일요일에 진행된다.
② 식사하는 장면이 촬영된다.
③ 점심 식사는 제공되지 않는다.
④ 지원자는 18세 이상이어야 한다.
⑤ 연기 경험이 있는 지원자를 우대한다.

J03 ✿✿✿ ___________________ 고2 2025(3월)/28 

Bearford Eco Fashion Workshop에 관한 다음 안내문의 내용과 일치하는 것은?

Bearford Eco Fashion Workshop

Join us for the hands-on event to make a special fashion item using old clothing of yours.

When: Saturday, April 12th (9 a.m. – 11 a.m.)
Where: Bearford City Hall
Registration: April 1st to 5th, only on our website
Entry Fee: $5 (12 years and under are free)
Programs
· Listen to a special lecture on sustainable fashion trends.
· Learn to make an eco-friendly bag using old clothing.
Note: You need to bring your own old clothing large enough to make a bag. (Other materials will be provided.)

---

① 토요일 오후에 진행된다.
② 4월 5일부터 등록할 수 있다.
③ 15세 이하는 참가비가 무료이다.
④ 헌 옷을 이용해 가방을 만드는 법을 배운다.
⑤ 모든 재료를 직접 준비해야 한다.

Youth Leaders Camp에 관한 다음 안내문의
내용과 일치하지 <u>않는</u> 것은?

Youth Leaders Camp

This camp is an annual event to improve your leadership. We look forward to meeting you soon in Canada.

Dates: July 5 – 7, 2025

Ages: 17 – 19

Place: University of Drakemont

Programs
- Day 1: Team Building & Leadership Skills Workshop
- Day 2: Culture Tour
- Day 3: Leadership Project Planning & Presentations

Participation Fee: $700

Notes
- Registration is only available online at www.ylc2025.com.
- Participation fee includes everything except for the flight tickets to Canada.
  For more information, please visit our website.

① 리더십 향상을 위한 연례행사이다.
② 17세에서 19세까지 참여할 수 있다.
③ 둘째 날에는 문화 탐방이 진행된다.
④ 온라인으로만 등록이 가능하다.
⑤ 참가비에 캐나다행 항공권이 포함된다.

Plogging Run에 관한 다음 안내문의 내용과
일치하는 것은?

Plogging Run

Jog, walk, pick up trash, and conserve the Earth!

When: September 13, 2025

Where: Lake Union

Details
- The event starts at 11:00 a.m.
- There is no participation fee.
- You'll walk and run around the lake while picking up trash.

Notes
- Wear comfortable athletic clothes and running shoes for your safety.
- Garbage bags will be provided.
- If it rains, the event will be cancelled.
  If you have any questions, please email us at information@ploggingrun.org.

① 8월 13일에 개최된다.
② 오전 10시에 시작된다.
③ 참가비를 지불해야 한다.
④ 쓰레기봉투는 제공될 것이다.
⑤ 날씨와 무관하게 진행될 것이다.

J06 ✿✿✿ ____________________ 고2 2025(9월)/27 

Hikes for Rides에 관한 다음 안내문의 내용과
일치하지 <u>않는</u> 것은?

Hikes for Rides

 Join us at Hikes for Rides and spend
a magical morning in the Enchanted
Forest. All profits will be put toward
the installation of a new tram for those
who are unable to hike on their own.

When & Where: Saturday, September 27th, at
Harris County Enchanted Forest

Registration: While early registration is available
online, you can register on site.

Participation Fee: $5 (Free for children aged 8 and
under)

Start Times
· 10km course: 8:30 a.m.
· 5km course: 9:00 a.m.
· Kids Fun Hike: 9:30 a.m.

Notes
· Stay on designated trails at all times.
· Yield to wildlife.
· Pets are not allowed.
 For more information,  click here .

---

① 모든 수익금은 새로운 트램 설치에 사용될 것이다.
② 현장에서 등록할 수 없다.
③ 8세 이하 아이들은 참가비가 무료이다.
④ 10km 코스가 가장 먼저 시작한다.
⑤ 반려동물은 허용되지 않는다.

J07 ✿✿✿ ____________________ 고2 2025(9월)/28 

Paper Bridge Building Contest에 관한 다음
안내문의 내용과 일치하는 것은?

Paper Bridge Building Contest

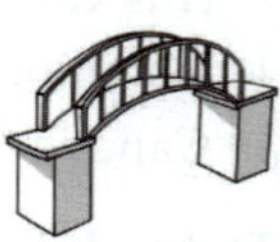

 We're excited to announce the 5th
Paper Bridge Building Contest! Show
off your creativity and engineering
skills by building the strongest paper
bridge!

Date & Time: October 18th, 2025, 10 a.m.

Location: Lakeland City Hall

Who Can Enter: Middle and high school students
in Lakeland

Requirements
· You can only use A4-sized paper and tape
 provided to you at the event.
· Your bridge must be 30cm or longer.

Prizes
 The top three strongest bridges that can support
the heaviest loads will win.
· 1st place: $300
· 2nd place: $200
· 3rd place: $100

Click here to register now!

---

① 9월 18일에 개최된다.
② 중학생만 참가할 수 있다.
③ 테이프는 제공되지 않는다.
④ 다리 길이는 30cm 이상이어야 한다.
⑤ 2등은 300달러의 상금을 받는다.

J08

Bigwave Beach Earthing Challenge에 관한 다음 안내문의 내용과 일치하지 <u>않는</u> 것은?

Bigwave Beach Earthing Challenge

Walk barefoot around Bigwave Beach and feel the energy of nature. Let's enjoy Earthing together.

Date: Oct. 27, 2024 (Sun)

Gathering: in front of information board of Bigwave Beach

Registration: Oct. 20, 2024, only on our website (QR code will be sent after confirmation.)

Schedule

1:00 p.m.: Show your QR code and receive a wrist band.

1:30 p.m.: Listen to a simple lecture on barefoot walking.

2:00 p.m.: Walk around beach in groups.

4:00 p.m.: Return your wrist band to receive a souvenir at gathering point.

Note

– Washing feet is allowed only in the designated area.

– In an emergency, call the number on your wrist band.

For registration, please visit www.bwbearth.com.

---

① 등록은 웹사이트에서만 가능하다.
② 참가자는 QR 코드를 보여 주어야 한다.
③ 해변을 걷기 전에 맨발 걷기에 대한 강의가 있다.
④ 걷기 후 집결지에서 손목 밴드와 기념품이 수여된다.
⑤ 발을 씻도록 허용된 구역이 지정되어 있다.

J09

Fashion Styling Consultation에 관한 다음 안내문의 내용과 일치하는 것은?

Fashion Styling Consultation

Find the style that suits you best. We are ready to make the employees of Woodville Company look nice. Freely visit booths with no fixed order!

When & Where: Dec. 27, 2024, Auditorium

Consultation Booths (Each booth has professional consultants.)

• A: Find colors that go well with your skin tone.
• B: Learn about accessories for various situations.
• C: Find the best hairstyle that fits your face shape.

Note

– There is a section where you can try styling yourself and take pictures.
– If you post your picture on social media, you will receive a special gift.

For more information, please visit www.whatsurstyle2024.com.

① 정해진 순서대로 부스를 방문해야 한다.
② 모든 상담 부스에 전문 상담가가 있다.
③ 체형에 맞는 옷을 찾아보는 부스가 있다.
④ 전 구역에서 사진 촬영이 금지되어 있다.
⑤ 참가자 전원에게 특별한 선물을 준다.

J10

Basic Latte Art Class에 관한 다음 안내문의 내용과 일치하지 <u>않는</u> 것은?

Basic Latte Art Class

Make perfect lattes and present them in the most beautiful way! In this class, you will learn how to steam and pour milk. You will make three latte art designs on your own: heart, tulip, and leaf.

Date: April 27, 2024

Time: 9 a.m. — 1 p.m.

Place: Camefort Community Center

Registration & Fee

• Register online at www.camefortcc.com, from April 22 to April 24.
• $60 per person (cost of ingredients included)

Notes

• Dairy alternatives will be available for non-milk drinkers.
• Students can get a 10% discount.

① 세 가지 라떼 아트 디자인을 직접 만들 것이다.
② 수업은 4시간 동안 진행된다.
③ 등록은 4월 24일부터 시작된다.
④ 비용에 재료비가 포함되어 있다.
⑤ 우유를 마시지 않는 사람은 대체 유제품을 사용할 수 있다.

❖ 정답 및 해설 118 ~ 121p

J11

고2 2024(3월)/28

Family Night-hiking Event에 관한 다음 안내문의 내용과 일치하는 것은?

Family Night-hiking Event

Join us for a fun-filled night of hiking and family bonding!

Date: Saturday, May 4
Time: 6 p.m. — 9 p.m.
Location: Skyline Preserve

Cost
· Adults: $20
· Children under 19: $10

Guidelines
· Children must be accompanied by legal guardians.
· Bring a flashlight and a bottle of water.
· Follow the instructions of the guides at all times.

Registration
· Visit www.familyhiking.com and register by April 26.
· A free first aid kit is provided for all who register by April 12.

① 토요일과 일요일 이틀간 진행된다.
② 오후 5시에 시작된다.
③ 어른과 어린이의 참가비는 같다.
④ 어린이는 법적 보호자를 동반해야 한다.
⑤ 추첨을 통해 구급상자가 무료로 제공된다.

J12

고2 2024(6월)/27

2024 Future Engineers Camp에 관한 다음 안내문의 내용과 일치하지 않는 것은?

2024 Future Engineers Camp

Calling all young creators! Join us at Southside Maker Space to explore the wonders of engineering with exciting activities.

Date: Saturday, July 20 & Sunday, July 21
Time: 10 a.m. — 4 p.m.
Ages: 14 to 16
Participation Fee: $100

Day 1 — Robotics Workshop
· Learn basic coding skills.
· Work in teams to build mini-robots.

Day 2 → Flying Challenge
· Make and test toy airplanes.
· Participate in an airplane flying race.

Notes
· Lunch is included in the participation fee.
· All tools and materials for the projects are provided.

For more information, please visit www. southsidemaker.com.

① 오전 10시부터 오후 4시까지 진행된다.
② 참가비는 100달러이다.
③ 기본적인 코딩 기술을 배운다.
④ 장난감 비행기를 만들고 테스트한다.
⑤ 점심 식사는 참가비에 포함되지 않는다.

J13 ✿❀❀   고2 2024(6월)/28

Taste the City에 관한 다음 안내문의 내용과 일치하는 것은?

> ### Taste the City
>
> Experience Jamestown's diverse and delicious food culture all in one place. Enjoy tasty treats, and discover new restaurants!
>
> **When & Where**
> - September 6th — 8th (10 a.m. — 9 p.m.)
> - Grand Park
>
> **Highlights**
> - 30 kinds of food samples provided by local restaurants
> - Live music performances each evening
> - Cooking classes with experienced chefs
>
> **Entry Tickets**
> - Adult: $15
> - Child: $10
>
> ※ No pre-reservations necessary, just show up and enjoy.

① 9월 6일부터 일주일 동안 열린다.
② 라이브 음악 공연이 하루 종일 진행된다.
③ 숙련된 요리사들과의 요리 수업이 있다.
④ 어른과 아이의 입장권 가격은 동일하다.
⑤ 사전 예약이 필요하다.

J14 ✿❀❀   고2 2024(9월)/27

Clifton Fall Clean-up Day 2024에 관한 다음 안내문의 내용과 일치하지 <u>않는</u> 것은?

> ### Clifton Fall Clean-up Day 2024
>
> Join us for this annual event to clean up the fallen leaves in Central Park, and enjoy meeting your neighbors!
>
> **When**: Sunday, October 20th, 1 p.m. — 3 p.m.
>
> **Details**
> - Clean-up will be done in groups of 10 people based on age.
> - After the clean-up, you can enjoy a casual gathering with neighbors.
> - Food trucks will be set up for your gathering.

> **Notes**
> - A T-shirt with the event's logo will be provided as a gift.
> - You'll be supplied with cleaning materials, such as bags and gloves, so you don't have to bring them.
>
>   We're looking forward to seeing you there!

① 매년 열리는 행사이다.
② 10명씩 조를 이루어 청소할 것이다.
③ 푸드 트럭이 설치될 것이다.
④ 행사 로고가 있는 티셔츠가 제공될 것이다.
⑤ 청소 도구를 가져와야 한다.

J15 ✿❀❀   고2 2024(9월)/28

Sustainable Fashion Festival 2024에 관한 다음 안내문의 내용과 일치하는 것은?

> ### Sustainable Fashion Festival 2024
>
> Sustainable Fashion Festival 2024 is coming! Be inspired and learn how to live sustainably while looking fabulous.
>
> **When & Where**
> - Friday, September 13th, 5 p.m. — 9 p.m.
> - Aimes Community Center
>
> 
>
> **Tickets**: $20 for early birds / $25 at the door
>   (Early purchase discount ends two days before the event.)
>
> **Programs**
> - Marketplace for sustainable products: You can sell or buy new, vintage, or upcycled clothing.
> - Talks from eco-fashion experts on fashion's sustainable future
> - Clothing exchange: You can exchange 5 or fewer items.
> - Runway showcase of sustainable designs
>
> ※ To sell your sustainable products at our marketplace, registration is required in advance.
>
> Contact us on social media for more information.

① 금요일 오전에 진행된다.
② 티켓 조기 구매 할인은 행사 사흘 전 종료된다.
③ 장터에서 새 의류를 구입할 수 없다.
④ 5개 이하의 의류 물품을 교환할 수 있다.
⑤ 사전 등록 없이도 지속 가능 제품을 판매할 수 있다.

J16  ❀❀❀ 고2 2022(11월)/28 

Maple Spring Light Art Exhibition에 관한 다음
안내문의 내용과 일치하는 것은?

Maple Spring Light Art Exhibition

The Maple Spring Light Art Exhibition will illuminate you, with a route surrounded by light artwork. Admire the beautiful light artwork as you walk through Maple Spring.

▫ **Date**: December 1 — 31, 2022
(closed on the 2nd and 4th Monday of the month)
▫ **Time**: 7 p.m. — 11 p.m.
▫ **Entrance Fee**: $5 per person
▫ **Exhibition Route**: alongside the Bow River in central Maple Spring (Only digital maps of the route are available.)
• Souvenirs will be available on site and online.
• Local residents can get a 10% discount off the entrance fee.

Please visit www.maplespringlight.com for more information.

---

① 매주 월요일은 운영하지 않는다.
② 밤 11시 이후에도 입장이 가능하다.
③ 관람 경로가 담긴 지도는 종이로만 제공한다.
④ 기념품은 현장에서만 구매 가능하다.
⑤ 지역 주민은 입장료의 10% 할인을 받을 수 있다.

J17  ❀❀❀ 고2 2022(6월)/28 

EZ Portable Photo Printer 사용에 관한 다음 안내문의 내용과
일치하는 것은?

EZ Portable Photo Printer
User Manual

Note on LED Indicator
• White: Power on
• Red: Battery charging

How to Operate
• Press the power button to turn the printer on.
• Press the power button twice to turn the printer off.

• To charge the battery, connect the cable to the USB port. It takes 60 – 90 minutes for a full charge.
• To connect to the printer wirelessly, download the 'EZ Printer App' on your mobile device.

How to Load Photo Paper
• Lift the printer's top cover.
• Insert the photo paper with any logos facing downward.

---

① LED 표시기의 흰색은 충전 중임을 나타낸다.
② 전원 버튼을 한 번 누르면 전원이 꺼진다.
③ 배터리가 완전히 충전되는 데 2시간 이상 걸린다.
④ 무선 연결을 위해 앱을 다운로드해야 한다.
⑤ 인화지를 로고가 위로 향하도록 넣어야 한다.

J18  ❀❀❀ 고2 2022(9월)/28 

7-Day Story Writing Competition에 관한 다음 안내문의
내용과 일치하는 것은?

7-Day Story Writing Competition

Is writing your talent? This is the stage for you.
When: From Monday, Dec. 5th to Sunday, Dec. 11th, 2022
Age: 17 and over

Content
• All participants will write about the same topic.
• You will be randomly assigned one of 12 literary genres for your story.
• You'll have exactly 7 days to write and submit your story.

Submission
• Only one entry per person
• You can revise and resubmit your entry until the deadline.

Prize
• We will choose 12 finalists, one from each genre, and the 12 entries will be published online and shared via social media.
• From the 12 finalists, one overall winner will be chosen and awarded $500.

※ To register and for more information, visit our website at www.7challenge_globestory.com.

---

① 17세 미만 누구나 참여할 수 있다.
② 참가자들은 동일한 주제에 대하여 글을 쓴다.
③ 참가자들은 12가지 문학 장르 중 하나를 선택할 수 있다.
④ 1인당 출품작을 최대 3편까지 제출할 수 있다.
⑤ 결승 진출자 전원에게 상금이 수여된다.

2023 Online Talent Show에 관한 다음 안내문의 내용과 일치하는 것은?

2023 Online Talent Show

Show off your amazing talents!

■ **Categories**: singing, dancing, playing instruments

■ **How to Enter**
- Record a 3-minute video of your talent and send it to talent@westhigh.edu.
- Submit the entry between March 27 and March 31.

■ **How We Select a Winner**
1. All the videos will be uploaded on the school website on April 5.
2. Students and teachers will vote for their favorite video.
3. The video that receives the most votes will win.

＊ The winning video will be played at the school festival.

For more information,
please visit www.westhigh.edu.

---

① 참가 부문은 노래와 춤을 포함한 네 가지이다.
② 비디오의 길이에는 제한이 없다.
③ 제출 기간은 3월 27일부터 7일 동안이다.
④ 학생들만 우승작 선정 투표에 참여할 수 있다.
⑤ 우승한 비디오는 학교 축제에서 상영될 것이다.

Cherrywood High School's T-shirt Design Contest에 관한 다음 안내문의 내용과 일치하는 것은?

Cherrywood High School's T-shirt Design Contest

Help us to design our new school shirts! A panel of student council members will select the winning design. Take this chance at being the designer for the new school T-shirt. This contest is open to all students!

Submission Deadline: 16:00 on December 22, 2023
Winner Announcement Date: December 29, 2023
Location for Submissions: Art Teacher's Office

Contest Rules
- Sketch your design on a piece of plain paper.
- Write your student number and name on your paper.
- Include the school name and logo in your design.
- Max of 4 colors can be used.

Good luck and thanks for your participation!

---

① 교사들이 수상 디자인을 선정할 예정이다.
② 수상자 발표일은 제출 마감일 다음 날이다.
③ 출품작은 학생회실에 제출해야 한다.
④ 종이에 자신의 학번과 이름을 써야 한다.
⑤ 사용 가능한 색상 수에 제한이 없다.

J21 ✿❀❀  

고2 2023(9월)/27

Roselands Virtual Sports Day에 관한 다음 안내문의 내용과 일치하지 <u>않는</u> 것은?

Roselands Virtual Sports Day

Roselands Virtual Sports Day is an athletic competition that you can participate in from anywhere.

When: October 16th — 22nd, 2023

How the event works
- There are 10 challenges in total.
- You can see videos explaining each challenge on our school website.
- The more challenges you complete, the more points you will gain for your class.
- The class with the most points will get a prize.
- Parents and teachers can also participate.

How to submit your entry
- Email us videos of you completing the challenges at virtualsportsday@roselands.com.
- The size of the video file must not exceed 500MB.

① 10월 16일부터 22일까지 열린다.
② 총 10개의 도전 과제가 있다.
③ 학교 웹사이트에서 도전 과제를 설명하는 영상을 볼 수 있다.
④ 학부모와 교사는 참여할 수 없다.
⑤ 제출할 영상파일 용량이 500MB를 초과하면 안 된다.

J22 ✿❀❀ 

고2 2023(6월)/27

Peace Marathon Festival에 관한 다음 안내문의 내용과 일치하지 <u>않는</u> 것은?

Peace Marathon Festival

The Peace Marathon Festival will be held to promote world peace and share compassion for people in need. Join us to enjoy running and make a better world.

When & Where
- Sunday, September 3, 2023 (Start time: 10 a.m.)
- Civic Stadium

Participation Fee & Qualification
- Full & Half: $30 (20 years or older)
- 10 km & 5 km: $15 (No age limit)

Registration
- The number of participants is limited to 1,000. (First come, first served.)
- Online only at ipmarathon.com

Notes
- Souvenirs and medals will be given to all participants.
- Changing rooms will be available at no charge.
- Water will be provided every 2.5km and at the finish line.

① 출발 시각은 오전 10시이다.
② 5 킬로미터 코스는 참가에 나이 제한이 없다.
③ 참가자는 선착순 1,000명으로 제한된다.
④ 모든 참가자들에게 기념품과 메달이 주어진다.
⑤ 물은 결승선에서만 제공된다.

2022 Bluehill Virtual Gala에 관한 다음 안내문의 내용과 일치하지 <u>않는</u> 것은?

2022 Bluehill Virtual Gala

You're invited to the 2022 Bluehill Virtual Gala hosted by the Bluehill Community Center. We'll have an online party to raise funds for our charity programs! Because we can't gather together in person this year, we are joining together virtually.

— Our Virtual Gala is on April 2 from 6 p.m. to 8 p.m.
— It will include musical performances, special lectures, and live auctions!
— Our MC will be Edward Jones, the famous actor from *A Good Neighbor*.

Everyone is welcome. This event will stream for free!
To join the party, simply visit www.bluehillgala.org.

---

① 자선 프로그램 기금 마련을 위한 온라인 파티이다.
② 4월 2일 오후 6시부터 8시까지 진행된다.
③ 음악 공연과 특별 강연, 라이브 경매가 있을 것이다.
④ 배우 Edward Jones가 사회를 볼 것이다.
⑤ 유료로 스트리밍될 것이다.

2024 Youth Tennis Camp에 관한 다음 안내문의 내용과 일치하지 <u>않는</u> 것은?

2024 Youth Tennis Camp

2024 Youth Tennis Camp is where your child can get instruction from qualified tennis players at indoor tennis courts. It will provide fundamental tennis skills to your children!

Who: Ages 13 to 18
When: January 15—18, 2024
         Monday to Thursday, 9:00 a.m.—12:00 p.m.
Registration Fee: $100(lunch included)
Cancellation Policy
• 5 days before the class: 100% refund
• 1—4 days before the class: 50% refund
• On the day of the class and afterwards: No refund

Notes
• No outside food is allowed.
• Participants must bring their own tennis equipment.

Registration is ONLY available online and will start on December 16. Visit our website at www.ytc2024.com to register.

---

① 자격을 가진 테니스 선수가 지도한다.
② 금요일에는 강습이 없다.
③ 등록비에는 점심 식사가 포함된다.
④ 강습 당일 취소 시 환불받을 수 있다.
⑤ 참가자들은 테니스 장비를 가져와야 한다.

J25

※※※　　　　고2 2023(9월)/28 

Back-to-school Giveaway Event에 관한 다음
안내문의 내용과 일치하는 것은?

Back-to-school Giveaway Event

The City of Easton will host a free back-to-school giveaway event. Join us for this fun event to help children of all ages prepare to go back to school after summer vacation.

When: Saturday, September 2nd, 9 a.m. — 11 a.m.

Location: City of Easton Central Park
(This event will be held rain or shine.)

Participation requirements
· Open to City of Easton residents only
· Must bring a valid ID

Note
· 500 backpacks will be given out on a first-come, first-served basis.
· A parent or a guardian must come with their child to receive the backpack.

For more information, call the City Council at 612-248-6633.

---

① 토요일 오후에 진행된다.
② 우천 시에는 취소된다.
③ Easton시 주민이 아니어도 참여할 수 있다.
④ 가방 500개가 선착순으로 배부될 것이다.
⑤ 부모 또는 보호자만 와도 가방을 받을 수 있다.

J26

※※※　　　　고2 2022(3월)/27 

Woodside Clay Workshop에 관한 다음 안내문의
내용과 일치하는 것은?

Woodside Clay Workshop

7 p.m. Thursday March 31, 2022
7 p.m. Thursday April 7, 2022

This is a two-session workshop for adults. In the first session, you will learn the basics of clay and create unique ceramic pendants. In the second session, you will decorate the pieces before we glaze and fire them. Your pendants will be ready to be picked up from April 14.

— This workshop is suitable for beginners, so no experience is necessary.
— Fee: £25 (including all materials, instruction and a glass of wine)
— There are limited spaces, so book early. Advance bookings only.

For more information, visit our website at www.woodsideclay.co.uk.

---

* glaze: 유약을 바르다

① 목요일 오전에 진행된다.
② 어린이를 대상으로 한다.
③ 두 번째 시간에 펜던트를 찾아갈 수 있다.
④ 모든 재료가 참가비에 포함된다.
⑤ 사전 예약을 받지 않는다.

J27

※※※　　　　고2 2023(3월)/27 

Have a Good Night App에 관한 다음 안내문의 내용과 일치하지 <u>않는</u> 것은?

Have a Good Night App

This smart app helps you have a refreshing sleep!

FEATURES

■ **Sounds for Sleep**
- Providing relaxing sounds for sleep

■ **Sleep Recorder**
- Recording sounds such as coughing or snoring while sleeping

■ **Sleep Pattern Tracker**
- Checking and analyzing the user's sleep pattern

■ **Stress-Free Alarm Tones**
- Adjusting alarm tones to the user's sleep pattern

PRICE
■ **Basic version**: Free
■ **Premium version (extra soundtracks)**: $30 per year
Click HERE to Download the App!

---

① 수면을 위한 편안한 소리를 제공한다.
② 자는 동안 기침이나 코를 고는 소리를 녹음한다.
③ 이용자의 수면 패턴을 확인하고 분석한다.
④ 수면 패턴에 따라 알람음을 조정한다.
⑤ 기본 버전은 1년에 30달러이다.

J28 ❋❋❋   고2 2022(6월)/27

2022 Korean Speech Contest에 관한 다음 안내문의
내용과 일치하지 <u>않는</u> 것은?

2022 Korean Speech Contest

Are you a foreign student who wants to
show off your Korean? Make your own
video sharing your experiences in Korea.

- **Theme**: "My Experiences While Staying in
  Korea"
- **Video Submission Deadline**: September 5th
- **Prizes**
  − 1st place: $100 and traditional Korean tea
  − 2nd place: $50 and a traditional Korean doll
- **Details**
  − Your name must be mentioned at the
  beginning of the video.
  − Your video must be between 3 to 5 minutes.
  − Please email your video file to k-speech@
  kcontest.com.

① 한국에서 지내는 동안의 경험을 주제로 한다.
② 영상 제출 마감일은 9월 5일이다.
③ 1등에게는 상금과 한국 전통 인형이 주어진다.
④ 영상 도입부에 이름이 언급되어야 한다.
⑤ 이메일로 영상 파일을 보내야 한다.

J29 ❋❋❋   고2 2023(6월)/28

Out to Lunch에 관한 다음 안내문의 내용과 일치하는 것은?

Out to Lunch

Do you want to enjoy an afternoon with tasty
food and great music? 'Out to Lunch' is the perfect
event to meet your needs! Come and enjoy this
event held in Caras Park in downtown Missoula!

Dates & Times
- Every Wednesday in June,
  12 p.m. — 3 p.m.

Highlights
- 10% discount at all food trucks including
  Diamond Ice Cream
- Live music performance of the new group Cello
  Brigade
- Face-painting and water balloon fight for kids

① 일 년 내내 수요일마다 열리는 행사이다.
② 푸드 트럭에서는 가격을 20% 할인해 준다.
③ 라이브 음악 공연이 마련되어 있다.
④ 개인 의자와 담요를 가지고 올 수 없다.
⑤ 주류를 포함한 음료를 마실 수 있다.

J30 ❋❋❋   고2 2022(11월)/27

2022 Strawberry Festival에 관한 다음 안내문의 내용과
일치하지 <u>않는</u> 것은?

2022 Strawberry Festival

Join us for a fun family festival. This year, we
are back to hosting an in-person event in Berry
Square!

- ▫ **Date**: November 26, 2022 (11:00 a.m. — 5:00 p.m.)
- ▫ **Tickets**: $20 per person
  (Children 6 and under are FREE.)
- ▫ **Special Events**
  · 11:00 a.m. : Baking Class for Kids
  · 1:00 p.m. : Strawberry Pie-Eating Contest
  · 3:00 p.m. : Strawberry Costume Contest
- ▫ **Note**
  · The parking fee is $5 and includes tram service
  to the ticket booth.
  · If you are interested in volunteering, complete
  an application form and email it to manager@
  strawberryfestival.org.

① 올해는 대면 행사로 개최된다.
② 6세 이하의 어린이에게는 입장료를 받지 않는다.
③ 딸기파이 먹기 대회가 오후에 열린다.
④ 매표소로 가는 트램 서비스는 주차비에 포함되지 않는다.
⑤ 자원봉사에 관심이 있다면 신청서를 이메일로 보내야
   한다.

※ 다음 영어는 우리말 뜻을, 우리말은 영어 단어를 〈보기〉에서 찾아 쓰시오.

〈보기〉

멋진	기침	유대	자격
preserve	dine	snoring	robotics
wonder	도자기의	annual	온정

01 ceramic _______________

02 fabulous _______________

03 coughing _______________

04 compassion _______________

05 qualification _______________

06 식사하다 _______________

07 경이로움 _______________

08 로봇 공학 _______________

09 코 고는 소리 _______________

10 자연 보호 구역 _______________

※ 다음 우리말에 알맞은 영어 표현을 찾아 연결하시오.

11 많은 • • show off

12 백지 • • dispose of

13 패션쇼 • • plain paper

14 ~을 뽐내다 • • runway showcase

15 ~을 처리하다 • • plenty of

※ 다음 우리말 표현에 맞는 단어를 고르시오.

16 재료비 ➜ cost of (ingestion / ingredients)

17 사용자 설명서 ➜ user (manual / material)

18 어려움에 처한 사람들 ➜ people in (deed / need)

19 운동 시합 ➜ an (athletic / aesthetic) competition

20 자격을 가진 테니스 선수들 ➜ (qualified / disqualified) tennis players

※ 다음 문장의 빈칸에 알맞은 단어를 〈보기〉에서 찾아 쓰시오.

〈보기〉

auctions	priority	finalists	accompanied
conserve	steam	valid	athletic
prohibit	explore	fundamental	participation

21 뛰고, 걷고, 쓰레기를 줍고 지구를 보존하세요!
➜ Jog, walk, pick up trash, and __________ the Earth!

22 행운을 빌며 여러분의 참여에 감사드립니다!
➜ Good luck and thanks for your __________!

23 어린이는 법적 보호자를 동반해야 합니다.
➜ Children must be __________ by legal guardians.

24 이전의 연기 경험이 있는 지원자를 우대합니다.
➜ Applicants with previous acting experience will be given __________.

25 12명의 결승 진출자들 중에서 한 명의 전체 우승자가 선발될 것입니다.
➜ From the 12 __________, one overall winner will be chosen.

26 이 수업에서 여러분은 우유를 데우고 따르는 방법을 배울 것입니다.
➜ In this class, you will learn how to __________ and pour milk.

27 안전을 위해 편안한 운동복과 운동화를 착용하세요.
➜ Wear comfortable __________ clothes and running shoes for your safety.

28 그것은 여러분의 자녀들에게 기본적인 테니스 기술들을 제공할 것입니다!
➜ It will provide __________ tennis skills to your children!

29 그것은 음악 공연과 특별 강연, 라이브 경매를 포함할 것입니다!
➜ It will include musical performances, special lectures, and live __________!

30 공학기술의 경이로움을 탐험하기 위해 Southside Maker Space에 와서 함께 해요.
➜ Join us at Southside Maker Space to __________ the wonders of engineering.

K 어법에 맞지 않는 낱말 찾기

★ 유형 설명

다음 글의 밑줄 친 부분 중, 어법상 틀린 것은?

For years, many psychologists have held strongly to the belief ① that the key to addressing negative

다섯 개의 밑줄 친 표현 중 틀린 것을 찾는 유형으로 출제된다.

🗝 중요한 문법 사항들이 반복되어 출제되므로 기출 문제를 바탕으로 자주 출제되는 문법 사항들을 정리해 두어야 한다. 주어와 동사의 수 일치, 병렬, 준동사, 관계사, 형용사, 부사 등이 빈출 항목들이다.

🎭 유형 풀이 비법

1 주어, 동사를 찾아라!
- 문장의 기본 구성 요소인 주어, 동사를 찾는다.

2 문장 연결사를 확인하라!
- 문장과 문장을 연결하는 관계사, 접속사, 분사구문을 확인한다.

3 문법요소를 확인하라!
- 수 및 시제 일치, 태, 병렬구조 등의 요소들이 올바르게 쓰였는지 확인한다.

(Tip) 밑줄 친 부분의 앞뒤에서 단서를 찾아 정답이 맞는지 확인한다.

🔑 최신 출제 어법

1 주어와 동사의 수 일치

동사는 주어와 그 수를 일치시켜야 한다. 주어가 단수인지 복수인지 파악하는 것이 문제를 푸는 열쇠이다.

> The forms or objects that you draw on a flat surface actually ② has depth and dimension in real life. (고2 2025(6월) 29번)

➡ 주어는 The forms or objects로 복수이다. 삽입절 that you draw on a flat surface actually의 surface를 주어로 보고 단수로 착각해서 단수 동사가 온 것이 적절하다고 생각하면 안 된다.

2 that

that은 관계대명사, 접속사, 부사, 지시형용사 등으로 다양하게 쓰인다. that이 문장에서 무엇으로 쓰였는지 먼저 파악한 후, 그 쓰임이 옳은지 판단해야 한다.

> I suspect ① that most people view flavor as of secondary importance in social settings where food is served. (고2 2025(3월) 29번)

➡ 여기서 that은 접속사로 쓰여 suspect의 목적어 자리에 왔다. most people view flavor라는 완전한 절을 이끌고 있으므로 접속사로서 그 쓰임이 적절하다.

K 어법에 맞지 않는 낱말 찾기 (첫 번째)

K01 ★★★　　　　고2 2025(3월)/29

다음 글의 밑줄 친 부분 중, 어법상 틀린 것은?

The prominence of the social dimension in food writing might suggest that the flavor of food is taking a back seat. I suspect ① <u>that</u> most people view flavor as of secondary importance in social settings where food is 5 served. Although our social gatherings coalesce around food, the meaning of these gatherings does not seem to depend on flavor. Flavor ② <u>assists</u> with the narrow purpose of filling the belly, and once that is 10 accomplished it provides the backdrop for whatever social dynamics characterize the gathering. These can be understood independently of the flavor of the food on offer, the appreciation of ③ <u>which</u> is 15 understood to be personal and subjective. According to this conventional wisdom, the ceremonies and rituals around food, the social events that supply food with its meaning, ④ <u>does</u> not depend on the quality 20 of sensations provided by the food. To focus ⑤ <u>excessively</u> on flavor is to miss the larger significance of these social relations.

* coalesce: 모이다　** backdrop: 배경

1st 선택지를 보고, 어떤 어법 개념을 적용해서 풀어야 하는지 연결해 보세요.

① that　　　　•　　　• 부사
② assists　　　•　　　• 접속사, 관계대명사
③ which　　　　•　　　• 대동사, 주어와 동사의 수 일치
④ does　　　　•　　　• 사물을 선행사로 하는 관계대명사
⑤ excessively •　　　• 일반동사, 주어와 동사의 수 일치

2nd 선택지가 포함된 문장을 꼼꼼하게 해석하면서, 어법에 맞지 않는 답을 고르세요.

1) that이 무엇으로 쓰였는지 봅시다.

목적어절 접속사 / 완전한 절 (주어+동사+목적어)
I suspect / ① that most people view flavor / as of
나는 생각한다 / 대부분의 사람들이 맛을 여긴다고 / 부수적인
secondary importance / in social settings where
중요성을 띤 것으로 / 음식이 제공되는 사교적 상황에서 //
food is served. //

● **I suspect 뒤에 ① that이 왔어요.**
　that은 관계대명사, 접속사, 부사, 지시형용사 등으로 다양하게 쓰여요. 여기서 that은 most people view flavor라는 완전한 절을 이끌며 suspect 뒤에 온 걸로 보아 suspect의 목적어절을 이끄는 명사절 접속사 역할을 하고 있네요.
　참고 명사절 접속사 that은 문장에서 주어, 목적어, 보어의 역할을 해요.

2) 동사에 밑줄이 있네요.

첫 번째 절의 주어와 동사
Flavor ② assists / with the narrow purpose of filling
맛은 도움이 되고 / 배를 채운다는 좁은 (의미의) 목적에
the belly, / and once that is accomplished / it
결과 절을 잇는 등위접속사 두 번째 절의 주어와 동사
/ 그 목적이 달성되면 /
provides the backdrop / for whatever social
(맛은) 그 배경을 제공한다 / 모임을 특징짓는 사회적 역학 관계가
dynamics characterize the gathering. //
어떤 것이든지 간에 //

● **-s가 붙은 단수형이에요.**
　바로 앞에 문장의 주어로 보이는 Flavor가 왔는데, 단수 형태이므로 단수 동사인 assists가 온 것은 적절해요.
　또한, and 전에 assists 외에 다른 본동사 역할을 하는 성분이 없으므로, 동사의 형태로 쓰인 assists는 적절해요.
　참고 모든 절에는 주어와 동사가 하나씩 있어야 해요.

3) which는 관계대명사로 주로 쓰여요.

> 선행사
> These can be understood / independently of the
> 이(사회적 역학 관계)는 이해될 수 있으며 / 제공되는 음식의 맛과는 별개로
> flavor of the food on offer, / the appreciation of
> 전치사 of의 목적어가 없는 불완전한 절
> / 그것(음식의 맛)에 대한 감상은
> ③ which / is understood to be personal and
> 관계대명사 / 개인적이고 주관적인 것으로 이해된다 //
> subjective. //

- **선행사를 먼저 볼까요?**

  which는 의미상 the flavor of the food on offer(제공되는 음식의
  맛)를 선행사로 받고 있어요. 또 관계대명사가 쓰인 절에서 전치사
  of에 대한 목적어가 없어 불완전하므로, 관계대명사 which는 알맞게
  쓰였어요.

  관계대명사 자리에 선행사 the flavor of the food on offer를 삽입하면
  관계대명사절이 원래 문장으로 완전해지죠.

  참고 관계대명사는 불완전한 절을 이끌어요.

4) does의 주어는 무엇일까요?

> 복수 주어
> According to this conventional wisdom, / the
> 이러한 통념에 따르면 / 음식을
> ceremonies and rituals around food, / the social
> 중심으로 하는 예식과 의식 / 즉 음식에 의미를
> events that supply food with its meaning, /
> 부여하는 사교 행사는 /
> ④ does not depend on the quality of sensations /
> 감각의 질에 의존하지 않는다 /
> provided by the food. //
> 음식이 제공하는 //

- **앞을 보니 콤마(,)가 있어요.**

  콤마로 연결된 동격의 명사구 the social events that supply food with
  its meaning을 제외하고 문장의 주어를 찾아보니, the ceremonies
  and rituals around food예요. 수 일치시켜야 하는 핵심 주어는 the
  ceremonies and rituals로 복수네요!

  이 복수 주어에 수 일치를 시켜야 하기 때문에 동사 역시 does가 아닌
  ❶( )가 맞겠네요.

  참고 문장의 동사는 주어에 그 수를 일치시켜요.

5) 부사에 밑줄이 있어요.

> 명사적 용법 (주어)   To focus를 수식하는 부사
> To focus ⑤ excessively on flavor / is to miss the
> 맛에 지나치게 집중하는 것은 / 더 큰 중요성을 놓치는
> larger significance / of these social relations. //
> 것이다 / 이러한 사회적 관계의 //

- **부사는 형용사, 문장 전체, 동사 등을 수식하죠?**

  여기서 부사 excessively는 앞에 주어로 온 to부정사 To focus를
  수식하여 '❷( ) 집중하는 것은'이라는 의미를 나타내요.
  준동사인 to부정사는 부사의 수식을 받을 수 있기 때문에 부사
  excessively는 알맞게 쓰였어요.

  참고 부사는 명사를 제외한 모든 성분을 수식해요.

3rd 출제된 어법 사항을 다시 한번 정리하세요.

- **수 일치**

주어	형태
to부정사구/동명사구/명사절	
either/neither/each/one+of+명사	
하나의 단위를 나타내는 숫자(가격, 거리, 시간, 중량 등)	단수 동사
the number of+복수 명사	
a number of+복수 명사	
many+복수 명사	
and로 연결된 주어	복수 동사
'~한 사람들'의 의미로 쓰인 「the+형용사」	
※ 「all/most/half/part/the rest/분수+of+명사」 형태의 주어는 of 뒤의 명사에 수를 일치시킨다.	

K 어법에 맞지 않는 낱말 찾기 (두 번째)

K02 ★★★
고2 2022(6월)/29 

다음 글의 밑줄 친 부분 중, 어법상 틀린 것은? [3점]

Even though institutions like the World Bank use wealth ① <u>to differentiate</u> between "developed" and "developing" countries, they also agree that development is more than economic growth. "Development" can ₅ also include the social and environmental changes that are caused by or accompany economic growth, some of ② <u>which</u> are positive and thus may be negative. Awareness has grown — and continues to ₁₀ grow — that the question of how economic growth is affecting people and the planet ③ <u>needs</u> to be addressed. Countries are slowly learning that it is cheaper and causes ④ <u>much</u> less suffering to try to reduce the ₁₅ harmful effects of an economic activity or project at the beginning, when it is planned, than after the damage appears. To do this is not easy and is always imperfect. But an awareness of the need for such an effort ₂₀ indicates a greater understanding and moral concern than ⑤ <u>was</u> the previous widespread attitude that focused only on creating new products and services.

1st 선택지를 보고, 어떤 어법 개념을 적용해서 풀어야 하는지 연결해 보세요.

① to differentiate • • 주어와 동사의 수 일치
② which • • 대동사
③ needs • • 관계대명사
④ much • • 비교급 강조 부사
⑤ was • • 준동사

2nd 선택지가 포함된 문장을 꼼꼼하게 해석하면서, 어법에 맞지 않는 답을 고르세요.

1) to differentiate가 어떤 용법의 to부정사로 쓰였는지 봅시다.

완전한 부사절 (「주어+동사+목적어」)
Even though institutions like the World Bank use
World Bank와 같은 기관들은 부를 사용하지만
부사적 용법 (목적)
wealth / ① to differentiate / between "developed" and
／ 구별하기 위해　　　　　／ '선진' 국가와 '개발도상' 국가를
주절: 제외하고 생각하기
"developing" countries, / they also agree / that
／ 그들은 또한 동의한다　／ 발전이
development is more than economic growth. //
경제 성장 그 이상이라는 것에　　　　　　//

● **to부정사는 명사, 형용사, 부사 역할을 해요.**
양보의 부사절 접속사 Even though가 이끄는 부사절의 주어는 institutions like the World Bank이고 동사는 ❶(　　　　　　), 목적어는 wealth예요. 3형식 문장이네요. ① to differentiate는 "선진' 국가와 '개발도상' 국가를 구별하기 위해'라는 의미를 완성하기 위해 쓰인 to부정사로, 목적을 나타내는 부사적 역할을 하고 있어요.
참고 to부정사는 부사처럼 동사, 형용사, 부사, 문장 전체를 수식할 수 있어요.

2) 관계대명사 자리에 온 게 맞는지 봅시다.

선행사
"Development" can also include / the social and
'발전'은 또한 포함할 수 있다　　　　사회적이고 환경적인
주격 관계대명사
environmental changes / [that are caused by or
변화도　　　　　　　　／ 경제 성장에 의해 야기되거나 경제
계속적 용법의 관계대명사
accompany economic growth], / some of ② which
성장을 수반하는　　　　　　　／ 그 변화의 일부는 긍정적이고
are positive / and thus may be negative. //
／ 따라서 일부는 부정적일지도 모른다　//

● 관계대명사가 불완전한 절을 이끄는지 볼까요?
주어는 "Development"이고 동사는 can include, 목적어는 the social and environmental changes인 3형식 문장이에요. that ~ growth는 목적어를 수식하는 주격 관계대명사절이고요.
② which 또한 목적어 the social and environmental changes를 수식하는 또 다른 관계대명사로, 계속적 용법으로 쓰여 '사회적이고 환경적인 변화'에 대해 추가적인 정보를 제공하고 있어요.
[참고] 관계대명사는 주어나 목적어가 빠진 불완전한 절을 이끌어요.

3) 먼저 needs가 명사로 쓰였는지 동사로 쓰였는지부터 파악합시다.

Awareness has grown / — and continues to grow —
인식이 커졌고 / 그리고 계속해서 커지고 있다
동격절 접속사   단수 주어   전치사구
/ that the question of how economic growth is affecting
/ 경제 성장이 어떻게 영향을 미치고 있는지에 대한 문제가
                                          단수 동사
/ people and the planet / ③ needs to be addressed. //
/ 인간과 지구에 / 다루어질 필요가 있다는 //

● 문장 구조를 살펴봅시다.
주어는 Awareness이고 동사는 and로 연결된 has grown과
②( )예요. 그렇다면 그 뒤에 온 that은 무엇일까요?
that은 주어 Awareness를 보충 설명하는 동격절 접속사예요. 동격절의 주어는 the question ~ the planet이에요.
그렇다면 ③ needs는 동격절의 동사라는 것을 알 수 있는데, 동사 needs가 수 일치를 해야 하는 주어는 the question이기 때문에 단수 동사 needs가 온 것은 적절해요.
[참고] 수식어구나 동격어구 때문에 주어와 동사가 멀리 떨어진 경우에 주의하여 동사가 수 일치를 해야 하는 핵심 주어를 찾아야 해요.

4) much가 무엇으로 쓰였는지 먼저 봅시다.

목적어절 접속사 가주어
Countries are slowly learning / that it is cheaper and
국가들은 서서히 깨닫고 있다 / 비용이 덜 들고 훨씬 더 적은
비교급 강조 부사   진주어
causes ④ much less suffering / to try to reduce / the
고통을 야기한다는 것을 / 줄이려고 노력하는 것이 / 경제
harmful effects of an economic activity or project / at
활동이나 프로젝트의 폐해를 /
the beginning, / when it is planned, / than after the
초기에 / 그것이 계획되는 때인 / 피해가 나타난
damage appears. //
이후보다 //

● much 뒤에 비교급 less suffering이 왔어요.
④ much는 that이 이끄는 목적어절의 주어 it에 대한 주격 보어 less suffering 앞에 왔어요. much는 비교급 앞에서 그 정도를 강조하는 부사로 쓰일 수 있기 때문에, '훨씬 더 적은 고통'이라는 의미를 나타내는 부사로 적절하게 쓰였어요.
[참고] much, far, a lot, even 등은 '훨씬'의 의미로 비교급을 강조해요.

5) was의 주어를 먼저 찾아봅시다.

주어
But an awareness / of the need for such an effort /
그러나 인식은 / 그러한 노력의 필요성에 대한 /
동사   목적어
indicates a greater understanding and moral concern /
더 큰 이해와 도덕적 관심을 나타낸다 /
               대동사로 did가 와야 함   도치된 주어
than ⑤ was the previous widespread attitude / that
이전의 널리 퍼진 태도가 했던 것보다 / 새로운
focused only on creating new products and services. //
제품과 서비스를 만드는 데만 집중했던 //

● 단수 주어가 맞나요?
문장 전체의 주어는 an awareness of the need for such an effort이고 동사는 indicates, 목적어는 a greater understanding and moral concern이에요. 그다음에 than ⑤ was the previous widespread attitude가 이어지는 것으로 보아 비교급 greater의 비교 대상이 than 뒤에 온다는 걸 알 수 있어요.
주어와 동사가 도치되었는데, 주어는 the previous widespread attitude고 동사 ⑤ was는 의미상 indicates a greater understanding and moral concern을 대신하는 대동사로 쓰였어요.
그런데 일반동사의 대동사는 be동사가 아니죠? 일반동사를 대신하는 대동사는 do이기 때문에 was가 아닌 ③( )가 ⑤에 와야 해요.
[참고] 앞서 등장한 일반동사(구)를 대신할 때는 대동사로 do를 사용해요.

3rd 출제된 어법 사항을 다시 한번 정리하세요.

● to부정사

형태	기본형	「to+동사원형」
	부정형	to 앞에 not이나 never를 씀
시제	단순형	to-v
	완료형	to have p.p.
태	능동태	to-v
	수동태	to be p.p.
용법	명사적 용법	주어, 목적어, 보어 역할
	형용사적 용법	명사를 수식하거나 주격 보어 역할
	부사적 용법	목적/결과/조건/감정의 원인/판단의 근거/형용사나 부사, 문장 전체 수식
의미상의 주어	일반적인 경우	「for+목적격」
	주관적인 평가를 나타낼 때	「of+목적격」

K03 ~07 ▶ 제한시간 10분

K03 ✽✽✾   고2 2025(6월)/29

다음 글의 밑줄 친 부분 중, 어법상 **틀린** 것은?

In art, there are a number of ways to use perspective to obtain the illusion of depth, including using colors and graduated values of black and white, and ① accurately drawing the subject by applying the rules of the geometric system of perspective. In order to achieve perspective, you must make a number of observations. The forms or objects that you draw on a flat surface actually ② has depth and dimension in real life. As you view them and place their shapes and forms on a drawing surface, ③ try to represent that depth to make the objects appear realistic and three-dimensional. Objects appear differently when ④ viewed from various positions. Because of this, it's important to establish the viewpoint, and stick with ⑤ it. When observing a subject, you see depth and three dimensions. When you draw this subject onto a flat surface as it appears to the eye, you are drawing in perspective.

* perspective: 원근법   ** geometric: 기하학적인

K04 ✽✽✽   고2 2025(9월)/29

다음 글의 밑줄 친 부분 중, 어법상 **틀린** 것은?

All human cultures mark the passing of time by the differences they observe in the world around ① them. Our choice of which differences to mark ② depend firstly on what we can observe and secondly on what is important in our lives. How we mark the differences — the shapes of our calendars and our rituals — depends on the connections we make between those two things. In the agricultural society of pre-modern Europe, where higher latitudes make the seasons easily ③ observable, it was natural to monitor the solar cycle. Conversely, among the largely nomadic peoples of Arabia, ④ for whom seasonal changes were less significant, the lunar calendar was a more sensible choice. That did not make it inevitable that Islam would use a lunar calendar and Roman Christianity a solar one, but political and religious decisions were made from options limited by geography and lifestyle, ⑤ filtered through tradition.

* latitude: 위도   ** nomadic: 유목(생활)의

K05 ***

고2 2024(10월)/29

다음 글의 밑줄 친 부분 중, 어법상 틀린 것은?

Conditioned Place Preference is a way of finding out what animals want. Researchers train them ① <u>to associate</u> one place with an experience such as food or a loud noise and another place with something completely different, usually where nothing happens. The two places are made obviously different to make it as ② <u>easy</u> as possible for the animal to associate each place with what happened to it there. The animal's preference for being in one place or another is measured both before and after its experiences in the two places. If there is a shift in where the animal chooses to spend its time for the reward, this suggests that it liked the experience and is trying to repeat ③ <u>it</u>. Conversely, if it now avoids the place the stimulus appeared and ④ <u>starts</u> to prefer the place it did not experience it, then this suggests that it found the stimulus unpleasant. For example, mice with cancer show a preference for the place where they have ⑤ <u>given</u> morphine, a drug used to relieve pain, rather than where they have received saline whereas healthy mice developed no such preference. This suggests that the mice with cancer wanted the morphine.

* saline: 식염수

K06 ***

고2 2024(6월)/29

다음 글의 밑줄 친 부분 중, 어법상 틀린 것은? [3점]

The built-in capacity for smiling is proven by the remarkable observation ① <u>that</u> babies who are congenitally both deaf and blind, who have never seen a human face, also start to smile at around 2 months. However, smiling in blind babies eventually ② <u>disappears</u> if nothing is done to reinforce it. Without the right feedback, smiling dies out. But here's a fascinating fact: blind babies will continue to smile if they are cuddled, bounced, nudged, and tickled by an adult —

anything to let ③ <u>them</u> know that they are not alone and that someone cares about them. This social feedback encourages the baby to continue smiling. In this way, early experience operates with our biology ④ <u>to establish</u> social behaviors. In fact, you don't need the cases of blind babies to make the point. Babies with sight smile more at you when you look at them or, better still, ⑤ <u>smiling</u> back at them.

* congenitally: 선천적으로 ** cuddle: 껴안다
*** nudge: 팔꿈치로 쿡쿡 찌르다

K07 ***

고2 2024(9월)/29

다음 글의 밑줄 친 부분 중, 어법상 틀린 것은? [3점]

One well-known shift took place when the accepted view — that the Earth was the center of the universe — changed to one where we understood that we are only inhabitants on one planet ① <u>orbiting</u> the Sun. With each person who grasped the solar system view, ② <u>it</u> became easier for the next person to do so. So it is with the notion that the world revolves around the human economy. This is slowly being replaced by the view that the economy is a part of the larger system of material flows that connect all living things. When this perspective shifts into place, it will be obvious that our economic well-being requires that we account for, and ③ <u>respond</u> to, factors of ecological health. Unfortunately we do not have a century or two ④ <u>make</u> the change. By clarifying the nature of the old and new perspectives, and by identifying actions ⑤ <u>on which</u> we might cooperate to move the process along, we can help accelerate the shift.

K08 ★★★  고2 2024(3월)/29

다음 글의 밑줄 친 부분 중, 어법상 틀린 것은?

For years, many psychologists have held strongly to the belief ① <u>that</u> the key to addressing negative health habits is to change behavior. This, more than values and attitudes, ② <u>is</u> the part of personality that is easiest to change. Ingestive habits such as smoking, drinking and various eating behaviors are the most common health concerns targeted for behavioral changes. Process-addiction behaviors (workaholism, shopaholism, and the like) fall into this category as well. Mental imagery combined with power of suggestion was taken up as the premise of behavioral medicine to help people change negative health behaviors into positive ③ <u>ones</u>. Although this technique alone will not produce changes, when ④ <u>using</u> alongside other behavior modification tactics and coping strategies, behavioral changes have proved effective for some people. ⑤ <u>What</u> mental imagery does is reinforce a new desired behavior. Repeated use of images reinforces the desired behavior more strongly over time.

* ingestive: (음식) 섭취의   ** premise: 전제

K09 ★★★   고2 2023(6월)/29

다음 글의 밑줄 친 부분 중, 어법상 **틀린** 것은? [3점]

Research psychologists often work with *self-report data*, made up of participants' verbal accounts of their behavior. This is the case ① <u>whenever</u> questionnaires, interviews, or personality inventories are used to measure variables. Self-report methods can be quite useful. They take advantage of the fact that people have a unique opportunity to observe ② <u>themselves</u> full-time. However, self-reports can be plagued by several kinds of distortion. One of the most problematic of these distortions is the social desirability bias, which is a tendency to give ③ <u>socially</u> approved answers to questions about oneself. Subjects who are influenced by this bias work overtime trying to create a favorable impression, especially when subjects ④ <u>ask</u> about sensitive issues. For example, many survey respondents will report that they voted in an election or ⑤ <u>gave</u> to a charity when in fact it is possible to determine that they did not.

K10 ✽✽✽❀

다음 글의 밑줄 친 부분 중, 어법상 틀린 것은?

Lectins are large proteins that serve as a crucial weapon that plants use to defend ① themselves. The lectins in most plants bind to carbohydrates as we consume the plant. They also bind to sugar molecules ② found in the gut, in the brain, between nerve endings, in joints and in all bodily fluids. According to Dr. Steven Gundry, these sticky proteins can interrupt messaging between cells and ③ cause toxic and inflammatory reactions. Brain fog is just one result of lectins interrupting communication between nerves. An upset stomach is another common symptom of lectin overload. Dr. Gundry lists a wide range of other health problems including aching joints, dementia, headaches and infertility ④ that have been resolved in his patients once they eliminated lectins from their diets. Dr. Paul Saladino writes that the hypothesis that lectins are involved in Parkinson's disease is also gaining support, with animal studies ⑤ showed that 'lectins, once eaten, may be damaging the gut and travelling to the brain, where they appear to be toxic to dopaminergic neurons'.

* inflammatory: 염증성의

K11 ✽✽✽❀

다음 글의 밑줄 친 부분 중, 어법상 틀린 것은? [3점]

Despite abundant warnings that we shouldn't measure ourselves against others, most of us still do. We're not only meaning-seeking creatures but social ① ones as well, constantly making interpersonal comparisons to evaluate ourselves, improve our standing, and enhance our self-esteem. But the problem with social comparison is that it often backfires. When comparing ourselves to someone who's doing better than we are, we often feel ② inadequate for not doing as well. This sometimes leads to what psychologists call *malignant envy*, the desire for someone ③ to meet with misfortune ("I wish she didn't have what she has"). Also, comparing ourselves with someone who's doing worse than we are ④ risk scorn, the feeling that others are something undeserving of our beneficence ("She's beneath my notice"). Then again, comparing ourselves to others can also lead to *benign envy*, the longing to reproduce someone else's accomplishments without wishing them ill ("I wish I had what she has"), ⑤ which has been shown in some circumstances to inspire and motivate us to increase our efforts in spite of a recent failure.

* backfire: 역효과를 내다   ** scorn: 경멸

K12 ✽✽✽

다음 글의 밑줄 친 부분 중, 어법상 틀린 것은?

There is little doubt that we are driven by the sell-by date. Once an item is past that date it goes into the waste stream, further ① increasing its carbon footprint. Remember those items have already travelled hundreds of miles ② reach the shelves and once they go into waste they start a new carbon mile journey. But we all make our own judgement about sell-by dates; those brought up during the Second World War ③ are often scornful of the terrible waste they believe such caution encourages. The manufacturer of the food has a view when making or growing something ④ that by the time the product reaches the shelves it has already been travelling for so many days and possibly many miles. The manufacturer then decides that a product can reasonably be consumed within say 90 days and 90 days minus so many days for travelling gives the sell-by date. But ⑤ whether it becomes toxic is something each individual can decide. It would seem to make sense not to buy large packs of perishable goods but non-perishable items may become cost-effective.

* sell-by date: 판매 유효 기한   ** scornful: 경멸하는

K13 ~ 14 ▶ 제한시간 5분

K13 ⭐ 2등급 대비   고2 2021(11월)/29

다음 글의 밑줄 친 부분 중, 어법상 틀린 것은? [3점]

Anchoring bias describes the cognitive error you make when you tend to give more weight to information arriving early in a situation ① compared to information arriving later — regardless of the relative quality or relevance of that initial information. Whatever data is presented to you first when you start to look at a situation can form an "anchor" and it becomes significantly more challenging ② to alter your mental course away from this anchor than it logically should be. A classic example of anchoring bias in emergency medicine is "triage bias," ③ where whatever the first impression you develop, or are given, about a patient tends to influence all subsequent providers seeing that patient. For example, imagine two patients presenting for emergency care with aching jaw pain that occasionally ④ extends down to their chest. Differences in how the intake providers label the chart — "jaw pain" vs. "chest pain," for example — ⑤ creating anchors that might result in significant differences in how the patients are treated.

* triage: 부상자 분류 ** intake provider: 환자를 예진하는 의료 종사자

K14 ⭐ 2등급 대비   고2 2022(11월)/29

다음 글의 밑줄 친 부분 중, 어법상 틀린 것은? [3점]

Pre-emption means that a strategy is designed to prevent a rival from starting some particular activity. In some case a pre-emptive move may simply be an announcement of some intent ① that might discourage rivals from doing the same. The idea of pre-emption implies that timing is sometimes very important — a decision or an action at one point in time might be much more rewarding than ② doing it at a different time point. Pre-emption may involve up-weighting advertising for a period before and during ③ when a new entrant launches into a market. The intent is to make it more difficult for the new entrant's advertising to make an impression on potential buyers. Product proliferation is another potential pre-emption strategy. The general idea is to launch a large variety of product variants so that there is very little in the way of market demand that ④ are not accommodated. Arguably, if a market is already filled with product variants it is more difficult for competitors to find ⑤ untapped pockets of market demand.

* pre-emption: 선매 행위 ** proliferation: 확산

1등급 대비 문제

K15 ⭐ 1등급 대비   고2 2022(9월)/29

다음 글의 밑줄 친 부분 중, 어법상 틀린 것은? [3점]

By noticing the relation between their own actions and resultant external changes, infants develop self-efficacy, a sense ① that they are agents of the perceived changes. Although infants can notice the effect of their behavior on the physical environment, it is in early social interactions that infants most ② readily perceive the consequence of their actions. People have perceptual characteristics that virtually ③ assure that infants will orient toward them. They have visually contrasting and moving faces. They produce sound, provide touch, and have interesting smells. In addition, people engage with infants by exaggerating their facial expressions and inflecting their voices in ways that infants find ④ fascinated. But most importantly, these antics are responsive to infants' vocalizations, facial expressions, and gestures; people vary the pace and level of their behavior in response to infant actions. Consequentially, early social interactions provide a context ⑤ where infants can easily notice the effect of their behavior.

* inflect: (음성을) 조절하다   ** antics: 익살스러운 행동

K16 ✪ 1등급 대비   고2 2023(3월)/29

다음 글의 밑줄 친 부분 중, 어법상 틀린 것은? [3점]

Human beings like certainty. This liking stems from our ancient ancestors ① who needed to survive alongside saber-toothed tigers and poisonous berries. Our brains evolved to help us attend to threats, keep away from ② them, and remain alive afterward. In fact, we learned that the more ③ certain we were about something, the better chance we had of making the right choice. Is this berry the same shape as last time? The same size? If I know for certain it ④ is, my brain will direct me to eat it because I know it's safe. And if I'm uncertain, my brain will send out a danger alert to protect me. The dependence on certainty all those millennia ago ensured our survival to the present day, and the danger-alert system continues to protect us. This is achieved by our brains labeling new, vague, or unpredictable everyday events and experiences as uncertain. Our brains then ⑤ generating sensations, thoughts, and action plans to keep us safe from the uncertain element, and we live to see another day.

* saber-toothed tiger: 검치호(검 모양의 송곳니를 가진 호랑이)

※ 다음 영어는 우리말 뜻을, 우리말은 영어 단어를 〈보기〉에서 찾아 쓰시오.

┌─〈보기〉─┐

전략	ritual	agent	열망
measure	장	reinforce	variant
치매	지위	entrant	수용하다

01 tactic   _______________

02 gut   _______________

03 standing   _______________

04 longing   _______________

05 dementia   _______________

06 재다, 측정하다   _______________

07 강화하다   _______________

08 변형   _______________

09 주체자   _______________

10 의식   _______________

※ 다음 우리말에 알맞은 영어 표현을 찾아 연결하시오.

11 선진국 •   • developed country

12 탄소 발자국 •   • carbon footprint

13 개발도상국 •   • developing country

14 비용 효율이 높은 •   • beneath one's notice

15 주목할 가치가 없는 •   • cost-effective

※ 다음 우리말 표현에 맞는 단어를 고르시오.

16 부수적인 중요성 ➡ (primary / secondary) importance

17 당 분자 ➡ sugar (atoms / molecules)

18 외부 에너지원을 이용하다 ➡ use (external / active) energy sources

19 인지적 오류 ➡ the (physical / cognitive) error

20 응급 의학에서 ➡ in (emergency / appearance) medicine

※ 다음 문장의 빈칸에 알맞은 단어를 〈보기〉에서 찾아 쓰시오.

┌─〈보기〉─┐

rewarding	abundant	biology	circumstances
presented	sensations	plagued	comparison
inventories	imperfect	imply	grasped

21 이것을 하는 것은 쉽지 않고 항상 불완전하다.
➡ To do this is not easy and is always ___________.

22 사회적 비교의 문제는 그것이 흔히 역효과를 낸다는 것이다.
➡ The problem with social ___________ is that it often backfires.

23 많은 경고에도 불구하고 우리는 여전히 우리 자신을 타인과 견주어 평가한다.
➡ Despite ___________ warnings, we still measure ourselves against others.

24 초기 경험은 우리의 생리 작용과 함께 작용하여 사회적 행동을 형성한다.
➡ Early experience operates with our ___________ to establish social behaviors.

25 태양계의 관점을 이해하는 각각의 사람이 있어서 그 다음 사람이 그렇게 하는 것이 더 쉬워졌다.
➡ With each person who ___________ the solar system view, it became easier for the next person to do so.

26 쥐는 음식을 받았다.
➡ The rat was ___________ with food.

27 자기 보고는 오염될 수 있다.
➡ Self-reports can be ___________.

28 면접 또는 성격 목록이 사용된다.
➡ Interviews or personality ___________ are used.

29 우리의 뇌는 감각과 행동 계획을 만들어낸다.
➡ Our brains generate ___________ and action plans.

30 고양이는 환경에 따라 액체일 수도 있고 고체일 수도 있다.
➡ Cats can be either liquid or solid, depending on the ___________.

L 문맥에 맞지 <u>않는</u> 낱말 찾기

★ 유형 설명

글의 논리적인 흐름을 정확히 이해한 후에 주어진 어휘가 문맥에 어울리는지, 올바른 의미로 쓰였는지를 판단해야 한다.

> 다음 글의 밑줄 친 부분 중, 문맥상 낱말의 쓰임이 적절하지 <u>않은</u> 것은? [3점]
>
> Low oil prices are a good thing, because it means lower energy costs of production for the

🔑 밑줄 친 다섯 개의 부분이 제시된 문제는 전체 글의 흐름을 파악하고, 밑줄이 포함된 문장의 앞뒤 내용을 확인해서, 문맥상 내용이 반대이거나 비약이 있는 것을 찾는다.

🎭 유형 풀이 비법

1 단어를 확인하라!
- 밑줄 친 어휘는 앞뒤 단어와 함께 그 의미를 확인한다.

2 정확하게 해석하라!
- 글의 전체 흐름에 따라 내용을 이해하고 문제의 앞, 뒤 문장을 정확히 해석한다.

3 반의어를 넣어 보라!
- 글의 흐름에 따라 각 문장의 앞뒤를 꼼꼼히 확인해서 어떤 대상을 가리키는지 찾는다.

> **Tip** 정답을 정한 후 다시 글을 읽으면서 흐름이 매끄러운지 확인한다.

🔑 자주 출제되는 반의어

□ intimate ↔ distant 친밀한 ↔ 먼
□ poor ↔ wealthy 가난한 ↔ 부유한
□ static ↔ dynamic 정적인 ↔ 역동적인
□ stable ↔ unstable 안정된 ↔ 불안정한
□ active ↔ passive 능동적인 ↔ 수동적인
□ import ↔ export 수입 ↔ 수출
□ tiny ↔ massive 작은, 조그마한 ↔ 거대한
□ superiority ↔ inferiority 우월감 ↔ 열등감
□ objective ↔ subjective 객관적인 ↔ 주관적인
□ dependence ↔ independence 의존 ↔ 독립
□ weaken ↔ strengthen 약화시키다 ↔ 강화하다
□ accurate ↔ inaccurate 정확한 ↔ 부정확한
□ advanced ↔ backward 진보된 ↔ 퇴보하는
□ conform ↔ rebel 따르다 ↔ 저항하다
□ automated ↔ manual 자동화된 ↔ 수동의
□ avoidable ↔ inevitable 피할 수 있는 ↔ 필연적인
□ happiness ↔ depression 행복감, 즐거움 ↔ 우울함
□ reliable ↔ unreliable 신뢰할 수 있는 ↔ 신뢰할 수 없는

□ emotional ↔ impersonal 감정적인 ↔ 냉담한, 인간미 없는
□ noteworthy ↔ insignificant 주목할 만한 ↔ 사소한, 하찮은
□ valuable ↔ worthless 가치 있는, 소중한 ↔ 가치 없는
□ competent ↔ incompetent 능숙한, 유능한 ↔ 무능한
□ expand ↔ contract 확장하다 ↔ 수축하다
□ increase ↔ decrease 증가하다 ↔ 감소하다
□ permit ↔ forbid 허락하다 ↔ 금지하다
□ expand ↔ shrink 확대하다 ↔ 줄어들다
□ prosperity ↔ adversity 번영 ↔ 역경
□ scarcity ↔ abundance 부족 ↔ 풍부
□ superficial ↔ profound 피상적인 ↔ 심오한
□ conservative ↔ progressive 보수적인 ↔ 진보적인
□ compulsory ↔ optional 의무적인 ↔ 선택적인
□ benevolent ↔ malevolent 자애로운 ↔ 악의적인
□ permanent ↔ temporary 영구적인 ↔ 일시적인
□ unanimous ↔ divided 만장일치의 ↔ 의견이 갈린
□ rigid ↔ flexible 엄격한, 뻣뻣한 ↔ 유연한
□ transparent ↔ opaque 투명한 ↔ 불투명한

L 문맥에 맞지 않는 낱말 찾기 (첫 번째)

1st 선택지로 제시된 어휘가 그 앞뒤 단어와 합쳐지면 어떤 의미가 되는지 확인하세요.
2nd 선택지 앞뒤 문장을 꼼꼼하고 정확하게 해석해서 정답을 찾으세요.
3rd 정답으로 고른 낱말을 반의어로 바꾸면 앞뒤 흐름이 자연스러워지는지 확인하세요.

L01 ★★★ .... 고2 2025(3월)/30

다음 글의 밑줄 친 부분 중, 문맥상 낱말의 쓰임이 적절하지 않은 것은?

There are reasons why science is not fully trusted and why healthy skepticism and critical thinking are essential. In spite of professional standards, claims of objectivity, and the peer review process, the conduct of science can be ① biased. All experts are not the same, nor do they submit their work to the same scrutiny. Knowing the source of funding can be ② important in evaluating scientific claims. For example, the Harvard researchers who made claims in the late 1960s about the problems with dietary fat, leading the nation away from perceiving sugar as one of the main causes in health problems, were funded in part by the sugar industry. The authors did not reveal their funding source to the *New England Journal of Medicine*, where their ③ influential article appeared. Their article shaped a generation of changes in eating patterns that appears to have ④ discouraged higher use of sugar, now widely implicated as a source of the rise in obesity and diabetes. Stories such as this one fuel suspicion — but also lead to further safeguards in the scientific process. Funding ⑤ disclosures, although not required five decades ago, have since been made compulsory.

* skepticism: 회의주의 ** scrutiny: 심층 조사
*** implicate: 관련이 있음을 알려 주다

1st 선택지로 제시된 어휘가 그 앞뒤 단어와 합쳐지면 어떤 의미가 되는지 확인하세요.

the conduct of science / can be ① biased
과학의 실행은   / 편향적일 수 있다

biased는 '편향된, 선입견이 있는'이라는 뜻의 형용사예요. 주격 보어 자리에 왔고, 주어가 '과학의 실행'이므로 과학의 실행이 '편향적'일 수 있다는 내용의 글인지 봅시다.

Knowing the source of funding / can be ② important
자금 조달의 출처를 아는 것은   / 중요할 수 있다

'중요한'을 뜻하는 important가 주격 보어 자리에 왔어요. 자금 조달의 출처를 아는 것이 중요할 수 있는 상황인지 확인하면 되겠네요.

the *New England Journal of Medicine*, / where their
'New England Journal of Medicine'   / 거기에 그들의
③ influential article appeared
영향력 있는 논문이 실렸다

이 문장에서 where는 관계부사로, 앞에 나온 New England Journal of Medicine을 수식하고 있어요. influential이 뒤에 온 article을 수식하고 있으므로 앞에 나온 학술지에 '영향력 있는' 논문들이 실린 게 맞는지 확인해 봅시다.

Their article shaped / a generation of changes in
그들의 논문은 만들어 냈는데   / 식습관 변화의 시대를
eating patterns / that appears to have ④ discouraged
                / 더 많은 설탕의 사용을 저지한 것으로 보이는
higher use of sugar

선택지 앞에 있는 주격 관계대명사 that의 선행사는 바로 앞에 있는 patterns가 아닌, ❶(   ) of changes예요.
to have discouraged는 완료형 to부정사로, appears와 함께 '저지한 것으로 보이다'라는 의미를 나타내고 있어요. 과연 그들의 논문이 더 많은 설탕의 사용을 '저지한' 것이 맞는지 봅시다.

Funding ⑤ disclosures, / ~ , have since been made
자금 조달의 출처 공개는   / 이후 의무화되었다
compulsory.

disclosure는 '폭로, 공개'를 뜻해요. Funding과 함께 쓰였으니 '자금 출처 공개'라는 의미를 갖겠죠? 자금 출처 공개가 의무화된 게 맞는지도 확인합시다!

2nd 선택지 앞뒤 문장을 꼼꼼하고 정확하게 해석해서 정답을
찾으세요.

1) 선택지가 나오기 전의 내용을 봅시다.

> There are reasons / why science is not fully trusted /
> 이유가 있다 　　　　　 / 왜 과학이 완전히 신뢰받지 못하는지 　　/
> and why healthy skepticism and critical thinking
> 그리고 왜 건강한 회의주의와 비판적 사고가 필수적인지에는 //
> are essential. //

● **과학의 객관성에 대한 글이네요.**
　　과학이 완전히 신뢰받지 못하는 이유와, 그에 따라 왜 건강한 회의주의와
　　비판적 사고가 필요한지를 보여주는 예시가 이어질 것 같아요.

2) ①이 포함된 문장을 봅시다.

> In spite of / professional standards, / claims of
> ~에도 불구하고 / 전문적인 기준 　　　　　 / 객관성에 대한
> objectivity, / and the peer review process, / the
> 주장 　　　 / 동료 검토 과정 　　　　　　　　　 /
> conduct of science can be ① biased. //
> 과학의 실행은 편향적일 수 있다 　　　　　 //

● **In spite of는 '~에도 불구하고'를 뜻해요.**
　　전문적인 기준, 객관성에 대한 주장, 동료 검토 과정이 In spite of로
　　연결되고 있기 때문에 위와 같은 장치들을 이용해 과학을 전문적,
　　객관적으로 시행하려고 해도 '편향적일' 수 있다는 것은 적절해요.

3) ②이 포함된 문장도 이어서 봅시다.

> Knowing the source of funding / can be
> 자금 조달의 출처를 아는 것은 　　　　　　 / 중요할 수 있다
> ② important / in evaluating scientific claims. //
> 　　　　　　 / 과학 (분야)의 주장을 평가할 때 　　 //

● **자금 조달의 출처를 아는 것은 중요하죠?**
　　우리는 앞에서 과학을 전문적, 객관적으로 시행하려고 해도 과학의
　　실행은 '편향적'일 수 있다고 했어요. 그럼 당연히 자금 조달의 출처를
　　아는 것 또한 '중요할' 수 있을 거예요.

● **③이 나오기 전에 예시가 하나 소개되고 있어요.**

● **자금 조달의 출처를 아는 것이 중요하다는 것에 관한 예시예요.**
　　하버드 연구자들의 주장으로 인해, 사람들은 설탕이 건강 문제의 주요
　　원인 중 하나라는 사실을 잘 인식하지 못하게 되었다고 해요. 그리고 이
　　연구는 일부 자금을 설탕 업계로부터 지원을 받았고요!

● **설탕 업계에서 바라는 것은 무엇일까요?**
　　설탕 업계는 당연히 설탕 소비가 줄어드는 것을 원하지 않았을 거예요.
　　따라서 설탕이 건강 문제의 주요 원인 중 하나라는 것을 인식하지 못하게
　　한 데에는 자금을 준, 설탕 업계의 영향력이 없을 수 없었다는 거죠.
　　따라서 ② '중요한'은 적절한 표현이에요.

4) 이제 ③이 포함된 문장이 나와요.

> The authors did not reveal / their funding source /
> 그 저자들은 공개하지 않았는데 　　　　 / 자금 출처를 　　　　 /
> to the *New England Journal of Medicine*, / where their
> 'New England Journal of Medicine'에 　　　　 / 거기에 그들의
> ③ influential article appeared. //
> 영향력 있는 논문이 실렸다 　　　　　　 //

● **영향력이 있었다는 것을 알 수 있나요?**
　　하버드의 연구가 불러일으킨 결과를 봐야 해당 학술지가 영향력이
　　있었는지 알 수 있을 거 같은데, 다음 문장을 읽어봐야겠어요.

5) 다음 문장에는 ④이 포함되어 있네요.

> Their article shaped / a generation of changes in
> 그들의 논문은 만들어 냈는데 / 식습관 변화의 시대를
> eating patterns / that appears to have ④ discouraged
> 　　　　　　 / 더 많은 설탕의 사용을 저지한 것으로 보이는
> higher use of sugar, / now widely implicated / as a
> 　　　　　　 / 지금은 널리 알려졌다 　　　 /
> source of the rise in obesity and diabetes. //
> (설탕이) 비만과 당뇨병 증가의 원인과 관련이 있음이 　　 //

● **먼저 ③부터 확인합시다.**
　　하버드 연구원들의 논문이 설탕의 사용을 저지하는 방향으로 대중의
　　식습관 변화를 끌어낼 정도였다고 하네요. 이는 '영향력 있는' 논문으로 볼
　　수 있겠죠?

● **그렇다면, 그 논문이 설탕 사용을 정말로 저지했나요?**
　　하버드의 이 연구는 사실 설탕 업계의 지원을 받은 것으로, 설탕이 건강
　　문제의 원인이라는 인식을 흐려 설탕 소비를 '저지하는' 것이 아니라
　　'조장하는' 결과를 낳았어요.

6) ⑤이 포함된 문장도 확인합시다.

> Funding ⑤ disclosures, / although not required five
> 자금 조달의 출처 공개는 　　　　 / 비록 50년 전에는 요구되지 않았지만
> decades ago, / have since been made compulsory. //
> 　　　　　 / 이후 의무화되었다 　　　　　　　 //

● **의무화될 만하죠?**
　　하버드 연구자들의 자금 출처가 공개되지 않았던 사례 이후, 자금 조달의
　　투명성을 확보하기 위해 출처 '공개'가 의무화된 것은 과학의 객관성을
　　지키기 위한 적절한 조치라고 볼 수 있겠죠.

3rd 정답으로 고른 낱말을 반의어로 바꾸면 앞뒤 흐름이
자연스러워지는지 확인하세요.

하버드 연구원들은 과거 설탕 업계의 자금을 받고, 설탕이 건강에 해롭다는
인식을 흐리려 했어요. 이들의 논문은 설탕 섭취를 억제한 것이 아니라
오히려 조장했다고 볼 수 있죠. 따라서 정답은 **2**(　　　　　)!

L 문맥에 맞지 않는 낱말 찾기 (두 번째)

L02 ★★★ .... 고2 2023(3월)/30 

다음 글의 밑줄 친 부분 중, 문맥상 낱말의 쓰임이
적절하지 않은 것은? [3점]

Robert Blattberg and Steven Hoch noted that, in a changing environment, it is not clear that consistency is always a virtue and that one of the advantages of human judgment is the ability to detect change. Thus, in changing [5] environments, it might be ① advantageous to combine human judgment and statistical models. Blattberg and Hoch examined this possibility by having supermarket managers forecast demand for certain products and [10] then creating a composite forecast by averaging these judgments with the forecasts of statistical models based on ② past data. The logic was that statistical models ③ deny stable conditions and therefore cannot [15] account for the effects on demand of novel events such as actions taken by competitors or the introduction of new products. Humans, however, can ④ incorporate these novel factors in their judgments. The [20] composite — or average of human judgments and statistical models — proved to be more ⑤ accurate than either the statistical models or the managers working alone.

* composite: 종합적인; 종합된 것 [25]

1st 선택지로 제시된 어휘가 그 앞뒤 단어와 합쳐지면 어떤 의미가 되는지 확인하세요.

it might be ① advantageous / to combine human
유리할 수 있다 / 인간의 판단과 통계 모델들을
judgment and statistical models
결합하는 것이

advantageous는 '유리한'이라는 뜻이에요. 이 문장에서는 주격 보어로 쓰였는데, 주어 자리에 온 it은 ( )이고 to combine이 진주어예요. 따라서 앞부분에서 인간의 판단과 통계 모델들을 결합하는 것을 '유리하다'고 하는지 파악해야 해요.

the forecasts of statistical models / based on ② past
통계 모델의 예측 / 지난 데이터에 근거한
data

형용사로 쓰인 past는 '지난, 과거의'를 뜻해요. 통계 모델이 '지난' 데이터에 근거하는지 확인해야 해요.

statistical models / ③ deny stable conditions
통계 모델들은 / 변동이 없는 조건을 부정하고

deny는 '부정하다, 부인하다'를 뜻하는 동사예요. 통계 모델들이 변동이 없는 조건을 '부정하는' 것이 맞는지, 즉 통계 모델들이 변동이 없는 조건과 '같지 않은지' 확인해야겠네요.

Humans, however, / can ④ incorporate these novel
그러나 인간은 / 이러한 새로운 요인들을 통합할 수 있다
factors

however로 이어지는 문장에 선택지 incorporate가 있어요. incorporate는 '통합하다'라는 뜻으로, 앞의 무언가와 달리 인간이 새로운 요인들을 '통합할' 수 있는지 앞뒤 문장을 함께 살펴보면 돼요.

The composite / ~ proved to be more ⑤ accurate /
종합된 것 / 더 정확하다는 것이 증명되었다 /
than either the statistical models / or the managers
통계 모델이나 / 관리자들이 단독으로
working alone.
처리하는 것보다

accurate는 '정확한'을 의미하는 형용사로, 여기서는 more와 함께 비교급으로 쓰였어요. 종합된 것이 단독으로 처리하는 것보다 더 '정확한지' 확인하면 되는데, 아무래도 종합된 건 어느 하나에서 나온 결과보단 더 정확하겠죠?

1) ①이 포함된 문장의 앞 문장을 먼저 읽어 봅시다.

~ in a changing environment, / it is not clear / that
~ 변화하는 환경에서　　　　　／ 분명하지 않다　　／

consistency is always a virtue / and that one of the
일관성이 항상 장점인지가　　　　／ 그리고 인간이 판단하는 것의

advantages of human judgment / is the ability to
이점 중 하나는　　　　　　　　／ 변화를 감지하는

detect change. //
능력이다　　//

● **변화하는 환경에서 일관성이 항상 장점이지는 않대요.**
변화하는 환경에서 일관성이 항상 장점은 아니고, 변화 감지 능력이
인간 판단 이점 중 하나라고 했어요. 인간의 변화 감지 능력이 변화하는
환경에서 큰 이점이라는 내용 같아요.

2) ①이 포함된 문장을 봅시다.

Thus, / in changing environments, / it might be
따라서　／ 변화하는 환경에서는　　　　　　／ 유리할 수 있다

① advantageous / to combine human judgment and
　　　　　　　／ 인간의 판단과 통계 모델들을 결합하는 것이 //

statistical models. //

● **앞 문장과 연결해서 생각해 볼까요?**
앞 문장에 적용해 보면, 통계 모델은 일관성을 대표하고, 인간 판단은
변화 감지 능력을 의미한다고 볼 수 있어요. 변화하는 환경에서 일관성이
항상 장점이 아니라고 했으니까 그것이 인간 판단 능력과 결합하는 것은
'유리할' 수 있겠네요!

3) ②이 포함된 문장을 봅시다.

Blattberg and Hoch examined this possibility / by
Blattberg와 Hoch는 이러한 가능성을 조사했다　　　　　／

having supermarket managers forecast / demand
슈퍼마켓 관리자들에게 예측하게 함으로써　　　／ 특정한 제품에

for certain products / and then creating a composite
대한 수요를　　　　／ 그리고 다음으로 종합적인 예측을 생성해

forecast / by averaging these judgments with the
봄으로써　／ 이 판단을 통계 모델의 예측과 평균을 내어

forecasts of statistical models / based on ② past
　　　　　　　　　　　　　／ 지난 데이터에 근거한 //

data. //

● **'통계 모델'은 무엇을 대표한다고 했죠?**
통계 모델은 첫 문장에서 언급된 일관성을 대표하는 사례이고 변화하는
환경과 대치되는 대상이에요. 따라서 예측과는 반대되므로 '지난'
데이터에 근거한다고 표현하는 것은 적절해요.

4) ③이 포함된 문장을 봅시다.

The logic was / that statistical models ③ deny stable
논리는 ~이었다　　　／ 통계 모델들은 변동이 없는 조건을 부정하고

conditions / and therefore cannot account for the
　　　　／ 그렇기 때문에 영향을 설명할 수 없다는 것

effects / on demand of novel events / such as actions
　／ 새로운 사건이 수요에 미치는　／ 경쟁자들에 의해 취해진

taken by competitors / or the introduction of new
행동이나　　　　　／ 신제품의 도입과 같은 //

products. //

● **통계 모델은 일관성을 대표해요.**
그렇다면 통계 모델은 새로운 사건이 수요에 미치는 영향을 설명할 수
없고, 변동이 없는 조건을 바탕으로 추론할 거예요. 그런데 여기서는
변동이 없는 조건을 '부정한다'고 했어요.

5) 정답은 찾았지만 ④이 포함된 문장도 마저 봅시다.

Humans, however, / can ④ incorporate these novel
그러나 인간은　　　／ 이러한 새로운 요인들을 통합할 수 있다

factors / in their judgments. //
　　／ 자신들의 판단에서　　//

● **인간의 이점을 뭐라고 했죠?**
인간이 판단하는 것의 이점 중 하나는 변화를 감지하는 능력이라고
했어요. 따라서 자신들의 판단에서 새로운 요인들을 '통합할' 수 있어요.

6) 마지막으로 ⑤이 포함된 문장을 봅시다.

The composite / ― or average of human
종합된 것　　　／ 즉 인간의 판단과 통계 모델의 평균이

judgments and statistical models ― / proved to be
　　　　　　　　　　　　　　／ 더 정확하다는 것이

more ⑤ accurate / than either the statistical models /
증명되었다　　　／ 통계 모델이나　　　　　　　／

or the managers working alone. //
관리자들이 단독으로 처리하는 것보다

● **무엇과 무엇의 종합인가요?**
통계 모델(일관성을 대표함)과 인간 판단(변화 감지 능력 있음)의 종합된
것이 단독으로 처리하는 것보다 더 '정확할' 수 있겠죠. 통계 모델은
새로운 요인의 영향을 고려할 수 없는 단점이 있지만 인간의 판단은 통계
모델의 한계를 보완할 수 있으니까요!

종합된 것, 즉 변화 감지를 의미하는 '인간의 판단'과 일관성을 의미하는
'통계 모델'을 종합하는 것이 단독으로 처리하는 것보다 더 낫다는 내용의
글이에요. 따라서 통계 모델들을 설명하며 그것이 변동이 없는 조건을
'부정한다'고 하는 것은 적절하지 않아요. 일관성을 대표하기 때문에 통계
모델이 변동이 없는 조건을 '가정한다'고 해야 하므로 deny는 assume 등의
어휘로 바꿔야 해요. 따라서 정답은 ❷(　　　　)!

빈칸 정답 ⓒ ❷ 가정아 Ⓛ

L03 ~ 07 ▶ 제한시간 10분

L03 ★★★  고2 2025(6월)/30

다음 글의 밑줄 친 부분 중, 문맥상 낱말의 쓰임이 적절하지 않은 것은? [3점]

Low oil prices are a good thing, because it means lower energy costs of production for the majority of industries, not least the automobile and the logistics industries. Firms directly ① benefit from the decrease in their costs of production and provision of services. This has the effect of stimulating the aggregate supply and ② provides a stimulus for growth. Conversely, a sudden rise in oil prices due to a shrink in oil production is never good news, even though it definitely gives a big boost to the energy sector. A look through the history of oil price fluctuations ③ disproves this notion, as this has been the subject of much economic research. Following an oil price jump of 10 per cent due to a contraction in supply, an economy (as typified by the US economy) typically sees its output (GDP) slowed by close to 1 percentage point. For a $15 trillion economy, that is a ④ loss of $150 billion in potential wealth or economic growth. Conversely, there has never been much concern with oil price ⑤ decreases following an excess in its supply.

* logistics: 물류 관리   ** aggregate: 총체적인   *** fluctuation: 변동

L04 ★★★  고2 2025(9월)/30

다음 글의 밑줄 친 부분 중, 문맥상 낱말의 쓰임이 적절하지 않은 것은? [3점]

Although empathy is widely praised by scholars and public figures, not everyone is an empathy booster. Critics of empathy argue that empathy will not save us from interpersonal and intergroup conflict. In fact, they argue, empathy makes such conflicts ① worse. These critics maintain that empathy can be exhausting and lead to burnout or insensitivity to suffering. They argue that we tend to empathize strongly with our in-group and ② resist empathizing with out-groups, and even enjoy the suffering of out-groups in competitive or threatening contexts. Thus, the prescription for more empathy is often ③ efficient in cases of conflict. Empathy, they argue, can further encourage conflict and force us into an us vs. them mentality. Finally, even when we try to empathize with others who are dissimilar from us or in unfamiliar contexts, sometimes we are ④ unable to accurately empathize with their experiences, causing further misunderstandings and frustration. Critics of empathy argue that we should give up on empathy and employ other tools in ⑤ pursuit of social harmony, e.g., rational compassion or moral emotions like fear, anger, and shame.

L05   ✳✳✳ 

다음 글의 밑줄 친 부분 중, 문맥상 낱말의 쓰임이 적절하지 <u>않은</u> 것은? [3점]

Near the equator, many species of bird breed all year round. But in temperate and polar regions, the breeding seasons of birds are often sharply ① <u>defined</u>. They are triggered mainly by changes in day length. If all goes well, the outcome is that birds raise their young when the food supply is at its peak. Most birds are not simply ② <u>reluctant</u> to breed at other times but they are also physically incapable of doing so. This is because their reproductive system ③ <u>shrinks</u>, which helps flying birds save weight. The main exception to this rule are nomadic desert species. These can initiate their breeding cycle within days of rain. It's for making the ④ <u>least</u> of the sudden breeding opportunity. Also, different species divide the breeding season up in different ways. Most seabirds raise a single brood. In warm regions, however, songbirds may raise several families in a few months. In an exceptionally good year, a pair of House Sparrows, a kind of songbird, can raise ⑤ <u>successive</u> broods through a marathon reproductive effort.

* nomadic: 유목성의   ** brood: 함께 태어난 새끼들

L06   ✳✳✳ 

다음 글의 밑줄 친 부분 중, 문맥상 낱말의 쓰임이 적절하지 <u>않은</u> 것은? [3점]

Because people tend to adapt, interrupting positive things with negative ones can actually increase enjoyment. Take commercials. Most people hate them, so ① <u>removing</u> them should make shows or other entertainment more enjoyable. But the opposite is true. Shows are actually ② <u>more</u> enjoyable when they're broken up by annoying commercials. Because these less enjoyable moments break up adaptation to the ③ <u>positive</u> experience of the show. Think about eating chocolate chips. The first chip is delicious: sweet, melt-in-your-mouth goodness. The second chip is also pretty good. But by the fourth, fifth, or tenth chip in a row, the goodness is no longer as pleasurable. We adapt. Interspersing positive experiences with less positive ones, however, can ④ <u>accelerate</u> adaptation. Eating a Brussels sprout between chocolate chips or viewing commercials between parts of TV shows disrupts the process. The less positive moment makes the ⑤ <u>following</u> positive one new again and thus more enjoyable.

* intersperse: 흩뿌리다   ** Brussels sprout: 방울양배추

L07   ✳✳✳  

다음 글의 밑줄 친 부분 중, 문맥상 낱말의 쓰임이 적절하지 <u>않은</u> 것은? [3점]

Emotion socialization—learning from other people about emotions and how to deal with them—starts early in life and plays a foundational role for emotion regulation development. Although extra-familial influences, such as peers or media, gain in importance during adolescence, parents remain the ① <u>primary</u> socialization agents. For example, their own responses to emotional situations serve as a role model for emotion regulation, increasing the likelihood that their children will show ② <u>similar</u> reactions in comparable situations. Parental practices at times when their children are faced with emotional challenges also impact emotion regulation development. Whereas direct soothing and directive guidance of what to do are beneficial for younger children, they may ③ <u>cultivate</u> adolescents' autonomy striving. In consequence, adolescents might pull away from, rather than turn toward, their parents in times of emotional crisis, unless parental practices are ④ <u>adjusted</u>. More suitable in adolescence is ⑤ <u>indirect</u> support of autonomous emotion regulation, such as through interest in, as well as awareness and nonjudgmental acceptance of, adolescents' emotional experiences, and being available when the adolescent wants to talk.

L08 ✽✽✽  고2 2024(9월)/30

다음 글의 밑줄 친 부분 중, 문맥상 낱말의 쓰임이 적절하지 않은 것은?

The first human beings probably evolved in tropical regions where survival was possible without clothing. It is likely that they had very dark skin because light skin would have given ① <u>little</u> protection against the burning rays of the sun. There is a debate about whether these people spread into other parts of the world or, instead, whether people developed independently in various parts of the world. Whichever the case, it is believed that in time they became ② <u>capable</u> of spreading out from Africa, eventually to most of the world. This was probably because their ③ <u>physical</u> characteristics changed. For instance, early hominids probably did not walk upright, but when they developed that ability, they could travel more efficiently. More important, perhaps, was their ④ <u>development</u> of tool making. With tools, they could hunt other animals, so they could consume more protein and fat than their low-energy vegetarian diet would have provided. Not only their bodies but also their brains would have been changed with more energy. The brain needs lots of energy to grow. As their diet ⑤ <u>reduced</u>, hominids could physically and intellectually expand their territory.

* hominid: 인류

L09 ✽✽✽  고2 2022(11월)/30

다음 글의 밑줄 친 부분 중, 문맥상 낱말의 쓰임이 적절하지 않은 것은? [3점]

Countershading is the process of optical flattening that provides camouflage to animals. When sunlight illuminates an object from above, the object will be brightest on top. The color of the object will gradually shade darker toward the ① <u>bottom</u>. This shading gives the object ② <u>depth</u> and allows the viewer to distinguish its shape. Thus even if an animal is exactly, but uniformly, the same color as the substrate, it will be easily ③  <u>visible</u> when illuminated. Most animals, however, are darker above than they are below. When they are illuminated from above, the darker back is lightened and the lighter belly is shaded. The animal thus appears to be a ④ <u>single</u> color and easily blends in with the substrate. This pattern of coloration, or countershading, ⑤ <u>reinforces</u> the visual impression of shape in the organism. It allows the animal to blend in with its background.

* camouflage: 위장 ** substrate: 밑바탕, 기질(基質)

L10 ✽✽✽  고2 2022(6월)/30

다음 글의 밑줄 친 부분 중, 문맥상 낱말의 쓰임이 적절하지 않은 것은?

The most advanced military jets are fly-by-wire: They are so unstable that they require an automated system that can sense and act more quickly than a human operator to maintain control. Our dependence on smart technology has led to a ① <u>paradox</u>. As technology improves, it becomes more reliable and more efficient, and human operators depend on it even more. Eventually they lose focus, become ② <u>distracted</u>, and check out, leaving the system to run on its own. In the most extreme case, piloting a massive airliner could become a ③ <u>passive</u> occupation, like watching TV. This is fine until something unexpected happens. The unexpected reveals the value of humans; what we bring to the table is the ④ <u>flexibility</u> to handle new situations. Machines aren't collaborating in pursuit of a joint goal; they are merely serving as tools. So when the human operator gives up oversight, the system is ⑤ <u>less</u> likely to have a serious accident.

* fly-by-wire: 전자식 비행 조종 장치

다음 글의 밑줄 친 부분 중, 문맥상 낱말의 쓰임이 적절하지 않은 것은?

Adam Smith pointed out that specialization, where each of us focuses on one specific skill, leads to a general improvement of everybody's well-being. The idea is simple and powerful. By specializing in just one activity — such as food raising, clothing production, or home construction — each worker gains ① mastery over the particular activity. Specialization makes sense, however, only if the specialist can subsequently ② trade his or her output with the output of specialists in other lines of activity. It would make no sense to produce more food than a household needs unless there is a market outlet to exchange that ③ scarce food for clothing, shelter, and so forth. At the same time, without the ability to buy food on the market, it would not be possible to be a specialist home builder or clothing maker, since it would be ④ necessary to farm for one's own survival. Thus Smith realized that the division of labor is ⑤ limited by the extent of the market, whereas the extent of the market is determined by the degree of specialization.

다음 글의 밑줄 친 부분 중, 문맥상 낱말의 쓰임이 적절하지 않은 것은? [3점]

Technology changes how individuals and societies understand the concept of privacy. The fact that someone has a new ability to access information or watch the actions of another does not ① justify doing so. Rather, advances in technology require citizens and policy makers to consider how privacy protections should be expanded. For example, when cameras first became available for commercial and private use, nations and citizens struggled over whether new laws should be enacted to ② protect individuals from being photographed without their permission. The ③ reconsideration of privacy brought about by this new technology re-affirmed a distinction between private and public spaces. It was determined by most cultures that people automatically gave ④ consent to being seen — and thus recorded — once they voluntarily stepped into a public space. Although some people might be uncomfortable with the spread of surveillance cameras, citizens in most cultures have adjusted to the fact that giving up the right not to be observed in these circumstances causes ⑤ more harm to the community than failing to have surveillance.

* surveillance: 감시

L13 ~ 14 ▶ 제한시간 5분

L13 ⭐ 2등급 대비  고2 2023(6월)/30

다음 글의 밑줄 친 부분 중, 문맥상 낱말의 쓰임이 적절하지 않은 것은? [3점]

Over the past several decades, there have been some agreements to reduce the debt of poor nations, but other economic challenges (like trade barriers) ① remain. Nontariff trade measures, such as quotas, subsidies, and restrictions on exports, are increasingly prevalent and may be enacted for policy reasons having nothing to do with trade. However, they have a ② discriminatory effect on exports from countries that lack the resources to comply with requirements of nontariff measures imposed by rich nations. For example, the huge subsidies that ③ poor nations give to their farmers make it very difficult for farmers in the rest of the world to compete with them. Another example would be domestic health or safety regulations, which, though not specifically targeting imports, could ④ impose significant costs on foreign manufacturers seeking to conform to the importer's market. Industries in developing markets may have more ⑤ difficulty absorbing these additional costs.

* nontariff: 비관세의   ** subsidy: 보조금

L14 ⭐ 2등급 대비 고2 2023(9월)/30 

다음 글의 밑줄 친 부분 중, 문맥상 낱말의 쓰임이 적절하지 않은 것은?

The "jolt" of caffeine does wear off. Caffeine is ① removed from your system by an enzyme within your liver, which gradually degrades it over time. Based in large part on genetics, some people have a more efficient version of the enzyme that degrades caffeine, ② allowing the liver to rapidly clear it from the bloodstream. These rare individuals can drink an espresso with dinner and fall fast asleep at midnight without a problem. Others, however, have a slower-acting version of the enzyme. It takes far ③ longer for their system to eliminate the same amount of caffeine. As a result, they are very ④ insensitive to caffeine's effects. One cup of tea or coffee in the morning will last much of the day, and should they have a second cup, even early in the afternoon, they will find it difficult to fall asleep in the evening. Aging also ⑤ alters the speed of caffeine clearance: the older we are, the longer it takes our brain and body to remove caffeine, and thus the more sensitive we become in later life to caffeine's sleep-disrupting influence.

* jolt: 충격   ** enzyme: 효소

L15 ~ 16 ▶ 제한시간 5분

L15 ★ 1등급 대비   고2 2022(3월)/30 

다음 글의 밑줄 친 부분 중, 문맥상 낱말의 쓰임이 적절하지 않은 것은? [3점]

What exactly does normal science involve? According to Thomas Kuhn it is primarily a matter of *puzzle-solving*. However successful a paradigm is, it will always ① encounter certain problems — phenomena which it cannot easily accommodate, or mismatches between the theory's predictions and the experimental facts. The job of the normal scientist is to try to ② eliminate these minor puzzles while making as few changes as possible to the paradigm. So normal science is a ③ conservative activity — its practitioners are not trying to make any earth-shattering discoveries, but rather just to develop and extend the existing paradigm. In Kuhn's words, 'normal science does not aim at novelties of fact or theory, and when successful finds none'. Above all, Kuhn stressed that normal scientists are not trying to *test* the paradigm. On the contrary, they accept the paradigm ④ unquestioningly, and conduct their research within the limits it sets. If a normal scientist gets an experimental result which ⑤ corresponds with the paradigm, they will usually assume that their experimental technique is faulty, not that the paradigm is wrong.

* practitioner: (어떤 일을) 실행하는 사람

L16 ★ 1등급 대비   고2 2021(3월)/30 

다음 글의 밑줄 친 부분 중, 문맥상 낱말의 쓰임이 적절하지 않은 것은? [3점]

The objective point of view is illustrated by John Ford's "philosophy of camera." Ford considered the camera to be a window and the audience to be ① outside the window viewing the people and events within. We are asked to watch the actions as if they were taking place at a distance, and we are not asked to participate. The objective point of view employs a static camera as much as possible in order to ② avoid this window effect, and it concentrates on the actors and the action without drawing attention to the camera. The objective camera suggests an emotional distance between camera and subject; the camera seems simply to be recording, as ③ straightforwardly as possible, the characters and actions of the story. For the most part, the director uses natural, normal types of camera positioning and camera angles. The objective camera does not comment on or ④ interpret the action but merely records it, letting it unfold. We see the action from the viewpoint of an impersonal observer. If the camera moves, it does so unnoticeably, calling as ⑤ little attention to itself as possible.

L 어휘 Review

※ 다음 영어는 우리말 뜻, 우리말은 영어 단어를 〈보기〉에서 찾아 쓰시오.

〈보기〉

추구	novelty	시각적인	reason
경쟁자	minor	드러내다	법률을 제정하다
당뇨병	obesity	consent	depth

01 striving ＿＿＿＿＿＿＿＿

02 reveal ＿＿＿＿＿＿＿＿

03 optical ＿＿＿＿＿＿＿＿

04 enact ＿＿＿＿＿＿＿＿

05 diabetes ＿＿＿＿＿＿＿＿

06 참신함 ＿＿＿＿＿＿＿＿

07 사소한 ＿＿＿＿＿＿＿＿

08 동의 ＿＿＿＿＿＿＿＿

09 추론하다 ＿＿＿＿＿＿＿＿

10 비만 ＿＿＿＿＿＿＿＿

※ 다음 우리말에 알맞은 영어 표현을 찾아 연결하시오.

11 언젠가 •　　• in time

12 ~을 준수하다 •　　• in pursuit of

13 ~을 추구하여 •　　• comply with

14 입에서 살살 녹는 •　　• specialize in

15 ~을 전문으로 하다 •　　• melt-in-your-mouth

※ 다음 우리말 표현에 맞는 단어를 고르시오.

16 자동화된 시스템 ➡ a(n) (manual / automated) system

17 전문화의 정도 ➡ the degree of (combination / specialization)

18 불평등을 제거하기 위해 노력하다 ➡ seek to (eliminate / estimate) inequality

19 석유 생산 감소 ➡ a (shrub / shrink) in oil production

20 지시적인 안내 ➡ (directive / indirective) guidance

※ 다음 문장의 빈칸에 알맞은 단어를 〈보기〉에서 찾아 쓰시오.

〈보기〉

compulsory	adaptation	tropical	conversely
possibility	autonomous	employs	belly
re-affirmed	consistency	emotional	detect

21 최초의 인간은 아마도 열대 지역에서 진화했다.
➡ The first human beings probably evolved in ＿＿＿＿＿ regions.

22 자금 조달의 출처 공개는 이후 의무화되었다.
➡ Funding disclosures have since been made ＿＿＿＿＿ .

23 객관적인 관점은 정적인 카메라를 이용한다.
➡ The objective point of view ＿＿＿＿＿ a static camera.

24 이러한 순간들이 쇼의 긍정적인 경험에 대한 적응을 깨뜨린다.
➡ These moments break up ＿＿＿＿＿ to the positive experience of the show.

25 청소년기에 더 적합한 것은 자율적 감정 조절을 간접적으로 지원하는 것이다.
➡ More suitable in adolescence is indirect support of ＿＿＿＿＿ emotion regulation.

26 색의 가능성은 존재하지 않았다.
➡ The ＿＿＿＿＿ of color did not exist.

27 객관적인 카메라는 감정적인 거리를 보여준다.
➡ The objective camera suggests a(n) ＿＿＿＿＿ distance.

28 사생활에 대한 재고는 사적 및 공적 공간의 구별을 재확인했다.
➡ The reconsideration of privacy ＿＿＿＿＿ a distinction between private and public spaces.

29 반대로 유가 급등은 결코 좋은 소식이 아니다.
➡ ＿＿＿＿＿, a sudden rise in oil prices is never good news.

30 일관성이 항상 장점인지는 분명하지 않다.
➡ It is not clear that ＿＿＿＿＿ is always a virtue.

❖ 정답 164p

M 빈칸 완성하기

★ 유형 설명

다음 빈칸에 들어갈 말로 가장 적절한 것을 고르시오. [3점]
We are now ________________, instead of
the other way around. Perhaps the clearest way

빈칸이 포함된 문장, 절 이외의 나머지 부분을 통해 주제문이나 주제에
맞는 세부 내용을 완성해야 한다.

M 1 빈칸이 <u>앞부분</u>에 있는 경우
○─ 글의 나머지 부분을 종합해야 하는
주제문인 경우가 많다.

M 2 빈칸이 <u>가운데</u>에 있는 경우
○─ 주제를 뒷받침하거나 반박하는
세부 내용인 경우가 많다. 글의 흐름이
반전되지 않는지 주의해야 한다.

M 3 빈칸이 <u>끝부분</u>에 있는 경우
○─ 글의 내용을 종합하여 주제문에
해당하는 결론을 완성해야 한다.

👓 유형 풀이 비법

1 빈칸의 위치를 확인하라!
• 빈칸이 포함된 문장과 그
주변 문장을 주의 깊게
읽는다.

2 글의 주제를 추론하라!
• 반복해서 등장하는 핵심어
위주로 글의 주제를
파악한다.

3 전개 방식을 파악하라!
• 열거, 예시, 대조 등의 글의
전개 방식을 파악해서
빈칸이 어떤 부분에
해당하는지 찾는다.

(Tip) 선택지를 빈칸에 넣은
후 전후 맥락과 연결되는지
확인한다.

🔑 어휘 및 표현 Preview

- □ **vocalization** 발성
- □ **acoustic** 음향의
- □ **obedient** 복종적인
- □ **verbal** 언어의
- □ **selective** 선택력이 있는
- □ **villain** 악당
- □ **exemplar** 표본
- □ **virtuous** 도덕적인
- □ **chronicler** 연대기 학자[기록자]
- □ **oppression** 억압
- □ **predator** 포식자
- □ **propel** 촉진하다
- □ **inclusive** 포용적인
- □ **rebellion** 저항
- □ **empowerment** 자율성
- □ **profitability** 수익성
- □ **auditory** 청각의
- □ **deceptively** 현혹하게, 속이게
- □ **cortex** 피질

- □ **vigorously** 힘차게
- □ **quantifiable** 정량화할 수 있는
- □ **epidemiologist** 역학자
- □ **consumption** 섭취, 소비
- □ **correlation** 상관관계
- □ **coronary** 관상 동맥성의
- □ **reliability** 신뢰성
- □ **ethical** 도덕적인
- □ **intervene** 개입하다
- □ **distress** 고통
- □ **troublesome** 골치 아픈
- □ **poisonous** 해로운, 독성의
- □ **interpret** 해석하다
- □ **incompetence** 무능력
- □ **undermine** 손상시키다
- □ **fictional** 허구의
- □ **speculate** 추측하다
- □ **plot** 줄거리
- □ **abstraction** 관념, 추상적 개념

- □ **contend** 다투다, 씨름하다
- □ **folk** (일반적인) 사람들
- □ **sidestep** 피하다
- □ **expense** 비용
- □ **accountant** 회계사
- □ **intensify** 강화하다
- □ **trigger** 유발하다
- □ **misguided** 잘못 이해한
- □ **vertical** 수직의
- □ **hostility** 적대감
- □ **from scratch** 처음부터
- □ **refrain from** ~을 삼가다
- □ **pose a risk** 위험을 끼치다
- □ **with ease** 쉽게
- □ **make peace with** ~와 잘 지내다
- □ **deprive A of B** A에서 B를 뺏다
- □ **rise and fall** 흥망성쇠
- □ **dependent (up)on** ~에 의존[의지]하는
- □ **fade away** 사라지다

M ☐1 빈칸이 <u>앞부분</u>에 있는 경우

1st 빈칸이 포함된 문장을 먼저 읽고, 빈칸에 들어갈 말에 대한 단서를 찾으세요.
2nd 앞에서 찾은 단서를 활용하여 글을 읽으면서 빈칸에 들어갈 말을 찾으세요.
3rd 선택지를 꼼꼼히 해석하여 정답을 고르세요.

M01 ★★★ ····· 고2 2025(3월)/31

다음 빈칸에 들어갈 말로 가장 적절한 것을 고르시오.

The explosion of popular music in the second half of the twentieth century as well as the global circulation and dissemination of music by the creative industries propelled a new understanding of _____________ in relation to ⁵ music. Suddenly, in the 1950s, anyone could pick up spoons, a couple of pans, a second-hand guitar and start a band. This led to specific genres such as skiffle, but also, more generally, reflected a much more relaxed and ¹⁰ inclusive attitude to music making. While ordinary people had always sung and made music, the popular music movement was driven by a spirit of rebellion and freedom. This approach led to the punk movement, ¹⁵ whose musicians even made it a condition for their music to be non-virtuosic and accessible to all in the 1970s. Groups who had been entirely excluded from music revelled in opportunities to create. This led to a sense of ²⁰ novelty and empowerment in and beyond the music sphere.

* dissemination: 보급   ** non-virtuosic: 전문성이 높지 않은
*** revel in: ~을 만끽하다

① accessibility
② responsibility
③ exchange
④ preservation
⑤ profitability

1st 빈칸이 포함된 문장을 먼저 읽고, 빈칸에 들어갈 말에 대한 단서를 찾으세요.

The explosion of popular music / in the second half
대중음악의 폭발적 증가는   / 20세기 후반의
of the twentieth century / as well as the global
                    / 전 세계적 음악 유통과 보급뿐만
circulation and dissemination of music / by the
아니라   / 창작
creative industries / propelled a new understanding
산업계의   / 새로운 이해를 촉진했다
/ of _____________ in relation to music. //
/ 음악과 관련된 _____________ 에 대한   //

● **빈칸은 무엇을 가리키나요?**
빈칸은 '대중음악의 증가로 인해 음악과 관련하여 새로운 이해가 촉진된' 것으로, 대중음악이 발달하면서 사람들이 새롭게 이해하게 된 개념이 무엇인지를 찾아야 해요..

2nd 앞에서 찾은 단서를 활용하여 글을 읽으면서 빈칸에 들어갈 말을 찾으세요.

1) 글을 처음부터 읽어봅시다.

Suddenly, in the 1950s, / anyone could pick up
갑자기, 1950년대에   / 누구나 숟가락, 냄비 몇 개, 중고
spoons, a couple of pans, a second-hand guitar /
기타를 집어 들고   /
and start a band. //
밴드를 시작할 수 있었다   //

● **첫 문장은 읽었으니 그다음 문장을 봅시다.**
1950년대, 즉 20세기 후반의 음악 특성에 대해서 묘사하는 부분이에요. 누구나 숟가락, 냄비와 같은 쉬운 장비들로 밴드를 시작할 수 있었다는 것은 음악에 대한 접근성이 좋아졌다는 거죠?

2) 또 어떤 특징이 언급되나요?

This led to specific genres / such as skiffle, / but
이는 특정 장르로 이어졌을 뿐만 아니라   / 스키플(skiffle)과 같은   / 또한,
also, more generally, / reflected a much more
더 일반적으로는   / 훨씬 더 여유롭고 포용적인 태도를
relaxed and inclusive attitude / to music making. //
반영했다   / 음악 제작에 대한   //

● **특정 장르가 아닌 더 포용적인 태도를 반영했대요.**
누구나 밴드를 시작할 수 있을 정도로 대중적이게 되었고, 음악 제작에 있어 특정 장르에 국한되지 않고 더 여유로워졌다는 내용이 이어지네요.

3) 비슷한 특징들이 계속해서 소개되고 있어요.

While ordinary people had always sung / and made
평범한 사람들이 항상 노래를 부르고　　　　　　 / 음악을 만들어
music, / the popular music movement / was driven
왔었지만 / 대중음악 운동은　　　　　　　　　 / 저항과 자유의
by a spirit of rebellion and freedom. //
정신에 의해 촉진되었다　　　　　　　　 //
This approach / led to the punk movement, / whose
이러한 접근 방식은 / 펑크 운동으로 이어졌으며　　　 /
musicians even made it a condition / for their music
이 음악가들은 심지어 필수 요건으로 삼았다　　　 / 자신들의 음악이
to be non-virtuosic / and accessible to all / in the
전문성이 높지 않고　　 / 누구나 접근할 수 있는 것을　 /
1970s. //
1970년대에 //

● **대중음악 운동은 무엇에 의해 촉진되었나요?**
대중음악은 저항과 (　　　　)의 정신에 의해 촉진되었는데, 이는
펑크 운동으로 이어져 전문성이 높지 않아도 누구나 음악에 접근할 수
있었대요.

4) 글의 마지막 부분도 확인해 봅시다.

Groups who had been entirely excluded from
음악에서 완전히 배제되었던 집단이
music / revelled in opportunities to create. //
　　 / 창작의 기회를 만끽했다　　　　　　 //
This led to a sense of novelty and empowerment /
이는 참신성과 자율성이라는 인식으로 이어졌다　　　 /
in and beyond the music sphere. //
음악계 안팎에서　　　　　 //

● **어떤 집단들도 창작의 기회를 가졌나요?**
음악에서 완전히 배제되었던, 전문성이 높지 않았던 집단들도 창작할
수 있게 되었고, 이것은 참신성과 (　　　　)이라는 인식으로
이어졌대요.

3rd 선택지를 꼼꼼히 해석하여 정답을 고르세요.

1) 선택지를 해석해 봅시다.

① accessibility　접근성
② responsibility　책임감
③ exchange　교환
④ preservation　보존
⑤ profitability　수익성

● **정답을 골라보세요.**
빈칸은 '대중음악의 증가로 인해 음악과 관련하여 새로운 이해가 촉진된'
것이에요.
여유롭고 포용적인 태도, 저항과 자유의 정신이 대중음악을 촉진했으며,
음악가들은 전문성이 높지 않고 누구나 접근할 수 있는 음악을 필수
조건으로 삼았다고 설명하고 있어요. 이는 음악에서 배제되었던 집단들도
음악을 창작할 수 있게 하였으며, 참신성과 자율성이라는 인식으로
이어졌고요.
따라서 빈칸에 들어갈 말은 (　　　　) '접근성'이에요.

2) 해당 선택지가 글의 흐름에 맞는지 확인해 보세요.

도입	20세기 후반 대중음악의 확산은 음악에 대한 접근성과 제작 방식에 새로운 인식을 불러일으켰음
전개 ①	누구나 일상적인 물건으로 밴드를 시작할 수 있었고, 이는 스키플 같은 장르와 음악에 대한 포용적 태도로 이어졌음
전개 ②	이러한 흐름은 비전문성조차 긍정하며 다양한 집단의 음악 창작 참여를 확대시켰음
결과	그 결과 음악계 안팎에서 참신함과 자율성의 가치를 중시하는 문화가 형성됨

❖ 정답 및 해설 165p

M02 ~ 06 ▶ 제한시간 10분

M02 ★★❋   고2 2025(9월)/31   

다음 빈칸에 들어갈 말로 가장 적절한 것을 고르시오.

Paradoxically, it's ______________ that makes us feel most alive. Think of events that shake you out of your everyday routine: maybe attending a family wedding, making a big presentation, or going somewhere you've never been. It's on those occasions that time seems to slow down a little, and you feel more fully engaged. The same holds true if the experience is risky, like mountain climbing or parasailing. Your senses are sharper. You notice more. Thanks to the release of a feel-good chemical in the brain called *dopamine*, you get a greater rush of pleasure from chance encounters with people than planned meetings. Good news, financial rewards, and gifts are more enjoyable if they are surprises. It's why the most popular television shows and movies are the ones with unexpected plot twists and astonishing endings.

① failure   ② uncertainty   ③ repetition
④ dependence   ⑤ vulnerability

M03 ★★★   고2 2025(9월)/32   

다음 빈칸에 들어갈 말로 가장 적절한 것을 고르시오. [3점]

A great strength of the market mechanism is that there are incentives for individuals ______________________. This stands in contrast to many *strategic* situations — for example, in political negotiations — in which it is wise *not* to let the other side know what one's true preferences or production capacities are. A perfectly competitive market that clears on the spot leaves no room for such strategies. If prices are not sticky — as many models assume — individuals adapt their behavior instantaneously, whenever their preferences or the circumstances change. They stop buying items that do not satisfy their needs and stop selling items that do not provide them with optimal gains, maybe switching to the production of other items. If they have motivational problems, for example, falling into denial about the fact that there is no demand for their products, markets reveal to them, sometimes in quite brutal ways, that they better accept this fact.

① to take advantage of political situations
② to endure hardships until prices go down
③ to contribute to the price stabilization of items
④ to avoid competition by using negotiation skills
⑤ to reveal their knowledge through their behavior

M04 ★★★   고2 2021(11월)/33   

다음 빈칸에 들어갈 말로 가장 적절한 것을 고르시오. [3점]

When it comes to climates in the interior areas of continents, mountains ______________________ ______________________. A great example of this can be seen along the West Coast of the United States. Air moving from the Pacific Ocean toward the land usually has a great deal of moisture in it. When this humid air moves across the land, it encounters the Coast Range Mountains. As the air moves up and over the mountains, it begins to cool, which causes precipitation on the windward side of the mountains. Once the air moves down the opposite side of the mountains (called the leeward side) it has lost a great deal of moisture. The air continues to move and then hits the even higher Sierra Nevada mountain range. This second uplift causes most of the remaining moisture to fall out of the air, so by the time it reaches the leeward side of the Sierras, the air is extremely dry. The result is that much of the state of Nevada is a desert.

① increase annual rainfall in dry regions
② prevent drastic changes in air temperature
③ play a huge role in stopping the flow of moisture
④ change wind speed as air ascends and descends them
⑤ equalize the amount of moisture of surrounding land areas

다음 빈칸에 들어갈 말로 가장 적절한 것을 고르시오. [3점]

We are now ________________________, instead of the other way around. Perhaps the clearest way to see this is to look at changes in the biomass — the total worldwide weight — of mammals. A long time ago, all of us humans together probably weighed only about two-thirds as much as all the bison in North America, and less than one-eighth as much as all the elephants in Africa. But in the Industrial Era our population exploded and we killed bison and elephants at industrial scale and in terrible numbers. The balance shifted greatly as a result. At present, we humans weigh more than 350 times as much as all bison and elephants put together. We weigh over ten times more than all the earth's wild mammals combined. And if we add in all the mammals we've domesticated — cattle, sheep, pigs, horses, and so on — the comparison becomes truly ridiculous: we and our tamed animals now represent 97 percent of the earth's mammalian biomass. This comparison illustrates a fundamental point: instead of being limited by the environment, we learned to shape it to our own ends.

*bison: 들소

① imposing ourselves on nature
② limiting our ecological impact
③ yielding our land to mammals
④ encouraging biological diversity
⑤ doing useful work for the environment

다음 빈칸에 들어갈 말로 가장 적절한 것을 고르시오.

Psychologist Christopher Bryan finds that when we ________________________, people evaluate choices differently. His team was able to cut cheating in half: instead of "Please don't cheat," they changed the appeal to "Please don't be a cheater." When you're urged not to cheat, you can do it and still see an ethical person in the mirror. But when you're told not to be a cheater, the act casts a shadow; immorality is tied to your identity, making the behavior much less attractive. Cheating is an isolated action that gets evaluated with the logic of consequence: Can I get away with it? Being a cheater evokes a sense of self, triggering the logic of appropriateness: What kind of person am I, and who do I want to be? In light of this evidence, Bryan suggests that we should embrace nouns more thoughtfully. "Don't Drink and Drive" could be rephrased as: "Don't Be a Drunk Driver." The same thinking can be applied to originality. When a child draws a picture, instead of calling the artwork creative, we can say "You are creative."

① ignore what experts say
② keep a close eye on the situation
③ shift our emphasis from behavior to character
④ focus on appealing to emotion rather than reason
⑤ place more importance on the individual instead of the group

M07 ★★★ 고2 2022(6월)/33

다음 빈칸에 들어갈 말로 가장 적절한 것을 고르시오. [3점]

What is unusual about journalism as a profession is _______________. In theory, practitioners in the classic professions, like medicine or the clergy, contain the means of production in their heads and hands, and therefore do not have to work for a company or an employer. They can draw their income directly from their clients or patients. Because the professionals hold knowledge, moreover, their clients are dependent on them. Journalists hold knowledge, but it is not theoretical in nature; one might argue that the public depends on journalists in the same way that patients depend on doctors, but in practice a journalist can serve the public usually only by working for a news organization, which can fire her or him at will. Journalists' income depends not on the public, but on the employing news organization, which often derives the large majority of its revenue from advertisers.

① its lack of independence
② the constant search for truth
③ the disregard of public opinion
④ its balance of income and faith
⑤ its overconfidence in its social influence

M08 ★★★❋ 고2 2021(3월)/31

다음 빈칸에 들어갈 말로 가장 적절한 것을 고르시오. [3점]

Even the most respectable of all musical institutions, the symphony orchestra, carries inside its DNA the legacy of the _______________. The various instruments in the orchestra can be traced back to these primitive origins — their earliest forms were made either from the animal (horn, hide, gut, bone) or the weapons employed in bringing the animal under control (stick, bow). Are we wrong to hear this history in the music itself, in the formidable aggression and awe-inspiring assertiveness of those monumental symphonies that remain the core repertoire of the world's leading orchestras? Listening to Beethoven, Brahms, Mahler, Bruckner, Berlioz, Tchaikovsky, Shostakovich, and other great composers, I can easily summon up images of bands of men starting to chase animals, using sound as a source and symbol of dominance, an expression of the will to predatory power.   * legacy: 유산   ** formidable: 강력한

① hunt   ② law   ③ charity
④ remedy   ⑤ dance

M09 ★★★ 고2 2023(9월)/33

다음 빈칸에 들어갈 말로 가장 적절한 것을 고르시오. [3점]

As always happens with natural selection, bats and their prey have _______________ for millions of years. It's believed that hearing in moths arose specifically in response to the threat of being eaten by bats. (Not all insects can hear.) Over millions of years, moths have evolved the ability to detect sounds at ever higher frequencies, and, as they have, the frequencies of bats' vocalizations have risen, too. Some moth species have also evolved scales on their wings and a fur-like coat on their bodies; both act as "acoustic camouflage," by absorbing sound waves in the frequencies emitted by bats, thereby preventing those sound waves from bouncing back. The B-2 bomber and other "stealth" aircraft have fuselages made of materials that do something similar with radar beams.

* frequency: 주파수   ** camouflage: 위장   *** fuselage: (비행기의) 기체

① been in a fierce war over scarce food sources
② been engaged in a life-or-death sensory arms race
③ invented weapons that are not part of their bodies
④ evolved to cope with other noise-producing wildlife
⑤ adapted to flying in night skies absent of any lights

M10 *** 

다음 빈칸에 들어갈 말로 가장 적절한 것을 고르시오.

A recent study shows that dogs appear to _______________. Scientists placed 28 dogs in front of a computer monitor blocked by an opaque screen, then played a recording of the dog's human guardian or a stranger saying the dog's name five times through speakers in the monitor. Finally, the screen was removed to reveal either the face of the dog's human companion or a stranger's face. The dogs' reactions were videotaped. Naturally, the dogs were attentive to the sound of their name, and they typically stared about six seconds at the face after the screen was removed. But they spent significantly more time gazing at a strange face after they had heard the familiar voice of their guardian. That they paused for an extra second or two suggests that they realized something was wrong. The conclusion drawn is that dogs form a picture in their mind, and that they can think about it and make predictions based on that picture. And, like us, they are puzzled when what they see or hear doesn't match what they were expecting.

* opaque: 불투명한

① form mental images of people's faces
② sense people's moods from their voices
③ detect possible danger and prepare for it
④ imitate their guardians' habitual behaviors
⑤ selectively obey commands from strangers

M11 ***

다음 빈칸에 들어갈 말로 가장 적절한 것을 고르시오.

Philosophical activity is based on the _______________. The philosopher's thirst for knowledge is shown through attempts to find better answers to questions even if those answers are never found. At the same time, a philosopher also knows that being too sure can hinder the discovery of other and better possibilities. In a philosophical dialogue, the participants are aware that there are things they do not know or understand. The goal of the dialogue is to arrive at a conception that one did not know or understand beforehand. In traditional schools, where philosophy is not present, students often work with factual questions, they learn specific content listed in the curriculum, and they are not required to solve philosophical problems. However, we know that awareness of what one does not know can be a good way to acquire knowledge. Knowledge and understanding are developed through thinking and talking. Putting things into words makes things clearer. Therefore, students must not be afraid of saying something wrong or talking without first being sure that they are right.

① recognition of ignorance
② emphasis on self-assurance
③ conformity to established values
④ achievements of ancient thinkers
⑤ comprehension of natural phenomena

M12 *** 

다음 빈칸에 들어갈 말로 가장 적절한 것을 고르시오. [3점]

Sometimes a person is acclaimed as "the greatest" because _______________. For example, violinist Jan Kubelik was acclaimed as "the greatest" during his first tour of the United States, but when impresario Sol Hurok brought him back to the United States in 1923, several people thought that he had slipped a little. However, Sol Elman, the father of violinist Mischa Elman, thought differently. He said, "My dear friends, Kubelik played the Paganini concerto tonight as splendidly as ever he did. Today you have a different standard. You have Elman, Heifetz, and the rest. All of you have developed and grown in artistry, technique, and, above all, in knowledge and appreciation. The point is: you know more; not that Kubelik plays less well."

*acclaim: 칭송하다   **impresario: 기획자, 단장

① there are moments of inspiration
② there is little basis for comparison
③ he or she longs to be such a person
④ other people recognize his or her efforts
⑤ he or she was born with great artistic talent

M13 ❋❋❋  고2 2020(3월)/33

다음 빈칸에 들어갈 말로 가장 적절한 것을 고르시오. [3점]

Translating academic language into everyday language can be an essential tool for you as a writer to _______________________. For, as writing theorists often note, writing is generally not a process in which we start with a fully formed idea in our heads that we then simply transcribe in an unchanged state onto the page. On the contrary, writing is more often a means of discovery in which we use the writing process to figure out what our idea is. This is why writers are often surprised to find that what they end up with on the page is quite different from what they thought it would be when they started. What we are trying to say here is that everyday language is often crucial for this discovery process. Translating your ideas into more common, simpler terms can help you figure out what your ideas really are, as opposed to what you initially imagined they were.

* transcribe: 옮겨 쓰다

① finish writing quickly
② reduce sentence errors
③ appeal to various readers
④ come up with creative ideas
⑤ clarify your ideas to yourself

M14 ❋❋❋ 고2 2021(9월)/31

다음 글의 빈칸에 들어갈 말로 가장 적절한 것을 고르시오.

_______________ works as a general mechanism for the mind, in many ways and across many different areas of life. For example, Brian Wansink, author of *Mindless Eating*, showed that it can also affect our waistlines. We decide how much to eat not simply as a function of how much food we actually consume, but by a comparison to its alternatives. Say we have to choose between three burgers on a menu, at 8, 10, and 12 ounces. We are likely to pick the 10-ounce burger and be perfectly satisfied at the end of the meal. But if our options are instead 10, 12, and 14 ounces, we are likely again to choose the middle one, and again feel equally happy and satisfied with the 12-ounce burger at the end of the meal, even though we ate more, which we did not need in order to get our daily nourishment or in order to feel full.

① Originality
② Relativity
③ Visualization
④ Imitation
⑤ Forgetfulness

M15 ✪ 2등급 대비  고2 2021(3월)/33 

다음 빈칸에 들어갈 말로 가장 적절한 것을 고르시오. [3점]

Psychological research has shown that people naturally _______________________, often without thinking about it. Imagine you're cooking up a special dinner with a friend. You're a great cook, but your friend is the wine expert, an amateur sommelier. A neighbor drops by and starts telling you both about the terrific new wines being sold at the liquor store just down the street. There are many new wines, so there's a lot to remember. How hard are you going to try to remember what the neighbor has to say about which wines to buy? Why bother when the information would be better retained by the wine expert sitting next to you? If your friend wasn't around, you might try harder. After all, it would be good to know what a good wine would be for the evening's festivities. But your friend, the wine expert, is likely to remember the information without even trying.

① divide up cognitive labor
② try to avoid disagreements
③ seek people with similar tastes
④ like to share old wisdom
⑤ balance work and leisure

다음 빈칸에 들어갈 말로 가장 적절한 것을 고르시오.

Free play is nature's means of teaching children that they are not ___________. In play, away from adults, children really do have control and can practice asserting it. In free play, children learn to make their own decisions, solve their own problems, create and follow rules, and get along with others as equals rather than as obedient or rebellious subordinates. In active outdoor play, children deliberately dose themselves with moderate amounts of fear and they thereby learn how to control not only their bodies, but also their fear. In social play children learn how to negotiate with others, how to please others, and how to manage and overcome the anger that can arise from conflicts. None of these lessons can be taught through verbal means; they can be learned only through experience, which free play provides.

* rebellious: 반항적인

① noisy   ② sociable   ③ complicated
④ helpless   ⑤ selective

M17 ～ 18 ▶ 제한시간 5분

다음 빈칸에 들어갈 말로 가장 적절한 것을 고르시오.

As well as making sense of events through narratives, historians in the ancient world established the tradition of history as a(n) ___________________. The history writing of Livy or Tacitus, for instance, was in part designed to examine the behavior of heroes and villains, meditating on the strengths and weaknesses in the characters of emperors and generals, providing exemplars for the virtuous to imitate or avoid. This continues to be one of the functions of history. French chronicler Jean Froissart said he had written his accounts of chivalrous knights fighting in the Hundred Years' War "so that brave men should be inspired thereby to follow such examples." Today, historical studies of Lincoln, Churchill, Gandhi, or Martin Luther King, Jr. perform the same function.

* chivalrous: 기사도적인

① source of moral lessons and reflections
② record of the rise and fall of empires
③ war against violence and oppression
④ means of mediating conflict
⑤ integral part of innovation

다음 빈칸에 들어갈 말로 가장 적절한 것을 고르시오. [3점]

One vivid example of how ___________________________ is given by Dan Ariely in his book *Predictably Irrational*. He tells the story of a day care center in Israel that decided to fine parents who arrived late to pick up their children, in the hope that this would discourage them from doing so. In fact, the exact opposite happened. Before the imposition of fines, parents felt guilty about arriving late, and guilt was effective in ensuring that only a few did so. Once a fine was introduced, it seems that in the minds of the parents the entire scenario was changed from a social contract to a market one. Essentially, they were paying for the center to look after their children after hours. Some parents thought it worth the price, and the rate of late arrivals increased. Significantly, once the center abandoned the fines and went back to the previous arrangement, late arrivals remained at the high level they had reached during the period of the fines.

① people can put aside their interests for the common good
② changing an existing agreement can cause a sense of guilt
③ imposing a fine can compensate for broken social contracts
④ social bonds can be insufficient to change people's behavior
⑤ a market mindset can transform and undermine an institution

M ❷ 빈칸이 가운데에 있는 경우

1st 빈칸이 포함된 문장을 읽고, 빈칸에 들어갈 말에 대한 단서를 찾으세요.
2nd 나머지 부분을 읽으며 빈칸에 들어갈 말을 찾으세요.
3rd 선택지를 꼼꼼히 해석하여 정답을 고르세요.

M19 ★★★ ········· 고2 2024(3월)/32

다음 빈칸에 들어갈 말로 가장 적절한 것을 고르시오.

We must explore the relationship between children's film production and consumption habits. The term "children's film" implies ownership by children — *their* cinema — but films supposedly made for children have ⁵ always been ___________________, particularly in commercial cinemas. The considerable crossover in audience composition for children's films can be shown by the fact that, in 2007, eleven Danish ¹⁰ children's and youth films attracted 59 per cent of theatrical admissions, and in 2014, German children's films comprised seven out of the top twenty films at the national box office. This phenomenon corresponds with a ¹⁵ broader, international embrace of what is seemingly children's culture among audiences of diverse ages. The old prejudice that children's film is some other realm, separate from (and forever subordinate to) a ²⁰ more legitimate cinema for adults is not supported by the realities of consumption: children's film is at the heart of contemporary popular culture.

* subordinate: 하위의

① centered on giving moral lessons
② consumed by audiences of all ages
③ appreciated through an artistic view
④ produced by inexperienced directors
⑤ separated from the cinema for adults

1st 빈칸이 포함된 문장을 읽고, 빈칸에 들어갈 말에 대한 단서를 찾으세요.

> The term "children's film" / implies ownership by
> '어린이 영화'라는 용어는 / 어린이에 의한 소유권을 암시하지만
> children / — *their* cinema — / but films
> 즉 '그들의' 영화 / 하지만 소위
> supposedly made for children / have always been
> 어린이를 위해 만들어진 영화는 / 항상
> ___________, / particularly in commercial cinemas. //
> ___________ / 특히 상업 영화에서 //

● **but을 기준으로 나누어 살펴봅시다.**
'어린이 영화'라는 용어가 어린이에 의한 소유권, 즉 '그들의' 영화를 암시한다는 내용과, 소위 어린이를 위해 만들어진 영화는 항상 ___________하다는 내용이 but으로 연결되고 있어요.

● **반대되는 내용이 되려면 빈칸에 어떤 내용이 들어가야 할까요?**
어린이 영화가 어린이에 의한 소유권을 가진 영화를 암시하긴 하지만 사실은 그렇지 않다는 내용이 들어갈 것 같아요.

● **그럼 우리는 글을 읽으며 무엇을 찾아야 할까요?**
특히 상업 영화에서 그렇다고 했으니까 어린이 영화가 상업 영화에서 어떤 특징을 지녔는지 살펴보고, 그것이 어린이에 의한 소유권을 가진 영화가 아니라는 내용과 통한다면 빈칸에 들어갈 만하겠죠.

2nd 나머지 부분을 읽으며 빈칸에 들어갈 말을 찾으세요.

1) 빈칸 바로 뒤 문장을 봅시다.

> The considerable crossover / in audience
> 상당한 (연령 간의) 넘나듦이 있다는 것은 / 어린이 영화의 관객
> composition for children's films / can be shown by
> 구성에서 / 사실에 의해 증명될 수 있다
> the fact / that, in 2007, eleven Danish children's and
> / 2007년에 11개의 덴마크의 어린이 및 청소년 영화가
> youth films / attracted 59 percent of theatrical
> / 극장 입장객의 59퍼센트를 끌어모았고
> admissions, / and in 2014, German children's films /
> / 2014년에는 독일의 어린이 영화가 /
> comprised seven out of the top twenty films / at the
> / 상위 20개 영화 중 7개를 차지했다는 / 전국
> national box office. //
> 극장 흥행 수익에서 //

- **두 개의 예시를 해석해 봅시다.**
  2007년에 11개의 덴마크의 어린이 및 청소년 영화가 극장 입장객의
  59퍼센트를 끌어모았고, 2014년에는 독일의 어린이 영화가 상위 20개
  영화 중 7개를 차지했대요.

- **'59퍼센트'와 '20개 중 7개'는 높은 수치예요.**
  어린이 및 청소년들만으로 이 수치를 달성할 수 있었을까요?

2) 이어서 글을 읽어 봅시다.

This phenomenon corresponds with a broader,
이 현상은 더 광범위하고 국제적으로 수용되는 것과 일치한다
international embrace / of what is seemingly
　　　　　　　　　　／ 겉으로는 어린이 문화처럼 보이는 것이
children's culture / among audiences of diverse
　　　　　　　／ 다양한 연령대의 관객들 사이에서 //
ages. //

- **앞의 두 예시를 해석하는 부분이에요.**
  어린이 관객들로만 59퍼센트의 입장객, 상위 20개 영화 중 7개를
  차지하는 것은 쉽지 않을 거예요. 따라서 이는 어린이 문화처럼 보이는
  것이 사실 다양한 **❶**(　　　　　　)의 관객들 사이에서 수용되고
  있다는 거죠.

3) 글의 마지막 문장을 봅시다.

The old prejudice / that children's film is some
오래된 편견은　　　　／ 어린이 영화가 다른 영역이라는
other realm, / separate from / (and forever
　　／ 별개의　　　／ 　　　　　／ (그리고 영원히 하위의)
subordinate to) / a more legitimate cinema for
　　　　　　　　／ 성인을 위한 더 제대로 된 영화와는
adults / is not supported by the realities of
　　／ 소비의 실상에 의해 뒷받침되지 않는다
consumption: / children's film is at the heart / of
　　　　　　／ 즉, 어린이 영화가 중심에 있다　　　／ 현대
contemporary popular culture. //
대중문화의　　　　　　　　　　　　//

- **무엇이 오래된 편견이라고 하나요?**
  어린이 영화가 성인을 위한 더 제대로 된 영화와는 별개의, 또는 하위의
  다른 영역이라는 것은 오래된 편견이라고 했어요. 즉, 어린이 영화가 현대
  대중문화의 중심에 있다는 거죠.

글을 읽으며 이해한 내용을 정리해 볼까요?

어린이 영화는 어린이의 소유라는 편견과는 달리, 실제로는 다양한 나이대의
관객들이 보고 있다고 했어요. 실제 소비 실태를 살펴보면 어린이 영화는
다양한 연령의 관객에게 수용되고 있죠. 즉, 어린이 영화라는 용어는
어린이의 소유라는 것을 암시하고 있지만, 실제로는 그렇지 않다고 했어요.
따라서 '어린이 영화'라는 용어가 암시하는 바와 달리 어린이 영화가 갖는
특징이 들어가야 하는 빈칸에는 모든 연령대의 관객들이 그것을 소비한다는
내용이 적절하겠죠.

3rd 선택지를 꼼꼼히 해석하여 정답을 고르세요.

① centered on giving moral lessons
　 도덕적 교훈을 주는 것에 초점이 맞춰져 왔다
② consumed by audiences of all ages
　 모든 연령대의 관객들에게 소비되어 왔다
③ appreciated through an artistic view
　 예술적 관점을 통해 감상되어 왔다
④ produced by inexperienced directors
　 경험이 적은 감독들에 의해 제작되어 왔다
⑤ separated from the cinema for adults
　 성인을 위한 영화와 분리되어 왔다

- **정답을 찾아볼까요?**
  모든 연령대의 관객들에게 소비되어 왔다는 내용이 되어야 하므로 정답은
  ❷(　　　　)!

M20 ~ 23 ▶ 제한시간 8분

M20 ★★★   고2 2025(3월)/32

다음 빈칸에 들어갈 말로 가장 적절한 것을 고르시오. [3점]

Great scientists are seldom one-hit wonders. Newton is a prime example: beyond the Newtonian mechanics, he developed the theory of gravitation, calculus, laws of motion, and optimization. In fact, well-known scientists are often involved in multiple discoveries, a phenomenon potentially explained by the Matthew effect. Indeed, an initial success may offer a scientist legitimacy, improve peer perception, provide knowledge of how to score and win, enhance social status, and attract resources and quality collaborators, each of these payoffs further increasing her odds of scoring another win. Yet, there is an appealing alternative explanation: Great scientists have multiple hits and consistently succeed in their scientific endeavors simply because they're exceptionally talented. Therefore, future success again goes to those who have had success earlier, *not* because of advantages offered by the previous success, but because the earlier success was ________________________. The Matthew effect posits that success *alone* increases the future probability of success, raising the question: Does status dictate outcomes, or does it simply reflect an underlying talent or quality? In other words, is there really a Matthew effect after all?

* posit: 상정하다

① inseparable from consistent efforts
② attributed to talented collaborators
③ dependent on financial resources
④ driven by societal recognition
⑤ indicative of a hidden talent

M21 ★★★   고2 2025(6월)/31

다음 빈칸에 들어갈 말로 가장 적절한 것을 고르시오.

We might forget an anecdote about a stranger because it makes few connections with our existing associations, but we won't forget a piece of gossip about our cousin. There's one complex network that is larger and quicker to access than all others — the self. We've been thinking about ourselves in our whole lives. (In fact, there were entire years during junior high when we weren't capable of thinking about much else.) So if a new piece of information has something to do with *us*, it will be more easily and thoroughly processed. It hits even closer to home than our actual home — we can take a vacation away from our home, but not from our*selves*. The most effective communicators find ways to make the abstract ______________. Consider the warning that law schools give to motivate first-year law students concerning the rigors of their program. Hearing that "the first-year dropout rate is 33%" is an abstract statistic. "Look to your left, look to your right. One of the three of you won't be joining us next fall" wakes up the self.

* rigor: 엄격함

① objective
② logical
③ personal
④ creative
⑤ symbolic

다음 빈칸에 들어갈 말로 가장 적절한 것을 고르시오.

Steve Jobs used analogy to get people to embrace the new technology. Before computers, people worked in a physical world. We used paper and pens and physical file folders and so on. The idea of working in a virtual world was radically different. Or at least *seemed* radically different. What Jobs understood was that a physical office was fundamentally similar to a virtual office. To win over the masses, Jobs drew strong analogies between the traditional workplace people knew well with the new, unfamiliar virtual workplace. In the pre-computer workplace, when ideas were written on paper it was called . . . a document. When those documents needed to be stored they were put in . . . a folder. And those folders were kept on . . . a desk. Documents, folders, and desktops are the terms we use in our virtual work because Steve Jobs understood that _______________ would make the new technology easier to understand. The parallels between the physical and virtual workplace now seem obvious.

① using familiar terms
② focusing on efficiency
③ prioritizing user preference
④ receiving continuous feedback
⑤ highlighting linguistic differences

M23 ✳✳✳ 고2 2024(10월)/31

다음 빈칸에 들어갈 말로 가장 적절한 것을 고르시오.

One factor that may hinder creativity is unawareness of the resources required in each activity in students' learning. Often students are unable to identify the resources they need to perform the task required of them. Different resources may be compulsory for specific learning tasks, and recognizing them may simplify the activity's performance. For example, it may be that students desire to conduct some experiments in their projects. There must be a prior investigation of whether the students will have access to the laboratory, equipment, and chemicals required for the experiment. It means _______________ is vital for the students to succeed, and it may be about human and financial resources such as laboratory technicians, money to purchase chemicals, and equipment for their learning where applicable. Even if some of the resources required for a task may not be available, identifying them in advance may help students' creativity. It may even lead to changing the topic, finding alternative resources, and other means.

① persistence   ② diversity
③ distribution   ④ integration
⑤ preparation

M24 ★★★　　　　　　　　　　고2 2024(9월)/31

다음 빈칸에 들어갈 말로 가장 적절한 것을 고르시오. [3점]

When we get an unfavorable outcome, in some ways the *last* thing we want to hear is that the process was fair. As outraging as the combination of an unfavorable outcome and an unfair process is, this combination also brings with it a consolation prize: the possibility of attributing the bad outcome to something other than ourselves. We may reassure ourselves by believing that our bad outcome had little to do with us and everything to do with the unfair process. If the process is fair, however, we cannot nearly as easily ＿＿＿＿＿ the outcome; we got what we got "fair and square." When the process is fair we believe that our outcome is deserved, which is another way of saying that there must have been something about ourselves (what we did or who we are) that caused the outcome.

* consolation: 위로

① expect ② diversify ③ externalize
④ generate ⑤ overestimate

M25 ★★★　　　　　　　　　　고2 2024(9월)/32

다음 빈칸에 들어갈 말로 가장 적절한 것을 고르시오. [3점]

The well-known American ethnologist Alfred Louis Kroeber made a rich and in-depth study of women's evening dress in the West, stretching back about three centuries and using reproductions of engravings. Having adjusted the dimensions of these plates due to their diverse origins, he was able to analyse the constant elements in fashion features and to come up with a study that was neither intuitive nor approximate, but precise, mathematical and statistical. He reduced women's clothing to a certain number of features: length and size of the skirt, size and depth of the neckline, height of the waistline. He demonstrated unambiguously that fashion is ＿＿＿＿＿＿＿ which is not located at the level of annual variations but on the scale of history. For practically 300 years, women's dress was subject to a very precise periodic cycle: forms reach the furthest point in their variations every fifty years. If, at any one moment, skirts are at their longest, fifty years later they will be at their shortest; thus skirts become long again fifty years after being short and a hundred years after being long.

* engraving: 판화　** dimension: 크기

① a profoundly regular phenomenon
② a practical and progressive trend
③ an intentionally created art form
④ a socially influenced tradition
⑤ a swiftly occurring event

M26 ★★★　　　　　　　　　　고2 2024(9월)/34

다음 빈칸에 들어갈 말로 가장 적절한 것을 고르시오. [3점]

It's often said that those who can't do, teach. It would be more accurate to say that those who can do, can't teach the basics. A great deal of expert knowledge is implicit, not explicit. The further you progress toward mastery, ＿＿＿＿＿＿＿＿＿＿. Experiments show that skilled golfers and wine aficionados have a hard time describing their putting and tasting techniques — even asking them to explain their approaches is enough to interfere with their performance, so they often stay on autopilot. When I first saw an elite diver do four and a half somersaults, I asked how he managed to spin so fast. His answer: "Just go up in a ball." Experts often have an intuitive understanding of a route, but they struggle to clearly express all the steps to take. Their brain dump is partially filled with garbage.

* aficionado: 애호가　** somersault: 공중제비

① the greater efforts you have to put into your work
② the smaller number of strategies you use to solve problems
③ the less you tend to show off your excellent skills to others
④ the more detail-oriented you are likely to be for task completion
⑤ the less conscious awareness you often have of the fundamentals

다음 빈칸에 들어갈 말로 가장 적절한 것을 고르시오. [3점]

Beethoven's drive to create something novel is a reflection of his state of curiosity. Our brains experience a sense of reward when we create something new in the process of exploring something uncertain, such as a musical phrase that we've never played or heard before. When our curiosity leads to something novel, the resulting reward brings us a sense of pleasure. A number of investigators have modeled how curiosity influences musical composition. In the case of Beethoven, computer modeling focused on the thirty-two piano sonatas written after age thirteen revealed that the musical patterns found in all of Beethoven's music decreased in later sonatas, while novel patterns, including patterns that were unique to a particular sonata, increased. In other words, Beethoven's music ＿＿＿＿＿＿＿＿＿＿ as his curiosity drove the exploration of new musical ideas. Curiosity is a powerful driver of human creativity.

* sonata: 악곡의 한 형식

① had more standardized patterns
② obtained more public popularity
③ became less predictable over time
④ reflected his unstable mental state
⑤ attracted less attention from the critics

다음 빈칸에 들어갈 말로 가장 적절한 것을 고르시오. [3점]

Technologists are always on the lookout for quantifiable metrics. Measurable inputs to a model are their lifeblood, and like a social scientist, a technologist needs to identify concrete measures, or "proxies," for assessing progress. This need for quantifiable proxies produces a bias toward measuring things that are easy to quantify. But simple metrics can take us further away from the important goals we really care about, which may require complicated metrics or be extremely difficult, or perhaps impossible, to reduce to any measure. And when we have imperfect or bad proxies, we can easily fall under the illusion that we are solving for a good end without actually making genuine progress toward a worthy solution. The problem of proxies results in technologists frequently ＿＿＿＿＿＿＿＿＿＿. As the saying goes, "Not everything that counts can be counted, and not everything that can be counted counts."

* metric: 측정 기준

① regarding continuous progress as a valid solution
② prioritizing short-term goals over long-term visions
③ mistaking a personal bias for an established theory
④ substituting what is measurable for what is meaningful
⑤ focusing more on possible risks than concrete measures

다음 빈칸에 들어갈 말로 가장 적절한 것을 고르시오.

We collect stamps, coins, vintage cars even when they serve no practical purpose. The post office doesn't accept the old stamps, the banks don't take old coins, and the vintage cars are no longer allowed on the road. These are all side issues; the attraction is that they are in ＿＿＿＿＿＿＿＿＿＿. In one study, students were asked to arrange ten posters in order of attractiveness — with the agreement that afterward they could keep one poster as a reward for their participation. Five minutes later, they were told that the poster with the third highest rating was no longer available. Then they were asked to judge all ten from scratch. The poster that was no longer available was suddenly classified as the most beautiful. In psychology, this phenomenon is called *reactance*: when we are deprived of an option, we suddenly deem it more attractive.

① short supply　　　② good shape
③ current use　　　④ great excess
⑤ constant production

M30 ★★★  고2 2023(11월)/34 

다음 빈칸에 들어갈 말로 가장 적절한 것을 고르시오.

Most mice in the wild are eaten or die before their life span of two years is over. They die from *external causes*, such as disease, starvation, or predators, not due to *internal causes*, such as aging. That is why nature has made mice to live, on average, for no longer than two years. Now we have arrived at an important point: The average life span of an animal species, or the rate at which it ages, is determined by ____.
That explains why a bat can live to be 30 years old. In contrast to mice, bats can fly, which is why they can escape from danger much faster. Thanks to their wings, bats can also cover longer distances and are better able to find food. Every genetic change in the past that made it possible for a bat to live longer was useful, because bats are much better able than mice to flee from danger, find food, and survive.

① the distance that migrating species can travel for their survival

② the average time that this animal species can survive in the wild

③ the amount of energy that members of the species expend in a day

④ the extent to which this species is able to protect its source of food

⑤ the maximum size of the habitat in which it and its neighbors coexist

M31 ★★★ 고2 2023(9월)/34 

다음 빈칸에 들어갈 말로 가장 적절한 것을 고르시오. [3점]

Much of human thought is designed to screen out information and to sort the rest into a manageable condition. The inflow of data from our senses could create an overwhelming chaos, especially given the enormous amount of information available in culture and society. Out of all the sensory impressions and possible information, it is vital to find a small amount that is most relevant to our individual needs and to organize that into a usable stock of knowledge. Expectancies accomplish some of this work, helping to screen out information that is irrelevant to what is expected, and focusing our attention on clear contradictions. The processes of learning and memory ________________________________.
People notice only a part of the world around them. Then, only a fraction of what they notice gets processed and stored into memory. And only part of what gets committed to memory can be retrieved.

* retrieve: 생각해 내다

① tend to favor learners with great social skills

② are marked by a steady elimination of information

③ require an external aid to support our memory capacity

④ are determined by the accuracy of incoming information

⑤ are facilitated by embracing chaotic situations as they are

M32 ✱✱✱   고2 2022(9월)/31

다음 빈칸에 들어갈 말로 가장 적절한 것을 고르시오. [3점]

It is not the peasant's goal to produce the highest possible time-averaged crop yield, averaged over many years. If your time-averaged yield is marvelously high as a result of the combination of nine great years and one year of crop failure, you will still starve to death in that one year of crop failure before you can look back to congratulate yourself on your great time-averaged yield. Instead, the peasant's aim is to make sure to produce a yield above the starvation level in every single year, even though the time-averaged yield may not be highest. That's why _________________ may make sense. If you have just one big field, no matter how good it is on the average, you will starve when the inevitable occasional year arrives in which your one field has a low yield. But if you have many different fields, varying independently of each other, then in any given year some of your fields will produce well even when your other fields are producing poorly.

① land leveling   ② weed trimming
③ field scattering   ④ organic farming
⑤ soil fertilization

M33 ✱✱✿   고2 2022(11월)/31

다음 빈칸에 들어갈 말로 가장 적절한 것을 고르시오.

No learning is possible without an error signal. Organisms only learn when events violate their expectations. In other words, surprise is one of the fundamental drivers of learning. Imagine hearing a series of identical notes, AAAAA. Each note draws out a response in the auditory areas of your brain — but as the notes repeat, those responses progressively decrease. This is called "adaptation," a deceptively simple phenomenon that shows that your brain is learning to anticipate the next event. Suddenly, the note changes: AAAAA#.

Your primary auditory cortex immediately shows a strong surprise reaction: not only does the adaptation fade away, but additional neurons begin to vigorously fire in response to the unexpected sound. And it is not just repetition that leads to adaptation: what matters is whether the notes are _______________. For instance, if you hear an alternating set of notes, such as ABABA, your brain gets used to this alternation, and the activity in your auditory areas again decreases. This time, however, it is an unexpected repetition, such as ABABB, that triggers a surprise response.

① audible   ② predictable   ③ objective
④ countable   ⑤ recorded

M34 ✱✱✱   고2 2022(6월)/31

다음 빈칸에 들어갈 말로 가장 적절한 것을 고르시오.

Followers can be defined by their position as subordinates or by their behavior of going along with leaders' wishes. But followers also have power to lead. Followers empower leaders as well as vice versa. This has led some leadership analysts like Ronald Heifetz to avoid using the word *followers* and refer to the others in a power relationship as "citizens" or "constituents." Heifetz is correct that too simple a view of followers can produce misunderstanding. In modern life, most people wind up being both leaders and followers, and the categories can become quite _______________. Our behavior as followers changes as our objectives change. If I trust your judgment in music more than my own, I may follow your lead on which concert we attend (even though you may be formally my subordinate in position). But if I am an expert on fishing, you may follow my lead on where we fish, regardless of our formal positions or the fact that I followed your lead on concerts yesterday.

* vice versa: 반대로, 거꾸로

① rigid   ② unfair   ③ fluid
④ stable   ⑤ apparent

M35 ✱✱✱❀

고2 2023(6월)/31

다음 빈칸에 들어갈 말로 가장 적절한 것을 고르시오.

In the course of his research on business strategy and the environment, Michael Porter noticed a peculiar pattern: Businesses seemed to be profiting from regulation. He also discovered that the stricter regulations were prompting more _______________ than the weaker ones. The Dutch flower industry provides an illustration. For many years, the companies producing Holland's world-renowned tulips and other cut flowers were also contaminating the country's water and soil with fertilizers and pesticides. In 1991, the Dutch government adopted a policy designed to cut pesticide use in half by 2000 — a goal they ultimately achieved. Facing increasingly strict regulation, greenhouse growers realized they had to develop new methods if they were going to maintain product quality with fewer pesticides. In response, they shifted to a cultivation method that circulates water in closed-loop systems and grows flowers in a rock wool substrate. The new system not only reduced the pollution released into the environment; it also increased profits by giving companies greater control over growing conditions.

* substrate: 배양판

① innovation　② resistance　③ fairness
④ neglect　⑤ unity

M36 ✱✱✱

고2 2023(3월)/34

다음 빈칸에 들어갈 말로 가장 적절한 것을 고르시오. [3점]

It seems natural to describe certain environmental conditions as 'extreme', 'harsh', 'benign' or 'stressful'. It may seem obvious when conditions are 'extreme': the midday heat of a desert, the cold of an Antarctic winter, the salinity of the Great Salt Lake. But this only means that these conditions are extreme *for us*, given our particular physiological characteristics and tolerances. To a cactus there is nothing extreme about the desert conditions in which cacti have evolved; nor are the icy lands of Antarctica an extreme environment for penguins. It is lazy and dangerous for the ecologist to assume that _______________. Rather, the ecologist should try to gain a worm's-eye or plant's-eye view of the environment: to see the world as others see it. Emotive words like harsh and benign, even relativities such as hot and cold, should be used by ecologists only with care.

* benign: 온화한　** salinity: 염도

① complex organisms are superior to simple ones
② technologies help us survive extreme environments
③ ecological diversity is supported by extreme environments
④ all other organisms sense the environment in the way we do
⑤ species adapt to environmental changes in predictable ways

M37 ✱✱✱

고2 2022(3월)/31

다음 빈칸에 들어갈 말로 가장 적절한 것을 고르시오.

Around the boss, you will always find people coming across as friends, good subordinates, or even great sympathizers. But some do not truly belong. One day, an incident will blow their cover, and then you will know where they truly belong. When it is all cosy and safe, they will be there, loitering the corridors and fawning at the slightest opportunity. But as soon as difficulties arrive, they are the first to be found missing. And difficult times are the true test of _______________. Dr. Martin Luther King said, "The ultimate test of a man is not where he stands in moments of comfort and convenience, but where he stands at times of challenge and controversy." And so be careful of friends who are always eager to take from you but reluctant to give back even in their little ways. If they lack the commitment to sail with you through difficult weather, then they are more likely to abandon your ship when it stops.

* loiter: 서성거리다　** fawn: 알랑거리다

① leadership　② loyalty　③ creativity
④ intelligence　⑤ independence

M38 ★★★

다음 빈칸에 들어갈 말로 가장 적절한 것을 고르시오. [3점]

In most of the world, capitalism and free markets are accepted today as constituting the best system for allocating economic resources and encouraging economic output. Nations have tried other systems, such as socialism and communism, but in many cases they have either switched wholesale to or adopted aspects of free markets. Despite the widespread acceptance of the free-market system, _______________. Government involvement takes many forms, ranging from the enactment and enforcement of laws and regulations to direct participation in the economy through entities like the U.S.'s mortgage agencies. Perhaps the most important form of government involvement, however, comes in the attempts of central banks and national treasuries to control and affect the ups and downs of economic cycles. *enactment: (법률의) 제정 **entity: 실체

① markets are rarely left entirely free
② governments are reluctant to intervene
③ supply and demand are not always balanced
④ economic inequality continues to get worse
⑤ competition does not guarantee the maximum profit

M39 ★★★

다음 빈칸에 들어갈 말로 가장 적절한 것을 고르시오. [3점]

Rebels may think they're rebels, but clever marketers influence them just like the rest of us. Saying, "Everyone is doing it" may turn some people off from an idea. These people will look for alternatives, which (if cleverly planned) can be exactly what a marketer or persuader wants you to believe. If I want you to consider an idea, and know you strongly reject popular opinion in favor of maintaining your independence and uniqueness, I would present the majority option first, which you would reject in favor of my actual preference. We are often tricked when we try to maintain a position of defiance. People use this _______________ to make us "independently" choose an option which suits their purposes. Some brands have taken full effect of our defiance towards the mainstream and positioned themselves as rebels; which has created even stronger brand loyalty. *defiance: 반항

① reversal   ② imitation   ③ repetition
④ conformity   ⑤ collaboration

M40 ★★★

다음 빈칸에 들어갈 말로 가장 적절한 것을 고르시오. [3점]

Coincidence that is statistically impossible seems to us like an irrational event, and some define it as a miracle. But, as Montaigne has said, "the origin of a miracle is in our _______________, at the level of our knowledge of nature, and not in nature itself." Glorious miracles have been later on discovered to be obedience to the laws of nature or a technological development that was not widely known at the time. As the German poet, Goethe, phrased it: "Things that are *mysterious* are *not* yet *miracles*." The miracle assumes the intervention of a "higher power" in its occurrence that is beyond human capability to grasp. Yet there are methodical and simple ways to "cause a miracle" without divine revelation and inspiration. Instead of checking it out, investigating and finding the source of the event, we define it as a miracle. The miracle, then, is the excuse of those who are too lazy to think. *revelation: 계시

① ignorance   ② flexibility   ③ excellence
④ satisfaction   ⑤ exaggeration

"

M41 ★★★

고2 2022(11월)/33

다음 빈칸에 들어갈 말로 가장 적절한 것을 고르시오.

Negative numbers are a lot more abstract than positive numbers — you can't see negative 4 cookies and you certainly can't eat them — but you can think about them, and you *have to*, in all aspects of daily life, from debts to contending with freezing temperatures and parking garages. Still, many of us haven't quite made peace with negative numbers. People have invented all sorts of funny little mental strategies to ________________________. On mutual fund statements, losses (negative numbers) are printed in red or stuck in parentheses with no negative sign to be found. The history books tell us that Julius Caesar was born in 100 B.C., not -100. The underground levels in a parking garage often have designations like B1 and B2. Temperatures are one of the few exceptions: folks do say, especially here in Ithaca, New York, that it's -5 degrees outside, though even then, many prefer to say 5 below zero. There's something about that negative sign that just looks so unpleasant.

* parentheses: 괄호

① sidestep the dreaded negative sign
② resolve stock market uncertainties
③ compensate for complicated calculating processes
④ unify the systems of expressing numbers below zero
⑤ face the truth that subtraction can create negative numbers

M42 ★★★

고2 2023(9월)/32

다음 빈칸에 들어갈 말로 가장 적절한 것을 고르시오. [3점]

A typical soap opera creates an abstract world, in which a highly complex web of relationships connects fictional characters that exist first only in the minds of the program's creators and are then recreated in the minds of the viewer. If you were to think about how much human psychology, law, and even everyday physics the viewer must know in order to follow and speculate about the plot, you would discover it is considerable — at least as much as the knowledge required to follow and speculate about a piece of modern mathematics, and in most cases, much more. Yet viewers follow soap operas with ease. How are they able to cope with such abstraction? Because, of course, the abstraction ________________________. The characters in a soap opera and the relationships between them are very much like the real people and relationships we experience every day. The abstraction of a soap opera is only a step removed from the real world. The mental "training" required to follow a soap opera is provided by our everyday lives.

* soap opera: 드라마, 연속극

① is separated from the dramatic contents
② is a reflection of our unrealistic desires
③ demonstrates our poor taste in TV shows
④ is built on an extremely familiar framework
⑤ indicates that unnecessary details are hidden

다음 빈칸에 들어갈 말로 가장 적절한 것을 고르시오. [3점]

Observational studies of humans cannot be properly controlled. Humans live different lifestyles and in different environments. Thus, they are insufficiently homogeneous to be suitable experimental subjects. These *confounding factors* undermine our ability to draw sound causal conclusions from human epidemiological surveys. Confounding factors are variables (known or unknown) that make it difficult for epidemiologists to _________________. For example, Taubes argued that since many people who drink also smoke, researchers have difficulty determining the link between alcohol consumption and cancer. Similarly, researchers in the famous Framingham study identified a significant correlation between coffee drinking and coronary heart disease. However, most of this correlation disappeared once researchers corrected for the fact that many coffee drinkers also smoke. If the confounding factors are known, it is often possible to correct for them. However, if they are unknown, they will undermine the reliability of the causal conclusions we draw from epidemiological surveys.   * homogeneous: 동질적인 ** epidemiological: 역학의

① distort the interpretation of the medical research results
② isolate the effects of the specific variable being studied
③ conceal the purpose of their research from subjects
④ conduct observational studies in an ethical way
⑤ refrain from intervening in their experiments

2등급 대비 문제

M44 ★ 2등급 대비   고2 2023(11월)/32

다음 빈칸에 들어갈 말로 가장 적절한 것을 고르시오. [3점]

Information encountered after an event can influence subsequent remembering. External information can easily integrate into a witness's memory, especially if the event was poorly encoded or the memory is from a distant event, in which case time and forgetting have degraded the original memory. With reduced information available in memory with which to confirm the validity of post-event misinformation, it is less likely that _________________. Instead, especially when it fits the witness's current thinking and can be used to create a story that makes sense to him or her, it may be integrated as part of the original experience. This process can be explicit (i.e., the witness knows it is happening), but it is often unconscious. That is, the witness might find himself or herself thinking about the event differently without awareness. Over time, the witness may not even know the source of information that led to the (new) memory. Sources of misinformation in forensic contexts can be encountered anywhere, from discussions with other witnesses to social media searches to multiple interviews with investigators or other legal professionals, and even in court.

* forensic: 법정의

① this new information will be rejected
② people will deny the experience of forgetting
③ interference between conflicting data will occur
④ the unconscious will be involved in the recall process
⑤ a recent event will last longer in memory than a distant one

다음 빈칸에 들어갈 말로 가장 적절한 것을 고르시오.

There are several reasons why support may not be effective. One possible reason is that receiving help could be a blow to self-esteem. A recent study by Christopher Burke and Jessica Goren at Lehigh University examined this possibility. According to the threat to self-esteem model, help can be perceived as supportive and loving, or it can be seen as threatening if that help is interpreted as implying incompetence. According to Burke and Goren, support is especially likely to be seen as threatening if it is in an area that is self-relevant or self-defining — that is, in an area where your own success and achievement are especially important. Receiving help with a self-relevant task can ____________________, and this can undermine the potential positive effects of the help. For example, if your self-concept rests, in part, on your great cooking ability, it may be a blow to your ego when a friend helps you prepare a meal for guests because it suggests that you're not the master chef you thought you were.

① make you feel bad about yourself
② improve your ability to deal with challenges
③ be seen as a way of asking for another favor
④ trick you into thinking that you were successful
⑤ discourage the person trying to model your behavior

다음 빈칸에 들어갈 말로 가장 적절한 것을 고르시오.

The connectedness of the global economic market makes it vulnerable to potential "infection." A financial failure can make its way from borrowers to banks to insurers, spreading like a flu. However, there are unexpected characteristics when it comes to such infection in the market. Infection can occur even without any contact. A bank might become insolvent even without having any of its investments fail. ____________________ to financial markets, just as cascading failures due to bad investments. If we all woke up tomorrow and believed that Bank X would be insolvent, then it would become insolvent. In fact, it would be enough for us to fear that others believed that Bank X was going to fail, or just to fear our collective fear! We might all even know that Bank X was well-managed with healthy investments, but if we expected others to pull their money out, then we would fear being the last to pull our money out. Financial distress can be self-fulfilling and is a particularly troublesome aspect of financial markets.

* insolvent: 지급 불능의, 파산한   ** cascading: 연속된

① Fear and uncertainty can be damaging
② Unaffordable personal loans may pose a risk
③ Ignorance about legal restrictions may matter
④ Accurate knowledge of investors can be poisonous
⑤ Strong connections between banks can create a scare

M47 ～ 48 ▶ 제한시간 5분

M47 ⭐ 1등급 대비  고2 2024(10월)/33

다음 빈칸에 들어갈 말로 가장 적절한 것을 고르시오. [3점]

Some people argue that there is a single, logically consistent concept known as reading that can be neatly set apart from everything else people do with books. Is reading really that simple? The most productive way to think about reading is as ________________________ owing to family resemblances, as Ludwig Wittgenstein used the phrase, without having in common a single defining trait. Consequently, efforts to distinguish reading from nonreading are destined to fail because there is no agreement on what qualifies as reading in the first place. The more one tries to figure out where the border lies between reading and not-reading, the more edge cases will be found to stretch the term's flexible boundaries. Thus, it is worth attempting to collect together these exceptional forms of reading into a single forum, one highlighting the challenges faced by anyone wishing to establish the boundaries where reading begins and ends. The attempt moves toward an understanding of reading as a spectrum that is expansive enough to accommodate the distinct reading activities.

① an active process that encourages flexible thinking
② a loosely related set of behaviors that belong together
③ an acquired skill and not something that one is born with
④ a collection of activities in which many other opinions interact
⑤ a safe territory to relieve a sense of separation from the world

M48 ⭐ 1등급 대비  고2 2023(3월)/32

다음 빈칸에 들어갈 말로 가장 적절한 것을 고르시오.

Many early dot-com investors focused almost entirely on revenue growth instead of net income. Many early dot-com companies earned most of their revenue from selling advertising space on their Web sites. To boost reported revenue, some sites began exchanging ad space. Company A would put an ad for its Web site on company B's Web site, and company B would put an ad for its Web site on company A's Web site. No money ever changed hands, but each company recorded revenue (for the value of the space that it gave up on its site) and expense (for the value of its ad that it placed on the other company's site). This practice did little to boost net income and ________________________ — but it did boost *reported* revenue. This practice was quickly put to an end because accountants felt that it did not meet the criteria of the revenue recognition principle.   * revenue: 수익   ** net income: 순이익

① simplified the Web design process
② resulted in no additional cash inflow
③ decreased the salaries of the employees
④ intensified competition among companies
⑤ triggered conflicts on the content of Web ads

M ③ 빈칸이 <u>끝부분</u>에 있는 경우

1st 빈칸이 포함된 문장을 먼저 확인하고 글에서 찾아야 하는 것을 떠올리세요.
2nd 앞에서 찾은 단서를 바탕으로 글을 처음부터 읽으면서 내용을 이해하세요.
3rd 선택지를 꼼꼼히 해석하여 정답을 고르세요.

M49 ★★★ ·············· 고2 2023(6월)/33 

다음 빈칸에 들어갈 말로 가장 적절한 것을 고르시오. [3점]

In adolescence many of us had the experience of falling under the sway of a great book or writer. We became entranced by the novel ideas in the book, and because we were so open to influence, these early 5 encounters with exciting ideas sank deeply into our minds and became part of our own thought processes, affecting us decades after we absorbed them. Such influences enriched our mental landscape, and in fact our 10 intelligence depends on the ability to absorb the lessons and ideas of those who are older and wiser. Just as the body tightens with age, however, so does the mind. And just as our sense of weakness and vulnerability 15 motivated the desire to learn, so does our creeping sense of superiority slowly close us off to new ideas and influences. Some may advocate that we all become more skeptical in the modern world, but in fact a far greater 20 danger comes from _______________ that burdens us as individuals as we get older, and seems to be burdening our culture in general.

* entrance: 매료시키다

① the high dependence on others
② the obsession with our inferiority
③ the increasing closing of the mind
④ the misconception about our psychology
⑤ the self-destructive pattern of behavior

1st 빈칸이 포함된 문장을 먼저 확인하고 글에서 찾아야 하는 것을 떠올리세요.

Some may advocate / that we all become more
어떤 사람들은 주장할지도 모른다 / 우리가 모두 더 회의적으로 된다고
skeptical / in the modern world, / but in fact a far
/ 현대 세계에서 / 그러나 사실 훨씬 더 큰
greater danger comes / from _______________ /
위험은 온다 / _______________에서 /
that burdens us as individuals / as we get older, /
개인으로서의 우리에게 부담을 주는 / 우리가 나이가 들수록 /
and seems to be burdening our culture / in general. //
그리고 우리의 문화에 부담을 주는 것처럼 보이는 / 일반적으로 //

● **but을 기준으로 나누어 살펴봅시다.**
우리가 모두 더 회의적으로 된다고 주장하는 사람들이 있다고 했어요.

● **회의적으로 되는 것보다 더 큰 위험이 있대요.**
그것이 빈칸에 들어가는 거예요. 그것에 대한 힌트를 조금 얻자면,
'개인으로서 우리에게 부담을 주고, 일반적으로 우리의 문화에 부담을
주는 것처럼 보이는' 것과 연관되어 있어요.

● **그럼 우리는 글을 읽으며 무엇을 찾아야 할까요?**
글에서는 우리가 나이 들수록 보이는 어떤 태도에 대해 설명할 거예요.
그것은 우리가 회의적으로 변하는 것처럼 보일 수 있지만 사실 그것이
아니라 빈칸에 해당하는 행동인 거죠.

2nd 앞에서 찾은 단서를 바탕으로 글을 처음부터 읽으면서 내용을 이해하세요.

1) 첫 문장부터 봅시다.

In adolescence many of us had the experience / of
청소년기에 우리 중 다수는 경험이 있다 /
falling under the sway of a great book or writer. //
위대한 책이나 작가의 영향을 받은 //

● **청소년기의 특징이에요.**
빈칸이 포함된 글의 마지막 문장에서는 나이 들수록 우리에게 나타나는
특징에 대해 이야기했어요. 그런데 글의 첫 문장은 청소년기에 대한
설명이기 때문에 첫 문장과 반대되는 내용이 빈칸에 들어갈 것이라는 걸
예상할 수 있어요.

● **그래서 청소년기엔 어떤 특징을 가지나요?**
위대한 책이나 작가의 영향을 받는 경험을 한대요. 이것과 반대되고
회의적으로 보일 수 있는 특징은 무엇이 있을까요? '외부 영향에 대한
폐쇄적인 태도' 정도가 되겠네요.

2) 이어서 글을 읽어 봅시다.

We became entranced / by the novel ideas in the
우리는 매료된다 / 책 속의 참신한 아이디어에

book, / and because we were so open / to influence,
/ 그리고 매우 개방되어 있었기 때문에 / 영향에

/ these early encounters with exciting ideas / sank
/ 흥미로운 아이디어와의 이러한 초기 만남은 / 우리의

deeply into our minds / and became part of our
마음속 깊이 가라앉았다 / 그리고 우리 자신의 사고 과정의 일부가

own thought processes, / affecting us / decades after
되었다 / 우리에게 영향을 끼치면서 / 우리가

we absorbed them. //
그것들을 흡수한 지 수십 년이 지난 후에 //

● 앞 문장을 조금 더 풀어서 설명하고 있어요.
청소년기에는 영향에 매우 개방되어 있었기 때문에 책 속의 참신한
아이디어가 우리 자신의 사고 과정의 일부가 되어 수십 년이 지난 후에도
영향을 끼친대요.

3) 연결어 however가 있는 부분을 봅시다.

Just as the body tightens with age, / however, / so
나이가 들면서 몸이 경직되는 것처럼 / 그러나 /

does the mind. //
마음도 그러하다 //

● however는 앞부분과 뒤에 이어지는 내용이 반대라는 의미예요.
책이나 작가의 영향을 받아 책 속의 아이디어가 사고 과정의 일부가
되었던 청소년기와는 다른, 나이가 들어가며 나타나는 특징을 설명하고
있어요. 몸이 경직되는 것처럼 마음도 그러하다는 건, 마음도 경직된다는
것이고, 외부의 영향을 더 이상 받지 않는다는 거죠.

4) just as는 '~처럼[듯이]'이라는 뜻이에요.

And just as our sense of weakness and vulnerability
그리고 약점과 취약성에 대한 우리의 깨달음이 자극했듯이

motivated / the desire to learn, / so does our
/ 학습 욕구를 / 슬며시 다가오는

creeping sense of superiority / slowly close us off /
우월감도 / 서서히 우리를 닫는다 /

to new ideas and influences. //
새로운 생각과 영향력에 대해 //

● 약점, 취약성과 우월감이 대조되고 있어요.
청소년기에는 약점과 취약성이 학습 욕구를 자극했는데, 나이가 들면서
생긴 우월감이 새로운 생각과 영향력에 대해 우리를 닫는다고 하네요.
마음이 경직되는 것뿐만 아니라 우월감 또한 외부의 영향을 차단한다는
거죠.

◈ 글을 읽으며 이해한 내용을 정리해 볼까요?

이 글은 청소년기와 성인이 된 후의 외부 영향에 대한 개방의 정도를
비교하고 있어요.
청소년기에는 영향에 매우 개방되어 있고, 약점과 취약성에 대한 우리의
깨달음이 학습 욕구를 자극했지만, 나이가 들며 몸이 경직되듯 마음도
경직되었다고 했어요. 또한 나이가 들며 생긴 ❶(   )도
새로운 생각과 영향력에 대해 서서히 우리를 닫았다고 했어요.

3rd 선택지를 꼼꼼히 해석하여 정답을 고르세요.

① the high dependence on others
　타인에 대한 높은 의존도
② the obsession with our inferiority
　우리의 열등감에 대한 집착
③ the increasing closing of the mind
　점차적인 마음의 폐쇄
④ the misconception about our psychology
　우리의 심리에 대한 오해
⑤ the self-destructive pattern of behavior
　자기 파괴적인 행동 패턴

● 그렇다면 '더 큰 위험'은 무엇을 가리키는 걸까요?
'더 큰 위험'은 우리가 나이가 들수록 개인으로서 우리에게 부담을 주고,
일반적으로 우리의 문화에 부담을 주는 것처럼 보이는 '점차적인 마음의
폐쇄'에서 온다고 할 수 있어요. 따라서 정답은 ❷(   )!

빈칸 정답　❶ 우월감　❷ ③

M50 ★★★ 
고2 2025(3월)/33

다음 빈칸에 들어갈 말로 가장 적절한 것을 고르시오. [3점]

When we realize we've said something in error and we pause to go back to correct it, we stop gesturing a couple of hundred milliseconds before we stop speaking. Such sequences suggest the startling notion that our hands "know" what we're going to say before our conscious minds do, and in fact this is often the case. Gesture can mentally prime a word so that the right term comes to our lips. When people are prevented from gesturing, they talk less fluently; their speech becomes halting because their hands are no longer able to supply them with the next word, and the next. Not being able to gesture has other deleterious effects: without gesture to help our mental processes along, we remember less useful information, we solve problems less well, and we are less able to explain our thinking. Far from tagging along as speech's clumsy companion, gesture ________________.

* startling: 놀라운 ** deleterious: 해로운

① interrupts the rhythm of our narrative
② represents the leading edge of our thought
③ illustrates the afterthoughts of our speaking
④ conceals the deep-seated intention of our speech
⑤ operates independently of our cognitive functions

M51 ★★★ 
고2 2025(6월)/33

다음 빈칸에 들어갈 말로 가장 적절한 것을 고르시오. [3점]

Turtle hatchlings have, it seems, evolved to crawl toward the light. For millions of years this was a highly rational and effective strategy because the light on a dark beach represented the reflection of the moon and stars on the water's surface. Following the lights led baby turtles back home to the sea. The problems started when humans began building beachfront homes and sparkling hotels on the other side of the beach. Now after hatching, turtles heading for the brightest nearby lights were being guided straight into traffic. Are self-destructive sea turtles naturally irrational? Yes, in the modern world. But there's a deeper truth. Turtles are basing their decisions on simple cues that were perfectly rational for their ancestors; these days, however, their evolved decision-making mechanisms ________________.

* hatchling: 갓 부화한 동물

① serve as a reliable lighthouse for them
② reinforce their fear of brightness
③ are being blinded by modern lights
④ drive them toward their home in the sea
⑤ are not dominated by the buildings' lights

다음 빈칸에 들어갈 말로 가장 적절한 것을 고르시오. [3점]

Sensory organs are the only channels of communication between the brain and the outside world. Simply put, the brain is not designed to sense on its own. For instance, an exposed brain would neither sense light shining on it nor feel something touching it. In fact, patients are often kept awake during brain surgery, which can help a surgeon isolate specific regions of the brain. The ancient Greek philosopher Aristotle recognized this characteristic of the brain over 2,000 years ago when he said, "Nothing is in the mind that does not pass through the senses." This concept can be seen clearly when volunteers are blind-folded and placed in the warm water of a sensory deprivation tank. They soon experience visual, auditory, and tactile (touch) hallucinations, as well as incoherent thought patterns. From these experiments and others, it is apparent that ____ to carry out functions that give us personality and intellect.

* hallucination: 환각

① we need constant input from our senses
② the brain clearly separates reality from illusion
③ we rely more on reason than on sensory elements
④ the brain selectively accepts sensory information
⑤ each sense is closely interconnected with the others

다음 빈칸에 들어갈 말로 가장 적절한 것을 고르시오.

Dictionary definitions are constantly revised to keep up with our changing uses and knowledge. In Roman times, "addicts" were people who were unable to pay their debts and gave themselves as slaves to their creditors. The word eventually came to be associated with drug dependency: one becomes a slave to one's addiction. The word "husband" originally referred to being a homeowner; it had nothing to do with being married. But because owning your own property made it more likely you'd find a mate, the word eventually came to mean a male who has been wed. On November 5th, 1605, Guy Fawkes tried to blow up the British Parliament. He was captured and put to death. Loyalists burned his effigy, which they nicknamed the "guy." Centuries later, the word lost its negative connotation and a musical named *Guys and Dolls* ran on Broadway. In American slang, bad means good, cool means great, and wicked means excellent. If you could transport yourself one hundred years into the future, you'd find yourself confused by your great-grandchildren's speech because language itself ________________________________.

* effigy: (사람을 닮게 만든) 인형　** connotation: 함축

① has the power to build trust among people
② makes cross-cultural communication difficult
③ is getting simpler generation after generation
④ needs to be learned over a long period of time
⑤ is an ever-changing reflection of human invention

M54 ★★★ 

다음 빈칸에 들어갈 말로 가장 적절한 것을 고르시오. [3점]

The term "anchoring" was introduced by Roland Barthes who observed that text is often used next to images (his focus was on photographs) to confine meaning. Of all possible literal or implied interpretations an image could elicit, text would point the viewer towards a desired, specific direction. In advertising, as Barthes argues, the symbolic message does not guide identification but interpretation. The viewer is not asked to recognize what they see but to understand why they see it and what it means to them. By combining images with text, advertising produces symbolic meaning that is accurate and specific on the one hand, richer on the other, thus adding depth and eliminating breadth of rational and emotional interpretations. The headline or tagline of an ad directs the reader through the intended meanings of the image, so that ____________. It "remote-controls" the reader towards a meaning chosen in advance.

* elicit: 이끌어 내다

① the reader avoids some and receives others
② the textual cues are disregarded by the audience
③ the emotional impact of the text is completely erased
④ the viewer focuses on the artistic quality of the image
⑤ the image and the accompanying text work in isolation

M55 ★★★ 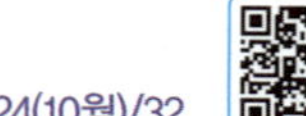

다음 빈칸에 들어갈 말로 가장 적절한 것을 고르시오.

All translators feel some pressure from the community of readers for whom they are doing their work. And all translators arrive at their interpretations in dialogue with other people. The English poet Alexander Pope had pretty good Greek, but when he set about translating Homer's *Iliad* in the early 18th century he was not on his own. He had Greek commentaries to refer to, and translations that had already been done in English, Latin, and French — and of course he had dictionaries. Translators always draw on more than one source text. Even when the scene of translation consists of just one person with a pen, paper, and the book that is being translated, or even when it is just one person translating orally for another, that person's linguistic knowledge arises from lots of other texts and other conversations. And then his or her idea of the translation's purpose will be influenced by the expectations of the person or people it is for. In both these senses ____________.

① every translation is a crowd translation
② translation is born because of uncertainty
③ appeal of a translation is in the ear of audience
④ all good translations start with blank page
⑤ text and audience imprison translators

M56 ★★★ 

다음 빈칸에 들어갈 말로 가장 적절한 것을 고르시오.

Dancers often push themselves to the limits of their physical capabilities. But that push is misguided if it is directed toward accomplishing something physically impossible. For instance, a tall dancer with long feet may wish to perform repetitive vertical jumps to fast music, pointing his feet while in the air and lowering his heels to the floor between jumps. That may be impossible no matter how strong the dancer is. But a short-footed dancer may have no trouble! Another dancer may be struggling to complete a half-turn in the air. Understanding the connection between a rapid turn rate and the alignment of the body close to the rotation axis tells her how to accomplish her turn successfully. In both of these cases, understanding and working within the ____________ imposed by nature and described by physical laws allows dancers to work efficiently, minimizing potential risk of injury.

* alignment: 정렬 ** rotation axis: 회전축

① habits   ② cultures   ③ constraints
④ hostilities   ⑤ moralities

다음 빈칸에 들어갈 말로 가장 적절한 것을 고르시오.

If we've invested in something that hasn't repaid us — be it money in a failing venture, or time in an unhappy relationship — we find it very difficult to walk away. This is the sunk cost fallacy. Our instinct is to continue investing money or time as we hope that our investment will prove to be worthwhile in the end. Giving up would mean acknowledging that we've wasted something we can't get back, and that thought is so painful that we prefer to avoid it if we can. The problem, of course, is that if something really is a bad bet, then staying with it simply increases the amount we lose. Rather than walk away from a bad five-year relationship, for example, we turn it into a bad 10-year relationship; rather than accept that we've lost a thousand dollars, we lay down another thousand and lose that too. In the end, by delaying the pain of admitting our problem, we only add to it. Sometimes we just have to ________________.

① reduce profit   ② offer rewards
③ cut our losses   ④ stick to the plan
⑤ pay off our debt

다음 빈칸에 들어갈 말로 가장 적절한 것을 고르시오. [3점]

On our little world, light travels, for all practical purposes, instantaneously. If a lightbulb is glowing, then of course it's physically where we see it, shining away. We reach out our hand and touch it: It's there all right, and unpleasantly hot. If the filament fails, then the light goes out. We don't see it in the same place, glowing, illuminating the room years after the bulb breaks and it's removed from its socket. The very notion seems nonsensical. But if we're far enough away, an entire sun can go out and we'll continue to see it shining brightly; we won't learn of its death, it may be, for ages to come — in fact, for how long it takes light, which travels fast but not infinitely fast,

to cross the intervening vastness. The immense distances to the stars and the galaxies mean that we ________________.

* instantaneously: 순간적으로   ** intervene: 사이에 들다

① see everything in space in the past
② can predict when our sun will go out
③ lack evidence of life on other planets
④ rely on the sun as a measure of time
⑤ can witness the death of a star as it dies

다음 빈칸에 들어갈 말로 가장 적절한 것을 고르시오. [3점]

Financial markets do more than take capital from the rich and lend it to everyone else. They enable each of us to smooth consumption over our lifetimes, which is a fancy way of saying that we don't have to spend income at the same time we earn it. Shakespeare may have admonished us to be neither borrowers nor lenders; the fact is that most of us will be both at some point. If we lived in an agrarian society, we would have to eat our crops reasonably soon after the harvest or find some way to store them. Financial markets are a more sophisticated way of managing the harvest. We can spend income now that we have not yet earned — as by borrowing for college or a home — or we can earn income now and spend it later, as by saving for retirement. The important point is that ________________, allowing us much more flexibility in life.

* admonish: 권고하다   ** agrarian: 농업(농민)의

① we can ignore the complexity of financial markets
② earning income has been divorced from spending it
③ financial markets can regulate our impulses
④ we sell our crops as soon as we harvest them
⑤ managing working hours has become easier than ever

M60 ★★★ 고2 2024(9월)/33

다음 빈칸에 들어갈 말로 가장 적절한 것을 고르시오. [3점]

Over the last few centuries, humanity's collective prosperity has skyrocketed, as technological progress has made us far wealthier than ever before. To share out those riches, almost all societies have settled upon the market mechanism, rewarding people in various ways for the work that they do and the things that they own. But rising inequality, itself often driven by technology, has started to put that mechanism under strain. Today, markets already provide immense rewards to some people but leave many others with very little. And now, technological unemployment threatens to become a more radical version of the same story, taking place in the particular market we rely upon the most: the labor market. As that market begins to break down, more and more people will be in danger of ________________________.

① not receiving a share of society's prosperity at all

② making too large of an investment in new areas

③ not fully comprehending technological terms

④ unconsciously wasting the rewards from their work

⑤ not realizing the reason to raise their cost of living

M61 ★★★ 고2 2021(9월)/34

다음 빈칸에 들어갈 말로 가장 적절한 것을 고르시오. [3점]

Deep-fried foods are tastier than bland foods, and children and adults develop a taste for such foods. Fatty foods cause the brain to release oxytocin, a powerful hormone with a calming, antistress, and relaxing influence, said to be the opposite of adrenaline, into the blood stream; hence the term "comfort foods." We may even be genetically programmed to eat too much. For thousands of years, food was very scarce. Food, along with salt, carbs, and fat, was hard to get, and the more you got, the better. All of these things are necessary nutrients in the human diet, and when their availability was limited, you could never get too much. People also had to hunt down animals or gather plants for their food, and that took a lot of calories. It's different these days. We have food at every turn — lots of those fast-food places and grocery stores with carry-out food. But that ingrained "caveman mentality" says that we can't ever get too much to eat. So craving for "unhealthy" food may ________________________.

① actually be our body's attempt to stay healthy

② ultimately lead to harm to the ecosystem

③ dramatically reduce our overall appetite

④ simply be the result of a modern lifestyle

⑤ partly strengthen our preference for fresh food

M62 ★★★

다음 빈칸에 들어갈 말로 가장 적절한 것을 고르시오. [3점]

Even companies that sell physical products to make profit are forced by their boards and investors to reconsider their underlying motives and to collect as much data as possible from consumers. Supermarkets no longer make all their money selling their produce and manufactured goods. They give you loyalty cards with which they track your purchasing behaviors precisely. Then supermarkets sell this purchasing behavior to marketing analytics companies. The marketing analytics companies perform machine learning procedures, slicing the data in new ways, and resell behavioral data back to product manufacturers as marketing insights. When data and machine learning become currencies of value in a capitalist system, then every company's natural tendency is to maximize its ability to conduct surveillance on its own customers because _______________________.

* surveillance: 관찰, 감시

① its success relies on the number of its innovative products
② more customers come through word-of-mouth marketing
③ it has come to realize the importance of offline stores
④ the customers are themselves the new value-creation devices
⑤ questions are raised on the effectiveness of the capitalist system

M63 ★★★

다음 빈칸에 들어갈 말로 가장 적절한 것을 고르시오.

Color is an interpretation of wavelengths, one that only exists internally. And it gets stranger, because the wavelengths we're talking about involve only what we call "visible light", a spectrum of wavelengths that runs from red to violet. But visible light constitutes only a tiny fraction of the electromagnetic spectrum — less than one ten-trillionth of it. All the rest of the spectrum — including radio waves, microwaves, X-rays, gamma rays, cell phone conversations, wi-fi, and so on — all of this is flowing through us right now, and we're completely unaware of it. This is because we don't have any specialized biological receptors to pick up on these signals from other parts of the spectrum. The slice of reality that we can see is _______________________.

* electromagnetic: 전자기의   ** receptor: 수용체

① hindered by other wavelengths
② derived from our imagination
③ perceived through all senses
④ filtered by our stereotypes
⑤ limited by our biology

M64 ★★★

다음 빈칸에 들어갈 말로 가장 적절한 것을 고르시오. [3점]

It's hard to pay more for the speedy but highly skilled person, simply because there's less effort being observed. Two researchers once did a study in which they asked people how much they would pay for data recovery. They found that people would pay a little more for a greater quantity of rescued data, but what they were most sensitive to was the number of hours the technician worked. When the data recovery took only a few minutes, willingness to pay was low, but when it took more than a week to recover the same amount of data, people were willing to pay much more. Think about it: They were willing to pay more for the slower service with the same outcome. Fundamentally, when we _______________________, we're paying for incompetence. Although it is actually irrational, we *feel* more rational, and more comfortable, paying for incompetence.

① prefer money to time
② ignore the hours put in
③ value effort over outcome
④ can't stand any malfunction
⑤ are biased toward the quality

M65 ★★★ 고2 2022(3월)/32

다음 빈칸에 들어갈 말로 가장 적절한 것을 고르시오.

When you're driving a car, your memory of how to operate the vehicle comes from one set of brain cells; the memory of how to navigate the streets to get to your destination springs from another set of neurons; the memory of driving rules and following street signs originates from another family of brain cells; and the thoughts and feelings you have about the driving experience itself, including any close calls with other cars, come from yet another group of cells. You do not have conscious awareness of all these separate mental plays and cognitive neural firings, yet they somehow work together in beautiful harmony to synthesize your overall experience. In fact, we don't even know the real difference between how we remember and how we think. But, we do know they are strongly intertwined. That is why truly improving memory can never simply be about using memory tricks, although they can be helpful in strengthening certain components of memory. Here's the bottom line: To improve and preserve memory at the cognitive level, you have to _________________.

* close call: 위기일발 ** intertwine: 뒤얽히게 하다

① keep your body and mind healthy
② calm your mind in stressful times
③ concentrate on one thing at a time
④ work on all functions of your brain
⑤ share what you learn with other people

M66 ★★★ 고2 2023(11월)/33

다음 빈칸에 들어갈 말로 가장 적절한 것을 고르시오. [3점]

Correlations are powerful because the insights they offer are relatively clear. These insights are often covered up when we bring causality back into the picture. For instance, a used-car dealer supplied data to statisticians to predict which of the vehicles available for purchase at an auction were likely to have problems. A correlation analysis showed that orange-colored cars were far less likely to have defects. Even as we read this, we already think about why it might be so: Are orange-colored car owners likely to be car enthusiasts and take better care of their vehicles? Or, is it because orange-colored cars are more noticeable on the road and therefore less likely to be in accidents, so they're in better condition when resold? Quickly we are caught in a web of competing causal hypotheses. But our attempts to illuminate things this way only make them cloudier. Correlations exist; we can show them mathematically. We can't easily do the same for causal links. So we would do well to _________________.

① stay away from simply accepting the data as they are
② point out every phenomenon in light of cause and effect
③ apply a psychological approach to color preferences
④ admit that correlations are within the framework of causality
⑤ hold off from trying to explain the reason behind the correlations

M67 ★★★

다음 빈칸에 들어갈 말로 가장 적절한 것을 고르시오. [3점]

In one example of the important role of laughter in social contexts, Devereux and Ginsburg examined frequency of laughter in matched pairs of strangers or friends who watched a humorous video together compared to those who watched it alone. The time individuals spent laughing was nearly twice as frequent in pairs as when alone. Frequency of laughing was only slightly shorter for friends than strangers. According to Devereux and Ginsburg, laughing with strangers served to create a social bond that made each person in the pair feel comfortable. This explanation is supported by the fact that in their stranger condition, when one person laughed, the other was likely to laugh as well. Interestingly, the three social conditions (alone, paired with a stranger, or paired with a friend) did not differ in their ratings of funniness of the video or of feelings of happiness or anxiousness. This finding implies that their frequency of laughter was not because we find things funnier when we are with others but instead we ____________________.

① have similar tastes in comedy and humor
② are using laughter to connect with others
③ are reluctant to reveal our innermost feelings
④ focus on the content rather than the situation
⑤ feel more comfortable around others than alone

M68 ★★★

다음 빈칸에 들어갈 말로 가장 적절한 것을 고르시오.

The tendency for one purchase to lead to another one has a name: the Diderot Effect. The Diderot Effect states that obtaining a new possession often creates a spiral of consumption that leads to additional purchases. You can spot this pattern everywhere. You buy a dress and have to get new shoes and earrings to match. You buy a toy for your child and soon find yourself purchasing all of the accessories that go with it. It's a chain reaction of purchases. Many human behaviors follow this cycle. You often decide what to do next based on what you have just finished doing. Going to the bathroom leads to washing and drying your hands, which reminds you that you need to put the dirty towels in the laundry, so you add laundry detergent to the shopping list, and so on. No behavior happens in ____________. Each action becomes a cue that triggers the next behavior.

① isolation
② comfort
③ observation
④ fairness
⑤ harmony

M69 ★★★  고2 2020(6월)/33

다음 빈칸에 들어갈 말로 가장 적절한 것을 고르시오. [3점]

Sociologists have proven that people bring their own views and values to the culture they encounter; books, TV programs, movies, and music may affect everyone, but they affect different people in different ways. In a study, Neil Vidmar and Milton Rokeach showed episodes of the sitcom *All in the Family* to viewers with a range of different views on race. The show centers on a character named Archie Bunker, an intolerant bigot who often gets into fights with his more progressive family members. Vidmar and Rokeach found that viewers who didn't share Archie Bunker's views thought the show was very funny in the way it made fun of Archie's absurd racism — in fact, this was the producers' intention. On the other hand, though, viewers who were themselves bigots thought Archie Bunker was the hero of the show and that the producers meant to make fun of his foolish family! This demonstrates why it's a mistake to assume that a certain cultural product ________________________.

* bigot: 고집쟁이

① can provide many valuable views
② reflects the idea of the sociologists
③ forms prejudices to certain characters
④ will have the same effect on everyone
⑤ might resolve social conflicts among people

M70 ★★★ 고2 2023(6월)/34 

다음 빈칸에 들어갈 말로 가장 적절한 것을 고르시오. [3점]

Many people look for safety and security in popular thinking. They figure that if a lot of people are doing something, then it must be right. It must be a good idea. If most people accept it, then it probably represents fairness, equality, compassion, and sensitivity, right? Not necessarily. Popular thinking said the earth was the center of the universe, yet Copernicus studied the stars and planets and proved mathematically that the earth and the other planets in our solar system revolved around the sun. Popular thinking said surgery didn't require clean instruments, yet Joseph Lister studied the high death rates in hospitals and introduced antiseptic practices that immediately saved lives. Popular thinking said that women shouldn't have the right to vote, yet people like Emmeline Pankhurst and Susan B. Anthony fought for and won that right. We must always remember ________________________.
People may say that there's safety in numbers, but that's not always true.

* antiseptic: 멸균의

① majority rule should be founded on fairness
② the crowd is generally going in the right direction
③ the roles of leaders and followers can change at any time
④ people behave in a different fashion to others around them
⑤ there is a huge difference between acceptance and intelligence

다음 빈칸에 들어갈 말로 가장 적절한 것을 고르시오.

Nothing happens immediately, so in the beginning we can't see any results from our practice. This is like the example of the man who tries to make fire by rubbing two sticks of wood together. He says to himself, "They say there's fire here," and he begins rubbing energetically. He rubs on and on, but he's very impatient. He wants to have that fire, but the fire doesn't come. So he gets discouraged and stops to rest for a while. Then he starts again, but the going is slow, so he rests again. By then the heat has disappeared; he didn't keep at it long enough. He rubs and rubs until he gets tired and then he stops altogether. Not only is he tired, but he becomes more and more discouraged until he gives up completely, "There's no fire here." Actually, he was doing the work, but there wasn't enough heat to start a fire. The fire was there all the time, but ________________________.

① he didn't carry on to the end
② someone told him not to give up
③ the sticks were not strong enough
④ he started without planning in advance
⑤ the weather was not suitable to start a fire

2등급 대비 문제

다음 빈칸에 들어갈 말로 가장 적절한 것을 고르시오. [3점]

Scholars of myth have long argued that myth gives structure and meaning to human life; that meaning is amplified when a myth evolves into a world. A virtual world's ability to fulfill needs grows when lots and lots of people believe in the world. Conversely, a virtual world cannot be long sustained by a mere handful of adherents. Consider the difference between a global sport and a game I invent with my nine friends and play regularly. My game might be a great game, one that is completely immersive, one that consumes all of my group's time and attention. If its reach is limited to the ten of us, though, then it's ultimately just a weird hobby, and it has limited social function. For a virtual world to provide lasting, wide-ranging value, its participants must _______________________________. When that threshold is reached, psychological value can turn into wide-ranging social value.

* adherent: 추종자   ** threshold: 기준점

① be a large enough group to be considered a society
② have historical evidence to make it worth believing
③ apply their individual values to all of their affairs
④ follow a strict order to enhance their self-esteem
⑤ get approval in light of the religious value system

다음 빈칸에 들어갈 말로 가장 적절한 것을 고르시오. [3점]

Weber's law concerns the perception of difference between two stimuli. It suggests that we might not be able to detect a 1-mm difference when we are looking at lines 466 mm and 467 mm in length, but we may be able to detect a 1-mm difference when we are comparing a line 2 mm long with one 3 mm long. Another example of this principle is that we can detect 1 candle when it is lit in an otherwise dark room. But when 1 candle is lit in a room in which 100 candles are already burning, we may not notice the light from this candle. Therefore, the Just-noticeable difference (JND) varies as a function of the strength of the signals. For example, the JND is greater for very loud noises than it is for much more quiet sounds. When a sound is very weak, we can tell that another sound is louder, even if it is barely louder. When a sound is very loud, to tell that another sound is even louder, it has to be much louder. Thus, Weber's law means that it is harder to distinguish between two samples ________________.

① if their measurement units are not clearly determined

② as long as both rely on human measurement and judgment

③ as the researcher's observation method has any little variation

④ when those samples are larger or stronger levels of the stimuli

⑤ where they belong to thoroughly different categories of stimuli

다음 빈칸에 들어갈 말로 가장 적절한 것을 고르시오. [3점]

We might think that our gut instinct is just an inner feeling — a secret interior voice — but in fact it is shaped by a perception of something visible around us, such as a facial expression or a visual inconsistency so fleeting that often we're not even aware we've noticed it. Psychologists now think of this moment as a 'visual matching game'. So a stressed, rushed or tired person is more likely to resort to this visual matching. When they see a situation in front of them, they quickly match it to a sea of past experiences stored in a mental knowledge bank and then, based on a match, they assign meaning to the information in front of them. The brain then sends a signal to the gut, which has many hundreds of nerve cells. So the visceral feeling we get in the pit of our stomach and the butterflies we feel are a(n) ________________________.

* gut: 직감, 창자　** visceral: 본능적인

① result of our cognitive processing system

② instance of discarding negative memories

③ mechanism of overcoming our internal conflicts

④ visual representation of our emotional vulnerability

⑤ concrete signal of miscommunication within the brain

1등급 대비 문제

M75 ~ 76 ▶ 제한시간 5분

M75 ☆ 1등급 대비   고2 2025(3월)/34 

다음 빈칸에 들어갈 말로 가장 적절한 것을 고르시오. [3점]

Despite the difference between the past and the future, between what has happened and what is to come, it can be suggested, that our sense of the past has always been influenced by our view of the future. Revolutionaries have always looked to the past to frame their future cause, as is amply illustrated by examples from nationalism to communism. The future has often been seen as variously a recovery of a lost time, as a replication of what is established, or as a model bequeathed by a heroic age long gone. The writing of history is based on understanding or explaining future outcomes that were not known to contemporaries, since the historian has the benefit of hindsight and the past is nothing more than the accumulation of futures that are now our past. So, rather than see the hand of the past always shaping the future, perhaps it can be seen in reverse, with the past — in the sense of our understanding of it — being _______________________.

* replication: 복제   ** bequeath: 후세에 전하다
*** hindsight: (지난 일에 대한) 통찰력

① shaped by our orientation to the future
② entitled to remain untouched as past itself
③ disconnected from the expectations of the future
④ forgotten regardless of our perception of past events
⑤ documented as historical facts based purely on evidence

M76 ☆ 1등급 대비   고2 2022(3월)/33 

다음 빈칸에 들어갈 말로 가장 적절한 것을 고르시오. [3점]

According to many philosophers, there is a purely logical reason why science will never be able to explain everything. For in order to explain something, whatever it is, we need to invoke something else. But what explains the second thing? To illustrate, recall that Newton explained a diverse range of phenomena using his law of gravity. But what explains the law of gravity itself? If someone asks *why* all bodies exert a gravitational attraction on each other, what should we tell them? Newton had no answer to this question. In Newtonian science the law of gravity was a fundamental principle: it explained other things, but could not itself be explained. The moral generalizes. However much the science of the future can explain, the explanations it gives will have to make use of certain fundamental laws and principles. Since nothing can explain itself, it follows that at least some of these laws and principles _______________________.

* invoke: 언급하다

① govern human's relationship with nature
② are based on objective observations
③ will themselves remain unexplained
④ will be compared with other theories
⑤ are difficult to use to explain phenomena

※ 다음 영어는 우리말 뜻을, 우리말은 영어 단어를 〈보기〉에서 찾아 쓰시오.

〈보기〉

발휘하다	cognitive	remedy	투여하다
초과	boost	비용	periodic
직면하다	요소	verbal	expert

01 assert ______________

02 dose ______________

03 encounter ______________

04 excess ______________

05 element ______________

06 언어의 ______________

07 전문가 ______________

08 해결하다 ______________

09 주기적인 ______________

10 인지적인 ______________

※ 다음 우리말에 알맞은 영어 표현을 찾아 연결하시오.

11 ~을 나누다 •   • divide up

12 무엇보다도 •   • close off

13 ~을 차단하다 •   • above all

14 ~을 떠올리다 •   • summon up

15 ~로 거슬러 올라가다 •   • trace back to

※ 다음 우리말 표현에 맞는 단어를 고르시오.

16 사회 계약 ➡ a social (contact / contract)

17 값어치를 하다 ➡ worth the (prize / price)

18 태양 주위를 돌다 ➡ (involve / revolve) around the sun

19 벌금 기간 ➡ the period of the (pines / fines)

20 즉시 조치를 취하다 ➡ take action (immediately / probably)

※ 다음 문장의 빈칸에 알맞은 단어를 〈보기〉에서 찾아 쓰시오.

〈보기〉

isolated	frequency	signal	parallels
involvement	tactile	gravity	predictable
absorb	enrich	obsession	radically

21 정부의 개입은 다양한 형태를 취한다.
➡ Government _____________ takes many forms.

22 아주 중요한 것은 돈이 예측 가능한 방식으로 희소성이 있을 필요가 있다는 것이다.
➡ Most importantly, money needs to be scarce in a(n) __________ way.

23 Veblen에 따르면 이러한 물건들은 높은 지위를 나타내야 한다.
➡ According to Veblen, these goods must __________ high status.

24 무엇이 중력 법칙 자체를 설명하는가?
➡ What explains the law of __________ itself?

25 그러한 영향들은 우리의 정신적 풍경을 풍부하게 한다.
➡ Such influences __________ our mental landscape.

26 가상 세계에서 일한다는 개념은 혁신적으로 달랐다.
➡ The idea of working in a virtual world was __________ different.

27 Mill은 금세공인의 경우가 유일한 사례가 아니라는 것을 깨달았다.
➡ Mill realized that the goldsmiths' situation was not a(n) __________ case.

28 그들은 곧 시각적인, 청각적인, 그리고 촉각적인 (접촉) 환각을 경험한다.
➡ They soon experience visual, auditory, and __________ (touch) hallucinations.

29 Devereux와 Ginsburg는 웃음의 빈도를 조사했다.
➡ Devereux and Ginsburg examined __________ of laughter.

30 물리적 일터와 가상 일터 사이의 유사점이 지금은 분명해 보인다.
➡ The __________ between the physical and virtual workplace now seem obvious.

❖ 정답 224p

N 흐름에 맞지 않는 문장 찾기

★ 유형 설명

다음 글에서 전체 흐름과 관계 없는 문장은?

Dictionaries are relatively good resources for anyone interested in finding out what a word

첫 문장 이후로 이어지는 글의 논리적인 흐름을 방해하거나 주제와 동떨어진 진술을 하는 문장을 골라내야 한다.

첫 문장을 읽고, 글의 핵심 소재와 주제를 파악한다.
이어지는 각각의 문장이 앞 문장과 자연스럽게, 적절한 연결어 등으로 연결되는지 확인한다.
전체 글이나 앞 문장에 등장한 소재를 다루긴 하지만 전혀 동떨어진 이야기를 하는 문장이 정답인 경우가 많다.

유형 풀이 비법

1 글의 흐름을 확인하라!
- 문장 간의 논리적 흐름을 위해 지시어와 연결어를 본다.

2 글의 주제를 파악하라!
- 주제나 요지를 파악하고, 이에 어긋나는 문장을 찾는다.

3 어색한 내용을 찾아라!
- 소재는 동일하지만 전혀 다른 내용을 다루는 문장이 있는지 살핀다.

> **Tip** 정답으로 고른 문장을 빼고 읽어보며 앞뒤 연결이 자연스러운지 확인한다.

어휘 및 표현 Preview

□ intimidating 겁을 주는	□ cast 던지다, 보내다	□ academic (대학) 교수
□ layout 배치	□ unwittingly 자신도 모르게	□ politician 정치인
□ feat 기술, 묘기	□ disguise 감추다	□ immerse in ~에 몰두시키다
□ resource 자원	□ resentment 분개	□ technological literacy 기술 활용 능력
□ democracy 민주주의	□ aptitude 소질, 재능	□ cease 멈추다
□ thrive 번성하다	□ mechanics 역학, 기계학	□ sentiment 감정
□ prosper 번영하다	□ elemental 기본적인, 본질적인	□ barefoot 맨발의
□ millennium 천 년	□ pedestrian 보행자	□ accurate 정확한
□ substantial 상당한	□ high-profile 세간의 이목을 끄는	□ reflector 반사경
□ revenue 세입	□ instruction 지침	□ ancestral 조상의
□ medieval 중세의	□ innate 선천적인	□ hardwired 굳어진
□ emperor 황제	□ thereabouts 그 무렵에	□ zoologist 동물학자
□ extract 얻어내다	□ antibacterial 항균성의	□ disagreeable 불쾌한
□ exception 예외	□ spiritual 영적인	□ instantaneously 즉시
□ elusiveness 모호함	□ usage 사용, 사용량	□ prehistoric 선사시대의
□ entail 수반하다	□ permanently 영구적으로	□ ill-tempered 성질이 나쁜

N 흐름에 맞지 않는 문장 찾기 (첫 번째)

1st 선택지가 아닌 문장들에서 글의 소재를 찾으세요.
2nd 문장 하나하나를 살펴보면서 앞뒤 문장의 관계를 파악하세요.
3rd 정답으로 선택한 문장을 제외하면 앞뒤 문장이 매끄럽게 연결되는지 확인하세요.

N01 ★★❀ .... 고2 2024(6월)/35 

다음 글에서 전체 흐름과 관계 없는 문장은?

As the old joke goes: "Software, free. User manual, $10,000." But it's no joke. A couple of high-profile companies make their living selling instruction and paid support for free software. The copy of code, being mere bits, ⁵ is free. The lines of free code become valuable to you only through support and guidance. ① A lot of medical and genetic information will go this route in the coming decades. ② Right now getting a full copy of ¹⁰ all your DNA is very expensive ($10,000), but soon it won't be. ③ The public exposure of people's personal genetic information will undoubtedly cause serious legal and ethical problems. ④ The price is dropping so fast, it ¹⁵ will be $100 soon, and then the next year insurance companies will offer to sequence you for free. ⑤ When a copy of your sequence costs nothing, the interpretation of what it means, what you can do about it, and ²⁰ how to use it — the manual for your genes — will be expensive.

* sequence: (유전자) 배열 순서를 밝히다

1st 선택지가 아닌 문장들에서 글의 소재를 찾으세요.

1) 글의 첫 두 문장을 봅시다.

As the old joke goes: / "Software, free. // User
다음과 같은 옛 농담처럼 / "소프트웨어, 무료 // 사용자
manual, $10,000." //
매뉴얼, 10,000달러" //
But it's no joke. //
하지만 그것은 농담이 아니다 //

● **'소프트웨어'와 '사용자 매뉴얼'이 눈에 띄네요.**
소프트웨어는 무료로 제공하지만, 사용자 매뉴얼은 비싸게 판매한다는 것을 설명하고 있어요. 농담이지만, 사실 농담이 아니라는 것은 실제로 일어나는 일이라는 것을 강조하는 것 같죠?

2) 그다음 세 문장도 선택지가 아니네요!

A couple of high-profile companies / make their
세간의 이목을 끄는 몇몇 기업들은 / 돈을 번다
living / selling instruction and paid support for free
/ 무료 소프트웨어에 대한 지침과 유료 지원을 판매하면서 //
software. //
The copy of code, being mere bits, / is free. //
단지 몇 비트일 뿐인 코드 사본은 / 무료이다 //
The lines of free code / become valuable to you /
무료 코드의 배열은 / 당신에게 가치 있게 된다 /
only through support and guidance. //
지원과 안내를 통해서만 //

● **앞의 내용을 풀어서 설명하는 부분이에요.**
실제로 기업들이 소프트웨어는 무료로 제공하고, 그에 대한 지침과 유료 지원을 판매하면서 돈을 번다요. 가치가 있는 건 소프트웨어가 아니라 그 소프트웨어의 활용법이기 때문에 그것을 판매한다는 거죠.

2nd 문장 하나하나를 살펴보면서 앞뒤 문장의 관계를 파악하세요.

1) ① 문장부터 살펴봅시다.

① A lot of medical and genetic information / will go
많은 의료 및 유전 정보가 / 이 경로를
this route / in the coming decades. //
따르게 될 것이다 / 다가올 수십 년 안에 //

● '이 경로'는 무엇을 말하는 걸까요?
세간의 이목을 끄는 몇몇 기업들이 돈을 버는 방법처럼, 의료업계도 무료로 의료 및 유전 정보를 제공하고, 사용하는 방법을 통해 돈을 벌게 될 것이라는 흐름으로 글이 전개될 것 같아요.

의료 및 유전 정보: 소프트웨어

의료 및 유전 정보를 사용하는 방법: 사용자 **❶** (   )

2) ② 문장은 우리의 예상대로 전개되나요?

② Right now getting a full copy of all your DNA / is
지금은 당신의 모든 DNA의 전체 사본을 얻는 것이 　　/
very expensive ($10,000), / but soon it won't be. //
매우 비싸지만 (10,000달러) 　　/ 곧 그렇지 않게 될 것이다 　//

● **지금은 유전 정보가 비싸다고 하네요.**
하지만 곧 그렇지 않게 될 것이라는 건, 유전 정보 자체는 무상으로 제공하고 유전 정보를 사용하는 방법을 판매할 것이라는 거죠.

3) ③ 문장은 어떤가요?

③ The public exposure of people's personal genetic
사람들의 개인 유전자 정보의 공개는
information / will undoubtedly cause / serious legal
　　/ 틀림없이 야기할 것이다 　　/ 심각한 법적이고
and ethical problems. //
윤리적인 문제를 　　//

● **개인 유전자 정보의 법적, 윤리적 문제를 말하고 있어요.**
기업들이 소프트웨어는 무료로 제공하고, 그에 대한 지침과 유료 지원을 판매하면서 돈을 버는 것처럼, 의료업계도 그렇게 되어갈 거라는 글을 읽고 있었어요. 그런데 갑자기 유전자 정보의 법적, 윤리적 문제를 말하는 건 글의 흐름에 맞지 않아요. 정답을 찾은 것 같죠?

4) ④ 이제 다시 원래 흐름으로 돌아오는지 봅시다.

④ The price is dropping so fast, / it will be $100
가격이 너무 빨리 떨어지고 있어 　　/ 곧 100달러가 될 것이고
soon, / and then the next year / insurance
　/ 그 다음 해에는 　　/ 보험 회사가 제안할
companies will offer / to sequence you for free. //
것이다 　　/ 무료로 당신의 유전자 배열 순서를 밝혀줄 것을 //

● **무료로 제공한다는 내용이네요.**
②에서 유전 정보가 현재는 매우 비싸지만 곧 그렇지 않게 될 것이라고 했고, ④에서 100달러로, 시간이 지나면 심지어 무료로 제공될 것이라는 내용이 나와요. ③이 아닌 ②에 이어지기 때문에 ③이 무관한 문장이 맞네요!

5) ⑤ 마지막 문장까지 자연스럽게 연결되는지 확인합시다.

⑤ When a copy of your sequence costs nothing, /
당신의 배열의 사본에 비용이 들지 않을 때 　　　/
the interpretation of / what it means, / what you can
~에 관한 설명은 　　/ 그것이 의미하는 것 / 당신이 그것에 관해 할
do about it, / and how to use it / — the manual for
수 있는 것 　/ 그리고 그것을 사용하는 방법(에 관한 설명) / 즉, 당신의
your genes — / will be expensive. //
유전자 매뉴얼은 　　/ 비싸질 것이다 　　//

● **반대로 비싸지는 것을 설명하는 부분이네요.**
의료업계에서도 유전 정보(소프트웨어)를 무료로 제공하기 시작하면, 유전자 매뉴얼(사용자 매뉴얼)이 비싸질 것이라는 내용으로 글을 마무리하고 있어요.

`3rd` 정답으로 선택한 문장을 제외하면 앞뒤 문장이 매끄럽게 연결되는지 확인하세요.

1) 정답으로 선택한 ③ 문장을 빼고 글을 읽어봅시다.

② Right now getting a full copy of all your DNA / is
지금은 당신의 모든 DNA의 전체 사본을 얻는 것이 　　/
very expensive ($10,000), / but soon it won't be. //
매우 비싸지만 (10,000달러) 　　/ 곧 그렇지 않게 될 것이다 　//
④ The price is dropping so fast, / it will be $100
가격이 너무 빨리 떨어지고 있어 　　/ 곧 100달러가 될 것이고
soon, / and then the next year / insurance
　/ 그 다음 해에는 　　/ 보험 회사가 제안할
companies will offer / to sequence you for free. //
것이다 　　/ 무료로 당신의 유전자 배열 순서를 밝혀줄 것을 //

● **'10,000달러, 100달러, 무료'가 보이나요?**
10,000달러로 매우 비쌌던 DNA는 100달러로, 더 나아가 무료로 제공될 것이라는 내용이 ②, ④ 문장에 자연스럽게 연결되고 있어요. 따라서 정답은 개인 유전자 정보의 법적, 윤리적 문제를 언급한
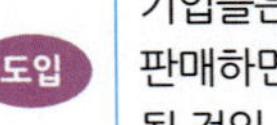 (   )!

2) 글의 흐름을 정리하며 글의 내용을 다시 확인해 봅시다.

도입	기업들은 무료 소프트웨어에 대한 지침과 유료 지원을 판매하면서 돈을 버는데, 의료 및 유전 정보가 이 경로를 따르게 될 것임
↓	
전개	지금은 DNA의 전체 사본을 얻는 것이 매우 비싸지만 가격이 너무 빨리 떨어지고 있음
↓	
결론	유전자 배열의 사본에 비용이 들지 않을 때, 유전자 매뉴얼은 비싸질 것임

N  흐름에 맞지 않는 문장 찾기 (두 번째)

1st 선택지가 아닌 문장들에서 글의 소재를 찾으세요.
2nd 문장 하나하나를 살펴보면서 앞뒤 문장의 관계를 파악하세요.
3rd 정답으로 선택한 문장을 제외하면 앞뒤 문장이 매끄럽게 연결되는지 확인하세요.

N02 *** .... 고2 2023(3월)/35

다음 글에서 전체 흐름과 관계 없는 문장은?

Human processes differ from rational processes in their outcome. A process is *rational* if it always does the right thing based on the current information, given an ideal performance measure. In short, rational[5] processes go by the book and assume that the book is actually correct. ① Human processes involve instinct, intuition, and other variables that don't necessarily reflect the book and may not even consider the[10] existing data. ② As an example, the rational way to drive a car is to always follow the laws. ③ Likewise, pedestrian crossing signs vary depending on the country with differing appearances of a person crossing[15] the street. ④ However, traffic isn't rational; if you follow the laws precisely, you end up stuck somewhere because other drivers aren't following the laws precisely. ⑤ To be successful, a self-driving car must therefore[20] act humanly, rather than rationally.

1st 선택지가 아닌 문장들에서 글의 소재를 찾으세요.

1) 글의 첫 문장을 봅시다.

Human processes differ from rational processes / in
인간의 과정은 이성적인 과정과 다르다 /
their outcome. //
그 결과에 있어서 //

● **글의 중심 소재는 인간의 과정이에요.**
이성적인 과정과 다른 측면을 중심으로 인간의 과정을 소개하는
글이에요. 이성적인 과정이 무엇이기에 결과에 있어서 ❶(　　　　)의
과정과 다르다고 하는지 글을 읽어봅시다.

2) 선택지 전에 나오는 문장들을 봅시다.

A process is *rational* / if it always does the right
그 과정은 '이성적'이다 / 만일 하나의 과정이 항상 맞는 일을
thing / based on the current information, / given an
수행한다면 / 현재의 정보에 근거하여 / 이상적인 수행
ideal performance measure. //
척도를 고려할 때 //
In short, / rational processes go by the book / and
요컨대 / 이성적인 과정은 책에 나와 있는 규칙대로 진행하고 / 책은
assume that the book is actually correct. //
실제로 옳다고 간주한다 //

● **과정이 이성적일 수 있는 조건이 나와요.**
만일 하나의 과정이 항상 맞는 일을 수행한다면 그 과정은 '이성적'이라고
했어요. 하지만 인간의 과정은 이성적인 과정과 다르다고 했으니까
인간의 과정은 항상 맞는 일만 수행하는 것은 아닐 거라는 내용이
이어지겠네요.

● **앞의 내용을 한번 더 설명하는 문장이 이어져요.**
In short(요컨대)는 앞의 내용을 간략히 다시 설명할 때 쓰는 연결어예요.
이성적인 과정을 책에 나와 있는 규칙대로 진행하는 것이라고
비유했어요.

2nd 문장 하나하나를 살펴보면서 앞뒤 문장의 관계를 파악하세요.

1) ① 우리의 예상이 맞아요.

① Human processes involve / instinct, intuition,
인간의 과정은 포함하며 / 본능, 직관 그리고 다른
and other variables / that don't necessarily reflect
변인들을 / 책을 반드시 반영하지는 않는
the book / and may not even consider the existing
/ 심지어 기존의 데이터를 고려하지 않을 수도 있다 //
data. //

● **앞에서 책을 무엇에 비유했나요?**
이성적인 과정은 책에 나와 있는 규칙대로 진행하는 것인데, 인간의
과정은 책을 반드시 반영하지는 않는 변인들을 포함한다고 했어요.
이성적인 과정과 인간의 과정이 다르다는 글 전체 흐름과, 앞 문장과
자연스럽게 연결되므로 ①은 무관한 문장이 아니에요.

2) ② 새로운 예시가 시작돼요.

> ② As an example, / the rational way to drive a car is /
> 　　예를 들어　　　　/ 자동차를 운전하는 이성적인 방식은 ~이다　/
> to always follow the laws. //
> 항상 법규를 따르는 것　　　　//

● **먼저 이성적인 방식을 설명하고 있어요.**
이성적인 방식은 책에 나와 있는 규칙대로 진행하는 것이라고 했으니까
항상 법규를 따르는 것은 자동차를 운전하는 이성적인 방식이 맞아요.

3) ③ 이제 이성적인 방식과 다른 인간의 과정이 이어지겠죠?

> ③ Likewise, / pedestrian crossing signs vary /
> 　이와 비슷하게　/ 보행자 횡단 신호는 다르다　　　/
> depending on the country / with differing
> 나라에 따라　　　　　　　/ 사람의 모양이 서로 다르다
> appearances of a person / crossing the street. //
> 　　　　　　　　/ 길을 건너는　　　　//

● **Likewise는 '이와 비슷하게'를 뜻해요.**
앞 문장에 '이와 비슷하게'로 연결되려면 이성적인 방식에 관한 내용이
이어져야 하는데, 나라에 따라 보행자 횡단 신호는 다르다는 것은 '항상
법규를 따른다'는 것과 관련 없는 내용이에요. 정답을 찾은 것 같죠?

4) ④ 이제 다시 인간의 과정이 이어지나 봅시다.

> ④ However, traffic isn't rational; / if you follow the
> 　그러나 교통(흐름)은 이성적이지 않다　　　/ 여러분이 법규를 정확히
> laws precisely, / you end up stuck somewhere /
> 따른다 하더라도　/ 여러분은 결국 어딘가에 갇혀 꼼짝하지도 못하는
> because other drivers aren't following the laws
> 결과를 맞게 될 것이다 / 다른 운전자는 법규를 정확히 따르지 않기 때문에 //
> precisely. //

● **역접의 연결어 However와 함께 이성적이지 않은 과정을 설명하고
있어요.**
②에서 운전하는 이성적인 방식에 대해 설명했고, 이에 However로
이성적이지 않은 인간의 과정을 설명하고 있어요. ③이 아닌 ②에
이어지기 때문에 ③이 무관한 문장이 맞네요.

5) ⑤ 마지막 문장까지 자연스럽게 연결되는지 확인합시다.

> ⑤ To be successful, / a self-driving car must
> 　성공하려면　　　　　/ 따라서 자율 주행 자동차는 인간적으로
> therefore act humanly, / rather than rationally. //
> 행동해야 한다　　　　　/ 이성적이기보다는　　　//

● **자율 주행 자동차가 이성적이기만 하면 안 된다는 거예요.**
인간의 과정은 이성적인 과정과 다르기 때문에 인간이 사용하는 자율
주행 자동차는 인간의 과정을 따라야겠죠.

3rd 정답으로 선택한 문장을 제외하면 앞뒤 문장이 매끄럽게
연결되는지 확인하세요.

> ② As an example, / the rational way to drive a car is
> 　예를 들어　　　　/ 자동차를 운전하는 이성적인 방식은 ~이다
> / to always follow the laws. //
> / 항상 법규를 따르는 것　　　//
> ④ However, traffic isn't rational; / if you follow the
> 　그러나 교통(흐름)은 이성적이지 않다　　　/ 여러분이 법규를 정확히
> laws precisely, / you end up stuck somewhere /
> 따른다 하더라도　/ 여러분은 결국 어딘가에 갇혀 꼼짝하지도 못하는
> because other drivers aren't following the laws
> 결과를 맞게 될 것이다 / 다른 운전자는 법규를 정확히 따르지 않기 때문에 //
> precisely. //

● **두 문장 모두 예시 문장이에요.**
결과에 있어서 이성적인 과정과 다른 인간의 과정을 설명하는 글이에요.
두 과정을 자동차를 운전하는 방식을 예로 들어 설명하고 있어요.
이성적인 과정: 항상 법규를 따름
인간의 과정과 결과: 교통은 이성적이지 않기 때문에 어딘가에 갇혀
꼼짝하지도 못하게 되는 결과를 맞이함
두 과정의 예시가 자연스럽게 연결되므로, 보행자 횡단 신호에 대해
이야기하는 ❷(　　　　)이 무관한 문장이에요.

N03 ~ 08 ▶ 제한시간 12분

N03 ★★★ 고2 2025(3월)/35 

다음 글에서 전체 흐름과 관계 <u>없는</u> 문장은?

Dictionaries are relatively good resources for anyone interested in finding out what a word means. Using one set of words to define another word is called a *lexical definition*. But it's important to understand the limits of dictionary definitions. ① More often than not, a definition in a dictionary requires readers to have a fairly robust understanding of the language already at their disposal. ② In other words, a dictionary functions in many cases as a cross-reference or translator between words one knows and words that one doesn't yet know. ③ However, there are words that may be defined not through other words but only by pointing to something in our experience. ④ Even the most obscure words in a dictionary, say, for example, "pulchritudinous" or "kalokagathia," must be defined using words that the reader already knows and understands. ⑤ Otherwise, the dictionary isn't very helpful.

* lexical: 어휘적인 ** robust: 탄탄한 *** obscure: 난해한

N04 ★★※ 고2 2025(6월)/35 

다음 글에서 전체 흐름과 관계 <u>없는</u> 문장은?

The writer and zoologist Desmond Morris observed that our feet communicate exactly what we think and feel more honestly than any other part of our bodies. Why are the feet and legs such accurate reflectors of our sentiments? ① For millions of years, long before humans spoke, our legs and feet reacted to environmental threats (e.g., hot sand, ill-tempered lions) instantaneously, without the need for conscious thought. ② Our limbic brains made sure that our feet and legs reacted as needed by either ceasing motion, running away, or kicking at a potential threat. ③ This survival regimen, retained from our ancestral heritage, has served us well and continues to do so today. ④ In some cultures, therefore, barefoot walking is considered a spiritual practice, connecting the individual to the ancestors. ⑤ In fact, these age-old reactions are still so hardwired in us that when we are presented with something dangerous or even disagreeable, our feet and legs still react as they did in prehistoric times.

* limbic: (대뇌) 변연계(邊緣系)의 ** regimen: 양생법(養生法)

N05 ★★★ 고2 2025(9월)/35 

다음 글에서 전체 흐름과 관계 <u>없는</u> 문장은?

According to Einstein's theory, a large mass like the Sun 'bends' space-time. Newton's theory makes no such prediction. ① This bending of space-time leads to phenomena such as 'gravitational lensing' where the light of distant stars appears to be in different locations when they pass by a large mass like the Sun. ② We don't normally see this lensing because stars aren't visible during the day when the Sun is out, but a solar eclipse in 1919 allowed scientists to observe what the Sun's gravity was doing to the light from distant stars. ③ The stars around the Sun appeared to have moved from their normal positions in the night sky. ④ Despite the consistent efforts to confirm the precise orbit of planets within our solar system, observational schedules were often disrupted by local weather phenomena. ⑤ The shift was much larger than Newton's theory predicted, but exactly in the positions predicted by Einstein's theory.

* solar eclipse: 일식

N06　✱✱✱　

다음 글에서 전체 흐름과 관계 <u>없는</u> 문장은?

Any new resource (e.g., a new airport, a new mall) always opens with people benefiting individually by sharing a common resource (e.g., the city or state budget). Soon, at some point, the amount of traffic grows too large for the "commons" to support. ① Traffic jams, overcrowding, and overuse lessen the benefits of the common resource for everyone — the tragedy of the commons! ② If the new resource cannot be expanded or provided with additional space, it becomes a problem, and you cannot solve the problem on your own, in isolation from your fellow drivers or walkers or competing users. ③ The total activity on this new resource keeps increasing, and so does individual activity; but if the dynamic of common use and overuse continues too long, both begin to fall after a peak, leading to a crash. ④ Likewise, common resource such as knowledge and information is infinite one whose relative value decreases as the number of users increases, but will not be totally consumed though overused. ⑤ What makes the "tragedy of commons" tragic is the crash dynamic — the destruction or degeneration of the common resource's ability to regenerate itself.

N07　✱✱❀　

다음 글에서 전체 흐름과 관계 <u>없는</u> 문장은?

Minimal processing can be one of the best ways to keep original flavors and taste, without any need to add artificial flavoring or additives, or too much salt. This would also be the efficient way to keep most nutrients, especially the most sensitive ones such as many vitamins and anti-oxidants. ① Milling of cereals is one of the most harsh processes which dramatically affect nutrient content. ② While grains are naturally very rich in micronutrients, anti-oxidants and fiber (i.e. in wholemeal flour or flakes), milling usually removes the vast majority of minerals, vitamins and fibers to raise white flour. ③ To increase grain production, the use of chemical fertilizers should be minimized, and insect-resistant grain varieties should be developed. ④ Such a spoilage of key nutrients and fiber is no longer acceptable in the context of a sustainable diet aiming at an optimal nutrient density and health protection. ⑤ In contrast, fermentation of various foodstuffs or germination of grains are traditional, locally accessible, low-energy and highly nutritious processes of sounded interest.

* fermentation: 발효　** germination: 발아

N08　✱✱❀　

다음 글에서 전체 흐름과 관계 <u>없는</u> 문장은?

We are the only species that seasons its food, deliberately altering it with the highly flavored plant parts we call herbs and spices. It's quite possible that our taste for spices has an evolutionary root. ① Many spices have antibacterial properties — in fact, common seasonings such as garlic, onion, and oregano inhibit the growth of almost every bacterium tested. ② And the cultures that make the heaviest use of spices — think of the garlic and black pepper of Thai food, the ginger and coriander of India, the chili peppers of Mexico — come from warmer climates, where bacterial spoilage is a bigger issue. ③ The changing climate can have a significant impact on the production and availability of spices, influencing their growth patterns and ultimately affecting global spice markets. ④ In contrast, the most lightly spiced cuisines — those of Scandinavia and northern Europe — are from cooler climates. ⑤ Our uniquely human attention to flavor, in this case the flavor of spices, turns out to have arisen as a matter of life and death.

* cuisine: 요리(법)

N09 ✦✦✦ 고2 2023(9월)/35 

다음 글에서 전체 흐름과 관계 <u>없는</u> 문장은?

The irony of early democracy in Europe is that it thrived and prospered precisely because European rulers for a very long time were remarkably weak. ① For more than a millennium after the fall of Rome, European rulers lacked the ability to assess what their people were producing and to levy substantial taxes based on this. ② The most striking way to illustrate European weakness is to show how little revenue they collected. ③ For this reason, tax collectors in Europe were able to collect a huge amount of revenue and therefore had a great influence on how society should function. ④ Europeans would eventually develop strong systems of revenue collection, but it took them an awfully long time to do so. ⑤ In medieval times, and for part of the early modern era, Chinese emperors and Muslim caliphs were able to extract much more of economic production than any European ruler with the exception of small city-states.

* levy: 부과하다 ** caliph: 칼리프(과거 이슬람 국가의 통치자)

N10 ✦✦✦ 고2 2021(9월)/35 

다음 글에서 전체 흐름과 관계 <u>없는</u> 문장은?

Nurses hold a pivotal position in the mental health care structure and are placed at the centre of the communication network, partly because of their high degree of contact with patients, but also because they have well-developed relationships with other professionals. ① Because of this, nurses play a crucial role in interdisciplinary communication. ② They have a mediating role between the various groups of professionals and the patient and carer. ③ Mental healthcare professionals are legally bound to protect the privacy of their patients, so they may be, rather than unwilling, unable to talk about care needs. ④ This involves translating communication between groups into language that is acceptable and comprehensible to people who have different ways of understanding mental health problems. ⑤ This is a highly sensitive and skilled task, requiring a high level of attention to alternative views and a high level of understanding of communication.

N11 ✦✦✦  고2 2021(11월)/35

다음 글에서 전체 흐름과 관계 <u>없는</u> 문장은?

There is a pervasive idea in Western culture that humans are essentially rational, skillfully sorting fact from fiction, and, ultimately, arriving at timeless truths about the world. ① This line of thinking holds that humans follow the rules of logic, calculate probabilities accurately, and make decisions about the world that are perfectly informed by all available information. ② Conversely, failures to make effective and well-informed decisions are often attributed to failures of human reasoning — resulting, say, from psychological disorders or cognitive biases. ③ In this picture, whether we succeed or fail turns out to be a matter of whether individual humans are rational and intelligent. ④ Our ability to make a reasonable decision has more to do with our social interactions than our individual psychology. ⑤ And so, if we want to achieve better outcomes — truer beliefs, better decisions — we need to focus on improving individual human reasoning.

* pervasive: 널리 스며 있는

N12 ❋❋❀

다음 글에서 전체 흐름과 관계 없는 문장은?

Before getting licensed to drive a cab in London, a person has to pass an incredibly difficult test with an intimidating name — "The Knowledge." ① The test involves memorizing the layout of more than 20,000 streets in the Greater London area — a feat that involves an incredible amount of memory resources. ② In fact, fewer than 50 percent of the people who sign up for taxi driver training pass the test, even after spending two or three years studying for it! ③ And as it turns out, the brains of London cabbies are different from non-cab-driving humans in ways that reflect their herculean memory efforts. ④ In other words, they must hold a full driving license, issued by the Driver and Vehicle Licensing Authority, for at least a year. ⑤ In fact, the part of the brain that has been most frequently associated with spatial memory, the tail of the sea horse-shaped brain region called the hippocampus, is *bigger* than average in these taxi drivers.

* herculean: 초인적인   ** hippocampus: 해마

N13 ❋❋❋

다음 글에서 전체 흐름과 관계 없는 문장은?

Taking a stand is important because you become a beacon for those individuals who are your people, your tribe, and your audience. ① When you raise your viewpoint up like a flag, people know where to find you; it becomes a rallying point. ② Displaying your perspective lets prospective (and current) customers know that you don't just sell your products or services. ③ The best marketing is never just about selling a product or service, but about taking a stand — showing an audience why they should believe in what you're marketing enough to want it at any cost, simply because they agree with what you're doing. ④ If you want to retain your existing customers, you need to create ways that a customer can feel like another member of the team, participating in the process of product development. ⑤ Products can be changed or adjusted if they aren't functioning, but rallying points align with the values and meaning behind what you do.

* beacon: 횃불   ** rallying point: 집합 지점

N14 ❋❋❋❀

다음 중 전체 흐름과 관계 없는 문장은?

Academics, politicians, marketers and others have in the past debated whether or not it is ethically correct to market products and services directly to young consumers. ① This is also a dilemma for psychologists who have questioned whether they ought to help advertisers manipulate children into purchasing more products they have seen advertised. ② Advertisers have admitted to taking advantage of the fact that it is easy to make children feel that they are losers if they do not own the 'right' products. ③ When products become more popular, more competitors enter the marketplace and marketers lower their marketing costs to remain competitive. ④ Clever advertising informs children that they will be viewed by their peers in an unfavorable way if they do not have the products that are advertised, thereby playing on their emotional vulnerabilities. ⑤ The constant feelings of inadequateness created by advertising have been suggested to contribute to children becoming fixated with instant gratification and beliefs that material possessions are important.

* fixated: 집착하는   ** gratification: 만족(감)

N15 ✱✱✱❋  고2 2023(11월)/35

다음 글에서 전체 흐름과 관계 없는 문장은? [3점]

Moral excellence, according to Aristotle, is the result of habit and repetition, though modern science would also suggest that it may have an innate, genetic component. ① This means that moral excellence will be broadly set early in our lives, which is why the question of how early to teach it is so important. ② Freud suggested that we don't change our personality much after age five or thereabouts, but as in many other things, Freud was wrong. ③ A person of moral excellence cannot help doing good — it is as natural as the change of seasons or the rotation of the planets. ④ Recent psychological research shows that personality traits stabilize around age thirty in both men and women and regardless of ethnicity as the human brain continues to develop, both neuroanatomically and in terms of cognitive skills, until the mid-twenties. ⑤ The advantage of this new understanding is that we can be a bit more optimistic than Aristotle and Freud about being able to teach moral excellence.

* neuroanatomically: 신경 해부학적으로

N16 ✱✱✱  고2 2022(6월)/35

다음 글에서 전체 흐름과 관계 없는 문장은?

Inflationary risk refers to uncertainty regarding the future real value of one's investments. Say, for instance, that you hold $100 in a bank account that has no fees and accrues no interest. If left untouched there will always be $100 in that bank account. ① If you keep that money in the bank for a year, during which inflation is 100 percent, you've still got $100. ② Only now, if you take it out and put it in your wallet, you'll only be able to purchase half the goods you could have bought a year ago. ③ In other words, if inflation increases faster than the amount of interest you are earning, this will decrease the purchasing power of your investments over time. ④ It would be very useful to know in advance what would happen to your firm's total revenue if you increased your product's price. ⑤ That's why we differentiate between nominal value and real value.

* accrue: 생기다   ** nominal: 명목의, 액면(상)의

N17 ✱✱✱  고2 2021(6월)/35

다음 글에서 전체 흐름과 관계 없는 문장은?

An interesting phenomenon that arose from social media is the concept of *social proof*. It's easier for a person to accept new values or ideas when they see that others have already done so. ① If the person they see accepting the new idea happens to be a friend, then social proof has even more power by exerting peer pressure as well as relying on the trust that people put in the judgments of their close friends. ② For example, a video about some issue may be controversial on its own but more credible if it got thousands of *likes*. ③ When expressing feelings of liking to friends, you can express them using nonverbal cues such as facial expressions. ④ If a friend recommends the video to you, in many cases, the credibility of the idea it presents will rise in direct proportion to the trust you place in the friend recommending the video. ⑤ This is the power of social media and part of the reason why videos or "posts" can become "viral."

* exert: 발휘하다   ** viral: 바이러스성의, 입소문이 나는

다음 글에서 전체 흐름과 관계 <u>없는</u> 문장은?

Marketing management is concerned not only with finding and increasing demand but also with changing or even reducing it. For example, Uluru (Ayers Rock) might have too many tourists wanting to climb it, and Daintree National Park in North Queensland can become overcrowded in the tourist season. ① Power companies sometimes have trouble meeting demand during peak usage periods. ② In these and other cases of excess demand, the needed marketing task, called demarketing, is to reduce demand temporarily or permanently. ③ Efforts should be made to compensate for the losses caused by the increase in supply. ④ The aim of demarketing is not to completely destroy demand, but only to reduce or shift it to another time, or even another product. ⑤ Thus, marketing management seeks to affect the level, timing, and nature of demand in a way that helps the organisation achieve its objectives.

다음 글에서 전체 흐름과 관계 <u>없는</u> 문장은?

Today's "digital natives" have grown up immersed in digital technologies and possess the technical aptitude to utilize the powers of their devices fully. ① But although they know which apps to use or which websites to visit, they do not necessarily understand the workings behind the touch screen. ② People need technological literacy if they are to understand machines' mechanics and uses. ③ In much the same way as factory workers a hundred years ago needed to understand the basic structures of engines, we need to understand the elemental principles behind our devices. ④ The lifespan of devices depends on the quality of software operating them as well as the structure of hardware. ⑤ This empowers us to deploy software and hardware to their fullest utility, maximizing our powers to achieve and create.

* deploy: 사용하다

다음 글에서 전체 흐름과 관계 <u>없는</u> 문장은?

Of all the human emotions, none is trickier or more elusive than envy. It is very difficult to actually discern the envy that motivates people's actions. ① The reason for this elusiveness is simple: we almost never directly express the envy we are feeling. ② Envy entails the admission to ourselves that we are inferior to another person in something we value. ③ Not only is it painful to admit this inferiority, but it is even worse for others to see that we are feeling this. ④ Envy can cause illness because people with envy can cast the "evil eye" on someone they envy, even unwittingly, or the envious person can become ill from the emotion. ⑤ And so almost as soon as we experience the initial feelings of envy, we are motivated to disguise it to ourselves — it is not envy we feel but unfairness at the distribution of goods or attention, resentment at this unfairness, even anger.

* elusive: 이해하기 어려운

※ 다음 영어는 우리말 뜻을, 우리말은 영어 단어를 〈보기〉에서 찾아 쓰시오.

┌─〈보기〉─┐

부패	정의하다	innate	증거
믿을 만한	politician	멈추다	layout
spatial	발행하다	legal	fairly

01 spoilage ___________

02 proof ___________

03 credible ___________

04 define ___________

05 cease ___________

06 선천적인 ___________

07 법적인 ___________

08 정치인 ___________

09 배치 ___________

10 꽤, 상당히 ___________

※ 다음 우리말에 알맞은 영어 표현을 찾아 연결하시오.

11 ~에 의존하다 • • rely on

12 ~하기 마련이다 • • be bound to

13 ~을 배경으로 하다 • • purchasing power

14 구매력 • • be set in

15 (감정 등을) 이용하다 • • play on

※ 다음 우리말 표현에 맞는 단어를 고르시오.

16 유럽 초기 민주주의 ➡ early (democracy / capitalism) in Europe

17 명목 가치 ➡ (real / nominal) value

18 기기의 수명 ➡ (material / lifespan) of devices

19 유전 정보 ➡ (generic / genetic) information

20 기본 원리 ➡ the (elemental / entertaining) principles

※ 다음 문장의 빈칸에 알맞은 단어를 〈보기〉에서 찾아 쓰시오.

┌─〈보기〉─┐

seasons	assess	spiritual	prehistoric
revenue	usage	adjusted	fertilizers
calculate	moral	prosper	sentiments

21 인간은 가능성을 정확히 계산한다.
➡ Humans ___________ probabilities accurately.

22 맨발로 걷는 것은 영적 수행으로 여겨진다.
➡ Barefoot walking is considered a(n) ___________ practice.

23 세금 징수원은 막대한 액수의 세입을 거두었다.
➡ Tax collectors collected a huge amount of ___________ .

24 우리는 음식에 양념을 하는 유일한 종이다.
➡ We are the only species that ___________ its food.

25 우리의 발과 다리는 여전히 그들이 선사시대에 그랬던 것처럼 반응한다.
➡ Our feet and legs still react as they did in ___________ times.

26 상품은 기능하지 않으면 바꾸거나 고칠 수 있다.
➡ Products can be changed or ___________ if they aren't functioning.

27 전력 회사들은 최고 사용 기간 동안 수요를 충족시키는 데 어려움이 있다.
➡ Power companies have trouble meeting demand during peak ___________ periods.

28 왜 발과 다리는 우리 감정의 그토록 정확한 반사경인 걸까?
➡ Why are the feet and legs such accurate reflectors of our ___________?

29 Aristotle에 따르면 도덕적 우수성은 습관과 반복의 결과물이다.
➡ ___________ excellence, according to Aristotle, is the result of habit and repetition.

30 곡물 생산을 늘리려면 화학비료 사용이 최소화되어야 한다.
➡ To increase grain production, the use of chemical ___________ should be minimized.

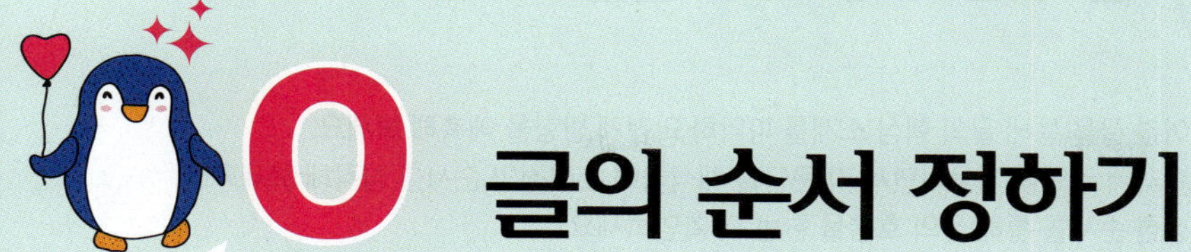

글의 순서 정하기

★ 유형 설명

주어진 글 다음에 이어질 글의 순서로 가장 적절한 것을 고르시오.

> The ancient Greeks used to describe two very different ways of thinking — *logos* and

주어진 한 문단에 이어지는 나머지 세 문단의 논리적 순서를 연결어 등의 단서를 통해 추론해야 한다.

① this, that, these, it 등의 지시어가 가리키는 것이 무엇인지 파악한다.
② on the other hand, similarly, however 등의 연결어로 서로 연결되어야 하는 내용이 무엇인지를 생각하면서 앞뒤에 올 내용을 확인한다.
③ 처음 등장하는 것인지(a 또는 one), 앞에 이미 나온 것인지(the) 관사를 통해 파악한다.
④ 서수(first, second 등)가 있으면 그 순서에 유의한다.
⑤ research, study, reason 등의 연구 자료나 근거가 있는 문단은 그 앞이나 뒤에 어떤 주장을 뒷받침하려고 하는지 유의한다.

유형 풀이 비법

1 글의 소재를 파악하라!
- 주어진 글을 통해 무엇에 관한 글인지를 알아낸다.

2 단서를 찾아라!
- 연결어, 대명사, 지시어 등 문장 간의 연결고리 역할을 하는 단서들을 찾는다.

3 부사구를 확인하라!
- 시간적, 공간적 순서가 드러나는 글의 경우에 관련 부사구를 단서로 활용한다.

(Tip) 순서를 맞추고 전체 글을 다시 읽으며 흐름이 맞는지 확인한다.

어휘 및 표현 Preview

□ **needy** 도움이 필요한	□ **anthropologist** 인류학자	□ **disturbance** 교란, 소동
□ **introduce** 도입하다	□ **sociologist** 사회학자	□ **coastal** 해안의
□ **electronic** 전자의	□ **philosopher** 철학자	□ **persist** 지속되다
□ **controllable** 통제 가능한	□ **intertwine** 뒤얽히다	□ **destructive** 파괴적인
□ **enquire** 묻다	□ **interdependent** 상호 의존적인	□ **cluster** 군집, 무리
□ **rigid** 엄격한	□ **rationalist** 합리주의자	□ **coordinate** 조정하다
□ **demotivate** 의욕을 꺾다	□ **primitive** 원시적인	□ **manual** 수동의
□ **unfolding** 전개	□ **metaphor** 은유	□ **typewriter** 타자기
□ **monotony** 단조로움	□ **downplay** 경시하다	□ **insure** 보장하다
□ **chunk** 토막, 덩어리	□ **steelworker** 철강 노동자	□ **rest assured** 확신하다
□ **tuition** 등록금	□ **tariff** 관세	□ **bring ~ under control** ~을 통제하다
□ **clay tablet** 점토판	□ **domestic** 국내의	□ **move on** (새로운 일·주제로) 넘어가다
□ **prone** ~하기 쉬운	□ **impose** (세금 등을) 부과하다	□ **have a greater chance of** ~할 가능성이 더 크다
□ **bulky** 부피가 큰	□ **import** 수입하다	
□ **structural** 구조적인	□ **variability** 변이성	□ **phase** 단계
□ **richness** 풍부함	□ **immune** 면역의	□ **cellular** 세포의
□ **nonrandom** 비무작위의	□ **extension** 확장	□ **built-in** 확립된

O 글의 순서 정하기 (첫 번째)

O01 ★★★ ·················· 고2 2025(3월)/36

주어진 글 다음에 이어질 글의 순서로 가장 적절한 것을 고르시오. [3점]

> The governments of virtually every country on the planet attach great importance to achieving food security and a wide variety of mechanisms have been developed to realize this goal. ⁵

(A) However, food security does not require food self-sufficiency because countries can import food items not easily produced within the country. Agricultural products are, after all, highly sensitive to climatic, ¹⁰ soil and other conditions that tend to vary around the world.

(B) The first issue governments face in achieving national food security is the problem of insuring that adequate ¹⁵ amounts of food are available to the resident population. Some governments have set goals of food self-sufficiency, which means most if not all of the food available in a country comes from the ²⁰ domestic farming system.

(C) Even countries with extremely productive agricultural sectors are not fully self-sufficient in all food items. The United States, for example, depends on imports ²⁵ for its supply of coffee, tea, bananas and other tropical products. In general, the problem of assuring adequate food supplies is solved by relying on both domestic production and imports. ³⁰

① (A) — (C) — (B) ② (B) — (A) — (C)
③ (B) — (C) — (A) ④ (C) — (A) — (B)
⑤ (C) — (B) — (A)

1st 주어진 글을 통해 글의 핵심 소재를 파악하고 전개 방향을 예측해 보세요.

> The governments / of virtually every country on the
> 정부는 / 사실상 전 세계 모든 국가의
> planet / attach great importance / to achieving food
> 큰 중요성을 부여하며 / 식량 안보를 달성하는 것에
> security / and a wide variety of mechanisms / have
> / 다양한 메커니즘이 /
> been developed / to realize this goal. //
> 개발되었다 / 이 목표를 실현하기 위해 //

● **어떤 내용으로 글이 전개될까요?**
정부가 식량 안보를 달성하는 것에 큰 중요성을 두고 있다는 점에서 이 글은 각국 정부가 식량 안보를 확보하기 위해 어떤 정책이나 전략을 사용하는지 설명하는 글이 될 것 같아요.

2nd 접속사에 주의를 기울이면서 각 문단을 해석하여 논리적인 순서를 짐작해 보세요.

1) (A) 문단부터 확인해 봅시다.

> (A) However, food security does not require food
> 그러나, 식량 안보는 식량 자급자족을 (반드시) 필요로 하지 않는데
> self-sufficiency / because countries can import food
> / 이는 국가가 식품을 수입할 수 있기 때문이다
> items / not easily produced within the country. //
> / 자국 내에서 쉽게 생산되지 않는 //
> Agricultural products are, after all, / highly
> 어쨌든, 농산물은 / 기후, 토양,
> sensitive to climatic, soil and other conditions / that
> 그 외 다른 조건에 매우 민감하다 / 전
> tend to vary around the world. //
> 세계적으로 국가에 따라 달라지는 //

● **However(그러나)가 보여요.**
'그러나(However)'로 식량 안보가 반드시 식량 자급자족을 필요로 하는 것은 아니라는 내용이 나오고 있어요. 그렇다면 '그러나'로 연결될 수 있도록 식량 자급자족을 메커니즘으로 채택했다는 내용이 앞에 제시되어야겠죠?

▶ 주어진 글 바로 뒤에 (A)가 올 수 없음

● **(A) 뒤에 이어질 내용을 예상해 볼까요?**
식량 안보는 자급자족뿐만 아니라 수입을 통해서도 해결할 수 있다고 설명하고 있는 (A) 뒤에는 식품을 수입하는 것과 관련된 구체적인 예시가 이어질 거예요.

2) (B) 문단을 봅시다.

(B) **The first issue** governments face / in achieving
　　정부가 직면하는 첫 번째 문제는　　　　　　　/ 국가 식량 안보를
national food security / is the problem of insuring /
달성하는 데 있어　　　　　　 / 보장하는 것이다　　　　　　　/
that adequate amounts of food are available / to the
충분한 양의 식량이 제공되도록　　　　　　　　　/
resident population. //
거주민에게　　　　//
Some governments have set goals / of **food self-**
일부 정부는 목표를 설정했는데　　　　　　 / 식량 자급자족이라는
sufficiency, / which means / most if not all of the
　　　　　 / 이는 의미한다　 / 한 국가에서 구할 수 있는 식량의
food available in a country / comes from the
전부는 아니더라도 대부분이　　　　　 / 국내 농업 시스템에서
domestic farming system. //
나온다는 것을　　　　　　//

- **(B) 앞에는 어떤 내용이 있어야 할까요?**
  정부가 직면하는 '첫 번째 문제'라는 말은 주어진 글에서 말했던 식량
  ❶(　　　　　　　)를 실현하려는 메커니즘 중 하나를 소개하고 있는
  것이겠죠?
  ▶ 순서: 주어진 글 → (B)

- **(B) 뒤에 이어질 내용을 예상해 볼까요?**
  식량 안보를 위한 메커니즘으로 식량 자급자족을 설명하는 (B) 뒤에는
  식량 안보가 반드시 식량 자급자족을 의미하는 것은 아니라고 설명하는
  (A)가 오는 게 자연스럽네요.
  ▶ 순서: 주어진 글 → (B) → (A)

3) (C) 문단이 마지막에 오는 게 맞을까요?

(C) Even countries / with extremely productive
　　국가도　　　　　　 / 매우 생산성이 높은 농경 지역을 보유한
agricultural sectors / are not fully self-sufficient / in
　　　　　　　　 / 완전히 자급자족할 수 있는 것은 아니다　 / 모든
all food items. //
식품에서　　 //
The United States, **for example**, / depends on
예를 들어, 미국은　　　　　　　 / 수입품에 의존한다
imports / for its supply of coffee, tea, bananas and
　　 / 커피, 차, 바나나 및 다른 열대 지역 (농)산물의 공급을 //
other tropical products. //

- **for example(예를 들어)이 보여요. 무엇에 대한 예시인가요?**
  미국의 예시를 들며 생산성이 높은 국가에서도 모든 식품을 완전히
  자급자족할 수 없다고 설명하고 있어요. 이는 식량 안보를 위해서는
  수입이라는 경로도 있기 때문에 반드시 자급자족할 필요는 없다는 (A)의
  내용에 이어지는 것이 적절해요.
  ▶ 순서: 주어진 글 → (B) → (A) → (C)

3rd 예상한 순서를 통해 글의 흐름을 한번 더 확인하세요.

도입 (주어진 글)	식량 안보를 달성하기 위한 각국의 다양한 메커니즘이 개발됨
전개 (B)	일부 정부는 모든 국민에게 식량이 제공되도록 하는 식량 안보를 달성하기 위해 자급자족이라는 목표를 설정함
대조 (A)	하지만(However) 식량 안보는 반드시 자급자족이어야만 하는 것은 아닌데, 자국 내 생산이 불가능한 식품은 수입할 수도 있기 때문임
예시 (C)	예를 들어(for example) 미국도 수입과 국내 생산 모두에 의존하며 식량 안보를 확보하고 있음

➽ 정답을 한번 찾아볼까요?

식량 안보를 달성하기 위해 각 나라의 정부는 다양한 메커니즘을
개발했는데(주어진 글) → 일부 정부는 식량 안보를 위해 자급자족을
채택하기도 했대요(B). → 하지만 자급자족이 식량 안보에 필수는 아닌데(A)
→ 예를 들어 매우 생산성이 높은 국가인 미국도 수입과 국내 생산 모두에
의존하고 있대요(C).
따라서 정답은 **❷**(　　　　　　)!

O 글의 순서 정하기 (두 번째)

1st 주어진 글을 통해 글의 핵심 소재를 파악하고 전개 방향을 예측해 보세요.

2nd 지시어에 주의를 기울이면서 각 문단을 해석하여 논리적인 순서를 짐작해 보세요.

3rd 예상한 순서를 통해 글의 흐름을 한번 더 확인하세요.

O02 ★★❀ ·························· 고2 2024(3월)/37 

주어진 글 다음에 이어질 글의 순서로 가장 적절한 것을 고르시오. [3점]

> In order to bring the ever-increasing costs of home care for elderly and needy persons under control, managers of home care providers have introduced management systems.

(A) This, in the view of managers, has contributed to the resolution of the problem. The home care workers, on the other hand, may perceive their work not as a set of separate tasks to be performed as efficiently as possible, but as a service to be provided to a client with whom they may have developed a relationship.

(B) These systems specify tasks of home care workers and the time and budget available to perform these tasks. Electronic reporting systems require home care workers to report on their activities and the time spent, thus making the distribution of time and money visible and, in the perception of managers, controllable.

(C) This includes having conversations with clients and enquiring about the person's well-being. Restricted time and the requirement to report may be perceived as obstacles that make it impossible to deliver the service that is needed. If the management systems are too rigid, this may result in home care workers becoming overloaded and demotivated.

① (A) — (C) — (B)
② (B) — (A) — (C)
③ (B) — (C) — (A)
④ (C) — (A) — (B)
⑤ (C) — (B) — (A)

1st 주어진 글을 통해 글의 핵심 소재를 파악하고 전개 방향을 예측해 보세요.

> In order to bring / the ever-increasing costs of home
> (통제)하기 위해 / 재택 간호의 계속적으로 증가하는 비용을
> care / for elderly and needy persons / under control,
> / 노인과 빈곤층을 위한 / 통제
> / managers of home care providers / have
> / 재택 간호 제공 업체의 관리자는 /
> introduced management systems. //
> 관리 시스템을 도입했다 //

● **'관리 시스템'이 등장해요.**
재택 간호 제공 업체의 관리자는 관리 시스템을 도입했는데, 계속적으로 증가하는 재택 간호의 비용을 통제하기 위한 거래요.

● **어떤 내용으로 글이 전개될까요?**
비용을 통제하기 위해 도입된 시스템이기 때문에 실제로 ❶( ) 절감 효과가 있었는지를 설명할 것 같아요. 또 새로 도입된 것이기 때문에 예상치 못했던 문제점을 언급할 수도 있겠네요.

2nd 지시어에 주의를 기울이면서 각 문단을 해석하여 논리적인 순서를 짐작해 보세요.

1) (A) 문단부터 확인해 봅시다. 지시어가 있네요.

> (A) This, in the view of managers, / has contributed
> 관리자의 관점에서는 이것이 / 문제 해결에
> to the resolution of the problem. //
> 기여해 왔다 //
> The home care workers, on the other hand, / may
> 반면에, 재택 간호 종사자들은 / 자신의
> perceive their work / not as a set of separate tasks /
> 업무를 인식할 것이다 / 일련의 분리된 업무가 아니라 /
> to be performed as efficiently as possible, / but as a
> 가능한 한 효율적으로 수행되어야 하는 / 서비스로
> service / to be provided to a client / with whom
> / 고객에게 제공되는 / 그들이 관계를
> they may have developed a relationship. //
> 맺어온 //

● **'이것'이 무엇인지 생각해 봅시다.**
관리자의 관점에서 이것은 문제 해결에 기여했지만, 종사자의 입장에서는 자신의 업무를 고객에게 제공되어야 할 서비스로 인식하게 했대요.

● **(A) 앞에는 어떤 내용이 있어야 할까요?**
재택 간호 종사자들이 자신의 업무를 서비스로 인식하게 했다는 것은 관리 시스템이 재택 간호 종사자에게 무언가를 하도록 요청했다는 것이에요. 따라서 (A)가 주어진 글 바로 뒤에 올 수는 없고, 그 앞에는 '관리 시스템'에 대해 설명하는 내용이, 특히 종사자에게 업무 부담을 줬다는 내용이 와야 해요.
▶ 주어진 글 바로 뒤에 (A)가 올 수 없음

● **(A) 뒤에 이어질 내용을 예상해 볼까요?**
종사자들이 자신의 업무를 서비스로 인식하게 된 것에 대한 결과를 설명하는 내용이 이어질 거예요.

2) (B) 문단에도 지시어가 있어요!

(B) These systems specify / tasks of home care
이러한 시스템은 명시한다 / 재택 간호 종사자의 업무와
workers / and the time and budget / available to
/ 시간과 예산을 / 이러한 업무를
perform these tasks. //
수행하는 데 사용할 수 있는 //
Electronic reporting systems require / home care
전자 보고 시스템은 요구하므로 / 재택 간호
workers to report / on their activities and the time
종사자가 보고하도록 / 자신의 활동과 소요 시간을
spent, / thus making the distribution of time and
/ 시간과 비용의 분배를 잘 보이게 만들고
money visible / and, in the perception of managers,
/ 관리자의 입장에서는 통제 가능하게 만든다 //
controllable. //

● **(B) 앞에는 어떤 내용이 있어야 할까요?**
'이러한 시스템(These systems)'이 가리키는 것은 주어진 글의 재택 간호 관리 시스템(management systems)이고, 그것이 어떤 것인지 설명하는 부분이에요. 아! 우리가 (A) 문단을 읽으며 필요하다고 생각했던 내용이 여기 등장하네요!
▶ 순서: 주어진 글 → (B)

● **(B) 뒤에 이어질 내용을 예상해 볼까요?**
이 시스템의 도입으로 다음과 같은 결과가 이어졌어요.
- **관리자**: 시간과 비용의 분배를 잘 볼 수 있어 통제가 가능해짐
- **재택 간호 종사자**: 자신의 활동과 소요 시간을 보고해야 함
시스템에 대한 설명까지 이어졌으므로 (B) 뒤에는 각각 관리자와 종사자의 입장을 나타내는 (A)가 올 거예요.
▶ 순서: 주어진 글 → (B) → (A)

3) (C) 문단이 마지막에 오는 게 맞을까요?

(C) This includes / having conversations with
이것은 포함한다 / 고객과 대화를 나누고
clients / and enquiring about the person's well-
/ 고객의 안부를 묻는 것을 //
being. //
Restricted time and the requirement to report / may
제한된 시간과 보고를 해야 한다는 요구 사항은 /
be perceived as obstacles / that make it impossible /
장애물로 여겨질 것이다 / 불가능하게 하는 /
to deliver the service that is needed. //
필요한 서비스를 제공하는 것을 //
If the management systems are too rigid, / this may
만약 관리 시스템이 너무 엄격하면 / 이것은 결과를
result in / home care workers becoming overloaded
초래할 것이다 / 재택 간호 종사자가 너무 많은 부담을 지게 되고 의욕을 잃는 //
and demotivated. //

● **(C) 앞에는 어떤 내용이 있어야 할까요?**
'이것'은 고객과 대화를 나누고, 안부를 묻는 것을 포함한다고 했으니까 (A)에서 종사자들이 서비스로 인식하게 되었다는 '업무'를 가리키는 거죠. 우리가 예상한 대로 그 서비스에 대한 설명이 이어져요.
▶ 순서: 주어진 글 → (B) → (A) → (C)

3rd 예상한 순서를 통해 글의 흐름을 한번 더 확인하세요.

| 도입 (주어진 글) | 재택 간호 업체의 관리자들은 비용을 관리하기 위해 관리 시스템을 도입함 |

| 설명 (B) | 이(These) 시스템은 종사자들이 업무 활동을 보고하도록 하여 관리자가 시간과 비용 분배를 통제할 수 있도록 만듦 |

| 대조 (A) | 하지만 이(This)는 종사자 입장에서는 자신의 분리된 업무를 하는 것이 아니라 고객에게 서비스를 제공하는 것으로 인식하게 함 |

| 부연 (C) | 이것(This)은 고객과의 대화를 포함하는데, 관리 시스템이 지나치게 엄격해지면 종사자들은 많은 부담을 느끼고 의욕을 잃게 될 것임 |

▶ **정답을 한번 찾아볼까요?**
세 문단에 각각 지시어 This, These, This가 등장해요. (A)의 This가 가리키는 것은 (B)에, (B)의 These가 가리키는 것은 주어진 글에, (C)의 This가 가리키는 것은 (A)에 등장하죠.
따라서 정답은 ❷( )!

○03 ~ 06 ▶ 제한시간 8분

○03 ★★★　　　　고2 2025(3월)/37 

주어진 글 다음에 이어질 글의 순서로 가장 적절한 것을 고르시오.

> Stress not only affects physical disease but also the very structure of our brains, making us even more likely to experience a drained brain.

(A) Why does this matter? This part of the brain helps you remain resilient in the face of stress and is involved in mood regulation. It also helps you to monitor the safety of your environment and store dangerous images in your long-term memory so you can avoid them in the future.

(B) It does all these things as part of its duties of regulating your sympathetic and parasympathetic nervous systems. But chronic stress can confuse the hippocampus and lead to turning signals for cortisol "on" instead of "off," which can trap you in a constant state of fight, flight, or freeze.

(C) A number of studies have been done to reveal what happens in healthy people's brains when they go through something stressful. One study demonstrated a link between a smaller hippocampus and people who had experienced long-lasting stress.

* resilient: 회복력이 있는　** (para)sympathetic: (부)교감
*** hippocampus: (대뇌 측두엽의) 해마

① (A) ― (C) ― (B)　　② (B) ― (A) ― (C)
③ (B) ― (C) ― (A)　　④ (C) ― (A) ― (B)
⑤ (C) ― (B) ― (A)

○04 ★★★　　　　고2 2025(6월)/36 

주어진 글 다음에 이어질 글의 순서로 가장 적절한 것을 고르시오.

> The transition from an oral culture, in which knowledge was handed down through stories, songs, and apprenticeships, to a literate one, based on the written word, was held back for centuries by the lack of suitable writing material.

(A) The invention of paper, said to be one of the four great inventions of the Chinese, solved these problems, but it wasn't until the Romans replaced the scroll with the codex — or, as we call it now, the book — that the material reached its full potential.

(B) Stone and clay tablets were used, but they were prone to fracture and were bulky and heavy to transport. Wood suffers from splitting and is susceptible to decay. Wall paintings are static and space is limited.

(C) That was two thousand years ago, and it is still a dominant form of the written word. That paper, a much softer material than either stone or wood, won out as the guardian of the written word is a remarkable materials story.

* apprenticeship: 도제 제도　** susceptible: 영향받기 쉬운
*** static: 고정된

① (A) ― (C) ― (B)　　② (B) ― (A) ― (C)
③ (B) ― (C) ― (A)　　④ (C) ― (A) ― (B)
⑤ (C) ― (B) ― (A)

주어진 글 다음에 이어질 글의 순서로 가장 적절한 것을 고르시오. [3점]

> A reason for a conclusion is very unlikely to consist in a single claim. No matter how we might state it in short-hand, it is, analytically, a complex interaction of many ideas and implications.

(A) While the link between these two ideas and the conclusion might seem obvious, the purpose of reasoning is to avoid assuming the 'obvious' by carefully working through the connections between the various ideas in the initial statement of our reason.

(B) But is our analysis of the situation clearly expressed in just one statement? Hardly. The conclusion is about universities and free education, while the reason introduces some new ideas: economic benefit and a well-educated population.

(C) The reason must be broken down into a chain of more precise premises. For example, the claim that 'university education should be free for all Australians' might be supported by the reason that 'the economy benefits from a well-educated Australian population'.

① (A) ― (C) ― (B)   ② (B) ― (A) ― (C)
③ (B) ― (C) ― (A)   ④ (C) ― (A) ― (B)
⑤ (C) ― (B) ― (A)

주어진 글 다음에 이어질 글의 순서로 가장 적절한 것을 고르시오.

> We're naturally wired to organize the world into a hierarchy. We do this to help make sense of the world, maintain our beliefs, and generally feel better.

(A) Or consider when you get frustrated with your kids and end an argument with "Because I said so." (Or the office equivalent: "Because I'm the boss.") In these moments you've stopped thinking and regressed to your biological tendencies of reaffirming the hierarchy.

(B) You're reacting to a threat to your inherent sense of hierarchy. On the road we are all equals. We're all supposed to play by the same rules. Cutting someone off violates those rules and implies higher status.

(C) But when someone infringes on our place in the world and our understanding of how it works, we react without thinking. When someone cuts you off on the highway and road rage kicks in, that's your unconscious mind saying, "Who are you to cut me off?"

* reaffirm: 재확인하다   ** infringe: 침해하다

① (A) ― (C) ― (B)   ② (B) ― (A) ― (C)
③ (B) ― (C) ― (A)   ④ (C) ― (A) ― (B)
⑤ (C) ― (B) ― (A)

007 ★★★  고2 2025(9월)/37

주어진 글 다음에 이어질 글의 순서로 가장 적절한 것을 고르시오. [3점]

> Once a nail is hammered in, it is friction that holds it in place. Friction is the force that arises when two surfaces are sliding, or trying to slide, against each other.

(A) The force it would take to stretch the nail is much larger than the friction forces on the surface, so we don't have to worry too much about the former. It's the friction with which we need to concern ourselves.

(B) If you try to pull apart two blocks of wood that have been nailed together, the wood fibers grip the shaft of the nail. The nail feels a force trying to rip it apart along its length, and we call that force tension.

(C) Your experiment can now fail in one of two ways — either the nail stretches and splits in half because the tension force is too large for the nail, or the nail comes loose because the friction force is overcome.

* shaft: 축 ** tension: 장력

① (A) ― (C) ― (B)　　② (B) ― (A) ― (C)
③ (B) ― (C) ― (A)　　④ (C) ― (A) ― (B)
⑤ (C) ― (B) ― (A)

008 ★★★  고2 2024(10월)/36

주어진 글 다음에 이어질 글의 순서로 가장 적절한 것을 고르시오.

> Theoretically, our brain would have the capacity to store all experiences throughout life, reaching the quality of a DVD. However, this theoretical capacity is offset by the energy demand associated with the process of storing and retrieving information in memory.

(A) Nevertheless, we are able to recognize the face as the same, maintaining the underlying identity. The brain, rather than focusing on the details of visualization, creates and stores general patterns that allow for consistent recognition across diverse circumstances.

(B) As a result, the brain develops efficient strategies, becoming dependent on shortcuts. When we observe a face, the visual image captured by the eyes is highly variable, depending on the point of view, lighting conditions and other contextual factors.

(C) This ability to match what we see with general visual memory patterns serves as an effective mechanism for optimizing brain performance and saving energy. The brain, being naturally against unnecessary effort, constantly seeks to simplify and generalize information to facilitate the cognitive process.

* offset: 상쇄하다 ** retrieve: 상기하다

① (A) ― (C) ― (B)　　② (B) ― (A) ― (C)
③ (B) ― (C) ― (A)　　④ (C) ― (A) ― (B)
⑤ (C) ― (B) ― (A)

주어진 글 다음에 이어질 글의 순서로 가장 적절한 것을 고르시오. [3점]

Where scientific research is concerned, explanatory tales are expected to adhere closely to experimental data and to illuminate the regular and predictable features of experience.

(A) When we neglect the creative contributions of such scientific imagination and treat models and interpretive explanations as straightforward facts — even worse, as facts including all of reality — we can blind ourselves to the limitations of a given model and fail to note its potential for misunderstanding a situation to which it ill applies.

(B) They construct frameworks for systematically chosen data in order to provide a consistent and meaningful explanation of what is observed. Such constructions lead us to imagine specific kinds of subject matter in particular sorts of relations, and the storylines they inspire will prove more effective for analyzing some features of experience over others.

(C) However, this paradigm sometimes conceals the fact that theories are deeply loaded with creative elements that shape the construction of research projects and the interpretations of evidence. Scientific explanations do not just relate a chronology of facts.

* adhere: 충실하다 ** illuminate: 밝히다 *** chronology: 연대기

① (A) — (C) — (B) 　② (B) — (A) — (C)
③ (B) — (C) — (A) 　④ (C) — (A) — (B)
⑤ (C) — (B) — (A)

주어진 글 다음에 이어질 글의 순서로 가장 적절한 것을 고르시오.

Brains are expensive in terms of energy. Twenty percent of the calories we consume are used to power the brain.

(A) By directing your attention, they perform tricks with their hands in full view. Their actions should give away the game, but they can rest assured that your brain processes only small bits of the visual scene.

(B) So brains try to operate in the most energy-efficient way possible, and that means processing only the minimum amount of information from our senses that we need to navigate the world. Neuroscientists weren't the first to discover that fixing your gaze on something is no guarantee of seeing it. Magicians figured this out long ago.

(C) This all helps to explain the prevalence of traffic accidents in which drivers hit pedestrians in plain view, or collide with cars directly in front of them. In many of these cases, the eyes are pointed in the right direction, but the brain isn't seeing what's really out there.

* prevalence: 널리 행하여짐 ** pedestrian: 보행자
*** collide: 충돌하다

① (A) — (C) — (B) 　② (B) — (A) — (C)
③ (B) — (C) — (A) 　④ (C) — (A) — (B)
⑤ (C) — (B) — (A)

O11 ★★★  고2 2024(6월)/37

주어진 글 다음에 이어질 글의 순서로 가장 적절한 것을 고르시오. [3점]

Buying a television is current consumption. It makes us happy today but does nothing to make us richer tomorrow. Yes, money spent on a television keeps workers employed at the television factory.

(A) The crucial difference between these scenarios is that a college education makes a young person more productive for the rest of his or her life; a sports car does not. Thus, college tuition is an investment; buying a sports car is consumption.

(B) But if the same money were invested, it would create jobs somewhere else, say for scientists in a laboratory or workers on a construction site, while also making us richer in the long run.

(C) Think about college as an example. Sending students to college creates jobs for professors. Using the same money to buy fancy sports cars for high school graduates would create jobs for auto workers.

① (A) — (C) — (B) ② (B) — (A) — (C)
③ (B) — (C) — (A) ④ (C) — (A) — (B)
⑤ (C) — (B) — (A)

O12 ★★★  고2 2024(3월)/36

주어진 글 다음에 이어질 글의 순서로 가장 적절한 것을 고르시오. [3점]

Development of the human body from a single cell provides many examples of the structural richness that is possible when the repeated production of random variation is combined with nonrandom selection.

(A) Those in the right place that make the right connections are stimulated, and those that don't are eliminated. This process is much like sculpting. A natural consequence of the strategy is great variability from individual to individual at the cell and molecular levels, even though large-scale structures are quite similar.

(B) The survivors serve to produce new cells that undergo further rounds of selection. Except in the immune system, cells and extensions of cells are not genetically selected during development, but rather, are positionally selected.

(C) All phases of body development from embryo to adult exhibit random activities at the cellular level, and body formation depends on the new possibilities generated by these activities coupled with selection of those outcomes that satisfy previously built-in criteria. Always new structure is based on old structure, and at every stage selection favors some cells and eliminates others.

* molecular: 분자의 ** embryo: 배아

① (A) — (C) — (B) ② (B) — (A) — (C)
③ (B) — (C) — (A) ④ (C) — (A) — (B)
⑤ (C) — (B) — (A)

O13 ✿✿✾

주어진 글 다음에 이어질 글의 순서로 가장 적절한 것을 고르시오.

It would seem obvious that the more competent someone is, the more we will like that person. By "competence," I mean a cluster of qualities: smartness, the ability to get things done, wise decisions, etc.

(A) If this were true, we might like people more if they reveal some evidence of fallibility. For example, if your friend is a brilliant mathematician, superb athlete, and gourmet cook, you might like him or her better if, every once in a while, they screwed up.

(B) One possibility is that, although we like to be around competent people, those who are *too* competent make us uncomfortable. They may seem unapproachable, distant, superhuman — and make us look bad (and feel worse) by comparison.

(C) We stand a better chance of doing well at our life tasks if we surround ourselves with people who know what they're doing and have a lot to teach us. But the research evidence is paradoxical: In problem-solving groups, the participants who are considered the most competent and have the best ideas tend not to be the ones who are best liked. Why?

* fallibility: 실수를 저지르기 쉬움

① (A) — (C) — (B)   ② (B) — (A) — (C)
③ (B) — (C) — (A)   ④ (C) — (A) — (B)
⑤ (C) — (B) — (A)

O14 ✿✿✿

주어진 글 다음에 이어질 글의 순서로 가장 적절한 것을 고르시오. [3점]

A computational algorithm that takes input data and generates some output from it doesn't really embody any notion of meaning. Certainly, such a computation does not generally have as its purpose its own survival and well-being.

(A) Some bees might not bother to make the journey, considering it not worthwhile. The input, such as it is, is processed in the light of the organism's own internal states and history; there is nothing prescriptive about its effects.

(B) It does not, in general, assign value to the inputs. Compare, for example, a computer algorithm with the waggle dance of the honeybee, by which means a foraging bee conveys to others in the hive information about the source of food (such as nectar) it has located.

(C) The "dance" — a series of stylized movements on the comb — shows the bees how far away the food is and in which direction. But this input does not simply program other bees to go out and look for it. Rather, they evaluate this information, comparing it with their own knowledge of the surroundings.

* forage: 먹이를 찾아다니다   ** comb: 벌집

① (A) — (C) — (B)   ② (B) — (A) — (C)
③ (B) — (C) — (A)   ④ (C) — (A) — (B)
⑤ (C) — (B) — (A)

015 ★★★   고2 2022(3월)/37 

주어진 글 다음에 이어질 글의 순서로 가장 적절한 것을 고르시오.

> There is no doubt that the length of some literary works is overwhelming. Reading or translating a work in class, hour after hour, week after week, can be such a boring experience that many students never want to open a foreign language book again.

(A) Moreover, there are some literary features that cannot be adequately illustrated by a short excerpt: the development of plot or character, for instance, with the gradual involvement of the reader that this implies; or the unfolding of a complex theme through the juxtaposition of contrasting views.

(B) Extracts provide one type of solution. The advantages are obvious: reading a series of passages from different works produces more variety in the classroom, so that the teacher has a greater chance of avoiding monotony, while still giving learners a taste at least of an author's special flavour.

(C) On the other hand, a student who is only exposed to 'bite-sized chunks' will never have the satisfaction of knowing the overall pattern of a book, which is after all the satisfaction most of us seek when we read something in our own language.

* excerpt: 발췌   ** juxtaposition: 병치

① (A) — (C) — (B)   ② (B) — (A) — (C)
③ (B) — (C) — (A)   ④ (C) — (A) — (B)
⑤ (C) — (B) — (A)

016 ★★☆   고2 2023(11월)/36 

주어진 글 다음에 이어질 글의 순서로 가장 적절한 것을 고르시오.

> The size of a species is not accidental. It's a fine-tuned interaction between a species and the world it inhabits. Over large periods of time, size fluctuations have often signalled significant changes in the environment.

(A) But we are beginning to see changes in this trend. Scientists have discovered that many animals are shrinking. Around the world, species in every category have been found to be getting smaller, and one major cause appears to be the heat.

(B) Generally speaking, over the last five hundred million years, the trend has been towards animals getting larger. It's particularly notable in marine animals, whose average body size has increased 150-fold in this time.

(C) Animals living in the Italian Alps, for example, have seen temperatures rise by three to four degrees Celsius since the 1980s. To avoid overheating, chamois goats now spend more of their days resting rather than searching for food, and as a result, in just a few decades, the new generations of chamois are 25 percent smaller.

① (A) — (C) — (B)   ② (B) — (A) — (C)
③ (B) — (C) — (A)   ④ (C) — (A) — (B)
⑤ (C) — (B) — (A)

017 ★★❀

주어진 글 다음에 이어질 글의 순서로 가장 적절한 것을 고르시오.

> Species that are found in only one area are called endemic species and are especially vulnerable to extinction.

(A) But warmer air from global climate change caused these clouds to rise, depriving the forests of moisture, and the habitat for the golden toad and many other species dried up. The golden toad appears to be one of the first victims of climate change caused largely by global warming.

(B) They exist on islands and in other unique small areas, especially in tropical rain forests where most species are highly specialized. One example is the brilliantly colored golden toad once found only in a small area of lush rain forests in Costa Rica's mountainous region.

(C) Despite living in the country's well-protected Monteverde Cloud Forest Reserve, by 1989, the golden toad had apparently become extinct. Much of the moisture that supported its rain forest habitat came in the form of moisture-laden clouds blowing in from the Caribbean Sea.

* lush: 무성한, 우거진

① (A) ─ (C) ─ (B)　　② (B) ─ (A) ─ (C)
③ (B) ─ (C) ─ (A)　　④ (C) ─ (A) ─ (B)
⑤ (C) ─ (B) ─ (A)

018 ★★❀

주어진 글 다음에 이어질 글의 순서로 가장 적절한 것을 고르시오.

> Mark Granovetter examined the extent to which information about jobs flowed through weak versus strong ties among a group of people.

(A) This means that they might have information that is most relevant to us, but it also means that it is information to which we may already be exposed. In contrast, our weaker relationships are often with people who are more distant both geographically and demographically.

(B) Their information is more novel. Even though we talk to these people less frequently, we have so many weak ties that they end up being a sizable source of information, especially of information to which we don't otherwise have access.

(C) He found that only a sixth of jobs that came via the network were from strong ties, with the rest coming via medium or weak ties; and with more than a quarter coming via weak ties. Strong ties can be more homophilistic. Our closest friends are often those who are most like us.

* demographically: 인구통계학적으로　** homophilistic: 동족친화적인

① (A) ─ (C) ─ (B)　　② (B) ─ (A) ─ (C)
③ (B) ─ (C) ─ (A)　　④ (C) ─ (A) ─ (B)
⑤ (C) ─ (B) ─ (A)

019 ✶✶✼  고2 2022(9월)/36

주어진 글 다음에 이어질 글의 순서로 가장 적절한 것을
고르시오.

> If DNA were the only thing that mattered, there
> would be no particular reason to build meaningful
> social programs to pour good experiences into
> children and protect them from bad experiences.

(A) This number came as a surprise to biologists:
given the complexity of the brain and the
body, it had been assumed that hundreds of
thousands of genes would be required.

(B) So how does the massively complicated brain,
with its eighty-six billion neurons, get built
from such a small recipe book? The answer
relies on a clever strategy implemented by
the genome: build incompletely and let world
experience refine.

(C) But brains require the right kind of environment
if they are to correctly develop. When the first
draft of the Human Genome Project came to
completion at the turn of the millennium, one
of the great surprises was that humans have
only about twenty thousand genes.

① (A) ─ (C) ─ (B)　　② (B) ─ (A) ─ (C)
③ (B) ─ (C) ─ (A)　　④ (C) ─ (A) ─ (B)
⑤ (C) ─ (B) ─ (A)

020 ✶✶✶  고2 2022(9월)/37

주어진 글 다음에 이어질 글의 순서로 가장 적절한 것을
고르시오. [3점]

> One benefit of reasons and arguments is that they
> can foster humility. If two people disagree without
> arguing, all they do is yell at each other. No
> progress is made.

(A) That is one way to achieve humility — on one
side at least. Another possibility is that neither
argument is refuted. Both have a degree of
reason on their side. Even if neither person
involved is convinced by the other's argument,
both can still come to appreciate the opposing
view.

(B) Both still think that they are right. In contrast,
if both sides give arguments that articulate
reasons for their positions, then new
possibilities open up. One of the arguments
gets refuted — that is, it is shown to fail. In that
case, the person who depended on the refuted
argument learns that he needs to change his
view.

(C) They also realize that, even if they have some
truth, they do not have the whole truth. They
can gain humility when they recognize and
appreciate the reasons against their own view.

* humility: 겸손　** articulate: 분명히 말하다

① (A) ─ (C) ─ (B)　　② (B) ─ (A) ─ (C)
③ (B) ─ (C) ─ (A)　　④ (C) ─ (A) ─ (B)
⑤ (C) ─ (B) ─ (A)

O21 ★★★　　　　　　　　　　　　　고2 2023(9월)/37

주어진 글 다음에 이어질 글의 순서로 가장 적절한 것을 고르시오. [3점]

> Architects might say a machine can never design an innovative or impressive building because a computer cannot be "creative." Yet consider the Elbphilharmonie, a new concert hall in Hamburg, which contains a remarkably beautiful auditorium composed of ten thousand interlocking acoustic panels.

(A) Are these systems behaving "creatively"? No, they are using lots of processing power to blindly generate varied possible designs, working in a very different way from a human being.

(B) It is the sort of space that makes one instinctively think that only a human being — and a human with a remarkably refined creative sensibility, at that — could design something so aesthetically impressive. Yet the auditorium was, in fact, designed algorithmically, using a technique known as "parametric design."

(C) The architects gave the system a set of criteria, and it generated a set of possible designs for the architects to choose from. Similar software has been used to design lightweight bicycle frames and sturdier chairs, among much else.

* aesthetically: 미적으로　** sturdy: 튼튼한, 견고한

① (A) ─ (C) ─ (B)　　② (B) ─ (A) ─ (C)
③ (B) ─ (C) ─ (A)　　④ (C) ─ (A) ─ (B)
⑤ (C) ─ (B) ─ (A)

O22 ★★❀　　　　　　　　　　　　　고2 2021(9월)/37

주어진 글 다음에 이어질 글의 순서로 가장 적절한 것을 고르시오. [3점]

> Heat is lost at the surface, so the more surface area you have relative to volume, the harder you must work to stay warm. That means that little creatures have to produce heat more rapidly than large creatures.

(A) Despite the vast differences in heart rates, nearly all mammals have about 800 million heartbeats in them if they live an average life. The exception is humans. We pass 800 million heartbeats after twenty-five years, and just keep on going for another fifty years and 1.6 billion heartbeats or so.

(B) They must therefore lead completely different lifestyles. An elephant's heart beats just thirty times a minute, a human's sixty, a cow's between fifty and eighty, but a mouse's beats six hundred times a minute — ten times a second. Every day, just to survive, the mouse must eat about 50 percent of its own body weight.

(C) We humans, by contrast, need to consume only about 2 percent of our body weight to supply our energy requirements. One area where animals are curiously uniform is with the number of heartbeats they have in a lifetime.

① (A) ─ (C) ─ (B)　　② (B) ─ (A) ─ (C)
③ (B) ─ (C) ─ (A)　　④ (C) ─ (A) ─ (B)
⑤ (C) ─ (B) ─ (A)

023 ★★★ 　　　　　　　　　　고2 2023(3월)/36

주어진 글 다음에 이어질 글의 순서로 가장 적절한 것을 고르시오.

> Like positive habits, bad habits exist on a continuum of easy-to-change and hard-to-change.

(A) But this kind of language (and the approaches it spawns) frames these challenges in a way that isn't helpful or effective. I specifically hope we will stop using this phrase: "break a habit." This language misguides people. The word "break" sets the wrong expectation for how you get rid of a bad habit.

(B) This word implies that if you input a lot of force in one moment, the habit will be gone. However, that rarely works, because you usually cannot get rid of an unwanted habit by applying force one time.

(C) When you get toward the "hard" end of the spectrum, note the language you hear — *breaking* bad habits and *battling* addiction. It's as if an unwanted behavior is a nefarious villain to be aggressively defeated.

* spawn: 낳다　** nefarious: 사악한

① (A) ― (C) ― (B)　　　② (B) ― (A) ― (C)
③ (B) ― (C) ― (A)　　　④ (C) ― (A) ― (B)
⑤ (C) ― (B) ― (A)

024 ★★★✻ 　　　　　　　　　　고2 2023(3월)/37

주어진 글 다음에 이어질 글의 순서로 가장 적절한 것을 고르시오. [3점]

> A common but incorrect assumption is that we are creatures of reason when, in fact, we are creatures of both reason and emotion. We cannot get by on reason alone since any reason always eventually leads to a feeling. Should I get a wholegrain cereal or a chocolate cereal?

(A) These deep-seated values, feelings, and emotions we have are rarely a result of reasoning, but can certainly be influenced by reasoning. We have values, feelings, and emotions before we begin to reason and long before we begin to reason effectively.

(B) I can list all the reasons I want, but the reasons have to be based on something. For example, if my goal is to eat healthy, I can choose the wholegrain cereal, but what is my reason for wanting to be healthy?

(C) I can list more and more reasons such as wanting to live longer, spending more quality time with loved ones, etc., but what are the reasons for those reasons? You should be able to see by now that reasons are ultimately based on non-reason such as values, feelings, or emotions.

① (A) ― (C) ― (B)　　　② (B) ― (A) ― (C)
③ (B) ― (C) ― (A)　　　④ (C) ― (A) ― (B)
⑤ (C) ― (B) ― (A)

★★✽   고2 2021(6월)/37

주어진 글 다음에 이어질 글의 순서로 가장 적절한 것을 고르시오.

> In one survey, 61 percent of Americans said that they supported the government spending more on 'assistance to the poor'.

(A) Therefore, the framing of a question can heavily influence the answer in many ways, which matters if your aim is to obtain a 'true measure' of what people think. And next time you hear a politician say 'surveys prove that the majority of the people agree with me', be very wary.

(B) But when the same population was asked whether they supported spending more government money on 'welfare', only 21 percent were in favour. In other words, if you ask people about individual welfare programmes — such as giving financial help to people who have long-term illnesses and paying for school meals for families with low income — people are broadly in favour of them.

(C) But if you ask about 'welfare' — which refers to those exact same programmes that you've just listed — they're against it. The word 'welfare' has negative connotations, perhaps because of the way many politicians and newspapers portray it.

* wary: 조심성 있는   ** connotation: 함축

① (A) — (C) — (B)   ② (B) — (A) — (C)
③ (B) — (C) — (A)   ④ (C) — (A) — (B)
⑤ (C) — (B) — (A)

O26

★★★   고2 2021(11월)/36

주어진 글 다음에 이어질 글의 순서로 가장 적절한 것을 고르시오.

> Regarding food production, under the British government, there was a different conception of responsibility from that of French government. In France, the responsibility for producing good food lay with the producers.

(A) It would be unfair to interfere with the shopkeeper's right to make money. In the 1840s, a patent was granted for a machine designed for making fake coffee beans out of chicory, using the same technology that went into manufacturing bullets.

(B) The state would police their activities and, if they should fail, would punish them for neglecting the interests of its citizens. By contrast, the British government — except in extreme cases — placed most of the responsibility with the individual consumers.

(C) This machine was clearly designed for the purposes of swindling, and yet the government allowed it. A machine for forging money would never have been licensed, so why this? As one consumer complained, the British system of government was weighted against the consumer in favour of the swindler.

* swindle: 사기 치다   ** forge: 위조하다

① (A) — (C) — (B)   ② (B) — (A) — (C)
③ (B) — (C) — (A)   ④ (C) — (A) — (B)
⑤ (C) — (B) — (A)

O27 ✽✽✽  고2 2022(3월)/36

주어진 글 다음에 이어질 글의 순서로 가장 적절한 것을 고르시오.

> The ancient Greeks used to describe two very different ways of thinking — *logos* and *mythos*. *Logos* roughly referred to the world of the logical, the empirical, the scientific.

(A) But lots of scholars then and now — including many anthropologists, sociologists and philosophers today — see a more complicated picture, where *mythos* and *logos* are intertwined and interdependent. Science itself, according to this view, relies on stories.

(B) *Mythos* referred to the world of dreams, storytelling and symbols. Like many rationalists today, some philosophers of Greece prized *logos* and looked down at *mythos*. Logic and reason, they concluded, make us modern; storytelling and mythmaking are primitive.

(C) The frames and metaphors we use to understand the world shape the scientific discoveries we make; they even shape what we see. When our frames and metaphors change, the world itself is transformed. The Copernican Revolution involved more than just scientific calculation; it involved a new story about the place of Earth in the universe.

* empirical: 경험적인

① (A) ― (C) ― (B) ② (B) ― (A) ― (C)
③ (B) ― (C) ― (A) ④ (C) ― (A) ― (B)
⑤ (C) ― (B) ― (A)

O28 ✽✽✽  고2 2023(6월)/36

주어진 글 다음에 이어질 글의 순서로 가장 적절한 것을 고르시오.

> When evaluating a policy, people tend to concentrate on how the policy will fix some particular problem while ignoring or downplaying other effects it may have. Economists often refer to this situation as *The Law of Unintended Consequences*.

(A) But an unintended consequence is that the jobs of some autoworkers will be lost to foreign competition. Why? The tariff that protects steelworkers raises the price of the steel that domestic automobile makers need to build their cars.

(B) For instance, suppose that you impose a tariff on imported steel in order to protect the jobs of domestic steelworkers. If you impose a high enough tariff, their jobs will indeed be protected from competition by foreign steel companies.

(C) As a result, domestic automobile manufacturers have to raise the prices of their cars, making them relatively less attractive than foreign cars. Raising prices tends to reduce domestic car sales, so some domestic autoworkers lose their jobs.

① (A) ― (C) ― (B) ② (B) ― (A) ― (C)
③ (B) ― (C) ― (A) ④ (C) ― (A) ― (B)
⑤ (C) ― (B) ― (A)

O29 ★★★ 고2 2021(6월)/36

주어진 글 다음에 이어질 글의 순서로 가장 적절한 것을 고르시오.

Consider the story of two men quarreling in a library. One wants the window open and the other wants it closed. They argue back and forth about how much to leave it open: a crack, halfway, or three-quarters of the way.

(A) The librarian could not have invented the solution she did if she had focused only on the two men's stated positions of wanting the window open or closed. Instead, she looked to their underlying interests of fresh air and no draft.

(B) After thinking a minute, she opens wide a window in the next room, bringing in fresh air without a draft. This story is typical of many negotiations. Since the parties' problem appears to be a conflict of positions, they naturally tend to talk about positions — and often reach an impasse.

(C) No solution satisfies them both. Enter the librarian. She asks one why he wants the window open: "To get some fresh air." She asks the other why he wants it closed: "To avoid a draft."

* draft: 외풍 ** impasse: 막다름

① (A) — (C) — (B) ② (B) — (A) — (C)
③ (B) — (C) — (A) ④ (C) — (A) — (B)
⑤ (C) — (B) — (A)

O30 ★★★ 고2 2021(11월)/37

주어진 글 다음에 이어질 글의 순서로 가장 적절한 것을 고르시오. [3점]

Because we are told that the planet is doomed, we do not register the growing number of scientific studies demonstrating the resilience of other species. For instance, climate-driven disturbances are affecting the world's coastal marine ecosystems more frequently and with greater intensity.

(A) Similarly, kelp forests hammered by intense El Niño water-temperature increases recovered within five years. By studying these "bright spots," situations where ecosystems persist even in the face of major climatic impacts, we can learn what management strategies help to minimize destructive forces and nurture resilience.

(B) In a region in Western Australia, for instance, up to 90 percent of live coral was lost when ocean water temperatures rose, causing what scientists call coral bleaching. Yet in some sections of the reef surface, 44 percent of the corals recovered within twelve years.

(C) This is a global problem that demands urgent action. Yet, as detailed in a 2017 paper in BioScience, there are also instances where marine ecosystems show remarkable resilience to acute climatic events.

* doomed: 운이 다한 ** resilience: 회복력 *** kelp: 켈프(해초의 일종)

① (A) — (C) — (B) ② (B) — (A) — (C)
③ (B) — (C) — (A) ④ (C) — (A) — (B)
⑤ (C) — (B) — (A)

O31 ★★❋  고2 2022(6월)/37

주어진 글 다음에 이어질 글의 순서로 가장 적절한 것을 고르시오. [3점]

> One interesting feature of network markets is that "history matters." A famous example is the QWERTY keyboard used with your computer.

(A) Replacing the QWERTY keyboard with a more efficient design would have been both expensive and difficult to coordinate. Thus, the placement of the letters stays with the obsolete QWERTY on today's English-language keyboards.

(B) You might wonder why this particular configuration of keys, with its awkward placement of the letters, became the standard. The QWERTY keyboard in the 19th century was developed in the era of manual typewriters with physical keys.

(C) The keyboard was designed to keep frequently used keys (like E and O) physically separated in order to prevent them from jamming. By the time the technology for electronic typing evolved, millions of people had already learned to type on millions of QWERTY typewriters.

* obsolete: 구식의　** configuration: 배열

① (A) ― (C) ― (B)　　② (B) ― (A) ― (C)
③ (B) ― (C) ― (A)　　④ (C) ― (A) ― (B)
⑤ (C) ― (B) ― (A)

O32 ★★★  고2 2022(6월)/36

주어진 글 다음에 이어질 글의 순서로 가장 적절한 것을 고르시오.

> Touch receptors are spread over all parts of the body, but they are not spread evenly. Most of the touch receptors are found in your fingertips, tongue, and lips.

(A) But if the fingers are spread far apart, you can feel them individually. Yet if the person does the same thing on the back of your hand (with your eyes closed, so that you don't see how many fingers are being used), you probably will be able to tell easily, even when the fingers are close together.

(B) You can test this for yourself. Have someone poke you in the back with one, two, or three fingers and try to guess how many fingers the person used. If the fingers are close together, you will probably think it was only one.

(C) On the tip of each of your fingers, for example, there are about five thousand separate touch receptors. In other parts of the body there are far fewer. In the skin of your back, the touch receptors may be as much as 2 inches apart.

① (A) ― (C) ― (B)　　② (B) ― (A) ― (C)
③ (B) ― (C) ― (A)　　④ (C) ― (A) ― (B)
⑤ (C) ― (B) ― (A)

O33 ★★★

주어진 글 다음에 이어질 글의 순서로 가장 적절한 것을
고르시오.

> The right to be forgotten is a right distinct from but related to a right to privacy. The right to privacy is, among other things, the right for information traditionally regarded as protected or personal not to be revealed.

(A) One motivation for such a right is to allow individuals to move on with their lives and not be defined by a specific event or period in their lives. For example, it has long been recognized in some countries, such as the UK and France, that even past criminal convictions should eventually be "spent" and not continue to affect a person's life.

(B) The right to be forgotten, in contrast, can be applied to information that has been in the public domain. The right to be forgotten broadly includes the right of an individual not to be forever defined by information from a specific point in time.

(C) Despite the reason for supporting the right to be forgotten, the right to be forgotten can sometimes come into conflict with other rights. For example, formal exceptions are sometimes made for security or public health reasons.

① (A) — (C) — (B) ② (B) — (A) — (C)
③ (B) — (C) — (A) ④ (C) — (A) — (B)
⑤ (C) — (B) — (A)

2등급 대비 문제

O34 ~ 36 ▶ 제한시간 7분

O34 ⭐ 2등급 대비

주어진 글 다음에 이어질 글의 순서로 가장 적절한 것을
고르시오. [3점]

> When we think of culture, we first think of human cultures, of our culture. We think of computers, airplanes, fashions, teams, and pop stars. For most of human cultural history, none of those things existed.

(A) Sadly, this remains true as the final tribal peoples get overwhelmed by those who value money above humanity. We are living in their end times and, to varying extents, we're all contributing to those endings. Ultimately our values may even prove self-defeating.

(B) They held extensive knowledge, knew deep secrets of their lands and creatures. And they experienced rich and rewarding lives; we know so because when their ways were threatened, they fought to hold on to them, to the death.

(C) For hundreds of thousands of years, no human culture had a tool with moving parts. Well into the twentieth century, various human foraging cultures retained tools of stone, wood, and bone. We might pity human hunter-gatherers for their stuck simplicity, but we would be making a mistake.

* forage: 수렵 채집하다

① (A) — (C) — (B) ② (B) — (A) — (C)
③ (B) — (C) — (A) ④ (C) — (A) — (B)
⑤ (C) — (B) — (A)

주어진 글 다음에 이어질 글의 순서로 가장 적절한 것을 고르시오.

If you drive down a busy street, you will find many competing businesses, often right next to one another. For example, in most places a consumer in search of a quick meal has many choices, and more fast-food restaurants appear all the time.

(A) Yes, costs rise, but consumers also gain information to help make purchasing decisions. Consumers also benefit from added variety, and we all get a product that's pretty close to our vision of a perfect good — and no other market structure delivers that outcome.

(B) However, this misconception doesn't account for why firms advertise. In markets where competitors sell slightly differentiated products, advertising enables firms to inform their customers about new products and services.

(C) These competing firms advertise heavily. The temptation is to see advertising as driving up the price of a product without any benefit to the consumer.

① (A) — (C) — (B)   ② (B) — (A) — (C)
③ (B) — (C) — (A)   ④ (C) — (A) — (B)
⑤ (C) — (B) — (A)

주어진 글 다음에 이어질 글의 순서로 가장 적절한 것을 고르시오. [3점]

Once we recognize the false-cause issue, we see it everywhere. For example, a recent long-term study of University of Toronto medical students concluded that medical school class presidents lived an average of 2.4 years less than other medical school graduates.

(A) Perhaps this extra stress, and the corresponding lack of social and relaxation time — rather than being class president per se — contributes to lower life expectancy. If so, the real lesson of the study is that we should all relax a little and not let our work take over our lives.

(B) Probably not. Just because being class president is correlated with shorter life expectancy does not mean that it *causes* shorter life expectancy. In fact, it seems likely that the sort of person who becomes medical school class president is, on average, extremely hard-working, serious, and ambitious.

(C) At first glance, this seemed to imply that being a medical school class president is bad for you. Does this mean that you should avoid being medical school class president at all costs?

*per se: 그 자체로

① (A) — (C) — (B)   ② (B) — (A) — (C)
③ (B) — (C) — (A)   ④ (C) — (A) — (B)
⑤ (C) — (B) — (A)

1등급 대비 문제

037 ⚡ 1등급 대비  고2 2022(11월)/37

주어진 글 다음에 이어질 글의 순서로 가장 적절한 것을 고르시오. [3점]

> To an economist who succeeds in figuring out a person's preference structure — understanding whether the satisfaction gained from consuming one good is greater than that of another — explaining behavior in terms of changes in underlying likes and dislikes is usually highly problematic.

(A) When income rises, for example, people want more children (or, as you will see later, more satisfaction derived from children), even if their inherent desire for children stays the same.

(B) To argue, for instance, that the baby boom and then the baby bust resulted from an increase and then a decrease in the public's inherent taste for children, rather than a change in relative prices against a background of stable preferences, places a social scientist in an unsound position.

(C) In economics, such an argument about birth rates would be equivalent to saying that a rise and fall in mortality could be attributed to an increase in the inherent desire change for death. For an economist, changes in income and prices, rather than changes in tastes, affect birth rates.

① (A) — (C) — (B) 　② (B) — (A) — (C)
③ (B) — (C) — (A) 　④ (C) — (A) — (B)
⑤ (C) — (B) — (A)

038 ⚡ 1등급 대비  고2 2023(11월)/37

주어진 글 다음에 이어질 글의 순서로 가장 적절한 것을 고르시오. [3점]

> For a long time, random sampling was a good shortcut. It made analysis of large data problems possible in the pre-digital era.

(A) There is no need to focus at the beginning, since collecting all the information makes it possible to do that afterwards. Because rays from the entire light field are included, it is closer to all the data. As a result, the information is more "reuseable" than ordinary pictures, where the photographer has to decide what to focus on before she presses the shutter.

(B) But much as converting a digital image or song into a smaller file results in loss of data, information is lost when sampling. Having the full (or close to the full) dataset provides a lot more freedom to explore, to look at the data from different angles or to look closer at certain aspects of it.

(C) A fitting example may be the light-field camera, which captures not just a single plane of light, as with conventional cameras, but rays from the entire light field, some 11 million of them. The photographers can decide later which element of an image to focus on in the digital file.

① (A) — (C) — (B) 　② (B) — (A) — (C)
③ (B) — (C) — (A) 　④ (C) — (A) — (B)
⑤ (C) — (B) — (A)

O 어휘 Review

※ 다음 영어는 우리말 뜻을, 우리말은 영어 단어를 〈보기〉에서 찾아 쓰시오.

〈보기〉

만성적인	대략	impose	insure
downplay	rationalist	은유	피로한
intensity	단조로움	intertwine	제조사

01 drained _____________

02 chronic _____________

03 monotony _____________

04 roughly _____________

05 metaphor _____________

06 보장하다 _____________

07 강도 _____________

08 경시하다 _____________

09 뒤얽히다 _____________

10 합리주의자 _____________

※ 다음 우리말에 알맞은 영어 표현을 찾아 연결하시오.

11 전수하다 • • hand down

12 ~을 제거하다 • • refer to

13 ~을 지칭하다 • • get rid of

14 ~에 집중하다 • • open up

15 열리다 • • concentrate on

※ 다음 우리말 표현에 맞는 단어를 고르시오.

16 주고받는 논쟁을 벌이다 ➡ argue back and (forth / belly)

17 사람들을 잘못된 길로 이끌다 ➡ (disguise / misguide) people

18 경량 자전거를 디자인하다 ➡ design (lightweight / heavyweight) bicycle

19 빈곤층 지원 ➡ (assistance / interval) to the poor

20 풍요롭고 가치 있는 삶 ➡ rich and (rewarding / complicated) lives

※ 다음 문장의 빈칸에 알맞은 단어를 〈보기〉에서 찾아 쓰시오.

〈보기〉

tariff	element	unwanted	domestic
refuted	corals	dominant	negotiations
refine	implications	evolve	deprive

21 그것은, 분석적으로 많은 아이디어들과 함의들의 복잡한 상호작용이다.
➡ It is, analytically, a complex interaction of many ideas and __________.

22 산호의 44퍼센트가 12년 이내에 회복했다.
➡ 44 percent of the __________ recovered within twelve years.

23 이런 특성은 개인의 사회적 환경으로부터 서서히 발달한다.
➡ These traits ________ from an individual's social context.

24 이 이야기는 많은 협상들의 전형이다.
➡ This story is typical of many __________.

25 또 다른 가능성은 어떤 주장도 반박되지 않는 것이다.
➡ Another possibility is that neither argument is __________.

26 관세는 철강의 가격을 높인다.
➡ The __________ raises the price of the steel.

27 바람직하지 못한 행동은 사악한 악당이다.
➡ A(n) __________ behavior is a nefarious villain.

28 그것은 여전히 문자의 지배적인 형태이다.
➡ That is still a(n) __________ form of the written word.

29 가격을 올리는 것은 국산 차 판매를 줄이는 경향이 있다.
➡ Raising prices tends to reduce __________ car sales.

30 불완전하게 만들고 세상 경험이 정교하게 다듬게 하라.
➡ Build incompletely and let world experience __________.

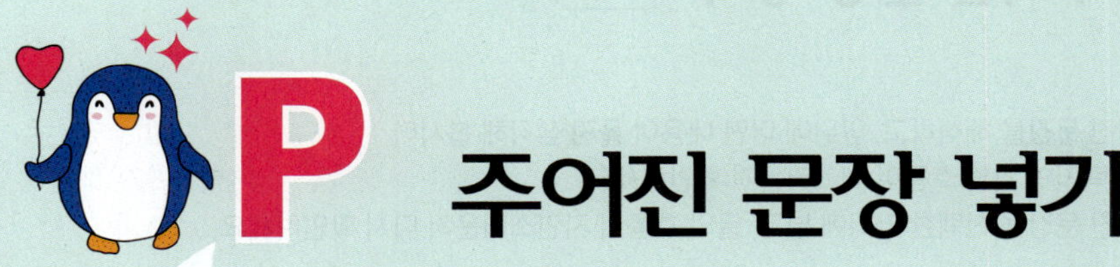

주어진 문장 넣기

★ 유형 설명

글의 흐름으로 보아, 주어진 문장이 들어가기에 가장 적절한 곳을 고르시오. [3점]

> Although sport clubs and leagues may have a fixed supply schedule, it is possible to increase

연결어 등의 단서를 이용하여 주어진 한 문장을 논리적인 흐름에 맞게 글의 중간에 끼워 넣어야 한다.

☞ 글을 읽으면서 앞뒤 연결이 어색한 문장들 사이에 주어진 문장을 넣어 보고 흐름이 매끄러워지는지 확인한다.
앞 문장에는 전혀 등장하지 않았던 어구가 갑자기 등장하거나 글의 흐름이 아무 연결어 없이 완전히 전환되는 부분이 정답이다.

🎭 유형 풀이 비법

1 주어진 문장을 파악하라!
- 주어진 문장을 읽고, 문제 풀이에 활용할 만한 단서가 있는지 살펴본다.

2 문장 관계를 추론하라!
- 정관사, 대명사, 대동사, 지시어, 연결어 등에 유의하여 문장 간의 관계를 추론한다.

3 글의 주제를 파악하라!
- 통일성과 일관성을 유지하는 주제를 파악하여 주어진 문장의 위치를 찾는다.

(Tip) 정답을 고른 후에는 주어진 문장을 알맞은 위치에 넣고 문맥이 자연스러운지 확인한다.

📍 자주 쓰이는 연결어

- ☐ in fact 사실상
- ☐ moreover 게다가
- ☐ in addition 게다가
- ☐ despite ~에도 불구하고
- ☐ in spite of ~에도 불구하고
- ☐ although ~에도 불구하고
- ☐ but 하지만, 그러나
- ☐ however 하지만, 그러나
- ☐ in contrast 대조적으로
- ☐ in comparison with ~와 비교해보면
- ☐ on the contrary 반대로
- ☐ on the other hand 반면에
- ☐ nevertheless 그럼에도 불구하고
- ☐ besides 이외에도
- ☐ rather 오히려

- ☐ in summary 요약하면
- ☐ in a word 한마디로 말해서
- ☐ at the same time 동시에
- ☐ furthermore 더욱이, 더구나
- ☐ that is 즉
- ☐ namely 즉, 다시 말해
- ☐ thus 따라서, 그러므로
- ☐ therefore 따라서
- ☐ accordingly 따라서
- ☐ hence 그러므로, 따라서
- ☐ in other words 바꾸어 말하면
- ☐ for example 예를 들어
- ☐ for instance 예를 들어
- ☐ in conclusion 결론적으로
- ☐ as a result 결과적으로
- ☐ as a consequence ~의 결과로서

🐚 어휘 및 표현 Preview

- ☐ inelastic 비탄력적인
- ☐ sphere 범위
- ☐ domain 영역
- ☐ virtual 가상의
- ☐ shipment 배송
- ☐ automation 자동화
- ☐ workforce 노동력
- ☐ adaptive 적응할 수 있는
- ☐ nuance 미묘한 차이
- ☐ tangled 복잡한, 뒤얽힌
- ☐ amplify 증폭시키다
- ☐ mass media 대중 매체
- ☐ at hand 당면한
- ☐ industrial revolution 산업혁명
- ☐ quantum mechanics 양자 역학
- ☐ it is worth -ing ~할 가치가 있다

P 주어진 문장 넣기 (첫 번째)

1st 주어진 문장을 해석하고, 앞뒤에 어떤 내용이 올지 생각해 봅시다.
2nd 각 선택지의 앞뒤 흐름이 매끄러운지 확인하세요.
3rd 주어진 문장을 선택한 자리에 넣고, 글의 흐름이 자연스러운지 다시 확인하세요.

P01 ★★★ .... 고2 2025(3월)/38

글의 흐름으로 보아, 주어진 문장이 들어가기에 가장 적절한 곳을 고르시오. [3점]

> Knowledge is information that has demonstrated its usefulness.

It is important to recognize that although science is a rule-based procedure, it is very much a creative process. (①) A conjecture is a philosophical invention, cooked up rather mystically by the mind through the mental computation we call careful contemplation. (②) However, until the hypothesis is tested against reality, it is not yet truly knowledge; it is just information that represents speculation. (③) It is what is left over after cycles of experimental testing have eliminated false theories. (④) As scientists continually test their hypotheses and modify their models to account for new and surprising data, a kind of "learning loop" emerges that statisticians call *Bayesian updating*. (⑤) Based on Bayes' Rule, developed by eighteenth-century English statistician and philosopher Thomas Bayes, Bayesian updating refers to a mathematical process whereby an accepted theory or predictive model gets increasingly accurate through the repetitive testing of competing variants of that theory.

* conjecture: 추론 ** contemplation: 숙고
*** speculation: 추측

1st 주어진 문장을 해석하고, 앞뒤에 어떤 내용이 올지 생각해 봅시다.

Knowledge is information / that has demonstrated
지식은 정보이다 / 자신의 유용성을 입증한 //
its usefulness. //

● **지식과 정보의 차이를 말하고 있어요.**

검증되고 유용한 정보만이 지식이 된다고 말하고 있는 이 주어진 문장은, 정보가 지식이 되는 조건을 설명한 곳이자 지식에 대한 설명이 이어지는 곳에 들어갈 거예요.

2nd 각 선택지의 앞뒤 흐름이 매끄러운지 확인하세요.

1) ①의 앞 문장과 뒤 문장을 확인해 봅시다.

앞 문장: It is important to recognize / that although
인식하는 것이 중요하다 / 비록 과학은 규칙에
science is a rule-based procedure, / it is very much a
기반한 절차이지만 / 매우 창의적인 과정임을 //
creative process. //

뒤 문장: A conjecture is a philosophical invention, /
추론은 철학적 발명으로 /
cooked up rather mystically / by the mind through
다소 신비롭게 만들어진 것이다 / 머릿속 계산을 거쳐 사고를 통해
the mental computation / we call careful
/ 우리가 신중한 숙고라
contemplation. //
부르는 //

● **지식과 정보에 대한 설명이 나오나요?**

과학은 단순히 규칙만 따르는 것이 아니라, 창의력이 필요하다는 앞 문장에 이어 추론은 복잡한 사고 과정을 통해 만들어지는 창의적인 활동이라는 내용으로 자연스럽게 이어져요.
앞뒤 문장이 자연스럽게 이어지고, 아직 지식과 정보에 대한 설명이 없으니 ①은 주어진 문장이 들어갈 자리는 아니네요!

▶ 주어진 문장이 ①에 들어갈 수 없음

2) ②의 앞 문장과 뒤 문장을 확인해 봅시다.

> **앞 문장:** ①의 뒤 문장과 같음
> **뒤 문장:** However, / until the hypothesis is tested
> 그러나 　　　 / 가설이 현실에 비추어 검증되기 전에는
> against reality, / it is not yet truly knowledge; / it is
> 　　 / 그것은 아직 진정한 지식이 아니며 　　　 / 그것은
> just information / that represents speculation. //
> 단지 정보에 불과하다 　　 / 추측을 나타내는 　　　 //

● **뒤 문장에 '지식'과 '정보'에 대한 설명이 나와요.**
　②의 뒤 문장은 추론한 가설은 검증이 되어야 추측성 정보에서 진정한
　지식이 된다는 내용이에요. 추론은 철학적으로 만들어졌다는 앞 문장에
　'그러나'로 자연스럽게 이어져요.
　뒤 문장에서 '지식'과 '정보'에 대해 처음으로 언급했으니까 아직 나오기
　전인 ②에는 들어갈 수 없죠.
　▶ 주어진 문장이 ②에 들어갈 수 없음

3) ③의 앞 문장과 뒤 문장을 확인해 봅시다.

> **앞 문장:** ②의 뒤 문장과 같음
> **뒤 문장:** It is what is left over / after cycles of
> 그것(지식)은 남은 것이다 　　　 / 수차례의 실험적 검증이
> experimental testing have eliminated false theories. //
> 잘못된 이론들을 제거한 후 　　　 //

● **It이 가리키는 것은 무엇일까요?**
　'여러 검증을 통해 잘못된 이론들을 제거한 후 남은 것'인 It은 문맥상
　'지식'을 가리키므로, 앞 문장에서 설명하고 있는 '가설'은 아니에요.
　주어진 문장에서 '지식'은 여러 정보 중 틀린 것을 걸러내고 그 유용성이
　입증된 것이라고 정의하고 있었죠? 주어진 문장이 이곳에 들어가
　(　　　)에 대한 설명이 이어지는 것이 적절해요.
　▶ 주어진 문장이 ③에 들어가야 함

4) ④의 앞 문장과 뒤 문장을 확인해 봅시다.

> **앞 문장:** ③의 뒤 문장과 같음
> **뒤 문장:** As scientists continually test their
> 과학자들이 끊임없이 가설을 검증하고
> hypotheses / and modify their models / to account
> 　　 / 그들의 모델을 수정함에 따라 　　 / 새롭고 놀라운
> for new and surprising data, / a kind of "learning
> 데이터를 설명하기 위해 　　 / 일종의 '학습 루프'가 나타난다
> loop" emerges / that statisticians call *Bayesian*
> 　　 / 통계학자들이 '베이지안 업데이팅'이라고 부르는 //
> *updating.* //

● **앞 문장과 자연스럽게 이어지는지 봅시다.**
　과학자들이 실험 결과에 따라 계속 검증 모델을 바꾸는 '베이지안
　업데이팅'을 한다는 내용이, 지식은 가설을 끊임없이 (　　　)하여
　다듬어진 것이라는 앞 문장에 대해 구체적인 절차로 설명되고 있어요.
　▶ 주어진 문장이 ④에 들어갈 수 없음

5) ⑤의 앞 문장과 뒤 문장을 확인해 봅시다.

> **앞 문장:** ④의 뒤 문장과 같음
> **뒤 문장:** Based on Bayes' Rule, / developed by
> 베이즈 정리에 기초하여 　　 / 18세기 영국의
> eighteenth-century English statistician and
> 통계학자이자 철학자였던 Thomas Bayes가 개발한
> philosopher Thomas Bayes, / Bayesian updating
> 　　 / 베이지안 업데이팅은 수학적
> refers to a mathematical process / whereby an
> 과정을 일컫는다 　　 / 수용된 이론이나 예측
> accepted theory or predictive model / gets
> 모델이 　　 / 점점 더
> increasingly accurate / through the repetitive
> 정확해지는 　　 / 반복적으로 검증하는 과정을 통해
> testing / of competing variants of that theory. //
> 　　 / 그 이론의 다양한 변형을 　　 //

● **'베이지안 업데이팅'에 대한 설명이 이어져요.**
　'베이지안 업데이팅'은 반복 검증을 통해 이론이 점점 정확해지는 수학적
　과정이라는 내용이므로, 앞 문장의 베이즈의 학습 루프를 구체적으로
　설명하고 있어요.
　▶ 주어진 문장이 ⑤에 들어갈 수 없음

3rd 주어진 문장을 선택한 자리에 넣고, 글의 흐름이 자연스러운지
다시 확인하세요.

> **도입** 　추론은 복잡한 사고 과정을 통해 만들어지는 창의적인 활동임

> **전개** 　아무리 멋진 가설(추론)도 실제로 검증되기 전까지는 진정한
> 지식이 아니며, 지식은 정보 중 그 유용성이 입증된 것임

> **부연** 　과학자들은 실험 결과에 맞게 계속 생각을 고쳐 나가는 과정인
> 베이지안 업데이팅을 거침

P 주어진 문장 넣기 (두 번째)

P02 ★★★ .... 고2 2023(11월)/39

글의 흐름으로 보아, 주어진 문장이 들어가기에 가장 적절한 곳을 고르시오.

> However, contrary to the trend of the past several decades, in many new situations that are occurring today, allowing for imprecision — for messiness — may be a positive feature, not a shortcoming.
>
> 5

By the nineteenth century, France had developed a system of precisely defined units of measurement to capture space, time, and more, and had begun to get other nations to adopt the same standards. (①) Just half a century later, in the 1920s, the discoveries of quantum mechanics forever destroyed the dream of comprehensive and perfect measurement. (②) And yet, outside a relatively small circle of physicists, the mindset of humankind's drive to flawlessly measure continued among engineers and scientists. (③) In the world of business it even expanded, as the precision-oriented sciences of mathematics and statistics began to influence all areas of commerce. (④) As a tradeoff for relaxing the standards of allowable errors, one can get a hold of much more data. (⑤) It isn't just that "more is better than some," but that, in fact, sometimes "more is greater than better."

1st 주어진 문장을 해석하고, 앞뒤에 어떤 내용이 올지 생각해 봅시다.

However, / contrary to the trend of the past several
그러나 / 지난 수십 년간의 경향과 반대로
decades, / in many new situations / that are
/ 많은 새로운 상황에서 / 오늘날
occurring today, / allowing for imprecision — for
발생하는 / 부정확성을 허용하는 것 즉, 번잡함은
messiness — / may be a positive feature, / not a
/ 긍정적인 특성이 될 수 있다 / 단점이
shortcoming. //
아니라 //

● **However로 시작한 이 문장은 어떤 내용인가요?**
부정확성, 즉 번잡함을 허용하는 것이 긍정적일 수 있다고 하네요.
이 내용이 '그러나'로 연결되고 있기 때문에 주어진 문장은 부정확성의 단점, 또는 정확성의 장점에 대한 설명이 끝나고, 부정확성의 장점에 대한 설명이 시작되는 부분에 들어갈 거예요.

2nd 각 선택지의 앞뒤 흐름이 매끄러운지 확인합시다.

1) ①의 앞 문장과 뒤 문장을 확인해 봅시다.

앞 문장: By the nineteenth century, / France had
19세기까지 / 프랑스는 정밀하게
developed a system of precisely defined units of
규정된 측정 단위의 체계를 개발했고
measurement / to capture space, time, and more, /
/ 공간, 시간, 그리고 더 많은 것을 포착하기 위해 /
and had begun to get / other nations to adopt the
하게 하기 시작했었다 / 다른 국가들이 동일한 기준을 채택하도록 //
same standards. //
뒤 문장: Just half a century later, / in the 1920s, / the
불과 반세기 후 / 1920년대에 /
discoveries of quantum mechanics forever
양자 역학의 발견은 영원히 깨 버렸다
destroyed / the dream of comprehensive and
/ 포괄적이고 완벽한 측정에 대한 꿈을 //
perfect measurement. //

● **부정확성에 대한 장점이 나오나요?**
정확하게 측정하는 것이 중요하게 여겨졌으나, 완벽한 측정에 대한 기대가 양자 역학의 발견에 의해 깨졌다는 내용만 나와요. 부정확성, 즉 ❶( )을 허용하는 것의 장점은 아직 언급되지 않았어요.
▶ 주어진 문장이 ①에 들어갈 수 없음

2) ②의 앞 문장과 뒤 문장을 확인해 봅시다.

● **마찬가지로 장점은 나오지 않아요.**
완벽한 측정에 대한 꿈이 깨졌지만 인류는 완벽한 측정값을 위해
노력했다는, 기존에 추구하던 가치인 완벽한 측정에 대한 내용이 앞뒤에
이어지고 있어요.
▶ 주어진 문장이 ②에 들어갈 수 없음

3) ③의 앞 문장과 뒤 문장을 확인해 봅시다.

● **정확성을 지향했다고 하네요.**
기존에 인류가 가지고 있던 정확한 수치 측정에 대한 욕망이 더 넓은
사회 범주로 퍼졌다는 내용이에요. 앞뒤 문장 모두 정확성을 선호했다는
내용이에요.
▶ 주어진 문장이 ③에 들어갈 수 없음

4) ④의 앞 문장과 뒤 문장을 확인해 봅시다.

● **허용할 오류의 기준을 완화하는 건 부정확성을 허용하는 것이죠?**
오류의 기준을 완화하면 훨씬 더 많은 데이터를 얻을 수 있다는,
부정확성의 장점에 대한 내용이 뒤 문장에서 이어져요. 정답이
❷(   )인 것 같죠?
▶ 주어진 문장이 ④에 들어가야 함

5) ⑤의 앞 문장과 뒤 문장을 확인해 봅시다.

● **부정확성을 허용하는 것의 장점이 이어져요.**
더 많은 것이 더 좋은 것보다 훌륭하기도 하다는 것은, 많은 양의
부정확한 것들을 허용하는 것이 좋은 결과를 낳기도 한다는, 앞 문장을
뒷받침하는 내용이네요.
▶ 주어진 문장이 ⑤에 들어갈 수 없음

3rd 주어진 문장을 선택한 자리에 넣고, 글의 흐름이 자연스러운지 확인하세요.

도입	프랑스는 정밀하게 규정된 측정 단위의 체계를 개발했고, 다른 국가들에 전파시킴
전개	양자 역학의 발견이 완벽한 측정에 대한 꿈을 깨 버렸음에도, 완벽하게 측정하려고 하는 인류의 추진 정신은 계속됨
반전	그러나, 지난 수십 년간의 경향과 반대로, 부정확성, 즉, 번잡함을 허용하는 것은 단점이 아니라 긍정적인 특성이 될 수 있음
부연	허용할 오류의 기준을 완화하기 위한 거래로서 사람은 훨씬 더 많은 데이터를 얻을 수 있음

❖ 정답 및 해설 **279 ~ 280p**

P03 ★★★ 고2 2025(6월)/38

글의 흐름으로 보아, 주어진 문장이 들어가기에 가장 적절한 곳을 고르시오.

> But migration can also be a solution for many preexisting problems.

The word "migration" is almost always reported in the popular media and even in scientific literature as a problem or a crisis. For example, migrants are assumed to overcrowd cities, clog up labor markets, and increase poverty. The other questionable assumption is that most migration is involuntary — people fleeing natural or man-made disasters. (①) The reality, however, is more complex, and many migrants are simply seeking greater economic opportunity. (②) Of course migration can and does create social and economic problems. (③) For example, out-migration generally redistributes workers from places of labor surplus to areas where there is greater demand or more opportunity. (④) Migration is generally selective of persons who are younger, healthier, more flexible, and more willing to endure hardship in hopes of a better life relative to their prospects in their places of origin. (⑤) Most research that examines long-term outcomes of migration, including remittances and intergenerational mobility, finds positive "long-term" effects on places of origin and destination.

* clog: 막히게 하다 ** remittance: 송금

P04 ★★★ 고2 2025(6월)/39

글의 흐름으로 보아, 주어진 문장이 들어가기에 가장 적절한 곳을 고르시오. [3점]

> For this reason, many countries have preferred using gold, silver, or some other material that is inherently limited in supply, as money.

The big problem with money created by the government is that those who run the government always face the temptation to create more money and spend it. (①) Whether among ancient kings or modern politicians, this has happened again and again over the centuries, leading to inflation and the many economic and social problems that follow from inflation. (②) It is a way of depriving governments of the power to expand the money supply to inflationary levels. (③) Gold has long been considered ideal for this purpose, since the supply of gold in the world usually cannot be increased rapidly. (④) When paper money is convertible into gold whenever the individual chooses to do so, then the money is said to be "backed up" by gold. (⑤) This expression is misleading only if we imagine that the value of the gold is somehow transferred to the paper money, when in fact the real point is that the gold simply limits the amount of paper money that can be issued.

P05 ✿✿✿❀

글의 흐름으로 보아, 주어진 문장이 들어가기에 가장 적절한 곳을 고르시오.

> Normally, people buy things because they want to use them, such as wheat to make bread and petrol to run the car.

The traditional bank manager in the 1950s was usually a respected pillar of the community, a cautious, careful sort of person who probably went to bed early and didn't drink too much. But from the 1970s a new kind of banker appeared — loud, flashy, and arrogant. These bankers loved taking big risks. (①) They wanted to get rich quick and blow their money on fast cars and expensive champagne. (②) They made their money through what's called 'speculation'. (③) But when people speculate, they buy things even when they have no interest in using them. (④) They might buy a load of wheat simply because they think that its price is going to rise when a drought is predicted in wheat-growing areas. (⑤) If their guess is right, they later sell the wheat for a profit.

* pillar: 기둥 ** speculation: 투기

P06 ✿✿✿

글의 흐름으로 보아, 주어진 문장이 들어가기에 가장 적절한 곳을 고르시오. [3점]

> There are very few materials as good: metal foils can hold a crease, but control of the crease is somewhat more difficult.

Paper's mechanical properties lend themselves to folding and bending. (①) The cellulose fibers of which it is made can be partially snapped in the area of maximum bend, allowing a permanent crease to form, while sufficient fibers remain undamaged for the material not to crack and fall apart. (②) Indeed, in this state it pretty much maintains its ability to resist being pulled apart, but it can also be torn easily and accurately along the crease if a point of weakness — a small, initial tear — is opened up. (③) This winning combination of mechanical properties allows it to assume the shape of any object through creasing and folding — hence the art of origami. (④) Plastic sheeting doesn't tend to hold a crease at all, unless it is very soft, in which case it lacks the rigidity required of a good wrapping material. (⑤) So it is its ability to hold a crease while remaining stiff that makes paper uniquely suited to this purpose.

* crease: 주름 ** origami: 종이접기 *** rigidity: 단단함

P07 ★★★   고2 2024(10월)/38

글의 흐름으로 보아, 주어진 문장이 들어가기에 가장 적절한 곳을 고르시오. [3점]

> But on the other hand, literature has historically been seen as dangerous: it promotes the questioning of authority and social arrangements.

We encounter contrary claims about the relation of literature to action. (①) Theorists have maintained that literature encourages solitary reading and reflection as the way to engage with the world and thus counters the social and political activities that might produce social change. (②) At best it encourages detachment or appreciation of complexity, and at worst passivity and acceptance of what is. (③) Plato banned poets from his ideal republic because they could only do harm, and novels have long been credited with making people dissatisfied with their lives and eager for something new. (④) By promoting identification across divisions of class, gender, and race, books may promote a fellowship that discourages struggle; but they may also produce a keen sense of injustice that makes progressive struggles possible. (⑤) Historically, works of literature are credited with producing change: *Uncle Tom's Cabin*, a best-seller in its day, helped create a revulsion against slavery that made possible the American Civil War.

* revulsion: 혐오감

P08 ★★★   고2 2024(10월)/39

글의 흐름으로 보아, 주어진 문장이 들어가기에 가장 적절한 곳을 고르시오.

> Moreover, since society is not a natural phenomenon and there is no natural force bringing people together, what will bring them together as a society is not mutual affection according to Hobbes.

According to Hobbes, man is not a being who can act morally in spite of his instinct to protect his existence in the state of nature. (①) Hence, the only place where morality and moral liberty will begin to find an application begins in a place where a sovereign power, namely the state, emerges. (②) Hobbes thus describes the state of nature as a circumstance in which man's life is "solitary, poor, nasty, brutish and short". (③) It means when people live without a general power to control them all, they are indeed in a state of war. (④) In other words, Hobbes, who accepted that human beings are not social and political beings in the state of nature, believes that without the power human beings in the state of nature are "antisocial and rational based on their selfishness". (⑤) It is, rather, mutual fear of men's present and future that assembles them, since the cause of fear is a common drive among people in the state of nature.

* brutish: 잔인한

글의 흐름으로 보아, 주어진 문장이 들어가기에 가장
적절한 곳을 고르시오.

> But there are also important differences between
> the two types of contagion.

There are deep similarities between viral contagion and behavioral contagion. (①) For example, people in close or extended proximity to others infected by a virus are themselves more likely to become infected, just as people are more likely to drink excessively when they spend more time in the company of heavy drinkers. (②) One is that visibility promotes behavioral contagion but inhibits the spread of infectious diseases. (③) Solar panels that are visible from the street, for instance, are more likely to stimulate neighboring installations. (④) In contrast, we try to avoid others who are visibly ill. (⑤) Another important difference is that whereas viral contagion is almost always a bad thing, behavioral contagion is sometimes negative — as in the case of smoking — but sometimes positive, as in the case of solar installations.

* contagion: 전염

글의 흐름으로 보아, 주어진 문장이 들어가기에 가장
적절한 곳을 고르시오. [3점]

> Real hibernation involves profound unconsciousness and a dramatic fall in body temperature — often to around 32 degrees Fahrenheit.

Sleep is clearly about more than just resting. One curious fact is that animals that are hibernating also have periods of sleep. It comes as a surprise to most of us, but hibernation and sleep are not the same thing at all, at least not from a neurological and metabolic perspective. (①) Hibernating is more like being anesthetized: the subject is unconscious but not actually asleep. (②) So a hibernating animal needs to get a few hours of conventional sleep each day within the larger unconsciousness. (③) A further surprise to most of us is that bears, the most famous of wintry sleepers, don't actually hibernate. (④) By this definition, bears don't hibernate, because their body temperature stays near normal and they are easily awakened. (⑤) Their winter sleeps are more accurately called a state of torpor.

* hibernation: 동면   ** anesthetize: 마취시키다   *** torpor: 휴면

P11 ★★★  고2 2024(6월)/38

글의 흐름으로 보아, 주어진 문장이 들어가기에 가장 적절한 곳을 고르시오.

> But the Net doesn't just connect us with businesses; it connects us with one another.

The Net differs from most of the mass media it replaces in an obvious and very important way: it's bidirectional. (①) We can send messages through the network as well as receive them, which has made the system all the more useful. (②) The ability to exchange information online, to upload as well as download, has turned the Net into a thoroughfare for business and commerce. (③) With a few clicks, people can search virtual catalogues, place orders, track shipments, and update information in corporate databases. (④) It's a personal broadcasting medium as well as a commercial one. (⑤) Millions of people use it to distribute their own digital creations, in the form of blogs, videos, photos, songs, and podcasts, as well as to critique, edit, or otherwise modify the creations of others.

* bidirectional: 두 방향으로 작용하는 ** thoroughfare: 통로

P12 ★★★  고2 2024(6월)/39

글의 흐름으로 보아, 주어진 문장이 들어가기에 가장 적절한 곳을 고르시오.

> Instead, automation created hundreds of millions of jobs in entirely new fields.

Imagine that seven out of ten working Americans got fired tomorrow. What would they all do? It's hard to believe you'd have an economy at all if you gave pink slips to more than half the labor force. But that is what the industrial revolution did to the workforce of the early 19th century. Two hundred years ago, 70 percent of American workers lived on the farm. (①) Today automation has eliminated all but 1 percent of their jobs, replacing them with machines. (②) But the displaced workers did not sit idle. (③) Those who once farmed were now manning the factories that manufactured farm equipment, cars, and other industrial products. (④) Since then, wave upon wave of new occupations have arrived — appliance repair person, food chemist, photographer, web designer — each building on previous automation. (⑤) Today, the vast majority of us are doing jobs that no farmer from the 1800s could have imagined.

* pink slip: 해고 통지서

P13 ❋❋❋❋ 

글의 흐름으로 보아, 주어진 문장이 들어가기에 가장 적절한 곳을 고르시오. [3점]

> However, there are many lines of evidence to suggest that vagrancy can, on rare occasions, dramatically alter the fate of populations, species or even whole ecosystems.

It is a common assumption that most vagrant birds are ultimately doomed, aside from the rare cases where individuals are able to reorientate and return to their normal ranges. (①) In turn, it is also commonly assumed that vagrancy itself is a relatively unimportant biological phenomenon. (②) This is undoubtedly true for the majority of cases, as the most likely outcome of any given vagrancy event is that the individual will fail to find enough resources, and/or be exposed to inhospitable environmental conditions, and perish. (③) Despite being infrequent, these events can be extremely important when viewed at the timescales over which ecological and evolutionary processes unfold. (④) The most profound consequences of vagrancy relate to the establishment of new breeding sites, new migration routes and wintering locations. (⑤) Each of these can occur through different mechanisms, and at different frequencies, and they each have their own unique importance.

* vagrancy: 무리에서 떨어져 헤맴 ** doomed: 죽을 운명의
*** inhospitable: 살기 힘든

P14 ❋❋❋

글의 흐름으로 보아, 주어진 문장이 들어가기에 가장 적절한 곳을 고르시오.

> We must reexamine this stereotype, however, as it doesn't always hold true.

Introverted leaders do have to overcome the strong cultural presumption that extroverts are more effective leaders. (①) Although the population splits into almost equal parts between introverts and extroverts, more than 96 percent of managers and executives are extroverted. (②) In a study done in 2006, 65 percent of senior corporate executives viewed introversion as a barrier to leadership. (③) Regent University found that a desire to be of service to others and to empower them to grow, which is more common among introverts than extroverts, is a key factor in becoming a leader and retaining leadership. (④) So-called servant leadership, dating back to ancient philosophical literature, adheres to the belief that a company's goals are best achieved by helping workers or customers achieve their goals. (⑤) Such leaders do not seek attention but rather want to shine a light on others' wins and achievements; servant leadership requires humility, but that humility ultimately pays off.

* humility: 겸손

P15 ❋❋❋ 

글의 흐름으로 보아, 주어진 문장이 들어가기에 가장 적절한 곳을 고르시오.

> In the electric organ the muscle cells are connected in larger chunks, which makes the total current intensity larger than in ordinary muscles.

Electric communication is mainly known in fish. The electric signals are produced in special electric organs. When the signal is discharged the electric organ will be negatively loaded compared to the head and an electric field is created around the fish. (①) A weak electric current is created also in ordinary muscle cells when they contract. (②) The fish varies the signals by changing the form of the electric field or the frequency of discharging. (③) The system is only working over small distances, about one to two meters. (④) This is an advantage since the species using the signal system often live in large groups with several other species. (⑤) If many fish send out signals at the same time, the short range decreases the risk of interference.

❖ 정답 및 해설 288~292p

P16 ★★★ ※

글의 흐름으로 보아, 주어진 문장이 들어가기에 가장 적절한 곳을 고르시오.

> You don't sit back and speculate about the meaning of life when you are stressed.

The brain is a high-energy consumer of glucose, which is its fuel. Although the brain accounts for merely 3 percent of a person's body weight, it consumes 20 percent of the available fuel. (①) Your brain can't store fuel, however, so it has to "pay as it goes." (②) Since your brain is incredibly adaptive, it economizes its fuel resources. (③) Thus, during a period of high stress, it shifts away from the analysis of the nuances of a situation to a singular and fixed focus on the stressful situation at hand. (④) Instead, you devote all your energy to trying to figure out what action to take. (⑤) Sometimes, however, this shift from the higher-thinking parts of the brain to the automatic and reflexive parts of the brain can lead you to do something too quickly, without thinking.

* glucose: 포도당

P17 ★★★

글의 흐름으로 보아, 주어진 문장이 들어가기에 가장 적절한 곳을 고르시오. [3점]

> For others, whose creativity is more focused on methods and technique, creativity may lead to solutions that drastically reduce the work necessary to solve a problem.

Creativity can have an effect on productivity. Creativity leads some individuals to recognize problems that others do not see, but which may be very difficult. (①) Charles Darwin's approach to the speciation problem is a good example of this; he chose a very difficult and tangled problem, speciation, which led him into a long period of data collection and deliberation. (②) This choice of problem did not allow for a quick attack or a simple experiment. (③) In such cases creativity may actually decrease productivity (as measured by publication counts) because effort is focused on difficult problems. (④) We can see an example in the development of the polymerase chain reaction (PCR) which enables us to amplify small pieces of DNA in a short time. (⑤) This type of creativity might reduce the number of steps or substitute steps that are less likely to fail, thus increasing productivity.

* speciation: 종(種) 분화
** polymerase chain reaction: 중합 효소 연쇄 반응

P18 ★★★

글의 흐름으로 보아, 주어진 문장이 들어가기에 가장 적절한 곳을 고르시오. [3점]

> Although sport clubs and leagues may have a fixed supply schedule, it is possible to increase the number of consumers who watch.

A supply schedule refers to the ability of a business to change their production rates to meet the demand of consumers. Some businesses are able to increase their production level quickly in order to meet increased demand. However, sporting clubs have a fixed, or inflexible (inelastic) production capacity. (①) They have what is known as a fixed supply schedule. (②) It is worth noting that this is not the case for sales of clothing, equipment, memberships and memorabilia. (③) But clubs and teams can only play a certain number of times during their season. (④) If fans and members are unable to get into a venue, that revenue is lost forever. (⑤) For example, the supply of a sport product can be increased by providing more seats, changing the venue, extending the playing season or even through new television, radio or Internet distribution.

* memorabilia: 기념품 ** venue: 경기장

글의 흐름으로 보아, 주어진 문장이 들어가기에 가장 적절한 곳을 고르시오. [3점]

> However, transfer of one kind of risk often means inheriting another kind.

Risk often arises from uncertainty about how to approach a problem or situation. (①) One way to avoid such risk is to contract with a party who is experienced and knows how to do it. (②) For example, to minimize the financial risk associated with the capital cost of tooling and equipment for production of a large, complex system, a manufacturer might subcontract the production of the system's major components to suppliers familiar with those components. (③) This relieves the manufacturer of the financial risk associated with the tooling and equipment to produce these components. (④) For example, subcontracting work for the components puts the manufacturer in the position of relying on outsiders, which increases the risks associated with quality control, scheduling, and the performance of the end-item system. (⑤) But these risks often can be reduced through careful management of the suppliers.

* subcontract: 하청을 주다(일감을 다른 사람에게 맡기다)

글의 흐름으로 보아, 주어진 문장이 들어가기에 가장 적절한 곳을 고르시오.

> These healthful, non-nutritive compounds in plants provide color and function to the plant and add to the health of the human body.

Why do people in the Mediterranean live longer and have a lower incidence of disease? Some people say it's because of what they eat. Their diet is full of fresh fruits, fish, vegetables, whole grains, and nuts. Individuals in these cultures drink red wine and use great amounts of olive oil. Why is that food pattern healthy? (①) One reason is that they are eating a palette of colors. (②) More and more research is surfacing that shows us the benefits of the thousands of colorful "phytochemicals" (*phyto*=plant) that exist in foods. (③) Each color connects to a particular compound that serves a specific function in the body. (④) For example, if you don't eat purple foods, you are probably missing out on anthocyanins, important brain protection compounds. (⑤) Similarly, if you avoid green-colored foods, you may be lacking chlorophyll, a plant antioxidant that guards your cells from damage.

* antioxidant: 산화 방지제

P21 ★★★  고2 2021(9월)/38

글의 흐름으로 보아, 주어진 문장이 들어가기에 가장 적절한 곳을 고르시오.

> It is possible to argue, for example, that, today, the influence of books is vastly overshadowed by that of television.

Interest in ideology in children's literature arises from a belief that children's literary texts are culturally formative, and of massive importance educationally, intellectually, and socially. (①) Perhaps more than any other texts, they reflect society as it wishes to be, as it wishes to be seen, and as it unconsciously reveals itself to be, at least to writers. (②) Clearly, literature is not the only socialising agent in the life of children, even among the media. (③) There is, however, a considerable degree of interaction between the two media. (④) Many so-called children's literary classics are televised, and the resultant new book editions strongly suggest that viewing can encourage subsequent reading. (⑤) Similarly, some television series for children are published in book form.

* resultant: 그 결과로 생긴

P22 ★★★  고2 2022(11월)/38

글의 흐름으로 보아, 주어진 문장이 들어가기에 가장 적절한 곳을 고르시오.

> It does this by making your taste buds perceive these flavors as bad and even disgusting.

In the natural world, if an animal consumes a plant with enough antinutrients to make it feel unwell, it won't eat that plant again. Intuitively, animals also know to stay away from these plants. Years of evolution and information being passed down created this innate intelligence. (①) This "intuition," though, is not just seen in animals. (②) Have you ever wondered why most children hate vegetables? (③) Dr. Steven Gundry justifies this as part of our genetic programming, our inner intelligence. (④) Since many vegetables are full of antinutrients, your body tries to keep you away from them while you are still fragile and in development. (⑤) As you grow and your body becomes stronger enough to tolerate these antinutrients, suddenly they no longer taste as bad as before.

* taste bud: 미뢰(味蕾)

글의 흐름으로 보아, 주어진 문장이 들어가기에 가장 적절한 곳을 고르시오. [3점]

> There isn't really a way for us to pick up smaller pieces of debris such as bits of paint and metal.

The United Nations asks that all companies remove their satellites from orbit within 25 years after the end of their mission. This is tricky to enforce, though, because satellites can (and often do) fail. (①) To tackle this problem, several companies around the world have come up with novel solutions. (②) These include removing dead satellites from orbit and dragging them back into the atmosphere, where they will burn up. (③) Ways we could do this include using a harpoon to grab a satellite, catching it in a huge net, using magnets to grab it, or even firing lasers to heat up the satellite, increasing its atmospheric drag so that it falls out of orbit. (④) However, these methods are only useful for large satellites orbiting Earth. (⑤) We just have to wait for them to naturally re-enter Earth's atmosphere.

* harpoon: 작살

글의 흐름으로 보아, 주어진 문장이 들어가기에 가장 적절한 곳을 고르시오. [3점]

> This inequality produces the necessary conditions for the operation of a huge, global-scale engine that takes on heat in the tropics and gives it off in the polar regions.

On any day of the year, the tropics and the hemisphere that is experiencing its warm season receive much more solar radiation than do the polar regions and the colder hemisphere. (①) Averaged over the course of the year, the tropics and latitudes up to about 40° receive more total heat than they lose by radiation. (②) Latitudes above 40° receive less total heat than they lose by radiation. (③) Its working fluid is the atmosphere, especially the moisture it contains. (④) Air is heated over the warm earth of the tropics, expands, rises, and flows away both northward and southward at high altitudes, cooling as it goes. (⑤) It descends and flows toward the equator again from more northerly and southerly latitudes.

* latitude: 위도

P25　★★★　　　　　고2 2022(6월)/39 

글의 흐름으로 보아, 주어진 문장이 들어가기에 가장 적절한 곳을 고르시오.

> But by the 1970s, psychologists realized there was no such thing as a general "creativity quotient."

The holy grail of the first wave of creativity research was a personality test to measure general creativity ability, in the same way that IQ measured general intelligence. (①) A person's creativity score should tell us his or her creative potential in any field of endeavor, just like an IQ score is not limited to physics, math, or literature. (②) Creative people aren't creative in a general, universal way; they're creative in a specific sphere of activity, a particular domain. (③) We don't expect a creative scientist to also be a gifted painter. (④) A creative violinist may not be a creative conductor, and a creative conductor may not be very good at composing new works. (⑤) Psychologists now know that creativity is domain specific.

* quotient: 지수　** holy grail: 궁극적 목표

P26　★★★　　　　　고2 2021(3월)/39 

글의 흐름으로 보아, 주어진 문장이 들어가기에 가장 적절한 곳을 고르시오.

> But the necessary and useful instinct to generalize can distort our world view.

Everyone automatically categorizes and generalizes all the time. Unconsciously. It is not a question of being prejudiced or enlightened. Categories are absolutely necessary for us to function. (①) They give structure to our thoughts. (②) Imagine if we saw every item and every scenario as truly unique — we would not even have a language to describe the world around us. (③) It can make us mistakenly group together things, or people, or countries that are actually very different. (④) It can make us assume everything or everyone in one category is similar. (⑤) And, maybe, most unfortunate of all, it can make us jump to conclusions about a whole category based on a few, or even just one, unusual example.

P27　★★★　　　　　고2 2020(11월)/38 

글의 흐름으로 보아, 주어진 문장이 들어가기에 가장 적절한 곳을 고르시오.

> But the flowing takes time, and if your speed of impact is too great, the water won't be able to flow away fast enough, and so it pushes back at you.

Liquids are destructive. Foams feel soft because they are easily compressed; if you jump on to a foam mattress, you'll feel it give beneath you. (①) Liquids don't do this; instead they flow. (②) You see this in a river, or when you turn on a tap, or if you use a spoon to stir your coffee. (③) When you jump off a diving board and hit a body of water, the water has to flow away from you. (④) It's that force that stings your skin as you belly-flop into a pool, and makes falling into water from a great height like landing on concrete. (⑤) The incompressibility of water is also why waves can have such deadly power, and in the case of tsunamis, why they can destroy buildings and cities, tossing cars around easily.

* compress: 압축하다　** give: (힘을 받아) 휘다

P28 ★★★

글의 흐름으로 보아, 주어진 문장이 들어가기에 가장 적절한 곳을 고르시오.

> A computer cannot make independent decisions, however, or formulate steps for solving problems, unless programmed to do so by humans.

It is important to remember that computers can only carry out instructions that humans give them. Computers can process data accurately at far greater speeds than people can, yet they are limited in many respects — most importantly, they lack common sense. (①) However, combining the strengths of these machines with human strengths creates synergy. (②) Synergy occurs when combined resources produce output that exceeds the sum of the outputs of the same resources employed separately. (③) A computer works quickly and accurately; humans work relatively slowly and make mistakes. (④) Even with sophisticated artificial intelligence, which enables the computer to learn and then implement what it learns, the initial programming must be done by humans. (⑤) Thus, a human-computer combination allows the results of human thought to be translated into efficient processing of large amounts of data.

P29 ★★★

글의 흐름으로 보아, 주어진 문장이 들어가기에 가장 적절한 곳을 고르시오.

> Rather, we have to create a situation that doesn't actually occur in the real world.

The fundamental nature of the experimental method is manipulation and control. Scientists manipulate a variable of interest, and see if there's a difference. At the same time, they attempt to control for the potential effects of all other variables. The importance of controlled experiments in identifying the underlying causes of events cannot be overstated. (①) In the real-uncontrolled-world, variables are often correlated. (②) For example, people who take vitamin supplements may have different eating and exercise habits than people who don't take vitamins. (③) As a result, if we want to study the health effects of vitamins, we can't merely observe the real world, since any of these factors (the vitamins, diet, or exercise) may affect health. (④) That's just what scientific experiments do. (⑤) They try to separate the naturally occurring relationship in the world by manipulating one specific variable at a time, while holding everything else constant.

P30 ★★★

글의 흐름으로 보아, 주어진 문장이 들어가기에 가장 적절한 곳을 고르시오. [3점]

> But this is a short-lived effect, and in the long run, people find such sounds too bright.

Brightness of sounds means much energy in higher frequencies, which can be calculated from the sounds easily. A violin has many more overtones compared to a flute and sounds brighter. (①) An oboe is brighter than a classical guitar, and a crash cymbal brighter than a double bass. (②) This is obvious, and indeed people like brightness. (③) One reason is that it makes sound subjectively louder, which is part of the loudness war in modern electronic music, and in the classical music of the 19th century. (④) All sound engineers know that if they play back a track to a musician that just has recorded this track and add some higher frequencies, the musician will immediately like the track much better. (⑤) So it is wise not to play back such a track with too much brightness, as it normally takes quite some time to convince the musician that less brightness serves his music better in the end.

P31 ✱✱✱ 고2 2022(11월)/39 

글의 흐름으로 보아, 주어진 문장이 들어가기에 가장 적절한 곳을 고르시오. [3점]

> However, the rigidity of rock means that land rises and falls with the tides by a much smaller amount than water, which is why we notice only the ocean tides.

The difference in the Moon's gravitational pull on different parts of our planet effectively creates a "stretching force." (①) It makes our planet slightly stretched out along the line of sight to the Moon and slightly compressed along a line perpendicular to that. (②) The tidal stretching caused by the Moon's gravity affects our entire planet, including both land and water, inside and out. (③) The stretching also explains why there are generally *two* high tides (and two low tides) in the ocean each day. (④) Because Earth is stretched much like a rubber band, the oceans bulge out both on the side facing toward the Moon and on the side facing away from the Moon. (⑤) As Earth rotates, we are carried through both of these tidal bulges each day, so we have high tide when we are in each of the two bulges and low tide at the midpoints in between.

* rigidity: 단단함   ** perpendicular: 직각을 이루는
*** bulge: 팽창하다

P32 ✱✱✱ 고2 2020(6월)/39 

글의 흐름으로 보아, 주어진 문장이 들어가기에 가장 적절한 곳을 고르시오. [3점]

> We have a continual desire to communicate our feelings and yet at the same time the need to conceal them for proper social functioning.

For hundreds of thousands of years our hunter-gatherer ancestors could survive only by constantly communicating with one another through nonverbal cues. Developed over so much time, before the invention of language, that is how the human face became so expressive, and gestures so elaborate. (①) With these counterforces battling inside us, we cannot completely control what we communicate. (②) Our real feelings continually leak out in the form of gestures, tones of voice, facial expressions, and posture. (③) We are not trained, however, to pay attention to people's nonverbal cues. (④) By sheer habit, we fixate on the words people say, while also thinking about what we'll say next. (⑤) What this means is that we are using only a small percentage of the potential social skills we all possess.

* counterforce: 반대 세력 ** sheer: 순전한

P33 ✽✽✽

글의 흐름으로 보아, 주어진 문장이 들어가기에 가장
적절한 곳을 고르시오. [3점]

> However, the capacity to produce skin pigments is inherited.

Adaptation involves changes in a population, with characteristics that are passed from one generation to the next. This is different from acclimation — an individual organism's changes in response to an altered environment. (①) For example, if you spend the summer outside, you may acclimate to the sunlight: your skin will increase its concentration of dark pigments that protect you from the sun. (②) This is a temporary change, and you won't pass the temporary change on to future generations. (③) For populations living in intensely sunny environments, individuals with a good ability to produce skin pigments are more likely to thrive, or to survive, than people with a poor ability to produce pigments, and that trait becomes increasingly common in subsequent generations. (④) If you look around, you can find countless examples of adaptation. (⑤) The distinctive long neck of a giraffe, for example, developed as individuals that happened to have longer necks had an advantage in feeding on the leaves of tall trees.

* pigment: 색소

P34 ~ 36 ▶ 제한시간 7분

P34 ⭐ 2등급 대비

글의 흐름으로 보아, 주어진 문장이 들어가기에 가장 적절한
곳을 고르시오. [3점]

> For example, we do not have a term in ordinary language that describes a memory that is not necessarily a memory of something the person having it has experienced.

As a general rule, it's better if your definition corresponds as closely as possible to the way in which the term is ordinarily used in the kinds of debates to which your claims are pertinent. (①) There will be, however, occasions where it is appropriate, even necessary, to coin *special uses* through what philosophers call *stimulative definition*. (②) This would be the case where the current lexicon is not able to make distinctions that you think are philosophically important. (③) Such a thing would occur, for example, if I could somehow share your memories: I would have a memory-type experience, but this would not be of something that I had actually experienced. (④) To call this a memory would be misleading. (⑤) For this reason, philosophers have coined the special term 'quasi-memory' to refer to these hypothetical memory-like experiences.

* pertinent: 관련 있는

글의 흐름으로 보아, 주어진 문장이 들어가기에 가장 적절한 곳을 고르시오.

> Only then are they able to act quickly in accordance with their internalized expertise and evidence-based experience.

Intuition can be great, but it ought to be hard-earned. (①) Experts, for example, are able to think on their feet because they've invested thousands of hours in learning and practice: their intuition has become data-driven. (②) Yet most people are not experts, though they often think they are. (③) Most of us, especially when we interact with others on social media, act with expert-like speed and conviction, offering a wide range of opinions on global crises, without the substance of knowledge that supports it. (④) And thanks to AI, which ensures that our messages are delivered to an audience more inclined to believing it, our delusions of expertise can be reinforced by our personal filter bubble. (⑤) We have an interesting tendency to find people more open-minded, rational, and sensible when they think just like us.

* intuition: 직관   ** delusion: 착각

글의 흐름으로 보아, 주어진 문장이 들어가기에 가장 적절한 곳을 고르시오. [3점]

> It is, however, noteworthy that although engagement drives job performance, job performance also drives engagement.

Much research has been carried out on the causes of engagement, an issue that is important from both a theoretical and practical standpoint: identifying the drivers of work engagement may enable us to manipulate or influence it. (①) The causes of engagement fall into two major camps: situational and personal. (②) The most influential situational causes are job resources, feedback and leadership, the latter, of course, being responsible for job resources and feedback. (③) Indeed, leaders influence engagement by giving their employees honest and constructive feedback on their performance, and by providing them with the necessary resources that enable them to perform their job well. (④) In other words, when employees are able to do their jobs well — to the point that they match or exceed their own expectations and ambitions — they will engage more, be proud of their achievements, and find work more meaningful. (⑤) This is especially evident when people are employed in jobs that align with their values.

* align with: ~과 일치하다

1등급 대비 문제

P37  1등급 대비 　　　　　　　고2 2022(6월)/38 

글의 흐름으로 보아, 주어진 문장이 들어가기에 가장 적절한 곳을 고르시오. [3점]

> This temperature is of the surface of the star, the part of the star which is emitting the light that can be seen.

One way of measuring temperature occurs if an object is hot enough to visibly glow, such as a metal poker that has been left in a fire. (①) The color of a glowing object is related to its temperature: as the temperature rises, the object is first red and then orange, and finally it gets white, the "hottest" color. (②) The relation between temperature and the color of a glowing object is useful to astronomers. (③) The color of stars is related to their temperature, and since people cannot as yet travel the great distances to the stars and measure their temperature in a more precise way, astronomers rely on their color. (④) The interior of the star is at a much higher temperature, though it is concealed. (⑤) But the information obtained from the color of the star is still useful.

P38 ⭐ 1등급 대비 　　　　　　　고2 2022(3월)/38

글의 흐름으로 보아, 주어진 문장이 들어가기에 가장 적절한 곳을 고르시오.

> For instance, the revolutionary ideas that earned Einstein his Nobel Prize — concerning the special theory of relativity and the photoelectric effect — appeared as papers in the *Annalen der Physik*.

In the early stages of modern science, scientists communicated their creative ideas largely by publishing books. (①) This modus operandi is illustrated not only by Newton's *Principia*, but also by Copernicus' *On the Revolutions of the Heavenly Spheres,* Kepler's *The Harmonies of the World*, and Galileo's *Dialogues Concerning the Two New Sciences*. (②) With the advent of scientific periodicals, such as the *Transactions of the Royal Society of London*, books gradually yielded ground to the technical journal article as the chief form of scientific communication. (③) Of course, books were not abandoned altogether, as Darwin's *Origin of Species* shows. (④) Even so, it eventually became possible for scientists to establish a reputation for their creative contributions without publishing a single book-length treatment of their ideas. (⑤) His status as one of the greatest scientists of all time does not depend on the publication of a single book.

* photoelectric effect: 광전 효과　** modus operandi: 작업 방식[절차]

어휘 Review

※ 다음 영어는 우리말 뜻을, 우리말은 영어 단어를 〈보기〉에서 찾아 쓰시오.

〈보기〉

덩어리	이주민	contagion	selective
amplify	conceal	deliberation	도망가다
complex	혼합물	강도	착수

01 compound   _______________

02 migrant   _______________

03 chunk   _______________

04 intensity   _______________

05 flee   _______________

06 전염   _______________

07 복잡한   _______________

08 선택적인   _______________

09 감추다   _______________

10 숙고   _______________

※ 다음 우리말에 알맞은 영어 표현을 찾아 연결하시오.

11 ~와 계약하다 •   • arise from

12 ~에서 발생하다 •   • contract with

13 일시적인 •   • relate to

14 ~와 관계가 있다 •   • rely on

15 ~에 의존하다 •   • short-lived

※ 다음 우리말 표현에 맞는 단어를 고르시오.

16 고난을 견디다 ➡ (induce / endure) hardship

17 삶의 의미에 대해 사색하다 ➡ (speculate / specialize) about the meaning of life

18 끊임없는 욕망을 가지고 있다 ➡ have a (complex / continual) desire

19 혁명적인 생각들 ➡ the (rational / revolutionary) ideas

20 과학 정기 간행물의 출현 ➡ the (advent / advice) of scientific periodicals

※ 다음 문장의 빈칸에 알맞은 단어를 〈보기〉에서 찾아 쓰시오.

〈보기〉

ambition	manipulate	demonstrated	transfer
domain	uncertainty	engagement	evident
fixate	misleading	overstated	inequality

21 고체는 공기가 전형적으로 전달하는 것보다 음파를 훨씬 더 잘 전달한다.
➡ Solids __________ the sound waves much better than air typically does.

22 우리는 사람들이 하는 말에 매달리고, 동시에 우리가 다음번에 말할 것에 대해 생각한다.
➡ We __________ on the words people say, while thinking about what we'll say next.

23 과학자들은 관심 변인을 조작한다.
➡ Scientists __________ a variable of interest.

24 이것을 기억이라고 부르는 것은 오해의 소지가 있다.
➡ To call this a memory would be __________.

25 위험은 종종 불확실성으로부터 발생한다.
➡ Risk often arises from __________.

26 몰입의 원인은 두 가지 주요한 분야로 나뉜다.
➡ The causes of __________ fall into two major camps.

27 통제된 실험의 중요성은 아무리 강조해도 지나치지 않다.
➡ The importance of controlled experiments cannot be __________.

28 지식은 자신의 유용성을 입증한 정보이다.
➡ Knowledge is information that has __________ its usefulness.

29 심리학자들은 이제 창의성이 특정 영역에만 한정된 것이라는 것을 안다.
➡ Psychologists now know that creativity is __________ specific.

30 이러한 불균형은 필요조건을 만들어낸다.
➡ This __________ produces the necessary conditions.

❖ 정답 316p

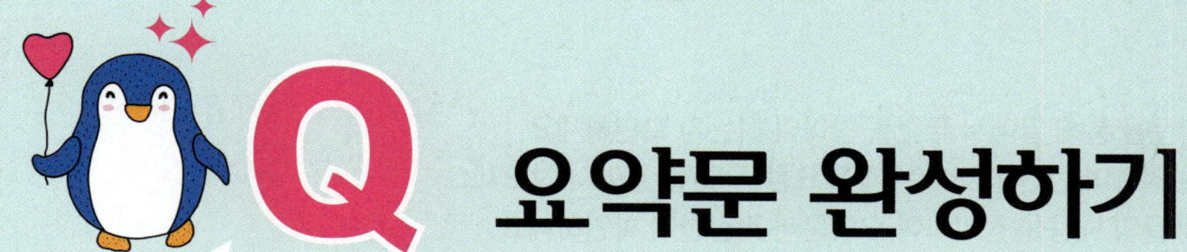

Q 요약문 완성하기

★ 유형 설명

다음 글의 내용을 한 문장으로 요약하고자 한다. 빈칸 (A), (B)에 들어갈 말로 가장 적절한 것은?

The fast-growing, tremendous amount of data, collected and stored in large and numerous data

글의 내용을 한 문장으로 요약하여 주제문을 완성한다는 생각으로 접근해야 한다.

🔑 요약문을 먼저 읽음으로써 글이 무슨 내용인지를 대강 파악한 다음 글을 읽기 시작한다.
주제를 담은 문장을 글에서 찾거나 (주제문이 없다면) 스스로 만들어 보고 그것과 똑같은 내용을 다르게 표현하는 문장이 되도록 요약문을 완성한다.

🎭 유형 풀이 비법

1 요약문을 확인하라!
· 제시된 요약문을 먼저 읽고, 글에서 찾아야 할 내용을 파악한다.

2 글의 주제를 파악하라!
· 글 전체를 읽으며 주제문을 찾고, 무엇에 관한 내용인지 파악한다.

3 직접 요약문을 완성하라!
· 글의 내용을 대표할 수 있는 핵심어를 찾아 요약문을 스스로 만들어 본다.

Tip 핵심어나 주요 내용을 다르게 표현한 어구를 선택지에서 찾는다.

🔑 어휘 및 표현 Preview

□ spark 촉발하다	□ demonstrate 증명하다	□ pinch 꼬집다
□ ownership 소유권	□ contributor 기여자	□ cuddle 꼭 껴안다
□ paradoxically 역설적이게도	□ reputation 평판	□ aggression 공격성
□ resentment 불쾌감	□ uncooperative 비협조적인	□ neurological 신경학적인
□ potter 도공	□ verbal 언어적인	□ overloaded 과부하 된
□ dimension 차원, 관점	□ generosity 관대함	□ tempering 조절하는
□ positioning 배치	□ hostility 적개심	□ disregard 무시
□ horizontal 수평의	□ humiliation 굴욕	□ underlie 기저를 이루다
□ auditory 청각의	□ hospitality 환대	□ sway 흔들리다
□ fast-growing 빨리 성장하는	□ tolerance 인내심	□ fabricate 조작하다,
□ tremendous 엄청난	□ compelling 설득력 있는, 강력한	□ fit 꼭 맞추다
□ exceed 능가하다	□ fixate 고정하다	□ a series of 일련의
□ archive 보관소	□ empathize 공감하다	□ upside down 거꾸로
□ extract 추출하다	□ struggle 고군분투하다	□ time consuming 시간 소모가 큰
□ manually 수동으로	□ self-centered 자기 중심의	□ call for ~을 요구하다
□ laboratory 실험실	□ variation 변화	□ laundry detergent 세탁 세제

Q 요약문 완성하기 (첫 번째)

Q01 ★★★ ·············· 고2 2024(6월)/40

다음 글의 내용을 한 문장으로 요약하고자 한다.
빈칸 (A), (B)에 들어갈 말로 가장 적절한 것은?

Many things spark *envy*: ownership, status, health, youth, talent, popularity, beauty. It is often confused with jealousy because the physical reactions are identical. The difference: the subject of *envy* is a thing [5] (status, money, health etc.). The subject of jealousy is the behaviour of a third person. *Envy* needs two people. Jealousy, on the other hand, requires three: Peter is jealous of Sam because the beautiful girl next door [10] rings him instead. Paradoxically, with envy we direct resentments toward those who are most similar to us in age, career and residence. We don't envy businesspeople from the century before last. We don't envy [15] millionaires on the other side of the globe. As a writer, I don't envy musicians, managers or dentists, but other writers. As a CEO you envy other, bigger CEOs. As a supermodel you envy more successful supermodels. [20] Aristotle knew this: 'Potters envy potters.'

Jealousy involves three parties, focusing on the ___(A)___ of a third person, whereas envy involves two individuals whose personal circumstances are most ___(B)___, with one person resenting the other.

	(A)		(B)
①	actions	—	different
②	possessions	—	unique
③	goals	—	ordinary
④	possessions	—	favorable
⑤	actions	—	alike

Jealousy involves three parties, / focusing on the
질투는 세 당사자를 포함하며 / 제3자의 (A) 에
___(A)___ of a third person, / whereas envy
초점을 맞춘다 / 반면 부러움은 두 사람을
involves two individuals / whose personal
포함하고 / 개인적 상황이 가장
circumstances are most ___(B)___, / with one
(B) / 한 사람이 다른
person resenting the other. //
사람을 불쾌하게 여기는 상태이다 //

● **문장의 중간에 whereas가 보여요.**
whereas는 '~에 반해서, ~인 반면에'라는 뜻의 접속사로, 두 가지 사실을 비교, 대조할 때 쓰여요. 각각 (A)와 (B)가 포함된 두 절을 비교하고 있음을 알 수 있어요.

● **(A)를 먼저 봅시다.**
(A)는 질투에 대해 이야기하는 부분이에요. 질투는 세 당사자를 포함하는데, 제3자의 '무엇'에 초점을 맞춘대요.

● **(B)를 봅시다.**
(B)는 부러움에 대해 이야기하는 부분이에요. 부러움은 개인적 상황이 가장 '무엇'한 두 사람을 포함하고, 한 사람이 다른 사람을 불쾌하게 여기는 상태래요.

● **글을 읽으며 무엇을 찾아야 하는지 정리가 좀 되나요?**
우리는 접속사 whereas를 통해 이 글이 질투와 부러움의 차이점을 설명하는 글이라는 걸 알았어요. 질투와 부러움의 특징을 차이점에 집중하여 설명할 것이고, 그것을 선택지에서 고르면 정답을 쉽게 찾을 수 있을 것 같아요.

1) 글의 첫 두 문장을 읽어봅시다.

Many things spark *envy*: / ownership, status, health,
많은 것들은 '부러움'을 불러일으킨다 / 소유권, 지위, 건강, 젊음, 재능, 인기,
youth, talent, popularity, beauty. //
아름다움 //
It is often confused with jealousy / because the
이것은 종종 질투와 혼동된다 / 신체적 반응이
physical reactions are identical. //
동일하기 때문에 //

● **우리가 예상한 것처럼 부러움과 질투가 언급되고 있어요.**
부러움과 질투는 신체적 반응이 동일하기 때문에 종종 혼동되지만, 이러이러한 점에서 다르다는 흐름의 글이 이어질 것 같아요.

2) 그다음 문장도 이어서 봅시다.

> The difference: / the subject of *envy* is a thing
> 차이점 　　　　　　'부러움'의 대상은 사물(지위, 돈, 건강 등)이다 //
> (status, money, health etc.). //
> The subject of jealousy / is the behaviour of a third
> 질투의 대상은 　　　　　　/ 제3자의 행동이다 //
> person. //
> *Envy* needs two people. //
> '부러움'은 두 사람을 필요로 한다 　　//
> Jealousy, on the other hand, / requires three: //
> 반면, 질투는 　　　　　　/ 세 사람을 요구한다 　　//

● **차이점을 설명하기 시작했어요.**
  부러움: 대상은 사물, 두 사람이 필요함
  질투: 대상은 제3자의 ❶(　　　　　), 세 사람이 필요함

● **(A) 선택지와 연결해서 볼까요?**
  질투는 세 당사자를 포함하는데, 제3자의 '무엇'에 초점을 맞추는지가
  (A)에 들어갈 내용이었어요. 질투의 대상은 제3자의 '행동'이라고
  했으니까, 그런 내용을 선택지에서 찾으면 되겠네요!

3) 이제 (B)를 찾아봅시다.

> Peter is jealous of Sam / because the beautiful girl
> Peter는 Sam을 질투한다 　　/ 옆집의 예쁜 여자가 Sam에게 전화를
> next door rings him / instead. //
> 걸기 때문에 　　　　　　/ 자기가 아니라 //
> Paradoxically, / with envy / we direct resentments
> 역설적이게도 　　/ 부러움을 가질 때 / 우리는 사람들에게 불쾌감을 향하게
> toward those / who are most similar to us in age,
> 한다 　　　　/ 나이, 경력, 거주지에 있어서 우리와 가장 비슷한 //
> career and residence. //

● **질투의 예시가 먼저 나와요.**
  질투는 세 사람이 필요하고(Peter, Sam, 옆집의 예쁜 여자), 제3자의
  행동(예쁜 여자가 Sam에게 전화를 거는 것)이 그 대상이 되기 때문에 이
  상황에서 Peter는 Sam에게 질투를 느낀다고 하네요.

● **부러움의 예시도 이어져요.**
  부러움의 대상과, 필요 조건 외에도 한 가지 특징을 더 설명하고 있는데,
  바로 나이, 경력, 거주지에 있어서 우리와 가장 비슷한 사람에게 느낀다는
  것이래요.

4) 예시를 조금 더 읽어봅시다.

> We don't envy businesspeople / from the century
> 우리는 사업가들을 부러워하지 않는다 　　/ 지지난 세기의 //
> before last. //
> We don't envy millionaires / on the other side of the
> 우리는 백만장자를 부러워하지 않는다 　　/ 지구 반대편의 //
> globe. //

● **사업가와 백만장자는 어떤 사람들인가요?**
  확실한 건 그들은 우리와 비슷한 사람은 아니라는 거예요. 그렇기 때문에
  우리는 부러움을 느끼지 않을 거래요.

● **(B) 선택지와 연결해서 볼까요?**
  부러움은 개인적 상황이 가장 '무엇'한 두 사람을 포함하는지가 (B)에
  들어갈 내용이었어요. 사업가와 백만장자가 아닌, 우리와 '비슷한'
  사람에게 느끼는 것이니까 그런 내용을 선택지에서 찾아봅시다!

3rd 전체 글의 내용을 정리하여 요약문이 적절한지 확인하세요.

1) 글의 내용은 이렇게 정리할 수 있어요.

| 도입 | 부러움과 질투는 신체적 반응이 유사해서 혼동되기 쉬움 |

↓

| 본론 | 하지만 두 개념은 차이가 있음 |

↓

| 대조 ① | 부러움의 대상은 사물이고, 비슷한 상황의 두 사람을 필요로 함 |

↓

| 대조 ② | 질투의 대상은 제3자의 행동이고, 세 사람을 필요로 함 |

2) 이제 선택지에서 정답을 골라봅시다.

	(A)		(B)
①	actions 행동	—	different 다른
②	possessions 소유물	—	unique 독특한
③	goals 목표	—	ordinary 평범한
④	possessions	—	favorable 호의적인
⑤	actions	—	alike 비슷한

● **(A)에 들어갈 말은 무엇인가요?**
  질투의 대상은 제3자의 '행동'이라고 했으니까, (A)에는 '행동'을 뜻하는
  ①, ⑤ actions가 적절해요.

● **(B)에 들어갈 말은 무엇인가요?**
  부러움은 우리와 가장 '비슷한' 사람에게 느낀다고 했으니까, (B)에는
  '비슷한'을 뜻하는 ⑤ alike가 적절해요.

● **이를 종합하면 정답은 무엇인가요?**
  (A)에는 actions가, (B)에는 alike가 들어가는 ❷(　　　　)이 정답!

빈칸 정답　⑤ ❷ 움행 ❶

Q 요약문 완성하기 （두 번째）

Q02 ★★❋ .... 고2 2023(3월)/40 

다음 글의 내용을 한 문장으로 요약하고자 한다.
빈칸 (A), (B)에 들어갈 말로 가장 적절한 것은?

A young child may be puzzled when asked to distinguish between the directions of right and left. But that same child may have no difficulty in determining the directions of up and down or back and front. Scientists⁵ propose that this occurs because, although we experience three dimensions, only two had a strong influence on our evolution: the vertical dimension as defined by gravity and, in mobile species, the front/back dimension as¹⁰ defined by the positioning of sensory and feeding mechanisms. These influence our perception of vertical versus horizontal, far versus close, and the search for dangers from above (such as an eagle) or below (such as a¹⁵ snake). However, the left-right axis is not as relevant in nature. A bear is equally dangerous from its left or the right side, but not if it is upside down. In fact, when observing a scene containing plants, animals, and man-made²⁰ objects such as cars or street signs, we can only tell when left and right have been inverted if we observe those artificial items.

* axis: 축

⬇

Having affected the evolution of our ___(A)___ perception, vertical and front/back dimensions are easily perceived, but the left-right axis, which is not ___(B)___ in nature, doesn't come instantly to us.

	(A)		(B)
①	spatial	—	significant
②	spatial	—	scarce
③	auditory	—	different
④	cultural	—	accessible
⑤	cultural	—	desirable

Having affected / the evolution of our ___(A)___
영향을 미쳤기 때문에 / 우리의 __(A)__ 지각의 진화에

perception, / vertical and front/back dimensions are
/ 수직적 차원과 앞/뒤 차원은 쉽게 인식된다

easily perceived, / but the left-right axis, / which is
/ 하지만 좌우 축은 /

not ___(B)___ in nature, / doesn't come instantly to
자연에서 __(B)__ 않은 / 우리에게 즉각 이해되지 않는다 //

us. //

● (A)를 먼저 봅시다.
(A)는 수직적 차원과 앞/뒤 차원에 관한 내용이에요. 수직적 차원과 앞/뒤 차원이 쉽게 인식되는데, 그 이유가 (A)에 해당해요. 우리의 '어떤' 지각의 진화에 영향을 미쳤기 때문에 두 차원이 쉽게 인식이 되는지 글을 읽으며 찾아봅시다.

● (B)를 봅시다.
(B)는 좌-우 축에 관한 내용이에요. 좌-우 축은 수직적 차원과 앞/뒤 차원과 달리 즉각 이해되지 않는데 마찬가지로 그 이유가 (B)에 해당해요. 자연에서 좌-우 축이 '어떻지' 않기 때문에 즉각 이해되지 않는지 파악해야 해요.

● (A)와 (B) 둘을 연결해서 생각해 볼까요?
수직적 차원과 앞/뒤 차원은 쉽게 인식이 되고 좌-우 축은 즉각 이해되지 않아요. 그 이유가 각각 무엇 때문인지 설명하는 글일 것이고, 그것이 (A)와 (B)에 들어갈 거예요.

1) 우리가 예상한 대로 수직적 차원과 앞/뒤 차원, 좌-우 축에 대해 언급했어요.

A young child may be puzzled / when asked to
어린아이는 당황할 수 있다 / 구분하라고 요구받으면

distinguish / between the directions of right and
/ 오른쪽과 왼쪽의 방향을 //

left. //

But that same child may have no difficulty / in
하지만 그 아이는 전혀 어려움이 없을 것이다 /

determining the directions / of up and down or
방향을 알아내는 데에는 / 위아래나 앞뒤의 //

back and front. //

● **여기까지는 요약문에 주어진 내용이에요.**
우리는 요약문을 통해 이 글이 수직적 차원과 앞/뒤 차원은 쉽게
인식되고, 좌-우 축은 즉각 이해되지 않는 이유를 설명하는 글임을
알았어요. 아직 이유는 등장하지 않았고, 우리의 예상이 맞았음을 알게
해주는 내용이에요.

2) 그 세 가지 차원을 구분했어요.

> Scientists propose / that this occurs because, /
> 과학자들은 주장한다　　　　/ 이것이 ~ 때문에 발생한다고　　/
> although we experience three dimensions, / only
> 비록 우리가 세 가지 차원을 경험하지만　　　　　/
> two had a strong influence on our evolution: /
> 두 가지만이 우리의 진화에 강력한 영향을 미쳤기 (때문이라고)　/
> the vertical dimension / as defined by gravity / and,
> 수직적 차원　　　　　　/ 중력에 의해 정의되는　　/ 그리고
> in mobile species, / the front/back dimension / as
> 이동하는 종의　　　/ 앞/뒤 차원　　　　　　/
> defined by the positioning of sensory and feeding
> 감각과 먹이 섭취 메커니즘의 배치로 정의되는 //
> mechanisms. //

● **중요한 두 가지 차원: ❶(　　　　　) 차원, 앞/뒤 차원**
세 가지 차원 중 중요한 두 가지만 우리의 진화에 강력한 영향을
미쳤대요. 그 두 가지 차원은 우리의 진화에 강력한 영향을 미쳤기 때문에
좌-우 축과 달리 중요하게 여겨졌대요.

3) 그 이유가 나오는 부분을 찾아봅시다.

> These influence / our perception of vertical versus
> 이것들은 영향을 미친다　/ 수직 대 수평, 원거리 대 근거리에 대한 우리의 지각에
> horizontal, far versus close, / and the search for
> 　　　　　　　　　　　　　/ 그리고 위험 탐색에
> dangers / from above (such as an eagle) / or below
> 　　/ (독수리와 같은) 위로부터의　　　　　/ 또는
> (such as a snake). //
> (뱀과 같은) 아래로부터의　//

● **(A) 선택지와 연결해서 볼까요?**
수직적 차원과 앞/뒤 차원은 수직 대 수평, 원거리 대 근거리에 대한
우리의 지각에 영향을 미쳤기 때문에 중요하대요. 수직 대 수평, 원거리
대 근거리에 대한 우리의 지각을 '공간' 지각으로 볼 수 있겠죠?

4) 그렇다면 이제 좌-우 축에 대해 설명하는 부분을 봅시다.

> However, / the left-right axis is not as relevant in
> 그러나　　　/ 좌-우 축은 자연에서는 그만큼 중요하지 않다 //
> nature. //
> A bear is equally dangerous / from its left or the
> 곰은 똑같이 위험하지만　　　　　/ 그것의 왼쪽 편에서든 오른쪽
> right side, / but not / if it is upside down. //
> 편에서든　/ 그렇지 않다 / 거꾸로 뒤집혀 있다면　　　//

● **좌-우 축은 자연에서 어떻다고 하나요?**
곰은 왼쪽 편에서든 오른쪽 편에서든 똑같이 위험하기 때문에 좌-우를
이해하는 것은 자연에서 그만큼 '중요하지' 않다고 했어요.

● **(B) 선택지와 연결해서 볼까요?**
자연에서 그만큼 '중요하지' 않다는 것은 '유의미하지' 않다는 것이죠.

3rd 글에서 찾은 '무엇'을 선택지에서 찾아 (A), (B)에 넣어보고,
정답이 맞는지 확인하세요.

	(A)		(B)
①	spatial 공간의	—	significant 유의미한
②	spatial		scarce 희소한
③	auditory 청각의	—	different 서로 다른
④	cultural 문화적인	—	accessible 접근 가능한
⑤	cultural	—	desirable 바람직한

● **(A)에 들어갈 말은 무엇인가요?**
세 가지 차원 중 중요한 수직적 차원, 앞/뒤 차원만 우리의 '공간' 지각의
진화에 영향을 미쳤기 때문에 쉽게 인식할 수 있어요.

● **(B)에 들어갈 말은 무엇인가요?**
하지만 왼쪽 편에서든 오른쪽 편에서든 똑같이 위험하기 때문에 좌-우
축은 자연에서 그만큼 '유의미하지' 않고 즉각 이해되지 않는 거죠.

● **이를 종합하면 정답은 무엇인가요?**
(A)에는 '공간의'를 뜻하는 spatial이, (B)에는 '유의미한'을 뜻하는
significant가 들어가야 하니까 정답은 ❷(　　　)!

Q03 ～ 06 ▶ 제한시간 8분

Q03 ★★★　　　　　　　고2 2025(3월)/40 

다음 글의 내용을 한 문장으로 요약하고자 한다. 빈칸 (A), (B)에 들어갈 말로 가장 적절한 것은?

Quite often the interaction between groups is socially unequal, and this is reflected in the fact that in many cases borrowing of words or constructions goes mostly or entirely in one direction, from the more powerful or prestigious group to the less favored one. The languages of socially subordinated groups may from quite an early period of contact provide terminology for objects or practices with which speakers of the more powerful group were previously unfamiliar, but the effects of contact in that direction may not progress any further than this. In some cases, as with the Dharug language of Sydney, Australia, the source of some of the earliest loans from Indigenous Australian languages into English, the fate of the language system is extinction after the obliteration of many of its speakers. The remainder shifted to varieties of English, the language of the people who had suppressed them.

* prestigious: 권력을 가진　** subordinate: 종속된
*** obliteration: 소멸

↓

Language borrowing from dominant to subordinate groups reflects social ___(A)___, where the language systems of the latter often ___(B)___ even though they may have provided some terms, as exemplified by Dharug in Australia.

	(A)		(B)
①	inequality	—	vanish
②	imbalance	—	prevail
③	integration	—	prosper
④	variety	—	decline
⑤	coordination	—	disappear

Q04 ★★★　　　　　　　고2 2025(6월)/40 

다음 글의 내용을 한 문장으로 요약하고자 한다. 빈칸 (A), (B)에 들어갈 말로 가장 적절한 것은? [3점]

The study of emotions and decision making is now of considerable importance. This involves the application of various tools afforded by neuroscience. One important stream of the literature examines people with brain damage and how damage to particular parts of the brain known to be responsible for particular cognitive functions impacts on decision making. One example of this research is the work of Antonio Damasio, who finds that when the emotional part of the brain is damaged, this actually reduces the efficacy of decision making. Good decisions are a product of the emotional part of the brain working in conjunction with the deliberative part. This contradicts the assumptions of conventional economics, where emotions play a negative role in the decision-making process. Here it is assumed that decision making can be modeled as being generated in a stoic, unemotional fashion, and that's why decisions tend to be optimal. But the evidence suggests that emotions actually play an important and, often, a positive role in decision making.

↓

The brain's emotional part working in relation with its deliberative part ___(A)___ the effectiveness of decision making, which ___(B)___ the ideas about emotions in the decision-making process of traditional economics.

	(A)		(B)
①	hinders	—	denies
②	enhances	—	counters
③	controls	—	distorts
④	enhances	—	confirms
⑤	hinders	—	approves

Q05 ★★★

다음 글의 내용을 한 문장으로 요약하고자 한다. 빈칸 (A), (B)에 들어갈 말로 가장 적절한 것은?

Mother cats can tell which kittens belong to them — when litters are mixed up they use their kittens' scent to distinguish them from offspring of other mothers. Despite this, when faced with a selection of kittens who have wandered from the nest, her own and others that aren't hers, a mother cat doesn't appear to favor her own offspring when retrieving them. The reason for this is uncertain, although distress vocalizations from kittens that are lost from their nest are known to be very powerful, so it may just be hard for the mother to resist retrieving them, regardless of whether they are hers. In the wild, a squeaking kitten out in the open is likely to attract predators, which is bad news for any other kittens around it. A rapid rescue of any crying kitten would be a good strategy to prevent them from drawing unwanted attention.

* squeak: 꺅(찍)하는 소리를 내다

⬇

Although mother cats can identify their own offspring, they are likely to _____(A)_____ any lost crying kittens, possibly to reduce the chances of being _____(B)_____ by predators.

	(A)		(B)
①	raise	—	deceived
②	collect	—	detected
③	collect	—	distracted
④	abandon	—	awakened
⑤	abandon	—	chased

Q06 ★★★

다음 글의 내용을 한 문장으로 요약하고자 한다. 빈칸 (A), (B)에 들어갈 말로 가장 적절한 것은? [3점]

There is research that supports the idea that cognitive factors influence the phenomenology of the perceived world. Delk and Fillenbaum asked participants to match the color of figures with the color of their background. Some of the figures depicted objects associated with a particular color. These included typically red objects such as an apple, lips, and a symbolic heart. Other objects were presented that are not usually associated with red, such as a mushroom or a bell. However, all the figures were made out of the same red-orange cardboard. Participants then had to match the figure to a background varying from dark to light red. They had to make the background color match the color of the figures. The researchers found that red-associated objects required more red in the background to be judged a match than did the objects that are not associated with the color red. This implies that the cognitive association of objects to color influences how we perceive that color.

⬇

In one study, participants chose _____(A)_____ redness when asked to match the color of objects that are usually red to a background with the same color, which showed that their _____(B)_____ about the colors of objects influenced their perceptual judgment.

	(A)		(B)
①	greater	—	knowledge
②	faded	—	recognition
③	intense	—	indifference
④	diminished	—	experience
⑤	softer	—	feeling

Q07 ★★❀   고2 2024(3월)/40

다음 글의 내용을 한 문장으로 요약하고자 한다. 빈칸 (A), (B)에 들어갈 말로 가장 적절한 것은?

The fast-growing, tremendous amount of data, collected and stored in large and numerous data repositories, has far exceeded our human ability for understanding without powerful tools. As a result, data collected in large data repositories become "data tombs" — data archives that are hardly visited. Important decisions are often made based not on the information-rich data stored in data repositories but rather on a decision maker's instinct, simply because the decision maker does not have the tools to extract the valuable knowledge hidden in the vast amounts of data. Efforts have been made to develop expert system and knowledge-based technologies, which typically rely on users or domain experts to *manually* input knowledge into knowledge bases. However, this procedure is likely to cause biases and errors and is extremely costly and time consuming. The widening gap between data and information calls for the systematic development of tools that can turn data tombs into "golden nuggets" of knowledge.

* repository: 저장소   ** golden nugget: 금괴

⬇

As the vast amounts of data stored in repositories _____(A)_____ human understanding, effective tools to _____(B)_____ valuable knowledge are required for better decision-making.

(A)   (B)
① overwhelm — obtain
② overwhelm — exchange
③ enhance — apply
④ enhance — discover
⑤ fulfill — access

Q08 ★★❀   고2 2024(9월)/40

다음 글의 내용을 한 문장으로 요약하고자 한다. 빈칸 (A), (B)에 들어갈 말로 가장 적절한 것은?

The concern about how we appear to others can be seen in children, though work by the psychologist Ervin Staub suggests that the effect may vary with age. In a study where children heard another child in distress, young children (kindergarten through second grade) were more likely to help the child in distress when with another child than when alone. But for older children — in fourth and sixth grade — the effect reversed: they were less likely to help a child in distress when they were with a peer than when they were alone. Staub suggested that younger children might feel more comfortable acting when they have the company of a peer, whereas older children might feel more concern about being judged by their peers and fear feeling embarrassed by overreacting. Staub noted that "older children seemed to discuss the distress sounds less and to react to them less openly than younger children." In other words, the older children were deliberately putting on a poker face in front of their peers.

⬇

The study suggests that, contrary to younger children, older children are less likely to help those in distress in the _____(A)_____ of others because they care more about how they are _____(B)_____.

(A)   (B)
① presence — evaluated
② presence — motivated
③ absence — viewed
④ absence — assisted
⑤ audience — trained

다음 글의 내용을 한 문장으로 요약하고자 한다. 빈칸 (A), (B)에 들어갈 말로 가장 적절한 것은?

Distance is a reliable indicator of the relationship between two people. Strangers stand further apart than do acquaintances, acquaintances stand further apart than friends, and friends stand further apart than romantic partners. Sometimes, of course, these rules are violated. Recall the last time you rode 20 stories in an elevator packed with total strangers. The sardine-like experience no doubt made the situation a bit uncomfortable. With your physical space violated, you may have tried to create "psychological" space by avoiding eye contact, focusing instead on the elevator buttons. By reducing closeness in one nonverbal channel (eye contact), one can compensate for unwanted closeness in another channel (proximity). Similarly, if you are talking with someone who is seated several feet away at a large table, you are likely to maintain constant eye contact — something you might feel uncomfortable doing if you were standing next to each other.

* sardine-like: 승객이 빽빽이 들어찬　** proximity: 근접성

⬇

Physical distance between people is ___(A)___ by relationship status, but when the distance is not appropriate, people ___(B)___ their nonverbal communication to establish a comfortable psychological distance.

	(A)		(B)
①	determined	—	adjust
②	concealed	—	interpret
③	influenced	—	ignore
④	predicted	—	stop
⑤	measured	—	decrease

다음 글의 내용을 한 문장으로 요약하고자 한다. 빈칸 (A), (B)에 들어갈 말로 가장 적절한 것은?

The great irony of performance psychology is that it teaches each sportsman to believe, as far as he is able, that he will win. No man doubts. No man indulges his inner skepticism. That is the logic of sports psychology. But only one man *can* win. That is the logic of sport. Note the difference between a scientist and an athlete. Doubt is a scientist's stock in trade. Progress is made by focusing on the evidence that refutes a theory and by improving the theory accordingly. Skepticism is the rocket fuel of scientific advance. But doubt, to an athlete, is poison. Progress is made by ignoring the evidence; it is about creating a mindset that is immune to doubt and uncertainty. Just to reiterate: From a rational perspective, this is nothing less than crazy. Why should an athlete convince himself he will win when he knows that there is every possibility he will lose? Because, to win, one must proportion one's belief, not to the evidence, but to whatever the mind can usefully get away with.

* reiterate: 되풀이하다

⬇

Unlike scientists whose ___(A)___ attitude is needed to make scientific progress, sports psychology says that to succeed, athletes must ___(B)___ feelings of uncertainty about whether they can win.

	(A)		(B)
①	confident	—	keep
②	skeptical	—	eliminate
③	arrogant	—	express
④	critical	—	keep
⑤	stubborn	—	eliminate

Q11 **❀  고2 2023(11월)/40

다음 글의 내용을 한 문장으로 요약하고자 한다. 빈칸 (A), (B)에 들어갈 말로 가장 적절한 것은?

Multiple laboratory studies show that cooperative people tend to receive social advantages from others. One way to demonstrate this is to give people the opportunity to act positively or negatively toward contributors. For example, Pat Barclay, a professor at the University of Guelph, had participants play a cooperative game where people could contribute money toward a group fund which helped all group members, and then allowed participants to give money to other participants based on their reputations. People who contributed more to the group fund were given responsibility for more money than people who contributed less. Similar results have been found by other researchers. People who contribute toward their groups are also chosen more often as interaction partners, preferred as leaders, rated as more desirable partners for long-term relationships, and are perceived to be trustworthy and have high social status. Uncooperative people tend to receive verbal criticism or even more severe punishment.

⬇

Studies suggest that individuals who act with ____(A)____ toward their communities are more likely to be viewed as deserving of ____(B)____ by members of that community than those who don't.

	(A)		(B)
①	generosity	—	benefit
②	hostility	—	support
③	generosity	—	humiliation
④	hostility	—	hospitality
⑤	tolerance	—	dishonor

Q12 ★★★ 고2 2020(9월)/40 

다음 글의 내용을 한 문장으로 요약하고자 한다. 빈칸 (A), (B)에 들어갈 말로 가장 적절한 것은?

Some researchers at Sheffield University recruited 129 hobbyists to look at how the time spent on their hobbies shaped their work life. To begin with, the team measured the seriousness of each participant's hobby, asking them to rate their agreement with statements like "I regularly train for this activity," and also assessed how similar the demands of their job and hobby were. Then, each month for seven months, participants recorded how many hours they had dedicated to their activity, and completed a scale measuring their belief in their ability to effectively do their job, or their "self-efficacy." The researchers found that when participants spent longer than normal doing their leisure activity, their belief in their ability to perform their job increased. But this was only the case when they had a serious hobby that was dissimilar to their job. When their hobby was both serious and similar to their job, then spending more time on it actually decreased their self-efficacy.

⬇

Research suggests that spending more time on serious hobbies can boost ____(A)____ at work if the hobbies and the job are sufficiently ____(B)____.

	(A)		(B)
①	confidence	—	different
②	productivity	—	connected
③	relationships	—	balanced
④	creativity	—	separate
⑤	dedication	—	similar

다음 글의 내용을 한 문장으로 요약하고자 한다. 빈칸 (A), (B)에 들어갈 말로 가장 적절한 것은?

Why do we help? One widely held view is that self-interest underlies all human interactions, that our constant goal is to maximize rewards and minimize costs. Accountants call it *cost-benefit analysis*. Philosophers call it *utilitarianism*. Social psychologists call it social exchange theory. If you are considering whether to donate blood, you may weigh the costs of doing so (time, discomfort, and anxiety) against the benefits (reduced guilt, social approval, and good feelings). If the rewards exceed the costs, you will help. Others believe that we help because we have been socialized to do so, through norms that prescribe how we ought to behave. Through socialization, we learn the reciprocity norm: the expectation that we should return help, not harm, to those who have helped us. In our relations with others of similar status, the reciprocity norm compels us to give (in favors, gifts, or social invitations) about as much as we receive.

⬇

People help because helping gives them ___(A)___, but also because they are socially learned to ___(B)___ what others have done for them.

(A)		(B)
① advantages	—	repay
② patience	—	evaluate
③ wisdom	—	forget
④ advantages	—	accept
⑤ patience	—	appreciate

다음 글의 내용을 한 문장으로 요약하고자 한다. 빈칸 (A), (B)에 들어갈 말로 가장 적절한 것은?

At the University of Iowa, students were briefly shown numbers that they had to memorize. Then they were offered the choice of either a fruit salad or a chocolate cake. When the number the students memorized was seven digits long, 63% of them chose the cake. When the number they were asked to remember had just two digits, however, 59% opted for the fruit salad. Our reflective brains know that the fruit salad is better for our health, but our reflexive brains desire that soft, fattening chocolate cake. If the reflective brain is busy figuring something else out — like trying to remember a seven-digit number — then impulse can easily win. On the other hand, if we're not thinking too hard about something else (with only a minor distraction like memorizing two digits), then the reflective system can deny the emotional impulse of the reflexive side.

* reflective: 숙고하는   ** reflexive: 반사적인

⬇

According to the above experiment, the ___(A)___ intellective load on the brain leads the reflexive side of the brain to become ___(B)___.

(A)		(B)
① limited	—	powerful
② limited	—	divided
③ varied	—	passive
④ increased	—	dominant
⑤ increased	—	weakened

Q15 ★★❀

다음 글의 내용을 한 문장으로 요약하고자 한다. 빈칸 (A), (B)에 들어갈 말로 가장 적절한 것은?

Music is used to mold customer experience and behavior. A study was conducted that explored what impact it has on employees. Results from the study indicate that participants who listen to rhythmic music were inclined to cooperate more irrespective of factors like age, gender, and academic background, compared to those who listened to less rhythmic music. This positive boost in the participants' willingness to cooperate was induced regardless of whether they liked the music or not. When people are in a more positive state of mind, they tend to become more agreeable and creative, while those on the opposite spectrum tend to focus on their individual problems rather than giving attention to solving group problems. The rhythm of music has a strong pull on people's behavior. This is because when people listen to music with a steady pulse, they tend to match their actions to the beat. This translates to better teamwork when making decisions because everyone is following one tempo.

⬇

According to the study, the music played in workplaces can lead employees to be ____(A)____ because the beat of the music creates a ____(B)____ for working.

	(A)		(B)
①	uncomfortable	—	competitive mood
②	cooperative	—	shared rhythm
③	distracted	—	shared rhythm
④	attentive	—	competitive mood
⑤	indifferent	—	disturbing pattern

Q16 ★★★

다음 글의 내용을 한 문장으로 요약하고자 한다. 빈칸 (A), (B)에 들어갈 말로 가장 적절한 것은?

Some natural resource-rich developing countries tend to create an excessive dependence on their natural resources, which generates a lower productive diversification and a lower rate of growth. Resource abundance in itself need not do any harm: many countries have abundant natural resources and have managed to outgrow their dependence on them by diversifying their economic activity. That is the case of Canada, Australia, or the US, to name the most important ones. But some developing countries are trapped in their dependence on their large natural resources. They suffer from a series of problems since a heavy dependence on natural capital tends to exclude other types of capital and thereby interfere with economic growth.

⬇

Relying on rich natural resources without ____(A)____ economic activities can be a ____(B)____ to economic growth.

	(A)		(B)
①	varying	—	barrier
②	varying	—	shortcut
③	limiting	—	challenge
④	limiting	—	barrier
⑤	connecting	—	shortcut

Q17 ✿✿❀

다음 글의 내용을 한 문장으로 요약하고자 한다. 빈칸 (A), (B)에 들어갈 말로 가장 적절한 것은?

Anne Thorndike, a primary care physician in Boston, had a crazy idea. She believed she could improve the eating habits of thousands of hospital staff and visitors without changing their willpower or motivation in the slightest way. In fact, she didn't plan on talking to them at all. Thorndike designed a study to alter the "choice architecture" of the hospital cafeteria. She started by changing how drinks were arranged in the room. Originally, the refrigerators located next to the cash registers in the cafeteria were filled with only soda. She added water as an option to each one. Additionally, she placed baskets of bottled water next to the food stations throughout the room. Soda was still in the primary refrigerators, but water was now available at all drink locations. Over the next three months, the number of soda sales at the hospital dropped by 11.4 percent. Meanwhile, sales of bottled water increased by 25.8 percent.

⬇

The study performed by Thorndike showed that the ___(A)___ of drinks at the hospital cafeteria influenced the choices people made, which ___(B)___ the consumption of soda.

	(A)		(B)
①	placement	—	lowered
②	placement	—	boosted
③	price	—	lowered
④	price	—	boosted
⑤	flavor	—	maintained

Q18 ✿✿❀

다음 글의 내용을 한 문장으로 요약하고자 한다. 빈칸 (A), (B)에 들어갈 말로 가장 적절한 것은?

People behave in highly predictable ways when they experience certain thoughts. When they agree, they nod their heads. So far, no surprise, but according to an area of research known as "proprioceptive psychology," the process also works in reverse. Get people to behave in a certain way and you cause them to have certain thoughts. The idea was initially controversial, but fortunately it was supported by a compelling experiment. Participants in a study were asked to fixate on various products moving across a large computer screen and then indicate whether the items appealed to them. Some of the items moved vertically (causing the participants to nod their heads while watching), and others moved horizontally (resulting in a side-to-side head movement). Participants preferred vertically moving products without being aware that their "yes" and "no" head movements had played a key role in their decisions.

⬇

In one study, participants responded ___(A)___ to products on a computer screen when they moved their heads up and down, which showed that their decisions were unconsciously influenced by their ___(B)___ .

	(A)		(B)
①	favorably	—	behavior
②	favorably	—	instinct
③	unfavorably	—	feeling
④	unfavorably	—	gesture
⑤	irrationally	—	prejudice

Q19 ★★★
고2 2020(11월)/40

다음 글의 내용을 한 문장으로 요약하고자 한다. 빈칸 (A), (B)에 들어갈 말로 가장 적절한 것은?

In 2011, Micah Edelson and his colleagues conducted an interesting experiment about external factors of memory manipulation. In their experiment, participants were shown a two minute documentary film and then asked a series of questions about the video. Directly after viewing the videos, participants made few errors in their responses and were correctly able to recall the details. Four days later, they could still remember the details and didn't allow their memories to be swayed when they were presented with any false information about the film. This changed, however, when participants were shown fake responses about the film made by other participants. Upon seeing the incorrect answers of others, participants were also drawn toward the wrong answers themselves. Even after they found out that the other answers had been fabricated and didn't have anything to do with the documentary, it was too late. The participants were no longer able to distinguish between truth and fiction. They had already modified their memories to fit the group.

⬇

According to the experiment, when participants were given false information itself, their memories remained _____(A)_____ , but their memories were _____(B)_____ when they were exposed to other participants' fake responses.

	(A)		(B)
①	stable	—	falsified
②	fragile	—	modified
③	stable	—	intensified
④	fragile	—	solidified
⑤	concrete	—	maintained

2등급 대비 문제

Q20 ✪ 2등급 대비
고2 2023(9월)/40

다음 글의 내용을 한 문장으로 요약하고자 한다. 빈칸 (A), (B)에 들어갈 말로 가장 적절한 것은?

In 2006, researchers conducted a study on the motivations for helping after the September 11th terrorist attacks against the United States. In the study, they found that individuals who gave money, blood, goods, or other forms of assistance because of other-focused motives (giving to reduce another's discomfort) were almost four times more likely to still be giving support one year later than those whose original motivation was to reduce personal distress. This effect likely stems from differences in emotional arousal. The events of September 11th emotionally affected people throughout the United States. Those who gave to reduce their own distress reduced their emotional arousal with their initial gift, discharging that emotional distress. However, those who gave to reduce others' distress did not stop empathizing with victims who continued to struggle long after the attacks.

* distress: (정신적) 고통 ** arousal: 자극

⬇

A study found that the act of giving was less likely to be _____(A)_____ when driven by self-centered motives rather than by other-focused motives, possibly because of the _____(B)_____ in emotional arousal.

	(A)		(B)
①	sustained	—	decline
②	sustained	—	maximization
③	indirect	—	variation
④	discouraged	—	reduction
⑤	discouraged	—	increase

Q21 ⭐ 2등급 대비   고2 2019(9월)/40

다음 글의 내용을 한 문장으로 요약하고자 한다. 빈칸 (A), (B)에 들어갈 말로 가장 적절한 것은?

When we see an adorable creature, we must fight an overwhelming urge to squeeze that cuteness. And pinch it, and cuddle it, and maybe even bite it. This is a perfectly normal psychological tick — an oxymoron called "cute aggression" — and even though it sounds cruel, it's not about causing harm at all. In fact, strangely enough, this compulsion may actually make us more caring. The first study to look at cute aggression in the human brain has now revealed that this is a complex neurological response, involving several parts of the brain. The researchers propose that cute aggression may stop us from becoming so emotionally overloaded that we are unable to look after things that are super cute. "Cute aggression may serve as a tempering mechanism that allows us to function and actually take care of something we might first perceive as overwhelmingly cute," explains the lead author, Stavropoulos.

*oxymoron: 모순 어법

⬇

According to research, cute aggression may act as a neurological response to _____(A)_____ excessive emotions and make us _____(B)_____ for cute creatures.

	(A)		(B)
①	evaluate	—	care
②	regulate	—	care
③	accept	—	search
④	induce	—	search
⑤	display	—	speak

Q22 ⭐ 2등급 대비   고2 2021(11월)/40

다음 글의 내용을 한 문장으로 요약하고자 한다. 빈칸 (A), (B)에 들어갈 말로 가장 적절한 것은? [3점]

In a study, Guy Mayraz, a behavioral economist, showed his experimental subjects graphs of a price rising and falling over time. The graphs were actually of past changes in the stock market, but Mayraz told people that the graphs showed recent changes in the price of wheat. He asked each person to predict where the price would move next — and offered them a reward if their forecasts came true. But Mayraz had also divided his participants into two categories, "farmers" and "bakers". Farmers would be paid extra if wheat prices were high. Bakers would earn a bonus if wheat was cheap. So the subjects might earn two separate payments: one for an accurate forecast, and a bonus if the price of wheat moved in their direction. Mayraz found that the prospect of the bonus influenced the forecast itself. The farmers hoped and *predicted* that the price of wheat would rise. The bakers hoped for — and predicted — the opposite. They let their hopes influence their reasoning.

⬇

When participants were asked to predict the price change of wheat, their _____(A)_____ for where the price would go, which was determined by the group they belonged to, _____(B)_____ their predictions.

	(A)		(B)
①	wish	—	affected
②	wish	—	contradicted
③	disregard	—	restricted
④	disregard	—	changed
⑤	assurance	—	realized

Q23 ~ 24 ▶ 제한시간 5분

Q23 ★ 1등급 대비　　　고2 2022(11월)/40

다음 글의 내용을 한 문장으로 요약하고자 한다. 빈칸 (A), (B)에 들어갈 말로 가장 적절한 것은? [3점]

A study investigated the economic cost of prejudice based on blind assumptions. Researchers gave a group of Danish teenagers the choice of working with one of two people. The teenager had never met either of them. One of the people had a name that suggested they were from a similar ethnic or religious background to the teenager. The other had a name that suggested they were from a different ethnic or religious background. The study showed that the teenagers were prepared to earn an average of 8% less if they could work with someone they thought came from the same ethnic or religious background. And this prejudice was evident among teenagers with ethnic majority names as well as those with ethnic minority names. The teenagers were blindly making assumptions about the race of their potential colleagues. They then applied prejudice to those assumptions, to the point where they actually allowed that prejudice to reduce *their own* potential income. The job required the two teenagers to work together for just *90 minutes*.

⬇

A study in which teenagers expressed a(n) ____(A)____ to work with someone of a similar background, even at a financial cost to themselves, suggests that an assumption-based prejudice can ____(B)____ rational economic behavior.

	(A)		(B)
①	preference	—	outweigh
②	hesitation	—	reinforce
③	preference	—	strengthen
④	hesitation	—	overwhelm
⑤	inability	—	underlie

Q24 ★ 1등급 대비　　　고2 2022(9월)/40

다음 글의 내용을 한 문장으로 요약하고자 한다. 빈칸 (A), (B)에 들어갈 말로 가장 적절한 것은?

Greenwashing involves misleading a consumer into thinking a good or service is more environmentally friendly than it really is. Greenwashing ranges from making environmental claims required by law, and therefore irrelevant (CFC-free for example), to puffery (exaggerating environmental claims) to fraud. Researchers have shown that claims on products are often too vague or misleading. Some products are labeled "chemical-free," when the fact is everything contains chemicals, including plants and animals. Products with the highest number of misleading or unverifiable claims were laundry detergents, household cleaners, and paints. Environmental advocates agree there is still a long way to go to ensure shoppers are adequately informed about the environmental impact of the products they buy. The most common reason for greenwashing is to attract environmentally conscious consumers. Many consumers do not find out about the false claims until after the purchase. Therefore, greenwashing may increase sales in the short term. However, this strategy can seriously backfire when consumers find out they are being deceived.

* CFC: 염화불화탄소　** fraud: 사기

⬇

While greenwashing might bring a company profits ____(A)____ by deceiving environmentally conscious consumers, the company will face serious trouble when the consumers figure out they were ____(B)____.

	(A)		(B)
①	permanently	—	manipulated
②	temporarily	—	misinformed
③	momentarily	—	advocated
④	ultimately	—	underestimated
⑤	consistently	—	analyzed

※ 다음 영어는 우리말 뜻을, 우리말은 영어 단어를 〈보기〉에서 찾아 쓰시오.

〈 보기 〉

discharge	공감하다	arrogant	적개심
심각한	unfamiliar	감추다	추출하다
indigenous	변화	stubborn	potter

01 empathize ________________

02 severe ________________

03 extract ________________

04 hostility ________________

05 conceal ________________

06 도공 ________________

07 거만한 ________________

08 고집스러운 ________________

09 토착의 ________________

10 낯선 ________________

※ 다음 우리말에 알맞은 영어 표현을 찾아 연결하시오.

11 거꾸로 • • upside down

12 ~을 상쇄하다 • • get away with

13 ~을 잘 해내다 • • immune to

14 ~에 영향을 받지 않는 • • compensate for

15 ~을 요구하다 • • call for

※ 다음 우리말 표현에 맞는 단어를 고르시오.

16 데이터 보관소 → data (aspects / archives)

17 이론을 반박하다 → (admit / refute) a theory

18 믿을 수 있는 지표 → a(n) (reliable / unreliable) indicator

19 상징적인 하트 모양 → a (literal / symbolic) heart

20 곤경에 처한 아이 → child in (distress / disposal)

※ 다음 문장의 빈칸에 알맞은 단어를 〈보기〉에서 찾아 쓰시오.

〈 보기 〉

consuming	prospect	depicted	extinction
neuroscience	identical	apart	compel
reversed	skepticism	perception	instinct

21 어느 누구도 내면의 회의에 빠지지 않는다.
→ No man indulges his inner ____________.

22 이 방법은 비용과 시간이 엄청나게 든다.
→ This procedure is extremely costly and time ____________.

23 이러한 인식의 차이는 신체적인 도전에서도 마찬가지로 드러났다.
→ This difference in ____________ showed up in a physical challenge, too.

24 몇몇 형상들은 특정 색상과 연관된 물체들을 묘사했다.
→ Some of the figures ____________ objects associated with a particular color.

25 이것은 신경과학에 의해 제공되는 다양한 도구의 적용을 포함한다.
→ This involves the application of various tools afforded by ____________.

26 모르는 사람들은 지인들보다 더 멀리 떨어져서 있다.
→ Strangers stand further ____________ than do acquaintances.

27 4학년과 6학년과 같이 나이가 더 많은 아이들의 경우에는 그 결과가 뒤바뀌었다.
→ For older children — in fourth and sixth grade — the effect ____________.

28 보너스에 대한 기대가 예측 자체에 영향을 미쳤다.
→ The ____________ of the bonus influenced the forecast itself.

29 그러한 언어 체계의 운명은 화자들 중 다수가 소멸되고 나면 멸종하는 것이었다.
→ The fate of the language system is ____________ after the obliteration of many of its speakers.

30 이것은 신체적 반응이 동일하기 때문에 종종 질투와 혼동된다.
→ It is often confused with jealousy because the physical reactions are ____________.

연세 국궁부

연세대학교 스포츠 동아리

전통 활쏘기의 매력 속으로!

우리나라의 전통 활쏘기를 이르는 말인 국궁은 생활체육 중 하나이며, 국궁을 통해 스트레스 해소와 심신단련, 전통의 매력을 동시에 느낄 수 있습니다.
연세 국궁부는 국궁의 기초부터 심화 과정까지 차근차근 가르쳐줌은 물론, 동아리의 공용 장비를 자유롭게 이용할 수도 있습니다. 현재 70여 명의 부원이 매주 자율적으로 활쏘기 연습에 참여해 국궁을 연마하고, 동아리 국궁대회를 개최하고 있습니다.

그 밖에도 매 홀수 달마다 자체 대회인 '사회'를 개최하여 부원들이 쌓아온 실력을 서로 겨룰 수 있는 기회를 마련합니다. 또한 국궁 연고전을 개최해 양교 궁사들 간의 화합을 도모하기도 하고, 14개의 서울 국궁 동아리가 모여 연합 교류전을 개최하는 등 외부 대회에도 적극적으로 참여하고 있습니다.

매년 다양한 궁도대회에서 대학부 1위를 차지하는 등 꾸준히 좋은 성적을 내고 있는 연세 국궁부의 일원이 되고 싶다면 매년 5월과 11월에 실시되는 신입부원 모집에 관심을 가져보세요.

R 장문의 이해

★ 유형 설명: 2가지 유형의 문제가 출제된다.

대의 파악 문제 글의 전체 내용을 이해했는지 평가하는 문제

● 윗글의 제목으로 가장 적절한 것은?
  ① Superiority Sparked by Comparison Ruins Us
  ② Irony of Choice as an Unexpected Trap

☞ 적절하지 않은 낱말을 골라낸 후, 그 풀이 과정을 통해 확인한 글의 주제를 함축적이고 비유적으로 나타내는 제목을 고른다.

세부 정보 문제 글의 세부 내용을 파악했는지 평가하는 문제

● 밑줄 친 (a)~(e) 중에서 문맥상 낱말의 쓰임이 적절하지 않은 것은? [3점]
  ① (a) ② (b) ③ (c) ④ (d) ⑤ (e)

☞ 밑줄 친 낱말의 적절성을 판단하는 문제를 풀기 위해서는 그것이 포함된 문장과 그 앞뒤 내용을 살펴야 한다.

(Tip) 정답을 고른 뒤 본문과 맞춰보며 맞는지 확인한다.

🎭 유형 풀이 비법

1 문제를 먼저 읽어라!
• 제시된 문제를 먼저 읽고, 어떤 유형의 문제인지 파악한다.

2-1 세부 정보 문제를 풀어라!
• 처음부터 꼼꼼히 글을 읽으면서 흐름에 맞게 문장 간의 관계를 확인하고, 세부 정보를 묻는 문제를 푼다.

2-2 세부 정보 문제 풀이 비법
• 밑줄 친 단어 앞이나 문장 내의 부정 표현(not, no one, nothing 등)에 유의한다. 반의어가 확실한지 확인한다.

3 대의 파악 문제를 풀어라!
• 세부 정보를 파악하는 문제의 풀이 과정에서 확인한 글의 주제를 정리하고, 이를 모두 포함한 제목을 찾는다.

🔑 어휘 및 표현 Preview

□ **storehouse** 창고
□ **generic** 포괄적인, 총칭의
□ **merge** 병합하다
□ **extract** 추출하다
□ **leftover** 남은
□ **recollection** 기억
□ **adaptability** 적응성, 융통성
□ **receptive** 수용적인
□ **consistent** 일관된
□ **advent** 도래, 출현
□ **chronological** 연대순의
□ **sociability** 사회성
□ **wilderness** 황야, 황무지

□ **prehistoric** 선사 시대의
□ **badland** 불모지
□ **polarization** 양극화
□ **extreme** 극단적인
□ **conformity** 순응
□ **affiliate** 뭉치다, 연합하다
□ **counterargument** 반론
□ **decidedly** 분명히
□ **biographical** 전기(傳記)의
□ **metaphorically** 비유적으로
□ **sequentially** 순차적으로
□ **fraction** 일부
□ **abusive** 학대하는

□ **soar** 날아오르다
□ **compromise** 타협
□ **machinery** 기계(류)
□ **span** 기간, 시간
□ **profitability** 수익성
□ **overuse** 과도한 사용, 남용
□ **shy away from** ~을 피하다
□ **attention span** 주의집중 시간
□ **primed for** ~의 준비가 된
□ **compete with** ~와 겨루다
□ **combine together** 결합하다
□ **a sort of** 일종의 ~
□ **bear in mind** ~을 명심하다

R 장문의 이해

[R01~02] 다음 글을 읽고, 물음에 답하시오.

In 1900, at the close of the first decade in which electric systems had become a practical alternative for manufacturers, less than 5 percent of the power used in factories came from electricity. But the technological advances of suppliers made electric systems and electric motors ever more affordable and reliable, and the suppliers' intensive marketing programs also (a) <u>sped</u> the adoption of the new technology. Further accelerating the shift was the rapid (b) <u>expansion</u> in the number of skilled electrical engineers, who provided the expertise needed to install and run the new systems. In short order, electric power had gone from exotic to commonplace.

But one thing didn't change. Factories continued to build their own power-supply systems on their own premises. (c) <u>Few</u> manufacturers considered buying electricity from the small central stations. Designed to supply lighting to local homes and shops, the central stations had neither the size nor the skill to serve the needs of big factories. And the factory owners, having always supplied their own power, were (d) <u>willing</u> to assign such a critical function to an outsider. They knew that a glitch in power supply would bring their operations to a (e) <u>halt</u> — and that a lot of glitches might well mean bankruptcy. As the new century began, a survey found that there were already 50,000 private electric plants in operation, far surpassing the 3,600 central stations.

* premises: (공장) 부지   ** glitch: (작은) 결함

R01 ★★★ .... 고2 2025(3월)/41

윗글의 제목으로 가장 적절한 것은?

① How to Avoid Minor Errors in Factory Operation
② Power Use in Factories: What Changed and What Didn't
③ Technical Advances in Power Supply by Central Stations
④ Threats from the Increased Use of Electricity in Factories
⑤ From Private to Central Power Supply: A Revolutionary Change

R02 ★★★ .... 고2 2025(3월)/42

밑줄 친 (a)~(e) 중에서 문맥상 낱말의 쓰임이 적절하지 <u>않은</u> 것은?

① (a)　　② (b)　　③ (c)　　④ (d)　　⑤ (e)

 어떤 문제들이 출제되었는지 확인하고, 각 유형의 풀이 방법을
떠올려 보세요.

1) 첫 번째는 제목을 찾는 문제예요.

① How to Avoid Minor Errors in Factory Operation
공장 운영에서 사소한 오류들을 피하는 방법
② Power Use in Factories: What Changed and
What Didn't 공장에서의 전력 사용: 바뀐 것과 바뀌지 않은 것
③ Technical Advances in Power Supply by Central
Stations 중앙 발전소의 전력 공급의 기술적 발전들
④ Threats from the Increased Use of Electricity in
Factories 공장에서 전력 사용의 증가로부터 오는 위협들
⑤ From Private to Central Power Supply: A
Revolutionary Change
민간에서 중앙 전력 공급으로: 혁명적인 변화

● **제목 찾기 유형은 일단 선택지를 통해 핵심 소재를 파악해야 해요.**
①, ②, ④에는 '공장'이라는 단어가, ②, ③, ⑤에는 **❶**(   )'이라는
단어가 들어 있어요. 특히 ②은 '공장'과 '전력'이 모두 포함돼 있어서 글의
핵심 소재가 '공장에서의 전력 사용'일 가능성이 높아 보여요.

● **각 선택지가 제목이 될 수 있는 글의 내용을 한번 생각해 볼까요?**
①은 공장 운영에서 실수를 줄이기 위한 방법이나 팁을 다룰 것
같고, ②은 공장에서 전력을 사용하면서 무엇이 달라졌고, 무엇이
그대로인지에 대해 설명할 것 같아요.
③은 공장보다는 중앙 발전소의 기술 발전 자체에 초점이 맞춰져 있을
가능성이 크고, ④은 전력 사용 증가로 인한 부정적인 영향이나 위험
요소에 집중할 것으로 보여요.
⑤은 전력 공급 체계의 전환을 중심으로 다루는 글에 적절한
제목이겠네요!

2) 두 번째는 문맥상 쓰임이 적절하지 않은 낱말을 찾는 문제예요.
제목을 찾는 문제의 선택지에서 짐작한 내용을 단서로 글을 읽으며 두
번째 문제를 먼저 해결하고, 파악한 내용을 통해 첫 번째 문제의 정답을
찾아봅시다.

R02

 글의 세부 사항을 묻는 문제를 먼저 풀면서 글의 내용을 파악하세요.

1) (a)부터 살펴봅시다.

But the technological advances of suppliers / made
그러나 (전력) 공급자의 기술적인 진보가   / 전력
electric systems and electric motors / ever more
체계와 전기 모터를 만들었고   / 유례없이
affordable and reliable, / and the suppliers'
저렴하면서도 신뢰할 만하도록   / 공급자의 집중적인 홍보 활동도
intensive marketing programs / also (a) sped the
                         / 또한 수용을 촉진시켰다
adoption / of the new technology. //
         / 이 새로운 기술의   //

● **접속사 and가 보여요.**
공장에 전력이 빠르게 자리 잡을 수 있었던 이유를 설명하는 부분이에요.
and로 그 두 가지 이유를 설명하고 있는데, 전력의 기술적 진보뿐만
아니라, 공급자의 집중 홍보 또한 전력이 공장에 수용되는 과정을
(a) 촉진시켰을 것이라는 내용은 자연스러워요.

2) (b)는 바로 다음 문장에 있어요.

Further accelerating the shift / was the rapid
변화를 더욱 가속화한 것은   / 급격한 증가였는데
(b) expansion / in the number of skilled electrical
              / 숙련된 전기 기술자 수의
engineers, / who provided the expertise / needed to
           / 이들은 전문 지식을 제공했다   / 설치하고
install and run / the new systems. //
운영하는 데 필요한   / 새로운 (전력) 체계를   //

● **expansion은 '증가'를 뜻해요.**
(a)가 포함된 문장에 이어 전력이 빠르게 공장에 자리매김할 수 있었던
이유를 추가로 설명하는 부분이에요. 공장에 전력 체계를 설치하고
운영할 수 있도록 전문 지식을 제공하는 숙련된 전기 기술자가
(b) 증가했기 때문에 전력으로의 변화가 가속화된 거죠.

3) (c)가 나오기 전 내용을 살펴봅시다.

In short order, / electric power had gone / from
순식간에   / 전력은 바뀌었다   / 생소한
exotic to commonplace. //
것에서 일상적인 것으로   //
But one thing didn't change. //
하지만 한 가지는 변하지 않았다   //
Factories continued to build / their own power-
공장들은 계속해서 구축했다   / 자체 전력 공급 시스템을
supply systems / on their own premises. //
               / 공장 부지에   //

● **But(하지만)이 보여요.**
공장에서 전력 사용은 일상적인 것으로 변했지만, 변하지 않은 것도
있다면서, 자체 전력 공급 시스템을 계속해서 사용했다고 설명하고
있어요.

4) (c)가 포함된 문장을 봅시다.

(c) Few manufacturers considered / buying
        고려하는 제조업자는 거의 없었다   / 전기를
electricity / from the small central stations. //
구매하는 것을 / 소규모 중앙 발전소에서   //

● **a few는 '몇몇의'를, few는 '거의 없는'을 의미해요.**
앞에서 공장들은 계속해서 자체 전력 공급 시스템을 구축했다고 했어요.
중앙 발전소에서 전력을 구매할 수 있게 되었음에도 공장주들은 여전히
자체 동력을 추구했다는 거죠. 따라서 중앙 발전소에서 전기 구매를
고려한 제조업자는 (c) 거의 없었다는 것은 알맞은 흐름이에요.

5) 그다음 문장부터 (d)가 포함된 문장까지 함께 봅시다.

Designed to supply lighting / to local homes and
조명을 공급하기 위해 설계되었기 때문에   / 지역의 가정과 상점에
shops, / the central stations had neither the size nor
        / 중앙 발전소는 규모도 기술도 갖추지 못했다
the skill / to serve the needs of big factories. //
        / 대규모 공장의 수요를 충족시킬 만한   //
And the factory owners, / having always supplied
그리고 공장 소유주들은   / 항상 자체적으로 동력을 공급해 왔기
their own power, / were (d) willing to assign / such
때문에   / 맡기려고 했다   / 그런
a critical function to an outsider. //
중요한 기능을 외부인에게   //

- **공장이 전기를 중앙 발전소에서 구매하지 않으려 했다는 내용에 이어지는 부분이에요.**

  그 이유로 두 가지를 들고 있는데 중앙 발전소가 공장의 수요를 충족시킬
  만한 큰 규모도 아니었고, 공장 소유주들이 외부인에게 동력을 공급하는
  중요한 일을 (d) 맡기려 했대요.

- **공장 소유주들이 맡기려 했다고요?**

  공장주들이 민간 발전소를 자체적으로 운영했다는 내용과
  일맥상통하려면, 전력 공급을 중앙 발전소에 '맡기려고 했다'는 표현이
  아니라, '맡기는 것을 꺼렸다'는 표현이 알맞겠죠.

6) 마지막으로 (e)가 포함된 문장을 봅시다.

They knew / that a glitch in power supply / would
그들은 알고 있었다 / 전력 공급에서의 결함 하나가   / 운영을
bring their operations to a (e) halt / — and that a
중지시킬 수 있으며   / 많은 결함은
lot of glitches / might well mean bankruptcy. //
        / 반드시 파산을 초래한다는 것을   //

- **halt는 '중지'를 뜻하는 명사예요.**

  공장주들은 전력 공급과 같은 중대한 일을 외부인에게 맡기기를
  꺼렸는데, 전력 공급에서의 결함 하나가 운영을 (e) 중지시킬 정도로
  중대한 사안이었기 때문이죠.

R01

3rd 세부 사항을 묻는 문제를 풀면서 얻은 정보로 글의 제목을 묻는
문제의 정답을 찾으세요.

전력이 빠르게 일상에 파고들면서 공장의 모습을 어떻게 바꾸었고, 그
와중에 바뀌지 않은 것은 무엇인지에 관한 글이에요.
기술적 진보, 홍보, 기술자의 증가 등이 공장에서의 전력 사용을 일상적인
것으로 바꾸어 놓았으나, 공장이 중앙 전력 공급자에게 의존하기보다는
여전히 자체 동력 공급을 추구했다는 점은 바뀌지 않았다고 설명하고
있어요.
따라서 제목으로 적절한 것은 **2**(   ) '공장에서의 전력 사용: 바뀐
것과 바뀌지 않은 것'이에요.

▷ 글의 흐름을 정리하며 내용을 다시 한번 확인해 보세요.

도입	1900년경, 공장 동력에서 전기의 비중은 여전히 5% 미만이었음

전개	기술 발전과 전문 인력 확대로 전력은 빠르게 일상화됨

반전	그럼에도 대부분의 공장은 외부 전력보다 자체 발전을 고집함

결과	민간 발전소는 5만 개에 달하며, 중앙 발전소를 압도함

— 수능 Tip

#분사구문

★ 아까 보았던 문장을 다시 봅시다.

Designed to supply lighting / to local homes and
조명을 공급하기 위해 설계되었기 때문에   / 지역의 가정과 상점에
shops, / the central stations had neither the size
        / 중앙 발전소는 규모도 기술도 갖추지 못했다
nor the skill / to serve the needs of big factories. //
        / 대규모 공장의 수요를 충족시킬 만한   //

1 주절을 먼저 살펴봅시다.

주절의 주어는 the central stations, 동사는 had예요.
had의 목적어 자리에 상관접속사 neither A nor B (A도
B도 아닌) 구문이 쓰였고, '규모도 기술도 갖추지
못했다'라는 뜻을 나타내고 있어요.

2 분사구문을 살펴봅시다.

과거분사 Designed가 분사구문을 이끌고 있어요. 주절의
주어인 the central stations, 즉 '중앙 발전소'가 '설계된'
것이기 때문에 수동을 나타내는 과거분사 Designed가
분사구문을 이끄는 것은 적절해요.

빈칸 정답 ② 2 정답 1

단어장

PATTERN PRACTICE

R03 ~ 04 ▶ 제한시간 4분

[R03~04] 다음 글을 읽고, 물음에 답하시오.

Shoppers confronted with the choice of thirty different varieties of gourmet chocolates are more likely to walk away without buying any, compared with when they are presented with only half a dozen choices. If employees are given a free trip to Paris, they are happy. If you give them a free trip to Hawaii, they are happy. But if you offer them the choice between the two destinations, they are less happy, no matter what they choose. Why might choice be so (a) <u>disruptive</u>? The reason is that choice forces us to make comparisons and acknowledge relative (b) <u>disadvantages</u>. People who choose Paris complain that it doesn't have the ocean and those who choose Hawaii regret that it doesn't have the museums. Psychologist Barry Schwartz calls this the 'tyranny of choice' because rather than providing freedom, it actually (c) <u>constrains</u> our decision-making. He argues that (d) <u>narrower</u> choice increases unhappiness because we worry that we are going to make the wrong decision and so we get stressed about trying to process all the comparisons in an effort to get it right. This both increases our fear of making the wrong choice and raises expectations that we should be able to get the best choice. Having made the choice, we then (e) <u>start</u> to regret, wondering whether it was the right one.

R03 ★★★ 고2 2025(6월)/41

윗글의 제목으로 가장 적절한 것은?

① Superiority Sparked by Comparison Ruins Us
② Irony of Choice as an Unexpected Trap
③ Don't Get Drowned by the Flood of Regret!
④ More Choices, More Chances to Be Happy
⑤ Comparison: The Secret to Making Wise Choices

R04 ★★★ 고2 2025(6월)/42

밑줄 친 (a)~(e) 중에서 문맥상 낱말의 쓰임이 적절하지 <u>않은</u> 것은?

① (a)　　② (b)　　③ (c)　　④ (d)　　⑤ (e)

[R05 ~ 06] 다음 글을 읽고, 물음에 답하시오.

Many animals pursue a mixed strategy of accumulating both body fat and food, which leads one to ask, "What are the relative advantages and disadvantages of these two forms of energy storage?" Maximum fat deposition (a) <u>increases</u> with body mass whereas maximum food storage is not constrained by body size. This means that animals, especially small animals, can accumulate much greater energy reserves in the form of stored food than they can in the form of body fat. Further, stored food is more (b) <u>economical</u> than body fat because fat contributes to body mass, and metabolic rate increases with body mass. In other words, there is a metabolic expense to maintaining fat. Excessive fat accumulations may also have a (c) <u>negative</u> effect on an animal's ability to avoid predators. And, if maintaining a high body temperature is advantageous, animals might be expected to accumulate more energy in the form of a food store than as body fat. On the other hand, stored food may rot over time, may be removed by robbers, or may simply be lost. Many animals must expend energy managing and protecting their food stores. Eating food and converting it to fat (d) <u>intensifies</u> these types of losses and the energetic costs of managing stored food. A large accumulation of body fat adds to an animal's fasting capacity, especially large animals, permitting some animals to enter prolonged dormancy in the relative security of a hibernaculum. Thus, both fat accumulation and food storage have some decided (e) <u>advantages</u>.

* dormancy: 휴면 상태   ** hibernaculum: 동면 장소

R06 ✶✶✶ 고2 2025(9월)/41

윗글의 제목으로 가장 적절한 것은?

① The Body Sizes of Animals: Is Bigger Better?
② Fat Storage and Its Impact on Body Temperature
③ Energy Reserves: The Role of Fat in Animal Sleep
④ How Animals Convert Food into Body Fat for Survival
⑤ Animal Energy Storage: Why Inside and Why Outside?

R06 ✶✶✶ 고2 2025(9월)/42

밑줄 친 (a)~(e) 중에서 문맥상 낱말의 쓰임이 적절하지 <u>않은</u> 것은? [3점]

① (a)　　② (b)　　③ (c)　　④ (d)　　⑤ (e)

In each round of genome copying in our body, there is still about a 70 percent chance that at least one pair of chromosomes will have an error. With each round of genome copying, errors (a) <u>accumulate</u>. This is similar to alterations in medieval books. Each time a copy was made by hand, some changes were introduced accidentally; as changes stacked up, the copies may have acquired meanings at (b) <u>variance</u> with the original. Similarly, genomes that have undergone more copying processes will have gathered more mistakes. To make things worse, mutations may damage genes responsible for error checking and repair of genomes, further (c) <u>accelerating</u> the introduction of mutations. Most genome mutations do not have any noticeable effects. It is just like changing the *i* for a *y* in "kingdom" would not (d) <u>guarantee</u> the word's readability. But sometimes a mutation to a human gene results in, for example, an eye whose iris is of two different colors. Similarly, almost everyone has birthmarks, which are due to mutations that occurred as our body's cells multiplied to form skin. If mutations are changes to the genome of one particular cell, how can a patch of cells in an iris or a whole patch of skin, consisting of many individual cells, be affected simultaneously? The answer lies in the cell lineage, the developmental history of a tissue from particular cells through to their fully differentiated state. If the mutation occurred early on in the lineage of the developing iris, then all cells in that patch have (e) <u>inherited</u> that change.

* chromosome: 염색체   ** iris: 홍채

R07 ★★★

고2 2024(10월)/41

윗글의 제목으로 가장 적절한 것은?

① The Later Mutations Are Introduced, the More Radical Changes Occur
② Why It Is Impossible for Our Body to Copy Genomes Perfectly
③ Survival of Wrong Cells: The Cause of Irresolvable Diseases
④ Our Genes, Surprisingly Incompetent at Self-Correction
⑤ What Happens When Genomic Mutations Pile Up?

R08 ★★★

고2 2024(10월)/42

밑줄 친 (a)~(e) 중에서 문맥상 낱말의 쓰임이 적절하지 <u>않은</u> 것은? [3점]

① (a)   ② (b)   ③ (c)   ④ (d)   ⑤ (e)

[R09~10] 다음 글을 읽고, 물음에 답하시오.

It's untrue that teens can focus on two things at once — what they're doing is shifting their attention from one task to another. In this digital age, teens wire their brains to make these shifts very quickly, but they are still, like everyone else, paying attention to one thing at a time, sequentially. Common sense tells us multitasking should (a) increase brain activity, but Carnegie Mellon University scientists using the latest brain imaging technology find it doesn't. As a matter of fact, they discovered that multitasking actually decreases brain activity. Neither task is done as well as if each were performed (b) individually. Fractions of a second are lost every time we make a switch, and a person's interrupted task can take 50 percent (c) longer to finish, with 50 percent more errors. Turns out the latest brain research (d) contradicts the old advice "one thing at a time."
It's not that kids can't do some tasks simultaneously. But if two tasks are performed at once, one of them has to be familiar. Our brains perform a familiar task on "automatic pilot" while really paying attention to the other one. That's why insurance companies consider talking on a cell phone and driving to be as (e) dangerous as driving while drunk — it's the driving that goes on "automatic pilot" while the conversation really holds our attention. Our kids may be living in the Information Age but our brains have not been redesigned yet.

R09 ✹✹❊  고2 2024(3월)/41 

윗글의 제목으로 가장 적절한 것은?

① Multitasking Unveiled: What Really Happens in Teens' Brains
② Optimal Ways to Expand the Attention Span of Teens
③ Unknown Approaches to Enhance Brain Development
④ Multitasking for a Balanced Life in a Busy World
⑤ How to Build Automaticity in Performing Tasks

R10 ✹✹✹❊  고2 2024(3월)/42 

밑줄 친 (a)~(e) 중에서 문맥상 낱말의 쓰임이 적절하지 <u>않은</u> 것은?

① (a)   ② (b)   ③ (c)   ④ (d)   ⑤ (e)

We have biases that support our biases! If we're partial to one option — perhaps because it's more memorable, or framed to minimize loss, or seemingly consistent with a promising pattern — we tend to search for information that will (a) <u>justify</u> choosing that option. On the one hand, it's sensible to make choices that we can defend with data and a list of reasons. On the other hand, if we're not careful, we're (b) <u>likely</u> to conduct an imbalanced analysis, falling prey to a cluster of errors collectively known as "confirmation biases."

For example, nearly all companies include classic "tell me about yourself" job interviews as part of the hiring process, and many rely on these interviews alone to evaluate applicants. But it turns out that traditional interviews are actually one of the (c) <u>least</u> useful tools for predicting an employee's future success. This is because interviewers often subconsciously make up their minds about interviewees based on their first few moments of interaction and spend the rest of the interview cherry-picking evidence and phrasing their questions to (d) <u>confirm</u> that initial impression: "I see here you left a good position at your previous job. You must be pretty ambitious, right?" versus "You must not have been very committed, huh?" This means that interviewers can be prone to (e) <u>noticing</u> significant information that would clearly indicate whether this candidate was actually the best person to hire. More structured approaches, like obtaining samples of a candidate's work or asking how he would respond to difficult hypothetical situations, are dramatically better at assessing future success, with a nearly threefold advantage over traditional interviews.

R11 ★★❀  고2 2024(6월)/41

윗글의 제목으로 가장 적절한 것은?

① Bias Trap: How Our Preconceptions Mislead Us
② Utilize the Power of Similar Personality Types!
③ More Information Adds Up to Worse Choices
④ Why Are You Persuaded by Others' Perspectives?
⑤ Interviews: The Fairest Judgment for All Applicants

R12 ★★★  고2 2024(6월)/42

밑줄 친 (a)~(e) 중에서 문맥상 낱말의 쓰임이 적절하지 <u>않은</u> 것은? [3점]

① (a)　　② (b)　　③ (c)　　④ (d)　　⑤ (e)

R13 ~ 16 ▶ 제한시간 8분

[R13~14] 다음 글을 읽고, 물음에 답하시오.

What makes questioning authority so hard? The (a) difficulties start in childhood, when parents — the first and most powerful authority figures — show children "the way things are." This is a necessary element of learning language and socialization, and certainly most things learned in early childhood are (b) noncontroversial: the English alphabet starts with A and ends with Z, the numbers 1 through 10 come before the numbers 11 through 20, and so on. Children, however, will spontaneously question things that are quite obvious to adults and even to older kids. The word "why?" becomes a challenge, as in, "Why is the sky blue?" Answers such as "because it just is" or "because I say so" tell children that they must unquestioningly (c) accept what authorities say "just because," and children who persist in their questioning are likely to find themselves dismissed or yelled at for "bothering" adults with "meaningless" or "unimportant" questions. But these questions are in fact perfectly (d) unreasonable. Why is the sky blue? Many adults do not themselves know the answer. And who says the sky's color needs to be called "blue," anyway? How do we know that what one person calls "blue" is the same color that another calls "blue"? The scientific answers come from physics, but those are not the answers that children are seeking. They are trying to understand the world, and no matter how (e) irritating the repeated questions may become to stressed and time-pressed parents, it is important to take them seriously to encourage kids to question authority to think for themselves.

R13 ✿✿✿ 고2 2024(9월)/41

윗글의 제목으로 가장 적절한 것은?

① Things Plain to You Aren't to Children: Let Them Question
② Children's Complaints: Should Parents Accept All of Them?
③ Want More Challenges? They'll Make Your Energy Dry Up!
④ Authority Has Hidden Power to Nurture Children's Morality
⑤ Answering Is More Crucial than Questioning for Quick Learning

R14 ✿✿✿ 고2 2024(9월)/42

밑줄 친 (a)~(e) 중에서 문맥상 낱말의 쓰임이 적절하지 않은 것은?

① (a) ② (b) ③ (c) ④ (d) ⑤ (e)

In Western society, many music performance settings make a clear distinction between performers and audience members: the performers are the "doers" and those in the audience take a decidedly passive role. The performance space itself may further (a) <u>reinforce</u> the distinction with a physical separation between the stage and audience seating. Perhaps because this distinction is so common, audiences seem to greatly value opportunities to have special "access" to performers that affords understanding about performers' style of music. Some performing musicians have won great approval by regularly (b) <u>incorporating</u> "audience participation" into their concerts. Whether by leading a sing-along activity or teaching a rhythm to be clapped at certain points, including audience members in the music making can (c) <u>boost</u> the level of engagement and enjoyment for all involved. Performers who are uncomfortable leading audience participation can still connect with the audience simply by giving a special glimpse of the performer (d) <u>perspective</u>. It is quite common in classical music to provide audiences with program notes. Typically, this text in a program gives background information about pieces of music being performed and perhaps biographical information about historically significant composers. What may be of more interest to audience members is background information about the very performers who are onstage, including an explanation of why they have chosen the music they are presenting. Such insight can make audience members feel (e) <u>distant</u> to the musicians onstage, both metaphorically and emotionally. This connection will likely enhance the expressive and communicative experience.

R15 ✳✳✳

윗글의 제목으로 가장 적절한 것은?

① Bridge the Divide and Get the Audience Involved
② Musical Composition Reflects the Musician's Experience
③ Why a Performer's Style Changes with Each Performance
④ Understanding Performers on Stage: An Audience's Responsibility
⑤ The Effect of Theater Facilities on the Success of a Performance

R16 ✳✳✳

밑줄 친 (a)~(e) 중에서 문맥상 낱말의 쓰임이 적절하지 <u>않은</u> 것은?

① (a)　　② (b)　　③ (c)　　④ (d)　　⑤ (e)

[R17~18] 다음 글을 읽고, 물음에 답하시오.

Test scores are not a measure of self-worth; however, we often associate our sense of worthiness with our performance on an exam. Thoughts such as "If I don't pass this test, I'm a failure" are mental traps not rooted in truth. Failing a test is failing a test, nothing more. It is in no way (a) <u>descriptive</u> of your value as a person. Believing that test performance is a reflection of your virtue places (b) <u>unreasonable</u> pressure on your performance. Not passing the certification test only means that your certification status has been delayed. (c) <u>Maintaining</u> a positive attitude is therefore important. If you have studied hard, reaffirm this mentally and believe that you will do well. If, on the other hand, you did not study as hard as you should have or wanted to, (d) <u>accept</u> that as beyond your control for now and attend to the task of doing the best you can. If things do not go well this time, you know what needs to be done in preparation for the next exam. Talk to yourself in positive terms. Avoid rationalizing past or future test performance by placing the blame on secondary variables. Thoughts such as, "I didn't have enough time," or "I should have …," (e) <u>relieve</u> the stress of test-taking. Take control by affirming your value, self-worth, and dedication to meeting the test challenge head on. Repeat to yourself "I can and I will pass this exam."

R17 ✱✱❀  

고2 2021(3월)/41

윗글의 제목으로 가장 적절한 것은?

① Attitude Toward a Test: It's Just a Test
② Some Stress Is Good for Performance
③ Studying Together Works for a Test
④ Repetition: The Road to Perfection
⑤ Sound Body: The Key to Success

R18 ✱✱✱ 

고2 2021(3월)/42

밑줄 친 (a)~(e) 중에서 문맥상 낱말의 쓰임이 적절하지 <u>않은</u> 것은?

① (a)　　② (b)　　③ (c)　　④ (d)　　⑤ (e)

The driver of FOMO (the fear of missing out) is the social pressure to be at the right place with the right people, whether it's from a sense of duty or just trying to get ahead, we feel (a) <u>obligated</u> to attend certain events for work, for family and for friends. This pressure from society combined with FOMO can wear us down. According to a recent survey, 70 percent of employees admit that when they take a vacation, they still don't (b) <u>disconnect</u> from work. Our digital habits, which include constantly checking emails, and social media timelines, have become so firmly established, it is nearly impossible to simply enjoy the moment, along with the people with whom we are sharing these moments.

JOMO (the joy of missing out) is the emotionally intelligent antidote to FOMO and is essentially about being present and being (c) <u>content</u> with where you are at in life. You do not need to compare your life to others but instead, practice tuning out the background noise of the "shoulds" and "wants" and learn to let go of worrying whether you are doing something wrong. JOMO allows us to live life in the slow lane, to appreciate human connections, to be (d) <u>intentional</u> with our time, to practice saying "no," to give ourselves "tech-free breaks," and to give ourselves permission to acknowledge where we are and to feel emotions. Instead of constantly trying to keep up with the rest of society, JOMO allows us to be who we are in the present moment. When you (e) <u>activate</u> that competitive and anxious space in your brain, you have so much more time, energy, and emotion to conquer your true priorities.

* antidote: 해독제

R19 ★★★

고2 2022(9월)/41

윗글의 제목으로 가장 적절한 것은?

① Missing Out Has Its Benefits
② JOMO: Another Form of Self-Deception
③ How to Catch up with Digital Technology
④ Being Isolated from Others Makes You Lonely
⑤ Using Social Media Wisely: The Dos and Don'ts

R20 ★★★

고2 2022(9월)/42

밑줄 친 (a)~(e) 중에서 문맥상 낱말의 쓰임이 적절하지 <u>않은</u> 것은?

① (a)   ② (b)   ③ (c)   ④ (d)   ⑤ (e)

[R21~22] 다음 글을 읽고, 물음에 답하시오.

In this day and age, it is difficult to imagine our lives without email. But how often do we consider the environmental impact of these virtual messages? At first glance, digital messages appear to (a) <u>save</u> resources. Unlike traditional letters, no paper or stamps are needed; nothing has to be packaged or transported. Many of us tend to assume that using email requires little more than the electricity used to power our computers. It's easy to (b) <u>overlook</u> the invisible energy usage involved in running the network — particularly when it comes to sending and storing data.

Every single email in every single inbox in the world is stored on a server. The incredible quantity of data requires huge server farms — gigantic centres with millions of computers which store and transmit information. These servers consume (c) <u>minimum</u> amounts of energy, 24 hours a day, and require countless litres of water, or air conditioning systems, for cooling. The more messages we send, receive and store, the (d) <u>more</u> servers are needed — which means more energy consumed, and more carbon emissions. Clearly, sending and receiving electronic messages in an environmentally conscious manner is by no means enough to stop climate change. But with a few careful, mindful changes, (e) <u>unnecessary</u> CO_2 emissions can easily be avoided.

R21 ✳✳✾

윗글의 제목으로 가장 적절한 것은?

① Recycling Makes Your Life Even Better
② Eco-friendly Use of Email Saves the Earth
③ Traditional Letters: The Bridge Between Us
④ Email Servers: Records of Past and Present
⑤ Technicians Looking for Alternative Energy

R22 ✳✳✾

밑줄 친 (a)~(e) 중에서 문맥상 낱말의 쓰임이 적절하지 <u>않은</u> 것은?

① (a)　　② (b)　　③ (c)　　④ (d)　　⑤ (e)

[R23~24] 다음 글을 읽고, 물음에 답하시오.

Creative people aren't all cut from the same cloth. They have (a) <u>varying</u> levels of maturity and sensitivity. They have different approaches to work. And they're each motivated by different things. Managing people is about being aware of their unique personalities. It's also about empathy and adaptability, and knowing how the things you do and say will be interpreted and adapting accordingly. Who you are and what you say may not be the (b) <u>same</u> from one person to the next. For instance, if you're asking someone to work a second weekend in a row, or telling them they aren't getting that deserved promotion just yet, you need to bear in mind the (c) <u>group</u>. Vincent will have a very different reaction to the news than Emily, and they will each be more receptive to the news if it's bundled with different things. Perhaps that promotion news will land (d) <u>easier</u> if Vincent is given a few extra vacation days for the holidays, while you can promise Emily a bigger promotion a year from now. Consider each person's complex positive and negative personality traits, their life circumstances, and their mindset in the moment when deciding what to say and how to say it. Personal connection, compassion, and an individualized management style are (e) <u>key</u> to drawing consistent, rock star-level work out of everyone.

R23 ✳✳✳

윗글의 제목으로 가장 적절한 것은?

① Know Each Person to Guarantee Best Performance
② Flexible Hours: An Appealing Working Condition
③ Talk to Employees More Often in Hard Times
④ How Empathy and Recognition Are Different
⑤ Why Creativity Suffers in Competition

R24 ✳✳✳

밑줄 친 (a)~(e) 중에서 문맥상 낱말의 쓰임이 적절하지 <u>않은</u> 것은?

① (a)　　② (b)　　③ (c)　　④ (d)　　⑤ (e)

Animal studies have dealt with the distances creatures may keep between themselves and members of other species. These distances determine the functioning of the so-called 'flight or fight' mechanism. As an animal senses what it considers to be a predator approaching within its 'flight' distance, it will quite simply run away. The distance at which this happens is amazingly (a) <u>consistent</u>, and Hediger, a Swiss biologist, claimed to have measured it remarkably precisely for some of the species that he studied. Naturally, it varies from species to species, and usually the larger the animal the (b) <u>shorter</u> its flight distance. I have had to use a long focus lens to take photographs of giraffes, which have very large flight distances. By contrast, I have several times nearly stepped on a squirrel in my garden before it drew attention to itself by suddenly escaping! We can only assume that this (c) <u>variation</u> in distance matches the animal's own assessment of its ability to accelerate and run.

The 'fight' distance is always (d) <u>smaller</u> than the flight distance. If a perceived predator approaches within the flight distance but the animal is trapped by obstacles or other predators and cannot (e) <u>flee</u>, it must stand its ground. Eventually, however, attack becomes the best form of defence, and so the trapped animal will turn and fight.

R25 ✻✻✻❀ 고2 2020(3월)/41

윗글의 제목으로 가장 적절한 것은?

① How Animals Migrate Without Getting Lost
② Flight or Fight Mechanism: Still in Our Brain
③ Why the Size Matters in the Survival of Animals
④ Distances: A Determining Factor for Flight or Attack
⑤ Competition for Food Between Large and Small Animals

R26 ✻✻✻ 고2 2020(3월)/42

밑줄 친 (a)~(e) 중에서 문맥상 낱말의 쓰임이 적절하지 <u>않은</u> 것은?

① (a)　　② (b)　　③ (c)　　④ (d)　　⑤ (e)

Events or experiences that are out of ordinary tend to be remembered better because there is nothing competing with them when your brain tries to access them from its storehouse of remembered events. In other words, the reason it can be (a) <u>difficult</u> to remember what you ate for breakfast two Thursdays ago is that there was probably nothing special about that Thursday or that particular breakfast — consequently, all your breakfast memories combine together into a sort of generic impression of a breakfast. Your memory (b) <u>merges</u> similar events not only because it's more efficient to do so, but also because this is fundamental to how we learn things — our brains extract abstract rules that tie experiences together.

This is especially true for things that are (c) <u>routine</u>. If your breakfast is always the same — cereal with milk, a glass of orange juice, and a cup of coffee for instance — there is no easy way for your brain to extract the details from one particular breakfast. Ironically, then, for behaviors that are routinized, you can remember the generic content of the behavior (such as the things you ate, since you always eat the same thing), but (d) <u>particulars</u> to that one instance can be very difficult to call up (such as the sound of a garbage truck going by or a bird that passed by your window) *unless* they were especially distinctive. On the other hand, if you did something unique that broke your routine — perhaps you had leftover pizza for breakfast and spilled tomato sauce on your dress shirt — you are (e) <u>less</u> likely to remember it.

R27 ✻✻✻ 고2 2023(6월)/41

윗글의 제목으로 가장 적절한 것은?

① Repetition Makes Your Memory Sharp!
② How Does Your Memory Get Distorted?
③ What to Consider in Routinizing Your Work
④ Merging Experiences: Key to Remembering Details
⑤ The More Unique Events, the More Vivid Recollection

R28 ✻✻✻❀ 고2 2023(6월)/42

밑줄 친 (a)~(e) 중에서 문맥상 낱말의 쓰임이 적절하지 <u>않은</u> 것은?

① (a)　　② (b)　　③ (c)　　④ (d)　　⑤ (e)

[R29~30] 다음 글을 읽고, 물음에 답하시오.

Being able to have a good fight doesn't just make us more civil; it also develops our creative muscles. In a classic study, highly creative architects were more likely than their technically competent but less original peers to come from homes with (a) plenty of friction. They often grew up in households that were "tense but secure," as psychologist Robert Albert notes: "The creative person-to-be comes from a family that is anything but (b) harmonious." The parents weren't physically or verbally abusive, but they didn't shy away from conflict, either. Instead of telling their children to be seen but not heard, they (c) encouraged them to stand up for themselves. The kids learned to dish it out — and take it. That's exactly what happened to Wilbur and Orville Wright, who invented the airplane.

When the Wright brothers said they thought together, what they really meant is that they fought together. When they were solving problems, they had arguments that lasted not just for hours but for weeks and months at a time. They didn't have such (d) ceaseless fights because they were angry. They kept quarreling because they enjoyed it and learned from the experience. "I like scrapping with Orv," Wilbur reflected. As you'll see, it was one of their most passionate and prolonged arguments that led them to (e) support a critical assumption that had prevented humans from soaring through the skies.

*dish it out: 남을 비판하다   **scrap with: ~과 다투다

R29 ★★★

고2 2022(3월)/41

윗글의 제목으로 가장 적절한 것은?

① The Power of Constructive Conflict
② Lighten Tense Moments with Humor
③ Strategies to Cope with Family Stress
④ Compromise: A Key to Resolving Conflict
⑤ Rivalry Between Brothers: A Serious Crisis

R30 ★★★

고2 2022(3월)/42

밑줄 친 (a)~(e) 중에서 문맥상 낱말의 쓰임이 적절하지 <u>않은</u> 것은? [3점]

① (a)　　② (b)　　③ (c)　　④ (d)　　⑤ (e)

An organization imported new machinery with the capacity to produce quality products at a lesser price. A manager was responsible for large quantities in a relatively short span of time. He started with the (a) <u>full</u> utilization of the new machinery. He operated it 24/7 at maximum capacity. He paid the least attention to downtime, recovery breaks or the general maintenance of the machinery. As the machinery was new, it continued to produce results and, therefore, the organization's profitability (b) <u>soared</u> and the manager was appreciated for his performance. Now after some time, this manager was promoted and transferred to a different location. A new manager came in his place to be in charge of running the manufacturing location. But this manager realized that with heavy utilization and without any downtime for maintenance, a lot of the parts of the machinery were significantly (c) <u>worn</u> and needed to be replaced or repaired. The new manager had to put significant time and effort into repair and maintenance of the machines, which resulted in lower production and thus a loss of profits. The earlier manager had only taken care of the goal of production and (d) <u>ignored</u> the machinery although he had short-term good results. But ultimately not giving attention to recovery and maintenance resulted in long-term (e) <u>positive</u> consequences.

R31 ★★★ 

고2 2020(6월)/41

윗글의 제목으로 가장 적절한 것은?

① Why Are Quality Products Important?
② Give Machines a Break to Avoid Overuse
③ Providing Incentives to Maximize Workers' Abilities
④ Tip for Managers: The Right Man in the Right Place
⑤ Wars for High Productivity in a World of Competition

R32 ★★★ 

고2 2020(6월)/42

밑줄 친 (a)~(e) 중에서 문맥상 낱말의 쓰임이 적절하지 <u>않은</u> 것은?

① (a)　　② (b)　　③ (c)　　④ (d)　　⑤ (e)

R33 ~ 36 ▶ 제한시간 8분

[R33~34] 다음 글을 읽고, 물음에 답하시오.

Evolutionary biologists believe sociability drove the evolution of our complex brains. Fossil evidence shows that as far back as 130,000 years ago, it was not (a) <u>unusual</u> for *Homo sapiens* to travel more than a hundred and fifty miles to trade, share food and, no doubt, gossip. Unlike the Neanderthals, their social groups extended far beyond their own families. Remembering all those (b) <u>connections</u>, who was related to whom, and where they lived required considerable processing power.

It also required wayfinding savvy. Imagine trying to (c) <u>maintain</u> a social network across tens or hundreds of square miles of Palaeolithic wilderness. You couldn't send a text message to your friends to find out where they were — you had to go out and visit them, remember where you last saw them or imagine where they might have gone. To do this, you needed navigation skills, spatial awareness, a sense of direction, the ability to store maps of the landscape in your mind and the motivation to travel around. Canadian anthropologist Ariane Burke believes that our ancestors (d) <u>developed</u> all these attributes while trying to keep in touch with their neighbours. Eventually, our brains became primed for wayfinding. Meanwhile the Neanderthals, who didn't travel as far, never fostered a spatial skill set; despite being sophisticated hunters, well adapted to the cold and able to see in the dark, they went extinct. In the prehistoric badlands, nothing was more (e) <u>useless</u> than a circle of friends.

* savvy: 요령, 지식   ** Palaeolithic: 구석기 시대의

R33 ✪ 2등급 대비 _________ 고2 2020(11월)/41 

윗글의 제목으로 가장 적절한 것은?

① Social Networks: An Evolutionary Advantage
② Our Brain Forced Us to Stay Close to Our Family!
③ How We Split from Our Way and Kept Going on My Way
④ Why Do Some People Have Difficulty in Social Relationships?
⑤ Being Connected to Each Other Leads to Communicative Skills

R34 ✪ 2등급 대비 _________ 고2 2020(11월)/42 

밑줄 친 (a)~(e) 중에서 문맥상 낱말의 쓰임이 적절하지 <u>않은</u> 것은? [3점]

① (a)　　② (b)　　③ (c)　　④ (d)　　⑤ (e)

A neuropsychologist, Michael Gazzaniga conducted a study that shows that our brains (a) excel at creating coherent (but not necessarily true) stories that deceive us. In the study, split-brain patients were shown an image such that it was visible to only their left eye and asked to select a related card with their left hand. Left-eye vision and left-side body movement are controlled by the right hemisphere. In a split-brain patient, the connection between the right and left hemispheres has been broken, meaning no information can cross from one hemisphere to the other. Therefore, in this experiment, the right hemisphere was doing all of the work, and the left hemisphere was (b) aware of what was happening.

Gazzaniga then asked participants why they chose the card that they did. Because language is processed and generated in the left hemisphere, the left hemisphere is required to respond. However, because of the experiment's design, only the right hemisphere knew why the participant selected the card. As a result, Gazzaniga expected the participants to be (c) silent when asked to answer the question. But instead, every subject fabricated a response. The left hemisphere was being asked to provide a (d) rationalization for a behavior done by the right hemisphere. The left hemisphere didn't know the answer. But that didn't keep it from fabricating an answer. That answer, however, had no basis in reality. Now if this study had been limited to split-brain patients, it would be interesting but not very (e) relevant to us. It turns out split-brain patients aren't the only ones who fabricate reasons. We all do it. We all need a coherent story about ourselves, and when information in that story is missing, our brains simply fill in the details.
*coherent: 일관성 있는

R35  ⭐ 2등급 대비　　　고2 2022(11월)/41

윗글의 제목으로 가장 적절한 것은?

① Which Side of the Brain Do We Tend to Use More?
② How Our Brain's Hemispheres Interact in Storytelling
③ The Deceptive Brain: Insights from a Split-Brain Patient Study
④ To Be Creative, Activate Both Hemispheres of Your Brain!
⑤ The Dominance of the Left Brain in Image Processing

R36  ⭐ 2등급 대비　　　고2 2022(11월)/42

밑줄 친 (a)~(e) 중에서 문맥상 낱말의 쓰임이 적절하지 <u>않은</u> 것은?
[3점]

① (a)　　② (b)　　③ (c)　　④ (d)　　⑤ (e)

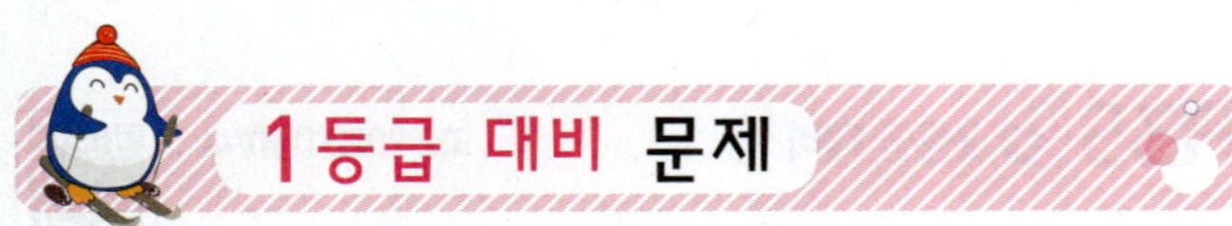

R37 ~ 40 ▶ 제한시간 8분

[R37 ~ 38] 다음 글을 읽고, 물음에 답하시오.

Common sense suggests that discussion with others who express different opinions should produce more moderate attitudes for everyone in the group. Surprisingly, this is not always the case. In group polarization, a period of discussion pushes group members to take more extreme positions in the direction that they were already inclined to prefer. Group polarization does not (a) reverse the direction of attitudes, but rather accentuates the attitudes held at the beginning. Two pressures appear to push individuals to take more extreme positions following a group discussion. First, conformity and desire for affiliation contribute to group polarization. If the majority of a group is leaning in a particular direction, what could be a better way of fitting in than (b) agreeing with that majority, and maybe even taking its argument one step farther? There is also a tendency for like-minded people to affiliate with one another, which can provide (c) reinforcement for existing opinions, increase people's confidence in those opinions, lead to the discovery of new reasons for those opinions and counterarguments to opposing views, and reduce exposure to conflicting ideas. Second, exposure to discussion on a topic introduces new reasons for (d) changing an attitude. If you are already opposed to gun control and you listen to additional arguments supporting your position, you might end up more (e) opposed than you were originally.

* accentuate: 강화하다 ** affiliation: 소속

R37 ★ 1등급 대비   고2 2022(6월)/41 

윗글의 제목으로 가장 적절한 것은?

① Have More Companions and Perform Better!
② Group Competition: Not Necessarily Harmful
③ Exposure to New Ideas Weakens Group Identity
④ Sharing Ideas: The Surest Way to Foster Creativity
⑤ Black Gets Darker, White Gets Brighter in Group Discussion

R38 ★ 1등급 대비   고2 2022(6월)/42 

밑줄 친 (a)~(e) 중에서 문맥상 낱말의 쓰임이 적절하지 <u>않은</u> 것은? [3점]

① (a)　　② (b)　　③ (c)　　④ (d)　　⑤ (e)

In England in the 1680s, it was unusual to live to the age of fifty. This was a period when knowledge was not spread (a) underline{widely}, there were few books and most people could not read. As a consequence, knowledge passed down through the oral traditions of stories and shared experiences. And since older people had accumulated more knowledge, the social norm was that to be over fifty was to be wise. This social perception of age began to shift with the advent of new technologies such as the printing press. Over time, as more books were printed, literacy (b) increased, and the oral traditions of knowledge transfer began to fade. With the fading of oral traditions, the wisdom of the old became less important and as a consequence being over fifty was no longer seen as (c) signifying wisdom. We are living in a period when the gap between chronological and biological age is changing fast and where social norms are struggling to (d) adapt. In a video produced by the AARP (formerly the American Association of Retired Persons), young people were asked to do various activities 'just like an old person'. When older people joined them in the video, the gap between the stereotype and the older people's actual behaviour was (e) unnoticeable. It is clear that in today's world our social norms need to be updated quickly.

R39 ⭐ 1등급 대비   고2 2023(9월)/41 

윗글의 제목으로 가장 적절한 것은?

① Our Social Norms on Aging: An Ongoing Evolution
② The Power of Oral Tradition in the Modern World
③ Generational Differences: Not As Big As You Think
④ There's More to Aging than What the Media Shows
⑤ How Well You Age Depends on Your Views of Aging

R40 ⭐ 1등급 대비   고2 2023(9월)/42 

밑줄 친 (a)~(e) 중에서 문맥상 낱말의 쓰임이 적절하지 <u>않은</u> 것은?
[3점]

① (a)   ② (b)   ③ (c)   ④ (d)   ⑤ (e)

※ 다음 영어는 우리말 뜻을, 우리말은 영어 단어를 〈보기〉에서 찾아 쓰시오.

〈보기〉

empathy	묶다	직면하다	창고
quarrel	기억	civil	expertise
distort	독재, 횡포	추상적인	trap

01 storehouse _______________

02 confront _______________

03 tyranny _______________

04 abstract _______________

05 recollection _______________

06 왜곡하다 _______________

07 가두다 _______________

08 정중한 _______________

09 전문 지식 _______________

10 언쟁을 벌이다 _______________

※ 다음 우리말에 알맞은 영어 표현을 찾아 연결하시오.

11 전혀 ~이 아닌 •　　　　• a sort of

12 일종의 ~ •　　　　• anything but

13 ~을 피하다 •　　　　• shy away from

14 연달아 •　　　　• in charge of

15 ~을 맡아서 •　　　　• in a row

※ 다음 우리말 표현에 맞는 단어를 고르시오.

16 공간 능력 ➡ (reluctant / spatial) awareness

17 계속되는 진화 ➡ an (ongoing / abandoned) evolution

18 소식을 잘 받아들이다 ➡ be (resistant / receptive) to the news

19 유지 보수를 위한 비가용 시간 ➡ (downtime / downtown) for maintenance

20 (맛이) 고급인 초콜릿 ➡ (garnet / gourmet) chocolates

※ 다음 문장의 빈칸에 알맞은 단어를 〈보기〉에서 찾아 쓰시오.

〈보기〉

suffer	maturity	ceaseless	obligated
exotic	drowned	lineage	perceived
certain	generic	appealing	intensive

21 우리는 어떤 행사에 참석해야만 한다는 의무를 진 것처럼 느낀다.
　➡ We feel _______________ to attend certain events.

22 그들은 다양한 수준의 성숙도를 가진다.
　➡ They have varying levels of __________ .

23 당신은 행동의 일반적인 내용을 기억할 수 있다.
　➡ You can remember the __________ content of the behavior.

24 후회의 홍수에 잠식되지 마라!
　➡ Don't get __________ by the flood of regret!

25 특정한 종류의 바위의 아래에서 먹을 수 있는 곤충이 발견될 수 있다.
　➡ Edible bugs can be found beneath _______ types of rocks.

26 순식간에 전력은 생소한 것에서 일상적인 것으로 바뀌었다.
　➡ In short order, electric power had gone from __________ to commonplace.

27 그들이 화가 났기 때문에 그들이 그토록 끊임없이 싸운 것은 아니었다.
　➡ They didn't have such __________ fights because they were angry.

28 만약 인식된 포식자가 접근한다면, 그것은 물러나지 않고 버텨야 한다.
　➡ If a(n) __________ predator approaches, it must stand its ground.

29 그 대답은 세포 계보, 즉 조직 발달 변천에 있다.
　➡ The answer lies in the cell __________, the developmental history of a tissue.

30 공급자의 집중적인 홍보 활동도 또한 이 새로운 기술의 수용을 촉진시켰다.
　➡ The suppliers' __________ marketing programs also sped the adoption of the new technology.

복합 문단의 이해

★ 유형 설명: 3가지 유형의 문제가 출제된다.

순서 배열 글의 흐름에 맞게 순서를 배열하는 문제

● 주어진 글 (A)에 이어질 내용을 순서에 맞게 배열한 것으로 가장 적절한 것은?

　① (B) ― (D) ― (C) ② (C) ― (B) ― (D)

지칭 추론 가리키는 대상이 다른 한 명을 고르는 문제

● 밑줄 친 (a)~(e) 중에서 가리키는 대상이 나머지 넷과 <u>다른</u> 것은?

　① (a)　② (b)　③ (c)　④ (d)　⑤ (e)

내용 불일치 글의 내용과 일치하지 않는 것을 고르는 문제

● 윗글에 관한 내용으로 적절하지 <u>않은</u> 것은?

　① Eva는 Ms. Blake와 함께 공을 패스하는 연습을 했다.
　② Eva는 자기 자신에게 너무 엄격했다는 것을 깨달았다.

🎭 유형 풀이 비법

1 순서 배열 문제

- 시간의 흐름 순 배열이 원칙이다.
- 단, 과거 회상 글의 경우, 중간에 과거 내용이 나올 수 있다. (예외)

2 지칭 추론 문제

- 각 선지 앞부분에 특히 유의한다.

글의 세부 사항을 묻는 문제

3 내용 불일치 문제

- 문단들의 흐름과 무관하게 (A)~(D)의 순서대로 선택지가 구성된다.

(Tip) 글의 세부 사항을 묻는 지칭 추론, 내용 불일치 문제를 먼저 풀면서 대략적인 글의 순서를 확인한다.

📍 어휘 및 표현 Preview

- □ **uneasy** 불안한
- □ **utter** (목소리를) 내다
- □ **backboard** (농구 골대의) 백보드
- □ **intense** 팽팽한, 격렬한
- □ **tie** ~와 동점을 이루다
- □ **sting** 따끔거리다
- □ **comforting** 위로하는
- □ **drill** 연습, 훈련
- □ **soften** 부드러워지다
- □ **reassuring** 안심시키는
- □ **firmly** 단호하게
- □ **dizzy** 어지러운
- □ **flourishing** 번영하는
- □ **disown** 의절하다
- □ **injection** 주사

- □ **furry** 털이 많은
- □ **infection** 감염
- □ **administer** (약을) 투여하다
- □ **pat** 쓰다듬다
- □ **explode** 폭발하다
- □ **carpenter** 목수
- □ **isolation** 고립
- □ **openness** 관대함
- □ **creek** 샛강
- □ **bulldozer** 불도저
- □ **meadow** 초원
- □ **breeze** 산들바람
- □ **contagious** 전염성이 있는
- □ **ticklishness** 간지럼
- □ **orphaned** 고아가 된

- □ **onward** 앞으로
- □ **enviable** 선망의 대상이 되는
- □ **defeat** 패배
- □ **endure** 견디다
- □ **acquaintance** 아는 사람, 지인
- □ **undertake** 맡다
- □ **mingle** 섞다
- □ **rejoice** 크게 기뻐하다
- □ **helplessness** 무력감
- □ **beckon** (오라고) 손짓하다
- □ **rage** 몹시 화를 내다
- □ **in vain** 허사가 되어, 헛되이
- □ **put together** ~을 조립하다
- □ **in a row** 연이어
- □ **out of one's sight** 보이지 않는 곳에

S 복합 문단의 이해

1st 글의 세부 사항을 묻는 일치/불일치 문제를 먼저 풀면서 글의 내용을 대략적으로 확인하세요.
2nd 마찬가지로 글의 세부 사항을 파악해야 하는 지칭 추론 문제를 통해 다시 한번 글의 내용을 확인하세요.
3rd 파악한 세부 사항을 활용하여 각 문단의 내용을 요약하고, 순서를 맞춰 보세요.

[S01~03] 다음 글을 읽고, 물음에 답하시오. 

(A)

On Saturday morning, Todd and his 5-year-old daughter Ava walked out of the store with the groceries they had just purchased. As they pushed their grocery cart through the parking lot, they saw a red car pulling into the space 5 next to their pick-up truck. A young man named Greg was driving. "That's a cool car," Ava said to her dad. (a) <u>He</u> agreed and looked at Greg, who finished parking and opened his door. 10

(B)

By this time, Greg had already pulled one thin wheel out of his car and attached it to the frame. He was now pulling a second wheel out when he looked up and saw Todd standing near him. Todd said, "Hi there! Have a great 15 weekend!" Greg seemed a bit surprised, but replied by wishing (b) <u>him</u> a great weekend too. Then Greg added, "Thanks for letting me have my independence." "Of course," Todd said.

(C)

As Todd finished loading his groceries, Greg's 20 door remained open. Todd noticed Greg didn't get out of his car. But he was pulling something from his car. He put a metal frame on the ground beside his door. Remaining in the driver's seat, he then reached back into (c) 25 <u>his</u> car to grab something else. Todd realized what he was doing and considered whether (d) <u>he</u> should try to help him. After a moment, he decided to approach Greg.

(D)

After Todd and Ava climbed into their truck, 30 Ava became curious. So she asked why (e) <u>he</u> didn't offer to help the man with his wheelchair. Todd said, "Why do you insist on brushing your teeth without my help?" She answered, "Because I know how to!" He said, 35 "And the man knows how to put together his wheelchair." Ava understood that sometimes the best way to help someone is to not help at all.

S01 ★★❀ ·· 고2 2024(6월)/43

주어진 글 (A)에 이어질 내용을 순서에 맞게 배열한 것으로 가장 적절한 것은?

① (B) — (D) — (C) 　② (C) — (B) — (D)
③ (C) — (D) — (B) 　④ (D) — (B) — (C)
⑤ (D) — (C) — (B)

S02 ★★❀ ·· 고2 2024(6월)/44

밑줄 친 (a)~(e) 중에서 가리키는 대상이 나머지 넷과 다른 것은?

① (a)　② (b)　③ (c)　④ (d)　⑤ (e)

S03 ❀❀❀ ·· 고2 2024(6월)/45

윗글에 관한 내용으로 적절하지 <u>않은</u> 것은?

① Ava는 차가 멋지다고 말했다.
② Greg는 얇은 바퀴를 프레임에 끼웠다.
③ Greg는 휠체어를 꺼내준 것에 감사하다고 말했다.
④ Todd는 Greg가 차에서 내리지 않은 것을 알아차렸다.
⑤ Ava는 트럭에 오른 후 호기심이 생겼다.

S03

1st 글의 세부 사항을 묻는 일치/불일치 문제를 먼저 풀면서 글의 내용을 대략적으로 확인하세요.

1) 먼저 선택지의 핵심 어구에 □ 표시를 하고, 글에서 찾아야 할 정보가 무엇인지 확인합시다.

① Ava는 차가 멋지다고 말했다.
② Greg는 얇은 바퀴를 프레임에 끼웠다.
③ Greg는 휠체어를 꺼내준 것에 감사하다고 말했다.
④ Todd는 Greg가 차에서 내리지 않은 것을 알아차렸다.
⑤ Ava는 트럭에 오른 후 호기심이 생겼다.

● **우리가 찾아야 하는 다섯 가지 정보를 확인했어요.**
① Ava가 차가 멋지다고 했는지 아닌지,
② Greg가 얇은 바퀴를 프레임에 끼웠는지 안 끼웠는지,
③ Greg가 휠체어를 꺼내준 것에 감사하다고 말했는지 아닌지,
④ Todd는 Greg가 내리지 않은 것을 알아차렸는지 못 알아차렸는지,
⑤ Ava는 트럭에 오른 후 호기심이 생겼는지 그 전에 생겼는지를 글을 읽으면서 확인하면 정답을 찾을 수 있어요.

2) 선택지의 일치 여부를 확인할 수 있는 단서는 (A), (B), (C), (D) 문단에 순서대로 제시돼요. ①과 (A) 문단부터 확인해 봅시다.

"That's a cool car," / Ava said to her dad. //
"저것은 멋진 차네요"라고 / Ava가 그녀의 아빠에게 말했다 //

● **"That's a cool car,"를 찾았나요?**
Ava가 그녀의 아빠에게 말한 거예요.
따라서 ① 'Ava는 차가 멋지다고 말했다.'는 글의 내용으로 적절해요.
▶ (O)

3) ②의 핵심 단어는 '얇은 바퀴'예요.

By this time, Greg had already pulled / one thin
그때쯤, Greg는 이미 꺼냈다 / 그의 차에서
wheel out of his car / and attached it to the frame. //
얇은 바퀴 하나를 / 그리고 그것을 프레임에 끼웠다 //

● **one thin wheel이 보이네요!**
Greg가 얇은 바퀴를 차에서 꺼냈고, 그것을 프레임에 끼웠다고 했어요.
따라서 ② 'Greg는 얇은 바퀴를 프레임에 끼웠다.'도 글의 내용으로
적절해요. ▶ (O)

4) ③의 일치 여부도 확인해 봅시다.

Then Greg added, / "Thanks for letting me have my
그리고 Greg는 덧붙였다 / "내가 독립성을 가질 수 있게 해줘서
independence." //
고맙습니다"라고 //

● **'휠체어'라는 단어가 있나요?**
우리는 ③의 핵심 단어로 '휠체어'를 뽑았어요. 그런데 Greg가 감사를 표현한 문장에 '휠체어'는 등장하지 않아요. 대신 독립성을 가질 수 있게 해줘서 고맙다고 했어요.
이것은 휠체어를 꺼내준 것이 아닌, 자신이 직접 휠체어를 꺼내서 조립할 수 있도록 Todd가 그저 보고만 있어 줘서 고맙다는 거죠? Greg가 감사의 말을 전한 것은 맞지만, 그 이유가 잘못되었네요.
따라서 ③ 'Greg는 휠체어를 꺼내준 것에 감사하다고 말했다.'는 글의 내용으로 적절하지 않아요. ▶ (X)
S03의 정답은 **1** (   )이에요.

5) 정답은 찾았지만 ④도 확인해 볼까요?

Todd noticed / Greg didn't get out of his car. //
Todd는 알아차렸다 / Greg가 그의 차에서 내리지 않은 것을 //

● **Todd는 무엇을 알아차렸나요?**
Todd는 Greg가 그의 차에서 내리지 않은 것을 알아차렸다고 했어요.
따라서 ④ 'Todd는 Greg가 차에서 내리지 않은 것을 알아차렸다.'도 역시 글의 내용으로 적절해요. ▶ (O)

6) 마지막으로 ⑤도 확인해 봅시다.

After Todd and Ava climbed into their truck, / Ava
Todd와 Ava가 그들의 트럭에 올라탄 후에 / Ava는
became curious. //
호기심이 생겼다 //

● **Ava는 언제 호기심이 생겼나요?**
Todd와 Ava는 트럭에 올라탔고, 그 후 Ava는 호기심이 생겼다고 했어요.
따라서 ⑤ 'Ava는 트럭에 오른 후 호기심이 생겼다.'는 글의 내용으로 적절해요. ▶ (O)

S02

2nd 마찬가지로 글의 세부 사항을 파악해야 하는 지칭 추론 문제를 통해 다시 한번 글의 내용을 확인하세요.

1) 지칭 추론 문제 역시 (A)부터 읽으며 (a)가 가리키는 대상을 파악해 봅시다.

A young man named Greg was driving. //
Greg라는 이름의 한 젊은 남자가 운전을 하고 있었다 //
"That's a cool car," / Ava said to her dad. //
"저것은 멋진 차네요"라고 / Ava가 그녀의 아빠에게 말했다 //
(a) He agreed and looked at Greg, / who finished
그는 동의했고 Greg를 보았는데 / 그는 주차를 마치고
parking and opened his door. //
그의 문을 열었다 //

● **동의하며 Greg를 본 He는 누구일까요?**
Ava는 여자이므로 He로 가리킬 수 없고, He로 가리킬 수 있는 것은 Todd나 Greg인데, (a) He가 Greg를 보았다고 했으니까 (a)는 Todd를 가리키는 걸 알 수 있어요. ▶ (a) He = Todd

2) 이제 (b)를 봅시다.

> Greg seemed a bit surprised, / but replied / by
> Greg는 약간 놀란 것처럼 보였지만   / 답했다   /
> wishing (b) him a great weekend too. //
> 그에게 좋은 주말을 보내라고   //

● **Greg가 답을 한 부분이네요.**
놀란 Greg가 답을 한 상대방이니까, (b)는 Todd겠네요. (a)와 (b)가 모두
Todd이기 때문에 이제 우리는 Greg를 지칭하는 것을 찾으면 되겠어요.
▶ (b) him = Todd

3) (c)가 포함된 문장을 봅시다.

> Todd noticed / Greg didn't get out of his car. //
> Todd는 알아차렸다 / Greg가 그의 차에서 내리지 않은 것을   //
> But he was pulling something / from his car. //
> 그러나 그는 무엇인가를 꺼내고 있었다   / 그의 차에서   //
> He put a metal frame / on the ground / beside his
> 그는 금속 프레임을 두었다   / 바닥에   / 그의 문 옆 //
> door. //
> Remaining in the driver's seat, / he then reached
> 운전석에 머무른 채   / 그는 그의 차 안 뒤쪽으로
> back into (c) his car / to grab something else. //
> 손을 뻗었다   / 무엇인가 다른 것을 잡기 위해   //

● **Todd가 Greg를 지켜보고 있는 상황이에요.**
Todd는 Greg가 차에서 내리지 않은 것을 알아차렸고, 차에서 무언가를
꺼내는 것을 보고 있었어요. 차에서 금속 프레임을 꺼내 바닥에 두었고,
또 다른 것을 잡기 위해 차 뒤쪽으로 손을 뻗었대요. 그렇다면 (c)는
Greg를 가리키네요! Todd가 아닌 Greg를 가리키는 (c)가 정답이에요!
▶ (c) his = Greg's
S02의 정답은 ❷(   )이에요.

4) 나머지도 봅시다. (d)는 바로 다음 문장에 있어요.

> Todd realized / what he was doing / and considered
> Todd는 깨달았다   / 그가 무엇을 하고 있는지를   / 그리고 생각했다
> / whether (d) he should try to help him. //
> / 그가 그를 도와야 할지를   //

● **Todd가 깨달았대요.**
Greg가 무엇을 하고 있는지 깨닫고, 그를 도와야 할지 고민한 사람은
Todd를 가리켜요. ▶ (d) he = Todd

5) 마지막 (e)를 봅시다.

> So she asked / why (e) he didn't offer to help the
> 그래서 그녀는 물었다 / 왜 그가 그 남자에게 도움을 제공하지 않았는지를
> man / with his wheelchair. //
> / 휠체어에 대해   //

● **Ava는 차에 탄 Todd에게 물었어요.**
Ava가 왜 Greg를 돕지 않았는지 물은 대상이니까 (e)도 Todd가 맞네요.
▶ (e) he = Todd

S01

3rd 파악한 세부 사항을 활용하여 각 문단의 내용을 요약하고, 순서를
맞춰 보세요.

**1) 두 문제를 풀면서 많은 세부 사항을 파악했어요. 이를 토대로 각
문단을 요약해 봅시다.**

(A) 문단	Todd와 그의 딸 Ava가 식료품을 갖고 그들의 픽업 트럭으로 가던 중 옆 공간으로 들어오는 Greg의 차를 봄
(B) 문단	Greg는 근처에 서 있는 Todd를 봤고, 좋은 주말을 보내라는 인사만을 건넨 Todd에게 자신이 독립성을 가질 수 있게 해서 고맙다고 함
(C) 문단	트럭에 식료품을 다 실은 Todd는 Greg가 차에서 무언가를 계속 꺼내는 모습을 보고 도와줄지 고민하다 Greg에게 다가감
(D) 문단	Todd와 Ava는 트럭에 탔고, 왜 도와주지 않았냐는 Ava의 물음에 Todd는 Greg가 휠체어 조립 방법을 이미 알고 있기 때문이라고 답함

2) 이제 선택지에서 정답을 골라봅시다.
(A) Todd와 그의 딸 Ava가 식료품을 갖고 그들의 픽업 트럭으로 가던 중
옆 공간으로 들어와 주차하는 Greg의 차를 보았어요. Todd와 Ava는 차가
멋지다는 대화를 나눴죠.
(C) 트럭에 식료품을 다 실은 Todd는 Greg가 차에서 내리지 않는 것을
발견해요. 조금 더 살펴보니 Greg는 차에서 무언가를 꺼내고 있었고,
Todd는 그를 도울지 고민을 하며 그에게 다가갔죠.
(B) Todd는 Greg를 돕지 않고 인사만을 건넸어요. 그랬더니 Greg는 약간
놀라며 Todd에게 자신을 도와주지 않아 주어 고맙다고 해요.
(D) Todd와 Ava는 그들의 트럭에 올라탔고, 왜 돕지 않았는지 묻는 Ava에게
Todd는 누군가를 돕는 가장 좋은 방법 중 하나를 깨닫게 했어요.
따라서 글의 순서로 가장 적절한 것은 (C) — (B) — (D)로, S01의 정답은
❸(   )이에요.

S04 ～ 06 ▶ 제한시간 5분

[S04 ～ 06] 다음 글을 읽고, 물음에 답하시오.

(A)

Ms. Blake walked along the edge of the soccer field, watching Eva pack up her things after practice. She paused for a moment, then called out, "Hey, Eva! How about staying a little longer? We can work on some drills — just the two of us." Eva hesitated. "I don't know, Coach. I'm pretty tired." Ms. Blake gave her a warm smile. "Just ten minutes. It'll be fun. I promise." Finally, Eva agreed, though (a) <u>she</u> still seemed reluctant. They practiced passing the ball together.

(B)

The next game, Ms. Blake watched from the sidelines as Eva played. There was a new confidence that hadn't been there before. Eva didn't score but led the team successfully. After the game (b) <u>she</u> ran over, saying, "Thanks for believing in me, Coach." Ms. Blake smiled back. "You've always had it in you. I'm just here to remind (c) <u>you</u> of that." Eva's face softened, as she realized she had been too hard on herself. She said to herself, "What matters is doing my best, not being perfect."

(C)

Ms. Blake stepped closer and placed a reassuring hand on Eva's shoulder. She suggested, "You don't have to be perfect. Soccer isn't about perfection — it's about passion. And you've always had plenty of that." Eva's gaze met Ms. Blake's. "Do (d) <u>you</u> really think so?" Ms. Blake said firmly, "Yes. The way you play, the energy you bring — that's what makes you special. Not the goals scored or the trophies won. It's the love you have for the game." Eva nodded thoughtfully.

(D)

Ms. Blake noticed that Eva's movements were slow and that her focus seemed elsewhere. Breaking the silence, Ms. Blake asked, "Do you remember the final game last year?" "Yeah, I remember." Eva recalled the game where she scored three goals. "(e) <u>I</u> was quite good back then." "You still are," replied Ms. Blake. "Well, now I'm so worried I can't score a goal or even pass the ball properly. I'm afraid of making mistakes," said Eva.

S04 ✻✻✻✻   고2 2025(3월)/43

주어진 글 (A)에 이어질 내용을 순서에 맞게 배열한 것으로 가장 적절한 것은?

① (B) — (D) — (C)   ② (C) — (B) — (D)
③ (C) — (D) — (B)   ④ (D) — (B) — (C)
⑤ (D) — (C) — (B)

S05 ✻✻✻✻   고2 2025(3월)/44

밑줄 친 (a)~(e) 중에서 가리키는 대상이 나머지 넷과 <u>다른</u> 것은?

① (a)   ② (b)   ③ (c)   ④ (d)   ⑤ (e)

S06 ✻✻✻✻   고2 2025(3월)/45

윗글에 관한 내용으로 적절하지 <u>않은</u> 것은?

① Eva는 Ms. Blake와 함께 공을 패스하는 연습을 했다.
② Eva는 자기 자신에게 너무 엄격했다는 것을 깨달았다.
③ Ms. Blake는 축구는 완벽함이 아니라 열정에 관한 것이라고 말했다.
④ Ms. Blake는 Eva의 움직임이 빠르다는 것을 알아차렸다.
⑤ Eva는 한 경기에서 세 골을 넣은 적이 있었다.

[S07 ~ 09] 다음 글을 읽고, 물음에 답하시오.

(A)

As the train pulled into a quiet countryside station, the gentle chatter of passengers filled the air. Linda was excited to finally visit her grandparents after two years. She watched people getting onto the train and hurriedly finding their seats. A moment later, an elderly woman struggled with a heavy bag, trying to sit down next to (a) <u>her</u>. The bag seemed almost too big for her small body.

(B)

As the elderly woman finally calmed down, she looked at Linda with a smile. "I'm so sorry," she said. "I have low blood pressure, and the sudden movement of the train must have made me feel dizzy. Thank you so much for helping me." Linda nodded gently in response, then turned her gaze back to the peaceful countryside scene. She thought that no matter how unsure (b) <u>she</u> might feel, even the smallest act of help is much better for someone in need than doing nothing.

(C)

Linda carefully tapped the elderly woman's shoulder to check if she was alright. The woman groaned softly, trying to gather her strength. Linda moved closer, sliding a hand under the woman's back. As the woman's eyes slowly opened, (c) <u>she</u> reassured her softly, "It's okay, just relax for a moment." Linda helped the woman sit up slowly, then guided (d) <u>her</u> back to her seat. As the situation settled, people around went back to their seats.

* groan: 끙 소리를 내다

(D)

Linda hesitated, unsure if the elderly woman would want her help. But soon, she chose to assist the woman. "Let me help you with your bag," she said. Before she could reach the bag, the elderly woman suddenly lost her balance and fell down. She lay on her back, and her face was pale. Linda froze for a moment, feeling the urgency of the situation. (e) <u>She</u> quickly knelt down beside the fallen woman, as a few people rushed over.

S07 ✿✿✿   고2 2025(6월)/43

주어진 글 (A)에 이어질 내용을 순서에 맞게 배열한 것으로 가장 적절한 것은?

① (B) — (D) — (C)   ② (C) — (B) — (D)
③ (C) — (D) — (B)   ④ (D) — (B) — (C)
⑤ (D) — (C) — (B)

S08 ✿✿✿   고2 2025(6월)/44

밑줄 친 (a)~(e) 중에서 가리키는 대상이 나머지 넷과 다른 것은?

① (a)   ② (b)   ③ (c)   ④ (d)   ⑤ (e)

S09 ✿✿✿   고2 2025(6월)/45

윗글에 관한 내용으로 적절하지 않은 것은?

① Linda는 조부모님을 방문하게 되어 들떠 있었다.
② 노인은 미소를 지으며 Linda를 보았다.
③ Linda는 조심스럽게 노인의 어깨를 두드렸다.
④ 노인이 도움을 필요로 한다고 Linda는 확신했다.
⑤ 노인은 갑자기 균형을 잃고 쓰러졌다.

(A)

Collin's dad had a 15-year-old car, which was the same age as Collin. He decided that it was finally time to replace it with a newer model. One evening at dinner, (a) he shared his plan to buy a new car with his family. Excited by the news, Collin became determined to contribute to his dad's big purchase. Over the past several years, Collin had saved his allowance money. He felt that this was the perfect opportunity to do something special for his dad.

(B)

That afternoon, Collin's dad went to the car dealership and purchased a car that was only one year old. He picked a red car because that was Collin's favorite color. The money that his son had left for (b) him was enough to cover the remaining cost, and he even had some funds left over! Collin's dad decided to buy his son a small gift with the extra money. That evening, when Collin came home, he was amazed to see the new car parked in the driveway.

(C)

His dad thanked him sincerely, and told Collin how proud (c) he was of his thoughtful gesture. Then, he handed Collin a small box with a bow on top of it, and a brand-new baseball was inside. Collin loved it! (d) He beamed with excitement and said, "Not only do we have a new car, but I also got an awesome new baseball!" His dad smiled warmly and hugged him. Collin's kind and generous heart had created a beautiful moment for his family.

(D)

The next morning, before heading to school, Collin put an envelope on the kitchen table. When his dad came into the kitchen, (e) he noticed the envelope and asked his wife about it. She explained that Collin had left it there before leaving for school. Collin's dad opened the envelope and saw a thick stack of money. "There's $1,000 in here!" he exclaimed, after counting it. His wife smiled and said, "Collin wanted to help you pay for the new car."

S10 ❋❋❋ 고2 2025(9월)/43

주어진 글 (A)에 이어질 내용을 순서에 맞게 배열한 것으로 가장 적절한 것은?

① (B) — (D) — (C) ② (C) — (B) — (D)
③ (C) — (D) — (B) ④ (D) — (B) — (C)
⑤ (D) — (C) — (B)

S11 ❋❋❋ 고2 2025(9월)/44

밑줄 친 (a)~(e) 중에서 가리키는 대상이 나머지 넷과 다른 것은?

① (a) ② (b) ③ (c) ④ (d) ⑤ (e)

S12 ❋❋❋ 고2 2025(9월)/45

윗글에 관한 내용으로 적절하지 않은 것은?

① Collin은 지난 수년 동안 용돈을 모았다.
② Collin의 아버지는 빨간색 차를 구입했다.
③ Collin의 아버지는 Collin에게 선물을 사주기로 결심했다.
④ 상자 안에는 야구공이 들어 있었다.
⑤ Collin은 학교에 다녀온 후 봉투를 탁자 위에 두었다.

[S13~15] 다음 글을 읽고, 물음에 답하시오.

(A)

Max awoke to the gentle sunlight of an autumn day. Right on schedule, he swung his legs off the bed and took a deep, satisfying breath. He began his morning the same way he usually did, getting dressed and going to school. Today was going to be another perfect day until he ran into Mr. Kapoor, his science teacher. "Just to remind (a) you. Science fair projects are due next Wednesday. Don't forget to submit your final draft on time," Mr. Kapoor said.

(B)

Max thought for a moment. "I guess…. I can do that by rescheduling tonight's baseball lesson." Jeremy beamed. "See? That's you finding a solution." Max felt a genuine smile spreading. The next Wednesday, (b) he successfully handed in the final draft on time with satisfaction. From then on, he still loved order and routines, but also embraced the messy, unpredictable bits of life too.

(C)

Max froze. *What? It can't be! It was due next Friday!* After school, he came home worrying that his whole perfectly planned week was going to be ruined. Without his usual greeting, Max headed to his room in haste. "What's wrong Max?," Jeremy, his dad, followed Max, worrying about him. Max furiously browsed through his planner without answering (c) him, only to find the wrong date written in it.

(D)

Fighting through tears, Max finally managed to explain the unending pressure to be perfect to (d) his dad. To his surprise, Jeremy laughed. "Max, guess what? Perfect is a great goal, but nobody gets there all the time. What matters is what we do when things get messy." That made him feel a little better. "You are saying (e) I can fix this?" "Absolutely, try to deal with problems in a logical way," Jeremy said.

S13

❀❀❀   고2 2024(10월)/43

주어진 글 (A)에 이어질 내용을 순서에 맞게 배열한 것으로 가장 적절한 것은?

① (B) — (D) — (C)   ② (C) — (B) — (D)
③ (C) — (D) — (B)   ④ (D) — (B) — (C)
⑤ (D) — (C) — (B)

S14

❀❀❀   고2 2024(10월)/44

밑줄 친 (a)~(e) 중에서 가리키는 대상이 나머지 넷과 다른 것은?

① (a)   ② (b)   ③ (c)   ④ (d)   ⑤ (e)

S15

❀❀❀   고2 2024(10월)/45

윗글에 관한 내용으로 적절하지 <u>않은</u> 것은?

① Max는 평소와 똑같은 방식으로 아침을 시작했다.
② Max는 야구 레슨에 예정대로 참여하겠다고 말했다.
③ Max는 학교를 마친 후 걱정하며 집으로 돌아왔다.
④ Jeremy는 걱정하며 Max를 따라갔다.
⑤ Jeremy는 문제를 논리적으로 처리해 보라고 말했다.

(A)

Christine was a cat owner who loved her furry companion, Leo. One morning, she noticed that Leo was not feeling well. Concerned for her beloved cat, Christine decided to take him to the animal hospital. As she always brought Leo to this hospital, she was certain that the vet knew well about Leo. (a) <u>She</u> desperately hoped Leo got the necessary care as soon as possible.

(B)

"I'll call (b) <u>you</u> with updates as soon as we know anything," said the vet. Throughout the day, Christine anxiously awaited news about Leo. Later that day, the phone rang and it was the vet. "The tests revealed a minor infection. Leo needs some medication and rest, but he'll be back to his playful self soon." Relieved to hear the news, Christine rushed back to the animal hospital to pick up Leo.

(C)

The vet provided detailed instructions on how to administer the medication and shared tips for a speedy recovery. Back at home, Christine created a comfortable space for Leo to rest and heal. (c) <u>She</u> patted him with love and attention, ensuring that he would recover in no time. As the days passed, Leo gradually regained his strength and playful spirit.

(D)

The waiting room was filled with other pet owners. Finally, it was Leo's turn to see the vet. Christine watched as the vet gently examined him. The vet said, "(d) <u>I</u> think Leo has a minor infection." "Infection? Will he be okay?" asked Christine. "We need to do some tests to see if he is infected. But for the tests, it's best for Leo to stay here," replied the vet. It was heartbreaking for Christine to leave Leo at the animal hospital, but (e) <u>she</u> had to accept it was for the best.

S16 ✲✲✲   고2 2024(3월)/43

주어진 글 (A)에 이어질 내용을 순서에 맞게 배열한 것으로 가장 적절한 것은?

① (B) — (D) — (C)   ② (C) — (B) — (D)
③ (C) — (D) — (B)   ④ (D) — (B) — (C)
⑤ (D) — (C) — (B)

S17 ✲✲✲   고2 2024(3월)/44

밑줄 친 (a)~(e) 중에서 가리키는 대상이 나머지 넷과 <u>다른</u> 것은?

① (a)   ② (b)   ③ (c)   ④ (d)   ⑤ (e)

S18 ✲✲✲   고2 2024(3월)/45

윗글에 관한 내용으로 적절하지 <u>않은</u> 것은?

① Christine은 수의사가 Leo에 대해 잘 알고 있을 거라고 확신했다.
② Christine은 병원을 방문한 다음 날 수의사의 전화를 받았다.
③ 수의사는 Leo의 빠른 회복을 위한 조언을 했다.
④ 대기실은 다른 반려동물의 주인들로 꽉 차 있었다.
⑤ Leo의 감염 여부를 알기 위해 검사를 할 필요가 있었다.

[S19 ~ 21] 다음 글을 읽고, 물음에 답하시오.

(A)

My two girls grew up without challenges with respect to development and social interaction. My son Benjamin, however, was quite delayed. He struggled through his childhood, not fitting in with the other children and wondering what he was doing wrong at every turn. He was teased by the other children and frowned upon by a number of unsympathetic adults. But his Grade 1 teacher was a wonderful, caring person who took the time to ask why Benjamin behaved the way (a) <u>he</u> did.

(B)

I suspected the teacher had paid for it out of his own pocket. It was a story-board book with a place for a photo. On each page there was an outline of an animal and a hole so that the face in the photo appeared to be the face of the animal. Wondering if Benjamin would really be interested in the book, I brought it home. He loved it! Through that book, he saw that (b) <u>he</u> could be anything he wanted to be: a cat, an octopus, a dinosaur — even a frog!

(C)

The teacher was determined to understand Benjamin and to accept him as he was. One day he came home with a note from his teacher. He suggested I go to the school library. They were having a sale, and (c) <u>he</u> thought my son would like one of the books. I couldn't go for a couple of days and was concerned I'd missed the opportunity. When I finally went to the school, his teacher told me that the sale had ended but that the library had saved the book for my little boy.

(D)

Benjamin joyfully embarked on an imaginative journey through the book, and little did we know, it laid the groundwork for his future successes. And thankfully, his teacher had taken the time to observe and understand (d) <u>him</u> and had

discovered a way to help him reach out of his own world and join ours through a story-board book. My son later became a child actor and performed for seven years with a Toronto casting agency. (e) <u>He</u> is now a published author who writes fantasy and science-fiction! Who would have guessed?

S19　*❀❀　　　　　　　　　　　고2 2024(9월)/43

주어진 글 (A)에 이어질 내용을 순서에 맞게 배열한 것으로 가장 적절한 것은?

① (B) — (D) — (C)　　　② (C) — (B) — (D)
③ (C) — (D) — (B)　　　④ (D) — (B) — (C)
⑤ (D) — (C) — (B)

S20　*❀❀　　　　　　　　　　　고2 2024(9월)/44

밑줄 친 (a)~(e) 중에서 가리키는 대상이 나머지 넷과 <u>다른</u> 것은?

① (a)　　② (b)　　③ (c)　　④ (d)　　⑤ (e)

S21　*❀❀　　　　　　　　　　　고2 2024(9월)/45

윗글에 관한 내용으로 적절하지 <u>않은</u> 것은?

① Benjamin은 어린 시절 다른 아이들과 잘 어울리지 않았다.
② 'I'는 선생님이 책값을 지불했다고 짐작했다.
③ Benjamin은 'I'가 가져온 책을 좋아하지 않았다.
④ 선생님은 'I'에게 학교 도서관에 방문할 것을 제안했다.
⑤ Benjamin은 아역 배우가 되었다.

(A)

Once upon a time, two brothers, Robert and James, who lived on neighboring farms fell into conflict. It was the first serious fight in 40 years of farming side by side. It began with a small misunderstanding and it grew into a major argument, and finally it exploded into an exchange of bitter words followed by weeks of silence. One morning there was a knock on Robert's door. (a) He opened it to find a carpenter with a toolbox.

(B)

The two brothers stood awkwardly for a moment, but soon met on the bridge and shook hands. They saw the carpenter leaving with his toolbox. "No, wait! Stay a few more days." Robert told him. "Thank you for (b) your invitation. But I need to go build more bridges. Don't forget. The fence leads to isolation and the bridge to openness," said carpenter. The two brothers nodded at the carpenter's words.

(C)

Looking at Robert, the carpenter said, "I'm looking for a few days' work. Do (c) you have anything to repair?" "I have nothing to be repaired, but I have a job for you. Look across the creek at that farm. Last week, my younger brother James took his bulldozer and put that creek in the meadow between us. Well, (d) I will do even worse. I want you to build me an 8-foot tall fence which will block him from seeing my place," said Robert. The carpenter seemed to understand the situation.

(D)

Robert prepared all the materials the carpenter needed. The next day, Robert left to work on another farm, so he couldn't watch the carpenter for some days. When Robert returned and saw the carpenter's work, his jaw dropped. Instead of a fence, the carpenter had built a bridge that stretched from one side of the creek to the other. His brother was walking over, waving (e) his hand in the air. Robert laughed and said to the carpenter, "You really can fix anything."

S22 ✽✽✽ 고2 2023(11월)/43

주어진 글 (A)에 이어질 내용을 순서에 맞게 배열한 것으로 가장 적절한 것은?

① (B) — (D) — (C) ② (C) — (B) — (D)
③ (C) — (D) — (B) ④ (D) — (B) — (C)
⑤ (D) — (C) — (B)

S23 ✽✽✽ 고2 2023(11월)/44

밑줄 친 (a)~(e) 중에서 가리키는 대상이 나머지 넷과 다른 것은?

① (a) ② (b) ③ (c) ④ (d) ⑤ (e)

S24 ✽✽✽ 고2 2023(11월)/45

윗글에 관한 내용으로 적절하지 않은 것은?

① Robert와 James는 40년간 나란히 농사를 지었다.
② Robert는 떠나려는 목수에게 더 머무르라고 말했다.
③ James는 불도저로 초원에 샛강을 만들었다.
④ Robert는 목수가 필요로 하는 재료들을 준비해 주었다.
⑤ 목수는 샛강에 다리 대신 울타리를 설치했다.

[S25 ~ 27] 다음 글을 읽고, 물음에 답하시오.

(A)

John was a sensitive boy. Even his hair was ticklish. When breeze touched his hair he would burst out laughing. And when this ticklish laughter started, no one could make him stop. John's laughter was so contagious that when John started feeling ticklish, everyone ended up in endless laughter. He tried everything to control his ticklishness: wearing a thousand different hats, using ultra strong hairsprays, and shaving his head. But nothing worked. One day he met a clown in the street. The clown was very old and could hardly walk, but when he saw John in tears, he went to cheer (a) <u>him</u> up.

* ticklish: 간지럼을 타는

(B)

All were full of children who were sick, or orphaned, children with very serious problems. But as soon as they saw the clown, their faces changed completely and lit up with a smile. That day was even more special, because in every show John's contagious laughter would end up making the kids laugh a lot. The old clown winked at (b) <u>him</u> and said "Now do you see what a serious job it is? That's why I can't retire, even at my age."

(C)

It didn't take long to make John laugh, and they started to talk. John told (c) <u>him</u> about his ticklish problem. Then he asked the clown how such an old man could carry on being a clown. "I have no one to replace me," said the clown, "and I have a very serious job to do." And then he took John to many hospitals, shelters, and schools.

(D)

And he added, "Not everyone could do it. He or she has to have a special gift for laughter." This said, the wind again set off John's ticklishness and (d) <u>his</u> laughter. After a while, John decided to replace the old clown. From that day onward, the fact that John was different actually made (e) <u>him</u> happy, thanks to his special gift.

S25 ★★☆

주어진 글 (A)에 이어질 내용을 순서에 맞게 배열한 것으로 가장 적절한 것은?

① (B) — (D) — (C) ② (C) — (B) — (D)
③ (C) — (D) — (B) ④ (D) — (B) — (C)
⑤ (D) — (C) — (B)

S26 ❋❋❋

밑줄 친 (a)~(e) 중에서 가리키는 대상이 나머지 넷과 <u>다른</u> 것은?

① (a)   ② (b)   ③ (c)   ④ (d)   ⑤ (e)

S27 ❋❋❋

윗글의 John에 관한 내용으로 적절하지 <u>않은</u> 것은?

① 간지럼을 타지 않으려고 온갖 시도를 했다.
② 전염성 있는 웃음으로 아이들을 많이 웃게 했다.
③ 광대에게 그렇게 늙어서도 어떻게 계속 일할 수 있는지 물었다.
④ 광대와 함께 여러 병원과 보호 시설, 학교에 갔다.
⑤ 광대의 뒤를 잇지 않기로 했다.

(A)

Once upon a time there lived a poor but cheerful shoemaker. He was so happy, he sang all day long. The children loved to stand around his window to listen to (a) him. Next door to the shoemaker lived a rich man. He used to sit up all night to count his gold. In the morning, he went to bed, but he could not sleep because of the sound of the shoemaker's singing.

(B)

He could not sleep, or work, or sing — and, worst of all, the children no longer came to see (b) him. At last, the shoemaker felt so unhappy that he seized his bag of gold and ran next door to the rich man. "Please take back your gold," he said. "The worry of it is making me ill, and I have lost all of my friends. I would rather be a poor shoemaker, as I was before." And so the shoemaker was happy again and sang all day at his work.

(C)

There was so much there that the shoemaker was afraid to let it out of his sight. So he took it to bed with him. But he could not sleep for worrying about it. Very early in the morning, he got up and brought his gold down from the bedroom. He had decided to hide it up the chimney instead. But he was still uneasy, and in a little while he dug a hole in the garden and buried his bag of gold in it. It was no use trying to work. (c) He was too worried about the safety of his gold. And as for singing, he was too miserable to utter a note.

(D)

One day, (d) he thought of a way of stopping the singing. He wrote a letter to the shoemaker asking him to visit. The shoemaker came at once, and to his surprise the rich man gave him a bag of gold. When he got home again, the shoemaker opened the bag. (e) He had never seen so much gold before! When he sat down at his bench and began, carefully, to count it, the children watched through the window.

S28 ★★❀   고2 2021(3월)/43

주어진 글 (A)에 이어질 내용을 순서에 맞게 배열한 것으로 가장 적절한 것은?

① (B) — (D) — (C)   ② (C) — (B) — (D)
③ (C) — (D) — (B)   ④ (D) — (B) — (C)
⑤ (D) — (C) — (B)

S29 ★★❀   고2 2021(3월)/44

밑줄 친 (a)~(e) 중에서 가리키는 대상이 나머지 넷과 다른 것은?

① (a)   ② (b)   ③ (c)   ④ (d)   ⑤ (e)

S30 ★★★   고2 2021(3월)/45

윗글의 shoemaker에 관한 내용으로 적절하지 <u>않은</u> 것은?

① 그의 노래로 인해 옆집 사람이 잠을 잘 수 없었다.
② 예전처럼 가난하게 살고 싶지 않다고 말했다.
③ 정원에 구멍을 파고 금화가 든 가방을 묻었다.
④ 부자가 보낸 편지에 즉시 그를 만나러 갔다.
⑤ 금화를 셀 때 아이들이 그 모습을 봤다.

[S31 ~ 33] 다음 글을 읽고, 물음에 답하시오.

(A)

The basketball felt like it belonged in Chanel's hands even though it was only a practice game. She decided not to pass the ball to her twin sister, Vasha. Instead, (a) <u>she</u> stopped, jumped, and shot the ball toward the basket, but it bounced off the backboard. Chanel could see that her teammates were disappointed. The other team got the ball and soon scored, ending the game.

(B)

The next day, Chanel played in the championship game against a rival school. It was an intense game and the score was tied when Chanel was passed the ball by Vasha, with ten seconds left in the game. (b) <u>She</u> leaped into the air and shot the ball. It went straight into the basket! Chanel's last shot had made her team the champions. Vasha and all her other teammates cheered for her.

(C)

At first, Chanel did not like practicing with Vasha because every time Vasha shot the ball, it went in. But whenever it was Chanel's turn, she missed. (c) <u>She</u> got frustrated at not making a shot. "Don't give up!" Vasha shouted after each missed shot. After twelve misses in a row, her thirteenth shot went in and she screamed, "I finally did it!" Her twin said, "I knew (d) <u>you</u> could! Now let's keep practicing!"

(D)

When the practice game ended, Chanel felt her eyes sting with tears. "It's okay," Vasha said in a comforting voice. Chanel appreciated her, but Vasha wasn't making her feel any better. Vasha wanted to help her twin improve. She invited her twin to practice with (e) <u>her</u>. After school, they got their basketball and started practicing their basketball shots.

S31 ✿✿✿

고2 2022(11월)/43

주어진 글 (A)에 이어질 내용을 순서에 맞게 배열한 것으로 가장 적절한 것은?

① (B) — (D) — (C)　　② (C) — (B) — (D)
③ (C) — (D) — (B)　　④ (D) — (B) — (C)
⑤ (D) — (C) — (B)

S32 ✿✿✿

고2 2022(11월)/44

밑줄 친 (a)~(e) 중에서 가리키는 대상이 나머지 넷과 다른 것은?

① (a)　　② (b)　　③ (c)　　④ (d)　　⑤ (e)

S33 ✿✿✿

고2 2022(11월)/45

윗글에 Chanel에 관한 내용으로 적절하지 <u>않은</u> 것은?

① 연습 경기 중에 팀원들의 실망한 모습을 보았다.
② 라이벌 학교와의 챔피언십 경기에 출전했다.
③ 팀을 우승시키는 마지막 슛을 성공했다.
④ 슛 연습에서 연이은 실패 후에 12번째 슛이 들어갔다.
⑤ 방과 후에 농구 슛을 연습하기 시작했다.

(A)

When Jack was a young man in his early twenties during the 1960s, he had tried to work in his father's insurance business, as was expected of him. His two older brothers fit in easily and seemed to enjoy their work. But Jack was bored with the insurance industry. "It was worse than being bored," he said. "I felt like I was dying inside." Jack felt drawn to hair styling and dreamed of owning a hair shop with a lively environment. He was sure that (a) he would enjoy the creative and social aspects of it and that he'd be successful.

(B)

Jack understood that his father feared adoption, in this case especially because the child was of a different racial background than their family. Jack and Michele risked rejection and went ahead with the adoption. It took years but eventually Jack's father loved the little girl and accepted (b) his son's independent choices. Jack realized that, although he often felt fear and still does, he has always had courage. In fact, courage was the scaffolding around which (c) he had built richness into his life.

* scaffolding: 발판

(C)

When he was twenty-six, Jack approached his father and expressed his intentions of leaving the business to become a hairstylist. As Jack anticipated, his father raged and accused Jack of being selfish, ungrateful, and unmanly. In the face of his father's fury, Jack felt confusion and fear. His resolve became weak. But then a force filled (d) his chest and he stood firm in his decision. In following his path, Jack not only ran three flourishing hair shops, but also helped his clients experience their inner beauty by listening and encouraging them when they faced dark times.

(D)

His love for his work led to donating time and talent at nursing homes, which in turn led to becoming a hospice volunteer, and eventually to starting fundraising efforts for the hospice program in his community. And all this laid a strong stepping stone for another courageous move in his life. When, after having two healthy children of their own, Jack and his wife, Michele, decided to bring an orphaned child into their family, (e) his father threatened to disown them.

S34 ✽✽✽

주어진 글 (A)에 이어질 내용을 순서에 맞게 배열한 것으로 가장 적절한 것은?

① (B) — (D) — (C) 　② (C) — (B) — (D)
③ (C) — (D) — (B) 　④ (D) — (B) — (C)
⑤ (D) — (C) — (B)

S35 ✽✽✽

밑줄 친 (a)~(e) 중에서 가리키는 대상이 나머지 넷과 다른 것은?

① (a)　② (b)　③ (c)　④ (d)　⑤ (e)

S36 ✽✽✽

윗글의 Jack에 관한 내용으로 적절하지 않은 것은?

① 두 형은 자신들의 일을 즐기는 것으로 보였다.
② 아버지의 반대로 입양을 포기했다.
③ 아버지에게 회사를 떠나겠다는 의사를 밝혔다.
④ 세 개의 번창하는 미용실을 운영했다.
⑤ 지역사회에서 모금 운동을 시작했다.

[S37 ~ 39] 다음 글을 읽고, 물음에 답하시오.

(A)

There was a very wealthy man who was bothered by severe eye pain. He consulted many doctors and was treated by several of them. He did not stop consulting a galaxy of medical experts; he was heavily medicated and underwent hundreds of injections. However, the pain persisted and was worse than before. At last, (a) he heard about a monk who was famous for treating patients with his condition. Within a few days, the monk was called for by the suffering man.　*monk: 수도사

(B)

In a few days everything around (b) that man was green. The wealthy man made sure that nothing around him could be any other colour. When the monk came to visit him after a few days, the wealthy man's servants ran with buckets of green paint and poured them all over him because he was wearing red clothes. (c) He asked the servants why they did that.

(C)

They replied, "We can't let our master see any other colour." Hearing this, the monk laughed and said "If only you had purchased a pair of green glasses for just a few dollars, you could have saved these walls, trees, pots, and everything else and you could have saved a large share of (d) his fortune. You cannot paint the whole world green."

(D)

The monk understood the wealthy man's problem and said that for some time (e) he should concentrate only on green colours and not let his eyes see any other colours. The wealthy man thought it was a strange prescription, but he was desperate and decided to try it. He got together a group of painters and purchased barrels of green paint and ordered that every object he was likely to see be painted green just as the monk had suggested.

S37　★★✿　　　　　　고2 2022(9월)/43

주어진 글 (A)에 이어질 내용을 순서에 맞게 배열한 것으로 가장 적절한 것은?

① (B) — (D) — (C)　　② (C) — (B) — (D)
③ (C) — (D) — (B)　　④ (D) — (B) — (C)
⑤ (D) — (C) — (B)

S38　★★✿　　　　　　고2 2022(9월)/44

밑줄 친 (a)~(e) 중에서 가리키는 대상이 나머지 넷과 <u>다른</u> 것은?

① (a)　　② (b)　　③ (c)　　④ (d)　　⑤ (e)

S39　★★✿　　　　　　고2 2022(9월)/45

윗글에 관한 내용으로 적절하지 <u>않은</u> 것은?

① 부자는 눈 통증으로 여러 명의 의사에게 치료받았다.
② 수도사는 붉은 옷을 입고 부자를 다시 찾아갔다.
③ 하인들은 녹색 안경을 구입했다.
④ 부자는 수도사의 처방이 이상하다고 생각했다.
⑤ 부자는 주변을 모두 녹색으로 칠하게 했다.

(A)

Henrietta is one of the greatest "queens of song." She had to go through a severe struggle before (a) she attained the enviable position as the greatest singer Germany had produced. At the beginning of her career she was hissed off a Vienna stage by the friends of her rival, Amelia. But in spite of this defeat, Henrietta endured until all Europe was at her feet.

* hiss off: 야유하여 쫓아내다

(B)

The answer was, "That's my mother, Amelia Steininger. She used to be a great singer, but she lost her voice, and she cried so much about it that now (b) she can't see anymore." Henrietta inquired their address and then told the child, "Tell your mother an old acquaintance will call on her this afternoon." She searched out their place and undertook the care of both mother and daughter. At her request, a skilled doctor tried to restore Amelia's sight, but it was in vain.

(C)

But Henrietta's kindness to (c) her former rival did not stop here. The next week she gave a benefit concert for the poor woman, and it was said that on that occasion Henrietta sang as (d) she had never sung before. And who can doubt that with the applause of that vast audience there was mingled the applause of the angels in heaven who rejoice over the good deeds of those below?

(D)

Many years later, when Henrietta was at the height of her fame, one day she was riding through the streets of Berlin. Soon she came across a little girl leading a blind woman. She was touched by the woman's helplessness, and she impulsively beckoned the child to (e) her, saying "Come here, my child. Who is that you are leading by the hand?"

S40 ★★★

주어진 글 (A)에 이어질 내용을 순서에 맞게 배열한 것으로 가장 적절한 것은?

① (B) — (D) — (C)　　② (C) — (B) — (D)
③ (C) — (D) — (B)　　④ (D) — (B) — (C)
⑤ (D) — (C) — (B)

S41 ★★★

밑줄 친 (a)~(e) 중에서 가리키는 대상이 나머지 넷과 다른 것은?

① (a)　② (b)　③ (c)　④ (d)　⑤ (e)

S42 ★★★

윗글에 관한 내용으로 적절하지 않은 것은?

① Amelia와 Henrietta는 라이벌 관계였다.
② Henrietta는 모녀의 거처를 찾아내서 그들을 돌보았다.
③ 숙련된 의사가 Amelia의 시력을 회복시켰다.
④ 불쌍한 여성을 위해 Henrietta는 자선 콘서트를 열었다.
⑤ Henrietta는 눈먼 여성을 데리고 가는 여자 아이와 마주 쳤다.

2등급 대비 문제

[S43 ~ 45] 다음 글을 읽고, 물음에 답하시오. 

(A)

A businessman boarded a flight. Arriving at his seat, he greeted his travel companions: a middle-aged woman sitting at the window, and a little boy sitting in the aisle seat. After putting his bag in the overhead bin, he took his place between them. After the flight took off, he began a conversation with the little boy. He appeared to be about the same age as (a) <u>his</u> son and was busy with a coloring book.

(B)

As the plane rose and fell several times, people got nervous and sat up in their seats. The man was also nervous and grabbing (b) <u>his</u> seat as tightly as he could. Meanwhile, the little boy was sitting quietly beside (c) <u>him</u>. His coloring book and crayons were put away neatly in the seat pocket in front of him, and his hands were calmly resting on his legs. Incredibly, he didn't seem worried at all.

(C)

Then, suddenly, the turbulence ended. The pilot apologized for the bumpy ride and announced that they would be landing soon. As the plane began its descent, the man said to the little boy, "You are just a little boy, but (d) <u>I</u> have never met a braver person in all my life! Tell me, how is it that you remained so calm while all of us adults were so afraid?" Looking him in the eyes, he said, "My father is the pilot, and he's taking me home."

* turbulence: 난기류

(D)

He asked the boy a few usual questions, such as his age, his hobbies, as well as his favorite animal. He found it strange that such a young boy would be traveling alone, so he decided to keep an eye on (e) <u>him</u> to make sure he was okay. About an hour into the flight, the plane suddenly began

experiencing turbulence. The pilot told everyone to fasten their seat belts and remain calm, as they had encountered rough weather.

S43 ⭐ 2등급 대비

주어진 글 (A)에 이어질 내용을 순서에 맞게 배열한 것으로 가장 적절한 것은?

① (B) — (D) — (C) ② (C) — (B) — (D)
③ (C) — (D) — (B) ④ (D) — (B) — (C)
⑤ (D) — (C) — (B)

S44 ⭐ 2등급 대비

밑줄 친 (a)~(e) 중에서 가리키는 대상이 나머지 넷과 <u>다른</u> 것은?

① (a) ② (b) ③ (c) ④ (d) ⑤ (e)

S45 ⭐ 2등급 대비

윗글에 관한 내용으로 적절하지 <u>않은</u> 것은?

① 사업가는 중년 여성과 소년 사이에 앉았다.
② 비행기가 오르락내리락하자 사람들은 긴장했다.
③ 소년은 색칠 공부 책과 크레용을 가방에 넣었다.
④ 소년은 자신의 아버지가 조종사라고 말했다.
⑤ 조종사는 사람들에게 안전벨트를 매고 침착하라고 말했다.

(A)

It was a hot day in early fall. Wylder was heading to the school field for his first training. He had just joined the team with five other students after a successful tryout. Approaching the field, (a) he saw players getting ready, pulling up their socks and strapping on shin guards. But they weren't together. New players were sitting in the shade by the garage, while the others were standing in the sun by the right pole. Then Coach McGraw came and watched the players.

* shin: 정강이

(B)

'Wow,' thought Wylder. From his new location on the grass, he stretched out his legs. He liked what he was hearing. A new sense of team spirit came across (b) him, a deeper sense of connection. It was encouraging to hear Coach talk about this, to see him face the challenge head-on. Now his speech was over. The players got up and started walking on the field to warm up. "Good job, Coach. That was good," Wylder said to McGraw in a low voice as he walked past him, keeping (c) his eyes down out of respect.

(C)

McGraw continued to point, calling each player out, until he was satisfied with the rearrangement. "Okay, this is how it's going to be," he began. "We need to learn how to trust and work with each other. This is how a team plays. This is how I want you to be on and off the field: together." The players looked at each other. Almost immediately, McGraw noticed a change in their postures and faces. (d) He saw some of them starting to smile.

(D)

Coach McGraw, too, saw the pattern — new kids and others grouping separately. 'This has to change,' he thought. He wanted a winning team. To do that, he needed to build relationships. "I want you guys to come over here in the middle and sit," he called the players as he walked over.

"You!" McGraw roared, pointing at Wylder. "Come here onto the field and sit. And Jonny! You sit over there!" He started pointing, making sure they mixed together. Wylder realized what Coach was trying to do, so (e) he hopped onto the field.

S46 ✪ 2등급 대비 　　　　　고2 2023(3월)/43

주어진 글 (A)에 이어질 내용을 순서에 맞게 배열한 것으로 가장 적절한 것은?

① (B) — (D) — (C)　　　② (C) — (B) — (D)
③ (C) — (D) — (B)　　　④ (D) — (B) — (C)
⑤ (D) — (C) — (B)

S47 ✪ 2등급 대비 　　　　　고2 2023(3월)/44

밑줄 친 (a)~(e) 중에서 가리키는 대상이 나머지 넷과 <u>다른</u> 것은?

① (a)　　② (b)　　③ (c)　　④ (d)　　⑤ (e)

S48 ✪ 2등급 대비 　　　　　고2 2023(3월)/45

윗글에 관한 내용으로 적절하지 <u>않은</u> 것은?

① Wylder는 다섯 명의 다른 학생과 팀에 합류했다.
② Wylder는 잔디 위의 새로운 자리에서 다리를 쭉 폈다.
③ McGraw는 재배열이 마음에 들 때까지 선수들을 불러냈다.
④ McGraw는 선수들의 자세와 얼굴의 변화를 알아차렸다.
⑤ McGraw는 선수들에게 운동장 밖으로 나가라고 말했다.

※ 다음 영어는 우리말 뜻을, 우리말은 영어 단어를 〈보기〉에서 찾아 쓰시오.

〈보기〉

mingle	산들바람	견디다	크게 기뻐하다
utter	hop	패배	browse
purchase	자세	소리치다	embrace

01 breeze _______________

02 roar _______________

03 posture _______________

04 endure _______________

05 rejoice _______________

06 맞이하다 _______________

07 뒤적거리다 _______________

08 (목소리를) 내다 _______________

09 급히 움직이다 _______________

10 구매하다 _______________

※ 다음 우리말에 알맞은 영어 표현을 찾아 연결하시오.

11 ~을 치우다 •   • in haste

12 무엇보다도 나쁜 것은 •   • burst out

13 급하게 •   • put away

14 디딤돌 •   • worst of all

15 ~을 터뜨리다 •   • stepping stone

※ 다음 우리말 표현에 맞는 단어를 고르시오.

16 악천후 ➡ (fine / rough) weather

17 눈물로 따끔거리다 ➡ (sink / sting) with tears

18 뒤로 조심스럽게 이동하다 ➡ move (accidentally / carefully) backwards

19 고아가 된 아이를 데려오다 ➡ bring an (attended / orphaned) child

20 많은 청중의 박수와 함께 ➡ with the (applause / approach) of that vast audience

※ 다음 문장의 빈칸에 알맞은 단어를 〈보기〉에서 찾아 쓰시오.

〈보기〉

firm	independent	reassuring	aisle
bumpy	embarked	disown	seized
retire	companions	miserable	restore

21 어린 소년은 통로 쪽 좌석에 앉아 있었다.
➡ A little boy was sitting in the __________ seat.

22 Ms. Blake는 더 가까이 다가가 Eva의 어깨에 손을 얹어 안심시켰다.
➡ Ms. Blake stepped closer and placed a(n) __________ hand on Eva's shoulder.

23 그 개는 마침내 그의 입으로 아이의 기저귀를 물었다.
➡ The dog at last __________ the child's diaper in his jaws.

24 조종사는 험난한 비행에 대해 사과했다.
➡ The pilot apologized for the __________ ride.

25 그래서 나는 내 나이에도 은퇴할 수 없다.
➡ That's why I can't __________, even at my age.

26 Benjamin은 그 책을 통해 상상의 여행을 즐겁게 시작했다.
➡ Benjamin joyfully __________ on an imaginative journey through the book.

27 그의 아버지는 그들과 의절하겠다고 위협했다.
➡ His father threatened to __________ them.

28 그의 자리에 도착한 후, 그는 여행 동반자들과 인사를 나누었다.
➡ Arriving at his seat, he greeted his travel __________.

29 숙련된 의사가 Amelia의 시력을 회복시키려 노력했다.
➡ A skilled doctor tried to __________ Amelia's sight.

30 노래에 관해서라면 그는 너무 불행해서 한 음도 낼 수 없었다.
➡ As for singing, he was too __________ to utter a note.

★ 고난도 유형 독해 모의고사

[회별 12문항, 제한시간 25분]

1회 **모의고사** — 고3 2025 실시 3월 학력평가 문항 선별

2회 **모의고사** — 고3 2024 실시 3월 학력평가 문항 선별

3회 **모의고사** — 고3 2023 실시 3월 학력평가 문항 선별

***수록 유형**

번호	유형
01번	밑줄 친 부분의 의미 찾기
02번	주제 찾기
03번	제목 찾기
04번	어법에 맞지 않는 낱말 찾기
05번	문맥에 맞지 않는 낱말 찾기
06번	빈칸 완성하기
07번	빈칸 완성하기
08번	글의 순서 정하기
09번	주어진 문장 넣기
10번	요약문 완성하기
11번	장문의 이해
12번	장문의 이해

1회 01 

밑줄 친 the tree was cut in the middle이 다음 글에서 의미하는 바로 가장 적절한 것은? [3점]

The unity of science and philosophy in the old classical sense was perhaps best described by the famous tree of Descartes: The roots of this tree corresponded to metaphysics (the intelligible principles), the trunk to physics (statements of intermediate generality), and the branches and fruit to what we would call applied science. He regarded the whole system of science and philosophy as we today regard science alone; he felt that the metaphysical principles were ultimately justified by their "fruits," not merely by their self-evidence. What we today call applied science consisted for him not only in mechanics but also in medicine and ethics. The difficulty was that from the general principles of Cartesian or Aristotelian science-philosophy no results could be derived which were precisely in agreement with observation, but these principles seemed to be intelligible and plausible. So the tree was cut in the middle. For the derivation of technical results, it was necessary to start from the physical principles in the trunk. Science in the new sense was to think only of how the fruits would develop from the trunk without regard to the roots.

*Cartesian: 데카르트의 **plausible: 그럴듯한

① Science detached itself from philosophical foundations and shifted to deriving outcomes based on physical principles.
② Metaphysics became the first priority above all as practical results took precedence over intelligible theory.
③ Results consistent with the observation were the utmost priority in Cartesian science-philosophy.
④ Applied science moved toward being less reliant on both metaphysical and physical principles.
⑤ Science de-emphasized ethical considerations in favor of raw observations.

1회 02 

다음 글의 주제로 가장 적절한 것은? [3점]

If you want to bring something into shared reality for the purpose of social coordination, you have to describe it, or at the very least label it. Even the ideally objective pursuit of science is unable to escape the framing effects of language. Like all collective culture, science is constructed on report, reason, debate, negotiation, justification, consensus, and, most important, coordination. And all of these things depend on language. Even something as fundamental as particle physics depends on language in a particular way. I don't mean that particle physics wouldn't exist if we didn't describe it. Particle physics is part of brute reality and so it will carry on independent of any human agreement or understanding of what it is. But consider this remark by Michael I. Jordan, referring to the "infinite potential well" model, which studies how a single particle behaves in a small, enclosed space: "A particle in a potential well is optimizing a function called the Lagrangian function. The particle doesn't know that. There's no algorithm running that does that. It just happens. It's a description mathematically of something that helps us understand as analysts what's happening."

① necessity of language in framing and interpreting reality
② role of word choices in science to avoid misinterpretation
③ ways to establish scientific facts without linguistic framing
④ impact of social coordination on setting priorities in science
⑤ difficulty of naming complex social phenomena with simple terms

다음 글의 제목으로 가장 적절한 것은?

In fact, humans are known to have the largest and most visible sclera — the "whites" of the eyes — of any species. This fact intrigues scientists, because it would seem actually to be a considerable obstacle: imagine, for example, the classic war movie scene where the soldier dresses in camouflage and paints his face with green and brown color — but can do nothing about his noticeably white sclera, beaming bright against the jungle. There must be *some* reason humans developed it, despite its obvious costs. In fact, the advantage of visible sclera — so goes the "cooperative eye hypothesis" — is precisely that it enables humans to see clearly, and from a distance, which direction other humans are looking. Michael Tomasello showed in a 2007 study that chimpanzees, gorillas, and bonobos — our nearest cousins — follow the direction of each other's *heads*, whereas human infants follow the direction of each other's *eyes*. So the value of looking someone in the eye may in fact be something uniquely human.

*sclera: (눈의) 공막(鞏膜)   **camouflage: 위장복

① Adaptive Strategies for Animals with Poor Vision
② The Uniqueness of Human's Visible Sclera
③ The Human Eye: A Window to Our Soul
④ Why Human Eyes Evolved Various Colors
⑤ How Non-human Species Use Sclera in Communication

다음 글의 밑줄 친 부분 중, 어법상 틀린 것은? [3점]

We lack a sufficient vocabulary for ① making sense of the sources of error. The more scientific knowledge we accumulate, the better we understand that the ignorance ② over which the knowledge enterprise is built is shockingly deep. For instance, it turned out that psychoanalysis's attempt to delimit the sources of error by categorizing the kinds of mistakes to which humans are subject in light of the therapeutic situation in the talking cure ③ draw on misguided assumptions about the normalcy conditions for subjects. Digging deeper into the structure of the human mind as well as into the specific embodiment of human knowers equipped with a complex nervous system ④ showed that our mental life is filled with illusions on all levels of knowledge acquisition, from sensation to perception, from scientific discourse to the use of technology based on the latest scientific discovery. Yet, once again, we cannot make sense of this picture of ourselves as immersed in the area of ignorance and illusion without at the same time relying on a huge background of shared, objective knowledge that makes our ignorance ⑤ available to us. Subjectivity and objectivity are interwoven with our fallibility.

*embodiment: 화신(化身)   **be immersed in: ～에 깊이 빠지다
***fallibility: 불완전성, 틀릴 가능성

다음 글의 밑줄 친 부분 중, 문맥상 낱말의 쓰임이 적절하지 <u>않은</u> 것은?

Surely one reason that copies have lost their sense of human connection, abundance, and intimate relation is that modern technology has made copying so easy. The methods of copying available to us have never been more powerfully ① <u>abundant</u>. This seems true even as a sense of loss has attended our ever more powerful means to ② <u>reproduce</u> what we care about. Walter Benjamin has famously formulated this loss as an "aura": that which is ③ <u>lost</u> in mechanical reproduction. The aura of a work of art, he suggests, cannot be copied by mechanical technology. By around 1900, he writes, "technical reproduction had reached a standard that not only permitted it to reproduce all transmitted works of art and thus to cause the most profound change in their impact upon the public." The ④ <u>ability</u> to copy mechanically "substituted a plurality of copies for a unique existence," Benjamin argued. In addition to transforming art and the public's relation to it, Benjamin asserted that mechanical reproduction has the power to rend traditions by interfering with the authority of objects "embedded in the fabric of tradition." This ⑤ <u>devotion</u> to tradition was twofold and concerned the presence of objects, Benjamin believed.

*rend: 분열시키다, 찢다   **embed: 깊이 새겨두다

다음 빈칸에 들어갈 말로 가장 적절한 것을 고르시오.

Life is insecure and human well-being is fragile. If we are honest with ourselves, we realize that, despite our best efforts, we often cannot control the vicissitudes of human existence. We go through life in fear and trembling, fearing what may happen, while hoping for the best. Most of us get anxious in the face of an indeterminate or ambiguous situation. We don't handle uncertainty very well. We are easily tempted to settle for quick "solutions," in order to eliminate our anxiety and doubt, even though these quick fixes may not, in the long run, actually be adequate solutions. It is natural, therefore, and even somewhat necessary, for us to seek _______________ in a sea of change and indeterminacy. We want a fixed star to guide us on our journey through hazardous waters. If only we could have knowledge of what is fixed, unchanging, and ultimately reliable, then, we assume, *that* would be knowledge most worth having.

*vicissitude: 우여곡절

① reputation
② stability
③ fluidity
④ challenge
⑤ interdependency

다음 빈칸에 들어갈 말로 가장 적절한 것을 고르시오.

In both the arts and the sciences, an aesthetics of simplicity facilitates the precise communication of messages. Both are also fairly systematic. Although many people believe that art is by definition wild and intuitive, while only science is methodologically disciplined, there is a great deal of evidence — including from artists talking about their own practices — to suggest that art is often created methodically and systematically, and that frameworks and forms permit creativity to flow. Instead of being liberating, freedom without limits is almost paralysing, because without frameworks we end up in a vacuum in which our actions generate no response. As the Danish poet and filmmaker Jørgen Leth has put it many times, 'the rules of the game' are a prerequisite for artistic freedom. They provide a solid form or structure that enables the artist to make use of 'the gifts of chance' (to use Leth's expression), and in which a part of the world can be exhibited in a non-chaotic manner. In order to create beauty, ______________.

*paralyse: 마비시키다 **prerequisite: 전제 조건

① the artist must restrict him- or herself
② creative minds must maintain their originality
③ the creator must trust his or her own instinct
④ one must think outside the predefined framework
⑤ the scientist must embrace the role of coincidence

주어진 글 다음에 이어질 글의 순서로 가장 적절한 것을 고르시오.

What would a language be like if it didn't make *any* simplifications or generalizations?

(A) There might be some superintelligent race of beings that could know such a language, but they would have to know virtually everything in the world to learn all these names. Human language has taken a different route — many fewer names, with a loss of precision, but a basic vocabulary that is readily acquired. However, this fact is not simply a compromise with our limited cognitive capacity.

(B) By using the same word for different objects, we're communicating information about those things. Calling two different-looking things "spider" communicates that they probably have eight legs, weave nests, eat insects, and other noticeable details, which we would not know if we gave them all their own separate names.

(C) It would be a language in which every word was a proper noun. Because you don't want to gloss over the differences between snakes that are slightly different in some respect, every snake must have its own name. Furthermore, every event must have its own verb, because not every occasion of thinking or dancing or talking is identical.

*gloss over: ~에 대해 얼버무리고 넘어가다

① (A) — (C) — (B)   ② (B) — (A) — (C)
③ (B) — (C) — (A)   ④ (C) — (A) — (B)
⑤ (C) — (B) — (A)

글의 흐름으로 보아, 주어진 문장이 들어가기에 가장 적절한 곳을 고르시오.

> An alternative view is that we make sense of the sensations we feel and the facial expressions we see only when we attach words to them — we develop rather than inherit our emotional concepts.

We experience emotions as different bodily sensations, such as a beating heart and sweaty palms; we recognize emotions in others by their facial expressions and behaviour. (①) One prominent idea is that we are born with a fixed set of basic emotions that are universal within our species, notably happiness, sadness, fear, surprise, disgust and anger. (②) Just as we attach the word gravity to our intuitive understanding about how objects move through space, we simply attach words to each of these innate and universal emotions once those words become available. (③) Key evidence is that children are unable to categorise facial expressions as representing different emotions until they have acquired a lexicon of words for emotions. (④) Before having such words, faces that we might view as angry, sad or fearful are all categorised together as 'unpleasant'. (⑤) By acquiring the words for different types of emotions while experiencing sensations or observing their expressions in others, we develop a set of concepts into which those feelings can be placed.

*lexicon: 어휘 목록

다음 글의 내용을 한 문장으로 요약하고자 한다. 빈칸 (A), (B)에 들어갈 말로 가장 적절한 것은?

It may be assumed that meta-algorithmics, that is, the creation of algorithms that generate other algorithms, is a human creation as well. A human programmer must have composed the first algorithm that, in turn, generates new algorithms and as such the initial programmer must be in control of the original idea. However, this is not necessarily true. Unlike humanly conceived ideas, where the author is the intellectual owner of the idea, algorithms are processes that define, describe, and implement a series of actions that in turn produce other actions. During the transfer of actions it is possible for a discrepancy to occur between the original intention and the actual result. If that happens then, by definition, the author of the algorithm is not in control of, and therefore does not own intellectually from that point on, the resulting process. Theoretically, ownership of an idea is intrinsically connected to the predictability of its outcome, that is, to its intellectual control. Therefore, in the absence of human control the ownership of the algorithmic process must be instead credited to the device that produced it, that is, to the computer.

*discrepancy: 불일치, 어긋남 **intrinsically: 본질적으로

> The new notion of intellectual ownership is created by meta-algorithmics, as algorithms can produce outcomes that are _____(A)_____ to human programmers, potentially _____(B)_____ ownership to the computer itself.

	(A)		(B)
①	unpredictable	—	attributing
②	prescribed	—	attributing
③	unexpected	—	denying
④	unexplainable	—	denying
⑤	foreseeable	—	transferring

Translating a literary text is challenging, and it's often said there will be an inevitable loss in translation. But that challenge frequently inspires creative re-renderings that offer the prospect of a (a) gain in translation as well. A washing-machine manual doesn't present the same challenges, nor therefore does it inspire the (b) same creativity either. But where, in terms of the opposition between literary and nonliterary language, might we position philosophy's language? Might philosophy want to avoid a translatory economy that aims for a gain in translation but risks a loss? Philosophy wishes to convey its truths intact, without loss — and without gain either, or at least it might (c) hesitate to offer its truths to translation without further clarification of what a gain, and indeed a gain in *depth*, actually means. It cannot be a matter of offsetting "stylistic losses." The loss philosophy fears is a loss of meaning, the compromising of a truth. Thus, philosophy might (d) refuse to be placed on the side of nonliterary language, and express itself in unstylish language, like Badiou's mathematical writing, so that no translator is prompted to rude and bold acts of creative rewriting. If philosophy wishes to increase its range and avoid being restricted to a national or regional tradition, it (e) needs a translation model that conveys philosophical truths to the world without any "economic" fluctuations of loss and gain.

*rendering: 번역 **intact: 온전한 ***fluctuation: 오르내림, 변동

 **11** 　　　　　　　　　2025 실시 3월 학평 41 (고3) 

윗글의 제목으로 가장 적절한 것은?

① Creative Gains Emerging from Literary Translation
② Translating Philosophy: In Pursuit of Truth As It Is
③ The Role of Creativity in Conveying Philosophical Truths
④ Factors Leading to Challenges in Literary Translation
⑤ How Can We Avoid Stylistic Losses in Translation?

12 　　　　　　　　　2025 실시 3월 학평 42 (고3) 

밑줄 친 (a)~(e) 중에서 문맥상 낱말의 쓰임이 적절하지 않은 것은?

① (a)　　② (b)　　③ (c)　　④ (d)　　⑤ (e)

❖ 정답 및 해설 402~406p

2회 01 — 2024 실시 3월 학평 21 (고3)

다음 밑줄 친 you taste its price가 의미하는 바로 가장 적절한 것은?

That perception is a construction is not true just of one's perception of sensory input, such as visual and auditory information. It is true of your social perceptions as well — your perceptions of the people you meet, the food you eat, and even of the products you buy. For example, in a study of wine, when wines were tasted blind, there was little or no correlation between the ratings of a wine's taste and its cost, but there *was* a significant correlation when the wines were labeled by price. That wasn't because the subjects consciously believed that the higher-priced wines should be the better ones and thus revised whatever opinion they had accordingly. Or rather, it wasn't true *just* at the conscious level. We know because as the subjects were tasting the wine, the researchers were imaging their brain activity, and the imaging showed that drinking what they believed was an expensive glass of wine really did activate their centers of taste for pleasure more than drinking a glass of the same wine that had been labeled as cheaper. That's related to the placebo effect. Like pain, taste is not just the product of sensory signals; it depends also on psychological factors: you don't just taste the wine; you taste its price.

① Customer ratings determine the price of a product.
② We fool ourselves into thinking our unplanned buying was reasonable.
③ We immediately dismiss opposing opinions without any consideration.
④ The brain shows consistent response regardless of personal preference.
⑤ The perceived value of a product influences one's subjective experience of it.

2회 02 — 2024 실시 3월 학평 23 (고3)

다음 글의 주제로 가장 적절한 것은? [3점]

Sociologist Brooke Harrington said if there was an $E=mc^2$ of social science, it would be SD〉PD, "social death is more frightening than physical death." This is why we feel deeply threatened when a new idea challenges the ones that have become part of our identity. For some ideas, the ones that identify us as members of a group, we don't reason as individuals; we reason as a member of a tribe. We want to seem trustworthy, and reputation management as a trustworthy individual often overrides most other concerns, even our own mortality. This is not entirely irrational. A human alone in this world faces a lot of difficulty, but being alone in the world before modern times was almost certainly a death sentence. So we carry with us an innate drive to form groups, join groups, remain in those groups, and oppose other groups. But once you can identify *them*, you start favoring *us*; so much so that given a choice between an outcome that favors both groups a lot or one that favors both much less but still favors yours more than theirs, that's the one you will pick.

*innate: 타고난

① tendency to prefer the group that one identifies with
② necessity of social isolation to build a reputation
③ ways to ease one's irrational fear of crowds
④ importance of forming groups with different interests
⑤ tips for staying objective during heated group discussions

다음 글의 제목으로 가장 적절한 것은?

Distance in time is like distance in space. People matter even if they live thousands of miles away. Likewise, they matter even if they live thousands of years hence. In both cases, it's easy to mistake distance for unreality, to treat the limits of what we can see as the limits of the world. But just as the world does not stop at our doorstep or our country's borders, neither does it stop with our generation, or the next. These ideas are common sense. A popular proverb says, "A society grows great when old men plant trees under whose shade they will never sit." When we dispose of radioactive waste, we don't say, "Who cares if this poisons people centuries from now?" Similarly, few of us who care about climate change or pollution do so solely for the sake of people alive today. We build museums and parks and bridges that we hope will last for generations; we invest in schools and longterm scientific projects; we preserve paintings, traditions, languages; we protect beautiful places. In many cases, we don't draw clear lines between our concerns for the present and the future — both are in play.

*radioactive: 방사선의

① How to Be Present: Discover the Benefits of Here and Now

② The Power of Time Management: The Key to Success

③ Why Is Green Infrastructure Eventually Cost-Effective?

④ Solving Present-Day Problems from Past Experiences

⑤ How We Act Beyond the Bounds of Time

다음 글의 밑줄 친 부분 중, 어법상 틀린 것은? [3점]

The process of crossing cultures challenges the very basis of who we are as cultural beings. It offers opportunities for new learning and growth. Being "uprooted" from our home ① <u>brings</u> us understanding not only of the people and their culture in our new environment, but of ourselves and our home culture. Although the difficulties that can arise from crossing cultures are often shocking, success stories are everywhere. Despite, or rather because of, the suffering and ambivalence we undergo when we cross cultures, we gradually find ourselves ② <u>uniquely</u> privileged to define ourselves and others anew with clarity and insight that we could not have cultivated without leaving home. ③ <u>Adapting</u> to a new and unfamiliar culture, then, is more than survival. It is a life-changing journey. It is a process of "becoming" — personal reinvention, transformation, growth, reaching out beyond the boundaries of our own existence. The process does not require that we abandon our former personalities and the cultures ④ <u>which</u> we were born. Rather, it compels us to find ⑤ <u>ourselves</u> as if for the first time, particularly those "cultural invariants" within us — aspects that we hold dear and refuse to compromise.

*ambivalence: 상반되는 감정, 모순

다음 글의 밑줄 친 부분 중, 문맥상 낱말의 쓰임이 적절하지 않은 것은? [3점]

While it has been found that young children rely exclusively on geometric information to determine the location of an object hidden in a small enclosure, exclusive use of geometry does not occur in larger spaces. Although, in a small room, children ① failed to incorporate information about nongeometric features (i.e., a blue wall), they used both types of information in a larger room. These findings suggest that geometric and nongeometric information may be combined in a ② weighted fashion. Geometry may be ③ invalid because it is more stable across time than is nongeometric information. Whether or not nongeometric landmark information is combined with geometry may depend on the ecological validity of nongeometric features; for example, larger features may be more stable and hence more ④ reliable. Further, a variety of mobile animals give more weight to nearer than to farther landmarks in estimation, ⑤ consistent with Weber's law in which smaller distances would be coded more accurately than larger distances.

*geometric: 기하학의 **enclosure: 에워싸인 장소

다음 빈칸에 들어갈 말로 가장 적절한 것을 고르시오.

From about ages eight through sixteen, our manual dexterity has strengthened through continually improving eye-hand coordination. There is considerable improvement in handwriting skills. We gain mastery over the mechanics of language. We also gradually eliminate the logical gaps in our stories — characteristic of our earlier stage of perception — as intense preoccupation with the whole vision gives way to preoccupation with correctness. As a result, our writing and oral storying become increasingly conventional and literal, with an accompanying ___________ of the spontaneity and originality that characterized our earlier efforts. At this stage our vocabulary is firmly grounded. We use words everyone else uses. We have little need to invent metaphors to communicate. By now we know that a star is "a hot gaseous mass floating in space" in contrast to our innocent stage, when we noticed, "Look that star is like a flower without a stem!"

*dexterity: (손이나 머리를 쓰는) 재주   **spontaneity: 즉흥성

① loss
② sense
③ increase
④ recovery
⑤ demonstration

다음 빈칸에 들어갈 말로 가장 적절한 것을 고르시오.

The commonsense understanding of the moral status of altruistic acts conforms to how most of us think about our responsibilities toward others. We tend to get offended when someone else or society determines for us how much of what we have should be given away; we are adults and should have the right to make such decisions for ourselves. Yet, when interviewed, altruists known for making the largest sacrifices — and bringing about the greatest benefits to their recipients — assert just the opposite. They insist that they ____________________________________. Organ donors, and everyday citizens who risk their own lives to save others in mortal danger are remarkably consistent in their explicit denials that they have done anything deserving of high praise as well as in their assurance that anyone in their shoes should have done exactly the same thing. To be sure, it seems that the *more* altruistic someone is, the more they are likely to insist that they have done no more than all of us would be expected to do, lest we shirk our basic moral obligation to humanity.

*altruistic: 이타적인 **lest: ~하지 않도록 ***shirk: (책임을) 회피하다

① had absolutely no choice but to act as they did
② should have been rewarded financially
③ regretted making such decisions
④ deserved others' appreciation in return
⑤ found the moral obligations inapplicable in risky situations

주어진 글 다음에 이어질 글의 순서로 가장 적절한 것을 고르시오. [3점]

Different creative pursuits require varying degrees of unconscious flexible thinking, in combination with varying degrees of the conscious ability to adjust it and shape it through analytical thinking. In music, for example, at one end of the creative spectrum are improvisational artists, such as jazz musicians.

(A) On the other end of the spectrum are those who compose complex forms, such as a symphony or concerto, that require not just imagination but also careful planning and exacting editing. We know, for example, through his letters and the reports of others, that even Mozart's creations did not appear spontaneously, wholly formed in his consciousness, as the myths about him portray.

(B) They have to be particularly talented at lowering their inhibitions and letting in their unconsciously generated ideas. And although the process of learning the fundamentals of jazz would require a high degree of analytical thought, that thinking style is not as big a factor during the performance.

(C) Instead, he spent long, hard hours analyzing and reworking the ideas that arose in his unconscious, much as a scientist does when producing a theory from a germ of insight. In Mozart's own words: "I immerse myself in music... I think about it all day long — I like experimenting — studying — reflecting..."

*improvisational: 즉흥적인 **immerse: ~에 몰두하다

① (A) — (C) — (B) ② (B) — (A) — (C)
③ (B) — (C) — (A) ④ (C) — (A) — (B)
⑤ (C) — (B) — (A)

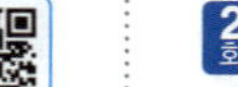

글의 흐름으로 보아, 주어진 문장이 들어가기에 가장 적절한 곳을 고르시오.

> But in the future, real-time data collection will enable insurance companies to charge pay-as-you-drive rates depending on people's actual behavior on the road, as opposed to generalized stereotypes of certain "at-risk" groups.

Insurance companies are expected to err on the safe side. They calculate risks thoroughly, carefully picking and choosing the customers they insure. They are boring because their role in the economy is to shield everyone and everything from disastrous loss. (①) Unlike manufacturing, nothing truly revolutionary ever happens in the insurance industry. (②) For centuries, insurers have charged higher premiums to people in "high-risk categories" such as smokers, male drivers under the age of thirty, and extreme-sports enthusiasts. (③) This type of classification frequently results in biases and outright discrimination against disadvantaged groups. (④) Bad or high-risk individual drivers will end up paying more for insurance, regardless of whether they are men or women, young or old. (⑤) The Big Brother connotations are threatening, but many people might agree to the real-time monitoring of their driving behavior if it means lower rates.

*err on the safe side: 너무 만전(萬全)을 기하다

다음 글의 내용을 한 문장으로 요약하고자 한다. 빈칸 (A), (B)에 들어갈 말로 가장 적절한 것은?

"Brain plasticity" is a term we use in neuroscience. Whether intentionally or not, "plasticity" suggests that the key idea is to mold something once and keep it that way forever: to shape the plastic toy and never change it again. But that's not what the brain does. It carries on remolding itself throughout your life. Think of a developing city, and note the way it grows, improves, and responds to the world around it. Observe where the city builds its truck stops, how it crafts its immigration policies, and how it modifies its education and legal systems. A city is always changing. A city is not designed by urban planners and then immobilized like a plastic object. It continually develops. Just like cities, brains never reach an end point. We spend our lives blossoming toward something, even as the target moves. Consider the feeling of encountering a diary that you wrote many years ago. It represents the thinking, opinions, and viewpoint of someone who was a bit different from who you are now, and that previous person can sometimes border on the unrecognizable. Despite having the same name and the same early history, in the years between inscription and interpretation the narrator has altered. The word "plastic" can be stretched to fit this notion of ongoing change.

*mold: 성형(成形)하다 **inscription: 새겨진 글, 명문(銘文)

> While some understand "brain plasticity" to mean ___(A)___ upon molding, the brain is actually capable of ___(B)___ .

	(A)		(B)
①	permanence	—	transformation
②	flexibility	—	sympathizing
③	adaptability	—	restoration
④	firmness	—	sympathizing
⑤	mobility	—	transformation

You are the narrator of your own life. The tone and perspective with which you describe each experience generates feelings associated with that narration. For example, if you find yourself constantly assuming, "This is hard," "I wonder whether I'm going to survive," or "It looks like this is going to turn out badly," you'll generate (a) anxious feelings. It's time to restructure the way you think. Underlying this narration are the beliefs that (b) frame your experience and give it meaning. Think of your beliefs as having many layers.

On the surface are your *automatic thoughts*. These are like short tapes that momentarily flash through your mind. Call these automatic thoughts a form of "self-talk" that you use as you navigate through the day. You (c) produce a wide variety of these automatic thoughts, some consciously and some unconsciously. For example, automatic thoughts that (d) relieve anxiety go something like this: You walk into a room, see a few new people, and say to yourself, "Oh no, I don't like this. This is not good." Or, "These people will soon find out that I am full of anxiety and will reject me." Automatic thoughts are bad habits that (e) cloud fresh and positive experiences. They can turn a potentially good experience into one fraught with anxiety. If you tell yourself that you are always stressed or full of anxiety before doing something new, that new experience will be tainted by that anxiety.

*fraught: 가득찬 **taint: 오염시키다, 더럽히다

 **11** 

윗글의 제목으로 가장 적절한 것은?

① The Role of Automatic Thoughts in Language Learning
② Self-talk: The Best Way to Improve Your Speech
③ Reshaping Thoughts: Manage Your Self-talk
④ Heightened Anxiety Leads to Productivity
⑤ Ways to Read Others' Inner Thoughts

12 

밑줄 친 (a)~(e) 중에서 문맥상 낱말의 쓰임이 적절하지 않은 것은? [3점]

① (a)　　② (b)　　③ (c)　　④ (d)　　⑤ (e)

3회 01  2023 실시 3월 학평 21 (고3)

밑줄 친 live in the shadow of the future가 다음 글에서 의미하는 바로 가장 적절한 것은?

Thanks to the power of reputation, we help others without expecting an immediate return. If, thanks to endless chat and intrigue, the world knows that you are a good, charitable guy, then you boost your chance of being helped by someone else at some future date. The converse is also the case. I am less likely to get my back scratched, in the form of a favor, if it becomes known that I never scratch anybody else's. Indirect reciprocity now means something like "If I scratch your back, my good example will encourage others to do the same and, with luck, someone will scratch mine." By the same token, our behavior is endlessly shaped by the possibility that somebody else might be watching us or might find out what we have done. We are often troubled by the thought of what others may think of our deeds. In this way, our actions have consequences that go far beyond any individual act of charity, or indeed any act of mean-spirited malice. We all behave differently when we know we live in the shadow of the future. That shadow is cast by our actions because there is always the possibility that others will find out what we have done.

*malice: 악의

① are distracted by inner conflict
② fall short of our own expectations
③ seriously compete regardless of the results
④ are under the influence of uncertainty
⑤ ultimately reap what we have sown

3회 02  2023 실시 3월 학평 23 (고3)

다음 글의 주제로 가장 적절한 것은? [3점]

Whenever possible, we should take measures to *re-socialize* the information we think about. The continual patter we carry on in our heads is in fact a kind of internalized conversation. Likewise, many of the written forms we encounter at school and at work — from exams and evaluations, to profiles and case studies, to essays and proposals — are really social exchanges (questions, stories, arguments) put on paper and addressed to some imagined listener or interlocutor. There are significant advantages to turning such interactions at a remove back into actual social encounters. Research demonstrates that the brain processes the "same" information differently, and often more effectively, when other human beings are involved — whether we're imitating them, debating them, exchanging stories with them, synchronizing and cooperating with them, teaching or being taught by them. We are inherently social creatures, and our thinking benefits from bringing other people into our train of thought.

*patter: 재잘거림　**interlocutor: 대화자
***at a remove: 조금 거리를 둔

① importance of processing information via social interactions
② ways of improving social skills through physical activities
③ necessity of regular evaluations of cognitive functions
④ influence of personality traits on social interactions
⑤ socialization as a form of internalized social control

다음 글의 제목으로 가장 적절한 것은?

Every day an enormous amount of energy is created by the movement of people and animals, and by interactions of people with their immediate surroundings. This is usually in very small amounts or in very dispersed environments. Virtually all of that energy is lost to the local environment, and historically there have been no efforts to gather it. It may seem odd to consider finding ways to "collect" energy that is given off all around us — by people simply walking or by walking upstairs and downstairs or by riding stationary/exercise bicycles, for example — but that is the general idea and nature of energy harvesting. The broad idea of energy harvesting is that there are many places at which small amounts of energy are generated — and often wasted — and when collected, this can be put to some practical use. Current efforts have begun, aimed at collecting such energy in smaller devices which can store it, such as portable batteries.

① Energy Harvesting: Every Little Helps
② Burning Waste for Energy Is Harmful
③ Is Renewable Energy Really Green?
④ Pros and Cons of Energy Harvesting
⑤ Can Natural Energy Sources Fulfill the Demand?

다음 글의 밑줄 친 부분 중, 어법상 틀린 것은? [3점]

From the 8th to the 12th century CE, while Europe suffered the perhaps overdramatically named Dark Ages, science on planet Earth could be found almost ① exclusively in the Islamic world. This science was not exactly like our science today, but it was surely antecedent to ② it and was nonetheless an activity aimed at knowing about the world. Muslim rulers granted scientific institutions tremendous resources, such as libraries, observatories, and hospitals. Great schools in all the cities ③ covering the Arabic Near East and Northern Africa (and even into Spain) trained generations of scholars. Almost every word in the modern scientific lexicon that begins with the prefix "al" ④ owes its origins to Islamic science — algorithm, alchemy, alcohol, alkali, algebra. And then, just over 400 years after it started, it ground to an apparent halt, and it would be a few hundred years, give or take, before ⑤ that we would today unmistakably recognize as science appeared in Europe — with Galileo, Kepler, and, a bit later, Newton.

*antecedent: 선행하는 **lexicon: 어휘 (목록)
***give or take: 대략

다음 글의 밑줄 친 부분 중, 문맥상 낱말의 쓰임이 적절하지 않은 것은? [3점]

In centuries past, we might learn much about life from the wisdom of our elders. Today, the majority of the messages we receive about how to live a good life come not from Granny's long ① experience of the world, but from advertising executives hoping to sell us products. If we are satisfied with our lives, we will not feel a burning desire to purchase anything, and then the economy may collapse. But if we are unsatisfied, and any of the products we buy actually delivers the promised lasting fulfillment, subsequent sales figures may likewise ② rise. We exist in a fog of messaging designed explicitly to influence our behavior. Not surprisingly, our behavior often shifts in precisely the manner ③ intended. If you can be made to feel sufficiently inferior due to your yellowed teeth, perhaps you will rush to the pharmacy to purchase whitening strips. The ④ lack of any research whatsoever correlating tooth shade with life satisfaction is never mentioned. Having been told one hundred times a day how to be happy, we spend much of our lives buying the necessary accoutrements and feeling ⑤ disappointed not to discover life satisfaction inside the packaging.

*accoutrements: (필요) 용품

다음 빈칸에 들어갈 말로 가장 적절한 것을 고르시오.

Lewis-Williams believes that the religious view of hunter groups was a contract between the hunter and the hunted. 'The powers of the underworld allowed people to kill animals, provided people responded in certain ritual ways, such as taking fragments of animals into the caves and inserting them into the "membrane".' This is borne out in the San. Like other shamanistic societies, they have admiring practices between human hunters and their prey, suffused with taboos derived from extensive natural knowledge. These practices suggest that honouring may be one method of softening the disquiet of killing. It should be said that this disquiet needn't arise because there is something fundamentally wrong with a human killing another animal, but simply because we are aware of doing the killing. And perhaps, too, because in some sense we 'know' what we are killing. We make sound guesses that the pain and desire for life we feel — our worlds of experience — have a counterpart in the animal we kill. As predators, this can create problems for us. One way to smooth those edges, then, is to ______________.

*membrane: 지하 세계로 통하는 바위 표면　**suffused with: ~로 가득 찬

① view that prey with respect
② domesticate those animals
③ develop tools for hunting
④ avoid supernatural beliefs
⑤ worship our ancestors' spirits

다음 빈칸에 들어갈 말로 가장 적절한 것을 고르시오. [3점]

In *A Theory of Adaptation*, Linda Hutcheon argues that "An adaptation is not vampiric: it does not draw the life-blood from its source and leave it dying or dead, nor is it paler than the adapted work. It may, on the contrary, keep that prior work alive, giving it an afterlife it would never have had otherwise." Hutcheon's refusal to see adaptation as "vampiric" is particularly inspiring for those of us who do work on adaptations. The idea of an "afterlife" of texts, of seeing what comes before as an inspiration for what comes now, is, by its very definition, keeping works "alive." Adaptations for young adults, in particular, have the added benefit of engaging the young adult reader with both then and now, past and present — functioning as both "monuments" to history and the "flesh" of the reader's lived experience. While this is true for adaptations in general, it is especially important for those written with young adults in mind. Such adaptations _______________ that might otherwise come across as old-fashioned or irrelevant.

① allow young readers to make personal connections with texts
② are nothing more than the combination of different styles
③ break familiar patterns of the ancient heroic stories
④ give a new spotlight to various literary theories
⑤ encourage young writers to make plots original

주어진 글 다음에 이어질 글의 순서로 가장 적절한 것을 고르시오.

Aristotle explains that the Good for human beings consists in *eudaimoniā* (a Greek word combining *eu* meaning "good" with *daimon* meaning "spirit," and most often translated as "happiness").

(A) It depends only on knowledge of human nature and other worldly and social realities. For him it is the study of human nature and worldly existence that will disclose the relevant meaning of the notion of *eudaimoniā*.

(B) Some people say it is worldly enjoyment while others say it is eternal salvation. Aristotle's theory will turn out to be "naturalistic" in that it does not depend on any theological or metaphysical knowledge. It does not depend on knowledge of God or of metaphysical and universal moral norms.

(C) Whereas he had argued in a purely formal way that the Good was that to which we all aim, he now gives a more substantive answer: that this universal human goal is happiness. However, he is quick to point out that this conclusion is still somewhat formal since different people have different views about what happiness is.

*salvation: 구원   **theological: 신학의   ***substantive: 실질적인

① (A) — (C) — (B)   ② (B) — (A) — (C)
③ (B) — (C) — (A)   ④ (C) — (A) — (B)
⑤ (C) — (B) — (A)

글의 흐름으로 보아, 주어진 문장이 들어가기에 가장
적절한 곳을 고르시오.

> However, while our resources come with histories of meanings, *how they come to mean* at a particular communicative moment is always open to negotiation.

The linguistic resources we choose to use do not come to us as empty forms ready to be filled with our personal intentions; rather, they come to us with meanings already embedded within them. (①) These meanings, however, are not derived from some universal, logical set of principles; rather, as with their shapes, they are built up over time from their past uses in particular contexts by particular groups of participants in the accomplishment of particular goals that, in turn, are shaped by myriad cultural, historical and institutional forces. (②) The linguistic resources we choose to use at particular communicative moments come to these moments with their conventionalized histories of meaning. (③) It is their conventionality that binds us to some degree to particular ways of realizing our collective history. (④) Thus, in our individual uses of our linguistic resources we accomplish two actions simultaneously. (⑤) We create their typical — historical — contexts of use and at the same time we position ourselves in relation to these contexts.　　　*myriad: 무수히 많은

다음 글의 내용을 한 문장으로 요약하고자 한다. 빈칸 (A),
(B)에 들어갈 말로 가장 적절한 것은?

The rise of large, industrial cities has had social consequences that are often known as urbanism. The city dissolves the informal controls of the village or small town. Most urban residents are unknown to one another, and most social interactions in cities occur between people who know each other only in specific roles, such as parking attendant, store clerk, or customer. Individuals became more free to live as they wished, and in ways that break away from social norms. In response, and because the high density of city living requires the pliant coordination of many thousands of people, urban societies have developed a wide range of methods to control urban behavior. These include regulations that control private land use, building construction and maintenance (to minimize fire risk), and the production of pollution and noise.

*pliant: 유순한

> The social conditions in large, industrial cities made urban societies ___(A)___ the informal controls of the village or small town, introducing ___(B)___ measures to effectively induce coordinated urban behaviors.

	(A)		(B)
①	limit	—	permissive
②	maintain	—	restrictive
③	evaluate	—	indirect
④	remove	—	restrictive
⑤	reinforce	—	permissive

Douglas Hofstadter is a scholar who writes about stereotypical thinking. He discusses what he calls *default assumptions*. Default assumptions are (a) <u>preconceived</u> notions about the likely state of affairs — what we assume to be true in the absence of specific information. Given no other information, when I mention "secretary," you are likely to assume the secretary is a woman, because "woman" and "secretary" are associated stereotypically. In the absence of specific details, people rely on the stereotype as a default assumption for filling in the (b) <u>blanks</u>. Default assumptions have a tendency, in Hofstadter's words, to "permeate our mental representations and channel our thoughts." For instance, given the words "cat," "dog," and "chases," you are likely to think first of a dog chasing a cat. This line of thought (c) <u>reflects</u> a default assumption that, all else being equal, the dog is more likely to chase the cat than the other way around.

Default assumptions are rooted in our socially learned associative clusters and linguistic categories. They are (d) <u>useless</u> in that people cannot always afford the time it would take to consider every theoretical possibility that confronts them. Nonetheless, default assumptions are often wrong. Default assumptions are only one type of language-based categorization. Hofstadter is particularly interested in race-based and gender-based categorization and default assumptions. For instance, if you hear that your school basketball team is playing tonight, do you assume it's the men's team? Most people would assume so unless a *qualifier* is (e) <u>added</u> to provide specific information. In this case, the qualifier would be "the *women*'s basketball team is playing tonight."

*permeate: 스며들다 **cluster: 무리 ***qualifier: 수식어

11

2023 실시 3월 학평 41 (고3)

윗글의 제목으로 가장 적절한 것은?

① Quest for Novelty: Our Survival Instinct
② Gossip as a Source of Social Information
③ The Bias Behind Stereotypical Assumptions
④ The More Information, The More Confusion
⑤ Creativity: Free from the Prison of Our Assumptions

12

2023 실시 3월 학평 42 (고3)

밑줄 친 (a)~(e) 중에서 문맥상 낱말의 쓰임이 적절하지 않은 것은?

① (a)　　② (b)　　③ (c)　　④ (d)　　⑤ (e)

빠른 정답

A 목적 찾기
문제편 p. 10~19

01 ⑤ 02 ② 03 ② 04 ① 05 ④ 06 ② 07 ① 08 ① 09 ① 10 ②
11 ④ 12 ⑤ 13 ③ 14 ② 15 ② 16 ⑤ 17 ⑤ 18 ③

B 심경의 이해
문제편 p. 22~27

01 ⑤ 02 ② 03 ① 04 ② 05 ① 06 ⑤ 07 ① 08 ① 09 ② 10 ②
11 ① 12 ① 13 ① 14 ② 15 ① 16 ①

C 주장 찾기
문제편 p. 30~39

01 ① 02 ⑤ 03 ③ 04 ② 05 ① 06 ① 07 ② 08 ⑤ 09 ③ 10 ④
11 ③ 12 ② 13 ⑤ 14 ⑤ 15 ⑤ 16 ① 17 ② 18 ②

D 밑줄 친 부분의 의미 찾기
문제편 p. 42~53

01 ④ 02 ④ 03 ⑤ 04 ② 05 ④ 06 ④ 07 ① 08 ① 09 ⑤ 10 ④
11 ④ 12 ③ 13 ② 14 ① 15 ③ 16 ① 17 ④ 18 ③

E 요지 찾기
문제편 p. 56~65

01 ① 02 ② 03 ① 04 ③ 05 ① 06 ④ 07 ⑤ 08 ④ 09 ② 10 ①
11 ⑤ 12 ④ 13 ⑤ 14 ② 15 ① 16 ④ 17 ③ 18 ②

F 주제 찾기
문제편 p. 68~79

01 ① 02 ② 03 ⑤ 04 ③ 05 ④ 06 ② 07 ⑤ 08 ③ 09 ⑤ 10 ②
11 ② 12 ④ 13 ② 14 ② 15 ③ 16 ① 17 ⑤ 18 ⑤

G 제목 찾기
문제편 p. 82~95

01 ⑤ 02 ⑤ 03 ⑤ 04 ⑤ 05 ① 06 ③ 07 ④ 08 ④ 09 ④ 10 ②
11 ③ 12 ③ 13 ① 14 ④ 15 ② 16 ① 17 ① 18 ② 19 ③ 20 ①
21 ②

H 도표의 이해
문제편 p. 98~107

01 ④ 02 ② 03 ④ 04 ③ 05 ⑤ 06 ⑤ 07 ③ 08 ④ 09 ④ 10 ③
11 ③ 12 ⑤ 13 ④ 14 ⑤ 15 ③ 16 ③

I 내용 불일치
문제편 p. 110~119

01 ④ 02 ④ 03 ④ 04 ③ 05 ③ 06 ③ 07 ⑤ 08 ④ 09 ③ 10 ②
11 ④ 12 ③ 13 ③ 14 ④ 15 ③ 16 ⑤ 17 ④ 18 ④

J 실용문의 이해
문제편 p. 122~135

01 ④ 02 ③ 03 ④ 04 ⑤ 05 ④ 06 ② 07 ④ 08 ④ 09 ② 10 ③
11 ④ 12 ⑤ 13 ③ 14 ⑤ 15 ④ 16 ⑤ 17 ④ 18 ② 19 ⑤ 20 ④
21 ④ 22 ⑤ 23 ⑤ 24 ④ 25 ④ 26 ④ 27 ⑤ 28 ③ 29 ③ 30 ④

K 어법에 맞지 않는 낱말 찾기
문제편 p. 138~147

01 ④ 02 ⑤ 03 ② 04 ② 05 ⑤ 06 ⑤ 07 ④ 08 ④ 09 ④ 10 ⑤
11 ④ 12 ② 13 ⑤ 14 ④ 15 ④ 16 ⑤

L 문맥에 맞지 않는 낱말 찾기
문제편 p. 150~159

01 ④ 02 ③ 03 ③ 04 ③ 05 ④ 06 ④ 07 ③ 08 ⑤ 09 ⑤ 10 ⑤
11 ③ 12 ⑤ 13 ③ 14 ④ 15 ⑤ 16 ②

M 빈칸 완성하기
문제편 p. 162~197

01 ① 02 ② 03 ⑤ 04 ③ 05 ① 06 ③ 07 ① 08 ① 09 ② 10 ①
11 ① 12 ② 13 ⑤ 14 ② 15 ① 16 ④ 17 ① 18 ⑤ 19 ② 20 ⑤
21 ③ 22 ① 23 ⑤ 24 ③ 25 ① 26 ④ 27 ③ 28 ④ 29 ① 30 ②
31 ② 32 ③ 33 ② 34 ③ 35 ① 36 ④ 37 ② 38 ① 39 ① 40 ①

41 ① 42 ④ 43 ② 44 ① 45 ① 46 ① 47 ② 48 ② 49 ③ 50 ②
51 ③ 52 ① 53 ⑤ 54 ① 55 ① 56 ③ 57 ③ 58 ① 59 ② 60 ①
61 ① 62 ④ 63 ⑤ 64 ③ 65 ④ 66 ⑤ 67 ② 68 ① 69 ④ 70 ⑤
71 ① 72 ① 73 ④ 74 ① 75 ① 76 ③

N 흐름에 맞지 않는 문장 찾기
문제편 p. 200~209

01 ③ 02 ③ 03 ③ 04 ④ 05 ④ 06 ④ 07 ③ 08 ③ 09 ③ 10 ③
11 ④ 12 ④ 13 ④ 14 ③ 15 ④ 16 ④ 17 ③ 18 ③ 19 ④ 20 ④

O 글의 순서 정하기
문제편 p. 212~233

01 ② 02 ② 03 ④ 04 ⑤ 05 ⑤ 06 ⑤ 07 ③ 08 ② 09 ⑤ 10 ②
11 ③ 12 ⑤ 13 ⑤ 14 ③ 15 ⑤ 16 ② 17 ③ 18 ④ 19 ④ 20 ②
21 ③ 22 ③ 23 ④ 24 ③ 25 ② 26 ② 27 ② 28 ② 29 ⑤ 30 ⑤
31 ③ 32 ⑤ 33 ② 34 ⑤ 35 ⑤ 36 ⑤ 37 ③ 38 ③

P 주어진 문장 넣기
문제편 p. 236~255

01 ③ 02 ④ 03 ③ 04 ② 05 ③ 06 ④ 07 ③ 08 ⑤ 09 ② 10 ④
11 ④ 12 ③ 13 ③ 14 ③ 15 ② 16 ④ 17 ④ 18 ⑤ 19 ④ 20 ④
21 ③ 22 ⑤ 23 ⑤ 24 ③ 25 ② 26 ③ 27 ④ 28 ④ 29 ③ 30 ⑤
31 ③ 32 ① 33 ③ 34 ③ 35 ② 36 ④ 37 ④ 38 ⑤

Q 요약문 완성하기
문제편 p. 258~272

01 ⑤ 02 ① 03 ① 04 ② 05 ② 06 ① 07 ① 08 ① 09 ① 10 ②
11 ① 12 ① 13 ① 14 ① 15 ② 16 ① 17 ① 18 ① 19 ① 20 ①
21 ② 22 ① 23 ① 24 ②

R 장문의 이해
문제편 p. 276~295

01 ② 02 ④ 03 ② 04 ④ 05 ⑤ 06 ④ 07 ⑤ 08 ④ 09 ① 10 ④
11 ① 12 ⑤ 13 ① 14 ① 15 ① 16 ⑤ 17 ① 18 ⑤ 19 ① 20 ⑤
21 ② 22 ③ 23 ① 24 ③ 25 ④ 26 ② 27 ⑤ 28 ⑤ 29 ① 30 ⑤
31 ② 32 ⑤ 33 ① 34 ⑤ 35 ③ 36 ② 37 ⑤ 38 ④ 39 ① 40 ⑤

S 복합 문단의 이해
문제편 p. 298~315

01 ② 02 ③ 03 ③ 04 ⑤ 05 ④ 06 ④ 07 ⑤ 08 ④ 09 ④ 10 ④
11 ④ 12 ⑤ 13 ③ 14 ④ 15 ② 16 ④ 17 ④ 18 ② 19 ② 20 ⑤
21 ③ 22 ③ 23 ⑤ 24 ④ 25 ② 26 ③ 27 ⑤ 28 ⑤ 29 ④ 30 ②
31 ⑤ 32 ⑤ 33 ④ 34 ③ 35 ② 36 ② 37 ④ 38 ③ 39 ③ 40 ④
41 ② 42 ③ 43 ④ 44 ⑤ 45 ③ 46 ⑤ 47 ④ 48 ⑤

〈고난도 유형 독해 모의고사〉

1회
문제편 p. 318~323

01 ① 02 ① 03 ② 04 ③ 05 ⑤ 06 ② 07 ① 08 ④ 09 ③ 10 ①
11 ② 12 ④

2회
문제편 p. 324~329

01 ⑤ 02 ① 03 ⑤ 04 ④ 05 ③ 06 ① 07 ① 08 ② 09 ④ 10 ①
11 ③ 12 ④

3회
문제편 p. 330~335

01 ⑤ 02 ① 03 ① 04 ⑤ 05 ② 06 ① 07 ① 08 ⑤ 09 ④ 10 ④
11 ③ 12 ④

🍀 차　례

Special 고난도 유형 독해 모의고사

자이 쌤's Follow Me! – 홈페이지에서 파일 제공

수경출판사 홈페이지 로그인 ➡ 상단 [학습자료실]
➡ [교재관련자료] ➡ [독해 완성] 검색
➡ [자이쌤 특별자료] 다운로드

빠른 정답

A 목적 찾기 ———————————————— 문제편 p. 10~19
01⑤ 02② 03② 04① 05④ 06② 07① 08① 09① 10②
11④ 12⑤ 13③ 14① 15② 16⑤ 17⑤ 18③

B 심경의 이해 ———————————————— 문제편 p. 22~27
01⑤ 02② 03① 04② 05① 06⑤ 07① 08① 09② 10②
11① 12① 13① 14② 15① 16①

C 주장 찾기 ———————————————— 문제편 p. 30~39
01② 02⑤ 03③ 04② 05① 06① 07② 08⑤ 09③ 10④
11③ 12② 13⑤ 14⑤ 15⑤ 16① 17② 18②

D 밑줄 친 부분의 의미 찾기 ———————————————— 문제편 p. 42~53
01④ 02① 03⑤ 04② 05④ 06④ 07① 08① 09⑤ 10④
11④ 12② 13② 14① 15③ 16① 17④ 18③

E 요지 찾기 ———————————————— 문제편 p. 56~65
01① 02⑤ 03① 04③ 05① 06④ 07⑤ 08④ 09② 10①
11⑤ 12④ 13⑤ 14② 15① 16④ 17① 18②

F 주제 찾기 ———————————————— 문제편 p. 68~79
01① 02② 03⑤ 04③ 05⑤ 06② 07⑤ 08③ 09⑤ 10②
11② 12④ 13② 14② 15③ 16① 17⑤ 18⑤

G 제목 찾기 ———————————————— 문제편 p. 82~95
01⑤ 02⑤ 03⑤ 04⑤ 05① 06③ 07④ 08④ 09④ 10②
11③ 12④ 13① 14④ 15② 16① 17① 18② 19③ 20①
21②

H 도표의 이해 ———————————————— 문제편 p. 98~107
01④ 02② 03④ 04③ 05⑤ 06⑤ 07③ 08④ 09④ 10③
11④ 12⑤ 13④ 14④ 15③ 16③

I 내용 불일치 ———————————————— 문제편 p. 110~119
01④ 02⑤ 03③ 04③ 05③ 06③ 07⑤ 08④ 09③ 10②
11④ 12③ 13③ 14④ 15③ 16⑤ 17④ 18④

J 실용문의 이해 ———————————————— 문제편 p. 122~135
01④ 02③ 04⑤ 05④ 06② 07④ 08④ 09② 10③
11④ 12⑤ 13③ 14⑤ 15④ 16⑤ 17④ 18② 19⑤ 20④
21④ 22⑤ 23⑤ 24④ 25④ 26④ 27⑤ 28③ 29③ 30④

K 어법에 맞지 않는 낱말 찾기 ———————————————— 문제편 p. 138~147
01④ 02⑤ 03② 04② 05⑤ 06⑤ 07④ 08④ 09④ 10⑤
11④ 12② 13⑤ 14④ 15④ 16⑤

L 문맥에 맞지 않는 낱말 찾기 ———————————————— 문제편 p. 150~159
01④ 02③ 03③ 04③ 05④ 06④ 07③ 08⑤ 09⑤ 10⑤
11③ 12⑤ 13③ 14④ 15⑤ 16②

M 빈칸 완성하기 ———————————————— 문제편 p. 162~197
01① 02② 03⑤ 04③ 05① 06③ 07① 08① 09② 10①
11① 12② 13⑤ 14② 15① 16④ 17① 18⑤ 19② 20⑤
21③ 22① 23⑤ 24② 25① 26② 27③ 28④ 29① 30②
31② 32③ 33② 34③ 35① 36④ 37② 38① 39① 40①

41① 42④ 43② 44① 45① 46① 47② 48② 49③ 50②
51③ 52① 53⑤ 54① 55① 56③ 57③ 58① 59② 60①
61① 62④ 63⑤ 64③ 65④ 66⑤ 67② 68① 69④ 70⑤
71① 72① 73④ 74① 75① 76③

N 흐름에 맞지 않는 문장 찾기 ———————————————— 문제편 p. 200~209
01③ 02③ 03③ 04④ 05④ 06④ 07③ 08③ 09③ 10③
11④ 12④ 13④ 14③ 15④ 16④ 17③ 18③ 19④ 20④

O 글의 순서 정하기 ———————————————— 문제편 p. 212~233
01② 02② 03④ 04② 05⑤ 06⑤ 07③ 08② 09⑤ 10②
11③ 12⑤ 13⑤ 14③ 15③ 16② 17③ 18④ 19④ 20②
21③ 22③ 23④ 24③ 25③ 26② 27② 28② 29⑤ 30④
31③ 32⑤ 33② 34⑤ 35⑤ 36⑤ 37③ 38③

P 주어진 문장 넣기 ———————————————— 문제편 p. 236~255
01③ 02④ 03③ 04② 05③ 06④ 07③ 08⑤ 09② 10④
11④ 12③ 13④ 14② 15② 16④ 17④ 18⑤ 19④ 20③
21③ 22⑤ 23⑤ 24③ 25② 26③ 27④ 28④ 29④ 30⑤
31③ 32① 33③ 34③ 35② 36④ 37④ 38⑤

Q 요약문 완성하기 ———————————————— 문제편 p. 258~272
01⑤ 02① 03① 04② 05② 06① 07① 08① 09① 10②
11① 12① 13① 14④ 15② 16① 17① 18① 19① 20①
21② 22① 23① 24②

R 장문의 이해 ———————————————— 문제편 p. 276~295
01② 02④ 03② 04④ 05⑤ 06④ 07⑤ 08④ 09① 10④
11① 12⑤ 13① 14① 15① 16① 17① 18⑤ 19① 20⑤
21② 22③ 23① 24③ 25④ 26② 27⑤ 28⑤ 29① 30⑤
31② 32⑤ 33① 34⑤ 35④ 36② 37⑤ 38④ 39① 40⑤

S 복합 문단의 이해 ———————————————— 문제편 p. 298~315
01② 02③ 03③ 04⑤ 05④ 06④ 07⑤ 08④ 09④ 10④
11④ 12⑤ 13③ 14① 15② 16④ 17④ 18② 19② 20③
21③ 22③ 23⑤ 24③ 25② 26③ 27⑤ 28⑤ 29④ 30②
31⑤ 32⑤ 33④ 34④ 35② 36② 37④ 38③ 39③ 40④
41② 42③ 43④ 44⑤ 45③ 46⑤ 47④ 48⑤

〈고난도 유형 독해 모의고사〉

1회 ———————————————— 문제편 p. 318~323
01① 02① 03② 04③ 05⑤ 06② 07① 08④ 09③ 10①
11② 12④

2회 ———————————————— 문제편 p. 324~329
01⑤ 02① 03⑤ 04④ 05③ 06① 07① 08② 09④ 10①
11③ 12④

3회 ———————————————— 문제편 p. 330~335
01⑤ 02① 03① 04⑤ 05② 06① 07① 08⑤ 09④ 10④
11③ 12④

입체 첨삭 해설!

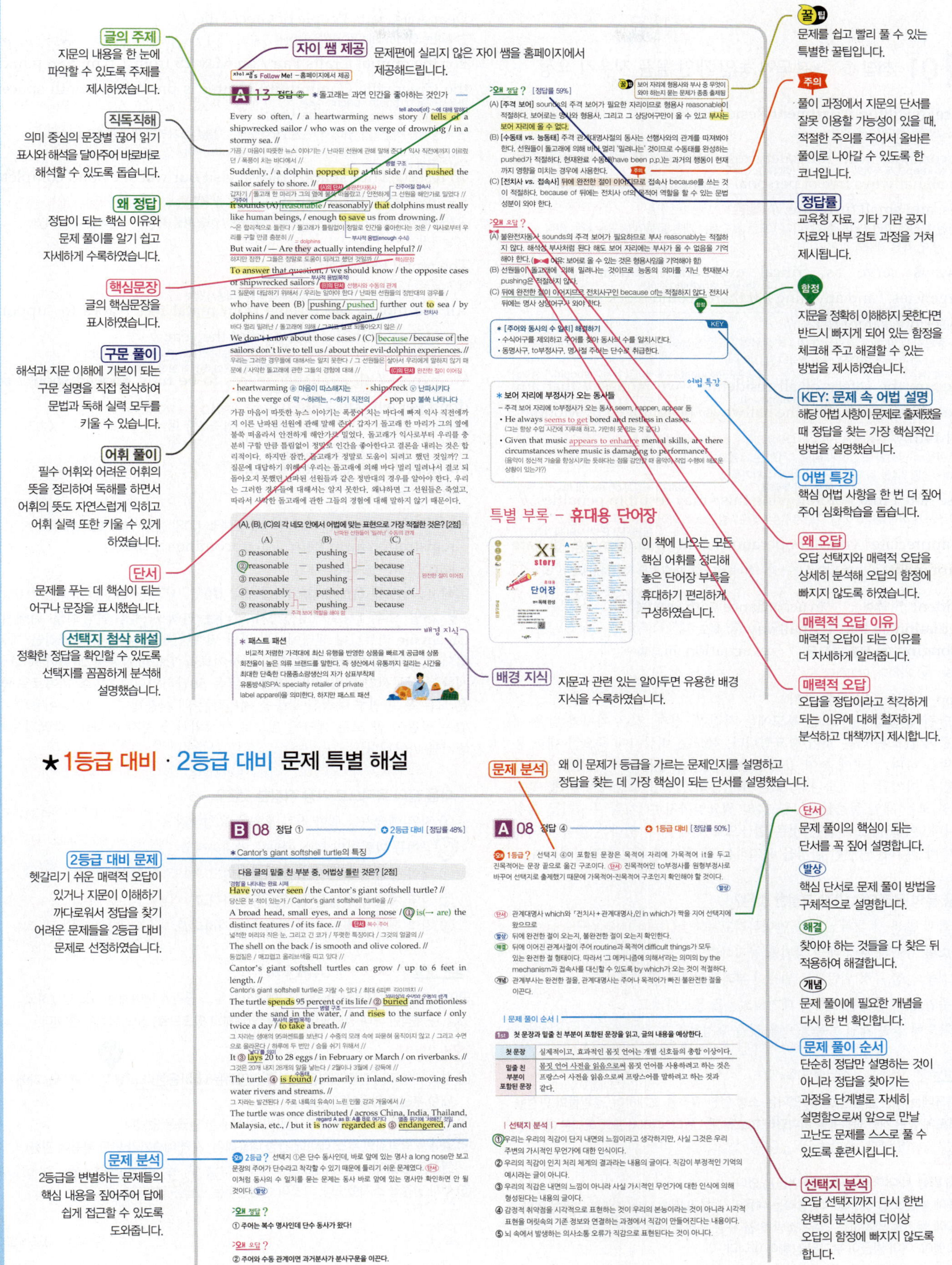

글의 주제 — 지문의 내용을 한 눈에 파악할 수 있도록 주제를 제시하였습니다.

직독직해 — 의미 중심의 문장별 끊어 읽기 표시와 해석을 달아주어 바로바로 해석할 수 있도록 돕습니다.

왜 정답 — 정답이 되는 핵심 이유와 문제 풀이를 알기 쉽고 자세하게 수록하였습니다.

핵심문장 — 글의 핵심문장을 표시하였습니다.

구문 풀이 — 해석과 지문 이해에 기본이 되는 구문 설명을 직접 첨삭하여 문법과 독해 실력 모두를 키울 수 있습니다.

어휘 풀이 — 필수 어휘와 어려운 어휘의 뜻을 정리하여 독해를 하면서 어휘의 뜻도 자연스럽게 익히고 어휘 실력 또한 키울 수 있게 하였습니다.

단서 — 문제를 푸는 데 핵심이 되는 어구나 문장을 표시했습니다.

선택지 첨삭 해설 — 정확한 정답을 확인할 수 있도록 선택지를 꼼꼼하게 분석해 설명했습니다.

자이 쌤 제공 — 문제편에 실리지 않은 자이 쌤을 홈페이지에서 제공해드립니다.

배경 지식 — 지문과 관련 있는 알아두면 유용한 배경 지식을 수록하였습니다.

꿀팁 — 문제를 쉽고 빨리 풀 수 있는 특별한 꿀팁입니다.

주의 — 풀이 과정에서 지문의 단서를 잘못 이용할 가능성이 있을 때, 적절한 주의를 주어서 올바른 풀이로 나아갈 수 있도록 한 코너입니다.

정답률 — 교육청 자료, 기타 기관 공지 자료와 내부 검토 과정을 거쳐 제시됩니다.

함정 — 지문을 정확히 이해하지 못한다면 반드시 빠지게 되어 있는 함정을 체크해 주고 해결할 수 있는 방법을 제시하였습니다.

KEY: 문제 속 어법 설명 — 해당 어법 사항이 문제로 출제됐을 때 정답을 찾는 가장 핵심적인 방법을 설명했습니다.

어법 특강 — 핵심 어법 사항을 한 번 더 짚어주어 심화학습을 돕습니다.

왜 오답 — 오답 선택지와 매력적 오답을 상세히 분석해 오답의 함정에 빠지지 않도록 하였습니다.

매력적 오답 이유 — 매력적 오답이 되는 이유를 더 자세하게 알려줍니다.

매력적 오답 — 오답을 정답이라고 착각하게 되는 이유에 대해 철저하게 분석하고 대책까지 제시합니다.

특별 부록 – 휴대용 단어장 — 이 책에 나오는 모든 핵심 어휘를 정리해 놓은 단어장 부록을 휴대하기 편리하게 구성하였습니다.

★1등급 대비 · 2등급 대비 문제 특별 해설

2등급 대비 문제 — 헷갈리기 쉬운 매력적 오답이 있거나 지문이 이해하기 까다로워서 정답을 찾기 어려운 문제들을 2등급 대비 문제로 선정하였습니다.

문제 분석 — 2등급을 변별하는 문제들의 핵심 내용을 짚어주어 답에 쉽게 접근할 수 있도록 도와줍니다.

문제 분석 — 왜 이 문제가 등급을 가르는 문제인지를 설명하고 정답을 찾는 데 가장 핵심이 되는 단서를 설명했습니다.

단서 — 문제 풀이의 핵심이 되는 단서를 꼭 짚어 설명합니다.

발상 — 핵심 단서로 문제 풀이 방법을 구체적으로 설명합니다.

해결 — 찾아야 하는 것들을 다 찾은 뒤 적용하여 해결합니다.

개념 — 문제 풀이에 필요한 개념을 다시 한 번 확인합니다.

문제 풀이 순서 — 단순히 정답만 설명하는 것이 아니라 정답을 찾아가는 과정을 단계별로 자세히 설명함으로써 앞으로 만날 고난도 문제를 스스로 풀 수 있도록 훈련시킵니다.

선택지 분석 — 오답 선택지까지 다시 한번 완벽히 분석하여 더이상 오답의 함정에 빠지지 않도록 합니다.

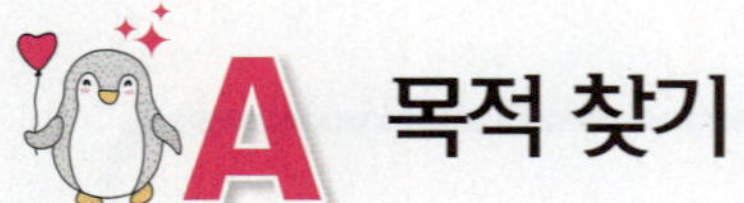# A 목적 찾기

A 01 정답 ⑤ *복도에 놓인 개인 물품 치우기 요청

Notice to Hilltop Apartment Residents /
Hilltop 아파트 주민 대상 공지 /

In accordance with fire safety regulations, / it is essential / to keep all hallways free of personal belongings / such as bicycles, boxes, and small furniture. // 단서1 복도에는 개인 물품이 없도록 하는 것이 중요함
가주어 it / to keep의 목적어와 목적격 보어(형용사)
소방 안전 규정에 따라 / ~이 중요합니다 / 모든 복도에는 개인 물품이 없도록 하는 것이 / 자전거, 상자, 작은 가구와 같은 //

Hallways serve as critical evacuation routes / during emergencies, / and anything left there / could block the way and pose serious safety risks. //
과거분사구(anything 수식) / 병렬 구조(could 뒤에 연결)
복도는 중요한 대피 통로 역할을 하며 / 비상시에 / 그곳에 놓여 있는 것은 무엇이든 / 길을 막아 심각한 안전상의 위험을 야기할 수 있습니다 //

To ensure the safety of all residents, / we request / that any personal items placed in the hallways / be removed by Monday, April 14th. // 단서2 복도에 놓인 모든 개인 물품들을 다 치워 줄 것을 요청함
부사적 용법(목적) / 요구 동사(request)의 목적어절 동사에 should가 생략됨 / 과거분사구(items 수식)
모든 주민들의 안전을 보장하기 위해 / 저희는 요청드립니다 / 복도에 놓인 모든 개인 물품들을 / 4월 14일 월요일까지 다 치워 주시기를 //

Please note / that not following this / may result in penalties. //
동명사의 부정형 / result in + 결과 cf) result from + 원인
유의해 주시기 바랍니다 / 이를 따르지 않는 것은 / 벌금으로 이어질 수 있다는 점을 //

We appreciate your cooperation / in maintaining a safe environment. //
동명사구(전치사의 목적어)
협조해 주셔서 감사합니다 / 안전한 환경을 유지하는 데 //

- resident ⓝ 주민 · in accordance with ~에 따라
- regulation ⓝ 규정 · hallway ⓝ 복도
- belonging ⓝ 물품, 소유물 · evacuation ⓝ 대피
- pose ⓥ 가하다, 야기하다

Hilltop 아파트 주민 대상 공지
소방 안전 규정에 따라 모든 복도에는 자전거, 상자, 작은 가구와 같은 개인 물품이 없도록 하는 것이 중요합니다. 복도는 비상시에 중요한 대피 통로 역할을 하며, 그곳에 놓여 있는 것은 무엇이든 길을 막아 심각한 안전상의 위험을 야기할 수 있습니다. 모든 주민들의 안전을 보장하기 위해, 복도에 놓인 모든 개인 물품들을 4월 14일 월요일까지 다 치워 주시기를 요청드립니다. 이를 따르지 않는 것은 벌금으로 이어질 수 있다는 점을 유의해 주시기 바랍니다. 안전한 환경을 유지하는 데 협조해 주셔서 감사합니다.

> 다음 글의 목적으로 가장 적절한 것은?
> ① 화재 발생 시 대피 요령을 안내하려고 화재 발생 시 대피 요령에 대한 언급은 없음
> ② 소형 가구의 분리 배출 방법을 공지하려고 복도에 놓인 소형 가구를 치워달라는 내용임
> ③ 소방 안전 규정 위반으로 벌금이 부과되었음을 알리려고 이미 벌금이 부과된 상황이 아님
> ④ 주인 없이 방치된 물품이 폐기되었음을 통보하려고 이미 폐기했음을 통보하는 상황이 아님
> ⑤ 복도에 놓인 개인 물품을 치울 것을 요청하려고 we request that any personal items placed in the hallways be removed

왜 정답? ❀❀❀ [정답률 91%]

모든 복도에는 개인 물품을 둘 수 없다는 소방 안전 규정을 소개하며, 주민들의 안전을 위해 복도에 놓인 개인 물품들을 치워달라고 요청하고 있다. 따라서 글의 목적은 ⑤이다.

왜 오답?

① 화재 발생 시 대피 요령에 대한 언급은 없다.
② 복도에 놓인 소형 가구를 치워달라는 내용이지, 분리 배출 방법에 대한 언급은 없다.
③ 복도에 물건을 방치하는 경우, 소방 안전 규정 위반으로 벌금이 부과될 수 있음을 경고했지, 이미 벌금이 부과된 상황이 아니다.
④ 복도에 방치된 물품을 치워달라고 요청하는 내용이지, 이미 폐기했음을 통보하는 상황이 아니다.

A 02 정답 ② *공예품 박람회 부스 예약 안내

Dear Art Crafts People of Greenville, /
친애하는 Greenville의 공예가들에게 /

For the annual Crafts Fair / on May 25 from 1 p.m. to 6 p.m., / the Greenville Community Center is providing booth spaces to rent / as in previous years. //
형용사적 용법(booth spaces 수식)
연례 공예품 박람회를 위해서 / 5월 25일 오후 1시부터 6시까지 열리는 / Greenville 커뮤니티 센터에서는 대여 부스 공간을 제공합니다 / 지난 몇 년간처럼 //

To reserve your space, / please visit our website / and complete a registration form / by April 20. // 단서1 부스 공간을 예약하는 방법을 설명함
부사적 용법(목적)
공간을 예약하려면 / 저희 웹사이트를 방문하여 / 신청서를 작성하시기 바랍니다 / 4월 20일까지 //

The rental fee is $50. //
대여 요금은 50달러입니다 //

All the money we receive from rental fees / goes to support upcoming activities throughout the year. //
앞에 목적격 관계대명사 생략
부스 대여료로 받은 모든 돈은 / 연중 예정된 활동을 지원하는 데 사용됩니다 //

We expect / all available spaces to be fully booked soon, / so don't get left out. // 단서2 부스 대여 기회를 놓치지 말 것을 독려함
expect의 목적어와 목적격 보어(to부정사)
저희는 예상합니다 / 모든 이용할 수 있는 공간이 곧 모두 예약될 것으로 / 그러니 놓치지 마세요 //

We hope to see you at the fair. //
명사적 용법(hope의 목적어)
박람회에서 뵙기를 바랍니다 //

- craft ⓝ 공예품 · annual ⓐ 연례의, 1년의 · fair ⓝ 박람회
- registration form 신청서 · upcoming ⓐ 다가오는
- leave out ~을 놓다[남기다]

친애하는 Greenville의 공예가들에게,
5월 25일 오후 1시부터 6시까지 열리는 연례 공예품 박람회를 위해서, Greenville 커뮤니티 센터에서는 지난 몇 년간처럼 대여 부스 공간을 제공합니다. 공간을 예약하려면 저희 웹사이트를 방문하여 4월 20일까지 신청서를 작성하시기 바랍니다. 대여 요금은 50달러입니다. 부스 대여료로 받은 모든 돈은 연중 예정된 활동을 지원하는 데 사용됩니다. 모든 이용할 수 있는 공간이 곧 모두 예약될 것으로 예상되니 놓치지 마세요. 박람회에서 뵙기를 바랍니다.

> 다음 글의 목적으로 가장 적절한 것은?
> ① 지역 예술가를 위한 정기 후원을 요청하려고 지역 예술가에 대한 후원은 언급되지 않음
> ② 공예품 박람회의 부스 예약을 안내하려고 To reserve your space ~ by April 20.
> ③ 대여 물품의 반환 방법을 설명하려고 물품 반환에 관한 언급은 없음
> ④ 지역 예술가가 만든 물품을 홍보하려고 지역 예술가가 만든 물품에 관한 언급은 없음
> ⑤ 지역 행사 일정의 변경 사항을 공지하려고 행사 일정 변경에 관한 언급은 없음

왜 정답? ❀❀❀ [정답률 89%]

공예품 박람회의 일정을 소개하며, 예년처럼 부스 공간을 대여해 준다고 안내하고 있다. 구체적인 대여 방법과 요금 등을 안내하고 있으므로, 글의 목적은 ②이다.

왜 오답?

① 부스 대여료는 연중 계획된 행사를 지원하는 데 사용한다고 했지, 지역 예술가에 대한 후원은 언급되지 않았다.
③ 부스 대여에 관한 내용이지, 물품 반환에 관한 언급은 없었다.
④ 공예품 박람회의 부스 대여에 관한 내용이지, 지역 예술가가 만든 물품에 관한 언급은 없었다.
⑤ 행사 일정을 소개했으나, 그것이 변경된다는 언급은 없었다.

A 03 정답 ② ＊스페인어 강사 계약 연장 제안

Dear Ms. Lopez, / Lopez님께 /

We want to express our gratitude / for your dedication as a Spanish instructor. //
우리는 감사를 표하고 싶습니다 / 스페인어 강사로서의 당신의 헌신에 //

With exceptional teaching skills, / you **have** significantly **improved** / our students' progress and confidence / in Spanish. //
뛰어난 교수 능력으로 / 당신은 크게 향상시켜 주셨습니다 / 우리 학생들의 발전과 자신감을 / 스페인어에서의 //

be about to-v: 막 ~하려고 하다 / 의미상 주어
As the year **is about to end**, / it is time / **for us to reflect** on your contributions / and **consider** the renewal of your contract. //
병렬 구조 (to부정사)
한 해가 막 끝나가면서 / 때가 되었습니다 / 우리가 당신의 기여를 되짚어보고 / 당신의 계약 갱신을 고려할 //

단서 스페인어 강사에게 계약 연장을 제안하고자 함
Given your positive impact, / we **would like** to offer / an extension of your contract / for the next academic year. //
= want
당신의 긍정적인 영향을 감안하여 / 우리는 제안하고 싶습니다 / 당신의 계약 연장을 / 다음 학년도 //

뒤에 목적어절 접속사 생략 / 과거분사 (involvement 수식)
We believe / your **continued** involvement will further enhance / our students' learning experience and academic achievement. //
우리는 믿습니다 / 당신의 지속적인 참여가 더욱 향상시킬 것이라고 / 우리 학생들의 학습 경험과 학업 성취를 //

look forward to+명사: ~을 기대하다
We **look forward to** your response. //
우리는 당신의 답변을 기다리겠습니다 //

Sincerely, James Martin Principal / 진심을 담아, James Martin 교장 /

- express ⓥ 표하다
- gratitude ⓝ 감사
- dedication ⓝ 헌신
- exceptional ⓐ 뛰어난
- significantly 🔤 상당히
- reflect on ~을 숙고하다
- contribution ⓝ 기여
- renewal ⓝ 갱신
- given prep ~을 감안하여
- extension ⓝ 연장
- academic ⓐ 학업의
- involvement ⓝ 참여

Lopez님께,

우리는 스페인어 강사로서의 당신의 헌신에 감사를 표하고 싶습니다. 뛰어난 교수 능력으로, 당신은 스페인어에서의 우리 학생들의 발전과 자신감을 크게 향상시켜 주셨습니다. 한 해가 막 끝나가면서, 우리가 당신의 기여를 되짚어보고 당신의 계약 갱신을 고려할 때가 되었습니다. 당신의 긍정적인 영향을 감안하여, 우리는 다음 학년도 당신의 계약 연장을 제안하고 싶습니다. 우리는 당신의 지속적인 참여가 우리 학생들의 학습 경험과 학업 성취를 더욱 향상시킬 것이라 믿습니다. 우리는 당신의 답변을 기다리겠습니다. 진심을 담아, James Martin 교장

> **다음 글의 목적으로 가장 적절한 것은?**
> ① 강당 보수 공사를 위한 협조를 구하려고 강당 보수 공사에 관한 언급은 없음
> ②스페인어 강사의 계약 연장을 제안하려고
> we would like to offer an extension ~ the next academic year
> ③ 수업 개선을 위한 세미나 개최를 안내하려고 수업 개선을 위한 세미나에 관한 언급은 없음
> ④ 교내 말하기 대회 심사 위원으로 위촉하려고 교내 말하기 대회에 관한 언급은 없음
> ⑤ 새롭게 개설되는 스페인어 특강을 홍보하려고 스페인어 특강 개설에 관한 언급은 없음

> **왜 정답?** ❀❀❀ [정답률 92%]

한 해 동안 스페인어 강사의 헌신과 긍정적인 영향에 감사를 표하며, 다음 학년도 계약을 연장할 것을 제안하고 있다. 따라서 글의 목적은 ②이다.

> **왜 오답?**

① 강당 보수 공사에 관한 언급은 없었다.
③ 이미 뛰어난 수업 능력을 칭찬했지, 수업 개선을 위한 세미나에 관한 언급은 없었다.
④ 교내 말하기 대회에 관한 언급은 없었다.
⑤ 스페인어 특강 개설에 관한 언급은 없었다. 주의

A 04 정답 ① ＊드론 쇼를 위한 학교 운동장 사용 요청

Dear Principal Smith, / Smith 교장 선생님께 /

절과 절을 잇는 등위접속사
My name is Kara Peterson, / **and** I am the Community Event Coordinator / at the Greenfield Community Center. //
제 이름은 Kara Peterson이고 / 저는 지역 행사 코디네이터입니다 / Greenfield 주민 센터의 //

병렬 구조 (동사)
We **are** organizing a drone show / for the local community / and **are** excited about this special event. //
저희는 드론 쇼를 기획하고 있고 / 지역 사회를 위한 / 이 특별한 행사에 대해 기대감이 큽니다 //

부사절에서 「주어+be동사」 생략 / 목적어절 접속사
While searching for the ideal location, / we found / **that** your school is the best place / **to ensure** the safety and accessibility / of all attendees. //
형용사적 용법 (place 수식)
이상적인 장소를 찾던 중 / 저희는 알게 되었습니다 / 귀 학교가 최적의 장소라는 것을 / 안전과 접근성을 보장할 수 있는 / 모든 참석자의 //

I kindly request your permission / **to use** the school playground / on Saturday, December 6th, / from 6 p.m. to 8 p.m. //
형용사적 용법 (permission 수식)
허가를 정중히 요청드립니다 / 학교 운동장을 사용하는 것에 대한 / 12월 6일 토요일 / 오후 6시부터 오후 8시까지 //
단서 학교 운동장을 사용하는 것에 대한 허가를 요청하고자 함

We will ensure / **that** all safety rules **are** strictly **followed**, / and **that** any cleanup **will be handled** efficiently. //
병렬 구조 (목적어절 접속사) / 미래시제의 수동태 / 수동태 동사
저희는 확실히 할 것입니다 / 모든 안전 수칙이 엄격하게 지켜지고 / 어떠한 청소 작업도 효율적으로 처리될 것을 //

부사절 접속사 (조건)
Please let me know / **if** there are any specific procedures / for **obtaining approval**. //
동명사구 (전치사의 목적어)
알려주시기 바랍니다 / 특정한 절차가 있으면 / 승인을 받기 위한 //

Thank you for your time and consideration. //
시간을 내어 고려해 주셔서 감사합니다 //

미래진행
I **will be** eagerly **awaiting** your response. //
간절히 답변을 기다리겠습니다 //

Sincerely, Kara Peterson / Kara Peterson 드림 /

- coordinator ⓝ 코디네이터, 중재자
- accessibility ⓝ 접근성
- attendee ⓝ 참석자
- strictly 🔤 엄격하게
- procedure ⓝ 절차
- obtain ⓥ 얻다
- approval ⓝ 승인
- eagerly 🔤 간절하게

Smith 교장 선생님께, 제 이름은 Kara Peterson이고, 저는 Greenfield 주민 센터의 지역 행사 코디네이터입니다. 저희는 지역 사회를 위한 드론 쇼를 기획하고 있고 이 특별한 행사에 대해 기대감이 큽니다. 이상적인 장소를 찾던 중, 귀 학교가 모든 참석자의 안전과 접근성을 보장할 수 있는 최적의 장소라는 것을 알게 되었습니다. 12월 6일 토요일 오후 6시부터 오후 8시까지 학교 운동장을 사용하는 것에 대한 허가를 정중히 요청드립니다. 저희는 모든 안전 수칙이 엄격하게 지켜지고, 어떠한 청소 작업도 효율적으로 처리될 것을 확실히 할 것입니다. 승인을 받기 위한 특정한 절차가 있으면 알려주시기 바랍니다. 시간을 내어 고려해 주셔서 감사합니다. 간절히 답변을 기다리겠습니다. Kara Peterson 드림

> **다음 글의 목적으로 가장 적절한 것은?**
> ①학교 운동장 사용 허가를 요청하려고 I kindly request your permission to use the school playground
> ② 학교 행사의 진행 요원 모집을 안내하려고 진행 요원 모집에 관한 내용은 언급되지 않음
> ③ 지역 축제에 따른 도로 통제를 공지하려고 도로 통제에 관한 내용은 언급되지 않음
> ④ 드론 사용 중 안전 규칙 준수를 당부하려고 행사 중 안전 수칙을 지키겠다고 함
> ⑤ 행사에서 발생한 쓰레기 처리를 부탁하려고 청소 작업을 확실히 처리하겠다고 함

> **왜 정답?** ❀❀❀ [정답률 95%]

지역 사회를 위한 드론 쇼를 기획하던 중, 해당 학교가 행사를 위한 최적의 장소로 판단되어 운동장 사용 허락을 요청하고 있다. 따라서 글의 목적은 ①이다.

> **왜 오답?**

② 진행 요원 모집에 관한 내용은 언급되지 않았다.
③ 도로 통제에 관한 내용은 언급되지 않았다.
④ 행사 중 안전 수칙을 지키겠다고 했지, 이를 당부하는 내용이 아니다. 
⑤ 청소 작업을 확실히 처리하겠다고 했지, 이를 부탁하는 내용이 아니다. 

A 05 정답 ④ *추가 예산 요청하기

Dear Executive Manager Schulz, / Schulz 부장님께 /

It is a week / before the internship program starts. //
일주일입니다 / 인턴십 프로그램을 시작하기 전 //

현재진행
I am writing / to bring your attention / to a matter that requires
주격 관계대명사
immediate consideration / regarding the issue my department
앞에 목적격 관계대명사 생략
has. // 이 글을 씁니다 / 당신의 관심을 환기하기 위해 / 즉각적인 고려가 필요한 문제에
대해 / 저희 부서의 사안과 관련하여 //

가주어   현재진행
As the coordinator, / it is becoming apparent to me /
업무 담당자로서 / 제게 분명해지고 있습니다 /
진주어절 접속사   과거분사구 (budget 수식)
that the budget, previously approved by your department,
부사적 용법 (목적)
/ needs some adjustments / in order to meet the emerging
현재분사 (modifications 수식)
modifications. //
이전에 당신의 부서로부터 승인받은 예산은 / 약간의 조정이 필요함이 / 최근 생겨난 수정
사항을 충족시키기 위해서 //

Since my department has hired three more interns / than
planned initially, / 단서 1 처음 계획보다 세 명의 인턴을 더 고용하게 됨
우리 부서에서 세 명의 인턴을 더 고용했기 때문에 / 처음에 계획됐던 것보다 /

the most expensive need / is for additional funding / to cover
their wages, training costs, and materials. // 가장 비용이 많이 드는
부족한 부분은 / 추가적인 자금입니다 / 그들의 임금, 훈련 비용, 물품들을 다루기 위한 //

I kindly request / an additional budget allocation / for these
expenses. // 단서 2 인턴십 프로그램을 운영하기 위한 추가 예산을 요청하고 있음
정중하게 요청합니다 / 추가적인 예산 배당을 / 이 비용들을 위해 //

Please refer to the attachment / for details. //
첨부물을 참고해 주세요 / 자세한 사항은 //

Thank you for your attention. // 당신의 관심에 감사드립니다 //

Best regards, Matt Perry / Matt Perry 드림 /

- immediate ⓐ 즉각적인 · consideration ⓝ 고려
- apparent ⓐ 분명한 · budget ⓝ 예산 · adjustment ⓝ 조정
- modification ⓝ 수정 사항 · wage ⓝ 임금 · allocation ⓝ 배당
- expense ⓝ 경비, 비용 · attachment ⓝ 부속물, 첨부물

Schulz 부장님께
인턴십 프로그램을 시작하기 일주일 전입니다. 저희 부서의 사안과 관련하여 즉각적인 고려가 필요한 문제에 대해 당신의 관심을 환기하기 위해 이글을 씁니다. 업무 담당자로서 최근 생겨난 수정 사항을 충족시키기 위해서, 이전에 당신의 부서로부터 승인받은 예산은 약간의 조정이 필요함이 제게 분명해지고 있습니다. 우리 부서에서 처음에 계획됐던 것보다 세 명의 인턴을 더 고용했기 때문에, 가장 비용이 많이 드는 부족한 부분은 그들의 임금, 훈련 비용, 물품들을 다루기 위한 추가적인 자금입니다. 이 비용들을 위해 추가적인 예산 배당을 정중하게 요청합니다. 자세한 사항은 첨부물을 참고해 주세요. 당신의 관심에 감사드립니다.
Matt Perry 드림

다음 글의 목적으로 가장 적절한 것은?
① 인턴사원의 추가 채용 계획을 알리려고 이미 처음 계획보다 세 명 더 고용한 상태임
② 임금 인상에 대해 논의할 일정을 문의하려고 예산을 늘려달라고 요청하고 있음
③ 현재 담당하고 있는 업무의 조정을 건의하려고 언급되지 않음
④ 인턴십 프로그램을 위한 추가 예산을 요청하려고
I kindly request an additional budget allocation for these expenses.
⑤ 직원 연수에 할당된 예산의 변경에 이의를 제기하려고
이의를 제기하는 내용이 아님

왜 정답? ✿❀❀ [정답률 89%]
인턴십 프로그램에서 원래 계획보다 더 많은 인원을 고용하게 되어 임금, 훈련 비용, 물품 등에서 추가적인 비용이 발생하게 되었다고 설명하고 있다.
이 비용들을 위해 추가적인 예산 배당을 요청하고 있으므로, 글의 목적은 ④이다.

왜 오답?
① 인턴사원은 이미 처음 계획보다 세 명 더 고용한 상태이다.
② 임금 인상을 논의하는 것이 아니라, 인턴의 증가로 임금이 더 필요하여 예산을 늘려
달라고 요청하고 있다.
③ 담당 업무의 조정에 관한 내용은 언급되지 않았다.
⑤ 인턴십 프로그램에 할당된 예산을 늘려달라고 요청하는 것이지, 이의를 제기하는
내용이 아니다.

A 06 정답 ② *정원가꾸기 날 행사 참여 독려

Dear Residents, /
주민들께 /

My name is Kari Patterson, / and I'm the manager of the River
View Apartments. //
제 이름은 Kari Patterson이고 / 저는 River View 아파트의 관리인입니다 //

~할 시간이다
It's time to take advantage of the sunny weather / to make our
to make의 목적격 보어 (형용사)   부사적 용법 (목적)
community more beautiful. //
화창한 날씨를 이용할 때입니다 / 우리의 커뮤니티를 더욱 아름답게 만들기 위해 //

On Saturday, July 13 at 9 a.m., / residents will meet in the north
parking lot. //
7월 13일 토요일 오전 9시에 / 주민들은 북쪽 주차장에서 만날 예정입니다 //
부사적 용법 (~하도록)
We will divide into teams / to plant flowers and small trees, /
pull weeds, / and put colorful decorations on the lawn. //
우리는 팀을 나누어 / 꽃과 작은 나무를 심고 / 잡초를 뽑고 / 잔디밭에 다채로운 장식을 할
것입니다 //
뒤에 목적어절 접속사 that 생략
Please join us for this year's Gardening Day, / and remember no
special skills or tools are required. // 단서 올해 정원가꾸기 날에 함께할 것을 권함
올해 정원가꾸기 날에 우리와 함께해 주시고 / 특별한 기술이나 도구는 필요하지 않다는 것을
기억하세요 //
결과 절을 잇는 등위접속사
Last year, / we had a great time working together, / so come out
비교급 강조 부사
and make this year's event even better! //
작년에 / 우리는 함께 일하며 즐거운 시간을 보냈으니 / 오셔서 올해 행사도 더 멋지게 만들어
주세요 //

Warm regards, / Kari Patterson /
따뜻한 마음을 담아 / Kari Patterson /

- take advantage of ~을 이용하다 · resident ⓝ 주민
- weed ⓝ 잡초 · decoration ⓝ 장식 · lawn ⓝ 잔디밭

주민들께,
제 이름은 Kari Patterson이고, 저는 River View 아파트의 관리인입니다. 우리의 커뮤니티를 더욱 아름답게 만들기 위해 화창한 날씨를 이용할 때입니다. 7월 13일 토요일 오전 9시에, 주민들은 북쪽 주차장에서 만날 예정입니다. 우리는 팀을 나누어 꽃과 작은 나무를 심고, 잡초를 뽑고, 잔디밭에 다채로운 장식을 할 것입니다. 올해 정원가꾸기 날에 우리와 함께해 주시고, 특별한 기술이나 도구는 필요하지 않다는 것을 기억하세요. 작년에, 우리는 함께 일하며 즐거운 시간을 보냈으니, 오셔서 올해 행사도 더 멋지게 만들어 주세요!
따뜻한 마음을 담아,
Kari Patterson

다음 글의 목적으로 가장 적절한 것은?
① 아파트 내 정원 조성에 대한 의견을 수렴하려고 의견을 수렴하는 것이 아님
② 정원가꾸기 날 행사에 참여할 것을 독려하려고 Please join us for this year's Gardening Day
③ 쓰레기를 지정된 장소에 버릴 것을 당부하려고 쓰레기를 버리는 것에 관한 언급은 없음
④ 지하 주차장 공사 일정에 대해 공지하려고 지하 주차장 공사에 관한 언급은 없음
⑤ 정원박람회 개최 날짜 변경을 안내하려고 정원박람회가 아니라 정원가꾸기 행사임

(왼쪽 단)

왜 정답? ✱❀❀ [정답률 94%]

아파트의 관리인인 Kari Patterson 씨가 주민들에게 정원가꾸기 날 행사에 참여하여 커뮤니티를 아름답게 만들 것을 권하고 있다. 따라서 글의 목적은 ②이다.

왜 오답?

① 정원 조성에 함께 참여하기를 독려할 뿐, 정원 조성에 대한 의견을 수렴하는 것은 아니다.

③ 쓰레기를 버리는 것에 관한 언급은 없었다.

④ 모임 장소가 주차장일 뿐, 주차장 공사에 관한 언급은 없었다.

⑤ 정원박람회가 아니라 정원가꾸기 행사에 참여할 것을 권하고 있고, 날짜가 바뀐 것도 아니다.

A 07 정답 ① ＊서류 제출 기한 연장 요청하기

To whom it may concern, / 관계자분께 /

My name is Peter Jackson / and I am thinking of applying for the Advanced Licensed Counselor Program / **that** the university provides. //
목적격 관계대명사
저의 이름은 Peter Jackson이고 / Advanced Licensed Counselor Program에 지원하려고 합니다 / 대학교에서 제공하는 //

목적어절 접속사
I found / **that** the certification for 100 hours of counseling experience / **is required** for the application. //
수동태 동사
저는 알았습니다 / 100시간의 상담 경력 증명서가 / 지원을 위해 필요하다는 것을 //

뒤에 목적어절 접속사 생략   과거분사 (experience 수식)
However, **I do not think** / I could possibly complete the **required** counseling experience / by the current deadline. //
그러나 저는 생각하지 않습니다 / 아마도 필요한 상담 경험을 완료할 수 있다고 / 현재 마감 기한까지 //

부사절의 '주어+be동사 (it is)' 생략 **단서** 상담 경력 증명서의 마감 기한을 연장해줄 것을 요청함
So, **if possible**, / I kindly request an extension of the deadline / **until** the end of this summer vacation. //
전치사
그래서 가능하시다면 / 저는 마감 기한의 연장을 정중하게 요청합니다 / 이번 여름 방학 말까지 //

현재진행
I **am** actively **working** / on obtaining the certification, / and I am sure / I will be able to submit it by then. //
저는 열심히 노력하고 있고 / 증명서를 얻으려고 / 저는 확신합니다 / 제가 그때까지 그것을 제출할 수 있을 것이라고 //

동명사구 (전치사의 목적어)
I understand the importance / of **following the application process**, / and would greatly appreciate / your consideration of this request. //
저는 중요성을 이해하며 / 지원 과정을 따르는 것의 / 대단히 감사하겠습니다 / 이 요청에 대한 귀하의 고려에 //

I look forward to your response. //
저는 귀하의 회신을 기다리겠습니다 //

Sincerely, Peter Jackson / 진심을 담아, Peter Jackson 드림 /

- apply for ~에 지원하다
- counselor ⓝ 상담사
- certification ⓝ 증명서
- application ⓝ 지원
- request ⓥ 요청하다
- extension ⓝ 연장
- obtain ⓥ 얻다
- submit ⓥ 제출하다
- consideration ⓝ 고려

관계자분께,
저의 이름은 Peter Jackson이고, 대학교에서 제공하는 Advanced Licensed Counselor Program에 지원하려고 합니다. 저는 지원을 위해 100시간의 상담 경력 증명서가 필요하다는 것을 알았습니다. 그러나 저는 아마도 현재 마감 기한까지 필요한 상담 경험을 완료할 수 없다고 생각합니다. 그래서 가능하시다면 저는 이번 여름 방학 말까지 마감 기한의 연장을 정중하게 요청합니다. 저는 증명서를 얻으려고 열심히 노력하고 있고, 저는 제가 그때까지 그것을 제출할 수 있을 것이라고 확신합니다. 저는 지원 과정을 따르는 것의 중요성을 이해하며, 이 요청에 대한 귀하의 고려에 대단히 감사하겠습니다. 저는 귀하의 회신을 기다리겠습니다.
진심을 담아, Peter Jackson 드림

(오른쪽 단)

다음 글의 목적으로 가장 적절한 것은?

① 상담 경력 증명서의 제출 기한 연장을 요청하려고 *I kindly request an extension of the deadline*

② 서류 심사 결과 발표의 지연에 대해 항의하려고 제출 기한을 연장해달라는 내용임

③ 전문 상담 강좌의 추가 개설을 제안하려고 전문 상담 강좌를 개설해달라는 내용이 아님

④ 대학의 편의 시설 확충을 건의하려고 편의 시설 확충에 관한 내용은 언급되지 않음

⑤ 대학 진학 상담 예약을 취소하려고 대학 진학 상담을 예약해 둔 상황이 아님

왜 정답? ✱❀❀ [정답률 94%]

Peter Jackson은 지원하려는 프로그램의 증명서를 마감 기한까지 제출할 수 없는 상황이다. 마감 기한을 여름 방학 말까지 연장해줄 수 있는지 묻고 있으므로 글의 목적은 ①이다.

왜 오답?

② 서류 제출 기한을 연장해달라는 내용으로, 심사 결과 발표를 기다리는 상황이 아니다.

③ 전문 상담 강좌를 개설해달라는 내용이 아니라, 개설되어 있는 상담 강좌에 지원하고자 하는 상황이다.

④ 편의 시설 확충에 관한 내용은 언급되지 않았다.

⑤ 대학 진학 상담을 예약해 둔 상황이 아니다.

A 08 정답 ① ＊자녀의 결석 사유 등록 독려

Dear parents, / 학부모님께 /

Regular attendance at school is essential / in maximizing student potential. //
학교에 정기적으로 출석하는 것은 필수적입니다 / 학생의 잠재력을 극대화하는 데 //

Recently, / we've become concerned / about **the number of** unapproved absences / across all grades. //
~의 수
최근에 / 우리는 우려하고 있습니다 / 승인되지 않은 결석 수에 대해 / 모든 학년에 걸쳐 //

목적어절 접속사
I would like to further clarify / **that** your role as a parent / is **to approve** any school absence. //
명사적 용법 (주격 보어) **단서 1** 학부모는 학생의 결석에 대한 설명을 제공해야 함
저는 더욱 명확히 하고 싶습니다 / 학부모로서의 귀하의 역할은 / 결석을 승인하는 것임을 //

Parents must provide an explanation for absences / to the school / within 7 days / from the first day of any period of absence. //
학부모는 결석에 대한 설명을 제공해야 합니다 / 학교에 / 7일 이내에 / 결석 기간의 첫날로부터 //

부사절 접속사   현재완료 수동태
Where an explanation **has** not **been received** / within the 7-day time frame, / the school will record the absence / as unjustified / on the student's record. //
설명이 접수되지 않은 경우 / 7일 이내에 / 학교는 결석을 기록할 것입니다 / 정당하지 않은 것으로 / 학생의 성적표에 //

목적어절 접속사   병렬 구조 (동사)
Please ensure / **that** you **go** to the parent portal site / and **register** the reason / any time your child is absent. //
단서 2 포털 사이트에서 사유를 등록할 수 있음
확실히 하십시오 / 학부모 포털 사이트로 이동하여 / 사유를 등록하는 것을 / 자녀가 결석할 때마다 //

부사절 접속사 (목적)
Please approve all absences, / **so that** your child will not be at a disadvantage. //
모든 결석을 승인하십시오 / 자녀가 불이익을 받지 않도록 //

Many thanks for your cooperation. //
협조해 주셔서 감사합니다 //

Sincerely, Natalie Brown, Vice Principal / 교감 Natalie Brown 드림 /

- attendance ⓝ 출석, 참석
- maximize ⓥ 극대화하다
- potential ⓝ 잠재력
- concerned ⓐ 걱정하는
- unapproved ⓐ 허가되지 않은
- absence ⓝ 결석
- explanation ⓝ 설명
- unjustified ⓐ 정당하지 않은
- absent ⓐ 결석한
- disadvantage ⓝ 불이익, 불리한 점

학부모님께,
학교에 정기적으로 출석하는 것은 학생의 잠재력을 극대화하는 데
필수적입니다. 최근에 우리는 모든 학년에 걸쳐 승인되지 않은 결석
수에 대해 우려하고 있습니다. 저는 학부모로서의 귀하의 역할은 결석을
승인하는 것임을 더욱 명확히 하고 싶습니다. 학부모는 결석 기간의
첫날로부터 7일 이내에 결석에 대한 설명을 학교에 제공해야 합니다.
7일 이내에 설명이 접수되지 않은 경우, 학교는 학생의 성적표에 결석을
정당하지 않은 것으로 기록할 것입니다. 자녀가 결석할 때마다 학부모
포털 사이트로 이동하여 사유를 등록하는 것을 확실히 하십시오. 자녀가
불이익을 받지 않도록 모든 결석을 승인하십시오. 협조해 주셔서
감사합니다.
교감 Natalie Brown 드림

다음 글의 목적으로 가장 적절한 것은?
① 자녀의 결석 사유를 등록해 줄 것을 요청하려고
　　　　Please ensure ~ any time your child is absent.
② 학교 홈페이지의 일시적 운영 중단을 공지하려고
　　　　parent portal site가 언급된 것으로 만든 오답
③ 자녀가 지각하지 않도록 부모의 지도를 당부하려고
　　　　지각이 아닌 결석에 대한 사유를 등록할 것을 권하고 있음
④ 방과 후 프로그램에 대한 부모의 관심을 독려하려고
　　　　방과 후 프로그램은 언급되지 않음
⑤ 인정 결석은 최대 7일까지 허용된다는 것을 안내하려고
　　　　결석 기간의 첫날로부터 7일 이내에 결석 사유를 등록해야 함

왜 정답? ✸✸✾ [정답률 79%]

최근 늘어나는 미인정 결석에 대해 우려를 표하며, 학부모로서 학생의 학교 결석
사유를 포털 사이트를 통해 제공할 것을 요청하고 있다. 따라서 정답은 ①이다.

왜 오답?

② 홈페이지의 운영이 중단되는 것이 아니다.
③ 지각이 아닌 결석 시 제때 그 사유를 등록할 것을 권하는 글이다.
④ 방과 후 프로그램에 대한 언급은 없다.
⑤ 인정 결석의 **최대 허용 일수**에 대한 안내는 없다.

> 글에 언급된 7일은 결석 사유를 등록할 수 있는 기간임　꿀팁

A 09 정답 ① ＊보수작업으로 인한 강당 폐쇄 안내

Dear parents and students of Douglas School, /
Douglas School의 학부모님과 학생 여러분에게 /

As you know, / our school was built / over 150 years ago. //
여러분들도 아시다시피 / 우리 학교는 지어졌습니다 / 150년도 더 전에 //

While we are proud of our school's history, / the facilities are
not exactly what they should be / for modern schooling. //
우리는 우리 학교의 역사가 자랑스럽지만 / 시설들이 정확히 제 몫을 다하는 것은 아닙니다 /
현대 교육을 위해 //

Thanks to a generous donation / to the school foundation, / we
will be able to start / renovating those parts of our campus / that
have become outdated. //
아낌없는 기부 덕분에 / 학교 재단에의 / 우리는 시작할 수 있을 것입니다 / 우리 교정의 그러
한 부분들에 대한 보수를 / 구식이 된 //

We hope / this will help provide our students / with the best
education possible. //
우리는 바랍니다 / 이 보수작업이 우리 학생들에게 제공하는 데 도움이 되기를 / 가능한 최고
의 교육을 //
　　　　단서 강당이 수리를 위해 폐쇄됨을 알리기 위해 편지를 씀

I'm writing to inform you / that the auditorium will be the first
building / closed for repairs. //
저는 여러분에게 알리기 위해 편지를 씁니다 / 강당이 첫 번째 건물일 것임을 / 수리를 위해 폐
쇄되는 //

Students will not be able to use the auditorium / for about one
month / while the repairs are taking place. //
학생들은 강당을 이용할 수 없을 것입니다 / 약 한 달 동안 / 수리가 진행되는 동안 //

We hope / that you will understand / how this brief
inconvenience will encourage / community-wide benefits / for
years to come. //
우리는 바랍니다 / 여러분이 이해하기를 / 이 짧은 불편함이 어떻게 장려할 것인지를 / 지역 사
회 전체의 혜택을 / 향후 몇 년 동안 //

Sincerely, Vice Principal Kyla Andrews / 교감 Kyla Andrews 드림 /

- **facility** ⓝ (특정 목적 · 활동용 장소나 건물을 가리키는) 시설
- **modern** ⓐ 현대의, 근대의
- **generous** ⓐ (무엇을 주는 데 있어서) 후한[너그러운]
- **donation** ⓝ 기부, 기증　• **foundation** ⓝ 재단
- **renovate** ⓥ (낡은 건물 · 가구 등을) 개조[보수]하다
- **outdated** ⓐ 구식인　• **auditorium** ⓝ 강당　• **repair** ⓝ 수리, 보수
- **brief** ⓐ 짧은, 잠시 동안의　• **inconvenience** ⓝ 불편함
- **encourage** ⓥ 장려하다, 권장하다

Douglas School의 학부모님과 학생 여러분에게,
여러분들도 아시다시피, 우리 학교는 150년도 더 전에 지어졌습니다. 우리
는 학교의 역사가 자랑스럽지만, 시설들이 현대 교육에 맞게 정확히 제 몫
을 다하는 것은 아닙니다. 학교 재단에의 아낌없는 기부 덕분에, 우리는 우
리 교정의 구식이 된 그러한 부분들에 대한 보수를 시작할 수 있을 것입니
다. 우리는 이 보수작업이 우리 학생들에게 가능한 최고의 교육을 제공하
는데 도움이 되기를 바랍니다. 저는 강당이 수리를 위해 폐쇄되는 첫 번째
건물일 것임을 여러분에게 알리기 위해 편지를 씁니다. 학생들은 수리가
진행되는 동안 약 한 달 동안 강당을 이용할 수 없을 것입니다. 우리는 이
짧은 불편함이 향후 몇 년 동안 지역 사회 전체의 혜택을 어떻게 장려할 것
인지 여러분이 이해하기를 바랍니다.
교감 Kyla Andrews 드림

다음 글의 목적으로 가장 적절한 것은?
① 수리로 인한 강당 폐쇄를 안내하려고
　　to inform you that the auditorium will be the first building closed for repairs
② 캠퍼스 투어 프로그램 일정을 조정하려고
　　　　투어 프로그램에 대한 언급은 없음
③ 강당 사용을 위한 신청 방법을 공지하려고
　　　　보수작업 동안 강당 이용이 불가능함을 알림
④ 강당 신축을 위한 기금 모금 행사를 홍보하려고
　　　　a generous donation to the school foundation으로 만든 오답
⑤ 집짓기 행사에 참여할 자원 봉사자를 모집하려고
　　　　집짓기 행사가 아니라 학교 시설의 보수작업 안내임

왜 정답? ✸✾✾ [정답률 87%]

Douglas School의 교감 선생님인 Kyla Andrews가 학부모와 학생들에게 쓰는 편
지로, 학교 시설에 대한 보수작업을 안내하면서, 강당이 수리를 위해 약 한 달 동안
폐쇄될 것임을 알리기 위해 편지를 쓴다고 했으므로 정답은 ①이다.

왜 오답?

② 캠퍼스의 건물들이 낡아서 수리를 진행할 것임을 알리는 편지이다.
③ 강당에 대한 수리가 진행되는 약 한 달 동안 강당을 이용할 수 없다고 했다.
④ 학교 재단에 대한 아낌없는 기부를 통해 학교 시설들에 대한 보수를 시작할 수
　 있다고 했지, 강당을 신축하기 위한 기금 모금 행사를 진행한다는 것이 아니다.
⑤ 집짓기 행사가 아니라 학교 시설의 보수작업에 대한 안내이다.

어법 특강

＊ to부정사의 형용사적 용법

– to부정사의 세 가지 용법 중 하나로, to부정사가 형용사처럼 (대)명사를 수식하거
나 「be+to부정사」 형태로 주어를 보충 설명하는 역할을 한다. 이때 to부정사는
'~하는, ~할' 등으로 해석된다.

• They had no **time** to change the schedule.
　　　　　명사 time을 수식하는 to부정사
　(그들은 일정을 바꿀 시간이 없었다.)

– 「be+to부정사」 형태로 주어를 보충 설명할 때에는 예정, 의무, 운명, 가능, 의지나
의도를 나타낸다.

• We are to leave for Canada tomorrow.
　　　　주어 We를 수식하는 to부정사
　(우리는 내일 캐나다로 떠날 예정이다.)

A 10 정답 ② ＊미술 작품 구매 문의

_{자이 쌤's Follow Me! – 홈페이지에서 제공}

It was a pleasure / meeting you at your gallery / last week. //
즐거웠습니다 / 귀하의 화랑에서 만나서 / 지난주에 //

I appreciate your effort / to select and exhibit diverse artwork. //
귀하의 노력에 감사드립니다 / 다양한 미술 작품을 선정하고 전시한 //
(형용사적 용법 (your effort 수식))

As I mentioned, / I greatly admire / Robert D. Parker's paintings, / which emphasize the beauty of nature. //
(계속적 용법의 주격 관계대명사)
제가 말씀드렸듯이 / 저는 대단히 좋아하는데 / Robert D. Parker의 그림을 / 그것은 자연의 아름다움을 강조합니다 //

Over the past few days, / I have been researching and learning / about Robert D. Parker's online viewing room / through your gallery's website. //
(현재완료 진행시제)
지난 며칠 동안 / 저는 조사하고 알아보았습니다 / Robert D. Parker의 온라인 전시 공간에 관해 / 귀하의 화랑 웹 사이트를 통해 //

I'm especially interested / in purchasing the painting / that depicts the horizon, / titled Sunrise. [단서 1] 그림 구매에 관심이 있음
(주격 관계대명사)
저는 특히 관심이 있습니다 / 그림을 구매하는 것에 / 지평선을 묘사한 / 'Sunrise'라는 제목이 붙은 //

I would like to know / if the piece is still available for purchase. //
(목적어절 접속사 (~인지 아닌지)) [단서 2] 작품 구매 가능 여부를 문의함
저는 알고 싶습니다 / 그 작품을 여전히 구매할 수 있는지를 //

It would be a great pleasure / to house this wonderful piece of art. //
(가주어) (진주어)
큰 기쁨이 될 것입니다 / 이 훌륭한 미술 작품을 소장하는 것은 //

I look forward to your reply / to this inquiry. //
귀하의 답변을 손꼽아 기다립니다 / 이 문의에 대한 //

- exhibit ⓥ 전시하다
- admire ⓥ 좋아하다
- emphasize ⓥ 강조하다
- purchase ⓥ 구매하다 ⓝ 구매
- horizon ⓝ 지평선
- house ⓥ 소장하다
- inquiry ⓝ 문의

지난주에 귀하의 화랑에서 만나서 즐거웠습니다. 다양한 미술 작품을 선정하고 전시한 귀하의 노력에 감사드립니다. 제가 말씀드렸듯이, 저는 Robert D. Parker의 그림을 대단히 좋아하는데, 그의 그림은 자연의 아름다움을 강조합니다. 지난 며칠 동안, 저는 귀하의 화랑 웹 사이트를 통해 Robert D. Parker의 온라인 전시 공간에 관해 조사하고 알아보았습니다. 저는 'Sunrise'라는 제목이 붙은, 지평선을 묘사한 그림을 구매하는 것에 특히 관심이 있습니다. 저는 그 작품을 여전히 구매할 수 있는지를 알고 싶습니다. 이 훌륭한 미술 작품을 소장하는 것은 큰 기쁨이 될 것입니다. 이 문의에 대한 귀하의 답변을 손꼽아 기다립니다.

다음 글의 목적으로 가장 적절한 것은?
① 좋아하는 화가와의 만남을 요청하려고 _{화가와의 만남에 대한 내용은 없음}
②미술 작품의 구매 가능 여부를 문의하려고 _{I would like to know if the piece is still available for purchase.}
③ 소장 중인 미술 작품의 감정을 의뢰하려고 _{미술 작품 감정에 관한 내용은 없음}
④ 미술 작품의 소유자 변경 내역을 확인하려고 _{소유자 변경에 관한 내용은 없음}
⑤ 기획 중인 전시회에 참여하는 화가를 홍보하려고 _{화가의 작품을 구매하고 싶어 할 뿐임}

〉왜 정답 ? ❋❀❀ [정답률 91%]
Robert D. Parker의 'Sunrise'라는 작품을 구매하고 싶다며, 구매가 가능한지 문의하고 있으므로 글의 목적은 ②이다.

〉왜 오답 ?
① Robert D. Parker의 작품 구매를 원하지, 만남을 원하는 것은 아니다.
③ 'Sunrise'라는 작품을 소장할 수 있으면 큰 기쁨일 것이라고만 했다.
④ 미술 작품의 소유자 변경에 대한 내용은 없다.
⑤ 화가의 작품을 구매하고 싶어 하지, 화가를 홍보하려는 것은 아니다.

A 11 정답 ④ ＊잡지사에 서비스 문의하기

Dear Customer Service, / 고객 서비스팀께 /

I am writing / in regard to my magazine subscription. //
(~와 관련하여)
저는 글을 씁니다 / 잡지 구독과 관련하여 //

Currently, / I have just over a year to go / on my subscription to Economy Tomorrow /
현재 / 저는 일 년 조금 넘게 남았습니다 / 저의 Economy Tomorrow 구독이 /

and would like to continue my subscription / as I have enjoyed the magazine / for many years. //
(현재완료 시제(계속))
그리고 구독을 계속하고 싶습니다 / 저는 잡지를 즐겨왔기 때문에 / 수년간 //

Unfortunately, / due to my bad eyesight, / I have trouble reading your magazine. // [단서 1] 시력이 좋지 않아 잡지를 읽는 데 어려움이 있음
(~ 때문에) (have trouble -ing: ~하는 데 어려움을 겪다)
안타깝게도 / 저의 좋지 않은 시력 때문에 / 귀사의 잡지를 읽는 데 어려움이 있습니다 //

My doctor has told me / that I need to look for / large print magazines and books. //
(간접목적어) (직접목적어절)
의사는 저에게 말했습니다 / 제가 찾아야 할 필요가 있다고 / 큰 글자판의 잡지와 책을 //

I'd like to know / whether there's a large print version of your magazine. // [단서 2] 큰 글자판의 잡지가 있는지 알고 싶음
(목적어절 접속사)
저는 알고 싶습니다 / 귀사 잡지의 큰 글자판이 있는지 //

Please contact me / if this is something you offer. //
(부사절 접속사(조건)) (앞에 목적격 관계대명사 생략)
저에게 연락 부탁드립니다 / 이것이 귀사가 제공하는 것이라면 //

Thank you for your time. //
시간 내주셔서 감사합니다 //

I look forward to hearing from you soon. //
조만간 소식을 들을 수 있기를 기대합니다 //

Sincerely, Martin Gray / Martin Gray 드림 /

- subscription ⓝ 구독
- currently 〔ad〕 현재
- continue ⓥ 계속하다
- unfortunately 〔ad〕 안타깝게도, 불행히도
- eyesight ⓝ 시력
- contact ⓥ 연락하다
- offer ⓥ 제공하다

고객 서비스팀께,
저는 잡지 구독과 관련하여 글을 씁니다. 현재 저의 Economy Tomorrow 구독이 일 년 조금 넘게 남았는데, 저는 수년간 귀사의 잡지를 즐겨왔기 때문에 구독을 계속하고 싶습니다. 안타깝게도, 저의 좋지 않은 시력 때문에 귀사의 잡지를 읽는 데 어려움이 있습니다. 의사는 큰 글자판의 잡지와 책을 찾아야 할 필요가 있다고 말했습니다. 저는 귀사 잡지의 큰 글자판이 있는지 알고 싶습니다. 이를 제공한다면 저에게 연락 부탁드립니다. 시간 내주셔서 감사합니다. 조만간 소식을 들을 수 있기를 기대합니다.
Martin Gray 드림

다음 글의 목적으로 가장 적절한 것은?
① 잡지 기삿거리를 제보하려고 _{기삿거리에 대한 언급 없음}
② 구독 기간 변경을 신청하려고 _{구독 기간을 변경하려는 것이 아님}
③ 구독료 인상에 대해 항의하려고 _{구독료에 대한 언급 없음}
④잡지의 큰 글자판이 있는지 문의하려고 _{I'd like to know whether there's a large print version of your magazine.}
⑤ 잡지 기사 내용에 대한 정정을 요구하려고 _{기사 내용 정정에 대한 언급 없음}

〉왜 정답 ? ❋❀❀ [정답률 95%]
필자는 잡지를 계속해서 구독하고 싶지만 자신의 좋지 않은 시력 때문에 잡지를 읽는 데 어려움이 있다며 큰 글자판의 잡지를 제공하는지 문의하고 있다. 따라서 정답은 ④이다.

〉왜 오답 ?
① 기삿거리를 제보하고 싶다는 내용은 없다.
② 자신의 구독 기간에 대한 언급은 있으나 그것을 변경하려는 것이 아니다.
③ 구독료에 대한 언급은 없으며 항의를 하는 내용도 아니다.
⑤ 잡지 기사 내용에 대한 언급이나 정정을 요구하는 내용이 아니다.

A 12 정답 ⑤ *새로운 동물 보호소를 위한 기부 요청 —

Dear animal lovers, / 동물 애호가들께 /
I am writing / on behalf of the Protect Animal Organization. //
저는 글을 쓰고 있습니다 / Protect Animal Organization을 대표해서 //
Our organization was founded / on the belief / **that** all animals should be respected / and treated with kindness, / and must be protected / by law. //
우리 단체는 설립되었습니다 / 믿음으로 / 모든 동물들이 존중받아야 하고 / 애정으로 대우받아야 하며 / 보호되어야 한다는 / 법에 의해 //

provide A with B: A에게 B를 제공하다
Over the past 20 years, / we have **provided** lost animals / **with** protection, new homes, and sometimes health care. //
지난 20년 넘게 / 우리는 길 잃은 동물들에게 제공해 왔습니다 / 보호, 새로운 집, 그리고 때로는 건강 관리를 //
Currently, / our animal shelter is full, / and we need your help / **to build** a new shelter. // 단서 1 새로운 보호소를 짓기 위해 도움이 필요함
현재 / 우리의 동물 보호소는 가득 찼고 / 그래서 우리는 여러분의 도움이 필요합니다 / 새로운 보호소를 짓기 위해 / 단서 2 어떤 금액이든 기부금을 요청하고 있음
We are seeking donations / in any amount. //
우리는 기부금을 구하고 있습니다 / 어떤 금액으로든 //
Every dollar raised goes / **to building homes** / for animals in need. //
모금된 모든 돈은 갑니다 / 집을 짓는 데 / 도움이 필요한 동물들을 위한 //
You can donate to us online / at www.protectanimal.org. //
여러분은 온라인으로 우리에게 기부할 수 있습니다 / www.protectanimal.org에서 //
Thank you for considering / supporting us. //
고려해 주셔서 감사합니다 / 우리를 지원하는 것을 //
Sincerely, Stella Anderson /
진심을 담아, Stella Anderson /

- on behalf of ~을 대신하여[대표하여]
- organization ⓝ 조직, 단체, 기구   · found ⓥ 설립하다
- belief ⓝ 신념, 믿음   · respect ⓥ 존경하다, 존중하다
- treat with ~로 대하다   · protect ⓥ 보호하다
- protection ⓝ 보호   · shelter ⓝ 주거지   · seek ⓥ 찾다, 구하다
- donation ⓝ 기부(금)   · amount ⓝ 양, 액수
- donate ⓥ 기부하다   · support ⓥ 지지하다, 지원하다
- sincerely ⓐⓓ 진심으로

동물 애호가들께,
저는 Protect Animal Organization을 대표해서 글을 쓰고 있습니다. 우리 단체는 모든 동물들이 존중받고 애정으로 대우받아야 하며, 법에 의해 보호되어야 한다는 믿음으로 설립되었습니다. 지난 20년 넘게, 우리는 길 잃은 동물들에게 보호, 새로운 집, 그리고 때로는 건강 관리를 제공해 왔습니다. 현재, 우리의 동물 보호소는 가득 찼고, 그래서 우리는 새로운 보호소를 짓기 위해 여러분의 도움이 필요합니다. 우리는 어떤 금액으로든 기부금을 구하고 있습니다. 모금된 모든 돈은 도움이 필요한 동물들을 위한 집을 짓는 데 사용됩니다. 여러분은 www.protectanimal.org에서 온라인으로 우리에게 기부할 수 있습니다. 우리를 지원하는 것을 고려해 주셔서 감사합니다.
진심을 담아, Stella Anderson

다음 글의 목적으로 가장 적절한 것은?
① 사무실을 빌려준 것에 대해 감사하려고 _사무실 임대에 관한 언급은 없음_
② 동물 병원 설립의 필요성을 주장하려고 _health care로 만든 오답_
③ 새롭게 시행되는 동물 보호법에 대해 설명하려고 _law가 언급된 것으로 만든 오답_
④ 동물 보호 단체의 봉사 활동 프로그램을 안내하려고 _어떤 프로그램이 있는지 설명된 것이 아님_
⑤ 새로운 동물 보호소를 짓기 위한 기부를 요청하려고 _새로운 보호소를 짓기 위한 도움이 필요함_

>왜 정답? ❀❀❀ [정답률 94%]
Protect Animal Organization이라는 동물 보호 단체를 대표하여 동물 애호가들에게 쓰는 편지이다. Stella Anderson은 새로운 보호소를 짓기 위해 도움이 필요하다면서 어떤 금액이든 기부금을 요청한다고 했으므로 편지를 쓴 목적은 ⑤이다.

>왜 오답?
① 새로운 보호소를 짓기 위해 도움이 필요하다고 했지, 동물 애호가들이 새로운 사무실을 빌려준 것은 아니다.
② 길 잃은 동물들에게 때로 건강 관리를 제공해 왔다는 언급으로 만든 오답이다. 동물 병원을 설립해야 한다는 주장은 없다.
③ 동물들이 법에 의해 보호받아야 한다는 믿음으로 설립된 단체라는 내용은 있지만, 어떤 새로운 법에 대해 설명하는 것은 아니다.
④ Protect Animal Organization에서 진행되고 있는 구체적인 봉사 활동 프로그램에 대해서는 언급되지 않았다.

A 13 정답 ③ *상품권 기부를 요청하는 Carol —

Dear local business owners, /
지역 상점 주인분들께 /
My name is Carol Williams, / president of the student council at Yellowstone High School. //
제 이름은 Carol Williams이고 / Yellowstone 고등학교의 학생회장입니다 //
현재진행형 (가까운 미래를 나타냄)
We **are hosting** our annual quiz night / on March 30 / and plan to give prizes / to the winning team. //
우리는 연례 퀴즈의 밤을 개최할 것이고 / 3월 30일에 / 상품을 제공할 계획입니다 / 우승팀에게 //
However, this event won't be possible / without the support of local businesses / **who** provide valuable products and services. // 단서 1 연례 퀴즈 행사는 후원이 있어야 운영할 수 있음
그러나 이 행사는 불가능할 것입니다 / 지역 상점의 후원 없이는 / 유용한 상품과 서비스를 제공해 주는 //
be willing to-v: 흔쾌히 ~하다   목적격 관계대명사
Would you **be willing to donate** a gift certificate / **that** we can use as a prize? // 단서 2 상품으로 사용할 상품권 기부를 요청함
상품권을 흔쾌히 기부해 주실 수 있습니까 / 우리가 상품으로 사용할 //
We would be grateful / for any amount on the certificate. //
우리는 감사히 여길 것입니다 / 어떤 액수의 상품권 기부든 //
In exchange for your generosity, / we would place an advertisement for your business / on our answer sheets. //
귀하의 관대함에 대한 대가로 / 귀하의 상점 광고를 싣겠습니다 / 우리의 답안지에 //
Thank you for taking time / **to read** this letter and **consider** our request. //
병렬 구조 (형용사적 용법)
시간을 할애해 주셔서 감사합니다 / 이 편지를 읽고 우리의 요청을 고려하는 데 //
If you'd like to donate / or need more information, / please call or email me. //
만약 귀하께서 기부하기를 원하시거나 / 더 많은 정보를 필요로 하신다면 / 저에게 전화나 이메일을 주십시오 //
look forward to -ing: ~하기를 기대하다
I **look forward to hearing** from you soon. //
곧 귀하로부터 소식을 듣기를 기대하겠습니다 //
Carol Williams /
Carol Williams 드림 /

- host ⓥ 개최하다   · annual ⓐ 연례의   · support ⓝ 후원
- donate ⓥ 기부하다   · certificate ⓝ 상품권
- grateful ⓐ 감사해하는   · exchange ⓝ 대가
- generosity ⓝ 관대함   · advertisement ⓝ 광고
- request ⓝ 요청

지역 상점 주인분들께,
제 이름은 Carol Williams이고 Yellowstone 고등학교의 학생회장입니다. 우리는 3월 30일에 연례 퀴즈의 밤을 개최할 것이고, 우승팀에게 상품을 제공할 계획입니다. 그러나 이 행사는 유용한 상품과 서비스를 제공해 주는 지역 상점의 후원 없이는 불가능할 것입니다. 우리가 상품으로 사용할 상품권을 흔쾌히 기부해 주실 수 있으십니까? 우리는 어떤 액수의 상품권 기부든 감사히 여길 것입니다. 귀하의 관대함에 대한 대가로 우리의 답안지에 귀하의 상점 광고를 싣겠습니다.
이 편지를 읽고 우리의 요청을 고려하는 데 시간을 할애해 주셔서 감사합니다. 만약 귀하께서 기부하기를 원하시거나 더 많은 정보를 필요로 하신다면 저에게 전화나 이메일을 주십시오. 곧 귀하로부터 소식을 듣기를 기대하겠습니다.
Carol Williams 드림

다음 글의 목적으로 가장 적절한 것은?
① 행사 홍보물 게시가 가능한지를 문의하려고 _행사 홍보물 게시에 대한 언급 없음_
② 학교 퀴즈 행사에 사용할 물품 제작을 의뢰하려고 _학교 퀴즈 행사에 사용할 물품에 대한 언급 없음_
③ 우승 상품으로 사용할 상품권을 기부해 줄 것을 요청하려고 _지역 상점에 상품권 후원을 요청하고 있음_
④ 학교 행사로 예상되는 소음 발생에 대해 양해를 구하려고 _소음 발생에 대한 언급 없음_
⑤ 퀴즈 행사 개최를 위한 장소 사용 허가를 받으려고 _장소 사용에 대한 언급 없음_

왜 정답? ✲✲✲ [정답률 94%]
고등학교 학생회장인 Carol Williams는 연례 퀴즈의 밤을 준비하며 상품으로 사용할 상품을 기부해 줄 것을 지역 상점에 요청하고 있다. 그 대가로 답안지에 상점 광고를 실어주겠다고 밝히고 있으므로 글의 목적은 ③이다.

왜 오답?
① 행사 홍보물 게시에 대한 언급은 없다.
② 학교 퀴즈 행사에 사용할 물품을 제작하는 것이 아니라 상품으로 사용할 상품권을 기부해 줄 것을 요청하고 있다.
④ 소음 발생에 대한 언급은 없다.
⑤ 지역 상점을 퀴즈 행사 개최 장소로 사용하겠다는 글이 아니다. (함정)

To whom it may concern, / 관계자 귀하 /

I am writing to inform you / of an ongoing noise issue / that I
부사적 용법 (목적)   _목적격 관계대명사_
am experiencing. //
저는 알려 드리기 위해 이 편지를 씁니다 / 지속되는 소음 문제에 대해 / 제가 겪고 있는 //
My apartment faces the basketball courts / of the community center. //
저의 아파트는 농구 코트를 향하고 있습니다 / 문화 센터의 //
While I fully support the community center's services, / I am
부사절 접속사 (양보)   _현재진행시제 수동태_
constantly being disrupted / by individuals playing basketball
현재분사구 (individuals 수식)
late at night. //
저는 문화 센터의 서비스를 전적으로 지지하고 있지만 / 저는 끊임없이 방해받고 있습니다 / 밤늦게 농구를 하는 사람들에 의해 //
Many nights, / I struggle to fall asleep / because I can hear
hear의 목적격 보어
people bouncing balls and shouting on the basketball courts /
well after 11 p.m.. // **단서 1** _늦은 밤 농구하는 사람들 때문에 잠을 못 잠_
많은 밤마다 / 잠을 자는 데 애를 먹습니다 / 저는 사람들이 농구 코트에서 공을 튀기고 소리치는 것을 들어야 해서 / 밤 11시가 한참 넘어서도 //
Could you restrict the time / the basketball court is open / to
관계부사절
before 9 p.m.? // **단서 2** _농구 코트 여는 시간을 제한할 것을 요청함_
당신은 시간을 제한해 주실 수 있으십니까 / 농구 코트를 여는 / 밤 9시 이전으로 //

I'm sure / I'm not the only person / in the neighborhood / that is
주격 관계대명사
affected by this noise issue. //
저는 확신합니다 / 제가 유일한 사람이 아님을 / 이 근처에서 / 이 소음 문제에 의해 영향받는 //
I appreciate your assistance. // 당신의 협조에 감사드립니다 //
Sincerely, / Ian Baldwin /
진심을 담아 / Ian Baldwin /

- inform ⓥ 알리다   - ongoing ⓐ 지속되는   - disrupt ⓥ 방해하다
- struggle ⓥ 애를 먹다   - bounce ⓥ 튀기다   - restrict ⓥ 제한하다
- appreciate ⓥ 감사하다   - assistance ⓝ 도움, 협조

관계자 귀하,
저는 제가 겪고 있는 지속되는 소음 문제에 대해 알려 드리기 위해 이 편지를 씁니다. 저의 아파트는 문화 센터의 농구 코트를 향하고 있습니다. 저는 문화 센터의 서비스를 전적으로 지지하고 있지만, 밤늦게 농구를 하는 사람들에 의해 끊임없이 방해받고 있습니다. 많은 밤마다, 밤 11시가 한참 넘어서도 저는 사람들이 농구 코트에서 공을 튀기고 소리치는 것을 들어야 해서 잠을 자는 데 애를 먹습니다. 당신은 농구 코트를 여는 시간을 밤 9시 이전으로 제한해 주실 수 있으십니까? 저는 이 근처에서 이 소음 문제에 의해 영향받는 유일한 사람이 아님을 확신합니다. 당신의 협조에 감사드립니다.
진심을 담아, Ian Baldwin

다음 글의 목적으로 가장 적절한 것은?
① 체육관의 바닥 교체 공사를 요구하려고 _관련 없는 내용_
② 농구 코트의 운영 시간 제한을 요청하려고 _Could you restrict the time ~ to before 9 p.m.?_
③ 문화 센터 시설의 대관 날짜를 변경하려고 _대관 날짜는 언급되지 않음_
④ 건강 증진 프로그램 신청 방법을 문의하려고 _프로그램을 신청하려는 것이 아님_
⑤ 지역 내 체육 시설의 증설 가능 여부를 확인하려고 _증설이 아닌 이용 시간을 제한할 것을 요청함_

왜 정답? ✲✲✲ [정답률 97%]
밤늦게 농구를 하는 사람들 때문에 잠자는 데 불편함이 있다며 농구 코트 여는 시간을 제한할 것을 요청하고 있다. 따라서 글의 목적은 ②이다.

왜 오답?
① 늦은 시각 농구 코트에서 나는 소음이 문제지, 바닥 교체를 원하는 것은 아니다.
③ 문화 센터 시설에 대한 내용이지만, 대관은 관련 없는 내용이다.
④ 건강 증진 프로그램은 언급되지 않았다.
⑤ 시설 증설이 아닌 시설 이용 시간을 제한할 것을 요청하고 있다.

To whom it may concern, /
관계자분께 /
I am a parent of a high school student / who takes the 145 bus /
주격 관계대명사
to commute to Clarkson High School. //
부사적 용법(목적)
저는 고등학생의 부모입니다 / 145번 버스를 타는 / Clarkson 고등학교로 통학하기 위해 //
This is the only public transport available / from our area / and
_병렬 구조_
is used by many students. //
이것은 이용할 수 있는 유일한 대중교통이며 / 우리 지역에서 / 많은 학생들에 의해 이용됩니다 //
Recently, I heard / that the city council is planning / to
목적어절 접속사
discontinue this service. // **단서 1** _시 의회가 145번 버스 서비스 중단을 계획하고 있음_
최근에 저는 들었습니다 / 시 의회가 계획하고 있다고 / 이 서비스를 중단하는 것을 //
My husband and I start work / early in the morning / and this
가목적어   _to drop의 의미상 주어_   _진목적어_
makes it impossible / for us to drop our son off at school. //
제 남편과 저는 일을 시작하며 / 아침 일찍 / 이것이 불가능하게 합니다 / 저희가 저희 아들을 학교에 태워다주는 것을 //

It takes 시간 to-v: ~하는 데 시간이 걸리다

It would take him nearly an hour / to walk to school / and there is a lot of traffic in the morning, / so I do not consider it safe to bike. //
제 아들에게는 거의 한 시간이 걸릴 것이며 / 학교에 걸어가는 데 / 아침에는 교통량이 많아서 / 저는 자전거를 타는 것이 안전하다고 생각하지 않습니다 //

This matter will place many families, / including ours, / under a lot of stress. //
이런 문제점은 많은 가족들을 처하게 할 것입니다 / 저희를 포함한 / 엄청난 곤경에 //

As a resident of Sunnyville, / I think such a plan is unacceptable. // 단서 2 Sunnyville의 거주자로서 시 의회의 계획을 받아들이기 어려움
Sunnyville의 거주자로서 / 저는 그러한 계획은 받아들이기 어렵다고 생각합니다 //

I urge / the council to listen to the concerns of the community. // 단서 3 의회가 지역 사회의 우려를 귀 기울일 것을 촉구함
저는 촉구합니다 / 의회가 지역 사회의 우려를 경청할 것을 //

Sincerely, Lucy Jackson /
Lucy Jackson 드림 /

- commute ⓥ 통학하다 ・ public transport 대중교통
- available ⓐ 이용 가능한 ・ council ⓝ (지방 자치 단체의) 의회
- discontinue ⓥ 중단하다 ・ drop ~ off ~를 (어디로 가는 길에) 내려주다
- including prep ~을 포함하여 ・ resident ⓝ (특정 지역) 거주재[주민]
- unacceptable ⓐ 받아들일 수 없는 ・ urge ⓥ 강력히 촉구하다
- concern ⓝ 우려, 걱정

관계자분께,
저는 Clarkson 고등학교로 통학하기 위해 145번 버스를 타는 고등학생의 부모입니다. 이것은 우리 지역에서 이용할 수 있는 유일한 대중교통이며, 많은 학생들에 의해 이용됩니다. 최근 저는 시 의회가 이 서비스를 중단하는 것을 계획하고 있다고 들었습니다. 제 남편과 저는 아침 일찍 일을 시작하며 이 점이 저희가 아들을 학교에 태워다주는 것을 불가능하게 합니다. 제 아들이 학교에 걸어가는 데는 거의 한 시간이 걸릴 것이며, 아침에는 교통량이 많아서 저는 자전거를 타는 것이 안전하다고 생각하지 않습니다. 이런 문제점은 저희를 포함한 많은 가족들을 엄청난 곤경에 처하게 할 것입니다. Sunnyville의 거주자로서 저는 그러한 계획을 받아들이기 어렵다고 생각합니다. 저는 의회가 지역 사회의 우려를 경청할 것을 촉구하는 바입니다.
Lucy Jackson 드림

다음 글의 목적으로 가장 적절한 것은?
① 버스 노선 변경에 항의하려고 버스 노선 변경에 대한 언급은 없음
② 버스 운행 중단 계획에 반대하려고 버스 운행 중단 계획을 받아들이기 어렵다고 함
③ 버스 배차 간격 조정을 요청하려고 버스 배차 간격에 대한 언급은 없음
④ 자전거 전용 도로 설치를 건의하려고 자전거 전용 도로 설치를 건의하는 것이 아님
⑤ 통학로 안전 관리 강화를 촉구하려고 통학로 안전 관리 강화를 촉구하는 것이 아님

왜 정답? ✽✽✽ [정답률 92%]
Clarkson 고등학교를 오가는 유일한 교통수단인 145번 버스의 운행이 중단되면, Sunnyville의 많은 가족들이 곤경에 처할 것이라고 했다. 주민으로서 시 의회의 145번 버스 운행 중단 계획을 받아들이기 어렵다고 했으므로 정답은 ②이다.

왜 오답?
① 버스 노선 변경이 아닌 운행 중단에 반대하는 것이다.
③ 버스 배차 간격에 대한 언급은 없다.
④, ⑤ 버스 운행 중단을 반대하기 위해 대안이 될 수 있는 자전거도 불가능하다는 것을 말하고 있을 뿐, 자전거 전용 도로 설치나 통학로 안전 관리 강화를 바라는 것은 아니다. 함정

자이 쌤's Follow Me! – 홈페이지에서 제공

A 16 정답 ⑤ ＊자원봉사 참여 요청하기

Dear Ms. Stevens, / Stevens 씨께 /

My name is Peter Watson, / and I'm the manager of the Springton Library. //
제 이름은 Peter Watson이고 / 저는 Springton 도서관의 관리자입니다 //

Our storytelling program has been so well-attended / that we are planning / to expand the program / to 6 days each week. //
so ~ that S V: 너무 ~해서 …하다
우리의 스토리텔링 프로그램에 많은 분들이 참석해주셔서 / 우리는 계획 중입니다 / 프로그램을 확대하는 것을 / 주 6일로 //

This means / that we need to recruit more volunteers / to read to the children. // 단서 1 스토리텔링 프로그램의 자원봉사자를 더 모집하고자 함
목적어절 접속사 / 형용사적 용법(more volunteers 수식)
이것은 의미합니다 / 우리가 더 많은 자원봉사자를 모집해야 할 필요가 있음을 / 아이들에게 책을 읽어 줄 //

People still talk about the week / you filled in for us / when one of our volunteers couldn't come. //
앞에 목적격 관계대명사 생략
사람들은 아직도 일주일을 이야기합니다 / 당신이 우리를 위해 채워 준 / 자원봉사자 중 한 명이 올 수 없었을 때 //

You really brought those stories to life! //
당신은 정말 그 이야기들에 생명을 불어넣었죠 //

So, would you be willing to read / to the preschoolers / for an hour, / from 10 to 11 a.m. / every Friday? // 단서 2 미취학 아동들에게 책을 읽어 줄 의향이 있는지 물음
그런 이유로, 책을 읽어 줄 의향이 있으십니까 / 미취학 아동들에게 / 한 시간 동안 / 오전 10시부터 11시까지 / 매주 금요일 //

I hope / you will take this opportunity / to let more children hear your voice. //
to let의 목적어와 목적격 보어(원형부정사)
저는 바랍니다 / 당신이 이 기회를 받아들여서 / 더 많은 아이들이 당신의 목소리를 듣게 되길 //

We are looking forward to / your positive reply. //
look forward to: ~을 간절히 기다리다
우리는 기다리고 있습니다 / 당신의 긍정적인 답변을 //

Best regards, Peter Watson / Peter Watson 드림 /

- expand ⓥ 확대하다 ・ recruit ⓥ 모집하다 ・ fill in ~을 채우다
- preschooler ⓝ 미취학 아동 ・ opportunity ⓝ 기회
- positive ⓐ 긍정적인 ・ reply ⓝ 답변

Stevens 씨께,
제 이름은 Peter Watson이고, 저는 Springton 도서관의 관리자입니다. 우리의 스토리텔링 프로그램에 많은 분들이 참석해주셔서 우리는 프로그램을 주 6일로 확대하는 것을 계획 중입니다. 이것은 우리가 아이들에게 책을 읽어 줄 더 많은 자원봉사자를 모집해야 할 필요가 있음을 의미합니다. 사람들은 자원봉사자 중 한 명이 올 수 없었을 때 당신이 우리를 위해 채워 준 일주일을 아직도 이야기합니다. 당신은 정말 그 이야기들에 생명을 불어넣었죠! 그런 이유로, 매주 금요일 오전 10시부터 11시까지 한 시간 동안 미취학 아동들에게 책을 읽어 줄 의향이 있으십니까? 당신이 이 기회를 받아들여서 더 많은 아이들이 당신의 목소리를 듣게 되길 바랍니다. 우리는 당신의 긍정적인 답변을 기다리고 있습니다.
Peter Watson 드림

다음 글의 목적으로 가장 적절한 것은?
① 도서관의 운영 시간 연장을 제안하려고 도서관의 운영 시간 연장은 언급되지 않음
② 봉사 활동 시간이 변경된 것을 안내하려고 관련 없음
③ 독서 토론 수업에 참여할 아동을 모집하려고 아이들에게 책을 읽어 줄 자원봉사자를 모집하고자 함
④ 봉사 활동에 참여하지 못하게 된 것을 사과하려고 봉사 활동에 참여해 줄 것을 요청하는 편지임
⑤ 책 읽어 주기 자원봉사에 참여해 줄 것을 요청하려고 would you be willing to read to the preschoolers

왜 정답? ✽✽✽ [정답률 94%]
Springton 도서관은 아이들에게 책을 읽어 줄 자원봉사자가 더 필요한데, 전에 봉사 활동에 참여해본 적이 있는 Stevens 씨에게 매주 금요일 한 시간씩 봉사 활동에 참여할 의향이 있는지 묻고 있다. 따라서 글의 목적은 ⑤이다.

A 17 정답 ⑤　　　　　　★ 2등급 대비 [정답률 83%]

★버스 정류장 무정차에 대한 시정 요구

To whom it may concern, /
관계자분께 /

I would like to draw your attention / to a problem / that
frequently occurs with the No. 35 buses. //
귀하의 주의를 환기하고 싶습니다 / 문제에 대해 / 35번 버스에서 자주 발생하는 //

There is a bus stop about halfway along Fenny Road, / at which
the No. 35 buses are supposed to stop. //
Fenny Road를 따라 중간쯤 버스 정류장이 있고 / 그곳에서 35번 버스가 정차하게 되어
있습니다 //

It would appear, however, / that some of your drivers are either
unaware of this bus stop / or for some reason choose to ignore
it, /
그러나 보입니다 / 버스 기사들 중 일부는 이 버스 정류장을 인식하지 못하거나 / 어떤
이유에서인지 그것을 무시하기로 선택하여 [단서 1 일부 버스 기사들이 버스 정류장을
지나치는 문제가 있음]

driving past / even though the buses are not full. //
운전해 지나쳐가는 것으로 / 버스가 꽉 차지 않았음에도 // [단서 2 버스 기사들에게 정차해야
하는 것을 상기시켜 달라고 요청함]

I would be grateful / if you could remind your drivers / that this
bus stop exists / and that they should be prepared to stop at it. //
감사하겠습니다 / 기사들에게 상기시켜 주시면 / 이 버스 정류장이 존재하고 / 그들이 그곳에
정차할 준비가 되어 있어야 한다는 것을 //

I look forward to seeing an improvement / in this service soon. //
개선되기를 기대합니다 / 곧 이 서비스가 //

Yours faithfully, / John Williams /
진심을 담아 / John Williams 드림 /

- occur ⓥ 발생하다　　　　　　· halfway ⓐⓓ 중간에
- unaware of ~을 알지 못하는　　· ignore ⓥ 무시하다
- improvement ⓝ 개선

관계자분께,
35번 버스에서 자주 발생하는 문제에 대해 귀하의 주의를 환기하고
싶습니다. Fenny Road를 따라 중간쯤 버스 정류장이 있고, 그곳에서
35번 버스가 정차하게 되어 있습니다. 그러나 버스 기사들 중 일부는 이
버스 정류장을 인식하지 못하거나 어떤 이유에서인지 그것을 무시하기로
선택하여 버스가 꽉 차지 않았음에도 운전해 지나쳐가는 것으로 보입니다.
기사들에게 이 버스 정류장이 존재하고 그들이 그곳에 정차할 준비가 되어
있어야 한다는 것을 상기시켜 주시면 감사하겠습니다. 곧 이 서비스가
개선되기를 기대합니다.
진심을 담아, John Williams 드림

다음 글의 목적으로 가장 적절한 것은?
① 버스 운전기사 채용 계획을 문의하려고 　버스 운전기사 채용에 관한 내용은 없음
② 버스 정류장의 위치 변경을 요청하려고 　버스 정류장의 위치를 변경해 달라는 내용이 아님
③ 도로 공사로 인한 소음에 대해 항의하려고 　도로 공사로 인한 소음에 관한 내용은 없음
④ 출퇴근 시간의 버스 배차 간격 단축을 제안하려고 　출퇴근 시간의 배차 간격에 관한 내용은 없음
⑤ 버스 정류장 무정차 통과에 대한 시정을 요구하려고 　I would be grateful if ~ to stop at it.

A 18 정답 ③　　　　　　★ 2등급 대비 [정답률 88%]

★기차표 예약 변경 요청

As I explained on the telephone, / I don't want to take / my
two children / by myself / on a train trip / to visit my parents in
Springfield / this Saturday /
제가 전화로 설명드렸듯이 / 저는 데려가고 싶지 않습니다 / 두 아이를 / 혼자서 / 기차 여행에
/ Springfield에 사시는 저희 부모님을 뵈러 / 이번 주 토요일 /

since it is the same day / the Riverside Warriors will play the
Greenville Trojans / in the National Soccer Championship. //
왜냐하면 같은 날이기 때문입니다 / Riverside Warriors가 Greenville Trojans와 시합을
할 / National Soccer Championship에서 // [단서 1 자신의 표를 다른 날짜로
바꿔주면 좋겠다고 함]

I would really appreciate it, / therefore, / if you could change my
tickets / to the following weekend (April 23). //
저는 정말 감사하겠습니다 / 그래서 / 당신이 제 표를 바꿔주시면 / 다음 주말(4월 23일)로 //

I fully appreciate / that the original, special-offer ticket was
nonexchangeable, /
저는 충분히 압니다 / 특가로 제공되는 원래 표는 교환할 수 없다는 것을 /

but I did not know about the soccer match / when I booked the
tickets / and I would be really grateful / if you could do this for
me. // [단서 2 표 교환이 안 되는 것을 알지만 다시 한번 간절히 요청함]
하지만 저는 축구 경기에 대해 알지 못했습니다 / 제가 표를 예매할 당시에는 / 그리고 정말
감사하겠습니다 / 저를 위해 이렇게 해 주신다면 //

Thank you in advance. //
미리 감사드립니다 //

- by oneself 혼자　　　　　　· appreciate ⓥ 감사하다, 알다
- following ⓐ (시간상으로) 그 다음의　· fully ⓐⓓ 완전히, 충분히
- original ⓐ 원래의　　　　　· special-offer 특가로 제공되는
- nonexchangeable ⓐ 교환할 수 없는　· match ⓝ 경기
- grateful ⓐ 감사하는　　　　· in advance 미리

전화로 설명드렸듯이, 이번 주 토요일이 National Soccer
Championship에서 Riverside Warriors가 Greenville Trojans와
시합을 할 날과 같은 날이어서 그날 Springfield에 사시는 저희 부모님을
뵈러 혼자 두 아이를 데리고 기차 여행을 하고 싶지 않습니다. 그래서 제
표를 다음 주말(4월 23일)로 바꿔주시면 정말 감사하겠습니다. 특가로
제공되는 원래 표는 교환할 수 없다는 것을 충분히 알지만, 표를 예매할
당시에는 축구 경기에 관해 알지 못했으니 저를 위해 이렇게 해 주신다면
정말 감사하겠습니다. 미리 감사드립니다.

다음 글의 목적으로 가장 적절한 것은?

① 특가로 제공되는 기차표를 구매하려고 　특가로 구매했던 기차표를 변경하려는 것임
② 축구 경기 입장권의 환불을 요구하려고 　축구 경기로 인해 기차표 예약을 변경하려는 것임
③ 다른 날짜로 기차표 변경을 요청하려고 　I would really appreciate it, ~ to the following weekend (April 23).
④ 기차표 예약이 가능한 날짜를 알아보려고 　이미 예약된 기차표를 변경하려는 것임
⑤ 축구 경기 날짜가 연기되었는지를 확인하려고 　축구 경기 날짜에 관한 것이 아님

왜 2등급? 직접적인 요구 사항보다 기차표 날짜를 변경해야 하는 상황적 설명이 길게 제시되어 있어 무엇에 대한 이유인지 한눈에 파악하기 어려운 2등급 대비 문제이다.

＞왜 정답?

이미 예약해두었던 자신과 두 아이들의 기차표 날짜가 축구 경기의 날짜와 겹치는 바람에 기차표 날짜 변경을 원한다고(I would really appreciate it, therefore, if you could change my tickets to the following weekend (April 23).) 말하고 있으므로, 글의 목적은 ③이다.

＞왜 오답?

①, ④ 기차표는 특가로 이미 구매했고, 그 기차표의 날짜를 변경해달라고 요청하는 것이다.
② 축구 경기가 언급된 것을 이용한 오답으로, 축구 경기 입장권에 대한 것이 아니라 축구 경기 날짜와 겹치는 바람에 예약했던 기차표를 변경하려는 것이다.
⑤ 축구 경기 날짜는 이번 주 토요일로, 예약한 기차표 날짜와 같아서 기차표 날짜를 변경하려는 것이다.

A 어휘 Review 정답 　　문제편 p. 20

01 완전히	11 unaware of	21 attendance
02 경기	12 treat with	22 restrict
03 통학하다	13 drop off	23 convenience
04 도움	14 on behalf of	24 inquiry
05 지평선	15 leave out	25 subscription
06 craft	16 ongoing	26 unjustified
07 weed	17 extension	27 disrupted
08 urge	18 cooperation	28 application
09 council	19 expense	29 certificate
10 discontinue	20 admire	30 eyesight

B 심경의 이해 　문제편 p. 22~27

B 01 정답 ⑤ ＊딸의 고열로 병원을 찾은 Peter

Peter stepped / out of the **freezing** night air / and into the **brightly lit** hospital lobby, / **holding his three-year-old daughter / in his arms**. // 　Peter는 들어섰다 / 얼어붙을 듯한 밤공기를 벗어나 / 환히 불이 켜진 병원 로비로 / 그의 세 살 난 딸을 안고 / 자신의 팔에 //

The harsh light / made **her look** even more unwell, / **her face all red and sweaty**. // 　강렬한 조명이 / 그녀를 훨씬 더 아파 보이게 만들었고 / 그녀의 얼굴은 온통 빨갛고 땀으로 젖어 있었다 //

Her fever **had started** suddenly, / just before dinner, / but it wouldn't go down / despite his efforts. // 　그녀의 열은 갑자기 시작되었는데 / 저녁 식사 직전에 / 열이 내리지 않았다 / 그의 노력에도 불구하고 //

At the front desk, / he explained her symptoms, / **his concern growing with every moment**. // 　접수대에서 / 그는 그녀의 증상을 설명하였고 / 매 순간 그의 걱정이 커졌다 //

단서 1 Peter는 딸의 고열 증상을 설명하면서 매 순간 걱정이 커짐

They **were** quickly **led** to the doctor, / **who** reassured him / and carefully examined his daughter. // 　그들은 신속히 의사에게 안내되었고 / 의사는 그를 안심시키며 / 그의 딸을 세심히 진찰했다 //

After the doctor gave **her a shot**, / her fever went down / and she seemed **more comfortable**. // 　의사가 그녀에게 주사를 놓은 후 / 그녀의 열이 내렸고 / 그녀는 한결 편안해 보였다 //

As Peter watched / **her sleep** peacefully that night, / he felt **a wave of calm wash** over him. // 　Peter는 지켜보며 / 그녀가 그날 밤 평화롭게 잠자는 것을 / 그는 안도의 물결이 그에게 밀려오는 것을 느꼈다 //

단서 2 Peter는 딸이 진료 후 평화롭게 자는 것을 보고 안도함

- harsh ⓐ 강렬한 　• unwell ⓐ 아픈, 몸이 좋지 않은
- sweaty ⓐ 땀에 젖은 　• symptom ⓝ 증상 　• concern ⓝ 걱정
- reassure ⓥ 안심시키다 　• examine ⓥ 검사하다 　• shot ⓝ 주사
- wash over 밀려오다 　• thrilled ⓐ 신나는 　• relieved ⓐ 안도하는

Peter는 그의 세 살 난 딸을 자신의 팔에 안고, 얼어붙을 듯한 밤공기를 벗어나 환히 불이 켜진 병원 로비로 들어섰다. 강렬한 조명이 그녀를 훨씬 더 아파 보이게 만들었고, 그녀의 얼굴은 온통 빨갛고 땀으로 젖어 있었다. 그녀의 열은 저녁 식사 직전에, 갑자기 시작되었는데, 그의 노력에도 불구하고 열이 내리지 않았다. 접수대에서, 그는 그녀의 증상을 설명하였고, 매 순간 그의 걱정이 커졌다. 그들은 신속히 의사에게 안내되었고, 의사는 그를 안심시키며 그의 딸을 세심히 진찰했다. 의사가 그녀에게 주사를 놓은 후, 그녀의 열이 내렸고 그녀는 한결 편안해 보였다. Peter는 그날 밤 그녀가 평화롭게 잠자는 것을 지켜보며, 그는 안도의 물결이 그에게 밀려오는 것을 느꼈다.

다음 글에 드러난 Peter의 심경 변화로 가장 적절한 것은?

① angry → proud 　화난 → 자랑스러운 　전반부에 딸의 고열로 병원을 찾아 걱정함
② bored → thrilled 　지루한 → 신나는
③ confident → confused 　자신감 있는 → 혼란스러운 　후반부에 딸이 평화롭게 자는 것을 보며 안도함
④ hopeful → disappointed 　희망찬 → 실망한
⑤ worried → relieved 　걱정하는 → 안도한 　his concern growing → he felt a wave of calm

＞왜 정답? ✿✿✿ [정답률 95%]

전반부: 병원 접수대에서 열이 내리지 않는 딸의 상황을 설명하며 매 순간 걱정이 커짐
▶ '걱정하는'

후반부: 의사의 세심한 진료 후 주사를 맞고 평화롭게 자는 딸을 보며 안도의 물결이 밀려옴 ▶ '안도한'

따라서 Peter의 심경 변화로 가장 적절한 것은 ⑤ '걱정하는 → 안도한'이다.

① 전반부에 딸의 고열로 병원을 찾아 걱정하고 있으므로, 화난 감정은 아니다.
② 전반부에 딸의 고열로 병원을 찾아 걱정하고 있으므로, 지루한 감정은 아니다.
③ 후반부에 딸이 평화롭게 자는 것을 보며 안도하고 있으므로, 혼란스러운 감정은 아니다.
④ 후반부에 딸이 평화롭게 자는 것을 보며 안도하고 있으므로, 실망한 감정은 아니다.

B 02 정답 ② ＊이탈리아 입국 심사받기

The passport control line was short / and the inspectors looked relaxed; / except the inspector at my window. //
입국 심사 줄은 짧았고 / 심사관들은 편안해 보였는데 / 내 창구의 심사관은 예외였다 //

He seemed to want to model / the seriousness of the task at hand / for the other inspectors. //
그는 모범을 보여주고 싶어 하는 것 같았다 / 당면한 업무의 심각성에 대해 / 다른 심사관들에게 //

Maybe that's why I felt uneasy / when he studied my passport more carefully / than I expected. //
아마 그것이 내가 불안감을 느꼈던 이유였다 / 그가 내 여권을 더 꼼꼼히 살펴볼 때 / 내가 예상했던 것보다 //

"You were here in September," / he said. //
"9월에 여기 계셨네요"라고 / 그가 말했다 //

"Why are you back so soon?" / "왜 이렇게 빨리 돌아오셨나요" //
"I came in September / to prepare to return this month," / I replied with a trembling voice, / considering if I missed any Italian regulations. //
"저는 9월에 왔었어요 / 이번 달에 돌아올 것을 준비하기 위해"라고 / 나는 떨리는 목소리로 대답했다 / 내가 이탈리아의 규정을 놓친 것이 아닌지 생각하면서 //

"For how long?" / he asked. //
"얼마나 오래요"라고 / 그가 물었다 //

"One month, this time," / I answered truthfully. //
"이번에는 한 달 동안입니다"라고 / 나는 정직하게 대답했다 //
I knew it was not against the rules / to stay in Italy for three months. //
나는 규정에 어긋나지 않는다는 것을 알고 있었다 / 이탈리아에 세 달 동안 체류하는 것이 //

"Enjoy your stay," / he finally said, / as he stamped my passport. //
"즐거운 여행 되세요" / 그가 마침내 말했다 / 내 여권에 도장을 찍으며 //

Whew! // 휴 //

As I walked away, / the burden I had carried, / even though I did nothing wrong, / vanished into the air. //
내가 걸어 나갈 때 / 내가 짊어지고 있던 짐이 / 나는 아무 잘못도 하지 않았는데도 / 허공으로 사라졌다 //

My shoulders, / once weighed down, / now stretched out with comfort. //
내 어깨가 / 한때 눌렸던 / 이제 편한 마음과 함께 쭉 펴졌다 //

- passport control 입국 심사   · inspector ⓝ 심사관
- window ⓝ 창구   · model ⓥ 모범을 보이다
- seriousness ⓝ 심각성   · uneasy ⓐ 불안한
- trembling ⓐ 떨리는   · regulation ⓝ 규정
- truthfully ⓐⓓ 정직하게   · against ⓟⓡⓔⓟ ~에 반하는[어긋나는]
- burden ⓝ 짐, 부담   · vanish ⓥ 사라지다
- weigh down ~을 짓누르다   · comfort ⓝ 편안함

입국 심사 줄은 짧았고 심사관들은 편안해 보였는데, 내 창구의 심사관은 예외였다. 그는 다른 심사관들에게 당면한 업무의 심각성에 대해 모범을 보여주고 싶어 하는 것 같았다. 아마 그것이 내가 예상했던 것보다 그가 내 여권을 더 꼼꼼히 살펴볼 때 불안감을 느꼈던 이유였다. "9월에 여기 계셨네요."라고 그가 말했다. "왜 이렇게 빨리 돌아오셨나요?" 나는 내가 이탈리아의 규정을 놓친 것이 아닌지 생각하면서 "이번 달에 돌아올 것을 준비

하기 위해 9월에 왔었어요."라고 떨리는 목소리로 대답했다. "얼마나 오래요?"라고 그가 물었다. 나는 "이번에는 한 달 동안입니다."라고 정직하게 대답했다. 나는 이탈리아에 세 달 동안 체류하는 것이 규정에 어긋나지 않는다는 것을 알고 있었다. "즐거운 여행 되세요." 그가 마침내 내 여권에 도장을 찍으며 말했다. 휴! 내가 걸어 나갈 때, 나는 아무 잘못도 하지 않았는데도, 내가 짊어지고 있던 짐이 허공으로 사라졌다. 한때 눌렸던 내 어깨가 이제 편한 마음과 함께 쭉 펴졌다.

다음 글에 드러난 'I'의 심경 변화로 가장 적절한 것은?

① angry → ashamed 부끄러운 감정은 표현되지 않음
　화난 → 부끄러운
② nervous → relieved uneasy → comfort
　긴장한 → 안도한
③ bored → grateful 지루한 감정은 표현되지 않음
　지루한 → 고마운
④ curious → frightened 궁금하거나 두려운 감정은 표현되지 않음
　궁금한 → 두려운
⑤ hopeful → disappointed 실망한 감정은 표현되지 않음
　희망찬 → 실망한

전반부: 엄격한 입국 심사관에게 입국 심사를 받게 되어 불안감을 느낌 ▶ '긴장한'
후반부: 입국 심사에 무사히 통과하자 눌렸던 어깨가 편안한 마음으로 쭉 펴짐
▶ '안도한'

따라서 I의 심경 변화로 가장 적절한 것은 ② '긴장한 → 안도한'이다.

① 입국 심사에 통과하여 편안함을 느끼고 있으므로, 부끄러운 감정은 아니다.
③ 엄격한 입국 심사에 불안함을 느끼고 있으므로, 지루한 감정은 아니다.
④ 입국 심사에 통과하여 편안함을 느끼고 있으므로, 두려운 감정은 아니다.
⑤ 입국 심사에 통과하여 편안함을 느끼고 있으므로, 실망한 감정은 아니다.

B 03 정답 ① ＊기차표를 잘못 구매한 Nathan

Nathan boarded the train / on Saturday evening. //
Nathan은 기차에 탔다 / 토요일 저녁에 //

As he made his way to his seat, / he found someone already sitting there. //
그가 자리로 다가갔을 때 / 이미 누군가가 그곳에 앉아 있는 것을 발견했다 //

Confused, / he checked his ticket and realized his mistake / — it was for Sunday, / not Saturday! //
당황하며 / 그는 자신의 표를 확인했고 실수를 깨달았다 / 일요일 표였던 것이다 / 토요일이 아닌 //
A flush of panic spread across his face. //
그의 얼굴이 당황하여 화끈거렸다 //

He quickly approached a train attendant / and explained the situation. //
그는 서둘러 기차 승무원에게 다가가 / 상황을 설명했다 //
"Is there anything I can do / to resolve this?" / Nathan asked. //
"제가 할 수 있는 일이 있을까요 / 이 문제를 해결하기 위해"라고 / Nathan이 물었다 //

"Don't worry, sir. // We still have seats available," / the attendant said with a reassuring smile. //
"걱정하지 마세요, 손님 // 아직 이용할 수 있는 자리가 있습니다"라고 / 승무원이 안심시키는 미소를 지으며 말했다 //

Nathan exchanged his old ticket for a new one, / his worries melting away. //
Nathan은 이전의 표를 새 표로 교환하였고 / 그의 걱정은 사라졌다 //

Settling into his seat, / he let out a deep breath, / feeling the tension in his shoulders ease / as the train began to move. //
그의 자리에 앉으며 / 그는 깊은숨을 내쉬었고 / 어깨의 긴장이 풀리는 것을 느꼈다 / 기차가 움직이기 시작하자 //

- board ⓥ 탑승하다   · flush ⓝ 홍조, 화끈거림   · panic ⓝ 당황, 공포
- attendant ⓝ 승무원   · resolve ⓥ 해결하다

• reassuring ⓐ 안심시키는　• melt away 차츰 사라지다
• settle ⓥ 정착하다, 앉다　• let out ~을 내뿜다　• tension ⓝ 긴장
• ashamed ⓐ 부끄러운　• sympathetic ⓐ 동정하는

Nathan은 토요일 저녁에 기차에 탔다. 그가 자리로 다가갔을 때, 이미 누군가가 그곳에 앉아 있는 것을 발견했다. 당황하며, 그는 자신의 표를 확인했고 실수를 깨달았다. 토요일이 아닌 일요일 표였던 것이다! 그의 얼굴이 당황하여 화끈거렸다. 그는 서둘러 기차 승무원에게 다가가 상황을 설명했다. "이 문제를 해결하기 위해 제가 할 수 있는 일이 있을까요?"라고 Nathan이 물었다. "걱정하지 마세요, 손님. 아직 이용할 수 있는 자리가 있습니다."라고 승무원이 안심시키는 미소를 지으며 말했다. Nathan은 이전의 표를 새 표로 교환하였고, 그의 걱정은 사라졌다. 그의 자리에 앉으며, 그는 깊은숨을 내쉬었고, 기차가 움직이기 시작하자 어깨의 긴장이 풀리는 것을 느꼈다.

다음 글에 드러난 Nathan의 심경 변화로 가장 적절한 것은?
① embarrassed → relieved   A flush of panic, feeling the tension in his shoulders ease
   당황한 → 안도한
② indifferent → surprised
   무관심한 → 놀란   전반부에 자신의 실수를 깨달으며 당황함
③ hopeful → disappointed
   희망찬 → 실망한
④ ashamed → sympathetic   후반부에 문제가 해결되며 안도함
   부끄러운 → 동정하는
⑤ bored → excited   전반부에 자신의 실수를 깨달으며 당황함
   지루한 → 신난

＞왜 정답 ? ✽✾✾ [정답률 90%]

전반부: 잘못된 날짜의 기차표를 구매했다는 사실을 깨닫고는 당황하며 얼굴이 화끈거림 ▶ '당황한'

후반부: 승무원이 새 표로 교환해주며 문제가 해결되자 깊은숨을 내쉬며 긴장이 풀림 ▶ '안도한'

따라서 Nathan의 심경 변화로 가장 적절한 것은 ① '당황한 → 안도한'이다.

＞왜 오답 ?

② 전반부에 자신의 실수를 깨달으며 당황했으므로, 무관심한 감정은 아니다.
③ 전반부에 자신의 실수를 깨달으며 당황했으므로, 희망찬 감정은 아니다.
④ 후반부에 문제가 해결되며 안도했으므로, 동정하는 감정은 아니다.
⑤ 전반부에 자신의 실수를 깨달으며 당황했으므로, 지루한 감정은 아니다.

B 04 정답 ② ＊Amina 마을의 학교 건립 소식

When Amina returned home from the river / with her full clay water jar, / she noticed men with tools / near her family's hut. //
전치사
Amina가 강에서 집으로 돌아왔을 때 / 물이 가득 찬 점토 물 항아리를 가지고 / 그녀는 연장을 든 남자들을 발견했다 / 그녀 가족의 오두막 근처에서 //

She wondered / who they were. //   단서 1 Amina는 집 근처에 모여 있던 남자들이 누구인지 궁금해함
의문사절
그녀는 궁금했다 / 그들이 누구인지 //

Her uncle stood among them, / pointing to a spot / beyond the baobab tree. //
분사구문
그녀의 삼촌이 그들 사이에 서 있었는데 / 한 지점을 가리키고 있었다 / 바오밥나무 너머의 //

She put the jar down and walked closer, / wanting to know / what was happening. //
분사구문 / 의문사절
그녀는 항아리를 내려놓고 가까이 다가갔다 / 알고 싶어서 / 무슨 일이 일어나고 있는 건지 //

The men began / clearing and marking the ground. //
병렬 구조 (began의 목적어)
남자들은 시작했다 / 땅바닥을 치우고 거기에 표시하기를 //

Amina ran to her uncle / with a mind full of questions. //
Amina는 삼촌에게 달려갔다 / 수많은 질문을 마음에 품고 //

"Uncle, what's happening?" / she asked. //
"삼촌, 무슨 일이에요"라고 / 그녀가 물었다 //

"We're preparing the land. // Something important will be built.
현재진행 / 미래시제의 수동태
// A school!" / her uncle said with a proud smile. //
"부지를 준비하고 있어 // 뭔가 중요한 것이 지어질 거야 // 바로 학교지"라고 / 삼촌이 자랑스러운 미소를 띠고 말했다 //

Amina's eyes sparkled / with joy. //   단서 2 Amina는 마을에 학교가 생길 것이라는 소식에 즐거워함
Amina의 눈이 반짝거렸다 / 즐거움으로 //

The school nearest to her village / was hours away on foot. //
마을에서 가장 가까운 학교는 / 걸어서 몇 시간이나 걸리는 곳에 있었다 //

"It's for all the children in the village," / her uncle continued. //
"이것은 마을의 모든 아이를 위한 거야"라고 / 삼촌이 말을 이었다 //

Amina imagined learning / how to read and write, / and her heart swelled / with excitement. //
how to-v: ~하는 방법
Amina는 배우는 상상을 했고 / 읽고 쓰는 것을 / 가슴이 벅차올랐다 / 흥분으로 //

• clay ⓝ 점토　• jar ⓝ 항아리　• hut ⓝ 오두막, 집
• baobab tree 바오밥나무　• clear ⓥ 치우다　• sparkle ⓥ 반짝이다
• swell ⓥ 부풀다, 벅차오르다　• ashamed ⓐ 부끄러운
• disappointed ⓐ 실망한

Amina가 물이 가득 찬 점토 물 항아리를 가지고 강에서 집으로 돌아왔을 때, 그녀는 그녀 가족의 오두막 근처에서 연장을 든 남자들을 발견했다. 그녀는 그들이 누구인지 궁금했다. 그녀의 삼촌이 그들 사이에 서 있었는데, 바오밥나무 너머의 한 지점을 가리키고 있었다. 그녀는 무슨 일이 일어나고 있는 건지 알고 싶어서 항아리를 내려놓고 가까이 다가갔다. 남자들은 땅바닥을 치우고 거기에 표시하기 시작했다. Amina는 수많은 질문을 마음에 품고 삼촌에게 달려갔다. "삼촌, 무슨 일이에요?" 그녀가 물었다. "부지를 준비하고 있어. 뭔가 중요한 것이 지어질 거야. 바로 학교지!" 삼촌이 자랑스러운 미소를 띠고 말했다. Amina의 눈이 즐거움으로 반짝거렸다. 마을에서 가장 가까운 학교는 걸어서 몇 시간이나 걸리는 곳에 있었다. "이것은 마을의 모든 아이를 위한 거야." 삼촌이 말을 이었다. Amina는 읽고 쓰는 것을 배우는 상상을 했고, 흥분으로 가슴이 벅차올랐다.

다음 글에 드러난 Amina의 심경 변화로 가장 적절한 것은?
① jealous → grateful   전반부에 남자들이 모여 있는 것에 궁금함을 느낌
   질투 나는 → 감사한
② curious → delighted   She wondered who they were. / Amina's eyes sparkled with joy.
   궁금해하는 → 기쁜
③ proud → ashamed   후반부에 학교가 생길 것이라는 소식에 기뻐함
   자랑스러운 → 부끄러운
④ indifferent → regretful   전반부에 남자들이 모여 있는 것에 궁금함을 느낌
   무관심한 → 후회하는
⑤ hopeful → disappointed   후반부에 학교가 생길 것이라는 소식에 기뻐함
   희망찬 → 실망한

＞왜 정답 ? ✽✾✾ [정답률 93%]

전반부: Amina가 집으로 돌아왔을 때 연장을 든 남자들을 발견하고 누구인지 궁금해함 ▶ '궁금해하는'

후반부: Amina의 삼촌이 마을에 학교가 지어질 것이라고 하자, Amina는 즐거워하며 흥분으로 벅차오름 ▶ '기쁜'

따라서 Amina의 심경 변화로 가장 적절한 것은 ② '궁금해하는 → 기쁜'이다.

＞왜 오답 ?

① 전반부에 남자들이 모여 있는 것에 궁금함을 느꼈으므로, 질투 나는 감정은 아니다.
③ 후반부에 학교가 생길 것이라는 소식에 기뻐했으므로, 부끄러운 감정은 아니다.
④ 전반부에 남자들이 모여 있는 것에 궁금함을 느꼈으므로, 무관심한 감정은 아니다.
⑤ 후반부에 학교가 생길 것이라는 소식에 기뻐했으므로, 실망한 감정은 아니다.

B 05 정답 ① ＊호텔 체크인을 하고 있는 Katie

Katie approached the hotel front desk / to check-in / but an unexpected event unfolded. //
부사적 용법 (목적)
Katie는 호텔 안내 데스크에 다가갔다 / 체크인을 하기 위해 / 그러나 예상하지 못한 사건이 전개되었다 //

The receptionist couldn't find her reservation / under the name 'Katie'. //
접수 담당자는 예약을 찾을 수 없었다 / 'Katie'라는 이름으로 된 //

"I'm sorry, but I can't seem to locate a reservation / under that name," / the receptionist said. //
"죄송하지만, 예약을 찾을 수 없는 것 같습니다 / 그 이름으로 된"이라고 / 접수 담당자가 말했다 //

"No way, / I definitely made a reservation / on the phone," / Katie said, / puzzled. //   단서 1 Katie는 어리둥절해함
분사구문
"말도 안 돼요 / 저는 분명히 예약했어요 / 전화로"라고 / Katie가 말했다 / 어리둥절해하며 //

The receptionist asked, / "Can you tell me your phone number?" / and Katie told it to him, / thinking 'What happened? Did I make a mistake?' //
접수 담당자가 물어보았고 / "당신의 전화번호를 말해 주실 수 있을까요"라고 / Katie가 전화번호를 그에게 알려 주었다 / '무슨 일이지? 내가 실수를 저질렀나?'라고 생각하며 //

"Just a moment," / the receptionist said, / typing deliberately on the keyboard. //
"잠시만요"라고 / 접수 담당자가 말했다 / 키보드를 신중하게 치면서 //

"I found it! // It seems there was a small misspelling. // Your reservation is under 'K-A-T-Y'," / the receptionist explained. //
"알아냈습니다 // 작은 오타가 있었던 것 같습니다 // 당신의 예약은 'K-A-T-Y'로 되어 있어요"라고 / 접수 담당자가 설명했다 //

With a sense of ease, / Katie watched her reservation appearing on the screen. //
편안한 기분으로 / Katie는 그녀의 예약이 화면에 나타나는 것을 지켜봤다 //

With her heart slowing to a gentle rhythm, / she proceeded with her check-in, / thinking that a simple misspelling might have ruined her plans. //
그녀의 심장이 완만한 리듬으로 느려지면서 / 그녀는 체크인을 진행했다 / 단순한 오타가 그녀의 계획들을 망쳤을지도 모른다고 생각하며 //

- unexpected ⓐ 예상치 못한
- unfold ⓥ (어떤 내용이 서서히) 펼쳐지다
- receptionist ⓝ 접수 담당자
- deliberately ⓐⓓ 신중하게
- misspelling ⓝ 오타, 잘못된 철자
- ease ⓝ 편안함
- proceed ⓥ 진행하다
- fulfilled ⓐ 성취감을 느끼는
- stir ⓥ 마음을 움직이게 하다
- exhausted ⓐ 지친

Katie는 체크인을 하기 위해 호텔 안내 데스크에 다가갔으나 예상하지 못한 사건이 전개되었다. 접수 담당자는 'Katie'라는 이름으로 된 예약을 찾을 수 없었다. "죄송하지만, 그 이름으로 된 예약을 찾을 수 없는 것 같습니다."라고 접수 담당자가 말했다. "말도 안 돼요, 저는 분명히 전화로 예약했어요."라고 Katie가 어리둥절해하며 말했다. 접수 담당자가 "당신의 전화번호를 말해 주실 수 있을까요?"라고 물어보았고, Katie가 '무슨 일이지? 내가 실수를 저질렀나?'라고 생각하며 전화번호를 그에게 알려 주었다. "잠시만요."라고 접수 담당자가 키보드를 신중하게 치면서 말했다. "알아냈습니다! 작은 오타가 있었던 것 같습니다. 당신의 예약은 'K-A-T-Y'로 되어 있어요."라고 접수 담당자가 설명했다. 편안한 기분으로 Katie는 그녀의 예약이 화면에 나타나는 것을 지켜봤다. 그녀의 심장이 완만한 리듬으로 느려지면서, 그녀는 단순한 오타가 그녀의 계획들을 망쳤을지도 모른다고 생각하며 체크인을 진행했다.

다음 글에 드러난 Katie의 심경 변화로 가장 적절한 것은?

① confused → relieved puzzled → With a sense of ease
　혼란스러운 → 안도한
② sorry → fulfilled
　미안한 → 성취감을 느끼는 ┐ 전반부에 예약 내역이 조회되지 않아 혼란스러움을 느낌
③ rewarded → stirred
　보상받은 → 동요된 ┘
④ indifferent → annoyed
　무관심한 → 성가신 ┐ 후반부에 체크인을 정상적으로 진행하게 되어 마음이 편안해짐
⑤ nervous → exhausted
　긴장된 → 지친 ┘

<왜 정답?> ❀❀❀ [정답률 89%]

전반부: Katie라는 이름으로 호텔 예약이 조회되지 않자 어리둥절해함 ▶ '혼란스러운'
후반부: K-A-T-Y라는 잘못된 스펠링으로 예약된 것을 알게 되었고, 정상적으로 체크인을 진행할 수 있게 되자 편안한 기분을 느낌 ▶ '안도한'
따라서 Katie의 심경 변화로 가장 적절한 것은 ① '혼란스러운 → 안도한'이다.

<왜 오답?>

② 전반부에 예약이 조회되지 않아 어리둥절해하므로, 미안한 감정이 아니다.
③ 전반부에 예약이 조회되지 않아 어리둥절해하므로, 보상받은 감정이 아니다.
④ 후반부에 체크인을 정상적으로 진행하게 되어 마음이 편해졌으므로, 성가신 감정이 아니다.
⑤ 후반부에 체크인을 정상적으로 진행하게 되어 마음이 편해졌으므로, 지친 감정이 아니다.

B 06 정답 ⑤ *지역 미술 대회에서 우승한 Sarah

Sarah, a young artist with a love for painting, / entered a local art contest. //
그림 그리기를 좋아하는 젊은 예술가 Sarah는 / 지역 미술 대회에 참가했다 //

As she looked at the amazing artworks / made by others, / her confidence dropped. //
놀라운 예술 작품들을 보면서 / 다른 사람들이 만든 / 그녀의 자신감은 떨어졌다 //

She quietly thought, / 'I might not win an award.' //
그녀는 조용히 생각했다 / '내가 상을 받지 못할 수도 있겠네'라고 //

The moment of judgment arrived, / and the judges began announcing winners / one by one. //
심사의 순간이 다가왔고 / 심사위원들은 수상자를 발표하기 시작했다 / 한 명씩 //

It wasn't until the end that she heard her name. //
그녀는 마지막에야 자신의 이름을 들었다 //

The head of the judges said, / "Congratulations, Sarah Parker! // You won first prize. // We loved the uniqueness of your work." //
심사위원장이 말했다 / "축하해요, Sarah Parker // 당신이 1등을 했습니다 // 당신 작품의 독창성이 정말 좋았습니다"라고 //

Sarah was overcome with joy, / and she couldn't stop smiling. //
Sarah는 기쁨에 휩싸였고 / 미소가 가시지 않았다 //

This experience meant / more than just winning; / it confirmed her identity / as an artist. //
이 경험은 의미를 지녔고 / 단순한 우승 이상의 / 그녀에게 정체성을 확인해 주었다 / 예술가로서의 //

- artwork ⓝ 예술 작품
- judgment ⓝ 심사, 판단
- judge ⓝ 심사위원
- uniqueness ⓝ 독창성
- confirm ⓥ 확인하다
- identity ⓝ 정체성
- frightened ⓐ 두려운
- discouraged ⓐ 낙담한
- delighted ⓐ 기쁜

그림 그리기를 좋아하는 젊은 예술가 Sarah는 지역 미술 대회에 참가했다. 다른 사람들이 만든 놀라운 예술 작품들을 보면서 그녀의 자신감은 떨어졌다. 그녀는 '내가 상을 받지 못할 수도 있겠네.'라고 조용히 생각했다. 심사의 순간이 다가왔고, 심사위원들은 수상자를 한 명씩 발표하기 시작했다. 그녀는 마지막에야 자신의 이름을 들었다. 심사위원장이 "축하해요, Sarah Parker! 당신이 1등을 했습니다. 당신 작품의 독창성이 정말 좋았습니다." 라고 말했다. Sarah는 기쁨에 휩싸였고 미소가 가시지 않았다. 이 경험은 단순한 우승 이상의 의미를 지녔고, 그녀에게 예술가로서의 정체성을 확인해 주었다.

다음 글에 드러난 Sarah의 심경 변화로 가장 적절한 것은?

① hopeful → regretful
　희망찬 → 후회하는 ┐ 전반부에 다른 참가자의 작품을 보고 좌절함
② relieved → grateful
　안도하는 → 감사하는 ┘
③ excited → disappointed
　흥분한 → 실망한 ┐ 후반부에 우승자로 선정되어 기뻐함
④ depressed → frightened
　우울한 → 두려운 ┘
⑤ discouraged → delighted her confidence dropped → overcome with joy
　낙담한 → 기쁜

<왜 정답?> ❀❀❀ [정답률 88%]

전반부: 다른 참가자들의 작품을 보고는 자신감이 떨어짐 ▶ '낙담한'
후반부: 1등 수상자로 호명되자 기쁨에 휩싸이며 미소 지음 ▶ '기쁜'
따라서 Sarah의 심경 변화로 가장 적절한 것은 ⑤ '낙담한 → 기쁜'이다.

<왜 오답?>

① 전반부에 다른 참가자의 작품을 보고 좌절하였으므로, 희망찬 감정은 아니다.
② 전반부에 다른 참가자의 작품을 보고 좌절하였으므로, 안도하는 감정은 아니다.
③ 후반부에 우승자로 선정되어 기뻐하고 있으므로, 실망한 감정은 아니다.
④ 후반부에 우승자로 선정되어 기뻐하고 있으므로, 두려운 감정은 아니다.

② 후반부에 1등으로 결승선을 통과해 기뻐하고 있으므로, 후회하는 감정은 아니다.
③ 전반부에 초조하게 바통을 기다리고 있었으므로, 자신감 있는 감정은 아니다.
④ 후반부에 긴장감을 이겨내고 좋은 결과를 거두었으므로, 실망한 감정이 아니다.
⑤ 전반부에 확신이 들지 않은 상태로 떨고 있었으므로, 무관심한 감정이 아니다.

B 07 정답 ① *계주 결승전 경기를 뛴 Emma

It was the championship race. //
결승전 경주였다 //

Emma was the final runner on her relay team. //
Emma는 그녀의 계주팀의 마지막 주자였다 //

to pass의 의미상 주어
She anxiously waited in her spot / for her teammate to pass her
the baton. // **단서 1** 초조하게 기다림
그녀는 그녀의 자리에서 초조하게 기다렸다 / 팀 동료가 그녀에게 바통을 건네주기를 //

Emma wasn't sure / she could perform her role / without
동명사구 (전치사의 목적어)
making a mistake. //
Emma는 확신하지 못했다 / 그녀가 자신의 역할을 수행할 수 있을지 / 실수를 하지 않고 //

'~면 어쩌지?'
Her hands shook / as she thought, / "What if I drop the baton?" //
그녀의 손이 떨렸다 / 생각하면서 / "만약 내가 바통을 떨어뜨리면 어떡하지"라고 //

felt의 목적격 보어 (현재분사)
She felt her heart rate increasing / as her teammate approached. //
그녀는 심박 수가 증가하는 것을 느꼈다 / 그녀의 팀 동료가 다가올수록 //

But as she started running, / she received the baton smoothly. //
하지만 그녀가 달리기 시작했을 때 / 그녀는 순조롭게 바통을 받았다 // **단서 2** 긴장과는 달리, 순조롭게 달리기 시작함

병렬 구조 (동사)
In the final 10 meters, / she passed two other runners / and
crossed the finish line in first place! //
마지막 10미터에서 / 그녀는 두 명의 다른 주자를 제치고 나서 / 1위로 결승선을 통과했다 //

She raised her hands in the air, / and a huge smile came across
her face. // **단서 3** 1등으로 결승선을 통과해 기뻐함
그녀는 두 손을 하늘로 치켜들고 / 얼굴에 큰 미소를 지었다 //

As her teammates hugged her, / she shouted, "We did it!" //
팀 동료들이 그녀를 안아주자 / 그녀는 "우리가 해냈어"라고 소리쳤다 //

과거완료
All of her hard training had been worth it. //
그녀의 모든 힘든 훈련이 그럴 만한 가치가 있었다 //

- championship ⓝ 결승전 · anxiously 예 초조하게
- heart rate 심박 수 · approach ⓥ 다가가다
- smoothly 예 순조롭게 · doubtful ⓐ 의심하는
- disappointed ⓐ 실망한 · indifferent ⓐ 무관심한

결승전 경주였다. Emma는 그녀의 계주팀의 마지막 주자였다. 그녀는 그녀의 자리에서 팀 동료가 그녀에게 바통을 건네주기를 초조하게 기다렸다. Emma는 그녀가 실수를 하지 않고 자신의 역할을 수행할 수 있을지 확신하지 못했다. "만약 내가 바통을 떨어뜨리면 어떡하지?"라고 생각하면서 그녀의 손이 떨렸다. 그녀는 그녀의 팀 동료가 다가올수록 심박 수가 증가하는 것을 느꼈다.
하지만 그녀가 달리기 시작했을 때, 그녀는 순조롭게 바통을 받았다. 마지막 10미터에서, 그녀는 두 명의 다른 주자를 제치고 나서 1위로 결승선을 통과했다! 그녀는 두 손을 하늘로 치켜들고, 얼굴에 큰 미소를 지었다. 팀 동료들이 그녀를 안아주자, 그녀는 "우리가 해냈어!"라고 소리쳤다. 그녀의 모든 힘든 훈련이 그럴 만한 가치가 있었다.

> 다음 글에 드러난 Emma의 심경 변화로 가장 적절한 것은?
> ① nervous → excited anxiously → a huge smile
>   긴장된 → 신이 난
> ② doubtful → regretful 후회하는 감정은 표현되지 않았음
>   의심하는 → 후회하는
> ③ confident → upset 초반에는 불안해했음
>   자신감 있는 → 화가 난
> ④ hopeful → disappointed 1등으로 들어와 기뻐하고 있음
>   회망찬 → 실망한
> ⑤ indifferent → amused 무관심한 감정은 표현되지 않았음
>   무관심한 → 즐거운

전반부: 계주 경기에서 팀 동료의 바통을 초조하게 기다리며 심박 수가 증가함
▶ '긴장된'

후반부: 순조롭게 달리기를 시작하여 1등으로 결승선을 통과했고 동료들을 껴안으며 기뻐함 ▶ '신이 난'

따라서 Emma의 심경 변화로 가장 적절한 것은 ① '긴장된 ➡ 신이 난'이다.

B 08 정답 ① *고대하던 인턴십 프로그램 합격 소식

Ester stood up / as soon as she heard / the hum of a hover engine
outside. //
Ester는 일어섰다 / 듣자마자 / 바깥에서 후버 엔진의 윙윙거리는 소리를 //

병렬 구조
"Mail," she shouted / and ran down the third set of stairs / and
swung open the door. //
"우편물"이라고 그녀는 외치며 / 계단을 세 칸씩 뛰어내려가 / 문을 확 열었다 //

It was pouring now, / but she ran out into the rain. //
비가 쏟아지고 있었다 / 하지만 그녀는 빗속으로 뛰어나갔다 //

She was facing the mailbox. //
그녀는 우편함을 향하고 있었다 //

과거분사 (letter 수식)
There was a single, unopened letter inside. // **단서 1** Ester는 우편물을 고대해 왔음
그 안에는 미개봉 편지 한 통이 들어 있었다 //

명사절 (주격 보어)
She was sure / this must be / what she was eagerly waiting for. //
그녀는 확신했다 / 이것이 ~임에 틀림없다고 / 그녀가 간절히 기다리던 것 //

Without hesitation, / she tore open the envelope. //
망설임 없이 / 그녀는 봉투를 찢어 열었다 //

She pulled out the paper / and unfolded it. //
그녀는 종이를 꺼내 / 펼쳤다 //

동명사 (전치사의 목적어)
The letter said, / 'Thank you for applying to our company. // We
would like to invite you / to our internship program. // We look
forward to seeing you soon.' //
편지에는 쓰여 있었다 / '우리 회사에 지원해 주셔서 감사합니다 // 당신을 초대하고 싶습니다 / 저희 인턴십 프로그램에 / 당신을 곧 뵙기를 기대합니다'라고 //

She jumped up and down / and looked down at the letter
again. // **단서 2** 흥분하여 위아래로 펄쩍펄쩍 뜀
그녀는 위아래로 펄쩍펄쩍 뛰며 / 다시 편지를 내려다보았다 //

She couldn't wait to tell this news / to her family. //
그녀는 이 소식을 알리고 싶어 기다릴 수가 없었다 / 그녀의 가족에게 //

- pour ⓥ (비가) 마구 쏟아지다 · eagerly 예 열렬히, 간절히
- hesitation ⓝ 망설임, 주저함 · envelope ⓝ 봉투
- anticipate ⓥ 고대하다, 기대하다 · ashamed ⓐ 부끄러운
- embarrassed ⓐ 당황한 · indifferent ⓐ 무관심한

바깥에서 후버 엔진의 윙윙거리는 소리를 듣자마자 Ester는 일어섰다. "우편물,"이라고 외치며 그녀는 계단을 세 칸씩 뛰어내려가 문을 확 열었다. 비가 쏟아지고 있었지만 그녀는 빗속으로 뛰어나갔다. 그녀는 우편함을 향하고 있었다. 그 안에는 미개봉 편지 한 통이 들어 있었다. 그녀는 이것이 그녀가 간절히 기다리던 것임에 틀림없다고 확신했다. 그녀는 망설임 없이 봉투를 찢어 열었다. 그녀는 종이를 꺼내 펼쳤다. 편지에는 '우리 회사에 지원해 주셔서 감사합니다. 인턴십 프로그램에 당신을 초대하고 싶습니다. 곧 뵙기를 기대합니다.'라고 쓰여 있었다. 그녀는 위아래로 펄쩍펄쩍 뛰며 다시 편지를 내려다보았다. 그녀는 이 소식을 그녀의 가족들에게 알리고 싶어 기다릴 수가 없었다.

> 다음 글에 드러난 Ester의 심경 변화로 가장 적절한 것은?
> ① anticipating → excited eagerly waiting for → jumped up and down
>   고대하는 → 흥분한
> ② confident → ashamed 합격 소식이 부끄러운 일은 아님
>   자신감 있는 → 부끄러운
> ③ curious → embarrassed 당황하기보단 합격 소식을 가족들에게 빨리 알리고 싶어 함
>   호기심에 찬 → 당황한
> ④ surprised → confused 편지 내용은 혼동의 여지가 없이 명확함
>   놀란 → 혼란스러운
> ⑤ indifferent → grateful 뛰어내려갈 정도로 관심이 많았음
>   무관심한 → 감사한

오H 정답 ? ✽✽✽ [정답률 88%]

전반부: 지원한 인턴십 프로그램의 합격 소식을 간절히 기다리고 있음 ▶ '고대하는'
후반부: 인턴십 프로그램 합격 편지를 받고 위아래로 뛰며 기뻐함 ▶ '흥분한'
따라서 Ester의 심경 변화로 가장 적절한 것은 ① '고대하는 → 흥분한'이다.

오H 오답 ?

② 인턴십 프로그램 합격 소식으로 부끄러운 것이 아닌 흥분한 상태이다.
③ 인턴십 합격 소식으로 당황스러워하지는 않았다.
④ 합격을 알리는 편지 내용은 명백했다.
⑤ 후반부에 감사하는 심경일 수 있으나, 전반부에 무관심한 심경은 아니었다.

B 09 정답 ② *글쓰기 실력을 인정받은 I

There is no choice but to-v: ~하는 수밖에 없다
There was no choice / next morning / **but to turn** in / my private reminiscence of Belleville. //
나는 선택의 여지가 없었다 / 다음 날 아침 / 제출할 수밖에 / Belleville에 대한 나의 개인적인 회상을 //

Two days passed / before Mr. Fleagle returned the graded papers, / and he returned everyone's **but mine.** // (= except (for))
이틀이 흘렀다 / Fleagle 선생님이 채점된 과제를 돌려주기 전에 / 그는 내 것을 제외하고 모든 사람들의 과제를 돌려주었다 //

I was anxiously expecting for a command / **to report** to Mr. Fleagle / immediately after school / for discipline / (형용사적 용법(a command 수식))
나는 초조하게 지시를 기다리고 있었다 / Fleagle 선생님을 찾아오라는 / 학교 끝나고 즉시 / 벌을 받으러 /
단서 1 벌을 예상하면서 초조하게 기다림(전반의 감정)
when I saw **him lift** my paper / from his desk / and **rap** for the class's attention. // (병렬 구조)
그가 내 과제를 집어드는 것을 보았을 때 / 그의 책상에서 / 그리고 학생들의 주목을 끌기 위해 두드리는 것을 (보았을 때) //

"Now, boys," he said, / "I want to read you an essay. //
"자, 여러분"이라고 그가 말했다 / "나는 여러분에게 글 한 편을 읽어주기를 원합니다 //

This is titled 'The Art of Eating Spaghetti.'" //
이 글의 제목은 '스파게티를 먹는 예술'입니다" //

And he started **to read.** // (명사적 용법(started의 목적어))
그리고 그는 읽기 시작했다 //

My words! //   내 글을 //

He was reading *my words* out loud / to the entire class. //
그는 '내 글'을 소리내어 읽어주고 있었다 / 온 학생들에게 //

What's more, / the entire class was listening attentively. //
더욱이 / 온 학급이 주의 깊게 듣고 있었다 //

Then somebody laughed, / then the entire class was laughing, / and **not** in contempt and ridicule, / **but** with openhearted enjoyment. // (not A but B: A가 아니라 B)
그 후 누군가가 웃었고 / 그러자 온 학급이 웃고 있었다 / 경멸이나 조소가 아니고 / 숨김없는 즐거움으로 //

단서 2 자신의 글이 사람을 웃게 만들 수 있다는 사실에 기쁨과 환희를 느낌(후반의 감정)
I did my best / **to avoid** showing pleasure, / but **what I was feeling** / was pure ecstasy / at this startling demonstration / **that** my words had the power to make people laugh. //
(부사적 용법(목적) · 명사절 주어 · 동격절 접속사)
나는 최선을 다했다 / 기쁨을 드러내는 것을 피하려고 / 하지만 내가 느낀 것은 / 순수한 환희였다 / 이 놀라운 시연에 대한 / 내 글이 사람들을 웃게 만드는 힘을 가졌다는 //

- private ⓐ 개인적인, 사적인   · anxiously ⓐd 초조하게
- command ⓝ 지시   · immediately ⓐd 즉시
- discipline ⓝ 훈육, 처벌   · rap ⓥ 톡톡 두드리다
- attentively ⓐd 주의 깊게, 신경 써서   · contempt ⓝ 경멸
- ridicule ⓝ 조소, 조롱   · openhearted ⓐ 솔직한, 숨김없는
- ecstasy ⓝ 환희   · startling ⓐ 놀라운, 깜짝 놀라게 하는
- demonstration ⓝ 시연   · ashamed ⓐ 수치스러운

다음 날 아침 Belleville에 대한 나의 개인적인 회상을 제출할 수밖에 없었다. Fleagle 선생님이 채점된 과제를 돌려주기 전에 이틀이 흘렀고, 그는 내 것을 제외하고 모든 사람들의 과제를 돌려주었다. 나는 그가 그의 책상에서 내 과제를 집어들고 학생들의 주목을 끌기 위해 두드리는

것을 보았을 때, 나는 학교 끝나고 즉시 벌을 받으러 Fleagle 선생님을 찾아오라는 지시를 초조하게 기다리고 있었다. "자, 여러분," 그가 말했다. "나는 여러분에게 글 한 편을 읽어주기를 원합니다. 이 글의 제목은 '스파게티를 먹는 예술'입니다." 그리고 그는 읽기 시작했다. 내 글을! 그는 '내 글'을 온 학생들에게 소리내어 읽어주고 있었다. 더욱이, 온 학급이 주의 깊게 듣고 있었다. 그 후 누군가가 웃었고, 그러자 온 학급이 경멸이나 조소가 아니고, 숨김없는 즐거움으로 웃고 있었다. 나는 기쁨을 드러내는 것을 피하려고 최선을 다했지만, 내가 느낀 것은 내 글이 사람들을 웃게 만드는 힘을 가졌다는 이 놀라운 시연에 대한 순수한 환희였다.

> **다음 글에 드러난 'I'의 심경 변화로 가장 적절한 것은?**
> 초반에 안도하거나 지루하는 모습은 없음
> ① relieved → scared
>   안도하는 → 무서운
> ② nervous → delighted   긴장하였다가 자신의 글이 긍정적인 반응을 받자 환희를 느낌
>   긴장한 → 기쁜
> ③ bored → confident
>   지루한 → 자신감 있는
> ④ satisfied → depressed
>   만족스러운 → 우울한   후반에는 우울함이나 수치심이 아닌 환희를 느낌
> ⑤ confused → ashamed
>   혼란스러운 → 수치스러운

오H 정답 ? ✽✽✽ [정답률 86%]

'I'는 Fleagle 선생님이 자신을 제외한 다른 모든 학생들에게 과제를 돌려주고, 책상에서 따로 자신의 글을 집어 들었을 때 곧 벌을 받을 줄 알고 초조함을 느꼈다. 하지만 곧이어 선생님이 자신의 글을 읽어 나가고 다른 학생들이 모두 주의 깊게 들으면서 웃고 있는 모습에 환희의 감정을 느꼈다. 따라서 'I'가 느낀 심경의 변화는 ② '긴장한 → 기쁜'임을 알 수 있다.

오H 오답 ?

①, ③ 초반에는 안도감을 느끼거나 지루해하는 모습이 아닌 초조함과 긴장을 느끼는 상황이었다.
④, ⑤ 후반에는 우울감이나 수치심이 아닌 기쁨과 환희를 느꼈다.

B 10 정답 ② *Chaske의 두려움 극복

Chaske, a Cherokee boy, was sitting / on a tree stump. //
체로키족 소년인 Chaske는 앉아 있었다 / 나무 그루터기에 //

As a rite of passage for youths in his tribe, / Chaske had to survive / one night / in the forest / **wearing a blindfold,** / **not knowing he was observed by his father.** // (분사구문)
그의 부족 청년들에 대한 통과 의례로 / Chaske는 살아남아야 했다 / 하룻밤을 / 숲속에서 / 눈가리개를 쓰고 / 그의 아버지가 지켜보는 것을 모른 채로 //

After the sunset, / Chaske could hear all kinds of noises. //
해가 지고 난 후에 / Chaske는 모든 종류의 소리를 들을 수 있었다 //

The wind **blew** the grass / and **shook** his stump. // (병렬 구조 (동사))
바람이 풀을 휘저으며 / 그의 그루터기를 흔들었다 //

A sense of dread swept through his body. // **단서 1** 두려움을 느낌
두려움이 그의 몸을 휩쓸었다 //

What if / wild beasts are looking at me? // I can't stand this! //
'어떡하지 / 야생 짐승들이 나를 바라보고 있다면 // 나는 이것을 견딜 수가 없어' //

Just as he **was about to take off** the blindfold / **to run away,** / a voice came in / from somewhere. // (막 ~하려 하다 · 부사적 용법 (목적))
그가 눈가리개를 막 벗으려고 했을 때 / 도망가기 위해 / 한 음성이 들려왔다 / 어디선가 //

"I'm here / around you. // Don't give up, / and complete your mission." //   "나는 여기 있어 / 네 주변에 // 포기하지 말고 / 너의 임무를 완수해" //

It was his father's voice. //   그것은 그의 아버지의 목소리였다 //
He **has been watching** me / from nearby! // (현재완료진행시제)
'그가 나를 지켜보고 있었구나 / 근처에서' //

단서 2 안정을 되찾음
With just the presence of his father, / the boy regained stability. //
그의 아버지의 존재만으로도 / 소년은 안정을 되찾았다 //

What panicked him awfully / a moment ago / vanished into thin air. // (명사절 주어)
그를 끔찍하게 겁에 질리게 한 것들이 / 조금 전까지 / 온데간데없이 사라졌다 //

- **stump** ⓝ 그루터기 · **rite** ⓝ 의례 · **tribe** ⓝ 부족
- **blindfold** ⓝ 눈가리개 · **dread** ⓝ 두려움
- **complete** ⓥ 완수하다 · **regain** ⓥ 되찾다 · **stability** ⓝ 안정
- **panic** ⓥ 겁에 질리게 하다 · **vanish** ⓥ 사라지다
- **doubtful** ⓐ 의구심이 드는 · **ashamed** ⓐ 수치스러운

체로키족 소년인 Chaske는 나무 그루터기에 앉아 있었다. 그의 부족 청년들에 대한 통과 의례로, Chaske는 그의 아버지가 지켜보는 것을 모른 채로 눈가리개를 쓰고 숲속에서 하룻밤을 살아남아야 했다. 해가 지고 난 후에, Chaske는 모든 종류의 소리를 들을 수 있었다. 바람이 풀을 휘저으며 그의 그루터기를 흔들었다. 두려움이 그의 몸을 휩쓸었다. '만약 야생 짐승들이 나를 바라보고 있다면 어떡하지? 나는 이것을 견딜 수가 없어!' 그가 도망가기 위해 눈가리개를 막 벗으려고 했을 때 어디선가 한 음성이 들려왔다. "나는 여기 네 주변에 있어. 포기하지 말고 너의 임무를 완수해." 그것은 그의 아버지의 목소리였다. '그가 근처에서 나를 지켜보고 있었구나!' 그의 아버지의 존재만으로도 소년은 안정을 되찾았다. 조금 전까지 그를 끔찍하게 겁에 질리게 한 것들이 온데간데없이 사라졌다.

다음 글에 드러난 Chaske의 심경 변화로 가장 적절한 것은?
① nervous → doubtful 아버지의 목소리에 의구심을 갖지 않았음
  불안한 → 의구심이 드는
② horrified → relieved 겁에 질렸다가 아버지 목소리에 안심함
  겁에 질린 → 안도하는
③ disappointed → curious 처음부터 두려움이 엄습함
  실망스러운 → 호기심을 느끼는
④ ashamed → frightened 후반부에 사라짐
  수치스러운 → 두려운
⑤ bored → delighted 초반에 지루해하지 않음
  지루한 → 기쁜

왜 정답? ❀❀❀ [정답률 90%]

전반부: 부족 통과 의례를 위해 눈가리개를 쓰고 숲속에서 하룻밤을 살아남아야 했음
▶ '겁에 질린'

후반부: 아버지의 목소리를 듣고서 안정을 되찾음 ▶ '안도하는'
따라서 Chaske의 심경 변화로 가장 적절한 것은 ② '겁에 질린 → 안도하는'이다.

왜 오답?

① 처음에 불안했으나 점차 안정되었으므로 의구심이 든 것은 아니다.
③ 전반부에 실망스럽기보다는 두려웠고 이후에 호기심을 느끼지도 않았다.
④ 수치가 아닌 두려움이 그의 몸을 휩쓸었으나 후반부에는 아버지 덕에 안심했다.
⑤ 초반에는 두려움을 느꼈고, 지루한 감정은 나타나지 않았다.

자이 쌤's Follow Me! —홈페이지에서 제공

B 11 정답 ① ＊거울에 비친 자신을 보고 놀랐던 나

병렬 구조
I **walked** up to the little dark brown door / and **knocked**. //
나는 작고 짙은 갈색 문으로 걸어가서 / 문을 두드렸다 //

Nobody answered. //
아무도 대답이 없었다 //

I pushed on the door carefully. //
나는 조심스럽게 그 문을 밀었다 //

When the door swung open / with a rusty creak, / a man **was standing** / in a back corner of the room. // 과거진행 시제
그 문이 획 열렸을 때 / 녹슬어서 삐걱거리는 소리와 함께 / 한 남자가 서 있었다 / 그 방의 뒤쪽 구석에 //

단서 1 한 남자가 서 있는 것을 보고 소리를 지름   명사적 용법(started의 목적어)
My hands flew over my mouth / as I started **to scream**. //
나는 두 손을 입에 갖다 댔다 / 소리를 지르기 시작하며 //

He was just standing there, / **watching me**! // 분사구문
그는 거기 서 있었다 / 나를 지켜보면서 //

As my heart continued to race, / I saw / that he **had** also **put** his hands over his mouth. // 과거완료 시제
내 심장이 계속 요동칠 때 / 나는 보았다 / 그 역시 두 손을 그의 입 위로 올린 것을 //

Wait a minute... // 잠깐 //

It was a mirror! // 그것은 거울이었다 //

단서 2 거울인 것을 알고 심호흡을 함   주격 관계대명사
I took a deep breath / and walked past a table / to the old mirror / **that** stood in the back of the room. //
나는 심호흡을 하고 / 테이블을 지나 걸어갔다 / 오래된 거울로 / 방 뒤쪽에 세워져 있는 //

felt의 목적어와 목적격 보어(현재분사)
I felt **my heartbeat returning** to normal, / and calmly looked at my reflection in the mirror. // 단서 3 심장 박동이 정상으로 돌아오고 차분해짐
나는 심장 박동이 정상으로 돌아오는 것을 느꼈다 / 차분하게 거울 속 내 모습을 바라보았다 //

- **knock** ⓥ (문을) 두드리다 · **swing** ⓥ 획 움직이다
- **rusty** ⓐ 녹슨 · **creak** ⓝ 삐걱거리는 소리
- **race** ⓥ (두려움·흥분 등으로 심장이) 요동치다 · **calmly** ⓐⓓ 차분하게
- **reflection** ⓝ 반사, (거울 등에) 비친 모습
- **terrified** ⓐ 두려운 · **anxious** ⓐ 염려스러운 · **thrilled** ⓐ 흥분한

나는 작고 짙은 갈색 문으로 걸어가서 문을 두드렸다. 아무도 대답이 없었다. 나는 조심스럽게 그 문을 밀었다. 녹슬어서 삐걱거리는 소리와 함께 그 문이 획 열렸을 때, 한 남자가 그 방의 뒤쪽 구석에 서 있었다. 나는 소리를 지르기 시작하며 두 손을 입에 갖다 댔다. 그는 나를 지켜보면서, 거기 서 있었다! 내 심장이 계속 요동칠 때, 나는 그 역시 두 손을 그의 입 위로 올린 것을 보았다. 잠깐… 그것은 거울이었다! 나는 심호흡을 하고 테이블을 지나 방 뒤쪽에 세워져 있는 오래된 거울로 걸어갔다. 나는 심장 박동이 정상으로 돌아오는 것을 느꼈고, 차분하게 거울 속 내 모습을 바라보았다.

다음 글에 드러난 'I'의 심경 변화로 가장 적절한 것은?
① terrified → relieved 한 남자를 보고 두려워했지만, 거울임을 알게 되어 안도함
  두려운 → 안도하는
② hopeful → nervous
  희망적인 → 긴장한   앞부분에 희망적이거나 자신감 있는 감정은 언급되지 않음
③ confident → anxious
  자신감 있는 → 염려스러운
④ annoyed → grateful
  성가신 → 감사한   뒷부분에 감사하거나 흥분한 감정은 언급되지 않음
⑤ disappointed → thrilled
  실망한 → 흥분한

왜 정답? ❀❀❀ [정답률 94%]

I는 한 남자가 방의 뒤쪽 구석에 서 있는 것을 보고 소리를 질렀지만, 곧 그것이 거울에 비친 자신의 모습이었음을 깨닫게 되었다. 그 후 심장 박동이 정상으로 돌아오고 차분하게 거울 속 자신의 모습을 바라볼 수 있었으므로 정답은 ① '두려운 → 안도하는'이다.

왜 오답?

②. ③ 방의 뒤쪽 구석에 한 남자가 서 있는 모습을 보고 소리를 지르는 부분에서 I의 희망적이거나 자신감 있는 심경은 보이지 않는다.
④. ⑤ 거울 속 자신의 모습임을 알아차렸을 때, 안도하는 감정만 있을 뿐 감사하거나 흥분한 감정은 느껴지지 않았다.

자이 쌤's Follow Me! —홈페이지에서 제공

B 12 정답 ① ＊아들의 선물에 기뻐하는 엄마

in need of: ~을 필요로 하는
My 10-year-old appeared, / **in** desperate **need of** a quarter. //
내 열 살짜리 아이가 나타났다 / 25센트 동전을 절실히 필요로 하며 //

의문문 강조
"A quarter? // What **on earth** do you need a quarter for?" //
"25센트 동전? // 도대체 25센트 동전이 왜 필요하지" // 단서 1 짜증스럽게 대답함

My tone bordered on irritation. // 나의 말투는 거의 짜증에 가까웠다 //

I didn't want to be bothered / with such a trivial demand. //
나는 방해받고 싶지 않았다 / 그런 사소한 요구에 //

"There's a garage sale up the street, / and there's something 앞에 목적격 관계대명사 생략
I just gotta have! // It only costs a quarter. // Please?" //
"거리 위쪽에서 중고 물품 판매 행사를 하는데 / 제가 꼭 사야 할 게 있어요 // 그것은 25센트밖에 안 해요 // 제발요" //

I placed a quarter / in my son's hand. //
나는 25센트 동전을 쥐여 주었다 / 아들의 손에 //

Moments later, / a little voice said, / "Here, Mommy, this is for you." // 잠시 후 / 작은 목소리가 말했다 / "여기요, 엄마, 이거 엄마를 위한 거예요"라고 //

I <u>glanced</u> down at the hands of my little son / and <u>saw</u> a four-inch cream-colored statue / of two small children hugging one another. //

나는 내 어린 아들의 손을 힐끗 내려다보았고 / 4인치짜리 크림색의 조각상을 보았다 / 두 어린아이가 서로 껴안고 있는 //

<u>Inscribed at their feet were words</u> / that read *It starts with 'L' ends with 'E' / and in between are 'O' and 'V.'* //

그들의 발밑에는 말이 새겨져 있었다 / 'L'로 시작하여 'E'로 끝나고 / 그 사이에 'O'와 'V'가 있다는 //

As I watched <u>him race</u> back to the garage sale, / I smiled / with a heart full of happiness. //

아이가 중고 물품 판매행사로 서둘러 돌아가는 모습을 바라보며 / 나는 미소를 지었다 / 행복이 가득한 마음으로 //

<u>That 25-cent garage sale purchase</u> / <u>brought me a lot of joy</u>. //

그 25센트짜리 중고 물품 판매 행사 구입품은 / 나에게 큰 기쁨을 가져다 주었다 //

- desperate ⓐ 필사적인 · border on 거의 ~에 달하다
- irritation ⓝ 짜증 · bother ⓥ 신경쓰게 하다
- trivial ⓐ 하찮은, 사소한 · inscribe ⓥ (이름 등을) 새기다
- purchase ⓝ 구입한 것 · ashamed ⓐ 부끄러운
- indifferent ⓐ 무관심한

내 열 살짜리 아이가 25센트 동전을 절실히 필요로 하며 나타났다. "25센트 동전? 도대체 25센트 동전이 왜 필요하지?" 나의 말투는 거의 짜증에 가까웠다. 나는 그런 사소한 요구에 방해받고 싶지 않았다. "거리 위쪽에서 중고 물품 판매 행사를 하는데, 제가 꼭 사야 할 게 있어요! 25센트밖에 안 해요. 네?" 나는 아들의 손에 25센트 동전을 쥐어 주었다. 잠시 후 작은 목소리로 "여기요, 엄마, 이거 엄마를 위한 거예요."라고 말했다. 나는 내 어린 아들의 손을 힐끗 내려다보았고, 두 어린아이가 서로 껴안고 있는 4인치짜리 크림색의 조각상을 보았다. 그들의 발밑에는 'L'로 시작하여 'E'로 끝나고 그 사이에 'O'와 'V'가 있다는 말이 새겨져 있었다. 아이가 중고 물품 판매행사로 서둘러 돌아가는 모습을 바라보며 나는 행복이 가득한 마음으로 미소를 지었다. 그 25센트짜리 중고 물품 판매 행사 구입품은 나에게 큰 기쁨을 가져다 주었다.

다음 글에 드러난 'I'의 심경 변화로 가장 적절한 것은?

① annoyed → delighted
② ashamed → relieved
③ excited → confused
④ scared → confident
⑤ indifferent → jealous

왜 정답? ✽✽✽ [정답률 89%]

전반부: 아들이 동전을 달라는 말에 방해받았다고 느끼며 짜증이 남
▶ '성가신', '무관심한'

후반부: 아들이 조각상을 사서 선물로 주자 행복이 가득한 마음이 들며 큰 기쁨을 느낌
▶ '기쁜'

따라서 I의 심경 변화로 가장 적절한 것은 ① '성가신 → 기쁜'이다.

왜 오답?

② 아들이 동전을 달라는 말에 방해받았다고 했을 뿐, 부끄러운 감정은 아니다.
③ 아들이 사 온 조각상을 보고 기쁨을 느꼈다고 했으므로 혼란스러운 감정이 아니다.
④ 겁먹었던 I가 자신감이 생긴 것이 아니다.
⑤ 질투하는 감정은 나타나지 않았다.

B 13 정답 ① ＊패션쇼 직전의 긴장감

Hours later — / when my back aches from sitting, / my hair is styled and dry, / and my almost invisible makeup <u>has been applied</u> — /

몇 시간 후에 / 앉아 있어서 허리가 아프고 / 머리는 모양이 잡혀서 마르고 / 그리고 거의 보이지 않는 화장을 했을 때 /

Ash tells me / it's time <u>to change</u> into my dress. //

Ash는 나에게 말한다 / 드레스로 갈아입을 시간이라고 //

<u>We've been waiting</u> / until the last minute, / <u>afraid / any refreshments I eat / might accidentally fall onto it / and stain it</u>. //

우리는 기다리고 있었다 / 마지막 순간까지 / 두려워서 / 내가 먹는 다과가 / 우연히 드레스에 떨어져서 / 얼룩지게 할까 //

There's only thirty minutes left / until the show starts, / and <u>the nerves</u> / <u>that</u> have been torturing Ash / <u>seem</u> to have escaped her, / choosing a new victim in me. //

30분밖에 남지 않았다 / 쇼가 시작될 때까지 / 그리고 초조함이 / Ash를 괴롭히던 / 그녀에게서 빠져나온 것 같다 / 그리고 새로운 희생자로 나를 선택했다 //

My palms are sweating, / and I have butterflies in my stomach. //

내 손바닥에서 땀이 난다 / 그리고 나는 안절부절못한다 //

Nearly all the models are ready, / some of them already dressed / in their nineteenth-century costumes. //

거의 모든 모델이 준비가 되었다 / 일부 모델은 이미 입고 있다 / 19세기 복장으로 //

Ash tightens my corset. //

Ash가 내 코르셋을 조인다 //

- ache ⓥ 아프다 · invisible ⓐ 보이지 않는 · apply ⓥ 바르다
- refreshments ⓝ 다과, 음식물 · accidentally ⓐⓓ 우연히
- stain ⓥ 얼룩지게 하다 · nerve ⓝ 초조함, 날카로운 신경
- torture ⓥ 괴롭히다 · escape ⓥ 빠져나가다 · victim ⓝ 희생자
- palm ⓝ 손바닥 · sweat ⓥ 땀이 나다
- have butterflies in one's stomach 안절부절못하다
- nearly ⓐⓓ 거의 · costume ⓝ 의상 · tighten ⓥ 조이다
- corset ⓝ 코르셋 · tense ⓥ 긴장되는 · confident ⓐ 자신감 있는
- relieved ⓐ 안도하는 · indifferent ⓐ 무관심한
- irritated ⓐ 짜증이 난

몇 시간 후에, 앉아 있어서 허리가 아프고, 머리는 모양이 잡혀서 마르고, 거의 보이지 않는 화장을 했을 때, Ash는 나에게 드레스로 갈아입을 시간이라고 말한다. 내가 먹는 다과가 우연히 드레스에 떨어져 얼룩지게 할까 두려워 우리는 마지막 순간까지 기다리고 있었다. 쇼가 시작될 때까지 30분밖에 남지 않았고 Ash를 괴롭히던 초조함이 그녀에게서 빠져나와 새로운 희생자로 나를 선택한 것 같다. 내 손바닥에서 땀이 나고, 나는 안절부절못한다. 거의 모든 모델이 준비가 되었고, 일부 모델은 이미 19세기 복장을 입고 있다. Ash가 내 코르셋을 조인다.

다음 글에 드러난 'I'의 심경으로 가장 적절한 것은?

① tense and nervous
② proud and confident
③ relieved and pleased
④ indifferent and bored
⑤ irritated and disappointed

왜 정답? ✽✽✽ [정답률 88%]

쇼가 시작되기 전에 'I'는 자신의 차례를 기다리며 긴장감과 초조함 속에 드레스를 갈아입는 상황이다. Ash를 괴롭히던 초조함이 자신에게 찾아왔으며, 손에 땀이 나고 안절부절못하고 있다고(My palms are sweating, and I have butterflies in my stomach.) 했으므로, I의 심경은 ① '긴장되고 초조한' 상태임을 알 수 있다.

왜 오답?

② 자랑스럽거나 자신감을 느낄 만한 상황은 언급되지 않았다.
③ 쇼가 시작되기 직전 매우 긴장된 상황이므로 안도하고 기뻐하는 상황이 아니다.
④ 손에 땀이 나며 안절부절못하고 있으므로 지루함이나 무관심과는 거리가 먼 상황이다.
⑤ 짜증이 났거나 실망할 만한 상황은 제시되지 않았다.

① 벽화를 그려 넣고 나서 카페의 성공을 확신한다고 했으므로 놀란 감정은 아니다.
③ 초반부에 무엇인가 빠졌다는 불안감이 있었으므로 부러워하는 감정은 아니다.
④ 전체적으로 겁에 질릴 만한 상황이 벌어진 것은 아니며 만족하고 확신하는
   감정으로 마무리되었다.
⑤ 불안하고 의심스러운 감정은 초반의 감정이다.

B 14 정답 ② *카페 개업식 준비

On opening day, / Isabel arrives at the cafe very early / with
nervous anticipation. //
개업식날 / Isabel은 카페에 매우 일찍 도착한다 / 초조한 기대감을 품고 //

She looks around the cafe, / but she can't shake off the feeling /
동격절 접속사
that something is missing. //
그녀는 카페를 둘러보지만 / 그녀는 느낌을 떨쳐 낼 수 없다 / 무엇인가 빠졌다는 //

As she sets out cups, spoons, and plates, / Isabel's doubts grow. //
컵과 숟가락, 접시를 차려 놓으며 / Isabel의 의심은 커진다   단서 1 의심이 커짐
분사구문을 이끄는 현재분사
She looks around, / trying to imagine / what else she could do /
to make의 목적어와 목적격 보어 (형용사)
to make the cafe perfect, / but nothing comes to mind. //
그녀는 주변을 둘러본다 / 상상하기 위해 애쓰면서 / 자신이 무엇을 더 할 수 있을지를 /
카페를 완벽하게 만들기 위해 / 하지만 아무것도 머릿속에 떠오르지 않는다 //

Then, / in a sudden burst of inspiration, / Isabel grabs her
paintbrush / and transforms the blank walls into landscapes, /
분사구문
adding flowers and trees. //
그때 / 갑작스러운 영감의 폭발과 함께 / Isabel은 그녀의 붓을 쥔다 / 그리고 텅 빈 벽을
풍경화로 변화시킨다 / 꽃과 나무를 더해서   단서 2 불안이 서서히 사라지기 시작함

As she paints, / her doubts begin to fade. //
그림을 그리면서 / 그녀의 불안도 서서히 사라지기 시작한다 //
분사구문
Looking at her handiwork, / which is beautifully done, / she is
certain / that the cafe will be a success. //   단서 3 카페가 성공할 것을 확신함
그녀의 작품을 보며 / 아름답게 완성된 / 그녀는 확신한다 / 카페가 성공하리라고 //

'Now, / success is not exactly guaranteed,' / she thinks to herself,
/ 'but I'll definitely get there.' //
'자 / 성공이 확실히 보장되지는 않았어' / 그녀는 스스로 생각한다 / '하지만 나는 분명 그곳에
도달할 거야'라고 //

- anticipation ⓝ 기대(감)   • shake off ~을 쫓아버리다
- doubt ⓝ 의심   • inspiration ⓝ 영감
- paintbrush ⓝ 그림 그리는 붓   • transform ⓥ 변형시키다
- landscape ⓝ 풍경화   • fade ⓥ 서서히 사라지다
- handiwork ⓝ (예술적 솜씨를 발휘한) 일[작품]   • envious ⓐ 부러워하는
- indifferent ⓐ 무관심한   • uneasy ⓐ 불안한

개업식날, Isabel은 초조한 기대감을 품고 카페에 매우 일찍 도착한다.
그녀는 카페를 둘러보지만, 무엇인가 빠졌다는 느낌을 떨쳐 낼 수 없다.
컵과 숟가락, 접시를 차려 놓으며 Isabel의 의심은 커진다. 그녀는 카페를
완벽하게 만들기 위해 자신이 무엇을 더 할 수 있을지를 상상하기 위해
애쓰면서 주변을 둘러보지만, 아무것도 머릿속에 떠오르지 않는다.
그때, 갑작스러운 영감의 폭발과 함께, Isabel은 그녀의 붓을 쥐고 꽃과
나무를 더해서 텅 빈 벽을 풍경화로 변화시킨다. 그림을 그리면서,
그녀의 불안도 서서히 사라지기 시작한다. 아름답게 완성된 그녀의
작품을 보며, 그녀는 카페가 성공하리라고 확신한다. 그녀는 '자, 성공이
확실히 보장되지는 않았지만, 나는 분명 그곳에 도달할 거야.'라고 스스로
생각한다.

> 다음 글에 드러난 Isabel의 심경 변화로 가장 적절한 것은?
>
> ① calm → surprised 놀란 감정이 표현되지 않았음
>   침착한 → 놀란
> ② doubtful → confident doubts grow → certain
>   의심하는 → 자신감 있는
> ③ envious → delighted 부러워한 적은 없음
>   부러워하는 → 기쁜
> ④ grateful → frightened 겁에 질릴 만한 상황이 아님
>   감사하는 → 겁에 질린
> ⑤ indifferent → uneasy 불안한 감정은 초반의 감정임
>   무관심한 → 불안한

오H 정답 ? ✽✽✽ [정답률 82%]

전반부: 무엇인가 빠졌다는 느낌에 의심이 커짐 ▶ '의심하는'
후반부: 텅 빈 벽에 그림을 그려 넣자 불안도 서서히 사라지기 시작했으며 카페가
성공하리라고 확신함 ▶ '자신감 있는'
따라서 Isabel의 심경 변화로 가장 적절한 것은 ② '의심하는 → 자신감 있는'이다.

B 15 정답 ① *혼자 발표를 마친 후 안도감을 느낀 I

be supposed to-v: ~하기로 되어 있다
Dan and I were supposed to make a presentation / that day. //
Dan과 나는 발표를 하기로 예정되어 있었다 / 그날 //

Right after the class started, / my phone buzzed. //
수업이 시작된 직후에 / 나의 전화가 울렸다 //
현재분사 (a text 수식)
It was a text from Dan saying, / "I can't make it on time. //
현재완료시제 (결과)
There's been a car accident on the road!" //
그것은 Dan으로부터 온 문자 메시지였다 / ~라고 하는 "나는 제시간에 갈 수 없어"
도로에서 차 사고가 있었어" //

I almost fainted. //   단서 1 Dan이 제시간에 올 수 없어 나는 정신을 잃을 뻔함
나는 거의 정신을 잃을 뻔했다 //

'What should I do?' //
'어떻게 해야 하지' //

Dan didn't show up / before our turn, / and soon I was standing
/ in front of the whole class. //
Dan은 나타나지 않았고 / 우리의 차례 전에 / 곧 나는 서 있었다 / 전체 학생들 앞에 //
manage to-v: 겨우 ~하다
I managed to finish my portion, / and my mind went blank /
for a few seconds, / wondering what to do. //
분사구문
나는 겨우 내 몫을 다 끝냈고 / 나의 정신은 멍해졌다 / 몇 초간 / 무엇을 해야 할지
생각하면서 //

'Hold yourself together!' //
'정신 차려' //

I quickly came to my senses / and worked through Dan's part of
the presentation / as best as I could. //
나는 재빨리 정신을 가다듬고 / Dan의 발표 부분을 해 나갔다 / 내가 할 수 있는 최선을 다해 //

After a few moments, / I finished the entire presentation on my
own. //
잠시 후 / 나는 혼자서 전체 발표를 끝냈다 //
only가 문두로 가며 주어와 동사가 도치됨
Only then / did the tension vanish. //
그제서야 / 긴장감이 사라졌다   단서 2 Dan의 발표 부분까지 혼자 마친 후 긴장감이 사라짐

I could see / our professor's beaming face. //
나는 볼 수 있었다 / 우리 교수님의 웃음을 띤 얼굴을 //

- buzz ⓥ (진동 등이) 울리다   • faint ⓥ 기절하다, 정신을 잃다
- portion ⓝ 부분, 몫   • blank ⓐ 텅 빈   • wonder ⓥ 생각하다
- hold together 정신을 가다듬다   • entire ⓐ 전체의
- vanish ⓥ 사라지다   • beam ⓥ 활짝 웃다
- panicked ⓐ 공황 상태에 빠진   • sorrowful ⓐ 슬픈
- indifferent ⓐ 무관심한   • sympathetic ⓐ 동정하는
- content ⓐ 만족한   • humiliated ⓐ 모욕적인

그날, Dan과 나는 발표를 하기로 예정되어 있었다. 수업이 시작된
직후에 나의 전화가 울렸다. 그것은 "나는 제시간에 갈 수 없어, 도로에서
차 사고가 있었어!"라고 하는 Dan으로부터 온 문자 메시지였다. 나는
거의 정신을 잃을 뻔했다. '어떻게 해야 하지?' Dan은 우리의 차례 전에
나타나지 않았고 곧 나는 전체 학생들 앞에 서 있었다.
나는 겨우 내 몫을 다 끝냈고 무엇을 해야 할지 생각하면서 나의 정신은
몇 초간 멍해졌다. '정신 차려!' 나는 재빨리 정신을 가다듬고 Dan의 발표
부분을 내가 할 수 있는 최선을 다해 해 나갔다. 잠시 후, 나는 혼자서 전체
발표를 끝냈다. 그제서야 긴장감이 사라졌다. 나는 우리 교수님의 웃음을
띤 얼굴을 볼 수 있었다.

B

다음 글에 드러난 'I'의 심경 변화로 가장 적절한 것은?
① panicked → relieved 발표 시간에 늦는다는 Dan 때문에 당황했으나 Dan의 몫까지
공황 상태에 빠진 → 안도하는   해낸 후 안도함
② sorrowful → indifferent 무관심한 감정은 언급되지 않음
슬픈 → 무관심한
③ sympathetic → content 동정하는 감정이 언급되지 않음
동정하는 → 만족한
④ jealous → delighted Dan을 질투한 것은 아님
질투하는 → 기쁜
⑤ confused → humiliated 교수님의 웃음 띤 얼굴을 봄
혼란스러운 → 모욕적인

왜 정답? ✱✿✿ [정답률 90%]

전반부: 같이 발표하기로 한 Dan이 제시간에 나타날 수 없게 됨 ▶ '공황 상태에 빠진'
후반부: Dan의 몫까지 해냈고, 웃음을 띤 교수님의 얼굴을 봄 ▶ '안도하는'
따라서 I의 심경 변화는 ① '공황 상태에 빠진 → 안도하는'이다.

왜 오답?

② 무관심한 감정은 언급되지 않았다.
③ 제시간에 수업에 올 수 없는 Dan에게 동정심을 느낀 것은 아니다.
④ 질투심의 대상이 나오지 않았다.
⑤ 교수님은 얼굴에 웃음을 띠었다고 했으므로 모욕적인 감정을 느끼지는 않았을 것이다.

B 16 정답 ① ＊상어를 만난 Dave

━ 병렬 구조 ━
Dave sat up on his surfboard / and looked around. //
Dave는 그의 서핑보드 위에 앉아 / 주변을 둘러보았다 //

He was the last person / in the water / that afternoon. //
그는 마지막 사람이었다 / 물에 있는 / 그날 오후에 //

Suddenly / something out toward the horizon / caught his eye / and his heart froze. // 단서1 심장이 얼어붙었음
갑자기 / 수평선 위로 나오는 무언가가 / 그의 눈을 사로잡았고 / 그의 심장은 얼어붙었다 //

It was / every surfer's worst nightmare / — the fin of a shark. //
그것은 ~이었다 / 모든 서퍼들의 최악의 악몽 / 상어의 지느러미 // 단서2 상어의 지느러미를 발견했기 때문임

And it was no more than 20 meters away! //
그리고 그것은 단지 20미터 떨어져 있었다 //

He turned his board / toward the beach / and started kicking his way to the shore. // ━ 병렬 구조 ━
그는 그의 보드를 돌렸다 / 해변을 향해 / 그리고 해안가 쪽으로 발차기를 시작했다 //

= As he shivered
Shivering, / he gripped his board tighter / and kicked harder. //
떨면서 / 그는 그의 보드를 더 단단히 붙잡았다 / 그리고 더 강하게 발차기를 했다 //

'I'm going to be okay,' / he thought to himself. //
'나는 괜찮을 거야' / 그는 마음속으로 생각했다 //

'I need to let go of the fear.' //
'나는 공포를 떨쳐낼 필요가 있어' //

주어(선행사)   주격 관계대명사   동사
Five minutes of terror / that felt like a lifetime / passed / before he was on dry land again. //
공포의 5분이 / 한평생처럼 느껴졌던 / 지나갔다 / 그가 육지에 다시 도착하기 전에 //

Dave sat on the beach / and caught his breath. //
Dave는 해변에 앉았다 / 그리고 숨을 돌렸다 //

His mind was at ease. //
그의 마음은 편안했다 // 단서3 안전하게 해변에 도착해서 마음이 편안해짐

He was safe. // 그는 안전했다 //

He let out a contented sigh / as the sun started setting / behind the waves. //
그는 만족스러운 한숨을 내쉬었다 / 태양이 지기 시작할 때 / 파도 뒤로 //

- sit up (앉아 있는 상태에서) 자세를 바로 하다[바로 앉다]
- surfboard ⓝ 서핑보드   • toward prep ~쪽으로, ~을 향하여
- horizon ⓝ 수평선, 지평선   • nightmare ⓝ 악몽
- shore ⓝ 해변, 해안가   • shiver ⓥ (몸을) 떨다
- lifetime ⓝ 일생, 평생   • at ease 걱정 없이
- contented ⓐ 만족스러운   • sigh ⓝ 한숨, 한숨 소리

Dave는 그의 서핑보드 위에 앉아 주변을 둘러보았다. 그는 그날 오후 물에 있는 마지막 사람이었다. 갑자기 수평선 위로 나오는 무언가가 그의 눈을 사로잡았고 그의 심장은 얼어붙었다. 그것은 모든 서퍼들의 최악의 악몽이었다. 상어의 지느러미. 그리고 그것은 단지 20미터 떨어져 있었다! 그는 그의 보드를 해변을 향해 돌렸고 해안가 쪽으로 발차기를 시작했다. 떨면서, 그는 그의 보드를 더 단단히 붙잡고 더 강하게 발차기를 했다. '나는 괜찮을 거야,' 그는 마음속으로 생각했다. '나는 공포를 떨쳐낼 필요가 있어.' 그가 육지에 다시 도착하기 전에 한평생처럼 느껴졌던 공포의 5분이 지나갔다. Dave는 해변에 앉아 숨을 돌렸다. 그의 마음은 편안했다. 그는 안전했다. 그는 태양이 파도 뒤로 지기 시작할 때 만족스러운 한숨을 내쉬었다.

다음 글에 드러난 Dave의 심경 변화로 가장 적절한 것은?
① scared → relieved 상어를 피해 해변에 도착했음
겁먹은 → 안도한
② indifferent → proud 상어의 지느러미에 무관심하지 않았음
무관심한 → 자랑스러운
③ amazed → horrified 후반부에는 만족스러운 숨을 쉬었음
깜짝 놀란 → 공포에 질린
④ hopeful → worried 상어의 지느러미를 보고 희망에 찼던 것이 아님
희망에 찬 → 걱정하는
⑤ ashamed → grateful 전반부는 두렵고 무서운 상황임
창피한 → 감사하는

왜 정답? ✱✱✿ [정답률 85%]

바다 위에서 갑자기 수평선 위로 나오는 상어의 지느러미를 발견하고 심장이 얼어붙었다가 안전하게 해변에 도착한 후 안도의 한숨을 내쉰 상황이므로 ① '겁먹은 → 안도한'이 정답이다.

왜 오답?

②, ④, ⑤ 겨우 20미터 떨어진 곳에 상어가 있는 상황에서 무관심하거나 희망에 찬, 또는 창피한 심경을 느끼는 것은 어색하다.
③ 상어의 지느러미를 보고 깜짝 놀란 것은 맞지만, 후반부에는 안전하게 해변에 도착해서 만족스러운 한숨을 내쉬었다. 주의

B 어휘 Review 정답 ──── 문제편 p. 28

01 아프다	11 let out	21 envelope
02 손바닥	12 wash over	22 beaming
03 땀이 나다	13 melt away	23 Inscribed
04 다과	14 shake off	24 irritation
05 무관심한	15 weigh down	25 command
06 shiver	16 dread	26 entire
07 judge	17 vanish	27 identity
08 delighted	18 swing	28 buzzed
09 stump	19 rusty	29 fade
10 rite	20 comfort	30 stability

C 주장 찾기

문제편 p. 30~39

C 01 정답 ① *성공을 위해 길러야 하는 자세

Too many times / people, especially in today's generation, /
expect things to just happen overnight. //
(expect의 목적어와 목적격 보어 (to부정사))
너무나 많은 경우에 / 사람들, 특히 오늘날의 세대는 / 일이 하룻밤 사이에 일어나기를
기대한다 //

단서 1 일이 빨리 일어나기만을 기대하면, 우리는 앞으로 나아갈 수 없음
When we have these false expectations, / it tends to discourage
/ us from continuing to move forward. //
(discourage A from -ing: A가 ~하는 것을 막다)
우리가 이러한 잘못된 기대를 가질 때 / 그것은 방해하는 경향이 있다 / 우리가 계속해서
앞으로 나아가는 것을 //

Because this is a high tech society, / everything we want / has
to be within the parameters of our comfort and convenience. //
(앞에 목적격 관계대명사 생략)
지금은 첨단 기술 사회이기 때문에 / 우리가 원하는 모든 것은 / 편안함과 편리함이라는 제한
내에 있어야 한다 //

If it doesn't happen fast enough, / we're tempted to lose
interest. //
그 일이 충분히 빨리 일어나지 않으면 / 우리는 흥미를 잃게끔 유혹을 받는다 //

So many people don't want to take the time / it requires to be
successful. //
그래서 많은 사람들은 시간을 들이는 것을 원하지 않는다 / 성공하는 데 필요한 //

Success is not a matter of mere desire; / you should develop
patience / in order to achieve it. // **단서 2** 성공을 이루기 위해서는 인내심을 길러야 함
(부사적 용법 (목적))
성공은 단순한 욕망의 문제가 아니다 / 여러분은 인내심을 길러야 한다 / 그것(성공)을 이루기
위해 //

Have you fallen prey to impatience? //
(현재완료시제)
여러분은 조바심의 먹잇감이 되어 본 적이 있는가 //

Great things take time to build. // **단서 3** 위대한 일을 이루기 위해서는 시간이 걸림
위대한 일이 이루어지는 데에는 시간이 걸린다 //

- generation ⓝ 세대
- comfort ⓝ 편안함
- convenience ⓝ 편리함
- tempt ⓥ 유혹하다
- mere ⓐ 단순한
- patience ⓝ 인내심
- prey ⓝ 먹잇감
- impatience ⓝ 조바심

너무나 많은 경우에, 사람들, 특히 오늘날의 세대는, 일이 하룻밤 사이에
일어나기를 기대한다. 우리가 이러한 잘못된 기대를 가질 때, 그것은 우리
가 계속해서 앞으로 나아가는 것을 방해하는 경향이 있다. 지금은 첨단 기
술 사회이기 때문에, 우리가 원하는 모든 것은 편안함과 편리함이라는 제한
내에 있어야 한다. 그 일이 충분히 빨리 일어나지 않으면, 우리는 흥미를 잃
게끔 유혹을 받는다. 그래서 많은 사람들은 성공하는 데 필요한 시간을 들
이는 것을 원하지 않는다. 성공은 단순한 욕망의 문제가 아니다. 여러분은
그것(성공)을 이루기 위해 인내심을 길러야 한다. 여러분은 조바심의 먹잇
감이 되어 본 적이 있는가? 위대한 일이 이루어지는 데에는 시간이 걸린다.

다음 글에서 필자가 주장하는 바로 가장 적절한 것은?

① 성공하기 위해서는 인내심을 길러야 한다.
  you should develop patience in order to achieve it
② 안락함을 추구하기보다 한계에 도전해야 한다.
  한계에 도전하라는 내용은 언급되지 않음
③ 사회 변화의 속도에 맞춰 빠르게 대응해야 한다.
  일이 빠르게 일어나기를 기대하는 것이 문제라고 지적함
④ 기회를 기다리기보다 능동적으로 행동해야 한다.
  능동적인 행동에 관한 내용은 언급되지 않음
⑤ 흥미를 잃지 않으려면 자신이 좋아하는 일을 해야 한다.
  좋아하는 일을 하라는 내용은 언급되지 않음

왜 정답 ❀❀❀ [정답률 87%]

일이 빠르게 일어나기만을 기대하는 것은 우리가 나아가는 것을 막는다고 지적하고
있으며, 성공하기 위해서는 이에 필요한 충분한 시간을 들이고 인내심을 길러야
한다고 설명하고 있으므로 정답은 ①이다.

왜 오답 ?

② 한계에 도전하라는 내용은 언급되지 않았다.
③ 사회 변화에 따라 일이 빠르게 일어나기를 기대하는 것이 문제라고 지적했으므로
   변화 속도에 빠르게 대응하라는 글이 아니다.
④ 기회를 대비한 능동적인 행동에 관한 내용은 언급되지 않았다.
⑤ 흥미를 유지하기 위해 좋아하는 일을 하라는 내용은 언급되지 않았다.

C 02 정답 ⑤ *하기 싫은 일을 해야 할 때 바람직한 태도

(the 비교급 ~, the 비교급 ...: ~할수록 더 …하다)
The more people have to do unwanted things / the more chances
are / that they create unpleasant environment / for themselves
and others. //
(동격절 접속사)
사람들은 원하지 않는 일을 더 해야 할수록 / 가능성이 더 커진다 / 그들이 불편한 환경을 만들
/ 그들 자신과 다른 사람에게 //

If you hate the thing you do / but have to do it nonetheless, /
(앞에 목적격 관계대명사 생략)
만약 여러분이 자기가 하는 일을 싫어하지만 / 그럼에도 불구하고 해야 한다면 /
you have choice / between / hating the thing / and accepting that
it needs to be done. // **단서 1** 하기 싫은 일을 대하는 태도를 선택할 수 있음
(목적어절 접속사)
여러분은 선택할 수 있다 / ~ 중에서 / 그것을 싫어하는 것과 / 그것이 완료될 필요가 있다는
것을 받아들이는 것 //

Either way / you will do it. //
어느 쪽이든 / 여러분은 그 일을 할 것이다 //

Doing it from place of hatred / will develop hatred / towards the
self and others around you; /
증오의 영역에서 그것을 하는 것은 / 증오를 키울 것이다 / 여러분 자신과 여러분 주변의
사람들을 향한 /

단서 2 수용의 영역에서 시작한다면 그 과업을 성취할 기회를 갖게 될 것임
doing it from the place of acceptance / will create compassion
towards the self / and allow for opportunities / to find a more
(동명사구 (전치사의 목적어))
suitable way / of accomplishing the task. //
(형용사적 용법 (opportunities 수식))
수용의 영역에서 그것을 하는 것은 / 자신을 향한 연민을 일으키고 / 기회를 갖게 할 것이다 /
더 적합한 방법을 찾을 / 그 과업을 성취할 //

If you decide to accept the fact / that your task has to be done,
(동격절 접속사)
/ start from recognising / that your situation is a gift from life; /
만약 당신이 사실을 받아들이기로 한다면 / 여러분의 과업이 완료되어야 한다는 / 인식하는
것으로부터 시작하라 / 여러분의 상황이 삶으로부터의 선물임을 /
this will help you / to see it as a lesson in acceptance. //
(help의 목적어와 목적격 보어 (to부정사))
이는 여러분을 도울 것이다 / 그것을 수용의 교훈으로 여기게 // **단서 3** 바람직한 자세는
수용의 자세임

- unwanted ⓐ 원하지 않는
- unpleasant ⓐ 불편한
- nonetheless ⓐⓓ 그렇더라도
- hatred ⓝ 증오, 혐오
- acceptance ⓝ 수용
- compassion ⓝ 연민
- accomplish ⓥ 성취하다

사람들은 원하지 않는 일을 더 해야 할수록, 그들 자신과 다른 사람에게
불편한 환경을 만들 가능성이 더 커진다. 만약 여러분이 자기가 하는 일을
싫어하지만, 그럼에도 불구하고 해야 한다면, 여러분은 그것을 싫어하는
것과 그것이 완료될 필요가 있다는 것을 받아들이는 것 중에서 선택할 수
있다. 어느 쪽이든 여러분은 그 일을 할 것이다. 증오의 영역에서 그것을
하는 것은 여러분 자신과 여러분 주변의 사람들을 향한 증오를 키울
것이고 수용의 영역에서 그것을 하는 것은 자신을 향한 연민을 일으키고
그 과업을 성취할 더 적합한 방법을 찾을 기회를 갖게 할 것이다. 여러분의
과업이 완료되어야 한다는 사실을 받아들이기로 한다면 여러분의 상황이
삶으로부터의 선물임을 인식하는 것으로부터 시작하라. 이는 여러분이
그것을 수용의 교훈으로 여기게 도울 것이다.

다음 글에서 필자가 주장하는 바로 가장 적절한 것은?

① 창의력을 기르려면 익숙한 환경에서 벗어나야 한다. 창의력과 관련 없음
② 상대방의 무리한 요구는 최대한 분명하게 거절해야 한다. 무리한 요구와 관련 없음
③ 주어진 과업을 정확하게 파악한 후에 일을 시작해야 한다. 과업에 대한 파악과 관련된 내용은 없음
④ 효율적으로 일을 처리하기 위해 좋아하는 일부터 해야 한다. 하기 싫은 일을 해야 하는 경우에 관한 내용임
⑤ 원치 않는 일을 해야만 할 때 수용적인 태도를 갖춰야 한다. recognising that your situation is a gift from life

> **왜 정답?** ✹✹✿ [정답률 78%]

원치 않은 일을 할 때, 증오의 영역이 아닌 수용의 영역에서 시작할 것을 주장하는 글이다. 증오의 영역에서 그것을 한다면 증오를 키울 것이지만, 수용의 영역에서 그것을 한다면 성취할 더 적합한 방법을 찾을 기회를 갖게 될 것이라고 설명하고 있으므로 정답은 ⑤이다.

> **왜 오답?**

① 창의력과 익숙한 환경에 대한 내용은 언급되지 않았다.
② 하기 싫은 일에 대해서는 언급되었으나 그것이 상대방의 무리한 요구는 아니다.
③ 하기 싫은 일을 해야 할 때의 태도로서 주어진 과업을 정확하게 파악할 것을 말하는 것이 아니다.
④ 효율적인 일하기에 관련된 내용이 아니며 좋아하는 일부터 하라는 내용도 없다.

C 03 정답 ③ ＊요구에 상응하는 팬의 의무

Fans / 주격 관계대명사 who are inclined to spend＋시간/돈＋-ing: ~하는 데 (시간/돈)을 쓰다 **spend a lot of time** / **thinking** about
what athletes owe them as fans /
팬은 / 많은 시간을 보내는 성향이 있는 / 팬인 자신에게 (운동) 선수가 무엇을 해 주어야 하는지 생각하는 데 /

단서 1 팬은 자신이 운동 선수에게 요구하는 만큼 팬으로서의 의무도 고민해야 함
should also think about the corresponding obligations / **that**
목적격 관계대명사
fans might have *as fans*. //
상응하는 의무에 대해서도 생각해야 한다 / 팬이 '팬으로서' 가지고 있는 //
단수 주어
One who thinks / only about what they are entitled to receive /
주격 관계대명사
from their friends /
생각하는 사람은 / 무엇을 받을 자격이 있는지에 대해서만 / 친구로부터 /

without ever giving a moment's thought / to what they owe
단수 동사
their friends / **is**, to put it mildly, / not a very good friend. //
잠시도 생각하지 않고 / 자신이 친구에게 무엇을 해 주어야 하는지에 대해서는 / 부드럽게 말하자면 / 그리 좋은 친구가 아니다 //
복수 주어
Similarly, / **fans who** only think / about what athletes owe them
주격 관계대명사
/ without ever thinking / about what they owe to athletes /
마찬가지로 / 생각하는 팬은 / 선수가 자신에게 무엇을 해 주어야 하는지에 대해서만 / 전혀 생각하지 않으면서 / 자신이 선수에게 무엇을 해 주어야 하는지에 대해서는 /
복수 동사
have failed to take the fan/athlete relationship / all that seriously. //
팬-선수의 관계를 받아들이지 못한 것이다 / 그다지 진지하게 //
복합관계형용사
As in nearly every other area of human life, / **whatever** special
복수 주어   복수 동사
rights fans may possess / **are limited** by a corresponding set of
obligations, 단서 2 팬의 특별한 권리도 그에 상응하는 팬으로서의 의무의 범위로 제한됨
인간의 삶의 거의 모든 다른 영역에서처럼 / 팬이 가질 수 있는 어떠한 특별한 권리도 / (이에) 상응하는 일련의 의무에 의해 제한되며 /

and **fans who** never think / about **how they can be better fans** /
복수 주어 주격 관계대명사   의문사절
even as they confidently opine / about **what athletes owe them** /
전혀 생각하지 않는 팬은 / 자신이 어떻게 더 나은 팬이 될 수 있는지에 대해서는 / 확신에 차 말하면서도 / 선수가 자신에게 무엇을 해주어야 하는지 단서 3 팬으로서 선수가 무엇을 해 주기만을 요구하는 것은 부적절함
복수 동사
are hardly fulfilling their end of the bargain. //
자신의 의무를 다하고 있다고 하기 어렵다 //

• incline ⓥ 성향이 있다　　　• owe ⓥ 빚지다
• corresponding ⓐ 상응하는　　• obligation ⓝ 의무, 책임
• entitle ⓥ 자격을 주다　　• mildly ⓐⓓ 부드럽게　　• possess ⓥ 소유하다
• confidently ⓐⓓ 자신 있게　　• fulfill ⓥ (의무, 직무 등을) 다하다
• end ⓝ 몫, 부분　　• bargain ⓝ 합의, 거래

팬인 자신에게 (운동) 선수가 무엇을 해 주어야 하는지 생각하는 데 많은 시간을 보내는 성향이 있는 팬은 '팬으로서' 가지고 있는 상응하는 의무에 대해서도 생각해야 한다. 자신이 친구에게 무엇을 해 주어야 하는지에 대해서는 잠시도 생각하지 않고 친구로부터 무엇을 받을 자격이 있는지에 대해서만 생각하는 사람은, 부드럽게 말하자면, 그리 좋은 친구가 아니다. 마찬가지로, 자신이 선수에게 무엇을 해 주어야 하는지에 대해서는 전혀 생각하지 않으면서 선수가 자신에게 무엇을 해 주어야 하는지에 대해서만 생각하는 팬은 팬-선수의 관계를 그다지 진지하게 받아들이지 못한 것이다. 인간의 삶의 거의 모든 다른 영역에서처럼, 팬이 가질 수 있는 어떠한 특별한 권리도 (이에) 상응하는 일련의 의무에 의해 제한되며, 선수가 자신에게 무엇을 해주어야 하는지는 확신에 차 말하면서도 자신이 어떻게 더 나은 팬이 될 수 있는지에 대해서는 전혀 생각하지 않는 팬은 자신의 의무를 다하고 있다고 하기 어렵다.

다음 글에서 필자가 주장하는 바로 가장 적절한 것은?

① 팬과 선수는 승리를 위해 동반자 관계를 유지해야 한다. 동반자 관계에 관한 언급은 없음
② 팬은 팀의 경기 결과보다 자기의 삶에 더 집중해야 한다. 경기 결과에 대한 내용이 아님
③ 팬은 선수에게 요구하는 만큼 자신의 의무도 고민해야 한다. should also think about the corresponding obligations
④ 선수는 팬의 기대를 충족시키기 위해 경기력을 향상해야 한다. 선수가 팬에게 해 주어야 하는 것에 대한 내용이 아님
⑤ 선수는 팬을 친구처럼 여기고 팬과 적극적으로 소통해야 한다. 소통에 관한 언급은 없음

> **왜 정답?** ✹✹✿ [정답률 72%]

팬은 자신이 운동 선수에게 요구하는 바에 상응하는 만큼, 자신도 팬으로서 운동 선수에게 해 주어야 하는 의무도 고민해야 한다는 내용이다. 팬으로서 자신의 의무도 고민하지 않으면서 선수가 무엇을 해 주기만을 요구하는 것은 부적절하다고 했으므로, 정답은 ③이다.

> **왜 오답?**

① 팬과 선수의 동반자 관계에 관한 언급은 없다.
② 팬은 자신이 선수에게 해야 하는 의무에 대해 고민해야 한다는 내용이다.
④ 선수가 팬에게 해 주어야 하는 것에 대한 내용이 아니다.
⑤ 선수와 팬의 소통에 관한 언급은 없다.

C 04 정답 ② ＊사람들과 접촉할 수 있어야 하는 리더

뒤에 목적어절 접속사 that 생략
Imagine / you have the best tea in the world / and you put it into
주격 관계대명사
a bag / **that**'s impermeable. //
상상해 보라 / 당신이 세상에서 제일 좋은 차(茶)를 가지고 있고 / 당신이 그것을 티백에 넣는다고 / 스며들지 않는 //

It won't work. //　　그것은 작용하지 않을 것이다 //

You just won't be able to make a cup of tea. //
당신은 그저 차 한 잔을 만들 수 없을 것이다 //
의미상 주어   부사적 용법 (목적)
For the teabag to work, / it needs to be porous. //
티백이 작용하려면 / 그것은 구멍이 있어야 한다 //
목적어   목적격 보어
You need / **the tea and the water** / **to come** in contact with each other. //
당신은 해야 한다 / 차와 물이 / 서로 접촉할 수 있도록 //

In our lives too, / we cannot survive and thrive / in isolation. //
우리 삶에서도 마찬가지로 / 우리는 살아갈 수도 성장할 수도 없다 / 고립된 채로는 //
부사적 용법의 부정 (~하지 않도록)
Leaders need to be careful / **not to build** walls around themselves
주격 관계대명사 prevent A from B: A가 B하지 못하게 하다
/ **that prevent** people **from** reaching out to them. //
리더는 주의해야 한다 / 그들 자신의 주변에 장벽을 쌓지 않도록 / 사람들이 그들에게 다가오지 못하게 막는 // 단서 1 리더는 사람들이 자신에게 다가오지 못하게 막는 장벽을 쌓지 않아야 함

As a leader, / you need to be able to touch other people. //
리더로서 / 당신은 다른 사람들과 접촉할 수 있어야 한다 // 단서 2 리더는 다른 사람들과 접촉할 수 있어야 함
수동태 동사
The tea **was meant** / to mix with the water. //
차는 의도되었다 / 물과 섞이도록 //

Similarly all of us / were designed to work / with other people, with teams, and with society at large. //
마찬가지로 우리 모두도 / 일하도록 설계되었다 / 다른 사람들, 팀, 그리고 더 크게는 사회와 함께 //

- come in contact with ~와 접촉하다   - thrive ⓥ 성장하다, 번영하다
- isolation ⓝ 고립   - at large 전체적인, 대체적인

당신이 세상에서 제일 좋은 차(茶)를 가지고 있고 당신이 그것을 스며들지 않는 티백에 넣는다고 상상해 보라. 그것은 작용하지 않을 것이다. 당신은 그저 차 한 잔을 만들 수 없을 것이다. 티백이 작용하려면, 그것은 구멍이 있어야 한다. 당신은 차와 물이 서로 접촉할 수 있도록 해야 한다. 우리 삶에서도 마찬가지로, 우리는 고립된 채로는 살아갈 수도 성장할 수도 없다. 리더는 사람들이 그들에게 다가오지 못하게 막는 장벽을 그들 자신의 주변에 쌓지 않도록 주의해야 한다. 리더로서, 당신은 다른 사람들과 접촉할 수 있어야 한다. 차는 물과 섞이도록 의도되었다. 마찬가지로 우리 모두도 다른 사람들, 팀, 그리고 더 크게는 사회와 함께 일하도록 설계되었다.

다음 글에서 필자가 주장하는 바로 가장 적절한 것은?
① 리더는 팀원들에게 영감을 줄 수 있는 비전을 제시해야 한다.
비전을 제시해야 한다는 내용이 아님
② 리더는 장벽 없이 다른 사람들과 접촉할 수 있어야 한다.
As a leader, you need to be able to touch other people.
③ 리더는 변화에 대처할 수 있는 적응력을 갖추어야 한다.
적응력에 관한 내용이 아님
④ 리더는 타인의 의견보다 자신의 판단을 믿어야 한다.
자신의 판단을 믿어야 한다는 내용이 아님
⑤ 리더는 내면의 강점을 키우는 데 집중해야 한다.
내면의 강점에 관한 언급은 없음

▶왜 정답? ✱❀❀ [정답률 96%]
리더의 역할을 티백에 비유하고 있다. 티백이 차를 만드는 데 사용되려면, 구멍이 있어 차와 물이 접촉하도록 해야 한다. 마찬가지로 리더는 주변에 장벽을 치지 않고, 그들과 접촉하며 함께 일할 수 있어야 한다는 내용이다. 따라서 정답은 ②이다.

▶왜 오답?
① 리더는 팀원에게 비전을 제시해야 한다는 내용이 아니다.
③ 리더는 변화에 대처하는 적응력을 갖추어야 한다는 내용이 아니다.
④ 리더는 타인과 소통해야 한다는 내용이지, 자신의 판단을 믿어야 한다는 내용이 아니다.
⑤ 리더는 내면의 강점을 키워야 한다는 언급은 없었다.

C 05 정답 ① ✱ 시간과 기다림에 대한 새로운 전술적 접근

"Tactics" is a term / drawn from military usage. //
과거분사구 (term 수식)
'전술'은 말이다 / 군사 용어에서 가져온 //

Strategies are plans of action / directing a military force / when attacking another, / and tactics are responses / to conditions on the ground. //
현재분사구 (action 수식)
부사절에서 「주어+be동사」 생략
전략은 행동 계획이며 / 군대를 지휘하는 / 다른 군대를 공격할 때 / 전술은 대응책이다 / 전장의 상황에 대한 //

In this vein, / time is imposed on us / by our cultures, / by the technologies / that have regimented time down to the nanosecond, /
수동태 동사
주격 관계대명사
이러한 맥락에서 / 시간이 우리에게 부과된다 / 우리의 문화에 의해 / 기술에 의해 / 시간을 나노초 단위로 조직화한 //

and by its own finite nature and the fact / that we're going to live only so long. //
동격절 접속사
= finite (유한한)
그리고 그것의 유한한 본질과 사실에 의해 / 우리가 오직 그 정도만 살 것이라는 //

In response, / we must develop tactics / for dealing with time and waiting. // 단서1 시간과 기다림을 다루는 전술을 개발해야 함
동명사구 (전치사의 목적어)
이에 대응하여 / 우리는 전술을 개발해야 한다 / 시간과 기다림을 다루는 //

These aren't tactics to eliminate waiting; / instead, these are tactics / for teaching us / how to learn from the seams. //
형용사적 용법 (tactics 수식)
how to-v: ~하는 방법
이는 기다림을 없애기 위한 전술이 아니다 / 대신에, 이는 전술이다 / 우리에게 가르치기 위한 / 이음매로부터 배우는 방법을 // 단서2 전술을 통해 기다림과 시간에 대한 관점을 변화시키며 우리의 방향을 바꿀 수 있음

These tactics have the potential / to reorient us in profound ways, / transforming our perspectives / on our wait times. //
분사구문
형용사적 용법 (potential 수식)
이러한 전술은 잠재력을 가지고 있다 / 심오한 방식으로 우리의 방향을 바꿀 수 있는 / 우리의 관점을 변화시키면서 / 우리의 기다림의 시간에 대한 // 단서3 새로운 관점은 기다림을 부담에서 도약의 발판으로 바꿔줌

Such renewed perspectives transform waiting / from a burden to a springboard / toward things like / creativity, social critique, or reflection on our inner state and the state of our relationships. //
from A to B: A에서 B로
이러한 새로운 관점은 기다림을 바꿔준다 / 부담에서 도약의 발판으로 / ~같은 것을 향한 / 창의성, 사회적 비판, 우리 내면의 상태와 우리 관계의 상태에 대한 성찰과 //

- tactic ⓝ 전술   - military ⓐ 군대의   - usage ⓝ 용어
- strategy ⓝ 전략   - direct ⓥ 지휘하다, 총괄하다
- attack ⓥ 공격하다   - vein ⓝ 맥, 경향   - impose ⓥ 부과하다
- nanosecond ⓝ 나노초 (10억분의 1초)   - finite ⓐ 유한한
- eliminate ⓥ 없애다   - reorient ⓥ 방향을 바꾸다
- transform ⓥ 변화시키다   - perspective ⓝ 관점
- renew ⓥ 새롭게 하다   - profound ⓐ 심오한   - burden ⓝ 짐
- springboard ⓝ 도약판   - critique ⓝ 비판   - reflection ⓝ 성찰
- inner ⓐ 내부의, 내면의

'전술'은 군사 용어에서 가져온 말이다. 전략은 다른 군대를 공격할 때 군대를 지휘하는 행동 계획이며, 전술은 전장의 상황에 대한 대응책이다. 이러한 맥락에서, 우리의 문화에 의해, 시간을 나노초 단위로 조직화한 기술에 의해, 그리고 그것의 유한한 본질과 우리가 오직 그 정도만 살 것이라는 사실에 의해 시간이 우리에게 부과된다. 이에 대응하여 우리는 시간과 기다림을 다루는 전술을 개발해야 한다. 이는 기다림을 없애기 위한 전술이 아니다. 대신에, 이는 우리에게 이음매로부터 배우는 방법을 가르치기 위한 전술이다. 이러한 전술은 우리의 기다림의 시간에 대한 우리의 관점을 변화시키면서 심오한 방식으로 우리의 방향을 바꿀 수 있는 잠재력을 가지고 있다. 이러한 새로운 관점은 기다림을 부담에서 창의성, 사회적 비판, 우리 내면의 상태와 우리 관계의 상태에 대한 성찰과 같은 것을 향한 도약의 발판으로 바꿔준다.

다음 글에서 필자가 주장하는 바로 가장 적절한 것은?
① 기다림에 대한 관점을 전환하여 도약의 기회로 삼아야 한다.
Such renewed perspectives transform waiting from a burden to a springboard
② 자기 성찰을 위해 명상하는 시간을 충분히 확보해야 한다.
명상 시간을 확보하라는 내용이 아님
③ 자신의 시간이 소중한 만큼 타인의 시간도 존중해야 한다.
타인의 시간을 존중하라는 내용이 아님
④ 계획 수립 시 일정 사이에 낭비되는 시간을 줄여야 한다.
낭비되는 시간을 줄이라는 내용이 아님
⑤ 업무 효율 향상을 위해 팀원 간 화합을 도모해야 한다.
화합을 도모하라는 내용이 아님

▶왜 정답? ✱❀❀ [정답률 82%]
'전술'의 개념을 소개하며, 유한한 시간과 기다림을 다루는 전술을 개발하라고 했다. 이는 기다림을 없애는 것이 아니라, 전술을 통해 기다림과 시간에 대한 관점을 변화시켜 우리의 방향을 바꿀 수 있다는 것이다. 이러한 새로운 관점은 기다림을 도약의 발판으로 만들어 준다고 했으므로, 정답은 ①이다.

▶왜 오답? 
② 기다림에 대한 새로운 관점으로 성찰과 같은 도약을 할 수 있다는 내용이지, 성찰을 위한 명상 시간을 확보하라는 내용이 아니다.
③ 타인의 시간을 존중하라는 내용이 아니다.
④ 낭비되는 시간을 줄이라는 내용이 아니다.
⑤ 팀원 간 화합을 도모하라는 내용이 아니다.

명사적 용법 (주어) — 단수 동사
To be mathematically literate / means to be able to think critically
/ about societal issues / 「전치사+관계대명사」 on which mathematics has bearing /
수학적 문해력이 있다는 것은 / 비판적으로 생각할 수 있다는 것을 의미한다 / 사회적 이슈에
대해 / 수학과 관련된 /
부사적 용법 (목적)
so as to make informed decisions / about how to solve these
problems. //
정보에 입각한 결정을 하기 위해서 / 이러한 문제들을 어떻게 해결할지에 대한 //
분사구문
Dealing with such complex problems / through interdisciplinary
approaches, /
그러한 복잡한 문제들을 다루는 과정에서 / 범교과적인 접근법을 통해 /
동명사구 주어 — 단수 동사
mirroring real-world problems / requires innovative ways / of
planning and organizing mathematical teaching methods. //
실생활 문제들을 반영하는 것은 / 혁신적인 방법들을 요구한다 / 수학적 교수 방법을 계획하고
조직하는 /
동명사구 주어 — 단수 동사
Navigating our world / means being able to quantify, measure,
estimate, classify, compare, find patterns, conjecture, justify,
prove, and generalize /
우리의 세계를 탐색한다는 것은 / 수량화하고, 측정하고, 추산하고, 분류하고, 비교하고,
패턴을 찾고, 추측하고, 근거를 제시하고, 증명하고, 일반화할 수 있다는 것을 의미한다 /
부사절에서「주어+be동사」 생략
within critical thinking / and when using critical thinking. //
비판적 사고 안에서 / 그리고 비판적 사고를 사용할 때 //
단서 1 의사 결정은 수학과
비판적 사고를 활용할 수 있어야 함
동명사구 주어 — 단수 동사
Therefore, making decisions, / even qualitatively, / is not
possible / without using mathematics and critical thinking. //
그러므로, 의사 결정을 하는 것은 / 질적인 경우에라도 / 가능하지 않다 / 수학과 비판적
사고를 사용하지 않고 //
동명사구 주어 — 수동태 동사
Thus, teaching mathematics / should be done / in interaction
with critical thinking / along with a decision-making process. //
따라서, 수학을 가르치는 것은 / 이루어져야 한다 / 비판적 사고와의 상호 작용 안에서 / 의사
결정 과정과 함께 /
단서 2 비판적 사고와 의사 결정 과정 등의
맥락과 함께 수학을 가르쳐야 함
수동태 동사 — 부사절 접속사 (결과)
They can be developed / into the mathematical context, / so
that there is no excuse / to not explicitly support / students to
develop them. //
그것들은 발전될 수 있다 / 수학적인 맥락 안에서 / 따라서 변명의
여지가 없다 / 명시적으로 지원하지 않을 / 학생들이 그것들을 발전시킬 수 있도록 //

- mathematically [ad] 수학적으로 • literate [a] 문해력 있는
- critically [ad] 비판적으로 • bearing [n] 관련, 영향
- complex [a] 복잡한
- interdisciplinary [a] 범교과적인 (여러 학문 분야가 관련된)
- mirror [v] 비추다, 반영하다 • innovative [a] 혁신적인
- quantify [v] 수량화하다 • measure [v] 측정하다
- estimate [v] 추산하다 • classify [v] 분류하다
- conjecture [v] 추측하다 • justify [v] 근거를 제시하다
- prove [v] 증명하다 • generalize [v] 일반화하다
- qualitatively [ad] 질적으로 • context [n] 맥락
- explicitly [ad] 명시적으로

수학적 문해력이 있다는 것은 수학과 관련된 사회적 이슈에 대해 이러한
문제들을 어떻게 해결할지에 대한 정보에 입각한 결정을 하기 위해서 비판
적으로 생각할 수 있다는 것을 의미한다. 범교과적인 접근법을 통해 그러
한 복잡한 문제들을 다루는 과정에서 실생활 문제들을 반영하는 것은 수학
적 교수 방법을 계획하고 조직하는 혁신적인 방법들을 요구한다. 우리의
세계를 탐색한다는 것은 비판적 사고 안에서 그리고 비판적 사고를 사용할
때 수량화하고, 측정하고, 추산하고, 분류하고, 비교하고, 패턴을 찾고, 추
측하고, 근거를 제시하고, 증명하고, 일반화할 수 있다는 것을 의미한다.
그러므로, 수학과 비판적 사고를 사용하지 않고 의사 결정을 하는 것은 질
적인 경우에라도 가능하지 않다. 따라서, 수학을 가르치는 것은 의사 결정
과정과 함께 비판적 사고와의 상호 작용 안에서 이루어져야 한다. 그것들
은 수학적인 맥락 안에서 발전될 수 있으므로, 학생들이 그것들을 발전시
킬 수 있도록 명시적으로 지원하지 않을 변명의 여지가 없다.

다음 글에서 필자가 주장하는 바로 가장 적절한 것은?

① 비판적 사고를 통한 의사 결정 능력이 수학적 맥락에서 함양되어야
한다.
Thus, teaching mathematics ~ along with a decision-making process.

② 객관적 사고를 위해 사회 현상을 수학적 관점에서 바라볼 수 있어야
한다.
객관적 사고가 아니라 의사 결정을 비판적으로 하기 위한 것임

③ 수학 수업의 과제는 실생활의 제반 문제를 해결하는 것과 연관되어야
한다.
실생활 문제를 반영하려면 수학에 대한 학습이 필요하다는 내용임

④ 의사 결정 시 정량적인 방법에 치중해 정성적인 부분을 간과해서는 안
된다.
정성적인 부분에서조차 수학적 비판력이 필요하다는 내용임

⑤ 수학적 사고력을 기르기 위해서는 범교과적인 학습 기회가 제공되어야
한다.
수학적 사고력을 기르기 위한 방법을 말하는 글이 아님

왜 정답 ? ✱✱❀ [정답률 78%]

우리가 실생활 문제를 해결하려고 할 때, 수학과 비판적 사고를 사용하지 않고 의사 결
정을 내리는 것은 불가능하다고 설명하고 있다. 즉, 비판적 사고를 통한 의사 결정 능력
은 수학적 맥락 속에서 가르쳐져야 한다고 설명하고 있으므로, 정답은 ①이다.

왜 오답 ?

② 수학적 관점을 배우는 이유는 객관적 사고가 아니라 비판적인 의사 결정을 하기 위
함이다.

③ 실생활 문제를 해결하는 역량을 기르려면 수학에 대한 학습이 필요하다는 내용이다.

④ 정성적인 부분에서조차 수학적 비판력이 필요하다는 내용이지, 정성적인 부분을 간
과하지 말라는 내용이 아니다.

⑤ 범교과적인 학습으로 복잡한 문제를 다루기 위해서는 수학을 학습할 필요가 있다는
내용이다.

C 07 정답 ② ✱정확하고 정직하게 자신을 평가하기

Most people resist / the idea of a true self-estimate, /
대부분의 사람들은 거부한다 / 진정한 자기 평가에 대한 생각을 /
= a true self-estimate
probably because they fear / it might mean downgrading some
of their beliefs / about who they are / and what they're capable
of. //
아마 두려워하기 때문에 / 그것(진정한 자기 평가)이 믿음을 낮추는 것을 의미할지도 모른다고
/ 그들이 누구인지 / 그리고 무엇을 할 수 있는지에 대한 //
가주어 — 진주어
As Goethe's maxim goes, / it is a great failing / "to see yourself /
as more than you are." //
Goethe의 격언처럼 / 큰 실수이다 / "너 자신을 보는 것은 / 현재의 너의 모습 이상으로" //
수동태 동사 — 능동태의 목적격 보어
How could you really be considered self-aware / if you refuse to
consider your weaknesses? //
어떻게 너 자신을 인식하고 있다고 여겨질 수 있을까 / 네가 너의 단점을 생각해 보기를
거부한다면 //
단서 1 자신의 단점에 대한 걱정으로 자기 평가를 두려워해서는 안 됨
Don't fear self-assessment / because you're worried / you might
have to admit some things about yourself. // 뒤에 접속사 that 생략
자기를 평가하는 것을 두려워하지 마라 / 걱정 때문에 / 네가 너 자신에 대해 몇 가지를
인정해야 할지도 모른다는 //
The second half of Goethe's maxim / is important too. //
Goethe 격언의 후반부도 / 역시 중요하다 //
가주어 — 현재분사 — 진주어
He states / that it is equally damaging / to "value yourself at less
/ than your true worth." //
그는 말한다 / 똑같이 해롭다고 / "너 자신을 낮게 평가하는 것 / 너의 진정한 가치보다"도 //
as 원급 as 구문: ~만큼 …하게
We underestimate our capabilities / just as much and just as
dangerously / as we overestimate other abilities. //
우리는 우리의 능력을 과소평가한다 / 많이 그리고 위험하게 / 다른 능력들을 과대평가하는
것만큼 //
단서 2 우리는 자신을 과대평가하는 것만큼이나 과소평가하기도 함

Cultivate the ability / **to judge** yourself accurately and
honestly. //
형용사적 용법 (ability 수식)
단서 3 자신을 정확하고 정직하게 판단하는 능력을 길러야 함
능력을 길러라 / 너 자신을 정확하게 그리고 정직하게 판단하는 //

Look inward / **to discern** / what you're capable of / and what it
will take / to unlock that potential. //
부사적 용법 (목적)
내면을 들여다봐라 / 파악하기 위해 / 네가 할 수 있는 것과 / 필요한 것을 / 너의 잠재력을
열기 위해 //

- resist ⓥ 거부하다
- self-estimate 자기 평가
- downgrade ⓥ 낮추다
- self-aware 자신을 인식하는
- refuse ⓥ 거부하다
- self-assessment 자기 평가
- admit ⓥ 인정하다
- state ⓥ 말하다
- underestimate ⓥ 과소평가하다
- overestimate ⓥ 과대평가하다
- cultivate ⓥ 기르다
- accurately ⓐⓓ 정확하게
- inward ⓐ 내부의
- discern ⓥ 식별하다
- unlock ⓥ 열다

대부분의 사람들은 그것(진정한 자기 평가)이 그들이 누구인지, 무엇을 할
수 있는지에 대한 믿음을 낮추는 것을 의미할지도 모른다고 두려워하기 때
문에, 진정한 자기 평가에 대한 생각을 거부한다. Goethe의 격언처럼, "너
자신을 현재의 너의 모습 이상으로 보는 것"은 큰 실수이다. 네가 너의 단
점을 생각해 보기를 거부한다면 어떻게 너 자신을 인식하고 있다고 여겨질
수 있을까? 네가 너 자신에 대해 몇 가지를 인정해야 할지도 모른다는 걱
정 때문에 자기를 평가하는 것을 두려워하지 마라.
Goethe 격언의 후반부도 역시 중요하다. 그는 "너의 진정한 가치보다 너
자신을 낮게 평가하는 것"도 똑같이 해롭다고 말한다. 우리는 다른 능력들
을 과대평가하는 것만큼 많이 그리고 위험하게 우리의 능력을 과소평가한
다. 너 자신을 정확하게 그리고 정직하게 판단하는 능력을 길러라. 네가 할
수 있는 것과 너의 잠재력을 열기 위해 필요한 것을 파악하기 위해 내면을
들여다봐라.

다음 글에서 필자가 주장하는 바로 가장 적절한 것은?
① 주관적 기준으로 타인을 평가하는 것을 피해야 한다.
② 정확하고 정직하게 자신을 평가하는 능력을 길러야 한다.
자신을 평가하는 것에 관한 글임
Cultivate the ability to judge yourself accurately and honestly.
③ 자신이 가진 잠재력을 믿고 다양한 분야에 도전해야 한다.
정확하게 자신을 평가하라는 내용임
④ 다른 사람과 비교하기보다는 자신의 성장에 주목해야 한다.
언급되지 않음
⑤ 문제를 해결하기 위해 근본 원인을 정확하게 분석해야 한다.
문제 해결을 위한 원인 분석은 언급되지 않음

>왜 정답 ? ＊＊※ [정답률 79%]
글쓴이는 사람들이 자신에 대한 믿음이 낮아질까 두려워서 스스로를 정확하게
돌아보지 못하고 있다고 지적하고 있다. Goethe의 격언을 언급하며, 자신을
지나치게 과대평가하지도, 지나치게 과소평가하지도 않아야 한다고 주장했다.
스스로의 단점에 직면하는 과정을 통해 자신을 정확하고 정직하게 평가하는 능력을
길러야 한다고 했으므로, 정답은 ②이다.

>왜 오답 ?
① 타인을 평가하는 것이 아니라 자신을 평가하는 것에 관한 글이다.
③ 자신의 잠재력을 믿고 도전하라는 것이 아니라, 자신의 능력을 정확하게
　평가하라는 내용이다.
④ 다른 사람과의 비교에 관한 내용은 언급되지 않았다.
⑤ 문제 해결을 위한 원인 분석은 언급되지 않았다.

C 08 정답 ⑤ ＊아이에게 걱정을 통제할 수 있음을 알려주기

Merely **convincing** your children / **that** worry is senseless / and
that they would be more content / if they didn't worry / **isn't**
going to **stop them from worrying.** //
동명사 주어
병렬 구조 (목적어절 접속사)
단수 동사
stop A from -ing: A가 ~하는 것을 막다
여러분의 아이들을 설득하는 것만으로는 / 걱정은 의미 없고 / 그들이 더 만족할 것이라고 /
그들이 걱정하지 않는다면 / 그들이 걱정하는 것을 멈추게 하지 않을 것이다 //

For some reason, / young people seem to believe / **that** worry is
a fact of life / **over which** they have **little or no** control. //
목적어절 접속사
「전치사+관계대명사」
부정어
어떤 이유로 / 아이들은 믿는 것 같다 / 걱정이 삶의 사실이라고 / 자신이 거의 통제할 수
없거나 아예 통제할 수 있는 //
try to-v: ~하려고 노력하다 cf) try -ing: 시험 삼아 ~해보다

Consequently, / they don't even **try to stop.** //
결과적으로 / 그들은 멈추려고 노력하지도 않는다 //

Therefore, / you need to convince them /
따라서 / 여러분은 그들을 설득할 필요가 있다 단서 1 걱정은 감정일 뿐이며, 통제할 수 있다는 것을
아이들에게 알려줘야 함
주어
that **worry**, like guilt and fear, / **is** nothing more than an emotion,
/ and like all emotions, / **is** subject to the power of the will. //
병렬 구조 (that절의 동사)
죄책감과 두려움처럼 걱정은 / 감정에 지나지 않고 / 모든 감정과 같이 / 의지의 힘에 영향을
받기 쉽다고 //
목적어절 접속사
단서 2 걱정을 없앨 수 있음을 아이들에게 알려줘야 함

Tell them / **that** they can eliminate worry / from their lives / by
simply **refusing** to attend to it. //
by -ing: ~함으로써
아이들에게 알려주어라 / 그들이 걱정을 없앨 수 있다는 것을 / 자신의 삶으로부터 / 단순히
걱정에 주의를 기울이려 하지 않음으로써 //
목적어절 접속사

Explain to them / **that** if they refuse to act worried / regardless
of how they feel, /
아이들에게 설명하라 / 그들이 걱정하며 행동하는 것을 거부한다면 / 어떻게 느끼는지와
상관없이 /
병렬 구조 (that절의 동사)

they **will** eventually **stop** feeling worried / and **will begin** to
experience the contentment / **that** accompanies a worry-free
life. //
주격 관계대명사
그들은 결국 걱정하는 것을 멈추고 / 만족감을 경험하기 시작할 것이라고 / 걱정 없는 삶을
수반하는 //

- merely ⓐⓓ 겨우
- convince ⓥ 설득하다
- senseless ⓐ 의미 없는
- content ⓐ 만족하는
- guilt ⓝ 죄책감
- be subject to ~의 영향을 받기 쉽다
- will ⓝ 의지
- eliminate ⓥ 제거하다
- refuse ⓥ 거부하다
- contentment ⓝ 만족
- accompany ⓥ 수반하다

걱정은 의미 없고 그들이 걱정하지 않는다면 더 만족할 것이라고 여러분의
아이들을 설득하는 것만으로는 그들이 걱정하는 것을 멈추게 하지 않을 것이
다. 어떤 이유로, 아이들은 걱정이 자신이 거의 통제할 수 없거나 아예
통제할 수 없는 삶의 사실이라고 믿는 것 같다. 결과적으로, 그들은 멈추려
고 노력하지도 않는다. 따라서, 여러분은 걱정이 죄책감과 두려움처럼 감
정에 지나지 않고, 모든 감정과 같이 의지의 힘에 영향을 받기 쉽다고 그들
을 설득할 필요가 있다. 아이들에게 단순히 걱정에 주의를 기울이려 하지
않음으로써 그들이 자신의 삶으로부터 걱정을 없앨 수 있다는 것을 알려주
어라. 아이들에게 그들이 어떻게 느끼는지와 상관없이 걱정하며 행동하는
것을 거부한다면, 그들은 결국 걱정하는 것을 멈추고 걱정 없는 삶을 수반
하는 만족감을 경험하기 시작할 것이라고 설명하라.

다음 글에서 필자가 주장하는 바로 가장 적절한 것은?
① 아이가 죄책감과 책임감을 구분하도록 가르쳐야 한다.
죄책감을 책임감과 구분하는 내용은 언급되지 않았음
② 아이가 스스로 불안의 원인을 찾도록 도와주어야 한다.
불안의 원인을 찾는 내용이 아님
③ 아이의 감정에 공감하고 있음을 구체적으로 표현해야 한다.
아이의 감정에 공감하라는 내용은 언급되지 않았음
④ 부모로서 느끼는 감정에 관해 아이와 솔직하게 대화해야 한다.
아이가 느끼는 불안을 다스리는 방법을 설명한 글임
⑤ 아이에게 자기 의지로 걱정을 멈출 수 있음을 알려주어야 한다.
Tell them ~ by simply refusing to attend to it

왜 정답? ✽✽✽ [정답률 93%]

필자는 아이들이 걱정을 느낄 때, 단순히 걱정하지 말라고 설득하는 것이 아니라 걱정은 단순한 감정일 뿐이며, 자신의 의지로 스스로 통제할 수 있는 대상이라고 알려주어야 한다고 주장한다. 따라서 정답은 ⑤이다.

왜 오답?

① 죄책감은 감정의 일부로 소개되었을 뿐, 이를 책임감과 구분하라는 내용은 언급되지 않았다.

② 불안의 원인을 찾는 것이 아니라, 불안을 스스로 통제할 수 있음을 알려주어야 한다는 내용이다.

③ 아이의 감정에 공감하라는 내용은 언급되지 않았다.

④ 부모의 감정이 아니라 아이가 느끼는 걱정을 다스리는 방법을 설명한 글이다.

C 09 정답 ③ ✽효과적인 판매를 위해 희소성의 원리 사용하기

In 2003, / British Airways made an announcement / that they would no longer be able to operate / the London to New York Concorde flight / twice a day /

2003년에 / 영국 항공은 발표했는데 / 자신들이 더 이상 운항할 수 없을 것이라고 / 런던에서 뉴욕까지 가는 콩코드 항공편을 / 하루에 두 번 //

because it was starting / to prove uneconomical. //

왜냐하면 그것이 시작하고 있었기 때문이었다 / 경제성이 없는 것으로 드러나기 //

Well, / the sales for the flight on this route / increased / the very next day. //

그런데 / 이 노선의 항공편 판매가 / 증가했다 / 바로 다음 날 //

There was nothing / that changed about the route / or the service offered by the airlines. //

아무것도 없었다 / 노선에 있어서 달라진 것은 / 또는 항공사에 의해 제공되는 서비스에 //

Merely because it became a scarce resource, / the demand for it increased. // [단서 1] 부족한 자원(항공편)에 대한 수요가 증가함

단지 그것이 부족한 자원이 되었기 때문에 / 그것에 대한 수요가 증가했다 //

If you are interested / in persuading people, / then the principle of scarcity can be effectively used. // [단서 2] 사람들을 설득하려면 희소성의 원리를 사용할 수 있음

만약에 여러분이 관심이 있다면 / 사람들을 설득하는 데에 / 희소성의 원리가 효과적으로 사용될 수 있다 //

If you are a salesperson / trying to increase the sales of a certain product, /

만약 여러분이 판매원이라면 / 특정 상품의 판매를 증가시키려 노력하는 /

then you must not merely point out / the benefits the customer can derive / from the said product, /

여러분은 단지 강조할 뿐만이 아니라 / 고객이 얻을 수 있는 혜택을 / 언급된 상품으로부터 /

but also point out / its uniqueness / and what they will miss out on / if they don't purchase the product soon. //

또한 강조해야만 한다 / 그것의 유일함과 / 그들이 무엇을 놓치게 될 것인지를 / 만약에 그들이 그 상품을 빨리 구매하지 않는다면 //

In selling, / you should keep in mind / that the more limited something is, / the more desirable it becomes. // [단서 3] 한정적이고 희소할수록 더 가치 있음

판매에 있어 / 여러분은 명심해야 한다 / 무언가가 더 한정적일수록 / 그것이 더 가치 있게 된다는 것을 //

- airways ⓝ 항공사
- announcement ⓝ 발표, 공고
- operate ⓥ 운항하다
- uneconomical ⓐ 경제성이 안 맞는
- airline ⓝ 항공사
- merely ⓐⓓ 그저, 단지
- scarce ⓐ 부족한, 드문
- resource ⓝ 자원
- demand ⓝ 수요
- persuade ⓥ 설득하다
- principle ⓝ 원리
- scarcity ⓝ 희소성, 결핍
- salesperson ⓝ 판매원
- point out ~을 강조하다
- derive A from B B에서 A를 얻다
- uniqueness ⓝ 유일함
- miss out on ~을 놓치다
- desirable ⓐ 가치 있는

2003년에 영국 항공은 자신들이 더 이상 런던에서 뉴욕까지 가는 콩코드 항공편을 하루에 두 번 운항할 수 없을 것이라고 발표했는데 왜냐하면 그것이 경제성이 없는 것으로 드러나기 시작하고 있었기 때문이었다. 그런데 바로 다음 날 이 노선의 항공편 판매가 증가했다. 노선이나 항공사에 의해 제공되는 서비스에 있어서 달라진 것은 아무것도 없었다. 단지 그것이 부족한 자원이 되었기 때문에 그것에 대한 수요가 증가했다. 만약에 여러분이 사람들을 설득하는 데에 관심이 있다면, 희소성의 원리가 효과적으로 사용될 수 있다. 만약 여러분이 특정 상품의 판매를 증가시키려 노력하는 판매원이라면, 여러분은 단지 고객이 언급된 상품으로부터 얻을 수 있는 혜택을 강조할 뿐만이 아니라 그것의 유일함과 만약에 그들이 그 상품을 빨리 구매하지 않는다면 그들이 무엇을 놓치게 될 것인지를 또한 강조해야만 한다. 판매에 있어 무언가가 더 한정적일수록 그것이 더 가치 있게 된다는 것을 여러분은 명심해야 한다.

다음 글에서 필자가 주장하는 바로 가장 적절한 것은?

① 상품 판매 시 실현 가능한 판매 목표를 설정해야 한다.
　판매 목표 설정에 대한 언급은 없음
② 판매를 촉진하기 위해서는 가격 경쟁력을 갖추어야 한다.
　가격을 조정해야 한다는 언급은 없음
③ 효과적인 판매를 위해서는 상품의 희소성을 강조해야 한다.
　판매에 있어 무언가가 더 한정적일수록 그것이 더 가치 있게 됨
④ 고객의 신뢰를 얻기 위해서는 일관된 태도를 유지해야 한다.
　일관된 태도의 중요성에 대한 언급은 없음
⑤ 고객의 특성에 맞춰 다양한 판매 전략을 수립하고 적용해야 한다.
　제품의 유일함과 희소성을 강조한다는 것으로 만든 함정

왜 정답? ✽✽❀ [정답률 84%]

줄어든 콩코드 항공편에 대한 판매가 증가한 것을 예로 들며 부족한 자원에 대한 수요가 증가한 현상을 소개하고 있다. 사람들을 설득하려면 희소성의 원리를 효과적으로 사용해야 한다고 말하며, 한정적이고 희소할수록 더욱 가치 있게 된다고 설명하고 있다. 따라서 정답은 ③이다.

왜 오답?

① 콩코드 항공편 일화는 실현 가능한 목표 설정으로 인해 판매가 증가한 것이 아니라 희소성 때문에 일어난 결과이다.

② 가격을 조정해야 한다는 언급은 없었다.

④ 일관된 태도의 중요성에 대한 언급은 없었다.

⑤ 제품의 유일한 특성과 희소성을 강조하는 것이 판매 전략일 수는 있지만 고객 특성에 맞는 판매 전략은 아니다.

C 10 정답 ④ ✽조직의 신뢰 형성을 위한 명확성의 중요성

Clarity in an organization / keeps everyone working in one accord / and energizes key leadership components / like trust and transparency. // [단서 1] 조직에서 명확성은 신뢰와 같은 리더십 요소에 활력을 줌

조직에서의 명확성은 / 모두가 계속 조화롭게 일하게 하고 / 핵심적인 리더십 요소에 활력을 준다 / 신뢰와 투명성 같은 //

No matter who or what is being assessed / in your organization, / what they are being assessed on / must be clear / and the people must be aware of it. //

누가 또는 무엇이 평가되고 있는지 간에 / 여러분의 조직에서 / 그들이 무엇에 대해 평가되고 있는지는 / 분명해야 하고 / 사람들은 그것을 알고 있어야 한다 //

If individuals / in your organization / are assessed / without knowing / what they are being assessed on, / 만약 개개인들이 / 여러분의 조직에 있는 / 평가된다면 / 알지 못한 채로 / 그들이 무엇에 대해 평가되고 있는지를 /

it can cause mistrust / and move your organization away / from clarity. // [단서 2] 조직에서 행해지는 평가에서 명확성이 결여되면 불신이 생겨남

그것은 불신을 초래하고 / 여러분의 조직을 멀어지게 할 수 있다 / 명확성으로부터 //

For your organization / to be productive, cohesive, and successful, / trust is essential. //

여러분의 조직이 / 생산적이고 응집력이 있고 성공적이기 위해서는 / 신뢰가 필수적이다 //

Failure to have trust in your organization / will have a negative effect / on the results of any assessment. //
여러분의 조직에 대한 신뢰를 갖지 못하는 것은 / 부정적인 영향을 끼칠 것이다 / 어떤 평가의 결과에도 //

It will also significantly hinder / the growth of your organization. //
그것은 또한 상당히 방해할 것이다 / 여러분의 조직의 성장을 //
부사적 용법 (목적)
계속적 용법의 주격 관계대명사
To conduct accurate assessments, / trust is a must — which comes through clarity. // 단서3 신뢰는 명확성으로부터 옴
정확한 평가를 수행하기 위해 / 신뢰는 필수적인 것이고 / 그것은 명확성으로부터 온다 //
help의 목적어와 목적격 보어(원형부정사)
계속적 용법의 주격 관계대명사
In turn, / assessments help you see clearer, / which then empowers your organization / to reach optimal success. //
결국 / 평가는 여러분이 더 분명하게 볼 수 있도록 도와주는데 / 그것은 그러고 나서 여러분의 조직을 하게 해 준다 / 최적의 성공에 도달하도록 //

- clarity ⓝ 명확성
- in one accord 합심하여, 조화롭게
- energize ⓥ 활력을 주다
- component ⓝ 요소
- transparency ⓝ 투명성
- assess ⓥ 평가하다
- mistrust ⓝ 불신
- productive ⓐ 생산적인
- cohesive ⓐ 응집력 있는
- assessment ⓝ 평가
- hinder ⓥ 방해하다
- conduct ⓥ 수행하다
- accurate ⓐ 정확한
- empower ⓥ 권한을 주다
- optimal ⓐ 최적의

조직에서의 명확성은 모두가 계속 조화롭게 일하게 하고 신뢰와 투명성 같은 핵심적인 리더십 요소에 활력을 준다. 여러분의 조직에서 누가 또는 무엇이 평가되고 있는지 간에 그들이 무엇에 대해 평가되고 있는지는 분명해야 하고 사람들은 그것을 알고 있어야 한다. 만약 여러분의 조직에 있는 개개인들이 그들이 무엇에 대해 평가되고 있는지를 알지 못한 채로 평가된다면 그것은 불신을 초래하고 여러분의 조직을 명확성으로부터 멀어지게 할 수 있다.
여러분의 조직이 생산적이고 응집력이 있고 성공적이기 위해서는 신뢰가 필수적이다. 여러분의 조직에 대한 신뢰를 갖지 못하는 것은 어떤 평가의 결과에도 부정적인 영향을 끼칠 것이다. 그것은 또한 여러분의 조직의 성장을 상당히 방해할 것이다. 정확한 평가를 수행하기 위해 신뢰는 필수적인 것이고, 그것은 명확성으로부터 온다. 결국 평가는 여러분이 더 분명하게 볼 수 있도록 도와주는데, 그것은 그러고 나서 여러분의 조직이 최적의 성공에 도달하도록 해 준다.

다음 글에서 필자가 주장하는 바로 가장 적절한 것은?
① 조직이 구성원에게 제공하는 보상은 즉각적이어야 한다.
구성원에게 보상을 제공하는 내용은 언급되지 않음
② 조직의 발전을 위해 구성원은 동료의 능력을 신뢰해야 한다.
동료의 능력이 아닌 평가에 대한 신뢰에 관한 글임
③ 조직 내 구성원의 능력에 맞는 명확한 목표를 설정해야 한다.
목표에 관한 내용은 언급되지 않음
④ 조직의 신뢰 형성을 위해 구성원에 대한 평가 요소가 명확해야 한다.
구성원들은 자신이 무엇에 대해 평가되고 있는지를 명확히 알고 있어야 함
⑤ 구성원의 의견 수용을 위해 신뢰에 기반한 조직 문화가 구축되어야 한다.
조직 문화에 관한 내용은 언급되지 않음

∮왜 정답 ? ★★★ [정답률 54%]

조직에서 신뢰와 투명성 같은 리더십에 활력을 불어넣기 위해서는 명확성을 추구해야 한다고 강조하고 있다. 특히 구성원이 평가를 받을 때, 자신이 무엇에 대해 평가되고 있는지를 명확히 알고 있어야 신뢰를 구축할 수 있다.
구성원의 신뢰가 있어야만 조직이 뭉치고 성공할 수 있다고 설명하고 있으므로, 신뢰에 기반한 명확한 평가의 중요성을 강조하는 이 글에서 필자의 주장은 ④이다.

∮왜 오답 ?

① 구성원에게 보상을 제공하는 내용은 언급되지 않았다.
② 동료의 능력에 대한 신뢰가 아니라 평가에 대한 신뢰를 말하고 있다.
  (▸◂ 이유: '신뢰'를 말하는 것은 맞지만 동료의 능력을 신뢰하라는 것은 아니다.)
③ 능력에 맞는 명확한 목표에 관한 내용은 언급되지 않았다.
⑤ 신뢰가 중요한 이유로 구성원의 의견 수용을 든 것은 아니다.

C 11 정답 ③ ＊자녀가 다른 문화를 접하도록 하라

부사절 접속사(양보)
Though we are marching / toward a more global society, /
우리는 나아가고 있지만 / 더 글로벌한 사회로 /

various ethnic groups / traditionally do things quite differently, / and a fresh perspective is valuable / in creating an open-minded child. //
다양한 민족 집단들은 / 전통적으로 상당히 다르게 일을 하고 있다 / 그리고 새로운 관점이 가치가 있다 / 개방적인 아이를 만드는 데 //

Extensive multicultural experience / makes kids more creative / (measured / by how many ideas they can come up with / and by association skills) /
병렬 구조
광범위한 다문화 경험은 / 아이를 더 창의적으로 만든다 / (측정된다 / 얼마나 많은 생각을 떠올릴 수 있는지와 / 연상 능력으로) /
allows의 목적어와 목적격 보어(to부정사)
and allows them to capture unconventional ideas / from other cultures / to expand on their own ideas. //
그리고 그들이 관습에 얽매이지 않는 생각을 포착할 수 있게 한다 / 다른 문화로부터 / 아이 자신의 생각을 확장하기 위해 // 단서1 광범위한 다문화 경험은 아이를 더 창의적으로 만들고 생각의 넓이를 확장시킴

As a parent, / you should expose your children / to other cultures / as often as possible. // 단서2 부모로서 자녀를 가능한 한 자주 다른 문화에 노출시켜야 함
부모로서 / 자녀를 노출시켜야 한다 / 다른 문화에 / 가능한 한 자주 //

If you can, / travel with your child to other countries; / live there if possible. //
할 수 있다면 / 자녀와 다른 나라로 여행하고 / 가능하면 거기서 살라 //

If neither is possible, / there are lots of things / you can do at home, /
앞에 목적격 관계대명사가 생략됨
둘 다 가능하지 않은 경우에는 / 일이 많다 / 국내에서 할 수 있는 /

such as exploring local festivals, / borrowing library books about other cultures, / and cooking foods from different cultures at your house. //
such as의 목적어의 병렬 구조
지역 축제 탐방하기와 같은 / 다른 문화에 대한 도서관 책 빌리기 / 그리고 집에서 다른 문화의 음식 요리하기(와 같은) //

- march ⓥ 나아가다
- ethnic ⓐ 민족의
- traditionally ⓐⓓ 전통적으로
- perspective ⓝ 관점
- valuable ⓐ 가치 있는
- open-minded 개방적인
- extensive ⓐ 광범위한
- multicultural ⓐ 다문화적인
- creative ⓐ 창의적인
- measure ⓥ 측정하다
- association ⓝ 연상, 연관
- capture ⓥ 포착하다
- unconventional ⓐ 관습에 얽매이지 않는, 색다른
- expand ⓥ 확장하다
- expose ⓥ 노출시키다
- at home 국내에서
- explore ⓥ 탐방하다, 탐험하다

우리는 더 글로벌한 사회로 나아가고 있지만, 다양한 민족 집단들은 전통적으로 상당히 다르게 일을 하고 있어, 개방적인 아이를 만드는 데 새로운 관점이 가치가 있다. 광범위한 다문화 경험은 아이를 더 창의적으로 만들고 (얼마나 많은 생각을 떠올릴 수 있는지와 연상 능력으로 측정됨) 아이 자신의 생각을 확장하기 위해 다른 문화로부터 관습에 얽매이지 않는 생각을 그들이 포착할 수 있게 한다. 부모로서 가능한 한 자주 자녀를 다른 문화에 노출시켜야 한다. 할 수 있다면 자녀와 다른 나라로 여행하고, 가능하면 거기서 살라. 둘 다 가능하지 않은 경우에는 지역 축제 탐방하기와 다른 문화에 대한 도서관 책 빌리기, 집에서 다른 문화의 음식 요리하기와 같이 국내에서 할 수 있는 일이 많다.

다음 글에서 필자가 주장하는 바로 가장 적절한 것은?
① 자녀가 전통문화를 자랑스럽게 여기게 해야 한다. 전통문화에 대한 내용이 아님
② 자녀가 주어진 문제를 깊이 있게 탐구하도록 이끌어야 한다.
자녀의 문제 탐구 능력에 관한 내용이 아님
③ 자녀가 다른 문화를 가능한 한 자주 접할 수 있게 해야 한다.
자녀가 가능한 많이 다른 문화를 접할 수 있도록 해야 함
④ 창의성 발달을 위해 자녀의 실수에 대해 너그러워야 한다.
광범위한 다문화 경험이 창의성을 발달시킨다는 언급만 있음
⑤ 경험한 것을 돌이켜 볼 시간을 자녀에게 주어야 한다.
경험 자체에 대해서만 말하고 있음

왜 정답 ? ✿✿✿ [정답률 95%]

우리는 글로벌 사회로 나아가고 있지만 여전히 전통적으로 다르게 일하고 있으므로 광범위한 다문화 경험은 아이를 더 창의적으로 만든다고 했다. 다른 나라를 여행하거나 거주해보기 등 다양한 방법을 통해 그런 다문화적인 경험을 제공하는 것이 중요하다고 말하고 있으므로, 필자가 주장하는 바로는 ③이 적절하다.

왜 오답 ?

① 첫 문장에 traditionally가 언급된 것으로 만든 오답으로, 전통문화에 대한 내용이 아니다.

② 자녀의 문제 탐구에 관한 내용이 아니라 그들의 창의성과 개방적인 사고를 위한 다문화적 경험의 중요성을 말하고 있다.

④ 창의성 발달을 위한 다문화적 경험의 중요성을 말하는 것이지, 창의성 발달을 위해 자녀의 실수에 너그러워져야 한다고 말하는 것이 아니다.

⑤ 다른 문화에 노출시켜야 한다는 등의 다문화 경험의 중요성만 강조하고 있을 뿐, 자녀들이 경험한 것을 돌이켜 볼 수 있도록 시간을 주어야 한다는 내용이 아니다.

C 12 정답 ② *협동을 위한 기술을 가르칠 필요성 —

Without guidance / from their teacher, / students will not embark / on a journey of personal development / that recognizes the value of cooperation. //
단수 선행사 / 주격 관계대명사절의 단수 동사
지도 없이는 / 그들의 선생님으로부터의 / 학생들은 나서지 않을 것이다 / 개인적 발달의 여정에 / 협력의 가치를 인정하는

= If they are left ~
Left to their own devices, / they will instinctively become increasingly competitive / with each other. //
그들을 제멋대로 하게 내버려 두면 / 그들은 본능적으로 점점 더 경쟁적이 될 것이다 / 서로 //

They will compare / scores, reports, and feedback / within the classroom environment / — just as they do / in the sporting arena. //
= compare scores, reports, and feedback
그들은 비교할 것이다 / 점수, 성적표, 피드백을 / 교실 환경 내의 / 그들이 그렇게 하는 것처럼 / 스포츠 경기장에서 //

We don't need to teach our students / about winners and losers. //
우리는 우리의 학생들에게 가르칠 필요가 없다 / 승자와 패자에 대해 //

The playground and the media do that / for them. // = teach our students about winners and losers
운동장과 미디어가 그것을 한다 / 그들을 위해 //

However, / we do need to teach them / that there is more to life / than winning / and about the skills / they need / for successful cooperation. // 단서 1 학생들에게 성공적인 협력을 위해 필요한 기술을 가르쳐야 함
하지만 / 우리는 그들에게 가르칠 필요가 있다 / 삶에 더 많은 것이 있다는 것을 / 승리하는 것보다 / 그리고 기술에 대해 / 그들이 필요로 하는 / 성공적인 협력을 위해 //

단수 주어 / 단수 동사
A group / working together successfully / requires individuals / with a multitude of social skills, / as well as a high level of interpersonal awareness. //
「B as well as A」로 연결된 명사구
그룹은 / 성공적으로 함께 일하는 / 개인들을 필요로 한다 / 다양한 사회적 기술을 가진 / 고도의 대인 의식뿐만 아니라 //

부사절 접속사(대조)
While some students inherently bring / a natural understanding of these skills / with them, / they are always in the minority. //
일부 학생들은 갖고 있지만 / 이러한 기술에 대한 자연스러운 이해를 / 본래 / 그들은 항상 소수이다 //

단서 2 학생들 사이에 협력을 가져오려면 협력에 필요한 기술을 가르치고 육성해야 함
To bring cooperation / between peers / into your classroom, / you need to teach these skills / consciously and carefully, / and nurture them continuously / throughout the school years. //
협력을 가져오기 위해서 / 또래들 사이에 / 여러분의 교실에 / 여러분은 이러한 기술들을 가르쳐야 하고 / 의식적이고 주의 깊게 / 계속해서 그것들을 육성해야 한다 / 학창시절 내내 //

- guidance ⓝ (특히 연장자에 의한) 지도[안내]
- embark ⓥ 나서다, 착수하다 · journey ⓝ 여정, 여행
- personal ⓐ 개인의, 개인적인 · development ⓝ 발달, 성장
- recognize ⓥ 인정하다, 알아보다 · cooperation ⓝ 협력
- leave ~ to one's own devices ~을 자기 뜻대로 하게 놔두다
- instinctively ⓐⓓ 본능적으로, 무의식적으로 · increasingly ⓐⓓ 점점 더
- competitive ⓐ 경쟁을 하는 · compare ⓥ 비교하다
- report ⓝ 성적표 · arena ⓝ (원형) 경기장[공연장]
- successful ⓐ 성공적인 · multitude ⓝ 다수, 수많음
- interpersonal ⓐ 대인관계와 관련된 · awareness ⓝ 의식, 인식
- inherently ⓐⓓ 선천적으로 · minority ⓝ (한 사회·국가 내의) 소수집단
- consciously ⓐⓓ 의식적으로 · continuously ⓐⓓ 계속해서, 끊임없이
- throughout ⓟⓡⓔⓟ ~동안 쭉, 내내

선생님의 지도 없이는 학생들은 협력의 가치를 인정하는 개인적 발달의 여정에 나서지 않을 것이다. 하고 싶은 대로 내버려 두면, 그들은 본능적으로 서로 점점 더 경쟁적이 될 것이다. 그들은 그들이 스포츠 경기장에서 그렇게 하는 것처럼 교실 환경 내의 점수, 성적표, 피드백을 비교할 것이다. 우리는 우리의 학생들에게 승자와 패자에 대해 가르칠 필요가 없다. 운동장과 미디어가 그들을 위해 그것을 한다. 하지만, 우리는 그들에게 승리하는 것보다 삶에 더 많은 것이 있다는 것과 성공적인 협력을 위해 그들이 필요로 하는 기술에 대해 가르칠 필요가 있다. 성공적으로 함께 일하는 그룹은 고도의 대인 의식뿐만 아니라 다양한 사회적 기술을 가진 개인들을 필요로 한다. 일부 학생들은 본래 이러한 기술에 대한 자연스러운 이해를 갖고 있지만, 그들은 항상 소수이다. 여러분의 교실에 또래들 사이의 협력을 가져오기 위해서, 여러분은 의식적이고 주의 깊게 이러한 기술들을 가르쳐야 하고, 학창시절 내내 계속해서 그것들을 육성해야 한다.

다음 글에서 필자가 주장하는 바로 가장 적절한 것은?

① 학생의 참여가 활발한 수업 방법을 개발해야 한다.
학생에게 가르쳐야 하는 것에 대한 내용임
② 학생에게 성공적인 협동을 위한 기술을 가르쳐야 한다.
we do need to teach them ~ about the skills they need for successful cooperation
③ 학생의 의견을 존중하는 학교 분위기를 조성해야 한다.
학생의 의견을 존중해야 한다는 것이 아님
④ 학생의 전인적 발달을 위해 체육활동을 강화해야 한다.
the sporting arena, The playground로 만든 오답
⑤ 정보를 올바르게 선별하도록 미디어 교육을 실시해야 한다.
the media로 만든 오답

왜 정답 ? ✿✿✿ [정답률 94%]

선생님이 가르치지 않는다면 학생들은 협력의 가치를 인정하는 개인적인 발달을 이루지 못할 것이라는 문장으로 글을 시작한 후, 학생들에게 성공적인 협력을 위해 필요한 기술을 가르칠 필요가 있다고 했다. 마지막 문장에서도 학생들 사이에 협력을 가져오려면 그들에게 협력에 필요한 기술을 가르치고 육성해야 한다고 했으므로 정답은 ②이다.

왜 오답 ?

① 수업을 어떻게 진행해야 하는지 그 방법에 대해 주장한 것이 아니다.

③ 학생에게 가르쳐야 하는 것에 대한 주장이지, 학생의 의견을 존중해야 한다는 언급은 없다.

④, ⑤ 승자와 패자와 같은 경쟁에 대해서는 스포츠 경기장, 운동장, 미디어가 가르치니까 선생님은 경쟁이 아니라 협력과 협력을 위한 기술에 대해 가르쳐야 한다는 주장이다.

try to-v: ~하려고 노력하다 cf) try -ing: 시험 삼아 ~해 보다

Managers frequently try to play psychologist, / to "figure out" /
why an employee has acted in a certain way. //
관리자들은 심리학자 역할을 하려고 자주 노력한다 / '파악하기' 위해 / 직원이 왜 특정한
방식으로 행동했는지를 //

동명사 주어　　　　　　　'~하기 위해' *
Empathizing with employees / in order to understand their
point of view / can be very helpful. //
직원들과 공감하는 것은 / 그들의 관점을 이해하기 위해 / 매우 도움이 될 수 있다 //

However, when dealing with a problem area, in particular, /
not A but B: A가 아니라 B인
remember / that it is not the person who is bad, / but the actions
과거분사구 (the actions 수식)
exhibited on the job. //
하지만, 특히 문제 영역을 다룰 때 / 기억하라 / 그것은 잘하지 못하는 사람이 아니라 / 근무
중에 보여지는 행동이라는 것을 //

Avoid making suggestions to employees / about personal traits
목적격 관계대명사절
they should change; / instead suggest more acceptable ways of
performing. // 단서1 문제를 지적할 때는 직원의 인격적 특성이 아닌 수행 방법을 제안하라고 함
직원들에게 제안하는 것을 피하라 / 그들이 바뀌어야 할 인격적 특성에 대해 / 대신에 더
용인되는 수행 방법을 제안하라 //

For example, instead of focusing on a person's "unreliability," /
a manager might focus on the fact / that the employee "has been
동격절 접속사　　　　　　현재완료시제
late to work seven times this month." //
예를 들어, 어떤 사람의 '신뢰할 수 없음'에 초점을 맞추는 대신 / 관리자는 사실에 초점을 맞출
수도 있을 것이다 / 그 직원이 '이번 달에 회사에 일곱 번 지각했다'는 // 단서2 행동 방식을 바꾸는
가주어　　　　to change의 의미상 주어　진주어　　　　것이 훨씬 더 쉬움
It is difficult / for employees to change who they are; / it is
비교급 강조 부사 to change의 의미상 주어 진주어　　　가주어
usually much easier / for them to change how they act. //
어렵다 / 직원들이 자신이 어떤 사람인지 바꾸기는 / 일반적으로 훨씬 더 쉽다 / 그들이 자신이
행동하는 방식을 바꾸기가 //

- psychologist ⓝ 심리학자　　　　· empathize ⓥ 공감하다
- point of view 관점　　· exhibit ⓥ 보이다, 드러내다　　· trait ⓝ 특성
- acceptable ⓐ 용인되는　　· unreliability ⓝ 신뢰할 수 없음

관리자들은 직원이 왜 특정한 방식으로 행동했는지를 '파악하기' 위해
심리학자 역할을 하려고 자주 노력한다. 그들의 관점을 이해하기 위해
직원들과 공감하는 것은 매우 도움이 될 수 있다. 하지만, 특히 문제
영역을 다룰 때, 그것은 잘하지 못하는 사람이 아니라 근무 중에 보여지는
행동이라는 것을 기억하라. 직원들에게 그들이 바뀌어야 할 인격적 특성에
대해 제안하는 것을 피하라. 대신에 더 용인되는 수행 방법을 제안하라.
예를 들어, 관리자는 어떤 사람의 '신뢰할 수 없음'에 초점을 맞추는 대신,
그 직원이 '이번 달에 회사에 일곱 번 지각했다'는 사실에 초점을 맞출
수도 있을 것이다. 직원들은 자신이 어떤 사람인지를 바꾸는 어렵다.
일반적으로 그들은 자신이 행동하는 방식을 바꾸기가 훨씬 더 쉽다.

> 다음 글에서 필자가 주장하는 바로 가장 적절한 것은?
> ① 직원의 개인적 성향을 고려하여 업무를 배정하라.
> 　　　　　　　　　　　　개인적 성향을 지적하지 말라는 내용임
> ② 업무 효율성 향상을 위해 직원의 자율성을 존중하라.
> 　　　　　　　　　　　　직원의 자율성에 관한 언급은 없음
> ③ 조직의 안정을 위해 직원의 심리 상태를 수시로 확인하라.
> 　　　　　　　심리학자 역할을 하려 노력한다는 것으로 만든 오답
> ④ 직원의 업무상 고충을 이해하기 위해 직원과 적극적으로 소통하라.
> 　　　　　　　　　　　　　　　　　　관련 없음
> ⑤문제를 보이는 직원에게 인격적 특성보다는 행동 방식에 대해
> 　제안하라.　　Avoid
> 　　　making suggestions ~ suggest more acceptable ways of performing.

>왜 정답 ? ❋❋❋ [정답률 85%]

직원들의 문제 영역을 다룰 때, 관리자들은 '사람'이 아니라 그들의 '행동'을 문제로
여겨야 한다고 했다. 따라서 직원들에게 그들이 누구인지를 바꾸려고 하지 말고,
그들의 행동 방식을 바꾸도록 제안해야 한다고 주장하므로, 정답은 ⑤이다.

>왜 오답 ?

① 개인적 성향을 지적하지 말라는 내용이다.
② 직원의 자율성에 관한 언급은 없다.
③ 관리자들의 노력을 설명하기 위해 그들이 심리학자 역할을 하려 한다고 했을 (함정)
　뿐이다.
④ 업무상 문제를 해결하기 위해 소통이 아니라 행동 방식에 대한 제안을 하라는
　내용이다.

──── 어법 특강

* to부정사의 부사적 용법
　– to부정사의 부사적 용법에는 목적, 감정의 원인, 결과, 이유, 판단의 근거, 형용사
　수식의 쓰임이 있다.
　· Hundreds of millions of people have died to defend their
　　country. (수억 명의 사람들이 그들의 나라를 지키기 위해 죽었다.) 목적
　· It's an honor to meet you. (당신을 만나다니 영광입니다.)
　　　　　　감정의 원인

Agriculture includes a range of activities / such as planting,
harvesting, fertilizing, / pest management, raising animals, /
and distributing food and agricultural products. //
농업은 다양한 활동들을 포함한다 / 파종, 수확, 비료 주기 / 해충 관리, 동물 사육 / 그리고
식량 및 농산물 분배와 같은 //

It is one of the oldest and most essential human activities, /
병렬 구조 (동사)
dating back thousands of years, /
그것은 가장 오래되고 필수적인 인간 활동 중 하나이고 / 수천 년 전으로 거슬러 올라가는 /

and has played a critical role / in the development of human
civilizations, /
중요한 역할을 해 왔으며 / 인류 문명의 발전에 /
분사구문을 이끄는 현재분사
allowing people to create stable food supplies / and settle in one
place. // 병렬 구조 (allowing의 목적격 보어)
사람들이 안정적인 식량을 생산하도록 허락해 주었다 / 그리고 한곳에 정착할 수 있게 (허락해
주었다) //

Today, agriculture remains a vital industry / that feeds the
world's population, / supports rural communities, / and
provides raw materials for other industries. // 병렬 구조 (관계대명사절의 동사)
오늘날, 농업은 중요한 산업으로 남아 있다 / 전 세계 인구를 먹여 살리고 / 농업 공동체를
지원하며 / 다른 산업에 원료를 공급하는 //

However, agriculture faces numerous challenges / such
as climate change, water scarcity, soil degradation, and
biodiversity loss. // 단서1 농업은 수많은 문제에 직면하고 있음
그러나 농업은 수많은 문제에 직면하고 있다 / 기후 변화, 물 부족, 토질 저하, 생물 다양성
손실과 같은 //
'~함에 따라'　　　　　　　　　　　　　　　　　가주어　　　진주어
As the world's population continues to grow, / it is essential to
find sustainable solutions / 단서2 농업이 직면한 문제를 다루고 지속적인
　　　　　　　　　　　식량 생산 보장을 위한 해결책이 필요함
세계 인구가 계속해서 증가함에 따라 / 지속 가능한 해결책을 찾는 것이 필수적이다 //
　　　　　　　　　　　　　형용사적 용법 (solutions 수식)
to address the challenges facing agriculture / and ensure
the continued production / of food and other agricultural
products. //
농업이 직면한 문제를 다루고 / 지속적인 생산을 보장하기 위한 / 식량과 다른 농산물의 //

- agriculture ⓝ 농업　　· fertilize ⓥ 비료 주다　　· pest ⓝ 해충
- distribute ⓥ 분배하다　　· civilization ⓝ 문명
- stable ⓐ 안정적인　　· supply ⓝ 공급　　· vital ⓐ 중요한
- numerous ⓐ 수많은　　· scarcity ⓝ 부족　　· degradation ⓝ 저하
- biodiversity ⓝ 생물 다양성　　· sustainable ⓐ 지속 가능한
- ensure ⓥ 보장하다

농업은 파종, 수확, 비료 주기, 해충 관리, 동물 사육, 그리고 식량 및 농산물 분배와 같은 다양한 활동들을 포함한다. 그것은 수천 년 전으로 거슬러 올라가는 가장 오래되고 필수적인 인간 활동 중 하나이고, 인류 문명의 발전에 중요한 역할을 해 왔으며, 사람들이 안정적인 식량을 생산하고 한곳에 정착할 수 있게 허락해 주었다. 오늘날, 농업은 전 세계 인구를 먹여 살리고 농업 공동체를 지원하며 다른 산업에 원료를 공급하는 중요한 산업으로 남아 있다.

그러나, 농업은 기후 변화, 물 부족, 토질 저하, 생물 다양성 손실과 같은 수많은 문제에 직면하고 있다. 세계 인구가 계속해서 증가함에 따라, 농업이 직면한 문제를 다루고 식량과 다른 농산물의 지속적인 생산을 보장하기 위한 지속 가능한 해결책을 찾는 것이 필수적이다.

다음 글에서 필자가 주장하는 바로 가장 적절한 것은?
① 토양의 질을 개선하기 위해 친환경 농법의 연구와 개발이 필요하다.
　토양 질 개선을 위한 구체적 방법은 언급하지 않음
② 세계 인구의 증가에 대응하기 위해 농산물 품종의 다양화가 필요하다.
　품종의 다양화가 세계 인구 증가에 대한 해결책은 아님
③ 기후 변화에 대한 지속 가능한 대책은 경제적 관점에서 고려되어야 한다.
　경제적 관점을 강조한 것이 아님
④ 다른 산업 분야와의 공동 연구를 통해 상품성을 가진 농작물을 개발해야 한다.
　공동 연구를 통한 개발은 언급되지 않음
⑤ 농업이 직면한 문제 해결 및 식량과 농산물의 지속적 생산을 위한 방안이 필요하다.
　it is essential to find sustainable solutions

왜 정답? ✽✽✽ [정답률 91%]
인류에게 매우 중요한 농업이 많은 문제에 직면하고 있으므로 이 문제의 해결책을 찾아 인간에게 지속적인 농산물 제공이 가능하도록 해야 한다는 내용이다.
따라서 주장하는 바로 가장 적절한 것은 ⑤이다.

왜 오답?
① 토양의 질이 저하되긴 했으나 개선 방안에 대한 글은 아니다.
② 생물 다양성 손실을 문제로 언급했을 뿐, 인구 증가를 위해 필요하다는 것은 아니다.
③ 지속 가능한 대책을 경제적 관점에만 한정해서 고려하자는 것이 아니다.
④ 농업이 다른 산업의 원료 제공에 기여하고 있으나 이를 통해 상품성 있는 농작물을 개발해야 한다는 등의 언급은 없다. — 주의

C 15 정답 ⑤ ✽자녀의 가상의 친구를 존중하라

Children may develop / imaginary friends / around three or four years of age. //
어린이는 만들어 낼 수도 있다 / 가상의 친구를 / 서너 살 즈음에 //
부사절 접속사(조건)
Imaginary friends are only a concern / **if** children replace / all social interactions / with pretend friends. //
가상의 친구는 오직 걱정거리이다 / 어린이가 대체한다면 / 모든 사회적 상호 작용을 / 가상의 친구로 //
부사절 접속사(~하는 한)
As long as children are developing socially / with other children, / then imaginary friends are beneficial. // 단서 1 가상의 친구는 유익함
어린이가 사회적으로 성장하는 한 / 다른 어린이들과 함께 / 가상의 친구는 유익하다 //
Parents often will need / reassurance about imaginary friends; / they should be respectful / of the pretend friends, / **as well as** of their child. //
B as well as A: A뿐만 아니라 B도
단서 2 부모는 자녀의 가상의 친구를 존중해야 함
부모는 종종 필요가 있을 것이다 / 가상의 친구에 대해 안심할 / 그들은 존중해야 한다 / 가상의 친구도 / 자신의 자녀뿐 아니라 //
선행사　주격 관계대명사
Children / **who** create imaginary friends / should never be teased, / humiliated, or ridiculed / in any way. //
어린이가 / 가상의 친구를 만들어낸 / 절대 놀림 받아서는 안 된다 / 창피당하거나 조롱당해서는 (안 된다) / 어떤 식으로든 //
Parents may tire / of including the friends / in daily activities, / such as setting an extra plate / at dinner, / but they should be reassured / that the imaginary friends stage will pass. //
부모는 지칠 수 있다 / 그 친구를 포함시키는 일에 / 일상생활에 / 여분의 접시를 놓는 일은 / 저녁 식사 시간에 / 그러나 그들은 안심해야 한다 / 가상의 친구 시기는 지나갈 것이라고 //

Until then, / imaginary friends should be respected and welcomed / by parents / because they signify / a child's developing imagination. // 핵심 문장 단서 3 가상의 친구는 부모에게 존중받고 받아들여져야 함
그때까지는 / 가상의 친구는 존중받고 받아들여져야 한다 / 부모에 의해 / 그것들은 의미하기 때문에 / 자녀의 자라나는 상상력을 //

- imaginary ⓐ 가상의 ・ concern ⓝ 걱정거리
- replace ⓥ 대체하다, 바꾸다 ・ interaction ⓝ 상호 작용
- pretend ⓐ 가짜[상상]의 ・ socially ⓐd 사회적으로
- beneficial ⓐ 유익한, 이로운 ・ reassurance ⓝ 안심, 안도
- respectful ⓐ 존중하는 ・ tease ⓥ 놀리다
- humiliate ⓥ 창피를 주다, 굴욕감을 주다 ・ ridicule ⓥ 조롱하다, 비웃다
- tire ⓥ 지치다, 피곤해지다 ・ signify ⓥ 의미하다, 나타내다
- imagination ⓝ 상상력

어린이는 서너 살 즈음에 가상의 친구를 만들어 낼 수도 있다. 어린이가 모든 사회적 상호 작용을 가상의 친구로 대체할 때에만 가상의 친구는 걱정거리이다. 어린이가 다른 어린이들과 함께 사회적으로 성장하는 한, 가상의 친구는 유익하다. 부모는 종종 가상의 친구에 대해 안심할 필요가 있을 것이며, 그들은 자신의 자녀뿐 아니라 가상의 친구도 존중해야 한다. 가상의 친구를 만들어 낸 어린이가 절대 어떤 식으로든 놀림 받거나 창피당하거나 조롱당해서는 안 된다. 부모는 저녁 식사 시간에 여분의 접시를 놓는 일과 같은 일상생활에 그 친구를 포함시키는 일에 지칠 수 있지만, 그들은 가상의 친구 시기는 지나갈 것이라고 안심해야 한다. 그때까지는 부모는 가상의 친구가 자녀의 자라나는 상상력을 의미하는 것이므로 가상의 친구를 존중하고 받아들여야 한다.

다음 글에서 필자가 주장하는 바로 가장 적절한 것은?
① 아이들의 상상력을 자극하는 질문을 해야 한다. imagination을 이용한 오답임
② 식사 시간을 자녀와 대화하는 기회로 삼아야 한다. 자녀와 대화를 하라는 언급은 없음
③ 사회성 발달을 위해 단체 활동에 적극 참여해야 한다. 부모의 태도에 대한 글임
④ 자녀의 노력을 구체적으로 칭찬하는 부모가 되어야 한다. 자녀에게 칭찬하라는 내용은 없음
⑤ 부모는 자녀의 가상의 친구를 존중하고 받아들여야 한다.
　imaginary friends should be respected and welcomed by parents

왜 정답? ✽✽✽ [정답률 92%]
자녀의 가상의 친구에 대한 부모의 바람직한 태도에 관한 글로, 부모는 자녀의 가상의 친구가 유익하고, 그것은 자녀의 자라나는 상상력을 의미하므로 그것을 존중하고 받아들여야 한다고 했다. 따라서 필자가 주장하는 바로 가장 적절한 것은 ⑤이다.

왜 오답?
① 가상의 친구가 자녀의 상상력이 발달하고 있음을 나타낸다는 내용을 이용한 오답이다.
② 식사 시간은 자녀의 가상의 친구가 부모에게 성가실 수 있다는 예시에서 언급된 내용이다.
③ 가상 친구와의 관계를 이용한 오답으로, 아이들이 단체 활동에 참여해야 한다는 언급은 없다.
④ 자녀에게 구체적으로 칭찬하라는 내용은 없다.

C 16 정답 ① ✽나를 위한 시간의 중요성

We usually take time out / only when we really need to switch off, / and when this happens / we are often overtired, sick, and in need of recuperation. //
우리는 보통 휴식을 취한다 / 우리가 정말로 스위치를 꺼야 할 때만 / 그리고 이러한 상황이 발생할 때 / 우리는 종종 지나치게 피곤하거나 아프거나 회복을 필요로 한다 //
Me time is complicated / by negative associations / with escapism, guilt, and regret / **as well as** overwhelm, stress, and fatigue. //
B as well as A: A뿐만 아니라 B도
나를 위한 시간은 복잡해진다 / 부정적인 연상에 의해 / 현실도피, 죄책감, 후회와의 / 압도하다, 스트레스, 피로감뿐만 아니라 //

All these negative connotations **mean** / we tend to steer clear
뒤에 목적어절 접속사 생략
of it. //
단서 1 나를 위한 시간이 얼마나 중요한지 설득하고자 함
이러한 모든 부정적인 함축은 의미한다 / 우리가 그것을 피하려는 경향이 있음을 //
Well, I **am about to change** / your perception of the importance
be about to-v: 막 ~하려고 하다
of me time, / **to persuade** you / **that** you should **view** it / **as** vital
for your health and wellbeing. // 직접목적어절 접속사 view A as B: A를 B로 여기다
그럼, 나는 이제 바꾸고자 한다 / 나를 위한 시간의 중요성에 관한 당신의 인식을 / 또 당신을
설득하고자 한다 / 당신이 그것을 간주해야 함 / 당신의 건강과 행복에 필수적인 것으로 //
Take this as permission / **to set aside** some time for yourself! //
형용사적 용법(permission 수식)
이것을 허락으로 여겨라 / 당신 자신을 위하여 일부 시간을 할애하는 // 단서 2 자신을 위한
시간을 할애하도록 촉구함
Our need for time / **in which to do** what we choose / **is**
증가 주어   「전치사+관계대명사+to부정사」   단수 동사
increasingly urgent / in an overconnected, overwhelmed, and
overstimulated world. //
시간에 대한 우리의 필요는 / 우리가 선택한 것을 하려는 / 점점 긴급해지고 있다 / 지나치게
연결되고 압도적이고 지나치게 자극적인 세상에서 //

- switch off ~을 끄다   · overtired ⓐ 극도로 피로한
- complicated ⓐ 복잡한   · association ⓝ 연상
- escapism ⓝ 현실도피   · guilt ⓝ 죄책감   · regret ⓝ 후회
- overwhelm ⓥ 압도하다   · fatigue ⓝ 피로감
- connotation ⓝ 함축   · steer clear of ~을 피하다
- perception ⓝ 인식   · persuade ⓥ 설득하다   · vital ⓐ 필수적인
- permission ⓝ 허락   · set aside A for B B를 위해 A를 확보하다
- urgent ⓐ 긴급한   · overstimulate ⓥ 지나치게 자극하다

우리는 보통 정말로 스위치를 꺼야 할 때만 휴식을 취하고, 이러한
상황이 발생할 때 우리는 종종 지나치게 피곤하거나 아프거나 회복을
필요로 한다. 나를 위한 시간은 압도하다, 스트레스, 피로감뿐만 아니라
현실도피, 죄책감, 후회와의 부정적인 연상에 의해 복잡해진다. 이러한
모든 부정적인 함축은 우리가 그것을 피하려는 경향이 있음을 의미한다.
그럼, 나는 이제 나를 위한 시간의 중요성에 관한 당신의 인식을 바꾸고,
당신이 그것을 당신의 건강과 행복에 필수적인 것으로 간주해야 한다는
것을 설득하고자 한다. 이것을 당신 자신을 위하여 일부 시간을 할애하는
것에 대한 허락으로 여겨라! 우리가 선택한 것을 하려는 시간에 대한
필요는 지나치게 연결되고 압도적이고 지나치게 자극적인 세상에서 점점
긴급해지고 있다.

다음 글에서 필자가 주장하는 바로 가장 적절한 것은?
① 나를 위한 시간의 중요성을 인식해야 한다.
나를 위한 시간(me time)을 가질 것을 설득하고 있음
② 자신의 잘못을 성찰하는 자세를 가져야 한다.
자신의 잘못에 대한 성찰과 관련된 언급은 없음
③ 어려운 일이라고 해서 처음부터 회피해서는 안 된다.
어려운 일을 회피하지 말라는 내용이 아님
④ 사회의 건강과 행복을 위하여 타인과 연대해야 한다.
타인과의 연대에 대한 언급 없음
⑤ 급변하는 사회에서 가치 판단을 신속하게 할 수 있어야 한다.
신속한 가치 판단에 대한 내용이 아님

왜 정답? ✱❀❀ [정답률 91%]
사람들은 me time(자신을 위한 시간)을 종종 부정적인 것과 연상시켜서 이것을
되도록 피해야 할 것으로 생각하지만, 필자는 이러한 인식을 바꿔야 하며 자신을
위한 시간은 자신의 건강과 행복을 위해서 꼭 필요하다는 주장을 펼치고 있다.
따라서 필자의 주장은 ①이다.

왜 오답?
② me time을 자신의 잘못을 성찰하는 시간으로 여기는 것은 아니다.
③ 어려운 일을 회피하지 말라고 주장하는 내용이 아니다. 함정
④ your health and wellbeing이 언급된 것을 이용한 오답으로, 사회의 건강과
행복이 아닌 자신의 건강과 행복을 위한 '자신을 위한 시간'에 대한 내용이다.
⑤ 신속한 가치 판단이 중요하다고 주장하는 내용이 아니다.

C 17 정답 ② ⭐ 2등급 대비 [정답률 83%]

＊사람들에게 감사하는 마음 가지기

In the rush / towards individual achievement and recognition,
복수 주어
/ **the majority of those** / who **make it** / **forget** their humble
'성공하다'   복수 동사
beginnings. //
질주 속에서 / 개인의 성취와 인정을 향한 / 대다수의 사람들은 / 성공한 / 그들의 작은 시작을
잊는다 //
They often forget / those who helped them / **on their way** up. //
'~로 가는 과정에서'
그들은 종종 잊는다 / 그들을 도와준 사람들을 / 성공으로 가는 과정에서 //
If you forget **where** you came from, / if you neglect / those who
were there for you / **when** things were tough and slow, / then
부사절 접속사(시간)
your success is valueless. // 단서 1 자신을 도와준 주변인들을
잊어버린다면 성공은 가치가 없음
당신이 어디서 왔는지 잊어버리고 / 소홀히 한다면 / 당신의 곁에 있어 준 사람들을 / 상황이
힘들고 진척이 없을 때 / 당신의 성공은 가치가 없다 // 단서 2 다른 사람의 도움 없이는
아무도 성공할 수 없음
No one can make it up there / without the help of others. //
아무도 성공할 수 없다 / 다른 사람의 도움 없이는 //
There are parents, friends, advisers, and coaches / **that** help. //
주격 관계대명사
부모님, 친구, 조언자, 코치들이 있다 / 도움을 주는 // 단서 3 도움을 준 사람들에게 감사해야 함
You need to be grateful / to all of those / who helped you. //
당신은 감사할 필요가 있다 / 사람들 모두에게 / 당신을 도와준 //
Gratitude is the glue / **that** keeps **you connected** to others. //
주격 관계대명사 keeps의 목적어와 목적격 보어(과거분사)
감사는 접착제이다 / 당신과 다른 사람들을 연결해 주는 //
It is the bridge / that keeps you connected with those / who were
there for you / in the past / and who **are likely to be** there / in
the end. //
'~일 것 같다'
그것은 다리이다 / 사람들과 당신을 계속해서 연결해 주는 / 당신을 위해 그곳에 있었고 /
과거에 / 그곳에 있을 것 같은 / 마지막에도 //
Relationships / and the way you treat others / determine your
real success. //
관계 / 그리고 당신이 다른 사람들을 대하는 방식이 / 당신의 진정한 성공을 결정한다 //

- achievement ⓝ 성취   · recognition ⓝ 인정   · majority ⓝ 대다수
- humble ⓐ 작은, 초라한   · neglect ⓥ 소홀히 하다   · tough ⓐ 힘든
- valueless ⓐ 가치 없는   · adviser ⓝ 조언자   · grateful ⓐ 감사하는
- gratitude ⓝ 감사   · determine ⓥ 결정하다

개인의 성취와 인정을 향한 질주 속에서, 성공한 대다수의 사람들은
그들의 작은 시작을 잊는다. 그들은 종종 성공으로 가는 과정에서 자신을
도와준 사람들을 잊는다. 당신이 어디서 왔는지 잊어버리고, 상황이
힘들고 진척이 없을 때 곁에 있어 준 사람들을 소홀히 한다면, 당신의
성공은 가치가 없다. 아무도 다른 사람의 도움 없이는 성공할 수 없다.
도움을 주는 부모님, 친구, 조언자, 코치들이 있다. 당신은 당신을 도와준
사람들 모두에게 감사할 필요가 있다. 감사는 당신과 다른 사람들을
연결해 주는 접착제이다. 그것은 당신을 위해 과거에 그곳에 있었고
마지막에도 그곳에 있을 것 같은 사람들과 당신을 계속해서 연결해 주는
다리이다. 관계 그리고 당신이 다른 사람들을 대하는 방식이 당신의
진정한 성공을 결정한다.

다음 글에서 필자가 주장하는 바로 가장 적절한 것은?
① 원만한 인간관계를 위하여 사고의 유연성을 길러야 한다.
사고의 유연성이 아닌 감사하는 마음을 가지라고 함
② 성공에 도움을 준 사람들에게 감사하는 마음을 가져야 한다.
③ 자신의 분야에서 성공하기 위해서는 경험의 폭을 넓혀야 한다.
성공하는 방법을 설명하는 글이 아님
④ 원하는 직업을 갖기 위해서는 다른 사람의 조언을 경청해야 한다.
원하는 직업을 갖는 법은 언급되지 않음
⑤ 타인의 시선을 의식하지 않고 부단히 새로운 일에 도전해야 한다.
새로운 일에 도전하는 것과 관련 없음

왜 2등급? 독해하기 어려운 문장 구조로 독해가 까다로운 지문이다. 선택지를
먼저 읽고 지문의 내용을 예측하면서 풀면 도움이 된다.

〉오H 정답 ?

대다수의 사람들은 성공으로 가는 과정에서 자신을 도와준 사람들을 잊는데, 아무도 다른 사람의 도움 없이는 성공할 수 없다며, 도와준 사람들 모두에게 감사할 필요가 있다고 주장하고 있다. 따라서 정답은 ❷이다.

〉오H 오답 ?

① 사고의 유연성이 아닌 감사를 통해 사람들과의 관계를 유지하라고 했다.
③ 성공하는 방법이 아닌, 성공한 후에 도움을 준 사람들에게 감사하는 마음을 가지라는 내용이다.
④ 원하는 직업을 갖는 법은 언급되지 않았다.
⑤ 타인의 시선을 의식하지 않는 것과 새로운 일에 도전하는 것에 관한 글이 아니다.

C 18 정답 ② ⭐ 2등급 대비 [정답률 88%]

*신기술이 불러올 긍정적, 부정적 영향

단서 1 신기술의 도입은 지속 가능한 발전에 긍정적, 부정적 영향을 미침
The introduction of new technologies / clearly has both positive and negative impacts / for sustainable development. //
신기술의 도입은 / 긍정적인 영향과 부정적인 영향을 분명히 미친다 / 지속 가능한 발전에 //

Good management of technological resources / needs to take **them** fully into account. //
= both positive and negative impacts
기술 자원을 잘 관리하는 것은 / 그것들을 충분히 고려하는 것을 필요로 한다 //

Technological developments / in sectors such as nuclear energy and agriculture / provide examples of /
기술 발전은 / 원자력과 농업과 같은 분야의 / 예를 제공한다 /

not only A but also B: A뿐만 아니라 B도
how **not only** environmental benefits / **but also** risks to the environment or human health / can accompany technological advances. //
어떻게 환경적 이익뿐만 아니라 / 환경이나 인간의 건강에 대한 위험이 / 기술 발전에 수반될 수 있는지에 (대한) //

New technologies have profound social impacts as well. //
새로운 기술은 또한 심오한 사회적 영향을 끼친다 //

〈계속〉을 나타내는 현재완료
Since the industrial revolution, / technological advances **have changed** the nature of skills / **needed in workplaces**, /
과거분사구 (skills 수식)
산업혁명 이후 / 기술의 발전은 기술의 본질을 변화시켜 / 직장에서 요구되는 /

분사구문을 이끄는 현재분사
creating certain types of jobs / and **destroying** others, / with impacts on employment patterns. //
특정 유형의 일자리를 창출하고 / 다른 유형의 일자리는 소멸시켰다 / 고용 패턴에 영향을 미치며 //

단서 2 신기술이 가져올 잠재적인 영향을 긍정적, 부정적 측면 모두에서 평가해야 함
both A and B: A와 B 모두
New technologies need to be assessed / for their full potential impacts, / **both** positive **and** negative. //
신기술은 평가되어야 한다 / 모든 잠재적 영향들에 대해 / 긍정적이고 부정적인 //

- introduction ⓝ 도입, 전래
- sustainable ⓐ 지속 가능한
- take into account ~을 고려하다
- sector ⓝ 분야, 부문
- nuclear energy 원자력
- agriculture ⓝ 농업
- environmental ⓐ 환경의
- profound ⓐ 심오한
- industrial revolution 산업혁명
- workplace ⓝ 직장
- destroy ⓥ 소멸시키다
- assess ⓥ 평가하다

신기술의 도입은 지속 가능한 발전에 긍정적인 영향과 부정적인 영향을 분명히 미친다. 기술 자원을 잘 관리하려면 그것들을 충분히 고려해야 한다. 원자력과 농업과 같은 분야의 기술 발전은 환경적 이익뿐만 아니라 환경이나 인간의 건강에 대한 위험이 어떻게 기술 발전에 수반될 수 있는지에 대한 예를 제공한다. 새로운 기술은 또한 심오한 사회적 영향을 끼친다. 산업혁명 이후 기술의 발전은 직장에서 요구되는 기술의 본질을 변화시켜 고용 패턴에 영향을 미치며, 특정 유형의 일자리를 창출하고 다른 유형의 일자리는 소멸시켰다. 신기술은 긍정적이고 부정적인, 모든 잠재적 영향들에 대해 평가되어야 한다.

다음 글에서 필자가 주장하는 바로 가장 적절한 것은?

① 기술 혁신을 저해하는 과도한 법률적 규제를 완화해야 한다.
법률 규제에 대한 언급은 없음
② 기술의 도입으로 인한 잠재적인 영향들을 충분히 고려해야 한다.
기술 혁신이 가져올 부정적, 긍정적 영향 모두를 평가해야 함을 주장
③ 혁신적 농업 기술을 적용할 때는 환경적 측면을 검토해야 한다.
agriculture, risks to the environment가 언급된 것으로 만든 오답
④ 기술 진보가 가져온 일자리 위협에 대한 대비책을 마련해야 한다.
creating certain types of jobs and destroying others가 언급된 것으로 만든 오답
⑤ 기술 발전을 위해서는 혁신적 사고와 창의성이 뒷받침되어야 한다.
기술 발전을 위한 필요 조건에 대한 글이 아님

〉오H 2등급 ? 주장(기술의 도입으로 인한 영향들을 충분히 고려해야 함)에 대한 근거 중 하나(기술 진보가 일자리를 위협함)를 선택지로 제시해 매력적 오답을 정답으로 고를 수 있는 2등급 대비 문제이다.

〉오H 정답 ?

- 신기술의 도입은 지속 가능한 발전에 긍정적, 부정적 영향 모두를 미침 **단서 1**
- 신기술이 가져올 잠재적인 긍정적, 부정적 영향 모두를 평가해야 함 **단서 2**
➡ 신기술의 도입으로 인한 잠재적인 영향들을 충분히 고려해야 한다는 것이므로 필자의 주장은 ②이다.

〉오H 오답 ?

① 법률 규제를 완화하면서까지 기술을 혁신해야 함을 주장하는 글이 아니다.
③ 혁신적인 농업 기술을 주장하는 글이 아니다.
④ 기술 진보가 가져오는 사회적 영향의 예시로 일자리의 변화가 제시됐을 뿐이다.
 (이유: 이에 대한 대비책을 마련하자는 주장은 없다.)
⑤ 기술 발전을 위한 필요 조건에 대한 언급은 없다.

C 어휘 Review 정답 문제편 p. 40

01 자격을 주다	11 at large	21 desirable
02 최적의	12 be subject to	22 Assessments
03 유혹하다	13 point out	23 impatience
04 관련	14 make it	24 thrive
05 노출시키다	15 self-estimate	25 profound
06 biodiversity	16 competitive	26 connotations
07 measure	17 obligations	27 traits
08 conjecture	18 determine	28 senseless
09 march	19 contentment	29 inward
10 convince	20 particular	30 Empathizing

D 밑줄 친 부분의 의미 찾기

문제편 p. 42~53

D 01 정답 ④ *채소의 성장을 위한 불안정성

The concept of ecosystem states / should be familiar to anyone / with a home vegetable garden. //
생태계 상태라는 개념은 / 누구나 익숙할 것이다 / 가정용 텃밭이 있는 사람이라면 //

The garden is a small ecosystem / that the grower attempts to keep in a specific state, / namely the maximization of fruit and vegetable production. //
텃밭은 작은 생태계이다 / 재배자가 특정한 상태를 유지하려고 애쓰는 / 즉 과일과 채소 생산의 극대화를 / **단서 1** 텃밭의 재배자는 과일과 채소 생산을 극대화하기 위해 텃밭의 생태계에 개입함

To achieve this, / the grower is almost always intervening / in the dynamics of the ecosystem; /
이를 달성하기 위해 / 재배자는 거의 항상 개입한다 / 생태계의 역학 관계에 /

they remove unwanted plants / that begin to grow / and perhaps spray insecticides / and fence off the patch / to stop insects and other animals from consuming the vegetables. //
즉, 그들은 원치 않는 식물을 제거하고 / 자라나기 시작하는 / 어쩌면 살충제를 뿌리고 / 밭에 울타리를 칠 수도 있다 / 곤충과 다른 동물들이 채소를 먹는 것을 막기 위해 //

Since maximizing vegetable growth / is an inherently unstable state / for the ecosystem, / the grower is effectively keeping the ball on a slope. //
채소의 성장을 극대화하는 것은 / 본질적으로 불안정한 상태이기 때문에 / 생태계에게는 / 재배자는 사실상 경사면 위에 공을 잡아 두고 있는 것이다 //

If the grower stops intervening, / even for a day, / the ecosystem, that small patch of ground, / will naturally begin to shift / to a more stable state. //
단서 2 재배자의 개입이 없다면 / 텃밭은 더 안정된 상태로 변할 것임
만약 재배자가 개입을 멈춘다면 / 단 하루만이라도 / 그 생태계, 즉 그 땅의 작은 밭은 / 자연히 변화하기 시작할 것이다 / 더 안정된 상태로 //

Vegetables may still grow, / but yield will almost certainly be lower / as other plants crowd out the vegetables / and wildlife consume the produce. //
단서 3 안정된 상태의 텃밭에서는 채소 수확량이 더 적어질 것임
채소는 여전히 자라겠지만 / 수확량은 거의 틀림없이 더 적을 것이다 / 다른 식물이 채소를 밀어내고 / 야생 동물이 작물을 먹기 때문에 //

- ecosystem ⓝ 생태계
- maximization ⓝ 극대화
- intervene ⓥ 개입하다
- dynamics ⓝ 역학 관계
- spray ⓥ 뿌리다
- fence ⓥ 울타리를 치다
- patch ⓝ 좁은 땅
- inherently ⓐⓓ 본질적으로
- unstable ⓐ 불안정한
- effectively ⓐⓓ 사실상
- slope ⓝ 경사면
- yield ⓝ 수확량, 생산량
- crowd out ~을 밀어내다
- intervention ⓝ 개입
- alter ⓥ 바꾸다
- stability ⓝ 안정성
- diversity ⓝ 다양성
- boost ⓥ 촉진하다
- harmonious ⓐ 조화로운

생태계 상태라는 개념은 가정용 텃밭이 있는 사람이라면 누구나 익숙할 것이다. 텃밭은 재배자가 특정한 상태, 즉 과일과 채소 생산의 극대화를 유지하려고 애쓰는 작은 생태계이다. 이를 달성하기 위해, 재배자는 거의 항상 생태계의 역학 관계에 개입한다. 즉, 자라나기 시작하는 원치 않는 식물을 제거하고, 곤충과 다른 동물들이 채소를 먹는 것을 막기 위해 어쩌면 살충제를 뿌리고 밭에 울타리를 칠 수도 있다. 채소의 성장을 극대화하는 것은 생태계에게는 본질적으로 불안정한 상태이기 때문에, 재배자는 사실상 경사면 위에 공을 잡아 두고 있는 것이다. 만약, 단 하루만이라도, 재배자가 개입을 멈춘다면, 그 생태계, 즉 그 땅의 작은 밭은 자연히 더 안정된 상태로 변화하기 시작할 것이다. 채소는 여전히 자라겠지만, 다른 식물이 채소를 밀어내고 야생 동물이 작물을 먹기 때문에 수확량은 거의 틀림없이 더 적을 것이다.

밑줄 친 keeping the ball on a slope가 다음 글에서 의미하는 바로 가장 적절한 것은? [3점]
생태계 안정성을 추구하면 채소 생산량의 극대화라는 목표를 이룰 수 없음

① improving the garden's environment without human intervention
인간의 개입 없이 텃밭의 환경을 개선하는 것 — 인간의 개입이 필수적이라고 했음

② altering the ecosystem of the garden to maximize its stability
안정성을 극대화하기 위해 텃밭의 생태계를 바꾸는 것 — 채소 생산을 극대화하기 위함임

③ balancing increased plant diversity with ecosystem stability
생태계 안정성과 증가한 식물 다양성의 균형을 맞추는 것

④ maintaining an unstable ecosystem for high vegetable yield
높은 채소 생산량을 위해 불안정한 생태계를 유지하는 것 — maximizing vegetable growth ~ for the ecosystem

⑤ boosting the harmonious growth of plants in the wild
야생 식물들의 조화로운 성장을 촉진하는 것 — 관련 없는 내용

왜 정답? ★★★ [정답률 52%]

- 텃밭의 재배자는 채소 생산을 극대화하기 위해 텃밭의 생태계에 개입함 **단서 1**
- 재배자의 개입이 없다면 텃밭은 안정된 상태로 변할 것임 → 안정된 상태의 텃밭에서는 다른 식물이 채소를 밀어내고 야생 동물이 작물을 먹기 때문에 채소 수확량이 더 적어질 것임 **단서 2, 3**

➡ 재배자의 개입이 없다면 텃밭 생태계는 안정되고 채소 수확량도 줄어들 것이므로 채소 생산성을 극대화하기 위해서는 텃밭 생태계의 불안정성을 유지해야 한다. 즉, 채소 생산을 극대화하기 위해 텃밭의 재배자가 '경사면 위에 공을 잡아 두고 있다'라는 표현은 생태계에서 채소 생산을 극대화하는 데 필요한 불안정성을 유지한다는 의미이다.

▶ 따라서 정답은 ④ '높은 채소 생산량을 위해 불안정한 생태계를 유지하는 것'이다.

왜 오답?

① 텃밭에서 채소 생산의 극대화라는 목표를 이루려면 인간의 개입이 필수적이라고 했다.

② 텃밭의 생태계를 가꾸는 이유는 안정성을 위해서가 아니라 채소 생산을 극대화하기 위함이며, 안정성을 극대화하면 채소 생산을 극대화할 수 없다.

③ 식물 다양성과 생태계 안정성을 추구하면 채소 생산량의 극대화라는 목표를 이룰 수 없으며, 생태계 안정성의 균형을 맞추면 채소 생산을 극대화할 수 없다.

⑤ 야생 식물들의 조화로운 성장에 관한 언급은 없었다.

D 02 정답 ④ *정체성을 잃어버린 토착 요리

North America's native cuisine / met the same unfortunate fate / as its native people, / save for a few relics / like the Thanksgiving turkey. //
'~을 제외하고'
북미의 토착 요리는 / 같은 불행한 운명을 맞이했다 / 원주민들과 / 몇 가지 전해 내려오는 풍속을 제외하고 / 추수감사절 칠면조와 같은 //

Certainly, / we still have regional specialties, /
확실히 / 우리는 여전히 지역 특색 음식을 가지고 있다 /

but the Carolina barbecue will almost certainly have California tomatoes / in its sauce, / and the Louisiana gumbo is just as likely to contain / Indonesian farmed shrimp. //
하지만 Carolina 바비큐는 거의 확실히 California 토마토를 넣을 것이고 / 소스에 / Louisiana 검보도 마찬가지로 포함할 것이다 / 인도네시아 양식 새우를 //

If either of these shows up / on a fast-food menu / with lots of added fats or HFCS, / we seem unable either to discern or resist the corruption. //
단서 1 지역 특색 음식이 붕괴(변질)되더라도 우리는 이를 식별하거나 막을 수 없음
만약 이것들 중 하나가 나타난다면 / 패스트푸드 메뉴에 / 지방이나 액상 과당이 많이 첨가되어 / 우리는 그 변질을 식별하거나 막을 수 없을 것 같다 //

We have yet to come up with / a strong set of generalized norms, / passed down through families, / for savoring and sensibly consuming / what our land and climate give us. //
우리는 아직 생각해내지 못했다 / 강력한 일반화된 규범을 / 가계를 통해 전해져 내려오는 / 음미하고 현명하게 소비하기 위해 / 우리의 땅과 기후가 우리에게 주는 것을 //
단서 2 토착 요리를 현명하게 소비하기 위한 일반화된 규범을 만들지 못함

We have, instead, a string of fad diets / convulsing our bookstores and bellies, / one after another, / at the scale of the national best seller. //
대신, 우리는 일련의 유행 식단을 가지고 있다 / 서점과 배(腹)에 큰 소동을 일으키는 / 연이어 / 전국적인 베스트셀러의 규모로 //

Nine out of ten nutritionists view this / as evidence / that we have entirely lost our marbles. //
10명 중 9명의 영양학자들은 이것을 본다 / 증거로 / 우리가 완전히 우리의 분별력을 잃었다는 //

- unfortunate ⓐ 불행한
- regional ⓐ 지역의
- speciality ⓝ (지역의) 특산물
- corruption ⓝ 변질, 오염
- norm ⓝ 규범
- savor ⓥ (맛을) 음미하다
- sensibly ⓐⓓ 현명하게, 분별 있게
- fad ⓝ (일시적인) 유행
- nutritionist ⓝ 영양학자
- lose one's marbles 분별을 잃다
- utterly ⓐⓓ 완전히, 아주
- disrupt ⓥ 지장을 주다
- supply chain 공급망
- vividly ⓐⓓ 생생하게
- witness ⓥ 목격하다
- rebirth ⓝ 부활, 재탄생
- distinctive ⓐ 독특한

추수감사절 칠면조와 같은 몇 가지 전해 내려오는 풍속을 제외하고, 북미의 토착 요리는 원주민들과 같은 불행한 운명을 맞이했다. 확실히, 우리는 여전히 지역 특색 음식을 가지고 있지만, Carolina 바비큐는 거의 확실히 California 토마토를 소스에 넣을 것이고, Louisiana 검보도 마찬가지로 인도네시아 양식 새우를 포함할 것이다. 만약 이것들 중 하나가 지방이나 액상 과당이 많이 첨가되어 패스트푸드 메뉴에 나타난다면, 우리는 그 변질을 식별하거나 막을 수 없을 것 같다. 우리는 아직 우리의 땅과 기후가 우리에게 주는 것을 음미하고 현명하게 소비하기 위해, 가게를 통해 전해져 내려오는 강력한 일반화된 규범을 생각해내지 못했다. 대신, 우리는 전국적인 베스트셀러의 규모로 서점과 배(腹)에 연이어 큰 소동을 일으키는 일련의 유행하는 식단을 가지고 있다. 10명 중 9명의 영양학자들은 이것을 우리가 완전히 우리의 분별력을 잃었다는 증거로 본다.

밑줄 친 have entirely lost our marbles가 다음 글에서 의미하는 바로 가장 적절한 것은? [3점]

① have utterly disrupted our complex food supply chain
우리의 복잡한 식품 공급망을 완전히 혼란에 빠뜨렸다
② have vividly witnessed the rebirth of our classic recipes
우리의 고전적인 요리법의 재탄생을 생생하게 목격했다
③ have completely denied ourselves access to healthy food
건강에 좋은 음식에 대한 접근을 완전히 거부했다
④ have become totally confused about our distinctive food identity
우리의 독특한 음식 정체성에 대해 완전히 혼란스러워졌다
⑤ have fully recognized the cultural significance of our local foods
우리 지역 음식의 문화적 중요성을 완전히 인식했다

왜 정답? ✽✽✽ [정답률 53%]

- 토착 요리가 패스트푸드 메뉴에 변형된 채로 나타나도 우리는 그 변질을 알아차리거나 이에 저항하지 못함 [단서 1]
- 토착 요리를 음미하고 현명하게 소비하기 위한 일반화된 규범을 만들어내지 못함 [단서 2]

➡ 토착 요리는 원주민과 같은 불행한 운명을 맞이했으며, 요리의 특색을 잃어버려도 우리는 알아차리거나 저항하지 못하며 규범을 만들어내지도 못했다고 했다.
▶ 따라서 영양학자들이 '완전히 우리의 분별력을 잃었다'라고 한 것은
④ '우리의 독특한 음식 정체성에 대해 완전히 혼란스러워졌다'를 의미한다.

왜 오답?

① 식품 공급망에 대한 글이 아니다.
② 고전적 요리법이 재탄생했다는 언급은 없다.
③ 건강한 식단이 아니라 토착 요리가 정체성을 잃고 있다는 내용이다.
⑤ 오히려 변질되어가는 것을 식별하거나 막을 수 없다고 말하고 있다.

D 03 정답 ⑤ ✽부에 대한 욕망의 상대성

It is difficult, if not impossible, / to define the limits / which reason should impose on the desire for wealth; /
불가능하지는 않더라도, 어렵다 / 한계를 규정하는 것은 / 이성이 부에 대한 욕망에 두어야 할 /

for there is no absolute or definite amount of wealth / which will satisfy a man. // [단서 1] 한 사람을 만족시킬 절대적인 부의 양은 없음
왜냐하면 절대적이거나 정해진 부의 양은 없기 때문이다 / 한 사람을 만족시킬 //

The amount is always relative, / that is to say, / just so much as will maintain the proportion / between what he wants and what he gets; / [단서 2] 한 사람을 만족시킬 부의 양은 각자가 원하는 것과 얻는 것 사이의 비율만큼이며, 이는 상대적임
그 양은 항상 상대적인데 / 즉 / 비율을 유지할 정도만큼이다 / 그가 원하는 것과 그가 얻는 것 사이의 //

for to measure a man's happiness / only by what he gets, / and not / also by what he expects to get, /
왜냐하면 한 사람의 행복을 평가하고 / 그가 얻는 것만으로 / (평가하지) 않는 것은 / 그가 얻기를 기대하는 것까지는 / [단서 3] 한 사람의 행복을 그가 가진 것만으로 평가하고, 그가 원하는 것까지는 평가하지 않는 것은 무의미함

is as pointless as to try and express a fraction / which shall have a numerator / but no denominator. //
분수를 표현하려는 것만큼 무의미하기 때문이다 / 마치 분자가 있지만 / 분모가 없는 //

A man never feels the loss / of things which it never occurs to him to ask for; / he is just as happy without them; /
한 사람은 결코 상실감을 느끼지 않는다 / 그가 요구할 생각을 전혀 하지 않은 것들에 대해서는 / 그는 그것들이 없어도 그만큼 행복하다 /

whilst another, who may have a hundred times as much, / feels miserable / because he has not got the one thing / he wants. //
반면, 백 배나 많은 것을 가지고 있을지 모를, 다른 사람은 / 비참함을 느낀다 / 한 가지를 그가 가지지 못했기 때문에 / 그가 원하는 //

In fact, / every man has a horizon of his own, / and he will expect / as much as he thinks it is possible for him to get. //
사실 / 모든 사람은 그만의 지평선을 가지고 있으며 / 그는 기대할 것이다 / 그가 얻을 수 있다고 생각하는 만큼을 //

- impose ⓥ 부과하다
- definite ⓐ 명확한, 정해진
- proportion ⓝ 비율
- pointless ⓐ 무의미한
- miserable ⓐ 비참한
- horizon ⓝ 지평선
- vary ⓥ 다르다

이성이 부에 대한 욕망에 두어야 할 한계를 규정하는 것은, 불가능하지는 않더라도, 어렵다; 왜냐하면 한 사람을 만족시킬 절대적이거나 정해진 부의 양은 없기 때문이다. 그 양은 항상 상대적인데, 즉, 그가 원하는 것과 그가 얻는 것 사이의 비율을 유지할 정도만큼이다; 왜냐하면 한 사람의 행복을 그가 얻는 것만으로 평가하고, 그가 얻기를 기대하는 것까지는 평가하지 않는 것은, 마치 분자가 있지만 분모가 없는 분수를 표현하려는 것만큼 무의미하기 때문이다. 한 사람은 그가 요구할 생각을 전혀 하지 않은 것들에 대해서는 결코 상실감을 느끼지 않는다; 그는 그것들이 없어도 그만큼 행복하다; 반면, 백 배나 많은 것을 가지고 있을지 모를, 다른 사람은 그가 원하는 한 가지를 그가 가지지 못했기 때문에 비참함을 느낀다. 사실, 모든 사람은 그만의 지평선을 가지고 있으며, 그는 그가 얻을 수 있다고 생각하는 만큼을 기대할 것이다.

밑줄 친 every man has a horizon of his own이 다음 글에서 의미하는 바로 가장 적절한 것은? [3점]

① one's success is judged by how many goals he has achieved
한 사람의 성공은 그가 얼마나 많은 목표를 달성했는지로 판단된다
② each one has his own methods of getting what he wants
각 개인은 자신이 원하는 것을 얻는 자신만의 방법이 있다
③ there cannot be any limit to what one desires in his mind
한 사람이 마음속에서 욕망하는 것에는 어떤 한계도 있을 수 없다
④ one's standard of happiness is tailored to societal norms
한 사람의 행복의 기준은 사회적 규범에 의해 재단된다
⑤ the limit of what one desires to get varies by person
한 사람이 얻고자 욕망하는 것의 한계는 사람마다 다르다

1st 첫 문장과 밑줄 친 부분이 포함된 문장을 읽고, 글의 내용을 예상한다.

첫 문장	이성이 부에 대한 욕망에 두어야 할 한계를 규정하는 것은, 불가능하지는 않더라도, 어렵다; 왜냐하면 한 사람을 만족시킬 절대적이거나 정해진 부의 양은 없기 때문이다.
밑줄 친 부분이 포함된 문장	사실, 모든 사람은 그만의 지평선을 가지고 있으며, 그는 그가 얻을 수 있다고 생각하는 만큼을 기대할 것이다.

➡ 한 사람이 부를 어디까지 욕망할 것인가를 이성적으로 규정하는 것은 어렵다. 각자가 원하는 부의 기준이 다를 것이라는 내용일 것이다.

2nd 글의 나머지 부분을 읽고, 밑줄 친 부분의 의미를 파악한다.

- 한 사람을 만족시킬 절대적인 부의 양은 없음 **단서 1**
- 한 사람을 만족시킬 부의 양은 각자가 원하는 것과 얻는 것 사이의 비율만큼이며, 이는 상대적임 **단서 2**
- 한 사람의 행복을 그가 가진 것만으로 평가하고, 그가 원하는 것까지는 평가하지 않는 것은 무의미함 **단서 3**

➡ 각자가 만족할 만한 부의 양은 절대적이지 않고 상대적이다. 왜냐하면 각자의 만족이나 행복은 그가 가진 것만으로 평가되는 것이 아니라, 그가 가지기를 원하는 것까지 평가되어야 하기 때문이다. 즉, 모든 사람은 각자가 욕망하는 정도가 다르므로, 어느 정도를 가지고 있어야 행복하다고 말할 수 있는지도 개인마다 다르다고 설명하고 있다.

▶ 마지막 문장에서 '모든 사람은 그만의 지평선을 가지고 있다'라는 표현은 각자가 원하는 정도가 저마다 다르다는 의미이므로, 정답은 ⑤ '한 사람이 얻고자 욕망하는 것의 한계는 사람마다 다르다'이다.

| 선택지 분석 |

① 목표 달성 여부뿐만 아니라 원하는 목표의 한계까지도 함께 평가해야 한다.
② 각자가 원하는 것을 얻는 자신만의 방법에 관한 내용은 언급되지 않았다.
③ 한계가 없다는 내용이 아니라, 그 한계는 각자마다 다르다는 내용이다.
④ 행복의 기준은 사회적 규범에 맞춰지는 것이 아니라, 각자가 얻는 것과 얻고자 원하는 것의 사이에서 판단된다.
⑤ 한 사람이 만족할 수 있는 부의 절대적인 양은 존재하지 않으므로, 각 개인이 욕망하는 한계는 사람마다 다르다.

D 04 정답 ② *거울 뉴런을 가진 동물들의 범위

Mirror neurons are the hardware of empathy, / and so what would make more sense / than to look and see / which animals possess these cells? //
의문사절
거울 뉴런은 공감의 하드웨어이고 / 그러니 어떤 것이 더 타당하겠는가 / 살펴보는 것보다 / 어떤 동물이 이 세포를 가지고 있는지 //
단서 1 다른 개체와 공감을 할 수 있는 거울 뉴런을 가지고 있다고 밝혀진 동물은 유인원뿐임
선행사가 생략된 관계부사
And this is exactly / where modern research now stands: / all researchers know so far / is that apes possess mirror neurons. //
앞에 목적격 관계대명사 생략 / 주격 보어절 접속사
그리고 이것이 바로 / 현대 연구가 서 있는 곳으로 / 현재까지 연구자들이 아는 것은 / 유인원이 거울 뉴런을 갖고 있다는 것뿐이다 //
부사적 용법 (목적)
We still need to test / to see which other species are like us / in this respect. //
명사적 용법 (목적어) / 의문사절
우리는 여전히 검증할 필요가 있다 / 어떤 다른 종이 우리와 비슷한지 알아보기 위해 / 이 점에서 //
목적어절 접속사
Scientists often publicly speculate / that we can probably expect surprises here, too. //
과학자들은 종종 공공연하게 추측한다 / 우리가 아마도 여기서 놀라움을 기대할 수도 있을 것이라고 //
단서 2 무리를 지어 사는 모든 동물은 거울 뉴런이 있을 것이라 가정하고 있는데, 공감 능력이 집단의 생존에 필수적이기 때문임
목적어절 접속사 / 주격 관계대명사
They assume / that all animals that live in herds or large groups / possess similar brain mechanisms, /
그들은 가정하는데 / 무리나 큰 집단으로 사는 모든 동물은 / 비슷한 두뇌 작동 기제를 가지고 있다고 /

because social units function / only if individuals can see things / from the perspective of others in the group / and feel / what they are feeling. //
병렬 구조 (can 뒤에 연결)
왜냐하면 사회적 (구성)단위는 기능하기 때문이다 / 개인이 사물을 볼 수 있고 / 집단 내 다른 이들의 관점에서 / 느낄 수 있어야만 / 그들이 느끼고 있는 것을 //
현재분사구 (goldfish 수식)
I can see a goldfish / waving its fin at us. //
나는 금붕어를 볼 수 있다 / 우리를 향해 지느러미를 흔들고 있는 //
전치사 / 주격 관계대명사
As an animal / that travels around in a tightly-knit group, / it's on board with this idea / — or at least swimming alongside the boat. // **단서 3** 금붕어도 무리를 지어 생활하는 동물로, 이런 아이디어에 부합할 것임
동물로서 / 긴밀하게 결속된 무리를 지어 다니는 / 그것은 이러한 생각에 부합하는 배에 올라타 있거나 / 적어도 그 배와 나란히 헤엄치고 있다 //

- empathy ⓝ 공감
- make sense 타당하다
- possess ⓥ 소유하다, 가지다
- ape ⓝ 유인원
- publicly ⓐⓓ 공공연하게
- speculate ⓥ 추측하다
- herd ⓝ 떼, 무리
- wave ⓥ 흔들다
- fin ⓝ 지느러미
- knit ⓐ 짜여진
- reluctant ⓐ 꺼리는
- empathize ⓥ 공감하다
- potentially ⓐⓓ 잠재적으로
- cautious ⓐ 경계하는
- potential ⓐ 잠재적인
- conflict ⓝ 경쟁

거울 뉴런은 공감의 하드웨어이고, 그러니 어떤 동물이 이 세포를 가지고 있는지 살펴보는 것보다 어떤 것이 더 타당하겠는가? 그리고 이것이 바로 현대 연구가 서 있는 곳으로, 현재까지 연구자들이 아는 것은 유인원이 거울 뉴런을 갖고 있다는 것뿐이다. 우리는 여전히 어떤 다른 종이 이 점에서 우리와 비슷한지 알아보기 위해 검증할 필요가 있다. 과학자들은 종종 우리가 아마도 여기서 놀라움을 기대할 수도 있을 것이라고 공공연하게 추측한다. 그들은 무리나 큰 집단으로 사는 모든 동물은 비슷한 두뇌 작동 기제를 가지고 있다고 가정하는데, 왜냐하면 사회적 (구성)단위는 개인이 집단 내 다른 이들의 관점에서 사물을 보고 그들이 느끼고 있는 것을 느낄 수 있어야만 기능하기 때문이다. 나는 우리를 향해 지느러미를 흔들고 있는 금붕어를 볼 수 있다. 긴밀하게 결속된 무리를 지어 다니는 동물로서, 그것은 이러한 생각에 부합하는 배에 올라타 있거나 적어도 그 배와 나란히 헤엄치고 있다.

밑줄 친 swimming alongside the boat가 다음 글에서 의미하는 바로 가장 적절한 것은? [3점]
They assume that all animals ~ possess similar brain mechanisms
① reluctant to empathize with other members in its group
집단의 다른 구성원들과 공감하기를 꺼리는 / 다른 구성원들과 공감하는 거울 뉴런이 있을 것이라는 내용임
② potentially able to be proven to possess mirror neurons
거울 뉴런을 가지고 있다고 잠재적으로 증명될 수 있는
③ learning effective swimming skills with the help of others
다른 이들의 도움으로 효과적인 수영 기술을 배우는 / 언급되지 않음
④ constantly trying to hide from animals that have mirror neurons
거울 뉴런을 갖고 있는 동물들로부터 숨으려고 지속적으로 노력하는 / 숨으려고 한다는 내용이 아님
⑤ cautious about potential conflict over resources with other species
다른 종과의 잠재적인 자원 경쟁에 대해 경계하는 / 자원 경쟁에 관한 내용은 언급되지 않음

| 문제 풀이 순서 | ✱✱✱ [정답률 56%]

1st 첫 문장과 밑줄 친 부분이 포함된 문장을 읽고, 글의 내용을 예상한다.

첫 문장	거울 뉴런은 공감의 하드웨어이고, 그러니 어떤 동물이 이 세포를 가지고 있는지 살펴보는 것보다 어떤 것이 더 타당하겠는가?
밑줄 친 부분이 포함된 문장	긴밀하게 결속된 무리를 지어 다니는 동물로서, 그것은 이러한 생각에 부합하는 배에 올라타 있거나 적어도 그 배와 나란히 헤엄치고 있다.

➡ **첫 문장**: 거울 뉴런은 동물들이 개체들 간에 공감을 할 수 있도록 해 주는 세포이며, 어떤 동물이 이 세포를 가지고 있는지를 살펴보고자 함
밑줄 친 부분이 포함된 문장: 이 동물도 무리를 지어 다님으로써, 이러한 생각에 부합하는 배에 올라타 있거나 적어도 '그 배와 나란히 헤엄치고' 있음

➡ 집단 내에서 서로 공감할 수 있도록 해 주는 거울 뉴런을 어떤 동물까지 소유하고 있는가에 관한 글이다. 중간에 거울 뉴런에 관한 글쓴이의 생각이 제시될 것이고, 마지막 부분에서 언급되고 있는 동물(금붕어) 역시 글쓴이의 이러한 생각에 부합한다는 내용일 것이다.

2nd 글의 나머지 부분을 읽고, 밑줄 친 부분의 의미를 파악한다.

집단생활을 하는 모든 동물이라면 공감을 돕는 거울 뉴런을 갖고 있을 것이라 설명하고 있다. 현재는 유인원만이 거울 뉴런을 갖고 있다고 밝혀졌지만, 다른 종들도 이러한 능력을 갖고 있을 것이다. 따라서 금붕어가 무리를 지어 산다는 점에 착안한다면, 금붕어도 거울 뉴런을 갖고 있을 것이라는 점을 추론할 수 있다.

➡ 마지막 문장에서 '적어도 그 배와 나란히 헤엄치고 있다'라는 표현은 금붕어 역시 적어도 거울 뉴런을 갖고 있을 것이라고 추론될 수 있다는 의미이다.

▶ 따라서 정답은 ② '거울 뉴런을 가지고 있다고 잠재적으로 증명될 수 있는'이다.

| 선택지 분석 |

① 금붕어도 무리 생활을 하기 때문에 다른 구성원들과 공감하는 거울 뉴런이 있을 것이라는 내용이므로, 지문의 내용과 반대이다.

② 집단생활을 하는 모든 동물은 거울 뉴런이 있다고 가정할 수 있으며, 금붕어도 집단생활을 하기 때문에 이 생각과 적어도 나란히 한다, 즉 거울 뉴런이 있을 수 있다는 의미이다.

③ 금붕어가 수영을 배운다는 내용은 언급되지 않았다.

④ 금붕어도 거울 뉴런이 있을 수 있다는 내용이지, 숨으려고 한다는 내용이 아니다.

⑤ 자원 경쟁에 관한 내용은 언급되지 않았다.

D 05 정답 ④ *확립된 행동으로부터 형성되는 미덕

Imagine / that your usually stingy friend / delights in buying you a Christmas present / after taking a generosity booster. //
상상해 보라 / 평소에 인색한 여러분의 친구가 / 여러분에게 크리스마스 선물을 사 주며 매우 기뻐한다고 / 관대함 효능 촉진제를 먹고 난 이후에

How would you feel? //   여러분은 어떻게 느끼겠는가 //

Undoubtedly, / there is something praiseworthy / about the action. //   의심할 여지없이 / 칭찬할 만한 점이 있다 / 그 행동에는 //

You'd be pleased / to receive the gift. //
여러분은 기뻐할 것이다 / 선물을 받아서 //

You'd say 'thank you', / and mean it. //
여러분은 '고마워'라고 말하고 / 그것은 진심일 것이다 //

But his change of heart / is not entirely satisfying. //
하지만 그의 마음의 변화는 / 완전히 만족스럽지는 않다 //

According to Zagzebski, an American philosopher, / he is not really generous. //
미국의 철학자인 Zagzebski에 따르면 / 그는 진정으로 관대한 것이 아니다 //

When we praise someone's character, / we use words for various virtues: / 'generous', 'kind', 'courageous', etc. //
우리가 누군가의 인품을 칭찬할 때 / 다양한 미덕에 대한 단어를 사용한다 / '관대한', '친절한', '용기 있는' 등 //

A person who gives one gift / isn't generous. //
선물을 하나 준 사람이 / 관대한 것은 아니다 //

Instead, / generosity is a stable part / of a person's 'moral identity', / an emotional habit / that is part of who you are. //
대신에 / 관대함은 안정된 일부인데 / 누군가의 '도덕적 정체성'의 / 그것은 정서적 습관이다 / 여러분의 모습의 일부인 //

Thus virtues, / as opposed to nontypical impulse, / are the result of your personal history. //
따라서 미덕은 / 비전형적인 충동과는 달리 / 여러분 개인 역사의 결과이다 //

They are part of who you are, / as they are part / of how your character was formed. //
그것들은 여러분의 모습 중 일부이다 / 그것들이 일부이기 때문에 / 여러분의 인품이 형성되었던 방식의 //

Instant virtue is therefore impossible. //
즉각적인 미덕은 그러므로 있을 수 없다 //

Popping a pill / cannot make you a better person. //
약 한 알을 먹는 것이 / 여러분을 더 나은 사람으로 만들 수는 없다 //

- stingy ⓐ 인색한　　• delight in ~을 즐기다　　• generosity ⓝ 관대함
- booster ⓝ 촉진제　　• praiseworthy ⓐ 칭찬할 만한 점이 있는
- philosopher ⓝ 철학자　　• virtue ⓝ 미덕
- nontypical ⓐ 비전형적인　　• impulse ⓝ 충동
- instant ⓐ 즉각적인　　• impulsive ⓐ 충동적인　　• deed ⓝ 행위, 행동
- reputation ⓝ 명성　　• insincere ⓐ 진실하지 않은
- goodwill ⓝ 선의　　• impress ⓥ 감명을 주다　　• frequency ⓝ 빈도
- shortcut ⓝ 지름길　　• trait ⓝ (성격적) 특성　　• acquire ⓥ 획득하다
- inborn ⓐ 타고난

평소에 인색한 여러분의 친구가 관대함 효능 촉진제를 먹고 난 이후에 여러분에게 크리스마스 선물을 사 주며 매우 기뻐한다고 상상해 보라. 여러분은 어떻게 느끼겠는가? 의심할 여지없이, 그 행동에는 칭찬할 만한 점이 있다. 여러분은 선물을 받아서 기뻐할 것이다. 여러분은 '고마워'라고 말하고, 그것은 진심일 것이다. 하지만 그의 마음의 변화는 완전히 만족스럽지는 않다. 미국의 철학자인 Zagzebski에 따르면, 그는 진정으로 관대한 것이 아니다. 우리가 누군가의 인품을 칭찬할 때, '관대한,' '친절한,' '용기 있는' 등 다양한 미덕에 대한 단어를 사용한다. 선물을 하나 준 사람이 관대한 것은 아니다. 대신에, 관대함은 누군가의 '도덕적 정체성'의 안정된 일부인데 그것은 여러분의 모습의 일부인 정서적 습관이다. 따라서 미덕은, 비전형적인 충동과는 달리, 여러분 개인 역사의 결과이다. 그것들이 여러분의 인품이 형성되었던 방식의 일부이기 때문에 그것들은 여러분의 모습 중 일부이다. 그러므로 즉각적인 미덕은 있을 수 없다. <u>약 한 알을 먹는 것이 여러분을 더 나은 사람으로 만들 수는 없다.</u>

밑줄 친 Popping a pill cannot make you a better person이 다음 글에서 의미하는 바로 가장 적절한 것은?

① Impulsive deeds rather than habitual actions can damage reputation.
습관적인 행동보다 충동적인 행위가 평판에 악영향을 줄 수 있다.
미덕은 충동적인 행위가 아니라 습관적인 행동이라는 내용임

② Insincere goodwill does not impress others regardless of frequency.
진실하지 않은 선의는 빈도와 관계없이 타인에게 감명을 주지 않는다.
진실하지 않은 선의와 그 빈도에 관한 내용은 언급되지 않음

③ Material rewards can be a shortcut to make someone a good person.
물질적인 보상은 누군가를 좋은 사람으로 만들어 주는 지름길이 될 수 있다.
한 번 선물을 사 준다고 해서 그 사람이 관대하다고 말할 수 없다는 내용임

④ Good traits come from established behavior, not from a single action.
좋은 성격적 특성은 하나의 행동이 아니라 확립된 행동으로부터 나온다.
Thus virtues, as opposed to nontypical impulse, ~ history.

⑤ Virtue cannot be acquired by habits as someone's character is inborn.
누군가의 성격은 타고난 것이기 때문에 미덕은 습관으로 얻어질 수 없다.
좋은 성격적 특성은 반복적인 행동으로 형성된다는 내용임

| 문제 풀이 순서 | ★★★ [정답률 55%]

1st 첫 문장과 밑줄 친 부분이 포함된 문장을 읽고, 글의 내용을 예상한다.

첫 문장	평소에 인색한 여러분의 친구가 관대함 효능 촉진제를 먹고 난 이후에 여러분에게 크리스마스 선물을 사 주며 매우 기뻐한다고 상상해 보라.
밑줄 친 부분이 포함된 문장	약 한 알을 먹는 것이 여러분을 더 나은 사람으로 만들 수는 없다.

➡ 첫 문장에서 평소 인색했던 친구가 관대함을 촉진해 주는 약을 먹고 무언가를 사 주는 상황을 가정해 보라고 했으며, 마지막 문장에서 약 한 알을 먹는 것으로 더 나은 사람이 될 수 없다는 내용이 나오고 있다. 따라서 평소에 그렇지 않았던 사람이 한 번 선의를 베풀었다고 해서 좋은 사람이라고 판단하기는 어렵다는 내용일 것이다.

2nd 글의 나머지 부분을 읽고, 예상한 내용이 맞는지 확인한다.

- 한 번의 선한 행동이 그를 관대한 사람으로 만들어 주는 것은 아님 단서 1
- 미덕은 특수한, 충동적인 행동이 아니라 반복적으로 쌓아오는 특성이며, 즉각적인 미덕이란 존재하지 않음 단서 2, 3

➡ 미덕은 한 번의 특수하고 충동적인 행동으로 만들어지는 것이 아니라, 평소에 반복적인 습관을 통해 확립되는 특성이라고 소개하고 있다.

'약 한 알을 먹는 것이 여러분을 더 나은 사람으로 만들 수는 없다'는 것은 평소 행실에서 미덕이 보이지 않았던 사람이 한 번 선의를 베풀었다고 하여 좋은 사람이라고 평가할 수 없다는 의미이다. 따라서 정답은 ④ '좋은 성격적 특성은 하나의 행동이 아니라 확립된 행동으로부터 나온다.'이다.

| 선택지 분석 |

① 미덕은 충동적인 행위가 아니라 습관적인 행동이라는 내용이다.
② 진실하지 않은 선의와 그 빈도에 관한 내용은 언급되지 않았다.
③ 한 번 선물을 준다고 해서 그 사람이 관대하다고 말할 수 없다는 내용이다.
④ 미덕은 평소에 반복적인 습관을 통해 확립되는 특성이라고 했다.
⑤ 성격은 반복적인 행동과 습관으로 형성된다는 내용이다.

D 06 정답 ④ *의학계의 기술 변화

If you **had wanted** to create a "self-driving" car / in the 1950s,
가정법 과거완료
/ your best option **might have been** to strap a brick / to the
accelerator. // 만약 '자율 주행' 자동차를 만들고 싶었다면 / 1950년대에 / 가장 좋은
선택은 벽돌을 끈으로 묶는 것이었을 것이다 / 가속 페달에 //

과거의 상황 가정 (~이었을 텐데)
Yes, the vehicle **would have been** able to move forward on
its own, / but it could not slow down, stop, or turn **to avoid**
부사적 용법 (목적)
barriers. // 물론, 자동차가 스스로 앞으로 나아갈 수는 있었겠지만 / 속도를 줄이거나
멈추거나, 또는 장애물을 피하기 위해 방향을 전환할 수는 없었다 //

Obviously not ideal. // 분명히, 이상적이지는 않다 //

뒤에 목적어절 접속사 that 생략
But **does that mean** / the entire concept of the self-driving car /
is not worth pursuing? //
그러나 그것이 의미일까 / 자율 주행 자동차라는 전체 개념이 / 추구할 만한 가치가 없다는 //

목적어절 접속사
No, it only means / **that** at the time we did not yet have the
앞에 목적격 관계대명사 생략   형용사적 용법 (tools 수식)
tools / **we now possess** / **to help** enable vehicles to operate / both
autonomously and safely. // 단서 1 과거에는 도구가 없었기 때문에 자율 주행 자동차를
오늘날처럼 안전하게 만들지 못했음
아니다, 그것은 단지 의미할 뿐이다 / 그 당시에는 우리가 아직 도구를 갖고 있지 않았다는 것을
/ 우리가 지금은 갖고 있는 / 자동차를 작동할 수 있도록 해 주는 / 자율적이고도 안전하게 //

This once-distant dream now seems / within our reach. //
한때 멀게만 느껴졌던 이 꿈이 이제 보인다 / 우리의 손이 닿는 곳에 있는 것처럼 //

It is much the same story in medicine. // 단서 2 자율 주행 자동차의 이야기를
의학계에 적용하고 있음
이는 의학에서도 마찬가지이다 //

과거진행시제
Two decades ago, / we **were** still **taping** bricks to accelerators. //
20년 전에 / 우리는 여전히 가속 페달에 벽돌을 테이프로 묶어 두고 있었다 //

관계부사
Today, we are approaching the point / **where** we can begin to
형용사적 용법 (technology 수식)
bring some appropriate technology / **to bear** in ways /
오늘날, 우리는 지점에 접근하고 있다 / 적절한 기술을 도입하기 시작하는 / 방식에 맞는 //
주격 관계대명사
that advance our understanding / of patients as unique
individuals. // 단서 3 오늘날에는 환자 개인에게 맞는 방식을 이해할 수 있는 기술이 도입됨
이해하는 것을 증진하는 / 환자를 고유한 개인으로서 //

주격 관계대명사
In fact, / many patients are already wearing devices / **that**
monitor their conditions in real time, /
사실 / 많은 환자들이 이미 장치를 착용하고 있는데 / 자신의 상태를 실시간으로 관찰하는 /
계속적 용법의 주격 관계대명사
which allows **doctors to talk** to their patients / in a specific,
allows의 목적어와 목적격 보어 (to부정사)
refined, and feedback-driven way / **that** was not even possible
a decade ago. // 주격 관계대명사
이는 의사가 환자에게 말할 수 있도록 해 주었다 / 구체적이고도 정제되었으며 피드백을
기반으로 하는 방식으로 / 십 년 전에는 전혀 가능하지 않았던 //

- **brick** ⓝ 벽돌 - **accelerator** ⓝ 가속 페달 - **barrier** ⓝ 장애물
- **be worth -ing** ~할 가치가 있다 - **pursue** ⓥ 추구하다
- **possess** ⓥ 소유하다 - **operate** ⓥ 작동하다 - **refined** ⓐ 정제된
- **pose a challenge** 어려움을 주다

만약 '자율 주행' 자동차를 1950년대에 만들고 싶었다면, 가장 좋은 선택은 가속 페달에 벽돌을 끈으로 묶는 것이었을 것이다. 물론, 자동차가 스스로 앞으로 나아갈 수는 있었겠지만, 속도를 줄이거나 멈추거나 또는 장애물을 피하기 위해 방향을 전환할 수는 없었다. 분명히, 이상적이지는 않다. 그러나 그것이 자율 주행 자동차라는 전체 개념이 추구할 만한 가치가 없다는 의미일까? 아니다, 그것은 단지 우리가 지금은 갖고 있는, 자동차를 자율적이고도 안전하게 작동할 수 있도록 해 주는 도구를, 그 당시에는 우리가 아직 갖고 있지 않았다는 것을 의미할 뿐이다. 한때 멀게만 느껴졌던 이 꿈이 이제 우리의 손이 닿는 곳에 있는 것처럼 보인다. 이는 의학에서도 마찬가지이다. 20년 전에, 우리는 여전히 가속 페달에 벽돌을 테이프로 묶어 두고 있었다. 오늘날, 우리는 환자를 고유한 개인으로서 이해하는 것을 증진하는 방식에 맞는 적절한 기술을 도입하기 시작하는 지점에 접근하고 있다. 사실, 많은 환자들이 이미 자신의 상태를 실시간으로 관찰하는 장치를 착용하고 있는데, 이는 의사가 구체적이고도 정제되었으며 피드백을 기반으로 하는, 십 년 전에는 전혀 가능하지 않았던 방식으로 환자에게 말할 수 있도록 해 주었다.

밑줄 친 we were still taping bricks to accelerators가 다음 글에서 의미하는 바로 가장 적절한 것은? [3점]
안전 운행을 위한 장치가 없었다는 내용은 의학계가 아니라 자율 주행 자동차에서의 내용임
① the importance of medical education was overlooked
의학 교육의 중요성이 간과되었다   의학 교육의 중요성은 언급되지 않음
② self-driving cars enabled patients to move around freely
자율 주행 자동차는 환자가 자유롭게 돌아다니도록 해주었다   의학계에 적용한 내용임
③ the devices for safe driving were unavailable at that time
안전 운전을 위한 장치들이 당시에는 없었다
④ lack of advanced tools posed a challenge in understanding
patients   It is much the same story in medicine.
발전된 도구의 결여가 환자를 이해하는 데 어려움을 주었다
⑤ appropriate technologies led to success in developing a new
medicine
알맞은 기술이 신약 개발의 성공으로 이끌었다   신약 개발에 관한 언급은 없었음

| 문제 풀이 순서 | ★★★ [정답률 55%]

1st 첫 문장과 밑줄 친 부분이 포함된 문장을 읽고, 글의 내용을 예상한다.

첫 문장	만약 '자율 주행' 자동차를 1950년대에 만들고 싶었다면, 가장 좋은 선택은 가속 페달에 벽돌을 끈으로 묶는 것이었을 것이다.
밑줄 친 부분이 포함된 문장	20년 전에, 우리는 여전히 가속 페달에 벽돌을 테이프로 묶어 두고 있었다.

➡ **첫 문장:** 과거에 자율 주행 자동차를 만들기 위해서는 가속 페달에 벽돌을 끈으로 묶었을 것임
밑줄 친 부분이 포함된 문장: 과거에 우리는 여전히 가속 페달에 벽돌을 묶어 두고 있었음

➡ 과거에는 기술이 부족했기 때문에 자율 주행 자동차를 가속 페달에 벽돌을 묶어서 눌러놓는 엉성한 방식을 사용해야만 했다는 내용이다. 밑줄 친 부분이 포함된 문장 앞을 보면 의학계에서도 마찬가지라고 했으므로, 이를 기술 부족으로 어려움을 겪었던 과거의 의학계에 적용한 내용일 것이다.

2nd 글의 나머지 부분을 읽고, 예상한 내용이 맞는지 확인한다.

의학계에서도 '여전히 가속 페달에 벽돌을 테이프로 묶어 두고 있었다'는 것은 과거 자율 주행 자동차의 경우처럼 발전된 도구가 없어서 그 기능(환자를 이해하는 것)을 다하지 못했다는 의미이므로, 정답은 ④ '발전된 도구의 결여가 환자를 이해하는 데 어려움을 주었다'이다.

| 선택지 분석 |

① 의학 교육의 중요성은 언급되지 않았다.
② 자율 주행 자동차의 기술 변화를 의학계에 적용한 내용으로, 두 개념을 묶어서 언급하지 않았다.
③ 안전 운행을 위한 장치가 없었다는 내용은 자율 주행 자동차에서의 내용이다.
④ 과거에는 기술이 부족해 환자를 이해하기 어려웠지만, 오늘날에는 이를 극복하고 있다는 내용이 이어지고 있다.
⑤ 신약 개발에 관한 언급은 없었다.

D 07 정답 ① *변화를 추구해야 하는 오늘날의 기업들

In today's information age, / in many companies and on many teams, / the objective is no longer error prevention and replicability. //
오늘날 정보화 시대에는 / 많은 기업과 팀에서 / 목표는 더 이상 오류 방지와 반복 가능성이 아니다 //

On the contrary, / it's creativity, speed, and keenness. //
= the objective
반대로 / 그것은 창의성, 속도 그리고 명민함이다 //

In the industrial era, / the goal was / to minimize variation. //
명사적 용법 (주격 보어)
산업화 시대에서 / 목표는 / 변화를 최소화하는 것이었다 //

But in creative companies today, / maximizing variation is more essential. //
동명사 주어 / 단수 동사
그런데 오늘날의 창의적 기업에서는 / 변화를 극대화하는 것이 더 필수적이다 //
단서 1 오늘날의 창의적 기업은 변화를 극대화하는 것이 필수적임

In these situations, / the biggest risk isn't / making a mistake or losing consistency; /
병렬 구조 (주격 보어)
이러한 상황에서 / 가장 큰 위험은 ~이 아니다 / 실수를 하거나 일관성을 잃는 것이 /

it's failing / to attract top talent, / to invent new products, / or to change direction quickly / when the environment shifts. //
= the biggest risk / 병렬 구조 (failing의 목적어) / 부사절 접속사 (시간)
실패하는 것이다 / 가장 재능 있는 사람을 끌어들이는 것 / 새로운 제품을 만드는 것 / 혹은 방향을 빠르게 바꾸는 것에 / 상황이 변할 때 //

Consistency and repeatability / are more likely to suppress fresh thinking / than to bring your company profit. //
be more likely to-v: ~할 가능성이 더 높다 / to bring의 간접목적어와 직접목적어
일관성과 반복 가능성은 / 새로운 생각을 짓누를 가능성이 더 높다 / 여러분의 회사에 이익을 가져오기보다 //
단서 2 일관성과 반복 가능성은 혁신을 저해함

A lot of little mistakes, / while sometimes painful, / help the organization learn quickly / and are a critical part of the innovation cycle. //
부사절에서 「주어+be동사」 생략 / help의 목적어와 목적격 보어 (원형부정사)
많은 작은 실수는 / 때때로 고통스럽지만 / 조직이 빠르게 배우는 것을 돕고 / 혁신 주기의 중요한 부분이다 //

In these situations, / rules and process are no longer the best answer. //
부정어
이러한 상황에서 / 규칙과 과정은 더 이상 최선의 답이 아니다 //

A symphony isn't / what you're going for. //
선행사가 포함된 관계대명사
교향악단은 아니다 / 여러분이 추구하는 것이 //

Leave the conductor and the sheet music behind. //
지휘자와 악보는 내버려 두어라 //

Build a jazz band instead. // 대신 재즈 밴드를 구성하라 //

- replicability ⓝ 반복 가능성
- keenness ⓝ 예리함, 명민함
- era ⓝ 시대
- minimize ⓥ 최소화하다
- variation ⓝ 변화
- maximize ⓥ 극대화하다
- consistency ⓝ 일관성
- shift ⓥ 변화하다, 이동하다
- repeatability ⓝ 반복 가능성
- suppress ⓥ 짓누르다
- profit ⓝ 이윤
- innovation ⓝ 혁신
- symphony ⓝ 교향악단
- conductor ⓝ 지휘자
- foster ⓥ 기르다, 조성하다
- scope ⓝ 범위
- variability ⓝ 가변성
- promote ⓥ 촉진하다
- forecast ⓥ 예측하다

오늘날 정보화 시대에는, 많은 기업과 팀에서 목표는 더 이상 오류 방지와 반복 가능성이 아니다. 반대로, 그것은 창의성, 속도 그리고 명민함이다. 산업화 시대에서, 목표는 변화를 최소화하는 것이었다. 그런데 오늘날의 창의적 기업에서는 변화를 극대화하는 것이 더 필수적이다. 이러한 상황에서, 가장 큰 위험은 실수를 하거나 일관성을 잃는 것이 아니라, 가장 재능 있는 사람을 끌어들이는 것, 새로운 제품을 만드는 것, 혹은 상황이 변할 때 방향을 빠르게 바꾸는 것에 실패하는 것이다. 일관성과 반복 가능성은 여러분의 회사에 이익을 가져오기보다 새로운 생각을 짓누를 가능성이 더 높다. 많은 작은 실수는 때때로 고통스럽지만, 조직이 빠르게 배우는 것을 돕고 혁신 주기의 중요한 부분이다. 이러한 상황에서, 규칙과 과정은 더 이상 최선의 답이 아니다. 교향악단은 여러분이 추구하는 것이 아니다. 지휘자와 악보는 내버려 두어라. 대신 재즈 밴드를 구성하라.

밑줄 친 Build a jazz band가 다음 글에서 의미하는 바로 가장 적절한 것은?

① Foster variation within an organization.　But in creative companies today, maximizing variation is more essential
조직 내에서 변화를 길러라.
② Limit the scope of variability in businesses.　반대의 내용임
사업의 변화 가능성의 범위를 제한하라.
③ Invent a new way of minimizing risk-taking.　반대의 내용임
위험 감수를 최소화할 새로운 방식을 발명하라.
④ Promote teamwork to forecast upcoming changes.　변화를 예측할 팀워크를 촉진하라는 내용이 아님
다가올 변화를 예측할 팀워크를 촉진하라.
⑤ Share innovations over a sufficient period of time.　시간과 관련된 내용은 언급되지 않음
충분한 시간에 걸쳐 혁신을 공유하라.

| 문제 풀이 순서 | ★★★ [정답률 63%]

1st 글의 첫 부분과 밑줄 친 부분이 포함된 부분을 읽고, 전체 내용을 예상한다.

첫 부분	오늘날 정보화 시대에는, 많은 기업과 팀에서 목표는 더 이상 오류 방지와 반복 가능성이 아니다. 반대로, 그것은 창의성, 속도 그리고 명민함이다.
밑줄 친 부분이 포함된 부분	지휘자와 악보는 내버려 두어라. 대신 재즈 밴드를 구성하라.

➡ 첫 부분: 기업의 목표가 예전과는 달라졌음을 소개하고자 함
밑줄 친 부분이 포함된 부분: 기업의 달라진 목표를 교향악단과 재즈 밴드에 비유하며, "재즈 밴드를 구성하라"고 함
➡ 교향악단 대신 재즈 밴드를 구성하라는 말은 규칙을 철저히 지키던 산업화 시대의 기업 목표에서 변화를 추구하는 오늘날의 기업 목표로 전환하라는 비유이므로, 재즈 밴드는 조직 내에서 변화를 기르라는 내용일 것이다.

2nd 글의 나머지 부분을 읽고, 밑줄 친 부분의 의미를 파악한다.

산업화 시대에서 목표는 변화를 최소화하는 것이었음 ➡ 그런데 정보화 시대에서는 변화를 극대화하는 것이 더 필수적임 단서 1
일관성과 반복 가능성은 혁신을 저해함 단서 2
➡ 과거에는 규칙을 지키고 일관성 있게 일하는 것이 목표였지만, 현재는 변화를 추구하고 위험을 감수해야 혁신을 가져올 수 있다는 내용이다.
▶ 따라서 지휘자와 악보에 발맞춰야 하는 교향악단 대신 재즈 밴드를 구성하라는 것의 의미는 ① '조직 내에서 변화를 길러라.'이다.

| 선택지 분석 |

① 오늘날의 창의적인 기업에서는 변화를 극대화하는 것이 필수적이다.
② 사업의 변화 가능성을 제한했던 것은 산업화 시대의 내용이며, 오늘날에는 변화를 극대화하라는 내용이다.
③ 위험 감수와 작은 실수를 통해 혁신을 추구하는 것이 중요하다고 설명했다.
④ 변화를 예측하라는 내용이 아니라, 조직 내에서 변화를 극대화하라는 내용이다.
⑤ 혁신을 충분한 시간에 걸쳐서 나누라는 내용은 언급되지 않았다.

D 08 정답 ① *마라톤 준비와 같은 재난 대비

The known fact of contingencies, / without knowing precisely / what those contingencies will be, / shows / that disaster preparation is not the same thing / as disaster rehearsal. //
주어 / 단서 1 실제 재난과 똑같이 연습하는 것이 재난 대비가 아님 / 동사 / 목적어절 접속사
비상사태에 관해 이미 알려진 사실은 / 정확히 아는 것이 없이 / 그 비상사태가 어떤 것이 될 것인지 / 보여준다 / 재난 대비가 똑같은 것이 아니라는 것을 / 재난 예행연습과 //

No matter how many mock disasters are staged / according to prior plans, / the real disaster will never mirror / any one of them. //
양보의 부사절을 이끄는 복합 관계부사, However로 바꾸어 쓸 수 있음
아무리 많은 모의 재난이 조직되더라도 / 사전 계획에 따라 / 실제 재난은 그대로 반영하지 않을 것이다 / 그런 것들 중 어느 하나라도 //

Disaster-preparation planning / is more like training for a marathon / than training / for a high-jump competition or a sprinting event. //
재난 대비 계획 세우기는 / 마라톤을 위해 훈련하는 것과 더 비슷하다 / 훈련하는 것보다는 / 높이뛰기 시합이나 단거리 달리기 경주를 위해 //

Marathon runners do not practice / by running the full course of twenty-six miles; /
단서 2 실제 마라톤과 똑같이 달리는 것으로 준비하는 것이 아님
마라톤 선수들은 연습하는 것이 아니라 / 26마일 전체 코스를 달리는 것으로 /

rather, they get into shape / by running shorter distances / and building up their endurance / with cross-training. //
오히려 그들은 몸 상태를 좋게 만든다 / 더 짧은 거리를 달리고 / 자신의 지구력을 강화함으로써 / 여러 가지 운동을 조합하여 행하는 훈련법으로 //

If they have prepared successfully, / then they are in optimal condition / to run the marathon / over its predetermined course and length, /
만약 그들이 성공적으로 준비했다면 / 그들은 최적의 상태에 있다 / 마라톤을 달리기에 / 그것의 미리 정해진 코스와 길이에 걸쳐 /

단서 3 실제 마라톤을 달리기에 최적의 상태에 있도록 훈련함

assuming a range of weather conditions, / predicted or not. //
다양한 기상 조건을 가정하면서 / 예상되었든 아니든 //

This is / normal marathon preparation. //
이것이 ~이다 / 보통의 마라톤 준비 //

- precisely ad 정확히   • disaster n 재난   • rehearsal n 예행연습
- stage v (집회 등을) 벌이다[조직하다]   • prior a 사전의
- mirror v (그대로) 반영하다[나타내다]
- sprint v (짧은 거리를) 전력 질주하다
- get into shape 몸 상태를 좋게 만들다   • build up ~을 단련하다
- endurance n 지구력   • optimal a 최적의
- predetermined a 미리 정해진   • assume v 가정하다
- a range of 다양한   • potential n 잠재력   • long-term 장기적인
- recovery n 복구   • seek v 구하다   • supply n 공급품, 지급품

비상사태에 관해 이미 알려진 사실은, 그 비상사태가 어떤 것이 될 것인지 정확히 아는 것이 없이, 재난 대비가 재난 예행연습과 똑같은 것이 아니라는 것을 보여준다. 아무리 많은 모의 재난이 사전 계획에 따라 조직되더라도 실제 재난은 그런 것들 중 어느 하나라도 그대로 반영하지 않을 것이다. 재난 대비 계획 세우기는 높이뛰기 시합이나 단거리 달리기 경주를 위해 훈련하는 것보다는 마라톤을 위해 훈련하는 것과 더 비슷하다. 마라톤 선수들은 26마일 전체 코스를 달리는 것으로 연습하는 것이 아니라 오히려 더 짧은 거리를 달리고 여러 가지 운동을 조합하여 행하는 훈련법으로 자신의 지구력을 강화함으로써 몸 상태를 좋게 만든다. 만약 그들이 성공적으로 준비했다면 그들은 마라톤의 미리 정해진 코스와 길이에 걸쳐 예상되었든 아니든 다양한 기상 조건을 가정하면서 마라톤을 달리기에 최적의 상태에 있다. 이것이 보통의 마라톤 준비이다.

밑줄 친 training for a marathon이 다음 글에서 의미하는 바로 가장 적절한 것은? [3점]

① developing the potential to respond to a real disaster
실제 재난에 대응하는 잠재력 기르기   실제 상황에 대응하도록 훈련해야 함
② making a long-term recovery plan for a disaster
재난에 대한 장기적인 복구 계획을 수립하기   '복구 계획'에 대한 언급은 없음
③ seeking cooperation among related organizations
관련 기관들 간의 협조를 구하기   '협조'에 대한 언급은 없음
④ saving basic disaster supplies for an emergency
비상사태를 위해 기본적인 재난 대비 물자를 비축하기   마라톤의 비유에서 추론할 수 없음
⑤ testing a runner's speed as often as possible
가능한 한 자주 달리는 선수의 속도를 검사하기   '재난 대비'가 글의 핵심임

> 왜 정답 ? ★★★ [정답률 40%]

재난 대비는 재난 예행연습과 똑같은 것이 아닌데, 아무리 많은 모의 재난이 사전 계획에 따라 조직되더라도 실제 재난은 그런 것들 중 어느 하나라도 그대로 반영하지 않을 것이기 때문이다.
이는 마라톤 선수들이 26마일 전체 코스를 달리는 것으로 연습하는 것이 아니라 더 짧은 거리를 달리거나 여러 가지 운동을 조합하여 훈련하는 것과 같은 방식이다. 재난 대비 계획 세우기가 '마라톤을 위해 훈련하는 것'과 더 비슷하다는 말은 실제 상황과 똑같은 훈련이 중요한 게 아니라 실제 상황에서 잘할 수 있게 하는 훈련이 필요하다는 의미이므로 정답은 ① '실제 재난에 대응하는 잠재력 기르기'이다.

> 왜 오답 ?

② 마라톤 선수가 장기적인 회복 계획을 세워 훈련한다는 내용이 아니다.
③ 관련된 여러 당사자들 사이의 협조가 중요하다는 언급은 없다.
④ 실제와 똑같은 상황을 훈련하는 것보다 실제 상황에서 잘 대응할 수 있도록 훈련하는 것이 더 중요하다는 내용으로, 물자의 비축과 관련된 언급은 없다.
⑤ 마라톤은 재난 대비를 설명하기 위해 든 비유적인 수단일 뿐이다.

D 09 정답 ⑤ *침묵 효과

Perhaps / worse than / attempting to get the bad news out of the way / is attempting to soften it / or simply not address it at all. //
아마도 / 더 나쁜 것은 / 나쁜 소식부터 먼저 이야기하고 넘어가려고 하는 것보다 / 그것을 완화시키려 하는 것이다 / 또는 전혀 다루지 않으려고 (하는 것이다) //

This "Mum Effect" / — a term coined by psychologists Sidney Rosen and Abraham Tesser in the early 1970s — / happens /
이 '침묵 효과'는 / 1970년대 초반에 심리학자인 Sidney Rosen과 Abraham Tesser가 만든 용어인 / 발생한다 /

단서 1 사람들은 부정적인 감정의 표적이 되는 것을 피하고 싶기 때문에 나쁜 소식을 다루려 하지 않음

because people want to avoid / becoming the target of others' negative emotions. //
사람들이 피하고 싶기 때문에 / 다른 사람들의 부정적인 감정의 표적이 되는 것을 //

단서 2 변화를 이끌기 위해서는 상사에게 나쁜 소식을 전달하는 용기가 필요함

We all have the opportunity / to lead change, / yet it often requires of us / the courage / to deliver bad news to our superiors. //
우리 모두는 기회를 가지고 있다 / 변화를 이끌 / 그러나 그것은 종종 우리에게 필요로 한다 / 용기를 / 우리의 상사에게 나쁜 소식을 전달하기 위한 //

We don't want to be / the innocent messenger / who falls before a firing line. //
우리는 되고 싶어 하지는 않는다 / 무고한 전령이 / 사선 앞에서 쓰러지는 //

When our survival instincts kick in, / they can override our courage / until the truth of a situation gets watered down. //
우리의 생존 본능이 발동하면 / 그것이 우리의 용기를 무효화시킬 수 있다 / 어떤 상황의 진상이 희석될 때까지 //

단서 3 우리의 생존 본능은 그러한 용기를 없애버림

"The Mum Effect and the resulting filtering / can have devastating effects / in a steep hierarchy," / writes Robert Sutton, an organizational psychologist. //
"침묵 효과와 그로 인해 발생하는 여과는 / 파괴적인 결과를 가져올 수 있다 / 가파른 위계 관계에서"라고 / 조직 심리학자 Robert Sutton이 말한다 /

"What starts out as bad news / becomes happier and happier / as it travels up the ranks /
"나쁜 소식으로 시작한 것이 / 점점 더 좋아진다 / 단계를 올라갈수록 /

— because after each boss hears the news / from his or her subordinates, / he or she makes it sound a bit less bad / before passing it up the chain." //
각 단계의 상사가 그 소식을 듣고 나서 / 자신의 부하 직원으로부터 / 그들은 그것을 다소 덜 나쁘게 들리도록 만들기 때문이다 / 다음 단계로 넘어가기 전에 //

- attempt v 시도하다   • soften v 완화시키다   • address v 다루다
- term n 용어   • coin v 만들다   • target n 표적, 대상
- emotion n 감정   • courage n 용기   • deliver v 전달하다
- superior n 상사   • innocent a 무고한, 순진한
- firing line 사선, (활동의) 제일선   • instinct n 본능
- kick in 발동하다, 효과가 나다   • override v 무효화하다
- truth n 진상   • water down 희석시키다, 효과를 약화시키다
- resulting a 그로 인해 발생하는   • filtering n 여과
- devastating a 파괴적인   • steep a 가파른
- hierarchy n 위계 관계   • subordinate n 부하 직원
- peacemaker n 평화 중재자   • pursue v 추구하다
- negotiator n 협상가   • mutual a 상호의   • blame n 비난
- unpleasant a 불쾌한, 불편한

아마도 나쁜 소식부터 먼저 이야기하고 넘어가려고 하는 것보다 더 나쁜 것은 그것을 완화시키거나 전혀 다루지 않으려고 하는 것이다. 1970년대 초반에 심리학자인 Sidney Rosen과 Abraham Tesser가 만든 용어인 이 '침묵 효과'는 사람들이 다른 사람들의 부정적인 감정의 표적이 되는 것을 피하고 싶기 때문에 발생한다. 우리 모두는 변화를 이끌 기회를 가지고 있으나, 그것은 종종 우리의 상사에게 나쁜 소식을 전달하기 위한 우리의 용기를 필요로 한다. 우리는 사선 앞에서 쓰러지는 무고한 전령이 되고 싶어 하지는 않는다. 우리의 생존 본능이 발동하면, 그것이 어떤 상황의 진상이 희석될 때까지 우리의 용기를 무효화시킬 수 있다. "침묵 효과와 그로 인해 발생하는 여과는 가파른 위계 관계에서 파괴적인 결과를 가져올

수 있다"라고 조직 심리학자 Robert Sutton이 말한다. "나쁜 소식으로 시작한 것이 단계를 올라갈수록 점점 더 좋아진다. 그 이유는 각 단계의 상사가 자신의 부하 직원으로부터 그 소식을 듣고 나서 다음 단계로 넘어가기 전에 그것을 다소 덜 나쁘게 들리도록 만들기 때문이다."

밑줄 친 the innocent messenger who falls before a firing line이 다음 글에서 의미하는 바로 가장 적절한 것은? [3점]

① the employee being criticized for being silent
침묵하고 있다는 비판을 받고 있는 직원   침묵하고 있으면 비판을 받지 않음
② the peacemaker who pursues non-violent solutions
비폭력을 추구하는 평화 중재자   비폭력 해결을 원하는 평화 중재자에 대한 언급 없음
③ the negotiator who looks for a mutual understanding
상호이해를 추구하는 협상가   상호이해를 추구하는 협상에 대한 언급 없음
④ the subordinate who wants to get attention from the boss
상사의 관심을 갖기를 원한다면 무고한 전령이 되기를 피할 것임
상사의 관심을 갖기를 원하는 부하 직원
⑤ the person who gets the blame for reporting unpleasant news   나쁜 소식을 전달하면 그 부정적인 감정의 표적이 됨
불쾌한 소식을 보고한 것에 대해 비난을 받는 사람

왜 정답? ✱✱❀ [정답률 72%]

나쁜 소식을 그대로 전달하기보다 그것을 완화시켜 말하거나 전혀 말하지 않으려고 하는 '침묵 효과'에 대해 설명한 글이다.
나쁜 소식을 전달했을 때 받을 수 있는 비난이나 부정적인 감정의 대상이 되길 원하지 않기 때문에 우리의 생존 본능은 나쁜 소식을 전달할 '용기'를 없앤다고 했다. 따라서 '사선 앞에서 쓰러지는 무고한 전령'이 되기를 피하는 것은 '나쁜 소식을 기꺼이 용기 내어 전달하고 부정적인 감정의 표적이 되는 사람'이 되기를 피하는 것이므로 정답은 ⑤ '불쾌한 소식을 보고한 것에 대해 비난을 받는 사람'이 된다.

왜 오답?
오히려 비판을 피하기 위한 방법으로 침묵을 택함 꿀팁

① 침묵하고 있다고 비판을 받는 것이 아니라 나쁜 소식을 전달하면 비난을 받을 것이므로 글의 내용과 맞지 않다.
② 비폭력 해결을 원하는 평화 중재자에 대한 언급은 없다.
③ 상호이해를 추구하는 협상가에 대한 언급은 없다.
④ 상사에게 나쁜 소식을 전달하면 비판을 받을 것이므로 관심 갖기를 원하는 부하 직원은 무고한 전령이 되기를 피할 것이다.

D 10 정답 ④ ✱창의적인 팀의 역설적 특징

The creative team exhibits / paradoxical characteristics. //
창의적인 팀은 보인다 / 역설적인 특징을 //
It shows / tendencies of thought and action / that we'd assume / to be mutually exclusive or contradictory. //
목적격 보어   목적격 관계대명사
그것은 보여준다 / 생각과 행동의 경향을 / 우리가 가정하는 / 상호 배타적이거나 모순된다고 //
단서 1 최고의 작업을 수행하려면 해결하려는 주제에 대한 전문가가 필요함
For example, / to do its best work, / a team needs / deep knowledge of subjects / relevant to the problem / it's trying to solve, / and a mastery of the processes involved. //
부사적 용법(목적)   앞에 목적격 관계대명사가 생략됨
예를 들어 / 그것의 최고의 작업을 수행하기 위해서 / 팀은 필요하다 / 주제에 대한 깊은 지식이 / 문제와 관련된 / 그것이 해결하려는 / 그리고 수반되는 과정의 숙달이 //
선행사   주격 관계대명사
But at the same time, / the team needs fresh perspectives / that are unencumbered / by the prevailing wisdom or established ways of doing things. //
단서 2 최고의 작업을 수행하려면 전문가가 필요한 동시에 신선한 관점도 필요함
그러나 동시에 / 팀은 신선한 관점이 필요하다 / 구애받지 않는 / 널리 퍼져 있는 지혜나 일을 하는 입증된 방법에 //
Often called a "beginner's mind," / this is the newcomers' perspective: /
종종 '초심자의 마음'이라고 불리는 / 이것은 신참의 관점이다 /
선행사   주격 관계대명사
people / who are curious, even playful, and willing to ask anything / — no matter how naive the question may seem — / because they don't know / what they don't know. //
= however
사람들 / 호기심 많고, 심지어 장난기 넘치고, 무엇이든 기꺼이 물어보는 / 질문이 아무리 순진해 보이더라도 / 그들이 모르기 때문에 / 그들이 무엇을 모르는지를 //
Thus, / bringing together contradictory characteristics / can accelerate / the process of new ideas. //
동명사구 주어   동사   목적어
따라서 모순되는 특징들을 한데 모으는 것이 / 가속할 수 있다 / 새로운 아이디어의 과정을 //

- exhibit ⓥ (감정 등을) 보이다[드러내다]
- paradoxical ⓐ 역설의, 모순의   • tendency ⓝ 경향, 성향
- assume ⓥ (사실일 것으로) 추정[가정]하다
- mutually ⓐⓓ 서로, 상호간에   • exclusive ⓐ 배타적인
- contradictory ⓐ 모순되는   • relevant ⓐ 관련 있는
- mastery ⓝ 숙달, 통달   • process ⓝ 과정, 절차
- involve ⓥ 수반하다, 포함하다   • perspective ⓝ 관점, 시각
- prevailing ⓐ 우세한, 널리 퍼진
- established ⓐ 입증된, 확실히 자리를 잡은
- newcomer ⓝ 신입자, 신참   • naive ⓐ 순진한, 지식이 없는
- accelerate ⓥ 가속하다   • establish ⓥ 세우다, 설립하다
- short-term 단기의, 단기적인   • long-term 장기의, 장기적인
- challenging ⓐ 도전 의식을 북돋우는
- adopt ⓥ (특정한 방식이나 자세를) 쓰다[적용하다]
- temporary ⓐ 일시적인, 임시의   • permanent ⓐ 영구적인, 종신의
- utilize ⓥ 활용하다   • aspect ⓝ 견지, 관점   • expert ⓝ 전문가
- rookie ⓝ 신참, 초심자   • simultaneously ⓐⓓ 동시에

창의적인 팀은 역설적인 특징을 보인다. 그것은 우리가 상호 배타적이거나 모순된다고 가정하는 생각과 행동의 경향을 보여준다. 예를 들어, 최고의 작업을 수행하기 위해서는 팀이 해결하려는 문제와 관련된 주제에 대한 깊은 지식과 수반되는 과정의 숙달이 필요하다. 그러나 동시에, 널리 퍼져 있는 지혜나 일을 하는 입증된 방법에 구애받지 않는 신선한 관점이 필요하다. 종종 '초심자의 마음'이라고 불리는 이것은 신참, 즉 호기심 많고, 심지어 장난기 넘치고, 자신이 모르는 것이 무엇인지도 모르기 때문에 질문이 아무리 순진해 보이더라도 무엇이든 기꺼이 물어보는 사람들의 관점이다. 따라서 모순되는 특징들을 한데 모으는 것이 새로운 아이디어의 과정을 가속할 수 있다.

밑줄 친 bringing together contradictory characteristics가 다음 글에서 의미하는 바로 가장 적절한 것은?

① establishing short-term and long-term goals
단기 목표와 장기 목표를 세우는 것   목표 설정에 대한 글이 아님
② performing both challenging and easy tasks
도전 의식을 북돋우는 일과 쉬운 일을 다 수행하는 것   어려운 일과 쉬운 일이 역설적인 요소인 것이 아님
③ adopting temporary and permanent solutions   일시적인 해결책과
일시적이고 영구적인 해결책을 적용하는 것   영구적인 해결책이 모두 필요하다는 것이 아님
④ utilizing aspects of both experts and rookies
전문가와 신참 둘 다의 관점을 이용하는 것   newcomers가 rookies임
⑤ considering processes and results simultaneously
과정과 결과를 동시에 고려하는 것   the processes involved가 언급된 것으로 만든 오답

왜 정답? ✱✱✱ [정답률 70%] 전문가의 관점 꿀팁

창의적인 팀은 역설적인 특징을 갖는다는 문장으로 글을 시작한 후, 최고의 작업을 수행하려면 해결하려는 문제와 관련된 주제에 대해 깊은 지식과 수반되는 과정에 있어서의 숙달이 필요함과 동시에 신선한 관점도 필요하다고 했다. 즉, 최고의 업무 수행을 위해서 전문가와 초심자가 둘 다 필요하다는 것이므로 '모순되는 특징들을 한데 모으는 것'은 ④ '전문가와 신참 둘 다의 관점을 이용하는 것'을 의미한다.
신참의 관점 꿀팁

왜 오답?

① 최고의 업무 수행을 위해서는 두 가지 역설적인 요소가 필요하다는 내용으로, 대조를 이루는 두 가지 요소가 단기 목표와 장기 목표가 아니라 전문가의 관점과 신참의 관점이다.
② 어려운 일과 쉬운 일을 둘 다 하는 것이 최고의 업무 수행에 필요하다는 내용이 아니다.
③ 해결책이 일시적인지 또는 영구적인지에 대해서는 언급되지 않는다. 함정
⑤ 전문가의 관점이 필요함을 설명하면서 a mastery of the processes involved 가 언급된 것으로 만든 오답이다.

D 11 정답 ④ *Fish is Fish식의 이해

Studies by Vosniado and Brewer illustrate / *Fish is Fish*-style
assimilation / in the context of young children's thinking / about
the earth. //
Vosniado와 Brewer의 연구는 보여준다 / Fish is Fish식의 동화를 / 어린아이들이 가진
생각의 맥락에서 / 지구에 관해 //

They worked with children / who believed / that the earth is flat
/ (because this fit their experiences) /
그들은 아이들을 대상으로 연구했다 / 믿는 / 지구가 평평하다고 / (이것이 그들의 경험과
일치하기 때문에) /

and attempted to help them understand / that, in fact, it is
spherical. // 단서 1 지구가 평평하다고 믿는 아이들에게 지구가 구형이라는 것을 이해시키려 함
그리고 그들이 이해하도록 도우려고 시도했다 / 실은 지구가 구형이라는 것을 //

When told it is round, / children often pictured the earth / as a
pancake / rather than as a sphere. //
지구가 둥글다는 말을 들으면 / 아이들은 흔히 지구를 상상했다 / 팬케이크처럼 / 구의
형태보다는 //

If they were then told / that it is round like a sphere, / they
interpreted the new information / about a spherical earth /
within their flat-earth view / 단서 2 지구가 구형이라고 들은 아이들은 이 새로운
정보를 자신들의 평평한 지구라는 관점 안에서 해석함
그런 다음 그들이 들으면 / 지구가 구처럼 둥글다는 말을 / 그들은 새로운 정보를 해석했다 /
구형의 지구에 관한 / 자신들의 평평한 지구라는 관점 안에서 /

by picturing a pancake-like flat surface / inside or on top of a
sphere, / with humans standing / on top of the pancake. //
팬케이크처럼 평평한 표면을 상상함으로써 / 구의 안이나 위쪽에 있는 / 그리고 사람들이 서
있는 / 그 팬케이크 위에 //

The model of the earth / that they had developed / — and that
helped them explain / how they could stand or walk upon its
surface / — did not fit the model of a spherical earth. //
지구의 모형은 / 그들이 개발한 / 그리고 자신들이 설명하는 데 도움이 된 / 어떻게 지구의
표면에 서 있거나 걸을 수 있는지를 / 구형의 지구라는 모형과 일치하지 않았다 //

Like the story *Fish is Fish*, / where a fish imagines / everything
on land / to be fish-like, / everything / the children heard / was
incorporated / into their preexisting views. //
Fish is Fish의 이야기처럼 / 물고기가 상상한다 / 육지의 모든 것을 / 물고기와 닮은
것으로 / 모든 것은 / 아이들이 들은 / 통합되었다 / 그들의 기존 견해에 //
단서 3 Fish is Fish 이야기처럼, 아이들이 입력하는 모든 것은 자신의 기존 견해에 통합됨

- illustrate Ⓥ 보여주다 - assimilation Ⓝ 동화(同化)
- context Ⓝ 맥락 - flat Ⓐ 평평한 - fit Ⓥ 일치하다, 맞다
- attempt Ⓥ 시도하다 - spherical Ⓐ 구체(球體)의
- sphere Ⓝ 구(球) - interpret Ⓥ 해석하다 - surface Ⓝ 표면
- incorporate Ⓥ 통합하다 - preexisting Ⓐ 기존의
- establish Ⓥ 확립하다 - favor A over B B보다 A를 더 선호하다
- evaluate Ⓥ 평가하다 - theory Ⓝ 지식, 이론

Vosniado와 Brewer의 연구는 지구에 관해 어린아이들이 가진 생각의
맥락에서 Fish is Fish식의 동화를 보여준다. 그들은 지구가 평평하다고
믿는 아이들을 (이것이 그들의 경험과 일치하기 때문에) 대상으로
연구했고, 사실은 지구가 구형이라는 것을 그들이 이해하도록 도우려고
시도했다. 지구가 둥글다는 말을 들으면 아이들은 흔히 지구를 구의
형태보다는 팬케이크와 같다고 상상했다. 그런 다음 지구가 구처럼
둥글다는 말을 들으면 그들은 팬케이크처럼 평평한 표면이 구의 안쪽이나
위쪽에 있으며, 사람들이 팬케이크 위에 서있는 것을 상상함으로써
자신들의 평평한 지구라는 관점 안에서 구형의 지구에 관한 새로운 정보를
해석했다. 자신들이 어떻게 지구의 표면에 서 있거나 걸을 수 있는지를
설명하는 데 도움이 된 그들이 개발한 지구의 모형은 구형의 지구라는
모형과 일치하지 않았다. 물고기가 육지의 모든 것을 물고기와 닮은
것으로 상상한다는 Fish is Fish의 이야기처럼, 아이들이 들은 모든 것은
그들의 기존 견해에 통합되었다.

밑줄 친 *Fish is Fish*-style assimilation이 다음 글에서 의미하는 바로
가장 적절한 것은? [3점]

① established knowledge is questioned and criticized
확립된 지식은 의문시되고 비판받는다
② novel views are always favored over existing ones
새로운 견해는 항상 기존 견해보다 더 선호된다
③ all one's claims are evaluated based on others' opinions
자신의 모든 주장은 타인의 의견에 기반하여 평가된다
④ new information is interpreted within one's own views
새로운 정보는 자기 자신의 견해 안에서 해석된다
⑤ new theories are established through experiments
새로운 이론은 실험을 통해 확립된다

왜 정답? ★★[정답률 75%]

지구가 평평하다고 믿는 아이들에게 지구가 구형이라는 사실을 이해시키려고
하면, 원래 자신들이 가지고 있던 기존의 견해(지구는 평평하다)의 관점에서 새로운
정보를 이해하기 때문에 아이들은 완벽한 구형이 아닌 팬케이크처럼 평평한
표면이 있는 구형으로 이해한다.
이는 물고기가 육지에 있는 모든 것을 물고기와 같은 것으로 상상하듯이, 아이들도
자신의 기존 견해와 관점에서 새로운 정보를 해석한다는 내용이므로, 밑줄 친
부분의 의미는 ④ '새로운 정보는 자기 자신의 견해 안에서 해석된다'이다.

왜 오답?

① 기존의 확립된 지식에 대해 의문을 갖거나 비판하기 보다는 그 안에서 새로운
견해를 이해하려 한다고 했다.
② 기존의 견해보다 새로운 견해가 더 선호되는 것이 아니라 기존의 견해를
바탕으로 새로운 견해를 해석한다는 내용이다.
③ 개인이 기존에 가지고 있는 견해가 새로운 정보를 해석하는데 이용된다는
것이지 타인의 의견이 어떤 영향을 미치는지는 언급하지 않았다. 함정
⑤ 새로운 이론이 실험을 통해 확립된다는 것을 보여주는 내용이 아니다.

D 12 정답 ③ *에너지 수준에 맞춰서 일하는 습관의 중요성

단서 1 최고의 수행을 내려면 각각의 일이 우리의 에너지 수준에 이상적으로 맞춰져야 함
Research in the science / of peak performance and motivation /
points to the fact / that different tasks should ideally be matched
/ to our energy level. //
과학 연구는 / 최고의 수행과 동기 부여에 대한 / 사실을 지적한다 / 각각의 일이 이상적으로
맞춰져야 한다는 / 우리의 에너지 수준에 //

For example, / analytical tasks are best accomplished / when
our energy is high / and we are free from distractions / and able
to focus. //
예를 들어 / 분석적인 일은 가장 잘 수행된다 / 우리의 에너지가 높고 / 방해물이 없으며 /
집중할 수 있을 때 //

I generally wake up / energized. //
나는 보통 일어난다 / 활기찬 상태로 단서 2 필자는 아침에 보통 에너지가 가득 찬 상태임

Over the years, / I have consistently stuck to the habit / of "eating
my problems for breakfast." //
몇 년 동안 / 나는 습관을 꾸준히 고수해 왔다 / '아침 식사로 나의 문제를 먹는' //

I'm someone / who tends to overthink / different scenarios and
conversations / that haven't happened yet. //
나는 사람이다 / 너무 많이 생각하는 경향이 있는 / 다양한 시나리오와 대화를 / 아직 일어나지
않은 //

When I procrastinate / on talking with an unhappy client / or
dealing with an unpleasant email, /
내가 미룰 때 / 불만족스러워하는 고객과 이야기하거나 / 불쾌한 이메일을 처리하는 것을 /

I find / I waste too much emotional energy / during the day. //
나는 생각한다 / 내가 너무 많은 감정적인 에너지를 낭비한다고 / 낮 동안에 //

It's as if the task hangs over my head, / and I'll spend more time
/ worrying about it, / talking about it, / and avoiding it, /
마치 그 일이 뇌리에서 떠나지 않는 것 같고 / 나는 더 많은 시간을 보낼 것이다 / 그것에 대해
걱정하고 / 그것에 대해 이야기하고 / 그리고 그것을 피하는 데 /

than it would actually take / to just take care of it. //
~이 실제로 걸리는 것보다 / 그것을 단지 처리하는 데 //
단서 3 가장 골치 아픈 일을 에너지가 가득 찬 아침에 처리함

So for me, / it'll always be the first thing / **I get done**. //
그래서 나에게는 / 그것이 항상 첫 번째 일이 될 것이다 / 내가 끝내는 // 앞에 목적격 관계대명사 생략

If you know / you are not a morning person, / be strategic /
동명사 (전치사의 목적어)
about **scheduling** your difficult work later in the day. //
만약 여러분이 안다면 / 자신이 아침형 인간이 아니라는 것을 / 전략을 세우라 / 여러분의
어려운 일을 오후 늦은 시간에 하도록 일정을 짜는 것에 대한 //

- **peak** Ⓝ 정점, 최고조   · **motivation** Ⓝ 동기 부여
- **ideally** 젱 이상적으로   · **analytical** Ⓐ 분석적인
- **distraction** Ⓝ 방해물   · **consistently** 젱 꾸준히
- **stick to** ~을 고수하다   · **overthink** Ⓥ 너무 많이 생각하다
- **scenario** Ⓝ 시나리오, 대본   · **hang over** ~의 뇌리를 떠나지 않다
- **strategic** Ⓐ 전략적인   · **fuel** Ⓝ 연료   · **reflect** Ⓥ 떠올리다
- **demanding** Ⓐ 부담이 큰, 힘든

최고의 수행과 동기 부여에 대한 과학 연구는 각각의 일이 우리의 에너지
수준에 이상적으로 맞춰져야 한다는 사실을 지적한다. 예를 들어 분석적인
일은 우리의 에너지가 높고 방해물이 없으며 집중할 수 있을 때 가장
잘 수행된다. 나는 보통 활기찬 상태로 일어난다. 몇 년 동안 나는 '아침
식사로 나의 문제를 먹는' 습관을 꾸준히 고수해 왔다. 나는 아직 일어나지
않은 다양한 시나리오와 대화를 너무 많이 생각하는 경향이 있는 사람이다.
불만족스러워하는 고객과 이야기하거나 불쾌한 이메일을 처리하는
것을 미룰 때 나는 낮 동안에 너무 많은 감정적인 에너지를 낭비한다고
생각한다. 마치 그 일이 뇌리에서 떠나지 않는 것 같고, 나는 그것을 단지
처리하는 데 실제로 걸리는 것보다 더 많은 시간을 그것에 대해 걱정하고,
그것에 대해 이야기하고 그리고 그것을 피하는 데 보낼 것이다. 그래서
나에게는 그것이 항상 내가 끝내는 첫 번째 일이 될 것이다. 만약 여러분이
자신이 아침형 인간이 아니라는 것을 안다면, 여러분의 어려운 일을 오후
늦은 시간에 하도록 일정을 짜는 것에 대한 전략을 세우라.

> 밑줄 친 "eating my problems for breakfast"가 다음 글에서 의미하는
> 바로 가장 적절한 것은?
>
> ① thinking of breakfast as fuel for the day
>   아침 식사를 그날의 연료로 생각하는   아침 식사를 연료에 비유한 것이 아님
> ② trying to reflect on pleasant events from yesterday 관련 없음
>   어제의 즐거웠던 사건을 떠올려보는
> ③ handling the most demanding tasks while full of energy
>   에너지가 충분할 때 가장 힘든 업무를 처리하는   필자는 에너지가 많은 아침에 힘든 업무를 처리함
> ④ spending the morning time improving my physical health
>   아침 시간을 내 신체적 건강을 향상하는 데 쓰는   신체적 건강에 관한 내용은 언급되지 않음
> ⑤ preparing at night to avoid decision making in the morning
>   아침에 의사결정 하는 것을 피하고자 밤에 준비하는   아침에 처리한다고 했음

오왜 정답 ? ★★★ [정답률 67%]

- 최고의 수행을 해내려면 각각의 일이 우리의 에너지 수준에 이상적으로 맞춰져야
  함 단서 1
- 필자는 아침에 에너지가 가득 찬 상태라 아침에 어렵고 힘든 일을 미리 처리함
  단서 2, 3

→ 필자에겐 아침이 그러한 것처럼, 각자 에너지 수준에 맞는 일정을 짜서 최고의
  수행을 하라고 함
  ▶ 필자에게 '아침'은 에너지가 가득 찬 상태이기 때문에 그때 어렵고 힘든 일을 미리
  처리한다. 따라서 '아침 식사로 나의 문제를 먹는' 습관은 ③ '에너지가 충분할 때
  가장 힘든 업무를 처리하는' 습관을 뜻한다.

오왜 오답 ?

① 아침 식사는 힘든 업무를 처리한다는 것을 비유적으로 말한 표현이다.
② 어제의 즐거운 사건을 떠올리는 내용은 언급되지 않았다.
④ 신체적 건강에 관한 내용은 언급되지 않았다.
⑤ 에너지가 가득 찬 상태인 아침에 의사결정을 한다고 했다.

D 13 정답 ② *규칙적인 미디어 사용을 통해 집중력 향상하기

not A but B: A가 아니라 B
The most dangerous threat / to our ability to concentrate / is **not**
that we use our smartphone / during working hours, /
가장 위험한 위협은 / 우리의 집중하는 능력에 있어 / 우리가 스마트폰을 사용하는 것이
아니라 / 근무 시간 동안 /
단서 1 스마트폰을 불규칙적으로 사용하는 것이 우리의 집중에 가장 위험한 위협임

but that we use it / too irregularly. //
우리가 그것을 사용하는 것이다 / 지나치게 불규칙적으로 //
by -ing: ~함으로써
By checking / our emails every now and then on the computer
with+목적어+목적격 보어: ~가 …한 채로
/ and our text messages here and there / on our phone / **with no
particular schedule or rhythm in mind**, / 단서 2 특정한 일정이나 규칙성을 염두에
두지 않은 채 사용하는 것이 문제임
확인함으로써 / 우리의 이메일을 이따금 컴퓨터로 / 그리고 문자 메시지를 여기저기에서 /
우리의 전화로 / 특별한 일정이나 규칙성을 염두에 두지 않은 채 /
our brain loses its ability / to effectively filter. //
우리의 뇌는 그것의 능력을 잃는다 / 효과적으로 여과하는 //
as if 가정법 과거: 마치 ~인 것처럼(현재 사실의 반대)
The solution is / to regulate your devices / **as if you were** on a
strict diet. // 단서 3 해결책은 다이어트처럼 기기 사용을 엄격하게 조절하는 것임
해결책은 ~이다 / 여러분의 기기를 조절하는 것 / 마치 여러분이 엄격한 다이어트 중에 있는
것처럼 //

When it comes to nutrition, / sticking to a fixed time plan /
for breakfast, lunch, and dinner / allows **your metabolism to**
allows의 목적어와 목적격 보어(to부정사)
adjust, /
영양에 관해서라면 / 정해진 시간 계획을 고수하는 것이 / 아침, 점심 그리고 저녁 식사를 위한
/ 여러분의 신진대사가 적응하도록 하고 /
분사구문
thereby **causing less hunger** / during the in-between phases. //
그렇게 함으로써 허기를 덜 유발한다 / 중간 단계 동안 //

Your belly will start to rumble / around 12:30 p.m. each day, /
but that's okay / because that's a good time to eat lunch. //
여러분의 배는 우르르 울리기 시작할 것이다 / 매일 오후 12시 반쯤 / 하지만 괜찮다 / 그때는
점심을 먹기에 좋은 시간이기 때문에 //

If something unexpected happens, / you can add a snack every
now and then / to get fresh energy, / but your metabolism will
remain / **under control**. //
주격 보어로 쓰인 전치사구
만약 예기치 않은 무언가가 일어난다면 / 여러분은 이따금 간식을 추가할 수 있다 / 활기를
얻기 위해 / 하지만 여러분의 신진대사는 계속 있을 것이다 / 통제된 상태로 //

It's the same with our brain / when you put it on a "media diet." //
우리의 뇌도 마찬가지이다 / 여러분이 그것을 '미디어 다이어트' 상태로 두었을 때 //
단서 4 다이어트의 규칙적인 식단을 뇌에 적용하는 것이 '미디어 다이어트'임

- **threat** Ⓝ 위협   · **concentrate** Ⓥ 집중하다
- **irregularly** 젱 불규칙적으로   · **rhythm** Ⓝ 규칙적인 반복, 규칙성
- **filter** Ⓥ 거르다, 여과하다   · **regulate** Ⓥ 조절하다, 규제하다
- **device** Ⓝ 기기, 장비   · **strict** Ⓐ 엄격한   · **nutrition** Ⓝ 영양
- **stick to** ~을 고수하다   · **metabolism** Ⓝ 신진대사
- **in-between** 중간의   · **phase** Ⓝ 단계   · **belly** Ⓝ 배
- **consumption** Ⓝ 소비   · **false** Ⓐ 틀린, 잘못된
- **nutritional** Ⓐ 영양(상)의   · **stimulate** Ⓥ 자극하다
- **separate** Ⓥ 분리하다   · **toxic** Ⓐ 해로운

우리의 집중하는 능력에 있어 가장 위험한 위협은 우리가 근무 시간 동안
스마트폰을 사용하는 것이 아니라 우리가 그것을 지나치게 불규칙적으로
사용하는 것이다. 특별한 일정이나 규칙성을 염두에 두지 않은 채 이따금
컴퓨터로 우리의 이메일을 확인하고 우리의 전화로 문자 메시지를
여기저기에서 확인함으로써 우리의 뇌는 효과적으로 여과하는 그것의
능력을 잃는다. 해결책은 마치 여러분이 엄격한 다이어트 중에 있는
것처럼 여러분의 기기를 조절하는 것이다. 영양에 관해서라면 아침, 점심
그리고 저녁 식사를 위한 정해진 시간 계획을 고수하는 것이 여러분의
신진대사가 적응하도록 하고 그렇게 함으로써 중간 단계 동안 허기를
덜 유발한다. 여러분의 배는 매일 오후 12시 반쯤 우르르 울리기 시작할
것이지만 그때는 점심을 먹기에 좋은 시간이기 때문에 괜찮다. 만약
예기치 않은 무언가가 일어난다면 여러분은 활기를 얻기 위해 이따금
간식을 추가할 수 있지만 여러분의 신진대사는 계속 통제된 상태로 있을
것이다. 여러분이 그것(뇌)을 '미디어 다이어트' 상태로 두었을 때 우리의
뇌도 마찬가지이다.

밑줄 친 a "media diet"가 다음 글에서 의미하는 바로 가장 적절한 것은?

① balancing the consumption of traditional and online media 전통적인 미디어와 온라인 미디어 소비에 대한 언급은 없음
전통적인 미디어와 온라인 미디어 소비의 균형 맞추기

② regulating the use of media devices with a set schedule
미디어 기기 사용을 정해진 일정대로 규제하기

③ avoiding false nutritional information from the media
미디어의 잘못된 영양 정보 피하기　미디어의 잘못된 영양 정보에 대한 내용은 없음

④ stimulating your brain with various media sources
다양한 미디어 매체로 여러분의 뇌를 자극하기　규칙적인 미디어 사용으로 뇌의 집중력을 확보하자는 글임

⑤ separating yourself from toxic media contents
해로운 미디어 콘텐츠로부터 스스로를 분리하기　해로운 미디어 콘텐츠에 대한 언급은 없음

왜 정답? ★★★ [정답률 60%]

이 글은 집중에 가장 위협이 되는 것이 스마트폰을 불규칙적으로 사용하는 것이라고 말하며, 이에 대한 해결책은 기기 사용을 엄격하게 조절하는 것이라고 했다.
이를 다이어트에 빗대어 규칙적인 식단을 통해 몸의 신진대사가 적응하고 통제된 상태를 유지할 수 있듯이, 뇌도 규칙적인 미디어 사용을 통해 집중력을 유지할 수 있다고 했다.
따라서 밑줄 친 '미디어 다이어트'가 의미하는 바는 ② '미디어 기기 사용을 정해진 일정대로 규제하기'이다.

왜 오답?

① 전통적인 미디어와 온라인 미디어 소비 사이의 균형이 아니라, 미디어 기기 사용을 규칙적으로 해야 한다는 것이다.

③, ⑤ '미디어 다이어트'가 의미하는 바는 다이어트처럼 미디어 사용 시간을 규제하는 것이지, 미디어에서 나온 잘못된 영양 정보나 해로운 콘텐츠를 피하는 것이 아니다.

④ 다양한 미디어 매체를 활용하여 뇌를 자극하자는 글이 아니다.

D 14 정답 ① ＊고객 가치 창출과 기업의 수익성

과거분사구(companies 수식)
For companies / interested in delighting customers, / exceptional value and service / become part of the overall company culture. // 기업들에게 / 고객들을 즐겁게 하는 데 관심이 있는 / 뛰어난 가치와 서비스는 / 기업 문화 전반의 일부가 된다 //

For example, / year after year, / Pazano ranks at or near the top of the hospitality industry / in terms of customer satisfaction. // ~의 측면에서
예를 들어 / 해마다 / Pazano는 서비스업 중 최상위 또는 상위권을 차지한다 / 고객 만족이라는 측면에서 //

The company's passion / for satisfying customers / is summed up in its credo, / which promises / that its luxury hotels will deliver / a truly memorable experience. //
계속적 용법의 주격 관계대명사　목적어절 접속사
그 기업의 열정은 / 고객을 만족시키기 위한 / 그것의 신조에 요약되어 있다 / 이는 약속한다 / 그 기업의 고급 호텔이 제공할 것을 / 진정으로 기억될 만한 경험을 //

Although a customer-centered firm seeks to deliver / high customer satisfaction / relative to competitors, / it does not attempt to *maximize* / customer satisfaction. //
고객 중심 기업이 제공하고자 하지만 / 높은 고객 만족을 / 경쟁사 대비 / 그것은 '최대화하려고' 하지는 않는다 / 고객 만족을 //
단서 1 고객 중심 기업들조차도 고객 만족을 최대화하는 것을 목표로 삼지 않음

A company can always increase customer satisfaction / by lowering its price or increasing its services. //
by -ing: ~함으로써
기업은 고객 만족을 항상 높일 수 있다 / 가격을 낮추거나 서비스를 증진시킴으로써 //

result in+결과/result from+원인
But this may result in / lower profits. //
하지만 이것은 이어질지도 모른다 / 더 낮은 이윤으로 //
단서 2 가격을 낮추거나 서비스를 증진하는 것은 고객을 만족시키겠지만 이윤을 떨어뜨림

명사적 용법(주격 보어)
Thus, / the purpose of marketing is / to generate customer value profitably. // 단서 3 마케팅의 목적은 수익을 내면서 고객 가치를 창출하는 것임
따라서 / 마케팅의 목적은 ~이다 / 수익을 내면서 고객 가치를 창출하는 것 //

This requires a very delicate balance: / the marketer must continue / to generate more customer value and satisfaction / but not 'give away the house'. //
이것은 매우 미묘한 균형을 필요로 한다 / 마케팅 담당자는 계속해야 한다 / 더 많은 고객 가치와 만족을 창출하는 것을 / 하지만 '집을 거저나 다름없이 팔아서는' 안 된다 //

- delight ⓥ 기쁘게 하다　　・ exceptional ⓐ 뛰어난
- overall ⓐ 전반적인　　・ rank ⓥ (순위를) 차지하다
- hospitality industry 서비스업　　・ satisfaction ⓝ 만족
- passion ⓝ 열정　　・ satisfy ⓥ 만족시키다　　・ sum up 요약하다
- memorable ⓐ 기억될 만한　　・ firm ⓝ 기업, 회사
- seek ⓥ 추구하다　　・ competitor ⓝ 경쟁자, 경쟁사
- maximize ⓥ 최대화하다　　・ lower ⓥ 낮추다
- profit ⓝ 이윤　　・ generate ⓥ 창출하다
- profitably ⓐd 수익을 내며　　・ delicate ⓐ 미묘한
- risk ⓥ 위협하다　　・ overlook ⓥ 간과하다　　・ reputation ⓝ 평판
- abandon ⓥ 포기하다

고객들을 즐겁게 하는 데 관심이 있는 기업들에게, 뛰어난 가치와 서비스는 기업 문화 전반의 일부가 된다. 예를 들어, 해마다, 고객 만족이라는 측면에서 Pazano는 서비스업 중 최상위 또는 상위권을 차지한다. 고객을 만족시키기 위한 그 기업의 열정은 그것의 신조에 요약되어 있고, 이는 그 기업의 고급 호텔이 진정으로 기억될 만한 경험을 제공할 것을 약속한다. 고객 중심 기업은 경쟁사 대비 높은 고객 만족을 제공하고자 하지만, 그것은 고객 만족을 '최대화하려고' 하지는 않는다. 기업은 가격을 낮추거나 서비스를 증진시킴으로써 고객 만족을 항상 높일 수 있다. 하지만 이것은 더 낮은 이윤으로 이어질지도 모른다. 따라서, 마케팅의 목적은 수익을 내면서 고객 가치를 창출하는 것이다. 이것은 매우 미묘한 균형을 필요로 한다: 마케팅 담당자는 더 많은 고객 가치와 만족을 계속해서 창출해야 하지만 '집을 거저나 다름없이 팔아서는' 안 된다.

밑줄 친 'give away the house'가 다음 글에서 의미하는 바로 가장 적절한 것은? [3점]

① risk the company's profitability 수익성을 추구하면서 고객 가치를 창출해야 함
기업의 수익성을 위협해서는

② overlook a competitor's strengths 경쟁자의 강점에 대한 언급은 없음
경쟁자의 강점을 간과해서는

③ hurt the reputation of the company 회사의 평판에 대한 언급은 없음
회사의 평판을 해쳐서는

④ generate more customer complaints 이윤 창출도 중시해야 한다는 내용임
더 많은 고객의 불만을 만들어내서는

⑤ abandon customer-oriented marketing
고객 지향의 마케팅을 포기해서는　기업의 수익성과 고객 만족의 균형을 잘 맞추어야 한다는 글임

왜 정답? ★★★ [정답률 65%]

이 글은 고객 만족도를 중시하는 기업들에게 뛰어난 가치와 서비스가 중요한 기업 문화가 되겠지만, 그럼에도 기업의 수익을 중시해야 한다는 내용이다. 따라서 마케팅의 목적은 기업의 수익을 내면서 고객 가치와 만족을 추구하는 것이며, 이를 위해서는 고객 가치와 기업의 수익의 균형을 잘 맞추어야 한다.
그러므로 밑줄 친 '집을 거저나 다름없이 팔아서는' 안 된다는 것이 의미하는 바는 ① '기업의 수익성을 위협해서는' 안 된다는 것이다.

왜 오답?

② 고객 가치와 만족에만 초점을 두지 말고 경쟁자의 강점을 주의 깊게 살펴야 한다는 등의 내용이 아니다.

③ 회사의 평판에 대한 언급은 없었다.

④ 고객 만족도를 중시하는 기업들도 수익을 중시해야 한다는 내용이다.

⑤ 고객 지향 마케팅을 포기하는 것이 아니라, 기업의 수익성과 고객 만족의 균형을 잘 맞추어야 한다는 내용이다.
오히려 그것에만 초점을 둘 것을 염려함

*다양성의 중요성을 아는 균류

조금, 약간 *cf*) little: 거의 없는

I suspect / fungi are a little more forward "thinking" / than their larger partners. //
나는 짐작한다 / 균류가 조금 더 앞서 '생각한다'고 / 자신의 더 큰 상대보다 //

each+단수 명사+단수 동사

Among trees, / each species fights other species. //
나무들 사이에서 / 각 종은 다른 종들과 싸운다 //

Let's assume / the beeches native to Central Europe / could emerge victorious / in most forests there. //
가정해 보자 / 중부 유럽 태생의 너도밤나무가 / 우세하게 나타날 수 있다고 / 그곳의 숲 대부분에서 //

Would this really be an advantage? //
이게 정말 이점일까 //

단서 1 너도밤나무가 우세한 숲에서 너도밤나무가 취약한 병원균이 나타난다면 숲 전체가 위험해짐   주격 관계대명사

What would happen / if a new pathogen came along / that infected most of the beeches and killed them? //
병렬 구조 (동사)
어떻게 될까 / 만약 새로운 병원균이 나타나면 / 대부분의 너도밤나무를 감염시켜 죽게 만드는 //

가정법 과거 (현재 사실에 대한 가정)

In that case, / wouldn't it be more advantageous / if there were a certain number of other species around / — oaks, maples, or firs — / 그런 경우 / 더 유리하지 않을까 / 주변에 일정한 수의 다른 종이 있다면 / 참나무, 단풍나무 또는 전나무와 같은 /

주격 관계대명사   과거분사 (the shade 수식)

that would continue to grow and provide the shade / needed / for a new generation of young beeches / to sprout and grow up? //
to sprout and grow up의 의미상 주어
계속 자라서 그늘을 제공한다면 / 필요한 / 새로운 세대의 어린 너도밤나무가 / 싹을 틔우고 자라는 데 //

단서 2 다양한 나무가 공존할 때 오래된 숲은 안정성을 확보함

Diversity provides security / for ancient forests. //
다양성은 안전을 제공한다 / 오래된 숲에 //

Because fungi are also very dependent / on stable conditions, / they support other species underground / and protect them from complete collapse /
병렬 구조 (동사)
균류도 또한 매우 의존하기 때문에 / 안정적인 조건에 / 그들은 땅속에서 다른 종을 지원하고 / 그것들을 완전한 붕괴로부터 보호한다 /

부사적 용법 (목적)

to ensure / that one species of tree / doesn't manage to dominate. // 단서 3 균류는 한 종의 나무가 우세해지지 않도록 만듦
확실히 하기 위해 / 한 종의 나무가 / 우세해지지 않도록 //

- **suspect** ⓥ 짐작하다   • **emerge** ⓥ 나타나다
- **victorious** ⓐ 우세한   • **infect** ⓥ 감염시키다
- **oak** ⓝ 오크(떡갈나무·참나무 따위의 총칭)   • **maple** ⓝ 단풍나무
- **fir** ⓝ 전나무   • **sprout** ⓥ 싹이 나다   • **dependent** ⓐ 의존하는
- **stable** ⓐ 안정적인   • **underground** ⓐd 지하에
- **complete** ⓐ 완전한   • **collapse** ⓝ 붕괴   • **dominate** ⓥ 우세하다
- **invasion** ⓝ 침입   • **dominance** ⓝ 지배, 우위
- **stability** ⓝ 안정성   • **indifferent** ⓐ 무관심한
- **regenerate** ⓥ 재건하다   • **territory** ⓝ 영역, 지역
- **occupy** ⓥ (공간 등을) 차지하다

나는 균류가 자신의 더 큰 상대보다 조금 더 앞서 '생각한다'고 짐작한다. 나무들 사이에서 각 종은 다른 종들과 싸운다. 중부 유럽 태생의 너도밤나무가 그곳의 숲 대부분에서 우세하게 나타날 수 있다고 가정해 보자. 이게 정말 이점일까? 만약 대부분의 너도밤나무를 감염시켜 죽게 만드는 새로운 병원균이 나타나면 어떻게 될까? 그런 경우, 주변에 참나무, 단풍나무 또는 전나무와 같은 일정한 수의 다른 종이 계속 자라서 새로운 세대의 어린 너도밤나무가 싹을 틔우고 자라는 데 필요한 그늘을

제공한다면 더 유리하지 않을까? 다양성은 오래된 숲에 안전을 제공한다. 균류도 또한 안정적인 조건에 매우 의존하기 때문에, 그들은 한 종의 나무가 우세해지지 않도록 확실히 하기 위해 땅속에서 다른 종을 지원하고 그것들을 완전한 붕괴로부터 보호한다.

> 밑줄 친 forward "thinking"이 다음 글에서 의미하는 바로 가장 적절한 것은?
>
> to ensure that one species of tree doesn't manage to dominate
> ① responsible for the invasion of foreign species
> 외래종의 침입에 책임이 있는   외래종의 침입은 언급되지 않았음
> ② eager to support the dominance of one species
> 한 종의 지배를 지지하기를 갈망하는   균류는 오히려 한 종의 지배를 막아 숲의 안정성을 확보함
> ③ aware that diversity leads to the stability of forests
> 다양성이 숲의 안정성을 이끌 것이라는 점을 알고 있는
> ④ indifferent to helping forests regenerate after collapse 균류는 다양한
> 붕괴 후에 숲이 재건하는 것을 돕는 데 무관심한   종들을 지지함으로써 숲이 붕괴되는 것을 막아줌
> ⑤ careful that their territories are not occupied by other species
> 자신의 영역이 다른 종에 의해 차지되지 않도록 조심하는   균류의 영역에 관한 내용은 언급되지 않았음

왜 2등급? 균류가 나무를 감염시키는 것을 부정적으로 보지 않고 오히려 조금 더 앞서 생각한 행동으로 보았다. 왜 그렇게 해석했는지를 파악하면 밑줄 친 부분이 의미하는 바를 알 수 있는데, 일반적으로 부정적으로 여겨졌던 균류를 다르게 해석하고 있기 때문에 어려울 수 있는 2등급 대비 문제이다.

| **문제 풀이 순서** |

1st 밑줄 친 부분이 포함된 문장을 읽고, 글의 내용을 예상한다.

밑줄 친 부분이 포함된 문장	나는 균류가 자신의 더 큰 상대보다 조금 더 앞서 '생각한다'고 짐작한다.

➡ 밑줄 친 부분이 포함된 문장: 균류는 더 큰 상대보다 더 앞을 내다본다.

➡ 균류에 관한 설명이 이어질 것이고, 균류보다 더 큰 종이 등장할 것이다. 균류가 다른 종들에 비해 더 멀리 내다본다는 점이 무엇인지 파악한다.

2nd 글의 나머지 부분을 읽고, 의미하는 바가 무엇인지 확인한다.

- 너도밤나무가 우세한 숲이 있음 ➡ 그곳에 너도밤나무가 취약한 병원균이 나타난다면 숲 전체가 위험해짐 ➡ 이때 그 숲에 다른 나무 종들이 있었다면 너도밤나무가 재생할 때까지 도움을 줄 수 있음 단서 1
- 다양한 나무가 공존할 때 숲은 안정성을 확보함 ➡ 균류는 한 종의 나무가 우세해지지 않도록 만들어 숲의 다양한 종을 지원함 ➡ 이는 숲이 완전히 붕괴되는 것을 막아줌 단서 2, 3

➡ 균류는 숲에 다양한 종이 공존할수록 안정성이 확보된다는 점을 알고 있으며, 이를 위해 한 종의 나무가 우세해지지 않도록 여러 종을 지원하여 숲의 붕괴를 막는다는 것이 글의 중심 내용이다.

3rd 파악한 글의 내용을 종합하여 밑줄 친 부분의 의미를 파악한다.

균류가 '앞서 생각한다'라는 것은 한 종이 우세해지지 않도록 다양한 나무 종을 지원하여 숲의 붕괴를 막는 역할을 한다는 것을 의미한다. 따라서 ③ '다양성이 숲의 안정성을 이끌 것이라는 점을 알고 있다'는 의미이다. 꿀팁 균류보다 더 큰 상대

| **선택지 분석** |

① 외래종의 침입은 언급되지 않았다.

② 균류는 오히려 한 종의 지배를 막아 숲의 안정성을 확보해주므로 반대되는 의미이다.

③ 균류가 다양한 종을 지원하여 숲의 안정성을 추구한다는 내용이다.

④ 균류는 오히려 다양한 종들을 지지함으로써 숲이 붕괴되는 것을 막아주므로 옳지 않다.

⑤ 균류의 영역에 관한 내용은 언급되지 않았다.

*자유라는 대가로 얻어지는 성공

Take a look / at some of the most powerful, rich, and famous people / in the world. //
살펴봐라 / 가장 힘 있고, 부유하며, 유명한 사람들 중 몇몇을 / 세계에서 //

Ignore / the trappings of their success / and what they're able to buy. //
무시해라 / 그들의 성공의 장식과 / 그들이 살 수 있는 것을 //

Look instead / at what they're forced to trade in return / — look / at what success has cost them. //
대신 봐라 / 그들이 맞바꿔야 하는 것을 / 봐라 / 성공이 그들에게 치르게 한 것을 //

Mostly? // Freedom. // **단서 1** 성공한 사람들은 대부분 그 성공을 위해 자유라는 대가를 치름
대부분은 // 자유이다 //

Their work demands they wear a suit. //
그들의 업무는 그들이 정장을 입는 것을 요구한다 //

Their success depends / on attending certain parties, / kissing up to people they don't like. //
그들의 성공은 달려 있다 / 특정 파티에 참석하여 / 사람들에게 아첨하는 것에 / 그들이 좋아하지 않는 //

It will require — inevitably — realizing / they are unable to say / what they actually think. //
그것은 필연적으로 깨닫는 것을 요구할 것이다 / 말할 수 없다는 사실을 / 그들이 실제로 생각하는 것을 //

Worse, it demands / that they become a different type of person / or do bad things. //
더 나쁜 것은 그것은 요구한다는 것이다 / 그들이 다른 유형의 사람이 되거나 / 부당한 일을 하도록 //

Sure, it might pay well / — but they haven't truly examined the transaction. //
물론 그것은 많은 이익이 될지도 모른다 / 그러나 그들은 그 거래를 제대로 고찰한 적이 없다 //

As Seneca put it, / "Slavery resides under marble and gold." //
Seneca가 말했듯이 / "대리석과 황금 아래에 노예 상태가 존재한다" //

Too many successful people / are prisoners in jails of their own making. // **단서 2** 성공한 사람들을 스스로 만든 감옥의 죄수라고 칭함
너무 많은 성공한 사람들은 / 그들이 스스로 만든 감옥의 죄수들이다 //

Is that what you want? //
그것이 당신이 원하는 것인가 //

Is that what you're working hard toward? //
그것이 당신이 목표로 하여 열심히 일하고 있는 것인가 //

Let's hope not. //
그렇지 않기를 바라자 //

- cost ⓥ 비용을 치르게 하다   · kiss up to 아부하다
- inevitably 녩ad 반드시   · pay well 이익이 되다
- examine ⓥ 고찰하다   · transaction ⓝ 거래   · slavery ⓝ 노예제
- reside ⓥ 존재하다, 거주하다   · marble ⓝ 대리석
- prisoner ⓝ 죄수   · jail ⓝ 감옥   · miserable ⓐ 비참한
- guarantee ⓥ 보장하다   · glory ⓝ 영광

세계에서 가장 힘 있고, 부유하며, 유명한 사람들 중 몇몇을 살펴봐라. 그들의 성공의 장식과 그들이 살 수 있는 것을 무시해라. 대신 그들이 맞바꿔야 하는 것을 봐라 — 성공이 그들에게 치르게 한 것을 봐라. 대부분은? 자유이다. 그들의 업무는 그들이 정장을 입는 것을 요구한다. 그들의 성공은 특정 파티에 참석하여, 그들이 좋아하지 않는 사람들에게 아첨하는 것에 달려 있다. 그것은 — 필연적으로 — 그들이 실제로 생각하는 것을 말할 수 없다는 사실을 깨닫는 것을 요구할 것이다. 더 나쁜 것은, 그것은 그들이 다른 유형의 사람이 되거나 부당한 일을 하도록 요구한다는 것이다.

물론, 그것은 많은 이익이 될지도 모른다 — 그러나 그들은 그 거래를 제대로 고찰한 적이 없다. Seneca가 말했듯이, "대리석과 황금 아래에 노예 상태가 존재한다." 너무 많은 성공한 사람들은 그들이 스스로 만든 감옥의 죄수들이다. 그것이 당신이 원하는 것인가? 그것이 당신이 목표로 하여 열심히 일하고 있는 것인가? 그렇지 않기를 바라자.

> 밑줄 친 "Slavery resides under marble and gold."가 다음 글에서 의미하는 바로 가장 적절한 것은? [3점]
> ① Your success requires you to act in ways you don't want to.
> 당신의 성공은 당신이 원하지 않는 방식으로 행동하도록 요구한다. Mostly? Freedom.
> ② Fame cannot be achieved without the help of others.
> 명성은 타인의 도움 없이는 얻어질 수 없다. 타인의 도움으로 명성을 얻는다는 내용은 아님
> ③ Comparing yourself to others makes you miserable.
> 자신을 타인과 비교하는 것은 당신을 비참하게 만든다. 언급되지 않음
> ④ Hard labor guarantees glory and happiness in the future.
> 열심히 하는 노동은 미래의 영광과 행복을 보장한다. 노동과 성공의 필연성을 말하는 글이 아님
> ⑤ There exists freedom in the appearance of your success.
> 당신의 성공이 나타나는 것에 자유가 존재한다. 반대의 내용임

왜 2등급? 성공의 대가로 자유를 지불하게 된다는 내용의 글이다. ④을 보면, 성공을 '미래의 영광과 행복의 보장'으로 볼 수 있지만, 이 글에서 성공을 이루기 위해 자유를 잃는 것을 단순히 '열심히 하는 노동'으로 국한하지는 않는다.

| 문제 풀이 순서 |

1st 첫 문장과 밑줄 친 부분이 포함된 문장을 읽고, 글의 내용을 예상한다.

첫 문장	세계에서 가장 힘 있고, 부유하며, 유명한 사람들 중 몇몇을 살펴봐라.
밑줄 친 부분이 포함된 문장	Seneca가 말했듯이, "대리석과 황금 아래에 노예 상태가 존재한다."

→ 첫 문장: 성공한 사람들의 특징을 소개하고자 함
  밑줄 친 부분이 포함된 문장: "대리석과 황금 아래에 노예 상태가 존재한다."고 함

→ 성공한 사람들의 특징을 소개하는 글이므로, 밑줄 친 부분은 성공한 사람의 특징을 묘사한 말일 것이다. 성공을 나타내는 물질인 '대리석'과 '황금' 아래에는 '노예' 상태가 존재한다고 설명했으므로, 성공의 기저에는 노예 상태, 즉 자유가 제한된 상태가 있음을 나타낼 것이다.

2nd 글의 나머지 부분을 읽고, 예상한 내용이 맞는지 확인한다.

- 성공한 사람들은 성공과 맞바꾼 무언가가 있음 → 성공한 사람들은 대부분 그 성공을 위해 자유라는 대가를 치름 **단서 1**
- 성공한 사람들은 옷, 파티 참석, 발언 등에서 자신이 하고 싶은 것들을 맘껏 하지 못함 → 성공한 사람들은 스스로 만든 감옥의 죄수임 **단서 2**

→ 성공한 사람들은 그 성공에 다다르기 위해 자신이 원하지 않았던 방식으로 행동하는 등 자유가 제한되는 대가를 치렀다는 것이 중심 내용임

3rd 글의 내용을 종합하여 밑줄 친 부분의 의미를 파악한다.

대리석과 황금(성공)의 기저에는 노예 상태(자유의 제한)가 있다는 내용이므로, 밑줄 친 부분의 의미는 ① '당신의 성공은 당신이 원하지 않는 방식으로 행동하도록 요구한다.'이다.

| 선택지 분석 |

① 성공한 사람들은 자신이 원하지 않았던 아부, 행동, 발언, 옷 등을 요구받는다는 내용이다.

② 성공하기 위해 타인에게 아첨한다는 내용이 있을 뿐, 타인의 도움으로 명성을 얻는다는 내용은 아니다.

③ 자신과 타인을 비교한다는 내용은 언급되지 않았다.

④ 성공하기 위해서는 자유를 대가로 치러야 한다는 내용의 글이다.

⑤ 성공에는 자유가 존재하는 것이 아니라 오히려 자유의 제한이 있다는 내용이다.

D 17 정답 ④ ⭐ 1등급 대비 [정답률 42%]

*예술을 통한 이해 범주 확장

The arts and aesthetics offer emotional connection / to the full range of human experience. //
예술과 미학은 정서적인 연결을 제공한다 / 다양한 인간 경험에 대한 //

"The arts can be / more than just sugar on the tongue," / Anjan Chatterjee, / a professor at the University of Pennsylvania, / says. //
"예술은 될 수 있다 / 단순히 혀 위의 설탕 이상의 것"이라고 / Anjan Chatterjee / Pennsylvania 대학교의 교수인 / 말한다 //

계속적 용법의 주격 관계대명사
"In art, / when there's something challenging, / which can also be uncomfortable, /
"예술에서 / 무언가 도전적인 것이 있고 / 그것이 또한 불편할 수 있을 때 /

단수 주어   단수 동사
this discomfort, / if we're willing to engage with it, / offers the possibility of some change, / some transformation. //
이 불편은 / 만약 우리가 기꺼이 그것에 참여하려 한다면 / 어떤 변화의 가능성을 제공한다 / 어떤 변형 //
단서 1 불편한 것을 견디면 변화가 가능함

That can also / be a powerful aesthetic experience." //
그것은 또한 / 강력한 미적 경험이 될 수 있다" //

형용사적 용법 (vehicles 수식)
The arts, in this way, become vehicles / to contend with ideas and concepts / that are difficult and uncomfortable / otherwise. //
주격 관계대명사
이런 방식으로 예술은 / 매개체가 된다 / 아이디어 및 개념들과 싸우는 / 어렵고 불편한 / 그렇지 않았더라면 //
단서 2 예술은 어렵고 불편한 것들과 싸우는 매개체가 됨

When Picasso painted his masterpiece *Guernica* in 1937, / he
병렬 구조 (동사)
captured the heartbreaking and cruel nature of war, /
Picasso가 그의 걸작 Guernica를 1937년에 그렸을 때 / 그는 가슴 아프고 잔인한 전쟁의 본질을 포착했고 /

형용사적 용법 (a way 수식)
and offered the world / a way to consider the universal suffering
과거분사구 (suffering 수식)
/ caused by the Spanish Civil War. //
세상에 제공했다 / 보편적인 고통을 숙고할 방법을 / 스페인 내전으로 인한 //

When Lorraine Hansberry wrote her play *A Raisin in the Sun*, /
gave의 간접목적어와 직접목적어
she gave us a powerful story /
Lorraine Hansberry가 그녀의 희곡 A Raisin in the Sun을 썼을 때 / 그녀는 우리에게 강력한 이야기를 주었다 /

현재분사구 (people 수식)
of people struggling with racism, discrimination, and the pursuit of the American dream / while also offering a touching portrait of family life. //
분사구문의 생략되지 않은 접속사
사람들의 / 또한 가족생활에 대한 감동적인 초상화를 제공하면서 // 인종 차별, 차별, 아메리칸 드림의 추구를 위해 고군분투하는

- aesthetics ⓝ 미학
- engage with ~에 참여하다
- vehicle ⓝ 매개체
- contend with ~와 싸우다
- masterpiece ⓝ 걸작
- heartbreaking ⓐ 가슴 아픈
- racism ⓝ 인종차별
- discrimination ⓝ 차별
- pursuit ⓝ 추구
- psychological ⓐ 심리적인
- enlighten ⓥ 이해시키다
- absoluteness ⓝ 절대성
- conceal ⓥ 숨기다

예술과 미학은 다양한 인간 경험에 대한 정서적인 연결을 제공한다. "예술은 단순히 혀 위의 설탕 이상의 것이 될 수 있다."라고 Pennsylvania 대학교의 교수인 Anjan Chatterjee는 말한다. "예술에서, 무언가 도전적인 것이 있고 그것이 또한 불편할 수 있을 때, 이 불편은, 만약 우리가 기꺼이 그것에 참여하려 한다면, 어떤 변화, 어떤 변형의 가능성을 제공한다. 그것은 또한 강력한 미적 경험이 될 수 있다." 예술은, 이런 방식으로, 그렇지 않았더라면 어렵고 불편한 아이디어 및 개념들과 싸우는 매개체가 된다. Picasso가 그의 걸작 Guernica를 1937년에 그렸을 때, 그는 가슴 아프고 잔인한 전쟁의 본질을 포착했고, 스페인 내전으로 인한 보편적인 고통을 숙고할 방법을 세상에 제공했다. Lorraine Hansberry가 그녀의 희곡 A Raisin in the Sun을 썼을 때, 그녀는 또한 가족생활에 대한 감동적인 초상화를 제공하면서 인종 차별, 차별, 아메리칸 드림의 추구를 위해 고군분투하는 사람들의 강력한 이야기를 우리에게 주었다.

밑줄 친 be more than just sugar on the tongue이 다음 글에서 의미하는 바로 가장 적절한 것은? [3점]

① play a role in relieving psychological anxiety
심리적 불안감을 완화시키는 역할을 하다   심리적 불안감 완화와는 관련 없음
② enlighten us about the absoluteness of beauty
미의 절대성에 대해 우리에게 알려주다   예술이 미의 절대성을 일깨워준다는 내용이 아님
③ conceal the artist's cultural and ethnic traditions
예술가의 문화적, 인종적 전통을 숨기다   예술가의 배경을 숨기는 내용은 언급되지 않음
④ embrace a variety of experiences beyond pleasure
즐거움을 넘어서는 다양한 경험들을 품다   예술은 어렵고 불편한 아이디어와 싸우는 매개체 역할을 함
⑤ distort the viewers' accurate understanding of history
독자들의 역사에 대한 정확한 이해를 왜곡하다   독자의 이해 범주를 넓힐 뿐 왜곡하진 않음

왜 1등급? 밑줄 친 부분의 sugar on the tongue는 문자 그대로의 의미(혀 위의 설탕)가 아니라 비유적으로(즐겁고 달콤한 경험) 사용되었다. 이것을 한 번 더 글의 맥락에 맞게 '예술은 단순히 감각적 만족에 그치지 않고, 더 깊은 변화를 촉발할 수 있다'는 의미 속, '감각적 만족'과 같은 뜻으로 쓰였다는 것을 파악해야 한다.

│ 문제 풀이 순서 │

1st 첫 문장과 밑줄 친 부분이 포함된 문장을 읽고, 글의 내용을 예상한다.

첫 문장	예술과 미학은 다양한 인간 경험에 대한 정서적인 연결을 제공한다.
밑줄 친 부분이 포함된 문장	"예술은 단순히 혀 위의 설탕 이상의 것이 될 수 있다."라고 Pennsylvania 대학교의 교수인 Anjan Chatterjee는 말한다.

➡ 첫 문장: 예술과 미학을 통해 경험에 정서적인 연결이 가능함
밑줄 친 부분이 포함된 문장: 예술은 단순히 혀 위의 설탕 이상의 것이 될 수 있다.

➡ 예술과 미학을 통해 인간들은 경험에 정서적인 연결이 가능한데, 이를 '설탕 이상의 것'이라고 표현했다. 이는 예술을 통해 경험하게 될 정서는 밝은 것뿐만 아니라 그 이상의 것들도 경험할 수 있다는 의미이다.

2nd 글의 나머지 부분을 읽고, 예상한 내용이 맞는지 확인한다.

- 예술에서, 무언가 도전적인 것이 있고 그것이 또한 불편할 수 있을 때, 이 불편은, 만약 우리가 기꺼이 그것에 참여하려 한다면, 어떤 변화, 어떤 변형의 가능성을 제공한다. 단서 1
- 예술은, 이런 방식으로, 그렇지 않았더라면 어렵고 불편한 아이디어 및 개념들과 싸우는 매개체가 된다. 단서 2

➡ 예술을 통해서 기존의 불편한 개념을 이해하고 수용함으로써 인식의 변화를 이루어낼 수 있다는 것이 글의 중심 내용이다.

3rd 파악한 글의 내용을 종합하여 밑줄 친 부분의 의미를 찾는다.

예술과 미학은 인간 경험에 대한 정서적 연결을 제공하고, 이를 통해서 심미적 아름다움을 넘어선 사회적 변화까지 불러올 수 있으므로 ④ '즐거움을 넘어서는 다양한 경험들을 품다'라는 의미이다.

│ 선택지 분석 │

① 예술을 통해서 심리적 불안감을 해소시키는 내용은 언급되지 않았다.
② 미의 절대성은 글에서 다루지 않았다.
③ 문화적, 인종적 전통이 작품에 반영되었을 경우 인간에게 간접적 경험을 제공해 사회적 인식의 변화까지도 이루어진다고 했다.
④ 예술을 통해서 정서적 경험을 하게 되어 사회적으로도 영향력을 끼칠 수 있다.
⑤ 독자들의 역사 이해를 왜곡하는 것이 아니라 새로운 사고를 할 수 있는 기회를 제공한다.

＊완벽함 추구 대신 조금씩 변화 일으키기

현재완료시제 (경험)
Everyone's heard the expression / *don't let the perfect become the enemy of the good.* //
누구나 표현을 들어 본 적이 있다 / '완벽함이 좋음의 적이 되게 두지 말라'는 //

부사절 접속사 (목적)
If you want to get over an obstacle / so that your idea can become / the solution-based policy / you've long dreamed of, /
앞에 목적격 관계대명사 생략
여러분이 장애물을 극복하고 싶다면 / 자기 아이디어가 될 수 있도록 / 해결을 기반으로 한 방책이 / 자신이 오랫동안 꿈꿔 왔던 /

단서 1 전부 아니면 전무라는 사고방식을 가져서는 안 됨
you can't have / an all-or-nothing mentality. //
가져서는 안 된다 / 전부 아니면 전무라고 여기는 사고방식을 //

You have to be willing to alter your idea / and let others influence its outcome. //
let의 목적어와 목적격 보어 (원형부정사)
여러분은 기꺼이 자기 아이디어를 바꾸고 / 다른 사람이 그것의 결과에 영향을 미치도록 해야 한다 /

동명사 being의 의미상 주어
You have to be okay / with the outcome being a little different, / even a little *less*, / than you wanted. // **단서 2** 원했던 결과를 얻지 못해도 괜찮다고 여겨야 함
여러분은 괜찮다고 여겨야 한다 / 결과가 조금 다르거나 / 심지어 조금 '못'하여도 / 여러분이 원했던 것보다 //

Say / you're pushing for a clean water act. //
가정해 보자 / 여러분이 수질 오염 방지법을 추진하고 있다고 //

주어절
Even if what emerges isn't as well-funded / as you wished, / or doesn't match / how you originally conceived the bill, /
병렬 구조
비록 나타난 것이 자금이 충분하게 지원되지 않았거나 / 여러분이 원했던 만큼의 / 일치하지 않더라도 / 여러분이 처음에 이 법안을 고안한 방식과 /

목적어절 접속사
you'll have still succeeded in ensuring / that kids in troubled areas / have access to clean water. //
여러분은 확실히 하는 데 여전히 성공하는 것이다 / 힘든 지역의 아이들이 / 깨끗한 물에 접근할 수 있도록 //

동격절 접속사
That's what counts, / that they will be safer / because of your idea and your effort. //
중요한 것은 / 바로 '그들'이 더 안전하리라는 것이다 / 여러분의 아이디어와 노력 덕분에 //

Is it perfect? // No. //
완벽한가 // 아니다 //

형용사적 용법 (more work 수식)
Is there more work to be done? // Absolutely. //
더 해야 할 일이 있는가? / 당연하다 //

But in almost every case, / helping move the needle forward / is vastly better than not helping at all. // 하지만 거의 모든 경우에 / 바늘을 앞으로 이동시키는 것을 돕는 것이 / 전혀 돕지 않는 것보다 훨씬 더 낫다 //

- **expression** ⓝ 표현
- **obstacle** ⓝ 장애물
- **all-or-nothing** 양단의
- **mentality** ⓝ 사고방식
- **alter** ⓥ 변경하다
- **outcome** ⓝ 결과
- **emerge** ⓥ 나타나다
- **conceive** ⓥ 고안하다
- **bill** ⓝ 법안
- **vastly** ⓐⓓ 훨씬
- **cost-saving** 비용 절감
- **donation** ⓝ 기부(금)

'완벽함이 좋음의 적이 되게 두지 말라'는 표현은 누구나 들어 본 적이 있다. 여러분이 장애물을 극복해 자기 아이디어가 자신이 오랫동안 꿈꿔 왔던 해결을 기반으로 한 방책이 될 수 있도록 하고 싶다면, 전부 아니면 전무라고 여기는 사고방식을 가져서는 안 된다. 여러분은 기꺼이 자기 아이디어를 바꾸고 다른 사람이 그것의 결과에 영향을 미치도록 해야 한다. 결과가 조금 다르거나, 심지어 원했던 것보다 조금 '못'하여도 괜찮다고 여겨야 한다. 여러분이 수질 오염 방지법을 추진하고 있다고 가정해 보자. 비록 나타난 것이 여러분이 원했던 만큼의 자금이 충분하게 지원되지 않았거나, 여러분이 처음에 이 법안을 고안한 방식과 일치하지 않더라도, 여러분은 힘든 지역의 아이들이 깨끗한 물에 접근할 수 있도록 하는 데 여전히 성공하는 것이다. 중요한 것은 바로 여러분의 아이디어와 노력 덕분에 '그들'이 더 안전하리라는 것이다. 완벽한가? 아니다. 더 해야 할 일이 있는가? 당연하다. 하지만 거의 모든 경우에, 바늘을 앞으로 이동시키는 것을 돕는 것이 전혀 돕지 않는 것보다 훨씬 더 낫다.

밑줄 친 helping move the needle forward가 다음 글에서 의미하는 바로 가장 적절한 것은? [3점]

① spending time and money on celebrating perfection
완벽을 축하하는 데 시간과 돈을 쓰는 것   완벽을 추구하라는 내용이 아님
② suggesting cost-saving strategies for a good cause
좋은 목적을 위한 비용 절감 전략을 제안하는 것   비용 절감 전략에 대한 내용은 언급되지 않음
③ making a difference as best as the situation allows
상황이 허락하는 한 최선의 변화를 만드는 것
④ checking your resources before altering the original goal
원래 목표를 변경하기 전에 자원을 확인하는 것   자원을 신경 쓰라는 글이 아님
⑤ collecting donations to help the education of poor children
가난한 아이들의 교육을 돕기 위해 기부금을 모으는 것   힘든 지역의 아이들은 예시일 뿐임
You have to be okay ~ than you wanted

왜 1등급? move the needle이 '눈에 띌 정도로 바꾸다'를 의미하는 표현임을 알지 못했다면 헤맬 수 있는 어려운 문제였다.

| 문제 풀이 순서 |

1st 첫 문장과 밑줄 친 부분이 포함된 문장을 읽고, 글의 내용을 예상한다.

첫 문장	'완벽함이 좋음의 적이 되게 두지 말라'는 표현은 누구나 들어 본 적이 있다.
밑줄 친 부분이 포함된 문장	하지만 거의 모든 경우에, 바늘을 앞으로 이동시키는 것을 돕는 것이 전혀 돕지 않는 것보다 훨씬 더 낫다.

➡ **첫 문장:** 완벽함을 추구하는 것은 오히려 좋지 않을 수 있음
밑줄 친 부분이 포함된 문장: 바늘을 앞으로 이동시키는 것만으로도 좋음 **단서**

➡ 완벽함만을 추구하지 말라는 글일 것이므로, 전혀 돕지 않는 것보다 훨씬 더 낫다고 설명한 '바늘을 앞으로 이동시키는 것을 돕는 것'은 완벽한 것은 아니지만 최선의 것을 가리킬 것이다. **발상**

2nd 글의 나머지 부분을 읽고, 예상한 내용이 맞는지 확인한다.

- 전부 아니면 전무라고 여기는 사고방식을 가져서는 안 됨 ➡ 기꺼이 자기 아이디어를 바꾸고 다른 사람이 결과에 영향을 미치도록 해야 함 **단서 1**
- 결과가 원했던 것과 조금 다르거나, 심지어 원했던 것보다 조금 '못'하여도 괜찮다고 여겨야 함 **단서 2**

➡ 전부 아니면 전무라는 사고방식에서 벗어나 원했던 결과를 얻지 못하더라도 괜찮다는 태도를 지니면 점점 변화를 일으켜갈 수 있다는 것이 글의 중심 내용이다.

3rd 파악한 글의 내용을 종합하여 밑줄 친 부분의 의미를 파악한다.

밑줄 친 부분은 전혀 돕지 않는 것과 대조되어 조금씩이라도 변화를 만들어내는 것을 의미하기 때문에 ③ '상황이 허락하는 한 최선의 변화를 만드는 것'을 의미한다.

| 선택지 분석 |

① 밑줄 친 부분은 완벽을 추구한 것이 아닌 조금이라도 나아가는 것을 가리킨다.
② 비용을 절감할 수 있는 전략과 같은 내용에 대해서는 글에서 다루어지지 않았다.
③ 완벽하지 않더라도 조금씩 변화를 일으킬 수 있다는 내용의 글이다.
④ 전부 아니면 전무라고 여기는 사고방식을 바꾸어 원했던 결과를 얻지 못해도 괜찮다는 사고방식을 가지라는 내용이며, 자원을 신경 쓰는 것과는 무관하다.
⑤ 힘든 지역의 아이들은 예시일 뿐, 기부금을 모금하는 내용은 글에 제시되어 있지 않다.

D 어휘 Review 정답   문제편 p. 54

01 좁은 땅	11 pose a challenge	21 virtue
02 개입하다	12 crowd out	22 predict
03 가파른	13 delight in	23 passion
04 벽돌	14 kiss up to	24 definite
05 이해시키다	15 water down	25 variations
06 boost	16 flat	26 contradictory
07 refined	17 absoluteness	27 impose
08 slavery	18 delicate	28 conductor
09 aesthetics	19 barriers	29 prisoners
10 scope	20 exceptional	30 ranks

E 01 정답 ① *공공 시계에 기반한 경제적 진보

현재완료시제
Many historians have pointed to the significance / of accurate time measurement / to Western economic progress. //
많은 역사가들은 중요성을 시사해 왔다 / 정확한 시간 측정의 / 서양의 경제적 진보에 있어서 //

called의 목적격 보어
The French historian Jacques Le Goff called / the birth of the public mechanical clock / **a turning point in Western society**. //
프랑스 역사가 Jacques Le Goff는 불렀다 / 공공 기계 시계의 탄생 / 서구 사회에서의 전환점이라고 //

계속적 용법의 주격 관계대명사
Until the late Middle Ages, / people had sun or water clocks, / **which** did not play any meaningful role / in business activities. //
중세 말기까지 / 사람들은 해시계와 물시계를 가지고 있었는데 / 그것들은 아무런 의미 있는 역할을 하지 못했다 / 경제 활동에 있어서 //

병렬 구조 (동사)
Market openings and activities started with the sunrise / and typically **ended** at noon / when the sun was at its peak. //
시장 개장과 활동들은 일출과 함께 시작했고 / 정오에 일반적으로 끝났다 / 태양이 최고점에 이르는 //

병렬 구조 (수동태 동사의 과거분사)
But when the first public mechanical clocks were introduced / and **spread** across European cities, / market times were set / by the stroke of the hour. //
그러나 최초 공공 기계 시계들이 도입되고 / 유럽 도시들 전역으로 확산되었을 때 / 시장 시간은 정해졌다 / 시간을 알리는 소리에 의해 //

by -ing.~ 함으로써   주격 관계대명사
Public clocks thus greatly contributed to public life and work / **by providing** a new concept of time / **that** was easy **for everyone to understand**. // 단서 1 공공 시계의 도입으로 사람들의 시간 이해가 향상됨   to understand의 의미상 주어
따라서 공공 시계들은 공공의 생활과 일에 크게 기여했다 / 시간의 새로운 개념을 제공함으로써 / 모든 사람이 이해하기 쉬운 //

helped의 목적어 단서 2 시계의 등장이 무역과 상업 발달에 기여함
This, in turn, / helped **facilitate** trade and commerce. //
그 결과 이것은 / 무역과 상업을 촉진하는 데 도움을 주었다 //

Interactions and transactions / between consumers, retailers, and wholesalers / became less irregular. //
상호 작용과 거래는 / 소비자, 소매업자, 그리고 도매업자 간의 / 덜 불규칙해졌다 //

명사적 용법 (began의 목적어)
분사구문을 이끄는 현재분사
Important town meetings began to follow the pace of the clock, / **allowing** / people to better **plan** their time / and **allocate** resources in a more efficient manner. // 단서 3 시계를 통해 인식된 시간 개념이 자원 분배에 긍정적인 영향을 미침
병렬 구조 (allowing의 목적격 보어)
중요한 마을 회의들은 시계의 속도를 따르기 시작했고 / 이것은 허락해 주었다 / 사람들이 그들의 시간을 더 잘 계획하고 / 더 효율적인 방식으로 자원들을 분배하는 것을 //

- **significance** ⓝ 중요성   • **measurement** ⓝ 측정
- **mechanical** ⓐ 기계로 작동되는   • **peak** ⓝ 최고점
- **stroke** ⓝ 치는 소리   • **contribute** ⓥ 기여하다
- **commerce** ⓝ 상업   • **interaction** ⓝ 상호 작용
- **transaction** ⓝ 거래   • **retailer** ⓝ 소매업자
- **wholesaler** ⓝ 도매업자   • **allocate** ⓥ 분배하다
- **resource** ⓝ 자원

많은 역사가들은 서양의 경제적 진보에 있어서 정확한 시간 측정의 중요성을 시사해 왔다. 프랑스 역사가 Jacques Le Goff는 공공 기계 시계의 탄생을 서구 사회에서의 전환점이라고 불렀다. 중세 말기까지, 사람들은 해시계와 물시계를 가지고 있었는데, 그것들은 경제 활동에 있어서 아무런 의미 있는 역할을 하지 못했다. 시장 개장과 활동들은 일출과 함께 시작했고 태양이 최고점에 이르는 정오에 일반적으로 끝났다. 그러나 최초 공공 기계 시계들이 도입되고 유럽 도시들 전역으로 확산되었을 때, 시장 시간은 시간을 알리는 소리에 의해 정해졌다. 따라서 공공 시계들은 모든 사람이 이해하기 쉬운 시간의 새로운 개념을 제공함으로써 공공의 생활과 일에 크게 기여했다. 그 결과, 이것은 무역과 상업을 촉진하는 데 도움을 주었다.

소비자, 소매업자, 그리고 도매업자 간의 상호 작용과 거래는 덜 불규칙해졌다. 중요한 마을 회의들은 시계의 속도를 따르기 시작했고, 이것은 사람들이 그들의 시간을 더 잘 계획하고 더 효율적인 방식으로 자원들을 분배하는 것을 허락해 주었다.

> **다음 글의 요지로 가장 적절한 것은?**
> ① 공공 시계는 서양 사회의 경제적 진보에 영향을 미쳤다. — This in turn, helped facilitate trade and commerce.
> ② 서양에서 생산된 시계는 세계적으로 정교함을 인정받았다. — 서양 시계만 정교한 것이라는 내용은 아님
> ③ 서양의 시계는 교역을 통해 전파되어 세계적으로 대중화되었다. — 세계적으로 전파된 내용은 나오지 않음
> ④ 기계 시계의 발명은 다른 측량 장비들의 개발에 도움을 주었다. — 다른 측량 장비는 언급되지 않음
> ⑤ 중세 시대의 시계 발명은 자연법칙을 이해하는 데 큰 전환점이 되었다. — 자연의 법칙 이해와 시계의 발명은 관련이 없음

> **왜 정답?** ✲✲✲ [정답률 85%]

- 공공 시계들은 모든 사람이 이해하기 쉬운 시간의 새로운 개념을 제공함으로써 공공의 생활과 일에 크게 기여했다. 단서 1
- 그 결과, 이것은 무역과 상업을 촉진하는 데 도움을 주었다. 단서 2
- 이것은 사람들이 그들의 시간을 더 잘 계획하고 더 효율적인 방식으로 자원들을 분배하는 것을 허락해 주었다. 단서 3

▶ 공공 기계 시계의 탄생으로 인해서 서양 사회가 경제적 성장을 이루었다는 내용이므로 정답은 ①이다.

> **왜 오답?**

② 서양의 시계가 정교해서 인정받았다는 내용은 나오지 않았다.
③ 서양의 시계가 세계적으로 퍼졌는지는 알 수 없다.
④ 기계 시계가 다른 측량 장비들의 개발에 기여했는지는 언급되지 않았다.
⑤ 중세 시대의 시계 발명이 자연법칙 이해에 기여했다는 내용은 관련이 없다.

E 02 정답 ⑤ *변화를 받아들이지 못한 사람들의 최후

주격 관계대명사
Brands that fail to grow and develop / lose their relevance. //
성장과 발전에 실패한 브랜드는 / 그들의 적합성을 잃는다 //

Think about the person you knew /
여러분이 알던 사람을 생각해 보라 / 앞에 목적격 관계대명사 생략
주격 관계대명사
who was once on the fast track at your company, / **who is either** no longer with the firm / **or,** worse yet, / appears to have hit a plateau / in his or her career. //
either A or B: A나 B 둘 중 하나
한때 여러분의 회사에서 승진 가도에 있었는데 / 더 이상 회사에 있지 않거나 / 더 나쁘게는 / 정체기에 든 것으로 보이는 / 자기 경력의 //

분사구문
Assuming / he or she did not make an ambitious move, /
가정하면 / 그 사람이 야심에 찬 행동을 하지 않았다고 /

more often than not, / this individual is a victim of having failed / **to stay** relevant and **embrace** the advances / in his or her industry. // 단서 1 야심 찬 행동을 하지 않아 적합성 유지, 발전 포용에 실패함
병렬 구조 (failed의 목적어)
대개 / 이 사람은 실패한 희생자이다 / 적합성을 유지하고 발전을 포용하는 데 / 자기 업계에서 //

앞에 목적격 관계대명사 생략
Think about the impact / **personal computing technology had** / on the first wave of executive leadership / **exposed to the technology**. //
과거분사구 (the first ~ leadership 수식)
영향을 생각해 보라 / 개인용 컴퓨터 사용 기술이 미친 / 경영 지도자의 첫 물결에 / 이 기술에 노출된 //

복수 주어   단서 2 기술을 포용한 사람은 탁월한 작업을 수행함
Those who embraced the technology / **were** able to integrate it / into their work styles / and excel. //
복수 동사
기술을 포용한 이들은 / 그것을 흡수할 수 있었다 / 그들의 작업 스타일에 / 그리고 탁월할 수 있었다 //

복수 주어   복수 동사 ①
Those who were resistant many times / **found** few opportunities **to advance** their careers /
형용사적 용법 (few opportunities 수식)
여러 번 (기술에) 저항한 이들은 / 자기 경력을 발전시키기 위한 기회를 거의 찾을 수 없었고 /

and in many cases / **were** ultimately let go through early retirement / for failure to stay relevant and update their skills. //
복수 동사 ②
많은 경우 / 이들은 결국 이른 은퇴를 통해 사라지게 되었다 / 적합성을 유지하고 기술을 새롭게 하는 데 실패하여 //
단서 3 기술에 저항한 사람은 적합성 유지와 기술을 새롭게 하는 데 실패함

- relevance ⓝ 적합성
- assume ⓥ 가정하다
- ambitious ⓐ 야심에 찬
- victim ⓝ 희생자
- embrace ⓥ 포용하다
- executive ⓐ 경영의
- be exposed to ~에 노출되다
- integrate ⓥ 흡수하다
- excel ⓥ 뛰어나다, 탁월하다
- resistant ⓐ 저항하는
- retirement ⓝ 은퇴

성장과 발전에 실패한 브랜드는 그들의 적합성을 잃는다. 한때 여러분의 회사에서 승진 가도에 있었는데 더 이상 회사에 있지 않거나, 더 나쁘게는, 경력의 정체기에 든 것으로 보이는 여러분이 알던 사람을 생각해 보라. 그 사람이 야심에 찬 행동을 하지 않았다고 가정하면, 대개 이 사람은 자기 업계에서 적합성을 유지하고 발전을 포용하는 데 실패한 희생자이다. 개인용 컴퓨터 사용 기술이 이 기술에 노출된 경영 지도자의 첫 물결에 미친 영향을 생각해 보라. 기술을 포용한 이들은 그것을 그들의 작업 스타일에 흡수하여 탁월할 수 있었다. 여러 번 (기술에) 저항한 이들은 자기 경력을 발전시키기 위한 기회를 거의 찾을 수 없었고, 많은 경우 이들은 결국 적합성을 유지하고 기술을 새롭게 하는 데 실패하여 이른 은퇴를 통해 사라지게 되었다.

다음 글의 요지로 가장 적절한 것은?
① 다양한 업종의 경력이 있으면 구직 활동에 유리하다.
② 직원의 다양한 능력을 활용하면 업계를 주도할 수 있다.
경력의 중요성에 대한 글이 아님
③ 기술이 발전함에 따라 단순 반복 업무가 사라진다.
직원의 다양한 능력 활용에 대한 글이 아님
④ 자신의 약점을 인정하면 동료들로부터 도움을 얻기 쉽다.
기술 발전과 단순 반복 업무 사이의 관계는 제시되지 않음
⑤ 변화를 받아들이지 못하면 업계에서의 적합성을 잃게 된다.
약점 인정에 관한 글이 아님
Those who were resistant many times ~ failure to stay relevant and update their skills.

왜 정답? ★★★ [정답률 66%]
성장과 발전에 실패한 브랜드는 그들의 적합성을 잃는다.
예시: **1** 회사에서 승진 가도에 있었는데 더 이상 회사에 있지 않거나 경력의 정체기에 든 사람 → 야심 찬 행동을 하지 않아 적합성을 유지하고 발전을 포용하는 데 실패한 사람임 단서 1
2 개인용 컴퓨터 사용 기술이 경영 지도자에게 미친 영향 → 기술을 포용한 이들은 탁월할 수 있었던 반면, 단서 2 저항한 이들은 적합성을 유지하고 기술을 새롭게 하는 데 실패하여 이른 은퇴를 통해 사라지게 됨 단서 3
▶ 새로운 변화에 저항한 이들은 결국 적합성을 잃게 된다는 내용이므로 정답은 ⑤이다.

왜 오답?
① 다양한 업종의 경력이 아니라 새로운 변화를 받아들이는 자세의 중요성에 관한 글이다.
② 직원의 다양한 능력 활용이 중요하다는 글이 아니다.
③ 기술 발전을 받아들이라는 취지의 글이지 그로 인해 단순 반복 업무가 사라진다는 내용은 제시되지 않았다.
④ 새로운 변화를 받아들이지 못하는 사람은 결국 도태된다는 것이 글의 핵심이므로 관련 없다.

E 03 정답 ① *사회 체계를 결속하는 약속에 대한 신뢰

Commitment is the glue / **holding together** / **characteristically**
현재분사구 (glue 수식) 부사 + 형용사 + 명사
human forms of social life. //
단서 1 약속은 우리 사회생활의 형태를 결속하는 접착제임
약속은 접착제이다 / 결속하는 / 사회생활에서의 인간 특유의 형태를 //
Commitments make **individuals' behavior predictable** / in the face of fluctuations in their desires and interests, /
make의 목적어와 목적격 보어 (형용사)
약속은 그들의 행동을 예측 가능하게 만들고 / 개인의 욕망과 관심이 동요하는 상황에서 /

thereby **facilitating** the planning and coordination of joint
분사구문을 이끄는 현재분사
actions / **involving multiple agents**. //
현재분사구 (actions 수식)
단서 2 약속은 우리가 수행하지 않았을 행동을 기꺼이 수행하게 함
그렇게 함으로써 공동 행동의 계획과 조정을 용이하게 한다 / 여러 주체가 참여하는 //
Moreover, commitments make people willing to perform /
목적격 관계대명사
actions **that** they would not otherwise perform. //
게다가, 약속은 사람들이 기꺼이 수행하도록 만든다 / 그렇지 않으면 수행하지 않을 행동을 //
For example, / a taxi driver **picks up** his clients / and **transports** them to their desired destination / because they **are committed / to paying** him afterwards for the service, /
be committed to -ing: ~하기로 약속하다
예를 들어 / 택시 기사는 고객을 태워 / (고객이) 원하는 목적지로 운송한다 / 고객이 약속했기 때문에 / 나중에 서비스에 대해 비용을 지불하겠다고 /
결과 절을 잇는 등위접속사
and a construction worker performs her job every day / because her employer **has made** a credible commitment **to pay** her / at the end of the month. //
현재완료 형용사적 용법 (commitment 수식)
그리고 건설 노동자는 매일 업무를 수행한다 / 고용주가 급여를 지불하겠다는 신뢰할 만한 약속을 했기 때문에 / 월말에 //
Indeed, / the taxi driver and the construction worker / are willing to accept money as payment /
사실 / 택시 기사와 건설 노동자가 / 돈을 보수로 기꺼이 받아들인다 /
only because a network of other agents / (notably the central bank) / **is committed to taking** various measures / **to sustain** the currency in question. //
be committed to -ing: ~하기로 약속하다
형용사적 용법 (measures 수식)
오로지 다른 주체들의 네트워크가 / (특히 중앙은행) / 다양한 조치를 취할 것을 약속했기 때문에 / 해당 통화를 유지하기 위한 //
Thus, social objects and institutions / such as jobs, money, government, scientific collaborations and marriage / **depend** / **for their origin and stability** / **upon** the credibility of commitments. //
전치사구 삽입 ~에 의존하다
따라서 사회적 대상(객체)과 제도는 / 일자리, 돈, 정부, 과학적 협력, 그리고 결혼과 같은 / 단서 3 사회적 제도는 그 시작과 안정성을 위해 약속의 신뢰성에 의존함
의존한다 / 그 시작과 안정성을 위해 / 약속의 신뢰성에 //

- commitment ⓝ 약속, 책무
- characteristically ⓐⓓ 특유의 성질대로
- predictable ⓐ 예측 가능한
- facilitate ⓥ 용이하게 하다
- coordination ⓝ 조정
- joint ⓐ 공동의
- agent ⓝ 주체
- destination ⓝ 목적지
- credible ⓐ 신뢰할 만한
- notably ⓐⓓ 특히
- sustain ⓥ 유지하다
- currency ⓝ 통화
- institution ⓝ 제도
- government ⓝ 정부
- collaboration ⓝ 공동 작업, 협업
- depend (up)on ~에 의존하다
- stability ⓝ 안정성
- credibility ⓝ 신뢰성

약속은 사회생활에서의 인간 특유의 형태를 결속하는 접착제이다. 약속은 개인의 욕망과 관심이 동요하는 상황에서 그들의 행동을 예측 가능하게 만들고, 그렇게 함으로써 여러 주체가 참여하는 공동 행동의 계획과 조정을 용이하게 한다. 게다가, 약속은 사람들이 그렇지 않으면 수행하지 않을 행동을 기꺼이 수행하도록 만든다. 예를 들어, 택시 기사는 고객이 나중에 서비스에 대해 비용을 지불하겠다고 약속했기 때문에 고객을 태워 (고객이) 원하는 목적지로 운송하고, 건설 노동자는 고용주가 월말에 (급여를) 지불하겠다는 신뢰할 만한 약속을 했기 때문에 매일 업무를 수행한다. 사실, 택시 기사와 건설 노동자가 돈을 보수로 기꺼이 받아들이는 것은 오로지 다른 주체(특히 중앙은행)들의 네트워크가 해당 통화를 유지하기 위한 다양한 조치를 취할 것을 약속했기 때문이다. 따라서 일자리, 돈, 정부, 과학적 협력, 그리고 결혼과 같은 사회적 대상(객체)과 제도는 그 시작과 안정성을 위해 약속의 신뢰성에 의존한다.

다음 글의 요지로 가장 적절한 것은?
① 약속에 대한 신뢰가 사회 체계를 형성하고 지탱한다.
Commitment is the glue ~ social life.
② 사회적 압력이 개인의 비자발적인 행동을 유도한다.
사회적 압력에 관한 내용이 아님
③ 사회가 발전함에 따라 사회 제도가 더 복잡해진다.
④ 사회 구성원들 간의 결속은 인위적으로 유지될 수 없다.
사회 제도가 복잡하다는 내용이 아님
⑤ 위험도에 따른 차등적 보상의 약속이 직업 선택의 기준이 된다.
유지된다는 내용임
약속을 신뢰하기 때문에 사람들이 업무를 수행한다는 내용임

> **왜 정답?** ✽✽✽ [정답률 76%]

주제: 약속은 우리의 사회생활의 형태를 결속하는 접착제임 단서 1
부연: 약속은 약속이 없었더라면 우리가 수행하지 않았을 행동을 기꺼이 수행하게 함 단서 2

예시 1: 택시 기사는 고객이 비용을 지불하기로 약속했기 때문에 서비스를 제공함
예시 2: 건설 노동자는 월말에 급여를 지불받기로 약속했기 때문에 업무를 수행함
결론: 사회적 제도는 그 시작과 안정성을 위해 약속의 신뢰성에 의존함 단서 3
▶ 인간의 사회생활의 형태가 유지되는 것은 사회 구성원들 간에 서로 약속을 지킬 것이라는 신뢰가 있기 때문이라는 내용이므로, 정답은 ①이다.

> **왜 오답?**

② 사회적 약속은 우리가 기꺼이 수행하도록 만든다는 내용이지, 비자발적 행동을 유도한다는 내용이 아니다.

③ 사회 제도는 약속의 신뢰성에 의존한다는 내용이지, 그 구조가 복잡하다는 내용이 아니다.

④ 사회 구성원들 간의 결속은 유지될 수 없다는 것이 아니라, 약속의 신뢰성으로 유지된다는 내용이다.

⑤ 보상이 있을 것이라는 약속을 신뢰하기 때문에 사람들이 업무를 수행한다는 내용이지, 직업 선택의 기준에 관한 언급은 없었다.

E 04 정답 ③ *꽃이 생물을 유혹하는 수단인 냄새

All of the restaurants are using / carefully chosen words / to evoke vivid mental images / of delicious food and rich desserts /
모든 음식점은 사용하고 있다 / 신중하게 선택된 단어를 / 생생한 마음의 이미지를 불러일으키는 / 맛있는 음식과 풍부한 디저트의 /

in order to draw the potential customer / to their particular establishment. // 단서 1 음식점은 잠재적 고객을 끌어들이기 위해 신중한 단어 선택을 통해 광고함
잠재적 고객을 끌어들이기 위해 / 그들의 특정 가게로 //

Just like the restaurants, / nature has its own dining establishments. //
음식점들과 같이 / 자연도 자신만의 식당을 가지고 있다 //

In a fashion similar to / the restaurants' financial dependence / upon drawing in many customers, /
~와 유사한 방식으로 / 음식점의 재정적 의존과 / 많은 고객을 끌어들이는 것에 대한 /

the restaurateurs of the natural world (i.e., flowers) / must also attract potential diners / to sample their offerings. //
자연 세계의 음식점 경영자들(즉, 꽃들)도 / 잠재적 식사 손님들을 유혹해야 한다 / 그들의 제공물을 맛볼 수 있도록 // 단서 2 자연 세계에서는 잠재적인 식사를 광고할 수 있는 네온사인이나 화려한 말이 없음

In the natural world, / there are no neon signs or flashy words / in which to market a potential meal / to hungry animals. //
자연 세계에는 / 네온사인이나 화려한 말이 없다 / 잠재적인 식사를 광고할 수 있는 / 배고픈 동물들에게 //

These restaurants that I am referring to / are the world's flowers, /
내가 언급하고 있는 이러한 식당들은 / 세계의 꽃들이며 /

and the potential guests / are the host of organisms / that visit flowers / to obtain nectar and other valuable resources. //
잠재적인 손님들은 / 여러 생물들이다 / 꽃을 방문하는 / 꿀과 다른 귀중한 자원을 얻기 위해 //

Instead of using a written language or neon sign, / they advertise their offerings / just as effectively / using the language of smell. //
문자 언어나 네온사인을 사용하는 대신 / 그들은 그들의 제공물을 광고한다 / 그만큼 효과적으로 / 냄새라는 언어를 사용하여 // 단서 3 꽃들은 냄새라는 언어를 통해 자신의 제공물을 광고함

- vivid ⓐ 생생한
- potential ⓐ 잠재적인
- establishment ⓝ 기관, 시설
- fashion ⓝ 방식
- dependence ⓝ 의존
- restaurateur ⓝ 식당 경영자
- diner ⓝ 식사 손님
- sample ⓥ 맛보다
- offering ⓝ 제공물
- neon sign 네온사인
- flashy ⓐ 화려한
- market ⓥ 광고하다
- a host of 많은
- organism ⓝ 생물
- obtain ⓥ 얻다
- nectar ⓝ (꽃의) 꿀
- effectively ⓐⓓ 효과적으로

모든 음식점은 잠재적 고객을 그들의 특정 가게로 끌어들이기 위해 맛있는 음식과 풍부한 디저트의 생생한 마음의 이미지를 불러일으키는 신중하게 선택된 단어를 사용하고 있다. 음식점들과 같이, 자연도 자신만의 식당을 가지고 있다. 많은 고객을 끌어들이는 것에 대한 음식점의 재정적 의존과 유사한 방식으로, 자연 세계의 음식점 경영자들(즉, 꽃들)도 그들의 제공물을 맛볼 수 있도록 잠재적 식사 손님들을 유혹해야 한다. 자연 세계에는, 배고픈 동물들에게 잠재적인 식사를 광고할 수 있는 네온사인이나 화려한 말이 없다. 내가 언급하고 있는 이러한 식당들은 세계의 꽃들이며, 잠재적인 손님들은 꿀과 다른 귀중한 자원을 얻기 위해 꽃을 방문하는 여러 생물들이다. 문자 언어나 네온사인을 사용하는 대신, 그들은 그만큼 효과적으로 냄새라는 언어를 사용하여 그들의 제공물을 광고한다.

> **다음 글의 요지로 가장 적절한 것은?**
> ① 음식점은 자연의 색과 향기로 잠재적 고객을 유혹한다.
> ② 자연 세계에서 꽃은 다양한 종의 생존에 중요한 역할을 한다. 문자 언어와 네온사인이라고 했음
> ③ 꽃은 생물을 유인하기 위해 냄새라는 광고 수단을 사용한다. 자연 세계에서 꽃이 생물을 유혹하는 방식에 관한 글임
> they advertise their offerings just as effectively using the language of smell
> ④ 음식점과 꽃은 주변 환경에 생동감을 준다는 공통점이 있다. 관련 없음
> ⑤ 꽃은 동물의 도움으로 생태계 내에서 번식을 이어갈 수 있다. 동물의 도움으로 번식한다는 내용이 아님

> **왜 정답?** ✽✽✽ [정답률 64%]

도입: 음식점은 잠재적 고객을 끌어들이기 위해 신중한 단어 선택을 통해 광고함 단서 1
전개: 자연 세계에서는 잠재적인 식사를 광고할 수 있는 네온사인이나 화려한 말이 없음 단서 2
비유: 자연 세계의 식당은 꽃들이며, 잠재적 손님은 꿀이나 자원을 찾아온 여러 생물들
주제: 꽃들은 언어나 네온사인 대신, 냄새라는 언어를 통해 자신의 제공물을 광고함 단서 3

➡ 꽃이 생물을 끌어들이기 위해 냄새를 활용한 것을 식당이 손님을 끌어들이기 위해 언어나 네온사인을 활용한 것에 비유하고 있다.
▶ 식당이 자신의 음식을 광고하기 위해 문자나 화려한 말을 쓴다면, 자연 세계에서는 냄새라는 언어를 수단으로 삼는다고 했으므로, 정답은 ③이다.

> **왜 오답?**

① 음식점이 잠재적 고객을 유혹하는 방식은 자연의 색과 향기가 아니라, 문자 언어와 네온사인이라고 했다.

② 자연 세계에서 꽃이 다양한 종의 생존에 영향을 미친다는 내용이 아니라, 꽃이 생물을 어떻게 유혹하는지에 관한 글이다.

④ 음식점과 꽃의 공통점은 각자의 수단을 활용해 제공물을 광고한다는 점이라고 했다.

⑤ 꽃이 동물의 도움으로 번식한다는 내용이 아니라, 꽃이 생물들을 어떻게 유혹하는지에 관한 글이다. 함정

E 05 정답 ① *기술이 미래 노동 시장에 미치는 영향

단서 1 미래의 노동은 인간을 대체하는 힘과, 인간을 보완하는 힘에 달려 있음
The future of work depends on two forces: / a harmful substituting force / and a helpful complementing one. //
일의 미래는 두 가지 힘에 달려 있다 / 해로운 대체하는 힘과 / 도움이 되는 보완하는 힘이라는 //

현재분사구 (a hero and a villain 수식)
Many tales have a hero and a villain / fighting each other for dominance, /
많은 이야기에는 영웅과 악당이 있지만 / 지배권을 놓고 서로 싸우는 / 단서 2 기술은 노동을 대체하기도 하지만 다른 영역에서 노동에 대한 수요를 증가시킴

but in our story, / technology plays both roles at once, / displacing workers / while simultaneously raising the demand for their efforts / elsewhere in the economy. //
우리의 이야기에서는 / 기술이 둘 다의 역할을 동시에 수행하는데 / 노동자를 대체하며 / 동시에 그들의 노력에 대한 수요를 증가시킨다 / 경제의 다른 곳에서 //

This interaction helps explain / why past worries about automation / were misplaced: /
이러한 상호작용은 설명하는 데 도움이 된다 / 왜 자동화에 대한 과거의 우려가 / 잘못된 것인지 /

our ancestors **had predicted** the wrong winner in that fight, /
underestimating quite / how powerful the complementing force
would prove to be / or simply **ignoring that factor altogether**. //
우리 조상들은 그 싸움의 승자를 잘못 예측하며 / 꽤 과소평가하거나 / 보완하는 힘이
얼마만큼 강력하다고 드러날지를 / 혹은 단순히 그 요소를 완전히 무시했었다 //

It also helps to explain / **why economists have traditionally been
dismissive** / of the idea of technological unemployment: /
이는 또한 설명하는 데 도움이 된다 / 왜 경제학자들이 전통적으로 무시해 왔는지를 / 기술
실업이라는 개념을 /

there appeared to be firm limits / to the substituting force,
leaving / lots of tasks / **that** could not be performed by
machines, / and a growing demand for human beings / **to do**
them instead. // 단서 3 기술이 인간의 노동을 대체하는 것에는 분명한 한계가 있으며, 기계로
수행할 수 없는 업무를 수행해야 할 인간 노동에 대한 수요가 증가할 것임
확고한 한계가 있어 보이고 / 대체하는 힘에는 / 남겨진 / 많은 과업들과 / 기계에 의해서
수행될 수 없는 / 인간에 대한 증가하는 수요를 / 그것들을 대신 수행할 수 있는 //

- substituting ⓐ 대체하는
- complementing ⓐ 보완하는
- villain ⓝ 악당
- dominance ⓝ 지배권
- displace ⓥ 대체하다
- simultaneously ⓐd 동시에
- automation ⓝ 자동화
- misplaced ⓐ 잘못된
- underestimate ⓥ 과소평가하다
- altogether ⓐd 완전히
- economist ⓝ 경제학자
- dismissive ⓐ 무시하는
- unemployment ⓝ 실업

일의 미래는 해로운 대체하는 힘과 도움이 되는 보완하는 힘이라는 두 가
지 힘에 달려 있다. 많은 이야기에는 지배권을 놓고 서로 싸우는 영웅과 악
당이 있지만, 우리의 이야기에서는 기술이 둘 다의 역할을 동시에 수행하
는데, 노동자를 대체하는 동시에 경제의 다른 곳에서 그들의 노력에 대한
수요를 증가시킨다. 이러한 상호작용은 자동화에 대한 과거의 우려가 왜
잘못된 것인지 설명하는 데 도움이 된다. 우리 조상들은 그 싸움의 승자를
잘못 예측하며, 보완하는 힘이 얼마만큼 강력하다고 드러날지를 꽤 과소평
가하거나 혹은 단순히 그 요소를 완전히 무시했었다. 이는 또한 왜 경제학
자들이 전통적으로 기술 실업이라는 개념을 무시해 왔는지를 설명하는 데
도움이 된다. 대체하는 힘에는 확고한 한계가 있어 보이고, 기계에 의해서
수행될 수 없는 많은 과업들과, 그것들을 대신 수행할 수 있는 인간에 대한
증가하는 수요를 남겼다.

다음 글의 요지로 가장 적절한 것은?

① 기술은 인간을 대체하면서도 인력 수요를 늘린다.
technology plays both roles at once, ~ in the economy
② 신기술 도입은 노동자에게 적응의 부담을 안겨 준다.
적응의 부담에 관한 내용이 아님
③ 자동화 시대에는 창의적 역량의 중요성이 더 커진다.
창의성에 관한 언급은 없음
④ 기술 격차는 노동 시장에서 새로운 불평등을 초래한다.
불평등에 관한 내용이 아님
⑤ 노동 시장 문제는 역사적 사례를 기반으로 해결할 수 있다.
관련 없음

> 왜 정답 ? ✱✱✱ [정답률 84%]

- 도입: 기술은 미래에 인간의 일을 대체하는 힘이 될 수도 있고, 인간의 일을 보완하며
돕는 힘이 될 수도 있음 단서 1
- 주제: 기술은 노동을 대체하기도 하지만 노동에 대한 수요를 증가시킴 단서 2
- 부연: 기술이 인간의 노동을 대체하는 것에는 분명한 한계가 있으며, 기계로 수행할
수 없는 업무를 수행해야 할 인간 노동에 대한 수요가 증가할 것임 단서 3

➡ 기술의 발전이 인간의 노력력을 대체할 것인지, 보완할 것인지에 관한 글이다. 특히
옛날 사람들이 기술 때문에 일자리가 없어질 거라고 걱정하지 않았던 이유는, 기술
이 인간의 일을 아무리 많이 대체하더라도, 사람만이 할 수 있는 일들이 분명히 있다
고 생각했기 때문이다. ▶ 기술은 미래에 사람의 일을 대체하면서도, 동시에 다른 영
역에서는 사람의 노동이 더 필요해지도록 만든다는 내용이므로, 정답은 ①이다.

> 왜 오답 ?

② 신기술 도입에 노동자가 필요하다는 내용이지, 적응의 부담에 관한 내용이 아니다.
③ 자동화 시대에도 인력이 필요하다는 내용이지, 창의성에 관한 언급은 없다.
④ 기술 격차와 불평등에 관한 내용이 아니다.
⑤ 노동 시장의 문제와 역사에 관한 내용이 아니다.

E 06 정답 ④ ＊이미 정립된 이론들을 토대로 값을 구하는 측정

단서 1 볼링공의 질량을 측정하려면 이미 질량을 알고 있는 큐브와 저울에서 비교해야 함
To determine the mass of my bowling ball, / I might put it onto
a balance / and compare it with a known mass, /
볼링공 질량을 측정하기 위해 / 나는 그것을 저울에 올려놓고 / 이미 알고 있는 질량과 그것을
비교할 수 있다 /

such as a number of metal cubes / **each weighing 1, 10, or 100
grams**. //
여러 개의 금속 큐브 같은 / 각 1g, 10g, 또는 100g이 나가는 //

Things get **much** more complicated / **if** I want to know / the
mass of a distant star. //
상황은 훨씬 더 복잡해진다 / 만약 내가 알고 싶다면 / 먼 별의 질량을 //

How do I measure it? //
나는 어떻게 그것을 측정할까 //

We can roughly say / **that measuring the mass of a star** / **involves**
various theories. //
우리는 대략적으로 말할 수 있다 / 별의 질량을 측정하는 것은 / 다양한 이론을 포함한다고 //

If we want to measure the mass of a binary star, / we first
determine / a center of mass between the two stars, / then their
distance from that center / **which** we can then use, /
우리가 쌍성의 질량을 측정하기를 원한다면 / 우리는 먼저 측정한다 / 두 별들 사이의 질량
중심을 / 그 다음에 그 중심으로부터 떨어진 그것들의 거리를 / 우리가 그제서야 사용할 수
있는 / 단서 2 별의 질량을 측정하려면 우리가 알 수 있는 다양한 수치를 측정하고,
그 값을 다른 방정식에 대입하여 계산해야 함

together with a value for the period / and a certain instance of
Kepler's Third Law, / **to calculate** the mass. //
공전 주기의 값과 / 케플러 제3 법칙의 특정한 사례를 가지고 / 질량을 계산하기 위해 //

In other words, / **in order to "measure"** the star mass, / we
measure other quantities, / and **use** those values, / together with
certain equations, / **to calculate** the mass. //
다시 말해서 / 별의 질량을 '측정'하기 위해서 / 우리는 다양한 수치들을 측정하고 / 그 값들을
사용한다 / 특정 방정식들과 함께 / 질량을 계산하기 위해 //

Measurement is **not** a simple and unmediated estimation / of
not A but B: A가 아니라 B인
independently existing properties, / **but** a determination of
certain magnitudes / before the background of a number of
accepted theories. // 단서 3 측정은 이미 정립된 여러 이론을 바탕으로
특정 크기를 결정하는 것임
측정은 단순하고 중재되지 않은 측정이 아니라 / 독립적으로 존재하는 값들의 / 특정 크기들을
결정하는 것이다 / 이미 정립된 여러 이론들을 바탕으로 //

- determine ⓥ 측정하다
- mass ⓝ 질량
- balance ⓝ 저울
- complicated ⓐ 복잡한
- distant ⓐ 먼
- roughly ⓐd 대략적으로
- instance ⓝ 사례
- calculate ⓥ 계산하다
- quantity ⓝ 수치
- equation ⓝ 방정식
- unmediated ⓐ 중재되지 않은
- estimation ⓝ 측정
- independently ⓐd 독립적으로
- existing ⓐ 존재하는
- property ⓝ 속성, 특성
- magnitude ⓝ 크기
- background ⓝ 배경

볼링공 질량을 측정하기 위해, 나는 그것을 저울에 올려놓고 각 1g, 10g,
또는 100g이 나가는 여러 개의 금속 큐브 같은 이미 알고 있는 질량과 그
것을 비교할 수 있다. 만약 내가 먼 별의 질량을 알고 싶다면 상황은 훨씬
더 복잡해진다. 나는 어떻게 그것을 측정할까? 우리는 별의 질량을 측정하
는 것은 다양한 이론을 포함한다고 대략적으로 말할 수 있다. 우리가 쌍성
의 질량을 측정하기를 원한다면, 질량을 계산하기 위해 우리는 먼저 두 별
들 사이의 질량 중심을, 그 다음에 우리가 그제서야 사용할 수 있는 그 중
심으로부터 떨어진 그것들의 거리를 공전 주기의 값과 케플러 제3 법칙의
특정한 사례를 가지고 측정한다. 다시 말해서, 별의 질량을 '측정'하기 위해
서 우리는 다양한 수치들을 측정하고 그 값들을 특정 방정식들과 함께 사
용하여 질량을 계산한다. 측정은 독립적으로 존재하는 값들의 단순하고 중
재되지 않은 측정이 아니라, 이미 정립된 여러 이론들을 바탕으로 특정 크
기들을 결정하는 것이다.

다음 글의 요지로 가장 적절한 것은?

① 각기 다른 실험으로부터 도출된 결괏값은 모두 유의미하다.
② 정밀한 측정을 위해 가능한 한 많은 이론을 고려하는 것이 좋다. ← 측정은 각각 도출된 결괏값을 기존의 이론에 대입하는 과정이라는 내용
③ 검증된 공식들을 적용하기 전에 측량 단위를 정하는 것이 중요하다. ← 언급되지 않음
④ 측정은 이미 정립된 이론들을 토대로 값을 구하는 과정이다. ← 물체를 측량하기 위해서는 검증된 공식을 적용하여야 한다는 내용
⑤ 관찰자와 물체의 거리가 멀수록 측정 과정이 복잡해진다. ← Measurement is ~ accepted theories.
← 먼 것의 측정이 복잡하다는 내용이 아님

〉왜 정답 ? ✱✱✱ [정답률 59%]

예시 1: 볼링공의 질량을 측정하려면, 이미 질량을 알고 있는 금속 큐브와 저울에 비교해야 함 단서 1

예시 2: 별의 질량을 측정하려면, 우리가 알 수 있는 다양한 수치를 측정하고, 그 값을 특정 방정식에 대입하여 계산해야 함 단서 2

결론: 측정은 이미 정립된 여러 이론을 바탕으로 특정 크기를 결정하는 것임 단서 3

▶ 볼링공이든 별이든, 그 질량을 측정하기 위해서는 이미 정립된 이론을 토대로 다양한 수치를 계산해야 한다는 내용이므로, 정답은 ④이다.

〉왜 오답 ?

① 측정은 각각 도출된 결괏값을 기존의 이론에 대입하는 과정이라는 내용이다.
② 많은 이론을 고려하는 것과 정밀한 측정의 상관관계에 관한 내용은 언급되지 않았다.
③ 물체를 측량하기 위해서는 검증된 공식을 적용하여야 한다는 내용이다.
⑤ 볼링공보다 먼 별의 질량을 측정하는 것이 더 복잡하다는 내용은 언급되었지만, 먼 것의 측정이 복잡하다는 내용이 아니라, 측정은 기존에 정립된 이론을 바탕으로 계산되는 것이라는 내용이다.

E 07 정답 ⑤ ✱긴박한 상황에서 소문이 퍼지는 이유

Any new or threatening situation / may require us to make decisions / and this requires information. // 〔require의 목적어와 목적격 보어 (to부정사)〕 단서 1 위기의 상황에서 우리는 정보를 필요로 함
어떤 새롭거나 긴박한 상황은 / 우리가 결정을 내리도록 하고 / 이것은 정보를 요한다 //

So important is communication / during a disaster / that normal social barriers are often lowered. // 〔보어가 문두로 오며 주어와 동사가 도치됨〕 「so ~ that …」: 너무 ~해서 (그 결과) …하다
소통이 매우 중요해서 / 재난 상황 중에는 / 보통의 사회적 장벽이 자주 낮아진다 //

We will talk to strangers / in a way we would never consider normally. // 〔가정법 과거 (현재 사실 반대)〕
우리는 낯선 사람에게 말을 걸 것이다 / 평상시에는 전혀 고려하지 않을 방식으로 //

Even relatively low grade disruption of our life / such as a fire drill or a very late train / seems to give us the permission / to break normal etiquette / and talk to strangers. // 〔병렬 구조 (형용사적 용법)✱〕
우리 삶에서의 비교적 낮은 수준의 혼란조차도 / 소방 훈련이나 매우 연착된 기차와 같은 / 허용해 주는 것처럼 보인다 / 보통의 에티켓을 어기고 / 낯선 사람에게 말을 거는 것을 //

The more important / an event to a particular public, / the more detailed and urgent / the requirement for news becomes. // 〔뒤에 동사 is 생략〕 「the 비교급 ~ the 비교급 …」: ~할수록 더 …한[하게]
중요할수록 / 어떤 사건이 특정 사람들에게 / 더 상세하고 긴박해진다 / 소식에 대한 요구가 //

Without an authoritative source of facts, / whether that is a newspaper or trusted broadcast station, / rumours often run riot. // 〔양보의 부사절〕 단서 2 중대한 사안일수록 더 자세한 정보를 요구하게 됨
사실에 대한 공신력 있는 출처 없이 / 그것이 신문이든 신뢰할 만한 방송국이든 / 소문은 자주 제멋대로 뻗어 나간다 //

Rumours start / because people believe their group to be in danger / and so, although the rumour is unproven, / feel they should pass it on. // 〔병렬 구조 (because 절의 동사)〕 단서 3 위험에 처할 때 우리는 입증되지 않은 정보도 전달하기 시작하고 소문이 시작됨
소문은 시작된다 / 사람들이 자신이 속한 집단이 위험에 처해 있다고 믿어서 / 그래서 소문이 입증되지 않았음에도 불구하고 / 이를 전달해야 한다고 생각하기 때문에 //

For example, / if a worker heard / that their employer's business was doing badly / and people were going to be made redundant, / 〔목적어절 접속사〕 〔과거진행〕 〔능동태의 목적격 보어 (형용사)〕
예를 들어 / 한 근로자가 들으면 / 그의 고용주의 사업이 잘 안 되어서 / 사람들이 해고될 것이라고 /

they would pass that information on / to colleagues. //
그들은 그 정보를 전달할 것이다 / 동료들에게 //

어떤 새롭거나 긴박한 상황은 우리가 결정을 내리도록 하고 이것은 정보를 요한다. 재난 상황 중에는 소통이 매우 중요해서 보통의 사회적 장벽이 자주 낮아진다. 우리는 평상시에는 전혀 고려하지 않을 방식으로 낯선 사람에게 말을 걸 것이다. 소방 훈련이나 매우 연착된 기차와 같은 우리 삶에서의 비교적 낮은 수준의 혼란조차도 보통의 에티켓을 어기고 낯선 사람에게 말을 거는 것을 허용해 주는 것처럼 보인다. 어떠한 사건이 특정 사람들에게 중요할수록, 소식에 대한 요구가 더 상세하고 긴박해진다. 그것이 신문이든 신뢰할 만한 방송국이든, 사실에 대한 공신력 있는 출처 없이, 소문은 자주 제멋대로 뻗어 나간다. 소문은 사람들이 자신이 속한 집단이 위험에 처해 있다고 믿어서, 소문이 입증되지 않았음에도 불구하고, 이를 전달해야 한다고 생각하기 때문에 시작된다. 예를 들어, 한 근로자가 그의 고용주의 사업이 잘 안 되어서 사람들이 해고될 것이라고 들으면, 그들은 그 정보를 동료들에게 전달할 것이다.

다음 글의 요지로 가장 적절한 것은?

① 소수에 의한 정보 독점은 합리적 의사 결정을 방해한다. ← 정보 독점에 관한 내용이 아님
② 대중의 지속적 관심이 뉴스의 공정성을 향상시킬 수 있다. ← 위급한 상황에서는 소문이 퍼진다는 내용임
③ 위기에 처한 사람은 권위 있는 전문가의 의견을 구하려고 한다. ← 오히려 입증되지 않는 소문도 전달함
④ 소문은 유사한 성향을 지닌 사람들 사이에서 더 빠르게 퍼진다. ← 소문은 성향과 상관없이 위기의 상황에서 빠르게 퍼진다는 내용임
⑤ 위기 상황에서는 확인되지 않은 정보라도 전달하려는 경향이 크다. ← Rumours start ~ feel they should pass it on.

〉왜 정답 ? ✱✱✱ [정답률 88%]

도입: 위기의 상황에서 우리는 정보를 필요로 함 단서 1
전개: 중대한 사안일수록 더 자세한 소식이나 정보를 요구하게 됨 단서 2
결론: 소문을 들은 사람들은 소문의 입증 여부와 상관 없이 이를 전달하게 됨 단서 3

▶ 우리는 위기의 상황에서 근거 없는 소문을 듣더라도 이를 빠르게 전달하려는 경향이 생긴다는 내용이므로, 정답은 ⑤이다.

〉왜 오답 ?

① 합리적 의사 결정과 정보 독점에 관한 내용은 언급되지 않았다.
② 공정성이 입증되지 않더라도 위급한 상황에서는 소문이 퍼진다는 내용이다.
③ 위기 상황에서는 입증되지 않는 소문도 전달한다는 내용이다.
④ 소문은 성향과 상관 없이 위기의 상황에선 빠르게 퍼진다는 내용이다.

어법 특강

✱ 병렬 구조를 이루는 등위접속사

– 등위접속사 and, but, or, so 등은 두 개 이상의 단어, 구, 절을 연결한다. 이때 동일한 품사와 문법적으로 같은 성분을 연결해야 한다.

- Don't forget to prepare a cutting board and a knife. ← 단어와 단어를 연결
  (도마와 칼을 준비할 것을 잊지 마세요.)

- You can squeeze oranges by hand, but it's easier if you use a squeezer. ← 문장과 문장을 연결
  (당신은 손으로 오렌지를 짤 수 있지만, 압착기를 사용하면 더 쉬워요.)

- Anyone caught faces a huge fine, but this has not discouraged selling their seats. ← 문장과 문장을 연결
  (잡히면 누구나 엄청난 벌금에 처해지지만 이것은 입장권을 파는 것을 막지는 못한다.)

E 08 정답 ④ ＊정부의 구제가 기업에 미치는 부정적 영향

If a firm is going to be saved by the government, / **it** might be easier / **to concentrate** on **lobbying** the government / for more money /
기업이 정부로부터 구제받으려면 / 더 쉬울지도 모른다 / 정부에 로비하는 것에 집중하는 것이 / 더 많은 돈을 받기 위해 /
단서 1 기업은 정부의 지원을 받기 위해 구조 조정을 통해 성장하려고 하기보다는 정부에 로비하는 것에 집중함

rather than **taking** the harder decision / **of** restructuring the company / **to be** able to be profitable and viable in the long term. //
더 어려운 결정을 내리기보다는 / 회사를 구조 조정하는 / 장기적으로 수익성이 나고 성장할 수 있도록 //

This is an example / of something **known as moral hazard** / — when government support alters / the decisions **firms take**. //
이것은 한 예이다 / 도덕적 해이라고 알려진 것의 / 정부의 지원이 바뀔 때 / 기업이 내리는 결정을 //

For example, / if governments rescue banks / **who** get into difficulty, / as they **did** during the credit crisis of 2007-08, / this could encourage **banks to take** greater risks in the future /
예를 들어 / 만약 정부가 은행을 구제한다면 / 어려움에 처한 / 2007-08년 신용 위기 때 그들이 그랬던 것처럼 / 이것은 은행이 앞으로 더 큰 위험을 감수하도록 조장하는데 /

because they know / there is a possibility / **that** governments will intervene / if they lose money. //
그 이유는 그들이 알기 때문이다 / 가능성이 있다는 것을 / 정부가 개입할 / 그들이 손해를 보는 경우 //
단서 2 은행이 손해를 볼 때 정부가 개입해서 구해준다면, 은행은 더 큰 위험을 무릅쓸 것임

Although the government rescue may be well intended, / it can negatively affect the behavior of banks, / **encouraging risky and poor decision making**. //
정부의 구제는 좋은 의도일지라도 / 그것은 은행의 행동에 부정적으로 영향을 미쳐 / 위험하고 형편없는 의사 결정을 조장할 수 있다 //
단서 3 정부의 구제는 그 의도가 좋을지라도, 기업이 위험한 행동을 하도록 조장할 수 있음

- lobby ⓥ 로비하다
- restructure ⓥ 구조 조정하다
- profitable ⓐ 이윤을 남기는
- moral ⓐ 도덕적인
- hazard ⓝ 위험요소, 해이
- rescue ⓥ 구제하다
- intervene ⓥ 개입하다

기업이 정부로부터 구제받으려면, 장기적으로 수익성이 나고 성장할 수 있도록 회사를 구조 조정하는 더 어려운 결정을 내리기보다는 더 많은 돈을 받기 위해 정부에 로비하는 것에 집중하는 것이 더 쉬울지도 모른다. 이것은 도덕적 해이라고 알려진 것의 한 예이다 — 정부의 지원이 기업이 내리는 결정을 바꿀 때. 예를 들어, 2007~08년 신용 위기 때 그들이 그랬던 것처럼, 만약 정부가 어려움에 처한 은행을 구제한다면, 이것은 은행이 앞으로 더 큰 위험을 감수하도록 조장하는데 그 이유는 그들이 손해를 보는 경우 정부가 개입할 가능성이 있다는 것을 그들이 알기 때문이다. 정부의 구제는 좋은 의도일지라도, 그것은 은행의 행동에 부정적으로 영향을 미쳐, 위험하고 형편없는 의사 결정을 조장할 수 있다.

> 다음 글의 요지로 가장 적절한 것은?
> ① 기업에 대한 정부의 지원이 새로운 기술의 도입을 촉진한다.
> 기업에 대한 정부의 지원이 기업에 미치는 부정적 영향을 설명한 글임
> ② 현명한 소비자들은 윤리적 기업의 제품을 선택하는 경향이 있다.
> 언급되지 않음
> ③ 정부와 기업은 협력으로 사회적 문제의 해결책을 모색할 수 있다.
> 정부와 기업의 협력에 관한 내용이 아님
> ④ 정부의 구제는 기업의 의사 결정에 부정적인 영향을 미칠 수 있다.
> it can negatively affect ~ and poor decision making
> ⑤ 합리적 의사 결정은 다양한 대안에 대한 평가를 통해 이루어진다.
> 대안에 대한 평가와 관련된 내용은 언급되지 않음

＞왜 정답? ＊＊＊ [정답률 89%]

도입: 기업은 정부의 지원을 받기 위해 구조 조정을 통해 성장하려고 하기보다는 정부에 로비하는 것에 집중함 **단서 1**

예시: 정부가 어려움에 처한 은행을 구제하고자 함 ➡ 이는 은행이 향후 위험한 결정을 내리도록 조장함 ➡ 그 이유는 앞으로 손해를 볼 때 정부가 개입해서 구제해 줄 것이라고 생각할 것이기 때문임 **단서 2**

결론: 정부의 구제는 그 의도가 좋을지라도, 기업이 형편없는 의사 결정을 내리도록 조장할 수 있음 **단서 3**

▶ 정부의 구제가 기업의 의사 결정에 미치는 부정적인 영향을 설명한 내용이므로, 정답은 ④이다.

＞왜 오답?

① 기업에 대한 정부의 지원이 새로운 기술 도입이 아니라 기업의 의사 결정에 미치는 부정적 영향을 설명한 글이다.

② 현명한 소비자들의 선택에 관한 내용은 언급되지 않았다.

③ 정부와 기업의 협력이 아니라, 정부가 기업에 지원하는 것이 부정적인 영향을 미친다는 내용이다.

⑤ 대안에 대한 평가와 관련된 내용은 언급되지 않았다.

E 09 정답 ② ＊새로운 기술을 과대평가하는 경향

단서 1 우리는 새로운 기술을 과대평가하는 경향이 있음

We tend to overrate / the impact of new technologies / in part / because older technologies **have become** absorbed / into the furniture of our lives, / **so as to be** almost invisible. //
우리는 과대평가하는 경향이 있는데 / 새로운 기술의 영향을 / 부분적으로 / 그 이유는 기존 기술이 흡수되었기 때문이다 / 우리 삶의 일부로 / 눈에 거의 보이지 않을 만큼 //

Take the baby bottle. //
젖병을 예로 들어 보자 //

Here is a simple implement / **that has transformed** a fundamental human experience / for vast numbers of infants and mothers, / yet it finds no place in our histories of technology. //
여기에 단순한 도구가 있다 / 인간으로서의 근본적인 경험을 바꿨으나 / 수많은 영유아와 엄마들의 / 기술의 역사에서 그 자리를 찾지 못한 //

This technology might **be thought of** / **as** a classic time-shifting device, / as it enables **mothers to exercise** / more control over the timing of feeding. //
이 기술은 여겨지는데 / 전형적으로 시간을 조절하는 장치라고 / 이는 엄마가 발휘할 수 있게 하기 때문이다 / 수유 시간에 대해 더 많은 통제력을 //

It can also function to save time, / **as** bottle feeding allows / for someone else to substitute for the mother's time. //
또한 이는 시간을 절약하는 기능도 하는데 / 젖병 수유는 허락하기 때문이다 / 다른 사람이 엄마의 (수유) 시간을 대신하도록 //

Potentially, therefore, / it has huge implications / for the management of time in everyday life, / **yet** it is entirely overlooked / in discussions of high-speed society. //
따라서, 잠재적으로 / 그것(젖병)은 큰 영향을 미치지만 / 일상생활의 시간 관리에 / 완전히 간과되고 있다 / 빠른 속도의 사회적 논의에서는 //
단서 2 젖병은 일상생활에 큰 영향을 미쳤지만, 그 영향력은 간과되고 있음

- overrate ⓥ 과대평가하다
- absorb ⓥ 흡수하다
- implement ⓝ 도구
- fundamental ⓐ 근본적인
- vast ⓐ 수많은
- classic ⓐ 전형적인
- feeding ⓝ 수유
- substitute ⓥ 대체하다
- potentially ⓐⓓ 잠재적으로
- implication ⓝ 영향
- overlook ⓥ 간과하다

우리는 새로운 기술의 영향을 과대평가하는 경향이 있는데, 부분적으로 그 이유는 기존 기술이 눈에 거의 보이지 않을 만큼 우리 삶의 일부로 흡수되었기 때문이다. 젖병을 예로 들어 보자. 여기에 수많은 영유아와 엄마들의 인간으로서의 근본적인 경험을 바꿨으나, 기술의 역사에서 그 자리를 찾지 못한 단순한 도구가 있다. 이 기술은 전형적으로 시간을 조절하는 장치라고 여겨지는데 이는 엄마가 수유 시간에 대해 더 많은 통제력을 발휘할 수 있게 하기 때문이다. 또한 젖병 수유는 시간을 절약하는 기능도 하는데, 이는 다른 사람이 엄마의 (수유) 시간을 대신하도록 허락하기 때문이다. 따라서, 잠재적으로 그것(젖병)은 일상생활의 시간 관리에 큰 영향을 미치지만, 빠른 속도의 사회적 논의에서는 완전히 간과되고 있다.

다음 글의 요지로 가장 적절한 것은?

① 새로운 기술은 효율적인 시간 관리에 도움이 된다. 젖병은 기존 기술의 예시임
② 새로운 기술에 비해 기존 기술의 영향력이 간과되고 있다.
We tend to overrate the impact of new technologies
③ 현대 사회의 새로운 기술이 양육자의 역할을 대체하고 있다.
엄마의 수유를 대체한 젖병은 기존 기술임
④ 새로운 기술의 사용을 장려하는 사회적 인식이 요구된다.
새로운 기술 사용을 장려하는 내용은 언급되지 않음
⑤ 기존 기술의 활용은 새로운 기술의 개발에 도움이 된다.
기존 기술은 새로운 기술에 비해 그 영향력이 과소평가된다는 내용임

왜 정답? ✿✿✿ [정답률 53%]

우리는 새로운 기술을 과대평가하는 경향이 있다. 단서 1
이유: 기존 기술은 우리 눈에 보이지 않을 만큼 일상생활에 흡수되었기 때문이다.
예시: 젖병은 시간 관리 차원에서 큰 영향력을 미친 기술이었다. → 그럼에도
젖병이라는 기존 기술은 기술의 역사를 논할 때 완전히 간과된다. 단서 2
▶ 새로운 기술에 비해 기존 기술의 영향력이 간과된다는 내용이므로, 정답은 ②이다.

왜 오답?

① 젖병이라는 기존 기술이 효율적인 시간 관리에 도움이 되었다고 설명했지만,
  새로운 기술이 도움이 되었다는 내용은 없었다.
③ 기존 기술인 젖병이 엄마의 수유를 대체하게 해 주었다는 점을 예로 들었을 뿐,
  새로운 기술이 양육자의 역할을 대체한다는 내용은 없었다.
④ 새로운 기술 사용을 장려하는 내용이 아니다.
⑤ 기존 기술은 새로운 기술에 비해 그 영향력이 과소평가된다는 내용이다.

E 10 정답 ① ＊자녀의 특성에 맞는 개별화된 양육의 필요성

단서 1 단순히 대중적인 양육법을 채택하는 것은 자녀의 독특함을 무시하는 행동임
The problem / with simply adopting any popular method of
parenting / is that it ignores the most important variable in the
equation: / the uniqueness of your child. //
주격 보어절 접속사
문제는 / 대중적인 양육법을 단순히 채택하는 것의 / 그것이 방정식의 가장 중요한 변수를
무시한다는 것이다 / 즉, 자녀의 독특함을 //

So, rather than insist / that one style of parenting will work /
목적어절 접속사
with every child, / we might take a page / from the gardener's
handbook. // 단서 2 양육 방식을 모두 채택하기보다는 일부를 참고해야 함
그래서, 주장하기보다는 / 한 가지 양육 방식이 효과가 있을 것이라고 / 모든 아이들에게 /
우리는 일부를 참고할 수도 있다 / 정원사의 안내서의 //

just as A, so B: A만큼 B 역시 그러하다
Just as the gardener accepts, / without question or resistance, /
병렬 구조
the plant's requirements / and provides the right conditions /
앞에 목적격 관계대명사 생략
each plant needs to grow and flourish, /
정원사가 받아들이는 것처럼 / 의문이나 거부감 없이 / 식물의 요구 사항을 / 그리고 적절한
조건을 제공하는 것처럼 / 각각의 식물이 자라고 번성하는 데 필요한 /
도치구문   형용사적 용법(our parenting 수식)
so, too, do we parents need / to custom-design our parenting / to
fit the natural needs / of each individual child. //
우리 부모도 역시 필요가 있다 / 양육을 맞춤 설계할 / 타고난 욕구에 맞는 / 각각의 아이들의 //

Although that may seem difficult, / it is possible. //
그것이 어려워 보일지 모르지만 / 가능하다 //

목적어절을 이끄는 의문사
Once we understand / who our children really are, /
일단 우리가 알게 되면 / 우리 아이들이 진정 어떤 아이인지를 /
how to-v: ~하는 법
we can begin to figure out / how to make changes in our
parenting style / to be more positive and accepting / of each
앞에 목적격 관계대명사 생략
child / we've been blessed to parent. // 단서 3 아이가 어떤 아이인지 알게 되면
양육 방식에 변화를 줄 수 있음
우리가 알아내기 시작할 수 있다 / 양육 방식에 변화를 줄 방법을 / 보다 긍정적이고
수용적이도록 / 아이에게 / 우리가 양육하도록 축복받은 //

- adopt ⓥ 채택하다 · parent ⓥ 양육하다 · variable ⓝ 변수
- uniqueness ⓝ 독특함
- take a page from the book 참고하다, 모방하다
- gardener ⓝ 정원사 · resistance ⓝ 거부감, 저항
- requirement ⓝ 요구 사항 · flourish ⓥ 번성하다
- custom-design 맞춤 설계하다 · bless ⓥ 축복하다

대중적인 양육법을 단순히 채택하는 것의 문제는 그것이 방정식의 가장
중요한 변수, 즉 자녀의 독특함을 무시한다는 것이다. 그래서, 한 가지
양육 방식이 모든 아이들에게 효과가 있을 것이라고 주장하기보다는,
우리는 정원사의 안내서의 일부를 참고할 수도 있다. 정원사가 의문이나
거부감 없이 식물의 요구 사항을 받아들이고 각각의 식물이 자라고
번성하는 데 필요한 적절한 조건을 제공하는 것처럼, 우리 부모도 역시
각각의 아이들의 타고난 욕구에 맞는 양육을 맞춤 설계할 필요가 있다.
그것이 어려워 보일지 모르지만, 가능하다. 일단 우리가 우리 아이들이
진정 어떤 아이인지를 알게 되면, 우리가 양육하도록 축복받은 아이에게
보다 긍정적이고 수용적이도록 양육 방식에 변화를 줄 방법을 알아내기
시작할 수 있다.

다음 글의 요지로 가장 적절한 것은?

① 자녀의 특성에 맞는 개별화된 양육이 필요하다.
각 아이를 파악하고 이에 맞는 양육법을 설계해야 함
② 식물을 키우는 것이 자녀의 창의성 발달에 도움이 된다.
자녀 양육을 정원사가 식물을 돌보는 것에 비유함
③ 정서적 교감은 자녀의 바람직한 인격 형성에 필수적이다.
정서적 교감과 관련 없음
④ 자녀에게 타인을 존중하는 태도를 가르치는 것이 중요하다.
타인을 존중하는 태도와 관련 없음
⑤ 전문가에 의해 검증된 양육 방식을 따르는 것이 바람직하다.
대중적인 양육법을 단순히 채택하는 것이 아닌, 자녀의 독특함을 파악해야 함

왜 정답? ✿✿✿ [정답률 80%] 부모 아이

대중적인 양육법을 택하는 것은 아이만의 독특함을 고려하지 않는 것이며,
정원사가 각 식물의 성장에 필요한 조건을 개별적으로 제공하는 것처럼, 부모 역시
각각의 아이들의 욕구에 맞는 양육법을 제공하여 길러야 한다는 내용이다.
아이가 진정 어떤 아이인지 파악하면 보다 긍정적이고 수용적이도록 양육 방식을
바꿀 수 있을 것이라는 내용이므로, 글의 요지는 ①이다. 양육법 꿀팁

왜 오답?

② 정원사가 각 식물에 필요한 조건을 제공하는 것처럼 자녀를 개별적인
  양육법으로 길러야 한다는 내용이다. 함정
③ 정서적 교감에 대한 내용은 언급되지 않았다.
④ 타인을 존중하는 태도에 대한 내용은 언급되지 않았다.
⑤ 전문가에 의해 검증된, 대중적인 양육 방식을 단순히 채택하는 것이 아니라
  아이의 개별적인 독특함과 욕구에 맞는 양육법을 맞춤 설계해야 한다는
  내용이다.

E 11 정답 ⑤ ＊타인에게만 유익한 습관

핵심문장, 단서 1 타인의 조언으로 새로운 습관을 따르는 것이 항상 최선의 방법은 아님
Advice / from a friend or family member / is the most well-
meaning of all, / but it's not the best way / to match yourself /
가주어   진주어
with a new habit. //
조언은 / 친구나 가족의 / 모든 것 중에서 가장 좋은 뜻에서 하는 말이다 / 하지만 최선의
방법은 아니다 / 자신을 맞추는 것이 / 새로운 습관에 //

may have p.p.: ~였을지도 모른다
While hot yoga may have changed / your friend's life, / does
that mean / it's the right practice for you? //
핫 요가가 바꿔 놓았을지 모르지만 / 여러분 친구의 삶을 / 그것이 의미할까 / 여러분에게 맞는
운동임을 //

뒤에 목적어절 접속사 생략
We all have friends / who swear / their new habit of getting up
생략된 목적어절 접속사와 병렬 구조
at 4:30 a.m. / changed their lives / and that we have to do it. //
우리 모두에게는 친구들이 있다 / '확언하는' / 새벽 4시 30분에 일어나는 그들의 새로운
습관이 / 자신의 삶을 바꿨다고 / 그리고 우리도 그렇게 해야 한다고 //

I don't doubt / that getting up super early changes people's
lives, / sometimes in good ways / and sometimes not. //
나는 의심하지 않는다 / 엄청 일찍 일어나는 것이 사람들의 삶을 바꾼다고 / 때로는 좋은
방식으로 / 그리고 때로는 그렇지 않게 //
단서 2 아침에 일찍 일어나는 것(예시)은
좋을 수도 나쁠 수도 있음
But be cautious: / You don't know / if this habit will actually
make의 목적어와 목적격 보어(형용사)   목적어절 접속사
make your life better, / especially if it means you get less sleep. //
그러나 주의하라 / 당신은 알 수 없다 / 이 습관이 실제로 / 여러분의 삶을 더 낫게 만들지
특히 그것이 잠을 더 적게 자는 것을 의미한다면 // 단서 3 그 습관이 실제로 당신의 삶을
더 낫게 만들지는 알 수 없음

So yes, / you can try / what worked for your friend, / but don't beat yourself up / if your friend's answer doesn't change you / in the same way. // 단서 4 친구의 해결책이 당신에게는 효과가 없을 수 있음
그러니 / 당신은 시도해 볼 수 있다 / 친구에게 효과가 있었던 것을 / 하지만 자책하지 말라 / 만일 친구의 해결책이 여러분을 바꾸지 않는다고 하더라도 / 똑같은 방식으로 /

All of these approaches / involve guessing and chance. //
이 모든 접근법은 / 추측과 우연을 포함한다 //

And that's not a good way / to strive for change in your life. // 형용사적 용법(way 수식)
그리고 그것은 좋은 방법은 아니다 / 여러분 삶의 변화를 위해 노력하는 //

- advice ⓝ 조언   - well-meaning 좋은 뜻에서[선의에서] 하는
- swear ⓥ 확언하다   - doubt ⓥ 의심하다
- beat oneself up 자책하다   - approach ⓝ 접근법
- strive for ~을 위해 노력하다

친구나 가족의 조언은 모든 것 중에서 가장 좋은 뜻에서 하는 말이지만, 새로운 습관에 자신을 맞추는 것이 최선의 방법은 아니다. 핫요가가 여러분 친구의 삶을 바꿔 놓았을지 모르지만, 그것이 여러분에게 맞는 운동임을 의미할까? 우리 모두에게는 새벽 4시 30분에 일어나는 새로운 습관이 자신의 삶을 바꿨고 우리도 그렇게 해야 한다고 '확언하는' 친구들이 있다. 나는 엄청 일찍 일어나는 것이 사람들의 삶을 때로는 좋은 방식으로, 때로는 그렇지 않게 바꾼다는 것을 의심하지 않는다. 그러나 주의하라. 이 습관이 특히 잠을 더 적게 자는 것을 의미한다면, 그것이 실제로 여러분의 삶을 더 낫게 만들지 알 수 없다. 그러니, 친구에게 효과가 있었던 것을 시도해 볼 수 있지만, 친구의 해결책이 여러분을 똑같은 방식으로 바꾸지 않는다고 해서 자책하지 말라. 이 모든 접근법은 추측과 우연을 포함한다. 그리고 그것은 여러분 삶의 변화를 위해 노력하는 좋은 방법은 아니다.

다음 글의 요지로 가장 적절한 것은?
① 한번 잘못 들인 습관은 바로잡기가 어렵다.
　잘못 들인 습관을 바로잡는 것에 대한 내용이 아님
② 꾸준한 반복을 통해 올바른 습관을 들일 수 있다.
　올바른 습관을 들이는 방법을 이야기하는 것이 아님
③ 친구나 가족의 조언은 항상 귀담아들을 필요가 있다.
　친구나 가족의 조언이 때로는 자신에게 좋지 않을 수도 있으므로 주의하라는 내용임
④ 사소하더라도 좋은 습관을 들이면 인생이 바뀔 수 있다.
⑤ 타인에게 유익했던 습관이 자신에게는 효과가 없을 수 있다.
　타인들에게 좋은 습관들이 자신에겐 아닐 수 있음

> 왜 정답 ? ✱✱✱ [정답률 84%]
가족이나 친구들이 새로운 습관을 조언할 때 그것이 그들의 삶을 유익하게 바꾸었을지라도 우리에게는 똑같은 효과가 없을 수도 있다는 것을 알고 주의해야 한다고 말하는 글이므로, 이 글의 요지로 가장 적절한 것은 ⑤이다.

> 왜 오답 ?
① 한번 잘못 들인 습관을 바로잡는 것에 대한 내용이 아니다.
② 올바른 습관을 들이기 위한 방법을 제시하는 것이 아니며 꾸준한 반복이 필요하다는 언급도 없다.
③ 친구나 가족의 조언을 이용한 오답으로, 그들이 조언한 새로운 습관들이 우리에게는 효과가 없을 수 있다고 말하고 있으므로 항상 귀담아들으라는 것이 아니다.
④ 습관을 이용한 오답으로, 사소한 좋은 습관을 갖도록 주장하는 글이 아니다.

E 12 정답 ④ ✱낙관적인 상상의 위험성

가주어　진주어철 접속사　help의 목적어와 목적격 보어 (원형부정사)
It's remarkable / that positive fantasies help us relax / to such an extent that it shows up in physiological tests. // such a(n) 명사
주목할 만하다 / 낙관적인 상상이 우리가 긴장을 푸는 데 도움이 된다는 것은 / 생리학적 검사에서 나타날 정도로 //

If you want to unwind, / you can take some deep breaths, get a massage, or go for a walk /
만약 여러분이 긴장을 풀고 싶다면 / 심호흡하거나, 마사지를 받거나, 산책을 할 수도 있다 /

try -ing: 시험 삼아 ~해 보다   병렬 구조 (try의 목적어)
—but you can also try simply closing your eyes / and fantasizing about some future outcome / that you might enjoy. // 목적격 관계대명사
하지만 여러분은 단순히 눈을 감고 / 미래의 결과에 대해 좀 상상해 볼 수도 있다 / 여러분이 누릴지도 모를 //

But what about / when your objective is to make your wish a reality? // to make의 목적어와 목적격 보어 (명사)
하지만 어떨까 / 여러분의 목표가 소망을 실현하는 것인 경우라면 /

앞에 관계대명사 생략
The last thing you want to be / is relaxed. // 단서 1 소망을 실현하려면 가장 피해야 할 상태는 긴장이 풀려 있는 상태임
여러분이 '가장 피해야 할' 상태는 / 긴장이 풀려 있는 것이다 //

You want to be energized enough / to get off the couch and lose those pounds / or find that job or study for that test, // 병렬 구조
여러분은 충분히 활력을 얻어야 한다 / 소파에서 일어나 체중을 감량하거나 / 직업을 찾거나 시험공부를 할 수 있을 만큼 /

and you want to be motivated / enough to stay engaged / even when the inevitable obstacles or challenges arise. //
그리고 여러분은 동기 부여되어야 한다 / 계속 전념할 수 있도록 충분히 / 피할 수 없는 장애물이나 문제가 발생할 때도 //

단수 주어　단수 동사
The principle of "Dream it. Wish it. Do it." / does not hold true, / and now we know why: /
'그것을 꿈꿔라. 그것을 소망하라. 그것을 실행하라'라는 원칙은 / 사실이 아니며 / 우리는 이제 그 이유를 안다 / 단서 2 꿈꾸는 동안 소망을 실현할 에너지가 약화됨

앞에 목적격 관계대명사 생략
in dreaming it, / you undercut the energy / you need to do it. //
그것을 꿈꾸는 중에 / 여러분은 에너지를 약화시킨다 / 그것을 하는 데 필요한 //

재귀 용법의 재귀대명사
You put yourself in a temporary state / of complete happiness, calmness — and inactivity. // 단서 3 낙관적인 상상은 비활동의 상태로 빠지게 함
여러분은 스스로를 일시적인 상태에 빠지게 한다 / 완전한 행복, 고요, 그리고 비활동의 //

- extent ⓝ 정도, 크기   - unwind ⓥ 긴장을 풀다
- fantasize ⓥ 상상하다   - energize ⓥ 활기를 북돋우다
- inevitable ⓐ 피할 수 없는   - undercut ⓥ 약화시키다
- temporary ⓐ 일시적인   - inactivity ⓝ 비활동, 정지

낙관적인 상상이 생리학적 검사에서 나타날 정도로 우리가 긴장을 푸는 데 도움이 된다는 것은 주목할 만하다. 만약 여러분이 긴장을 풀고 싶다면, 심호흡하거나, 마사지를 받거나, 산책을 할 수도 있지만, 단순히 눈을 감고 여러분이 누릴지도 모를 미래의 결과에 대해 상상해 볼 수도 있다. 하지만 여러분의 목표가 소망을 실현하는 것인 경우라면 어떨까? 여러분이 '가장 피해야 할' 상태는 긴장이 풀려 있는 것이다. 여러분은 소파에서 일어나 체중을 감량하거나 직업을 찾거나 시험공부를 할 수 있을 만큼 충분히 활력을 얻어야 하고, 피할 수 없는 장애물이나 문제가 발생할 때도 계속 전념할 수 있도록 충분히 동기 부여되어야 한다. '그것을 꿈꿔라. 그것을 소망하라. 그것을 실행하라.'라는 원칙은 사실이 아니며, 우리는 이제 그 이유를 안다. 그것을 꿈꾸는 중에, 여러분은 그것을 하는 데 필요한 에너지를 약화시킨다. 여러분은 스스로를 완전한 행복, 고요, 그리고 비활동의 일시적인 상태에 빠지게 한다.

다음 글의 요지로 가장 적절한 것은?
① 과도한 목표 지향적 태도는 삶의 만족감을 떨어뜨린다.
　과도한 목표 지향적 태도에 관한 글이 아님
② 긍정적 자세로 역경을 극복할 때 잠재 능력이 발휘된다.
　오히려 위험하다는 내용임
③ 편안함을 느끼는 상황에서 자기 개선에 대한 동기가 생긴다.
　오히려 약화된다는 내용임
④ 낙관적인 상상은 소망을 실현하는 데 필요한 동력을 약화시킨다.
　in dreaming it, you undercut the energy you need to do it
⑤ 막연한 목표보다는 명확하고 구체적인 목표가 실현 가능성이 크다.
　구체적인 목표의 실현 가능성에 관한 내용이 아님

> 왜 정답 ? ✱✱✱ [정답률 52%]
- 소망을 실현하려면 긴장이 풀려 있는 것을 가장 피해야 함 단서 1
- 낙관적인 상상은 소망을 실현하고자 할 때 필요한 활력과 동기를 약화시킴 단서 2
- 낙관적인 상상은 비활동의 일시적인 상태에 빠지게 함 단서 3

→ 낙관적으로 꿈만 꾼다면 소망을 실현시키는 데 필요한 활력과 에너지가 약화된다는 내용이므로 정답은 ④이다.

① 과도한 목표 설정을 지양하는 글이 아니다.
② 지나치게 긍정적이거나 낙관적인 자세는 소망을 실현하는 데 위험하다는 내용이다.
③ 지나치게 편안함을 느끼면 자기 개선에 대한 동기가 오히려 약화된다는 내용이다.
⑤ 구체적으로 목표를 세우라고 주장하는 내용이 아니다.

[자이 쌤's Follow Me! – 홈페이지에서 제공]

E 13 정답 ⑤ *작은 습관들이 장기적인 성공으로 이어진다

When it comes to the decision / **to get** more exercise, / you are
형용사적 용법(the decision 수식)
setting goals / that are similar / **to running a half marathon** /
전치사　　　　　　동명사구
with very little training! //
결정에 관해 말하자면 / 더 많은 운동을 하려는 / 여러분은 목표들을 세우고 있다 / 비슷한 /
하프 마라톤을 뛰는 것과 / 거의 훈련을 하지 않고 //

You make a decision / **to buy** a gym membership / and decide /
형용사적 용법(a decision 수식)
to spend an hour / at the gym / every day. //
명사적 용법(decide의 목적어)
여러분은 결정을 한다 / 헬스장 회원권을 사는 / 그리고 결정한다 / 한 시간을 보내기로 / 헬
스장에서 / 매일 //

Well, you might stick to that / for a day or two, / but **chances are**
뒤에 주격 보어절 접속사 that 생략
/ you won't be able to continue / to meet that commitment / in
the long term. //
글쎄, 여러분은 그것을 고수할 수도 있겠지만 / 하루나 이틀 동안 / 가능성은 ~이다 / 여러분
이 계속할 수 없다 / 그 다짐을 이행하는 것을 / 장기적으로 //

If, however, you **make** a commitment / to go jogging / for a few
병렬 구조
minutes a day / or **add** a few sit-ups / to your daily routine /
before bed, /
하지만 만약 여러분이 다짐한다면 / 조깅을 하기로 / 하루에 몇 분씩 / 또는 몇 번의 윗몸 일으
키기를 더하기로 / 여러분의 일상에 / 잠자리에 들기 전에 //

then you are **far** more likely **to stick** / to your decision / and **to**
비교급 강조 부사　　　　　　　　　병렬 구조
create a habit / that offers you long-term results. //
여러분은 고수할 가능성이 훨씬 더 높다 / 여러분의 결정을 / 그리고 습관을 만들 / 여러분에게
장기적인 결과를 제공하는 //

The key is / **to start** small. // [단서 1] 작은 습관으로 시작하는 것이 핵심임
명사적 용법(주격 보어)
핵심은 ~이다 / 작게 시작하는 것 //
Small habits lead / **to long-term success**. //
　　　　　　전치사　　명사구
작은 습관들은 이어진다 / 장기적인 성공으로 // [단서 2] 작은 습관들이 장기적인 성공으로 이어짐

- **stick to** ~을 고수하다　　· **commitment** ⓝ 약속, 다짐
- **sit-up** 윗몸 일으키기　　· **routine** ⓝ 일상　　· **create** ⓥ 만들다
- **offer** ⓥ 제공하다　　· **long-term** 장기적인

더 많은 운동을 하려는 결정에 관해 말하자면, 여러분은 거의 훈련을 하지
않고 하프 마라톤을 뛰는 것과 비슷한 목표들을 세우고 있다! 여러분은 헬
스장 회원권을 사기로 결정하고 매일 헬스장에서 한 시간을 보내기로 결정
한다. 글쎄, 여러분은 하루나 이틀은 그것을 고수할 수도 있겠지만, 장기적
으로 그 다짐을 계속 이행할 수 없을 가능성이 있다. 하지만, 만약 여러분
이 하루에 몇 분씩 조깅을 하거나 잠자리에 들기 전에 여러분의 일상에 몇
번의 윗몸 일으키기를 더하기로 다짐한다면, 여러분은 여러분의 결정을 고
수하고 여러분에게 장기적인 결과를 제공하는 습관을 만들 가능성이 훨씬
더 높다. 핵심은 작게 시작하는 것이다. 작은 습관들은 장기적인 성공으로
이어진다.

다음 글의 요지로 가장 적절한 것은?
① 상황에 따른 유연한 태도가 목표 달성에 효과적이다.
유연한 태도를 가지라는 것이 아님
② 올바른 식습관과 규칙적인 운동이 건강 유지에 도움이 된다.
식습관에 대한 언급은 없음
③ 나쁜 습관을 고치기 위해서는 장기적인 계획이 필수적이다.
나쁜 습관을 고치는 방법을 설명한 것이 아님
④ 꿈을 이루기 위해서는 원대한 목표를 세우는 것이 중요하다.
작은 습관부터 만들라는 것임
⑤ 장기적인 성공을 위해 작은 습관부터 시작하는 것이 필요하다.
Small habits lead to long-term success.

헬스장 회원권을 사서 헬스장에서 매일 한 시간씩 운동하겠다는 다짐은 장기적으
로 이행되기가 힘든 반면, 하루에 몇 분씩 조깅을 하거나 잠자리에 들기 전에 몇 번
의 윗몸 일으키기를 하는 것과 같은 작은 습관들은 장기적인 성공으로 이어진다는
내용이므로 정답은 ⑤이다.

① 목표를 달성하기 위해 유연한 태도를 가지라는 것이 아니라, 장기적인 성공을 이
루기 위해 작은 습관들부터 시작하라는 것이다.
② 운동에 대한 다짐을 예시로 제시하여 작은 습관부터 시작하라는 주장을 펼친 글
로, 식습관에 대한 내용은 없다.
③ 나쁜 습관을 고치는 데 장기적인 계획이 필요하다는 것이 아니라 장기적인 성공
을 위해 작은 습관부터 들이라는 글이다. 함정
④ 작은 목표부터 세우라는 것으로, 원대한 목표와는 정반대의 내용이다.

E 14 정답 ② *양육자로서 부모가 가져야 할 자세

Most parents think / **that** if our child would just "behave," / we
목적어절 접속사
could stay calm as parents. //
부사절 접속사(조건)
대부분의 부모들은 생각한다 / 만일 그들의 자녀가 그저 '잘 행동하면' / 부모로서 침착함을
유지할 수 있다고 // [단서 1] 부모의 감정과 행동을 관리하는 것이
부모로서 평안함을 느낄 수 있는 방법임
The truth is / **that** managing our own emotions and actions / is
주격 보어절 접속사
what allows us / to feel peaceful as parents. //
주격 보어로 쓰인 명사절
진실은 ~이다 / 우리의 감정과 행동을 관리하는 것이 / 우리에게 허락하는 것이다 / 부모로서
평안함을 느끼도록 //

Ultimately, / we can't control / our children or the obstacles **they**
앞에 목적격 관계대명사 생략
will face / — but we can always control / our own actions. //
궁극적으로 / 우리는 통제할 수 없다 / 우리의 자녀와 그들이 마주할 장애물을 / 하지만 우리는
항상 통제할 수 있다 / 우리 자신의 행동을 //

Parenting isn't about what our child does, / **but** about how we
not A but B: A가 아니라 B
respond. // [단서 2] 양육은 자녀에 관한 것이 아니라 우리에 관한 것임
양육은 우리 자녀가 무엇을 하는지에 대한 것이 아니라 / 우리가 어떻게 반응하는지에 대한
것이다 //

In fact, / **most of** what we call parenting / **doesn't take** place
부분 명사구의 경우 of 뒤의 명사에 수를 일치시킴, 명사절은 단수 취급함
between a parent and child / but within the parent. //
사실 / 우리가 양육이라고 부르는 것의 대부분은 / 부모와 자녀 사이에서 발생하는 것이
아니라 / 부모 안에서 발생한다 //

When a storm brews, / a parent's response will either calm it / or
trigger a full-scale tsunami. //
폭풍이 일어나려고 할 때 / 부모의 반응은 그것을 잠재우거나 / 최대치의 해일을 유발할
것이다 //

Staying calm / **enough to respond** constructively / to all that
동명사구 주어　　enough to-v: ~할 만큼 충분히
childish behavior / — and the stormy emotions behind it — /
requires that we grow, too. // [단서 3] 침착함을 유지하는 것은 부모의 내적 성장을 필요로 함
단수 동사　목적어절 접속사
침착함을 유지하는 것은 / 건설적으로 반응할 수 있을 만큼 충분히 / 그 모든 아이 같은 행동에
/ 그리고 그 이면의 폭풍 같은 감정에 / 우리 역시 성장해야 하는 것을 필요로 한다 //

If we can use those times / **when** our buttons get pushed to
관계부사
reflect, / not just react, /
만약 우리가 때를 사용할 수 있다면 / 우리의 버튼이 성찰하도록 눌러지는 / 단지 반응하는
것이 아니라 //

we **can notice** / **when** we lose equilibrium / and **steer** ourselves
병렬 구조
　　　　　　　명사절을 이끄는 의문사
back on track. //
우리는 알아차릴 수 있다 / 우리가 언제 평정심을 잃는지 / 그리고 다시 제자리로 돌아갈 수
있다 // [단서 4] 내적 성장은 더 평안한 부모가 될 수 있게 하는 것임　앞에 주격 관계대명사 생략
This inner growth / is the hardest work **there is**, / but it's what
enables / **you to become** a more peaceful parent, / one day at a
enables의 목적어와 목적격 보어(to부정사)
time. //
이러한 내면의 성장이 / 세상에서 가장 힘든 일이다 / 하지만 그것은 가능하게 해주는 것이다 /
당신이 더욱 평안한 부모가 될 수 있도록 / 하루하루 //

- behave ⓥ 예의 바르게 행동하다　• manage ⓥ 관리하다
- ultimately ⓐⓓ 궁극적으로　• obstacle ⓝ 장애물
- respond ⓥ 반응하다　• take place 발생하다　• trigger ⓥ 유발하다
- full-scale 최대치의　• tsunami ⓝ 해일, 쓰나미
- constructively ⓐⓓ 건설적으로　• stormy ⓐ 폭풍 같은
- reflect ⓥ 성찰하다　• equilibrium ⓝ 평정심　• steer ⓥ 조종하다
- inner ⓐ 내면의　• enable ⓥ 가능하게 하다

대부분의 부모들은 그들의 자녀가 그저 '잘 행동하면' 부모로서 침착함을 유지할 수 있다고 생각한다. 진실은 우리의 감정과 행동을 관리하는 것이 우리가 부모로서 평안함을 느끼도록 해준다는 것이다. 궁극적으로 우리는 우리의 자녀와 그들이 마주할 장애물을 통제할 수 없다. 하지만 우리는 항상 우리 자신의 행동을 통제할 수 있다. 양육은 우리 자녀가 무엇을 하는지에 대한 것이 아니라 우리가 어떻게 반응하는지에 대한 것이다. 사실, 우리가 양육이라고 부르는 것의 대부분은 부모와 자녀 사이가 아니라 부모 안에서 발생한다. 폭풍이 일어나려고 할 때, 부모의 반응은 그것을 잠재우거나 최대치의 해일을 유발할 것이다. 그 모든 아이 같은 행동 — 그리고 그 이면의 폭풍같은 감정 — 에 건설적으로 반응할 수 있을 만큼 침착함을 유지하는 것은 우리 역시 성장해야 하는 것을 필요로 한다. 만약 우리가 단지 반응하는 것이 아니라, 성찰하도록 버튼이 눌러지는 때를 사용할 수 있다면, 우리는 우리가 언제 평정심을 잃는지 알아차릴 수 있고 다시 제자리로 돌아갈 수 있다. 이러한 내면의 성장이 세상에서 가장 힘든 일이지만, 그것은 당신이 하루하루 더욱 평안한 부모가 될 수 있도록 해주는 것이다.

다음 글의 요지로 가장 적절한 것은?

① 자녀의 행동 변화를 위해 부모의 즉각적인 반응이 필요하다.
　부모의 반응이 즉각적이어야 함을 이야기하고 있는 것이 아님
② 부모의 내적 성장을 통한 평정심 유지가 양육에 중요하다.
　부모가 내적 성장으로 평정심을 갖는 것이 양육에 평안함을 가져옴
③ 부모는 자녀가 감정을 다스릴 수 있게 도와주어야 한다.
　자녀의 감정이 아닌 부모의 감정을 다스려야 함
④ 부모와 자녀는 건설적인 의견을 나눌 수 있어야 한다.
　부모와 자녀 간의 건설적인 의견 나눔이 중요하다는 언급은 없음
⑤ 바람직한 양육은 자녀에게 모범을 보이는 것이다.
　자녀에게 모범을 보여야 한다는 언급은 없음

〉왜 정답? ✱✱ [정답률 81%]

부모로서 침착함을 유지하기 위해서는 자녀의 행동에 대한 통제가 아닌 부모로서의 자신의 행동과 감정을 통제해 침착함을 유지하는 것이 중요하다고 말하고 있는 글이다. 양육은 자녀가 무엇을 하는지에 대한 것이 아니라 우리가 어떻게 반응하는지에 대한 것이므로 침착함을 유지하기 위해서는 부모의 내적 성장이 필요함을 강조하고 있다. 따라서 정답은 ②이다.

〉왜 오답?

① 양육은 우리가 어떻게 반응하는지에 대한 것이라는 문장을 이용한 오답으로, 자녀의 행동을 변화시키는 방법을 설명하는 것이 아니다.
③ 부모는 자녀의 감정이 아닌 부모 자신의 감정을 다스려 침착함을 유지하여야 한다.
④ '부모의 평정심 유지'가 글의 핵심으로, 부모와 자녀 간의 건설적인 의견 나눔이 중요하다고 말하는 글이 아니다.
⑤ 부모가 자녀에게 모범을 보여야 한다는 언급은 없다.
　침착함을 유지하는 것이 자녀에게 모범을 보이기 위함은 아님 

E 15 정답 ① ＊도시는 건축물이 아니라 사람이다

Too many officials / in troubled cities / wrongly imagine / that
they can lead their city back / to its former glories /
너무 많은 공무원들은 / 문제가 있는 도시의 / 잘못 상상한다 / 그들이 그들의 도시를 되돌릴 수 있다고 / 이전의 영광으로

단서 1 대규모 건설 프로젝트를 통해서는 도시 문제를 해결할 수 없음
with some massive construction project / — a new stadium or
light rail system, a convention center, or a housing project. //
대규모 건설 프로젝트를 통해 / 새로운 경기장 또는 경전철 시스템, 컨벤션 센터, 주택 프로젝트 //

With very few exceptions, / no public policy can slow / the tidal
forces of urban change. //
거의 예외 없이 / 아무 공공정책도 늦출 수는 없다 / 도시 변화의 흐름의 힘을 //

We mustn't ignore / the needs of the poor people / who live in
the Rust Belt, / but public policy should help poor *people*, / not
poor places. // 단서 2 공공정책은 가난한 지역이 아니라 가난한 '사람들'을 도와야 함
우리는 무시하지 말고 / 가난한 사람들의 요구를 / Rust Belt에 사는 / 공공정책은 가난한 '사람들'을 도와야 한다 / 가난한 지역이 아닌 //

Shiny new real estate / may dress up a declining city, / but it
doesn't solve its underlying problems. //
반짝이는 새로운 부동산은 / 쇠퇴하는 도시를 꾸밀 수는 있다 / 그러나 그것은 기저에 있는 문제를 해결하지는 못한다 //

The hallmark of declining cities is / that they have *too much*
housing and infrastructure / relative to the strength of their
economies. //
쇠퇴하는 도시의 특징은 ~이다 / 그들은 '너무 많은' 주택과 기반시설을 가지고 있다는 것 / 그들의 경제력에 비해서 //

With all that supply of structure and so little demand, / it makes
no sense / to use public money / to build more supply. //
그 모든 건축물의 공급과 너무 적은 수요로 인해 / ~은 의미가 없다 / 공공 자금을 사용하는 것은 / 더 많은 공급을 만들어내기 위해 //

단서 3 건물 중심의 도시 재생에 있어 기억할 점: 도시는 구조물이 아니라 사람임
The folly / of building-centric urban renewal / reminds us / that
cities aren't structures; / cities are people. //
어리석음은 / 건물 중심의 도시 재생의 / 우리에게 상기시킨다 / 도시는 구조물들이 아니라는 것을 / 도시는 사람이다 //

- official ⓝ 공무원　• wrongly ⓐⓓ 잘못되게, 그릇되게
- lead back to ~로 되돌리다　• glory ⓝ 영광, 영예
- massive ⓐ 거대한, 큰　• construction ⓝ 건설, 공사
- light rail 경(輕)철도
- convention center 전시 장소나 숙박 시설이 집중된 지역 또는 종합 빌딩
- housing ⓝ 주택 (공급)　• exception ⓝ 예외, 이례
- tidal ⓐ 시간[상황]에 따라 변하는　• urban ⓐ 도시의
- real estate 부동산 (중개업)
- dress up (보기 좋게 또는 달라 보이게) ~을 꾸미다
- declining ⓐ 기우는, 쇠퇴하는　• underlying ⓐ 기저에 있는, 본질적인
- hallmark ⓝ (전형적인) 특징[특질]
- infrastructure ⓝ 사회[공공] 기반시설　• strength ⓝ -력(力)
- supply ⓝ 공급　• demand ⓝ 수요　• folly ⓝ 어리석음
- renewal ⓝ 재생, 부활　• remind ⓥ 상기시키다

문제가 있는 도시의 너무 많은 공무원들은 새로운 경기장 또는 경전철 시스템, 컨벤션 센터, 주택 프로젝트와 같은 대규모 건설 프로젝트를 통해 그들의 도시를 이전의 영광으로 되돌릴 수 있다고 잘못 상상한다. 거의 예외 없이 아무 공공정책도 도시 변화의 흐름의 힘을 늦출 수는 없다. 우리는 Rust Belt에 사는 가난한 사람들의 요구를 무시하지 말고 공공정책은 가난한 지역이 아닌 가난한 '사람들'을 도와야 한다. 반짝이는 새로운 부동산은 쇠퇴하는 도시를 꾸밀 수는 있지만 그것은 기저에 있는 문제를 해결하지는 못한다. 쇠퇴하는 도시의 특징은 그들은 그들의 경제력에 비해서 '너무 많은' 주택과 기반시설을 가지고 있다는 것이다. 그 모든 건축물의 공급과 너무 적은 수요로 인해 더 많은 공급을 만들어내기 위해 공공 자금을 사용하는 것은 의미가 없다. 건물 중심의 도시 재생의 어리석음은 우리에게 도시는 구조물들이 아니라 사람이라는 것을 상기시킨다.

다음 글의 요지로 가장 적절한 것은?

① 도시 재생을 위한 공공정책은 건설보다 사람에 중점을 두어야 한다.
② 대중 교통 이용이 편리하도록 도시 교통 체계를 구축해야 한다.
　　　　　　　　　　　　　　　도시는 구조물이 아니라 사람임
　　　　　　　　　　대중교통 체계의 개선에 대한 내용이 아님
③ 사회기반시설 확충을 통해 지역 경제를 활성화해야 한다.
　　　　　쇠퇴하는 도시의 특징이 너무 많은 기반시설임
④ 에너지를 절감할 수 있는 친환경 건물을 설계해야 한다.
　　　　　　　　　　에너지 절감이 목표가 아님
⑤ 문화유산 보존을 우선하는 도시 계획을 수립해야 한다.
　　　　　　　　　　문화유산 보존에 대한 언급은 없음

왜 정답? ❋❀❀ [정답률 86%]

문제가 있는 도시의 많은 공무원들이 대규모 건설 프로젝트를 통해 도시를 되살릴
수 있다고 '잘못' 생각한다는 내용으로 글을 시작한 후, 도시 재생에 있어 공공정책
은 가난한 지역이 아니라 가난한 사람들을 도와야 한다고 했다. 또한, 건물 중심의
도시 재생은 어리석고, 도시는 구조물이 아니라 사람이라는 점을 기억해야 한다는
의미의 마지막 문장을 통해 정답이 ①임을 알 수 있다.

왜 오답?

②, ⑤ 대중교통 이용의 편의성이나 문화유산 보존을 위한 도시 계획에 대해서는 언
　　 급되지 않았다. 도시 재생을 위한 공공정책이 어디에 중점을 두어야 하는지
　　 를 설명하는 글이다.
③ 쇠퇴하는 도시의 특징이 경제력에 비해 너무 많은 기반시설이라고 했다. 기반시
　　 설의 확충에 중점을 두지 말고 사람에 중점을 두라는 주장이다.
④ 새로운 경기장, 컨벤션 센터 등을 건설할 때 친환경적으로 설계하라는 것이 아
　　 니라, 그러한 건설이 도시 재생을 위한 공공정책이 되어서는 안 된다는 것이다.

E 16 정답 ④ ＊날짜가 시작이라는 의미와 관련될 때

In one study, / when researchers suggested / that a date was
associated with a new beginning / (such as "the first day of
spring"), /
한 연구에서 / 연구자들이 제시했을 때 / 날짜가 새 시작과 관련이 있다고 / ('봄의 첫 번째 날'
처럼) /
단서1 날짜가 새 시작과 관련 있을 때, 목표 추구를 시작하기에 더 매력적인 날로 봄
students viewed it / as a more attractive time / to kick-start
goal pursuit / than when researchers presented it / as an
unremarkable day / (such as "the third Thursday in March"). //
학생들은 그것을 보았다 / 더 매력적인 때로 / 목표 추구를 시작하기에 / 연구자들이 그것을
제시했을 때보다 / 평범한 날로 / ('3월의 세 번째 목요일'처럼) /
Whether it was starting a new gym habit / or spending less time
on social media, / when the date / that researchers suggested /
was associated with a new beginning, /
그것이 새로운 운동 습관을 시작하는 것이든 / 혹은 소셜 미디어에 시간을 덜 쓰는 것이든 /
날짜가 / 연구자들이 제시하는 / 새로운 시작과 관련될 때 /
more students wanted to begin changes / right then. //
더 많은 학생들이 변화를 시작하기를 원했다 / 바로 그때 //
And more recent research by a different team found / that
similar benefits were achieved / by showing goal seekers /
modified weekly calendars. //
그리고 다른 팀에 의한 더 최근의 연구는 알아냈다 / 비슷한 이점들이 얻어졌다는 것을 /
목표를 추구하는 사람들에게 보여 줌으로써 / 수정된 주간 일정표를 //
When calendars depicted the current day / (either Monday or
Sunday) / as the first day of the week, /
달력이 오늘을 표현했을 때 / (월요일이든 일요일이든) / 한 주의 첫날로 /
people reported feeling more motivated / to make immediate
progress on their goals. // 단서2 오늘을 한 주의 시작으로 표현했을 때, 목표를
　　　　　　　　　　　　　 이루고자 하는 동기 부여가 즉각적으로 이루어짐
사람들은 더욱 동기 부여가 되는 것을 느낀다고 보고했다 / 그들의 목표에 대한 즉각적인
진전을 이루는 데 //

- **pursuit** ⓝ 추구　　• **unremarkable** ⓐ 특별할 것 없는, 평범한
- **benefit** ⓝ 이점, 혜택　　• **seeker** ⓝ 추구하는 사람
- **modified** ⓐ 수정된　　• **depict** ⓥ 표현하다, 묘사하다

한 연구에서 연구자들이 날짜가 새 시작 ('봄의 첫 번째 날'처럼)과 관련이
있다고 제시했을 때, 연구자들이 그것을 평범한 날 ('3월의 세 번째
목요일'처럼)로 제시했을 때보다 학생들은 그것을 목표 추구를 시작하기에
더 매력적인 때로 보았다. 그것이 새로운 운동 습관을 시작하는 것이든 혹은
소셜 미디어에 시간을 덜 쓰는 것이든 연구자들이 제시하는 날짜가 새로운
시작과 관련될 때 더 많은 학생들이 바로 그때 변화를 시작하기를 원했다.
그리고 다른 팀에 의한 더 최근의 연구는 목표를 추구하는 사람들에게
수정된 주간 일정표를 보여 줌으로써 비슷한 이점들이 얻어졌다는 것을
알아냈다. 달력이 오늘을 (월요일이든 일요일이든) 한 주의 첫날로
표현했을 때, 사람들은 그들의 목표에 대한 즉각적인 진전을 이루는 데
더욱 동기 부여가 되는 것을 느낀다고 보고했다.

다음 글의 요지로 가장 적절한 것은?

① 새로운 시작을 하기 전에 장기적인 계획을 세우는 것이 바람직하다.
　　　　　　　　　　　　　　장기적인 계획과 관련 없음
② 자신이 해야 할 일을 일정표에 표시하는 것이 목표 달성에 효과적
　　 이다.　　　　일정표에 표시하는 것이 중요한 것이 아님
③ 문제 행동을 개선하기 위해 원인이 되는 요소를 파악할 필요가 있다.
　　　　　　　　　　　　　　　　　　　관련 없음
④ 날짜가 시작이라는 의미와 관련지어질 때 목표 추구에 강한 동기가
　　 부여된다.　　날짜가 새 시작과 관련 있을 때 목표 추구를 시작하기에 더 매력적인 날로 봄
⑤ 상세한 일정표를 작성하는 것은 여러 목표를 동시에 달성하는 데
　　 도움이 된다.　　상세한 일정표가 도움이 된다는 것이 아님

왜 정답? ❋❀❀ [정답률 86%]

연구 1: 새 시작과 관련이 있는 날짜를 목표 추구를 시작하기에 더 매력적인 때로 봄
　　　　　　　　　　　　　　　　　　　　　　　　단서1

연구 2: 오늘을 한 주의 첫날로 표현했을 때, 목표에 대한 즉각적인 진전을 이루도록
　　　　더욱 동기 부여가 됨 단서2

▶ 날짜가 시작과 관련지어질 때 목표 추구에 강한 동기가 부여된다는 내용이므로
정답은 ④이다.

왜 오답?

① 장기적인 계획을 세우는 것은 언급되지 않았다.
② 일정표에 할 일을 표시하는 것이 아닌, 일정표가 오늘을 첫날로 나타낼 때 더욱
　 동기 부여된다는 연구를 언급했다.
③ 문제의 원인을 파악한다는 것은 언급되지 않았다.
⑤ 상세한 일정표를 작성하는 것이 아닌, 날짜가 시작과 연관될 때 동기 부여된다는
　 글이다.

E 17 정답 ③ ★ 2등급 대비 [정답률 74%]

＊잘못된 통념인 '자연의 균형'

Fears of damaging ecosystems are based / on the sound
conservationist principle / that we should aim / to minimize the
disruption / we cause, /
생태계를 손상하는 것에 대한 두려움은 바탕으로 한다 / 건전한 환경 보호주의 원칙을 / 우
리가 목표로 해야 한다는 / (환경) 파괴를 최소화하는 것을 / 우리가 초래하는 /
but there is a risk / that this principle may be confused / with the
old idea of a 'balance of nature.' //
하지만 위험이 있다 / 이 원칙이 혼동될지도 모른다는 / '자연의 균형'이라는 오래된 생각과 /
This supposes / a perfect order of nature / that will seek to
maintain itself / and that we should not change. //
이것은 전제로 한다 / 완벽한 자연의 질서를 / 그 자체를 유지하려고 노력하고 / 우리가 바꾸
어서는 안 되는　　　　단서1 '자연의 균형'이라는 개념은 정적인 상태를 전제로 하기 때문에 매우 틀림
It is a romantic, not to say idyllic, notion, / but deeply misleading
/ because it supposes a static condition. //
그것은 목가적이라고까지는 할 수 없어도 낭만적인 개념이지만 / 매우 잘못된 인식을 준다 /
그것이 정적인 상태를 전제로 하기 때문에 //

Ecosystems are dynamic, / and although some may endure, / apparently unchanged, / for periods / that are long / in comparison with the human lifespan, /
생태계는 역동적이고 / 일부는 지속될지 모르지만 / 겉보기에는 변하지 않는 채로 / 기간 동안 / 오랜 / 인간의 수명과 비교하면 /

they must and do change eventually. //
그것은 결국 변할 것임에 틀림없고 정말 변한다 // 단서 2 생태계는 역동적이고 변함

Species come and go, / climates change, / plant and animal communities adapt / to altered circumstances, /
생물 종(種)들은 생겼다 사라지고 / 기후는 변하며 / 동식물 군집은 적응하고 / 달라진 환경에 /
생략되지 않은 접속사
and when examined in fine detail / such adaptation and consequent change can be seen / to be taking place constantly. //
to부정사의 진행형
미세하게 자세히 검토되면 / 그런 적응과 결과적인 변화는 보일 수 있다 / 항상 일어나고 있는 것으로 //

The 'balance of nature' / is a myth. //
'자연의 균형'은 / 잘못된 통념이다 //

Our planet is dynamic, / and so are the arrangements / by which its inhabitants live together. // 단서 3 지구와 그 안의 서식자들은 역동적임
지구는 역동적이고 / 방식도 그러하다 / 그것의 서식자들이 함께 사는 //

- fear ⓝ 두려움　　• damage ⓥ 해치다, 피해를 입히다
- sound ⓐ 건전한　　• conservationist ⓝ 환경 보호주의자
- minimize ⓥ 최소화하다　　• disruption ⓝ 파괴
- risk ⓝ 위험　　• confused ⓐ 혼란스러워하는, 혼란된
- suppose ⓥ 전제로 하다　　• not to say ~라고까지는 할 수 없어도
- mislead ⓥ 잘못된 방향으로 이끌다　　• static ⓐ 정적인
- dynamic ⓐ 역동적인　　• endure ⓥ 지속되다
- apparently ⓐⓓ 겉보기에는　　• in comparison with ~와 비교해 보면
- lifespan ⓝ 수명　　• eventually ⓐⓓ 결국, 마침내(는)
- species ⓝ 생물 종(種)　　• community ⓝ (동식물의) 군집
- adapt to ~에 적응하다　　• alter ⓥ 바꾸다
- circumstance ⓝ (일, 사건 등을 둘러싼) 환경
- examine ⓥ 조사하다, 검토하다　　• fine ⓐ 미세한
- adaptation ⓝ 적응　　• consequent ⓐ 결과적인
- constantly ⓐⓓ 항상　　• myth ⓝ 잘못된 통념
- arrangement ⓝ (사는) 모습, (생활) 방식
- inhabitant ⓝ 서식자, 거주자

생태계를 손상하는 것에 대한 두려움은 우리가 초래하는 (환경) 파괴를 최소화하는 것을 목표로 해야 한다는 건전한 환경 보호주의자 원칙을 바탕으로 하지만, 이 원칙이 '자연의 균형'이라는 오래된 생각과 혼동될지도 모른다는 위험이 있다. 이것은 그 자체를 유지하려고 노력하고 우리가 바꾸어서는 안 되는 완벽한 자연의 질서를 전제로 한다. 그것은 목가적이라고까지는 할 수 없어도 낭만적인 개념이지만 정적인 상태를 전제로 하기 때문에 매우 잘못된 인식을 준다. 생태계는 역동적이고, 일부는 겉보기에는 변하지 않는 채로 인간의 수명과 비교해 보면 오랜 기간 동안 지속될지 모르지만, 그것은 결국 변할 것임에 틀림없고 정말 변한다. 생물 종(種)들은 생겼다 사라지고 기후는 변하며 동식물 군집은 달라진 환경에 적응하고 미세하게 자세히 검토하면 그런 적응과 결과적인 변화는 항상 일어나고 있는 것으로 보일 수 있다. '자연의 균형'은 잘못된 통념이다. 지구는 역동적이고 지구의 서식자들이 함께 사는 방식도 그러하다.

다음 글의 요지로 가장 적절한 것은?
① 생물 다양성이 높은 생태계가 기후 변화에 더 잘 적응한다.
생물 다양성에 대한 언급은 없음
② 인간의 부적절한 개입은 자연의 균형을 깨뜨린다.
인간의 개입을 비판하는 글이 아님
③ 자연은 정적이지 않고 역동적으로 계속 변한다.
dynamic이 핵심임
④ 모든 생물은 적자생존의 원칙에 순응하기 마련이다.
적자생존의 원칙에 대한 내용이 아님
⑤ 동식물은 상호 경쟁을 통해 생태계의 균형을 이룬다.
생태계가 계속 변화함을 설명함

왜 2등급? 익숙하지 않은 개념인 '자연의 균형'을 말하며 심지어 그것이 잘못된 통념이라고 말하고 있기 때문에 글의 내용을 한 번에 이해하기 어렵다. 요지를 명확하게 찾는 것이 어렵다면 오답 선택지를 소거하며 정답을 찾는 것도 도움이 된다.

왜 정답? '자연의 균형'이라는 오래된 개념은 자연의 정적인 상태를 전제로 하기 때문에 매우 잘못된 인식을 준다면서 생태계는 역동적이고 틀림없이 변할 것이며 정말 변한다고 했다. 마지막 문장에서도 지구, 즉 자연은 역동적이며 그 안의 서식자들도 역동적이라고 했으므로 요지는 ③이다.

왜 오답?
① climates change가 언급된 것으로 만든 오답이다. 높은 생물 다양성의 장점을 설명한 글이 아니다.
주의
② 인간의 개입에 있어 건전한 환경 보호주의자 원칙과 혼동될 수 있는 '자연의 균형'이라는 오래된 개념의 잘못된 점을 설명하는 글이다.
④ 모든 생물의 생존에 적자생존의 원칙이 적용된다는 내용이 아니다.
⑤ 생태계가 역동적이며 끊임없이 변화한다는 것이 이 글의 핵심이다.

E 18 정답 ②　　　★ 2등급 대비 [정답률 66%]

*직장에서 더욱 가치가 높아질 감성 지능(EI)

Perhaps, the advent of Artificial Intelligence (AI) / in the workplace / may bode well / for Emotional Intelligence (EI). //
아마도, 인공 지능(AI)의 출현은 / 직장에서 / 좋은 징조가 될 수 있다 / 감성 지능(EI)에 //
병렬 구조 (동사)
As AI gains momentum and replaces people / in jobs at every level, / predictions are, / there will be a premium placed on people / who have high ability in EI. // 단서 1 높은 감성 지능을 가진 사람들에게는
과거분사구 (a premium 수식)　　주격 관계대명사　　프리미엄이 부여될 것이란 예측
AI가 추진력을 받고 사람들을 대신함에 따라 / 모든 수준의 일자리에서 / 전망이 있다 / 사람들에게 프리미엄이 주어질 것이라는 / 높은 EI 능력을 가진 //
앞에 목적격 관계대명사 생략
The emotional messages / people send and respond to / while interacting / are, at this point, far beyond / the ability of AI programs to mimic. //
접속사가 생략되지 않은 분사구문
감정적인 메시지들은 / 사람들이 보내고 반응하는 / 상호 작용하는 동안 / 이러한 점에서, 훨씬 넘어선다 / AI 프로그램의 모방하는 능력을 //

As we get further into the age of the smart machine, / it is likely / that sensing and managing emotions will remain / one type of intelligence that puzzles AI. //
가주어
진주어절 접속사
우리가 스마트 기기의 시대로 접어들수록 / ~할 것이다 / 감정을 감지하고 관리하는 것은 남을 것이다 / AI를 당혹하게 하는 지능의 한 유형으로 //

This means / people and jobs / involving EI / are safe / from being taken over by machines. //
현재분사구 (people and jobs 수식)
동명사의 수동형
이것은 의미한다 / 사람들과 직업들이 / EI와 관련된 / 안전하다는 것을 / 기계에 의해 점령되는 것으로부터 //
단서 2 감성 지능을 미래의 직장에서 꼭 필요한 능력으로 봄
In a survey, / almost three out of four executives see EI / as a "must-have" skill / for the workplace in the future /
한 설문 조사에서 / 임원 네 명 중 세 명가량이 EI를 보고 있다 / "필수" 기술로 / 향후 직장의 /
부사절접속사 (~하면서)
as the automatizing of routine tasks / bumps up against the impossibility / of creating effective AI / for activities that require emotional skill. //
동의의 of　　　주격 관계대명사
일상적인 업무의 자동화가 / 불가능하다는 점에 부딪히면서 / 효과적인 AI를 만드는 것이 / 정서적 기술이 필요한 활동에 //

- advent ⓝ 출현, 도래　　• prediction ⓝ 전망
- beyond ⓟⓡⓔⓟ 이상, 능가하는　　• mimic ⓥ 모방하다, 흉내를 내다
- puzzle ⓥ 어리둥절하게 하다　　• executive ⓝ 경영진, 임원
- automatize ⓥ 자동화하다　　• bump up against ~와 우연히 만나다
- impossibility ⓝ 불가능(한 것)

아마도, 직장에서 인공 지능(AI)의 출현은 감성 지능(EI)에 좋은 징조가 될 수 있다. AI가 추진력을 받고 모든 수준의 일자리에서 사람들을 대신함에 따라, 높은 EI 능력을 가진 사람들에게 프리미엄이 주어질 것이라는 전망이 있다. 사람들이 상호 작용하는 동안 보내고 반응하는 감정적인 메시지들은, 이러한 점에서, AI 프로그램의 모방하는 능력을 훨씬 넘어선다. 우리가 스마트 기기의 시대로 접어들수록, 감정을 감지하고 관리하는 것은 AI를 당혹하게 하는 지능의 한 유형으로 남을 것이다. 이것은 EI와 관련된 사람들과 직업들이 기계에 의해 점령되는 것으로부터 안전하다는 것을 의미한다. 한 설문 조사에서, 일상적인 업무의 자동화가 정서적 기술이 필요한 활동에 효과적인 AI를 만드는 것이 불가능하다는 점에 부딪히면서, 임원 네 명 중 세 명가량이 EI를 향후 직장의 "필수" 기술로 보고 있다.

다음 글의 요지로 가장 적절한 것은?
① 감성 지능의 결여는 직장 내 대인 관계 갈등을 심화시킨다.
　감성 지능이 결여될 때 나타날 현상에 대한 언급은 없음
② 미래의 직장에서는 감성 지능의 가치가 더욱 높아질 것이다.
　　see EI as a "must-have" skill
③ 미래 사회에서는 감성 지능을 갖춘 기계가 보편화될 것이다.
　　　불가능하다고 했음
④ 미래에는 대부분의 직장 업무를 인공 지능이 대신할 것이다.
　감성 지능과 관련된 직업은 안전하다고 했음
⑤ 인간과 인공 지능 간의 상호 작용은 감성 지능의 발달을 저해한다.
　　인간과 인공 지능 간 상호작용에 대한 언급은 없음

2등급? AI가 모든 일자리를 대신할 수 있다는 글의 일부 내용만 보고 티 또한 '모든 일자리'에 속한다고 생각한다면 틀릴 수 있는 2등급 대비 문제이다. 정서적 기술이 필요한 활동에 AI를 만드는 것이 불가능하다는 것이 글의 요지이다.

왜 정답?

- 높은 EI 능력을 가진 사람들에게 프리미엄이 주어질 것임 **단서1**
- 임원 네 명 중 세 명가량이 EI를 향후 직장의 "필수" 기술로 봄 **단서2**
→ 미래 직장에서는 감성 지능이 필수 능력이 되면서 더 많은 부가가치가 부여될 것이라고 했으므로 정답은 ②이다.

왜 오답?

① 감성 지능이 결여됐을 때의 상황에 대한 언급은 없다.
③ 정서적 기술이 필요한 활동에 효과적인 AI를 만드는 것이 불가능하다고 했다.
④ 인공 지능이 모든 수준의 직업에서 사람을 대체할 것이나 감정적인 기술을 요구하는 활동을 위한 인공 지능을 만드는 것은 불가능하다고 했다.
⑤ 인간과 인공 지능의 상호 작용이 감성 지능 발달을 저해한다는 언급은 없다.

E 어휘 Review 정답　　　　　　문제편 p. 66

01 약속	11 fire drill	21 predictable
02 용이하게 하다	12 stick to	22 establishments
03 일상	13 a host of	23 Assuming
04 번성하다	14 beat oneself up	24 offerings
05 분배하다	15 be exposed to	25 undercut
06 agent	16 disruption	26 myth
07 flashy	17 altered	27 distant
08 steer	18 relevance	28 authoritative
09 intervene	19 advent	29 eventually
10 unproven	20 institutions	30 roughly

F 주제 찾기　　　　　문제편 p. 68~79

F 01　정답 ①　＊보상의 즉시성에 따른 의사 결정의 차이

Would you rather receive / $1,000 in a year / or $1,100 in a year and a month? //
당신은 받을 것인가 / 1년 후에 1,000달러를 / 아니면 1년 1개월 후에 1,100달러를 (받을 것인가) //

Most people will opt for / the larger sum in thirteen months / — where else will you find / a **monthly** interest rate of 10 percent. //
　　　　　　명사+ly = 형용사
대부분의 사람들은 선택할 것이다 / 13개월 후 더 큰 금액을 / 다른 어느 곳에서 찾을 것인가 / 10퍼센트의 월 이율을 //
　단서1 대부분의 사람들은 기다려서 더 큰 보상을 받고자 함

A wise choice, / since the interest will compensate you generously / for any risks **you face** / **by waiting** the extra few weeks. //
　앞에 목적격 관계대명사 생략　　by -ing: ~함으로써
현명한 선택인데 / 왜냐하면 이자가 당신에게 충분히 보상해 줄 것이기 때문이다 / 당신이 직면하는 어떤 위험에 대해서도 / 추가로 몇 주를 기다림으로써 //

Second question: / Would you prefer $1,000 today cash on the table / or $1,100 in a month? //
두 번째 질문 / 당신은 오늘 당장 현금 1,000달러를 선호하는가 / 아니면 한 달 후 1,100달러를 (선호하는가) //
　부사절 접속사 (조건)
If you think like most people, / you'll take the $1,000 right away. //
만약 당신이 대부분의 사람들처럼 생각한다면 / 당신은 즉시 1,000달러를 가져갈 것이다 //

This is amazing. //　이는 놀랍다 //

In both cases, / **if** you hold out for just a month longer, / you get $100 more. //
　　　　　　부사절 접속사 (조건)
두 경우 모두 / 당신이 한 달만 더 오래 기다린다면 / 100달러를 더 받는다 //

In the first case, / it's simple enough. //
첫 번째 경우 / 그것은 충분히 간단하다 //

You figure: / "I've already **waited** twelve months; / what's one more?" //
　　　　　현재완료
당신은 판단한다 / "나는 이미 12개월을 기다렸어 / 한 달 더가 뭐라고" //

Not in the second case. //　두 번째 경우는 아니다 //
　　causes의 목적어와 목적격 보어 (to부정사)
The introduction of "now" / causes **us to make** inconsistent decisions. // **단서2** '지금'이라는 개념이 들어오면 우리는 다른 결정을 내림
'지금'의 도입은 / 우리가 일관되지 않은 결정을 내리게 만든다 //
　　　　　목적어와 목적격 보어 (명사구)
Science calls **this phenomenon** / *hyperbolic discounting*. //
과학은 이러한 현상을 부른다 / 하이퍼볼릭 디스카운팅(hyperbolic discounting)이라고 //
　the 비교급 …, the 비교급 ~ 구문: …할수록 더 ~하다
The closer a reward is, / **the higher** our "emotional interest rate" rises / and **the more** we are willing to give up / in exchange for it. // **단서3** 보상이 더 가까울수록 감정적 이율이 더 높아지고, 이를 대가로 더 쉽게 포기함
보상이 더 가까울수록 / 우리의 '감정적 이율'이 더 높이 상승하고 / 우리는 더 기꺼이 포기하려 한다 / 그것을 대가로 //

- opt for ~을 선택하다　　· sum ⓝ 액수, 합계　　· interest ⓝ 이자
- compensate ⓥ 보상하다　　· generously ⓐᵈ 관대하게, 넉넉히
- hold out 버티다　　· introduction ⓝ 도입
- inconsistent ⓐ 일관되지 않은　　· immediacy ⓝ 즉시성
- drawback ⓝ 단점　　· stability ⓝ 안정성　　· necessity ⓝ 필요성
- financial ⓐ 재정적인

당신은 1년 후에 1,000달러를 받을 것인가 아니면 1년 1개월 후에 1,100달러를 받을 것인가? 대부분의 사람들은 13개월 후 더 큰 금액을 선택할 것이다 — 10퍼센트의 월 이율을 다른 어느 곳에서 찾을 것인가. 현명한 선택인데, 왜냐하면 추가로 몇 주를 기다림으로써 당신이 직면하는 어떤 위험에 대해서도 이자가 당신에게 충분히 보상해 줄 것이기 때문이다. 두 번째 질문: 당신은 오늘 당장 현금 1,000달러를 선호하는가 아니면 한 달 후

1,100달러를 선호하는가? 만약 당신이 대부분의 사람들처럼 생각한다면, 당신은 즉시 1,000달러를 가져갈 것이다. 이는 놀랍다. 두 경우 모두, 당신이 한 달만 더 오래 기다린다면, 100달러를 더 받는다. 첫 번째 경우, 그것은 충분히 간단하다. 당신은 판단한다: "나는 이미 12개월을 기다렸어; 한 달 더가 뭐라고?" 두 번째 경우는 아니다. '지금'의 도입은 우리가 일관되지 않은 결정을 내리게 만든다. 과학은 이러한 현상을 하이퍼볼릭 디스카운팅(hyperbolic discounting)이라고 부른다. 보상이 더 가까울수록, 우리의 '감정적 이율'이 더 높이 상승하고 우리는 그것을 대가로 더 기꺼이 포기하려 한다.

다음 글의 주제로 가장 적절한 것은?

① the impact of reward immediacy on decision-making
보상의 즉시성이 의사 결정에 미치는 영향 The closer a reward is, ~ in exchange for it
② the role of risk perception in weighing economic benefits
경제적 이점의 경중을 잴 때 위험 인식의 역할 언급되지 않음
③ drawbacks of short-term investment for economic stability
경제적 안정성에 대한 단기 투자의 단점 단기적 보상에 대한 심리를 설명한 글임
④ the link between money management and future success
돈 관리와 미래 성공 사이의 연결 고리 언급되지 않음
⑤ the necessity of balancing financial rewards and emotional ones
재정적 보상과 감정적 보상의 균형을 맞출 필요성

왜 정답? ✱✱✱ [정답률 77%]

사례 1: 12개월 후 1,000달러를 받을지, 13개월 후 1,100달러를 받을지를 선택해야 하는 경우, 대부분은 13개월 후 1,100달러를 받기를 선택함
이유 1: 추가 몇 주를 기다림으로써 그 위험에 대해 충분히 보상받을 수 있기 때문임 [단서1]
사례 2: 지금 바로 1,000달러를 받을지, 한 달 후 1,100달러를 받을지를 선택해야 하는 경우, 대부분은 지금 바로 1,000달러를 받기를 선택함
이유 2: '지금'이라는 개념이 들어오면 우리는 다른 결정을 내림 [단서2]
주제: 보상이 더 가까울수록 감정적 이율이 높아지고, 이를 대가로 쉽게 포기하게 되는 현상을 하이퍼볼릭 디스카운팅이라 함 [단서3]

→ 우리는 똑같이 한 달을 더 기다렸을 때 100달러를 더 받게 되는 선택 상황에서, 12개월 후에 받을 금액은 한 달을 기꺼이 더 기다리고자 하지만, 지금 바로 받을 금액은 한 달을 더 기다리려고 하지 않는다. 이미 12개월을 기다려야 하는 상황에서는 한 달을 더 기다리는 것이 문제가 되지 않지만, 즉시 보상받을 수 있는 상황에서는 한 달을 더 기다리려 하지 않는다는 것이다. ▶ 따라서 보상이 더 가까울수록 감정적 이율이 높아지고, 이를 대가로 쉽게 포기하게 되는 현상을 소개하고 있으므로, 글의 주제는 ①'보상의 즉시성이 의사 결정에 미치는 영향'이다.

왜 오답?

② 위험 인식의 역할에 관한 내용은 언급되지 않았다.
③ 단기 투자의 단점에 관한 내용이 아니라, 단기적 보상에 대한 심리를 설명한 글이다.
④ 돈 관리와 미래 성공의 관련성에 관한 내용은 언급되지 않았다.
⑤ 감정적 보상에 따라 재정적 선택이 달라진다는 내용이지, 이들의 균형을 맞추는 내용이 아니다.

F 02 정답 ② *과학을 행할 때 다양한 관점의 필요성

If there is little('거의 없는') or no diversity of views, / and all scientists see, think, and question the world in a similar way, /
만약 견해의 다양성이 거의 없거나 전혀 없고 / 모든 과학자들이 비슷한 방식으로 세상을 보고, 생각하고, 의문을 제기한다면 /

then they will not, as a community, be as objective / as they maintain they are, / or at least aspire to be. //
as 원급 as 구문: ~만큼 …한 / 뒤에 objective 생략
그러면 그들은, 하나의 공동체로서, 객관적이지 않을 것이다 / 자신들이 주장하는 것만큼 / 혹은 적어도 그렇게 되기를 열망하는 것만큼 //

The solution is / that there should be far greater diversity / in the practice of science: / in gender, ethnicity, and social and cultural backgrounds. // [단서1] 과학을 실행할 때 더 많은 다양성이 있어야 함
비교급 강조 부사
해결책은 / 훨씬 더 많은 다양성이 있어야 한다는 것이다 / 과학의 실행에 있어 / 성별, 인종, 그리고 사회적 문화적 배경에서 //

Science works / because it is carried out by people /
과학은 작동한다 / 그것이 사람들에 의해 수행되기 때문에 /
주격 관계대명사

who pursue their curiosity about the natural world / and test their and each other's ideas / from as many varied perspectives and angles as possible. //
병렬 구조
as 원급 as possible: 가능한 한 …한[하게]
자연 세계에 대한 호기심을 추구하고 / 그들의 그리고 서로의 아이디어를 검증하는 / 가능한 한 다양한 관점과 각도에서 //

When science is done / by a diverse group of people, / and if consensus builds up / about a particular area of scientific knowledge, /
과학이 행해질 때 / 다양한 집단의 사람들에 의해 / 그리고 만약 의견 일치가 이루어진다면 / 과학 지식의 특정 영역에 대한 /

then we can have more confidence / in its objectivity and truth. // [단서2] 과학이 다양한 사람들에 의해 행해질 때 객관성과 진실성을 확보할 수 있음
그러면 우리는 더 큰 자신감을 가질 수 있다 / 그것의 객관성과 진실성에 있어서 //

- diversity ⓝ 다양성
- objective ⓐ 객관적인
- aspire ⓥ 열망하다
- ethnicity ⓝ 인종
- carry out ~을 수행하다
- pursue ⓥ 추구하다
- curiosity ⓝ 호기심
- perspective ⓝ 관점
- angle ⓝ 각도
- trial and error 시행착오
- specialization ⓝ 전문성

만약 견해의 다양성이 거의 없거나 전혀 없고, 모든 과학자들이 비슷한 방식으로 세상을 보고, 생각하고, 의문을 제기한다면, 그러면 그들은, 하나의 공동체로서, 자신들이 주장하는 것만큼, 혹은 적어도 그렇게 되기를 열망하는 것만큼, 객관적이지 않을 것이다. 해결책은 과학의 실행에 있어 훨씬 더 많은 다양성이 있어야 한다는 것이다: 성별, 인종, 그리고 사회적 문화적 배경에서.

과학은 그것이 자연 세계에 대한 호기심을 추구하고 가능한 한 다양한 관점과 각도에서 그들의 그리고 서로의 아이디어를 검증하는 사람들에 의해 수행되기 때문에 작동한다. 과학이 다양한 집단의 사람들에 의해 행해질 때, 그리고 만약 과학 지식의 특정 영역에 대한 의견 일치가 이루어진다면, 그러면 우리는 그것의 객관성과 진실성에 있어서 더 큰 자신감을 가질 수 있다.

다음 글의 주제로 가장 적절한 것은?

① value of acquiring scientific knowledge through trial and error
시행착오를 통해 과학적 지식을 얻는 것의 가치 언급되지 않음
② necessity of various perspectives in practicing science
과학을 행하는 것에 있어 다양한 관점의 필요성 there should be far greater diversity
③ benefits of building good relationships among scientists
과학자들 사이에 좋은 관계를 형성하는 것의 이점 언급되지 않음
④ curiosity as a key factor in designing experiments
실험을 설계할 때 주요 요소로서의 호기심 실험 설계에 관한 내용은 언급되지 않음
⑤ importance of specialization in scientific research
과학적 연구에서 전문성의 중요성 전문성에 관한 내용은 언급되지 않음

왜 정답? ✱✱✱ [정답률 82%]

- 해결책은 과학의 실행에 있어 훨씬 더 많은 다양성이 있어야 한다는 것이다: 성별, 인종, 그리고 사회적 문화적 배경에서. [단서1]
- 과학이 다양한 집단의 사람들에 의해 행해질 때, 그리고 만약 과학 지식의 특정 영역에 대한 의견 일치가 이루어진다면, 그러면 우리는 그것의 객관성과 진실성에 있어서 더 큰 자신감을 가질 수 있다. [단서2]

→ 과학을 행할 때는 여러 관점에서의 다양성이 있어야 과학의 객관성과 진실성을 확신할 수 있다고 했으므로, 정답은 ②'과학을 행하는 것에 있어 다양한 관점의 필요성'이다.

왜 오답?

① 시행착오를 통해 과학적 지식을 얻는다는 내용은 언급되지 않았다.
③ 과학자들 간의 관계 형성에 관한 내용이 아니라, 다양한 배경의 과학자들에 의해 과학이 실행되어야 한다는 내용이다.
④ 실험 설계에 관한 내용은 언급되지 않았다.
⑤ 과학적 연구에서 전문성에 관한 내용은 언급되지 않았다.

 정답 ⑤ *익숙한 것과 기억을 떠올리는 것의 차이

현재완료
If the brain has already stored / someone's face and name, / why
do we still end up / remembering one and not the other? //
뇌가 이미 저장했다면 / 누군가의 얼굴과 이름을 / 왜 우리는 여전히 되는 것일까 / 하나는
기억하고 다른 하나는 기억하지 못하게 //
end up -ing: 결국 ~해버리다

this is because + 원인 cf) this is why + 결과
This is because / the brain has something of a two-tier memory
system at work / when it comes to retrieving memories, / and
this gives rise to a common yet infuriating sensation: /
이는 때문이며 / 뇌가 2단계의 기억 시스템을 가진 무언가를 작동하도록 만들기 / 기억을
생각해 내는 것에 있어서 / 이것이 흔하지만 짜증 나는 감정을 유발한다 /
~하는 데 있어서

병렬 구조
recognising someone, / but not being able to remember / how or
why, or what their name is. // **단서 1 우리의 뇌는 누군가를 알아볼 수는 있지만**
기억하지 못하는 경우가 있음
누군가를 알아볼 수는 있지만 / 기억하지 못하는 / 어떻게, 왜 (아는지) 또는 그 사람의 이름이
무엇인지는 //

단서 2 이는 뇌가 친숙함과 회상을 구별하기 때문에 발생함
This happens / because the brain differentiates / between
familiarity and recall. //
이는 발생한다 / 뇌가 구별하기 때문에 / 친숙함과 회상을 //

To clarify, / familiarity (or recognition) is / when you encounter
someone or something / and you know you've done so before. //
현재완료
명확하게 하자면 / 친숙함(또는 인식)은 / 누군가 또는 무언가를 마주쳤고 / 이전에 그런 적이
있다는 것을 아는 경우이다 //
단서 3 친숙함은 누군가를 마주쳤을 때 이전에도
마주친 경험이 있다는 것을 아는 것임

현재완료
But beyond that, / you've got nothing; / all you can say / is this
person/thing is already in your memories. //
하지만 그 이상으로는 / 당신이 아는 것이 없고 / 당신이 말할 수 있는 것은 / 이 사람/사물이
이미 기억 속에 있다는 것뿐이다 //

Recall is when you can access the original memory / of how and
why you know this person; / recognition is just flagging up the
fact / that the memory exists. // **단서 4 회상은 단지 원래의 기억에 접근할 수 있는 것임**
동격절 접속사
회상은 원래의 기억에 접근할 수 있는 경우이며 / 이 사람을 어떻게, 왜 알고 있는지에 대한 /
인식은 단지 사실만을 표시해 줄 뿐이다 / 기억이 존재한다는 //

- tier ⓝ 단계, 층위　　• give rise to ~을 유발하다　　• sensation ⓝ 감정
- differentiate ⓥ 구별하다　　• familiarity ⓝ 친숙함
- recall ⓝ 회상　　• clarify ⓥ 명확하게 하다　　• encounter ⓥ 마주치다
- flag up ~을 표시하다　　• partial ⓐ 부분적인　　• impact ⓝ 영향
- emotional ⓐ 감정적인　　• retrieval ⓝ 회복, 복구
- danger ⓝ 위험성　　• memory loss 기억 상실　　• distinction ⓝ 구분

뇌가 이미 누군가의 얼굴과 이름을 저장했다면, 왜 우리는 여전히 하나는
기억하고 다른 하나는 기억하지 못하게 되는 것일까? 이는 기억을 생각해
내는 것에 있어서 뇌가 2단계의 기억 시스템을 가진 무언가를 작동하도록
만들기 때문이며, 이것이 누군가를 알아볼 수는 있지만 어떻게, 왜 (아는
지) 또는 그 사람의 이름이 무엇인지는 기억하지 못하는, 흔하지만 짜증 나
는 감정을 유발한다. 이는 뇌가 친숙함과 회상을 구별하기 때문에 발생한
다. 명확하게 하자면, 친숙함(또는 인식)은 누군가 또는 무언가를 마주쳤고
이전에 그런 적이 있다는 것을 아는 경우이다. 하지만 그 이상으로는, 당
신이 아는 것이 없고, 당신이 말할 수 있는 것은 이 사람/사물이 이미 기억
속에 있다는 것뿐이다. 회상은 이 사람을 어떻게, 왜 알고 있는지에 대한
원래의 기억에 접근할 수 있는 경우이며, 인식은 단지 기억이 존재한다는
사실만을 표시해 줄 뿐이다.

다음 글의 주제로 가장 적절한 것은?
① process of recalling details from partial memories
　부분적인 기억들로부터 세부 사항을 떠올리는 과정　　과정을 설명한 것이 아님
② impact of emotional responses on memory retrieval patterns
　감정적 반응이 기억 복구 패턴에 미치는 영향　　감정적 반응의 영향에 관한 언급은 없음
③ dangers of memory loss regarding face and name recognition
　얼굴과 이름 인식과 관련한 기억 상실의 위험성　　기억 상실의 위험에 관한 언급은 없음
④ ways to manage the difficulty of recognising faces and names
　얼굴과 이름을 인식하는 것의 어려움을 다루는 방법　　어려움을 다루는 내용이 아님
⑤ distinction between recall and familiarity in the memory
　system
　기억 체계에서 회상과 친숙함 사이의 구분
　the brain differentiates between familiarity and recall

왜 정답? ★★※ [정답률 73%]

문제: 우리의 뇌는 누군가를 알아볼 수는 있지만 기억하지 못하는 경우가 있음 **단서 1**
원인: 이는 뇌가 친숙함과 회상을 구별하기 때문에 발생함 **단서 2**
구체화 1: 친숙함(또는 인식)은 누군가를 마주쳤을 때 이전에도 그와 마주친 경험이
있다는 것을 아는 것임 **단서 3**
구체화 2: 회상은 그를 어떻게, 왜 알고 있는지에 대한 원래의 기억에 접근할 수 있는
것임 **단서 4**

➡ 뇌는 기억을 떠올릴 때 2단계의 기억 시스템을 작동하기 때문에 누군가를 알아보면
서도 기억하지 못하는 경우가 있다고 했다. 그 두 단계는 친숙함과 회상으로, 친숙함
은 누군가와 마주쳤던 경험을 아는 것이고, 회상은 그 상황에 대한 원래의 기억을 떠
올리는 것이다. ▶ 친숙함은 회상과 달리 기억이 존재한다는 사실만 알려준다고 했으
므로, 글의 주제는 ⑤ '기억 체계에서 회상과 친숙함 사이의 구분'이다.

왜 오답?

① 부분적인 기억들로부터 세부 사항을 떠올리는 과정을 설명한 것이 아니라, 친숙한
것과 회상의 차이를 설명한 글이다.

② 기억을 인출하는 것과 친숙함의 차이에 관한 내용이지, 감정적 반응의 영향에 관한
언급은 없었다.

③ 얼굴과 이름을 인식하는 것과 회상하는 것의 차이에 관한 내용이지, 기억 상실의 위
험에 관한 언급은 없었다.

④ 얼굴과 이름을 인식하는 것과 회상하는 것의 차이에 관한 내용이지, 그 어려움을 다
루는 내용이 아니다.

F 04 정답 ③ *고통과 쾌락이 서로를 중화하며 유지되는 항상성

분사구문　　**단서 1 고통과 쾌락은 뇌의 같은 영역에서 처리됨**
Based on discoveries in neuroscience, / pain and pleasure are
formed and processed / in the same area of the brain. //
수동태 동사
뇌 과학의 발견들에 따르면 / 고통과 쾌락은 형성되고 처리된다 / 뇌의 같은 영역에서 //
계속적 용법의 주격 관계대명사
Our bodies constantly strive for homeostasis, / which is defined
/ as the balance of bodily functions. // **단서 2 우리 몸은 항상성과**
기능의 균형을 추구함
우리 몸은 끊임없이 항상성을 추구하는데 / 그것은 정의된다 / 몸의 기능들의 균형이라고 //

Without the body's effective compensatory mechanisms, /
주격 관계대명사
which may cushion potential highs and lows, / we would not be
capable of surviving. // **without 가정법 과거 (현재 사실과 반대)**
몸의 효과적인 보상 기제가 없다면 / 잠재적인 변동을 완화시킬 수 있는 / 우리는 생존할 수
없을 것이다 //
단서 3 고통과 쾌락은 상호 의존적이며 함께 작동하면서 균형을 유지함
Pleasure and pain are like two sides of the same coin; / they
seem to work together / and are heavily reliant on one another
/ and keep balance. //
병렬 구조 (동사)
쾌락과 고통은 동일한 동전의 두 면과 같아서 / 그들은 함께 작동하는 것 같으며 / 서로 상당히
의존하고 있고 / 균형을 유지한다 //

If you imagine pleasure and pain / as the two opposite points
on a scale, / you can easily understand / that as one of the two
목적어절 접속사　　단수 주어
points rises, / the other must correspondingly fall. //
단수 동사　　강한 추측
만약에 여러분이 쾌락과 고통을 상상한다면 / 저울 위의 두 반대 지점으로 / 여러분은 쉽게
이해할 수 있을 것이다 / 두 지점 중 한 지점이 올라가면 / 다른 한 지점이 상응하여 틀림없이
내려갈 것임을 //
단서 4 고통이 있어야 얻는 것도 있다는 말이 있음
We've all heard the expression, / "No pain, no gain." //
현재완료
우리는 표현을 모두 들어본 적이 있다 / '고통 없이는, 얻는 것도 없다'라는 //

Well, according to psychiatrist Dr. Anna Lembke, / there may be
some truth / to these words. //
자, 정신과 의사인 Dr. Anna Lembke에 따르면 / 어느 정도의 진실이 있을 수 있다 / 이
말에는 //

목적어절 접속사　　형용사적 용법 (attempts 수식)
She says / that our attempts to escape being miserable / are in
fact making us even more miserable. //
making의 목적어와 목적격 보어 (형용사)
그녀는 말한다 / 비참함에서 벗어나려는 우리의 시도가 / 사실 우리를 훨씬 더 비참하게
만들고 있다고 //

This is because pain is actually an essential component / of our ability to maintain a neutral state, / 단서 5 몸이 균형을 이루기 위해서는 고통의 과정도 필수적임
이는 고통이 실제로 필수적인 구성 요소이기 때문이고 / 중립적인 상태를 유지하기 위한 우리 능력의 /

동명사구 주어
and allowing it / will in turn reset our internal scale / back to balance. //
그것을 허용하는 것은 / 결과적으로 우리의 내부 저울을 맞출 것이다 / 다시 균형 상태로 //

- neuroscience ⓝ 신경 과학, 뇌 과학　　- strive for ~을 추구하다
- homeostasis ⓝ 항상성　　- compensatory ⓐ 보상의
- cushion ⓥ 완화시키다　　- reliant ⓐ 의존하는
- correspondingly ⓐⓓ 상응하여　　- psychiatrist ⓝ 정신과 의사
- miserable ⓐ 비참한　　- neutral ⓐ 중립적인
- interplay ⓝ 상호 작용　　- disruption ⓝ 방해, 지장
- counteraction ⓝ 중화 작용　　- overflow ⓝ 범람
- induce ⓥ 유도하다　　- ignorance ⓝ 무지

뇌 과학의 발견들에 따르면, 고통과 쾌락은 뇌의 같은 영역에서 형성되고 처리된다. 우리 몸은 끊임없이 항상성을 추구하는데, 그것은 몸의 기능들의 균형이라고 정의된다. 잠재적인 변동을 완화시킬 수 있는 몸의 효과적인 보상 기제가 없다면 우리는 생존할 수 없을 것이다. 쾌락과 고통은 동일한 동전의 두 면과 같아서 그들은 함께 작동하는 것 같으며 서로 상당히 의존하고 있고 균형을 유지한다. 만약에 여러분이 쾌락과 고통을 저울 위의 두 반대 지점으로 상상한다면, 여러분은 두 지점 중 한 지점이 올라가면 다른 한 지점이 상응하여 틀림없이 내려갈 것임을 쉽게 이해할 수 있을 것이다. 우리는 '고통 없이는, 얻는 것도 없다.'라는 표현을 모두 들어본 적이 있다. 자, 정신과 의사인 Dr. Anna Lembke에 따르면, 이 말에는 어느 정도의 진실이 있을 수 있다. 그녀는 비참함에서 벗어나려는 우리의 시도가 사실 우리를 훨씬 더 비참하게 만들고 있다고 말한다. 이는 고통이 실제로 중립적인 상태를 유지하기 위한 우리 능력의 필수적인 구성 요소이기 때문이고, 그것을 허용하는 것은 결과적으로 우리의 내부 저울을 균형 상태로 다시 맞출 것이다.

다음 글의 주제로 가장 적절한 것은?
they seem to work together ~ and keep balance
① interplay of multiple emotions that hinder homeostasis 항상성을 저해하는 다양한 감정들의 상호 작용　항상성 유지하기 위해 고통과 쾌락이 상호 작용한다는 내용임
② disruption of pleasure's beneficial functioning due to pain
고통으로 인한 쾌락의 이로운 기능의 지장　쾌락의 이로운 기능이 고통 때문에 방해받는다는 내용이 아님
③ counteraction of pleasure and pain in maintaining stability
안정성을 유지하는 과정에서 고통과 쾌락의 중화 작용
④ overflow of opposite feelings that induces emotional unrest
감정적 불안을 유도하는 반대 감정들의 범람　균형을 맞춘다는 내용임
⑤ ignorance of necessity of other feelings than pain and pleasure
고통과 쾌락 외에 다른 감정이 필요하다는 내용이 아님
고통과 쾌락 외에 다른 감정의 필요성에 대한 무지

왜 정답? ★★❋ [정답률 75%]

서론: 고통과 쾌락은 뇌의 같은 영역에서 처리됨 단서 1
본론 1: 우리 몸은 항상성과 기능의 균형을 추구함 단서 2
본론 2: 고통과 쾌락은 상호 의존적이며 함께 작동하면서 균형을 유지함 단서 3
부연 1: 고통이 있어야 얻는 것도 있다는 말이 있음 단서 4
부연 2: 이 말은 몸이 균형을 이루기 위해서는 고통의 과정도 필수적이라는 것임 단서 5
➡ 고통과 쾌락은 동전의 양면과 같이 상호 의존적이며 함께 작동하는데, 그 이유는 두 감정이 서로 균형을 추구하며 몸의 항상성을 유지해 준다는 내용이다.
▶ 따라서 글의 주제는 ③ '안정성을 유지하는 과정에서 고통과 쾌락의 중화 작용'이다.

왜 오답?

① 항상성을 유지하기 위해 고통과 쾌락이 상호 작용한다는 내용이다.
② 쾌락의 이로운 기능이 고통 때문에 방해받는다는 내용이 아니다.
④ 감정적 불안을 중화하기 위해 고통과 쾌락이 균형을 맞춘다는 내용이다.
⑤ 고통과 쾌락 외에 다른 감정이 필요하다는 내용이 아니다.

F 05 정답 ⑤ ＊공감의 의미에 대한 다양한 해석

Empathy is frequently listed / as one of the most desired skills / in an employer or employee, / although without specifying
부사절의 주어와 동사가 생략됨
의문사절 (specifying의 목적어)
exactly / what is meant by empathy. // 단서 1 공감은 사업에서 중요한 덕목이지만, '공감'의 의미는 정확히 특정되지 않음
공감은 목록에 종종 오른다 / 가장 바라는 기술 중 하나로 / 고용주나 직원에게 / 정확하게 밝히지는 않지만 / '공감'이 무엇을 의미하는지

단서 2 공감의 예시 ①　분사구문을 이끄는 현재분사
Some businesses stress cognitive empathy, / emphasizing the need for leaders to understand / the perspective of
to understand의 의미상 주어　형용사적 용법 (the need 수식) ＊
employees and customers /
일부 기업은 인지적 공감을 강조하여 / 리더가 이해할 필요성에 중점을 둔다 / 직원과 고객의 관점을 /

부사절에서 「주어+be동사」 생략
when negotiating deals and making decisions. //
거래를 협상하고 결정을 내릴 때 //

단서 3 공감의 예시 ②
Others stress affective empathy and empathic concern, / emphasizing the ability of leaders to gain trust / from employees and customers /
분사구문을 이끄는 현재분사
다른 기업은 정서적 공감과 공감적 관심을 강조하여 / 신뢰를 얻는 리더의 능력에 중점을 둔다 / 직원과 고객의 /

by treating them with real concern and compassion. //
진정한 관심과 동정심으로 그들을 대함으로써 //

단서 4 공감의 예시 ③
When some consultants argue / that successful companies foster empathy, / what that translates to / is that companies should conduct good market research. //
목적어절 접속사　지시대명사　주격 보어절 접속사
일부 자문 위원이 주장할 때 / 성공하려는 기업은 공감 능력을 길러야 한다고 / 그것이 의미하는 바는 / 기업이 시장 조사를 잘 수행해야 한다는 것이다 //

In other words, / an "empathic" company understands the needs and wants of its customers / and seeks to fulfill those needs and wants. //
병렬 구조 (동사)
다시 말해 / '공감적인' 기업은 고객의 필요와 요구를 이해하고 / 그 필요와 요구를 충족시키기 위해 노력한다 //

단서 5 공감의 예시 ④
When some people speak of design with empathy, / what that translates to / is that companies should take into account / the specific needs of different populations /
지시대명사　주격 보어절 접속사
일부 사람들이 공감을 담은 디자인을 말할 때 / 그것이 의미하는 바는 / 회사가 고려해야 한다는 것이다 / 다양한 사람들의 구체적인 필요 사항을 /

— the blind, the deaf, the elderly, non-English speakers, the color-blind, and so on — when designing products. //
부사절에서 「주어+be동사」 생략
시각 장애인, 청각 장애인, 노인, 비영어권 화자, 색맹 등 / 제품을 디자인할 때 //

- specify ⓥ 명시하다　　- stress ⓥ 강조하다
- emphasize ⓥ 강조하다　　- perspective ⓝ 관점
- negotiate ⓥ 협상하다　　- affective ⓐ 정서적인
- empathic ⓐ 공감의　　- consultant ⓝ 자문 위원
- foster ⓥ 기르다, 양육하다　　- market research 시장 조사
- fulfill ⓥ 충족시키다　　- color-blind 색맹의
- interpretation ⓝ 해석

'공감'이 무엇을 의미하는지 정확히 밝히지는 않지만, 공감은 고용주나 직원에게 가장 바라는 기술 중 하나로 목록에 종종 오른다. 일부 기업은 인지적 공감을 강조하여 리더가 거래를 협상하고 결정을 내릴 때 직원과 고객의 관점을 이해할 필요성에 중점을 둔다. 다른 기업은 정서적 공감과 공감적 관심을 강조하여 진정한 관심과 동정심으로 직원과 고객을 대함으로써 그들의 신뢰를 얻는 리더의 능력에 중점을 둔다. 일부 자문 위원이 성공하려는 기업은 공감 능력을 길러야 한다고 주장할 때, 그것이 의미하는 바는 기업이 시장 조사를 잘 수행해야 한다는 것이다. 다시 말해, '공감적인' 기업은 고객의 필요와 요구를 이해하고, 그 필요와 요구를 충족시키기 위해 노력한다. 일부 사람들이 공감을 담은 디자인을 말할 때, 그것이 의미하는 바는 회사가 제품을 디자인할 때 시각 장애인, 청각 장애인, 노인, 비영어권 화자, 색맹 등 다양한 사람들의 구체적인 필요 사항을 고려해야 한다는 것이다.

다음 글의 주제로 가장 적절한 것은?

① diverse benefits of good market research
훌륭한 시장 조사의 다양한 혜택들 / 시장 조사의 혜택에 관한 언급은 없었음
② negative factors in making business decisions
사업 결정을 내릴 때 부정적인 요소들 / 사업 결정을 내리는 내용이 아님
③ difficulties in designing products with empathic concern
공감적 관심으로 상품을 디자인하는 것의 어려움들 / 예시로 언급됐을 뿐임
④ efforts to build cognitive empathy among employees
직원들 간에 인지적 공감을 쌓으려는 노력들 / 공감을 쌓으려는 노력에 관한 언급은 없음
⑤ different interpretations of empathy in business
사업에서 공감에 대한 다른 해석들 / without specifying exactly what is meant by *empathy*

❯왜 정답? ✽✽✽ [정답률 46%]

'공감'이 무엇을 의미하는지 정확히 밝히지는 않지만, 공감은 고용주나 직원에게 가장 바라는 기술 중 하나로 목록에 종종 오른다. 단서 1

예시 1: 일부 기업은 인지적 공감을 강조함 단서 2

예시 2: 다른 기업은 정서적 공감을 강조함 단서 3

예시 3: 일부 자문 위원은 시장 조사를 잘 수행하는 것을 강조함 단서 4

예시 4: 일부 사람들은 다양한 사람들의 구체적인 필요를 고려하는 것을 강조함 단서 5

➡ 공감은 사업에서 중요한 덕목이지만, '공감'의 의미는 정확히 특정되지 않았다고 설명하며, 다양한 사업 측면에서 공감의 다른 의미와 해석을 소개하고 있다.

▶ 따라서 글의 주제는 ⑤ '사업에서 공감에 대한 다른 해석들'이다.

❯왜 오답?

① 시장 조사에서의 공감의 의미를 설명하는 예시는 있었으나, 그 혜택에 관한 내용은 아니다.

② 사업 결정을 내리는 내용은 언급되지 않았다.

③ 디자인 측면에서의 공감의 의미를 설명하는 예시는 있었으나, 글의 주제는 아니다.

④ 직원들에게 공감은 필요한 기술이라는 언급은 있었으나, 공감을 쌓으려는 노력에 관한 언급은 없었다. 함정

어법 특강

✱ to부정사의 형용사적 용법

- to부정사의 세 가지 용법 중 하나로, to부정사가 형용사처럼 (대)명사를 수식하거나 「be+to부정사」 형태로 주어를 보충 설명하는 역할을 한다. 이때 to부정사는 '~하는, ~할' 등으로 해석된다.

- They had no **time** to change the schedule.
명사 time을 수식하는 to부정사
(그들은 일정을 바꿀 시간이 없었다.)

- 「be+to부정사」 형태로 주어를 보충 설명할 때에는 예정, 의무, 운명, 가능, 의지나 의도를 나타낸다.

- We are to leave for Canada tomorrow.
주어 We를 수식하는 to부정사
(우리는 내일 캐나다로 떠날 예정이다.)

F 06 정답 ② ✱ 과학이 문화적 맥락을 담고 있는가에 관한 논쟁

People seem to recognize / that the arts are cultural activities / that draw on (or react against) / certain cultural traditions, / certain shared understanding, / and certain values and ideas /
목적어절 접속사 / 주격 관계대명사
사람들은 인식하는 것 같다 / 예술은 문화적 활동이라고 / ~에 기반한 (또는 이에 반하는) / 특정 문화적 전통 / 특정 공유 지식 / 그리고 특정 가치와 아이디어에 /

that are characteristic of the time and place / in which the art is created. //
주격 관계대명사 / 「전치사+관계대명사」
단서 1 예술은 그것이 만들어진 시기, 장소만의 고유한 문화적 맥락을 담고 있음
시기와 장소에 특유한 / 예술이 만들어진 //

In the case of science, / however, opinions differ. //
완전자동사
과학의 경우에는 / 하지만 의견이 갈린다 // 단서 2 과학은 문화적 맥락과의 관계에 관한 의견이 갈림

Some scientists, like the great biologist J. B. S. Haldane, / see science in a similar light /
단서 3 일부 과학자들은 과학을 문화적 맥락 안에서 이해되는 역사적 활동으로 봄
위대한 생물학자 J. B. S. Haldane과 같은 일부 과학자들은 / 유사한 관점에서 과학을 보는데 /

— as a historical activity / that occurs in a particular time and place, / and that needs to be understood within that context. //
병렬 구조 (주격 관계대명사)
역사적 활동으로 보는 것이다 / 특정한 시기와 장소에서 발생하고 / 그 맥락 안에서 이해될 필요가 있는 //

Others, however, see science as a purely "objective" pursuit, / uninfluenced by the cultural viewpoint and values / of those who create it. //
see A as B: A를 B로 간주하다 / '~한 사람들'
단서 4 다른 사람들은 과학을 문화적 맥락의 영향을 받지 않는 순전히 객관적인 것으로 봄
하지만 다른 사람들은 과학을 순전히 '객관적인' 일로 본다 / 문화적 관점과 가치에 의해 영향을 받지 않는 / 그것을 만들어 내는 사람들의 //

In describing this view of science, / philosopher Hugh Lacey speaks of the belief / that there is an underlying order of the world / which is simply there to be discovered /
동격절 접속사 / 주격 관계대명사 / 부사적 용법 (결과)
과학에 대한 이러한 관점을 묘사할 때 / 철학자 Hugh Lacey는 믿음에 대해 말하는데 / 세계의 근원적인 질서가 있다는 / 단순히 거기에 있어서 발견되는 /

— the world of pure "fact" / stripped of any link with value. //
과거분사구 (fact 수식)
이것은 순전한 '사실'의 세계이다 / 가치와 어떠한 연관도 없는 //

The aim of science / according to this view / is to represent this world of pure "fact", /
명사적 용법 (주격 보어)
과학의 목적은 / 이러한 관점에 따라 / 이러한 순전한 '사실'의 세계를 나타내는 것인데 /

independently of any relationship / it might bear contingently to human practices and experiences. //
앞에 목적격 관계대명사 생략
어떠한 관계와도 무관하게 말이다 / 그것이 인간의 관습 및 경험과 혹여라도 맺을 수 있는 //

- **react against** ~에 반(발)하다
- **characteristic** ⓐ 특유한
- **context** ⓝ 맥락
- **purely** ⓐⓓ 순전히
- **underlying** ⓐ 근원적인, 기저를 이루는
- **strip A of B** A에게서 B를 벗겨내다[없애다]
- **represent** ⓥ 나타내다
- **misconception** ⓝ 오해
- **phenomenon** ⓝ 현상 (*pl.* phenomena)

사람들은 예술을 예술이 만들어진 시기와 장소에 특유한 특정 문화적 전통, 특정 공유 지식, 그리고 특정 가치와 아이디어에 기반한(또는 이에 반하는) 문화적 활동이라고 인식하는 것 같다. 하지만 과학의 경우에는 의견이 갈린다. 위대한 생물학자 J. B. S. Haldane과 같은 일부 과학자들은 유사한 관점에서 과학을 보는데, 특정한 시기와 장소에서 발생하고 그 맥락 안에서 이해될 필요가 있는 역사적 활동으로 보는 것이다. 하지만 다른 사람들은 과학을 그것을 만들어 내는 사람들의 문화적 관점과 가치에 의해 영향을 받지 않는 순전히 '객관적인' 일로 본다. 과학에 대한 이러한 관점을 묘사할 때, 철학자 Hugh Lacey는 단순히 거기에 있어서 발견되는 세계의 근원적인 질서가 있다는 믿음에 대해 말하는데, 이것은 가치와 어떠한 연관도 없는 순전한 '사실'의 세계이다. 이러한 관점에 따라 과학의 목적은 이러한 순전한 '사실'의 세계를 나타내는 것인데, 그것이 인간의 관습 및 경험과 혹여라도 맺을 수 있는 어떠한 관계와도 무관하게 말이다.

다음 글의 주제로 가장 적절한 것은?

In the case of science, however, opinions differ.
① misconceptions on how experimental data should be measured
실험 데이터가 어떻게 측정되어야 하는지에 관한 오해 / 실험 데이터 측정 방법은 언급되지 않음
② views on whether science is free from cultural context or not
과학이 문화적 맥락으로부터 자유로운지 아닌지에 관한 관점들
③ ways for minimizing cultural bias in scientific pursuits
과학을 추구할 때 문화적 편견을 최소화하는 방법 / 과학에 관한 문화적 편견을 다룬 내용은 언급되지 않음
④ challenges in achieving objectivity in scientific studies
과학 연구에서 객관성을 확보하는 것의 어려움 / 과학 연구가 객관성을 확보하기 어렵다는 내용이 아님
⑤ functions of science in analyzing cultural phenomena
문화 현상을 분석하는 것에서 과학의 기능들 / 과학이 문화적 맥락과 얼마나 관련 있는지에 관한 내용임

❯왜 정답? ✽✽❀ [정답률 75%]

문화적 활동이라고 인식되는 예술과 달리 단서 1, 과학이 문화적 맥락으로부터 자유로운지에 관한 의견은 갈리고 있다. 단서 2

일부 과학자들은 과학을 문화적 맥락 안에서 이해되어야 할 역사적 활동이라고 주장하지만, 단서 3 다른 과학자들은 과학은 문화적 맥락의 영향을 받지 않는 순수하게 객관적인 것이라고 주장한다. 단서 4

▶ 과학과 문화적 맥락에 관한 여러 관점들을 소개하고 있으므로, 정답은 ② '과학이 문화적 맥락으로부터 자유로운지 아닌지에 관한 관점들'이다.

❯왜 오답?

① 실험 데이터가 측정되는 방법에 관한 내용은 언급되지 않았다.

③ 과학에 관한 문화적 편견을 다룬 내용은 언급되지 않았다.

④ 과학 연구가 객관성을 확보하기 어렵다는 내용이 아니다.

⑤ 문화 현상을 분석하는 과학의 역할이 아니라, 과학이 문화적 맥락과 관련 있는지에 관한 내용이다. 함정

F 07 정답 ⑤ ＊요리를 기업에 아웃소싱하는 것의 혜택

If cooking is **as** central to human identity, biology, and culture /
as 형용사/부사 원급 as ... : …만큼 ~한
as the biological anthropologist Richard Wrangham suggests, /
요리가 인간의 정체성, 생물학 및 문화에 중요하다면 / 생물인류학자인 Richard
Wrangham이 말하는 것만큼 /

it stands to reason / that the decline of cooking in our time /
가정의 뉘앙스
would have serious consequences for modern life, / and so it
= has had serious consequences
has. //
당연하다 / 우리 시대의 요리 감소가 / 현대생활에 심각한 결과들을 초래하는 것은 / 그리고
실제로 그래왔다 //

Are they all bad? //
그것들이 모두 나쁜가 //

Not at all. // 단서 1 우리 시대에 요리가 감소한 것이 현대생활에
심각한 결과를 초래했다는 주장은 옳지 않음
전혀 그렇지 않다 //
단수 주어
The **outsourcing** of much of the work of cooking to corporations
단수 동사
/ **has relieved** women / of what has traditionally been their
exclusive responsibility / for feeding the family, /
요리하는 일의 많은 부분을 기업에 아웃소싱하는 것은 / 여성들을 벗어나게 했고 / 전통적으로
여성들에게 한정된 책임이었던 것에서 / 가족들을 먹여야 하는 /
가목적어 to work의 의미상 주어 진목적어
making it easier / **for them to work** outside the home / and have
분사구문을 이끄는 현재분사
careers. // 단서 2 혜택 ①: 여성이 직업을 갖기 쉽게 함
더 쉽게 했다 / 그들이 집 밖에서 일하고 / 직업을 갖는 것을 //
'~을 막다' 목적격 관계대명사
It has **headed off** many of the domestic conflicts / **that such a**
such a(n) 형용사 명사
large shift in gender roles and family dynamics / was bound to
spark. // 단서 3 혜택 ②: 다른 일에 더 많은 시간을 투자하게 해줌
그것은 많은 가정 내 갈등을 막아냈다 / 성 역할과 가족 역학의 그렇게 큰 변화가 / 촉발할 //

It has **relieved** other pressures in the household, / including
병렬 구조 (과거분사)
longer workdays and overscheduled children, / and **saved** us
목적격 관계대명사
time / **that** we can now invest in other pursuits. //
그것은 가정의 다른 곤란을 덜어주었고 / 더 긴 근무일과 분주한 자녀를 포함하여 / 시간을
절약해 주었다 / 이제 우리가 다른 일에 투자할 수 있도록 // 단서 4 혜택 ③: 우리의
식단을 다양하게 해줌
It has also allowed us to diversify our diets substantially, /
분사구문을 이끄는 현재분사 to enjoy의 의미상 주어
making it possible / even **for people** with no cooking skills and
가목적어 진목적어
little money / **to enjoy** a whole different cuisine. //
그것은 또한 우리의 식단을 상당히 다양하게 해 주었고 / 가능하게 했다 / 요리 기술이 없고
돈이 거의 없는 사람까지도 / 완전히 색다른 요리를 즐길 수 있게 //

All that's required / is a microwave. //
필요한 것이라곤 / 전자레인지뿐이다 //

- biology ⑪ 생물학   · biological ⓐ 생물학의
- anthropologist ⑪ 인류학자   · it stands to reason ~은 당연하다
- consequence ⑪ 결과
- outsourcing ⑪ 아웃소싱 ((외부 용역이나 부품으로 대체하는 것))
- corporation ⑪ 기업   · exclusive ⓐ 독점적인, 배타적인
- responsibility ⑪ 책임(감)   · conflict ⑪ 갈등
- dynamic ⑪ 역학   · be bound to ~하게 마련이다
- spark ⓥ 촉발하다   · household ⑪ 가정   · invest ⓥ 투자하다
- pursuit ⑪ 일, 취미   · substantially 졧 상당히, 많이
- commercial ⓐ 상업적인   · dietary ⓐ 식의 요법의
- domestic ⓐ 가정의

생물인류학자인 Richard Wrangham이 말하는 것만큼 요리가 인간의
정체성, 생물학 및 문화에 중요하다면, 우리 시대의 요리 감소가
현대생활에 심각한 결과들을 초래한다는 것은 당연하고, 실제로 그래왔다.
그것들이 모두 나쁜가? 전혀 그렇지 않다. 요리하는 일의 많은 부분을
기업에 아웃소싱하는 것은 전통적으로 여성들에게 한정된, 가족들을
먹여야 하는 책임이었던 것에서 여성들을 벗어나게 했고, 그들이 집
밖에서 일하고 직업을 갖는 것을 더 쉽게 했다. 그것은 성 역할과 가족
역학의 그렇게 큰 변화가 촉발할 많은 가정 내 갈등을 막아냈다. 그것은

더 긴 근무일과 분주한 자녀를 포함하여 가정의 다른 곤란을 덜어주었고,
이제 우리가 다른 일에 투자할 수 있도록 시간을 절약해 주었다. 그것은
또한 우리의 식단을 상당히 다양하게 해 주었고, 요리 기술이 없고 돈이
거의 없는 사람들까지도 완전히 색다른 요리를 즐길 수 있게 해 주었다.
필요한 것이라곤 전자레인지뿐이다.

다음 글의 주제로 가장 적절한 것은?
① current trends in commercial cooking equipment
  상업적인 조리 기구의 현재 경향   조리 기구의 현재 경향은 언급되지 않음
② environmental impacts of shifts in dietary patterns
  식단 패턴 변화의 환경적 영향   식단 패턴의 변화가 환경에 미치는 영향은 언급되지 않음
③ cost-effective ways to cook healthy meals at home
  집에서 건강한 식사를 요리하는 비용 효율적인 방법   줄어들었음에 집중함
④ reasons behind the decline of the food service industry
  음식 서비스 산업 감소에 숨겨진 원인   오히려 늘었을 것임
⑤ benefits of reduced domestic cooking duties through
  outsourcing   요리를 기업에 아웃소싱하는 것의 이점을 나열함
  아웃소싱을 통한 감소한 가정 내 요리 의무의 혜택

왜 정답? ✻✻✻ [정답률 68%]
우리 시대에 요리가 감소한 것이 현대생활에 심각한 결과를 초래했다는 주장은 옳지
않음 단서 1
혜택 1: 여성이 직업을 갖는 것을 훨씬 쉽게 함 단서 2
혜택 2: 다른 일에 더 많은 시간을 투자할 수 있도록 함 단서 3
혜택 3: 우리의 식단을 다양하게 해 줌 단서 4
▶ 요리를 기업에 아웃소싱하는 것은 다양한 혜택이 있다고 했으므로 글의 주제는
⑤ '아웃소싱을 통한 감소한 가정 내 요리 의무의 혜택'이다.

왜 오답?
① 상업적인 조리 기구의 현재 경향은 언급되지 않았다.
② 식단 패턴의 변화가 환경에 미치는 영향은 언급되지 않았다.
③ 집에서 요리하는 일이 줄어든 것의 혜택을 설명한 글이다.
④ 음식 서비스 산업 감소는 언급되지 않았다.

F 08 정답 ③ ＊두려움의 척도인 눈 깜빡임 속도

Shutter speed refers to / the speed of a camera shutter. //
셔터 속도는 지칭한다 / 카메라 셔터의 속도를 //

In behavior profiling, / it refers to the speed of the eyelid. //
행동 프로파일링에서 / 그것은 눈꺼풀의 속도를 지칭한다 //

When we blink, / we reveal / more than just blink rate. //
우리가 눈을 깜빡일 때 / 우리는 드러낸다 / 단지 눈 깜빡임의 비율보다 더 많은 것을 //

Changes in the speed of the eyelid / can indicate important
information; / shutter speed / is a measurement of fear. //
눈꺼풀 속도의 변화는 / 중요한 정보를 나타낸다 / 즉 셔터 속도가 / 두려움의 척도라는
것이다 // 단서 1 눈꺼풀 속도는 두려움의 척도임
주격 관계대명사   전치사   동명사구
Think of an animal / **that** has a reputation / **for being fearful**. //
동물을 생각해 보라 / 평판이 있는 / 겁이 많은 것으로 //

A Chihuahua might **come to mind**. //
치와와가 생각날지도 모른다 // '생각이 떠오르다'

In mammals, / because of evolution, / our eyelids will speed
부사적 용법(목적)
up / **to minimize** the amount of time / **that** we can't see an
관계부사
approaching predator. //
포유동물의 경우 / 진화 때문에 / 우리의 눈꺼풀은 속도를 높일 것이다 / 시간의 양을
최소화하기 위해 / 우리가 다가오는 포식자를 볼 수 없는 //
the+비교급 ~, the+비교급 ...: ~할수록 더욱 …하다
The greater the degree of fear / an animal is experiencing, / **the
more** the animal is concerned / with an approaching predator. //
두려움의 정도가 더 클수록 / 동물이 경험하고 있는 / 그 동물은 더 걱정한다 / 다가오는
포식자에 대해 //
to keep의 목적어와 목적격 보어(형용사)
In an attempt to keep **the eyes open** / as much as possible, / the
eyelids involuntarily speed up. // 단서 2 두려움이 큰 동물일수록 눈을 뜨고 있
기 위해 눈꺼풀 속도가 빨라짐
눈을 뜨고 있으려는 시도로 / 가능한 한 많이 / 눈꺼풀은 무의식적으로 속도를 높인다 //
~에 관한 한
Speed, **when it comes to** behavior, / almost always equals fear. //
행동에 관한 한 속도는 / 거의 항상 두려움과 같다 //

In humans, / if we experience fear about something, / our eyelids
will do the same thing / as the Chihuahua; / they will close and
open more quickly. // 단서 3 인간도 두려울 때 눈꺼풀이 빠르게 움직임
인간의 경우 / 만약 우리가 무언가에 대한 두려움을 경험한다면 / 우리의 눈꺼풀은 똑같은
것을 할 것이다 / 치와와와 / 즉, 그것들은 더 빠르게 닫히고 열릴 것이다 //

- refer to ~을 지칭하다　　• profiling ⓝ 자료[정보] 수집
- blink ⓥ 눈을 깜빡이다　　• reveal ⓥ 드러내다　　• rate ⓝ 비율
- indicate ⓥ 나타내다, 보여 주다
- measurement ⓝ (무엇의) 치수[양], 측정　　• reputation ⓝ 평판
- fearful ⓐ 겁이 많은　　• mammal ⓝ 포유동물
- evolution ⓝ 진화　　• minimize ⓥ 최소화하다
- approach ⓥ 다가오다　　• predator ⓝ 포식자
- involuntarily ⓐⓓ 무의식적으로　　• frighten ⓥ 위협하다
- symptom ⓝ 증상　　• fatigue ⓝ 피로　　• significant ⓐ 중요한
- proof ⓝ 증거　　• predatory ⓐ 포식성의　　• instinct ⓝ 본능

셔터 속도는 카메라 셔터의 속도를 지칭한다. 행동 프로파일링에서는
그것은 눈꺼풀의 속도를 지칭한다. 우리가 눈을 깜빡일 때 우리는 단지 눈
깜빡임의 비율보다 더 많은 것을 드러낸다. 눈꺼풀 속도의 변화는 중요한
정보를 나타내는데, 즉 셔터 속도가 두려움의 척도라는 것이다. 겁이 많은
것으로 평판이 있는 동물을 생각해 보라. 치와와가 생각날지도 모른다.
포유동물의 경우 진화 때문에, 우리가 다가오는 포식자를 볼 수 없는
시간의 양을 최소로 하기 위하여 우리의 눈꺼풀은 속도를 높일 것이다.
동물이 경험하고 있는 두려움의 정도가 더 클수록 그 동물은 다가오는
포식자에 대해 더 걱정한다. 가능한 한 많이 눈을 뜨고 있으려는 시도로
눈꺼풀은 무의식적으로 속도를 높인다. 행동에 관한 한 속도는 거의
항상 두려움과 같다. 인간의 경우 만약 우리가 무언가에 대한 두려움을
경험한다면, 우리의 눈꺼풀은 치와와와 똑같은 것을 할 것이며, 즉
그것들은 더 빠르게 닫히고 열릴 것이다.

다음 글의 주제로 가장 적절한 것은?
① eye contact as a way to frighten others 눈 마주침에 대한 글이 아님
　 다른 이들을 위협하는 방식으로서의 눈 마주침
② fast blinking as a symptom of eye fatigue
　 안구 피로의 증상으로서의 빠른 눈 깜빡임　　안구 피로가 아니라 두려움의 지표임
③ blink speed as a significant indicator of fear
　 두려움의 중요한 지표로서의 눈 깜빡임 속도　　두려움을 느낄수록 눈 깜빡이는 속도가 빨라짐
④ fast eye movement as proof of predatory instinct
　 포식성 본능의 증거로서의 빠른 눈 움직임　　포식자의 본능이 아님
⑤ blink rate as a difference between humans and animals
　 인간과 동물의 차이점으로서의 눈 깜빡임 비율　　인간도 동물처럼 두려울수록 눈을 빨리 깜빡임

＞왜 정답? ★★※ [정답률 72%]

눈을 깜빡이는 속도가 두려움의 척도라고 하면서 치와와를 예로 들어 포식자에
대한 두려움이 큰 동물일수록 다가오는 포식자를 놓치지 않고 볼 수 있도록
눈꺼풀이 빨리 움직인다고 했다. 인간도 동물과 마찬가지로 두려울 때 눈꺼풀이
빠르게 움직인다고 했으므로 이 글의 주제는 ③ '두려움의 중요한 지표로서의 눈
깜빡임 속도'이다.

＞왜 오답?

① 눈 마주침이 다른 이들을 위협한다는 내용은 언급되지 않았다.
② 빠른 눈 깜빡임이 안구 피로의 증상이라는 내용이 아니다.
④ 눈을 빨리 깜빡이는 것은 포식자를 최대한 많이 보려는 것이므로, 포식자의
　 본능이라고 할 수 없다.
⑤ 인간도 두려움을 경험하면 동물처럼 눈 깜빡임 속도가 올라갈 것이라고 했다.

F 09 정답 ⑤　＊고당도 과일의 과도한 섭취가 일으키는 문제

동명사 (전치사의 목적어)
What consequences / of eating too many grapes and other sweet
fruit / could there possibly be / for our brains? //
어떤 영향이 / 포도와 그 외 달콤한 과일을 너무 많이 먹는 것의 / 과연 있을 수 있을까 / 우리의
뇌에 //

A few large studies / have helped to shed some light. //
몇 가지 대규모 연구가 / 새로운 견해를 밝히는 데 도움이 되었다 //

단서 1 과일을 더 많이 섭취하면
해마 용적이 더 작아짐
In one, / higher fruit intake / in older, cognitively healthy adults
/ 단수 주어　단수 동사
/ was linked with less volume in the hippocampus. //
한 연구에서는 / 더 많은 과일 섭취가 / 더 나이가 많고 인지적으로 건강한 성인에서 / 해마의
더 작은 용적과 연관되었다 //

부사절 접속사 (이유)
This finding was unusual, / since people who eat more fruit /
과거분사구 (the benefits 수식)
usually display the benefits / associated with a healthy diet. //
이 발견은 특이했는데 / 그 이유는 과일을 더 많이 먹는 사람들은 / 보통 이점을 보여 주기
때문이었다 / 건강한 식단과 관련된 //

병렬 구조 (동사)
In this study, / however, / the researchers isolated various
components of the subjects' diets / and found / that fruit didn't
seem to be doing / their memory centers / any favors. //
이 연구에서 / 하지만 / 연구원들은 피실험자 식단의 다양한 요소들을 분리했고 / 발견했다 /
과일이 하지 않는 것처럼 보인다는 것을 / 그들의 기억 중추에 / 어떤 도움도 //

Another study from the Mayo Clinic / saw a similar inverse
relationship / between fruit intake and volume of the cortex,
동격
the large outer layer of the brain. //
Mayo Clinic의 또 다른 연구에서는 / 유사한 역관계를 확인했다 / 과일 섭취와 피질의 용적
사이의 / 뇌의 커다란 바깥층인 //

목적어절 접속사
Researchers in the latter study noted / that excessive
consumption of high-sugar fruit / (such as mangoes, bananas,
and pineapples) /
후자의 연구에서 연구원들은 주목했다 / 고당도 과일의 과도한 섭취가 / (망고, 바나나,
파인애플 같은) /
단서 2 고당도 과일의 과도한 섭취가 신진대사와 인지 문제를 일으킬 수 있음
may cause metabolic and cognitive problems / as much as
processed carbs do. //
신진대사 문제와 인지적 문제를 일으킬 수 있다는 점에 / 가공된 탄수화물 식품만큼이나 크게 //

- consequence ⓝ 결과, 영향　　• shed ⓥ (빛을) 비추다
- intake ⓝ 섭취　　• cognitively ⓐⓓ 인지적으로　　• isolate ⓥ 분리하다
- component ⓝ 요소, 부품　　• inverse ⓐ 역의, 반대의
- cortex ⓝ (대뇌의) 피질　　• excessive ⓐ 지나친, 과도한
- consumption ⓝ 섭취　　• metabolic ⓐ 신진대사의
- universal ⓐ 보편적인　　• enhance ⓥ 향상시키다
- nutritional ⓐ 영양학적인

포도와 그 외 달콤한 과일을 너무 많이 먹는 것이 과연 우리의 뇌에 어떤
영향을 미칠 수 있을까? 몇 가지 대규모 연구가 (그것에 관한) 새로운
견해를 밝히는 데 도움이 되었다.
한 연구에서는, 더 나이가 많고 인지적으로 건강한 성인에서 더 많은 과일
섭취가 해마의 더 작은 용적과 연관되었다. 이 발견은 특이했는데, 그
이유는 과일을 더 많이 먹는 사람들은 보통 건강한 식단과 관련된 이점을
보여 주기 때문이었다. 하지만 이 연구에서, 연구원들은 피실험자 식단의
다양한 요소들을 분리했고 과일이 그들의 기억 중추에 어떤 도움도 주지
않는 것처럼 보인다는 것을 발견했다.
Mayo Clinic의 또 다른 연구에서는 과일 섭취와 뇌의 커다란 바깥층인
피질의 용적 사이의 유사한 역관계를 확인했다. 후자의 연구에서
연구원들은 (망고, 바나나, 파인애플 같은) 고당도 과일의 과도한 섭취가
가공된 탄수화물 식품만큼이나 크게 신진대사 문제와 인지적 문제를
일으킬 수 있다는 점에 주목했다.

다음 글의 주제로 가장 적절한 것은?
① benefits of eating whole fruit on the brain health
　 과일을 통째로 먹는 것이 뇌 건강에 미치는 이점　　과일의 부정적인 측면에 관한 글임
② universal preference for sweet fruit among children
　 아이들 사이에서 달콤한 과일에 대한 보편적인 선호　　아이들에 관련된 내용이 아님
③ types of brain exercises enhancing long-term memory
　 장기 기억력을 향상시키는 뇌 운동의 종류　　뇌 운동의 종류에 대해서는 언급되지 않음
④ nutritional differences between fruit and processed carbs
　 과일과 가공 탄수화물의 영양학적 차이　　과일과 가공 탄수화물의 영양을 비교하지 않았음
⑤ negative effect of fruit overconsumption on the cognitive
　 brain
　 지나친 과일 섭취가 인지 뇌에 미치는 부정적인 영향
　 may cause metabolic and cognitive problems

왜 정답? ✱✱❀ [정답률 74%]

- 더 나이가 많고 인지적으로 건강한 성인이 과일을 더 많이 섭취하면 해마 용적이 더 작아진다. 단서 1
- 고당도 과일의 과도한 섭취가 신진대사 문제와 인지적 문제를 일으킬 수 있다. 단서 2

➡ 과일을 지나치게 많이 섭취함으로써 뇌, 인지와 관련된 문제가 발생할 수 있다고 했으므로, ⑤ '지나친 과일 섭취가 인지 뇌에 미치는 부정적인 영향'이 글의 주제이다.

>왜 오답?

① 과일을 먹는 것의 이점이 아니라 부정적인 측면에 대한 글이다.
② 아이들을 대상으로 한 연구가 아니라 성인을 대상으로 한 연구를 소개했다.
③ 뇌 운동과 기억력의 관계에 대해서는 전혀 언급하지 않았다.
④ 둘의 영양학적 차이를 비교하지는 않았다. (☞ 이유: 과일이 가공된 탄수화물만큼 뇌 건강에 좋지 않다고만 언급했을 뿐이다.)

자이 쌤's Follow Me! — 홈페이지에서 제공

F 10 정답 ② ✱예측 불가능한 것에 대한 사람들의 성향

과거분사구(a weatherman 수식)
In the movie *Groundhog Day*, / a weatherman / played by Bill Murray / is forced to re-live / a single day / over and over again. //
영화 Groundhog Day에서 / 기상 캐스터는 / Bill Murray가 연기한 / 다시 살아야 한다 / 하루를 / 반복해서 //

분사구문
Confronted with this seemingly endless loop, / he eventually rebels / against living through the same day / the same way / twice. //
끝이 없어 보이는 이 고리에 직면하여 / 그는 결국 저항한다 / 같은 날을 사는 것에 / 같은 방식으로 / 두 번 //

He learns French, / becomes a great pianist, / befriends his neighbors, / helps the poor. //
the+형용사들: ~한 사람들
그는 프랑스어를 배우고 / 위대한 피아노 연주자가 되고 / 이웃들과 친구가 되고 / 가난한 사람들을 도와준다 //

Why do we cheer him on? //
우리는 왜 그를 응원하는가 //

부사절 접속사(양보)
Because we don't want perfect predictability, / even if what's on repeat / is appealing. // 단서 1 인간은 완벽한 예측 가능성을 원하지 않음
왜냐하면 우리가 완벽한 예측 가능성을 원하지 않기 때문이다 / 반복되는 것이 ~일지라도 / 매력적(일지라도) //

Surprise engages us. //
놀라움은 우리를 끌어들인다 //
allows의 목적어와 목적격 보어(to부정사)
It allows us to escape autopilot. //
그것은 우리를 자동 조종 장치에서 벗어나게 한다 //
keeps의 목적어와 목적격 보어(형용사)
It keeps us awake to our experience. //
그것은 우리가 우리의 경험을 계속 인식하게 한다 //
과거분사구(systems 수식)
In fact, / the neurotransmitter systems involved in reward / are tied to the level of surprise: /
실제로 / 보상과 관련된 신경전달물질 체계는 / 놀라움의 수준과 관련이 있다 /
비교급 강조 부사
과거분사구(rewards 수식)
rewards delivered at regular, predictable times / yield a lot less activity in the brain / than the same rewards / delivered at random unpredictable times. // 단서 2 예측 가능한 보상보다 예측 불가능한 보상이 뇌를 훨씬 더 활동적으로 만듦
규칙적이고, 예측 가능한 때에 전달되는 보상은 / 뇌에서 훨씬 적은 활동을 산출한다 / 동일한 보상보다 / 임의적으로 예측 불가능한 때에 전달되는 //

Surprise gratifies. //
놀라움은 만족감을 준다 //

- weatherman ⓝ 기상 캐스터
- confront A with A를 ~와 대면시키다
- seemingly ⓐⓓ 겉보기에
- rebel ⓥ 저항하다
- befriend ⓥ 친구가 되어 주다
- predictability ⓝ 예측 가능성
- appealing ⓐ 매력적인
- engage ⓥ 끌어들이다
- autopilot ⓝ 자동 조종 장치
- reward ⓝ 보상
- predictable ⓐ 예측 가능한
- random ⓐ 임의의
- unpredictable ⓐ 예측 불가능한
- gratify ⓥ 만족시키다

- consideration ⓝ 고려 사항
- inclination ⓝ 성향
- device ⓝ 장치
- plot ⓝ 줄거리
- routine ⓝ 틀에 박힌 일상
- function ⓝ 기능

영화 Groundhog Day에서, Bill Murray가 연기한 기상 캐스터는 하루를 반복해서 다시 살아야 한다. 끝이 없어 보이는 이 고리에 직면하여, 그는 결국 같은 날을 같은 방식으로 두 번 사는 것에 저항한다. 그는 프랑스어를 배우고, 위대한 피아노 연주자가 되고, 이웃들과 친구가 되고, 가난한 사람들을 도와준다. 우리는 왜 그를 응원하는가? 왜냐하면 반복되는 것이 매력적일지라도, 우리가 완벽한 예측 가능성은 원하지 않기 때문이다. 놀라움은 우리를 끌어들인다. 그것은 우리를 자동 조종 장치에서 벗어나게 한다. 그것은 우리가 우리의 경험을 계속 인식하게 한다. 실제로, 보상과 관련된 신경전달물질 체계는 놀라움의 수준과 관련이 있다. 규칙적이고, 예측 가능한 때에 전달되는 보상은 임의적으로 예측 불가능한 때에 전달되는 동일한 보상보다 뇌에서 훨씬 적은 활동을 산출한다. 놀라움은 만족감을 준다.

다음 글의 주제로 가장 적절한 것은?

① considerations in learning foreign languages
외국어를 배울 때 고려해야 할 것들 — 영화 속 주인공이 했던 활동 중 하나임
② people's inclination towards unpredictability
예측 불가능한 것에 대한 사람들의 성향 — 인간은 예측할 수 없는 보상과 놀라움에 훨씬 만족함
③ hidden devices to make a movie plot unexpected
영화의 줄거리가 예상되지 않게 만드는 숨겨진 장치들 — 영화를 예시로 들었을 뿐임
④ positive effects of routine on human brain function
틀에 박힌 일상이 인간의 뇌 기능에 주는 긍정적인 효과들 — 규칙적인 일상은 오히려 적은 뇌 활동을 산출함
⑤ danger of predicting the future based on the present
현재를 바탕으로 미래를 예측하는 것의 위험성 — 예측하는 것의 위험성은 언급되지 않음

>왜 정답? ✱✱✱ [정답률 68%]

이 글은 같은 날을 반복하지만 매일 다른 방식으로 살아가는 것을 택하는 영화 주인공을 소개하며 시작한다. 이 주인공에 사람들이 열광하는 이유는 인간이 완벽한 예측 가능성을 원하지 않기 때문이라고 설명했다.
예측할 수 없는 놀라움이 인간의 경험을 인식하게 하고, 임의적이고 예측할 수 없는 보상이 인간의 뇌 활동을 더욱 촉진시킨다고 설명하므로, 글의 주제로 가장 적절한 것은 ② '예측 불가능한 것에 대한 사람들의 성향'이다.

>왜 오답?

① 영화 속 주인공이 같은 날을 반복해서 살아가지만, 매일 다른 방식으로 살아가기 위해 택한 방법 중 하나로 프랑스어를 배운다는 것을 설명했을 뿐, 외국어를 배울 때 고려해야 할 것들을 설명하는 글이 아니다. 주의
③ 영화의 예시를 통해 예측 불가능한 것에 더 활발하게 반응하는 인간을 설명하는 글이다. 그렇기 때문에 영화의 줄거리가 예상되지 않게 만들어야 한다는 등의 내용이 아니다.
④ 규칙적이고 예측 가능한 일상은 오히려 적은 뇌 활동을 산출하기 때문에 사람들이 예측할 수 없는 것을 선호하게 되는 것이라고 설명했다.
⑤ 미래를 예측하는 것의 위험성은 언급되지 않았다.

F 11 정답 ② ✱전쟁에서 노래와 춤을 활용하는 것의 이점

Native Americans often sang and danced / in preparation for launching an attack. //
북미 원주민들은 종종 노래를 불렀고 춤을 췄다 / 공격을 개시하기 위한 준비로 //
result from+원인 / result in+결과
The emotional and neurochemical excitement / that resulted from this preparatory singing / gave them stamina / to carry out
주격 관계대명사
their attacks. // 단서 1 전쟁에서 노래와 춤은 흥분 상태를
형용사적 용법 (stamina 수식)
야기해 공격 수행에 힘을 제공함
감정적이고 신경 화학적인 흥분 상태가 / 이러한 준비의 노래에서 야기된 / 그들에게 힘을 제공했다 / 그들의 공격을 수행하기 위한 //
명사절 접속사 (주어)
What may have begun / as an unconscious, uncontrolled act / — rushing their victims / with singing and beating drums in a frenzy — /
시작했을지도 모르는 것 / 무의식적이고 억제되지 않는 행동으로서 / 즉 그들의 희생자를 공격하는 것은 / 격분하여 노래를 부르고 드럼을 치는 것으로 /

could have p.p.: ~이었을 수도 있다
could have become a strategy / as the victors saw firsthand the
앞에 목적격 관계대명사가 생략됨
effect / their actions had / on those they were attacking. //
전략이 되었을 수도 있다 / 승리자들이 영향을 직접 목격하면서 / 자신들의 행동이 미치는
그들이 공격하고 있는 사람들에게 // 단서2 전쟁에서 노래와 춤은 적에게 가하는 영향을
부사절 접속사 (양보)   직접 목격하게 하는 전략이 됨
Although war dances risk / warning an enemy of an upcoming
attack, /
비록 전쟁의 춤이 위험을 감수함에도 불구하고 / 적에게 곧 있을 공격을 경고해 주는 /
the arousal and synchronizing benefits for the attackers / may
compensate for the loss of surprise. //
공격자들에게 주는 정서적 자극과 동시에 움직이게 하는 이점이 / 기습의 상실을 보상해 줄
수 있다 // 단서3 전쟁에서 노래와 춤은 적을
주격 관계대명사 겁먹게 하고 전쟁에서 우세를 누리게 함 may have p.p.: ~이었을지도 모른다
Humans who sang, danced, and marched / may have enjoyed
a strong advantage / on the battlefield / as well as intimidated
주격 관계대명사
enemies / who witnessed such a spectacle. //
노래하고, 춤추고, 행진했던 사람들은 / 강한 우세를 누렸을지도 모른다 / 전쟁터에서 / 적들을
겁먹게 했을 뿐만 아니라 / 그러한 장관을 목격한 /
Nineteenth-and twentieth-century Germans / feared no one
more than the Scots / — the bagpipes and drums were disturbing
/ in their sheer loudness and visual spectacle. //
19세기와 20세기의 독일인들은 / 스코틀랜드인들을 가장 무서워했는데 / 백파이프와 드럼이
교란시켰다 / 순전한 시끄러움과 시각적인 장관으로 //

- preparation ⓝ 준비   · launch ⓥ 개시하다, 시작하다
- neurochemical ⓐ 신경 화학적인   · preparatory ⓐ 준비의
- stamina ⓝ 힘   · carry out ~을 수행하다   · rush ⓥ 돌격하다
- victim ⓝ 희생자   · victor ⓝ 승리자
- firsthand ⓐⓓ 직접, 체험적으로   · risk ⓥ 위험을 감수하다
- arousal ⓝ (정서적) 자극   · compensate for ~을 보상하다
- march ⓥ 행진하다   · intimidate ⓥ 겁을 주다
- witness ⓥ 목격하다   · spectacle ⓝ 장관
- bagpipe ⓝ 백파이프 (악기)   · sheer ⓐ 순전한
- vulnerable ⓐ 취약한

북미 원주민들은 공격을 개시하기 위한 준비로 종종 노래를 불렀고
춤을 췄다. 이러한 준비의 노래에서 야기된 감정적이고 신경 화학적인
흥분 상태가 그들의 공격을 수행하기 위한 힘을 그들에게 제공했다.
무의식적이고 억제되지 않은 행동으로서 시작했을지도 모르는 것, 즉
격분하여 노래를 부르고 드럼을 치는 것으로 그들의 희생자를 공격하는
것은 승리자들이 그들이 공격하고 있는 사람들에게 자신들의 행동이
미치는 영향을 직접 목격하면서 전략이 되었을 수도 있다.
비록 전쟁의 춤이 적에게 곧 있을 공격을 경고해 주는 위험을 감수하는
것임에도 불구하고, 공격자들에게 주는 정서적 자극과 동시에 움직이게
하는 이점이 기습의 상실을 보상해 줄 수 있다. 노래하고, 춤추고,
행진했던 사람들은 그러한 장관을 목격한 적들을 겁먹게 했을 뿐만
아니라 전쟁터에서 강한 우세를 누렸을지도 모른다. 19세기와 20세기의
독일인들은 스코틀랜드인들을 가장 무서워했는데, 백파이프와 드럼이
순전한 시끄러움과 시각적인 장관으로 교란시켰다.

다음 글의 주제로 가장 적절한 것은?
① cultural differences in honoring war victims
전쟁의 희생자를 기리는 문화적 차이   전쟁의 희생자에 대한 언급은 없음
② benefits of utilizing sound and motion in warfare
전쟁에서 소리와 동작을 활용하는 것의 이점   전쟁에서 노래와 춤을 추며 행진하는 것이 도움이 됨
③ functions of music in preventing or resolving conflicts
갈등을 예방하거나 해결하는 음악의 기능   음악이 갈등을 예방하거나 해결하는 것이 아님
④ strategies of analyzing an enemy's vulnerable points in war
전쟁에서 적의 약점을 분석하는 전략   적의 약점을 분석하는 전략은 언급되지 않음
⑤ effects of religious dances on lowering anxiety on the
battlefield
전쟁에서 긴장감을 낮추는 종교적인 춤의 효과   종교적인 의미를 담은 춤은 언급되지 않음

왜 정답 ? ★★★ [정답률 62%]
- 전쟁에서 공격 개시를 위한 준비로 종종 노래를 부르고 춤을 춤 →
  1) 흥분 상태가 야기되어 공격 수행을 위한 힘이 됨 단서1
  2) 그들의 행동이 적에게 미치는 영향을 직접 목격하는 전략이 됨 단서2
  3) 적들을 겁먹게 함 단서3

→ 전쟁에서 노래와 춤을 이용하여 얻게 되는 이점을 열거함
  ▶ 따라서 글의 주제로는 ② '전쟁에서 소리와 동작을 활용하는 것의 이점'이 가장
  적절하다.

왜 오답 ?
① 전쟁의 희생자를 기리는 방법을 설명하지 않았다.
③ 음악이 갈등을 예방하거나 해결하는 것이 아니라 오히려 전쟁에 승리하는 데
  도움이 된다는 내용의 글이다. (☞ 이유: 전쟁에 음악을 활용한 것은 맞지만,
  전쟁의 갈등을 없애기 위한 것으로 사용한 것이 아니다.)
④ 적의 약점을 분석하는 전략은 언급되지 않았다. 주의
⑤ 전쟁에서 춤과 노래의 역할에 대해 설명한 글은 맞지만, 긴장감을 낮춘다는 이점은
  설명하지 않았다. 또한 종교적인 의미를 담은 춤에 대한 글도 아니다.

F 12 정답 ④ *교육과정에서 공통 언어 사용의 필요성

Education must focus / on the trunk of the tree of knowledge, /
분사구문   「전치사+관계대명사」
revealing the ways / in which the branches, twigs, and leaves all
emerge / from a common core. //
교육은 초점을 맞춰야 한다 / 지식의 나무의 몸통에 / 방식을 밝히면서 / 나뭇가지, 잔가지,
잎이 모두 나오는 / 공통의 핵심에서 //
Tools for thinking / stem from this core, / providing a common
분사구문
language / 단서1 실무자들은 공통의 언어를 매개로 해야 함
사고를 위한 도구는 / 이 핵심에서 비롯된다 / 공통 언어를 제공하면서 /
「전치사+관계대명사」
with which practitioners in different fields / may share their
experience of the process of innovation / and discover links
병렬 구조 (may에 연결)
between their creative activities. //
다양한 분야의 실무자들이 / 혁신과정에 대한 경험을 공유하고 / 그들의 창의적 활동 사이의
연결 고리를 발견할 수 있는 // 단서2 동일 용어의 사용이 학생들이
다른 과목과 수업을 연결할 수 있도록 함
When the same terms are employed / across the curriculum, /
students begin / to link different subjects and classes. //
동일한 용어가 사용될 때 / 교육과정 전반에 걸쳐 / 학생들은 시작한다 / 서로 다른 과목들과
수업들을 연결하기를 //
If they practice abstracting in writing class, / if they work on
부사절 접속사 (조건)
abstracting in painting or drawing class, / and if, in all cases,
they call it abstracting, /
그들이 글쓰기 수업에서 추상을 연습하고 / 회화나 그림 그리기 수업에서 추상을 연습하고 /
그리고 모든 경우에 그들이 그것을 추상이라고 일컫는다면 /
they begin to understand how to think / beyond disciplinary
how to-v: ~하는 법
boundaries. //
그들은 사고하는 방법을 이해하기 시작한다 / 학문의 경계를 넘어 //
how to-v: ~하는 법
They see how to transform their thoughts / from one mode of
from A to B: A에서 B까지
conception and expression / to another. //
그들은 그들의 생각을 바꾸는 방법을 알게 된다 / 하나의 개념과 표현 방식에서 / 다른
방식으로 // 단서3 보편적인 용어와 도구가 제시될 때
단수 주어 (동명사)   단수 동사   학문 분야를 연결하는 것이 이루어짐
Linking the disciplines comes naturally / when the terms and
tools are presented / as part of a universal imagination. //
학문들을 연결하는 것은 자연스럽게 이루어진다 / 용어들과 도구들이 제시될 때 / 보편적
상상력의 일부로 //

- trunk ⓝ (나무의) 몸통   · branch ⓝ 나뭇가지
- twig ⓝ (나무의) 잔가지   · emerge ⓥ 나오다
- stem from ~에 유래하다   · practitioner ⓝ 종사자, 종업자
- innovation ⓝ 혁신   · abstract ⓥ 추출하다, 끌어내다
- disciplinary ⓐ 학문의   · boundary ⓝ 경계
- conception ⓝ 개념, 관념   · discipline ⓝ 학문, 학과
- universal ⓐ 보편적인   · meaningful ⓐ 의미 있는
- drawback ⓝ 결점, 문제점   · diversify ⓥ 다양화하다
- integrate ⓥ 통합시키다   · concrete ⓐ 구체적인

교육은 나뭇가지, 잔가지, 잎이 모두 공통의 핵심에서 나오는 방식을 밝히면서, 지식의 나무의 몸통에 초점을 맞춰야 한다. 다양한 분야의 실무자들이 혁신과정에 대한 경험을 공유하고 그들의 창의적 활동 사이의 연결 고리를 발견할 수 있는 공통 언어를 제공하면서, 사고를 위한 도구는 이 핵심에서 비롯된다. 교육과정 전반에 걸쳐 동일한 용어가 사용될 때, 학생들은 서로 다른 과목들과 수업들을 연결하기 시작한다. 글쓰기 수업에서 추상을 연습하고, 회화나 그림 그리기 수업에서 추상을 연습하고, 그리고 모든 경우에 그들이 그것을 추상이라고 일컫는다면, 그들은 학문의 경계를 넘어 사고하는 방법을 이해하기 시작한다. 그들은 그들의 생각을 하나의 개념과 표현 방식에서 다른 방식으로 바꾸는 방법을 알게 된다. 용어들과 도구들이 보편적 상상력의 일부로 제시될 때 학문들을 연결하는 것은 자연스럽게 이루어진다.

다음 글의 주제로 가장 적절한 것은? [3점]

① difficulties in finding meaningful links between disciplines
분야 간의 의미 있는 연결을 찾는 것의 어려움 — 학문 간 연결이 이루어지는 방법을 말하고 있음
② drawbacks of applying a common language to various fields
다양한 분야에 공통 언어를 적용할 때의 단점 — 단점은 언급되지 않음
③ effects of diversifying the curriculum on students' creativity
교육과정 다양화가 학생들의 창의성에 미치는 영향 — 관련 없음
④ necessity of using a common language to integrate the curriculum
교육과정 통합을 위해 공통 언어를 사용해야 할 필요성 — 다양한 과목 간에 공통된 언어를 사용할 필요성을 주장
⑤ usefulness of turning abstract thoughts into concrete expressions
추상적인 생각을 구체적인 표현으로 바꾸는 것의 유용함 — abstract이 반복적으로 쓰인 것을 이용한 오답

왜 정답? ✿✿✿ [정답률 36%]

1 공통의 언어는 실무자들이 혁신과정을 공유하고 창의적 활동의 연결고리를 발견하게 해 줌
2 교육과정에서 동일 용어를 사용하면 학생들이 다른 과목과 수업을 연결할 수 있음
3 보편적인 용어와 도구가 제시될 때 분야 간 연결이 자연스럽게 이루어짐
▶ 학문 간 연결을 위해 공통된 언어를 사용해야 한다고 했으므로 ④ '교육과정 통합을 위해 공통 언어를 사용해야 할 필요성'이 글의 주제로 적절하다.

왜 오답?

① 분야 간의 연결을 찾는 것이 어려움을 말하는 것이 아니다. 공통 언어가 그 방법이 될 수 있음을 말하는 글이다. 주의
② 다양한 학문 간 공통 언어를 사용해야 한다고 주장하고 있고, 그 단점은 언급하지 않았다.
③ 교육과정 다양화와 창의성의 연관성에 대해 이야기하는 글이 아니다.
⑤ 추상은 학문 간 공통 언어를 사용해야 한다는 주장에 대한 구체적 예시로 쓰였다.

F 13 정답 ② *사람들이 원을 그리며 걷게 하는 요인들

I was brought up / to believe / that if I get lost / in a large forest, / I will sooner or later end up / where I started. //
(명사절 접속사 that, 부사절 접속사 if / 위치의 관계부사(앞에 선행사 the place가 생략됨) where)
나는 길러졌다 / 믿도록 / 만약 내가 길을 잃었다면 / 넓은 숲에서 / 머지않아 결국 올 것을 / 내가 출발했던 곳으로 //

Without knowing it, / people who are lost / will always walk / in a circle. //
(주격 관계대명사 who)
그것을 알지 못한 채 / 길을 잃은 사람들은 / 항상 걸을 것이다 / 원을 그리며 //

In the book *Finding Your Way Without Map or Compass*, / author Harold Gatty confirms / that this is true. //
(목적어절 접속사 that)
'지도나 나침반 없이 길 찾기'라는 책에서 / 저자인 Harold Gatty는 확인해 준다 / 이것이 사실임을 //

핵심문장, 단서 1 우리가 원을 그리며 걷는 이유를 설명함
We tend to walk / in circles / for several reasons. //
우리는 걷는 경향이 있다 / 원을 그리며 / 몇 가지 이유로 //

The most important is / that virtually no human has / two legs / of the exact same length. //
(주격 보어절 접속사 that)
가장 중요한 것은 ~이다 / 실제로 어떤 사람도 가지지 않는다는 점 / 두 다리를 / 정확히 똑같은 길이의 //

단서 2 양쪽 다리의 길이가 똑같지 않아서 우리를 돌도록 함
One leg is always slightly longer / than the other, / and this causes us to turn / without even noticing it. //
(causes의 목적어와 목적격 보어(to부정사))
한쪽 다리는 항상 조금 더 길다 / 다른 쪽보다 / 그리고 이는 우리가 돌도록 한다 / 심지어 그것을 알아채지 못한 채 //

In addition, / if you are hiking / with a backpack on, / the weight of that backpack / will inevitably throw you off balance. //
(「with+(대)명사+분사」: ~가 …한 채로(전치사 앞에 being이 생략됨))
게다가 / 만약 여러분이 도보 여행을 하는 중이라면 / 배낭을 메고 / 그 배낭의 무게가 / 여러분을 불가피하게 균형을 잃게 할 것이다 //
단서 3 배낭의 무게가 균형을 잃게 함

Our dominant hand / factors into the mix too. //
우리의 주로 쓰는 손은 / 또한 이 조합의 한 요소가 된다 //

If you are right-handed, / you will have a tendency / to turn / toward the right. // 단서 4 주로 쓰는 손에 따라 무의식적으로 그 방향으로 도는 경향이 있음
(부사절 접속사 If)
만약 여러분이 오른손잡이라면 / 여러분은 경향을 갖고 있을 것이다 / 돌려는 / 오른쪽으로 //

And when you meet an obstacle, / you will subconsciously decide / to pass it / on the right side. //
(부사절 접속사 when)
그리고 여러분이 장애물을 만났을 때 / 여러분은 무의식적으로 결정할 것이다 / 그것을 지나가기로 / 오른쪽으로 //

- bring up ~을 기르다[양육하다]
- get lost 길을 잃다, 헤매다
- sooner or later 머지않아
- compass ⓝ 나침반
- author ⓝ 작가
- confirm ⓥ 확인하다
- virtually ad 실제로, 사실상
- slightly ad 살짝, 조금
- hike ⓥ 하이킹하다, 걷다
- backpack ⓝ 배낭
- inevitably ad 불가피하게, 어쩔 수 없이
- off balance 균형을 잃고
- dominant ⓐ 우성의, 지배적인
- factor into ~을 요인으로 포함하다
- right-handed 오른손잡이의
- obstacle ⓝ 장애물
- subconsciously ad 무의식적으로
- construct ⓥ 구성하다
- dominance ⓝ (생물 · 심리에서) 우성

나는 만약 내가 넓은 숲에서 길을 잃었다면, 머지않아 내가 출발했던 곳으로 결국 올 것을 믿도록 길러졌다. 그것을 알지 못한 채, 길을 잃은 사람들은 항상 원을 그리며 걸을 것이다. '지도나 나침반 없이 길 찾기'라는 책에서 저자인 Harold Gatty는 이것이 사실임을 확인해 준다. 우리는 몇 가지 이유로 원을 그리며 걷는 경향이 있다. 가장 중요한 것은 실제로 어떤 사람도 정확히 똑같은 길이의 두 다리를 가지지 않는다는 점이다. 한쪽 다리는 항상 다른 쪽보다 조금 더 길고 이는 우리가 심지어 그것을 알아채지 못한 채 돌도록 한다. 게다가 만약 여러분이 배낭을 메고 도보 여행을 하는 중이라면, 그 배낭의 무게가 여러분을 불가피하게 균형을 잃게 할 것이다. 우리의 주로 쓰는 손도 이 조합의 한 요소가 된다. 만약 여러분이 오른손잡이라면 여러분은 오른쪽으로 돌려는 경향을 갖고 있을 것이다. 그리고 여러분이 장애물을 만났을 때 여러분은 그것을 오른쪽으로 지나가기로 무의식적으로 결정할 것이다.

다음 글의 주제로 가장 적절한 것은?

① abilities to construct a mental map for walking
걸을 때 머릿속의 지도를 구성하는 능력들 — 걸을 때 머릿속에 지도를 만든다는 언급은 없음
② factors that result in people walking in a circle
사람들이 원을 그리며 걷게 하는 요인들 — 우리가 원을 그리며 걷게 되는 이유를 설명한 글임
③ reasons why dominance exists in nature
자연에 우성이 존재하는 이유들 — 우성이 존재하는 이유는 언급되지 않음
④ instincts that help people return home
사람들이 집으로 돌아가도록 돕는 본능들 — 길을 잃은 사람들이 제대로 돌아가지 못하는 이유를 설명하는 글임
⑤ solutions to finding the right direction
올바른 방향 찾기에 대한 해결책들 — 길을 찾지 못하는 이유를 설명한 글임

왜 정답? ✿✿❀ [정답률 74%]

필자는 우리가 길을 잃으면 길을 찾으려는 노력에도 불구하고 출발했던 곳, 즉 길을 잃은 곳으로 결국 올 것을 안다고 했는데, 이는 사람들은 항상 원을 그리며 걷기 때문이라고 했다. 두 다리의 길이가 다르고 배낭의 무게가 균형을 잃게 하고 주로 쓰는 손 쪽으로 돌려는 경향이 있기 때문에 사람들이 원을 그리며 걷는다고 했으므로 이 글의 주제는 ② '사람들이 원을 그리며 걷게 하는 요인들'이다.

왜 오답?

①, ④ 길을 잃었을 때 사람들은 항상 원을 그리며 걷기 때문에 출발했던 곳, 즉 길을 잃은 곳으로 돌아오게 된다고 했다. 머릿속에 지도를 구축하거나 집으로 돌아가는 능력은 반대의 내용이다.
③ 우리가 원을 그리며 걷는 경향이 있는 이유로, '주로 쓰는 손(dominant hand)'의 방향을 언급했고, 이를 이용해서 만든 오답이다. 주의
⑤ 올바른 방향 찾기에 대한 해결책이 아니라 올바른 방향을 찾을 수 없는 이유(원을 그리며 걷는 이유)를 설명한 글이다.

단서 1 학습은 규칙적인 간격으로 행해지는 것이 더 효율적임

현재완료 시제(경험)
We **have** already **seen** / that learning is much more efficient /
사이에 주어와 be동사 생략
when done at regular intervals: /
우리는 이미 보았다 / 학습이 훨씬 더 효율적이라는 것을 / 규칙적인 간격으로 행하여질 때 /

rather than cramming an entire lesson / into one day, / we are
better off / spreading out the learning. //
모든 과업을 밀어 넣기보다 / 하루에 / 우리는 더 좋다 / 그 과업을 분산하는 것이 //

The reason is simple: / every night, our brain consolidates /
목적어로 쓰인 명사절
what it has learned during the day. // **단서 2** 우리의 뇌는 밤마다
그날 학습한 것을 통합 정리함
그 이유는 간단하다 / 매일 밤, 우리의 뇌는 통합 정리한다 / 그날 학습한 것을 //

This is / one of the most important neuroscience discoveries / of
the last thirty years: /
이것은 / 가장 중요한 신경과학 발견들 중의 하나이다 / 지난 30년 중에서 /

sleep is not just a period / of inactivity or a garbage collection
of the waste products / **that** the brain accumulated / while we
목적격 관계대명사
were awake. //
잠은 단순한 기간이 아니다 / 비활동이나 쓸모없는 생산물들의 쓰레기 수집의 / 뇌가 축적하는
/ 우리가 깨어있는 동안 //

Quite the contrary: / while we sleep, / our brain remains active; /
정반대이다 / 우리가 자는 동안 / 우리의 뇌는 활동적인 상태를 유지한다 /
주격 관계대명사
it runs a specific algorithm / **that replays** the important events /
앞에 목적격 관계대명사 생략
it recorded during the previous day /
그것은 특별한 알고리즘을 가동한다 / 중요한 사건들을 재상영하는 / 전날 하루 동안 기록한 /
병렬 구조
and gradually **transfers** them / into a more efficient compartment
of our memory. // **단서 3** 수면 중에 우리의 뇌는 전날의 기억들을 재상영하며 효율적으로 정리함
그리고 점진적으로 그것들을 이동시키는 / 우리 기억의 더 효율적인 구획으로 //

- efficient ⓐ 효율적인 · interval ⓝ 간격 · cram ⓥ 밀어 넣다
- spread out ~을 분산시키다 · neuroscience ⓝ 신경과학
- discovery ⓝ 발견 · inactivity ⓝ 비활동 · garbage ⓝ 쓰레기
- collection ⓝ 수집 · accumulate ⓥ 축적하다
- contrary ⓐ 반대되는 · remain ⓥ 유지하다
- algorithm ⓝ 알고리즘 · record ⓥ 기록하다
- previous ⓐ 이전의 · gradually ⓐⓓ 점진적으로
- transfer ⓥ 이동시키다, 옮기다 · compartment ⓝ 구획
- adequate ⓐ 충분한 · method ⓝ 방법 · engagement ⓝ 참여
- alert ⓐ 기민한, 경계하는 · side effect 부작용
- medication ⓝ 약물 · function ⓝ 기능

우리는 학습이 규칙적인 간격으로 행하여질 때 훨씬 더 효율적이라는 것을
이미 보았다. 모든 과업을 하루에 밀어 넣기보다 그 과업을 분산하는 것이
더 좋다. 그 이유는 간단하다. 매일 밤, 우리의 뇌는 그날 학습한 것을 통합
정리한다. 이것은 지난 30년 중에서 가장 중요한 신경과학 발견들 중의
하나이다. 잠은 단순한 비활동이나 우리가 깨어있는 동안 뇌가 축적하는
쓸모없는 생산물들의 쓰레기 수집 기간이 아니다. 정반대이다. 우리가
자는 동안 우리의 뇌는 활동적인 상태를 유지한다. 그것은 전날 하루 동안
기록한 중요한 사건들을 재상영하고 점진적으로 그것들을 우리 기억의 더
효율적인 구획으로 이동시키는 특별한 알고리즘을 가동한다.

> **다음 글의 주제로 가장 적절한 것은?**
> ① how to get an adequate amount of sleep
> 충분한 양의 수면을 취하는 방법   충분한 양의 수면을 취할 수 있는 방법에 대한 글이 아님
> ② the role that sleep plays in the learning process
> 학습 과정에서 수면이 하는 역할   학습 과정과 수면의 관계가 핵심임
> ③ a new method of stimulating engagement in learning
> 학습에 대한 참여를 자극하는 새로운 방법   학습에 대한 참여를 높이기 위한 방법에 대한 내용이 아님
> ④ an effective way to keep your mind alert and active
> 정신을 집중하고 활동적으로 유지하는 효과적인 방법   정신이 아닌 뇌의 학습에 대한 내용임
> ⑤ the side effects of certain medications on brain function
> 뇌 기능에 대한 특정 약물의 부작용   특정 약물의 부작용에 대한 내용이 아님

왜 정답? ★★※ [정답률 82%]

과업을 하루에 하는 것보다 분산하는 것이 좋은 이유는 우리의 뇌가 수면을 통해
그날의 학습을 통합 정리하기 때문이다. 우리의 뇌는 수면 중에 특별한 알고리즘을
가동함으로써 전날의 사건이나 기억들을 재상영하고 효율적으로 정리한다는
마지막 문장의 설명을 통해서도 학습 후 수면이 왜 중요한지 그 역할에 대해서 알
수 있으므로 이 글의 주제는 ② '학습 과정에서 수면이 하는 역할'이다.

왜 오답?

① 충분한 수면을 취할 수 있는 방법이 아닌, 학습 과정에서 수면의 역할을
설명하는 글이다.
③ 학습과 수면의 관계가 핵심이지, 학습 참여를 자극하는 방법에 대한 글이
아니다.
④ active나 awake 등의 낱말이 언급된 것을 이용한 오답으로, 정신을 집중하고
활동적이게 만드는 방법에 대한 글이 아니다.   함정
⑤ 뇌 기능에 영향을 미치는 특정 약물이나 그 부작용에 대한 언급은 없다.

*우주 태양광 발전의 현실적 어려움

가주어   진주어절 접속사   관계부사
It's conceivable / **that** in a world / **where** solar panels are
incredibly expensive / and there's an extreme collapse / in the
cost of launching objects to space, /
생각할 수 있다 / 세상에서 / 태양광 패널이 엄청나게 비싸고 / 극단적인 폭락이 있는 / 우주로
물체를 발사하는 비용에 /
by -ing: ~함으로써
you might want to maximize your energy per panel / **by putting**
them above the atmosphere. //
여러분이 패널당 에너지를 극대화하고 싶어 할 수도 있다고 / 패널을 대기권 위에 설치하여 //
부사절 접속사 (양보)
But panels are cheap, / and **even if** we assume pretty steep
drops / in the cost of space launch, / the numbers don't add
up. // **단서 1** 태양광 패널을 우주로 발사하는 비용이 매우 하락한다고 해도 계산이 맞지 않음
그러나 패널은 저렴하고 / 우리가 상당히 가파른 하락을 가정하더라도 / 우주 발사 비용의 /
계산이 맞지 않는다 //
부사절 접속사 (시간)
This becomes especially clear / **when** you start to think about
maintenance. //
이것은 특히 분명해진다 / 여러분이 유지보수에 대해 생각하기 시작하면 //

Try to imagine / acres upon acres of glass panels in space,
/ regularly hit by intense radiation and bits of space debris /
부사절에서 「주어+be동사」 생략
while enduring the extreme heat of constant sunlight. //
상상을 해 보라 / 우주에 수 에이커에 달하는 유리 패널들이 / 강렬한 방사선과 우주 파편에
정기적으로 충격을 받는 / 끊임없는 햇빛의 극심한 열을 견뎌 내며 //
병렬 구조 (to be 뒤에 연결)
They'll have to be **repaired** and **cared** for / **either** by astronauts /
either A or B 구문   **단서 2** 우주에 있는 유리
or an army of advanced robots. //   패널을 유지보수 하려면 매우 높은 비용이 발생함
그것들은 수리되고 관리되어야 할 것이다 / 우주 비행사나 / 첨단 로봇 군단에 의해 //
수동태 동사
Solar panels in Australia / **can be cleaned** by a teenager / with a
spray bottle and a cloth. // **단서 3** 반면 지구에 있는 태양광 패널은
호주에 있는 태양광 패널은 / 십 대 청소년에 의해 청소될 수 있다 / 분무기와 헝겊으로 //   쉽고 저렴하게 관리될 수 있음

- conceivable ⓐ 생각할 수 있는 · solar panel 태양광 패널
- collapse ⓝ 폭락 · maintenance ⓝ 유지보수
- acre ⓝ ((단위)) 에이커 · intense ⓐ 강렬한 · radiation ⓝ 방사선
- endure ⓥ 견디다 · care for ~을 돌보다[살피다]
- renewable energy 재생 에너지 · installation ⓝ 설치
- impractical ⓐ 비현실적인 · space exploration 우주 탐사

태양광 패널이 엄청나게 비싸고 우주로 물체를 발사하는 비용에 극단적인
폭락이 있는 세상에서, 여러분이 패널을 대기권 위에 설치하여 패널당 에
너지를 극대화하고 싶어 할 수도 있다고 생각할 수 있다. 그러나 패널은 저
렴하고, 우리가 우주 발사 비용의 상당히 가파른 하락을 가정하더라도, 계

산이 맞지 않는다. 여러분이 유지보수에 대해 생각하기 시작하면 이것은 특히 분명해진다. 우주에 수 에이커에 달하는 유리 패널들이 끊임없는 햇빛의 극심한 열을 견뎌 내며 강렬한 방사선과 우주 파편에 정기적으로 충격을 받는 상상을 해 보라. 그것들은 우주 비행사나 첨단 로봇 군단에 의해 수리되고 관리되어야 할 것이다. 호주에 있는 태양광 패널은 분무기와 헝겊으로 십 대 청소년에 의해 청소될 수 있다.

다음 글의 주제로 가장 적절한 것은?
But panels are cheap, ~ the numbers don't add up.
① economic benefits of using renewable energy 언급되지 않음
  재생 에너지를 사용하는 것의 경제적 이익들
② environmental issues from solar panel installation
  태양광 패널 설치로 인한 환경 문제들   태양광을 우주에 설치하는 것의 비현실성을 소개함
③ reasons why placing solar panels in space is impractical
  태양광 패널을 우주에 설치하는 것이 실용적이지 않은 이유들
④ ways to cope with the challenges caused by space debris
  우주 파편으로 발생한 어려움들을 대응하는 방법들   대응하는 방법에 관한 내용이 아님
⑤ efficient solutions for reducing the cost of space exploration
  우주 탐사 비용을 줄이기 위한 효율적인 해결책들   언급되지 않음

왜 2등급? 지문에 언급된 단어들을 활용한 매력적인 오답이 선택지에 많이 있어 틀리기 쉬웠던 2등급 문제이다. 태양광 패널 설치로 인한 환경 문제가 아닌, '우주'에 설치하는 것의 비현실성을 말하고 있다.

| 문제 풀이 순서 |

1st 첫 문장을 통해 핵심 소재를 확인하고 글의 내용을 예상한다.

> **첫 문장** 태양광 패널이 엄청나게 비싸고 우주로 물체를 발사하는 비용에 극단적인 폭락이 있는 세상에서, 여러분이 패널을 대기권 위에 설치하여 패널당 에너지를 극대화하고 싶어 할 수도 있다고 생각할 수 있다.

➡ 태양광 패널을 대기권 위에 설치하여 에너지를 극대화하는 것의 실효성을 따져보는 글이 될 것이다.

2nd **1st**에서 발상한 것을 토대로 글을 읽고, 내용을 파악하여 주제를 고른다.

도입 (통념): 태양광 패널이 굉장히 비싸고, 이를 우주로 쏘아 올리는 비용이 매우 싼 세상이라면, 우주에 태양광 패널을 설치하는 것이 낫다고 생각할 수 있음

주제 (반박): 하지만 현실에서 태양광 패널은 매우 저렴하며, 이를 우주에 설치하는 비용이 줄어든다고 할지라도 계산이 맞지 않음 **단서 1**

근거: 우주의 강렬한 방사선과 파편들로부터 패널을 유지보수 하려면 높은 비용이 발생함 **단서 2**

➡ 우주에 태양광 패널을 설치해 에너지 효율을 극대화할 수 있다는 상상은 현실적인 유지관리 비용 등의 문제로 실현 불가능하다고 설명하고 있다.

▶ 따라서 글의 주제는 ③ '태양광 패널을 우주에 설치하는 것이 실용적이지 않은 이유들'이다.

| 선택지 분석 |

① 재생 에너지 사용의 경제적 이익에 관한 내용은 언급되지 않았다.
② 태양광을 대기권 위에 설치하는 것의 비현실성을 소개했지, 이에 따른 환경 문제에 관한 내용이 아니다.
③ 우주에 태양광 패널을 설치하는 것은 현실적인 유지관리 비용 등의 문제로 실현 불가능하다고 설명하고 있다.
④ 우주 파편으로 우주의 태양광 패널을 관리하기가 어려울 것이라는 내용이지, 이에 대응하는 방법에 관한 내용이 아니다.
⑤ 우주 탐사 비용을 줄이는 해결책들은 언급되지 않았다.

F 16 정답 ① ──────── ⭐ 2등급 대비 [정답률 70%]

***쇼핑 카트로 본 동료 행동의 설득력**

= the shopping cart
Sylvan Goldman invented the shopping cart / and introduced it in his stores in 1937. //
Sylvan Goldman은 쇼핑 카트를 발명하고 / 1937년에 그의 가게들에 그것을 도입했다 //

주격 관계대명사   가목적어 * 의미상 주어
It was an excellent device / that would make it easy / for shoppers to buy as much as they wanted / without getting tired or seeking others' help. //
진목적어
그것은 훌륭한 장치였다 / 쉽게 만들어 준 / 쇼핑객들이 그들이 원했던 만큼 구매하는 것을 / 지치거나 다른 사람들의 도움을 구하지 않고 //

구 형태의 전치사
But Goldman discovered / that in spite of his repeated advertisements and explanations, / he could not persuade his shoppers / to use the wheeled carts. //
persuade의 목적격 보어
하지만 Goldman은 알게 됐다 / 그의 반복적인 광고와 설명에도 불구하고 / 그의 쇼핑객들을 설득할 수 없다는 것을 / 바퀴 달린 카트들을 사용하도록 //

앞에 목적어절 접속사 that 생략
Men were reluctant / because they thought they would appear weak / if they pushed such carts / instead of carrying their shopping. //
남성들은 꺼렸다 / 그들이 나약해 보일 것으로 생각했기 때문에 / 만약 그들이 그런 카트들을 민다면 / 그들의 쇼핑한 물건을 들고 다니는 대신 //

= the wheeled carts
Women wouldn't touch them / because the carts reminded them of baby carriages. //
= women
여성들은 그것들에 손대려 하지 않았다 / 카트들이 그들에게 유모차를 연상시키기 때문에 //

it was ~ who 강조 구문
It was only a few elderly shoppers / who used them. //
오직 몇 명의 노인 쇼핑객뿐이었다 / 그것들을 사용하는 사람들은 //

That made the carts even less attractive / to the majority of the shoppers. //
비교급 강조 부사
그것은 카트들을 훨씬 덜 매력적이도록 만들었다 / 대다수 쇼핑객들에게 //

Then Goldman hit upon an idea. //
그때 Goldman이 한 아이디어를 떠올렸다 //

단서 1 고객으로 보이는 모델들을 고용해서 카트 사용을 권함
He hired several models, / men and women, of different ages / and asked them to wheel the carts in the store and shop. //
병렬 구조 (asked의 목적격 보어)
그는 모델들을 고용했고 / 다른 연령대의 남자와 여자 / 그들에게 상점에서 카트들을 밀고 쇼핑하도록 요청했다 //

현재분사구 (employee 수식)
A young woman employee standing near the entrance / told the regular shoppers, / 'Look, everyone is using the carts. // Why don't you?' //
= Why don't you use the carts?
입구 근처에 서 있던 한 젊은 여성 직원이 / 일반 쇼핑객들에게 말했다 / '보세요, 모든 사람이 카트를 사용하고 있습니다 // 해 보는 게 어떠세요'라고 //

That was the turning point. //
그것이 전환점이었다 //

단서 2 고객들에게 광고보다는 자신과 같은 손님으로 보이는 사람들의 말이 더 설득력 있음
과거분사구 (shills 수식)
A few shills disguised as regular shoppers easily accomplished / what logic, explanations, and advertisements failed to do. //
선행사를 포함하는 관계대명사
일반 쇼핑객들로 위장한 바람잡이들이 쉽게 달성했다 / 논리, 설명, 그리고 광고가 하지 못한 것을 //

Within a few weeks / shoppers readily accepted those carts. //
몇 주 만에 / 쇼핑객들은 그 카트들을 기꺼이 받아들였다 //

- advertisement ⓝ 광고　　　• persuade ⓥ 설득하다
- baby carriage 유모차　　　• turning point 전환점
- disguise ⓥ 위장하다　　　• accomplish ⓥ 성취하다　　• logic ⓝ 논리
- persuasive ⓐ 설득력 있는　　• innovative ⓐ 혁신적인
- materialism ⓝ 물질주의　　　• layout ⓝ 배치

Sylvan Goldman은 쇼핑 카트를 발명하고 1937년에 그의 가게들에 그것을 도입했다. 그것은 쇼핑객들이 지치거나 다른 사람들의 도움을 구하지 않고 그들이 원했던 만큼 구매하는 것을 쉽게 만들어 준 훌륭한 장치였다. 하지만 Goldman은 그의 반복적인 광고와 설명에도 불구하고, 그의 쇼핑

객들에게 바퀴 달린 카트들을 사용하도록 설득할 수 없다는 것을 알게 됐다. 남성들은 그들의 쇼핑한 물건을 들고 다니는 대신 만약 그들이 그런 카트들을 민다면 그들이 나약해 보일 것으로 생각했기 때문에 꺼렸다. 여성들은 카트들이 그들에게 유모차를 연상시키기 때문에 그것들에 손대려 하지 않았다. 그것들을 사용하는 사람들은 오직 몇 명의 노인 쇼핑객들뿐이었다. 그것은 카트들을 대다수 쇼핑객들에게 훨씬 덜 매력적이도록 만들었다. 그때 Goldman이 한 아이디어를 떠올렸다. 그는 다른 연령대의 남자와 여자 모델들을 고용했고, 그들에게 상점에서 카트들을 밀고 쇼핑하도록 요청했다. 입구 근처에 서 있던 한 젊은 여성 직원이 일반 쇼핑객들에게 '보세요, 모든 사람이 카트를 사용하고 있습니다. 해 보는 게 어떠세요?'라고 말했다. 그것이 전환점이었다. 일반 쇼핑객들로 위장한 바람잡이들이 논리, 설명, 그리고 광고가 하지 못한 것을 쉽게 달성했다. 몇 주 만에 쇼핑객들은 그 카트들을 기꺼이 받아들였다.

다음 글의 주제로 가장 적절한 것은?

① persuasive power of peer behavior
동료 행동의 설득력   A few shills disguised as regular shoppers easily accomplished
② methods to help consumers shop less
고객들이 쇼핑을 덜 하게 돕는 방법들   카트 사용을 통해 편한 쇼핑을 유도함
③ innovative ways to reduce waste in retail
소매업에서 낭비를 줄이는 혁신적 방법들   낭비를 줄이는 것은 관련이 없는 내용임
④ hidden nature of human beings to support materialism
물질주의를 입증하는 인간의 숨겨진 본성   물질주의에 대한 언급 없음
⑤ importance of a store layout based on customer needs
고객의 수요를 반영한 매장 배치의 중요성   매장 배치의 중요성은 언급되지 않음

왜 2등급? 글에 다양한 세부 정보가 많이 포함되어 있어, 본질적인 주제를 파악하는 데 시간이 걸릴 수 있는 2등급 대비 문제이다. 특히 쇼핑 카트를 사용하지 않으려던 이유를 자세히 설명하기 때문에 주제를 놓치기 쉽다.

| 문제 풀이 순서 |

1st 첫 문장을 통해 핵심 소재를 확인하고 글의 내용을 예상한다.

| 첫 문장 | Sylvan Goldman은 쇼핑 카트를 발명하고 1937년에 그의 가게들에 그것을 도입했다. |

➡ 쇼핑 카트를 가게에 도입한 것이 어떤 결과를 초래했는지에 집중하며 글을 읽는다.

2nd **1st** 에서 발상한 것을 토대로 글을 읽고, 내용을 파악하여 주제를 고른다.

문제점: 바퀴 달린 카트가 처음 생겨났을 때 쇼핑객들은 카트를 사용하려 하지 않음
해결책: 일반 쇼핑객으로 위장시킨 모델들을 고용해 카트를 사용하여 쇼핑하도록 함, 다른 고객들에게도 카트 사용을 권하도록 함 **단서 1**
결과: 같은 입장으로 보이는 모델들의 말에 고객들이 설득됨 **단서 2**

▶ 광고와 설명이 아닌 자신과 같은 입장의 사람들에 의해 설득됐으므로, ① '동료 행동의 설득력'이 글의 주제이다.

| 선택지 분석 |

① 쇼핑객들은 광고와 설명이 아닌 동료 행동에 설득되어 카트를 받아들였다.
② 카트 사용을 유도해서 더 많은 소비를 하도록 유도하고자 했다.
③ 소매업에서의 낭비를 줄이는 해결책에 대해서는 전혀 언급되지 않았다.
④ 물질주의와 관련 없다.
⑤ 고객의 수요를 반영한 매장의 배치가 중요하다는 내용의 글이 아니다.

어법 특강

＊ 대명사 it의 쓰임

‒ 대명사 it은 가주어, 가목적어, 비인칭 주어, it is[was] ~ that[who] 강조 구문 등으로 쓰인다.

• It would be silly to go there now. (지금 그곳에 가는 것은 어리석을 것이다.)
  가주어 it
• I thought it my duty to call her.
  가목적어 it
  (나는 그녀에게 전화하는 것이 내 의무라고 생각했다.)
• It is still raining. (여전히 비가 오고 있다.)
  비인칭 주어 it
• It was Joan that[who] came first. (첫 번째로 온 사람은 바로 Joan이었다.)
  it was ~ that[who] 강조 구문

＊인간이 침입종 확산에 미치는 영향

Many marine species / including oysters, marsh grasses, and fish / were deliberately introduced / for food or for erosion control, /
복수 주어 · 복수 동사
많은 해양 종들은 / 굴, 습지 풀, 그리고 물고기를 포함한 / 의도적으로 도입되었다 / 식량이나 침식 방제를 위해 /

with little knowledge of the impacts / they could have. //
앞에 목적격 관계대명사가 생략됨
영향에 대한 지식이 거의 없이 / 그들이 미칠 수 있는 //

Fish and shellfish have been intentionally introduced / all over the world / for aquaculture, / providing food and jobs, /
현재완료 수동태
어패류는 의도적으로 도입되어 / 전 세계에 / 양식을 위해 / 음식과 일자리를 제공하지만 /

but they can escape and become a threat / to native species, ecosystem function, or livelihoods. // **단서 1** 양식을 위해 도입된 해양 종이 탈출하여 침입종이 됨
그것들은 탈출해서 위협이 될 수 있다 / 토착종, 생태계 기능, 또는 생계에 //

Atlantic salmon are reared / in ocean net-pens / in Washington State and British Columbia. //
대서양 연어는 길러진다 / 해양 그물 어장에서 / Washington State와 British Columbia의 //

Many escape / each year, / and they have been recovered / in both saltwater and freshwater / in Washington State, British Columbia, and Alaska. //
주어 · 동사(완전자동사) · 현재완료 수동태
많은 연어가 탈출하는데 / 매년 / 그들은 발견된다 / 해수와 담수에서 / Washington State, British Columbia, Alaska의 //

Recreational fishing can also spread / invasive species. // **단서 2** 여가용 낚시도 침입종을 전파할 수 있음
여가용 낚시 또한 전파할 수 있다 / 침입종을 //

Bait worms from Maine are popular / throughout the country. //
Maine의 미끼용 벌레들은 인기가 있다 / 전국적으로 //

They are commonly packed / in seaweed which contains / many other organisms. //
선행사 · 주격 관계대명사
그것들은 보통 싸여 있다 / 해초에 / 포함하는 / 많은 다른 유기체들을 //

If the seaweed is discarded, / it or the organisms on it / can colonize new areas. //
부사절 접속사(조건)
만약 해초가 버려지면, / 해초나 해초 위에 있는 유기체들은 / 새로운 영역에서 군락을 이룰 수 있다 //

Fishing boots, recreational boats, and trailers / can pick up organisms / at one location / and move them elsewhere. // **단서 3** 여가용 낚시가 침입종을 확산시키는 구체적 과정
병렬 구조
낚시용 장화, 여가용 보트와 트레일러는 / 유기체를 집어 올려 / 한 장소에서 / 다른 곳으로 옮길 수 있다 //

• marine @ 바다의, 해양의 • oyster ⓝ 굴 • marsh ⓝ 습지
• deliberately ⓪ 의도적으로 • erosion ⓝ 침식, 부식
• fish and shellfish 어패류 • intentionally ⓪ 고의로, 의도적으로
• escape ⓥ 탈출하다 • ecosystem ⓝ 생태계
• livelihood ⓝ 생계 (수단) • Atlantic @ 대서양의
• salmon ⓝ 연어 • rear ⓥ 기르다, 부양하다
• recover ⓥ (분실물・도난물 등을) 되찾다[찾아내다]
• saltwater ⓝ 해수, 바닷물 • freshwater ⓝ 담수, 민물
• recreational @ 오락의, 여가의 • spread ⓥ 전파하다, 퍼뜨리다 ⓝ 확산
• invasive species 침입종 • seaweed ⓝ 해초
• discard ⓥ 버리다, 폐기하다 • organism ⓝ 유기체
• colonize ⓥ 식민지로 만들다 • biodiversity ⓝ 생물의 다양성
• potential @ 잠재적인 • ecotourism ⓝ 생태 관광
• contribution ⓝ 기여, 공헌

굴, 습지 풀, 그리고 물고기를 포함한 많은 해양 종들은 그들이 미칠 수 있는 영향에 대한 지식이 거의 없이 의도적으로 식량이나 침식 방제를 위해 도입되었다. 어패류는 양식을 위해 전 세계에 의도적으로 도입되어 음식과 일자리를 제공하지만, 탈출해서 토착종, 생태계 기능, 또는 생계에 위

협이 될 수 있다. 대서양 연어는 Washington State와 British Columbia 의 해양 그물 어장에서 길러진다. 매년 많은 연어가 탈출하는데, 그들은 Washington State, British Columbia, Alaska의 해수와 담수에서 발견 된다. 여가용 낚시 또한 침입종을 전파할 수 있다. Maine의 미끼용 벌레들 은 전국적으로 인기가 있다. 그것들은 보통 많은 다른 유기체들을 포함하 는 해초에 싸여 있다. 만약 해초가 버려지면, 해초나 해초 위에 있는 유기 체들은 새로운 영역에서 군락을 이룰 수 있다. 낚시용 장화, 여가용 보트와 트레일러는 유기체를 한 장소에서 집어 올려 다른 곳으로 옮길 수 있다.

다음 글의 주제로 가장 적절한 것은?

① benefits of recreational ocean fishing 바다낚시가 장점이 있는 여가라는 것이 아님
여가용 바다낚시의 이점
② ways to maintain marine biodiversity 외래종의 침입에 대한 내용임
해양 생물의 다양성을 유지하는 방법
③ potential value of the ocean for ecotourism '관광'에 대한 내용이 아님
생태 관광을 위한 바다의 잠재적 가치
④ contribution of ocean farming to food supply
식량 공급에 대한 바다 양식의 기여 바다 양식이 미친 피해를 설명함
⑤ human influence on the spread of invasive species
침입종의 확산에 미치는 인간의 영향 바다 양식, 여가용 낚시가 침입종을 확산시킴

왜 1등급? 지문의 핵심 소재인 marine, ocean이 정답 선택지에 드러나있지 않아 정답을 찾기 까다로운 1등급 대비 문제였다.

침입종이 전파되는 이유로 식량 등을 위해 인간이 의도적으로 도입한 외래종의 양식지 이탈과 여가용 낚시 미끼가 다른 곳으로 옮겨지는 것을 들었다. 두 가지 모두 인간이 원인이라는 것이 핵심이므로, 이를 잘 정리한 것을 선택지에서 찾아야 한다.

| 문제 풀이 순서 |

1st 첫 문장을 통해 핵심 소재를 확인하고 글의 내용을 예상한다.

첫 문장	굴, 습지 풀, 그리고 물고기를 포함한 많은 해양 종들은 그들이 미칠 수 있는 영향에 대한 지식이 거의 없이 의도적으로 식량이나 침식 방제를 위해 도입되었다.

➡ 핵심 소재: 해양 종
➡ 이어질 내용: 해양 종이 의도적으로 도입된 과정과, 의도치 않은 영향에 대해 설명할 것이다.

2nd **1st** 에서 발상한 것을 토대로 글을 읽고, 내용을 파악한다.

- 양식을 위해 전 세계에 도입된 어패류는 토착종, 생태계 기능, 또는 생계에 위협이 될 수 있음 **단서 1**
- 여가용 낚시 또한 침입종을 전파할 수 있는데, 미끼용 벌레들을 싸고 있는 해초가 버려지면 해초의 유기체들은 새로운 영역에서 군락을 이룰 수 있음 **단서 2**
➡ 양식과 여가용 낚시를 위해 해양 종들이 의도적으로 도입되었고, 생태계 기능에 위협, 새로운 영역에서 군락을 이루는 유기체들 등 의도치 않은 영향을 미쳤음을 설명하고 있다.

3rd 선택지에서 글의 주제를 고른다.

인간이 의도적으로 도입한 해양 종이 양식 지를 탈출하여 토착종, 지역 생태계에 위협이 되는 침입종이 되어 확산된다는 내용이다.

▶ 따라서 정답은 ⑤ '침입종의 확산에 미치는 인간의 영향'이다.

| 선택지 분석 |

① 여가용 낚시 또한 침입종을 전파할 수 있다고 했지, 여가용 바다낚시가 갖는 이 점을 설명한 글이 아니다.
② 해양 종의 양식과 여가용 낚시로 인한 외래종의 침입에 대한 설명으로, 이것이 해양 생물의 다양성을 유지하는 방법인 것은 아니다.
③ recreational 등의 단어에서 '관광'을 생각할 수 있다는 점으로 만든 오답이다.
④ 양식을 위해 의도적으로 도입된 어패류가 음식과 일자리를 제공한다는 언급은 있지만, 바다 양식이 가져온 이점이 아니라 피해에 대해 설명하는 글이다.
⑤ 인간의 의도대로 도입된 해양 종으로 인해 의도치 않은 결과가 생겨났음을 설명하고 있다.

F 18 정답 ⑤ — ⭐ **1등급 대비** [정답률 42%]

＊생물학적 구성물로서의 인종에 대한 오해

Individual human beings / differ from one another physically / in a multitude of visible and invisible ways. //
개별 인간은 / 신체적으로 서로 다르다 / 많은 가시적이고 비가시적인 면에서 //

If races / — as most people define them — / are real biological entities, / then people of African ancestry would share / a wide variety of traits /
만일 인종이 / 대부분의 사람이 그것을 정의하듯이 / 정말 생물학적 실체라면 / 그러면 아프리카계 혈통인 사람들은 공유할 것이다 / 매우 다양한 특성을 /
삽입절(~듯이)

while people of European ancestry would share / a wide variety of *different* traits. //
부사절 접속사(대조)
반면에 유럽계 혈통인 사람들은 공유할 것이다 / 매우 다양한 '다른' 특성을 //
단서 1 대부분의 사람들은 아프리카계 인종과 유럽계 인종이 서로 '다른' 특성을 가질 것이라고 생각함

But once we add traits / that are less visible / than skin coloration, hair texture, and the like, /
부사절 접속사(조건) 주격 관계대명사
하지만 우리가 특성들을 추가해 보면 / 덜 가시적인 / 피부색, 머릿결 등등보다 /

we find / that the people we identify as "the same race" / are less and less like one another / and more and more like / people we identify as "different races." //
앞의 people을 수식하는 목적격 관계대명사절
우리는 알게 된다 / 우리가 '같은 인종'이라고 식별하는 사람들이 / 서로 점점 덜 닮았고 / 그리고 더욱 더 닮았다는 것을 / 우리가 '다른 인종'이라고 식별하는 사람들과 //
단서 2 하지만 덜 가시적인 특성들로 비교해보면 '같은 인종'이나 '다른 인종'의 개념이 달라짐

Add to this point / that the physical features / used to identify a person / as a representative of some race / (e.g. skin coloration) / are continuously variable, /
목적어절 접속사
이 점에 추가해 보라 / 신체적 특성이 / 어떤 사람을 식별하는 데 사용되는 / 어떤 인종의 전형이라고 / (예를 들어, 피부색) / 지속적으로 변할 수 있다고 /

so that one cannot say / where "brown skin" becomes "white skin." //
부사절 접속사(결과)
그래서 말할 수 없는데 / 어디서 '갈색 피부'가 '흰 피부'가 되는지를 //

Although the physical differences themselves are real, / the way we use physical differences / to classify people into discrete races / is a cultural construction. //
the way+주어+동사: ~하는 법
비록 신체적 차이 그 자체가 실재하더라도 / 우리가 신체적 차이를 사용하는 방식은 / 사람들을 별개의 인종으로 분류하기 위한 / 문화적 구성이다 //
단서 3 신체적인 차이들로 인종을 구별하는 우리의 시각은 문화적 구성물임

- individual ⓐ 개별의
- differ ⓥ 다르다
- physically 〔ad〕 신체적으로
- a multitude of 많은, 다수의
- visible ⓐ 가시적인
- invisible ⓐ 비가시적인
- race ⓝ 인종
- define ⓥ 정의하다
- biological ⓐ 생물학적
- ancestry ⓝ 혈통, 조상
- trait ⓝ 특성
- coloration ⓝ 천연색
- identify ⓥ 식별하다
- representative ⓝ 전형, 표본
- continuously 〔ad〕 계속
- variable ⓐ 변할 수 있는
- classify ⓥ 분류하다
- construction ⓝ 구성(물)
- variation ⓝ 차이
- racism ⓝ 인종 차별주의
- evolution ⓝ 진화
- misconception ⓝ 오해
- construct ⓝ 구성물

개별 인간은 많은 가시적이고 비가시적인 면에서 신체적으로 서로 다르다. 대부분의 사람이 그것을 정의하듯이, 인종이 정말 생물학적 실체라면, 아프리카계 혈통인 사람들은 매우 다양한 특성을 공유하는 한편, 유럽계 혈통인 사람들은 매우 다양한 '다른' 특성을 공유할 것이다. 하지만 우리가 피부색, 머릿결 등등보다 덜 가시적인 특성들을 추가해 보면, 우리가 '같은 인종'이라고 식별하는 사람들이 서로 점점 덜 닮았고 우리가 '다른 인종'이라고 식별하는 사람들과 더욱 더 닮았다는 것을 알게 된다. 어떤 사람을 어떤 인종의 전형이라고 식별하는 데 사용되는 신체적 특성(예를 들어, 피부색)이 지속적으로 변할 수 있어서 어디서 '갈색 피부'가 '흰 피부'가 되는지를 말할 수 없는 것을 이 점에 추가해 보라. 비록 신체적 차이 그 자체가 실재하더라도, 사람들을 별개의 인종으로 분류하기 위해 우리가 신체적 차이를 사용하는 방식은 문화적 구성이다.

다음 글의 주제로 가장 적절한 것은?

① causes of physical variations among different races
다른 인종 간의 신체적 차이의 원인 — 인종 간 신체적 차이의 원인을 설명하는 글이 아님
② cultural differences between various races
다양한 인종 간의 문화 차이 — 인종 간의 문화 차이를 설명하는 글이 아님
③ social policies to overcome racism
인종 차별주의를 극복하기 위한 사회 정책 — 인종 차별주의나 사회 정책은 언급되지 않음
④ importance of environmental factors in evolution
진화에서 환경적 요인의 중요성 — 진화에 대한 언급이나 환경적 요인에 대한 언급은 없음
⑤ misconception about race as a biological construct
생물학적 구성물로서의 인종에 대한 오해 — 다양한 인종들을 가시적인 특성으로 구분할 수 없음

왜 1등급? 앞부분에서 같은 혈통인 사람이 생물학적으로 비슷한 특성을 공유한다는 내용에 But(하지만)으로 글에서 궁극적으로 하고자 하는 말을 전달하고 있다. 신체적 차이로 인종을 분류하는 것이 일반적이기 때문에 그렇지 않을 수 있다는 글의 주제 자체가 생소하여 이해하기 어려운 1등급 대비 문제이다.

│ 문제 풀이 순서 │

1st 첫 문장을 통해 핵심 소재를 확인하고 글의 내용을 예상한다.

첫 문장	개별 인간은 많은 가시적이고 비가시적인 면에서 신체적으로 서로 다르다.

➡ 인간이 가시적으로, 또는 비가시적으로 서로 다른 것이 어떤 의미가 있는지 설명할 것이다.

2nd **1st** 에서 발상한 것을 토대로 글을 읽고, 내용을 파악한다.

- 아프리카계 혈통인 사람들은 매우 다양한 특성을 공유하는 한편, 유럽계 혈통인 사람들은 매우 다양한 '다른' 특성을 공유할 것임 **단서 1**
- 하지만 덜 가시적인 특성들로 비교해보면 '같은 인종'이나 '다른 인종'의 개념이 달라짐 **단서 2**

➡ 인종 간의 신체적인(생물학적) 차이들은 실재하지만, 덜 가시적인 특성들을 고려하면 우리가 알고 있던 인종 구별의 개념이 변할 수 있다고 말하고 있다.

3rd 선택지에서 글의 주제를 고른다.

우리가 어떤 인종을 구별할 때 흔히 사용하는 신체적 특성들은 그 인종만의 전형적인 특성이 아닌 그저 문화적으로 구성된 개념일 뿐이라고 말하고 있다.

▶ 따라서 주제로 적절한 것은 ⑤ '생물학적 구성물로서의 인종에 대한 오해'이다.

│ 선택지 분석 │

① 신체적인 차이를 이용해 만든 오답으로, 인종 간의 신체적 차이가 왜 생겨났는지 원인을 설명하는 글이 아니다.
② 글의 마지막 부분에 나온 문화적 구성이라는 단어로 만든 오답으로, 인종 간의 문화적 차이를 설명하고 있는 글이 아니다.
③ 인종 차별주의나 사회 정책은 글에서 언급되지 않았다..
④ 생물적인 특성이 언급된 것으로 만든 오답으로, 생물의 진화 또는 환경적인 요인에 대해서 말하고 있는 글이 아니다.
⑤ 신체적 특성들은 그 인종만의 전형적인 특성이 아닌 그저 문화적으로 구성된 개념일 뿐이라고 말하고 있다.

F 어휘 Review 정답

문제편 p. 80

01 단위, 층계	11 opt for	21 empathic
02 정서적인	12 market research	22 reputation
03 부분적인	13 compensate for	23 purely
04 상상	14 give rise to	24 marched
05 드러내다	15 flag up	25 isolated
06 immediacy	16 retrieval	26 inverse
07 cram	17 intake	27 conflicts
08 drawback	18 cushion	28 intervals
09 launch	19 layout	29 shed
10 dominant	20 belief	30 carriages

G 제목 찾기

문제편 p. 82~95

G 01 정답 ⑤ *항상 연락될 수 있어야 한다는 부담감

The most prevalent problem / kids report / is that they feel like / they need to be accessible at all times. //
앞에 목적격 관계대명사 생략 · 주격 보어절 접속사
가장 일반적인 문제는 / 아이들이 이야기하는 / 그들이 느낀다는 것이다 / 항상 연락될 수 있어야 한다고 //

단서 1 디지털 기술의 발달로 아이들은 연락의 의무감을 느낌
Because technology allows for it, / they feel an obligation. //
기술이 그것을 허용하기 때문에 / 그들은 의무감을 느낀다 //

It's easy for most of us to relate / — you probably feel the same pressure / in your own life! //
가주어 · 의미상 주어 · 진주어
우리 대부분은 공감하기 쉬운데 / 아마 여러분도 같은 압박을 느낄 것이다 / 자신의 삶에서 //

It is really challenging / to deal with the fact / that we're human / and can't always respond instantly. //
가주어 · 진주어 · 동격절 접속사
단서 2 항상 즉각적으로 응답할 수는 없기 때문에 힘듦
매우 힘들다 / 사실에 대처하는 것은 / 우리가 인간이고 / 항상 즉각적으로 응답할 수 없다는 //

For a teen or tween / who's still learning the ins and outs of social interactions, / it's even worse. //
주격 관계대명사 · 비교급 강조
십 대(13~19세)나 십 대 초반(10~12세)의 아동에게 / 아직 사회적 상호 작용의 세부적인 것들을 배우고 있는 / 상황은 훨씬 더 심각하다 //

Here's how this behavior plays out sometimes: //
= the way
때때로 이 행동이 나타나는 방식은 다음과 같다 //

Your child texts one of his friends, / and the friend doesn't text back right away. //
여러분의 자녀가 친구 중 한 명에게 문자 메시지를 보내고 / 그 친구가 즉시 답장을 보내지 않는다 //

Now it's easy for your child to think, / "This person doesn't want to be my friend anymore!" //
가주어 · 의미상 주어 · 진주어
이제 여러분의 자녀는 생각하기 쉽다 / "얘는 더 이상 내 친구가 되기를 원하지 않는구나"라고 //

So he texts again, and again, and again / — "blowing up their phone." //
그래서 다시, 다시, 그리고 또 다시 문자 메시지를 보내다가 / '전화기를 폭파하는(과부하 상태로 만드는) 것이다 //

단서 3 즉각적인 응답을 요구하는 상황은 스트레스를 유발함
This can be stress-inducing / and even read as aggressive. //
이것은 스트레스를 유발하고 / 심지어 공격적인 것으로 읽힐 수 있다 //

But you can see / how easily this could happen. //
의문사절
하지만 여러분은 알 수 있다 / 이것이 얼마나 쉽게 일어날 수 있는지 //

- prevalent ⓐ 만연한, 일반적인 · obligation ⓝ 의무감
- pressure ⓝ 압박 · instantly ⓐⓓ 즉각적으로
- ins and outs 세부 사항들 · blow up ~을 폭파시키다
- inducing ⓐ 유발하는 · aggressive ⓐ 공격적인
- within reach 손이 닿는 곳에

아이들이 이야기하는 가장 일반적인 문제는 그들이 항상 연락될 수 있어야 한다고 느낀다는 것이다. 기술이 그것을 허용하기 때문에, 그들은 의무감을 느낀다. 우리 대부분은 공감하기 쉬운데, 아마 여러분도 자신의 삶에서 같은 압박을 느낄 것이다! 우리가 인간이고 항상 즉각적으로 응답할 수 없다는 사실에 대처하는 것은 매우 힘들다. 아직 사회적 상호 작용의 세부적인 것들을 배우고 있는 십 대(13~19세)나 십 대 초반(10~12세)의 아동에게 상황은 훨씬 더 심각하다. 때때로 이 행동이 나타나는 방식은 다음과 같다. 예를 들어, 여러분의 자녀가 친구 중 한 명에게 문자 메시지를 보내고, 그 친구가 즉시 답장을 보내지 않는다. 이제 여러분의 자녀는 "얘는 더 이상 내 친구가 되기를 원하지 않는구나!"라고 생각하기 쉽다. 그래서 다시, 다시, 그리고 또 다시 문자 메시지를 보내다가, '전화기를 폭파하는(과부하 상태로 만드는) 것이다. 이것은 스트레스를 유발하고, 심지어 공격적인 것으로 읽힐 수 있다. 하지만 여러분은 이것이 얼마나 쉽게 일어날 수 있는지 알 수 있다.

왜 정답? ✽✽✽ [정답률 77%]

- 아이들은 디지털 기술의 발달로 항상 연락될 수 있게 되어 연락의 의무감을 느낌 **단서 1**
- 항상 즉각적으로 응답할 수는 없기에 대처하기 힘듦 **단서 2**
- 즉각적인 응답을 요구하는 상황은 스트레스를 유발함 **단서 3**

➡ 기술의 발달로 모두와 즉각적인 연락이 가능한 시대가 되었지만, 이는 오히려 우리에게 압박감을 준다는 내용이다. 특히 십 대에게는 이것이 인간관계 형성에 스트레스를 준다고 설명하고 있다.

▶ 따라서 제목으로 가장 적절한 것은 ⑤ '연결되어 있지만 스트레스가 되는: 디지털 시대 아이들의 어려움'이다.

왜 오답?

① 디지털 시대의 통신의 문제점을 설명하고 있지, 통신의 역사를 설명한 글은 아니다.
② 십 대도 연락이 되어야 한다는 압박감을 느끼고 있으나, 이건 십 대만의 문제가 아니라고 했다. **주의**
③ 신뢰를 형성한다는 내용은 언급되지 않았다.
④ 십 대의 우정에서 디지털 기술이 미치는 긍정적인 영향이 아니라 부정적인 영향력을 설명했다.

G 02 정답 ⑤ *반 문맹이 된 Shakespeare

단서 1 새로운 단어와 표현이 계속해서 등장하고 있음

New words and expressions emerge continually / in response to new situations, ideas and feelings. //
새로운 단어들과 표현들이 계속해서 생겨난다 / 새로운 상황, 생각, 감정에 반응하여 //

The Oxford English Dictionary publishes / supplements of new words and expressions / that have entered the language. //
　　　　　　주격 관계대명사
Oxford 영어 사전은 출판한다 / 새로운 단어들과 표현들의 추가분을 / 그 언어에 등장한 //

Some people deplore this kind of thing / and see it / as a drift from correct English. //
　　　　　　　　병렬 구조 (동사)
어떤 사람들은 이런 일을 한탄하고 / 그것을 본다 / 올바른 영어에서 벗어난 것으로 //

it ~ that 강조 구문
But it was only in the eighteenth century / that any attempt was made / to formalize spelling and punctuation of English at all. //
　　형용사적 용법 (attempt 수식)
그러나 18세기에 이르러서였다 / 시도가 이루어진 것은 / 영어의 철자와 구두법을 공식화하려는 //

앞에 목적격 관계대명사 생략　　**단서 2** 셰익스피어 시대의 언어와 21세기의 언어는 이해하기 힘들 정도로 다름
The language we speak in the twenty-first century / would be virtually unintelligible to Shakespeare, / and so would his way of speaking to us. //
so가 앞 내용을 받아 문두에 나오면서 주어와 동사가 도치됨
21세기에 우리가 사용하는 언어는 / Shakespeare에게는 사실상 이해되기 어려울 것이며 / 그의 말하는 방식은 우리에게도 마찬가지일 것이다 //

목적어절 접속사
Alvin Toffler estimated / that Shakespeare would probably only understand about 250,000 of the 450,000 words / in general use / in the English language now. //
Alvin Toffler는 추정했다 / Shakespeare가 450,000개의 단어 중 약 250,000개만을 이해할 것이라고 / 일반적으로 사용되는 / 현재 영어에서 //

'의도'를 나타내는 be to-v 용법
In other words, / so to speak, / if Shakespeare were to materialize in London today / he would understand, on average, / only five out of every nine words / in our vocabulary. //
　　　　　　가정법 과거　　　　　**단서 3** 셰익스피어는 현대 어휘 중 일부만 이해할 것임
다시 말해서 / 말하자면 / 만약 Shakespeare가 오늘날 런던에 나타난다면 / 그는 평균적으로 이해할 것이다 / 9개의 단어당 5개만을 / 우리의 어휘에 있는 //

- supplement ⓝ 추가물　　• drift ⓝ 표류, 떠내려감
- formalize ⓥ 공식화하다　　• punctuation ⓝ 구두법
- virtually ⓐⓓ 사실상　　• unintelligible ⓐ 이해할 수 없는
- materialize ⓥ (불가사의하게) 나타나다　　• continuation ⓝ 연속, 지속
- driving force 원동력　　• evolution ⓝ 진화, 발전

새로운 상황, 생각, 감정에 반응하여 새로운 단어들과 표현들이 계속해서 생겨난다. Oxford 영어 사전은 그 언어에 등장한 새로운 단어들과 표현들의 추가분을 출판한다. 어떤 사람들은 이런 일을 한탄하고 그것을 올바른 영어에서 벗어난 것으로 본다. 그러나 영어의 철자와 구두법을 공식화하려는 시도는 18세기에 이르러서야 이루어졌다. 21세기에 우리가 사용하는 언어는 Shakespeare에게는 사실상 이해되기 어려울 것이며, 우리에게도 그의 말하는 방식은 마찬가지일 것이다. Alvin Toffler는 Shakespeare가 현재 영어에서 일반적으로 사용되는 450,000개의 단어 중 약 250,000개만을 이해할 것이라고 추정했다. 다시 말해서, 말하자면, 만약 Shakespeare가 오늘날 런던에 나타난다면, 그는 평균적으로 우리의 어휘에 있는 9개의 단어당 5개만을 이해할 것이다.

왜 정답? ✽✽✽ [정답률 56%]

- 새로운 상황, 생각, 감정에 대한 반응으로 새로운 단어들과 표현들이 계속 등장하고 있음 **단서 1**
- 셰익스피어 시대의 영어가 우리에게 이해되기 어려운 것처럼, 21세기의 영어도 그에게 마찬가지로 이해되기 힘들 것임 **단서 2**
- 만약 셰익스피어가 현대의 런던에 나타난다면 어휘의 일부만 이해할 것임 **단서 3**

➡ 영어의 변천으로 인해 현대 영어의 어휘는 예전과 많이 달라졌음을 반복해서 말하고 있다. 특히 셰익스피어마저도 현대 언어의 반 정도만 이해할 수 있을 것이라 했다. ▶ 따라서 글의 제목으로는 ⑤ '언어 진화는 셰익스피어마저도 반 문맹으로 만든다!'가 가장 적절하다.

왜 오답?

① 새로운 상황, 생각, 감정에 대한 대응으로 새로운 어휘가 생겨난다고 했지 어휘의 원래 의미가 변화하는 과정에 대한 글이 아니다.
② 사전이 언급된 것은 영어에 유입되는 새로운 어휘가 기록되는 수단을 말하기 위함이다.
③ 새로운 어휘가 생기는 원동력으로 문학이 언급되지는 않았다.
④ 과거와 현재의 언어가 달라졌다는 점에서 언어 격차에 관한 글일 수 있으나, 이를 줄여야 한다는 주장은 아니다. (▶ 이유: 오히려 자연스러운 현상으로 보고 있다.)

G 03 정답 ⑤ *진보적인 가치들을 수용하도록 돕는 시트콤

단서 1 미국의 TV 시트콤은 미국 사회의 많은 사회 갈등을 보여줌
Since their start in the early 1950s / U.S. television sitcoms have charted / many of the social conflicts in U.S. society: /
　　　　　　　　　　　　　　　　　　현재완료
1950년대 초반에 시작된 이래로 / 미국의 텔레비전 시트콤은 보여주었는데 / 미국 사회의 많은 사회 갈등을 /

civil rights, women's rights in the home and in the workplace, / children's rights, immigration and multiculturalism, / as well as evolving conceptions of the family.
현재분사 (conceptions 수식)　　　　　　A as well as B: B뿐만 아니라 A도
시민권, 가정과 직장에서의 여성 권리 / 아동권, 이민과 다문화주의와 같은 것들이다 / (점점) 진화하는 가족 개념뿐만 아니라 //

단수 주어　　　　　　단수 동사 (현재완료 수동태)
Each of these issues / has been addressed through humour / in a way that has helped / to make more progressive values more acceptable / than previously. //
　　주격 관계대명사　　　　make의 목적어와 목적격 보어 (형용사)
단서 2 시트콤은 각 쟁점을 유머로 다루면서 진보적인 가치가 수용되도록 만듦
이 각각의 쟁점은 / 유머를 통해 다루어져 왔다 / 도움을 주는 방식으로 / 보다 진보적인 가치들이 더 수용 가능하도록 하는 데 / 이전보다 //

Often a character, / usually someone marked as a bigot, / resisted
one or more of these developments / and was then made to
appear ridiculous. //
종종 등장인물 한 명, / 대개는 편견이 아주 심한 사람이라고 특징지어졌던 누군가가 / 이러한
발전 중 하나 이상에 저항하고 나서 / (그가) 어리석어 보이게 되었다 //
They were cut down / either through their own stupidity, / a
brief scolding from others, / or both. //
= their own stupidity and a brief scolding from others
이들은 배제되었다 / 자신의 어리석음이나 / 다른 사람들의 짧은 비난 / 또는 이 두 가지 모두에
의해 //
In this way, / the humour of sitcoms acted as a cost-effective
means / to encourage acceptance / of a more pluralistic and
tolerant society. //   이러한 방식으로 / 시트콤의 유머는 비용 효율적인 수단으로
작용했다 / 수용을 장려하는 / 더 다원적이고 관용적인 사회의 //

- sitcom ⓝ 시트콤   - chart ⓥ 기록하다, 보여주다   - conflict ⓝ 갈등
- multiculturalism ⓝ 다문화주의   - conception ⓝ 개념
- progressive ⓐ 진보적인   - ridiculous ⓐ 어리석은
- stupidity ⓝ 어리석음   - scolding ⓝ 비난, 꾸짖음
- tolerant ⓐ 관용적인   - acceptability ⓝ 수용 가능성

1950년대 초반에 시작된 이래로, 미국의 텔레비전 시트콤은 미국 사회의 많
은 사회 갈등을 보여주었는데, (점점) 진화하는 가족 개념뿐만 아니라 시민
권, 가정과 직장에서의 여성 권리, 아동권, 이민과 다문화주의와 같은 것들
이다. 이 각각의 쟁점은 유머를 통해 보다 진보적인 가치들이 이전보다 더
수용 가능하도록 하는 데 도움을 주는 방식으로 다루어져 왔다. 종종 등장
인물 한 명, 대개는 편견이 아주 심한 사람이라고 특징지어졌던 누군가가
이러한 발전 중 하나 이상에 저항하고 나서 (그가) 어리석어 보이게 되었다.
이들은 자신의 어리석음이나 다른 사람들의 짧은 비난, 또는 이 두 가지 모
두에 의해 배제되었다. 이러한 방식으로, 시트콤의 유머는 더 다원적이고
관용적인 사회의 수용을 장려하는 비용 효율적인 수단으로 작용했다.

다음 글의 제목으로 가장 적절한 것은?
the humour of sitcoms acted as a cost-effective means ~ tolerant society
① Why Do Sitcoms Criticize Progressive Ideas? 비판한다는 것은 반대임
왜 시트콤은 진보적인 생각을 비판하는가?
② Acceptability of Humour in Multicultural Society 유머를 통해 다문화
다문화 사회에서 유머의 수용 가능성   사회와 같은 가치를 수용할 수 있도록 해준다는 내용임
③ The Decline of U.S. Sitcoms along with Social Change
사회 변화에 따른 미국 시트콤의 쇠퇴   쇠퇴한다는 내용이 아님
④ Production Costs: Why TV Commercials Are Necessary
생산 비용: TV 광고가 필요한 이유   언급되지 않음
⑤ Humour in Sitcoms Helps Acceptance of Progressive Values
시트콤의 유머가 진보적인 가치의 수용을 돕는다

왜 정답? ✱✱❋ [정답률 71%]

- 미국의 TV 시트콤은 미국 사회의 많은 사회 갈등을 보여줌 단서 1
- 시트콤은 각 쟁점을 유머로 다루면서 진보적인 가치가 수용되도록 만듦 단서 2
- 시트콤의 유머는 더 다원적이고 관용적인 사회의 수용을 장려하는 수단으로 작용
함 단서 3
➡ 미국의 TV 시트콤은 미국 사회에 나타난 많은 사회 갈등을 보여주었는데, 각각의
쟁점을 유머로 다룸으로써 사람들이 진보적인 가치를 수용할 수 있도록 해 주었다
는 내용이다. ▶ 따라서 제목으로 가장 적절한 것은 ⑤ '시트콤의 유머가 진보적인
가치의 수용을 돕는다'이다.

왜 오답?

① 시트콤은 진보적인 생각의 수용을 돕는다는 내용이므로, 이를 비판한다는 것은 내
용과 반대된다.
② 시트콤이 유머를 통해 다문화 사회와 같은 가치를 수용할 수 있도록 해준다는 내용
이다. (▶ 이유: 흔한 주제인 다문화 사회에서 유머가 수용될 수 있는지에 관한 내
용이 아니다.)
③ 시트콤이 쇠퇴한다는 내용은 언급되지 않았다.
④ 생산 비용과 광고에 관한 내용은 언급되지 않았다.

G 04 정답 ⑤ *잘 쓰는 쪽 손이 발달하는 시기 ―――

Of central importance / for understanding the development of
handedness / is the answer to the question /
매우 중요하다 / 잘 쓰는 쪽 손(handedness)의 발달을 이해하는 데 있어서 / 질문의 답은 /
of when in development it is actually determined / whether a
child will be left-handed or right-handed. //
발달 과정에서 언제 실제로 결정되는지에 대한 / 아이가 왼손잡이가 될지 오른손잡이가
될지가 //
It was long thought / that handedness could only be reliably
determined / in elementary school, / when a child learns to
write. //
오랫동안 생각되었다 / 잘 쓰는 쪽 손은 확실히 결정될 수 있다고만 / 초등학교에서 / 아이가
글쓰기를 배우는 //
단서 1 잘 쓰는 쪽 손이 초등학교에서 결정된다는 가설은 잘못됨
However, / this assumption is incorrect. //
그러나 / 이 가정은 잘못되었다 //
단서 2 어느 쪽 손을 잘 쓸 것인지는 대부분 출생 전에 결정됨
In fact, / scientific studies show / that left-handedness is
established / in many children / long before elementary school
/ — interestingly, even before birth / in most people. //
사실 / 과학적 연구들은 보여준다 / 왼손을 잘 쓰는 것은 확립된다는 것을 / 많은 아이들에게 /
초등학교 훨씬 이전에 / 흥미롭게도, 심지어 출생 전에 / 대부분의 사람에게는 //
In such studies, / the hand and arm movements of unborn
children / in the womb / are recorded / using ultrasound images. //
그러한 연구들에서 / 태아의 손과 팔의 움직임이 / 자궁에서 / 기록된다 / 초음파 이미지를
사용하여 //
Using this technique, / it was shown / that a clear preference
for the movement of the right arm / exists as early / as 10 weeks
after fertilization. //
as 원급 as: ~만큼 …한
이 기술을 사용하여 / 밝혀졌다 / 오른팔 움직임에 대한 명확한 선호가 / 일찍 존재한다는 것이
/ 수정 후 10주만큼 //
단서 3 수정 후 10주가 된 태아의 85%가 오른팔을 더 많이 움직임
In this study, / ultrasound images of 72 unborn children / 10
weeks after fertilization / were evaluated / and 85% showed
more movements / of the right arm than the left. //
이 연구에서는 / 72명의 태아의 초음파 이미지가 / 수정 후 10주가 된 / 평가되었고 / 85%가
더 많은 움직임을 보였다 / 왼팔보다 오른팔의 //
This number is already very close / to the approximately 89.4%
right-handers / among adults. // 단서 4 이 수치는 성인의 약 89.4%가
오른손잡이라는 것과 매우 근접함
이 수치는 이미 매우 근접하다 / 약 89.4%의 오른손잡이에 / 성인들 중 //

- handedness ⓝ 잘 쓰는 쪽   - reliably 쪬 확실히, 믿을 만하게
- assumption ⓝ 가정   - incorrect ⓐ 틀린, 옳지 않은
- establish ⓥ 확립하다   - movement ⓝ 움직임
- unborn ⓐ 태어나지 않은   - womb ⓝ 자궁
- evaluate ⓥ 평가하다   - approximately 쪬 대략
- sway ⓥ 영향을 주다   - uncover ⓥ 밝히다   - root ⓝ 뿌리
- intelligent ⓝ 지능   - determinant ⓝ 결정 요인

아이가 왼손잡이가 될지 오른손잡이가 될지가 발달 과정에서 언제 실제로
결정되는지에 대한 질문의 답은 잘 쓰는 쪽 손(handedness)의 발달을 이
해하는 데 있어서 매우 중요하다. 잘 쓰는 쪽 손은 아이가 글쓰기를 배우는,
초등학교에서 확실히 결정될 수 있다고만 오랫동안 생각되었다. 그러나, 이
가정은 잘못되었다. 사실, 과학적 연구들은 왼손을 잘 쓰는 것은 많은 아이
들에게 초등학교 훨씬 이전에 확립된다는 것을 보여준다 ― 흥미롭게도, 대
부분의 사람에게는 심지어 출생 전에. 그러한 연구들에서, 자궁에서 태아의
손과 팔의 움직임이 초음파 이미지를 사용하여 기록된다. 이 기술을 사용하
여, 오른팔 움직임에 대한 명확한 선호가 수정 후 10주만큼 일찍 존재한다
는 것이 밝혀졌다. 이 연구에서는, 수정 후 10주가 된 72명의 태아의 초음
파 이미지가 평가되었고 85%가 왼팔보다 오른팔의 더 많은 움직임을 보였
다. 이 수치는 이미 성인들 중 약 89.4%의 오른손잡이에 매우 근접하다.

다음 글의 제목으로 가장 적절한 것은?
통념과 달리 수정 후 10주에 발달한다는 내용임
① Why Is Handedness Swayed by the Environment?
왜 잘 쓰는 쪽 손은 환경에 의해 좌우되는가?
② Use Your Less-dominant Hand More to Be Creative! 선천적으로 나타난다는 내용임
창의적인 사람이 되기 위해 덜 지배적인 손을 써라! 창의성에 관한 언급은 없음
③ Scientific Efforts to Uncover the Root of Intelligence
지능의 뿌리를 밝히려는 과학적인 노력 언급 없음
④ Handedness, the Crucial Determinant of Special Talent
잘 쓰는 쪽 손, 특별한 재능의 결정적인 결정자 특별한 재능을 결정한다는 내용이 아님
⑤ The Handedness Clock: When Does It Actually Begin?
잘 쓰는 쪽 손의 시계: 그것은 실제로 언제 시작되는가?

왜 정답? ✱✱✾ [정답률 77%]

- 잘 쓰는 쪽 손이 초등학교에서 글을 쓰기 시작하면서 결정된다는 가설은 잘못됨
  단서 1
- 어느 쪽 손을 잘 쓸 것인지는 대부분의 사람에게는 출생 전에 결정됨 **단서 2**
- 연구에서 수정 후 10주가 된 태아의 85%가 오른팔을 더 많이 움직임 **단서 3**
- 이 수치는 성인의 약 89.4%가 오른손잡이라는 것과 매우 근접함 **단서 4**

→ 잘 쓰는 쪽 손이 언제 발달하기 시작하는지에 관한 글이다. 통념상 우리는 잘 쓰는 손이 글쓰기를 배우기 시작하는 초등학교 때 발달한다고 생각하지만, 이는 잘못된 가설이고, 어느 쪽 손을 잘 쓸 것인지는 출생 전에 결정된다고 했다.

▶ 따라서 제목으로 가장 적절한 것은 ⑤ '잘 쓰는 쪽 손의 시계: 그것은 실제로 언제 시작되는가?'이다.

왜 오답?

① 잘 쓰는 쪽 손은 환경에 영향을 받는 것이 아니라 뱃속의 태아에서부터 선천적으로 나타난다는 내용이다.
② 덜 지배적인 손을 사용하는 것과 창의성에 관한 언급은 없었다.
③ 지능의 뿌리를 밝히는 것에 관한 언급은 없었다.
④ 잘 쓰는 쪽 손이 언제 발달하는가에 관한 내용이지, 이것이 특별한 재능을 결정한다는 내용이 아니다. **주의**

G 05 정답 ① *임의적 구분으로 인한 경계선 효과

Everything in the world / exists on a continuum, / whether in
앞에 목적격 관계대명사 생략
speed, size, or any other possible descriptor you could think
of. // **단서 1** 우리가 생각하고 표현할 수 있는 모든 것은 경계가 뚜렷하기보다는 연속선상에 존재함
세상의 모든 것은 / 연속선상에 존재한다 / 속도, 크기, 또는 여러분이 생각할 수 있는 어떤 다른 가능한 기술어(記述語)에서든 //

Still, we create and mindlessly adopt sharp distinctions, / and
비교급 강조
those distinctions change lives far more dramatically / than
= change lives
marginal differences ever do. //
그럼에도, 우리는 뚜렷한 구분을 만들고 생각 없이 받아들이며 / 그러한 구분은 삶을 훨씬 더 극적으로 변화시킨다 / 근소한 차이가 그렇게 하는(삶을 변화시키는) 것보다 //

Indeed, all differences are arbitrary, / but drawing hard lines
동명사구 주어
between categories / hides this arbitrariness / and can be
병렬 구조 (동사)
severely damaging. // **단서 2** 범주들을 확고하게 구분하면 심각한 피해가 발생함
주격 보어 (현재분사)
사실, 모든 차이는 자의적이지만 / 범주들 사이에 확고한 선을 긋는 것은 / 이러한 자의성을 숨기고 / 심각하게 피해를 줄 수 있다 //
목적어   목적격 보어 (명사)
I call this resulting damage / "the borderline effect." //
나는 이러한 결과적인 피해를 부른다 / '경계선 효과'라고 //

The examples are endless. //   그 예는 끝이 없다 //

Someone's IQ is 69 / and someone else's is 70 / — but only the
수동태 동사
score of 70 / is deemed to be within the range of normal. //
어떤 사람의 IQ가 69이고 / 다른 사람의 IQ가 70인데 / 70이라는 점수만 / 정상 범위 내에 있는 것으로 간주된다 //
부사적 용법 (목적)
We don't have to be statisticians / to know there is not a
meaningful difference / between 69 and 70. //
우리는 통계학자가 되어야 할 필요는 없다 / 의미 있는 차이가 없다는 것을 알기 위해 / 69와 70 사이에 //

부사적 접속사 (일단 ~하면)   **단서 3** IQ 1의 차이로 정상과 정상이 아니라는 구분이 붙음으로써 삶의 차이가 발생함   수동태 동사
Yet once the person with the lower score / is labeled
"cognitively impaired," / his or her life will unfold differently /
than the person with a one-point advantage. //
하지만 일단 점수가 더 낮은 사람이 / '인지적으로 어려움이 있는'이라고 꼬리표가 붙게 되면 / 그 사람의 삶은 다르게 전개될 것이다 / 1점의 우위가 있는 사람과는 //

- continuum ⓝ 연속선   · descriptor ⓝ 기술어
- mindlessly ⓪ 생각 없이   · distinction ⓝ 구분
- dramatically ⓪ 극적으로   · marginal ⓐ 근소한
- arbitrariness ⓝ 자의성, 독단   · severely ⓪ 심각하게
- borderline ⓝ 경계선   · endless ⓐ 끝없는
- statistician ⓝ 통계학자   · cognitively ⓪ 인지적으로
- impaired ⓐ 어려움[장애]이 있는   · unfold ⓥ 전개되다, 펼쳐지다
- distinct ⓐ 분명한   · appropriate ⓐ 적절한   · myth ⓝ 미신
- cognitive ⓐ 인지의

세상의 모든 것은 속도, 크기, 또는 여러분이 생각할 수 있는 어떤 다른 가능한 기술어(記述語)에서든, 연속선상에 존재한다. 그럼에도, 우리는 뚜렷한 구분을 만들고 생각 없이 받아들이며, 그러한 구분은 근소한 차이가 그렇게 하는(삶을 변화시키는) 것보다 훨씬 더 극적으로 삶을 변화시킨다. 사실, 모든 차이는 자의적이지만, 범주들 사이에 확고한 선을 긋는 것은 이러한 자의성을 숨기고 심각하게 피해를 줄 수 있다. 나는 이러한 결과적인 피해를 '경계선 효과'라고 부른다. 그 예는 끝이 없다. 어떤 사람의 IQ가 69이고 다른 사람의 IQ가 70인데, 70이라는 점수만 정상 범위 내에 있는 것으로 간주된다. 우리는 69와 70 사이에 의미 있는 차이가 없다는 것을 알기 위해 통계학자가 되어야 할 필요는 없다. 하지만 일단 점수가 더 낮은 사람이 '인지적으로 어려움이 있는'이라고 꼬리표가 붙게 되면, 그 사람의 삶은 1점의 우위가 있는 사람과는 다르게 전개될 것이다.

다음 글의 제목으로 가장 적절한 것은?
① Drawing Distinct Lines: Is It Appropriate?
분명한 선 긋기: 그것은 적절한가?   뚜렷한 구분을 만드는 것은 심각한 피해를 줄 수 있다는 내용임
② Stick to Your Ideas, Listen to Your Heart
너의 아이디어를 고수하라, 네 마음의 소리를 들어라   언급되지 않음
③ What Should Be Done to Improve IQ Testing?
IQ 테스트를 개선하기 위해 무엇이 행해져야 하는가?   IQ 테스트는 예시로 언급되었을 뿐임
④ Accepting Differences: How to Live in Harmony
차이를 수용하는 것: 조화롭게 사는 방법   차이를 수용하라는 내용이 아님
⑤ Myths and Truths about Human Cognitive Abilities
인간의 인지 능력에 관한 미신과 진실   언급되지 않음

왜 정답? ✱✱✾ [정답률 74%]

도입: 우리가 생각하고 표현할 수 있는 모든 것은 경계가 뚜렷하기보다는 연속선상에 존재함 **단서 1**
주제: 범주들을 확고하게 구분하면 심각한 피해가 발생함 **단서 2**
예시: IQ 1의 차이는 실제로는 의미 있지 않지만, 이 차이로 정상과 정상이 아니라는 구분이 붙음으로써 그들의 삶은 차이가 발생함 **단서 3**

→ 우리가 생각하고 표현하는 모든 것은 연속선상에 존재하며, 이들의 범주를 뚜렷하게 구별하려고 하면 심각한 피해가 발생한다고 했다. 그 예로 IQ를 제시하며, 실제로 IQ 69와 IQ 70은 의미 있는 차이가 없지만, IQ 69는 인지장애, IQ 70은 정상이라는 범주가 매겨짐으로써 둘의 삶에는 큰 차이가 발생해버린다고 설명하고 있다.

▶ 따라서 제목으로 가장 적절한 것은 ① '분명한 선 긋기: 그것은 적절한가?'이다.

왜 오답?

② 네 마음의 소리를 들으라는 내용은 언급되지 않았다.
③ IQ 테스트는 뚜렷한 구분을 만드는 것이 위험하다는 예시로 언급되었을 뿐, IQ 테스트 개선이 이 글의 주제는 아니다. **주의**
④ 경계를 구분하는 것이 위험하다는 내용이지, 차이를 수용하라는 내용이 아니다.
⑤ IQ 테스트의 맹점에 관한 내용은 설명되었지만, 인간의 인지 능력에 관한 미신과 진실은 언급되지 않았다.

G 06 정답 ③ *새로운 것을 향한 조종된 욕망

단서 1 생산자들은 우리의 현재 기기가 적절한지를 의심하도록 만듦

Manufacturers masterfully sow seeds of doubt / about the adequacy of our current devices. //
생산자들은 노련하게 의심의 씨앗을 뿌린다 / 우리의 현재 기기들의 적절성에 대한 //

Suddenly, the phone that was your lifeline a year ago / is now a museum piece, / unable to keep pace with your digital demands. //
being이 생략된 분사구문
갑자기, 1년 전의 당신의 목숨줄이었던 휴대폰이 / 지금은 시대에 뒤떨어진 것이 되었다 / 당신의 디지털 수요를 따라가지 못하는 //

And thus, the itch to upgrade begins, / often before there's a genuine need. //
형용사적 용법 (itch 수식)
그래서 업그레이드에 대한 욕구가 시작된다 / 종종 진짜 필요가 있기 이전에 //

This cycle isn't just confined / to our digital companions. //
수동태 동사
이러한 순환은 단지 국한되지 않는다 / 우리의 디지털 용품에 //

It spills over into almost every aspect / of consumer electronics, / from the self-driving car to the smart fridge. //
from A to B: A에서 B까지
이것은 거의 모든 영역까지 번져나간다 / 소비자 전자 기기들의 / 자율 주행 자동차부터 스마트 냉장고에 이르기까지 //

Every product seems to be on an unstoppable march / towards the next version, / the next generation / that promises to revolutionize your life. //
every+단수 명사+단수 동사 / 주격 관계대명사
모든 제품은 멈출 수 없는 행진을 하는 것으로 보인다 / 다음 버전을 향한 / 즉, 다음 세대를 / 당신의 삶에 변혁을 일으키겠다는 약속을 하는 //

What's fascinating, or perhaps disturbing, / is the utter efficacy of this cycle / in shaping our desires. //
주어 (what이 이끄는 명사절)
흥미로운 점, 또는 어쩌면 당황스러운 점은 / 이 순환의 절대적인 효과이다 / 우리의 욕구를 형성하는 //

It's not so much that we want the newest device; / we're led to believe / we need it. //
가주어 / 진주어절 접속사 / 수동태 동사
우리가 가장 최신 기기를 원하는 것이 아니라 / 우리가 믿도록 유도된 것이다 / 우리가 그것을 원한다고 //
단서 2 우리가 최신 기기를 원하는 것은 그렇게 믿도록 유도된 것임

단서 3 우리는 새로운 것을 사도록 선택함으로써 원하는 것과 필요한 것의 구분이 흐려짐

The distinction between want and need blurs, / shifting our financial priorities / in favor of staying current with trends. //
단수 주어 / 단수 동사 / 분사구문
원하는 것과 필요한 것 사이의 구분이 흐릿해진다 / 우리의 재정적인 우선순위를 바꾸면서 / 최신 트렌드를 유지하는 것을 선호하는 쪽으로 //

For all the logical arguments / against this ceaseless upgrading, / the temptation remains compelling. //
주격 보어 (형용사)
논리적인 논쟁에도 불구하고 / 이런 끊임없는 업그레이드를 하는 것에 대한 / 매력은 여전히 강력하다 //

- **masterfully** ⓐ 노련하게
- **sow** ⓥ 씨를 뿌리다
- **adequacy** ⓝ 적절성
- **itch** ⓝ 욕구, 가려움
- **revolutionize** ⓥ 변혁을 일으키다
- **utter** ⓐ (강조의 의미로) 완전한[순전한]
- **blur** ⓥ 흐릿하게 만들다
- **ceaseless** ⓐ 끊임없는
- **temptation** ⓝ 매력
- **compelling** ⓐ 강력한
- **manipulative** ⓐ 조종하는

생산자들은 노련하게 우리의 현재 기기들의 적절성에 대한 의심의 씨앗을 뿌린다. 갑자기, 1년 전의 당신의 목숨줄이었던 휴대폰이 지금은 당신의 디지털 수요를 따라가지 못하는, 시대에 뒤떨어진 것이 되었다. 그래서 종종 진짜 필요가 있기 이전에 업그레이드에 대한 욕구가 시작된다. 이러한 순환은 단지 우리의 디지털 용품에 국한되지 않는다. 이것은 자율 주행 자동차부터 스마트 냉장고에 이르기까지 소비자 전자 기기들의 거의 모든 영역까지 번져나간다. 모든 제품은 다음 버전, 즉, 당신의 삶에 변혁을 일으키겠다는 약속을 하는 다음 세대를 향한 멈출 수 없는 행진을 하는 것으로 보인다. 흥미로운 점, 또는 어쩌면 당황스러운 점은 우리의 욕구를 형성하는 이 순환의 절대적인 효과이다. 우리가 가장 최신 기기를 원하는 것이 아니라, 우리가 그것을 원한다고 믿도록 유도된 것이다. 최신 트렌드를 유지하는 것을 선호하는 쪽으로 우리의 재정적인 우선순위를 바꾸면서, 원하는 것과 필요한 것 사이의 구분이 흐릿해진다. 이런 끊임없는 업그레이드를 하는 것에 대한 논리적인 논쟁에도 불구하고, 매력은 여전히 강력하다.

다음 글의 제목으로 가장 적절한 것은?
The distinction between want and need blurs
① The More One Needs, the More One Wants
우리는 진짜 필요에 의해서 구매하는 것이 아니라는 내용임
더 많이 필요로 할수록, 더 많이 원하게 된다
② What You Are Using Represents Who You Are
당신이 사용하는 것이 당신이 어떤 사람인지를 나타낸다 / 정체성에 관한 내용은 언급되지 않음
③ Dash to the New: Genuine Necessity vs. Steered Desire
새로운 것을 향한 돌진: 진정한 필요 vs. 조종된 욕망
④ Why It Pays to Know the Way of Upgrading Digital Devices
왜 디지털 기기를 업그레이드하는 방법을 아는 것이 도움이 되는가 / 언급되지 않음
⑤ Manipulative Techniques Keeping Us Away From Other Brands
다른 브랜드로부터 멀어지도록 유도하는 것이 아님
우리를 다른 브랜드들로부터 멀어지게 하는 조종 기술들

왜 정답? ★★★ [정답률 66%]

- 생산자들은 우리의 현재 기기가 적절한지를 의심하도록 만듦 **단서 1**
- 우리가 최신 기기를 원하는 것은 그렇게 믿도록 유도된 것임 **단서 2**
- 우리는 원하는 것과 필요한 것의 구분이 흐려짐 **단서 3**

➡ 생산자들은 우리가 가지고 있는 기기가 적절한 것인지를 의심하도록 만드는 데 노련하며, 우리가 최신 기기를 원하는 것은 생산자들이 그렇게 믿도록 우리를 조종한 결과라는 내용이다. 특히, 생산자들은 우리가 새로운 기기를 사도록 유도함으로써, 우리는 진짜로 필요해서 무언가를 원하는 것이 아니라, 무언가를 원하고 있다고 믿도록 유도되고 있다고 설명하고 있다. ▶ 따라서 제목으로 가장 적절한 것은 ③ '새로운 것을 향한 돌진: 진정한 필요 vs. 조종된 욕망'이다.

왜 오답?
① 우리는 진짜 필요에 의해서 구매하는 것이 아니라는 내용이므로, 필요한 만큼 원한다는 내용은 맞지 않다.
② 사용하는 물건과 자신의 정체성에 관한 내용은 언급되지 않았다.
④ 디지털 기기의 업그레이드 방법에 관한 내용은 언급되지 않았다.
⑤ 다른 브랜드로부터 멀어지도록 유도하는 것이 아니라, 필요가 없어도 구매를 원하도록 조종한다는 내용이다. **주의**

G 07 정답 ④ *일을 제때 끝내기 위해 가져야 할 생각

We tend to break up time into units, / such as weeks, months, and seasons; /
우리는 시간을 단위로 나누는 경향이 있다 / 주, 월, 계절과 같은 /

in a series of studies / among farmers in India and students in North America, / psychologists found / that if a deadline is on the other side of a "break" / — such as in the New Year — /
목적어절 접속사 / 부사절 접속사
일련의 연구에서 / 인도의 농부들과 북미의 학생들을 대상으로 한 / 심리학자들은 발견했다 / 마감일이 "나눔"의 반대편에 있는 경우 / 새해와 같이 /

we're more likely / to see it as remote, / and, as a result, / be less ready to jump into action. //
see A as B: A를 B로 여기다
우리는 가능성이 더 많다는 사실을 / 그것을 멀리 있는 것으로 여기고 / 그 결과 / 실행에 옮길 준비를 덜 할 //
단서 1 마감일이 시간의 단위(주, 월, 계절 등) 범위 밖에 있으면, 멀리 있는 것으로 여기고 미루게 됨

What you need to do in that situation / is find another way / to think about the timeframe. //
명사절을 이끄는 관계대명사 / 형용사적 용법 (way 수식)
단서 2 이럴 때는 시간 틀에 대해 생각하는 방식을 바꿔야 함
그러한 상황에서 당신이 해야 할 일은 / 또 다른 방식을 찾는 것이다 / 그 시간 틀에 대해 생각하는 //

For example, / if it's November and the deadline is in January, / it's better to tell yourself / you have to get it done "this winter" / rather than "next year." //
가주어 / 진주어 / to get의 목적어와 목적격 보어 (과거분사)
예를 들어 / 지금이 11월이고 마감일이 1월이라면 / 너 자신에게 말하는 것이 더 좋다 / 네가 "이번 겨울"에 일을 끝내야 한다고 / "내년"보다는 //

The best approach is / to view deadlines as a challenge / that you have to meet / within a period that's imminent. //
view A as B: A를 B로 여기다 / 주격 관계대명사 / 목적격 관계대명사
최고의 접근법은 / 마감일을 도전으로 여기는 것이다 / 맞춰야 하는 / 임박한 기간 내에 //
단서 3 마감일을 임박한 기간 내에 맞춰야 하는 도전으로 여겨야 함

That way / the stress is more manageable, / and you have a better chance / of starting / — and therefore finishing — / in good time. //
그런 식으로 / 스트레스는 더 잘 관리될 수 있고 / 가능성이 높아진다 / 작업을 시작할 수 있는 / 따라서 마무리할 수 있는 / 적시에 //

• unit ⓝ 단위 • psychologist ⓝ 심리학자 • deadline ⓝ 마감 기한
• timeframe ⓝ 시간의 틀 • manageable ⓐ 관리될 수 있는
• perception ⓝ 인식 • trick ⓥ 속이다

우리는 시간을 주, 월, 계절과 같은 단위로 나누는 경향이 있다; 인도의 농부들과 북미의 학생들을 대상으로 한 일련의 연구에서, 심리학자들은 마감일이 "나뉨" — 새해와 같이 — 의 반대편에 있는 경우, 우리는 그것을 멀리 있는 것으로 여기고, 그 결과, 실행에 옮길 준비를 덜 할 가능성이 더 많다는 사실을 발견했다. 그러한 상황에서 당신이 해야 할 일은 그 시간 틀에 대해 생각하는 또 다른 방식을 찾는 것이다. 예를 들어, 지금이 11월이고 마감일이 1월이라면, 네가 "내년"보다는 "이번 겨울"에 일을 끝내야 한다고 너 자신에게 말하는 것이 더 좋다. 최고의 접근법은 마감일을 임박한 기간 내에 맞춰야 하는 도전으로 여기는 것이다. 그런 식으로 스트레스는 더 잘 관리될 수 있고, 적시에 작업을 시작 — 따라서 마무리 — 할 수 있는 가능성이 높아진다.

다음 글의 제목으로 가장 적절한 것은?

① Delayed Deadlines: No Hurries, No Worries
미뤄진 마감일: 서두르지 않으면 걱정할 것도 없다 — 마감일이 급박하다고 생각하라는 내용임
② How Stress Affects Your Perception of Time
스트레스가 시간의 인식에 영향을 끼치는 방식 — 언급되지 않음
③ Why Do We Manage Our Tasks Worse in Winter?
우리는 왜 겨울에 업무를 더 잘 관리하지 못하는가? — 관련 없음
④ Trick Your Mind to Get Your Work Done in Time
일을 제시간에 끝내기 위해 당신의 생각을 속여라 — find another way to think about the timeframe
⑤ The Sooner You Start, The More Errors You Make
더 빠르게 시작할수록, 더 많은 오류를 만든다 — 시작 시기와 오류에 관한 글이 아님

왜 정답? ✽✽✽ [정답률 73%]

마감일이 시간의 "나뉨" 반대편에 있으면, 멀리 있다고 생각하게 되어 준비를 덜 할 가능성이 커짐 **단서1** → 시간 틀에 대한 사고방식을 바꿔야 하고 **단서2**, 마감일을 임박한 기간 내에 맞춰야 하는 도전으로 여겨야 함 **단서3** ▶ 따라서 제목으로 가장 적절한 것은 ④ '일을 제시간에 끝내기 위해 당신의 생각을 속여라'이다.

왜 오답?

① 반대로 마감일이 급박하다고 여겨야 일을 제시간에 마무리할 수 있다는 내용이다.
② 스트레스와 시간 인식에 관한 내용은 언급되지 않았다.
③ 겨울은 연말에서 연초로 넘어가는 "나뉨"의 예로 제시되었을 뿐이다.
⑤ 시작 시기와 오류에 관한 내용은 언급되지 않았다.

G 08 정답 ④ ＊나이에 따라 책임을 설정하는 것

Mental development consists of / **individuals** increasingly
동명사 (of의 목적어) — mastering의 의미상 주어
mastering social codes and signals **themselves**, /
강조 용법의 재귀대명사
정신적 발달은 이루어지는데 / 개인들이 점점 더 사회적 규범과 신호를 스스로 습득하는 것으로 /
계속적 용법의 목적격 관계대명사
which they can master / only in social situations / with the support of more competent individuals, / typically adults. //
그들은 이를 습득할 수 있다 / 사회적 상황에서만 / 더 유능한 개인들의 도움을 받는 / 일반적으로 성인들의 //

In this sense, / mental development consists of / **internalizing**
social patterns / and gradually **becoming** a responsible actor /
병렬 구조 (of의 목적어)
among other responsible actors. // **단서1** 정신적 발달은 사회적 양식을 내면화하고 책임을 길러가는 과정임
이러한 의미에서 / 정신적 발달은 이루어진다 / 사회적 양식을 내면화하고 / 점차 책임 있는 행위자가 되는 것으로 / 다른 책임 있는 행위자들 사이에서 //

In Denmark, / the age of criminal responsibility is 15 years, /
덴마크에서 / 형사 책임 연령은 15세인데 /
계속적 용법의 주격 관계대명사   목적어절 접속사
which means that we then say / **that** people have developed
sufficient mental maturity / to be accountable for their actions /
at this point. //
이는 그러면 우리가 말할 수 있음을 의미한다 / 사람들이 충분한 정신적 성숙을 발현했다고 / 자신의 행위에 책임을 지기에 / 이 시점에서 //

And at the age of 18 / people **are given** the right to vote / and **are**
병렬 구조 (동사)
thereby formally **included** / in the basic democratic process. //
그리고 18세에 / 사람들은 투표권을 받고 / 그것에 의해 공식적으로 포함된다 / 기본적인 민주적 과정에 //
목적어절 접속사
I do not know / **whether** these age boundaries are optimal, /
가주어   진주어절 접속사
나는 모르겠지만 / 이러한 연령 경계가 최적인지는 / — **단서2** 정신적 발달은 환경에 따라 개인마다 그 속도가 다름
but **it** is clear / **that** mental development **takes place** / at different
병렬 구조 (that절의 동사)
rates for different individuals, / and **depends** especially on the
현재완료의 수동태
social and family environment / they **have been given**. //
분명하다 / 정신적 발달이 일어나고 / 다른 개인에게 다른 속도로 / 특히 사회적 환경과 가정 환경에 따라 달라진다는 것은 / 그들에게 주어져 있는 //
동명사 주어
Therefore, / **having** formal limits for responsibility from a
주격 관계대명사 (선행사: limits)   단수 동사
specific age / **that** apply to everyone / **is** a somewhat questionable
practice. // **단서3** 모든 사람에게 동일하게 특정 연령부터 책임을 공식적으로 제한하는 것은 의심스러움
따라서 / 특정 연령부터 책임에 대한 공식적인 제한을 두는 것은 / 모든 사람에게 적용되는 / 다소 의심스러운 관행이다 //
주격 보어절 접속사
But the question, of course, / is **whether** it **can be done** any
differently. //   조동사를 포함하는 수동태
그러나 물론 문제는 / 그것이 조금이나마 다르게 행해질 수 있는지이다 //

• code ⓝ 규범 • competent ⓐ 유능한
• internalize ⓥ 내면화하다 • gradually ⓐⓓ 점차적으로
• criminal ⓐ (법적) 형사 범죄의 • sufficient ⓐ 충분한
• maturity ⓝ 성숙 • accountable ⓐ 책임을 지는
• vote ⓥ 투표하다 • formally ⓐⓓ 공식적으로
• democratic ⓐ 민주적인 • boundary ⓝ 경계
• optimal ⓐ 최적인 • somewhat ⓐⓓ 다소
• questionable ⓐ 의심스러운 • cognition ⓝ 인지
• democracy ⓝ 민주주의

정신적 발달은 개인들이 점점 더 사회적 규범과 신호를 스스로 습득하는 것으로 이루어지는데, 그들은 더 유능한 개인들, 일반적으로 성인들의 도움을 받는 사회적 상황에서만 이를 습득할 수 있다. 이러한 의미에서 정신적 발달은 사회적 양식을 내면화하고 다른 책임 있는 행위자들 사이에서 점차 책임 있는 행위자가 되는 것으로 이루어진다. 덴마크에서 형사 책임 연령은 15세인데, 이는 그러면 우리가 사람들이 이 시점에서 자신의 행위에 책임을 지기에 충분한 정신적 성숙을 발현했다고 말할 수 있음을 의미한다. 그리고 18세에 사람들은 투표권을 받고, 그것에 의해 기본적인 민주적 과정에 공식적으로 포함된다. 나는 이러한 연령 경계가 최적인지는 모르겠지만, 정신적 발달이 다른 개인에게 다른 속도로 일어나고, 특히 그들에게 주어져 있는 사회적 환경과 가정 환경에 따라 달라진다는 것은 분명하다. 따라서 특정 연령부터 모든 사람에게 적용되는 책임에 대한 공식적인 제한을 두는 것은 다소 의심스러운 관행이다. 그러나 물론 문제는 그것이 조금이나마 다르게 행해질 수 있는지이다.

다음 글의 제목으로 가장 적절한 것은?
having formal limits ~ is a somewhat questionable practice
① Adult Influence Is Key to Child Development
성인의 영향력이 아동 발달의 열쇠다 — 전체 내용을 담은 제목은 아님
② How Can Social Codes Limit People's Cognition?
사회적 규범이 사람들의 인지를 어떻게 제한하는가? — 인지와 관련된 내용은 언급되지 않음
③ Democracy Grows Only with Responsible Youth
민주주의는 책임감 있는 청소년들과만 성장한다 — 민주주의에 관한 내용이 아님
④ Setting Responsibilities Based on Age: Is It Appropriate?
나이에 기반하여 책임 설정하기: 과연 적절한가?
⑤ Aging: A Possible Obstacle to Consistent Personal Growth
노화: 지속적인 개인 성장에 발생할 수 있는 장애물 — 노화가 개인 성장에 방해가 된다는 내용은 언급되지 않음

왜 정답? ✽✽✽ [정답률 75%]

• 정신적 발달은 사회적 양식을 내면화하고 책임을 길러가는 과정임 **단서1**
• 정신적 발달은 개인마다, 사회적 환경과 가정 환경에 따라 그 속도가 다름 **단서2**
• 그러므로 모든 사람에게 동일하게 특정 연령부터 책임을 공식적으로 제한하는 것은 의심스러움 **단서3**

▶ 따라서 제목으로 가장 적절한 것은 ④ '나이에 기반하여 책임 설정하기: 과연 적절한가?'이다.

① 성인의 영향을 받아 아동의 정신 발달이 일어나는 것은 사실이지만, 이것이 글의 전체 내용을 담은 제목은 아니다. (▶◀ 이유: 해당 내용은 지문에 사실로 언급되어 있지만, 글의 전체 내용을 아우르는 제목은 아님)

② 사회적 규범을 특정 연령부터 제한하는 것에 의문을 둔 내용으로, 인지와 관련된 내용은 언급되지 않았다.

③ 민주주의에 관한 내용이 아니다.

⑤ 노화가 개인 성장에 방해가 된다는 내용은 언급되지 않았다.

G 09 정답 ④ ＊승리가 촉발하는 자의식적 인식의 영향

Winning turns on a self-conscious awareness / **that** others are watching. //
승리는 자의식적 인식을 촉발한다 / 다른 사람이 바라보고 있는 //

It's a lot easier / **to move** under the radar / **when** no one knows you / and no one is paying attention. //
훨씬 더 쉽다 / 눈에 띄지 않게 움직이기가 / 아무도 여러분을 모르고 / 아무도 (여러분에게) 집중하고 있지 않으면 //

You can mess up and be rough and get dirty / because no one even knows / you're there. //
여러분은 일을 망치고, 난폭해지며, 비열해져도 되는데 / 왜냐하면 아무도 심지어 알지 못하기 때문이다 / 여러분이 그곳에 있다는 것을 //

[단서 1: 승리하기 시작하면 관찰되고 있다는 것을 인식하게 됨]

But **as soon as** you start to win, / and others start to notice, / you're suddenly aware / that you're being observed. //
하지만 여러분이 승리하기 시작하고 / 다른 사람이 알아차리기 시작하는 순간부터 / 여러분은 갑자기 인식한다 / 여러분이 관찰되고 있다는 것을 //

You're being judged. // 여러분은 평가받고 있다 //

You worry / that others will discover your flaws and weaknesses, / and you start **hiding** your true personality, /
[단서 2: 승리하면 본래의 성격을 숨기기 시작함]
여러분은 걱정하고 / 다른 사람이 여러분의 실수와 약점을 발견할 것이라고 / 여러분 본래의 성격을 숨기기 시작한다 //

so you can be a good role model and good citizen and a leader / **that** others can respect. //
여러분이 좋은 본보기이자 훌륭한 시민이고 지도자가 될 수 있도록 / 다른 사람이 존경할 수 있는 //

There is nothing wrong with that. // 그것에 문제는 없다 //

But if you do it / at the expense of being who you really are, / **making** decisions / **that** please others / instead of pleasing yourself, /
하지만 만약 여러분이 그렇게 한다면 / 자신의 진정한 모습이 되는 것을 희생하면서까지 / 결정을 내리면서 / 타인을 기쁘게 하는 / 자기 자신을 기쁘게 하기보다 /

you're not going to be / in that position / very long. //
여러분은 머물지 못할 것이다 / 그 지위에 / 그리 오래 //

[단서 3: 진정한 모습을 숨기는 것은 승리의 지위에 오래 머물지 못하게 함]

When you start / **apologizing** for who you are, / you stop **growing** / and you stop **winning**. //
여러분이 시작하는 순간 / 누구인지에 대해 사과하는 것을 / 여러분은 성장을 멈추고 / 승리를 멈추게 된다 //

Permanently. // 영원히 //

- awareness ⓝ 인식　　• mess up ~을 망치다
- discover ⓥ 발견하다　　• weakness ⓝ 약점　　• expense ⓝ 희생
- permanently 〔ad〕 영원히　　• disappointment ⓝ 실망
- criticism ⓝ 비판　　• mislead ⓥ 잘못 인도하다
- mindset ⓝ 사고방식　　• trap ⓝ 덫, 함정

승리는 다른 사람이 바라보고 있다는 자의식적 인식을 촉발한다. 아무도 여러분을 모르고 (여러분에게) 집중하고 있지 않으면 눈에 띄지 않게 움직이기가 훨씬 더 쉽다. 여러분은 일을 망치고, 난폭해지며, 비열해져도 되는데, 왜냐하면 여러분이 그곳에 있다는 것을 아무도 심지어 알지 못하기 때문이다. 하지만 여러분이 승리하기 시작하고, 다른 사람이 알아차리기

시작하는 순간부터, 여러분은 관찰되고 있다는 것을 갑자기 인식한다. 여러분은 평가받고 있다. 여러분은 다른 사람이 여러분의 실수와 약점을 발견할 것이라고 걱정하고, 여러분이 좋은 본보기이자 훌륭한 시민이고 다른 사람이 존경할 수 있는 지도자가 될 수 있도록 여러분 본래의 성격을 숨기기 시작한다. 그것에 문제는 없다. 하지만 자기 자신을 기쁘게 하기보다, 타인을 기쁘게 하는 결정을 내리면서 자신의 진정한 모습이 되는 것을 희생하면서까지 그렇게 한다면, 여러분은 그 지위에 그리 오래 머물지 못할 것이다. 여러분이 누구인지에 대해 사과하기 시작하는 순간, 여러분은 성장을 멈추고, 승리를 멈추게 된다. 영원히.

> But as soon as ~ that you're being observed.
> **다음 글의 제목으로 가장 적절한 것은?**
> ① Stop Judging Others to Win the Race of Life 경쟁에서 이기기 위한 방법은 언급되지 않음 / 인생의 경쟁에서 이기기 위해 다른 사람들을 판단하는 것을 멈춰라
> ② Why Disappointment Hurts More than Criticism 실망이 비판보다 더 많이 상처를 주는 이유 · 비판과 실망에 대한 내용은 없음
> ③ Winning vs. Losing: A Dangerously Misleading Mindset 승리 대 패배: 위험할 정도로 잘못된 사고방식 · 승리와 패배의 이분법적 사고방식에 관한 글은 아님
> ④ Winners in a Trap: Too Self-Conscious to Be Themselves 함정에 빠진 우승자: 너무 자의식이 강해서 그들 자신이 되지 못한다
> ⑤ Is Honesty the Best Policy to Turn Enemies into Friends? 정직이 적을 친구로 만드는 최선의 방책일까? · 정직이 최선의 방책이라는 방향의 글이 아님

>왜 정답 ? ★★★ [정답률 65%]

승리는 자의식적 인식을 촉발하여 승리한 사람은 자신의 본래 성격을 숨기기 시작하는데 그렇게 되면 승리의 지위에 오래 머물지 못할 것이라는 내용의 글이다.

▶ 따라서 제목으로 가장 적절한 것은 ④ '함정에 빠진 우승자: 너무 자의식이 강해서 그들 자신이 되지 못한다'이다.

>왜 오답 ?

① 경쟁에서 이긴 사람들이 겪게 되는 자의식적 인식의 영향에 관한 글이지 경쟁에서 이기는 방법에 관한 글이 아니다.

② 승리하고 나서 다른 사람의 시선을 의식한다는 내용은 있으나 비판과 실망으로 인해 상처를 받는 내용의 글이 아니다.

③ 승리와 패배의 이분법적 사고방식이 잘못되었다는 글이 아니다.

⑤ 정직하게 이기라는 것을 말하는 글이 아니다.

G 10 정답 ② ＊그린 프라이데이

Since the early 1980s, / Black Friday has been a kind of unofficial U.S. holiday / marking the beginning of the holiday season /
1980년대 초반부터 / 블랙 프라이데이는 일종의 미국의 비공식적인 휴일이었다 / 휴가 시즌의 시작을 나타내는 /

and, consequently, / the most profitable time / for retailers / in the year. //
그리고 그 결과 / 수익이 가장 높은 시기였다 / 소매상들에게는 / 일 년 중 //

But in recent years, / a new movement has come to light, / adding a more ecological philosophy. //
그러나 최근 몇 년 동안 / 새로운 움직임이 나타났다 / 좀 더 생태학적인 철학이 더해져서 //

The movement is called / Green Friday, / and it seeks / to raise awareness / about the damage / **that** Black Friday brings / to the environment. //
[단서 1: 그린 프라이데이는 블랙 프라이데이가 가져오는 환경 피해에 대한 의식을 높이는 것을 추구함]
이 운동은 불린다 / 그린 프라이데이라고 / 그리고 그것은 추구한다 / 의식을 높이는 것을 / 피해에 대한 / 블랙 프라이데이가 가져오는 / 환경에 //

Think / of the carbon emissions / **caused by driving to the mall**, / the shipping of millions of items / around the world, / the plastic waste / produced by packaging, /
앞에 주격 관계대명사와 be동사가 생략됨
생각해 보라 / 탄소 배출을 / 쇼핑몰까지 운전하면서 발생되는 / 수백만 개의 물건의 배송 / 전세계 곳곳 / 플라스틱 폐기물 / 포장에 의해 발생되는 /

and even the long-term waste / **produced by mindlessly buying things** / **we don't need**. //
앞에 주격 관계대명사와 be동사가 생략됨 · 앞에 목적격 관계대명사가 생략됨
그리고 심지어 오랫동안 남게 될 쓰레기까지 / 물건을 생각 없이 구매함으로써 발생된 / 우리가 필요하지도 않은 //

Green Friday is about **changing** / **the way** we see this day / and **switching** our mindset / from "buy, buy, buy" /
병렬 구조 · 관계부사 how의 선행사
그린 프라이데이는 바꾸는 것에 대한 것이다 / 우리가 그날(블랙 프라이데이)을 보는 방식을 / 그리고 우리의 사고방식을 바꾸는 것(에 대한) / "사고, 사고, 사는 것"에서 /

to finding alternative ways / **to give** gifts / during the holiday
형용사적 용법(ways 수식)
season / so we don't cause / further damage to the Earth. //
대안적인 방법을 찾는 것으로 / 선물을 주는 / 그 휴가 시즌에 / 그래서 우리가 유발하지 않도록 한다 / 지구에 더 많은 피해를 // 단서 2 그린 프라이데이는 환경에 피해를 주지 않도록 블랙 프라이데이를 보는 방식을 바꾸고 대안적인 방법을 찾는 것임
양보의 부사절 접속사
Even if only a small percentage / of the population / makes the
switch, / it'll mean / great things for the environment. //
비록 단지 일부만이 / 인구의 / 변화를 만든다 하더라도 / 그것은 의미가 있을 것이다 / 환경에 큰 //

- unofficial ⓐ 비공식적인　　　• mark ⓥ 나타내다
- consequently ⓐ 그 결과, 따라서
- profitable ⓐ 이득이 되는, 수익성이 있는　　• retailer ⓝ 소매상
- come to light (사람들에게) 알려지다[밝혀지다]
- ecological ⓐ 생태학적인　　• philosophy ⓝ 철학　　• seek ⓥ 추구하다
- raise ⓥ 불러일으키다, 자아내다　　• awareness ⓝ 의식, 관심
- emission ⓝ 배출, 배출물　　• mindlessly ⓐ 의식이 없이, 어리석게
- switch ⓥ 바꾸다, 전환하다 ⓝ 전환, 바꾸기　　• mindset ⓝ 사고방식
- alternative ⓐ 대안적인, 대체의　　• population ⓝ 인구
- beyond prep ~ 이상으로, ~을 넘어서　　• budget ⓝ 예산, 비용

1980년대 초반부터, 블랙 프라이데이는 휴가 시즌의 시작을 나타내는 일종의 미국의 비공식적인 휴일이었고, 그 결과 소매상들에게는 일 년 중 수익이 가장 높은 시기였다. 그러나 최근 몇 년 동안 좀 더 생태학적인 철학이 더해져서 새로운 움직임이 나타났다. 이 운동은 그린 프라이데이라고 불리며, 블랙 프라이데이가 환경에 가져오는 피해에 대한 의식을 높이는 것을 추구한다. 쇼핑몰까지 운전하면서 발생되는 탄소 배출, 수백만 개의 물건의 전세계 배송, 포장에 의해 발생되는 플라스틱 폐기물, 그리고 심지어 우리가 필요하지도 않은 물건을 생각 없이 구매함으로써 오랫동안 남게 될 쓰레기까지 생각해 보라. 그린 프라이데이는 우리가 그날(블랙 프라이데이)을 보는 방식을 바꾸고, "사고, 사고, 사는 것"에서 그 휴가 시즌에 선물하는 것에 대한 대안적인 방법을 찾는 것으로 우리의 사고방식을 바꾸는 것에 대한 것이며, 그래서 우리가 지구에 더 많은 피해를 주지 않도록 한다. 비록 인구의 단지 일부만이 변화를 만든다 하더라도, 그것은 환경에 큰 의미가 있을 것이다.

다음 글의 제목으로 가장 적절한 것은?
① Compare Deals, Save Money 비용을 절감하는 방법에 대해서는 언급되지 않음
거래를 비교하고 비용을 절감하세요
② Turning Black Friday Green 환경에 피해를 주지 않는 그린 프라이데이로의 변화가 필요하다고 했음
블랙 프라이데이를 그린으로 바꾸기
③ Online Shops for Green Consumers 친환경과 관련된 green이 언급된 것으로 만든 오답임
친환경 소비자를 위한 온라인 상점
④ Marketing Tricks Used on Black Friday 마케팅 요령에 관한 내용이 아님
블랙 프라이데이에 사용되는 마케팅 요령
⑤ What Makes You Spend Beyond Your Budget?
무엇이 여러분의 예산을 초과하여 지출하게 하는가? 과소비의 원인에 관한 내용이 아님

왜 정답? ★★※ [정답률 80%]
블랙 프라이데이가 환경에 가져오는 피해에 대한 의식을 높이는 것을 추구하는 그린 프라이데이에 대해 소개하고 그린 프라이데이로의 변화가 지구에 더 많은 피해를 주지 않게 하는 방식이라는 것이 이 글의 핵심 내용이므로, 제목으로 ② '블랙 프라이데이를 그린으로 바꾸기'가 적절하다.

왜 오답?
①, ⑤ 블랙 프라이데이가 환경에 미치는 영향을 언급한 것으로 만든 오답이다. 비용을 절감하라거나 과소비의 원인은 언급되지 않았다.
③ 환경 보호와 관련된 내용으로 만든 오답이다. ◀ green은 '환경 보호의, 환경 친화적인'이라는 뜻도 있음 꿀팁
④ 블랙 프라이데이의 마케팅 방법은 언급되지 않았다.

G 11 정답 ③ ＊로봇이 로봇처럼 생겨야 하는 이유 —

In response to human-like care robots, / critics might **charge**
'비난하다'
/ **that** human-robot interactions create moral hazards / for
목적어절 접속사
dementia patients. // 인간을 닮은 돌봄 로봇들에 대한 반응으로 / 비평가들은
비난할지도 모른다 / 인간-로봇의 상호 작용이 도덕적 위험을 만들어 낸다고 / 치매 환자들에게 //
부사절 접속사 (양보)
Even if deception is sometimes allowed / when it serves worthy
goals, / should it be allowed for vulnerable users? //
속임수가 때때로 허용된다고 하더라도 / 그것이 가치 있는 목표를 달성할 때 / 취약한
사용자들에게 그것이 허용되어야 할까 // 단서 1 일부 사람들은 로봇을 인간으로 생각할 수 있음
Just as children on the autism spectrum with robot companions
/ might be easily fooled into thinking of robots as friends, / older
adults with cognitive deficits might be. //
로봇 친구가 있는 자폐성 스펙트럼을 가진 아이들이 / 로봇을 친구로 생각하도록 쉽게 속을 수 있는 것처럼 / 인지 결함을 가진 노인들도 그럴 수 있다 //
According to Alexis Elder, / a professor at UMD, / robots are
false friends, / inferior to true friendship. //
Alexis Elder에 따르면 / UMD의 교수인 / 로봇은 '가짜' 친구다 / 진정한 우정보다 열등한 //
Reasoning along similar lines, / **John Sullins**, a professor at
단수 동사　　　단수 주어
Sonoma State University, **holds** /
비슷한 방향에서 생각하자면 / Sonoma 주립 대학교 교수인 John Sullins는 주장한다 /
부사절 접속사 (목적)
that robots should "remain iconic or cartoonish / **so that** they
are easily distinguished as synthetic / even by unsophisticated
users." // 단서 2 로봇이 인간으로 착각되지 않도록 인간과 구분되게 생겨야 함
로봇이 '상징적이거나 만화같이 남아 있어야 한다 / 그것들이 진짜가 아닌 것으로 쉽게 구별될 수 있도록 / 심지어 순수한 사용자들에 의해서도'라고 //
At least / then no one is fooled. // 적어도 / 그러면 아무도 속지 않는다 //
Making robots clearly **fake** also avoids / the so-called "uncanny
Making의 목적격 보어 (형용사)
valley," /
로봇을 명백히 가짜로 만드는 것은 또한 피하게 한다 / 소위 '불쾌한 골짜기'라고 불리는 것을 /
관계부사
where robots are perceived as scary / because they so closely
resemble us, / but not quite. //
로봇이 무섭다고 인지되는 / 우리를 아주 가깝게 닮았기 때문에 / 완전히는 아니지만 //
목적어절 접속사 부사절 접속사 (시간)
Other critics of robot deception argue / **that when** care recipients
are deceived / into thinking that robots care, /
로봇 속임수에 대한 다른 비평가들은 주장한다 / 돌봄을 받는 사람들이 속임을 당할 때 /
로봇이 돌봐 준다고 생각하도록 //
단서 3 인간의 존엄성을 침해할 수 있음
this crosses a line / and violates human *dignity*. //
이것은 선을 넘고 / 인간의 '존엄성'을 침해한다고 //

- hazard ⓝ 위험　　• deception ⓝ 속임수　　• vulnerable ⓐ 취약한
- companion ⓝ 친구　　• fool ⓥ 속이다　　• cognitive ⓐ 인지의
- deficit ⓝ 결함　　• cartoonish ⓐ 만화같은　　• synthetic ⓐ 인조의
- unsophisticated ⓐ 순수한　　• uncanny ⓐ 불쾌한
- recipient ⓝ 수용자　　• dignity ⓝ 존엄성　　• surpass ⓥ 능가하다

인간을 닮은 돌봄 로봇들에 대한 반응으로, 비평가들은 인간-로봇의 상호 작용이 치매 환자들에게 도덕적 위험을 만들어 낸다고 비난할지도 모른다. 속임수가 그것이 가치 있는 목표를 달성할 때 때때로 허용된다고 하더라도, 취약한 사용자들에게 그것이 허용되어야 할까? 로봇 친구가 있는 자폐성 스펙트럼을 가진 아이들이 로봇을 친구로 생각하도록 쉽게 속을 수 있는 것처럼, 인지 결함을 가진 노인들도 그럴 수 있다. UMD의 교수인 Alexis Elder에 따르면, 로봇은 진정한 우정보다 열등한 '가짜' 친구이다. 비슷한 방향에서 생각하자면, Sonoma 주립 대학교 교수인 John Sullins는 로봇이 '심지어 순수한 사용자들에 의해서도 그것들이 진짜가 아닌 것으로 쉽게 구별될 수 있도록 상징적이거나 만화같이 남아 있어야 한다'라고 주장한다. 적어도 그러면 아무도 속지 않는다. 로봇을 명백히 가짜로 만드는 것은 또한 로봇이 우리를 완전히는 아니지만, 아주 가깝게 닮았기 때문에 무섭다고 인지되는 소위 '불쾌한 골짜기'라고 불리는 것을 피하게 한다. 로봇 속임수에 대한 다른 비평가들은 돌봄을 받는 사람들이 로봇이 돌봐 준다고 생각하도록 속임을 당할 때, 이것은 선을 넘고 인간의 '존엄성'을 침해한다고 주장한다.

다음 글의 제목으로 가장 적절한 것은?
① The Importance of Protecting Human Dignity
인간의 존엄성 보호의 중요성 / 인간의 존엄성 보호가 핵심은 아님
② Robots Can't Surpass Human Beings in Nursing Jobs
돌봄에 있어서 로봇들은 인간을 능가할 수 없다 / 로봇이 인간의 돌봄 능력을 능가하는지는 알 수 없음
③ Why Robots for Vulnerable People Should Look Like Robots
취약한 사람들을 위한 로봇이 로봇같이 생겨야 하는 이유 / robots should remain iconic
④ Can Robots Learn Ethical Behavior Through Human Interaction?
인간과의 상호 작용을 통해서 로봇들이 윤리적 행동을 배울 수 있는가? / 로봇의 윤리적 행동 습득은 관련 없음
⑤ Healthcare Robots: Opening the Era of Online Medical Checkups
건강관리 로봇: 온라인 건강검진의 시대를 열다 / 건강검진과 관련 없음

왜 정답? ★★★ [정답률 53%]

- 로봇 친구가 있는 자폐성 스펙트럼을 가진 아이들이 로봇을 친구로 생각하도록 쉽게 속을 수 있는 것처럼, 인지 결함을 가진 노인들도 그럴 수 있다. 단서 1
- 진짜가 아닌 것으로 쉽게 구별될 수 있도록 상징적이거나 만화같이 남아 있어야 한다. 단서 2
- 돌봄을 받는 사람들이 로봇이 돌봐 준다고 생각하도록 속임을 당할 때, 이것은 선을 넘고 인간의 '존엄성'을 침해한다. 단서 3

→ 일부 취약한 사람들은 인간과 비슷하게 생긴 로봇에 의해 돌봄을 받을 때 인간에게 도움을 받는 것으로 착각할 수 있고, 그렇게 속임을 당할 때 인간의 존엄성이 침해될 수 있다는 내용의 글이다.
▶ 따라서 제목으로 가장 적절한 것은 ③ '취약한 사람들을 위한 로봇이 로봇같이 생겨야 하는 이유'이다.

왜 오답?

① 인간의 존엄성이 언급되긴 했으나 그것의 중요성에 관한 글이 아니다.
(ᑯ 이유: 존엄성을 보호해야 하기 때문에 로봇이 로봇같이 생겨야 한다는 글이다.)
② 로봇이 인간을 돌볼 때 인간이 아님을 확실히 인식할 수 있어야 한다는 내용의 글이다.
④ 인간과의 의사소통을 통해서 로봇이 윤리적인 가르침을 받을 수 있다는 내용이 아니다.
⑤ 로봇을 통해 온라인 건강검진을 할 수 있게 되었다는 내용의 글이 아니다.

G 12 정답 ③ ★의식적인 구매가 회사에 미치는 영향

As you may already know, / what and how you buy / can be political. //
간접의문문
이미 알고 있겠지만 / 여러분이 무엇을 어떻게 구매하는지는 / 정치적일 수 있다 //

To whom / do you want to give your money? //
누구에게 / 여러분은 여러분의 돈을 주고 싶은가 //

Which companies and corporations / do you value and respect? //
어떤 회사와 기업을 / 여러분은 가치 있게 여기고 존중하는가 //

Be mindful about every purchase / by carefully researching the corporations that are taking our money / to decide if they deserve our support. // 단서 1 기업을 면밀히 조사하여 모든 구매에 주의를 기울여야 함
「every + 단수 명사」 by -ing: ~함으로써 / 주격 관계대명사 / 부사적 용법(목적)
모든 구매에 주의를 기울여라 / 기업들을 면밀히 조사함으로써 / 우리의 돈을 가져가는 / 그들이 우리의 지원을 받을 자격이 있는지를 결정하기 위해 //

Do they have a record of polluting the environment, / or do they have fair-trade practices and an end-of-life plan / for the products they make? //
앞에 목적격 관계대명사 생략
그들은 환경을 오염시킨 기록이 있는가 / 아니면 공정 거래 관행과 제품 수명종료 계획이 있는가 / 그들이 만든 제품에 대한 //

Are they committed to / bringing about good in the world? //
be committed(= contributed) to -ing: ~에 헌신하다
그들은 헌신하고 있는가 / 세상에 득이 되는 것에 //

For instance, / my family has found a company / producing recycled, plastic-packaging-free toilet paper / with a social conscience. //
현재분사구 (a company 수식)
예를 들어 / 우리 가족은 회사를 발견했다 / 재활용되고 플라스틱 포장이 없는 화장지를 생산하는 / 사회적 양심을 가지고 //

They contribute 50 percent of their profits / to the construction of toilets around the world, / and we're genuinely happy / to spend our money / on this special toilet paper / each month. //
contribute A to B: A를 B에 헌신하다 / 부사적 용법(감정의 이유)
그들은 수익의 50퍼센트를 기부하고 / 전 세계 화장실 건설에 / 우리는 정말 기쁘다 / 돈을 쓸 수 있어서 / 이 특별한 화장지에 / 매달 //
목적어절 접속사

Remember / that the corporate world is built on consumers, /
기억하라 / 기업의 세계는 소비자를 기반으로 구축되므로 /

so as a consumer you have the power / to vote with your wallet / and encourage companies / to embrace healthier and more sustainable practices /
병렬 구조 (the power 수식)
소비자로서 여러분은 힘이 있다는 것을 / 지갑으로 투표하고 회사들을 장려할 / 더 건강하고 더 지속 가능한 관행을 받아들이도록 /
단서 2 소비자는 자신의 구매 선택으로 기업이 옳은 일을 하도록 장려할 수 있음

with every purchase you choose to make. //
여러분이 선택한 모든 구매를 통해 / 앞에 목적격 관계대명사 생략

- political ⓐ 정치적인
- mindful ⓐ 유념하는
- construction ⓝ 건설
- corporate ⓐ 기업의
- sustainable ⓐ 지속 가능한
- consciously ⓐd 의식적으로
- corporation ⓝ 기업
- deserve ⓥ ~을 받을 만하다
- genuinely ⓐd 진심으로
- embrace ⓥ 받아들이다
- green ⓐ 환경 친화적인
- voter ⓝ 유권자, 투표자

이미 알고 있겠지만, 여러분이 무엇을 어떻게 구매하는지는 정치적일 수 있다. 여러분은 여러분의 돈을 누구에게 주고 싶은가? 여러분은 어떤 회사와 기업을 가치 있게 여기고 존중하는가? 우리의 지원을 받을 자격이 있는지를 결정하기 위해 우리의 돈을 가져가는 기업들을 면밀히 조사함으로써 모든 구매에 주의를 기울여라. 그들은 환경을 오염시킨 기록이 있는가, 아니면 그들이 만든 제품에 대한 공정 거래 관행과 제품 수명종료 계획이 있는가? 그들은 세상에 득이 되는 것에 헌신하고 있는가? 예를 들어, 우리 가족은 사회적 양심을 가지고 재활용되고 플라스틱 포장이 없는 화장지를 생산하는 회사를 발견했다. 그들은 수익의 50퍼센트를 전 세계 화장실 건설에 기부하고 우리는 이 특별한 화장지에 매달 돈을 쓸 수 있어서 정말 기쁘다. 기업의 세계는 소비자를 기반으로 구축되므로, 소비자로서 여러분은 지갑으로 투표하고 여러분이 선택한 모든 구매를 통해 회사들이 더 건강하고 더 지속 가능한 관행을 받아들이도록 장려할 힘이 있다는 것을 기억하라.

Be mindful about every purchase ~ deserve our support.
다음 글의 제목으로 가장 적절한 것은?
① Green Businesses: Are They Really Green?
친환경 기업들: 그들은 진정으로 친환경인가? / 친환경 기업이 맞는지 의심하며 면밀히 살피라는 것이 아님
② Fair Trade Does Not Always Appeal to Consumers
공정 무역이 항상 소비자들에게 매력적인 것은 아니다 / 공정 무역을 하는 기업에 구매를 결정했다 했음
③ Buy Consciously, Make Companies Do the Right Things
의식적으로 구매해라, 회사가 옳은 일을 하도록 해라
④ Do Voters Have a Powerful Impact on Economic Policy?
투표자들은 경제 정책에 강력한 영향을 미치는가? / 경제 정책에 관한 언급은 없음
⑤ The Secret to Saving Your Money: Record Your Spending
당신의 돈을 절약하는 비밀: 당신의 지출을 기록하라 / 돈을 절약하는 방법으로 기록을 언급한 것이 아님

왜 정답? ★★☆ [정답률 73%]

- 기업이 돈을 벌 자격이 있는지를 면밀히 조사하여 모든 구매에 주의를 기울여야 한다. 단서 1
- 소비자는 자신의 구매 선택으로 기업이 옳은 일을 하도록 장려할 수 있다. 단서 2

→ 기업이 친환경 정책, 공정 거래 등 옳은 일을 하고 있는지를 자세히 조사하여 구매를 결정하고, 이런 의식적인 소비 투표를 통해 기업이 지속 가능한 관행을 시행하도록 장려하라는 내용이다. ▶ 따라서 제목으로 가장 적절한 것은 ③ '의식적으로 구매해라, 회사가 옳은 일을 하도록 해라'이다.

왜 오답?

① 친환경 정책을 시행하는 기업을 언급하긴 했지만, 친환경 기업에 구매를 결정해서 옳은 일을 장려하라는 내용이다. (ᑯ 이유: 면밀히 조사하라는 것은 기업이 지원을 받을 자격이 있는지 살피기 위함이며, 친환경 기업에만 국한된 내용이 아니다.)
② 공정 무역을 진행하는 기업을 언급하긴 했지만, 공정 무역을 하는 기업에 구매를 결정해서 옳은 일을 장려하라는 내용이다.
④ 구매가 정치적일 수 있다고만 했을 뿐, 경제 정책에 관한 언급은 하지 않았다.
⑤ 돈을 절약하는 비밀에 관한 언급은 없다.

A building is an inanimate object, / but it is not an inarticulate one. //
단서 1 건물은 무생물이지만 표현을 할 수 있는 사물임
빌딩은 무생물이다 / 하지만 표현을 제대로 하지 못하는 사물은 아니다 //

Even the simplest house always makes a statement, / one
최상급 비교
expressed in brick and stone, in wood and glass, / rather than in
과거분사구(one 수식)
words — / but no less loud and obvious. //
아무리 단순한 집이라도 항상 진술을 한다 / 그것은 벽돌과 돌, 나무와 유리로 표현되지만 /
말로라기보다 / 하지만 꽤 크고 명확하다 //

When we see a rusting trailer / surrounded by weeds and
과거분사구(trailer 수식)
abandoned cars, / or a brand-new mini-mansion / with a high
wall, / we instantly get a message. //
우리가 녹슨 트레일러를 볼 때 / 잡초와 버려진 자동차로 둘러싸인 / 아주 새로운 소형 저택을
(볼 때) / 높은 벽을 가진 / 우리는 즉시 메시지를 받는다 //

In both of these cases, / though in different accents, / it is "Stay
Out of Here." //
이 두 경우 모두 / 비록 다른 억양이지만 / 그것은 "여기에 들어오지 마시오"이다 //
it is ~ that 강조 구문
It is not only houses, of course, / that communicate with us. //
물론 집뿐만이 아니다 / 우리와 소통하는 것은 //
단서 2 모든 종류의 건물은 재료와
구조 등으로 메시지를 전달함
All kinds of buildings — / churches, museums, schools,
hospitals, restaurants, and offices — / speak to us silently. //
모든 종류의 건물들이 / 교회, 박물관, 학교, 병원, 식당, 사무실 / 우리에게 조용히 말한다 //

Sometimes the statement is deliberate. //
때때로 그 진술은 의도적이다 //
부사절 접속사(목적)
A store or restaurant can be designed / so that it welcomes /
mostly low-income or high-income customers. //
가게나 레스토랑은 설계될 수 있다 / 맞이하기 위해서 / 주로 저소득층 또는 고소득층 고객을 //
간접목적어   직접목적어
Buildings tell us / what to think and how to act, / though we
may not register their messages consciously. //
건물들은 우리에게 알려준다 / 무엇을 생각하고 어떻게 행동해야 하는지를 / 우리가 그들의
메시지를 의식적으로 명심하지는 않더라도 /
단서 3 건물은 우리가 그 안에서 무엇을 생각하고
어떻게 행동해야 하는지를 알려줌

- inanimate ⓐ 무생물의   · statement ⓝ 진술   · brick ⓝ 벽돌
- rusting ⓐ 녹슨   · surround ⓥ 둘러싸다   · weed ⓝ 잡초
- abandon ⓥ 버리다   · mini-mansion 소형 저택
- instantly ⓐⓓ 즉시   · accent ⓝ 억양   · silently ⓐⓓ 조용히
- deliberate ⓐ 의도적인   · low-income 저소득의
- high-income 고소득의   · register ⓥ 명심하다
- consciously ⓐⓓ 의식적으로   · vague ⓐ 모호한
- grasp ⓥ 이해하다, 파악하다   · attach ⓥ 의미, 가치 등을 두다

빌딩은 무생물이지만, 표현을 제대로 하지 못하는 사물은 아니다. 아무리
단순한 집이라도 항상 진술을 하는데, 그것은 말보다 벽돌과 돌, 나무와
유리로 표현되지만 꽤 크고 명확하다. 잡초와 버려진 자동차로 둘러싸인
녹슨 트레일러나 높은 벽을 가진 아주 새로운 소형 저택을 볼 때, 우리는
즉시 메시지를 받는다. 이 두 경우 모두, 비록 다른 억양이지만, 그것은
"여기에 들어오지 마시오"이다. 물론 우리와 소통하는 것은 집뿐만이
아니다. 교회, 박물관, 학교, 병원, 식당, 사무실처럼 모든 종류의
건물들이 우리에게 조용히 말한다. 때때로 그 진술은 의도적이다. 가게나
레스토랑은 주로 저소득층 또는 고소득층 고객을 맞이하기 위해서 설계될
수 있다. 건물들은 우리가 그들의 메시지를 의식적으로 명심하지는
않더라도 우리에게 무엇을 생각하고 어떻게 행동해야 하는지를 알려준다.

다음 글의 제목으로 가장 적절한 것은?
① Buildings Do Talk in Their Own Ways!
건물들은 그들만의 방식으로 말을 한다!   모든 건물은 재료와 구조 등으로 메시지를 전함
② Design of Buildings Starts from Nature
건물의 디자인은 자연에서 시작된다   건물의 디자인과 자연의 연관성은 관련 없음
③ Language of Buildings: Too Vague to Grasp   꽤 크고 명확함
건물의 언어: 이해하기 너무 모호한
④ Which Is More Important, Safety or Beauty?   관련 없는 내용
어느 것이 더 중요한가, 안전 혹은 아름다움?
⑤ How Do Architects Attach Emotions to Buildings?
건축가는 어떻게 건물에 감성을 부여하는가?   건물의 감성에 대한 언급은 없음

>왜 정답? ★★★[정답률 77%]
건물은 무생물임에도 표현할 수 있는 사물이며, 건물의 재료나 구조를 통해
인간이 그 안에서 무엇을 생각하고 어떻게 행동해야 하는지 알려준다고 했다.
건물이 전하는 메시지는 꽤 크고 명확하며 의도적인데, 인간이 건물의 메시지를
의도적으로 명심하지는 않더라도 항상 건물은 말을 한다는 내용이다.
따라서 글의 제목으로 가장 적절한 것은 ① '건물들은 그들만의 방식으로 말을
한다!'이다.

>왜 오답?
② 자연에서 출발한 건물의 디자인에 대한 언급은 없다.
③ 건물은 무생물임에도 표현할 수 있는 사물인데, 그 언어는 꽤 크고 명확하다고
설명하고 있다.
④ 건물 설계라는 글의 소재를 이용한 오답으로, 안전과 아름다움 중 무엇에
방점을 두어야 하는지를 설명하는 글이 아니다.
⑤ 건물이 재료나 구조를 통해 우리에게 메시지를 전할 수 있다고 했을 뿐,
건축가가 건물에 감성을 부여하는 법을 설명하는 글이 아니다.

G 14 정답 ④ ＊식품 라벨의 허점
조건의 부사절 접속사
If a food contains more sugar / than any other ingredient, /
government regulations require / that sugar be listed first / on
명사절 접속사   앞에 should가 생략됨
the label. //
한 식품이 더 많은 설탕을 함유하고 있다면 / 다른 어떤 성분보다 / 정부 규정은 요구한다 /
설탕이 첫 번째로 기재될 것을 / 라벨에 //

But if a food contains / several different kinds of sweeteners, /
they can be listed separately, / which pushes each one farther
down the list. //
단서 1 몇 가지 종류의 감미료를 함유한다면 그 각각의 감미료들은 라벨의
아래쪽에 제시됨
그러나 어떤 식품이 함유하고 있다면 / 몇 가지 다른 종류의 감미료를 / 그것들은 각각 기재될
수 있는데 / 그것은 각각의 것들을 목록 더 아래로 밀어 내린다 //
lead A to-v: A가 ~하도록 하다
This requirement has led the food industry / to put in three
목적의 부사절 접속사
different sources of sugar / so that they don't have to say / the
food has that much sugar. //
이 요구는 식품업계가 ~하게 만들었다 / 세 가지 다른 당의 원료를 넣게 / 그들이 말할 필요가
없도록 / 그 식품에 설탕이 그렇게 많이 들어 있다고 //

So sugar doesn't appear first. //   단서 2 세 가지 다른 당의 원료를 넣으면
설탕 함유량을 적게 표시할 수 있음
그래서 설탕이 첫 번째로 나타나지 않는다 //
양보의 부사절을 이끄는 복합 관계대명사
Whatever the true motive, / ingredient labeling still does not
fully convey / the amount of sugar / being added to food, /
진짜 동기가 무엇이든 / 성분 라벨 표기는 여전히 충분히 전달하지 못하며 / 설탕의 양을 / 식
품에 첨가되는 /
의미상의 주어
certainly not in a language that's easy / for consumers
부사적 용법(easy 수식)
to understand. //
분명히 쉬운 언어로 되어있지 않다 / 소비자가 이해하기에 //

A world-famous cereal brand's label, / for example, / indicates /
that the cereal has 11 grams of sugar / per serving. //
세계적으로 유명한 어떤 시리얼 브랜드의 라벨은 / 예를 들어 / 보여준다 / 시리얼이 11g의 설
탕을 함유하고 있음을 / 1회분에 //
단서 3 라벨에는 11g의 설탕이 함유되어 있다고
부정어로 인해 주어와 동사가 도치됨   쓰여 있지만 사실 첨가당이 3분의 1이 넘음
But nowhere does it tell consumers / that more than one-third
of the box / contains added sugar. //
그러나 어디에서도 그것은 소비자들에게 알려주지 않는다 / 상자의 3분의 1 넘게 / 첨가당을
함유하고 있다는 것을 //

- contain ⓥ ~이 들어[함유되어] 있다   · ingredient ⓝ 성분
- regulation ⓝ 규정, 규제   · sweetener ⓝ 감미료
- requirement ⓝ 요구, 요구 조건   · source ⓝ 원료, 원천
- motive ⓝ 동기, 이유   · convey ⓥ 전달하다
- indicate ⓥ 나타내다, 보여 주다   · serving ⓝ 1회분, 1인분
- intake ⓝ 섭취

한 식품이 다른 어떤 성분보다 더 많은 설탕을 함유하고 있다면, 정부 규
정은 설탕이 라벨에 첫 번째로 기재될 것을 요구한다. 그러나 어떤 식품
이 몇 가지 다른 종류의 감미료를 함유하고 있다면, 그것들은 각각 기재

될 수 있는데, 그것은 각각의 감미료를 목록에서 더 아래로 밀어 내린다. 이 요구는 식품업계가 그 식품에 설탕이 그렇게 많이 들어 있다고 말할 필요가 없도록 세 가지 다른 당의 원료를 넣게 만들었다. 그래서 설탕이 첫 번째로 나타나지 않는다. 진짜 동기가 무엇이든, 성분 라벨 표기는 식품에 첨가되는 설탕의 양을 여전히 충분히 전달하지 못하며, 분명히 소비자가 이해하기에 쉬운 언어로 되어 있지 않다. 예를 들어, 세계적으로 유명한 어떤 시리얼 브랜드의 라벨은 시리얼이 1회분에 11g의 설탕을 함유하고 있음을 보여준다. 그러나 어디에서도 그것은 상자의 3분의 1 넘게 첨가당을 함유하고 있다는 것을 소비자들에게 알려주지 않는다.

> **다음 글의 제목으로 가장 적절한 것은?**
> ① Artificial Sweeteners: Good or Bad? 인공 감미료 자체에 대한 설명이 아님
> 인공 감미료: 이로울까 아니면 해로울까?
> ② Consumer Benefits of Ingredient Labeling 라벨 표기의 허점을 지적함
> 성분 라벨 표기로 얻는 소비자 이익
> ③ Sugar: An Energy Booster for Your Brain 설탕의 역할을 설명한 것이 아님
> 설탕: 여러분의 두뇌를 위한 에너지 촉진제
> ④ Truth About Sugar Hidden in Food Labels 식품 라벨이 당에 대해 갖는 허점을 설명함
> 식품 라벨에 숨겨진 설탕에 대한 진실
> ⑤ What Should We Do to Reduce Sugar Intake? 설탕의 섭취량에 대한 내용이 아님
> 설탕 섭취를 줄이기 위해 우리는 무엇을 해야 하는가?

>왜 정답? ★★★ [정답률 83%]

어떤 식품에 다른 어떤 성분보다 설탕이 더 많이 함유되어 있다면 식품 라벨에 설탕이 첫 번째로 기재되어야 하지만, 몇 가지 다른 종류의 감미료들을 함유하고 있다면 그 감미료들은 각각 기재될 수 있고, 이는 그 감미료들을 라벨의 목록 아래쪽으로 밀어낸다고 했다. 이는 한 상자에 실제로 설탕이 많이 함유되어 있더라도 라벨의 윗부분에는 나타나지 않는다는 의미이므로 ④ '식품 라벨에 숨겨진 설탕에 대한 진실'이다.

>왜 오답?

① 인공 감미료의 긍정적인 면이나 부정적인 면을 설명한 글이 아니다.
② 성분 라벨 표기의 허점에 대해 설명하는 글이다. 함정
③ 설탕이 우리 몸에서 하는 역할에 대한 내용이 아니다.
⑤ 설탕 섭취를 줄이는 방법에 대한 언급은 없다.

G 15 정답 ② ＊새로운 지위의 상징으로서의 자전거 타기

재귀대명사 (재귀 용법)
The recent "cycling as a lifestyle" craze / has expressed **itself** / in an increase in the number of active cyclists / and in growth of cycling club membership /
최근의 '생활 양식으로서의 자전거 타기' 열풍은 / 직접 나타냈다 / 적극적으로 자전거를 타는 사람들 수의 증가와 / 자전거 타기 클럽 회원의 성장으로 /

in several European, American, Australian and Asian urban areas. //
유럽, 미국, 호주 그리고 아시아의 몇몇 도시 지역에서 //

be accompanied by: ~에 동반되다
It has also **been accompanied / by** a symbolic reinterpretation of the bicycle. // 단서 1 자전거 열풍은 자전거의 상징이 재해석되는 상황과 동반됨
그것은 또한 동반되어 왔다 / 자전거의 상징적인 재해석과 //

After the bicycle had been associated with poverty / for many years, /
자전거가 가난과 연관되었던 이후로 / 수년 동안 /

expensive recreational bicycles or recreationally-inspired commuting bicycles / have suddenly become aspirational products / in urban environments. // 단서 2 자전거는 예전에는 가난의 상징이었지만 열망의 상품이 됨
비싼 여가용 자전거 또는 여가용으로부터 영감을 얻은 통근용 자전거가 / 갑자기 열망의 상품이 되었다 / 도시 환경에서 //

주격 관계대명사
In present times, / cycling has become an activity / **which** is also performed for / its demonstrative value, / its role in identity construction /
현재 / 자전거 타기가 활동이 되었다 / ~을 위해 수행되기도 하는 / 그것의 드러내 놓고 표현하는 가치 / 정체성 형성에 있어서의 그것의 역할 /

병렬 구조 (전치사의 목적어)
and its effectiveness / in **impressing** others and **signaling** social status. //
그리고 그것의 효과 / 타인에게 깊은 인상을 주고 사회적 지위를 암시하는 것에 있어서의 //

To a certain extent, / cycling has turned into / a symbolic marker of the well-off. // 단서 3 자전거는 이제는 부유함의 상징으로 바뀜
어느 정도는 / 자전거 타기가 바뀌었다 / 부유한 사람들의 상징적 표시로 //

= never
Obviously, value-laden consumption behavior / is **by no means** limited to cycling. //
분명히 가치를 지닌 소비 행위는 / 자전거 타기에 결코 한정되지 않는다 //

단수 주어
However, **the link** with identity construction and conspicuous consumption / **has become** particularly manifest / in the case of cycling. //
단수 동사
그러나 정체성 형성과 과시적 소비와의 관련성은 / 특히 분명해졌다 / 자전거 타기의 경우에 //

- craze ⓝ 열풍 ・ urban ⓐ 도시의 ・ accompany ⓥ 수반하다
- symbolic ⓐ 상징적인 ・ reinterpretation ⓝ 재해석
- poverty ⓝ 가난 ・ recreational ⓐ 여가의
- commuting ⓝ 통근 ・ aspirational ⓐ 열망의
- demonstrative ⓐ 표현하는 ・ construction ⓝ 형성, 구축
- the well-off 부유한 사람들 ・ value-laden 가치 판단적인
- conspicuous consumption 과시적 소비 ・ manifest ⓐ 분명한
- atmosphere ⓝ 분위기 ・ dweller ⓝ 거주자
- worsen ⓥ 악화시키다 ・ sustain ⓥ 유지하다
- inclusive ⓐ 포괄적인

최근의 '생활 양식으로서의 자전거 타기' 열풍은 유럽, 미국, 호주 그리고 아시아의 몇몇 도시 지역에서 적극적으로 자전거를 타는 사람들 수의 증가와 자전거 타기 클럽 회원의 성장으로 나타났다. 그것은 또한 자전거의 상징적인 재해석과 동반되어 왔다. 자전거가 수년 동안 가난과 연관되었던 이후로, 비싼 여가용 자전거 또는 여가용으로부터 영감을 얻은 통근용 자전거가 도시 환경에서 갑자기 열망의 상품이 되었다. 현재 자전거 타기가 그것의 드러내 놓고 표현하는 가치, 정체성 형성에 있어서의 그것의 역할, 그리고 타인에게 깊은 인상을 주고 사회적 지위를 암시하는 것에 있어서의 그것의 효과를 위해 수행되기도 하는 활동이 되었다. 어느 정도는 자전거 타기가 부유한 사람들의 상징적 표시로 바뀌었다. 분명히, 가치를 지닌 소비 행위는 자전거 타기에 결코 한정되지 않는다. 그러나 정체성 형성과 과시적 소비와의 관련성은 자전거 타기의 경우에 특히 분명해졌다.

> 자전거가 부유함이라는 새로운 지위의 상징이 됨
> **다음 글의 제목으로 가장 적절한 것은?**
> ① Cycling Contributes to a City's Atmosphere and Identity 자전거 타기가 도시의 분위기와 정체성에 기여한다 / 타기는 개인의 정체성을 나타내는 새로운 상징이 됨
> ② The Rise of Cycling: A New Status Symbol of City Dwellers
> 자전거 타기의 증가: 도시의 주민들에게 새로운 지위의 상징
> ③ Cycling Is Wealth-Building but Worsens Social Inequality
> 자전거 타기는 부를 증식시키지만, 사회적 불평등을 악화시킨다 사회적 불평등은 언급되지 않음
> ④ How to Encourage and Sustain the Bicycle Craze in Urban Areas 자전거 열풍을 독려하고 유지하지 않음
> 도시 지역에서 자전거 열풍을 독려하고 유지하는 방법
> ⑤ Expanding Bike Lane Networks Can Lead to More Inclusive Cities
> 자전거를 통해 도시 발전을 이루고자 하는 것이 아님
> 자전거 도로망 확대가 더 포괄적인 도시로 이끌 수 있다

>왜 정답? ★★★ [정답률 58%]

자전거 열풍은 자전거의 상징이 재해석되는 상황과 동반되고 있으며, 이전까지는 가난의 상징이었던 자전거가 도시 환경에서는 점차 다른 의미를 나타내고 있다는 내용이다.
마지막 부분에서 자전거는 이제는 부유함의 상징으로 바뀌었으며 자전거 타기와 과시적 소비의 관련성이 두드러지고 있다고 설명하고 있으므로, 정답은 ② '자전거 타기의 증가: 도시의 주민들에게 새로운 지위의 상징'이다.

>왜 오답?

함정

① 자전거 타기는 도시의 분위기가 아니라 개인의 정체성을 나타내는 새로운 상징이 되었다는 내용이다.
③ 자전거 타기가 부를 증식시키는 것이 아니라 부유함이 자전거를 통해 나타나고 있다는 내용이며, 사회적 불평등은 언급되지 않았다.
④ 자전거 열풍을 독려하고 유지하는 내용은 언급되지 않았다.
⑤ 자전거를 통해 도시 발전을 이루고자 하는 것은 아니다.

Before the fancy high-rises, financial headquarters, tourist
접속사
centers, and souvenir peddlers made their way / to Battery Park
City, /
화려한 고층 건물, 금융 본부, 관광 센터, 기념품 행상인들이 나아가기 전에 / Battery Park
City로 /

the area / behind the World Trade Center / was a giant, gross
landfill. // 단서 1 세계 무역 센터 뒤쪽은 거대하고 혐오스러운 쓰레기 매립지였음
지역은 / 세계 무역 센터 뒤편의 / 거대하고 혐오스러운 쓰레기 매립지였다 //

In 1982, / artist Agnes Denes decided / to return **that** landfill
back to its roots, / although temporarily. //   지시형용사
1982년 / 예술가 Agnes Denes는 결정했다 / 그 매립지를 다시 원래의 뿌리로 되돌리기로 /
비록 일시적이긴 하지만 //   단서 2 가장 환상적인 공공 예술품을 만들어 달라는 의뢰를 받음

Denes was commissioned / by the Public Art Fund / to create /
one of the most significant and fantastical pieces of public work
앞에 목적격 관계대명사가 생략됨
/ **Manhattan has ever seen**. //
Denes는 의뢰를 받았다 / Public Art Fund로부터 / 만들어 달라는 / 가장 의미심장하며
환상적인 공공사업 작품 중 하나를 / Manhattan이 지금까지 본 //

Her concept was **not** a traditional sculpture, / **but** a living
not A but B: A가 아니라 B인
installation / that changed the way / the public looked at art. //
그녀의 콘셉트는 전통적인 조형물이 아니라 / 살아있는 설치 조형물이었다 / 방식을 바꾼 / 대
중이 미술을 보는 //   단서 3 Denes는 그 지역에 아름다운 황금 밀밭을 만듦

In the name of art, / Denes put a beautiful golden wheat field /
right in the shadow of the gleaming Twin Towers. //
예술의 이름으로 / Denes는 아름다운 황금 밀밭을 만들었다 / 반짝이는 쌍둥이 빌딩의 그림
자에 //

For *Wheatfield — A Confrontation*, / Denes and volunteers
removed trash / from four acres of land, / then **planted** amber
병렬 구조
waves of grain / atop the area. //
작품, Wheatfield — A Confrontation을 위해 / Denes와 자원봉사자들은 쓰레기를 치
우고 / 4에이커의 땅에서 / 그다음 황색 빛깔의 너울거리는 곡물을 심었다 / 그 지역 위에 //

After months of farming and irrigation, / the wheat field was
전치사
thriving and ready. //
수개월의 농사와 관개 후에 / 밀밭은 무성하게 되고 준비가 되었다 //

The artist and her volunteers harvested / thousands of pounds
부사적 용법(결과)
of wheat / **to give** to food banks in the city, / nourishing both
the minds and bodies of New Yorkers. //
그 예술가와 그녀의 자원봉사자들은 수확하여 / 수천 파운드의 밀을 / 뉴욕의 푸드 뱅크에 기
부하였고 / 뉴욕 사람들의 마음과 몸에 모두 영양분을 공급했다 //

- fancy ⓐ 화려한, 고급의   · high-rise 고층 건물
- financial ⓐ 금융의, 재정의   · headquarters ⓝ 본사, 본부
- souvenir ⓝ 기념품   · peddler ⓝ 행상인   · gross ⓐ 역겨운
- landfill ⓝ 쓰레기 매립지   · temporarily ⓐⓓ 일시적으로
- commission ⓥ (미술, 음악 작품 등을) 의뢰[주문]하다
- significant ⓐ 의미심장한   · public work 공공사업
- installation ⓝ 설치 미술품   · wheat field 밀밭
- gleaming ⓐ 빛나는, 반짝이는
- acre ⓝ 에이커(약 4,050평방미터에 해당하는 크기의 땅)
- amber ⓐ 호박색의, 황색의   · grain ⓝ 곡물
- atop (prep) 꼭대기, 맨 위   · irrigation ⓝ 관개
- thriving ⓐ 무성한, 잘 자라는   · nourish ⓥ 영양분을 공급하다
- fade away 사라지다   · skyscraper ⓝ (초)고층 건물
- expansion ⓝ 확장, 팽창

화려한 고층 건물, 금융 본부, 관광 센터, 기념품 행상인들이 Battery Park
City로 나아가기 전에, 세계 무역 센터 뒤편의 지역은 거대하고 혐오스러
운 쓰레기 매립지였다. 1982년, 예술가 Agnes Denes는 비록 일시적이
긴 하지만 그 매립지를 다시 원래의 뿌리로 되돌리기로 결정했다. Denes
는 Public Art Fund로부터 Manhattan이 지금까지 본 가장 의미심장하

며 환상적인 공공사업 작품 중 하나를 만들어 달라는 의뢰를 받았다. 그녀
의 콘셉트는 전통적인 조형물이 아니라 대중이 미술을 보는 방식을 바꾼
살아있는 설치 조형물이었다. 예술의 이름으로, Denes는 반짝이는 쌍둥이
빌딩의 그림자에 아름다운 황금 밀밭을 만들었다. 작품, Wheatfield — A
Confrontation을 위해, Denes와 자원봉사자들은 4에이커의 땅에서 쓰레
기를 치운 다음 그 지역 위에 황색 빛깔의 너울거리는 곡물을 심었다. 수개
월의 농사와 관개 후에 밀밭은 무성하게 되고 준비가 되었다. 그 예술가와
그녀의 자원봉사자들은 수천 파운드의 밀을 수확하여 뉴욕의 푸드 뱅크에
기부하였고, 뉴욕 사람들의 마음과 몸에 모두 영양분을 공급했다.

다음 글의 제목으로 가장 적절한 것은?

① Living Public Art Grows from a Landfill
   살아있는 공공 예술이 쓰레기 매립지에서 자라나다   혐오스러운 쓰레기 매립지에 황금 밀밭을 만듦
② Why Does Art Fade Away in Urban Areas?
   왜 도심 지역에서 예술이 사라지는가?   공공 예술로서 살아있는 밀밭을 만듦
③ New York: Skyscraper Capital of the World
   뉴욕: 세계의 초고층 건물 수도   '세계 무역 센터'로 만든 오답
④ Art Narrows the Gap Between the Old and Young
   예술이 세대 차이를 좁힌다   세대 차이는 언급되지 않음
⑤ How City Expansion Could Affect Food Production
   도시 확장이 식량 생산에 영향을 미칠 수 있었던 방법   밀을 수확했다는 언급으로 만든 오답

＞왜 정답? ★★★ [정답률 75%]

거대하고 혐오스러운 쓰레기 매립지였던 지역에 가장 의미심장하고 환상적인 공공
작품을 만들어 달라는 의뢰를 받고 Agnes Denes가 아름다운 황금 밀밭을 만들었
다는 내용이다. 공공 예술로서 살아있는 밀을 심어 수확하고 기부함으로써 뉴욕 사
람들의 마음과 몸에 모두 영양분을 공급했다는 글의 제목으로는 ① '살아있는 공공
예술이 쓰레기 매립지에서 자라나다'가 적절하다.

＞왜 오답?

② 도심 지역에 공공 예술로서 살아있는 밀밭을 만들었다는 내용으로, 도심지에서
   예술이 사라진다는 언급은 없다.   함정
③ World Trade Center가 언급된 것으로 만든 오답이다. 뉴욕의 마천루들을 소
   개한 글이 아니다.
④ 세대 차이, 오래된 것과 새로운 것의 차이에 대해서는 언급되지 않았다.
⑤ 살아있는 밀을 심어 수확하고, 그것을 푸드 뱅크에 기부함으로써 뉴욕 사람들의
   마음과 몸에 영양분을 공급했다는 내용으로 만든 오답이다. 식량 확보를 위해 밀
   밭을 만든 것이 아니다.

자이 쌤's Follow Me! −홈페이지에서 제공

Some beginning researchers mistakenly believe / **that** a good
                     주격 관계대명사   명사절 접속사
hypothesis is one / **that** is guaranteed to be right / (e.g., *alcohol
will slow down / reaction time*). //
일부 시작하는 연구원들은 잘못 믿는다 / 좋은 가설은 ~한 것이라고 / 옳다고 보장된 / (예를
들면, '알코올은 둔화시킬 것이다 / 반응 시간을') //   단서 1 옳다고 보장된 가설은 새로운 것을
                                                    알려주지 않음
However, / if we already know / your hypothesis is true / before
you test it, / **testing your hypothesis won't tell us** / **anything**
new. //   동명사구 주어   동사 간접목적어 직접목적어
하지만 / 이미 우리가 안다면 / 여러분의 가설이 사실이라고 / 여러분이 그것을 검사하기 전에
/ 여러분의 가설을 검사하는 것은 우리에게 말하지 않을 것이다 / 새로운 어떤 것도 //

Remember, / research is supposed to produce / *new
knowledge*. //
기억하라 / 연구는 생산해야 한다는 것을 / '새로운' 지식을 //

To get new knowledge, / you, / as a researcher-explorer, / need /
to leave the safety of the shore / (established facts) / and venture
into uncharted waters / 단서 2 연구원은 이미 확립된 사실을 벗어나
                       미개척 영역으로 과감히 들어가야 함
새로운 지식을 얻기 위해서 / 여러분은 / 연구이자 탐험가로서 / ~해야 한다 / 해변의 안전
함을 떠나 / (확립된 사실) / 미개척 영역으로 과감히 들어가야 /

(as Einstein said, / "If we knew / **what we were doing**, / it would
not be called research, / would it?"). //   명사절(knew의 목적어)
(아인슈타인이 말했듯이 / "우리가 안다면 / 우리가 무엇을 하고 있는지 / 그것은 연구라고 불
리지 않을 것이다 / 그렇지") //

단서 3 가설(무엇이 일어날 것인지에 관한 예측)이 틀려도 괜찮음

If your predictions / about **what will happen** / in these uncharted waters / are wrong, / that's okay: / 명사절(about의 목적어)

만약 여러분의 예측이 / 무엇이 일어날 것인지에 관한 / 이런 미개척 영역에서 / 틀리다면 / 그것은 괜찮다 /

Scientists are allowed to make mistakes / (as Bates said, / "Research is the process / of going up alleys / to see / **if** they are blind"). //
명사절(to see의 목적어) 접속사

과학자는 실수를 저지르도록 허용된다 / (Bates가 말했듯이 / "연구는 과정이다 / 골목길을 올라가 보는 / 보려고 / 그것이 막다른 길인지") /

Indeed, scientists often learn more / from predictions / that do not turn out / than from **those** / that **do**. //
= predictions = turn out
단서 4 과학자는 결과를 내지 않는 예측들로부터 흔히 더 많이 배움

정말로 과학자는 흔히 더 많이 배운다 / 예측들로부터 / 결과를 내지 않는 / 예측들로부터보다는 / 결과를 내는 //

- mistakenly (ad) 잘못하여, 틀리게 · hypothesis (n) 가설
- guarantee (v) 보장하다 · slow down ~을 둔화시키다
- shore (n) 해변 · establish (v) 설립하다
- venture into ~로 과감히 들어가 보다
- uncharted waters 미지의[위험한] 영역 · prediction (n) 예측
- alley (n) 골목길 · blind (a) 막다른 · turn out 모습을 드러내다
- reluctant (a) 꺼리는 · ruin (v) 망치다

일부 시작하는 연구원들은 좋은 가설은 옳다고 보장된 것이라고 잘못 믿는다(예를 들면, '알코올은 반응 시간을 둔화시킬 것이다'). 하지만 여러분의 가설을 여러분이 검사하기 전에 그것이 사실이라고 이미 우리가 알고 있다면 여러분의 가설을 검사하는 것은 우리에게 아무런 새로운 것도 말해 주지 않을 것이다. 연구란 '새로운' 지식을 생산해야 한다는 것을 기억하라. 새로운 지식을 얻기 위해서 연구원이자 탐험가로서 여러분은 해변의 안전함(확립된 사실)을 떠나 미개척 영역으로 과감히 들어가 볼 필요가 있다(아인슈타인이 말했듯이, "우리가 무엇을 하고 있는지 안다면 그것은 연구라고 불리지 않을 것이다, 그렇지?"). 이런 미개척 영역에서 무엇이 일어날 것인지에 관한 여러분의 예측이 틀리다면 그것은 괜찮다. 과학자는 실수를 저지르도록 허용된다(Bates가 말했듯이, "연구는 막다른 길인지 보려고 골목길을 올라가 보는 과정이다"). 정말로 과학자는 흔히 결과를 내는 예측들보다는 결과를 내지 않는 예측들로부터 더 많이 배운다.

다음 글의 제목으로 가장 적절한 것은?

① Researchers, Don't Be Afraid to Be Wrong
연구원들이여, 틀리는 것을 두려워 말라 / 가설이 틀려도 괜찮다는 내용임
② Hypotheses Are Different from Wild Guesses
가설은 터무니없는 추측과 다르다 / 과감하게 가설을 세우며 미개척 영역으로 들어가라는 내용임
③ Why Researchers Are Reluctant to Share Their Data
연구원이 그들의 정보 공유를 주저하는 이유 / 연구원이 정보 공유를 꺼린다는 내용이 아님
④ One Small Mistake Can Ruin Your Whole Research
하나의 작은 실수가 여러분의 연구 전체를 망칠 수 있다 / 틀리는 것을 두려워 말라는 내용임
⑤ Why Hard Facts Don't Change Our Minds
확실한 사실이 우리의 생각을 바꾸지 않는 이유 / 우리의 생각의 고정성에 대한 글이 아님

왜 정답 ? ★★❀ [정답률 77%] 연구원은 이 새로운 지식을 생산해야 함 꿀팁

옳다는 것이 보장된 가설이 아니라 틀릴 수도 있는 가설이 우리에게 **새로운 것을** 알려준다면서, 연구원은 이미 확립된 사실을 떠나 알려지지 않은 영역으로 과감히 들어가야 한다고 했다. 이런 미개척 영역에서는 틀리는 것이 괜찮을 뿐 아니라 결과를 내지 않는 가설로부터 흔히 더 많이 배운다고 한 것으로 보아 틀려도 된다는 말을 하는 것이므로 제목으로는 ① '연구원들이여, 틀리는 것을 두려워 말라'가 적절하다.

왜 오답 ?

② 가설을 체계적으로 세워야 한다는 등의 내용이 아니다. 오히려 과감히 가설을 세우라고 독려하는 글이다.

③ 연구원이 정보를 공유하는 것을 꺼린다거나 그 이유를 설명한 것이 아니다.

④ 과감하게 가설을 세우라는 것이므로 하나의 작은 실수도 하지 말라는 제목은 글과 어울리지 않는다. 함정

⑤ established facts가 언급된 것으로 만든 오답이다. 우리의 생각이 좀처럼 바뀌지 않는다는 언급은 없다.

*언어의 정확성으로 인한 성공적인 경제 교류

In government, in law, in culture, / and in routine everyday interaction / beyond family and immediate neighbours, /

정치 체제에서, 법에서, 문화에서 / 그리고 일상적인 매일의 상호 작용에서 / 가족 및 가까운 이웃을 넘어서는 /

명사 language를 수식하는 과거분사의 병렬 구조 / 주어 / 동사
a widely **understood** and clearly **formulated language** / **is** a great aid / to mutual confidence. //
단서 1 많은 분야에서 폭넓게 이해되고 확실하게 표현된 언어는 상호 신뢰에 도움이 됨

폭넓게 이해되고 확실하게 표현된 언어가 / 굉장한 도움이 된다 / 상호 신뢰에 /

접속사가 생략되지 않은 분사구문
When dealing / with property, with contracts, / or even just with the routine exchange / of goods and services, /

다룰 때 / 재산과 계약서를 / 또는 심지어 단순히 일상적인 교환을 / 상품과 서비스의 /

concepts and descriptions need to be / **as precise and unambiguous as possible**, / otherwise misunderstandings will arise. //
as ~ as possible: 가능한 한 ~해되게

개념과 설명은 ~일 필요가 있다 / 가능한 한 정확하고 모호하지 않을 / 그렇지 않으면 오해가 생길 것이다 //

주어
If **full communication** / with a potential counterparty / in a deal / **is** not possible, / then uncertainty and **probably** a measure of distrust / will remain. //
동사 / 문장 중간에 삽입된 부사

만약 완전한 의사소통이 / 잠재적 상대방과의 / 거래에서 / 가능하지 않다면 / 불확실성과 아마 어느 정도의 불신이 / 남아있을 것이다 //

주어
As economic life became more complex / in the later Middle Ages, / **the need** / for fuller and more precise communication / **was accentuated**. //
동사(수동태)

경제생활이 더 복잡해지면서 / 중세 시대 후반에 / 필요가 / 더욱 완전하고 더욱 정확한 의사소통에 대한 / 강조되었다 //

단서 2 공유된 언어는 의미를 명확하게 전달하며 분쟁 해결을 도움
A shared language facilitated / clarification and possibly settlement of any disputes. //
단서 3 국제 무역에서도 잘 표현된 언어는 통역의 과정을 도움

공유된 언어는 용이하게 했다 / 명확화와 아마도 어떤 분쟁의 해결을 //

In international trade also / the use of a precise and well-formulated language / aided the process of translation. //

국제 무역에서도 또한 / 정확하고 잘 표현된 언어의 사용은 / 통역의 과정을 도왔다 /

The Silk Road could only function **at all** / because translators were always available / at interchange points. //
only 강조

실크로드가 그나마 기능할 수 있었다 / 왜냐하면 통역가들이 항상 이용 가능했기 때문이다 / 교환 지점에서 /

- routine (a) 일상적인, 매일의 · interaction (n) 상호 작용
- immediate (a) (시간적·공간적으로) 아주 가까이에 있는
- formulate (v) 표현하다, 만들어 내다 · aid (n) 도움, 원조
- mutual (a) 상호의, 서로의 · confidence (n) 확신, 신뢰
- property (n) 재산, 소유물 · contract (n) 계약(서)
- exchange (n) 교환, 주고받음 · description (n) 설명, 묘사
- precise (a) 정확한, 정교한 · unambiguous (a) 모호하지 않은, 명확한
- otherwise (ad) 그렇지 않으면 · misunderstanding (n) 오해, 착오
- arise (v) 발생하다, 생기다 · counterparty (n) 상대방, 한쪽 당사자
- uncertainty (n) 불확실성 · a measure of 어느 정도의, 꽤 많은 양의
- distrust (n) 불신 · facilitate (v) 용이하게[가능하게] 하다
- clarification (n) 명확화, 해명 · settlement (n) 해결, 합의
- dispute (n) 분쟁, 논란 · translation (n) 통역
- interchange (n) (특히 생각·정보의) 교환 · reliable (a) 믿을 만한
- transaction (n) 거래, 매매 · barrier (n) 장벽

정치 체제에서, 법에서, 문화에서, 그리고 가족 및 가까운 이웃을 넘어서는 일상적인 매일의 상호 작용에서, 폭넓게 이해되고 확실하게 표현된 언어가 상호 신뢰에 굉장한 도움이 된다. 재산이나, 계약서, 심지어 단순히 상품과 서비스의 일상적인 교환을 다룰 때 개념과 설명은 가능한 한 정확하고 모호하지 않아야 하며, 그렇지 않으면 오해가 생길 것이다. 만약 거래에서 잠재적 상대방과의 완전한 의사소통이 가능하지 않다면 불확실성과 아마 어

느 정도의 불신이 남아있을 것이다. 경제생활이 중세 시대 후반에 더 복잡해지면서 더욱 완전하고 더욱 정확한 의사소통에 대한 필요가 강조되었다. 공유된 언어는 명확화와 아마도 어떤 분쟁의 해결을 용이하게 했다. 국제 무역에서도 또한 정확하고 잘 표현된 언어의 사용은 통역의 과정을 도왔다. 실크로드가 그나마 기능할 수 있었던 이유는 교환 지점에서 통역가들이 항상 이용 가능했기 때문이다.

다음 글의 제목으로 가장 적절한 것은?

① Earn Trust with Reliable Goods Rather Than with Words!
말보다는 믿을 만한 물건으로 신뢰를 얻어라!　　경제 교류에서 신뢰의 기반이 된 것은 정확한 언어임
② Linguistic Precision: A Key to Successful Economic Transactions　완전하고 정확한 의사소통이 경제 교류를 도움
언어의 정확성: 성공적인 경제 교류의 열쇠
③ Difficulties in Overcoming Language Barriers and Distrust in Trade　성공적인 거래가 가능했던 이유로 완전하고 정확한 의사소통을 언급함
거래에서 언어 장벽과 불신을 극복하는 것의 어려움
④ The More the Economy Grows, the More Complex the World Gets　정확하고 잘 표현된 언어가 복잡한 경제생활에 도움이 되었다는 내용임
경제가 성장할수록 세상은 더 복잡해진다
⑤ Excessive Confidence: The Biggest Reason for Miscommunication　의사소통 오류가 일어나는 원인은 언급되지 않음
지나친 신뢰: 의사소통 오류의 가장 큰 이유

왜 2등급? 이 문제의 핵심 소재는 '언어'이지만 경제 관련 용어가 많이 등장해 자칫 핵심 소재가 '경제'라고 헷갈릴 수 있다. 지문에서 '경제'와 '언어'의 관계를 잘 생각해보며 읽어야 하는 문제이다.

| 문제 풀이 순서 |

1st 첫 문장을 통해 핵심 소재를 확인하고 글의 내용을 예상한다.

| 첫 문장 | 정치 체제에서, 법에서, 문화에서, 그리고 가족 및 가까운 이웃을 넘어서는 일상적인 매일의 상호 작용에서, 폭넓게 이해되고 확실하게 표현된 **언어**가 상호 신뢰에 굉장한 도움이 된다. **단서 1** |

➡ 핵심 소재는 언어이다. 특히 '확실하게 표현된 언어는 상호 신뢰에 굉장한 도움이 된다'가 첫 문장을 통해 예측할 수 있는 대략적인 글의 주제이다.

2nd **1st** 에서 발상한 것을 토대로 글을 읽고, 내용을 파악하여 제목을 고른다.

- 상품과 서비스의 일상적인 교환을 다룰 때 개념과 설명은 가능한 한 정확하고 모호하지 않아야 한다.
- 공유된 언어는 분쟁의 해결을 용이하게 했으며, 국제 무역에서도 정확하고 잘 표현된 언어의 사용은 통역의 과정을 도왔다. **단서 2, 3**

➡ 확실하게 표현된 언어는 상호 신뢰에 굉장한 도움이 되는데, 특히 상품, 서비스를 교환하는 경제 교류 측면에서 중요하다고 설명하고 있다. 따라서 글의 제목으로는 ② '언어의 정확성: 성공적인 경제 교류의 열쇠'가 가장 적절하다.

| 선택지 분석 |

① 경제 교류에서 상대방과 완전한 의사소통이 불가능하다면 불신이 남아있게 될 것이라고 했다.
② 정치, 법, 문화 등에서 폭넓게 이해되고 확실하게 표현된 언어가 상호 신뢰에 굉장한 도움이 되는 것처럼, 경제생활에서도 더욱 정확한 의사소통에 대한 필요가 강조되었다는 내용이다.
③ 언어 장벽을 극복함으로써 생겨난 신뢰를 바탕으로 경제 교류가 가능했다는 내용이다.
④ 경제생활이 복잡해지면서 더욱 정확한 의사소통의 필요성이 강조되었다고 했다. 경제 성장으로 인해 더 복잡해진 세상을 말하고자 하는 것이 아니다.
⑤ 지나친 신뢰로 인해 의사소통의 오류가 발생한다는 내용은 없다.

G 19 정답 ③ ── ⭐ 2등급 대비 [정답률 64%]

＊산업 혁명 후 시작된 환경 파괴

The realization of human domination / over the environment / **단서 1** 산업 혁명과 함께 시작된 환경에 대한 인간의 지배
began in the late 1700s / with the industrial revolution. //
인간의 지배의 실현은 / 환경에 대한 / 1700년대 후반에 시작되었다 / 산업 혁명과 함께 //

Advances in manufacturing / transformed societies and economies / **while** producing significant impacts / on the environment. // **단서 2** 제조업의 발달이 환경에 중대한 영향을 미침
뒤에 주어와 be동사 생략
제조업의 발달은 / 사회와 경제를 변화시켰다 / 중대한 영향을 미치면서 / 환경에 //

American society became structured / on multiple industries' capitalistic goals /
미국 사회는 구축되었다 / 여러 산업의 자본주의적 목표에 따라 /
as the development of the steam engine / **led to** the mechanized production of goods / in mass quantities. //
led to: ~로 이어지다
증기 기관의 발달이 ~면서 / 상품의 기계화 생산으로 이어지(면서) / 대량으로 //

Rural agricultural communities / with economies / **based on handmade goods and agriculture** / were abandoned /
economies를 수식하는 과거분사구
시골의 농업 사회는 / 경제를 가진 / 수제 상품과 농업에 기반을 둔 / 버려졌다 /
for life in urban cities / with large factories / **based on an economy of industrialized manufacturing**. //
large factories를 수식하는 과거분사구
도시에서의 삶을 위해 / 대규모 공장이 있는 / 산업화된 제조업 경제를 기반으로 한 //

Innovations / in the production of textiles, iron, and steel / provided increased profits / to private companies. //
혁신은 / 직물, 철, 철강 생산의 / 증가된 이윤을 제공하였다 / 사기업에 //

Simultaneously, / those industries / **exerted** authority over the environment / and **began** dumping hazardous by-products / in public lands and waterways. // **단서 3** 제조업들이 환경에 유해한 부산물들을
병렬 구조　　공공 토지와 수로에 버림
동시에 / 그런 산업들은 / 환경에 권력을 행사하였고 / 유해한 부산물을 내버리기 시작했다 / 공공 토지와 수로에 //

- realization ⓝ 실현
- domination ⓝ 지배
- industrial revolution 산업 혁명
- advance ⓝ 발달, 발전
- manufacturing ⓝ 제조(업)
- transform ⓥ 변화시키다
- significant ⓐ 중대한
- impact ⓝ 영향
- structure ⓥ 구축하다
- multiple ⓐ 다수의
- capitalistic ⓐ 자본주의적
- mechanized ⓐ 기계화된
- in mass quantities 대량으로
- rural ⓐ 시골의
- agriculture ⓝ 농업
- abandon ⓥ 버리다
- urban ⓐ 도시의
- innovation ⓝ 혁신
- textile ⓝ 직물, 섬유
- iron ⓝ 철
- profit ⓝ 이윤, 수익
- simultaneously ⓐⓓ 동시에
- exert ⓥ 행사하다, 휘두르다
- authority ⓝ 권력, 권한
- dump ⓥ (쓰레기 따위를) 버리다
- hazardous ⓐ 유해한
- by-product 부산물
- waterway ⓝ 수로
- urbanization ⓝ 도시화
- sustainable ⓐ 지속 가능한
- capitalism ⓝ 자본주의
- greed ⓝ 탐욕, 욕망

환경에 대한 인간의 지배의 실현은 1700년대 후반 산업 혁명과 함께 시작되었다. 제조업의 발달은 사회와 경제를 변화시키면서 환경에 중대한 영향을 미쳤다. 증기 기관의 발달이 기계화를 통한 상품의 대량생산으로 이어지면서 미국 사회는 여러 산업의 자본주의적 목표에 따라 구축되었다. 수제 상품과 농업에 기반을 둔 경제를 가진 시골의 농업 사회는 산업화된 제조업 경제를 기반으로 한 대규모 공장이 있는 도시에서의 삶을 위해 버려졌다. 직물, 철, 철강 생산의 혁신은 사기업의 이윤을 증대하였다. 동시에, 그런 산업들은 환경에 권력을 행사하였고 공공 토지와 수로에 유해한 부산물을 내버리기 시작했다.

다음 글의 제목으로 가장 적절한 것은?

① Strategies for Industrial Innovations
산업 혁신을 위한 전략　　산업의 혁신을 위한 전략을 설명하는 글이 아님
② Urbanization: A Road to a Better Life
도시화: 더 나은 삶으로 가는 길　　도시화가 더 나은 삶이라는 내용의 글이 아님
③ Industrial Development Hurt the Environment
산업 발달이 환경을 해쳤다　　제조업과 같은 산업 발달이 환경에 유해한 영향을 미쳤다고 말하고 있음
④ Technology: A Key to Sustainable Development
기술: 지속 가능한 발전의 열쇠　　지속 가능한 발전을 위한 기술에 대한 내용이 아님
⑤ The Driving Force of Capitalism Was Not Greed
자본주의의 원동력은 탐욕이 아니었다　　자본주의의 원동력이 무엇이었는지 얘기하는 글이 아님

2등급? 지문에 언급된 단어들을 활용한 매력적인 오답이 선택지에 많이 있어 틀리기 쉬웠던 문제이다. 산업 발달 (Industrial Development)이 지문에서 긍정의 이미지인지 혹은 부정의 이미지인지를 먼저 파악한 후 문제를 풀어야 한다.

| 문제 풀이 순서 |

1st 첫 문장을 통해 핵심 소재를 확인하고 글의 내용을 예상한다.

> **첫 문장** 환경에 대한 인간의 지배의 실현은 1700년대 후반 산업 혁명과 함께 시작되었다. 단서 1

➡ 글의 핵심 소재는 인간의 환경 지배로, 산업 혁명이 시작됨과 동시에 인간이 어떻게 환경을 지배하게 됐는지 구체적인 과정을 설명할 것이다.

2nd **1st** 에서 발상한 것을 토대로 글을 읽고, 내용을 파악하여 제목을 고른다.

- 제조업의 발달은 사회와 경제를 변화시키면서 환경에 중대한 영향을 미쳤다. 단서 2
- 시골의 농업 사회는 산업화된 제조업 경제를 기반으로 한 대규모 공장이 있는 도시에서의 삶을 위해 버려졌다.
- 그런 산업들은 환경에 권력을 행사하였고 유해한 부산물을 내버리기 시작했다. 단서 3

➡ 제조업의 발달로 인해 시골의 농업 사회는 버려지고, 산업의 발달이 환경에 대한 중대한 권력을 행사하면서 환경에 유해한 부산물들을 내버렸다는 내용이다. 첫 문장과 마찬가지로 산업 발달로 인한 인간의 환경 지배에 대해 말하고 있으므로 글의 제목으로 가장 적절한 것은 ③ '산업 발달이 환경을 해쳤다'이다.

| 선택지 분석 |

① 산업 혁명과 함께 환경에 대한 인간의 지배가 실현되었다는, 산업 혁신의 부정적인 측면을 설명하고 있는 것이지, 산업 혁신을 위한 전략에는 무엇이 있는지를 소개하는 글은 아니다.

② 농업 사회에서 산업 발달로 인해 도시화되었다는 내용을 이용한 오답으로, 이러한 산업 발달이 환경에 유해한 영향을 미쳤다는 것이지 도시의 삶이 더 나은 삶이라고 말하는 것이 아니다.

③ 산업 혁명의 시작과 함께 제조업과 같은 산업의 발달은 인간의 사회와 경제를 변화시켰지만, 환경에 대한 중대한 권력을 행사하면서 환경을 해쳤다는 내용이다.

④ 지속 가능한 발전을 위한 기술에 대한 이야기가 아니다.

⑤ 자본주의가 언급된 것을 이용한 오답으로, 자본주의의 목표대로 산업이 발달되었으며, 그것이 환경에 미친 영향을 말하고 있는 것이지 자본주의의 원동력이 무엇인지 말하고 있는 것은 아니다.

G 20 정답 ① ★1등급 대비 [정답률 54%]

*병원 치료만큼 중요한 공공 헬스케어

단서 1 헬스케어 서비스에는 두 가지의 동등한 영역, 병원 치료와 공공 헬스케어가 있음

From the earliest times, / healthcare services have been recognized / to have two equal aspects, / namely clinical care and public healthcare. //
가장 초기의 시대부터 / 헬스케어 서비스는 인식되어 왔다 / 두 가지의 동등한 영역을 포함하는 것으로 / 즉 병원 치료와 공공 헬스케어를 //

In classical Greek mythology, / the god of medicine, Asklepios, / had two daughters, / Hygiea and Panacea. //
고대 그리스 신화에서 / 의료의 신 아스클레피오스는 / 두 딸이 있었다 / 하이지아와 파나시아라는 //

The former was the goddess of preventive health and wellness, / or hygiene, / and the latter / the goddess of treatment and curing. //
전자는 예방적 건강과 건강 관리의 여신이었고 / 즉. 위생 / 후자는 / 치료와 치유의 여신이었다 //

In modern times, / the societal ascendancy of medical professionalism has caused / treatment of sick patients / to overshadow those preventive healthcare services /
현대 시대에 / 의료 전문성에 대한 사회적 우세는 야기했다 / 아픈 환자들의 치료가 / 그러한 예방적 헬스케어 서비스를 가리도록 //

과거분사구(those preventive healthcare services 수식)
provided by the less heroic figures / of sanitary engineers, biologists, and governmental public health officers. //
덜 영웅적인 인물들에 의해서 제공되는 / 위생 공학자, 생물학자, 정부 공공 건강 관료와 같은 //

Nevertheless, / the quality of health / that human populations enjoy / is attributable less / to surgical dexterity, innovative pharmaceutical products, and bioengineered devices /
그럼에도 불구하고 / 건강의 질은 / 인류가 향유하는 / 덜 기인한다 / 수술적 기민함, 혁신적 제약 제품, 그리고 생물 공학적 장비에 /

than to the availability / of public sanitation, sewage management, and services /
이용 가능성에 비해서 / 공공 위생, 하수 관리 그리고 서비스들의 /

which control the pollution of the air, drinking water, urban noise, and food for human consumption. //
단서 2 건강의 질은 병원 치료보다 공공 헬스케어에 더 기인함
대기 오염, 식수, 도시 소음, 인간이 소비하는 음식을 관리하는 //

The human right / to the highest attainable standard of health / depends on / public healthcare services / no less than on the skills and equipment of doctors and hospitals. // '~와 마찬가지로'
인간의 권리는 / 건강에 대한 달성 가능한 최고 수준에 대한 / 달려있다 / 공공 헬스케어 서비스에 / 의사와 병원의 기술과 장비만큼이나 //
핵심 문장, 단서 3 최고 수준의 건강을 위한 권리는 치료의 영역뿐만 아니라 공공 헬스케어의 영역에도 달려있음

- recognize [v] 인식하다 • equal [a] 동등한 • aspect [n] 영역
- namely [ad] 즉, 다시 말해 • clinical [a] 임상의, 병상의
- mythology [n] 신화 • medicine [n] 의학, 의료
- preventive [a] 예방적인 • hygiene [n] 위생
- treatment [n] 치료 • curing [n] 치유 • societal [a] 사회의
- professionalism [n] 전문성 • overshadow [v] 가리다
- heroic [a] 영웅적인 • figure [n] 인물 • sanitary [a] 위생의
- human population 인류 • attributable to ~에 기인하는
- surgical [a] 수술적인 • innovative [a] 혁신적인
- pharmaceutical [a] 제약의 • bioengineered [a] 생물 공학적인
- availability [n] 이용 가능성 • sanitation [n] 위생 (관리)
- sewage [n] 하수 • consumption [n] 소비
- attainable [a] 달성 가능한 • equipment [n] 장비
- supporting actor 조연 배우 • controversy [n] 논란
- massive [a] 상당한 • initiative [n] 계획 • open up ~을 열다

가장 초기의 시대부터, 헬스케어 서비스는 두 가지의 동등한 영역, 즉 병원 치료와 공공 헬스케어를 포함하는 것으로 인식되어 왔다. 고대 그리스 신화에서 의료의 신 아스클레피오스에게는 하이지아와 파나시아라는 두 딸이 있었다. 전자는 예방적 건강과 건강 관리, 즉 위생의 여신이었고, 후자는 치료와 치유의 여신이었다. 현대 시대에 의료 전문성에 대한 사회적 우세는 아픈 환자들의 치료가 위생 공학자, 생물학자, 정부 공공 건강 관료와 같은 덜 영웅적인 인물들에 의해서 제공되는 그러한 예방적 헬스케어 서비스를 가리도록 만들었다. 그럼에도 불구하고, 인류가 향유하는 건강의 질은 공공 위생, 하수 관리 그리고 대기 오염, 식수, 도시 소음, 인간이 소비하는 음식을 관리하는 서비스들의 이용 가능성에 비해 수술적 기민함, 혁신적 제약 제품, 그리고 생물 공학적 장비에 덜 기인한다. 건강에 대한 달성 가능한 최고 수준에 대한 인간의 권리는 의사와 병원의 기술과 장비만큼이나 공공 헬스케어 서비스에 달려 있다.

> 다음 글의 제목으로 가장 적절한 것은? [3점]
>
> ① Public Healthcare: A Co-Star, Not a Supporting Actor
> 공공 헬스케어: 조연 아닌 공동 주연 배우   공공 헬스케어는 병원 치료만큼 우리의 건강에 중요함
> ② The Historical Development of Medicine and Surgery
> 의학과 수술의 역사적 발전   의학과 수술이 언급된 것으로 만든 오답
> ③ Clinical Care Controversies: What You Don't Know
> 병원 치료 논란: 당신이 모르는 것   병원 치료 논란에 대한 글이 아님
> ④ The Massive Similarities Between Different Mythologies
> 서로 다른 신화들 사이의 상당한 유사점들   신화가 아닌 공공 헬스케어에 대한 글임
> ⑤ Initiatives Opening up Health Innovation Around the World 건강 혁신을 위한 계획들을 설명하는 글이 아님
> 전 세계의 건강 혁신을 여는 계획

| 문제 풀이 순서 |

1st 첫 문장을 통해 핵심 소재를 확인하고 글의 내용을 예상한다.

| 첫 문장 | 가장 초기의 시대부터, 헬스케어 서비스는 두 가지의 동등한 영역, 즉 병원 치료와 공공 헬스케어를 포함하는 것으로 인식되어 왔다. 단서 1 |

➡ 헬스케어 서비스의 두 가지 동등한 영역에 대해 설명하는 글이다. 병원 치료와 공공 헬스케어가 '동등한' 영역이라는 것에 대해 필자가 어떻게 생각하는지 연결어 등의 단서를 통해 정확히 파악해야 한다.

2nd **1st** 에서 발상한 것을 토대로 글을 읽고, 내용을 파악한다.

- 현대 시대에 의료 전문성에 대한 사회적 우세는 아픈 환자들의 치료가 위생 공학자, 생물학자, 정부 공공 건강 관료와 같은 덜 영웅적인 인물들에 의해서 제공되는 그러한 예방적 헬스케어 서비스를 가리도록 만들었다.
- 그럼에도 불구하고(Nevertheless), 인류가 향유하는 건강의 질은 공공 위생, 하수 관리 그리고 대기 오염, 식수, 도시 소음, 인간이 소비하는 음식을 관리하는 서비스들의 이용 가능성에 비해 수술적 기민함, 혁신적 제약 제품, 그리고 생물 공학적 장비에 덜 기인한다. 단서 2

➡ 공공 헬스케어는 현대 의료의 발달에 의해 그 중요성이 가려지는 상황에 처했지만, 그럼에도 불구하고 인간의 건강은 치료적인 영역뿐만 아니라 예방적인 공공 헬스케어에 달려 있다.

3rd 글의 주제에 알맞은 제목을 고른다.

2nd 에서 파악한 글의 내용과 글의 핵심문장인 마지막 문장을 보면 글의 주제는 '의사와 병원의 기술(병원 치료)'만큼이나 공공 헬스케어도 중요하다'이다. 병원 치료와 공공 헬스케어의 동등한 중요성을 강조하고 있으므로 제목은 ① '공공 헬스케어: 조연 아닌 공동 주연 배우'이다.

| 선택지 분석 |

① 헬스케어의 두 가지 영역에는 병원 치료(치료 관리)와 공공 헬스케어(예방 관리)가 있는데, 공공 헬스케어의 중요성이 가려지고 있지만 치료적인 영역뿐만 아니라 예방적인 영역도 중요하다는 내용의 글이다.

② 의학과 수술이 언급된 것으로 만든 오답으로, 의학과 수술로 대표되는 병원 치료만큼 공공 헬스케어가 중요하다는 것이 글의 핵심이다.

③ 병원 치료 논란에 대한 글이 아니다.

④ 헬스케어에 두 가지의 영역이 있다는 것을 신화의 여신들로 예를 든 것일 뿐, 여러 신화에 대한 글이 아니다.

⑤ 전 세계적으로 건강 혁신을 추진하기 위한 계획들을 설명하는 내용은 없다.

G 21 정답 ② ★ 1등급 대비 [정답률 48%]

*함께 얻기 위한 자유 시장

The free market has liberated people / in a way that Marxism never could. //
〔관계부사 that Marxism / 뒤에 liberate people 생략〕
자유 시장은 사람들을 자유롭게 해왔다 / 마르크스주의가 결코 할 수 없었던 방식으로 //
What is more, / as A. O. Hirschman, the Harvard economic historian, showed in his classic study *The Passions and the Interests*, /
게다가 / 하버드 대학 경제 역사학자인 A. O. Hirschman이 자신의 대표적 연구인 The Passions and the Interests에서 보여 주었듯이 / 단서 1 자유 시장은 인간의 폭력성에 대한 강력한 해결책으로 여겨짐
the market was seen / by Enlightenment thinkers Adam Smith, David Hume, and Montesquieu / as a powerful solution / to one of humanity's greatest traditional weaknesses: / violence. //
〔see A as B: A를 B로 여기다〕
시장은 여겨졌다 / 계몽주의 사상가들인 Adam Smith, David Hume 그리고 Montesquieu에 의해 / 강력한 해결책으로 / 인류의 가장 큰 전통적 약점들 중 하나에 대한 / 폭력 //

When two nations meet, / said Montesquieu, / they can do one of two things: / they can wage war / or they can trade. //
두 국가가 만날 때 / Montesquieu가 말했던 바로는 / 그들은 두 가지 중 하나를 할 수 있다 / 즉, 그들은 전쟁을 벌이거나 / 거래를 할 수 있다 //
If they wage war, / both are likely to lose in the long run. //
〔be likely to-v: ~할 가능성이 있다〕
만약 그들이 전쟁을 벌인다면 / 둘 다 장기적으로 손해를 볼 가능성이 있다 //
If they trade, / both will gain. //
만약 그들이 거래를 한다면 / 둘 다 이득을 얻을 것이다 //
That, of course, was the logic / behind the establishment of the European Union: / to lock together the destinies of its nations, / especially France and Germany, /
물론, 그것이 논리였다 / 유럽 연합의 설립 이면에 있는 / 즉, 그것의 국가의 운명을 한데 묶었는데 / 특히 프랑스와 독일의 / 단서 2 자유 시장으로 국가들의 운명을 묶어놓음으로써 전쟁을 통해 모두 다 잃는 길을 택하지 않을 수 있게 됨
in such a way / that they would have an overwhelming interest / not to wage war again / as they had done to such devastating cost / in the first half of the twentieth century. //
〔과거완료 시제의 대과거 용법〕
그렇게 함으로써 / 그들은 저항할 수 없는 이해관계를 가졌을 것이다 / 다시는 전쟁을 벌이지 않도록 / 그들이 너무나도 파괴적인 대가를 치르며 그랬었던 것처럼 / 20세기 전반에 //

- liberate ⓥ 자유롭게 하다, 해방시키다   • classic ⓐ 대표적인
- Enlightenment ⓝ 계몽주의 (시대)   • humanity ⓝ 인류, 인간
- weakness ⓝ 약점   • violence ⓝ 폭력
- wage ⓥ (전쟁 등을) 벌이다   • in the long run 장기적으로
- establishment ⓝ 설립   • destiny ⓝ 운명
- overwhelming ⓐ 압도적인, 저항하기 힘든
- devastating ⓐ 파괴적인   • reflection ⓝ 투영, 반영
- innate ⓐ 타고난, 선천적인   • framework ⓝ 틀, 골조
- stabilize ⓥ 안정화하다   • invisible ⓐ 보이지 않는
- disrupt ⓥ 방해하다   • capitalism ⓝ 자본주의

자유 시장은 마르크스주의가 결코 할 수 없었던 방식으로 사람들을 자유롭게 해왔다. 게다가 하버드 대학 경제 역사학자인 A. O. Hirschman이 자신의 대표적 연구인 The Passions and the Interests에서 보여 주었듯이, 시장은 계몽주의 사상가들인 Adam Smith, David Hume 그리고 Montesquieu에 의해 인류의 가장 큰 전통적 약점들 중 하나인 폭력에 대한 강력한 해결책으로 여겨졌다. Montesquieu가 말했던 바로는 두 국가가 만날 때 그들은 두 가지 중 하나를 할 수 있는데, 즉 그들은 전쟁을 벌이거나 거래를 할 수 있다. 만약 그들이 전쟁을 벌인다면, 둘 다 장기적으로 손해를 볼 가능성이 있다. 만약 그들이 거래를 한다면, 둘 다 이득을 얻을 것이다. 물론 그것이 유럽 연합의 설립 이면에 있는 논리였다. 즉 그것의 국가들, 특히 프랑스와 독일의 운명을 한데 묶었는데 그렇게 함으로써 그들이 20세기 전반에 너무나도 파괴적인 대가를 치르며 그랬었던 것처럼 다시는 전쟁을 벌이지 않도록 그들은 저항할 수 없는 이해관계를 가졌을 것이다.

폭력이 자본주의를 방해한 것이 아니라 자유 시장이 인간의 폭력에 대한 해결책으로 여겨짐
다음 글의 제목으로 가장 적절한 것은?
① Trade War: A Reflection of Human's Innate Violence
무역 전쟁: 인간의 타고난 폭력성의 투영   무역 전쟁에 대한 언급은 없음
② Free Market: Winning Together over Losing Together
자유 시장: 함께 잃는 것보다 함께 얻는 것   두 국가가 만나 거래를 통해 함께 이득을 보는 자유 시장이 형성됨
③ New Economic Framework Stabilizes the Free Market
새로운 경제적 틀이 자유 시장을 안정화하다   새로운 경제적 틀에 대한 내용은 없음
④ Violence Is the Invisible Hand That Disrupts Capitalism!
폭력은 자본주의를 방해하는 보이지 않는 손!
⑤ How Are Governments Involved in Controlling the Market? 정부의 시장 통제에 대한 언급은 없음
정부가 어떻게 시장 통제에 관여하는가?

1st 선택지와 첫 문장을 통해 글의 내용을 예상한다.

선택지	무역 전쟁과 폭력성, 자유 시장, 폭력과 자본주의, 정부의 시장 통제 등의 어구가 등장한다.
첫 문장	자유 시장은 마르크스주의가 결코 할 수 없었던 방식으로 사람들을 자유롭게 해왔다.

→ 자유 시장이 사람들을 자유롭게 해왔다는 말로 글을 시작한다.
▶ 선택지와 관련 지어 보면 자유롭게 한 것이 부정적인 결과로 이어질 수도 있고, 긍정적인 결과로 이어질 수도 있을 것이다.

2nd **1st** 에서 발상한 것을 토대로 글을 읽고, 내용을 파악한다.

폭력은 인류의 가장 큰 전통적 약점들 중 하나인데, 시장이 폭력에 대한 강력한 해결책이라고 한다. **단서 1**
즉, 두 국가가 만나면 전쟁을 벌이거나 거래를 할 수 있는데 전쟁을 벌인다면 둘 다 손해를 볼 것이기 때문에 자유에 맡긴다면 자연스럽게 두 국가는 거래를 하게 될 거라는 것이다. **단서 2**

3rd 글의 주제에 알맞은 제목을 고른다.

두 국가가 만날 때 그들은 전쟁을 벌이거나 거래를 할 수 있고, 전쟁을 벌인다면, 둘 다 장기적으로 손해를 볼 것이기 때문에 그들은 거래를 하며 이득을 얻을 것이다. 따라서 글의 주제는 '자유 시장에서 국가들은 함께 얻기 위해 저절로 거래를 할 것이다.'가 된다.
▶ 이에 맞는 제목을 선택지에서 고르면 정답은 ② '자유 시장: 함께 잃는 것보다 함께 얻는 것'이다.

| 선택지 분석 |

① 무역 전쟁에 인간의 폭력성이 투영되었다는 것이 아니다.
② 두 국가가 만나면 전쟁을 하거나 거래를 하거나 둘 중 하나를 선택하게 되는데, 모두 이득을 보도록 전쟁이 아닌 거래를 선택하게 된다는 자유 시장의 원리를 설명하는 글이다.
③ 새로운 경제적 틀에 대한 언급은 없다.
④ 두 국가가 만날 때 전쟁을 벌이거나 거래를 할 수 있는데, 전쟁을 벌인다면 장기적으로 손해를 볼 것이므로 그들은 저항할 수 없는 이해관계를 가지게 된다는 내용이다. 따라서 자유 시장은 오히려 폭력에 대한 강력한 해결책으로 여겨졌다.
⑤ 정부의 시장 통제에 대한 언급은 없다.

H 도표의 이해

문제편 p. 98~107

H 01 정답 ④ *교사 1인당 평균 학생 수

The graph above shows / the average number of students per teacher / in public elementary and secondary schools / across 과거분사 (countries 수식) selected countries / in 2019. //
위 그래프는 보여준다 / 교사 1인당 평균 학생 수를 / 공립 초·중등학교 / 선정된 국가들의 / 2019년 //

① Belgium was the only country / with a smaller number of students per teacher / 비교급 비교 than the OECD average / in both public elementary and secondary schools. // 12.1명 < 14.5명, 9.3명 < 13명
벨기에는 유일한 나라였다 / 교사 1인당 학생 수가 더 적은 / OECD 평균보다 / 공립 초등학교와 중등학교 모두에서 /

② In both public elementary and secondary schools, / the average number of students per teacher / 최상급 비교 was the largest in Mexico. // 공립 초등학교 24.9명, 공립 중등학교 30.9명
공립 초등학교와 중등학교 모두에서 / 교사 1인당 평균 학생 수는 / 멕시코에서 가장 많았다 //

③ In public elementary schools, / there was a smaller number of students per teacher on average in Germany / than in Japan, / whereas the reverse was true in public secondary schools. //
공립 초등학교에서는 / 교사 1인당 평균 학생 수가 독일에서 더 적었다 / 일본보다 / 반면 공립 중등학교에서는 / 그 반대였다 //

④ 단수 주어 The average number of students per teacher / in public secondary schools / in Germany / was less(→ more) than half that in the United Kingdom. // 단서 12.8명은 16.4명의 절반(8.2명)보다 많음
교사 1인당 평균 학생 수는 / 공립 중등학교의 / 독일에서 / 영국의 절반보다 더 적었다 (→ 더 많았다) /

⑤ Of the five countries, / Mexico was the only country / with 비교급 비교 more students per teacher in public secondary schools / than in public elementary schools. // 공립 초등학교 24.9명, 공립 중등학교 30.9명
5개국 중 / 멕시코는 유일한 나라였다 / 공립 중등학교의 교사 1인당 학생 수가 더 많은 / 공립 초등학교보다 //

• elementary ⓐ 초보의, 초급의   • reverse ⓝ 정반대

위 그래프는 선정된 국가들의 2019년 공립 초·중등학교 교사 1인당 평균 학생 수를 보여준다. ① 벨기에는 공립 초등학교와 중등학교 모두에서 교사 1인당 학생 수가 OECD 평균보다 더 적은 유일한 나라였다. ② 공립 초등학교와 중등학교 모두에서, 교사 1인당 평균 학생 수는 멕시코에서 가장 많았다. ③ 공립 초등학교에서는 교사 1인당 평균 학생 수가 일본보다 독일에서 더 적은 반면, 공립 중등학교에서는 그 반대였다. ④ 독일에서 공립 중등학교의 교사 1인당 평균 학생 수는 영국의 절반보다 더 적었다 (→ 더 많았다). ⑤ 5개국 중 멕시코는 공립 중등학교의 교사 1인당 학생 수가 공립 초등학교보다 더 많은 유일한 나라였다.

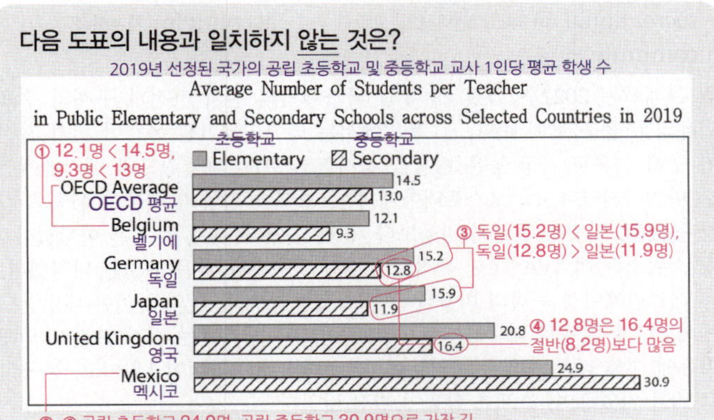

---

01 섭취	11 by-product	21 optimal
02 해변	12 mess up	22 poverty
03 공격적인	13 venture into	23 liberated
04 벽돌	14 slow down	24 silently
05 잡초	15 low-income	25 ecological
06 dweller	16 determinant	26 awareness
07 obligation	17 progressive	27 convey
08 textile	18 dignity	28 contains
09 scolding	19 uncover	29 Advances
10 violence	20 precise	30 deception

독일의 공립 중등학교 교사 1인당 평균 학생 수는 12.8명으로 영국의 16.4명의
절반(8.2명)보다는 많았으므로, ④이 도표의 내용과 일치하지 않는다.

① OECD: 공립 초등학교 14.5명 / 공립 중등학교 13명,
　벨기에: 공립 초등학교 12.1명 / 공립 중등학교 9.3명
　→ 두 학교 모두에서 OECD 평균보다 더 적은 유일한 나라이다.
② 멕시코의 교사 1인당 평균 학생 수는 공립 초등학교 24.9명, 공립 중등학교
　30.9명으로 선정된 국가들 중 가장 많다.
③ 공립 초등학교: 독일 15.2명 < 일본 15.9명,
　공립 중등학교: 독일 12.8명 > 일본 11.9명
　→ 공립 초등학교는 독일이, 공립 중등학교는 일본이 더 적다.
⑤ 멕시코: 공립 초등학교 24.9명 < 공립 중등학교 30.9명 → 공립 중등학교의 교사
　1인당 학생 수가 공립 초등학교보다 더 많은 유일한 나라이다.

H 02 정답 ② *유럽 국가에서의 전기 자전거 구매의 주요 이유

The graph above shows / the percentages of the primary reasons
/ for E-bike purchase / in five European countries in 2022. //
위 그래프는 보여 준다 / 주요 이유의 비율을 / 전기 자전거 구매의 / 2022년 다섯 개 유럽
국가에서의 //

① In Germany, / recreational purpose accounted for the highest
percentage / of reasons for E-bike purchase, / which was also the
case / in the Netherlands and Belgium. //
독일에서는 / 레크리에이션 목적이 가장 높은 비율을 차지했고 / 전기 자전거 구매 이유로 /
이는 마찬가지였다 / 네덜란드와 벨기에서도 //

② In Austria, / the percentage of sporting activity was the
highest at 41%, / which was(→ was not) three times higher /
than that of commute to work. //
오스트리아에서는 / 스포츠 활동의 비율이 41%로 가장 높았고 / 이것은 세 배 높았다(→ 높은
것은 아니었다) / 통근의 비율보다 //

③ Switzerland was the only country / where the percentage of
recreational purpose / was below 30%. //
스위스는 유일한 나라였다 / 레크리에이션 목적의 비율이 / 30%보다 낮은 //

④ The gap / between the percentage of recreational purpose /
and that of sporting activity / was smaller in Germany / than in
the Netherlands. //
차이는 / 레크리에이션 목적의 비율과 / 스포츠 활동의 비율 간의 / 독일에서 더 작았다 /
네덜란드에서보다 //

⑤ The Netherlands and Belgium showed / the same ranking
order / for reasons for E-bike purchase, /
네덜란드와 벨기에는 보였는데 / 같은 순위를 / 전기 자전거 구매 이유에 대해 /

where recreational purpose ranked first, / followed by commute
to work, / while sporting activity ranked lowest. //
레크리에이션 목적이 1위이고 / 통근이 그 뒤를 이었으며 / 스포츠 활동이 가장 낮았다 //

- E-bike 전기 자전거　　· purchase ⓝ 구매
- recreational ⓐ 레크리에이션의, 오락의　　· account for 차지하다
- commute ⓝ 통근

위 그래프는 2022년 다섯 개 유럽 국가에서의 전기 자전거 구매의 주요
이유의 비율을 보여 준다. ① 독일에서는 레크리에이션 목적이 전기 자전
거 구매 이유로 가장 높은 비율을 차지했고, 이는 네덜란드와 벨기에서
도 마찬가지였다. ② 오스트리아에서는, 스포츠 활동의 비율이 41%로 가
장 높았고, 이것은 통근의 비율보다 세 배 높았다(→ 높은 것은 아니었다).
③ 스위스는 레크리에이션 목적의 비율이 30%보다 낮은 유일한 나라였다.
④ 레크리에이션 목적의 비율과 스포츠 활동의 비율 간의 차이는 네덜란드
에서보다 독일에서 더 작았다. ⑤ 네덜란드와 벨기에는 전기 자전거 구매
이유에 대해 같은 순위를 보였는데, 레크리에이션 목적이 1위이고, 통근이
그 뒤를 이었으며, 스포츠 활동이 가장 낮았다.

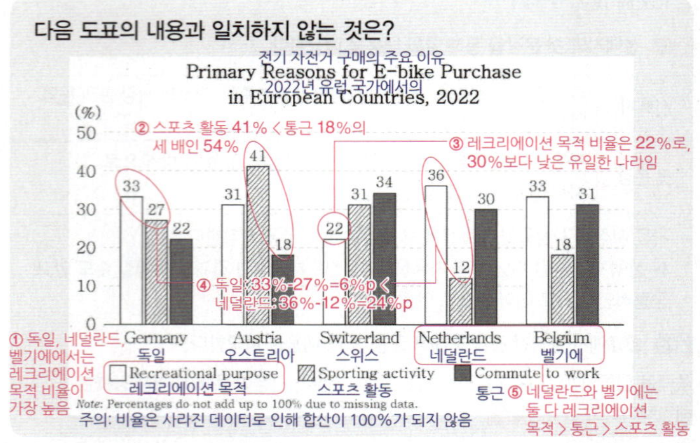

오스트리아에서의 스포츠 활동 비율은 41%로 가장 높지만, 통근 비율인 18%의 세
배(54%) 더 높은 것은 아니므로, 세 배 더 높다고 한 ②은 도표의 내용과 일치하지 않
는다.

① 레크리에이션 목적 비율은 독일 33%, 네덜란드 36%, 벨기에 33%로, 전기 자전
거 구매 이유 중 가장 높다.
③ 스위스의 레크리에이션 목적 비율은 22%로, 30%보다 낮은 유일한 나라이다.
④ 레크리에이션 목적 비율과 스포츠 활동 비율 간의 차이는 독일의 경우
33%-27%=6%p, 네덜란드의 경우 36%-12%=24%p로 독일에서 더 작다.
⑤ 네덜란드와 벨기에의 전기 자전거 구매 이유는 둘 다 레크리에이션 목적이 1위, 통
근이 2위, 스포츠 활동이 3위이다.

H 03 정답 ④ *2018~2020년 미국 유제품 수입액

The graph above shows / US dairy product imports / in selected
countries / from 2018 to 2020. //
위 그래프는 보여준다 / 미국 유제품 수입액을 / 선택된 국가들의 / 2018년부터 2020년까지 //

① Among the four countries above, / Mexico consistently
recorded / the highest imports of US dairy products / from 2018
to 2020. //
위의 네 국가 중 / 멕시코는 일관되게 기록했다 / 가장 높은 미국 유제품 수입액을 /
2018년부터 2020년까지 //

② However, / US dairy product imports in Mexico / decreased
from 2019 to 2020, / while the reverse was true / in the other
three countries / during the same period. //
그러나 / 멕시코의 미국 유제품 수입액은 / 2019년부터 2020년까지 감소했고 / 반면 그
반대가 사실이었다 / 다른 세 나라에서는 / 같은 기간 동안 //

③ In Indonesia, / US dairy product imports in 2020 / were more
than twice those in 2018. //
인도네시아에서 / 2020년 미국 유제품 수입액은 / 2018년의 그것들보다 두 배 이상이었다 //

④ The increase in US dairy product imports in the Philippines /
from 2018 to 2019 / was larger(→ smaller) than that in Indonesia
/ in the same period. //
필리핀의 미국 유제품 수입액의 증가는 / 2018년에서 2019년까지 / 인도네시아의 그것보다
더 컸다(→ 더 작았다) / 같은 기간 //

⑤ China was the only country / where imports of US dairy
products dropped / between 2018 and 2019. //
중국은 유일한 국가였다 / 미국 유제품 수입액이 떨어진 / 2018년에서 2019년 사이에 //

- dairy ⓐ 유제품의　　· import ⓝ 수입액
- consistently ⓐⓓ 일관되게　　· reverse ⓝ 반대

위 그래프는 2018년부터 2020년까지 선택된 국가들의 미국 유제품 수입액을 보여준다. ① 위의 네 국가 중, 멕시코는 2018년부터 2020년까지 일관되게 가장 높은 미국 유제품 수입액을 기록했다. ② 그러나, 멕시코의 미국 유제품 수입액은 2019년부터 2020년까지 감소했고, 반면 같은 기간 동안 다른 세 나라에서는 그 반대가 사실이었다. ③ 인도네시아에서, 2020년 미국 유제품 수입액은 2018년의 그것보다 두 배 이상이었다. ④ 2018년에서 2019년까지 필리핀의 미국 유제품 수입액의 증가는 같은 기간 인도네시아의 그것보다 더 컸다(→ 더 작았다). ⑤ 중국은 2018년에서 2019년 사이에 미국 유제품 수입액이 떨어진 유일한 국가였다.

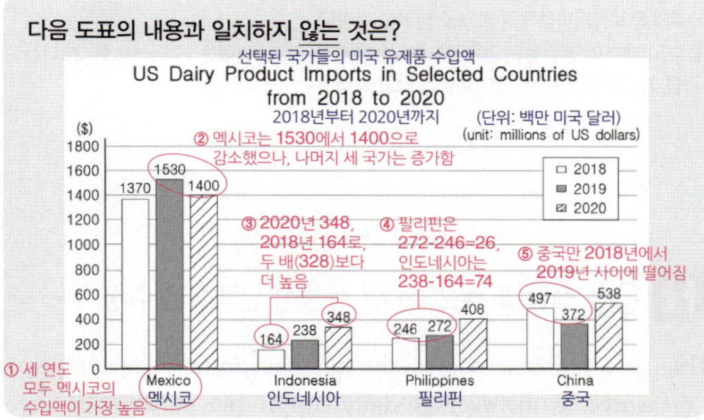

왜 정답 ? ✽✿✿ [정답률 85%]

필리핀의 수입액은 2018년 246, 2019년 272로 그 증가액은 26인 반면, 인도네시아의 수입액은 2018년 164, 2019년에는 238로 그 증가액은 74이다. 따라서 필리핀의 증가액이 인도네시아의 증가액보다 더 크다고 설명한 ④은 도표의 내용과 일치하지 않는다.

왜 오답 ?

① 멕시코의 수입액은 2018년 1370, 2019년 1530, 2020년 1400으로, 세 연도 모두 네 국가 중 가장 높다.

② 멕시코의 수입액은 2019년 1530에서 2020년 1400으로 감소했으나, 나머지 세 국가는 2019년보다 2020년에 수입액이 증가했다.

③ 인도네시아의 2020년 수입액은 348로, 2018년 수입액인 164의 두 배(328)보다 더 높다.

⑤ 중국은 2018년에서 2019년 사이에 수입액이 떨어진 유일한 국가이다.

H 04 정답 ③ ✽국가별 결제 수단 이용률 현황

The above graph, / which was based on a survey / conducted from April of 2022 to March of 2023, / shows the percentages of respondents in four countries / who used different methods of payment. //
위 그래프는 / 조사에 근거하여 / 2022년 4월부터 2023년 3월까지 진행된 / 4개국 응답자의 비율을 보여준다 / 여러 가지 결제 수단을 사용한 /

① Overall, / the percentage of respondents / who used cash / exceeded 60% / in three out of the four countries. //
전반적으로 / 응답자의 비율이 / 현금을 사용한 / 60%를 넘었다 / 4개국 중 3개국에서 //

② The percentage of respondents / who used credit or debit cards / in Germany / was the same as that in India, at 56%. //
응답자의 비율은 / 신용 또는 직불 카드를 사용한 / 독일에서 / 인도에서의 그것과 같았다 / 56%로 //

③ The percentage of respondents / who used credit or debit cards / in the United States / was(→ was not) more than double that in China. //
응답자의 비율은 / 신용 또는 직불 카드를 사용한 / 미국에서 / 중국에서의 그것의 두 배보다 많았다(→ 많지 않았다) //

④ The percentage of respondents / who used mobile devices in Germany / was 3 percentage points lower / than that in the United States. //
응답자의 비율은 / 독일에서 모바일 기기를 사용한 / 3퍼센트포인트 낮았다 / 미국에서의 그것보다 //

⑤ Among the four countries, / China recorded the highest percentage of respondents / who used mobile devices, / followed by India. //
4개국 중 / 중국이 응답자의 가장 높은 비율을 기록했고 / 모바일 기기를 사용한 / 인도가 그 다음이었다 //

- conduct ⓥ 진행하다
- respondent ⓝ 응답자
- method ⓝ 방법, 수단
- payment ⓝ 결제
- exceed ⓥ 넘어서다
- credit card 신용 카드

위 그래프는, 2022년 4월부터 2023년 3월까지 진행된 조사에 근거하여, 여러 가지 결제 수단을 사용한 4개국 응답자의 비율을 보여준다. ① 전반적으로, 4개국 중 3개국에서 현금을 사용한 응답자의 비율이 60%를 넘었다. ② 독일에서 신용 또는 직불 카드를 사용한 응답자의 비율은 56%로 인도에서의 그것과 같았다. ③ 미국에서 신용 또는 직불 카드를 사용한 응답자의 비율은 중국에서의 그것의 두 배보다 많았다(→ 많지 않았다). ④ 독일에서 모바일 기기를 사용한 응답자의 비율은 미국에서의 그것보다 3퍼센트포인트 낮았다. ⑤ 4개국 중, 중국이 모바일 기기를 사용한 응답자의 가장 높은 비율을 기록했고, 인도가 그 다음이었다.

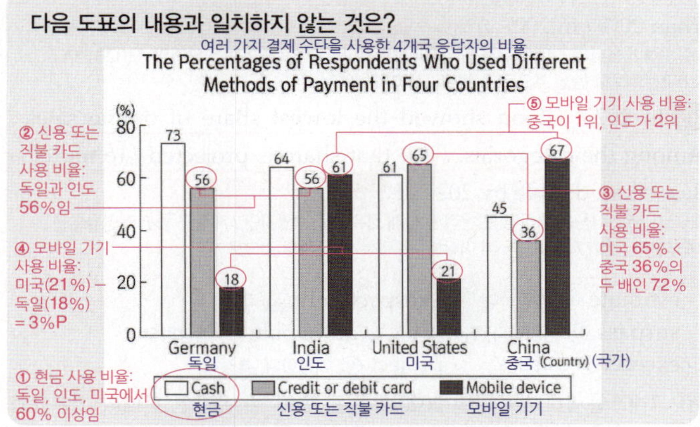

왜 정답 ? ✽✿✿ [정답률 91%]

신용 또는 직불 카드 사용 비율은 미국에서 65%, 중국에서 36%로, 미국은 중국의 두 배인 72%보다 많지 않았다. 따라서 미국의 신용 또는 직불 카드 사용 비율이 중국의 두 배보다 많다고 설명한 ③은 도표의 내용과 일치하지 않는다.

왜 오답 ?

① 현금 사용 비율은 독일 73%, 인도 64%, 미국 61%로, 네 국가 중 세 국가에서 60% 이상이다.

② 신용 또는 직불 카드 사용 비율은 독일과 인도에서 둘 다 56%이다.

④ 모바일 기기 사용 비율은 독일이 18%로, 미국의 21%보다 3%P 낮다.

⑤ 모바일 기기 사용 비율은 중국이 67%로 1위, 인도가 61%로 2위이다.

 정답 ⑤ *2023년 판매 점유율과 2027년 추정 점유율

The graph above shows / the shares of online sales / out of total sales / by each of five product categories in 2023 / and the
과거분사 (ones 수식)
=shares
estimated ones in 2027. //
위 그래프는 나타낸다 / 온라인 판매의 점유율과 / 전체 판매 중 / 5개 제품군별 2023년 / 2027년의 추정 점유율을 //

① The shares of all five categories / are expected to increase by
모두 2027년까지 증가하나 50%를 넘지 않음
2027 respectively, / while not surpassing 50%. //
부사절에서 '주어+be동사' 생략
5개 제품군 모두의 점유율은 / 2027년까지 각각 증가할 것으로 예상된다 / 반면 50퍼센트를 넘기지는 못할 것으로 예상된다 //

② Based on the selected categories, / consumer electronics is
과거분사 (categories 수식)
anticipated / to show the biggest gap / in the share of online sales / between 2023 and 2027. //
소비자 가전은 2023년 31%, 2027년 44%로 가장 큰 격차를 보임
선정된 제품군 중에서 / 소비자 가전은 예상된다 / 가장 큰 격차를 보일 것으로 / 온라인 판매 점유율에서 / 2023년과 2027년의 //

③ DIY and furniture showed / the same share of online sales
DIY와 가구는 2023년에 29%로 동일하지만, 2027년에는 DIY가 38%, 가구가 35%임
with 29% / in 2023 / but the share of DIY online sales is estimated
= the share
to exceed / that of furniture online sales / by 2027. //
DIY와 가구는 나타냈지만 / 29퍼센트로 동일한 온라인 판매 점유율을 / 2023년에 / DIY 온라인 판매 점유율이 넘어설 것으로 추정된다 / 가구 온라인 판매 점유율을 / 2027년에는 //

④ The share of beauty care online sales / was lower than 20%
by 2 percentage points / in 2023, / but is estimated to be higher
병렬 구조 (동사)
than 20% / in 2027. //
뷰티 케어는 2023년에 18%, 2027년에 22%임
뷰티 케어 온라인 판매 점유율은 / 20퍼센트보다 2퍼센트포인트 낮았지만 / 2023년에 / 20퍼센트보다 높을 것으로 추정된다 / 2027년에는 //

⑤ In 2023, / food showed the lowest share of online sales / among the categories, / but that share is projected / to more(→ less) than double by 2027. //
단서 2023년: 4%, 2027년: 6%로, 두 배 이상 증가하는 것은 아님
2023년에 / 식품은 가장 낮은 온라인 판매 점유율을 보였지만 / 제품군 중 / 그 점유율은 예상된다 / 2027년에는 두 배 이상(→ 못 미치게) 증가할 것으로 //

- estimate ⓥ 추정하다   · respectively ⓐⓓ 각각
- surpass ⓥ 능가하다, 뛰어넘다   · anticipate ⓥ 예상하다
- exceed ⓥ 초과하다   · project ⓥ 예상하다, 추정하다

위 그래프는 5개 제품군별 2023년 전체 판매 중 온라인 판매의 점유율과 2027년의 추정 점유율을 나타낸다. ① 5개 제품군 모두의 점유율은 2027년까지 각각 증가할 것으로 예상되나 50퍼센트를 넘기지는 못할 것으로 예상된다. ② 선정된 제품군 중에서 소비자 가전은 2023년과 2027년의 온라인 판매 점유율에서 가장 큰 격차를 보일 것으로 예상된다. ③ DIY와 가구는 2023년에 29퍼센트로 동일한 온라인 판매 점유율을 나타냈지만, 2027년에는 DIY 온라인 판매 점유율이 가구 온라인 판매 점유율을 넘어설 것으로 추정된다. ④ 뷰티 케어 온라인 판매 점유율은 2023년에 20퍼센트보다 2퍼센트포인트 낮았지만 2027년에는 20퍼센트보다 높을 것으로 추정된다. ⑤ 2023년에 식품은 제품군 중 가장 낮은 온라인 판매 점유율을 보였지만 그 점유율은 2027년에는 두 배 이상(→ 못 미치게) 증가할 것으로 예상된다.

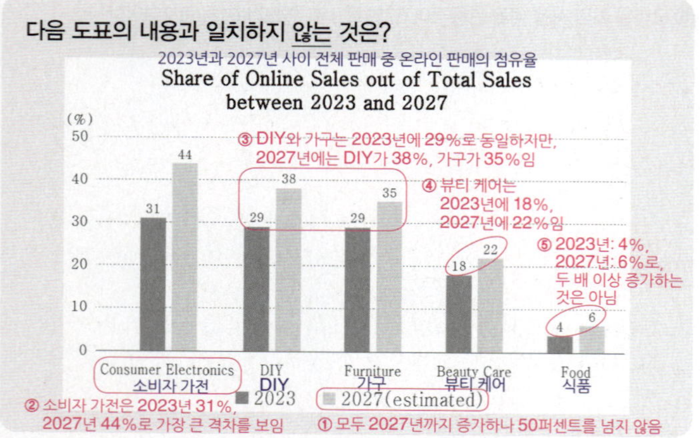

 ❀❀❀ [정답률 91%]

식품의 점유율은 2023년에 4퍼센트로 가장 낮은 것은 맞지만, 2027년에는 6퍼센트로, 두 배 이상 증가하는 것이 아니라 두 배에 못 미치게 증가하고 있으므로, ⑤은 도표의 내용과 일치하지 않는다.

왜 오답 ?

① 다섯 개의 제품군 모두 2027년까지 점유율은 증가하나, 50퍼센트를 넘지 않는다.
② 소비자 가전의 2023년 점유율은 31퍼센트, 2027년 추정 점유율은 44퍼센트로 13퍼센트포인트의 격차를 보이며, 이 격차는 다른 제품군과 비교했을 때 가장 크다.
③ DIY와 가구의 2023년 점유율은 29퍼센트로 동일하지만, 2027년에는 DIY가 38퍼센트로, 35퍼센트인 가구를 넘어설 것이다.
④ 뷰티 케어의 점유율은 2023년에는 18퍼센트, 2027년에는 22퍼센트로, 20퍼센트를 기준으로 2퍼센트포인트만큼 낮고 높다.

 정답 ⑤ *2020년 동물성 단백질 섭취량

The graph above shows the animal protein consumption / measured as the average daily supply per person / in three different countries in 2020. //
과거분사 (consumption 수식)
위 그래프는 동물성 단백질 섭취량을 나타낸다 / 1인당 일일 평균 공급량으로 측정한 / 2020년 3개국의 //

① The U.S. showed the largest amount / of total animal protein
미국은 74.8로 가장 많음
consumption per person / among the three countries. //
미국은 가장 많은 것으로 나타났다 / 1인당 총 동물성 단백질 섭취량이 / 3개국 중 //

② Eggs and Dairy / was the top animal protein consumption
source / among four categories in the U.S., / followed by Meat
분사구문을 이끄는 과거분사
and Poultry / at 22.4g and 20.6g, respectively. //
계란과 유제품(26.4) 다음으로
계란과 유제품이 / 가장 많은 동물성 단백질 공급원이었고 / 미국에서 네 가지 범주 가운데 / 육류와 가금류가 그 뒤를 이었다 / 각각 22.4g과 20.6g으로 //
육류(18.0)가 가장 많았고, 계란과 유제품(17.3)이 2위를 차지함

③ Unlike the U.S., / Brazil consumed the most animal protein
from Meat, / with Eggs and Dairy being the second most. //
'with+(대)명사+분사': ~가 …한[된] 채로
미국과 달리 / 브라질은 가장 많은 동물성 단백질을 육류로부터 섭취했고 / 계란과 유제품을 두 번째로 많이 섭취했다 //

④ Japan had less than 50g of the total animal protein consumption per person, / which was the smallest among the three countries. //
계속적 용법의 주격 관계대명사
일본은 49.4로 가장 적음
일본은 1인당 50g 미만의 총 동물 단백질을 섭취했고 / 이는 세 나라 중 가장 적은 양이었다 //

⑤ Fish and Seafood, / which was the least consumed animal
주어   계속적 용법의 주격 관계대명사   과거분사 (source 수식)
protein consumption source in the U.S. and Brazil, / ranked the
동사
second(→ first) highest in Japan. //
단서 생선과 해산물은 일본에서 첫 번째로 높은 순위를 차지함
생선과 해산물은 / 미국과 브라질에서 가장 적게 섭취한 동물성 단백질 섭취원이었는데 / 일본에서는 두 번째(→ 첫 번째)로 높은 순위를 차지했다 //

- protein ⓝ 단백질   · consumption ⓝ 섭취(량)
- dairy ⓝ 유제품   · poultry ⓝ 가금류   · respectively ⓐⓓ 각각

위 그래프는 2020년 3개국의 1인당 일일 평균 공급량으로 측정한 동물성 단백질 섭취량을 나타낸다. ① 미국은 3개국 중 1인당 총 동물성 단백질 섭취량이 가장 많은 것으로 나타났다. ② 계란과 유제품이 미국에서 네 가지 범주 가운데 가장 많은 동물성 단백질 공급원이었고, 육류와 가금류가 각각 22.4g과 20.6g으로 그 뒤를 이었다. ③ 미국과 달리, 브라질은 가장 많은 동물성 단백질을 육류로부터 섭취했고, 계란과 유제품을 두 번째로 많이 섭취했다. ④ 일본은 1인당 50g 미만의 총 동물 단백질을 섭취했고, 이는 세 나라 중 가장 적은 양이었다. ⑤ 생선과 해산물은 미국과 브라질에서 가장 적게 섭취한 동물성 단백질 섭취원이었는데, 일본에서는 두 번째(→ 첫 번째)로 높은 순위를 차지했다.

다음 도표의 내용과 일치하지 않는 것은?

Animal Protein Consumption, 2020
2020년 동물성 단백질 섭취량
measured as the average daily supply per person (unit: g)
1인당 일일 평균 공급량으로 측정됨 (단위: 그램)

■ Poultry ▨ Meat ▰ Eggs and Dairy □ Fish and Seafood
가금류 육류 계란과 유제품 생선과 해산물

국가 Country	Amount of Consumption 섭취량	Total 총
U.S. 미국	20.6 / 22.4 / 26.4 / 5.4	74.8
Brazil 브라질	15.8 / 18.0 / 17.3 / 2.2	53.3
Japan 일본	8.6 / 10.0 / 13.9 / 16.9	49.4

5 10 15 20 25 30 (unit: g)
(단위: 그램)

② 계란과 유제품(26.4) 다음으로 육류(22.4)와 가금류(20.6)
① 미국은 74.8로 가장 많음
③ 육류(18.0) 다음으로 계란과 유제품(17.3)
⑤ 생선과 해산물은 일본에서 가장 높음
④ 일본은 49.4로 가장 적음

왜 정답? ✱✱✱ [정답률 90%]

생선과 해산물은 미국에서 5.4g, 브라질에서 2.2g으로 각국에서 가장 적게 섭취되었으나, 일본에서는 16.9g으로 두 번째가 아니라 첫 번째로 높은 순위를 차지하고 있으므로, ⑤은 도표의 내용과 일치하지 않는다.

왜 오답?

① 미국은 1인당 총 섭취량이 74.8g으로, 53.3g인 브라질과, 49.4g인 일본과 비교했을 때 가장 많았다.

② 미국에서는 계란과 유제품이 26.4g으로 가장 많았고, 육류와 가금류가 각각 22.4g과 20.6g으로 2, 3위를 차지했다.

③ 브라질에서는 육류가 18.0g으로 가장 많았고, 계란과 유제품이 17.3g으로 2위를 차지했다.

④ 일본은 1인당 총 섭취량이 49.4g으로 50g 미만이었고, 74.8g인 미국과 53.3g인 브라질과 비교했을 때 가장 적었다.

H 07 정답 ③ ✱아시아 국가들의 1인당 CO_2 배출량

The graph above shows / the amount of CO_2 emissions per person / across **selected** Asian countries in 2010 and 2020. //
과거분사 (Asian countries 수식)
위 그래프는 보여준다 / 1인당 CO_2 배출량을 / 선택된 아시아 국가들의 2010년과 2020년 //

우즈베키스탄만 2010년 막대가 2020년 막대보다 더 긺
① All the countries except Uzbekistan / had a greater amount of CO_2 emissions per person in 2020 / than **that** in 2010. //
= the amount of CO_2 emissions per person
우즈베키스탄을 제외한 모든 국가들은 / 2020년의 1인당 CO_2 배출량이 더 많았다 / 2010년의 배출량보다 //

② In 2010, / the amount of CO_2 emissions per person of China / was the largest among the five countries, / **followed by that of Mongolia.** //
분사구문
2010년 막대는 중국이 가장 길고, 몽골이 두 번째로 긺
2010년에는 / 중국의 1인당 CO_2 배출량이 / 5개국 중 가장 많았고 / 몽골의 배출량이 그 뒤를 이었다 //

단서 2020년 막대는 몽골(11.3)이 중국(7.7)의 두 배보다는 짧음
③ However, in 2020, / Mongolia surpassed China / in terms of the amount of CO_2 emissions per person, /
그러나 2020년에는 / 몽골이 중국을 능가했는데 / 1인당 CO_2 배출량에 있어서 /

with the amount of Mongolia / more than twice(→ being nearly 1.5 times) **that** of China. //
= the amount of CO_2 emissions per person
몽골의 배출량은 / 중국의 배출량보다 두 배 이상(→ 배출량의 약 1.5배)이었다 //

④ In 2010, / Uzbekistan produced a larger amount of CO_2 emissions per person than Vietnam, / **while** the opposite was true in 2020. //
~한 반면 (역접의 접속사)
2010년: 우즈베키스탄 > 베트남, 2020년: 베트남 > 우즈베키스탄
2010년에는 / 우즈베키스탄이 베트남보다 더 많은 1인당 CO_2 배출량을 만들어 냈지만 / 2020년에는 그 반대였다 //

---

⑤ Among the five countries, / India was the only one / **where** the amount of CO_2 emissions per person was less than 2 tons in 2020. //
관계부사
5개국 중 / 인도는 유일한 국가였다 / 2020년에 1인당 CO_2 배출량이 2톤 미만인 //
⑤ 2020년 막대는 인도만 2 미만임

• emission ⓝ 배출   • surpass ⓥ 능가하다

위 그래프는 선택된 아시아 국가들의 2010년과 2020년 1인당 CO_2 배출량을 보여준다. ① 우즈베키스탄을 제외한 모든 국가들은 2010년의 배출량보다 2020년의 1인당 CO_2 배출량이 더 많았다. ② 2010년에는, 중국의 1인당 CO_2 배출량이 5개국 중 가장 많았고, 몽골의 배출량이 그 뒤를 이었다. ③ 그러나, 2020년에는, 1인당 CO_2 배출량에 있어서 몽골이 중국을 능가했는데, 몽골의 배출량은 중국의 배출량보다 두 배 이상(→ 배출량의 약 1.5배)이었다. ④ 2010년에는, 우즈베키스탄이 베트남보다 더 많은 1인당 CO_2 배출량을 만들어 냈지만, 2020년에는 그 반대였다. ⑤ 5개국 중, 인도는 2020년에 1인당 CO_2 배출량이 2톤 미만인 유일한 국가였다.

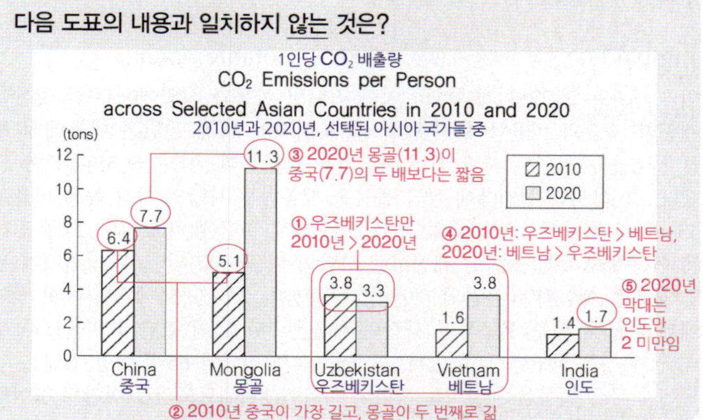

왜 정답? ✱✱✱ [정답률 84%]

2020년에는 몽골의 배출량은 11.3으로, 중국의 배출량인 7.7을 능가했으나, 몽골은 중국의 배출량의 두 배인 15.4보다는 적었으므로, 몽골이 중국의 두 배 이상이었다는 ③은 도표의 내용과 일치하지 않는다.

왜 오답?

① 우즈베키스탄은 2010년 3.8, 2020년 3.3으로 2010년의 배출량이 더 많았고, 나머지 국가들은 각각 2020년의 배출량이 더 많았다.

② 2010년에는 중국의 배출량이 6.4로 1위였고, 몽골의 배출량이 5.1로 2위였다.

④ 2010년에 우즈베키스탄은 3.8, 베트남은 1.6으로 우즈베키스탄이 더 많았지만, 2020년에 우즈베키스탄은 3.3, 베트남은 3.8로 그 반대였다.

⑤ 2020년에 인도는 배출량이 1.7로, 5개국 중 유일하게 2 미만인 국가였다.

H 08 정답 ④ ✱무급 돌봄을 제공한 사람의 비율

The graph above shows / the percentage of people / **who** provided unpaid care to children and adults / by age group in Canada in 2022. //
주격 관계대명사
위 그래프는 보여준다 / 사람의 비율을 / 아동과 성인에게 무급 돌봄을 제공한 / 2022년 캐나다의 연령 집단별 //

① Notably, / the 35-44 group had the highest percentage of individuals / **providing unpaid care to children,** / **reaching 59.5%.** //
현재분사구 (individuals 수식) 분사구문
35-44의 아동 그래프는 59.5%로, 가장 긺
특히 / 35~44세 집단은 사람의 비율이 가장 높았는데 / 아동에게 무급 돌봄을 제공하는 / 이는 59.5퍼센트에 달했다 //

② However, / the highest percentage of individuals / **providing unpaid care to adults** / **was found** in the 55-64 group. //
성인 그래프는 55-64가 가장 긺 현재분사구 (individuals 수식) 수동태 동사
하지만 / 사람의 가장 높은 비율은 / 성인에게 무급 돌봄을 제공하는 / 55~64세 집단에서 발견되었다 //

③ Compared to the 25-34 group, / the 15-24 group had a lower percentage of individuals / **providing unpaid care to children** / and a higher percentage of individuals / **providing unpaid care to adults.** // 아동 그래프: 15-24 < 25-34, 성인 그래프: 15-24 > 25-34

현재분사구 (individuals 수식)

25~34세 집단에 비해 / 15~24세 집단은 사람의 비율이 더 낮았고 / 아동에게 무급 돌봄을 제공하는 / 사람의 비율이 더 높았다 / 성인에게 무급 돌봄을 제공하는 //

④ The percentage of people / **providing unpaid care to adults** / in the 45-54 group / was more than twice (→ over one and a half times) as high as / **that** in the 35-44 group. // 26.3은 17.2의 두 배인 34.4보다는 낮음

현재분사구 (people 수식)

= the percentage

사람의 비율은 / 성인에게 무급 돌봄을 제공하는 / 45~54세 집단에서 / 두 배 넘게(→ 1.5배 이상) 높았다 / 35~44세 집단의 비율보다 //

⑤ The 55-64 group and the 65 and older group / showed a similar percentage of individuals / **providing unpaid care to children,** / with a difference of less than 1 percentage point. // 55-64는 17.6, 65+는 16.7로, 0.9퍼센트포인트 차이남

현재분사구 (individuals 수식)

55~64세 집단과 65세 이상 집단은 / 비슷한 사람의 비율을 보였다 / 아동에게 무급 돌봄을 제공하는 / 1퍼센트포인트 미만의 차이로 //

- unpaid ⓐ 돈을 지불받지 않은, 무급의
- notably ⓐⓓ 특히

위 그래프는 2022년 캐나다의 연령 집단별 아동과 성인에게 무급 돌봄을 제공한 사람의 비율을 보여준다. ① 특히 35~44세 집단은 아동에게 무급 돌봄을 제공하는 사람의 비율이 가장 높았는데, 이는 59.5퍼센트에 달했다. ② 하지만 성인에게 무급 돌봄을 제공하는 사람의 가장 높은 비율은 55~64세 집단에서 발견되었다. ③ 25~34세 집단에 비해, 15~24세 집단은 아동에게 무급 돌봄을 제공하는 사람의 비율이 더 낮았고, 성인에게 무급 돌봄을 제공하는 사람의 비율이 더 높았다. ④ 45~54세 집단에서 성인에게 무급 돌봄을 제공하는 사람의 비율은 35~44세 집단의 비율보다 두 배 넘게(→ 1.5배 이상) 높았다. ⑤ 55~64세 집단과 65세 이상 집단은 아동에게 무급 돌봄을 제공하는 사람의 비율이 1퍼센트포인트 미만의 차이로 비슷한 비율을 보였다.

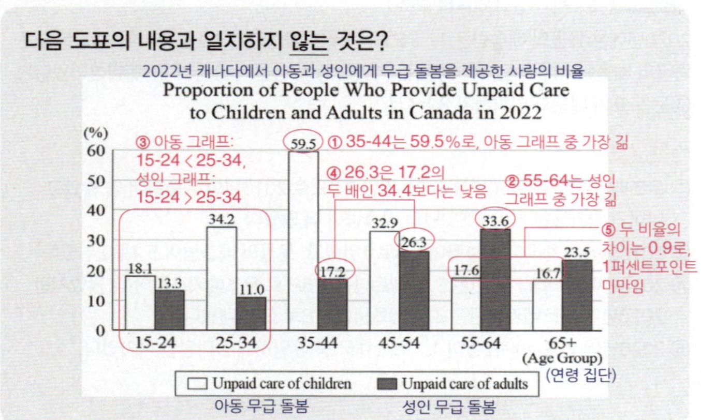

≥왜 정답 ? ✽❀❀ [정답률 89%]

45-54 집단의 성인 그래프는 26.3으로, 35-44 집단의 17.2의 두 배인 34.4보다는 낮으므로, 그 수치가 두 배 넘게 높았다는 ④은 도표의 내용과 일치하지 않는다.

≥왜 오답 ?

① 35-44 집단의 아동 그래프는 59.5%로, 모든 연령 집단의 아동 그래프 중 가장 길다.

② 55-64 집단의 성인 그래프는 모든 연령 집단의 성인 그래프 중 가장 길다.

③ 15-24 집단의 아동 그래프는 25-34 집단의 아동 그래프에 비해 더 짧고, 성인 그래프는 더 길다.

⑤ 55-64 집단의 아동 그래프는 17.6, 65+ 집단의 아동 그래프는 16.7로, 두 비율의 차이는 1퍼센트포인트 미만이다.

H 09 정답 ④ ＊표적 온라인 광고에 대한 미국인들의 견해

The graph above shows the results / of a 2019 survey / on the views of American age groups / on targeted online advertising. // 위의 그래프는 결과를 보여 준다 / 2019년 설문 조사의 / 미국 연령층들의 견해에 관한 / 표적 온라인 광고에 대한 //

① In total, / while 51% of the respondents said targeted ads were intrusive, / 27% said **they** were interesting. // 전체의 51퍼센트가 침해적, 27퍼센트가 흥미롭다고 답함

= targeted ads

전체적으로, / 응답자의 51퍼센트는 표적 광고들이 침해적이라고 말한 반면 / 27퍼센트는 그것들이 흥미롭다고 대답하였다 //

② **The percentage** of respondents / **who** believed that targeted ads were interesting / **was** the highest in the age group of 18 to 24. // 흥미롭다고 답한 비율은 18세에서 24세 연령층이 가장 높음

단수 주어 / 주격 관계대명사 / 단수 동사

응답자들의 비율은 / 표적 광고들이 흥미롭다고 믿는 / 18세에서 24세 연령층에서 가장 높았다 //

③ The percentage of respondents aged 25 to 34 / who said that targeted ads were intrusive / was the same / as **that** of respondents aged 45 to 54 / who said the same. // 25세에서 34세와 45세에서 54세 두 그룹은 45%로 같음

= the percentage

25세에서 34세 응답자들의 비율은 / 표적 광고들이 침해적이라고 응답한 / 똑같았다 / 45세에서 54세 응답자들의 그것과 / 똑같이 응답한 //

④ Among all age groups, / the gap between respondents / who said targeted ads were interesting / and **those** who believed **them** to be intrusive / 모든 연령층에서 / 응답자들 간의 차이는 / 표적 광고들이 흥미롭다고 말한 / 그것들이 침해적이라고 믿는 /

= respondents

= targeted ads

단서 견해 차가 가장 큰 그룹은 55세 이상의 연령층임

was the largest in the 35-to-44(→ 55 and above) age group. // 35세에서 44세(→ 55세 이상) 연령층에서 가장 컸다 //

⑤ The age group of 55 and above was the only group / **where** the percentage of respondents who believed targeted ads were intrusive / was more than 50%. // 50퍼센트 이상 표적 광고가 침해적이라고 답한 곳은 55세 이상이 유일함

관계부사

55세 이상의 연령층은 유일한 집단이었다 / 표적 광고들이 침해적이라고 믿는 응답자들의 비율이 / 50퍼센트가 넘는 //

- targeted ⓐ 표적이 된
- respondent ⓝ 응답자
- intrusive ⓐ 침해적인
- inappropriate ⓐ 부적절한

위의 그래프는 표적 온라인 광고에 대한 미국 연령층들의 견해에 관한 2019년 설문 조사의 결과를 보여 준다. ① 전체적으로, 응답자의 51퍼센트는 표적 광고들이 침해적이라고 말한 반면, 27퍼센트는 그것들이 흥미롭다고 대답하였다. ② 표적 광고들이 흥미롭다고 믿는 응답자들의 비율은 18세에서 24세 연령층에서 가장 높았다. ③ 표적 광고들이 침해적이라고 응답한 25세에서 34세 응답자들의 비율은 똑같이 응답한 45세에서 54세 응답자들의 그것과 똑같았다. ④ 모든 연령층에서, 표적 광고들이 흥미롭다고 말한 응답자들과 그것들이 침해적이라고 믿는 응답자들 간의 차이는 35세에서 44세(→ 55세 이상) 연령층에서 가장 컸다. ⑤ 55세 이상의 연령층은 표적 광고들이 침해적이라고 믿는 응답자들의 비율이 50퍼센트가 넘는 유일한 집단이었다.

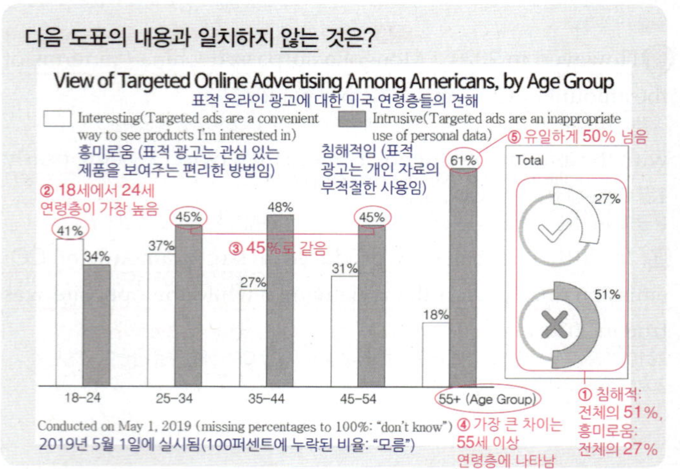

35세에서 44세 연령층에서 표적 광고들이 흥미롭다고 말한 응답자들과
그것들이 침해적이라고 믿는 응답자들 간의 차이는 21퍼센트포인트이고, 55세
이상의 연령층에서는 43퍼센트포인트이다. 격차가 가장 큰 그룹은 55세 이상의
연령층이므로 ④이 도표의 내용과 일치하지 않는다.

① 전체의 51퍼센트가 표적 광고에 대해 침해적이라고 답했고, 27퍼센트는
　흥미롭다고 답했다.

② 표적 광고를 흥미롭다고 답한 비율이 가장 높은 그룹은 18세에서 24세 연령층이다.

③ 25세에서 34세 연령층과 45세에서 54세 연령층의 45퍼센트가 표적 광고를
　침해적이라고 답했다.

⑤ 50퍼센트 이상이 표적 광고가 침해적이라고 답한 곳은 55세 이상의 연령층이
　유일했다.

H 10 정답 ③ ＊2022년 독일인의 독서 빈도

The above graph shows / how often German children and
young adults read books / in 2022 / according to age groups. //
위 그래프는 보여준다 / 얼마나 자주 독일의 어린이와 젊은 성인이 책을 읽었는지를 /
2022년에 / 연령 집단에 따라 //

① In each age group / except 12 to 13-year-olds, / those who said
/ they read books once a month or less / accounted for the largest
proportion. //
각각의 연령 집단에서 / 12세에서 13세 연령 집단을 제외한 / 말한 이들은 / 월 1회 또는 그
미만으로 책을 읽었다고 / 가장 높은 비율을 차지했다 //

② Of the 12 to 13-year-old group, / 42% stated / they read daily
or several times a week, / which was the highest share within
that group. //
12세에서 13세 연령 집단에서 / 42퍼센트가 말했다 / 매일 또는 일주일에 여러 번 책을
읽었다고 / 그것은 그 집단 내에서 가장 높은 비율이었다 //

③ In the 14 to 15-year-old group, / the percentage of teenagers
/ who read daily or several times a week / was three times(→
about twice) higher /
14세에서 15세 연령 집단에서 / 십 대의 비율은 / 매일 또는 일주일에 여러 번 책을 읽은 / 세
배(→ 약 두 배) 더 높았다 /
than that of those / who never read a book in the same age
group. //
십 대의 비율보다 / 같은 연령 집단 내에서 전혀 책을 읽지 않은 //

④ In the 16 to 17-year-old group, / those who read / between
once a week and once every two weeks / were less than 20%. //
16세에서 17세 연령 집단에서 / 책을 읽은 이들의 비율은 / 1주에 한 번에서 2주에 한 번 /
20퍼센트보다 더 낮았다 //

⑤ More than one fifth of the age group of 18 to 19 years /
responded / that they never read any book. //
18세에서 19세 연령 집단의 5분의 1보다 많은 수가 / 응답했다 / 전혀 어떠한 책도 읽지
않았다고 //

• account for ~을 차지하다　　• share ⓝ 몫

위 그래프는 2022년 독일의 어린이와 젊은 성인이 책을 얼마나 자주
읽었는지를 연령 집단에 따라 보여준다. ① 12세에서 13세 연령 집단을
제외한 각각의 연령 집단에서 월 1회 또는 그 미만으로 책을 읽었다고
말한 이들은 가장 높은 비율을 차지했다. ② 12세에서 13세 연령 집단에서
42퍼센트가 매일 또는 일주일에 여러 번 책을 읽었다고 말했고, 그것은 그
집단 내에서 가장 높은 비율이었다. ③ 14세에서 15세 연령 집단에서 매일
또는 일주일에 여러 번 책을 읽은 십 대의 비율은 같은 연령 집단 내에서
전혀 책을 읽지 않은 십 대의 비율보다 세 배(→ 약 두 배) 더 높았다.
④ 16세에서 17세 연령 집단에서 1주에 한 번에서 2주에 한 번 책을 읽은
이들의 비율은 20퍼센트보다 더 낮았다. ⑤ 18세에서 19세 연령 집단의
5분의 1보다 많은 수가 전혀 어떠한 책도 읽지 않았다고 응답했다.

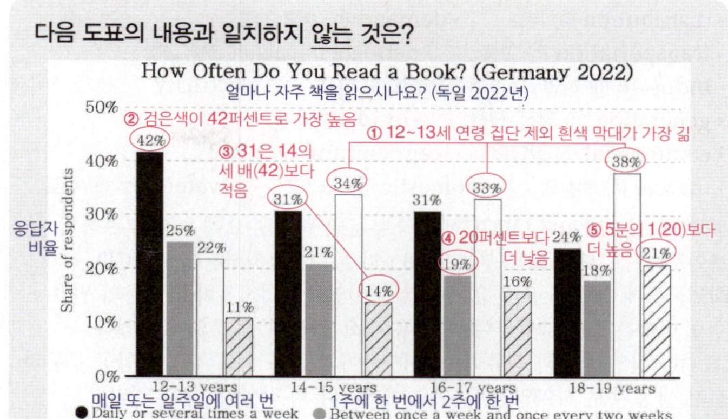

14세에서 15세 연령 집단에서 매일 또는 일주일에 여러 번을 나타내는 검은색 막대가
31퍼센트이고, 전혀 책을 읽지 않은 것을 나타내는 빗금 막대가 14퍼센트이다. 14의
세 배는 42인데 31은 그보다 적으므로 세 배 많다고 한 ③이 도표의 내용과 일치하지
않는다.

① 월 1회 또는 그 미만을 나타내는 막대는 흰색이며, 12~13세 연령 집단을 제외한
　모든 집단의 흰색 막대가 가장 길다.

② 매일 또는 일주일에 여러 번을 나타내는 막대는 검은색이며, 12~13세에서
　42퍼센트로 가장 높다.

④ 1주에 한 번에서 2주에 한 번을 나타내는 막대는 회색이며, 16~17세에서 비율은
　19퍼센트로, 20퍼센트보다 낮다.

⑤ 전혀 읽지 않는 것을 나타내는 막대는 빗금이며, 18~19세에서 비율은 21퍼센트로,
　5분의 1인 20퍼센트보다 높다.

H 11 정답 ③ ＊OECD에서의 부문별 원유 수요

The above graph shows / the distribution of oil demand by
sector / in the OECD in 2020. //
위 그래프는 보여준다 / 부문별 원유 수요에 따른 분포를 / 2020년 OECD에서의 //

① The Road transportation sector, / which took up 48.6%, /
was the greatest oil demanding sector / in the OECD member
states. //
도로 교통 부문은 / 48.6퍼센트를 차지하는데 / 가장 큰 원유 수요 부문이었다 / OECD
회원국들에서 //

② The percentage of oil demand / in the Petrochemicals sector /
was one-third that of the Road transportation sector. //
원유 수요 비율은 / 석유화학 부문의 / 도로 교통 부문의 원유 수요 비율의 삼 분의 일이었다 //

③ The difference in oil demand / between the Other industry
sector and the Petrochemicals sector / was smaller(→ bigger)
than the difference in oil demand / between the Aviation sector
and the Electricity generation sector. //
원유 수요 차이는 / 기타 산업 부문과 석유화학 부문 사이의 / 더 작았다(→ 더 컸다) /
항공 부문과 전기 생성 부문 사이의 / 원유 수요 차이보다 //

④ The oil demand / in the Residential, commercial and
agricultural sector / took up 9.8% of all oil demand in the OECD,
/ which was the fourth largest / among all the sectors. //
원유 수요는 / 주거, 상업, 그리고 농업 부문의 / OECD의 총 원유 수요의 9.8퍼센트를
차지했는데 / 이는 네 번째로 컸다 / 전체 부문 중 //

⑤ The percentage of oil demand / in the Marine bunkers sector
/ was twice that of the oil demand / in the Rail & domestic
waterways sector. //
원유 수요 비율은 / 해상 벙커 부문의 / 원유 수요 비율의 두 배였다 / 철도와 국내 수로
부문에서의 //

· distribution ⓝ 분포   · demand ⓝ 수요
· transportation ⓝ 교통   · petrochemicals ⓝ 석유화학
· industry ⓝ 산업   · aviation ⓝ 항공   · electricity ⓝ 전기
· generation ⓝ 생성, 생산   · residential ⓐ 주거의
· commercial ⓐ 상업의   · agricultural ⓐ 농업의
· marine ⓐ 해상의   · domestic ⓐ 국내의   · waterway ⓝ 수로

위 그래프는 2020년 OECD에서의 부문별 원유 수요에 따른 분포를
보여준다. ① 도로 교통 부문은 48.6퍼센트를 차지하는데, OECD
회원국들에서 가장 큰 원유 수요 부문이었다. ② 석유화학 부문의 원유
수요 비율은 도로 교통 부문의 원유 수요 비율의 삼 분의 일이었다.
③ 기타 산업 부문과 석유화학 부문 사이의 원유 수요 차이는 항공 부문과
전기 생성 부문 사이의 원유 수요 차이보다 더 작았다(→ 더 컸다).
④ 주거, 상업, 그리고 농업 부문의 원유 수요는 OECD의 총 원유 수요의
9.8퍼센트를 차지했는데, 이는 전체 부문 중 네 번째로 컸다. ⑤ 해상 벙커
부문의 원유 수요 비율은 철도와 국내 수로 부문의 원유 수요 비율의 두
배였다.

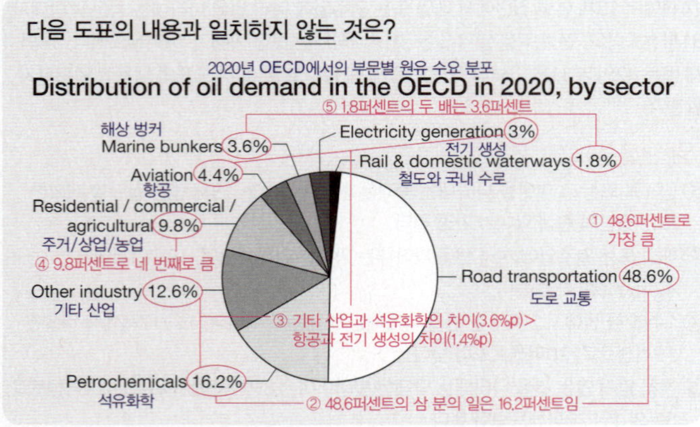

> 왜 정답? ❀❀❀ [정답률 89%]

기타 산업 부문과 석유화학 부문 사이의 원유 수요 차이(3.6%p)는 항공 부문과
전기 생성 부문 사이의 원유 수요 차이(1.4%p)보다 더 크므로, 더 작다고 설명한
③이 도표의 내용과 일치하지 않는다.

> 왜 오답?

① 도로 교통 부문의 원유 수요는 48.6퍼센트로 가장 큰 부분을 차지하고 있다.
② 석유화학 부문의 원유 수요는 16.2퍼센트로, 48.6퍼센트인 도로 교통 부문의
삼 분의 일이다.
④ 주거, 상업, 농업 부문의 원유 수요는 9.8퍼센트이며, 이는 전체 부문 중에 네
번째로 크다.
⑤ 해상 벙커 부문의 원유 수요는 3.6퍼센트로, 1.8퍼센트인 철도와 국내 수로
부문의 두 배이다.

H 12 정답 ⑤ *온라인 접속을 위한 스마트 TV 사용

The graph above shows the findings of a survey / on the use of
smart TVs to go online / in the UK from 2013 to 2020, / by gender. //
위 그래프는 설문 조사 결과를 보여준다 / 온라인 접속을 위한 스마트 TV 사용에 대한 /
2013년부터 2020년까지 영국에서 / 성별에 따라 //

① In each year from 2013 to 2020, / the percentage of male
respondents / who used smart TVs to access the Internet / was
(주격 관계대명사)
higher than that of female respondents. // 해마다 남성 비율이 여성 비율보다 높음
= the percentage
2013년부터 2020년까지 매년 / 남성 응답자의 비율은 / 인터넷 접속을 위해 스마트 TV를
사용한 / 여성 응답자의 비율보다 더 높았다 //

② The percentage gap between the two genders / was the
largest in 2016 and in 2020, / which both had an 8 percentage
(계속적 용법의 주격 관계대명사)
point difference. // 2016년: 8%p(21%, 13%), 2020년: 8%p(45%, 37%)
두 성별 간 비율의 차이는 / 2016년과 2020년에 가장 컸고 / 두 해 모두 8퍼센트포인트
차이가 있었다 //

③ In 2020, / the percentage of respondents / who reported using
(주격 관계대명사)
smart TVs to go online / was higher than 30% / for both males
and females. // 남성: 45%, 여성: 37% → 30퍼센트보다 높음
2020년에 / 응답자의 비율은 / 온라인 접속을 위해 스마트 TV를 사용했다고 말한 /
30퍼센트보다 더 높았다 / 남성과 여성 둘 다에게서 //

④ For male respondents, / 2017 was the only year / that saw a
(주격 관계대명사)
decrease / in the percentage of those accessing the Internet via
smart TVs /
남성 응답자의 경우 / 2017년은 유일한 해였다 / 감소를 보인 / 스마트 TV를 통하여 인터넷에
접속한 사람의 비율에서 / 남성: 2016년 21%, 2017년 17% → 유일하게 감소함
compared to the previous year, / during the given period. //
전년도와 비교했을 때 / 해당 기간 동안 //

⑤ In 2014, / the percentage of females / using smart TVs to
(현재분사구 (females 수식))
access the Internet / was the lowest during the given period at
6%, / and it was still below 10%(→ more than 10%) in 2015. //
2014년에 / 여성의 비율은 / 인터넷 접속을 위해 스마트 TV를 사용한 / 6퍼센트로 해당 기간
동안 가장 낮았고 / 2015년에 여전히 10퍼센트 미만이었다(→ 10퍼센트보다 많았다) //
단서 2015년에는 여성 비율 11퍼센트로, 10퍼센트를 넘어섬

· finding ⓝ 결과   · respondent ⓝ 응답자   · decrease ⓝ 감소

위 그래프는 2013년부터 2020년까지 영국에서 온라인 접속을 위한 스마트
TV 사용에 대한 설문 조사 결과를 성별에 따라 보여준다. ① 2013년부터
2020년까지 매년, 인터넷 접속을 위해 스마트 TV를 사용한 남성 응답자의
비율은 여성 응답자의 비율보다 더 높았다. ② 두 성별 간 비율의 차이는
2016년과 2020년에 가장 컸고, 두 해 모두 8퍼센트포인트 차이가 있었다.
③ 2020년에 온라인 접속을 위해 스마트 TV를 사용했다고 말한 응답자의
비율은 남성과 여성 둘 다에게서 30퍼센트보다 더 높았다. ④ 남성
응답자의 경우, 해당 기간 동안 2017년은 전년도와 비교했을 때 스마트
TV를 통하여 인터넷에 접속한 사람의 비율에서 감소를 보인 유일한
해였다. ⑤ 2014년에 인터넷 접속을 위해 스마트 TV를 사용한 여성의
비율은 6퍼센트로 해당 기간 동안 가장 낮았고, 2015년에 여전히 10퍼센트
미만이었다(→ 10퍼센트보다 많았다).

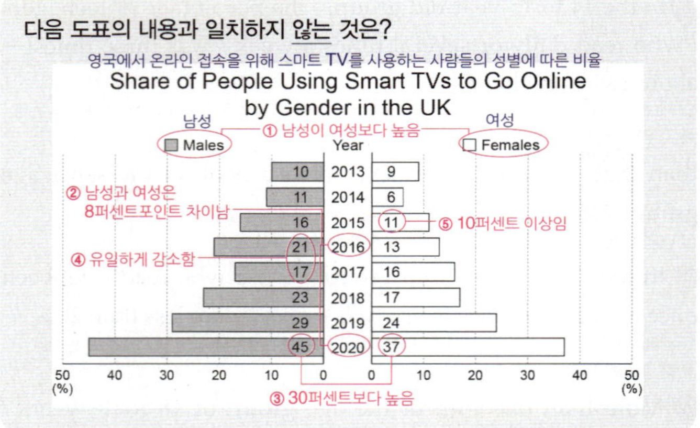

> 왜 정답? ❀❀❀ [정답률 88%]

영국에서 온라인 접속을 위해 스마트 TV를 사용하는 여성의 비율은 2014년에
6퍼센트로, 조사 기간 중 가장 낮았다. 하지만 2015년에는 11퍼센트를 기록하여
10퍼센트를 넘어섰으므로, 2015년에도 10퍼센트 미만이었다는 ⑤은 도표의 내용과
일치하지 않는다.

> 왜 오답?

① 해마다 남성 비율이 여성 비율보다 높았다.
② 2016년에는 남성 비율이 21퍼센트, 여성 비율이 13퍼센트이고,
   2020년에는 남성 비율이 45퍼센트, 여성 비율이 37퍼센트이다.
   두 해 모두 8퍼센트포인트 차이가 났고, 그 차이가 가장 컸다.
③ 2020년에는 남성 비율이 45퍼센트, 여성 비율이 37퍼센트로, 둘 다 30퍼센트보다
   높았다.
④ 2016년에는 남성 비율이 21퍼센트, 2017년에는 남성 비율이 17퍼센트로
   감소했고, 그 외에는 매년 전년도에 비해 증가했다.

The above graph shows / which modes of transportation people use / for their daily commute / to work, school, or university / in five selected countries. //
위 그래프는 보여준다 / 사람들이 어떤 교통수단을 이용하는지 / 매일 통근을 위해 / 직장, 학교, 또는 대학교로 / 선택된 5개국에서 //

① In each of the five countries, / the percentage of commuters / using their own car / is the highest / among all three modes of transportation. //
commuters를 수식하는 현재분사구
모든 국가에서 자가용 그래프의 길이가 가장 긺
5개국 각각에서 / 통근자의 비율이 / 자가용을 이용하는 / 가장 높다 / 세 가지 교통수단 중에서 //

미국의 자가용 그래프의 길이는 가장 길지만, 다른 두 교통수단의 그래프는 가장 짧음
② The U.S. has the highest percentage / of commuters using their own car / among the five countries, / but it has the lowest percentages / for the other two modes of transportation. //
미국은 비율이 가장 높다 / 자가용을 이용하는 통근자의 / 5개국에서 / 하지만 가장 낮은 비율을 가지고 있다 / 다른 두 교통수단에서는 //

③ Public transport / is the second most popular mode of transportation / in all the countries / except for the Netherlands. //
'~을 제외하고'
네덜란드를 제외한 4개국 대중교통 그래프의 길이는 두 번째로 긺
대중교통은 / 두 번째로 가장 인기 있는 교통수단이다 / 모든 국가에서 / 네덜란드를 제외한 //

④ Among the five countries, / France(→ U.S.) has the biggest gap / between the percentage of commuters / using their own car / and that of commuters / using public transport. //
= the percentage
5개국 중에서 / 프랑스가(→ 미국이) 가장 차이가 크다 / 통근자의 비율과 / 자가용을 이용하는 / 통근자의 비율 간의 / 대중교통을 이용하는 //
단서 자가용과 대중교통 그래프의 길이 차이가 가장 큰 국가는 미국임

⑤ In terms of commuters / using public transport, / Germany leads all of the countries, / immediately followed by Australia. //
분사구문(= and it is immediately followed by Australia)
통근자의 경우에는 / 대중교통을 이용하는 / 독일이 모든 국가를 앞선다 / 바로 그 다음이 호주이다 //
대중교통 그래프가 가장 긴 국가는 독일이며, 그 다음은 호주임

- mode of transportation 교통수단　　· daily ⓐ 매일의
- commute ⓥ 통근하다 ⓝ 통근　　· in terms of ~에 관하여
- immediately ⓐⓓ 즉시

위 그래프는 선택된 5개국에서 사람들이 직장, 학교, 또는 대학교로 매일 통근을 위해 어떤 교통수단을 이용하는지 보여준다. ① 5개국 각각에서 자가용을 이용하는 통근자의 비율이 세 가지 교통수단 중 가장 높다. ② 미국은 5개국 중에서 자가용을 이용하는 통근자의 비율이 가장 높지만, 다른 두 교통수단의 비율은 가장 낮다. ③ 네덜란드를 제외한 모든 국가에서 대중교통은 두 번째로 가장 인기 있는 교통수단이다. ④ 5개국 중에서, 프랑스가(→ 미국이) 자가용을 이용하는 통근자의 비율과 대중교통을 이용하는 통근자의 비율 간의 차이가 가장 크다. ⑤ 대중교통을 이용하는 통근자의 경우에는, 독일이 모든 국가를 앞서고 바로 그 다음이 호주이다.

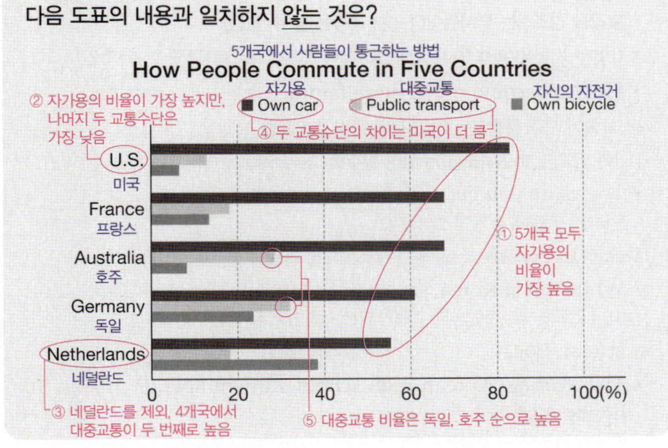

다음 도표의 내용과 일치하지 않는 것은?

자가용을 이용하는 통근자의 비율과 대중교통을 이용하는 통근자의 비율 간의 차이가 가장 큰 국가는 프랑스가 아닌 미국이므로 ④은 도표의 내용과 일치하지 않는다.

>왜 오답 ?

① 5개국 모두 자가용을 이용하는 통근자의 비율이 가장 높다.
② 미국은 자가용 통근자의 비율이 가장 높지만, 다른 두 교통수단의 비율은 가장 낮다.
③ 네덜란드를 제외한 모든 국가에서 대중교통은 두 번째로 가장 인기 있는 교통수단이다.
⑤ 독일이 대중교통 통근자의 비율이 제일 높고, 그 다음이 호주이다.

The above graph shows / travel and tourism's contribution to GDP / for each of the five countries / in 2019 and in 2020. //
위 그래프는 보여 준다 / GDP에 대한 여행 및 관광의 기여를 / 5개국 각각의 / 2019년과 2020년 //
5개국 모두 2019년의 그래프의 길이가 더 긺
① In all five countries, / travel and tourism's contribution to GDP in 2020 / decreased / compared to the previous year. //
5개국 모두에서 / 2020년에 GDP에 대한 여행 및 관광의 기여는 / 감소하였다 / 전년과 비교하여 //

두 해 모두 미국의 그래프의 길이가 가장 길고 그다음은 중국임
② Both in 2019 and in 2020, / the U.S. showed the largest contribution of travel and tourism to GDP / among the five countries, / followed by China. //
분사구문
2019년과 2020년 모두에서 / 미국이 GDP에 대한 여행 및 관광의 가장 큰 기여를 나타냈고 / 5개국 중 / 중국이 그 뒤를 이었다 //

단서 2020년(667)은 2019년(1,665)의 3분의 1(555)보다 큼
③ In China, / travel and tourism's contribution to GDP in 2020 / was less(→ more) than a third / that in 2019. //
중국에서 / 2020년에 GDP에 대한 여행 및 관광의 기여는 / 3분의 1 미만(→ 이상)이었다 / 2019년의 그것의 //

④ In 2019, / Germany showed a larger contribution of travel and tourism to GDP / than Japan, / whereas the reverse was true in 2020. //　2019년에는 독일의, 2020년에는 일본의 그래프의 길이가 더 긺
2019년에 / 독일은 GDP에 대한 여행 및 관광의 기여가 더 큰 것으로 나타냈고 / 일본보다 / 반면에 2020년에는 그 반대였다 //

2020년 영국의 그래프만 2,000억 달러 미만임
⑤ In 2020, / the UK was the only country / where the contribution of travel and tourism to GDP / was less than \$200 billion. //
관계부사
2020년에는 / 영국이 유일한 국가였다 / GDP에 대한 여행 및 관광의 기여가 / 2,000억 달러 미만인 //

- tourism ⓝ 관광　　· contribution ⓝ 기여　　· previous ⓐ 이전의
- reverse ⓝ 반대

위 그래프는 2019년과 2020년 5개국 각각의 GDP에 대한 여행 및 관광의 기여를 보여 준다. ① 5개국 모두에서, 2020년에 GDP에 대한 여행 및 관광의 기여는 전년과 비교하여 감소하였다. ② 2019년과 2020년 모두에서, 5개국 중 미국이 GDP에 대한 여행 및 관광의 가장 큰 기여를 나타냈고, 중국이 그 뒤를 이었다. ③ 중국에서, 2020년에 GDP에 대한 여행 및 관광의 기여는 2019년의 그것의 3분의 1 미만(→ 이상)이었다. ④ 2019년에, 독일은 GDP에 대한 여행 및 관광의 기여가 일본보다 더 큰 것으로 나타난 반면, 2020년에는 그 반대였다. ⑤ 2020년에는, 영국이 GDP에 대한 여행 및 관광의 기여가 2,000억 달러 미만인 유일한 국가였다.

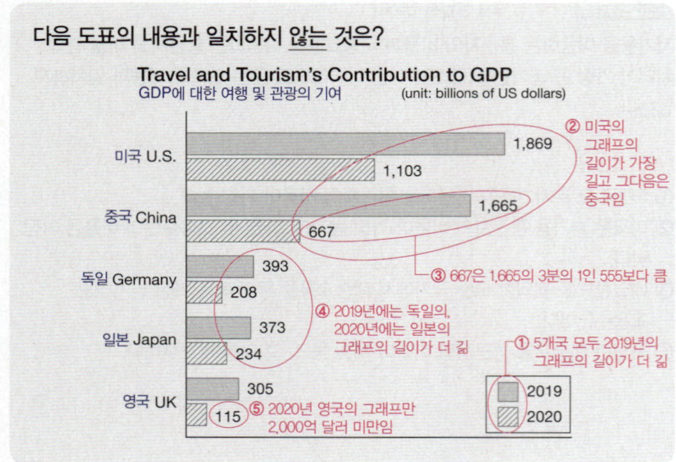

위 그래프는 2005년과 2017년에 다섯 나라의 초등 교육에서 평균 학급 크기를 보여준다. ① 영국을 제외한 모든 나라에서 2017년에 평균 학급 크기는 2005년에 그것과 비교하면 줄었다. ② 2005년에 한국의 평균 학급 크기는 모든 나라 중에서 가장 컸는데, 한 학급에 30명이 넘는 학생이 있었다. ③ 그런데 2017년에는 칠레의 평균 학급 크기가 모든 나라 중에서 가장 컸는데, 한 학급에 30명이 안 되는(→ 넘는) 학생이 있었다. ④ 2005년에 브라질의 평균 학급 크기는 영국의 그것보다 더 컸지만, 2017년에는 그 반대가 맞았다. ⑤ 그리스에서 평균 학급 크기는 2005년과 2017년 둘 다에 한 학급에 20명이 안 되는 학생이 있었다.

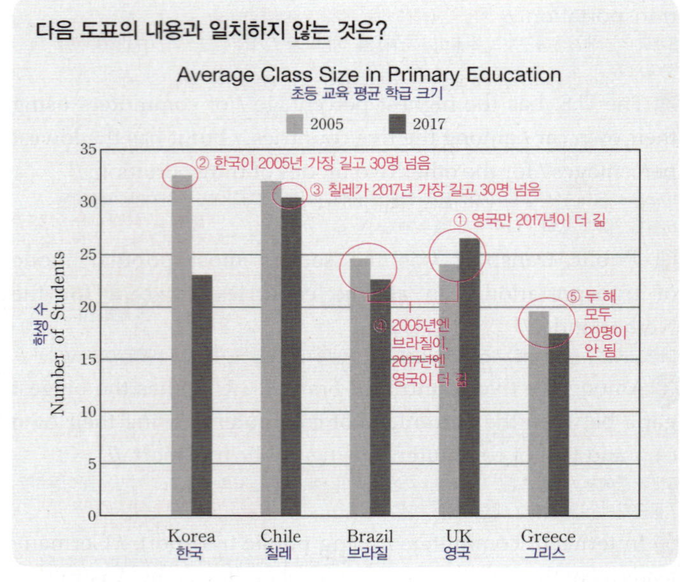

왜 정답 ? ★★❋ [정답률 80%]

중국의 GDP에 대한 여행 및 관광의 기여는 2020년에 667이고, 2019년에 1,665이다. 따라서 2020년의 수치는 2019년의 수치의 3분의 1인 555보다 크므로, 2019년 수치의 3분의 1 미만이라고 한 ③이 일치하지 않는다.

왜 오답 ?

① 5개국 모두 2020년보다 2019년의 그래프의 길이가 더 길다.
② 2019년과 2020년 모두 미국의 그래프의 길이가 가장 길고, 중국이 그다음으로 길다.
④ 2019년에는 독일의 그래프의 길이가, 2020년에는 일본의 그래프의 길이가 더 길다.
⑤ 2020년 영국의 그래프의 길이만 2,000억 달러 미만이었다.

H 15 정답 ③ ━━━━ ✪ 2등급 대비 [정답률 73%]

＊다섯 나라의 초등 교육 평균 학급 크기

The above graph shows / the average class size / in primary education / of five countries / in 2005 and 2017. //
위 그래프는 보여준다 / 평균 학급 크기를 / 초등 교육에서 / 다섯 나라의 / 2005년과 2017년에 //

① In every country / except the UK, / the average class size / in 2017 / decreased / compared to that in 2005. //
모든 나라에서 / 영국을 제외한 / 평균 학급 크기는 / 2017년에 줄었다 / 2005년에 그것과 비교하면 //

② In 2005, / Korea's average class size / was the largest / of all the countries, / with more than 30 students / in a class. //
2005년에 / 한국의 평균 학급 크기는 / 가장 컸다 / 모든 나라 중에서 / 30명이 넘는 학생으로 / 한 학급에 //

③ In 2017, however, / Chile's average class size was the largest / of all the countries, / with fewer(→ more) than 30 students / in a class. //
그런데 2017년에는 / 칠레의 평균 학급 크기가 가장 컸다 / 모든 나라 중에서 / 30명이 안 되는(→ 넘는) 학생으로 / 한 학급에 //

④ In 2005, / the average class size in Brazil / was larger than that in the UK, / whereas the reverse was true / in 2017. //
2005년에 / 브라질의 평균 학급 크기는 / 영국의 그것보다 더 컸지만 / 그 반대가 맞았다 / 2017년에는 //

⑤ In Greece, / the average class size / was fewer than 20 students / in a class / in both 2005 and 2017. //
그리스에서 / 평균 학급 크기는 / 20명이 안 되는 학생이 있었다 / 한 학급에 / 2005년과 2017년 둘 다에 //

- average ⓐ 평균의   - primary education 초등 교육
- decrease ⓥ 줄다, 감소하다   - compared to ~와 비교하면
- reverse ⓝ 반대

왜 2등급 ? 확인해야 하는 정보가 두 개씩 있는 선택지들이 있다. 앞부분에 진술한 내용은 맞지만, 뒷부분에 진술한 내용은 틀릴 수 있어 끝까지 확인해야 한다.

왜 정답 ?

2017년에 칠레의 평균 학급 크기가 다섯 나라 중에서 가장 컸던 것은 맞지만, 30명이 넘으므로 30명이 안 된다고 설명한 ③은 도표와 일치하지 않는다.

왜 오답 ?

① 영국만 2005년보다 2017년의 그래프가 더 길다.
② 2005년에는 한국의 그래프가 가장 길고, 30명이 넘는다.
④ 브라질과 영국의 그래프를 살펴보면, 2005년에는 브라질의 그래프가 더 길지만, 2017년에는 영국의 그래프가 더 길다.
⑤ 그리스의 그래프는 2005년과 2017년 모두 20명을 넘지 않는다.

어법 특강

＊비교 구문

- 비교급 강조 부사: far, much, even, by far, still, a lot, a little, a bit 등은 비교급을 강조하는 부사들이다. (단, very는 쓸 수 없음)
- It is a lot bigger than I expected. (그것은 내가 예상했던 것보다 훨씬 더 크다.)
- He has become much more famous. (그는 훨씬 더 유명해졌다.)

- 그 외에 자주 등장하는 비교 구문 관련 관용표현
① the 비교급, the 비교급: ~하면 할수록, 더 …하다
- The more you get, the more you want.
  (가지면 가질수록 더 갖고 싶어진다.)

② as ~ as possible = as ~ as one can: 가능한 한 ~한[하게]
- While I'm in Korea, I want to go to as many places as possible.
  (내가 한국에 있는 동안, 나는 가능한 많은 곳을 가고 싶다.)

③ at least: 적어도
- The average Korean high school student spends at least 10 hours at school each day.
  (한국의 평균적인 고등학생은 매일 적어도 10시간을 학교에서 보낸다.)

＊지역별 아이들의 2차 홍역 백신 접종

The graph above shows the percentage of children / **who** *(주격 관계대명사)*
received second-dose measles vaccinations / in six regions / in
2000 and in 2020. //
위 그래프는 아이들의 비율을 보여 준다 / 2차 홍역 백신 접종을 받은 / 여섯 지역에서 /
2000년과 2020년에 //

(2000년: 유럽 48 > 서태평양 2 / 2020년: 유럽 91 < 서태평양 94)
① The percentage of vaccinated children in the Western Pacific
/ was lower than **that** *(= the percentage)* of Europe / in 2000, /
서태평양의 백신 접종이 된 아이들의 비율은 / 유럽의 그것보다 낮았지만 / 2000년에 /

but the vaccination percentage in 2020 of the Western Pacific /
exceeded that of Europe / by 3 percentage points. //
서태평양의 2020년의 백신 접종율은 / 유럽의 그것을 앞질렀다 / 3퍼센트포인트 //

② Among all regions, / South-East Asia achieved the second
biggest increase / in its percentage of vaccinated children / over
the two decades, / *(서태평양 92퍼센트포인트 > 동남아시아 75퍼센트포인트, 78은 세 번째로 높음)*
모든 지역들 중에서 / 동남아시아는 두 번째로 큰 증가를 이뤘고 / 그곳의 백신 접종이 된
아이들의 비율에 있어서 / 지난 20년간 /

and it ranked third / in the percentage of vaccinated children /
among the six regions in 2020. //
그곳은 3위를 차지했다 / 백신을 맞은 아이들의 비율에서 / 2020년의 여섯 지역 중 //

③ In the Eastern Mediterranean, / the percentage of vaccinated
children / more than doubled from 2000 to 2020, / but did **not**
exceed / **that** *(= the percentage)* of the Americas **in either year**. // *(단서: 2020년에는 동 지중해(76)가 아메리카(73)를 넘음)*
동 지중해에서 / 백신 접종이 된 아이들의 비율은 / 2000년에서 2020년까지 두 배 이상
증가했지만 / 넘지는 못했다 / 두 해 모두(→ 두 해 중 한 해에) 아메리카의 그것을 /
(아메리카의 아이 백신 접종률은 2000년에 가장 높았지만, 2020년에 가장 적게 증가함)
④ The percentage of vaccinated children in the Americas / was
the highest among the six regions in 2000, / but it increased the
least / of all regions / over the two decades. //
아메리카의 백신 접종이 된 아이들의 비율은 / 2000년에 여섯 지역 중 가장 높았지만 / 그것은
가장 적게 증가했다 / 모든 지역 중 / 지난 20년간 /
(아프리카는 7배 이상 높아졌지만(5→36) 2020년에도 여섯 지역 중 가장 낮음)
⑤ In Africa, / the percentage of children / **who** *(주격 관계대명사)* received the
vaccine in 2020 / was more than seven times higher than in 2000,
/ but was still the lowest among the six regions / in 2020. //
아프리카에서 / 아이들의 비율은 / 2020년에 백신 접종을 받은 / 2000년보다 7배 이상
높았지만 / 여전히 여섯 지역 중 가장 낮았다 / 2020년에도 //

- dose ⓝ 투여, 복용   · vaccination ⓝ 백신 접종
- the Mediterranean ⓝ 지중해   · exceed ⓥ 넘다, 능가하다

위 그래프는 2000년과 2020년에 여섯 지역에서 2차 홍역 백신 접종을
받은 아이들의 비율을 보여 준다. ① 서태평양의 백신 접종이 된 아이들의
비율은 2000년의 유럽의 그것보다 낮았지만 서태평양의 2020년의 백신
접종율은 유럽의 그것을 3퍼센트포인트 앞질렀다. ② 모든 지역들 중에서
동남아시아는 그곳의 백신 접종이 된 아이들의 비율에 있어서 지난 20년간
두 번째로 큰 증가를 이뤘고, 그곳은 2020년의 여섯 지역 중 백신을 맞은
아이들의 비율에서 3위를 차지했다.
③ 동 지중해에서 백신 접종이 된 아이들의 비율은 2000년에서
2020년까지 두 배 이상 증가했지만, 두 해 모두(→ 두 해 중 한 해에)
아메리카의 그것을 넘지는 못했다. ④ 아메리카의 백신 접종이 된
아이들의 비율은 2000년에 여섯 지역 중 가장 높았지만 그것은 지난
20년간 모든 지역 중 가장 적게 증가했다. ⑤ 아프리카에서 2020년에 백신
접종을 받은 아이들의 비율은 2000년보다 7배 이상 높았지만 2020년에도
여전히 여섯 지역 중 가장 낮았다.

다음 도표의 내용과 일치하지 **않는** 것은?

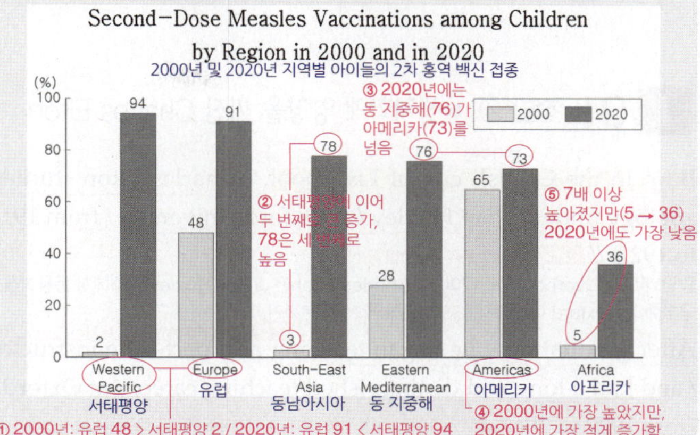

2등급? not ~ either는 '둘 다 아닌'을 의미한다. 두 해 중 한 해에만 해당하는
내용을 두 해 모두에 해당한다고 선택지를 만들었기 때문에 not ~ either의 뜻을 '둘
중 하나가 아닌'으로 잘못 알았다면 틀리기 쉬운 어려운 문제였다.

›왜 정답?
동 지중해 아이들의 백신 접종률은 2000년에 28퍼센트에서 2020년에 76퍼센트로
두 배 이상 증가했다는 내용은 도표의 내용과 일치하지만, 동 지중해가 2020년에는
아메리카의 73퍼센트를 넘었으므로 두 해 모두 아메리카의 비율을 넘지는 못했다는
③은 도표와 일치하지 않는다. [not ~ either: 둘 다 아닌 🍯꿀팁]

›왜 오답?
① 2000년에 서태평양 아이들의 백신 접종률은 2퍼센트로, 유럽의 48퍼센트보다
낮았고, 2020년에 서태평양의 백신 접종률은 94퍼센트로, 유럽의
91퍼센트보다 3퍼센트포인트 높다.
② 동남아시아의 아이 백신 접종률은 2000년 3퍼센트에서 2020년 78퍼센트로
증가하여 92퍼센트포인트 증가한 서태평양 다음으로 높은 증가를 이뤘고,
2020년에 동남아시아의 아이 백신 접종률은 78퍼센트로 여섯 지역 중 3위를
차지했다.
④ 아메리카의 아이 백신 접종률은 2000년에 65퍼센트로 여섯 지역 중 가장
높지만, 2020년에 73퍼센트로 8퍼센트포인트 증가하며 가장 적은 증가율을
보였다.
⑤ 아프리카의 아이 백신 접종률은 2000년에 5퍼센트에서 2020년에 36퍼센트로
7배 이상 높아졌지만, 2020년에도 36퍼센트로 여섯 지역 중 가장 낮았다.

H 어휘 Review 정답   문제편 p. 108

01 몫	11 E-bike	21 Dairy
02 무급의	12 primary education	22 decreased
03 가금류	13 compared to	23 findings
04 능가하다	14 account for	24 exceeded
05 침해적인	15 the Mediterranean	25 emissions
06 aviation	16 average	26 imports
07 waterway	17 exceed	27 contribution
08 respectively	18 recreational	28 Notably
09 reverse	19 distribution	29 commuters
10 vaccination	20 protein	30 transportation

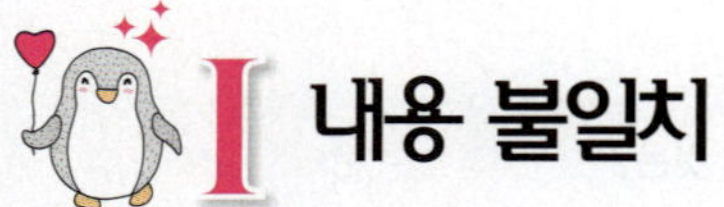

I 내용 불일치

I 01 정답 ④ ＊생태학에 영향을 끼친 Charles Elton

Born in the English city of Liverpool, / Charles Elton studied zoology under Julian Huxley / at Oxford University / from 1918 to 1922. // ①의 단서 대학에서 동물학을 공부함
영국의 도시 Liverpool에서 태어난 / Charles Elton은 Julian Huxley 아래에서 동물학을 공부했다 / Oxford 대학에서 / 1918년부터 1922년까지 //

After graduating, / he **began** teaching as a part-time instructor / and **had** a long and distinguished teaching career / at Oxford / from 1922 to 1967. // ②의 단서 대학 졸업 후 가르치는 일을 시작함
졸업 후 / 그는 시간제 강사로 가르치는 일을 시작했고 / 장기간의 훌륭한 교수 경력을 쌓았다 / Oxford 대학에서 / 1922년부터 1967년까지 //

After a series of arctic expeditions with Huxley, / he **worked** with a fur-collecting and trading company / as a biological consultant, / and **examined** the company's records / to study animal populations. // ③의 단서 생물학 컨설턴트로서 한 회사와 함께 일함
Huxley와 함께한 일련의 북극 탐험 후 / 그는 한 모피 수집 및 무역 회사와 함께 일했고 / 생물학 컨설턴트로서 / 그 회사의 기록을 검토했다 / 동물 개체군을 연구하기 위해 //

In 1927, / he wrote his first and most important book, *Animal Ecology*, / **in which** he demonstrated the nature of food chains and cycles. // ④의 단서 *Animal Ecology*는 마지막이 아니라 처음으로 쓴 저서임
1927년 / 그의 처음이자 가장 중요한 저서인 *Animal Ecology*를 썼고 / 그 저서에서 그는 먹이사슬과 순환의 본질을 설명했다 //

In 1932, / he helped **establish** the Bureau of Animal Population at Oxford. //
1932년에 / 그는 Oxford 대학에서 Bureau of Animal Population을 설립하는 것을 도왔다 //

In the same year / he became the editor / of the new *Journal of Animal Ecology*. // ⑤의 단서 1932년에 *Journal of Animal Ecology*의 편집자가 됨
같은 해에 / 그는 편집자가 되었다 / 새로운 *Journal of Animal Ecology*의 //

Throughout his career, / Elton wrote six books / and played a major role / in shaping the modern science of ecology. //
그의 경력을 통틀어서 / Elton은 여섯 권의 저서를 썼고 / 주요한 역할을 했다 / 현대 생태학을 형성하는 데 //

- zoology ⓝ 동물학
- instructor ⓝ 강사
- distinguished ⓐ 훌륭한, 구별되는
- arctic ⓐ 북극의
- expedition ⓝ 탐험
- consultant ⓝ 컨설턴트
- ecology ⓝ 생태계
- demonstrate ⓥ 설명하다
- food chain 먹이사슬
- bureau ⓝ 부서, 국

영국의 도시 Liverpool에서 태어난 Charles Elton은 1918년부터 1922년까지 Oxford 대학에서 Julian Huxley 아래에서 동물학을 공부했다. 졸업 후 그는 시간제 강사로 가르치는 일을 시작했고 1922년부터 1967년까지 Oxford 대학에서 장기간의 훌륭한 교수 경력을 쌓았다. Huxley와 함께한 일련의 북극 탐험 후, 그는 생물학 컨설턴트로서 한 모피 수집 및 무역 회사와 함께 일했고, 동물 개체군을 연구하기 위해 그 회사의 기록을 검토했다. 1927년 그의 처음이자 가장 중요한 저서인 *Animal Ecology*를 썼고, 그 저서에서 그는 먹이사슬과 순환의 본질을 설명했다. 1932년에 그는 Oxford 대학에서 Bureau of Animal Population을 설립하는 것을 도왔다. 같은 해에 그는 새로운 *Journal of Animal Ecology*의 편집자가 되었다. 그의 경력을 통틀어서 Elton은 여섯 권의 저서를 썼고, 현대 생태학을 형성하는 데 주요한 역할을 했다.

Charles Elton에 관한 다음 글의 내용과 일치하지 <u>않는</u> 것은?

① 대학에서 동물학을 공부했다. Charles Elton studied zoology ~ at Oxford University
② 대학 졸업 후 가르치는 일을 시작했다. After graduating, he began teaching
③ 생물학 컨설턴트로서 한 회사와 함께 일했다. he worked with ~ as a biological consultant
④ 마지막으로 쓴 저서는 *Animal Ecology*였다. he wrote his first and most important book, *Animal Ecology*
⑤ 1932년에 *Journal of Animal Ecology*의 편집자가 되었다. In 1932, ~ In the same year he became the editor of the new *Journal of Animal Ecology*.

＞왜 정답? ❀❀❀ [정답률 96%]

그의 저서 중 *Animal Ecology*는 그가 처음으로 쓴 저서라고 했으므로 (he wrote his first and most important book, *Animal Ecology*) 마지막으로 쓴 저서가 *Animal Ecology*라는 ④은 글의 내용과 일치하지 않는다.

＞왜 오답?

① 대학에서 동물학을 공부했다. (Charles Elton studied zoology ~ at Oxford University)
② 대학 졸업 후 가르치는 일을 시작했다. (After graduating, he began teaching)
③ 생물학 컨설턴트로서 한 회사와 함께 일했다. (he worked with ~ as a biological consultant)
⑤ 1932년에 *Journal of Animal Ecology*의 편집자가 되었다. (In 1932, ~ In the same year he became the editor of the new *Journal of Animal Ecology*.)

I 02 정답 ⑤ ＊토종 식물 보존에 기여한 Janaki Ammal

Janaki Ammal, / one of India's most notable scientists, / was born in 1897, / and was expected to wed / through an arranged marriage. //
Janaki Ammal은 / 인도의 가장 유명한 과학자 중 한 명인 / 1897년에 태어났고 / 결혼할 것으로 기대되었다 / 중매 결혼을 통해 //

Despite **living at a time** / **when** literacy among women in India was less than one percent, / she decided to reject tradition / and attend college. // ①의 단서 관습을 따르지 않고 대학에 입학하기로 결심함
시기에 살았음에도 불구하고 / 인도 여성들의 식자율이 1%보다 낮았던 / 그녀는 관습을 따르지 않고 / 대학에 입학하기로 결심했다 //

In 1924, she went to the U.S. / and eventually received a doctorate in botany / from the University of Michigan. //
1924년에 그녀는 미국으로 갔고 / 마침내 식물학 박사 학위를 받았다 / Michigan 대학에서 //

Ammal contributed to the development / of the sweetest sugarcane variety in the world. // ②의 단서 세계에서 가장 단 사탕수수 품종 개발에 기여함
Ammal은 개발에 기여했다 / 세계에서 가장 단 사탕수수 품종의 //

She moved to England / **where** she co-authored the *Chromosome Atlas of Cultivated Plants*. // ③의 단서 *Chromosome Atlas of Cultivated Plants*를 공동 집필함
그녀는 영국으로 건너가 / 그곳에서 *Chromosome Atlas of Cultivated Plants*를 공동 집필했다 //

Following a series of famines, / she returned to India / **to help** increase food production / at the request of the Prime Minister. // ④의 단서 식량 생산을 증가시키는 데 도움을 주기 위해 인도로 돌아감
연이은 기근이 있은 후 / 그녀는 인도로 돌아갔다 / 식량 생산을 증가시키는 데 도움을 주기 위해 / 수상의 요청으로 //

However, Ammal disagreed with the deforestation taking place / in an effort **to grow** more food. //
그러나 Ammal은 삼림 벌채가 일어나는 것에 동의하지 않았다 / 더 많은 식량을 재배하기 위한 노력으로써 //

She **became** an advocate / for the preservation of native plants / and successfully **saved** the Silent Valley / from the construction of a hydroelectric dam. // ⑤의 단서 수력 발전 댐의 건설로부터 Silent Valley를 지키는 데 성공함
그녀는 옹호자가 되었고 / 토종 식물 보존에 대한 / Silent Valley를 성공적으로 지켰다 / 수력 발전 댐의 건설로부터 //

- **notable** ⓐ 유명한　　・**arranged marriage** 중매결혼
- **literacy** ⓝ 식자율(글을 읽고 쓸 줄 아는 능력)　　・**reject** ⓥ 거부하다
- **doctorate** ⓝ 박사 학위　　・**botany** ⓝ 식물학
- **co-author** 공동 집필하다　　・**famine** ⓝ 기근
- **deforestation** ⓝ 삼림 벌채　　・**advocate** ⓝ 옹호자
- **preservation** ⓝ 보존　　・**hydroelectric** ⓐ 수력 발전의

인도의 가장 유명한 과학자 중 한 명인 Janaki Ammal은 1897년에 태어났고, 중매결혼을 통해 결혼할 것으로 기대되었다. 인도 여성들의 식자율이 1%보다 낮았던 시기에 살았음에도 불구하고, 그녀는 관습을 따르지 않고 대학에 입학하기로 결심했다. 1924년에 그녀는 미국으로 갔고 마침내 Michigan 대학에서 식물학 박사 학위를 받았다. Ammal은 세계에서 가장 단 사탕수수 품종 개발에 기여했다. 그녀는 영국으로 건너가 그곳에서 *Chromosome Atlas of Cultivated Plants*를 공동 집필했다. 연이은 기근이 있은 후, 그녀는 수상의 요청으로 식량 생산을 증가시키는 데 도움을 주기 위해 인도로 돌아갔다. 그러나 Ammal은 더 많은 식량을 재배하기 위한 노력으로써 삼림 벌채가 일어나는 것에 동의하지 않았다. 그녀는 토종 식물 보존에 대한 옹호자가 되었고, 수력 발전 댐의 건설로부터 Silent Valley를 성공적으로 지켰다.

Janaki Ammal에 관한 다음 글의 내용과 일치하지 <u>않는</u> 것은?

① 관습을 따르지 않고 대학에 입학하기로 결심했다.
　　she decided to reject tradition and attend college
② 세계에서 가장 단 사탕수수 품종 개발에 기여했다.
　　Ammal contributed to the development of the sweetest sugarcane variety in the world.
③ *Chromosome Atlas of Cultivated Plants*를 공동 집필했다.
　　she co-authored the *Chromosome Atlas of Cultivated Plants*
④ 식량 생산을 증가시키는 데 도움을 주기 위해 인도로 돌아갔다.
　　she returned to India to help increase food production
⑤ 수력 발전 댐의 건설로부터 Silent Valley를 지키는 데 실패했다.
　　successfully saved the Silent Valley from the construction of a hydroelectric dam

왜 정답 ❋❋❋ [정답률 93%]

Janaki Ammal는 토종 식물 보존에 대한 옹호자가 되었고, 수력 발전 댐의 건설로부터 Silent Valley를 성공적으로 지켰다고 (successfully saved the Silent Valley from the construction of a hydroelectric dam) 했으므로 지키지 못했다는 ⑤은 글의 내용과 일치하지 않는다.

왜 오답 ?

① 인도 여성의 식자율이 1%보다 낮았던 시기에 살았음에도 관습을 따르지 않고 대학에 입학하기로 결심했다. (she decided to ~ attend college)
② 세계에서 가장 단 사탕수수 품종 개발에 기여했다. (Ammal contributed to the development of the sweetest sugarcane variety in the world.)
③ *Chromosome Atlas of Cultivated Plants*를 공동 집필했다. (she co-authored the *Chromosome Atlas of Cultivated Plants*)
④ 식량 생산을 증가시키는 데 도움을 주기 위해 인도로 돌아갔다. (she returned to India to help increase food production)

Ⅰ 03 정답 ③ ＊광물학자 Friedrich Mohs의 일생

Friedrich Mohs, a well-known mineralogist, / was born on January 29, 1773, / in Gernrode, Germany. //
잘 알려진 광물학자인 Friedrich Mohs는 / 1773년 1월 29일 태어났다 / 독일의 Gernrode에서 //

He displayed a **marked** interest in science / at an early age. //
①의 단서 어린 시절 과학에 뚜렷한 흥미를 보임
그는 과학에 뚜렷한 흥미를 보였다 / 어린 시절 //

He **studied** chemistry, mathematics, and physics / at the University of Halle / and also **studied** mineralogy / at the Mining Academy. //
②의 단서 University of Halle에서 화학, 수학, 물리학을 공부함
그는 화학, 수학, 물리학을 공부했고 / University of Halle에서 / 또한 광물학을 공부했다 / Mining Academy에서 //

In his late twenties, / he **went** to Austria / and **classified** minerals / by their physical attributes. //
병렬 구조 (동사)
③의 단서 전통적인 방식을 따르는 많은 광물학자들과 갈등함
20대 후반에 / 그는 오스트리아로 가서 / 광물을 분류했다 / 물리적 속성에 따라 //

This new classification system **of his** / led to conflicts with many mineralogists / **who** followed the conventional methods. //
이중소유격 (of 뒤에 him을 쓰지 않음에 유의)　주격 관계대명사
그의 이러한 새로운 분류 체계는 / 많은 광물학자들과의 갈등으로 이어졌다 / 전통적인 방식을 따르는 //

In 1812, / Mohs **was appointed** Professor of Mineralogy / at the Joanneum, / **where** he developed the Mohs Scale of Mineral Hardness. //
수동태 동사　④의 단서 1812년에 Joanneum의 광물학 교수로 임명됨
계속적 용법의 관계부사
1812년에 / Mohs는 광물학 교수로 임명되었고 / Joanneum의 / 그곳에서 모스 굳기계를 개발했다 //

Mohs **ended** his remarkable career / at the Mining University in Leoben / and **died** at the age of 66 in Italy. //
병렬 구조 (동사)　⑤의 단서 이탈리아에서 66세의 나이로 사망함
그는 그의 훌륭한 경력을 마무리했고 / Leoben의 Mining University에서 / 이탈리아에서 66세의 나이로 사망했다 //

Ⅰ

- **marked** ⓐ 뚜렷한　　・**mineralogy** ⓝ 광물학　　・**mineral** ⓝ 광물
- **attribute** ⓝ 속성　　・**classification** ⓝ 분류　　・**conflict** ⓝ 갈등
- **conventional** ⓐ 전통적인　　・**appoint** ⓥ 임명하다

잘 알려진 광물학자인 Friedrich Mohs는 1773년 1월 29일 독일의 Gernrode에서 태어났다. 그는 어린 시절 과학에 뚜렷한 흥미를 보였다. 그는 University of Halle에서 화학, 수학, 물리학을 공부했고, 또한 Mining Academy에서 광물학을 공부했다. 20대 후반에, 그는 오스트리아로 가서 물리적 속성에 따라 광물을 분류했다. 그의 이러한 새로운 분류 체계는 전통적인 방식을 따르는 많은 광물학자들과의 갈등으로 이어졌다. 1812년에, Mohs는 Joanneum의 광물학 교수로 임명되었고, 그곳에서 모스 굳기계를 개발했다. 그는 Leoben의 Mining University에서 그의 훌륭한 경력을 마무리했고 이탈리아에서 66세의 나이로 사망했다.

Friedrich Mohs에 관한 다음 글의 내용과 일치하지 <u>않는</u> 것은?

① 어린 시절 과학에 뚜렷한 흥미를 보였다.
　　He displayed a marked interest in science at an early age.
② University of Halle에서 화학, 수학, 물리학을 공부했다.
　　He studied chemistry, mathematics, and physics at the University of Halle
③ 전통적인 방식을 따르는 많은 광물학자들과 협력했다.
　　led to conflicts with many mineralogists who followed the conventional methods
④ 1812년에 Joanneum의 광물학 교수로 임명되었다.
　　In 1812, Mohs was appointed Professor of Mineralogy at the Joanneum
⑤ 이탈리아에서 66세의 나이로 사망했다.
　　died at the age of 66 in Italy

왜 정답 ❋❋❋ [정답률 95%]

Friedrich Mohs의 분류 체계는 전통적인 방식을 따르는 많은 광물학자들과의 갈등으로 이어졌다고 했으므로 (led to conflicts with many mineralogists who followed the conventional methods) 협력했다는 ③은 글의 내용과 일치하지 않는다.

왜 오답 ?

① 어린 시절 과학에 뚜렷한 흥미를 보였다. (He displayed a marked interest in science at an early age.)
② University of Halle에서 화학, 수학, 물리학을 공부했다. (He studied chemistry, mathematics, and physics at the University of Halle)
④ 1812년에 Joanneum의 광물학 교수로 임명되었다. (In 1812, Mohs was appointed Professor of Mineralogy at the Joanneum)
⑤ 이탈리아에서 66세의 나이로 사망했다. (died at the age of 66 in Italy)

Filippo Brunelleschi is considered / to be the founding father
of Renaissance architecture. //
Filippo Brunelleschi는 여겨진다 / 르네상스 건축의 창시자로 //

He was born in Florence in 1377. // ①의 단서 1377년에 Florence에서 태어남
그는 1377년에 Florence에서 태어났다 //

②의 단서 예술적으로 재능이 있었음 / 병렬 구조 (was 뒤에 연결)
Filippo was artistically talented, / and trained as a goldsmith
and a clockmaker / before becoming an architect. //
Filippo는 예술적으로 재능이 있었고 / 금 세공인과 시계공으로 훈련받았다 / 건축가가 되기
전 //

③의 단서 25세일 무렵, 조각가인 아버지가 아니라 친구와 로마로 여행을 갔음
When he was around 25, / he traveled to Rome with his friend,
the sculptor Donatello, / where he studied the remains of ancient
Roman buildings. //
그가 25세일 무렵 / 그는 그의 친구인 조각가 Donatello와 함께 로마로 여행을 갔고 /
그곳에서 그는 고대 로마 건물들의 유적을 연구했다 // ④의 단서 첫 번째 건축 임무는
Ospedale degli Innocenti였음

His first architectural commission / was the Ospedale degli
Innocenti, / which is one of the great Renaissance buildings. //
그의 첫 번째 건축 임무는 / Ospedale degli Innocenti였고 / 그것은 위대한 르네상스
건물들 중 하나이다 //

'많은' cf: the number of: ~의 수
A number of other fine works, / including chapels in Florentine
churches, / strengthened his reputation. //   수많은 다른 훌륭한 작품들은
/ Florence의 교회들의 예배당들을 포함한 / 그의 명성을 공고히 했다 //

And the stunning dome of Il Duomo is his masterpiece. //
그리고 Il Duomo의 멋진 돔은 그의 걸작이다 //

형용사적 용법 (machinery 수식)
He also designed machinery / to produce special effects / in
theatrical productions. // ⑤의 단서 연극 작품들의 특수 효과를 만들기 위한 기계를 설계함
그는 또한 기계를 설계했다 / 특수 효과를 만들기 위한 / 연극 작품들의 //

병렬 구조 (동사)
He died in Florence / and was buried in Il Duomo. //
그는 Florence에서 사망했고 / Il Duomo에 묻혔다 //

- found ⓥ (기관 등을) 설립하다   • architecture ⓝ 건축
- artistically ⓐⓓ 예술적으로   • goldsmith ⓝ 금 세공인
- sculptor ⓝ 조각가   • remains ⓝ 유적   • commission ⓝ 임무
- chapel ⓝ 예배당   • reputation ⓝ 평판   • stunning ⓐ 멋진
- machinery ⓝ 기계   • theatrical ⓐ 연극의   • bury ⓥ (땅에) 묻다

Filippo Brunelleschi는 르네상스 건축의 창시자로 여겨진다. 그는 1377
년에 Florence에서 태어났다. Filippo는 예술적으로 재능이 있었고, 건축
가가 되기 전 금 세공인과 시계공으로 훈련받았다. 그가 25세일 무렵, 그
는 그의 친구인, 조각가 Donatello와 함께 로마로 여행을 갔고, 그곳에
서 그는 고대 로마 건물들의 유적을 연구했다. 그의 첫 번째 건축 임무는
Ospedale degli Innocenti였고, 그것은 위대한 르네상스 건물들 중 하나
이다. Florence의 교회들의 예배당들을 포함한, 수많은 다른 훌륭한 작품
들은 그의 명성을 공고히 했다. 그리고 Il Duomo의 멋진 돔은 그의 걸작
이다. 그는 또한 연극 작품들의 특수 효과를 만들기 위한 기계를 설계했다.
그는 Florence에서 사망했고 Il Duomo에 묻혔다.

Filippo Brunelleschi에 관한 다음 글의 내용과 일치하지 않는 것은?

① 1377년에 Florence에서 태어났다. He was born in Florence in 1377.

② 예술적으로 재능이 있었다. Filippo was artistically talented

③ 25세일 무렵, 조각가인 아버지와 로마로 여행을 갔다.
When he was around 25, he traveled to Rome with his friend

④ 첫 번째 건축 임무는 Ospedale degli Innocenti였다.
His first architectural commission was the Ospedale degli Innocenti

⑤ 연극 작품들의 특수 효과를 만들기 위한 기계를 설계했다.
He also designed machinery ~ in theatrical productions.

왜 정답? ✿✿✿ [정답률 95%]

25세일 무렵, 조각가인 아버지가 아니라 친구와 로마로 여행을 갔다고 했으므로
(When he was around 25, he traveled to Rome with his friend) 글의 내용과
일치하지 않는 것은 ③이다.

왜 오답?

① 1377년에 Florence에서 태어났다. (He was born in Florence in 1377.)

② 예술적으로 재능이 있었다. (Filippo was artistically talented)

④ 첫 번째 건축 임무는 Ospedale degli Innocenti였다. (His first architectural
commission was the Ospedale degli Innocenti)

⑤ 연극 작품들의 특수 효과를 만들기 위한 기계를 설계했다. (He also designed
machinery ~ in theatrical productions.)

Barry Commoner, / born in Brooklyn in 1917, / was the son of
Jewish immigrants from Russia. // ①의 단서 유대인 이민자의 아들이었음
Barry Commoner는 / 1917년에 브루클린에서 태어난 / 러시아에서 온 유대인 이민자의
아들이었다 //

Commoner was a leading ecologist / and one of the founders /
of the modern environmental movement. //
Commoner는 선도적인 생태학자이자 / 창시자 중 한 명이었다 / 현대 환경 운동의 //

He earned his doctoral degree / in cellular biology / from
Harvard University in 1941. // ②의 단서 Harvard University에서
박사 학위를 받았음
그는 박사 학위를 받았다 / 세포 생물학 / 1941년에 Harvard University에서 //

After serving in the US Navy during World War II, /
병렬 구조 (동사)
Commoner moved to Missouri, / and became a professor of
계속적 용법의 관계부사
plant physiology / at Washington University in 1947, / where
he taught for 34 years. // ③의 단서 해군에서 복무한 후 Missouri로 이주했음
2차 세계대전 중 미 해군에서 복무한 후 / Commoner는 Missouri로 이주하였고 / 식물
생리학 교수가 되었으며 / 1947년에 Washington University에서 / 그곳에서 34년 동안
가르쳤다 //

④의 단서 핵무기 실험을 반대한 것으로 널리 알려졌음
In the late 1950s, / Commoner became widely known / for
his opposition to nuclear weapons testing / and went on to
be(come) known for: ~로 알려지다
write several books / about the negative ecological effects / of
atmospheric nuclear testing. //
1950년대 후반에 / Commoner는 널리 알려졌고 / 핵무기 실험에 대한 그의 반대로 / 나아가
여러 권의 책을 썼다 / 부정적인 생태학적 영향에 관한 / 대기권 핵실험의 //

형용사적 용법 (Party 수식)
In 1980, Commoner founded the Citizens Party / to serve as a
vehicle for his ecological message. // ⑤의 단서 1980년에
Citizens Party를 설립했음
1980년에, Commoner는 Citizens Party를 설립했다 / 그의 생태학적 메시지의 전달
수단으로서 역할을 하는 //

In his later years, / Commoner continued his efforts / to raise
awareness / about the impact / that human activity has on the
environment. //
목적격 관계대명사
말년에 / Commoner는 계속해서 노력했다 / 인식을 높이기 위해 / 영향에 대한 / 인간
활동이 환경에 미치는 //

- Jewish ⓐ 유대인의   • immigrant ⓝ 이민자
- ecologist ⓝ 생태학자   • founder ⓝ 창시자
- doctoral degree 박사 학위   • cellular biology 세포 생물학
- plant physiology 식물 생리학   • nuclear ⓝ 핵   • vehicle ⓝ 수단

1917년에 브루클린에서 태어난 Barry Commoner는 러시아에서 온 유대
인 이민자의 아들이었다. Commoner는 선도적인 생태학자이자 현대 환
경 운동의 창시자 중 한 명이었다. 그는 1941년에 Harvard University
에서 세포 생물학 박사 학위를 받았다. 2차 세계대전 중 미 해군에서 복
무한 후, Commoner는 Missouri로 이주하였고, 1947년에 Washington
University에서 식물 생리학 교수가 되었으며, 그곳에서 34년 동안 가르쳤
다. 1950년대 후반에, Commoner는 핵무기 실험에 대한 그의 반대로 널
리 알려졌고 나아가 대기권 핵실험의 부정적인 생태학적 영향에 관한 여러
권의 책을 썼다. 1980년에, Commoner는 그의 생태학적 메시지의 전달
수단으로서 역할을 하는 Citizens Party를 설립했다. 말년에, Commoner
는 인간 활동이 환경에 미치는 영향에 대한 인식을 높이기 위해 계속해서
노력했다.

Barry Commoner에 관한 다음 글의 내용과 일치하지 <u>않는</u> 것은?

① 유대인 이민자의 아들이었다. was the son of Jewish immigrants

② Harvard University에서 박사 학위를 받았다.
He earned his doctoral degree ~ from Harvard University

③ Missouri로 이주한 후 해군에서 복무했다.
After serving in the US Navy ~ moved to Missouri

④ 핵무기 실험을 반대한 것으로 널리 알려졌다.
Commoner became widely known for his opposition to nuclear weapons testing

⑤ 1980년에 Citizens Party를 설립했다.
In 1980, Commoner founded the Citizens Party

> **왜 정답?** ❋❋❋ [정답률 89%]

Commoner는 Missouri로 이주한 후 해군에서 복무했던 것이 아니라, 해군에서 복무한 후 Missouri로 이주했다고 했으므로 (After serving in the US Navy ~ moved to Missouri) 글의 내용과 일치하지 않는 것은 ③이다.

> **왜 오답?**

① 유대인 이민자의 아들이었다. (was the son of Jewish immigrants)

② Harvard University에서 박사 학위를 받았다. (He earned his doctoral degree ~ from Harvard University)

④ 핵무기 실험을 반대한 것으로 널리 알려졌다. (Commoner became widely known for his opposition to nuclear weapons testing)

⑤ 1980년에 Citizens Party를 설립했다. (In 1980, Commoner founded the Citizens Party)

I 06 정답 ③ ＊인권 운동가 Helen Suzman

Helen Suzman was an activist / against apartheid, / a racist political and social system / in the Republic of South Africa. //
Helen Suzman은 운동가였다 / 아파르트헤이트에 대항하는 / 인종차별적인 정치 및 사회 체제인 / 남아프리카 공화국의 //

①의 단서 유대인 이민자 부모 밑에서 태어남

Suzman was born / to Jewish immigrant parents / in Germiston in the Union of South Africa / in 1917. //
Suzman은 태어났다 / 유대인 이민자 부모 밑에서 / 남아프리카 연방의 Germiston에서 / 1917년에 //

While working as a lecturer on economic history / at Witwatersrand University, / she joined / the South African Institute of Race Relations. //
경제사 강사로 일하던 중 / Witwatersrand 대학에서 / 그녀는 들어갔다 / 남아프리카 인종 관계 연구소에 //

②의 단서 대학에서 경제사 강사로 일하던 중 인종 관계 연구소에 들어감

In 1953, / she joined the United Party / and was elected to Parliament, /
1953년에 / 그녀는 통합당에 가입했고 / 의회에 선출되었지만 /

but when the United Party adopted / a more moderate stance on apartheid, / Suzman and other progressive members left it / and formed the Progressive Party / in 1959. //
통합당이 채택했을 때 / 아파르트헤이트에 대해 더 온건한 입장을 / Suzman과 다른 진보적인 구성원들은 탈당하여 / 진보당을 만들었다 / 1959년에 //

③의 단서 통합당을 탈당하여 진보당을 만듦

Suzman tirelessly fought against apartheid, / exposing the government's abuses / and challenging its laws / for a total of 36 years / in Parliament. //
Suzman은 아파르트헤이트에 맞서 지칠 줄 모르고 싸웠다 / 정권의 남용을 폭로하고 / 그것의 법에 도전하며 / 총 36년 동안 / 의회에서 //

Even after her retirement in 1989, / she continued to advocate / for a multi-racial democracy in the Republic of South Africa / and influenced the drafting of the country's new constitution / after the end of apartheid. //
1989년에 그녀가 은퇴한 후에도 / 그녀는 계속해서 지지했고 / 남아프리카 공화국의 다인종 민주주의를 / 그 나라의 새 헌법의 작성에 영향을 주었다 / 아파르트헤이트가 끝난 후 //

④의 단서 남아프리카 공화국의 새 헌법의 작성에 영향을 줌

She remained an active voice / for human rights and democracy / until her death in 2009. //
그녀는 적극적인 대변자로 남아 있었다 / 인권과 민주주의의 / 2009년에 사망할 때까지 //

⑤의 단서 사망 전까지 인권과 민주주의를 적극적으로 대변함

- **immigrant** ⓝ 이민자   - **adopt** ⓥ 채택하다   - **moderate** ⓐ 온건한
- **retirement** ⓝ 은퇴   - **advocate** ⓥ 지지하다, 옹호하다

Helen Suzman은 남아프리카 공화국의 인종차별적인 정치 및 사회 체제인 아파르트헤이트에 대항하는 운동가였다. Suzman은 1917년에 남아프리카 연방의 Germiston에서 유대인 이민자 부모 밑에서 태어났다. Witwatersrand 대학에서 경제사 강사로 일하던 중 그녀는 남아프리카 인종 관계 연구소에 들어갔다. 1953년에 그녀는 통합당에 가입했고 의회에 선출되었지만 통합당이 아파르트헤이트에 대해 더 온건한 입장을 채택했을 때, Suzman과 다른 진보적인 구성원들은 탈당하여 1959년에 진보당을 만들었다. Suzman은 의회에서 총 36년 동안 정권의 남용을 폭로하고 그것의 법에 도전하며 아파르트헤이트에 맞서 지칠 줄 모르고 싸웠다. 1989년에 그녀가 은퇴한 후에도, 그녀는 남아프리카 공화국의 다인종 민주주의를 계속해서 지지했고 아파르트헤이트가 끝난 후 그 나라의 새 헌법의 작성에 영향을 주었다. 그녀는 2009년에 사망할 때까지 인권과 민주주의의 적극적인 대변자로 남아 있었다.

Helen Suzman에 관한 다음 글의 내용과 일치하지 <u>않는</u> 것은?

① 유대인 이민자 부모 밑에서 태어났다.
Suzman was born to Jewish immigrant parents

② 대학에서 경제사 강사로 일하던 중 인종 관계 연구소에 들어갔다.
While working as a lecturer on economic history ~ Race Relations.

③ 1953년부터 은퇴 전까지 동일한 하나의 정당에서 활동했다.
left it and formed the Progressive Party in 1959

④ 남아프리카 공화국의 새 헌법의 작성에 영향을 주었다.
influenced the drafting of the country's new constitution

⑤ 사망 전까지 인권과 민주주의를 적극적으로 대변했다.
She remained an active voice ~ until her death

> **왜 정답?** ❋❋❋ [정답률 92%]

Helen Suzman은 1953년에 통합당에 가입했지만, 탈당하여 1959년에 진보당을 만들었다고 했으므로 (left it and formed the Progressive Party in 1959), 은퇴 전까지 동일한 하나의 정당에서 활동했다는 ③은 글의 내용과 일치하지 않는다.

> **왜 오답?**

① 유대인 이민자 부모 밑에서 태어났다. (Suzman was born to Jewish immigrant parents)

② 대학에서 경제사 강사로 일하던 중 인종 관계 연구소에 들어갔다. (While working as a lecturer on economic history ~ Race Relations.)

④ 남아프리카 공화국의 새 헌법의 작성에 영향을 주었다. (influenced the drafting of the country's new constitution)

⑤ 사망 전까지 인권과 민주주의를 적극적으로 대변했다. (She remained an active voice ~ until her death)

I 07 정답 ⑤ ＊Walden의 작가 Henry David Thoreau

Henry David Thoreau was born / in Concord, Massachusetts / in 1817. //
Henry David Thoreau는 태어났다 / Massachusetts주 Concord에서 / 1817년에 //

When he was 16, / he entered Harvard College. //
그가 16세 때 / 그는 Harvard 대학에 입학했다 //

After graduating, / Thoreau worked as a schoolteacher / but he quit after two weeks. //   **①의 단서** 졸업한 후에 교사로 일했음
졸업 후 / Thoreau는 학교 교사로 일했지만 / 2주 후에 그만두었다 //

In June of 1838 / he set up a school / with his brother John. //
1838년 6월에 / 그는 학교를 세웠다 / 그의 형제인 John과 함께 //

However, he had hopes / of becoming a nature poet. //
그러나, 그는 희망했다 / 자연 시인이 되기를 //   **②의 단서** 자연 시인이 되기를 희망했음

In 1845, / he moved into a small self-built house / **near** Walden
전치사
Pond. //

1845년 / 그는 직접 지은 작은 집으로 이사했다 / Walden 연못 근처에 //

At Walden, / Thoreau did an incredible amount of reading. //

Walden에서 / Thoreau는 엄청난 양의 독서를 했다 //   ③의 단서 Walden에서
앞에 목적격 관계대명사 생략   엄청난 양의 독서를 했음
The journal **he wrote** there / became the source / of his most
famous book, *Walden*. //

그가 그곳에서 쓴 저널이 / 원천이 되었다 / 그의 가장 유명한 저서인 Walden의 //

In his later life, / Thoreau traveled to the Maine woods, / to Cape
Cod, / and to Canada. //

그의 인생 후반부에 / Thoreau는 Maine 숲으로 여행을 떠났다 / Cape Cod로 / 그리고
캐나다로 //

                                            병렬 구조 (동사)
At the age of 43, / he **ended** his travels / and **returned** to
Concord. //   ④의 단서 43세에 여행을 마치고 Concord로 돌아옴

43세의 나이에 / 그는 그의 여행을 마치고 / Concord로 돌아왔다 //

                                                        수동태 동사
Although his works **were** not widely **read** / during his lifetime,
/ he never stopped **writing**, / and his works fill 20 volumes. //
         동명사 (stopped의 목적어)
비록 그의 작품이 널리 읽히지 않았지만 / 그의 일생 동안 / 그는 집필을 멈추지 않았고 / 그의
작품은 20권에 달한다 //   ⑤의 단서 그의 작품은 그의 일생 동안에는 널리 읽히지 않았음

• quit ⓥ 그만두다   • set up ~을 설립하다   • self-built 직접 지은
• volume ⓝ ((책 단위)) 권

Henry David Thoreau는 1817년 Massachusetts주 Concord에서 태어
났다. 그가 16세 때, 그는 Harvard 대학에 입학했다. 졸업 후, Thoreau는
학교 교사로 일했지만 2주 후에 그만두었다. 1838년 6월에 그는 그의 형제
인 John과 함께 학교를 세웠다. 그러나, 그는 자연 시인이 되기를 희망했
다. 1845년, 그는 Walden 연못 근처에 직접 지은 작은 집으로 이사했다.
Walden에서, Thoreau는 엄청난 양의 독서를 했다. 그가 그곳에서 쓴 저
널이 그의 가장 유명한 저서인 Walden의 원천이 되었다. 그의 인생 후반
부에, Thoreau는 Maine 숲으로, Cape Cod로, 그리고 캐나다로 여행을
떠났다. 43세의 나이에, 그는 그의 여행을 마치고 Concord로 돌아왔다.
비록 그의 작품이 그의 일생 동안 널리 읽히지 않았지만, 그는 집필을 멈추
지 않았고, 그의 작품은 20권에 달한다.

> Henry David Thoreau에 관한 다음 글의 내용과 일치하지 <u>않는</u> 것은?
>
> ① 졸업한 후에 교사로 일했다.
>   After graduating, Thoreau worked as a schoolteacher
> ② 자연 시인이 되기를 희망했다.
>   he had hopes of becoming a nature poet
> ③ Walden에서 엄청난 양의 독서를 했다.
>   At Walden, Thoreau did an incredible amount of reading.
> ④ 43세에 여행을 마치고 Concord로 돌아왔다.
>   At the age of 43, he ended his travels and returned to Concord.
> ⑤ 그의 작품은 그의 일생 동안 널리 읽혔다.
>   his works were not widely read during his lifetime

> **왜 정답?** ✱✱✱ [정답률 94%]

그의 작품은 일생 동안에는 널리 읽히지 않았다고 했으므로 (his works were not
widely read during his lifetime) 일생 동안 작품이 널리 읽혔다는 ⑤은 글의
내용과 일치하지 않는다.

> **왜 오답?**

① 졸업한 후에 교사로 일했다. (After graduating, Thoreau worked as a
  schoolteacher)
② 자연 시인이 되기를 희망했다. (he had hopes of becoming a nature poet)
③ Walden에서 엄청난 양의 독서를 했다. (At Walden, Thoreau did an
  incredible amount of reading.)
④ 43세에 여행을 마치고 Concord로 돌아왔다. (At the age of 43, he ended
  his travels and returned to Concord.)

I 08 정답 ④ ＊Theodore von Kármán의 생애

Theodore von Kármán, a Hungarian-American engineer, /
was one of the greatest minds of the twentieth century. //

Theodore von Kármán은 헝가리계 미국인 공학자로 / 20세기의 가장 위대한 지성인 중
한 명이었다 //

He was born in Hungary / and at an early age, / he showed a
talent for math and science. //   ①의 단서 어린 시절 수학과 과학에 재능을 보임

그는 헝가리에서 태어나 / 어린 시절 / 수학과 과학에 재능을 보였다 //

In 1908, / he received a doctoral degree in engineering / at the
University of Göttingen in Germany. //   ②의 단서 University of Göttingen에서
                                                공학 박사 학위를 받음
1908년 / 그는 공학 박사 학위를 받았다 / 독일 University of Göttingen에서 //

                                          동명사 (began의 목적어)
In the 1920s, / he began **traveling** / as a lecturer and consultant
to industry. //   ③의 단서 1920년대에 강연자 겸 자문 위원으로 다니기 시작함

1920년대에 / 그는 다니기 시작했다 / 관련 분야의 강연자 겸 자문 위원으로 //
                            수동태 동사
He **was invited** to the United States / to advise engineers on the
design of a wind tunnel / at California Institute of Technology
(Caltech). //   ④의 단서 Caltech에 초청받아 공학자에게 조언을 함

미국으로 초청되었다 / 공학자들에게 윈드 터널 설계에 관한 조언을 하기 위해 / 캘리포니아
공과대학(Caltech)에서 //

He became the director / of the Guggenheim Aeronautical
Laboratory at Caltech / in 1930. //

그는 소장이 되었다 / Caltech의 Guggenheim Aeronautical Laboratory의 / 1930년에 //
                                        능동태의 직접목적어
Later, he **was awarded the National Medal of Science** / for his
leadership in science and engineering. //   ⑤의 단서 National Medal of
                                                Science를 받음
나중에는 National Medal of Science를 받았다 / 과학과 공학 분야에서의 리더십으로 //

• mind ⓝ 지성인   • doctoral degree 박사 학위
• engineering ⓝ 공학   • lecturer ⓝ 강연자
• consultant ⓝ 자문 위원   • laboratory ⓝ 연구실

Theodore von Kármán은 헝가리계 미국인 공학자로, 20세기의 가장 위
대한 지성인 중 한 명이었다. 그는 헝가리에서 태어나 어린 시절 수학과 과
학에 재능을 보였다. 1908년, 독일 University of Göttingen에서 공학 박
사 학위를 받았다. 1920년대에, 관련 분야의 강연자 겸 자문 위원으로 다니
기 시작했다. 캘리포니아 공과대학(Caltech)에서 공학자들에게 윈드 터널
설계에 관한 조언을 하기 위해 미국으로 초청되었다. 1930년에 Caltech의
Guggenheim Aeronautical Laboratory의 소장이 되었다. 나중에는 과학
과 공학 분야에서의 리더십으로 National Medal of Science를 받았다.

> Theodore von Kármán에 관한 다음 글의 내용과 일치하지 <u>않는</u> 것은?
>
> ① 어린 시절 수학과 과학에 재능을 보였다.
>   at an early age, he showed a talent for math and science
> ② University of Göttingen에서 공학 박사 학위를 받았다.
>   he received a doctoral degree in engineering at the University of Göttingen
> ③ 1920년대에 강연자 겸 자문 위원으로 다니기 시작했다.
>   In the 1920s, he began traveling as a lecturer and consultant
> ④ Caltech의 공학자를 초청하여 조언을 구했다.
>   to advise engineers ~ Technology (Caltech)
> ⑤ National Medal of Science를 받았다.
>   he was awarded the National Medal of Science

> **왜 정답?** ✱✱✱ [정답률 89%]

미국으로 초청되어 캘리포니아 공과대학(Caltech)에서 공학자들에게 윈드 터널 설계
에 관한 조언을 하였다고 했으므로 (to advise engineers ~ Technology (Caltech))
Caltech의 공학자를 초청하여 조언을 구했다는 ④은 글의 내용과 일치하지 않는다.

> **왜 오답?**

① 어린 시절 수학과 과학에 재능을 보였다. (at an early age, ~ and science)
② University of Göttingen에서 공학 박사 학위를 받았다. (he received a
  doctoral degree in engineering at the University of Göttingen)
③ 1920년대에 강연자 겸 자문 위원으로 다니기 시작했다. (In the 1920s, he
  began traveling as a lecturer and consultant)
⑤ National Medal of Science를 받았다. (he was awarded ~ Science)

Gordon Parks was / a photographer, author, film director, and musician. //　Gordon Parks는 ~였다 / 사진작가이자 작가, 영화감독, 음악가 //

He documented / the everyday lives of African Americans / at a time / **when few people** / outside the black community / **were** familiar with their lives. //
그는 기록했다 / 아프리카계 미국인의 일상생활을 / 시절에 / 사람이 거의 없던 / 흑인 사회 밖에서는 / 그들의 삶에 익숙한 //

Parks **was born** / the youngest of 15 children / and **grew up** / on his family's farm. //
Parks는 태어났다 / 15명의 자녀 중 막내로 / 그리고 자랐다 / 가족 농장에서 //

After the death of his mother, / he went to live / with a sister in Minnesota. //
어머니가 돌아가신 후 / 그는 살러 갔다 / Minnesota에 있는 누나와 //

Parks eventually dropped out of school / and worked at various jobs. //
Parks는 결국 학교를 중퇴하고 / 다양한 일자리에서 일했다 //

His interest in photography / was inspired by a photo-essay / **he read about migrant farm workers**. //
사진에 관한 그의 관심은 / 포토 에세이 덕분에 생겼다 / 그가 떠돌이 농장 일꾼에 관하여 읽은 //

After he moved to Chicago, / Parks began **taking photos** / of poor African Americans. //
그가 시카고로 옮겨간 후 / Parks는 사진 찍기 시작했다 / 가난한 아프리카계 미국인들의 //

In 1949, / he became the first African American / to be a staff photographer / for *Life* magazine. //
1949년에 / 그는 최초의 아프리카계 미국인이 되었다 / 사진 기자가 된 / *Life* 지의 //

He also wrote / music pieces / in his life / and in 1956 / the Vienna Orchestra performed / a piano concerto / **he wrote**. //
그는 또한 작곡했다 / 음악 작품을 / 살아생전에 / 그리고 1956년에는 / Vienna Orchestra가 연주했다 / 피아노 협주곡을 / 그가 작곡한 //

Parks was an inspiring artist / until he died in 2006. //
Parks는 영감을 주는 예술가였다 / 2006년에 사망할 때까지 //

- photographer ⓝ 사진작가　　· author ⓝ 작가
- film director 영화감독　　· document ⓥ 기록하다
- eventually ⓐⓓ 결국　　· drop out of school 학교를 중퇴하다
- inspire ⓥ 영감을 주다　　· migrant ⓝ 떠돌이, 이주자
- concerto ⓝ 협주곡, 콘체르토　　· inspiring ⓐ 고무적인, 영감을 주는

Gordon Parks는 사진작가이자 작가, 영화감독, 음악가였다. 그는 흑인 사회 밖에서는 그들의 삶에 익숙한 사람이 거의 없던 시절에 아프리카계 미국인의 일상생활을 기록했다. Parks는 15명의 자녀 중 막내로 태어나 가족 농장에서 자랐다. 어머니가 돌아가신 후, 그는 Minnesota에 있는 누나와 살러 갔다. Parks는 결국 학교를 중퇴하고 다양한 일자리에서 일했다. 그가 읽은 떠돌이 농장 일꾼에 관한 포토 에세이 덕분에 사진에 관한 그의 관심이 생겼다. 그가 시카고로 옮겨간 후, Parks는 가난한 아프리카계 미국인들을 사진 찍기 시작했다. 1949년에 그는 *Life* 지의 사진 기자가 된 최초의 아프리카계 미국인이 되었다. 그는 또한 살아 생전에 음악 작품을 작곡했고 1956년에 Vienna Orchestra는 그가 작곡한 피아노 협주곡을 연주했다. Parks는 2006년에 사망할 때까지 영감을 주는 예술가였다.

Gordon Parks에 관한 다음 글의 내용과 일치하지 <u>않는</u> 것은?

① 15명의 자녀 중 막내로 태어났다. Parks was born the youngest of 15 children

② 어머니가 돌아가신 후 Minnesota에 있는 누나와 살러 갔다. After the death of his mother, he went to live with a sister in Minnesota.

③ 학교를 중퇴하지 않고 다양한 일자리에서 일했다. Parks eventually dropped out of school and worked at various jobs.

④ *Life* 지의 사진 기자가 된 최초의 아프리카계 미국인이었다. he became the first African American to be a staff photographer for *Life* magazine

⑤ 그가 작곡한 피아노 협주곡을 1956년에 Vienna Orchestra가 연주했다. in 1956 the Vienna Orchestra performed a piano concerto he wrote

---

왜 정답? ❀❀❀ [정답률 94%]

Gordon Parks는 학교를 중퇴하고 다양한 일자리에서 일했다고(Parks eventually dropped out of school and worked at various jobs.) 했으므로 학교를 중퇴하지 않고 일했다는 ③이 다음 글의 내용과 일치하지 않는다.

왜 오답?

① 15명의 자녀 중 막내로 태어났다(Parks was born the youngest of 15 children).

② 어머니가 돌아가신 후 Minnesota에 있는 누나와 살러 갔다(After the death of his mother, he went to live with a sister in Minnesota.).

④ *Life* 지의 사진 기자가 된 최초의 아프리카계 미국인이었다(he became the first African American to be a staff photographer for *Life* magazine).

⑤ 그가 작곡한 피아노 협주곡을 1956년에 Vienna Orchestra가 연주했다(in 1956 the Vienna Orchestra performed a piano concerto he wrote).

I 10 정답 ② *육상 선수 Alice Coachman

Alice Coachman was born / in 1923, / in Albany, Georgia, U.S.A. //
Alice Coachman은 태어났다 / 1923년에 / 미국 Georgia의 Albany에서 //

Since she was unable to access / athletic training facilities / because of the racism of the time, /
그녀가 이용할 수 없었기 때문에 / 운동 훈련 시설을 / 당시의 인종차별 때문에 /

she trained / using **what** was available to her, / **running** barefoot / along the dirt roads near her home / and **using** homemade equipment / **to practice** her jumping. //
그녀는 훈련했다 / 자신에게 이용 가능한 것을 사용하여 / 맨발로 달리고 / 자신의 집 근처 비포장도로를 따라 / 집에서 만든 장비를 사용하면서 / 점프를 연습하기 위해 //

Her talent / in track and field / **was** noticeable / as early as elementary school. //
그녀의 재능이 / 육상 경기에서의 / 눈에 띄었다 / 일찍이 초등학교 때 //

Coachman **kept** practicing hard / and **gained** attention / with her achievements / in several competitions / during her time in high school and college. //
Coachman은 계속 열심히 연습했다 / 그리고 주목을 받았다 / 자신의 성취로 / 여러 대회에서의 / 고등학교와 대학교 시절 동안 //

In the 1948 London Olympics, / Coachman competed / in the high jump, / reaching 5 feet, 6.5 inches, / setting both an Olympic and an American record. //
1948년 런던 올림픽에서 / Coachman은 출전해 / 높이뛰기에 / 5피트 6.5인치에 도달하여 / 올림픽과 미국 기록을 둘 다 세웠다 //

This accomplishment made / **her the first black woman** / **to win** an Olympic gold medal. //
이 성과는 만들었다 / 그녀를 최초의 흑인 여성으로 / 올림픽 금메달을 딴 //

She is in nine different **Halls of Fame**, / including the U.S. Olympic Hall of Fame. //
그녀는 9개의 다른 명예의 전당에 올랐다 / 미국 올림픽 명예의 전당을 포함하여 //

Coachman died / in 2014, / at the age of 90 in Georgia / after she had **dedicated** / her life / **to** education. //
Coachman은 사망했다 / 2014년에 / 90세의 나이에 Georgia에서 / 그녀가 바친 후에 / 그녀의 일생을 / 교육에 //

- access ⓥ 접근하다, 이용하다　　· athletic ⓐ (운동) 경기의, 운동 선수용의
- facility ⓝ 시설, 설비　　· racism ⓝ 인종 차별(주의)
- of the time 그 당시의, 당대의　　· barefoot ⓐⓓ 맨발로
- dirt road 비포장도로, 흙길　　· homemade ⓐ 집에서 만든
- equipment ⓝ 장비　　· track and field 육상 경기
- noticeable ⓐ 눈에 띄는, 주목할 만한　　· competition ⓝ 대회
- compete ⓥ 겨루다, (시합 등에) 참가하다　　· accomplishment ⓝ 성과
- including (prep) ~을 포함하여
- dedicate ⓥ (시간·노력을) 바치다, 헌신하다

Alice Coachman은 1923년 미국 Georgia의 Albany에서 태어났다. 그녀가 당시의 인종차별 때문에 운동 훈련 시설을 이용할 수 없었기 때문에, 그녀는 자신에게 이용 가능한 것을 사용하여, 자신의 집 근처 비포장도로를 따라 맨발로 달리고, 점프를 연습하기 위해 집에서 만든 장비를 사용하면서 훈련했다. 육상 경기에서의 그녀의 재능이 일찍이 초등학교 때 눈에 띄었다. Coachman은 계속 열심히 연습하여 고등학교와 대학교 시절 동안 여러 대회에서의 자신의 성취로 주목을 받았다. 1948년 런던 올림픽에서 Coachman은 높이뛰기에 출전해 5피트 6.5인치에 도달하여 올림픽과 미국 기록을 둘 다 세웠다. 이 성과는 그녀를 올림픽 금메달을 딴 최초의 흑인 여성으로 만들었다. 그녀는 미국 올림픽 명예의 전당을 포함하여, 9개의 다른 명예의 전당에 올랐다. Coachman은 그녀의 일생을 교육에 바친 후 2014년에 Georgia에서 90세의 나이에 사망했다.

Alice Coachman에 관한 다음 글의 내용과 일치하지 <u>않는</u> 것은?
① 집 근처에서 맨발로 달리며 훈련했다.
running barefoot along the dirt roads near her home
② 육상 경기에서의 재능을 고등학교 때부터 보였다.
Her talent in track and field was noticeable as early as elementary school.
③ 런던 올림픽에서 높이뛰기 올림픽 기록과 미국 기록을 세웠다.
London Olympics, ~ setting both an Olympic and an American record
④ 흑인 여성 최초로 올림픽 금메달리스트가 되었다.
the first black woman to win an Olympic gold medal
⑤ 9개의 명예의 전당에 올랐다. She is in nine different Halls of Fame

> **왜 정답?** ❋❀❀ [정답률 92%]
Coachman의 재능은 일찍이 초등학생 때부터 눈에 띄었다고(Her talent in track and field was noticeable as early as elementary school.) 했으므로 ②은 글의 내용과 일치하지 않는다.

> **왜 오답?**
① 자신의 집 근처 비포장도로를 따라 맨발로 달리며 훈련했다. (running barefoot along the dirt roads near her home)
③ 런던 올림픽에서 5피트 6.5인치에 도달하여 높이뛰기 올림픽 기록과 미국 기록을 세웠다. (London Olympics, Coachman competed in the high jump, reaching 5 feet, 6.5 inches, setting both an Olympic and an American record)
④ 흑인 여성 최초로 올림픽 금메달리스트가 되었다. (the first black woman to win an Olympic gold medal)
⑤ 9개의 명예의 전당에 올랐다. (She is in nine different Halls of Fame)

Ⅰ 11 정답 ④ ＊제왕나비의 생김새와 특징

The monarch butterfly has / lovely bright colors splashed / on its wings. //
과거분사구
제왕나비는 가지고 있다 / 예쁘고 밝은색의 얼룩무늬를 / 날개에 //
①의 단서 날개의 바깥쪽 가장자리에 흰 점이 있음
The wings have white spots / on the outer margins. //
날개에는 흰 점들이 있다 / 바깥쪽 가장자리에 //
The hind wings are rounded, / and they are lighter in color / than the front wings. //
비교급 비교
②의 단서 뒷날개는 앞날개보다 더 밝음
뒷날개는 둥글고 / 더 밝은 색을 띤다 / 앞날개보다 //
The body is black with white spots. //
몸통은 검은 바탕에 흰 점이 있다 //
The mother butterfly lays only one egg / on the underside of milkweed leaves, / which hatches / about three to five days later. //
계속적 용법의 주격 관계대명사   ③의 단서 알은 약 3일에서 5일 후에 부화함
어미 나비는 오직 한 개의 알만 낳고 / 밀크위드 잎의 아래쪽에 / 그것은 부화한다 / 약 3일에서 5일 후에 //
The monarch loves to fly around / in the warm sunshine, / from March through October, / all across the United States. //
제왕나비는 날아다니는 것을 좋아한다 / 따뜻한 햇살을 받으며 / 3월부터 10월까지 / 미국 전역에서 //

The monarch cannot survive / the cold winter temperatures / of the northern states. // ④의 단서 북부 주의 추운 겨울 기온에 살아남을 수 없음
제왕나비는 살아남을 수 없다 / 추운 겨울 기온에 / 북부 주의 //
So, / it very wisely migrates / from the northern states to the south, / and hibernates. //
병렬 구조＊
그래서 / 그것은 매우 현명하게 이주하여 / 북부 주에서 남부로 / 동면한다 //
The monarch is the only insect / that can fly more than four thousand kilometers / to a warmer climate. //
주격 관계대명사   ⑤의 단서 4천 킬로미터 넘게 날 수 있음
제왕나비는 유일한 곤충이다 / 4천 킬로미터 넘게 날 수 있는 / 더 따뜻한 지방으로 //

- monarch ⓝ 제왕, 군주
- splash ⓥ 얼룩이 튀다
- outer ⓐ 바깥쪽의
- margin ⓝ 가장자리
- hind ⓐ (동물의 다리·발을 가리킬 때) 뒤의
- milkweed ⓝ ((식물)) 밀크위드
- hatch ⓥ (알이) 부화하다
- northern ⓐ 북부의
- migrate ⓥ 이주하다
- climate ⓝ 기후

제왕나비는 날개에 예쁘고 밝은색의 얼룩무늬가 있다. 날개 바깥쪽 가장자리에 흰 점들이 있다. 뒷날개는 둥글고, 앞날개보다 더 밝은 색을 띤다. 몸통은 검은 바탕에 흰 점이 있다. 어미 나비는 밀크위드 잎의 아래쪽에 오직 한 개의 알만 낳고, 그것은 약 3일에서 5일 후에 부화한다. 제왕나비는 3월부터 10월까지 미국 전역에서 따뜻한 햇살을 받으며 날아다니는 것을 좋아한다. 제왕나비는 북부 주의 추운 겨울 기온에 살아남을 수 없다. 그래서, 그것은 매우 현명하게 북부 주에서 남부로 이주하여 동면한다. 제왕나비는 더 따뜻한 지방으로 4천 킬로미터 넘게 날 수 있는 유일한 곤충이다.

monarch butterfly에 관한 다음 글의 내용과 일치하지 <u>않는</u> 것은?
① 날개의 바깥 가장자리에 흰 점이 있다.
The wings have white spots on the outer margins.
② 뒷날개는 앞날개보다 색이 더 밝다.
they are lighter in color than the front wings
③ 알은 약 3일에서 5일 후에 부화한다.
hatches about three to five days later
④ 북부 주의 추운 겨울 기온에 잘 버틴다.
The monarch cannot survive the cold winter temperatures of the northern states.
⑤ 4천 킬로미터 넘게 날 수 있다.
can fly more than four thousand kilometers

> **왜 정답?** ❋❀❀ [정답률 93%]
제왕나비는 북부 주의 추운 겨울 기온에 살아남을 수 없다고(The monarch cannot survive the cold winter temperatures of the northern states.) 했으므로 잘 버틴다는 ④이 글의 내용과 일치하지 않는다.

> **왜 오답?**
① 날개의 바깥 가장자리에 흰 점이 있다고(The wings have white spots on the outer margins.) 했다.
② 뒷날개는 앞날개보다 색이 더 밝다고(they are lighter in color than the front wings) 했다.
③ 알은 약 3일에서 5일 후에 부화한다고(hatches about three to five days later) 했다.
⑤ 4천 킬로미터 넘게 날 수 있다고(can fly more than four thousand kilometers) 했다.

─ 어법 특강 ─

✽ 등위접속사

– 접속사는 동일한 품사나 문법적으로 같은 성분을 연결하는 것으로 등위접속사에는 and, or, but, so, for 등이 있다.
- Peter prepared bread **and** bacon for lunch.
  단어   단어
  (Peter는 점심으로 빵과 베이컨을 준비했다.)
- He cut his finger, **but** he didn't go to a doctor.
  절   절
  (그는 손가락을 베었지만, 병원에 가지 않았다.)

Camille Flammarion was born / at Montigny-le-Roi, France. //
Camille Flammarion은 태어났다 / 프랑스 Montigny-le-Roi에서 //
①의 단서 어린 나이에 천문학에 흥미가 생김

He became interested in astronomy at an early age, / and when
he was only sixteen / he wrote a book on the origin of the
world. //
그는 어린 나이에 천문학에 흥미가 생겼고 / 불과 16세에 / 그는 세상의 기원에 관한 책을
썼다 //

The manuscript was not published at the time, / but it came
to the attention of Urbain Le Verrier, / the director of the Paris
Observatory. //
그 원고는 그 당시 출판되지 않았지만 / Urbain Le Verrier의 관심을 끌게 되었다 / Paris
Observatory의 관리자인 //

He **became** an assistant to Le Verrier in 1858 / and **worked** as a
calculator. // **②의 단서** 1858년에 Le Verrier의 조수가 됨
그는 1858년에 Le Verrier의 조수가 되었고 / 계산원으로 일했다 //

At nineteen, he wrote another book / called *The Plurality of
Inhabited Worlds*, / **in which** he passionately claimed / **that** life
exists outside the planet Earth. // **③의 단서** 19세에 쓴 책에서 외계 생명체의 존재를 주장함
19세에 그는 또 다른 책을 썼는데 / The Plurality of Inhabited Worlds라는 / 이 책에서
그는 열정적으로 주장했다 / 외계에 생명체가 존재한다고 //

His most successful work, *Popular Astronomy*, **was published** in
1880, / and eventually sold 130,000 copies. //
그의 가장 성공적인 저서인 Popular Astronomy는 1880년에 출판되었고 / 결국
130,000부가 판매되었다 //

With his own funds, / he built an observatory at Juvisy / and
spent May to November of each year there. // **④의 단서** 자신의 자금으로 Juvisy에 천문대를 세움
자신의 자금으로 / 그는 Juvisy에 천문대를 세웠고 / 매년 5월에서 11월까지 그곳에서
지냈다 //

In 1887, / he founded the French Astronomical Society / and
served as editor of its monthly publication. // **⑤의 단서** French Astronomical Society를 설립함
1887년에 / 그는 French Astronomical Society를 설립했고 / 그것의 월간 간행물의
편집자로 일했다 //

- **astronomy** ⓝ 천문학   - **origin** ⓝ 기원   - **manuscript** ⓝ 원고
- **assistant** ⓝ 조수   - **passionately** ⓐⓓ 열성적으로
- **publication** ⓝ 출판물

Camille Flammarion은 프랑스 Montigny-le-Roi에서 태어났다.
그는 어린 나이에 천문학에 흥미가 생겼고, 불과 16세에 그는 세상의
기원에 관한 책을 썼다. 그 원고는 그 당시 출판되지 않았지만, Paris
Observatory의 관리자인 Urbain Le Verrier의 관심을 끌게 되었다.
그는 1858년에 Le Verrier의 조수가 되었고 계산원으로 일했다. 19세에
그는 The Plurality of Inhabited Worlds라는 또 다른 책을 썼는데, 이
책에서 그는 외계에 생명체가 존재한다고 열정적으로 주장했다. 그의
가장 성공적인 저서인 Popular Astronomy는 1880년에 출판되었고,
결국 130,000부가 판매되었다. 자신의 자금으로 그는 Juvisy에 천문대를
세웠고, 매년 5월에서 11월까지 그곳에서 지냈다. 1887년에 그는 French
Astronomical Society를 설립했고 그것의 월간 간행물의 편집자로
일했다.

> Camille Flammarion에 관한 다음 글의 내용과 일치하지 <u>않는</u> 것은?
> ① 어린 나이에 천문학에 흥미가 생겼다.
> He became interested in astronomy at an early age
> ② 1858년에 Le Verrier의 조수가 되었다.
> He became an assistant to Le Verrier in 1858
> ③ 19세에 쓴 책에서 외계 생명체의 존재를 부인했다.
> At nineteen, ~ he passionately claimed that life exists outside the planet Earth.
> ④ 자신의 자금으로 Juvisy에 천문대를 세웠다.
> With his own funds, he built an observatory at Juvisy
> ⑤ French Astronomical Society를 설립했다.
> he founded the French Astronomical Society

왜 정답? ✿✿✿ [정답률 93%]
Camille Flammarion은 19세에 The Plurality of Inhabited Worlds라는 책을
썼고, 이 책에서 외계에 생명체가 존재한다고 열정적으로 주장했다고 했으므로 (At
nineteen, ~ he passionately claimed that life exists outside the planet
Earth.) ③은 글의 내용과 일치하지 않는다.

왜 오답?
① 어린 나이에 천문학에 흥미가 생겼다. (He became interested in astronomy
  at an early age)
② 1858년에 Le Verrier의 조수가 되었다. (He became an assistant to Le
  Verrier in 1858)
④ 자신의 자금으로 Juvisy에 천문대를 세웠다. (With his own funds, he built an
  observatory at Juvisy)
⑤ French Astronomical Society를 설립했다. (he founded the French
  Astronomical Society)

I 13 정답 ③ *사업가 Maggie L. Walker

Maggie L. Walker achieved national prominence / **as** a
businesswoman and community leader. //
Maggie L. Walker는 전국적 명성을 얻었다 / 여성 사업가와 커뮤니티 리더로서 //

She was among the earliest Black students / **to attend** newly-
established public schools / for African Americans. //
그녀는 초기 흑인 학생들 중 하나였다 / 새롭게 설립된 공립학교에 다닌 / 아프리카계
미국인들을 위한 // **①의 단서** 아프리카계 미국인을 위해 설립된 학교에 다님

After graduating, / she worked as a teacher for three years / at
the Valley School, / **where** she had studied. // **②의 단서** 졸업 후 자신이 공부했던 학교에서 교사로 일함
졸업 이후 / 그녀는 교사로서 3년 동안 근무했다 / Valley School에서 / 그녀가 공부했던 //

In the early 1900s, / Virginia banks owned by white bankers
/ **were** unwilling to do business / with African American
organizations or individuals. //
1900년대 초반에 / Virginia의 은행들은 / 백인 은행가들에 의해 소유된 / 거래하기를 꺼렸다
/ 아프리카계 미국인의 단체나 개인들과 //

The racial discrimination by white bankers / drove her **to study**
banking and financial laws. // **③의 단서** 인종 차별 때문에 은행 금융법 공부를 시작함
백인 은행가들에 의한 인종 차별은 / 그녀로 하여금 은행 금융법을 공부하게 만들었다 //

She established a newspaper / to promote closer communication
/ **between** the charitable organization she belonged to / **and** the
public. // **④의 단서** 자선 단체와 대중 간의 소통을 장려하고자 신문사를 설립함
그녀는 신문사를 설립했다 / 더 긴밀한 소통을 장려하고자 / 그녀가 속한 자선단체와 / 대중
간의 //

Soon after, / she founded the St. Luke Penny Savings Bank, /
which survived the Great Depression / and **merged** with two
other banks. // **⑤의 단서** 그녀가 설립한 은행은 대공황에서 살아남아 다른 은행들과 합병함
곧이어 / 그녀는 St. Luke Penny Savings Bank를 설립했는데 / 그것은 대공황에서
살아남아 / 두 개의 다른 은행들과 합병했다 //

It thrived / as the oldest continually African American-operated
bank / until 2009. //
그것은 번창했다 / 지속적으로 아프리카계 미국인에 의해 운영되는 가장 오래된 은행으로서
/ 2009년까지 //

Walker achieved successes / with the vision **to make**
improvements in the way of life / for African Americans. //
Walker는 성공을 거두었다 / 삶의 방식에서 개선을 이루고자 하는 비전으로 / 아프리카계
미국인들을 위한 //

- **prominence** ⓝ 명성   - **discrimination** ⓝ 차별
- **promote** ⓥ 장려하다   - **charitable** ⓐ 자선의
- **belong to** ~에 속하다   - **Great Depression** 대공황
- **merge with** ~와 합병하다   - **thrive** ⓥ 번창하다
- **continually** ⓐⓓ 지속적으로   - **improvement** ⓝ 개선

Maggie L. Walker는 여성 사업가와 커뮤니티 리더로서 전국적 명성을 얻었다. 그녀는 아프리카계 미국인들을 위해 새롭게 설립된 공립학교에 다닌 초기 흑인 학생들 중 하나였다. 졸업 이후, 그녀는 그녀가 공부했던 Valley School에서 교사로서 3년 동안 근무했다. 1900년대 초반에, 백인 은행가들에 의해 소유된 Virginia의 은행들은 아프리카계 미국인의 단체나 개인들과 거래하기를 꺼렸다. 백인 은행가들에 의한 인종 차별은 그녀로 하여금 은행 금융법을 공부하게 만들었다. 그녀는 그녀가 속한 자선단체와 대중 간의 더 긴밀한 소통을 장려하고자 신문사를 설립했다. 곧이어, 그녀는 St. Luke Penny Savings Bank를 설립했는데, 그것은 대공황에서 살아남아 두 개의 다른 은행들과 합병했다. 그것은 2009년까지 지속적으로 아프리카계 미국인에 의해 운영되는 가장 오래된 은행으로서 번창했다. Walker는 아프리카계 미국인들을 위한 삶의 방식에서 개선을 이루고자 하는 비전으로 성공을 거두었다.

Maggie L. Walker에 관한 다음 글의 내용과 일치하지 않는 것은?

① 아프리카계 미국인을 위해 설립된 학교에 다녔다.
to attend newly-established public schools for African Americans
② 졸업 후 자신이 공부했던 학교에서 교사로 일했다.
After graduating, ~ where she had studied.
③ 인종 차별로 인해 은행 금융법 공부를 시작할 수 없었다.
The racial discrimination by white bankers ~ financial laws.
④ 자선 단체와 대중 간의 소통을 장려하고자 신문사를 설립했다.
She established a newspaper ~ the public.
⑤ 그녀가 설립한 은행은 대공황에서 살아남아 다른 은행들과 합병했다.
she founded the St. Luke Penny Savings Bank, ~ merged with two other banks

왜 정답? ✱✱✱ [정답률 85%]

백인 은행가들에 의한 인종 차별 때문에 은행 금융법을 공부했다고 했으므로(The racial discrimination by white bankers ~ financial laws.) 인종 차별로 인해 금융법 공부를 시작할 수 없었다는 ③이 글의 내용과 일치하지 않는다.

왜 오답?

① 아프리카계 미국인을 위해 설립된 학교에 다녔다. (to attend newly-established public schools for African Americans)
② 졸업 후 자신이 공부했던 학교에서 교사로 일했다. (After graduating, ~ where she had studied.)
④ 자선 단체와 대중 간의 소통을 장려하고자 신문사를 설립했다. (She established a newspaper ~ the public.)
⑤ 그녀가 설립한 은행은 대공황에서 살아남아 다른 은행들과 합병했다. (she founded the St. Luke Penny Savings Bank, ~ merged with two other banks)

I 14 정답 ④ ✱John Ray의 생애

분사구문
Born in 1627 in Black Notley, Essex, England, / John Ray was the son of the village blacksmith. // ①의 단서 마을 대장장이의 아들로 태어남
1627년 잉글랜드 Essex주 Black Notley에서 태어난 / John Ray는 마을 대장장이의 아들이었다 //

②의 단서 성직자의 길에 합류하기 전에 Cambridge 대학을 다님
At 16, / he went to Cambridge University, / where he studied widely / and lectured on topics from Greek to mathematics, / before joining the priesthood in 1660. //
16세에 / 그는 Cambridge 대학교에 들어갔고 / 그곳에서 폭넓게 공부하고 / 그리스어부터 수학까지 강의를 했다 / 1660년에 성직자의 길로 들어서기 전에 //

대과거
To recover from an illness in 1650, / he had taken to nature walks / and developed an interest in botany. // ③의 단서 병에서 회복하기 위해 자연을 산책함
1650년 병에서 회복하기 위해 / 그는 자연을 산책하기 시작했고 / 식물학에 대한 관심을 키웠다 //

④의 단서 Francis Willughby와 동행하여 영국과 유럽을 여행함
Accompanied by his wealthy student and supporter Francis Willughby, / Ray toured Britain and Europe / in the 1660s, / studying and collecting plants and animals. //
부유한 학생이자 후원자인 Francis Willughby와 함께 / Ray는 영국과 유럽을 여행했고 / 1660년대에 / 식물과 동물을 연구하고 수집했다 //

He married Margaret Oakley / in 1673 / and, after leaving Willughby's household, / lived quietly in Black Notley / to the age of 77. //
병렬 구조 (동사)
그는 Margaret Oakley와 결혼했고 / 1673년 / Willughby 집안을 떠난 후에는 / Black Notley에서 조용히 살았다 / 77세까지 //

spend 시간/돈 (in) -ing: ~하는 데 시간/돈을 소비하다
He spent his later years / studying samples / in order to assemble plant and animal catalogues. // ⑤의 단서 동식물 목록을 만들기 위해 표본을 연구하면서 말년을 보냄
그는 말년을 보냈다 / 표본을 연구하면서 / 동식물 목록을 만들기 위해 //

B as well as A: A뿐만 아니라 B도
He wrote more than twenty works / on theology and his travels, / as well as on plants and their form and function. //
그는 20편 이상의 저서를 썼다 / 신학과 그의 여행에 관한 / 식물과 그 형태, 기능뿐만 아니라 //

- blacksmith ⓝ 대장장이　• priesthood ⓝ 사제직
- botany ⓝ 식물학　• household ⓝ 가정
- catalogue ⓝ 목록, 카탈로그

1627년 잉글랜드 Essex주 Black Notley에서 태어난 John Ray는 마을 대장장이의 아들이었다. 16세에 그는 Cambridge 대학교에 들어가서 폭넓게 공부하고 그리스어부터 수학까지 강의를 하다가 1660년에 성직자의 길로 들어섰다. 1650년 병에서 회복하기 위해, 그는 자연을 산책하기 시작했고 식물학에 대한 관심을 키웠다. 부유한 학생이자 후원자인 Francis Willughby와 함께 Ray는 1660년대에 영국과 유럽을 여행했고 식물과 동물을 연구하고 수집했다. 그는 1673년 Margaret Oakley와 결혼했고, Willughby 집안을 떠난 후에는 Black Notley에서 77세까지 조용히 살았다. 그는 동식물 목록을 만들기 위해 표본을 연구하면서 말년을 보냈다. 그는 식물과 그 형태, 기능뿐만 아니라 신학과 그의 여행에 관한 20편 이상의 저서를 썼다.

John Ray에 관한 다음 글의 내용과 일치하지 않는 것은?

① 마을 대장장이의 아들이었다. the son of the village blacksmith
② 성직자의 길로 들어서기 전 Cambridge 대학에 다녔다.
he went to Cambridge University, ~ before joining the priesthood in 1660
③ 병에서 회복하기 위해 자연을 산책하기 시작했다.
To recover from an illness in 1650, he had taken to nature walks
④ Francis Willughby에게 후원받아 홀로 유럽을 여행했다.
Accompanied ~ Ray toured Britain and Europe
⑤ 동식물의 목록을 만들기 위해 표본을 연구하며 말년을 보냈다.
He spent his later years ~ plant and animal catalogues.

왜 정답? ✱✱✱ [정답률 78%]

부유한 학생이자 후원자였던 Francis Willughby와 동행하여 영국과 유럽을 여행했다고 했으므로 (Accompanied ~ Ray toured Britain and Europe) 홀로 유럽을 여행했다는 ④은 글의 내용과 일치하지 않는다.

왜 오답?

① 마을 대장장이의 아들이었다. (the son of the village blacksmith)
② 성직자의 길로 들어서기 전 Cambridge 대학에 다녔다. (he went to Cambridge University, ~ before joining the priesthood in 1660)
③ 병에서 회복하기 위해 자연을 산책하기 시작했다. (To recover from an illness in 1650, he had taken to nature walks)
⑤ 동식물의 목록을 만들기 위해 표본을 연구하며 말년을 보냈다. (He spent his later years ~ plant and animal catalogues.)

I 15 정답 ③ ✱작가 Carol Ryrie Brink

Born in 1895, / Carol Ryrie Brink was orphaned / by age 8 / and raised / by her grandmother. // 병렬 구조
1895년에 태어나 / Carol Ryrie Brink는 고아가 되었다 / 8살 때 / 그리고 길러졌다 / 그녀의 할머니에 의해 // ①의 단서 할머니에 의해 길러졌음

Her grandmother's life and storytelling abilities / inspired her writing. //
그녀의 할머니의 삶과 이야기를 하는 능력은 / 그녀의 글쓰기에 영감을 주었다 //

She married Raymond Woodard Brink, / a young mathematics professor / she had met / in Moscow, Idaho / many years before. // **②의 단서** Idaho주 Moscow에서 만난 젊은 수학 교수와 결혼했음
앞에 목적격 관계대명사가 생략됨
그녀는 Raymond Woodard Brink와 결혼했다 / 젊은 수학 교수인 / 그녀가 만났던 / Idaho주 Moscow에서 / 수년 전 //

After their son and daughter were born, / early in her career, / she **started** to write children's stories / and **edited** / a yearly collection of short stories. // **단서** 아들과 딸이 태어난 후 어린이 이야기를 쓰기 시작함
병렬 구조
그들의 아들과 딸이 태어난 후 / 그녀의 경력 초기에 / 그녀는 어린이 이야기를 쓰기 시작했다 / 그리고 편집했다 / 연간 단편 소설집을 //

She and her husband **spent several years** / **living** in France, / and her first novel *Anything Can Happen on the River* / was published / in 1934. // **④의 단서** 1934년에 첫 번째 소설이 출간되었음
'spend+시간/돈+(in) -ing': ~하는 데 시간/돈을 소비하다
그녀와 그녀의 남편은 수년을 보냈다 / 프랑스에서 살면서 / 그리고 그녀의 첫 번째 소설인 〈Anything Can Happen on the River〉가 / 출판되었다 / 1934년에 //

After that, / she wrote / more than thirty fiction and nonfiction books / for children and adults. //
그 후 / 그녀는 썼다 / 30권이 넘는 소설과 논픽션 책을 / 어린이들과 어른들을 위해 //

She received the Newbery Award / in 1936 / for *Caddie Woodlawn*. // **⑤의 단서** 〈Caddie Woodlawn〉으로 Newbery 상을 받았음
그녀는 Newbery 상을 받았다 / 1936년에 / 〈Caddie Woodlawn〉으로 //

- orphan ⓥ 고아로 만들다
- storytelling ⓐ 이야기를 하는
- inspire ⓥ 영감을 주다
- mathematics ⓝ 수학
- professor ⓝ 교수
- edit ⓥ (글 등을 발간할 수 있게) 수정하다
- yearly ⓐ 연간의
- publish ⓥ 출판하다, 발행하다
- fiction ⓝ 허구, 소설
- nonfiction ⓝ 논픽션(소설이나 허구의 이야기가 아닌 전기·역사·사건 기록 따위)
- award ⓝ 상

Carol Ryrie Brink는 1895년에 태어나 8살 때 고아가 되었고 그녀의 할머니에 의해 길러졌다. 그녀의 할머니의 삶과 이야기를 하는 능력은 그녀의 글쓰기에 영감을 주었다. 그녀는 수년 전 Idaho주 Moscow에서 만났던 젊은 수학 교수인 Raymond Woodard Brink와 결혼했다. 그들의 아들과 딸이 태어난 후, 그녀의 경력 초기에, 그녀는 어린이 이야기를 쓰기 시작했고, 연간 단편 소설집을 편집했다. 그녀와 그녀의 남편은 프랑스에서 수년간 살았고, 그녀의 첫 번째 소설인 〈Anything Can Happen on the River〉가 1934년에 출판되었다. 그 후, 그녀는 어린이들과 어른들을 위해 30권이 넘는 소설과 논픽션 책을 썼다. 그녀는 〈Caddie Woodlawn〉으로 1936년에 Newbery 상을 받았다.

> **Carol Ryrie Brink에 관한 다음 글의 내용과 일치하지 <u>않는</u> 것은?**
> ① 할머니에 의해 길러졌다. raised by her grandmother
> ② Moscow에서 만났던 수학 교수와 결혼했다. She married Raymond Woodard Brink, a young mathematics professor she had met in Moscow, Idaho
> ③ 자녀가 태어나기 전에 어린이 이야기를 쓰기 시작했다. After their son and daughter were born, early in her career, she started to write children's stories
> ④ 1934년에 그녀의 첫 번째 소설이 출간되었다. her first novel *Anything Can Happen on the River* was published in 1934
> ⑤ *Caddie Woodlawn*으로 Newbery 상을 받았다. She received the Newbery Award in 1936 for *Caddie Woodlawn*.

왜 정답? ✿✿✿ [정답률 94%]

자녀가 태어난 후에(After their son and daughter were born) 어린이 이야기를 쓰기 시작했다고 했으므로 ③은 글과 일치하지 않는다.

왜 오답?

① 8살에 고아가 되어 할머니에 의해 길러졌다. (raised by her grandmother)
② Idaho주 Moscow에서 만난 젊은 수학 교수와 결혼했다. (She married ~ a young mathematics professor she had met in Moscow, Idaho)
④ 첫 번째 소설이 1934년에 출간되었다. (her first novel *Anything Can Happen on the River* was published in 1934)
⑤ 1936년에 〈Caddie Woodlawn〉으로 Newbery 상을 받았다. (She received the Newbery Award in 1936 for *Caddie Woodlawn*.)

I 16 정답 ⑤ * Carl-Gustaf Rossby의 일생

Carl-Gustaf Rossby was / one of a group of notable Scandinavian researchers / **who** worked with the Norwegian meteorologist Vilhelm Bjerknes / at the University of Bergen. //
주격 관계대명사
Carl Gustaf Rossby는 / 저명한 스칸디나비아 연구자들 중 한 명이었다 / 노르웨이 기상학자인 Vilhelm Bjerknes와 함께 일했던 / Bergen 대학에서 //

While growing up in Stockholm, / Rossby received a traditional education. // **①의 단서** Stockholm에서 성장하면서 전통적인 교육을 받음
주절과 동일한 주어와 be동사 생략
Stockholm에서 성장하면서 / Rossby는 전통적인 교육을 받았다 //

He earned a degree / in mathematical physics / at the University of Stockholm in 1918, / **②의 단서** University of Stockholm에서 수리 물리학 학위를 받음
그는 학위를 받았다 / 수리 물리학의 / 1918년에 University of Stockholm에서 /

but after hearing a lecture by Bjerknes, / and apparently **bored** with Stockholm, / he moved / to the newly **established** Geophysical Institute in Bergen. //
분사구문을 이끄는 과거분사 / 과거분사(Geophysical Institute 수식)
하지만 Bjerknes의 강의를 듣고 나서 / 짐작하건대 Stockholm에 지루함을 느껴 / 그는 옮겼다 / Bergen에 새로 설립된 지구 물리학 연구소로 / **③의 단서** 1925년에 장학금을 받음

In 1925, / Rossby received a scholarship / from the Sweden-America Foundation / to go to the United States, / **where** he joined the United States Weather Bureau. //
계속적 용법의 관계부사
1925년에 / Rossby는 장학금을 받았다 / 스웨덴-미국 재단으로부터 / 미국으로 가기 위해 / 그곳에서 미국 기상국에 합류했다 //

Based in part **on** his practical experience / in weather forecasting, /
비인칭 독립 분사구문
그의 실질적인 경험을 일부 바탕으로 하여 / 일기 예보에 대한 / **④의 단서** polar front theory를 지지함

Rossby had become a supporter of the "polar front theory," / **which** explains the cyclonic circulation / **that** develops at the boundary / between warm and cold air masses. //
주격 관계대명사
Rossby는 polar front theory의 지지자가 되었다 / 사이클론 순환을 설명하는 / 경계에서 발생하는 / 고온 기단과 저온 기단 사이의 //

In 1947, / Rossby accepted / the chair of the Institute of Meteorology, / which had been set up for him / at the University of Stockholm, / **⑥의 단서** University of Stockholm에 마련된 직책을 수용함
1947년에 / Rossby는 받아들였다 / 기상연구소의 직책을 / 그를 위해 마련된 / University of Stockholm에

where he remained / until his death ten years later. //
계속적 용법의 관계부사
그곳에서 재직했다 / 10년 후 생을 마감할 때까지 //

- notable ⓐ 저명한, 주목할 만한
- meteorologist ⓝ 기상학자
- earn ⓥ 얻다
- mathematical physics 수리 물리학
- apparently ⓐⓓ 짐작하건대
- establish ⓥ 설립하다
- geophysical ⓐ 지구 물리학의
- scholarship ⓝ 장학금
- weather forecasting 일기 예보
- supporter ⓝ 지지자
- circulation ⓝ 순환
- boundary ⓝ 경계
- air mass 기단(氣團)
- chair ⓝ 권위 있는 지위

Carl Gustaf Rossby는 Bergen 대학에서 노르웨이 기상학자인 Vilhelm Bjerknes와 함께 일했던 저명한 스칸디나비아 연구자들 중 한 명이었다. Stockholm에서 성장하면서, Rossby는 전통적인 교육을 받았다. 그는 1918년에 University of Stockholm에서 수리 물리학 학위를 받았지만, Bjerknes의 강의를 듣고 나서, 짐작하건대 Stockholm에 지루함을 느껴, Bergen에 새로 설립된 지구 물리학 연구소로 옮겼다. 1925년에 Rossby는 미국으로 가기 위해 스웨덴-미국 재단으로부터 장학금을 받았고, 그곳에서 미국 기상국에 합류했다. 일기 예보에 대한 그의 실질적인 경험을 일부 바탕으로 하여, Rossby는 고온 기단과 저온 기단 사이의 경계에서 발생하는 사이클론 순환을 설명하는 polar front theory의 지지자가 되었다. 1947년에 Rossby는 University of Stockholm에 그를 위해 마련된 기상연구소의 직책을 받아들였고, 그곳에서 10년 후 생을 마감할 때까지 재직했다.

〉왜 정답? ✽✾✾ [정답률 93%]

Rossby는 University of Stockholm에 그를 위해 마련된 기상연구소의
직책을 받아들였다고(Rossby accepted ~ at the University of Stockholm)
했으므로, 이를 '거절했다'고 설명한 ⑤이 글의 내용과 일치하지 않는다.

〉왜 오답?

① Rossby는 Stockholm에서 성장하면서 전통적인 교육을 받았다고(While
   growing up in Stockholm, Rossby received a traditional education.)
   했다.

② University of Stockholm에서 수리 물리학 학위를 받았다고(He earned
   a degree in mathematical physics at the University of Stockholm in
   1918) 했다.

③ 1925년에 장학금을 받았다고(In 1925, Rossby received a scholarship)
   했다.

④ polar front theory의 지지자가 되었다고(Rossby had become a supporter
   of the "polar front theory,") 했다.

Ⅰ 17 정답 ④ ✽사진작가 Julia Margaret Cameron

British photographer Julia Margaret Cameron is considered
/ one of the greatest portrait photographers / of the 19th
century. //
영국인 사진작가인 Julia Margaret Cameron은 여겨진다 / 가장 뛰어난 인물 사진작가 중
한 명으로 / 19세기의 //

Born in Calcutta, India, into a British family, / Cameron was
educated in France. // ①의 단서 인도에서 태어나고 프랑스에서 교육받음
인도 Calcutta의 영국인 가족에서 태어난 / Cameron은 프랑스에서 교육받았다 //

Given a camera as a gift / by her daughter / in December 1863,
/ she quickly and energetically devoted herself / to the art of
photography. // ②의 단서 딸에게서 카메라를 선물 받음
카메라를 선물로 받고서 / 자신의 딸로부터 / 1863년 12월에 / 그녀는 곧 활기차게 전념했다
/ 사진 촬영 기술에 //

She cleared out a chicken coop / and converted it into studio
space / where she began to work as a photographer. //
그녀는 닭장을 비우고 / 그곳을 스튜디오 공간으로 바꾸어 / 그곳에서 사진작가로 일하기
시작했다 //

Cameron made illustrative studio photographs, /
Cameron은 화보 같은 스튜디오 사진을 찍었는데 /

convincing friends and family members to pose / for
photographs, / fitting them in theatrical costumes / and carefully
composing them into scenes. // ③의 단서 친구들과 가족 구성원에게
연극 의상을 입혀 촬영함
친구들과 가족 구성원이 자세를 취하도록 설득하고 / 사진을 위해 / 그들에게 연극 의상을
입히고 / 신중하게 그들을 장면으로 구성했다 // ④의 단서 비평가들로부터
서투른 기술로 인해 비판을 받음

Criticized for her so-called bad technique / by art critics in her
own time, / she ignored convention / and experimented with
composition and focus. //
그녀의 소위 서투른 기술로 인해 비판받으면서도 / 자기 시대의 예술 비평가들로부터 / 그녀는
관습을 무시하고 / 구도와 초점을 실험했다 //

Later critics appreciated / her valuing of spiritual depth / over
technical perfection / ⑤의 단서 비평가들이 정신적 깊이에 가치를 둔 것을 높이 평가함
훗날 비평가들은 높이 평가했다 / 그녀가 정신적 깊이에 가치를 둔 것을 / 기술적 완벽함보다 /
and now consider her portraits / to be among the finest
expressions / of the artistic possibilities of the medium. //
그리고 오늘날 그녀의 인물 사진을 여긴다 / 가장 뛰어나게 표현한 작품 중의 하나로 / 표현
수단(사진)의 예술적 가능성을 //

- portrait ⓝ 인물 사진   · energetically ⓐⓓ 활기차게
- devote to ~에 전념하다   · convert ⓥ 개조하다
- illustrative ⓐ 설명적인, 실례가 되는   · convince ⓥ 설득하다
- theatrical costume 연극용 의상   · compose ⓥ 구성하다
- convention ⓝ 관습   · composition ⓝ (사진의) 구도
- spiritual ⓐ 정신적인   · artistic ⓐ 예술의

영국인 사진작가인 Julia Margaret Cameron은 19세기의 가장 뛰어난
인물 사진작가 중 한 명으로 여겨진다. 인도 Calcutta의 영국인 가족에서
태어난 Cameron은 프랑스에서 교육받았다. 1863년 12월에 자신의
딸로부터 카메라를 선물로 받고서, 그녀는 곧 활기차게 사진 촬영 기술에
전념했다. 그녀는 닭장을 비우고 그곳을 스튜디오 공간으로 바꾸어
그곳에서 사진작가로 일하기 시작했다. Cameron은 화보 같은 스튜디오
사진을 찍었는데 사진을 위해 친구들과 가족 구성원이 자세를 취하도록
설득하고 그들에게 연극 의상을 입혀 신중하게 그들을 장면으로 구성했다.
그녀의 소위 서투른 기술로 인해 자기 시대의 예술 비평가들로부터
비판받으면서도, 그녀는 관습을 무시하고 구도와 초점을 실험했다. 훗날
비평가들은 그녀가 기술적 완벽함보다 정신적 깊이에 가치를 둔 것을
높이 평가했으며, 오늘날 그녀의 인물 사진을 표현 수단(사진)의 예술적
가능성을 가장 뛰어나게 표현한 작품 중의 하나로 여긴다.

〉왜 정답? ✽✾✾ [정답률 92%]

서투른 기술로 인해 자기 시대의 예술 비평가들로부터 비판받았다고 했으므로
(Criticized for her so-called bad technique by art critics in her own time)
인정받았다는 ④이 글의 내용과 일치하지 않는다.

〉왜 오답?

① 인도에서 태어나고 프랑스에서 교육받았다. (Born in Calcutta, India, ~ was
   educated in France.)

② 딸로부터 카메라를 선물로 받았다. (Given a camera as a gift by her
   daughter)

③ 친구들과 가족 구성원에게 연극 의상을 입히고 촬영했다. (fitting them in
   theatrical costumes ~ into scenes)

⑤ 정신적 깊이에 가치를 둔 점을 훗날 높이 평가받았다. (Later critics
   appreciated her valuing of spiritual depth)

I 18 정답 ④ *안과학에 인생을 바친 Patricia Bath

spend 시간/돈 (in) -ing: ~하는 데 시간/돈을 소비하다

Patricia Bath spent her life / advocating for eye health. //
Patricia Bath는 자신의 삶을 보냈다 / 눈 건강을 옹호하는데 //

Born in 1942, / she was raised / in the Harlem area of New York
City. // ①의 단서 뉴욕 시의 Harlem 지역에서 성장함
1942년에 태어나 / 그녀는 길러졌다 / New York City의 Harlem 지역에서 //

She graduated / from Howard University's College of Medicine
/ in 1968. // ②의 단서 1968년에 의과 대학을 졸업함
그녀는 졸업했다 / Howard 의과 대학을 / 1968년에 //

saw의 목적어절 접속사

It was during her time / as a medical intern / that she saw / that
it was ~ that 강조 구문
many poor people and Black people / were becoming blind /
because of the lack of eye care. //
그녀의 시절 동안 / 수련의로서의 / 그녀는 알게 되었다 / 많은 가난한 사람과 흑인이 / 눈이
멀게 되고 있음을 / 눈 관리 부족으로 //

선행사　　　　주격 관계대명사
She decided / to concentrate on ophthalmology, / which is
the branch of medicine / that works with eye diseases and
disorders. //
선행사　　　　주격 관계대명사
그녀는 결심했다 / 안과학에 몰두하기로 / 의학 분야인 / 눈 질병과 장애를 연구하는 //

As her career progressed, / Bath taught students in medical
schools / and trained other doctors. // ③의 단서 의과 대학에서 학생을 가르침
그녀의 경력이 쌓이면서 / Bath는 의과 대학에서 학생을 가르쳤고 / 다른 의사들을 훈련시
켰다 //

④의 단서 AiPB를 '공동' 설립함
In 1976, / she co-founded / the American Institute for the
Prevention of Blindness (AiPB) / with the basic principle / that
"eyesight is a basic human right." //
1976년에 / 그녀는 공동 설립했다 / 미국 시각 장애 예방 협회(AiPB)를 / 기본 원칙으로 / "시
력은 기본적인 인권이다"라는 //

In the 1980s, / Bath began researching / the use of lasers / in eye
treatments. //
목적어로 동명사나 to부정사를 취하는 begin
1980년대에 / Bath는 연구하기 시작했다 / 레이저 사용을 / 눈 치료에서 //

Her research led / to her becoming the first African-American
female doctor / to receive a patent / for a medical device. //
그녀의 연구는 이르렀다 / 그녀가 최초의 아프리카계 미국 흑인 여성 의사가 되는 데 / 특허를
받은 / 의료 장비에 대한 // ⑤의 단서 의료 장비 특허를 받은 최초의 아프리카계 미국 흑인 여성 의사가 됨

- advocate ⓥ 옹호하다, 지지하다　　• concentrate on ~에 집중하다
- ophthalmology ⓝ 안과학　　• branch ⓝ (지식의) 분야
- disease ⓝ 질병, 질환　　• disorder ⓝ (신체 기능의) 장애[이상]
- progress ⓥ 진보하다　　• prevention ⓝ 예방
- blindness ⓝ 시각 장애　　• treatment ⓝ 치료
- patent ⓝ 특허권[증]

Patricia Bath는 눈 건강을 옹호하는데 자신의 삶을 보냈다. 1942년에 태
어나, 그녀는 New York City의 Harlem 지역에서 성장했다. 그녀는
Howard 의과 대학을 1968년에 졸업했다. 수련의로서 시간을 보내는 동
안 그녀는 눈 관리 부족으로 많은 가난한 사람과 흑인이 눈이 멀게 되고 있
음을 알게 되었다. 그녀는 눈 질병과 장애를 연구하는 의학 분야인 안과학
에 몰두하기로 결심했다. 경력이 쌓이면서 그녀는 의과 대학에서 학생을
가르쳤고 다른 의사들을 훈련시켰다. 1976년에 그녀는 "시력은 기본적인
인권이다"라는 기본 원칙으로 미국 시각 장애 예방 협회(AiPB)를 공동 설
립했다. 1980년대에 Bath는 눈 치료에서 레이저 사용을 연구하기 시작했
다. 그녀의 연구는 그녀를 의료 장비 특허를 받은 최초의 아프리카계 미국
흑인 여성 의사가 되는 데 이르게 했다.

Patricia Bath에 관한 다음 글의 내용과 일치하지 않는 것은?

① 뉴욕 시의 Harlem 지역에서 성장했다. she was raised in the Harlem area of New York City
② 1968년에 의과 대학을 졸업했다. She graduated from Howard University's College of Medicine in 1968.
③ 의과 대학에서 학생을 가르쳤다. Bath taught students in medical schools
④ 1976년에 AiPB를 단독으로 설립했다. she co-founded the American Institute for the Prevention of Blindness (AiPB)
⑤ 의료 장비 특허를 받았다. her becoming ~ to receive a patent for a medical device

왜 정답? ❀❀❀ [정답률 81%]

AiPB를 공동 설립했다고(she co-founded the American Institute for the
Prevention of Blindness (AiPB)) 했으므로 단독으로 설립했다고 한 ④은 글과
일치하지 않는다.

왜 오답?

① 뉴욕 시의 Harlem 지역에서 길러졌다. (she was raised in the Harlem area
of New York City)
② 1968년에 Howard 의과 대학을 졸업했다. (She graduated from Howard
University's College of Medicine in 1968.)
③ 의과 대학에서 학생들을 가르쳤다. (Bath taught students in medical
schools)
⑤ 의료 장비에 대한 특허를 받은 최초의 아프리카계 미국 흑인 여성 의사가 되었다.
(her becoming ~ to receive a patent for a medical device)

I 어휘 Review 정답 ── 문제편 p. 120

01 광물	11 food chain	21 earned
02 명성	12 devote to	22 margins
03 예배당	13 of the time	23 inspiring
04 인종 차별	14 set up	24 manuscript
05 시설	15 dirt road	25 doctoral
06 barefoot	16 establish	26 advocate
07 mind	17 migrate	27 mineralogy
08 theatrical	18 priesthood	28 buried
09 appoint	19 charitable	29 machinery
10 bureau	20 attributes	30 ecology

실용문의 이해

문제편 p. 122~135

J 01 정답 ④ *Colchester 동물원 자선 달리기 안내문

The Colchester Zoo Charity Race /
Colchester 동물원 자선 달리기 /
Join us for a charity event / to help endangered species. // 형용사적 용법(event 수식)
자선 행사에 참여하세요 / 멸종 위기종을 돕기 위한 //
You will be running / through Colchester Zoo, / home to over 260 species! // 미래진행 시제 ├ 동격 ┤
당신은 달릴 것입니다 / Colchester Zoo를 통과하여 / 260종 이상에게 서식지인 //
Date: / Sunday, Sep. 25th, 2022 /
일자 / 2022년 9월 25일, 일요일 /
Time: / 9:00 a.m. – 11:00 a.m. / ①의 단서 2시간 동안 진행됨
시간 / 오전 9시 ~ 오전 11시 /
Registration Fee: / $50 /
등록비 / 50달러 /
②의 단서 등록비에 음식과 음료가 포함됨
• Registration fee includes / a free pass to the zoo, / food and drinks, / and official photos. //
등록비는 포함합니다 / 동물원 무료 입장권 / 음식과 음료 / 그리고 공식 사진을 //
• Register / at www.info.colchesters.com. //
등록하세요 / www.info.colchesters.com에서 //
Course Length: / 10km / ③의 단서 코스 길이는 10km임
코스 길이 / 10km /
• Every runner will run / 1km of the race / through the zoo / before going out to the main road. // 주절과 동일한 주어와 be동사 생략
모든 주자는 달릴 것입니다 / 1km의 레이스를 / 동물원을 통과하여 / 주 도로로 나가기 전에 //
Other Information /
기타 정보 /
• Only the runners / who complete the race / will receive a medal / at the finish line. // 주격 관계대명사 ④의 단서 경주 완주자만 메달을 받을 수 있음
오직 주자만 / 경주를 완주한 / 메달을 받을 것입니다 / 결승선에서 //
• Event T-shirts can be purchased / at the zoo. //
행사 티셔츠는 구입할 수 있습니다 / 동물원에서 // ⑤의 단서 행사 티셔츠는 동물원에서 구입 가능함

- charity ⓝ 자선   - endangered ⓐ 멸종 위기에 처한
- species ⓝ 종(種)   - registration ⓝ 등록
- include ⓥ 포함하다   - length ⓝ 길이
- complete ⓥ 끝마치다, 완료하다   - receive ⓥ 받다
- purchase ⓥ 구매하다

Colchester 동물원 자선 달리기
멸종 위기종을 돕기 위한 자선 행사에 참여하세요.
당신은 260종 이상에게 서식지인 Colchester Zoo를 통과하여 달릴 것입니다!

일자: 2022년 9월 25일, 일요일
시간: 오전 9시 ~ 오전 11시
등록비: 50달러
• 등록비는 동물원 무료 입장권, 음식과 음료, 그리고 공식 사진을 포함합니다.
• www.info.colchesters.com에서 등록하세요.
코스 길이: 10km
• 모든 주자는 주 도로로 나가기 전에 동물원을 통과하여 1km의 레이스를 달릴 것입니다.
기타 정보
• 오직 경주를 완주한 주자만 결승선에서 메달을 받을 것입니다.
• 행사 티셔츠는 동물원에서 구입할 수 있습니다.

The Colchester Zoo Charity Race에 관한 다음 안내문의 내용과 일치하지 <u>않는</u> 것은?
① 2시간 동안 진행된다. Time: 9:00 a.m. – 11:00 a.m.
② 등록비에는 음식과 음료가 포함된다. Registration fee includes a free pass to the zoo, food and drinks
③ 코스 길이는 10km이다. Course Length: 10km
④ 모든 참가자는 메달을 받는다. Only the runners who complete the race will receive a medal
⑤ 행사 티셔츠는 동물원에서 구입할 수 있다. Event T-shirts can be purchased at the zoo.

왜 정답? ❋❋❋ [정답률 95%]
오직 경기를 완주한 주자만 메달을 받을 수 있다고(Only the runners who complete the race will receive a medal) 했으므로 모든 참가자가 메달을 받는다고 한 ④은 안내문의 내용과 일치하지 않는다.

왜 오답?
① 2시간 동안 진행되는 행사라고(Time: 9:00 a.m. – 11:00 a.m.) 했다.
② 등록비에는 음식과 음료가 포함된다고(Registration fee includes a free pass to the zoo, food and drinks) 했다.
③ 달리기 코스 길이는 10km라고(Course Length: 10km) 했다.
⑤ 행사 티셔츠는 동물원에서 구입할 수 있다고(Event T-shirts can be purchased at the zoo.) 했다.

J 02 정답 ③ *영화 엑스트라 모집 공고 안내

Casting Call for Movie Extras /   영화 엑스트라 모집 공고 /
Step into the world of cinema / and become an extra / in an exciting upcoming movie! // 병렬 구조 (명령문의 동사) 현재분사 (movie 수식) ①의 단서 촬영은 일요일에 진행됨
영화계에 발을 내딛고 / 엑스트라가 되어 보세요 / 곧 개봉할 흥미진진한 영화의 //
Filming Time: / Sunday, April 20th, 2025, / 8 a.m. — 4 p.m. /
촬영 일시 / 2025년 4월 20일 일요일 / 오전 8시 ~ 오후 4시 /
Place: / At the Golden Film Production Studio /
장소 / Golden 영화 제작 스튜디오 /
Scenes /   장면 / ②의 단서 식사하는 장면이 촬영됨
• Chatting in a hallway /   복도에서 대화하기 /
• Dining at a restaurant /   레스토랑에서 식사하기 /
Payment: / $100 (Lunch provided) /   보수 / 100달러 (점심 식사 제공) / 과거분사 (Lunch 수식)
Who Can Apply /   지원 자격 / ③의 단서 점심 식사는 제공됨
• Applicants must be 18 years or older. //
지원자는 18세 이상이어야 합니다 // ④의 단서 지원자는 18세 이상이어야 함
• Applicants with previous acting experience / will be given priority. // 미래시제 수동태 ⑤의 단서 연기 경험이 있는 지원자를 우대함
이전의 연기 경험이 있는 지원자를 / 우대합니다 //
How to Apply: /   지원 방법 /
Email the application to goldenstudio@movie.com / by Thursday, April 10th, 2025. //
지원서를 goldenstudio@movie.com에 이메일로 보내주세요 / 2025년 4월 10일 목요일까지 //

- chat ⓥ 대화하다   - hallway ⓝ 복도   - dine ⓥ 식사하다
- priority ⓝ 우대, 우선권

영화 엑스트라 모집 공고
영화계에 발을 내딛고, 곧 개봉할 흥미진진한 영화의 엑스트라가 되어 보세요!
촬영 일시: 2025년 4월 20일 일요일, 오전 8시 ~ 오후 4시
장소: Golden 영화 제작 스튜디오

장면
- 복도에서 대화하기
- 레스토랑에서 식사하기
보수: 100달러 (점심 식사 제공)
지원 자격
- 지원자는 18세 이상이어야 합니다.
- 이전의 연기 경험이 있는 지원자를 우대합니다.
지원 방법:
지원서를 2025년 4월 10일 목요일까지 goldenstudio@movie.com에 이메일로 보내주세요.

Casting Call for Movie Extras에 관한 다음 안내문의 내용과 일치하지 <u>않는</u> 것은?
① 촬영은 일요일에 진행된다. Filming Time: Sunday
② 식사하는 장면이 촬영된다. Dining at a restaurant
③ 점심 식사는 제공되지 않는다. Lunch provided
④ 지원자는 18세 이상이어야 한다. Applicants must be 18 years or older.
⑤ 연기 경험이 있는 지원자를 우대한다.
Applicants with previous acting experience will be given priority.

오H 정답 ? ✱✿✿ [정답률 95%]

점심 식사는 제공된다고 했으므로 (Lunch provided) 점심 식사는 제공되지 않는다고 한 ③은 안내문의 내용과 일치하지 않는다.

오H 오답 ?

① 촬영은 일요일에 진행된다. (Filming Time: Sunday)
② 식사하는 장면이 촬영된다. (Dining at a restaurant)
④ 지원자는 18세 이상이어야 한다. (Applicants must be 18 years or older.)
⑤ 연기 경험이 있는 지원자를 우대한다. (Applicants with previous acting experience will be given priority.)

J 03 정답 ④ ✱Bearford 에코 패션 워크숍 안내

Bearford Eco Fashion Workshop / Bearford 에코 패션 워크숍 /
형용사적 용법 (event 수식)
Join us for the hands-on event / to make a special fashion item /
분사구문을 이끄는 현재분사　이중소유격 (of 뒤에 목적격 you를 쓰지 않음에 유의)
using old clothing of yours. //
직접 만드는 행사에 참여해 보세요 / 특별한 패션 소품을 만드는 / 여러분의 헌 옷을 이용해 //

When: / Saturday, April 12th (9 a.m. — 11 a.m.) /
날짜 / 4월 12일, 토요일 (오전 9시 ~ 11시)　**①의 단서** 토요일 오전에 진행됨

Where: / Bearford City Hall / 장소 / Bearford 시청 /

Registration: / April 1st to 5th, / only on our website /
등록 / 4월 1일부터 5일까지 / 웹사이트에서만 가능　**②의 단서** 4월 5일까지 등록할 수 있음

Entry Fee: / $5 (12 years and under are free) /
참가비 / 5달러 (12세 이하는 무료)　**③의 단서** 12세 이하는 참가비가 무료임

Programs / 프로그램 /

- Listen to a special lecture / on sustainable fashion trends. //
특별 강연을 듣는다 / 지속 가능한 패션 경향에 관한 //
분사구문
- Learn to make an eco-friendly bag / using old clothing. //
친환경 가방을 만드는 법을 배운다 / 헌 옷을 이용해　**④의 단서** 헌 옷을 이용해 가방을 만드는 법을 배움

Note: / You need to bring your own old clothing / large enough
to make a bag. //
형용사 + enough + to부정사: ~하기에 충분히 …한
참고 / 헌 옷을 가져와야 합니다 / 가방을 만들기에 충분히 큰 //
미래시제 수동태
(Other materials will be provided.) //
(다른 재료들은 제공됩니다) //　**⑤의 단서** 헌 옷을 제외한 다른 재료들은 제공됨

- **hands-on** 직접 하는　　**lecture** ⓝ 강의
- **sustainable** ⓐ 지속 가능한　　**eco-friendly** 친환경의

Bearford 에코 패션 워크숍
여러분의 헌 옷을 이용해 특별한 패션 소품을 직접 만드는 행사에 참여해 보세요.
날짜: 4월 12일, 토요일 (오전 9시 ~ 11시)
장소: Bearford 시청
등록: 4월 1일부터 5일까지, 웹사이트에서만 가능
참가비: 5달러 (12세 이하는 무료)
프로그램
- 지속 가능한 패션 경향에 관한 특별 강연을 듣는다.
- 헌 옷을 이용해 친환경 가방을 만드는 법을 배운다.
참고: 가방을 만들기에 충분히 큰 헌 옷을 가져와야 합니다. (다른 재료들은 제공됩니다.)

Bearford Eco Fashion Workshop에 관한 다음 안내문의 내용과 일치하는 것은?
① 토요일 오후에 진행된다. When: Saturday, April 12th (9 a.m. — 11 a.m.)
② 4월 5일부터 등록할 수 있다. Registration: April 1st to 5th
③ 15세 이하는 참가비가 무료이다. 12 years and under are free
④ 헌 옷을 이용해 가방을 만드는 법을 배운다. Learn to make an eco-friendly bag using old clothing.
⑤ 모든 재료를 직접 준비해야 한다. Other materials will be provided.

오H 정답 ? ✱✿✿ [정답률 91%]

헌 옷을 이용해 친환경 가방을 만드는 법을 배운다고 했으므로 (Learn to make an eco-friendly bag using old clothing.) 안내문의 내용과 일치하는 것은 ④이다.

오H 오답 ?

① 토요일 오후가 아니라 오전에 진행된다. (When: Saturday, April 12th (9 a.m. — 11 a.m.))
② 등록은 4월 5일부터가 아니라 4월 5일까지 할 수 있다. (Registration: April 1st to 5th)
③ 15세가 아니라 12세 이하는 참가비가 무료이다. (12 years and under are free)
⑤ 헌 옷을 제외한 다른 재료는 제공된다. (Other materials will be provided.)

J 04 정답 ⑤ ✱청소년 리더 캠프 안내

Youth Leaders Camp /
청소년 리더 캠프 /　**①의 단서** 리더십 향상을 위한 연례행사임
형용사적 용법 (event 수식)
This camp is an annual event / to improve your leadership. //
이 캠프는 연례행사입니다 / 여러분의 리더십을 향상하기 위한 //
look forward to -ing: ~하기를 기대하다
We look forward to meeting you soon / in Canada. //
우리는 여러분과 곧 만나기를 고대합니다 / 캐나다에서 //

Dates: July 5 – 7, 2025 / 날짜: 2025년 7월 5일 ~ 7일 /

Ages: 17 – 19 / 연령: 17세 ~ 19세　**②의 단서** 17세에서 19세까지 참여할 수 있음

Place: University of Drakemont /
장소: Drakemont 대학교 /

Programs /
프로그램 /

- **Day 1:** / Team Building & Leadership Skills Workshop /
첫째 날 / 팀 구성 및 리더십 역량 워크숍 /
- **Day 2:** / Culture Tour /
둘째 날 / 문화 탐방　**③의 단서** 둘째 날에는 문화 탐방이 진행됨
- **Day 3:** / Leadership Project Planning & Presentations /
셋째 날 / 리더십 프로젝트 기획 및 발표 /

Participation Fee: $700 /
참가비: 700달러 /

Notes / 참고 사항 /

④의 단서 온라인으로만 등록이 가능함

• Registration is only available online / at www.ylc2025.com. //
등록은 온라인으로만 가능합니다 / www.ylc2025.com에서 //

• Participation fee includes everything / except for the flight tickets to Canada. // ⑤의 단서 참가비에 캐나다행 항공권을 제외한 모든 것이 포함됨
참가비는 모든 것을 포함합니다 / 캐나다행 항공권을 제외한 //

For more information, / please visit our website. //
더 많은 정보를 위해 / 우리 웹사이트를 방문해 주시기 바랍니다 //

• annual ⓐ 연례의 • registration ⓝ 등록 • fee ⓝ 비용

청소년 리더 캠프

이 캠프는 여러분의 리더십을 향상하기 위한 연례행사입니다. 우리는 여러분과 캐나다에서 곧 만나기를 고대합니다.

날짜: 2025년 7월 5일 ~ 7일
연령: 17세 ~ 19세
장소: Drakemont 대학교
프로그램
• 첫째 날: 팀 구성 및 리더십 역량 워크숍
• 둘째 날: 문화 탐방
• 셋째 날: 리더십 프로젝트 기획 및 발표
참가비: 700달러
참고 사항
• 등록은 www.ylc2025.com에서 온라인으로만 가능합니다.
• 참가비는 캐나다행 항공권을 제외한 모든 것을 포함합니다.
더 많은 정보를 위해, 우리 웹사이트를 방문해 주시기 바랍니다.

Youth Leaders Camp에 관한 다음 안내문의 내용과 일치하지 <u>않는</u> 것은?
① 리더십 향상을 위한 연례행사이다. This camp is an annual event to improve your leadership.
② 17세에서 19세까지 참여할 수 있다. Ages: 17 ~ 19
③ 둘째 날에는 문화 탐방이 진행된다. Day 2: Culture Tour
④ 온라인으로만 등록이 가능하다. Registration is only available online
⑤ 참가비에 캐나다행 항공권이 포함된다. Participation fee ~ except for the flight tickets to Canada

왜 정답? [정답률 93%]
참고 사항에서 참가비에 캐나다행 항공권을 제외한 모든 것이 포함된다고 했으므로 (Participation fee ~ except for the flight tickets to Canada.) 안내문의 내용과 일치하지 않는 것은 ⑤이다.

왜 오답?
① 리더십 향상을 위한 연례행사이다. (This camp is an annual event to improve your leadership.)
② 17세에서 19세까지 참여할 수 있다. (Ages: 17 — 19)
③ 둘째 날에는 문화 탐방이 진행된다. (Day 2: Culture Tour)
④ 온라인으로만 등록이 가능하다. (Registration is only available online)

J 05 정답 ④ *플로깅 런 안내

Plogging Run / Plogging Run /
병렬 구조 (명령문 동사)
Jog, walk, pick up trash, / and conserve the Earth! //
뛰고, 걷고, 쓰레기를 줍고 / 지구를 보존하세요 //
①의 단서 8월 13일이 아니라 9월 13일에 개최됨
When: September 13, 2025 / 언제: 2025년 9월 13일 /
Where: Lake Union / 어디서: Lake Union /
Details / 세부 사항 /
②의 단서 오전 10시가 아니라 오전 11시에 시작됨
• The event starts at 11:00 a.m. // 행사는 오전 11시에 시작됩니다 //
• There is no participation fee. // 참가비는 없습니다 //
• You'll walk and run around the lake / while picking up trash. //
당신은 호수 주변을 걷고 달릴 겁니다 / 쓰레기를 주우며 // 부사절에서 「주어+be동사」 생략
③의 단서 참가비를 지불해야 하는 것이 아니라 참가비는 없음

Notes / 참고 사항 /
• Wear comfortable athletic clothes and running shoes / for your safety. // ④의 단서 쓰레기봉투는 제공될 것임
편안한 운동복과 운동화를 착용하세요 / 안전을 위해 //
수동태의 미래시제
• Garbage bags will be provided. // 쓰레기봉투는 제공될 것입니다 //
수동태의 미래시제
• If it rains, / the event will be cancelled. //
비가 오면 / 행사는 취소될 것입니다 // ⑤의 단서 날씨와 무관하게 진행되는 것이 아니라 비가 오면 취소될 것임
If you have any questions, / please email us at information@ploggingrun.org. //
질문이 있으시면 / 우리에게 information@ploggingrun.org로 이메일을 보내 주세요 //

• conserve ⓥ 보존하다 • comfortable ⓐ 편안한
• athletic ⓐ 운동용의

Plogging Run

뛰고, 걷고, 쓰레기를 줍고, 지구를 보존하세요!

언제: 2025년 9월 13일
어디서: Lake Union
세부 사항
• 행사는 오전 11시에 시작됩니다.
• 참가비는 없습니다.
• 당신은 쓰레기를 주우며 호수 주변을 걷고 달릴 겁니다.
참고 사항
• 안전을 위해 편안한 운동복과 운동화를 착용하세요.
• 쓰레기봉투는 제공될 것입니다.
• 비가 오면, 행사는 취소될 것입니다.
질문이 있으시면, 우리에게 information@ploggingrun.org로 이메일을 보내 주세요.

Plogging Run에 관한 다음 안내문의 내용과 일치하는 것은?
① 8월 13일에 개최된다. When: September 13, 2025
② 오전 10시에 시작된다. The event starts at 11:00 a.m.
③ 참가비를 지불해야 한다. There is no participation fee.
④ 쓰레기봉투는 제공될 것이다. Garbage bags will be provided.
⑤ 날씨와 무관하게 진행될 것이다. If it rains, the event will be cancelled.

왜 정답? [정답률 94%]
참고 사항에서 쓰레기봉투는 제공될 것이라고 했으므로 (Garbage bags will be provided.) 안내문의 내용과 일치하는 것은 ④이다.

왜 오답?
① 8월 13일이 아니라, 9월 13일에 개최된다. (When: September 13, 2025)
② 오전 10시가 아니라, 오전 11시에 시작된다. (The event starts at 11:00 a.m.)
③ 참가비를 지불해야 하는 것이 아니라, 참가비는 없다. (There is no participation fee.)
⑤ 날씨와 무관하게 진행되는 것이 아니라, 비가 오면 취소될 것이다. (If it rains, the event will be cancelled.)

J 06 정답 ② *Hikes for Rides 행사 안내

Hikes for Rides / Hikes for Rides /
병렬 구조 (명령문 동사)
Join us at Hikes for Rides / and spend a magical morning / in the Enchanted Forest. // ①의 단서 모든 수익금은 새로운 트램 설치에 사용될 것임
Hikes for Rides에 참여하여 / 마법 같은 아침을 보내세요 / Enchanted Forest에서 //
미래시제의 수동태
All profits will be put / toward the installation of a new tram / for those who are unable to hike on their own. //
~한 사람들
모든 수익금은 사용될 것입니다 / 새로운 트램 설치에 / 자신의 힘으로 하이킹을 할 수 없는 사람들을 위한 //

When & Where: / Saturday, September 27th, / at Harris County Enchanted Forest /
날짜 및 장소 / 9월 27일 토요일 / Harris County Enchanted Forest에서 /
부사절 접속사 (대조)
Registration: While early registration is available online, / you can register on site. // ②의 단서 현장에서 등록할 수 있음
등록 / 사전 등록은 온라인으로 가능하지만 / 현장에서 등록할 수 있습니다 //
Participation Fee: / $5 (Free for children aged 8 and under) /
참가비 / 5달러 (8세 이하 아이들은 무료) / ③의 단서 8세 이하 아이들은 참가비가 무료임
Start Times / 시작 시간 / ④의 단서 10km 코스가 가장 먼저 시작함
• 10km course: 8:30 a.m. / 10km 코스: 오전 8시 30분 /
• 5km course: 9:00 a.m. / 5km 코스: 오전 9시 /
• Kids Fun Hike: 9:30 a.m. / Kids Fun Hike: 오전 9시 30분 /
Notes / 유의사항 /
과거분사 (trails 수식)
• Stay on designated trails / at all times. //
지정된 길에서 벗어나지 마세요 / 항상 //
• Yield to wildlife. // 야생 동물에게 양보하세요 //
수동태 동사
• Pets are not allowed. // 반려동물은 허용되지 않습니다 //
For more information, / click here. // ⑤의 단서 반려동물은 허용되지 않음
더 많은 정보를 위해서 / 여기를 클릭하세요 //

• profit ⓝ 수익금　• installation ⓝ 설치　• designate ⓥ 지정하다
• yield ⓥ 양보하다　• wildlife ⓝ 야생 동물

Hikes for Rides

Hikes for Rides에 참여하여 Enchanted Forest에서 마법 같은 아침을 보내세요. 모든 수익금은 자신의 힘으로 하이킹을 할 수 없는 사람들을 위한 새로운 트램 설치에 사용될 것입니다.
날짜 및 장소: 9월 27일 토요일, Harris County Enchanted Forest에서
등록: 사전 등록은 온라인으로 가능하지만, 현장에서 등록할 수 있습니다.
참가비: 5달러 (8세 이하 아이들은 무료)
시작 시간
• 10km 코스: 오전 8시 30분　　• 5km 코스: 오전 9시
• Kids Fun Hike: 오전 9시 30분
유의사항
• 항상 지정된 길에서 벗어나지 마세요.
• 야생 동물에게 양보하세요.
• 반려동물은 허용되지 않습니다.
　　　　더 많은 정보를 위해서, 여기를 클릭하세요.

Hikes for Rides에 관한 다음 안내문의 내용과 일치하지 <u>않는</u> 것은?
① 모든 수익금은 새로운 트램 설치에 사용될 것이다.
　All profits will be put toward the installation of a new tram
② 현장에서 등록할 수 없다.
　you can register on site
③ 8세 이하 아이들은 참가비가 무료이다. Free for children aged 8 and under
④ 10km 코스가 가장 먼저 시작한다. 10km course: 8:30 a.m.
⑤ 반려동물은 허용되지 않는다. Pets are not allowed.

왜 정답 ? ✿✿✿ [정답률 90%]

현장에서 등록할 수 있다고 했으므로 (you can register on site) 안내문의 내용과 일치하지 않는 것은 ②이다.

왜 오답 ?

① 모든 수익금은 새로운 트램 설치에 사용될 것이다. (All profits will be put toward the installation of a new tram)
③ 8세 이하 아이들은 참가비가 무료이다. (Free for children aged 8 and under)
④ 10km 코스가 가장 먼저 시작한다. (10km course: 8:30 a.m.)
⑤ 반려동물은 허용되지 않는다. (Pets are not allowed.)

J 07 정답 ④ ＊종이 다리 만들기 대회 개최 공고

Paper Bridge Building Contest / 종이 다리 만들기 대회 /
We're excited to announce / the 5th Paper Bridge Building Contest! //
발표하게 되어 기쁩니다 / 제5회 종이 다리 만들기 대회를 //
명령문 동사　　　　　　　　　　　　　　　by -ing: ~함으로써
Show off your creativity and engineering skills / by building the strongest paper bridge! //
여러분의 창의력과 공학 기술을 뽐내세요 / 가장 튼튼한 종이 다리를 만들어 //
Date & Time: October 18th, 2025, 10 a.m. /
일시: 2025년 10월 18일, 오전 10시 / ①의 단서 9월 18일이 아니라 10월 18일에 개최됨
Location: Lakeland City Hall / 장소: Lakeland City Hall /
의문사
Who Can Enter: Middle and high school students in Lakeland /
참가 대상: Lakeland의 중고등학생 / ②의 단서 중학생만이 아니라 고등학생도 참가할 수 있음
Requirements / 요구 사항 /
과거분사구 (A4-sized paper and tape 수식)
• You can only use A4-sized paper and tape / provided to you at the event. // ③의 단서 행사에서 종이와 테이프는 제공됨
A4 크기의 종이와 테이프만 사용할 수 있습니다 / 행사에서 여러분에게 제공되는 //
• Your bridge must be 30cm or longer. //
다리 길이는 30cm 이상이어야 합니다 // ④의 단서 다리 길이는 30cm 이상이어야 함
Prizes / 상금 /
주격 관계대명사
The top three strongest bridges / that can support the heaviest loads / will win. //
상위 세 개의 튼튼한 다리가 / 가장 무거운 하중을 지탱할 수 있는 / 우승합니다 //
• 1st place: $300 / 1등: 300달러 /
• 2nd place: $200 / 2등: 200달러 /
• 3rd place: $100 / ⑤의 단서 2등은 300달러가 아니라 200달러의 상금을 받음 3등: 100달러 /
Click here to register now! // 여기를 클릭하여 지금 등록하세요 //

• show off 뽐내다　• engineering skill 공학 기술　• load ⓝ 하중
• register ⓥ 등록하다

종이 다리 만들기 대회

제5회 종이 다리 만들기 대회를 발표하게 되어 기쁩니다! 가장 튼튼한 종이 다리를 만들어 여러분의 창의력과 공학 기술을 뽐내세요!
일시: 2025년 10월 18일, 오전 10시
장소: Lakeland City Hall
참가 대상: Lakeland의 중고등학생
요구 사항
• 행사에서 여러분에게 제공되는 A4 크기의 종이와 테이프만 사용할 수 있습니다.
• 다리 길이는 30cm 이상이어야 합니다.
상금
가장 무거운 하중을 지탱할 수 있는 상위 세 개의 튼튼한 다리가 우승합니다.
• 1등: 300달러
• 2등: 200달러
• 3등: 100달러

　　　　여기를 클릭하여 지금 등록하세요!

Paper Bridge Building Contest에 관한 다음 안내문의 내용과 일치하는 것은?
① 9월 18일에 개최된다. Date & Time: October 18th, 2025, 10 a.m.
② 중학생만 참가할 수 있다. Who Can Enter: Middle and high school students in Lakeland
③ 테이프는 제공되지 않는다. You can only use A4-sized paper and tape provided to you at the event.
④ 다리 길이는 30cm 이상이어야 한다. Your bridge must be 30cm or longer.
⑤ 2등은 300달러의 상금을 받는다. 2nd place: $200

다리 길이는 30cm 이상이어야 한다고 했으므로 (Your bridge must be 30cm or longer.) 안내문의 내용과 일치하는 것은 ④이다.

① 9월 18일이 아니라 10월 18일에 개최된다. (Date & Time: October 18th, 2025, 10 a.m.)
② 중학생만이 아니라 고등학생도 참가할 수 있다. (Who Can Enter: Middle and high school students in Lakeland)
③ 행사에서 종이와 테이프는 제공된다. (You can only use A4-sized paper and tape provided to you at the event.)
⑤ 2등은 300달러가 아니라 200달러의 상금을 받는다. (2nd place: $200)

J 08 정답 ④ ＊Bigwave 해변 어싱 챌린지 안내

Bigwave Beach Earthing Challenge /　　Bigwave 해변 어싱 챌린지 /
병렬 구조 (명령문의 동사)
Walk barefoot around Bigwave Beach / and feel the energy of
nature.　　Bigwave 해변 일대를 맨발로 걸으며 / 자연의 에너지를 느껴 보세요 //

Let's enjoy Earthing together. //　　어싱을 모두 함께 즐겨 봐요 //

Date: / Oct. 27, 2024 (Sun) / 날짜 / 2024년 10월 27일(일) /

Gathering: / in front of information board of Bigwave Beach /
집결 / Bigwave 해변 안내판 앞 /　①의 단서 등록은 웹사이트에서만 가능

Registration: / Oct. 20, 2024, only on our website /
등록 / 2024년 10월 20일, 오직 우리의 웹사이트에서만 /
미래시제의 수동태
(QR code will be sent / after confirmation.) //
(QR 코드가 전송될 것입니다 / 확정 후에) //

Schedule /　일정 /　②의 단서 참가자는 QR 코드를 보여 주어야 함
병렬 구조 (명령문의 동사)
1:00 p.m.: / Show your QR code / and receive a wrist band. //
오후 1시 / 여러분의 QR 코드를 보여 주고 / 손목 밴드를 받으세요 //

1:30 p.m.: / Listen to a simple lecture / on barefoot walking. //
오후 1시 30분 / 간단한 강의를 들으세요 / 맨발 걷기에 대한 //　③의 단서 해변을 걷기 전에
맨발 걷기에 대한 강의가 있음
2:00 p.m.: / Walk around beach in groups. //
오후 2시 / 조별로 해변 주위를 걸으세요 //
부사적 용법 (목적)
4:00 p.m.: / Return your wrist band / to receive a souvenir / at
gathering point. //　④의 단서 기념품을 받으려면 손목 밴드를 반납해야 함
오후 4시 / 여러분의 손목 밴드를 반납하세요 / 기념품을 받기 위해서 / 집결지에서 //

Note /　유의 사항 /
동명사구 주어　　　　　　　　　　　 과거분사 (area 수식)
- Washing feet is allowed / only in the designated area. //
발을 씻는 것은 허용됩니다 / 오직 지정된 구역에서만 //　⑤의 단서 발을 씻도록 허용된
구역이 지정되어 있음
- In an emergency, / call the number / on your wrist band. //
긴급 상황 시 / 번호로 전화하세요 / 여러분의 손목 밴드에 있는 //

For registration, / please visit www.bwbearth.com. //
등록을 위해서 / www.bwbearth.com을 방문해 주세요 //

- barefoot ad 맨발로　　• confirmation n 확정　　• wrist n 손목
- souvenir n 기념품　　• designate v 지정하다
- emergency n 긴급 상황

Bigwave 해변 어싱 챌린지

Bigwave 해변 일대를 맨발로 걸으며 자연의 에너지를 느껴 보세요. 어싱을 모두 함께 즐겨 봐요.
날짜: 2024년 10월 27일(일)　　　　　　**집결:** Bigwave 해변 안내판 앞
등록: 2024년 10월 20일, 오직 우리의 웹사이트에서만
　　　 (확정 후에 QR 코드가 전송될 것입니다.)
일정
오후 1시: 여러분의 QR 코드를 보여 주고 손목 밴드를 받으세요.
오후 1시 30분: 맨발 걷기에 대한 간단한 강의를 들으세요.
오후 2시: 조별로 해변 주위를 걸으세요.
오후 4시: 기념품을 받기 위해서 집결지에서 여러분의 손목 밴드를 반납하세요.

유의 사항

– 발을 씻는 것은 오직 지정된 구역에서만 허용됩니다.
– 긴급 상황 시, 여러분의 손목 밴드에 있는 번호로 전화하세요.
　　등록을 위해서, www.bwbearth.com을 방문해 주세요.

> **Bigwave Beach Earthing Challenge에 관한 다음 안내문의 내용과 일치하지 않는 것은?**
> ① 등록은 웹사이트에서만 가능하다. Registration: ~ only on our website
> ② 참가자는 QR 코드를 보여 주어야 한다. Show your QR code
> ③ 해변을 걷기 전에 맨발 걷기에 대한 강의가 있다. 1:30 p.m.: Listen to a simple lecture on barefoot walking. 2:00 p.m.: Walk around beach in groups.
> ④ 걷기 후 집결지에서 손목 밴드와 기념품이 수여된다. Return your wrist band to receive a souvenir
> ⑤ 발을 씻도록 허용된 구역이 지정되어 있다. Washing feet is allowed only in the designated area.

걷기 후 기념품을 받으려면 손목 밴드를 반납해야 한다고 했으므로 (Return your wrist band to receive a souvenir), 걷기 후 집결지에서 손목 밴드와 기념품이 수여된다고 한 ④은 안내문의 내용과 일치하지 않는다.

① 등록은 웹사이트에서만 가능하다. (Registration: ~ only on our website)
② 참가자는 QR 코드를 보여 주어야 한다. (Show your QR code)
③ 해변을 걷기 전에 맨발 걷기에 대한 강의가 있다. (1:30 p.m.: Listen to a simple lecture on barefoot walking. 2:00 p.m.: Walk around beach in groups.)
⑤ 발을 씻도록 허용된 구역이 지정되어 있다. (Washing feet is allowed only in the designated area.)

J 09 정답 ② ＊패션 스타일링 상담 부스 안내

Fashion Styling Consultation /　　패션 스타일링 상담 /
주격 관계대명사
Find the style / that suits you best. //
스타일을 찾으세요 / 여러분에게 가장 잘 어울리는 //

We are ready / to make the employees of Woodville Company
to make의 목적어와 목적격 보어 (원형부정사)
look nice. //
우리는 준비가 되어 있습니다 / Woodville 회사의 직원들을 매력적으로 만들 //
과거분사 (order 수식)
Freely visit booths / with no fixed order! //　①의 단서 정해진 순서 없이
자유롭게 부스를 방문하세요 / 정해진 순서 없이 //　　자유롭게 부스를 방문할 수 있음

When & Where: / Dec. 27, 2024, Auditorium /
날짜와 장소 / 2024년 12월 27일, 강당 /
each + 단수 명사 + 단수 동사
Consultation Booths (Each booth has professional consultants.) /
상담 부스 (모든 부스에 전문 상담가가 있습니다) /　②의 단서 모든 상담 부스에 전문 상담가가 있음
주격 관계대명사
• A: / Find colors / that go well with your skin tone. //
A / 색을 찾아보세요 / 여러분의 피부 톤에 잘 어울리는 //

• B: / Learn about accessories / for various situations. //
B / 액세서리에 대해 배워보세요 / 다양한 상황을 위한 //
주격 관계대명사
• C: / Find the best hairstyle / that fits your face shape. //
C / 최고의 머리 스타일을 찾아보세요 / 여러분의 얼굴형에 맞는 //　③의 단서 체형에 맞는 옷을 찾아보는 부스는 없음

Note / 유의 사항 /
관계부사
- There is a section / where you can try styling yourself / and
take pictures. //　④의 단서 사진을 찍을 수 있는 구역이 있음
구역이 있습니다 / 여러분 스스로 스타일링해 보고 / 사진을 찍을 수 있는 //

- If you post your picture on social media, / you will receive a
special gift. //　⑤의 단서 사진을 올린 참가자들은 특별한 선물을 받을 것임
소셜 미디어에 여러분의 사진을 올리면 / 특별한 선물을 받을 것입니다 //

For more information, / please visit www.whatsurstyle2024.com. //
더 많은 정보를 위해서 / www.whatsurstyle2024.com을 방문해 주세요 //

• employee n 직원　　• consultant n 상담가

패션 스타일링 상담

여러분에게 가장 잘 어울리는 스타일을 찾으세요. 우리는 Woodville회사의 직원들을 매력적이게 만들 준비가 되어 있습니다. 정해진 순서 없이 자유롭게 부스를 방문하세요!

날짜와 장소: 2024년 12월 27일, 강당
상담 부스 (모든 부스에 전문 상담가가 있습니다.)
· A: 여러분의 피부 톤에 잘 어울리는 색을 찾아보세요.
· B: 다양한 상황을 위한 액세서리에 대해 배워보세요.
· C: 여러분의 얼굴형에 맞는 최고의 머리 스타일을 찾아보세요.

유의 사항
– 여러분 스스로 스타일링해 보고 사진을 찍을 수 있는 구역이 있습니다.
– 소셜 미디어에 여러분의 사진을 올리면 특별한 선물을 받을 것입니다.
더 많은 정보를 위해서 www.whatsurstyle2024.com을 방문해 주세요.

Fashion Styling Consultation에 관한 다음 안내문의 내용과 일치하는 것은?
① 정해진 순서대로 부스를 방문해야 한다. Freely visit booths with no fixed order!
②모든 상담 부스에 전문 상담가가 있다. Each booth has professional consultants.
③ 체형에 맞는 옷을 찾아보는 부스가 있다. that fits your face shape
④ 전 구역에서 사진 촬영이 금지되어 있다. There is a section ~ take pictures.
⑤ 참가자 전원에게 특별한 선물을 준다. If you post your picture ~ a special gift.

> **왜 정답?** ✽✽✽ [정답률 88%]

모든 상담 부스에 전문 상담가가 있다고 했으므로 (Each booth has professional consultants.) 안내문의 내용과 일치하는 것은 ②이다.

> **왜 오답?**

① 정해진 순서대로 부스를 방문하는 것이 아니라, 정해진 순서 없이 자유롭게 부스를 방문할 수 있다. (Freely visit booths with no fixed order!)
③ 얼굴형에 맞는 머리 스타일을 찾아보는 부스는 있지만, 체형에 맞는 옷을 찾아보는 부스는 없다. (that fits your face shape)
④ 전 구역에서 사진 촬영이 금지되어 있는 것이 아니라, 사진을 찍을 수 있는 구역이 있다. (There is a section ~ take pictures.)
⑤ 참가자 전원이 아니라, 사진을 소셜 미디어에 올린 참가자들에게만 특별한 선물을 준다. (If you post your picture ~ a special gift.)

J 10 정답 ③ ✽기초 라떼 아트 수업 안내

Basic Latte Art Class /
기초 라떼 아트 수업 /
병렬 구조 (명령문의 동사)
Make perfect lattes / and **present** them in the most beautiful way! //
완벽한 라떼를 만들어 / 가장 아름다운 방법으로 표현해 보세요 //
In this class, / you will learn / **how to steam** and **pour** milk. //
문장에서 주로 목적어 역할을 하는 「의문사+to부정사」
이 수업에서 / 여러분은 배울 것입니다 / 우유를 데우고 따르는 방법을 //
You will make three latte art designs on your own: / heart, tulip, and leaf. // ①의 단서 세 가지 라떼 아트 디자인을 직접 만들 것임
여러분은 세 가지 라떼 아트 디자인을 직접 만들 것입니다 / 하트, 튤립, 그리고 나뭇잎 //
Date: April 27, 2024 /
날짜: 2024년 4월 27일 /
Time: 9 a.m. — 1 p.m. / ②의 단서 수업은 4시간 동안 진행됨
시간: 오전 9시 ~ 오후 1시 /
Place: Camefort Community Center /
장소: Camefort 커뮤니티 센터 /
Registration & Fee / 등록 & 비용 /
· Register online at www.camefortcc.com, / from April 22 to April 24. // ③의 단서 등록은 4월 22일부터 시작됨
www.camefortcc.com에서 온라인으로 등록하세요 / 4월 22일부터 4월 24일까지 //

· $60 per person / (cost of ingredients included) /
1인당 60달러 / (재료비 포함) / ④의 단서 비용에 재료비가 포함되어 있음
Notes / 참고 / ⑤의 단서 우유를 마시지 않는 사람은 대체 유제품을 사용할 수 있음
· Dairy alternatives will be available / for non-milk drinkers. //
대체 유제품을 사용할 수 있습니다 / 우유를 마시지 않는 사람은 //
· Students can get a 10% discount. //
학생은 10% 할인을 받을 수 있습니다 //

· **steam** ⓥ 데우다   · **ingredient** ⓝ 재료   · **dairy** ⓝ 유제품
· **alternative** ⓝ 대체, 대안

기초 라떼 아트 수업

완벽한 라떼를 만들어 가장 아름다운 방법으로 표현해 보세요! 이 수업에서, 여러분은 우유를 데우고 따르는 방법을 배울 것입니다. 여러분은 세 가지 라떼 아트 디자인(하트, 튤립, 그리고 나뭇잎)을 직접 만들 것입니다.

날짜: 2024년 4월 27일
시간: 오전 9시 ~ 오후 1시
장소: Camefort 커뮤니티 센터
등록 & 비용
· 4월 22일부터 4월 24일까지 www.camefortcc.com에서 온라인으로 등록하세요.
· 1인당 60달러 (재료비 포함)
참고
· 우유를 마시지 않는 사람은 대체 유제품을 사용할 수 있습니다.
· 학생은 10% 할인을 받을 수 있습니다.

Basic Latte Art Class에 관한 다음 안내문의 내용과 일치하지 **않는** 것은?
① 세 가지 라떼 아트 디자인을 직접 만들 것이다. You will make three latte art designs on your own
② 수업은 4시간 동안 진행된다. Time: 9 a.m. — 1 p.m.
③등록은 4월 24일부터 시작된다. from April 22 to April 24
④ 비용에 재료비가 포함되어 있다. cost of ingredients included
⑤ 우유를 마시지 않는 사람은 대체 유제품을 사용할 수 있다. Dairy alternatives will be available for non-milk drinkers.

> **왜 정답?** ✽✽✽ [정답률 94%]

등록은 4월 22일부터 24일까지라고 했으므로 (from April 22 to April 24) 4월 24일에 시작된다고 한 ③은 안내문의 내용과 일치하지 않는다.

> **왜 오답?**

① 세 가지 라떼 아트 디자인을 직접 만들 것이다. (You will make three latte art designs on your own)
② 수업은 4시간 동안 진행된다. (Time: 9 a.m. — 1 p.m.)
④ 비용에 재료비가 포함되어 있다. (cost of ingredients included)
⑤ 우유를 마시지 않는 사람은 대체 유제품을 사용할 수 있다. (Dairy alternatives will be available for non-milk drinkers.)

J 11 정답 ④ ✽가족 야간 하이킹 이벤트 안내

Family Night-hiking Event /
가족 야간 하이킹 이벤트 /

Join us for a fun-filled night / of hiking and family bonding! //
즐거움이 가득한 밤을 함께하세요 / 하이킹과 가족 간의 유대로 //
Date: Saturday, May 4 / ①의 단서 토요일 하루만 진행됨
날짜: 5월 4일, 토요일 /
Time: 6 p.m. — 9 p.m. / ②의 단서 오후 6시에 시작됨
시간: 오후 6시 ~ 9시 /
Location: Skyline Preserve /
장소: Skyline 보호 구역 /

Cost / 비용 /

- **Adults: $20** /
성인: 20달러 | ③의 단서 | 어른의 참가비는 20달러, 어린이의 참가비는 10달러로 서로 다름
- **Children under 19: $10** /
19세 미만 어린이: 10달러

Guidelines / 지침 /

- Children must **be accompanied** by legal guardians. // *(수동태 동사)*
어린이는 법적 보호자를 동반해야 합니다 | ④의 단서 | 어린이는 법적 보호자를 동반해야 함
- Bring a flashlight and a bottle of water. //
손전등과 물 한 병을 가져오세요 //
- Follow the instructions of the guides at all times. //
항상 안내원의 지시를 따라 주세요 //

Registration / 등록 /

- Visit www.familyhiking.com / and register by April 26. //
www.familyhiking.com에 방문하여 / 4월 26일까지 등록하세요 //
- A free first aid kit **is provided** / for all **who** register by April *(수동태 동사 / 주격 관계대명사)*
12. // ⑤의 단서 | 4월 12일까지 등록하는 모든 이에게 구급상자가 무료로 제공됨
구급상자가 무료로 제공됩니다 / 4월 12일까지 등록하시는 모든 분께 //

- bonding ⓝ 유대
- preserve ⓝ 자연 보호 구역
- accompany ⓥ 동반하다

가족 야간 하이킹 이벤트

하이킹과 가족 간의 유대로 즐거움이 가득한 밤을 함께하세요!
날짜: 5월 4일, 토요일
시간: 오후 6시 ~ 9시
장소: Skyline 보호 구역
비용
- 성인: 20달러
- 19세 미만 어린이: 10달러
지침
- 어린이는 법적 보호자를 동반해야 합니다.
- 손전등과 물 한 병을 가져오세요.
- 항상 안내원의 지시를 따라 주세요.
등록
- www.familyhiking.com에 방문하여 4월 26일까지 등록하세요.
- 4월 12일까지 등록하시는 모든 분께 구급상자가 무료로 제공됩니다.

Family Night-hiking Event에 관한 다음 안내문의 내용과 일치하는 것은?

① 토요일과 일요일 이틀간 진행된다. Date: Saturday, May 4
② 오후 5시에 시작된다. Time: 6 p.m. — 9 p.m.
③ 어른과 어린이의 참가비는 같다. Adults: $20 / Children under 19: $10
④ 어린이는 법적 보호자를 동반해야 한다.
Children must be accompanied by legal guardians.
⑤ 추첨을 통해 구급상자가 무료로 제공된다.
A free first aid kit is provided for all who register by April 12.

왜 정답? ✱✱✱ [정답률 93%]

어린이는 법적 보호자를 동반해야 한다고 했으므로 (Children must be accompanied by legal guardians.) 안내문의 내용과 일치하는 것은 ④이다.

왜 오답?

① 이틀간이 아니라, 토요일 하루만 진행된다. (Date: Saturday, May 4)
② 오후 5시가 아니라 6시에 시작된다. (Time: 6 p.m. — 9 p.m.)
③ 어른과 어린이의 참가비는 각각 20달러와 10달러로 서로 다르다. (Adults: $20 / Children under 19: $10)
⑤ 추첨을 통해서가 아니라 4월 12일까지 등록하는 모든 이에게 구급상자가 무료로 제공된다. (A free first aid kit is provided for all who register by April 12.)

J 12 정답 ⑤ ✱2024 미래 엔지니어 캠프

2024 Future Engineers Camp / 2024 미래 엔지니어 캠프 /
Calling all young creators! / 모든 젊은 크리에이터들을 모집합니다 //
Join us at Southside Maker Space / **to explore** the wonders of *(부사적 용법 (목적))*
engineering / with exciting activities. //
Southside Maker Space에 와서 함께 해요 / 공학기술의 경이로움을 탐험하기 위해 /
흥미진진한 활동과 함께 //
Date: Saturday, July 20 & Sunday, July 21 /
날짜: 7월 20일 토요일 & 7월 21일 일요일 | ①의 단서 | 오전 10시부터 오후 4시까지 진행됨
Time: 10 a.m. — 4 p.m. / 시간: 오전 10시부터 오후 4시 /
Ages: 14 to 16 / 연령: 14세에서 16세 / ②의 단서 | 참가비는 100달러임
Participation Fee: $100 / 참가비: 100달러 /
Day 1 - Robotics Workshop / 1일 차 - 로봇 공학 워크숍 /
- Learn basic coding skills. // 기본적인 코딩 기술을 배웁니다 //
- Work in teams to build mini-robots. //
팀을 이루어 미니 로봇을 만듭니다 | ③의 단서 | 기본적인 코딩 기술을 배움
Day 2 - Flying Challenge / 2일 차 - 플라잉 챌린지 /
- Make and test toy airplanes. //
장난감 비행기를 만들고 테스트합니다 // ④의 단서 | 장난감 비행기를 만들고 테스트함
- Participate in an airplane flying race. //
비행기 날리기 경주에 참가합니다 //
Notes / 공지사항 / ⑤의 단서 | 점심 식사는 참가비에 포함됨
- Lunch is included in the participation fee. //
점심 식사는 참가비에 포함됩니다 //
- All tools and materials / for the projects / **are provided.** // *(수동태 동사)*
모든 도구들과 재료들이 / 프로젝트를 위한 / 제공됩니다 //

For more information, / please visit www.southsidemaker.com. //
더 많은 정보를 위해서는 / www.southsidemaker.com을 방문하세요 //

- explore ⓥ 탐험하다
- wonder ⓝ 경이로움
- robotics ⓝ 로봇 공학

2024 미래 엔지니어 캠프

모든 젊은 크리에이터들을 모집합니다! 흥미진진한 활동과 함께 공학기술의 경이로움을 탐험하기 위해 Southside Maker Space에 와서 함께 해요.
날짜: 7월 20일 토요일 & 7월 21일 일요일
시간: 오전 10시부터 오후 4시   **연령:** 14세에서 16세
참가비: 100달러
1일 차 – 로봇 공학 워크숍
- 기본적인 코딩 기술을 배웁니다.
- 팀을 이루어 미니 로봇을 만듭니다.
2일 차 – 플라잉 챌린지
- 장난감 비행기를 만들고 테스트합니다.
- 비행기 날리기 경주에 참가합니다.
공지사항
- 점심 식사는 참가비에 포함됩니다.
- 프로젝트를 위한 모든 도구들과 재료들이 제공됩니다.
더 많은 정보를 위해서는, www.southsidemaker.com을 방문하세요.

2024 Future Engineers Camp에 관한 다음 안내문의 내용과 일치하지 **않는** 것은?

① 오전 10시부터 오후 4시까지 진행된다. Time: 10 a.m. — 4 p.m.
② 참가비는 100달러이다. Participation Fee: $100
③ 기본적인 코딩 기술을 배운다. Learn basic coding skills.
④ 장난감 비행기를 만들고 테스트한다. Make and test toy airplanes.
⑤ 점심 식사는 참가비에 포함되지 않는다.
Lunch is included in the participation fee.

➢왜 정답 ? ❀❀❀ [정답률 95%]

점심 식사는 참가비에 포함된다고 했으므로 (Lunch is included in the participation fee.), 참가비에 포함되지 않는다고 한 ⑤은 안내문의 내용과 일치하지 않는다.

➢왜 오답 ?

① 오전 10시부터 오후 4시까지 진행된다. (Time: 10 a.m. — 4 p.m.)
② 참가비는 100달러이다. (Participation Fee: $100)
③ 기본적인 코딩 기술을 배운다. (Learn basic coding skills.)
④ 장난감 비행기를 만들고 테스트한다. (Make and test toy airplanes.)

➢왜 정답 ? ❀❀❀ [정답률 93%]

숙련된 요리사들과의 요리 수업이 있다고 했으므로 (Cooking classes with experienced chefs) ③은 안내문의 내용과 일치한다.

➢왜 오답 ?

① 9월 6일부터 8일까지 열린다. (September 6th — 8th)
② 라이브 음악 공연은 저녁마다 진행된다. (Live music performances each evening)
④ 어른과 아이의 입장권 가격은 15달러와 10달러로, 서로 다르다. (Adult: $15 / Child: $10)
⑤ 사전 예약은 필요 없다. (No pre-reservations necessary)

J 13 정답 ③ ＊Jamestown의 음식 문화 체험 행사

Taste the City / 도시를 맛보세요 /
Experience Jamestown's diverse and delicious food culture / all in one place. //
Jamestown의 다양하고 맛있는 음식 문화를 경험해 보세요 / 모두 한자리에서 //
Enjoy tasty treats, / and discover new restaurants! //
맛있는 음식들을 즐기고 / 새로운 레스토랑들을 발견해 보세요 //

병렬 구조 (명령문의 동사)

When & Where / 언제 & 어디서
①의 단서 9월 6일부터 3일 동안 열림
• September 6th — 8th (10 a.m. — 9 p.m.) /
9월 6일 - 8일 (오전 10시 - 오후 9시) /
• Grand Park / 도심 공원 /

Highlights / 주요사항 /
과거분사구 (samples 수식)
• 30 kinds of food samples / provided by local restaurants /
30가지 종류의 음식 샘플 / 지역 식당에서 제공되는 /
• Live music performances / each evening / ②의 단서 라이브 음악 공연은 저녁마다 진행됨
라이브 음악 공연 / 저녁마다 /
• Cooking classes with experienced chefs /
숙련된 요리사들과의 요리 수업 / ③의 단서 숙련된 요리사들과의 요리 수업이 있음

Entry Tickets / 입장권 / ④의 단서 어른은 15달러, 어린이는 10달러로 입장권 가격이 다름
• Adult: $15 / 어른: 15달러 / • Child: $10 / 어린이: 10달러 /
※No pre-reservations necessary, / just show up and enjoy. //
사전 예약은 필요하지 않으며 / 바로 와서 즐기세요 // ⑤의 단서 사전 예약은 필요하지 않음

• treat ⓝ 음식   • experienced ⓐ 숙련된   • show up 나타나다

도시를 맛보세요

Jamestown의 다양하고 맛있는 음식 문화를 한자리에서 모두 경험해 보세요. 맛있는 음식들을 즐기고, 새로운 레스토랑들을 발견해 보세요!
언제 & 어디서
• 9월 6일 – 8일 (오전 10시 – 오후 9시)   • 도심 공원
주요사항
• 지역 식당에서 제공되는 30가지 종류의 음식 샘플
• 저녁마다 라이브 음악 공연
• 숙련된 요리사들과의 요리 수업
입장권
• 어른: 15달러   • 어린이: 10달러
※ 사전 예약은 필요하지 않으며, 바로 와서 즐기세요.

Taste the City에 관한 다음 안내문의 내용과 일치하는 것은?
① 9월 6일부터 일주일 동안 열린다. September 6th - 8th
② 라이브 음악 공연이 하루 종일 진행된다. Live music performances each evening
③ 숙련된 요리사들과의 요리 수업이 있다. Cooking classes with experienced chefs
④ 어른과 아이의 입장권 가격은 동일하다. Adult: $15 / Child: $10
⑤ 사전 예약이 필요하다. No pre-reservations necessary

J 14 정답 ⑤ ＊Clifton 가을 대청소의 날 2024

Clifton Fall Clean-up Day 2024 / Clifton 가을 대청소의 날 2024 /
①의 단서 매년 열리는 행사임   형용사적 용법 (event 수식)
Join us for this annual event / to clean up the fallen leaves in Central Park, / and enjoy meeting your neighbors! //
동명사 (enjoy의 목적어)
매년 열리는 이 행사에 참여하여 / Central Park에서 낙엽을 청소하는 / 이웃과의 만남을 즐기세요 //

When: / Sunday, October 20th, 1 p.m. — 3 p.m. /
일시 : 10월 20일 일요일 오후 1시부터 3시까지 /

Details / 세부사항 /
미래시제 수동태   ②의 단서 10명씩 조를 이루어 청소할 것임
• Clean-up will be done / in groups of 10 people based on age. //
청소할 것입니다 / 연령에 따라 10명씩 조를 이루어 //
• After the clean-up, / you can enjoy a casual gathering with neighbors. //
청소 후 / 이웃과 가벼운 모임을 즐길 수 있습니다 //
미래시제 수동태
• Food trucks will be set up / for your gathering. //
푸드 트럭이 설치될 것입니다 / 모임을 위해 // ③의 단서 푸드 트럭이 설치될 것임

Notes / 유의사항 / ④의 단서 행사 로고가 있는 티셔츠가 제공될 것임
• A T-shirt with the event's logo / will be provided as a gift. //
행사 로고가 있는 티셔츠가 / 선물로 제공될 것입니다 // 미래시제 수동태
미래시제 수동태
• You'll be supplied with cleaning materials, / such as bags and gloves, / so you don't have to bring them. // ⑤의 단서 청소 도구는 제공될 것이라 가져올 필요가 없음
절과 절을 잇는 등위접속사
청소 도구가 제공될 것이니 / 봉지와 장갑 같은 / 여러분은 그것들을 가져올 필요가 없습니다 //
look forward to -ing: ~하기를 고대하다
We're looking forward to seeing you there! //
우리는 그곳에서 여러분을 만나기를 고대합니다 //

• annual ⓐ 연례의   • casual ⓐ 가벼운, 격식 없는
• gathering ⓝ 모임

Clifton 가을 대청소의 날 2024

Central Park에서 낙엽을 청소하는 매년 열리는 이 행사에 참여하여 이웃과의 만남을 즐기세요!
일시: 10월 20일 일요일 오후 1시부터 3시까지
세부사항
• 연령에 따라 10명씩 조를 이루어 청소할 것입니다.
• 청소 후 이웃과 가벼운 모임을 즐길 수 있습니다.
• 푸드 트럭이 모임을 위해 설치될 것입니다.
유의사항
• 행사 로고가 있는 티셔츠가 선물로 제공될 것입니다.
• 봉지와 장갑 같은 청소 도구가 제공될 것이니 여러분은 그것들을 가져올 필요가 없습니다.
우리는 그곳에서 여러분을 만나기를 고대합니다!

Clifton Fall Clean-up Day 2024에 관한 다음 안내문의 내용과 일치하지 **않는** 것은?

① 매년 열리는 행사이다. Join us for this annual event
② 10명씩 조를 이루어 청소할 것이다. Clean-up will be done in groups of 10 people
③ 푸드 트럭이 설치될 것이다. Food trucks will be set up
④ 행사 로고가 있는 티셔츠가 제공될 것이다. A T-shirt with the event's logo will be provided
⑤ 청소 도구를 가져와야 한다. You'll be supplied with cleaning materials

〉**왜 정답**? ❀❀❀ [정답률 91%]

청소 도구는 제공될 것이라고 했으므로 (You'll be supplied with cleaning materials) 청소 도구를 가져와야 한다고 한 ⑤은 안내문의 내용과 일치하지 않는다.

〉**왜 오답**?

① 매년 열리는 행사이다. (Join us for this annual event)
② 10명씩 조를 이루어 청소할 것이다. (Clean-up will be done in groups of 10 people)
③ 푸드 트럭이 설치될 것이다. (Food trucks will be set up)
④ 행사 로고가 있는 티셔츠가 제공될 것이다. (A T-shirt with the event's logo will be provided)

J 15 정답 ④ ＊지속 가능한 패션 축제 2024

Sustainable Fashion Festival 2024 / 지속 가능한 패션 축제 2024 /
Sustainable Fashion Festival 2024 is coming! //
지속 가능한 패션 축제 2024가 다가오고 있습니다 / 현재진행 (가까운 예정된 미래)
명령문 동사
Be inspired / and **learn** how to live sustainably / while looking fabulous. //
접속사가 생략되지 않은 분사구문
영감을 받고 / 지속 가능하게 사는 방법을 배워 보세요 / 멋지게 보이면서 //

When & Where / 일시와 장소 / ①의 단서 금요일 오전이 아니라 오후에 진행됨
• **Friday, September 13th, 5 p.m. — 9 p.m.** /
9월 13일 금요일 오후 5시부터 9시까지 /
• **Aimes Community Center** / Aimes Community Center /
Tickets: / $20 for early birds / $25 at the door /
티켓 / 조기 구매 20달러 / 현장 구매 25달러 / ②의 단서 티켓 조기 구매 할인은 행사 사흘 전이 아니라 이틀 전에 종료됨
(Early purchase discount ends / two days before the event.) //
(조기 구매 할인은 종료됩니다 / 행사 이틀 전에) //

Programs / 프로그램 /
병렬 구조 (can 뒤에 연결)
• Marketplace for sustainable products: / You can **sell** or **buy**
과거분사 (clothing 수식)
new, vintage, or **upcycled** clothing. // ③의 단서 장터에서 새 의류를 구입할 수 있음
지속 가능 제품을 위한 장터 / 새 의류, 빈티지 의류 또는 업사이클 의류를 사고팔 수 있습니다 //
• Talks from eco-fashion experts / on fashion's sustainable future /
친환경 패션 전문가들의 강연 / 패션의 지속 가능한 미래에 대한 / ④의 단서 5개 이하의 의류 물품을 교환할 수 있음
• Clothing exchange: / You can exchange 5 or fewer items. //
의류 교환 / 여러분은 5개 이하의 물품을 교환할 수 있습니다 /
• Runway showcase of sustainable designs /
지속 가능한 디자인의 패션쇼 /
부사적 용법 (목적) ⑤의 단서 지속 가능 제품을 판매하려면 사전 등록을 해야 함
※ To sell your sustainable products at our marketplace, /
수동태 동사
registration is required in advance. //
장터에서 지속 가능 제품을 판매하려면 / 사전 등록을 하셔야 합니다 //
Contact us on social media / for more information. //
소셜 미디어로 우리에게 연락해 주세요 / 더 많은 정보를 원하시면 //

• sustainable ⓐ 지속 가능한   • inspire ⓥ 영감을 주다
• fabulous ⓐ 멋진   • vintage ⓐ 빈티지의, 구식의
• runway showcase 패션쇼

지속 가능한 패션 축제 2024

지속 가능한 패션 축제 2024가 다가오고 있습니다! 멋지게 보이면서 영감을 받고 지속 가능하게 사는 방법을 배워 보세요.

일시와 장소
• 9월 13일 금요일 오후 5시부터 9시까지
• Aimes Community Center
티켓: 조기 구매 20달러 / 현장 구매 25달러
(조기 구매 할인은 행사 이틀 전에 종료됩니다.)
프로그램
• 지속 가능 제품을 위한 장터: 새 의류, 빈티지 의류 또는 업사이클 의류를 사고팔 수 있습니다.
• 패션의 지속 가능한 미래에 대한 친환경 패션 전문가들의 강연
• 의류 교환: 여러분은 5개 이하의 물품을 교환할 수 있습니다.
• 지속 가능한 디자인의 패션쇼
※ 장터에서 지속 가능 제품을 판매하려면 사전 등록을 하셔야 합니다.
더 많은 정보를 원하시면 소셜 미디어로 우리에게 연락해 주세요.

Sustainable Fashion Festival 2024에 관한 다음 안내문의 내용과 일치하는 것은?

① 금요일 오전에 진행된다. Friday, September 13th, 5 p.m. — 9 p.m.
② 티켓 조기 구매 할인은 행사 사흘 전 종료된다. Early purchase discount ends two days before the event.
③ 장터에서 새 의류를 구입할 수 없다. You can sell or buy new, vintage, or upcycled clothing.
④ 5개 이하의 의류 물품을 교환할 수 있다. You can exchange 5 or fewer items.
⑤ 사전 등록 없이도 지속 가능 제품을 판매할 수 있다. To sell your sustainable products ~ is required in advance.

〉**왜 정답**? ❀❀❀ [정답률 92%]

5개 이하의 의류 물품을 교환할 수 있다고 했으므로 (You can exchange 5 or fewer items.) ④은 안내문의 내용과 일치한다.

〉**왜 오답**?

① 금요일 오전이 아니라 오후에 진행된다. (Friday, September 13th, 5 p.m. — 9 p.m.)
② 티켓 조기 구매 할인은 행사 사흘 전이 아니라 이틀 전에 종료된다. (Early purchase discount ends two days before the event.)
③ 장터에서 새 의류를 구입할 수 있다. (You can sell or buy new, vintage, or upcycled clothing.)
⑤ 지속 가능 제품을 판매하려면 사전 등록을 해야 한다. (To sell your sustainable products ~ is required in advance.)

J 16 정답 ⑤ ＊Maple Spring 조명 예술 전시회 안내문

Maple Spring Light Art Exhibition /
Maple Spring 조명 예술 전시회 /

The Maple Spring Light Art Exhibition will illuminate you, /
앞에「주격 관계대명사 + be동사」 생략 ＊
with a route surrounded by light artwork. //
Maple Spring 조명 예술 전시회는 당신을 비추게 될 것입니다 / 조명 예술품으로 둘러싸인 경로를 따라 //
부사절 접속사 (~하면서)
Admire the beautiful light artwork / **as** you walk through Maple Spring. //
아름다운 조명 예술품들을 감상하세요 / 여러분이 Maple Spring을 걸으면서 //

□ **Date**: / December 1 — 31, 2022 / (closed on the 2nd and 4th Monday of the month) / ①의 단서 매주가 아니라 두 번째와 네 번째 월요일만 운영하지 않음
날짜 / 2022년 12월 1일부터 31일까지 / (두 번째와 네 번째 월요일은 운영하지 않음) /
□ **Time**: / 7 p.m. — 11 p.m. / ②의 단서 시간은 밤 11시까지임
시간 / 오후 7시부터 오후 11시까지 /
□ **Entrance Fee**: / $5 per person /
입장료 / 1인당 5달러 /

□ **Exhibition Route:** / alongside the Bow River in central Maple Spring / (Only digital maps of the route are available.) /
전시 경로 / Maple Spring 중심부의 Bow 강을 따라 / (관람 경로의 디지털 지도만 제공합니다) /
③의 단서 관람 경로가 담긴 지도는 디지털로만 제공함

· Souvenirs will be available / on site and online. //
기념품은 구매 가능합니다 / 현장과 온라인에서 // ④의 단서 기념품은 현장과 온라인에서 모두 구매 가능함

· Local residents can get a 10% discount / off the entrance fee. //
지역 주민은 10퍼센트 할인을 받을 수 있습니다 / 입장료의 // ⑤의 단서 지역 주민은 입장료의 10퍼센트 할인을 받을 수 있음

Please visit www.maplespringlight.com / for more information. //
www.maplespringlight.com을 방문하십시오 / 더 많은 정보를 위해 //

- · exhibition ⓝ 전시회   · illuminate ⓥ 비추다   · route ⓝ 경로
- · surround ⓥ 둘러싸다   · admire ⓥ 감상하다, 감탄하며 바라보다
- · alongside ⓟⓡⓔⓟ ~을 따라   · souvenir ⓝ 기념품

Maple Spring 조명 예술 전시회

Maple Spring 조명 예술 전시회는 조명 예술품으로 둘러싸인 경로를 따라 당신을 비추게 될 것입니다. 여러분이 Maple Spring을 걸으면서 아름다운 조명 예술품들을 감상하세요.

□ **날짜:** 2022년 12월 1일부터 12월 31일까지
   (두 번째와 네 번째 월요일은 운영하지 않음)
□ **시간:** 오후 7시부터 오후 11시까지
□ **입장료:** 1인당 5달러
□ **전시 경로:** Maple Spring 중심부의 Bow 강을 따라
   (관람 경로의 디지털 지도만 제공합니다.)
· 기념품은 현장과 온라인에서 구매 가능합니다.
· 지역 주민은 입장료의 10퍼센트 할인을 받을 수 있습니다.
   더 많은 정보를 위해 www.maplespringlight.com을 방문하십시오.

Maple Spring Light Art Exhibition에 관한 다음 안내문의 내용과 일치하는 것은?

① 매주 월요일은 운영하지 않는다.
   closed on the 2nd and 4th Monday of the month
② 밤 11시 이후에도 입장이 가능하다.
   Time: 7 p.m. — 11 p.m.
③ 관람 경로가 담긴 지도는 종이로만 제공한다.
   Only digital maps of the route are available.
④ 기념품은 현장에서만 구매 가능하다.
   Souvenirs will be available on site and online.
⑤ 지역 주민은 입장료의 10% 할인을 받을 수 있다.
   Local residents can get a 10% discount off the entrance fee.

✓**왜 정답?** ❀❀❀ [정답률 92%]

지역 주민은 입장료의 10% 할인을 받을 수 있다고 (Local residents can get a 10% discount off the entrance fee.) 했으므로 ⑤은 글의 내용과 일치한다.

✓**왜 오답?**

① 매주가 아니라 두 번째 및 네 번째 월요일만 운영하지 않는다 (closed on the 2nd and 4th Monday of the month).
② 시간은 밤 7시부터 밤 11시까지이므로 (Time: 7 p.m. — 11 p.m.) 11시 이후에는 입장이 불가능하다.
③ 관람 경로가 담긴 지도는 종이가 아닌 디지털로만 제공한다 (Only digital maps of the route are available.).
④ 기념품은 현장과 온라인에서 모두 구매 가능하다 (Souvenirs will be available on site and online.).

─── 어법 특강

✱ 주격 관계대명사+be동사의 생략

– 관계대명사절의 동사가 be동사일 때 '주격 관계대명사+be동사'는 함께 생략 가능하다. be동사 뒤에 있던 분사나 형용사만 남는 형태가 된다.

· The authors review evidence indicating structural interactions.
   앞에 주격 관계대명사와 be동사 생략
   (저자들은 구조적 상호작용을 보여 주는 증거를 검토한다.)

· I was the only one left on the bus.
   앞에 주격 관계대명사와 be동사 생략
   (나는 버스에 남은 유일한 사람이었다.)

J **17** 정답 ④ ✱EZ 휴대용 사진 프린터 사용자 설명서 ─

EZ Portable Photo Printer / EZ 휴대용 사진 프린터 /
User Manual / 사용자 설명서 /
Note on LED Indicator /
LED 표시기에 대한 유의 사항 /
· White: / Power on / ①의 단서 흰색은 전원이 켜짐을 나타냄
흰색 / 전원 켜짐 /
· Red: / Battery charging /
빨간색 / 배터리 충전 중 /

How to Operate /
작동 방법 / how to-v: ~하는 법
· Press the power button / to turn the printer on. //
전원 버튼을 누르시오 / 프린터를 켜려면 / ②의 단서 전원 버튼을 누르면 전원이 켜짐
· Press the power button twice / to turn the printer off. //
전원 버튼을 두 번 누르시오 / 프린터를 끄려면 /
· To charge the battery, / connect the cable to the USB port. //
배터리를 충전하려면 / 케이블을 USB 포트에 연결하시오 /
It takes 60 – 90 minutes / for a full charge. //
60 ~ 90분이 소요됩니다 / 완전 충전은 / ③의 단서 완전 충전은 60 ~ 90분 소요됨
· To connect to the printer wirelessly, / download the 'EZ Printer App' / on your mobile device. // ④의 단서 무선 연결을 위해 앱을 다운로드해야 함
프린터에 무선으로 연결하기 위해서 / 'EZ Printer App'을 다운로드 하시오 / 모바일 장치에 //
how to-v: ~하는 법
How to Load Photo Paper /
인화지 장착 방법 /
· Lift the printer's top cover. // ⑤의 단서 로고가 아래로 향하도록 인화지를 넣어야 함
프린터의 상단 덮개를 들어 올리시오 /
「with+(대)명사+분사」: ~가 …한[된] 채로
· Insert the photo paper / with any logos facing downward. //
인화지를 넣으시오 / 로고가 아래로 향하도록 //

- · portable ⓐ 휴대용의   · manual ⓝ (사용) 설명서
- · indicator ⓝ 표시기   · charge ⓥ 충전하다   · operate ⓥ 작동하다
- · wirelessly ⓐⓓ 무선으로   · device ⓝ 장치   · load ⓥ 장착하다
- · insert ⓥ 넣다   · face ⓥ ~을 향하다   · downward ⓐⓓ 아래로

EZ 휴대용 사진 프린터
사용자 설명서

LED 표시기에 대한 유의 사항
· 흰색: 전원 켜짐
· 빨간색: 배터리 충전 중
작동 방법
· 프린터를 켜려면 전원 버튼을 누르시오.
· 프린터를 끄려면 전원 버튼을 두 번 누르시오.
· 배터리를 충전하려면, 케이블을 USB 포트에 연결하시오. 완전 충전은 60 ~ 90분이 소요됩니다.
· 프린터에 무선으로 연결하기 위해서, 모바일 장치에 'EZ Printer App'을 다운로드하시오.
인화지 장착 방법
· 프린터의 상단 덮개를 들어 올리시오.
· 인화지를 로고가 아래로 향하도록 넣으시오.

EZ Portable Photo Printer 사용에 관한 다음 안내문의 내용과 일치하는 것은?

① LED 표시기의 흰색은 충전 중임을 나타낸다.
   White: Power on
② 전원 버튼을 한 번 누르면 전원이 꺼진다.
   Press the power button to turn the printer on.
③ 배터리가 완전히 충전되는 데 2시간 이상 걸린다.
   It takes 60 – 90 minutes for a full charge.
④ 무선 연결을 위해 앱을 다운로드해야 한다.
   To connect to the printer wirelessly, download the 'EZ Printer App'
⑤ 인화지를 로고가 위로 향하도록 넣어야 한다.
   Insert the photo paper with any logos facing downward.

무선 연결을 위해 앱을 다운로드해야 한다고(To connect to the printer wirelessly, download the 'EZ Printer App') 했으므로 ④이 글의 내용과 일치한다.

왜 오답 ?

① LED 표시기의 흰색은 충전 중이 아니라 전원이 켜짐을 나타낸다(White: Power on).

② 전원 버튼을 한 번 누르면 전원이 꺼지는 것이 아니라 켜진다(Press the power button to turn the printer on.).

③ 배터리가 완전히 충전되는 데 2시간 이상이 아니라 1시간에서 1시간 반이 걸린다(It takes 60 – 90 minutes for a full charge.). 주의

⑤ 로고가 위가 아니라 아래로 향하도록 인화지를 넣어야 한다(Insert the photo paper with any logos facing downward.).

J 18 정답 ② ＊7-Day 이야기 글쓰기 대회 안내문

7-Day Story Writing Competition /
7-Day 이야기 글쓰기 대회 /

Is writing your talent? //
글쓰기가 당신의 재능인가요 //

This is the stage / for you. //
여기 무대가 있습니다 / 당신을 위한 //

When: / From Monday, Dec. 5th, / to Sunday, Dec. 11th, / 2022 /
언제 / 12월 5일 월요일부터 / 12월 11일 일요일까지 / 2022년 /

Age: / 17 and over / ①의 단서 17세 이상만 참가 가능함
연령 / 17세 이상 /

Content / 내용 /

• All participants will write / about the same topic. //
모든 참가자들은 글을 씁니다 / 동일한 주제에 대하여 / ②의 단서 동일한 주제에 대해 글을 씀

• You will be randomly assigned / one of 12 literary genres / for your story. // ③의 단서 12가지 문학 장르 중 하나를 무작위로 배정받음
당신은 무작위로 배정받습니다 / 12가지 문학 장르 중 하나를 / 당신의 이야기를 위해 //

형용사적 용법(7 days 수식)
• You'll have exactly 7 days / to write and submit your story. //
당신에게는 정확하게 7일이 있을 것입니다 / 당신의 이야기를 작성하고 제출할 수 있는 //

Submission / 제출 /

• Only one entry / per person / ④의 단서 출품작은 1인당 하나임
한 출품작만 / 1인당 /

• You can revise and resubmit your entry / until the deadline. //
당신은 출품작을 수정하여 재제출할 수 있습니다 / 마감 기한까지 //

Prize / 시상 /

• We will choose 12 finalists, / one from each genre, / and the 12 entries will be published online / and shared via social media. //
병렬 구조
우리는 12명의 결승 진출자를 선발할 것입니다 / 각 장르에서 한 명씩 / 그리고 12편의 작품들은 온라인으로 출판되고 / 소셜 미디어를 통해 공유될 것입니다 //

병렬 구조
• From the 12 finalists, / one overall winner will be chosen / and awarded $500. // ⑥의 단서 전체 우승자 한 명에게만 상금이 수여됨
12명의 결승 진출자들 중에서 / 한 명의 전체 우승자가 선발되고 / 500달러를 받을 것입니다 //

• To register and for more information, / visit our website at www.7challenge_globestory.com. //
등록을 하거나 더 많은 정보를 위해서 / www.7challenge_globestory.com에 방문하세요 //

- competition ⓝ 대회 • talent ⓝ 재능 • participant ⓝ 참가자
- randomly ⓐⓓ 무작위로 • assign ⓥ 배정하다
- literary genre 문학 장르 • submit ⓥ 제출하다
- submission ⓝ 제출 • entry ⓝ 출품작 • revise ⓥ 수정하다
- deadline ⓝ 마감 기한 • finalist ⓝ 결승 진출자
- publish ⓥ 출판하다 • overall ⓐ 전체적인 • award ⓥ 수여하다

7-Day 이야기 글쓰기 대회

글쓰기가 당신의 재능인가요? 여기 당신을 위한 무대가 있습니다.

언제: 2022년 12월 5일 월요일부터 12월 11일 일요일까지

연령: 17세 이상

내용

• 모든 참가자들은 동일한 주제에 대하여 글을 씁니다.

• 당신은 당신의 이야기를 위해 12가지 문학 장르 중 하나를 무작위로 배정받습니다.

• 당신의 이야기를 작성하고 제출하는 데 정확하게 7일이 있을 것입니다.

제출

• 1인당 한 출품작만

• 당신은 마감 기한까지 출품작을 수정하여 재제출할 수 있습니다.

시상

• 우리는 각 장르에서 한 명씩 12명의 결승 진출자를 선발할 것이고, 12편의 작품들은 온라인으로 출판되고 소셜 미디어를 통해 공유될 것입니다.

• 12명의 결승 진출자들 중에서 한 명의 전체 우승자가 선발되어, 500달러를 받을 것입니다.

※ 등록을 하거나 더 많은 정보를 위해서, www.7challenge_globestory.com에 방문하세요.

7-Day Story Writing Competition에 관한 다음 안내문의 내용과 일치하는 것은?

① 17세 미만 누구나 참여할 수 있다. Age: 17 and over

② 참가자들은 동일한 주제에 대하여 글을 쓴다.
All participants will write about the same topic.

③ 참가자들은 12가지 문학 장르 중 하나를 선택할 수 있다.
You will be randomly assigned one of 12 literary genres

④ 1인당 출품작을 최대 3편까지 제출할 수 있다.
Only one entry per person

⑤ 결승 진출자 전원에게 상금이 수여된다.
From the 12 finalists, one overall winner will be chosen and awarded $500.

왜 정답 ? ❀❀❀ [정답률 87%]

모든 참가자들은 동일한 주제에 대해서 글을 쓴다고(All participants will write about the same topic.) 했으므로 ②이 안내문의 내용과 일치한다.

왜 오답 ?

① 17세 미만이 아닌 이상만 참여할 수 있다고(Age: 17 and over) 했다.

③ 참가자들은 자신이 선택하는 것이 아닌, 12가지 문학 장르 중 하나를 무작위로 배정받는다고(You will be randomly assigned one of 12 literary genres) 했다.

④ 1인당 출품작은 3편이 아닌 한 편이라고(Only one entry per person) 했다.

⑤ 결승 진출자 12명 전원이 아닌 전체 우승자 한 명에게만 상금이 수여된다고(From the 12 finalists, one overall winner will be chosen and awarded $500.) 했다.

J 19 정답 ⑤ ＊온라인 재능 경연 대회

2023 Online Talent Show /
2023 온라인 재능 경연 대회 /

명령문 동사
Show off / your amazing talents! //
뽐내세요 / 여러분의 놀라운 재능을 // ①의 단서 참가 부문은 세 가지임

■ **Categories**: / singing, dancing, playing instruments /
부문 / 노래, 춤, 악기 연주 /

how to-v: ~하는 법 ＊
■ **How to Enter** /
참가 방법 /

병렬 구조 (동사)
– Record a 3-minute video of your talent / and send it to talent@westhigh.edu. // ②의 단서 비디오의 길이에 3분이라는 제한이 있음
여러분의 재능을 3분 길이의 비디오로 녹화하여 / talent@westhigh.edu로 보내세요 //

– Submit the entry / between March 27 and March 31. //
참가작을 제출하세요 / 3월 27일과 3월 31일 사이에 // ③의 단서 제출 기간은 5일간임

■ **How We Select a Winner** / 우승작 선정 방법 /

1. All the videos **will be uploaded** / on the school website / on April 5. //
미래시제 수동태
1. 모든 비디오는 업로드될 것입니다 / 학교 웹 사이트에 / 4월 5일에 //

2. Students and teachers will vote / for their favorite video. //
2. 학생과 교사가 투표할 것입니다 / 가장 좋아하는 비디오에 // ④의 단서 학생과 교사가 투표함
주격 관계대명사
3. The video / **that** receives the most votes / will win. //
3. 비디오가 / 가장 많은 표를 받은 / 우승할 것입니다 // ⑤의 단서 우승한 비디오는
학교 축제에서 상영될 것임
미래시제 수동태
* The winning video **will be played** / at the school festival. //
* 우승한 비디오는 상영될 것입니다 / 학교 축제에서 //

For more information, / please visit www.westhigh.edu. //
더 많은 정보를 위해 / www.westhigh.edu를 방문하세요 //

- instrument ⓝ 악기   - entry ⓝ 출품물, 참가작

2023 온라인 재능 경연 대회
여러분의 놀라운 재능을 뽐내세요!

■ **부문**: 노래, 춤, 악기 연주
■ **참가 방법**
– 여러분의 재능을 3분 길이의 비디오로 녹화하여 talent@westhigh.edu로 보내세요.
– 참가작을 3월 27일과 3월 31일 사이에 제출하세요.
■ **우승작 선정 방법**
1. 모든 비디오는 4월 5일에 학교 웹 사이트에 업로드될 것입니다.
2. 학생과 교사가 가장 좋아하는 비디오에 투표할 것입니다.
3. 가장 많은 표를 받은 비디오가 우승할 것입니다.
* 우승한 비디오는 학교 축제에서 상영될 것입니다.
더 많은 정보를 위해 www.westhigh.edu를 방문하세요.

2023 Online Talent Show에 관한 다음 안내문의 내용과 일치하는 것은?
① 참가 부문은 노래와 춤을 포함한 네 가지이다.
Categories: singing, dancing, playing instruments
② 비디오의 길이에는 제한이 없다.
Record a 3-minute video of your talent
③ 제출 기간은 3월 27일부터 7일 동안이다.
Submit the entry between March 27 and March 31.
④ 학생들만 우승작 선정 투표에 참여할 수 있다.
Students and teachers will vote for their favorite video.
⑤ 우승한 비디오는 학교 축제에서 상영될 것이다.
The winning video will be played at the school festival.

> **왜 정답?** ✽✽✽ [정답률 92%]
우승한 비디오는 학교 축제에서 상영될 것이라고 했으므로 (The winning video will be played at the school festival.) 안내문의 내용과 일치하는 것은 ⑤이다.

> **왜 오답?**
① 참가 부문은 노래와 춤, 악기 연주로, 네 가지가 아닌 세 가지이다. (Categories: singing, dancing, playing instruments)
② 비디오의 길이에는 제한이 없는 것이 아니라 3분의 제한이 있다. (Record a 3-minute video of your talent)
③ 제출 기간은 3월 27일부터 3월 31일까지로, 7일이 아닌 5일 동안이다. (Submit the entry between March 27 and March 31.)
④ 학생들만이 아니라 교사도 우승작 선정 투표에 참여할 수 있다. (Students and teachers will vote for their favorite video.)

어법 특강

✱ **의문사+to부정사**
– 간접의문문은 「의문사+to부정사」의 형태로 축약해 사용할 수 있다.
- Have you decided where to go? (너는 어디로 갈지 결정했니?)
  = Have you decided where you should go?
- I don't know what to do. (나는 무엇을 해야 할지 모르겠다.)
  = I don't know what I should do.
- Tell me how to use this vending machine.
  (저에게 이 자판기를 어떻게 사용하는지 알려주세요.)
  = Tell me how I should use this vending machine.

J 20 정답 ④ ✱Cherrywood 티셔츠 디자인 대회

Cherrywood High School's T-shirt Design Contest /
Cherrywood 고등학교 티셔츠 디자인 대회 /
Help의 목적격 보어 (to부정사)
Help us **to design** / our new school shirts! //
우리가 디자인하는 것을 도와주세요 / 우리의 새로운 학교 티셔츠를 //

A panel of student council members will select / the winning design. // ①의 단서 교사가 아닌 학생회 위원단이 선정함
학생회 위원단이 선정할 것입니다 / 수상 디자인을 //

Take this chance / at being the designer / for the new school T-shirt. //
이 기회를 잡으세요 / 디자이너가 되는 / 새로운 학교 티셔츠의 //

This contest is open to all students! //
이 대회는 모든 학생에게 열려 있습니다 //

Submission Deadline: / 16:00 on December 22, 2023 /
제출 마감 기한 / 2023년 12월 22일 16시 / ②의 단서 다음 날이 아닌 한 주 뒤임
Winner Announcement Date: / December 29, 2023 /
수상자 발표일 / 2023년 12월 29일 /
Location for Submissions: / Art Teacher's Office /
제출 장소 / 미술 교사 교무실 / ③의 단서 제출 장소는 학생회실이 아닌 교무실임
Contest Rules / 대회 규칙 /
'한 조각의'
- Sketch your design / on **a piece of** plain paper. //
여러분의 디자인을 스케치하세요 / 백지 한 장에 // ④의 단서 이름과 학번을
종이에 써서 제출해야 함
- Write your student number and name / on your paper. //
여러분의 학번과 이름을 쓰세요 / 여러분의 종이에 //
- Include the school name and logo / in your design. //
학교 이름과 로고를 포함하세요 / 여러분의 디자인에 //
조동사를 포함하는 수동태
- Max of 4 colors **can be used**. //
최대 4개의 색상이 사용될 수 있습니다 // ⑤의 단서 색상 사용에 제약이 있음
Good luck / and thanks for your participation! //
행운을 빌며 / 여러분의 참여에 감사드립니다 //

- submission ⓝ 제출   - plain paper 백지   - include ⓥ 포함하다
- participation ⓝ 참여

Cherrywood 고등학교 티셔츠 디자인 대회
우리가 우리의 새로운 학교 티셔츠를 디자인하는 것을 도와주세요! 학생회 위원단이 수상 디자인을 선정할 것입니다. 새로운 학교 티셔츠의 디자이너가 되는 이 기회를 잡으세요. 이 대회는 모든 학생에게 열려 있습니다!
제출 마감 기한: 2023년 12월 22일 16시
수상자 발표일: 2023년 12월 29일
제출 장소: 미술 교사 교무실
대회 규칙
- 백지 한 장에 여러분의 디자인을 스케치하세요.
- 여러분의 종이에 여러분의 학번과 이름을 쓰세요.
- 여러분의 디자인에 학교 이름과 로고를 포함하세요.
- 최대 4개의 색상이 사용될 수 있습니다.
행운을 빌며 여러분의 참여에 감사드립니다!

Cherrywood High School's T-shirt Design Contest에 관한 다음 안내문의 내용과 일치하는 것은?
① 교사들이 수상 디자인을 선정할 예정이다.
A panel of student council members will select the winning design.
② 수상자 발표일은 제출 마감일 다음 날이다.
Submission Deadline: 16:00 on December 22, 2023 Winner Announcement Date: December 29, 2023
③ 출품작은 학생회실에 제출해야 한다.
Location for Submissions: Art Teacher's Office
④ 종이에 자신의 학번과 이름을 써야 한다.
Write your student number and name on your paper.
⑤ 사용 가능한 색상 수에 제한이 없다.
Max of 4 colors can be used.

> **왜 정답?** ✱✽✽ [정답률 95%]
종이에 자신의 학번과 이름을 써야 한다고 했으므로 (Write your student number and name on your paper.) 안내문의 내용과 일치하는 것은 ④이다.

① 교사들이 아닌 학생회 위원단이 수상 디자인을 선정할 예정이다. (A panel of student council members will select the winning design.)
② 수상자 발표일은 제출 마감일 다음 날이 아닌 한 주 뒤이다. (Submission Deadline: 16:00 on December 22, 2023, Winner Announcement Date: December 29, 2023)
③ 출품작은 학생회실이 아닌 미술 교사 교무실에 제출해야 한다. (Location for Submissions: Art Teacher's Office)
⑤ 사용 가능한 색상 수는 4개로 제한되어 있다. (Max of 4 colors can be used.)

J 21 정답 ④ ＊Roselands 가상 스포츠의 날

Roselands Virtual Sports Day /
Roselands 가상 스포츠의 날 /

목적격 관계대명사
Roselands Virtual Sports Day is an athletic competition / that you can participate in / from anywhere. //
Roselands 가상 스포츠의 날은 운동 시합입니다 / 여러분이 참여할 수 있는 / 어디에서나 /

When: October 16th — 22nd, 2023 / ①의 단서 10월 16일부터 22일까지 열림
시기 / 2023년 10월 16일부터 22일까지 /

How the event works /
행사 진행 방식 /

• There are 10 challenges in total. // ②의 단서 총 10개의 도전 과제가 있음
총 10개의 도전 과제가 있습니다 //

현재분사구 (videos 수식)
• You can see videos / explaining each challenge / on our school website. // ③의 단서 학교 웹사이트에서 도전 과제를 설명하는 영상을 볼 수 있음
여러분은 영상을 볼 수 있습니다 / 각 도전 과제를 설명하는 / 우리 학교 웹사이트에서 / //

the+비교급 ~, the+비교급 …: ~할수록 더 …하다
• The more challenges you complete, / the more points you will gain for your class. //
여러분이 더 많은 도전 과제를 완수할수록 / 학급을 위한 더 많은 점수를 얻을 수 있습니다 //

• The class with the most points / will get a prize. //
가장 많은 점수를 얻은 학급은 / 상을 받을 것입니다 //

• Parents and teachers can also participate. //
학부모와 교사도 참여할 수 있습니다 // ④의 단서 학부모와 교사도 참여할 수 있음

How to submit your entry /
출품작 제출 방법 /

completing의 의미상 주어 동명사 (전치사의 목적어)
• Email us videos of you completing the challenges / at virtualsportsday@roselands.com. //
여러분이 도전 과제를 완수하는 영상을 저희에게 이메일로 보내주세요 / virtualsportsday@roselands.com으로 // ⑤의 단서 제출할 영상파일 용량이 500MB를 초과하면 안 됨

• The size of the video file must not exceed 500MB. //
영상파일 용량은 500MB를 초과하면 안 됩니다 //

• virtual ⓐ 가상의　　• athletic ⓐ 체육의, 경기의　　• entry ⓝ 출품작

Roselands 가상 스포츠의 날

Roselands 가상 스포츠의 날은 여러분이 어디에서나 참여할 수 있는 운동 시합입니다.
시기: 2023년 10월 16일부터 22일까지
행사 진행 방식
• 총 10개의 도전 과제가 있습니다.
• 여러분은 우리 학교 웹사이트에서 각 도전 과제를 설명하는 영상을 볼 수 있습니다.
• 여러분이 더 많은 도전 과제를 완수할수록, 학급을 위한 더 많은 점수를 얻을 수 있습니다.
• 가장 많은 점수를 얻은 학급은 상을 받을 것입니다.
• 학부모와 교사도 참여할 수 있습니다.
출품작 제출 방법
• 여러분이 도전 과제를 완수하는 영상을 저희에게 virtualsportsday@roselands.com으로 이메일로 보내주세요.
• 영상파일 용량은 500MB를 초과하면 안 됩니다.

Roselands Virtual Sports Day에 관한 다음 안내문의 내용과 일치하지 **않는** 것은?

① 10월 16일부터 22일까지 열린다. When: October 16th — 22nd, 2023
② 총 10개의 도전 과제가 있다. There are 10 challenges in total.
③ 학교 웹사이트에서 도전 과제를 설명하는 영상을 볼 수 있다. You can see videos explaining each challenge on our school website.
④ 학부모와 교사는 참여할 수 없다. Parents and teachers can also participate.
⑤ 제출할 영상파일 용량이 500MB를 초과하면 안 된다. The size of the video file must not exceed 500MB.

>왜 정답 ? ✽✽✽ [정답률 97%]

학부모와 교사도 참여할 수 있다고 했으므로 (Parents and teachers can also participate.) 학부모와 교사는 참여할 수 없다고 한 ④이 안내문의 내용과 일치하지 않는다.

>왜 오답 ?

① 10월 16일부터 22일까지 열린다. (When: October 16th — 22nd, 2023)
② 총 10개의 도전 과제가 있다. (There are 10 challenges in total.)
③ 학교 웹사이트에서 도전 과제를 설명하는 영상을 볼 수 있다. (You can see videos explaining each challenge on our school website.)
⑤ 제출할 영상파일 용량이 500MB를 초과하면 안 된다. (The size of the video file must not exceed 500MB.)

J 22 정답 ⑤ ＊평화 마라톤 축제

Peace Marathon Festival /
평화 마라톤 축제 /

미래시제 수동태
The Peace Marathon Festival will be held / to promote world peace / and share compassion / for people in need. //
부사적 용법 (목적)
평화 마라톤 축제는 개최됩니다 / 세계 평화를 장려하고 / 온정을 나누기 위해 / 도움이 필요한 사람들을 위한 /

병렬 구조 (명령문 동사)
Join us to enjoy running / and make a better world. //
달리기를 즐기는 데 동참하고 / 더 나은 세상을 만들어 주세요 //

When & Where /
언제 어디서 /
①의 단서 오전 10시에 시작함
• Sunday, September 3, 2023 / (Start time: 10 a.m.) /
2023년 9월 3일, 일요일 / (출발 시각: 오전 10시) /

• Civic Stadium /
시민 경기장 /

Participation Fee & Qualification /
참가비 & 자격 /

• Full & Half: / $30 (20 years or older) /
풀 & 하프 / 30달러 (20세 이상) /

• 10 km & 5 km: / $15 (No age limit) /
10킬로미터 & 5킬로미터 / 15달러 (나이 제한 없음) /

Registration /
등록 /
②의 단서 5킬로미터 코스에는 나이 제한이 없음
• The number of participants is limited / to 1,000. //
참가자 수는 제한됩니다 / 1,000명으로 //

(First come, first served.) // ③의 단서 참가자는 선착순 1000명으로 제한됨
(선착순입니다) //

• Online only / at ipmarathon.com /
온라인으로만 / ipmarathon.com에서 /

Notes /
참고 /
④의 단서 기념품과 메달은 모든 참가자들에게 제공됨
• Souvenirs and medals will be given / to all participants. //
기념품과 메달이 주어집니다 / 모든 참가자들에게 // 미래시제 수동태

• Changing rooms will be available / at no charge. //
탈의실은 이용 가능합니다 / 무료로 //

미래시제 수동태 **⑤의 단서** 물은 2.5킬로미터마다와 결승선에서 제공됨
• Water **will be provided** / every 2.5 km / and at the finish line. //
물은 제공됩니다 / 2.5킬로미터마다 / 그리고 결승선에서 //

- compassion ⓝ 온정 • qualification ⓝ 자격
- souvenir ⓝ 기념품

평화 마라톤 축제

평화 마라톤 축제는 세계 평화를 장려하고 도움이 필요한 사람들을 위한 온정을 나누기 위해 개최됩니다. 달리기를 즐기는 데 동참하고 더 나은 세상을 만들어 주세요.

언제 & 어디서
• 2023년 9월 3일, 일요일 (출발 시각: 오전 10시)
• 시민 경기장

참가비 & 자격
• 풀 & 하프: 30달러 (20세 이상)
• 10킬로미터 & 5킬로미터: 15달러 (나이 제한 없음)

등록
• 참가자는 1,000명으로 제한됩니다. (선착순입니다.)
• ipmarathon.com에서 온라인으로만

참고
• 모든 참가자들에게 기념품과 메달이 주어집니다.
• 탈의실은 무료로 이용 가능합니다.
• 물은 2.5킬로미터마다 그리고 결승선에서 제공됩니다.

Peace Marathon Festival에 관한 다음 안내문의 내용과 일치하지 <u>않</u>는 것은?
① 출발 시각은 오전 10시이다. Start time: 10 a.m.
② 5킬로미터 코스는 참가에 나이 제한이 없다. 10 km & 5 km: $15 (No age limit)
③ 참가자는 선착순 1,000명으로 제한된다.
   The number of participants ~ First come, first served
④ 모든 참가자들에게 기념품과 메달이 주어진다.
   Souvenirs and medals will be given to all participants.
⑤ 물은 결승선에서만 제공된다.
   Water will be provided every 2.5 km and at the finish line.

왜 정답? ✱❀❀ [정답률 95%]
물은 2.5킬로미터마다와 결승선에서 제공된다고 했으므로 (Water will be provided every 2.5 km and at the finish line.) 결승선에서만 제공된다고 한 ⑤이 안내문의 내용과 일치하지 않는다.

왜 오답?
① 출발 시각은 오전 10시이다. (Start time: 10 a.m.)
② 5킬로미터 코스는 참가에 나이 제한이 없다. (10 km & 5 km: $15 (No age limit))
③ 참가자는 선착순 1,000명으로 제한된다. (The number of participants ~ First come, first served.)
④ 모든 참가자들에게 기념품과 메달이 주어진다. (Souvenirs and medals will be given to all participants.)

J 23 정답 ⑤ ✱2022 Bluehill 가상 기금 모금 행사

2022 Bluehill Virtual Gala /
2022 Bluehill 가상 기금 모금 행사 /

the 2022 Bluehill Virtual Gala를 수식하는 과거분사구
You're invited / to the 2022 Bluehill Virtual Gala / **hosted by the Bluehill Community Center.** //
여러분을 초대합니다 / 2022 Bluehill 가상 기금 모금 행사에 / Bluehill 커뮤니티 센터가 주최하는 //

부사적 용법(목적)
We'll have an online party / **to raise** funds / for our charity programs! // **①의 단서** 자선 프로그램 기금 마련을 위한 온라인 파티임
우리는 온라인 파티를 할 것입니다 / 기금을 마련하기 위해 / 자선 프로그램을 위한 //

Because we can't gather together / in person / this year, / we are joining together virtually. //
함께 모일 수 없어서 / 직접 / 올해는 / 가상으로 함께 모일 것입니다 //

— Our Virtual Gala is on April 2 / from 6 p.m. to 8 p.m. //
가상 행사는 4월 2일입니다 / 오후 6시부터 8시까지 // **②의 단서** 4월 2일 오후 6시부터 8시까지임

— It will include / musical performances, special lectures, and live auctions! // **③의 단서** 음악 공연, 특별 강연, 라이브 경매가 포함될 예정
그것은 포함할 것입니다 / 음악 공연과 특별 강연, 라이브 경매가 //

동격
— Our MC will be Edward Jones, / the famous actor from *A Good Neighbor*. // **④의 단서** 사회자는 유명한 배우인 Edward Jones임
사회자는 Edward Jones일 것입니다 / *A Good Neighbor*의 유명한 배우인 //

Everyone is welcome. //
누구나 참가할 수 있습니다 // **⑤의 단서** 스트리밍은 무료임
This event will stream for free! //
이 행사는 무료로 스트리밍될 것입니다 //

To join the party, / simply visit www.bluehillgala.org. //
파티에 참가하려면 / www.bluehillgala.org를 방문하기만 하면 됩니다 //

- virtual ⓐ 가상의 • gala ⓝ (경축) 행사 • host ⓥ 주최하다
- raise funds 기금을 모으다 • charity ⓝ 자선 • gather ⓥ 모이다
- in person 직접 • include ⓥ 포함하다 • auction ⓝ 경매
- stream ⓥ (방송) 스트리밍되다

2022 Bluehill 가상 기금 모금 행사

Bluehill 커뮤니티 센터가 주최하는 2022 Bluehill 가상 기금 모금 행사에 여러분을 초대합니다. 우리는 자선 프로그램을 위한 기금을 마련하기 위해 온라인 파티를 할 것입니다! 올해는 직접 함께 모일 수 없어서 가상으로 함께 모일 것입니다.

— 가상 행사는 4월 2일 오후 6시부터 8시까지입니다.
— 음악 공연과 특별 강연, 라이브 경매가 포함될 것입니다!
— 사회자는 *A Good Neighbor*의 유명한 배우인 Edward Jones일 것입니다.

누구나 참가할 수 있습니다. 이 행사는 무료로 스트리밍될 것입니다! 파티에 참가하려면 www.bluehillgala.org를 방문하기만 하면 됩니다.

2022 Bluehill Virtual Gala에 관한 다음 안내문의 내용과 일치하지 <u>않</u>는 것은?
① 자선 프로그램 기금 마련을 위한 온라인 파티이다.
   We'll have an online party to raise funds for our charity programs!
② 4월 2일 오후 6시부터 8시까지 진행된다.
   Our Virtual Gala is on April 2 from 6 p.m. to 8 p.m.
③ 음악 공연과 특별 강연, 라이브 경매가 있을 것이다.
   It will include musical performances, special lectures, and live auctions!
④ 배우 Edward Jones가 사회를 볼 것이다.
   Our MC will be Edward Jones, the famous actor
⑤ 유료로 스트리밍될 것이다.
   This event will stream for free!

왜 정답? ❀❀❀ [정답률 95%]
이 행사는 무료로 스트리밍될 것이라고(This event will stream for free!) 했으므로 유료로 스트리밍될 것이라는 ⑤이 안내문의 내용과 일치하지 않는다.

왜 오답?
① 자선 프로그램 기금 마련을 위한 온라인 파티이다. (We'll have an online party to raise funds for our charity programs!)
② 4월 2일 오후 6시부터 8시까지 진행된다. (Our Virtual Gala is on April 2 from 6 p.m. to 8 p.m.)
③ 음악 공연과 특별 강연, 라이브 경매가 있을 것이다. (It will include musical performances, special lectures, and live auctions!)
④ 유명한 배우인 Edward Jones가 사회를 볼 것이다. (Our MC will be Edward Jones, the famous actor)

J 24 정답 ④ *2024 청소년 테니스 캠프

2024 Youth Tennis Camp /
2024 청소년 테니스 캠프 /
①의 단서 자격을 가진 테니스 선수가 지도함
2024 Youth Tennis Camp is / where your child can get instruction
/ from qualified tennis players / at indoor tennis courts. //
2024 청소년 테니스 캠프는 / 여러분의 자녀가 지도를 받을 수 있는 곳입니다 / 자격을 가진
테니스 선수들로부터 / 실내 테니스 코트에서 //

It will provide / fundamental tennis skills / to your children! //
그것은 제공할 것입니다 / 기본적인 테니스 기술들을 / 여러분의 자녀들에게 //

Who: / Ages 13 to 18 /
대상 / 13세부터 18세까지 /

When: / January 15 — 18, 2024 /
언제 / 2024년 1월 15일부터 18일까지 /   ②의 단서 금요일에는 강습이 없음
Monday to Thursday, / 9:00 a.m. — 12:00 p.m. /
월요일부터 목요일까지 / 오전 9시 ~ 오후 12시 /

Registration Fee: / $100 (lunch included) /
등록비 / 100달러 (점심 식사 포함) /   ③의 단서 등록비에는 점심 식사가 포함됨
Cancellation Policy /
취소 방침 /

• 5 days before the class: / 100% refund /
강습 5일 전까지 / 100퍼센트 환불 /

• 1 — 4 days before the class: / 50% refund /
강습 1 ~ 4일 전까지 / 50퍼센트 환불 /

• On the day of the class and afterwards: / No refund /
강습 당일과 그 이후 / 환불 불가 /   ④의 단서 강습 당일과 그 이후는 환불이 불가함

Notes /
참고 /
수동태 동사
• No outside food is allowed. //
외부 음식은 허용되지 않습니다 //
강력한 권유, 의무   ⑤의 단서 참가자들은 테니스 장비를 가져와야 함
• Participants must bring their own tennis equipment. //
참가자들은 자신들의 테니스 장비를 가져와야 합니다 //
병렬 구조 (동사)
Registration is ONLY available online / and will start on
December 16. //
등록은 온라인으로만 가능하며 / 12월 16일에 시작할 것입니다 //

Visit our website at www.ytc2024.com / to register. //
우리의 웹사이트인 www.ytc2024.com을 방문해 주세요 / 등록을 위해 //

• instruction ⓝ 강습   • qualified ⓐ 자격을 갖춘
• fundamental ⓐ 기본의   • equipment ⓝ 장비
• registration ⓝ 등록   • available ⓐ 유효한

2024 청소년 테니스 캠프
2024 청소년 테니스 캠프는 여러분의 자녀가 실내 테니스 코트에서 자격을
가진 테니스 선수들로부터 지도를 받을 수 있는 곳입니다. 그것은 기본적
인 테니스 기술들을 여러분의 자녀들에게 제공할 것입니다!
대상: 13세부터 18세까지
언제: 2024년 1월 15일부터 18일까지
　　　　월요일부터 목요일까지, 오전 9시 ~ 오후 12시
등록비: 100달러 (점심 식사 포함)
취소 방침
　• 강습 5일 전까지: 100퍼센트 환불
　• 강습 1 ~ 4일 전까지: 50퍼센트 환불
　• 강습 당일과 그 이후: 환불 불가
참고
　• 외부 음식은 허용되지 않습니다.
　• 참가자들은 자신들의 테니스 장비를 가져와야 합니다.
등록은 온라인으로만 가능하며, 12월 16일에 시작할 것입니다. 등록을 위
해 우리의 웹사이트인 www.ytc2024.com을 방문해 주세요.

2024 Youth Tennis Camp에 관한 다음 안내문의 내용과 일치하지 않
는 것은?
① 자격을 가진 테니스 선수가 지도한다. from qualified tennis players
② 금요일에는 강습이 없다. Monday to Thursday
③ 등록비에는 점심 식사가 포함된다. Registration Fee: $100 (lunch included)
④ 강습 당일 취소 시 환불받을 수 있다.
On the day of the class and afterwards: No refund
⑤ 참가자들은 테니스 장비를 가져와야 한다.
Participants must bring their own tennis equipment.

>왜 정답 ? ✿✿✿ [정답률 96%]

강습 당일과 그 이후에는 환불이 불가하다고 (On the day of the class and
afterwards: No refund) 했으므로 강습 당일 취소 시 환불받을 수 있다고 한 ④이
안내문의 내용과 일치하지 않는다.

>왜 오답 ?

① 자격을 가진 테니스 선수가 지도한다. (from qualified tennis players)
② 금요일에는 강습이 없다. (Monday to Thursday)
③ 등록비에는 점심 식사가 포함된다. (Registration Fee: $100 (lunch
　included))
⑤ 참가자들은 테니스 장비를 가져와야 한다. (Participants must bring their own
　tennis equipment.)

J 25 정답 ④ *신학기 무료 나눔 행사

Back-to-school Giveaway Event /
신학기 무료 나눔 행사 /

The City of Easton will host / a free back-to-school giveaway
event. //
Easton시는 주최합니다 / 신학기 무료 나눔 행사를 //
to help의 목적어와 목적격 보어 (원형부정사)
Join us for this fun event / to help children of all ages prepare to
go back to school / after summer vacation. //
이 즐거운 행사에 저희와 함께 참여하세요 / 모든 연령의 아이들이 학교로 돌아가는 것을
준비할 수 있도록 돕는 / 여름 방학 후 //   ①의 단서 토요일 오전에 진행
When: / Saturday, September 2nd, 9 a.m. — 11 a.m. /
일시 / 9월 2일 토요일 오전 9시부터 11시까지 /

Location: / City of Easton Central Park / (This event will be held
rain or shine.) // ②의 단서 우천 시에도 열릴 예정
장소 / Easton시 중앙 공원 / (이 행사는 비가 오나 맑으나 열릴 예정입니다) //

Participation requirements /
참여요건 /

• Open to City of Easton residents only /
Easton시 주민만 참여할 수 있음 /   ③의 단서 Easton시 주민만 참여할 수 있음

• Must bring a valid ID /
유효한 신분증을 꼭 가져올 것 /

Note /
유의사항 /
미래시제 수동태
• 500 backpacks will be given out / on a first-come, first-served
basis. // ④의 단서 가방 500개가 선착순으로 배부될 것임
가방 500개가 배부될 것입니다 / 선착순으로 //
부사적 용법 (목적)
• A parent or a guardian must come with their child / to receive
the backpack. // ⑤의 단서 부모 또는 보호자가 아이와 함께 와야 함
부모 또는 보호자는 아이와 반드시 함께 와야 합니다 / 가방을 받기 위해서 //

For more information, / call the City Council at 612-248-6633. //
더 많은 정보를 알고 싶으시면 / 612-248-6633으로 시의회에 전화 주세요 //

• back-to-school 신학기의   • requirement ⓝ 요건
• resident ⓝ 거주민   • valid ⓐ 유효한   • guardian ⓝ 보호자

신학기 무료 나눔 행사

Easton시는 신학기 무료 나눔 행사를 주최합니다. 모든 연령의 아이들이 여름 방학 후 학교로 돌아가는 것을 준비할 수 있도록 돕는 이 즐거운 행사에 저희와 함께 참여하세요.

일시: 9월 2일 토요일 오전 9시부터 11시까지

장소: Easton시 중앙 공원 (이 행사는 비가 오나 맑으나 열릴 예정입니다.)

참여요건

• Easton시 주민만 참여할 수 있음
• 유효한 신분증을 꼭 가져올 것

유의사항

• 가방 500개가 선착순으로 배부될 것입니다.
• 가방을 받기 위해서 부모 또는 보호자는 아이와 반드시 함께 와야 합니다.

더 많은 정보를 알고 싶으시면, 612-248-6633으로 시의회에 전화 주세요.

Back-to-school Giveaway Event에 관한 다음 안내문의 내용과 일치하는 것은?

① 토요일 오후에 진행된다. When: Saturday, September 2nd, 9 a.m. — 11 a.m.

② 우천 시에는 취소된다. This event will be held rain or shine.

③ Easton시 주민이 아니어도 참여할 수 있다.
Open to City of Easton residents only

④ 가방 500개가 선착순으로 배부될 것이다.
500 backpacks will be given out on a first-come, first-served basis.

⑤ 부모 또는 보호자와 와도 가방을 받을 수 있다.
A parent or a guardian must come with their child to receive the backpack.

왜 정답 ? ✽✾✾ [정답률 90%]

가방 500개가 선착순으로 배부될 것이라고 했으므로 (500 backpacks will be given out on a first-come, first-served basis.) ④이 안내문의 내용과 일치한다.

왜 오답 ?

① 토요일 오후가 아닌 오전에 진행된다. (When: Saturday, September 2nd, 9 a.m. — 11 a.m.)

② 우천 시에도 열릴 예정이다. (This event will be held rain or shine.)

③ Easton시 주민만 참여할 수 있다. (Open to City of Easton residents only)

⑤ 부모 또는 보호자가 아이와 함께 와야 가방을 받을 수 있다. (A parent or a guardian must come with their child to receive the backpack.)

J 26 정답 ④ *Woodside 점토 공예 워크숍

Woodside Clay Workshop /
Woodside 점토 공예 워크숍 /

7 p.m. Thursday March 31, 2022 /
2022년 3월 31일 목요일 오후 7시 /

7 p.m. Thursday April 7, 2022 / ①의 단서 목요일 오후에 진행됨
2022년 4월 7일 목요일 오후 7시 / ②의 단서 성인을 대상으로 함

This is a two-session workshop / for adults. //
두 차시짜리 워크숍입니다 / 성인을 위한 //

병렬 구조
In the first session, / you will learn the basics of clay / and create unique ceramic pendants. //
첫 번째 시간에 / 당신은 점토의 기본을 배울 것입니다 / 그리고 독특한 도자기 펜던트를 만들 것입니다 //

In the second session, / you will decorate the pieces / before we glaze and fire them. //
두 번째 시간에는 / 당신은 작품을 장식할 것입니다 / 우리가 유약을 바르고 굽기 전에 //

Your pendants will be ready / to be picked up from April 14. //
여러분의 펜던트는 준비될 것입니다 / 4월 14일부터 찾아가도록 // ③의 단서 4월 14일부터 펜던트를 찾아갈 수 있음

— This workshop is suitable / for beginners, / so no experience is necessary. //
이 워크숍은 적합합니다 / 초보자에게 / 그러므로 경험이 필요하지 않습니다 //

— Fee: £25 / (including all materials, instruction and a glass of wine) // ④의 단서 모든 재료는 참가비에 포함됨
참가비: 25파운드 / (모든 재료와 강습, 와인 한 잔 포함) //

— There are limited spaces, / so book early. //
자리가 한정되어 있으니 / 일찍 예약하십시오 //

Advance bookings only. //
사전 예약만 가능합니다 // ⑤의 단서 사전 예약만 가능

For more information, / visit our website at www.woodsideclay. co.uk. //
더 많은 정보를 원하시면 / www.woodsideclay.co.uk로 저희 웹 사이트를 방문하십시오 //

• clay ⓝ 점토, 찰흙 • session ⓝ (어떤 활동의) 기간
• ceramic ⓐ 도자기의 • fire ⓥ (도자기 등을) 굽다
• suitable ⓐ 적절한 • necessary ⓐ 필요한 • instruction ⓝ 강습
• limited ⓐ 제한적인 • book ⓥ 예약하다

Woodside 점토 공예 워크숍

2022년 3월 31일 목요일 오후 7시
2022년 4월 7일 목요일 오후 7시

성인을 위한 두 차시짜리 워크숍입니다. 첫 번째 시간에 점토의 기본을 배우고 독특한 도자기 펜던트를 만들 것입니다. 두 번째 시간에는 우리가 유약을 바르고 굽기 전에 여러분이 작품을 장식할 것입니다. 여러분의 펜던트는 4월 14일부터 찾아가도록 준비될 것입니다.

— 이 워크숍은 초보자에게 적합하므로 경험이 필요하지 않습니다.
— 참가비: 25파운드(모든 재료와 강습, 와인 한 잔 포함)
— 자리가 한정되어 있으니 일찍 예약하십시오. 사전 예약만 가능합니다.
  더 많은 정보를 원하시면 www.woodsideclay.co.uk로 저희 웹 사이트를 방문하십시오.

Woodside Clay Workshop에 관한 다음 안내문의 내용과 일치하는 것은?

① 목요일 오전에 진행된다. 7 p.m. Thursday March 31, 2022, 7 p.m. Thursday April 7, 2022

② 어린이를 대상으로 한다. This is a two-session workshop for adults.

③ 두 번째 시간에 펜던트를 찾아갈 수 있다. Your pendants will be ready to be picked up from April 14.

④ 모든 재료가 참가비에 포함된다. Fee: £25 (including all materials, instruction and a glass of wine)

⑤ 사전 예약을 받지 않는다. Advance bookings only.

왜 정답 ? ✽✾✾ [정답률 92%]

워크숍 참가비는 25파운드로, 모든 재료, 강습, 한 잔의 와인이 모두 포함된다고 (Fee: £25 (including all materials, instruction and a glass of wine)) 했으므로 내용과 일치하는 것은 ④이다.

왜 오답 ?

① 목요일 오전이 아니라 오후 7시에(7 p.m. Thursday March 31, 2022, 7 p.m. Thursday April 7, 2022) 진행된다. [주의]

② 어린이 대상이 아닌 성인을 대상으로(This is a two-session workshop for adults.) 한다.

③ 두 번째 시간은 4월 7일인데 4월 14일부터 펜던트를 찾아갈 수 있다고(Your pendants will be ready to be picked up from April 14.) 했다.

⑤ 사전 예약만 받는다고(Advance bookings only.) 했다.

Have a Good Night App /
Have a Good Night 앱 /
helps의 목적어와 목적격 보어 (원형부정사)
This smart app / helps **you have** a refreshing sleep! //
이 스마트 앱은 / 여러분이 상쾌한 잠을 자도록 도와드립니다 //
FEATURES / 특징 /

■ **Sounds for Sleep** / 수면을 위한 소리 /
– Providing relaxing sounds / for sleep /
편안한 소리를 제공함 / 수면을 위한 / ①의 단서 수면을 위한 편안한 소리를 제공함
■ **Sleep Recorder** / 수면 녹음기 /
접속사가 생략되지 않은 분사구문
– Recording sounds / such as coughing or snoring / **while sleeping** / ②의 단서 자는 동안 기침이나 코 고는 소리 같은 소리를 녹음함
소리를 녹음함 / 기침이나 코를 고는 소리와 같은 / 자는 동안 /
■ **Sleep Pattern Tracker** /
수면 패턴 추적기 / ③의 단서 이용자의 수면 패턴을 확인하고 분석함
– Checking and analyzing / the user's sleep pattern /
확인하고 분석함 / 이용자의 수면 패턴을 /
■ **Stress-Free Alarm Tones** /
스트레스가 없는 알람음 / ④의 단서 수면 패턴에 따라 알람음을 조정함
– Adjusting alarm tones / to the user's sleep pattern /
알람음을 조정함 / 이용자의 수면 패턴에 따라 /
PRICE / 가격 / ⑤의 단서 기본 버전은 무료임
■ **Basic version:** / Free / 기본 버전 / 무료 /
■ **Premium version / (extra soundtracks):** / $30 per year /
프리미엄 버전 / (추가 사운드트랙) / 1년에 30달러 /
Click HERE / to Download the App! //
여기를 클릭하세요 / 앱을 다운로드하려면 //

- refreshing ⓐ 신선한, 상쾌한 · coughing ⓝ 기침
- snoring ⓝ 코 고는 소리 · adjust ⓥ 조정하다

Have a Good Night 앱
이 스마트 앱은 상쾌한 잠을 자도록 도와드립니다!
특징
■ 수면을 위한 소리
– 수면을 위한 편안한 소리를 제공함
■ 수면 녹음기
– 자는 동안 기침이나 코를 고는 소리와 같은 소리를 녹음함
■ 수면 패턴 추적기
– 이용자의 수면 패턴을 확인하고 분석함
■ 스트레스가 없는 알람음
– 이용자의 수면 패턴에 따라 알람음을 조정함
가격
■ 기본 버전: 무료
■ 프리미엄 버전 (추가 사운드트랙): 1년에 30달러
앱을 다운로드하려면 여기를 클릭하세요!

Have a Good Night App에 관한 다음 안내문의 내용과 일치하지 **않는** 것은?
① 수면을 위한 편안한 소리를 제공한다. Providing relaxing sounds for sleep
② 자는 동안 기침이나 코를 고는 소리를 녹음한다.
Recording sounds such as coughing or snoring while sleeping
③ 이용자의 수면 패턴을 확인하고 분석한다.
Checking and analyzing the user's sleep pattern
④ 수면 패턴에 따라 알람음을 조정한다.
Adjusting alarm tones to the user's sleep pattern
⑤ 기본 버전은 1년에 30달러이다.
Basic version: Free

> **왜 정답 ?** ❋❋❋ [정답률 94%]
기본 버전은 무료라고 (Basic version: Free) 했으므로 1년에 30달러라고 한 ⑤이 안내문의 내용과 일치하지 않는다.

> **왜 오답 ?**
① 수면을 위한 편안한 소리를 제공한다. (Providing relaxing sounds for sleep)
② 자는 동안 기침이나 코를 고는 소리를 녹음한다. (Recording sounds such as coughing or snoring while sleeping)
③ 이용자의 수면 패턴을 확인하고 분석한다. (Checking and analyzing the user's sleep pattern)
④ 수면 패턴에 따라 알람음을 조정한다. (Adjusting alarm tones to the user's sleep pattern)

2022 Korean Speech Contest / 2022 한국어 말하기 대회 /
Are you a foreign student / **who** wants to show off your
주격 관계대명사
Korean? //
당신은 외국인 학생인가요 / 한국어를 뽐내고 싶은 /
현재분사구(video 수식)
Make your own video / **sharing your experiences in Korea.** //
자신만의 영상을 만들어보세요 / 한국에서의 경험을 공유하는 /
• **Theme:** / "My Experiences / While Staying in Korea" /
주제 / "경험 / 한국에서 지내는 동안의" / ①의 단서 주제는 한국에서 지내는 동안의 경험임
• **Video Submission Deadline:** / September 5th /
영상 제출 마감일 / 9월 5일 / ②의 단서 영상 제출 마감일은 9월 5일임
• **Prizes** / 상품 /
– 1st place: / $100 and traditional Korean tea /
1등 / 100달러 및 한국 전통차 / ③의 단서 1등 상품은 상금과 한국 전통차임
– 2nd place: / $50 and a traditional Korean doll /
2등 / 50달러 및 한국 전통 인형 /
• **Details** / 세부 사항 /
– Your name must be mentioned / at the beginning of the
video. // ④의 단서 영상 도입부에 이름이 언급되어야 함
여러분의 이름이 언급되어야 합니다 / 영상의 도입부에 //
– Your video must be between 3 to 5 minutes. //
영상은 3분에서 5분이어야 합니다 // ⑤의 단서 이메일로 영상 파일을 보내야 함
– Please email your video file / to k-speech@kcontest.com. //
영상 파일을 이메일로 보내주십시오 / k-speech@kcontest.com에 //

- foreign ⓐ 외국의 · show off ～을 뽐내다 · submission ⓝ 제출
- deadline ⓝ 마감일 · mention ⓥ 언급하다
- beginning ⓝ 시작, 도입부

2022 한국어 말하기 대회
당신은 한국어를 뽐내고 싶은 외국인 학생인가요? 한국에서의 경험을
공유하는 자신만의 영상을 만들어보세요.
• 주제: "한국에서 지내는 동안의 경험"
• 영상 제출 마감일: 9월 5일
• 상품
– 1등: 100달러 및 한국 전통차
– 2등: 50달러 및 한국 전통 인형
• 세부 사항
– 영상의 도입부에 이름이 언급되어야 합니다.
– 영상은 3분에서 5분이어야 합니다.
– 영상 파일을 k-speech@kcontest.com에 이메일로 보내주십시오.

2022 Korean Speech Contest에 관한 다음 안내문의 내용과 일치하지
않는 것은?
① 한국에서 지내는 동안의 경험을 주제로 한다.
Theme: "My Experiences While Staying in Korea"
② 영상 제출 마감일은 9월 5일이다.
Video Submission Deadline: September 5th
③ 1등에게는 상금과 한국 전통 인형이 주어진다.
1st place: $100 and traditional Korean tea
④ 영상 도입부에 이름이 언급되어야 한다.
Your name must be mentioned at the beginning of the video.
⑤ 이메일로 영상 파일을 보내야 한다.
Please email your video file to k-speech@kcontest.com.

>왜 정답? ✽❀❀ [정답률 95%]

1등에게는 100달러의 상금과 한국 전통차가 주어진다고(1st place: $100 and traditional Korean tea) 했으므로, 한국 전통 인형이 주어진다고 한 ③은 글의 내용과 일치하지 않는다.

>왜 오답?

① 주제는 한국에서 지내는 동안의 경험(Theme: "My Experiences While Staying in Korea")이다.

② 영상 제출 마감일은 9월 5일(Video Submission Deadline: September 5th)이다.

④ 영상 도입부에 이름이 언급되어야(Your name must be mentioned at the beginning of the video.) 한다.

⑤ 이메일로 영상 파일을 보내야(Please email your video file to k–speech@kcontest.com.) 한다. 함정

J 29 정답 ③ ✽도심 공원의 점심 문화 축제

Out to Lunch /
Out to Lunch /

Do you want to enjoy an afternoon / with tasty food and great music? //
오후를 즐기고 싶으세요 / 맛있는 음식, 좋은 음악과 함께 //

'Out to Lunch' is the perfect event / to meet your needs! //   형용사적 용법 (event 수식)
'Out to Lunch'는 더할 나위 없는 행사입니다 / 당신의 요구를 충족시켜 주는 //

Come and enjoy this event / held in Caras Park / in downtown Missoula! //   과거분사구 (this event 수식)
오셔서 이 행사를 즐기세요 / Caras 공원에서 열리는 / Missoula 시내의 //

Dates & Times /
날짜 & 시간 /   ①의 단서 6월의 매주 수요일에 열림

• Every Wednesday in June, / 12 p.m. — 3 p.m. /
6월 매주 수요일 / 오후 12시 — 오후 3시 /

Highlights /
주요 특징 /

• 10% discount / at all food trucks / including Diamond Ice Cream /   ②의 단서 푸드 트럭의 음식은 10퍼센트 할인됨
10퍼센트 할인 / 모든 푸드 트럭에서 / Diamond 아이스크림을 포함한 /   ③의 단서 라이브 음악 공연

• Live music performance / of the new group Cello Brigade /
라이브 음악 공연 / 신인 그룹 Cello Brigade의 /

• Face-painting and water balloon fight / for kids /
페이스 페인팅과 물풍선 놀이 / 아이들을 위한 /

Notices / 공지 /   ④의 단서 개인 의자와 담요를 가져와야 함

• Bring your own lawn chairs and blankets. //
개인 (야외용) 접의자와 담요를 가져오세요 //

• Dispose of your waste properly. //
개인 쓰레기를 올바르게 처리해 주세요 //

• Drinking alcoholic beverages is strictly banned. //   단수 주어 (동명사구)   단수 동사
주류를 마시는 것은 엄격하게 금지됩니다 //   ⑤의 단서 주류 섭취는 금지됨

• lawn chair (야외용) 접이식 의자   • dispose of ~을 처리하다
• beverage ⑪ 음료   • strictly ⓐⓓ 엄격히   • ban ⓥ 금지하다

Out to Lunch

맛있는 음식, 좋은 음악과 함께 오후를 즐기고 싶으세요? 'Out to Lunch'는 당신의 요구를 충족시켜 주는 더할 나위 없는 행사입니다! 오셔서 Missoula 시내의 Caras 공원에서 열리는 이 행사를 즐기세요!

날짜 & 시간
• 6월 매주 수요일, 오후 12시 – 오후 3시

주요 특징
• Diamond 아이스크림을 포함한 모든 푸드 트럭에서 10퍼센트 할인

• 신인 그룹 Cello Brigade의 라이브 음악 공연
• 아이들을 위한 페이스 페인팅과 물풍선 놀이
공지
• 개인 (야외용) 접의자와 담요를 가져오세요.
• 개인 쓰레기를 올바르게 처리해 주세요.
• 주류를 마시는 것은 엄격하게 금지됩니다.

Out to Lunch에 관한 다음 안내문의 내용과 일치하는 것은?

① 일 년 내내 수요일마다 열리는 행사이다. Every Wednesday in June

② 푸드 트럭에서는 가격을 20% 할인해 준다. 10% discount at all food trucks

③ 라이브 음악 공연이 마련되어 있다. Live music performance

④ 개인 의자와 담요를 가지고 올 수 없다.
   Bring your own lawn chairs and blankets.

⑤ 주류를 포함한 음료를 마실 수 있다.
   Drinking alcoholic beverages is strictly banned.

>왜 정답? ✽❀❀ [정답률 92%]

신인 그룹의 라이브 음악 공연이 마련되어 있다고 했으므로 (Live music performance of the new group) ③이 안내문의 내용과 일치한다.

>왜 오답?

① 일 년 내내가 아닌 6월의 수요일마다 열리는 행사이다. (Every Wednesday in June)

② 푸드 트럭에서는 가격을 20퍼센트가 아닌 10퍼센트를 할인해 준다. (10% discount at all food trucks)

④ 개인 의자와 담요를 가져와야 한다. (Bring your own lawn chairs and blankets.)

⑤ 주류를 마시는 것이 금지된다. (Drinking alcoholic beverages is strictly banned.)

J 30 정답 ④ ✽딸기 축제 개최 안내문

2022 Strawberry Festival / 2022 딸기 축제 /
Join us for a fun family festival. // 즐거운 가족 축제에 함께하세요 //   동명사 (전치사의 목적어)
This year, we are back to hosting / an in-person event / in Berry Square! //   ①의 단서 올해는 대면 행사로 개최됨
올해 우리는 다시 개최하게 되었습니다 / 대면 행사를 / Berry Square에서 //

▢ **Date:** / November 26, 2022 / (11:00 a.m. — 5:00 p.m.) /
날짜 / 2022년 11월 26일 / (오전 11시 — 오후 5시) /   ②의 단서 6세 이하의 어린이들은 무료임

▢ **Tickets:** / $20 per person / (Children 6 and under are FREE.) /
티켓 / 1인당 20달러 / (6세 이하의 아이들은 무료입니다) /

▢ **Special Events** / 특별행사 /

· 11:00 a.m. : / Baking Class for Kids /
오전 11시 / 아이들을 위한 베이킹 클래스 /   ③의 단서 오후 1시에 딸기파이 먹기 대회가 열림

· 1:00 p.m. : / Strawberry Pie-Eating Contest /
오후 1시 / 딸기파이 먹기 대회 /

· 3:00 p.m. : / Strawberry Costume Contest /
오후 3시 / 딸기 의상 대회 /

▢ **Note** / 참고 /   병렬 구조 (동사)

· The parking fee is $5 / and includes tram service to the ticket booth. //   ④의 단서 주차비 5달러에 매표소로 가는 트램 서비스가 포함됨
주차비는 5달러이며 / 매표소로 가는 트램 서비스를 포함합니다 //

· If you are interested in volunteering, / complete an application form / and email it to manager@strawberryfestival.org. //   병렬 구조 (명령문의 동사)
여러분이 자원봉사에 관심이 있다면 / 신청서를 작성하여 /   ⑤의 단서 자원봉사에 관심이 있다면
manager@strawberryfestival.org로 이메일을 보내 주십시오 //   신청서를 이메일로 보내야 함

· in-person 대면의, 직접 하는   • costume ⑪ 의상
· tram ⑪ ((교통수단)) 트램

즐거운 가족 축제에 함께하세요. 올해 우리는 Berry Square에서 대면 행사를 다시 개최하게 되었습니다!
□ 날짜 : 2022년 11월 26일(오전 11시–오후 5시)
□ 티켓 : 1인당 20달러(6세 이하의 아이들은 무료입니다.)
□ 특별행사
· 오전 11시 : 아이들을 위한 베이킹 클래스
· 오후 1시 : 딸기파이 먹기 대회
· 오후 3시 : 딸기 의상 대회
□ 참고
· 주차비는 5달러이며 매표소로 가는 트램 서비스를 포함합니다.
· 여러분이 자원봉사에 관심이 있다면 신청서를 작성하여 manager@strawberryfestival.org로 이메일을 보내 주십시오.

2022 Strawberry Festival에 관한 다음 안내문의 내용과 일치하지 않는 것은?

① 올해는 대면 행사로 개최된다.
This year, we are back to hosting an in-person event
② 6세 이하의 어린이에게는 입장료를 받지 않는다.
Children 6 and under are FREE.
③ 딸기파이 먹기 대회가 오후에 열린다.
1:00 p.m. : Strawberry Pie-Eating Contest
④ 매표소로 가는 트램 서비스는 주차비에 포함되지 않는다.
The parking fee is $5 and includes tram service to the ticket booth.
⑤ 자원봉사에 관심이 있다면 신청서를 이메일로 보내야 한다.
If you are interested in volunteering, ~ email it to manager@strawberryfestival.org.

왜 정답? ✿✿✿ [정답률 95%]

주차비는 5달러이며, 5달러에는 매표소로 가는 트램 서비스를 포함한다고 (The parking fee is $5 and includes tram service to the ticket booth.) 했으므로 포함되지 않는다는 ④은 글의 내용과 일치하지 않는다.

왜 오답?

① 올해는 대면 행사로 개최된다 (This year, we are back to hosting an in-person event).
② 6세 이하의 어린이들은 무료이다 (Children 6 and under are FREE.).
③ 딸기파이 먹기 대회는 오후 1시에 열린다 (1:00 p.m. : Strawberry Pie-Eating Contest).
⑤ 자원봉사에 관심이 있다면 신청서를 이메일로 보내야 한다 (If you are interested in volunteering, ~ email it).

J 어휘 Review 정답

문제편 p. 136

01 도자기의	11 plenty of	21 conserve
02 멋진	12 plain paper	22 participation
03 기침	13 runway showcase	23 accompanied
04 온정	14 show off	24 priority
05 자격	15 dispose of	25 finalists
06 dine	16 ingredients	26 steam
07 wonder	17 manual	27 athletic
08 robotics	18 need	28 fundamental
09 snoring	19 athletic	29 auctions
10 preserve	20 qualified	30 explore

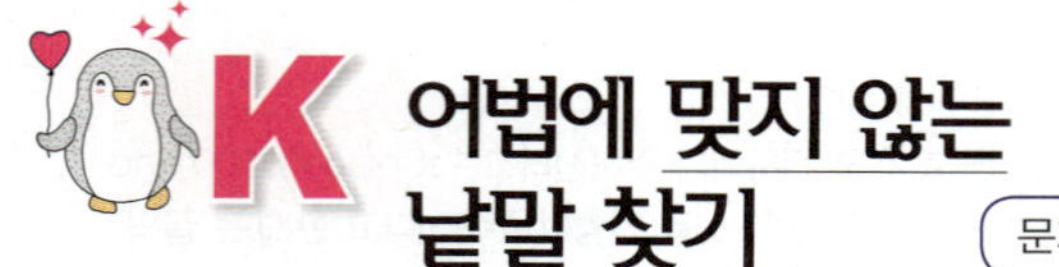

K 어법에 맞지 않는 낱말 찾기

문제편 p. 138~147

K 01 정답 ④ *맛에 앞서는 음식의 사회적 기능

다음 글의 밑줄 친 부분 중, 어법상 틀린 것은?

The prominence of the social dimension / in food writing / might suggest / ① **that** the flavor of food / **is taking** a back seat. //
사회적 측면이 부각되는 것은 / 음식에 관한 글에서 / 시사할지도 모른다 / 음식의 맛이 뒷전으로 밀려나고 있음을 //

I suspect / ① **that** most people **view** flavor / **as of secondary importance** / in social settings **where** food is served. //
나는 생각한다 / 대부분의 사람들이 맛을 여긴다고 / 부수적인 중요성을 띤 것으로 / 음식이 제공되는 사교적 상황에서 //

Although our social gatherings / coalesce around food, / the meaning of these gatherings / does not seem to depend on flavor. //
우리의 사교 모임이 / 음식을 중심으로 모인다 하더라도 / 이러한 모임의 의의는 / 맛에 달려 있지 않은 듯하다 //

Flavor ② **assists** / with the narrow purpose of filling the belly, / and **once** that is accomplished / it provides the backdrop / for **whatever** social dynamics characterize the gathering. //
맛은 도움이 되고 / 배를 채운다는 좁은 (의미의) 목적에 / 그 목적이 달성되면 / (맛은) 그 배경을 제공한다 / 모임을 특징짓는 사회적 역학 관계가 어떤 것이든지 간에 //

These can be understood / independently of **the flavor of the food on offer**, / the appreciation of ③ **which** / **is understood** to be personal and subjective. //
이(사회적 역학 관계)는 이해될 수 있으며 / 제공되는 음식의 맛과는 별개로 / 그것(음식의 맛)에 대한 감상은 / 개인적이고 주관적인 것으로 이해된다 //

According to this conventional wisdom, / **the ceremonies and rituals around food**, / **the social events that** supply food with its meaning, / ④ **does(→ do)** not depend on the quality of sensations / **provided by the food**. //
이러한 통념에 따르면 / 음식을 중심으로 하는 예식과 의식 / 즉 음식에 의미를 부여하는 사교 행사는 / 감각의 질에 의존하지 않는다 / 음식이 제공하는 //

To focus ⑤ **excessively** on flavor / is **to miss** the larger significance / of these social relations. //
맛에 지나치게 집중하는 것은 / 더 큰 중요성을 놓치는 것이다 / 이러한 사회적 관계의 //

· prominence ⓝ 부각, 눈에 띔　· dimension ⓝ 측면, 차원
· back seat 뒷좌석, 뒷전　· secondary ⓐ 부수적인　· belly ⓝ 배
· dynamics ⓝ 역학　· characterize ⓥ 특징을 짓다
· independently of ~와는 독립적으로, 별개로
· appreciation ⓝ 감상, 소감　· ritual ⓝ 의식　· sensation ⓝ 감각
· excessively ⓐⓓ 지나치게　· significance ⓝ 중요성

음식에 관한 글에서 사회적 측면이 부각되는 것은 음식의 맛이 뒷전으로 밀려나고 있음을 시사할지도 모른다. 나는 대부분의 사람들이 음식이 제공되는 사교적 상황에서 맛을 부수적인 중요성을 띤 것으로 여긴다고 생각한다. 우리의 사교 모임이 음식을 중심으로 모인다 하더라도, 이러한 모임의 의의는 맛에 달려 있지 않은 듯하다. 맛은 배를 채운다는 좁은 (의미의) 목적에 도움이 되고, 그 목적이 달성되면 (맛은) 모임을 특징짓는 사회적 역학 관계가 어떤 것이든지 간에 그 배경을 제공한다. 이(사회적 역학 관계)는 제공되는 음식의 맛과는 별개로 이해될 수 있으며, 그것(음식의 맛)에 대한 감상은 개인적이고 주관적인 것으로 이해된다. 이러한 통념에 따르면, 음식을 중심으로 하는 예식과 의식, 즉 음식에 의미를 부여하는 사교 행사는, 음식이 제공하는 감각의 질에 의존하지 않는다. 맛에 지나치게 집중하는 것은 이러한 사회적 관계의 더 큰 중요성을 놓치는 것이다.

④ 문장의 동사는 주어와 수를 일치시켜야 한다!

According to this conventional wisdom, / **the ceremonies and rituals around food**, / the social events that supply food with its meaning, / ④ ~~does~~(→ do) not depend on the quality of sensations / provided by the food. //
(복수 주어 / 주어가 복수이므로 복수 동사가 와야 함)

수식어구와 동격의 명사구 등을 전부 제외하면 문장의 주어는 the ceremonies and rituals around food가 된다. 복수이므로 동사 또한 복수 동사인 do가 와야 한다.

>왜 오답?

① 접속사 that은 명사절을 이끈다.

I suspect / ① **that** most people view flavor / as of secondary importance / in social settings where food is served. //
(목적어절 접속사 / 완전한 절 (주어+동사+목적어))

접속사 that은 문장에서 주어, 목적어, 보어의 역할을 하는 명사절을 이끌 수 있다. (개념)

동사 suspect의 목적어절을 명사절 접속사 that이 알맞게 이끌고 있다.

② 절에는 하나의 주어와 하나의 동사가 있어야 한다.

Flavor ② **assists** / with the narrow purpose of filling the belly, / **and** once that is accomplished / **it provides** the backdrop / for whatever social dynamics characterize the gathering. //
(첫 번째 절의 주어와 동사 / 절과 절을 잇는 등위접속사 / 두 번째 절의 주어와 동사)

등위접속사 and로 두 개의 절이 연결되고 있다. 첫 번째 절의 주어는 Flavor, 동사는 assists이고, 두 번째 절의 주어는 it, 동사는 provides이다.

첫 번째 절에서 assists 외에 다른 본동사 역할을 하는 성분이 없으므로, 동사의 형태로 쓰인 assists는 적절하다. 또한 3인칭 단수 주어 Flavor에 맞게 동사 또한 단수 형태로 온 것은 적절하다.

③ 관계대명사는 불완전한 절을 이끈다.

These can be understood / independently of **the flavor of the food on offer**, / the appreciation of ③ **which** / is understood to be personal and subjective. //
(관계대명사 / 선행사 / 전치사 of의 목적어가 없는 불완전한 절)

which는 의미상 the flavor of the food on offer(제공되는 음식의 맛)를 선행사로 한다. 관계대명사가 이끄는 절은 전치사 of에 대한 목적어가 없는 불완전한 절이므로, 관계대명사 which는 알맞게 쓰였다.

관계대명사 자리에 선행사 the flavor of the food on offer를 삽입하면 원래 문장으로 완전해진다.

⑤ 준동사는 부사의 수식을 받는다.

To focus ⑤ **excessively** on flavor / is to miss the larger significance / of these social relations. //
(명사적 용법 (주어) / To focus를 수식하는 부사)

to부정사와 같은 준동사는 부사의 수식을 받을 수 있다. 따라서 주어 자리에 온 to부정사 To focus를 부사 excessively가 수식하는 것은 알맞다.

K 02 정답 ⑤ *성장의 폐해를 초기에 다루어야 할 필요성

다음 글의 밑줄 친 부분 중, 어법상 틀린 것은? [3점]

Even though institutions like the World Bank use wealth / ① **to differentiate** / between "developed" and "developing" countries, /
(부사적 용법(목적))
World Bank와 같은 기관들은 부를 사용하지만 / 구별하기 위해 / '선진' 국가와 '개발도상' 국가를 /

they also agree / **that** development is more than economic growth. //
(목적어절 접속사)
그들은 또한 동의한다 / 발전이 경제 성장 그 이상이라는 것에 //

"Development" can also include / the social and environmental changes / **that are caused** by or **accompany** economic growth, /
(주격 관계대명사 / 병렬 구조)
'발전'은 또한 포함할 수 있다 / 사회적이고 환경적인 변화도 / 경제 성장에 의해 야기되거나 경제 성장을 수반하는 /

some of ② **which** are positive / and thus may be negative. //
(계속적 용법의 목적격 관계대명사)
그 변화의 일부는 긍정적이고 / 따라서 일부는 부정적일지도 모른다 //

Awareness has grown / — and continues to grow — / **that the question** of how economic growth is affecting / people and the planet / ③ **needs** to be addressed. //
(동격절 접속사 (Awareness) / 단수 주어 / 단수 동사)
인식이 커졌고 / 그리고 계속해서 커지고 있다 / 경제 성장이 어떻게 영향을 미치고 있는지에 대한 문제가 / 인간과 지구에 / 다루어질 필요가 있다는 //

Countries are slowly learning / that **it** is cheaper and causes ④ **much** less suffering / **to try** to reduce / the harmful effects of an economic activity or project /
(비교급 강조 부사 / 진주어 / 가주어)
국가들은 서서히 깨닫고 있다 / 비용이 덜 들고 훨씬 더 적은 고통을 야기한다는 것을 / 줄이려고 노력하는 것이 / 경제 활동이나 프로젝트의 폐해를 /

at the beginning, / when it is planned, / than after the damage appears. //
초기에 / 그것이 계획되는 때인 / 피해가 나타난 이후보다 //

To do this / is not easy and is always imperfect. //
(단수 주어(to부정사구) / 단수 동사)
이것을 하는 것은 / 쉽지 않고 항상 불완전하다 //

But an awareness / of the need for such an effort / indicates a greater understanding and moral concern /
(단서 indicates ~를 대신하는 did가 와야 함)
그러나 인식은 / 그러한 노력의 필요성에 대한 / 더 큰 이해와 도덕적 관심을 나타낸다 /

than ⑤ **was**(→ did) the previous widespread attitude / **that** focused only on creating new products and services. //
(주격 관계대명사)
이전의 널리 퍼진 태도가 했던 것보다 / 새로운 제품과 서비스를 만드는 데만 집중했던 //

- institution ⓝ 기관
- wealth ⓝ 부
- differentiate ⓥ 구별하다
- developed country 선진국
- developing country 개발도상국
- accompany ⓥ 수반하다
- awareness ⓝ 인식
- address ⓥ 다루다
- suffering ⓐ 고통을 야기하는
- harmful ⓐ 해로운
- damage ⓝ 피해
- imperfect ⓐ 불완전한
- indicate ⓥ 나타내다
- moral ⓐ 도덕적인
- concern ⓝ 관심
- widespread ⓐ 널리 퍼진

World Bank와 같은 기관들은 '선진' 국가와 '개발도상' 국가를 구별하기 위해 부를 사용하지만, 그들은 또한 발전이 경제 성장 그 이상이라는 것에 동의한다. '발전'은 경제 성장에 의해 야기되거나 경제 성장을 수반하는 사회적이고 환경적인 변화도 포함할 수 있으며, 그 변화의 일부는 긍정적이고 따라서 (일부는) 부정적일지도 모른다. 경제 성장이 인간과 지구에 어떻게 영향을 미치고 있는지에 대한 문제가 다루어질 필요가 있다는 인식이 커졌고 — 그리고 계속해서 커지고 있다. 국가들은 경제 활동이나 프로젝트의 폐해를 피해가 나타난 이후보다, 그것이 계획되는 때인, 초기에 줄이려고 노력하는 것이 비용이 덜 들고 훨씬 더 적은 고통을 야기한다는 것을 서서히 깨닫고 있다. 이것을 하는 것은 쉽지 않고 항상 불완전하다. 그러나 그러한 노력의 필요성에 대한 인식은 새로운 제품과 서비스를 만드는 데만 집중했던 이전의 널리 퍼진 태도가 했던 것보다 더 큰 이해와 도덕적 관심을 나타낸다.

>왜 정답? ★★★ [정답률 52%]

⑤ [대동사] 이 문장은 새로운 제품과 서비스를 만드는 데만 집중했던 이전에 비해 성장의 폐해를 초기에 줄이려고 노력하는 현재 '더 큰' 이해와 도덕적 관점을 나타낸다고 설명하고 있다. 따라서 than 뒤의 동사는 주절의 indicates를 다시 받고 있는 것이므로, ⑤ was는 일반동사를 대신하는 do를 맥락에 맞게 과거 시제로 고친 did로 바꿔야 한다.

★ [대동사] 해결하기 (KEY)
- 앞에 나온 동사의 반복을 피하기 위해 일반동사는 do를, be동사는 be동사를, 완료 시제는 have를 대동사로 쓴다.
- 대동사를 쓸 때에도 주어에 수를 일치시켜야 한다.

① [to부정사의 부사적 용법] to부정사의 부사적 용법 중 목적의 의미로 사용되어, 국가를 '구별하기 위해' 부를 사용한다는 뜻을 완성하고 있다. 목적의 의미인 경우, in order to 혹은 so as to로 쓸 수 있다.

② [목적격 관계대명사] 선행사 the social and environmental changes를 대신하여 전치사 of의 목적어 역할을 하는 목적격 관계대명사 which가 계속적 용법으로 적절하게 쓰였다.

③ [단수 동사] that이 이끄는 동격절의 주어 the question에 대한 단수 동사 needs가 적절하게 쓰였다.

④ [비교급 강조 부사] less suffering이라는 비교급 비교를 강조하기 위해 부사 much가 사용되었다. 이 외에도 still, far, even, a lot 등이 비교급을 강조할 수 있다.

K 03 정답 ② ＊원근법을 통한 깊이 표현에서 관찰의 중요성

다음 글의 밑줄 친 부분 중, 어법상 틀린 것은?

In art, / there are a number of ways to use perspective / to obtain the illusion of depth, /
미술에서 / 원근법을 사용하는 많은 방법이 있는데 / 깊이의 착시 효과를 얻기 위해 /

including / using colors and graduated values of black and white, / and ① accurately drawing the subject / by applying the rules of the geometric system of perspective. //
포함한다 / 색상과 흑백의 그라데이션 값(점진적인 톤 변화)을 이용하는 것과 / 대상을 정확하게 그리는 것을 / 원근법의 기하학적 시스템 규칙을 적용함으로써 /

In order to achieve perspective, / you must make a number of observations. //
원근법을 구현하기 위해서 / 당신은 많은 관찰을 해야 한다 //

The forms or objects / that you draw on a flat surface / actually ②has(→ have) depth and dimension / in real life. //
형태나 물체는 / 당신이 평면에 그리는 / 실제로 깊이와 차원이 있다 / 실생활에서는 //

As you view them / and place their shapes and forms / on a drawing surface, / ③ try to represent that depth / to make the objects appear realistic and three-dimensional. //
당신은 그것들을 보고 / 그것들의 모양과 형태를 배치할 때 / 그림 표면에 / 그 깊이를 나타내려고 노력하라 / 물체들이 현실적이고 3차원처럼 보이도록 //

Objects appear differently / when ④ viewed from various positions. //
물체는 다르게 나타난다 / 다양한 위치에서 보여질 때 //

Because of this, / it's important / to establish the viewpoint, and stick with ⑤ it. //
이 때문에 / 중요하다 / 관찰점을 설정하고, 그것을 고수하는 것이 //

When observing a subject, / you see depth and three dimensions. //
어떤 대상을 관찰할 때 / 당신은 깊이와 3차원을 본다 //

When you draw this subject / onto a flat surface / as it appears to the eye, / you are drawing in perspective. //
당신이 이 대상을 그릴 때 / 평면에 / 그것이 눈에 보이는 대로 / 당신은 원근법으로 그리고 있는 것이다 //

- illusion ⓝ 착각, 환상
- depth ⓝ 깊이
- graduated ⓐ 점증하는
- accurately ⓐ𝐝 정확하게
- flat ⓐ 평평한
- dimension ⓝ 차원
- represent ⓥ 나타내다
- realistic ⓐ 현실적인
- three-dimensional 3차원의

미술에서, 깊이의 착시 효과를 얻기 위해 원근법을 사용하는 많은 방법이 있는데, 색상과 흑백의 그라데이션 값(점진적인 톤 변화)을 이용하는 것과, 원근법의 기하학적 시스템 규칙을 적용함으로써 대상을 정확하게 그리는 것을 포함한다. 원근법을 구현하기 위해서, 당신은 많은 관찰을 해야 한다.

당신이 평면에 그리는 형태나 물체는 실제로 실생활에서는 깊이와 차원이 있다. 당신은 그것들을 보고 그것들의 모양과 형태를 그림 표면에 배치할 때, 물체들이 현실적이고 3차원처럼 보이도록 그 깊이를 나타내려고 노력하라. 물체는 다양한 위치에서 보여질 때 다르게 나타난다. 이 때문에, 관찰점을 설정하고, 그것을 고수하는 것이 중요하다. 어떤 대상을 관찰할 때, 당신은 깊이와 3차원을 본다. 당신이 이 대상을 그것이 눈에 보이는 대로 평면에 그릴 때, 당신은 원근법으로 그리고 있는 것이다.

왜 정답 ? ＊＊※ [정답률 79%]

② 문장의 동사는 주어와 수를 일치시켜야 한다!

The forms or objects /[that you draw on a flat surface]/ actually ② has(→ have) depth and dimension / in real life. //

수식어 역할을 하는 관계대명사절을 제외하면 문장의 주어는 The forms or objects 이다. 복수이므로 동사 또한 복수 동사인 have가 와야 한다.

왜 오답 ?

① 부사는 준동사를 수식할 수 있다.

~ including / using colors and graduated values of black and white, / and ① accurately drawing the subject / ~

부사는 명사를 제외한 모든 성분을 수식할 수 있다. 부사 accurately가 뒤에 온 동명사 drawing을 수식하므로 어법상 알맞다.

③ 문장의 절마다 하나의 동사가 있어야 한다.

As you view them / and place their shapes and forms / on a drawing surface, / ③ try to represent that depth / to make the objects appear realistic and three-dimensional. //

부사절 뒤에 주절이 이어지는 문장이다. 주절이 동사원형으로 시작하고 있는데, try를 제외하고는 동사 역할을 할 수 있는 것이 없으므로 명령문의 동사로 try가 온 것은 알맞다.

④ 부사절에서는 「주어＋be동사」를 생략할 수 있다.

Objects appear differently / when ④ viewed from various positions. //

when과 viewed 사이에 주절의 주어인 objects와 이에 맞는 be동사 are가 생략되었음을 알 수 있다. 원래의 부사절로 고치면 when objects are viewed from various positions이므로, '물체가 다양한 위치에서 보여진다'라는 수동의 의미를 잘 표현하고 있다. 따라서 수동태의 과거분사 부분인 viewed는 알맞게 쓰였다.

⑤ 대명사는 선행사와 수를 일치시켜야 한다.

Because of this, / it's important / to establish the viewpoint, and stick with ⑤ it. //

대명사 it은 의미상 the viewpoint를 가리키고 있으므로 (관찰점을 설정하고 '그것을' 고수하는 것), 이미 언급된 단수 명사를 대신하는 대명사 it은 알맞게 쓰였다.

K 04 정답 ② ＊문화에 따른 시간 개념 형성 과정

다음 글의 밑줄 친 부분 중, 어법상 틀린 것은?

All human cultures mark / the passing of time / by the differences they observe / in the world around ① them. //
인류의 모든 문화들은 표시한다 / 시간의 흐름을 / 그것들이 관찰하는 차이에 따라 / 그것들을 둘러싼 세계에서 //

Our choice of which differences to mark / ② depend(→ depends) firstly / on what we can observe / and secondly on what is important in our lives. //
어떤 차이를 표시할지에 대한 우리의 선택은 / 첫째로 달라진다 / 우리가 무엇을 관찰할 수 있는지와 / 둘째로 우리 삶에서 무엇이 중요한지에 따라 //

How we mark the differences / — the shapes of our calendars and our rituals — / depends on the connections / we make between those two things. //
우리가 그 차이들을 표시하는 방법은 / 우리의 달력과 의식의 형태처럼 / 연결에 따라 달라진다 / 그 두 가지 사이에 우리가 만드는 //

In the agricultural society of pre-modern Europe, / where higher latitudes make the seasons easily ③ observable, / it was natural / to monitor the solar cycle. //
전근대 유럽의 농경 사회에서는 / 위도가 높아 계절을 쉽게 관찰할 수 있었던 / 자연스러운 일이었다 / 태양의 주기를 관찰하는 것은 //

Conversely, / among the largely nomadic peoples of Arabia, / ④ for whom seasonal changes were less significant, / the lunar calendar was a more sensible choice. //
반대로 / 아라비아의 대체로 유목 생활을 하는 민족들에게는 / 계절 변화가 덜 중요한 / 음력이 더 합리적인 선택이었다 //

That did not make it inevitable / that Islam would use a lunar calendar / and Roman Christianity a solar one, /
그렇다고 해서 필연적인 것은 아니었지만 / 이슬람교가 음력을 사용하고 / 로마 기독교가 양력을 사용하는 것이 /

but political and religious decisions were made / from options limited by geography and lifestyle, / ⑤ filtered through tradition. //   정치적, 종교적 결정이 이루어졌다 / 지리와 생활 방식에 의해 제한된 선택지 중에서 / 전통을 통해 걸러져 //

- ritual ⓝ 의식   - connection ⓝ 연결   - agricultural ⓐ 농경의
- pre-modern 전근대의   - monitor ⓥ 관찰하다
- conversely ⓐⓓ 반대로   - lunar ⓐ 음력의
- sensible ⓐ 합리적인   - inevitable ⓐ 필연적인
- religious ⓐ 종교적인   - geography ⓝ 지리   - filter ⓥ 거르다

인류의 모든 문화들은 그것들을 둘러싼 세계에서 그것들이 관찰하는 차이에 따라 시간의 흐름을 표시한다. 어떤 차이를 표시할지에 대한 우리의 선택은 첫째로 우리가 무엇을 관찰할 수 있는지와 둘째로 우리 삶에서 무엇이 중요한지에 따라 달라진다. 우리의 달력과 의식의 형태처럼 우리가 그 차이들을 표시하는 방법은 그 두 가지 사이에 우리가 만드는 연결에 따라 달라진다. 위도가 높아 계절을 쉽게 관찰할 수 있었던 전근대 유럽의 농경 사회에서는 태양의 주기를 관찰하는 것은 자연스러운 일이었다. 반대로, 계절 변화가 덜 중요한 아라비아의 대체로 유목 생활을 하는 민족들에게는 음력이 더 합리적인 선택이었다. 그렇다고 해서 이슬람교가 음력을, 로마 기독교가 양력을 사용하는 것이 필연적인 것은 아니었지만, 지리와 생활 방식에 의해 제한된 선택지 중에서 전통을 통해 걸러져 정치적, 종교적 결정이 이루어졌다.

>왜 정답? ★★★ [정답률 62%]

② 문장의 동사는 주어와 수를 일치시켜야 한다!

Our choice of which differences to mark / ② depend (→ depends) firstly / on what we can observe / and secondly on what is important in our lives. //

수식어 역할을 하는 전치사구를 제외하면 문장의 주어는 Our choice이다. 단수이므로 동사 또한 단수 동사인 depends가 와야 한다.

>왜 오답?

① 대명사는 대신하는 명사와 수를 일치시켜야 한다.

All human cultures mark / the passing of time / by the differences they observe / in the world around ① them. //

의미상 대명사 them은 all human cultures를 가리키고 있으므로 (인류의 모든 문화들은 '그들의' 주변 세상에서 관찰하는 차이점으로 시간의 흐름을 표시한다), 이미 언급된 복수 명사를 대신하는 대명사 them은 알맞게 쓰였다.

---

③ 형용사는 목적격 보어의 역할을 할 수 있다.

In the agricultural society of pre-modern Europe, / where higher latitudes make the seasons easily ③ observable, / it was natural / to monitor the solar cycle. //

관계부사절 내에서 동사 make의 목적어로 the seasons, 목적격 보어로 easily observable이 쓰였다. 계절이 '쉽게 관측될 수 있도록' 만든다는 내용이므로, make의 목적격 보어로 형용사 observable이 알맞게 쓰였다.

④ 「전치사 + 관계대명사」는 완전한 절을 이끈다.

Conversely, / among the largely nomadic peoples of Arabia, / ④ for whom seasonal changes were less significant, / the lunar calendar was a more sensible choice. //

문장에서 whom은 the largely nomadic peoples of Arabia를 가리키며, 전치사 for와 함께 쓰여 '그들에게 있어'라는 의미를 만든다. 따라서 관계대명사절은 원래의 Seasonal changes were less significant for the largely nomadic peoples of Arabia.라는 문장에서 중복되는 부분을 빼고 변형된 것이다. 따라서 전치사와 함께 쓰인 for whom은 문법적으로도, 의미상으로도 적절하게 사용되었다.

⑤ 과거분사는 수동의 의미로 분사구문을 연결한다.

~ / but political and religious decisions were made / from options limited by geography and lifestyle, / ⑤ filtered through tradition. //

주절의 주어는 political and religious decisions이고, '정치적, 종교적 결정'은 전통을 통해 '걸러진다'는 의미가 되므로, decisions와 동사 filter의 관계는 수동이다. 따라서 과거분사 filtered가 분사구문을 이끄는 것은 알맞다.

K 05 정답 ⑤ ＊동물의 선호를 파악할 수 있는 조건부 장소 선호도 —

다음 글의 밑줄 친 부분 중, 어법상 틀린 것은?

Conditioned Place Preference / is a way of finding out / what animals want. //
조건부 장소 선호도는 / 알아내는 하나의 방법이다 / 동물들이 무엇을 원하는지 //

Researchers train them / ① to associate one place with an experience / such as food or a loud noise / and another place with something completely different, / usually where nothing happens. //
연구자들은 그것들을 훈련시키는데 / 한 장소를 경험과 연관시키고 / 음식이나 시끄러운 소리와 같은 / 또 다른 장소를 완벽히 다른 어떤 것과 (연관시킨다) / 대개 그곳에서는 아무것도 일어나지 않는다 //

The two places are made obviously different / to make it as ② easy as possible / for the animal to associate each place / with what happened to it there. //
그 두 장소는 명백히 다르게 만들어진다 / 가능한 한 쉽게 만들기 위해 / 그 동물이 각 장소를 연관시키는 것을 / 거기에서 그것에게 일어난 일과 //

The animal's preference / for being in one place or another / is measured both before and after / its experiences in the two places. //
그 동물의 선호도는 / 한 장소나 다른 장소에 있는 것에 대한 / 전과 후에 모두 측정된다 / 두 장소에서 경험하기 //

If there is a shift / in where the animal chooses to spend its time / for the reward, /
만약 변화가 있다면 / 동물이 어디에서 시간을 보내기로 선택하는지에 / 보상을 위해 /

this suggests / that it liked the experience / and is trying to repeat ③ it. //
이것은 시사한다 / 그것이 그 경험을 좋아했고 / 그것을 반복하려고 노력하는 중이라는 것을 //

Conversely, / if it now **avoids** the place / **the stimulus appeared** /
and ④ **starts** to prefer the place / **it did not experience it,** /
반대로 / 만약 그것이 이제 장소를 피하고 / 자극이 나타났던 / 그것이 장소를 선호하기
시작한다면 / 그것을 경험하지 않았던 /
then this suggests / **that** it found **the stimulus unpleasant.** //
그러면 이것은 시사한다 / 그것이 그 자극을 불쾌하게 느꼈다는 것을 //

For example, / mice with cancer show a preference / for the
place **where** they have ⑤ given(→ been given) morphine, / a
drug used to relieve pain,
단서 1 관계부사절의 주어인 they는 쥐들이고,
쥐들이 모르핀을 '받는' 상황임
예를 들어 / 암에 걸린 쥐가 선호를 보여 준 반면 / 모르핀이 주어졌던 장소에 대한 / 통증을
완화시키는 데 사용되는 약인 /
단서 2 have received와 같은 뜻이 되려면
have been given이 와야 함
rather than where they have received saline / whereas healthy
mice developed no such preference. //
식염수를 받아 왔던 곳보다 / 건강한 쥐는 그러한 선호가 생기지 않았다 //
This suggests / **that** the mice with cancer / wanted the morphine. //
이것은 시사한다 / 암에 걸린 쥐가 / 그 모르핀을 원했음을 //

- **conditioned** ⓐ 조건부의   - **associate** ⓥ 연관 짓다
- **obviously** ⓐᵈ 명백히   - **unpleasant** ⓐ 불쾌한   - **cancer** ⓝ 암

조건부 장소 선호도는 동물들이 무엇을 원하는지 알아내는 하나의 방법이
다. 연구자들은 그것들이 한 장소를 음식이나 시끄러운 소리와 같은 경험
과 연관시키고 또 다른 장소를 완벽히 다른 어떤 것과 연관시키도록 훈련
시키는데 대개 그곳에서는 아무것도 일어나지 않는다. 그 두 장소는 그 동
물이 각 장소를 거기에서 그것에게 일어난 일과 연관시키는 것을 가능하
게 쉽게 만들기 위해 명백히 다르게 만들어진다. 한 장소나 다른 장소에 있
는 것에 대한 그 동물의 선호도는 두 장소에서 경험하기 전과 후에 모두 측
정된다. 만약 동물이 보상을 위해 어디에서 시간을 보내기로 선택하는지에
변화가 있다면, 이것은 그것이 그 경험을 좋아했고 그것을 반복하려고 노
력하는 중이라는 것을 시사한다. 반대로, 만약 그것이 이제 자극이 나타났
던 장소를 피하고 그것이 그것을 경험하지 않았던 장소를 선호하기 시작한
다면, 그러면 이것은 그것이 그 자극을 불쾌하게 느꼈다는 것을 시사한다.
예를 들어, 암에 걸린 쥐가 식염수를 받아 왔던 곳보다 통증을 완화시키
는 데 사용되는 약인 모르핀이 주어졌던 장소에 대한 선호를 보여 준 반
면, 건강한 쥐는 그러한 선호가 생기지 않았다. 이것은 암에 걸린 쥐가 그
모르핀을 원했음을 시사한다.

왜 정답 ? ★★★ [정답률 51%]

⑤ 쥐들이 '주는' 것이 아닌, '받는' 상황이다!

~ the place **where** they have ⑤ given(→ been given) morphine,
관계부사   주어   동사   그들(쥐들)이 모르핀을 '주는' 것이 아닌 '받는' 것임
/ a drug used to relieve pain, / rather than where they have
received saline ~ //

단서 관계부사절에서 현재완료 능동태로 사용된 과거분사 given에 밑줄이 있으므로
발상 주어를 찾아 태가 알맞게 사용되었는지 확인한다.
해결 where가 이끄는 관계부사절의 주어는 they(mice with cancer)이고, 뒤
에 이어지는 morphine과 쥐의 관계를 고려했을 때, 쥐들은 모르핀을 '주는' 주
체가 아니라 '받는' 대상이 된다. 따라서 현재완료 수동태 동사인 have been
given이 알맞다.
개념 give는 능동일 때 '주다', 수동일 때 '받다'를 의미한다.

왜 오답 ?

① to부정사는 목적격 보어 역할을 할 수 있다.

Researchers **train** **them** / ① **to associate** one place with an
동사   목적어   목적격 보어 (to부정사)
experience / such as food or a loud noise / and another place
with something completely different, / usually where nothing
happens. //

to부정사에 밑줄이 있으므로 **단서**
to부정사가 명사적 용법인지, 형용사적 용법인지, 부사적 용법인지 확인한다. **발상**
동사 train의 목적어로 them이 쓰였고, them이 한 장소를 경험과 '연관짓도록' 훈련
시킨다는 의미이므로, to부정사는 목적격 보어로 알맞게 쓰였다.

② 형용사는 목적격 보어 역할을 할 수 있다.

The two places are made obviously different / to make **it** as
가목적어
② **easy** as possible / **for the animal to associate** each place /
목적격 보어   to associate의 의미상 주어   진목적어
with what happened to it there. //

형용사 easy에 밑줄이 있으므로 **단서**
명사를 수식하는 역할을 하고 있는지, 보어로 쓰이고 있는지 등을 확인한다. **발상**
to make의 목적어 자리에 가목적어 it이 왔고, 진목적어인 to associate는 의미상
주어인 for the animal과 전치사구가 붙어 길어져 문장 뒤로 옮겨졌다. 가목적어 it 뒤
에 온 easy는 목적격 보어이므로, 형용사가 온 것은 알맞다.

③ 대명사 it은 단수 명사를 가리킨다.

If there is a shift / in where the animal chooses to spend its time
/ for the reward, / this suggests / that it liked **the experience** /
and is trying to repeat ③ **it.** //
= the experience
대명사는 앞에서 언급된 명사를 대신하며, 그 명사와 수 일치가 되어야 한다. **개념**
의미상 동물이 보상을 위해 시간을 보내기로 선택한 장소가 바뀌었다면, 동물은 '그
경험'을 좋아했고, '그 경험'을 반복하려고 하는 중이라는 내용이다. 따라서 it은 the
experience를 가리키고, 단수 명사이므로 단수형 대명사 it을 쓰는 것은 알맞다. **해결**

④ and는 같은 의미 단위를 병렬 연결한다.

Conversely, / if it now **avoids** the place / **the stimulus appeared**
병렬 구조 (동사)   관계부사절
/ and ④ **starts** to prefer the place / **it did not experience it,** /
then this suggests / that it found the stimulus unpleasant. //
starts의 주어는 관계부사절의 주어 the stimulus가 아니라 if절의 주어 it이므로, 주
어 it에 대한 동사로 봐야 한다. 주어가 단수이고 앞에 나온 동사 avoids와 병렬 연결되
므로 단수 동사 starts가 온 것은 알맞다.

K 06 정답 ⑤ ＊아기의 미소를 유지하기 위한 사회적 피드백

다음 글의 밑줄 친 부분 중, 어법상 틀린 것은? [3점]

The built-in capacity for smiling / **is proven** by the remarkable
수동태 동사
observation /
미소 짓기에 대한 선천적인 능력은 / 놀라운 관찰에 의해 증명된다 /
동격절 접속사   주격 관계대명사
① **that** babies / **who** are congenitally both deaf and blind, / **who**
동격절의 주어   동격절의 동사
have never **seen** a human face, / also **start** to smile at around 2
현재완료시제
months. //
아기들도 / 선천적으로 청각장애와 시각장애가 있고 / 사람 얼굴을 한 번도 본 적이 없는 / 약
2개월 즈음에 미소를 짓기 시작한다는 //
동명사구 주어   단수 동사
However, / **smiling in blind babies** / eventually ② **disappears** /
수동태 동사   부사적 용법 (목적)
if nothing **is done** / **to reinforce** it. //
그러나 / 시각장애를 가진 아기의 미소 짓기는 / 결국 사라진다 / 아무것도 행해지지 않으면 /
그것을 강화하기 위해 //

Without the right feedback, / smiling dies out. //
적절한 피드백이 없으면 / 미소 짓기는 사라진다 //

But here's a fascinating fact: / blind babies will continue to smile
수동태 동사
/ if they **are cuddled, bounced, nudged, and tickled** by an adult /
하지만 여기에 흥미로운 사실이 있다 / 시각장애를 가진 아기들은 계속 미소를 지을 것이다 /
만약 그들이 어른에 의해서 안기고, 흔들리고, 슬쩍 찔리고, 간지럽혀지면 /
= blind babies
— anything to let ③ **them** know / **that** they are not alone / and
병렬 구조 (목적어절 접속사)
that someone cares about them. //
그들을 알게 하는 것 / 그들이 혼자가 아니며 / 누군가 그들에게 관심을 갖고 있다는 것을 //

This social feedback / encourages **the baby to continue**
encourages의 목적어와 목적격 보어 (to부정사)
smiling. //
이러한 사회적 피드백은 / 그 아기가 계속 미소를 지을 수 있도록 장려한다 //

In this way, / early experience operates with our biology / ④ to establish social behaviors. //
부사적 용법 (결과)
이런 방식으로 / 초기 경험은 우리의 생리 작용과 함께 작용하여 / 사회적 행동을 형성한다 //

In fact, / you don't need the cases of blind babies / to make the point. //
부사적 용법 (목적)
사실 / 당신은 시각장애를 가진 아기의 사례들을 필요로 하지 않는다 / 이를 설명하기 위해 //

Babies with sight smile more at you / when you look at them / or, better still, / ⑤ smiling(→ smile) back at them. //
병렬 구조
시력이 있는 아기들은 당신에게 더 많이 미소 짓는다 / 당신이 그들을 바라볼 때나 / 더 나아가 / 당신이 그들에게 미소를 지어줄 때 //

단서 등위접속사 or로 연결되어야 하므로 smile이 와야 함

- built-in 내재된, 선천적인
- capacity ⓝ 능력
- remarkable ⓐ 놀라운, 현저한
- observation ⓝ 관찰
- deaf ⓐ 청각 장애의
- blind ⓐ 시각 장애의
- disappear ⓥ 사라지다
- reinforce ⓥ 강화하다
- feedback ⓝ 피드백
- die out 사라지다
- fascinating ⓐ 흥미로운, 놀라운
- bounce ⓥ 흔들다
- tickle ⓥ 간지럽히다
- operate ⓥ 작용하다
- biology ⓝ 생리 작용

미소 짓기에 대한 선천적인 능력은 선천적으로 청각장애와 시각장애가 있고, 사람 얼굴을 한 번도 본 적이 없는 아기들도, 약 2개월 즈음에 미소를 짓기 시작한다는 놀라운 관찰에 의해 증명된다. 그러나, 시각장애를 가진 아기의 미소 짓기는 그것을 강화하기 위해 아무것도 행해지지 않으면 결국 사라진다. 적절한 피드백이 없으면, 미소 짓기는 사라진다. 하지만 여기에 흥미로운 사실이 있다: 만약 그들이 어른에 의해서 안기고, 흔들리고, 슬쩍 찔리고, 간지럽혀지면 — 그들이 혼자가 아니며 누군가 그들에게 관심을 갖고 있다는 것을 알게 하는 것 — 시각장애를 가진 아기들은 계속 미소를 지을 것이다. 이러한 사회적 피드백은 그 아기가 계속 미소를 지을 수 있도록 장려한다. 이런 방식으로, 초기 경험은 우리의 생리 작용과 함께 작용하여 사회적 행동을 형성한다. 사실, 당신은 이를 설명하기 위해 시각장애를 가진 아기의 사례들을 필요로 하지 않는다. 시력이 있는 아기들은 당신이 그들을 바라볼 때나, 더 나아가, 당신이 그들에게 미소를 지어줄 때, 당신에게 더 많이 미소 짓는다.

＞왜 정답? ★★★ [정답률 58%]

⑤ 등위접속사는 대등한 성분을 연결한다!

주절: 제외하고 생각하기
Babies with sight smile more at you / when you look at them /
등위접속사   look과 병렬 구조를 이루어야 함
or, better still, / ⑤ smiling(→ smile) back at them. //

부사절 내에서 등위접속사 or로 연결된 두 개의 동사구 중, 두 번째 구에 밑줄이 있다. 부사절의 주어는 you인데, 이에 대한 동사 look at과 smile이 등위접속사로 병렬 연결되고 있다. 따라서 동사 역할을 할 수 없는 준동사 smiling을 smile로 고쳐야 어법상 알맞다. **해결**

＞왜 오답?

① 접속사 that은 동격절을 이끌 수 있다.

The built-in capacity for smiling / is proven by the remarkable
동격절 접속사   주격 관계대명사   동격절의 선행사
observation / ① [that babies / [who are congenitally both deaf
동격절의 주어
and blind], /[who have never seen a human face], / also start to
주격 관계대명사   동격절의 동사
smile at around 2 months]. //

명사절 접속사 that은 선행사(명사) 뒤에서 완전한 절을 이끌어 동격의 의미를 나타낼 수 있다. **개념**

따라서 앞에 있는 the remarkable observation을 선행사로 하는 동격의 명사절 접속사 that은 알맞게 쓰였다. **해결**

② 동명사는 단수 취급한다.

However, / smiling in blind babies / eventually ② disappears
동명사구 주어   단수 동사
/ if nothing is done / to reinforce it. //

문장의 주절에서 주어는 동명사구 smiling in blind babies이고, 본동사는 disappears이다. **단서**

동명사 주어는 단수 취급하므로, disappears를 쓰는 것은 알맞다. **해결**

---

③ 대명사 them은 복수 명사를 가리킨다.

But here's a fascinating fact: / blind babies will continue to smile / if they are cuddled, bounced, nudged, and tickled by an adult / — anything to let ③ them know / that they are not
= blind babies
alone / and that someone cares about them. //

의미상 '그들이 혼자가 아니며 누군가 그들에게 관심을 갖고 있다는 것을 '그들에게' 알게 하는 것'을 가리킨다. **발상**

따라서 blind babies를 가리키는 복수형 대명사 them을 쓰는 것은 알맞다. **해결**

④ to부정사는 부사적 용법으로 쓰일 수 있다.

In this way, / early experience operates with our biology / ④ to
주어   동사   부사적 용법의 to부정사
establish social behaviors. //

주어는 early experience이고, 동사는 operates이므로, 동사의 기능을 할 수 없는 준동사가 쓰인 것은 적절하다. **해결**

to부정사는 문장에서 부사의 기능을 할 수 있고, 목적, 결과 등의 의미를 나타낸다. **개념**

K 07 정답 ④ ＊관점이 변화하는 방식

다음 글의 밑줄 친 부분 중, 어법상 틀린 것은? [3점]

One well-known shift took place / when the accepted view /
과거분사 (view 수식)
동격절 접속사
— that the Earth was the center of the universe / — changed to one /
= a view
잘 알려진 한 가지 변화가 일어났다 / 용인된 관점이 / 지구가 우주 중심이라는 / 관점으로 바뀌었을 때 /

관계부사   목적어절 접속사
where we understood / that we are only inhabitants on one
현재분사구 (planet 수식)
planet / ① orbiting the Sun. //
우리가 이해하는 / 우리가 하나의 행성에 사는 거주자일 뿐이라고 / 태양을 공전하는 //

주격 관계대명사   가주어
With each person / who grasped the solar system view, / ② it
의미상 주어   진주어
became easier / for the next person to do so. //
각각의 사람이 있어서 / 태양계의 관점을 이해하는 / 더 쉬워졌다 / 그 다음 사람이 그렇게 하는 것이 //

동격절 접속사
So it is with the notion / that the world revolves around the human economy. //
개념도 마찬가지이다 / 세계가 인간의 경제를 중심으로 돌아간다는 //

수동태의 진행형   동격절 접속사
This is slowly being replaced / by the view / that the economy is
주격 관계대명사
a part of the larger system / of material flows / that connect all living things. //
이것은 서서히 대체되고 있다 / 관점으로 / 경제가 더 거대한 시스템의 일부라는 / 물질 흐름의 / 모든 생명체를 연결하는 //

부사절 접속사 (시간)   가주어
When this perspective shifts into place, / it will be obvious /
진주어절 접속사
that our economic well-being requires / that we account for, and
병렬 구조 (that절의 동사)
③ respond to, / factors of ecological health. //
이러한 관점이 바뀌어 자리를 잡으면 / 분명해질 것이다 / 우리의 경제적 안녕이 필요로 한다는 것이 / 우리가 책임지고, 대응하는 것을 / 생태학적 건강의 요인에 //

Unfortunately / we do not have a century or two / ④ make(→ to make) the change. // **단서** 문장에 본동사가 있으므로 동사 자리가 아님
불행하게도 / 우리는 한두 세기의 시간이 없다 / 변화를 만들어 낼 //

By clarifying the nature of the old and new perspectives, / and
병렬 구조 (by -ing)
by identifying actions / ⑤ on which we might cooperate to
「전치사＋관계대명사」
move the process along, /
오래된 관점과 새로운 관점의 본질을 명확히 하고 / 행동을 밝힘으로써 / 그 과정을 진전시키기 위해 협력할지도 모를 /

help의 목적어 (원형부정사)
we can help / accelerate the shift. //
우리는 도움을 줄 수 있다 / 그 변화를 가속화하는 데 //

• take place 일어나다, 발생하다　• inhabitant ⓝ 거주자
• orbit ⓥ 공전하다　• grasp ⓥ 이해하다　• notion ⓝ 개념
• revolve ⓥ 돌다　• perspective ⓝ 관점　• well-being 행복, 안녕
• account for ~을 책임지다　• clarify ⓥ 명확히 하다
• identify ⓥ 밝히다　• cooperate on ~에 대해 협력하다
• accelerate ⓥ 가속화하다

지구가 우주의 중심이라는 용인된 관점이 우리가 태양을 공전하는 하나의 행성에 사는 거주자일 뿐이라고 이해하는 관점으로 바뀌었을 때 잘 알려진 한 가지 변화가 일어났다. 태양계의 관점을 이해하는 각각의 사람이 있어서, 그 다음 사람이 그렇게 하는 것이 더 쉬워졌다. 세계가 인간의 경제를 중심으로 돌아간다는 개념도 마찬가지이다. 이것은 경제가 모든 생명체를 연결하는 물질 흐름의 더 거대한 시스템의 일부라는 관점으로 서서히 대체되고 있다. 이러한 관점이 바뀌어 자리를 잡으면, 우리의 경제적 안녕이 우리가 생태학적 건강의 요인에 책임지고, 대응하는 것을 필요로 한다는 것이 분명해질 것이다. 불행하게도 우리는 변화를 만들어 낼 한두 세기의 시간이 없다. 오래된 관점과 새로운 관점의 본질을 명확히 하고, 그 과정을 진전시키기 위해 협력할지도 모를 행동을 밝힘으로써 우리는 그 변화를 가속화하는 데 도움을 줄 수 있다.

> **왜 정답?** ★★★ [정답률 57%]

④ 문장에는 하나의 동사만 있어야 한다!

┌ Unfortunately / we do not have a century or two / ④ make
└ (→ to make) the change. //

밑줄이 있는 make는 주어 we, 동사 do not have, 목적어 a century or two의 완전한 문장 뒤에 왔다. (발상)

따라서 make는 문장에서 본동사 역할을 할 수 없고, a century or two를 수식하는 형용사적 용법의 to부정사인 to make로 고쳐야 알맞다. (해결)

> **왜 오답?**

① 수식하는 명사와의 관계가 능동이면 현재분사를 쓴다.

┌ One well-known shift took place / when the accepted view
│ / — that the Earth was the center of the universe / — changed
│ to one / [where we understood / that we are only inhabitants
└ on one planet / ① orbiting the Sun]. //

현재분사는 명사를 능동과 진행의 의미로 수식한다. (개념)

one planet을 능동의 의미로 수식하여 '태양을 공전하는 하나의 행성'이라는 뜻을 나타내도록 현재분사 orbiting이 온 것은 알맞다. (해결)

② 가주어 it은 긴 주어를 대신하여 주어 자리에 올 수 있다.

┌ With each person / who grasped the solar system view, / ② it
└ became easier / for the next person to do so. //

주어가 길 때, 진주어를 문장의 뒷부분으로 옮기고, 가주어 it을 주어 자리에 쓸 수 있다. (개념)

문장의 원래 주어인 to do so가 문장의 뒤에 왔고, 그 앞에 to부정사의 의미상 주어 for the next person이 왔다.

따라서 문장의 주어 자리에 가주어 it이 온 것은 알맞다. (해결)

③ 두 개의 동사가 and로 연결되어 있다.

┌ When this perspective shifts into place, / it will be obvious /
│ that our economic well-being requires / [that we account for,
└ and ③ respond to, / factors of ecological health]. //

requires의 목적어절 안에 account for와 respond to가 and로 병렬 연결되어 있다. (발상)

복수 주어 we의 두 번째 동사로 respond to를 쓰는 것은 알맞다. (해결)

---

⑤ cooperate on은 '~에 대해 협력하다'라는 뜻이다.

┌ By clarifying the nature of the old and new perspectives, / and
│ by identifying actions / [⑤ on which we might cooperate to
└ move the process along], / we can help / accelerate the shift. //

which가 수식하는 선행사는 actions이고, cooperate on의 목적어이다. (발상)

따라서 관계사절의 on which가 선행사 actions 뒤에 「전치사+관계대명사」 형태로 온 것은 알맞다. (해결)

K 08 정답 ④ ＊부정적인 건강 습관을 해결하기 위한 행동 바꾸기

다음 글의 밑줄 친 부분 중, 어법상 틀린 것은?

For years, / many psychologists have held strongly to the belief / ① that the key to addressing negative health habits / is to change behavior. //

수년 동안 / 많은 심리학자들이 믿음을 굳게 갖고 있었다 / 부정적인 건강 습관을 해결하기 위한 열쇠는 / 행동을 바꾸는 것이라는 //

This, / more than values and attitudes, / ② is the part of personality / that is easiest to change. //

이것이 / 가치관이나 태도보다 / 성격의 한 부분이다 / 가장 바꾸기 쉬운 //

Ingestive habits such as smoking, drinking and various eating behaviors / are the most common health concerns / targeted for behavioral changes. //

흡연, 음주, 그리고 다양한 섭식 행동과 같은 섭취 습관은 / 가장 일반적인 건강 문제이다 / 행동 변화의 대상이 되는 //

Process-addiction behaviors (workaholism, shopaholism, and the like) / fall into this category as well. //

과정 중독 행동(일중독, 쇼핑 중독 등) / 또한 이 범주에 속한다 //

Mental imagery combined with power of suggestion / was taken up as the premise of behavioral medicine / to help people change negative health behaviors / into positive ③ ones. //

암시의 힘과 결합된 마음속 이미지는 / 행동 의학의 전제가 되었다 / 사람들이 부정적인 건강 행동을 바꾸는 데 도움을 주는 / 긍정적인 것으로 //

Although this technique alone will not produce changes, /

이 기술만으로는 변화를 만들어 내지는 않지만 /

when ④ using(→ used) alongside other behavior modification tactics and coping strategies, / behavioral changes have proved effective for some people. //

다른 행동 수정 기법 및 대응 전략과 함께 사용되면 / 행동 변화가 일부 사람들에게는 효과적인 것으로 입증되었다 //

⑤ What mental imagery does / is reinforce a new desired behavior. //

마음속 이미지가 하는 일은 / 새로운 바람직한 행동을 강화하는 것이다 //

Repeated use of images / reinforces the desired behavior more strongly / over time. //

이미지의 반복적 사용은 / 그 바람직한 행동을 더욱 강력하게 강화한다 / 시간이 지남에 따라 //

• psychologist ⓝ 심리학자　• address ⓥ 해결하다
• personality ⓝ 성격　• workaholism ⓝ 일중독
• shopaholism ⓝ 쇼핑 중독　• and the like 기타 등등
• fall into ~에 속하다　• suggestion ⓝ 암시
• modification ⓝ 수정, 변경　• tactic ⓝ 전략
• reinforce ⓥ 강화하다

수년 동안 많은 심리학자들이 부정적인 건강 습관을 해결하기 위한 열쇠는 행동을 바꾸는 것이라는 믿음을 굳게 갖고 있었다. 가치관이나 태도보다, 이것이 가장 바꾸기 쉬운 성격의 한 부분이다. 흡연, 음주, 그리고 다양한 섭식 행동과 같은 섭취 습관은 행동 변화의 대상이 되는 가장 일반적인 건강 문제이다. 과정 중독 행동(일중독, 쇼핑 중독 등) 또한 이 범주에 속한

다. 암시의 힘과 결합된 마음속 이미지는 사람들이 부정적인 건강 행동을 긍정적인 것으로 바꾸는 데 도움을 주는 행동 의학의 전제가 되었다. 이 기술만으로는 변화를 만들어 내지는 않지만, 다른 행동 수정 기법 및 대응 전략과 함께 사용되면, 행동 변화가 일부 사람들에게는 효과적인 것으로 입증되었다. 마음속 이미지가 하는 일은 새로운 바람직한 행동을 강화하는 것이다. 이미지의 반복적 사용은 시간이 지남에 따라 그 바람직한 행동을 더욱 강력하게 강화한다.

왜 정답? ★★★ [정답률 50%]

④ 수동의 관계인데 현재분사가 왔다!

[Although this technique alone will not produce changes,] /
[when ④ using(→ used) alongside other behavior modification
tactics and coping strategies,] /
behavioral changes have proved effective for some people. //

(단서) 부사절에서 「동사원형+-ing」의 형태에 밑줄이 있으므로

(발상) 현재분사가 능동의 의미로 알맞게 쓰였는지 확인한다.

(해결) when으로 시작되는 부사절에서 생략된 주어는 this technique이고, 그 기술이 다른 것들과 함께 '사용되었을' 때라는 의미의 수동태가 되어야 한다. 따라서 현재분사 using을 과거분사 used로 바꾸어야 어법상 알맞다.

(개념) 현재분사는 능동을, 과거분사는 수동의 관계를 나타낸다.

왜 오답?

① 접속사 that은 동격의 의미를 나타낼 수 있다.

For years, / many psychologists have held strongly to the
belief / ① that the key to addressing negative health habits / is
to change behavior. //

(단서) 완전한 절을 이끄는 that에 밑줄이 있으므로

(발상) 문장에서 주어, 목적어, 보어 등의 역할을 하는 명사절을 이끌고 있는지, 선행사와 함께 쓰여 동격을 나타내는지 등을 확인한다.

(해결) 선행사 the belief를 보충하는 동격절의 역할을 하고 있으므로 명사절 접속사 that은 알맞게 쓰였다.

(개념) 명사절 접속사 that은 선행사의 의미를 동격으로 보충할 수 있다.

② 문장의 본동사는 주어와 수 일치가 되어야 한다.

This, [more than values and attitudes,] / ② is the part of
personality / that is easiest to change. //

(단서) 동사 is에 밑줄이 있으므로

(발상) 문장에서 본동사의 역할을 하고 있는지, 주어와 수 일치가 되는지 등을 확인한다.

(해결) 관계사절을 제외하면 문장에서 동사 역할을 할 수 있는 다른 성분이 없으므로, 문장에서 본동사의 역할을 하고 있고, 주어 This에 수를 맞춰 단수 동사로 알맞게 쓰였다.

(개념) 문장에서 본동사는 하나이며, 주어와 수 일치가 되어야 한다.

③ 부정대명사 ones는 복수 명사를 가리킨다.

Mental imagery combined with power of suggestion / was
taken up as the premise of behavioral medicine / to help
people change negative health behaviors / into positive
③ ones. //
= health behaviors

(단서) 부정대명사 ones에 밑줄이 있으므로

(발상) 부정대명사가 대신하는 것을 찾아 그 수가 일치하는지 확인한다.

(해결) 의미상 부정적인 건강 행동을 긍정적인 것들로 바꾸는 것이므로, ones는 health behaviors를 가리킨다. 따라서 복수형 ones를 쓰는 것은 알맞다.

(개념) 대명사는 앞에서 언급된 명사를 대신하며, 그 선행사와 수 일치가 되어야 한다.

⑤ 관계대명사 what은 명사절을 이끈다.

⑤ What mental imagery does / is reinforce a new desired
behavior. //
명사절을 이끄는 관계대명사 / 동사

(단서) 관계대명사 What에 밑줄이 있으므로

(발상) 선행사가 없고 불완전한 절을 이끌어 문장에서 명사절의 역할을 하는지 확인한다.

(해결) What이 수식하고 있는 선행사가 없고, 주어가 빠진 불완전한 절을 이끌고 있다. 또한 What이 이끄는 절이 명사의 역할을 하며 전체 문장에서 주어의 역할을 하고 있으므로 관계대명사 What은 알맞게 쓰였다.

(개념) 관계대명사 what은 선행사가 없고, 불완전한 절을 이끌어 명사절의 역할을 한다.

K 09 정답 ④ ＊자기 보고 방법의 문제점

다음 글의 밑줄 친 부분 중, 어법상 틀린 것은? [3점]

Research psychologists often work / with *self-report data*, / made
up of participants' verbal accounts / of their behavior. //
연구 심리학자들은 종종 작업을 하는데 / 자기 보고 데이터로 / 이는 참가자들의 구두
설명으로 구성되어 있다 / 그들의 행동에 대한 //

This is the case / ① whenever questionnaires, interviews, or
personality inventories are used / to measure variables. //
이에 해당한다 / 설문지, 면접 또는 성격 목록이 사용될 때마다 / 변인을 측정하기 위해 //

Self-report methods can be quite useful. //
자기 보고 방법은 꽤 유용할 수 있다 //

They take advantage of the fact / that people have a unique
opportunity / to observe ② themselves full-time. //
그것들은 사실을 이용한다 / 사람들이 유일한 기회를 가진다는 / 자신을 온전히 관찰할 수 있는 //

However, self-reports can be plagued / by several kinds of
distortion. //
그러나, 자기 보고는 오염될 수 있다 / 몇 가지 종류의 왜곡으로 인해 //

One of the most problematic of these distortions / is the social
desirability bias, / which is a tendency / to give ③ socially
approved answers / to questions about oneself. //
이러한 왜곡 중 가장 문제가 되는 하나는 / 사회적 바람직성 편향인데 / 이것은 경향이다 /
사회적으로 승인된 답을 제공하는 / 자신에 관한 질문에 //

Subjects / who are influenced by this bias / work overtime
/ trying to create a favorable impression, / especially when
subjects ④ ask(→ are asked) / about sensitive issues. //
피험자들은 / 이러한 편향에 영향을 받는 / 과도하게 애쓴다 / 호의적인 인상을 주려고 / 특히
피험자들이 물을 때 / 민감한 문제에 대해 //

For example, / many survey respondents will report / that they
voted in an election or ⑤ gave to a charity / when in fact it is
possible to determine / that they did not. //
예를 들어 / 많은 설문 조사 응답자들은 보고할 것이다 / 그들은 선거에서 투표했다거나 자선
단체에 기부했다고 / 사실은 결정하는 것이 가능할 때 / 하지 않았다고 //

- verbal ⓐ 말의, 언어의 - account ⓝ 설명, 기술
- questionnaire ⓝ 설문지 - inventory ⓝ 목록
- variable ⓝ 변수 - plague ⓥ 역병에 걸리게 하다
- distortion ⓝ 왜곡 - problematic ⓐ 문제가 있는
- social desirability bias 사회적 바람직성에 의한 편향
- favorable ⓐ 호의적인 - impression ⓝ 인상, 느낌

연구 심리학자들은 종종 자기 보고 데이터로 작업을 하는데, 이는
참가자들의 행동에 대한 구두 설명으로 구성되어 있다. 변인을 측정하기
위해 설문지, 면접 또는 성격 목록이 사용될 때마다 이에 해당한다. 자기
보고 방법은 꽤 유용할 수 있다. 그것들은 사람들이 자신을 온전히 관찰할
수 있는 유일한 기회를 가진다는 사실을 이용한다. 그러나, 자기 보고는 몇
가지 종류의 왜곡으로 인해 오염될 수 있다.

이러한 왜곡 중 가장 문제가 되는 하나는 사회적 바람직성 편향인데,
이것은 사회적으로 승인된 답을 자신에 관한 질문에 제공하는 경향이다.
이러한 편향에 영향을 받은 피험자들은 특히 민감한 문제에 대해 질문받을
때 호의적인 인상을 만들기 위해 과도하게 애쓴다. 예를 들어, 많은 설문
조사 응답자들은 사실은 하지 않았다고 결정하는 것이 가능할 때 선거에서
투표했다거나 자선 단체에 기부했다고 보고할 것이다.

>왜 정답? ★★★ [정답률 44%]

④ 수동태 동사 자리에 능동태 동사가 왔다!

주절: 제외하고 생각하기

Subjects / who are influenced by this bias / work overtime /

trying to create a favorable impression, / especially when

subjects ④ ask (→ are asked) / about sensitive issues. //
피험자들이 질문하는 것이 아님

(단서) 동사 ask에 밑줄이 있으므로

(발상) 주어를 찾아 복수가 맞는지 확인하고, 능동태 문장이 맞는지 확인한다.

(해결) 주어인 피험자가 질문을 '하는' 것이 아닌 '받는' 의미가 되어야 한다. 따라서
ask를 수동태 동사 are asked로 고쳐야 한다.

(개념) 능동태: 주어가 동사의 동작을 행하는 동사 형태,
수동태: 주어가 동사의 동작을 당하는 동사 형태

>왜 오답?

① whenever는 시간이나 양보의 부사절을 이끈다.

This is the case / ① whenever questionnaires, interviews, or
복합관계부사   '주어+동사'의 완전한 절
personality inventories are used / to measure variables. //
복합관계부사는 관계부사 when, where, how에 -ever가 결합된 형태로, 부사절을
이끈다. (개념)

whenever 뒤에 주어 questionnaires, interviews, or personality inventories,
동사 are used의 완전한 문장이 이어진다.

'~할 때마다'라는 의미의 시간의 부사절을 whenever가 알맞게 이끌고 있다.

② 재귀 용법의 재귀대명사는 주체와 대상이 같을 때 목적어 자리에 쓴다.

They take advantage of the fact / that people have a unique
opportunity / to observe ② themselves full-time. //
                to observe의 주체와 대상이 같음
타동사의 목적어가 주어와 같을 때 재귀 용법의 재귀대명사를 쓴다. (개념)

to observe의 주체와 대상이 people로 같다.

따라서 to observe의 목적어로 them이 아닌 themselves가 온 것은 적절하다.

③ 분사는 부사의 수식을 받는다.

One of the most problematic of these distortions / is the

social desirability bias, / which is a tendency / to give
                부사 socially가 과거분사 approved를 수식하고 있음
③ socially approved answers / to questions about oneself. //
                과거분사 approved의 수식을 받는 명사
부사는 동사나 형용사, 부사, 또는 문장 전체를 수식한다. (개념)

부사 socially가 answers를 수식하는 과거분사 approved를 수식하고 있다.

동사에서 생겨난 분사는 동사의 성질을 갖기 때문에 동사처럼 부사의 수식을 받는다.

따라서 부사 socially가 분사 approved를 수식하는 것은 적절하다.

⑤ 두 개의 동사가 and로 연결되어 있다.

For example, / many survey respondents will report / that they
                        목적어절 접속사 주어
voted in an election or ⑤ gave to a charity / when in fact it is
        병렬 구조 (동사)
possible to determine / that they did not. //
등위접속사는 문법적으로 대등한 둘 이상의 단어, 구, 절을 연결한다. (개념)

이 문장에서는 주어 they에 대한 두 개의 동사 voted와 gave가 등위접속사 or로
연결되어 있다.

따라서 앞의 voted와 같은 과거시제인 gave가 온 것은 알맞다.

K 10 정답 ⑤ ＊렉틴이 신체에 야기할 수 있는 문제 —

다음 글의 밑줄 친 부분 중, 어법상 틀린 것은?

Lectins are large proteins / **that** serve as a crucial weapon / **that**
                        주격 관계대명사   목적격 관계대명사
plants use / to defend ① themselves. //
                    = plants
렉틴은 커다란 단백질이다 / 중요한 무기로서 역할을 하는 / 식물들이 사용하는 / 그들
스스로를 방어하기 위해 //

The lectins in most plants bind / to carbohydrates / **as** we
                                            부사절 접속사 (시간)
consume the plant. //
대부분의 식물에 있는 렉틴은 결합한다 / 탄수화물과 / 우리가 식물을 섭취할 때 //

They also bind to sugar molecules / ② **found** in the gut, in
                                과거분사 (sugar molecules 수식)
the brain, between nerve endings, in joints and in all bodily
fluids. //
그것들은 또한 당 분자들과 결합한다 / 장, 뇌, 신경 말단 사이, 관절 및 모든 체액에서
발견되는 //

According to Dr. Steven Gundry, / these sticky proteins can
                        병렬 구조 (can 뒤에 연결)
interrupt messaging between cells / and ③ **cause** toxic and
inflammatory reactions. //
Dr. Steven Gundry에 따르면 / 이러한 끈적끈적한 단백질은 세포들 간의 메시지 전달을
방해하고 / 독성 및 염증성의 반응을 일으킬 수 있다 //

Brain fog is just one result / of **lectins** interrupting
                                    interrupting의 의미상 주어
communication between nerves. //
뇌 피로 현상은 단지 하나의 결과에 지나지 않는다 / 렉틴이 신경들 간의 소통을 방해하는 //

An upset stomach is another common symptom / of lectin
overload. //
위장 장애는 또 다른 흔한 증상이다 / 렉틴 과다의 //

Dr. Gundry lists / a wide range of other health problems /
                                현재분사구 (problems 수식)
including aching joints, dementia, headaches and infertility /
Dr. Gundry는 나열한다 / 광범위한 다양한 건강 문제들을 / 관절통, 치매, 두통, 그리고
불임을 포함한 /
                    주격 관계대명사
④ **that** have been resolved in his patients / once they eliminated
lectins from their diets. //
그의 환자들이 해결되어 왔던 / 자신의 식단에서 렉틴을 제거하였을 때 //

Dr. Paul Saladino writes / that the hypothesis **that** lectins are
                                            동격절 접속사
involved in Parkinson's disease / is also gaining support, /
Dr. Paul Saladino는 기록한다 / 렉틴이 파킨슨병과 관련이 있다는 가설이 / 또한 지지를
얻고 있다고 /
        (단서) 뒤에 목적어절 접속사 that이 이어짐   목적어절 접속사
with animal studies ⑤ **showed (→ showing)** / **that** 'lectins, once
eaten, / may be damaging the gut / and travelling to the brain, /
~을 보여 주는 동물 연구들과 함께 / '렉틴이 일단 섭취되면 / 장에 손상을 입히고 / 뇌로
이동해 /
계속적 용법의 관계부사
where they appear to be toxic / to dopaminergic neurons'. //
그곳에서 그것들이 독성을 일으키는 것처럼 보인다 / 도파민 작동성 신경 세포에' //

- protein ⑩ 단백질 ・ crucial ⓐ 중요한
- carbohydrate ⑩ 탄수화물 ・ molecule ⑩ 분자 ・ gut ⑩ 장
- bodily fluid 체액 ・ overload ⑩ 과다 ・ aching joint 관절통
- dementia ⑩ 치매 ・ infertility ⑩ 불임 ・ eliminate ⓥ 제거하다
- hypothesis ⑩ 가설 ・ dopaminergic ⓐ 도파민 작용성의

렉틴은 식물들이 그들 스스로를 방어하기 위해 사용하는 중요한 무기로서
역할을 하는 커다란 단백질이다. 대부분의 식물에 있는 렉틴은 우리가 식
물을 섭취할 때 탄수화물과 결합한다. 그것들은 또한 장, 뇌, 신경 말단 사
이, 관절 및 모든 체액에서 발견되는 당 분자들과 결합한다. Dr. Steven
Gundry에 따르면, 이러한 끈적끈적한 단백질은 세포들 간의 메시지 전달
을 방해하고 독성 및 염증성의 반응을 일으킬 수 있다. 뇌 피로 현상은 렉
틴이 신경들 간의 소통을 방해하는 단지 하나의 결과에 지나지 않는다. 위
장 장애는 렉틴 과다의 또 다른 흔한 증상이다. Dr. Gundry는 그의 환

자들이 자신의 식단에서 렉틴을 제거하였을 때 해결되어 왔던 관절통, 치매, 두통, 그리고 불임을 포함한 광범위한 다양한 건강 문제들을 나열한다. Dr. Paul Saladino는 렉틴이 파킨슨병과 관련이 있다는 가설이 '렉틴이 일단 섭취되면, 장에 손상을 입히고 뇌로 이동해 그곳에서 그것들이 도파민 작동성 신경 세포에 독성을 일으키는 것처럼 보인다.'는 것을 보여 주는 동물 연구들과 함께 또한 지지를 얻고 있다고 기록한다.

> **왜 정답 ?** ✲✲✲ [정답률 61%]

⑤ 능동의 관계인데 과거분사가 왔다!

┌ Dr. Paul Saladino writes / that the hypothesis [that lectins
│ are involved in Parkinson's disease] / is also gaining support,
│ / with animal studies ⑤ showed(→ showing) / that 'lectins,
└ once eaten, ~ //

분사와 그 수식을 받는 명사가 능동의 관계면 현재분사가, 수동의 관계면 과거분사가 쓰인다. (개념)

'~을 보여 주는' 동물 연구들이므로, 수식의 대상인 animal studies와 showed의 관계는 능동이다.

따라서 과거분사 showed가 아니라 현재분사 showing이 와야 한다. (해결)

> **왜 오답 ?**

① 타동사의 목적어가 주어와 같을 때 재귀 용법의 재귀대명사를 쓴다.

┌ Lectins are large proteins / that serve as a crucial weapon / that
└ plants use / to defend ① themselves. //

to defend의 주체와 대상이 plants로 같다.

따라서 to defend의 목적어로 them이 아닌 themselves가 온 것은 적절하다.

② 수식하는 명사와의 관계가 수동이면 과거분사를 쓴다.

┌ They also bind to sugar molecules / ② [found in the gut, in
│ the brain, between nerve endings, in joints and in all bodily
└ fluids]. //

~에서 '발견되는' 것이므로 수동의 관계이다. 따라서 과거분사 found가 sugar molecules를 수식하는 것은 알맞다. (해결)

③ 두 개의 동사가 and로 연결되어 있다.

┌ According to Dr. Steven Gundry, / these sticky proteins can
│ interrupt messaging between cells / and ③ cause toxic and
└ inflammatory reactions. //

등위접속사는 문법적으로 대등한 둘 이상의 단어, 구, 절을 연결한다. (개념)

이 문장에서는 주어 these sticky proteins에 대한 두 개의 동사 can interrupt와 (can) cause가 등위접속사 and로 연결되어 있다.

따라서 동사원형 cause가 온 것은 알맞다.

④ 주격 관계대명사는 주어가 없는 불완전한 절을 이끈다.

┌ Dr. Gundry lists / a wide range of other health problems /
│ [including aching joints, dementia, headaches and infertility]
│ / ④ [that have been resolved in his patients / once they
└ eliminated lectins from their diets]. //

관계대명사는 주어나 목적어가 빠진 불완전한 절을 이끈다. (개념)

that 뒤에 동사 have been resolved가 바로 이어지므로 that은 주어 역할을 하는 주격 관계대명사이다.

other health problems를 수식하는 주격 관계대명사 that이 알맞게 사용되었다.

K 11 정답 ④ ＊사회적 비교로 나타나는 두 가지의 질투 양상 

다음 글의 밑줄 친 부분 중, 어법상 틀린 것은? [3점]

Despite abundant warnings / that we shouldn't measure ourselves / against others, / most of us still do. //
많은 경고에도 불구하고 / 우리 자신을 평가해서는 안 된다는 / 타인과 견주어 / 우리 대부분은 여전히 그렇게 하고 있다 //

We're not only meaning-seeking creatures / but social ① ones as well, /
우리는 의미를 추구하는 존재일 뿐만 아니라 / 사회적인 존재라서 /

constantly making interpersonal comparisons / to evaluate ourselves, / improve our standing, / and enhance our self-esteem. //
끊임없이 사람들끼리 비교를 한다 / 우리 자신을 평가하고 / 우리 지위를 개선하며 / 우리의 자존감을 높이기 위해 //

But / the problem with social comparison / is that it often backfires. //
그러나 / 사회적 비교의 문제는 / 그것이 흔히 역효과를 낸다는 것이다 //

When comparing ourselves / to someone / who's doing better than we are, / we often feel ② inadequate / for not doing as well. //
우리 자신을 비교할 때 / 사람과 / 우리보다 더 잘 있는 / 우리는 흔히 무능하다고 느낀다 / 그만큼 잘하지 못하는 것에 대해서 //

This sometimes leads to / what psychologists call *malignant envy*, / the desire for someone ③ to meet with misfortune / ("I wish she didn't have what she has"). //
이것은 때로는 이어진다 / 심리학자들이 '악성 질투'라고 부르는 것으로 / 즉 누군가가 불행을 만나기를 바라는 욕망 / ("그녀가 가진 것을 그녀가 가지고 있지 않으면 좋을 텐데") //

Also, / comparing ourselves / with someone who's doing worse than we are / ④ risk(→ risks) scorn, /
마찬가지로 / 자신을 비교하는 것은 / 사람과 / 우리보다 더 못하고 있는 / 경멸을 가질 위험이 있다 /

the feeling / that others are something undeserving / of our beneficence / ("She's beneath my notice"). //
즉, 느낌 / 다른 사람이 가치가 없는 것이라는 / 우리의 호의를 받을 / ("그녀는 내가 주목할 가치가 없어") //

Then again, / comparing ourselves to others / can also lead to *benign envy*, /
그러면 또 / 우리 자신을 타인과 비교하는 것은 / 또한 '양성 질투'라는 것으로 이어질 수 있다 /

the longing / to reproduce someone else's accomplishments / without wishing them ill / ("I wish I had what she has"), /
즉, 열망 / 다른 사람의 성취를 재생산하려는 / 그들이 불행해지기를 바라지 않고 / ("그녀가 가진 것을 나도 가지면 좋을 텐데") /

⑤ which has been shown / in some circumstances / to inspire and motivate us / to increase our efforts / in spite of a recent failure. //
그리고 그것은 보여져 왔다 / 몇몇 상황에서 / 우리에게 영감을 주고 동기를 부여하는 것으로 / 우리의 노력을 늘리도록 / 최근의 실패에도 불구하고 //

- **abundant** ⓐ 많은, 풍부한 · **warning** ⓝ 경고
- **measure** ⓥ 평가하다, 재다 · **meaning-seeking** 의미를 추구하는
- **interpersonal** ⓐ 대인 관계에 관련된 · **comparison** ⓝ 비교
- **evaluate** ⓥ 평가하다 · **standing** ⓝ 지위
- **enhance** ⓥ 높이다, 향상하다 · **self-esteem** 자존감
- **inadequate** ⓐ 무능한 · **malignant** ⓐ 악성의
- **undeserving** ⓐ 가치가 없는 · **beneficence** ⓝ 호의
- **beneath one's notice** 주목할 가치가 없는 · **benign** ⓐ 양성의
- **longing** ⓝ 열망, 동경 · **reproduce** ⓥ 재생산하다
- **accomplishment** ⓝ 성취 · **circumstance** ⓝ 상황

타인과 견주어 우리 자신을 평가해서는 안 된다는 많은 경고에도 불구하고, 우리 대부분은 여전히 그렇게 하고 있다. 우리는 의미를 추구하는 존재일 뿐만 아니라 사회적인 존재라서, 우리 자신을 평가하고, 우리 지위를 개선하며, 우리의 자존감을 높이기 위해 끊임없이 사람들끼리 비교를 한다. 그러나 사회적 비교의 문제는 그것이 흔히 역효과를 낸다는 것이다. 우리보다 더 잘하고 있는 사람과 우리 자신을 비교할 때, 우리는 흔히 그만큼 잘하지 못하는 것에 대해서 무능하다고 느낀다. 이것은 때로는 심리학자들이 '악성 질투'라고 부르는 것, 즉 누군가가 불행을 만나기를 바라는 욕망("나는 그녀가 가진 것을 가지고 있지 않으면 좋을 텐데.")으로 이어진다. 마찬가지로, 우리보다 더 못하고 있는 사람과 자신을 비교하는 것은 경멸, 즉, 다른 사람이 우리의 호의를 받을 가치가 없는 것이라는 느낌("그녀는 내가 주목할 가치가 없어.")을 가질 위험이 있다. 그렇지 않고, 우리 자신을 타인과 비교하는 것은 또한 '양성 질투', 즉 그들이 불행해지기를 바라지 않고 다른 사람의 성취를 재생산하려는 열망("그녀가 가진 것을 나도 가지면 좋을 텐데.")으로 이어질 수 있으며, 그것은 몇몇 상황에서 최근의 실패에도 불구하고 우리의 노력을 늘리도록 우리에게 영감을 주고 동기를 부여하는 것으로 보여져 왔다.

왜 정답 ? ✱✱❋ [정답률 62%]

④ [주어-동사 수 일치] 동명사구(comparing ourselves with someone who's doing worse than we are)가 문장의 주어이고, 동명사구는 단수 취급하기 때문에 복수 동사 risk를 단수 동사 risks로 바꾸어야 한다.

> * [주어-동사 수 일치] 해결하기 **KEY**
> * 수식어구를 제외하고 주어를 찾아 동사의 수를 일치시킨다.
> * 동명사구, to부정사구, 명사절 주어는 단수로 취급한다.

왜 오답 ?

① [대명사 one] 앞에 언급된 meaning-seeking creatures에서 creatures를 대신 받는 대명사로 creatures가 복수형이기 때문에 ones가 온 것은 적절하다.
② [주격 보어] 형용사 inadequate가 동사 feel의 주격 보어 자리에 쓰인 것은 적절하다.
③ [to부정사의 형용사적 용법] to meet이 앞에 온 명사 the desire를 수식하여 '불행을 만나기를 바라는 욕망'의 의미를 완성하고 있다.
⑤ [계속적 용법의 관계대명사] 바로 앞에서 부연해 설명한 명사구 *benign envy*를 보충 설명하기 위해 사용된 계속적 용법의 관계대명사로, 수식하는 명사구가 사물을 가리키므로 주격 관계대명사로 which가 온 것은 적절하다.

K 12 정답 ② ✱판매 유효 기한에 대한 판단의 차이

다음 글의 밑줄 친 부분 중, 어법상 틀린 것은?

There is little doubt / that we are driven by the sell-by date. //
의심할 여지가 거의 없다 / 우리가 판매 유효 기한에 따라 움직인다는 것은 //
Once an item is past that date / it goes into the waste stream, / further ① increasing its carbon footprint. //
일단 어떤 품목이 그 기한을 지나면 / 폐기물 흐름으로 들어가고 / 이는 그것의 탄소 발자국을 더욱더 증가시킨다 //

[단서] 주어 those items에 대한 동사가 이미 있음

Remember / those items have already travelled hundreds of miles / ② reach(→ to reach) the shelves / and once they go into waste / they start a new carbon mile journey. //
기억하라 / 그러한 품목들이 이미 수백 마일을 이동했고 / 선반에 도달하기 위해 / 일단 그것들이 버려지게 되면 / 그것들은 새로운 탄소 마일 여정을 시작한다는 것을 //

But we all make our own judgement / about sell-by dates; /
그러나 우리 모두는 자신만의 판단을 내린다 / 판매 유효 기한에 대해 /
those brought up during the Second World War / ③ are often scornful of the terrible waste / they believe / such caution encourages. //
가령, 제2차 세계대전 중에 자란 사람들은 / 끔찍한 낭비를 자주 경멸한다 / 그들이 생각하기에 / 그러한 경고가 조장하는 //

The manufacturer of the food has a view / when making or growing something /
식품 제조업자는 관점을 가지고 있다 / 무엇인가를 만들거나 재배할 때 /
④ that by the time the product reaches the shelves / it has already been travelling / for so many days and possibly many miles. //
제품이 선반에 도달할 때에는 / 그것은 이미 이동해 왔다는 / 매우 오랫동안 그리고 아마도 상당한 거리를 //
The manufacturer then decides / that a product can reasonably be consumed / within say 90 days / and 90 days minus so many days for travelling / gives the sell-by date. //
그래서 제조업자는 결정한다 / 제품이 무리 없이 소비될 수 있고 / 이를테면 90일 이내에는 / 90일에서 이동에 필요한 많은 날들을 뺀 것이 / 판매 유효 기한이 된다고 //
But ⑤ whether it becomes toxic / is something each individual can decide. //
그러나 그것이 유독해지는지는 / 각 개인이 결정할 수 있는 것이다 //
It would seem to make sense / not to buy large packs of perishable goods / but non-perishable items / may become cost-effective. //
~이 이치에 맞는 것으로 보인다 / 큰 묶음의 상하기 쉬운 제품을 사지 않는 것이 / 하지만 상하지 않는 품목들은 / 비용 효율이 높아질 수도 있다 //

* stream ⓝ 흐름
* carbon footprint 탄소 발자국 ((온실 효과를 유발하는 이산화탄소의 배출량))
* judgement ⓝ 판단 * caution ⓝ 경고
* encourage ⓥ 격려하다, 조장하다 * manufacturer ⓝ 제조업자, 제조사
* consume ⓥ 소비하다 * toxic ⓐ 유독한
* perishable ⓐ 잘 상하는 * non-perishable 잘 부패하지 않는
* cost-effective 비용 효율이 높은

우리가 판매 유효 기한에 따라 움직인다는 것은 의심할 여지가 거의 없다. 일단 어떤 품목이 그 기한을 지나면 폐기물 흐름으로 들어가고, 이는 그것의 탄소 발자국을 더욱더 증가시킨다. 그러한 품목들이 선반에 도달하기 위해 이미 수백 마일을 이동했고 일단 그것들이 버려지게 되면 그것들은 새로운 탄소 마일 여정을 시작한다는 것을 기억하라. 그러나 우리 모두는 판매 유효 기한에 대해 자신만의 판단을 내린다. 가령, 제2차 세계대전 중에 자란 사람들은 그들이 생각하기에 그러한 경고가 조장하는 끔찍한 낭비를 자주 경멸한다. 식품 제조업자는 무엇인가를 만들거나 재배할 때 제품이 선반에 도달할 때에는 그것은 이미 매우 오랫동안 그리고 아마도 상당한 거리를 이동해 왔다는 관점을 가지고 있다. 그래서 제조업자는 제품이 이를테면 90일 이내에는 무리 없이 소비될 수 있고 90일에서 이동에 필요한 많은 날들을 뺀 것이 판매 유효 기한이 된다고 결정한다. 그러나 그것이 유독해지는지는 각 개인이 결정할 수 있는 것이다. 큰 묶음의 상하기 쉬운 제품을 사지 않는 것이 이치에 맞는 것으로 보이겠지만, 상하지 않는 품목들은 비용 효율이 높아질 수도 있다.

왜 정답 ? ✱✱✱ [정답률 56%]

② 문장에 이미 동사가 있다!

Remember의 목적어절의 주어와 동사
Remember / those items have already travelled hundreds of miles / ② reach(→ to reach) the shelves / and once they go into waste / they start a new carbon mile journey. //
〈목적〉을 나타내는 부사적 용법의 to부정사로 쓰여야 함
and로 연결된 등위절: 제외하고 생각하기

주어와 동사는 문장의 필수 요소로서, 모든 문장(절)마다 반드시 하나씩 있어야 한다. (개념)

등위접속사 and로 연결된 두 개의 절 중, 첫 번째 절에 밑줄이 있다. 첫 번째 절의 목적어절의 주어는 those items인데, 이에 대한 동사는 have travelled이다. 따라서 밑줄 친 부분은 동사 역할을 할 수 없는 준동사(to 부정사, 동명사, 분사 등)로 고쳐야 어법상 알맞다.
문맥의 의미를 고려하여 목적을 나타내는 부사적 용법의 to부정사 to reach로 고쳐준다. (해결)

① 분사구문은 주절과의 관계에 따라 현재분사와 과거분사가 이끈다.

Once an item is past that date / it goes into the waste stream, /
[further ① increasing its carbon footprint.] //

분사구문은 주절의 주어와 능동의 관계라면 현재분사가, 수동의 관계라면 과거분사가
이끈다. 개념

밑줄 친 increasing은 주절 뒤에서 분사구문을 이끌고 있다.
주절과 분사구문의 관계는 능동이므로 현재분사가 알맞게 쓰였다.

③ 동사는 주어와 수 일치가 되어야 한다.

But we all make our own judgement / about sell-by dates; /
those [brought up during the Second World War] / ③ are often
scornful of the terrible waste / they believe / such caution
encourages. //

동사는 주어에 그 수를 일치시킨다. 개념

문장의 주어는 those이고, brought up during the Second World War는
주어를 수식하는 과거분사구이다.
밑줄 친 are는 문장에서 본동사의 역할을 하고 있다. 복수 주어 those에 맞는 복수
동사 are가 알맞게 쓰였다.

④ that은 어법적으로 다양한 기능을 한다.

The manufacturer of the food has a view / when making or
growing something / ④ that by the time the product reaches
the shelves / it has already been travelling / for so many days
and possibly many miles. //

동격절 접속사 that은 앞에 온 명사에 의미를 보충해준다. 접속사이므로 뒤에 완전한
절이 이어진다. 개념
접속사 when이 이끄는 부사절을 제외하면, that은 a view를 수식하는 동격절
접속사임을 알 수 있다.
주어 it, 동사 has been travelling의 완전한 1형식 문장을 이끌고 있으므로 접속사
that이 온 것은 알맞다.

⑤ whether는 명사절을 이끌어 '여부'의 의미를 나타낸다.

But ⑤ whether it becomes toxic / is something each individual
can decide. //

whether는 that과 마찬가지로 명사절을 이끌어 문장에서 주어, 목적어, 보어 역할을
하고, 그 의미는 '~인지 아닌지'로 해석된다. 개념
whether가 주어 it, 동사 becomes, 주격 보어 toxic의 완전한 문장을 이끌며 주어
자리에 왔다. 명사절은 단수 취급하므로 단수 동사 is가 왔다.
'그것이 유독해지는지'라는 의미의 명사절을 접속사 whether가 알맞게 이끌고 있다.

K 13 정답 ⑤ ⭐ 2등급 대비 [정답률 30%]

*기준점 편향으로 인한 인지의 오류

다음 글의 밑줄 친 부분 중, 어법상 틀린 것은? [3점]

Anchoring bias describes the cognitive error / you make / when
you tend to give more weight / to information arriving early in
a situation / ① compared to information arriving later /

기준점 편향은 인지의 오류를 말한다 / 여러분이 저지르는 / 더 비중을 두는 경향이 있을 때 /
어떠한 상황에서 일찍 도착하는 정보에 / 더 나중에 도착하는 정보에 비하여 /

— regardless / of the relative quality or relevance of that initial
information. //

상관없이 / 그 처음 정보의 상대적인 질 또는 적절성과 //

Whatever data is presented to you first / when you start to look
at a situation / can form an "anchor" /

여러분에게 처음으로 어떠한 정보가 제시되든지 / 여러분이 어떠한 상황을 보기 시작할 때 /
'기준점'을 형성할 수 있고 /

and it becomes significantly more challenging / ② to alter your
mental course / away from this anchor / than it logically should
be. //

~은 상당히 더 어려워진다 / 여러분의 생각의 방향을 바꾸는 것은 / 이 기준점에서 벗어나도록
/ 그것이 논리적으로 그러해야 하는 것보다 //

A classic example of anchoring bias / in emergency medicine /
is "triage bias," /

기준점 편향의 고전적인 예는 / 응급 의학에서 / '부상자 분류 편향'인데 /

③ where whatever the first impression / you develop, or
are given, about a patient / tends to influence all subsequent
providers / seeing that patient. //

이는 어떠한 첫인상이든지 / 여러분이 환자에 대해 갖거나 받는 / 모든 다음의 의료
종사자들에게 영향을 미치는 경향이 있다는 것이다 / 그 환자를 보는 //

For example, / imagine two patients / presenting for emergency
care / with aching jaw pain / that occasionally ④ extends down
to their chest. //

예를 들어 / 두 명의 환자들을 상상해 보아라 / 응급 치료를 위해 나타난 / 쑤시는 턱 통증으로
/ 이따금 그들의 가슴까지 아래로 퍼지는 //

Differences / in how the intake providers label the chart / —
"jaw pain" vs. "chest pain," for example — /

차이는 / 환자를 예진하는 의료 종사자들이 어떻게 차트에 분류하는가의 / 예를 들어 '턱 통증'
대 '가슴 통증' /

⑤ creating (→ create) anchors / that might result in significant
differences / in how the patients are treated. //

기준점을 만든다 / 중대한 차이를 초래할 수도 있는 / 그 환자들이 어떻게 치료받는가에 있어 //

- anchoring bias 기준점 편향
- cognitive ⓐ 인지의
- relative ⓐ 상대적인
- relevance ⓝ 관련성, 적절성
- initial ⓐ 초기의, 처음의
- anchor ⓝ 기준점
- significantly ad 상당히
- challenging ⓐ 힘든, 도전적인
- alter ⓥ 바꾸다
- logically ad 논리적으로
- emergency ⓝ 응급
- medicine ⓝ 의학
- impression ⓝ 인상
- subsequent ⓐ 그다음의
- aching ⓐ 쑤시는
- jaw ⓝ 턱
- occasionally ad 이따금
- extend ⓥ 퍼지다, 확장하다
- chest ⓝ 가슴, 흉부
- label ⓥ (꼬리표를 붙여) 분류하다
- treat ⓥ 치료하다

기준점 편향은 처음 정보의 상대적인 질이나 적절성과 상관없이, 여러분이
어떠한 상황에서 나중에 도착하는 정보에 비하여 일찍 도착하는 정보에
더 비중을 두는 경향이 있을 때 여러분이 저지르는 인지 오류를 말한다.
여러분이 어떠한 상황을 보기 시작할 때 여러분에게 처음으로 어떠한
정보가 제시되는지가 '기준점'을 형성할 수 있고, 여러분의 생각의 방향을
이 기준점에서 벗어나도록 바꾸는 것은 논리적으로 그러해야 하는 것보다
상당히 더 어려워진다. 응급 의학에서 기준점 편향의 고전적인 예는
'부상자 분류 편향'인데, 이는 여러분이 환자에 대해 어떠한 첫인상을
갖거나 받는지가 그 환자를 보는 모든 다음의 의료 종사자들에게 영향을
미치는 경향이 있다는 것이다. 예를 들어 이따금 가슴까지 아래로 퍼지는
쑤시는 턱 통증으로 응급 치료를 위해 나타난 두 명의 환자들을 상상해
보아라. 환자를 예진하는 의료 종사자들이 어떻게 차트에 분류하는가의
차이, 예를 들어 '턱 통증' 대 '가슴 통증' 중 무엇으로 분류하는가의 차이는
그 환자들이 어떻게 치료받는가에 있어 중대한 차이를 초래할 수도 있는
기준점을 만든다.

오답 2등급 ? 전치사구가 길어져 문장에 동사가 있는지의 여부를 알기 어려운
문제이다. 주어 Differences에 해당하는 동사가 있는지 꼼꼼히 따져봐야 한다.

⑤ 문장에 동사가 없다!

┌ Differences / in how the intake providers label the chart

│ — "jaw pain" vs. "chest pain," for example — / ⑤ creating

│ (→ create) anchors / [that might result in significant differences]

└ / in how the patients are treated. //

주어와 동사는 문장의 필수 요소로서, 둘 중 하나라도 없으면 의미가 통하지 않으므로 문장이 될 수 없다. (개념)

그런데 이 문장에서는 주어 Differences에 대한 동사가 없다.

준동사는 동사 역할을 할 수 없으므로 creating을 복수 주어에 맞는 복수 동사 create로 고쳐야 한다.

왜 오답?

① 주절의 주어와 다를 때도 분사구문의 주어를 생략할 수 있다.

┌ Anchoring bias describes the cognitive error / you make / when

│ you tend to give more weight / to information [arriving early

│ in a situation] / ① compared to information [arriving later] /

│ — regardless / of the relative quality or relevance of that initial

└ information. //

주절의 주어와 다를지라도, 분사구문의 주어가 일반인일 때에는 생략할 수 있다. 이를 비인칭 독립 분사구문이라 한다.

여기서는 나중에 도착하는 정보에 '비해' 일찍 도착하는 정보에 더 비중을 두는 경향이 있는 인지 오류에 대해 설명하고 있다.

주절의 주어와 다름에도 불구하고 주어가 생략된 비인칭 독립 분사구문으로, '~와 비교하여'라는 뜻을 갖는 compared는 적절하게 쓰였다.

② to부정사가 문장에서 주어 역할을 하면 명사적 용법으로 쓰인 것이다.

┌ Whatever data is presented to you first / when you start to

│ look at a situation / can form an "anchor" / and it becomes

│ significantly more challenging / ② to alter your mental course /

└ away from this anchor / than it logically should be. //

to부정사는 명사처럼 문장에서 주어, 목적어, 보어 역할을 할 수 있다. (개념)

'여러분의 생각을 바꾸는 것'을 의미하는 to부정사구는 문장의 진주어이다.

형식적인 주어 자리에 가주어 it이 쓰인 문장으로 to alter는 명사적 용법으로 적절하게 사용되었다.

③ 관계부사는 완전한 절을 이끈다.

┌ A classic example of anchoring bias / in emergency medicine /

│ is "triage bias," / ③ where whatever the first impression / [you

│ develop, or are given, about a patient] / tends to influence

└ all subsequent providers / [seeing that patient]. //

관계부사는 「접속사+부사(구)」의 역할을 하며 뒤에 완전한 절을 이끈다. (개념)

where가 수식하는 것은 추상적인 장소를 의미하는 선행사 "triage bias"이다.

장소를 수식하면서 뒤에 완전한 절이 오므로 관계부사 where는 어법상 적절하다.

④ 주어와 동사는 수 일치되어야 한다.

┌ For example, / imagine two patients / [presenting for

│ emergency care / with aching jaw pain] / [that occasionally ④

└ extends down to their chest]. //

주격 관계대명사절의 동사는 선행사에 그 수를 일치시킨다. (개념)

수 일치시켜야 하는 주어는 jaw pain으로 단수 명사이다.

주어가 단수 명사이므로 동사도 단수 동사 extends가 알맞게 쓰였다. (해결)

K 14 정답 ④ ⭐ 2등급 대비 [정답률 73%]

*선매 행위의 개념과 목적

다음 글의 밑줄 친 부분 중, 어법상 틀린 것은? [3점]

Pre-emption means / that a strategy is designed to **prevent** / a rival from starting some particular activity. //

선매 행위는 의미한다 / 어떤 전략이 방지하기 위해 만들어진다는 것을 / 경쟁자로 하여금 어떤 특정한 활동을 시작하는 것을

In some case / a pre-emptive move may simply be an announcement of some intent / ① that might **discourage** / **rivals from doing** the same. //

어떤 경우에는 / 선제적 조치는 단순히 어떤 의도의 공표일 수도 있다 / 단념시킬 수 있는 / 경쟁자들이 같은 행동을 하는 것을 //

The idea of pre-emption implies / **that** timing is sometimes very important /

선매 행위 개념은 암시하는데 / 때로 타이밍이 매우 중요하다는 것을 /

— a decision or an action at one point in time / might be **much** more rewarding / than ② **doing** it at a different time point. //

즉 어떤 시점의 결정이나 조치는 / 훨씬 더 득이 될 수 있다 / 다른 시점에 그것을 하는 것보다 //

Pre-emption may involve / **up-weighting** advertising / for a period before and during ③ **when** a new entrant launches into a market. //

선매 행위는 포함할 수 있다 / 광고의 가중치를 높이는 것을 / 새로운 진입자가 시장에 진출하기 이전과 진출해 있는 동안에 //

The intent is **to make** it more difficult / **for the new entrant's advertising** / **to make** an impression on potential buyers. //

그 취지는 더 어렵게 만드는 것이다 / 신규 진입자의 광고가 / 잠재적 구매자들에게 인상을 남기는 것을 //

Product proliferation / is another potential pre-emption strategy. //

제품 확산은 / 또 다른 잠재적인 선매 행위 전략이다 //

The general idea / is **to launch** a large variety of product variants / **so that** there is very little / **in the way of** market demand / **that** ④ **are(→ is)** not accommodated. //

일반적인 아이디어는 / 다양한 제품 변형을 출시하는 것이다 / 거의 없도록 / 시장 수요라고 할 만한 것이 / 수용되지 않는 //

Arguably, / if a market is already filled with product variants / **it** is more difficult / **for competitors** **to find** / ⑤ **untapped** pockets of market demand. //

거의 틀림없이 / 만약 시장이 제품 변형으로 이미 채워져 있다면 / ~이 더 어렵다 / 경쟁자들이 / 찾기가 / 아직 점유되지 않은 시장 수요 주머니를 //

- - - - - - - - - - - - - - - -

- **design** ⓥ 고안하다　　• **rival** ⓝ 경쟁자　　• **intent** ⓝ 의도
- **imply** ⓥ 암시하다　　• **rewarding** ⓐ 득이 되는
- **up-weight** 가중치를 두다　　• **entrant** ⓝ 진입자
- **launch** ⓥ 진출하다　　• **potential** ⓐ 잠재적인　　• **variant** ⓝ 변형
- **accommodate** ⓥ 수용하다　　• **arguably** ⓐⓓ 거의 틀림없이
- **untapped** ⓐ 아직 손대지 않은

선매 행위는 어떤 전략이 경쟁자로 하여금 어떤 특정한 활동을 시작하는 것을 방지하기 위해 만들어진다는 것을 의미한다. 어떤 경우에는 선제적 조치는 단순히 경쟁자들이 같은 행동을 하는 것을 단념시킬 수 있는 어떤 의도의 공표일 수도 있다.

선매 행위 개념은 때로 타이밍이 매우 중요하다는 것을 암시하는데, 즉 어떤 시점의 결정이나 조치는 다른 시점에 그것을 하는 것보다 훨씬 더 득이 될 수 있다. 선매 행위는 새로운 진입자가 시장에 진출하기 이전과 진출해 있는 동안에 광고의 가중치를 높이는 것을 포함할 수 있다. 그 취지는 신규 진입자의 광고가 잠재적 구매자들에게 인상을 남기는 것을 더 어렵게 만드는 것이다.

제품 확산은 또 다른 잠재적인 선매 행위 전략이다. 일반적인 아이디어는 수용되지 않는 시장 수요라고 할 만한 것이 거의 없도록 다양한 제품 변형을 출시하는 것이다. 거의 틀림없이, 만약 시장이 제품 변형으로 이미 채워져 있다면 경쟁자들은 아직 점유되지 않은 시장 수요 주머니를 찾기가 더 어렵다.

왜 2등급? 문장의 길이가 길다보니 that이 수식하는 선행사를 파악하기 어려운 틀리기 쉬운 2등급 대비 문제였다.

왜 정답?

④ 선행사는 단수인데 주격 관계대명사절의 동사는 복수이다!

The general idea / is to launch a large variety of product variants / so that (부사절 접속사) there is very little / in the way of market demand (단수 선행사) / [that (주격 관계대명사) ④ ~~are~~(→ is) (단수 동사) not accommodated]. //
주격 관계대명사절의 동사는 선행사에 수 일치해야 함

단서 동사에 밑줄이 있으므로
발상 주어를 찾아 그 수가 일치하는지 확인한다.
해결 that 뒤에 동사 are not accommodated가 바로 이어지므로 that은 주격 관계대명사이다. market demand를 선행사로 하고 있으므로 단수 선행사에 맞는 단수 동사 is가 와야 한다.
개념 주격 관계대명사절에서는 선행사가 곧 주어이므로, 선행사와 주격 관계대명사절의 동사 수를 일치시켜야 한다.

왜 오답?

① 주격 관계대명사는 주어가 없는 불완전한 절을 이끈다.

In some case / a pre-emptive move may simply be an announcement of some intent / [① that (주격 관계대명사) might discourage / rivals from doing the same (주어가 없는 불완전한 절)]. //

관계대명사는 주어나 목적어가 빠진 불완전한 절을 이끈다.
that 뒤에 동사 might discourage가 바로 이어지므로 that은 주어 역할을 하는 주격 관계대명사이다.
some intent를 수식하는 주격 관계대명사 that이 알맞게 사용되었다.

② 동명사는 명사처럼 목적어 역할을 한다.

The idea of pre-emption implies / that timing is sometimes very important / — a decision or an action at one point in time / might be much more rewarding (비교급 비교) / than ② doing it at a different time point. // (비교의 두 대상)

동사의 형태를 바꾸어 만든 준동사는 동사 외의 다른 품사의 역할을 하고, 준동사에는 to부정사, 동명사, 분사가 있다.
than으로 두 대상, '어떤 결정이나 조치'와 '그것을 하는 것'이 비교되고 있다.
명사끼리 병렬 구조를 이뤄야 하므로 동명사가 바르게 쓰였다.

③ 관계부사 when은 시간의 선행사를 수식한다.

Pre-emption may involve / up-weighting advertising / for a period before and during ③ when (관계부사(앞에 선행사 생략)) a new entrant launches into a market (완전한 절(주어+동사)). //

전치사 before and during의 목적어로 온 the time은 생략되었고, 관계부사 when이 이끄는 형용사절이 생략된 선행사 the time을 수식하고 있다.
뒤에 완전한 1형식 문장(주어 a new entrant, 동사 launches)이 이어지므로 생략된 선행사를 수식하며 관계부사가 전치사 뒤에 온 것은 적절하다.

⑤ 과거분사는 수식하는 명사와 수동 관계이다.

Arguably, / if a market is already filled with product variants (부사절(조건)) / it (가주어) is more difficult / for competitors (의미상 주어) / to find (진주어) / ⑤ [untapped (과거분사) pockets of market demand]. //

분사는 형용사처럼 명사를 수식하는데, 수식 받는 명사와 수동 관계일 때 과거분사(「동사원형 + -ed」)를 쓴다.
pockets of market demand를 과거분사가 수식하는 것이 맞는지 묻고 있다. 시장 수요 주머니(pockets of market demand)가 '점유하는' 것이 아니라 '점유되는' 것이므로 과거분사가 명사를 수식하는 것은 적절하다.
따라서 과거분사 untapped는 적절하다.

K 15 정답 ④ — 1등급 대비 [정답률 58%]

*유아의 자아 효능감 발달

다음 글의 밑줄 친 부분 중, 어법상 틀린 것은? [3점]

By noticing (By -ing: ~함으로써) the relation / between their own actions and resultant external changes, /
관계를 알아차림으로써 / 그들 자신의 행동과 그에 따른 외부 변화 사이의 /
infants develop self-efficacy, / a sense / ① that (동격절 접속사) they are agents of the perceived changes. //
유아들은 자아 효능감을 발전시킨다 / 즉 인식 / 그들이 인지된 변화의 주체자라는 //
Although (부사절 접속사(양보)) infants can notice / the effect of their behavior on the physical environment, /
유아들은 알아차릴 수 있지만 / 자신의 행동이 물리적 환경에 미치는 영향을 /
it is (it is ~ that 강조 구문) in early social interactions / that infants most ② readily (동사 perceive를 수식하는 부사) perceive / the consequence of their actions. //
바로 초기 사회적 상호 작용에서 / 유아들은 가장 쉽게 인식한다 / 자신의 행동의 결과를 //
People have perceptual characteristics (선행사(복수)) / that (주격 관계대명사) virtually ③ assure (주격 관계대명사절의 동사(복수)) / that infants will orient toward them. //
사람들은 지각과 관련된 특성을 가지고 있다 / 실제로 확실하게 하는 / 유아들이 그들에게 향할 것을 //
They have / visually contrasting and moving faces. //
그들은 지닌다 / 시각적으로 구별되고 달라지는 얼굴 표정을 //
They produce sound, / provide touch, / and have interesting smells. // (병렬 구조)
그들은 소리를 만들고 / 촉각을 제공하고 / 흥미로운 냄새를 가지고 있다 //
In addition, / people engage with infants / by exaggerating their facial expressions / and inflecting their voices (병렬 구조) / in ways / that (목적격 관계대명사) infants find ④ fascinated(→ fascinating). //
또한 / 사람들은 유아들과 관계를 맺는다 / 자신의 얼굴 표정을 과장하고 / 자신의 목소리를 조절하면서 / 방식으로 / 유아들이 매력적이라고 느끼는 //
단서 유아들은 방식이 '매력적이라고' 느낌. 즉 유아들의 감정을 '일으키는' 것임
But most importantly, / these antics are responsive / to infants' vocalizations, facial expressions, and gestures; /
그러나 가장 중요한 것은 / 이러한 익살스러운 행동은 반응을 잘 한다는 것이다 / 유아들의 발성, 얼굴 표정, 몸짓에 대해 /
people vary / the pace and level of their behavior / in response to ('~에 반응하여') infant actions. //
사람들은 다양하게 한다 / 자신들의 행동의 속도와 수준을 / 유아들의 행동에 반응하여 //
Consequentially, / early social interactions provide a context / ⑤ where (관계부사) infants can easily notice / the effect of their behavior. //
결과적으로 / 초기 사회적 상호 작용은 맥락을 제공한다 / 유아들이 쉽게 알아차릴 수 있는 / 자신의 행동의 영향을 //

- relation ⓝ 관계
- resultant ⓐ 그에 따른, 그 결과로 생긴
- external ⓐ 외부의
- infant ⓝ 유아
- self-efficacy ⓝ 자아 효능감
- agent ⓝ 주체자, 행위자
- perceive ⓥ 인식하다
- readily ad 쉽게
- consequence ⓝ 결과
- perceptual ⓐ 지각의
- characteristic ⓝ 특성, 성질
- virtually ad 실제로
- assure ⓥ 확실하게 하다
- orient ⓥ ~로 향하다
- contrasting ⓐ 현저하게 다른
- engage with ~와 관계를 맺다
- exaggerate ⓥ 과장하다
- facial expression 얼굴 표정
- fascinated ⓐ 매료된
- responsive ⓐ 반응하는
- vocalization ⓝ 발성
- vary ⓥ 다양하게 하다
- context ⓝ 맥락

유아들은 자신의 행동과 그에 따른 외부 변화 사이에서의 관계를
알아차림으로써, 그들이 인지된 변화의 주체자라는 인식, 즉 자아 효능감을
발전시킨다. 유아들은 자신의 행동이 물리적 환경에 미치는 영향을
알아차릴 수 있는데, 바로 초기 사회적 상호 작용에서 유아들은 가장 쉽게
자신의 행동의 결과를 인식한다. 사람들은 유아들이 그들에게 향할 것을
실제로 확실하게 하는 지각과 관련된 특성을 가지고 있다. 사람들은
시각적으로 구별되고 달라지는 얼굴 표정을 지닌다. 사람들은 소리를
만들고, 촉각을 제공하고, 흥미로운 냄새를 가지고 있다. 또한 사람들은
유아들이 매력적이라고 느끼는 방식으로 얼굴 표정을 과장하고 목소리를
조절하면서 유아들과 관계를 맺는다. 그러나 다른 무엇보다 중요한 것은
이러한 익살스러운 행동은 유아들의 발성, 얼굴 표정, 몸짓에 대해 반응을
잘 한다는 것이다. 사람들은 유아들의 행동에 반응하여 자신들의 행동의
속도와 수준을 다양하게 한다. 결과적으로 초기 사회적 상호 작용은
유아들이 자신의 행동의 영향을 쉽게 알아차릴 수 있는 맥락을 제공한다.

왜 1등급? 분사가 형용사처럼 명사를 수식하는 역할을 하며, 그 관계가 능동이냐
수동이냐에 따라 현재분사 또는 과거분사가 쓰인다는 것을 안다면 정답은 쉽게 고를
수 있었지만, 매력적인 오답으로 인해 정답률이 낮아진 1등급 대비 문제이다.

>왜 정답?

④ 능동의 관계에 과거분사가 왔다!

In addition, / people engage with infants / by exaggerating
their facial expressions / and inflecting their voices / in ways /
[that infants find ④ fascinated(→ fascinating)]. //

분사와 그 수식을 받는 명사가 능동의 관계면 현재분사가, 수동의 관계면 과거분사가
쓰인다.
유아들이 ways를 '매력적이라고 느끼는' 것이므로 목적격 보어와의 관계는 능동이다.
따라서 목적격 보어에는 과거분사 fascinated가 아니라 현재분사 fascinating이
와야 한다.

>왜 오답?

① 접속사 that은 동격절을 이끌 수 있다.

By noticing the relation / between their own actions and
resultant external changes, / infants develop self-efficacy, / a
sense / ① [that they are agents of the perceived changes]. //

접속사 that은 앞에 나온 명사(구)를 보충 설명하는 동격절을 이끈다.
that 뒤로 주어(they), 동사(are), 보어(agents)를 갖춘 완전한 절이 이어지므로
that은 접속사라는 것을 알 수 있다.
앞에 나온 a sense의 구체적 내용을 보충 설명하는 동격절 접속사로 that은 적절하게
쓰였다.

② 부사는 동사를 수식할 수 있다.

Although infants can notice / the effect of their behavior on
the physical environment, / it is in early social interactions /
that infants most ② readily perceive / the consequence of their
actions. //

부사는 동사, 형용사, 부사, 문장 전체를 수식하는 역할을 한다.
문장의 동사 perceive 앞에 부사 readily가 와서 '쉽게 인식한다'라는 뜻을 완성했다.
부사는 동사를 수식할 수 있으므로 부사 readily의 쓰임은 적절하다.

③ 주격 관계대명사절의 동사는 선행사에 수 일치시킨다.

People have perceptual characteristics / [that virtually
③ assure / that infants will orient toward them]. //

주격 관계대명사절의 동사는 선행사에 그 수를 일치시킨다.
수 일치시켜야 하는 선행사는 perceptual characteristics로 복수 명사이다.
선행사가 복수 명사이므로 주격 관계대명사절의 동사도 복수 동사 assure가 쓰였다.

⑤ 관계부사는 완전한 절을 이끈다.

Consequentially, / early social interactions provide a context
/ [⑤ where infants can easily notice / the effect of their
behavior]. //

관계부사는 「접속사+부사(구)」의 역할을 하며 뒤에 완전한 절을 이끈다.
where가 수식하는 것은 추상적인 장소를 의미하는 선행사 a context이다.
장소를 수식하면서 뒤에 완전한 절이 오므로 관계부사 where는 어법상 적절하다.

K 16 정답 ⑤ — ★ 1등급 대비 [정답률 63%]

*확실성을 통한 인간의 생존

다음 글의 밑줄 친 부분 중, 어법상 틀린 것은? [3점]

Human beings like certainty. //
인간은 확실성을 좋아한다 //

This liking stems from our ancient ancestors / ① who needed
to survive / alongside saber-toothed tigers and poisonous
berries. //
이 선호는 고대의 우리 선조들로부터 유래한다 / 살아남아야 했던 / 검치호와 독이 있는
딸기류 열매 곁에서 //

Our brains evolved to help / us attend to threats, / keep away
from ② them, / and remain alive afterward. //
우리의 뇌는 돕도록 진화했다 / 우리가 위협에 주의하고 / 그것들에서 벗어나 / 그 후에
살아남을 수 있게 //

In fact, / we learned / that the more ③ certain we were / about
something, / the better chance we had / of making the right
choice. //
사실 / 우리는 학습했다 / 우리 자신이 더 확신할수록 / 무언가에 대해 / 가능성이 더 크다는
것을 / 옳은 선택을 할 //

Is this berry the same shape / as last time? //
이 딸기류 열매는 모양이 같은가 / 지난번과 //

The same size? //
같은 크기인가 //

If I know for certain / it ④ is, / my brain will direct me to eat it /
because I know it's safe. //
내가 확실히 안다면 / 그것이 그렇다는 것을 / 나의 뇌는 내가 그것을 먹도록 안내한다 /
그것이 안전하다는 것을 내가 알기 때문에 //

And if I'm uncertain, / my brain will send out a danger alert /
to protect me. //
그리고 만약 내가 확실하지 않다면 / 나의 뇌는 위험 신호를 보낼 것이다 / 나를 보호하기 위해 //

The dependence on certainty / all those millennia ago / ensured
our survival to the present day, / and the danger-alert system /
continues to protect us. //
확실성에 대한 의존은 / 그 모든 수천 년 전의 / 현재까지 우리의 생존을 책임졌고 / 그 위험을
알리는 시스템은 / 계속하여 우리를 지키고 있다 //

This is achieved / by our brains labeling / new, vague, or
unpredictable everyday events and experiences / as uncertain. //
이것은 이루어진다 / 우리의 뇌가 명명함으로써 / 새롭거나 모호하거나 예측할 수 없는 매일의
사건과 경험을 / 불확실한 것으로 //

Our brains then ⑤ generating(→ generate) / sensations,
thoughts, and action plans / to keep us safe / from the uncertain
element, / and we live to see another day. //
그런 후 우리의 뇌는 만들어내고 / 감각, 사고, 그리고 행동 계획을 / 우리를 안전하게 지키기
위해 / 그 불확실한 요소로부터 / 우리는 살아서 또 다른 날을 보게 된다 //

- certainty ⓝ 확실성　　• alongside 〔prep〕 옆에, 곁에서
- poisonous ⓐ 독이 있는　　• threat ⓝ 위협　　• afterward 〔ad〕 그 후에
- label ⓥ 꼬리표를 붙이다　　• vague ⓐ 모호한
- unpredictable ⓐ 예측할 수 없는　　• sensation ⓝ 느낌, 감각

인간은 확실성을 좋아한다. 이 선호는 검치호와 독이 있는 딸기류 열매 곁에서 살아남아야 했던 고대의 우리 선조들로부터 유래한다. 우리의 뇌는 우리가 위협에 주의하고 그것들에서 벗어나 그 후에 살아남을 수 있게 돕도록 진화했다. 사실, 우리는 우리 자신이 무언가에 대해 더 확신할수록 옳은 선택을 할 가능성이 더 크다는 것을 학습했다. 이 딸기류 열매는 지난번과 모양이 같은가? 같은 크기인가? 그것이 그렇다는 것을 내가 확실히 안다면, 그것이 안전하다는 것을 내가 알기 때문에 나의 뇌는 내가 그것을 먹도록 안내한다. 그리고 만약 내가 확실하지 않다면, 나의 뇌는 나를 보호하기 위해 위험 신호를 보낼 것이다.
그 모든 수천 년 전의 확실성에 대한 의존은 현재까지 우리의 생존을 책임졌고, 그 위험을 알리는 시스템은 계속하여 우리를 지키고 있다. 이것은 우리의 뇌가 새롭거나 모호하거나 예측할 수 없는 매일의 사건과 경험을 불확실한 것으로 명명함으로써 이루어진다. 그런 후 우리의 뇌는 그 불확실한 요소로부터 우리를 안전하게 지키기 위해 감각, 사고, 그리고 행동 계획을 만들어내고, 우리는 살아서 또 다른 날을 보게 된다.

왜 1등급? 동사 자리에 is만 온 것이 완전하지 못하다고 판단하여 ④을 정답으로 고를 수 있는 1등급 대비 문제이다. is는 앞에 온 동사구 is the same shape and the same size를 대신하는 대동사이고, be동사를 대신하는 대동사는 be동사이므로 is가 어법상 옳다는 것을 알아야 한다.

＞왜 정답?

⑤ 문장에 동사가 없다!

Our brains then ⑤ generating(→ generate) / sensations, thoughts, and action plans / to keep us safe / from the uncertain element, / and we live to see another day. //

(단서) 「동사원형+-ing」의 형태에 밑줄이 있으므로
(발상) 동명사로 쓰여 문장에서 주어, 목적어, 보어의 역할을 하는지, 현재분사로 쓰여 명사를 수식하거나 보어 역할을 하는지 등을 확인한다.
(해결) 등위접속사 and로 연결된 두 개의 절 중, 첫 번째 절에 밑줄이 있다. 첫 번째 절의 주어는 Our brains인데, 이에 대한 동사가 없다. 따라서 동사 역할을 할 수 없는 준동사 generating을 generate로 고쳐야 어법상 알맞다.
(개념) 주어와 동사는 문장의 필수 요소로서, 그중 하나라도 없으면 의미가 통하지 않으므로 문장이 될 수 없다.

＞왜 오답?

① 주격 관계대명사절에는 주어가 없다.

This liking stems from our ancient ancestors / ①[who needed to survive / alongside saber-toothed tigers and poisonous berries]. //

(단서) 밑줄 친 who 뒤에 동사 needed가 곧바로 이어지는 것으로 보아
(발상) who는 주격 관계대명사로 쓰였음을 알 수 있다.
(해결) who는 선행사가 사람인 주격 관계대명사로 쓰일 수 있다. 따라서 앞에 있는 our ancient ancestors를 선행사로 하는 주격 관계대명사 who는 알맞게 쓰였다.
(개념) 관계대명사는 주어나 목적어가 빠진 불완전한 절을 이끈다.

② 대명사 them은 복수 명사를 가리킨다.

Our brains evolved to help / us attend to threats, / keep away from ② them, / and remain alive afterward. //

(단서) 대명사에 밑줄이 있으므로
(발상) 대명사가 대신하는 것을 찾아 그 수가 일치하는지 확인한다.
(해결) 의미상 앞에서 주의한 위협에서 벗어나는 것이므로, them은 threats를 가리킨다. 따라서 복수형 대명사 them을 쓰는 것은 알맞다.
(개념) 대명사는 사람이나 사물 등의 이름을 대신한다.

③ 보어로 쓰이는 것은 부사가 아닌 형용사이다.

In fact, / we learned / that the more ③ certain we were / about something, / the better chance we had / of making the right choice. //

(단서) 형용사 certain에 밑줄이 있으므로
(발상) 명사를 수식하고 있는지, 또는 문장의 필수 요소인지 확인한다.
(해결) the 비교급 ~, the 비교급 ...(~할수록 더 …한) 구문에 형용사 certain이 왔다. 이어지는 we were 뒤에 주격 보어가 없으므로 주격 보어 역할을 할 수 있는 형용사 certain이 온 것은 적절하다.
(개념) **형용사의 역할:** 명사 수식, 보어로서 주어나 목적어 보충 설명
부사의 역할: 동사, 형용사, 부사, 문장 수식

④ 앞에 온 동사를 대동사로 대신할 수 있다.

Is this berry the same shape / as last time? // The same size? // If I know for certain / it ④ is, / my brain will direct me to eat it / because I know it's safe. //

(단서) 동사 is에 밑줄이 있으므로
(발상) 주어와 수 일치하는지 먼저 확인하고, 대동사라면 be동사를 대신하고 있는 것이 맞는지 확인한다.
(해결) 주어는 it이고, 단수이므로 단수 동사 is가 온 것은 알맞다. 문맥상 앞의 두 문장의 is the same shape and the same size를 대신 받는 동사 자리이다. 따라서 be동사 is가 온 것은 적절하다.
(개념) 앞서 등장한 일반동사(구)를 대신할 때는 대동사로 do를 사용하고, be동사(구)를 대신할 때는 대동사로 be동사를 쓴다.

K 어휘 Review 정답

문제편 p. 148

01 전략	11 developed country	21 imperfect
02 장	12 carbon footprint	22 comparison
03 지위	13 developing country	23 abundant
04 열망	14 cost-effective	24 biology
05 치매	15 beneath one's notice	25 grasped
06 measure	16 secondary	26 presented
07 reinforce	17 molecules	27 plagued
08 variant	18 external	28 inventories
09 agent	19 cognitive	29 sensations
10 ritual	20 emergency	30 circumstances

L 문맥에 맞지 않는 낱말 찾기

문제편 p. 150~159

L 01 정답 ④ *자금 조달 출처 공개의 필요성

다음 글의 밑줄 친 부분 중, 문맥상 낱말의 쓰임이 적절하지 <u>않은</u> 것은?

There are reasons / why science is not fully trusted / and why healthy skepticism and critical thinking are essential. //
이유가 있다 / 왜 과학이 완전히 신뢰받지 못하는지 / 그리고 왜 건강한 회의주의와 비판적 사고가 필수적인지에는 //

In spite of / professional standards, / claims of objectivity, / and the peer review process, / the conduct of science can be ① biased. //
~에도 불구하고 / 전문적인 기준 / 객관성에 대한 주장 / 동료 검토 과정 / 과학의 실행은 편향적일 수 있다 //

All experts are not the same, / nor do they submit their work / to the same scrutiny. //
모든 전문가가 동일하지 않으며 / 그들이 자신의 연구를 따르게(거치게) 하는 것도 아니다 / 동일한 심층 조사를 //

Knowing the source of funding / can be ② important / in evaluating scientific claims. //
자금 조달의 출처를 아는 것은 / 중요할 수 있다 / 과학 (분야)의 주장을 평가할 때 //

For example, / the Harvard researchers / who made claims in the late 1960s / about the problems with dietary fat, /
예를 들어 / 하버드의 연구자들은 / 1960년대 후반에 주장한 / 식용 지방의 문제점에 관해 /

leading the nation away from perceiving / sugar as one of the main causes in health problems, /
전 국민이 인식하지 못하게 만들었는데 / 설탕이 건강 문제의 주요 원인 중 하나라고 /

were funded in part / by the sugar industry. //
일부 자금을 지원받았다 / 설탕 업계로부터 //

단서 1 하버드 연구원들이 설탕 업계 자금을 받고 설탕의 해로움을 축소 주장함

The authors did not reveal / their funding source / to the *New England Journal of Medicine*, / where their ③ influential article appeared. //
그 저자들은 공개하지 않았는데 / 자금 출처를 / 'New England Journal of Medicine'에 / 거기에 그들의 영향력 있는 논문이 실렸다 //

단서 2 하버드 연구원들의 논문은 설탕을 많이 사용하는 식습관을 장려하게 됨

Their article shaped / a generation of changes in eating patterns / that appears to have ④ discouraged(→ fostered) higher use of sugar, /
그들의 논문은 만들어 냈는데 / 식습관 변화의 시대를 / 더 많은 설탕의 사용을 저지한(→ 조장한) 것으로 보이는 /

now widely implicated / as a source of the rise in obesity and diabetes. //
지금은 널리 알려졌다 / (설탕이) 비만과 당뇨병 증가의 원인과 관련이 있음이 //

Stories such as this one / fuel suspicion / (not only) but also lead to further safeguards / in the scientific process. //
이와 같은 이야기는 / 의심을 부채질했을 뿐만 아니라 / 추가적인 안전장치를 이끌어 냈다 / 과학의 절차에 //

Funding ⑤ disclosures, / although not required five decades ago, / have since been made compulsory. //
자금 조달의 출처 공개는 / 비록 50년 전에는 요구되지 않았지만 / 이후 의무화되었다 //

- critical ⓐ 비판적인
- objectivity ⓝ 객관성
- biased ⓐ 편향된, 편파적인
- dietary ⓐ 식용의, 식단의
- fund ⓥ 자금을 지원하다
- obesity ⓝ 비만
- diabetes ⓝ 당뇨병
- fuel ⓥ 부채질하다, 연료를 넣다
- suspicion ⓝ 의심
- safeguard ⓝ 안전장치
- disclosure ⓝ 공개
- compulsory ⓐ 의무의

왜 과학이 완전히 신뢰받지 못하는지, 그리고 왜 건강한 회의주의와 비판적 사고가 필수적인지에는 이유가 있다. 전문적인 기준, 객관성에 대한 주장, 동료 검토 과정에도 불구하고, 과학의 실행은 ① 편향적일 수 있다. 모든 전문가가 동일하지 않으며, 그들이 자신의 연구를 동일한 심층 조사를 따르게(거치게) 하는 것도 아니다. 자금 조달의 출처를 아는 것은 과학 (분야)의 주장을 평가할 때 ② 중요할 수 있다. 예를 들어, 1960년대 후반에 식용 지방의 문제점에 관해 주장하여 설탕이 건강 문제의 주요 원인 중 하나라고 전 국민이 인식하지 못하게 만든 하버드의 연구자들은 설탕 업계로부터 일부 자금을 지원받았다. 그 저자들은 'New England Journal of Medicine'에 자금 출처를 공개하지 않았는데, 거기에 그들의 ③ 영향력 있는 논문이 실렸다. 더 많은 설탕의 사용을 ④ 저지한(→ 조장한) 것으로 보이는 그들의 논문은 식습관 변화의 시대를 만들어 냈는데, 지금은 (설탕이) 비만과 당뇨병 증가의 원인과 관련이 있음이 널리 알려졌다. 이와 같은 이야기는 의심을 부채질했을 뿐만 아니라 과학의 절차에 추가적인 안전장치를 이끌어 냈다. 자금 조달의 출처 ⑤ 공개는, 비록 50년 전에는 요구되지 않았지만, 이후 의무화되었다.

왜 정답 ? ★★★ [정답률 59%]

④ discouraged 저지하다

더 많은 설탕의 사용을 ④ 저지한(→조장한) 것으로 보이는 그들의 논문은 식습관 변화의 시대를 만들어 냈는데, 지금은 (설탕이) 비만과 당뇨병 증가의 원인과 관련이 있음이 널리 알려졌다.

➡ 하버드 연구원들은 설탕 업계에서 자금을 지원받고, 대중들로 하여금 설탕이 건강 문제의 주요 원인이라는 인식을 하지 못하도록 했음 → 이 하버드 연구원들의 논문은 설탕을 많이 사용하는 식습관을 '조장하게' 됨 ▶ 대중의 설탕 사용을 저지했던(discouraged) 것이 아니라 오히려 조장했다(fostered)고 해야 함

왜 오답 ?

① biased 편향적인

전문적인 기준, 객관성에 대한 주장, 동료 검토 과정에도 불구하고, 과학의 실행은 ① 편향적일 수 있다.

➡ In spite of(~에도 불구하고)로 전문적인 기준, 객관성에 대한 주장, 동료 검토 과정이 연결되므로 과학을 전문적, 객관적으로 시행하려고 해도 '편향적일' 수 있다는 흐름은 적절함 ▶ biased는 문맥에 맞음

② important 중요한

자금 조달의 출처를 아는 것은 과학 (분야)의 주장을 평가할 때 ② 중요할 수 있다.

➡ 이어지는 예시에서 하버드 연구원들이 설탕 업계에서 자금을 지원받고 설탕의 위험성을 축소 주장한 논문을 소개함 → 자금 조달의 출처를 아는 것이 '중요함' ▶ important는 문맥에 맞음

③ influential 영향력 있는

그 저자들은 'New England Journal of Medicine'에 자금 출처를 공개하지 않았는데, 거기에 그들의 ③ 영향력 있는 논문이 실렸다.

➡ 하버드 연구원들은 설탕 업계의 자금을 지원받아 작성한 논문의 자금 출처를 공개하지 않음 → 해당 논문은 설탕의 사용을 조장하는 방향으로 대중의 식습관 변화를 끌어낼 정도로 '영향력 있는' 논문이었음 ▶ influential은 문맥에 맞음

⑤ disclosures 공개

자금 조달의 출처 ⑤ 공개는, 비록 50년 전에는 요구되지 않았지만, 이후 의무화되었다.

50년 전에는 요구되지 않았다는 내용이 although로 연결됨

➡ 하버드 연구자들의 자금 출처가 공개되지 않았던 사례 이후, 자금 조달의 투명성을 확보하기 위해 출처 '공개'가 의무화된 것은 과학의 객관성을 지키기 위한 적절한 조치임 ▶ disclosures는 문맥에 맞음

L 02 정답 ③ *변화를 감지하는 능력

다음 글의 밑줄 친 부분 중, 문맥상 낱말의 쓰임이 적절하지 않은 것은? [3점]

Robert Blattberg and Steven Hoch noted /
Robert Blattberg와 Steven Hoch는 주목했다 /
that, in a changing environment, / it is not clear / that consistency
is always a virtue /
변화하는 환경에서 / 분명하지 않다는 것에 / 일관성이 항상 장점인지가 /
and that one of the advantages of human judgment / is the
ability to detect change. //
그리고 인간이 판단하는 것의 이점 중 하나는 / 변화를 감지하는 능력이라는 것에 //
Thus, / in changing environments, / it might be ① advantageous
/ to combine human judgment and statistical models. //
따라서 / 변화하는 환경에서는 / 유리할 수 있다 / 인간의 판단과 통계 모델들을 결합하는 것이 //
Blattberg and Hoch examined this possibility / by having
supermarket managers forecast / demand for certain products /
Blattberg와 Hoch는 이러한 가능성을 조사했다 / 슈퍼마켓 관리자들에게 예측하게
함으로써 / 특정한 제품에 대한 수요를 /
and then creating a composite forecast / by averaging these
judgments with the forecasts of statistical models / based on
② past data. // 그리고 다음으로 종합적인 예측을 생성해 봄으로써 / 이 판단을 통계
모델의 예측과 평균을 내어 / 지난 데이터에 근거한 //
The logic was / that statistical models ③ deny(→ assume) stable
conditions / and therefore cannot account for the effects / on
demand of novel events /
논리는 ~이었다 / 통계 모델들은 변동이 없는 조건을 부정하고(→ 가정하고) / 그렇기 때문에
영향을 설명할 수 없다는 것 / 새로운 사건이 수요에 미치는 /
such as actions taken by competitors / or the introduction of
new products. //
경쟁자들에 의해 취해진 행동이나 / 신제품의 도입과 같은 //
Humans, however, / can ④ incorporate these novel factors / in
their judgments. //
그러나 인간은 / 이러한 새로운 요인들을 통합할 수 있다 / 자신들의 판단에서 //
The composite / — or average of human judgments and
statistical models — / proved to be more ⑤ accurate / than
either the statistical models / or the managers working alone. //
종합된 것 / 즉 인간의 판단과 통계 모델의 평균이 / 더 정확하다는 것이 증명되었다 / 통계
모델이나 / 관리자들이 단독으로 처리하는 것보다 //

- consistency ⓝ 일관성   • virtue ⓝ 장점   • detect ⓥ 감지하다
- combine ⓥ 결합하다   • statistical ⓐ 통계의
- forecast ⓥ 예측하다   • demand ⓝ 수요   • average ⓥ 평균을 내다
- competitor ⓝ 경쟁자   • introduction ⓝ 도입
- incorporate ⓥ 통합하다   • accurate ⓐ 정확한

Robert Blattberg와 Steven Hoch는 변화하는 환경에서 일관성이 항상
장점인지가 분명하지 않다는 것과 인간이 판단하는 것의 이점 중 하나는
변화를 감지하는 능력이라는 것에 주목했다. 따라서 변화하는 환경에서는
인간의 판단과 통계 모델들을 결합하는 것이 ① 유리할 수 있다.
Blattberg와 Hoch는 슈퍼마켓 관리자들에게 특정한 제품에 대한 수요를
예측하게 한 다음, 이 판단을 ② 지난 데이터에 근거한 통계 모델의 예측과
평균을 내어 종합적인 예측을 생성해 봄으로써 이러한 가능성을 조사했다.
(그들의) 논리는 통계 모델들은 변동이 없는 조건을 ③ 부정하기(→
가정하기) 때문에 경쟁자들에 의해 취해진 행동이나 신제품의 도입과
같은 새로운 사건이 수요에 미치는 영향을 설명할 수 없다는 것이었다.
그러나 인간은 이러한 새로운 요인들을 자신들의 판단에서 ④ 통합할 수
있다. 종합된 것, 즉 인간의 판단과 통계 모델의 평균이 통계 모델이나
관리자들이 단독으로 처리하는 것보다 더 ⑤ 정확하다는 것이 증명되었다.

왜 정답? ★★★ [정답률 45%]

③ deny 부정하다
(그들의) 논리는 통계 모델들은 변동이 없는 조건을 ③ 부정하기 때문에
경쟁자들에 의해 취해진 행동이나 신제품의 도입과 같은 새로운 사건이
수요에 미치는 영향을 설명할 수 없다는 것이었다.
➡ 통계 모델은 새로운 사건이 수요에 미치는 영향을 설명할 수 없음 → 통계 모델은
변동이 없는 조건을 바탕으로 함을 추론할 수 있음 → deny는 잘못 사용된 표현임
▶ deny를 assume(가정하다)과 같은 단어로 바꾸어야 함

왜 오답?

① advantageous 유리한
~ 변화하는 환경에서 일관성이 항상 장점인지가 분명하지 않다는 것과
인간이 판단하는 것의 이점 중 하나는 변화를 감지하는 능력이라는 것에
주목했다. 따라서 변화하는 환경에서는 인간의 판단과 통계 모델들을
결합하는 것이 ① 유리할 수 있다.
➡ 변화하는 환경에서 일관성이 항상 장점은 아니고, 변화 감지 능력이 인간 판단 이점
중 하나이므로 통계 모델(일관성을 대표함)을 인간 판단(변화 감지 능력 있음)과
결합하는 것이 유리할 수 있음
▶ advantageous는 문맥에 맞음

② past 지난, 과거의
Blattberg와 Hoch는 슈퍼마켓 관리자들에게 특정한 제품에 대한 수요를
예측하게 한 다음, 이 판단을 ② 지난 데이터에 근거한 통계 모델의 예측과
평균을 내어 종합적인 예측을 생성해 봄으로써 이러한 가능성을 조사했다.
➡ 통계 모델은 첫 문장에서 언급된 일관성을 대표하는 사례이고 변화하는 환경과
대치되는 대상이므로 예측과는 반대되는 개념임
▶ '지난(past)' 혹은 '과거의' 데이터는 문맥에 맞음

④ incorporate 통합하다
그러나 인간은 이러한 새로운 요인들을 자신들의 판단에서 ④ 통합할 수
있다.
➡ 인간이 판단하는 것의 이점 중 하나는 변화를 감지하는 능력임 → 새로운 요인들을
감지하고 판단할 수 있음
▶ 새로운 요인을 자신의 것으로 만들 수 있다는 차원에서 incorporate는 문맥에
맞음

⑤ accurate 정확한
종합된 것, 즉 인간의 판단과 통계 모델의 평균이 통계 모델이나
관리자들이 단독으로 처리하는 것보다 더 ⑤ 정확하다는 것이 증명되었다.
➡ 통계 모델은 새로운 요인의 영향을 고려할 수 없는 단점이 있음 → 인간의 판단은
통계 모델의 한계를 보완할 수 있음 → 통계 모델과 인간의 판단이 결합될 때 더
정확한 결과를 얻을 수 있음 ▶ accurate는 문맥에 맞음

L 03 정답 ③ *유가와 경제 성장률 간의 상관관계

다음 글의 밑줄 친 부분 중, 문맥상 낱말의 쓰임이 적절하지 않은 것은? [3점]

Low oil prices are a good thing, / because it means / lower
energy costs of production / for the majority of industries, / not
least the automobile and the logistics industries. //
낮은 유가는 좋은 것인데 / 왜냐하면 그것은 의미하기 때문이다 / 생산을 위한 더 낮은 에너지
비용을 / 다수의 산업 / 특히 자동차와 물류 관리 산업에서 //
Firms directly ① benefit / from the decrease / in their costs of
production and provision of services. //
회사들은 직접적으로 혜택을 본다 / 감소로 / 생산 및 서비스 제공 비용의 //
This has the effect of stimulating the aggregate supply / and
② provides a stimulus for growth. //
이는 총공급을 촉진하는 효과가 있으며 / 성장에 자극을 제공한다 //

Conversely, / a sudden rise in oil prices / due to a shrink in oil
production / is never good news, / even though it definitely
gives a big boost / to the energy sector. //
반대로 / 유가 급등은 / 석유 생산 감소로 인한 / 결코 좋은 소식이 아니다 / 분명 큰 도움을
주기는 하지만 / 에너지 부문에 //

단서 1 연구를 통해 유가 급등이 좋은 소식이
아니라는 점이 반증된다고 설명함

A look through the history of oil price fluctuations /
③ disproves(→ proves) this notion, / as this has been the subject
/ of much economic research. //
유가 변동 역사의 검토는 / 이 개념을 반증하는데(→ 확증하는데) / 왜냐하면 이것은 주제였기
때문이다 / 많은 경제 연구의 //

Following an oil price jump of 10 per cent / due to a contraction
in supply, / **단서 2** 유가가 상승하면 경제는 일반적으로 둔화되므로, 유가 급등은 좋은 소식이 아님
10퍼센트의 유가 상승에 이어 / 공급 축소로 인한 /

an economy (as typified by the US economy) / typically sees its
output (GDP) slowed / by close to 1 percentage point. //
(미국 경제로 대표되는) 경제는 / 일반적으로 그것의 생산량(GDP)이 둔화되는 것을 본다 /
1퍼센트포인트 가까이 //

For a $15 trillion economy, / that is a ④ loss of $150 billion / in
potential wealth or economic growth. //   15조 달러 규모의 경제에서 /
그것은 1,500달러의 손실이다 / 잠재적 부 또는 경제 성장에서 //

Conversely, / there has never been much concern / with oil price
⑤ decreases / following an excess in its supply. //
반대로 / 크게 우려한 적이 결코 없었다 / 유가 하락에 대해서는 / 그것의 공급 과잉에 따른 //

- provision ⓝ 제공   • stimulate ⓥ 촉진하다   • stimulus ⓝ 자극
- conversely ⓐⓓ 반대로   • shrink ⓝ 감소   • sector ⓝ 부문
- disprove ⓥ 반증하다   • notion ⓝ 개념   • contraction ⓝ 축소
- typify ⓥ 대표하다, 정형화하다   • output ⓝ 생산량
- trillion ⓝ 1조

낮은 유가는 좋은 것인데, 왜냐하면 그것은 다수의 산업, 특히 자동차와 물
류 관리 산업에서 생산을 위한 더 낮은 에너지 비용을 의미하기 때문이다.
회사들은 생산 및 서비스 제공 비용의 감소로 직접적으로 ① 혜택을 본다.
이는 총공급을 촉진하는 효과가 있으며 성장에 자극을 ② 제공한다. 반대
로, 석유 생산 감소로 인한 유가 급등은, 분명 에너지 부문에 큰 도움을 주
기는 하지만, 결코 좋은 소식이 아니다. 유가 변동 역사의 검토는 이 개념
을 ③ 반증하는데(→ 확증하는데), 왜냐하면 이것은 많은 경제 연구의 주제
였기 때문이다. 공급 축소로 인한 10퍼센트의 유가 상승에 이어, (미국 경
제로 대표되는) 경제는 일반적으로 그것의 생산량(GDP)이 1퍼센트포인트
가까이 둔화되는 것을 본다. 15조 달러 규모의 경제에서, 그것은 잠재적 부
또는 경제 성장에서 1,500억 달러의 ④ 손실이다. 반대로, 그것의 공급 과
잉에 따른 유가 ⑤ 하락에 대해서는 크게 우려한 적이 결코 없었다.

〉왜 정답? ★★★ [정답률 66%]

③ disproves 반증하다

유가 변동 역사의 검토는 이 개념을 ③ 반증하는데, 왜냐하면 이것은 많은 경
제 연구의 주제였기 때문이다.   확증하는데

→ 유가가 오르면 좋은 소식이 아님 → 경제 연구에 따르면, 유가가 10% 상승했을 때
경제는 GDP의 1%P 둔화됨 → 유가 변동이 경제에 미치는 영향에 대한 설명은 경
제 연구 내용과 일맥상통함 ▶ 유가 연구가 이 개념을 반증하는(disproves) 것이 아
니라 오히려 증명한다(proves)고 해야 함

〉왜 오답?

① benefit 혜택을 보다

회사들은 생산 및 서비스 제공 비용의 감소로 직접적으로 ① 혜택을 본다.

→ 낮은 유가가 좋은 이유는 다수의 산업에서 생산 에너지 비용이 낮아지기 때문임 →
즉, 회사는 생산 및 서비스 제공 비용이 줄어들어 직접적으로 '혜택을 보게' 됨
▶ benefit은 문맥에 맞음

② provides 제공하다

이는 총공급을 촉진하는 효과가 있으며 성장에 자극을 ② 제공한다.

→ 회사는 생산 및 서비스 제공 비용이 줄어들어 낮은 유가로 직접적 혜택을 봄 → 이러
한 혜택은 총공급을 촉진하며 동시에 성장에 도움이 되므로, 성장에 자극을 '제공함'
▶ provides는 문맥에 맞음

④ loss 손실

15조 달러 규모의 경제에서, 그것은 잠재적 부 또는 경제 성장에서 1,500억
달러의 ④ 손실이다.

→ 유가가 10% 상승하면 GDP는 1%P 가까이 둔화함 → 이는 15조 달러 규모의 경
제에서 1%P에 해당하는 1,500억 달러의 '손실'임 ▶ loss는 문맥에 맞음

⑤ decreases 하락

반대로, 그것의 공급 과잉에 따른 유가 ⑤ 하락에 대해서는 크게 우려한 적
이 결코 없었다.

→ 유가가 상승할 때 경제적 손실이 발생함 → 반면, 유가가 '하락'할 때는 경제가 크게 우
려할 만한 상황이 아님 ▶ decreases는 문맥에 맞음

L 04 정답 ③ ＊공감의 양면성과 비판적 시각

다음 글의 밑줄 친 부분 중, 문맥상 낱말의 쓰임이 적절하지 <u>않은</u> 것은? [3점]

Although empathy is widely praised / by scholars and public
figures, / not everyone is an empathy booster. //
공감은 널리 칭송받지만 / 학자들과 유명 인사들에 의해 / 모든 사람이 공감을 지지하는
사람인 것은 아니다 //

Critics of empathy argue / that empathy will not save us / from
interpersonal and intergroup conflict. //
공감에 대해 비판하는 사람들은 주장한다 / 공감이 우리를 구해주지 않을 것이라고 / 사람 간
그리고 집단 간 갈등으로부터 //

In fact, they argue, / empathy makes such conflicts ① worse. //
사실, 그들은 주장한다 / 공감이 그러한 갈등을 더 악화시킨다고 //

These critics maintain / that empathy can be exhausting / and
lead to burnout or insensitivity to suffering. //
이런 비평가들은 주장한다 / 공감은 소모적일 수 있으며 / 번아웃 또는 고통에 대한
무감각으로 이어질 수 있다고   **단서 1** 공감은 소모적이며 고통에 대한 무감각으로 이어질 수 있음

They argue / that we tend to empathize strongly with our in-
group / and ② resist empathizing with out-groups, / and even
enjoy the suffering of out-groups / in competitive or threatening
contexts. //
그들은 주장한다 / 우리가 내집단에는 강하게 공감하고 / 외집단에 대한 공감에는 저항하며 /
심지어 외집단의 고통을 즐기는 경향이 있다고 / 경쟁적이거나 위협적인 상황에서는 //

Thus, the prescription for more empathy / is often ③ efficient
(→ counterproductive) in cases of conflict. //
따라서, 더 많은 공감을 처방하는 것은 / 갈등 상황에서 종종 효율적이다(→ 역효과를 낸다) //

Empathy, they argue, / can further encourage conflict / and
force us into an us vs. them mentality. //   **단서 2** 공감은 나아가 갈등을 조장하고
                                              집단을 나누도록 몰아갈 수 있음
그들이 주장하기로는, 공감은 / 더 나아가 갈등을 조장하고 / 우리를 우리 대 그들이라는
사고방식으로 몰아넣을 수 있다 //

Finally, / even when we try to empathize with others / who are
dissimilar from us or in unfamiliar contexts, /
마지막으로 / 타인에게 공감하려고 할 때조차 / 우리와 다르거나 낯선 상황에 있는 /

sometimes we are ④ unable to accurately empathize / with
their experiences, / causing further misunderstandings and
frustration. //   때때로 우리는 정확하게 공감하지 못하고 / 그들의 경험을 / 그 이상의
오해와 좌절을 유발한다 //

Critics of empathy argue / that we should give up on empathy /
and employ other tools / in ⑤ pursuit of social harmony, /
공감을 비판하는 사람들은 주장하는데 / 우리가 공감을 포기하고 / 다른 도구를 이용해야
한다고 / 사회적 조화를 얻기 위해 //

e.g., rational compassion / or moral emotions like fear, anger,
and shame. //
예를 들면 이성적 연민 / 또는 두려움, 분노, 수치심과 같은 도덕적 감정들이다 //

- empathy ⓝ 공감　　• scholar ⓝ 학자　　• figure ⓝ 인물
- booster ⓝ 지지자　　• interpersonal ⓐ 사람 간의
- intergroup ⓐ 집단 간의　　• conflict ⓝ 갈등
- insensitivity ⓝ 무감각　　• suffering ⓝ 고통
- empathize ⓥ 공감하다　　• competitive ⓐ 경쟁적인
- threatening ⓐ 위협적인　　• context ⓝ 맥락, 상황
- prescription ⓝ 처방　　• mentality ⓝ 사고방식
- dissimilar ⓐ 다른　　• accurately ⓐd 정확하게
- frustration ⓝ 좌절　　• employ ⓥ 이용하다
- pursuit ⓝ 얻음, 추구　　• rational ⓐ 이성적인
- compassion ⓝ 연민　　• moral ⓐ 도덕적인　　• shame ⓝ 수치심

공감은 학자들과 유명 인사들에 의해 널리 칭송받지만, 모든 사람이 공감을 지지하는 사람인 것은 아니다. 공감에 대해 비판하는 사람들은 공감이 사람 간 그리고 집단 간 갈등으로부터 우리를 구해주지 않을 것이라고 주장한다. 사실, 그들은 공감이 그러한 갈등을 더 ① 악화시킨다고 주장한다. 이런 비평가들은 공감은 소모적일 수 있으며, 번아웃 또는 고통에 대한 무감각으로 이어질 수 있다고 주장한다. 그들은 우리가 내집단에는 강하게 공감하고 외집단에 대한 공감에는 ② 저항하며, 심지어 경쟁적이거나 위협적인 상황에서는 외집단의 고통을 즐기는 경향이 있다고 주장한다. 따라서, 더 많은 공감을 처방하는 것은 갈등 상황에서 종종 ③ 효율적이다(→ 역효과를 낸다). 그들이 주장하기로는, 공감은 더 나아가 갈등을 조장하고 우리를 우리 대 그들이라는 사고방식으로 몰아넣을 수 있다. 마지막으로, 우리와 다르거나 낯선 상황에 있는 타인에게 공감하려고 할 때조차도, 때때로 우리는 그들의 경험을 정확하게 공감하지 ④ 못하고, 그 이상의 오해와 좌절을 유발한다. 공감을 비판하는 사람들은 우리가 공감을 포기하고 사회적 조화를 ⑤ 얻기 위해 다른 도구를 이용해야 한다고 주장하는데, 예를 들면 이성적 연민 또는 두려움, 분노, 수치심과 같은 도덕적 감정들이다.

▷왜 정답? ★★★ [정답률 67%]

③ efficient 효율적인

└ 따라서, 더 많은 공감을 처방하는 것은 갈등 상황에서 종종 ③ 효율적이다.

→ 모두가 공감을 지지하는 것은 아님 → 공감은 사람 간, 집단 간 갈등을 악화시킴 → 공감은 나아가 갈등을 조장할 수 있다고 했으므로, 갈등 상황에서 공감을 처방하는 것이 '효율적'이라는 것은 잘못된 표현임

　▶ 공감이 갈등 상황에서는 효율적인(efficient) 처방이 아니라 오히려 역효과를 내는(counterproductive) 처방이라고 해야 함

▷왜 오답?

① worse 악화된

└ 사실, 그들은 공감이 그러한 갈등을 더 ① 악화시킨다고 주장한다.

→ 공감은 사람 간, 집단 간 갈등으로부터 우리를 구해주지 않음 → 즉, 공감은 그러한 갈등을 더 '악화시키게' 됨 ▶ worse는 문맥에 맞음

② resist 저항하다

┌ 그들은 우리가 내집단에는 강하게 공감하고 외집단에 대한 공감에는 ② 저항하며, 심지어 경쟁적이거나 위협적인 상황에서는 외집단의 고통을 즐기는 경향이 있다고 주장한다.

→ 공감은 집단 간 갈등을 악화시킴 → 내집단에 대한 공감은 강해지고, 외집단에 대한 공감은 거부하며, 심지어 외집단의 고통을 즐기기까지 한다고 했으므로, 외집단에 대한 공감에는 '저항함' ▶ resist는 문맥에 맞음

④ unable 못하는

┌ 마지막으로, 우리와 다르거나 낯선 상황에 있는 타인에게 공감하려고 할 때조차도, 때때로 우리는 그들의 경험을 정확하게 공감하지 ④ 못하고, 그 이상의 오해와 좌절을 유발한다.

→ 공감은 갈등을 조장할 수 있음 → 또한 우리는 낯선 상황에 처한 이들의 경험을 정확하게 공감하지 '못하여' 오해와 좌절이 발생함 ▶ unable은 문맥에 맞음

---

⑤ pursuit 얻음, 추구

┌ 공감을 비판하는 사람들은 우리가 공감을 포기하고 사회적 조화를 ⑤ 얻기 위해 다른 도구를 이용해야 한다고 주장하는데, 예를 들면 이성적 연민 또는 두려움, 분노, 수치심과 같은 도덕적 감정들이다.

→ 공감은 여러 문제를 일으킬 수 있으므로, 공감은 갈등이나 조화의 해결책이 될 수 없음 → 사회적 조화를 '추구하려면' 이성적 연민이나 도덕적 감정들이 필요함

　▶ pursuit는 문맥에 맞음

L 05 정답 ④ ＊종과 지역에 따른 새 번식기의 차이 —

다음 글의 밑줄 친 부분 중, 문맥상 낱말의 쓰임이 적절하지 않은 것은? [3점]

전치사
Near the equator, / many species of bird breed all year round. //
적도 근처에서 / 새의 많은 종들은 일 년 내내 번식한다 //

복수 주어
But in temperate and polar regions, / the breeding seasons of
복수 동사
birds / are often sharply ① defined. //
하지만 온대와 극지방에서는 / 새들의 번식기들이 / 대개 뚜렷하게 정해진다 //

수동태 동사
They are triggered / mainly by changes in day length. //
그것들은 촉발된다 / 주로 낮의 길이의 변화에 의해 //

부사절 접속사 (조건)　　　　　　　주격 보어절 접속사
If all goes well, / the outcome is that birds raise their young /
부사절 접속사 (시간)
when the food supply is at its peak. //
만약에 모든 것이 잘 진행된다면 / 결과는 새들이 새끼들을 기르는 것이다 / 먹이 공급이 최고조에 이를 때 //

Most birds are not simply ② reluctant / to breed at other times /
but they are also physically incapable of doing so. //
대부분의 새들은 단지 꺼리는 것뿐만 아니라 / 다른 때에 번식하기를 / 또한 신체적으로 그렇게 할 수 없는 것이다 //

this is because + 원인 cf) this is why + 결과　　　　　주격 관계대명사
This is because / their reproductive system ③ shrinks, / which
준사역동사 helps의 목적격 보어 (원형부정사)
helps / flying birds save weight. //
이것은 왜냐하면 / 그들의 번식 기관이 줄어들기 때문이고 / 이 사실은 도와준다 / 나는 새들이 몸무게를 줄일 수 있도록 //

문두로 온 주격 보어　　　　　　도치된 주어와 동사 (복수 형태)
The main exception to this rule / are nomadic desert species. //
이 규칙의 주요 예외이다 / 유목성 사막 종은　단서 1 유목성 사막 종은 대부분의 새들에게 적용되는 규칙에서 예외임
These can initiate their breeding cycle / within days of rain. //
이들은 번식 주기를 시작할 수 있다 / 비가 오는 날들에　단서 2 유목성 사막 종의 새들은 비가 오는 날에 번식 주기를 시작함
It's for making the ④ least(→ most) / of the sudden breeding opportunity. //
그것은 최소한으로 (→ 최대한으로) 활용하기 위한 것이다 / 갑작스러운 번식 기회를 //

Also, different species divide the breeding season up / in different ways. //
또한, 다른 종들은 번식 기간을 나눈다 / 다른 방식으로 //

Most seabirds raise a single brood. //
대부분의 바닷새들은 한 무리의 함께 태어난 새끼를 기른다 //

In warm regions, however, / songbirds may raise several families / in a few months. //
그러나, 따뜻한 지역에서는 / 명금(鳴禽)들이 여러 자녀들을 기를 수도 있다 / 몇 달 안에 //

In an exceptionally good year, / a pair of House Sparrows, a kind of songbird, / can raise ⑤ successive broods / through a marathon reproductive effort. //
유난히 좋은 해에는 / 명금(鳴禽)의 한 종류인 참새 한 쌍은 / 잇따라 태어난 여러 무리의 함께 태어난 새끼들을 기를 수 있다 / 마라톤과 같은 번식 노력을 통해 //

- equator ⓝ 적도　　• temperate ⓐ (기후가) 온화한[온대의]
- define ⓥ 정의하다　　• trigger ⓥ 촉발시키다　　• reluctant ⓐ 꺼리는
- breed ⓥ 번식하다　　• incapable ⓐ 할 수 없는
- reproductive ⓐ 번식의　　• shrink ⓥ 줄다　　• exception ⓝ 예외
- initiate ⓥ 시작하다　　• exceptionally ⓐd 유난히, 특별히
- successive ⓐ 잇따른

적도 근처에서, 새의 많은 종들은 일 년 내내 번식한다. 하지만 온대와 극지방에서는 새들의 번식기들이 대개 뚜렷하게 ① 정해진다. 그것들은 주로 낮의 길이의 변화에 의해 촉발된다. 만약에 모든 것이 잘 진행된다면, 결과는 새들이 먹이 공급이 최고조에 이를 때 새끼들을 기르는 것이다. 대부분의 새들은 다른 때에 번식하기를 단지 ② 꺼리는 것뿐만 아니라 또한 신체적으로 그렇게 할 수 없는 것이다. 이것은 왜냐하면 그들의 번식 기관이 ③ 줄어들기 때문이고, 이 사실은 나는 새들이 몸무게를 줄일 수 있도록 도와준다. 유목성 사막 종은 이 규칙의 주요 예외이다. 이들은 비가 오는 날들에 번식 주기를 시작할 수 있다. 그것은 갑작스러운 번식 기회를 ④ 최소한으로 (→ 최대한으로) 활용하기 위한 것이다. 또한, 다른 종들은 번식 기간을 다른 방식으로 나눈다. 대부분의 바닷새들은 한 무리의 함께 태어난 새끼를 기른다. 그러나, 따뜻한 지역에서는, 명금(鳴禽)들이 몇 달 안에 여러 자녀들을 기를 수도 있다. 유난히 좋은 해에는 명금(鳴禽)의 한 종류인 참새 한 쌍은 마라톤과 같은 번식 노력을 통해 ⑤ 잇따라 태어난 여러 무리의 함께 태어난 새끼들을 기를 수 있다.

＞왜 정답? *** [정답률 53%]

④ least 최소한

유목성 사막 종은 이 규칙의 주요 예외이다. 이들은 비가 오는 날들에 번식 주기를 시작할 수 있다. 그것은 갑작스러운 번식 기회를 ④ ~~최소한으로~~ **최대한으로** 활용하기 위한 것이다.

➡ 대부분의 새들은 날의 길이가 길어지고, 먹이 공급이 최고조에 이를 때 새끼를 기르고자 함 → 하지만 유목성 사막 종은 이 규칙의 예외임 → 즉, 날이 좋지 않을 때 번식하기를 꺼리는 게 일반적인 새지만, 유목성 사막 종은 오히려 비가 오는 날들에 번식 주기를 시작함 ▶ 이러한 행동은 갑작스러운 번식 시기를 '최소한으로' 활용하기 위함이 아니라 '최대한으로' 활용하기 위한 것이므로 least를 most로 바꿔야 함

＞왜 오답?

① defined 정해지다

적도 근처에서, 새의 많은 종들은 일 년 내내 번식한다. 하지만(But) 온대와 극지방에서는 새들의 번식기들이 대개 뚜렷하게 ① 정해진다.

➡ 적도 지방에 사는 새들은 일 년 내내 번식함 → '하지만'으로 앞 문장과 연결되고, 온대와 극지방에 사는 새들에 대한 내용이 이어지므로, 이들의 번식기는 뚜렷하게 '정해진다'고 하는 것이 적절함 ▶ defined는 문맥에 맞음

② reluctant 꺼리는

대부분의 새들은 다른 때에 번식하기를 단지 ② 꺼리는 것뿐만 아니라 또한 신체적으로 그렇게 할 수 없는 것이다.

➡ 온대와 극지방에 사는 새들은 '또한' 신체적으로도 번식할 수 없게 된다는 내용이 이어지므로, 다른 때에 번식하기를 '꺼려한다'고 하는 것이 적절함

▶ reluctant는 문맥에 맞음

③ shrinks 줄어들다

이것은 왜냐하면 그들의 번식 기관이 ③ 줄어들기 때문이고, 이 사실은 나는 새들이 몸무게를 줄일 수 있도록 도와준다.

➡ 번식기가 아닌 시기에는 새들이 신체적으로도 번식을 할 수 없게 됨 → 그 이유는 번식 기관이 '줄어들기' 때문임 ▶ shrinks는 문맥에 맞음

⑤ successive 연이은, 잇따른

유난히 좋은 해에는 명금(鳴禽)의 한 종류인 참새 한 쌍은 마라톤과 같은 번식 노력을 통해 ⑤ 잇따라 태어난 여러 무리의 함께 태어난 새끼들을 기를 수 있다.

➡ 따뜻한 지역의 명금들은 몇 달 안에 여러 자녀를 기르기도 함 → 유난히 좋은 해에는 연이은 번식 노력을 통해 '잇따라' 태어난 여러 무리의 새끼들을 기를 수도 있음

▶ successive는 문맥에 맞음

L 06 정답 ④ *적응을 깨뜨림으로써 향상되는 즐거움

다음 글의 밑줄 친 부분 중, 문맥상 낱말의 쓰임이 적절하지 않은 것은?
[3점]

단서 1 긍정적인 것을 부정적인 것으로 방해할 때(적응이 깨질 때) 즐거움이 오히려 향상됨

Because people tend to adapt, / interrupting positive things with negative ones / can actually increase enjoyment. //
사람들은 적응하는 경향이 있기 때문에 / 긍정적인 것을 부정적인 것으로 방해하는 것이 / 실제로는 즐거움을 향상시킬 수 있다 //

Take commercials. // 광고를 예로 들어 보자 //

Most people hate them, / so ① removing them / should make shows or other entertainment more enjoyable. //
대부분의 사람들은 그것들을 싫어해서 / 그것들을 제거하는 것이 / 쇼나 다른 오락물을 더 즐겁게 만들 수 있다 //

But the opposite is true. // 하지만 그 반대가 사실이다 //

Shows are actually ② more enjoyable / when they're broken up / by annoying commercials. // **단서 2** 즐거움은 성가신 것들로 중단될 때 더 즐거워짐
쇼는 실제로 더 즐거워진다 / 그것들이 중단될 때 / 성가신 광고들에 의해 //

Because these less enjoyable moments / break up / adaptation to the ③ positive experience of the show. //
왜냐하면 이러한 덜 즐거운 순간들이 / 깨뜨리기 때문이다 / 쇼의 긍정적인 경험에 대한 적응을 //

Think about eating chocolate chips. // 초콜릿 칩을 먹는 것을 생각해 보라 //

The first chip is delicious: / sweet, melt-in-your-mouth goodness. //
첫 번째 칩은 맛있다 / 달콤하고, 입안에서 살살 녹는 좋은 맛 //

The second chip is also pretty good. // 두 번째 칩도 꽤 맛있다 //

But by the fourth, fifth, or tenth chip in a row, / the goodness is no longer as pleasurable. // **단서 3** 즐거운 자극도 계속 반복되면 그것에 적응하여 즐거움이 사라짐
하지만 네 번째, 다섯 번째, 혹은 열 번째 칩을 연속으로 먹으면 / 그 좋은 맛은 더 이상 즐겁지 않다 //

We adapt. // 우리는 적응한다 //

Interspersing positive experiences with less positive ones, / however, / can ④ accelerate(→ delay) adaptation. //
긍정적인 경험들에 덜 긍정적인 경험들을 간격을 두고 배치하는 것은 / 그러나 / 적응을 빠르게 할(→ 늦출) 수 있다 //

Eating a Brussels sprout between chocolate chips / or viewing commercials between parts of TV shows / disrupts the process. //
초콜릿 칩 사이에 방울양배추를 먹거나 / TV 쇼의 파트 사이에 광고를 보는 것은 / 이 과정을 방해한다 //

The less positive moment / makes the ⑤ following positive one / new again and thus more enjoyable. //
덜 긍정적인 순간은 / 뒤에 오는 긍정적인 순간을 만든다 / 다시 새롭게 만들어서 더 즐겁게 //

- adapt ⓥ 적응하다   · interrupt ⓥ 방해하다
- enjoyable ⓐ 즐거운   · annoying ⓐ 성가신, 귀찮은
- adaptation ⓝ 적응   · melt-in-your-mouth 입에서 살살 녹는
- goodness ⓝ 좋은 것   · pleasurable ⓐ 즐거운
- accelerate ⓥ 빠르게 하다   · disrupt ⓥ 방해하다

사람들은 적응하는 경향이 있기 때문에, 긍정적인 것을 부정적인 것으로 방해하는 것이 실제로는 즐거움을 향상시킬 수 있다. 광고를 예로 들어 보자. 대부분의 사람들은 그것들을 싫어해서, 그것들을 ① 제거하는 것이 쇼나 다른 오락물을 더 즐겁게 만들 수 있다. 하지만 그 반대가 사실이다. 쇼는 그것들이 성가신 광고들에 의해 중단될 때 실제로 ② 더 즐거워진다. 왜냐하면 이러한 덜 즐거운 순간들이 쇼의 ③ 긍정적인 경험에 대한 적응을 깨뜨리기 때문이다.

초콜릿 칩을 먹는 것을 생각해 보라. 첫 번째 칩은 맛있다: 달콤하고, 입안에서 살살 녹는 좋은 맛. 두 번째 칩도 꽤 맛있다. 하지만 네 번째, 다섯 번

째, 혹은 열 번째 칩을 연속으로 먹으면 그 좋은 맛은 더 이상 즐겁지 않다. 우리는 적응한다. 그러나, 긍정적인 경험들에 덜 긍정적인 경험들을 간격을 두고 배치하는 것은 적응을 ④ 빠르게 할(→ 늦출) 수 있다. 초콜릿 칩 사이에 방울양배추를 먹거나 TV 쇼의 파트 사이에 광고를 보는 것은 이 과정을 방해한다. 덜 긍정적인 순간은 ⑤ 뒤에 오는 긍정적인 순간을 다시 새롭게 만들어서 더 즐겁게 만든다.

>왜 정답? ★★★ [정답률 60%]

④ accelerate 빠르게 하다

┌ 그러나, 긍정적인 경험들을 덜 긍정적인 경험들을 간격을 두고 배치하는
└ 것은 적응을 ④ ~~빠르게 할~~ (늦출) 수 있다.

➡ 즐거운 자극도 반복되면 그것에 적응하여 즐거움이 사라짐 → 긍정적인 경험과 부정적인 경험을 교대로 배치하는 것이 적응을 늦추기 때문에 오히려 즐거움을 향상시킴 → 적응을 '빠르게 한다'는 것은 잘못된 표현임

▶ accelerate를 delay(늦추다)와 같은 단어로 바꾸어야 함

>왜 오답?

① removing 제거하는 것

┌ 대부분의 사람들은 그것들을 싫어해서, 그것들을 ① 제거하는 것이 쇼나
└ 다른 오락물을 더 즐겁게 만들 수 있다.

➡ 대부분의 사람들의 일반적인 생각이 사실이 아니라고 설명하는 부분이므로, 주제문의 내용과 반대되는 의미의 광고를 '제거하는 것'이 쇼를 더 즐겁게 만든다는 것은 문맥상 알맞음 ▶ removing은 문맥에 맞음

② more 더

┌ 쇼는 그것들이 성가신 광고들에 의해 중단될 때 실제로 ② 더 즐거워진다.

➡ 우리의 일반적인 생각과 달리, 긍정적인 것(쇼)은 부정적인 것(성가신 광고)에 의해 중단될 때 실제로는 '더' 즐거움을 느낀다는 내용임 ▶ more는 문맥에 맞음

③ positive 긍정적인

┌ 왜냐하면 이러한 덜 즐거운 순간들이 쇼의 ③ 긍정적인 경험에 대한 적응을
└ 깨뜨리기 때문이다.

➡ 광고가 쇼의 즐거움을 향상시킴 → 이것은 부정적인 경험(덜 즐거운 순간)이 '긍정적인' 경험(쇼의 즐거움)에 대한 적응을 깨뜨리기 때문임

▶ positive는 문맥에 맞음

⑤ following 뒤에 오는

┌ 덜 긍정적인 순간은 ⑤ 뒤에 오는 긍정적인 순간을 다시 새롭게 만들어서
└ 더 즐겁게 만든다.

➡ 부정적인 것은 '뒤에 오는' 긍정적인 순간을 새롭게 느끼도록 만듦 → 따라서 부정적인 것에 뒤이어 긍정적인 것을 배치하면 그 경험이 더 즐거워짐

▶ following은 문맥에 맞음

L 07 정답 ③ *청소년기 자녀의 감정 사회화를 돕는 방법

> 다음 글의 밑줄 친 부분 중, 문맥상 낱말의 쓰임이 적절하지 않은 것은?
> [3점]

Emotion socialization / — learning from other people about emotions and **how to deal with** them — /
감정 사회화는 / 다른 사람들로부터 감정과 감정을 다루는 방법을 배우는 /

starts early in life / and **plays** a foundational role / for emotion regulation development. //
어릴 때부터 시작되며 / 기초적인 역할을 한다 / 감정 조절 발달에 //

Although **extra-familial influences**, / such as peers or media, / **gain** in importance / during adolescence, / parents remain the ① primary socialization agents. //
가족 이외의 영향이 / 또래나 미디어와 같은 / 중요해지지만 / 청소년기에는 / 부모는 여전히 주된 사회화 주체이다 //

For example, / their own responses to emotional situations / serve as a role model for emotion regulation, /
예를 들어 / 감정적 상황에 대한 부모 자신의 반응이 / 감정 조절의 롤모델이 되어 /

increasing the likelihood / **that** their children will show ② similar reactions / in comparable situations. //
가능성을 높인다 / 자녀가 유사한 반응을 보일 / 비슷한 상황에서 //

Parental practices / at times **when** their children are faced with emotional challenges / also **impact** emotion regulation development. //
부모의 (습관적) 행동 / 자녀가 정서적 어려움에 직면했을 때 / 또한 감정 조절 발달에 영향을 미친다 //

단서 1 도움이 된다는 내용이 Whereas로 연결됨

Whereas direct soothing and directive guidance of what to do / are beneficial for younger children, / they may ③ **cultivate(→ intrude on)** / adolescents' autonomy striving. //
직접적인 위로와 어떻게 해야 하는지에 대한 지시적 안내가 ~이지만 / 어린 자녀에게는 도움이 되지만 / 장려할(→ 방해할) 수 있다 / 청소년의 자율성 추구를 //

In consequence, / adolescents might **pull away from**, / rather than **turn toward**, / their parents / in times of emotional crisis, / unless parental practices are ④ **adjusted**. //
결과적으로 / 청소년은 오히려 멀어질 수 있다 / 의지하기보다 / 부모로부터 / 정서적 위기 상황에서 / 부모의 행동이 조정되지 않는다면 /

단서 2 청소년은 오히려 부모에게서 멀어질 수 있음

More suitable in adolescence / is ⑤ **indirect support of autonomous emotion regulation**, /
보어(형용사)가 문두로 오면서 주어와 동사가 도치됨
청소년기에 더 적합한 것은 / 자율적 감정 조절을 간접적으로 지원하는 것이다 /

such as through **interest in**, / as well as awareness and nonjudgmental acceptance / of, adolescents' emotional experiences, / and **being** available / when the adolescent wants to talk. //
(그에 대한) 관심과 같은 방법으로 / 인식과 무비판적 수용뿐만 아니라 / 청소년의 정서적 경험에 대한 / 그리고 곁에 있어 주는 것과 (같은 방법으로) / 청소년이 대화하고 싶을 때 //

- socialization ⓝ 사회화 • foundational ⓐ 기초적인
- regulation ⓝ 조절 • extra-familial 가족 이외의 • agent ⓝ 주체
- comparable ⓐ 비슷한, 상응하는 • soothing ⓝ 위로, 위안
- directive ⓐ 지시적인 • cultivate ⓥ 기르다, 장려하다
- adolescent ⓝ 청소년 • autonomy ⓝ 자율성
- striving ⓝ 추구 • crisis ⓝ 위기 • autonomous ⓐ 자율적인
- nonjudgmental ⓐ 무비판적인 • acceptance ⓝ 수용

다른 사람들로부터 감정과 감정을 다루는 방법을 배우는 감정 사회화는 어릴 때부터 시작되며 감정 조절 발달에 기초적인 역할을 한다. 청소년기에는 또래나 미디어와 같은 가족 이외의 영향이 중요해지지만, 부모는 여전히 ① 주된 사회화 주체이다. 예를 들어, 감정적 상황에 대한 부모 자신의 반응이 감정 조절의 롤모델이 되어 자녀가 비슷한 상황에서 ② 유사한 반응을 보일 가능성을 높인다. 자녀가 정서적 어려움에 직면했을 때 부모의 (습관적) 행동 또한 감정 조절 발달에 영향을 미친다. 직접적인 위로와 어떻게 해야 하는지에 대한 지시적 안내가 어린 자녀에게는 도움이 되지만, 청소년의 자율성 추구를 ③ 장려할 (→ 방해할) 수 있다. 결과적으로 부모의 행동이 ④ 조정되지 않는다면, 청소년은 정서적 위기 상황에서 부모에게 의지하기보다 오히려 부모로부터 멀어질 수 있다. 청소년기에 더 적합한 것은 청소년의 정서적 경험에 대한 인식과 무비판적 수용뿐만 아니라 (그에 대한) 관심, 그리고 청소년이 대화하고 싶을 때 곁에 있어 주는 것과 같은 방법으로 자율적 감정 조절을 ⑤ 간접적으로 지원하는 것이다.

>왜 정답? ★★★ [정답률 29%]

③ cultivate 장려하다

┌ 직접적인 위로와 어떻게 해야 하는지에 대한 지시적 안내가 어린
└ 자녀에게는 도움이 되지만, 청소년의 자율성 추구를 ③ ~~장려할~~ (방해할) 수 있다.

➡ 부모가 자녀에게 하는 직접적인 위로나 지시가 어린 자녀들에게는 도움이 되지만 → 청소년 시기에는 도움이 되지 않는 부분도 있다는 상반된(Whereas) 내용이 이어져야 함 → 이어지는 내용에서도 부모의 직접적인 지원이 자녀에게 미치는 부정적인 영향을 소개함 → cultivate는 잘못된 표현임

▶ 부모의 직접적인 지원이 청소년의 자율성 추구를 '장려하는(cultivate)' 것이 아니라 '방해할(intrude on)' 수도 있다고 해야 함

① **primary 주된**

청소년기에는 또래나 미디어와 같은 가족 이외의 영향이 중요해지지만 (Although), 부모는 여전히 ① 주된 사회화 주체이다.

→ 가족 이외의 영향도 중요하다는 내용이 Although로 연결됨 → 부모는 여전히 '주된' 사회화 주체임 ▶ primary는 문맥에 맞음

② **similar 유사한**

예를 들어, 감정적 상황에 대한 부모 자신의 반응이 감정 조절의 롤모델이 되어 자녀가 비슷한 상황에서 ② 유사한 반응을 보일 가능성을 높인다.

→ 부모는 자녀의 감정 조절의 롤모델이 됨 → 부모가 특정 상황에 어떻게 감정적으로 반응하는지를 보고 자녀도 '유사한' 반응을 보일 가능성이 높아짐
　▶ similar는 문맥에 맞음

④ **adjusted 조정되다**

결과적으로 부모의 행동이 ④ 조정되지 않는다면, 청소년은 정서적 위기 상황에서 부모에게 의지하기보다 오히려 부모로부터 멀어질 수 있다.

→ 청소년의 자율성을 방해하는 부모의 행동이 지속된다면 청소년은 부모와 멀어질 수 있음 → 부모의 행동이 '조정되어야' 함 ▶ adjusted는 문맥에 맞음

⑤ **indirect 간접적인**

청소년기에 더 적합한 것은 청소년의 정서적 경험에 대한 인식과 무비판적 수용뿐만 아니라 (그에 대한) 관심, 그리고 청소년이 대화하고 싶을 때 곁에 있어 주는 것과 같은 방법으로 자율적 감정 조절을 ⑤ 간접적으로 지원하는 것이다.

→ 부모의 직접적인 위로나 지시는 청소년의 자율성을 방해할 수 있음 → 청소년기에 더 적합한 부모의 행동은 관심, 수용, 동행 등 '간접적인' 지원임
　▶ indirect는 문맥에 맞음

L 08 정답 ⑤ ＊최초의 인류가 진화한 과정

다음 글의 밑줄 친 부분 중, 문맥상 낱말의 쓰임이 적절하지 않은 것은?

The first human beings probably evolved / in tropical regions / where survival was possible without clothing. //
최초의 인간은 아마도 진화했다 / 열대 지역에서 / 의복 없이 생존이 가능한 //

It is likely / that they had very dark skin / because light skin would have given ① little protection / against the burning rays of the sun. //
가능성이 있다 / 그들은 매우 어두운 피부를 가졌다 / 밝은 피부는 보호를 거의 제공하지 못했을 것이기 때문에 / 강렬한 태양 광선에 대한 //

There is a debate / about whether these people spread / into other parts of the world / or, instead, whether people developed independently / in various parts of the world. //
논쟁이 있다 / 이 사람들이 퍼져 나갔는지 / 세계의 다른 지역으로 / 아니면 대신에 사람들이 독립적으로 발생했는지에 대해서는 / 세계의 다른 지역에서 //

Whichever the case, / it is believed / that in time they became ② capable of spreading out from Africa, / eventually to most of the world. //
어느 경우이든 / 믿어진다 / 언젠가 그들은 아프리카에서부터 퍼져 나갈 수 있게 되었다고 / 결국 세계 대부분의 지역으로 //

This was probably / because their ③ physical characteristics changed. //
이것은 아마도 ~일 것이다 / 그들의 신체적 특성이 바뀌었기 때문일 (것이다) //

For instance, / early hominids probably did not walk upright, / but when they developed that ability, / they could travel more efficiently. //
예를 들어 / 초기 인류는 아마도 직립 보행을 하지 않았을 것이지만 / 그들이 그 능력을 발달시켰을 때 / 그들은 더 효율적으로 이동할 수 있었다 //

More important, perhaps, / was their ④ development of tool making. //
더 중요한 것은 아마도 / 그들의 도구 제작의 발달이었다 //

With tools, / they could hunt other animals, / so they could consume more protein and fat / than their low-energy vegetarian diet would have provided. //
도구를 이용하여 / 그들은 다른 동물을 사냥할 수 있어서 / 더 많은 단백질과 지방을 섭취할 수 있었다 / 그들의 저에너지 채식 식단이 제공했을 것보다 //

Not only their bodies / but also their brains would have been changed / with more energy. //
그들의 신체뿐만 아니라 / 뇌도 변화되었을 것이다 / 더 많은 에너지와 함께 //

The brain needs lots of energy / to grow. //
뇌는 많은 에너지가 필요하다 / 성장하기 위해 //

As their diet ⑤ reduced(→ expanded), / hominids could physically and intellectually expand their territory. //
초기 인류의 식단이 축소되면서(→ 확장되면서) / 그들은 신체적으로 그리고 지적으로 그들의 영역을 확장할 수 있었다 //

- evolve ⓥ 진화하다
- tropical ⓐ 열대의
- region ⓝ 지역
- ray ⓝ 광선
- debate ⓝ 논쟁
- in time 언젠가
- upright ⓐⓓ 직립으로
- vegetarian ⓐ 채식의
- territory ⓝ 영역, 영토

최초의 인간은 아마도 의복 없이 생존이 가능한 열대 지역에서 진화했다. 밝은 피부는 강렬한 태양 광선에 대한 보호를 ① 거의 제공하지 못했을 것이기 때문에 그들은 매우 어두운 피부를 가졌을 가능성이 있다. 이 사람들이 세계의 다른 지역으로 퍼져 나갔는지, 아니면 대신에 사람들이 세계의 다른 지역에서 독립적으로 발생했는지에 대해서는 논쟁이 있다. 어느 경우이든, 언젠가 그들은 아프리카에서부터, 결국 세계 대부분의 지역으로 퍼져 나갈 ② 수 있게 되었다고 믿어진다. 이것은 아마도 그들의 ③ 신체적 특성이 바뀌었기 때문일 것이다. 예를 들어, 초기 인류는 아마도 직립 보행을 하지 않았을 것이지만, 그들이 그 능력을 발달시켰을 때, 그들은 더 효율적으로 이동할 수 있었다. 더 중요한 것은 아마도 그들의 도구 제작의 ④ 발달이었다. 도구를 이용하여, 그들은 다른 동물을 사냥할 수 있어서, 그들의 저에너지 채식 식단이 제공했을 것보다 더 많은 단백질과 지방을 섭취할 수 있었다. 그들의 신체뿐만 아니라 뇌도 더 많은 에너지와 함께 변화되었을 것이다. 뇌는 성장하기 위해 많은 에너지가 필요하다. 초기 인류의 식단이 ⑤ 축소되면서(→ 확장되면서) 그들은 신체적으로 그리고 지적으로 그들의 영역을 확장할 수 있었다.

>왜 정답? ❁※※ [정답률 81%]

⑤ **reduced 축소되다**

그들의 신체뿐만 아니라 뇌도 더 많은 에너지와 함께 변화되었을 것이다. 뇌는 성장하기 위해 많은 에너지가 필요하다. 초기 인류의 식단이 ⑤ 축소되면서(확장되면서) 그들은 신체적으로 그리고 지적으로 그들의 영역을 확장할 수 있었다.

→ 인류는 도구를 이용해 동물을 사냥하게 되면서 단백질과 지방을 많이 섭취함 → 더 많은 에너지를 섭취하게 되면서 신체뿐만 아니라 뇌도 변화함 → 뇌는 성장하기 위해 더 많은 에너지가 필요함 → 인류가 신체적, 지적 영역을 확장할 수 있었던 것은 식단이 '축소되었기' 때문이라는 설명은 잘못된 표현임
　▶ reduced를 expanded(확장되다)와 같은 단어로 바꾸어야 함

>왜 오답?

① **little 거의 ~않는**

밝은 피부는 강렬한 태양 광선에 대한 보호를 ① 거의 제공하지 못했을 것이기 때문에 그들은 매우 어두운 피부를 가졌을 가능성이 있다.

→ 초기 인류가 어두운 피부를 가질 수밖에 없었던 이유를 설명하면서 밝은 피부의 단점을 설명함 → 밝은 피부는 강렬한 태양으로부터 피부를 '거의' 보호하지 '못했을' 것이라는 내용임 ▶ little은 문맥에 맞음

② **capable** ~할 수 있는

어느 경우이든, 언젠가 그들은 아프리카에서부터, 결국 세계 대부분의
지역으로 퍼져 나갈 ② **수 있게** 되었다고 믿어진다.

➜ 어두운 피부를 가진 사람들이 전 세계로 퍼졌는지, 아니면 세계 각지에서
독립적으로 발생했는지 확실하진 않지만, 어떤 경우든 인류는 아프리카에서 퍼져
나갈 '수 있었다'는 내용임 ▶ capable은 문맥에 맞음

③ **physical** 신체적인

이것은 아마도 그들의 ③ **신체적** 특성이 바뀌었기 때문일 것이다. 예를
들어, 초기 인류는 아마도 직립 보행을 하지 않았을 것이지만, 그들이 그
능력을 발달시켰을 때, 그들은 더 효율적으로 이동할 수 있었다.

➜ 인류는 아프리카에서 퍼져 나감 ➜ 그 이유는 직립 보행, 도구 제작으로 인한 육류
섭취 등 '신체적' 특성이 바뀌었기 때문임 ▶ physical은 문맥에 맞음

④ **development** 발달

더 중요한 것은 아마도 그들의 도구 제작의 ④ **발달**이었다. 도구를
이용하여, 그들은 다른 동물을 사냥할 수 있어서, 그들의 저에너지 채식
식단이 제공했을 것보다 더 많은 단백질과 지방을 섭취할 수 있었다.

➜ 도구 제작이 '발달'함 ➜ 동물 사냥과 섭취를 통해 신체적, 지적 발달을 위한
에너지를 확보함 ▶ development는 문맥에 맞음

[차이 쌤's Follow Me! – 홈페이지에서 제공]

L 09 정답 ⑤ *동물에게 위장을 제공하는 카운터셰이딩

다음 글의 밑줄 친 부분 중, 문맥상 낱말의 쓰임이 적절하지 않은 것은? [3점]

Countershading is the process of optical flattening / that
provides camouflage / to animals. //
카운터셰이딩(명암역위형 보호색)은 시각적으로 평평하게 하는 과정이다 / 위장을 제공하는
/ 동물에게 //

When sunlight illuminates an object / from above, / the object
will be brightest on top. //
햇빛이 물체를 비출 때 / 위에서 / 그 물체는 맨 위에서 가장 밝을 것이다 //

The color of the object / will gradually shade darker / toward
the ① bottom. //
물체의 색깔은 / 점차 더 어두운색으로 음영이 생기게 될 것이다 / 맨 아래로 향할수록 //

This shading gives the object ② depth / and allows the viewer
to distinguish its shape. //
이러한 음영은 물체에 농도를 주고 / 보는 사람이 그것의 모양을 식별하게 해준다 //

Thus even if an animal is exactly, but uniformly, the same
color / as the substrate, / it will be easily ③ visible / when
illuminated. //
따라서 비록 동물이 정확하지만 균일하게 같은 색일지라도 / 밑바탕과 / 쉽게 눈에 띌 것이다
/ 빛이 비칠 때 //

단서 1 대부분의 동물은 빛을 많이 받는 윗부분이 더 어둡고 아랫부분이 더 밝음
Most animals, however, are darker above / than they are below. //
그러나 대부분의 동물은 윗부분이 더 어둡다 / 아랫부분보다 //

When they are illuminated from above, / the darker back is
lightened / and the lighter belly is shaded. //
그들이 위에서 빛을 받을 때 / 더 어두운 등은 밝아지고 / 더 밝은 복부는 음영이 생긴다 //

The animal thus appears to be a ④ single color / and easily
blends in with the substrate. //
따라서 동물은 하나의 색처럼 보이고 / 밑바탕과 쉽게 섞인다 //

This pattern of coloration, or countershading, / ⑤ reinforces(→
destroys) the visual impression of shape / in the organism. //
이러한 형태의 배색 즉, 카운터셰이딩은 / 모양의 시각적 인상을 강화한다(→ 파괴한다) /
생물체의 //

It allows the animal to blend in with its background. //
그것은 동물이 그것의 배경과 섞이게 해준다 // 단서 2 이러한 색 배치는 동물이 배경과 잘 섞이게 해줌

- **optical** ⓐ 시각적인   • **flatten** ⓥ 평평하게 하다
- **illuminate** ⓥ 비추다   • **gradually** ⓐⓓ 점차   • **depth** ⓝ 깊이, 농도
- **uniformly** ⓐⓓ 균일하게   • **back** ⓝ 등   • **lighten** ⓥ 밝히다
- **belly** ⓝ 복부   • **blend in with** ~와 섞이다   • **coloration** ⓝ 배색
- **reinforce** ⓥ 강화하다   • **impression** ⓝ 인상

카운터셰이딩(명암역위형 보호색)은 동물에게 위장을 제공하는
시각적으로 평평하게 하는 과정이다. 햇빛이 물체를 위에서 비출 때, 그
물체는 맨 위에서 가장 밝을 것이다. 물체의 색깔은 ① 맨 아래로 향할수록
점차 더 어두운색으로 음영이 생기게 될 것이다. 이러한 음영은 물체에
② 농도를 주고 보는 사람이 그것의 모양을 식별하게 해준다. 따라서 비록
동물이 밑바탕과 정확하지만 균일하게 같은 색일지라도 빛이 비칠 때 쉽게
③ 눈에 띌 것이다.
그러나 대부분의 동물은 아랫부분보다 윗부분이 더 어둡다. 그들이 위에서
빛을 받을 때, 더 어두운 등은 밝아지고 더 밝은 복부는 음영이 생긴다.
따라서 동물은 ④ 하나의 색처럼 보이고 밑바탕과 쉽게 섞인다. 이러한
형태의 배색 즉, 카운터셰이딩은 생물체의 모양의 시각적 인상을
⑤ 강화한다(→ 파괴한다). 그것은 동물이 그것의 배경과 섞이게 해준다.

왜 정답? ✦✦✦ [정답률 38%]

⑤ **reinforces** 강화하다

이러한 형태의 배색 즉, 카운터셰이딩은 생물체의 모양의 시각적 인상을
⑤ ~~강화한다~~ 파괴한다.

➜ 이러한 형태의 배색(등이 더 어둡고 복부가 더 밝은 것)이 빛이 비칠 때 밑바탕과
쉽게 섞여 생물체의 모양을 배경과 구별하기 어렵게 만들고 위장의 역할을 하는
것이다. 생물체 모양의 시각적 인상을 '강화하는' 것은 위장의 역할이 아니다. 뒤
문장의 '동물이 그것의 배경과 섞이게 해준다'는 것은 '생물체의 모양의 시각적
인상을 파괴한다'와 같은 말이다.

▶ reinforces를 destroys(파괴하다)와 같은 단어로 바꾸어야 함

왜 오답?

① **bottom** 맨 아래

물체의 색깔은 ① 맨 아래로 향할수록 점차 더 어두운색으로 음영이 생기게
될 것이다.

➜ 햇빛이 위에서 비출 때 물체의 윗부분의 색깔은 가장 밝을 것이고, '맨 아래'로
향할수록 점차 어둡게 음영이 생길 것이다. ▶ bottom은 문맥에 맞음

② **depth** 농도

이러한 음영은 물체에 ② 농도를 주고 보는 사람이 그것의 모양을 식별하게
해준다.

➜ 빛이 비침에 따라 나타나는 음영이 물체에 깊이, 즉 '농도'를 주고, 이를 통해 모양을
식별할 수 있게 된다. ▶ depth는 문맥에 맞음

③ **visible** 눈에 띄는

따라서 비록 동물이 밑바탕과 정확하지만 균일하게 같은 색일지라도 빛이
비칠 때 쉽게 ③ 눈에 띌 것이다.

➜ 동물이 밑바탕과 같은 색일지라도 빛에 따라 자연스러운 음영이 발생할 것이므로
주변에 쉽게 '눈에 띌' 것이다. ▶ visible은 문맥에 맞음

④ **single** 하나의

따라서 동물은 ④ 하나의 색처럼 보이고 밑바탕과 쉽게 섞인다.

➜ 동물은 원래 등이 어둡고 배가 밝기 때문에 빛이 비칠 때 등은 밝아지고 배는
어두워져 오히려 '하나의' 색처럼 보여 밑바탕과 쉽게 섞일 것이다.

▶ single은 문맥에 맞음

L 10 정답 ⑤ ＊기술의 발달에도 인간의 감독이 필요한 이유

다음 글의 밑줄 친 부분 중, 문맥상 낱말의 쓰임이 적절하지 <u>않은</u> 것은?

The most advanced military jets are fly-by-wire: /
가장 진보된 군사용 제트기는 전자식 비행 조종 장치이다 /
They are **so** unstable / **that** they require an automated system /
그것들은 매우 불안정해서 / 자동화된 시스템이 필요하다 /
that can sense and act more quickly / than a human operator /
to maintain control. //
더 빠르게 감지하고 행동할 수 있는 / 인간 조작자보다 / 계속 제어하기 위해서는 //

Our dependence on smart technology / has led to a
① paradox. //
스마트 기술에 대한 우리의 의존은 / 역설로 이어졌다 //

As technology improves, / it becomes more reliable and more
efficient, / and human operators depend on it / **even** more. //
기술이 향상될수록 / 그 기술은 신뢰성과 효율성이 더 높아지고 / 인간 조작자들은 그것에
의존한다 / 훨씬 더 //

Eventually they lose focus, / become ② distracted, / and check
out, / leaving the system to run on its own. //
결국 그들은 집중력을 잃고 / 산만해지며 / 떠난다 / 시스템이 스스로 작동하도록 내버려 둔
채로 //

In the most extreme case, / piloting a massive airliner / could
become a ③ passive occupation, / like watching TV. //
가장 극단적인 경우 / 대형 여객기를 조종하는 것은 / 수동적인 직업이 될 수 있다 / TV를
보는 것과 같은 //

This is fine / until something unexpected happens. //
이것은 괜찮다 / 예상치 못한 일이 일어나기 전까지는 //

The unexpected reveals the value of humans: / what we bring to
the table / is the ④ flexibility / to handle new situations. //
예상치 못한 일은 인간의 가치를 드러낸다 / 우리가 제시하는 것은 / 유연성이다 / 새로운
상황에 대처할 수 있는 //

Machines aren't collaborating / in pursuit of a joint goal; / they
are merely serving / as tools. //
기계는 협력하는 것이 아니라 / 공동의 목표를 추구하기 위해 / 단지 역할을 할 뿐이다 /
도구의 //

> **단서** 기계는 단지 도구의 역할을 하므로, 인간이 관리를 포기한다면 사고의 가능성은 높아질 것임

So / when the human operator gives up / oversight, / the system
is ⑤ less(→ more) likely to have / a serious accident. //
따라서 / 인간 조작자가 포기하면 / 관리를 / 그 시스템이 겪을 가능성이 더 적을(→ 더 많을)
것이다 / 심각한 사고를 //

- advanced ⓐ 진보된
- unstable ⓐ 불안정한
- automated ⓐ 자동화된
- operator ⓝ 조작자
- dependence ⓝ 의존
- paradox ⓝ 역설
- reliable ⓐ 신뢰할 수 있는
- distracted ⓐ 산만한
- extreme ⓐ 극단적인
- pilot ⓥ 조종하다
- massive ⓐ 거대한
- airliner ⓝ 여객기
- passive ⓐ 수동적인
- occupation ⓝ 직업
- flexibility ⓝ 유연성, 융통성
- collaborate ⓥ 협력하다
- in pursuit of ~을 추구하여
- joint ⓐ 공동의
- merely ⓐⓓ 단지
- oversight ⓝ 관리, 감독

가장 진보된 군사용 제트기는 전자식 비행 조종 장치이다. 그것들은 매우
불안정해서 계속 제어하기 위해서는 인간 조작자보다 더 빠르게 감지하고
행동할 수 있는 자동화된 시스템이 필요하다. 스마트 기술에 대한 우리의
의존은 ① 역설로 이어졌다. 기술이 향상될수록 그 기술은 신뢰성과
효율성이 더 높아지고, 인간 조작자들은 훨씬 더 그것에 의존한다. 결국
그들은 집중력을 잃고, ② 산만해지며, 시스템이 스스로 작동하도록
내버려 둔 채로 떠난다. 가장 극단적인 경우, 대형 여객기를 조종하는
것은 TV를 보는 것과 같은 ③ 수동적인 직업이 될 수 있다. 이것은 예상치
못한 일이 일어나기 전까지는 괜찮다. 예상치 못한 일은 인간의 가치를
드러낸다. 우리가 제시하는 것은 새로운 상황에 대처할 수 있는

④ 유연성이다. 기계는 공동의 목표를 추구하기 위해 협력하는 것이
아니라 단지 도구의 역할을 할 뿐이다. 따라서 인간 조작자가 관리를
포기하면 그 시스템이 심각한 사고를 겪을 가능성이 ⑤ 더 적을(→ 더
많을) 것이다.

왜 정답? ★★★ [정답률 52%]

기술이 발달할수록 인간은 기술에 의존하게 되고, 기술에 너무 의존한 나머지
인간은 시스템이 스스로 작동하도록 내버려 둘 것이라 설명하고 있다. 극단적인
경우, 인간은 자동화된 기계가 혼자 작동하도록 내버려 두고, 그저 수동적으로
관찰만 할 것이라고 한다.
하지만 기계는 단지 도구의 역할을 할 뿐이고 인간은 기계와 달리 새로운
상황에 대처할 수 있는 유연성을 갖고 있다. 따라서 인간이 기술에 대한 관리를
포기한다면 심각한 사고의 가능성은 더 많을 것이므로, ⑤ less(더 적은)를
more(더 많은)로 바꾸어야 한다.

왜 오답?

① 스마트 기술이 점점 발달하면서 인간이 기술에 의존하게 되고, 이것이 심각한
사고를 초래할 수 있을 것이라는 내용이므로, 스마트 기술에 대한 인간의
의존은 '역설(paradox)'로 이어졌다는 표현은 적절하다.

② 기술이 발달하고 인간이 기술에 과의존하게 되면서 점차 인간은 기계를
조작하는 데 집중할 필요가 없어지고, '산만해진다(distracted)'는 표현은
적절하다.

③ 기계에 대한 과의존이 발생하면 인간은 집중해서 기계를 조작할 필요가
없어지고, 대형 여객기를 조종하는 것도 자동화된 시스템이 처리할 것이기
때문에 TV를 시청하는 것과 같은 '수동적인(passive)' 직업이 될 것이다.

④ 단지 도구의 역할만 하는 기계와는 달리, 인간은 새로운 상황에 대처할 수 있는
'유연성(flexibility)'이 있으므로, 인간의 관리와 감독은 필요하다는 내용이다.

L 11 정답 ③ ＊Adam Smith의 노동의 전문화

다음 글의 밑줄 친 부분 중, 문맥상 낱말의 쓰임이 적절하지 않은 것은?

Adam Smith pointed out / **that specialization**, / **where** each of us
focuses on one specific skill, / **leads to** a general improvement /
of everybody's well-being. //
Adam Smith는 지적했다 / 전문화 즉 우리 각각이 하나의 특정한 기술에 집중하는 것이 /
/ 전반적인 향상을 이끈다고 / 모든 사람의 복지의 //

The idea is simple and powerful. //
그 개념은 간단하고 강력하다 //

By specializing in just one activity / — such as food raising,
clothing production, or home construction — / each worker
gains ① mastery / over the particular activity. //
단지 하나의 활동에서만 전문화함으로써 / 예를 들어 식량 재배, 의류 생산, 혹은 주택 건설과
같은 / 각각의 노동자는 숙달하게 된다 / 특정한 활동에 //

Specialization makes sense, however, / **only if** the specialist can
subsequently ② trade his or her output / with the output of
specialists in other lines of activity. //
하지만 전문화는 성립한다 / 전문가가 자신의 생산물을 후속적으로 거래할 수 있을 때만 /
다른 활동 라인 전문가들의 생산물과 //

It would make no sense / to produce more food / than a
household needs / **unless** there is a market outlet /
말이 되지 않을 것이다 / 더 많은 식량을 생산하는 것은 / 한 가구가 필요로 하는 것보다 /
만약 시장 판매처가 없다면 /

> **단서** 한 가구가 필요로 하는 것보다 더 많이 생산한 식량을 가리킴

to exchange **that** ③ scarce(→ excess) food / for clothing, shelter,
and so forth. //
그 부족한(→ 넘치는) 식량을 교환할 / 의류, 주거지 등등으로 //

At the same time, / without the ability **to buy food on the
market**, /
동시에 / 시장에서 식량을 구매할 능력이 없다면 /

it would not be possible / to be a specialist home builder or clothing maker, / since it would be ④ necessary / to farm for one's own survival. //

불가능할 것이다 / 전문 주택 건축가나 전문 의류 제작자가 되는 것은 / 필요하기 때문이다 / 자기 자신의 생존을 위해 농사를 짓는 것이 //

Thus Smith realized / that the division of labor is ⑤ limited / by the extent of the market, / whereas the extent of the market is determined / by the degree of specialization. //

따라서 Smith는 알았다 / 노동의 분업은 제한된다는 것을 / 시장의 규모에 의해 / 시장의 규모는 결정되는 반면에 / 시장의 전문화의 정도에 따라 //

- point out ~을 지적하다   · specialization ⓝ 전문화
- specific ⓐ 특정한   · general ⓐ 전반적인
- improvement ⓝ 향상   · well-being 복지
- specialize in ~을 전문으로 하다   · production ⓝ 생산
- construction ⓝ 건설   · mastery ⓝ 숙달
- make sense 성립하다, 말이 되다   · subsequently ⓐⓓ 후속적으로
- trade ⓥ 거래하다   · output ⓝ 생산물   · household ⓝ 가정, 가구
- scarce ⓐ 부족한   · shelter ⓝ 주거지   · division ⓝ 분업
- labor ⓝ 노동   · extent ⓝ 규모   · determine ⓥ 결정하다
- degree ⓝ 정도

Adam Smith는 전문화, 즉 우리 각각이 하나의 특정한 기술에 집중하는 것이 모든 사람의 복지의 전반적인 향상을 이끈다고 지적했다. 그 개념은 간단하고 강력하다. 단지 하나의 활동에서만 전문화함으로써 — 예를 들어 식량 재배, 의류 생산, 혹은 주택 건설과 같은 — 각각의 노동자는 특정한 활동에 ① 숙달하게 된다. 하지만 전문화는 전문가가 자신의 생산물을 다른 활동 라인 전문가들의 생산물과 후속적으로 ② 거래할 수 있을 때만 성립한다. 만약 그 ③ 부족한(→ 넘치는) 식량을 의류, 주거지 등등으로 교환할 시장 판매처가 없다면 한 가구가 필요로 하는 것보다 더 많은 식량을 생산하는 것은 말이 되지 않을 것이다. 동시에, 시장에서 식량을 구매할 능력이 없다면, 자기 자신의 생존을 위해 농사를 짓는 것이 ④ 필요하기 때문에 전문 주택 건축가나 전문 의류 제작자가 되는 것은 불가능할 것이다. 따라서 Smith는 시장의 규모는 전문화의 정도에 따라 결정되는 반면에, 노동의 분업은 시장의 규모에 의해 ⑤ 제한된다는 것을 알았다.

왜 정답? ★★★ [정답률 46%]

한 가구가 필요로 하는 것보다 더 많은 식량을 생산하는 것은 의류, 주거지 등 다른 것을 전문화로 하는 전문가와 생산물을 교환하기 위해서이다. 따라서 한 가구가 필요로 하는 것보다 '더 많은', 즉 '넘치는' 식량을 교환할 시장 판매처가 없다면 전문화는 이뤄지지 않는다는 의미가 되어야 하므로 ③ scarce(부족한)를 excess(넘치는) 등의 낱말로 바꾸어야 한다.

왜 오답?

① 앞 문장에서 전문화를 하나의 특정한 기술에 집중하는 것이라고 설명하였으므로, 하나의 활동에서만 전문화하는 것은 각 노동자들이 특정한 활동에 '숙달'하게 되는 것을 의미한다.
② 이어지는 문장에서 식량을 의류, 주거지 등으로 교환할 시장 판매처가 없다면 자신이 필요로 하는 것보다 더 많은 식량을 생산하는 것은 말이 되지 않을 것이라고 했으므로 전문화는 전문가가 자신의 생산물을 '거래할' 수 있을 때만 성립될 것이다.
④ 시장에서 식량을 구매할 능력이 없다면 자신의 생존을 위해 농사를 하는 것은 '필수적이게' 되므로 다른 노동에서 전문가가 될 수 없다는 의미로 적절하다.
⑤ 노동의 전문화는 노동의 생산물을 사고팔 수 있는 시장이 있어야 성립하기 때문에 노동의 분업은 시장의 규모에 의해 '제한된다'는 의미는 적절하다.

도입	Adam Smith는 전문화가 모든 사람의 복지의 전반적인 향상을 이끈다고 지적함
부연 ①	하나의 활동에서만 전문화함으로써 각각의 노동자는 특정한 활동에 숙달하게 됨
예시	식량 재배, 의류 생산, 혹은 주택 건설을 예로 들 수 있음
대조	하지만 전문화는 전문가가 자신의 생산물을 다른 전문들의 생산물과 후속적으로 거래할 수 있을 때만 성립함
부연 ②	만약 넘치는 생산물을 교환할 시장 판매처가 없다면 성립하지 않음
결론	시장의 규모는 전문화의 정도에 따라 결정되는 반면에, 노동의 분업은 시장의 규모에 의해 제한됨

L 12 정답 ⑤ *기술 발전이 야기한 사고방식의 변화

다음 글의 밑줄 친 부분 중, 문맥상 낱말의 쓰임이 적절하지 <u>않은</u> 것은?   [3점]

Technology changes / how individuals and societies understand / the concept of privacy. //

기술은 변화시킨다 / 개인들과 사회가 이해하는 방식을 / 사생활의 개념을 //

The fact / that someone has a new ability / to access information or watch the actions of another / does not ① justify doing so. //

사실은 / 누군가가 새로운 능력을 갖추고 있다는 / 정보에 접근하거나 다른 사람의 행동을 관찰하는 / 그렇게 하는 것을 정당화하지 않는다 /
= accessing information or watching the actions of another

Rather, / advances in technology require / citizens and policy makers to consider / how privacy protections should be expanded. //

오히려 / 기술의 발전은 요구한다 / 시민들과 정책 입안자들이 고려할 것을 / 어떻게 사생활 보호가 확장되어야 하는지 //

For example, / when cameras first became available / for commercial and private use, /

예를 들어 / 카메라들이 처음 사용될 수 있게 되었을 때 / 상업적이고 사적인 용도로 /

nations and citizens struggled / over whether new laws should be enacted / to ② protect individuals from being photographed / without their permission. //
protect A from -ing: A가 ~하는 것을 막다

국가들과 시민들은 투쟁했다 / 새로운 법들이 제정되어야 하는지에 대해 / 개인들이 사진에 찍히는 것으로부터 보호하기 위해 / 그들의 허가 없이 //

The ③ reconsideration of privacy / brought about by this new technology / re-affirmed a distinction between private and public spaces. //

사생활에 대한 재고는 / 이 새로운 기술이 가져온 / 사적 및 공적 공간의 구별을 재확인했다 //

It was determined by most cultures / that people automatically gave ④ consent / to being seen — and thus recorded / — once they voluntarily stepped into a public space. //

대부분의 문화에서 결정되었다 / 사람들이 자동적으로 동의하는 것으로 / 보여지고, 따라서 녹화되는 것에 / 일단 사람들이 자발적으로 공공장소에 발을 들여놓으면 //

Although some people might be uncomfortable / with the spread of surveillance cameras, / citizens in most cultures have adjusted to the fact /
단서 감시 카메라의 확산을 불편해한다는 말에 Although로 연결되므로, 감시 카메라의 장점이 이어져야 함

일부 사람들은 불편하게 여길지도 모르지만 / 감시 카메라들의 확산을 / 대부분의 문화권에 있는 시민들은 사실에 순응해 왔다 /

that giving up the right not to be observed / in these circumstances / causes ⑤ more(→ less) harm to the community / than failing to have surveillance. //

관찰되지 않을 권리를 포기하는 것이 / 이러한 상황에서 / 지역사회에 더 많은(→ 더 적은) 해를 끼친다는 / 감시받지 못하는 것보다 //

- privacy ⓝ 사생활
- expand ⓥ 확장하다
- struggle ⓥ 투쟁하다
- permission ⓝ 허가
- re-affirm 재확인하다
- automatically ⓐ 자동적으로
- justify ⓥ 정당화하다
- available ⓐ 이용할 수 있는
- enact ⓥ 법률을 제정하다
- reconsideration ⓝ 재고
- distinction ⓝ 구별
- consent ⓝ 동의

기술은 개인들과 사회가 사생활의 개념을 이해하는 방식을 변화시킨다. 누군가가 정보에 접근하거나 다른 사람의 행동을 관찰하는 새로운 능력을 갖추고 있다는 사실은 그렇게 하는 것을 ① 정당화하지 않는다. 오히려, 기술의 발전은 시민들과 정책 입안자들이 어떻게 사생활 보호가 확장되어야 하는지 고려할 것을 요구한다. 예를 들어, 카메라들이 상업적이고 사적인 용도로 처음 사용될 수 있게 되었을 때, 국가들과 시민들은 그들의 허가 없이 개인들이 사진에 찍히는 것으로부터 ② 보호하기 위해 새로운 법들이 제정되어야 하는지에 대해 투쟁했다. 이 새로운 기술이 가져온 사생활에 대한 ③ 재고는 사적 및 공적 공간의 구별을 재확인했다. 일단 사람들이 자발적으로 공공장소에 발을 들여놓으면, 보여지고, 따라서 녹화되는 것에 자동적으로 ④ 동의하는 것으로 대부분의 문화에서 결정되었다. 일부 사람들은 감시 카메라들의 확산을 불편하게 여길지도 모르지만, 대부분의 문화권에 있는 시민들은 이러한 상황에서 관찰되지 않을 권리를 포기하는 것이 감시받지 못하는 것보다 지역사회에 ⑤ 더 많은(→ 더 적은) 해를 끼친다는 사실에 순응해 왔다.

왜 정답? ★★★ [정답률 60%]

⑤ more 더 많은

일부 사람들은 감시 카메라들의 확산을 불편하게 여길지도 모르지만, 대부분의 문화권에 있는 시민들은 이러한 상황에서 관찰되지 않을 권리를 포기하는 것이 감시받지 못하는 것보다 지역사회에 ⑤ ~~더 많은~~ 더 적은 해를 끼친다는 사실에 순응해 왔다.

➜ 감시 카메라들의 확산을 불편하게 여길지도 모른다는 내용이 Although(그럼에도 불구하고)로 연결됨 → 관찰되지 않을 권리를 포기하는 것이 더 낫다는 의미가 되어야 함 → 감시받지 못하는 것보다 '더 적은' 해를 끼칠 것임
  ▶ more를 less(더 적은)와 같은 단어로 바꾸어야 함

왜 오답?

① justify 정당화하다

누군가가 정보에 접근하거나 다른 사람의 행동을 관찰하는 새로운 능력을 갖추고 있다는 사실은 그렇게 하는 것을 ① 정당화하지 않는다. 오히려, 기술의 발전은 시민들과 정책 입안자들이 어떻게 사생활 보호가 확장되어야 하는지 고려할 것을 요구한다.

➜ 기술의 발전이 오히려 사생활 보호 확장을 요구한다고 했으므로 새로운 능력이 사생활 침해를 '정당화하지는' 않는 것임 ▶ justify는 문맥에 맞음

② protect 보호하다

오히려, 기술의 발전은 시민들과 정책 입안자들이 어떻게 사생활 보호가 확장되어야 하는지 고려할 것을 요구한다. 예를 들어, 카메라들이 상업적이고 사적인 용도로 처음 사용될 수 있게 되었을 때, 국가들과 시민들은 그들의 허가 없이 개인들이 사진에 찍히는 것으로부터 ② 보호하기 위해 새로운 법들이 제정되어야 하는지에 대해 투쟁했다.

➜ 기술의 발전이 사생활 보호 확장을 요구한다는 것에 대한 예시로, 상업적인 촬영이 가능해졌을 때 사진 찍히는 것으로부터 '보호할' 필요성이 대두되었다는 것을 언급함
  ▶ protect는 문맥에 맞음

③ reconsideration 재고

이 새로운 기술이 가져온 사생활에 대한 ③ 재고는 사적 및 공적 공간의 구별을 재확인했다.

➜ 기존에 갖고 있던 사생활에 대한 사고에 변화가 일어났기 때문에 '재고'라는 표현은 적절함 ▶ reconsideration은 문맥에 맞음

④ consent 동의

일단 사람들이 자발적으로 공공장소에 발을 들여놓으면, 보여지고, 따라서 녹화되는 것에 자동적으로 ④ 동의하는 것으로 대부분의 문화에서 결정되었다. 일부 사람들은 감시 카메라들의 확산을 불편하게 여길지도 모르지만, ~

➜ 일부 사람들이 감시 카메라의 확산에 불편을 느낄 수도 있다고 했으므로, 대부분의 문화에서는 사람들이 자발적으로 공공장소에 발을 들여놓으면 보여지고 녹화되는 것에 '동의'하는 것으로 결정되었음을 알 수 있음 ▶ consent는 문맥에 맞음

L 13 정답 ③ ───── ✪ 2등급 대비 [정답률 45%]

＊개발도상국이 직면한 경제적 과제

다음 글의 밑줄 친 부분 중, 문맥상 낱말의 쓰임이 적절하지 않은 것은? [3점]

Over the past several decades, / there have been some agreements / to reduce the debt of poor nations, / but other economic challenges (like trade barriers) ① remain. //
〈계속〉을 나타내는 현재완료 / 완전자동사
지난 수십 년 동안 / 몇 가지 합의가 있었지만 / 가난한 나라들의 부채를 줄이기 위한 / 다른 경제적 과제(무역 장벽과 같은)는 남아 있다 //

Nontariff trade measures, / such as quotas, subsidies, and restrictions on exports, / are increasingly prevalent / and may be enacted / for policy reasons having nothing to do with trade. //
병렬 구조 (동사) / 현재분사구 (policy reasons 수식)
비관세 무역 조치가 / 할당제, 보조금, 수출 제한과 같은 / 점점 더 널리 퍼지고 있으며 / 제정될 수 있다 / 무역과 무관한 정책적 이유로 //

However, they have a ② discriminatory effect / on exports from countries that lack the resources / to comply with requirements of nontariff measures / imposed by rich nations. //
주격 관계대명사 / 형용사적 용법(the resources 수식) / 과거분사구 (measures 수식)
그러나 그것들은 차별적인 효과를 가진다 / 자원이 부족한 국가들의 수출에 / 비관세 조치의 요건을 준수할 / 부유한 국가들에 의해 부과된 //

For example, the huge subsidies / that ③ poor(→ rich) nations give / to their farmers /
주어 / 목적격 관계대명사 / 단서 자국의 농부들에게 막대한 보조금을 주어 나머지 국가들의 농부들이 경쟁하게 어렵게 만드는 것은 '부유한' 국가들임
예를 들어 막대한 보조금은 / 가난한(→ 부유한) 국가들이 주는 / 자국의 농부들에게 /
동사 가목적어
make it very difficult / for farmers in the rest of the world / to compete with them. //
to compete의 의미상 주어 / 진목적어
매우 ~을 어렵게 만든다 / 전 세계 나머지 국가들의 농부들이 / 그들과 경쟁하는 것을 //

Another example would be domestic health or safety regulations, /
또 다른 예는 국내 보건 또는 안전 규제인데
계속적 용법의 주격 관계대명사 / 분사구문
which, though not specifically targeting imports, / could ④ impose significant costs / on foreign manufacturers / seeking to conform to the importer's market. //
현재분사구 (foreign manufacturers 수식)
이것은, 구체적으로 수입을 목표로 삼진 않지만 / 상당한 비용을 부과할 수 있다 / 외국 제조업체에 / 수입자 시장에 순응하고자 하는 //

have difficulty -ing: ~하는 데 어려움을 겪다
Industries in developing markets / may have more ⑤ difficulty / absorbing these additional costs. //
개발도상국 시장의 산업은 / 더 많은 어려움을 겪을 수 있다 / 이러한 추가 비용을 부담하는 데 //

- agreement ⓝ 합의, 협정
- restriction ⓝ 제한, 규제
- prevalent ⓐ 널리 퍼진
- discriminatory ⓐ 차별적인
- impose ⓥ 부과하다
- manufacturer ⓝ 제조사
- importer ⓝ 수입국
- quota ⓝ 할당
- export ⓝ 수출
- enact ⓥ 제정하다
- comply with ~을 준수하다
- import ⓝ 수입
- conform ⓥ (관습 등에) 따르다
- absorb ⓥ (비용, 세금 등을) 부담하다

지난 수십 년 동안, 가난한 나라들의 부채를 줄이기 위한 몇 가지 합의가
있었지만, 다른 경제적 과제(무역 장벽과 같은)는 ① 남아 있다. 할당제,
보조금, 수출 제한과 같은 비관세 무역 조치가 점점 더 널리 퍼지고
있으며, 무역과 무관한 정책적 이유로 제정될 수 있다.
그러나 그것들은 부유한 국가들에 의해 부과된 비관세 조치의 요건을
준수할 자원이 부족한 국가들의 수출에 ② 차별적인 효과를 가진다. 예를
들어, ③ 가난한(→ 부유한) 국가들이 자국의 농부들에게 주는 막대한
보조금은 전 세계 나머지 국가들의 농부들이 그들과 경쟁하는 것을 매우
어렵게 만든다.
또 다른 예는 국내 보건 또는 안전 규제인데, 이것은, 구체적으로 수입을
목표로 삼진 않지만, 수입자 시장에 순응하고자 하는 외국 제조업체에
상당한 비용을 ④ 부과할 수 있다. 개발도상국 시장의 산업은 이러한 추가
비용을 부담하는 데 더 많은 ⑤ 어려움을 겪을 수 있다.

2등급? 생소한 어휘가 등장하여 글의 내용을 한번에 파악하기 어려운 2등급
대비 문제이다. 하지만 문장 내에서 의미가 통하는지 먼저 확인한다면 poor nations가
아닌 rich nations가 막대한 보조금을 주는 것이 자연스럽다는 것을 쉽게 알 수 있다.

> 왜 정답?

③ poor 가난한

예를 들어, ③ 가난한 국가들이 자국의 농부들에게 주는 막대한 보조금은
전 세계 나머지 국가들의 농부들이 그들과 경쟁하는 것을 매우 어렵게
만든다.

→ 자국의 농부들에게 막대한 보조금을 주어, 전 세계 나머지 국가들의 농부들이
경쟁하기 어렵게 만드는 국가는 '부유한' 국가이다.

▶ poor를 반의어인 rich 등으로 바꿔야 함

> 왜 오답?

① remain 남아 있다

지난 수십 년 동안, 가난한 나라들의 부채를 줄이기 위한 몇 가지 합의가
있었지만, 다른 경제적 과제(무역 장벽과 같은)는 ① 남아 있다.

→ 부채를 줄이기 위한 합의가 있었다는 내용과 다른 경제적 어려움이 '남아 있다'는
내용이 but(하지만)으로 연결된다.

▶ 상반되는 내용이므로 remain은 문맥에 맞음

② discriminatory 차별적인

그러나 그것들은 부유한 국가들에 의해 부과된 비관세 조치의 요건을
준수할 자원이 부족한 국가들의 수출에 ② 차별적인 효과를 가진다.

→ 부유한 국가들의 비관세 조치 → 조치의 요건을 준수할 자원이 부족한 국가들의
수출에 영향을 줌

▶ 자원이 부족한 국가들의 수출은 부유한 국가들과는 다른 영향을 받으므로,
'차별적인(discriminatory)' 효과를 가질 것임

④ impose 부과하다

또 다른 예는 국내 보건 또는 안전 규제인데, 이것은, 구체적으로 수입을
목표로 삼진 않지만, 수입자 시장에 순응하고자 하는 외국 제조업체에
상당한 비용을 ④ 부과할 수 있다.

→ 또 다른 예시로 국내 보건과 안전 규제가 언급되고 있다. 이 또한 상당한 비용이
부과될 수 있다. ▶ impose는 문맥에 맞음

⑤ difficulty 어려움

개발도상국 시장의 산업은 이러한 추가 비용을 부담하는 데 더 많은
⑤ 어려움을 겪을 수 있다.

→ 비용 발생 → 해당 비용을 추가 부담하는 것은 개발도상국 입장에서 어려움임

▶ difficulty는 문맥에 맞음

L 14 정답 ④   ★2등급 대비 [정답률 69%]

*카페인 민감도에 영향을 주는 요인

다음 글의 밑줄 친 부분 중, 문맥상 낱말의 쓰임이 적절하지 않은 것은?

The "jolt" of caffeine / does wear off. // *(wear off 강조)*
카페인의 '충격'은 / 확실히 점차 사라진다 //

Caffeine is ① removed from your system / by an enzyme within
your liver, / which gradually degrades it over time. // *(계속적 용법의 주격 관계대명사 / = caffeine)*
카페인은 여러분의 신체로부터 제거된다 / 여러분의 간 안에 있는 효소에 의해 / 이 효소는
시간이 지남에 따라 그것을 점진적으로 분해한다 //

Based in large part on genetics, / some people have a more
efficient version of the enzyme / that degrades caffeine, /
② allowing the liver to rapidly clear it from the bloodstream. //
(주격 관계대명사 / 분사구문을 이끄는 현재분사 allowing의 목적어와 목적격 보어 (to부정사))
대체로 유전적 특징 때문에 / 어떤 사람들은 더 효율적인 형태의 효소를 갖고 있다 / 카페인을
분해하는 / 이는 간이 그것을 혈류로부터 빠르게 제거할 수 있도록 한다 //

These rare individuals can drink an espresso with dinner / and
fall fast asleep at midnight / without a problem. //
(단서 1 소수의 사람들은 유전적인 특징 때문에 카페인을 빠르게 제거함 / 병렬 구조 (can 뒤에 연결))
이 몇 안 되는 사람들은 저녁과 함께 에스프레소를 마시고도 / 한밤중에 깊이 잠들 수 있다 /
아무 문제 없이 //

Others, however, have a slower-acting version of the enzyme. //
(단서 2 however로 카페인을 느리게 제거하는 효소를 가진 사람을 이야기함)
그러나 다른 사람들은 더 느리게 작용하는 형태의 효소를 가지고 있다 //

It takes far ③ longer / for their system to eliminate the same
amount of caffeine. //
(비교급 강조 부사 / to eliminate의 의미상 주어 / 단서 3 카페인을 느리게 제거하는 효소를 가진 사람들은 카페인을 제거하는 데 더 오랜 시간이 걸림)
~은 훨씬 더 오랜 시간이 걸린다 / 그들의 신체가 같은 양의 카페인을 제거하는 것은 //

As a result, / they are very ④ insensitive(→ sensitive) / to
caffeine's effects. //
결과적으로 / 그들은 매우 둔감하다(→ 민감하다) / 카페인의 효과에 //

One cup of tea or coffee in the morning / will last much of the
day, /
아침에 마시는 한 잔의 차나 커피는 / 그날 대부분 동안 지속될 것이고 /

and should they have a second cup, / even early in the afternoon,
/ they will find it difficult / to fall asleep in the evening. //
(가정법 도치 (= if they should have) / 가목적어 / 진목적어)
두 번째 잔을 마신다면 / 심지어 이른 오후라도 / 그들은 ~이 어렵다는 것을 알 것이다 /
저녁에 잠드는 것이 // *(가정법 현재 (if+주어+should ~, 주어+조동사+동사원형))*

Aging also ⑤ alters the speed of caffeine clearance: / the older
we are, / the longer it takes our brain and body to remove
caffeine, /
(「the+비교급 ~, the+비교급 ~」; 더 ~할수록 더 …하다)
노화는 또한 카페인 제거 속도를 변화시킨다 / 즉, 우리가 나이가 들수록 / 우리의 뇌와 신체가
카페인을 제거하는 것이 더 오래 걸리고 /

and thus the more sensitive we become in later life / to caffeine's
sleep-disrupting influence. //
따라서 우리는 노후에 더 민감해진다 / 카페인의 수면을 방해하는 효과에 //

- wear off 차츰 사라지다 · liver ⓝ 간 · degrade ⓥ 분해하다
- genetics ⓝ 유전적 특징 · bloodstream ⓝ 혈류
- fall fast asleep 곤히 잠들다 · midnight ⓝ 자정
- eliminate ⓥ 제거하다 · insensitive ⓐ 둔감한
- clearance ⓝ 없애기, 정리 · sleep-disrupting 수면 붕괴

카페인의 '충격'은 확실히 점차 사라진다. 카페인은 여러분의 간 안에
있는 효소에 의해 여러분의 신체로부터 ① 제거되는데, 이 효소는 시간이
지남에 따라 그것을 점진적으로 분해한다. 대체로 유전적 특징 때문에,
어떤 사람들은 카페인을 분해하는 더 효율적인 형태의 효소를 갖고
있는데, 이는 간이 그것을 혈류로부터 빠르게 제거할 수 ② 있도록 한다.
이 몇 안 되는 사람들은 저녁과 함께 에스프레소를 마시고도 아무 문제
없이 한밤중에 깊이 잠들 수 있다.
그러나 다른 사람들은 더 느리게 작용하는 형태의 효소를 가지고 있다.
그들의 신체가 같은 양의 카페인을 제거하는 데 훨씬 ③ 더 오랜 시간이

걸린다. 결과적으로, 그들은 카페인의 효과에 매우 ④ 둔감하다
(→ 민감하다). 아침에 마시는 한 잔의 차나 커피는 그날 대부분 동안
지속될 것이고, 심지어 이른 오후라도, 두 번째 잔을 마신다면, 그들은
저녁에 잠드는 것이 어렵다는 것을 알 것이다. 노화는 또한 카페인 제거
속도를 ⑤ 변화시킨다. 즉, 우리가 나이가 들수록 우리의 뇌와 신체가
카페인을 제거하는 것이 더 오래 걸리고, 따라서 우리는 노후에 카페인의
수면을 방해하는 효과에 더 민감해진다.

오왜 2등급? 카페인을 제거하는 역할을 하는 효소가 빠르게 작용하는 사람과 느리게
작용하는 사람을 설명하는 글이다. 선택지가 빠르게 작용하는 사람에 관한 부분에
있는지, 느리게 작용하는 사람에 관한 부분에 있는지를 정확히 파악해야 정답을 찾을
수 있는 2등급 대비 문제이다.

▷왜 정답?

④ insensitive 둔감한

결과적으로, 그들은 카페인의 효과에 매우 ④ 둔감하다(민감하다). 아침에 마시는 한
잔의 차나 커피는 그날 대부분 동안 지속될 것이고, 심지어 이른 오후라도,
두 번째 잔을 마신다면, 그들은 저녁에 잠드는 것이 어렵다는 것을 알
것이다.

➡ 아침에 마시는 한 잔의 차나 커피가 하루 동안 지속될 것이라고 했음 → 몸속에
   카페인이 더 오랜 시간 영향을 미치게 되므로 카페인의 효과에 더 '민감해진다'고 볼
   수 있음 → insensitive는 잘못 사용된 표현임
   ▶ insensitive를 sensitive(민감한)와 같은 단어로 바꾸어야 함

▷왜 오답?

① removed 제거되다

카페인의 '충격'은 확실히 점차 사라진다. 카페인은 여러분의 간 안에 있는
효소에 의해 여러분의 신체로부터 ① 제거되는데, 이 효소는 시간이 지남에
따라 그것을 점진적으로 분해한다.

➡ 앞 문장에서 카페인의 충격은 사라진다고 함 → 이어지는 절에서 카페인은 효소에
   의해 점진적으로 분해된다고 함 → 따라서 카페인은 간에 있는 효소에 의해
   '제거되는' 것임 ▶ removed는 문맥에 맞음

② allowing ~할 수 있도록 하다

대체로 유전적 특징 때문에, 어떤 사람들은 카페인을 분해하는 더 효율적인
형태의 효소를 갖고 있는데, 이는 간이 그것을 혈류로부터 빠르게 제거할
수 ② 있도록 한다.

➡ 어떤 사람들은 더 효율적으로 카페인을 분해하는 효소를 유전적으로 갖고 있음 →
   그 효소는 간이 혈류에서 카페인을 빠르게 제거하도록 '해줄' 것임
   ▶ allowing은 문맥에 맞음

③ longer 더 오랜

그러나 다른 사람들은 더 느리게 작용하는 형태의 효소를 가지고 있다.
그들의 신체가 같은 양의 카페인을 제거하는 데 훨씬 ③ 더 오랜 시간이
걸린다.

➡ 카페인을 빠르게 분해할 수 있는 사람과는 대조적으로 느리게 작용하는 형태의
   효소를 가진 사람들이 있음 → 그들은 같은 양의 카페인을 분해하는 데 '더 오랜'
   시간이 걸릴 것임 ▶ longer는 문맥에 맞음

⑤ alters 변화시키다

노화는 또한 카페인 제거 속도를 ⑤ 변화시킨다. 즉, 우리가 나이가 들수록
우리의 뇌와 신체가 카페인을 제거하는 것이 더 오래 걸리고, 따라서
우리는 노후에 카페인의 수면을 방해하는 효과에 더 민감해진다.

➡ 뒤 문장에서 나이가 드는 것과 카페인 제거 속도 사이의 상관관계를 설명하고 있음
   → 이는 유전적 요인과 마찬가지로 노화도 카페인 제거 속도를 '변화시킨다'는
   설명임 ▶ alters는 문맥에 맞음

L 15 정답 ⑤ ★ 1등급 대비 [정답률 36%]

*정상 과학의 목표와 역할

다음 글의 밑줄 친 부분 중, 문맥상 낱말의 쓰임이 적절하지 <u>않은</u> 것은? [3점]

What exactly / does normal science involve? //
정확히 무엇을 / 정상 과학은 포함하는가 //

According to Thomas Kuhn, / it is primarily a matter of *puzzle-solving*. //
Thomas Kuhn에 따르면 / 그것은 주로 '문제 해결하기'의 문제이다 //

복합 관계부사절(양보의 부사절) = No matter how successful a paradigm is
However successful a paradigm is, / it will always ① encounter
certain problems /
패러다임이 아무리 성공적이더라도 / 그것은 항상 특정한 문제에 부딪힐 것이다 /

certain problems의 구체적인 내용을 설명하고 있는 명사의 병렬 구조
— phenomena which it cannot easily accommodate, / or
mismatches between the theory's predictions and the
experimental facts. //
즉 그것이 쉽게 수용할 수 없는 현상이나 / 이론의 예측과 실험적 사실 사이의 불일치에 //

The job of the normal scientist is / to try to ② eliminate these
명사적 용법(주격 보어)
minor puzzles / while making as few changes as possible / to
the paradigm. //
정상 과학자들의 일은 ~이다 / 이러한 사소한 문제를 제거하려고 노력하는 것 / 가능한 한
변화를 거의 주지 않으면서 / 패러다임에 //

단서 1 정상 과학은 새로운 발견을 하려고 하지 않고
원래의 패러다임을 확장하는 데 목표가 있음
So normal science is a ③ conservative activity / — its practitioners
are not trying / to make any earth-shattering discoveries, / but
앞에 they are trying 생략
rather / just to develop and extend the existing paradigm. //
그래서 정상 과학은 보수적인 활동으로 / 그것을 실행하는 사람은 노력하지 않는다 / 극히
중대한 발견을 하고자 / 오히려 / 단지 현존하는 패러다임을 발전시키고 확장하려는 것이다 //

aim at: ~을 목표로 하다
In Kuhn's words, / 'normal science does not aim at / novelties of
(= when it is successful, it finds none)
fact or theory, / and when successful finds none'. //
Kuhn의 말로 하자면 / '정상 과학은 목표로 하지 않는다 / 사실이나 이론의 참신함을 /
그리고 성공적일 때에는 찾아내는 것이 없다' //

Above all, / Kuhn stressed / that normal scientists are not trying
목적어절 접속사
/ to *test* the paradigm. //
무엇보다도 / Kuhn은 강조했다 / 정상 과학자들이 노력하지 않는다고 / 패러다임을
'시험'하려고 //

On the contrary, / they accept the paradigm ④ unquestioningly,
/ and conduct their research / within the limits it sets. //
반대로 / 그들은 패러다임을 의심하지 않고 받아들이고 / 자신의 연구를 수행한다 / 그것이
설정한 한계 안에서 //   앞에 목적격 관계대명사 생략

If a normal scientist gets an experimental result / which
주격 관계대명사
⑤ corresponds(→ conflicts) with the paradigm, /
만약 정상 과학자가 실험 결과를 얻는다면 / 패러다임과 상응하는(→ 충돌하는) /

they will usually assume / that their experimental technique is
faulty, / not that the paradigm is wrong. //
목적어절 접속사
그들은 보통 여길 것이다 / 자신의 실험 기술에 결함이 있다고 / 패러다임이 틀린 것이 아니라 //
단서 2 패러다임과 상응하는 결과를 얻었다면 실험 기술에 결함이 있다고 여기지 않을 것임

- encounter ⓥ 부딪히다, 마주치다
- phenomenon ⓝ 현상 (pl. phenomena)   • accommodate ⓥ 수용하다
- mismatch ⓝ 불일치   • prediction ⓝ 예측, 예견
- experimental ⓐ 실험의   • eliminate ⓥ 제거하다
- minor ⓐ 사소한   • puzzle ⓝ (어려운) 문제
- conservative ⓐ 보수적인
- earth-shattering 극히 중대한, 근본을 흔드는   • discovery ⓝ 발견
- extend ⓥ 확장하다, 연장하다   • novelty ⓝ 참신함, 신기함
- stress ⓥ 강조하다   • accept ⓥ 수용하다, 받아들이다
- unquestioningly ⓐ𝐝 의심하지 않고   • conduct ⓥ 실행하다
- correspond ⓥ 상응하다   • assume ⓥ 추정하다
- faulty ⓐ 결함이 있는

정상 과학은 정확히 무엇을 포함하는가? Thomas Kuhn에 따르면, 그것은 주로 '문제 해결하기'의 문제이다. 패러다임이 아무리 성공적이더라도, 그것은 항상 특정한 문제, 즉 그것이 쉽게 수용할 수 없는 현상이나, 이론의 예측과 실험적 사실 사이의 불일치에 ① 부딪힐 것이다. 정상 과학자들의 일은 패러다임에 가능한 한 변화를 거의 주지 않으면서, 이러한 사소한 문제를 ② 제거하려고 노력하는 것이다. 그래서 정상 과학은 ③ 보수적인 활동으로, 그것을 실행하는 사람은 극히 중대한 발견을 하고자 노력하고 있지 않고, 오히려 단지 현존하는 패러다임을 발전시키고 확장하려는 것이다. Kuhn의 말로 하자면, '정상 과학은 사실이나 이론의 참신함을 목표로 하지 않으며, 성공적일 때에는 찾아내는 것이 없다.' 무엇보다도, Kuhn은 정상 과학자들이 패러다임을 '시험'하려 노력하지 않는다는 것을 강조했다. 반대로 그들은 패러다임을 ④ 의심하지 않고 받아들이고, 그것이 설정한 한계 안에서 자신의 연구를 수행한다. 만약 정상 과학자가 패러다임과 ⑤ 상응하는(→ 상충하는) 실험 결과를 얻는다면, 그들은 보통 자신의 실험 기술에 결함이 있고, 패러다임이 틀린 것은 아니라고 여길 것이다.

왜 1등급? 정상 과학(normal science)이라는 낯선 소재의 1등급 대비 문제이다. 소재가 낯선 경우에는 그것에 대해 단순히 설명하는 글일 가능성이 크므로 잘 알지 못하는 소재에 대한 설명이 옳은지 판단하기 보다는 일관된 설명을 하는지, 진술 자체가 잘못되진 않았는지 의심하며 글을 읽어야 한다.

| 문제 풀이 순서 |

1st 각 낱말의 의미를 먼저 확인하고, 반의어를 미리 생각해 놓는다.

① encounter: 부딪히다 ↔ avoid: 피하다
② eliminate: 제거하다 ↔ obtain: 얻다
③ conservative: 보수적인 ↔ radical: 급진적인
④ unquestioningly: 의심하지 않고 ↔ questioningly: 미심쩍게
⑤ corresponds: 상응하다 ↔ conflicts: 상충하다

→ 문맥에 맞는 낱말을 반의어로 바꿔서 정답 선택지를 만드는 경우가 많다. 그러므로 반의어를 먼저 떠올린 후 문맥이 어색한 부분을 찾는 것이 좋다.

2nd 밑줄 친 부분이 포함된 문장을 읽고, 그 의미가 무엇일지 예상한다.

① encounter 부딪히다

패러다임이 아무리 성공적이더라도, 그것은 항상 특정한 문제, 즉 그것이 쉽게 수용할 수 없는 현상이나, 이론의 예측과 실험적 사실 사이의 불일치에 ① 부딪힐 것이다.

→ 앞에 양보의 부사절로 '패러다임이 아무리 성공적이더라도'라는 내용이 왔기 때문에, 성공적인 패러다임도 특정한 문제에 '부딪힐' 수 있다고 하는 것은 적절하다.

▶ encounter는 문맥에 맞음

② eliminate 제거하다

정상 과학자들의 일은 패러다임에 가능한 한 변화를 거의 주지 않으면서, 이러한 사소한 문제를 ② 제거하려고 노력하는 것이다.

→ 바로 앞 문장에서 패러다임은 특정한 문제에 부딪힐 것이라고 하였고, 이에 이어지는 내용으로 정상 과학자는 이러한 사소한 문제들을 '제거하도록' 노력하는 일을 한다는 것은 자연스럽다. ▶ eliminate는 문맥에 맞음

③ conservative 보수적인

그래서 정상 과학은 ③ 보수적인 활동으로, 그것을 실행하는 사람은 극히 중대한 발견을 하고자 노력하고 있지 않고, 오히려 단지 현존하는 패러다임을 발전시키고 확장하려는 것이다.

→ 정상 과학을 실행하는 사람들은 중대한 발견을 하는 것이 아니라 현존하는 패러다임을 발전시키고 확장하려 할 것이라고 하였으므로, 정상 과학이 '보수적' 활동이라는 설명은 적절하다. ▶ conservative는 문맥에 맞음

④ unquestioningly 의심하지 않고

무엇보다도, Kuhn은 정상 과학자들이 패러다임을 '시험'하려 노력하지 않는다는 것을 강조했다. 반대로 그들은 패러다임을 ④ 의심하지 않고 받아들이고, 그것이 설정한 한계 안에서 자신의 연구를 수행한다.

→ 앞 문장에서 정상 과학자들은 현존하는 패러다임을 '시험'하려고 하지 않는다고 하였으므로, 그들이 그것을 '의심하지 않고' 받아들인다는 내용은 적절하다.

▶ unquestioningly는 문맥에 맞음

⑤ corresponds 상응하다

상충하는
만약 정상 과학자가 패러다임과 ⑤ ~~상응하는~~ 실험 결과를 얻는다면, 그들은 보통 자신의 실험 기술에 결함이 있고, 패러다임이 틀린 것은 아니라고 여길 것이다.

→ 자신의 실험 기술에 결함이 있다고 여길 만한 상황이 앞에 제시되어야 하기 때문에 현존하는 패러다임과 '상충하는' 실험 결과를 얻는다는 가정이 적절하다.

▶ corresponds를 conflicts와 같은 단어로 바꾸어야 함

L 16 정답 ② ⭐ 1등급 대비 [정답률 51%]

*카메라에 의해 설명되는 객관적인 관점

다음 글의 밑줄 친 부분 중, 문맥상 낱말의 쓰임이 적절하지 않은 것은? [3점]

The objective point of view is illustrated / by John Ford's "philosophy of camera." //
객관적인 관점은 설명된다 / John Ford의 '카메라의 철학'에 의해 //

주어 / 동사 / 목적어 ① / 목적격 보어 ① / 목적어 ②
Ford considered / the camera to be a window / and the audience to be ① outside the window / viewing the people and events within. //
목적격 보어 ②
Ford는 생각했고 / 카메라를 창문이라고 / 관객은 창문 밖에 있다고 / 안에 있는 사람과 사건을 바라보면서 //

능동태 문장의 목적격 보어가 to부정사인 경우 수동태 문장에도 그대로 쓰임
We are asked / to watch the actions / as if they were taking place / at a distance, / and we are not asked / to participate. //
우리는 요청받고 / 사건들을 바라보도록 / 그것들이 일어나고 있는 것처럼 / 멀리서 / 우리는 요청받지 않는다 / 참여하도록 //

The objective point of view / employs a static camera / as much as possible / in order to ② avoid(→ produce) this window effect, /
객관적인 관점은 / 정적인 카메라를 이용하고 / 가능한 한 많이 / 이런 창문 효과를 피하기(→ 만들기) 위해 /
단서 창문 밖에서 창문 안에 있는 사람과 사건에 참여하지 않고 그들을 바라보는 것

and it concentrates / on the actors and the action / without drawing attention to the camera. //
그것은 집중한다 / 배우와 사건에 / 카메라에 관심을 끄는 것 없이 //

The objective camera suggests / an emotional distance / between camera and subject; /
객관적인 카메라는 보여준다 / 감정적인 거리를 / 카메라와 대상 간의 /

to부정사의 진행형
the camera seems simply to be recording, / as ③ straightforwardly as possible, / the characters and actions of the story. //
부사 (to be recording 수식)
카메라는 그저 기록하고 있는 것으로 보인다 / 가능한 한 있는 그대로 / 이야기의 등장인물과 사건을 //

For the most part, / the director uses / natural, normal types of camera positioning / and camera angles. //
대부분의 경우 / 감독은 사용한다 / 자연스럽고 일반적인 종류의 카메라 위치 선정과 / 카메라 각도를 //

병렬 구조
The objective camera / does not comment on or ④ interpret the action / but merely records it, / letting it unfold. //
객관적인 카메라는 / 사건에 관해 논평하거나 해석하지 않고 / 그저 그것을 기록한다 / 그것이 전개되게 하면서 //

We see the action / from the viewpoint / of an impersonal observer. //
우리는 사건을 본다 / 관점에서 / 냉담한 관찰자의 //

부사절 접속사(조건)
If the camera moves, / it **does so** unnoticeably, / calling as
⑤ little attention to itself as possible. //
만약 카메라가 움직인다면 / 그것은 눈에 띄지 않게 그렇게 한다 / 가능한 한 자신에게 관심을
거의 불러일으키지 않으면서 //

- objective ⓐ 객관적인　　• point of view 관점
- illustrate ⓥ (실례 등을 이용하여) 설명하다[분명히 보여주다]
- philosophy ⓝ 철학　　• at a distance 멀리서, 거리를 두고
- employ ⓥ (기술, 방법 등을) 쓰다[이용하다]
- static ⓐ 정적인　　• concentrate ⓥ 집중하다
- emotional ⓐ 감정적인　　• subject ⓝ 대상　　• record ⓥ 기록하다
- straightforwardly ⓐd 있는 그대로, 솔직하게
- positioning ⓝ 위치 선정　　• comment on ~에 관해 논평하다
- interpret ⓥ 해석하다　　• merely ⓐd 그저　　• unfold ⓥ 전개되다
- viewpoint ⓝ 관점　　• impersonal ⓐ 냉담한, 인간미 없는
- observer ⓝ 관찰자　　• unnoticeably ⓐd 눈에 띄지 않게

객관적인 관점은 John Ford의 '카메라의 철학'에 의해 설명된다. Ford는
카메라를 창문이라고 생각했고 관객은 안에 있는 사람과 사건을 바라보면
서 창문 ① 밖에 있다고 생각했다. 우리는 사건들이 멀리서 일어나고 있는
것처럼 그것들을 바라보도록 요청받고, 참여하도록 요청받지 않는다. 객
관적인 관점은 이런 창문 효과를 ② 피하기(→ 만들기) 위해 정적인 카메라
를 가능한 한 많이 이용하고, 그것은 카메라에 관심을 끄는 것 없이 배우와
사건에 집중한다. 객관적인 카메라는 카메라와 대상 간의 감정적인 거리
를 보여주는데, 카메라는 이야기의 등장인물과 사건을 가능한 한 ③ 있는
그대로 그저 기록하고 있는 것으로 보인다. 대부분의 경우, 감독은 자연스
럽고 일반적인 종류의 카메라 위치 선정과 카메라 각도를 사용한다. 객관
적인 카메라는 사건에 관해 논평하거나 ④ 해석하지 않고 그것이 전개되게
하면서 그저 그것을 기록한다. 우리는 냉담한 관찰자의 관점에서 사건을
본다. 만약 카메라가 움직인다면 그것은 눈에 띄지 않게, 가능한 한 자신에
게 관심을 ⑤ 거의 불러일으키지 않으면서, 그렇게 한다.

왜 1등급? John Ford의 '카메라의 철학'에 관한 글로, 창문(window)이 비유적
표현임을 알아차리지 못한다면 헤맬 수 있는 문제이다. 글에 서술된 카메라의 특징을
이해하고 접근해야 한다.

| 문제 풀이 순서 |

1st 각 낱말의 의미를 먼저 확인하고, 반의어를 미리 생각해 놓는다.

① outside: 밖에 ↔ inside: 안에
② avoid: 피하다 ↔ produce: 만들다
③ straightforwardly: 있는 그대로 ↔ complicatedly: 복잡하게
④ interpret: 해석하다 ↔ ?
⑤ little: 거의 없는 ↔ much: 많은

➡ 문맥에 맞는 낱말을 반의어로 바꿔서 정답 선택지를 만드는 경우가 많다. 그러므로
반의어가 분명하지 않은 ④은 정답이 아닐 가능성이 높다.

2nd 밑줄 친 부분이 포함된 문장을 읽고, 그 의미가 무엇일지 예상한다.

① outside 밖에

Ford는 카메라를 창문이라고 생각했고 관객은 안에 있는 사람과 사건을
바라보면서 창문 ① 밖에 있다고 생각했다.

➡ 카메라를 창문이라고 생각한다면 관객은 카메라 밖, 즉 창문 '밖에서' 창문 안에 있는
사람과 사건을 바라볼 것이다. ▶ outside는 문맥에 맞음

② avoid 피하다

객관적인 관점은 이런 창문 효과를 ② 피하기(만들기) 위해 정적인 카메라를 가능한
한 많이 이용하고, 그것은 카메라에 관심을 끄는 것 없이 배우와 사건에
집중한다.

➡ 객관적인 관점은 사건들에 참여하지 않고 그저 바라보도록 요청받는 창문 효과를
'만들기' 위해 가능한 한 많은 카메라를 사용할 것이다. avoid를 produce로
바꾸어야 앞뒤 문맥이 자연스러워진다.
▶ avoid를 produce와 같은 단어로 바꾸어야 함

③ straightforwardly 있는 그대로

객관적인 카메라는 카메라와 대상 간의 감정적인 거리를 보여주는데,
카메라는 이야기의 등장인물과 사건을 가능한 한 ③ 있는 그대로 그저
기록하고 있는 것으로 보인다.

➡ 이야기의 등장인물과 사건에 감정적인 거리를 둔다는 것은 곧 그것에 개입하지
않는다는 의미이므로 최대한 '있는 그대로' 기록할 뿐이라는 흐름은 자연스럽다.
▶ straightforwardly는 문맥에 맞음

④ interpret 해석하다

객관적인 카메라는 사건에 관해 논평하거나 ④ 해석하지 않고 그것이
전개되게 하면서 그저 그것을 기록한다.

➡ 카메라가 객관적이라면 사건에 관한 논평이나 '해석' 없이 그저 기록할 것이다.
▶ interpret은 문맥에 맞음

⑤ little 거의 없는

만약 카메라가 움직인다면 그것은 눈에 띄지 않게, 가능한 한 자신에게
관심을 ⑤ 거의 불러일으키지 않으면서, 그렇게 한다.

➡ 정적인 카메라가 움직인다고 하더라도 그것은 눈에 띄지 않으면서 가능한 한
사람들의 관심을 '거의 불러일으키지 않을' 것이다. ▶ little은 문맥에 맞음

L 어휘 Review 정답　　　　문제편 p. 160

01 추구	12 comply with	22 compulsory
02 드러내다	13 in pursuit of	23 employs
03 시각적인	14 melt-in-your-mouth	24 adaptation
04 법률을 제정하다	15 specialize in	25 autonomous
05 당뇨병	16 automated	26 possibility
06 novelty	17 specialization	27 emotional
07 minor	18 eliminate	28 re-affirmed
08 consent	19 shrink	29 Conversely
09 reason	20 directive	30 consistency
10 obesity	21 tropical	
11 in time		

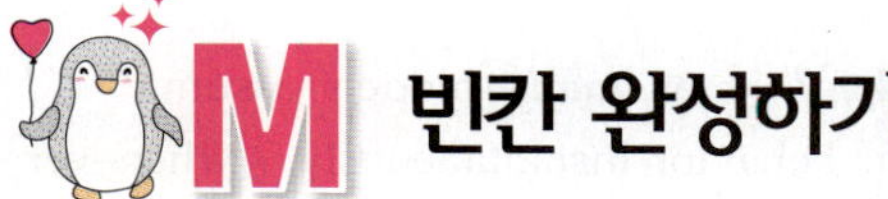

문제편 p. 162~197

M 01 정답 ① ＊대중음악 확산으로 촉진된 음악의 접근성

The explosion of popular music / in the second half of the twentieth century / **as well as** the global circulation and dissemination of music / by the creative industries /
대중음악의 폭발적 증가는 / 20세기 후반의 / 전 세계적 음악 유통과 보급뿐만 아니라 / 창작 산업계의 /
propelled a new understanding / of **accessibility** in relation to music. // 새로운 이해를 촉진했다 / 음악과 관련된 접근성에 대한 //

Suddenly, in the 1950s, / anyone could pick up spoons, a couple of pans, a second-hand guitar / and start a band. //
갑자기, 1950년대에 / 누구나 숟가락, 냄비 몇 개, 중고 기타를 집어 들고 / 밴드를 시작할 수 있었다 //

This led to specific genres / such as skiffle, / but also, more generally, / reflected a much more relaxed and inclusive attitude / to music making. //
이는 특정 장르로 이어졌을 뿐만 아니라 / 스키플(skiffle)과 같은 / 또한, 더 일반적으로는 / 훨씬 더 여유롭고 포용적인 태도를 반영했다 / 음악 제작에 대한 //

While ordinary people had always sung / and made music, / the popular music movement / was driven by a spirit of rebellion and freedom. // 평범한 사람들이 항상 노래를 부르고 / 음악을 만들어 왔지만 /
대중음악 운동은 / 저항과 자유의 정신에 의해 촉진되었다 //

This approach / led to the punk movement, / whose musicians even made it a condition / for their music to be non-virtuosic / and accessible to all / in the 1970s. //
이러한 접근 방식은 / 펑크 운동으로 이어졌으며 / 이 음악가들은 심지어 필수 요건으로 삼았다 / 자신들의 음악이 전문성이 높지 않고 / 누구나 접근할 수 있는 것을 / 1970년대에 //
Groups who had been entirely excluded from music / revelled in opportunities to create. //
음악에서 완전히 배제되었던 집단들이 / 창작의 기회를 만끽했다 //

This led to a sense of novelty and empowerment / in and beyond the music sphere. //
이는 참신성과 자율성이라는 인식으로 이어졌다 / 음악계 안팎에서 //

- explosion ⓝ 폭발적인 증가 · circulation ⓝ 유통, 순환
- industry ⓝ 산업 · propel ⓥ 촉진하다 · second-hand 중고의
- inclusive ⓐ 포용적인 · rebellion ⓝ 저항
- punk ⓝ ((음악의 장르)) 펑크 · condition ⓝ 조건, 필수 요건
- accessible ⓐ 접근 가능한 · exclude ⓥ 배제하다
- novelty ⓝ 참신성 · empowerment ⓝ 자율성
- sphere ⓝ 계, 영역 · accessibility ⓝ 접근성
- responsibility ⓝ 책임감 · preservation ⓝ 보존
- profitability ⓝ 수익성

창작 산업계의 전 세계적 음악 유통과 보급뿐만 아니라 20세기 후반의 대중음악의 폭발적 증가는 음악과 관련된 **접근성**에 대한 새로운 이해를 촉진했다. 갑자기, 1950년대에, 누구나 숟가락, 냄비 몇 개, 중고 기타를 집어 들고 밴드를 시작할 수 있었다. 이는 스키플(skiffle)과 같은 특정 장르로 이어졌을 뿐만 아니라, 또한, 더 일반적으로는, 음악 제작에 대한 훨씬 더 여유롭고 포용적인 태도를 반영했다. 평범한 사람들이 항상 노래를 부르고 음악을 만들어 왔지만, 대중음악 운동은 저항과 자유의 정신에 의해 촉진되었다. 이러한 접근 방식은 펑크 운동으로 이어졌으며, 1970년대에 이 음악가들은 심지어 자신들의 음악이 전문성이 높지 않고 누구나 접근할 수 있는 것을 필수 요건으로 삼았다. 음악에서 완전히 배제되었던 집단들이 창작의 기회를 만끽했다. 이는 음악계 안팎에서 참신성과 자율성이라는 인식으로 이어졌다.

다음 빈칸에 들어갈 말로 가장 적절한 것을 고르시오.
① accessibility 접근성 포용성과 접근 가능성에 대한 인식을 새롭게 촉진함
② responsibility 책임감 언급되지 않음
③ exchange 교환 교환이나 맞바꿈에 관한 내용은 언급되지 않음
④ preservation 보존 언급되지 않음
⑤ profitability 수익성 언급되지 않음

▸왜 정답? ＊＊＊ [정답률 67%]
빈칸은 '대중음악의 증가로 인해 음악과 관련하여 새로운 이해가 촉진된' 것으로, 대중음악이 발달하면서 사람들이 새롭게 이해하게 된 개념이 무엇인지를 찾아야 한다.
➡ 음악가들은 자신의 전문성이 높지 않고 누구나 접근할 수 있는 음악을 필수 조건으로 삼았다고 설명하고 있다. 단서 1
이는 음악에서 배제되었던 집단들도 음악을 창작할 수 있게 하였으며, 단서 2 참신성과 자율성이라는 인식으로 이어졌다고 설명하고 있다. ▸ 따라서 대중음악은 포용적이면서도 누구나 접근할 수 있는 음악, 모두를 아우르면서도 자율적인 음악 이라는 인식을 불러일으켰으므로, 빈칸에 들어갈 말은 ① '접근성'이다.

▸왜 오답?
② 대중음악이 저항과 자유의 정신에 의해 촉진되었다는 언급은 있었지만, 책임감에 관한 내용은 언급되지 않았다.
③ 대중음악의 교환이나 맞바꿈에 관한 내용은 언급되지 않았다.
④ 대중음악의 보존에 관한 내용은 언급되지 않았다.
⑤ 대중음악의 수익성에 관한 내용은 언급되지 않았다.

M 02 정답 ② ＊불확실성이 주는 삶의 활력

Paradoxically, / it's **uncertainty** / that makes us feel most alive. //
역설적으로 / 바로 불확실성이다 / 우리가 가장 살아있다고 느끼게 만드는 것은 //
Think of events / that shake you out of your everyday routine: /
사건들을 생각해 보아라 / 여러분을 일상적인 삶에서 벗어나게 만드는 /
maybe attending a family wedding, / making a big presentation, / or going somewhere / you've never been. //
아마도 가족 결혼식에 참석하거나 / 중대한 발표를 하거나 / 가는 것 같은 일들 말이다 / 한 번도 가보지 못한 곳에 //
It's on those occasions / that time seems to slow down a little, / and you feel more fully engaged. //
바로 그러한 순간들이다 / 시간이 약간 느려지는 것 같고 / 여러분이 더 온전히 몰입한다고 느끼는 때는 //
The same holds true / if the experience is risky, / like mountain climbing or parasailing. //
마찬가지이다 / 그 경험이 위험한 경우에도 / 등산이나 패러세일링처럼 //
Your senses are sharper. // 여러분의 감각들이 더 예민해진다 //
You notice more. // 여러분은 더 많은 것을 알아차린다 //
Thanks to the release / of a feel-good chemical in the brain / called dopamine, /
분비되는 덕분에 / 뇌 안에서 기분 좋게 하는 화학 물질이 / '도파민'이라고 불리는 /
you get a greater rush of pleasure / from chance encounters with people / than planned meetings. //
여러분은 더 크게 몰려오는 즐거움을 얻게 된다 / 사람들과의 우연한 만남에서 / 계획된 만남보다 //
Good news, financial rewards, and gifts are more enjoyable / if they are surprises. //
좋은 소식, 금전적 보상, 그리고 선물은 더 즐겁다 / 뜻밖의 일일 때 //
It's why / the most popular television shows and movies / are the ones with unexpected plot twists and astonishing endings. //
그것이 이유다 / 가장 인기 있는 텔레비전 쇼와 영화가 / 예기치 않은 줄거리의 반전과 놀라운 결말을 가진 것들인 //

- paradoxically @ad 역설적으로 · occasion ⓝ 경우, 순간
- engaged @ 몰두한 · risky @ 위험한
- parasailing ⓝ 패러세일링 · feel-good 기분 좋게 하는
- chance @ 우연한 · encounter ⓝ 만남, 조우
- financial @ 금전적인 · reward ⓝ 보상
- plot twist (줄거리의) 반전 · astonishing @ 놀라운
- dependence ⓝ 의존 · vulnerability ⓝ 취약함

역설적으로, 우리가 가장 살아있다고 느끼게 만드는 것은 바로 **불확실성**이다. 여러분을 일상적인 삶에서 벗어나게 만드는 사건들을 생각해 보아라. 아마도 가족 결혼식에 참석하거나, 중대한 발표를 하거나, 한 번도 가보지 못한 곳에 가는 것 같은 일들 말이다. 시간이 약간 느려지는 것 같고, 여러분이 더 온전히 몰입한다고 느끼는 때는 바로 그러한 순간들이다. 등산이나 패러세일링처럼 그 경험이 위험한 경우에도 마찬가지이다. 여러분의 감각들이 더 예민해진다. 여러분은 더 많은 것을 알아차린다. '도파민'이라고 불리는 기분 좋게 하는 화학 물질이 뇌 안에서 분비되는 덕분에, 여러분은 계획된 만남보다 사람들과의 우연한 만남에서 더 크게 몰려오는 즐거움을 얻게 된다. 좋은 소식, 금전적 보상, 그리고 선물은 뜻밖의 일일 때 더 즐겁다. 그것이 가장 인기 있는 텔레비전 쇼와 영화가 예기치 않은 줄거리의 반전과 놀라운 결말을 가진 것들인 이유다.

다음 빈칸에 들어갈 말로 가장 적절한 것을 고르시오.
① failure 실패 — 실패가 살아있음을 느끼게 해준다는 내용이 아님
② uncertainty 불확실성
③ repetition 반복 — 일상적인 삶에서 벗어나는 사건을 언급함
④ dependence 의존 — 의존이 살아있음을 느끼게 해준다는 내용이 아님
⑤ vulnerability 취약함 — 취약함이 살아있음을 느끼게 해준다는 내용이 아님
Good news ~ are more enjoyable if they are surprises.

왜 정답? ✱✱✱ [정답률 73%]

빈칸은 '우리가 가장 살아있다고 느끼게 만드는 것'과 관련된 내용으로, 사람들이 무엇을 통해 삶을 온전히 느끼고 몰입한다고 설명하는지를 찾아야 한다.

➡ 일상적인 삶에서 벗어난 일, 위험한 일, 우연히 발생한 일, 뜻밖의 일, 놀라운 반전 등을 통해 우리는 더 몰입하고, 감각이 더 예민해지고, 더 많은 것을 알아차리고, 더 큰 즐거움을 얻는다고 했다.

▶ 따라서 우리가 가장 살아있다고 느끼게 만드는 것은 ② '불확실성'이다.

왜 오답?

① 실패가 살아있음을 느끼게 해준다는 내용이 아니다.
③ 반복이 아닌, 일상적인 삶에서 벗어나는 사건을 통해 우리는 더 몰입한다고 했다.
④ 의존이 살아있음을 느끼게 해준다는 내용이 아니다.
⑤ 취약함이 살아있음을 느끼게 해준다는 내용이 아니다.

M 03 정답 ⑤ *시장 메커니즘의 정보 드러내기 기능

A great strength of the market mechanism / is that there are incentives / for individuals / to reveal their knowledge through their behavior. //
명사절 접속사 (주격 보어) / to reveal의 의미상 주어
시장 메커니즘의 한 가지 큰 장점은 / 유인이 있다는 것이다 / 사람들이 / 자신의 행동을 통해 자신이 알고 있는 것을 드러내도록 하는 //

This stands in contrast to many *strategic* situations / — for example, in political negotiations — / in which it is wise *not to let* the other side know / what one's true preferences or production capacities are. //
단서 1 시장 메커니즘은 자신의 선호나 지식을 숨길 수 있는 전략적 상황과 대조됨
전치사+관계대명사 / 진주어 (to부정사의 부정) / 가주어
이는 여러 '전략적' 상황과 대조적인데 / 정치적 협상을 예로 들 수 있다 / 상대측이 알게 하지 '않는' 것이 현명한 / 자신의 진정한 선호나 생산 능력이 무엇인지 //

A perfectly competitive market / that clears on the spot / leaves no room for such strategies. //
주격 관계대명사
완전 경쟁 시장 / 상품이 바로바로 다 팔리는 / 그러한 전략을 위한 여지를 남겨두지 않는다 //

If prices are not sticky / — as many models assume — / individuals adapt their behavior instantaneously, / whenever their preferences or the circumstances change. //
복합관계부사
가격이 고착되어 있지 않다면 / 많은 모델이 가정하는 것처럼 / 사람들은 즉각적으로 행동을 조정한다 / 자신의 선호나 상황이 변할 때마다 //

They stop buying items / that do not satisfy their needs / and stop selling items / that do not provide them with optimal gains, / maybe switching to the production of other items. //
병렬 구조 (동사) / 주격 관계대명사 / 분사구문
그들은 물품의 구매를 중단하고 / 자신의 필요를 충족시키지 못하는 / 물품의 판매를 중단하고 / 그들에게 최적의 이익을 제공하지 않는 / 다른 물품의 생산으로 전환할지도 모른다 //

If they have motivational problems, for example, / falling into denial about the fact / that there is no demand for their products, /
현재분사 (problems 수식) / 동격절 접속사
예를 들어, 그들이 동기적 문제가 있다면 / 사실을 부정하는 것에 빠지는 / 그들의 제품에 대한 수요가 없다는 / 단서 2 수요가 없다는 사실을 외면하려 하더라도, 시장에서는 물건이 팔리지 않는 현상이 바로 나타남으로써 이를 직시하도록 해줌
markets reveal to them, / sometimes in quite brutal ways, / that they better accept this fact. //
명사절 접속사 (목적어)
시장은 그들에게 드러낸다 / 때로는 꽤 잔혹한 방법으로 / 그들이 이 사실을 받아들이는 편이 좋다는 것을 //

- strength ⓝ 장점, 강점 · incentive ⓝ 유인
- political @ 정치적인 · negotiation ⓝ 협상
- preference ⓝ 선호 · clear ⓥ 깨끗해지다, 팔리다 · room ⓝ 여지
- sticky @ 고착된 · instantaneously @ad 즉각
- optimal @ 최적의 · motivational @ 동기의 · denial ⓝ 부정
- brutal @ 잔혹한 · endure ⓥ 견디다 · hardship ⓝ 어려움, 고난
- contribute ⓥ 기여하다 · stabilization ⓝ 안정화
- competition ⓝ 경쟁

시장 메커니즘의 한 가지 큰 장점은 사람들이 **자신의 행동을 통해 자신이 알고 있는 것을 드러내도록 하는** 유인이 있다는 것이다. 이는 자신의 진정한 선호나 생산 능력이 무엇인지 상대측이 알게 하지 '않는' 것이 현명한 여러 '전략적' 상황과 대조적인데, 정치적 협상을 예로 들 수 있다. 상품이 바로바로 다 팔리는 완전 경쟁 시장은 그러한 전략을 위한 여지를 남겨두지 않는다. 많은 모델이 가정하는 것처럼 가격이 고착되어 있지 않다면, 사람들은 자신의 선호나 상황이 변할 때마다 즉각적으로 행동을 조정한다. 그들은 자신의 필요를 충족시키지 못하는 물품의 구매를 중단하고 그들에게 최적의 이익을 제공하지 않는 물품의 판매를 중단하고, 다른 물품의 생산으로 전환할지도 모른다. 예를 들어, 그들이 그들의 제품에 대한 수요가 없다는 사실을 부정하는 것에 빠지는 동기적 문제가 있다면, 시장은 그들이 이 사실을 받아들이는 편이 좋다는 것을 때로는 꽤 잔혹한 방법으로 그들에게 드러낸다.

다음 빈칸에 들어갈 말로 가장 적절한 것을 고르시오. [3점]
① to take advantage of political situations
정치적 상황의 이점을 이용하도록 하는 — 시장 메커니즘은 정치적 협상과 대조됨
② to endure hardships until prices go down
가격이 내려갈 때까지 어려움을 견디도록 하는 — 즉각적으로 반응하도록 만듦으로써 현실을 직시하도록 한다는 내용임
③ to contribute to the price stabilization of items
물건의 가격 안정화에 기여하도록 하는 — 가격 변동에 즉각 반응하도록 한다는 내용임
④ to avoid competition by using negotiation skills
협상 기술을 사용함으로써 경쟁을 피하도록 하는 — 언급되지 않음
⑤ to reveal their knowledge through their behavior
자신의 행동을 통해 자신이 알고 있는 것을 드러내도록 하는 — 변화를 즉시 보여줌으로써 변경하도록 만들어줌

왜 정답? ✱✱✱ [정답률 34%]

시장 메커니즘은 자신의 진정한 선호나 생각을 숨기는 '전략적' 상황과 대조됨 ➡ 상품이 바로 팔리는 완전 경쟁 시장의 경우, 전략을 위한 여지가 없을 정도로 투명함 ➡ 가격이 고착화되어 있지 않은 경우, 사람들은 상황에 따라 즉시 행동을 조정함 ➡ 시장은 어떤 물건이 수요가 없다는 사실을 받아들여야만 하게 만듦

➡ 시장 메커니즘은 정치 협상과 같은 전략적 상황과 상반된다고 했다. 이어지는 설명에서 물건이 시장에서 바로바로 팔리게 되면, 굳이 사람들이 머리를 써서 뭘 숨기려고 할 필요가 없다고 했다. 또한 시장 가격이 변동하게 된다면, 사람들이 원하는 바나 결정이 달라진다고 했다. 마지막에 소개된 예시에서 어떤 물건에 수요가 없다는 사실을 부정하는 사람에게도 시장 메커니즘은 이를 직시할 수 있도록 해준다는 내용이다. ▶ 따라서 빈칸에 들어갈 말은 ⑤ '자신의 행동을 통해 자신이 알고 있는 것을 드러내도록 하는'이다.

M 04 정답 ③ ＊기후에 있어서 수분의 흐름을 막는 산

When it comes to climates / in the interior areas of continents, / mountains **play a huge role** / **in stopping the flow of moisture**. //
기후에 있어서 / 대륙의 내륙 지역의 / 산은 큰 역할을 한다 / 수분의 흐름을 막는 데 //

A great example of this / can be seen / along the West Coast of the United States. //
이것의 좋은 예가 / 보일 수 있다 / 미국의 서해안을 따라 //

Air moving from the Pacific Ocean toward the land / usually has a great deal of moisture in it. //
태평양에서 육지로 이동하는 공기는 / 보통 그 안에 많은 수분을 가지고 있다 //

When this humid air moves across the land, / it encounters the Coast Range Mountains. //
이 습한 공기가 육지를 가로질러 이동할 때 / 그것은 코스트산맥 산들과 마주친다 //

As the air moves up and over the mountains, / it begins to cool, / which causes precipitation / on the windward side of the mountains. //
공기가 상승하여 산 위로 이동하면서 / 그것이 식기 시작하고 / 이는 강수를 발생시킨다 / 산의 풍상측(風上側)에 //

Once the air moves down the opposite side of the mountains / (called the leeward side) / it has lost a great deal of moisture. //
공기가 산의 반대편으로 내려갈 때쯤이면 / 즉 풍하측(風下側)이라고 불리는 곳 / 그것은 많은 수분을 잃어버린다 //

The air continues to move / and then hits the even higher Sierra Nevada mountain range. //
공기는 계속 움직이며 / 그러고 나서 훨씬 더 높은 시에라네바다 산맥과 부딪친다 //

This second uplift / causes most of the remaining moisture to fall out of the air, / so by the time it reaches the leeward side of the Sierras, / the air is extremely dry. //
이 두 번째 상승은 / 남아 있는 수분 대부분을 공기로부터 빠져나오게 하며 / 그래서 그것이 시에라 산맥의 풍하측에 도달할 때쯤이면 / 공기는 극도로 건조하다 //

The result / is that much of the state of Nevada is a desert. //
그 결과는 / 네바다주 대부분이 사막이라는 것이다 //

- climate ⓝ 기후   · continent ⓝ 대륙   · encounter ⓥ 마주치다
- precipitation ⓝ 강수(량)   · windward ⓐ 바람이 불어오는 쪽의
- opposite ⓐ 반대편의   · leeward ⓐ 바람이 가려지는 쪽의
- range ⓝ 산맥   · uplift ⓝ 상승   · extremely ⓐ𝖽 극도로
- desert ⓝ 사막   · rainfall ⓝ 강우(량)   · drastic ⓐ 급격한
- ascend ⓥ 올라가다   · descend ⓥ 내려오다, 내려가다
- equalize ⓥ 동일하게 하다   · surrounding ⓐ 주위의, 인근의

대륙의 내륙 지역의 기후에 있어서 산은 **수분의 흐름을 막는 데 큰 역할을 한다**. 이것의 좋은 예가 미국의 서해안을 따라 보일 수 있다. 태평양에서 육지로 이동하는 공기는 보통 그 안에 많은 수분을 가지고 있다. 이 습한 공기가 육지를 가로질러 이동할 때, 그것은 코스트산맥 산들과 마주친다. 공기가 상승하여 산 위로 이동하면서 그것이 식기 시작하고, 이는 산의 풍상측(風上側)에 강수를 발생시킨다. 공기가 산의

반대편, 즉 풍하측(風下側)이라고 불리는 곳으로 내려갈 때쯤이면 그것은 많은 수분을 잃어버린다. 공기는 계속 움직이며 그러고 나서 훨씬 더 높은 시에라네바다 산맥과 부딪친다. 이 두 번째 상승은 남아 있는 수분 대부분을 공기로부터 빠져나오게 하며 그래서 그것이 시에라 산맥의 풍하측에 도달할 때쯤이면 공기는 극도로 건조하다. 그 결과는 네바다주 대부분이 사막이라는 것이다.

> **다음 빈칸에 들어갈 말로 가장 적절한 것을 고르시오. [3점]**
> ① increase annual rainfall in dry regions 네바다주 대부분은 사막임
>   건조한 지역의 연간 강우량을 증가시킨다
> ② prevent drastic changes in air temperature
>   기온의 급격한 변화를 예방한다   기온의 급격한 변화와 관련 없음
> ③ play a huge role in stopping the flow of moisture
>   수분의 흐름을 막는 데 큰 역할을 한다   습도가 높은 공기가 산을 만나면 건조해짐
> ④ change wind speed as air ascends and descends them
>   공기가 산을 오르내리면서 풍속을 바꾼다   공기가 산을 오르내리면서 습도가 바뀜
> ⑤ equalize the amount of moisture of surrounding land areas 풍하측은 건조해짐
>   주변 육지의 습도의 양을 동일하게 만든다

> **왜 정답 ?** ★★★ [정답률 44%]

이 글은 첫 문장에 빈칸이 있고, 빈칸은 기후에 있어서 산의 역할을 설명하고 있다. 다음 문장에서 미국 서해안의 예시가 구체적으로 제시된다. 태평양에서 육지로 이동하는 공기는 습도가 높은데, 습도가 높은 공기가 산을 마주치면 상승하면서 강수를 발생시킨다. 강수를 끝낸 공기가 반대편으로 하강할 때쯤이면 많은 수분을 잃어버린 상태이고, 이 공기가 다시 한번 산맥을 마주치면서 남아 있던 수분마저 대부분 빠져나와 극도로 건조해진다. 마지막 문장에서 이러한 공기들이 내륙으로 들어가 사막을 형성한다고 설명하고 있으므로, 기후에 있어서 산의 역할은 ③ '수분의 흐름을 막는 데 큰 역할을 한다'임을 알 수 있다.

> **왜 오답 ?**

①, ⑤ 풍상측에는 강수가 발생하지만 풍하측은 계속해서 건조해지기 때문에 건조한 지역의 강우량이 증가하거나, 습도가 동일해지는 것은 아니다.
② 산이 기온의 변화를 예방하는 것이 아니라 습한 공기를 건조하게 만든다는 내용이다.
④ 공기가 산을 오르내리면서 풍속이 아니라 습도가 바뀐다고 설명하고 있다.

M 05 정답 ① ＊생물량의 변화로 살펴본 인간과 자연의 관계

We are now **imposing ourselves on nature**, / instead of the other way around. //
우리는 지금 우리 자신들을 자연에게 강요하고 있으며 / 그 반대의 경우는 아니다 //

Perhaps the clearest way to see this / is to look at changes in the biomass / — the total worldwide weight — of mammals. //
아마도 이것을 알 수 있는 가장 분명한 방법은 / 생물량의 변화를 보는 것이다 / 즉, 전 세계 포유류 무게의 총합 //

A long time ago, / all of us humans together probably weighed / only about two-thirds / as much as all the bison in North America, /
오래전에 / 우리 모든 인간은 합쳐서 아마도 무게가 나갔다 / 대략 3분의 2 정도 / 북미에 있는 모든 들소 무게의 /

and less than one-eighth / as much as all the elephants in Africa. //
그리고 8분의 1 무게보다 적었다 / 아프리카의 모든 코끼리의 //

But in the Industrial Era / our population exploded / and we killed bison and elephants / at industrial scale and in terrible numbers. //
하지만 산업 시대에 / 우리의 인구는 폭발적으로 증가했다 / 그리고 우리는 들소와 코끼리를 죽였다 / 엄청난 규모와 끔찍한 숫자의 //

The balance shifted greatly / as a result. //
균형이 엄청나게 바뀌었다 / 그 결과 //

At present, / we humans weigh more than 350 times / as much
as all bison and elephants put together. //
배수사+as much as A: A의 몇 배 많은
현재는 / 우리 인간이 350배가 넘는 무게가 나간다 / 모든 들소와 코끼리를 합친 무게의 //

We weigh / over ten times more than all the earth's wild
mammals combined. //
우리는 무게가 나간다 / 지구상의 모든 야생 포유류를 합친 것보다 10배 이상 //

And if we add in / all the mammals we've domesticated
/ — cattle, sheep, pigs, horses, and so on — / the comparison
becomes truly ridiculous: /
조건의 부사절 접속사
그리고 만약 우리가 포함한다면 / 사육해 온 모든 포유류를 / 소, 양, 돼지, 말 등의 / 그 비교는
정말로 터무니없어진다 /

we and our tamed animals now represent / 97 percent of the
earth's mammalian biomass. // **단서 3** 인간과 인간이 길들인 동물의 총량이 지구상
전체 포유류 생물량의 97퍼센트를 차지함
우리와 우리가 길들인 동물은 현재 해당한다 / 지구 포유류 생물량의 97퍼센트에 //

This comparison illustrates a fundamental point: / instead of
being limited by the environment, / we learned to shape it to
our own ends. // **단서 4** 인간이 환경에 의해 제약을 받는 것이 아니라 목적에 맞게 환경을 만듦
이러한 비교는 기본적인 핵심을 보여주고 있는데 / 환경에 의해 제약을 받는 것이 아니라 / 우
리 자신의 목적에 맞게 그것을 만들도록 배웠다 //

- the other way around 반대로
- biomass ⓝ 생물량
- mammal ⓝ 포유류
- weigh ⓥ 무게가 나가다
- Industrial Era 산업시대
- explode ⓥ 폭발하다, 폭발적으로 증가하다
- industrial ⓐ 산업의, 대규모의
- scale ⓝ 규모
- shift ⓥ 바꾸다, 변화하다
- add in ~을 포함하다
- domesticate ⓥ 사육하다
- cattle ⓝ (집합적으로) 소
- comparison ⓝ 비교
- ridiculous ⓐ 터무니없는
- tame ⓥ 길들이다
- represent ⓥ 나타내다, 해당하다
- mammalian ⓐ 포유류의
- illustrate ⓥ 보여주다
- fundamental ⓐ 기본적인
- end ⓝ 목적, 목표
- impose ⓥ 강요하다, 부과하다
- ecological ⓐ 생태학의

우리는 지금 **우리 자신들을 자연에게 강요하고** 있으며, 그 반대의 경우는
아니다. 아마도 이것을 알 수 있는 가장 분명한 방법은 전 세계 포유류 무
게의 총합, 즉 생물량의 변화를 보는 것이다. 오래전에 우리 모든 인간은
합쳐서 아마도 북미에 있는 모든 들소 무게의 대략 3분의 2 정도의 무게였
고, 아프리카의 모든 코끼리의 8분의 1 무게보다 적었다. 하지만 산업 시
대에 우리의 인구는 폭발적으로 증가했고 우리는 엄청난 규모와 끔찍한 숫
자의 들소와 코끼리를 죽였다. 그 결과 균형이 엄청나게 바뀌었다. 현재는
우리 인간이 모든 들소와 코끼리를 합친 무게의 350배가 넘는 무게가 나간
다. 우리는 지구상의 모든 야생 포유류를 합친 것보다 10배 이상 무게가 나
간다. 그리고 만약 우리가 사육해 온 소, 양, 돼지, 말 등의 모든 포유류를
포함한다면 그 비교는 정말로 터무니없어지는데, 우리와 우리가 길들인 동
물은 현재 지구 포유류 생물량의 97퍼센트에 해당한다. 이러한 비교는 기
본적인 핵심을 보여주고 있는데, 우리가 환경에 의해 제약을 받는 것이 아
니라, 우리 자신의 목적에 맞게 그것을 만들도록 배웠다.

다음 빈칸에 들어갈 말로 가장 적절한 것을 고르시오. [3점]
① imposing ourselves on nature 인간의 생물량이 포유류의 생물량을 훨씬 능가하면서 인간의 목적에 맞게 환경을 만들어왔다는 내용
우리 자신들을 자연에게 강요하고
② limiting our ecological impact 인간의 생태학적 영향이 커졌다는 내용임
인간의 생태학적 영향을 제한하고
③ yielding our land to mammals 인간의 생물량이 포유류의 생물량보다 많아진
우리의 땅을 포유류에게 양보하고 상황을 보여주었으므로 반대되는 내용임
④ encouraging biological diversity 생물학적 다양성에 대한 언급은 없음
생물학적 다양성을 장려하고
⑤ doing useful work for the environment
환경을 위해 유용한 일을 하고
인간은 자신의 목적에 맞게 환경을 만들어옴

빈칸이 포함된 문장이 첫 문장으로 시작되고, 다음 문장에서 빈칸의 현상은 생물량
의 변화로 알 수 있다고 설명하고 있다. 이어지는 내용에서 오래전에는 인간의 무게
의 총량은 포유류 무게의 총량보다 적었으나, 인구가 폭증하면서 그 균형이 깨지고
현재는 인간의 무게의 총량이 포유류 무게의 총량보다 훨씬 많이 나간다고 했다. 마
지막 문장에서 인간의 생물량이 절대적으로 많은 상황에서 인간은 환경에 의해 제
약을 받기보다는 인간이 자신의 목적에 맞게 환경을 만들어가고 있다고 설명하고

있으므로 이 내용들을 아우를 수 있는 첫 번째 문장의 빈칸은 인간이 ① '우리 자신
들을 자연에게 강요하고' 있다고 해야 한다.

왜 오답 ?
② 인간의 생물량이 절대적으로 많아진 상황이므로 인간의 생태학적 영향은 커질
수밖에 없다는 내용이다.
③ 인간의 생물량이 포유류의 생물량보다 절대적으로 많아진 상황을 보여주었으므
로 반대되는 내용이다.
④ 생물학적 다양성에 대한 언급은 없다.
⑤ 인간이 자신의 목적에 맞게 환경을 만들어왔다는 내용이므로, 환경을 위해 유용
한 일을 한다고 볼 수 없다. 함정

M 06 정답 ③ *행동이 아닌 품성을 지적하라

Psychologist Christopher Bryan finds / that when we **shift
our emphasis** / **from behavior to character**, / people evaluate
choices differently. //
목적어절 접속사
심리학자인 Christopher Bryan은 생각한다 / 우리가 우리의 중점을 옮길 때 / 행동에서
품성으로 / 사람들은 선택을 다르게 평가한다고 //

His team was able to cut cheating in half: / instead of "Please
don't cheat," / they changed the appeal / to "Please don't be a
cheater." //
change A to B: A를 B로 바꾸다
그의 팀은 속이는 행위를 반으로 줄일 수 있었다 / '속이지 마세요'라는 문구 대신에 / 그들은
호소를 전환했다 / '속이는 사람이 되지 마세요'로 //

When you're urged not to cheat, / you can do it / and still see an
ethical person / in the mirror. // **단서 1** '속이지 마세요': 속이고 나서도 여전히
자신을 도덕적인 사람이라고 생각함
수동태 동사, to부정사의 부정형 병렬 구조
당신이 속이지 말라고 강요받을 때 / 당신은 속이고 / 여전히 도덕적인 사람을 마주하게 된다
/ 거울 속에서 //

But when you're told / not to be a cheater, / the act casts a
shadow; / immorality is tied to your identity, / making the
behavior / much less attractive. // **단서 2** '속이는 사람이 되지 마세요':
비도덕성이 자신의 정체성과 결부됨
수동태 동사 to부정사의 부정형 분사구문
하지만 당신이 들을 때 / 속이는 사람이 되지 말라고 / 그 행동이 그림자를 드리운다 /
비도덕성이 당신의 정체성과 결부된다 / 그 행동을 만든다 / 훨씬 덜 매력적으로 //

Cheating is an isolated action / that gets evaluated / with the
logic of consequence: / Can I get away with it? //
주격 관계대명사
속이는 것은 독립적인 행위이다 / 평가되는 / 결과의 논리에 따라 / 내가 들키지 않을 수
있을까 //

Being a cheater / evokes a sense of self, / triggering the logic of
appropriateness: / What kind of person am I, / and who do I
want to be? // **단서 3** '속이는 사람'이 되는 것은 자신의 적절성을 의식하게 함
분사구문
속이는 사람이 되는 것은 / 자의식을 환기시키며 / 적절함에 대한 논리를 촉발한다 / 나는 어떤
종류의 사람인가 / 그리고 나는 누가 되고 싶은가 //

In light of this evidence, / Bryan suggests / that we should
embrace nouns / more thoughtfully. //
~에 비추어
이러한 증거에 비추어 / Bryan은 제안한다 / 우리가 명사를 받아들여야 한다고 / 더욱 사려
깊게 //

"Don't Drink and Drive" could be rephrased / as: "Don't Be a
Drunk Driver." //
'음주운전 하지 마세요'는 바꿔 말해질 수 있다 / '음주운전자가 되지 마세요'로 //

The same thinking can be applied / to originality. //
같은 논리가 적용될 수 있다 / 독창성에도 //

When a child draws a picture, / instead of calling the artwork
creative, / we can say / "You are creative." //
아이가 그림을 그릴 때 / 작품이 창의적이라고 말하는 대신에 / 우리는 말할 수 있다 / '너는
창의적이야'라고 //

- evaluate ⓥ 평가하다 · cheat ⓥ 속이다 · appeal ⓝ 호소
- urge ⓥ 강요하다 · ethical ⓐ 윤리적인, 도덕적인
- cast a shadow 그림자를 드리우다 · immorality ⓝ 비도덕성
- tie ⓥ 엮다 · identity ⓝ 정체성 · attractive ⓐ 매력적인
- isolated ⓐ 독립된 · logic ⓝ 논리 · consequence ⓝ 결과
- evoke ⓥ 환기시키다 · trigger ⓥ 촉발하다
- appropriateness ⓝ 적절성 · evidence ⓝ 증거
- embrace ⓥ 받아들이다, 포용하다 · thoughtfully ⓐⓓ 사려 깊게
- rephrase ⓥ 바꿔 말하다 · originality ⓝ 독창성
- expert ⓝ 전문가 · keep a close eye on ~을 주시하다
- shift ⓥ 옮기다 · emphasis ⓝ 중점 · reason ⓝ 이성

심리학자인 Christopher Bryan은 우리가 **우리의 중점을 행동에서 품성으로 옮길** 때, 사람들은 선택을 다르게 평가한다고 생각한다. 그의 팀은 속이는 행위를 반으로 줄일 수 있었다. '속이지 마세요'라는 문구 대신에, 그들은 '속이는 사람이 되지 마세요'라는 문구로 호소를 전환했다. 당신이 속이지 말라고 강요받을 때, 당신은 속이고 나서도 여전히 거울 속에서 도덕적인 사람을 마주하게 된다. 하지만 당신이 속이는 사람이 되지 말라고 들을 때에는 그 행동이 그림자를 드리운다. 비도덕성이 당신의 정체성과 결부되어 그 행동을 훨씬 덜 매력적으로 만든다. 속이는 것은 결과의 논리에 따라 평가되는 독립적인 행위이다. 내가 들키지 않을 수 있을까? 속이는 사람이 되는 것은 자의식을 환기시키며 적절함에 대한 논리를 촉발한다. 나는 어떤 종류의 사람인가, 그리고 나는 누가 되고 싶은가? 이러한 증거에 비추어 볼 때, Bryan은 우리가 명사를 더욱 사려 깊게 받아들여야 한다고 제안한다. '음주운전 하지 마세요'는 '음주운전자가 되지 마세요'로 바꿔 말해질 수 있다. 같은 논리가 독창성에도 적용될 수 있다. 아이가 그림을 그릴 때, 작품이 창의적이라고 말하는 대신에 우리는 '너는 창의적이야'라고 말할 수 있다.

> **다음 빈칸에 들어갈 말로 가장 적절한 것을 고르시오.**
> ① ignore what experts say 전문가에 대한 언급 없음
>   전문가의 말을 무시할
> ② keep a close eye on the situation 상황을 유심히 지켜보아야 한다는 내용 없음
>   상황을 주시할
> ③ shift our emphasis from behavior to character
>   우리의 중점을 행동에서 품성으로 옮길   행동보다 품성에 초점을 두고 말하면 호소력이 더 높아짐
> ④ focus on appealing to emotion rather than reason
>   이성보다는 감정에 호소하는 데 초점을 맞춤   이성과 감정에 따른 차이에 대한 언급 없음
> ⑤ place more importance on the individual instead of the group 개인과 단체를 구분하여 언급한 내용 없음
>   집단보다 개인을 더 중요시할

왜 정답? ★★★ [정답률 60%]

사람들에게 '속이지 마세요'라고 그 행위를 말하는 것보다 '속이는 사람이 되지 마세요'라고 그 사람의 품성을 암시하는 말을 했을 때 속이는 행위가 줄어들었다고 했다. 속이는 행위는 나와는 별개인 독립적인 행위로 받아들이는 반면, '속이는 사람'은 자신의 정체성에 대한 평가로 느끼기 때문에 속이는 행동을 덜 하게 되는 것이라고 설명한다.
이어서 나오는 예시들도 모두 그 사람이 어떤 사람인지 품성을 나타내는 식으로 말을 해야 한다는 내용을 담고 있으므로 첫 문장에는 ③ '우리의 중점을 행동에서 품성으로 옮길' 때 사람들의 선택에 영향을 준다는 내용이 와야 한다.

왜 오답?

① 전문가의 말을 무시하는 것에 대한 언급은 없다.
② 상황을 유심히 지켜보아야 한다는 내용은 없다.
④ 속이는 행위를 반으로 줄일 수 있었던 것은 그 행위보다 품성에 중점을 두었기 때문이지 이성보다 감정에 더 호소했기 때문이 아니다.
⑤ 개인과 단체를 구분하여 어느 한쪽을 더 중요시해야 한다는 언급은 없다.

M 07 정답 ① *언론인의 독립성의 부족

선행사를 포함하는 관계대명사
What is unusual / about journalism as a profession / is **its lack of independence**. //
특이한 점은 / 직업으로서의 저널리즘에 관해 / 그것의 독립성의 부족이다 //

복수 주어
In theory, / **practitioners** in the classic professions, / like medicine or the clergy, / 복수동사 **contain** the means of production / in their heads and hands, /
이론적으로 / 고전적인 전문직에 종사하는 사람들은 / 의학이나 성직자와 같은 / 생산 수단을 가지고 있다 / 그들의 머리와 손에 /

and therefore do not have to work / for a company or an employer. // 단서1 전문직에 종사하는 사람들은 회사나 고용주를 위해 일할 필요가 없음
따라서 그들은 일할 필요가 없다 / 회사나 고용주를 위해 //

They can draw their income / directly from their clients or patients. //
그들은 수입을 끌어낼 수 있다 / 고객이나 환자로부터 직접 //

= depend on
Because the professionals hold knowledge, / moreover, / their clients **are dependent on** them. //
전문직 종사자들이 지식을 보유하고 있기 때문에 / 게다가 / 그들의 고객들은 그들에게 의존한다 //

Journalists hold knowledge, / but it is not theoretical in nature; / 언론인들은 지식을 보유하고 있지만 / 하지만 그것은 본질적으로 이론적이지 않다 /
목적어절 접속사   = is dependent on
one might argue / **that** the public **depends on** journalists / in the 관계부사 same way / **that** patients depend on doctors, /
어떤 사람들은 주장할지도 모른다 / 대중이 언론인들에게 의존한다고 / 같은 방식으로 / 환자들이 의사들에게 의존하는 것과 /

but in practice / a journalist can serve the public / usually only by working for a news organization, / 계속적 용법의 주격 관계대명사 **which** can fire her or him at will. // 단서2 다른 전문직과 달리 언론인은 고용되어 일할 때만 서비스를 제공할 수 있음
하지만 실제로 / 언론인은 대중들에게 봉사할 수 있으며 / 일반적으로 뉴스 기관을 위해 일해야만 / 그 기관은 그녀나 그를 마음대로 해고할 수 있다 //

not A but B: A가 아니라 B
Journalists' income depends / **not** on the public, / **but** on the employing news organization, / 계속적 용법의 주격 관계대명사 **which** often derives the large majority of its revenue / from advertisers. //
언론인들의 수입은 의존하는데 / 대중이 아닌 / 고용한 뉴스 기관에 / 이는 종종 수익의 대부분을 얻는다 / 광고주들로부터 // 단서3 언론인의 수입은 그들을 고용한 뉴스 기관이나 광고주들에 의존함

- unusual ⓐ 특이한 · profession ⓝ 직업
- practitioner ⓝ 전문직 종사자 · classic ⓐ 고전적인
- clergy ⓝ 성직자 · draw A from B B에서 A를 얻다[끌어내다]
- income ⓝ 수입 · theoretical ⓐ 이론적인
- in practice 실제는, 실제로 · fire ⓥ 해고하다 · at will 마음대로
- revenue ⓝ 수익 · advertiser ⓝ 광고주 · lack ⓝ 부족
- independence ⓝ 독립성 · constant ⓐ 지속적인
- disregard ⓝ 무시 · faith ⓝ 신념 · overconfidence ⓝ 과신

직업으로서의 저널리즘에 관해 특이한 점은 **그것의 독립성의 부족**이다. 이론적으로, 의학이나 성직자와 같은, 고전적인 전문직에 종사하는 사람들은 그들의 머리와 손에 생산 수단을 가지고 있으므로, 회사나 고용주를 위해 일할 필요가 없다. 그들은 고객이나 환자로부터 직접 수입을 끌어낼 수 있다. 게다가, 전문직 종사자들이 지식을 보유하고 있기 때문에, 그들의 고객들은 그들에게 의존한다. 언론인들은 지식을 보유하고 있지만, 그것은 본질적으로 이론적이지 않다. 어떤 사람들은 환자들이 의사들에게 의존하는 것과 같은 방식으로 대중이 언론인들에게 의존한다고 주장할지도 모르지만, 실제로 언론인은 일반적으로 뉴스 기관을 위해 일해야만 대중들에게 봉사할 수 있으며, 그 기관은 그녀나 그를 마음대로 해고할 수 있다. 언론인들의 수입은 대중이 아닌, 고용한 뉴스 기관에 의존하는데, 이는 종종 광고주들로부터 수익의 대부분을 얻는다.

왜 정답? ★★★ [정답률 35%]

이 글은 직업으로서의 언론인의 특성을 설명하고 있다. 전문직에 종사하는 사람들은 자신의 머리와 손이 생산 수단이므로 회사나 고용주를 위해 일할 필요가 없는데, 언론인은 뉴스 기관에 고용되어 일할 때만 대중들에게 서비스를 제공할 수 있기 때문에 그 기관에서 언제든 해고될 수 있다는 점에서 일반적인 전문직과 다르다.

즉, 언론인의 수입은 서비스를 제공받는 대중이 아니라, 그들을 고용한 뉴스 기관과 뉴스 기관에 수입을 제공하는 광고주들에게 의존할 수밖에 없다는 특징을 지니고 있으므로, 직업으로서 언론인의 특이한 점은 ① '그것의 독립성의 부족'이다.

왜 오답?

② 진실을 위해 지속적으로 탐구하는 언론인들의 특성을 설명하는 글이 아니다.
③ 언론인들이 여론을 무시하는 것이 아니라 다른 전문직들과 달리 고용 기관이나 광고주들로부터 자유롭지 못하다는 것을 설명하고 있다.
④ 언론인이 수입과 신념의 균형을 맞추려 하는 점이 아니라 독립적이지 못한 점을 설명하고 있다.
⑤ 대중이 언론인들에게 의존한다고 주장할지도 모르지만, 실제로는 아니라고 했다.

M 08 정답 ① *사냥의 유산을 지닌 음악

Even the most respectable / of all musical institutions, / **the symphony orchestra**, / **carries** / inside its DNA / **the legacy of the hunt**. //
심지어 가장 훌륭한 (단체인) / 모든 음악 단체 중 / 교향악단도 / 지닌다 / 자신의 DNA 안에 / 사냥의 유산을 //

The various instruments / in the orchestra / can be traced back / to these primitive origins /
다양한 악기들은 / 교향악단에 있는 / 거슬러 올라갈 수 있다 / 이러한 원시적인 기원으로 /

— their earliest forms were made / either from the animal / (horn, hide, gut, bone) / or the weapons / employed / in bringing the animal under control / (stick, bow). // **단서 1** 교향악단의 다양한 악기들이 동물,
사냥과 관련된 것들로부터 만들어졌음
그것들의 초기 형태는 만들어졌다 / 동물로부터 / (뿔, 가죽, 내장, 뼈) / 또는 무기로부터 / 사용된 / 동물을 진압하는 데 / (막대, 활) //

Are we wrong / to hear this history / in the music itself, / in the formidable aggression / and awe-inspiring assertiveness / of those **monumental symphonies** /
우리가 틀린 것인가 / 이러한 역사를 듣는다면 / 음악 그 자체에서 / 강력한 공격성과 / 경외감을 자아내는 당당함에서 / 기념비적인 교향곡들의 /

that remain the core repertoire / of the world's leading orchestras? //
핵심 레퍼토리로 남아 있는 / 세계의 주요한 교향악단의 //

Listening / to Beethoven, Brahms, Mahler, Bruckner, Berlioz, Tchaikovsky, Shostakovich, and other great composers, /
들으며 / 베토벤, 브람스, 말러, 브루크너, 베를리오즈, 차이코프스키, 쇼스타코비치 및 다른 위대한 작곡가들을 / **단서 2** 교향곡을 들으며 사냥의 장면을 쉽게 떠올릴 수 있음

I can easily summon up images / of bands of men / **starting to chase animals**, / using sound / as a source and symbol / of dominance, / an expression of the **will** / to predatory power. //
나는 이미지를 쉽게 떠올릴 수 있다 / 사람들의 무리의 / 동물을 쫓기 시작하는 / 소리를 사용하면서 / 원천이자 상징으로 / 지배의 / 의지의 표현으로 / 공격적인 힘에 대한 //

<hr>

- respectable ⓐ 훌륭한, 존경할 만한   · institution ⓝ 단체, 기관, 협회
- instrument ⓝ 악기   · trace back to ~로 거슬러 올라가다
- primitive ⓐ 원시적인   · origin ⓝ 기원   · horn ⓝ 뿔
- hide ⓝ 가죽   · gut ⓝ 내장   · aggression ⓝ 공격(성)
- awe-inspiring 경외심을 자아내는
- assertiveness ⓝ 당당함, 자기 주장   · monumental ⓐ 기념비적인
- remain ⓥ 남아 있다   · core ⓐ 핵심의   · leading ⓐ 주요한, 일류의
- composer ⓝ 작곡가   · summon up ~을 떠올리다
- band ⓝ 무리   · chase ⓥ 쫓다   · dominance ⓝ 지배, 우월함
- expression ⓝ 표현   · predatory ⓐ 공격적인, 포식동물 같은

심지어 모든 음악 단체 중 가장 훌륭한 단체인 교향악단도 자신의 DNA 안에 **사냥**의 유산을 지닌다. 교향악단에 있는 다양한 악기들은 이러한 원시적인 기원으로 거슬러 올라갈 수 있는데, 그것들의 초기 형태는 동물(뿔, 가죽, 내장, 뼈) 또는 동물을 진압하는 데 사용된 무기(막대, 활)로 만들어졌다. 음악 그 자체에서, 세계의 주요한 교향악단의 핵심 레퍼토리로 남아 있는 기념비적인 교향곡들의 강력한 공격성과 경외감을 자아내는 당당함에서 이러한 역사를 듣는다면 우리가 틀린 것인가? 베토벤, 브람스, 말러, 브루크너, 베를리오즈, 차이코프스키, 쇼스타코비치 및 다른 위대한 작곡가들의 음악을 들으며, 나는 소리를 지배의 원천이자 상징으로, 공격적인 힘에 대한 의지의 표현으로 사용하면서 동물을 쫓기 시작하는 사람들 무리의 이미지를 쉽게 떠올릴 수 있다.

왜 정답? ★★★ [정답률 62%]

교향악단이 DNA 안에 어떤 유산을 지니고 있는지를 나머지 글을 통해 추론해야 한다. 교향악단을 이루는 악기들의 초기 형태가 동물과 동물을 진압하는 데 사용된 무기로부터 시작되었다는 내용, 교향곡을 들으면서 동물을 사냥하는 사람들의 이미지를 쉽게 떠올릴 수 있다는 내용을 통해 교향악단이 ① '사냥'의 유산을 지니고 있다는 내용임을 알 수 있다.

왜 오답?

②, ③ 음악이 법이나 자선 행위와 관련이 있음을 추론할 수 있는 근거가 제시되지 않았다.
④ 음악을 통해 질병 등을 치료할 수 있다는 내용이 아니다.
⑤ 글의 핵심 소재인 '음악'에서 '춤'을 연상할 수 있다는 점으로 만든 오답이다. 춤에 관련된 언급은 없다.

M 09 정답 ② *박쥐와 나방의 생존 경쟁

유사 관계대명사 (선행사: 주절)
As always happens with natural selection, / bats and their prey / have **been engaged in a life-or-death sensory arms race** / for millions of years. //
자연 선택에서 항상 그렇듯이 / 박쥐와 그 먹잇감은 / 생사를 가르는 감각 군비 경쟁에 참여해 왔다 / 수백만 년 동안 // **단서 1** 나방은 박쥐에게 잡아먹히지 않기 위해 청력을 발달시킴

It's believed / **that** hearing in moths **arose** / specifically in response to the threat / of **being eaten** by bats. //
여겨진다 / 나방의 청력은 생겨난 것으로 / 특히 위협에 대한 반응으로 / 박쥐에게 잡아먹히는 /
(Not all insects can hear.) //
모든 곤충이 들을 수 있는 것은 아니다 //

Over millions of years, / moths **have evolved** the ability / to detect sounds at ever higher frequencies, / and, as they **have**, / the frequencies of bats' vocalizations have risen, too. //
수백만 년 동안 / 나방은 능력을 진화시켰고 / 계속 더 높아진 주파수의 소리를 감지하는 / 그것들이 그렇게 함에 따라 / 박쥐의 발성 주파수도 높아졌다 // **단서 2** 나방의 청력이 발달함에 따라
박쥐의 발성 주파수도 높아짐

Some moth species have also evolved / scales on their wings / and a fur-like coat on their bodies; / **단서 3** 박쥐의 발성 주파수가 높아짐에 따라 나방은 비늘과 외피를 발달시킴
일부 나방 종은 또한 진화시켰다 / 날개의 비늘과 / 몸에 모피와 같은 외피를 /
both act as "acoustic camouflage," / **by absorbing** sound waves / in the frequencies **emitted by bats**, / thereby **preventing those sound waves from bouncing back.** //
둘 다 '음향 위장'의 역할을 하는데 / 음파를 흡수함으로써 / 박쥐에 의해 방출되는 주파수의 / 음파가 되돌아가는 것을 방지한다 //

The B-2 bomber and other "stealth" aircraft / have fuselages **made of materials** / **that** do something similar with radar beams. //
B-2 폭격기와 그 밖의 '스텔스' 항공기는 / 재료로 만들어진 기체를 가지고 있다 / 레이더 전파에 대해 유사한 것을 하는 //

- specifically [ad] 구체적으로 말하면 · threat [n] 위협
- insect [n] 곤충 · evolve [v] 진화시키다 · vocalization [n] 발성
- scale [n] 비늘 · acoustic [a] 음향의 · absorb [v] 흡수하다
- emit [v] 방출하다 · fierce [a] 격렬한, 맹렬한 · scarce [a] 부족한
- sensory [a] 감각의 · wildlife [n] 야생동물 · adapt [v] 적응하다
- absent [a] 부재의, 없는

자연 선택에서 항상 그렇듯이, 박쥐와 그 먹잇감은 수백만 년 동안 **생사를 가르는 감각 군비 경쟁에 참여해** 왔다. 나방의 청력은 특히 박쥐에게 잡아먹히는 위협에 대한 반응으로 생겨난 것으로 여겨진다. (모든 곤충이 들을 수 있는 것은 아니다.) 수백만 년 동안, 나방은 계속 더 높아진 주파수의 소리를 감지하는 능력을 진화시켰고, 그것들이 그렇게 함에 따라 박쥐의 발성 주파수도 높아졌다. 일부 나방 종은 또한 날개의 비늘과 몸에 모피와 같은 외피를 진화시켰다. 둘 다 '음향 위장'의 역할을 하는데, 박쥐에 의해 방출되는 주파수의 음파를 흡수함으로써, 음파가 되돌아가는 것을 방지한다. B-2 폭격기와 그 밖의 '스텔스' 항공기는 레이더 전파에 대해 유사한 것을 하는 재료로 만들어진 기체를 가지고 있다.

다음 빈칸에 들어갈 말로 가장 적절한 것을 고르시오. [3점]

① been in a fierce war over scarce food sources
부족한 먹이 자원을 놓고 격렬히 전쟁해 / 같은 먹이 자원을 놓고 전쟁한 것은 아님
② been engaged in a life-or-death sensory arms race
생사를 가르는 감각 군비 경쟁에 참여해 / 서로에 대응하기 위해 감각을 발달시켰다는 내용
③ invented weapons that are not part of their bodies
그들의 몸의 일부가 아닌 무기들을 발명해 / 청력, 비늘, 외피는 신체 감각의 일부임
④ evolved to cope with other noise-producing wildlife
소음을 내는 다른 야생동물에 대처하도록 진화해 / 다른 야생동물에 관한 언급은 없음
⑤ adapted to flying in night skies absent of any lights
아무 빛이 없는 밤하늘에서 비행하도록 적응해 / 관련 없음

>왜 정답? ★★★ [정답률 32%]

자연 선택에서 박쥐와 그 먹잇감(나방)이 한 것

박쥐: 발성 주파수가 높아짐

나방: 1 청력이 생겨남 **2** 더 높아진 주파수의 소리를 감지함 **3** 음파 흡수를 위한 비늘과 외피를 진화시킴

▶ 서로가 살아남기 위해 감각을 발달시킨 과정을 설명하고 있으므로, 정답은
② '생사를 가르는 감각 군비 경쟁에 참여해' 온 것이다.

>왜 오답?

① 박쥐의 먹이 자원인 나방이 박쥐로부터 살아남기 위한 과정을 설명한 글로, 박쥐와 나방이 같은 먹이 자원을 놓고 전쟁했다는 내용이 아니다.

③ 박쥐와 나방은 각자가 우위를 점할 수 있는 무기를 발명했으나, 그것은 청력, 비늘, 외피와 같은 신체 감각의 일부다. (▶◀ 이유: 몸의 일부라고 표현했다면, 즉 not이 없다면 답이 될 수 있다.)

④ 박쥐와 나방 외에 다른 야생동물에 관한 언급은 없다.

⑤ 깜깜한 밤하늘에서의 비행에 관한 언급은 없다.

A recent study shows / **that** dogs appear / to **form mental images** / **of people's faces**. //
목적어절 접속사 / 이전에 경험한 것이 마음속에서 시각적으로 나타나는 상(象)
최근의 한 연구는 보여준다 / 개들이 ~처럼 보인다는 것을 / 심상(心象)을 형성하는 것처럼 / 사람들의 얼굴에 대한 //

Scientists placed 28 dogs / in front of a computer monitor / **blocked by an opaque screen**, /
monitor를 꾸미는 과거분사구
과학자들은 28마리의 개들을 두었다 / 컴퓨터 모니터 앞에 / 불투명한 스크린으로 가려진 /
then played a recording / **of the dog's human guardian or a stranger** / **saying** the dog's name five times / through speakers in the monitor. //
동격의 전치사 / 동명사의 의미상의 주어 / 동명사
그리고 나서 녹음을 틀어주었다 / 개의 보호자나 낯선 사람이 / 개의 이름을 5번 부르는 / 모니터의 스피커를 통해 //

Finally, / the screen was removed / **to reveal** / **either** the face of the dog's human companion / **or** a stranger's face. //
부사적 용법(목적) / either A or B: A 또는 B 둘 중 하나
마지막으로 / 스크린을 제거했다 / 드러내기 위해 / 개의 인간 동반자의 얼굴이나 / 낯선 사람의 얼굴을 //

The dogs' reactions / were videotaped. //
개들의 반응이 / 비디오로 녹화되었다 //

Naturally, / the dogs were attentive / to the sound of their name, / and they typically stared / about six seconds at the face / **after** the screen was removed. //
부사절 접속사(시간)
당연히 / 개들은 주의를 기울였다 / 자신의 이름을 부르는 소리에 / 그리고 그들은 일반적으로 응시했다 / 약 6초 동안 얼굴을 / 스크린이 제거된 후 //

But they **spent** / significantly **more time** / gazing at a strange face / **after** they had heard / the familiar voice of their guardian. //
「spend+시간+-ing」: ~하는 데 시간을 보내다 / 부사절 접속사(시간)
그러나 그들은 보냈다 / 훨씬 더 많은 시간을 / 낯선 사람의 얼굴을 응시하는 것에 / 그들이 들은 후에 / 보호자의 친숙한 목소리를 / **단서 1** 목소리와 얼굴이 서로 일치하지 않을 때 얼굴을 더 오래 응시함

That they paused / for an extra second or two **suggests** / **that** they realized / something was wrong. //
주어 역할을 하는 명사절을 이끄는 접속사 / suggests의 목적어절을 이끄는 접속사
그들이 멈췄다는 것은 / 일, 이초 간 더 / 보여준다 / 그들이 파악했음을 / 뭔가 잘못된 것을 // **단서 2** 더 오래 응시했다는 것은 개들도 뭔가 잘못된 것을 파악했음을 의미함

The conclusion | drawn / is **that** dogs form / a picture in their mind, / and **that** they can think / about it / and make predictions / based on that picture. //
병렬 구조(주격 보어절 접속사)
도출된 결론은 / 개들이 형성한다는 것이 / 머릿속에 그림을 / 그리고 그들이 생각할 수 있다는 것이다 / 그것에 대해서 / 그리고 예측할 수 있다(는 것이다) / 그 그림을 바탕으로 // **단서 3** 개들은 머릿속에 그림을 형성하고 그것에 대해 생각하고 예측할 수 있음

And, like us, / they are puzzled / when **what** they see or hear / doesn't match / **what** they were expecting. //
선행사가 포함된 관계대명사
그리고 우리와 마찬가지로 / 개들은 당황한다 / 그들이 보거나 듣는 것이 ~할 때 / 일치하지 않을 (때) / 그들이 기대했던 것과 //

- appear [v] ~인 것 같다 · block [v] 막다, 차단하다
- guardian [n] 보호자 · stranger [n] 낯선 사람
- remove [v] 제거하다, 없애다 · reveal [v] 드러내다
- companion [n] 동반자, 동행 · reaction [n] 반응
- attentive [a] 주의를 기울이는 · typically [ad] 보통, 전형적으로
- stare at ~을 응시하다[빤히 쳐다보다] · gaze at ~을 응시하다
- familiar [a] 익숙한, 친숙한 · pause [v] 잠시 멈추다
- conclusion [n] 결론, 판단 · prediction [n] 예측
- puzzle [v] 당황하게 하다 · sense [v] 감지하다, 느끼다
- detect [v] 발견하다, 감지하다 · imitate [v] 모방하다, 흉내내다
- habitual [a] 습관적인 · selectively [ad] 선택적으로
- obey [v] 복종[순종]하다 · command [n] 명령

최근의 한 연구는 개들이 **사람들의 얼굴에 대한 심상(心象)을 형성하는** 것처럼 보인다는 것을 보여준다. 과학자들은 28마리의 개들을 불투명한 스크린으로 가려진 컴퓨터 모니터 앞에 놓고, 모니터의 스피커를 통해 개의 보호자나 낯선 사람이 개의 이름을 5번 부르는 녹음을 틀어주었다. 마지막으로 개의 인간 동반자의 얼굴이나 낯선 사람의 얼굴을 드러내기 위해 스크린을 제거했다. 개들의 반응이 비디오로 녹화되었다. 당연히, 개들은 자신의 이름을 부르는 소리에 주의를 기울였고, 스크린이 제거된 후 그들은 일

반적으로 약 6초 동안 얼굴을 응시했다. 그러나 그들은 보호자의 친숙한 목소리를 들은 후 낯선 사람의 얼굴을 응시하는 것에 훨씬 더 많은 시간을 보냈다. 그들이 일. 이초 간 더 멈췄다는 것은 그들이 뭔가 잘못된 것을 파악했음을 보여준다. 도출된 결론은 개들이 머릿속에 그림을 형성하고 그들이 그것에 대해서 생각할 수 있고 그 그림을 바탕으로 예측할 수 있다는 것이다. 그리고 우리와 마찬가지로, 개들은 그들이 보거나 듣는 것이 그들이 기대했던 것과 일치하지 않을 때 당황한다.

다음 빈칸에 들어갈 말로 가장 적절한 것을 고르시오.
① form mental images of people's faces 보호자의 목소리를 들으면서 낯선
사람들의 얼굴에 대한 심상을 형성하는 　사람의 얼굴을 봤을 때 오래 응시함
② sense people's moods from their voices
목소리로부터 사람들의 기분을 감지하는
③ detect possible danger and prepare for it 위험을 탐지해서 낯선
발생 가능한 위험을 탐지하여 그것에 대비하는 　기분이 아니라 얼굴을 머릿속에 그릴 수 있음
④ imitate their guardians' habitual behaviors 　얼굴을 더 오래 응시하는 것이 아님
보호자의 습관적인 행동을 모방하는 　보호자의 목소리를 들으면 보호자의 얼굴을 보기를 기대함
⑤ selectively obey commands from strangers
낯선 사람의 명령에 선택적으로 복종하는 　낯선 사람의 명령에 복종한다는 내용은 없음

> 왜 정답? ★★★ [정답률 63%]
빈칸에는 최근의 연구가 입증한 결론이 들어가야 한다. 실험에서 개들은 보호자의 목소리를 듣고 낯선 사람의 얼굴을 봤을 때 훨씬 더 오래 스크린을 응시했는데, 이는 개들도 무언가가 잘못된 것을 파악할 수 있다는 것을 의미한다고 했다. 즉 개들이 머릿속에 그림을 형성하고 그것에 대해 생각하며 그것을 바탕으로 예측할 수 있다는 결론을 도출했으므로 빈칸에 들어갈 말로 가장 적절한 것은 ① '사람들의 얼굴에 대한 심상을 형성하는'이다.

the conclusion drawn(도출된 결론)이 언급된 문장에서 정답의 단서를 찾을 수 있음 꿀팁

> 왜 오답?
②, ④ 개들이 목소리를 들으면 목소리의 주인을 머릿속에 그릴 수 있다는 내용이다.
③ 보호자의 목소리를 들었는데 낯선 사람의 얼굴을 봤을 때 개들도 무언가 잘못되었음을 감지한다는 내용으로 만든 오답이다.
⑤ 명령에 대한 복종은 언급하지 않았다.

M 11 정답 ① *철학적 활동의 기초: 무지의 인식

Philosophical activity is based / on the **recognition of ignorance**. // 　철학적 활동은 기초를 둔다 / 무지의 인식에 //

The philosopher's thirst for knowledge is shown / through attempts / to find better answers / to questions / even if those answers are never found. //
형용사적 용법(attempts 수식) 　부사절 접속사(양보)
지식에 대한 철학자의 갈망은 드러난다 / 시도를 통해 / 더 나은 답을 찾으려는 / 질문에 대한 / 그 답이 결코 발견되지 않는다 하더라도 //

At the same time, / a philosopher also knows / that being too sure / can hinder the discovery / of other and better possibilities. //
동명사구 주어
동시에 / 철학자는 또한 알고 있다 / 지나치게 확신하는 것이 / 발견을 방해할 수 있다는 것을 / 다른 가능성과 더 나은 가능성의 //

단서 1 철학적 대화에서 참여자들은 그들이 알거나 이해하지 못하는 것이 있음을 인식함

In a philosophical dialogue, / the participants are aware / that there are things / they do not know or understand. //
앞에 목적격 관계대명사가 생략됨
철학적 대화에서 / 참여자들은 인식한다 / ~한 것이 있다는 것을 / 그들이 알지 못하거나 이해하지 못하는 //

단서 2 철학적 대화의 목표는 전에 알지 못했거나 이해하지 못했다는 생각에 도달하는 것임

The goal of the dialogue / is to arrive at a conception / that one did not know or understand beforehand. //
주어 　동사 　주격 보어 　목적격 관계대명사
그 대화의 목표는 / 생각에 도달하는 것이다 / 누구도 미리 알지 못했거나 이해하지 못했다는 //

In traditional schools, / where philosophy is not present, /
선행사 　관계부사
전통적 학교에서 / 철학이 존재하지 않는 /

students often work with factual questions, / they learn specific content / listed in the curriculum, / and they are not required / to solve philosophical problems. //
학생들은 흔히 사실적 질문에 대해 공부하고 / 그들은 특정한 내용을 배우며 / 교육과정에 실린 / 그들은 요구받지 않는다 / 철학적인 문제를 해결하도록 //

단서 3 알지 못하는 것에 대한 인식이 지식을 습득하는 좋은 방법일 수 있음

However, we know / that awareness of what one does not know / can be a good way / to acquire knowledge. //
하지만 우리는 안다 / 누구도 알지 못하는 것에 대한 인식이 / 좋은 방법일 수 있다는 것을 / 지식을 습득하는 //

Knowledge and understanding are developed / through thinking and talking. //
지식과 이해는 발달한다 / 사색과 토론을 통해 //

동명사구 주어 　단수 동사 　목적어 　목적격 보어
Putting things into words / makes things clearer. //
생각을 말로 표현하는 것은 / 생각을 더 분명하게 만든다 //

Therefore, / students must not be afraid / of saying something wrong or talking / without first being sure / that they are right. //
병렬 구조
따라서 / 학생들은 두려워해서는 안 된다 / 잘못된 무언가를 말하거나 이야기하는 것을 / 처음에 확신하지 않고 / 그들이 옳다고 //

- philosophical ⓐ 철학의, 철학에 관련된 · philosopher ⓝ 철학자
- thirst ⓝ 갈망 · attempt ⓝ 시도 · hinder ⓥ 방해하다
- discovery ⓝ 발견 · dialogue ⓝ 대화 · conception ⓝ 생각
- beforehand 쥐 미리, 사전에 · factual ⓐ 사실에 기반을 둔
- content ⓝ 내용물 · acquire ⓥ 습득하다 · recognition ⓝ 인식
- ignorance ⓝ 무지 · emphasis ⓝ 강조
- self-assurance 자기 확신, 자신
- conformity ⓝ (규칙·관습 등에) 따름[순응]
- achievement ⓝ 업적, 성취한 것 · thinker ⓝ 철학자, 사상가
- comprehension ⓝ 이해 · phenomenon ⓝ 현상(pl. phenomena)

철학적 활동은 무지의 인식에 기초를 둔다. 지식에 대한 철학자의 갈망은 그 답이 결코 발견되지 않는다 하더라도 질문에 대한 더 나은 답을 찾으려는 시도를 통해 드러난다. 동시에, 철학자는 또한 지나치게 확신하는 것이 다른 가능성과 더 나은 가능성의 발견을 방해할 수 있다는 것을 알고 있다. 철학적 대화에서 참여자들은 그들이 알지 못하거나 이해하지 못하는 것이 있다는 것을 인식한다. 그 대화의 목표는 누구도 미리 알지 못했거나 이해하지 못했다는 생각에 도달하는 것이다. 철학이 존재하지 않는 전통적 학교에서, 학생들은 흔히 사실적 질문에 대해 공부하고, 교육과정에 실린 특정한 내용을 배우며, 철학적인 문제를 해결하도록 요구받지 않는다. 하지만 우리는 누구도 알지 못하는 것에 대한 인식이 지식을 습득하는 좋은 방법일 수 있다는 것을 안다. 지식과 이해는 사색과 토론을 통해 발달한다. 생각을 말로 표현하는 것은 생각을 더 분명하게 만든다. 따라서 학생들은 잘못된 무언가를 말하거나 처음에 그들이 옳다고 확신하지 않고 이야기하는 것을 두려워해서는 안 된다.

다음 빈칸에 들어갈 말로 가장 적절한 것을 고르시오.
① recognition of ignorance
무지의 인식 　철학적 대화의 목표: 전에 알거나 이해하지 못했다는 생각에 도달하는 것
② emphasis on self-assurance 자기 확신을 강조하는 내용은 없음
자기 확신의 강조
③ conformity to established values
확립된 가치에의 순응 　확립된 가치에 순응하는 것이 철학적 활동의 기초라는 것이 아님
④ achievements of ancient thinkers
고대 철학자들의 업적 　언급된 고대 철학자들의
⑤ comprehension of natural phenomena 업적이나 자연 현상은 없음
자연 현상의 이해

> 왜 정답? ★★★ [정답률 62%]
철학적 활동이 무엇에 기초를 두는지를 글에서 파악해야 한다. 철학적 대화의 목표가 참여자들은 그들이 알지 못하거나 이해하지 못하는 것이 있다는 사실을 알고 있고, 전에 알지 못했거나 이해하지 못했다는 생각에 도달하는 것이라고 했으므로 ① '무지의 인식'이 철학적 활동의 기초라는 것을 알 수 있다. 또한, 알지 못하는 것에 대한 인식이 지식을 습득하는 좋은 방법이라고도 했다.

> 왜 오답?
② 자기 확신의 강조를 바탕으로 철학적 활동이 이루어진다는 내용이 아니다.
③, ④ 확립된 가치나 고대 철학자들의 업적이 아니라, 우리가 알지 못한다는 것을 인식함으로써 철학적 활동이 이루어진다는 내용이다.
⑤ 자연 현상에 대한 언급은 없다.

M 12 정답 ② ＊가장 위대하다는 평가의 근거

Sometimes a person is acclaimed / as "the greatest" / because **there is little basis for comparison**. // 단서 1 가장 위대하다고 칭송받는 이유가 빈칸에 들어가야 함
때때로 누군가는 칭송받는다 / '가장 위대하다' / 비교할 만한 근거가 거의 없기 때문에 //

For example, / violinist Jan Kubelik was acclaimed / as "the greatest" / during his first tour of the United States, / 수동태 동사
예를 들어 / 바이올리니스트 Jan Kubelik는 칭송받았다 / '가장 위대하다' / 그의 첫 번째 미국 순회공연 기간 동안 /

but when impresario Sol Hurok brought him back / to the United States in 1923, / several people thought / that he had slipped a little. // 목적어절 접속사 단서 2 Kubelik의 연주 실력이 떨어졌다고 생각했음
그러나 기획자 Sol Hurok이 그를 다시 데려왔을 때 / 1923년에 미국으로 / 몇몇 사람들은 생각했다 / 그가 실력이 약간 떨어졌다고 //

However, / Sol Elman, the father of violinist Mischa Elman, / thought differently. //
그러나 / 바이올리니스트 Mischa Elman의 아버지인 Sol Elman은 / 다르게 생각했다 //

He said, / "My dear friends, / Kubelik played the Paganini concerto tonight / as splendidly as ever he did. // as ~ as 원급 비교
그는 말했다 / "친애하는 친구들이여 / Kubelik은 오늘 밤 Paganini 협주곡을 연주했습니다 / 그가 늘 했던 것만큼 훌륭하게 //

Today you have / a different standard. //
오늘 여러분은 가지고 있습니다 / 다른 기준을 // 단서 3 Kubelik은 평소만큼 훌륭히 잘했지만 듣는 사람이 다른 기준을 가지고 있다고 함

You have Elman, Heifetz, / and the rest. //
여러분에게는 Elman, Heifetz가 있고 / 그 밖의 연주자가 있습니다 //

All of you have developed and grown / in artistry, technique, / and, above all, in knowledge and appreciation. //
여러분 모두 발전하고 성장했습니다 / 예술성, 기법에서 / 그리고 무엇보다 지식과 감식력에서 //

The point is: / you know more; / not that Kubelik plays less well." // 단서 4 듣는 사람들이 예술성, 기법 등을 더 많이 알게 되어 Kubelik의 연주 실력이 떨어진 것처럼 느껴진 것이라고 함
요점은 / 여러분이 더 많이 알고 있는 것이지 / Kubelik가 연주 실력이 더 떨어진 것이 아닙니다 //

- tour ⓝ 순회공연 · slip ⓥ (실력이) 떨어지다 · dear ⓐ 친애하는
- concerto ⓝ 협주곡 · splendidly ⓐⓓ 훌륭하게
- standard ⓝ 기준 · artistry ⓝ 예술성 · above all 무엇보다도
- appreciation ⓝ 감식력, 이해력

때때로 누군가는 **비교할 만한 근거가 거의 없기** 때문에 '가장 위대하다'고 칭송받는다. 예를 들어, 바이올리니스트 Jan Kubelik는 그의 첫 번째 미국 순회공연 기간 동안 '가장 위대하다'고 칭송받았지만, 1923년에 기획자 Sol Hurok이 그를 미국으로 다시 데려왔을 때, 몇몇 사람들은 그가 실력이 약간 떨어졌다고 생각했다. 그러나 바이올리니스트 Mischa Elman의 아버지인 Sol Elman은 다르게 생각했다. "친애하는 친구들이여, Kubelik는 그가 늘 했던 것만큼 훌륭하게 오늘 밤 Paganini 협주곡을 연주했습니다. 오늘 여러분은 다른 기준을 가지고 있습니다. 여러분에게는 Elman, Heifetz, 그리고 그 밖의 연주자가 있습니다. 여러분 모두 예술성, 기법, 그리고 무엇보다 지식과 감식력에서 발전하고 성장했습니다. 요점은 여러분이 더 많이 알고 있는 것이지, Kubelik가 연주 실력이 더 떨어진 것이 아닙니다."라고 그는 말했다.

다음 빈칸에 들어갈 말로 가장 적절한 것을 고르시오. [3점]
① there are moments of inspiration 영감이 떠오르는 것과는 관련이 없음
영감이 떠오르는 순간들이 있다
② there is little basis for comparison
비교할 만한 근거가 거의 없다 연주 실력을 비교할 만한 근거가 없다고 볼 수 있음
③ he or she longs to be such a person 위대한 사람이 되길 바란다고
그가 그러한 위대한 사람이 되기를 간절히 바란다 위대한 사람으로 칭송받지 않음
④ other people recognize his or her efforts
다른 사람들이 그의 노력을 알아 본다 연주를 듣는 사람들이 많이 알고 있기 때문이라는 내용으로 만든 오답임
⑤ he or she was born with great artistic talent 선천적인 예술적 재능에 대한 글 아님
그가 위대한 예술적 재능을 갖고 태어났다

바이올리니스트 Kubelik는 한 때 위대한 연주가로 칭송받았으나 순회공연을 마치고 돌아와서 연주하였을 때는 실력이 떨어졌다는 평가를 들었다. 이에 대해 Sol Elman은 Kubelik의 실력은 여전하며 연주를 듣는 관객들의 수준이 높아졌기 때문이라고 했다. 따라서 Kubelik가 가장 위대하다고 칭송받을 수 있었던 이유는 듣는 사람의 수준에 달려 있기 때문에 그의 실력을 비교할 만한 근거가 거의 없다고 볼 수 있다. 따라서 빈칸에 들어갈 말로 ②이 가장 적절하다.

왜 오답?

① 위대하다고 칭송받는 이유와 영감이 떠오르는 것과는 관계가 없다.
③ 위대한 사람이 되길 바란다고 위대한 사람이 되는 것은 아니다.
④ 다른 사람들이 가지고 있는 기준에 따라 연주에 대한 평가가 달라질 수 있다고 했지만 그들이 연주자의 노력을 알아 보는 것과는 관련이 없다. 함정
⑤ 선천적인 예술적 재능에 관한 언급은 없다.

M 13 정답 ⑤ ＊우리의 생각을 명료하게 하는 일상 언어

Translating academic language / into everyday language / can be an essential tool / for you / as a writer / to clarify your ideas to yourself. // to clarify의 의미상의 주어 · 형용사적 용법(tool 수식)
학문적인 언어를 바꾸는 것은 / 일상 언어로 / 필수적인 도구가 될 수 있다 / 여러분이 / 작가로서 / 자신의 생각을 스스로에게 명료하게 하는 //

For, / as writing theorists often note, / writing is generally not a process / 선행사
왜냐하면 / 글쓰기 이론가들이 흔히 지적하듯이 / 글쓰기는 일반적으로 과정이 아니기 때문이다 / 관계부사 where를 대신하는 「전치사＋관계대명사」

in which we start with a fully formed idea / in our heads / that we then simply transcribe / in an unchanged state / onto the page. //
우리가 완전하게 만들어진 생각으로 시작하여 / 머릿속에서 / 우리가 그리고서 단순히 옮겨 쓰는 / 바뀌지 않은 상태로 / 페이지 위에 //

On the contrary, / writing is more often a means of discovery / in which we use the writing process / to figure out what our idea is. // 선행사 관계부사 where로 바꾸어 쓸 수 있는 「전치사＋관계대명사」 단서 1 글쓰기는 우리의 생각이 무엇인지를 알아내는 발견의 수단임
도리어 / 글쓰기는 더 흔히 발견의 수단이다 / 우리가 글쓰기 과정을 사용하여 / 우리의 생각이 무엇인지를 알아내는 //

This is why writers are often surprised / to find / 관계부사 · 부사적 용법(원인)
이것이 글을 쓰는 사람들이 자주 놀라는 이유이다 / 발견하고는 /

that what they end up with on the page / is quite different / from what they thought it would be / when they started. // 명사절 주어 · 단수 동사 · 삽입절
결국 페이지 위에 쓰이는 것이 / 상당히 다르다는 것을 / 그들이 그렇게 되리라고 생각했던 것과 / 그들이 시작할 때 //

What we are trying to say here is / that everyday language is often crucial / for this discovery process. // 주격 보어절 접속사 단서 2 일상 언어가 이런 발견 과정에서 매우 중요함
우리가 여기서 하고자 하는 말은 ~이다 / 일상 언어가 흔히 매우 중요하다는 것 / 이런 발견 과정에 //

Translating your ideas / into more common, simpler terms / can help you figure out / what your ideas really are, / can help의 목적격 보어(원형부정사)
여러분의 생각을 바꾸는 것은 / 더 평범하고 더 간단한 말로 / 여러분이 알아내도록 도와줄 수 있다 / 실제 여러분의 생각이 무엇인지 단서 3 우리의 생각을 일상 언어로 바꾸는 것이 우리의 실제 생각이 무엇인지를 알아내도록 도와줌

as opposed to / what you initially imagined they were. //
~이 아니라 / 여러분이 처음에 그럴 것이라고 상상했던 것 //

- translate ⓥ 바꾸다, 번역하다 · academic ⓐ 학문적인, 이론적인
- essential ⓐ 필수적인, 가장 중요한 · clarify ⓥ 명료하게 하다
- theorist ⓝ 이론가 · generally ⓐⓓ 일반적으로 · state ⓝ 상태
- on the contrary 도리어, 반대로 · means ⓝ 수단
- discovery ⓝ 발견 · figure out ~을 알아내다[이해하다]
- crucial ⓐ 매우 중요한, 결정적인
- as opposed to ~가 아니라, ~와는 대조적으로

학문적인 언어를 일상 언어로 바꾸는 것은 여러분이 작가로서 **자신의 생각을 스스로에게 명료하게 하는** 필수적인 도구가 될 수 있다. 왜냐하면, 글쓰기 이론가들이 흔히 지적하듯이, 글쓰기는 일반적으로 머릿속에서 완전하게 만들어진 생각으로 시작하여, 그 생각을 바꾸지 않은 상태로 페이지 위에 단순히 옮겨 쓰는 과정이 아니기 때문이다. 도리어 글쓰기는 글쓰기 과정을 사용하여 우리의 생각이 무엇인지를 알아내는 발견의 수단인 경우가 더 흔하다. 이것이 글을 쓰는 사람들이 결국 페이지 위에 쓰이는 것이 시작할 때 그렇게 되리라고 생각했던 것과 상당히 다르다는 것을 발견하고는 자주 놀라는 이유이다. 우리가 여기서 하고자 하는 말은 일상 언어가 이런 발견 과정에 흔히 매우 중요하다는 것이다. 여러분의 생각을 더 평범하고 더 간단한 말로 바꿔 보는 것은 여러분이 처음에 그럴 것이라고 상상했던 것이 아니라 실제 여러분의 생각이 무엇인지 알아내도록 도와줄 수 있다.

> **다음 빈칸에 들어갈 말로 가장 적절한 것을 고르시오. [3점]**
> ① finish writing quickly 글쓰기를 빨리 할 수 있는 방법은 언급되지 않음
>   글쓰기를 빨리 끝내는
> ② reduce sentence errors '작가'가 언급된 것을 이용한 오답
>   문장 오류를 줄이는
> ③ appeal to various readers 독자에 대한 내용은 언급되지 않음
>   다양한 독자의 흥미를 끄는
> ④ come up with creative ideas '글쓰기'라는 소재로 만든 오답
>   창의적인 아이디어를 생각해 내는
> ⑤ clarify your ideas to yourself 글쓰기는 자신의 실제 생각이 무엇인지
>   자신의 생각을 스스로에게 명료하게 하는   알아내도록 돕는 수단

> **왜 정답 ?** ★★❋ [정답률 60%]

학문적인 언어를 일상 언어로 바꾸는 것이 어떤 도구가 될 수 있는지를 글의 나머지 부분을 통해 추론해야 한다. 글쓰기는 우리의 생각이 무엇인지를 알아내는 발견의 수단인데, 일상 언어가 이러한 발견의 과정에 매우 중요하다고 했고, 우리의 생각을 일상 언어로 바꾸는 것이 우리의 실제 생각이 무엇인지를 알아내도록 돕는다고 했으므로 학문적인 언어를 일상 언어로 바꾸는 것은 ⑤ '자신의 생각을 스스로에게 명료하게 하는' 도구라고 할 수 있다.

> 접속사 for(~ 때문에), 연결어 on the contrary (반대로)를 단서로 활용할 것 **꿀팁**

> **왜 오답 ?**

① 학문적인 언어를 일상 언어로 바꾸는 것이 글쓰기를 빨리 끝내는 도구라는 내용이 아니다.

②, ④ 문장의 오류를 줄이거나 창의적인 아이디어를 생각해 내는 방법으로 학문적인 언어를 일상 언어로 바꾸는 것을 제시한 것이 아니다. **주의**

③ '글쓰기'라는 소재에서 연상되는 '독자'를 이용하여 만든 오답이다.

M 14 정답 ② * 우리의 선택에 작용하는 상대성

주어 · 동사(완전자동사)
Relativity works / as a general mechanism / for the mind, / in many ways / and across many different areas of life. //
상대성은 작용한다 / 일반적인 메커니즘으로 / 정신을 위한 / 여러 면에서 / 그리고 삶의 많은 다른 영역에 걸쳐 //

For example, / Brian Wansink, author of *Mindless Eating*, showed
생략 가능한 명사절 접속사
/ **that** it can also affect / our waistlines. //
예를 들어 / Mindless Eating의 저자 Brian Wansink는 보여주었다 / 그것이 또한 영향을 미칠 수 있다는 것을 / 우리의 허리둘레에도 //

We decide / how much to eat / **not** simply as a function / of how
not A but B: A가 아니라 B
much food we actually consume, / **but** by a comparison / to its alternatives. // 단서 1 우리는 대안과의 '비교'를 통해서 결정함
우리는 결정한다 / 어느 정도로 먹을지를 / 단순히 함수로서가 아니라 / 우리가 실제로 얼마나 많은 음식을 소비할지의 / 비교를 통해서 / 그것의 대안과의 //

Say we have to choose / between three burgers on a menu, / at 8, 10, and 12 ounces. //
우리가 선택해야 한다고 하자 / 메뉴에 있는 버거 세 개 중에서 / 8온스, 10온스, 12온스의 //

병렬 구조
We are likely to **pick** the 10-ounce burger / and **be** perfectly satisfied / at the end of the meal. // 단서 2 8온스, 10온스, 12온스가 있을 때는 10온스를 선택하고 만족함
우리는 10온스 버거를 고르고 / 완벽하게 만족할 경향이 있다 / 식사가 끝날 때쯤 //

But if our options are instead 10, 12, and 14 ounces, / we are likely again to **choose** the middle one, / 단서 3 10온스, 12온스, 14온스가 있을 때는 12온스를 선택하고 만족함
하지만 만약 대신에 우리의 선택권이 10온스, 12온스, 14온스라면 / 우리는 다시 중간의 것을 선택할 경향이 있고 /
병렬 구조
and again **feel** equally happy and satisfied / with the 12-ounce burger / at the end of the meal, /
똑같이 행복감과 만족감을 다시 느낄 경향이 있다 / 12온스의 햄버거에 / 식사가 끝날 때 /
부사절 접속사(양보)
even though we ate more, / which we did not need / in order to get our daily nourishment / or in order to feel full. //
비록 우리가 더 많이 먹었더라도 / 우리가 필요로 하지 않았던 / 우리의 매일의 영양분을 섭취하거나 / 포만감을 느끼기 위해 //

- mechanism ⓝ (목적을 달성하기 위한) 방법, 메커니즘
- waistline ⓝ 허리둘레   · function ⓝ 함수
- consume ⓥ 먹다, 소비하다   · comparison ⓝ 비교
- alternative ⓝ 대안   · satisfied ⓐ 만족하는
- equally ⓐ�d 똑같이, 동일하게   · nourishment ⓝ 영양분

상대성은 여러 면에서 그리고 삶의 많은 다른 영역에 걸쳐 정신을 위한 일반적인 메커니즘으로 작용한다. 예를 들어, Mindless Eating의 저자 Brian Wansink는 그것이 우리의 허리둘레에도 영향을 미칠 수 있다는 것을 보여주었다. 우리는 어느 정도로 먹을지를, 단순히 우리가 실제로 얼마나 많은 음식을 소비할지의 함수로서가 아니라 그것의 대안과의 비교를 통해서 결정한다. 우리가 메뉴에 있는 8온스, 10온스, 12온스의 버거 세 개 중에서 선택해야 한다고 하자. 우리는 10온스 버거를 고르고 식사가 끝날 때쯤 완벽하게 만족할 것이다. 하지만 만약 대신에 우리의 선택권이 10온스, 12온스, 14온스라면, 우리는 다시 중간의 것을 선택할 것이고, 비록 우리가 더 많이 먹었더라도, 식사가 끝날 때 우리의 매일의 영양분을 섭취하거나 포만감을 느끼기 위해 필요하지 않았던 12온스의 햄버거에 똑같이 행복감과 만족감을 다시 느낄 것이다.

> **다음 빈칸에 들어갈 말로 가장 적절한 것을 고르시오.**
> ① Originality 독창적으로 햄버거를 선택하는 것이 아님
>   독창성
> ② Relativity 선택지의 비교를 통해 결정함
>   상대성
> ③ Visualization 시각화하는 메커니즘으로 선택하는 예시가 아님
>   시각화
> ④ Imitation 모방에 대한 언급은 없음
>   모방
> ⑤ Forgetfulness 망각이 우리 삶에 작용하는 메커니즘이라는 것이 아님
>   건망증

> **왜 정답 ?** ★★★ [정답률 61%]

실제로 얼마나 많은 음식을 소비할지가 아니라 대안과의 '비교'를 통해서 결정한다고 한 이후로, 8온스, 10온스, 12온스 중에서는 10온스를 선택하고 만족하지만, 10온스, 12온스, 14온스 중에서는 12온스를 선택하고 만족한다고 했다. 절대적 필요가 아니라 상대적 비교를 통해 결정하고 만족한다는 것을 보여주는 예시의 의미는 우리의 삶에서 ② '상대성'이 일반적인 메커니즘으로 작용한다는 것이다.

> **왜 오답 ?**

① 남들과 다른 독창적인 방식으로 햄버거를 선택한다는 것이 아니다.

③ 제시된 대안과의 비교를 통해서 햄버거를 선택한다는 것이지, 햄버거를 시각화해서 선택한다는 예시가 아니다.

④ 다른 사람들이 중간 크기의 햄버거를 먹기 때문에 그것을 모방하여 선택하고 만족한다는 내용이 아니다.

⑤ 우리가 망각을 통해 삶을 살아간다는 것을 보여주는 예시가 아니다.

*인지적 노동의 분업

Psychological research has shown / that people naturally
divide up cognitive labor, / often without thinking about it. //
심리학 연구는 보여준다 / 사람들은 자연스럽게 인지적 노동을 나눈다는 것을 / 흔히 그것에
대해서 생각하는 것 없이 //

Imagine / you're cooking up a special dinner / with a friend. //
상상해 보라 / 여러분이 특별한 저녁 식사를 요리하고 있다고 / 친구와 함께 //

You're a great cook, / but your friend is the wine expert, / an
amateur sommelier. //　**단서 1** 와인 전문가인 친구와 함께 있는 상황임
여러분은 훌륭한 요리사이지만 / 여러분의 친구는 와인 전문가이다 / 아마추어 소믈리에 //

A neighbor drops by / and starts telling you both / about the
terrific new wines / being sold / at the liquor store / just down
the street. //
이웃이 들르더니 / 여러분 두 사람에게 말하기 시작한다 / 기막히게 좋은 새로운 와인에 대해 /
판매되는 / 주류 가게에서 / 거리를 따라가면 바로 있는 //

There are many new wines, / so there's a lot / to remember. //
많은 새로운 와인이 있어서 / 많은 것이 있다 / 기억할 //　**단서 2** 와인에 대해 기억해야 하는 것이 많은 상황임

How hard are you going to try / to remember / what the neighbor
has to say / about which wines to buy? //
여러분은 얼마나 열심히 노력할까 / 기억하기 위해 / 이웃이 할 말을 / 어떤 와인을 살지에 관
해 //　**단서 3** 와인 전문가인 친구와 함께 있다면 와인에 대한 정보를 기억하려고 그다지 열심히 노력하지 않을 것임

Why bother / when the information would be better retained /
by the wine expert / sitting next to you? //
무엇 하러 그러겠는가 / 그 정보가 더 잘 기억될 때 / 와인 전문가에 의해 / 여러분 옆에 앉아
있는 //

If your friend wasn't around, / you might try harder. //
여러분의 친구가 곁에 없다면 / 여러분은 더 열심히 애쓸지도 모른다 //

After all, / it would be good to know / what a good wine would
be / for the evening's festivities. //
어쨌든 / 아는 것은 좋은 일일 것이다 / 뭐가 좋은 와인일지를 / 저녁 만찬을 위해 //

But / your friend, the wine expert, / is likely to remember the
information / without even trying. //　**단서 4** 와인 전문가인 친구는 별 노력 없이도 정보를 쉽게 기억할 수 있으므로 그렇게 함
하지만 / 와인 전문가인 여러분의 친구는 / 그 정보를 기억하기가 쉽다 / 애쓰지도 않고 //

- psychological ⓐ 심리적인　　　- expert ⓝ 전문가
- amateur ⓐ 아마추어의
- sommelier ⓝ 소믈리에(식당에서 요리와 어울리는 와인을 추천해 주는 직원)
- liquor ⓝ 독한 술, 독주　　　- bother ⓥ 애를 쓰다, 신경 쓰다
- retain ⓥ 기억하다, 보유하다　　　- festivity ⓝ 만찬, 축제 행사
- divide up ~을 나누다　　　- cognitive ⓐ 인지적인　　　- labor ⓝ 노동
- disagreement ⓝ 의견 충돌　　　- wisdom ⓝ 지혜　　　- leisure ⓝ 여가

심리학 연구는 사람들이 흔히 그것에 대해서 생각하는 것 없이 자연스럽게
인지적 노동을 나눈다는 것을 보여준다. 여러분이 친구와 함께 특별한 저녁
식사를 요리하고 있다고 상상해 보라. 여러분은 훌륭한 요리사이지만, 여
러분의 친구는 아마추어 소믈리에라고 할 수 있는 와인 전문가이다. 이웃이
들르더니 여러분 두 사람에게 거리를 따라가면 바로 있는 주류 가게에서 파
는 기막히게 좋은 새로운 와인에 대해 말하기 시작한다. 많은 새로운 와인
이 있어서 기억해야 할 것이 많다. 어떤 와인을 살지에 관해 이웃이 할 말
을 기억하기 위해 여러분은 얼마나 열심히 노력할까? 여러분 옆에 앉아 있
는 와인 전문가가 그 정보를 더 잘 기억하고 있는데 무엇 하러 그러겠는가?
여러분의 친구가 곁에 없다면 더 열심히 애쓸지도 모른다. 어쨌든 저녁 만
찬을 위해 뭐가 좋은 와인일지를 아는 것은 좋은 일일 것이다. 하지만, 와인
전문가인 여러분의 친구는 애쓰지도 않고 그 정보를 기억하기가 쉽다.

다음 빈칸에 들어갈 말로 가장 적절한 것을 고르시오. [3점]

① divide up cognitive labor　'기억'과 같은 인지적 노동을 나누어서 함
　인지적 노동을 나누다
② try to avoid disagreements　친구와의 의견 충돌에 대한 언급은 없음
　의견 불일치를 피하려고 노력하다
③ seek people with similar tastes　비슷한 취향의 사람과 친구가 된다는 내용이 아님
　비슷한 취향을 가진 사람을 찾다
④ like to share old wisdom　옛 지혜를 나눈다는 내용이 아님
　옛 지혜를 공유하기 좋아한다
⑤ balance work and leisure　일과 여가의 균형을 맞추는 일화가 아님
　일과 여가의 균형을 맞추다

🔵 **2등급 ?** 매력적인 오답이 있는 2등급 대비 문제이다. 와인 전문가를 믿고 새로운
와인 정보에 대해 기억하려 하지 않는 것을 '의견 불일치를 피하려고 노력하는' 것으로
생각할 수 있다.
중요한 것은 정보를 기억하려 하지 않는 이유가 자신은 정보를 기억하려면 애써야
하지만 와인 전문가인 친구는 큰 노력 없이 정보를 이해할 수 있다는 것이다.

| 문제 풀이 순서 |

1st 먼저 빈칸이 포함된 문장과 그 뒤를 읽고, 빈칸에 들어갈 말을 찾을 방법을
구상한다.

빈칸 문장	Psychological research has shown that people naturally ＿＿＿＿＿, often without thinking about it. 심리학 연구는 사람들이 흔히 그것에 대해서 생각하는 것 없이 ＿＿＿ 것을 보여준다.
빈칸 문장 뒤	Imagine you're cooking up a special dinner with a friend. 여러분이 친구와 함께 특별한 저녁 식사를 요리하고 있다고 상상해 보라.

➡ 빈칸은 심리학 연구의 결과에 해당한다. '상상해 보라'는 말로 시작하는 다음
문장부터 이어지는 가상의 상황을 통해 빈칸에 들어갈 말을 찾는다.

2nd 예시로 든 상황을 통해 빈칸에 들어갈 말을 찾아 선택지에서 고른다.
- 와인 전문가인 친구와 함께 있다면, 이웃이 알려주는 와인에 대한 많은 것들을
기억하기 위해 그다지 열심히 노력하지 않을 것이다. **단서 3**
- 이는 와인 전문가인 친구는 애쓰지도 않고 이웃이 주는 정보를 더 쉽게 기억할 수
있기 때문이다. **단서 4**

➡ 사람들이 무언가를 기억하는 것과 같은 인지적 과정을 할 때 자연스럽게
효율적으로 분업한다는 것의 예시이다.
▶ 따라서 빈칸에 들어갈 심리학 연구 결과는 ① '인지적 노동을 나누다'이다.

| 선택지 분석 |

① 와인 전문가와 함께 있다면 와인에 대한 정보를 들을 때 그 전문가가 더 잘 기억할
수 있으므로 스스로는 그 정보를 기억하려고 애쓰지 않는다. 자연스럽게 '인지적
노동(와인에 대한 정보를 기억하는 것)을 나눈다'는 연구 결과를 보여주는 글이다.
② 친구와의 의견 충돌을 피하려고 노력하는 예시가 아니므로 정답이 될 수 없다.
③ 취향이 비슷한 사람을 찾는 것을 보여주는 사례 중 일부로 와인이 등장한 것이
아니다.
④ 와인에 대한 지식을 친구로부터 배운다거나 옛 선조의 지혜를 공유한다는 언급은
없다.
⑤ '친구', '저녁 식사', '저녁 만찬' 등의 표현이 등장한 것으로 만든 오답이다. 사람들이
자연스럽게 일과 여가의 균형을 맞춘다는 것을 보여주는 예시가 아니다.

＊자유 놀이가 아이들에게 미치는 긍정적 영향

Free play is nature's means of teaching children / that they are not helpless. //
자유 놀이는 아이들에게 가르치는 자연의 수단이다 / 자신이 무력하지 않다는 것을 //

In play, / away from adults, / children really do have control / and can practice asserting it. // 단서 1 통제력을 가지고 발휘하는 연습을 함
놀면서 / 어른과 떨어져 / 아이들은 통제력을 정말로 가지고 / 그것을 발휘하는 것을 연습할 수 있다 //

In free play, / children learn / to make their own decisions, / solve their own problems, / create and follow rules, /
자유 놀이를 통해 / 아이들은 배운다 / 스스로 결정을 내리고 / 자신들만의 문제를 해결하고 / 규칙을 만들고 지키며 /

and get along with others / as equals / rather than as obedient or rebellious subordinates. // 단서 2 결정 내리기, 문제 해결하기 등을 배움
다른 사람과 어울리는 것을 / 동등한 사람으로서 / 복종적이거나 반항적인 아랫사람이라기보다는 //

In active outdoor play, / children deliberately dose themselves / with moderate amounts of fear /
활동적인 야외 놀이를 통해 / 아이들은 의도적으로 자기 자신에게 주고 / 적절한 수준의 두려움을 /

and they thereby learn / how to control / not only their bodies, / but also their fear. // 단서 3 신체와 두려움 통제하는 법도 배움
not only A but also B: A뿐만 아니라 B도
그렇게 함으로써 배운다 / 통제하는 법을 / 그들의 신체뿐만 아니라 / 두려움 또한 //

In social play / children learn / how to negotiate with others, / how to please others, / and how to manage and overcome the anger / that can arise from conflicts. // 단서 4 다른 사람과 협상하기, 분노 다스리기 등을 배움
사회적인 놀이를 통해 / 아이들은 배운다 / 어떻게 다른 사람과 협상하고 / 다른 사람을 기쁘게 하며 / 분노를 다스리고 극복할 수 있는지를 / 갈등으로부터 생길 수 있는 //

None of these lessons can be taught / through verbal means; / they can be learned / only through experience, / which free play provides. //
이러한 교훈 중 어느 것도 배울 수 없다 / 언어적 수단을 통해서는 / 그것들은 배울 수 있는데 / 오로지 경험을 통해서만 / 그것은 자유 놀이가 제공하는 것이다 //

- assert ⓥ 발휘하다
- obedient ⓐ 복종적인
- subordinate ⓝ 부하, 하급자
- deliberately ⓐⓓ 의도적으로
- dose ⓥ 주다, 투여하다
- moderate ⓐ 적절한
- negotiate ⓥ 협상하다
- conflict ⓝ 갈등
- verbal ⓐ 언어의
- complicated ⓐ 복잡한
- selective ⓐ 선택력이 있는

자유 놀이는 아이들에게 자신이 **무력하지** 않다는 것을 가르치는 자연의 수단이다. 어른과 떨어져 놀면서, 아이들은 통제력을 정말로 가지고 그것을 발휘하는 것을 연습할 수 있다. 자유 놀이를 통해, 아이들은 스스로 결정을 내리고, 자신들만의 문제를 해결하고, 규칙을 만들고 지키며, 복종적이거나 반항적인 아랫사람이라기보다는 동등한 사람으로서 다른 사람과 어울리는 것을 배운다. 활동적인 야외 놀이를 통해, 아이들은 의도적으로 자기 자신에게 적절한 수준의 두려움을 주고, 그렇게 함으로써 그들의 신체뿐만 아니라 두려움 또한 통제하는 법을 배운다. 사회적인 놀이를 통해 아이들은 어떻게 다른 사람과 협상하고, 다른 사람을 기쁘게 하며, 갈등으로부터 생길 수 있는 분노를 다스리고 극복할 수 있는지를 배운다.

이러한 교훈 중 어느 것도 언어적 수단을 통해서는 배울 수 없다. 그것들은 오로지 경험을 통해서만 배울 수 있는데, 그것은 자유 놀이가 제공하는 것이다.

다음 빈칸에 들어갈 말로 가장 적절한 것을 고르시오.

① noisy 아이들이 소음을 만드는 것을 다룬 시끄러운 내용이 아님
② sociable 앞에 not이 있음 사교적인
③ complicated 아이들이 놀이를 통해 복잡한 단순해진다는 내용이 아님
④ helpless 앞의 not과 함께 무기력하지 무기력한 않다는 것을 가르침을 의미함
⑤ selective 앞에 not이 있음 선택력이 있는

왜 2등급 ? 글에서 자유 놀이가 아이들에게 가르치는 것에 해당하는 sociable(사교적인), selective(선택력이 있는)가 선택지에 있다. 하지만 빈칸 앞에 not이 있기 때문에 반대의 것을 골라야 한다. 따라서 선택지만 보고 정답을 고른다면 틀릴 수 있어 정답률이 실제로 아주 낮은 문제였다.

| 문제 풀이 순서 |

1st 빈칸이 포함된 문장을 읽고, 빈칸에 들어갈 말에 대한 단서를 얻는다.

빈칸 문장 : Free play is nature's means of teaching children that they are not ＿＿＿＿＿＿.
자유 놀이는 아이들에게 자신이 ＿＿＿＿＿＿ 않다는 것을 가르치는 자연의 수단이다.

→ 빈칸 앞에 부정어 not이 있다. 자유 놀이가 '~하지 않다는 것'을 아이들에게 가르칠 것이고, not과 결합했을 때 글에서 말하고자 하는 말과 통하는 선택지를 골라야 한다.

2nd 글을 마저 읽으며 빈칸에 들어갈 적절한 말을 찾는다.

자유 놀이를 통해 아이들이 얻을 수 있는 이점
1 통제력을 가지고 그것을 발휘하는 것을 연습함
2 스스로 결정을 내리고, 자신들만의 문제를 해결하고, 규칙을 만들고 지키며, 동등한 사람으로서 다른 사람과 어울리는 것을 배움
3 신체뿐만 아니라 두려움 또한 통제하는 법을 배움
4 다른 사람과 협상하는 법, 다른 사람을 기쁘게 하는 법, 갈등으로부터 생길 수 있는 분노를 다스리고 극복할 수 있는 법을 배움

3rd **2nd** 에서 이해한 내용을 선택지에서 고른다.

자유 놀이를 하면서 스스로를 통제할 수 있고 능동적인 문제 해결력을 키워가기 때문에 아이들은 무기력하지 않다.

▶ 따라서 빈칸에 들어갈 말은 ④ '무기력한'이다.

| 선택지 분석 |

① 아이들이 시끄럽고 소란스럽다는 것을 부정적으로 바라보며, 놀이가 그것을 해결한다는 내용이 아니다.
② 놀이를 통해 오히려 아이들은 사회성이 더 발달하게 되므로 not sociable, 즉 사교적이지 않은 상태가 되는 것이 아니다.
③ 아이들은 놀이를 통해 더 복잡한 사회적 상황을 배워나갈 것이므로 not complicated, 즉 단순한 존재가 되는 것이 아니다.
④ 아이들은 놀이를 통해 스스로 결정하는 법 등을 배우기 때문에 '무기력하지' 않다는 것을 배우게 된다.
⑤ 아이들은 놀이를 통해 스스로 결정을 내리고 문제를 해결해 나가는 법을 배우기 때문에 not selective, 즉 선택력이 없는 상태가 되는 것이 아니다.

M 17 정답 ① ⭐ 1등급 대비 [정답률 50%]

＊도덕적 교훈과 성찰의 근원으로서의 역사

As well as making sense of events / through narratives, / historians in the ancient world / established the tradition of history / as a(n) **source of moral lessons and reflections**. //
사건을 이해하는 것뿐만 아니라 / 이야기를 통해서 / 고대 사회의 역사가들은 / 역사의 전통을 확립했다 / 도덕적 교훈과 성찰의 근원으로서 //

The history writing of Livy or Tacitus, / for instance, / was in part designed to examine / the behavior of heroes and villains, /
Livy나 Tacitus의 역사적인 기술은 / 예를 들면 / 부분적으로 살펴보도록 만들어졌다 / 영웅과 악당의 행동을 /

meditating on the strengths and weaknesses / in the characters of emperors and generals, / providing exemplars / for the virtuous to imitate or avoid. //
장점과 단점을 숙고하여 / 황제와 장군들의 성격의 / 그래서 표본을 제공한다 / 도덕적인 사람들이 모방하거나 피해야 할 //

This continues / to be one of the functions of history. //
이것은 계속되어 / 역사의 기능 중 하나가 된다 //

French chronicler Jean Froissart said / he had written / his accounts of chivalrous knights / fighting in the Hundred Years' War /
프랑스 연대기 학자인 Jean Froissart는 말했다 / 그가 썼다고 / 그의 기사도적인 기사들의 이야기를 / 백년전쟁에서 싸운 /

"so that brave men should be inspired thereby / to follow such examples." //
"그것 때문에 용맹스러운 자들이 영감을 받도록 / 이러한 본보기를 따를 수 있게"라고 //

Today, / historical studies of Lincoln, Churchill, Gandhi, or Martin Luther King, Jr. / perform the same function. //
오늘날 / Lincoln, Churchill, Gandhi 또는 Martin Luther King, Jr.에 대한 역사적 연구는 / 같은 기능을 수행한다 //

- narrative ⓝ 이야기, 서사
- historian ⓝ 역사가, 사학자
- ancient ⓐ 고대의
- establish ⓥ 확립하다
- examine ⓥ 살펴보다
- villain ⓝ 악당
- meditate ⓥ 숙고하다
- strength ⓝ 장점
- weakness ⓝ 단점
- emperor ⓝ 황제
- general ⓝ 장군
- exemplar ⓝ 표본
- virtuous ⓐ 도덕적인
- imitate ⓥ 모방하다
- chronicler ⓝ 연대기 학자[기록자]
- account ⓝ 이야기
- knight ⓝ 기사
- reflection ⓝ 성찰
- rise and fall 흥망성쇠
- empire ⓝ 제국
- violence ⓝ 폭력
- oppression ⓝ 억압
- mediate ⓥ 중재하다
- conflict ⓝ 분쟁
- integral ⓐ 불가결한
- innovation ⓝ 혁신

이야기를 통해서 사건을 이해하는 것뿐만 아니라, 고대 사회의 역사가들은 **도덕적 교훈과 성찰의 근원**으로서 역사의 전통을 확립했다. 예를 들면, Livy나 Tacitus의 역사적인 기술은 부분적으로 황제와 장군들의 성격의 장점과 단점을 숙고하여 영웅과 악당의 행동을 살펴보도록 만들어졌다. 그렇게 하여 도덕적인 사람들이 모방하거나 피해야 할 표본을 제공한다. 이것이 계속되어 역사의 기능 중 하나가 된다. 프랑스 연대기 학자인 Jean Froissart는 백년전쟁에서 싸운 기사도적인 기사들의 이야기로 "용맹스러운 자들이 영감을 받아 이러한 본보기를 따르도록" 썼다고 말했다. 오늘날 Lincoln, Churchill, Gandhi 또는 Martin Luther King, Jr.에 대한 역사적 연구는 같은 기능을 수행한다.

> **다음 빈칸에 들어갈 말로 가장 적절한 것을 고르시오.**
> ① source of moral lessons and reflections 역사는 도덕적인 본보기를 제공함
> 　도덕적 교훈과 성찰의 근원
> ② record of the rise and fall of empires 제국의 흥망성쇠를 기록했다는 내용 없음
> 　제국의 흥망성쇠에 관한 기록
> ③ war against violence and oppression 폭력과 억압에 대항했다는 내용 없음
> 　폭력과 억압과의 전쟁
> ④ means of mediating conflict 분쟁을 중재했다는 내용 없음
> 　분쟁을 중재하는 수단
> ⑤ integral part of innovation 혁신에 대한 언급 없음
> 　혁신의 불가결한 부분

| 문제 풀이 순서 |

1st 먼저 빈칸이 포함된 문장을 읽고, 빈칸에 들어갈 말을 찾을 방법을 구상한다.

빈칸 문장	As well as making sense of events through narratives, historians in the ancient world established the tradition of history as a(n) ______. 이야기를 통해서 사건을 이해하는 것뿐만 아니라, 고대 사회의 역사가들은 ______으로서 역사의 전통을 확립했다.

➡ 고대 사회 역사가들이 역사의 '어떠한 기능'을 확립하였는지 확인한다.

2nd for instance 이후로 등장하는 예시의 내용을 파악한다.

예시 ①	Livy와 Tacitus의 역사 기록은 황제와 장군들의 성격을 고찰하여 영웅과 악당의 행동을 살펴보고, 도덕적인 행동의 표본을 제공한다. 단서 1
예시 ②	Jean Froissart는 기사도적인 기사들의 이야기로 "용맹스러운 자들이 영감을 받아 이러한 본보기를 따르도록" 썼다고 말했다. 단서 2

➡ **Livy나 Tacitus:** 황제와 장군들의 이야기로 모방하거나 피해야 할 '표본'을 제공
➡ **Jean Froissart:** 기사들의 이야기로 '본보기'를 제공
　▶ 두 가지 예시 모두 역사적인 이야기를 통해 교훈적인 내용을 전달함

3rd **2nd**에서 이해한 내용을 선택지에서 고른다.

빈칸 문장	이야기를 통해서 사건을 이해하는 것뿐만 아니라, 고대 사회의 역사가들은 <u>도덕적 교훈과 성찰의 근원</u>으로서 역사의 전통을 확립했다.

➡ 빈칸 문장은 〈고대 사회의 역사가들이 ① '도덕적 교훈과 성찰의 근원'으로서 역사의 전통을 확립했다.〉라는 내용이 되어야 한다.

| 선택지 분석 |

① 고대 사회의 역사가들은 역사를 토대로 도덕적인 본보기를 제공해 성찰하게 했다.
② 역사 속 인물들을 통해 도덕적인 본보기를 제공하려고 했던 것이지 제국의 흥망성쇠를 기록하고자 한 것이 아니다.
③ 폭력과 억압과의 전쟁으로서 역사의 전통을 확립했다는 내용의 글이 아니다.
④ 역사가들이 역사를 분쟁을 중재하는 수단으로 사용했다는 것이 아니다.
⑤ 역사가 혁신의 중요한 부분으로서 기능했다는 내용이 아니다.

M 18 정답 ⑤ ⭐ 1등급 대비 [정답률 18%]

＊관습을 변질시키는 시장 사고방식

One vivid example / of how a market mindset can transform and undermine an institution / is given by Dan Ariely / in his book *Predictably Irrational*. //
한 생생한 예가 / 어떻게 시장 사고방식이 관습을 변질시키고 훼손시킬 수 있는지에 대한 / Dan Ariely에 의해 주어진다 / 그의 저서 'Predictably Irrational'에서 //

He tells the story of a day care center in Israel / that decided to fine parents / who arrived late / to pick up their children, /
그는 이스라엘의 한 어린이집에 관한 이야기를 들려주는데 / 부모들에게 벌금을 부과하기로 결정했던 / 늦게 도착한 / 자신의 아이를 데리러 /

in the hope / that this would discourage them from doing so. //
바라서였다 / 이것이 그들이 그렇게 행동하는 것을 막을 수 있기를 // 단서 1 한 어린이집에서 늦게 아이를 데리고 가는 부모들에게 벌금을 부과하기 시작함

In fact, / the exact opposite happened. //
실제로는 / 정반대의 일이 일어났다 //

Before the imposition of fines, / parents felt guilty about arriving late, / and guilt was effective / in ensuring that only a few did so. //
단서 2 벌금이 도입되기 전 부모들은 늦게 도착한 것에 대해 죄책감을 느낌
벌금 부과 전에 / 부모들은 늦게 도착한 것에 대해 죄책감을 느꼈고 / 죄책감은 효과적이었다 / 오직 몇몇만이 그렇게 하도록 확실히 하는 데 //

'일단 ~하자'
Once a fine was introduced, / it seems / that in the minds of the parents / the entire scenario was changed / from a social contract to a market one. // **단서 3** 벌금이 도입되자 부모들은 그것을 시장 계약으로 여김
일단 벌금이 도입되자 / ~처럼 보인다 / 부모들의 마음속에서 / 전체 시나리오가 바뀌었던 (것처럼 보인다) / 사회 계약에서 시장 계약으로 //

Essentially, / they were paying for the center / to look after their children after hours. // 근본적으로 / 그들은 어린이집에 비용을 지불하고 있었다 / 방과 후에 자신의 아이를 돌보는 것에 있어 /

목적어   목적격 보어
Some parents thought **it worth the price**, / and the rate of late arrivals increased. // **단서 4** 부모들은 정당한 대가를 지불한다고 생각하여 늦은 도착의 비율이 증가함
일부 부모들은 그것이 값어치를 한다고 생각했고 / 늦은 도착의 비율이 증가했다 //

Significantly, / once the center abandoned the fines / and went back to the previous arrangement, / late arrivals remained at the high level / they **had reached** / during the period of the fines. //
과거완료의 대과거 용법
중요하게는 / 어린이집이 벌금을 그만두고 / 이전 방식으로 돌아갔을 때 / 늦은 도착은 그 높은 수준에 머물렀다 / 그것들이 도달했었던 / 벌금 기간 동안 //

- vivid ⓐ 생생한 · day care center 어린이집, 탁아소
- fine ⓥ 벌금을 부과하다 ⓝ 벌금 · opposite ⓝ 정반대의 일
- imposition ⓝ 도입, 시행 · ensure ⓥ 반드시 ~하게 하다
- introduce ⓥ 도입하다 · entire ⓐ 전체의, 온 · contract ⓝ 계약
- worth the price 값을 하는 · abandon ⓥ 그만두다
- common good 공익 · existing ⓐ 기존의, 현재 사용되는
- compensate for ~을 보상하다 · bond ⓝ 유대감
- mindset ⓝ 사고방식 · undermine ⓥ 훼손시키다
- institution ⓝ 관습, 제도

어떻게 **시장 사고방식이 관습을 변질시키고 훼손시킬 수 있는지**에 대한 한 생생한 예가 그의 저서 'Predictably Irrational'에서 Dan Ariely에 의해 주어진다. 그는 자신의 아이를 데리러 늦게 도착한 부모들에게 벌금을 부과하기로 결정했던 이스라엘의 한 어린이집에 관한 이야기를 들려주는데, 이는 이것이 그들이 그렇게 행동하는 것을 막을 수 있기를 바라서였다. 실제로는 정반대의 일이 일어났다. 벌금 부과 전에 부모들은 늦게 도착한 것에 대해 죄책감을 느꼈고 죄책감은 오직 몇몇만이 그렇게 하도록 확실히 하는 데 효과적이었다. 일단 벌금이 도입되자 부모들의 마음속에서 전체 시나리오가 사회 계약에서 시장 계약으로 바뀌었던 것으로 보인다. 근본적으로 그들은 방과 후에 자신의 아이를 돌보는 것에 있어 어린이집에 비용을 지불하고 있었다. 일부 부모들은 그것이 값어치를 한다고 생각했고 늦은 도착의 비율이 증가했다. 중요하게는 어린이집이 벌금을 그만두고 이전 방식으로 돌아갔을 때 늦은 도착은 벌금 기간 동안 그것들이 도달했었던 그 높은 수준에 머물렀다.

다음 빈칸에 들어갈 말로 가장 적절한 것을 고르시오. [3점]

① people can put aside their interests for the common good
　공익을 우선시한다는 내용이 아님
　사람들이 공익을 위해 자신의 이익을 제쳐놓을 수 있는지
② changing an existing agreement can cause a sense of guilt
　기존의 합의를 바꾸는 것이 죄책감을 초래할 수 있는지
새로운 합의를 도입하자 오히려 죄책감이 사라짐
③ imposing a fine can compensate for broken social contracts
　벌금을 부과하자 오히려 늦은 도착이 증가함
　벌금을 부과하는 것이 파기된 사회적 계약을 보상할 수 있는지
④ social bonds can be insufficient to change people's behavior
　사회적 유대감에 관한 내용은 언급되지 않음
　사회적 유대감이 사람들의 행동을 바꾸기에 불충분할 수 있는지
⑤ a market mindset can transform and undermine an institution
　시장 사고방식이 도입되면 기존의 사회 계약에 대한 관습이 변질됨
　시장 사고방식이 관습을 변질시키고 훼손시킬 수 있는지

왜 1등급? 예시의 내용을 잘 이해했더라도 이를 한 문장으로 정리하는 게 쉽지 않은 1등급 대비 문제이다. 시장 사고방식이란 정당한 대가를 지불하여 서비스를 받는 것이고, 예시에서 아이들을 늦게 데려가는 것에 벌금을 내는 것이 이에 해당한다. 예시에서 벌금을 부과하는 것이 어떤 결과를 일으켰는지 알면 시장 사고방식이 어떤 결과를 냈다고 주장하는지 알 수 있을 것이다.

| 문제 풀이 순서 |

1st 먼저 빈칸이 포함된 문장을 읽고, 빈칸에 들어갈 말을 찾을 방법을 떠올린다.

빈칸 문장
One vivid example of how _____________ is given by Dan Ariely in his book *Predictably Irrational*.
어떻게 _____________ 에 대한 **한 생생한 예**가 그의 저서 'Predictably Irrational'에서 Dan Ariely에 의해 주어진다.

➡ 빈칸 문장 뒤로는 빈칸 내용에 대한 예시가 이어질 것이다. 예시를 종합하여 빈칸에 들어갈 말을 고른다.

2nd 예시로 든 상황을 정확히 이해한다.

전개	한 어린이집에서 늦게 아이를 데리러 오는 부모들에게 그렇게 하는 것을 막도록 벌금을 부과하였다. **단서 1**
결말	벌금이 도입되자 늦게 도착한 것에 대한 죄책감이 사라져 벌금을 내고 늦게 찾아가는 부모들의 수가 오히려 늘어났다. **단서 2,3,4**

➡ 예시로 든 상황이 발생한 이유는 사회 계약(조금 늦더라도 아이들을 맡아주는 것)이 시장 계약(벌금 도입)으로 바뀌었다고 부모들이 인식했기 때문이다.
▶ 예시는 시장 계약이 사회 계약에 미친 영향을 보여주므로 이를 정리한 내용을 선택지에서 고르면 된다.

3rd **2nd** 에서 이해한 내용을 선택지에서 고른다.

빈칸 문장
어떻게 시장 사고방식이 관습을 변질시키고 훼손시킬 수 있는지에 대한 한 생생한 예가 그의 저서 'Predictably Irrational'에서 Dan Ariely에 의해 주어진다.

➡ 한 어린이집에서 늦게 아이를 데리러 오는 부모들에게 벌금을 부과하여 일찍 데리고 가도록 유도하고자 했으나, 오히려 반대의 결과가 나타났다.
▶ 이는 ⑤ '시장 사고방식(벌금을 도입하는 것)이 관습(아이들을 늦게까지 봐주는 것)을 변질시키고 훼손시킨' 예시이다.

| 선택지 분석 |

① 글에서 나온 이스라엘의 한 어린이집의 예시는 사람들이 자신의 이익보다 공익을 우선시했다는 것을 보여주는 예시가 아니다.
② 기존의 합의에 시장 사고방식을 도입하자 오히려 죄책감이 사라졌고 사회적 계약이 시장 계약으로 바뀌었다.
③ 벌금을 부과하자 늦은 도착의 비율이 오히려 증가했다.
④ 사회적 유대감이 불충분해서 늦게 아이를 데리러 가는 부모들의 비율이 늘어난 것이 아니라, 벌금이 도입되자 서비스에 정당한 대가를 지불한다고 생각하여 비율이 증가했던 것이다.
⑤ 시장 사고방식(벌금 도입)이 관습(조금 늦더라도 아이를 봐주던 것)을 변질시키고 훼손시켰다.

어법 특강

＊ 간접의문문

– 간접의문문은 「의문사/if/whether+주어+동사」의 어순으로 다른 문장에 삽입되어, 명사절로서 주어, 보어, 목적어의 역할을 한다.

- **Where the trick is hidden** is a secret.
　주어 자리에 온 간접의문문
　(어디에 속임수가 숨겨져 있는지는 비밀이다.)
- Do you know **what time the movie starts**?
　목적어 자리에 온 간접의문문
　(너는 몇 시에 그 영화가 시작하는지 아니?)
- I began to worry about **what they thought of me**.
　전치사의 목적어 자리에 온 간접의문문
　(나는 그들이 나에 대해 무슨 생각을 하는지에 대해 걱정하기 시작했다.)
- I wonder **if I can get a full refund on this item**.
　목적어 자리에 온 의문사가 없는 간접의문문
　(제가 이 상품에 대해 전액 환불을 받을 수 있는지 궁금해요.)

M 19 정답 ② *모든 연령대에서 소비되는 어린이 영화

We must explore the relationship / **between** children's film
between A and B: A와 B 사이의
production **and** consumption habits. //
우리는 관계를 탐구해야 한다 / 어린이 영화 제작과 소비 습관 사이의 //

The term "children's film" / implies ownership by children / —
their cinema — / 단서 1 어린이 영화는 어린이들의 소유임을 암시하지만, 실제로는 반대임
'어린이 영화'라는 용어는 / 어린이에 의한 소유권을 암시하지만 / 즉 '그들의' 영화 /
과거분사구 (films 수식) 현재완료시제 수동태
but films supposedly **made for children** / **have** always **been
consumed** by audiences of all ages, / particularly in commercial
cinemas. //
소위 어린이를 위해 만들어진 영화는 / 항상 모든 연령대의 관객들에게 소비되어 왔다 / 특히
상업 영화에서 //

단서 2 어린이 영화의 관객 구성은 나이대를 넘나들고 있음이 증명됨
The considerable crossover / in audience composition for
children's films / can be shown by the fact /
상당한 (연령 간의) 넘나듦이 있다는 것은 / 어린이 영화의 관객 구성에서 / 사실에 의해
증명될 수 있다 /
동격절 접속사
that, in 2007, eleven Danish children's and youth films /
attracted 59 per cent of theatrical admissions, /
2007년에 11개의 덴마크의 어린이 및 청소년 영화가 / 극장 입장객의 59퍼센트를
끌어모았고 /

and in 2014, German children's films / comprised seven out of
the top twenty films / at the national box office. //
2014년에는 독일의 어린이 영화가 / 상위 20개 영화 중 7개를 차지했다 / 전국 극장 흥행
수익에서 //

단서 3 어린이 영화가 다양한 연령의 관객에게서 광범위하고 국제적으로 수용되고 있음
This phenomenon corresponds with a broader, international
관계대명사 (명사절)
embrace / of **what** is seemingly children's culture / among
audiences of diverse ages. //
이 현상은 더 광범위하고 국제적으로 수용되는 것과 일치한다 / 겉으로는 어린이 문화처럼
보이는 것이 / 다양한 연령대의 관객들 사이에서 //
단수 주어 동격절 접속사
The old prejudice / **that** children's film is some other realm, /
separate from / (and forever subordinate to) / a more legitimate
cinema for adults /
오래된 편견은 / 어린이 영화가 다른 영역이라는 / 별개의 / (그리고 영원히 하위의) / 성인을
위한 더 제대로 된 영화와는 / 단서 4 어린이 영화가 성인을 위한 영화와는 별개라는 편견은 사실이 아님
단수 동사
is not **supported** by the realities of consumption: /
소비의 실상에 의해 뒷받침되지 않는다 /

children's film is at the heart / of contemporary popular culture. //
즉, 어린이 영화가 중심에 있다 / 현대 대중문화의 //

- consumption ⓝ 소비　　· imply ⓥ 암시하다
- supposedly 졔 소위　　· considerable 졔 상당한
- composition ⓝ 구성　　· Danish 졔 덴마크의
- theatrical 졔 극장의　　· comprise ⓥ ~으로 구성되다
- correspond with ~와 부합하다　　· embrace ⓝ 수용, 포용
- seemingly 졔 겉보기에는　　· prejudice ⓝ 편견　　· realm ⓝ 영역
- legitimate 졔 정통의　　· artistic 졔 예술적인
- inexperienced 졔 경험이 부족한

우리는 어린이 영화 제작과 소비 습관 사이의 관계를 탐구해야 한다. '어린이 영화'라는 용어는 어린이에 의한 소유권, 즉 '그들의' 영화를 암시하지만, 소위 어린이를 위해 만들어진 영화는 특히 상업 영화에서, 항상 **모든 연령대의 관객들에게 소비되어 왔다.** 어린이 영화의 관객 구성에서 상당한 (연령 간의) 넘나듦이 있다는 것은, 2007년에 11개의 덴마크의 어린이 및 청소년 영화가 극장 입장객의 59퍼센트를 끌어모았고 2014년에는 독일의 어린이 영화가 전국 극장 흥행 수익 상위 20개 영화 중 7개를 차지했다는 사실에 의해 증명될 수 있다. 이 현상은 다양한 연령대의 관객들 사이에서 겉으로는 어린이 문화처럼 보이는 것이 더 광범위하고 국제적으로 수용되는 것과 일치한다. 어린이 영화가 성인을 위한 더 제대로 된 영화와는 별개의 (그리고 영원히 하위의) 다른 영역이라는 오래된 편견은 소비의 실상에 의해 뒷받침되지 않는다. 즉, 어린이 영화가 현대 대중문화의 중심에 있다.

다음 빈칸에 들어갈 말로 가장 적절한 것을 고르시오.

① centered on giving moral lessons 도덕적 교훈은 언급되지 않았음
　도덕적 교훈을 주는 것에 초점이 맞춰져 왔다
② consumed by audiences of all ages 실제로는 다양한 연령대의 관객들에게
　모든 연령대의 관객에게 소비되어 왔다 소비되었음
③ appreciated through an artistic view 예술적 관점을 통한 감상은 언급되지
　예술적 관점을 통해 감상되어 왔다 않음
④ produced by inexperienced directors 언급되지 않음
　경험이 적은 감독들에 의해 제작되어 왔다
⑤ separated from the cinema for adults 빈칸의 내용과는 반대임
　성인을 위한 영화와 분리되어 왔다

| 문제 풀이 순서 | ★★★ [정답률 61%]

1st 빈칸이 포함된 문장을 읽고, 빈칸에 들어갈 말에 대한 단서를 얻는다.

빈칸 문장	'어린이 영화'라는 용어는 어린이에 의한 소유권, 즉 '그들의' 영화를 암시하지만, 소위 어린이를 위해 만들어진 영화는 특히 상업 영화에서, 항상 ＿＿＿＿＿＿＿.

➡ '어린이 영화'라는 용어는 어린이들의 소유임을 암시함 → 하지만(but), 빈칸은 이와 반대되는 내용이 이어질 것임

　▶ 빈칸을 채우려면 어린이 영화가 특히 상업 영화에서 어떤 특징을 지녔는지를 살펴보아야 한다.

2nd 글을 마저 읽으며 어린이 영화를 어떻게 설명하고 있는지를 찾는다.
- 어린이 영화의 관객 구성은 나이대를 넘나들고 있음이 증명됨 단서 2
- 어린이 영화가 다양한 연령의 관객에게서 광범위하게 수용되고 있음 단서 3
- 어린이 영화가 성인을 위한 영화와는 별개라는 편견은 소비 실태를 살펴보면 뒷받침되지 않음 단서 4

➡ 어린이 영화는 어린이의 소유라는 편견과는 달리, 실제로는 다양한 나이대의 관객들이 보고 있음 → 실제 소비 실태를 살펴보면 어린이 영화는 다양한 연령의 관객에게 수용됨

▶ 따라서 빈칸에 들어갈 말은 ② '모든 연령대의 관객들에게 소비되어 왔다'이다.

| 선택지 분석 |
① 어린이 영화가 도덕적 교훈을 준다는 내용은 언급되지 않았다.
② 어린이 영화라는 편견과는 달리 실제로는 다양한 연령대의 관객들에게 소비되었다.
③ 어린이 영화가 예술적 관점으로 감상되었다는 내용은 언급되지 않았다.
④ 어린이 영화가 경험이 적은 감독에 의해 제작되었다는 내용은 언급되지 않았다.
⑤ 어린이 영화는 성인을 위한 영화와는 분리된다는 오랜 편견이 있었으나, 소비 실태를 살펴보면 어린이 영화도 다양한 연령의 관객에게 소비된다는 내용이다.

M 20 정답 ⑤ *과학자들이 꾸준히 성과를 낼 수 있는 이유

부정어
Great scientists are / **seldom** one-hit wonders. //
위대한 과학자가 / 반짝 스타인 경우는 드물다 / 단서 1 위대한 과학자는 한 번의
성과로만 그치지 않음
Newton is a prime example: / beyond the Newtonian mechanics,
/ he developed / the theory of gravitation, calculus, laws of
motion, and optimization. //
뉴턴이 대표적인 예인데 / 뉴턴 역학을 넘어 / 그는 발전시켰다 / 중력 이론, 미적분학, 운동
법칙 및 최적화를 //
수동태 동사
In fact, / well-known scientists **are** often **involved** / in multiple
discoveries, / **a phenomenon potentially explained by the
Matthew effect.** //
동격의 명사구 과거분사구 (phenomenon 수식)
사실 / 잘 알려진 과학자들은 종종 관여하는데 / 여러 발견에 / 이는 아마도 매튜 효과로
설명되는 현상일 것이다 //

Indeed, / an initial success **may offer** a scientist legitimacy, /
improve peer perception, / **provide** knowledge of **how to score**
and win, /
병렬 구조(may 뒤에 연결) how to-v: ~하는 법
실제로 / 최초의 성공은 과학자에게 정당성을 부여하고 / 동료들의 인식을 향상시키며 /
어떻게 성과를 내고 성공하는지에 대한 지식을 제공하고 /

enhance social status, / and attract resources and quality collaborators, / each of these payoffs further increasing / her odds of scoring another win. //

사회적 지위를 높이며 / 자원과 우수한 협력자를 끌어들이는데 / 이러한 각각의 보상들은 더욱 높여 준다 / 과학자가 또 다른 성공을 거둘 가능성을 //

Yet, there is an appealing alternative explanation: /

그러나, 매력적인 대안이 되는 설명이 있는데 /

Great scientists have multiple hits / and consistently succeed / in their scientific endeavors / simply because they're exceptionally talented. //

위대한 과학자들이 여러 번의 성공을 거두고 / 지속적으로 성과를 이루는데 / 과학적 노력에서 / 그 이유는 단지 그들이 유난히 재능이 있기 때문이라는 것이다 //

Therefore, future success again goes / to those who have had success earlier, /

따라서, 미래의 성공이 다시 돌아가는데 / 이전에 성공한 적이 있는 사람에게 /

not because of advantages / offered by the previous success, / but because the earlier success / was indicative of a hidden talent. //

이는 이점 때문이 '아니라' / 이전의 성공으로 인해 제공된 / 이전의 성공이 / 숨겨진 재능을 나타내는 것이기 때문이다 //

The Matthew effect posits / that success alone increases / the future probability of success, / raising the question: /

매튜 효과는 상정하며 / 성공은 '하나만으로' 높인다고 / 미래의 성공 확률을 / 다음과 같은 의문을 제기한다 /

Does status dictate outcomes, / or does it simply reflect / an underlying talent or quality? //

지위가 결과를 좌우하는 것일까 / 아니면 그것은 단순히 반영하는 것일까 / 근본적인 재능이나 자질을 //

In other words, / is there really a Matthew effect after all? //

다시 말하면 / 결론적으로 매튜 효과가 정말로 존재하는 것일까 //

- one-hit wonder 반짝 스타
- prime ⓐ 주요한, 대표적인
- mechanics ⓝ 역학
- gravitation ⓝ 중력
- calculus ⓝ 미적분학
- optimization ⓝ 최적화
- legitimacy ⓝ 정당성
- quality ⓐ 고급의, 우수한
- collaborator ⓝ 협력자
- payoff ⓝ 보상
- odds ⓝ 가능성
- appealing ⓐ 매력적인
- alternative ⓐ 대안의
- endeavor ⓝ 노력
- exceptionally ⓐⓓ 유난히, 이례적으로
- probability ⓝ 확률
- dictate ⓥ 좌우하다, 결정하다
- inseparable ⓐ 분리될 수 없는
- indicative ⓐ 나타내는

위대한 과학자가 반짝 스타인 경우는 드물다. 뉴턴이 대표적인 예인데, 그는 뉴턴 역학을 넘어 중력 이론, 미적분학, 운동 법칙 및 최적화를 발전시켰다. 사실, 잘 알려진 과학자들은 종종 여러 발견에 관여하는데, 이는 아마도 매튜 효과로 설명되는 현상일 것이다. 실제로, 최초의 성공은 과학자에게 정당성을 부여하고, 동료들의 인식을 향상시키며, 어떻게 성과를 내고 성공하는지에 대한 지식을 제공하고, 사회적 지위를 높이며, 자원과 우수한 협력자를 끌어들이는데, 이러한 각각의 보상들은 과학자가 또 다른 성공을 거둘 가능성을 더욱 높여 준다. 그러나, 매력적인 대안이 되는 설명이 있는데, 위대한 과학자들이 여러 번의 성공을 거두고 지속적으로 과학적 노력에서 성과를 이루는 이유는 단지 그들이 유난히 재능이 있기 때문이라는 것이다. 따라서, 미래의 성공이 이전에 성공한 적이 있는 사람에게 다시 돌아가는데, 이는 이전의 성공으로 인해 제공된 이점 때문이 '아니라', 이전의 성공이 숨겨진 재능을 나타내는 (것이기) 때문이다. 매튜 효과는 성공은 '(그) 하나만으로' 미래의 성공 확률을 높인다고 상정하며, 다음과 같은 의문을 제기한다. 지위가 결과를 좌우하는 것일까, 아니면 그것은 근본적인 재능이나 자질을 단순히 반영하는 것일까? 다시 말하면, 결론적으로 매튜 효과가 정말로 존재하는 것일까?

| 문제 풀이 순서 | ★★★ [정답률 34%]

1st 빈칸이 포함된 문장을 읽고, 빈칸에 들어갈 말에 대한 단서를 얻는다.

빈칸 문장 따라서(Therefore), 미래의 성공이 이전에 성공한 적이 있는 사람에게 다시 돌아가는데, 이는 이전의 성공으로 인해 제공된 이점 때문이 '아니라', 이전의 성공이 ______________ (것이기) 때문이다.

→ 이전에 성공했던 사람이 미래에도 다시 성공하게 되는데, 그 이유가 무엇인지에 관한 부분이 빈칸임 → 이전 성공으로 인해 얻은 이점 때문이 아니라, 이전 성공이 어떠했기 때문인지를 묻고 있음 → '따라서(Therefore)'라는 표현으로 빈칸 문장이 시작되고 있으므로, 빈칸은 앞 문장의 내용과 연결되고 있을 것임

▶ 빈칸을 채우려면 미래의 성공이 이전에 성공했던 사람에게 다시 돌아가는 이유를 앞 문장에서 무엇 때문이라고 설명하고 있는지를 살펴보아야 한다.

2nd 글을 마저 읽으며 반복적인 성공의 이유를 어떻게 설명하고 있는지 찾는다.

위대한 과학자는 여러 번 성공의 경험을 가짐

매튜 효과: 이는 첫 성공이 그들의 지위와 명성을 높여 이후의 성공으로 이어질 가능성을 올려주기 때문임

매튜 효과의 대안: 위대한 과학자들이 유난히 재능이 있기 때문임

▶ 빈칸은 매튜 효과의 대안에 대해 설명하는 부분이므로, 저명한 과학자들이 여러 번 성공하는 이유는 이전의 성공으로 얻은 이점 때문이 아니라, 이전의 성공이 ⑤ '숨겨진 재능을 나타내는' 것임

| 선택지 분석 |

① 과학자들의 꾸준한 성공이 그들의 지속적인 노력이라는 언급은 없었다.
② 과학자들의 꾸준한 성공이 이전 성공 덕분에 협력자들을 끌어들인 덕분이라는 설명은 매튜 효과에 관한 것이다.
③ 과학자들의 꾸준한 성공이 이전 성공 덕분에 재정적 자원을 끌어들인 덕분이라는 설명은 매튜 효과에 관한 것이다.
④ 과학자들의 꾸준한 성공이 이전 성공 덕분에 사회적 지위가 높아진 덕분이라는 설명은 매튜 효과에 관한 것이다.
⑤ 과학자들의 꾸준한 성공에 대한 대안적인 설명으로 그들이 유달리 재능이 있기 때문이라고 소개했다.

M 21 정답 ③ *추상적인 것을 개인적으로 만들기

We might forget an anecdote about a stranger / because it makes few connections / with our existing associations, / but we won't forget a piece of gossip / about our cousin. //

우리는 낯선 사람에 관한 일화는 잊을지 모르지만 / 그것이 거의 연관성이 없기 때문에 / 우리의 기존 연상들과 / 소문은 한 부분도 잊지 않을 것이다 / 우리의 사촌에 관한 //

There's one complex network / that is larger and quicker to access / than all others — the self. //

하나의 복잡한 네트워크가 있다 / 더 크고 접근하기에 더 빠른 / 다른 모든 것보다 / 자아 //

We've been thinking about ourselves / in our whole lives. //

우리는 우리 자신에 대해 생각해 왔다 / 평생 //

(In fact, / there were entire years during junior high / when we weren't capable of thinking about much else.) //

(사실 / 중학교 시절엔 해들도 있었다 / 우리가 다른 건 거의 생각하지 못했던) //

So if a new piece of information / has something to do with us, / it will be more easily and thoroughly processed. //

그래서 어떤 새로운 정보가 / '우리'와 관련이 있다면 / 그것은 더 쉽게 그리고 더 철저하게 처리될 것이다 //

비교급 강조

It hits even closer to home / than our actual home / — we can take a vacation / away from our home, / but not from *ourselves*. //

재귀대명사 (재귀적 용법)

그것은 훨씬 더 가깝게 와닿는다 / 우리의 실제 집보다 / 우리는 휴가를 갈 수 있지만 / 집으로부터 떠나 / 우리 '자신'으로부터는 아니다 //

형용사적 용법 (ways 수식)

The most effective communicators / find ways to make / the abstract personal. //

to make의 목적어와 목적격 보어 (형용사)

가장 효과적인 의사소통자는 / 만드는 방법을 찾는다 / 추상적인 것을 개인적으로 //

명령문 동사 · 목적격 관계대명사 · 부사적 용법 (목적)

Consider the warning / that law schools give / to motivate first-year law students / concerning the rigors of their program. //

경고를 생각해 보라 / 로스쿨이 주는 / 1학년 법대생들을 동기 부여하기 위해 / 그들의 프로그램의 엄격함에 대해 //

동명사구 주어 · 단수 동사

Hearing that "the first-year dropout rate is 33%" / is an abstract statistic. //

"첫 해 중도 탈락률은 33%입니다"라고 듣는 것은 / 추상적인 통계이다 //

미래진행

"Look to your left, / look to your right. // One of the three of you / won't be joining us next fall" / wakes up the self. //

"당신의 왼쪽을 보세요 / 당신의 오른쪽을 보세요 // 당신들 세 명 중 한 명은 / 내년 가을에 우리와 함께하지 않을 것입니다"는 / 자아를 깨운다 // **단서 3** 추상적인 내용을 자신과 직접 관련된 이야기로 풀어낸다면 훨씬 더 와닿을 것임

- anecdote ⓝ 일화, 이야기
- association ⓝ 연관성
- gossip ⓝ 소문
- entire ⓐ 전체의
- capable ⓐ 할 수 있는
- thoroughly ad 철저하게
- abstract ⓐ 추상적인
- concerning prep ~에 관해
- dropout ⓝ 탈락률
- statistic ⓝ 통계
- symbolic ⓐ 상징적인

우리는 그것이 우리의 기존 연상들과 거의 연관성이 없기 때문에 낯선 사람에 관한 일화는 잊을지 모르지만, 우리의 사촌에 관한 소문은 한 부분도 잊지 않을 것이다. 다른 모든 것보다 더 크고 접근하기에 더 빠른 하나의 복잡한 네트워크가 있다 — 자아. 우리는 평생 우리 자신에 대해 생각해 왔다. (사실, 중학교 시절엔 우리가 다른 건 거의 생각하지 못했던 해들도 있었다.) 그래서 어떤 새로운 정보가 '우리'와 관련이 있다면, 그것은 더 쉽게 그리고 더 철저하게 처리될 것이다. 그것은 우리의 실제 집보다 훨씬 더 가깝게 와닿는다 — 우리는 집으로부터 떠나 휴가를 갈 수 있지만, 우리 '자신'으로부터는 아니다. 가장 효과적인 의사소통자는 추상적인 것을 **개인적**으로 만드는 방법을 찾는다. 로스쿨이 그들의 프로그램의 엄격함에 대해 1학년 법대생들을 동기 부여하기 위해 주는 경고를 생각해 보라. "첫 해 중도 탈락률은 33%입니다"라고 듣는 것은 추상적인 통계이다. "당신의 왼쪽을 보세요, 당신의 오른쪽을 보세요. 당신들 세 명 중 한 명은 내년 가을에 우리와 함께하지 않을 것입니다"는 자아를 깨운다.

다음 빈칸에 들어갈 말로 가장 적절한 것을 고르시오.

① objective 객관적인 — 오히려 주관적인 것으로 만들어야 한다는 내용임
② logical 논리적인 — 논리적으로 만드는 것과 관련 없음
③ personal 개인적인 — So if a new piece of information ~ thoroughly processed
④ creative 창의적인 — 추상적인 것을 창의적으로 만들라는 내용은 언급되지 않음
⑤ symbolic 상징적인 — 추상적인 것을 상징적으로 만들라는 내용은 언급되지 않음

왜 정답? ✿✿✿ [정답률 45%]

빈칸은 '효과적인 의사소통을 위해 추상적인 것을 어떤 것으로 만들어야 하는가?'와 관련된 내용으로, 사람들이 메시지를 효과적으로 전달받기 위해서는 해당 메시지가 어때야 하는지에 관한 내용을 찾아야 한다.

➡ 우리는 다른 것보다 자아와 관련된 것에 더 빠르게 접근하는 네트워크를 갖고 있으며, 새로운 정보가 자신과 관련이 있을 때 더 쉽고 철저하게 처리된다고 했다.

▶ 따라서 효과적인 의사소통을 위해, 듣는 사람이 해당 메시지를 자신과 관련된 것이라고 인식하도록 만들어야 한다는 내용이므로, 빈칸에 들어갈 말은 ③ '개인적인'이다.

왜 오답?

① 효과적인 의사소통을 위해서는 해당 주제를 객관적으로 만드는 것이 아니라 오히려 주관적인 것으로 만들어야 한다는 내용이다.
② 효과적인 의사소통을 위해서는 해당 주제를 논리적으로 만드는 것이 아니라 오히려 개인적인 것으로 만들어야 한다는 내용이다.
④ 추상적인 것을 창의적으로 만들라는 내용은 언급되지 않았다.
⑤ 추상적인 것을 상징적으로 만들라는 내용은 언급되지 않았다.

M 22 정답 ① *새로운 기술을 받아들이게 만드는 유사성

부사적 용법 (목적) · to get의 목적격 보어 (to부정사)

Steve Jobs used analogy / to get people to embrace the new technology. // **단서 1** Steve Jobs는 사람들이 새로운 기술을 받아들이도록 만들기 위해 유사성을 활용함

Steve Jobs는 유사성을 사용했다 / 사람들이 새로운 기술을 받아들이도록 하기 위해 //

Before computers, / people worked in a physical world. //

컴퓨터 이전에 / 사람들은 물리적인 세계에서 일을 했다 //

We used / paper and pens / and physical file folders and so on. //

우리는 사용했다 / 종이와 펜과 / 물리적인 파일 폴더 등을 //

The idea of working in a virtual world / was radically different. //

가상 세계에서 일한다는 개념은 / 혁신적으로 달랐다 //

seemed의 주격 보어 (형용사)

Or at least *seemed* radically different. //

혹은 적어도 혁신적으로 다르게 '보였다' //

관계대명사절 · 주격 보어절 접속사

What Jobs understood / was that a physical office / was fundamentally similar / to a virtual office. //

Jobs가 이해한 것은 / 물리적인 사무실이 / 근본적으로 유사하다는 것이었다 / 가상 사무실과 //

부사적 용법 (목적) · 관계대명사절 · between A and[with] B 구문

To win over the masses, / Jobs drew strong analogies / between the traditional workplace people knew well / with the new, unfamiliar virtual workplace. // **단서 2** Jobs는 전통적인 일터와 새로운 가상 일터 간의 강한 유사성을 끌어냄

대중을 사로잡기 위해 / Jobs는 강한 유사성을 끌어냈다 / 사람들이 잘 알고 있는 전통적인 일터와 / 새롭고, 낯선 가상 일터 간의 //

부사절 접속사 (때) · 수동태의 과거

In the pre-computer workplace, / when ideas were written on paper / it was called . . . a document. //

컴퓨터 이전의 일터에서 / 생각이 종이에 쓰이면 / 그것은 . . . 문서(document)라고 불렸다 //

수동태의 과거

When those documents needed to be stored / they were put in . . . a folder. //

그 문서들이 저장될 필요가 있을 때 / 그것들은 . . . 폴더(folder)에 넣어졌다 //

수동태의 과거

And those folders were kept / on . . . a desk. //

그리고 그 폴더들은 보관되었다 / . . . 책상(desk)에 //

관계대명사절

Documents, folders, and desktops / are the terms we use in our virtual work /

문서, 폴더, 그리고 데스크탑은 / 우리가 우리의 가상 작업에서 사용하는 용어들이다 /

목적어절 접속사 · make의 목적어와 목적격 보어 (형용사)

because Steve Jobs understood / that using familiar terms / would make the new technology easier to understand. //

Steve Jobs가 이해했기 때문에 / 친숙한 용어를 사용하는 것이 / 새로운 기술을 이해하기 더 쉽게 만들 것이라는 것을 //

복수 주어 · between A and B 구문 · 복수 동사

The parallels / between the physical and virtual workplace / now seem obvious. //

유사점이 / 물리적 일터와 가상 일터 사이의 / 지금은 분명해 보인다 //

- analogy ⓝ 유사성, 비유
- embrace ⓥ 받아들이다
- virtual ⓐ 가상의
- radically ad 급진적으로, 혁신적으로
- fundamentally ad 근본적으로
- win over 설득하다, 사로잡다
- mass ⓝ 대중
- workplace ⓝ 일터
- term ⓝ 용어
- parallel ⓝ 유사점
- prioritize ⓥ 우선시하다
- highlight ⓥ 강조하다
- linguistic ⓐ 언어적인

Steve Jobs는 사람들이 새로운 기술을 받아들이도록 하기 위해 유사성을 사용했다. 컴퓨터 이전에, 사람들은 물리적인 세계에서 일을 했다. 우리는 종이와 펜과 물리적인 파일 폴더 등을 사용했다. 가상 세계에서 일한다는 개념은 혁신적으로 달랐다. 혹은 적어도 혁신적으로 다르게 '보였다'. Jobs가 이해한 것은 물리적인 사무실이 근본적으로 가상 사무실과 유사하다는 것이었다. 대중을 사로잡기 위해, Jobs는 사람들이 잘 알고 있는 전통적인 일터와 새롭고, 낯선 가상 일터 간의 강한 유사성을 끌어냈다. 컴퓨터 이전의 일터에서, 생각이 종이에 쓰이면 그것은 . . . 문서(document)라고 불렸다. 그 문서들이 저장될 필요가 있을 때 그것들은 . . . 폴더(folder)에 넣어졌다. 그리고 그 폴더들은 . . . 책상(desk)에 보관되었다. 문서, 폴더, 그리고 데스크탑은 Steve Jobs가 **친숙한 용어를 사용하는 것**이 새로운 기술을 이해하기 더 쉽게 만들 것이라는 것을 이해했기 때문에 우리가 우리의 가상 작업에서 사용하는 용어들이다. 물리적 일터와 가상 일터 사이의 유사점이 지금은 분명해 보인다.

다음 빈칸에 들어갈 말로 가장 적절한 것을 고르시오.

① using familiar terms 문서, 폴더, 데스크탑이라는 용어를 사용함
친숙한 용어를 사용하는 것
② focusing on efficiency
효율성에 초점을 맞추는 것
③ prioritizing user preference — 언급되지 않음
사용자 선호를 우선시하는 것
④ receiving continuous feedback
지속적인 피드백을 받는 것
⑤ highlighting linguistic differences 상반되는 내용
언어적 차이들을 강조하는 것

왜 정답? ✹✹✺ [정답률 74%]

빈칸은 '사람들을 새로운 가상 기술과 친숙하게 만들기 위해 Steve Jobs는 어떤 전략을 활용했는가?'와 관련된 내용으로, 사람들이 낯선 가상 세계를 쉽게 받아들이고 이해하도록 만들기 위해 그가 어떤 생각을 했는지에 관한 내용을 찾아야 한다.

➡ Steve Jobs는 사람들이 새로운 기술을 받아들이도록 만들기 위해 유사성을 활용했다고 한다. 즉, 가상 세계에서 일한다는 개념을 대중들에게 인식시키기 위해, Jobs는 전통적인 일터와 새로운 가상 일터 간의 강한 유사성을 끌어냈다.

▶ 따라서 우리가 가상 세계에서 사용하는 문서, 폴더, 데스크탑 등의 용어는 전통적인 작업 방식과 낯선 가상 작업 사이의 유사성을 강조하기 위한 방식이라는 내용이므로, 빈칸에 들어갈 말은 ① '친숙한 용어를 사용하는 것'이다.

왜 오답?

② 효율성에 초점을 맞춘다는 내용은 언급되지 않았다.
③ 사용자 선호를 우선시한다는 내용은 언급되지 않았다.
④ 지속적인 피드백을 받는다는 내용은 언급되지 않았다.
⑤ 전통적인 작업에서 사용하던 용어들과의 유사성을 강조해 오히려 언어적 차이를 줄였다는 내용이므로, 빈칸의 내용과 반대이다. 주의

M 23 정답 ⑤ ✶준비를 통해 길러지는 학생들의 창의력

One factor / 주격 관계대명사 that may hinder creativity / is unawareness / of the resources required / 과거분사 (resources 수식) in each activity in students' learning. //
한 가지 요소는 / 창의성을 방해할 수도 있는 / 인식이 없다는 것이다 / 요구되는 자원에 대한 / 학생들의 학습에서 각 활동에 //
단서 1 학습 활동에 필요한 자원이 무엇인지 모르는 것은 학생들의 창의성을 방해함

Often students are unable to identify the resources / they need / to perform the task / required of them. // 과거분사구 (task 수식) 앞에 목적격 관계대명사 생략
종종 학생들은 자원을 식별할 수 없다 / 그들이 필요한 / 과제를 수행하는 데 / 그들에게 요구되는 //

Different resources may be compulsory / for specific learning tasks, / and recognizing them may simplify / the activity's performance. // 동명사구 주어
여러 가지의 자원이 필수적일 수 있어서 / 특정 학습 과제들에 대해 / 그리고 그것들을 인식하는 것은 평이하게 해 줄 수도 있다 / 활동의 수행을 //

For example, it may be that / students desire to conduct some experiments / in their projects. // '~일 수도 있다'
예를 들어 ~일 수도 있다 / 학생들이 어떤 실험을 수행하기를 원할 (수도 있다) / 프로젝트에서 //

There must be a prior investigation / of whether the students will have access / to the laboratory, equipment, and chemicals / required for the experiment. // 명사절 접속사 (전치사의 목적어) 과거분사구 (the laboratory ~ chemicals 수식)
단서 2 학생들이 실험에서 무엇을 어떻게 접근할 수 있을지를 사전에 파악해야 함
사전 조사가 있어야 한다 / 학생들이 접근할 수 있을지 여부에 대한 / 실험실, 장비, 그리고 화학 물질에 / 실험에 요구되는 //

It means / preparation is vital / for the students to succeed, / 뒤에 목적어절 접속사 생략 to succeed의 의미상 주어 부사적 용법 (목적)
그것은 의미하며 / 준비가 필수적이라는 것을 / 학생들이 성공하기 위해 /

and it may be about human and financial resources / such as laboratory technicians, money to purchase chemicals, and equipment / for their learning / where applicable. // 형용사적 용법 (money 수식) 사이에 「주어+be동사」 생략
그리고 그것은 인적 그리고 재정적 자원에 대한 것일 수도 있다 / 실험실 기술자, 화학 물질 구입 자금, 그리고 장비와 같은 / 그들의 학습을 위해 / 적용할 수 있는 경우에 //

Even if some of the resources required for a task / 과거분사구 (resources 수식) may not be available, / identifying them in advance / 동명사구 주어 may help students' creativity. //
단서 3 과제를 수행하는 데 필요한 자원을 미리 식별하는 것은 학생들의 창의성에 도움이 됨
비록 과제에 요구되는 자원들 중 일부가 / 이용 가능하지 않을 수도 있지만 / 사전에 그것들을 식별하는 것은 / 학생들의 창의성에 도움이 될 수도 있다 //

It may even lead to / changing the topic, / finding alternative resources, / and other means. // '~로 이어지다'
그것은 심지어 ~로 이어질 수도 있다 / 주제 변경 / 대체 자원들 찾기 / 그리고 다른 방법으로 //

- hinder ⓥ 방해하다
- unawareness ⓝ 알아채지 못함, 모름
- identify ⓥ 식별하다
- compulsory ⓐ 강제적인
- simplify ⓥ 평이하게 하다
- investigation ⓝ 조사
- equipment ⓝ 기구
- vital ⓐ 필수적인
- applicable ⓐ 해당되는, 적용되는
- alternative ⓐ 대안의
- persistence ⓝ 끈기, 지속
- distribution ⓝ 분배
- integration ⓝ 통합

창의성을 방해할 수도 있는 한 가지 요소는 학생들의 학습에서 각 활동에 요구되는 자원에 대한 인식이 없다는 것이다. 종종 학생들은 그들에게 요구되는 과제를 수행하는 데 필요한 자원들을 식별할 수 없다. 여러 가지의 자원들이 특정 학습 과제들에 대해 필수적일 수 있어서 그것들을 인식하는 것은 활동의 수행을 평이하게 해 줄 수도 있다. 예를 들어, 학생들이 프로젝트에서 어떤 실험을 수행하기를 원할 수도 있다. 학생들이 실험에 요구되는 실험실, 장비, 그리고 화학 물질에 접근할 수 있을지 여부에 대한 사전 조사가 있어야 한다. 그것은 학생들이 성공하기 위해 준비가 필수적이라는 것을 의미하며, 그들의 학습을 위해 적용할 수 있는 경우에 그것은 실험실 기술자, 화학 물질 구입 자금, 그리고 장비와 같은 인적 그리고 재정적 자원에 대한 것일 수도 있다. 과제에 요구되는 자원들 중 일부가 이용 가능하지 않을 수도 있지만, 사전에 그것들을 식별하는 것은 학생들의 창의성에 도움이 될 수도 있다. 그것은 심지어 주제 변경, 대체 자원들 찾기, 그리고 다른 방법으로 이어질 수도 있다.

다음 빈칸에 들어갈 말로 가장 적절한 것을 고르시오.

① persistence 끈기에 관한 내용은 언급되지 않았음
끈기
② diversity 학습 활동에 필요한 다양한 자원들을 미리 파악해야 한다는 내용임
다양성
③ distribution 분배에 관한 내용은 언급되지 않았음
분배
④ integration 통합에 관한 내용은 언급되지 않았음
통합
⑤ preparation 사전에 필요한 자원을 식별하는 것이 학습에 도움이 됨
준비

왜 정답? ✹✹✹ [정답률 55%]

빈칸은 '학생들의 성공적인 학습 활동을 위해 필수적인 것'으로, 학생들의 창의적인 학습 활동을 위해 무엇을 갖추어야 하는지를 찾아야 한다.

➡ 첫 문장에서 학생들의 학습 활동에 필요한 자원이 무엇인지 모르는 것은 학생들의 창의성을 방해한다고 했으며, 학생들이 실험이나 과제에서 무엇을 어떻게 접근할 수 있을지를 사전에 파악하는 것이 창의성에 도움이 된다고 설명했다.

▶ 따라서 학생들의 학습 활동이 성공적이려면 사전에 필요한 내용을 갖추고 파악하는 것이 중요하므로, 정답은 ⑤ '준비'이다.

왜 오답?

① 끈기에 관한 내용은 언급되지 않았다.
② 학습 활동에 필요한 다양한 자원들을 미리 파악해야 한다는 내용이다.
③ 분배에 관한 내용은 언급되지 않았다.
④ 통합에 관한 내용은 언급되지 않았다.

M 24 정답 ③ ＊과정의 공정성에 따른 결과의 귀인

단서 1 우리는 불리한 결과를 얻었을 때, 그 과정이 공정하지 않았다고 생각함

부사절 접속사 (시간)
When we get an unfavorable outcome, / in some ways / the *last* thing we want to hear / is that the process was fair. //
우리가 불리한 결과를 얻을 때 / 어떤 면에서 / 우리가 '가장 듣고 싶지 않은' 말은 / 그 과정이 공정했다는 말이다 //

as 형용사 as S V: ~지만 (양보)
As outraging **as** / the combination of an unfavorable outcome and an unfair process is, / this combination also brings with it / a consolation prize: /
분노를 불러일으키지만 / 불리한 결과와 불공정한 과정의 결합이 / 이 결합은 또한 더불어 가져다준다 / 위로의 상을 /

동격의 of   attribute A to B: A를 B의 탓으로 돌리다
the possibility / **of attributing** the bad outcome / **to** something other than ourselves. //
단서 2 우리는 불리한 결과를 우리 자신이 아닌 외부의 탓으로 돌림
즉 가능성을 / 나쁜 결과를 탓으로 돌릴 / 우리 자신 이외의 다른 무언가의 //

재귀 용법의 재귀대명사   by -ing: ~함으로써
We may reassure **ourselves** / **by believing** / that our bad outcome **had little to do with** us / and **everything to do with** the unfair process. //
'~와 관련이 없다'   '~와 관련이 있다'
우리는 우리 자신을 안심시킬지도 모른다 / 믿음으로써 / 우리의 나쁜 결과가 우리와는 거의 관련이 없었고 / 불공정한 과정과 전적으로 관련이 있었다고 //

부사절 접속사 (조건)
If the process is fair, however, / we cannot nearly as easily **externalize** the outcome; / we got **what** we got "fair and square." //
선행사를 포함하는 관계대명사
하지만 그 과정이 공정하다면 / 우리는 결과를 거의 마찬가지로 쉽게 외부화할 수 없으며 / 우리는 우리가 얻은 것을 '정정당당하게' 얻은 것이다 //

부사절 접속사 (시간)   목적어절 접속사
When the process is fair / we believe **that** our outcome is deserved, /
그 과정이 공정할 때 / 우리는 우리의 결과가 마땅하다고 믿게 되는데 /

계속적 용법의 주격 관계대명사   목적어절 접속사   '~이었음에 틀림없다'
which is another way of saying / **that** there **must have been** / something about **ourselves** / (what we did or who we are) / **that** caused the outcome. //
재귀 용법의 재귀대명사   주격 관계대명사
단서 3 과정이 공정할 때 우리 자신 때문에 발생한 것이라고 믿음
이는 말하는 또 다른 방식이다 / 틀림없이 있었을 것이라고 / 우리 자신에 관한 무언가가 / (우리가 무엇을 했는지 또는 우리가 누구인지) / 그 결과를 초래한 //

- unfavorable ⓐ 불리한   • outraging ⓐ 분노를 일으키는
- combination ⓝ 결합   • attribute A to B A를 B의 탓으로 돌리다
- outcome ⓝ 결과   • reassure ⓥ 안심시키다
- deserved ⓐ 응당한   • externalize ⓥ 외부화하다
- overestimate ⓥ 과대평가하다

우리가 불리한 결과를 얻을 때, 어떤 면에서 우리가 '가장 듣고 싶지 않은' 말은 그 과정이 공정했다는 말이다. 불리한 결과와 불공정한 과정의 결합이 분노를 불러일으키지만, 이 결합은 또한 위로의 상, 즉 나쁜 결과를 우리 자신 이외의 다른 무언가의 탓으로 돌릴 가능성을 더불어 가져다준다. 우리는 우리의 나쁜 결과가 우리와는 거의 관련이 없었고 불공정한 과정과 전적으로 관련이 있었다고 믿음으로써 우리 자신을 안심시킬지도 모른다. 하지만 그 과정이 공정하다면, 우리는 결과를 거의 마찬가지로 쉽게 **외부화할** 수 없으며, 우리는 우리가 얻은 것을 '정정당당하게' 얻은 것이다. 그 과정이 공정할 때 우리는 우리의 결과가 마땅하다고 믿게 되는데, 이는 그 결과를 초래한 우리 자신(우리가 무엇을 했는지 또는 우리가 누구인지)에 관한 무언가가 틀림없이 있었을 것이라고 말하는 또 다른 방식이다.

다음 빈칸에 들어갈 말로 가장 적절한 것을 고르시오. [3점]
① expect 결과를 기대하는 것이 아님 / 기대할
② diversify 결과를 다양화한다는 내용은 언급되지 않음 / 다양화할
③ externalize 그 결과를 외부의 탓으로 돌릴 수 없음 / 외부화할
④ generate 생성된 결과를 누구의 탓으로 돌리냐에 관한 내용임 / 생성할
⑤ overestimate 결과를 과대평가한다는 내용은 언급되지 않음 / 과대평가할

> **왜 정답?** ＊＊＊ [정답률 40%]
과정이 공정하지 않았을 때 → 불리한 결과를 우리 자신이 아닌 외부의 탓으로 돌림
과정이 공정했을 때 → 외부화할 수 없고, 우리 자신 때문에 발생한 것이라고 믿음
▶ 과정이 공정할 때는 결과를 정정당당하게 얻는 것이므로 그 결과를 ③ '외부화할' 수 없는 것이다.

> **왜 오답?**
① 과정이 공정할 때 그 결과를 기대하는 것이 아니라, 자신에게 돌린다는 내용이다.
② 결과를 다양화한다는 내용은 언급되지 않았다.
④ 결과를 생성하는 것이 아니라, 생성된 결과를 누구의 탓으로 돌리는지에 관한 내용이다.
⑤ 결과를 과대평가한다는 내용은 언급되지 않았다.

M 25 정답 ① ＊패션 유행의 규칙성과 순환성

The well-known American ethnologist Alfred Louis Kroeber / made a rich and in-depth study / of women's evening dress in the West, /
미국의 잘 알려진 민속학자인 Alfred Louis Kroeber는 / 풍부하고 심도 있는 연구를 수행했다 / 서양의 여성 이브닝 드레스에 대한 /

stretching back about three centuries / and **using** reproductions of engravings. //
병렬 구조 (분사구문을 이끄는 현재분사)
약 3세기 전으로 거슬러 올라가 / 판화 복제품을 사용하여 //

분사구문의 완료형 (주절의 시제보다 앞선 상황)
Having adjusted the dimensions of these plates / due to their diverse origins, / he was able **to analyse** the constant elements / in fashion features / and **to come up with** a study /
병렬 구조 (was able 뒤에 연결)
이 판들의 크기를 조정하여 / 다양한 기원 때문에 / 그는 일정한 요소를 분석해서 / 패션 특징에서의 / 연구를 구상할 수 있었다 /

neither A nor B but C 구문: A, B가 아니라 C
that was **neither** intuitive **nor** approximate, / **but** precise, mathematical and statistical. //
단서 1 그 연구는 패션 특징에 관한 일정 요소를 정확하고 수학적이며 통계적으로 분석함
직관적이지도 대략적이지도 않은 / 그러나 정확하고 수학적이며 통계적인 //

reduce A to B: A를 B로 줄이다[정리하다]
He **reduced** women's clothing / **to** a certain number of features: / length and size of the skirt, / size and depth of the neckline, / height of the waistline. //
그는 여성 의류를 정리했다 / 몇 가지 특징들로 / 스커트의 길이와 크기 / 목선의 크기와 깊이 / 허리선의 높이와 같은 //

목적어절 접속사
He demonstrated unambiguously / **that** fashion is **a profoundly regular phenomenon** / **which** is **not** located at the level of annual variations / **but** on the scale of history. //
주격 관계대명사   not A but B 구문
그는 분명하게 보여주었다 / 패션이 매우 규칙적인 현상이라는 것을 / 매년 일어나는 변화의 수준이 아니라 / 역사의 척도에 위치하는 //

be subject to: ~의 영향을 받다
For practically 300 years, / women's dress **was subject to** a very precise periodic cycle: / forms reach the furthest point in their variations / every fifty years. //
단서 2 여성 드레스는 300년 동안 연구해 보니 50년마다 영향함
거의 300년 동안 / 여성 드레스는 매우 정확한 주기적인 순환의 영향을 받았는데 / 형식은 변화의 정점에 도달했다 / 50년마다 //

If, at any one moment, / skirts are at their longest, / fifty years later / they will be at their shortest; /
어느 한 시기에 / 스커트가 가장 길었다면 / 50년 후에 / 가장 짧아질 것이고 /

thus skirts become long again fifty years after being short / and a hundred years after being long. //
단서 3 스커트는 50년을 주기로 길이가 짧아졌다 길어졌다를 반복함
따라서 스커트는 짧아진 데서 50년 후에 다시 길어지고 / 길어진 데서 100년 후에 길어진다 //

- ethnologist ⓝ 민속학자   • in-depth 심도 있는
- stretch back 거슬러 올라가다   • reproduction ⓝ 복제
- adjust ⓥ 조정하다   • plate ⓝ 판   • origin ⓝ 기원, 유래
- analyse ⓥ 분석하다   • constant ⓐ 일정한, 지속적인
- element ⓝ 요소   • come up with ~을 구상하다
- intuitive ⓐ 직관적인   • approximate ⓐ 대략의
- precise ⓐ 정확한   • mathematical ⓐ 수학적인
- statistical ⓐ 통계적인   • height ⓝ 높이   • waistline ⓝ 허리선
- unambiguously ⓐ 분명하게   • scale ⓝ 척도
- practically ⓐ 사실상, 거의   • periodic ⓐ 주기의
- progressive ⓐ 진보적인   • swiftly ⓐ 빠르게, 신속하게

미국의 잘 알려진 민속학자인 Alfred Louis Kroeber는 약 3세기 전으로 거슬러 올라가 판화 복제품을 사용하여 서양의 여성 이브닝 드레스에 대한 풍부하고 심도 있는 연구를 수행했다. 다양한 기원 때문에 이 판들의 크기를 조정하여, 그는 패션 특징에서의 일정한 요소를 분석해서 직관적이지도 대략적이지도 않은, 정확하고 수학적이며 통계적인 연구를 구상할 수 있었다. 그는 여성 의류를 스커트의 길이와 크기, 목선의 크기와 깊이, 허리선의 높이와 같은 몇 가지 특징들로 정리했다. 그는 패션이 매년 일어나는 변화의 수준이 아니라 역사의 척도에 위치하는 **매우 규칙적인 현상**이라는 것을 분명하게 보여주었다. 거의 300년 동안 여성 드레스는 매우 정확한 주기적인 순환의 영향을 받았는데, 형식은 50년마다 변화의 정점에 도달했다. 어느 한 시기에 스커트가 가장 길었다면 50년 후에 가장 짧아질 것이고, 따라서 스커트는 짧아진 데서 50년 후에 다시 길어지고, 길어진 데서 100년 후에 길어진다.

다음 빈칸에 들어갈 말로 가장 적절한 것을 고르시오. [3점]

① a profoundly regular phenomenon
   매우 규칙적인 현상   연구 결과, 패션의 여러 요소는 주기적이고 규칙적으로 순환하고 있음
② a practical and progressive trend
   실용적이고 진보적인 경향   패션의 실용성과 진보적 경향에 관한 내용은 언급되지 않음
③ an intentionally created art form
   의도적으로 창조된 예술 형식   패션이 의도적으로 창조된 예술이라는 내용은 언급되지 않음
④ a socially influenced tradition
   사회적으로 영향을 받은 전통   패션이 사회적으로 영향을 받은 전통이라는 내용은 언급되지 않음
⑤ a swiftly occurring event
   빠르게 발생하는 사건   패션이 빠르게 발생했다는 것이 아님

| 문제 풀이 순서 | ★★★ [정답률 47%]

1st 빈칸이 포함된 문장을 읽고, 빈칸에 들어갈 말에 대한 단서를 얻는다.

| 빈칸 문장 | 그는 패션이 매년 일어나는 변화의 수준이 아니라 역사의 척도에 위치하는 ____________이라는 것을 분명하게 보여주었다. |

→ 연구 결과에 해당하는 부분에 밑줄이 있으므로, 연구 내용을 토대로 그가 내린 패션의 특징을 파악해야 함

2nd 글을 마저 읽으며 빈칸에 들어갈 적절한 말을 찾는다.

그는 패션 특징에 관해 정확하고 수학적이며 통계적으로 일정 요소를 분석함 **단서 1**
→ 여성 드레스를 300년 동안 연구해 보니 정확한 주기적 순환을 겪었고, 그 형식은 50년마다 변화함 **단서 2** → 스커트는 50년을 주기로 길이가 짧아졌다 길어졌다 반복함 **단서 3**

→ 그의 연구 결과는 패션이 매년 변화하는 수준이 아니라, 오랜 시간에 걸쳐 보았을 때 규칙성과 주기성을 띠고 있었다는 것이다.

▶ 따라서 정답은 ① '매우 규칙적인 현상'이다.

| 선택지 분석 |

① 연구 결과, 패션의 여러 요소는 주기적이고 규칙적으로 순환하고 있었다.
② 패션의 실용성과 진보적 경향에 관한 내용은 언급되지 않았다.
③ 패션의 여러 형식의 특징을 조사한 내용으로, 패션이 의도적으로 창조된 예술이라는 내용은 언급되지 않았다.
④ 패션이 사회적으로 영향을 받은 전통이라는 내용은 언급되지 않았다.
⑤ 패션이 빠르게 발생했다는 것이 아니라, 주기적으로 규칙성을 띠며 발생한다는 내용이다.

M 26 정답 ⑤ *숙달된 기술을 설명하는 어려움

가주어 / 진주어절 접속사 / '~한 사람들'
It's often said / that those who can't do, teach. //
흔히 말이 있다 / 할 줄 모르는 사람이 가르친다는 //

가주어 / 진주어 (to부정사) / 목적어절 접속사
It would be more accurate / to say / that those who can do, /
can't teach the basics. // **단서 1** 전문가는 기본을 가르칠 수 없음
더 정확할 것이다 / 말하는 것이 / 할 수 있는 사람은 / 기본을 가르칠 수 없다고 //

A great deal of expert knowledge / is implicit, not explicit. //
많은 전문지식은 / 명시적이지 않고 암시적이다 // **단서 2** 전문지식의 상당수는 겉으로
드러나기보다 암시적임

---

the 비교급 ~, the 비교급 ... : ~할수록 더 …한
The further you progress toward mastery, / **the less conscious**
awareness you often have / of the fundamentals. //
숙달을 향해 더 나아갈수록 / 여러분은 흔히 덜 의식적인 인식을 지닌다 / 기본에 대해 //

목적어절 접속사
Experiments show / that skilled golfers and wine aficionados
have a hard time -ing: ~하는 데 어려움을 겪다
/ have a hard time / describing their putting and tasting
techniques / **단서 3** 숙련된 전문가들은 자신의 기술과 능력을 설명하는 것을 어려워함
실험들에 따르면 / 숙련된 골퍼와 와인 애호가들은 / 어려움을 겪으며 / 자신의 퍼팅과 시음
기술을 설명하는 데 /

동명사 주어 / 단수 동사
— even asking them to explain their approaches / is enough
to interfere with their performance, / so they often stay on
autopilot. //
심지어 그들의 접근 방식을 설명해 달라고 요청하는 것은 / 그들의 수행에 방해가 되기에
충분하기 때문에 / 그들은 자주 자동 조종 상태에 있다 //

saw의 목적어와 목적격 보어 (원형부정사)
When I first saw an elite diver do four and a half somersaults, /
의문사
I asked / how he managed to spin so fast. //
내가 한 엘리트 다이버가 공중제비를 4회 반 도는 것을 처음 봤을 때 / 나는 물었다 / 어떻게
그렇게 빨리 회전할 수 있었는지 //

His answer: / "Just go up in a ball." //
그의 대답은 / "그냥 공 모양으로 올라가기만 하면 돼요"였다 // **단서 4** 전문가들은 기술을
설명하는 데 어려움을 겪음

형용사적 용법 (steps 수식)
Experts often have / an intuitive understanding of a route, / but
they struggle to clearly express / all the steps to take. //
전문가들은 자주 가지고 있지만 / 방법에 대해 직관적인 지식을 / 분명하게 표현하는 데
고전한다 / 취해야 할 모든 단계를 //

Their brain dump / is partially filled with garbage. //
그들이 이것저것 표현하는 것은 / 부분적으로는 쓰레기로 차 있다 //

- implicit ⓐ 암시적인   · explicit ⓐ 명시적인   · mastery ⓝ 숙달
- interfere ⓥ 방해하다   · autopilot ⓝ 자동 조종   · diver ⓝ 다이버
- spin ⓥ 돌다, 회전하다   · intuitive ⓐ 직관적인
- route ⓝ 방법, 방향   · struggle ⓥ 고전하다
- detail-oriented 꼼꼼한   · fundamental ⓝ 기본

흔히 할 줄 모르는 사람이 가르친다는 말이 있다. 할 수 있는 사람은 기본을 가르칠 수 없다고 말하는 것이 더 정확할 것이다. 많은 전문지식은 명시적이지 않고 암시적이다. 숙달을 향해 더 나아갈수록 **여러분은 흔히 기본에 대해 덜 의식적인 인식을 지닌다**. 실험들에 따르면 숙련된 골퍼와 와인 애호가들은 자신의 퍼팅과 시음 기술을 설명하는 데 어려움을 겪으며, 심지어 그들의 접근 방식을 설명해 달라고 요청하는 것은 그들의 수행에 방해가 되기에 충분하기 때문에 그들은 자주 자동 조종 상태에 있다. 내가 한 엘리트 다이버가 공중제비를 4회 반 도는 것을 처음 봤을 때, 나는 어떻게 그렇게 빨리 회전할 수 있었는지 물었다. 그의 대답은 "그냥 공 모양으로 올라가기만 하면 돼요."였다. 전문가들은 자주 방법에 대해 직관적인 지식을 가지고 있지만, 취해야 할 모든 단계를 분명하게 표현하는 데 고전한다. 그들이 이것저것 표현하는 것은 부분적으로는 쓰레기로 차 있다.

다음 빈칸에 들어갈 말로 가장 적절한 것을 고르시오. [3점]

① the greater efforts you have to put into your work
   여러분은 당신의 일에 더 많은 노력을 투자해야 한다   의식하지 않고 일을 해내게 됨
② the smaller number of strategies you use to solve problems
   여러분은 문제를 해결하기 위해 더 적은 수의 전략을 사용한다   언급되지 않음
③ the less you tend to show off your excellent skills to others
   여러분은 타인에게 여러분의 탁월한 기술을 덜 뽐내려는 경향이 있다   관련 없음
④ the more detail-oriented you are likely to be for task completion
   여러분은 업무 완성을 위해 더 꼼꼼해질 가능성이 있다   언급되지 않음
⑤ the less conscious awareness you often have of the fundamentals
   여러분은 흔히 기본에 대해 덜 의식적인 인식을 지닌다   숙달될수록 자동 조종 상태에서 수행하게 됨

>왜 정답? ★★★ [정답률 49%]

- 전문가는 기본을 가르칠 수 없음 **단서 1**
- 전문지식의 상당수는 겉으로 드러나기보다 암시적이고 내면화되어 있음 **단서 2**
- 숙련된 전문가들은 자신의 기술과 능력을 설명하는 것을 어려워함 **단서 3**
- 전문가들은 그 기술을 어떻게 수행할지 직관적으로 알고 있지만, 이를 설명하는 데 어려움을 겪음 **단서 4**

＞왜 오답？

① 숙달될수록 의식하지 않고도 성공적으로 일을 해낼 수 있다는 내용이다.
② 문제 해결을 위해 적은 전략을 사용한다는 내용은 언급되지 않았다.
③ 덜 뽐내기 위해서 설명하지 않는 것이 아니라, 자동 조종 상태이기 때문에 설명에 어려움을 겪는 것이다.
④ 업무 완성을 위해 꼼꼼해진다는 내용은 언급되지 않았다.

M 27 정답 ③ *창의성의 원동력이 되는 호기심

Beethoven's drive **to create** something novel / is a reflection of
his state of curiosity. // **단서 1** 베토벤의 창작 욕구는 그의 호기심 상태를 반영한 것임
새로운 것을 창작하려는 베토벤의 욕구는 / 그의 호기심 상태의 반영이다 /
Our brains experience a sense of reward / **when** we create
something new / in the process of exploring something
uncertain, /
우리의 뇌는 보상감을 경험한다 / 새로운 것을 창작할 때 / 불확실한 것을 탐구하는 과정에서 /
such as a musical phrase / **that** we've never played or heard
before. //
악절과 같이 / 우리가 이전에 연주하거나 들어본 적이 없는 // **단서 2** 호기심이 창작으로 이어지면 뇌는 보상감을 얻음
When our curiosity leads to something novel, / the resulting
reward brings **us a sense of pleasure**. // 우리의 호기심이 새로운 것으로
이어지면 / 그 결과로 얻어지는 보상은 우리에게 쾌감을 가져다준다 /
A number of investigators have modeled / how curiosity
influences musical composition. //
많은 연구자들이 모델링해 왔다 / 호기심이 음악 작곡에 어떻게 영향을 미치는지를 //
In the case of Beethoven, / computer modeling / **focused on the
thirty-two piano sonatas** / **written after age thirteen** / revealed /
베토벤의 경우 / 컴퓨터 모델링에서 / 32개의 피아노 소나타에 초점을 맞춘 / 13세 이후로
작곡된 / 보여 주었다 / **단서 3** 베토벤은 후기 소나타로 갈수록 공통된 패턴은 감소했고, 새로운 패턴은 증가함
that the musical patterns **found in all of Beethoven's music** /
decreased in later sonatas, / while novel patterns, / **including
patterns that** were unique to a particular sonata, / increased. //
베토벤의 모든 음악에서 발견되는 음악 패턴이 / 후기 소나타에서는 감소한 반면 / 새로운
패턴은 / 특정 소나타에만 나타나는 패턴을 포함한 / 증가한 것을 //
In other words, / Beethoven's music / **became less predictable
over time** / as his curiosity drove the exploration of new musical
ideas. // 다시 말해 / 베토벤의 음악은 / 시간이 지날수록 덜 예측 가능하게 되었다 / 그의
호기심이 새로운 음악적 아이디어의 탐구를 이끌게 됨에 따라 //
Curiosity is a powerful driver of human creativity. //
호기심은 인간의 창의성의 강력한 원동력이다 //

- drive ⓝ 욕구 • novel ⓐ 새로운, 참신한 • reflection ⓝ 반영
- curiosity ⓝ 호기심 • reward ⓝ 보상(감)
- investigator ⓝ 연구자 • influence ⓥ 영향을 미치다
- composition ⓝ 작곡 • exploration ⓝ 탐구
- standardize ⓥ 정형화하다 • predictable ⓐ 예측 가능한
- critic ⓝ 비평가

새로운 것을 창작하려는 베토벤의 욕구는 그의 호기심 상태의 반영이다. 우리의 뇌는 우리가 이전에 연주하거나 들어본 적이 없는 악절과 같이 불확실한 것을 탐구하는 과정에서 새로운 것을 창작할 때 보상감을 경험한다. 우리의 호기심이 새로운 것으로 이어지면, 그 결과로 얻어지는 보상은 우리에게 쾌감을 가져다준다. 많은 연구자들이 호기심이 음악 작곡에 어떻게 영향을 미치는지를 모델링해 왔다. 베토벤의 경우, 13세 이후로 작곡된

32개의 피아노 소나타에 초점을 맞춘 컴퓨터 모델링에서 베토벤의 모든 음악에서 발견되는 음악 패턴이 후기 소나타에서는 감소한 반면, 특정 소나타에만 나타나는 패턴을 포함한 새로운 패턴은 증가한 것을 보여 주었다. 다시 말해, 베토벤의 호기심이 새로운 음악적 아이디어의 탐구를 이끌게 됨에 따라 그의 음악은 **시간이 지날수록 덜 예측 가능하게 되었다**. 호기심은 인간의 창의성의 강력한 원동력이다.

다음 빈칸에 들어갈 말로 가장 적절한 것을 고르시오. [3점]

① had more standardized patterns 시간이 지날수록 '덜' 정형화되었다는 내용임
더 정형화된 패턴을 가지게 되었다
② obtained more public popularity 대중적 인지도와 관련된 내용은 언급되지 않음
더 많은 대중적인 인지도를 얻었다
③ became less predictable over time 후기 소나타에서는 공통된 패턴은 감소하고
시간이 지날수록 덜 예측 가능하게 되었다 새로운 패턴은 증가함
④ reflected his unstable mental state 언급되지 않음
그의 불안정한 정신 상태를 반영했다
⑤ attracted less attention from the critics 언급되지 않음
비평가들의 관심을 덜 끌었다

| 문제 풀이 순서 | ★★★ [정답률 48%]

1st 빈칸이 포함된 문장을 읽고, 빈칸에 들어갈 말에 대한 단서를 얻는다.

빈칸 문장	다시 말해(In other words), 베토벤의 호기심이 새로운 음악적 아이디어의 탐구를 이끌게 됨에 따라 그의 음악은 ___________.

➡ 베토벤의 호기심이 새로운 음악적 아이디어를 탐구하게 이끌면서 베토벤의 음악이 가지게 된 특징이 있음 → 앞 문장에서 이 특징이 언급되었을 것이고, 빈칸은 그 내용을 호기심과 관련지어 다시 정리하는(In other words) 부분임
▶ 빈칸을 채우려면 앞에서 언급된 베토벤의 호기심과 음악의 특징을 찾아야 한다.

2nd 글을 마저 읽으며 베토벤의 음악의 특징을 어떻게 설명하고 있는지를 찾는다.

- 베토벤의 창작 욕구는 그의 호기심 상태를 반영한 것임 **단서 1**
- 호기심이 창작으로 이어지면 뇌는 보상감을 얻음 **단서 2**
- 베토벤의 음악은 후기 소나타로 갈수록 그의 모든 음악에서 발견되는 공통된 패턴은 감소했고, 새롭고 독특한 패턴은 증가함 **단서 3**

➡ 베토벤의 호기심이 창작 욕구로 이어짐 → 이 과정은 인간에게 보상감을 줌 → 베토벤의 음악은 후기 소나타로 갈수록 공통된 패턴은 줄어들고, 새롭고 독특한 패턴이 증가함

3rd **2nd** 에서 이해한 내용을 선택지에서 고른다.

베토벤의 호기심이 새로운 음악적 아이디어의 탐구로 이끌게 되면서 후기 소나타로 갈수록 (시간이 지날수록) 공통된 패턴은 감소하고 새로운 패턴이 증가한다(덜 예측 가능해진다)고 설명하고 있다.
▶ 따라서 정답은 ③ '시간이 지날수록 덜 예측 가능하게 되었다'이다.

| 선택지 분석 |

① 호기심이 창의성의 원동력이 되면서 베토벤의 작품이 오히려 참신해졌다고 설명하고 있으므로, 더 정형화되었다는 설명은 빈칸의 내용과 반대된다.
② 대중적 인지도와 관련된 내용은 언급되지 않았다.
③ 베토벤의 후기 소나타에서는 공통된 패턴은 감소하고 새로운 패턴은 증가했다.
④ 베토벤의 불안정한 정신 상태에 관한 내용은 언급되지 않았다.
⑤ 비평가들의 관심과 관련된 내용은 언급되지 않았다.

M 28 정답 ④ *정량화할 수 있는 측정 기준(프록시)의 문제점

Technologists are always on the lookout / for quantifiable
metrics. //
기술자들은 항상 찾고 있다 / 정량화할 수 있는 측정 기준을 //
Measurable inputs to a model / are their lifeblood, / and like
a social scientist, / a technologist needs to identify concrete
measures, or "proxies," / for assessing progress. //
모델에 측정 가능한 입력(을 하는 것)은 / 그들의 생명줄이며 / 사회 과학자와 마찬가지로 /
기술자는 구체적인 측정 방법, 즉 '프록시'를 식별할 필요가 있다 / 진척 상황을 평가하기 위한 //

This need for quantifiable proxies / produces a bias / toward
measuring things / that are easy to quantify. // 단서 1 정량화하기 쉬운 것들만
측정하는 쪽으로 편향하게 됨
이러한 정량화할 수 있는 프록시에 대한 필요성은 / 편향을 만든다 / 측정하는 쪽으로 /
정량화하기 쉬운 것들을 /

But simple metrics / can take us further away from the important
goals / we really care about, /
하지만 단순한 측정 기준은 / 중요한 목표로부터 우리를 더 멀어지게 할 수 있는데 / 우리가
정말로 신경 쓰는 /
which may require complicated metrics / or be extremely
difficult, or perhaps impossible, / to reduce to any measure. // 단서 2 단순하게 정량화된 측정 기준은 중요한 목표를 신경 쓰지 못하게 함
이 목표는 복잡한 측정 기준을 요구하거나 / 또는 어렵거나 아마 불가능할 수도 있다 / (이
목표를) 어떤 하나의 측정 방법만으로 한정(하여 측정)하기가 /

And when we have imperfect or bad proxies, / we can easily fall
under the illusion / that we are solving for a good end / without
actually making genuine progress / toward a worthy solution. // 단서 3 불완전한 프록시는 문제를 해결하고 있다는 착각에 빠지게 함
그리고 우리가 불완전하거나 잘못된 프록시를 가지고 있을 때 / 우리는 착각에 쉽게 빠질 수
있다 / 좋은 목적을 위해 문제를 해결하고 있다 / 진정한 진전을 실제로 이루지 못하면서 /
가치 있는 해결책을 향한 /

The problem of proxies results in / technologists frequently
substituting what is measurable / for what is meaningful. //
프록시의 문제는 결과를 낳는다 / 기술자들이 흔히 측정 가능한 것으로 대체하는 / 의미 있는
것을 //

As the saying goes, / "Not everything that counts can be
counted, / and not everything that can be counted counts." //
흔히 말하듯이 / "중요한 모든 것들이 셀 수 있는 것은 아니고 / 셀 수 있는 모든 것이 중요한
것도 아니다" //

- be on the lookout 세심히 살피다   - quantifiable ⓐ 정량화할 수 있는
- measurable ⓐ 측정 가능한   - lifeblood ⓝ 생명줄
- identify ⓥ 식별하다   - concrete ⓐ 구체적인   - assess ⓥ 평가하다
- bias ⓝ 편향   - illusion ⓝ 착각   - end ⓝ 목적
- genuine ⓐ 진정한   - count ⓥ 중요하다, 세다
- continuous ⓐ 지속적인   - valid ⓐ 타당한, 유효한
- prioritize ⓥ 우선순위를 매기다   - establish ⓥ 정립하다
- substitute A for B B 대신 A를 사용하다

기술자들은 항상 정량화할 수 있는 측정 기준을 찾고 있다. 모델에 측정 가
능한 입력(을 하는 것)은 그들의 생명줄이며, 사회 과학자와 마찬가지로 기
술자는 진척 상황을 평가하기 위한 구체적인 측정 방법, 즉 '프록시'를 식별
할 필요가 있다.

이러한 정량화할 수 있는 프록시에 대한 필요성은 정량화하기 쉬운 것들을
측정하는 쪽으로 편향을 만든다. 하지만 단순한 측정 기준은 우리가 정말
로 신경 쓰는 중요한 목표로부터 우리를 더 멀어지게 할 수 있는데, 이 목
표는 복잡한 측정 기준을 요구하거나, 또는 (이 목표를) 어떤 하나의 측정
방법만으로 한정(하여 측정)하기가 어렵거나 아마 불가능할 수도 있다. 그
리고 우리가 불완전하거나 잘못된 프록시를 가지고 있을 때, 우리는 가치
있는 해결책을 향한 진정한 진전을 실제로 이루지 못하면서 좋은 목적을
위해 문제를 해결하고 있다는 착각에 쉽게 빠질 수 있다.

프록시의 문제는 기술자들이 흔히 의미 있는 것을 측정 가능한 것으로 대
체하는 결과를 낳는다. 흔히 말하듯이, "중요한 모든 것들이 셀 수 있는 것
은 아니고, 셀 수 있는 모든 것이 중요한 것도 아니다."

다음 빈칸에 들어갈 말로 가장 적절한 것을 고르시오. [3점]
① regarding continuous progress as a valid solution
지속적인 발전을 타당한 해결책으로 여기는   지속적인 발전은 언급되지 않음
② prioritizing short-term goals over long-term visions
단기적인 목표를 장기적인 비전보다 우선시하는   장, 단기적인 목표와 관련 없음
③ mistaking a personal bias for an established theory
개인의 편향을 정립된 이론으로 오해하는   프록시는 정량화하기 쉬운 것들을 측정하도록 편향하게 만드는 것임
④ substituting what is measurable for what is meaningful
의미 있는 것을 측정 가능한 것으로 대체하는   정작 의미 있는 목표는 단순한 프록시로 측정하기 어려운 것들임
⑤ focusing more on possible risks than concrete measures
구체적인 측정보다는 일어날 수 있는 위험에 더 초점을 맞추는   구체적인 측정에만 초점을 맞추게 하는 것이 문제임

- 정량화할 수 있는 프록시를 추구하다 보면 정량화하기 쉬운 것들만 측정하는
  쪽으로 편향하게 됨 단서 1
- 단순하게 정량화된 측정 기준은 정작 복잡한 측정 기준을 요구하거나, 하나의
  측정만으로 한정하기 어려운 중요한 목표를 신경 쓰지 못하게 함 단서 2
- 불완전한 프록시는 실제로는 가치 있는 해결책을 향해 나아가지 못하게 하면서
  문제를 해결하고 있다는 착각에 빠지게 함 단서 3
➡ 우리에게 의미 있는 목표들은 복잡한 측정 기준을 요구하거나, 하나의
  측정만으로는 한정하기 어려운 목표들인데, 단순한 측정 기준은 이러한 중요한
  목표로부터 우리를 멀어지게 한다고 했다.
▶ 따라서 프록시의 문제는 ④ '의미 있는 것을 측정 가능한 것으로 대체하는' 것이다.

substitute A for B는 'B 대신 A를 사용한다'는 의미임  꿀팁

왜 오답?
① 지속적인 발달을 해결책으로 여긴다는 내용은 언급되지 않았다.
② 단기적, 장기적인 목표나 비전에 관한 내용은 언급되지 않았다.
③ 프록시는 정량화하기 쉬운 것들을 측정하는 방향으로 편향을 만들어 줄 수 있다고
   했으나, 이것을 정립된 이론으로 오해한다는 내용은 언급되지 않았다.
⑤ 프록시의 문제는 구체적인 측정에 더 초점을 맞추어 의미 있는 것들을 간과하게
   만든다는 내용이다. (➤ 이유: 빈칸의 내용과는 반대되는 진술이다.)

M 29 정답 ① *부족한 공급이 끌어올리는 매력도

단서 1 우리가 어떤 대상에 매력을 느끼는 것은 실용적인 이유만이 아님
We collect stamps, coins, vintage cars / even when they serve no
practical purpose. //
우리는 우표, 동전, 빈티지 자동차들을 수집한다 / 그것들이 실용적인 목적을 수행하지
않더라도

The post office doesn't accept the old stamps, / the banks don't
take old coins, / and the vintage cars are no longer allowed on
the road. //
우체국은 오래된 우표를 받지 않고 / 은행은 오래된 동전을 받지 않으며 / 그리고 빈티지
자동차는 더 이상 도로에서 허용되지 않는다 //

These are all side issues; / the attraction is that they are in short
supply. //
이런 것들은 모두 부수적인 문제이다 / 매력은 그들이 부족한 공급에 있다는 것이다 //

In one study, / students were asked to arrange ten posters / in
order of attractiveness / — with the agreement / that afterward
they could keep one poster / as a reward for their participation. //
한 연구에서 / 학생들은 포스터 10장을 배열하도록 요청받았다 / 매력도의 순서대로 / 합의와
함께 / 나중에 포스터 1장을 간직할 수 있다는 / 그들의 참여에 대한 보상으로 //

Five minutes later, they were told / that the poster with the third
highest rating / was no longer available. //
5분 후, 그들은 들었다 / 세 번째 높은 평가의 포스터가 / 더 이상 이용 가능하지 않다는 것을 //

Then they were asked to judge / all ten from scratch. //
그런 다음 그들은 평가하라고 요청을 받았다 / 10개의 포스터를 모두 처음부터 //

The poster that was no longer available / was suddenly classified
/ as the most beautiful. // 단서 2 더 이상 이용할 수 없다는 포스터가
가장 아름다운 것으로 분류됨
더 이상 이용할 수 없는 포스터가 / 갑자기 분류되었다 / 가장 아름다운 것으로 //

In psychology, / this phenomenon is called reactance: / when
we are deprived of an option, / we suddenly deem it more
attractive. // 단서 3 우리는 빼앗긴 선택지를 더 매력적이라고 여김
심리학에서 / 이러한 현상은 '리액턴스'라고 불린다 / 우리가 선택지를 빼앗겼을 때 / 우리는
그것을 갑자기 더 매력적으로 여긴다 //

- stamp ⓝ 우표   - vintage ⓐ 빈티지의, 유서 깊은
- practical ⓐ 실용적인   - side ⓐ 부수적인
- attractiveness ⓝ 매력도   - agreement ⓝ 합의
- from scratch 처음부터   - classify ⓥ 분류하다
- phenomenon ⓝ 현상   - deprive A of B A에서 B를 뺏다
- short ⓐ 부족한   - excess ⓝ 과잉

우리는 그것들이 실용적인 목적을 수행하지 않더라도 우표, 동전, 빈티지 자동차들을 수집한다. 우체국은 오래된 우표를 받지 않고, 은행은 오래된 동전을 받지 않으며, 그리고 빈티지 자동차는 더 이상 도로에서 허용되지 않는다. 이런 것들은 모두 부수적인 문제이다; 매력은 그들이 **부족한 공급**에 있다는 것이다.

한 연구에서, 학생들은 포스터 10장을 매력도의 순서대로 배열하도록 요청받았다 — 나중에 그들의 참여에 대한 보상으로 포스터 1장을 간직할 수 다는 합의와 함께. 5분 후, 그들은 세 번째 높은 평가의 포스터가 더 이상 이용 가능하지 않다는 것을 들었다. 그런 다음 그들은 10개의 포스터를 모두 처음부터 평가하라고 요청을 받았다. 더 이상 이용할 수 없는 포스터가 갑자기 가장 아름다운 것으로 분류되었다. 심리학에서, 이러한 현상은 '리액턴스'라고 불린다: 우리가 선택지를 빼앗겼을 때, 우리는 그것을 갑자기 더 매력적으로 여긴다.

다음 빈칸에 들어갈 말로 가장 적절한 것을 고르시오.

① short supply 매력도는 그것이 더 이상 이용 가능하지 않을 때 올라감
부족한 공급
② good shape 회소성 때문에 수집한다고 했음
좋은 상태
③ current use 현재 사용처가 없는 물건도 그 회소성 때문에 수집한다고 했음
현재 사용처
④ great excess 과잉이 아니라 오히려 엄청난 과잉 부족하기 때문임
⑤ constant production 공급이 풍요로우면 매력도는 떨어질 것임
지속적인 생산

왜 정답? ★★❀ [정답률 63%]

연구 내용: 10개의 포스터를 매력도 순으로 배열하기

1 평가자들에게 실험 5분 후 특정 포스터가 더 이상 이용 가능하지 않다고 함

2 평가자들은 포스터를 다시 평가할 때 이용 가능하지 않은 포스터를 가장 아름다운 것으로 평가함

3 '리액턴스'라 불리는 이 현상에 따르면, 우리는 빼앗긴 선택지를 더 매력적으로 여김

➡ 우리가 어떤 물건에 매력을 느끼는 것은 그것이 실용적이거나 좋은 상태여서가 아니라, 우리가 그것을 이용할 수 없다는 사실, 즉 회소성 때문이다.

▶ 따라서 빈칸에 들어갈 말은 ① '부족한 공급'이다.

왜 오답?

② 상태가 오래된 물건도 그 회소성 때문에 수집한다고 했으므로, 좋은 상태가 물건의 매력을 결정하는 요소는 아니다.

③ 현재 사용처가 없는 동전, 자동차 등도 그 회소성 때문에 수집한다고 했으므로, 현재 사용처가 물건의 매력을 결정하는 요소는 아니다.

④ 과잉이 아니라 오히려 그 물건을 이용할 수 없기 때문에 매력도가 올라간다고 했으므로, 글의 내용과 상반된 내용이다.

⑤ 지속적인 생산은 공급을 풍요롭게 만들기 때문에 매력도를 높이는 요인이 될 수 없다.

M 30 정답 ② *평균 수명에 숨겨진 원리

Most mice in the wild are eaten or die / before their life span of two years is over. //
단수 주어 / 단수 동사
야생에 있는 대부분의 쥐들은 잡아먹히거나 죽는다 / 2년의 수명이 끝나기 전에 //

They die from *external causes*, / such as disease, starvation, or predators, / not due to *internal causes*, such as aging. //
그들은 '외부적인 원인들'로 죽는다 / 질병, 굶주림 또는 포식자와 같은 / 노화와 같은 '내부적인 원인들' 때문이 아니라 //

That is why / nature has made mice / to live, on average, for no longer than two years. // 단서 1 외부적인 원인들로 일찍 죽는 쥐는 평균 수명이 2년임
형용사적 용법 (mice 수식)
그것이 이유이다 / 자연이 쥐를 만든 / 평균적으로 2년 이상 살지 못하는 //

Now we have arrived at an important point: /
이제 우리는 중요한 지점에 도달했다 /

The average life span of an animal species, / or the rate at which it ages, / is determined / by **the average time / that this animal species can survive in the wild**. //
동물 종의 평균 수명 / 또는 그것이 노화하는 속도는 / 결정된다 / 평균 시간에 의해 / 이 동물 종이 야생에서 생존할 수 있는 //

That explains / why a bat can live to be 30 years old. //
관계부사 (선행사 생략)
그것은 설명해 준다 / 왜 박쥐가 30세까지 살 수 있는지를 //

In contrast to mice, / bats can fly, / which is why / they can escape from danger much faster. //
계속적 용법의 주격 관계대명사 / =bats
쥐와 대조적으로 / 박쥐는 날 수 있고 / 이것은 이유이다 / 그들이 위험에서 훨씬 더 빨리 도망칠 수 있는 //

단서 2 자연에 오래 살아남을 수 있는 박쥐는 평균 수명이 30년임
Thanks to their wings, / bats can also cover longer distances / and are better able to find food. //
병렬 구조 (동사)
그들의 날개 덕분에 / 박쥐들은 또한 더 긴 거리를 이동할 수 있고 / 먹이를 더 잘 찾을 수 있다 //

Every genetic change in the past / that made it possible / for a bat to live longer / was useful, /
단수 주어 / 가목적어 / 진목적어 / 단수 동사 / 의미상 주어
과거의 모든 유전적 변화는 / 가능하게 해 준 / 박쥐가 더 오래 사는 것을 / 유용했다 /

because bats are much better able than mice / to flee from danger, find food, and survive. //
비교급 강조 부사
박쥐가 쥐보다 훨씬 더 잘할 수 있기 때문에 / 위험으로부터 도망치고, 먹이를 찾고, 생존하는 것을 //

- life span 수명
- external @ 외부적인
- starvation ⓝ 굶주림
- predator ⓝ 포식자
- internal @ 내부적인
- genetic @ 유전의
- flee ⓥ 도망치다
- extent ⓝ 정도
- coexist ⓥ 공존하다

야생에 있는 대부분의 쥐들은 2년의 수명이 끝나기 전에 잡아먹히거나 죽는다. 그들은 노화와 같은 '내부적인 원인들' 때문이 아니라 질병, 굶주림 또는 포식자와 같은 '외부적인 원인들'로 죽는다. 그것이 자연이 평균적으로 2년 이상 살지 못하는 쥐를 만든 이유이다. 이제 우리는 중요한 지점에 도달했다. 동물 종의 평균 수명, 또는 그것이 노화하는 속도는 **이 동물 종이 야생에서 생존할 수 있는 평균 시간**에 의해 결정된다. 그것은 왜 박쥐가 30세까지 살 수 있는지를 설명해 준다. 쥐와 대조적으로 박쥐는 날 수 있고, 이것은 그들이 위험에서 훨씬 더 빨리 도망칠 수 있는 이유이다. 그들의 날개 덕분에, 박쥐들은 또한 더 긴 거리를 이동할 수 있고 먹이를 더 잘 찾을 수 있다. 박쥐가 더 오래 사는 것을 가능하게 해 준 과거의 모든 유전적 변화는 박쥐가 쥐보다 위험으로부터 도망치고, 먹이를 찾고, 생존하는 것을 훨씬 더 잘할 수 있기 때문에 유용했다.

다음 빈칸에 들어갈 말로 가장 적절한 것을 고르시오.

① the distance that migrating species can travel for their survival 생존에 있어 이주 거리가 유일한 요인은 아님
이주하는 종들이 생존을 위해 이동할 수 있는 거리
② the average time that this animal species can survive in the wild 생존 가능 시간이 수명 결정에 영향을 미침
이 동물 종이 야생에서 생존할 수 있는 평균 시간
③ the amount of energy that members of the species expend in a day 사용 가능한 에너지의 양은 중요한 요소가 아님
종의 구성원들이 하루에 소비하는 에너지의 양
④ the extent to which this species is able to protect its source of food 먹이를 찾는 것은 하나의 요인임
이 종이 식량의 원천을 보호할 수 있는 정도
⑤ the maximum size of the habitat in which it and its neighbors coexist 두 종이 공존하는 내용은 언급되지 않음
그것과 그것의 이웃이 공존할 수 있는 서식지의 최대 크기

왜 정답? ★★★ [정답률 52%]

1 외부적인 원인들로 일찍 죽는 쥐 ➡ 평균 수명 2년 단서 1

2 자연에 오래 살아남을 수 있는 박쥐 ➡ 평균 수명 30년 단서 2

➡ 동물 종의 평균 수명과 노화 속도는 ② '이 동물 종이 야생에서 생존할 수 있는 평균 시간'에 의해 결정된다.

왜 오답?

① 이동 거리는 생존에 영향을 미치지만, 수명을 결정하는 요인인지는 알 수 없다.

③ 사용 가능한 에너지의 크기가 생존에 영향을 끼친다는 내용은 언급되지 않았다.

④ 식량 확보가 노화 속도의 결정적인 요인은 아니다.

⑤ 종들이 공존할 수 있는 서식지의 최대 크기는 평균 수명과 관련이 없다.

Much of human thought is designed / to screen out information
/ and to sort the rest / into a manageable condition. //
병렬 구조 (부사적 용법)
인간 사고의 많은 부분은 설계된다 / 정보를 걸러내고 / 나머지는 분류하도록 / 처리하기 쉬운
상태로 //

The inflow of data from our senses / could create an
overwhelming chaos, / especially given the enormous amount
'~을 고려하면'
of information / available in culture and society. //
앞에「주격 관계대명사+be동사」생략
우리의 감각에서 오는 데이터의 유입은 / 압도적인 혼란을 야기할 수 있다 / 특히 엄청난 양의
정보를 고려할 때 / 문화와 사회에서 이용할 수 있는 //

Out of all the sensory impressions and possible information, /
모든 감각적 인상과 가능한 정보 중에서 /
가주어   진주어   주격 관계대명사
it is vital to find a small amount / that is most relevant to our
individual needs / and to organize that into a usable stock of
진주어②   지시대명사
knowledge. // 단서 1 정보 중 필요한 소량만 찾아내 사용 가능한 지식체로 구성함
소량을 찾는 것이 중요하다 / 우리의 개인적인 필요와 가장 관련이 있는 / 그리고 그것을 사용
가능한 지식체로 구성하는 것이 //

Expectancies accomplish some of this work, / helping to screen
분사구문을 이끄는 현재분사
out information / that is irrelevant to what is expected, / and
주격 관계대명사
focusing our attention on clear contradictions. //
분사구문을 이끄는 현재분사   전치사의 목적어
예상들은 이 작업의 일부를 수행하여 / 정보를 걸러내는 데 도움을 주고 / 예상되는 것과
무관한 / 명확한 모순에 우리의 주의를 집중시킨다 //

The processes of learning and memory / are marked by a steady
elimination of information. //
학습과 기억의 과정은 / 정보의 지속적인 제거로 특징지어진다 // 단서 2 인간은 주변 세계를
                                                        학습할 때 일부분만을 인지함
People notice / only a part of the world around them. //
사람들은 인지한다 / 그들 주변 세계의 일부분만을 //
                                전치사의 목적어
Then, only a fraction of what they notice / gets processed / and
stored into memory. // 단서 3 인간은 인지한 내용 중 또 일부만 처리하여 기억에 저장함
병렬 구조 (과거분사)
그런 다음, 그들이 알아차린 것의 일부만 / 처리되어 / 기억에 저장된다 //
                                            명사절
And only part of what gets committed to memory / can be
retrieved. //
그리고 기억에 넘겨진 것의 일부만 / 생각해 낼 수 있다 //

- sort ⓥ 분류하다
- inflow ⓝ 유입
- overwhelming ⓐ 압도적인
- chaos ⓝ 혼란
- enormous ⓐ 엄청난
- sensory ⓐ 감각적인
- impression ⓝ 인상
- usable ⓐ 사용 가능한
- stock ⓝ 저장품
- expectancy ⓝ 예상
- accomplish ⓥ 수행하다
- irrelevant ⓐ 무관한
- contradiction ⓝ 모순
- fraction ⓝ 일부, 부분
- favor ⓥ 호의를 보이다
- steady ⓐ 지속적인
- elimination ⓝ 제거
- external ⓐ 외부의
- memory capacity 기억 용량
- determine ⓥ 결정하다
- accuracy ⓝ 정확성
- incoming ⓐ 유입되는
- facilitate ⓥ 촉진하다
- chaotic ⓐ 혼란스러운

인간 사고의 많은 부분은 정보를 걸러내고 나머지는 처리하기 쉬운 상태로
분류하도록 설계된다. 특히 문화와 사회에서 이용할 수 있는 엄청난 양의
정보를 고려할 때, 우리의 감각에서 오는 데이터의 유입은 압도적인
혼란을 야기할 수 있다. 모든 감각적 인상과 가능한 정보 중에서, 우리의
개인적인 필요와 가장 관련이 있는 소량을 찾고 그것을 사용 가능한
지식체로 구성하는 것이 중요하다. 예상들은 이 작업의 일부를 수행하여
예상되는 것과 무관한 정보를 걸러내는 데 도움을 주고, 명확한 모순에
우리의 주의를 집중시킨다. 학습과 기억의 과정은 정보의 지속적인 제거로
특징지어진다. 사람들은 그들 주변 세계의 일부분만을 인지한다. 그런
다음, 그들이 알아차린 것의 일부만 처리되어 기억에 저장된다. 그리고
기억에 넘겨진 것의 일부만 생각해 낼 수 있다.

─ 인간은 필요한 정보만 인지하고, 그중 일부만 처리하여 기억함
다음 빈칸에 들어갈 말로 가장 적절한 것을 고르시오. [3점]

① tend to favor learners with great social skills 관련 없음
  사교 능력이 뛰어난 학습자에게 우호적인 경향이 있다
② are marked by a steady elimination of information
  정보의 지속적인 제거로 특징지어진다
③ require an external aid to support our memory capacity
  우리의 기억 용량을 지원해줄 외부의 도움이 필요하다   관련 없음
④ are determined by the accuracy of incoming information
  유입되는 정보의 정확성으로 결정된다   정보의 필요성과 사용 가능성으로 결정됨
⑤ are facilitated by embracing chaotic situations as they are
  혼란스러운 상황을 있는 그대로 받아들임으로써 촉진된다 사용 가능한 지식체로 구성한다고 했음

왜 정답? ★★★ [정답률 35%]

- 감각적 인상과 정보 중에서 관련이 있는 소량을 찾고 그것을 사용 가능한
  지식체로 구성함 단서 1
- 사람들은 그들 주변 세계의 일부분만을 인지함 단서 2
- 그들이 알아차린 것의 일부만 처리되어 기억에 저장됨 단서 3

→ 인간은 감각으로 받아들이는 모든 정보를 수용하는 것이 아니라, 그 중 필요한
  소량의 정보만 찾아내 사용 가능한 지식체로 구성한다는 내용이다.

▶ 따라서 학습과 기억의 과정의 특징을 설명하는 빈칸에 가장 적절한 말은
  ② '정보의 지속적인 제거로 특징지어진다'이다.

왜 오답?

① 사회성이 뛰어난 학습자는 언급되지 않았다.
③ 기억을 지원해주는 외부의 도움은 언급되지 않았다.
④ 정보의 정확성이 아니라 정보의 필요성과 사용 가능성으로 결정된다.
⑤ 인간은 감각으로 들어오는 모든 정보를 있는 그대로 받아들이는 것이 아니라,
  필요한 정보를 찾아내 사용 가능한 지식체로 구성한다고 했으므로 글의 내용과
  상반된다.

가주어   진주어
It is not the peasant's goal / to produce the highest possible
                                         과거분사구(crop yield 수식)
time-averaged crop yield, / averaged over many years. //
농부의 목표가 아니다 / 최고로 가능한 시간 평균적인 농작물 생산량을 만드는 것은 / 여러
해에 걸쳐서 평균내어지는 //
부사절 접속사(양보)
If your time-averaged yield is marvelously high / as a result
of the combination / of nine great years and one year of crop
failure, / 당신의 시간 평균적인 생산량이 엄청나게 높더라도 / 조합의 결과로 / 훌륭한 9
년과 농사에 실패한 1년의 /
                                      지시형용사
you will still starve to death / in that one year of crop failure
/ before you can look back to congratulate yourself / on your
great time-averaged yield. //
당신은 굶어 죽을 것이다 / 농사에 실패한 그 1년에 / 당신 자신을 축하하기 위해 돌아보기
전에 / 당신의 훌륭한 시간 평균적인 생산량에 대해 단서 1 농부의 목표는 매년 굶어 죽는 수준
                                              이상의 생산량을 만들어내는 것임
Instead, / the peasant's aim is / to make sure to produce a yield
                                명사적 용법(주격 보어)
/ above the starvation level in every single year, / even though
the time-averaged yield / may not be highest. //
                                 부사절 접속사(양보)
대신에 / 농부의 목표는 ~이다 / 생산량을 만들어내는 것을 확실히 하는 것 / 매년 굶어 죽는
수준 이상의 / 시간 평균적인 생산량이 / 가장 높지 않을지라도 //

That's why / field scattering may make sense. //
그것이 바로 이유이다 / 농지 흩어놓기가 합리적인 //
                                          복합 관계부사(양보의 부사절) = however
If you have just one big field, / no matter how good it is on the
average, /
만일 당신이 그냥 하나의 큰 농지를 가지고 있다면 / 그것이 평균적으로 아무리 좋다고
할지라도 / 단서 2 하나의 농지만 갖고 있다면 농사의 실패로 굶주릴 수 있음
                                                         「전치사+관계대명사」
you will starve / when the inevitable occasional year arrives / in
which your one field has a low yield. // 당신은 굶주리게 될 것이다 / 이따금
피할 수 없는 해가 오면 / 당신의 유일한 농지가 낮은 생산량을 내는 //

But / if you have many different fields, / varying independently of each other, /

현재분사구(fields 수식)

단서 3 여러 다른 농지를 갖고 있으면 서로 보완이 되어 굶어 죽을 일은 없음

그러나 / 만일 당신이 많은 다른 농지들을 가지고 있다면 / 서로에게서 독립적으로 다양한 /

then in any given year / some of your fields will produce well / even when your other fields are producing poorly. //

그러면 어느 해에든지 / 당신의 농지들 중 일부는 잘 생산할 것이다 / 당신의 다른 농지들이 빈약하게 생산하고 있을 때조차도 //

- peasant ⓝ 농부   - produce ⓥ 생산하다   - yield ⓝ 생산량
- marvelously ⓐⓓ 엄청나게   - combination ⓝ 조합
- failure ⓝ 실패   - starve ⓥ 굶주리다   - congratulate ⓥ 축하하다
- aim ⓝ 목표   - make sure 확실히 하다   - starvation ⓝ 기아, 굶주림
- make sense 말이 되다   - inevitable ⓐ 피할 수 없는
- occasional ⓐ 가끔의   - vary ⓥ (많은 것이 서로) 다르다
- independently ⓐⓓ 독립적으로   - poorly ⓐⓓ 형편없이
- leveling ⓝ 평평하게 함   - trimming ⓝ 정돈, 손질
- scattering ⓝ 흩어놓기, 흩뿌리기   - organic ⓐ 유기농의
- fertilization ⓝ 비옥화

여러 해에 걸쳐서 평균내어지는, 최고로 가능한 시간 평균적인 농작물 생산량을 만드는 것은 농부의 목표가 아니다. 당신의 시간 평균적인 생산량이 훌륭한 9년과 농사에 실패한 1년의 조합의 결과로 엄청나게 높더라도, 당신은 훌륭한 시간 평균적인 생산량에 대해 당신 자신을 축하하기 위해 돌아보기 전에 농사에 실패한 그 1년에 굶어 죽을 것이다. 대신에, 농부의 목표는 시간 평균적인 생산량이 가장 높지 않을지라도, 매년 굶어 죽는 수준 이상의 생산량을 만들어내는 것을 확실히 하는 것이다. 그것이 바로 **농지 흩어놓기**가 합리적인 이유이다. 만일 당신이 그냥 하나의 큰 농지를 가지고 있다면, 그것이 평균적으로 아무리 좋다고 할지라도, 당신의 유일한 농지가 낮은 생산량을 내는 이따금 찾아오는 피할 수 없는 해가 오면, 당신은 굶주리게 될 것이다. 그러나 만일 당신이, 서로에게서 독립적으로 다양한, 많은 다른 농지들을 가지고 있다면, 어느 해에 당신의 다른 농지들이 빈약하게 생산하고 있을 때조차도 당신의 농지들 중 일부는 잘 생산할 것이다.

다음 빈칸에 들어갈 말로 가장 적절한 것을 고르시오. [3점]

① land leveling 토지를 평평하게 가는 것에 대한 언급 없음
  토지 평평하게 만들기
② weed trimming 잡초에 대한 언급 없음
  잡초 다듬기
③ field scattering 여러 개의 농지를 흩어놓아 가지고 있어야 함
  농지 흩어놓기
④ organic farming 유기농 농사에 대한 언급 없음
  유기농 농사
⑤ soil fertilization 토지를 비옥하게 만드는 것에 대한 내용 없음
  토양 비옥화

> **왜 정답?** ✽✽✽ [정답률 60%]

농부의 목표는 평균 생산량이 아니라, 해마다 굶어 죽지 않을 수준 이상으로 농사를 짓는 것임을 이야기하며 빈칸이 포함된 문장 이후로 하나의 농지를 가졌을 경우와 여러 농지를 가졌을 경우의 상황을 비교하고 있다.
농지를 하나만 가지고 있다면, 그 농지가 아무리 크고 좋더라도 낮은 생산량을 내는 해가 올 때 굶주리게 될 것이므로 서로에게서 **독립적으로 다양한, 많은 다른 농지들을 가지는 것**이 중요하다고 설명하고 있다.
따라서 빈칸에 들어갈 말로 가장 적절한 것은 ③ '농지 흩어놓기'이다.

> **왜 오답?**

하나의 농지가 빈약하더라도 다른 농지에 의존하면 됨 꿀팁

① 토지를 평평하게 하는 것에 대한 언급은 없다
②, ④, ⑤ 생산량 자체를 늘리는 방법을 설명하는 글이 아니기 때문에 잡초 다듬기, 유기농 농사, 토양 비옥화와 같이 그 방법을 설명하는 내용은 빈칸에 들어갈 수 없다.

M 33 정답 ② *예측할 수 없는 자극에서 발생하는 학습

이중부정(~ 없이는 ~하지 않다)
No learning is possible / without an error signal. //
어떤 학습도 가능하지 않다 / 오류 신호 없이는 //

단서 1 학습은 기대에 어긋날 때에만 발생함
Organisms only learn / when events violate their expectations. //
유기체는 오직 학습한다 / 사건이 그들의 기대에 어긋날 때에만 //

In other words, / surprise is one of the fundamental drivers / of learning. //
다시 말해 / 놀람은 근본적인 동력 중 하나이다 / 학습의 //

Imagine / hearing a series of identical notes, AAAAA. //
상상해 보아라 / 일련의 똑같은 음인 AAAAA를 듣는 것을 //

each+단수 명사+단수 동사
Each note draws out a response / in the auditory areas of your brain / — but as the notes repeat, / those responses progressively decrease. //
각각의 음은 반응을 끌어낸다 / 여러분의 뇌의 청각 영역에서 / 하지만 음이 반복되면서 / 그 반응은 점진적으로 감소한다 //

주격 관계대명사
This is called "adaptation," / a deceptively simple phenomenon / that shows that your brain is learning / to anticipate the next event. //
명사적 용법(learning의 목적어)
단서 2 반복이 지속되면 뇌는 다음 사건을 예상하는 등 이에 적응하여 반응이 감소함
이것은 '적응'이라 불리며 / 현혹될 정도로 단순해 보이는 현상이다 / 당신의 뇌가 배울 것임을 보여주는 / 다음 사건을 예상하는 것을 //

Suddenly, the note changes: / AAAAA#. //
갑자기 그 음이 바뀐다 / AAAAA#으로 //

Your primary auditory cortex / immediately shows a strong surprise reaction: /
당신의 일차 청각 피질은 / 즉시 강한 놀람의 반응을 보인다 /

부정어가 문두에 오며 주어와 동사가 도치됨
not only does the adaptation fade away, / but additional neurons begin to vigorously fire / in response to the unexpected sound. //
명사적 용법(begin의 목적어)
즉 적응이 점차 사라질 뿐만 아니라 / 추가적인 뉴런이 힘차게 활성화되기 시작한다 / 예상치 못한 소리에 대한 반응으로 //

it ~ that 강조 구문
And it is not just repetition that / leads to adaptation: / what matters is whether the notes are predictable. //
명사절 (주어)
그리고 단순한 반복이 아니다 / 적응을 유발하는 것은 / 중요한 것은 그 음이 예측 가능한지이다 //

For instance, / if you hear an alternating set of notes, / such as ABABA, / your brain gets used to this alternation, / and the activity in your auditory areas / again decreases. //
get[be] used to+(동)명사: ~에 익숙해지다
예를 들어 / 만약 당신이 한 세트의 교차하는 음을 듣는다면 / ABABA와 같이 / 당신의 뇌는 이 교차에 익숙해지고 / 당신의 청각 영역 내 활동은 / 다시 감소한다 //

This time, however, / it is an unexpected repetition, such as ABABB, / that triggers a surprise response. //
it ~ that 강조 구문
단서 3 예상하지 못한 반복이 나타났을 때 놀람의 반응을 일으킴
그러나 이번에는 / 바로 ABABB와 같은 예상치 못한 반복이다 / 놀람의 반응을 일으키는 것은 //

- organism ⓝ 유기체   - violate ⓥ 어기다, 위반하다
- expectation ⓝ 예상   - fundamental ⓐ 근본적인
- driver ⓝ 동력   - a series of 일련의 ~   - identical ⓐ 동일한
- note ⓝ 음(표)   - draw out ~을 끌어내다   - auditory ⓐ 청각의
- progressively ⓐⓓ 점진적으로   - adaptation ⓝ 적응
- deceptively ⓐⓓ 현혹하게, 속이게   - phenomenon ⓝ 현상
- anticipate ⓥ 예상하다   - primary ⓐ 일차적인   - cortex ⓝ 피질
- fade away 사라지다   - vigorously ⓐⓓ 힘차게   - fire ⓥ 활성화하다
- alternating ⓐ 교차하는, 교대로 발생하는   - alternation ⓝ 교차
- trigger ⓥ 일으키다, 촉발하다

어떤 학습도 오류 신호 없이는 가능하지 않다. 유기체는 사건이 그들의 기대에 어긋날 때에만 학습한다. 다시 말해 놀람은 학습의 근본적인 동력 중 하나이다.
일련의 똑같은 음인 AAAAA를 듣는 것을 상상해 보아라. 각각의 음은 여러분의 뇌의 청각 영역에서 반응을 끌어내지만 음이 반복되면서 그

반응은 점진적으로 감소한다. 이것은 '적응'이라 불리며 당신의 뇌가 다음 사건을 예상하는 것을 배울 것임을 보여주는 현혹될 정도로 단순해 보이는 현상이다. 갑자기 그 음이 AAAAA#으로 바뀐다. 당신의 일차 청각 피질은 즉시 강한 놀람의 반응을 보이는데, 즉 적응이 점차 사라질 뿐만 아니라 예상치 못한 소리에 대한 반응으로 추가적인 뉴런이 힘차게 활성화되기 시작한다. 그리고 적응을 유발하는 것은 단순한 반복이 아니라, 중요한 것은 그 음이 **예측 가능한**지이다. 예를 들어 만약 당신이 ABABA와 같이 한 세트의 교차하는 음을 듣는다면, 당신의 뇌는 이 교차에 익숙해지고, 당신의 청각 영역 내 활동은 다시 감소한다. 그러나 이번에는 놀람의 반응을 일으키는 것은 바로 ABABB와 같은 예상치 못한 반복이다.

다음 빈칸에 들어갈 말로 가장 적절한 것을 고르시오.

① audible 소리가 얼마나 잘 들리는지는 관련 없음
잘 들리는
② **predictable** 예측할 수 있는지가 적응과 관련 있음
예측 가능한
③ objective 관련 없음
객관적인
④ countable 셀 수 있는
⑤ recorded 녹음 여부와 적응의 관계를 보여주는 글이 아님
녹음된

왜 정답? ★★★※ [정답률 67%]

빈칸 문장	그리고 적응을 유발하는 것은 단순한 반복이 아니라, 중요한 것은 그 음이 ＿＿＿＿＿＿＿＿＿＿지이다.
빈칸 문장 뒤 예시	**예를 들어** 만약 당신이 ABABA와 같이 한 세트의 교차하는 음을 듣는다면, 당신의 뇌는 이 교차에 익숙해진다. 그러나 이번에는 놀람의 반응을 일으키는 것은 바로 ABABB와 같은 예상치 못한 반복이다.

➡ 빈칸 문장: 적응을 유발하는 것은 반복이 아니라 ＿＿＿＿＿＿이다. 단서
▶ 이어지는 예시에서 반복과 함께 무엇을 설명하는지 확인해야 한다. 발상
➡ 빈칸 문장 뒤 예시: ABABA와 ABABB는 A와 B가 반복된다는 것에서 같다. 하지만 ABABA를 한 세트 듣고 난 뒤 ABABB를 들으면 예상치 못한 반복이기 때문에 놀람의 반응을 보인다.
▶ 이는 '반복'이 적응을 유발하는 것이 아니라 ② '예측 가능한'지가 적응을 유발하기 때문이다.

왜 오답?
① 얼마나 잘 들리는지가 적응에 영향을 미치는 것은 아니다.
③ 객관적인 음에 적응을 더 잘 하는 것은 아니다.
④ 소리가 얼마나 셀 수 있는 것인지에 관한 내용은 언급되지 않았다.
⑤ 소리가 녹음되었는지 여부와 적응의 관계는 언급되지 않았다.

M 34 정답 ③ ＊리더와 추종자 개념의 유동성

Followers can be defined / by their position as subordinates / or by their behavior / of going along with leaders' wishes. //
추종자는 정의될 수 있다 / 부하라는 직책에 의해 / 또는 행동에 의해 / 리더의 바람에 따르는 //
But followers also have power / to lead. //　단서 1 추종자는 리더에게 힘을 주기도 하고, 리더가 추종자에게 힘을 주기도 함
그러나 추종자도 힘이 있다 / 이끌 // 형용사적 용법(power 수식)
Followers empower leaders / as well as vice versa. //
추종자는 리더에게 힘을 주기도 하고 / 그 반대도 마찬가지이다 //
This has led / some leadership analysts like Ronald Heifetz / to avoid using the word *followers* / and refer to the others in a power relationship / as "citizens" or "constituents." //
has led의 목적어와 목적격 보어(to부정사)
이는 하게 했다 / Ronald Heifetz와 같은 일부 리더십 분석가들이 / '추종자'라는 단어를 사용하는 것을 피하고 / 권력 관계에 있는 다른 사람들을 지칭하도록 / '시민' 또는 '구성원'으로 //
Heifetz is correct / that too simple a view of followers / can produce misunderstanding. //
too+형용사+a+명사
Heifetz의 말은 옳다 / 추종자에 대한 너무 단순한 관점이 / 오해를 불러일으킬 수 있는 //

In modern life, / most people wind up being both leaders and followers, / and the categories can become quite **fluid**. //
현대의 삶에서 / 대부분의 사람들은 결국 리더와 추종자가 되고 / 그 범주는 꽤 유동적일 수 있다 // 단서 2 현대의 삶에서 대부분의 사람들은 리더와 추종자의 역할을 모두 하게 됨
Our behavior / as followers / changes / as our objectives change. //
우리의 행동도 / 추종자로서의 / 바뀐다 / 우리의 목표가 변함에 따라 //
If I trust your judgment / in music / more than my own, / I may follow your lead / on which concert we attend /
부사절 접속사(조건)　전치사　의문사절
만약 내가 당신의 판단을 신뢰한다면 / 음악에 대한 / 나의 판단보다 더 / 나는 당신의 주도를 따를 수 있다 / 우리가 어떤 콘서트에 참석할지에 대해서는 /
(even though you may be formally my subordinate / in position). //
(당신이 비록 공식적으로 나의 부하일지라도 / 지위상) // 단서 3 목표에 따라 리더와 추종자의 역할은 바뀔 수 있음
But if I am an expert / on fishing, / you may follow my lead / on where we fish, / regardless of / our formal positions / or the fact that I followed your lead on concerts / yesterday. //
전치사 의문사절 동격절 접속사
하지만 내가 전문가라면 / 낚시의 / 당신이 나를 따를 수 있다 / 낚시할 장소에 대해서는 / 관계없이 / 공식적인 지위나 / 내가 콘서트에 대해 당신을 따랐다는 사실과는 / 어제 //

- define ⓥ 정의하다　• subordinate ⓝ 부하
- empower ⓥ 힘을 부여하다　• constituent ⓝ 구성원
- misunderstanding ⓝ 오해　• wind up (상황에) 처하게 되다
- category ⓝ 범주　• objective ⓝ 목표　• judgment ⓝ 판단
- formally ⓐⓓ 공식적으로　• expert ⓝ 전문가　• rigid ⓐ 엄격한
- fluid ⓐ 유동적인　• stable ⓐ 안정적인　• apparent ⓐ 명백한

추종자는 부하라는 직책이나 리더의 바람에 따르는 행동에 의해 정의될 수 있다. 그러나 추종자도 이끌 힘이 있다. 추종자는 리더에게 힘을 주기도 하고 그 반대도 마찬가지이다. 이로 인해 Ronald Heifetz와 같은 일부 리더십 분석가들은 '추종자'라는 단어를 사용하는 것을 피하고 권력 관계에 있는 다른 사람들을 '시민' 또는 '구성원'으로 지칭하게 되었다. 추종자에 대한 너무 단순한 관점이 오해를 불러일으킬 수 있다는 Heifetz의 말은 옳다. 현대의 삶에서, 대부분의 사람들은 결국 리더와 추종자가 되고, 그 범주는 꽤 **유동적**일 수 있다. 우리의 목표가 변함에 따라 추종자로서의 우리의 행동도 바뀐다. 만약 내가 음악에 대한 나의 판단보다 당신의 판단을 더 신뢰한다면, 우리가 어떤 콘서트에 참석할지에 대해서는 당신의 주도를 따를 수 있다 (당신이 비록 공식적으로 지위상 나의 부하일지라도). 하지만 내가 낚시 전문가라면, 공식적인 지위나 내가 어제 콘서트에 대해 당신을 따랐다는 사실과는 관계없이, 낚시할 장소에 대해서는 당신이 나를 따를 수 있다.

다음 빈칸에 들어갈 말로 가장 적절한 것을 고르시오.

① rigid 리더와 추종자의 역할이 바뀔 수 있음
엄격한
② unfair 리더와 추종자의 역할의 불공정함은 관련 없음
불공정한
③ **fluid** 현대 사회에서 리더와 추종자의 범주는 유동적임 바뀔 수 있음
유동적인
④ stable 리더와 추종자의 역할은 바뀔 수 있음
안정적인
⑤ apparent
명백한

왜 정답? ★★★ [정답률 51%]

현대 사회에서 대부분의 사람들은 리더와 추종자의 역할을 모두 하게 되고, 활동의 목표에 따라 우리의 행동도 바뀐다고 설명하고 있다.
구체적인 예시로, 음악에 대해 더 신뢰하는 사람이 있다면, 어떤 콘서트를 갈지에 대해 그 사람의 의견을 따를 것이고, 내가 낚시에 전문가라면 음악에 대해 전문가였던 사람도 내가 제안한 낚시 장소에 따라갈 수 있다고 설명했다.
따라서 리더와 추종자의 범주가 ③ '유동적'이라는 내용이 적절하다.

왜 오답?
①, ⑤ 리더와 추종자의 역할이 바뀔 수 있다는 내용이므로, 그 범주가 엄격하다거나 명백하다는 것은 주제와 상반되는 진술이다.
② 리더와 추종자의 역할의 불공정함은 언급되지 않았다.
④ 리더와 추종자의 역할은 목표에 따라 바뀔 수 있다고 했으므로 안정성과는 관련 없다.

단서 1 규제의 긍정적인 측면에 관한 글일 것임

In the course / of his research / on business strategy and the environment, / Michael Porter noticed a peculiar pattern: / Businesses seemed to be profiting / from regulation. //
그의 연구 과정에서 / 사업 전략과 환경에 관한 / Michael Porter는 독특한 패턴을 발견했다 / 기업이 이익을 얻는 것처럼 보인다는 / 규제로부터 //

목적어절 접속사
단서 2 더 엄격한 규제가 더 느슨한 규제보다 유발하는 것

He also discovered / that the stricter regulations were prompting / more **innovation** / than the weaker ones. //
= regulations
그는 또한 발견했다 / 더 엄격한 규제가 유발하고 있다는 것을 / 더 많은 혁신을 / 더 느슨한 규제보다 //

단서 3 빈칸에 대한 구체적인 예시 제시

The Dutch flower industry provides / an illustration. //
네덜란드의 꽃 산업은 제공한다 / 하나의 예시를 //

복수 주어 / 현재분사 (the companies 수식)
For many years, / the companies / producing Holland's world-renowned tulips and other cut flowers / were also contaminating / the country's water and soil / with fertilizers and pesticides. //
복수 동사
수년 동안 / 회사들은 / 네덜란드의 세계적으로 유명한 튤립과 다른 자른 꽃들을 생산하는 / 또한 오염시키고 있었다 / 그 나라의 물과 토양을 / 비료와 농약으로 //

과거분사구 (a policy 수식)
In 1991, the Dutch government adopted / a policy / designed to cut pesticide use in half by 2000 / — a goal / they ultimately achieved. //
앞에 목적격 관계대명사 생략
1991년 네덜란드 정부는 채택했다 / 정책을 / 2000년까지 농약 사용을 절반으로 줄이도록 고안된 / 이것은 목표였다 / 그들이 궁극적으로 달성한 //

분사구문
Facing increasingly strict regulation, / greenhouse growers realized they had to develop new methods / if they were going to maintain product quality / with fewer pesticides. //
앞에 목적어절 접속사 생략 / 과거시제 기준의 미래 표현
점점 더 엄격한 규제에 직면하면서 / 온실 재배자들은 그들이 새로운 방법을 개발해야만 한다는 것을 깨달았다 / 그들이 상품의 품질을 유지하려면 / 더 적은 양의 농약으로 //

주격 관계대명사
In response, / they shifted to a cultivation method / that circulates water in closed-loop systems / and grows flowers in a rock wool substrate. //
병렬 구조 (동사)
이에 대응하여 / 그들은 재배 방식으로 전환했다 / 물을 폐쇄 루프 방식으로 순환시키고 / 암모 배양판에서 꽃을 키우는 //

not only A (but) also B: A뿐만 아니라 B도 / 과거분사구 (the pollution 수식)
The new system not only reduced the pollution / released into the environment; / it also increased profits / by giving companies greater control / over growing conditions. //
by -ing: ~함으로써
단서 4 규제에 맞춰 개발한 새로운 시스템이 이익을 증가시킴
새로운 시스템은 오염을 감소시켰을 뿐만 아니라 / 환경에 배출되는 / 그것은 이익을 증가시키기도 했다 / 회사들에게 더 큰 통제권을 줌으로써 / 재배 조건에 대한 //

- peculiar ⓐ 독특한 · strict ⓐ 엄격한
- prompt ⓥ 촉발하다, 유발하다 · illustration ⓝ 실례, 예시
- contaminate ⓥ 오염시키다 · fertilizer ⓝ 비료
- pesticide ⓝ 농약 · shift ⓥ 전환하다 · cultivation ⓝ 재배, 경작
- innovation ⓝ 혁신 · resistance ⓝ 저항 · neglect ⓝ 방치
- unity ⓝ 통일성

사업 전략과 환경을 연구하는 그의 과정에서, Michael Porter는 기업이 규제로부터 이익을 얻는 것처럼 보인다는 독특한 패턴을 발견했다. 그는 또한 더 엄격한 규제가 더 느슨한 규제보다 더 많은 **혁신**을 유발하고 있다는 것을 발견했다.
네덜란드의 꽃 산업은 하나의 예시를 제공한다. 수년 동안, 네덜란드의 세계적으로 유명한 튤립과 다른 자른 꽃들을 생산하는 회사들은 또한 비료와 농약으로 그 나라의 물과 토양을 오염시키고 있었다. 1991년, 네덜란드 정부는 2000년까지 농약 사용을 절반으로 줄이도록 고안된 정책을 채택했는데, 이것은 그들이 궁극적으로 달성한 목표였다. 점점 더 엄격한 규제에 직면하면서, 온실 재배자들은 더 적은 양의 농약으로 상품의 품질을 유지하려면 새로운 방법을 개발해야만 한다는 것을 깨달았다. 이에 대응하여 그들은 폐쇄 루프 방식으로 물을 순환시키고 암모 배양판에서 꽃을 키우는 재배 방식으로 전환했다. 새로운 시스템은 환경에 배출되는 오염을 감소시켰을 뿐만 아니라, 회사들에게 재배 조건에 대한 더 큰 통제권을 줌으로써 이익을 증가시켰다.

다음 빈칸에 들어갈 말로 가장 적절한 것을 고르시오.

① innovation 혁신 기업들에게 가해진 환경 관련 규제가 오히려 혁신을 유발함
② resistance 저항 기업들은 정부 규제에 저항하지 않고 규제에 맞는 새로운 방법을 개발함
③ fairness 공정성 공정성과 관련된 내용은 없음
④ neglect 방치 방치하지 않고 더 적극적으로 새로운 방법을 개발하려 노력함
⑤ unity 통일성 통일성과 관련된 내용은 없음

| 문제 풀이 순서 | ✶✶✶ [정답률 64%]

1st 먼저 빈칸 문장과 그 앞 문장을 확인한다.

빈칸 문장 앞	사업 전략과 환경을 연구하는 그의 과정에서, Michael Porter는 기업이 규제로부터 이익을 얻는 것처럼 보인다는 독특한 패턴을 발견했다.
빈칸 문장	그는 또한 더 엄격한 규제가 더 느슨한 규제보다 더 많은 _________을 유발하고 있다는 것을 발견했다.

→ 기업이 규제로부터 이익을 얻는 것처럼 보인다는 독특한 패턴을 발견했다. **단서**
  ▶ 일반적으로는 규제로 인해 기업이 불이익을 얻거나 불편함을 감수하지만, 오히려 이익을 얻는다고 했으므로 빈칸에는 기업의 이득과 관련된 표현이 올 것이다. **발상**

2nd 글의 나머지 부분을 읽고, 엄격한 규제가 유발한 것이 무엇인지 찾는다.

· 네덜란드의 꽃 산업은 하나의 예시를 제공한다. **단서 3**
· 새로운 시스템은 환경에 배출되는 오염을 감소시켰을 뿐만 아니라, 회사들에게 재배 조건에 대한 더 큰 통제권을 줌으로써 이익을 증가시켰다. **단서 4**

→ 네덜란드의 꽃 생산 회사들이 받은 환경 규제가 어떠한 결과를 낳았는지가 빈칸 문장의 예시이다.
  ▶ 규제를 받은 네덜란드의 꽃 생산 회사들은 기술을 ① '혁신'시켜 오히려 이익을 얻었다.

| 선택지 분석 |

① 정부의 규제에 대응하여 새로운 재배법을 개발하고 이로 전환하여 환경오염을 감소시켰을 뿐 아니라 이익을 얻게 되었다.
② 규제 정책이 채택되었다는 문장 이후의 부분에서 회사들이 규제에 반발하지 않고 이에 대응한 내용이 나온다.
③ 공정성, 차별 등에 대한 내용은 언급되지 않았다.
④ 회사들이 규제에 적극적으로 대처하여 혁신이 야기된 내용이다.
⑤ 통일성에 대한 내용은 언급되지 않았다.

가주어 / 진주어
It seems natural / to describe certain environmental conditions / as 'extreme', 'harsh', 'benign' or 'stressful'. //
당연해 보인다 / 특정한 환경 조건을 묘사하는 것은 / '극심한', '혹독한', '온화한' 또는 '스트레스를 주는'이라고 //

It may seem obvious / when conditions are 'extreme': / the midday heat of a desert, / the cold of an Antarctic winter, / the salinity of the Great Salt Lake. //
그것이 명백해 보일지도 모른다 / (환경) 조건이 '극심한' 경우에 / 사막 한낮의 열기 / 남극 겨울의 추위 / 그레이트솔트호의 염도와 같이 //

목적어절 접속사 / **단서 1** 인간에게만 극심할 뿐임
But this only means / that these conditions are extreme *for us*, / given our particular physiological characteristics and tolerances. //
분사구문
하지만 이것은 의미할 뿐이다 / 이러한 조건이 '우리에게' 극심하다는 것을 / 우리의 특정한 생리적 특징과 내성을 고려할 때 //

단서 2 선인장에게 사막, 펭귄에게 남극은 극심한 조건이나 환경이 아님
To a cactus / there is nothing extreme / about the desert conditions / in which cacti have evolved; / nor are the icy lands of Antarctica an extreme environment / for penguins. //
「전치사+관계대명사」 / 부정어 도치 (nor가 문두로 오면서 주어와 동사가 도치됨)
선인장에게 / 전혀 극심한 것이 아니며 / 사막의 환경 조건은 / 선인장들이 진화해 온 / 남극의 얼음에 뒤덮인 땅도 극심한 환경이 아니다 / 펭귄에게 //

가주어   to assume의 의미상 주어   진주어   목적어절 접속사

It is lazy and dangerous / **for the ecologist to assume** / that **all other organisms sense the environment** / **in the way we do**. //
~은 나태하고 위험하다 / 생태학자가 추정하는 것은 / 모든 다른 유기체가 환경을 느낀다고 / 우리가 느끼는 방식으로 //

Rather, the ecologist should try to gain / a worm's-eye or plant's-eye view of the environment: / to see the world / as others see it. // 단서 3 생태학자는 다른 유기체가 세계를 보는 방식으로 세계를 보아야 함
오히려 생태학자는 획득하려고 노력해야 한다 / 환경에 대한 벌레의 관점이나 식물의 관점을 / 세계를 바라보기 위해 / 다른 유기체가 세계를 보는 방식으로 //

Emotive words like harsh and benign, / even relativities such as hot and cold, / **should be used** by ecologists / only with care. //
조동사가 포함됨 수동태 동사
혹독한, 그리고 온화한 같은 감정을 나타내는 단어들 / 심지어 덥고 추운 것과 같은 상대적인 단어들은 / 생태학자들에 의해 사용되어야 한다 / 오로지 신중하게 //

- extreme ⓐ 극심한
- harsh ⓐ 혹독한
- midday ⓝ 한낮, 정오
- Antarctic ⓝ 남극 지역
- physiological ⓐ 생리학의
- tolerance ⓝ 내성, 저항력
- cactus ⓝ 선인장 (*pl.* cacti)
- ecologist ⓝ 생태학자
- emotive ⓐ 감정을 나타내는
- complex ⓐ 복잡한
- organism ⓝ 유기체
- ecological ⓐ 생태학적
- diversity ⓝ 다양성
- predictable ⓐ 예측 가능한

특정한 환경 조건을 '극심한', '혹독한', '온화한' 또는 '스트레스를 주는'이라고 묘사하는 것은 당연해 보인다. 사막 한낮의 열기, 남극 겨울의 추위, 그레이트솔트호의 염도와 같이 (환경) 조건이 '극심한' 경우에 그것이 명백해 보일지도 모른다.
하지만 이것은 우리의 특정한 생리적 특징과 내성을 고려할 때 이러한 조건이 '우리에게' 극심하다는 것을 의미할 뿐이다. 선인장에게 선인장들이 진화해 온 사막의 환경 조건은 전혀 극심한 것이 아니며 펭귄에게 남극의 얼음에 뒤덮인 땅은 극심한 환경이 아니다.
생태학자가 **모든 다른 유기체가 우리가 느끼는 방식으로 환경을 느낀다**고 추정하는 것은 나태하고 위험하다. 오히려 생태학자는 다른 유기체가 세계를 보는 방식으로 세계를 바라보기 위해 환경에 대한 벌레의 관점이나 식물의 관점을 획득하려고 노력해야 한다. 혹독한, 그리고 온화한 같은 감정을 나타내는 단어들, 심지어 덥고 추운 것과 같은 상대적인 단어들은 생태학자들에 의해 오로지 신중하게 사용되어야 한다.

다른 생물들이 환경에 대해 느끼는 바를 인간 중심으로 판단하면 안 된다는 내용임

다음 빈칸에 들어갈 말로 가장 적절한 것을 고르시오. [3점]

① complex organisms are superior to simple ones
복잡한 유기체는 단순한 유기체보다 더 우수하다   유기체의 복잡함과 단순함에 관한 내용이 아님
② technologies help us survive extreme environments
기술은 우리가 극한 환경에서 살아남을 수 있도록 돕는다   기술에 관한 내용은 언급되지 않았음
③ ecological diversity is supported by extreme environments
생태학적 다양성은 극한 환경으로 지탱된다   극한 환경과 생태학적 다양성의 관계에 관한 내용이 아님
④ all other organisms sense the environment in the way we do
모든 다른 유기체가 우리가 느끼는 방식으로 환경을 느낀다
⑤ species adapt to environmental changes in predictable ways
종들은 예측 가능한 방식으로 환경 변화에 적응한다   예측 가능한 방식이라는 내용은 없음

왜 정답 ? ★★★ [정답률 48%]

생태학자는 인간의 관점에서 극심한 환경이라고 단정 지어서는 안 되고, 다른 유기체가 세계를 보는 방식으로 세계를 바라보기 위해 다른 유기체의 관점을 얻으려고 노력해야 한다고 했다. 따라서 생태학자의 나태하고 위험한 추정이란, ④ '모든 다른 유기체가 우리가 느끼는 방식으로 환경을 느낀다'는 것이다.

왜 오답 ?

① 복잡한 유기체와 단순한 유기체를 비교하여 설명하는 글이 아니다.
② 기술로 인해 인간이 극한 환경에서 살아남았다는 내용은 없다.
  (▶ 이유: '극한 환경'이라는 말 자체에 대해 설명하는 글이다.)
③ 생태학적 다양성이 극한 환경으로부터 어떤 도움을 받았는지 언급되지 않았다.
⑤ 종들이 환경 변화에 적응했다는 내용이 언급되기는 했지만 그 방향이 예측 가능한 것인지는 글을 통해서 알 수 없다.

M 37 정답 ② *충성심을 알 수 있는 시기

will find의 목적어와 목적격 보어(현재분사)   '~라는 인상을 주다'
Around the boss, / you will always find **people** / **coming across as** friends, good subordinates, or even great sympathizers. //
우두머리 주변에서 / 여러분은 항상 사람들을 발견할 수 있다 / 친구나 좋은 부하, 심지어는 대단한 동조자라는 인상을 주는 // 단서 1 우두머리 주변에는 좋은 인상을 주는 사람들이 존재함

But / some do not truly belong. //
그러나 / 일부는 진정으로 속해 있는 것은 아니다 //

One day, / an incident will blow their cover, / and then you will know / where they truly belong. //
언젠가는 / 어떤 사건이 그들의 위장을 날려 버릴 것이고 / 여러분은 알게 될 것이다 / 그들이 진정으로 속한 곳을 //

When it is all cosy and safe, / they will be there, / **loitering the corridors** / and **fawning at the slightest opportunity**. //
병렬 구조(분사구문)
모든 것이 편안하고 안전할 때 / 그들은 그곳에 있을 것이다 / 복도를 서성거리고 / 아주 작은 기회에도 알랑거리면서 //

But as soon as difficulties arrive, / they are the first to be found missing. // 단서 2 어려움이 닥치면 그들은 사라질 것임
하지만 어려움이 닥치자마자 / 그들은 가장 먼저 보이지 않을 것이다 //

And difficult times are / the true test of **loyalty**. //
그래서 어려운 시기는 ~이다 / 충성심의 진정한 시험대 //

Dr. Martin Luther King said, / "The ultimate test of a man is /
Dr. Martin Luther King은 말했다 / "어떤 사람을 판단하는 궁극적인 시험대는 ~이다 /
not where he stands / in moments of comfort and convenience, / **but** where he stands / at times of challenge and controversy." //
not A but B: A가 아니라 B인
그 사람이 서 있는 곳이 아니라 / 편안함과 안락함의 순간에 / 그 사람이 서 있는 곳이다 / 도전과 논쟁의 시기에"라고 // 단서 3 사람의 진가는 편안한 시기가 아닌 힘든 시기에 알 수 있음

And so be careful of friends / **who** are always eager to take from you / but reluctant to give back / even in their little ways. //
주격 관계대명사
그러므로 친구를 조심하라 / 항상 여러분에게서 뭔가 얻어가려고 열망하면서 / 하지만 돌려주기를 꺼리는 / 사소하게라도 //

If they lack the commitment / **to sail** with you / through difficult weather, / then they are more likely to abandon your ship / when it stops. // 단서 4 어려운 시기에 함께하고자 하는 헌신이 없는 사람은 배신할 것
형용사적 용법(the commitment 수식)
만약 그들에게 헌신이 부족하다면 / 여러분과 함께 항해하려는 / 악천후를 뚫고 / 그러면 여러분의 배를 버릴 가능성이 더 크다 / 배가 멈출 때 //

- subordinate ⓝ 부하, 하위(의 사람)
- sympathizer ⓝ 동조자, 지지자
- belong ⓥ 속하다
- incident ⓝ 사건
- cover ⓝ 위장
- cosy ⓐ 편안한
- corridor ⓝ 복도
- slight ⓐ 약간의
- ultimate ⓐ 궁극적인, 최후의
- comfort ⓝ 편안함
- convenience ⓝ 편의, 안락함
- challenge ⓝ 도전, 힘든 일
- controversy ⓝ 논쟁
- be eager to ~하고 싶어 하다
- reluctant ⓐ 꺼리는
- commitment ⓝ 헌신, 약속
- sail ⓥ 항해하다
- abandon ⓥ 버리다
- independence ⓝ 독립성

우두머리 주변에서, 여러분은 항상 친구나 좋은 부하, 심지어는 대단한 동조자라는 인상을 주는 사람들을 발견할 수 있다. 그러나 일부는 진정으로 속해 있는 것은 아니다. 언젠가는, 어떤 사건이 그들의 위장을 날려 버릴 것이고, 여러분은 그들이 진정으로 속한 곳을 알게 될 것이다. 모든 것이 편안하고 안전할 때, 그들은 복도를 서성거리고 아주 작은 기회에도 알랑거리면서 그곳에 있을 것이다. 하지만 어려움이 닥치자마자, 그들은 가장 먼저 보이지 않을 것이다. 그래서 어려운 시기는 **충성심**의 진정한 시험대이다. Dr. Martin Luther King은 "어떤 사람을 판단하는 궁극적인 시험대는 편안함과 안락함의 순간에 그 사람이 서 있는 곳이 아니라, 도전과 논쟁의 시기에 그 사람이 서 있는 곳이다."라고 말했다. 그러므로 항상 여러분에게서 뭔가 얻어가려고 열망하면서 사소하게라도 돌려주기를 꺼리는 친구를 조심하라. 만약 그들에게 여러분과 함께 악천후를 뚫고 항해하려는 헌신이 부족하다면, 여러분의 배가 멈출 때, 그것을 버릴 가능성이 더 크다.

＞왜 정답 ? ★★★ [정답률 40%]

편안하고 안전한 시기에 사람들이 우리 주변에 있는가가 중요한 것이 아니라, 어려운 시기에도 우리에게 헌신할 수 있는지를 알아보아야 한다고 말하고 있다. 악천후 속 항해하는 것을 비유적으로 표현하여, 헌신이 부족한 사람은 악천후를 만나면 배를 버리고 떠날 것이라고 말하고 있으므로, 어려운 시기는 한 사람이 우리에게 ② '충성심'이 있는지 없는지를 알 수 있는 시험대라고 표현하는 것이 적절하다.

＞왜 오답 ?

① 사람을 이끄는 지도력에 관한 내용이 아니다.
③, ④ 창의력이나 지성과 같은 지적 능력에 대해서 이야기하는 것이 아니다.
⑤ 어려운 시기에 혼자 독립할 수 있는지에 대해 말하고 있는 내용이 아니다.

M 38 정답 ① ＊완전히 자유롭지 않은 자유 시장 시스템

단서 1 대부분의 국가에서 자본주의와 자유 시장 경제를 채택하고 있음

In most of the world, / capitalism and free markets are accepted today / as constituting the best system / for allocating economic resources / and encouraging economic output. //
병렬 구조(전치사의 목적어)
세계 대부분에서 / 오늘날 자본주의와 자유 시장은 받아들여지고 있다 / 최고의 시스템을 구성하는 것으로 / 경제적 자원을 분배하고 / 경제적 생산을 장려하기 위한 //

Nations have tried other systems, / such as socialism and communism, / but in many cases / they have either switched
현재완료 시제   either A or B: A 또는 B
wholesale to or adopted / aspects of free markets. //
국가들은 다른 시스템들을 시도했다 / 사회주의나 공산주의와 같은 / 하지만 많은 경우 / 그들은 완전히 전환하거나 받아들였다 / 자유 시장의 측면들을 //

Despite the widespread acceptance of the free-market system, / **markets are rarely left entirely free**. //
자유 시장 시스템의 광범위한 수용에도 불구하고 / 시장이 완전히 자유로워지는 경우는 거의 드물다 //

단서 2 자유 시장 시스템에서도 정부는 다양한 형태로 시장에 개입함

Government involvement takes many forms, /
정부의 개입은 다양한 형태를 취한다 /

ranging from the enactment and enforcement of laws and regulations / to direct participation in the economy / through
from A to B: A에서 B까지
entities like the U.S.'s mortgage agencies. //
법과 규정의 제정과 집행에서부터 / 직접적인 경제 참여에 이르기까지 / 미국의 담보 기관과 같은 실체를 통한 //

단수 주어
Perhaps the most important form of government involvement, / however, comes in the attempts of central banks and national
단수 동사
treasuries /
아마도 가장 중요한 형태의 정부 개입은 / 그러나 / 중앙은행과 국가 재무 기관의 시도로 나타날 것이다 /

단서 3 정부 개입을 통해 경기 주기의 흥망성쇠를 통제하고 영향을 미치려 함
형용사적 용법(the attempts 수식)
to control and affect / the ups and downs of economic cycles. //
통제하고 영향을 미치려는 / 경기 주기의 흥망성쇠를 //

- capitalism ⓝ 자본주의　　- constitute ⓥ 구성하다
- allocate ⓥ 분배하다　　- output ⓝ 생산(량)
- socialism ⓝ 사회주의　　- communism ⓝ 공산주의
- wholesale ⓐⓓ 대대적으로, 완전히　　- widespread ⓐ 광범위한
- acceptance ⓝ 수용　　- involvement ⓝ 개입
- enforcement ⓝ 집행　　- regulation ⓝ 규정　　- mortgage ⓝ 담보
- agency ⓝ 기관, 대행사　　- treasury ⓝ 재무 기관
- ups and downs 흥망성쇠　　- entirely ⓐⓓ 완전히
- reluctant ⓐ 주저하는　　- intervene ⓥ 개입하다
- inequality ⓝ 불평등　　- competition ⓝ 경쟁
- guarantee ⓥ 보장하다　　- maximum ⓐ 최대의

오늘날 세계 대부분에서 자본주의와 자유 시장은 경제적 자원을 분배하고 경제적 생산을 장려하기 위한 최고의 시스템을 구성하는 것으로 받아들여지고 있다. 국가들은 사회주의나 공산주의와 같은 다른 시스템들을 시도했지만, 많은 경우 그들은 자유 시장으로 완전히 전환하거나 자유 시장의 측면들을 받아들였다. 자유 시장 시스템의 광범위한 수용에도 불구하고, **시장이 완전히 자유로워지는 경우는 거의 드물다**. 정부의 개입은 법과 규정의 제정과 집행에서부터 미국의 담보 기관과 같은 실체를 통한 직접적인 경제 참여에 이르기까지 다양한 형태를 취한다. 그러나 아마도 가장 중요한 형태의 정부 개입은 중앙은행과 국가 재무 기관이 경기 주기의 흥망성쇠를 통제하고 영향을 미치려는 시도로 나타날 것이다.

＞왜 정답 ? ★★★ [정답률 36%]

대부분의 국가에서 자본주의와 자유 시장 경제를 채택하고 있지만, 자유 시장 시스템이 광범위하게 수용되었음에도 정부는 다양한 형태로 시장에 개입한다고 설명하고 있다.
특히 마지막 문장에서 정부 개입을 통해 경기 주기의 흥망성쇠를 통제하고 영향을 미치려 한다고 했으므로, 빈칸에 들어갈 적절한 말은 자유 시장 시스템에서도 ① '시장이 완전히 자유로워지는 경우는 거의 드물다'이다.

＞왜 오답 ?

② 정부가 자유 시장 시스템에 개입하기를 주저하는 것이 아니라, 오히려 개입을 통해 경기의 흥망성쇠를 통제하고자 한다는 내용이다.
③ 수요와 공급의 균형에 대한 언급은 없다.
④ 경제적 불평등에 대한 언급은 없다.
⑤ 경쟁과 이윤에 대한 언급은 없다.

M 39 정답 ① ＊반항적인 심리를 이용한 마케팅

앞에 목적어절 접속사 생략
Rebels may think they're rebels, / but clever marketers influence them / just like the rest of us. // 단서 1 마케터들은 반항자들에게도 영향을 줄 수 있음
반항자들은 자신들이 반항자라고 생각할지도 모르지만 / 영리한 마케터들은 그들에게 영향을 준다 / 나머지 우리에게 그러듯이 //

동명사 주어   turn A off from B: A가 B에 대해 흥미를 잃게 하다
Saying, "Everyone is doing it" / may turn some people off from an idea. //
"모두가 그것을 하고 있다"라고 말하는 것은 / 일부 사람들로 하여금 어떠한 생각에 대해 흥미를 잃게 할지도 모른다 //

계속적 용법의 주격 관계대명사
These people will look for alternatives, / which (if cleverly
부사절에서「주어+be동사」 생략
planned) / can be exactly what a marketer or persuader wants
wants의 목적어와 목적격 보어 (to부정사)
you to believe. //
이 사람들은 대안을 찾을 것이고 / 그것은 (만약 영리하게 계획된다면) / 정확히 마케터나 설득자가 여러분이 믿기를 원하는 것일 수 있다 //

병렬 구조
If I want you to consider an idea, / and know you strongly reject popular opinion /
만약 내가 여러분이 한 아이디어를 고려하길 바라고 / 대중적인 의견을 강하게 거부한다는 것을 안다면 / 단서 2 상대방이 독자적인 성향을 지닌 사람임을 파악한다면,
선택지를 거부하는 것을 노리는 전략을 사용함
'~을 위하여'
in favor of maintaining your independence and uniqueness, /
계속적 용법의 목적격 관계대명사
I would present the majority option first, / which you would reject / in favor of my actual preference. //
여러분의 독립성과 유일성을 유지하기 위해 / 나는 대다수가 선택하는 것을 먼저 제시할 것이고 / 여러분은 그것을 거부할 것이다 / 내가 실제로 선호하는 것에 맞게 //

We are often tricked / when we try to maintain a position of defiance. //

우리는 종종 속는다 / 반항의 입장을 유지하려고 할 때 //

People use this **reversal** / to make us "independently" choose an option / which suits their purposes. //
to make의 목적어와 목적격 보어 (원형부정사)

사람들은 이러한 반전을 사용한다 / 우리가 선택지를 '독자적으로' 택하도록 만들기 위해 / 그들의 목적에 맞는 //

Some brands have taken full effect / of our defiance towards the mainstream / and positioned themselves as rebels; / which has created even stronger brand loyalty. //
병렬 구조 (과거분사)
계속적 용법의 주격 관계대명사 (선행사: 앞 문장 전체)

일부 브랜드들은 완전히 활용하여 / 주류에 대한 우리의 반항을 / 스스로를 반항자로 자리매김해 왔고 / 이는 훨씬 더 강력한 브랜드 충성도를 만들어 왔다 //

- rebel ⓝ 반역자, 반항자
- alternative ⓝ 대안
- persuader ⓝ 설득자
- reject ⓥ 거부하다
- independence ⓝ 독립(성)
- uniqueness ⓝ 독특성, 유일성
- trick ⓥ 속이다
- independently ⓐⓓ 독자적으로
- mainstream ⓝ 주류, 대세
- loyalty ⓝ 충성(심)
- reversal ⓝ 반전
- imitation ⓝ 모방
- repetition ⓝ 반복
- conformity ⓝ 순응
- collaboration ⓝ 협동

반항자들은 자신들이 반항자라고 생각할지도 모르지만, 영리한 마케터들은 나머지 우리에게 그러듯이 그들에게 영향을 준다. "모두가 그것을 하고 있다."라고 말하는 것은 일부 사람들로 하여금 어떠한 생각에 대해 흥미를 잃게 할지도 모른다. 이 사람들은 대안을 찾을 것이고, 그것은 (만약 영리하게 계획된다면) 정확히 마케터나 설득자가 여러분이 믿기를 원하는 것일 수 있다. 만약 내가 여러분이 한 아이디어를 고려하길 바라고, 여러분의 독립성과 유일성을 유지하기 위해 대중적인 의견을 강하게 거부한다는 것을 안다면, 나는 대다수가 선택하는 것을 먼저 제시할 것이고, 여러분은 내가 실제로 선호하는 것에 맞게 그것을 거부할 것이다. 우리는 반항의 입장을 유지하려고 할 때 종종 속는다. 사람들은 우리가 그들의 목적에 맞는 선택지를 '독자적으로' 택하도록 만들기 위해 이러한 **반전**을 사용한다. 일부 브랜드들은 주류에 대한 우리의 반항을 완전히 활용하여 스스로를 반항자로 자리매김해 왔고, 이는 훨씬 더 강력한 브랜드 충성도를 만들어 왔다.

다음 빈칸에 들어갈 말로 가장 적절한 것을 고르시오. [3점]

① reversal 반전 — 거부할 것을 알고 이를 이용함
② imitation 모방 — 고객의 의도를 역이용한 것임
③ repetition 반복 — 반복에 관련된 전략은 언급되지 않음
④ conformity 순응 — 고객의 거부를 유도함
⑤ collaboration 협동 — 고객의 협동에 관련된 내용은 언급되지 않음

왜 정답? ★★★ [정답률 51%]

반항심을 갖는 고객들은 모두가 일률적으로 하는 선택을 기피하고 자신만의 독립성과 유일성을 지키고자 함 → 기업의 마케터들은 이러한 반항적인 고객이 자신의 의지로 이 브랜드를 선택했다고 믿도록 만들기 위해 오히려 대중적인 선택지를 먼저 제시해서 거부하게 하는 전략을 사용함 단서 2

▶ 반항자들은 스스로 주류를 거부한다고 믿지만 실제로는 주류를 거부함으로써 해당 브랜드에 더욱 충성하게 되므로, ① '반전'을 이용하는 것이다.

왜 오답?

② 이러한 전략은 모방이 아니라 고객의 의도를 역이용한 것이다.
③ 반복에 관련된 전략은 언급되지 않았다.
④ 고객의 거부를 유도하므로 순응은 상반되는 의미이다.
⑤ 고객의 협동에 관련된 내용은 언급되지 않았다.

Coincidence that is statistically impossible / seems to us like an irrational event, / and some define it as a miracle. //
주격 관계대명사
= coincidence

통계적으로 불가능한 우연은 / 우리에게 비이성적인 사건처럼 보이고 / 어떤 이들은 그것을 기적으로 정의한다 //

But, as Montaigne has said, / "the origin of a miracle is in our **ignorance**, / at the level of our knowledge of nature, / and not in nature itself." //

그러나 Montaigne이 말했듯이 / "기적의 기원은 우리의 무지에 있다 / 자연에 대한 우리의 지식수준에서 / 자연 그 자체가 아니라" //

단서 1 기적으로 여겼던 것이 사실은 자연의 법칙에 대한 순응이거나 기술적 발전이었음

Glorious miracles have been later on discovered / to be obedience to the laws of nature / or a technological development that was not widely known at the time. //
현재완료 수동태
주격 관계대명사

영광스러운 기적들은 나중에 발견되어 왔다 / 자연의 법칙에 대한 순응으로서 / 혹은 기술적 발전으로서 / 당시에는 널리 알려지지 않았던 //

As the German poet, Goethe, phrased it: / "Things that are mysterious are not yet miracles." //
복수 주어
복수 동사

독일 시인 Goethe가 그것을 표현했듯이 / "'신비한' 것들은 아직 '기적'이 '아니다'"라고 //

The miracle assumes / the intervention of a "higher power" / in its occurrence / that is beyond human capability to grasp. //
= the miracle's
형용사적 용법 (capability 수식)

기적은 가정한다 / '더 높은 힘'의 개입을 / 그것의 발생에 있어서 / 인간이 이해할 수 있는 능력 너머의 //

Yet / there are methodical and simple ways / to "cause a miracle" / without divine revelation and inspiration. //
형용사적 용법 (ways 수식)

하지만 / 체계적이고 간단한 방법들이 있다 / '기적을 일으키는' / 신적인 계시와 영감 없이 //

Instead of checking it out, / investigating and finding the source of the event, / we define it as a miracle. //

단서 2 기적을 일으키는 방법은 그것을 기적으로 정의하는 것임

그것을 확인하는 것 대신에 / 즉, 그 사건의 근원을 조사하고 찾는 것 (대신에) / 우리는 그것을 기적으로 정의한다 //

The miracle, then, / is the excuse / of those who are too lazy to think. //
'~한 사람들'
too ~ to-v: 너무 ~해서 …할 수 없는

그렇다면 기적은 / 핑계이다 / 생각하는 데 너무 게으른 사람들의 //

- coincidence ⓝ 우연
- statistically ⓐⓓ 통계적으로
- irrational ⓐ 비이성적인
- glorious ⓐ 영광스러운
- obedience ⓝ 순응
- phrase ⓥ 표현하다
- intervention ⓝ 개입
- occurrence ⓝ 발생
- methodical ⓐ 체계적인
- divine ⓐ 신적인
- inspiration ⓝ 영감
- excuse ⓝ 핑계
- ignorance ⓝ 무지
- flexibility ⓝ 유연성
- satisfaction ⓝ 만족
- exaggeration ⓝ 과장

통계적으로 불가능한 우연은 우리에게 비이성적인 사건처럼 보이고, 어떤 이들은 그것을 기적으로 정의한다. 그러나, Montaigne이 말했듯이, "기적의 기원은 자연 그 자체가 아니라 자연에 대한 우리의 지식수준에서, 우리의 **무지**에 있다." 영광스러운 기적들은 자연의 법칙에 대한 순응으로서, 혹은 당시에는 널리 알려지지 않았던 기술적 발전으로서 나중에 발견되어 왔다. 독일 시인 Goethe가 그것을 표현했듯이, "'신비한' 것들은 아직 '기적'이 '아니다.'" 기적은 그것의 발생에 있어서 인간이 이해할 수 있는 능력 너머의 '더 높은 힘'의 개입을 가정한다. 하지만, 신적인 계시와 영감 없이 '기적을 일으키는' 체계적이고 간단한 방법들이 있다. 그것을 확인하는 것, 즉, 그 사건의 근원을 조사하고 찾는 것 대신에, 우리는 그것을 기적으로 정의한다. 그렇다면, 기적은 생각하는 데 너무 게으른 사람들의 핑계이다.

다음 빈칸에 들어갈 말로 가장 적절한 것을 고르시오. [3점]

① ignorance 무지 — 기적을 일으키는 방법은 그것을 기적으로 정의하는 것임
② flexibility 유연성 — 유연성이 기적의 기원이 아님
③ excellence 우수함 — 기적은 게으른 사람들의 핑계라고 했음
④ satisfaction 만족 — 만족함으로 인해 기적을 느끼는 것이 아님
⑤ exaggeration 과장 — 과장이 기적의 기원은 아님

1st 밑줄 친 부분이 포함된 문장과 그 앞 문장을 읽고, 글의 내용을 예상한다.

빈칸 문장 앞	통계적으로 불가능한 우연은 우리에게 비이성적인 사건처럼 보이고, 어떤 이들은 그것을 기적으로 정의한다.
빈칸 문장	그러나, Montaigne이 말했듯이, "기적의 기원은 자연 그 자체가 아니라 자연에 대한 우리의 지식수준에서, 우리의 ___________ 에 있다."

→ 어떤 사람들은 기적을 '통계적으로 불가능한 우연'으로 생각하지만, 사실 기적의 근원은 '통계적으로 불가능한 우연' 그 자체가 아니라 ___________ 임 (단서)

2nd 글의 나머지 부분을 읽고, 기적의 기원을 설명하는 부분을 찾는다.

- 영광스러운 기적들은 자연의 법칙에 대한 순응으로서, 혹은 당시에는 널리 알려지지 않았던 기술적 발전으로서 나중에 발견되어 왔다. 단서 1

→ 기적으로 여겼던 것이 사실 자연의 법칙이고, 알려지지 않았던 기술적 발전이었음

- 하지만, 신적인 계시와 영감 없이 '기적을 일으키는' 체계적이고 간단한 방법들이 있다. 그것을 확인하는 것, 즉, 그 사건의 근원을 조사하고 찾는 것 대신에, 우리는 그것을 기적으로 정의한다. 단서 2

→ 기적을 일으키는 방법은 그것을 조사하고 찾는 것이 아니라 단순히 그것을 기적으로 정의하는 것임

3rd **2nd** 에서 이해한 내용을 선택지에서 고른다.

'통계적으로 불가능한 우연' 자체가 기적인 것이 아니라 그것을 모르는 것이 기적의 기원이다. 따라서 기적의 기원은 우리의 ① '무지'이다.

| 선택지 분석 |

① 기적을 일으키는 방법은 그것을 조사하고 찾는 것이 아닌 그것을 기적으로 정의하는 것이다.
② 유연성이 기적의 기원이 아니다.
③ 기적은 게으른 사람들의 핑계라고 했으므로 우수함을 기적의 근원으로 볼 수 없다.
④ 만족함으로 인해 기적을 느끼는 것이 아니다.
⑤ 과장이 기적의 기원은 아니다.

M 41 정답 ① *음수에 관한 불쾌함을 피해온 방법

Negative numbers are a lot more abstract / than positive numbers / — you can't see negative 4 cookies / and you certainly can't eat them — /
음수는 훨씬 더 추상적이다 / 양수보다 / 여러분이 음수의 4개의 쿠키를 볼 수 없고 / 틀림없이 그것을 먹을 수 없다는 점에서 /

but you can think about them, / and you *have to*, / in all aspects of daily life, / from debts to contending / with freezing temperatures and parking garages. //
하지만 여러분은 그것들을 생각할 수 있으며 / 생각'해야만 한다' / 일상생활의 모든 측면에서 / 채무에서부터 씨름하는 것에 이르기까지 / 몹시 차가운 기온, 주차장과 //

Still, many of us haven't quite made peace / with negative numbers. // 단서 1 사람들은 음수와 잘 지내지 못함 (음수를 선호하지 않음)
여전히 우리들 중 많은 사람들은 잘 지내지 못해 왔다 / 음수와 //

People have invented / all sorts of funny little mental strategies / to **sidestep the dreaded negative sign**. //
사람들은 만들어 냈다 / 모든 종류의 우스꽝스럽고 사소한 정신적 전략들을 / 그 두려운 음수의 기호를 피하기 위해 //

On mutual fund statements, / losses (negative numbers) are printed in red / or stuck in parentheses / with no negative sign to be found. // 단서 2 손실을 음수 기호(-)가 아니라 빨간색이나 괄호로 표현함 (예시 ①)
뮤추얼 펀드(계약형 투자 신탁) 명세서에서 / 손실(음수)은 빨간색으로 인쇄되거나 / 괄호 안에 갇혀 있다 / 음수의 기호가 발견되지 않은 채 //

The history books tell us / that Julius Caesar was born in 100 B.C., / not -100. // 단서 3 연도를 -가 아니라 기원전으로 표현함 (예시 ②)
역사책은 우리에게 말한다 / Julius Caesar가 기원전 100년에 태어났다고 / -100이 아닌 //

The underground levels in a parking garage / often have designations / like B1 and B2. // 단서 4 지하층을 -가 아니라 B1, B2 등으로 표현함 (예시 ③)
주차장의 지하층은 / 종종 명칭을 가지고 있다 / B1과 B2와 같은 //

Temperatures are one of the few exceptions: /
기온은 몇 안 되는 예외 중 하나이다 /

folks do say, especially here in Ithaca, New York, / that it's -5 degrees outside, / though even then, / many prefer to say 5 below zero. // 단서 5 기온을 -가 아니라 영하로 표현하길 선호함 (예시 ④)
특히 여기 New York의 Ithaca에서 사람들은 말한다 / 바깥의 기온이 -5도라고 / 심지어 그때에도 / 많은 사람들은 영하 5도라고 말하길 선호한다 //

There's something about that negative sign / that just looks so unpleasant. //
그 음수의 기호에 관해서는 무언가가 있다 / 정말 불쾌하게만 보이는 //

- abstract ⓐ 추상적인   • debt ⓝ 빚, 채무
- contend ⓥ 다투다, 씨름하다   • make peace with ~와 잘 지내다
- loss ⓝ 손실   • designation ⓝ 명칭   • folk ⓝ (일반적인) 사람들
- sidestep ⓥ 피하다   • dreaded ⓐ 두려운   • resolve ⓥ 해결하다
- compensate for ~을 보상하다   • complicated ⓐ 복잡한
- unify ⓥ 통합하다   • subtraction ⓝ 뺄셈

여러분이 음수의 4개의 쿠키를 볼 수 없고 틀림없이 그것들을 먹을 수 없다는 점에서 음수는 양수보다 훨씬 더 추상적이지만 여러분은 그것들을 생각할 수 있으며, 채무에서부터 몹시 차가운 기온, 주차장과 씨름하는 것에 이르기까지 일상생활의 모든 측면에서 생각'해야만 한다'. 여전히 우리들 중 많은 사람들은 음수와 잘 지내지 못해 왔다. 사람들은 **그 두려운 음수의 기호를 피하기** 위해 모든 종류의 우스꽝스럽고 사소한 정신적 전략들을 만들어 냈다. 뮤추얼 펀드(계약형 투자 신탁) 명세서에서 손실(음수)은 빨간색으로 인쇄되거나 음수의 기호가 발견되지 않은 채 괄호 안에 갇혀 있다. 역사책은 우리에게 Julius Caesar가 -100이 아닌 기원전 100년에 태어났다고 말한다. 주차장의 지하층은 종종 B1과 B2와 같은 명칭을 가지고 있다. 기온은 몇 안 되는 예외 중 하나인데 특히 여기 New York의 Ithaca에서 사람들은 바깥의 기온이 -5도라고 말하지만 심지어 그때에도 많은 사람들은 영하 5도라고 말하길 선호한다. 그 음수의 기호에 관해서는 정말 불쾌하게만 보이는 무언가가 있다.

다음 빈칸에 들어갈 말로 가장 적절한 것을 고르시오.

① sidestep the dreaded negative sign 음수의 기호를 피하는 예시가 이어짐
그 두려운 음수의 기호를 피하기
② resolve stock market uncertainties 주식 시장의 불확실성에 관한 언급 없음
주식 시장의 불확실성을 해결하기
③ compensate for complicated calculating processes 복잡한 계산 과정에 관한 언급 없음
복잡한 계산 과정을 보상하기
④ unify the systems of expressing numbers below zero 통합하지 않음
영 이하의 수를 표현하는 체계를 통합하기
⑤ face the truth that subtraction can create negative numbers 뺄셈을 설명하는 글이 아님
뺄셈이 음수를 만들 수 있다는 진실을 직시하기

왜 정답? ★★★ [정답률 43%]

빈칸 문장	사람들은 ___________ 위해 모든 종류의 우스꽝스럽고 사소한 정신적 전략들을 만들어 냈다. 단서

→ 빈칸 문장: 이어지는 예시가 무엇을 위한 우스꽝스럽고 사소한 전략들인지 파악해야 한다. (발상)

→ 빈칸 문장 뒤 예시:
1 명세서에 손실을 -가 아닌 빨간색으로 인쇄하거나 괄호 안에 표시함
2 역사책에서 -100이 아닌 기원전 100년으로 표시함
3 주차장의 지하층은 종종 B1과 B2와 같은 명칭을 가짐
4 기온을 -5도가 아닌 영하 5도라고 말하길 선호함

▶ 이는 사람들이 음수의 기호(-)에 뭔가 불쾌함을 느껴 ① '그 두려운 음수의 기호를 피하기' 위해 전략들을 만들어 냈다고 볼 수 있다.

›왜 오답?

② 주식 시장의 불확실성에 관한 언급은 없었다. 명세서에 손실을 음수 기호가 아닌 다른 방법으로 표현했다고 언급했을 뿐이다.

③ 음수를 사용하지 않는 것이 복잡한 계산 과정을 보상하는 것이 아니다.

④ 영 이하의 수를 표현하는 여러 대안이 제시되었을 뿐, 이 방식을 통합하는 것에 관한 내용이 아니다. 주의

⑤ 뺄셈을 설명하는 글이 아니다.

Ⓜ 42 정답 ④ ＊드라마의 추상에 쉽게 대처할 수 있는 이유

A typical soap opera creates an abstract world, / 「전치사+관계대명사」 **in which** a highly complex web of relationships connects / fictional characters /
전형적인 드라마는 추상적인 세계를 만들어내며 / 그 세계에서는 매우 복잡한 관계망이 연결한다 / 허구의 캐릭터들을 /

주격 관계대명사
that exist first only in the minds of the program's creators / and 병렬 구조 (주격 관계대명사절의 동사) **are** then recreated / in the minds of the viewer. //
프로그램 제작자의 마음속에만 먼저 존재하고 / 그리고 나서 재현되는 / 시청자의 마음속에 /

가정법 과거 구문 (현재 사실의 반대를 가정)
If you were to think / about how much human psychology, law, and even everyday physics / the viewer must know / in order to follow and speculate about the plot, /
만약 여러분이 생각한다면 / 얼마나 많은 인간심리학, 법, 그리고 심지어 일상에서의 물리학을 / 시청자가 알아야 하는지에 대해 / 줄거리를 따라가고 그것에 대해 추측하기 위해 /

= how much human ~ the viewer must know
you would discover it is considerable / — at least as much as the knowledge / required to follow and speculate about a piece of modern mathematics, / and in most cases, much more. //
여러분은 / 그것이 상당하다는 것을 발견할 것이다 / 즉 적어도 지식만큼이라는 것 / 현대 수학의 한 부분을 따라가고 그것에 대해 추측하는 데 필요한 / 그리고 대부분의 경우 훨씬 더 많다는 것을 //

단서 1 드라마를 이해하려면 복잡하고 많은 심리, 법 등을 알아야 함

Yet viewers follow soap operas with ease. //
하지만 시청자들은 드라마를 쉽게 따라간다 //

단서 2 시청자들이 어떻게 쉽게 따라가고 그 추상에 대처할 수 있는지 질문을 던짐

How are they able to cope with such abstraction? //
그들은 어떻게 그런 추상에 대처할 수 있을까 //

Because, of course, the abstraction / **is built on an extremely familiar framework.** //
왜냐하면, 당연하게도, 그 추상은 / 매우 친숙한 틀 위에서 만들어졌기 때문이다 //

앞에 목적격 관계대명사 생략
The characters in a soap opera / and the relationships between them / are very much like the real people and relationships / **we experience** every day. //
드라마 속 인물들과 / 그들 사이의 관계는 / 실제 사람들 및 관계와 매우 흡사하다 / 우리가 매일 경험하는 //

단서 3 드라마의 인물과 관계는 우리가 매일 겪는 것들과 비슷하기 때문이라고 설명함

과거분사구 (a step 수식)
The abstraction of a soap opera / is only a step **removed from** the real world. //
드라마의 추상은 / 현실 세계에서 불과 한 걸음 떨어져 있다 //

주어 수동태 동사
The mental "training" required to follow a soap opera / **is provided** by our everyday lives. //
드라마를 따라가기 위해 필요한 정신적 '훈련'은 / 우리의 일상에 의해 제공된다 //

단서 4 드라마를 따라가기 위한 지식들은 우리의 일상에서 배울 수 있음

- abstract ⓐ 추상적인 - complex ⓐ 복잡한 - fictional ⓐ 허구의
- creator ⓝ 제작자 - speculate ⓥ 추측하다 - plot ⓝ 줄거리
- considerable ⓐ 상당한 - with ease 쉽게
- abstraction ⓝ 관념, 추상적 개념 - reflection ⓝ 반영
- unrealistic ⓐ 비현실적인 - desire ⓝ 욕망
- demonstrate ⓥ 보여주다 - framework ⓝ 틀, 뼈대
- indicate ⓥ 나타내다 - unnecessary ⓐ 불필요한

전형적인 드라마는 추상적인 세계를 만들어내며, 그 세계에서는 프로그램 제작자들의 마음속에만 먼저 존재하고 그리고 나서 시청자의 마음속에 재현되는 허구의 캐릭터들을 매우 복잡한 관계망이 연결한다. 만약 줄거리를 따라가고 그것에 대해 추측하기 위해 시청자가 얼마나

많은 인간심리학, 법, 그리고 심지어 일상에서의 물리학을 알아야 하는지에 대해 생각한다면, 여러분은 그것이 상당하다는 것을, 즉 적어도 현대 수학의 한 부분을 따라가고 그것에 대해 추측하는 데 필요한 지식만큼이라는 것, 그리고 대부분의 경우 훨씬 더 많다는 것을 발견할 것이다.
하지만 시청자들은 드라마를 쉽게 따라간다. 그들은 어떻게 그런 추상에 대처할 수 있을까? 왜냐하면, 당연하게도, 그 추상은 **매우 친숙한 틀 위에서 만들어졌기** 때문이다. 드라마 속 인물들과 그들 사이의 관계는 우리가 매일 경험하는 실제 사람들 및 관계와 매우 흡사하다. 드라마의 추상은 현실 세계에서 불과 한 걸음 떨어져 있다. 드라마를 따라가기 위해 필요한 정신적 '훈련'은 우리의 일상에 의해 제공된다.

> **다음 빈칸에 들어갈 말로 가장 적절한 것을 고르시오. [3점]**
>
> ① is separated from the dramatic contents
> 극적인 내용으로부터 분리되기
> ② is a reflection of our unrealistic desires   현실 세계와 유사한 것을 극적이지 않다고 볼 수는 없음
> 우리의 비현실적인 욕망의 반영이기   오히려 현실과 비슷하면 쉽다고 했음
> ③ demonstrates our poor taste in TV shows   관련 없음
> TV쇼에서 우리의 별로인 취향을 보여주기
> ④ is built on an extremely familiar framework
> 매우 친숙한 틀 위에서 만들어졌기   드라마가 일상과 그리 다르지 않음
> ⑤ indicates that unnecessary details are hidden
> 불필요한 세부사항이 숨겨져 있음을 내비치기   세부사항에 관한 언급은 없음

›왜 정답? ＊＊＊ [정답률 52%]

빈칸 문장 앞과 그 앞	하지만 시청자들은 드라마를 쉽게 따라간다. 그들은 어떻게 그런 추상에 대처할 수 있을까? 단서 2
빈칸 문장	당연하게도, 그 추상은 ＿＿＿＿＿＿＿ 때문이다.

➡ 빈칸 문장: 시청자들이 어떻게 드라마를 쉽게 따라가고 그 추상에 대처할 수 있는지에 대한 대답이 빈칸 문장이므로, 단서 뒤에 이어지는 내용을 통해 그 이유가 무엇인지 파악한다. 발상

➡ 빈칸 문장 뒤로 이어지는 내용을 보면 드라마에 등장하는 추상은 우리의 현실 세계와 매우 유사하며, 우리는 일상에서 드라마를 이해하는 데 필요한 훈련을 이미 받고 있기 때문이라고 설명한다.

▶ 따라서 빈칸에 들어갈 말은 ④ '매우 친숙한 틀 위에서 만들어졌기'이다.

›왜 오답?

① 현실 세계와 유사하다는 것이 극적이지 않다는 것을 의미한다고 볼 수는 없다.

② 현실 세계와 유사하기 때문에 따라가기 쉽다고 했다.

③ 시청자의 좋지 않은 취향에 관한 언급은 없다.

⑤ 불필요한 세부사항에 공감하여 드라마를 쉽게 이해하게 되는 것은 아니다.

Ⓜ 43 정답 ② ＊신뢰성을 손상시키는 교란 변수

Observational studies of humans / cannot be properly controlled. //
인간에 대한 관찰 연구는 / 적절하게 통제될 수 없다 //

Humans live / different lifestyles / and in different environments. //
인간은 살고 있다 / 다양한 생활 방식으로 / 그리고 다양한 환경에서 //

부사적 용법 (형용사 수식)
Thus, they are insufficiently homogeneous / **to be** suitable experimental subjects. //
따라서 그들은 충분히 동질적이지 않다 / 적절한 실험 대상이 되기에 //

단서 1 교란 변수는 인간 역학 조사에서 타당한 인과적 결론을 도출하기 어렵게 함

draw A from B: B로부터 A를 도출하다
These *confounding factors* undermine / our ability to **draw** / sound causal conclusions / **from** human epidemiological surveys. //
이러한 '교란 변수'는 손상시킨다 / 도출하는 우리의 능력을 / 타당한 인과적 결론을 / 인간 역학 조사로부터 //

주격 관계대명사
Confounding factors are variables / (known or unknown) / **that**
가목적어   to isolate의 의미상 주어   진목적어
make **it** difficult / **for epidemiologists to isolate** / the effects of
앞에 「주격 관계대명사+be동사」 생략
the specific variable **being studied.** //
교란 변수는 변수이다 / (알려지거나 알려지지 않은) / ~을 어렵게 만드는 / 역학자가 분리하는 것을 / 연구되고 있는 특정한 변수의 영향을 //

For example, Taubes argued / that since many people who drink also smoke, / researchers have difficulty / determining the link between alcohol consumption and cancer. //

예를 들어, Taubes는 주장했다 / 술을 마시는 많은 사람들이 흡연도 하기 때문에 / 연구자들이 어려움을 겪는다고 / 알코올 섭취와 암 사이의 연관성을 결정짓는 데 //

Similarly, researchers in the famous Framingham study / identified a significant correlation / between coffee drinking and coronary heart disease. //

마찬가지로 유명한 Framingham 연구의 연구자들은 / 상당한 상관관계를 확인했다 / 커피를 마시는 것과 관상 동맥성 심장 질환 사이에 //

However, most of this correlation disappeared / once researchers corrected for the fact / that many coffee drinkers also smoke. //

그러나 이러한 상관관계의 대부분은 사라졌다 / 연구자들이 사실에 대해 수정을 하자 / 커피를 마시는 많은 사람들이 흡연도 한다는 //

If the confounding factors are known, / it is often possible / to correct for them. //

교란 변수들이 알려져 있다면 / ~이 종종 가능하다 / 그것들을 수정하는 것이 //

However, if they are unknown, / they will undermine the reliability of the causal conclusions / we draw from epidemiological surveys. //

그러나 그것들이 알려져 있지 않다면 / 그것들은 인과적 결론의 신뢰성을 손상시킬 것이다 / 우리가 역학 조사로부터 도출하는 //

- observational ⓐ 관찰의
- insufficiently ⓐⓓ 불충분하게
- suitable ⓐ 적절한
- confounding ⓐ 교란하는, 혼란스럽게 하는
- undermine ⓥ 손상시키다, 약화시키다
- causal ⓐ 인과관계의
- variable ⓝ 변수
- epidemiologist ⓝ 역학자
- consumption ⓝ 섭취, 소비
- cancer ⓝ 암
- identify ⓥ 확인하다
- significant ⓐ 상당한
- correlation ⓝ 상관관계
- coronary ⓐ 관상 동맥의
- reliability ⓝ 신뢰성
- distort ⓥ 왜곡하다
- interpretation ⓝ 해석
- isolate ⓥ 분리시키다
- conceal ⓥ 숨기다
- conduct ⓥ 수행하다
- ethical ⓐ 도덕적인
- refrain from ~을 삼가다
- intervene ⓥ 개입하다

인간에 대한 관찰 연구는 적절하게 통제될 수 없다. 인간은 다양한 생활 방식으로 그리고 다양한 환경에서 살고 있다. 따라서 그들은 적절한 실험 대상이 되기에 충분히 동질적이지 않다. 이러한 '교란 변수'는 인간 역학 조사로부터 타당한 인과적 결론을 도출하는 우리의 능력을 손상시킨다. 교란 변수는 역학자가 **연구되고 있는 특정한 변수의 영향을 분리하기** 어렵게 만드는 (알려지거나 알려지지 않은) 변수이다. 예를 들어, Taubes는 술을 마시는 많은 사람들이 흡연도 하기 때문에 연구자들이 알코올 섭취와 암 사이의 연관성을 결정짓는 데 어려움을 겪는다고 주장했다. 마찬가지로 유명한 Framingham 연구의 연구자들은 커피를 마시는 것과 관상 동맥성 심장 질환 사이에 상당한 상관관계를 확인했다. 그러나 연구자들이 커피를 마시는 많은 사람들이 흡연도 한다는 사실에 대해 수정을 하자 이러한 상관관계의 대부분은 사라졌다. 교란 변수들이 알려져 있다면 그것들을 수정하는 것이 종종 가능하다. 그러나 그것들이 알려져 있지 않다면, 그것들은 우리가 역학 조사로부터 도출하는 인과적 결론의 신뢰성을 손상시킬 것이다.

다음 빈칸에 들어갈 말로 가장 적절한 것을 고르시오. [3점]
① distort the interpretation of the medical research results
　의학 연구 결과의 해석을 왜곡하기　왜곡하기 '어렵게' 한 것이 아님
② isolate the effects of the specific variable being studied
　연구되고 있는 특정한 변수의 영향을 분리하기
③ conceal the purpose of their research from subjects 관련 없음
　피실험자에게 그들의 연구 목적을 숨기기
④ conduct observational studies in an ethical way 관련 없음
　도덕적인 방식으로 관찰 연구를 수행하기
⑤ refrain from intervening in their experiments
　그들의 연구에 개입하는 것을 삼가기　필연적으로 개입하게 하는 것이 아님

| 문제 풀이 순서 | ★★★ [정답률 57%]

1st 먼저 빈칸이 포함된 문장을 읽고, 빈칸에 들어갈 말을 예측한다.

빈칸 문장	Confounding factors are variables (known or unknown) that make it difficult for epidemiologists to ＿＿＿＿＿＿＿＿＿＿. 교란 변수는 역학자가 ＿＿＿＿＿＿＿＿＿ 하는 것을 어렵게 만드는 (알려지거나 알려지지 않은) 변수이다.

→ 교란 변수가 역학자로 하여금 '~하는 것'을 어렵게 하는데, 빈칸이 '~하는 것'에 해당한다. 빈칸 문장을 기점으로 앞부분에서는 빈칸에 해당하는 것의 특징을, 뒷부분에서는 그 예시를 들 것이므로 하나씩 살펴보며 빈칸에 들어갈 말을 찾는다.

2nd For example(예를 들어) 이후로 등장하는 예시의 내용을 파악한다.

예시 ①	술을 마시는 사람들 중 많은 이들이 흡연도 하기 때문에 알코올 섭취와 암 사이의 연관성을 결정짓는 데 어려움이 있다. 단서 2
예시 ②	커피를 마시는 것과 관상 동맥성 심장 질환 사이에 상당한 상관관계를 확인했는데, 커피를 마시는 많은 사람들이 흡연도 한다는 사실을 수정하자 상관관계의 대부분은 사라졌다. 단서 3

→ 예시 ①에서 연구되고 있는 변수는 술, 예시 ②에서 연구되고 있는 변수는 커피인데 두 예시 모두 교란 변수인 흡연의 영향을 받았다.
　▶ 교란 변수인 흡연 때문에 연구되고 있는 변수인 술과 커피가 암, 심장 질환에 미치는 영향을 파악하지 못함

3rd 빈칸 내용의 특징에 대해 설명한 부분을 확인해서 정답을 찾는다.

빈칸 문장 앞	이러한 '교란 변수'는 인간 역학 조사로부터 타당한 인과적 결론을 도출하는 우리의 능력을 손상시킨다. 단서 1

→ '교란 변수'가 타당한 인과적 결론을 도출하는 우리의 능력을 손상시키는데, 구체적으로 어떻게 어렵게 하는지 빈칸 문장에서 설명하고 있다.
　빈칸 문장 뒤에 이어지는 예시는 교란 변수가 연구하고자 하는 특정 변수의 영향만을 분리하기 어렵게 만든다는 점을 설명하고 있다.
　▶ 따라서 빈칸에는 ② '연구되고 있는 특정한 변수의 영향을 분리하기'가 적절하다.

| 선택지 분석 |

① 빈칸 문장에 목적격 보어 difficult가 있다. 결과의 해석을 '왜곡하기 어렵게' 하는 것이 아니라 오히려 '왜곡하게' 하는 것이다.
② 교란 변수가 특정 변수의 영향력을 파악하기 어렵게 하기 때문에 타당한 인과적 결론을 도출하는 우리의 능력을 손상시킨다는 내용의 글이다.
③ 교란 변수가 피실험자에게 연구 목적을 반드시 알게끔 하는 역할을 하는 것은 아니다.
④ 교란 변수로 인해 도덕적인 방식으로 연구를 수행하기 어려워진 것은 아니다.
⑤ 역학자들이 연구에 개입한다는 내용이 아니라 교란 변수가 실험에 개입하여 특정 변수의 영향을 분리하기 어렵다는 내용이다.

M 44 정답 ① ⭐ 2등급 대비 [정답률 31%]

＊새로운 정보의 무의식적 통합

Information encountered after an event / can influence subsequent remembering. //

사건 후에 마주친 정보는 / 이후의 기억하는 것에 영향을 미칠 수 있다 //

External information can easily integrate into a witness's memory, / 단서 1 사건 후 정보는 기억에 쉽게 통합될 수 있음

외부 정보는 목격자의 기억에 쉽게 통합될 수 있다 /

especially if the event was poorly encoded / or the memory is from a distant event, / in which case time and forgetting have degraded the original memory. //

특히 사건이 불충분하게 부호화되었거나 / 그 기억이 먼 사건으로부터 온 것이라면 / 시간과 망각이 원래의 기억을 저하시켜 온 //

With reduced information available in memory / with **which to** ^{「관계사+to부정사」}
confirm the validity of post-event misinformation, /
기억에서 사용할 수 있는 줄어든 정보를 가지면 / 사건 후의 잘못된 정보의 유효성을 확인하기 위해 /

it is less likely that **this new information will be rejected**. //
이 새로운 정보가 덜 거부될 듯하다 //

Instead, / especially when it fits the witness's current thinking / and can be used to create a story / **that** makes sense to him or her, /
_{주격 관계대명사}
대신에 / 특히 그것이 목격자의 현재 생각과 맞고 / 하나의 이야기를 만드는 데 사용될 수 있을 때 / 그 또는 그녀에게 이해되는 /

it may be integrated / as part of the original experience. //
그것은 통합될 수 있다 / 원래 경험의 일부로서 [단서 2] 원래 경험의 일부로 통합될 수 있음

This process can be explicit / (i.e., the witness knows it is happening), / but it is often unconscious. //
이 과정은 명시적일 수 있지만 / (즉, 목격자는 그것이 일어나고 있다는 것을 알고 있다) / 그것은 흔히 무의식적이다 //

That is, / the witness might find / himself or herself **thinking** about the event differently / without awareness. //
_{find의 목적격 보어 (현재분사)}
즉 / 목격자는 발견할지도 모른다 / 그 자신 또는 그녀 자신이 그 사건에 대해 다르게 생각하는 것을 / 의식하지 못한 채 //
[단서 3] 불확실한 정보도 수용하게 됨

Over time, / the witness may not even know the source of information / **that** led to the (new) memory. //
_{주격 관계대명사}
시간이 지남에 따라 / 목격자는 정보의 출처조차 모를지도 모른다 / (새로운) 기억으로 이끄는 //

Sources of misinformation in forensic contexts / can be encountered anywhere, / from discussions with other witnesses /
법정의 상황에서의 잘못된 정보의 출처는 / 어디에서나 마주쳐질 수 있다 / 다른 목격자들과의 토론에서부터 /
_{from A to B: A에서 B까지}
to social media searches / to multiple interviews with investigators or other legal professionals, / and even in court. //
소셜 미디어 조사 / 수사관 또는 기타 법률 전문가들과의 다중 인터뷰들 / 심지어 법정에서까지 //

- subsequent ⓐ 이후의 • external ⓐ 외부의
- integrate into ~에 통합하다 • encode ⓥ 부호화하다
- degrade ⓥ 저하시키다 • confirm ⓥ 확인하다
- validity ⓝ 유효성 • explicit ⓐ 명시적인
- unconscious ⓐ 무의식적인 • interference ⓝ 방해
- recall ⓝ 상기

사건 후에 마주친 정보는 이후의 기억하는 것에 영향을 미칠 수 있다. 특히 사건이 불충분하게 부호화되었거나, 그 기억이 시간과 망각이 원래의 기억을 저하시켜 온 먼 사건으로부터 온 것이라면, 외부 정보는 목격자의 기억에 쉽게 통합될 수 있다. 사건 후의 잘못된 정보의 유효성을 확인하기 위해 기억에서 사용할 수 있는 줄어든 정보를 가지면, **이 새로운 정보가** 덜 **거부될** 듯하다. 대신에, 특히 그것이 목격자의 현재 생각과 맞고 그 또는 그녀에게 이해되는 하나의 이야기를 만드는 데 사용될 수 있을 때, 그것은 원래 경험의 일부로서 통합될 수 있다. 이 과정은 명시적일 수 있지만 (즉, 목격자는 그것이 일어나고 있다는 것을 알고 있다), 그것은 흔히 무의식적이다. 즉, 목격자는 의식하지 못한 채 그 사건에 대해 다르게 생각하는 그 자신 또는 그녀 자신을 발견할지도 모른다. 시간이 지남에 따라, 목격자는 (새로운) 기억으로 이끄는 정보의 출처조차 모를지도 모른다. 법정의 상황에서의 잘못된 정보의 출처는 다른 목격자들과의 토론에서부터 소셜 미디어 조사들, 수사관 또는 기타 법률 전문가들과의 다중 인터뷰들, 심지어 법정에서까지 어디에서나 마주쳐질 수 있다.

다음 빈칸에 들어갈 말로 가장 적절한 것을 고르시오. [3점]
① this new information will be rejected
  이 새로운 정보가 거부될 것이다 외부 정보는 기억에 쉽게 통합될 수 있음
② people will deny the experience of forgetting
  사람들은 망각의 경험을 부정할 것이다
③ interference between conflicting data will occur 무의식적으로 정보가 통합됨
  상충되는 데이터 간의 방해가 발생할 것이다 데이터 간의 충돌이 덜 발생하는 것이 아님
④ the unconscious will be involved in the recall process
  무의식이 상기시키는 과정에 영향을 미칠 것이다 무의식적으로 사건 이후의 정보를 기억에 통합함
⑤ a recent event will last longer in memory than a distant one
  최근 사건이 예전 사건보다 더 오래 기억에 남을 것이다 어떤 정보가 더 오래 기억되는지 알 수 없음

왜 2등급? 빈칸이 포함된 문장에 be less likely가 있다. 즉, 빈칸에는 글에서 말하는 것과 반대되는 내용이 들어가야 하기 때문에 글을 충분히 이해해도 잘못된 선택지를 고를 수 있는 2등급 대비 문제이다. 또한 interference between conflicting data (상충되는 데이터 간의 방해)와 같이 기억이나 정보 처리와 관련된 글에서 자주 등장하는 소재가 있는 선택지 ③도 정답으로 고르기 쉬운 매력적인 오답이다.

| 문제 풀이 순서 |

1st 빈칸이 포함된 문장을 읽고, 빈칸에 들어갈 말에 대한 단서를 얻는다.

| 빈칸 문장 | 사건 후의 잘못된 정보의 유효성을 확인하기 위해 기억에서 사용할 수 있는 줄어든 정보를 가지면, 덜 ___________ 듯하다. |

➡ 기억에서 사건 후 얻는 정보의 유효성을 확인하기 위해 사용할 수 있는 정보가 적음 ➡ 덜 ~될 듯함

▶ 사건에 대한 기억이 적을 때, 사건 후의 정보가 '어떻게 될' 것인지를 찾고, 그 반대되는 내용을 빈칸에서 찾아야 함

2nd 글의 나머지 부분을 읽고, 사건 후의 정보가 '어떻게 될' 것인지를 찾는다.

- 특히 사건이 불충분하게 부호화되었거나, 그 기억이 시간과 망각이 원래의 기억을 저하시켜 온 먼 사건으로부터 온 것이라면, 외부 정보는 목격자의 기억에 쉽게 통합될 수 있다. [단서 1]
- 대신에, 특히 그것이 목격자의 현재 생각과 맞고 그 또는 그녀에게 이해되는 하나의 이야기를 만드는 데 사용될 수 있을 때, 그것은 원래 경험의 일부로서 통합될 수 있다. [단서 2]

➡ 외부 정보는 목격자의 기억에 쉽게 통합될 수 있고, 원래 경험의 일부로 통합될 수 있음

3rd **2nd**에서 이해한 내용을 선택지에서 고른다.

사건 후에 마주친 정보는 이후의 기억하는 것에 영향을 미칠 수 있는데, 특히 그것이 목격자의 현재 생각과 맞을 때 원래 경험의 일부로서 통합될 수 있다고 했다. 이는 ① '이 새로운 정보가 거부되는 것이' 덜 한 것이다.

| 선택지 분석 |

① 원래 경험의 일부로서 통합될 수 있으므로 새로운 정보는 덜 거부될 것이다.
② 무의식적으로 기억을 잊고서 새로운 정보를 기존에 통합한다고 했다.
③ 데이터 간에 충돌이 발생하는 것을 방지하는 것이 아니라 기존의 정보에 통합되는 내용이 자연스럽다.
④ 무의식이 기억을 상기시키는 과정에 관여하는 것이 아니고 무의식적으로 기억 형성에 관여하게 된다.
⑤ 기억 형성의 시기가 기억 유지에 영향을 준다는 내용이 아니다.

*도움이 효과적이지 않은 경우

There are several reasons / why support may not be effective. //
관계부사
몇몇 이유들이 있다 / 도움이 효과적이지 않을 수 있는 //

One possible reason is / that receiving help could be a blow to
주격 보어절 접속사
self-esteem. // 단서1 도움을 받는 것은 자존감에 타격이 될 수 있음
한 가지 가능한 이유는 ~이다 / 도움을 받는 것이 자존감에 타격이 될 수 있다는 것 //

A recent study / by Christopher Burke and Jessica Goren at
Lehigh University / examined this possibility. //
최근 한 연구는 / Lehigh 대학의 Christopher Burke와 Jessica Goren에 의한 / 이
가능성을 조사했다 //

According to the threat to self-esteem model, /
자존감 위협 모델 이론에 따르면 /

help can be perceived / as supportive and loving, / or it can be
seen / as threatening / if that help is interpreted / as implying
동명사구(전치사의 목적어)
incompetence. // 단서2 도움이 무능함을 암시하는 것으로
해석된다면 위협적으로 보일 수도 있음
도움은 여겨질 수도 있다 / 협력적이고 애정 있는 것으로 / 혹은 보여질 수 있다 / 위협적으로
/ 만약 그 도움이 해석된다면 / 무능함을 암시하는 것으로 /

be likely to-v: ~할 가능성이 있다
According to Burke and Goren, / support is especially likely to
be seen / as threatening / if it is in an area / that is self-relevant
주격 관계대명사
or self-defining /
Burke와 Goren에 따르면 / 도움이 특히 보여질 가능성이 있다 / 위협적으로 / 도움이 영역
안에 있는 경우 / 자기 연관적이거나 자기 정의적인 /

관계부사
— that is, / in an area / where your own success and achievement
are especially important. // 단서3 도움이 자신의 성공이나 성취가 특히
중요한 영역에 있을 때 위협적으로 느껴짐
다시 말해 / 영역 안에 있는 경우 / 당신 자신의 성공과 성취가 특히 중요한 //

Receiving help with a self-relevant task / can make you feel bad
주어(동명사구)
about yourself, / and this can undermine / the potential positive
effects of the help. // 단서4 자기 연관적인 일로 도움을 받는 것은
도움의 긍정적인 영향을 손상시킴
자기 연관적인 일로 도움을 받는 것은 / 당신이 자신에 대해 나쁘게 느끼게 만들 수 있다 /
그리고 이것은 손상시킬 수 있다 / 도움의 잠재적인 긍정적 영향을 //

For example, / if your self-concept rests, / in part, on your great
cooking ability, / it may be a blow to your ego / when a friend
helps you prepare a meal for guests /
helps의 목적어와 목적격 보어(원형부정사)
예를 들어 / 만약 당신의 자아 개념이 놓여 있다면 / 어느 정도, 당신의 훌륭한 요리 실력에 /
이는 당신의 자아에 타격이 될 수 있다 / 친구가 당신이 손님들을 위해 식사를 준비하는 것을
도울 때 /

목적어절 접속사   삽입절
because it suggests / that you're not the master chef / you
thought you were. //
왜냐하면 이는 암시하기 때문이다 / 당신이 유능한 요리사가 아니라는 점을 / 자신이 그렇다고
생각했던 //

- blow ⓝ 타격 · self-esteem 자존감 · examine ⓥ 조사하다
- possibility ⓝ 가능성 · threat ⓝ 위협 · supportive ⓐ 협력적인
- loving ⓐ 애정 있는 · threatening ⓐ 위협적인
- interpret ⓥ 해석하다 · imply ⓥ 암시하다
- incompetence ⓝ 무능력 · self-relevant 자기 연관적인
- self-defining 자기 정의적인 · achievement ⓝ 성취
- undermine ⓥ 손상시키다 · potential ⓐ 잠재적인
- self-concept 자아 개념 · rest on ~에 놓여 있다
- ego ⓝ 자아, 자존감 · master ⓐ 유능한, 숙달한
- challenge ⓝ 도전 · discourage ⓥ 낙담시키다

도움이 효과적이지 않을 수 있는 몇몇 이유들이 있다. 한 가지 가능한
이유는 도움을 받는 것이 자존감에 타격이 될 수 있다는 것이다. Lehigh
대학의 Christopher Burke와 Jessica Goren에 의한 최근 한 연구는 이
가능성을 조사했다. 자존감 위협 모델 이론에 따르면, 도움은 협력적이고
애정 있는 것으로 여겨질 수도 있고, 혹은 만약 그 도움이 무능함을
암시하는 것으로 해석된다면 위협적으로 보여질 수 있다. Burke와

Goren에 따르면 도움이 자기 연관적이거나 자기 정의적인 영역 — 다시
말해, 당신 자신의 성공과 성취가 특히 중요한 영역 — 안에 있는 경우,
그것은 특히 위협적으로 보여질 가능성이 있다. 자기 연관적인 일로
도움을 받는 것은 **당신이 자신에 대해 나쁘게 느끼게 만들** 수 있고, 이것은
도움의 잠재적인 긍정적 영향을 손상시킬 수 있다. 예를 들어, 만약 당신의
자아 개념이 어느 정도는 당신의 훌륭한 요리 실력에 놓여 있다면, 친구가
당신이 손님들을 위해 식사를 준비하는 것을 도울 때 이는 당신의 자아에
타격이 될 수 있는데 이는 당신이 자신이 그렇다고 생각했던 유능한
요리사가 아니라는 점을 암시하기 때문이다.

> **다음 빈칸에 들어갈 말로 가장 적절한 것을 고르시오.**
> ① make you feel bad about yourself 자존감에 대한 위협으로 여겨짐
>   당신이 자신에 대해 나쁘게 느끼게 만들
> ② improve your ability to deal with challenges
>   도전에 대처하는 당신의 능력을 향상시킬   어떤 능력을 향상시키는 등의 긍정적인 효과는 없음
> ③ be seen as a way of asking for another favor
>   또 다른 부탁을 하는 방법으로 여겨질   도움의 긍정적 영향을 손상시킬 것임
> ④ trick you into thinking that you were successful
>   당신이 성공했다고 생각하도록 당신을 속일   자존감에 위협을 주는 것임
> ⑤ discourage the person trying to model your behavior
>   당신의 행동을 본보기로 삼으려는 사람을 낙담시킬   행동을 본보기로 삼으려는 사람에 대한 언급 없음

2등급? 도움이 효과적이지 않을 수 있는 이유에 대해 설명하는 글로, 주제가
생소하여 글의 내용 파악이 어려운 문제이다. 자존감 위협 모델 이론을 근거로 들며
도움이 '무능함을 암시하는 것으로 해석될 때' 바로 그러하다고 설명하고 있다.
이어서 그것을 자기 연관적인 일로 도움받는 때로 풀어 설명하고 있으므로, 빈칸에는
'무능함을 암시하는 것으로 해석될 때'와 비슷한 의미가 들어가야 한다.

| 문제 풀이 순서 |

1st 먼저 빈칸이 포함된 문장을 읽고, 빈칸에 들어갈 말을 예상한다.

빈칸 문장	Receiving help with a self-relevant task can ____________ and this can undermine the potential positive effects of the help. 자기 연관적인 일로 도움을 받는 것은 ____________ 수 있고, 이것은 도움의 잠재적인 긍정적 영향을 손상시킬 수 있다.

➡ and로 연결되는 내용이 도움의 부정적인 측면이므로 빈칸 또한 부정적인 내용일
것이다. 바로 다음 문장에서 For example로 예시를 들고 있으므로 자기 연관적인
일로 도움을 받은 것이 어떤 부정적인 효과를 가져왔는지 찾으면 된다.

2nd 예시로 든 상황을 통해 빈칸에 들어갈 말을 찾아 선택지에서 고른다.

예를 들어, 만약 당신의 자아 개념이 어느 정도는 당신의 훌륭한 요리 실력에
놓여 있다면, 친구가 당신이 손님들을 위해 식사를 준비하는 것을 도울 때 이는
당신의 자아에 타격이 될 수 있는데 이는 당신이 자신이 그렇다고 생각했던 유능한
요리사가 아니라는 점을 암시하기 때문이다.

➡ 자신이 잘 할 수 있는 일(요리)에 누군가의 도움을 받으면, 스스로 생각했던 것만큼
자신이 그 일을 잘하지 못할 것이라고(유능한 요리사가 아니라고) 생각하게 된다는
내용이다. ▶ 따라서 자기 연관적인 일로 도움을 받는 것은 ① '당신이 자신에 대해
나쁘게 느끼게 만들' 수 있다.

| 선택지 분석 |

① 자존감 위협 모델 이론을 근거로 들며 도움이 '무능함을 암시하는 것으로 해석될 때'
도움이 효과적이지 않을 수 있다고 했다.

② 도움의 긍정적인 효과에 대해서 이야기하고 있는 글이 아니다.

③ 도움의 긍정적인 영향을 손상시킬 것이라고 했으므로 또 부탁을 하진 않을 것이다.

④ 자기 연관적인 일로 도움받는 것은 자존감에 타격이 될 수 있다고 했다. 성공의
착각을 불러일으키는 것은 오히려 자존감이 높아지게 하는 상황이다.

⑤ discourage라는 부정적인 어휘를 이용한 함정으로 '당신의 행동을 본보기로 삼는
사람을 낙담시킨다'는 내용은 글에서 언급되지 않은 무관한 내용이다.

M 46 정답 ① ★ 2등급 대비 [정답률 64%]

＊두려움과 불확실성으로 인한 금융 시장 손해

= the global economic market
The connectedness of the global economic market / makes **it** vulnerable / to potential "infection." //
전 세계 경제 시장의 연결성은 / 그것을 취약하게 만든다 / 잠재적 '감염'에 //

A financial failure can make its way / from borrowers to banks to insurers, / 분사구문 spreading like a flu. //
금융상의 실패는 나아갈 수 있다 / 채무자에서부터 은행, 보증인까지 / 독감처럼 퍼지면서 //

However, there are unexpected characteristics / when it comes to such infection in the market. // '~에 대해서는'
그러나 예상치 못한 특징들이 있다 / 시장에서의 그러한 감염에 관한 //

Infection can occur / even without any contact. //
감염이 일어날 수 있다 / 심지어 어떤 접촉 없이도 // 단서 1 금융상의 실패는 접촉 없이 생겨날 수 있음

A bank might become insolvent / even without having **any of its investments fail**. // having의 목적어와 목적격 보어 (원형부정사)
은행은 지급 불능이 될 수 있다 / 어떠한 투자에 실패하지 않고도 //

Fear and uncertainty can be damaging / to financial markets, / just as cascading failures / due to bad investments. //
두려움과 불확실성은 손해를 끼칠 수 있다 / 금융 시장에 / 연속된 실패처럼 / 어떤 나쁜 투자들 때문에 일어나는 //

If we all **woke up** tomorrow / and **believed** that Bank X would be insolvent, / then **it would become** insolvent. // 가정법 과거 구문 (현재 사실의 반대)
만약 우리 모두가 내일 깨어나서 / X은행이 지급 불능이 될 것이라고 믿는다면 / 그것은 지급 불능이 될 것이다 // 단서 2 은행이 실패할 것이라는 '믿음' 또는 집단적인 '두려움'만으로도 은행은 지급 불능이 될 수 있음

In fact, **it** would be enough / 가주어 **for us to fear** / that others believed to fear의 의미상 주어 that Bank X was going to fail, / or just **to fear** our collective fear! // 진주어
사실 충분할 것이다 / 우리가 무서워하는 것으로 / 다른 사람들이 X은행이 실패할 것이라고 믿고 있다는 것을 / 또는 단지 우리의 집단적인 두려움을 무서워하는 것으로 //

We might all even know / that Bank X was well-managed / with healthy investments, / 단서 3 은행이 잘 운영된다는 것을 알고 있어도 의심과 두려움만으로 문제가 생길 수 있음
우리 모두가 심지어 안다 / X은행이 잘 운영된다는 것을 / 건전한 투자로 / 가정법 과거 구문 (현재 사실의 반대)
but **if** we **expected** / others to pull their money out, / then we **would fear** / being the last / 형용사적 용법 (the last 수식) **to pull** our money out. // 하지만 만약 우리가 예상한다면 / 다른 사람들이 그들의 돈을 인출해 갈 것이라고 / 그러면 우리는 무서워할 것이다 / 마지막 사람이 되는 것을 / 자신의 돈을 인출하는 //

병렬 구조 (동사)
Financial distress **can be** self-fulfilling / and **is** a particularly troublesome aspect / of financial markets. //
재정적인 고통은 자기충족적일 수 있고 / 특별히 골치 아픈 측면이다 / 금융 시장에서의 //

- connectedness ⓝ 연결성 - vulnerable ⓐ 취약한
- infection ⓝ 감염 - financial ⓐ 금융의, 재정의
- borrower ⓝ 채무자 - insurer ⓝ 보증인 - investment ⓝ 투자
- collective ⓐ 집단의 - distress ⓝ 고통
- self-fulfilling 자기 충족적인 - troublesome ⓐ 골치 아픈
- aspect ⓝ 측면 - uncertainty ⓝ 불확실성
- unaffordable ⓐ 감당할 수 없는 - loan ⓝ 대출, 융자
- pose a risk 위험을 끼치다 - ignorance ⓝ 무지
- restriction ⓝ 제약 - poisonous ⓐ 해로운, 독성의

전 세계 경제 시장의 연결성은 그것을 잠재적 '감염'에 취약하게 만든다. 금융상의 실패는 독감처럼 퍼지면서 채무자에서부터 은행, 보증인까지 나아갈 수 있다. 그러나 시장에서의 그러한 감염에 관한 예상치 못한 특징들이 있다. 감염이 심지어 어떤 접촉 없이도 일어날 수 있다. 은행은 어떠한 투자에 실패하지 않고도 지급 불능이 될 수 있다. 어떤 나쁜 투자들 때문에 일어나는 연속된 실패처럼 금융 시장에 **두려움과 불확실성은 손해를 끼칠 수 있다**. 만약 우리 모두가 내일 깨어나서 X은행이 지급 불능이 될 것이라고 믿는다면, 그것은 지급 불능이 될 것이다. 사실 우리가 다른 사람들이 X은행이 실패할 것이라고 믿고 있다는 것을 무서워하거나 단지 우리의

집단적인 두려움을 무서워하는 것으로 충분할 것이다. 우리 모두가 심지어 X은행이 건전한 투자로 잘 운영된다는 것을 알지라도 만약 우리가 다른 사람들이 그들의 돈을 인출해 갈 것이라고 예상한다면, 그러면 우리는 자신의 돈을 인출하는 마지막 사람이 되는 것을 무서워할 것이다. 재정적인 고통은 자기충족적일 수 있고 금융 시장에서의 특별히 골치 아픈 측면이다.

> 다음 빈칸에 들어갈 말로 가장 적절한 것을 고르시오.
> ① Fear and uncertainty can be damaging
> 두려움과 불확실성은 손해를 끼칠 수 있다   믿음과 의심만으로도 금융 시장에 손해를 끼칠 수 있음
> ② Unaffordable personal loans may pose a risk
> 감당할 수 없는 개인 대출은 위험하다   관련 없음
> ③ Ignorance about legal restrictions may matter
> 법률 제약에 관한 무지는 문제가 된다   법률 제약을 모르는 상황은 언급되지 않음
> ④ Accurate knowledge of investors can be poisonous
> 투자자에 관한 정확한 지식은 독이 된다   정확한 투자 지식이 문제가 된다는 것이 아님
> ⑤ Strong connections between banks can create a scare
> 은행 간 강력한 연결은 두려움을 만든다   은행 간 연결에 관한 내용이 아님

왜 2등급? 직접적인 은행의 실패가 아닌, 사람들의 두려움과 불확실성만으로 금융 시장이 손해를 입을 수 있다는 것을 접촉하지 않고 일어나는 감염에 비유했다. 어려운 내용을 비유를 통해 나타내어 더 이해하기 힘들게 만든 문제였다.

| 문제 풀이 순서 |

1st 빈칸이 포함된 문장을 앞과 그 앞 문장과 함께 살펴보고, 빈칸에 들어갈 말을 찾을 방법을 구상한다.

빈칸 문장 앞과 그 앞	감염이 심지어 어떤 접촉 없이도 일어날 수 있다. 은행은 어떠한 투자에 실패하지 않고도 지급 불능이 될 수 있다. 단서 1
빈칸 문장	어떤 나쁜 투자들 때문에 일어나는 연속된 실패처럼 금융 시장에 ____________.

➡ 접촉 없이 실패할 수 있는 금융 시장의 실패에는 어떤 것이 있을지 생각하며 빈칸에 들어갈 말을 찾아야 한다.

2nd 상황을 가정하는 부분을 읽으며 빈칸에 들어갈 말을 찾는다.

빈칸 문장 뒤 가정	만약 우리 모두가 X은행이 지급 불능이 될 것이라고 믿는다면, 그것은 지급 불능이 될 것이다. 실패함 / 실패와 접촉하지 않음 X은행이 잘 운영된다는 것을 알지라도 다른 사람들이 그들의 돈을 인출해 갈 것이라고 예상한다면, 우리는 돈을 인출하는 마지막 사람이 되는 것을 무서워할 것이다. 단서 3

➡ 은행이 실제로 투자에 실패하지 않더라도(접촉이 없음을 의미) 사람들이 그 은행이 지급 불능이 될 것이라 믿고 두려움을 느낀다면 실제로 은행은 지급 불능이 될 것이다(금융 시장의 실패를 의미).

▶ 따라서 정답은 ① '두려움과 불확실성은 손해를 끼칠 수 있다'이다.

| 선택지 분석 |

① 두려움과 불확실성만으로(실패와 접촉하지 않고도) 금융 시장이 손해를 볼 수 있다(실패).
② 개인이 감당할 수 없는 대출은 언급되지 않았다.
③ 법률 제약을 모르는 상황은 언급되지 않았다.
④ 정확한 지식이 오히려 투자에 도움이 되지 않을 수 있음을 말하는 글이 아니다.
⑤ 은행 간 강력한 연결도 잠재적 '감염'에 취약하게 만들지만, 이 글은 연결되지 않은 상태에서도 발생할 수 있는 금융 시장의 문제점을 설명하는 글이다.

M 47 정답 ② ★ 1등급 대비 [정답률 26%]

＊읽기의 경계를 정하는 것의 어려움

목적어절 접속사
Some people argue / **that** there is a single, logically consistent concept / 과거분사구 (concept 수식) **known as reading** / **that** can be neatly set apart / 주격 관계대명사 from everything else / 앞에 목적격 관계대명사 생략 **people do with books**. //
몇몇 사람들은 주장한다 / 유일하고 논리적으로 일관성 있는 개념이 있다고 / 읽기로 알려진 / 깔끔하게 분리될 수 있는 / 모든 다른 행동들로부터 / 사람들이 책을 가지고 하는 //

Is reading really that simple? //
읽기는 정말로 그렇게 단순할까 //

The most productive way to think about reading / is as **a loosely related set of behaviors / that belong together** / owing to family resemblances, /
읽기에 대해 생각하는 가장 생산적인 방식은 / 헐겁게 연결된 행동의 묶음으로서이다 / 함께 속하게 되는 / 가족 유사성 때문에 /

as Ludwig Wittgenstein used the phrase, / without having in common a single defining trait. //
Ludwig Wittgenstein이 그 어구를 사용한 것처럼 / 공통적으로 하나의 명백한 특성을 가지지 않은 채 /

Consequently, efforts to distinguish / reading from nonreading / are destined to fail / because there is no agreement / on what qualifies as reading / in the first place. //
결론적으로 구분하려는 노력은 / 읽기와 읽기가 아닌 것을 / 실패로 돌아가는데 / 동의가 없기 때문이다 / 무엇이 읽기로서의 자격을 주는가에 대한 / 애초에 //

The more one tries to figure out / where the border lies / between reading and not-reading, / the more edge cases will be found to stretch / the term's flexible boundaries. //
알려고 하면 할수록 / 경계가 어디에 있는가를 / 읽기와 읽기가 아닌 것 사이의 / 더욱 많은 특이 사례들이 확장하고 있다는 것이 밝혀질 것이다 / 그 용어의 유연한 경계를 //

Thus, / it is worth attempting to collect together / these exceptional forms of reading / into a single forum, /
그러므로, / 모두 함께 모으려는 시도는 해 볼 가치가 있으며 / 이러한 예외적인 읽기의 형태들을 / 하나의 토론의 장으로 /

one highlighting the challenges / faced by anyone wishing / to establish the boundaries / where reading begins and ends. //
그 토론의 장은 어려움들을 돋보이게 한다 / 원하는 누구나에 의해 마주하게 될 / 경계를 정하기를 / 어디서 읽기가 시작되고 끝나는가에 대한 //

The attempt moves toward / an understanding of reading / as a spectrum / that is expansive enough / to accommodate the distinct reading activities. //
그러한 시도는 발전한다 / 읽기를 이해하는 것으로 / 스펙트럼으로서 / 충분히 광범위한 / 별개의 읽기 활동들을 다 수용할 만큼 //

- logically ad 논리적으로
- consistent ⓐ 일관성 있는
- neatly ad 깔끔하게
- productive ⓐ 생산적인
- resemblance ⓝ 유사성
- consequently ad 결론적으로
- qualify ⓥ 자격을 주다
- figure out 이해하다
- border ⓝ 경계
- flexible ⓐ 유연한
- boundary ⓝ 경계
- attempt ⓥ 시도하다
- exceptional ⓐ 특이한, 예외적인
- forum ⓝ 토론의 장
- expansive ⓐ 광범위한
- accommodate ⓥ 수용하다
- distinct ⓐ 별개의
- separation ⓝ 분리, 단절

몇몇 사람들은 사람들이 책을 가지고 하는 모든 다른 행동들로부터 깔끔하게 분리될 수 있는, 읽기로 알려진 유일하고 논리적으로 일관성 있는 개념이 있다고 주장한다. 읽기는 정말로 그렇게 단순할까? 읽기에 대해 생각하는 가장 생산적인 방식은 하나의 명백한 특성을 공통적으로 가지지 않은 채 Ludwig Wittgenstein이 그 어구를 사용한 것처럼 가족 유사성 때문에 **함께 속하게 되는 헐겁게 연결된 행동의 묶음**으로서이다. 결론적으로, 읽기와 읽기가 아닌 것을 구분하려는 노력은 실패로 돌아가는데, 왜냐하면 애초에 무엇이 읽기로서의 자격을 주는가에 대한 동의가 없기 때문이다. 읽기와 읽기가 아닌 것 사이의 경계가 어디에 있는가를 알려고 하면 할수록, 더욱 많은 특이 사례들이 그 용어의 유연한 경계를 확장하고 있다는 것이 밝혀질 것이다. 그러므로, 이러한 예외적인 읽기의 형태들을 모두 함께 하나의 토론의 장으로 모으려는 시도는 해 볼 가치가 있으며, 그 토론의 장은 어디서 읽기가 시작되고 끝나는가에 대한 경계를 정하기를 원하는 누구나에 의해 마주하게 될 어려움들을 돋보이게 한다. 그러한 시도는 별개의 읽기 활동들을 다 수용할 만큼 충분히 광범위한 스펙트럼으로서 읽기를 이해하는 것으로 발전한다.

왜 1등급? Ludwig Wittgenstein은 어떤 개념이 꼭 하나의 공통된 속성이 아닌, 여러 유사성들의 겹침을 통해 묶일 수 있다고 주장했다. 즉, 딱 하나의 공통 속성 없이 여러 행동들이 유사하게 겹치며 묶이는 것일 수 있는데, '읽기' 또한 그에 속한다는 것이다. 이것은 정답을 찾는 큰 단서이기 때문에 '가족 유사성'이라는 이 개념을 정확히 이해하지 못한다면 빈칸에 들어가는 말을 유추하는 것이 어려울 수 있다.

| 문제 풀이 순서 |

1st 빈칸이 포함된 문장을 읽고, 빈칸에 들어갈 말에 대한 단서를 얻는다.

> **빈칸 문장**
> The most productive way to think about reading is as ___________ owing to family resemblances, as Ludwig Wittgenstein used the phrase, without having in common a single defining trait.
> 읽기에 대해 생각하는 가장 생산적인 방식은 하나의 명백한 특성을 공통적으로 가지지 않은 채 Ludwig Wittgenstein이 그 어구를 사용한 것처럼 가족 유사성 때문에 ___________으로서이다.

→ 읽기에 대해 가장 생산적으로 생각하는 방법은 빈칸으로서 생각하는 방식임 → 이는 Ludwig Wittgenstein이 사용한 어구이며, 읽기라는 것은 하나의 명백한 특성을 공통적으로 가지지 않는다고 설명하고 있음 **단서 1**

▶ 빈칸을 채우려면, 읽기라는 행동을 어떻게 정의하는 것이 가장 생산적인가에 대한 내용을 살펴보아야 한다.

2nd 글을 마저 읽으며 읽기라는 행동을 어떻게 설명하고 있는지를 찾는다.

- 읽기로서의 자격에 대한 동의가 없으므로, 읽기와 읽기가 아닌 것을 구분하는 것은 불가능함 **단서 2**
- 읽기라는 용어의 경계를 정하려는 노력은 어려움에 부딪힘 **단서 3**
- 읽기의 경계를 정하려는 시도는 '읽기'에 광범위한 활동을 포함할 만큼 넓은 스펙트럼으로 발전할 것임 **단서 4**

→ 읽기는 다른 행동과는 깔끔하게 구분되는 단순한 개념이라는 통념과 달리, 실제로는 읽기를 정의하기가 어려움 → 읽기는 명료하게 그 경계가 정해지는 행위가 아니며, '읽기' 행동을 정의하려는 노력은 '읽기'가 실제로 광범위한 활동을 포함하도록 그 스펙트럼을 넓히는 과정으로 발전할 것임

3rd **2nd** 에서 이해한 내용을 선택지에서 고른다.

'읽기'라는 용어는 꽤 단순하게 들리지만, 실제 어떤 행동이 '읽기'인지 아닌지를 정의하는 것은 매우 어려우며, 읽기에는 광범위한 활동이 포함될 수 있다는 내용이다. 따라서 읽기를 가장 생산적으로 생각하는 방식은 하나의 명백한 공통의 특성으로 묶일 수 없는, 읽는 행위라는 유사성의 범주에 속하는 느슨하게 연결된 여러 행동들을 다 일컫는 것이다.

▶ 따라서 빈칸에 들어갈 말은 ② '함께 속하게 되는 헐겁게 연결된 행동의 묶음'이다.

| 선택지 분석 |

① 읽기가 유연한 사고를 장려하는 것이 아니라, '읽기'라는 용어의 경계가 유연하다는 내용이다.

② 실제 어떤 행동이 '읽기'인지 아닌지를 정의하는 것은 매우 어려우며, '읽기'에는 광범위한 활동이 포함될 수 있다는 내용이다.

③ '읽기' 행동이 습득되는 기술이라는 내용은 언급되지 않았다.

④ '읽기'에는 많은 의견을 상호 작용하는 것도 포함할 수 있겠지만, 이 글의 주제는 그만큼 읽기 행위를 특정하기 어렵다는 것이므로, '읽기'의 하나의 정의일 뿐인 해당 선택지는 적절하지 않다.

⑤ 세상과 분리된 감정에 관한 내용은 언급되지 않았다.

*초기 닷컴 투자자들의 수익 증가 관행

Many early dot-com investors / focused almost entirely on revenue growth / instead of net income. //
초기의 많은 닷컴 투자자들은 / 거의 전적으로 수익 증가에만 집중했다 / 순이익보다 //

Many early dot-com companies earned / most of their revenue / from **selling** advertising space / on their Web sites. //
동명사 (전치사의 목적어)
초기의 많은 닷컴 회사들은 벌어들였다 / 그들의 수익 대부분을 / 광고를 게재하는 공간을 판매하는 것으로부터 / 자신들의 웹 사이트에 //

부사적 용법 (목적)
To boost reported revenue, / some sites began exchanging ad space. //
과거분사 (revenue 수식)
보고되는 수익을 끌어올리기 위해 / 몇몇 사이트는 광고 게재 공간을 서로 주고받기 시작했다 //

Company A would put an ad for its Web site / on company B's Web site, / and company B would put an ad for its Web site / on company A's Web site. //
A 회사는 자기 회사의 웹 사이트 광고를 게시하곤 했고 / B 회사의 웹 사이트에 / B 회사는 자기 회사의 웹 사이트 광고를 게시하곤 했다 / A 회사의 웹 사이트에 //

No money ever changed hands, / 단서 1 돈이 다른 회사로 넘어가지 않음, 즉 실제로 받은 돈은 없음
돈은 다른 회사에게로 전혀 넘어가지 않았지만 /

but each company recorded **revenue** / (for the value of the space / **that** it gave up on its site) / and **expense** / (for the value of its ad
병렬 구조 (목적어)
목적격 관계대명사
/ **that** it placed on the other company's site). //
각 회사는 수익을 보고했다 / (공간의 가치에 대한 / 자신의 사이트에서 내어 준) / 그리고 비용을 / (광고의 가치에 대한 / 타 회사의 사이트에 게재한) //

단서 2 순이익을 끌어올리지 못함, 즉 실제로 돈을 번 것은 아님
This practice did little / to boost net income / and **resulted in no additional cash inflow** / — but it **did** boost *reported* revenue. //
동사 boost 강조
이러한 관행은 거의 효과가 없었고 / 순이익을 끌어올리는 데 / 부가적인 현금 유입을 초래하지는 않았다 / 하지만 '보고되는' 수익을 정말로 끌어올렸다 //

This practice **was** quickly **put to an end** / because accountants felt / **that** it did not meet / the criteria of the revenue recognition principle. //
'종료되다'
목적절 접속사
이 관행은 빠르게 종식되었다 / 회계사들은 생각했기 때문에 / 이러한 관행이 충족시키지 못한다고 / 수익 인식의 원칙에 대한 기준을 //

- investor ⓝ 투자자
- entirely ⓐⓓ 전적으로
- boost ⓥ 끌어올리다
- exchange ⓥ 교환하다
- expense ⓝ 비용
- accountant ⓝ 회계사
- recognition ⓝ 인식
- simplify ⓥ 간소화하다
- additional ⓐ 부가적인
- intensify ⓥ 강화하다
- trigger ⓥ 유발하다

초기의 많은 닷컴 투자자들은 거의 전적으로 순이익보다 수익 증가에만 집중했다. 초기의 많은 닷컴 회사들은 그들의 수익 대부분을 자신들의 웹 사이트에 광고를 게재하는 공간을 판매하는 것으로부터 벌어들였다. 보고되는 수익을 끌어올리기 위해, 몇몇 사이트는 광고 게재 공간을 서로 주고받기 시작했다. A 회사는 자기 회사의 웹 사이트 광고를 B 회사의 웹 사이트에 게시하곤 했고, B 회사는 자기 회사의 웹 사이트 광고를 A 회사의 웹 사이트에 게시하곤 했다. 돈은 다른 회사에게로 전혀 넘어가지 않았지만, 각 회사는 (자신의 사이트에서 내어 준 공간의 가치에 대한) 수익과 (타 회사의 사이트에 게재한 광고의 가치에 대한) 비용을 보고했다. 이러한 관행은 순이익을 끌어올리는 데 거의 효과가 없었고 **부가적인 현금 유입을 초래하지는 않았지만**, '보고되는' 수익을 정말로 끌어올렸다. 회계사들은 이러한 관행이 수익 인식의 원칙에 대한 기준을 충족시키지 못한다고 생각했기 때문에 이 관행은 빠르게 종식되었다.

다음 빈칸에 들어갈 말로 가장 적절한 것을 고르시오.

① simplified the Web design process 웹 사이트에 광고를 게재함
웹 설계 프로세스를 간소화했다
② resulted in no additional cash inflow 보고되는 수익만 끌어올림
부가적인 현금 유입을 초래하지는 않았다
③ decreased the salaries of the employees 알 수 없음
직원의 급여를 감소시켰다
④ intensified competition among companies
기업 간 경쟁을 강화했다
수익을 올리기 위해 서로 협력했음
⑤ triggered conflicts on the content of Web ads
웹 광고의 콘텐츠에 갈등을 유발했다
몇몇 사이트는 광고 게재 공간을 서로 주고받았음

왜 1등급 ? dot-com investors, revenue, net income 등 생소한 경제 관련 용어가 계속해서 제시되기 때문에 글이 어렵게 느껴진다. 또한 '보고되는 수익'과 대조되는 내용이 빈칸에 들어가야 하는데, 글에 나오지 않은 cash inflow라는 어구를 선택지에서 골라야 하기 때문에 정답을 고르는 것 또한 어려웠다.

| 문제 풀이 순서 |

1st 빈칸이 포함된 문장을 읽고, 빈칸에 들어갈 말에 대한 단서를 얻는다.

빈칸 문장	This practice did little to boost net income and ⎯⎯⎯ — but it did boost *reported* revenue. 이러한 관행은 순이익을 끌어올리는 데 거의 효과가 없었고 ⎯⎯⎯, '보고되는' 수익을 정말로 끌어올렸다.

➡ 순이익을 끌어올리는 데 거의 효과가 없었고 수익으로서 '보고만' 되었음 → 실제로 얻은 이익은 없었다는 의미임 단서

▶ 빈칸을 채우려면 닷컴 회사의 관행으로 실제 번 돈이 있는지 살펴보아야 한다. 발상

2nd 글의 나머지 부분을 읽고, 닷컴 회사들의 관행이 순이익 창출에 어떤 결과를 초래했는지를 찾는다.

- 초기의 많은 닷컴 투자자들은 거의 전적으로 순이익보다 수익 증가에만 집중했다.
- 보고되는 수익을 끌어올리기 위해, 몇몇 사이트는 광고 게재 공간을 서로 주고받기 시작했다.
- 돈은 다른 회사에게로 전혀 넘어가지 않았지만, 각 회사는 수익과 비용을 보고했다. 단서 1

➡ 순이익과는 다른 보고되는 수익 증가에 집중했음 → 실제 돈이 회사로 넘어가지 않았음

3rd **2nd** 에서 이해한 내용을 선택지에서 고른다.

닷컴 회사의 입장에서는 실제로 벌어들인 돈이 없는 셈이므로 정답은 ② '부가적인 현금 유입을 초래하지는 않았다'이다.

| 선택지 분석 |

① 웹 설계 프로세스에 대한 내용은 제시되지 않았고, 수익 대부분을 자신들의 웹 사이트에 광고를 게재하는 공간을 판매하는 것으로부터 벌어들였다고 했다.

② 보고되는 수익만 증가했을 뿐 순이익은 증가하지 않았으며 실제 돈이 회사로 넘어가지 않았다.

③ 순이익을 끌어올리는 데 거의 효과가 없어 관행이 빠르게 종식되었다고 했을 뿐, 이를 직원의 연봉 감소와 관련짓지 않았다.

④ 보고되는 수익 증가에 집중하여 몇몇 사이트는 광고 게재 공간을 서로 주고받기 시작했다고 했기 때문에 경쟁 강화로 볼 수는 없다.

⑤ 몇몇 사이트는 광고 게재 공간을 서로 주고받기 시작했다고 했고 이로 인한 갈등에 대해서는 언급하지 않았다.

 정답 ③ *폐쇄적으로 바뀌는 우리의 사고방식

단서 1 청소년기의 수용적인 사고방식에 대한 설명

In adolescence many of us had the experience / of falling under
the sway of a great book or writer. //
'~의 영향을 받다'
청소년기에 우리 중 다수는 경험이 있다 / 위대한 책이나 작가의 영향을 받은 //

We became entranced / by the novel ideas in the book, /
우리는 매료된다 / 책 속의 참신한 아이디어에 /

and because we were so open / to influence, / these early
encounters with exciting ideas / sank deeply into our minds /
and became part of our own thought processes, /
병렬 구조 (동사)
그리고 매우 개방되어 있었기 때문에 / 영향에 / 흥미로운 아이디어와의 이러한 초기 만남은 /
우리의 마음속 깊이 가라앉았다 / 그리고 우리 자신의 사고 과정의 일부가 되었다 /

분사구문
affecting us / decades after we absorbed them. //
우리에게 영향을 끼치면서 / 우리가 그것들을 흡수한 지 수십 년이 지난 후에 //

Such influences enriched our mental landscape, / and in fact our
intelligence depends on the ability / to absorb the lessons and
ideas / of those who are older and wiser. //
'~한(인) 사람들'   형용사적 용법 (the ability 수식)
그러한 영향들은 우리의 정신적 풍경을 풍부하게 했다 / 그리고 사실 우리의 지성은 능력에
달려있다 / 교훈들과 생각들을 흡수하는 / 더 나이가 많고 더 현명한 사람들의 //
so가 문두로 오면서 주어와 동사가 도치됨
Just as the body tightens with age, / however, / so does the
mind. // **단서 2** 몸처럼 마음도 경직됨
나이가 들면서 몸이 경직되는 것처럼 / 그러나 / 마음도 그러하다 //

And just as our sense of weakness and vulnerability motivated
/ the desire to learn, / so does our creeping sense of superiority /
so가 문두로 오면서 주어와 동사가 도치됨
slowly close us off / to new ideas and influences. // **단서 3** 점점 외부의
영향을 받지 않게 됨
그리고 약점과 취약성에 대한 우리의 깨달음이 자극했듯이 / 학습 욕구를 / 슬며시 다가오는
우월감도 / 서서히 우리를 닫는다 / 새로운 생각과 영향력에 대해 //

Some may advocate / that we all become more skeptical / in the
modern world, /
어떤 사람들은 주장할지도 모른다 / 우리가 모두 더 회의적으로 된다고 / 현대 세계에서 /
비교급 강조 부사
but in fact a far greater danger comes / from the increasing
closing of the mind /
그러나 사실 훨씬 더 큰 위험은 온다 / 점차적인 마음의 폐쇄에서 /
병렬 구조 (동사)
that burdens us as individuals / as we get older, / and seems to
be burdening our culture / in general. //
개인으로서의 우리에게 부담을 주는 / 우리가 나이가 들수록 / 그리고 우리의 문화에 부담을
주는 처럼 보이는 / 일반적으로 //

- adolescence ⓝ 청소년기   · encounter ⓝ 만남, 접촉, 조우
- absorb ⓥ 흡수하다   · enrich ⓥ 풍부하게 하다
- vulnerability ⓝ 취약성   · creeping ⓐ 서서히 다가오는
- superiority ⓝ 우월감   · close off ~을 차단하다
- advocate ⓥ 주장하다   · skeptical ⓐ 회의적인
- dependence ⓝ 의존(도)   · obsession ⓝ 집착
- inferiority ⓝ 열등감   · misconception ⓝ 오해
- self-destructive 자멸적인, 자기 파괴적인

청소년기에 우리 중 다수는 위대한 책이나 작가의 영향을 받은 경험이
있다. 우리는 책 속의 참신한 아이디어에 매료되었고, 영향에 매우
개방되어 있었기 때문에, 흥미로운 아이디어와의 이러한 초기 만남은
우리의 마음속 깊이 가라앉았고 우리 자신의 사고 과정의 일부가 되었고,
그것들을 흡수한 지 수십 년이 지난 후에 우리에게 영향을 끼쳤다. 그러한
영향들은 우리의 정신적 풍경을 풍부하게 했고, 사실 우리의 지성은
더 나이가 많고 더 현명한 사람들의 교훈과 생각을 흡수하는 능력에
달려있다.
그러나, 나이가 들면서 몸이 경직되는 것처럼 마음도 그러하다. 그리고
약점과 취약성에 대한 우리의 깨달음이 학습 욕구를 자극했듯이, 슬며시
다가오는 우월감도 새로운 생각과 영향력에 대해 서서히 우리를 닫는다.
어떤 사람들은 현대 세계에서 우리가 모두 더 회의적으로 된다고
주장할지도 모르지만, 사실 훨씬 더 큰 위험은 우리가 나이가 들수록

개인으로서 우리에게 부담을 주고, 일반적으로 우리의 문화에 부담을 주는
것처럼 보이는 **점차적인 마음의 폐쇄**에서 온다.

다음 빈칸에 들어갈 말로 가장 적절한 것을 고르시오. [3점]
① the high dependence on others   오히려 청소년기에 해당하는 내용
타인에 대한 높은 의존도
② the obsession with our inferiority   오히려 우월감을 느낌
우리의 열등감에 대한 집착
③ the increasing closing of the mind   마음이 굳어지고, 새로운 영향력에 대해 닫힘
점차적인 마음의 폐쇄
④ the misconception about our psychology
우리의 심리에 대한 오해
⑤ the self-destructive pattern of behavior
자기 파괴적인 행동 패턴   사고가 개방에서 폐쇄로 전환된 것이지 오해를 한 것은 아님
폐쇄적인 사고방식이 자기 파괴적인 것은 아님

왜 정답? ★★★ [정답률 46%]

청소년기에는 책, 작가, 새로운 아이디어 등에 쉽게 영향을 받아 지성과 감성을 풍부히
함. 그러나 나이가 들면서,
→ **1** 몸처럼 마음도 경직됨
→ **2** 우월감이 생겨 새로운 생각과 영향을 거부함
▶ '위험'의 근원은 ③ '점차적인 마음의 폐쇄'이다.

왜 오답?

① 나이가 들며 타인의 영향을 차단한다는 내용이므로 높은 의존도는 청소년기와 관련
있다.
② 오히려 우월감으로 인해 사고방식이 폐쇄된다는 내용이다.
④ 사고방식이 폐쇄적으로 바뀌는 것이지 어떠한 오해를 하는 것은 아니다.
⑤ 점점 새로운 영향을 차단한다고만 했지 그것이 자기 파괴적이라고 언급한 것은
아니다.

 정답 ② *우리의 말과 생각을 선도하는 손짓

현재완료
When we realize we've said something in error / and we pause
부사적 용법 (목적)   동명사 (목적어)
to go back to correct it, / we stop gesturing / a couple of hundred
동명사 (목적어)
milliseconds before we stop speaking. //
우리가 무언가를 잘못 말한 것을 깨닫고 / 다시 수정하려고 돌아가기 위해 말을 잠시 멈출 때 /
우리는 손짓을 멈춘다 / 말을 멈추기 수백 밀리세컨드 전에 //

동격절 접속사
Such sequences suggest the startling notion / that our hands
의문사절
"know" what we're going to say / before our conscious minds
=know
do, / and in fact this is often the case. // **단서 1** 손은 우리가 무엇을 말하려고
하는지를 의식보다 먼저 앎
이러한 순서는 놀라운 개념을 암시하며 / 우리의 손이 우리가 무엇을 말할 것인지 '알고' 있다는
/ 의식적인 마음이 알아채기 전에 / 실제로 이런 경우가 종종 있다 //

부사절 접속사 (~하도록)
Gesture can mentally prime a word / so that the right term
comes to our lips. // **단서 2** 손짓은 우리가 정확하게 말할 수 있도록 단어를 준비시킴
손짓은 정신적으로 단어를 준비시켜 / 정확한 용어가 입술에 도달하도록 할 수 있다 //

When people are prevented from gesturing, / they talk less
fluently; /   prevent A from B (A가 B하는 것을 막다) 구문의 수동태
사람들은 손짓을 하지 못하게 되면 / 덜 유창하게 말하게 되는데 /

their speech becomes halting / because their hands are no longer
supply A with B: A에게 B를 제공하다
able to supply them / with the next word, and the next. //
이는 말이 중단되기 때문이다 / 그들의 손이 더 이상 제공할 수 없어서 / 다음 단어와 또 그
다음 단어를 //
동명사의 부정   단수 동사
Not being able to gesture / has other deleterious effects: /
손짓을 할 수 없게 되는 것은 / 또 다른 해로운 영향을 갖는다 / **단서 3** 손짓을 사용하지 못하면
형용사적 용법 (gesture 수식)   기억력, 제 해결력, 전달력이 떨어짐
without gesture to help our mental processes along, / we
remember less useful information, / we solve problems less
절과 절을 잇는 등위접속사
well, / and we are less able to explain our thinking. //
정신적 과정을 쭉 도와주는 손짓이 없으면 / 유용한 정보를 잘 기억하지 못하고 / 문제를 잘
해결하지 못하며 / 우리의 생각을 잘 설명하지 못한다 // **단서 4** 손짓은 말을 어설프게
'~가 아닌'   뒤따라가는 것이 아님
Far from tagging along / as speech's clumsy companion, /
gesture represents the leading edge of our thought. //
뒤따라가는 것이 아니라 / 말의 어설픈 동반자로 / 손짓은 우리의 사고를 선도하는 역할을
나타낸다 //

- sequence ⓝ 순서   • prime ⓥ 준비시키다   • halt ⓥ 중단하다
- tag along 뒤따라가다   • clumsy ⓐ 서툰   • companion ⓝ 동반자
- narrative ⓝ 이야기   • leading edge 최첨단, 선도
- afterthought ⓝ 나중에 생각한 것   • deep-seated 뿌리 깊은, 고질적인

우리가 무언가를 잘못 말한 것을 깨닫고 다시 수정하려고 돌아가기 위해 말을 잠시 멈출 때, 우리는 말을 멈추기 수백 밀리세컨드 전에 손짓을 멈춘다. 이러한 순서는 우리의 손이 의식적인 마음이 알아채기 전에(먼저) 우리가 무엇을 말할 것인지 '알고' 있다는 놀라운 개념을 암시하며, 실제로 이런 경우가 종종 있다. 손짓은 정신적으로 단어를 준비시켜 정확한 용어가 입술에 도달하도록 할 수 있다. 사람들은 손짓을 하지 못하게 되면 덜 유창하게 말하게 되는데, (이는) 그들의 손이 더 이상 다음 단어와 또 그 다음 단어를 제공할 수 없어서 말이 중단되기 때문이다. 손짓을 할 수 없게 되는 것은 또 다른 해로운 영향을 갖는다. 정신적 과정을 쭉 도와주는 손짓이 없으면, 유용한 정보를 잘 기억하지 못하고, 문제를 잘 해결하지 못하며, 우리의 생각을 잘 설명하지 못한다. 손짓은 말의 어설픈 동반자로 뒤따라가는 것이 아니라, <u>우리의 사고를 선도하는 역할을 나타낸다.</u>

다음 빈칸에 들어갈 말로 가장 적절한 것을 고르시오. [3점]
① interrupts the rhythm of our narrative   빈칸의 내용과는 반대임
　우리 이야기의 리듬을 방해한다
② represents the leading edge of our thought
　우리의 사고를 선도하는 역할을 나타낸다   손짓은 우리의 사고를 이끌어 정확하게 표현하도록 도움
③ illustrates the afterthoughts of our speaking
　우리의 말보다 나중에 떠오른 생각을 보여준다   손짓은 먼저 알고 있음
④ conceals the deep-seated intention of our speech
　우리의 말의 뿌리 깊은 의도를 감춘다   언급되지 않음
⑤ operates independently of our cognitive functions
　우리의 인지적 기능과는 별개로 작동한다   별개라는 설명은 없음

| 문제 풀이 순서 | ★★★ [정답률 40%]

1st 빈칸이 포함된 문장을 읽고, 빈칸에 들어갈 말에 대한 단서를 얻는다.

빈칸 문장　손짓은 말의 어설픈 동반자로 뒤따라가는 것이 아니라, ________.

➡ 글의 전체 내용을 정리하는 가장 마지막 문장임 → 손짓은 말과의 선후관계에서 말을 어설프게 뒤따라가는 존재가 아님 → 오히려 손짓은 말과의 선후관계에서 그 반대의 역할을 하고 있다는 내용이 나올 것임 ▶ 빈칸을 채우려면 손짓과 말의 관계를 파악하여 손짓과 말이 어떤 영향을 주고받는다고 설명하고 있는지를 살펴보아야 한다.

2nd 글을 마저 읽으며 손짓과 말의 관계를 어떻게 설명하고 있는지를 찾는다.

도입: 손짓은 의식적인 생각보다 우리가 무엇을 말하려고 하는지를 먼저 알고 있음
전개: 손짓을 사용하면 우리는 정확하고 유창하게 말할 수 있도록 준비할 수 있음
부연: 손짓을 사용하지 못하면 기억력, 문제 해결력, 전달력에 악영향을 미침
결론: 따라서 손짓은 말을 어설프게 뒤따라가는 것이 아니라 그 반대의 경우임

➡ 손짓은 우리가 말하려는 내용을 의식보다 먼저 파악하여 우리가 정확하고 유창하게 말할 수 있도록 도와준다고 설명하고 있다.

▶ 따라서 빈칸에 들어갈 말은 ② '우리의 사고를 선도하는 역할을 나타낸다'이다.

| 선택지 분석 |

① 우리가 유창하게 말할 수 있도록 돕는다고 했으므로, 빈칸의 내용과는 반대이다.
② 손짓은 우리의 사고를 이끌어 정확하게 표현하도록 돕는다는 내용이다.
③ 손짓은 우리의 의식보다 우리가 말할 것을 먼저 알고 있다고 했으므로, 손짓이 말보다 나중에 떠오른 생각이라는 표현은 적절하지 않다.
④ 손짓이 말의 의도를 감춘다는 내용은 언급되지 않았다.
⑤ 손짓은 인지보다 먼저 우리가 말할 내용을 파악한다고 했으므로, 인지적 기능과 별개라는 설명은 적절하지 않다.

M 51　정답 ③　*거북이들의 부화 직후 빛을 쫓는 본능

Turtle hatchlings / have, it seems, evolved to crawl toward the
　　　　　　　　　현재완료　삽입구
light. // 단서1 갓 부화한 거북이들은 빛을 향해 기어가도록 진화함
갓 부화한 거북이들은 / 빛을 향해 기어가도록 진화한 듯하다 //

For millions of years / this was a highly rational and effective
strategy / 수백만 년 동안 / 이것은 매우 이성적이고 효과적인 전략이었는데 /

because the light on a dark beach / represented the reflection of
부사절 접속사 (이유)
the moon and stars / on the water's surface. //
왜냐하면 어두운 해변의 빛은 / 달과 별이 반사되는 것을 나타냈기 때문이다 / 수면에 //
동명사구 (주어)
Following the lights / led baby turtles back home / to the sea. //
빛을 따라가는 것은 / 새끼 거북이들이 돌아가게 이끌었다 / 바다로 //
　　　　　　　부사절 접속사 (시간)　　　　동명사 (목적어)
The problems started / when humans began building /
beachfront homes and sparkling hotels / on the other side of
the beach. // 단서2 인간이 해변가에 번쩍이는 주택과 호텔들을 짓기 시작하면서 문제가 시작됨
문제는 시작되었다 / 인간이 짓기 시작할 때 / 해변가 주택과 번쩍이는 호텔을 / 해변 반대편에 //
　　　　　　　　　　　　　　　　　현재분사구 (turtles 수식)
Now after hatching, / turtles heading for the brightest nearby
수동태의 과거진행
lights / were being guided straight into traffic. //
이제는 부화한 후에 / 근처의 가장 밝은 빛을 향해 가던 거북이들은 / 곧장 차량으로 유도되고 있었다 //
　　　　단서3 부화 직후, 빛을 쫓아 바다로 들어가던 거북이들이 도로의 차량으로 이끌리게 됨
Are self-destructive sea turtles / naturally irrational? //
자멸적인 바다 거북이들이 / 선천적으로 비이성적인가 //
Yes, / in the modern world. // 그렇다 / 현대 세상에서는 //
But there's a deeper truth. // 하지만 더 심오한 진실이 있다 //
　　　　　　　　　현재진행　base A on B: A를 B에 기반을 두다　주격 관계대명사
Turtles are basing their decisions / on simple cues / that were
perfectly rational / for their ancestors; / 단서4 빛을 쫓는 본능은 조상들에게는
거북이들은 그들의 결정을 기반을 두고 있다 / 단순한 단서에 / 완벽하게 이성적이었던 / 완벽하게 이성적인 결정이었음
그들의 조상들에겐 /
these days, however, / their evolved decision-making
　　　　　　　　　수동태의 현재진행
mechanisms / are being blinded by modern lights. //
하지만, 요즘 / 그들의 진화된 의사 결정 메커니즘은 / 현대의 빛에 의해 가려지고 있다 //

- evolve ⓥ 진화하다   • crawl ⓥ 기어가다   • rational ⓐ 이성적인
- reflection ⓝ 반사   • sparkling ⓐ 번쩍이는   • hatch ⓥ 부화하다
- head for ~로 향하다   • nearby ⓐ 근처의
- self-destructive 자멸하는   • irrational ⓐ 비이성적인
- cue ⓝ 단서   • reliable ⓐ 믿을 만한   • lighthouse ⓝ 등대
- brightness ⓝ 밝음   • dominate ⓥ 지배하다

갓 부화한 거북이들은 빛을 향해 기어가도록 진화한 듯하다. 수백만 년 동안 이것은 매우 이성적이고 효과적인 전략이었는데 왜냐하면 어두운 해변의 빛은 달과 별이 수면에 반사되는 것을 나타냈기 때문이다. 빛을 따라가는 것은 새끼 거북이들이 바다로 돌아가게 이끌었다. 문제는 인간이 해변 반대편에 해변가 주택과 번쩍이는 호텔을 짓기 시작할 때 시작되었다. 이제는 부화한 후에, 근처의 가장 밝은 빛을 향해 가던 거북이들은 곧장 차량으로 유도되고 있었다. 자멸적인 바다 거북이들이 선천적으로 비이성적인가? 그렇다, 현대 세상에서는. 하지만 더 심오한 진실이 있다. 거북이들은 그들의 결정을 그들의 조상들에겐 완벽하게 이성적이었던 단순한 단서에 기반을 두고 있다; 하지만, 요즘, 그들의 진화된 의사 결정 메커니즘은 <u>현대의 빛에 의해 가려지고 있다.</u>

다음 빈칸에 들어갈 말로 가장 적절한 것을 고르시오. [3점]
① serve as a reliable lighthouse for them
　그들에게 믿을 만한 등대의 역할을 하다   오히려 죽음으로 이끌고 있다는 내용임
② reinforce their fear of brightness
　밝음에 대한 그들의 두려움을 강화하다   밝음을 본능적으로 쫓도록 의사 결정을 내림
③ are being blinded by modern lights
　현대의 빛에 의해 가려지고 있다   현재는 현대의 빛들에 의해 목적지가 가려지고 있음
④ drive them toward their home in the sea
　그들을 바다의 집을 향하도록 이끈다   요즘에는 빛을 쫓는 선택이 이성적이지 않다는 내용임
⑤ are not dominated by the buildings' lights
　건물들의 빛에 의해 지배되지 않는다   오히려 지배되고 있음

| 문제 풀이 순서 | ★★★ [정답률 56%]

1st 빈칸이 포함된 문장을 읽고, 빈칸에 들어갈 말에 대한 단서를 얻는다.

빈칸 문장　거북이들은 그들의 결정을 그들의 조상들에겐 완벽하게 이성적이었던 단순한 단서에 기반을 두고 있다; 하지만(however), 요즘, 그들의 진화된 의사 결정 메커니즘은 ________.

➡ 조상들에게는 그 결정이 완벽하게 이성적이었던 반면, 요즘에는 그들의 결정이 어떠한지에 관한 부분이 빈칸임 → however(하지만)라는 표현으로 빈칸이 포함된 절이 시작되고 있으므로, 빈칸은 앞에 제시된 절의 내용과 상반될 것임

갓 부화한 거북이들은 빛을 향해 기어가도록 진화했으며, 이는 밤바다에 비친 달빛이나 별빛을 자연스럽게 쫓아가 바다로 돌아가도록 만들어 주었음 → 하지만 인간이 해변가에 번쩍이는 주택과 호텔들을 짓기 시작하면서 거북이들은 부화 직후, 도로의 차량 불빛에 이끌려 스스로 자멸하게 됨

→ 빛을 쫓아가겠다는 본능은 조상들에게는 이성적이었지만, 요즘 거북이들에게는 그렇지 않은데, 그 의사 결정 메커니즘이 현대의 빛에 의해 잘못된 방향으로 이끌려지고 있기 때문이다.

▶ 따라서 빈칸에 들어갈 말은 ③ '현대의 빛에 의해 가려지고 있다'이다.

| 선택지 분석 |

① 빛을 쫓겠다는 의사 결정은 오히려 거북이들을 죽음으로 이끌고 있다는 내용이므로, 그들의 의사 결정 메커니즘이 믿을 만하다는 설명은 옳지 않다.

② 거북이들은 밝음을 본능적으로 쫓도록 의사 결정을 내린다는 내용이므로, 밝음을 두려워한다는 내용은 옳지 않다.

③ 빛을 쫓도록 선택하는 것이 과거에는 이들을 바다로 이끌었다면, 현재는 현대의 빛들에 의해 목적지가 가려지고 있다는 내용이다.

④ 요즘에는 거북이들이 빛을 쫓겠다는 본능적인 의사 결정으로는 그들의 집인 바다로 돌아갈 수 없다는 내용이다.

⑤ 거북이들의 빛을 쫓아 바다로 가겠다는 의사 결정이 건물의 빛에 의해 오히려 지배되고 있다는 내용이다.

M 52 정답 ① ＊감각 기관을 통해서만 세상과 연결되는 뇌

단서 1 뇌가 외부 세계와 소통할 수 있는 유일한 통로는 감각 기관을 통해서임
Sensory organs are the only channels of communication /
between A and B 구문
between the brain **and** the outside world. //
감각 기관은 유일한 소통 채널이다 / 뇌와 외부 세계 사이의 //

Simply put, / the brain is not designed / to sense on its own. //
간단히 말해 / 뇌는 설계되지 않았다 / 스스로 감지하도록 //

neither A nor B: A도 B도 아닌
For instance, / an exposed brain / would **neither** sense light
현재분사구 (light 수식)
shining on it / **nor** feel something touching it. //
예를 들어 / 노출된 뇌는 / 그것에 비추어지는 빛을 감지하지 못하거나 / 그것을 접촉하는 어떤 것을 느끼지도 못할 것이다 //

단서 2 뇌가 노출되어 있더라도 빛을 감지하거나 접촉을 느끼는 등 직접적인 감각은 하지 못함
수동태 동사
In fact, / patients **are** often **kept** awake / during brain surgery, /
주격 관계대명사   help의 목적어와 목적격 보어 (원형부정사)
which can help / **a surgeon isolate** specific regions of the brain. //
사실상 / 환자들은 종종 계속 깨어 있게 되는데 / 뇌 수술 중에 / 이는 도움이 될 수 있다 / 외과 의사가 뇌의 특정 영역을 분리하는 데 //

The ancient Greek philosopher Aristotle / recognized this characteristic of the brain / over 2,000 years ago /
고대 그리스 철학자 아리스토텔레스가 / 그는 뇌의 이러한 특성을 인식했다 / 2,000년 이상 전에 /

단서 3 아리스토텔레스도 머릿속의 어떤 것도 감각을 통과하지 않는 것은 없다고 함
when he said, / "Nothing is in the mind / **that** does not pass through the senses." //
주격 관계대명사 (선행사: Nothing)
말했을 때 / "머릿속에 어떤 것도 없다 / 감각을 통과하지 않는 것은"이라고 //

수동태 동사   부사절 접속사
This concept can **be seen** clearly / **when** volunteers are **blind-
병렬 구조 (are 뒤에 연결)
folded** / and **placed** in the warm water / of a sensory deprivation tank. //
이 개념은 명확하게 보여질 수 있다 / 지원자들이 눈이 가려지고 / 따뜻한 물 속에 놓였을 때 / 감각 차단 수조의 //

단서 4 감각이 차단된 실험 지원자들은 일관성 없는 사고뿐만 아니라 시각, 청각, 촉각 환각을 경험함
They soon experience / visual, auditory, and tactile (touch)
A as well as B: B뿐만 아니라 A도
hallucinations, / **as well as** incoherent thought patterns. //
그들은 곧 경험한다 / 시각적인, 청각적인, 그리고 촉각적인 (접촉) 환각을 / 일관성 없는 사고 패턴뿐만 아니라 //

가주어   진주어절 접속사
From these experiments and others, / **it** is apparent / **that we
주격 관계대명사   부사적 용법 (목적)
need constant input from our senses** / **to carry out** functions /
that give us personality and intellect. //
이러한 실험과 다른 것들로 / 명백하다 / 우리는 우리의 감각으로부터 지속적인 입력이 필요하다는 것이 / 기능을 수행하기 위해 / 우리에게 성격과 지성을 부여하는 //

- **sensory** ⓐ 감각의 ・ **organ** ⓝ 기관 ・ **channel** ⓝ 통로, 채널
- **surgery** ⓝ 수술 ・ **surgeon** ⓝ 외과 의사 ・ **isolate** ⓥ 분리시키다
- **blind-folded** 눈이 가려진 ・ **deprivation** ⓝ 박탈, 차단
- **auditory** ⓐ 청각의 ・ **tactile** ⓐ 촉각의
- **incoherent** ⓐ 일관성 없는 ・ **intellect** ⓝ 지성 ・ **illusion** ⓝ 환각
- **selectively** ⓐᵈ 선택적으로 ・ **interconnect** ⓥ 서로 연결하다

감각 기관은 뇌와 외부 세계 사이의 유일한 소통 채널이다. 간단히 말해, 뇌는 스스로 감지하도록 설계되지 않았다. 예를 들어, 노출된 뇌는 그것에 비추어지는 빛을 감지하지 못하거나 그것을 접촉하는 어떤 것을 느끼지도 못할 것이다. 사실상, 환자들은 뇌 수술 중에 종종 계속 깨어 있게 되는데, 이는 외과 의사가 뇌의 특정 영역을 분리하는 데 도움이 될 수 있다. 고대 그리스 철학자 아리스토텔레스가 "머릿속에 감각을 통과하지 않는 것은 어떤 것도 없다."라고 말했을 때, 2,000년 이상 전에 그는 뇌의 이러한 특성을 인식했다. 이 개념은 지원자들이 눈이 가려지고 감각 차단 수조의 따뜻한 물 속에 놓였을 때 명확하게 보여질 수 있다. 그들은 일관성 없는 사고 패턴뿐만 아니라, 시각적인, 청각적인, 그리고 촉각적인 (접촉) 환각을 곧 경험한다. 이러한 실험과 다른 것들로, 우리에게 성격과 지성을 부여하는 기능을 수행하기 위해 **우리는 우리의 감각으로부터 지속적인 입력이 필요하다**는 것이 명백하다.

다음 빈칸에 들어갈 말로 가장 적절한 것을 고르시오. [3점]
① we need constant input from our senses 감각 기관으로부터의 지속적인 정보 입력이 있어야 한다는 내용임
우리는 우리의 감각으로부터 지속적인 입력이 필요하다
② the brain clearly separates reality from illusion 관련 없는 내용
뇌는 분명히 현실을 환각으로부터 구분한다
③ we rely more on reason than on sensory elements 언급되지 않음
우리는 감각적 요소보다 이성에 더 의존한다
④ the brain selectively accepts sensory information 언급되지 않음
뇌는 선택적으로 감각 정보를 받아들인다
⑤ each sense is closely interconnected with the others 감각 기관끼리 각 감각은 나머지 감각들과 긴밀하게 서로 연결되어 있다 긴밀하게 연결되어 있다는 내용이 아님

| 문제 풀이 순서 | ＊＊＊ [정답률 36%]

1st 빈칸이 포함된 문장을 읽고, 빈칸에 들어갈 말에 대한 단서를 얻는다.

빈칸 문장	이러한 실험과 다른 것들로, 우리에게 성격과 지성을 부여하는 기능을 수행하기 위해 ___________는 것이 명백하다.

→ 우리가 성격과 지성을 부여하는 기능을 수행하기 위해 무엇을 해야 하는지에 관한 부분이 빈칸임 → 글의 마지막 부분에 빈칸이 있으므로, 글에서 전체적으로 반복되는 구체적인 예시나 연구 등을 통해 주제를 찾아야 함

2nd 글을 마저 읽으며 뇌의 기능을 수행하기 위해 무엇이 필요한지 찾는다.

뇌는 감각 기관을 통해서만 외부 세계와 소통할 수 있음 → 아리스토텔레스도 이러한 뇌의 특징을 이해하여 머릿속의 어떤 것도 감각을 통과하지 않는 것은 없다고 함 → 실험에서도 감각이 차단된 지원자들은 일관성 없는 사고뿐만 아니라, 시각, 청각, 촉각 환각을 경험함

→ 뇌가 외부 세계와 소통할 수 있는 유일한 소통 채널이 감각 기관이라고 했다. 이후 소개된 예시, 인용, 실험 내용에서도 뇌는 감각 기관이 없을 때, 제 기능을 다하지 못한다고 설명하고 있다. 따라서 뇌가 우리의 성격과 지성을 부여하는 등 자신의 기능을 수행하기 위해서는 감각 기관을 통해 외부 세상에 대한 정보를 받아들여야 한다는 내용이다. ▶ 빈칸에 들어갈 말은 ① '우리는 우리의 감각으로부터 지속적인 입력이 필요하다'이다.

| 선택지 분석 |

① 감각 기관이 뇌와 외부 세계의 유일한 소통 채널이므로, 뇌가 제 기능을 하려면 감각 기관으로부터의 지속적인 정보 입력이 있어야 한다는 내용이다.

② 뇌가 감각 기관으로부터 차단되었을 때 환각을 경험한다는 언급이 있었을 뿐, 뇌가 현실과 환각을 구분한다는 내용이 아니다.

③ 뇌는 감각 기관이 제공하는 정보를 통해 제 기능을 수행한다는 내용이며, 뇌가 이성에 의존한다는 내용은 언급되지 않았다.

④ 뇌는 감각 정보를 받아들여 제 기능을 수행한다는 내용이지, 이때 감각 정보를 선택적으로 받아들인다는 내용은 언급되지 않았다.

⑤ 감각 기관이 뇌와 외부 세계를 연결해 준다는 내용이지, 감각 기관들끼리 긴밀하게 연결되어 있다는 내용이 아니다.

Dictionary definitions are constantly revised / to keep up with /
our changing uses and knowledge. //
단서 1 단어의 의미는 인간의 사용법과 지식에 발맞춰 계속해서 바뀜
사전적 정의는 끊임없이 수정된다 / 뒤처지지 않기 위해 / 우리의 변화하는 용례와 지식에 //

In Roman times, / "addicts" were people / who were unable
to pay their debts / and gave themselves as slaves to their
creditors. //
단서 2 'addicts'의 의미가 변화함 (예시 ①)
로마 시대에 / 'addicts'는 사람들이었다 / 빚을 갚을 수 없어서 / 스스로 채권자의 노예가 된 //

The word eventually / came to be associated with drug
dependency: / one becomes a slave / to one's addiction. //
그 단어는 결국 / 약물 의존과 연관되었는데 / 사람은 노예가 된다는 것이다 / 자신이 중독된
것에 //

단서 3 'husband'의 의미가 변화함 (예시 ②)
The word "husband" originally / referred to being a homeowner;
/ it had nothing to do with being married. //
'husband'라는 단어는 원래 / 주택 소유자가 되는 것을 가리켰고 / 기혼 상태와는 아무런
관련이 없었다 //

But because owning your own property / made it more likely /
you'd find a mate, / the word eventually came to mean / a male
who has been wed. //
그러나 재산을 소유하는 것은 / 가능성을 더 높게 만들었기 때문에 / 여러분이 배우자를 찾을 /
결국 그 단어는 의미하게 되었다 / 결혼한 남성을 //

On November 5th, 1605, / Guy Fawkes tried to blow up the
British Parliament. //
1605년 11월 5일 / Guy Fawkes는 영국 의사당을 폭파하려 했다 //

He was captured / and put to death. //
그는 체포되어 / 처형했다 //

단서 4 'guy'의 의미가 변화함 (예시 ③)
Loyalists burned his effigy, / which they nicknamed the "guy." //
로열리스트들은 그를 닮은 인형을 불태웠는데 / 그들은 그것에 'guy'라는 별명을 붙였다 //

Centuries later, / the word lost its negative connotation / and a
musical named Guys and Dolls / ran on Broadway. //
수 세기 후 / 그 단어는 부정적인 함축을 잃었고 / Guys and Dolls라는 제목의 뮤지컬이 /
브로드웨이에서 상연되었다 //

In American slang, / bad means good, / cool means great, / and
wicked means excellent. //
단서 5 현재 미국에서도 단어의 사전적 의미와 다른 의미로 사용되는 속어들이 있음
미국 속어에서 / 'bad'는 '좋은'을 / 'cool'은 '멋진'을 / 'wicked'는 '탁월한'을 의미한다 //

If you could transport yourself / one hundred years into
the future, / you'd find yourself confused / by your great-
grandchildren's speech / because language itself / is an ever-
changing reflection of human invention. //
여러분이 이동할 수 있다면 / 100년 후 미래로 / 당황하게 될 것이다 / 여러분의 증손자의
말에 / 언어 자체가 / 인간이 만들어 내는 것의 계속 변화하는 반영물이기 때문에 //

- constantly (ad) 끊임없이　　· debt (n) 빚　　· creditor (n) 채권자
- dependency (n) 의존　　· addiction (n) 중독
- homeowner (n) 주택 소유자　　· property (n) 재산
- blow up 폭파하다　　· capture (v) 체포하다
- loyalist (n) 로열리스트, 충신　　· nickname (v) 별명을 붙이다
- slang (n) 속어, 은어　　· ever-changing 변화무쌍한
- invention (n) 발명품

사전적 정의는 우리의 변화하는 용례와 지식에 뒤처지지 않기 위해 끊임없
이 수정된다. 로마 시대에 'addicts'는 빚을 갚을 수 없어서 스스로 채권자
의 노예가 된 사람들이었다. 그 단어는 결국 약물 의존과 연관되었는데, 사
람은 자신이 중독된 것에 노예가 된다는 것이다. 'husband'라는 단어는 원
래 주택 소유자가 되는 것을 가리켰고, 기혼 상태와는 아무런 관련이 없었
다. 그러나 재산을 소유하는 것은 여러분이 배우자를 찾을 가능성을 더 높
게 만들었기 때문에 결국 그 단어는 결혼한 남성을 의미하게 되었다. 1605
년 11월 5일, Guy Fawkes는 영국 의사당을 폭파하려 했다. 그는 체포되
어 처형당했다. 로열리스트들은 그를 닮은 인형을 불태웠는데 그들은 그것

에 'guy'라는 별명을 붙였다. 수 세기 후, 그 단어는 부정적인 함축을 잃었
고 Guys and Dolls라는 제목의 뮤지컬이 브로드웨이에서 상연되었다. 미
국 속어에서 'bad'는 '좋은'을, 'cool'은 '멋진'을, 'wicked'는 '탁월한'을 의
미한다. 언어 자체가 인간이 만들어 내는 것의 계속 변화하는 반영물이기
때문에 여러분이 100년 후 미래로 이동할 수 있다면 여러분의 증손자의 말
에 당황하게 될 것이다.

다음 빈칸에 들어갈 말로 가장 적절한 것을 고르시오.
① has the power to build trust among people
사람들 간의 신뢰를 쌓는 힘을 갖고 있다　신뢰를 형성한다는 내용은 언급되지 않음
② makes cross-cultural communication difficult
문화 간 의사소통을 어렵게 만들기　문화 간의 의사소통에 관한 것이 아님
③ is getting simpler generation after generation
세대가 지날수록 점점 더 단순해지고 있기　단순해지는 것은 아님
④ needs to be learned over a long period of time
오랜 시간에 걸쳐 학습되어야 할 필요가 있기　언급되지 않음
⑤ is an ever-changing reflection of human invention　언어는 그 시대의
인간이 만들어 내는 것의 계속 변화하는 반영물이기　살아가는 인간이 어떻게 단어를 사용하는지가 반영됨

왜 정답? *** [정답률 53%]

언어의 정의는 사람들의 사용 방식과 지식에 맞춰 계속 수정됨 단서 1
예시 ①: 'addicts'는 '금전적 노예'라는 뜻에서 '약물 중독'의 의미로 바뀜 단서 2
예시 ②: 'husband'는 '주택 소유자'라는 뜻에서 '결혼한 남성'의 의미로 바뀜 단서 3
예시 ③: 'guy'라는 단어는 부정적인 함의가 사라짐 단서 4
미국 속어에서도 단어의 의미가 사전적 정의와 다르게 사용되는 경우가 있음 단서 5

→ 언어의 사전적 정의는 단어의 용례와 시대의 지식에 뒤처지지 않도록 끊임없이 수정
된다고 했다. 이어지는 예시에서 단어 addicts, husband, guy 등을 예로 들며, 단
어의 의미가 시대의 흐름에 따라 변화했음을 보여주었다. 마지막 문장에서 우리가
미래로 이동한다면 다음 세대와 소통이 어려울 수도 있다고 했으므로, 언어는 사람
들이 어떻게 사용하냐에 따라 계속해서 바뀔 수 있다는 내용이다. ▶ 따라서 빈칸에
들어갈 말은 ⑤ '인간이 만들어 내는 것의 계속 변화하는 반영물이기'이다.

왜 오답?

① 언어가 사람들 간의 신뢰를 형성한다는 내용은 언급되지 않았다.
② 언어가 문화 간 의사소통을 어렵게 만드는 것이 아니라, 언어 자체가 사람들의 사용
　에 따라 계속 변화하는 특징을 갖고 있다는 내용이다.
③ 언어는 세대가 지날수록 단순해지는 것이 아니라, 사람들의 사용법에 따라 의미가 달
　라질 수 있다는 내용이다.
④ 언어 학습에 오랜 시간이 걸린다는 내용은 언급되지 않았다.

단서 1 앵커링은 이미지 옆에 텍스트를 배치하여 의미를 한정한다는 개념임
The term "anchoring" was introduced / by Roland Barthes /
who observed that text is often used next to images / (his focus
was on photographs) / to confine meaning. //
'anchoring'이라는 용어는 도입되었다 / Roland Barthes에 의해 / 텍스트가 자주 이미지
옆에 사용되는 점을 관찰한 / (그는 사진에 중점을 두었다) / 의미를 한정하기 위해 //

Of all possible literal or implied interpretations / an image could
elicit, / text would point the viewer / towards a desired, specific
direction. //
단서 2 광고를 보는 사람은 그들이 보는 것을 인식하는
것이 아니라, 메시지의 의미와 이유를 해석하도록 요구받음
모든 가능한 있는 그대로의 또는 함축된 해석 중에서 / 이미지가 이끌어 낼 수 있는 / 텍스트는
보는 사람을 향하게 할 것이다 / 원하는, 특정한 방향으로 //

In advertising, as Barthes argues, / the symbolic message / does
not guide identification but interpretation. //
광고할 때, Barthes가 주장하는 것처럼 / 상징적 메시지는 / 식별이 아니라 해석을 유도한다 //

The viewer is not asked / to recognize what they see / but to
understand / why they see it / and what it means to them. //
보는 사람은 요구되는 것이 아니라 / 그들이 보는 것을 인식하도록 / 이해하도록 요구된다 / 왜
그들이 그것을 보는지 / 그리고 그것이 그들에게 무엇을 의미하는지를 //

By combining images with text, / advertising produces symbolic
meaning / that is accurate and specific on the one hand, / richer
on the other, /
이미지와 텍스트를 결합함으로써 / 광고는 상징적 의미를 만들어 내어 / 한편으로는 정확하고
구체적이며 / 다른 한편으로는 더욱 풍부한 /

thus **adding** depth / and **eliminating** breadth / of rational and
emotional interpretations. // 병렬 구문 (분사구문을 이끄는 현재분사)
단서 3 광고는 다르게 해석될 여지를 제거하고 정확하고 구체적인 의미를 만들어 냄
그 결과 깊이를 더하고 / 폭은 제거한다 / 이성적이고 감성적 해석의 //

The headline or tagline of an ad / directs the reader / through
the **intended** meanings of the image, / so that **the reader avoids**
some and receives others. // 과거분사 (meanings 수식)
광고의 헤드라인이나 끝맺음말이 / 독자를 안내하여 / 이미지의 의도된 의미를 통해 / 독자는
어떤 것은 피하고 다른 것을 받아들인다 //

It "remote-controls" the reader / towards a meaning **chosen in**
advance. // 과거분사구 (meaning 수식)
그것은 독자를 '원격 제어한다' / 미리 선택된 의미 쪽으로 //

- photograph ⓝ 사진 · confine ⓥ 한정하다
- literal ⓐ 문자 그대로의 · imply ⓥ 함축하다
- interpretation ⓝ 해석 · advertising ⓝ 광고
- symbolic ⓐ 상징적인 · guide ⓥ 유도하다
- identification ⓝ 식별 · combine ⓥ 결합하다
- accurate ⓐ 정확한 · depth ⓝ 깊이 · eliminate ⓥ 제거하다
- breadth ⓝ 폭 · rational ⓐ 이성적인 · tagline ⓝ 끝맺음말
- remote-control 원격 제어하다 · textual ⓐ 원문의
- disregard ⓥ 무시하다 · artistic quality 예술성
- accompany ⓥ 동반하다 · in isolation 별개로

'anchoring'이라는 용어는 의미를 한정하기 위해 텍스트가 자주 이미지 옆
에 사용되는 점을 관찰한 Roland Barthes(그는 사진에 중점을 두었다)에
의해 도입되었다. 이미지가 이끌어 낼 수 있는 모든 가능한 있는 그대로의
또는 함축된 해석 중에서, 텍스트는 보는 사람을 원하는, 특정한 방향으로
향하게 할 것이다. 광고할 때, Barthes가 주장하는 것처럼, 상징적 메시지
는 식별이 아니라 해석을 유도한다. 보는 사람은 그들이 보는 것을 인식하
도록 요구되는 것이 아니라 왜 그들이 그것을 보는지 그리고 그것이 그들
에게 무엇을 의미하는지를 이해하도록 요구된다. 이미지와 텍스트를 결합
함으로써, 광고는 한편으로는 정확하고 구체적이며, 다른 한편으로는 더욱
풍부한 상징적 의미를 만들어 내어, 그 결과 이성적이고 감성적 해석의 깊
이를 더하고 폭은 제거한다. 광고의 헤드라인이나 끝맺음말이 이미지의 의
도된 의미를 통해 독자를 안내하여, **독자는 어떤 것은 피하고 다른 것을 받**
아들인다. 그것은 독자를 미리 선택된 의미 쪽으로 '원격 제어한다'.

다음 빈칸에 들어갈 말로 가장 적절한 것을 고르시오. [3점]
① the reader avoids some and receives others 독자는 텍스트를 통해
독자는 어떤 것은 피하고 다른 것을 받아들인다 이미지에서 의도된 내용으로 해석하게 됨
② the textual cues are disregarded by the audience
텍스트의 단서는 관객에 의해 무시된다 방향을 조종한다는 내용임
③ the emotional impact of the text is completely erased
텍스트의 감성적 영향은 완전히 지워진다 폭을 제거한다고 했음
④ the viewer focuses on the artistic quality of the image
시청자는 이미지의 예술성에 집중한다 예술성과 관련 없음
⑤ the image and the accompanying text work in isolation
이미지와 이에 수반하는 텍스트는 별개로 작동한다 이미지와 텍스트는 긴밀한 관계임

〉왜 정답 ? ★★★ [정답률 48%]

앵커링 효과는 이미지 옆에 텍스트를 둘 때, 그 텍스트가 이미지의 의미를 고정시킨다
는 개념이다. 이미지 옆에 배치된 텍스트가 관객들로 하여금 이미지의 의미를 특정 방
향으로 해석하도록 유도한다는 뜻이다.

➡ 구체적으로 광고에서 이 효과가 활용되는 내용을 소개하며, 광고에 이미지와 텍스
트가 같이 있음으로써 한편으로는 정확하고 구체적인 뜻을 전달하면서도, 다른 한
편으로는 더 풍부한 상징적 의미를 만들어 낸다고 설명하고 있다. ▶ 따라서 빈칸에
들어갈 말은 ① '독자는 어떤 것은 피하고 다른 것은 받아들인다'이다.

〉왜 오답 ?

② 텍스트의 단서가 독자가 이미지를 해석하는 방향을 조종한다는 내용이므로, 무시된
다는 표현은 적절하지 않다.

③ 텍스트의 감성적 해석의 폭을 제거하고 깊이는 더한다고 했다.

④ 텍스트는 이미지의 예술성이 아니라 이미지에 의도된 의미에 집중하도록 한다는 내
용이다.

⑤ 이미지와 이에 수반하는 텍스트는 의도된 의미로 연결하는 긴밀한 관계이므로, 별개
로 작동한다는 표현은 적절하지 않다.

M 55 정답 ① ＊혼자서는 이루어낼 수 없는 번역

All translators feel some pressure / from the community of
readers / **for whom** they are doing their work. // 전치사+관계대명사
모든 번역가들은
약간의 압박을 느낀다 / 독자들의 공동체로부터 / 그들이 대상으로 작업하고 있는 //
And all translators **arrive** at their interpretations / in dialogue
with other people. // 완전자동사 단서 1 모든 번역가는 다른 사람과의 대화에서 해석에 도달함
그리고 모든 번역가들은 그들의 해석에 도달한다 / 다른 사람들과의 대화에서 //

The English poet Alexander Pope / had pretty good Greek, / but
when he **set about translating** Homer's *Iliad* / in the early 18th
century / he was not on his own. // set about -ing: ~에 착수하다
영국의 시인 알렉산더 포프는 / 그리스어를 꽤 잘했지만 / 호머의 'Iliad'를 번역하는 것에 대해
착수했을 때 / 18세기 초에 / 그는 혼자 한 것이 아니었다 //
He had / Greek commentaries **to refer to**, / and translations **that**
had already **been done** in English, Latin, and French / — and of
course he had dictionaries. // 형용사적 용법 (commentaries 수식) 주격 관계대명사 과거완료의 수동태
그는 가지고 있었다 / 참고할 그리스어 해설과 /
이미 영어, 라틴어, 프랑스어로 된 번역본을 / 그리고 물론 사전도 가지고 있었다 //

Translators always draw on / more than one source text. //
번역가들은 항상 활용한다 / 한 가지 이상의 원문을 // 단서 2 번역가들은 항상 하나 이상의 원문을 활용함
Even when the scene of translation consists of just one person
/ with a pen, paper, and the book **that** is being translated, / or
even when it is just one person translating orally for another, / 병렬 구조 (부사절 접속사) 주격 관계대명사
심지어 번역 현장이 단 한 사람으로 구성되어 있거나 / 하나의 펜, 종이 그리고 번역 중인 책을
가진 / 또는 한 사람이 다른 사람을 위해 구두로 번역 중일 때에도 /
that person's linguistic knowledge / arises from lots of other
texts and other conversations. // 단서 3 언어적 지식은 수많은 다른 텍스트와 다른 대화에서 발생함
그 사람의 언어적 지식은 / 많은 다른 텍스트와 다른 대화에서 발생한다 //
And then / his or her idea of the translation's purpose / **will be**
influenced / by the expectations / of the person or people / **it is**
for. // 미래시제 수동태 단서 4 번역의 목적은 번역 대상자의 기대에 영향을 받음 앞에 목적격 관계대명사 생략
그리고 나서 / 번역의 목적에 대한 그 또는 그녀의 생각은 / 영향을 받는다 / 기대에 의해 /
사람 또는 사람들의 / 이것의 대상이 되는 //
In both these senses / **every translation is a crowd translation**. // every+단수 명사+단수 동사
이 두 가지 의미에서 / 모든 번역은 군중 번역이다 //

- translator ⓝ 번역가 · interpretation ⓝ 해석
- dialogue ⓝ 대화 · set about ~을 시작하다 · draw on ~을 이용하다
- consists of 구성되다 · linguistic ⓐ 언어적인 · blank page 백지
- imprison ⓥ 가두다

모든 번역가들은 그들이 대상으로 작업하고 있는 독자들의 공동체로부터
약간의 압박을 느낀다. 그리고 모든 번역가들은 다른 사람들과의 대화에서
그들의 해석에 도달한다. 영국의 시인 알렉산더 포프는 그리스어를 꽤 잘했
지만, 18세기 초에 호머의 'Iliad'를 번역하는 것에 대해 착수했을 때 그는
혼자 한 것이 아니었다. 그는 참고할 그리스어 해설과 이미 영어, 라틴어,
프랑스어로 된 번역본을 가지고 있었고, 물론 사전도 가지고 있었다. 번역
가들은 항상 한 가지 이상의 원문을 활용한다. 심지어 번역 현장이 하나의
펜, 종이, 그리고 번역 중인 책을 가진 단 한 사람으로 구성되어 있거나, 한
사람이 다른 사람을 위해 구두로 번역 중일 때에도, 그 사람의 언어적 지식
은 많은 다른 텍스트와 다른 대화에서 발생한다. 그러고 나서 번역의 목적
에 대한 그 또는 그녀의 생각은 이것의 대상이 되는 사람 또는 사람들의 기
대에 의해 영향을 받는다. 이 두 가지 의미에서 **모든 번역은 군중 번역이다**.

다음 빈칸에 들어갈 말로 가장 적절한 것을 고르시오.
① every translation is a crowd translation 번역은 혼자 하는 작업이 아님
모든 번역은 군중 번역이다
② translation is born because of uncertainty
번역은 불확실성 때문에 탄생한다 번역의 기원이 불확실성이라는 것이 아님
③ appeal of a translation is in the ear of audience
번역의 매력은 청자의 귀에 달려 있다 청자에 따라 달라진다는 것이 아님
④ all good translations start with blank page
모든 훌륭한 번역은 백지에서 시작한다 백지에서 시작한다는 내용이 아님
⑤ text and audience imprison translators
글과 독자는 번역가를 가둔다 글과 독자가 번역가에게 한계를 준다는 내용이 아님

첫 문장에서 모든 번역가는 공동체로부터 약간의 압박을 느낀다고 하고 있으며, 번역이라는 작업이 여러 텍스트 또는 사람들과의 대화를 참고해야 한다고 설명하고 있다. 또한 번역가는 번역의 대상이 되는 사람들의 기대에도 영향을 받는다고 설명하고 있다.
▶ 따라서 번역은 번역가 혼자만이 할 수 있는 작업이 아니라, 주변에서 긴밀하게 영향을 받음으로써 이뤄지는 작업이므로, 빈칸에 들어갈 말은 ① '모든 번역은 군중 번역이다'이다.

> 왜 오답 ?

② 번역의 기원이 불확실성이라는 내용은 언급되지 않았다.

③ 번역의 매력에 관한 내용은 언급되지 않으며, 청자에 따라 번역이 달리 들린다는 내용도 아니다.

④ 훌륭한 번역도 백지에서 시작한다는 내용이 아니다.

⑤ 글과 독자가 번역가를 가둔다는 강제성, 또는 한계에 관한 것이 아니라, 번역가는 텍스트와 독자에 영향을 받으며 번역 작업을 하게 된다는 내용이다. (▶◀ 이유: 글의 첫 문장만 본다면 정답으로 착각할 수 있음)

M 56 정답 ③ *신체적 제약을 이해하는 것의 중요성

Dancers often push **themselves** / to the limits of their physical capabilities. //
무용수는 종종 자신을 밀어붙인다 / 자신의 신체 능력의 한계까지 //
[단서 1] 신체적으로 불가능한 것을 달성하려는 것은 잘못된 것임

But that push is misguided / if it is directed / toward accomplishing something physically impossible. //
그러나 그렇게 밀어붙이는 것은 잘못 이해한 것이다 / 향하게 된다면 / 물리적으로 불가능한 것을 달성하는 쪽으로 //

For instance, / a tall dancer with long feet / may wish to perform repetitive vertical jumps / to fast music, /
예를 들어 / 키가 크고 발이 긴 무용수가 / 반복적인 수직 점프를 수행하고 싶을 수 있다 / 빠른 음악에 맞춰 /

pointing his feet while in the air / and **lowering** his heels to the floor between jumps. //
공중에서 발끝을 뾰족하게 하고 / 점프 사이에 발뒤꿈치를 바닥에 내리면서 //

That may be impossible / **no matter how** strong the dancer is. //
그것은 불가능할 수 있다 / 무용수가 아무리 힘이 좋을지라도 //
[단서 2] 발이 긴 무용수에게는 힘과 상관없이 불가능한 동작이 있음

But a short-footed dancer / may have no trouble! //
하지만 발이 짧은 무용수는 / 전혀 문제가 없을 것이다 //
[단서 3] 하지만 같은 동작도 발이 짧은 무용수에게는 문제 되지 않음

Another dancer may be struggling / to complete a half-turn in the air. //
또 다른 무용수는 애쓰고 있을 수 있다 / 공중에서 반 회전을 완성하려고 //

Understanding the connection / **between** a rapid turn rate / **and** the alignment of the body close to the rotation axis / **tells** her how to accomplish her turn successfully. //
연관성을 이해하는 것은 / 빠른 회전 속도와 / 회전축에 가깝게 몸을 정렬하는 것의 / 그 무용수에게 성공적으로 회전을 해내는 방법을 알려준다 //

In both of these cases, / **understanding and working** within the **constraints** / **imposed** by nature and **described** by physical laws / **allows** dancers to work efficiently, / **minimizing potential risk of injury.** //
이 두 경우 모두에서 / 제약을 이해하고 그 안에서 움직이는 것은 / 선천적으로 주어지고 물리적 법칙에 의해 설명되는 / 무용수가 효율적으로 움직이게 해 준다 / 잠재적인 부상 위험을 최소화하면서 //
[단서 4] 자신의 신체적 제약을 이해하는 것이 부상을 줄이고 효율적인 움직임을 가능케 함

- capability ⓝ 능력 · misguided ⓐ 잘못 이해한
- repetitive ⓐ 반복적인 · vertical ⓐ 수직의 · rotation ⓝ 회전
- axis ⓝ 축 · minimize ⓥ 최소화하다 · constraint ⓝ 제약
- hostility ⓝ 적대감 · morality ⓝ 도덕성

무용수는 종종 자신의 신체 능력의 한계까지 자신을 밀어붙인다. 그러나 그렇게 밀어붙이는 것이 물리적으로 불가능한 것을 달성하는 쪽으로 향하게 된다면, 잘못 이해한 것이다.

예를 들어, 키가 크고 발이 긴 무용수가 공중에서 발끝을 뾰족하게 하고 점프 사이에 발뒤꿈치를 바닥에 내리면서 빠른 음악에 맞춰 반복적인 수직 점프를 수행하고 싶을 수 있다. 무용수가 아무리 힘이 좋을지라도 그것은 불가능할 수 있다. 하지만 발이 짧은 무용수는 전혀 문제가 없을 것이다! 또 다른 무용수는 공중에서 반 회전을 완성하려고 애쓰고 있을 수 있다. 빠른 회전 속도와 회전축에 가깝게 몸을 정렬하는 것의 연관성을 이해하는 것은 그 무용수에게 성공적으로 회전을 해내는 방법을 알려준다.

이 두 경우 모두에서, 선천적으로 주어지고 물리적 법칙에 의해 설명되는 **제약**을 이해하고 그 안에서 움직이는 것은 잠재적인 부상 위험을 최소화하면서 무용수가 효율적으로 움직이게 해 준다.

다음 빈칸에 들어갈 말로 가장 적절한 것을 고르시오.
① habits 습관에 관한 내용이 아니라, 선천적인 신체적 한계를 설명하고 있음
습관
② cultures 문화를 이해하는 것과 관련된 내용은 언급되지 않음
문화
③ constraints 자신의 선천적인 신체적 제약을 이해하는 것이 중요하다고 설명함
제약
④ hostilities 적대감에 관한 내용은 언급되지 않음
적대감
⑤ moralities 도덕성에 관한 내용은 언급되지 않았음
도덕성

> 왜 정답 ? ★★★ [정답률 62%]

빈칸은 '선천적으로 주어지고 물리적 법칙에 의해 설명되는' 것으로, 이것을 이해하고 이 안에서 움직이는 것이 좋다고 설명한 것이 무엇인지를 찾아야 한다.
➡ 신체적으로 불가능한 한계를 뛰어넘으려는 것은 잘못된 이해라 설명하며, 같은 동작도 선천적인 발 크기에 따라 할 수 있는 무용수와 없는 무용수로 나뉜다고 설명했다. ▶ 따라서 빈칸에 들어갈 말은 ③ '제약'이다.

> 왜 오답 ?

① 무용수 개인의 습관에 관한 내용이 아니라, 선천적인 신체적 한계를 설명하는 글이다.

② 문화를 이해하는 것과 관련된 내용은 언급되지 않았다.

④ 적대감에 관한 내용은 언급되지 않았다.

⑤ 도덕성에 관한 내용은 언급되지 않았다.

M 57 정답 ③ *손실이 더 커지기 전에 끊어내기

If we've invested in / something **that** hasn't repaid us / — **be it** money in a failing venture, / or time in an unhappy relationship — / we find **it** very difficult **to walk** away. //
우리가 투자해 왔다면 / 우리에게 보답해 주지 않는 것에 / 실패한 사업에 투자한 돈이거나 / 불행한 인간관계에 투자한 시간이던지 간에 / 우리는 벗어나기가 매우 어렵다는 것을 안다 //

This is the sunk cost fallacy. //
이것은 매몰 비용 오류이다 //

Our instinct is / **to continue** investing money or time / as we hope / **that** our investment will prove / to be worthwhile in the end. //
우리의 본능은 / 돈이나 시간에 투자를 계속하는 것이다 / 희망하면서 / 우리의 투자가 입증될 것이라고 / 결국에는 가치 있는 것으로 //

Giving up would mean acknowledging / **that** we've wasted something we can't get back, / and that thought is **so** painful / **that** we prefer to avoid it / **if we can.** //
포기한다는 것은 인정하는 것을 의미하고 / 우리가 돌이킬 수 없는 무언가를 낭비해왔다고 / 그런 생각은 너무 고통스러워서 / 그것을 피하기를 선호한다 / 우리가 할 수 있다면 //
[단서 1] 우리는 우리의 낭비와 실패를 인정하지 않으려 함

The problem, of course, / is **that if** something really is a bad bet, / then staying with it / simply increases the amount **we lose.** //
물론, 문제는 / 어떤 것이 정말 나쁜 투자라면 / 그것을 계속하는 것은 / 우리가 잃는 총액을 증가시킬 뿐이라는 것이다 //
[단서 2] 실패를 인정하지 못하고 나쁜 투자를 계속한다면 손해만 늘어날 뿐임

Rather than **walk** away / from a bad five-year relationship, / for example, / we **turn** it into a bad 10-year relationship; /
병렬 구조
벗어나기보다는 / 5년의 나쁜 관계에서 / 예를 들어 / 우리는 그것을 10년의 나쁜 관계로 바꾸고 /

rather than **accept** / that we've lost a thousand dollars, / we **lay down** another thousand / and **lose** that too. //
병렬 구조
받아들이기보다는 / 천 달러를 잃었다는 사실을 / 또 다른 천 달러를 내놓고 / 그것도 역시 잃는다 //

In the end, / **by delaying** the pain of admitting our problem, /
by -ing: ~함으로써
we only add to it. // **단서 3** 손해를 인정하는 것을 회피하면 손해는 가중되기만 함
결국 / 우리의 문제를 인정하는 고통을 미룸으로써 / 우리는 그것에 보탤 뿐이다 //

Sometimes we just have to **cut our losses**. //
때때로 우리는 손실을 끊어야만 한다 //

- invest ⓥ 투자하다   · repay ⓥ 보답하다   · venture ⓝ 사업
- walk away 벗어나다   · fallacy ⓝ 오류   · instinct ⓝ 본능
- worthwhile ⓐ 가치 있는   · acknowledge ⓥ 인정하다
- bet ⓝ 내기, 투자   · lay down ~을 내려 놓다   · admit ⓥ 인정하다
- stick to ~을 고수하다   · pay off ~을 갚다

우리에게 보답해 주지 않는 것에 우리가 투자해 왔다면 — 실패한 사업에 투자한 돈이거나, 불행한 인간관계에 투자한 시간이던지 간에 — 우리는 벗어나기가 매우 어렵다는 것을 안다. 이것은 매몰 비용 오류이다. 우리의 본능은 결국에는 우리의 투자가 가치 있는 것으로 입증될 것이라고 희망하면서 돈이나 시간에 투자를 계속하는 것이다. 포기한다는 것은 우리가 돌이킬 수 없는 무언가를 낭비해왔다고 인정하는 것을 의미하고, 그런 생각은 너무 고통스러워서 우리가 할 수 있다면 그것을 피하기를 선호한다. 물론, 문제는 어떤 것이 정말 나쁜 투자라면, 그것을 계속하는 것은 우리가 잃는 총액을 증가시킬 뿐이라는 것이다. 예를 들어, 5년의 나쁜 관계에서 벗어나기보다는 우리는 그것을 10년의 나쁜 관계로 바꾸고; 천 달러를 잃었다는 사실을 받아들이기보다는, 또 다른 천 달러를 내놓고 그것도 역시 잃는다. 결국, 우리의 문제를 인정하는 고통을 미룸으로써 우리는 그것에 보탤 뿐이다. 때때로 우리는 **손실을 끊어야**만 한다.

다음 빈칸에 들어갈 말로 가장 적절한 것을 고르시오.

① reduce profit 이익을 줄인다는 것과 관련된 내용은 언급되지 않음
② offer rewards 보상이 없을 때는 과감히 손해를 끊어야 한다는 내용임
③ cut our losses 잘못된 투자는 빠르게 손실을 끊어야 인정하고 손실을 끊어내야 함
④ stick to the plan 계획을 고수하는 계획을 고수해야 것과 관련된 내용은 언급되지 않음
⑤ pay off our debt 빚을 갚아야 빚을 갚는 것과 관련된 내용은 언급되지 않음

왜 정답? ✿✿✾ [정답률 62%]

우리는 투자에서의 실패와 낭비를 인정하기 어려워함 → 실패를 인정하지 않고 투자를 지속할 경우 손해만 가중될 뿐임
▶ 우리는 투자의 실패를 인정하지 못하고 계속 잘못 투자하여 손실을 키운다는 내용이므로, 우리는 때때로 ③ '손실을 끊어야' 한다.

왜 오답?

① 이익이 줄어드는 상황에서는 빠르게 실패를 인정하고 손실을 줄이라는 내용이므로, 우리가 해야 할 행동으로 이익을 줄인다는 것은 적절하지 않다.
② 보상이 없을 때는 보상을 제공해야 한다는 것이 아니라, 더 이상의 손해를 막아내야 한다는 내용이다.
④ 계획을 고수하는 것과 관련된 내용은 언급되지 않았다.
⑤ 빚을 갚는 것과 관련된 내용은 언급되지 않았다.

M 58 정답 ① *항성의 소멸을 즉시 알 수 없는 이유

On our little world, / light travels, / for all practical purposes, instantaneously. // 우리의 작은 세상에서 / 빛은 이동한다 / 실제로는 순간적으로 //

If a lightbulb is glowing, / then of course it's physically where we see it, / **shining away**. // **단서 1** 우리는 전구의 발생과 소멸을 즉시 파악할 수 있음
분사구문
전구가 켜져 있다면 / 당연히 그것은 우리가 보는 그 자리에 있다 / 빛을 내면서 //

We reach out our hand and touch it: / It's there all right, / and unpleasantly hot. //
우리는 손을 뻗어 그것을 만진다 / 그것은 바로 거기에 있고 / 불쾌할 정도로 뜨겁다 //

If the filament fails, / then the light goes out. //
필라멘트가 나가면 / 그때 빛은 꺼진다 //

We don't see **it** / in the same place, **glowing, illuminating** the room / years after / the bulb breaks / and it's removed from its socket. //
see의 목적어와 목적격 보어 (현재분사)
우리는 그것을 보지 못한다 / 그 자리에 빛을 내고 방을 밝히고 있는 / 몇 년 후 / 전구가 망가져서 / 소켓에서 제거된 //

The very notion seems nonsensical. // **단서 2** 항성 전체의 빛이 꺼지더라도, 매우 먼 거리에서는 여전히 빛나는 것으로 보임
바로 그 개념은 말도 안 되는 것처럼 보인다 //

But if we're far enough away, / an entire sun can go out / and we'll continue to see **it shining** brightly; /
to see의 목적어와 목적격 보어 (현재분사)
하지만 우리가 충분히 멀리 떨어져 있다면 / 항성 전체는 꺼질 수 있지만 / 우리는 그것이 밝게 빛나는 것을 계속 볼 것이다 /

we won't learn of its death, / it may be, for ages to come / — in fact, for how long it takes light, / **which** travels fast but not infinitely fast, / to cross the **intervening** vastness. // **단서 3** 빛이 광활한 우주를 가로질러 우리에게 도달할 때까지 우리는 항성의 소멸을 모름
주격 관계대명사
현재분사 (vastness 수식)
우리는 그것의 소멸을 알지 못할 것이다 / 아마도 오랜 세월 동안 / 사실, 이동하는 빛이 걸리는 시간 동안 / 빠르지만 무한히 빠르지는 않게 / 그 사이에 낀 광대함을 가로지르는 데 //

The immense distances to the stars and the galaxies / **mean** that we **see everything in space in the past**. //
복수 주어   복수 동사
/ 별과 은하까지의 엄청난 거리는 / 우리가 우주 공간의 모든 것을 과거의 모습으로 보고 있다는 것을 의미한다 //

- practical ⓐ 실제의   · lightbulb ⓝ 전구   · glow ⓥ 빛나다
- physically ⓐⓓ 물리적으로   · unpleasantly ⓐⓓ 불쾌하게
- filament ⓝ 필라멘트   · illuminate ⓥ 밝히다   · socket ⓝ 소켓
- nonsensical ⓐ 말도 안 되는   · infinitely ⓐⓓ 무한하게
- cross ⓥ 가로지르다   · vastness ⓝ 광대함   · immense ⓐ 엄청난
- galaxy ⓝ 은하   · witness ⓥ 목격하다

우리의 작은 세상에서, 실제로는 빛은 순간적으로 이동한다. 전구가 켜져 있다면, 당연히 그것은 우리가 보는 그 자리에서 빛을 내고 있다. 우리는 손을 뻗어 그것을 만진다: 그것은 바로 거기에 있고, 불쾌할 정도로 뜨겁다. 필라멘트가 나가면, 그때 빛은 꺼진다. 전구가 망가져서 소켓에서 제거된 몇 년 후, 그 자리에 빛을 내고 방을 밝히고 있는 그것을 우리는 보지 못한다. 바로 그 개념은 말도 안 되는 것처럼 보인다. 하지만 우리가 충분히 멀리 떨어져 있다면, 항성 전체는 꺼질 수 있지만 우리는 그것이 밝게 빛나는 것을 계속 볼 것이다; 우리는 아마도 오랜 세월 동안 — 사실, 빠르지만 무한히 빠르지는 않게, 이동하는 빛이 그 사이에 낀 광대함을 가로지르는 데 걸리는 시간 동안 그것의 소멸을 알지 못할 것이다. 별과 은하까지의 엄청난 거리는 우리가 <u>우주 공간의 모든 것을 과거의 모습으로 보고 있다는</u> 것을 의미한다.

다음 빈칸에 들어갈 말로 가장 적절한 것을 고르시오. [3점]

① see everything in space in the past
우주 공간의 모든 것을 과거의 모습으로 보고 있다 우리가 현재 보는 우주는 우주의 과거 모습임
② can predict when our sun will go out
우리의 태양이 언제 소멸할지를 예측할 수 있다 빛이 도달할 시간이 필요하다는 내용임
③ lack evidence of life on other planets
다른 행성에 있는 생명체의 증거가 부족하다 다른 행성의 생명체에 관한 내용은 언급되지 않음
④ rely on the sun as a measure of time
시간을 측량하는 척도로 태양에 의존한다 시간 측정과 태양은 관계 없음
⑤ can witness the death of a star as it dies
항성이 죽을 때 그 죽음을 목격할 수 있다 소멸된 빛이 전달되기까지 시차가 발생한다는 내용임

1st 빈칸이 포함된 문장을 읽고, 빈칸에 들어갈 말에 대한 단서를 얻는다.

| 빈칸 문장 | 별과 은하까지의 엄청난 거리는 우리가 ____________는 것을 의미한다. |

→ 글의 마지막 문장에 빈칸이 있으므로 글의 내용을 정리하는 부분임
▶ 빈칸을 채우려면 글에서 소개된 내용을 통해 별과 은하까지의 엄청난 거리 때문에 어떤 일이 발생하는지를 찾아야 한다.

2nd 글을 마저 읽으며 빈칸에 들어갈 적절한 말을 찾는다.
작은 우리의 세상에서는 빛의 발생과 소멸을 즉시 알 수 있음 → 하지만 거대한 우주에서는 빛이 빠르게 이동하더라도, 그것이 광활한 공간을 가로질러 우리에게 인식될 때까지 시간이 걸림 → 우리는 그 시간 동안은 항성의 소멸을 알 수 없음

▶ 우주는 엄청난 규모이기 때문에 우리는 우주를 즉각적으로 보는 것이 아니라 빛이 우리에게 도달할 때까지의 시간 차가 있는 상태로 본다는 내용이다. 따라서 정답은 ① '우주 공간의 모든 것을 과거의 모습으로 보고 있다'이다.

| 선택지 분석 |

① 거대한 우주로 인해 빛이 이동하는 데 시간이 걸리므로, 우리가 현재 보는 우주는 우주의 과거 모습이다.
② 태양이 소멸하더라도 그것을 알기까지는 빛이 도달할 시간이 필요하다는 내용이므로, 태양의 소멸을 예측한다는 것은 적절하지 않다.
③ 다른 행성의 생명체에 관한 내용은 언급되지 않았다.
④ 태양이 시간을 측량하는 척도라는 내용은 언급되지 않았다.
⑤ 항성이 죽을 때 빛이 소멸하지만, 우주는 광활하기 때문에 그 소멸된 빛이 전달되기까지 시차가 발생한다는 내용이므로, 빈칸의 내용과 상반된다.

M 59 정답 ② ★버는 것과 소비하는 것의 분리

Financial markets do more / than take capital from the rich / and lend it to everyone else. //
병렬 구조
금융 시장은 이상을 한다 / 부자들로부터 자본을 받아 / 다른 모든 사람들에게 그것을 빌려주는 것 //

enable의 목적어와 목적격 보어 (to부정사) ★
They enable each of us / to smooth consumption over our lifetimes, / which is a fancy way of saying / that we don't have to spend income / at the same time we earn it. //
계속적 용법의 주격 관계대명사 · 목적어절 접속사
단서 1 우리는 소득을 얻는 동시에 소득을 소비할 필요가 없음
그것들은 우리 각자가 하게 해주며 / 평생에 걸쳐 소비를 원활하게 하도록 / 그리고 이는 말하는 멋진 방식이다 / 우리가 소득을 소비할 필요가 없다는 것을 / 그것을 얻는 동시에 //

may have p.p.: ~이었을지도 모른다
Shakespeare may have admonished us / to be neither borrowers nor lenders; / the fact is / that most of us will be both / at some point. //
'A와 B 둘 다 아닌' · 주격 보어절 접속사
셰익스피어는 충고했을지도 모른다 / 우리가 빌리는 사람도 빌려주는 사람도 되지 말라고 / 사실 / 우리 대부분은 둘 다 될 것이다 / 어떤 때에는 //

가정법 과거 (현재 사실 반대)
If we lived in an agrarian society, / we would have to eat our crops reasonably / soon after the harvest / or find some way to store them. //
~할 방법
만약 우리가 농경사회에 산다면 / 우리는 우리의 농작물을 합리적으로 먹거나 / 수확 직후에 / 또는 그것들을 저장할 어떤 방법을 찾아야 할 것이다 //

단서 2 금융 시장을 통해 잉여 수확물을 더 정교하게 관리할 수 있음
Financial markets are a more sophisticated way / of managing the harvest. //
금융 시장은 더 정교한 방법이다 / 수확을 관리하는 //

단서 3 아직 벌지 않은 소득을 미리 대출받아 소비할 수도 있고, 지금 번 소득을 저축하여 나중에 소비할 수도 있음
목적격 관계대명사
We can spend income now / that we have not yet earned / — as by borrowing for college or a home — / or we can earn income now and spend it later, / as by saving for retirement. //
by -ing: ~함으로써
우리는 지금 소득을 소비할 수도 있고 / 우리가 아직 벌지 않은 / 대학이나 주택을 위해 빌리는 것처럼 / 혹은 우리는 지금 소득을 벌어서 나중에 그것을 소비할 수도 있다 / 은퇴를 위해 저축하는 것처럼 //

주격 보어절 접속사 · 현재완료의 수동태
The important point is / that earning income has been divorced / from spending it, / allowing us much more flexibility in life. //
분사구문
중요한 점은 / 소득을 버는 것이 분리되어 있다는 것이고 / 그것을 소비하는 것과 / 이는 우리에게 삶에서 훨씬 더 많은 유연성을 허용해준다 //

• **financial** ⓐ 금융의 • **capital** ⓝ 자본 • **smooth** ⓥ 원활하게 하다
• **fancy** ⓐ 멋진 • **income** ⓝ 소득 • **earn** ⓥ 벌다, 얻다
• **crop** ⓝ 농작물 • **reasonably** ⓐⓓ 합리적으로 • **harvest** ⓝ 수확
• **sophisticated** ⓐ 정교한 • **retirement** ⓝ 은퇴
• **flexibility** ⓝ 유연성 • **complexity** ⓝ 복잡성
• **divorce** ⓥ 분리시키다 • **impulse** ⓝ 충동

금융 시장은 부자들로부터 자본을 받아 다른 모든 사람들에게 그것을 빌려주는 것 이상을 한다. 그것들은 우리 각자가 평생에 걸쳐 소비를 원활하게 하도록 해주며, 그리고 이는 우리가 그것(소득)을 얻는 동시에 소득을 소비할 필요가 없다는 것을 말하는 멋진 방식이다. 셰익스피어는 우리가 빌리는 사람도 빌려주는 사람도 되지 말라고 충고했을지도 모른다; 사실 우리 대부분은 어떤 때에는 둘 다 될 것이다. 만약 우리가 농경사회에 산다면, 우리는 우리의 농작물을 수확 직후에 합리적으로 먹거나 또는 그것들을 저장할 어떤 방법을 찾아야 할 것이다. 금융 시장은 수확을 관리하는 더 정교한 방법이다. 우리는 우리가 아직 벌지 않은 소득을 지금 소비할 수도 있고 — 대학이나 주택을 위해 빌리는 것처럼 — 혹은 우리는 은퇴를 위해 저축하는 것처럼, 지금 소득을 벌어서 나중에 그것을 소비할 수도 있다. 중요한 점은 **소득을 버는 것이 그것을 소비하는 것과 분리되어 있다**는 것이고, 이는 우리에게 삶에서 훨씬 더 많은 유연성을 허용해준다.

다음 빈칸에 들어갈 말로 가장 적절한 것을 고르시오. [3점]
금융 시장은 지금 번 소득을 지금 소비하지 않아도 되도록 유연성을 허용해 줌
① we can ignore the complexity of financial markets
우리는 금융 시장의 복잡성을 무시할 수 있다 복잡성에 관한 내용은 언급되지 않았음
② earning income has been divorced from spending it
소득을 버는 것이 그것을 소비하는 것과 분리되어 있다
③ financial markets can regulate our impulses 충동을 조절한다는 것은 아님
금융 시장은 우리의 충동을 조절할 수 있다
④ we sell our crops as soon as we harvest them 팔 필요가 없음
우리는 농작물을 수확하자마자 그것을 판다
⑤ managing working hours has become easier than ever
업무 시간을 관리하는 것이 어느 때보다 쉬워졌다 언급되지 않았음

＞ 왜 정답? ★★★ [정답률 49%]
금융 시장은 단순히 부자의 돈을 빌려 다른 이에게 돈을 대출하는 것 이상의 역할을 함
→ 그 역할: 개인이 원활하게 소비하도록 도와주어 삶의 유연성을 줌
→ 즉, 금융 시장은 저축과 대출 등으로 우리가 소득을 얻는 동시에 이를 소비할 필요가 없도록 만들어 줌
⇒ 오늘날에는 금융 시장을 통해 아직 벌지 않은 소득을 미리 대출받아 소비할 수도 있고, 지금 번 소득을 저축하여 나중에 소비할 수도 있음
▶ 따라서 마지막 문장에서 글의 내용을 정리하는 말로 가장 적절한 것은 ② '소득을 버는 것이 그것을 소비하는 것과 분리되어 있다'이다.

＞ 왜 오답?
① 금융 시장의 복잡성에 관한 내용은 언급되지 않았다.
③ 소득을 버는 것과 이를 소비하는 것을 분리한다는 것이 우리의 충동을 조절한다는 것은 아니다.
④ 농작물을 수확하자마자 이를 처분하는 것이 아니라, 그 수확물을 더 정교하게 관리하도록 도와준다는 내용이다.
⑤ 업무 시간 관리에 관한 내용은 언급되지 않았다.

어법 특강
★ **to부정사를 목적격 보어로 취하는 동사**
– 5형식 동사는 동사 뒤에 목적어와 목적격 보어를 취한다. 이 때 목적격 보어 자리에 동사에 따라 to부정사가 올 수 있다. 이러한 동사들을 암기해두는 것이 좋다.
want, tell, enable, ask, force, expect, allow, encourage, consider, convince 등
• I didn't want anybody to know about it.
(나는 아무도 그것에 대해 알기를 원하지 않았다.)

– 특히, 이러한 형태의 동사는 수동태로 사용되는 경우도 많다. 능동태에서 수동태로 바꿀 때 목적어가 주어 자리로 가도 to부정사 목적격 보어는 <be동사+과거분사> 뒤에 그대로 유지된다.
be asked to, be expected to, be allowed to, be forced to 등
• This lecture is expected to last for about an hour.
(이 강연은 약 한 시간 동안 진행될 것으로 예상된다.)

M 60 정답 ① *사회적 부의 불평등한 분배

Over the last few centuries, / humanity's collective prosperity
has skyrocketed, / as technological progress has made / **us far
wealthier** / than ever before. //
지난 몇 세기 동안 / 인류의 집합적 부가 급증했다 / 기술 발전이 만듦에 따라 / 우리를 훨씬 더
부유하게 / 그 어느 때보다 // 단서 1 부가 급증하여, 이를 일과 소유에 따라
분배하는 시장 메커니즘이 시작됨
To share out those riches, / almost all societies **have settled** upon
the market mechanism, / **rewarding people in various ways** / for
the work **that** they do / and the things **that** they own. //
이러한 부를 나누기 위해 / 거의 모든 사회는 시장 메커니즘을 채택했다 / 사람들에게 다양한
방식으로 보상하는 / 그들이 하는 일과 / 그들이 소유한 것에 대해 //
But **rising** inequality, / **itself often driven by technology**, / **has
started** to put that mechanism under strain. // 단서 2 하지만 기술로 인해 이
메커니즘에 불평등이 증가함
그러나 증가하는 불평등은 / 그 자체가 기술로 인해 자주 생기는데 / 그 메커니즘에 부담을
주기 시작했다 //

Today, markets already **provide** immense rewards / to some
people / but **leave** many others with very **little**. //
오늘날 시장은 이미 막대한 보상을 제공하지만 / 일부 사람들에게는 / 많은 다른 사람들에게는
거의 아무것도 남기지 않는다 //
단서 3 기술 혁신으로 인한 실업 등은 우리가
가장 믿고 있던 노동시장에 위협을 가함
And now, technological unemployment / **threatens** to become
a more radical version of the same story, / **taking** place in the
particular market / **we rely upon the most**: / the labor market. //
그리고 이제, 기술 혁신에 의한 실업은 / 같은 이야기의 좀 더 급진적인 형태가 될 우려가 있다
/ 특정 시장에서 발생하여 / 우리가 가장 의존하는 / 즉 노동시장 //
As that market begins to break down, / **more and more** people
will be in danger / of **not receiving a share of society's
prosperity at all**. //
그 시장이 무너짐에 따라 / 점점 더 많은 사람들이 위험에 처하게 될 것이다 / 사회의 부의
몫을 전혀 받지 않을 //

- collective ⓐ 집단의
- prosperity ⓝ 부, 번영
- skyrocket ⓥ 급증하다
- technological ⓐ 기술의
- progress ⓝ 진보, 발전
- wealthy ⓐ 부유한
- settle on[upon] ~을 채택하다
- inequality ⓝ 불평등
- strain ⓝ 긴장, 부담
- immense ⓐ 막대한
- unemployment ⓝ 실업
- threaten ⓥ 위협하다
- radical ⓐ 급진적인
- take place 발생하다
- break down 무너지다
- investment ⓝ 투자

지난 몇 세기 동안 기술 발전이 우리를 그 어느 때보다 훨씬 더 부유하게
만듦에 따라, 인류의 집합적 부가 급증했다. 이러한 부를 나누기 위해 거의
모든 사회는 사람들에게 그들이 하는 일과 그들이 소유한 것에 대해 다양
한 방식으로 보상하는 시장 메커니즘을 채택했다. 그러나 증가하는 불평등
은, 그 자체가 기술로 인해 자주 생기는데, 그 메커니즘에 부담을 주기 시
작했다. 오늘날 시장은 이미 일부 사람들에게는 막대한 보상을 제공하지만
많은 다른 사람들에게는 거의 아무것도 남기지 않는다. 그리고 이제, 기술
혁신에 의한 실업은 우리가 가장 의존하는 특정 시장, 즉 노동시장에서 발
생하여, 같은 이야기의 좀 더 급진적인 형태가 될 우려가 있다. 그 시장이
무너짐에 따라 점점 더 많은 사람들이 **사회의 부의 몫을 전혀 받지 않을** 위
험에 처하게 될 것이다.

> 다음 빈칸에 들어갈 말로 가장 적절한 것을 고르시오. [3점]
> ① not receiving a share of society's prosperity at all
> 사회의 부의 몫을 전혀 받지 않을 　 누군가는 거의 보상받지 못하는 상황이 발생한다는 내용임
> ② making too large of an investment in new areas
> 새로운 영역에 너무 큰 투자를 함 　 언급되지 않음
> ③ not fully comprehending technological terms
> 기술 용어들을 완전히 이해하지 못함 　 언급되지 않음
> ④ unconsciously wasting the rewards from their work
> 자신의 일로 얻은 보상을 무의식적으로 낭비할 　 그 보상을 자신이 무의식적으로 낭비한다는 내용은 아님
> ⑤ not realizing the reason to raise their cost of living
> 생활비를 올릴 이유를 깨닫지 못함 　 관련없는 내용

기술의 발전으로 사회 전체의 부가 많아지고, 이를 개인에게 일과 소유에 따라
분배하는 메커니즘이 시작됨 단서 1 → 하지만 이 메커니즘은 점점 불평등이 발생했고,
단서 2 특히 기술 혁신으로 인한 실업과 같이 극단적으로 노동시장이 위협받는 사례가
발생함 단서 3
▶ 노동시장이 무너지면서, 즉 사람들이 기술 혁신으로 인해 실직하면서, 누군가는
① '사회의 부의 몫을 전혀 받지 않을' 위험에 놓일 수 있음을 설명하고 있다.

② 새로운 영역에 투자한다는 내용은 언급되지 않았다.
③ 기술적 용어에 관한 내용은 언급되지 않았다.
④ 자신의 일로 정당한 보상을 받는다는 메커니즘이 기술로 인해 위협받는 상황을
　 설명하므로, 그 보상을 자신이 무의식적으로 낭비한다는 내용은 아니다.
⑤ 생활비를 올리는 것에 관한 내용은 언급되지 않았다.

M 61 정답 ① *과식의 이유

Deep-fried foods are **tastier / than** bland foods, / and children
and adults develop / a taste for such foods. //
기름에 튀긴 음식은 더 맛있고 / 싱거운 음식보다 / 어린이와 어른들은 발달시킨다 / 그런 음
식에 대한 취향을 //
Fatty foods cause / **the brain to release** oxytocin, /
지방이 많은 음식은 야기한다 / 뇌가 옥시토신을 분비하는 것을 /
a powerful hormone / with a calming, antistress, and relaxing
influence, / said to be the opposite of adrenaline, / into the blood
stream; / hence the term "comfort foods." //
강력한 호르몬 / 진정, 항 스트레스와 진정 효과를 가진 / 아드레날린의 반대로 알려진 / 혈류
에 / 그로 인해 '위안 음식'이란 용어가 있다 // 단서 1 지방이 많은 음식을 너무 많이 먹도록
유전적으로 프로그램되어 있을지도 모름
We may even be genetically programmed / to eat too much. //
심지어 우리는 유전적으로 프로그램되어 있을지도 모른다 / 너무 많이 먹도록 //
For thousands of years, / food was very scarce. //
수천 년 동안 / 음식은 매우 부족했다 //
Food, / along with salt, carbs, and fat, / **was** hard **to get**, / and
the more you got, / **the better**. //
음식은 / 소금, 탄수화물, 지방이 있는 / 구하기 어려웠고 / 여러분이 더 많이 구할수록 / 더 좋
았다 //
단서 2 소금, 탄수화물, 지방은 필수 영양소이고, 과거에는 충분히 얻을 수 없었음
All of these things are necessary nutrients / in the human diet,
/ and when their availability was limited, / you could never get
too much. //
이러한 모든 것은 필수적 영양소이고 / 인간의 식단에 / 그것들의 이용 가능성이 제한되었을
때 / 여러분은 결코 너무 많이 얻을 수 없었다 //
People also had to hunt down animals / or gather plants / for
their food, / and that took a lot of calories. //
사람들은 또한 동물을 사냥하거나 / 식물을 채집해야 했고 / 음식을 위해 / 그것은 많은 칼로
리를 필요로 했다 //
It's different / these days. //
이와 다르다 / 오늘날은 //
We have food / at every turn / — lots of those fast-food places /
and grocery stores with carry-out food. //
우리에게 음식이 있다 / 곳곳에 / 많은 패스트푸드점과 / 포장 음식이 있는 식료품점 //
But / **that** ingrained "caveman mentality" says / that we can't
ever get too much / to eat. // 단서 3 오늘날에는 많은 음식이 있지만 뿌리 깊은
'원시인 정신'이 여전히 작용함
하지만 / 그 뿌리 깊은 '원시인 정신'은 말한다 / 우리가 너무 많은 것을 구할 수는 없다고 / 먹
기에 //
So craving for "unhealthy" food / may **actually be our body's
attempt** / **to stay** healthy. //
그래서 '건강하지 않은' 음식에 대한 갈망은 / 실제로 우리 몸의 시도일 수 있다 / 건강을 유지
하려는 //

• deep-fried 튀긴　• tasty ⓐ (풍미가 강하고) 맛있는
• bland ⓐ (맛이) 자극적이지 않은　• fatty ⓐ 지방이 많은
• oxytocin ⓝ 옥시토신　• calm ⓥ 진정시키다
• antistress ⓐ 스트레스 예방의, 항 스트레스의
• relax ⓥ 편하게 하다, 진정시키다　• influence ⓝ 효과, 영향
• opposite ⓝ 반대되는 것　• adrenaline ⓝ 아드레날린, 흥분시키는 것
• comfort ⓝ 위안, 안락　• genetically ⓐⓓ 유전적으로
• scarce ⓐ 부족한, 드문　• nutrient ⓝ 영양소[분]
• availability ⓝ 이용 가능성　• gather ⓥ 모으다
• grocery store 식품점, 슈퍼마켓　• carry-out 포장 음식
• ingrained ⓐ 뿌리 깊은　• caveman ⓝ 원시인
• mentality ⓝ 정신, 사고방식　• craving ⓝ 갈망, 열망
• ultimately ⓐⓓ 궁극적으로, 결국　• lead to ~로 이어지다
• ecosystem ⓝ 생태계　• dramatically ⓐⓓ 극적으로
• appetite ⓝ 식욕　• strengthen ⓥ 강화하다　• preference ⓝ 선호

기름에 튀긴 음식은 싱거운 음식보다 더 맛있고, 어린이와 어른들은 그런 음식에 대한 취향을 발달시킨다. 지방이 많은 음식은 뇌로 하여금 진정, 항 스트레스와 진정 효과를 가진 강력한 호르몬인, 아드레날린의 반대로 알려진 옥시토신을 혈류에 분비하게 하고 그로 인해 '위안 음식'이란 용어가 있다. 심지어 우리는 너무 많이 먹도록 유전적으로 프로그램되어 있을지도 모른다. 수천 년 동안, 음식은 매우 부족했다. 소금, 탄수화물, 지방이 있는 음식은 구하기 어려웠고, 더 많이 구할수록 더 좋았다. 이러한 모든 것은 인간의 식단에 필수적 영양소이고, 이용 가능성이 제한되었을 때, 아무리 많이 먹어도 지나침은 없었다. 사람들은 또한 음식을 위해 동물을 사냥하거나 식물을 채집해야 했고, 그것은 많은 칼로리를 필요로 했다. 오늘날은 이와 다르다. 많은 패스트푸드점과 포장 음식이 있는 식료품점과 같이 곳곳에 음식이 있다. 하지만 그 뿌리 깊은 '원시인 정신'은 우리가 먹기에 너무 많은 것을 구할 수는 없다고 말한다. 그래서 '건강하지 않은' 음식에 대한 갈망은 <u>실제로 건강을 유지하려는 우리 몸의 시도</u>일 수 있다.

다음 빈칸에 들어갈 말로 가장 적절한 것을 고르시오. [3점]

① actually be our body's attempt to stay healthy
실제로 건강을 유지하려는 우리 몸의 시도일　원시인 정신: 지방이 많은 음식을 많이 먹으려는 것
② ultimately lead to harm to the ecosystem
궁극적으로 생태계에 대한 훼손으로 이어질　생태계 파괴를 야기하는 것이 아님
③ dramatically reduce our overall appetite
우리의 전체적인 식욕을 극적으로 감소시킬　지방이 많은 음식을 선호하는 이유를 설명하는 글임
④ simply be the result of a modern lifestyle
단순히 현대적 생활방식의 결과일　과거의 상황에서 비롯된 현상임
⑤ partly strengthen our preference for fresh food
신선한 음식에 대한 우리의 선호를 어느 정도 강하게 할　음식의 신선도는 언급되지 않음

왜 정답? ★★★ [정답률 57%]

오늘날 우리가 지방이 많은 음식을 좋아하는 것이 어쩌면 유전적으로 프로그램되어 있기 때문일 수도 있다는 내용이다. 과거에는 소금, 탄수화물, 지방 등의 필수 영양분을 섭취하는 것이 어려웠고, 이를 함유한 음식은 아무리 많이 먹어도 지나치지 않았는데, 상황이 달라진 오늘날에도 여전히 그 뿌리 깊은 '원시인 정신'이 우리에게 영향을 미친다고 했으므로 기름에 튀기거나 소금이 많이 함유된 건강하지 않은 음식에 대한 갈망이 과거에 그랬던 것처럼 ① '실제로 건강을 유지하려는 우리 몸의 시도'일 수 있다고 글을 마무리하는 것이 자연스럽다.

왜 오답?

② 기름에 튀긴 음식을 좋아하는 것이 생태계 파괴로 이어진다는 내용이 아니다.
③ 건강하지 않은 음식에 대한 갈망이 원인이 아니라 결과로서 설명되는 글이다.
④ 현대적 생활방식에 따르면 기름에 튀긴 음식을 많이 먹지 않아야 한다. 주의
⑤ 우리가 건강하지 않은 음식을 갈망함으로써 신선한 음식을 선호하게 된다는 내용이 아니다.

M 62 정답 ④　＊그 자체로 가치 창출 장치가 된 고객

Even companies / that sell physical products / to make profit /
복수 주어
are forced / by their boards and investors /
복수 동사
기업조차도 / 물적 제품을 판매하는 / 수익을 내기 위해 / 강요받는다 / 그들의 이사회와 투자자에 의해

to reconsider their underlying motives / and to collect as much
병렬 구조(능동태 문장에서의 목적격 보어)
data as possible / from consumers. //
자신의 근원적인 동기를 재고하도록 / 그리고 가능한 한 많은 정보를 수집하도록 / 고객에게서 //

Supermarkets no longer make all their money / selling their produce and manufactured goods. //
슈퍼마켓은 더이상 자신의 모든 돈을 벌지 않는다 / 자신의 농산물과 제조된 물품을 판매해서 //

They give you loyalty cards / with which they track / your purchasing behaviors / precisely. //
선행사　전치사+관계대명사
그들은 여러분에게 고객 우대 카드를 준다 / 그것으로 그들이 추적하는 / 여러분의 구매 행동을 / 정밀하게 //
단서 1 고객의 구매 행동을 판매함, 즉 고객의 구매 행동 자체가 상품이 됨

Then supermarkets sell / this purchasing behavior / to marketing analytics companies. //
그리고 나서 슈퍼마켓은 판매한다 / 이 구매 행위를 / 마케팅 분석 기업에 //

The marketing analytics companies / perform machine learning procedures, / slicing the data / in new ways, /
병렬 구조
마케팅 분석 기업은 / 기계 학습 절차를 수행하고 / 그 정보를 쪼개서 / 새로운 방식으로 /

and resell behavioral data back / to product manufacturers / as marketing insights. //
단서 2 마케팅 분석 기업 역시 고객의 구매 행동을 가공하여 되팖, 즉 고객의 구매 행동 자체가 상품이 됨
행동 정보를 다시 되판다 / 제품 제조 기업에 / 통찰력 있는 마케팅 정보로 //

When data and machine learning become currencies of value / in a capitalist system, /
정보와 기계 학습이 가치 있는 통화가 될 때 / 자본주의 체제에서 /

then every company's natural tendency / is to maximize its
명사적 용법(주격 보어)
ability / to conduct surveillance / on its own customers /
형용사적 용법(its ability 수식)
모든 기업의 자연스러운 경향은 / 자신의 능력을 최대화하는 것이다 / 관찰을 수행하는 / 그 자신의 고객에 대해 /

because the customers are themselves / the new value-creation devices. //
강조 용법의 재귀대명사
고객이 그 자체로 ~이기 때문에 / 새로운 가치 창출 장치 //

• profit ⓝ 수익, 이익　• board ⓝ 이사회　• investor ⓝ 투자자
• reconsider ⓥ 재고하다　• underlying ⓐ 근본적인
• motive ⓝ 동기, 동인　• produce ⓝ 농산물
• manufacture ⓥ 제조하다　• loyalty card 고객 우대 카드
• track ⓥ 추적하다　• precisely ⓐⓓ 정밀하게
• analytics ⓝ 분석(학)
• machine learning 기계 학습(과거의 작동 축적을 통해 자기 동작을 개선하는 슈퍼컴퓨터의 능력)　• slice ⓥ 쪼개다, 자르다
• insight ⓝ 통찰(력)　• currency ⓝ 통화, 화폐
• capitalist system 자본주의 체제　• tendency ⓝ 경향
• maximize ⓥ 최대화하다　• rely on ~에 달려 있다
• innovative ⓐ 혁신적인　• word-of-mouth 말로 전하는
• value-creation 가치 창출　• effectiveness ⓝ 효율성

수익을 내기 위해 물적 제품을 판매하는 기업조차도 이사회와 투자자에 의해 어쩔 수 없이 자신의 근원적인 동기를 재고하게 되고 고객에게서 가능한 한 많은 정보를 수집하게 된다. 슈퍼마켓은 더이상 자신의 농산물과 제조된 물품을 판매해서 자신의 모든 돈을 버는 것이 아니다. 그들은 여러분의 구매 행동을 정밀하게 추적하게 하는 고객 우대 카드를 여러분에게 준다. 그리고 나서 슈퍼마켓은 이 구매 행위를 마케팅 분석 기업에 판매한다. 마케팅 분석 기업은 기계 학습 절차를 수행하고 그 정보를 새로운 방식으로 쪼개서 행동 정보를 제품 제조 기업에 통찰력 있는 마케팅 정보로 다시 되판다. 정보와 기계 학습이 자본주의 체제에서 가치 있는 통화가 될 때, **고객이 그 자체로 새로운 가치 창출 장치이기** 때문에 모든 기업의 자연스러운 경향은 자신의 고객에 대해 관찰을 수행하는 능력을 최대화하는 것이다.

다음 빈칸에 들어갈 말로 가장 적절한 것을 고르시오. [3점]

① its success relies on the number of its innovative products
그것의 성공은 자신의 혁신적인 제품의 수에 달려 있기 고객을 관찰하는 능력이 중요한 이유가 필요함
② more customers come through word-of-mouth marketing
더 많은 고객이 입소문 마케팅을 통해 오기 고객의 행동 자체를 판매할 수 있기 때문임
③ it has come to realize the importance of offline stores
그것은 오프라인 매장의 중요성을 깨닫게 되었기 오프라인 매장과 온라인 매장을 대조한 것이 아님
④ the customers are themselves the new value-creation devices 고객의 행동 정보 자체를 판매함
고객이 그 자체로 새로운 가치 창출 장치이기
⑤ questions are raised on the effectiveness of the capitalist system 자본주의 체제의 특성에 대한 글이 아님
자본주의 체제의 효율성에 관해 의문이 제기되기

> 왜 정답 ? ★★★ [정답률 54%]

물적 제품을 판매하는 기업조차도 고객에 대한 정보를 최대한 많이 수집해야 한다면서 슈퍼마켓을 예시로 들었다. 이제 슈퍼마켓은 농산물이나 제조된 물품 외에도 고객의 구매 행동을 마케팅 분석 기업에 판매하고, 마케팅 분석 기업은 구매한 고객의 구매 행동을 가공하여 제품 제조 기업에 다시 되판다고 했다. 고객의 구매 행동이 그 자체로 상품이 되어 가치를 창출한다는 것이므로 모든 기업이 고객을 관찰하는 능력을 최대화하는 이유는 ④ '고객이 그 자체로 새로운 가치 창출 장치이기' 때문이다.

> 왜 오답 ?

① 고객을 관찰하는 능력을 최대화하는 이유가 빈칸에 들어가야 한다. 기업의 성공이 혁신적인 제품의 수에 달려 있다면 고객보다는 혁신적인 제품을 생산하는 능력을 최대화할 것이다.
② 고객에 대한 정보를 수집하는 이유가 그것을 통해 더 많은 고객을 유치할 수 있어서가 아니라 고객에 대한 정보 자체를 판매할 수 있기 때문이라는 내용이다.
③ 오프라인 매장의 중요성을 깨달았기 때문에 고객을 관찰하는 능력을 중시한다는 것이 아니다.
⑤ 자본주의 체제 내에서 정보와 기계 학습이 가치 있는 통화가 될 때 일어나는 현상에 대해 설명하는 글이다. 자본주의 체제의 효율성에 관련된 언급은 없다.

M 63 정답 ⑤ ★생물학적 한계로 제한되는 빛의 파장 인식

주격 관계대명사
Color is an interpretation of wavelengths, / one **that** only exists internally. //
단서 1 우리가 말하는 파장은 인간이 볼 수 있는 스펙트럼만 포함함
색은 파장에 대한 해석으로 / 내부에서만 존재하는 것이다 //
앞에 목적격 관계대명사 생략
And it gets stranger, / because the wavelengths we're talking about / involve only what we call "visible light", / a spectrum of wavelengths / **that** runs from red to violet. //
주격 관계대명사
그리고 더 생소하게 느껴진다 / 우리가 말하고 있는 파장은 / '가시광선'이라고 부르는 것만을 포함하기 때문에 / 파장의 스펙트럼인 / 빨간색에서 보라색까지 이어지는 //

But visible light constitutes / only a tiny fraction of the electromagnetic spectrum / — less than one ten-trillionth of it. //
그러나 가시광선은 구성하는데 / 전자기 스펙트럼의 극히 일부만을 / 그중 10조 분의 1도 되지 않는다 //

All the rest of the spectrum / — including radio waves, microwaves, X-rays, gamma rays, cell phone conversations, wi-fi, and so on — /
나머지 모든 스펙트럼이 / 전파, 마이크로파, X선, 감마선, 휴대폰 통화, 와이파이 등 /

all of this is flowing through us / right now, / and we're completely unaware of it. //
우리를 통해 흐르고 있으며 / 지금 / 우리는 이 모든 것을 완전히 알지 못한다 //
this is because+원인 / this is why+결과
This is because we don't have / any specialized biological receptors / **to pick up** on these signals / from other parts of the spectrum. //
형용사적 용법(receptors 수식)
단서 2 인간은 가시광선을 벗어나는 파장을 포착할 수 있는 생물학적 수용체를 갖고 있지 않음
이것은 우리가 가지고 있지 않기 때문이다 / 어떤 특별한 생물학적 수용체도 / 이러한 신호를 포착할 수 있는 / 스펙트럼의 다른 부분으로부터 //
목적격 관계대명사
The slice of reality / **that** we can see / is **limited by our biology**. //
현실의 단면은 / 우리가 볼 수 있는 / 우리의 생명 작용에 의해 제한된다 //

- interpretation ⓝ 해석
- wavelength ⓝ 파장
- internally ⓐ 내부적으로
- visible light 가시광선
- spectrum ⓝ 스펙트럼
- constitute ⓥ 구성하다
- fraction ⓝ 부분
- trillion ⓝ 1조
- specialized ⓐ 특화된
- biological ⓐ 생물학적
- hinder ⓥ 방해하다
- derive A from B B에서 A를 얻다
- perceive ⓥ 인지하다
- filter ⓥ 거르다
- stereotype ⓝ 고정 관념
- biology ⓝ 생명 작용

색은 파장에 대한 해석으로, 내부에서만 존재하는 것이다. 그리고 우리가 말하고 있는 파장은 빨간색에서 보라색까지 이어지는 파장의 스펙트럼인 '가시광선'이라고 부르는 것만을 포함하기 때문에, 더 생소하게 느껴진다. 그러나 가시광선은 전자기 스펙트럼의 극히 일부만을 구성하는데, 그중 10조 분의 1도 되지 않는다. 전파, 마이크로파, X선, 감마선, 휴대폰 통화, 와이파이 등 나머지 모든 스펙트럼이 지금 우리를 통해 흐르고 있으며, 우리는 이 모든 것을 완전히 알지 못한다. 이것은 우리가 스펙트럼의 다른 부분으로부터 이러한 신호를 포착할 수 있는 어떤 특별한 생물학적 수용체도 가지고 있지 않기 때문이다. 우리가 볼 수 있는 현실의 단면은 **우리의 생명 작용에 의해 제한된다.**

다음 빈칸에 들어갈 말로 가장 적절한 것을 고르시오.
① hindered by other wavelengths 우리는 다른 파장을 포착할 수 있는 생물학적 수용체가 없음
다른 파장에 의해 방해된다
② derived from our imagination 인간의 상상력에 대한 내용은 언급되지 않음
우리의 상상력으로부터 나온다
③ perceived through all senses 시각을 통해서만 인지함
모든 감각을 통해 인지된다
④ filtered by our stereotypes 인간의 고정 관념에 대한 내용은 언급되지 않음
우리의 고정 관념에 의해 걸러진다
⑤ limited by our biology 인간은 가시광선 외의 신호를 포착할 수 있는 특별한 생물학적 수용체가 없음
우리의 생명 작용에 의해 제한된다

> 왜 정답 ? ★★★ [정답률 53%]

우리가 말하는 파장은 인간이 볼 수 있는 스펙트럼만 포함하는데, 이 가시광선은 전체 전자기 스펙트럼의 10조 분의 1도 되지 않는다. 가시광선을 제외한 전자기 스펙트럼의 대부분을 인간은 인식하지 못하는데, 이는 인간에게 가시광선을 벗어나는 파장을 포착할 수 있는 생물학적 수용체가 없기 때문이다. 따라서 인간이 볼 수 있는 현실의 단면은 ⑤ '우리의 생명 작용에 의해 제한된다'.

> 왜 오답 ?

주의
① 우리가 가시광선밖에 보지 못하는 이유는 다른 파장에 의해 방해되어서가 아니라, 다른 파장을 포착할 수 있는 생물학적 수용체가 없기 때문이다.
② 인간의 상상력에 대한 내용은 언급되지 않았다.
③ 시각을 통해서 인지할 수 있는 가시광선 외의 파장은 그 신호를 포착할 수 있는 수용체를 갖고 있지 않아 인지할 수 없다.
④ 인간의 고정 관념 때문에 가시광선 외의 파장을 포착할 수 없는 것이 아니라, 생물학적 수용체가 없기 때문에 현실의 단면만을 볼 수 있는 것이다.

M 64 정답 ③ ★결과보다는 들인 노력에 좌우되는 지불 의사

단서 1 보이는 노력이 적으면 돈을 더 지불하는 것이 꺼려짐
가주어 진주어
It's hard **to pay** more / for the speedy but highly skilled person, / simply because there's less effort / **being observed**. //
현재분사구 (effort 수식)
더 많은 돈을 지불하기는 어렵다 / 빠르지만 고도로 숙련된 사람에게 / 단순히 적은 노력이 있기 때문에 / 관찰되는 //
「전치사+관계대명사」
Two researchers once did a study / **in which** they asked people / **how much they would pay** / for data recovery. //
간접의문문 (의문사+주어+동사)
두 명의 연구원이 연구를 한 적이 있다 / 사람들에게 묻는 / 얼마를 지불할 것인지 / 데이터 복구에 //

They found that people would pay a little more / for a greater quantity of rescued data, / but **what** they were most sensitive to / **was** the number of hours / the technician worked. //
주어절을 이끄는 관계대명사
단수 동사
그들은 사람들이 조금 더 많은 돈을 지불할 것이라는 것을 발견했다 / 더 많은 양의 복구된 데이터에 대해 / 그러나 사람들이 가장 민감하게 여기는 것은 / 시간이었다 / 기술자가 일한 //

When the data recovery took **only a few** minutes, / willingness
to pay was low, /
데이터 복구가 몇 분밖에 걸리지 않았을 때 / 지불 의사가 낮았다 /

but when it took more than a week / to recover the same amount
of data, / people **were willing to pay** much more. //
그러나 일주일 이상이 걸렸을 때 / 같은 양의 데이터를 복구하는 데 / 사람들은 훨씬 더 많이
기꺼이 지불하고자 했다 //

Think about it: / They were willing to pay more / for the slower
service / with the same outcome. //
생각해 보라 / 그들은 더 많은 비용을 기꺼이 지불하고자 했다 / 더 느린 서비스에 / 같은
결과에 대해 //

Fundamentally, / when we **value effort over outcome**, / we're
paying for incompetence. //
근본적으로 / 우리가 결과보다 노력을 중시할 때 / 우리는 무능함에 비용을 지불하는 것이다 //

Although it is actually irrational, / we *feel* / more rational, and
more comfortable, / paying for incompetence. //
비록 그것이 실제로는 비합리적이지만 / 우리는 '느낀다' / 더 합리적이고, 더 편하다고 /
무능함에 지불하면서 //

- recovery ⓝ 복구　　　　・ sensitive ⓐ 민감한, 예민한
- technician ⓝ 기술자　　　・ fundamentally 🅐🅓 근본적으로
- incompetence ⓝ 무능　　　・ irrational ⓐ 비이성적인
- stand ⓥ 견디다　　　　　・ malfunction ⓝ 오기능, 기능 이상
- biased ⓐ 편향된

빠르지만 고도로 숙련된 사람에게 더 많은 돈을 지불하기는 어려운데,
그 이유는 단순히 관찰되는 노력이 적기 때문이다. 두 명의 연구원이
사람들에게 데이터 복구에 얼마를 지불할 것인지를 묻는 연구를 한 적이
있다. 그들은 사람들이 더 많은 양의 복구된 데이터에 대해 조금 더 많은
돈을 지불할 것이라는 것을 발견했지만, 사람들이 가장 민감하게 여기는
것은 기술자가 일한 시간이었다. 데이터 복구에 몇 분밖에 걸리지 않았을
때, 지불 의사가 낮았지만, 같은 양의 데이터를 복구하는 데 일주일
이상이 걸렸을 때, 훨씬 더 많은 비용을 기꺼이 지불하고자 했다. 생각해
보라. 그들은 같은 결과에 대해 더 느린 서비스에 더 많은 비용을 기꺼이
지불하고자 했다. 근본적으로, 우리가 **결과보다 노력을 중시할** 때, 우리는
무능함에 비용을 지불하는 것이다. 비록 그것이 실제로는 비합리적이지만,
우리는 무능함에 지불하면서, 더 합리적이고, 더 편하다고 '느낀다'.

> **다음 빈칸에 들어갈 말로 가장 적절한 것을 고르시오. [3점]**
> ① prefer money to time　pay, time을 이용한 오답
> 　시간보다 돈을 선호할 때
> ② ignore the hours put in　오히려 들인 시간을 기준으로 돈을 지불함
> 　들인 시간을 무시할 때
> ③ value effort over outcome　같은 결과여도 들인 시간이 길면 돈을 더 지불함
> 　결과보다 노력을 중시할 때
> ④ can't stand any malfunction　본문에서 사용된 technician으로 유추할 수 있는
> 　어떠한 기능 이상도 견딜 수 없을 때　오답
> ⑤ are biased toward the quality　관련 없음
> 　품질에 편향될 때

왜 정답? ✻✻✻ [정답률 41%]

우리는 관찰되는 노력이 적기 때문에 빠르지만 고도로 숙련된 사람에게 더 많은 돈을
지불하려 하지 않는다. 이는 같은 결과에 대해 더 느린 서비스에 더 많은 비용을 기꺼이
지불하고자 하는 것이고, ③ '결과보다 노력을 중시하는' 것이다.

왜 오답?

① 시간보다 돈을 선호한다면, 더 많은 비용을 지불하지 않을 것이다.
② 같은 결과에 대해 더 느린 서비스에 더 많은 비용을 지불한 것은 들인 시간을
　중요하게 생각하는 것이다.
④ 같은 결과에 대한 지불 기준을 말하고 있다.
⑤ 품질에 따라 지불 기준이 달라진다는 것이 아니다.

M 65 정답 ④ ＊뇌의 모든 인지적 활동은 함께 작동한다

When you're driving a car, / **your memory** / of **how to operate**
the vehicle / **comes** from one set of brain cells; /
자동차를 운전할 때 / 기억은 / 차량을 조작하는 방법에 관한 / 한 세트의 뇌세포에서 나온다 /

the memory / of how to navigate the streets / to get to your
destination / **springs** from another set of neurons; /
기억은 / 도로를 주행하는 방법에 관한 / 목적지에 도착하기 위해 / 또 다른 세트의 신경
세포로부터 발생한다 /

the memory / of driving rules and following street signs /
originates from another family of brain cells; /
기억은 / 운전 규칙과 도로 표지를 따르는 것에 관한 / 또 다른 뇌세포 집단으로부터 생긴다 /

and **the thoughts and feelings** you have / about the driving
experience itself, / including any close calls with other cars, /
come from yet another group of cells. //
그리고 여러분이 가지고 있는 생각과 느낌은 / 운전 경험 자체에 대한 / 다른 자동차와의
위기일발을 포함하여 / 또 다른 세포 집단에서 나온다 //

You do not have conscious awareness / of all these separate
mental plays and cognitive neural firings, /
여러분은 의식적인 인지를 하고 있지 않다 / 모든 별개의 정신적 활동과 인지적 신경 활성화에
관한 /

yet they somehow work together / in beautiful harmony / **to
synthesize** your overall experience. //
하지만 그것들은 어떻게든 함께 작동한다 / 아름다운 조화를 이루며 / 여러분의 전반적인
경험을 종합하기 위해 //

In fact, / we don't even know / the real difference / **between** how
we remember **and** how we think. //
사실 / 우리는 알지도 못한다 / 진정한 차이를 / 우리가 기억하는 방식과 우리가 생각하는 방식
사이의 /

But, / we **do** know / they are strongly intertwined. //
하지만 / 우리는 정말로 알고 있다 / 그것들이 강력하게 뒤얽혀 있다는 것을 //

That is **why** / truly improving memory / can never simply be
about using memory tricks, /
그것이 이유이다 / 진정으로 기억력을 향상시키는 것이 / 결코 기억력 기술을 사용하는 것에
관한 것이 아닌 /

although they can be helpful / in strengthening certain
components of memory. //
비록 기억력 기술이 도움이 될 수 있다 하더라도 / 기억력의 특정 구성 요소를 강화하는 데 //

Here's the bottom line: / To improve and preserve memory /
at the cognitive level, / you have to **work on / all functions of
your brain**. //
요컨대 / 기억력을 개선하고 보존하기 위해서는 / 인지적 수준에서 / 작동시켜야 한다 / 뇌의
모든 기능을 //

- operate ⓥ 조작하다, 운전하다, 작동하다　・ vehicle ⓝ 탈 것, 차량
- cell ⓝ 세포　　　　　　　　　　　・ navigate ⓥ 주행하다
- destination ⓝ 목적지, 도착지　　　・ spring ⓥ 발생하다, 생기다, 일어나다
- neuron ⓝ 신경 세포　　　　　　　・ street sign 도로 표지
- originate from ～에서 생기다　　　・ conscious ⓐ 의식적인
- awareness ⓝ 인지　　・ cognitive ⓐ 인지의　　・ neural ⓐ 신경(계)의
- firing ⓝ 활성화　　　・ synthesize ⓥ 종합하다, 합성하다
- overall ⓐ 전반적인　　・ trick ⓝ 기술, 속임수
- strengthen ⓥ 강화하다　　　　　　・ certain ⓐ 특정한, 어떤
- component ⓝ 구성 요소　　　　　　・ bottom line 요점
- preserve ⓥ 보존하다, 유지하다　　・ concentrate on ～에 집중하다

자동차를 운전할 때, 차량을 조작하는 방법에 관한 기억은 한 세트의
뇌세포에서 나오고, 목적지에 도착하기 위해 도로를 주행하는 방법에
관한 기억은 또 다른 세트의 신경 세포로부터 발생하며, 운전 규칙에
관한 기억과 도로 표지를 따르는 것에 관한 기억은 또 다른 뇌세포
집단으로부터 생기고, 다른 자동차와의 위기일발을 포함하여 운전 경험
자체에 대해 여러분이 가지고 있는 생각과 느낌은 또 다른 세포 집단에서

나온다. 여러분은 이 모든 별개의 정신적 활동과 인지적 신경 활성화에 관한 의식적인 인지를 하고 있지는 않지만, 그것들은 여러분의 전반적인 경험을 종합하기 위해 아름다운 조화를 이루며 어떻게든 함께 작동한다. 사실, 우리가 기억하는 방식과 우리가 생각하는 방식 사이의 진정한 차이를 우리는 알지도 못한다. 하지만, 우리는 그것들이 강력하게 뒤얽혀 있다는 것을 정말로 알고 있다. 그런 이유로 기억력 기술이 기억력의 특정 구성 요소를 강화하는 데 도움이 될 수 있다 하더라도, 진정으로 기억력을 향상시키는 것은 결코 기억력 기술을 사용하는 것에 관한 것일 수 없다. 요컨대, 인지적 수준에서 기억력을 개선하고 보존하기 위해서는 **뇌의 모든 기능을 작동시켜야** 한다.

다음 빈칸에 들어갈 말로 가장 적절한 것을 고르시오.

① keep your body and mind healthy 몸과 마음의 건강에 대한 언급은 없음
몸과 마음을 건강하게 유지해야
② calm your mind in stressful times 스트레스에 대한 언급은 없음
스트레스를 받을 때 마음을 가라앉혀야
③ concentrate on one thing at a time
한 번에 한 가지 일에 집중해야   한 번에 한 가지 일에 집중해야 한다는 내용은 없음
④ work on all functions of your brain
뇌의 모든 기능을 작동시켜야   뇌는 기억하고 생각하는 모든 활동이 같이 작동함
⑤ share what you learn with other people
배우는 것을 다른 사람과 공유해야   배운 것을 다른 사람과 공유해야 한다는 내용은 없음

>왜 정답? ★★★ [정답률 59%]

우리가 인지하지 못하더라도, 기억력과 같은 모든 정신적, 인지적 활동들은 별개로 이루어지는 것이 아니라 동시에 함께 작동하고 있다.
이런 이유로 기억력을 향상시키기 위해서는 기억력 기술만 이용할 것이 아니라 다른 모든 뇌의 기능과 신경들을 활성화하고 작동시켜야 함을 뜻하므로, 빈칸에 들어갈 말로는 ④ '뇌의 모든 기능을 작동시켜야'가 적절하다.

>왜 오답?

① 뇌의 활동에 대한 것이지 몸과 마음의 건강에 대한 내용이 아니다.
② 스트레스에 대처하는 방법에 대한 내용이 아니다.
③ 기억력 향상을 위해 한 번에 한 가지 일에 집중해야 한다는 내용이 아니다.
⑤ 배운 것을 다른 사람과 공유해야 한다는 내용이 아니다.

M 66 정답 ⑤ ＊상관관계와 인과관계

앞에 목적격 관계대명사 생략
Correlations are powerful / because the insights they offer are relatively clear. //
상관관계는 강력하다 / 그것들이 제공하는 통찰력이 비교적 명확하기 때문에 //

These insights are often covered up / when we bring causality back into the picture. // 단서 1 상관관계의 인과관계를 고려하면
상관관계의 통찰력이 가려짐
이러한 통찰력은 종종 가려진다 / 우리가 인과관계를 그 상황으로 다시 가져올 때 //

For instance, a used-car dealer supplied data to statisticians / to predict / which of the vehicles / available for purchase at an auction / were likely to have problems. //
주어 / 동사
예를 들어 한 중고차 딜러가 데이터를 통계학자들에게 제공했다 / 예측하기 위해 / 차량들 중 어떤 차량에 / 경매에서 구입할 수 있는 / 문제가 발생할 가능성이 있는지를 //

A correlation analysis showed / that orange-colored cars were far less likely to have defects. // 단서 2 주황색 차와 문제 발생 가능성
비교급 강조 부사   사이에는 상관관계가 있음
한 상관관계 분석은 보여 줬다 / 주황색 차들이 결함이 있을 가능성이 훨씬 적다는 것을 //

Even as we read this, / we already think about why it might be so: //
심지어 우리가 이것을 읽으면서도 / 우리는 이미 왜 그럴지에 대해 생각한다 //

Are orange-colored car owners likely to be car enthusiasts / and take better care of their vehicles? //
병렬 구조 (to 뒤에 연결)
주황색 차를 소유한 사람들이 자동차 애호가여서 / 그들의 차량을 더 잘 관리할 가능성이 있는가 //

Or, / is it because orange-colored cars are more noticeable on the road / and therefore less likely to be in accidents, / so they're in better condition when resold? //
접속사가 생략되지 않은 분사구문   = orange-colored cars
아니면 / 주황색 차들이 도로에서 더 눈에 띄고 / 그래서 사고가 날 가능성이 적어 / 재판매될 때 그것들이 상태가 더 좋은 것이기 때문인가 //

Quickly / we are caught in a web / of competing causal hypotheses. // hypothesis의 복수형   단서 3 그것의 인과관계를 따지면 우리는 함정에 빠짐
곧 / 우리는 함정에 빠진다 / 경쟁적인 인과 가설의 //
복수 주어

But / our attempts to illuminate things this way / only make them cloudier. // 복수 동사
하지만 / 이런 식으로 무언가를 설명하려는 우리의 시도는 / 그것들을 더 흐리게 만들 뿐이다 //

Correlations exist; / we can show them mathematically. //
상관관계는 존재하며 / 우리는 그것들을 수학적으로 보여 줄 수 있다 //

We can't easily do the same / for causal links. //
우리는 쉽게 똑같이 할 수 없다 / 인과관계에 대해서는 // 단서 4 상관관계는 수학적으로 보여줄 수 있지만 그것의 인과관계는 그럴 수 없음

So we would do well / to **hold off from trying to explain / the reason behind the correlations**. //
따라서 우리는 ~이 좋다 / 설명하려 하지 않는 것 / 상관관계의 배후에 있는 이유를 //

- correlation ⓝ 상관관계   · relatively ⓐⓓ 비교적으로
- causality ⓝ 인과관계   · statistician ⓝ 통계학자
- auction ⓝ 경매   · analysis ⓝ 분석   · defect ⓝ 결함
- enthusiast ⓝ 애호가   · hypothesis ⓝ 가설
- illuminate ⓥ 설명하다   · mathematically ⓐⓓ 수학적으로
- framework ⓝ 틀, 체제   · hold off ~을 미루다[시작하지 않다]

상관관계는 그것들이 제공하는 통찰력이 비교적 명확하기 때문에 강력하다. 이러한 통찰력은 종종 우리가 인과관계를 그 상황으로 다시 가져올 때 가려진다. 예를 들어, 한 중고차 딜러가 경매에서 구입할 수 있는 차량들 중 어떤 차량에 문제가 발생할 가능성이 있는지를 예측하기 위한 데이터를 통계학자들에게 제공했다. 한 상관관계 분석은 주황색 차들이 결함이 있을 가능성이 훨씬 적다는 것을 보여 줬다. 심지어 우리가 이것을 읽으면서도, 우리는 이미 왜 그럴지에 대해 생각한다. 주황색 차를 소유한 사람들이 자동차 애호가여서 그들의 차량을 더 잘 관리할 가능성이 있는가? 아니면, 주황색 차들이 도로에서 더 눈에 띄고, 그래서 사고가 날 가능성이 적어 재판매될 때 그것들이 상태가 더 좋은 것이기 때문인가? 곧 우리는 경쟁적인 인과 가설의 함정에 빠진다. 하지만 이런 식으로 무언가를 설명하려는 우리의 시도는 그것들을 더 흐리게 만들 뿐이다. 상관관계는 존재하며 우리는 그것들을 수학적으로 보여 줄 수 있다. 우리는 인과관계에 대해서는 쉽게 똑같이 할 수 없다. 따라서 우리는 **상관관계의 배후에 있는 이유를 설명하려 하지 않는 것**이 좋다.

다음 빈칸에 들어갈 말로 가장 적절한 것을 고르시오. [3점]

① stay away from simply accepting the data as they are   데이터를
데이터를 있는 그대로 단순히 받아들이는 것을 피하다   가공해서 받아들일 것을 말하고 있지 않음
② point out every phenomenon in light of cause and effect
모든 현상을 원인과 결과에 비추어 주목하다   인과관계는 오히려 통찰력을 가림
③ apply a psychological approach to color preferences
색상 선호도에 심리적 접근을 적용하다   주황색은 예시임
④ admit that correlations are within the framework of causality
상관관계가 인과관계의 틀 안에 있다는 것을 인정하다   인과관계는 오히려 상관관계의 통찰력을 가림
⑤ hold off from trying to explain the reason behind the correlations   상관관계는 명확하게 원인과 결과를 설명하는 것이 어려움
상관관계의 배후에 있는 이유를 설명하려 하지 않는다

>왜 정답? ★★★ [정답률 38%]

상관관계는 강력하지만, 그것의 인과관계를 고려하면 그 통찰력은 가려짐 단서 1
예시: 주황색 차에 결함이 있을 가능성이 적음 단서 2 → 이것의 인과관계를 따지려 하면 우리는 함정에 빠지게 됨 단서 3
즉, 상관관계는 수학적으로 설명이 가능하지만, 인과관계는 그렇지 않음 단서 4
▶ 따라서 우리는 ⑤ '상관관계의 배후에 있는 이유를 설명하려 하지 않는' 것이 좋다.

>왜 오답?

① 데이터를 가공해서 받아들일 것을 말하는 글이 아니다.
② 인과관계는 오히려 상관관계의 통찰력을 가린다고 했다.
③ 주황색 차는 상관관계의 예시로 나왔다.
④ 인과관계를 기반으로 상관관계를 수용하자는 맥락이 아니다.

M 67 정답 ② *사회적 상황에서 웃음의 역할

In one example / of the important role of laughter / in social contexts, /
한 예로 / 웃음의 중요한 역할의 / 사회적 상황에서 /

Devereux and Ginsburg examined / frequency of laughter / in matched pairs / of strangers or friends / who watched a humorous video together /
Devereux와 Ginsburg는 조사했다 / 웃음의 빈도를 / 짝지어진 쌍에서 / 모르는 사람이나 친구끼리 / 익살스러운 동영상을 함께 본 /

compared to those / who watched it alone. //
사람들과 비교하여 / 그것을 혼자 본 //

The time individuals spent laughing / was nearly twice as frequent in pairs / as when alone. // 단서 1 누군가와 함께 있을 때 혼자 있을 때보다 웃음의 빈도가 두 배 더 높음
사람들이 웃는 데 보낸 시간은 / 짝을 이루어 있을 때 거의 두 배 더 빈번했다 / 혼자 있을 때보다 //
= when they were alone

Frequency of laughing / was only slightly shorter / for friends / than strangers. //
웃음의 빈도는 / 약간 더 적었을 뿐이다 / 친구들의 경우 / 모르는 사람들보다 //

According to Devereux and Ginsburg, / laughing with strangers / served to create a social bond / that made each person in the pair / feel comfortable. // 단서 2 웃음은 서로를 편안하게 하는 사회적 유대를 형성함
Devereux와 Ginsburg에 따르면 / 모르는 사람과 함께 웃는 것은 / 사회적 유대를 형성하는 데 이바지했다 / 쌍을 이루는 각각의 사람을 만드는 / 편안하게 //

This explanation is supported / by the fact / that in their stranger condition, / when one person laughed, / the other was likely to laugh as well. // 단서 3 한 사람이 웃으면 다른 한 사람도 따라 웃을 가능성이 높음
이 설명은 뒷받침된다 / 사실에 의해 / 모르는 사람과 함께 있는 조건에서 / 한 사람이 웃을 때 / 상대방도 웃을 가능성이 있었다는 //

Interestingly, / the three social conditions / (alone, paired with a stranger, or paired with a friend) / did not differ /
흥미롭게도 / 세 가지 사회적 조건은 / (혼자인 경우, 모르는 사람과 쌍을 이룬 경우, 친구와 쌍을 이룬 경우) / 다르지 않았다 /

in their ratings of funniness of the video / or of feelings of happiness or anxiousness. //
동영상의 재미에 대한 그들의 평가에서 / 혹은 행복감 또는 불안감에 대한 (평가에서) //

This finding implies / that their frequency of laughter / was not because we find things funnier / when we are with others /
이 발견은 의미한다 / 그들의 웃음의 빈도는 / 우리가 어떤 것이 더 재미있다고 생각하기 때문이 아니었다 / 우리가 다른 사람들과 함께 있을 때 /

but instead / we are using laughter / to connect with others. //
오히려 / 우리가 웃음을 이용하고 있기 때문이었다 / 다른 사람과 가까워지기 위해 //

- laughter ⓝ 웃음 · examine ⓥ 조사하다 · frequency ⓝ 빈도
- match ⓥ 짝을 이루다 · pair ⓝ (짝진 것의) 한 쌍
- stranger ⓝ 모르는 사람 · humorous ⓐ 익살스러운
- individual ⓝ 개인 · nearly ⓐⓓ 거의 · slightly ⓐⓓ 약간
- serve ⓥ 도움이 되다, 기여하다 · bond ⓝ 유대
- support ⓥ 지지하다 · condition ⓝ 조건 · differ ⓥ 다르다
- rating ⓝ 평가 · anxiousness ⓝ 불안감 · imply ⓥ 의미하다
- reluctant ⓐ 꺼리는 · reveal ⓥ 드러내다
- innermost ⓐ 가장 내밀한 · content ⓝ 내용(물)

사회적 상황에서 웃음의 중요한 역할의 한 예로, Devereux와 Ginsburg는 익살스러운 동영상을 혼자 본 사람들과 비교하여 그것을 함께 본, 모르는 사람이나 친구끼리 짝지어진 쌍에서 웃음의 빈도를 조사했다. 사람들이 웃는 데 보낸 시간은 혼자 있을 때보다 짝을 이루어 있을 때 거의 두 배 더 빈번했다. 웃음의 빈도는 모르는 사람들보다 친구들의 경우가 약간 더 적었을 뿐이다. Devereux와 Ginsburg에 따르면, 모르는 사람과 함께 웃는 것은 쌍을 이루는 각각의 사람을 편안하게 만드는 사회적 유대를 형성하는 데 이바지했다. 이 설명은 모르는 사람과 함께 있는 조건에서 한 사람이

웃을 때 상대방도 웃을 가능성이 있었다는 사실에 의해 뒷받침된다. 흥미롭게도, 세 가지 사회적 조건(혼자인 경우, 모르는 사람과 쌍을 이룬 경우, 친구와 쌍을 이룬 경우)은 동영상의 재미나 행복감 또는 불안감에 대한 그들의 평가에 있어서 다르지 않았다. 이 발견은 그들의 웃음의 빈도는 우리가 다른 사람들과 함께 있을 때 어떤 것이 더 재미있다고 생각하기 때문이 아니라 오히려 우리가 **다른 사람과 가까워지기 위해 웃음을 이용하고 있기** 때문이었다는 것을 의미한다.

다음 빈칸에 들어갈 말로 가장 적절한 것을 고르시오. [3점]
① have similar tastes in comedy and humor
희극과 유머에 대한 비슷한 취향을 갖고 있기 유머에 대한 취향의 문제가 아님
② are using laughter to connect with others
다른 사람과 가까워지기 위해 웃음을 이용하고 있기 사회적 유대감을 형성하기 위해 웃음이 이용됨
③ are reluctant to reveal our innermost feelings
우리의 가장 내밀한 감정을 드러내기를 꺼리기 우리가 느끼는 내면의 감정과 관련이 없음
④ focus on the content rather than the situation
상황보다는 내용에 집중하기 동영상의 내용에 집중하는 것과 웃음의 빈도와는 관련이 없음
⑤ feel more comfortable around others than alone
혼자보다 다른 사람 곁에 있을 때 더 편안함을 느끼기 행복감이나 불안감에서의 평가는 차이가 없었음

왜 정답? ★★★ [정답률 51%]

익살스러운 동영상을 볼 때, 혼자 있을 때보다 누군가(낯선 이 혹은 친구)와 함께 있을 때 웃음의 빈도가 두 배나 높아진다는 실험 결과와 그 이유에 대해 설명하는 글이다.
동영상의 재미 정도나 우리가 느끼는 행복감과 편안한 감정들과 별개로 다른 사람을 편안하게 해줄 수 있는 사회적 유대감을 형성하기 위해 웃음을 이용한다고 말하고 있으므로, 누군가와 함께 있을 때 웃음의 빈도가 높은 이유는 우리가 ② '다른 사람과 가까워지기 위해 웃음을 이용하고 있기' 때문이라는 내용이 적절하다.

왜 오답?

① 혼자 있을 때나 누군가와 같이 있을 때 동영상의 재미에 대한 평가에는 차이가 없었으므로 유머 취향의 문제가 아니다.
③ 우리 내면의 감정에 대한 언급은 없었으며, 어떤 내면의 감정을 드러내지 않으려고 웃음을 이용하는 것도 아니다.
④ 동영상의 내용에 집중하기 때문에 웃음의 빈도가 높아지는 것이 아니라 사회적 상황을 의식하여 다른 누군가와 함께 있을 때 웃음의 빈도가 높아진다는 실험 결과를 설명하고 있다.
⑤ 상대방을 편안하게 해주는 사회적 유대감이 언급된 것을 이용한 오답으로, 혼자 있을 때나 누군가와 같이 있을 때 행복감이나 불안감에서의 평가는 차이가 없으므로 편안함과 웃음의 빈도는 관련이 없다.

M 68 정답 ① *연쇄적으로 일어나는 인간의 행동

The tendency / for one purchase / to lead to another one / has a name: / the Diderot Effect. //
경향은 / 한 구매가 / 또 다른 구매로 이어지는 / 이름이 있다 / Diderot 효과 //

The Diderot Effect states / that obtaining a new possession / often creates a spiral of consumption / that leads to additional purchases. //
Diderot 효과는 말한다 / 새로운 소유물을 얻는 것이 / 종종 소비의 소용돌이를 만든다고 / 추가적인 구매로 이어지는 //

You can spot this pattern / everywhere. //
여러분은 이러한 경향을 발견할 수 있다 / 어디서든지 //

You buy a dress / and have to get new shoes and earrings / to match. //
여러분은 드레스를 산다 / 그리고 새 신발과 귀걸이를 사야 한다 / 어울리는 //

You buy a toy / for your child / and soon find yourself / purchasing all of the accessories / that go with it. //
여러분은 장난감을 산다 / 여러분의 아이를 위해 / 그리고 곧 자신을 발견한다 / 모든 액세서리들을 구매하는 / 그것과 어울리는 //

It's a chain reaction / of purchases. //
이것은 연쇄 반응이다 / 구매의 //
Many human behaviors / follow this cycle. //
많은 인간의 행동들은 / 이 순환을 따른다 //
You often decide / what to do next / based / on what you have
just finished doing. // 단서1 방금 끝낸 것에 근거하여 다음에 할 것을 결정함
decide의 목적어로 쓰인 「의문사+to부정사」
여러분은 종종 결정한다 / 다음에 무엇을 할지 / 근거하여 / 여러분이 방금 하는 것을 끝낸 것
에 //
Going to the bathroom leads / to washing and drying your
hands, / which reminds you / that you need to put the dirty
towels / in the laundry, /
동명사구 주어   단수 동사   전치사   동명사구
화장실에 가는 것은 이어지고 / 여러분의 손을 씻고 말리는 것으로 / 그것은 여러분에게 상기
시키고 / 여러분이 더러운 수건을 넣을 필요가 있다는 것을 / 세탁실에 /
so you add laundry detergent / to the shopping list, / and so
on. //
그래서 여러분은 세탁 세제를 더한다 / 쇼핑 목록에 / 기타 등등 //
No behavior happens / in **isolation**. //
어떤 행동도 일어나지 않는다 / 고립되어 // 단서2 각 행동이 다음 행동을 유발함
Each action becomes a cue / that triggers / the next behavior. //
각 행동은 신호가 된다 / 유발하는 / 다음 행동을 //

- tendency ⓝ 성향, 기질　· state ⓥ 진술하다
- obtain ⓥ 얻다, 입수하다　· possession ⓝ 소유, 보유
- spiral ⓝ 나선형, 소용돌이　· consumption ⓝ 소비
- additional ⓐ 추가의　· spot ⓥ 발견하다
- pattern ⓝ (정형화된) 양식, 패턴, 경향　· chain reaction 연쇄 반응
- remind ⓥ 상기시키다　· laundry ⓝ 세탁실　· detergent ⓝ 세제
- cue ⓝ 신호　· trigger ⓥ 유발하다, 촉발시키다

한 구매가 또 다른 구매로 이어지는 경향은 이름이 있다. Diderot 효과.
Diderot 효과는 새로운 소유물을 얻는 것이 종종 추가적인 구매들로 이어
지는 소비의 소용돌이를 만든다고 말한다. 여러분은 이러한 경향을 어디서
든지 발견할 수 있다. 여러분은 드레스를 사고 어울리는 새 신발과 귀걸이
를 사야 한다. 여러분은 아이를 위해 장난감을 사고 곧 그것과 어울리는 모
든 액세서리들을 구매하는 자신을 발견한다. 이것은 구매의 연쇄 반응이
다. 많은 인간의 행동들은 이 순환을 따른다. 여러분은 종종 여러분이 방금
하는 것을 끝낸 것에 근거하여 다음에 무엇을 할지 결정한다. 화장실에 가
는 것은 여러분의 손을 씻고 말리는 것으로 이어지고, 그것은 여러분에게
더러운 수건을 세탁실에 넣을 필요가 있다는 것을 상기시키고, 그래서 여
러분은 쇼핑 목록에 세탁 세제를 더하고, 기타 등등을 한다. 어떤 행동도
고립되어 일어나지 않는다. 각 행동은 다음 행동을 유발하는 신호가 된다.

다음 빈칸에 들어갈 말로 가장 적절한 것을 고르시오.
① isolation 행동들이 연쇄적으로 일어남
고립
② comfort 편안한 상태에서 행동이 일어나지 않는다는 것이 아님
편안
③ observation '관찰'과 관련된 언급은 없음
관찰
④ fairness 행동의 정당성에 대한 내용이 아님
정당함
⑤ harmony 여러 행동이 조화를 이룬다는 것이 아님
조화

▷왜 정답? ✱✱✱ [정답률 68%]

드레스를 사면 그것과 어울리는 신발과 귀걸이를 추가적으로 사는 것처럼 인간의 많
은 행동이 연쇄적으로 일어난다는 내용이다. 화장실에 가는 것이 손을 씻고 말리는
것으로, 더러운 수건을 세탁실에 넣고, 쇼핑 목록에 세탁 세제를 더하는 것으로 이어
진다는 것으로 보아 인간의 행동이 그 이전에 행해진 행동에 의해 유발된다는 것이
므로 빈칸 문장은 어떤 행동도 ① '고립'되어 일어나지 않는다는 의미가 되어야 한다.

▷왜 오답?

② 인간의 행동이 편안하지 않은 상태에서 일어난다는 것이 아니다.
③ 관찰을 당하면 어떤 행동도 하지 않는다는 것이 아니므로 정답이 될 수 없다.
④ 인간 행동의 정당성에 대해 설명하는 글이 아니다.
⑤ 한 행동이 다음 행동을 유발한다는 것으로, 두 행동이 조화를 이루는지가 글의
핵심은 아니다.

M 69 정답 ④ ＊Archie Bunker에 대한 서로 다른 관점

Sociologists have proven / that people bring their own views
and values / to the culture / they encounter; /
앞에 목적격 관계대명사가 생략됨
사회학자들은 입증해 왔다 / 사람들이 그들 자신의 관점이나 가치를 가져온다는 것을 / 문화로 /
그들이 직면하는 /
단서1 문화적 산물은 사람들에게 서로 다른 방식으로 영향을 미침
books, TV programs, movies, and music / may affect everyone, /
but they affect different people / in different ways. //
책, TV 프로그램, 영화, 그리고 음악은 / 모두에게 영향을 줄지도 모른다 / 하지만 그것들은 다
양한 사람들에게 영향을 준다 / 다른 방식으로 //
In a study, / Neil Vidmar and Milton Rokeach showed episodes /
of the sitcom *All in the Family* / to viewers / with a range of
different views on race. //
한 연구에서 / Neil Vidmar와 Milton Rokeach는 에피소드들을 보여주었다 / 시트콤 〈All
in the Family〉의 / 시청자들에게 / 인종에 관한 다양한 관점을 가진 //
선행사(주격 관계대명사와 be동사는 생략됨)
The show centers on a character / named Archie Bunker, / an
intolerant bigot / who often gets into fights / with his more
progressive family members. //
주격 관계대명사
이 쇼는 인물에 초점을 맞춘다 / Archie Bunker라는 이름을 가진 / 편협한 고집쟁이인 / 자
주 싸움에 휘말리는 / 그의 더 진보적인 가족 구성원들과 //
Vidmar and Rokeach found / that viewers / who didn't share
Archie Bunker's views / thought the show was very funny /
주어　　　동사
Vidmar와 Rokeach는 발견했다 / 시청자들이 / Archie Bunker의 관점을 공유하지 않는 /
그 쇼가 아주 재미있다고 생각했다는 것을 / 단서2 Archie Bunker의 관점을 공유하지 않는 사람의 생각
선행사(관계부사는 생략됨)
in the way / it made fun of Archie's absurd racism / — in fact /
this was the producers' intention. //
방식에 있어 / Archie의 어처구니없는 인종 차별주의를 비웃는 / 사실 / 이것이 제작자의 의
도였다 //
단서3 Archie와 비슷한 사람의 생각
On the other hand, though, / viewers / who were themselves
bigots / thought Archie Bunker was the hero of the show / and
주어　　동사
that the producers meant / to make fun of his foolish family! //
그러나 반면에 / 시청자들은 / 스스로가 고집쟁이인 / Archie Bunker가 그 쇼의 영웅이라고
생각했다 / 그리고 제작자가 의도했다고 / 그의 어리석은 가족들을 비웃으려고 //
목적어절을 이끄는 의문사　　　명사절 접속사
This demonstrates / why it's a mistake to assume / that a certain
cultural product / **will have the same effect / on everyone**. //
이것이 보여준다 / 가정하는 것이 잘못인 이유를 / 특정 문화적 산물이 / 똑같은 영향을 줄 것
이라고 / 모든 사람에게 //

- sociologist ⓝ 사회학자　· prove ⓥ 입증하다　· view ⓝ 관점
- value ⓝ 가치　· encounter ⓥ 직면하다　· affect ⓥ 영향을 주다
- race ⓝ 인종　· get into (특정한 상태에) 처하다
- progressive ⓐ 진보적인　· share ⓥ 공유하다
- absurd ⓐ 터무니없는　· racism ⓝ 인종 차별주의
- intention ⓝ 의도　· make fun of ~을 놀리다[비웃다]
- foolish ⓐ 어리석은　· demonstrate ⓥ 입증하다, 보여주다

사회학자들은 사람들이 그들 자신의 관점이나 가치를 그들이 직면하는 문
화로 가져온다는 것을 입증해 왔다. 책, TV 프로그램, 영화, 그리고 음악은
모두에게 영향을 줄지도 모르지만, 그것들은 다양한 사람들에게 다른 방식
으로 영향을 준다. 한 연구에서, Neil Vidmar와 Milton Rokeach는 인종
에 관한 다양한 관점을 가진 시청자들에게 시트콤 〈All in the Family〉의
에피소드들을 보여주었다. 이 쇼는 자주 그의 더 진보적인 가족 구성원들과
싸움에 휘말리는 편협한 고집쟁이 Archie Bunker라는 인물에 초점을 맞춘
다. Vidmar와 Rokeach는 Archie Bunker의 관점을 공유하지 않는 시청
자들이 Archie의 어처구니없는 인종 차별주의를 비웃는 방식에 있어 그 쇼
가 아주 재미있다고 생각했다는 것을 발견했는데 사실, 이것이 제작자의 의
도였다. 그러나 반면에, 스스로가 고집쟁이인 시청자들은 Archie Bunker
가 그 쇼의 영웅이라고 생각했고, 제작자가 Bunker의 어리석은 가족들을
비웃으려고 했다고 생각했다! 이것이 특정 문화적 산물이 **모든 사람에게 똑
같은 영향을 줄 것이라고** 가정하는 것이 잘못인 이유를 보여준다.

다음 빈칸에 들어갈 말로 가장 적절한 것을 고르시오. [3점]
① can provide many valuable views
많은 가치 있는 관점을 제공할 수 있다고   Archie Bunker가 가치 있는 관점을 제공하지 않은 것이 아님
② reflects the idea of the sociologists
사회학자들의 생각을 반영한다고   Archie Bunker가 사회학자들의 생각을 반영하지 않는 등장인물이라는 것이 아님
③ forms prejudices to certain characters
특정 등장인물에 대한 편견을 형성한다고   관점에 따라 다른 특정 인물에 대한 평가를 이야기함
④ will have the same effect on everyone
모든 사람들에게 똑같은 영향을 줄 것이라고   빈칸에 들어갈 잘못된 가정의 내용
⑤ might resolve social conflicts among people
사람들 사이의 사회적 갈등을 해결할 것이라고   문화적 산물로 인해 사회적 갈등이 봉합된다는 등의 내용 아님

왜 정답 ? ★★★ [정답률 51%]

책, TV 프로그램, 영화, 음악 등의 문화적 산물이 다양한 사람들에게 각기 다른 방식으로 영향을 준다고 말한 후 시트콤 〈All in the Family〉의 Archie Bunker라는 등장인물에 대한 두 부류의 사람들의 서로 다른 의견을 설명했다. Archie Bunker의 관점을 공유하지 않는 사람들은 Archie의 어처구니없는 인종 차별주의를 비웃었고, Archie처럼 고집쟁이인 사람들은 Archie를 그 쇼의 영웅이라고 생각했으므로, 빈칸 문장에서 설명하는 잘못된 가정은 특정 문화적 산물이 ④ '모든 사람들에게 똑같은 영향을 줄 것이라는' 가정이다.   첫 문장의 내용을 뒷받침하는 연구임   **꿀팁**

왜 오답 ?
함정

① 특정 문화적 산물이 어떤 관점을 만들어 내는 것이 아니라 사람들이 가진 자신의 관점을 문화로 가져온다고 했고, 이것을 뒷받침하는 연구의 내용으로 이루어진 글이다.
② 문화적 산물이 사회학자들의 생각을 반영하지 않는다는 내용이 아니다.
③ 자신의 관점에 따라 Archie Bunker에 대한 서로 다른 생각을 갖게 된다는 내용으로, 문화적 산물이 특정 인물에 대한 편견을 형성한다는 것이 잘못된 가정이라는 것은 글의 핵심에 맞지 않는다.
⑤ 문화적 산물과 사회적 갈등의 해결 사이의 연관성을 이야기하는 글이 아니다.

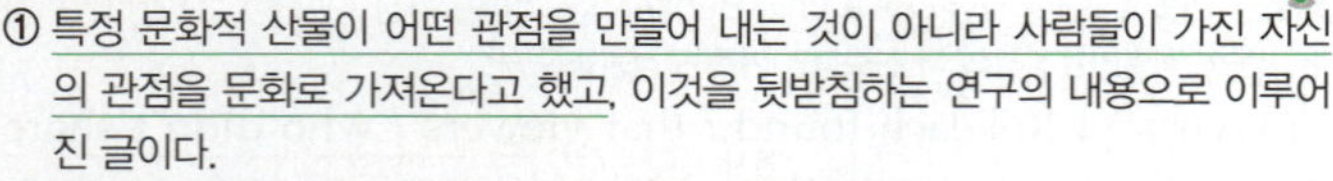

M 70 정답 ⑤ *대중적 사고가 항상 옳은가

단서 1 사람들은 다수의 사고와 행동이 옳다고 여김
Many people look for safety and security / in popular thinking. //
많은 사람이 안전과 안심을 찾는다 / 대중적인 사고에서 //
목적어절 접속사
They figure / **that** if a lot of people are doing something, / then it must be right. //
부사절 접속사 (조건)
그들은 생각한다 / 만약 많은 사람이 무언가를 하고 있다면 / 그것은 틀림없이 옳은 것이라고 //
It must be a good idea. //   그것은 좋은 생각임이 틀림없다 //
If most people accept it, / then it probably represents / fairness, equality, compassion, and sensitivity, / right? //
만약 대부분의 사람들이 그것을 받아들인다면 / 그것은 아마도 상징할 것이다 / 공정함, 평등함, 동정심, 그리고 민감성을 / 그러한가 //
Not necessarily. //   단서 2 대중적인 사고가 항상 옳은 것은 아님
꼭 그렇다고 할 수는 없다 //
앞에 목적어절 접속사 생략
Popular thinking said / **the earth was the center of the universe,** /
대중적인 사고는 말했다 / 지구가 우주의 중심이라고 /
결과 절을 잇는 등위접속사   병렬 구조 (동사)
yet Copernicus **studied** the stars and planets / and **proved** mathematically / **that** the earth and the other planets in our solar system / revolved around the sun. //
목적어절 접속사
그러나 Copernicus는 별과 행성을 연구했다 / 그리고 수학적으로 증명했다 / 지구와 태양계의 다른 행성들이 / 태양 주위를 돈다는 것을 /
앞에 목적어절 접속사 생략
Popular thinking said / **surgery didn't require clean instruments,** /
대중적인 사고는 말했다 / 수술이 깨끗한 도구를 필요로 하지 않는다고 /
결과 절을 잇는 등위접속사   병렬 구조 (동사)
yet Joseph Lister **studied** / the high death rates in hospitals / and **introduced** antiseptic practices / that immediately saved lives. //
그러나 Joseph Lister는 연구했다 / 병원에서의 높은 사망률을 / 그리고 멸균법을 소개했다 / 즉시 생명을 구하는 //
Popular thinking said that women shouldn't have the right to vote, / yet people like Emmeline Pankhurst and Susan B. Anthony fought for and won / that right. //
대중적인 사고는 여성들이 투표권을 가져서는 안 된다고 말했다 / 그러나 Emmeline Pankhurst와 Susan B. Anthony 같은 사람들은 싸웠고 쟁취했다 / 그 권리를 //

We must always remember / **there is a huge difference /
between acceptance and intelligence**. //
우리는 항상 기억해야 한다 / 큰 차이가 있다는 것을 / 수용과 지성 사이에 //
People may say / that there's safety in numbers, / but that's not always true. //   단서 3 대부분의 사람들이 따르는 것이 항상 옳은 것은 아님
사람들은 말할지도 모르지만 / 수가 많은 편이 더 안전하다고 / 그러나 그것이 항상 사실인 것은 아니다 //

- equality ⓝ 평등(함)
- compassion ⓝ 연민, 동정심
- sensitivity ⓝ 세심함, 민감성
- mathematically ⓐⓓ 수학적으로
- revolve ⓥ 돌다
- instrument ⓝ 도구
- immediately ⓐⓓ 즉시, 즉각
- fight for ~을 위해 싸우다
- found on ~에 기초하여 설립하다
- acceptance ⓝ 수용

많은 사람들이 대중적인 사고에서 안전과 안심을 찾는다. 그들은 만약 많은 사람이 무언가를 하고 있다면, 그것은 틀림없이 옳은 것이라고 생각한다. 그것은 좋은 생각임이 틀림없다. 만약 대부분의 사람들이 그것을 받아들인다면, 그것은 아마도 공정함, 평등함, 동정심, 그리고 민감성을 상징할 것이다. 그러한가? 꼭 그렇다고 할 수는 없다. 대중적인 사고는 지구가 우주의 중심이라고 했지만, Copernicus는 별과 행성을 연구했고 지구와 태양계의 다른 행성들이 태양 주위를 돈다는 것을 수학적으로 증명했다. 대중적인 사고는 수술이 깨끗한 도구를 필요로 하지 않는다고 말했지만, Joseph Lister는 병원에서의 높은 사망률을 연구했고 즉시 생명을 구하는 멸균법을 소개했다. 대중적인 사고는 여성들이 투표권을 가져서는 안 된다고 했지만, Emmeline Pankhurst와 Susan B. Anthony 같은 사람들은 그 권리를 위해 싸웠고 쟁취했다. 우리는 항상 **수용과 지성 사이에 큰 차이가 있다**는 것을 기억해야 한다. 사람들은 수가 많은 편이 더 안전하다고 말할지도 모르지만, 그것이 항상 사실인 것은 아니다.

다음 빈칸에 들어갈 말로 가장 적절한 것을 고르시오. [3점]
① majority rule should be founded on fairness
다수결 원칙은 공정성에 기초해야 한다   '대중적 생각'이라는 표현을 이용한 오답
② the crowd is generally going in the right direction
군중은 보통 옳은 방향으로 향한다   글의 주제와 상반되는 진술
③ the roles of leaders and followers can change at any time
리더와 따르는 사람의 역할은 언제든지 바뀔 수 있다   언급되지 않은 내용
④ people behave in a different fashion to others around them
사람들은 주변 사람들에게 다른 방식으로 행동한다   언급되지 않은 내용
⑤ there is a huge difference between acceptance and intelligence
수용과 지성 사이에는 큰 차이가 있다   다수가 알고 있는 것이 실제로 옳은 것은 아님

왜 정답 ? ★★★ [정답률 29%]

많은 사람들이 대중적 사고와 행동이 옳다고 믿지만, 항상 그것들이 꼭 올바른 것은 아님
사례 **1**: 많은 사람들이 지구가 우주의 중심이라고 생각했지만, Copernicus는 지구와 태양계의 다른 행성들이 태양 주위를 돈다는 것을 증명함
사례 **2**: 수술이 깨끗한 도구를 필요로 하지 않는다고 여겨졌지만, Joseph Lister는 병원에서의 높은 사망률을 연구하여 멸균법을 소개함
사례 **3**: 여성의 투표권을 반대해왔지만, Emmeline Pankhurst와 Susan B. Anthony 같은 사람들은 여성의 투표권을 위해 싸우고 쟁취함
→ 사례들을 통해 기억해야 할 것은 ⑤ '수용과 지성 사이에 큰 차이가 있다는 것'이다.
▶ '수용(acceptance)'은 다수가 인식하는 것, 즉 대중적 사고를 의미하고, '지성(intelligence)'은 실제 사실인 것(true)을 의미한다.

왜 오답 ?

① 다수결의 원칙은 다수의 의견이 옳을 가능성이 높음을 전제로 하기 때문에 글의 내용과 반대된다.
② 글의 주제와 상반되는 진술이다. (이유: 글 초반에 제시된 일반적 통념과 일맥상통한데, 이를 반박하며 글이 전개되므로 중심 내용과는 반대되는 내용이다.)
③ 글에서 언급된 Copernicus, Joseph Lister 등이 리더, 또는 따르는 사람으로 언급된 것이 아니다.
④ 관련 없는 내용이다.

M 71 정답 ① *끈기의 중요성

단서 1 우리가 하려는 일의 결과는 즉시 나타나지 않음

Nothing happens immediately, / so in the beginning / we can't see any results / from our practice. //
아무것도 즉시 일어나지 않는다 / 그러므로 처음에 / 우리는 어떤 결과도 볼 수 없다 / 우리가 하는 일로부터 //

This is like the example of **the man** / **who** tries to make fire / by rubbing two sticks of wood together. //
선행사 / 관계대명사
이것은 사람의 예와 같다 / 불을 피우려고 하는 / 두 개의 나무 막대기를 서로 문질러서 //

He **says to himself**, / "They say there's fire here," / and he begins rubbing energetically. //
say to oneself; 혼잣말을 하다
그는 혼잣말을 한다 / "여기에 불이 있다고들 하잖아"라고 / 그리고 그는 힘차게 문지르기 시작한다 //

He rubs **on and on**, / but he's very impatient. //
'쉬지 않고, 계속해서'
계속해서 문지른다 / 하지만 그는 매우 참을성이 없다 //

He wants to have that fire, / but the fire doesn't come. //
그는 그 불을 갖고 싶어 한다 / 하지만 불은 일어나지 않는다 //

So he gets discouraged / and **stops to rest** / for a while. //
stop to-v: ~하려고 멈추다
그래서 그는 풀이 죽는다 / 그리고 쉬려고 멈춘다 / 잠시 //

Then he starts again, / but the going is slow, / so he rests again //
그러고 나서 다시 시작한다 / 하지만 진행이 더디므로 / 그는 다시 휴식을 취한다 //

By then the heat has disappeared; / he didn't keep at it / long enough. //
단서 2 불이 시작될 만큼 충분히 오랫동안 계속하지 않았음
그때쯤에는 열이 사라져버렸다 / 그는 그것을 계속하지 않았다 / 충분히 오랫동안 //

He rubs and rubs / until he gets tired / and then he stops altogether. //
그는 문지르고 또 문지른다 / 그가 지칠 때까지 / 그런 다음에 그는 완전히 멈춘다 //

Not only is he tired, / but he becomes **more and more** discouraged / until he gives up completely, / "There's no fire here." //
부정어가 문두에 오면서 주어와 동사가 도치됨   '점점 더'
그는 지쳤을 뿐만 아니라 / 그는 점점 더 좌절한다 / 그가 완전히 포기할 때까지 / "여기에는 불이 없어"라며 //

Actually, / he was doing the work, / but there wasn't enough heat / **to start** a fire. //
형용사적 용법(enough heat 수식)
사실 / 그는 작업을 하고 있었다 / 그러나 충분한 열이 없었다 / 불을 피울 수 있을 만큼의 //

The fire was there / all the time, / but **he didn't carry on / to the end.** //
단서 3 불은 거기에 계속 있었지만 불이 붙지 않은 이유가 설명되어야 함
불은 거기에 있었다 / 줄곧 / 하지만 그는 계속하지 못했다 / 끝까지 //

- **immediately** [ad] 즉시   - **practice** [n] 일, 실행   - **rub** [v] 문지르다
- **energetically** [ad] 힘차게   - **impatient** [a] 참을성이 없는
- **discouraged** [a] 풀이 죽은, 좌절한   - **rest** [v] 쉬다, 휴식을 취하다
- **altogether** [ad] 완전히   - **completely** [ad] 완전히
- **actually** [ad] 사실은   - **carry on** ~을 계속하다

아무것도 즉시 일어나지 않으므로 처음에 우리는 우리가 하는 일로부터 어떤 결과도 볼 수 없다. 이것은 두 개의 나무 막대기를 서로 문질러서 불을 피우려고 하는 사람의 예와 같다. 그는 "여기에 불이 있다고들 하잖아."라고 혼잣말을 하고는 힘차게 문지르기 시작한다. 계속해서 문지르지만, 그는 매우 참을성이 없다. 그는 그 불을 갖고 싶어 하지만, 불은 일어나지 않는다. 그래서 그는 풀이 죽어서 잠시 쉬려고 멈춘다. 그러고 나서 다시 시작하지만, 진행이 더디므로. 그는 다시 휴식을 취한다. 그때 쯤에는 열이 사라져버렸는데, 그가 충분히 오랫동안 그것을 계속하지 않았기 때문이다. 그는 문지르고 또 문지르다가 결국 지치게 되고, 그런 다음에 완전히 멈춘다. 그는 지쳤을 뿐만 아니라, 점점 더 좌절하여 "여기에는 불이 없어."라고 하며 완전히 포기한다. 사실 그는 작업을 하고 있었지만, 불을 피울 수 있을 만큼의 충분한 열이 없었다. 불은 줄곧 거기에 있었지만, **그는 끝까지 계속하지 못했다**.

다음 빈칸에 들어갈 말로 가장 적절한 것을 고르시오.
① **he didn't carry on to the end** 문지르는 것을 충분히 오랫동안 계속하지 않았음
  그는 끝까지 계속하지 못했다
② someone told him not to give up 다른 사람이 등장하지 않았음
  누군가 그에게 포기하지 말라고 말했다
③ the sticks were not strong enough 막대기의 문제가 아님
  그 막대기들이 충분히 튼튼하지 않았다
④ he started without planning in advance 계획의 중요성을 이야기하는 것이 아님
  그는 미리 계획을 세우지 않고 시작했다
⑤ the weather was not suitable to start a fire
  날씨가 불을 피우기에 적합하지 않았다   heat가 언급된 것으로 만든 오답

왜 정답? ✱✱✱ [정답률 70%]
두 개의 나무 막대기를 서로 문질러서 불을 피우려고 하는 남자가 끝내 불을 피우지 못한 이유는 나무 막대기를 문지르는 것을 충분히 오랫동안 계속하지 않았기 때문이므로 빈칸에 들어갈 문장은 불은 줄곧 거기에 있었지만 ① '그는 끝까지 계속하지 못했다'라는 내용이 되어야 한다.

왜 오답?
② 불을 피우지 못한 이유가 누군가 그에게 포기하지 말라고 말했기 때문이라는 것은 자연스럽지 못하다.
③, ⑤ 막대기나 날씨에 문제가 있어서 불을 피우지 못한 것이 아니다.
④ 계획의 중요성이 아니라 일을 충분히 오랫동안 계속하는 것의 중요성을 이야기하는 글이다.

M 72 정답 ①
★ 2등급 대비 [정답률 51%]

*가상 세계가 지속, 확산될 수 있는 조건

Scholars of myth have long argued / **that** myth gives structure and meaning to human life; / **that** meaning is amplified / when a myth evolves into a world. //
목적어절 접속사   지시형용사
신화(를 연구하는) 학자들은 오랫동안 주장해 왔다 / 신화가 인간의 삶에 구조와 의미를 부여한다고 / 그 의미는 증폭된다 / 하나의 신화가 하나의 세상으로 진화할 때 //

A virtual world's ability **to fulfill** needs / grows / when lots and lots of people believe in the world. //
형용사적 용법 (ability 수식)   단서 1 수많은 사람이 가상 세계의 존재를 믿을 때 그 능력이 커짐
욕구를 충족시킬 수 있는 가상 세계의 능력은 / 커진다 / 수많은 사람이 그 세상의 존재를 믿을 때 //

Conversely, / a virtual world cannot be long sustained / by a mere handful of adherents. //
단서 2 가상 세계는 소수의 추종자에 의해서는 오래 지속될 수 없음
이와 반대로 / 가상 세계는 오래 지속될 수 없다 / 단지 몇 명뿐인 추종자들에 의해서는 //

Consider the difference / between a global sport and a game / I invent with my nine friends and play regularly. //
앞에 목적격 관계대명사 생략
차이를 고려해 보라 / 전 세계적인 스포츠와 게임의 / 내가 내 친구 9명과 만들어 정기적으로 하는 //

My game might be a great game, / one **that** is completely immersive, / one **that** consumes all of my group's time and attention. //
주격 관계대명사   주격 관계대명사
나의 게임은 훌륭한 게임이고 / 완전히 몰입하게 하는 게임이며 / 내 집단의 시간과 관심 모두를 소모하는 게임일 수 있다 //

If its reach is limited to the ten of us, / though, / then it's ultimately just a weird hobby, / and it has limited social function. //
단서 3 나의 게임은 소수로 제한되어 있으므로 제한된 사회적 기능을 가짐
그것이 미치는 범위가 우리 10명으로 제한된다면 / 하지만 / 그것은 최종적으로 그저 이상한 취미일 뿐이고 / 제한된 사회적 기능을 가진다 //

For a virtual world / to provide lasting, wide-ranging value, / its participants must **be a large enough group** / **to be considered a society**. //
to provide의 의미상 주어
가상 세계가 / 지속적이고 넓은 범위에 퍼지는 가치를 제공하기 위해서는 / 그것의 참여자들이 충분히 큰 규모의 집단이어야 한다 / 사회로 여겨질 정도로 //

When that threshold is reached, / psychological value can turn / into wide-ranging social value. //
그 기준점에 도달했을 때 / 심리적 가치가 변할 수 있다 / 넓은 범위에 퍼지는 사회적 가치로 //

- amplify ⓥ 증폭시키다 • evolve ⓥ 진화하다 • virtual ⓐ 가상의
- fulfill ⓥ 충족시키다 • conversely ⓐⅆ 반대로
- sustain ⓥ 지속시키다 • handful ⓝ 몇 안 되는 수
- invent ⓥ 만들다 • immersive ⓐ 몰입형의
- consume ⓥ 소모하다 • weird ⓐ 이상한
- psychological ⓐ 정신의, 심리의 • historical ⓐ 역사적
- affair ⓝ 일, 문제 • strict ⓐ 엄격한 • enhance ⓥ 높이다
- approval ⓝ 승인 • religious ⓐ 종교의

신화(를 연구하는) 학자들은 신화가 인간의 삶에 구조와 의미를 부여한다고 오랫동안 주장해 왔다. 그 의미는 하나의 신화가 하나의 세상으로 진화할 때 증폭된다. 욕구를 충족시킬 수 있는 가상 세계의 능력은 수많은 사람이 그 세상의 존재를 믿을 때 커진다. 이와 반대로, 가상 세계는 단지 몇 명뿐인 추종자들에 의해서는 오래 지속될 수 없다. 전 세계적인 스포츠와 내가 내 친구 9명과 만들어 정기적으로 하는 게임의 차이를 고려해 보라. 나의 게임은 훌륭한 게임이고 완전히 몰입하게 하는 게임이며, 내 집단의 시간과 관심 모두를 소모하는 게임일 수 있다. 하지만 그것이 미치는 범위가 우리 10명으로 제한된다면, 그것은 최종적으로 그저 이상한 취미일 뿐이고, 제한된 사회적 기능을 가진다. 가상 세계가 지속적이고 넓은 범위에 퍼지는 가치를 제공하기 위해서는, 그것의 참여자들이 사회로 여겨질 정도로 충분히 큰 규모의 집단이어야 한다. 그 기준점에 도달했을 때, 심리적 가치가 넓은 범위에 퍼지는 사회적 가치로 변할 수 있다.

다음 빈칸에 들어갈 말로 가장 적절한 것을 고르시오. [3점]

① be a large enough group to be considered a society
심리적 가치에서
사회로 여겨질 정도로 충분히 큰 규모의 집단이어야 사회적 가치로 변하는 기준은 믿는 사람의 규모임
② have historical evidence to make it worth believing
그것을 믿을 만한 가치가 있게 하는 역사적 증거를 가지고 있어야 역사적 증거가 기준이 되는 것이 아님
③ apply their individual values to all of their affairs
그들의 개인적 가치를 그들의 모든 일에 적용해야 많은 사람들이 믿어야 함
④ follow a strict order to enhance their self-esteem
그들의 자존감을 높이기 위해 엄격한 명령을 따라야 따르는 것은 언급되지 않음
⑤ get approval in light of the religious value system
종교적 가치 체계에 비추어 승인을 얻어야 종교적 가치 체계의 승인이 중요한 것이 아님

2등급? 글의 소재인 '가상 세계'를 가지고 쓰는 일반적인 주제의 글이 아니기 때문에 글의 내용을 예측하기 힘든 문제였다. 가상 세계 자체를 설명하는 글이 아니라 그것이 지속적이고 넓은 범위에 퍼지게 하기 위한 조건을 설명하는 글임을 빠르게 알아차려야 한다.

| 문제 풀이 순서 |

1st 먼저 빈칸이 포함된 문장과 그 뒤 문장을 읽고, 빈칸에 들어갈 말을 찾을 방법을 구상한다.

빈칸 문장	가상 세계가 지속적이고 넓은 범위에 퍼지는 가치를 제공하기 위해서는, 그것의 참여자들이 ＿＿＿＿＿＿ 한다.
빈칸 문장 뒤	그 기준점에 도달했을 때, 심리적 가치가 넓은 범위에 퍼지는 사회적 가치로 변할 수 있다.

➡ 가상 세계가 확대되려면 참여자들에 대한 어떤 기준이 있음 ➡ 기준점에 도달해야 심리적 가치가 넓은 범위에 퍼지는 사회적 가치로 변할 수 있음 **단서**
▶ 빈칸을 채우려면 가상 세계가 지속적이고 넓은 범위에 가치를 제공하기 위해 충족해야 하는 조건을 살펴보아야 한다. **발상**

2nd 글의 나머지 부분을 읽고, 가상 세계가 넓은 범위에 퍼지는 가치를 제공하기 위한 조건이 무엇인지 파악한다.

- 욕구를 충족시킬 수 있는 가상 세계의 능력은 수많은 사람이 그 세상의 존재를 믿을 때 커진다. **단서 1**
- 가상 세계는 단지 몇 명뿐인 추종자들에 의해서는 오래 지속될 수 없다. **단서 2**
- 그것이 미치는 범위가 제한되면, 그것은 제한된 사회적 기능을 가진다. **단서 3**

➡ 가상 세계의 능력은 그것을 믿는 사람 혹은 추종자의 수가 많아질 때 커짐 ➡ 소수로 제한되면 제한된 사회적 기능을 가짐
▶ 가상 세계가 지속적이고 넓은 범위에 퍼지는 가치를 제공하기 위한 조건으로 충분히 많은 사람들의 수를 요구하므로, 정답은 ① '사회로 여겨질 정도로 충분히 큰 규모의 집단이어야'이다.

---

① 소수의 사람들이 믿으면 심리적 가치 이상이 될 수 없고 많은 수의 사람들이 믿어야 사회적 가치로 변할 수 있다고 했다.
② 역사적인 증거가 중요한 것이 아니라 그것을 믿는 사람들의 수가 중요한 기준이 된다.
③ 개인적 가치를 적용하는 문제가 아니라 많은 사람들이 믿어야 한다.
④ 엄격한 명령을 따라야 자존감을 높일 수 있다는 내용은 제시되지 않았다.
⑤ 종교적 가치 체계의 승인이 아니라 믿는 사람의 수가 많아져야 한다.

M 73 정답 ④　　　★ 2등급 대비 [정답률 44%]

*두 자극 사이의 차이 감지에 관한 베버의 법칙

Weber's law concerns the perception / of difference between two stimuli. // 베버의 법칙은 감지에 관한 것이다 / 두 자극 사이의 차이에 대한 //

It suggests / that we might not be able to detect a 1-mm difference / when we are looking at lines / 466 mm and 467 mm in length, / 이것은 암시한다 / 우리가 1mm의 차이를 감지할 수 없지만 / 선들을 볼 때 / 466mm와 467mm 길이인 //
단서 1 길이가 긴 선에서의 1mm 차이는 감지할 수 없지만, 길이가 짧은 선에서의 1mm 차이는 감지할 수 있음
but we may be able to detect a 1-mm difference / when we are comparing / a line 2 mm long / with one 3 mm long. // = a line
우리는 1mm의 차이를 감지할 수 있을지도 모른다는 것을 / 우리가 비교할 때 / 2mm 길이인 선을 / 3mm 길이인 선과 //

Another example of this principle / is that we can detect 1 candle / when it is lit / in an otherwise dark room. //
이 원리의 또 다른 예는 / 하나의 촛불을 감지할 수 있다는 것이다 / 이것이 켜졌을 때 / 촛불이 켜지지 않았으면 어두웠을 방안에 //

But when 1 candle is lit in a room / in which 100 candles are already burning, / we may not notice the light / from this candle. //
단서 2 어두운 방에서 촛불이 하나 켜진 것은 감지할 수 있지만, 이미 밝은 방에서 촛불이 하나 더 켜진 것은 감지할 수 없음
그러나 방에 하나의 촛불이 켜졌을 때 / 100개의 촛불이 이미 타고 있는 / 우리는 빛을 알아차리지 못할지도 모른다 / 이 촛불의 //

Therefore, / the Just-noticeable difference (JND) / varies as a function / of the strength of the signals. //
그러므로 / 겨우 알아차릴 수 있는 차이(JND)는 / 함수에 의해 달라진다 / 신호의 세기에 대한 //

For example, / the JND is greater / for very loud noises / than it is for much more quiet sounds. // = JND
단서 3 겨우 알아차릴 수 있는 차이는 자극이 작을 때보다 자극이 매우 클 때 더 커짐
예를 들어 / JND는 더 크다 / 매우 큰 소음에 대해 / 훨씬 더 작은 소리에 대한 것보다 //

When a sound is very weak, / we can tell / that another sound is louder, / even if it is barely louder. //
한 소리가 매우 약할 때 / 우리는 구분할 수 있다 / 또 다른 소리가 더 크다는 것을 / 그것이 간신히 더 클지라도 //
단서 4 어떤 소리가 매우 클 때 다른 소리가 더 큼을 구분할 수 있으려면, 그 소리 자극은 훨씬 더 커야함
When a sound is very loud, / to tell that another sound is even louder, / it has to be much louder. //
어떤 소리가 매우 클 때 / 다른 소리가 훨씬 더 크다는 것을 구분하기 위해서는 / 그 소리는 훨씬 더 커야 한다 //

Thus, / Weber's law means / that it is harder to distinguish / between two samples / when those samples are larger or stronger levels of the stimuli. // 그러므로 / 베버의 법칙은 의미한다 / 구별하기가 더 어렵다는 것을 / 두 표본을 / 그 표본들이 자극의 수준이 더 크거나 강할 때 //

- perception ⓝ 감지 • principle ⓝ 원리 • detect ⓥ 감지하다
- distinguish ⓥ 구별하다 • observation ⓝ 관찰
- variation ⓝ 변형 • thoroughly ⓐⅆ 대단히, 철저히

베버의 법칙은 두 자극 사이의 차이에 대한 감지에 관한 것이다. 이것은 우리가 466mm와 467mm 길이인 선들을 볼 때 1mm의 차이를 감지할 수 없지만, 우리가 2mm 길이와 3mm 길이인 선을 비교할 때는 1mm의 차이를 감지할 수 있을지도 모른다는 것을 암시한다. 이 원리의 또 다른 예는 촛불이 켜지지 않았으면 어두웠을 방안에 하나의 촛불이 켜졌을 때 이것을

감지할 수 있다는 것이다. 그러나 100개의 촛불이 이미 타고 있는 방에 하나의 촛불이 켜졌을 때, 우리는 이 촛불의 빛을 알아차리지 못할지도 모른다. 그러므로, 겨우 알아차릴 수 있는 차이(JND)는 신호의 세기에 대한 함수에 의해 달라진다. 예를 들어, JND는 훨씬 더 작은 소리에 대한 것보다 매우 큰 소음에 대해 더 크다. 한 소리가 매우 약할 때, 우리는 그것이 간신히 더 클지라도, 또 다른 소리가 더 크다는 것을 구분할 수 있다. 어떤 소리가 매우 클 때, 다른 소리가 훨씬 더 크다는 것을 구분하기 위해서는, 그 소리는 훨씬 더 커야 한다. 그러므로, 베버의 법칙은 **그 표본들이 자극의 수준이 더 크거나 강할 때** 두 표본을 구별하기가 더 어렵다는 것을 의미한다.

> 다음 빈칸에 들어갈 말로 가장 적절한 것을 고르시오. [3점]
> — 표본들의 자극 수준이 더 클 때 구별하기 어렵다는 내용임
> ① if their measurement units are not clearly determined
> 그들의 측정 단위가 명확하게 결정되지 않는다면   측정 단위와 상관없음
> ② as long as both rely on human measurement and judgment
> 둘 다 인간의 측정과 판단에 의존하는 한   언급되지 않음
> ③ as the researcher's observation method has any little variation
> 연구자의 관찰 방법이 거의 변화가 없기 때문에   연구자의 관찰 방법에 관한 내용이 아님
> ④ when those samples are larger or stronger levels of the stimuli
> 그 표본들이 자극의 수준이 더 크거나 강할 때
> ⑤ where they belong to thoroughly different categories of stimuli
> 그들이 철저하게 다른 범주의 자극에 속한 경우   자극의 범주와 관계없음

2등급? 오답 선택지들이 지문 주제와 관련 있어 보이는 어휘들로 구성되어 있어서 틀리기 쉬운 2등급 대비 문제이다. 특히 ①의 '단위가 명확하지 않으면 차이를 구별하기 어렵다'는 내용은 실제로 물리학 실험에서 중요한 개념이기 때문에 착각할 수 있다.

| 문제 풀이 순서 |

1st 빈칸이 포함된 문장을 읽고, 빈칸에 들어갈 말에 대한 단서를 얻는다.

빈칸 문장	Thus, Weber's law means that it is harder to distinguish between two samples ＿＿＿＿＿＿. 그러므로, 베버의 법칙은 ＿＿＿＿＿＿ 두 표본을 구별하기가 더 어렵다는 것을 의미한다.

➡ 베버의 법칙에 관한 내용을 정리하는 마지막 결론 문장에 빈칸이 있음 ➡ 베버의 법칙에 따르면, 두 표본을 구별하기 더 어려워지는 상황이 무엇인지를 묻고 있음

▶ 빈칸을 채우려면, 베버의 법칙을 이해하고, 해당 법칙에서 두 표본을 구별하기 어려운 상황이 언제인지를 알아내야 한다.

2nd 글을 마저 읽으며 베버의 법칙을 어떻게 설명하고 있는지를 찾는다.

- 길이가 긴 선에서의 1mm 차이는 감지할 수 없지만, 길이가 짧은 선에서의 1mm 차이는 감지할 수 있음 **단서 1**
- 이미 밝은 방에서 촛불이 하나 켜진 것은 감지할 수 없지만, 어두운 방에서 촛불이 하나 켜진 것은 감지할 수 있음 **단서 2**
- 겨우 알아차릴 수 있는 차이는 자극이 작을 때보다 매우 클 때 더 커짐 **단서 3**
- 어떤 소리가 매우 클 때 다른 소리가 더 큼을 구분할 수 있으려면, 그 소리 자극은 훨씬 더 커야 함 **단서 4**

➡ 길이, 밝기, 소리 등을 감지할 때, 그 정도가 작은 경우(짧은 길이, 어두운 밝기, 약한 소리 등)에는 우리가 표본의 작은 차이도 감지하기가 쉽지만, 그 정도가 큰 경우(긴 길이, 밝은 밝기, 강한 소리 등)에는 훨씬 큰 자극이 있어야 그 차이를 감지할 수 있음 ➡ 겨우 알아차릴 수 있는 차이는 자극이 작을 때보다 자극이 매우 클 때 더 커짐

3rd **2nd**에서 이해한 내용을 선택지에서 고른다.

베버의 법칙은 두 자극 사이의 차이를 감지하는 것에 관한 것으로, 길이, 밝기, 소리 등에서 그 표본의 정도가 작은 경우에는 두 자극의 차이가 두드러지지만, 그 표본의 정도가 큰 경우에는 두 자극의 차이가 두드러지지 않는다는 내용이다.

▶ 따라서 빈칸에 들어갈 말은 ④ '그 표본들이 자극의 수준이 더 크거나 강할 때'이다.

| 선택지 분석 |

① 측정 단위와 상관없이, 그 자극의 수준이 클 때 구별이 어려워진다는 내용이다.
② 인간의 측정과 판단에 의존한다는 내용은 언급되지 않았다.
③ 연구자의 관찰 방법에 관한 내용이 아니다.
④ 길이, 밝기, 소리 등을 감지할 때, 그 정도가 작은 경우에는 우리가 표본의 작은 차이도 감지하기가 쉽지만, 그 정도가 큰 경우에는 훨씬 큰 자극이 있어야 그 차이를 감지할 수 있다는 내용이다.
⑤ 자극의 범주와 관계없이 그 정도가 작은 경우 구별하기 쉬워진다는 내용이다.

M 74 정답 ①   ⭐ 2등급 대비 [정답률 49%]

＊인지 처리 체계의 결과물인 직감

We might think / that our gut instinct is just an inner feeling / — a secret interior voice — /
우리는 생각할지도 모른다 / 우리의 직감이 단지 내면의 느낌이라고 / 즉 비밀스러운 내적 목소리라고 /

but in fact it is shaped / by a perception of something visible around us, / such as a facial expression or a visual inconsistency / **단서 1** 우리의 직감은 내면의 느낌이 아니라 사실 가시적인 것에 대한 인식임
하지만 사실 그것은 형성된다 / 우리 주변의 가시적인 무언가에 대한 인식에 의해 / 얼굴 표정 또는 시각적 불일치와 같이 /
so ~ that S V: 너무 ~해서 …하다
so fleeting / that often we're not even aware / we've noticed it. //
너무 빨리 지나가서 / 보통 우리가 의식하지도 못하는 / 그것을 알아차렸음을 //

Psychologists now **think of** this moment / **as** a 'visual matching game'. //
think of A as B: A를 B라 생각하다
오늘날 심리학자들은 이러한 순간을 생각한다 / '시각적 연결시키기 게임'으로 //

So a stressed, rushed or tired person / **is** more **likely to resort** to this visual matching. //
be likely to-v: ~할 가능성이 있다
그렇다면 스트레스를 받은, 서두르는 혹은 피곤한 사람이 / 이 시각적 연결시키기에 의존할 가능성이 더 높다 /

When they see a situation in front of them, / they quickly match it / to a sea of past experiences / **stored** in a mental knowledge bank / **단서 2** 눈앞에 보이는 상황을 머릿속에 저장된 과거의
과거분사(past experiences 수식)
경험과 연결하여 상황에 대한 정보에 의미를 부여함
그들이 자신 앞의 상황을 볼 때 / 그들은 재빨리 그것을 연결해 본다 / 과거 경험의 바다와 / 정신의 지식 저장고 안에 보관된 /

and then, based on a match, / they assign meaning / to the information in front of them. //
그 다음에 연결에 기초하여 / 그들은 의미를 부여한다 / 자신 앞에 있는 정보에 //

The brain then sends a signal to the gut, / **which** has many hundreds of nerve cells. //
계속적 용법의 주격 관계대명사
그리고 나서 뇌가 창자로 신호를 보내는데 / 이것은 수백 개의 신경세포를 가지고 있다 //
앞에 목적격 관계대명사 생략
So the visceral feeling / we get in the pit of our stomach / and the butterflies / we feel / are a(n) **result of our cognitive processing system**. //
따라서 본능적인 느낌과 / 우리가 우리의 뱃속에서 얻는 / 긴장감은 / 우리가 느끼는 / 우리의 인지 처리 체계의 결과이다 //

- instinct ⓝ 본능, 직감
- inner ⓐ 내면의
- perception ⓝ 인식
- visible ⓐ 가시적인
- inconsistency ⓝ 불일치
- fleeting ⓐ 순식간의
- rushed ⓐ 서두르는
- resort to ~에 의존하다
- pit ⓝ 구덩이
- butterfly ⓝ 긴장감
- cognitive ⓐ 인지의
- instance ⓝ 경우, 사례
- discard ⓥ 버리다, 폐기하다
- mechanism ⓝ 기제, 메커니즘
- overcome ⓥ 극복하다
- conflict ⓝ 갈등
- representation ⓝ 표현, 묘사
- vulnerability ⓝ 취약성
- concrete ⓐ 구체적인
- miscommunication ⓝ 의사소통 오류

우리는 우리의 직감이 단지 내면의 느낌, 즉 비밀스러운 내적 목소리라고 생각할지도 모르지만, 사실 그것은 얼굴 표정 또는 시각적 불일치와 같이 너무 빨리 지나가서 보통 우리가 그것을 알아차렸음을 의식하지도 못하는, 우리 주변의 가시적인 무언가에 대한 인식에 의해 형성된다. 오늘날 심리학자들은 이러한 순간을 '시각적 연결시키기 게임'으로 생각한다. 그렇다면 스트레스를 받은, 서두르는 혹은 피곤한 사람이 이 시각적 연결시키기에 의존할 가능성이 더 높다. 그들이 자신 앞의 상황을 볼 때 그들은 정신의 지식 저장고 안에 보관된 과거 경험의 바다와 그것을 재빨리 연결해 보고, 그 다음에 연결에 기초하여 자신 앞에 있는 정보에 의미를 부여한다. 그리고 나서 뇌가 창자로 신호를 보내는데 이것은 수백 개의 신경세포를 가지고 있다. 따라서 우리가 우리의 뱃속에서 얻는 본능적인 느낌과 우리가 느끼는 긴장감은 **우리의 인지 처리 체계의 결과**이다.

다음 빈칸에 들어갈 말로 가장 적절한 것을 고르시오. [3점]

직감은 시각적 인지를 기존 지식과 연결하여 정보에 의미를 부여해 얻은 결과물임
① result of our cognitive processing system
우리의 인지 처리 체계의 결과
② instance of discarding negative memories
부정적 기억을 버리는 경우
③ mechanism of overcoming our internal conflicts
내적 갈등을 극복하는 기제
부정적 기억이나 내적 갈등에 대한 언급은 없음
④ visual representation of our emotional vulnerability
감정적 취약점에 대한 시각적 표현
⑤ concrete signal of miscommunication within the brain
뇌 속에서의 의사소통 오류에 대한 구체적인 신호
감정적 취약점에 대한 내용은 없음 / 의사소통 오류에 대한 언급은 없음

왜 2등급? '직감', '내면의 느낌' 등 추상적인 어휘들이 이어져 글의 내용이 한번에 와닿지 않는 어려운 문제이다. '우리의 본능적인 느낌은 __________이다'라는 빈칸에는 내면의 느낌과 반대되는 '가시적으로 얻는 것', '우리가 인지하는 것' 등과 같은 의미가 들어가야 한다.

| 문제 풀이 순서 |

1st 먼저 빈칸이 포함된 문장을 읽고, 빈칸에 들어갈 말을 예상한다.

빈칸 문장
So the visceral feeling we get in the pit of our stomach and the butterflies we feel are a(n)
따라서 우리가 우리의 뱃속에서 얻는 본능적인 느낌과 우리가 느끼는 긴장감은 __________이다.

➡ 빈칸은 글의 마지막 문장에 있고, So로 시작한다. 앞에서 설명한 내용의 결론에 해당할 것이므로 우리의 본능적인 느낌과 긴장감을 설명하는 부분을 찾아 확인한다.

2nd 처음부터 글을 읽으며 정답을 찾는다.

• 우리는 우리의 직감이 단지 내면의 느낌이라고 생각할지도 모르지만, 사실 그것은 우리 주변의 가시적인 무언가에 대한 인식에 의해 형성된다. **단서 1**
• 자신 앞의 상황을 볼 때 과거 경험의 바다와 그것을 재빨리 연결해 보고, 연결에 기초하여 자신 앞에 있는 정보에 의미를 부여한다. **단서 2**

➡ 우리가 순전히 내면의 느낌이라고 여긴 직감이 사실은 우리가 시각적으로 인식했지만 알아차리지는 못한 정보를 자신의 기존 지식과 연결하고, 이 연결에 기초하여 눈앞의 정보에 의미를 부여해 얻게 된 것이라는 글이다. ▶ 우리가 직감이라고 느꼈던 것은 실제로는 ① '우리의 인지 처리 체계의 결과'라는 것이다.

➡ **첫 문장:** 우리의 직감은 우리 주변의 가시적인 무언가에 대한 인식이다.
마지막 문장(빈칸 문장): 우리의 본능적인 느낌과 우리가 느끼는 긴장감은 우리의 인지 처리 체계의 결과이다. ▶ 중심 내용이 글의 앞부분과 마지막 부분에 반복하여 나타나는 양괄식의 글

| 선택지 분석 |

① 우리는 우리의 직감이 단지 내면의 느낌이라고 생각하지만, 사실 그것은 우리 주변의 가시적인 무언가에 대한 인식이다.
② 우리의 직감이 인지 처리 체계의 결과라는 내용의 글이다. 직감이 부정적인 기억의 예시라는 글이 아니다.
③ 우리의 직감은 내면의 느낌이 아니라 사실 가시적인 무언가에 대한 인식에 의해 형성된다는 내용의 글이다.
④ 감정적 취약점을 시각적으로 표현하는 것이 우리의 본능이라는 것이 아니라 시각적 표현을 머릿속의 기존 정보와 연결하는 과정에서 직감이 만들어진다는 내용이다.
⑤ 뇌 속에서 발생하는 의사소통 오류가 직감으로 표현된다는 것이 아니다.

M 75 정답 ① ★ 1등급 대비 [정답률 33%]

*미래에 대한 관점에 의해 형성되는 과거

Despite the difference / between the past and the future, / between what has happened and what is to come, /
be to-v 용법 (미래)
차이에도 불구하고 / 과거와 미래 / 즉 이미 일어난 일과 앞으로 일어날 일 사이의 /
가주어 / 진주어절 접속사 / 현재완료 수동태
it can be suggested, / that our sense of the past / has always been influenced / by our view of the future. // **단서 1** 미래에 대한 관점이 과거에 대한 인식에 영향을 줌
말할 수 있다 / 과거에 대한 우리의 인식이 / 항상 영향을 받아 왔다고 / 미래에 대한 우리의 관점에 의해 //

현재완료 / 부사적 용법 (목적)
Revolutionaries have always looked to the past / to frame their future cause, / as is amply illustrated / by examples from nationalism to communism. // **단서 2** 혁명가들은 미래의 이상을 정립하기 위해 과거를 참고함
수동태 통사 / from A to B: A에서 B까지
혁명가들은 항상 과거를 참고해 왔다 / 자신들의 미래 대의를 구성하기 위해 / 충분히 입증되는 것처럼 / 민족주의에서 공산주의에 이르는 예시에 의해 //

The future has often been seen / as variously a recovery of a lost time, / as a replication of what is established, / or as a model bequeathed / by a heroic age long gone. //
see A as B (A를 B로 여기다)의 수동태 구문 / 과거분사 (a model 수식) / 과거분사구 (age 수식)
미래는 종종 여겨져 왔다 / 다양하게 잊힌 시간의 회복으로 / 이미 확립된 것의 복제로 / 또는 후세에 전해진 모델로 / 오래전에 없어진 영웅시대에 의해 //

The writing of history is based / on understanding or explaining future outcomes / that were not known to contemporaries, /
병렬 구조 (on의 목적어) / 주격 관계대명사
역사의 서술은 기초하고 있는데 / 미래의 결과를 이해하거나 설명하는 데 / 동시대의 사람들에게는 알려지지 않은 /

since the historian has the benefit of hindsight / and the past is nothing more than the accumulation of futures / that are now our past. // **단서 3** 역사가는 과거 사건들을 미래의 결과를 알고 있는 시점에서 설명하고 기술함
= just / 주격 관계대명사
그 이유는 역사가는 지난 일에 대한 통찰력의 이점을 가지고 있고 / 과거란 미래의 축적에 불과하기 때문이다 / 지금은 우리의 과거가 된 //

So, rather than see / the hand of the past always shaping the future, / **단서 4** 과거가 미래를 형성한다는 관점과는 반대임
see의 목적어와 목적격 보어 (현재분사)
따라서 보기보다는 / 과거의 손길이 항상 미래를 형성한다고 /

perhaps it can be seen in reverse, / with the past / — in the sense of our understanding of it — / being shaped by our orientation to the future. //
with + 목적어 + 분사: ~가 …한 채로
오히려 그 반대인 것으로 볼 수도 있을 것이다 / 즉 과거가 / 그것에 대한 우리의 이해라는 의미에서 / 미래에 대한 우리의 방향성에 의해 형성된다고 //

• revolutionary ⓝ 혁명가   • cause ⓝ 대의   • amply ⓐⓓ 충분히
• illustrate ⓥ 입증하다, 설명하다   • nationalism ⓝ 민족주의
• communism ⓝ 공산주의   • variously ⓐⓓ 다양하게
• recovery ⓝ 회복   • heroic ⓐ 영웅의   • outcome ⓝ 결과(물)
• contemporary ⓝ 동시대 사람들   • accumulation ⓝ 축적
• in reverse 반대로   • orientation ⓝ 방향, 성향
• entitle ⓥ 자격을 주다   • disconnect ⓥ 분리하다, 연결을 끊다
• expectation ⓝ 예상, 기대   • perception ⓝ 인식, 인지
• purely ⓐⓓ 순수하게

과거와 미래, 즉 이미 일어난 일과 (앞으로) 일어날 일 사이의 차이에도 불구하고, 과거에 대한 우리의 인식이 항상 미래에 대한 우리의 관점에 의해 영향을 받아 왔다고 말할 수 있다. 민족주의에서 공산주의에 이르는 예시에 의해 충분히 입증되는 것처럼, 혁명가들은 자신들의 미래 대의를 구성하기 위해 항상 과거를 참고해 왔다. 미래는 종종 잊힌 시간의 회복, (이미) 확립된 것의 복제, 또는 오래전에 없어진 영웅시대에 의해 후세에 전해진 모델로 다양하게 여겨져 왔다. 역사의 서술은 동시대의 사람들에게는 알려지지 않은 미래의 결과를 이해하거나 설명하는 데 기초하고 있는데, 그 이유는 역사가는 (지난 일에 대한) 통찰력의 이점을 가지고 있고 과거란 지금은 우리의 과거가 된 미래의 축적에 불과하기 때문이다. 따라서 과거의 손길이 항상 미래를 형성한다고 보기보다는, 오히려 그 반대인 것으로, 즉 과거가 – 그것(과거)에 대한 우리의 이해라는 의미에서 – **미래에 대한 우리의 방향성에 의해 형성된다**고 볼 수도 있을 것이다.

다음 빈칸에 들어갈 말로 가장 적절한 것을 고르시오. [3점]

① shaped by our orientation to the future
미래에 대한 우리의 방향성에 의해 형성된다   어떻게 나아갈 것인가에 따라 과거에 대한 이해가 달라짐
② entitled to remain untouched as past itself   글의 내용과 반대임
과거 그 자체로 고스란히 남아 있을 자격이 있다
③ disconnected from the expectations of the future
미래에 대한 기대로부터 단절된다   빈칸의 내용과 반대임
④ forgotten regardless of our perception of past events
과거 사건에 대한 우리의 인식과 관계없이 잊힌다   언급되지 않음
⑤ documented as historical facts based purely on evidence
순수하게 증거에 기반하여 역사적 사실로서 기록된다   과거는 사실로서만 기록되지 않는다는 내용임

| 문제 풀이 순서 |

1st 빈칸이 포함된 문장을 읽고, 빈칸에 들어갈 말에 대한 단서를 얻는다.

빈칸 문장	따라서 과거의 손길이 항상 미래를 형성한다고 보기보다는, 오히려 그 반대인 것으로, 즉 과거가 — 그것(과거)에 대한 우리의 이해라는 의미에서 — ___________고 볼 수도 있을 것이다.

➡ 글의 전체 내용을 정리하는 가장 마지막 문장임 → 과거가 미래를 형성한다는 관점과는 반대됨 → 오히려 우리가 과거를 이해하는 데는 과거와 미래의 관계가 반대일 것이라는 내용이 이어질 것임 ▶ 빈칸을 채우려면 과거를 이해하는 과정에서 과거와 미래가 어떤 영향을 주고받는다고 설명하고 있는지를 살펴보아야 한다.

2nd 글을 마저 읽으며 과거와 미래의 관계를 어떻게 설명하고 있는지를 찾는다.

- 미래에 대한 관점이 과거에 대한 인식에 영향을 줌 **단서 1**
- 혁명가들은 미래의 이상을 정립하기 위해 과거를 참고함 **단서 2**
- 역사가는 과거 사건들을 미래의 결과를 알고 있는 시점에서 설명하고 기술함 **단서 3**
- 과거가 미래를 형성한다는 관점과는 반대임 **단서 4**

➡ 미래에 대한 관점이 과거에 대한 인식에 영향을 줌 → 그 예시로 민족주의든 공산주의든, 혁명가들은 자신이 구상하는 미래의 대의를 형성하기 위해 과거를 참고하고 재해석 함 → 역사가들은 과거의 사건들을 현재 시점에서 볼 수 있는 이점이 있기 때문에 당대 사람들이 내놓을 수 없었던 설명을 할 수 있음 → 따라서 우리는 과거를 이해할 때, 과거가 미래를 형성한다는 관점보다는 그 반대의 관점이 더 타당함

3rd **2nd**에서 이해한 내용을 선택지에서 고른다.

과거가 미래를 형성한다는 관점과 반대로, 혁명가들은 자신의 대의를 펼치기 위해 과거를 들여다보며, 역사가는 모든 결과를 아는 상태에서 과거를 설명한다는 것이다.
▶ 따라서 빈칸에는 과거가 ① '미래에 대한 우리의 방향성에 의해 형성된다'는 내용이 들어가는 것이 알맞다.

| 선택지 분석 |

① 어떻게 나아갈 것인가에 따라 과거에 대한 이해가 달라진다는 내용이다.
② 과거가 있는 그대로 남아 있어야 한다는 것은, 과거가 미래의 관점에 따라 달리 이해된다는 글의 내용과 반대이다.
③ 과거를 이해하는 것은 미래를 어떻게 이끌어갈지에 대한 관점에 따라 달라진다는 글이므로, 빈칸에 들어갈 내용과 반대이다.
④ 과거는 어떻게든 잊힌다는 내용은 언급되지 않았다.
⑤ 과거는 사실로서만 기록되는 것이 아니라, 미래에 대한 관점에 따라 달리 이해된다는 내용이다.

M 76 정답 ③ ─────── ⭐ 1등급 대비 [정답률 40%]

＊과학은 모든 것을 설명할 수 있을까?

According to many philosophers, / there is a purely logical reason / **why** science will never be able to explain everything. // **단서 1** 과학이 모든 것을 설명할 수는 없음
많은 철학자에 따르면 / 순전히 논리적인 이유가 있다 / 과학이 모든 것을 설명할 수 있는 것은 아닐 것이라는 //

For in order to explain something, / **whatever it is**, / we need to invoke something else. //
왜냐하면 무언가를 설명하기 위해서는 / 그것이 무엇이든 간에 / 우리는 다른 무언가를 언급해야 한다 //

But / what explains the second thing? //
하지만 / 무엇이 두 번째 것을 설명하는가 //

To illustrate, / recall **that** Newton explained / a diverse range of phenomena / **using his law of gravity**. //
예를 들어 / 떠올려 보라 / 뉴턴이 설명했다 / 매우 다양한 범위의 현상을 / 자신의 중력 법칙을 사용하여 //

But / what explains the law of gravity itself? //
하지만 / 무엇이 중력 법칙 자체를 설명하는가 //

If someone asks / *why* all bodies exert a gravitational attraction / on each other, / what should we tell them? //
만약 누군가가 묻는다면 / '왜' 모든 물체가 중력을 행사하는지 / 서로에게 / 우리는 그들에게 뭐라고 말해야 하는가 //

Newton had no answer / to this question. // **단서 2** 뉴턴이 중력 법칙으로 많은 현상을 설명했지만, 중력 법칙 자체를 설명할 수는 없었음
뉴턴은 답이 없었다 / 이 질문에 //

In Newtonian science / the law of gravity was a fundamental principle: / it **explained** other things, / but **could not** itself **be explained**. //
뉴턴의 과학에서 / 중력 법칙은 기본 원리였다 / 즉, 그것이 다른 것들을 설명했다 / 하지만 그 자체는 설명될 수 없었다 //

The moral generalizes. // 그 교훈이 일반화된다 //
However much the science of the future can explain, / the explanations **it gives** / will have to make use of / certain fundamental laws and principles. // **단서 3** 무언가를 설명하려면 또 다른 특정한 법칙이나 원리를 이용해서 설명해야 함
미래의 과학이 아무리 많이 설명할 수 있다 하더라도 / 그것이 제공하는 설명은 / 이용해야만 할 것이다 / 어떤 기본 법칙과 원리를 //

Since nothing can explain itself, / **it follows that** at least some of these laws and principles / **will themselves remain unexplained**. //
어떤 것도 스스로를 설명할 수 없기 때문에 / 결론적으로 적어도 이러한 법칙과 원리 중 일부는 / 그 자체로 설명되지 않은 채 남을 것이다 //

- **philosopher** Ⓝ 철학자 · **purely** ⓐⓓ 순전히, 순수하게
- **logical** ⓐ 논리적인 · **recall** Ⓥ 떠올리다, 상기하다
- **range** Ⓝ 범위 · **phenomenon** Ⓝ 현상 (*pl.* phenomena)
- **gravity** Ⓝ 중력 · **body** Ⓝ 물체
- **exert ~ on …** …에 ~을 행사하다 · **gravitational attraction** 중력
- **fundamental** ⓐ 기본의, 근본적인 · **principle** Ⓝ 원리
- **moral** Ⓝ 교훈 · **generalize** Ⓥ 일반화되다
- **make use of** ~을 이용하다 · **govern** Ⓥ 지배하다
- **observation** Ⓝ 관찰

많은 철학자에 따르면, 과학이 모든 것을 설명할 수 있는 것은 아닐 것이라는 순전히 논리적인 이유가 있다. 왜냐하면 무언가를 설명하기 위해서는, 그것이 무엇이든 간에, 우리는 다른 무언가를 언급해야 한다. 하지만 두 번째 것은 무엇이 설명하는가? 예를 들어, 뉴턴이 자신의 중력 법칙을 사용하여 매우 다양한 범위의 현상을 설명했음을 떠올려 보라. 하지만 중력 법칙 자체는 무엇이 설명하는가? 만약 누군가가 '왜' 모든 물체가 서로에게 중력을 행사하는지 묻는다면, 우리는 그들에게 뭐라고 말해야 하는가? 뉴턴은 이 질문에 답이 없었다. 뉴턴의 과학에서 중력 법칙은 기본 원리였다. 즉, 그것이 다른 것들을 설명했지만, 그 자체는 설명될 수 없었다. 그 교훈이 일반화된다. 미래의 과학이 아무리 많이 설명할 수 있다 하더라도, 그것이 제공하는 설명은 어떤 기본 법칙과 원리를 이용해야만 할 것이다. 어떤 것도 스스로를 설명할 수 없기 때문에, 결론적으로 적어도 이러한 법칙과 원리 중 일부는 **그 자체로 설명되지 않은 채 남을 것이다.**

다음 빈칸에 들어갈 말로 가장 적절한 것을 고르시오. [3점]

① govern human's relationship with nature
　인간이 자연과 맺는 관계를 지배하다 　　 인간과 자연의 관계에 대한 내용이 아님
② are based on objective observations 과학의 법칙과 원리가 객관적인 관찰에
　객관적인 관찰에 기초한다 　　 의한 것이라는 사실을 말하고 있는 것이 아님
③ will themselves remain unexplained
　그 자체로 설명되지 않은 채 남을 것이다 　　 최후의 어떤 것들은 설명되지 않은 채로 남음
④ will be compared with other theories
　다른 이론들과 비교될 것이다 　 한 이론이 다른 이론과 비교될 수 있다는 점을 언급하고 있는 것이 아님
⑤ are difficult to use to explain phenomena
　현상을 설명하기 위해 사용하기 어렵다 　　 어떤 현상은 과학 법칙이나 원리로 설명 가능함

1st 먼저 빈칸이 포함된 문장을 읽고, 빈칸에 들어갈 말을 예측한다.

| 빈칸 문장 | Since nothing can explain itself, it follows that at least some of these laws and principles ___________. 어떤 것도 스스로를 설명할 수 없기 때문에, 결론적으로 적어도 이러한 법칙과 원리 중 일부는 |

➡ 스스로 설명할 수 없는 '이러한 법칙과 원리'를 앞에서 어떻게 묘사했는지 찾아야 한다.

2nd To illustrate(예를 들기 위해) 이후로 등장하는 예시의 내용을 파악한다.

- 예를 들어, 뉴턴이 자신의 중력 법칙을 사용하여 매우 다양한 범위의 현상을 설명했음을 떠올려 보라. 하지만 중력 법칙 자체는 무엇이 설명하는가?
- 즉, 그것이 다른 것들을 설명했지만, 그 자체는 설명될 수 없었다. **단서 2**

➡ 스스로 설명할 수 없는 '이러한 법칙과 원리'의 예시 = 뉴턴의 중력 법칙
  ▶ '이러한 법칙과 원리'는 그 자체로 설명될 수 없었음

3rd 이해한 내용을 바탕으로 선택지를 골라 빈칸 문장을 완성한다.

| 빈칸 문장 | 어떤 것도 스스로를 설명할 수 없기 때문에, 결론적으로 적어도 이러한 법칙과 원리 중 일부는 그 자체로 설명되지 않은 채 남을 것이다. |

➡ 과학의 법칙과 원리는 그 자체로는 설명이 안 되기 때문에 또 다른 법칙이나 원리를 사용하게 된다. 이런 과정이 반복되다 보면 최후에 남는 과학의 법칙이나 원리들은 '설명이 되지 않은 채로 남게 된다'. ▶ 빈칸에는 ③ '그 자체로 설명되지 않은 채 남을 것이다'가 적절하다.

| 선택지 분석 |

① 인간과 자연의 관계에 관한 내용이 아니다.
② 과학의 법칙과 원리가 객관적인 관찰에 의한 것이라고 말하는 글이 아니다.
③ 어떤 법칙을 설명하기 위해 또 다른 법칙이나 원리를 사용하는 과정이 반복되다 보면 최후에 남는 것은 설명이 되지 않은 채로 남게 된다.
④ 이론들이 서로 비교될 수 있다는 점을 언급하고 있는 것이 아니다.
⑤ 어떤 현상을 설명할 때 과학의 법칙이나 원리들이 모두 자체적으로 설명되지 않을 수 있다고 말하고 있는 것이지, 법칙이 현상을 설명하지 못한다는 것이 아니다.

M 어휘 Review 정답

문제편 p. 198

01 발휘하다	11 divide up	21 involvement
02 투여하다	12 above all	22 predictable
03 직면하다	13 close off	23 signal
04 초과	14 summon up	24 gravity
05 요소	15 trace back to	25 enrich
06 verbal	16 contract	26 radically
07 expert	17 price	27 isolated
08 remedy	18 revolve	28 tactile
09 periodic	19 fines	29 frequency
10 cognitive	20 immediately	30 parallels

N 흐름에 맞지 않는 문장 찾기

문제편 p. 200~209

N 01 정답 ③ ＊무료 데이터를 이용하기 위한 유료 매뉴얼 —

다음 글에서 전체 흐름과 관계 없는 문장은?

As the old joke goes: / "Software, free. // User manual, $10,000." //
다음과 같은 옛 농담처럼 / "소프트웨어, 무료 // 사용자 매뉴얼, 10,000달러" //

But it's no joke. //
하지만 그것은 농담이 아니다 //

단서 1 기업은 소프트웨어는 무료로 배포하면서 그것의 지원과 지침은 유료로 이용하도록 함

A couple of high-profile companies / make their living / selling instruction and paid support for free software. //
세간의 이목을 끄는 몇몇 기업들은 / 돈을 번다 / 무료 소프트웨어에 대한 지침과 유료 지원을 판매하면서 //

The copy of code, being mere bits, / is free. //
단지 몇 비트일 뿐인 코드 사본은 / 무료이다 //

The lines of free code / become valuable to you / only through support and guidance. //
무료 코드의 배열은 / 당신에게 가치 있게 된다 / 지원과 안내를 통해서만 //

① A lot of medical and genetic information / will go this route / in the coming decades. //
많은 의료 및 유전 정보가 / 이 경로를 따르게 될 것이다 / 다가올 수십 년 안에 //

② Right now getting a full copy of all your DNA / is very expensive ($10,000), / but soon it won't be. //
지금은 당신의 모든 DNA의 전체 사본을 얻는 것이 / 매우 비싸지만 (10,000달러) / 곧 그렇지 않게 될 것이다 //

단서 2 예로 든 유전자 정보와 소재는 비슷하지만, 전체 내용과 관련 없음

③ The public exposure of people's personal genetic information / will undoubtedly cause / serious legal and ethical problems. //)
(사람들의 개인 유전자 정보의 공개는 / 틀림없이 야기할 것이다 / 심각한 법적이고 윤리적인 문제를 //)

④ The price is dropping so fast, / it will be $100 soon, / and then the next year / insurance companies will offer / to sequence you for free. //
단서 3 DNA 사본을 얻을 수 있는 가격은 금방 내려갈 것임
가격이 너무 빨리 떨어지고 있어 / 곧 100달러가 될 것이고 / 그 다음 해에는 / 보험 회사가 제안할 것이다 / 무료로 당신의 유전자 배열 순서를 밝혀줄 것을 //

⑤ When a copy of your sequence costs nothing, /
당신의 배열의 사본에 비용이 들지 않을 때 /

the interpretation of / what it means, / what you can do about it, / and how to use it — the manual for your genes — / will be expensive. //
단서 4 DNA 사본 사용법, 해석 등 유전자 매뉴얼은 비싸질 것임
~에 관한 설명은 / 그것이 의미하는 것 / 당신이 그것에 관해 할 수 있는 것 / 그리고 그것을 사용하는 방법(에 관한 설명) / 즉, 당신의 유전자 매뉴얼은 / 비싸질 것이다 //

- high-profile 세간의 이목을 끄는
- instruction ⓝ 지침
- mere ⓐ 단지, 겨우
- guidance ⓝ 안내
- genetic ⓐ 유전적인
- route ⓝ 경로
- exposure ⓝ 노출
- undoubtedly 〔ad〕 틀림없이
- legal ⓐ 법적인
- ethical ⓐ 윤리적인
- insurance ⓝ 보험
- interpretation ⓝ 해석, 설명

다음과 같은 옛 농담처럼: "소프트웨어, 무료. 사용자 매뉴얼, 10,000달러." 하지만 그것은 농담이 아니다. 세간의 이목을 끄는 몇몇 기업들은 무료 소프트웨어에 대한 지침과 유료 지원을 판매하면서 돈을 번다. 단지 몇 비트일 뿐인 코드 사본은 무료이다. 무료 코드의 배열은 지원과 안내를 통해서만 당신에게 가치 있게 된다. ① 다가올 수십 년 안에 많은 의료 및 유전 정보가 이 경로를 따르게 될 것이다. ② 지금은 당신의 모든 DNA의 전체 사본을 얻는 것이 매우 비싸지만 (10,000달러), 곧 그렇지 않게 될 것이다.

(③ 사람들의 개인 유전자 정보의 공개는 틀림없이 심각한 법적이고 윤리적인 문제를 야기할 것이다.) ④ 가격이 너무 빨리 떨어지고 있어, 곧 100달러가 될 것이고, 그 다음 해에는 보험 회사가 무료로 당신의 유전자 배열 순서를 밝혀줄 것을 제안할 것이다. ⑤ 당신의 배열의 사본에 비용이 들지 않을 때, 그것이 의미하는 것, 당신이 그것에 관해 할 수 있는 것, 그리고 그것을 사용하는 방법에 관한 설명 — 당신의 유전자 매뉴얼 — 은 비싸질 것이다.

왜 정답 · 오답? ★★❀ [정답률 74%]

글의 앞부분: 기업은 소프트웨어는 무료로 배포하면서 그것의 지원과 지침은 유료로 이용하도록 함

①: 코드 사본은 무료로 주면서 그 이용법을 유료로 판매하는 전략이 곧 의료 및 유전 정보에도 적용될 것임
▶ 앞부분에 나온 코드의 예시가 의료 및 유전 정보에도 적용될 것이라고 설명한 ①은 무관한 문장이 아님

②: 코드 사본을 무료로 주는 경로를 따라서 현재는 DNA 사본이 매우 비싸지만, 곧 그 가격이 떨어질 것임
▶ ②은 무관한 문장이 아님

③: 유전자 정보의 공개는 법적, 윤리적 문제를 유발할 것이라는 내용은 글의 흐름과 맞지 않음
▶ ③은 무관한 문장임

④: DNA 사본의 가격이 빠르게 내려가고 있으며, 곧 무료가 될 수도 있음
▶ ④은 무관한 문장이 아님

⑤: DNA 사본의 가격이 무료가 될 때 → 그 무료 정보를 이용하기 위한 유전자 매뉴얼(DNA 정보 해석이나 이용법 설명 등)은 비싸질 것임
▶ ⑤은 무관한 문장이 아님

❊ 글의 흐름

도입	기업들은 무료 소프트웨어에 대한 지침과 유료 지원을 판매하면서 돈을 버는데, 의료 및 유전 정보가 이 경로를 따르게 될 것임
전개	지금은 DNA의 전체 사본을 얻는 것이 매우 비싸지만 가격이 너무 빨리 떨어지고 있음
결론	유전자 배열의 사본에 비용이 들지 않을 때, 유전자 매뉴얼은 비싸질 것임

N 02 정답 ③ ＊이성적인 과정과는 다른 인간의 과정 —

다음 글에서 전체 흐름과 관계 없는 문장은?

Human processes **differ from** rational processes / in their outcome. // **단서 1** 인간의 과정은 이성적인 과정과 다름
인간의 과정은 이성적인 과정과 다르다 / 그 결과에 있어서 //
A process is *rational* / **if** it always does the right thing / **based on the current information,** / **given an ideal performance measure.** //
하나의 과정은 '이성적'이다 / 만일 그 과정이 항상 맞는 일을 수행한다면 / 현재의 정보에 근거하여 / 이상적인 수행 척도를 고려할 때 //
In short, / rational processes go by the book / and assume **that** the book is actually correct. //
요컨대 / 이성적인 과정은 책에 나와 있는 규칙대로 진행하고 / 책은 실제로 옳다고 간주한다 //
① Human processes **involve** / instinct, intuition, and other variables / **that** don't necessarily reflect the book / and **may not** even **consider** the existing data. //
인간의 과정은 포함하며 / 본능, 직관 그리고 다른 변인들을 / 책을 반드시 반영하지는 않는 / 심지어 기존의 데이터를 고려하지 않을 수도 있다 //
② As an example, / the rational way to drive a car is / to always follow the laws. //
예를 들어 / 자동차를 운전하는 이성적인 방식은 ~이다 / 항상 법규를 따르는 것 //

③ Likewise, / pedestrian crossing signs vary / depending on the country / with differing appearances of a person / **crossing the street.** // **단서 2** 예로 든 자동차와 소재는 비슷하지만 전체 내용과 관련 없음
(이와 비슷하게 / 보행자 횡단 신호는 다르다 / 나라에 따라 / 사람의 모양이 서로 다르다 / 길을 건너는 //)
④ However, traffic isn't rational; / **단서 3** 교통의 흐름은 이성적이지 않음
그러나 교통(흐름)은 이성적이지 않다 /
if you follow the laws precisely, / you end up stuck somewhere / **because** other drivers aren't following the laws precisely. //
여러분이 법규를 정확히 따른다 하더라도 / 여러분은 결국 어딘가에 갇혀 꼼짝하지도 못하는 결과를 맞게 될 것이다 / 다른 운전자는 법규를 정확히 따르지 않기 때문에 //
⑤ To be successful, / a self-driving car must therefore act humanly, / rather than rationally. // **단서 4** 자율 주행 자동차가 성공하려면 인간적 행동을 따라야 함
성공하려면 / 따라서 자율 주행 자동차는 인간적으로 행동해야 한다 / 이성적이기보다는 //

- **rational** ⓐ 이성적인, 합리적인   • **outcome** ⓝ 결과
- **instinct** ⓝ 본능   • **intuition** ⓝ 직관   • **variable** ⓝ 변수
- **existing** ⓐ 존재하는, 기존의   • **pedestrian** ⓝ 보행자
- **appearance** ⓝ 모습, 모양   • **precisely** ⓓ 정확히

인간의 과정은 그 결과에 있어서 이성적인 과정과 다르다. 이상적인 수행 척도를 고려할 때, 만일 하나의 과정이 현재의 정보에 근거하여 항상 맞는 일을 수행한다면 그 과정은 '이성적'이다. 요컨대 이성적인 과정은 책에 나와 있는 규칙대로 진행하고, 책은 실제로 옳다고 간주한다. ① 인간의 과정은 본능, 직관 그리고 책을 반드시 반영하지는 않는 다른 변인들을 포함하며, 심지어 기존의 데이터를 고려하지 않을 수도 있다. ② 예를 들어, 자동차를 운전하는 이성적인 방식은 항상 법규를 따르는 것이다. (③ 이와 비슷하게, 보행자 횡단 신호는 나라에 따라 다르고, 길을 건너는 사람의 모양이 서로 다르다.) ④ 그러나 교통(흐름)은 이성적이지 않아서 만일 여러분이 법규를 정확히 따른다 하더라도 다른 운전자는 법규를 정확히 따르지 않기 때문에 여러분은 결국 어딘가에 갇혀 꼼짝하지도 못하는 결과를 맞게 될 것이다. ⑤ 따라서 성공하려면, 자율 주행 자동차는 이성적이기보다는 인간적으로 행동해야 한다.

왜 정답 · 오답? ★★★ [정답률 57%]

글의 앞부분: 인간의 과정은 이성적인 과정과 다르고, 이성적인 과정이란 현재의 정보에 근거하여 맞는 일을 항상 수행하는 것임

①: 인간의 과정은 다른 변인을 포함하며 기존의 데이터를 고려하지 않을 수도 있음
▶ 인간의 과정의 특징을 설명하며 이성적 과정과 다르다는 근거를 제시하는 ①은 무관한 문장이 아님

②: 자동차 운전의 경우 이성적인 방식은 항상 법규를 따르는 것임
▶ 앞 내용에 대한 예가 제시되므로 ②은 무관한 문장이 아님

③: Likewise(이와 비슷하게)는 앞의 내용과 유사한 내용이 이어질 때 사용하는 연결어인데, 앞 문장과 상반된 내용(정해짐 / 정해지지 않음)이 이어지므로 흐름이 자연스럽지 않음
▶ ③은 무관한 문장임

④: 교통은 이성적이지 않음 → 자신이 법규를 정확히 따른다 하더라도 다른 운전자는 그렇지 않을 것임 → 어딘가에 갇혀 꼼짝하지도 못하는 결과로 이어짐
However(그러나)는 앞의 내용과 상반될 때 사용되는 표현이고 ③이 아닌 ②의 자동차 운전의 이성적인 방식과 상반되는 내용이 이어짐
▶ ④은 무관한 문장이 아님

⑤: 자율 주행 자동차는 이성적인 방식을 따르면 안 됨 → 인간의 과정을 따라야 함
▶ ⑤은 무관한 문장이 아님

❊ 글의 흐름

도입	인간의 과정은 그 결과에 있어서 이성적인 과정과 다름
부연	인간의 과정은 본능, 직관 등을 반드시 반영하지는 않는 다른 변인들을 포함함
예시	자동차를 운전하는 이성적인 방식은 항상 법규를 따르는 것이지만 다른 운전자는 법규를 정확히 따르지 않기 때문에 어딘가에 갇혀 꼼짝하지도 못하는 결과를 맞게 될 것임

다음 글에서 전체 흐름과 관계 <u>없는</u> 문장은?

Dictionaries are relatively good resources / for anyone interested
in finding out / what a word means. //
사전은 비교적 좋은 자료이다 / 찾는 데 관심이 있는 모든 사람에게 / 단어가 무슨 의미인지를

Using one set of words / to define another word / is called a
lexical definition. //
하나의 단어 집합을 사용하는 것은 / 다른 단어를 정의하기 위해 / '어휘적 정의'라고 한다 //

But it's important to understand / the limits of dictionary
definitions. // 단서 1 사전에서 어휘를 정의하는 것에는 한계가 있음
하지만 이해하는 것이 중요하다 / 사전적 정의의 한계를 //

① More often than not, / a definition in a dictionary requires /
readers to have a fairly robust understanding / of the language
already at their disposal. // 단서 2 사전 속 정의를 이해하려면 독자는
                              그 언어에 대한 탄탄한 이해가 있어야 함
대부분 / 사전 속 정의는 요구한다 / 독자에게 상당히 탄탄한 이해력을 가지도록 / 이미
자유롭게 사용할 수 있는 언어에 대해 //

② In other words, / a dictionary functions in many cases / as a
cross-reference or translator / between words one knows and
words that one doesn't yet know. // 다시 말해 / 사전은 많은 경우 역할을
한다 / 상호 참조 또는 번역기 / 아는 단어와 아직 모르는 단어 사이의 //

③ However, there are words / that may be defined / not
through other words / but only by pointing to something in our
experience. //) (하지만, 단어가 있다 / 정의될 것 같은 / 다른 단어를 통해서가 아니라
/ 우리 경험 속에 있는 무언가를 가리키는 것에 의해서만 //)

④ Even the most obscure words in a dictionary, / say, for
example, / "pulchritudinous" or "kalokagathia," must be
defined / using words that the reader already knows and
understands. // 단서 3 가장 난해한 단어들 조차도 독자가 이미 알고 있는 단어를 사용해야 함
사전에서 가장 난해한 단어 / 말하자면, 예를 들어 / pulchritudinous나 kalokagathia
조차도 정의되어야 한다 / 단어를 사용하여 / 독자가 이미 알고 이해하고 있는 //

⑤ Otherwise, / the dictionary isn't very helpful. //
그렇지 않으면 / 사전은 그다지 도움이 되지 않는다 //

- relatively 〔ad〕 비교적으로   • define 〔v〕 정의하다
- fairly 〔ad〕 꽤, 상당히   • at one's disposal ~의 마음대로 이용할 수 있게
- cross-reference 상호 참조   • translator 〔n〕 번역기
- pulchritudinous 〔a〕 (문어체) 외모가 아름다운
- kalokagathia 〔n〕 ((철학)) 칼로카가티아, 지덕체를 갖춘 전인적 인간상

사전은 단어가 무슨 의미인지를 찾는 데 관심이 있는 모든 사람에게 비교
적 좋은 자료이다. 다른 단어를 정의하기 위해 하나의 단어 집합을 사용하
는 것을 '어휘적 정의'라고 한다. 하지만 사전적 정의의 한계를 이해하는 것
이 중요하다. ① 대부분, 사전 속 정의는 독자가 이미 자유롭게 사용할 수
있는 언어에 대해 상당히 탄탄한 이해력을 가지도록 요구한다. ② 다시 말
해, 사전은 많은 경우 아는 단어와 아직 모르는 단어 사이의 상호 참조 또는
번역기 역할을 한다. (③ 하지만, 다른 단어를 통해서가 아니라 우리 경험
속에 있는 무언가를 가리키는 것에 의해서만 정의될 것 같은 단어가 있다.)
④ 사전에서 가장 난해한 단어, 말하자면, 예를 들어, pulchritudinous나
kalokagathia 조차도, 독자가 이미 알고 이해하고 있는 단어를 사용하여
정의되어야 한다. ⑤ 그렇지 않으면, 사전은 그다지 도움이 되지 않는다.

왜 정답·오답? ★★★ [정답률 50%]

글의 앞부분: 사전은 단어의 의미를 다른 단어의 집합을 사용하여 정의하는 것이며,
이러한 사전적 정의에는 한계가 있음

①: 사전이 단어를 정의할 때 사용하는 언어에 대해 독자가 상당한 지식을 갖고 있어
야 함

▶ 사전적 정의의 구체적인 내용으로, 독자가 정의에 활용된 언어에 해박한 지식을
갖고 있어야 한다고 설명하므로, ①은 무관한 문장이 아님

②: 사전은 모르는 단어를 아는 단어로 설명하는 번역기나 상호 참조의 역할을 함

▶ 단어를 이해하기 위해서는 정의에 사용된 다른 단어를 알아야 한다는 앞 문장의 내
용을 아는 단어와 모르는 단어의 상호 참조로 설명하므로, ②은 무관한 문장이 아님

③: 다른 단어를 통해서가 아니라 우리의 경험으로만 정의되는 단어가 있음

▶ 단어를 다른 단어로 정의하는 것이 사전의 한계라는 글의 흐름 중, 다른 단어가 아
니라 경험으로 정의되는 단어를 설명하고 있으므로 ③은 무관한 문장임

④: 사전은 모르는 단어를 아는 단어로 설명해야 함 → 예를 들어(for example), 가
장 난해한 단어들도 독자가 이미 이해하고 있는 단어로 정의해야 함

▶ for example은 앞의 내용에 대한 구체적인 예시가 이어지는 연결어임, ③이 아
닌 ②의 내용이 이어지고 있으므로, ④은 무관한 문장이 아님

⑤: 그렇지 않으면, 사전은 도움이 되지 않음

▶ 사전이 독자들이 이해하고 있는 단어를 사용하여 모르는 단어를 정의하지 않는
상황에 대한 설명이므로, ⑤은 무관한 문장이 아님

＊ 글의 흐름

도입	사전은 한 단어를 다른 단어들의 집합을 사용해 정의함
전개	이러한 '어휘적 정의'에는 한계가 존재하며, 독자가 이미 언어에 대한 충분한 이해를 갖고 있다는 전제를 내포함
예시	난해한 단어들도 결국 독자가 이미 알고 있는 단어로 정의되어야 함
결론	사전은 정의에 사용된 단어를 이해하지 못하면 실용성이 떨어짐

다음 글에서 전체 흐름과 관계 <u>없는</u> 문장은?

The writer and zoologist Desmond Morris observed / that
our feet communicate exactly / what we think / and feel more
honestly / than any other part of our bodies. //
작가이자 동물학자인 Desmond Morris는 관찰했다 / 우리의 발이 정확하게 전달하고 /
우리가 생각하는 것을 / 더 정직하게 느낀다는 것을 / 우리 몸의 어떤 다른 부위보다 //

Why are the feet and legs / such accurate reflectors of our
sentiments? //
왜 발과 다리는 / 우리 감정의 그토록 정확한 반사경인 걸까 //

① For millions of years, / long before humans spoke, / our
legs and feet reacted / to environmental threats (e.g., hot sand,
ill-tempered lions) instantaneously, / without the need for
conscious thought. //
수백만 년 동안 / 인간이 말을 하기 훨씬 이전에 / 우리의 다리와 발은 반응했다 / 환경적인
위협(예를 들면, 뜨거운 모래, 성질이 나쁜 사자)에 대해 즉시 / 의식적 사고에 대한 필요 없이 //

② Our limbic brains / made sure that our feet and legs reacted /
as needed / by either ceasing motion, running away, / or kicking
at a potential threat. //
우리의 변연계 뇌는 / 우리의 발과 다리가 반드시 반응하도록 했다 / 필요에 따라 / 움직임을
멈추거나, 도망가거나 / 혹은 잠재적인 위협에 저항함으로써 // 단서 1 발을 통한 생존법은 조상부터
                                                              지금까지 유지되며 도움이 되고 있음

③ This survival regimen, / retained from our ancestral heritage,
/ has served us well / and continues to do so today. //
이러한 생존 양생법은 / 우리 조상의 유산으로부터 유지되었으며 / 우리에게 도움이 되어 왔고
/ 오늘날에도 계속 그러하다 //

④ In some cultures, therefore, / barefoot walking is considered /
a spiritual practice, / connecting the individual to the ancestors. //)
(따라서, 일부 문화에서는 / 맨발로 걷는 것이 여겨지고 / 영적 수행으로 / 개인을 조상들과
연결한다 //)

⑤ In fact, / these age-old reactions / are still so hardwired in us /
that when we are presented with something dangerous or even
disagreeable, / 단서 2 발과 다리로 반응하는 생존법은 오늘날에도 우리에게 굳어져 있음
사실 / 이러한 오래된 반응은 / 여전히 우리에게 매우 굳어져 있어서 / 우리가 위험하거나
심지어 불쾌한 것에 직면했을 때 /

our feet and legs still react / as they did in prehistoric times. //
우리의 발과 다리는 여전히 반응한다 / 그들이 선사시대에 그랬던 것처럼 //

- zoologist ⓝ 동물학자 • accurate ⓐ 정확한 • reflector ⓝ 반사경
- sentiment ⓝ 감정 • react ⓥ 반응하다 • threat ⓝ 위협
- ill-tempered 성질이 나쁜 • instantaneously ⓐⓓ 즉시
- conscious ⓐ 의식적인 • cease ⓥ 멈추다
- potential ⓐ 잠재적인 • retain ⓥ 유지되다 • ancestral ⓐ 조상의
- heritage ⓝ 유산, 상속 • barefoot ⓐ 맨발의
- spiritual ⓐ 영적인 • hardwired ⓐ 굳어진
- disagreeable ⓐ 불쾌한 • prehistoric ⓐ 선사시대의

작가이자 동물학자인 Desmond Morris는 우리의 발이 우리가 생각하는 것을 정확하게 전달하고 우리 몸의 어떤 다른 부위보다 더 정직하게 느낀다는 것을 관찰했다. 왜 발과 다리는 우리 감정의 그토록 정확한 반사경인 걸까? ① 수백만 년 동안, 인간이 말을 하기 훨씬 이전에, 우리의 다리와 발은 환경적인 위협(예를 들면, 뜨거운 모래, 성질이 나쁜 사자)에 대해, 의식적 사고에 대한 필요 없이, 즉시 반응했다. ② 우리의 변연계 뇌는 움직임을 멈추거나, 도망가거나, 혹은 잠재적인 위협에 저항함으로써 필요에 따라 우리의 발과 다리가 반드시 반응하도록 했다. ③ 이러한 생존 양생법은, 우리 조상의 유산으로부터 유지되었으며, 우리에게 도움이 되어 왔고 오늘날에도 계속 그러하다. (④ 따라서, 일부 문화에서는, 맨발로 걷는 것이 영적 수행으로 여겨지고, 개인을 조상들과 연결한다.) ⑤ 사실, 이러한 오래된 반응은 여전히 우리에게 매우 굳어져 있어서 우리가 위험하거나 심지어 불쾌한 것에 직면했을 때, 우리의 발과 다리는 그들이 선사시대에 그랬던 것처럼 여전히 반응한다.

왜 정답·오답? ✹✹✹ [정답률 78%]

글의 앞부분: 동물학자 Desmond Morris는 발이 어떤 다른 부위보다도 생각을 정확하게 전달하고 정직하게 느낀다는 점을 관찰했음

①: 인간이 말을 하기 전부터 우리의 다리와 발은 환경적 위협에 무의식적으로 반응했음

▶ 인간이 발과 다리를 통해 생각을 정확하게 전달하고 감정을 나타낼 수 있는 이유로, 인간이 수백만 년 동안 발을 통해 환경적 위협에 반응했다고 설명하므로, ①은 무관한 문장이 아님

②: 뇌의 변연계는 필요에 따라 정지, 도망, 저항을 위해 발과 다리가 반응하도록 함

▶ 인간이 수백만 년 동안 발을 통해 환경적 위협에 반응했다는 앞 문장의 내용에 이어, 구체적으로 뇌가 발이 위협에 반응하도록 했다고 설명하므로, ②은 무관한 문장이 아님

③: 이러한 생존 전략은 우리의 조상으로부터 현재 인류에게까지 유지되고 도움이 되어 옴

▶ '이러한 생존 양생법'은 발을 통해 정지, 도망, 저항 등의 방식으로 위협에 반응했던 전략을 가리키고 있으므로, ③은 무관한 문장이 아님

④: 따라서(therefore) 일부 문화에서 맨발 걷기는 자신과 조상을 연결해 주는 영적 수행으로 여겨짐

▶ '따라서(therefore)'는 앞의 내용에 관한 결과가 이어지는 연결어인데, 발을 통해 생존해 온 전략이 조상으로부터 이어져 왔다는 내용과 연결되지 않으므로, ④은 무관한 문장임

⑤: 이러한 발의 반응은 오랫동안 인류에게 굳어져 있어서, 인류는 선사시대에 그랬던 것처럼 오늘날에도 여전히 발로 반응함

▶ '이러한 오래된 반응'은 ③에서 설명된 조상에서부터 내려온 발을 통해 위협에 반응했던 방식을 가리키고 있으므로, ⑤은 무관한 문장이 아님

＊ 글의 흐름

도입	발과 다리가 우리 감정을 정확하게 반영하는 이유가 무엇인가?
본론 ①	인간은 수백만 년 동안 발을 통해 환경적 위협에 정지, 도망, 저항 등의 방식으로 무의식적으로 반응했음
본론 ②	이러한 발을 통한 생존 전략은 현재 인류에게까지 유지되고 도움이 되어 옴
결론	발의 반응은 오랫동안 인류에게 굳어져 있어서, 인류는 선사시대에 그랬던 것처럼 오늘날에도 여전히 발로 반응함

N 05 정답 ④ ＊아인슈타인 이론의 관측적 증거

다음 글에서 전체 흐름과 관계 없는 문장은?

According to Einstein's theory, / a large mass like the Sun / 'bends' space-time. //
아인슈타인의 이론에 따르면 / 태양과 같은 큰 질량은 / 시공간을 '휘어지게 한다' //

Newton's theory / makes no such prediction. //
뉴턴의 이론은 / 그런 예측을 하지 않는다 //

① This bending of space-time / leads to phenomena such as 'gravitational lensing' / where the light of distant stars / appears to be in different locations / when they pass by a large mass like the Sun. //
관계부사: where / 부사절 접속사 (시간): when
이런 시공간의 휘어짐은 / '중력 렌즈 효과'와 같은 현상으로 이어진다 / 멀리 있는 별의 빛이 / 다른 위치에 있는 것처럼 보이는 / 태양과 같은 거대한 질량 옆을 지날 때 //

② We don't normally see this lensing / because stars aren't visible / during the day when the Sun is out, / but a solar eclipse in 1919 / allowed scientists to observe / what the Sun's gravity was doing / to the light from distant stars. //
관계부사 (선행사: the day): when / 절과 절을 잇는 등위접속사: but / 의문사절: what
우리는 이러한 렌즈 효과를 보통 보지 못하지만 / 별들이 보이지 않기 때문에 / 태양이 떠 있는 낮 동안 / 1919년의 일식은 / 과학자들이 관찰할 수 있게 해 주었다 / 태양의 중력이 어떤 영향을 주는지 / 멀리 있는 별로부터 오는 빛에 //
단서 1 태양 주변에 있던 별들이 원래 있어야 할 위치와 다른 곳에 있었음을 확인함

③ The stars around the Sun / appeared to have moved / from their normal positions in the night sky. //
to부정사의 완료형
태양 주변의 별들은 / 이동한 것처럼 보였다 / 밤하늘의 그것들의 정상적인 위치에서부터 //

④ Despite the consistent efforts / to confirm the precise orbit / of planets within our solar system, / observational schedules were often disrupted / by local weather phenomena. //
형용사적 용법 (efforts 수식) / 수동태 동사
(지속적인 노력에도 불구하고 / 정확한 궤도를 확인하려는 / 우리 태양계 안에서의 행성들의 / 관찰 스케줄은 자주 방해받는다 / 지역의 날씨 현상에 의해 //)

⑤ The shift was much larger / than Newton's theory predicted, / but exactly in the positions / predicted by Einstein's theory. //
비교급 강조 / 과거분사구 (positions 수식)
그 이동은 훨씬 더 컸지만 / 뉴턴의 이론이 예측한 것보다 / 위치에 정확히 있었다 / 아인슈타인의 이론에 의해 예측된 //
단서 2 그 이동은 뉴턴의 이론으로는 설명할 수 없었고, 아인슈타인의 이론은 정확히 예측함

- mass ⓝ 질량 • bend ⓥ 구부리다, 휘게 하다
- phenomenon ⓝ 현상 • gravitational ⓐ 중력의
- precise ⓐ 정확한 • orbit ⓝ 궤도 • solar system 태양계
- observational ⓐ 관찰의 • disrupt ⓥ 방해하다 • shift ⓝ 이동

아인슈타인의 이론에 따르면, 태양과 같은 큰 질량은 시공간을 '휘어지게 한다'. 뉴턴의 이론은 그런 예측을 하지 않는다. ① 이런 시공간의 휘어짐은 멀리 있는 별의 빛이 태양과 같은 거대한 질량 옆을 지날 때 다른 위치에 있는 것처럼 보이는 '중력 렌즈 효과'와 같은 현상으로 이어진다. ② 우리는 태양이 떠 있는 낮 동안 별들이 보이지 않기 때문에 이러한 렌즈 효과를 보통 보지 못하지만, 1919년의 일식은 태양의 중력이 멀리 있는 별로부터 오는 빛에 어떤 영향을 주는지 과학자들이 관찰할 수 있게 해 주었다. ③ 태양 주변의 별들은 밤하늘의 그것들의 정상적인 위치에서부터 이동한 것처럼 보였다. (④ 우리 태양계 안에서의 행성들의 정확한 궤도를 확인하려는 지속적인 노력에도 불구하고, 관찰 스케줄은 지역의 날씨 현상에 의해 자주 방해받는다.) ⑤ 그 이동은 뉴턴의 이론이 예측한 것보다 훨씬 더 컸지만, 아인슈타인의 이론에 의해 예측된 위치에 정확히 있었다.

왜 정답·오답? ✹✹✹ [정답률 65%]

글의 앞부분: 아인슈타인은 태양과 같은 큰 질량이 시공간을 휘게 한다고 설명했으나, 뉴턴은 이런 예측을 하지 않음

①: 이런 시공간의 휘어짐은 별이 태양 옆을 지날 때 다른 위치에 있는 것처럼 보이게 만듦

▶ 큰 질량이 시공간을 휘게 한다는 아인슈타인의 설명에 대한 구체적인 예시로 질량이 큰 태양을 지날 때 별의 시공간이 달라진다고 설명하므로, ①은 무관한 문장이 아님

②: 별들이 낮에는 보이지 않기 때문에 이러한 효과를 보통 관찰할 수 없지만, 1919년 일식이 발생하여 이 효과를 볼 수 있게 됨

▶ 별의 위치가 왜곡되는 '중력 렌즈 효과'는 밝을 때 관찰할 수 없지만, 일식의 발생으로 관찰할 수 있게 되었다고 설명하므로, ②은 무관한 문장이 아님

③: 태양 주변의 별들은 밤하늘에서의 정상적인 위치에서 이동한 것처럼 보였음

▶ 1919년 일식을 통해 태양 주변의 별들이 실제로 정상적인 위치에서 이동한 것처럼 보였다고 설명하므로, ③은 무관한 문장이 아님

④: 행성의 정확한 궤도를 확인하려고 꾸준히 노력하지만, 관찰은 날씨에 의해 방해받는 경우가 많음

▶ 이미 일식이 발생했을 때 별의 움직임을 관찰할 수 있었다고 했으므로, 날씨에 따라 관찰이 방해받을 수 있다는 내용의 ④은 무관한 문장임

⑤: 그 이동은 뉴턴이 예측한 것보다 훨씬 컸지만, 아인슈타인이 예측한 위치와 정확히 맞았음

▶ '그 이동(The shift)'은 ③에서 설명한 태양과 가까운 별이 정상적인 위치에서 벗어나 다른 곳으로 이동해 있었다는 내용을 가리키므로, ⑤은 무관한 문장이 아님

＊ 글의 흐름

도입	아인슈타인은 큰 질량이 시공간을 휘게 한다는 이론을 통해 뉴턴의 이론과 차이를 보임
본론	이 시공간의 휘어짐은 중력 렌즈 효과를 일으키며, 1919년 일식 관측에서 별의 이동을 통해 증명됨
결론	이 일식 관측을 통해 아인슈타인의 시공간 휘어짐 이론이 뉴턴의 이론보다 더 정확하다는 것이 입증됨

N 06 정답 ④ ＊공유지 비극의 시작과 종말

다음 글에서 전체 흐름과 관계 없는 문장은?

Any new resource / (e.g., a new airport, a new mall) / always opens / with people benefiting individually / by sharing a common resource / (e.g., the city or state budget). //
어떤 새로운 자원은 / (예를 들어, 새로운 공항, 새로운 쇼핑센터) / 항상 시작된다 / 사람들이 개별적으로 이익을 얻으면서 / 공동의 자원을 공유함으로써 / (예를 들어, 시 또는 주 예산을) //

Soon, at some point, / the amount of traffic grows too large / for the "commons" to support. //
곧, 어느 시점에서 / 교통량은 너무 커진다 / '공유지'가 견디기에 //

① Traffic jams, overcrowding, and overuse / lessen the benefits of the common resource / for everyone / — the tragedy of the commons! //
교통 체증, 과밀, 그리고 과도한 사용은 / 공유 자원의 혜택을 줄이는데 / 모두를 위한 / 공유지의 비극이다 //

② If the new resource cannot be expanded / or provided with additional space, / it becomes a problem, /
만약 새로운 자원이 확장될 수 없거나 / 추가적인 공간이 제공될 수 없다면 / 이것은 문제가 되고 /

and you cannot solve the problem on your own, / in isolation from your fellow drivers or walkers or competing users. //
여러분은 혼자서 문제를 해결할 수 없다 / 여러분의 동료 운전자나 보행자 또는 경쟁 사용자들로부터 고립된 상태로 //

③ The total activity on this new resource / keeps increasing, / and so does individual activity; /
이 새로운 자원에 대한 총활동은 / 계속 증가하고 / 개인 활동도 증가한다 /

but if the dynamic of common use and overuse continues too long, / both begin to fall after a peak, / leading to a crash. //
그러나 만약 공동 사용과 과도한 사용의 역학이 너무 오래 지속되면 / 둘 다 정점 이후에 떨어지기 시작하고 / 몰락으로 이어진다 //

④ Likewise, common resource / such as knowledge and information / is infinite one / whose relative value decreases / as the number of users increases, /
(마찬가지로 공동의 자원은 / 지식 그리고 정보와 같은 / 무한한 것이지만 / 상대적 가치가 떨어지는 / 사용자의 수가 증가할 때 /

but will not be totally consumed / though overused. //)
완전히 소모되지는 않을 것이다 / 과도하게 사용된다고 할지라도 //)

⑤ What makes the "tragedy of commons" tragic / is the crash dynamic / — the destruction or degeneration / of the common resource's ability / to regenerate itself. //
'공유지의 비극'을 비극적이게 만드는 것은 / 몰락 역학이다 / 파괴 또는 퇴보 / 공동 자원의 능력의 / 그 스스로를 재생산할 수 있는 //

- **benefit** ⓥ 이익을 얻다
- **common resource** 공동 자원
- **traffic jam** 교통 체증
- **overuse** ⓝ 과도한 사용
- **tragedy** ⓝ 비극
- **expand** ⓥ 확장하다
- **dynamic** ⓝ 역학
- **infinite** ⓐ 무한한
- **destruction** ⓝ 파괴
- **degeneration** ⓝ 퇴보
- **regenerate** ⓥ 재생산하다

어떤 새로운 자원(예를 들어, 새로운 공항, 새로운 쇼핑센터)은 항상 공동의 자원(예를 들어, 시 또는 주 예산)을 공유함으로써 사람들이 개별적으로 이익을 얻으면서 시작된다. 곧, 어느 시점에서, 교통량은 '공유지'가 견디기에 너무 커진다. ① 교통 체증, 과밀, 그리고 과도한 사용은 모두를 위한 공유 자원의 혜택을 줄이는데, 이것은 즉 공유지의 비극이다! ② 만약 새로운 자원이 확장될 수 없거나 추가적인 공간이 제공될 수 없다면, 이것은 문제가 되고, 여러분은 여러분의 동료 운전자나 보행자 또는 경쟁 사용자들로부터 고립된 상태로 혼자서 문제를 해결할 수 없다. ③ 이 새로운 자원에 대한 총활동은 계속 증가하고, 개인 활동도 증가한다. 그러나 만약 공동 사용과 과도한 사용의 역학이 너무 오래 지속되면, 둘 다 정점 이후에 떨어지기 시작하고, 몰락으로 이어진다. (④ 마찬가지로, 지식 그리고 정보와 같은 공동의 자원은 사용자의 수가 증가할 때 상대적 가치가 떨어지는 무한한 것이지만, 과도하게 사용된다고 할지라도 완전히 소모되지는 않을 것이다.) ⑤ '공유지의 비극'을 더 비극적이게 만드는 것은 몰락 역학, 즉 그 스스로를 재생산할 수 있는 공동 자원의 능력의 파괴 또는 퇴보이다.

왜 정답·오답? ★★★ [정답률 55%]

글의 앞부분: 새로운 자원은 공동의 예산을 사용해 개인이 이익을 얻으면서 시작되는데, 어느 시점에서 곧 교통량은 공유지가 견디기에는 너무 많아지고 문제가 된다는 내용으로, 공유지의 문제점에 관해 설명하고자 함

①: 공유지에서 발생하는 교통 체증, 과밀 등은 공유 자원의 혜택이 줄어들게 만들고, 이를 공유지의 비극이라 부름

▶ 공유지에 나타나는 문제점과 이에 대한 용어를 설명하고 있으므로, ①은 무관한 문장이 아님

②: 새로운 공항이나 쇼핑센터가 만들어지거나 기존 공간이 넓어지지 않는다면, 이 공유지의 비극은 점점 현실적인 문제가 되며, 이 문제는 개별 이용자들의 노력만으로는 해결될 수 없음

▶ 공유지의 비극을 직접적으로 해결할 방법이 도입되지 않는다면, 개인의 노력은 이 문제를 해결할 수 없다고 설명하고 있으므로, ②은 무관한 문장이 아님

③: 공유지를 과도하게 사용하는 문제가 지속된다면, 공동 사용과 과도한 사용이 정점을 찍은 후에 떨어지기 시작하고, 몰락으로 이어짐

▶ 공유지의 과도한 사용이 비극적인 결말을 가져올 것이라고 설명하고 있으므로, ③은 무관한 문장이 아님

④: 마찬가지로, 지식이나 정보와 같은 공동의 자원은 과도하게 사용될지라도 완전히 소모되지는 않음

▶ 앞에 제시된 내용은 공유 자원의 과도한 사용이 몰락으로 이어질 것이라 설명했는데, 이와 마찬가지의 내용이라고 시작하면서 공동의 자원이 과도한 사용에도 완전히 소모되지는 않을 것이라고 설명하고 있으므로, ④은 무관한 문장임

⑤: 공유지의 비극은 스스로를 재생산할 수 있는 공동 자원까지도 파괴된다는 점에서 더 비극적임

▶ ③에서 공유지의 과도한 사용은 몰락으로 이어질 것이고, 그 상황에서 공유지는 스스로 재생산할 수 있는 능력조차 파괴된다는 것이 더 비극적이라고 설명하고 있으므로, ⑤은 무관한 문장이 아님

* 글의 흐름

도입	공항이나 쇼핑센터 등 새로운 공동의 자원은 어느 시점에서 문제가 발생함
전개	공유지에서 발생하는 교통 체증, 과밀 등은 공유 자원의 혜택이 줄어들게 만들고, 이를 공유지의 비극이라 부름
부연 ①	새로운 공항이나 쇼핑센터가 만들어지거나 기존 공간이 넓어지지 않는다면, 공유지의 비극은 개별 이용자들의 노력만으로는 해결될 수 없음
부연 ②	공유지를 과도하게 사용하는 문제가 지속된다면, 공유지의 몰락으로 이어지며, 스스로를 재생산할 수 있는 공동 자원까지도 파괴됨

N 07 정답 ③ *곡물을 건강하게 가공하는 방법

다음 글에서 전체 흐름과 관계 없는 문장은?

Minimal processing can be one of the best ways / **to keep** [형용사적 용법 (ways 수식)]
original flavors and taste, / without any need / **to add** artificial [형용사적 용법 (need 수식)]
flavoring or additives, or too much salt. //
최소한의 가공은 가장 좋은 방법 중 하나일 수 있다 / 본연의 풍미와 맛을 유지하는 / 필요 없이 / 인공 향료나 첨가물, 또는 과도한 소금을 넣을 //

This would also be the efficient way / **to keep** most nutrients, / [형용사적 용법 (way 수식)]
especially the most sensitive **ones** / such as many vitamins and [= nutrients]
anti-oxidants. //
이것은 또한 효율적인 방법일 수 있다 / 대부분의 영양소를 유지하는 / 특히 가장 민감한 영양소 / 많은 비타민과 항산화물질과 같은 //

① Milling of cereals / is one of the most harsh processes / **which** [주격 관계대명사]
dramatically affect nutrient content. //
곡물을 제분하는 것은 / 가장 가혹한 과정 중 하나이다 / 영양소 함량에 크게 영향을 미치는 //

② **While** grains are naturally very rich / in micronutrients, anti- [부사절 접속사 (양보)]
oxidants and fiber / (i.e. in wholemeal flour or flakes), /
곡물에는 자연적으로 매우 풍부하지만 / 미량 영양소, 항산화물질, 그리고 섬유질이 / (즉 통밀가루 또는 플레이크에는) /

[단서 1 곡물을 제분하면 풍부했던 영양소, 섬유질 등이 제거됨]
milling usually removes / the vast majority of minerals, vitamins
and fibers / **to raise** white flour. // [부사적 용법 (목적)]
제분이 일반적으로 제거한다 / 대부분의 미네랄, 비타민 그리고 섬유질을 / 흰 밀가루를 만들기 위해 /

[단서 2 곡물 생산을 늘리는 법은 곡물의 가공 방식을 설명하는 글 전체의 내용과 관계 없음]
③ To increase grain production, / the use of chemical fertilizers
should be minimized, / and insect-resistant grain varieties
should be developed. //) [조동사를 포함하는 수동태]
(곡물 생산을 늘리려면 / 화학비료 사용이 최소화되어야 하고 / 해충에 강한 곡물 품종이 개발되어야 한다 //)

[단서 3 주요 영양소와 섬유질이 손상되는 것은 건강한 식단에서 용납될 수 없음]
④ Such a spoilage of key nutrients and fiber / is no longer
acceptable / in the context of a sustainable diet / **aiming at an**
optimal nutrient density and health protection. // [현재분사구 (diet 수식)]
주요 영양소와 섬유질의 그러한 손상은 / 더 이상 받아들여질 수 없다 / 지속 가능한 식단의 맥락에서 / 최적의 영양소 밀도와 건강 보호를 목표로 하는 //

⑤ In contrast, / **fermentation of various foodstuffs** / or
germination of grains / are traditional, locally accessible, / low- [병렬 구조 (주어)]
energy and highly nutritious processes / of sounded interest. //
대조적으로 / 다양한 식품의 발효나 / 곡물의 발아는 / 전통적이고, 현지에서 접근 가능하며 / 에너지가 적게 들고, 매우 영양가 있는 과정이다 / 알려진 관심을 받는 //

- minimal ⓐ 최소한의
- processing ⓝ 가공
- flavor ⓝ 풍미
- artificial ⓐ 인공적인
- flavoring ⓝ 향료
- additive ⓝ 첨가물
- sensitive ⓐ 민감한
- anti-oxidant 항산화물질
- milling ⓝ 제분
- cereal ⓝ 곡물
- harsh ⓐ 가혹한
- dramatically ⓐⓓ 격적으로
- grain ⓝ 곡물
- rich ⓐ 풍부한
- micronutrient ⓝ 미량 영양소
- fiber ⓝ 섬유질
- wholemeal ⓐ 통밀로 된
- fertilizer ⓝ 비료
- spoilage ⓝ 손상
- density ⓝ 밀도
- foodstuff ⓝ 식품, 식량

최소한의 가공은 인공 향료나 첨가물, 또는 과도한 소금을 넣을 필요 없이 본연의 풍미와 맛을 유지하는 가장 좋은 방법 중 하나일 수 있다. 이것은 또한 대부분의 영양소, 특히 많은 비타민과 항산화물질과 같은 가장 민감한 영양소를 유지하는 효율적인 방법일 수 있다. ① 곡물을 제분하는 것은 영양소 함량에 크게 영향을 미치는 가장 가혹한 과정 중 하나이다. ② 곡물에는 (즉 통밀가루 또는 플레이크에는) 미량 영양소, 항산화물질, 그리고 섬유질이 자연적으로 매우 풍부하지만, 제분이 일반적으로 흰 밀가루를 만들기 위해 대부분의 미네랄, 비타민 그리고 섬유질을 제거한다. (③ 곡물 생산을 늘리려면 화학비료 사용이 최소화되어야 하고 해충에 강한 곡물 품종이 개발되어야 한다.) ④ 주요 영양소와 섬유질의 그러한 손상은 최적의 영양소 밀도와 건강 보호를 목표로 하는 지속 가능한 식단의 맥락에서 더 이상 받아들여질 수 없다. ⑤ 대조적으로, 다양한 식품의 발효나 곡물의 발아는 알려진 관심을 받는 전통적이고, 현지에서 접근 가능하며, 에너지가 적게 들고, 매우 영양가 있는 과정이다.

> ⓦ 정답·오답? [정답률 73%]

⊏ **글의 앞부분:** 최소한의 가공을 통해 식품 본연의 풍미와 영양소를 유지할 수 있음
⊏ **①:** 곡물을 제분하는 것은 영양소에 악영향을 줌
▶ 앞부분에 나온 최소한의 가공으로 영양소를 유지한다는 내용에 이어 곡물을 제분하는 것은 영양소에 악영향을 줄 것이라고 설명한 ①은 무관한 문장이 아님
⊏ **②:** 곡물에 원래 있던 풍부한 영양소와 섬유질은 제분 과정을 통해 제거됨
▶ 곡물을 제분하는 과정에서 영양소가 제거될 것이라는 ②은 무관한 문장이 아님
③: 곡물의 생산량을 늘리기 위한 방식을 제시한 문장으로, 곡물의 가공 방식을 설명한 전체 글의 내용과 맞지 않음
▶ ③은 무관한 문장임
⊏ **④:** 제분을 통해 영양소가 제거된 곡물은 건강한 식단 차원에서 받아들여질 수 없음
▶ ④은 무관한 문장이 아님
⑤: 제분과 반대로 발효, 발아 가공 방식은 전통적이면서 에너지가 적게 들고, 현지에서도 쉽게 행할 수 있으며 영양가 있는 과정임
▶ 제분의 문제점을 설명한 뒤, 이와 상반되는 개념으로 발효, 발아 가공 방식을 설명한 ⑤은 무관한 문장이 아님

*** 글의 흐름**

도입	최소한의 가공을 통해 식품 본연의 풍미와 영양소를 유지할 수 있음
전개	**제분:** 영양소와 섬유질이 파괴되어 건강한 식단에 적합하지 않음
대조	**발효나 발아:** 에너지가 적게 들고 매우 영양가 있는 가공 과정임

N 08 정답 ③ *음식에 향신료를 사용하는 진화론적인 이유

다음 글에서 전체 흐름과 관계 없는 문장은?

We are the only species / **that** seasons its food, / deliberately [주격 관계대명사]
altering it / with the highly flavored plant parts / **we call herbs** [분사구문을 이끄는 현재분사]
and spices. // [앞에 목적격 관계대명사 생략]
우리는 유일한 종으로 / 음식에 양념을 하는 / 그것(음식)을 의도적으로 바꾼다 / 강한 맛을 내는 식물의 부분을 이용하여 / 허브와 향신료라고 부르는 //

It's quite possible / **that** our taste for spices / has an evolutionary [가주어] [진주어절 접속사]
root. // [단서 1 인간이 음식에 향신료를 사용하는 이유를 진화론적인 관점에서 설명하고자 함]
가능성이 높다 / 향신료에 대한 우리의 미각은 / 진화적 뿌리를 가지고 있을 //

① Many spices have antibacterial properties / — in fact,
common seasonings such as garlic, onion, and oregano / inhibit
the growth of almost every bacterium **tested**. // [과거분사 (bacterium 수식)]
많은 향신료가 항균성을 가지고 있는데 / 실제로 마늘, 양파, 오레가노와 같은 흔한 조미료들이 / 거의 모든 확인된 박테리아의 성장을 억제한다 //

② And **the cultures that** make the heaviest use of spices / — [복수 주어] [주격 관계대명사]
think of the garlic and black pepper of Thai food, / the ginger
and coriander of India, / the chili peppers of Mexico — /
그리고 향신료를 가장 많이 사용하는 문화권은 / 태국 음식의 마늘과 후추를 생각해 보면 / 인도의 생강과 고수 / 그리고 멕시코의 고추를 (생각해 보면) /

복수 동사 / 계속적 용법의 관계부사

come from warmer climates, / **where** bacterial spoilage is a
bigger issue. // 단서 2 향신료를 많이 사용하는 문화권은 주로 따뜻한 나라로,
향신료의 항균성으로 음식의 부패를 막음
더 따뜻한 기후에서 유래하는데 / 그곳에서는 박테리아에 의한 (음식의) 부패가 큰
문제이다 // 단서 3 기후 변화는 향신료 시장에 영향을 줄 수 있다는 문장으로,
경제학적인 관점에서 접근하여 전체 내용과 관련이 없음

③The changing climate / can have a significant impact / on the
production and availability of spices, / **influencing their growth**
patterns / and ultimately affecting global spice markets. //) 분사구문
(변화하는 기후는 / 많은 영향을 미칠 수 있기 때문에 / 향신료의 생산과 이용 가능성에 /
그들(향신료)의 성장 방식에 영향을 주고 / 궁극적으로 세계 향신료 시장에 영향을 미친다 //)

= cuisines
④ In contrast, / the most lightly spiced cuisines / — **those**
of Scandinavia and northern Europe — / are from cooler
climates. // 단서 4 반대로, 향신료를 적게 사용하는 문화권은 주로 서늘한 나라로,
박테리아의 위험에서 비교적 안전함
반대로 / 가장 향신료를 적게 쓰는 요리는 / 스칸디나비아와 북유럽의 요리같이 / 더 서늘한
기후에서 유래한다 //

⑤ Our uniquely human attention to flavor, / in this case the
to부정사의 완료형
flavor of spices, / turns out **to have arisen** / as a matter of life and
death. // 맛에 대한 인간 특유의 관심 / 이 경우 향신료의 맛은 / 생겨난 것으로 드러난다
/ 사느냐 죽느냐의 문제로서 //

- **season** ⓥ 양념하다 · **deliberately** ⓐⓓ 의도적으로
- **alter** ⓥ 바꾸다 · **flavor** ⓥ 맛을 내다 · **herb** ⓝ 허브
- **spice** ⓝ 향신료 · **evolutionary** ⓐ 진화의
- **antibacterial** ⓐ 항균성의 · **inhibit** ⓥ 억제하다
- **bacterium** ⓝ 박테리아 (*pl.* bacteria) · **ginger** ⓝ 생강
- **coriander** ⓝ ((향신료)) 고수 · **spoilage** ⓝ 부패 · **arise** ⓥ 생기다

우리는 음식에 양념을 하는 유일한 종으로, 허브와 향신료라고 부르는 강
한 맛을 내는 식물의 부분을 이용하여 그것(음식)을 의도적으로 바꾼다.
향신료에 대한 우리의 미각은 진화적 뿌리를 가지고 있을 가능성이 높다.
① 많은 향신료가 항균성을 가지고 있는데, 실제로 마늘, 양파, 오레가노
와 같은 흔한 조미료들이 거의 모든 확인된 박테리아의 성장을 억제한다.
② 그리고 태국 음식의 마늘과 후추, 인도의 생강과 고수, 멕시코의 고추를
생각해 보면, 향신료를 가장 많이 사용하는 문화권은 더 따뜻한 기후에서
유래하는데, 그곳에서는 박테리아에 의한 (음식의) 부패가 큰 문제이다.
(③ 변화하는 기후는 향신료의 생산과 이용 가능성에 많은 영향을 미칠 수
있기 때문에, 그들(향신료)의 성장 방식에 영향을 주고, 궁극적으로 세계
향신료 시장에 영향을 미친다.) ④ 반대로, 스칸디나비아와 북유럽의 요리
같이 가장 향신료를 적게 쓰는 요리는 더 서늘한 기후에서 유래한다. ⑤ 맛
에 대한 인간 특유의 관심, 이 경우 향신료의 맛은 사느냐 죽느냐의 문제로
서 생겨난 것으로 드러난다.

정답·오답❓ ✲✲✲ [정답률 60%]

글의 앞부분: 인간이 음식에 향신료를 사용하는 이유를 진화론적인 관점에서 설명하
고자 함

① : 인간이 사용하는 향신료는 박테리아의 성장을 억제하는 항균성을 가지고 있음
▶ 인간이 사용하는 향신료가 진화론적 관점에서 우리에게 어떤 의미를 지니는지
설명하고자 하므로, ①은 무관한 문장이 아님

② : 향신료를 많이 사용하는 문화권은 주로 따뜻한 나라로, 향신료의 항균성으로 박
테리아에 의한 음식의 부패를 막음
▶ 따뜻한 문화권에서 향신료를 많이 사용하는 이유를 박테리아에 대한 생존으로 설
명하므로, ②은 무관한 문장이 아님

③ : 기후 변화는 향신료의 생산과 이용 가능성에 영향을 주어 향신료 시장에 영향을
줄 수 있음
▶ 기후와 향신료의 관계를 진화론적인 관점이 아니라 경제학적인 관점에서 접근하
여 ③은 무관한 문장임

④ : 따뜻한 문화권에서는 향신료를 많이 사용함 ➔ 반대로, 서늘한 문화권에서는 향
신료를 적게 사용함 ➔ In contrast(반대로)는 앞의 내용과 대조적인 내용을 잇는
연결어이므로, ③이 아닌 ②의 뒤에 와야 함
▶ ④은 무관한 문장이 아님

⑤ : 향신료를 사용하는 것은 인간의 생존과 직결된 문제임
▶ ⑤은 무관한 문장이 아님

N 09 정답 ③ *통치자들이 약해서 탄생한 유럽 초기 민주주의

다음 글에서 전체 흐름과 관계 없는 문장은?

주격 보어절 접속사
The irony of early democracy in Europe / is **that** it thrived and
prospered precisely / because European rulers for a very long
time were remarkably weak. // 단서 1 유럽 초기 민주주의는 통치자들이
약했기 때문에 번영함
유럽 초기 민주주의의 아이러니는 / 바로 그것이 번성하고 번영했다는 것이다 / 유럽의
통치자들이 매우 오랫동안 현저하게 약했기 때문에 //

① For more than a millennium after the fall of Rome, / European
목적어
rulers lacked the ability / **to assess** what their people were
producing / and **to levy** substantial taxes based on this. // 병렬 구조
로마의 멸망 후 천 년 넘게 / 유럽의 통치자들은 능력이 부족했다 / 백성들이 생산하고 있던
것을 평가하고 / 이를 바탕으로 상당한 세금을 부과할 //

형용사적 용법 (way 수식) / 명사적 용법 (주격 보어)
② The most striking way **to illustrate** European weakness / is **to**
show how little revenue they collected. //
유럽의 약함을 설명하는 가장 눈에 띄는 방법은 / 그들이 거둔 세입이 얼마나 적은지를
보여주는 것이다 // 단서 2 적은 세금을 거두었다는 점에서 유럽 통치자들의 약함을
설명했으므로, 막대한 세입을 거두었다는 내용은 관련 없음

③For this reason, / tax collectors in Europe were able to collect
/ a huge amount of revenue / and therefore **had a great influence**
병렬 구조 (동사)
/ on **how society should function**. //) 간접의문문
(이러한 이유로 / 유럽의 세금 징수원은 거둘 수 있었고 / 막대한 액수의 세입을 / 따라서 큰
영향을 미쳤다 / 사회가 어떻게 기능해야 하는지에 //)

④ Europeans would eventually develop / strong systems of
revenue collection, / but **it** took them an awfully long time / **to**
가주어 / 진주어
do so. // 유럽인들은 결국 개발했지만 / 강력한 세입 징수 시스템을 / 엄청나게 오랜
시간이 걸렸다 / 그렇게 하는 데는 //

⑤ In medieval times, and for part of the early modern era, /
중세와 초기 근대의 일부 동안 / 단서 3 유럽 통치자들은 오랫동안 중국이나
이슬람의 통치자들보다 세입이 적었음
Chinese emperors and Muslim caliphs / were able to extract
비교급 강조 부사
much more of economic production / than any European ruler /
with the exception of small city-states. //
중국의 황제들과 이슬람 문명의 칼리프들은 / 경제적 생산물에서 훨씬 더 많은 것을 얻어낼 수
있었다 / 어떤 유럽 통치자들보다 / 작은 도시 국가들을 제외한 //

- **democracy** ⓝ 민주주의 · **thrive** ⓥ 번성하다
- **prosper** ⓥ 번영하다 · **remarkably** ⓐⓓ 현저하게
- **millennium** ⓝ 천 년 · **assess** ⓥ 가늠하다, 평가하다
- **substantial** ⓐ 상당한 · **striking** ⓐ 눈에 띄는, 두드러진
- **revenue** ⓝ 세입 · **awfully** ⓐⓓ 엄청나게 · **medieval** ⓐ 중세의
- **emperor** ⓝ 황제 · **extract** ⓥ 얻어내다 · **exception** ⓝ 예외
- **city-state** 도시 국가

유럽 초기 민주주의의 아이러니는 바로 유럽의 통치자들이 매우 오랫동안
현저하게 약했기 때문에 그것이 번성하고 번영했다는 것이다. ① 로마의
멸망 후 천 년 넘게, 유럽의 통치자들은 백성들이 생산하고 있던 것을
평가하고 이를 바탕으로 상당한 세금을 부과할 능력이 부족했다.
② 유럽의 약함을 설명하는 가장 눈에 띄는 방법은 그들이 거둔 세입이
얼마나 적은지를 보여주는 것이다. (③ 이러한 이유로, 유럽의 세금

징수원은 막대한 액수의 세입을 거둘 수 있었고 따라서 사회가 어떻게 기능해야 하는지에 큰 영향을 미쳤다.) ④ 유럽인들은 결국 강력한 세입 징수 시스템을 개발했지만, 그렇게 하는 데는 엄청나게 오랜 시간이 걸렸다. ⑤ 중세와 초기 근대의 일부 동안, 중국의 황제들과 이슬람 문명의 칼리프들은 작은 도시 국가들을 제외한 어떤 유럽 통치자들보다 경제적 생산물에서 훨씬 더 많은 것을 얻어낼 수 있었다.

정답 · 오답? ★★★ [정답률 37%]

첫 문장: 통치자들이 약했던 것이 어떻게 초기 민주주의의 번영을 이끌 수 있었는지에 대한 설명이 이어질 것이다.

①: 유럽의 통치자들은 천 년이 넘도록 백성들에게 제대로 세금을 걷을 능력이 없었다.
▶ 통치자의 약함을 설명하는 ①은 무관한 문장이 아님

②: 유럽의 통치자들이 거둔 세입이 적다는 점을 통해 통치자들의 약함을 설명하고 있다.
▶ ②은 무관한 문장이 아님

③: For this reason은 앞에 언급된 원인의 결과를 이어주는 연결어인데, 앞의 내용은 유럽 통치자들이 적은 세입을 거두고 있으므로 약하다는 점을 파악할 수 있다는 내용이다. 이에 대한 결과로는 유럽의 초기 민주주의가 번영했다는 내용이 이어져야 한다.
▶ 유럽의 세금 징수원이 막대한 세입을 거두었다는 내용은 글의 흐름과 맞지 않으므로 ③이 무관한 문장임

④: 유럽이 강력한 세입 징수 시스템을 도입하기까지는 매우 오랜 시간이 걸렸다는 내용은 ③이 아닌 ①, ②에서 유럽의 세금 시스템이 갖춰지지 않았다는 내용과 이어진다.
▶ ④은 무관한 문장이 아님

⑤: 유럽 통치자들이 거둔 세입이 적었음을 중국이나 이슬람의 통치자들과 비교하며 설명하고 있다.
▶ ⑤은 무관한 문장이 아님

*** 글의 흐름**

주제	유럽 초기 민주주의는 통치자들이 오랫동안 약했기 때문에 번성했음
도입	유럽의 통치자들은 오랫동안 백성들에게 세금을 부과할 능력이 부족했음
전개	세입 징수 시스템을 개발하기까지 오랜 시간이 걸렸음
부연	중국의 황제들과 이슬람 문명의 칼리프들은 유럽 통치자들보다 훨씬 더 많은 경제적 생산물을 얻었음

N 10 정답 ③ *간호사의 역할

다음 글에서 전체 흐름과 관계 없는 문장은?

Nurses hold a pivotal position / in the mental health care structure / and are placed / at the centre of the communication network, **단서1** 의사소통망의 중심에 위치하는 간호사의 역할에 대해 설명하는 글임
간호사들은 중추적인 역할을 맡고 / 정신 건강 관리 체계에서 / 위치하는데 / 의사소통망의 중심에 /

partly because of their high degree of contact / with patients, / but also because they have well-developed relationships / with other professionals. // 부분적으로는 그들의 높은 접촉 정도 때문일 뿐만 아니라 / 환자들과의 / 또한 그들이 잘 발달된 관계를 유지하기 때문이다 / 다른 전문직 종사자들과 //

① Because of this, / nurses play a crucial role / in interdisciplinary communication. // **단서2** 정신 건강 관리 전문직 종사자들의 환자의 사생활 보호 의무에 관한 내용
이런 이유로 / 간호사들은 중요한 역할을 한다 / 학제 간의 의사소통에서 //

② They have a mediating role / between the various groups / of professionals and the patient and carer. //
그들은 중개 역할을 한다 / 다양한 집단 사이에서 / 전문직 종사자들과 환자와 보호자의 //

③ Mental healthcare professionals / are legally bound to protect / the privacy of their patients, / so they may be, rather than unwilling, unable to talk / about care needs. //)
(정신 건강 관리 전문직 종사자들은 / 법적으로 보호하기로 되어 있어서 / 그들의 환자의 사생활을 / 그들은 꺼린다기보다 말할 수 없을지도 모른다 / 치료 요구에 관해 //)

④ This involves translating communication / between groups / into language /
이것은 의사소통을 번역하는 것을 포함한다 / 집단 사이의 / 언어로 /
that is acceptable and comprehensible / to people / who have different ways / of understanding mental health problems. //
용인되고 이해 가능한 / 사람들에게 / 다양한 방식을 가진 / 정신 건강 상의 문제를 이해하는 //

⑤ This is / a highly sensitive and skilled task, / requiring / a high level of attention / to alternative views / and a high level of understanding / of communication. //
이것은 ~이며 / 고도로 민감하고 숙련된 작업 / 요구한다 / 높은 수준의 관심과 / 대안적 시각에 대한 / 높은 수준의 이해를 / 의사소통에 대한 //

- pivotal ⓐ 중추적인, 중심이 되는 · care ⓝ 돌봄, 관리
- structure ⓝ 구조, 체계 · centre ⓝ 중심, 가운데
- communication ⓝ 의사소통 · contact ⓝ 접촉, 연락
- well-developed 잘 발달된[다듬어진] · professional ⓝ 전문직 종사자
- crucial ⓐ 중요한, 결정적인
- interdisciplinary ⓐ 학제 간의(여러 학문 분야가 관련된)
- mediate ⓥ 중개하다, 중재하다 · legally ⓐ 법적으로
- be bound to ~하기 마련이다 · unwilling ⓐ 꺼리는, 싫어하는
- translate ⓥ 번역하다 · acceptable ⓐ 용인되는
- comprehensible ⓐ 이해할 수 있는 · sensitive ⓐ 민감한
- skilled ⓐ 숙련된, 노련한 · alternative ⓐ 대안이 되는

간호사들은 정신 건강 관리 체계에서 중추적인 역할을 맡으며 의사소통망의 중심에 위치하는데, 부분적으로는 그들의 환자들과의 높은 접촉 정도 때문일 뿐만 아니라 또한 그들이 다른 전문직 종사자들과 잘 발달된 관계를 유지하기 때문이다. ① 이런 이유로 간호사들은 학제 간의 의사소통에서 중요한 역할을 한다. ② 그들은 다양한 전문직 종사자들과 환자와 보호자의 집단 사이에서 중개 역할을 한다. (③ 정신 건강 관리 전문직 종사자들은 법적으로 그들의 환자의 사생활을 보호하기로 되어 있어서 그들은 치료 요구에 관해, 꺼린다기보다, 말할 수 없을지도 모른다.) ④ 이것은 정신 건강 상의 문제를 이해하는 다양한 방식을 가진 사람들에게 용인되고 이해 가능한 언어로 집단 간 의사소통을 번역하는 것을 포함한다. ⑤ 이것은 고도로 민감하고 숙련된 작업이며 대안적 시각에 대한 높은 수준의 관심과 높은 수준의 의사소통 이해를 요구한다.

왜 정답? ★★★ [정답률 59%]
정신 건강 관리 체계에서 간호사가 의사소통망의 중심에 위치한다는 첫 문장 이후로 간호사가 다양한 집단 사이의 의사소통에서 중개 역할을 한다는 내용이 이어진다. ③은 간호사의 의사소통망에서의 중개 역할을 설명한 것이 아니라, 정신 건강 관리 전문직 종사자들의 환자의 사생활 보호 의무에 대한 내용으로 전체 글의 흐름에서 벗어난다.

왜 오답?

① 정신 건강 관리 체계에서 간호사가 의사소통망의 중심에 위치한다는 앞 문장에 이어 그런 이유로 간호사들이 학제 간의 의사소통에서도 중요한 역할을 한다는 내용이 자연스럽게 연결된다.

② 전문직 종사자들과 환자, 보호자의 집단 사이에서 중개 역할을 한다는 설명 역시 의사소통망의 중심에 위치하는 간호사의 역할에 대한 내용이다.

④ 간호사가 집단 사이의 의사소통을 어떻게 중개하는지 구체적으로 설명하는 문장이다.

⑤ 여러 집단 사이의 의사소통을 중개하는 간호사의 역할이 고도로 민감하고 숙련된 작업이라는 내용이다.

*** 글의 흐름**

도입	간호사들은 정신 건강 관리 체계에서 중추적인 역할을 맡음
전개	간호사들은 학제 간의 의사소통에서 중요한 역할을 하며 다양한 전문직 종사자들과 환자와 보호자의 집단 사이에서 중개 역할을 함
부연	이것은 정신 건강 상의 문제를 이해 가능한 언어로 집단 간 의사소통을 번역하는 것을 포함하는데, 고도로 민감하고 숙련된 작업임

N 11 정답 ④ *성패를 좌우하는 인간의 합리적 사고

다음 글에서 전체 흐름과 관계 없는 문장은?

There is a pervasive idea in Western culture / that humans are essentially rational, / skillfully sorting fact from fiction, / and, ultimately, arriving at timeless truths about the world. //
동격절 접속사 / 분사구문을 이끄는 현재분사
서구권 문화에는 널리 스며있는 관념이 있다 / 인간이 본질적으로 이성적이며 / 사실과 허구를 능숙하게 가려내고 / 최종적으로 세상에 대한 영원한 진리에 도달한다는 //

① This line of thinking holds / [단서 1] 서구권 문화에서는 인간이 본질적으로 이성적이라고 여김
이러한 사고방식은 주장한다 /

that humans follow the rules of logic, / calculate probabilities accurately, / and make decisions about the world / that are perfectly informed / by all available information. //
병렬 구조 / 주격 관계대명사
인간은 논리의 규칙을 따르고 / 가능성을 정확히 계산하며 / 판단을 세상에 대해 내린다고 / 완벽히 정보를 갖춘 / 모든 이용 가능한 정보에 의해 //

② Conversely, / failures to make effective and well-informed decisions / are often attributed to failures of human reasoning /
attribute A to B: A를 B의 탓으로 여기다
반대로 / 효과적이고 정보를 잘 갖춘 판단을 내리는 데 실패하는 것은 / 흔히 인간의 사고의 실패 탓으로 여겨지는데 /

— resulting, say, from psychological disorders or cognitive biases. //
「result from+원인」: ~이 원인이다 / 「result in+결과」: (결과적으로) ~가 되다
예를 들어 심리적 장애나 인지적 편견에서 비롯된다고 여겨진다 //

③ In this picture, / whether we succeed or fail / turns out to be a matter / of whether individual humans are rational and intelligent. //
명사절 접속사(주어) / 명사절 접속사(전치사의 목적어) [단서 3] 성패는 개개인의 사고능력에 달려 있음
이러한 상황에서 / 우리가 성공할 것인가 실패할 것인가는 / 문제인 것으로 판명된다 / 개개인이 이성적이고 지적인지 아닌지의 //

④ Our ability to make a reasonable decision / has more to do with our social interactions / than our individual psychology. //
have to do with ~: ~와 관련 있다
(이성적인 판단을 내리는 우리의 능력은 / 우리의 사회적 상호 작용과 더욱 관련이 있다 / 우리의 개인적 심리보다 //
[단서 3] 인간의 이성적 판단 능력은 사회적 상호 작용과 관련이 깊다는 내용으로 / 인간의 이성적 판단 능력이 개인의 사고능력에 달려 있다는 전체 내용과 관계없는 내용임

⑤ And so, / if we want to achieve better outcomes / — truer beliefs, better decisions — / we need to focus on / improving individual human reasoning. //
[단서 4] 성패는 개개인의 이성과 지적임에 달려있다는 ③ 문장과 자연스럽게 연결됨
그러므로 / 우리가 더 나은 결과를 성취하기를 원한다면 / 더 참된 신념과 더 나은 판단과 같은 / 우리는 집중할 필요가 있다 / 개개인의 사고를 향상하는 것에 //

- essentially [ad] 본질적으로
- rational ⓐ 합리적인, 이성적인
- skillfully [ad] 능숙하게
- sort ⓥ 분류하다, 구분하다
- timeless ⓐ 영원한, 세월이 흘러도 변치 않는
- calculate ⓥ 계산하다
- probability ⓝ 가능성
- accurately [ad] 정확히
- conversely [ad] 반대로
- psychological ⓐ 심리적인
- disorder ⓝ 장애
- cognitive ⓐ 인지적인
- bias ⓝ 편견
- picture ⓝ (전반적인) 상황
- reasonable ⓐ 이성적인
- interaction ⓝ 상호 작용
- outcome ⓝ 결과
- reasoning ⓝ 이성, 사고

서구권 문화에는 인간이 본질적으로 이성적이며, 사실과 허구를 능숙하게 가려내고, 최종적으로 세상에 대한 영원한 진리에 도달한다는 널리 스며있는 관념이 있다. ① 이러한 사고방식은 인간은 논리의 규칙을 따르고, 가능성을 정확히 계산하며, 모든 이용 가능한 정보에 의해 완벽히 정보를 갖춘 판단을 세상에 대해 내린다고 주장한다. ② 반대로 효과적이고 정보를 잘 갖춘 판단을 내리는 데 실패하는 것은 흔히 인간의 사고의 실패 탓으로 여겨지는데, 예를 들어 심리적 장애나 인지적 편견에서 비롯된다고 여겨진다. ③ 이러한 상황에서 우리가 성공할 것인가 실패할 것인가는 개개인이 이성적이고 지적인지 아닌지의 문제인 것으로 판명된다. (④ 이성적인 판단을 내리는 우리의 능력은 우리의 개인적 심리보다 우리의 사회적 상호 작용과 더욱 관련이 있다.) ⑤ 그러므로 우리가 더 참된 신념과 더 나은 판단과 같은 더 나은 결과를 성취하기를 원한다면, 우리는 개개인의 사고를 향상하는 것에 집중할 필요가 있다.

왜 정답? ★★★ [정답률 41%]

서구권 문화에서 인간은 본질적으로 이성적이라고 여긴다는 내용으로 글을 시작하고 있다. 이어지는 내용에서 이러한 사고방식에 의하면 이성적 판단에 실패하는 것은 인간 사고의 실패이고, 성공과 실패는 개인의 이성과 사고능력의 문제로 여겨진다고 설명한다. 마지막 문장에서 더 나은 판단을 위해 우리는 개인의 사고 향상에 집중해야 한다고 마무리 짓고 있으므로 인간의 이성 판단 능력은 사회적 상호 작용과 관련이 깊다는 ④은 전체 흐름과 관계 없다.

왜 오답?

① 첫 문장에서 본질적으로 이성적인 인간관을 소개했으며, 이 관점을 보충 설명하고 있다.
② 앞 문장의 내용과 반대되는 가정을 하며 반대 상황을 설명하고 있다.
③ 판단에 실패한 경우, 인간의 사고가 실패한 것으로 여겨진다는 앞 문장의 내용을 구체적인 예를 들어 부연 설명하고 있다.
⑤ 따라서 판단에 실패하지 않기 위해서는 개인의 사고 향상에 집중해야 한다는 결론을 제시하고 있다.

* 글의 흐름

도입	서구권 문화에는 인간이 본질적으로 이성적이라고 여겨짐
부연	인간은 논리의 규칙을 따르고, 가능성을 정확히 계산하며, 모든 이용 가능한 정보에 의해 완벽히 정보를 갖춘 판단을 내림
대조	반대로 효과적이고 정보를 잘 갖춘 판단을 내리는 데 실패하는 것은 흔히 인간의 사고의 실패임
결론	더 참된 신념과 더 나은 판단을 위해 우리는 개개인의 사고를 향상해야 함

N 12 정답 ④ *런던 택시 운전사들의 뇌

다음 글에서 전체 흐름과 관계 없는 문장은?

Before getting licensed to drive a cab in London, / a person has to pass an incredibly difficult test / with an intimidating name — "The Knowledge." /
분사구문 [단서 1] 런던 택시 면허 시험은 매우 어려움
런던에서 택시를 운전하는 면허를 받기 전에 / 지원자는 매우 어려운 시험을 통과해야 한다 / "The Knowledge"라는 위협적인 이름의 //

① The test involves memorizing the layout / of more than 20,000 streets in the Greater London area / — a feat / that involves an incredible amount of memory resources. //
주격 관계대명사
이 시험은 구획을 암기하는 것을 포함한다 / Greater London 지역의 2만 개 이상 거리의 / 이는 기술이다 / 엄청난 양의 기억 자원을 포함하는 //

② In fact, / fewer than 50 percent of the people / who sign up for taxi driver training / pass the test, / even after spending two or three years studying for it! //
부분 표현은 뒤의 명사에 수 일치 / 복수 동사 / 분사구문
사실 / 사람들 중 50퍼센트 미만이 / 택시 운전사 훈련에 등록한 / 시험을 통과한다 / 심지어 그것을 위해 2, 3년을 공부한 후에도 //
[단서 2] 런던 택시 운전사들의 두뇌는 일반 사람과 다름

③ And as it turns out, / the brains of London cabbies / are different from non-cab-driving humans / in ways that reflect / their herculean memory efforts. //
주격 관계대명사
그리고 밝혀진 바에 따르면 / 런던 택시 운전사들의 두뇌는 / 택시 운전을 하지 않는 사람들과 다르다 / 반영하는 방식에서 / 그들의 초인적인 기억 노력을 //

④ In other words, / they must hold a full driving license, / issued by the Driver and Vehicle Licensing Authority, / for at least a year. //
[단서 3] 앞 내용을 재진술하거나 종합하고 있지 않음
(즉 / 그들은 정식 운전면허증을 소지해야 한다 / 운전면허청에서 발급된 / 최소 1년 동안 //
부분 표현은 of 뒤의 명사에 수 일치

⑤ In fact, / the part of the brain / that has been most frequently associated with spatial memory, / the tail of the sea horse-shaped brain region / called the hippocampus, /
[단서 4] 공간기억에 연관된 뇌의 부분이 큼 / 과거분사구 (brain region 수식)
사실 / 뇌의 부분은 / 공간 기억과 가장 자주 연관되어 온 / 해마 모양을 한 뇌 영역의 꼬리 부분인데 / 해마라 불리는 /

is bigger than average / in these taxi drivers. //
단수 동사
평균보다 '더 크다' / 이들 택시 운전사들에게서 //

- cab ⓝ 택시　　• intimidating ⓐ 겁을 주는　　• involve ⓥ 포함하다
- layout ⓝ 배치　　• feat ⓝ 기술, 묘기　　• resource ⓝ 자원
- cabby ⓝ 택시 운전사　　• issue ⓥ 발행하다, 발급하다
- spatial ⓐ 공간의

런던에서 택시를 운전하는 면허를 받기 전에, 지원자는 "The Knowledge"라는 위협적인 이름의 매우 어려운 시험을 통과해야 한다. ① 이 시험은 Greater London 지역의 2만 개 이상 거리의 구획을 암기하는 것을 포함하는데, 이는 엄청난 양의 기억 자원을 포함하는 기술이다. ② 사실, 택시 운전사 훈련에 등록한 사람들 중 50퍼센트 미만이 시험을 통과하는데, 심지어 그것을 위해 2, 3년을 공부한 후에도 말이다! ③ 그리고 밝혀진 바에 따르면, 런던 택시 운전사들의 두뇌는 그들의 초인적인 기억 노력을 반영하는 방식에서 택시 운전을 하지 않는 사람들과 다르다. (④ 즉, 그들은 운전면허청에서 발급된 정식 운전면허증을 최소 1년 동안 소지해야 한다.) ⑤ 사실, 공간 기억과 가장 자주 연관되어 온 뇌의 부분, 해마라 불리는 해마 모양을 한 뇌 영역의 꼬리 부분은 이들 택시 운전사들에게서 평균보다 '더 크다'.

왜 정답·오답? ✹✹✹ [정답률 62%]

- **첫 문장:** 런던의 택시 운전면허 시험이 구체적으로 어떻게 어려운지에 대한 설명이 이어질 것이다.
- **①:** 2만 개 이상 거리의 구획을 암기하는 것을 포함하기 때문에 택시 운전면허 시험이 어렵다고 설명한다.
  - ▶ ①은 무관한 문장이 아님
- **②:** 앞 문장에 이어 시험 통과 비율을 제시하며 시험이 어려움을 다시 한번 강조하고 있다.
  - ▶ ②은 무관한 문장이 아님
- **③:** 어려운 런던 택시 면허 시험에 통과한 사람들의 두뇌에 대해 설명한다.
  - ▶ ③은 무관한 문장이 아님
- **앞부분:** 면허 시험을 통과한 택시 운전사들의 두뇌는 일반인들과 다름
- **④:** 정식 운전면허증을 최소 1년 동안 소지해야 함
  - ▶ 첫 문장을 중심으로 한 전체 내용과도 무관하며 앞 문장과의 흐름도 어색하므로 ④이 무관한 문장임
- **⑤:** ③에 대한 부연 설명을 공간 기억과 관련된 뇌 부분이 택시 운전사들에게서 더 크다는 내용을 ⑤에서 제시하고 있다.
  - ▶ ③에 이어 택시 운전사들의 두뇌가 일반인과 다름을 설명하므로 ⑤은 무관한 문장이 아님

*** 글의 흐름**

도입	런던의 택시 운전면허 시험은 어려움
부연	2만 개 이상 거리의 구획을 암기해야 하고, 등록한 사람들 중 50퍼센트 미만만이 통과함
전개	그렇기 때문에 런던 택시 운전사들의 두뇌는 일반인의 두뇌와 다름
부연	택시 운전사의 뇌 중 공간 기억과 연관된 부분은 평균보다 더 큼

N 13　정답 ④　＊최고의 마케팅: 입장 취하기

다음 글에서 전체 흐름과 관계 없는 문장은?

Taking a stand is important / because you become a beacon / for those individuals / who are your people, your tribe, and your audience. // **단서 1** 입장을 취하는 것의 중요성에 대해 이야기함
입장을 취하는 것은 중요하다 / 당신이 횃불이 되기 때문에 / 그 개개인들에게 / 당신의 사람들, 당신의 부족들, 당신의 청중인 //

① When you raise your viewpoint up / like a flag, / people know / where to find you; / it becomes a rallying point. //
당신이 당신의 견해를 들 때 / 깃발처럼 / 사람들은 안다 / 어디서 당신을 찾아야 할지를 / 그것은 집합 지점이 된다 //

② Displaying your perspective / lets prospective (and current) customers know / that you don't just sell your products or services. // 당신의 관점을 보여주는 것은 / 장래의 (그리고 현재의) 고객들이 알게 한다 / 당신이 단지 물건과 서비스만 파는 것이 아니라는 것을 //

③ The best marketing / is never just about selling a product or service, / but about taking a stand / **단서 2** 입장을 취하는 것은 최고의 마케팅이 될 수 있음
최고의 마케팅은 / 결코 제품이나 서비스를 판매하는 것에 대한 것이 아니라 / 입장을 취하는 것에 대한 것이다 /
— showing an audience / why they should believe in / what you're marketing / enough to want it / at any cost, / simply because they agree with what you're doing. // 즉, 청중들에게 보여주는 것 / 왜 그들이 믿어야 하는지를 / 당신이 마케팅하는 것을 / 그것을 원할 만큼 충분히 / 어떠한 비용을 지불하더라도 / 단순히 청중들이 당신이 하는 것에 동의하기 때문에 //

④ If you want to retain / your existing customers, /
(만약 당신이 유지하고 싶다면 / 기존의 고객을 /
you need to create ways / that a customer can feel / like another member of the team, / participating in the process of product development. //) **단서 3** 고객을 유지하는 방법으로 상품 개발 과정에의 참여를 이야기하고 있는 부분으로, 전체 글의 내용과 무관함
당신은 방법을 만들어낼 필요가 있다 / 고객이 느낄 수 있게 할 / 팀의 또 다른 구성원처럼 / 상품 개발 과정에 참여하면서 //)

⑤ Products can be changed or adjusted / if they aren't functioning, / but rallying points align with the values and meaning / behind what you do. // 상품은 바꾸거나 고칠 수 있다 / 기능하지 않으면 / 그러나 집합 지점은 가치와 의미와 같은 선상에 있다 / 당신이 하는 것의 이면에 있는 //

- stand ⓝ 입장　　• tribe ⓝ 부족　　• viewpoint ⓝ 견해, 관점
- display ⓥ 보여주다　　• perspective ⓝ 관점
- prospective ⓐ 장래의, 미래의　　• retain ⓥ 유지하다
- existing ⓐ 기존의, 현존하는　　• development ⓝ 개발
- adjust ⓥ 고치다, 조정하다　　• function ⓥ 기능하다

입장을 취하는 것은 당신이 당신의 사람들, 당신의 부족들, 당신의 청중인 그 개개인들에게 횃불이 되기 때문에 중요하다. ① 당신이 당신의 견해를 깃발처럼 들 때, 사람들은 어디서 당신을 찾아야 할지를 안다. 그것은 집합 지점이 된다. ② 당신의 관점을 보여주는 것은 장래의 (그리고 현재의) 고객들이 당신이 단지 물건과 서비스만 파는 것이 아니라는 것을 알게 한다. ③ 최고의 마케팅은 결코 제품이나 서비스를 판매하는 것에 대한 것이 아니고, 입장을 취하는 것 — 즉, 단순히 청중들이 당신이 하는 것에 동의하기 때문에, 왜 그들이 당신이 마케팅하는 것을 어떠한 비용을 지불하더라도 그것을 원할 만큼 충분히 믿어야 하는지를 청중들에게 보여주는 것에 대한 것이다. (④ 만약 당신이 기존의 고객을 유지하고 싶다면 당신은 고객이 상품 개발 과정에 참여하면서, 팀의 또 다른 구성원처럼 느낄 수 있게 할 방법을 만들어낼 필요가 있다.) ⑤ 상품은 기능하지 않으면 바꾸거나 고칠 수 있지만, 집합 지점은 당신이 하는 것의 이면에 있는 가치와 의미와 같은 선상에 있다.

왜 정답? ✹✹✹ [정답률 64%]

'입장을 취하는 것'을 횃불로 비유하며 그 중요성을 언급한 첫 문장 이후로, 최고의 마케팅은 당신의 입장을 알리고 고객이 거기에 동의하여 원하게 하는 것이라고 설명하고 있다. 하지만 ④은 고객을 상품 개발 과정에 참여시켜 구성원처럼 느끼게 하라는 내용이므로, 고객에게 '입장을 취하는 것'의 중요성을 이야기하고 있는 전체 글의 흐름과는 무관하다.

왜 오답?

① 입장을 취하는 것은 당신을 찾을 수 있는 집합 지점이 된다는 내용으로, 앞 문장에서 말한 입장을 취하는 것이 왜 중요한지에 대한 부연 설명이 된다.
② 관점을 보여주는 것은(= 입장을 취하는 것은) 고객들에게 단지 물건과 서비스만 판매하는 것이 아니라는 점을 알게 한다는 긍정적인 효과에 대한 언급을 하고 있다.
③ 입장을 취하는 것이 왜 최고의 마케팅인지를 설명하고 있으므로 전체적인 글의 주제와 앞 문장에서 언급되었던 내용과 자연스럽게 연결되고 있다.
⑤ 상품 자체는 변할 수도 있지만 집합 지점은 가치와 의미를 띄는 것이기 때문에 그만큼 중요하다는 것을 암시하고 있으므로 전체 글의 흐름과 맞다.

도입	입장을 취하는 것은 당신의 위치를 알리는 집합 지점이 되기 때문에 중요함
전개	최고의 마케팅은 당신의 관점을 보여줌으로써 고객들이 그것에 동의하고 당신이 마케팅하는 것을 원하게 만드는 것임
부연	상품은 바꾸거나 고칠 수 있지만 당신의 입장인 집합 지점은 그 이면의 가치와 의미를 나타냄

N 14 정답 ③ ＊아이들 대상 광고의 윤리적 문제

다음 글에서 전체 흐름과 관계 없는 문장은?

Academics, politicians, marketers and others / have in the past debated / whether or not it is ethically correct / to market products and services directly / to young consumers. //

대학 교수, 정치인, 마케팅 담당자, 그리고 그 외의 사람들은 / 지금까지 논쟁해 왔다 / ~이 윤리적으로 옳은지 그렇지 않은지를 / 제품과 서비스를 직접 판촉하는 것이 / 어린 소비자들에게 //

단서 1 어린 소비자들에게 직접 광고하는 것의 윤리적 문제에 대해 이야기하는 글임

① This is also a dilemma / for psychologists / who have questioned / whether they ought to help advertisers / manipulate children / into purchasing more products / they have seen advertised. //

이것은 또한 딜레마이다 / 심리학자들에게도 / 의문을 제기하는 / 그들이 광고주들을 도와야 하는지 / 아이들을 조종하도록 / 더 많은 제품을 구매하는 것으로 / 그들이 광고되는 것을 본 //

② Advertisers have admitted / to taking advantage of the fact / that it is easy / to make children feel / that they are losers / if they do not own / the 'right' products. //

광고주들은 인정했다 / 사실을 이용한 것을 / ~이 쉽다는 / 아이들로 하여금 느끼게 만드는 것이 / 자신이 패배자라고 / 그들이 소유하고 있지 않으면 / 그 '적절한' 제품을 //

③ When products become more popular, / more competitors enter the marketplace / and marketers lower their marketing costs / to remain competitive. //

단서 2 제품이 인기를 얻으면 마케팅 비용이 줄어든다는 내용으로, 전체 글과 무관함

(제품이 더 인기 있어질 때 / 더 많은 경쟁자들이 시장에 진출하고 / 마케팅 담당자들은 그들의 마케팅 비용을 줄인다 / 경쟁력을 유지하기 위해) //

④ Clever advertising informs children / that they will be viewed / by their peers / in an unfavorable way /

영리한 광고는 아이들에게 알려 주고 / 그들이 보일 것이라고 / 그들의 또래 친구들에 의해 / 부정적인 방식으로 /

if they do not have the products / that are advertised, / thereby playing / on their emotional vulnerabilities. //

만약 그들이 제품을 가지고 있지 않으면 / 광고되는 / 그로 인해 이용한다 / 그들의 정서적인 취약성을 //

⑤ The constant feelings of inadequateness / created by advertising / have been suggested to contribute / to children becoming fixated /

끊임없이 부적절하다고 느끼는 감정은 / 광고에 의해 만들어진 / 기여한다고 언급되어 왔다 / 아이들이 집착하게 되는 데 /

with instant gratification and beliefs / that material possessions are important. //

즉각적인 만족감과 믿음에 / 물질적 소유물이 중요하다는 //

- academic ⓝ (대학) 교수 · politician ⓝ 정치인
- in the past (완료형과 함께) 지금까지 · ethically ⓐⒹ 윤리적으로
- dilemma ⓝ 딜레마 · psychologist ⓝ 심리학자
- manipulate ⓥ 조종하다, 조작하다 · admit to ~한 것을 인정하다
- take advantage of ~을 이용하다 · competitor ⓝ 경쟁자
- marketplace ⓝ 시장 · competitive ⓐ 경쟁력 있는
- unfavorable ⓐ 부정적인, 바람직하지 못한 · thereby ⓐⒹ 그로 인해
- play on (감정 등을) 이용하다 · emotional ⓐ 정서적인
- vulnerability ⓝ 취약성 · constant ⓐ 끊임없는

- inadequateness ⓝ 부적절함, 불충분함
- contribute to ~에 기여하다, ~의 원인이 되다 · instant ⓐ 즉각적인
- material ⓐ 물질적인 · possession ⓝ 소유물

지금까지 대학 교수, 정치인, 마케팅 담당자, 그리고 그 외의 사람들은 제품과 서비스를 어린 소비자들에게 직접 판촉하는 것이 윤리적으로 옳은지 그렇지 않은지를 논쟁해 왔다 ① 이것은 또한, 광고주들이 아이들을 조종해서 그들이 광고되는 것을 본 더 많은 제품을 구매하게 하는 것을 도와야 하는지 의문을 제기하는 심리학자들에게도 딜레마이다 ② 광고주들은 아이들이 그 '적절한' 제품을 소유하고 있지 않으면 자신이 패배자라고 느끼게 만드는 것이 쉽다는 사실을 이용한 것을 인정했다. (③ 제품이 더 인기 있어질 때 더 많은 경쟁자들이 시장에 진출하고 마케팅 담당자들은 경쟁력을 유지하기 위해 그들의 마케팅 비용을 줄인다.) ④ 영리한 광고는 아이들에게 만약 그들이 광고되는 제품을 가지고 있지 않으면 자신의 또래 친구들에게 부정적으로 보일 것이라고 알려 주고, 그로 인해 아이들의 정서적인 취약성을 이용한다 ⑤ 광고가 만들어 내는, 끊임없이 부적절하다고 느끼는 감정은, 아이들이 즉각적인 만족감과 물질적 소유물이 중요하다는 믿음에 집착하게 되는 데 기여한다고 언급되어 왔다.

›왜 정답? ✽✽❈ [정답률 66%]

어린 소비자들에게 제품과 서비스를 직접 광고하는 것이 윤리적으로 옳은지 그렇지 않은지에 대한 논쟁이 있어 왔다는 **첫 문장** 이후로, 윤리적 문제가 있다는 취지의 내용이 이어지고 있다. 하지만 ③은 제품이 인기를 얻으면 마케팅 담당자들이 마케팅 비용을 줄인다는 내용으로, '광고'와의 연관성으로 만든, 전체 글과는 무관한 문장이다.

꿀팁 선택지가 아닌 문장을 통해 글의 주제를 파악해야 함

›왜 오답?

① 어린 소비자들에게 직접 광고하는 것이 윤리적으로 옳은지 아닌지에 대한 논쟁이 있어 왔다는 앞 문장과 부사 also로 적절히 연결되고 있다.

②, ④ 광고주, 영리한 광고가 아이들의 정서적 취약성을 이용한다는 내용으로, 아이들을 대상으로 하는 직접적인 광고가 윤리적으로 문제가 있다는 것을 암시한다.

⑤ 아이들의 정서적 취약성을 이용한 광고로 인해 아이들이 즉각적인 만족감과 물질적 소유물이 중요하다는 믿음에 집착하게 된다는, 어린 소비자들에게 직접 광고하는 것이 아이들에게 미치는 부정적인 영향에 대해 설명하는 문장이다.

＊ 글의 흐름

도입	어린 소비자들에게 직접 판촉하는 것이 윤리적으로 옳은지에 대한 논쟁이 있어 왔음
전개	광고주들은 아이들이 광고되고 있는 제품을 소유하고 있지 않으면 자신이 패배자라고 느끼게 만드는 것이 쉽다는 사실을 이용함
부연	광고는 아이들이 즉각적인 만족감과 물질적 소유물이 중요하다는 믿음에 집착하게 되는 데 기여함

N 15 정답 ③ ＊도덕적 우수성 발달 시기

다음 글에서 전체 흐름과 관계 없는 문장은? [3점]

Moral excellence, / according to Aristotle, / is the result of habit and repetition, / though modern science would also suggest / that it may have an innate, genetic component. //

도덕적 우수성은 / Aristotle에 따르면 / 습관과 반복의 결과물이다 / 비록 현대 과학은 또한 주장하지만 / 그것이 선천적, 즉, 유전적인 요소를 가지고 있다고 //

① This means / that moral excellence will be broadly set early in our lives, / which is why / the question of how early to teach it / is so important. //

단서 1 도덕적 우수성을 언제 가르쳐야 하는지는 매우 중요함

이것은 의미한다 / 도덕적 우수성이 우리 삶에 있어서 이른 시기에 광범위하게 설정될 것임을 / 이것이 이유이다 / 얼마나 일찍 그것을 가르쳐야 할지에 대한 질문이 / 매우 중요한 //

② Freud suggested / that we don't change our personality much / after age five or thereabouts, / but as in many other things, / Freud was wrong. // [단서2] Freud에 따르면 5세 무렵 이후에는 성격이 많이 바뀌지 않음
절과 절을 잇는 등위접속사
Freud는 제시했다 / 우리가 우리의 성격을 많이 바꾸지 않는다고 / 5세 혹은 그 무렵 이후에는 / 하지만 다른 많은 것들에서처럼 / Freud는 틀렸다 //

'~하지 않을 수 없다'
③ A person of moral excellence cannot help doing good / — it is as natural as / the change of seasons or the rotation of the planets. //) 원급
[단서3] 도덕적 우수성의 발달 시기가 아닌, 도덕적으로 우수한 사람의 특성을 설명함
(도덕적으로 우수한 사람은 좋은 일을 하지 않을 수 없으며 / 그것은 ~ 만큼이나 자연스럽다 / 계절의 변화나 행성의 자전 //)

[단서4] 최근 연구에 따르면 성격 특성은 30세 무렵 안정됨
④ Recent psychological research shows / that personality traits stabilize around age thirty / in both men and women / and regardless of ethnicity / both A and B: A와 B 모두
최근의 심리 연구는 보여 준다 / 성격 특성이 30세 무렵에 안정된다는 것을 / 남성과 여성 모두에게 있어서 / 그리고 민족에 상관없이 /
부사절 접속사
as the human brain continues to develop, / both neuroanatomically and in terms of cognitive skills, / until the mid-twenties. // both A and B: A와 B 모두
인간의 뇌가 계속해서 발달함에 따라 / 신경 해부학적으로 그리고 인지 기능 면에서 / 20대 중반까지 //

주격 보어절 접속사
⑤ The advantage of this new understanding is / that we can be a bit more optimistic than Aristotle and Freud / about being able to teach moral excellence. // 동명사 (전치사의 목적어)
이 새로운 이해의 이점은 / 우리가 Aristotle이나 Freud보다 조금 더 낙관적일 수 있다는 것이다 / 도덕적 우수성을 가르칠 수 있다는 점에서 //

- moral ⓐ 도덕의   · excellence ⓝ 우수성   · repetition ⓝ 반복
- innate ⓐ 선천적인   · component ⓝ 요소
- thereabouts ⓐ 그 무렵에   · rotation ⓝ 회전
- stabilize ⓥ 안정시키다   · cognitive ⓐ 인지의   · optimistic ⓐ 낙관적인

비록 현대 과학은 그것이 선천적, 즉, 유전적인 요소를 가지고 있다고 또한 주장하지만, Aristotle에 따르면 도덕적 우수성은 습관과 반복의 결과물이다. ① 이것은 도덕적 우수성이 우리 삶에 있어서 이른 시기에 광범위하게 설정될 것임을 의미하며, 이것이 얼마나 일찍 그것을 가르쳐야 할지에 대한 질문이 매우 중요한 이유이다. ② Freud는 우리가 5세 혹은 그 무렵 이후에는 우리의 성격을 많이 바꾸지 않는다고 제시했지만, 다른 많은 것들에서처럼 Freud는 틀렸다. (③ 도덕적으로 우수한 사람은 좋은 일을 하지 않을 수 없으며, 그것은 계절의 변화나 행성의 자전만큼이나 자연스럽다.) ④ 최근의 심리 연구는 20대 중반까지 신경 해부학적으로 그리고 인지 기능 면에서 인간의 뇌가 계속해서 발달함에 따라 남성과 여성 모두에게 있어서 그리고 민족에 상관없이 성격 특성이 30세 무렵에 안정된다는 것을 보여 준다. ⑤ 이 새로운 이해의 이점은 우리가 Aristotle이나 Freud보다 도덕적 우수성을 가르칠 수 있다는 점에서 조금 더 낙관적일 수 있다는 것이다.

왜 정답·오답? ★★★ [정답률 68%]

□ 첫 문장: 도덕적 우수성은 습관과 반복의 결과물임
□ ①: 도덕적 우수성은 이른 나이에 형성되므로 가르치는 시기가 중요함
▶ 도덕적 우수성은 배우는 시기가 중요하다는 ①은 무관한 문장이 아님
□ ②: Freud는 5세 혹은 그 무렵 이후에는 우리의 성격을 많이 바꾸지 않는다고 제시함
▶ 배우는 시기에 대해 다른 의견을 제시하며 그것이 틀렸다고 말하고 있으므로 ②은 무관한 문장이 아님
앞부분: 도덕적 우수성을 가르치는 시기에 대해 이야기함
□ ③: 도덕성을 갖춘 인간의 특성에 관한 이야기
▶ ③은 무관한 문장임
□ ④: 성격 특성은 30세 무렵에 안정화가 됨
▶ 성격 특성의 형성 시기에 관한 최근 연구 결과를 언급하며 도덕적 우수성을 가르치는 시기에 대한 새로운 의견이 이어지도록 하므로 ④은 무관한 문장이 아님
□ ⑤: 성격 특성이 30세 무렵에 안정화되므로, 도덕적 우수성을 가르치기에 더 낙관적임
▶ ④에 이어 심리 연구의 낙관적인 전망을 제시하므로 ⑤은 무관한 문장이 아님

도입	Aristotle에 따르면 도덕적 우수성은 습관과 반복의 결과물임
전개	이는 도덕적 우수성이 이른 시기에 설정될 것임을 의미함
반전	최근의 심리 연구는 민족에 상관없이 성격 특성이 30세 무렵에 안정된다는 것을 보여줌
결론	도덕적 우수성을 가르칠 수 있다는 점에서 최근의 심리 연구는 낙관적임

N 16 정답 ④ *명목 가치와 실질 가치를 구별하는 이유

다음 글에서 전체 흐름과 관계 없는 문장은?

Inflationary risk refers to uncertainty / regarding the future real value of one's investments. // ~에 관하여
인플레이션에 관한 위험성은 불확실성과 관련되어 있다 / 개인 투자의 미래 실질 가치에 대한 //
목적어절 접속사   주격 관계대명사
Say, for instance, / that you hold $100 / in a bank account / that has no fees and accrues no interest. //
예를 들어 / 당신이 100달러를 가지고 있다고 하자 / 은행 계좌에 / 수수료가 없고 이자가 생기지 않는 //
If left untouched / there will always be $100 / in that bank account. // 접속사가 생략되지 않은 분사구문
그대로 내버려 두면 / 항상 100달러가 있을 것이다 / 그 은행 계좌에는 //
① If you keep that money in the bank / for a year, / during which inflation is 100 percent, / you've still got $100. // 「전치사+관계대명사」
만약 당신이 은행에 그 돈을 보관하고 / 1년 동안 / 그 기간에 인플레이션이 100퍼센트라면 / 당신은 여전히 100달러만 가지고 있는 것이다 //
② Only now, if you take it out / and put it in your wallet, / you'll only be able to purchase / half the goods / you could have bought a year ago. // 앞에 목적격 관계대명사 생략
이제, 만약 당신이 그 돈을 인출해서 / 당신의 지갑에 넣어둔다면 / 당신은 구매할 수 있게 될 것이다 / 물건들의 반만 / 1년 전에 당신이 살 수도 있었던 //
③ In other words, / if inflation increases faster / than the amount of interest / you are earning, / this will decrease the purchasing power of your investments / over time. // [단서1] 이자의 양보다 인플레이션이 더 빨리 진행되면 구매력이 감소함
다시 말하자면 / 만약 인플레이션이 더 빨리 증가한다면 / 이자의 양보다 / 당신이 받고 있는 / 이것은 당신 투자의 구매력을 감소시킬 것이다 / 시간이 지남에 따라 //
가주어   진주어
④ It would be very useful / to know in advance / what would happen to your firm's total revenue / if you increased your product's price. //) [단서2] 상품의 가격을 올릴 때 회사의 총수입의 변화를 예측하는 것이 유용하다는 내용으로, 전체 내용과 관계없음
(~은 매우 유용할 것이다 / 미리 아는 것 / 당신 회사의 총수입에 어떤 일이 일어날지를 / 만약 당신이 당신의 상품의 가격을 올린다면 //)
⑤ That's why / we differentiate between nominal value and real value. // that's why+결과/that's because+원인
그것이 이유이다 / 우리가 명목 가치와 실질 가치를 구별하는 //

- inflationary ⓐ 인플레이션의   · uncertainty ⓝ 불확실성
- investment ⓝ 투자   · fee ⓝ 수수료   · interest ⓝ 이자
- untouched ⓐ 손대지 않은   · goods ⓝ 상품, 물건
- earn ⓥ (이자·수익 등을) 받다   · purchasing power 구매력
- revenue ⓝ 수입   · differentiate ⓥ 구별하다

인플레이션에 관한 위험성은 개인 투자의 미래 실질 가치에 대한 불확실성과 관련되어 있다. 예를 들어, 당신이 수수료가 없고 이자가 생기지 않는 은행 계좌에 100달러를 가지고 있다고 하자. 그대로 내버려 두면, 그 은행 계좌에는 항상 100달러가 있을 것이다. ① 만약 당신이 1년 동안 은행에 그 돈을 보관하고 그 기간에 인플레이션이 100퍼센트라면, 당신은 여전히 100달러만 가지고 있는 것이다. ② 이제, 만약 당신이 그 돈을 인출해서 당신의 지갑에 넣어둔다면, 당신은 1년 전에 당신이 살

수도 있었던 물건들의 반만 구매할 수 있게 될 것이다. ③ 다시 말하자면, 만약 인플레이션이 당신이 받고 있는 이자의 양보다 더 빨리 증가한다면, 이것은 시간이 지남에 따라 당신 투자의 구매력을 감소시킬 것이다. (④ 만약 당신이 당신의 상품의 가격을 올린다면 당신 회사의 총수입에 어떤 일이 일어날지를 미리 아는 것은 매우 유용할 것이다.) ⑤ 그것이 우리가 명목 가치와 실질 가치를 구별하는 이유이다.

⟩왜 정답 ? ★★★ [정답률 67%]

이 글은 이자의 양보다 인플레이션이 더 빨리 진행되면 구매력이 감소한다는 것을 수수료나 이자가 없는 은행 계좌에 100달러를 입금해 놓은 것을 예로 들며 설명하고 있다.

마지막 문장에서 이 예시를 정리하며, 이러한 이유로 100달러라는 명목 가치와 100달러의 구매력이라는 실질 가치를 구별해야 한다고 했다.

따라서 기업이 상품의 가격을 올릴 때 회사의 총수입에 어떤 변화가 있을지를 미리 파악하는 것이 유용하다는 ④은 글의 전체 내용과 관계 없다.

⟩왜 오답 ?

① 100달러를 이자가 생기지 않는 은행 계좌에 넣어두었다면 1년 후엔 여전히 100달러를 갖게 될 것이라는 내용으로 이어지고 있다.
② 1년간 인플레이션이 100퍼센트 발생했다면 1년 후의 100달러로는 1년 전에 살 수 있었던 물건의 절반만 살 수 있을 것이라 설명하고 있다.
③ 위의 내용을 토대로 이자와 인플레이션의 관계를 설명하고 있다.
⑤ 예시를 정리하며 명목 가치와 실질 가치를 구별해야 할 필요성을 설명하고 있다.

✱ 글의 흐름

도입	인플레이션에 관한 위험성은 미래 실질 가치에 대한 불확실성과 관련되어 있음
예시	수수료가 없고 이자가 생기지 않는 은행 계좌에 100달러를 가지고 있다면, 인플레이션이 100퍼센트일 경우 구매력은 반으로 감소할 것임
결론	따라서 우리는 명목 가치와 실질 가치를 구별해야 함

자이 쌤's Follow Me! — 홈페이지에서 제공

N 17 정답 ③ ✱ 사회적 증거

다음 글에서 전체 흐름과 관계 없는 문장은?

An interesting phenomenon / that arose / from social media / is the concept of *social proof*. //
흥미로운 현상은 / 생겨난 / 소셜 미디어에서 / '사회적 증거'라는 개념이다 //

It's easier / for a person to accept / new values or ideas / when they see / that others have already done so. //
~은 더 쉽다 / 한 사람이 받아들이는 것은 / 새로운 가치나 아이디어를 / 그들이 알 때 / 다른 사람들이 이미 그렇게 했다는 것을 //

단서 1 다른 사람들이(예를 들어, 친구들이) 어떤 새로운 가치나 아이디어를 받아들였다는 것을 알면 그것을 받아들이기가 더 쉬움

① If the person / they see / accepting the new idea / happens to be a friend, /
만약 그 사람이 / 그들이 보는 / 새로운 아이디어를 받아들이고 있다고 / 우연히 친구라면 /

then social proof has even more power / by exerting peer pressure / as well as relying / on the trust / that people put / in the judgments / of their close friends. //
그때 사회적 증거는 훨씬 더 큰 힘을 갖는다 / 또래 압력을 행사함으로써 / 의존할 뿐만 아니라 / 신뢰에 / 사람들이 두는 / 판단에 / 그들의 친한 친구들의 //

② For example, / a video about some issue / may be controversial / on its own / but more credible / if it got thousands of *likes*. //
예를 들어 / 어떤 문제에 대한 영상은 / 논란이 될 수 있지만 / 그 자체로 / 더 신뢰할 수 있다 / 그것이 수천 개의 '좋아요'를 얻으면 //

③ When expressing feelings of liking / to friends, / you can express them / using nonverbal cues / such as facial expressions. //
단서 2 좋아한다는 것을 표현할 때 비언어적인 신호를 이용할 수 있다는 내용으로, 사회적 증거와 관련이 없음
(좋아함의 감정을 표현할 때 / 친구에게 / 여러분은 그것들을 표현할 수 있다 / 비언어적 신호를 이용해 / 표정과 같은 //)

④ If a friend recommends the video / to you, /
만약에 한 친구가 영상을 추천한다면 / 여러분에게 /

in many cases, / the credibility of the idea / it presents / will rise / in direct proportion / to the trust / you place / in the friend / recommending the video. //
많은 경우에 있어서 / 아이디어의 신뢰도는 / 영상이 제시하는 / 상승할 것이다 / 정비례하여 / 신뢰도와 / 여러분이 부여하는 / 친구에게 / 영상을 추천하는 //

⑤ This is the power of social media / and part of the reason / why videos or "posts" can become "viral." //
이것이 소셜 미디어의 힘이다 / 그리고 이유의 일부이다 / 영상이나 '게시물'이 '입소문이 날' 수 있는 //

- phenomenon ⓝ 현상 ・ arise from ~에서 발생하다
- proof ⓝ 증거, 증명 ・ accept ⓥ 받아들이다 ・ peer ⓝ 또래
- rely on ~에 의존하다 ・ judgment ⓝ 판단, 심사
- controversial ⓐ 논란이 많은 ・ credible ⓐ 믿을 만한
- nonverbal ⓐ 비언어적인 ・ cue ⓝ 신호 ・ facial expression 표정
- credibility ⓝ 신뢰성 ・ direct proportion 정비례

소셜 미디어에서 생겨난 흥미로운 현상은 '사회적 증거'라는 개념이다. 다른 사람들이 이미 그렇게 했다는 것을 알 때 사람은 새로운 가치나 아이디어를 받아들이기가 더 쉽다. ① 만약 그들이 새로운 아이디어를 받아들이고 있다고 보는 그 사람이 우연히 친구라면, 그때 사회적 증거는 사람들이 그들의 친한 친구들의 판단에 두는 신뢰에 의존할 뿐만 아니라 또래 압력을 행사함으로써 훨씬 더 큰 힘을 갖는다. ② 예를 들어, 어떤 문제에 대한 영상은 그 자체로 논란이 될 수 있지만 그것이 수천 개의 '좋아요'를 얻으면 더 신뢰할 수 있다. (③ 친구에게 좋아함의 감정을 표현할 때 표정과 같은 비언어적 신호를 이용해 그것들을 표현할 수 있다.) ④ 만약에 한 친구가 여러분에게 영상을 추천한다면, 많은 경우에 있어서, 영상이 제시하는 아이디어의 신뢰도는 여러분이 영상을 추천하는 친구에게 부여하는 신뢰도와 정비례하여 상승할 것이다. ⑤ 이것이 소셜 미디어의 힘이고 영상이나 '게시물'이 '입소문이 날' 수 있는 이유의 일부이다.

⟩왜 정답 ? ★★★ [정답률 73%]

소셜 미디어에서 생겨난 '사회적 증거'라는 개념에 대해 설명하는 글로, '다른 사람들'이 어떤 새로운 가치나 아이디어를 받아들였다는 것을 알게 되면 그것을 받아들이기가 더 쉽다고 했다. '다른 사람'이 만약 '친구'라면 사회적 증거는 또래 압력까지 행사함으로써 더 큰 힘을 갖는다는 것을 설명하는데, ③은 친구들에게 좋아한다는 것을 표현할 때 비언어적 신호를 이용할 수 있다는 내용으로, 전체 글의 내용과 무관하다.

⟩왜 오답 ?

① 앞 문장에 나온 '다른 사람'이 '친구'인 경우에 사회적 증거가 더 큰 힘을 갖게 된다는 내용이다.
그것이 수천 개의 '좋아요'를 얻으면 [꿀팁]
② 예시를 들어 사회적 증거를 설명하는 문장으로, 어떤 문제에 대한 영상이 그 자체로는 논란이 될 수 있지만 많은 다른 사람들이 그것을 받아들였다면 그것을 더 신뢰할 수 있다는 내용이다.
④ 친구가 추천한 영상의 신뢰도는 내가 그 친구를 믿는 정도와 비례하여 상승할 것이라는 내용으로, 사회적 증거를 설명하는 문장이다.
⑤ 다른 사람들이 받아들인 것은 쉽게 받아들여지므로 많은 '좋아요'를 얻은 소셜 미디어의 영상이나 게시물이 입소문이 날 수 있는 것이다.

✱ 글의 흐름

도입	다른 사람들이 이미 그렇게 했다는 것을 알았을 때 새로운 가치나 아이디어를 받아들이기가 더 쉬워지는 '사회적 증거'가 소셜 미디어로부터 생겨남
예시	그 자체로는 논란이 될 수 있는 영상이 수천 개의 '좋아요'를 얻으면 신뢰하게 됨
부연	영상의 신뢰도는 영상을 추천하는 친구에게 부여하는 신뢰도와 정비례함
결론	이것이 영상이나 게시물이 입소문이 날 수 있는 이유임

다음 글에서 전체 흐름과 관계 없는 문장은?

단서 1 수요를 바꾸거나 줄이는 것과도 관련이 있는 마케팅 경영 / not only A but also B로 연결된 전치사구

Marketing management is concerned / not only with finding and increasing demand / but also with changing or even reducing it. //
마케팅 경영은 관련이 있다 / 수요를 찾고 증가시키는 것뿐만 아니라 / 그것을 바꾸고 또는 심지어 줄이는 것과도 //

tourists를 수식하는 현재분사구

For example, / Uluru (Ayers Rock) might have too many tourists / wanting to climb it, /
예를 들어 / Uluru (Ayers Rock)에는 너무 많은 관광객이 있을지도 모르고 / 그것을 등반하기를 원하는 //

and Daintree National Park in North Queensland / can become overcrowded / in the tourist season. //
그리고 North Queensland의 Daintree 국립공원은 / 과도하게 붐비게 될 수 있다 / 관광 시즌에 //

have trouble (in) -ing: ~하는 데 어려움을 겪다

① Power companies sometimes have trouble / meeting demand / during peak usage periods. //
전력 회사들은 때때로 어려움이 있다 / 수요를 충족시키는 데 / 최고 사용 기간 동안 //

주어

② In these and other cases of excess demand, / the needed marketing task, / called demarketing, / is to reduce demand temporarily or permanently. //
동사 / 주격 보어
단서 2 일시적 혹은 영구적으로 수요를 줄이는 반 마케팅
과도한 수요의 이러한 그리고 다른 경우들에서 / 필요되는 마케팅 과업은 / 반 마케팅이라고 불리는 / 일시적으로 혹은 영구적으로 수요를 줄이는 것이다 //

③ Efforts should be made / to compensate for the losses / caused by the increase in supply. //
단서 3 공급의 증가에 의해 유발된 손실에 대한 내용이 아님
노력이 행해져야 한다 / 손실들을 보상하기 위해서 / 공급의 증가에 의해 유발된 //

not A but B로 연결된 to부정사구

④ The aim of demarketing / is not to completely destroy demand, / but only to reduce or shift it / to another time, / or even another product. //
단서 4 반 마케팅의 목적에 대해 부연 설명함
반 마케팅의 목적은 / 수요를 완전히 없애는 것이 아니라 / 단지 그것을 줄이거나 또는 이동시키는 것이다 / 다른 시기로 / 또는 심지어 다른 제품으로 //

선행사

⑤ Thus, / marketing management seeks to affect / the level, timing, and nature of demand / in a way / that helps the organisation achieve its objectives. //
helps의 목적격 보어(원형부정사) / 주격 관계대명사(관계부사 ×)
따라서 / 마케팅 경영은 영향을 주는 것을 추구한다 / 수요의 수준, 시기, 그리고 특성에 / 방식으로 / 조직이 그것의 목표들을 달성하는 것을 돕는 //

- management ⓝ 경영
- demand ⓝ 수요
- overcrowded ⓐ 너무 붐비는
- peak ⓝ 최고조, 정점
- usage ⓝ 사용, 사용량
- excess ⓐ 초과한
- task ⓝ 일, 과업, 과제
- temporarily ⓐⓓ 일시적으로
- permanently ⓐⓓ 영구적으로
- compensate ⓥ 보상하다
- loss ⓝ 손실
- supply ⓝ 공급
- aim ⓝ 목적, 목표
- shift ⓥ 이동시키다
- seek ⓥ 추구하다
- objective ⓝ 목표

마케팅 경영은 수요를 찾고 증가시키는 것뿐만 아니라 그것을 바꾸고 또는 심지어 줄이는 것과도 관련이 있다. 예를 들어, Uluru (Ayers Rock)에는 그것을 등반하기를 원하는 너무 많은 관광객이 있을지도 모르고, 그리고 North Queensland의 Daintree 국립공원은 관광 시즌에 과도하게 붐비게 될 수 있다. ① 전력 회사들은 때때로 최고 사용 기간 동안 수요를 충족시키는 데 어려움이 있다. ② 과도한 수요의 이러한 그리고 다른 경우들에서, 필요되는 반 마케팅이라고 불리는 마케팅 과업은 일시적으로 혹은 영구적으로 수요를 줄이는 것이다. (③ 공급의 증가에 의해 유발된 손실들을 보상하기 위해서 노력이 행해져야 한다.) ④ 반 마케팅의 목적은 수요를 완전히 없애는 것이 아니라, 단지 그것을 줄이거나 또는 다른 시기 또는 심지어 다른 제품으로 이동시키는 것이다. ⑤ 따라서, 마케팅 경영은 조직이 그것의 목표들을 달성하는 것을 돕는 방식으로 수요의 수준, 시기, 그리고 특성에 영향을 주는 것을 추구한다.

왜 정답? ★★★ [정답률 66%]

마케팅 경영이 수요를 바꾸거나 심지어 줄이는 것과도 연관이 있다면서 일시적 혹은 영구적으로 수요를 줄이는 반 마케팅에 대해 설명하고 있다. 수요를 줄이거나 다른 시기, 다른 제품으로 이동시키는 것이 반 마케팅의 목적이라는 내용이 ④에서 이어지는데, ③은 공급의 증가로 유발된 손실들을 보상해야 한다는 내용으로, 글의 흐름과 무관하다. [글의 핵심 소재는 반복되어 언급됨] 꿀팁

왜 오답?

① 관광지나 국립공원에 너무 많은 관광객(수요)이 몰릴 수 있다는 앞 문장의 내용과 너무 많은 수요를 충족시키는 데 어려움이 있다는 내용이 자연스럽게 연결된다.

② 과도한 수요의 '이러한 경우'는 앞에서 언급된 예시들을 가리키고, 이 같은 경우에 필요한 마케팅 과업이 반 마케팅이라는 내용이 자연스럽게 연결된다.

④ 반 마케팅의 목적이 수요를 줄이거나 다른 곳으로 이동시키는 것이라는 내용으로, 수요를 줄이는 마케팅 과업이 반 마케팅이라고 불린다는 ②와 매끄럽게 연결된다.

⑤ 마케팅 경영의 일환인 반 마케팅에 대해 설명한 후, 다시 결론으로서 마케팅 경영이 추구하는 목표를 설명하는 문장이다.

*** 글의 흐름**

도입	마케팅 경영은 수요를 바꾸거나 줄이는 것과도 관련이 있음
예시	관광 시즌에 붐비는 Uluru와 Daintree 국립공원, 최고 사용 기간에 어려움이 있는 전력 회사의 예시
전개	이때 영구적으로 혹은 일시적으로 수요를 줄이는 반 마케팅이 필요함
부연	수요를 줄이거나 다른 시기나 제품으로 수요를 이동시키는 것임
결론	마케팅 경영은 조직의 목표 달성을 위해 수요에 영향을 주는 것을 추구함

N 19 정답 ④ · 2등급 대비 [정답률 59%]

***기술 활용 능력의 필요성**

다음 글에서 전체 흐름과 관계 없는 문장은?

분사구문

Today's "digital natives" have grown up / immersed in digital technologies / and possess the technical aptitude / to utilize the powers of their devices / fully. //
병렬 구조
오늘날의 '디지털 원주민들'은 성장했다 / 디지털 기술에 몰입한 채로 / 그리고 기술적 소질을 가지고 있다 / 자기가 가진 기기의 힘을 활용할 수 있는 / 충분히 //

병렬 구조

① But although they know / which apps to use / or which websites to visit, /
하지만 그들이 알고 있을지라도 / 어떤 앱을 사용해야 하는지 / 혹은 어떤 웹 사이트를 방문해야 하는지 /

they do not necessarily understand / the workings / behind the touch screen. //
그들이 반드시 이해한다는 것은 아니다 / 작동 방식을 / 터치스크린 뒤에 숨겨진 //

부사절 접속사(조건) / be+to부정사: ~ 하려면(의도)

② People need technological literacy / if they are to understand / machines' mechanics and uses. //
단서 1 오늘날의 사람들은 기술 활용 능력이 필요함
사람들은 기술 활용 능력이 필요하다 / 그들이 이해하려면 / 기계의 역학과 용도를 //

③ In much the same way / as factory workers a hundred years ago / needed to understand / the basic structures of engines, /
마찬가지로 / 100년 전 공장 근로자들이 / 이해할 필요가 있었던 것처럼 / 엔진의 기본 구조를 /

we need to understand / the elemental principles / behind our devices. //
단서 2 과거에 엔진의 기본 구조를 이해했듯이 우리는 기기의 기본 원리를 이해해야 함
우리는 이해할 필요가 있다 / 기본 원리를 / 우리의 기기 뒤에 숨겨진 //

software를 수식하는 현재분사구

④ The lifespan of devices depends on / the quality of software / operating them / as well as the structure of hardware. //
B as well as A: A뿐만 아니라 B도
(기기의 수명은 달려 있다 / 소프트웨어의 우수성에 / 기기를 작동하는 / 하드웨어의 구조뿐만 아니라 //

⑤ This empowers **us** / **to deploy** software and hardware / to
their fullest utility, / **maximizing our powers** / **to achieve and
create**. // **단서 3** 이런 능력은 우리가 기기를 최대한 유용하게 사용할 수 있도록 함
이것은 우리에게 힘을 준다 / 소프트웨어와 하드웨어를 이용할 수 있도록 / 최대한 유용하게 /
그리고 우리의 능력을 극대화한다 / 성취하고 만들어 낼 수 있는 //

- digital native 디지털 원주민   · immerse in ~에 몰두시키다
- possess ⓥ 가지다   · aptitude ⓝ 소질, 재능   · utilize ⓥ 활용하다
- technological literacy 기술 활용 능력   · mechanics ⓝ 역학, 기계학
- elemental ⓐ 기본적인, 본질적인   · lifespan ⓝ 수명
- empower ⓥ 권한을 주다   · utility ⓝ 유용(성), 쓸모가 있음
- maximize ⓥ 극대화하다

오늘날의 '디지털 원주민들'은 디지털 기술에 몰입한 채로 성장했고,
자기가 가진 기기의 힘을 충분히 활용할 수 있는 기술적 소질을 가지고
있다. ① 하지만 그들이 어떤 앱을 사용해야 하는지 혹은 어떤 웹 사이트를
방문해야 하는지 알고 있을지라도, 터치스크린 뒤에 숨겨진 작동 방식을
반드시 이해한다는 것은 아니다. ② 사람들이 기계의 역학과 용도를
이해하려면 기술 활용 능력이 필요하다. ③ 100년 전 공장 근로자들이
엔진의 기본 구조를 이해할 필요가 있었던 것과 마찬가지로, 우리는
우리의 기기 뒤에 숨겨진 기본 원리를 이해할 필요가 있다. (④ 기기의
수명은 하드웨어의 구조뿐만 아니라 기기를 작동하는 소프트웨어의
우수성에 달려 있다.) ⑤ 이것은 우리가 소프트웨어와 하드웨어를
최대한 유용하게 사용하여, 성취하고 만들어 낼 수 있는 우리의 능력을
극대화한다.

왜 **2등급?** 기술 활용 능력의 중요성에 대해 말하고 있는 글로, 기기를 이해하는
것이 필요함을 얘기하고 있다. 기기의 하드웨어와 소프트웨어가 전체 흐름과 관계
없는 문장에서 언급되는데, 이를 뒤 문장에서 다시 언급하여 마치 흐름이 자연스러운
것처럼 착각하기 쉽다.

왜 **정답·오답?**

글의 앞부분: 오늘날의 디지털 원주민들은 기기를 잘 다루는 기술적 소질을 가지고
있다.

①: 오늘날 디지털 원주민들이 기기를 잘 다루는 기술적 소질을 가지고 있다는 글의
앞부분에 이어 ①에서 '하지만' 우리가 기기를 잘 사용할지라도 기기 뒤에 숨겨진 작
동 방식을 이해하는 것은 아니라고 말하고 있다.
  ▶ ①은 무관한 문장이 아님

②: 앞에서 말한 기기 뒤에 숨겨진 작동 방식을 이해하는 데 필요한 전제 조건에 대해
②에서 말하고 있다.
  ▶ ②은 무관한 문장이 아님

③: 앞 문장에 이어 100년 전 우리는 그래왔음을 ③에서 부연 설명하고 있다.
  ▶ ③은 무관한 문장이 아님

④: 기기의 작동 방식을 이해해야 한다는 앞부분과 기기의 수명이 소프트웨어의 우
수성에도 영향을 받는다는 ④은 자연스럽게 이어지지 않는다.
  ▶ ④이 무관한 문장일 가능성이 높음

⑤: '이것'이 가리키는 것은 ④을 제외한 앞에서 설명하고 있는 기기의 기본 원리를
이해하는 것을 의미한다. 이런 '기술 활용 능력'이 주는 이점을 ⑤에서 설명하며 글을
마무리하고 있다.
  ▶ ⑤은 무관한 문장이 아님

＊ 글의 흐름

도입	오늘날의 디지털 원주민들은 기기를 사용할 수 있는 기술적 소질은 가지고 있지만, 그 기기의 작동 방식을 이해하는 것은 아님
전개	우리가 사용하는 기기 뒤에 숨겨진 작동 방식이나 원리 등을 이해하려면 기술 활용 능력이 필요함
부연	기술 활용 능력은 우리가 기기의 소프트웨어나 하드웨어를 최대한 유용하게 사용할 수 있도록 우리의 능력을 극대화함

N 20 정답 ④ ————————— ⚡ **2등급 대비** [정답률 56%]

＊질투라는 감정을 이해하기 어려운 이유

다음 글에서 전체 흐름과 관계 없는 문장은?

Of all the human emotions, / none is trickier or more elusive
than envy. //
인간의 모든 감정 중에서 / 질투보다 더 까다롭거나 더 이해하기 어려운 것은 없다 //
It is very difficult / **to** actually **discern** the envy / **that** motivates
people's actions. //
매우 어렵다 / 질투를 실제로 알아차리는 것은 / 사람들의 행동을 자극하는 //
① The reason for this elusiveness is simple: / we almost never
directly express the envy / **we are feeling**. //
이러한 모호함의 이유는 간단한데 / 우리는 질투를 대부분 절대 직접적으로 표현하지 않는다
/ 우리가 느끼고 있는 //
② Envy entails the admission to **ourselves** / **that** we are **inferior**
to another person / in something we value. //
질투는 스스로에 대한 인정을 수반한다 / 우리가 또 다른 사람보다 열등하다는 / 우리가 가치
있게 여기는 무언가에서 //
③ **Not only is it** painful to admit this inferiority, / **but it** is even
worse **for others to see** / that we are feeling this. //
이 열등감을 인정하는 것은 고통스러울 뿐만 아니라 / 다른 사람들이 알게 되는 것은 훨씬 더
나쁘다 / 우리가 이것을 느끼고 있다는 것을 **단서** 질투가 질병을 유발할 수도 있다는 내용으로, 질투 자체가
이해하기 어려운 감정이라는 전체 흐름과 관계없는 내용임
④ Envy can cause illness / because people with envy can cast
the "evil eye" / on someone they envy, / even unwittingly, /
(질투는 질병을 유발할 수도 있는데 / 왜냐하면 질투하는 사람이 '증오에 찬 눈초리'를 보낼 수
있거나 / 그들이 시기하는 사람에게 / 무의식적으로라도 /
or the envious person can become ill / from the emotion. //)
질투심이 강한 사람이 건강이 나빠질 수 있기 때문이다 / 그 감정 때문에 //)
⑤ And so almost **as soon as** we experience the initial feelings of
envy, / we are motivated to disguise it / to ourselves /
그래서 우리가 최초의 질투심을 경험하는 거의 즉시 / 우리는 그것을 감추고자 하게 되는데 /
우리 자신에게 /
— it is **not** envy we feel / **but** unfairness at the distribution of
goods or attention, / resentment at this unfairness, / even anger. //
즉 그것은 우리가 느끼는 질투가 아니라 / 재산의 분배나 관심에 대한 불공평함 / 이
불공평함에 대한 분개 / 심지어 분노이다 //

- tricky ⓐ 까다로운   · envy ⓝ 질투   · discern ⓥ 알아차리다
- elusiveness ⓝ 모호함   · entail ⓥ 수반하다
- admission ⓝ 인정   · inferior ⓐ 열등한   · inferiority ⓝ 열등감
- cast ⓥ 던지다, 보내다   · evil ⓐ 사악한, 증오하는
- unwittingly ⓐⓓ 자신도 모르게   · initial ⓐ 최초의
- disguise ⓥ 감추다   · unfairness ⓝ 불공평함
- distribution ⓝ 분배   · resentment ⓝ 분개

인간의 모든 감정 중에서 질투보다 더 까다롭거나 더 이해하기 어려운
것은 없다. 사람들의 행동을 자극하는 질투를 실제로 알아차리는 것은
매우 어렵다. ① 이러한 모호함의 이유는 간단한데, 우리는 우리가 느끼고
있는 질투를 대부분 절대 직접적으로 표현하지 않는다. ② 질투는 우리가
가치 있게 여기는 무언가에서 우리가 또 다른 사람보다 열등하다는
스스로에 대한 인정을 수반한다. ③ 이 열등감을 인정하는 것은
고통스러울 뿐만 아니라 우리가 이것을 느끼고 있는 것을 다른 사람들이
알게 되는 것은 훨씬 더 나쁘다. (④ 질투는 질병을 유발할 수도 있는데
왜냐하면 질투하는 사람이 무의식적으로라도 그들이 시기하는 사람에게
'증오에 찬 눈초리'를 보낼 수 있거나 질투심이 강한 사람이 그 감정 때문에
건강이 나빠질 수 있기 때문이다.) ⑤ 그래서 우리가 최초의 질투심을
경험하는 거의 즉시, 우리는 그것을 우리 자신에게 감추고자 하게 되는데,
즉 그것은 우리가 느끼는 질투가 아니라 재산의 분배나 관심에 대한
불공평함, 이 불공평함에 대한 분개, 심지어 분노이다.

왜 **2등급?** 질투는 열등감을 인정하는 것을 수반하는데, 그것은 고통스럽기 때문에 사람들은 질투를 표현하지 않는다고 했다. 그다음에 질투가 실제로 질병을 유발할 수 있다는 내용이 오는데, '고통'과 '질병'을 연관 지어 생각한다면 자연스러운 흐름의 문장처럼 보일 수 있어 틀리기 쉽다.

왜 정답·오답?

글의 앞부분: 이 글은 질투라는 감정이 까다롭고 이해하기 어렵다는 내용의 글이다.

①: 질투는 가장 알아차리기 어려운 인간의 감정이라는 글의 앞부분에 이어 ①에서 '이러한 모호함(this elusiveness)'의 이유를 설명하고 있다.
▶ ①은 무관한 문장이 아님

②: ①에서 질투를 직접적으로 표현하지 않는 이유를 ②에서 우리가 열등하다는 것을 인정해야 하기 때문이라고 설명하고 있다.
▶ ②은 무관한 문장이 아님

③: ②에 이어 열등감을 인정하는 것이 어려운 이유를 ③에서 보충하여 설명하고 있다.
▶ ③은 무관한 문장이 아님

④: 질투를 직접적으로 표현하지 않는 이유에 대해 설명하는 ②, ③과 질투가 실제로 질병을 유발할 수 있다는 ④은 자연스럽게 이어지지 않는다.
▶ ④이 무관한 문장임

⑤: 질투를 표현하지 않는 이유에 대해 설명하는 앞부분에 이어 ⑤에서는 그렇기 때문에 우리는 질투를 감추거나 다른 감정을 느끼게 된다고 설명하며 글을 마무리하고 있다.
▶ ⑤은 무관한 문장이 아님

＊ 글의 흐름

도입	질투는 가장 까다롭고 이해하기 어려운 감정임
이유	질투를 알아차리는 것은 매우 어려운데, 질투를 직접적으로 표현하지 않기 때문임
근거	질투는 우리가 다른 사람보다 열등하다는 것을 인정하는 것이고, 그것을 느끼고 있다는 것을 다른 사람들이 알게 되는 것은 고통스러움
결과	그래서 우리는 질투가 아니라 불공평함, 이 불공평함에 대한 분개, 심지어 분노로 느낌

N 어휘 Review 정답 ········· 문제편 p. 210

01	부패	11	rely on	21	calculate
02	증거	12	be bound to	22	spiritual
03	믿을 만한	13	be set in	23	revenue
04	정의하다	14	purchasing power	24	seasons
05	멈추다	15	play on	25	prehistoric
06	innate	16	democracy	26	adjusted
07	legal	17	nominal	27	usage
08	politician	18	lifespan	28	sentiments
09	layout	19	genetic	29	Moral
10	fairly	20	elemental	30	fertilizers

O 글의 순서 정하기

문제편 p. 212~233

O 01 정답 ② ＊식량 안보를 달성하기 위한 메커니즘

The governments / of virtually every country on the planet / attach great importance / to achieving food security /
정부는 / 사실상 전 세계 모든 국가의 / 큰 중요성을 부여하며 / 식량 안보를 달성하는 것에
and a wide variety of mechanisms / have been developed / to realize this goal. //
다양한 메커니즘이 / 개발되었다 / 이 목표를 실현하기 위해 //

단서 1 (B)의 식량 자급자족의 채택과 상반되는 내용이 이어짐

(A) However, food security does not require food self-sufficiency / because countries can import food items / not easily produced within the country. //
그러나, 식량 안보는 식량 자급자족을 (반드시) 필요로 하지 않는데 / 이는 국가가 식품을 수입할 수 있기 때문이다 / 자국 내에서 쉽게 생산되지 않는 //

Agricultural products are, after all, / highly sensitive to climatic, soil and other conditions / that tend to vary around the world. //
어쨌든, 농산물은 / 기후, 토양, 그 외 다른 조건에 매우 민감하다 / 전 세계적으로 국가에 따라 달라지는 //

단서 2 주어진 글에서 언급한 식량 안보를 달성하려는 정부가 직면하는 첫 번째 문제

(B) The first issue governments face / in achieving national food security / is the problem of insuring / that adequate amounts of food are available / to the resident population. //
정부가 직면하는 첫 번째 문제는 / 국가 식량 안보를 달성하는 데 있어 / 보장하는 것이다 / 충분한 양의 식량이 제공되도록 / 거주민에게 //

단서 3 일부 정부는 식량 안보를 달성하기 위해 자급자족이라는 목표를 설정함

Some governments have set goals / of food self-sufficiency, / which means / most if not all of the food available in a country / comes from the domestic farming system. //
일부 정부는 목표를 설정했는데 / 식량 자급자족이라는 / 이는 의미한다 / 한 국가에서 구할 수 있는 식량의 전부는 아니더라도 대부분이 / 국내 농업 시스템에서 나온다는 것을 //

(C) Even countries / with extremely productive agricultural sectors / are not fully self-sufficient / in all food items. //
국가도 / 매우 생산성이 높은 농경 지역을 보유한 / 완전히 자급자족할 수 있는 것은 아니다 / 모든 식품에서 //

단서 4 (A)의 자급자족이 필수 조건이 아니라는 내용에 대한 구체적인 예시임

The United States, for example, / depends on imports / for its supply of coffee, tea, bananas and other tropical products. //
예를 들어, 미국은 / 수입품에 의존한다 / 커피, 차, 바나나 및 다른 열대 지역 (농)산물의 공급을 //

In general, / the problem of assuring adequate food supplies / is solved by relying on / both domestic production and imports. //
일반적으로 / 적절한 식량 공급을 보장하는 문제는 / 의존함으로써 해결된다 / 국내 생산과 수입에 모두 //

- virtually ad 사실상 · security n 안보
- self-sufficiency 자급자족 · agricultural a 농사의
- sensitive a 민감한 · climatic a 기후의 · soil n 토양
- vary v 다양하다, 달라지다 · issue n 문제, 이슈
- insure v 보장하다 · adequate a 적절한 · resident a 거주하는
- domestic a 국내의 · productive a 생산적인
- sector n 구역, 지역 · import n 수입 · supply n 공급
- tropical a 열대의 · assure v 보장하다

사실상 전 세계 모든 국가의 정부는 식량 안보를 달성하는 것에 큰 중요성을 부여하며, 이 목표를 실현하기 위해 다양한 메커니즘이 개발되었다. (B) 정부가 국가 식량 안보를 달성하는 데 있어 직면하는 첫 번째 문제는 거주민에게 충분한 양의 식량이 제공되도록 보장하는 것이다. 일부 정부는 식량 자급자족이라는 목표를 설정했는데, 이는 한 국가에서 구할 수 있는 식

량의 전부는 아니더라도 대부분이 국내 농업 시스템에서 나온다는 것을 의미한다. (A) 그러나, 식량 안보는 식량 자급자족을 (반드시) 필요로 하지 않는데 이는 국가가 자국 내에서 쉽게 생산되지 않는 식품을 수입할 수 있기 때문이다. 어쨌든, 농산물은 전 세계적으로 국가에 따라 달라지는 기후, 토양, 그 외 다른 조건에 매우 민감하다. (C) 매우 생산성이 높은 농경 지역을 보유한 국가도 모든 식품에서 완전히 자급자족할 수 있는 것은 아니다. 예를 들어, 미국은, 커피, 차, 바나나 및 다른 열대 지역 (농)산물의 공급을 수입품에 의존한다. 일반적으로, 적절한 식량 공급을 보장하는 문제는 국내 생산과 수입에 모두 의존함으로써 해결된다.

주어진 글 다음에 이어질 글의 순서로 가장 적절한 것을 고르시오. [3점]

① (A) — (C) — (B) (A)의 자급자족에 관한 내용과 상반된 내용이 주어진 글에 없음

② (B) — (A) — (C) (B) 식량 안보를 위해 자급자족을 채택하기도 함 — (A) 하지만 자급자족이 식량 안보에 필수는 아님 — (C) 미국의 경우 수입과 국내 생산 모두에 의존하고 있음

③ (B) — (C) — (A)

④ (C) — (A) — (B) (C)는 (A)의 자급자족이 필수 조건이 아니라는 내용의 예시임

⑤ (C) — (B) — (A)

| 문제 풀이 순서 | ✽✽✽ [정답률 61%]

1st 각 문단의 내용을 파악하고, 글의 논리적인 순서를 추론한다.

주어진 글: 사실상 전 세계 모든 국가의 정부는 식량 안보를 달성하는 것에 큰 중요성을 부여하며, 이 목표를 실현하기 위해 다양한 메커니즘이 개발되었다.

→ **주어진 글 뒤:** 여러 국가가 식량 안보를 달성하기 위해 내세운 메커니즘이 소개될 것이다.

(A): 그러나(However), 식량 안보는 식량 자급자족을 (반드시) 필요로 하지 않는데 이는 국가가 자국 내에서 쉽게 생산되지 않는 식품을 수입할 수 있기 때문이다. 어쨌든, 농산물은 전 세계적으로 국가에 따라 달라지는 기후, 토양, 그 외 다른 조건에 매우 민감하다.

→ **(A) 앞:** '그러나(However)'로 상반되는 내용을 설명하고 있으므로, 식량 자급자족을 목표로 한다는 내용이 제시되었을 것이다.

▶ 해당 내용이 없는 주어진 글 바로 뒤에 (A)가 올 수 없음

(A) 뒤: 식품은 자급자족뿐만 아니라 수입을 통해서도 해결될 수 있다고 설명하고 있으므로, 이와 관련된 구체적인 예시가 이어질 것이다.

(B): 정부가 국가 식량 안보를 달성하는 데 있어 직면하는 첫 번째 문제는 거주민에게 충분한 양의 식량이 제공되도록 보장하는 것이다. 일부 정부는 식량 자급자족이라는 목표를 설정했는데, 이는 한 국가에서 구할 수 있는 식량의 전부는 아니더라도 대부분이 국내 농업 시스템에서 나온다는 것을 의미한다.

→ **(B) 앞:** 국가가 식량 안보를 달성하고자 한다는 목표가 제시되었을 것이다.

▶ 주어진 글에서 말했던 식량 안보의 중요성에 대해 '식량 자급자족'이라는 메커니즘을 채택한 국가가 있음을 소개함 (순서: 주어진 글 → (B))

(B) 뒤: 식량 안보를 위한 메커니즘으로 식량 자급자족을 설명했으므로, However로 꼭 필요한 것은 아니라고 설명하는 (A)가 (B) 뒤에 이어질 것이다.

▶ 순서: 주어진 글 → (B) → (A)

(C): 매우 생산성이 높은 농경 지역을 보유한 국가도 모든 식품에서 완전히 자급자족할 수 있는 것은 아니다. 예를 들어(for example), 미국은, 커피, 차, 바나나 및 다른 열대 지역 (농)산물의 공급을 수입품에 의존한다. 일반적으로, 적절한 식량 공급을 보장하는 문제는 국내 생산과 수입에 모두 의존함으로써 해결된다.

→ **(C) 앞:** 미국의 예시를 들며 생산성이 높은 국가에서도 모든 식품을 완전히 자급자족할 수 없다고 설명하고 있으므로, 수입이라는 대체 수단을 설명했던 내용이 제시되었을 것이다.

▶ 식량 안보를 위해서는 수입이라는 경로도 있기 때문에 자급자족할 필요는 없다는 (A)의 내용에 이어, 수입과 국내 생산 모두에 의존함으로써 식량 공급을 보장하는 미국의 예시를 구체적으로 제시함 (순서: 주어진 글 → (B) → (A) → (C))

주어진 글: 식량 안보를 달성하기 위한 각국의 다양한 메커니즘이 개발되었다.

→ **(B):** 일부 정부는 모든 국민에게 식량이 제공되도록 하는 식량 안보를 달성하기 위해 자급자족이라는 목표를 설정했다.

→ **(A):** 하지만 식량 안보는 반드시 자급자족이어야만 하는 것은 아닌데, 자국 내 생산이 불가능한 식품은 수입할 수도 있기 때문이다.

→ **(C):** 생산성이 높은 국가도 모든 식품을 자급자족할 수 있는 것은 아니며, 미국도 수입과 국내 생산 모두에 의존하며 식량 안보를 확보하고 있다.

▶ 주어진 글 다음에 이어질 글의 순서는 (B) → (A) → (C)이므로 정답은 ②임

O 02 정답 ② *재택 간호 관리 시스템에 대한 다양한 입장

부사적 용법 (목적)
In order to bring / the ever-increasing costs of home care / for elderly and needy persons / **under control**, /
bring ~ under control: ~을 통제하다
(통제)하기 위해 / 재택 간호의 계속적으로 증가하는 비용을 / 노인과 빈곤층을 위한 / 통제 /

managers of home care providers / have introduced management systems. //
단서 1 비용 통제를 위해 재택 간호 업체의 관리자들은 관리 시스템을 도입함
재택 간호 제공 업체의 관리자는 / 관리 시스템을 도입했다 //

(A) 단서 2 This는 (B)의 재택 간호 종사자에게 보고하도록 한 것을 가리킴
This, in the view of managers, / has contributed to the resolution of the problem. //
관리자의 관점에서는 이것이 / 문제 해결에 기여해 왔다 //

The home care workers, on the other hand, / may perceive their work / not A but B 구문 **not** as a set of separate tasks / to be performed **as efficiently as possible**, /
as ~ as possible: 가능한 한 ~ 한[하게]
반면에, 재택 간호 종사자들은 / 자신의 업무를 인식할 것이다 / 일련의 분리된 업무가 아니라 / 가능한 한 효율적으로 수행되어야 하는 /

「전치사+관계대명사」
but as a service / to be provided to a client / **with whom** they may have developed a relationship. //
서비스로 / 고객에게 제공되는 / 그들이 관계를 맺어온 // 단서 3 주어진 글의 재택 간호 관리 시스템을 가리킴

(B) These systems specify / tasks of home care workers / and the time and budget / **available to perform these tasks**. //
앞에 「주격 관계대명사+be동사」 생략
이러한 시스템은 명시한다 / 재택 간호 종사자의 업무와 / 시간과 예산을 / 이러한 업무를 수행하는 데 사용할 수 있는 //

require의 목적어와 목적격 보어 (to부정사)
Electronic reporting systems require / **home care workers to report** / on their activities and the time **spent**, /
과거분사 (time 수식)
전자 보고 시스템은 요구하므로 / 재택 간호 종사자가 보고하도록 / 자신의 활동과 소요 시간을 /

thus making the distribution of time and money **visible** / and, in the perception of managers, **controllable**. //
병렬 구조 (making의 목적격 보어)
시간과 비용의 분배를 잘 보이게 만들고 / 관리자의 입장에서는 통제 가능하게 만든다 //

(C) This includes / having conversations with clients / and enquiring about the person's well-being. //
단서 4 This는 (A)의 재택 간호 종사자들이 느끼는 서비스를 가리킴
이것은 포함한다 / 고객과 대화를 나누고 / 고객의 안부를 묻는 것을 //

Restricted time and the requirement to report / may be perceived as obstacles / that make **it** impossible / **to deliver** the service **that** is needed. //
가목적어   진목적어   주격 관계대명사
제한된 시간과 보고를 해야 한다는 요구 사항은 / 장애물로 여겨질 것이다 / 불가능하게 하는 / 필요한 서비스를 제공하는 것을 //

If the management systems are too rigid, / this may result in /
동명사의 의미상 주어   전치사 in의 목적어로 쓰인 동명사
home care workers becoming overloaded and demotivated. //
만약 관리 시스템이 너무 엄격하면 / 이것은 결과를 초래할 것이다 / 재택 간호 종사자가 너무 많은 부담을 지게 되고 의욕을 잃는 //

- **bring ~ under control** ~을 통제하다
- **needy** ⓐ 도움이 필요한
- **introduce** ⓥ 도입하다
- **resolution** ⓝ 해결
- **perceive** ⓥ 인식하다
- **specify** ⓥ 명시하다

• electronic ⓐ 전자의 • distribution ⓝ 분배
• controllable ⓐ 통제 가능한 • enquire ⓥ 묻다 • rigid ⓐ 엄격한
• overload ⓥ 많은 부담을 지다 • demotivate ⓥ 의욕을 꺾다

노인과 빈곤층을 위한 재택 간호의 계속적으로 증가하는 비용을 통제하기 위해 재택 간호 제공 업체의 관리자는 관리 시스템을 도입했다. (B) 이러한 시스템은 재택 간호 종사자의 업무와 이러한 업무를 수행하는 데 사용할 수 있는 시간과 예산을 명시한다. 전자 보고 시스템은 재택 간호 종사자가 자신의 활동과 소요 시간을 보고하도록 요구하므로 시간과 비용의 분배를 잘 보이게 만들고, 관리자의 입장에서는 통제 가능하게 만든다. (A) 관리자의 관점에서는, 이것이 문제 해결에 기여해 왔다. 반면에, 재택 간호 종사자들은 자신의 업무를 가능한 한 효율적으로 수행되어야 하는 일련의 분리된 업무가 아니라, 그들이 관계를 맺어온 고객에게 제공되는 서비스로 인식할 것이다. (C) 이것은 고객과 대화를 나누고 고객의 안부를 묻는 것을 포함한다. 제한된 시간과 보고를 해야 한다는 요구 사항은 필요한 서비스를 제공하는 것을 불가능하게 하는 장애물로 여겨질 것이다. 만약 관리 시스템이 너무 엄격하면, 이것은 재택 간호 종사자가 너무 많은 부담을 지게 되고 의욕을 잃는 결과를 초래할 것이다.

> 주어진 글 다음에 이어질 글의 순서로 가장 적절한 것을 고르시오. [3점]
> ① (A) — (C) — (B)   (A)의 '이것'이 가리키는 대상이 주어진 글에 없음
> ② (B) — (A) — (C)   (B) 관리자가 시간과 비용 분배를 통제할 수 있도록 만듦 — (A) 종사자 입장에서는 자신의 분리된 업무를 하는 것이 아님 — (C) 종사자들은 많은 부담을 느끼고 의욕을 잃게 될 것임
> ③ (B) — (C) — (A)   (C)의 '이것'이 가리키는 대상은 (A)의 a service임
> ④ (C) — (A) — (B)
> ⑤ (C) — (B) — (A)   (C)의 '이것'이 가리키는 대상이 주어진 글에 없음

| 문제 풀이 순서 | ✱✱✱ [정답률 52%]

1st 각 문단의 내용을 파악하고, 글의 논리적인 순서를 추론한다.

┌ **주어진 글:** 노인과 빈곤층을 위한 재택 간호의 계속적으로 증가하는 비용을
└ 통제하기 위해 재택 간호 제공 업체의 관리자는 관리 시스템을 도입했다.
→ **주어진 글 뒤:** 재택 간호의 비용과 시간을 통제하기 위해 관리자가 도입한 시스템의 특징이 이어질 것이다.

┌ **(A):** 관리자의 관점에서는, 이것(This)이 문제 해결에 기여해 왔다.
│ 반면에, 재택 간호 종사자들은 자신의 업무를 가능한 한 효율적으로
│ 수행되어야 하는 일련의 분리된 업무가 아니라, 그들이 관계를 맺어온
└ 고객에게 제공되는 서비스로 인식할 것이다.
→ **(A) 앞:** '이것(This)'이 가리키는 내용이 제시되어야 한다.
 ▶ '이것'은 관리자의 관점에서는 문제 해결에 기여했다고 했지만, 종사자의 입장에서는 자신의 업무를 서비스로 인식하게 했다는 내용이므로, 재택 간호 종사자에게 보고를 하도록 만들었다는 내용이 앞에 와야 함
 (A) 뒤: 종사자들은 자신의 업무를 서비스로 인식하게 되었다는 내용이 구체적으로 이어질 것이다.

┌ **(B):** 이러한 시스템(These systems)은 재택 간호 종사자의 업무와
│ 이러한 업무를 수행하는 데 사용할 수 있는 시간과 예산을 명시한다. 전자
└ 보고 시스템은 ~ 관리자의 입장에서는 통제 가능하게 만든다.
→ **(B) 앞:** '이러한 시스템'이 가리키는 내용이 제시되어야 한다.
 ▶ 주어진 글에서 말했던 재택 간호 관리 시스템을 관리자 입장에서 구체적으로 설명함 (순서: 주어진 글 → (B))
 (B) 뒤: 이 시스템을 도입하여 관리자 입장에서는 활동 비용과 시간을 통제할 수 있도록 만들었다고 했으므로, 이 시스템에 대한 종사자의 입장이 제시된 (A)가 (B) 뒤에 이어질 것이다. ▶ 순서: 주어진 글 → (B) → (A)

┌ **(C):** 이것(This)은 고객과 대화를 나누고 고객의 안부를 묻는 것을
└ 포함한다.
→ **(C) 앞:** '이것(This)'이 가리키는 내용이 제시되어야 한다.
 ▶ 종사자들이 자신의 업무를 서비스로 여기게 된다는 (A)의 내용에 이어, 그 서비스의 내용을 구체적으로 설명함 (순서: 주어진 글 → (B) → (A) → (C))

<hr>

주어진 글: 재택 간호 업체의 관리자들은 비용을 관리하기 위해 관리 시스템을 도입했다.
→ **(B):** 이 시스템은 종사자들이 업무 활동을 보고하도록 하여 관리자가 시간과 비용 분배를 통제할 수 있도록 만든다.
→ **(A):** 하지만 이는 종사자 입장에서는 자신의 분리된 업무를 하는 것이 아니라 고객에게 서비스를 제공하는 것으로 인식하게 한다.
→ **(C):** 관리 시스템이 지나치게 엄격해지면 종사자들은 많은 부담을 느끼고 의욕을 잃게 될 것이다.
▶ 주어진 글 다음에 이어질 글의 순서는 (B) → (A) → (C)이므로 정답은 ②임

○ 03 정답 ④ ✱ 스트레스가 뇌 구조와 피로도에 미치는 영향

Stress not only affects physical disease / but also the very structure of our brains, / making us even more likely / to experience a drained brain. // 단서 1 스트레스는 뇌의 구조에 영향을 줘 뇌를 피로하게 만듦
스트레스는 신체 질환에 영향을 끼칠뿐만 아니라 / 뇌의 구조 자체에도 (영향을 미쳐) / 우리가 훨씬 더 높아지도록 만든다 / 피로한 뇌를 경험할 가능성이 //

(A) Why does this matter? // 단서 2 this는 (C)의 스트레스와 줄어든 해마의 연관성을 가리킴
이것이 왜 중요할까 //

This part of the brain / helps you remain resilient / in the face of stress / and is involved in mood regulation. //
뇌의 이 부분(해마)은 / 회복력을 유지하는 데 도움을 주며 / 스트레스에 직면했을 때 / 기분 조절에 관여한다 //

It also helps / you to monitor the safety of your environment / and store dangerous images / in your long-term memory / so you can avoid them / in the future. //
그것은 또한 도와준다 / 당신이 당신의 주변이 안전한지를 감시하고 / 위험한 이미지들을 저장하여 / 장기 기억에 / 그것들을 피할 수 있도록 / 미래에 // 단서 3 all these things는 (A)에 언급된 해마의 여러 기능들을 가리킴

(B) It does all these things / as part of its duties / of regulating your sympathetic and parasympathetic nervous systems. //
그것(해마)은 이 모든 것들을 수행한다 / 임무의 일환으로 / 교감 신경계와 부교감 신경계를 조절하는 //

But chronic stress / can confuse the hippocampus / and lead to turning signals for cortisol / "on" instead of "off," /
하지만 만성적 스트레스는 / 해마를 혼란스럽게 하고 / 코르티솔의 신호를 바꾸어 / '끄는' 대신 '켜는' 쪽으로 /

which can trap you in a constant state / of fight, flight, or freeze. //
당신이 지속적인 상태에 갇히도록 만들 수 있다 / 싸우거나, 달아나거나, 꼼짝 못 하는 //

(C) A number of studies have been done / to reveal what happens / in healthy people's brains / when they go through something stressful. // 단서 4 스트레스가 뇌를 어떻게 변화시키는지를 알아보고자 연구를 진행함
많은 연구가 진행되었다 / 어떤 일이 일어나는지 밝혀내기 위해 / 건강한 사람들의 뇌에서 / 그들이 스트레스를 겪을 때 //

One study demonstrated a link / between a smaller hippocampus / and people who had experienced long-lasting stress. //
한 연구는 관련성을 보여주었다 / 줄어든 해마와 / 지속적인 스트레스를 경험했던 사람들 간의 //

• physical ⓐ 신체의   • structure ⓝ 구조
• drained ⓐ 진이 빠진, 피로한   • matter ⓥ 중요하다
• mood ⓝ 기분   • regulation ⓝ 조절   • monitor ⓥ 감시하다
• long-term memory 장기 기억   • nervous ⓐ 신경의
• chronic ⓐ 만성적인
• cortisol ⓝ 코티솔 (부신 피질에서 생기는 스테로이드 호르몬의 일종)
• trap ⓥ 잡아 두다   • constant ⓐ 지속적인   • flight ⓝ 도망
• freeze ⓝ 동결, 고정   • demonstrate ⓥ 보여주다
• long-lasting 지속적인

스트레스는 신체 질환뿐만 아니라 뇌의 구조 자체에도 영향을 미쳐, 우리가 피로한 뇌를 경험할 가능성이 훨씬 더 높아지도록 만든다. (C) 건강한 사람들이 스트레스를 겪을 때 그들의 뇌에서 어떤 일이 일어나는지 밝혀내기 위해 많은 연구가 진행되었다. 한 연구는 줄어든 해마와 지속적인 스트레스를 경험했던 사람들 간의 관련성을 보여주었다. (A) 이것이 왜 중요할까? 뇌의 이 부분(해마)은 스트레스에 직면했을 때 회복력을 유지하는 데 도움을 주며 기분 조절에 관여한다. 그것은 또한 당신의 주변이 안전한지를 감시하고 위험한 이미지들을 장기 기억에 저장하여 미래에 그것들을 피할 수 있도록 도와준다. (B) 그것(해마)은 이 모든 것들을 교감 신경계와 부교감 신경계를 조절하는 임무의 일환으로 수행한다. 하지만 만성적 스트레스는 해마를 혼란스럽게 하고 코르티솔의 신호를 '끄는' 대신 '켜는' 쪽으로 바꾸어, 당신이 싸우거나, 달아나거나, 꼼짝 못 하는 지속적인 상태에 갇히도록 만들 수 있다.

> **주어진 글 다음에 이어질 글의 순서로 가장 적절한 것을 고르시오.**
>
> ① (A) — (C) — (B) (A)의 this가 가리키는 내용이 주어진 글에 없음
> ② (B) — (A) — (C)
> ③ (B) — (C) — (A) (B)의 all these things가 가리키는 내용이 주어진 글에 없음
> ④ (C) — (A) — (B) (C) 스트레스와 줄어든 해마의 관련성이 밝혀짐 — (A) 해마는 스트레스 회복을 비롯해 위험을 예방하는 기능을 함 — (B) 이 기능들이 스트레스로 인해 혼란스러워짐
> ⑤ (C) — (B) — (A) (B)의 all these things가 가리키는 것은 (A)에 제시된 해마의 기능들임

| 문제 풀이 순서 | ✱✱✱ [정답률 45%]

1st 각 문단의 내용을 파악하고, 글의 논리적인 순서를 추론한다.

- **주어진 글:** 스트레스는 신체 질환뿐만 아니라 뇌의 구조 자체에도 영향을 미쳐, 우리가 피로한 뇌를 경험할 가능성이 훨씬 더 높아지도록 만든다.
- **주어진 글 뒤:** 구체적으로 스트레스가 뇌 구조를 어떻게 변형시키는지에 관한 내용이 소개될 것이다.
- **(A):** 이것(this)이 왜 중요할까? 뇌의 이 부분(해마)은 스트레스에 직면했을 때 회복력을 유지하는 데 도움을 주며 기분 조절에 관여한다. 그것은 또한 당신의 주변이 안전한지를 감시하고 위험한 이미지들을 장기 기억에 저장하여 미래에 그것들을 피할 수 있도록 도와준다.
  - **(A) 앞:** '이것(this)'이 가리키는 내용이 제시되어야 한다.
    - ▶ '이것'이 중요한 이유는 해마가 스트레스 회복을 비롯해 다양한 중요 기능을 담당하기 때문이라고 설명하고 있으므로, '이것'이 언급되지 않은 주어진 글 바로 뒤에 (A)가 올 수 없음
  - **(A) 뒤:** 해마의 다양한 기능들이 스트레스로 인해 어떻게 저해되는지를 설명할 것이다.
- **(B):** 그것(해마)은 이 모든 것들(all these things)을 교감 신경계와 부교감 신경계를 조절하는 임무의 일환으로 수행한다. 하지만 만성적 스트레스는 해마를 혼란스럽게 하고 코르티솔의 신호를 '끄는' 대신 '켜는' 쪽으로 바꾸어, 당신이 싸우거나, 달아나거나, 꼼짝 못 하는 지속적인 상태에 갇히도록 만들 수 있다.
  - **(B) 앞:** (A)에서 소개한 해마의 다양한 기능들을 '이 모든 것들(all these things)'로 언급하며 이 기능들이 스트레스로 인해 혼란스러워짐을 설명함 ▶ 순서: (A) → (B)
- **(C):** 건강한 사람들이 스트레스를 겪을 때 그들의 뇌에서 어떤 일이 일어나는지 밝혀내기 위해 많은 연구가 진행되었다. 한 연구는 줄어든 해마와 지속적인 스트레스를 경험했던 사람들 간의 관련성을 보여주었다.
  - **(C) 앞:** 스트레스를 겪을 때 뇌에서 벌어지는 일을 연구한 내용이 소개되고 있으므로, 스트레스와 뇌의 관련성에 관한 언급이 제시되어야 한다.
    - ▶ 주어진 글에서 말했던 스트레스가 뇌의 구조에 미치는 영향에 관한 구체적인 연구 내용을 소개함 (순서: 주어진 글 → (C))
  - **(C) 뒤:** 스트레스와 줄어든 해마의 관련성을 언급했으므로, 구체적으로 해마가 줄어든 것이 어떤 것인지에 관해 설명한 (A)가 (C) 뒤에 이어질 것이다.
    - ▶ 순서: 주어진 글 → (C) → (A) → (B)

2nd 글이 한눈에 들어오도록 정리하여 정답을 확인한다.

주어진 글: 스트레스는 뇌의 구조에 영향을 미쳐 피로하게 한다.
- → **(C):** 뇌와 스트레스의 관계에 관한 연구에서 지속적인 스트레스와 줄어든 해마의 연관성이 밝혀졌다.
- → **(A):** 이것이 중요한 이유는 해마는 스트레스 회복을 비롯해 안전 감시, 위험 예방 등의 역할을 하기 때문이다.
- → **(B):** 해마의 이 기능들은 스트레스로 인해 혼란스러워지고, 위험에 제대로 대응하지 못하게 된다.
- ▶ 주어진 글 다음에 이어질 글의 순서는 (C) → (A) → (B)이므로 정답은 ④임

◘ 04 정답 ② ✱쓰기 재료로서 종이의 발달

> The transition / from an oral culture, / in which knowledge was
> 단수 주어 from A to B 구문 [전치사+관계대명사]
> handed down / through stories, songs, and apprenticeships, /
> to a literate one, / based on the written word, /
> = culture
> 전환은 / 구전 문화에서 / 지식이 전수되던 / 이야기, 노래, 그리고 도제 제도를 통해 / 문자 문화로의 / 문자를 기반으로 하는 /
> 단수 동사
> was held back for centuries / by the lack of suitable writing
> material. // **단서 1** 구전 문화에서 문자 문화로의 전환은 쓰기 재료가 없어서 오랫동안 지연됨
> 수 세기 동안 지연되었다 / 적절한 쓰기 재료의 부족으로 인해 //

단서 2 문자의 발견이 (B)에 제시된 이러한 문제들을 해결함 분사구문
(A) The invention of paper, / said to be one of the four great
inventions of the Chinese, / solved these problems, /
종이의 발명은 / 중국의 4대 위대한 발명품 중 하나로 불리는 / 이러한 문제들을 해결했지만 /

but it wasn't until the Romans replaced the scroll with the
it ... that 강조 구문 (강조하는 대상: until절)
codex / — or, as we call it now, the book / — that the material
reached its full potential. //
로마인들이 두루마리를 코덱스로 대체한 후에야 / 즉, 우리가 현재 그것을, 책이라고 부르는 것처럼 / 그 재료가 그것의 완전한 잠재력에 다다랐다 //

수동태 동사 be prone to + 명사: ~하기 쉬운
(B) Stone and clay tablets were used, / but they were prone to
fracture / and were bulky and heavy to transport. //
부사적 용법 (~하기에)
석판과 점토판이 사용되었다 / 하지만 그것들은 깨지기 쉽고 / 운반하기에는 부피가 크고 무거웠다 //
단서 3 쓰기 재료로 석판과 점토판이 사용되었지만 문제가 있었음

Wood suffers from splitting / and is susceptible to decay. //
목재는 갈라짐을 겪고 / 부패하기 쉽다 //
be susceptible to + 명사: ~하기 쉬운
결과 절을 잇는 등위접속사
Wall paintings are static / and space is limited. //
벽화는 고정되어 있고 / 공간이 제한되어 있다 //

결과 절을 잇는 등위접속사
(C) That was two thousand years ago, / and it is still a dominant
form of the written word. // **단서 4** (A)의 종이의 잠재력을 발현한 것이 지금까지도 문자의 지배적인 형태로 이어짐
그것은 2천 년 전이었으며 / 그것은 여전히 문자의 지배적인 형태이다 //
단수 주어 (명사절) 비교급 강조 either A or B
That paper, / a much softer material than either stone or wood,
that절의 주어와 동사 단수 동사
/ won out as the guardian of the written word / is a remarkable
materials story. //
종이가 / 돌이나 목재보다 훨씬 더 부드러운 재료인 / 문자의 수호자로서 역할을 해낸 것은 / 놀라운 재료 이야기이다 //

- transition ⓝ 전환
- oral ⓐ 구전의
- hand down 전수하다
- literate ⓐ 문자의, 읽고 쓸 수 있는
- suitable ⓐ 적절한
- scroll ⓝ 두루마리
- codex ⓝ 코덱스(책의 형태로 된 고문서)
- clay tablet 점토판
- prone ⓐ ~하기 쉬운
- fracture ⓝ 균열, 깨짐
- bulky ⓐ 부피가 큰
- transport ⓥ 운반하다
- split ⓥ 쪼개지다
- dominant ⓐ 지배적인
- win out 수행해내다
- guardian ⓝ 수호자
- remarkable ⓐ 놀라운, 눈에 띄는

이야기, 노래, 그리고 도제 제도를 통해 지식이 전수되던 구전 문화에서 문자를 기반으로 하는 문자 문화로의 전환은 적절한 쓰기 재료의 부족으로 인해 수 세기 동안 지연되었다. (B) 석판과 점토판이 사용되었지만, 그것들은 깨지기 쉽고 운반하기에는 부피가 크고 무거웠다. 목재는 갈라짐을 겪고 부패하기 쉽다. 벽화는 고정되어 있고 공간이 제한되어 있다. (A) 중국

의 4대 위대한 발명품 중 하나로 불리는, 종이의 발명은 이러한 문제들을 해결했지만, 로마인들이 두루마리를 코덱스 — 즉, 우리가 현재 그것을, 책이라고 부르는 것처럼 — 로 대체한 후에야 그 재료가 그것의 완전한 잠재력에 다다랐다. (C) 그것은 2천 년 전이었으며, 그것은 여전히 문자의 지배적인 형태이다. 돌이나 목재보다 훨씬 더 부드러운 재료인 종이가, 문자의 수호자로서 역할을 해낸 것은 놀라운 재료 이야기이다.

주어진 글 다음에 이어질 글의 순서로 가장 적절한 것을 고르시오.

① (A) — (C) — (B) (A)의 '이러한 문제들'이 가리키는 것은 (B)에서 소개된 재료들의 문제들임
② (B) — (A) — (C) (B) 과거의 쓰기 재료는 문제가 있었음 — (A) 종이가 발명되며 문제들이 해결됨 — (C) 이것이 오늘날까지 이어져 문자의 수호자로 역할을 함
③ (B) — (C) — (A)
④ (C) — (A) — (B) (C)의 '그것'이 가리키는 것은 (A)에서 소개된 종이임
⑤ (C) — (B) — (A)

| 문제 풀이 순서 | ★★★ [정답률 63%]

1st 각 문단의 내용을 파악하고, 글의 논리적인 순서를 추론한다.

주어진 글: 이야기, 노래, 그리고 도제 제도를 통해 지식이 전수되던 구전 문화에서 문자를 기반으로 하는 문자 문화로의 전환은 적절한 쓰기 재료의 부족으로 인해 수 세기 동안 지연되었다.

➡ **주어진 글 뒤:** 구전 문화에서 문자 문화로 바뀌는 것은 오랜 시간 동안 지연되었는데, 적절한 쓰기 재료가 부족했기 때문이라고 한다. 따라서 문자 문화로 전환되기까지 쓰기 재료가 어디서부터 어떻게 바뀌어 갔는지에 관한 내용이 이어질 것이다.

(A): 중국의 4대 위대한 발명품 중 하나로 불리는, 종이의 발명은 이러한 문제들(these problems)을 해결했지만, 로마인들이 두루마리를 코덱스 — 즉, 우리가 현재 그것을, 책이라고 부르는 것처럼 — 로 대체한 후에야 그 재료가 그것의 완전한 잠재력에 다다랐다.

➡ **(A) 앞:** '이러한 문제들(these problems)'을 해결했다고 했으므로, 종이의 발명으로 해결하게 된 문제들이 제시되었을 것이다. ▶ 종이 이전의 쓰기 재료가 어떤 문제를 갖고 있었는지에 관한 내용이 앞에 나와야 함

(A) 뒤: 로마인들이 두루마리를 코덱스로 바꾸면서 종이의 완전한 잠재력을 활용할 수 있게 되었다고 했으므로, 그 이후 종이가 현대까지 어떻게 쓰이고 있는지에 대한 내용이 이어질 것이다.

(B): 석판과 점토판이 사용되었지만, 그것들은 깨지기 쉽고 운반하기에는 부피가 크고 무거웠다. 목재는 갈라짐을 겪고 부패하기 쉽다. 벽화는 고정되어 있고 공간이 제한되어 있다.

➡ **(B) 앞:** 적절한 쓰기 재료가 없었다는 내용이 제시되었을 것이다. ▶ 주어진 글에서 말했던 적절한 쓰기 재료가 없었다는 내용에 이어, 석판, 점토판, 목재, 벽화의 쓰기 재료가 문제가 있었음을 구체적으로 소개함 (순서: 주어진 글 ➡ (B))

(B) 뒤: 과거의 쓰기 재료에 문제가 있었음을 설명했으므로, 이 문제들을 극복하고 문자 문화로 전환되어 가는 과정이 소개된 (A)가 (B) 뒤에 이어질 것이다.

▶ 순서: 주어진 글 ➡ (B) ➡ (A)

(C): 그것(That)은 2천 년 전이었으며, 그것(it)은 여전히 문자의 지배적인 형태이다. 돌이나 목재보다 훨씬 더 부드러운 재료인 종이가, 문자의 수호자로서 역할을 해낸 것은 놀라운 재료 이야기이다.

➡ **(C) 앞:** '그것'이 가리키는 것은 로마인들이 두루마리를 코덱스로 바꿔 종이를 완성했다는 내용이다. ▶ 순서: 주어진 글 ➡ (B) ➡ (A) ➡ (C)

2nd 글이 한눈에 들어오도록 정리하여 정답을 확인한다.

주어진 글: 구전 문화에서 문자 문화로 바뀌는 것은 적절한 쓰기 재료가 없어서 지연되었다.

➡ **(B):** 과거의 쓰기 재료였던 석판, 점토판, 목재, 벽화는 문제가 있었다.

➡ **(A):** 중국에서 종이를 발명해 이런 문제들을 해결했지만, 로마인들이 종이의 잠재력을 최대한으로 발휘시켰다.

➡ **(C):** 그것이 오늘날까지도 문자의 지배적인 형태이며, 종이는 문자의 수호자로서 역할을 하고 있다.

▶ 주어진 글 다음에 이어질 글의 순서는 (B) ➡ (A) ➡ (C)이므로 정답은 ②임

O 05 정답 ⑤ ＊하나의 결과에 대한 여러 이유의 복잡한 상호작용

A reason for a conclusion / is very unlikely to consist / in a single claim. //
어떤 결론에 대한 어떤 이유가 / 존재할 가능성은 매우 낮다 / 단 하나의 주장에 //

= However (아무리 ~하더라도)
No matter how we might state it in short-hand, / it is, analytically, / a complex interaction of many ideas and implications. // **단서 1** 어떤 결론에 대한 이유는 여러 아이디어와 함의가 엮여 있는 복잡한 상호작용임
우리가 그것을 아무리 빨리 진술하더라도 / 그것은, 분석적으로 / 많은 아이디어들과 함의들의 복잡한 상호작용이다 //

부사절 접속사 (~반면에)
(A) While the link / between these two ideas and the conclusion / might seem obvious, **단서 2** 두 아이디어는 (B)에서 언급된 '경제적 이익'과 '잘 교육받은 인구'임
연결이 / 이 두 아이디어와 그 결론 사이의 / 명백해 보일 수도 있지만 /
명사적 용법 (주격 보어)
the purpose of reasoning / is to avoid assuming the 'obvious'
by -ing: ~함으로써
/ by carefully working through the connections / between the various ideas / in the initial statement of our reason. //
추론의 목적은 / '명백한' 것을 가정하는 것을 피하는 것이다 / 연결을 신중하게 살펴봄으로써 / 다양한 아이디어들 간의 / 우리의 이유에 대한 초기 진술에서 //

(B) But is our analysis of the situation / clearly expressed in just one statement? // **단서 3** 그 상황은 (C)에서 언급된 '대학 무상 교육'에 대한 분석임
하지만 그 상황에 대한 우리의 분석이 / 단 하나의 진술로 명확하게 표현되는가 //

Hardly. // 거의 아니다 //
부사절 접속사 (~ 반면에)
The conclusion / is about universities and free education, / while the reason introduces some new ideas: / economic benefit and a well-educated population. //
그 결론은 / 대학과 무상 교육에 관한 것인 반면에 / 그 이유는 몇 가지 새로운 아이디어를 도입한다 / 경제적 이익과 잘 교육받은 인구 //
수동태 동사
(C) The reason must be broken down / into a chain of more precise premises. // **단서 4** 어떤 결론에 대한 이유는 더 정확한 전제들의 연결 고리로 분석되어야 함
그 이유는 나누어져야 한다 / 더 정확한 전제들의 연결 고리로 //
동격절 접속사
For example, / the claim that 'university education should be free for all Australians' / might be supported by the reason /
동격절 접속사
that 'the economy benefits from a well-educated Australian population'. //
예를 들어 / '대학 교육이 모든 호주인에게 무료여야 한다'라는 주장은 / 이유로 뒷받침될 수도 있다 / '경제가 잘 교육받은 호주 인구로 인해 이익을 본다'라는 //

- consist in 존재하다, ~에 있다
- in short-hand 단기간에
- analytically **ad** 분석적으로
- implication **n** 함의
- reasoning **n** 추론
- statement **n** 진술
- premise **n** 전제

어떤 결론에 대한 어떤 이유가 단 하나의 주장에 존재할 가능성은 매우 낮다. 우리가 그것을 아무리 빨리 진술하더라도, 그것은, 분석적으로, 많은 아이디어들과 함의들의 복잡한 상호작용이다. (C) 그 이유는 더 정확한 전제들의 연결 고리로 나누어져야 한다. 예를 들어, '대학 교육이 모든 호주인에게 무료여야 한다'라는 주장은 '경제가 잘 교육받은 호주 인구로 인해 이익을 본다'라는 이유로 뒷받침될 수도 있다. (B) 하지만 그 상황에 대한 우리의 분석이 단 하나의 진술로 명확하게 표현되는가? 거의 아니다. 그 결론은 대학과 무상 교육에 관한 것인 반면에, 그 이유는 몇 가지 새로운 아이디어를 도입한다: 경제적 이익과 잘 교육받은 인구. (A) 이 두 아이디어와 그 결론 사이의 연결이 명백해 보일 수도 있지만, 추론의 목적은 우리의 이유에 대한 초기 진술에서 다양한 아이디어들 간의 연결을 신중하게 살펴봄으로써 '명백한' 것을 가정하는 것을 피하는 것이다.

주어진 글 다음에 이어질 글의 순서로 가장 적절한 것을 고르시오. [3점]

① (A) — (C) — (B) (A)의 '이 두 아이디어'는 (B)에 언급됨
② (B) — (A) — (C)
③ (B) — (C) — (A) (B)의 '그 상황'에 대한 내용이 주어진 글에 없음
④ (C) — (A) — (B)
⑤ (C) — (B) — (A) (C) '무상 교육'은 '교육이 경제에 도움'으로 정당화됨 — (B) 하나의 진술로는 설명 어려움 — (A) 추론은 당연해 보이는 생각을 연결해 비판적으로 살피는 것임

| 문제 풀이 순서 | ★★★ [정답률 48%]

1st 각 문단의 내용을 파악하고, 글의 논리적인 순서를 추론한다.

주어진 글: 어떤 결론에 대한 어떤 이유가 단 하나의 주장에 존재할 가능성은 매우 낮다. 우리가 그것을 아무리 빨리 진술하더라도, 그것은, 분석적으로, 많은 아이디어들과 함의들의 복잡한 상호작용이다.

→ **주어진 글 뒤:** 어떤 결론을 내릴 때, 그 과정에는 수많은 아이디어와 함의들이 복잡하게 상호작용할 것이라는 내용이므로, 결론에 대한 이유는 단순하지 않다는 취지의 내용이 이어질 것이다.

(A): 이 두 아이디어(these two ideas)와 그 결론 사이의 연결이 명백해 보일 수도 있지만, 추론의 목적은 우리의 이유에 대한 초기 진술에서 다양한 아이디어들 간의 연결을 신중하게 살펴봄으로써 '명백한' 것을 가정하는 것을 피하는 것이다.

→ (A) 앞: '이 두 아이디어(these two ideas)'가 가리키는 내용이 제시되어야 한다.
(A) 뒤: 예시의 내용을 통해 하나의 결과에도 서로 다른 아이디어들이 연결되어 있다는 내용을 정리하고 있다. 추론할 때 복잡한 연결들을 분석적으로 살펴보고, 당연해 보이는 것도 주의해야 한다고 마무리 짓고 있으므로, (A)가 마지막임을 알 수 있다.

(B): 하지만 그 상황(the situation)에 대한 우리의 분석이 단 하나의 진술로 명확하게 표현되는가? 거의 아니다. 그 결론은 대학과 무상 교육에 관한 것인 반면에, 그 이유는 몇 가지 새로운 아이디어를 도입한다: 경제적 이익과 잘 교육받은 인구.

→ (B) 앞: '그 상황(the situation)'이 가리키는 내용이 제시되어야 한다.
▶ '그 상황'에 대한 분석이 하나의 진술만으로 표현될 수 없다는 내용을 소개하고 있으므로, 어떤 상황을 하나의 이유로만 설명하려는 내용이 나와야 한다.
(B) 뒤: '대학 무상 교육'이라는 결론을 설명하기 위해 '경제적 이익'과 '잘 교육받은 인구'라는 개념이 도입되었다고 했으므로, 결론을 하나의 이유만으로 설명할 수 없다는 구체적인 설명이 담긴 (A)가 뒤에 올 것이다. ▶ 순서: (B) → (A)

(C): 그 이유(The reason)는 더 정확한 전제들의 연결 고리로 나누어져야 한다. 예를 들어, '대학 교육이 모든 호주인에게 무료여야 한다'라는 주장은 '경제가 잘 교육받은 호주 인구로 인해 이익을 본다'라는 이유로 뒷받침될 수도 있다.

→ (C) 앞: 결론에 대한 이유가 여러 전제들의 연결로 이루어진다는 구체적인 예를 들고 있으므로, 결론에 대한 이유가 복잡하다는 내용이 제시되어야 한다. ▶ 주어진 글에서 말했던 '결론에 대한 이유'를 '그 이유'로 받고 있으므로, 주어진 글의 주장에 대한 구체적인 예시를 소개하는 내용으로 이어질 것이다. (순서: 주어진 글 → (C))
(C) 뒤: '대학 무상 교육'이라는 상황을 '교육받은 인구가 경제에 도움이 된다'라는 이유로만 설명하는 예시를 (B)에서 '그 상황'으로 받고 있다.
▶ 순서: 주어진 글 → (C) → (B) → (A)

2nd 글이 한눈에 들어오도록 정리하여 정답을 확인한다.

주어진 글: 어떤 결론에 대한 이유는 하나가 아니며, 여러 아이디어와 함의의 복잡한 상호작용이다.

→ **(C):** 그 이유는 정확한 연결로 나뉘어야 한다. 예를 들어 '대학 무상 교육'이라는 주장은 '잘 교육받은 인구의 경제적 기여'라는 이유로 뒷받침될 수 있다.

→ **(B):** 하지만 이 분석은 하나의 진술로만 표현될 수 없다. 결론은 대학 무상 교육이지만, 그 이유에는 경제, 교육 등 새로운 아이디어가 도입되었다.

→ **(A):** 경제적 이익, 교육받은 인구라는 개념과 대학 무상 교육의 인과관계가 명백해 보이지만, 그렇지 않다. 그 사이의 연결 고리를 신중하게 살펴야 한다.

▶ 주어진 글 다음에 이어질 글의 순서는 (C) → (B) → (A)이므로 정답은 ⑤임

O 06 정답 ⑤ ＊인간의 위계 본능과 이에 대한 무의식적 반응

We're naturally wired / to organize the world into a hierarchy. // **단서 1** 인간은 세상을 위계로 조직화함
부사적 용법 (~하도록)
우리는 본래 되어 있다 / 세상을 위계로 조직화하도록 //

We do this to help / make sense of the world, / maintain our beliefs, / and generally feel better. //
부사적 용법 (목적)
우리는 하기 위해 이것을 한다 / 세상을 이해하고 / 우리의 신념을 유지하며 / 일반적으로 기분이 나아지도록 //

(A) Or consider / when you get frustrated with your kids / and end an argument / with "Because I said so." //
명령문 동사 병렬 구조 (동사) **단서 2** 또는 자녀보다, 부하직원보다 위계가 높다고 생각하는 상황을 예로 듦
또는 생각해 봐라 / 여러분이 여러분의 자녀에게 실망하게 되어 / 말다툼을 끝낼 때 / "내가 그렇게 말했으니까"라고 말하며 //

(Or the office equivalent: "Because I'm the boss.") //
(또는 동일한 사무실 상황 / "내가 상사니까")를 //

In these moments / you've stopped thinking / and regressed to your biological tendencies / of reaffirming the hierarchy. //
현재완료
이런 순간에 / 여러분은 생각하는 것을 멈추었고 / 여러분의 생물학적 성향으로 되돌아갔다 / 위계를 재확인하는 //

(B) You're reacting to a threat / to your inherent sense of hierarchy. // **단서 3** 도로 위에서 위험이 발생할 때 위계 의식으로 반응한다고 설명함
여러분은 위협에 반응하고 있다 / 여러분의 내재한 위계 의식에 대한 //

On the road / we are all equals. // 도로 위에서 / 우리는 모두 평등하다 //
be supposed to-v: ~하기로 되어 있다
We're all supposed to play / by the same rules. //
우리는 모두 행동해야 한다 / 같은 규칙에 따라 //

Cutting someone off / violates those rules / and implies higher status. //
동명사구 주어 병렬 구조 (단수 동사)
누군가에게 끼어드는 것은 / 그러한 규칙을 위반하는 것이며 / 더 높은 지위를 의미한다 //

(C) But when someone infringes / on our place in the world / and our understanding of how it works, / we react without thinking. //
의문사절
그러나 누군가가 침해할 때 / 세상에서 우리의 위치와 / 그것이 어떻게 작동하는지에 대한 우리의 이해를 / 우리는 생각하지 않고 반응한다 //

When someone cuts you off / on the highway / and road rage kicks in, / that's your unconscious mind / saying, "Who are you
현재분사 (mind 수식)
부사적 용법 (~하다니)
to cut me off?" // **단서 4** 고속도로에서 누군가가 끼어들 때 위계가 떠오른다는 예시를 제시함
누군가가 여러분에게 끼어들어 / 고속도로에서 / 운전자의 분노가 발생했을 때 / 그것은 여러분의 무의식적인 마음이다 / "네가 뭔데 나에게 끼어들었어"라고 말하는 //

- **wired** ⓐ 조직된, 연결된
- **hierarchy** ⓝ 위계
- **make sense of** ~을 이해하다
- **argument** ⓝ 말다툼
- **equivalent** ⓐ 동일한, 상응하는
- **regress** ⓥ 되돌아가다
- **threat** ⓝ 위협
- **inherent** ⓐ 내재한
- **cut off** 끼어들다
- **violate** ⓥ 위반하다
- **imply** ⓥ 의미하다, 암시하다
- **status** ⓝ 지위
- **road rage** 운전자의 분노
- **kick in** 발생하다

우리는 본래 세상을 위계로 조직화하도록 되어 있다. 우리는 세상을 이해하고, 우리의 신념을 유지하며, 일반적으로 기분이 나아지도록 하기 위해 이것을 한다. (C) 그러나 누군가가 세상에서 우리의 위치와 그것이 어떻게 작동하는지에 대한 우리의 이해를 침해할 때 우리는 생각하지 않고 반응한다. 누군가가 고속도로에서 여러분에게 끼어들어 운전자의 분노가 발생했을 때, 그것은 "네가 뭔데 나에게 끼어들었어?"라고 말하는 여러분의 무의식적인 마음이다. (B) 여러분은 여러분의 내재한 위계 의식에 대한 위협에 반응하고 있다. 도로 위에서 우리는 모두 평등하다. 우리는 모두 같은 규칙에 따라 행동해야 한다. 누군가에게 끼어드는 것은 그러한 규칙을 위반하는 것이며 더 높은 지위를 의미한다. (A) 또는 여러분이 여러분의 자녀에게 실망하게 되어 말다툼을 "내가 그렇게 말했으니까."라고 말하며 끝낼 때

(또는 동일한 사무실 상황, "내가 상사니까.")를 생각해 봐라. 이런 순간에 여러분은 생각하는 것을 멈추었고 위계를 재확인하는 여러분의 생물학적 성향으로 되돌아갔다.

> **주어진 글 다음에 이어질 글의 순서로 가장 적절한 것을 고르시오.**
>
> ① (A) ─ (C) ─ (B)
> ② (B) ─ (A) ─ (C)
> ③ (B) ─ (C) ─ (A)
> ④ (C) ─ (A) ─ (B)
> ⑤ (C) ─ (B) ─ (A)

(A)의 '또는'은 (B), (C)의 예시가 모두 끝난 뒤에 와야 함

(B)의 '도로 위에서 위계에 위협이 발생했을 때'는 (C)의 예시를 가리킴

(C) 누군가 위계를 침해할 때, 우리는 무의식적으로 반응함 ─
(B) 고속도로에서 누군가 끼어들었을 때도 위계에 위협을 느낌 ─
(A) 자녀나 부하직원과 말다툼할 때도 위계에 위협을 느끼고 이에 반응함

| **문제 풀이 순서** | ★★★ [정답률 37%]

1st 각 문단의 내용을 파악하고, 글의 논리적인 순서를 추론한다.

주어진 글: 우리는 본래 세상을 위계로 조직화하도록 되어 있다. 우리는 세상을 이해하고, 우리의 신념을 유지하며, 일반적으로 기분이 나아지도록 하기 위해 이것을 한다.

→ **주어진 글 뒤:** 인간은 세상을 위계로 조직화하며, 이는 자연스러운 본능이라는 내용이다. 그 이유는 세상에 대한 이해와 우리의 신념을 유지하는 것이 목적이라 했으므로, 구체적으로 세상을 위계로 바라보는 상황에 대한 소개가 이어질 것이다.

(A): 또는(Or) 여러분이 여러분의 자녀에게 실망하게 되어 말다툼을 "내가 그렇게 말했으니까."라고 말하며 끝낼 때(또는 동일한 사무실 상황, "내가 상사니까.")를 생각해 봐라. 이런 순간에 여러분은 생각하는 것을 멈추었고 위계를 재확인하는 여러분의 생물학적 성향으로 되돌아갔다.

→ **(A) 앞:** '또는(Or)'으로 시작하고 있으므로, (A)에서 제시하고 있는 예시와 유사한 다른 예시가 제시되었을 것이다.

(A) 뒤: 자녀나 부하직원에게 말할 때 위계를 확인하려는 본능이 발현되었다는 예시로 글의 내용을 정리하고 있다. 따라서 우리가 세상을 위계를 통해 이해하고 조직화한다는 설명의 구체적인 예시를 나열하며 글을 마무리 짓고 있으므로, (A)가 마지막임을 알 수 있다.

(B): 여러분은 여러분의 내재한 위계 의식에 대한 위협에 반응하고 있다. 도로 위에서 우리는 모두 평등하다. 우리는 모두 같은 규칙에 따라 행동해야 한다. 누군가에게 끼어드는 것은 그러한 규칙을 위반하는 것이며 더 높은 지위를 의미한다.

→ **(B) 앞:** 고속도로에서 누군가 우리의 위계 의식에 위협을 가한 상황이 제시되었을 것이다. ▶ 주어진 글과 (A)에 해당 내용이 없으므로 (C)에 나올 것임 (순서: (C) → (B))

(B) 뒤: 고속도로에서 누군가 우리 앞에 끼어든 상황에서 위계 의식에 위협을 느낀다고 설명했고, 이와 같은 맥락에서 부모나 직장 상사가 위계를 기반으로 반응하는 또 다른 예시가 담긴 (A)가 뒤에 올 것이다. ▶ 순서: (B) → (A)

(C): 그러나(But) 누군가 세상에서 우리의 위치와 그것이 어떻게 작동하는지에 대한 우리의 이해를 침해할 때 우리는 생각하지 않고 반응한다. 누군가 고속도로에서 여러분에게 끼어들어 운전자의 분노가 발생했을 때, 그것은 "네가 뭔데 나에게 끼어들었어?"라고 말하는 여러분의 무의식적인 마음이다.

→ **(C) 앞:** 누군가 우리가 이해하지 못할 행동을 했을 때, 우리는 이에 반응한다고 설명하며, 고속도로에서 누군가가 갑자기 끼어든 상황을 예로 들고 있으므로, 우리가 세상을 이해하는 방식에 관한 내용이 제시되어야 한다.

▶ 주어진 글에서 우리는 위계로 세상을 이해한다고 설명했으므로, 주어진 글에서 설명한 내용의 구체적인 예시가 이어지는 것이 알맞다. (순서: 주어진 글 → (C))

(C) 뒤: 고속도로에서 누군가 갑자기 끼어들 때, 우리에게 위계 반응이 즉각 나타나 "네가 뭔데"라는 생각을 무의식적으로 한다고 했으므로, 위계 의식이 도로 위에서 발생한 상황을 정리하는 (B)가 이어질 것이다. ▶ 순서: 주어진 글 → (C) → (B) → (A)

2nd 글이 한눈에 들어오도록 정리하여 정답을 확인한다.

주어진 글: 우리는 세상을 이해하고 조직화하기 위해 위계 의식이 본능적으로 발현된다.

→ **(C):** 누군가가 우리의 위계를 침해할 때, 우리는 무의식적으로 이에 반응한다. 고속도로에서 누군가가 끼어들 때 우리는 "네가 뭔데"라는 생각을 자연스럽게 하게 된다.

→ **(B):** 고속도로에서는 모두가 평등하지만, 누군가가 내 앞으로 끼어들면 위계에 위협이 가해졌다고 생각하기 때문이다.

→ **(A):** 또는 자녀나 부하직원과 말다툼을 할 때도 "내가 그렇게 말했으니까"라고 반응하는데, 이것 또한 자신의 위계에 위협을 느끼고 무의식적으로 반응한 것이다.

▶ 주어진 글 다음에 이어질 글의 순서는 (C) → (B) → (A)이므로 정답은 ⑤임

O 07 정답 ③ * 못의 고정 원리와 마찰력의 중요성

Once a nail is hammered in, / it is friction / that holds it in place. // **단서 1** 못을 박았을 때 고정되는 이유는 마찰 때문임
일단 못이 망치로 두들겨 박히면 / 바로 마찰이다 / 그것을 제자리에 붙들고 있는 것은 //
Friction is the force / that arises / when two surfaces are sliding, or trying to slide, / against each other. //
마찰은 힘이다 / 발생하는 / 두 표면이 미끄러지거나 미끄러지려고 할 때 / 서로에 저항해 //
(A) The force it would take to stretch the nail / is much larger / than the friction forces on the surface, / so we don't have to worry too much / about the former. //
못을 늘리는 데 들 힘은 / 훨씬 더 커서 / 표면의 마찰력보다 / 우리는 너무 많이 걱정할 필요가 없다 / 전자에 대해 // **단서 2** '전자(the former)'는 (C)에서 언급된 두 가지 방법 중 첫 번째를 가리킴
It's the friction / with which we need to concern ourselves. //
바로 마찰이다 / 우리가 신경 쓸 필요가 있는 것은 //
(B) If you try to pull apart / two blocks of wood / that have been nailed together, / the wood fibers grip the shaft of the nail. //
만약 여러분이 떼어 내려고 하면 / 두 개의 나무 블록을 / 함께 못 박혀 있는 / 나무 섬유가 못의 축을 잡고 있다 // **단서 3** 못 박힌 나무를 떼어 내려고 할 때 장력이 발생하고, 이는 못이 쪼개지게 함
The nail feels a force / trying to rip it apart / along its length, / and we call that force / tension. //
못은 힘을 받고 / 그것을 쪼개려고 하는 / 그것의 길이대로 / 우리는 그 힘을 부른다 / 장력이라고 // **단서 4** 여러분의 시도(Your experiment)는 (B)의 못 박힌 두 나무를 떼려는 시도임
(C) Your experiment can now fail / in one of two ways /
여러분의 시도는 이제 실패할 수 있는데 / 두 가지 방법 중 하나로 /
— either the nail stretches and splits in half / because the tension force is too large for the nail, / or the nail comes loose / because the friction force is overcome. //
못이 늘어나 반으로 갈라지거나 / 장력이 못이 견디기에는 너무 커서 / 또는 못이 헐거워지는 둘 중 하나이다 / 마찰력이 극복되어 //

- nail ⓥ 못을 박다
- hammer ⓥ 망치질하다
- friction ⓝ 마찰
- stretch ⓥ 늘이다
- fiber ⓝ 섬유
- grip ⓥ 붙잡다
- rip apart 쪼개다
- split ⓥ 갈라지다, 나뉘다
- loose ⓐ 느슨한
- overcome ⓥ 극복하다

일단 못이 망치로 두들겨 박히면 그것을 제자리에 붙들고 있는 것은 바로 마찰이다. 마찰은 두 표면이 서로에 저항해 미끄러지거나 미끄러지려고 할 때 발생하는 힘이다. (B) 만약 여러분이 함께 못 박혀 있는 두 개의 나무 블록을 떼어 내려고 하면, 나무 섬유가 못의 축을 잡고 있다. 못은 그것의 길이대로 그것을 쪼개려고 하는 힘을 받고, 우리는 그 힘을 장력이라고 부른다. (C) 여러분의 시도는 이제 두 가지 방법 중 하나로 실패할 수 있는데, 장력이 못이 견디기에는 너무 커서 못이 늘어나 반으로 갈라지거나, 또는 마찰력이 극복되어 못이 헐거워지는 둘 중 하나이다. (A) 못을 늘리는 데 들 힘은 표면의 마찰력보다 훨씬 더 커서 전자에 대해 우리는 너무 많이 걱정할 필요가 없다. 우리가 신경 쓸 필요가 있는 것은 바로 마찰이다.

주어진 글 다음에 이어질 글의 순서로 가장 적절한 것을 고르시오. [3점]

① (A) — (C) — (B)
② (B) — (A) — (C)
③ (B) — (C) — (A)
④ (C) — (A) — (B)
⑤ (C) — (B) — (A)

(A)의 the former는 (C)에 언급된 두 경우의 수 중 첫 번째를 가리킴
(B) 못 박힌 두 나무를 뗄 때, 장력이 발생함 — (C) 장력이 강해 못이 부러지거나, 마찰력이 극복되어 못이 헐거워질 수 있음 — (A) 장력에 필요한 힘이 마찰력보다 크므로, 마찰만 신경 쓰면 됨
(C)의 Your experiment는 (B)의 못 박힌 나무를 떼려는 시도를 가리킴

| 문제 풀이 순서 | ✽✽✽ [정답률 50%]

1st 각 문단의 내용을 파악하고, 글의 논리적인 순서를 추론한다.

주어진 글: 일단 못이 망치로 두들겨 박히면 그것을 제자리에 붙들고 있는 것은 바로 마찰이다. 마찰은 두 표면이 서로에 저항해 미끄러지거나 미끄러지려고 할 때 발생하는 힘이다.

➡ **주어진 글 뒤:** 못이 어딘가에 박히면, 그 못을 제자리에 붙들고 있는 것은 마찰력 덕분이라고 설명하고 있다. 따라서 마찰력에 관한 구체적인 설명이 이어질 것이다.

(A): 못을 늘리는 데 들 힘은 표면의 마찰력보다 훨씬 더 커서 전자(the former)에 대해 우리는 너무 많이 걱정할 필요가 없다. 우리가 신경 쓸 필요가 있는 것은 바로 마찰이다.

➡ **(A) 앞:** '전자(the former)'는 걱정할 필요가 없다고 했으므로, 두 가지의 경우의 수가 언급된 부분이 제시되었을 것이다.
▶ 못을 늘리는 데 들 힘이 우세한 경우와 마찰력이 우세한 경우에 관한 내용이 앞에 나와야 함
(A) 뒤: 못을 늘리는 데 들 힘이 너무 커지는 경우는 걱정할 필요가 없다고 했으므로, 우리가 신경 써야 할 힘은 마찰력이라는 내용으로 글을 마무리하고 있다.

(B): 만약 여러분이 함께 못 박혀 있는 두 개의 나무 블록을 떼어 내려고 하면, 나무 섬유가 못의 축을 잡고 있다. 못은 그것의 길이대로 그것을 쪼개려고 하는 힘을 받고, 우리는 그 힘을 장력이라고 부른다.

➡ **(B) 앞:** 못을 빼려 할 때는 장력이 발생한다는 내용이므로, 못을 고정하려 할 때 마찰력이 발생한다는 주어진 글에 이어 (B)에서 못에 발생하는 또 다른 힘에 대한 설명을 이어가고 있다. ▶ 주어진 글에서 말했던 못을 고정하는 마찰력에 이어, 못에 가해지는 장력을 소개함 (순서: 주어진 글 → (B))
(B) 뒤: 못 박힌 나무를 떼려고 시도할 때, 어떤 경우의 수가 발생할 수 있는지를 설명하는 내용이 이어질 것이다.

(C): 여러분의 시도는 이제 두 가지 방법 중 하나로 실패할 수 있는데, 장력이 못이 견디기에는 너무 커서 못이 늘어나 반으로 갈라지거나, 또는 마찰력이 극복되어 못이 헐거워지는 둘 중 하나이다.

➡ **(C) 앞:** '여러분의 시도'가 가리키는 것은 (B)에서 못 박힌 나무를 떼려고 하는 시도이다. ▶ 순서: 주어진 글 → (B) → (C)
(C) 뒤: 장력이 커져서 못이 부서지거나, 마찰력이 극복되어 못이 헐거워진다는 두 가지 경우의 수를 제시했으므로, 이후 두 힘에 대한 설명이 나오는 (A)가 이어질 것이다. ▶ 순서: 주어진 글 → (B) → (C) → (A)

2nd 글이 한눈에 들어오도록 정리하여 정답을 확인한다.

주어진 글: 못을 망치로 박으면 못이 고정되는 것은 마찰력 덕분이다.
→ **(B):** 못 박힌 두 나무를 떼려면 장력이 발생한다.
→ **(C):** 못을 떼려는 이 시도는 장력이 너무 커져서 못이 부서지거나, 마찰력이 극복되어 못이 헐거워지는 결과를 낳을 수 있다.
→ **(A):** 장력에 필요한 힘이 마찰력에 필요한 힘보다 훨씬 크므로, 전자(장력이 너무 커지는 경우)는 걱정할 필요가 없으며, 우리가 진짜 신경 써야 할 것은 마찰력이다.
▶ 주어진 글 다음에 이어질 글의 순서는 (B) → (C) → (A)이므로 정답은 ③임

○ 08 정답 ② ✽일반화와 단순화 전략

Theoretically, / our brain would have the capacity / **to store** all experiences throughout life, / **reaching the quality of a DVD**. //
형용사적 용법 (capacity 수식) / 분사구문
이론적으로 / 우리의 뇌는 수용력을 가지고 있을 것이다 / 삶의 모든 경험들을 저장할 수 있는 / DVD의 품질에 도달할 정도로 //

However, this theoretical capacity **is offset** / by the energy demand / **associated with the process of storing and retrieving information in memory**. //
수동태 동사 / 과거분사구 (demand 수식)
단서 1 기억에 정보를 저장하고 상기하는 과정 때문에, 뇌의 수용력은 상쇄됨
그러나, 이 이론상의 수용력은 상쇄된다 / 에너지 수요로 인해 / 기억에 정보를 저장하고 상기하는 과정과 관련된 //

단서 2 Nevertheless는 (B)에서 얼굴을 인식할 때의 상황에 대한 구체적인 내용을 가리킴
(A) Nevertheless, / we are able to recognize the face as the same, / **maintaining the underlying identity**. //
분사구문
그럼에도 불구하고 / 우리는 얼굴을 같은 것으로 인식할 수 있다 / 근본적인 정체성을 유지하면서 //

The brain, / rather than focusing on the details of visualization, / **creates** and **stores** general patterns / **that** allow for consistent recognition / across diverse circumstances. //
병렬 구조 (동사) / 주격 관계대명사
뇌는 / 시각화의 세부 사항에 집중하기보다 / 일반적인 패턴을 생성하고 저장한다 / 일관된 인식을 가능하게 하는 / 다양한 상황들에서 //
단서 3 주어진 글에서 수용력은 상쇄된다고 했고, 따라서 효율적인 전략을 수립함

(B) As a result, / the brain develops efficient strategies, / **becoming dependent on shortcuts**. //
분사구문
그 결과 / 뇌는 효율적인 전략들을 수립하고 / 지름길에 의존하게 된다 //

When we observe a face, / the visual image **captured by the eyes** / is highly variable, / **depending on** the point of view, lighting conditions and other contextual factors. //
과거분사구 (image 수식) / 전치사
우리가 얼굴을 관찰할 때 / 눈에 의해 포착되는 시각적 이미지는 / 매우 다양하다 / 시점, 조명 조건 및 기타 상황적 요인들에 따라 //
단서 4 뇌가 세부 사항이 아닌 일반적인 패턴을 만들어 저장한다는 (A)의 능력을 가리킴

(C) This ability **to match** / what we see / with general visual memory patterns / serves as an effective mechanism / for **optimizing brain performance** / and **saving energy**. //
형용사적 용법 (This ability 수식) / 병렬 구조 (전치사의 목적어)
일치시키는 이 능력은 / 우리가 보는 것과 / 일반적인 시각 기억 패턴을 / 효과적인 기제로 작용한다 / 뇌의 수행을 최적화하고 / 에너지를 절약하는 //
단수 주어

The brain, being naturally against unnecessary effort, / constantly **seeks** to simplify and generalize information / **to facilitate** the cognitive process. //
단수 동사 / 부사적 용법 (목적)
뇌는 / 끊임없이 정보를 단순화하고 일반화하는 것을 추구한다 / 인지 과정을 돕기 위해서 //

- **theoretically** ⓐⓓ 이론적으로
- **capacity** ⓝ 수용력
- **theoretical** ⓐ 이론상의
- **associate A with B** A와 B를 관련시키다
- **maintain** ⓥ 유지하다
- **underlying** ⓐ 근본적인
- **visualization** ⓝ 시각화
- **diverse** ⓐ 다양한
- **circumstance** ⓝ 상황
- **shortcut** ⓝ 지름길
- **contextual** ⓐ 상황적인
- **optimize** ⓥ 최적화하다
- **unnecessary** ⓐ 불필요한
- **simplify** ⓥ 단순화하다
- **generalize** ⓥ 일반화하다
- **facilitate** ⓥ 돕다, 촉진하다
- **cognitive** ⓐ 인지의

이론적으로는 우리의 뇌는 DVD의 품질에 도달할 정도로, 삶의 모든 경험들을 저장할 수 있는 수용력을 가지고 있을 것이다. 그러나, 이 이론상의 수용력은 기억에 정보를 저장하고 상기하는 과정과 관련된 에너지 수요로 인해 상쇄된다. (B) 그 결과, 뇌는 효율적인 전략들을 수립하고, 지름길에 의존하게 된다. 우리가 얼굴을 관찰할 때, 눈에 의해 포착되는 시각적 이미지는 시점, 조명 조건 및 기타 상황적 요인들에 따라 매우 다양하다. (A) 그럼에도 불구하고, 우리는 근본적인 정체성을 유지하면서 얼굴을 같은 것으로 인식할 수 있다. 뇌는 시각화의 세부 사항에 집중하기보다 다양한 상황들에서 일관된 인식을 가능하게 하는 일반적인 패턴을 생성하고 저장한다. (C) 우리가 보는 것과 일반적인 시각 기억 패턴을 일치시키는 이 능력은 뇌의 수행을 최적화하고 에너지를 절약하는 효과적인 기제로 작용한다. 불필요한 노력에 자연스럽게 대항하는 뇌는 인지 과정을 돕기 위해서 끊임없이 정보를 단순화하고 일반화하는 것을 추구한다.

① (A) — (C) — (B) (A)의 '그럼에도 불구하고'는 (B)에 대한 내용임
② (B) — (A) — (C) (B) 시각적 자극은 상황적 요인에 따라 달라짐 → (A) 그럼에도 우리는 그것을 얼굴로 인식함 → (C) 이 능력은 뇌의 에너지를 효율적으로 절약함
③ (B) — (C) — (A) (C)의 '이 능력'이 가리키는 대상은 (A)에 언급됨
④ (C) — (A) — (B)
⑤ (C) — (B) — (A) (C)의 '이 능력'이 가리키는 대상이 주어진 글에 없음

| 문제 풀이 순서 | ★★★ [정답률 30%]

1st 각 문단의 내용을 파악하고, 글의 논리적인 순서를 추론한다.

주어진 글: 이론적으로는 우리의 뇌는 DVD의 품질에 도달할 정도로, 삶의 모든 경험들을 저장할 수 있는 수용력을 가지고 있을 것이다. 그러나, 이 이론상의 수용력은 기억에 정보를 저장하고 상기하는 과정과 관련된 에너지 수요로 인해 상쇄된다.

→ **주어진 글 뒤:** 우리의 뇌가 삶의 모든 경험을 저장할 수 있을 것 같지만, 실제로는 정보를 저장하고 상기하는 데 필요한 에너지 수요로 상쇄된다는 내용으로, 에너지를 절약하기 위한 기억 전략이 이어질 것이다.

(A): 그럼에도 불구하고(Nevertheless), 우리는 근본적인 정체성을 유지하면서 얼굴을 같은 것으로 인식할 수 있다. 뇌는 시각화의 세부 사항에 집중하기보다 다양한 상황들에서 일관된 인식을 가능하게 하는 일반적인 패턴을 생성하고 저장한다.

→ **(A) 앞:** '그럼에도 불구하고(Nevertheless)' 그것을 얼굴로 인식할 수 있다고 했으므로, 얼굴을 바라볼 때의 상황이 제시되어야 한다. ▶ '그럼에도 불구하고'로 받을 만한 내용이 주어진 글에 없으므로 바로 뒤에 올 수 없음

(A) 뒤: 세부 사항에 집중하기보다는 일반적인 패턴을 만들고 저장한다는 내용을 설명할 것이다.

(B): 그 결과(As a result), 뇌는 효율적인 전략들을 수립하고, 지름길에 의존하게 된다. 우리가 얼굴을 관찰할 때, 눈에 의해 포착되는 시각적 이미지는 시점, 조명 조건 및 기타 상황적 요인들에 따라 매우 다양하다.

→ **(B) 앞:** 뇌가 효율적인 전략을 수립하게 된 원인이 제시되어야 한다.
▶ 주어진 글에서 뇌가 기억을 저장하고 상기하는 데 필요한 에너지 때문에 모든 것을 기억하려고 하지 않는다는 내용이 원인으로 나옴 (순서: 주어진 글 → (B))
(B) 뒤: 얼굴을 관찰할 때 다양한 시각적 이미지를 포착한다고 했으므로, 얼굴을 기억하는 것과 관련된 구체적인 예시가 제시된 (A)가 (B) 뒤에 이어질 것이다.
▶ 순서: 주어진 글 → (B) → (A)

(C): 우리가 보는 것과 일반적인 시각 기억 패턴을 일치시키는 이 능력(This ability)은 뇌의 수행을 최적화하고 에너지를 절약하는 효과적인 기제로 작용한다. 불필요한 노력에 자연스럽게 대항하는 뇌는 인지 과정을 돕기 위해서 끊임없이 정보를 단순화하고 일반화하는 것을 추구한다.

→ **(C) 앞:** '이 능력(This ability)'이 가리키는 내용이 제시되어야 한다.
▶ 뇌는 세부 사항보다는 일반적인 패턴을 만들어 저장한다는 (A)의 내용에 이어, 이러한 능력 덕분에 에너지를 효율적으로 절약한다는 내용으로 이어짐 (순서: 주어진 글 → (B) → (A) → (C))

2nd 글이 한눈에 들어오도록 정리하여 정답을 확인한다.

주어진 글: 기억에 정보를 저장하고 상기하는 과정에서 드는 에너지 수요 때문에, 뇌의 수용력은 이론과 달리 크지 않다.

→ **(B):** 그 결과, 뇌는 효율적으로 저장하는 전략을 수립한다. 얼굴을 관찰할 때 시각적 이미지는 상황에 따라 매우 다양해진다.

→ **(A):** 그럼에도 불구하고, 우리는 그것을 얼굴이라고 인식한다. 즉, 뇌는 세부 사항에 집착하기보다는 일반적인 패턴을 만들어 저장한다.

→ **(C):** 이 능력은 뇌의 에너지를 효율적으로 절약할 수 있으며, 뇌는 인지 과정을 돕기 위해 정보를 단순화하고 일반화한다.

▶ 주어진 글 다음에 이어질 글의 순서는 (B) → (A) → (C)이므로 정답은 ②임

O 09 정답 ⑤ *이론과 해석의 창의적 구성의 중요성

Where scientific research is concerned, / explanatory tales
are expected / to adhere closely to experimental data /
and to illuminate the regular and predictable features of
experience. // **단서 1** 우리는 흔히 과학 연구가 예측 가능한 특징을 밝혀낼 것이라 기대함
과학 연구에 관해서는 / 설명하는 이야기들이 기대된다 / 실험의 데이터에 엄밀히 충실할 것으로 / 경험의 규칙적이고 예측 가능한 특징들을 밝힐 것으로 //

단서 2 (B)의 '우리가 상상하도록 한 것'을 가리킴
(A) When we neglect the creative contributions / of such
scientific imagination / and treat models and interpretive
explanations / as straightforward facts / — even worse, as facts
including all of reality — /
우리가 창의적 기여를 무시하고 / 그러한 과학적 상상의 / 모델과 해석적 설명을 간주할 때 / 단순한 사실로 / 훨씬 더 심하게는 현실을 전부 포괄하는 사실로 /

we can blind ourselves / to the limitations of a given model /
and fail to note its potential / for misunderstanding a situation /
to which it ill applies. //
우리는 우리 스스로를 눈멀게 하며 / 주어진 모델의 한계에 대해 / 가능성을 알아차리지 못할 수 있다 / 상황에 대한 오해할 / 그것이 잘못 적용되는 //

단서 3 (C)의 Scientific explanations를 가리킴
(B) They construct frameworks / for systematically chosen data
/ in order to provide a consistent and meaningful explanation /
of what is observed. //
그것들은 틀을 구축하며 / 체계적으로 선택된 데이터에 대한 / 일관적이고 의미 있는 설명을 제공하기 위해 / 관찰된 것에 대한 //

Such constructions lead us to imagine / specific kinds of subject
matter / in particular sorts of relations, /
그러한 구성들은 우리가 상상하도록 하며 / 구체적인 종류의 주제를 / 특정한 유형의 관계에서 /

and the storylines they inspire / will prove more effective / for
analyzing some features of experience / over others. //
그것들이 고취하는 줄거리는 / 더 효과적일 것으로 판명될 것이다 / 경험의 일부 특징을 분석하는 데 / 다른 것들보다 //

(C) However, this paradigm sometimes conceals the fact / that
theories are deeply loaded with creative elements / that shape /
the construction of research projects and the interpretations of
evidence. //
그러나, 이러한 패러다임은 때때로 사실을 감춘다 / 이론들이 창의적인 요소들로 철저히 채워져 있다는 / 형성하는 / 연구 프로젝트의 구성과 증거의 해석을 //

Scientific explanations / do not just relate a chronology of facts. //
과학적 설명들은 / 단순히 사실들의 연대기를 말하는 것은 아니다 //
단서 4 과학적 설명은 단순한 사실들만을 말하는 것이 아니라, 그 과정에서 창의력이 개입됨

- explanatory ⓐ 설명하기 위한   · experimental ⓐ 실험의
- predictable ⓐ 예측 가능한   · neglect ⓥ 무시하다
- contribution ⓝ 기여   · interpretive ⓐ 해석상의
- straightforward ⓐ 단순한, 명백한   · blind ⓥ 눈을 멀게 하다
- limitation ⓝ 한계   · construct ⓥ 구축하다   · framework ⓝ 틀
- systematically ⓐⓓ 체계적으로   · consistent ⓐ 일관적인
- storyline ⓝ 줄거리   · conceal ⓥ 감추다   · element ⓝ 요소
- interpretation ⓝ 해석

과학 연구에 관해서는, 설명하는 이야기들이 실험의 데이터에 엄밀히 충실할 것으로 기대되고 경험의 규칙적이고 예측 가능한 특징들을 밝힐 것으로 기대된다. (C) 그러나, 이러한 패러다임은 때때로 이론들이 연구 프로젝트의 구성과 증거의 해석을 형성하는 창의적인 요소들로 철저히 채워져 있다는 사실을 감춘다. 과학적 설명들은 단순히 사실들의 연대기를 말하는 것은 아니다. (B) 그것들은 관찰된 것에 대한 일관적이고 의미 있는 설명을 제공하기 위해 체계적으로 선택된 데이터에 대한 틀을 구축한다. 그러한 구성들은 우리가 특정한 유형의 관계에서 구체적인 종류의 주제를 상상하

도록 하며, 그것들이 고취하는 줄거리는 다른 것들보다 경험의 일부 특징을 분석하는 데 더 효과적일 것으로 판명될 것이다. (A) 우리가 그러한 과학적 상상의 창의적 기여를 무시하고 모델과 해석적 설명을 단순한 사실, 훨씬 더 심하게는 현실을 전부 포괄하는 사실로 간주할 때, 우리는 주어진 모델의 한계에 대해 우리 스스로를 눈멀게 하며 그것이 잘못 적용되는 상황에 대해 오해할 가능성을 알아차리지 못할 수 있다.

주어진 글 다음에 이어질 글의 순서로 가장 적절한 것을 고르시오. [3점]

① (A) — (C) — (B)
② (B) — (A) — (C) —— (A)의 '그러한 과학적 상상'에 관한 내용이 (B)에 제시됨
③ (B) — (C) — (A) —— (B)의 '그것들'에 관한 내용은 주어진 글에 없음
④ (C) — (A) — (B)
⑤ (C) — (B) — (A) —— (C) 이러한 패러다임은 과학 해석 과정에 창의적 요소가 개입한다는 사실을 간과함 → (B) 과학적 설명의 과정에는 상상과 선택의 과정이 포함됨 → (A) 그러한 과학적 상상의 기여를 무시하면 안 됨

| 문제 풀이 순서 | ★★★ [정답률 22%]

1st 각 문단의 내용을 파악하고, 글의 논리적인 순서를 추론한다.

주어진 글: 과학 연구에 관해서는, 설명하는 이야기들이 실험의 데이터에 엄밀히 충실할 것으로 기대되고 경험의 규칙적이고 예측 가능한 특징들을 밝힐 것으로 기대된다.

➡ **주어진 글 뒤:** 주어진 글에서는 사람들이 흔히 과학 연구에 대해 가지는 통념을 설명하고 있다. 사람들이 흔히 과학 연구에 갖고 있는 이 통념이 반박될 것이다.

(A): 우리가 그러한 과학적 상상(such scientific imagination)의 창의적 기여를 무시하고 모델과 해석적 설명을 단순한 사실, 훨씬 더 심하게는 현실을 전부 포괄하는 사실로 간주할 때, 우리는 주어진 모델의 한계에 대해 우리 스스로를 눈멀게 하며 그것이 잘못 적용되는 상황에 대해 오해할 가능성을 알아차리지 못할 수 있다.

➡ **(A) 앞:** '그러한 과학적 상상'이 가리키는 내용이 제시되어야 한다.

(A) 뒤: 과학 연구에는 과학적 상상이 창의적인 도움을 제공하며, 과학을 그저 단순한 사실로 간주하는 것을 부정적으로 평가하고 있다. 따라서 주어진 글에 제시된 통념을 반박하며 그 근거까지 제시하고 있으므로 (A)가 마지막임을 알 수 있다.

(B): 그것들(They)은 관찰된 것에 대한 일관적이고 의미 있는 설명을 제공하기 위해 체계적으로 선택된 데이터에 대한 틀을 구축한다. 그러한 구성들은 우리가 특정한 유형의 관계에서 구체적인 종류의 주제를 상상하도록 하며, 그것들이 고취하는 줄거리는 다른 것들보다 경험의 일부 특징을 분석하는 데 더 효과적일 것으로 판명될 것이다.

➡ **(B) 앞:** '그것들(They)'이 가리키는 내용이 제시되어야 한다.
▶ 주어진 글과 (A)에 없음

(B) 뒤: 과학적 설명에 '선택'이라는 개념이 포함된다는 것은 우리가 특정 주제를 상상하도록 만든다고 했으므로, 이로 인해 탄생한 '과학적 상상'과 관련된 내용인 (A)가 뒤에 올 것이다. ▶ 순서: (B) → (A)

(C): 그러나(However), 이러한 패러다임은 때때로 이론들이 연구 프로젝트의 구성과 증거의 해석을 형성하는 창의적인 요소들로 철저히 채워져 있다는 사실을 감춘다. 과학적 설명들은 단순히 사실들의 연대기를 말하는 것은 아니다.

➡ **(C) 앞:** 이러한 패러다임(생각)은 과학 연구에서 증거를 해석할 때 창의적 요소가 개입된다는 사실을 간과하게 만든다고 설명하고 있으므로, 과학 연구가 창의적 요소가 개입되지 않는, 순수하게 사실에만 기반한 것이라는 내용이 제시되어야 한다.
▶ 주어진 글에서 말했던 우리가 과학에 흔히 기대하는 바(과학 연구는 데이터에 충실하여 규칙성을 찾을 것이라는 통념)가 설명되고 있으므로, 주어진 글의 통념을 반박하는 내용으로 이어질 것이다. (순서: 주어진 글 → (C) → (B) → (A))

2nd 글이 한눈에 들어오도록 정리하여 정답을 확인한다.

주어진 글: 흔히 과학 연구는 규칙적이고 예측 가능한 특징을 밝혀낼 것이라 기대된다.

→ **(C):** 그러나, 이러한 패러다임은 과학 해석 과정에 창의적 요소가 개입한다는 사실을 간과한다. 과학적 설명은 사실을 나열하는 것이 아니다.

→ **(B):** 과학적 설명은 체계적으로 선택된 데이터로 틀을 구축하여 의미 있는 설명을 제공하는 것이다. 이 과정에는 상상과 선택의 과정이 포함된다.

→ **(A):** 그러한 과학적 상상의 기여를 무시하면, 주어진 모델의 한계와 오해의 가능성을 알아차리지 못하게 된다.

▶ 주어진 글 다음에 이어질 글의 순서는 (C) → (B) → (A)이므로 정답은 ⑤임

O 10 정답 ② ＊감각에서 최소한의 정보만을 처리하는 뇌

> Brains are expensive / in terms of energy. //
> 뇌는 비용이 많이 든다 / 에너지의 측면에서 // **단서 1** 뇌는 에너지를 많이 소비함
> Twenty percent of the calories we consume / are used to power the brain. //
> 앞에 목적격 관계대명사 생략   '~하는 데 사용되다'
> 우리가 소비하는 칼로리의 20퍼센트는 / 뇌에 동력을 공급하는 데 사용된다 //

by -ing: ~함으로써
(A) By directing your attention, / they perform tricks with their hands / in full view. //
당신의 주의를 끌어서 / 그들은 손으로 속임수를 행한다 / 다 보이는 데서 // **단서 2** they는 (B)에서 언급한 마술사들임

Their actions should give away the game, / but they can rest assured / that your brain processes / only small bits of the visual scene. //
그들의 행동은 그 속임수를 드러내겠지만 / 그들은 확신한 채로 있을 수 있다 / 당신의 뇌가 처리한다는 것을 / 시각적 장면의 오직 작은 부분들만을 // **단서 3** 뇌는 에너지를 많이 소비하기 때문에, 효율적인 방식으로 작동하고자 함

(B) So brains try to operate / in the most energy-efficient way possible, /
따라서 뇌는 작동하려고 애쓰며 / 가능한 한 가장 에너지 효율적인 방식으로 /

and that means / processing only the minimum amount of information / from our senses / that we need to navigate the world. //
동명사 (목적어)   목적격 관계대명사
그것은 의미한다 / 최소한의 양의 정보만을 처리하는 것을 / 우리 감각으로부터 / 우리가 세상을 항해하는 데 필요로 하는 //

Neuroscientists weren't the first / to discover / that fixing your gaze on something / is no guarantee of seeing it. //
형용사적 용법   동명사 주어
신경과학자들은 최초가 아니었다 / 발견한 / 무언가에 당신의 시선을 고정하는 것이 / 그것을 본다는 보장이 없다는 사실을 //

Magicians figured this out long ago. //
마술사들은 오래전에 이것을 알아냈다 // **단서 4** '이것'은 마술사가 대놓고 속임수를 써도 사람들이 모른다는 (A)의 내용을 가리킴

(C) This all helps to explain / the prevalence of traffic accidents / in which drivers hit pedestrians in plain view, / or collide with cars directly in front of them. //
「전치사+관계대명사」   병렬 구조
이 모든 것은 설명하는 데 도움이 된다 / 교통사고의 빈번함을 / 운전자가 명백한 시야에 있는 보행자들을 치거나 / 바로 앞에 있는 차량들과 충돌하는 //

In many of these cases, / the eyes are pointed in the right direction, / but the brain isn't seeing / what's really out there. //
수동태 동사   명사절을 이끄는 관계대명사
많은 이러한 경우에서 / 눈은 올바른 방향을 향하고 있지만 / 뇌는 보고 있지 않다 / 실제로 거기에 있는 것을 //

- consume ⓥ 소비하다
- power ⓥ 동력을 공급하다
- trick ⓝ 속임수
- rest assured 확신하다
- process ⓥ 처리하다
- operate ⓥ 작동하다
- energy-efficient 에너지 효율적인
- minimum ⓐ 최소한의
- navigate ⓥ 항해하다
- neuroscientist ⓝ 신경과학자
- gaze ⓝ 시선
- guarantee ⓝ 보장

에너지의 측면에서 뇌는 비용이 많이 든다. 우리가 소비하는 칼로리의 20퍼센트는 뇌에 동력을 공급하는 데 사용된다. (B) 따라서 뇌는 가능한 한 가장 에너지 효율적인 방식으로 작동하려고 애쓰며, 그것은 우리가 세상을 항해하는 데 필요로 하는 최소한의 양의 정보만을 우리 감각으로부터 처리하는 것을 의미한다. 신경과학자들은 무언가에 당신의 시선을 고정하는 것이 그것을 본다는 보장이 없다는 사실을 발견한 최초가 아니었다. 마술사

들은 오래전에 이것을 알아냈다. (A) 당신의 주의를 끌어서, 그들은 다 보이는 데서 손으로 속임수를 행한다. 그들의 행동은 그 속임수를 드러내겠지만, 그들은 당신의 뇌가 시각적 장면의 오직 작은 부분들만을 처리한다는 것을 확신한 채로 있을 수 있다. (C) 이 모든 것은 운전자가 명백한 시야에 있는 보행자들을 치거나, 바로 앞에 있는 차량들과 충돌하는 교통사고의 빈번함을 설명하는 데 도움이 된다. 많은 이러한 경우에서, 눈은 올바른 방향을 향하고 있지만, 뇌는 실제로 거기에 있는 것을 보고 있지 않다.

주어진 글 다음에 이어질 글의 순서로 가장 적절한 것을 고르시오.

① (A) — (C) — (B) (A)의 '그들'이 가리키는 대상이 주어진 글에 없음
② (B) — (A) — (C) [(B) 뇌는 감지한 정보 중 최소한만 처리함 — (A) 마술사들도 이 사실을 활용해 속임수를 행함 — (C) 이는 교통사고가 만연한 이유를 설명함]
③ (B) — (C) — (A) (A)의 '그들'은 (B)의 '마술사'를 가리킴
④ (C) — (A) — (B)
⑤ (C) — (B) — (A) (C)의 '이 모든 것'은 (A)를 포함하는 내용임

| 문제 풀이 순서 | ★★☆ [정답률 71%]

1st 각 문단의 내용을 파악하고, 글의 논리적인 순서를 추론한다.

주어진 글: 에너지의 측면에서 뇌는 비용이 많이 든다. 우리가 소비하는 칼로리의 20퍼센트는 뇌에 동력을 공급하는 데 사용된다.

➡ **주어진 글 뒤:** 뇌가 에너지를 많이 소비하기 때문에 발생하는 일이 이어질 것이다.

(A): 당신의 주의를 끌어서, 그들(they)은 다 보이는 데서 손으로 속임수를 행한다. 그들의 행동은 그 속임수를 드러내겠지만, 그들은 당신의 뇌가 시각적 장면의 오직 작은 부분들만을 처리한다는 것을 확신한 채로 있을 수 있다.

➡ (A) 앞: '그들(they)'을 가리키는 내용이 있어야 한다.
  (A) 뒤: 이 사실이 다른 곳에는 어떻게 적용되는지에 관한 내용이 이어질 것이다.

(B): 따라서(So) 뇌는 가능한 한 가장 에너지 효율적인 방식으로 작동하려고 애쓰며, ~ 마술사들은 오래전에 이것을 알아냈다.

➡ (B) 앞: '따라서(So)'로 시작하므로, 이어지는 문장의 원인이 되는 내용이 제시되어야 한다.
  ▶ 뇌가 에너지를 많이 소비한다는 내용의 주어진 글 뒤에 이어져야 한다. (순서: 주어진 글 ➔ (B))
  (B) 뒤: 마술사들이 이 사실을 활용한 내용인 (A)가 이어질 것이다.
  ▶ 순서: 주어진 글 ➔ (B) ➔ (A)

(C): 이(This) 모든 것은 운전자가 명백한 시야에 있는 보행자들을 치거나, 바로 앞에 있는 차량들과 충돌하는 교통사고의 빈번함을 설명하는 데 도움이 된다. 많은 이러한 경우에서, 눈은 올바른 방향을 향하고 있지만, 뇌는 실제로 거기에 있는 것을 보고 있지 않다.

➡ (C) 앞: '이것(This)'을 가리키는 내용이 있어야 한다.
  ▶ '이것'은 뇌가 들어오는 정보 중 최소한만을 처리한다는 사실이므로, 이 사실에 대한 설명을 끝냈던 (A) 뒤에 이어져야 한다. (순서: 주어진 글 ➔ (B) ➔ (A) ➔ (C))

2nd 글이 한눈에 들어오도록 정리하여 정답을 확인한다.

주어진 글: 뇌는 많은 에너지를 소비한다.
➡ **(B):** 따라서 뇌는 에너지 효율적인 방식을 추구하는데, 이를 위해 감각에서 들어온 정보 중 최소한의 정보만을 처리한다.
➡ **(A):** 마술사들은 이 사실을 활용하여 다 보이는 곳에서 속임수를 행한다.
➡ **(C):** 이 모든 것은 시야에 있는 보행자나 앞 차를 쳐버리는 교통사고가 만연함을 설명한다.
▶ 주어진 글 다음에 이어질 글의 순서는 (B) ➔ (A) ➔ (C)이므로 정답은 ②임

O 11 정답 ③ *소비와 투자의 차이

Buying a television / is current consumption. //
(동명사구 주어)
텔레비전을 사는 것은 / 현재의 소비이다 //

It makes us happy today / but does nothing to make us richer
(makes의 목적어와 목적격 보어 (형용사)) (to make의 목적어와 목적격 보어 (형용사))
tomorrow. //
그것은 오늘 우리를 행복하게 한다 / 하지만 내일 우리를 더 부유하게 만드는 데는 아무것도 하지 않는다 //

Yes, money spent on a television / keeps workers employed at
(과거분사구 (money 수식)) (keeps의 목적어와 목적격 보어 (과거분사))
the television factory. // 단서 1 텔레비전에 '소비'된 돈은 노동자들이 공장에서 계속 일하게 해줄 것임
그렇다, 텔레비전에 소비되는 돈은 / 노동자들이 텔레비전 공장에 계속 고용되게 한다 //

단서 2 대학을 보내주거나 자동차를 사주는 시나리오를 가리킴

(A) The crucial difference between these scenarios / is that a college education / makes a young person more productive / for the rest of his or her life; / a sports car does not. //
(makes의 목적어와 목적격 보어 (형용사))
이러한 시나리오들의 중대한 차이점은 / 대학 교육은 / 젊은이들이 더 생산적이게 만들지만 / 그 또는 그녀의 남은 삶 동안 / 스포츠카는 그렇지 않다는 것이다 //

Thus, college tuition is an investment; / buying a sports car is consumption. //
(동명사 주어)
따라서, 대학 등록금은 투자이다 / 스포츠카를 구입하는 것은 소비이다 //

(B) But if the same money were invested, /
하지만 같은 돈이 투자된다면 / 단서 3 '같은 돈'이 가리키는 것은 주어진 글의 'TV에 소비된 돈'임

it would create jobs somewhere else, / say for scientists in a laboratory / or workers on a construction site, / while also making us richer in the long run. //
(say = for example, such as) (접속사를 생략하지 않은 분사구문)
그것은 어딘가 다른 곳의 일자리를 창출하면서 / 말하자면 실험실의 과학자들이나 / 건설 현장의 노동자들을 위한 / 또한 장기적으로 우리를 더 부유하게 만들 것이다 //

(C) Think about college as an example. // 단서 4 대학을 예로 들어 설명을 이어감
대학을 예로써 생각해 보자 //

Sending students to college / creates jobs for professors. //
(동명사구 주어) (단수 동사)
학생들을 대학에 보내는 것은 / 교수들을 위한 일자리를 창출한다 //

Using the same money / to buy fancy sports cars for high school graduates / would create jobs for auto workers. //
(동명사 주어) (부사적 용법 (목적))
같은 돈을 쓰는 것은 / 고등학교 졸업생에게 멋진 스포츠카를 사주는 데 / 자동차 노동자를 위한 일자리를 창출할 것이다 //

- consumption ⓝ 소비
- scenario ⓝ 시나리오
- rest ⓝ 나머지
- laboratory ⓝ 실험실
- graduate ⓝ 졸업생
- employ ⓥ 고용하다
- productive ⓐ 생산성 있는
- tuition ⓝ 등록금
- construction ⓝ 공사
- auto ⓝ 자동차
- investment ⓝ 투자
- fancy ⓐ 멋진

텔레비전을 사는 것은 현재의 소비이다. 그것은 오늘 우리를 행복하게 하지만 내일 우리를 더 부유하게 만드는 데는 아무것도 하지 않는다. 그렇다, 텔레비전에 소비되는 돈은 노동자들이 텔레비전 공장에 계속 고용되게 한다. (B) 하지만 같은 돈이 투자된다면, 그것은 말하자면 실험실의 과학자들이나 건설 현장의 노동자들을 위한, 어딘가 다른 곳의 일자리를 창출하면서, 또한 장기적으로 우리를 더 부유하게 만들 것이다. (C) 대학을 예로써 생각해 보자. 학생들을 대학에 보내는 것은 교수들을 위한 일자리를 창출한다. 같은 돈을 고등학교 졸업생에게 멋진 스포츠카를 사주는 데 쓰는 것은 자동차 노동자를 위한 일자리를 창출할 것이다. (A) 이러한 시나리오들의 중대한 차이점은 대학 교육은 젊은이들이 그 또는 그녀의 남은 삶 동안 더 생산적이게 만들지만; 스포츠카는 그렇지 않다는 것이다. 따라서, 대학 등록금은 투자이다; 스포츠카를 구입하는 것은 소비이다.

주어진 글 다음에 이어질 글의 순서로 가장 적절한 것을 고르시오. [3점]

① (A) — (C) — (B) (A)의 '이러한 시나리오들'이 가리키는 내용이 주어진 글에 없음
② (B) — (A) — (C) (B) TV를 산 돈을 다른 곳에 투자하면 장기적으로 부유해질 수 있음 —
③ (B) — (C) — (A) (C) 고등학교 졸업생에게 대학을 보내는 것과 차를 사주는 것으로 예를 듦 — (A) 대학 보내는 것은 장기적으로 투자이지만, 차를 사주는 것은 현재의 행복만 주는 소비임
④ (C) — (A) — (B) (C)에서 예를 들고자 하는 것은 소비와 투자의 차이인데,
⑤ (C) — (B) — (A) 주어진 글에서는 투자의 개념이 언급되지 않았음
(C)에서 대학에 가는 것과 차를 사는 것이라는 두 가지 선택지가 (A)에서 '이러한 시나리오들'로 연결됨

| 문제 풀이 순서 | ★★★ [정답률 46%]

1st 각 문단의 내용을 파악하고, 글의 논리적인 순서를 추론한다.

주어진 글: 텔레비전을 사는 것은 현재의 소비이다. 그것은 오늘 우리를 행복하게 하지만 내일 우리를 더 부유하게 만드는 데는 아무것도 하지 않는다. 그렇다, 텔레비전에 소비되는 돈은 노동자들이 텔레비전 공장에 계속 고용되게 한다.

→ **주어진 글 뒤:** 텔레비전을 소비하는 행위는 현재의 행복을 주지만, 미래의 부는 주지 않는다는 내용이므로, 소비와 미래의 행복에 관한 내용이 이어질 것이다.

(A): 이러한 시나리오들(these scenarios)의 중대한 차이점은 대학 교육은 젊은이들이 그 또는 그녀의 남은 삶 동안 더 생산적이게 만들지만, 스포츠카는 그렇지 않다는 것이다. 따라서, 대학 등록금은 투자이다; 스포츠카를 구입하는 것은 소비이다.

→ (A) 앞: '이러한 시나리오들'이 가리킬 만한 내용이 언급되어야 한다.
▶ 주어진 글에는 '이러한 시나리오들'로 가리킬 만한 것이 없으므로 (A)가 주어진 글 바로 뒤에 올 수 없음
(A) 뒤: 각 시나리오를 통해 소비와 투자의 차이를 설명하며 글을 마무리하고 있다.

(B): 하지만(But) 같은 돈(the same money)이 투자된다면, 그것은 말하자면 실험실의 과학자들이나 건설 현장의 노동자들을 위한, 어딘가 다른 곳의 일자리를 창출하면서, 또한 장기적으로 우리를 더 부유하게 만들 것이다.

→ (B) 앞: '같은 돈'이 가리킬 수 있는 비용에 관한 내용이 언급되었을 것이고, 그 돈이 투자된 상황을 가정하는 내용과는 상반되는 내용이 와야 한다.
▶ '같은 돈'은 주어진 글의 '텔레비전을 산 돈'을 가리키고, 그 돈을 '투자'한 것이 아니라 '소비'했던 내용이 주어진 글에 제시되었다. (순서: 주어진 글 → (B))
(B) 뒤: 소비는 미래의 부와 관련이 없지만, 투자는 장기적인 부를 가져올 것이라는 내용을 부연 설명할 것이다.

(C): 대학을 예로써(as an example) 생각해 보자. 학생들을 대학에 보내는 것은 교수들을 위한 일자리를 창출한다. 같은 돈을 고등학교 졸업생에게 멋진 스포츠카를 사주는 데 쓰는 것은 자동차 노동자를 위한 일자리를 창출할 것이다.

→ (C) 앞: 소비와 투자의 차이를 언급했을 것이고, 그 두 개념의 차이를 대학의 예시로 설명하고자 한다. ▶ 투자는 장차 부를 가져다준다는 측면에서 소비와 다르다는 내용이 (B)에서 제시되었다. (순서: 주어진 글 → (B) → (C))
(C) 뒤: 고등학교 졸업생에게 대학을 보내는 것과 차를 사주는 것의 차이를 구체적으로 이어서 설명할 것이다.
▶ (A)에 두 시나리오들에 관한 설명이 이어짐 (순서: 주어진 글 → (B) → (C) → (A))

2nd 글이 한눈에 들어오도록 정리하여 정답을 확인한다.

주어진 글: TV를 사는 것은 현재의 행복을 주지만 미래의 부와는 관련이 없다.
→ **(B):** 그 돈을 다른 곳에 투자했다면 장기적으로 부를 가져올 수 있었을 것이다.
→ **(C):** 고등학교 졸업생에게 대학이라는 선택지를 예로 들어 보자.
→ **(A):** 고등학교 졸업생에게 대학을 보내주는 것은 그의 생산성을 높여 장기적으로는 투자가 될 것이지만, 차를 사주는 것은 현재의 행복만 주는 소비가 된다.
▶ 주어진 글 다음에 이어질 글의 순서는 (B) → (C) → (A)이므로 정답은 ③임

O 12 정답 ⑤ ＊무작위적인 변이와 비무작위적인 선택

단서 1 인체의 발달은 무작위적인 변이가 비무작위적인 선택과 결합하여 만들어짐

Development of the human body / from a single cell / provides many examples of the structural richness /
인체가 발달하는 것은 / 단일 세포로부터 / 구조적 풍부함의 많은 예를 제공한다 /
that is possible / when the repeated production of random variation / is combined with nonrandom selection. //
가능해지는 / 무작위적인 변이의 반복적 생성이 / 비무작위적인 선택과 결합될 때 //

(A) Those in the right place that make the right connections are stimulated, / and those that don't are eliminated. //
제 자리에서 제대로 된 연결을 만들어 낸 것(세포)들은 활성화되고 / 그렇지 않은 것들은 제거된다 //

단서 2 (B)의 '위치에 의한 선택'이 먼저 나와야 함

This process is much like sculpting. //
이 과정은 마치 조각을 하는 것과 같다 //

A natural consequence of the strategy / is great variability from individual to individual / at the cell and molecular levels, / even though large-scale structures are quite similar. //
이 전략의 필연적 결과는 / 개인마다 큰 변이성이 있다는 것이다 / 세포와 분자 수준에서 / 전체 구조가 상당히 비슷하더라도 //

단서 3 (C) 뒤에 이어져서 살아남은 세포의 이야기를 이어감

(B) The survivors serve / to produce new cells / that undergo further rounds of selection. //
생존한 세포들은 역할을 한다 / 새로운 세포들을 만들어 내는 / 추가적인 선택의 과정을 거치는 //

Except in the immune system, / cells and extensions of cells / are not genetically selected during development, / but rather, are positionally selected. //
면역계를 제외하면 / 세포와 세포의 확장은 / 발달 과정에서 유전적으로 선택되는 것이 아니라 / 위치에 의해 선택된다 //

(C) All phases of body development / from embryo to adult / exhibit random activities / at the cellular level, /
신체 발달의 모든 단계는 / 배아에서 성체에 이르기까지 / 무작위 활동을 보이고 / 세포 수준에서는 /

단서 4 주어진 글에서 말했던 인체의 발달 과정(세포의 무작위적인 변이+기준이 있는 선택)을 구체적으로 설명함

and body formation depends on / the new possibilities / generated by these activities / coupled with selection of those outcomes / that satisfy previously built-in criteria. //
신체 형성은 달려 있다 / 새로운 가능성에 / 이러한 활동(무작위 활동)에 의해 만들어진 / 결과물의 선택과 더불어 / 이전에 확립된 기준을 만족시키는 //

Always new structure is based on old structure, / and at every stage / selection favors some cells and eliminates others. //
항상 새로운 구조는 오래된 구조를 기반으로 하며 / 모든 단계에서 / 선택은 일부 세포들을 선호하고 다른 세포들은 제거한다 //

- **structural** ⓐ 구조적인 • **richness** ⓝ 풍부함
- **random** ⓐ 무작위의 • **nonrandom** ⓐ 비무작위의
- **stimulate** ⓥ 자극하다, 활성화하다 • **eliminate** ⓥ 제거하다
- **sculpt** ⓥ 조각하다 • **variability** ⓝ 변이성
- **undergo** ⓥ 거치다, 겪다 • **immune** ⓐ 면역의
- **extension** ⓝ 확장 • **genetically** ⓐⓓ 유전적으로
- **positionally** ⓐⓓ 위치적으로 • **phase** ⓝ 단계 • **cellular** ⓐ 세포의
- **built-in** 확립된 • **criterion** ⓝ 기준 (pl. criteria)

단일 세포로부터 인체가 발달하는 것은 무작위적인 변이의 반복적 생성이 비무작위적인 선택과 결합될 때 가능해지는 구조적 풍부함의 많은 예를 제공한다. (C) 배아에서 성체에 이르기까지 신체 발달의 모든 단계는 세포 수준에서는 무작위 활동을 보이고, 신체 형성은 이전에 확립된 기준을 만족시키는 결과물의 선택과 더불어 이러한 활동(무작위 활동)에 의해 만들어진 새로운 가능성에 달려 있다. 항상 새로운 구조는 오래된 구조를 기반으로 하며, 모든 단계에서 선택은 일부 세포들을 선호하고 다른 세포들은 제거한다. (B) 생존한 세포들은 추가적인 선택의 과정을 거치는 새로운 세포

들을 만들어 내는 역할을 한다. 면역계를 제외하면 세포와 세포의 확장은 발달 과정에서 유전적으로 선택되는 것이 아니라 위치에 의해 선택된다. (A) 제 자리에서 제대로 된 연결을 만들어 낸 것(세포)들은 활성화되고, 그렇지 않은 것들은 제거된다. 이 과정은 마치 조각을 하는 것과 같다. 이 전략의 필연적 결과는 전체 구조가 상당히 비슷하더라도 세포와 분자 수준에서 개인마다 큰 변이성이 있다는 것이다.

> **주어진 글 다음에 이어질 글의 순서로 가장 적절한 것을 고르시오. [3점]**
>
> ① (A) — (C) — (B) (A)의 '올바른 자리'에 관한 내용은 주어진 글에 없음
> ② (B) — (A) — (C)
> ③ (B) — (C) — (A) (B)의 '생존한 세포들'에 관한 내용은 주어진 글에 없음
> ④ (C) — (A) — (B) (A)의 '올바른 자리'에 관한 내용은 (B)에 제시됨
> ⑤ (C) — (B) — (A) (C) 인체는 세포의 임의 변이와 근거 있는 구조적 선택이 결합하여 발달함 — (B) 선택에서 살아남은 세포는 확장하며 발달하는데, 이는 위치에 의해 선택됨 — (A) 올바른 자리에서 연결된 세포만이 살아남게 됨

| 문제 풀이 순서 | ★★★ [정답률 41%]

1st 각 문단의 내용을 파악하고, 글의 논리적인 순서를 추론한다.

주어진 글: 단일 세포로부터 인체가 발달하는 것은 무작위적인 변이의 반복적 생성이 비무작위적인 선택과 결합될 때 가능해지는 구조적 풍부함의 많은 예를 제공한다.

➡ **주어진 글 뒤:** 인체가 발달하는 과정에서 세포는 무작위적으로 변이하지만, 그 선택과 결합은 무작위가 아닌 규칙적으로 이뤄질 것이라는 내용이 이어질 것이다.

(A): 제 자리에서 제대로 된 연결을 만들어 낸 것(세포)들은 활성화되고, 그렇지 않은 것들은 제거된다. 이 과정은 마치 조각을 하는 것과 같다. 이 전략의 필연적 결과는 전체 구조가 상당히 비슷하더라도 세포와 분자 수준에서 개인마다 큰 변이성이 있다는 것이다.

➡ (A) 앞: '제 자리에서 제대로 된 연결'이 가리키는 내용이 제시되어야 한다.
　(A) 뒤: 세포의 변이와 선택의 과정에 대한 설명을 마무리했고, 이에 따른 결과까지 제시하고 있으므로 (A)가 마지막임을 알 수 있다.

(B): 생존한 세포들은 추가적인 선택의 과정을 거치는 새로운 세포들을 만들어 내는 역할을 한다. 면역계를 제외하면 세포와 세포의 확장은 발달 과정에서 유전적으로 선택되는 것이 아니라 위치에 의해 선택된다.

➡ (B) 앞: '생존한 세포들'이 가리키는 내용이 제시되어야 한다.
　▶ 주어진 글과 (A)에는 생존한 세포에 관한 내용이 없으므로 (C)에 있을 것이고, (C)가 (B)의 앞에 올 것이다. (순서: (C) → (B))
　(B) 뒤: 세포의 발달은 유전이 아니라 위치에 의해 선택된다고 했으므로, 위치와 관련된 내용인 (A)가 뒤에 올 것이다. ▶ 순서: (C) → (B) → (A)

(C): 배아에서 성체에 이르기까지 신체 발달의 모든 단계는 세포 수준에서는 무작위 활동을 보이고, 신체 형성은 이전에 확립된 기준을 만족시키는 결과물의 선택과 더불어 이러한 활동(무작위 활동)에 의해 만들어진 새로운 가능성에 달려 있다. 항상 새로운 구조는 오래된 구조를 기반으로 하며, 모든 단계에서 선택은 일부 세포들을 선호하고 다른 세포들은 제거한다.

➡ (C) 앞: 배아에서 성체에 이르기까지 인체가 발달하는 과정을 설명하고 있으므로, 관련된 내용이 있어야 한다.
　▶ 주어진 글에서 말했던 인체의 발달 과정(세포의 무작위적인 변이+기준이 있는 선택)을 구체적으로 설명함 (순서: 주어진 글 → (C) → (B) → (A))

2nd 글이 한눈에 들어오도록 정리하여 정답을 확인한다.

주어진 글: 인체의 발달은 무작위적인 변이가 비무작위적인 선택과 결합하여 만들어진다.

➡ **(C):** 인체는 세포의 임의 변이와 근거 있는 구조적 선택이 결합하여 발달하며, 구조적 선택은 선호가 있다.

➡ **(B):** 선택에서 살아남은 세포는 확장하며 발달하는데, 이는 위치에 의해 선택된다.

➡ **(A):** 올바른 자리에서 연결된 세포만이 살아남게 되는데, 이 과정을 통해 세포 수준에서는 개인마다 변이가 있더라도, 전체 구조에서는 유사성이 생긴다.

▶ 주어진 글 다음에 이어질 글의 순서는 (C) → (B) → (A)이므로 정답은 ⑤임

O 13 정답 ⑤ ＊능력 있는 사람이 가장 선호되지는 않는 이유

> It would seem obvious / that the more competent someone is, / the more we will like that person. // **단서 1** 우리는 능력 있는 사람을 더 좋아함
> 명확해 보일 것이다 / 누군가가 더 능력이 있을수록 / 우리가 그 사람을 더 많이 좋아할 것이라는 점은 //
>
> By "competence," / I mean a cluster of qualities: / smartness, / the ability to get things done, / wise decisions, etc. //
> '능력'이라는 것을 / 나는 총체적인 특징을 뜻하는 것으로 말한다 / 똑똑함 / 일을 수행하는 능력 / 지혜로운 결정 등과 같은 //

단서 2 this는 (B)에서 언급된 '능력 있는 사람에게 불편함을 느끼는 것'임

(A) If this were true, / we might like people more / if they reveal some evidence of fallibility. //
만약에 이것이 사실이라면 / 그들을 더 좋아할지도 모른다 / 사람들이 실수를 저지를 수 있다는 어떤 증거를 드러낼 때 //

For example, / if your friend is a brilliant mathematician, superb athlete, and gourmet cook, / you might like him or her better / if, every once in a while, they screwed up. //
예를 들면 / 여러분의 친구가 훌륭한 수학자, 뛰어난 운동선수, 그리고 미식 요리사라면 / 여러분은 그들을 더 좋아할지도 모른다 / 가끔 그들이 일을 망친다면 //

(B) One possibility is / that, although we like to be around competent people, / those who are too competent / make us uncomfortable. // **단서 3** One possibility는 (C)에서 제시한 질문의 대답임
하나의 가능성은 / 비록 우리는 능력 있는 사람들 주위에 있고 싶어 하지만 / '너무' 능력 있는 사람들은 / 우리를 불편하게 만든다는 것이다 //

They may seem unapproachable, distant, superhuman / — and make us look bad / (and feel worse) / by comparison. //
그들은 접근할 수 없고, 멀고, 초인간적으로 보일 수가 있어서 / 우리가 형편없어 보이게 만든다 / (그리고 기분이 더 나쁘게) / 비교해 보면 //

(C) We stand a better chance / of doing well at our life tasks / if we surround ourselves with people / who know what they're doing / and have a lot to teach us. //
우리는 더 나은 가능성이 있다 / 우리의 인생 과업에서 잘할 / 우리가 사람 주변에 있을 때 / 자신이 무엇을 하고 있는지를 알고 / 우리를 가르칠 많은 것들을 갖고 있는 //

But the research evidence is paradoxical: /
그러나 연구 증거는 역설적이다 / **단서 4** 뛰어난 사람을 더 좋아할 것이라는 통념과는 상반되는 연구 증거를 제시함

In problem-solving groups, / the participants / who are considered the most competent / and have the best ideas / tend not to be the ones / who are best liked. //
문제 해결 집단에서 / 참여자들은 / 가장 능력이 있다고 여겨지고 / 가장 좋은 생각을 갖고 있는 / 사람들이 아닌 경향이 있다 / 가장 선호되는 //

Why? // 왜 그럴까 //

- competent ⓐ 능력 있는　　• competence ⓝ 능력
- cluster ⓝ 무리, 모임　　• brilliant ⓐ 훌륭한　　• superb ⓐ 뛰어난
- gourmet ⓝ 미식(가)　　• screw up 망치다
- uncomfortable ⓐ 불편한　　• unapproachable ⓐ 접근할 수 없는
- superhuman ⓐ 초인간적인　　• paradoxical ⓐ 역설적인

누군가가 더 능력이 있을수록, 우리가 그 사람을 더 많이 좋아할 것이라는 점은 명확해 보일 것이다. 나는, '능력'이라는 것을, 똑똑함, 일을 수행하는 능력, 지혜로운 결정 등과 같은 총체적인 특징을 뜻하는 것으로 말한다. (C) 우리는 자신이 무엇을 하고 있는지를 알고 우리를 가르칠 많은 것들을 갖고 있는 사람 주변에 있을 때, 우리의 인생 과업에서 잘할 더 나은 가능성이 있다. 그러나 연구 증거는 역설적이다. 문제 해결 집단에서, 가장 능력이 있다고 여겨지고 가장 좋은 생각을 갖고 있는 참여자들은 가장 선호되는 사람들이 아닌 경향이 있다. 왜 그럴까? (B) 하나의 가능성은, 비록 우리는 능력 있는 사람들 주위에 있고 싶어 하지만, '너무' 능력 있는 사람들은 우리를 불편하게 만든다는 것이다. 그들은 접근할 수 없고, 멀고, 초인간적으로 보일 수가 있어서, 비교해 보면 우리가 형편없어 보이게(그리고 기분이 더 나쁘게) 만든다. (A) 만약에 이것이 사실이라면, 사람들이 실

수를 저지를 수 있다는 어떤 증거를 드러낼 때 그들을 더 좋아할지도 모른다. 예를 들면, 여러분의 친구가 훌륭한 수학자, 뛰어난 운동선수, 그리고 미식 요리사라면, 여러분은 가끔 그들이 일을 망친다면 그들을 더 좋아할지도 모른다.

> **주어진 글 다음에 이어질 글의 순서로 가장 적절한 것을 고르시오.**
>
> ① (A) — (C) — (B) (A)의 '이것'은 주어진 글에 없음
> ② (B) — (A) — (C) (B)의 '가능성'은 (C)에 대한 대답임
> ③ (B) — (C) — (A)
> ④ (C) — (A) — (B) (A)의 '이것'은 (C)에 없음
> ⑤ (C) — (B) — (A) (C) 능력 있는 사람이 가장 선호되지 않음 — (B) 능력 있는 사람과 비교하여 스스로를 형편없게 느끼기 때문임 — (A) 능력 있는 사람이 실수를 저지를 때 우리는 더 좋아함

| 문제 풀이 순서 | ✶✶✶ [정답률 63%]

1st 각 문단의 내용을 파악하고, 글의 논리적인 순서를 추론한다.

주어진 글: 누군가가 더 능력이 있을수록, 우리가 그 사람을 더 많이 좋아할 것이라는 점은 명확해 보일 것이다. 나는, '능력'이라는 것을, 똑똑함, ~ 지혜로운 결정 등과 같은 총체적인 특징을 뜻하는 것으로 말한다.

➡ **주어진 글 뒤:** 우리가 능력 있는 사람을 더 좋아한다는 것과 관련된 내용이 이어질 것이다.

(A): 만약에 이것(this)이 사실이라면, 사람들이 실수를 저지를 수 있다는 어떤 증거를 드러낼 때 그들을 더 좋아할지도 모른다. 예를 들면, 여러분의 친구가 훌륭한 수학자, 뛰어난 운동선수, 그리고 미식 요리사라면, 여러분은 가끔 그들이 일을 망친다면 그들을 더 좋아할지도 모른다.

(A) **앞:** '이것(this)'이 가리키는 내용이 있어야 한다.
▶ this 뒤에 이어지는 내용은 실수를 저지를 때 그 사람을 더 좋아하게 되는 내용이므로, 능력 있는 사람을 더 좋아한다는 주어진 글 바로 뒤에 (A)가 올 수 없음
(A) **뒤:** 통념과 상반되는 예시로 마무리했으므로 (A)는 글의 마지막에 올 것이다.

(B): 하나의 가능성(One possibility)은, 비록 우리는 능력 있는 사람들 주위에 있고 싶어 하지만, '너무' 능력 있는 사람들은 우리를 불편하게 만든다는 것이다. 그들은 접근할 수 없고, 멀고, 초인간적으로 보일 수가 있어서, 비교해 보면 우리가 형편없어 보이게(그리고 기분이 더 나쁘게) 만든다.

➡ (B) **앞:** '하나의 가능성(One possibility)'으로 답을 제시할 수 있는 질문이 있어야 한다. ▶ 주어진 글과 (A)에 해당 내용이 없으므로 (C)에 능력 있는 사람이 가장 선호되지는 않는다는 내용이 나올 것이고, 그 뒤에 (B)가 올 것임 (순서: (C) → (B))
(B) **뒤:** 능력 있는 사람들 주위에 있는 것이 불편하다는 내용을 this로 받으며 오히려 그들이 실수를 저지를 때 더 좋아하게 된다고 설명하는 (A)가 뒤에 이어질 것이다.
▶ 순서: (C) → (B) → (A)

(C): 우리는 자신이 무엇을 하고 있는지를 알고 우리를 가르칠 많은 것들을 갖고 있는 사람 주변에 있을 때, 우리의 인생 과업에서 잘할 더 나은 가능성이 있다. 그러나 연구 증거는 역설적이다. 문제 해결 집단에서, 가장 능력이 있다고 여겨지고 가장 좋은 생각을 갖고 있는 참여자들은 가장 선호되는 사람들이 아닌 경향이 있다. 왜 그럴까?

➡ (C) **앞:** 우리는 우리를 가르쳐줄 수 있는 능력 있는 사람을 더 선호한다는 통념이 제시되어야 한다. ▶ 주어진 글에 해당 내용이 있음 (순서: 주어진 글 → (C))
(C) **뒤:** 통념을 반박하면서 실제로는 능력 있는 사람이 가장 선호되지는 않는다고 설명했으므로, 그 이유를 설명한 (B)가 이어질 것이다.
▶ 순서: 주어진 글 → (C) → (B) → (A)

2nd 글이 한눈에 들어오도록 정리하여 정답을 확인한다.

주어진 글: 우리는 더 능력 있는 사람을 더 선호하는 경향이 있다.

➡ **(C):** 하지만 연구 증거에 따르면 역설적이게도 가장 능력 있는 사람이 가장 선호되는 사람은 아니다.

➡ **(B):** 그 이유는 너무 능력 있는 사람은 우리와 비교될 때 우리 자신을 초라하게 만들기 때문이다.

➡ **(A):** 따라서, 우리는 능력 있는 사람이 오히려 실수를 저지를 때 더 좋아하게 된다.

▶ 주어진 글 다음에 이어질 글의 순서는 (C) ➡ (B) ➡ (A)이므로 정답은 ⑤임

◯14 정답 ③ ✶컴퓨터 알고리즘과 벌의 8자 춤의 차이

> A computational algorithm / that takes input data / and generates some output from it / doesn't really embody / any notion of meaning. //
> 컴퓨터를 사용하는 알고리즘은 / 입력 데이터를 받아 / 그것으로부터 어떤 출력을 생성하는 / 실제로 구현하지 않는다 / 그 어떤 의미라는 개념도 //
>
> Certainly, / such a computation / does not generally have as its purpose / its own survival and well-being. //
> 분명히 / 그러한 컴퓨터 계산은 / 일반적으로 목적으로 하지 않는다 / 그 자체의 생존과 안녕을 //
> **단서 1** 컴퓨터 알고리즘 계산은 어떤 의미나 생존, 안녕 등의 목적을 갖지 않음

(A) Some bees might not bother to make the journey, / considering it not worthwhile. //
일부 벌들은 굳이 그 이동을 하지 않을 수도 있다 / 그 이동이 가치가 없다고 생각해서 //
단서 2 주어진 입력의 가치를 평가한다는 내용이 있어야 함

The input, such as it is, / is processed / in the light of the organism's own internal states and history; / there is nothing prescriptive about its effects. //
그 입력은, 대단한 것은 아니지만 / 처리되며 / 유기체 자체의 내부 상태와 역사에 비추어 / 그 결과에 대해 규정하는 것은 없다 //
단서 3 컴퓨터 알고리즘 계산을 가리킴

(B) It does not, in general, assign value / to the inputs. //
이것은 일반적으로 가치를 부여하지 않는다 / 입력에 //

Compare, for example, a computer algorithm / with the waggle dance of the honeybee, /
예를 들어, 컴퓨터 알고리즘을 비교해 보라 / 꿀벌의 8자의 춤과 /

by which means a foraging bee conveys / to others in the hive / information about the source of food (such as nectar) / it has located. //
먹이를 찾아다니는 벌이 알려주는 수단인 / 벌집 안의 다른 벌들에게 / (꿀과 같은) 먹이의 출처에 대한 정보를 / 그것이 위치를 찾아낸 //

(C) The "dance" — a series of stylized movements on the comb — / shows the bees / how far away the food is / and in which direction. //
그 '춤' / 즉 벌집에서의 일련의 양식화된 움직임은 / 벌들에게 보여준다 / 먹이가 얼마나 멀리 있고 / 어느 방향으로 있는지 //
단서 4 벌의 춤이 어떤 역할을 하는지를 부연 설명하고 있음

But this input does not simply program / other bees to go out and look for it. //
그러나 이 입력은 단순히 프로그래밍하는 것이 아니다 / 다른 벌들이 나가서 먹이를 찾도록 //

Rather, they evaluate this information, / comparing it with their own knowledge / of the surroundings. //
오히려 그것들은 이 정보를 평가한다 / 정보를 그들 자신의 지식과 비교하면서 / 주변 환경에 대한 //

- computational ⓐ 컴퓨터를 사용하는
- algorithm ⓝ 알고리즘
- embody ⓥ 구현하다
- computation ⓝ 계산
- bother ⓥ 성가시게 하다
- worthwhile ⓐ 가치 있는
- internal ⓐ 내부의
- prescriptive ⓐ 규정하는
- assign A to B A를 B에 부여하다
- waggle ⓝ 상하로 움직임
- honeybee ⓝ 꿀벌
- convey ⓥ 전달하다
- hive ⓝ 벌집
- nectar ⓝ 꿀
- locate ⓥ 위치를 찾아내다
- stylize ⓥ 양식화하다

입력 데이터를 받아 그것으로부터 어떤 출력을 생성하는 컴퓨터를 사용하는 알고리즘은 실제로 그 어떤 의미라는 개념도 구현하지 않는다. 분명히, 그러한 컴퓨터 계산은 일반적으로 그 자체의 생존과 안녕을 목적으로 하지 않는다. (B) 이것은 일반적으로 입력에 가치를 부여하지 않는다. 예를 들어, 컴퓨터 알고리즘을, 먹이를 찾아다니는 벌이 벌집 안의 다른 벌들에게 그것이 위치를 찾아낸(꿀과 같은) 먹이의 출처에 대한 정보를 알려주는 수단인 꿀벌의 8자의 춤과 비교해 보라. (C) 그 '춤', 즉 벌집에서의 일련의 양식화된 움직임은 벌들에게 먹이가 얼마나 멀리 있고 어느 방향으로 있는지 보여준다. 그러나 이 입력은 다른 벌들이 나가서 먹이를 찾도록 단순히 프로그래밍하는 것이 아니다. 오히려 그것들은 이 정보를 주변 환경에 대한

그들 자신의 지식과 비교하면서 정보를 평가한다. (A) 일부 벌들은 그 이동이 가치가 없다고 생각해서 굳이 그 이동을 하지 않을 수도 있다. 그 입력은, 대단한 것은 아니지만, 유기체 자체의 내부상태와 역사에 비추어 처리되며, 그 결과에 대해 규정하는 것은 없다.

> **주어진 글 다음에 이어질 글의 순서로 가장 적절한 것을 고르시오. [3점]**
> ① (A) — (C) — (B) 벌의 춤과 관련된 내용은 주어진 글에 없음
> ② (B) — (A) — (C) (A)의 자의적으로 판단한다는 내용은 (C) 뒤에 이어짐
> ③ (B) — (C) — (A) (B) 컴퓨터 알고리즘은 벌의 8자 춤과 비교됨 — (C) 벌의 춤은 다른 벌들이 반드시 움직이도록 하진 않음 — (A) 어떤 벌은 춤을 보고도 이동하지 않을 수 있음
> ④ (C) — (A) — (B) 벌의 춤과 관련된 내용은 주어진 글에 없음
> ⑤ (C) — (B) — (A)

| **문제 풀이 순서** | ★★✷ [정답률 63%]

1st 각 문단의 내용을 파악하고, 글의 논리적인 순서를 추론한다.

주어진 글: 입력 데이터를 받아 그것으로부터 어떤 출력을 생성하는 컴퓨터를 사용하는 알고리즘은 실제로 의미라는 그 어떤 개념도 구현하지 않는다. 분명히, 그러한 컴퓨터 계산은 일반적으로 그 자체의 생존과 안녕을 목적으로 하지 않는다.

➡ **주어진 글 뒤:** 컴퓨터 알고리즘은 의미나 목적을 갖지 않는다는 내용을 부연 설명할 것이다.

(A): 일부 벌들은 그 이동이 가치가 없다고 생각해서 굳이 그 이동을 하지 않을 수도 있다. 그 입력은, 대단한 것은 아니지만, 유기체 자체의 내부상태와 역사에 비추어 처리되며, 그 결과에 대해 규정하는 것은 없다.

➡ **(A) 앞:** 벌들이 주어진 입력의 가치를 평가한다는 내용이 언급되어야 한다.
▶ 주어진 글에는 벌에 대한 언급이 없으므로 바로 뒤에 (A)가 올 수 없음
(A) 뒤: 컴퓨터 알고리즘과 벌의 차이를 설명하며 글을 마무리하고 있으므로 마지막에 해당할 것이다.

(B): **이것(It)**은 일반적으로 입력에 가치를 부여하지 않는다. 예를 들어, 컴퓨터 알고리즘을, 먹이를 찾아다니는 벌이 벌집 안의 다른 벌들에게 그것이 위치를 찾아낸(꿀과 같은) 먹이의 출처에 대한 정보를 알려주는 수단인 꿀벌의 8자의 춤과 비교해 보라.

➡ **(B) 앞:** 입력에 가치를 부여하지 않는 '이것'이 언급되었을 것이다.
▶ '이것'은 주어진 글의 '컴퓨터 알고리즘'을 가리킴 (순서: 주어진 글 ➡ (B))
(B) 뒤: 컴퓨터 알고리즘과는 상반되는 꿀벌의 8자 춤에 관한 설명이 이어질 것이다.

(C): 그 **'춤'(The "dance")**, 즉 벌집에서의 일련의 양식화된 움직임은 벌들에게 먹이가 얼마나 멀리 있고 어느 방향으로 있는지 보여준다. 그러나 이 입력은 다른 벌들이 나가서 먹이를 찾도록 단순히 프로그래밍하는 것이 아니다. 오히려 그것들은 이 정보를 주변 환경에 대한 그들 자신의 지식과 비교하면서 정보를 평가한다.

➡ **(C) 앞:** '그 춤'이 가리키는 것이 언급되었을 것이다.
▶ (B)에서 꿀벌의 8자의 춤에 대해 언급함 (순서: 주어진 글 ➡ (B) ➡ (C))
(C) 뒤: 벌의 춤은 입력에 따라 단순히 프로그래밍되는 것이 아니라, 그 정보를 주변 환경이나 지식을 토대로 평가한다고 했으므로, 컴퓨터 알고리즘과 상반되는 내용으로 이를 부연 설명할 것이다. ▶ (A)에서 벌의 춤이 특정 결과를 규정하지 않는다는 설명이 이어짐 (순서: 주어진 글 ➡ (B) ➡ (C) ➡ (A))

2nd 글이 한눈에 들어오도록 정리하여 정답을 확인한다.

주어진 글: 컴퓨터 알고리즘은 입력을 처리해 출력을 생성하지만 의미나 생존을 목적으로 하지 않는다.
➡ **(B):** 그런 점에서 컴퓨터 알고리즘은 꿀벌의 8자의 춤과 비교될 수 있다.
➡ **(C):** 꿀벌의 춤은 먹이 정보를 제공하지만, 다른 벌들은 이를 평가해 스스로 판단한다.
➡ **(A):** 일부 벌들은 정보를 무가치하다고 판단해 이동하지 않으며, 내부상태에 따라 처리된다.

▶ 주어진 글 다음에 이어질 글의 순서는 (B) ➡ (C) ➡ (A)이므로 정답은 ③임

자이 쌤's Follow Me! — 홈페이지에서 제공

O 15 정답 ③ *발췌본으로 작품을 학습하는 것의 한계

> There is no doubt / **that** the length of some literary works / is overwhelming. //
> 　　　　　　　　동격절 접속사
> 의심의 여지가 없다 / 일부 문학 작품의 길이가 / 압도적이라는 데는 //
> Reading or translating a work / in class, / hour after hour, / week after week, / can be **such** a boring experience /
> 작품을 읽거나 번역하는 것은 / 수업 시간에 / 몇 시간 / 몇 주 동안 / 너무나 지루한 경험일 수 있어서 /
> 　　　　such ~ that S V: 너무 ~해서 …하다
> **that** many students never want to open / a foreign language book / again. // **단서 1** 수업 시간에 문학 작품을 읽거나 번역하는 것은 아주 지루한 경험임
> 많은 학생이 절대 펴고 싶어 하지 않는다 / 외국어 서적을 / 다시는 /

단서 2 짧은 발췌(발췌본)만으로는 일부 문학의 특징들이 충분히 설명되지 않음(문제점 ②)
> (A) Moreover, / there are some literary features / **that** cannot be adequately illustrated / by a short excerpt: /
> 　　　　　　　　　　　　　　　　　　　주격 관계대명사
> 게다가 / 문학적인 특징이 몇 가지 있다 / 충분히 설명될 수 없는 / 짧은 발췌로는 /
> the development of plot or character, / for instance, / with the gradual involvement of the reader / **that** this implies; /
> 　　　　　　　　　　　　　　　목적격 관계대명사
> 줄거리나 등장인물의 전개 / 예를 들면 / 독자의 점진적 몰입 / 이것이 내포하는 /
> or the unfolding of a complex theme / through the juxtaposition of contrasting views. //
> 또는 복잡한 주제의 전개 / 대조적인 관점의 병치를 통한 //

> (B) Extracts provide / one type of solution. //
> 발췌본은 제공한다 / 한 가지 해결책을 // **단서 3** 발췌본은 지루한 경험에 대한 해결책이 됨
> The advantages are obvious: / **reading a series of passages / from different works** / **produces** more variety in the classroom, /
> 　　　　　　　　　　　　　　　　단수 주어(동명사구)　　단수 동사
> 장점들은 분명하다 / 즉, 일련의 단락을 읽는 것은 / 다양한 작품에서 가져온 / 교실에서 더 많은 다양성을 만들어 낸다 /
> **so that** the teacher has a greater chance / of avoiding monotony, / while still giving **learners** **a taste at least of an author's special flavour.** //
> 　부사절 접속사(결과)　　　　　　　　　　　　　　　　giving의 간접목적어와 직접목적어
> 그래서 교사는 가능성이 더 크다 / 단조로움을 피할 / 여전히 학습자에게 주면서 / 최소한이라도 어떤 작가의 특별한 묘미를 //

> (C) On the other hand, / a student / **who** is only exposed to 'bite-sized chunks' / will never have the satisfaction / of knowing the overall pattern of a book, / **단서 4** 반면, 짧은 토막글(발췌본)만 접한 학생들은 책의 전반적인 구성을 아는 만족감을 얻지 못함(문제점 ①)
> 　　　　　　　　　　　　　　주격 관계대명사
> 반면에 / 학생은 / '짧은 토막글'만 접한 / 만족감을 결코 가질 수 없다 / 책의 전반적인 구성을 아는 /
> 계속적 용법의 주격 관계대명사　　　　　　　앞에 목적격 관계대명사 생략
> **which** is after all the satisfaction / **most of us seek** / when we read / something in our own language. //
> 그것은 결국 그 만족감이다 / 우리 대부분이 찾는 / 우리가 읽을 때 / 모국어로 된 어떤 글을 //

- doubt ⓝ 의심, 의혹　　• length ⓝ 길이　　• literary ⓐ 문학의
- overwhelming ⓐ 압도적인　　• translate ⓥ 번역하다
- foreign language 외국어　　• adequately ⓐⓓ 충분히
- illustrate ⓥ 설명하다, 예증하다　　• plot ⓝ 줄거리
- gradual ⓐ 점진적인　　• involvement ⓝ 몰입, 몰두
- imply ⓥ 내포하다　　• unfolding ⓝ 전개　　• complex ⓐ 복잡한
- contrasting ⓐ 대조적인, 대비되는　　• passage ⓝ 단락
- variety ⓝ 다양성　　• have a greater chance of ~할 가능성이 더 크다
- monotony ⓝ 단조로움　　• flavour ⓝ 묘미, 특징
- chunk ⓝ 토막, 덩어리　　• satisfaction ⓝ 만족감
- overall ⓐ 전반적인　　• pattern ⓝ 구성, 양식　　• seek ⓥ 찾다

일부 문학 작품의 길이가 압도적이라는 데는 의심의 여지가 없다. 수업 시간에 작품을 몇 시간, 몇 주 동안 읽거나 번역하는 것은 너무나 지루한 경험일 수 있어서 많은 학생이 다시는 외국어 서적을 절대 펴고 싶어 하지 않는다. (B) 발췌본은 한 가지 해결책을 제공한다. 장점들은 분명하다. 즉, 다양한 작품에서 가져온 일련의 단락을 읽는 것은 교실에서 더 많은 다양성을 만들어 내서 교사는 단조로움을 피할 가능성이 더 크면서도 여전히 최소한이라도 어떤 작가의 특별한 묘미를 학습자에게 맛보게

한다. (C) 반면에, '짧은 토막글'만 접한 학생은 책의 전반적인 구성을 아는 만족감을 결코 가질 수 없을 것이며, 결국 그 만족감은 모국어로 된 어떤 글을 읽을 때 우리 대부분이 찾고자 하는 것이다. (A) 게다가 짧은 발췌로는 충분히 설명될 수 없는 문학적인 특징이 몇 가지 있는데, 예를 들면 줄거리나 등장인물의 전개와 더불어 이것이 내포하는 독자의 점진적 몰입, 또는 대조적인 관점의 병치를 통해 복잡한 주제를 전개하는 것이다.

> **주어진 글 다음에 이어질 글의 순서로 가장 적절한 것을 고르시오.**
>
> ① (A) — (C) — (B) 주어진 글에는 발췌본에 대한 언급이 없음
> ② (B) — (A) — (C) 발췌본의 장점에 대해 설명하는 (B)에 Moreover(게다가)로 단점을 설명하는 (A)가 이어지는 것은 어색함
> ③ (B) — (C) — (A)
> ④ (C) — (A) — (B) 발췌본의 문제점을 설명하는 (C)나 (A)의 뒤에 발췌본이 해결책을 제공한다는 (B)가 오는 것은 어색함
> ⑤ (C) — (B) — (A)
> 긴 문학 작품은 학생들이 지루함을 느낄 수 있음 – (B) 발췌본은 이를 해결함 – (C) 하지만 발췌본을 통해서는 전반적인 구성을 아는 만족감을 결코 가질 수 없음 – (A) 또한, 발췌로는 설명될 수 없는 문학적인 특징이 있음

| 문제 풀이 순서 | ★★★ [정답률 31%]

1st 각 문단의 내용을 파악하고, 글의 논리적인 순서를 추론한다.

주어진 글: 일부 문학 작품의 길이가 압도적이라는 데는 의심의 여지가 없다. 수업 시간에 작품을 몇 시간, 몇 주 동안 읽거나 번역하는 것은 너무나 지루한 경험일 수 있어서 많은 학생이 다시는 외국어 서적을 절대 펴고 싶어 하지 않는다. [단서]

➡ **주어진 글 뒤:** 수업 시간에 모두 다루기에 길이가 긴 문학 작품을 어떻게 활용해야 하는지에 대한 해결책이 이어질 것이다. [발상]

(A): 게다가(Moreover) 짧은 발췌로는 충분히 설명될 수 없는 문학적인 특징이 몇 가지 있는데, 예를 들면 줄거리나 등장인물의 전개와 더불어 이것이 내포하는 독자의 점진적 몰입, 또는 대조적인 관점의 병치를 통해 복잡한 주제를 전개하는 것이다.

➡ **(A) 앞:** moreover는 앞에 언급된 것에 대해 새로운 정보를 더할 때 쓰는 연결어이다. (A) 앞에는 발췌본의 문제점이 와야 한다.
▶ 주어진 글에는 발췌본에 대한 언급이 없으므로 바로 뒤에 (A)가 올 수 없음

(A) 뒤: 길이가 압도적인 문학 작품 대신 발췌본을 활용할 수 있지만, 발췌본 또한 여러 문제점을 갖는다는 내용의 글일 것이다. ▶ (A)가 마지막에 올 확률이 높음

(B): 발췌본은 한 가지 해결책을 제공한다. 장점들은 분명하다. 즉, 다양한 작품에서 가져온 일련의 단락을 읽는 것은 교실에서 더 많은 다양성을 만들어 내서 교사는 단조로움을 피할 가능성이 더 크면서도 여전히 최소한이라도 어떤 작가의 특별한 묘미를 학습자에게 맛보게 한다.

➡ **(B) 앞:** 무언가에 대한 해결책으로 발췌본을 소개하고 있다. ▶ 주어진 글에서 설명한 길이가 긴 문학 작품에 대한 해결책일 것임 (순서: 주어진 글 → (B))

(B) 뒤: (A)에서는 발췌본의 또 다른 단점을 이야기하고 있으므로 해결책으로서 발췌본을 제시하고 있는 (B)의 뒤에 올 수 없다. (C)에서 반대 내용을 이어주는 연결어와 함께 첫 번째 단점을 언급할 것이고, (A)가 (C)의 뒤에 올 것이다.
▶ 순서: 주어진 글 → (B) → (C) → (A)

(C): 반면에(On the other hand), '짧은 토막글'만 접한 학생은 책의 전반적인 구성을 아는 만족감을 결코 가질 수 없을 것이며, 결국 그 만족감은 모국어로 된 어떤 글을 읽을 때 우리 대부분이 찾고자 하는 것이다.

➡ **(C) 앞:** 발췌본의 장점을 설명하는 (B)가 (C) 앞에 와서 역접의 연결어로 두 내용이 이어져야 한다.
(C) 뒤: 발췌본의 또 다른 단점을 설명하는 (A)가 와야 한다.
▶ 순서: 주어진 글 → (B) → (C) → (A)

2nd 글이 한눈에 들어오도록 정리하여 정답을 확인한다.

주어진 글: 일부 문학 작품의 길이가 매우 길어 학생들은 지루함을 느낀다.
→ **(B):** 발췌본은 한 가지 해결책을 제공하는데, 단조로움을 피하면서 작가의 특별한 묘미를 맛보게 한다.
→ **(C):** 반면에, 발췌본은 책의 전반적인 구성을 아는 만족감을 가질 수 없다.
→ **(A):** 게다가 발췌본을 통해서는 문학적인 특징을 알 수 없다.
▶ 주어진 글 다음에 이어질 글의 순서는 (B) → (C) → (A)이므로 정답은 ③임

◯ 16 정답 ② *종의 크기 변화 요인

> <u>단수 주어</u> <u>단수 동사</u>
> <u>The size</u> of a species / <u>is</u> not accidental. //
> 종의 크기는 / 우연한 것이 아니다 //
>
> It's a fine-tuned interaction / between a species and the world
> = a species
> **it** inhabits. //   단서 1 동물은 환경의 영향으로 인해 그 크기가 변화함
> 그것은 미세 조정된 상호 작용이다 / 한 종과 그것이 서식하는 세계 사이의 //
>
> Over large periods of time, / size fluctuations have often signalled significant changes / in the environment. //
> 오랜 시간에 걸쳐 / 크기의 변동은 종종 상당한 변화를 나타내 왔다 / 환경에서의 //

(A) But we are beginning to see changes / in this trend. //
하지만 우리는 변화를 관찰하기 시작하고 있다 / 이 경향에서 //
단서 2 반대로 작아지고 있음
Scientists have discovered / that many animals are shrinking. //
과학자들은 발견해 왔다 / 많은 동물이 작아지고 있다는 것을 //
현재완료수동태
Around the world, / species in every category **have been found** / to be getting smaller, / **and** one major cause appears to be the heat. //
절과 절을 잇는 등위접속사
전 세계적으로 / 모든 범주의 종들이 발견되어 왔고 / 점점 작아지고 있는 것으로 / 한 가지 주요 원인은 열인 것으로 보인다 //
단서 3 과거에 동물들은 커지는 쪽으로 진화함
(B) Generally speaking, / over the last five hundred million years, / the trend has been towards animals getting larger. //
일반적으로 말해서 / 지난 5억 년 동안 / 그 경향은 동물들이 점점 커지는 쪽으로 되어 왔다 //
= marine animals'
It's particularly notable in marine animals, / **whose** average body size has increased 150-fold / in this time. //
그것은 특히 해양 동물들에게서 두드러지는데 / 그들의 평균 몸 크기는 150배로 증가해 왔다 / 이 시기에 //
Animals를 수식하는 현재분사구
(C) Animals **living in the Italian Alps**, / for example, / have seen **temperatures rise** / by three to four degrees Celsius / since the 1980s.
have seen의 목적어와 목적격 보어 (원형부정사)
이탈리아 알프스에 살고 있는 동물들은 / 예를 들어 / 기온이 상승하는 것을 보아 왔다 / 섭씨 3에서 4도까지 / 1980년대 이후로 //
spend+시간+-ing: ~하는 데 시간을 쓰다
To avoid overheating, / chamois goats now **spend** more of their days **resting** / rather than **searching** for food, /
과열을 피하기 위해서 / 샤모아들은 이제 휴식을 취하는 데 더 많은 그들의 날들을 보내고 / 먹이를 찾는 것보다 /
and as a result, / in just a few decades, / the new generations of chamois are 25 percent smaller. // 단서 4 열로 인해 작아진 동물의 사례
결과적으로 / 단지 몇십 년 만에 / 새로운 세대들의 샤모아는 25퍼센트 더 작아져 있다 //

- **accidental** ⓐ 우연한
- **inhabit** ⓥ 서식하다
- **fluctuation** ⓝ 변화
- **shrink** ⓥ 줄어들다
- **notable** ⓐ 두드러지는
- **overheat** ⓥ 과열되다
- **chamois** ⓝ ((영양((羚羊))류)) 샤모아

종의 크기는 우연한 것이 아니다. 그것은 한 종과 그것이 서식하는 세계 사이의 미세 조정된 상호 작용이다. 오랜 시간에 걸쳐, 크기의 변동은 종종 환경에서의 상당한 변화를 나타내 왔다. (B) 일반적으로 말해서, 지난 5억 년 동안, 그 경향은 동물들이 점점 커지는 쪽으로 되어 왔다. 그것은 특히 해양 동물들에게서 두드러지는데, 그들의 평균 몸 크기는 이 시기에 150배로 증가해 왔다. (A) 하지만 우리는 이 경향에서 변화를 관찰하기 시작하고 있다. 과학자들은 많은 동물이 작아지고 있다는 것을 발견해 왔다. 전 세계적으로, 모든 범주의 종들이 점점 작아지고 있는 것으로 발견되어 왔고, 한 가지 주요 원인은 열인 것으로 보인다. (C) 예를 들어, 이탈리아 알프스에 살고 있는 동물들은 1980년대 이후로 기온이 섭씨 3에서 4도까지 상승하는 것을 보아 왔다. 과열을 피하기 위해서, 샤모아들은 이제 먹이를 찾는 것보다 휴식을 취하는 데 더 많은 그들의 날들을 보내고, 결과적으로, 단지 몇십 년 만에, 새로운 세대들의 샤모아는 25퍼센트 더 작아져 있다.

| 문제 풀이 순서 | ✿✿✿ [정답률 68%]

1st 각 문단의 내용을 파악하고, 글의 논리적인 순서를 추론한다.

주어진 글: 종의 크기는 우연한 것이 아니다. 그것은 한 종과 그것이 서식하는 세계 사이의 미세 조정된 상호 작용이다. 오랜 시간에 걸쳐, 크기의 변동은 종종 환경에서의 상당한 변화를 나타내 왔다.

➡ **주어진 글 뒤:** 환경의 영향으로 종들의 크기가 변화한 내용이 이어질 것이다.

(A): 하지만(But) 우리는 이 경향(this trend)에서 변화를 관찰하기 시작하고 있다. 과학자들은 많은 동물이 작아지고 있다는 것을 발견해 왔다. 전 세계적으로, 모든 범주의 종들이 점점 작아지고 있는 것으로 발견되어 왔고, 한 가지 주요 원인은 열인 것으로 보인다.

➡ **(A) 앞:** '하지만'으로 이어지는 내용에서 '이 경향'에서의 변화로 동물들이 작아지고 있다고 했으므로 앞에는 동물들이 커지는 쪽으로 진화한 내용이 와야 한다.
  ▶ 주어진 글 바로 뒤에 (A)가 올 수 없음
  (A) 뒤: 동물들이 작아지는 구체적인 사례가 이어질 것이다.

(B): 일반적으로 말해서, 지난 5억 년 동안, 그 경향은 동물들이 점점 커지는 쪽으로 되어 왔다. 그것은 특히 해양 동물들에게서 두드러지는데, 그들의 평균 몸 크기는 이 시기에 150배로 증가해 왔다.

➡ **(B) 앞:** 동물들의 몸 크기가 커지는 쪽으로 변화했다고 설명하는데, 이는 주어진 글에 대한 설명이므로 (B) 앞에 주어진 글이 와야 한다. ▶ 순서: 주어진 글 → (B)
  (B) 뒤: 몸 크기가 많이 커졌다는 내용을 '이 경향'으로 받는 (A)가 뒤에 와야 한다.
  ▶ 순서: 주어진 글 → (B) → (A)

(C): 예를 들어(for example), 이탈리아 알프스에 살고 있는 동물들은 1980년대 이후로 기온이 섭씨 3에서 4도까지 상승하는 것을 보아 왔다. 과열을 피하기 위해서 ~ 단지 몇십 년 만에, 새로운 세대들의 샤모아는 25 퍼센트 더 작아져 있다.

➡ **(C) 앞:** for example(예를 들어)로 들고 있는 예시는 동물들이 작아지고 있다는 내용이다. ▶ 순서: 주어진 글 → (B) → (A) → (C)

2nd 글이 한눈에 들어오도록 정리하여 정답을 확인한다.

주어진 글: 종의 크기는 서식하는 환경에 의해 변화해왔다.
→ **(B):** 지난 5억 년 동안 동물의 크기는 커졌는데, 특히 해양 동물에서 그 사례를 찾을 수 있다.
→ **(A):** 몸이 작아지는 방향으로 경향이 변화해왔고, 그 주요 원인은 열로 추정된다.
→ **(C):** 그 예로 온도가 상승함에 따라 샤모아의 크기가 작아졌다.
▶ 주어진 글 다음에 이어질 글의 순서는 (B) → (A) → (C)이므로 정답은 ②임

O 17 정답 ③ *토착종인 황금 두꺼비의 멸종

Species / that are found in only one area / **are called** endemic species / and are especially **vulnerable to** extinction. //
종들은 / 오직 한 지역에서만 발견되는 / 토착종이라고 불린다 / 그리고 특히 멸종에 취약하다 //

단서 1 But과 함께 황금 두꺼비의 서식지가 습기가 제거된 이유가 이어짐
(A) But warmer air from global climate change / caused **these** clouds to rise, / **depriving the forests of moisture,** /
하지만 세계적 기후 변화로 인한 더 따뜻한 공기가 / 이러한 구름들을 상승하게 했고 / 숲에서 습기를 제거하였으며 /

and **the habitat** / for the golden toad and many other species / **dried** up. //
서식지가 / 황금 두꺼비와 많은 다른 종들의 / 완전히 말라 버렸다 //

The golden toad appears to be one / of the first victims of climate change / **caused largely by global warming.** //
황금 두꺼비는 하나인 것 같다 / 기후 변화의 첫 희생양들 중 / 주로 지구 온난화로 인한 //

단서 2 주어진 글의 토착종을 가리킴
(B) They exist on islands and in other unique small areas, / especially in tropical rain forests / **where** most species are highly specialized. //
그것들은 섬들과 다른 독특한 작은 지역에 산다 / 특히 열대 우림에 / 대부분의 종이 매우 특화된 //

단서 3 '황금 두꺼비'가 처음 제시됨
One example is the brilliantly colored golden toad / **once found** / **only in a small area of lush rain forests** / in Costa Rica's mountainous region. //
한 가지 예는 번쩍이는 색깔의 황금 두꺼비이다 / 한 때 발견되었던 / 무성한 열대 우림의 작은 지역에서만 / 코스타리카의 산악 지역에 있는 //

(C) Despite living in the country's well-protected Monteverde Cloud Forest Reserve, / by 1989, / the golden toad **had** apparently **become** extinct. //
그 나라의 잘 보존된 Monteverde Cloud Forest Reserve에서 살았음에도 불구하고 / 1989년쯤 / 황금 두꺼비는 외관상으로 멸종하였다 //

Much of the moisture / **that** supported its rain forest habitat / **came** in the form of moisture-laden clouds / **blowing in from the Caribbean Sea.** // 단서 4 황금 두꺼비가 멸종된 이유를 설명하기 시작함
습기의 많은 부분은 / 그것의 열대 우림 서식지를 지탱해 준 / 습기를 실은 구름의 형태에서 왔다 / 카리브해에서 불어 들어오는 //

- endemic species 고유종, 토착종   • extinction ⓝ 멸종
- deprive ⓥ 빼앗다   • moisture ⓝ 수분, 습기   • habitat ⓝ 서식지
- tropical ⓐ 열대 지방의   • brilliantly ⓪ 눈부시게
- mountainous ⓐ 산악의   • extinct ⓐ 멸종된
- moisture-laden 물기를 포함한, 습기 찬

오직 한 지역에서만 발견되는 종들은 토착종이라고 불리고 특히 멸종에 취약하다. (B) 그것들은 섬들과 특히 대부분의 종이 매우 특화된 열대 우림인 다른 독특한 작은 지역에 산다. 한 가지 예는 코스타리카의 산악 지역에 있는 무성한 열대 우림의 작은 지역에서만 한 때 발견되었던 번쩍이는 색깔의 황금 두꺼비이다. (C) 그 나라의 잘 보존된 Monteverde Cloud Forest Reserve에서 살았음에도 불구하고, 1989년쯤, 황금 두꺼비는 외관상으로 멸종하였다. 그것의 열대 우림 서식지를 지탱해 준 습기의 많은 부분은 카리브해에서 불어 들어오는 습기를 실은 구름의 형태에서 왔다. (A) 하지만 세계적 기후 변화로 인한 더 따뜻한 공기가 이러한 구름들을 상승하게 했고, 숲에서 습기를 제거하였으며, 황금 두꺼비와 많은 다른 종들의 서식지가 완전히 말라 버렸다. 황금 두꺼비는 주로 지구 온난화로 인한 기후 변화의 첫 희생양들 중 하나인 것 같다.

| 문제 풀이 순서 | ✿✿✿ [정답률 62%]

1st 각 문단의 내용을 파악하고, 글의 논리적인 순서를 추론한다.

주어진 글: 오직 한 지역에서만 발견되는 종들은 토착종이라고 불리고 특히 멸종에 취약하다.

➡ **주어진 글 뒤:** 토착종의 정의와 대표적인 특징을 설명했으므로 이에 대한 예시가 이어질 것이다.

(A): 하지만(But) 세계적 기후 변화로 인한 더 따뜻한 공기가 이러한 구름들을 상승하게 했고, 숲에서 습기를 제거하였으며, 황금 두꺼비와 많은 다른 종들의 서식지가 완전히 말라 버렸다. 황금 두꺼비는 주로 지구 온난화로 인한 기후 변화의 첫 희생양들 중 하나인 것 같다.

→ (A) 앞: 연결어 'But'을 기준으로 앞뒤 내용이 상반되어야 한다.
▶ 주어진 글에는 황금 두꺼비에 대한 언급이 없으므로 주어진 글 바로 뒤에 (A)가 올 수 없음
(A) 뒤: 황금 두꺼비가 지구 온난화로 인해 멸종됐다는 글의 마무리 부분에 해당하므로 (A)가 마지막일 것이다.

(B): 그것들(They)은 섬들과 특히 대부분의 종이 매우 특화된 열대 우림인 다른 독특한 작은 지역에 산다. 한가지 예는 코스타리카의 산악 지역에 있는 무성한 열대 우림의 작은 지역에서만 한 때 발견되었던 번쩍이는 색깔의 황금 두꺼비이다.

→ (B) 앞: They의 예시로 황금 두꺼비를 들고 있다.
▶ They는 주어진 글의 토착종을 가리킴 (순서: 주어진 글 → (B))
(B) 뒤: 황금 두꺼비가 멸종에 취약하다는 내용이 이어질 것이다.

(C): 그 나라의 잘 보존된 Monteverde Cloud Forest Reserve에서 살았음에도 불구하고, 1989년쯤, 황금 두꺼비는 외관상으로 멸종하였다. 그것의 열대 우림 서식지를 지탱해 준 습기의 많은 부분은 카리브해에서 불어 들어오는 습기를 실은 구름의 형태에서 왔다.

→ (C) 앞: (B)의 '코스타리카'가 '그 나라'이며, (B)에서 처음 제시된 황금 두꺼비의 멸종 과정을 설명한다.
▶ (B) 뒤에 (C)가 이어져야 함 (순서: 주어진 글 → (B) → (C))
(C) 뒤: 멸종의 원인을 설명하기 위해 먼저 서식지의 배경이 제시되었으므로, 멸종의 과정과 결과가 이어져야 한다. (A)의 '그러나'가 (C)의 서식지 배경, 즉 습기를 실은 구름이 지구 온난화로 상승되어 제거된 경위를 설명한다.
▶ 순서: 주어진 글 → (B) → (C) → (A)

2nd 글이 한눈에 들어오도록 정리하여 정답을 확인한다.

주어진 글: 토착종은 멸종에 취약하다.
→ (B): 코스타리카 황금 두꺼비가 예시가 될 수 있는데, 그들은 열대 우림에 살았다.
→ (C): 황금 두꺼비의 열대 우림 서식지에 필요한 습기는 구름의 형태로 왔다.
→ (A): 지구 온난화가 그 구름을 상승시켜 서식지가 말라 버렸고, 황금 두꺼비는 멸종했다.
▶ 주어진 글 다음에 이어질 글의 순서는 (B) → (C) → (A)이므로 정답은 ③임

○ 18 정답 ④ ＊유대관계의 정도와 정보 습득량의 상관관계

Mark Granovetter examined the extent / to which information about jobs / flowed through weak versus strong ties / among a group of people. //
Mark Granovetter는 정도를 조사했다 / 직업에 대한 정보의 / 약한 유대관계 대 강한 유대관계를 통해 유입되는 / 한 무리의 사람들 사이에서 //

단서 1 This는 (C)의 마지막 문장을 가리킴
(A) This means / that they might have information / that is most relevant to us, / but it also means / that it is information / to which we may already be exposed. //
이것은 의미한다 / 그들이 정보를 가지고 있을지 모른다는 것을 / 우리와 가장 관련 있는 / 하지만 또한 이는 의미한다 / 그것이 정보라는 것을 / 우리가 이미 접하고 있을지도 모르는 //

In contrast, / our weaker relationships are often with people / who are more distant / both geographically and demographically. //
단서 2 앞에서는 강한 인간관계를 설명했고, 이 문장 뒤부터는 약한 인간관계를 설명할 것임
대조적으로 / 우리의 더 약한 인간관계는 종종 사람들을 상대로 한다 / 더 먼 / 지리적으로나 인구통계학적으로나 둘 다 //

(B) Their information is more novel. //
그들의 정보는 더 새롭다 // 단서 3 Their는 약한 인간관계를 맺는 사람들을 가리킴

Even though we talk to these people / less frequently, /
우리가 이러한 사람들과 말은 하지만 / 덜 빈번하게 /
we have so many weak ties / that they end up being a sizable source of information, / especially of information / to which we don't otherwise have access. //
우리는 매우 많은 약한 유대관계를 가지고 있어서 / 결국 그것이 정보의 엄청난 원천이 된다 / 특히 정보의 / 우리가 그렇지 않다면 접근하지 못하는 //

(C) He found / that only a sixth of jobs / that came via the network / were from strong ties, /
단서 4 He는 Mark Granovetter를 가리키고, 그가 조사를 통해 발견한 사실을 소개함
그는 발견했다 / 직업의 6분의 1만이 / 관계망을 통해 오는 / 강한 유대관계로부터 오며 /
with the rest coming via medium or weak ties; / and with more than a quarter coming via weak ties. //
나머지는 중간이나 약한 유대관계를 통해 오고 / 4분의 1이상이 약한 유대관계로부터 온다는 것을 //

Strong ties / can be more homophilistic. //
강한 유대관계는 / 더 동족친화적일 수 있다 //

Our closest friends are often those / who are most like us. //
우리의 가장 친한 친구들은 종종 사람들이다 / 우리와 가장 비슷한 //

・ examine Ⓥ 조사하다 ・ versus prep ～ 대(對), ～에 비해
・ tie Ⓝ 유대관계 ・ relevant ⓐ 관련 있는 ・ expose Ⓥ 노출시키다
・ geographically ⓐⓓ 지리적으로 ・ novel ⓐ 새로운, 참신한
・ frequently ⓐⓓ 빈번하게, 자주 ・ sizable ⓐ 규모가 상당한, 엄청난
・ via prep ～을 통해 ・ medium Ⓝ 중간, 보통

Mark Granovetter는 한 무리의 사람들 사이에서 약한 유대관계 대 강한 유대관계를 통해 유입되는 직업에 대한 정보의 정도를 조사했다. (C) 그는 관계망을 통해 오는 직업의 6분의 1만이 강한 유대관계로부터 오며 나머지는 중간이나 약한 유대관계를 통해 오고 4분의 1이상이 약한 유대관계로부터 온다는 것을 발견했다. 강한 유대관계는 더 동족친화적일 수 있다. 우리의 가장 친한 친구들은 종종 우리와 가장 비슷한 사람들이다. (A) 이것은 그들이 우리와 가장 관련 있는 정보를 가지고 있을지 모른다는 것을 의미하지만 또한 이는 그것이 우리가 이미 접하고 있을지도 모르는 정보라는 것을 의미한다. 대조적으로, 우리의 더 약한 인간관계는 종종 지리적으로나 인구통계학적으로나 둘 다 더 먼 사람들을 상대로 한다. (B) 그들의 정보는 더 새롭다. 우리가 이러한 사람들과 덜 빈번하게 말은 하지만, 우리는 매우 많은 약한 유대관계를 가지고 있어서 결국 그것이 정보, 특히 우리가 그렇지 않다면 접근하지 못하는 정보의 엄청난 원천이 된다.

주어진 글 다음에 이어질 글의 순서로 가장 적절한 것을 고르시오.
① (A) — (C) — (B)
② (B) — (A) — (C) (C)에서 Mark Granovetter의 조사 결과를 설명하며 강한 유대관계를 맺는 사람들의 특징을 나열하기 시작하므로, (C)가 가장 먼저 와야 함
③ (B) — (C) — (A) (C) 강한 유대관계로부터 얻는 정보가 약한 유대관계로부터 얻는 정보보다 적음 - (A) 강한 유대관계를 맺는 사람들은 우리와 비슷해 우리가 아는 정보를 갖고 있음
④ (C) — (A) — (B) - (B) 약한 유대관계를 맺는 사람들은 새로운 정보를 갖고 있음
⑤ (C) — (B) — (A) (A)의 중간에서 '대조적으로'라는 말을 통해 약한 유대관계를 맺는 사람들에 대한 설명을 시작하고 있으므로, (B)가 (A)의 뒤에 나와야 함

| 문제 풀이 순서 | ✹✹✧ [정답률 65%]

1st 각 문단의 내용을 파악하고, 글의 논리적인 순서를 추론한다.

주어진 글: Mark Granovetter는 한 무리의 사람들 사이에서 약한 유대관계 대 강한 유대관계를 통해 유입되는 직업에 대한 정보의 정도를 조사했다. 단서

→ 주어진 글 뒤: 약한 유대관계와 강한 유대관계를 통해 유입되는 정보의 정도가 각각 제시될 것이다. 발상

(A): 이것은 그들(they)이 우리와 가장 관련 있는 정보를 가지고 있을지 모른다는 것을 의미하지만 또한 이는 그것이 우리가 이미 접하고 있을지도 모르는 정보라는 것을 의미한다. 대조적으로(In contrast), 우리의 더 약한 인간관계는 종종 지리적으로나 인구통계학적으로나 둘 다 더 먼 사람들을 상대로 한다.

(A) 앞: In contrast는 앞에서 언급된 내용과 반대되는 내용을 말할 때 쓰는 연결어이다. 더 약한 인간관계에 관한 내용이 In contrast로 이어졌으므로 they는 더 강한 인간관계를 맺는 사람들을 지칭할 것이다.

▶ (A) 앞에는 강한 인간관계의 사람들이 언급되어야 함

(A) 뒤: 더 약한 인간관계의 사람들이 주는 정보의 정도는 어떤지 세부적인 내용이 이어질 것이다.

(B): 그들의(Their) 정보는 더 새롭다. 우리가 이러한 사람들과 덜 빈번하게 말은 하지만, 우리는 매우 많은 약한 유대관계를 가지고 있어서 결국 그것이 정보, 특히 우리가 그렇지 않다면 접근하지 못하는 정보의 엄청난 원천이 된다.

➡ **(B) 앞:** 약한 유대관계를 가지고 있는 사람들은 (A)에서 언급된 지리적으로나 인구통계학적으로나 더 먼 사람들을 말하므로 (A)가 (B) 앞에 와야 한다.

▶ Their가 지칭하는 사람들은 약한 인간관계의 사람들임 (순서: (A) → (B))

(B) 뒤: 강한 인간관계의 사람에 관한 내용이 온 뒤, 대조적인 약한 인간관계의 사람에 관한 내용이 나오는 흐름이므로 약한 인간관계에 관해 말한 (B)가 글의 결론일 것이다.

(C): 그(He)는 관계망을 통해 오는 직업의 6분의 1만이 강한 유대관계로부터 오며 나머지는 중간이나 약한 유대관계를 통해 오고 4분의 1이상이 약한 유대관계로부터 온다는 것을 발견했다. 강한 유대관계는 더 동족친화적일 수 있다. 우리의 가장 친한 친구들은 종종 우리와 가장 비슷한 사람들이다.

➡ **(C) 앞:** He는 주어진 글에서 언급된 Mark Granovetter인데, 주어진 글에서 예상했던 대로 약한 유대관계와 강한 유대관계를 통한 정보가 각각 어느 정도인지를 말하고 있으므로 (C) 앞에 주어진 글이 와야 한다.

▶ 순서: 주어진 글 → (C)

(C) 뒤: 강한 유대관계에 있는 사람들에 관한 내용이 시작되고 있으므로, 이들을 they로 지칭하여 세부 내용을 이어가는 (A)가 뒤에 이어져야 한다.

▶ 순서: 주어진 글 → (C) → (A) → (B)

2nd 글이 한눈에 들어오도록 정리하여 정답을 확인한다.

주어진 글: Mark Granovetter는 약한 유대관계와 강한 유대관계를 통한 정보의 정도를 조사했다.

➡ **(C):** 약한 유대관계로부터 얻는 정보의 양이 더 많은데, 강한 유대관계를 맺는 사람은 우리와 비슷한 사람이다.

➡ **(A):** 우리와 비슷한 사람이라는 것은 우리가 이미 접한 정보를 가졌을 확률이 높다는 것을 의미한다.

➡ **(B):** 약한 유대관계를 맺는 사람은 우리가 접근하지 못하는 정보를 가지고 있어서 그들의 정보는 더 새롭다.

▶ 주어진 글 다음에 이어질 글의 순서는 (C) → (A) → (B)이므로 정답은 ④임

어법 특강

＊ 전치사+관계대명사

- 관계부사는 「전치사 + 관계대명사」로 나타낼 수 있다. 관계부사와 마찬가지로 「전치사 + 관계대명사」도 관계사절 내에서 주어나 목적어 등 필수 성분이 아니라 부사의 역할을 하므로 완전한 절을 이끈다.
  - 관계부사 where: in/at/to/on+which
  - 관계부사 when: at/in/on/during+which
  - 관계부사 why: for which
  - 관계부사 how: in which
- They conducted a study in which people were asked to remember a terrible sin from their past.
  「전치사+관계대명사」(= where)
  (그들은 그들의 과거로부터 끔찍한 죄를 기억할 것을 사람들이 요청받았던 연구를 행했다.)
- The moment during which you read that sentence is no longer happening.
  「전치사+관계대명사」(= when)
  (여러분이 저 문장을 읽었던 그 순간은 더 이상 일어나지 않고 있다.)

O 19 정답 ④ ＊환경에 의해 정교해지는 인간의 뇌

> 가정법 과거 / 주격 관계대명사
> If DNA **were** the only thing / **that** mattered, /
> 만약 DNA가 유일한 것이라면 / 중요한 / **단서 1** DNA만이 중요했다면 경험은 중요하지 않았을 것임
> there **would be** no particular reason / **to build** meaningful
> 형용사적 용법
> social programs / **to pour** good experiences into children /
> and **protect** them from bad experiences. //
> 특별한 이유가 없을 것이다 / 의미 있는 사회 프로그램을 만들 / 아이들에게 좋은 경험을 부어주고 / 그들을 해로운 경험으로부터 보호하는 //

단서 2 인간의 유전자가 2만 개밖에 되지 않는다는 것이 놀라움으로 다가옴

(A) This number came as a surprise / to biologists: / **given** the '～을 고려했을 때'
complexity of the brain and the body, / **it** had been assumed /
진주어절 접속사 / 가주어
that hundreds of thousands of genes would be required. //
이 숫자는 놀라움으로 다가왔다 / 생물학자들에게 / 뇌와 신체의 복잡성을 고려했을 때 / 추정되어 왔다 / 수십만 개의 유전자가 필요할 것이라고 //

(B) So / how does the massively complicated brain, / with its
eighty-six billion neurons, / **get built** / from such a small recipe
book? // 수동태 동사   **단서 3** 2만 개밖에 안 되는 인간의 유전자를 가리킴
그러면 / 어떻게 극도로 복잡한 뇌 / 860억 개의 뉴런을 가지고 있는 / 만들어질 수 있었을까 / 그렇게 작은 요리책으로부터 //
과거분사구(a clever strategy 수식)
The answer relies on a clever strategy / **implemented by the genome:** / **build** incompletely / and **let** world experience
refine. // 병렬 구조
그 해답은 한 영리한 전략에 있다 / 게놈에 의해 실행된 / 불완전하게 만들고 / 세상 경험이 정교하게 다듬게 하라 //

'의도'를 나타내는 be to-v 용법
(C) But brains require the right kind of environment / if they **are**
to correctly **develop.** // **단서 4** 뇌는 적절한 환경을 필요로 함
하지만 뇌는 적절한 종류의 환경을 필요로 한다 / 그것이 바르게 발달하려면 //
When the first draft of the Human Genome Project came to
completion / at the turn of the millennium, /
Human Genome Project의 첫 번째 초안이 완성되었을 때 / 새천년에 들어 /
one of the great surprises was / **that** humans have only about
twenty thousand genes. // 주격 보어절 접속사
가장 큰 놀라움 중 하나는 ～였다 / 인간이 대략 2만 개의 유전자만 갖고 있다는 것 //

- matter ⓥ 중요하다   · particular ⓐ 특별한
- come as a surprise 놀라움으로 다가오다   · biologist ⓝ 생물학자
- complexity ⓝ 복잡성   · assume ⓥ 추정하다   · gene ⓝ 유전자
- massively ⓐⓓ 극도로   · complicated ⓐ 복잡한
- neuron ⓝ ((신경계 단위)) 뉴런   · implement ⓥ 실행하다
- genome ⓝ ((유전자 총체)) 게놈   · incompletely ⓐⓓ 불완전하게
- refine ⓥ 정교하게 만들다   · correctly ⓐⓓ 바르게
- develop ⓥ 발달하다   · draft ⓝ 초안, 밑그림
- completion ⓝ 완성, 완료   · millennium ⓝ 천년

만약 DNA가 유일하게 중요한 것이라면, 아이들에게 좋은 경험을 부어주고 그들을 해로운 경험으로부터 보호하는 의미 있는 사회 프로그램을 만들 특별한 이유가 없을 것이다. (C) 하지만 뇌가 바르게 발달하려면 그것은 적절한 종류의 환경을 필요로 한다. Human Genome Project의 첫 번째 초안이 새천년에 들어 완성되었을 때, 가장 큰 놀라움 중 하나는 인간이 대략 2만 개의 유전자만 갖고 있다는 것이었다. (A) 이 숫자는 생물학자들에게 놀라움으로 다가왔다. 이는 뇌와 신체의 복잡성을 고려했을 때, 수십만 개의 유전자가 필요할 것이라고 추정되어 왔기 때문이다. (B) 그러면 860억 개의 뉴런을 가지고 있는 극도로 복잡한 뇌가 어떻게 그렇게 작은 요리책으로부터 만들어질 수 있었을까? 그 해답은 게놈에 의해 실행된 한 영리한 전략에 있다. 불완전하게 만들고 세상 경험이 정교하게 다듬게 하라.

주어진 글 다음에 이어질 글의 순서로 가장 적절한 것을 고르시오.

① (A) — (C) — (B) 주어진 글에는 (A)의 This number가 지칭할 숫자가 없음
② (B) — (A) — (C) 주어진 글에는 (B)의 such a small recipe book이 지칭할 수 있는 대상이
③ (B) — (C) — (A) 없음
　　　　　　　　　　(C) 인간은 2만 개의 유전자만 갖고 있음 – (A) 그 숫자는 생물학자들을 놀라게
④ (C) — (A) — (B) 함 – (B) 복잡한 뇌가 적은 숫자의 유전자로 만들어질 수 있었던 것은 환경
　　　　　　　　　　덕분임
⑤ (C) — (B) — (A) (B)는 글의 결론에 해당함

| 문제 풀이 순서 | ✽✽✾ [정답률 61%]

1st 각 문단의 내용을 파악하고, 글의 논리적인 순서를 추론한다.

주어진 글: 만약 DNA가 유일하게 중요한 것이라면, 아이들에게 좋은 경험을 부여주고 그들을 해로운 경험으로부터 보호하는 의미 있는 사회 프로그램을 만들 특별한 이유가 없을 것이다.

➡ **주어진 글 뒤:** If로 가정한 내용이 사실 그렇지 않다며 원래 하고자 하는 내용을 전할 것이다. ▶ DNA도 중요하지만, 유일한 것은 아니라는 흐름으로 전개될 것임

(A): 이 숫자(This number)는 생물학자들에게 놀라움으로 다가왔다. 이는 뇌와 신체의 복잡성을 고려했을 때, 수십만 개의 유전자가 필요할 것이라고 추정되어 왔기 때문이다.

➡ **(A) 앞:** 생물학자들은 복잡성을 고려했을 때 수십만 개의 유전자를 예상했지만, 이 숫자(This number)는 놀라웠다고 했으므로 훨씬 더 적은 유전자의 수가 (A) 앞에 언급되어야 한다. ▶ 주어진 글에는 어떤 숫자도 언급되지 않음
(A) 뒤: 예상보다 적은 유전자의 영향이나 그에 관해 의문점을 제기하는 내용이 이어질 것이다.

(B): 그러면 860억 개의 뉴런을 가지고 있는 극도로 복잡한 뇌가 어떻게 그렇게 작은 요리책으로부터 만들어질 수 있었을까? 그 해답은 게놈에 의해 실행된 한 영리한 전략에 있다. 불완전하게 만들고 세상 경험이 정교하게 다듬게 하라.

➡ **(B) 앞:** '그렇게 작은 요리책'은 (A)에서 언급된 '이 숫자'의 유전자이므로 (B) 앞에 (A)가 와야 한다. ▶ 순서: (A) → (B)
(B) 뒤: 뇌는 예상보다 적은 수의 유전자로 불완전하게 만들어졌지만, 세상 경험으로 정교하게 다듬으라고 하면서 질문에 대한 답을 하며 마무리하고 있으므로 (B)가 마지막에 올 것이다.
　▶ 주어진 글에서 말한 DNA 외에도 중요한 것이 바로 '세상 경험'임

(C): 하지만(But) 뇌가 바르게 발달하려면 그것은 적절한 종류의 환경을 필요로 한다. Human Genome Project의 첫 번째 초안이 새천년에 들어 완성되었을 때, 가장 큰 놀라움 중 하나는 인간이 대략 2만 개의 유전자만 갖고 있다는 것이었다.

➡ **(C) 앞:** 적절한 환경이 필요하다는 내용이 역접의 연결어 But으로 연결됐으므로, 주어진 글이 (C) 바로 앞에 올 것이다. ▶ 순서: 주어진 글 → (C)
(C) 뒤: (C)의 '2만 개'가 바로 (A)의 '이 숫자'이므로 (C) 뒤에 (A)가 이어지는 것이 적절하다. 2만 개의 유전자'만' 갖고 있어서 놀랐다고 했으므로, 수십만 개의 유전자가 필요할 것으로 추정했다는 흐름 역시 자연스럽다.
　▶ 순서: 주어진 글 → (C) → (A) → (B)

2nd 글이 한눈에 들어오도록 정리하여 정답을 확인한다.

주어진 글: DNA만 유일하게 중요하다면, 의미 있는 사회 프로그램을 만들 이유가 없을 것이다.

➡ **(C):** 뇌가 발달하려면 적절한 종류의 환경이 필요한데, 인간은 대략 2만 개의 유전자만 갖고 있다.

➡ **(A):** 생물학자들은 뇌와 신체가 복잡하기 때문에 수십만 개의 유전자가 필요할 것으로 추정해 왔다.

➡ **(B):** 860억 개의 뉴런을 가진 복잡한 뇌가 단지 2만 개의 유전자로 만들어진 이유는 게놈의 '불완전하게 만들고 세상 경험이 정교하게 다듬게 하라'는 전략이다.

▶ 주어진 글 다음에 이어질 글의 순서는 (C) → (A) → (B)이므로 정답은 **④**임

O 20 정답 ② ＊근거와 주장이 있는 논쟁의 이점 ——

One benefit of reasons and arguments is / that they can foster humility. //
단수 주어　단수 동사　주격 보어로 접속사
근거와 주장의 한 가지 이점은 ~이다 / 겸손을 기를 수 있다는 것 //

If two people disagree / without arguing, / all they do is / yell at each other. //
all S V가 주어로 올 때, 주격 보어로 온 to부정사의 to는 생략 가능함
만약에 두 사람이 의견만 다르다면 / 논쟁 없이 / 그들이 하는 것은 ~뿐이다 / 서로에게 고함을 지르는 것 //

No progress is made. //
어떠한 발전도 없다 //

(A) That is one way / to achieve humility / — on one side at least. //
형용사적 용법(one way 수식)
단서 1 한쪽 주장이 반박된 경우를 가리킴
이것은 한 방식이다 / 겸손을 얻는 / 적어도 한쪽에서 //

Another possibility is / that neither argument is refuted. //
주격 보어절 접속사
또 다른 가능성은 ~이다 / 어떤 주장도 반박되지 않는 것 //

Both have a degree of reason / on their side. //
둘 다 어느 정도 근거를 가지고 있다 / 자신의 입장에서 //

Even if neither person involved is convinced / by the other's argument, / both can still come to appreciate / the opposing view. //
부사절 접속사(양보)　과거분사(person 수식)
대화자의 어느 누구도 설득되지 않더라도 / 상대의 주장에 의해 / 양측은 여전히 이해하게 된다 / 반대 견해를 //

(B) Both still think / that they are right. //
목적어절 접속사
양측은 여전히 생각한다 / 자신이 옳다고 // **단서 2** 서로 의견만 다른 어떠한 발전도 없는 상태를 가리킴

In contrast, / if both sides give arguments / that articulate reasons for their positions, / then new possibilities open up. //
주격 관계대명사
대조적으로 / 양측이 주장을 제시한다면 / 자신의 입장에 대한 이유를 분명하게 말하는 / 그러면 새로운 가능성이 열린다 //

One of the arguments gets refuted / — that is, it is shown to fail. //
이러한 주장 중 한쪽이 반박된다 / 즉, 틀렸다는 것이 보여진다 //

In that case, / the person who depended on the refuted argument / learns / that he needs to change his view. //
목적어절 접속사　주격 관계대명사
이런 경우에 / 반박된 주장에 의지했던 사람은 / 배운다 / 자신의 관점을 바꿀 필요가 있다는 것을 //

(C) They also realize / that, even if they have some truth, / they do not have the whole truth. //
목적어절 접속사　부사절 접속사(양보)
단서 3 양쪽에서 반대 견해를 이해하게 된 경우를 가리킴
그들은 또한 인식하게 된다 / 만일 그들이 약간의 진실을 가지고 있더라도 / 그들이 완전한 진실은 가지고 있지 않다는 점을 //

They can gain humility / when they recognize and appreciate / the reasons against their own view. //
그들은 겸손을 얻을 수 있다 / 그들이 인식하고 이해할 때 / 자신의 견해에 반대되는 근거를 //

· ·

- reason ⓝ 근거　　· argument ⓝ 주장　　· foster ⓥ 기르다
- disagree ⓥ 동의하지 않다　　· progress ⓝ 발전
- achieve ⓥ 달성하다　　· refute ⓥ 반박하다
- convince ⓥ 설득하다　　· appreciate ⓥ 이해하다
- opposing ⓐ 서로 다른　　· open up 열리다

근거와 주장의 한 가지 이점은 겸손을 기를 수 있다는 것이다. 만약에 두 사람이 논쟁 없이 의견만 다르다면, 그들이 하는 것은 서로에게 고함을 지르는 것뿐이다. 어떠한 발전도 없다. (B) 양측은 여전히 자신이 옳다고 생각한다. 대조적으로, 양측이 자신의 입장에 대한 이유를 분명하게 말하는 주장을 제시한다면, 새로운 가능성이 열린다. 이러한 주장 중 한쪽이 반박된다. 즉, 틀렸다는 것이 보여진다. 이런 경우에 반박된 주장에 의지했던 사람은 자신의 관점을 바꿀 필요가 있다는 것을 배운다. (A) 이것은 적어도 한쪽에서는 겸손을 얻는 한 방식이다. 또 다른 가능성은 어떤 주장도 반박되지 않는 것이다. 둘 다 자신의 입장에서 어느 정도 근거가 있다. 대화자의 어느 누구도 상대의 주장에 설득되지 않더라도,

양측은 그럼에도 불구하고 반대 견해를 이해하게 된다. (C) 그들이 약간의
진실을 가지고 있다 하더라도 완전한 진실은 가지고 있지 않다는 점을
그들은 또한 인식하게 된다. 그들은 자신의 견해에 반대되는 근거를
인식하고 이해할 때 겸손을 얻을 수 있다.

주어진 글 다음에 이어질 글의 순서로 가장 적절한 것을 고르시오. [3점]

① (A) — (C) — (B) (A)의 That은 한쪽이 겸손을 얻는 방식임
② (B) — (A) — (C) (B) 양측이 근거를 제시할 때 한쪽이 반박되면 겸손을 배움 – (A) 어느 쪽의 주장도 반박되지 않는 경우에는 서로의 견해를 이해하게 됨 – (C) 그 경우 양쪽 모두 겸손을 얻게 됨
③ (B) — (C) — (A) (C)는 양쪽 모두 반대의 근거를 인식한 경우를 말함
④ (C) — (A) — (B)
⑤ (C) — (B) — (A) 주어진 글에서는 어떠한 발전도 없는 경우에 대한 내용으로 끝남

| 문제 풀이 순서 | ★★★ [정답률 49%]

1st 각 문단의 내용을 파악하고, 글의 논리적인 순서를 추론한다.

주어진 글: 근거와 주장의 한 가지 이점은 겸손을 기를 수 있다는 것이다.
만약에 두 사람이 논쟁 없이 의견만 다르다면, 그들이 하는 것은 서로에게
고함을 지르는 것뿐이다. 어떠한 발전도 없다. (단서)

→ **주어진 글 뒤:** 의견이 다른 두 사람이 근거와 주장을 통해 겸손을 기르는 예시가
제시될 것이다. (발상)

(A): 이것(That)은 적어도 한쪽에서는 겸손을 얻는 한 방식이다. 또 다른
가능성은 어떤 주장도 반박되지 않는 것이다. 둘 다 자신의 입장에서 어느
정도 근거가 있다. 대화자의 어느 누구도 상대의 주장에 설득되지 않더라도,
양측은 그럼에도 불구하고 반대 견해를 이해하게 된다.

→ **(A) 앞:** That이 가리키는 한쪽이라도 겸손을 얻는 방식이 앞에 있어야 한다.
▶ 주어진 글은 어떠한 발전도 없는 상황이므로 (A) 앞에 올 수 없음
(A) 뒤: 두 사람 모두 설득되지는 않지만, 상대방을 이해한 결과 겸손을 얻는다는
내용이 이어질 것이다.

(B): 양측(Both)은 여전히 자신이 옳다고 생각한다. 대조적으로, 양측이
자신의 입장에 대한 이유를 분명하게 말하는 주장을 제시한다면, 새로운
가능성이 열린다. 이러한 주장 중 한쪽이 반박된다. 즉, 틀렸다는 것이
보여진다. 이런 경우에 반박된 주장에 의지했던 사람은 자신의 관점을 바꿀
필요가 있다는 것을 배운다.

→ **(B) 앞:** 여전히 자신이 옳다고 생각하는 Both가 가리키는 것은 주어진 글에서
언급된 두 사람이므로, (B)는 주어진 글에 이어져야 한다. ▶ 순서: 주어진 글 → (B)
(B) 뒤: 둘 중 한 사람이 자신의 관점을 바꿔야 한다고 배운다는 것을 (A)에서
That으로 가리켜 적어도 한 쪽에서 겸손을 얻는 방식이라고 설명했다.
▶ 순서: 주어진 글 → (B) → (A)

(C): 그들(They)이 약간의 진실을 가지고 있다 하더라도 완전한 진실은
가지고 있지 않다는 점을 그들은 또한 인식하게 된다. 그들은 자신의
견해에 반대되는 근거를 인식하고 이해할 때 겸손을 얻을 수 있다.

→ **(C) 앞:** (A)의 서로 설득까지는 못하더라도 상대방을 이해하는 두 사람을 (C)에서
They로 지칭했다. ▶ (A)에서 예상했던 대로 겸손을 얻는 결론이 이어짐 (순서:
주어진 글 → (B) → (A) → (C))
(C) 뒤: (C) 앞에 두 사람이 근거를 가지고 주장하는 경우에 따른 두 가지 결과가
모두 제시되었으므로 (C)가 글의 결론일 것이다.
▶ 한 사람이 설득된 경우: 설득된 사람이 겸손을 얻음
▶ 둘 다 설득되지 않는 경우: 상대를 이해하여 겸손을 얻음

2nd 글이 한눈에 들어오도록 정리하여 정답을 확인한다.

주어진 글: 의견만 다른 두 사람은 서로에게 고함만 지르지만, 근거와 주장이 있다면
겸손을 기를 수 있다.
→ **(B):** 양측이 분명한 주장을 제시한다면 한쪽이 반박되고, 그 사람은 자신의 관점을
바꿔야 한다는 것을 배운다.
→ **(A):** 이렇게 한쪽이 겸손을 배우는데, 양쪽 주장이 모두 반박되지 않는 경우에는
서로 설득은 못 하지만 이해는 하게 된다.
→ **(C):** 이를 통해 두 사람 모두 자신의 진실이 완전하지 않다는 것을 인식하여 겸손을
얻는다.
▶ 주어진 글 다음에 이어질 글의 순서는 (B) → (A) → (C)이므로 정답은 ②임

◯ 21 정답 ③ *창의적인 것처럼 보이는 기계들의 작동 원리

Architects **might say** / a machine can never design an
innovative or impressive building / because a computer
cannot be "creative." //
(뒤에 목적어절 접속사 생략)
건축가들은 말할지도 모른다 / 기계는 결코 혁신적이거나 인상적인 건물을 디자인할 수
없다고 / 컴퓨터가 '창의적'일 수 없기 때문에 //

Yet consider the Elbphilharmonie, / a new concert hall in
Hamburg, / (단서 1 기계가 설계한 놀랍도록 아름다운 건물을 예로 듦)
그러나 Elbphilharmonie를 생각해 보라 / Hamburg에 있는 새로운 콘서트홀인 /
(주격 관계대명사)
which contains a remarkably beautiful auditorium /
(과거분사구 (auditorium 수식))
composed of ten thousand interlocking acoustic panels. //
놀랍도록 아름다운 강당을 포함하는 / 1만 개의 서로 맞물리는 음향패널로 구성된 //

(단서 2 these systems는 (B)와 (C)에 언급된 것들을 가리킴)
(A) Are these systems behaving "creatively"? //
이러한 시스템들은 '창의적으로' 작동하고 있는가 //

No, / they are using lots of processing power / **to** blindly
(부사적 용법 (목적))
generate varied possible designs, / **working in a very different**
way from a human being. //
(분사구문)
아니다 / 그것들은 많은 처리 능력을 사용하고 있다 / 다양한 가능한 디자인을 닥치는 대로
만들기 위해 / 인간과는 매우 다른 방식으로 작동하면서 //

(B) It is the sort of space / **that** makes **one** instinctively **think** /
(주격 관계대명사 makes의 목적어와 목적격 보어 (원형부정사))
그것은 종류의 공간이다 / 본능적으로 생각하게 만드는 / (단서 3 It이 가리키는 공간은 주어진 글의 Elbphilharmonie임)
that only a human being / — and a human with a remarkably
refined creative sensibility, at that — / could design something
so aesthetically impressive. //
인간만이 / 그리고 그것도 놀랍도록 세련된 창의적 감수성을 가진 인간만이 / 그토록
미적으로 인상적인 것을 디자인할 수 있다고 //

Yet the auditorium was, in fact, designed algorithmically, /
(분사구문)
using a technique known as "parametric design." //
그러나 실제로 그 강당은 알고리즘에 의한 방식으로 디자인되었다 / '파라메트릭 디자인'이라고
알려진 기술을 사용하여 //

(단서 4 the system은 (B)의 "parametric design"을 가리킴)
(C) The architects gave the system a set of criteria, / and it
(to choose from의 의미상 주어)
generated a set of possible designs / **for the architects to choose**
from. //
(형용사적 용법 (designs 수식))
건축가들은 그 시스템에 일련의 기준을 부여했고 / 그것은 일련의 가능한 디자인을
만들어냈다 / 그 건축가들이 선택할 수 있는 //

Similar software **has been used** / to design lightweight bicycle
(현재완료시제 수동태)
frames and sturdier chairs, / among much else. //
유사한 소프트웨어가 사용되어왔다 / 경량 자전거 프레임과 더 튼튼한 의자를 디자인하는 데 /
다른 많은 것들 중에서도 //

- **innovative** ⓐ 혁신적인 · **impressive** ⓐ 인상적인
- **remarkably** ⓐⅾ 놀랍도록 · **auditorium** ⓝ 강당
- **interlock** ⓥ 서로 맞물리다 · **acoustic** ⓐ 음향의
- **behave** ⓥ 행동하다, 작동하다 · **blindly** ⓐⅾ 무턱대고
- **instinctively** ⓐⅾ 본능적으로, 무의식적으로 · **refined** ⓐ 정제된
- **sensibility** ⓝ 감수성 · **criterion** ⓝ 기준 (pl. criteria)
- **lightweight** ⓐ 가벼운, 경량의

건축가들은 컴퓨터가 '창의적'일 수 없기 때문에 기계는 결코 혁신적이거나
인상적인 건물을 디자인할 수 없다고 말할지도 모른다. 그러나
Hamburg에 있는, 1만 개의 서로 맞물리는 음향패널로 구성된 놀랍도록
아름다운 강당을 포함하는 새로운 콘서트홀인 Elbphilharmonie를
생각해 보라. (B) 그것은 인간만이, 그리고 그것도 놀랍도록 세련된 창의적
감수성을 가진 인간만이, 그토록 미적으로 인상적인 것을 디자인할 수
있다고 본능적으로 생각하게 만드는 종류의 공간이다. 그러나 실제로 그
강당은 '파라메트릭 디자인'이라고 알려진 기술을 사용하여 알고리즘에
의한 방식으로 디자인되었다. (C) 건축가들은 그 시스템에 일련의 기준을
부여했고, 그것은 그 건축가들이 선택할 수 있는 일련의 가능한 디자인을
만들어냈다. 유사한 소프트웨어가 다른 많은 것들 중에서도 경량 자전거

프레임과 더 튼튼한 의자를 디자인하는 데 사용되어왔다. (A) 이러한 시스템들은 '창의적으로' 작동하고 있는가? 아니다, 그것들은 인간과는 매우 다른 방식으로 작동하면서 다양한 가능한 디자인을 닥치는 대로 만들기 위해 많은 처리 능력을 사용하고 있다.

> 주어진 글 다음에 이어질 글의 순서로 가장 적절한 것을 고르시오. [3점]
> ① (A) — (C) — (B)
> ② (B) — (A) — (C)
> ③ (B) — (C) — (A)
> ④ (C) — (A) — (B)
> ⑤ (C) — (B) — (A)

- (A)의 '이러한 시스템들'은 (B)와 (C)에 언급됨
- (B) '파라메트릭 디자인'에 의해 만들어짐 — (C) 그 시스템과 유사한 소프트웨어들이 다른 설계에도 사용됨 — (A) 이러한 시스템들은 다양한 디자인을 만들어냄
- (C)의 '그 시스템'은 (B)에 언급됨

| 문제 풀이 순서 | ★★★ [정답률 46%]

1st 각 문단의 내용을 파악하고, 글의 논리적인 순서를 추론한다.

주어진 글: 건축가들은 컴퓨터가 '창의적'일 수 없기 때문에 기계는 결코 혁신적이거나 인상적인 건물을 디자인할 수 없다고 말할지도 모른다. 그러나 Hamburg에 있는, 1만 개의 서로 맞물리는 음향패널로 구성된 놀랍도록 아름다운 강당을 포함하는 새로운 콘서트홀인 Elbphilharmonie를 생각해 보라. (단서)

→ **주어진 글 뒤:** 기계가 창의적으로 건물을 디자인할 수 없을 것이라는 통념의 반례를 제시했으므로, 기계가 인상적인 건물을 만들어낸 이야기가 이어질 것이다. (발상)

(A): 이러한 시스템들(these systems)은 '창의적으로' 작동하고 있는가? 아니다, 그것들은 인간과는 매우 다른 방식으로 작동하면서 다양한 가능한 디자인을 닥치는 대로 만들기 위해 많은 처리 능력을 사용하고 있다.

- **(A) 앞:** 창의적인 것처럼 보이는 여러 '시스템들'에 관한 내용이 앞에 나와야 한다.
  - ▶ 주어진 글에는 구체적인 시스템이 언급되지 않았으므로 바로 뒤에 (A)가 이어질 수 없음
- **(A) 뒤:** 기계가 창의적인 듯 보이지만 실제로는 그렇지 않고, 처리 능력을 사용해 다양한 디자인을 만들어내고 있다는 내용으로 글이 마무리된다.

(B): 그것(It)은 인간만이, 그리고 그것도 놀랍도록 세련된 창의적 감수성을 가진 인간만이, 그토록 미적으로 인상적인 것을 디자인할 수 있다고 본능적으로 생각하게 만드는 종류의 공간이다. 그러나 실제로 그 강당은 '파라메트릭 디자인'이라고 알려진 기술을 사용하여 알고리즘에 의한 방식으로 디자인되었다.

- **(B) 앞:** '그것'으로 가리키고 있는, 기계가 만들었다고는 믿을 수 없는 건물이 있다는 내용이 앞에 나와야 한다.
  - ▶ 기계가 디자인한 혁신적인 건물인 Elbphilharmonie는 주어진 글에 제시됨 (순서: 주어진 글 → (B))
- **(B) 뒤:** '파라메트릭 디자인'이라는 기술에 대한 설명이 뒤에 이어져야 한다.

(C): 건축가들은 그 시스템(the system)에 일련의 기준을 부여했고, 그것은 그 건축가들이 선택할 수 있는 일련의 가능한 디자인을 만들어냈다. 유사한 소프트웨어가 다른 많은 것들 중에서도 경량 자전거 프레임과 더 튼튼한 의자를 디자인하는 데 사용되어왔다.

- **(C) 앞:** '파라메트릭 디자인'을 '그 시스템'으로 가리키며 그 작동 원리를 설명하고 있다.
  - ▶ '파라메트릭 디자인'은 (B)에 제시됨 (순서: 주어진 글 → (B) → (C))
- **(C) 뒤:** 이와 유사한 사례가 많다는 내용에 대해 부연 설명하는 내용이 이어질 것이다.
  - ▶ (A)에서 이를 '이러한 시스템들'로 가리키며 설명을 이어감 (순서: 주어진 글 → (B) → (C) → (A))

2nd 글이 한눈에 들어오도록 정리하여 정답을 확인한다.

주어진 글: 기계는 혁신적인 건물을 디자인할 수 없다고 여겨지지만, Elbphilharmonie를 떠올려라.

→ **(B):** 그것은 창의적 감수성을 가진 인간이 디자인했다고 생각할 수밖에 없는 공간이지만, 실제로는 '파라메트릭 디자인'이라는 기술을 사용하여 디자인되었다.

→ **(C):** 그 시스템은 건축가들이 선택할 수 있는 일련의 가능한 디자인을 만들어냈다. 유사한 소프트웨어들도 여러 사물을 디자인하는 데 사용되어왔다.

→ **(A):** 이러한 시스템들은 인간과는 매우 다른 방식으로 작동하면서 다양한 가능한 디자인을 만들기 위해 많은 처리 능력을 사용하고 있다.

▶ 주어진 글 다음에 이어질 글의 순서는 (B) → (C) → (A)이므로 정답은 ③임

◯ 22 정답 ③ *인간의 이상한 심장박동 수

Heat is lost / at the surface, / **so the more** surface area / you have / relative to volume, / **the harder** you must work / to stay warm. //
(결과의 등위절 접속사 / the+비교급(+S+V), the+비교급(+S+V): ~할수록 더욱 …하다)
열은 손실된다 / 표면에서 / 그러므로 더 많은 표면적을 / 여러분이 가질수록 / 체적에 대비하여 / 여러분은 더 열심히 움직여야 한다 / 따뜻함을 유지하기 위해 //

That means / that little creatures have to produce heat / **more rapidly** / **than** large creatures. //
(비교급 비교) **단서 1** 작은 생물은 큰 생물보다 더 빠르게 열을 생산해야 함
그것은 의미한다 / 작은 생물이 열을 생산해야 함을 / 더 빠르게 / 큰 생물보다 //

(A) **Despite** the vast differences / in heart rates, / **nearly all** mammals have / about 800 million heartbeats in them / if they live an average life. //
(전치사) **단서 2** 동물들이 심장박동 수에서 공통점을 갖는다는 것을 구체적으로 설명함
엄청난 차이에도 불구하고 / 심장박동 수의 / 거의 모든 포유동물은 갖는다 / 약 8억 회의 심장박동을 / 만약 그들이 평균수명을 산다면 //

The exception is humans. //
예외는 인간이다 //

We pass 800 million heartbeats / after twenty-five years, / and just keep on going / for another fifty years / and 1.6 billion heartbeats or so. //
우리는 8억 회의 심장박동을 넘어서고 / 25년 이후 / 계속해서 심장이 뛰어 / 또 다른 50년 동안 / 약 16억 회 정도의 심장박동을 넘어선다 //
단서 3 작은 생물과 큰 생물은 완전히 다른 생활방식을 영위해야 함

(B) They must therefore lead / completely different lifestyles. //
그러므로 그들은 이끌어야만 한다 / 완전히 다른 생활방식을 //

An elephant's heart beats / just thirty times a minute, / **a human's sixty,** / **a cow's between fifty and eighty,** /
(반복되는 heart beats와 a minute가 생략됨)
코끼리의 심장은 뛰고 / 1분에 단 30회를 / 인간의 심장은 60회를 / 소의 심장은 50회에서 80회를 (뛰지만) /

but a mouse's beats / six hundred times a minute / — ten times a second. //
생쥐의 심장은 뛴다 / 1분에 600회를 / 즉 1초에 10회 //

Every day, / just to survive, / the mouse must eat / about 50 percent of its own body weight. // **단서 4** 생쥐는 매일 자신의 몸무게의 약 50퍼센트를 먹어야 함
매일 / 단지 살아남기 위해 / 생쥐는 먹어야 한다 / 자신의 몸무게의 약 50퍼센트를 //

(C) We humans, / by contrast, / need to consume / only about 2 percent of our body weight / to supply our energy requirements. // **단서 5** 인간은 생쥐와 대조적으로 몸무게의 약 2퍼센트만 먹으면 됨
우리 인간은 / 대조적으로 / 먹으면 된다 / 우리 신체 무게의 단지 약 2퍼센트만 / 에너지 요구량을 공급하기 위해 //

One area / **where** animals are curiously uniform / **is** with the number of heartbeats / they have in a lifetime. //
(주어(선행사) / 관계부사 / 동사)
하나의 영역은 / 동물이 기묘하게도 동일한 / 심장박동이라는 부분이다 / 그들 평생 갖는 //

- surface ⓝ 표면, 지면
- volume ⓝ 부피, 체적
- rapidly ⓐⓓ 빠르게
- nearly ⓐⓓ 거의
- heartbeat ⓝ 심장 박동
- exception ⓝ 예외
- completely ⓐⓓ 완전히, 전적으로
- consume ⓥ 먹다, 마시다
- energy requirement 에너지 요구량
- curiously ⓐⓓ 이상하게도, 기묘하게도
- lifetime ⓝ 일생, 평생

열은 표면에서 손실되므로, 여러분이 체적에 대비하여 더 많은 표면적을 가질수록 여러분은 따뜻함을 유지하기 위해 더 열심히 움직여야 한다. 그것은 작은 생물이 큰 생물보다 더 빠르게 열을 생산해야 함을 의미한다. (B) 그러므로 그들은 완전히 다른 생활방식으로 살아가야만 한다. 코끼리

의 심장은 1분에 단 30회를 뛰고 인간은 60회, 소는 50회에서 80회를 뛰지만, 생쥐는 1분에 600회, 즉 1초에 10회를 뛴다. 매일 단지 살아남기 위해 생쥐는 자신의 몸무게의 약 50퍼센트를 먹어야 한다. (C) 대조적으로 우리 인간은 에너지 요구량을 공급하기 위해 우리 신체 무게의 단지 약 2퍼센트만 먹으면 된다. 동물이 기묘하게도 동일한 하나의 영역은 동물이 평생 갖는 심장박동이라는 부분이다. (A) 심장박동 수의 엄청난 차이에도 불구하고 거의 모든 포유동물은 만약 그들이 평균수명을 산다면 약 8억 회의 심장박동을 갖는다. 예외는 인간이다. 우리는 25년 이후 8억 회를 넘어서고 또 다른 50년 동안 계속해서 심장이 뛰어 약 16억 회 정도의 심장박동을 넘어선다.

주어진 글 다음에 이어질 글의 순서로 가장 적절한 것을 고르시오. [3점]

① (A) — (C) — (B)   주어진 글에는 심장박동 수의 차이를 보여주는 내용이 없음

② (B) — (A) — (C)   (A)의 뒷부분과 (C)는 둘 다 인간의 특징에 대한 설명이므로 by contrast로 연결될 수 없음

③ (B) — (C) — (A)   작은 생물과 큰 생물은 서로 다른 생활방식을 영위함 – 생쥐는 자신의 몸무게의 약 50퍼센트를 먹어야 하지만 인간은 2퍼센트만 먹으면 됨 – 동물들의 공통점은 평생의 심장박동 수인데, 거의 모든 포유동물이 평균수명 동안 약 8억 회의 심장박동 수를 가짐 – 인간은 예외임

④ (C) — (A) — (B)

⑤ (C) — (B) — (A)   인간의 섭취량과 대조될 만한 내용이 주어진 글에는 없음

| 문제 풀이 순서 | ✸✸✸ [정답률 56%]

1st 각 문단의 내용을 파악하고, 글의 논리적인 순서를 추론한다.

주어진 글: 열은 표면에서 손실되므로, 여러분이 체적에 대비하여 더 많은 표면적을 가질수록 여러분은 따뜻함을 유지하기 위해 더 열심히 움직여야 한다. 그것은 작은 생물이 큰 생물보다 더 빠르게 열을 생산해야 함을 의미한다. (단서)

→ **주어진 글 뒤:** 큰 생물보다 더 빠르게 열을 생산해야 하는 작은 생물의 예시가 제시될 것이다. (발상)

(A): 심장박동 수의 엄청난 차이에도 불구하고 거의 모든 포유동물은 만약 그들이 평균수명을 산다면 약 8억 회의 심장박동을 갖는다. 예외는 인간이다. 우리는 25년 이후 8억 회를 넘어서고 또 다른 50년 동안 계속해서 심장이 뛰어 약 16억 회 정도의 심장박동을 넘어선다.

(A) 앞: 심장박동 수의 엄청난 차이를 보여주는 내용이 있어야 한다.
▶ 주어진 글에는 심장박동과 관련된 내용이 없음

(A) 뒤: 다양한 동물들의 심장박동 수에 관해 이야기하고, 인간은 예외라는 설명으로 글을 마무리할 것이다. ▶ (A)가 마지막에 올 확률이 높음

(B): 그러므로(therefore) 그들(They)은 완전히 다른 생활방식으로 살아가야만 한다. 코끼리의 심장은 1분에 단 30회를 뛰고 인간은 60회, 소는 50회에서 80회를 뛰지만, 생쥐는 1분에 600회, 즉 1초에 10회를 뛴다. 매일 단지 살아남기 위해 생쥐는 자신의 몸무게의 약 50퍼센트를 먹어야 한다.

(B) 앞: 주어진 글에서 언급된 '작은 생물'과 '큰 생물'을 They로 지칭하며 therefore로 이어 동물마다 다른 심장박동 수를 이야기하고 있다.
▶ 작은 생물(쥐)이 큰 생물(코끼리)보다 더 빠르게 열을 생산하는(심장박동) 예시임
(순서: 주어진 글 → (B))

(B) 뒤: 생쥐보다 더 적거나 많은 양을 먹어야 하는 동물이 제시될 것이다.
▶ 생쥐가 가장 열심히 움직이므로 코끼리나 인간, 소는 50퍼센트보다 더 적은 비율을 먹을 것임

(C): 대조적으로(by contrast) 우리 인간은 에너지 요구량을 공급하기 위해 우리 신체 무게의 단지 약 2퍼센트만 먹으면 된다. 동물이 기묘하게도 동일한 하나의 영역은 동물이 평생 갖는 심장박동이라는 부분이다.

(C) 앞: 인간은 몸무게의 2퍼센트'만' 먹으면 된다는 내용이 역접의 연결어 by contrast로 이어지므로, 앞에는 몸무게의 50퍼센트를 먹는 생쥐를 이야기한 (B)가 오는 것이 적절하다. ▶ 순서: 주어진 글 → (B) → (C)

(C) 뒤: (A)에서 언급되었던 심장박동과 관련된 내용이 (C)의 끝부분에 나온 것으로 보아 뒤에 (A)가 이어져야 한다. ▶ 순서: 주어진 글 → (B) → (C) → (A)

2nd 글이 한눈에 들어오도록 정리하여 정답을 확인한다.

주어진 글: 체적 대비 더 넓은 표면적을 가질수록 더 움직여야 하므로, 작은 생물이 큰 생물보다 더 빠르게 열을 생산해야 한다.

→ **(B):** 1분에 코끼리의 심장은 30회, 인간은 60회, 소는 50~80회를 뛰지만, 생쥐는 600회를 뛰고, 살아남기 위해 생쥐는 몸무게의 약 50퍼센트를 먹어야 한다.

→ **(C):** 인간은 몸무게의 약 2퍼센트만 먹어도 되는데, 평생 동물이 갖는 심장박동 수는 동일하다.

→ **(A):** 거의 모든 포유동물은 평균수명을 산다면 약 8억 회의 심장박동 수를 갖는데, 예외적으로 인간은 약 16억 회를 넘는다.

▶ 주어진 글 다음에 이어질 글의 순서는 (B) → (C) → (A)이므로 정답은 ③임

○ 23 정답 ④ ＊나쁜 습관 없애기에 대한 오해

Like positive habits, / bad habits exist / on a continuum of easy-to-change and hard-to-change. // **단서 1** 나쁜 습관은 바꾸기 쉬움과 바꾸기 어려움의 연속체에 존재
긍정적인 습관과 마찬가지로 / 나쁜 습관은 존재한다 / 바꾸기 쉬움과 바꾸기 어려움의 연속체에 //

(A) But this kind of language / (and the approaches it spawns) / frames these challenges / in a way that isn't helpful or effective. // **단서 2** 이런 종류의 언어는 (C)에서 언급한 '깨기'와 '싸우기'를 말함
그러나 이러한 종류의 언어는 / (그리고 그것이 낳는 접근법) / 이러한 도전에 틀을 씌운다 / 도움이 되지 않거나 효과적이지 않은 방식으로 /

I specifically hope / we will stop using this phrase: / "break a habit." // 나는 특히 바란다 / 우리가 이런 문구를 그만 사용하기를 / '습관을 깨다'라는 //

This language misguides people. // 이 언어는 사람들을 잘못된 길로 이끈다 //

The word "break" sets the wrong expectation / for how you get rid of a bad habit. //
'깨다'라는 단어는 잘못된 기대를 형성한다 / 나쁜 습관을 없애는 방법에 대해 //

(B) This word implies / that if you input a lot of force in one moment, / the habit will be gone. // **단서 3** (A)에서 말한 '깨다'를 가리킴
이 단어는 암시한다 / 여러분이 한순간에 많은 힘을 가하면 / 그 습관이 없어질 것이라고 //

However, that rarely works, / because you usually cannot get rid of an unwanted habit / by applying force one time. //
하지만 그것은 거의 효과가 없는데 / 왜냐하면 대체로 여러분이 바람직하지 못한 습관을 없앨 수 없기 때문이다 / 한 번 힘을 가함으로써 // **단서 4** 주어진 글에서 말한 나쁜 습관이 존재하는 연속체를 가리킴

(C) When you get toward / the "hard" end of the spectrum, / note the language you hear — / *breaking* bad habits and *battling* addiction. //
가까워질 때 / 그 연속체의 '어려움' 끝에 / 여러분이 듣는 언어에 주목하라 / 즉 나쁜 습관을 '깨기'와 중독과 '싸우기'에 //

It's as if an unwanted behavior is a nefarious villain / to be aggressively defeated. //
바람직하지 못한 행동은 마치 사악한 악당인 것 같다 / 격렬하게 패배되어야 할 //

- continuum ⓝ 연속체 · misguide ⓥ 잘못 이끌다
- imply ⓥ 암시하다 · input ⓥ 가하다 · get rid of ~을 제거하다
- unwanted ⓐ 바람직하지 않은 · addiction ⓝ 중독
- villain ⓝ 악당 · aggressively ⓐⓓ 격렬하게, 공격적으로
- defeat ⓥ 패배시키다

긍정적인 습관과 마찬가지로, 나쁜 습관은 바꾸기 쉬움과 바꾸기 어려움의 연속체에 존재한다. (C) 그 연속체의 '어려움' 끝에 가까워질 때, 여러분이 듣는 언어, 즉 나쁜 습관을 '깨기'와 중독과 '싸우기'에 주목하라. 바람직하지 못한 행동은 마치 격렬하게 패배되어야 할 사악한 악당인 것 같다. (A) 그러나 이러한 종류의 언어(그리고 그것이 낳는 접근법)는 도움이 되지 않거나 효과적이지 않은 방식으로 이러한 도전에 틀을 씌운다. 나는 특히 우리가 '습관을 깨다'라는 문구를 그만 사용하기를 바란다. 이 언어는 사람들을 잘못된 길로 이끈다. '깨다'라는 단어는 나쁜 습관을 없애는 방법에 대해 잘못된 기대를 형성한다. (B) 이 단어는 여러분이 한순간에 많은 힘을 가하면, 그 습관이 없어질 것이라고 암시한다. 하지만 그것은 거의 효과가 없는데 왜냐하면 대체로 여러분이 한 번 힘을 가함으로써 바람직하지 못한 습관을 없앨 수 없기 때문이다.

① (A) — (C) — (B) (A)의 '이러한 종류의 언어'는 주어진 글에 없음
② (B) — (A) — (C)
③ (B) — (C) — (A) (B)의 '이 단어'가 가리키는 것이 주어진 글에 없음
④ (C) — (A) — (B) (C) 바꾸기 어려운 나쁜 습관은 '깨기'나 '싸우기'와 같은 언어에 주목해야 함 — (A) 그런 언어는 잘못된 길로 이끎 — (B) 습관을 없애는 잘못된 방법을 암시함
⑤ (C) — (B) — (A) (B)의 '이 단어'가 가리키는 것이 (A)에 제시됨

| 문제 풀이 순서 | ★★★ [정답률 56%]

1st 각 문단의 내용을 파악하고, 글의 논리적인 순서를 추론한다.

주어진 글: 긍정적인 습관과 마찬가지로, 나쁜 습관은 바꾸기 쉬움과 바꾸기 어려움의 연속체에 존재한다.

➡ **주어진 글 뒤:** 나쁜 습관이 바꾸기 쉽거나 어려운 경우 가지는 특징 등에 관한 내용이 이어질 것이다.

(A): 그러나 이러한 종류의 언어 (그리고 그것이 낳는 접근법)는 도움이 되지 않거나 효과적이지 않은 방식으로 이러한 도전에 틀을 씌운다. ~ '깨다'라는 단어는 나쁜 습관을 없애는 방법에 대해 잘못된 기대를 형성한다.

➡ **(A) 앞:** '이러한 종류의 언어'가 가리키는 내용이 제시되어야 한다.
   (A) 뒤: '깨다'라는 단어가 왜 나쁜 습관을 없애는 방법에 대해 잘못된 기대를 형성하는지 부연 설명이 이어질 것이다.

(B): 이 단어(This word)는 여러분이 한순간에 많은 힘을 가하면, 그 습관이 없어질 것이라고 암시한다. 하지만 그것은 거의 효과가 없는데 왜냐하면 대체로 여러분이 한 번 힘을 가함으로써 바람직하지 못한 습관을 없앨 수 없기 때문이다.

➡ **(B) 앞:** This word(이 단어)가 가리키는 내용이 제시되어야 한다.
   ▶ 한순간에 많은 힘을 가하면 습관이 없어질 것을 암시하는 '이 단어(This word)'는 (A)의 '깨다'를 가리키므로 (B) 앞에 (A)가 와야 함 (순서: (A) → (B))
   (B) 뒤: 제기한 문제에 대한 이유가 제시되었으므로 (B)가 마지막임을 알 수 있다.

(C): 그 연속체(the spectrum)의 '어려운' 끝에 가까워질 때, 여러분이 듣는 언어, 즉 나쁜 습관을 '깨기'와 중독과 '싸우기'에 주목하라. 바람직하지 못한 행동은 마치 격렬하게 패배시켜야 할 사악한 악당인 것 같다.

➡ **(C) 앞:** the spectrum(그 연속체)에 관한 내용이 있어야 한다.
   ▶ the spectrum은 주어진 글에서 바꾸기 쉬움과 바꾸기 어려움의 연속체로 제시됨 (순서: 주어진 글 → (C))
   (C) 뒤: 나쁜 습관 깨기, 즉 바람직하지 못한 행동 없애기에 대한 설명이 이어질 것으로 예측된다.
   ▶ (C)는 the spectrum이 가리키는 내용이 제시된 주어진 글과, 나쁜 습관을 깨는 것에 대한 설명이 제시된 (A) 사이에 들어가야 함 (순서: 주어진 글 → (C) → (A) → (B))

2nd 글이 한눈에 들어오도록 정리하여 정답을 확인한다.

주어진 글: 나쁜 습관은 바꾸기 쉬움과 바꾸기 어려움의 연속체에 존재한다.

➡ **(C):** 그 연속체의 '어려운' 끝에 가까워질 때 듣는 언어인 나쁜 습관 '깨기'와 중독과 '싸우기'에 주목해야 한다.

➡ **(A):** 이런 종류의 언어는 바람직하지 못한데, 특히 '습관을 깨다'는 사람들을 잘못된 길로 이끈다.

➡ **(B):** 그 말은 한순간에 많은 힘을 가하면 그 습관이 없어질 것을 암시하지만 한 번 힘을 가함으로써 바람직하지 못한 습관을 없앨 수 없다.

▶ 주어진 글 다음에 이어질 글의 순서는 (C) → (A) → (B)이므로 정답은 ④임

O 24 정답 ③ ＊이성과 감정의 피조물로서의 인간

A common but incorrect assumption is / **that** we are creatures 〈주격 보어절 접속사〉
of reason / when, in fact, we are creatures / of both reason and
emotion. //
일반적이지만 잘못된 가정은 ~이다 / 우리가 이성의 피조물이라는 것 / 사실 우리가
피조물일 때 / 이성과 감정 둘 다의 //

'~로 그럭저럭 살아가다'
〈부사절 접속사 (이유)〉
We cannot **get by on** reason alone / **since** any reason always
eventually leads to a feeling. //
우리는 이성만으로 살아갈 수 없다 / 어떤 이성도 항상 결국 감정으로 이어지기 때문에 //

단서 1 선택의 문제에 직면함
Should I get a wholegrain cereal / or a chocolate cereal? //
통곡물 시리얼을 선택해야 할까 / 혹은 초콜릿 시리얼을 (선택해야 할까) //

단서 2 (C)의 마지막에 언급된 것을 '이러한' 가치, 느낌, 감정으로 가리킴
(A) These deep-seated values, feelings, and emotions / **we have** / 앞에 목적격 관계대명사 생략
are rarely a result of reasoning, / but **can** certainly **be influenced** 병렬 구조 (동사)
by reasoning. //
이러한 뿌리 깊은 가치, 느낌, 감정은 / 우리가 가진 / 추론의 산물인 경우가 거의 없지만 / 물론
추론의 영향을 받을 수 있다 //

We have values, feelings, and emotions / before we begin to
reason / and long before we begin to reason effectively. //
우리는 가치, 느낌, 감정을 가진다 / 추론을 시작하기 전에 / 그리고 효과적으로 추론을
시작하기 훨씬 전에 //

앞에 목적격 관계대명사 생략
(B) I can list all the reasons / **I want**, / but the reasons have to be
based on something. //
나는 모든 이유를 열거할 수 있다 / 내가 원하는 / 하지만 그 이유는 무언가에 근거해야 한다 //

〈명사적 용법 (주격 보어)〉
For example, / if my goal is **to eat** healthy, / I can choose the
wholegrain cereal, / but what is my reason / for wanting to be
healthy? // 단서 3 주어진 글에서 제시한 문제에 대한 답을 설명함
예를 들어 / 건강하게 먹는 것이 나의 목표라면 / 통곡물 시리얼을 선택할 수 있지만 / 나의
이유는 무엇일까 / 건강해지기를 원하는 //

단서 4 (B)에서 선택한 통곡물 시리얼을 원하는 또 다른 이유
(C) I can list more and more reasons / such as **wanting** to live
longer, / **spending** more quality time with loved ones, etc., / 병렬 구조 (전치사의 목적어)
나는 더 많은 이유를 나열할 수 있다 / 더 오래 살고 싶은 것 / 사랑하는 사람들과 양질의
시간을 더 많이 보내고 싶은 것 등과 같은 /

but what are the reasons / for those reasons? //
하지만 이유는 무엇인가 / 그러한 이유를 뒷받침하는 //

〈목적어절 접속사〉
You should be able to see by now / **that** reasons are ultimately
based on non-reason / such as values, feelings, or emotions. //
여러분은 이제 알 수 있을 것이다 / 이유가 궁극적으로 비이성에 근거한다는 것을 / 가치,
느낌, 또는 감정과 같은 //

- **incorrect** ⓐ 잘못된   - **assumption** ⓝ 가정, 추정
- **eventually** ⓐd 결국   - **wholegrain** ⓐ 통밀로 만든
- **deep-seated** 뿌리 깊은   - **reason** ⓥ 추론하다   - **quality** ⓐ 양질의
- **ultimately** ⓐd 궁극적으로

일반적이지만 잘못된 가정은 우리가 이성의 피조물이라는 것이지만, 사실 우리는 이성과 감정 둘 다의 피조물이다. 어떤 이성도 항상 결국 감정으로 이어지기 때문에 우리는 이성만으로 살아갈 수 없다. 통곡물 시리얼을 선택해야 할까, 혹은 초콜릿 시리얼을 선택해야 할까? (B) 나는 내가 원하는 모든 이유를 열거할 수 있지만, 그 이유는 무언가에 근거해야 한다. 예를 들어 건강하게 먹는 것이 나의 목표라면 통곡물 시리얼을 선택할 수 있지만, 건강해지기를 원하는 나의 이유는 무엇일까? (C) 나는 더 오래 살고 싶은 것, 사랑하는 사람들과 양질의 시간을 더 많이 보내고 싶은 것 등과 같은 더 많은 이유를 나열할 수 있지만, 그러한 이유를 뒷받침하는 이유는 무엇인가? 여러분은 이유가 궁극적으로 가치, 느낌, 또는 감정과 같은 비이성에 근거한다는 것을 이제 알 수 있을 것이다. (A) 우리가 가진 이러한 뿌리 깊은 가치, 느낌, 감정은 추론의 산물인 경우가 거의 없지만, 물론 추론의 영향을 받을 수 있다. 우리는 추론을 시작하기 전에 그리고 효과적으로 추론을 시작하기 훨씬 전에 가치, 느낌, 감정을 가진다.

| 문제 풀이 순서 | ★★☆ [정답률 68%]

1st 각 문단의 내용을 파악하고, 글의 논리적인 순서를 추론한다.

주어진 글: 일반적이지만 잘못된 가정은 우리가 이성의 피조물이라는 것이지만, 사실 우리는 이성과 감정 둘 다의 피조물이다. 어떤 이성도 항상 결국 감정으로 이어지기 때문에 우리는 이성만으로 살아갈 수 없다. 통곡물 시리얼을 선택해야 할까, 혹은 초콜릿 시리얼을 선택해야 할까? **단서**

➡ **주어진 글 뒤:** 통곡물 시리얼과 초콜릿 시리얼 중 어느 것을 고를지에 대한 내용이 이어질 것이다. **발상**

(A): 우리가 가진 이러한 뿌리 깊은 가치, 느낌, 감정은 추론의 산물인 경우가 거의 없지만, 물론 추론의 영향을 받을 수 있다. 우리는 추론을 시작하기 전에 그리고 효과적으로 추론을 시작하기 훨씬 전에 가치, 느낌, 감정을 가진다.

➡ **(A) 앞:** 우리가 가진 '이러한' 뿌리 깊은 가치, 느낌, 감정에 대한 내용이 앞에 나와야 한다.
(A) 뒤: 추론을 시작하기 전에 가치, 느낌, 감정을 가진다는 말로 마무리되므로 마지막에 오는 내용임을 알 수 있다.

(B): 나는 내가 원하는 모든 이유를 열거할 수 있지만, 그 이유는 무언가에 근거해야 한다. 예를 들어 건강하게 먹는 것이 나의 목표라면 통곡물 시리얼을 선택할 수 있지만, 건강해지기를 원하는 나의 이유는 무엇일까?

➡ **(B) 앞:** 통곡물 시리얼 선택과 관련된 내용이 와야 한다.
▶ 통곡물 시리얼을 고르는 문제는 주어진 글에 제시됨 (순서: 주어진 글 → (B))
(B) 뒤: 건강해지기를 원하는 이유가 와야 한다.

(C): 나는 더 오래 살고 싶은 것, 사랑하는 사람들과 양질의 시간을 더 많이 보내고 싶은 것 등과 같은 더 많은 이유를 나열할 수 있지만, 그러한 이유를 뒷받침하는 이유는 무엇인가? 여러분은 이유가 궁극적으로 가치, 느낌, 또는 감정과 같은 비이성에 근거한다는 것을 이제 알 수 있을 것이다.

➡ **(C) 앞:** 더 오래 살고 싶은 것, 사랑하는 사람들과 양질의 시간을 더 많이 보내고 싶은 것 등이 이유가 되는 내용이 와야 한다. ▶ 그 이유에 대한 의문은 (B)의 마지막 부분에 제시됨 (순서: 주어진 글 → (B) → (C))
(C) 뒤: 이유가 비이성에 근거하는 것에 대한 부연 설명이 이어져야 한다.
▶ (A)에서 '이러한' 뿌리 깊은 가치, 느낌, 감정으로 가리키며 설명을 이어감 (순서: 주어진 글 → (B) → (C) → (A))

2nd 글이 한눈에 들어오도록 정리하여 정답을 확인한다.

주어진 글: 인간은 이성과 감정 둘 다의 피조물로 이성으로만 살아갈 수 없다. 통곡물 시리얼과 초콜릿 시리얼 중 어느 것을 선택할까?

→ **(B):** 건강하게 먹는 것이 목표일 때 통곡물 시리얼을 선택하지만 건강해지기를 원하는 이유는 무엇인가?

→ **(C):** 많은 이유를 나열할 수 있지만 궁극적인 이유는 가치, 느낌, 감정과 같은 비이성에 근거한다.

→ **(A):** 추론을 시작하기 전에 그리고 효과적으로 추론을 시작하기 훨씬 전에 가치, 느낌, 감정을 가진다.

▶ 주어진 글 다음에 이어질 글의 순서는 (B) → (C) → (A)이므로 정답은 ③임

○ 25 정답 ③ ＊여론 조사에 영향을 미치는 방법

In one survey, / 61 percent of Americans said / that they supported the government / spending more / on 'assistance to the poor'. // **단서 1** 과반수가 '빈곤층 지원'에 더 많은 돈을 쓰는 정부를 지지한다고 대답함
한 조사에서, / 61퍼센트의 미국인들이 말했다 / 그들이 정부를 지지한다고 / 더 많은 돈을 쓰는 / '빈곤층 지원'에 //

(A) Therefore, / the framing of a question / can heavily influence the answer / in many ways, / **단서 2** 질문의 프레이밍이 답변에 큰 영향을 미칠 수 있다는 결론을 내림
따라서 / 질문의 프레이밍은 / 답변에 큰 영향을 미칠 수 있으며 / 여러 가지 방식으로 /
which matters / if your aim is to obtain / a 'true measure' / of what people think. //
이는 중요하다 / 여러분의 목표가 얻는 것이라면 / '진정한 척도'를 / 사람들이 생각하는 것에 대한 //
And next time / you hear a politician say / 'surveys prove / that the majority of the people agree / with me', / be very wary. //
그리고 다음번에 / 여러분이 한 정치인이 말하는 것을 들을 때 / '설문 조사는 입증한다 / 대다수의 국민들이 동의한다는 것을 / 나에게'라고 / 매우 조심하라 //

(B) But when the same population was asked / whether they supported / spending more government money / on 'welfare', / only 21 percent were in favour. // **단서 3** 주어진 글에 언급됐던 똑같은 사람들이 '복지'에 더 많은 정부 예산을 쓰는 것에는 21퍼센트만 찬성함
그러나 같은 모집단이 질문을 받았을 때 / 그들이 지지하느냐는 / 더 많은 정부 예산을 쓰는 것을 / '복지'에 / 단지 21퍼센트만이 찬성했다 //
In other words, / if you ask people / about individual welfare programmes / — such as giving financial help / to people / who have long-term illnesses /
다시 말해 / 만약 여러분이 사람들에게 물어보면 / 개별 복지 프로그램들에 대해 / 재정적 도움을 주는 것과 같은 / 사람들에게 / 장기 질환을 가진 /
and paying for school meals / for families with low income — / people are broadly in favour of them. //
그리고 급식비를 대주는 것(과 같은) / 저소득 가정의 / 사람들은 대체로 그것들에 찬성한다 //

(C) But if you ask / about 'welfare' / — which refers to those exact same programmes / that you've just listed — / they're against it. // **단서 4** '방금 열거한 프로그램'이 (B)에 등장함
그러나 만약 여러분이 질문한다면 / '복지'에 관해 / 정확히 동일한 프로그램을 나타내는 / 여러분이 방금 열거한 / 그들은 그것에 반대한다 //
The word 'welfare' has negative connotations, / perhaps because of the way / many politicians and newspapers portray it. //
'복지'라는 단어는 부정적인 함축된 의미를 가지고 있다 / 아마도 방식 때문에 / 많은 정치인들과 신문들이 그것을 묘사하는 //

- survey ⓝ (설문) 조사
- government ⓝ 정부, 정권
- assistance ⓝ 도움, 지원
- framing ⓝ 구성
- aim ⓝ 목적, 목표
- obtain ⓥ (특히 노력 끝에) 얻다
- politician ⓝ 정치인
- prove ⓥ 입증하다, 증명하다
- majority ⓝ (특정 집단 내에서) 가장 많은 수[다수]
- welfare ⓝ 복지
- in favour 찬성하는
- individual ⓐ 각각의, 개인의
- financial ⓐ 재정의
- illness ⓝ 병, 질환
- income ⓝ 소득, 수입
- broadly ⓐⓓ 대략
- refer to ~을 나타내다
- exact ⓐ 정확한
- negative ⓐ 부정적인
- newspaper ⓝ 신문
- portray ⓥ (그림·글로) 그리다[묘사하다]

한 조사에서, 61퍼센트의 미국인들이 '빈곤층 지원'에 더 많은 돈을 쓰는 정부를 지지한다고 말했다. (B) 그러나 같은 모집단이 '복지'에 더 많은 정부 예산을 쓰는 것을 지지하느냐는 질문을 받았을 때, 단지 21퍼센트만이 찬성했다. 다시 말해, 만약 여러분이 장기 질환을 가진 사람들에게 재정적 도움을 주고 저소득 가정의 급식비를 대주는 것과 같은, 개별 복지 프로그램들에 대해 사람들에게 물어보면, 사람들은 대체로 그것들에 찬성한다. (C)

그러나 만약 여러분이 방금 열거한 것과 정확히 동일한 프로그램을 나타내는, '복지'에 관해 질문한다면, 그들은 그것에 반대한다. '복지'라는 단어는 아마도 많은 정치인들과 신문들이 그것을 묘사하는 방식 때문에 부정적인 함축된 의미를 가지고 있다. (A) 따라서, 질문의 프레이밍은 여러 가지 방식으로 답변에 큰 영향을 미칠 수 있으며, 이는 여러분의 목표가 사람들이 생각하는 것에 대한 '진정한 척도'를 얻는 것이라면 중요하다. 그리고 다음 번에 여러분이 한 정치인이 '설문 조사는 대다수의 국민들이 나에게 동의한다는 것을 입증한다'라고 말하는 것을 들을 때, 매우 조심하라.

주어진 글 다음에 이어질 글의 순서로 가장 적절한 것을 고르시오.

① (A) — (C) — (B) 　주어진 글만으로 질문의 프레이밍이 중요하다는 것을 알 수 없음
② (B) — (A) — (C) 　(B)의 In other words로 시작되는 내용이 (C)까지 이어짐
③ (B) — (C) — (A) 　똑같은 사람들이 '빈곤층 지원'은 지지하고 '복지'에는 반대함 – 다시 말해 '개별 프로그램들'에는 찬성하고 '복지'에는 반대하는데, '복지'라는 단어에 부정적 의미가 있기 때문임 – 그러므로 질문의 프레이밍이 답변에 큰 영향을
④ (C) — (A) — (B) 　미칠 수 있음
⑤ (C) — (B) — (A) 　(C)에서 말한 '방금 열거한 것과 같은 프로그램'이 (B)에 등장함

| 문제 풀이 순서 | ★★✿ [정답률 68%]

1st 각 문단의 내용을 파악하고, 글의 논리적인 순서를 추론한다.

주어진 글: 한 조사에서, 61퍼센트의 미국인들이 '빈곤층 지원'에 더 많은 돈을 쓰는 정부를 지지한다고 말했다.

→ **주어진 글 뒤:** '빈곤층 지원'과는 반대로 지지하지 않는 어떤 분야가 제시될 것이다.

(A): 따라서(Therefore), 질문의 프레이밍은 여러 가지 방식으로 답변에 큰 영향을 미칠 수 있으며, 이는 여러분의 목표가 사람들이 생각하는 것에 대한 '진정한 척도'를 얻는 것이라면 중요하다. 그리고 다음번에 여러분이 한 정치인이 '설문 조사는 대다수의 국민들이 나에게 동의한다는 것을 입증한다'라고 말하는 것을 들을 때, 매우 조심하라.

→ **(A) 앞:** 답변에 큰 영향을 미친 질문의 프레이밍 사례가 앞에 제시되어야 한다.
　▶ 주어진 글에는 없음

(A) 뒤: Therefore로 내용을 정리한 뒤, '매우 조심하라'면서 조언하고 있으므로 글의 결론일 것이다. ▶ (A)가 마지막에 올 확률이 높음

(B): 그러나(But) 같은 모집단이 '복지'에 더 많은 정부 예산을 쓰는 것을 지지하느냐는 질문을 받았을 때, 단지 21퍼센트만이 찬성했다. 다시 말해(In others words), 만약 여러분이 개별 복지 프로그램들에 대해 사람들에게 물어보면, 장기 질환을 가진 사람들에게 재정적 도움을 주고 저소득 가정의 급식비를 대주는 것과 같은, 사람들은 대체로 그것들에 찬성한다.

→ **(B) 앞:** but은 앞뒤로 반대되는 내용이 온다.
21퍼센트만이 찬성했다는 내용이 But으로 이어지므로 비슷한 질문에 61퍼센트가 지지한다고 언급한 주어진 글이 (B)의 앞에 올 수 있다. ▶ 순서: 주어진 글 → (B)

(B) 뒤: in other words는 앞 문장을 풀어서 설명한다.
'빈곤층 지원'에는 찬성하지만, '복지'에는 찬성하지 않는다는 내용을 다시 설명하므로 '복지'에는 반대한다는 내용이 이어질 것이다.

(C): 그러나(But) 만약 여러분이 '복지'에 관해 질문한다면, 방금 열거한 것과 정확히 동일한 프로그램을 나타내는, 그들은 그것에 반대한다. '복지'라는 단어는 아마도 많은 정치인들과 신문들이 그것을 묘사하는 방식 때문에 부정적인 함축된 의미를 가지고 있다.

→ **(C) 앞:** '빈곤층 지원'에는 찬성하지만 '복지'에는 반대한다는 내용이 But으로 연결되어야 한다. ▶ (B)에 그러한 내용이 있음 (순서: 주어진 글 → (B) → (C))

(C) 뒤: 이것이 질문의 프레이밍이 답변에 큰 영향을 미치는 사례라는 설명과 함께 글을 마무리지어야 한다. ▶ 순서: 주어진 글 → (B) → (C) → (A)

2nd 글이 한눈에 들어오도록 정리하여 정답을 확인한다.

주어진 글: 한 조사에서 61퍼센트의 미국인들이 '빈곤층 지원'에 지지한다고 말했다.
→ **(B):** 그러나 '복지'에는 21퍼센트만이 찬성했다. 사람들은 질환을 가진 사람들이나 저소득 가정을 지원해주는 개별 복지 프로그램에는 대체로 찬성한다.

→ **(C):** 동일한 프로그램이지만 '복지'로 질문하면 사람들은 반대하는데, 이는 '복지'라는 단어가 부정적인 의미를 갖기 때문이다.

→ **(A):** 질문의 프레이밍은 답변에 큰 영향을 미치므로, 설문 조사의 결과를 들을 때 조심해야 한다.

▶ 주어진 글 다음에 이어질 글의 순서는 (B) → (C) → (A)이므로 정답은 ③임

O 26 정답 ② ＊식품 생산의 책임에 대한 영국과 프랑스의 차이

Regarding food production, / under the British government, / there was a different conception of responsibility / from that of French government. //
　= a conception of responsibility
식품 생산과 관련하여 / 영국 정부하에서는 / 다른 책임의 개념이 있었다 / 프랑스 정부의 것과는 //
단서 1 식품 생산의 책임이 생산자에게 있었던 프랑스를 소개함

In France, / the responsibility for producing good food / lay with the producers. //
　lie(놓여 있다)의 과거
프랑스에서 / 좋은 식품을 생산하는 것에 대한 책임은 / 생산자들에게 있었다 //

(A) It would be unfair / to interfere with the shopkeeper's right / to make money. //
가주어 / 진주어 / 형용사적 용법
단서 2 생산자(가게 주인)가 아닌 개인 소비자들에게 책임을 두었다는 영국 정부의 입장을 부연 설명
부당했을 것이다 / 가게 주인의 권리를 침해하는 것은 / 돈을 벌기 위한 //

In the 1840s, / a patent was granted for a machine / designed for making fake coffee beans / out of chicory, / using the same technology / that went into manufacturing bullets. //
　a machine을 수식하는 과거분사 / 주격 관계대명사 / 분사구문
1840년대에 / 기계에 대해 특허권이 승인되었다 / 가짜 커피콩을 만들어 내기 위해 고안된 / 치커리로부터 / 똑같은 기술을 이용해서 / 총알을 제조하는 데 들어갔던 //

(B) The state would police their activities / and, if they should fail, / would punish them / for neglecting the interests of its citizens. //
　가정법 미래 / **단서 3** 프랑스에서 식품 생산의 책임을 부과한 생산자들의 활동을 가리킴 / = the state's
정부가 그들의 활동들을 감시하곤 했고 / 만약 그들이 실패한다면 / 그들을 처벌했을 것이다 / 그것의 시민들의 이익을 등한시한 이유로 //
단서 4 프랑스 정부와 대조적인 영국 정부에 대한 소개가 시작됨

By contrast, the British government / — except in extreme cases — / placed most of the responsibility / with the individual consumers. //
대조적으로 영국 정부는 / 극단적인 경우들을 제외하고 / 그 책임의 대부분을 두었다 / 개인 소비자들에게 //
단서 5 (A) 마지막 문장에서 소개된 가짜 커피콩을 만드는 기계를 일컬음

(C) This machine was clearly designed / for the purposes of swindling, / and yet the government allowed it. //
이 기계는 분명히 고안되었다 / 사기의 목적으로 / 그럼에도 정부는 그것을 허가했다 //

A machine for forging money / would never have been licensed, / so why this? //
　가정법 과거완료
돈을 위조하기 위한 기계는 / 결코 허가를 받을 수 없었을 텐데 / 그렇다면 이것은 왜 그랬을까 //

As one consumer complained, / the British system of government was weighted / against the consumer / in favour of the swindler. //
한 소비자가 불평했던 것처럼 / 영국의 정부 체제는 치우쳐졌었다 / 소비자에게는 불리하도록 / 사기꾼의 편을 들고 //

- conception ⓝ 개념, 이해　・responsibility ⓝ 책임
- unfair ⓐ 부당한　・interfere ⓥ 침해하다
- shopkeeper ⓝ 가게 주인　・patent ⓝ 특허권　・grant ⓥ 승인하다
- manufacture ⓥ 제조하다　・bullet ⓝ 총알　・police ⓥ 감시하다
- neglect ⓥ 등한시하다　・extreme ⓐ 극단적인
- license ⓥ 허가하다　・weight ⓥ 가중치를 주다

식품 생산과 관련하여 영국 정부하에서는 프랑스 정부의 책임의 개념과는 다른 개념이 있었다. 프랑스에서 좋은 식품을 생산하는 것에 대한 책임은 생산자들에게 있었다. (B) 정부가 그들의 활동들을 감시하곤 했고, 만약 그들이 실패한다면, 그것의 시민들의 이익을 등한시한 이유로 그들을 처벌했을 것이다. 대조적으로 영국 정부는 극단적인 경우들을 제외하고 그 책임의 대부분을 개인 소비자들에게 두었다. (A) 돈을 벌기 위한 가게 주인의 권리를 침해하는 것은 부당했을 것이다. 1840년대에 총알을

제조하는 데 들어갔던 똑같은 기술을 이용해서 치커리로부터 가짜 커피콩을 만들어 내기 위해 고안된 기계에 대해 특허권이 승인되었다. (C) 이 기계는 분명히 사기의 목적으로 고안되었지만 정부는 그것을 허가했다. 돈을 위조하기 위한 기계는 결코 허가를 받을 수 없었을 텐데 그렇다면 이것은 왜 그랬을까? 한 소비자가 불평했던 것처럼 영국의 정부 체제는 사기꾼의 편을 들고 소비자에게는 불리하도록 치우쳐져 있었다.

주어진 글 다음에 이어질 글의 순서로 가장 적절한 것을 고르시오.

① (A) — (C) — (B) (A)는 생산자의 권리를 침해하지 않으려는 영국의 입장임
② (B) — (A) — (C) (B) 프랑스와는 대조적으로 영국은 책임을 개인 소비자에게 돌림–(A) 영국은 생산자의 돈 벌 권리를 침해하는 것이 부당하다고 여김–(C) 영국은 사기를 목적으로 고안된 기계조차도 허가함
③ (B) — (C) — (A)
④ (C) — (A) — (B) (C)의 This machine은 (A)에 나온 가짜 커피콩을 만드는 기계를 일컬음
⑤ (C) — (B) — (A)

| 문제 풀이 순서 | ★★★ [정답률 54%]

1st 각 문단의 내용을 파악하고, 글의 논리적인 순서를 추론한다.

주어진 글: 식품 생산과 관련하여 영국 정부하에서는 프랑스 정부의 책임의 개념과는 다른 개념이 있었다. 프랑스에서 좋은 식품을 생산하는 것에 대한 책임은 생산자들에게 있었다. (단서)

➡ **주어진 글 뒤:** 먼저 프랑스의 사례를 이어서 설명한 뒤, 영국의 사례를 설명할 것이다. ▶ 프랑스는 생산자에게 책임을 두었으므로, 영국은 반대로 소비자에게 책임을 두었을 것임 (발상)
소비자에게 책임을 둠=영국

(A): 돈을 벌기 위한 가게 주인의 권리를 침해하는 것은 부당했을 것이다. 1840년대에 총알을 제조하는 데 들어갔던 똑같은 기술을 이용해서 치커리로부터 가짜 커피콩을 만들어 내기 위해 고안된 기계에 대해 특허권이 승인되었다.

➡ **(A) 앞:** 소비자에 책임을 두었던 사례가 앞에 와야 한다.
▶ 주어진 글은 생산자에 책임을 둔 내용이므로 주어진 글 뒤에 올 수 없음
(A) 뒤: 가짜 커피콩을 만드는 기계를 승인한 이유를 설명하는 내용이 이어질 것이다.

(B): 정부가 그들의(their) 활동들을 감시하곤 했고, 만약 그들이 실패한다면, 그것의 시민들의 이익을 등한시한 이유로 그들을 처벌했을 것이다. 대조적으로(By contrast) 영국 정부는 극단적인 경우들을 제외하고 그 책임의 대부분을 개인 소비자들에게 두었다.

➡ **(B) 앞:** 역접의 연결어 By contrast로 영국의 이야기가 시작되므로, 감시당하는 their가 지칭하는 것은 주어진 글에서 언급된 프랑스의 생산자들일 것이다.
▶ 순서: 주어진 글 → (B)
(B) 뒤: 소비자에게 책임을 둔 예시가 이어져야 한다.
▶ (A)에 해당 내용이 있었음 (순서: 주어진 글 → (B) → (A))

(C): 이 기계(This machine)는 분명히 사기의 목적으로 고안되었지만 정부는 그것을 허가했다. 돈을 위조하기 위한 기계는 결코 허가를 받을 수 없었을 텐데 그렇다면 이것은 왜 그랬을까? 한 소비자가 불평했던 것처럼 영국의 정부 체제는 사기꾼의 편을 들고 소비자에게는 불리하도록 치우쳐져 있었다.

➡ **(C) 앞:** This machine은 (A)에서 언급된 가짜 커피콩을 만드는 기계이므로 (C)는 (A)의 뒤에 이어질 것이다. ▶ (A)에서 예상한 대로 가짜 커피콩 기계를 승인한 이유가 이어짐 (순서: 주어진 글 → (B) → (A) → (C))

2nd 글이 한눈에 들어오도록 정리하여 정답을 확인한다.

주어진 글: 식품 생산에 관해 영국 정부와 프랑스 정부는 다른 책임의 개념을 가지는데, 프랑스에서는 생산자들이 좋은 식품 생산에 관한 책임을 진다.

→ **(B):** 프랑스 정부는 생산자들을 감시하고 처벌했을 것인데, 반대로 영국 정부는 대부분의 책임을 개인 소비자에게 두었다.

→ **(A):** 왜냐하면 가게 주인의 권리를 침해하는 것은 부당했을 것이기 때문이다. 1840년대에는 가짜 커피콩을 만드는 기계의 특허권이 승인되었다.

→ **(C):** 왜냐하면 영국 정부 체제는 소비자에게 불리하도록 치우쳤기 때문이다.

▶ 주어진 글 다음에 이어질 글의 순서는 (B) → (A) → (C)이므로 정답은 ②임

O 27 정답 ② *logos와 mythos의 관계

The ancient Greeks / used to describe / two very different ways of thinking / — *logos* and *mythos*. //
~하곤 했다
고대 그리스인들은 / 설명하곤 했다 / 두 가지의 매우 다른 사고방식을 / 'logos'와 'mythos'라는 //

Logos roughly referred to / the world of the logical, the empirical, the scientific. //
단서 1 두 가지의 사고방식 logos와 mythos 중 logos에 대한 설명을 먼저 시작함
'logos'는 대략 지칭했다 / 논리적, 경험적, 과학적 세계를 //

(A) But lots of scholars / then and now / — including many anthropologists, sociologists and philosophers today — /
복수 주어
그러나 많은 학자들은 / 그때나 지금이나 / 오늘날의 많은 인류학자, 사회학자, 철학자를 포함하여 /

see a more complicated picture, / where *mythos* and *logos* are intertwined / and interdependent. //
복수 동사 / 관계부사 / 단서 2 (B)의 마지막 문장과 대조되는 내용이 But으로 이어짐
더 복잡하게 상황을 이해하는데 / 'mythos'와 'logos'는 뒤얽혀 있고 / 상호 의존적이라고 //

Science itself, / according to this view, / relies on stories. //
과학 자체가 / 이 관점에 따르면 / 이야기에 의존한다 //

(B) *Mythos* referred to / the world of dreams, storytelling and symbols. //
단서 3 mythos에 대한 설명이 마저 이어짐
'mythos'는 지칭했다 / 꿈, 스토리텔링, 상징의 세계를 //

Like many rationalists today, / some philosophers of Greece / prized *logos* / and looked down at *mythos*. //
오늘날의 많은 합리주의자처럼 / 그리스의 일부 철학자들은 / 'logos'를 높이 평가하고 / 'mythos'를 경시했다 //

Logic and reason, / they concluded, / make us modern; / storytelling and mythmaking are primitive. //
주어 / 삽입절 / 동사
논리와 이성이 / 그들은 결론지었다 / 우리를 현대적으로 만든다고 / 스토리텔링과 신화 만들기는 원시적이라고 //

(C) The frames and metaphors / we use to understand the world / shape the scientific discoveries we make; / they even shape what we see. //
복수 주어 / 앞에 목적격 관계대명사 생략 / 복수 동사
단서 4 (A)의 마지막 문장을 부연 설명함
생각의 틀과 은유는 / 우리가 세상을 이해하기 위해 사용하는 / 우리가 만든 과학적 발견을 형성한다 / 그들은 심지어 우리가 보는 것을 형성한다 //

When our frames and metaphors change, / the world itself is transformed. //
우리의 생각의 틀과 은유가 바뀌면 / 세상 자체가 변한다 //

The Copernican Revolution involved / more than just scientific calculation; / it involved a new story / about the place of Earth in the universe. //
코페르니쿠스 혁명은 포함했다 / 단순한 과학적 계산보다 더 많은 것을 / 그것은 새로운 이야기를 포함했다 / 우주 속 지구의 위치에 관한 //

- roughly [ad] 대략 • refer to ~을 지칭하다 • scholar [n] 학자
- anthropologist [n] 인류학자 • sociologist [n] 사회학자
- philosopher [n] 철학자 • complicated [a] 복잡한
- picture [n] 상황 • intertwine [v] 뒤얽히다
- interdependent [a] 상호 의존적인, 서로 의존하는
- rely on ~에 의존하다 • symbol [n] 상징
- rationalist [n] 합리주의자 • prize [v] 높이 평가하다, 소중하게 여기다
- conclude [v] 결론을 내리다 • primitive [a] 원시적인
- frame [n] (생각의) 틀 • metaphor [n] 은유
- shape [v] 형성하다 • transform [v] 변화하다
- involve [v] 포함하다 • calculation [n] 계산 • universe [n] 우주

고대 그리스인들은 'logos'와 'mythos'라는 두 가지의 매우 다른 사고방식을 설명하곤 했다. 'logos'는 대략 논리적, 경험적, 과학적 세계를 지칭했다. (B) 'mythos'는 꿈, 스토리텔링, 상징의 세계를 지칭했다. 오늘날의 많은 합리주의자처럼, 그리스의 일부 철학자들은 'logos'를 높이 평가하고 'mythos'를 경시했다. 그들은 논리와 이성이 우리를 현대적으로

만들고, 스토리텔링과 신화 만들기를 원시적이라고 결론지었다.
(A) 그러나 오늘날의 많은 인류학자, 사회학자, 철학자를 포함하여,
그때나 지금이나 많은 학자들은 더 복잡하게 상황을 이해하는데,
'mythos'와 'logos'는 뒤얽혀 있고 상호 의존적이라는 것이다. 이 관점에
따르면 과학 자체가 이야기에 의존한다. (C) 우리가 세상을 이해하기
위해 사용하는 생각의 틀과 은유는 우리가 만든 과학적 발견을 형성하고,
심지어 우리가 보는 것을 형성한다. 우리의 생각의 틀과 은유가 바뀌면
세상 자체가 변한다. 코페르니쿠스 혁명은 단순한 과학적 계산보다 더
많은 것을 포함하는데, 우주 속 지구의 위치에 관한 새로운 이야기를
포함했다.

> **주어진 글 다음에 이어질 글의 순서로 가장 적절한 것을 고르시오.**
> ① (A) — (C) — (B) 주어진 글 다음에는 mythos를 설명하는 (B)가 와야 함
> ② (B) — (A) — (C)
> ③ (B) — (C) — (A) (B)에서 mythos가 경시되었던 내용과 대조적인 내용이 (A)에 나오므로 (B)와 (A)가 이어져야 함
> ④ (C) — (A) — (B) mythos가 무엇인지 설명하는 (B)가 둘을 비교하는 (C)보다 뒤에 오는 것은
> ⑤ (C) — (B) — (A) 적절하지 않음
> (B) 일부 철학자들은 mythos를 경시함 – (A) 그러나 많은 학자들은 mythos와 logos가 상호
> 의존적이라고 여김 – (C) 우리가 사용하는 생각의 틀과 은유는 우리의 세계관을 형성함

| 문제 풀이 순서 | ★★★ [정답률 57%]

1st 각 문단의 내용을 파악하고, 글의 논리적인 순서를 추론한다.

- **주어진 글:** 고대 그리스인들은 'logos'와 'mythos'라는 두 가지의 매우 다른 사고방식을 설명하곤 했다. 'logos'는 대략 논리적, 경험적, 과학적 세계를 지칭했다. (단서)

→ **주어진 글 뒤:** 나머지 하나인 'mythos'에 대한 설명이 이어질 것이다. (발상)

- **(A):** 그러나(But) 오늘날의 많은 인류학자, 사회학자, 철학자를 포함하여, 그때나 지금이나 많은 학자들은 더 복잡하게 상황을 이해하는데, 'mythos'와 'logos'는 뒤얽혀 있고 상호 의존적이라는 것이다. 이 관점에 따르면 과학 자체가 이야기에 의존한다.

→ **(A) 앞:** 'mythos'에 대한 설명이 와야 하는데 주어진 글에는 'logos'에 대한 설명만 있다. ▶ 주어진 글 바로 뒤에 (A)가 올 수 없음
  But의 앞뒤로는 반대되는 내용이 온다. 'mythos'와 'logos'를 독립적으로 이해한 내용이 와야 한다.
  (A) 뒤: 과학이 이야기에 의존하는 내용이 이어질 것이다.

- **(B):** 'mythos'는 꿈, 스토리텔링, 상징의 세계를 지칭했다. 오늘날의 많은 합리주의자처럼, 그리스의 일부 철학자들은 'logos'를 높이 평가하고 'mythos'를 경시했다. 그들은 논리와 이성이 우리를 현대적으로 만들고, 스토리텔링과 신화 만들기를 원시적이라고 결론지었다.

→ **(B) 앞:** 'mythos'에 대한 설명이 나왔으므로 주어진 글에 이어져 두 가지 사고방식의 개념 설명이 끝나야 한다. ▶ 순서: 주어진 글 → (B)
  (B) 뒤: 'logos'와 'mythos'를 독립적으로 평가했던 내용이므로 (A)에서 이 내용을 'But'으로 받으며 오늘날에는 상호 의존적으로 이해한다는 내용이 이어져야 한다.
  ▶ 순서: 주어진 글 → (B) → (A)

- **(C):** 우리가 세상을 이해하기 위해 사용하는 생각의 틀과 은유는 우리가 만든 과학적 발견을 형성하고, 심지어 우리가 보는 것을 형성한다. 우리의 생각의 틀과 은유가 바뀌면 세상 자체가 변한다. 코페르니쿠스 혁명은 단순한 과학적 계산보다 더 많은 것을 포함하는데, 우주 속 지구의 위치에 관한 새로운 이야기를 포함했다.

→ **(C) 앞:** 과학 자체가(과학적 발견) 이야기에(생각의 틀과 은유) 의존하는 내용이 나온 후 부연하는 (C)가 이어져야 한다. ▶ 순서: 주어진 글 → (B) → (A) → (C)

2nd 글이 한눈에 들어오도록 정리하여 정답을 확인한다.

주어진 글: 고대 그리스인들은 두 가지 사고방식 'logos'와 'mythos'를 가졌는데, 'logos'는 논리적, 경험적, 과학적 세계를 지칭했다.

→ **(B):** 'mythos'는 꿈, 스토리텔링, 상징의 세계를 지칭했고, 그 당시 일부 철학자들은 'logos'를 높이 평가하고 'mythos'를 경시했다.

→ **(A):** 그러나 많은 학자들이 'mythos'와 'logos'를 뒤얽혀 있고 상호 의존적이라고 여기기도 했다.

→ **(C):** 우리의 생각의 틀과 은유는 과학적 발견과 관찰에 영향을 미치며, 그것이 변화하면 세상 자체가 변화한다.

▶ 주어진 글 다음에 이어질 글의 순서는 (B) → (A) → (C)이므로 정답은 ②임

O 28 정답 ② *의도하지 않은 결과의 법칙

> When evaluating a policy, / people tend to concentrate /
> 접속사가 생략되지 않은 분사구문
> on how the policy will fix some particular problem / while
> 앞에 목적격 관계대명사 생략
> ignoring or downplaying / other effects it may have. //
> 정책을 평가할 때 / 사람들은 집중하는 경향이 있다 / 그 정책이 어떤 특정한 문제를 어떻게
> 해결할 것인가에 / 무시하거나 경시하는 반면 / 그 정책이 가질 수 있는 다른 효과를 //
> Economists often refer to this situation / as The Law of
> refer to A as B: A를 B라고 부르다
> Unintended Consequences. //
> 경제학자들은 종종 이 상황을 부른다 / '의도하지 않은 결과의 법칙'이라고 //

단서 1 의도하지 않은 결과가 등장함
주격 보어절 접속사
(A) But an unintended consequence is / that the jobs of some autoworkers will be lost / to foreign competition. //
그러나 하나의 의도하지 않은 결과는 ~이다 / 일부 자동차 노동자들의 일자리가 빼앗기게 된다는 것 / 외국 경쟁사에 //

Why? //
왜일까 //

단수 주어 / 주격 관계대명사 / 단수 동사
The tariff / that protects steelworkers / raises the price of the
목적격 관계대명사
steel / that domestic automobile makers need / to build their cars. // **단서 2** 수입 철강에 대한 관세가 자동차 제조에 필요한 철강 가격을 올림
관세는 / 철강 노동자들을 보호하는 / 철강의 가격을 높인다 / 국내 자동차 제조업체들이 필요한 / 자동차를 만드는 데 //

단서 3 의도하지 않은 결과의 법칙에 대한 예시 시작
(B) For instance, suppose / that you impose a tariff on imported steel / in order to protect the jobs of domestic steelworkers. //
예를 들어, 가정해 보자 / 당신이 수입된 철강에 관세를 부과한다고 / 국내 철강 노동자들의 일자리를 보호하기 위해 //

미래시제 수동태
If you impose a high enough tariff, / their jobs will indeed be protected / from competition by foreign steel companies. //
만약 당신이 충분히 높은 관세를 부과한다면 / 그들의 일자리는 실제로 보호될 것이다 / 외국 철강 회사들과의 경쟁으로부터 //

단서 4 철강 가격이 올라간 것에 대한 결과
(C) As a result, domestic automobile manufacturers have to raise / the prices of their cars, / making them relatively less
분사구문
attractive / than foreign cars. //
그 결과, 국내 자동차 제조업체들은 인상해야 한다 / 자동차 가격을 / 그리고 이것은 국산 차를 상대적으로 덜 매력적이게 만든다 / 외제 차에 비해 //
동명사구 주어 / 단수 동사 / 결과 절을 잇는 등위접속사
Raising prices tends to reduce / domestic car sales, / so some domestic autoworkers lose / their jobs. //
가격을 올리는 것은 줄이는 경향이 있다 / 국산 차 판매를 / 그래서 일부 국내 자동차 노동자들은 잃는다 / 그들의 일자리를 //

- **evaluate** ⓥ 평가하다
- **concentrate on** ~에 집중하다
- **particular** ⓐ 특정한
- **downplay** ⓥ 경시하다
- **unintended** ⓐ 의도하지 않은
- **consequence** ⓝ 결과
- **autoworker** ⓝ 자동차 제조 공장 노동자
- **competition** ⓝ 경쟁
- **steelworker** ⓝ 철강 노동자
- **tariff** ⓝ 관세
- **domestic** ⓐ 국내의
- **impose** ⓥ (세금 등을) 부과하다
- **import** ⓥ 수입하다
- **manufacturer** ⓝ 제조사

정책을 평가할 때, 그 정책이 가질 수 있는 다른 효과는 무시하거나 경시하는 반면, 사람들은 그 정책이 어떤 특정한 문제를 어떻게 해결할 것인가에 집중하는 경향이 있다. 경제학자들은 종종 이 상황을 '의도하지 않은 결과의 법칙'이라고 부른다. (B) 예를 들어, 국내 철강 노동자들의 일자리를 보호하기 위해 수입된 철강에 관세를 부과한다고 가정해 보자.

만약 당신이 충분히 높은 관세를 부과한다면, 그들의 일자리는 실제로
외국 철강 회사들과의 경쟁으로부터 보호될 것이다. (A) 그러나 하나의
의도하지 않은 결과는 일부 자동차 노동자들의 일자리가 외국 경쟁사에
빼앗기게 된다는 것이다. 왜일까? 철강 노동자들을 보호하는 관세는 국내
자동차 제조업체들이 자동차를 만드는 데 필요한 철강의 가격을 높인다.
(C) 그 결과, 국내 자동차 제조업체들은 자동차 가격을 인상해야 하고,
국산 차를 외제 차에 비해 상대적으로 덜 매력적이게 만든다. 가격을
올리는 것은 국산 차 판매를 줄이는 경향이 있어서, 일부 국내 자동차
노동자들은 일자리를 잃는다.

주어진 글 다음에 이어질 글의 순서로 가장 적절한 것을 고르시오.
① (A) — (C) — (B) (A)의 '의도하지 않은 결과'에 대한 원인이 주어진 글에 없음
② (B) — (A) — (C) [(B) 수입된 철강에 관세를 부과함 — (A) 철강의 가격이 오름 —
                     (C) 국산 차 판매가 줄어 자동차 노동자들이 일자리를 잃게 됨]
③ (B) — (C) — (A) (C)의 원인이 (A)이므로 (A)가 (C)의 앞에 와야 함
④ (C) — (A) — (B)
⑤ (C) — (B) — (A) 국내 자동차 가격 인상의 원인이 주어진 글에 없음

| 문제 풀이 순서 | ★★❄ [정답률 73%]

1st 각 문단의 내용을 파악하고, 글의 논리적인 순서를 추론한다.

주어진 글: 정책을 평가할 때, 그 정책이 가질 수 있는 다른 효과는
무시하거나 경시하는 반면, 사람들은 그 정책이 어떤 특정한 문제를 어떻게
해결할 것인가에 집중하는 경향이 있다. 경제학자들은 종종 이 상황을
'의도하지 않은 결과의 법칙'이라고 부른다. **단서**

➡ **주어진 글 뒤:** 한 정책의 여파로 의도하지 않은 결과가 발생한 예시가 이어질
  것이다. **발상**

[**(A):** 그러나(But) 하나의 의도하지 않은 결과는 일부 자동차 노동자들의
  일자리가 외국 경쟁사에 빼앗기게 된다는 것이다. 왜일까? 철강
  노동자들을 보호하는 관세는 국내 자동차 제조업체들이 자동차를 만드는
  데 필요한 철강의 가격을 높인다.

➡ **(A) 앞:** 'But'은 앞 내용과는 상반되는 흐름을 연결한다. 즉 노동자의 일자리를
  뺏기는 구체적 사례와 대비되는 내용이 앞에 있어야 한다.
  ▶ 주어진 글에는 구체적인 사례도, (A)와 대비되는 내용도 등장하지 않으므로
  주어진 글 바로 뒤에 (A)가 올 수 없음
  (A) 뒤: 철강의 가격을 높인 결과가 이어질 것이다.

[**(B):** 예를 들어(For instance), 국내 철강 노동자들의 일자리를 보호하기
  위해 수입된 철강에 관세를 부과한다고 가정해 보자. 만약 당신이 충분히
  높은 관세를 부과한다면, 그들의 일자리는 실제로 외국 철강 회사들과의
  경쟁으로부터 보호될 것이다.

➡ **(B) 앞:** For instance로 예시를 제시하는데, 수입 철강에 관세를 부과하는 정책을
  시행한 사례의 시작이다.
  ▶ 주어진 글을 통해 예상한 예시가 (B)에 등장함 (순서: 주어진 글 → (B))
  (B) 뒤: (A)의 'But'으로 상반되는 내용이 이어지는 것이 자연스럽다.
  〈높은 관세를 부과하여 일자리가 보호됨 → 그러나 일부 노동자는 일자리를 뺏김〉
  ▶ 순서: 주어진 글 → (B) → (A)

[**(C):** 그 결과(As a result), 국내 자동차 제조업체들은 자동차 가격을
  인상해야 하고, 국산 차를 외제 차에 비해 상대적으로 덜 매력적이게
  만든다. 가격을 올리는 것은 국산 차 판매를 줄이는 경향이 있어서, 일부
  국내 자동차 노동자들은 일자리를 잃는다.

➡ **(C) 앞:** As a result는 인과관계를 이어주므로, '국내 자동차 가격 인상'의 원인이
  앞에 제시되어 있어야 한다.
  ▶ 자동차 가격 인상의 원인인 '철강 가격의 인상'이 제시된 (A)가 앞에 와야 함
  (순서: 주어진 글 → (B) → (A) → (C))

2nd 글이 한눈에 들어오도록 정리하여 정답을 확인한다.

주어진 글: 정책에는 의도하지 않은 결과의 법칙이 있다.

➡ **(B):** 예를 들어, 국내 철강 노동자들의 일자리를 보호하기 위해 수입된 철강에
  관세를 부과하는 정책을 펼칠 수 있다.

→ **(A):** 그러나 의도하지 않은 결과는 일부 자동차 노동자들의 일자리를 외국
  경쟁사에 빼앗기게 되는 것이다. 철강에 부과된 관세는 철강의 가격을 높인다.

→ **(C):** 그 결과, 국내 자동차 가격이 인상되고, 외제 차에 비해 상대적으로 덜
  매력적이게 되어 국산 차의 판매량이 감소하는 결과로 이어져 노동자들이 일자리를
  잃는다.

▶ 주어진 글 다음에 이어질 글의 순서는 (B) → (A) → (C)이므로 정답은 ②임

ⓞ 29 정답 ⑤ ＊근원적 이해관계를 살필 것

Consider / the story of two men / quarreling in a library. //
생각해 보라 / 두 남자의 이야기를 / 도서관에서 싸우는   둘 중 나머지 하나
둘 중 하나
One wants the window open / and the other wants it closed. //
한 명은 창문이 열려 있기를 원한다 / 그리고 다른 한 명은 그것이 닫혀 있기를 원한다 //
They argue back and forth / about how much to leave it open:
/ a crack, halfway, or three-quarters of the way. //
그들은 주고받는 논쟁을 벌인다 / 그것을 얼마나 많이 열어 두는지에 대해 / 조금, 절반, 또
는 4분의 3 정도 //   **단서 1** 창문을 얼마나 열어 두는지에 대해 논쟁함

가정법 과거 완료   앞에 목적격 관계대명사가 생략됨
(A) The librarian could not have invented the solution / she did
/ if she had focused / only on the two men's stated positions / of
wanting the window open or closed. //
사서는 해결책을 생각해 낼 수 없었을 것이다 / 그녀가 한 / 만약 그녀가 집중했다면 / 두 남자
의 언급된 입장에만 / 창문이 열려 있거나 닫혀 있기를 원하는 //
단서 2 사서가 생각해 낸 해결책이 (B)에 등장함
Instead, she looked / to their underlying interests / of fresh air
and no draft. //
대신 그녀는 살펴보았다 / 그들의 근원적인 이해관계를 / 신선한 공기와 외풍이 없다는 //
(B) After thinking a minute, / she opens wide a window / in the
next room, / bringing in fresh air / without a draft. //
잠시 생각한 후 / 그녀는 창문을 활짝 열고 / 옆방의 / 신선한 공기를 들여온다 / 외풍 없이 //
단서 3 사서가 해결책을 생각해 냄
This story is typical / of many negotiations. //
이 이야기는 전형적이다 / 많은 협상들의 //
부사절 접속사(이유)
Since the parties' problem appears / to be a conflict of positions,
/ they naturally tend to talk / about positions / — and often reach
an impasse. //
당사자들의 문제가 보이기 때문에 / 입장 충돌로 / 그들은 자연히 말하는 경향이 있다 / 입장을
/ 그리고 종종 막다른 상황에 이른다 //
(C) No solution satisfies / them both. //
어떤 해결책도 만족시키지 못한다 / 그들 둘을 // **단서 4** 주어진 글의 '두 남자'를 가리킴
Enter the librarian. //
사서를 투입하라 // **단서 5** 두 사람을 모두 만족시키는 해결책을 생각해 내지 못해서 사서를 투입함
She asks one / why he wants the window open: / "To get some
fresh air." //
                주어 동사   목적어   목적격 보어
그녀는 한 명에게 묻는다 / 왜 그가 창문이 열려 있기를 원하는지 / "신선한 공기를 쐬기 위해서" //
She asks the other / why he wants it closed: / "To avoid a
draft." //
              주어 동사 목적어 목적격 보어
그녀는 다른 사람에게 묻는다 / 왜 그것이 닫혀 있기를 원하냐고 / "외풍을 피하기 위해서" //

- quarrel ⓥ 언쟁을 벌이다, 싸우다   • back and forth 결론 없는 논쟁
- crack ⓝ (좁은) 틈   • librarian ⓝ (도서관의) 사서
- invent ⓥ 발명하다, ~을 지어내다
- underlying ⓐ (겉으로 잘 드러나지는 않지만) 근본적인[근원적인]
- typical ⓐ 전형적인, 대표적인   • negotiation ⓝ 협상
- party ⓝ (소송 · 계약 등의) 당사자   • conflict ⓝ 갈등, 충돌
- satisfy ⓥ 만족시키다   • avoid ⓥ 피하다

도서관에서 싸우는 두 남자의 이야기를 생각해 보라. 한 명은 창문이 열려
있기를 원하고 다른 한 명은 그것이 닫혀 있기를 원한다. 그들은 그것을 얼
마나 많이 열어 두는지에 대해 주고받는 논쟁을 벌인다. 조금, 절반, 또는
4분의 3 정도. (C) 어떤 해결책도 그들 둘을 만족시키지 못한다. 사서를 투
입하라. 그녀는 한 명에게 왜 그가 창문이 열려 있기를 원하는지 묻는다.

"신선한 공기를 쐬기 위해서." 그녀는 다른 사람에게 왜 그것이 닫혀 있기를 원하냐고 묻는다. "외풍을 피하기 위해서." (B) 잠시 생각한 후, 그녀는 옆방의 창문을 활짝 열고, 외풍 없이 신선한 공기를 들여온다. 이 이야기는 많은 협상들의 전형이다. 당사자들의 문제가 입장 충돌로 보이기 때문에, 그들은 자연히 입장을 말하는 경향이 있고, 종종 막다른 상황에 이른다. (A) 만약 그녀가 창문이 열려 있거나 닫혀 있기를 원하는 두 남자의 언급된 입장에만 집중했다면 사서는 그녀가 한 해결책을 생각해 낼 수 없었을 것이다. 대신, 그녀는 신선한 공기와 외풍이 없다는 그들의 근원적인 이해관계를 살펴보았다.

주어진 글 다음에 이어질 글의 순서로 가장 적절한 것을 고르시오.

① (A) — (C) — (B) 사서가 생각해 낸 해결책은 (B)에 등장함
② (B) — (A) — (C)
③ (B) — (C) — (A) she가 가리키는 것이 사서이므로 (B) 앞에 사서가 등장해야 함
④ (C) — (A) — (B) (A) 앞에 사서가 해결책을 생각해 냈다는 내용이 있어야 함
⑤ (C) — (B) — (A) 두 사람이 창문을 얼마나 열어 둘지에 대해 논쟁을 벌임 – 사서가 투입되어 근원적인 이해관계를 물음 – 사서가 두 사람 모두를 만족시키는 해결책을 생각해 냄 – 사서가 두 남자의 표면적인 언급에만 집중했다면 그 해결책을 생각해 낼 수 없었을 것임

| 문제 풀이 순서 | ★★★ [정답률 52%]

1st 각 문단의 내용을 파악하고, 글의 논리적인 순서를 추론한다.

주어진 글: 도서관에서 싸우는 두 남자의 이야기를 생각해 보라. 한 명은 창문이 열려 있기를 원하고 다른 한 명은 그것이 닫혀 있기를 원한다. 그들은 그것을 얼마나 많이 열어 두는지에 대해 주고받는 논쟁을 벌인다. 조금, 절반, 또는 4분의 3 정도. (단서)

➡ **주어진 글 뒤:** 논쟁이 해결되는 내용이 이어질 것이다. (발상)

(A): 만약 그녀가 창문이 열려 있거나 닫혀 있기를 원하는 두 남자의 언급된 입장에만 집중했다면 사서는 그녀가 한 해결책을 생각해 낼 수 없었을 것이다. 대신, 그녀는 신선한 공기와 외풍이 없다는 그들의 근원적인 이해관계를 살펴보았다.

➡ **(A) 앞:** 사서가 생각해 낸 해결책이 앞에 있어야 한다.
  ▶ 주어진 글엔 해결책이 없으므로 (A)가 주어진 글 바로 뒤에 올 수는 없음
(A) 뒤: 사서가 문제를 해결했다는 내용으로 글을 마무리하고 있다.
  ▶ (A)가 마지막에 올 확률이 높음

(B): 잠시 생각한 후, 그녀는 옆방의 창문을 활짝 열고, 외풍 없이 신선한 공기를 들여온다. 이 이야기는 많은 협상들의 전형이다. 당사자들의 문제가 입장 충돌로 보이기 때문에, 그들은 자연히 입장을 말하는 경향이 있고, 종종 막다른 상황에 이른다.

➡ **(B) 앞:** 그녀가 누구인지에 대한 언급이 있어야 한다.
  ▶ 주어진 글과 (A)에는 없음 (순서: (C) → (B))
(B) 뒤: 그녀의 해결책을 분석하는 (A)가 이어질 것이다. ▶ 순서: (B) → (A)

(C): 어떤 해결책도 그들 둘을 만족시키지 못한다. 사서를 투입하라. 그녀는 한 명에게 왜 그가 창문이 열려 있기를 원하는지 묻는다. "신선한 공기를 쐬기 위해서." 그녀는 다른 사람에게 왜 그것이 닫혀 있기를 원하냐고 묻는다. "외풍을 피하기 위해서."

➡ **(C) 앞:** 해결책에 대한 문제가 와야 한다.
  ▶ 주어진 글에 도서관에서 벌어진 논쟁이 나옴 (순서: 주어진 글 → (C))
(C) 뒤: 해결책을 제시하고 해결책이 적절했던 이유가 이어질 것이다.
  ▶ 순서: 주어진 글 → (C) → (B) → (A)

2nd 글이 한눈에 들어오도록 정리하여 정답을 확인한다.

주어진 글: 도서관에서 창문을 여닫는 문제로 논쟁하는 두 남자가 있다.
→ **(C):** 사서가 이유를 물어 한 명은 신선한 공기를 쐬기 원하고, 다른 한 명은 외풍을 피하기 원한다는 것을 알아낸다.
→ **(B):** 사서는 옆방 창문을 열어 신선한 공기를 유지하면서 외풍을 막는 해결책을 제시한다. 이는 협상의 전형적인 예시이다.
→ **(A):** 두 남자의 입장에만 집중하는 것이 아니라 문제의 근원적인 이해관계를 파악했기 때문에 사서는 해결책을 생각해 낼 수 있었다.
▶ 주어진 글 다음에 이어질 글의 순서는 (C) → (B) → (A)이므로 정답은 ⑤임

○ 30 정답 ⑤ *회복력을 보여준 해양 생태계

Because we are told / that the planet is doomed, / we do not register the growing number of scientific studies / demonstrating the resilience of other species. //
목적어절 접속사
scientific studies를 수식하는 현재분사구
우리는 듣기 때문에 / 지구가 운이 다한 것이라고 / 우리는 과학적 연구의 증가하는 수를 기억하지 않는다 / 다른 종의 회복력을 증명하는 //

For instance, climate-driven disturbances / are affecting the world's coastal marine ecosystems / more frequently and with greater intensity. // [단서 1] 지구가 운이 다했다고 할 만한 예시를 제시함
예를 들어 기후로 인한 교란이 / 세계 해안의 해양 생태계에 영향을 미치고 있다 / 더 자주 그리고 더 큰 강도로 //

[단서 2] 극심한 기후에도 회복력을 보여준 또 다른 예시를 소개함
(A) Similarly, kelp forests / hammered by intense El Niño water-temperature increases / recovered within five years. //
주어 / 과거분사 / 동사
마찬가지로 켈프 숲이 / 극심한 엘니뇨 수온 상승에 의해 강타당한 / 5년 이내에 회복했다 //

관계부사
By studying these "bright spots," / situations / where ecosystems persist / even in the face of major climatic impacts, /
이러한 '밝은 지점들'을 연구함으로써 / 즉 상황들 / 생태계가 지속되는 / 중대한 기후의 영향에 직면한 순간에도 /

we can learn / what management strategies help / to minimize destructive forces and nurture resilience. //
병렬 구조
우리는 배울 수 있다 / 어떠한 관리 전략들이 도움이 되는지를 / 파괴적인 힘을 최소화하고 회복력을 키우는 데 //

[단서 3] (C)에서 말한 기후로 인한 교란에도 해양 생태계의 회복력을 보여준 구체적인 예시를 제시함
(B) In a region in Western Australia, for instance, / up to 90 percent of live coral was lost / when ocean water temperatures rose, / causing what scientists call coral bleaching. //
부분 표현 of 명사, 명사에 수 일치 / 분사구문
예를 들어 Western Australia의 한 지역에서 / 살아 있는 산호의 90퍼센트까지 소실되었으며 / 바닷물 온도가 상승했을 때 / 과학자들이 산호 백화라 부르는 것을 야기했다 //

Yet in some sections of the reef surface, / 44 percent of the corals recovered within twelve years. //
하지만 암초 표면의 몇몇 부분에서 / 산호의 44퍼센트가 12년 이내에 회복했다 //

주격 관계대명사
(C) This is a global problem / that demands urgent action. //
이것은 세계적인 문제이다 / 긴급한 조치를 요구하는 [단서 4] 세계적인 문제인 This는 주어진 글의 기후로 인한 교란을 일컬음

관계부사
Yet, as detailed in a 2017 paper in *BioScience*, / there are also instances / where marine ecosystems show remarkable resilience / to acute climatic events. //
하지만 'BioScience'의 2017년 논문에서 자세히 설명된 것처럼 / 경우들이 또한 있다 / 해양 생태계가 놀라운 회복력을 보여주는 / 극심한 기후의 사건들에 //

· register ⓥ 기억하다 · demonstrate ⓥ 증명하다, 입증하다
· disturbance ⓝ 교란, 소동 · coastal ⓐ 해안의
· intensity ⓝ 강도, 세기 · hammer ⓥ 강타하다, 세게 치다
· intense ⓐ 극심한, 강렬한 · persist ⓥ 지속되다
· impact ⓝ 영향, 충격 · minimize ⓥ 최소화하다
· destructive ⓐ 파괴적인 · nurture ⓥ 키우다 · coral ⓝ 산호
· bleaching ⓝ 표백 · reef ⓝ 암초 · acute ⓐ 극심한, 격심한

우리는 지구가 운이 다한 것이라고 듣기 때문에 다른 종의 회복력을 증명하는 과학적 연구의 증가하는 수를 기억하지 않는다. 예를 들어 기후로 인한 교란이 세계 해안의 해양 생태계에 더 자주 그리고 더 큰 강도로 영향을 미치고 있다. (C) 이것은 긴급한 조치를 요구하는 세계적인 문제이다. 하지만 'BioScience'의 2017년 논문에서 자세히 설명된 것처럼, 해양 생태계가 극심한 기후의 사건들에 놀라운 회복력을 보여주는 경우들이 또한 있다. (B) 예를 들어 Western Australia의 한 지역에서 바닷물 온도가 상승했을 때, 살아 있는 산호의 90퍼센트까지 소실되었으며 과학자들이 산호 백화라 부르는 것을 야기했다. 하지만 암초 표면의 몇몇 부분에서 산호의 44퍼센트가 12년 이내에 회복했다. (A) 마찬가지로 극심한 엘니뇨 수온 상승에 의해 강타당한 켈프 숲이 5년 이내에 회복했다. 이러한 '밝은 지점들', 즉 중대한 기후의 영향에 직면한 순간에도 생태계가 지속되는 상황들을 연구함으로써 우리는 어떠한 관리 전략들이 파괴적인 힘을 최소화하고 회복력을 키우는 데 도움이 되는지를 배울 수 있다.

주어진 글 다음에 이어질 글의 순서로 가장 적절한 것을 고르시오. [3점]

① (A) — (C) — (B)
② (B) — (A) — (C)
③ (B) — (C) — (A)
④ (C) — (A) — (B)
⑤ (C) — (B) — (A)

기후 변화에도 불구하고 놀라운 회복력을 보여준 다른 예시가 (A) 앞에 와야 함

(B)는 기후 변화에도 불구하고 놀라운 회복력을 보여준 것에 대한 예시임

(C) 극심한 기후 변화에도 불구하고 해양 생태계가 놀라운 회복력을 보여주는 경우가 있음 – (B) Western Australia의 산호가 수온 상승에도 상당수 회복함 – (A) 마찬가지로 엘니뇨 수온 상승으로 타격을 입은 켈프 숲도 상당수 회복함

| 문제 풀이 순서 | ✽✽✽ [정답률 43%]

1st 각 문단의 내용을 파악하고, 글의 논리적인 순서를 추론한다.

주어진 글: 우리는 지구가 운이 다한 것이라고 듣기 때문에 다른 종의 회복력을 증명하는 과학적 연구의 증가하는 수를 기억하지 않는다. 예를 들어 기후로 인한 교란이 세계 해안의 해양 생태계에 더 자주 그리고 더 큰 강도로 영향을 미치고 있다.

→ **주어진 글 뒤:** 예시로 해양 생태계가 운이 다했다고 생각하는 것을 들었으므로 이어서 해양 생태계가 스스로 회복력을 증명했다는 내용이 와야 한다.

(A): 마찬가지로(Similarly) 극심한 엘니뇨 수온 상승에 의해 강타당한 켈프 숲이 5년 이내에 회복했다. 이러한 '밝은 지점들', 즉 중대한 기후의 영향에 직면한 순간에도 생태계가 지속되는 상황들을 연구함으로써 우리는 어떠한 관리 전략들이 파괴적인 힘을 최소화하고 회복력을 키우는 데 도움이 되는지를 배울 수 있다.

→ **(A) 앞:** similarly는 앞에 언급된 것과 비슷한 정보를 더하는 부사이다. 켈프 숲처럼 회복력을 증명한 예시가 (A) 앞에 있어야 한다.
▶ 주어진 글에는 회복력에 대한 예시가 없으므로 (A) 앞에 올 수 없음

(A) 뒤: 생태계가 회복되는 상황을 연구함으로써 우리는 회복력을 키우는 전략을 배울 수 있다는 결론을 내리고 있다.
▶ (A)는 글의 결론으로, 마지막에 올 확률이 높음

(B): 예를 들어(for instance) Western Australia의 한 지역에서 바닷물 온도가 상승했을 때, 살아 있는 산호의 90퍼센트까지 소실되었으며 과학자들이 산호 백화라 부르는 것을 야기했다. 하지만 암초 표면의 몇몇 부분에서 산호의 44퍼센트가 12년 이내에 회복했다.

→ **(B) 앞:** 주어진 글과 (B) 사이에는 운이 다했다고 생각하지만 회복력을 보여주는 경우가 있었다는 내용이 와야 하고,
▶ (C)에서 그러한 내용이 올 것을 예상할 수 있음
그 예시로(for instance) 소실된 산호의 44퍼센트가 회복했다는 내용이 오는 것이 자연스럽다. ▶ 순서: (C) → (B)

(B) 뒤: 또 다른 회복력을 증명한 켈프 숲에 대한 내용이 Similarly로 이어지는 (A)가 (B) 뒤에 올 것이다. ▶ 순서: 주어진 글 → (C) → (B) → (A)

(C): 이것(This)은 긴급한 조치를 요구하는 세계적인 문제이다. 하지만 'BioScience'의 2017년 논문에서 자세히 설명된 것처럼, 해양 생태계가 극심한 기후의 사건들에 놀라운 회복력을 보여주는 경우들이 또한 있다.

→ **(C) 앞:** 긴급한 조치를 요구하는 '이것(This)'은 주어진 글에서 언급된 기후로 인한 교란을 의미한다.

2nd 글이 한눈에 들어오도록 정리하여 정답을 확인한다.

주어진 글: 우리는 해양 생태계에 영향을 미치는 기후로 인한 교란은 기억하고 회복력을 증명하는 연구는 기억하지 않는다.

→ **(C):** 이것은 세계적인 문제이지만, 해양 생태계가 극심한 기후에도 회복력을 보여주는 사례들이 있다.

→ **(B):** 예를 들어, Western Australia 지역의 산호는 백화 상태에서 44퍼센트가 회복됐다.

→ **(A):** 마찬가지로 엘니뇨의 영향을 받은 켈프 숲도 회복했는데, 이처럼 생태계가 기후 영향 속에서도 지속되는 상황을 연구하여 회복력을 키우는 전략들을 배울 수 있다.

▶ 주어진 글 다음에 이어질 글의 순서는 (C) → (B) → (A)이므로 정답은 ⑤임

O 31 정답 ③ ＊QWERTY 키보드의 문자 배치 이유

One interesting feature of network markets / is **that** "history matters." //
주격 보어절 접속사
네트워크 시장의 한 가지 흥미로운 특징은 / "역사가 중요하다"라는 것이다 //

A famous example is the QWERTY keyboard / **used with your computer**. //
과거분사구(keyboard 수식)
한 가지 유명한 예는 QWERTY 키보드이다 / 당신의 컴퓨터와 사용되는 //

replace A with B: A를 B로 대체하다
(A) **Replacing** the QWERTY keyboard / **with** a more efficient design / would have been both expensive and difficult to coordinate. //
QWERTY 키보드를 교체하는 것은 / 더 효율적인 디자인으로 / 비용이 많이 들고 조정하기 어려웠을 것이다 //

단서 1 이미 사람들이 익숙해졌기 때문에 문자의 배치가 구식 QWERTY로 남게 되었다는 결론을 제시함

Thus, / the placement of the letters stays / with the obsolete QWERTY / on today's English-language keyboards. //
따라서 / 문자의 배치는 남아 있다 / 구식 QWERTY로 / 오늘날의 영어 키보드에서 //

(B) You might wonder / **why** this particular configuration of keys, / with its awkward placement of the letters, / became the standard. //
목적어절을 이끄는 의문사
당신은 의아해할지도 모른다 / 왜 이 독특한 키의 배열이 / 어색한 문자 배치를 가진 / 표준이 되었는지 //

단서 2 QWERTY 키보드가 개발된 역사에 대한 설명이 시작됨

The QWERTY keyboard / in the 19th century / was developed / in the era of manual typewriters / with physical keys. //
QWERTY 키보드는 / 19세기에 / 개발되었다 / 수동 타자기의 시대에 / 물리적 키가 있는 //
부사적 용법(목적)

(C) The keyboard was designed / **to keep frequently used keys (like E and O)** / physically separated / in order **to prevent them from jamming**. //
to keep의 목적어와 목적격 보어(과거분사)
그 키보드는 설계되었다 / 자주 사용되는 (E와 O 같은) 키가 / 물리적으로 떨어져 있도록 / 걸리는 것을 막기 위해 //

단서 3 QWERTY 키보드가 어색한 문자 배치를 갖게 된 이유를 이어서 설명함
prevent A from B: A가 B하는 것을 막다

By the time the technology for electronic typing evolved, / millions of people had already learned to type / on millions of QWERTY typewriters. //
전자 타이핑 기술이 발전했을 때 즈음 / 수백만 명의 사람들이 이미 타자 치는 법을 배웠다 / 수백만 개의 QWERTY 타자기에서 //

- **feature** ⓝ 특징 · **matter** ⓥ 중요하다 · **coordinate** ⓥ 조정하다
- **placement** ⓝ 배치 · **awkward** ⓐ 어색한 · **standard** ⓝ 표준
- **era** ⓝ 시대 · **manual** ⓐ 수동의 · **typewriter** ⓝ 타자기
- **frequently** ⓐⓓ 자주 · **jam** ⓥ 걸리다, 막히다
- **electronic** ⓐ 전자의 · **evolve** ⓥ 발전하다

네트워크 시장의 한 가지 흥미로운 특징은 "역사가 중요하다"라는 것이다. 한 가지 유명한 예는 당신의 컴퓨터와 사용되는 QWERTY 키보드이다. (B) 당신은 어색한 문자 배치를 가진, 이 독특한 키의 배열이 왜 표준이 되었는지 의아해할지도 모른다. 19세기 QWERTY 키보드는 물리적 키가 있는 수동 타자기의 시대에 개발되었다. (C) 그 키보드는 자주 사용되는 (E와 O 같은) 키가 걸리는 것을 막기 위해 물리적으로 떨어져 있도록 설계되었다. 전자 타이핑 기술이 발전했을 때 즈음, 수백만 명의 사람들이 이미 수백만 개의 QWERTY 타자기에서 타자 치는 법을 배웠다. (A) QWERTY 키보드를 더 효율적인 디자인으로 교체하는 것은 비용이 많이 들고 조정하기 어려웠을 것이다. 따라서, 오늘날의 영어 키보드에서 문자의 배치는 구식 QWERTY로 남아 있다.

주어진 글 다음에 이어질 글의 순서로 가장 적절한 것을 고르시오. [3점]

① (A) — (C) — (B)
② (B) — (A) — (C)
③ (B) — (C) — (A)
④ (C) — (A) — (B)
⑤ (C) — (B) — (A)

(A)에서는 결론을 설명하고 있음

(B) QWERTY 키보드는 수동 타자기의 시대에 개발됨 – (C) 전자 타이핑 기술이 발전했을 때, 많은 사람들은 이미 QWERTY에 익숙해짐 – (A) 결국 문자의 배치는 구식 QWERTY로 남게 됨

(B)에서 QWERTY 키보드의 역사를 처음부터 소개하고 있음

| 문제 풀이 순서 | ✸✸❀ [정답률 69%]

1st 각 문단의 내용을 파악하고, 글의 논리적인 순서를 추론한다.

주어진 글: 네트워크 시장의 한 가지 흥미로운 특징은 "역사가 중요하다"라는 것이다. 한 가지 유명한 예는 당신의 컴퓨터와 사용되는 QWERTY 키보드이다. (단서)

➡ **주어진 글 뒤:** QWERTY 키보드의 역사에 관한 내용이 이어질 것이다. (발상)

(A): QWERTY 키보드를 더 효율적인 디자인으로 교체하는 것은 비용이 많이 들고 조정하기 어려웠을 것이다. 따라서(Thus), 오늘날의 영어 키보드에서 문자의 배치는 구식 QWERTY로 남아 있다.

➡ **(A) 앞:** QWERTY 키보드를 다른 디자인으로 바꾸는 것이 어려운 이유가 앞에 언급될 것이다. ▶ 주어진 글은 QWERTY 키보드를 단순히 언급만 했으므로 (A)가 바로 이어질 수 없음

(A) 뒤: Thus는 앞에 언급된 내용을 정리할 때 주로 쓰는 연결어이다. 오늘날의 키보드는 QWERTY 배치로 남아 있다면서 내용을 정리하고 있다.

▶ (A)는 글의 결론일 것임

(B): 당신은 어색한 문자 배치를 가진, 이 독특한 키의 배열이 왜 표준이 되었는지 의아해할지도 모른다. 19세기 QWERTY 키보드는 물리적 키가 있는 수동 타자기의 시대에 개발되었다.

➡ **(B) 앞:** '어색한 문자 배치를 가진, 이 독특한 키의 배열'은 주어진 글에서 처음 언급된 QWERTY 키보드를 말한다. ▶ 순서: 주어진 글 → (B)

(B) 뒤: 주어진 글에서 예상했던 것처럼 QWERTY 키보드의 역사에 관한 내용이 시작되었고, (B) 이후로는 QWERTY 키보드가 어떻게 개발되어 자리 잡게 되었는지 이어질 것이다.

▶ (A)를 글의 결론으로 예상했기 때문에 (B) 다음 (C)가 이어질 것임

(C): 그 키보드는 자주 사용되는 (E와 O 같은) 키가 걸리는 것을 막기 위해 물리적으로 떨어져 있도록 설계되었다. 전자 타이핑 기술이 발전했을 때 즈음, 수백만 명의 사람들이 이미 수백만 개의 QWERTY 타자기에서 타자 치는 법을 배웠다.

➡ **(C) 앞:** QWERTY 키보드가 어떤 방식으로 설계되었는지를 이야기하려면 먼저 QWERTY 키보드가 개발되었다는 것이 언급되어야 하므로 앞에 (B)가 와야 한다.

▶ 순서: 주어진 글 → (B) → (C)

(C) 뒤: 전자 타이핑 기술이 발전했을 땐 이미 많은 사람이 QWERTY 타자기에 익숙해졌다고 했으므로, 뒤에는 이를 교체하는 것이 비용이 많이 들고 어렵기 때문에 오늘날 QWERTY 방식으로 남았다고 글을 마무리하는 것이 자연스럽다.

▶ 순서: 주어진 글 → (B) → (C) → (A)

2nd 글이 한눈에 들어오도록 정리하여 정답을 확인한다.

주어진 글: 네트워크 시장에서는 역사가 중요한데, QWERTY 키보드가 그 예이다.

→ **(B):** QWERTY 키보드는 물리적 키가 있는 수동 타자기의 시대인 19세기에 개발되었다.

→ **(C):** QWERTY 키보드는 자주 사용되는 키가 멀리 떨어져 있도록 설계되었는데, 전자 타이핑이 발전했을 때는 이미 많은 사람이 QWERTY 방식에 익숙했다.

→ **(A):** 더 효율적인 디자인으로 교체하는 것은 비용도 많이 들고 어려우므로 오늘날 영어 키보드는 그대로 QWERTY 방식으로 남아 있다.

▶ 주어진 글 다음에 이어질 글의 순서는 (B) → (C) → (A)이므로 정답은 ③임

O 32 정답 ⑤   *신체 곳곳에 퍼져 있는 촉감 수용체

Touch receptors are spread / over all parts of the body, / but they are not spread evenly. // (단서 1) 촉감 수용체는 골고루 퍼져 있지 않음

촉감 수용체는 퍼져 있다 / 신체 곳곳에 / 하지만 골고루 퍼져 있지는 않다 //

Most of the touch receptors are found / in your fingertips, tongue, and lips. //

대부분의 촉감 수용체는 발견된다 / 손가락 끝, 혀, 그리고 입술에서 //

(A) But if the fingers are spread far apart, / you can feel them individually. // (단서 2) (B)의 마지막에 손가락이 서로 가까이 붙어 있는 경우와 대조되는 내용이 이어짐

하지만 만약 손가락끼리 멀리 떨어져 있다면 / 당신은 그것들을 각각 느낄 수 있다 //

Yet if the person does the same thing / on the back of your hand / (with your eyes closed, / so that you don't see / how many fingers are being used), /

「with+(대)명사+분사」: ~가 …한된 채로

하지만 만약 그 사람이 같은 행동을 한다면 / 당신의 손등에 / (당신의 눈을 감은 채로 / 당신이 모르게 하기 위해 / 몇 개의 손가락이 사용되어지고 있는지) /

you probably will be able to tell easily, / even when the fingers are close together. //

당신은 아마 쉽게 구별할 수 있을 것이다 / 손가락이 서로 가까이 있을 때조차도 //

(B) You can test this / for yourself. // for oneself: 스스로

당신은 이것을 테스트해 볼 수 있다 / 스스로 (단서 3) (C)의 내용을 직접 확인해 볼 방법을 제시함

Have someone poke you in the back / with one, two, or three fingers / and try to guess / how many fingers the person used. //

Have의 목적어와 목적격 보어(원형부정사) / 목적어절을 이끄는 의문사

누군가에게 당신의 등을 찌르게 하고 / 한 손가락, 두 손가락, 또는 세 손가락으로 / 추측해 보라 / 그 사람이 얼마나 많은 손가락을 사용했는지 //

If the fingers are close together, / you will probably think / it was only one. // 앞에 목적어절 접속사 생략

만약 손가락이 서로 가까이 붙어 있다면 / 당신은 아마 생각할 것이다 / 그것이 한 개라고 // (단서 4) 촉감 수용체가 골고루 퍼져 있지 않다는 주어진 글에 대한 구체적인 예시

(C) On the tip of each of your fingers, / for example, / there are about five thousand separate touch receptors. //

각각의 손가락 끝에는 / 예를 들어 / 약 5천 개의 서로 떨어져 있는 촉감 수용체가 있다 //

In other parts of the body / there are far fewer. // 비교급 강조 부사

몸의 다른 부분에서는 / 훨씬 더 적다 //

In the skin of your back, / the touch receptors may be as much as 2 inches apart. // as 원급 as: ~만큼 …한

당신의 등 피부에는 / 촉감 수용체가 2인치만큼 떨어져 있을 수도 있다 //

- receptor ⓝ 수용체
- spread ⓥ 퍼지게 하다
- evenly ⓐⓓ 골고루
- individually ⓐⓓ 각각
- tell ⓥ 구별하다
- poke ⓥ (손가락 등으로) 쿡 찌르다

촉감 수용체는 신체 곳곳에 퍼져 있지만 골고루 퍼져 있지는 않다. 대부분의 촉감 수용체는 손가락 끝, 혀, 그리고 입술에서 발견된다. (C) 예를 들어, 각각의 손가락 끝에는 약 5천 개의 서로 떨어져 있는 촉감 수용체가 있다. 몸의 다른 부분에서는 훨씬 더 적다. 당신의 등 피부에는, 촉감 수용체가 2인치만큼 떨어져 있을 수도 있다. (B) 당신은 스스로 이것을 테스트해 볼 수 있다. 누군가에게 당신의 등을 한 손가락, 두 손가락, 또는 세 손가락으로 찌르게 하고 그 사람이 얼마나 많은 손가락을 사용했는지 추측해 보라. 만약 손가락이 서로 가까이 붙어 있다면, 당신은 아마 그것이 한 개라고 생각할 것이다. (A) 하지만 만약 손가락끼리 멀리 떨어져 있다면, 당신은 그것들을 각각 느낄 수 있다. 하지만 만약 그 사람이 당신의 손등에 같은 행동을 한다면(몇 개의 손가락이 사용되어지고 있는지 모르게 하기 위해, 당신의 눈을 감은 채로), 당신은 아마 손가락이 서로 가까이 있을 때조차도 쉽게 구별할 수 있을 것이다.

주어진 글 다음에 이어질 글의 순서로 가장 적절한 것을 고르시오.

① (A) — (C) — (B) — (B)에서 손가락이 서로 붙어 있는 경우가 나온 뒤 (A)에서 손가락이 서로 떨어져 있는 경우를 대조해야 함

② (B) — (A) — (C) — (C)는 주어진 글의 내용을 구체적으로 설명하고 있으므로 주어진 글 바로 다음에 와야 함

③ (B) — (C) — (A)

④ (C) — (A) — (B)

⑤ (C) — (B) — (A) — (C) 손가락 끝과 등에는 수용체가 각기 달리 분포되어 있음 – (B) 등을 찔렀을 땐 손가락을 몇 개 썼는지 구별하기 어려움 – (A) 손등을 찔렀을 땐 구별하기 쉬움

| 문제 풀이 순서 | ✸✸✸ [정답률 53%]

1st 주어진 글을 통해 글의 핵심 소재를 파악하고 전개 방향을 예측한다.

주어진 글: 촉감 수용체는 신체 곳곳에 퍼져 있지만 골고루 퍼져 있지는 않다. 대부분의 촉감 수용체는 손가락 끝, 혀, 그리고 입술에서 발견된다.

➡ **소재:** 촉감 수용체 (단서)

전개 방향: 촉감 수용체가 골고루 퍼져 있지 않다는 것을 설명하는 예시가 이어질 것이다. (발상)

2nd 각 문단의 내용을 파악하고, 글의 논리적인 순서를 추론한다.

(A): 하지만 만약 손가락끼리 멀리 떨어져 있다면, 당신은 그것들을 각각 느낄 수 있다. 하지만 만약 그 사람(the person)이 당신의 손등에 같은 행동(the same thing)을 한다면(몇 개의 손가락이 사용되어지고 있는지 모르게 하기 위해, 당신의 눈을 감은 채로), 당신은 아마 손가락이 서로 가까이 있을 때조차도 쉽게 구별할 수 있을 것이다.

➡ **(A) 앞:** '그 사람'이 누구이고, '같은 행동'이 무엇을 가리키는지가 앞에 언급되어 있어야 한다. ▶ 주어진 글에는 특정 사람이나 행동이 언급되지 않음

(A) 뒤: 손등에 어떤 행동이 취해졌을 때의 결과를 이야기하고 있으므로, 다른 신체 부위에 같은 행동의 결과가 추가로 제시되거나 추가 예시 없이 (A)로 글이 마무리될 것이다.

(B): 당신은 스스로 이것(this)을 테스트해 볼 수 있다. 누군가에게 당신의 등을 한 손가락, 두 손가락, 또는 세 손가락으로 찌르게 하고 그 사람이 얼마나 많은 손가락을 사용했는지 추측해 보라. 만약 손가락이 서로 가까이 붙어 있다면, 당신은 아마 그것이 한 개라고 생각할 것이다.

➡ **(B) 앞:** '이것'은 촉감 수용체가 신체 곳곳에 골고루 퍼져 있지 않다는 것일 수 있다.
  ▶ 주어진 글이 (B) 앞에 올 수 있음

(B) 뒤: 등을 손가락으로 찌르는 행동을 (A)에서 '같은 행동'으로 언급하고 있으므로 (B) 뒤에는 (A)가 이어질 것이다.
  ▶ 등을 손가락으로 찌르는 누군가를 (A)에서 '그 사람'이라고 함 (순서: (B) ➡ (A))

(C): 예를 들어(for example), 각각의 손가락 끝에는 약 5천 개의 서로 떨어져 있는 촉감 수용체가 있다. 몸의 다른 부분에서는 훨씬 더 적다. 당신의 등 피부에는, 촉감 수용체가 2인치만큼 떨어져 있을 수도 있다.

➡ **(C) 앞:** 주어진 글에서 촉감 수용체가 골고루 퍼져 있지 않다는 것에 대한 예시가 연결어 for example로 이어지고 있으므로 (C)가 주어진 글에 바로 이어져야 한다.
  ▶ 순서: 주어진 글 ➡ (C)

(C) 뒤: 등에 있는 촉감 수용체는 2인치만큼 떨어져 있다는 것을 테스트해 보는 방법이 (B)에 나오는 누군가에게 등을 손가락으로 찔러보도록 하는 것이다. 따라서 (C) 뒤에는 (B)가 와야 한다.
  ▶ (C)의 내용이 (B)의 this임 (순서: 주어진 글 ➡ (C) ➡ (B) ➡ (A))

3rd 글이 한눈에 들어오도록 정리하여 정답을 확인한다.

주어진 글: 촉감 수용체는 신체 곳곳에 퍼져 있지만 골고루 퍼져 있지는 않다.

➡ **(C):** 예를 들어, 손끝에는 약 5천 개의 촉감 수용체가 서로 떨어져 있지만, 등에는 촉감 수용체가 2인치만큼 떨어져 있을 수도 있다.

➡ **(B):** 누군가에게 당신의 등을 여러 개의 손가락을 찌르게 하고 그 수를 추측하여 이것을 테스트해 볼 수 있는데, 손가락들이 서로 가까이 붙어 있으면 당신은 한 개라고 생각할 것이다.

➡ **(A):** 손가락들이 멀리 떨어져 있다면 당신은 그것들을 각각 느낄 수 있다. 만약 손등에 같은 행동을 한다면 손가락이 서로 가까이 있을지라도 쉽게 구별할 수 있을 것이다.

▶ 주어진 글 다음에 이어질 글의 순서는 (C) ➡ (B) ➡ (A)이므로 정답은 ⑤임

O 33 정답 ② ＊잊힐 권리의 범위와 예외

The right to be forgotten / is a right distinct from but related to / a right to privacy. //
잊힐 권리는 / 구별되지만 관련이 있는 권리이다 / 사생활 권리와 //

The right to privacy is, / among other things, / the right for information / traditionally regarded / as protected or personal not to be revealed. // **단서 1** 사생활 권리는 공개되지 않아야 하는 정보에 적용됨
사생활 권리는 / 무엇보다도 / 정보에 대한 권리이다 / 전통적으로 여겨지는 / 보호되거나 공개되지 않아야 할 개인적인 것으로 //

단서 2 '그러한 권리'가 가리키는 것은 (B)에서 설명한 잊힐 권리임
(A) One motivation for such a right / is to allow individuals to move on with their lives / and not be defined / by a specific event or period in their lives. //
그러한 권리의 한 가지 이유는 / 개인이 자신의 삶을 영위할 수 있게 해주고 / 정의되지 않도록 해주는 것이다 / 자신의 삶의 특정한 사건이나 기간에 의해 //

For example, / it has long been recognized in some countries, / such as the UK and France, /
예를 들어 / 일부 국가에서는 오랫동안 인식되어 왔다 / 영국과 프랑스와 같은 /

that even past criminal convictions / should eventually be "spent" / and not continue to affect a person's life. //
과거의 범죄 유죄 판결조차도 / 결국 '소모되어야' 하고 / 한 사람의 삶에 계속 영향을 미치지 않아야 한다고 //

단서 3 반면에 잊힐 권리는 공개되어 있는 정보에 적용됨
(B) The right to be forgotten, in contrast, / can be applied to information / that has been in the public domain. //
반면에 잊힐 권리는 / 정보에 적용될 수 있다 / 공공의 영역에 있었던 //

The right to be forgotten broadly includes / the right of an individual / not to be forever defined / by information from a specific point in time. //
잊힐 권리는 광범위하게 포함한다 / 개인의 권리를 / 영원히 정의되지 않아야 할 / 특정 시점의 정보에 의해 //

단서 4 잊힐 권리에 관한 이유가 앞에 언급돼야 함
(C) Despite the reason for supporting the right to be forgotten, / the right to be forgotten / can sometimes come into conflict / with other rights. //
잊힐 권리를 지지하는 그러한 이유에도 불구하고 / 잊힐 권리는 / 때때로 충돌할 수 있다 / 다른 권리와 //

For example, / formal exceptions are sometimes made / for security or public health reasons. //
예를 들어 / 공식적인 예외가 때때로 만들어진다 / 안보와 공공 보건의 이유로 인해 //

- distinct ⓐ 구별되는 ・ privacy ⓝ 사생활 ・ reveal ⓥ 드러내다
- define ⓥ 정의하다 ・ criminal ⓐ 범죄의
- conviction ⓝ 유죄 판결 ・ domain ⓝ 영역
- broadly ⓐⓓ 광범위하게 ・ conflict ⓝ 충돌 ・ formal ⓐ 공식적인
- exception ⓝ 예외 ・ security ⓝ 안보

잊힐 권리는 사생활 권리와 구별되지만 관련이 있는 권리이다. 사생활 권리는 무엇보다도 전통적으로 보호되거나 공개되지 않아야 할 개인적인 것으로 여겨지는 정보에 대한 권리이다. (B) 반면에 잊힐 권리는 공공의 영역에 있었던 정보에 적용될 수 있다. 잊힐 권리는 특정 시점의 정보에 의해 영원히 정의되지 않아야 할 개인의 권리를 광범위하게 포함한다. (A) 그러한 권리의 한 가지 이유는 개인이 자신의 삶을 영위할 수 있게 해주고 자신의 삶의 특정한 사건이나 기간에 의해 정의되지 않도록 해주는 것이다. 예를 들어, 영국과 프랑스와 같은 일부 국가에서는 과거의 범죄 유죄 판결조차도 결국 '소모되어야' 하고 한 사람의 삶에 계속 영향을 미치지 않아야 한다고 오랫동안 인식되어 왔다. (C) 잊힐 권리를 지지하는 그러한 이유에도 불구하고 잊힐 권리는 다른 권리와 때때로 충돌할 수 있다. 예를 들어, 공식적인 예외가 안보와 공공 보건의 이유로 인해 때때로 만들어진다.

주어진 글 다음에 이어질 글의 순서로 가장 적절한 것을 고르시오.

① (A) — (C) — (B) (A)는 such a right로 시작하므로 (B) 이후에 연결되어야 함
② (B) — (A) — (C) (B) 잊힐 권리는 공개된 정보에 적용됨 — (A) 잊힐 권리의 이유는 개인이 삶을 영위하도록 하기 위함임 — (C) 그런 이유에도 불구하고 잊힐 권리는 다른 권리와 충돌할 수 있음
③ (B) — (C) — (A) (C) 앞에는 잊힐 권리의 이유를 설명하는 (A)가 와야 함
④ (C) — (A) — (B)
⑤ (C) — (B) — (A) (B)는 in contrast로 시작하므로 주어진 글 다음에 이어져야 함

| 문제 풀이 순서 | ★★★ [정답률 41%]

1st 각 문단의 내용을 파악하고, 글의 논리적인 순서를 추론한다.

주어진 글: 잊힐 권리는 사생활 권리와 구별되지만 관련이 있는 권리이다. 사생활 권리는 무엇보다도 전통적으로 보호되거나 공개되지 않아야 할 개인적인 것으로 여겨지는 정보에 대한 권리이다. (단서)

➡ **주어진 글 뒤:** 사생활 권리에 대한 설명이 왔으므로 잊힐 권리에 대한 설명이 이어질 것이다. (발상)

(A): 그러한 권리(such a right)의 한 가지 이유는 개인이 자신의 삶을 영위할 수 있게 해주고 자신의 삶의 특정한 사건이나 기간에 의해 정의되지 않도록 해주는 것이다. 예를 들어, ~.

➡ **(A) 앞:** 그러한 권리(such a right)는 잊힐 권리이다. 주어진 글과 (A) 사이에 잊힐 권리에 대한 설명이 있어야 한다.

▶ 주어진 글 바로 뒤에 (A)가 올 수 없음

(A) 뒤: 잊힐 권리가 갖는 한계점 등이 이어질 것이다.

(B): 반면에(in contrast) 잊힐 권리는 공공의 영역에 있었던 정보에 적용될 수 있다. 잊힐 권리는 특정 시점의 정보에 의해 영원히 정의되지 않아야 할 개인의 권리를 광범위하게 포함한다.

➡ **(B) 앞:** in contrast(반면에)는 앞뒤로 반대되는 내용이 온다. 잊힐 권리와 대비되는 사생활 권리에 대한 내용이 앞에 와야 한다.

▶ 주어진 글에 그러한 내용이 있음 (순서: 주어진 글 → (B))

(B) 뒤: (A)에서 잊힐 권리에 대한 이유를 설명했다.

▶ 순서: 주어진 글 → (B) → (A)

(C): 잊힐 권리를 지지하는 그러한 이유에도 불구하고(Despite the reason) 잊힐 권리는 다른 권리와 때때로 충돌할 수 있다. 예를 들어, 공식적인 예외가 안보와 공공 보건의 이유로 인해 때때로 만들어진다.

➡ **(C) 앞:** 앞에 잊힐 권리의 이유에 대해 언급되어야 한다. ▶ (A)가 잊힐 권리에 대한 이유를 설명하는 부분이다. (순서: 주어진 글 → (B) → (A) → (C))

2nd 글이 한눈에 들어오도록 정리하여 정답을 확인한다.

주어진 글: 잊힐 권리는 사생활 권리와 관련이 있는데, 사생활 권리는 공개되지 않아야 할 개인적인 정보에 대한 권리이다.

➡ **(B):** 반면에 잊힐 권리는 공공의 영역에 있었던 정보에 적용될 수 있다.

➡ **(A):** 그러한 권리의 한 가지 이유는 개인이 자유롭게 삶을 살고, 과거에 대한 특정 사건이나 기간에 얽매이지 않도록 보호하기 위해서이다.

➡ **(C):** 그러한 이유에도 불구하고 잊힐 권리는 다른 권리와 때때로 충돌할 수 있다.

▶ 주어진 글 다음에 이어질 글의 순서는 (B) → (A) → (C)이므로 정답은 ②임

O 34 정답 ⑤   ⭐ 2등급 대비 [정답률 42%]

＊인간 문화에 대한 우리의 생각

> **When** we think of culture, / we first think of human cultures, of *our* culture. //
> 부사절 접속사(시간)
> 우리가 문화에 대해 생각할 때 / 우리는 먼저 인간의 문화, '우리의' 문화를 생각한다 //
> We think of / computers, airplanes, fashions, teams, and pop stars. // 우리는 생각한다 / 컴퓨터, 비행기, 패션, 팀, 그리고 팝 스타를 //
> For most of human cultural history, / none of those things existed. // (단서 1) 우리가 흔히 생각하는 '우리의' 문화는 인간 문화의 역사에서 대부분의 시간 동안 존재하지 않음
> 대부분의 인간 문화의 역사에서 / 그러한 것들 중 어느 것도 존재하지 않았다 //

(A) Sadly, this remains true / **as** the final tribal peoples get
부사절 접속사(시간)
those who: ~한 사람들
overwhelmed / by **those who** value money above humanity. //
슬프게도 이것은 여전히 사실이다 / 마지막 부족민들이 제압당할 때도 / 인간성보다 돈을 가치 있게 여기는 사람들에 의해 //
(단서 2) 인간성보다 돈을 중시하는 우리가 마지막 부족민들을 제압했을 때도 그들은 목숨을 바쳐 싸웠음

We are living in their end times / and, to varying extents, / we're all contributing to those endings. //
우리는 그들의 종말의 시대에 살고 있고 / 다양한 정도로 / 우리는 모두 그러한 종말에 원인이 되고 있다 //
「prove+형용사(보어): ~한 것으로 증명되다」
Ultimately our values / may even **prove self-defeating**. //
결국 우리의 가치들이 / 스스로를 파괴하고 있다는 것을 증명하는 것일 수도 있다 //

(B) They held extensive knowledge, / knew deep secrets of their lands and creatures. // (단서 3) They는 (C)에 나온 hunter-gatherers를 가리킴
그들은 광범위한 지식을 가졌고 / 그들의 땅과 생명체의 깊은 비밀을 알았다 //
부사절 접속사(이유)
And they experienced rich and rewarding lives; / we know so / **because when** their ways were threatened, / they fought to hold
부사절 접속사(시간)
on to them, to the death. // (단서 4) 수렵 채집인들은 자신들의 삶의 방식을 고수하기 위해 목숨을 바쳐 싸웠음
그리고 그들은 풍요롭고 가치 있는 삶을 경험했는데 / 우리가 그렇게 알고 있다 / 그들의 (삶의) 방식이 위협받았을 때 / 그것을 고수하기 위해 죽을 때까지 그들이 싸웠기 때문에 //

(C) For hundreds of thousands of years, / no human culture had a tool / with moving parts. // (단서 5) 인간 문화의 대부분의 시간 동안 현재 우리의 문화와 같은 건 존재하지 않았음
수십만 년 동안 / 어떤 인간의 문화도 도구를 가지지 않았다 / 움직이는 부품들을 가진 //
Well into the twentieth century, / various human foraging cultures / retained tools of stone, wood, and bone. //
20세기까지도 / 다양한 인간의 수렵 채집 문화는 / 돌, 나무, 그리고 뼈로 된 도구를 보유했다 //
We might pity human hunter-gatherers / for their stuck simplicity, / but we would be making a mistake. //
우리는 수렵 채집인들을 동정할지도 모른다 / 그들의 꽉 막힌 단순함 때문에 / 하지만 우리는 실수를 범하고 있는 것일 수 있다 //

- **tribal** ⓐ 부족의
- **people** ⓝ (단수 명사) 민족
- **overwhelm** ⓥ 제압하다
- **value** ⓥ 가치 있게 여기다
- **humanity** ⓝ 인간성
- **contribute to** ~에 기여하다, ~의 원인이 되다
- **self-defeating** 스스로를 파괴하는
- **rewarding** ⓐ 가치 있는, 보상해주는
- **hold on** ~을 고수하다
- **retain** ⓥ 보유하다, 확보하다
- **pity** ⓥ 동정하다
- **hunter-gatherer** 수렵 채집인
- **stuck** ⓐ 꽉 막힌
- **simplicity** ⓝ 단순함

우리가 문화에 대해 생각할 때, 우리는 먼저 인간의 문화, '우리의' 문화를 생각한다. 우리는 컴퓨터, 비행기, 패션, 팀, 그리고 팝 스타를 생각한다. 그러한 것들 중 어느 것도 대부분의 인간 문화의 역사에서 존재하지 않았다. (C) 수십만 년 동안, 어떤 인간의 문화도 움직이는 부품들을 가진 도구를 가지지 않았다. 20세기까지도 다양한 인간의 수렵 채집 문화는 돌, 나무, 그리고 뼈로 된 도구를 보유했다. 우리는 수렵 채집인들을 그들의 꽉 막힌 단순함 때문에 동정할지도 모르지만, 우리는 실수를 범하고 있는 것일 수 있다. (B) 그들은 광범위한 지식을 가졌고 그들의 땅과 생명체의 깊은 비밀을 알았다. 그리고 그들은 풍요롭고 가치 있는 삶을 경험했는데, 그들의 (삶의) 방식이 위협받았을 때 그것을 고수하기 위해 죽을 때까지 그들이 싸웠기 때문에 우리가 그렇게 알고 있다. (A) 슬프게도 인간성보다 돈을 가치 있게 여기는 사람들에 의해 마지막 부족민들이 제압당할 때도 이것은 여전히 사실이다. 우리는 그들의 종말의 시대에 살고 있고, 다양한 정도로 우리는 모두 그러한 종말에 원인이 되고 있다. 결국 우리의 가치들이 스스로를 파괴하고 있다는 것을 증명하는 것일 수도 있다.

> **주어진 글 다음에 이어질 글의 순서로 가장 적절한 것을 고르시오. [3점]**
> ① (A) ― (C) ― (B)   (A)의 첫 문장에 나온 this는 (B)에서 수렵 채집인들이 목숨 바쳐 그들의 문화를 지킨 것을 나타내므로 (A)가 (B)에 바로 이어져야 함
> ② (B) ― (A) ― (C)
> ③ (B) ― (C) ― (A)   (B)의 첫 문장에서 나온 they는 (C)의 마지막에 나온 hunter-gatherers를 가리키므로 (B) 앞에 (C)가 와야 함
> ④ (C) ― (A) ― (B)   (C) 수렵 채집인들의 문화는 우리와 달랐지만, 우리가 그들의 삶을 동정하는 것은 잘못됨 ― (B) 수렵 채집인들은 자신들만의 문화와 지혜를 지녔으며, 자신들의 삶의 방식을 고수하기 위해 목숨을 바쳐 싸움 ― (A) 우리는 그들이 종말하는 원인이 되고 있으며, 결국 우리가 가치 있게 여기는 것이 스스로를 파괴하는 것일 수도 있음
> ⑤ (C) ― (B) ― (A)

🔵 **2등급⁉** 글의 전반적인 흐름을 모르면 this나 they와 같은 지시대명사가 가리키는 것이 무엇인지 정확하게 파악할 수 없는 2등급 대비 문제이다.
우리가 문화라고 떠올리는 것들과 실제로 수십만 년 동안 문화를 지배한 것들을 정확하게 구분하고, 그 배경을 이해해야 글의 자연스러운 순서를 찾을 수 있다.

1st 주어진 글을 통해 글의 핵심 소재를 파악하고 전개 방향을 예측한다.

주어진 글: 우리가 문화에 대해 생각할 때, 우리는 먼저 인간의 문화, '우리의' 문화를 생각한다. 우리는 컴퓨터, 비행기, 패션, 팀, 그리고 팝 스타를 생각한다. 그러한 것들 중 어느 것도 대부분의 인간 문화의 역사에서 존재하지 않았다.

➡ **소재:** 인간 문화 단서

전개 방향: 인간 문화의 역사에 존재했던 것은 무엇인지, 왜 지금은 그것을 문화로 쉽게 떠올리지 않는지에 대한 설명이 이어질 것이다. 발상

2nd 각 문단의 내용을 파악하고, 글의 논리적인 순서를 추론한다.

(A): 슬프게도 인간성보다 돈을 가치 있게 여기는 사람들에 의해 마지막 부족민들이 제압당할 때도 이것(this)은 여전히 사실이다. 우리는 그들의 종말의 시대에 살고 있고, 다양한 정도로 우리는 모두 그러한 종말에 원인이 되고 있다. 결국(Ultimately) 우리의 가치들이 스스로를 파괴하고 있다는 것을 증명하는 것일 수도 있다.

➡ **(A) 앞:** 여전히 사실인 this가 무엇인지 (A) 앞에 제시되어야 한다.
   ▶ 주어진 글에는 부족민들이 제압당할 때 일어날 만한 일이 언급되지 않았음
   (A) 뒤: Ultimately는 글의 내용을 정리할 때 주로 쓰는 부사이므로, 우리의 가치들이 우리를 파괴하고 있다는 것이 글의 결론일 것이다.
   ▶ (A)가 마지막에 올 확률이 높음

(B): 그들(They)은 광범위한 지식을 가졌고 그들의 땅과 생명체의 깊은 비밀을 알았다. 그리고 그들은 풍요롭고 가치 있는 삶을 경험했는데, 그들의 (삶의) 방식이 위협받았을 때 그것을 고수하기 위해 죽을 때까지 그들이 싸웠기 때문에 우리가 그렇게 알고 있다.

➡ **(B) 앞:** They가 가리키는 대상이 언급되어야 하는데, 주어진 글에는 지식을 가졌다고 할 만한 대상이 없고, (A)는 글의 내용을 정리하고 있으므로 (C)가 앞에 올 것이다. ▶ (C)에 They로 지칭할 만한 대상이 나올 것임 (순서: (C) ➡ (B))
   (B) 뒤: (A)에서 this로 가리킨 것이 바로 '삶의 방식이 위협받았을 때 죽을 때까지 그것을 지키기 위해 싸웠다는 것'이다.
   인간성을 가치 있게 여기지 않는 사람들이 마지막 부족민들을 제압할 때, 마지막 부족민들도 그들의 삶의 방식을 지키기 위해 싸웠다는 흐름은 자연스럽다.
   ▶ 순서: (C) ➡ (B) ➡ (A)

(C): 수십만 년 동안, 어떤 인간의 문화도 움직이는 부품들을 가진 도구를 가지지 않았다. 20세기까지도 다양한 인간의 수렵 채집 문화는 돌, 나무, 그리고 뼈로 된 도구를 보유했다. 우리는 수렵 채집인들을 그들의 꽉 막힌 단순함 때문에 동정할지도 모르지만, 우리는 실수를 범하고 있는 것일 수 있다.

➡ **(C) 앞:** 주어진 글에서 예시로 제시한 컴퓨터와 비행기를 '움직이는 부품들을 가진 도구'로 바꾸어 말한 것이므로 주어진 글에 (C)가 바로 이어지는 것이 자연스럽다.
   ▶ 순서: 주어진 글 ➡ (C) ➡ (B) ➡ (A)
   (C) 뒤: 우리가 동정하는 것이 실수일지도 모르는 '수렵 채집인들'이 바로 (B)에서 언급한 광범위한 지식을 가진 They이다.

3rd 글이 한눈에 들어오도록 정리하여 정답을 확인한다.

주어진 글: 우리의 문화라고 생각하는 컴퓨터, 비행기, 패션, 팀, 팝 스타 등은 대부분의 인간 문화의 역사에서 존재하지 않았다.

➡ **(C):** 수십만 년 동안 어떤 인간의 문화에도 움직이는 부품들을 가진 도구는 없었는데, 우리가 수렵 채집인들을 단순하다고 동정하는 것은 실수일 수 있다.

➡ **(B):** 그들은 광범위한 지식을 가졌고 가치 있는 삶을 경험했는데, 그들의 삶의 방식이 위협받았을 때 그것을 지키려고 죽을 때까지 싸웠다.

➡ **(A):** 마지막 부족민들이 제압당할 때도 그들은 문화를 지키기 위해 싸웠다. 결국 우리가 그들의 종말의 원인이며, 우리의 가치들이 스스로를 파괴하고 있다.

▶ 주어진 글 다음에 이어질 글의 순서는 (C) ➡ (B) ➡ (A)이므로 정답은 ⑤임

O 35 정답 ⑤ — ⭐ 2등급 대비 [정답률 37%]

＊제품 광고의 긍정적인 측면

> If you drive down a busy street, / you will find many
> competing businesses, / often right next to one another. //
> 현재분사 (businesses 수식)
> 만약 여러분이 번화한 거리를 운전한다면 / 여러분은 경쟁하는 많은 업체들을 발견할 것이다 / 자주 서로의 바로 옆에서 // 단서 1 가까이서 경쟁하는 업체들이 많음
>
> For example, / in most places / a consumer in search of a quick meal / has many choices, / and more fast-food restaurants appear / all the time. //
> '~을 찾는'
> 예를 들어 / 대부분의 장소에서 / 빠른 식사를 찾는 소비자는 / 많은 선택권을 가지고 있고 / 더 많은 패스트푸드 식당들이 나타난다 / 항상 //

(A) Yes, costs rise, / but consumers also gain information / to help make purchasing decisions. //
완전자동사 / 형용사적 용법 (information 수식) / to help의 목적어(원형부정사)
물론 가격이 상승하기는 하지만 / 소비자들은 정보도 얻는다 / 구매 결정을 내리는 데 도움이 되는 // 단서 2 (B)에서 언급된 광고의 긍정적인 측면을 이어서 설명하고 있음

Consumers also benefit from added variety, / and we all get a product / that's pretty close to our vision of a perfect good /
주격 관계대명사
소비자들은 또한 추가된 다양성으로부터 혜택을 얻고 / 우리 모두는 제품을 얻는데 / 완벽한 제품에 대한 우리의 상상에 매우 근접한 /

— and no other market structure delivers that outcome. //
지시형용사
다른 어떤 시장 구조도 그러한 결과를 제공하지 않는다 //

(B) However, / this misconception doesn't account for / why firms advertise. //
관계부사 (선행사 the reason 생략)
그러나 / 이러한 오해는 설명하지 않는다 / 회사들이 광고하는 이유를 // 단서 3 (C)에서 말한 '광고가 가격을 올릴 것'이라는 오해를 가리킴

In markets / where competitors sell slightly differentiated products, / advertising enables firms to inform / their customers / about new products and services. //
관계부사 / 동명사 주어 / 단수 동사 / inform A about[of] B: A에게 B를 알리다
시장에서 / 경쟁사들이 약간 차별화된 제품들을 판매하는 / 광고는 회사들이 알릴 수 있게 해준다 / 그들의 소비자들에게 / 새로운 제품과 서비스를 / 단서 4 주어진 글에서 말한 '가까이서 경쟁하는 업체들'을 가리킴

(C) These competing firms advertise heavily. //
이 경쟁하는 회사들은 광고를 많이 한다 //

The temptation is to see advertising / as driving up the price of a product / without any benefit to the consumer. //
see A as B: A를 B로 여기다
광고를 보기 쉽다 / 제품의 가격을 올리는 것으로 / 소비자에게 어떤 혜택도 없이 //

- compete Ⓥ 경쟁하다
- variety Ⓝ 다양성
- vision Ⓝ 상상, 환상
- structure Ⓝ 구조
- outcome Ⓝ 결과
- misconception Ⓝ 오해
- account for ~을 설명하다
- advertise Ⓥ 광고하다
- competitor Ⓝ 경쟁자
- differentiate Ⓥ 구별하다
- temptation Ⓝ 유혹

만약 여러분이 번화한 거리를 운전한다면, 여러분은 자주 서로의 바로 옆에서 경쟁하는 많은 업체들을 발견할 것이다. 예를 들어, 대부분의 장소에서 빠른 식사를 찾는 소비자는 많은 선택권을 가지고 있고, 더 많은 패스트푸드 식당들이 항상 나타난다. (C) 이 경쟁하는 회사들은 광고를 많이 한다. 광고를 소비자에게 어떤 혜택도 없이 제품의 가격을 올리는 것으로 보기 쉽다. (B) 그러나 이러한 오해는 회사들이 광고하는 이유를 설명하지 않는다. 경쟁사들이 약간 차별화된 제품들을 판매하는 시장에서, 광고는 회사들이 그들의 소비자들에게 새로운 제품과 서비스를 알릴 수 있게 해준다. (A) 물론 가격이 상승하기는 하지만, 소비자들은 구매 결정을 내리는 데 도움이 되는 정보도 얻는다. 소비자들은 또한 추가된 다양성으로부터 혜택을 얻고, 우리 모두는 완벽한 제품에 대한 우리의 상상에 매우 근접한 제품을 얻는데, 다른 어떤 시장 구조도 그러한 결과를 제공하지 않는다.

왜 2등급? (A)의 '물론 가격이 상승한다'는 것이 광고의 부정적 측면에 대한 부연 설명으로 볼 수 있기 때문에 (C)에 이어진다고 착각할 수 있다. 하지만 but으로 소비자들이 구매 결정을 내리는 데 도움이 되는 정보도 얻게 된다는 내용을 이어서 말하고 있으므로 그것이 오해였음을 말하는 (B) 뒤에 이어지는 것이 적절하다.

| 문제 풀이 순서 |

1st 각 문단의 내용을 파악하고, 글의 논리적인 순서를 추론한다.

주어진 글: 만약 여러분이 번화한 거리를 운전한다면, 여러분은 자주 서로의 바로 옆에서 경쟁하는 많은 업체들을 발견할 것이다. 예를 들어, 대부분의 장소에서 빠른 식사를 찾는 소비자는 많은 선택권을 가지고 있고, 더 많은 패스트푸드 식당들이 항상 나타난다. (단서)

→ **주어진 글 뒤:** 경쟁하는 업체들의 특징에 관한 내용이 이어질 것이다. (발상)

(A): 물론 가격이 상승하기는 하지만, 소비자들은 구매 결정을 내리는 데 도움이 되는 정보도 얻는다. 소비자들은 또한 추가된 다양성으로부터 혜택을 얻고, 우리 모두는 완벽한 제품에 대한 우리의 상상에 매우 근접한 제품을 얻는데, 다른 어떤 시장 구조도 그러한 결과를 제공하지 않는다.

→ **(A) 앞:** 가격이 상승하고 도움이 되는 정보도 얻을 수 있는 상황이 제시돼야 한다.
　▶ 주어진 글에는 도움이 되는 정보를 얻을 수 있는 상황이 없으므로 주어진 글 바로 뒤에 (A)가 올 수 없음
(A) 뒤: 시장의 특징을 긍정적으로 설명하며 글을 마무리하고 있다.

(B): 그러나 이러한 오해(this misconception)는 회사들이 광고하는 이유를 설명하지 않는다. 경쟁사들이 약간 차별화된 제품들을 판매하는 시장에서, 광고는 회사들이 그들의 소비자들에게 새로운 제품과 서비스를 알릴 수 있게 해준다.

→ **(B) 앞:** 기업의 광고에 관한 흔한 '오해'가 소개되었을 것이다.
　▶ 광고에 관한 오해로 볼 수 있는 내용이 주어진 글과 (A)에 없으므로 (C)에서 제시될 것을 예상할 수 있고, (B)의 앞에 올 것임 (순서: (C) → (B))
(B) 뒤: 광고의 이점을 이어서 나열한 (A)가 이어질 것이다.
　▶ 순서: (C) → (B) → (A)

(C): 이 경쟁하는 회사들(These competing firms)은 광고를 많이 한다. 광고를 소비자에게 어떤 혜택도 없이 제품의 가격을 올리는 것으로 보기 쉽다.

→ **(C) 앞:** '이 경쟁하는 회사들'로 가리킬 만한 것을 앞에서 먼저 언급했을 것이다.
　▶ 경쟁하는 회사는 주어진 글에서 예시와 함께 제시됨 (순서: 주어진 글 → (C))
(C) 뒤: 경쟁하는 회사들이 하는 광고가 부정적으로 비칠 수 있음을 부연 설명할 것이다.
　▶ 광고에 관한 부정적인 인식을 (B)에서 '이러한 오해'로 가리키며 설명을 이어감 (순서: 주어진 글 → (C) → (B) → (A))

2nd 글이 한눈에 들어오도록 정리하여 정답을 확인한다.

주어진 글: 서로의 바로 옆에서 경쟁하는 기업들이 많다.
→ **(C):** 이 경쟁하는 회사들은 광고를 많이 한다. 광고를 소비자에게 어떤 혜택도 없이 제품의 가격을 올리는 것으로 보기 쉽다.
→ **(B):** 그러나 경쟁사들이 약간 차별화된 제품들을 판매하는 시장에서, 광고는 새 제품과 서비스를 알릴 수 있게 해준다.
→ **(A):** 물론 가격이 상승하기는 하지만, 소비자들은 구매 결정을 내리는 데 도움이 되는 정보와 혜택을 얻는다.
▶ 주어진 글 다음에 이어질 글의 순서는 (C) → (B) → (A)이므로 정답은 ⑤임

O 36 정답 ⑤ 　　　　　　　★ 2등급 대비 [정답률 35%]

＊의대 학년 대표가 되면 더 적게 산다?

단서1 몹시 열심히 공부하고 진지하며 야망이 있다는 것을 가리킴

(A) Perhaps this extra stress, / and the corresponding lack / of social and relaxation time / — rather than being class president per se — / contributes / to lower life expectancy. //
아마도 이러한 가중된 스트레스와 / 그에 상응하는 부족이 / 사교와 휴식 시간의 / 의대 학년 대표인 것 그 자체라기보다 / 원인이 된다 / 더 짧은 평균 수명의 //
앞에 나온 내용을 대신하는 부사
If so, / the real lesson of the study is / that we should all relax a
주어　　　　　　　　　주격 보어절 접속사
little / and not let our work take over our lives. //
만약 그렇다면 / 이 연구의 진정한 교훈은 ~이다 / 우리 모두가 약간의 휴식을 취해야 하고 / 우리의 일이 우리의 삶을 장악하게 해서는 안 된다는 것 //

단서2 의대 학년 대표가 되는 것을 무슨 수를 써서라도 피해야 한다는 의미가 아니라는 대답임

(B) Probably not. //
아마도 그렇지는 않을 것이다 //
　　　　　　　　　　　　　　　　　명령사구 주어　　　　　단수 동사
Just because being class president is correlated / with shorter life expectancy / does not mean / that it *causes* shorter life expectancy. //
단지 학년 대표인 것이 서로 관련된다는 것이 / 더 짧은 평균 수명과 / 의미하지는 않는다 / 그것이 더 짧은 평균 수명을 '유발한다'는 것을 //

In fact, / it seems likely / that the sort of person / who becomes medical school class president / is, on average, extremely hard-working, serious, and ambitious. //
사실 / ~인 것 같다 / 부류의 사람은 / 의대 학년 대표가 되는 / 평균적으로 몹시 열심히 공부하고, 진지하며, 야망이 있는 //

단서3 주어진 글에 제시된 연구 결과(의대 학년 대표가 더 적게 삶)의 원인을 잘못 생각함

(C) At first glance, / this seemed to imply / that being a medical
단수 동사　　주격 보어
school class president / is bad for you. //
명령사구 주어
처음 봐서는 / 이것은 의미하는 것처럼 보였다 / 의대 학년 대표인 것이 / 여러분에게 해롭다는 것을 //

Does this mean / that you should avoid / being medical school
목적어로 동명사를 취하는 avoid
class president / at all costs? //
이것은 의미하는가 / 여러분이 피해야 한다는 것을 / 의대 학년 대표가 되는 것을 / 무슨 수를 써서라도 //

- graduate ⓝ 졸업생　　　· corresponding ⓐ 상응하는, 대응하는
- lack ⓝ 부족　　　· relaxation ⓝ 휴식
- contribute to ~의 원인이 되다　　　· life expectancy 평균 수명
- take over ~을 장악하다　　　· correlate with ~와 관련 있다
- extremely ⓐⓓ 몹시, 매우　　　· hard-working 근면한
- ambitious ⓐ 야망 있는　　　· at first glance 처음 봐서는
- imply ⓥ 의미하다　　　· at all costs 무슨 수를 써서라도

일단 잘못된 원인의 문제를 우리가 인식하면, 우리는 그것을 어디에서나 보게 된다. 예를 들어, 토론토 대학의 의대생들에 대한 최근의 장기간의 연구는 의대 학년 대표들이 다른 의대 졸업생들보다 평균 2.4년 더 적게 살았다는 결론을 내렸다. (C) 처음 봐서는, 이것은 의대 학년 대표인 것이 여러분에게 해롭다는 것을 의미하는 것처럼 보였다. 이것은 여러분이 무슨 수를 써서라도 의대 학년 대표가 되는 것을 피해야 한다는 것을 의미하는가? (B) 아마도 그렇지는 않을 것이다. 단지 학년 대표인 것이 더 짧은 평균 수명과 서로 관련된다고 해서 그것이 더 짧은 평균 수명을 '유발한다'는 의미는 아니다. 사실, 의대 학년 대표가 되는 그런 부류의 사람은 평균적으로

몹시 열심히 공부하고, 진지하며, 야망이 있는 것 같다. (A) 의대 학년 대표인 것 그 자체라기보다 아마도 이러한 가중된 스트레스와 그에 상응하는 사교와 휴식 시간의 부족이 더 짧은 평균 수명의 원인일 것이다. 만약 그렇다면, 이 연구의 진정한 교훈은 우리 모두가 약간의 휴식을 취해야 하고 우리의 일이 우리의 삶을 장악하게 해서는 안 된다는 것이다.

주어진 글 다음에 이어질 글의 순서로 가장 적절한 것을 고르시오. [3점]

① (A) — (C) — (B) 주어진 글에는 '가중된 스트레스'를 this로 가리킬 만한 내용이 없음
② (B) — (A) — (C)
③ (B) — (C) — (A) ⟶ 주어진 글에 질문이 없으므로 대답으로 시작한 (B)가 이어질 수 없음
④ (C) — (A) — (B) (B)의 Probably not.은 (C)에 등장한 의문문에 대한 대답임
⑤ (C) — (B) — (A) 의대 학년 대표들이 더 적게 삶 – 의대 학년 대표라는 자체가 문제의 원인인가? – 아마도 아닐 것임 – 몹시 열심히 공부하고 진지하며 야망이 있다는 그 부류의 특징이 원인일 것임

왜 2등급? '잘못된 원인의 문제'가 무엇인지를 정확하게 이해하여 글의 흐름을 파악해야 하는 2등급 대비 문제이다.

토론토 대학 의대생들의 예시로 글이 전개되고 있는데, 의대 학년 대표가 되는 것이 짧은 수명의 원인이 맞는지, 아니면 '잘못된 원인'인지 구분해야 자연스러운 글의 흐름을 찾을 수 있다.

| 문제 풀이 순서 |

1st 각 문단의 내용을 파악하고, 글의 논리적인 순서를 추론한다.

주어진 글: 일단 잘못된 원인의 문제 를 우리가 인식하면, 우리는 그것을 어디에서나 보게 된다. 예를 들어, 토론토 대학의 의대생들에 대한 최근의 장기간의 연구는 의대 학년 대표들이 다른 의대 졸업생들보다 평균 2.4년 더 적게 살았다는 결론을 내렸다.

➡ **소재:** 잘못된 원인의 문제 (단서)
전개 방향: 예로 든 연구에서 '잘못된 원인'이 무엇인지 설명하는 흐름으로 내용이 전개될 것이다. (발상)

(A): 의대 학년 대표인 것 그 자체라기보다 아마도 이러한(this) 가중된 스트레스와 그에 상응하는 사교와 휴식 시간의 부족이 더 짧은 평균 수명의 원인일 것이다. 만약 그렇다면, 이 연구의 진정한 교훈(the real lesson) 은 우리 모두가 약간의 휴식을 취해야 하고 우리의 일이 우리의 삶을 장악하게 해서는 안 된다는 것이다.

➡ **(A) 앞:** '이러한' 가중된 스트레스라고 한 것으로 보아, 앞에도 스트레스를 받는 상황이 있어야 한다.
▶ 주어진 글에는 스트레스 관련 내용이 없으므로 주어진 글이 (A) 바로 앞에 올 수 없음
(A) 뒤: '진정한 교훈'이 무엇인지 말하면서 글을 마무리할 확률이 높다.
▶ (A)는 마지막 순서일 것임

(B): 아마도 그렇지는 않을 것이다. 단지 학년 대표인 것이 더 짧은 평균 수명과 서로 관련된다고 해서 그것이 더 짧은 평균 수명을 '유발한다' 는 의미는 아니다. 사실, 의대 학년 대표가 되는 그런 부류의 사람은 평균적으로 몹시 열심히 공부하고, 진지하며, 야망이 있는 것 같다.

➡ **(B) 앞:** 그렇지는 않을 것이라는 대답으로 글이 시작되고 있으므로 바로 앞에는 질문을 던지는 문장이 와야 하는데, 주어진 글이나 (A)에는 의문문이 없다.
▶ (C)의 마지막 문장이 의문문일 것임 (발상)
(B) 뒤: 의대 대표가 되어 열심히 공부하고, 진지하며, 야망이 있는 것을 (A)에서는 '이러한' 가중된 스트레스로 말하고 있으므로 뒤에는 (A)가 이어질 것이다.
▶ 순서: (B) → (A)

(C): 처음 봐서는, 이것(this) 은 의대 학년 대표인 것이 여러분에게 해롭다는 것을 의미하는 것처럼 보였다. 이것은 여러분이 무슨 수를 써서라도 의대 학년 대표가 되는 것을 피해야 한다는 것을 의미하는가?

➡ **(C) 앞:** this가 가리키는 것은 주어진 글에서 언급한 연구의 결론이므로 (C)가 주어진 글에 바로 이어져야 한다. ▶ 순서: 주어진 글 → (C)
(C) 뒤: (B)에서 예상한 대로 마지막 문장에서 질문을 던지고 있으므로 (C)에 이어지는 것은 '아마도 그렇지는 않을 것이다'라고 대답하면서 시작하는 (B)가 적절하다. ▶ 순서: 주어진 글 → (C) → (B) → (A)

2nd 글이 한눈에 들어오도록 정리하여 정답을 확인한다.

주어진 글: 토론토 대학의 의대생들을 장기간 연구한 결과, 의대 졸업생들보다 의대 학년 대표들의 평균 수명이 2.4년 짧았다.

→ **(C):** 의대 학년 대표인 것이 해로우니 학년 대표가 되는 것을 피해야 한다는 것일까?

→ **(B):** 아마도 그렇지 않을 것이다. 의대 학년 대표가 되면 보통 열심히 공부하고, 진지하며, 야망이 있기 때문에 그렇다.

→ **(A):** 따라서 우리는 휴식을 취해야 하고, 우리의 일이 삶을 장악하게 하지 말아야 한다.

▶ 주어진 글 다음에 이어질 글의 순서는 (C) → (B) → (A)이므로 정답은 ⑤임

O 37 정답 ③　　　　　　　★ 1등급 대비 [정답률 39%]

＊기호가 아닌 소득에 따라 변화하는 출산율

> To an economist / who succeeds in figuring out / a person's preference structure /
> 주격 관계대명사
> 경제학자에게는 / 알아내는 것에 성공한 / 한 사람의 선호도 구조를 /
> — understanding / whether the satisfaction / gained from consuming one good / is greater than that of another /
> 목적어절 접속사　　과거분사　　= the satisfaction
> 즉 이해하는 것 / 만족도가 ~인지를 / 한 상품을 소비함으로써 얻는 / 또 다른 상품을 소비함으로써 얻는 만족도보다 더 큰(지를) /
> 동명사구 주어 (단수)
> 단서 1 경제학에서 개인적인 호불호의 관점으로 행동을 설명하는 것은 문제가 있음
> — explaining behavior / in terms of changes in underlying likes and dislikes / is usually highly problematic. //
> 단수 동사
> 행동을 설명하는 것은 / 기저에 있는 호불호의 변화의 관점에서 / 일반적으로 매우 문제가 많다 //

단서 2 for example로 제시한 예시는 (C)에서 말한 소득에 따라 자녀를 원한다는 내용임

(A) When income rises, for example, / people want more children / (or, as you will see later, / more satisfaction derived from children), /
과거분사구
예를 들어, 소득이 증가할 때 / 사람들은 더 많은 자녀를 원한다 / (또는 여러분이 나중에 알게 되겠지만 / 아이로부터 오는 더 큰 만족감을) /

even if their inherent desire for children / stays the same. //
자녀에 대한 자신의 내재적 욕구가 / 그대로 유지되더라도 //
단서 3 주어진 글의 일반적인 설명 이후에 for instance로 예시를 듦

(B) To argue, / for instance, / that the baby boom and then the baby bust / resulted from an increase and then a decrease / in the public's inherent taste for children, /
명사적 용법 (주어)　　result from: ~에서 비롯되다
주장하는 것은 / 예를 들어 / 베이비 붐과 그 후의 출산율의 급락이 / 증가와 그 후의 감소에서 비롯되었다고 / 아이에 대한 대중의 내재적인 기호의 /
비교의 두 대상

rather than a change in relative prices / against a background of stable preferences, / places a social scientist in an unsound position. //
문장의 본동사 (to부정사 주어는 단수 취급)
상대적 비용의 변화보다는 / 변동이 없는 선호도를 배경으로 한 / 사회 과학자를 불안정한 입지에 놓는다 //

단서 4 such an argument가 가리키는 것은 선호에 따라 출산율이 변화한다는 주장임

(C) In economics, / such an argument about birth rates / would be equivalent to saying / that a rise and fall in mortality / could be attributed to / an increase in the inherent desire change for death. //
목적어절 접속사
be attributed to A: A의 탓이다
경제학에서 / 출생률에 대한 그러한 주장은 / 말하는 것과 같다 / 사망률의 상승과 하락이 / 기인한다고 / 죽음에 대한 내재적 욕구 변화의 증가에 //

For an economist, / changes in income and prices, / rather than changes in tastes, / affect birth rates. //
경제학자에게는 / 소득과 물가의 변화가 / 기호의 변화보다는 / 출산율에 영향을 미친다 //

- preference ⓝ 기호, 선호　　• structure ⓝ 구조
- consume ⓥ 소비하다　　• underlying ⓐ 기저에 있는
- problematic ⓐ 문제가 있는　　• income ⓝ 소득
- inherent ⓐ 내재적인
- baby boom 베이비 붐(일시적으로 출생률이 뚜렷한 증가를 보이는 시기)
- baby bust 출산율 급락　　• taste ⓝ 취향, 선호도
- relative ⓐ 상대적인　　• stable ⓐ 안정적인　　• unsound ⓐ 불안정한
- equivalent ⓐ 대등한, 상응하는　　• mortality ⓝ 사망률

한 사람의 선호도 구조를 알아내는 것, 즉 한 상품을 소비함으로써 얻는
만족도가 또 다른 상품을 소비함으로써 얻는 만족도보다 더 큰지를
이해하는 것에 성공한 경제학자에게는 행동을 기저에 있는 호불호의
변화의 관점에서 설명하는 것은 일반적으로 매우 문제가 많다.
(B) 예를 들어, 베이비 붐과 그 후의 출산율의 급락이 변동이 없는
선호도를 배경으로 한 상대적 비용의 변화보다는 아이에 대한 대중의
내재적인 기호의 증가와 그 후의 감소에서 비롯되었다고 주장하는 것은
사회 과학자를 불안정한 입지에 놓는다.
(C) 경제학에서 출생률에 대한 그러한 주장은 사망률의 상승과 하락이
죽음에 대한 내재적 욕구 변화의 증가에 기인한다고 말하는 것과 같다.
경제학자에게는 기호의 변화보다는 소득과 물가의 변화가 출산율에
영향을 미친다. (A) 예를 들어, 소득이 증가할 때 사람들은 자녀에 대한
자신의 내재적 욕구가 그대로 유지되더라도 더 많은 자녀(또는 여러분이
나중에 알게 되겠지만, 아이로부터 오는 더 큰 만족감)를 원한다.

> **주어진 글 다음에 이어질 글의 순서로 가장 적절한 것을 고르시오. [3점]**
> ① (A) — (C) — (B)
> ② (B) — (A) — (C)
> ③ (B) — (C) — (A)
> ④ (C) — (A) — (B)
> ⑤ (C) — (B) — (A)

- (A)는 (C)의 예시이므로 (C) 뒤에 이어져야 함
- (B) 개인의 내재적인 기호로 출산율의 변화를 주장하는 것은 문제가 있음 — (C) 출산율은 기호가 아닌 소득과 물가로 인해 달라짐 — (A) 예를 들어, 소득이 증가하면 자녀에 대한 욕구는 그대로더라도 더 많은 자녀를 원할 것임
- (B)는 주어진 글의 예시이므로 가장 먼저 와야 함

왜 1등급? 주어진 글이 복잡한 구조의 한 문장으로 이루어져 있어 다음에 어떤
내용이 올지 쉽게 떠올리기 힘든 1등급 대비 문제이다. 선호도 구조를 알아내는 것을
만족도의 관점에서 다시 설명하며 문장을 복잡하게 만들었지만, 결국 경제학에서
선호도로 인간의 행동을 이해하는 것은 어렵다는 내용이다.

| 문제 풀이 순서 |

1st 각 문단의 내용을 파악하고, 글의 논리적인 순서를 추론한다.

주어진 글: 한 사람의 선호도 구조를 알아내는 것, 즉 한 상품을
소비함으로써 얻는 만족도가 또 다른 상품을 소비함으로써 얻는
만족도보다 더 큰지를 이해하는 것에 성공한 경제학자에게는 행동을
기저에 있는 호불호의 변화의 관점에서 설명하는 것은 일반적으로 매우
문제가 많다.

➡ **주어진 글 뒤:** 한 사람의 선호도를 제대로 이해한 경제학자들이라면, 호불호의
관점에서 행동을 설명하는 것이 문제가 많다고 여길 것이라는 내용이다. 주어진 글
뒤에는 경제학에서는 그렇다면 행동을 개인의 호불호가 아닌 무엇으로 설명하려
하는지에 대한 내용이 올 것이다.

(A): 예를 들어(for example), 소득이 증가할 때 사람들은 자녀에 대한
자신의 내재적 욕구가 그대로 유지되더라도 더 많은 자녀(또는 여러분이
나중에 알게 되겠지만, 아이로부터 오는 더 큰 만족감)를 원한다.

➡ **(A) 앞:** for example(예를 들어)로 제시한 예시는 개인의 기호나 욕구가 아니라
소득에 따라 자녀를 원한다는 내용이다.

> ▶ 주어진 글에는 해당 내용이 없으므로 바로 뒤에 (A)가 올 수 없음

(A) 뒤: 주어진 글에서 제시한 내용과 다른 주장에 대한 예시까지 이어졌으므로
(A)는 글의 마지막에 해당할 것이다.

(B): 예를 들어(for instance), 베이비 붐과 그 후의 출산율의 급락이
변동이 없는 선호도를 배경으로 한 상대적 비용의 변화보다는 아이에 대한
대중의 내재적인 기호의 증가와 그 후의 감소에서 비롯되었다고 주장하는
것은 사회 과학자를 불안정한 입지에 놓는다.

➡ **(B) 앞:** for instance(예를 들어)로 제시한 예시는 개인의 내재적인 기호로
출산율의 변화를 주장하는 것은 사회 과학자를 불안정하게 만든다는 내용이다.

> ▶ 주어진 글에 대한 예시임 (순서: 주어진 글 ➜ (B))

(B) 뒤: 왜 문제가 되는지 추가 설명이 이어질 것이다.

- **(C):** 경제학에서 출생률에 대한 그러한 주장(such an argument)
  은 사망률의 상승과 하락이 죽음에 대한 내재적 욕구 변화의 증가에
  기인한다고 말하는 것과 같다. 경제학자에게는 기호의 변화보다는 소득과
  물가의 변화가 출산율에 영향을 미친다.

➡ **(C) 앞:** 그러한 주장(such an argument)은 출산율이 개인의 기호에 따라
변화한다는 것이다.

> ▶ (B)에 이어지는 내용임 (순서: 주어진 글 ➜ (B) ➜ (C))

(C) 뒤: 소득과 물가의 변화가 출산율에 영향을 미치는 예시가 이어질 것이다.

> ▶ (A)에 해당 예시가 이어짐 (순서: 주어진 글 ➜ (B) ➜ (C) ➜ (A))

2nd 글이 한눈에 들어오도록 정리하여 정답을 확인한다.

주어진 글: 호불호의 관점으로 행동을 설명하는 것은 경제학의 관점에서 문제가 있다.

➡ **(B):** 예를 들어, 베이비 붐을 아이에 대한 대중의 내재적인 기호의 증가로 주장하는
것은 옳지 않다.

➡ **(C):** 경제학에서 출생률에 대한 그러한 주장은 사망률의 상승과 하락이 죽음에
대한 내재적 욕구 변화의 증가에 기인한다고 말하는 것과 같다. 기호의 변화보다는
소득과 물가의 변화가 출산율에 영향을 미친다.

➡ **(A):** 예를 들어, 소득이 증가할 때 사람들은 자녀에 대한 자신의 내재적 욕구가
그대로 유지되더라도 더 많은 자녀(또는 여러분이 나중에 알게 되겠지만,
아이로부터 오는 더 큰 만족감)를 원한다.

> ▶ 주어진 글 다음에 이어질 글의 순서는 (B) ➜ (C) ➜ (A)이므로 정답은 ③임

O 38 정답 ③   ★ 1등급 대비 [정답률 39%]

＊디지털 파일의 장점

> For a long time, / random sampling was a good shortcut. //
> 오랫동안 / 무작위 추출법은 좋은 지름길이었다 //
>
> It made **analysis of large data problems possible** / in the pre-
> digital era. //
> made의 목적어와 목적격 보어 (형용사)
> 그것은 상당한 데이터 문제 분석을 가능하게 했다 / 디지털 시대 이전에 //

단서 1 모든 정보를 가지고 있으면 추후에 선택을 할 수 있음 　동명사구 주어
(A) There is no need to focus at the beginning, / since **collecting
all the information** makes **it** possible / **to do** that afterwards. //
가목적어 / 진목적어
처음에 초점을 맞출 필요는 없다 / 모든 정보를 수집하는 것은 가능하게 만들기 때문에 /
그것을 나중에 하는 것을 //

Because rays from the entire light field are included, / it is closer
to all the data. //
전체 라이트 필드의 빛이 포함되기 때문에 / 그것은 모든 데이터에 더 가깝다 //

As a result, / the information is more "reuseable" / than ordinary
pictures, / **where** the photographer has to decide / **what to focus
on** / before she presses the shutter. //
계속적 용법의 관계부사 / to decide의 목적어
결과적으로 / 그 정보는 더 '재사용 가능'하다 / 일반 사진들보다 / 사진사가 결정해야 하는 /
무엇에 초점을 맞출지를 / 그녀가 셔터를 누르기 전에 //

'~와 마찬가지로'
(B) But **much as** / converting a digital image or song into a
smaller file / results in loss of data, / **information is lost** / **when
sampling**. //
주절의 주어와 동사
단서 2 추출의 단점이 But으로 이어짐 　접속사가 생략되지 않은 분사구문
그러나 ~와 마찬가지로 / 디지털 이미지나 노래를 더 작은 파일로 변환하는 것이 / 데이터
손실을 유발함(과 마찬가지로) / 정보가 손실된다 / 추출할 때 //

동명사구 주어 　　　　　　　　　　　　　단수 동사
Having the full (or close to the full) dataset / **provides** a lot more
freedom /
전체(또는 전체에 가까운) 데이터 세트를 가지는 것은 / 자유를 훨씬 더 많이 제공한다 /

to explore, / **to look** at the data from different angles / or **to look**
closer at certain aspects of it. //
병렬 구조 (형용사적 용법)
탐색하거나 / 다른 각도에서 데이터를 살펴보거나 / 그것의 특정 측면들을 더 자세히 보게
하는 //

(C) A fitting example may be the light-field camera, /
라이트 필드 카메라가 적절한 비유가 될 수 있는데 /

which captures not just a single plane of light, / as with
not just[only] A but (also) B: A뿐만 아니라 B도
conventional cameras, / but rays from the entire light field, /
some 11 million of them. //
그것은 한 평면의 빛만 포착할 뿐만 아니라 / 기존 카메라처럼 / 전체 라이트 필드로부터의
광선들도 (포착한다) / 약 1,100만 개에 달하는 //

The photographers can decide later / which element of an image
to focus on / in the digital file. // 단서 3 전체 파일을 보며 원하는 사진을 선택할 수 있음
사진사들은 나중에 결정할 수 있다 / 이미지의 어느 요소에 초점을 맞출지를 / 디지털 파일에서 //

- shortcut ⓝ 지름길   - reuseable ⓐ 재사용 가능한
- ordinary ⓐ 일반적인   - convert ⓥ 변환하다   - fitting ⓐ 적절한
- conventional ⓐ 기존의   - element ⓝ 요소

오랫동안, 무작위 추출법은 좋은 지름길이었다. 그것은 디지털 시대 이전에 상당한 데이터 문제 분석을 가능하게 했다. (B) 그러나 디지털 이미지나 노래를 더 작은 파일로 변환하는 것이 데이터 손실을 유발하는 것과 마찬가지로, 추출할 때 정보가 손실된다. 전체 (또는 전체에 가까운) 데이터 세트를 가지는 것은 탐색하거나 다른 각도에서 데이터를 살펴보거나 그것의 특정 측면들을 더 자세히 보게 하는 자유를 훨씬 더 많이 제공한다. (C) 라이트 필드 카메라가 적절한 비유가 될 수 있는데, 그것은 기존 카메라처럼 한 평면의 빛만 포착할 뿐만 아니라 약 1,100만 개에 달하는 전체 라이트 필드로부터의 광선들도 포착한다. 사진사들은 디지털 파일에서 이미지의 어느 요소에 초점을 맞출지를 나중에 결정할 수 있다. (A) 모든 정보를 수집하는 것은 그것을 나중에 하는 것을 가능하게 만들기 때문에, 처음에 초점을 맞출 필요는 없다. 전체 라이트 필드의 빛이 포함되기 때문에, 그것은 모든 데이터에 더 가깝다. 결과적으로 사진사가 셔터를 누르기 전에 그녀가 무엇에 초점을 맞출지를 결정해야 하는 일반 사진들보다 그 정보는 더 '재사용 가능'하다.

> **주어진 글 다음에 이어질 글의 순서로 가장 적절한 것을 고르시오. [3점]**
> ① (A) — (C) — (B) 무작위 추출법을 사진기에 비유하는 내용이 (A) 앞에 나와야 함
> ② (B) — (A) — (C) (A)는 (C)의 사례에 대한 설명임
> ③ (B) — (C) — (A) (B) 전체 데이터 세트를 가지는 것이 좋음 — (C) 라이트 필드 카메라가 그 예시임 — (A) 그렇게 하면 처음에 초점을 맞출 필요가 없음
> ④ (C) — (A) — (B) (C)는 (B)에 대한 예시임
> ⑤ (C) — (B) — (A)

왜 1등급? 라이트 필드 카메라의 비유와 일반적인 데이터 수집 방법이 혼재되어 있어서 두 개념을 어떻게 연결해야 할지 혼동하기 쉬운 1등급 대비 문제이다.

| 문제 풀이 순서 |

1st 각 문단의 내용을 파악하고, 글의 논리적인 순서를 추론한다.

주어진 글: 오랫동안, 무작위 추출법은 좋은 지름길이었다. 그것은 디지털 시대 이전에 상당한 데이터 문제 분석을 가능하게 했다.

➡ 주어진 글 뒤: 디지털 시대 이전에는 무작위 추출법이 좋은 지름길이라고 했으므로 디지털 시대에는 어떤 역할을 했는지 설명할 것이다.

(A): 모든 정보를 수집하는 것은 그것을 나중에 하는 것을 가능하게 만들기 때문에, 처음에 초점을 맞출 필요는 없다. 전체 라이트 필드의 빛이 포함되기 때문에, 그것은 모든 데이터에 더 가깝다. 결과적으로 사진사가 셔터를 누르기 전에 그녀가 무엇에 초점을 맞출지를 결정해야 하는 일반 사진들보다 그 정보는 더 '재사용 가능'하다.

➡ (A) 앞: 무작위 추출법을 사진기에 비유하는 내용이 와야 한다.
  (A) 뒤: 비유한 내용을 해석하는 부분이므로 (A)가 글의 마지막에 해당할 것이다.

(B): 그러나(But) 디지털 이미지나 노래를 더 작은 파일로 변환하는 것이 데이터 손실을 유발하는 것과 마찬가지로, 추출할 때 정보가 손실된다. 전체 (또는 전체에 가까운) 데이터 세트를 가지는 것은 탐색하거나 다른 각도에서 데이터를 살펴보거나 그것의 특정 측면들을 더 자세히 보게 하는 자유를 훨씬 더 많이 제공한다.

➡ (B) 앞: But으로 시작되므로, 디지털 자료를 추출할 때 정보가 손실되는 단점이 있다는 내용과 반대되는 내용이 앞에 제시되어야 한다.
  ▶ 디지털 시대 이전에는 무작위 추출법이 좋은 지름길이었다는 주어진 글이 (B) 앞에 와야 함 (순서: 주어진 글 ➡ (B))
  (B) 뒤: 전체 데이터 세트를 갖는 것과 관련된 내용이 나와야 한다.

(C): 라이트 필드 카메라가 적절한 비유(A fitting example)가 될 수 있는데, 그것은 기존 카메라처럼 한 평면의 빛만 포착할 뿐만 아니라 약 1,100만 개에 달하는 전체 라이트 필드로부터의 광선들도 포착한다. 사진사들은 디지털 파일에서 이미지의 어느 요소에 초점을 맞출지를 나중에 결정할 수 있다.

➡ (C) 앞: 전체 라이트 필드로부터 광선들을 포착하는 라이트 필드 카메라가 예시로 제시되었으므로, 전체 데이터 세트를 갖는 것을 언급한 내용이 앞에 와야 한다.
  ▶ (B)에서 전체 데이터 세트를 가지는 것의 이점을 설명했으므로 (B)가 (C) 앞에 옴 (순서: 주어진 글 ➡ (B) ➡ (C))
  (C) 뒤: 이미지의 어느 요소에 초점을 맞출지를 나중에 결정하는 내용이 이어져야 한다.
  ▶ 처음에 초점을 맞출 필요 없다는 내용이 (A)에 이어짐 (순서: 주어진 글 ➡ (B) ➡ (C) ➡ (A))

2nd 글이 한눈에 들어오도록 정리하여 정답을 확인한다.

주어진 글: 디지털 시대 이전에는 무작위 추출법이 선호되는 방법이었다.
➡ (B): 전체 데이터 세트는 다양한 각도에서 원하는 부분을 자세히 볼 수 있다.
➡ (C): 디지털 파일에서 어느 요소에 초점을 맞출지 나중에 정할 수 있다.
➡ (A): 디지털 사진은 모든 것에 초점을 맞출 필요가 없고 나중에 재사용이 가능하다.
▶ 주어진 글 다음에 이어질 글의 순서는 (B) ➡ (C) ➡ (A)이므로 정답은 ③임

O 어휘 Review 정답
문제편 p. 234

01 피로한	11 hand down	21 implications
02 만성적인	12 get rid of	22 corals
03 단조로움	13 refer to	23 evolve
04 대략	14 concentrate on	24 negotiations
05 은유	15 open up	25 refuted
06 insure	16 forth	26 tariff
07 intensity	17 misguide	27 unwanted
08 downplay	18 lightweight	28 dominant
09 intertwine	19 assistance	29 domestic
10 rationalist	20 rewarding	30 refine

문제편 p. 236~255

P 01 　정답 ③ 　＊과학 지식의 형성 과정과 베이즈 정리

글의 흐름으로 보아, 주어진 문장이 들어가기에 가장 적절한 곳을 고르시오. [3점]

Knowledge is information / that has demonstrated its usefulness. // **단서 1** 지식은 유용성이 입증된 정보임
지식은 정보이다 / 자신의 유용성을 입증한 //

It is important to recognize / that although science is a rule-based procedure, / it is very much a creative process. //
인식하는 것이 중요하다 / 비록 과학은 규칙에 기반한 절차이지만 / 매우 창의적인 과정임을 //

(①) A conjecture is a philosophical invention, / cooked up rather mystically / by the mind through the mental computation / we call careful contemplation. //
추론은 철학적 발명으로 / 다소 신비롭게 만들어진 것이다 / 머릿속 계산을 거쳐 사고를 통해 / 우리가 신중한 숙고라 부르는 //

(②) However, / until the hypothesis is tested against reality, / it is not yet truly knowledge; / it is just information / that represents speculation. // **단서 2** 가설이 검증될 때까지는 진정한 지식이 아니라 정보에 불과함
그러나 / 가설이 현실에 비추어 검증되기 전에는 / 그것은 아직 진정한 지식이 아니며 / 그것은 단지 정보에 불과하다 / 추측을 나타내는 //

(③) It is what is left over / after cycles of experimental testing have eliminated false theories. // **단서 3** 주어진 문장의 '지식'을 가리킴
그것(지식)은 남은 것이다 / 수차례의 실험적 검증이 잘못된 이론들을 제거한 후 //

(④) As scientists continually test their hypotheses / and modify their models / to account for new and surprising data, /
과학자들이 끊임없이 가설을 검증하고 / 그들의 모델을 수정함에 따라 / 새롭고 놀라운 데이터를 설명하기 위해 /

a kind of "learning loop" emerges / that statisticians call Bayesian updating. //
일종의 '학습 루프'가 나타난다 / 통계학자들이 '베이지안 업데이팅'이라고 부르는 //

(⑤) Based on Bayes' Rule, / developed by eighteenth-century English statistician and philosopher Thomas Bayes, /
베이즈 정리에 기초하여 / 18세기 영국의 통계학자이자 철학자였던 Thomas Bayes가 개발한 /

Bayesian updating refers to a mathematical process / whereby an accepted theory or predictive model / gets increasingly accurate / through the repetitive testing / of competing variants of that theory. //
베이지안 업데이팅은 수학적 과정을 일컫는다 / 수용된 이론이나 예측 모델이 / 점점 더 정확해지는 / 반복적으로 검증하는 과정을 통해 / 그 이론의 다양한 변형을 //

- demonstrate ⓥ 입증하다　・usefulness ⓝ 유용성
- rule-based 규칙에 기반한　・procedure ⓝ 절차, 과정
- philosophical ⓐ 철학의　・invention ⓝ 발명
- cook up 만들어내다　・mystically 〔ad〕 신비롭게
- computation ⓝ 계산　・hypothesis ⓝ 가설
- experimental ⓐ 실험의　・eliminate ⓥ 제거하다
- modify ⓥ 수정하다　・account for ~을 설명하다
- statistician ⓝ 통계학자　・philosopher ⓝ 철학자
- mathematical ⓐ 수학적인　・whereby 〔ad〕 (그것에 의하여) ~하는
- predictive ⓐ 예측의　・repetitive ⓐ 반복적인　・variant ⓝ 변형

비록 과학은 규칙에 기반한 절차이지만, 매우 창의적인 과정임을 인식하는 것이 중요하다. (①) 추론은 철학적 발명으로, 우리가 신중한 숙고라 부르는 머릿속 계산을 거쳐 사고를 통해 다소 신비롭게 만들어진 것이다. (②) 그러나, 가설이 현실에 비추어 검증되기 전에는, 그것은 아직 진정한 지식이 아니며, 그것은 단지 추측을 나타내는 정보에 불과하다. (③ 지식은 자신의 유용성을 입증한 정보이다.) 그것(지식)은 수차례의 실험적 검증이 잘못된 이론들을 제거한 후 남은 것이다. (④) 과학자들이 끊임없이 가설을 검증하고 새롭고 놀라운 데이터를 설명하기 위해 그들의 모델을 수정함에 따라, 통계학자들이 '베이지안 업데이팅'이라고 부르는 일종의 '학습 루프'가 나타난다. (⑤) 18세기 영국의 통계학자이자 철학자였던 Thomas Bayes가 개발한 베이즈 정리에 기초하여, 베이지안 업데이팅은 수용된 이론이나 예측 모델이 그 이론의 다양한 변형을 반복적으로 검증하는 과정을 통해 점점 더 정확해지는 수학적 과정을 일컫는다.

| 문제 풀이 순서 |　★★★ [정답률 50%]

1st 주어진 문장을 해석하고, 앞뒤에 어떤 내용이 올지 생각한다.

Knowledge is information that has demonstrated its usefulness.
지식은 자신의 유용성을 입증한 정보이다.

→ 유용성을 입증한 정보만이 지식이 된다.

▶ 주어진 문장이 들어갈 곳: 정보가 지식이 되는 조건을 설명한 곳이자, 지식에 대한 설명이 이어지는 곳

2nd 각 선택지의 앞뒤 흐름이 매끄러운지 확인한다.

①의 앞 문장과 뒤 문장

앞 문장: 비록 과학은 규칙에 기반한 절차이지만, 매우 창의적인 과정임을 인식하는 것이 중요하다.

뒤 문장: 추론은 철학적 발명으로, 우리가 신중한 숙고라 부르는 머릿속 계산을 거쳐 사고를 통해 다소 신비롭게 만들어진 것이다.

→ 과학은 단순히 규칙만 따르는 것이 아니라, 창의력이 필요하다는 앞 문장에 이어 추론은 복잡한 사고 과정을 통해 만들어지는 창의적인 활동이라는 내용으로 자연스럽게 이어진다. ▶주어진 문장이 ①에 들어갈 수 없음

②의 앞 문장과 뒤 문장

앞 문장: ①의 뒤 문장과 같음

뒤 문장: 그러나(However), 가설이 현실에 비추어 검증되기 전에는, 그것은 아직 진정한 지식이 아니며, 그것은 단지 추측을 나타내는 정보에 불과하다.

→ 추론한 가설은 검증이 되어야 추측성 정보에서 진정한 지식이 된다는 내용이므로, 추론은 철학적으로 만들어졌다는 앞 문장에 '그러나'로 자연스럽게 이어진다.
▶ 주어진 문장이 ②에 들어갈 수 없음

③의 앞 문장과 뒤 문장

앞 문장: ②의 뒤 문장과 같음

뒤 문장: 그것(지식)은 수차례의 실험적 검증이 잘못된 이론들을 제거한 후 남은 것이다.

→ '여러 검증을 통해 잘못된 이론들을 제거한 후 남은 것'은 문맥상 '지식'을 가리키므로, 앞 문장에서 설명하고 있는 '가설'을 가리키는 것이 아니다.
▶ 주어진 문장에서 '지식'은 여러 정보 중 유용성이 입증된 것이라고 정의하고 있으므로, 주어진 문장은 지식에 대한 설명이 이어지는 ③에 들어가야 함

④의 앞 문장과 뒤 문장

앞 문장: ③의 뒤 문장과 같음

뒤 문장: 과학자들이 끊임없이 가설을 검증하고 새롭고 놀라운 데이터를 설명하기 위해 그들의 모델을 수정함에 따라, 통계학자들이 '베이지안 업데이팅'이라고 부르는 일종의 '학습 루프'가 나타난다.

→ 과학자들은 실험 결과에 따라 계속 검증 모델을 바꾸는 '베이지안 업데이팅'을 한다는 내용이므로, 지식은 가설을 끊임없이 검증하여 다듬어진 것이라는 앞 문장에 대한 구체적인 절차를 설명하고 있다. ▶ 주어진 문장이 ④에 들어갈 수 없음

⑤의 앞 문장과 뒤 문장

- **앞 문장:** ④의 뒤 문장과 같음

뒤 문장: 18세기 영국의 통계학자이자 철학자였던 Thomas Bayes가 개발한 베이즈 정리에 기초하여, 베이지안 업데이팅은 수용된 이론이나 예측 모델이 그 이론의 다양한 변형을 반복적으로 검증하는 과정을 통해 점점 더 정확해지는 수학적 과정을 일컫는다.

➡ '베이지안 업데이팅'은 반복 검증을 통해 이론이 점점 정확해지는 수학적 과정이라는 내용이므로, 앞 문장의 베이즈의 학습 루프를 구체적으로 설명하고 있다.

▶ 주어진 문장이 ⑤에 들어갈 수 없음

P 02 정답 ④ *부정확성 허용의 장점

글의 흐름으로 보아, 주어진 문장이 들어가기에 가장 적절한 곳을 고르시오.

단서 1 기존 관념과 다르게 부정확성이 의외의 긍정성을 가질 수 있음

However, / contrary to the trend of the past several decades, /
그러나 / 지난 수십 년간의 경향과 반대로 /

in many new situations / **that** are occurring today, / **allowing for imprecision** — for messiness — / may be a positive feature, / not a shortcoming. //
많은 새로운 상황에서 / 오늘날 발생하는 / 부정확성, 즉, 번잡함을 허용하는 것은 / 긍정적인 특성이 될 수 있다 / 단점이 아니라

By the nineteenth century, / France **had developed** a system of precisely defined units of measurement / **to capture** space, time, and more, /
19세기까지 / 프랑스는 정밀하게 규정된 측정 단위의 체계를 개발했고 / 공간, 시간, 그리고 더 많은 것을 포착하기 위해 /

and **had begun** to get / **other nations to adopt** the same standards. //
하게 하기 시작했다 / 다른 국가들이 동일한 기준을 채택하도록 //

(①) Just half a century later, / in the 1920s, / the discoveries of quantum mechanics forever destroyed / the dream of comprehensive and perfect measurement. //
불과 반세기 후 / 1920년대에 / 양자 역학의 발견은 영원히 깨 버렸다 / 포괄적이고 완벽한 측정에 대한 꿈을 //

(②) And yet, / outside a relatively small circle of physicists, / the mindset of humankind's drive **to** flawlessly **measure** / continued among engineers and scientists. //
그러나 / 비교적 소수 집단의 물리학자를 제외하고는 / 완벽하게 측정하려고 하는 인류의 추진 정신은 / 공학자와 과학자 사이에서 계속되었다 //

(③) In the world of business / **it** even **expanded**, / as the precision-oriented sciences of mathematics and statistics / began to influence all areas of commerce. //
비즈니스의 세계에서 / 그것은 심지어 확장되었다 / 정확성을 지향하는 수학과 통계학이라는 과학이 / 상업의 모든 영역에 영향을 미치기 시작하면서 //

단서 2 정밀 측정이 아니기에 얻을 수 있는 긍정적 결과

(④) As a tradeoff / for relaxing the standards of allowable errors, / **one** can get a hold of much more data. //
거래로서 / 허용할 오류의 기준을 완화하기 위한 / 사람은 훨씬 더 많은 데이터를 얻을 수 있다 //

(⑤) It **isn't just** that "more is better than some," / **but** that, in fact, sometimes "more is greater than better." //
그것은 단순히 '더 많은 것이 조금보다 더 나을' 뿐만 아니라 / 사실은 때때로 '더 많은 것이 더 좋은 것보다 더 훌륭하기'도 하다 //

- imprecision ⓝ 부정확성   • messiness ⓝ 번잡함
- shortcoming ⓝ 단점   • precisely ⓐd 정밀하게
- quantum mechanics 양자 역학   • comprehensive ⓐ 포괄적인
- humankind ⓝ 인류   • flawlessly ⓐd 완벽하게
- precision-oriented 정확성을 지향하는   • tradeoff ⓝ 거래

19세기까지, 프랑스는 공간, 시간, 그리고 더 많은 것을 포착하기 위해 정밀하게 규정된 측정 단위의 체계를 개발했고, 다른 국가들이 동일한 기준을 채택하도록 만들기 시작했다. (①) 불과 반세기 후, 1920년대에, 양자 역학의 발견은 포괄적이고 완벽한 측정에 대한 꿈을 영원히 깨 버렸다. (②) 그러나 비교적 소수 집단의 물리학자를 제외하고는 공학자와 과학자 사이에서 완벽하게 측정하려고 하는 인류의 추진 정신은 계속되었다. (③) 정확성을 지향하는 수학과 통계학이라는 과학이 상업의 모든 영역에 영향을 미치기 시작하면서 비즈니스의 세계에서 그것은 심지어 확장되었다. (④ 그러나, 지난 수십 년간의 경향과 반대로, 오늘날 발생하는 많은 새로운 상황에서 부정확성, 즉, 번잡함을 허용하는 것은 단점이 아니라 긍정적인 특성이 될 수 있다.) 허용할 오류의 기준을 완화하기 위한 거래로서 사람은 훨씬 더 많은 데이터를 얻을 수 있다. (⑤) 그것은 단순히 '더 많은 것이 조금보다 더 나을' 뿐만 아니라, 사실은 때때로 '더 많은 것이 더 좋은 것보다 더 훌륭하기'도 하다.

| 문제 풀이 순서 | ★★★ [정답률 47%]

1st 주어진 문장을 해석하고, 앞뒤에 어떤 내용이 올지 생각한다.

However, contrary to the trend of the past several decades, in many new situations that are occurring today, allowing for imprecision — for messiness — may be a positive feature, not a shortcoming.

그러나, 지난 수십 년간의 경향과 반대로, 오늘날 발생하는 많은 새로운 상황에서 부정확성, 즉, 번잡함을 허용하는 것은 단점이 아니라 긍정적인 특성이 될 수 있다.

➡ '그러나' 부정확성, 즉 번잡함을 허용하는 것이 긍정적일 수 있다.

▶ 주어진 문장이 들어갈 곳: 부정확성의 장점에 대한 언급을 시작하는 부분 앞에 들어갈 것이다.

2nd 각 선택지의 앞뒤 흐름이 매끄러운지 확인한다.

- ①의 앞 문장과 뒤 문장

앞 문장: 19세기까지, 프랑스는 공간, 시간, 그리고 더 많은 것을 포착하기 위해 정밀하게 규정된 측정 단위의 체계를 개발했고, 다른 국가들이 동일한 기준을 채택하도록 만들기 시작했다.

뒤 문장: 불과 반세기 후, 1920년대에, 양자 역학의 발견은 포괄적이고 완벽한 측정에 대한 꿈을 영원히 깨 버렸다.

➡ 정확하게 측정하는 것이 중요하게 여겨졌으나, 완벽한 측정에 대한 기대가 양자 역학에 의해서 깨졌다. ▶ 부정확성의 장점은 아직 언급되지 않았으므로 주어진 문장이 ①에 들어갈 수 없음

- ②의 앞 문장과 뒤 문장

앞 문장: ①의 뒤 문장과 같음

뒤 문장: 그러나 비교적 소수 집단의 물리학자를 제외하고는 공학자와 과학자 사이에서 완벽하게 측정하려고 하는 인류의 추진 정신은 계속되었다.

➡ 완벽한 측정에 대한 꿈이 깨졌지만 인류는 완벽한 측정값을 위해 노력했다.

▶ 기존에 추구하던 가치인 완벽한 측정에 대한 내용이 앞뒤에 이어지므로 주어진 문장이 ②에 들어갈 수 없음

- ③의 앞 문장과 뒤 문장

앞 문장: ②의 뒤 문장과 같음

뒤 문장: 정확성을 지향하는 수학과 통계학이라는 과학이 상업의 모든 영역에 영향을 미치기 시작하면서 비즈니스의 세계에서 그것은 심지어 확장되었다.

➡ 기존에 인류가 가지고 있던 정확한 수치 측정에 대한 욕망이 더 넓은 범위로 확장되었다. ▶ 완벽한 측정이 더 넓은 사회 범주로 퍼졌다는 내용이므로 주어진 문장은 ③에 들어갈 수 없음

- ④의 앞 문장과 뒤 문장
┌ 앞 문장: ③의 뒤 문장과 같음
│
│ 뒤 문장: 허용할 오류의 기준을 완화하기 위한 거래로서 사람은 훨씬 더
└ 많은 데이터를 얻을 수 있다.
➡ 기존의 완벽한 측정과는 다른 상황에서 예상치 못한 이익을 얻을 수 있다.
  ▶ 오류의 기준을 완화하면 훨씬 더 많은 데이터를 얻을 수 있다는, 부정확성의
  장점에 대한 내용이 뒤 문장에 이어지므로 주어진 문장은 ④에 들어가야 함
- ⑤의 앞 문장과 뒤 문장
┌ 앞 문장: ④의 뒤 문장과 같음
│
│ 뒤 문장: 그것은 단순히 '더 많은 것이 조금보다 더 나을' 뿐만 아니라,
└ 사실은 때때로 '더 많은 것이 더 좋은 것보다 더 훌륭하기'도 하다.
➡ 앞 문장을 뒷받침하는 내용이 이어진다. ▶ 주어진 문장이 ⑤에 들어갈 수 없음

P 03 정답 ③ ＊통념과는 달리 이점이 많은 이주

> 글의 흐름으로 보아, 주어진 문장이 들어가기에 가장 적절한 곳을
> 고르시오.

> But migration can also be a solution / for many preexisting
> problems. // 단서 1 하지만 이주는 기존의 문제들에 대한 해결책이 될 수 있음
> 하지만 이주는 또한 해결책이 될 수 있다 / 많은 기존의 문제에 대한 //

The word "migration" / is almost always reported / in the
popular media / and even in scientific literature / as a problem
or a crisis. // "이주"라는 단어는 / 거의 항상 보도된다 / 대중 매체와 / 심지어 과학
문헌에서도 / 문제나 위기로 //

For example, / migrants **are assumed** (수동태 동사) / to overcrowd cities, / **clog**
up labor markets, / and **increase** poverty. // (병렬 구조 (to 뒤에 연결))
예를 들어 / 이주민들이 가정된다 / 도시를 과밀화시키고 / 노동 시장을 막히게 하며 / 빈곤을
증가시킨다고 //

The other questionable assumption / is **that** most migration is
involuntary / — people **fleeing natural or man-made disasters**. // (현재분사구 (people 수식))
또 다른 의문스러운 가정은 / 대부분의 이주가 본의가 아니라는 것이다 / 자연적 또는
인위적인 재난을 피해 떠나는 사람들 //

(①) The reality, however, is more complex, / **and** many (절과 절을 잇는 등위접속사)
migrants / are simply seeking greater economic opportunity. //
그러나, 현실은 더 복잡하고 / 많은 이주민들은 / 단순히 더 큰 경제적 기회를 찾고 있다 //

(②) Of course migration / can and **does create** / social and (일반동사 강조)
economic problems. // 단서 2 이주에 대한 부정적인 입장을 소개함
물론 이주는 / 일으킬 수 있고 정말로 일으킨다 / 사회적, 경제적 문제를 //

(③) For example, / out-migration generally redistributes
workers / **from** places of labor surplus / **to** areas / **where** there is (from A to B) (관계부사)
greater demand or more opportunity. // 단서 3 이주에 대한 긍정적인 입장을 소개함
예를 들어 / 외부 이주는 일반적으로 노동자를 재분배한다 / 노동 과잉 지역에서 / 지역으로 /
더 큰 수요나 더 많은 기회가 있는 //

(④) Migration is generally selective of persons / **who** are (주격 관계대명사)
younger, healthier, more flexible, / and more willing to endure
hardship / in hopes of a better life / relative to their prospects /
in their places of origin. //
이주는 사람들을 일반적으로 선택한다 / 더 젊고, 더 건강하고, 더 유연하며 / 고난을 더
기꺼이 견딜 / 더 나은 삶을 희망하며 / 그들의 전망에 비해 / 그들의 본거지에서의 //

(⑤) **Most research** / **that** examines long-term outcomes of (단수 주어) (주격 관계대명사)
migration, / including remittances and intergenerational
mobility, / **finds** positive "long-term" effects / on places of origin (단수 동사)
and destination. //
대부분의 연구는 / 이주의 장기적인 결과를 조사하는 / 송금과 세대 간 이동을 포함하여 /
긍정적인 "장기적" 효과를 발견한다 / 본거지와 목적지에서 //

- migration ⓝ 이주   ・ preexisting ⓐ 기존의   ・ crisis ⓝ 위기
- migrant ⓝ 이주민   ・ overcrowd ⓥ 과밀화하다   ・ labor ⓝ 노동
- poverty ⓝ 빈곤   ・ questionable ⓐ 의문스러운
- assumption ⓝ 가정   ・ involuntary ⓐ 비자발적인, 본의가 아닌
- flee ⓥ 떠나다, 도망가다   ・ redistribute ⓥ 재분배하다
- surplus ⓝ 과잉   ・ selective ⓐ 선택적인   ・ flexible ⓐ 유연한
- endure ⓥ 견디다   ・ hardship ⓝ 고난, 역경   ・ prospect ⓝ 전망
- intergenerational ⓐ 세대 간의   ・ mobility ⓝ 이동

"이주"라는 단어는 대중 매체와 심지어 과학 문헌에서도 문제나 위기로 거의 항상 보도된다. 예를 들어, 이주민들이 도시를 과밀화시키고, 노동 시장을 막히게 하며, 빈곤을 증가시킨다고 가정된다. 또 다른 의문스러운 가정은 대부분의 이주가 본의가 아니라는 것이다 — 자연적 또는 인위적인 재난을 피해 떠나는 사람들. (①) 그러나, 현실은 더 복잡하고, 많은 이주민들은 단순히 더 큰 경제적 기회를 찾고 있다. (②) 물론 이주는 사회적, 경제적 문제를 일으킬 수 있고 정말로 일으킨다. (③ 하지만 이주는 또한 많은 기존의 문제에 대한 해결책이 될 수 있다.) 예를 들어, 외부 이주는 일반적으로 노동 과잉 지역에서 더 큰 수요나 더 많은 기회가 있는 지역으로 노동자를 재분배한다. (④) 이주는 더 젊고, 더 건강하고, 더 유연하며, 그들의 본거지에서의 그들의 전망에 비해 더 나은 삶을 희망하며 고난을 더 기꺼이 견딜 사람들을 일반적으로 선택한다. (⑤) 이주의 장기적인 결과를 조사하는 대부분의 연구는, 송금과 세대 간 이동을 포함하여, 본거지와 목적지에서 긍정적인 "장기적" 효과를 발견한다.

| 문제 풀이 순서 | ★★★ [정답률 61%]

1st 주어진 문장을 해석하고, 앞뒤에 어떤 내용이 올지 생각한다.
┌ But migration can also be a solution for many preexisting
│ problems.
└ 하지만 이주는 또한 많은 기존의 문제에 대한 해결책이 될 수 있다.
➡ 이주가 기존의 문제들에 대한 해결책이 될 수 있다는 내용이다.
  ▶ 주어진 문장이 들어갈 곳: 이주에 대한 부정적인 내용이 끝나는 곳이자 이주가 기존의 문제를 해결할 수 있다는 긍정적인 관점이 시작되는 곳

2nd 각 선택지의 앞뒤 흐름이 매끄러운지 확인한다.

①의 앞 문장과 뒤 문장
┌ 앞 문장: "이주"라는 단어는 대중 매체와 심지어 과학 문헌에서도 문제나 위기
│ 로 거의 항상 보도된다. ~ 자연적 또는 인위적인 재난을 피해 떠나는 사람들.
│ 뒤 문장: 그러나(however), 현실은 더 복잡하고, 많은 이주민들은 단순히 더
└ 큰 경제적 기회를 찾고 있다.
➡ 앞 문장의 내용은 "이주"라는 단어는 도시 과밀화, 빈곤 등의 부정적인 의미로 표현
  되며, 재난 도피로 인한 이주가 대부분일 것이라 가정한다는 것이다. 하지만 뒤 문장
  에서 이주의 현실은 더 복잡하고, 경제적인 기회를 찾으려는 경우가 더 많다고 하므
  로, 앞 문장의 가정을 반박하는 내용으로 자연스럽게 이어진다.
  ▶주어진 문장이 ①에 들어갈 수 없음

②의 앞 문장과 뒤 문장
┌ 앞 문장: ①의 뒤 문장과 같음
│
└ 뒤 문장: 물론 이주는 사회적, 경제적 문제를 일으킬 수 있고 정말로 일으킨다.
➡ 물론 이주가 부정적으로 표현되는 만큼 사회적, 경제적 문제를 일으킬 수 있고, 실제
  로 일으키기도 한다는 내용이므로, 이주에 대한 인식이 부정적일 수 있다는 앞 문장
  에 자연스럽게 이어진다. ▶ 주어진 문장이 ②에 들어갈 수 없음

③의 앞 문장과 뒤 문장
┌ 앞 문장: ②의 뒤 문장과 같음
│
│ 뒤 문장: 예를 들어(For example), 외부 이주는 일반적으로 노동 과잉 지
└ 역에서 더 큰 수요나 더 많은 기회가 있는 지역으로 노동자를 재분배한다.
➡ '이주가 실제로 문제를 일으키고 있다'는 내용의 구체적인 예시로 이주가 노동 과잉
  과 수요의 균형을 맞추어 노동자를 재분배하는 긍정적인 역할을 한다는 것을 드는
  것은 적절하지 않다.
  ▶ 주어진 문장에서 이주는 기존의 여러 문제에 대한 해결책이 될 수 있다고 했으므
  로, 주어진 문장은 이주의 긍정적인 역할이 소개되는 ③에 들어가야 함

④의 앞 문장과 뒤 문장

앞 문장: ③의 뒤 문장과 같음

뒤 문장: 이주는 더 젊고, 더 건강하고, 더 유연하며, 그들의 본거지에서의 그들의 전망에 비해 더 나은 삶을 희망하며 고난을 더 기꺼이 견딜 사람들을 일반적으로 선택한다.

➡ 앞 문장에서 이주는 노동자를 재분배한다는 긍정적인 역할을, 뒤 문장에서는 더 경제적으로 나은 삶을 희망하는 사람들이 이주를 통해 살아남을 수 있다는 내용으로 구체화하고 있다. ▶ 주어진 문장이 ④에 들어갈 수 없음

⑤의 앞 문장과 뒤 문장

앞 문장: ④의 뒤 문장과 같음

뒤 문장: 이주의 장기적인 결과를 조사하는 대부분의 연구는, 송금과 세대 간 이동을 포함하여, 본거지와 목적지에서 긍정적인 "장기적" 효과를 발견한다.

➡ 이주는 본거지나 목적지 모두에서 대부분 장기적으로 긍정적인 효과를 낸다는 내용이므로, 이주에는 앞에서 언급된 노동의 재분배와 희망 등의 긍정적인 효과가 있다는 내용에 이어지고 있다. ▶ 주어진 문장이 ⑤에 들어갈 수 없음

P 04 정답 ② *돈을 만들 수 있는 권한

글의 흐름으로 보아, 주어진 문장이 들어가기에 가장 적절한 곳을 고르시오. [3점]

단서 1 국가들이 공급이 제한적인 다른 물질을 돈으로 사용하는 이유가 앞에 나와야 함

For this reason, / many countries **have preferred** using / gold, silver, / or some other material / **that** is inherently limited in supply, / as money. //
현재완료 / 주격 관계대명사
이러한 이유로 / 많은 국가들은 사용하는 것을 선호해 왔다 / 금, 은, / 또는 어떤 다른 물질을 / 본질적으로 공급이 제한된 / 돈으로 //

The big problem with money / **created by the government** / is
과거분사구 (money 수식)
주격 보어절 접속사 '~한 사람들'
that those who run the government / always face the temptation
형용사적 용법 (temptation 수식)
/ **to create** more money / and **spend** it. //
돈에 대한 큰 문제는 / 정부에 의해 만들어지는 / 정부를 운영하는 사람들이 / 유혹에 항상 직면한다는 것이다 / 더 많은 돈을 만들고 / 그것을 쓰고 싶은 //

whether A or B: A든 B든 간에
(①) **Whether** among ancient kings / or modern politicians, /
현재완료
this **has happened** again and again over the centuries, / **leading**
분사구문을 이끄는 현재분사
/ to inflation and the many economic and social problems **that**
주격 관계대명사
follow from inflation. //
단서 2 정부가 돈을 직접 만드는 것은 인플레이션과
경제적, 사회적 문제들을 초래함
고대 왕들 중에서나 / 현대 정치인들 중에서든 / 이것은 수세기 동안 반복되어 일어났으며 / 그로 인해 초래했다 / 인플레이션과 인플레이션에서 비롯되는 많은 경제적, 사회적 문제들을 //

deprive A of B: A에게서 B를 박탈하다
(②) It is a way of **depriving** governments **of** the power / **to**
expand the money supply / to inflationary levels. //
형용사적 용법 (power 수식)
그것은 정부에게서 권한을 박탈하는 방법이다 / 돈 공급을 확장할 수 있는 / 인플레이션 수준으로 //
단서 3 '그것은 정부가 돈을 직접 만들어 공급을 확장하는 것을 제한하는 방법임

(③) Gold **has** long **been considered** / ideal for this purpose,
현재완료의 수동태
/ **since** the supply of gold in the world / usually cannot be
부사절 접속사 (이유)
increased rapidly. //
금은 오랫동안 여겨져 왔는데 / 이 목적에 이상적인 것으로 / 전 세계의 금 공급이 보통 급격히 증가될 수 없기 때문이다 //

부사절 접속사 (~할 때)
(④) **When** paper money is convertible into gold / **whenever**
부사절 접속사 (~할 때마다)
the individual chooses to do so, / then the money is said / to be "backed up" by gold. //
종이돈이 금으로 전환될 수 있을 때 / 개인이 그렇게 하기를 선택할 때마다 / 그러면 그 돈은 말해진다 / 금에 의해 "보장된다"라고 //

목적어절 접속사
(⑤) This expression is misleading / only if we imagine / **that** the value of the gold / is somehow transferred to the paper money, /
이 표현은 오해를 살 수 있는데 / 우리가 생각하는 경우에만 / 금의 가치가 / 어떤 방식으로든 종이돈으로 전환된다고 /
계속적 용법의 관계부사
주격 보어절 접속사
when in fact the real point / is **that** the gold simply limits / the
주격 관계대명사
amount of paper money / **that** can be issued. //
이때 사실상 진짜 요점은 / 금은 단순히 제한한다는 것이다 / 종이돈의 양을 / 발행될 수 있는 //

- inherently @ 본질적으로 · run ⓥ 운영하다 · temptation ⓝ 유혹
- politician ⓝ 정치인 · inflation ⓝ 인플레이션
- deprive ⓥ 박탈하다 · inflationary @ 인플레이션의
- rapidly @ 빠르게 · convertible @ 전환될 수 있는
- back up 보장하다 · misleading @ 오해의 소지가 있는
- issue ⓥ 발행하다

정부에 의해 만들어지는 돈에 대한 큰 문제는 정부를 운영하는 사람들이 더 많은 돈을 만들고 그것을 쓰고 싶은 유혹에 항상 직면한다는 것이다. (①) 고대 왕들 중에서나 현대 정치인들 중에서든, 이것은 수세기 동안 반복되어 일어났으며, 그로 인해 인플레이션과 인플레이션에서 비롯되는 많은 경제적, 사회적 문제들을 초래했다. (② 이러한 이유로, 많은 국가들은 금, 은, 또는 본질적으로 공급이 제한된 어떤 다른 물질을, 돈으로 사용하는 것을 선호해 왔다.) 그것은 정부에게서 돈 공급을 인플레이션 수준으로 확장할 수 있는 권한을 박탈하는 방법이다. (③) 금은 오랫동안 이 목적에 이상적인 것으로 여겨져 왔는데, 전 세계의 금 공급이 보통 급격히 증가될 수 없기 때문이다. (④) 개인이 그렇게 하기를 선택할 때마다 종이돈이 금으로 전환될 수 있을 때, 그러면 그 돈은 금에 의해 "보장된다"라고 말해진다. (⑤) 이 표현은 우리가 금의 가치가 어떤 방식으로든 종이돈으로 전환된다고 생각하는 경우에만 오해를 살 수 있는데, 이때 사실상 진짜 요점은 금은 발행될 수 있는 종이돈의 양을 단순히 제한한다는 것이다.

| 문제 풀이 순서 | ★★★ [정답률 31%]

1st 주어진 문장을 해석하고, 앞뒤에 어떤 내용이 올지 생각한다.

For this reason, many countries have preferred using gold, silver, or some other material that is inherently limited in supply, as money.
이러한 이유로, 많은 국가들은 금, 은, 또는 본질적으로 공급이 제한된 어떤 다른 물질을, 돈으로 사용하는 것을 선호해 왔다.

➡ 이러한 이유로, 많은 국가에서는 금, 은, 또는 공급이 제한된 물질을 돈으로 사용해 왔다는 내용이다.
▶ 주어진 문장이 들어갈 곳: 국가에서 돈을 사용했을 때의 문제점이 설명된 후에, 그 문제점 때문에 돈을 다른 물질로 대체하여 사용했다는 내용이 시작되는 곳

2nd 각 선택지의 앞뒤 흐름이 매끄러운지 확인한다.

①의 앞 문장과 뒤 문장

앞 문장: 정부에 의해 만들어지는 돈에 대한 큰 문제는 정부를 운영하는 사람들이 더 많은 돈을 만들고 그것을 쓰고 싶은 유혹에 항상 직면한다는 것이다.

뒤 문장: 고대 왕들 중에서나 현대 정치인들 중에서든, 이것은 수세기 동안 반복되어 일어났으며, 그로 인해 인플레이션과 인플레이션에서 비롯되는 많은 경제적, 사회적 문제들을 초래했다.

➡ 정부가 돈을 직접 만들었을 때의 문제는 정부가 항상 더 많은 돈을 만들고자 하는 것이라는 앞 문장에 이어, 이 문제가 인류의 역사에서 반복되었고, 실제로 많은 경제적, 사회적 문제를 초래했다고 설명하고 있다. ▶ 주어진 문장이 ①에 들어갈 수 없음

②의 앞 문장과 뒤 문장

앞 문장: ①의 뒤 문장과 같음

뒤 문장: 그것(It)은 정부에게서 돈 공급을 인플레이션 수준으로 확장할 수 있는 권한을 박탈하는 방법이다.

➡ '그것'은 정부가 인플레이션을 유발할 정도로 돈 공급을 확장하지 못하게 한다는 내용이므로, '그것'이 가리키는 것은 앞 문장에서 언급된 정부가 돈을 직접 만드는 것이 아니라, 돈을 공급이 제한된 물질로 대체하는 방법을 가리킨다.
▶ 주어진 문장은 정부가 돈을 마음대로 제작할 때 발생하는 여러 문제 때문에, 많은 국가에서 돈 대신 공급이 제한된 물질을 사용했다는 내용이므로, ②에 들어가야 함

③의 앞 문장과 뒤 문장

앞 문장: ②의 뒤 문장과 같음

뒤 문장: 금은 오랫동안 이 목적(this purpose)에 이상적인 것으로 여겨져 왔는데, 전 세계의 금 공급이 보통 급격히 증가될 수 없기 때문이다.

➡ 금은 공급이 제한된 물질이라, 금을 돈으로 사용하여 정부가 돈을 직접 만드는 것의 문제를 막겠다는 목적에 가장 이상적인 수단이었다는 내용이다.
▶ 주어진 문장이 ③에 들어갈 수 없음

④의 앞 문장과 뒤 문장

앞 문장: ③의 뒤 문장과 같음

뒤 문장: 개인이 그렇게 하기를 선택할 때마다 종이돈이 금으로 전환될 수 있을 때, 그러면 그 돈은 금에 의해 "보장된다"라고 말해진다.

→ 금이 정부의 돈 발행을 억제하는 가장 이상적인 수단이라는 앞 문장의 내용에 이어, 구체적으로 사람들이 원할 때마다 종이돈을 금으로 바꿀 수 있게 하면, 그 종이돈이 금에 의해 보장된다고 설명하고 있다. ▶ 주어진 문장이 ④에 들어갈 수 없음

⑤의 앞 문장과 뒤 문장

앞 문장: ④의 뒤 문장과 같음

뒤 문장: 이 표현(This expression)은 우리가 금의 가치가 어떤 방식으로든 종이돈으로 전환된다고 생각하는 경우에만 오해를 살 수 있는데, 이때 사실상 진짜 요점은 금은 발행될 수 있는 종이돈의 양을 단순히 제한한다는 것이다.

→ '이 표현'은 앞 문장에 설명된 '종이돈이 금에 의해 보장된다'라는 표현을 가리킨다. 단, 이 표현은 오해를 부를 수 있는데, 종이돈이 금으로 바뀔 수 있어서 보장되는 것이 아니라, 금이 종이돈의 발행량을 제한해 주는 기능을 하기 때문이라는 내용이다.

▶ 주어진 문장이 ⑤에 들어갈 수 없음

P 05 정답 ③ ＊은행가의 변화와 투기의 등장

글의 흐름으로 보아, 주어진 문장이 들어가기에 가장 적절한 곳을 고르시오. [3점]

단서 1 사람들이 일반적으로 물건을 구입하는 이유는 그것을 사용하기 위함임

Normally, people buy things / because they want to use them, / such as wheat to make bread / and petrol to run the car. //

보통, 사람들은 물건을 구입한다 / 그것들을 사용하고 싶어서 / 빵을 만들기 위한 밀이나 / 자동차를 운행하기 위한 휘발유와 같이 //

The traditional bank manager in the 1950s / was usually a respected pillar of the community, / a cautious, careful sort of person / who probably went to bed early / and didn't drink too much. //

1950년대의 전통적인 은행 지점장은 / 대개 지역 사회의 존경받는 기둥이자 / 조심스럽고 신중한 부류의 사람이었다 / 아마도 일찍 잠자리에 들고 / 술을 많이 마시지 않는 //

But from the 1970s / a new kind of banker appeared / — loud, flashy, and arrogant. //

하지만 1970년대부터 / 새로운 종류의 은행가가 등장했다 / 큰소리치고 화려하며 거만한 //

These bankers loved / taking big risks. //

이 은행가들은 좋아했다 / 큰 위험을 감수하는 것을 //

(①) They wanted to get rich quick / and blow their money / on fast cars and expensive champagne. //

그들은 빨리 부유해지고 싶어 했으며 / 그들의 돈을 펑펑 쓰고 싶어 했다 / 빠른 차와 비싼 샴페인에 //

단서 2 은행가들이 '투기'를 통해 돈을 벌었다고 소개함

(②) They made their money / through what's called 'speculation'. //

그들은 돈을 벌었다 / 소위 '투기'를 통해 //

단서 3 물건을 사용하는 것에 관심이 없어도 구입한다는 내용이 But으로 이어짐

(③) But when people speculate, / they buy things / even when they have no interest in using them. //

하지만 사람들이 투기할 때 / 그들은 물건들을 구입한다 / 그것들을 사용하는 것에 관심이 없을 때조차도 //

(④) They might buy a load of wheat / simply because they think / that its price is going to rise / when a drought is predicted in wheat-growing areas. //

그들은 많은 양의 밀을 사들일지도 모른다 / 단지 생각하기 때문에 / 그것의 가격이 오를 것이라고 / 밀 재배 지역에 가뭄이 예상될 때 //

(⑤) If their guess is right, / they later sell the wheat for a profit. //

만약 그들의 추측이 맞다면 / 그들은 나중에 이익을 위해 밀을 판다 //

- wheat ⓝ 밀
- petrol ⓝ 휘발유
- cautious ⓐ 조심스러운
- flashy ⓐ 화려한
- arrogant ⓐ 거만한
- blow ⓥ (돈을) 펑펑 쓰다
- champagne ⓝ 샴페인
- speculate ⓥ 투기하다
- drought ⓝ 가뭄
- wheat-growing 밀 생산의

1950년대의 전통적인 은행 지점장은 대개 지역 사회의 존경받는 기둥이자, 아마도 일찍 잠자리에 들고 술을 많이 마시지 않는 조심스럽고 신중한 부류의 사람이었다. 하지만 1970년대부터 큰소리치고 화려하며 거만한 새로운 종류의 은행가가 등장했다. 이 은행가들은 큰 위험을 감수하는 것을 좋아했다. (①) 그들은 빨리 부유해지고 싶어 했으며 빠른 차와 비싼 샴페인에 그들의 돈을 펑펑 쓰고 싶어 했다. (②) 그들은 소위 '투기'를 통해 돈을 벌었다. (③ 보통, 사람들은 빵을 만들기 위한 밀이나 자동차를 운행하기 위한 휘발유와 같이, 그것들을 사용하고 싶어서 물건을 구입한다.) 하지만 사람들이 투기할 때 그들은 물건들을 사용하는 것에 관심이 없을 때조차도 그것들을 구입한다. (④) 밀 재배 지역에 가뭄이 예상될 때 단지 그것의 가격이 오를 것이라고 생각하기 때문에 그들은 많은 양의 밀을 사들일지도 모른다. (⑤) 만약 그들의 추측이 맞다면, 그들은 나중에 이익을 위해 밀을 판다.

| 문제 풀이 순서 | ✶✶❄ [정답률 66%]

1st 주어진 문장을 해석하고, 앞뒤에 어떤 내용이 올지 생각한다.

Normally, people buy things because they want to use them, such as wheat to make bread and petrol to run the car.

보통, 사람들은 빵을 만들기 위한 밀이나 자동차를 운행하기 위한 휘발유와 같이, 그것들을 사용하고 싶어서 물건을 구입한다.

→ 사람들이 일반적으로 물건을 구입하는 이유는 그것을 사용하기 위함이라는 내용이다. ▶ 주어진 문장이 들어갈 곳: 사람들이 물건을 구입하는 이유가 설명되는 곳

2nd 각 선택지의 앞뒤 흐름이 매끄러운지 확인한다.

①의 앞 문장과 뒤 문장

앞 문장: 이 은행가들은 큰 위험을 감수하는 것을 좋아했다.

뒤 문장: 그들은 빨리 부유해지고 싶어 했으며 빠른 차와 비싼 샴페인에 그들의 돈을 펑펑 쓰고 싶어 했다.

→ 은행가들이 점점 큰 위험을 감수하는 성향으로 바뀌었다는 앞 문장에 빨리 부유해지고 싶어 했으며 돈을 펑펑 쓰려고 했다는 내용이 자연스럽게 이어진다.

▶ 주어진 문장이 ①에 들어갈 수 없음

②의 앞 문장과 뒤 문장

앞 문장: ①의 뒤 문장과 같음

뒤 문장: 그들은 소위 '투기'를 통해 돈을 벌었다.

→ 새로운 유형의 은행가들이 돈을 빨리 벌고 싶어 했다는 앞 문장에 그들이 투기를 통해 돈을 벌었다는 내용이 자연스럽게 이어진다.

▶ 주어진 문장이 ②에 들어갈 수 없음

③의 앞 문장과 뒤 문장

앞 문장: ②의 뒤 문장과 같음

뒤 문장: 하지만(But) 사람들이 투기할 때 그들은 물건들을 사용하는 것에 관심이 없을 때조차도 그것들을 구입한다.

→ 새로운 유형의 은행가들이 투기를 통해 돈을 벌었다는 내용의 구체적인 부연 설명으로 '하지만 투기는 사용하지 않는 물건들을 구입하기도 한다는 내용은 적절하지 않다.

▶ 주어진 문장에서 사람들이 일반적으로 물건을 사는 이유는 사용하기 위함이라고 했으므로, 투기를 위해서는 사용에 관심이 없는 물건도 구매한다는 내용과 대조를 이루도록 ③에 들어가야 함

④의 앞 문장과 뒤 문장

앞 문장: ③의 뒤 문장과 같음

뒤 문장: 밀 재배 지역에 가뭄이 예상될 때 단지 그것의 가격이 오를 것이라고 생각하기 때문에 그들은 많은 양의 밀을 사들일지도 모른다.

→ 앞 문장에서 사용에 관심이 없는 물건도 투기를 위해 구매할 수 있다고 했고, 이를 구체화하기 위해 밀을 모두 사용할 수 없음에도 가격 상승을 예측하여 구입해 둘 수 있다는 예시를 제시하고 있다. ▶ 주어진 문장이 ④에 들어갈 수 없음

┌ **앞 문장**: ④의 뒤 문장과 같음
└ **뒤 문장**: 만약 그들의 추측이 맞다면, 그들은 나중에 이익을 위해 밀을 판다.

➡ 밀 가격이 그들의 예측대로 오른다면 이를 팔아 수익을 거둔다는 내용으로, 앞 문장의 예시와 연결되고 있다. ▶ 주어진 문장이 ⑤에 들어갈 수 없음

P 06 정답 ④ *종이의 접힘 및 주름 유지 특성

글의 흐름으로 보아, 주어진 문장이 들어가기에 가장 적절한 곳을 고르시오. [3점]

> There are very <u>few</u>(부정어) materials as good: / metal foils can hold a crease, / but control of the crease is somewhat more difficult. //
> **단서 1** 이만큼 주름을 활용하기 좋은 재료는 드물며, 금속 호일도 주름을 통제하기가 어려움
> 이만큼 좋은 재료들은 매우 드문데 / 금속 호일은 주름을 유지할 수 있지만 / 주름의 통제가 다소 더 어렵다 //

Paper's mechanical properties / **lend themselves to folding and bending**. // (lend oneself to -ing: ~에 적합하다)
종이의 물리적 특성은 / 접고 구부리기에 적합하다 //
(①) The cellulose fibers / **of which**「전치사+관계대명사」 it is made / can be partially snapped / in the area of maximum bend, /
셀룰로오스 섬유는 / 그것을 만드는 / 부분적으로 꺾일 수 있어 / 최대로 구부러지는 부분에서 /
allowing a permanent crease to form,(분사구문) / while sufficient fibers remain **undamaged**(과거분사 (remain의 보어)) / **for the material**(의미상 주어) **not to crack and fall apart**.(부사적 용법 (~하도록)) //
영구적인 주름이 형성되도록 하는 동시에 / 충분한 섬유가 완전하게 남아 / 재료가 갈라지고 떨어지지 않는다 //
(②) Indeed, in this state / it pretty much maintains its ability / to resist **being pulled**(동명사의 수동태) apart, /
실제로, 이러한 상태에서 / 그것은 능력을 상당히 유지하지만 / 잡아당겨짐에 저항하는 /
but it can also be torn / easily and accurately along the crease / if a point of weakness — a small, initial tear — is opened up. //
그것은 또한 찢어질 수 있다 / 주름을 따라 쉽고 정확하게 / 작은 초기의 찢김 같은 약한 지점이 열리면 //
단서 2 종이는 우수한 물리적 특성을 통해 주름짐과 접힘으로 어떤 모양도 취할 수 있음
(③) This winning combination of mechanical properties / allows **it to assume**(allows의 목적어와 목적격 보어 (to부정사)) the shape of any object / through creasing and folding / — hence the art of origami. //
이러한 물리적 특성의 우수한 조합은 / 그것이 어떤 물체의 모양도 취할 수 있도록 하며 / 주름짐과 접힘을 통해 / 이러한 점에서 종이접기 예술이 생겼다 //
(④) Plastic sheeting doesn't tend to hold a crease at all, / unless it is very soft, / **in which case**('그런 경우에는') it lacks the rigidity / **required of a**(과거분사구 (rigidity 수식)) good wrapping material. //
단서 3 플라스틱은 주름을 유지하려 하지 않으며, 주름을 유지하려면 단단할 수 없음
플라스틱 시트는 주름을 전혀 유지하지 않는 경향이 있고 / 매우 부드럽지 않은 한 / 매우 부드러운 경우에는 단단함이 부족하다 / 좋은 포장재에 요구되는 //
(⑤) So **it** is its ability to hold a crease / **while remaining stiff**(부사절 (삽입절)) / **that** makes **paper** uniquely **suited** to this purpose. // (it ~ that 강조구문, makes의 목적어와 목적격 보어 (과거분사))
따라서 바로 주름을 유지하는 그것의 능력이다 / 뻣뻣한 상태를 유지하면서 / 종이를 이 용도에 특별히 적합하도록 만드는 것은 //

- metal foil 금속 호일
- mechanical ⓐ 물리적인
- property ⓝ 특성
- fold ⓥ 접다
- bend ⓥ 구부리다
- cellulose ⓝ 셀룰로오스
- fiber ⓝ 섬유
- partially ⓐⓓ 부분적으로
- snap ⓥ 꺾다
- permanent ⓐ 영구적인
- crack ⓥ 갈라지다
- fall apart 떨어져 나가다
- accurately ⓐⓓ 정확하게
- initial ⓐ 초기의
- winning ⓐ 우수한
- combination ⓝ 조합
- assume ⓥ 취하다
- hence ⓐⓓ 이런 이유로
- stiff ⓐ 뻣뻣한

종이의 물리적 특성은 접고 구부리기에 적합하다. (①) 그것을 만드는 셀룰로오스 섬유는 최대로 구부러지는 부분에서 부분적으로 꺾일 수 있어 영구적인 주름이 형성되도록 하는 동시에, 충분한 섬유가 완전하게 남아 재료가 갈라지고 떨어지지 않는다. (②) 실제로, 이러한 상태에서 그것은 잡아당겨짐에 저항하는 능력을 상당히 유지하지만, 그것은 또한 작은 초기의 찢김 같은 약한 지점이 열리면 주름을 따라 쉽고 정확하게 찢어질 수 있다. (③) 이러한 물리적 특성의 우수한 조합은 그것이 주름짐과 접힘을 통해 어떤 물체의 모양도 취할 수 있도록 하며, 이러한 점에서 종이접기 예술이 생겼다. (④ 이만큼 좋은 재료들은 매우 드문데, 금속 호일은 주름을 유지할 수 있지만, 주름의 통제가 다소 더 어렵다.) 플라스틱 시트는 매우 부드럽지 않은 한 주름을 전혀 유지하지 않는 경향이 있고, 매우 부드러운 경우에는 좋은 포장재에 요구되는 단단함이 부족하다. (⑤) 따라서 종이를 이 용도에 특별히 적합하도록 만드는 것은 바로 뻣뻣한 상태를 유지하면서 주름을 유지하는 그것의 능력이다.

| 문제 풀이 순서 | ✸✸✸ [정답률 44%]

1st 주어진 문장을 해석하고, 앞뒤에 어떤 내용이 올지 생각한다.

┌ There are very few materials as good: metal foils can hold a crease, but control of the crease is somewhat more difficult.
└ 이만큼 좋은 재료들은 매우 드문데, 금속 호일은 주름을 유지할 수 있지만, 주름의 통제가 다소 더 어렵다.

➡ 금속 호일은 앞에 소개된 재료보다 주름을 통제하기가 어렵다는 내용이다.
▶ 주어진 문장이 들어갈 곳: 주름과 관련하여 뛰어난 특성을 가진 재료를 설명한 후에, 그만큼 좋은 재료가 흔치 않다는 내용으로 그 특징을 강조하기 시작하는 곳

2nd 각 선택지의 앞뒤 흐름이 매끄러운지 확인한다.

①의 앞 문장과 뒤 문장

┌ **앞 문장**: 종이의 물리적 특성은 접고 구부리기에 적합하다.
└ **뒤 문장**: 그것을 만드는 셀룰로오스 섬유는 최대로 구부러지는 부분에서 부분적으로 꺾일 수 있어 영구적인 주름이 형성되도록 하는 동시에, 충분한 섬유가 완전하게 남아 재료가 갈라지고 떨어지지 않는다.

➡ 종이가 접고 구부리기 편한 특징이 있음을 설명했고 그 이유로 셀룰로오스 섬유를 제시하며, 이 섬유가 영구적인 주름을 만들면서 종이가 쉽게 꺾이도록 만들어 준다는 부연 설명으로 자연스럽게 이어진다. ▶ 주어진 문장이 ①에 들어갈 수 없음

②의 앞 문장과 뒤 문장

┌ **앞 문장**: ①의 뒤 문장과 같음
└ **뒤 문장**: 실제로, 이러한 상태에서 그것은 잡아당겨짐에 저항하는 능력을 상당히 유지하지만, 그것은 또한 작은 초기의 찢김 같은 약한 지점이 열리면 주름을 따라 쉽고 정확하게 찢어질 수 있다.

➡ 실제로 이 섬유는 종이가 갈라지고 떨어지는 것을 막아준다고 했으나, 약한 지점이 발생하면 주름을 따라 쉽고 정확하게 찢어질 수도 있다는 내용이므로, 종이의 물리적 성질에 관한 앞 문장의 내용과 자연스럽게 이어진다.
▶ 주어진 문장이 ②에 들어갈 수 없음

③의 앞 문장과 뒤 문장

┌ **앞 문장**: ②의 뒤 문장과 같음
└ **뒤 문장**: 이러한 물리적 특성의 우수한 조합은 그것이 주름짐과 접힘을 통해 어떤 물체의 모양도 취할 수 있도록 하며, 이러한 점에서 종이접기 예술이 생겼다.

➡ 종이의 성질을 설명한 내용에 이어, 이러한 주름지고 접힐 수 있는 특성으로 인해 종이는 어떤 모양도 쉽게 취할 수 있으며, 종이접기 예술로까지 발전했다는 내용으로 자연스럽게 이어진다. ▶ 주어진 문장이 ③에 들어갈 수 없음

④의 앞 문장과 뒤 문장

┌ **앞 문장**: ③의 뒤 문장과 같음
└ **뒤 문장**: 플라스틱 시트는 매우 부드럽지 않은 한 주름을 전혀 유지하지 않는 경향이 있고, 매우 부드러운 경우에는 좋은 포장재에 요구되는 단단함이 부족하다.

➡ 종이가 쉽게 주름지고 접히는 우수한 특성이 있음을 설명한 후에, 플라스틱은 주름을 유지할 수 없는 소재라는 내용은 바로 연결되기에 적절하지 않다.

　▶ 주어진 문장에서 종이만큼 좋은 성질을 가진 재료가 드물다고 설명하며, 금속 호일도 주름을 통제하기 어렵다고 설명했으므로, 주어진 문장은 종이만큼 접힘과 주름짐의 성질을 활용할 수 있는 소재가 흔치 않다고 설명하는 ④에 들어가야 함

⑤의 앞 문장과 뒤 문장

앞 문장: ④의 뒤 문장과 같음

뒤 문장: 따라서 종이를 이 용도(this purpose)에 특별히 적합하도록 만드는 것은 바로 뻣뻣한 상태를 유지하면서 주름을 유지하는 그것의 능력이다.

➡ 종이만큼 주름지고 접힐 수 있는 성질을 가진 재료가 많지 않기 때문에, 종이는 이 성질을 이용해 포장에 쓰인다는 내용으로 자연스럽게 연결된다.

　▶ '이 용도'는 앞 문장에서 소개된 '포장재'로 쓰인 경우를 가리키므로, 주어진 문장이 ⑤에 들어갈 수 없음

P 07　정답 ③　＊문학의 사회적 영향에 대한 상반된 시각

글의 흐름으로 보아, 주어진 문장이 들어가기에 가장 적절한 곳을 고르시오. [3점]

But on the other hand, literature has historically been seen as dangerous: / it promotes the questioning / of authority and social arrangements. //
그러나 다른 한편으로, 문학은 역사적으로 위험하다고 여겨져 왔다 / 의문을 제기하는 것을 조장하므로 / 권위와 사회적 합의에 대한 //

단서 1 문학이 역사에 위협이 되기도 했다는 내용이 '그러나로 이어짐

We encounter contrary claims / about the relation of literature to action. //　우리는 상반된 주장들과 마주한다 / 문학과 행동의 관계에 대한 //

(①) Theorists have maintained / that literature encourages solitary reading and reflection / as the way to engage with the world / and thus counters the social and political activities / that might produce social change. //　이론가들은 주장해 왔다 / 문학이 고독한 독서와 성찰을 장려하고 / 세상과 관계를 맺는 방법으로써 / 따라서 사회적이고 정치적인 활동들에 거스른다고 / 사회 변화를 일으킬 수 있을지도 모르는 //

(②) At best / it encourages / detachment or appreciation of complexity, / and at worst / passivity and acceptance of what is. //
기껏해야 / 이것은 조장한다 / 단절 또는 복잡성에 대한 인정을 / 최악의 경우 / 수동성과 있는 그대로에 대한 수용을 //

단서 2 문학은 개인을 사회적이고 정치적인 활동을 하지 않도록 소극적이고 고독하게 만든다는 견해임

(③) Plato banned poets / from his ideal republic / because they could only do harm, / and novels have long been credited / with making people dissatisfied with their lives / and eager for something new. //
플라톤은 시인들을 추방했고 / 그의 이상적인 공화국으로부터 / 그들이 해를 끼치는 것만 할 수 있기 때문에 / 소설은 오랫동안 믿어져 왔다 / 사람들이 그들의 삶에 불만을 품게 만들고 / 새로운 무언가를 갈망하도록 하는 것으로 //

단서 3 시와 소설이 사회에 불만과 열망을 품게 만들 수 있다는 견해임

(④) By promoting identification / across divisions of class, gender, and race, / books may promote a fellowship / that discourages struggle; /
동일시를 촉진함으로써 / 계급, 성별, 그리고 인종의 경계를 넘어 / 책들은 동료 의식을 장려할 수 있을지 모르지만 / 투쟁을 단념시키는 /

but they may also produce / a keen sense of injustice / that makes progressive struggles possible. //
이것들은 또한 일으킬 수 있다 / 강한 불의의 감정을 / 진보적인 투쟁들을 가능하게 만드는 //

(⑤) Historically, / works of literature are credited / with producing change: / *Uncle Tom's Cabin*, a best-seller in its day, / helped create a revulsion against slavery / that made possible the American Civil War. //
역사적으로 / 문학 작품은 믿어져 왔는데 / 변화를 만드는 것으로 / 그 시대의 베스트셀러인 '톰 아저씨의 오두막은 / 노예제에 대한 혐오감을 조성하는 것을 도왔다 / 미국 남북 전쟁을 가능하게 만든 //

- questioning ⓝ 질의, 심문, 의문　• authority ⓝ 권위
- arrangement ⓝ 합의　• encounter ⓥ 마주하다
- contrary ⓐ 상반된　• theorist ⓝ 이론가　• solitary ⓐ 고독한
- counter ⓥ 반박하다　• detachment ⓝ 단절
- appreciation ⓝ 인식, 인정　• complexity ⓝ 복잡성
- passivity ⓝ 수동성　• acceptance ⓝ 수용　• credit ⓥ 믿다
- identification ⓝ 동일시　• division ⓝ 경계
- fellowship ⓝ 동료 의식　• keen ⓐ 열정적인, 열렬한
- injustice ⓝ 불의　• progressive ⓐ 진보적인　• slavery ⓝ 노예제

우리는 문학과 행동의 관계에 대한 상반된 주장들과 마주한다. (①) 이론가들은 문학이 세상과 관계를 맺는 방법으로써 고독한 독서와 성찰을 장려하고 따라서 사회 변화를 일으킬 수 있을지도 모르는 사회적이고 정치적인 활동들에 거스른다고 주장해 왔다. (②) 기껏해야 이것은 단절 또는 복잡성에 대한 인정을, 최악의 경우 수동성과 있는 그대로에 대한 수용을 조장한다. (③ 그러나 다른 한편으로, 문학은 역사적으로 권위와 사회적 합의에 대한 의문을 제기하는 것을 조장하므로 위험하다고 여겨져 왔다.) 플라톤은 그들이 해를 끼치는 것만 할 수 있기 때문에 그의 이상적인 공화국으로부터 시인들을 추방했고, 소설은 사람들이 그들의 삶에 불만을 품게 만들고 새로운 무언가를 갈망하도록 하는 것으로 오랫동안 믿어져 왔다. (④) 계급, 성별, 그리고 인종의 경계를 넘어 동일시를 촉진함으로써, 책들은 투쟁을 단념시키는 동료 의식을 장려할 수 있을지 모르지만, 이것들은 또한 진보적인 투쟁들을 가능하게 만드는 강한 불의의 감정을 일으킬 수 있다. (⑤) 역사적으로, 문학 작품은 변화를 만드는 것으로 믿어져 왔는데 그 시대의 베스트셀러인 '톰 아저씨의 오두막'은 미국 남북 전쟁을 가능하게 만든 노예제에 대한 혐오감을 조성하는 것을 도왔다.

| 문제 풀이 순서 |　★★★ [정답률 46%]

1st　주어진 문장을 해석하고, 앞뒤에 어떤 내용이 올지 생각한다.

But on the other hand, literature has historically been seen as dangerous: it promotes the questioning of authority and social arrangements.
그러나 다른 한편으로, 문학은 역사적으로 권위와 사회적 합의에 대한 의문을 제기하는 것을 조장하므로 위험하다고 여겨져 왔다.

➡ 문학이 사람들에게 권위와 사회적 합의에 대한 의문을 제기하는 역할을 통해 역사에 위협이 되기도 한다는 내용이 '그러나 다른 한편으로'로 이어진다.

　▶ 주어진 문장이 들어갈 곳: 문학이 사회에 미치는 영향이 없다는 내용이 끝나는 곳

2nd　각 선택지의 앞뒤 흐름이 매끄러운지 확인한다.

①의 앞 문장과 뒤 문장

앞 문장: 우리는 문학과 행동의 관계에 대한 상반된 주장들과 마주한다.

뒤 문장: 이론가들은 문학이 세상과 관계를 맺는 방법으로써 고독한 독서와 성찰을 장려하고 따라서 사회 변화를 일으킬 수 있을지도 모르는 사회적이고 정치적인 활동들에 거스른다고 주장해 왔다.

➡ 문학과 행동의 관계에 대한 상반된 주장이 있으며, 첫 번째 주장으로 문학이 사회적 행동에 그다지 영향을 주지 않는다는 내용을 소개하고 있다.
　▶주어진 문장이 ①에 들어갈 수 없음

②의 앞 문장과 뒤 문장

앞 문장: ①의 뒤 문장과 같음

뒤 문장: 기껏해야 이것은 단절 또는 복잡성에 대한 인정을, 최악의 경우 수동성과 있는 그대로에 대한 수용을 조장한다.

➡ 문학은 기껏해야 단절과 수동적으로 수용할 것을 조장한다는 내용이므로, 문학이 고독한 성찰을 추구한다는 내용과 이어진다. ▶ 주어진 문장이 ②에 들어갈 수 없음

③의 앞 문장과 뒤 문장

앞 문장: ②의 뒤 문장과 같음

뒤 문장: 플라톤은 그들이 해를 끼치는 것만 할 수 있기 때문에 그의 이상적인 공화국으로부터 시인들을 추방했고, 소설은 사람들이 그들의 삶에 불만을 품게 만들고 새로운 무언가를 갈망하도록 하는 것으로 오랫동안 믿어져 왔다.

➡ 시와 소설은 사람들이 사회에 불만을 품고 무언가를 바라게 만든다고 했으므로, 문학이 사회적 행동과 역행한다는 앞의 내용과 상반된다. ▶ 주어진 문장은 문학이 사회적 위협이 될 수 있다는 내용이 시작되는 부분이므로, ③에 들어가야 함

④의 앞 문장과 뒤 문장

앞 문장: ③의 뒤 문장과 같음

뒤 문장: 계급, 성별, 그리고 인종의 경계를 넘어 동일시를 촉진함으로써, 책들은 투쟁을 단념시키는 동료 의식을 장려할 수 있을지 모르지만, 이것들은 또한 진보적인 투쟁들을 가능하게 만드는 강한 불의의 감정을 일으킬 수 있다.

➡ 문학은 동일시를 촉진하여 동료 의식과 불의를 참지 못하는 감정을 불러일으킬 수 있다고 했으므로, 문학이 사회에 위협이 될 수 있다는 내용에서 자연스럽게 이어진다. ▶ 주어진 문장이 ④에 들어갈 수 없음

⑤의 앞 문장과 뒤 문장

앞 문장: ④의 뒤 문장과 같음

뒤 문장: 역사적으로, 문학 작품은 변화를 만드는 것으로 믿어져 왔는데 그 시대의 베스트셀러인 '톰 아저씨의 오두막'은 미국 남북 전쟁을 가능하게 만든 노예제에 대한 혐오감을 조성하는 것을 도왔다.

➡ 문학이 사람들에게 사회에 대한 불만과 열망을 불러일으킨 구체적인 사례로 '톰 아저씨의 오두막'을 제시하고 있으므로 자연스럽게 이어진다.

▶ 주어진 문장이 ⑤에 들어갈 수 없음

P 08 정답 ⑤ *홉스의 인간론과 국가의 필요성

> 글의 흐름으로 보아, 주어진 문장이 들어가기에 가장 적절한 곳을 고르시오.

단서 1 사회가 상호 간의 애정으로 자연스럽게 모이게 되는 것이 아니라는 내용이 '게다가'로 이어짐

Moreover, / since society is not a natural phenomenon / and there is no natural force / bringing people together, /
부사절 접속사 (이유) · 현재분사구 (force 수식)
게다가 / 사회는 자연적인 현상이 아니며 / 자연적인 힘도 없기 때문에 / 사람들을 하나로 모으는 /

what will bring them together as a society / is not mutual affection / according to Hobbes. //
단수 주어 · 단수 동사
그들을 사회로 함께 모이게 하는 것은 / 상호 간의 애정이 아니다 / 홉스에 따르면 //

According to Hobbes, / man is not a being / who can act morally / in spite of his instinct / to protect his existence / in the state of nature. //
주격 관계대명사 · 형용사적 용법 (instinct 수식)
홉스에 따르면 / 인간은 존재가 아니다 / 도덕적으로 행동할 수 있는 / 그의 본능을 무릅쓰고 / 자신의 존재를 보호하려는 / 자연 상태에서 //

(①) Hence, the only place / where morality and moral liberty will begin to find an application / begins in a place / where a sovereign power, namely the state, emerges. //
단수 주어 · 관계부사 · 단수 동사
따라서, 유일한 곳은 / 도덕과 도덕적 자유가 적용을 찾기 시작하는 / 곳에서 나타난다 / 군림하는 권력, 즉 국가가 출현하는 //

(②) Hobbes thus describes the state of nature / as a circumstance / in which man's life is "solitary, poor, nasty, brutish and short". //
describe A as B: A를 B로 묘사하다 · 「전치사+관계대명사」
따라서 홉스는 자연 상태를 묘사한다 / 상황으로 / 인간의 삶이 '고독하고, 가난하며, 불결하고, 잔인하고, 짧은' //

(③) It means / when people live without a general power / to control them all, / they are indeed in a state of war. //
부사절 접속사 (시간) · 형용사적 용법 (power 수식)
그것은 의미한다 / 사람들이 일반적인 권력 없이 살아갈 때 / 그들 모두를 통제할 / 그들은 실로 전쟁 상태에 놓여 있는 것임 //

(④) In other words, / Hobbes, / who accepted / that human beings are not social and political beings in the state of nature, / believes /
단수 주어 · 주격 관계대명사 · 목적어절 접속사 · 단수 동사
즉 다시 말해 / 홉스는 / 인정한 / 자연 상태에 있는 인간은 사회적이고 정치적인 존재가 아니라는 것을 / 믿는다 /
목적어절 접속사
that without the power human beings in the state of nature / are "antisocial and rational based on their selfishness". //
단서 2 홉스는 자연 상태에서의 인간은 이기심에 기반해 반사회적이며 이성적이라고 믿음
그 권력이 없이 자연 상태에 있는 인간은 / '이기심에 기초해 반사회적이고 이성적'이라고 //

(⑤) It is, rather, / mutual fear of men's present and future / that assembles them, / since the cause of fear is a common drive / among people in the state of nature. //
it ... that 강조 구문 · 부사절 접속사 (이유)
단서 3 인간을 사회로 묶어주는 것은 상호 간의 두려움이라는 내용이 '오히려'로 이어짐
오히려 / 인간의 현재와 미래에 대한 상호 간의 두려움이다 / 그들을 모으는 것은 / 두려움으로부터의 동기가 공통된 추진력이기 때문에 / 자연 상태에 있는 사람들 사이의 //

- **mutual** ⓐ 상호 간의
- **affection** ⓝ 애정
- **morally** ⓐ 도덕적으로
- **instinct** ⓝ 본능
- **morality** ⓝ 도덕
- **liberty** ⓝ 자유
- **sovereign** ⓐ (국가 내에서) 최고 권력을 지닌
- **emerge** ⓥ 출현하다
- **antisocial** ⓐ 반사회적인
- **assemble** ⓥ 모으다
- **drive** ⓝ 추진력

홉스에 따르면, 인간은 자연 상태에서 자신의 존재를 보호하려는 그의 본능을 무릅쓰고 도덕적으로 행동할 수 있는 존재가 아니다. (①) 따라서, 도덕과 도덕적 자유가 적용을 찾기 시작하는 유일한 곳은 군림하는 권력, 즉 국가가 출현하는 곳에서 나타난다. (②) 따라서 홉스는 자연 상태를 인간의 삶이 '고독하고, 가난하며, 불결하고, 잔인하고, 짧은' 상황으로 묘사한다. (③) 그것은 사람들이 그들 모두를 통제할 일반적인 권력 없이 살아갈 때, 그들은 실로 전쟁 상태에 놓여 있는 것임을 의미한다. (④) 즉 다시 말해, 자연 상태에 있는 인간은 사회적이고 정치적인 존재가 아니라는 것을 인정한 홉스는 그 권력이 없이 자연 상태에 있는 인간은 '이기심에 기초해 반사회적이고 이성적'이라고 믿는다. (⑤ 게다가, 사회는 자연적인 현상이 아니며 사람들을 하나로 모으는 자연적인 힘도 없기 때문에, 홉스에 따르면 그들을 사회로 함께 모이게 하는 것은 상호 간의 애정이 아니다.) 두려움으로부터의 동기가 자연 상태에 있는 사람들 사이의 공통된 추진력이기 때문에, 오히려, 그들을 모으는 것은 인간의 현재와 미래에 대한 상호 간의 두려움이다.

| 문제 풀이 순서 | ★★★ [정답률 34%]

1st 주어진 문장을 해석하고, 앞뒤에 어떤 내용이 올지 생각한다.

Moreover, since society is not a natural phenomenon and there is no natural force bringing people together, what will bring them together as a society is not mutual affection according to Hobbes.
게다가, 사회는 자연적인 현상이 아니며 사람들을 하나로 모으는 자연적인 힘도 없기 때문에, 홉스에 따르면 그들을 사회로 함께 모이게 하는 것은 상호 간의 애정이 아니다.

➡ 홉스는 사회가 상호 간의 애정으로 자연스럽게 모이게 되는 것이 아니라고 설명하고 있다. ▶ 주어진 문장이 들어갈 곳: 사회가 이타적인 인간에 의해 자연스럽게 형성되는 것이 아니라는 홉스의 주장이 이어지는 곳

2nd 각 선택지의 앞뒤 흐름이 매끄러운지 확인한다.

①의 앞 문장과 뒤 문장

앞 문장: 홉스에 따르면, 인간은 자연 상태에서 자신의 존재를 보호하려는 그의 본능을 무릅쓰고 도덕적으로 행동할 수 있는 존재가 아니다.

뒤 문장: 따라서, 도덕과 도덕적 자유가 적용을 찾기 시작하는 유일한 곳은 군림하는 권력, 즉 국가가 출현하는 곳에서 나타난다.

➡ 홉스에 따르면, 인간은 자신을 지키겠다는 본능을 어기면서까지 도덕적으로 행동하는 존재가 아니기 때문에, 도덕이라는 개념이 적용되는 곳은 자연 상태가 아닌 국가 권력이라는 설명이 자연스럽게 이어진다. ▶ 주어진 문장이 ①에 들어갈 수 없음

②의 앞 문장과 뒤 문장

앞 문장: ①의 뒤 문장과 같음

뒤 문장: 따라서 홉스는 자연 상태를 인간의 삶이 '고독하고, 가난하며, 불결하고, 잔인하고, 짧은' 상황으로 묘사한다.

➡ 인간은 국가라는 권력이 없는 자연 상태에서는 도덕적인 삶을 살지 않는다는 앞 문장의 내용과 자연스럽게 이어진다. ▶ 주어진 문장이 ②에 들어갈 수 없음

③의 앞 문장과 뒤 문장

앞 문장: ②의 뒤 문장과 같음

뒤 문장: 그것은 사람들이 그들 모두를 통제할 일반적인 권력 없이 살아갈 때, 그들은 실로 전쟁 상태에 놓여 있는 것임을 의미한다.

➡ 사람들은 모두를 통제할 일반적인 권력, 즉 국가가 없을 때 전쟁 상태와 다름없다는 내용으로, 자연 상태에서의 삶이 잔인하다는 앞 문장의 내용과 자연스럽게 이어진다. ▶ 주어진 문장이 ③에 들어갈 수 없음

④의 앞 문장과 뒤 문장

앞 문장: ③의 뒤 문장과 같음

뒤 문장: 즉 다시 말해, 자연 상태에 있는 인간은 사회적이고 정치적인 존재가 아니라는 것을 인정한 홉스는 그 권력이 없이 자연 상태에 있는 인간은 '이기심에 기초해 반사회적이고 이성적'이라고 믿는다.

➡ 자연 상태에서의 인간은 사회적인 존재가 아니며, 이기심에 기초한 반사회적이고 이성적인 존재라는 내용으로, 국가가 없는 상태는 전쟁 상태라는 앞 문장의 내용과 자연스럽게 이어진다. ▶ 주어진 문장이 ④에 들어갈 수 없음

⑤의 앞 문장과 뒤 문장

앞 문장: ④의 뒤 문장과 같음

뒤 문장: 두려움으로부터의 동기가 자연 상태에 있는 사람들 사이의 공통된 추진력이기 때문에, 오히려, 그들을 모으는 것은 인간의 현재와 미래에 대한 상호 간의 두려움이다.

➡ 인간이 사회를 형성하게 되는 이유는 '오히려' 현재와 미래에 대한 상호 간의 두려움 때문이라고 설명하고 있다. 인간 사회는 상호 간의 애정으로 자연스럽게 형성되는 것이 아니라, 오히려 상호 간의 두려움에 의해 강제적으로 형성된다는 내용이다.
▶ 인간이 사회를 형성하게 된 잘못된 이유를 설명한 주어진 문장이 ⑤에 들어가고, ⑤의 뒤 문장에서 올바른 이유를 설명해야 한다.

> 두 문장은 큰 틀에서 not A rather B 구문을 띔 **꿀팁**

P 09 정답 ② *바이러스성 전염과 행동 전염

글의 흐름으로 보아, 주어진 문장이 들어가기에 가장 적절한 곳을 고르시오.

But there are also important differences / between the two types of contagion. // [단서 1] 두 종류의 전염의 차이점에 대한 소개를 시작함
하지만 중요한 차이점들도 있다 / 두 종류의 전염 사이에

There are deep similarities / between viral contagion and behavioral contagion. //
between A and B: A와 B 사이에
깊은 유사성이 있다 / 바이러스성의 전염과 행동의 전염 사이에 //

(①) [단서 2] 바이러스성 전염과 행동 전염의 유사성에 관한 예시를 설명함
For example, / people in close or extended proximity / to others infected by a virus / are themselves more likely to become infected. //
강조 용법의 재귀대명사 / 과거분사구 (others 수식)
예를 들어 / 아주 근접해 있거나 어느 정도 근접해 있는 사람들은 / 바이러스에 감염된 다른 사람들과 / 그들도 감염될 가능성이 더 높은데 /

just as people are more likely to drink excessively / when they spend more time / in the company of heavy drinkers. //
부사절 접속사 (시간)
이는 사람들이 술을 과도하게 마실 가능성이 더 높은 것과 마찬가지이다 / 그들이 시간을 많이 보낼 때 / 술을 많이 마시는 사람들과 함께 //

[단서 3] 바이러스성 전염과 행동 전염의 차이점 중 하나를 설명함
(②) One is / that visibility promotes behavioral contagion / but inhibits the spread of infectious diseases. //
주격 보어절 접속사 / 병렬 구조 (that절의 동사)
한 가지는 / 가시성이 행동의 전염을 촉진하지만 / 감염성 질병의 확산은 억제한다는 것이다 //

(③) Solar panels that are visible from the street, / for instance, / are more likely to stimulate neighboring installations. //
주격 관계대명사
거리에서 볼 수 있는 태양 전지판은 / 예를 들어 / 이웃의 설치를 북돋을 가능성이 더 높다 //

(④) In contrast, / we try to avoid others / who are visibly ill. //
try to-v: ~하려고 노력하다 / 주격 관계대명사
대조적으로 / 우리는 다른 사람들을 피하려고 노력한다 / 눈에 띄게 몸이 아픈 //

(⑤) Another important difference is / that whereas viral contagion is almost always a bad thing, /
주격 보어절 접속사
또 다른 중요한 차이는 / 바이러스성의 전염은 거의 항상 나쁜 것인 반면 /

behavioral contagion is sometimes negative / — as in the case of smoking — / but sometimes positive, / as in the case of solar installations. //
행동의 전염은 때로는 부정적이지만 / 흡연의 경우와 같이 / 때때로 긍정적이라는 것이다 / 태양 전지판 설치의 경우와 같이 //

- **viral** ⓐ 바이러스성의
- **behavioral** ⓐ 행동의
- **proximity** ⓝ 근접성
- **infect** ⓥ 감염시키다
- **excessively** ⓐⓓ 과도하게
- **visibility** ⓝ 가시성
- **inhibit** ⓥ 억제하다
- **infectious** ⓐ 전염성의
- **panel** ⓝ 판넬, 판
- **stimulate** ⓥ 자극하다
- **installation** ⓝ 설치
- **visibly** ⓐⓓ 눈에 띄게

바이러스성의 전염과 행동의 전염 사이에 깊은 유사성이 있다. (①) 예를 들어, 바이러스에 감염된 다른 사람들과 아주 근접해 있거나 어느 정도 근접해 있는 사람들은 그들도 감염될 가능성이 더 높은데, 이는 사람들이 술을 많이 마시는 사람들과 함께 시간을 많이 보낼 때 술을 과도하게 마실 가능성이 더 높은 것과 마찬가지이다. (② 하지만 두 종류의 전염 사이에 중요한 차이점들도 있다.) 한 가지는 가시성이 행동의 전염을 촉진하지만, 감염성 질병의 확산은 억제한다는 것이다. (③) 예를 들어, 거리에서 볼 수 있는 태양 전지판은 이웃의 설치를 북돋을 가능성이 더 높다. (④) 대조적으로, 우리는 눈에 띄게 몸이 아픈 다른 사람들을 피하려고 노력한다. (⑤) 또 다른 중요한 차이는 바이러스성의 전염은 거의 항상 나쁜 것인 반면, 행동의 전염은 흡연의 경우와 같이, 때로는 부정적이지만, 태양 전지판 설치의 경우와 같이, 때때로 긍정적이라는 것이다.

| 문제 풀이 순서 | ✿✿✣ [정답률 64%]

1st 주어진 문장을 해석하고, 앞뒤에 어떤 내용이 올지 생각한다.

But there are also important differences between the two types of contagion.
하지만 두 종류의 전염 사이에 중요한 차이점들도 있다.

➡ 두 종류의 전염 사이에는 중요한 차이점'도' 있다는 내용이 '하지만'이라는 말 뒤에 나오고 있다.
▶ 주어진 문장이 들어갈 곳: 두 종류의 전염의 공통점을 소개하는 내용이 끝나고, 이들의 차이점을 소개하기 시작하는 곳에 들어가야 함

2nd 각 선택지의 앞뒤 흐름이 매끄러운지 확인한다.

- ①의 앞 문장과 뒤 문장

앞 문장: 바이러스성의 전염과 행동의 전염 사이에 깊은 유사성이 있다.

뒤 문장: 예를 들어, 바이러스에 감염된 다른 사람들과 아주 근접해 있거나 어느 정도 근접해 있는 사람들은 그들도 감염될 가능성이 더 높은데, 이는 사람들이 술을 많이 마시는 사람들과 함께 시간을 많이 보낼 때 술을 과도하게 마실 가능성이 더 높은 것과 마찬가지이다.

➡ 전염의 두 종류 (바이러스성 전염과 행동 전염) 간에 유사성이 있으며, 그 예시로 물리적 거리가 가까울수록 전염될 가능성이 높다는 내용이 이어지고 있다.
▶ 유사성이 앞뒤에 이어지므로 주어진 문장이 ①에 들어갈 수 없음

- ②의 앞 문장과 뒤 문장

앞 문장: ①의 뒤 문장과 같음

뒤 문장: 한 가지는 가시성이 행동의 전염을 촉진하지만, 감염성 질병의 확산은 억제한다는 것이다.

➡ 전염의 두 종류의 유사성에 관한 내용에서, 두 전염의 차이점에 관한 내용으로 전환되었다. ▶ 주어진 문장은 ②에 들어가야 함

- ③의 앞 문장과 뒤 문장

┌ **앞 문장:** ②의 뒤 문장과 같음
│ **뒤 문장:** 예를 들어, 거리에서 볼 수 있는 태양 전지판은 이웃의 설치를
└ 북돋을 가능성이 더 높다.

➡ 가시성은 행동의 전염을 촉진하지만, 바이러스의 전염은 억제한다는 내용의
  구체적인 예시로 눈에 보이는 태양 전지판 설치는 주변 이웃에게 전염될 가능성이
  높다고 설명하고 있다. ▶ 주어진 문장이 ③에 들어갈 수 없음

- ④의 앞 문장과 뒤 문장

┌ **앞 문장:** ③의 뒤 문장과 같음
│ **뒤 문장:** 대조적으로, 우리는 눈에 띄게 몸이 아픈 다른 사람들을 피하려고
└ 노력한다.

➡ 대상이 눈에 보일 때 행동은 전염될 가능성이 높지만, 바이러스는 오히려 피하려
  하기 때문에 전염될 가능성이 낮다고 설명하고 있다.
  ▶ 주어진 문장이 ④에 들어갈 수 없음

- ⑤의 앞 문장과 뒤 문장

┌ **앞 문장:** ④의 뒤 문장과 같음
│ **뒤 문장:** 또 다른 중요한 차이는 바이러스성의 전염은 거의 항상 나쁜 것인
│ 반면, 행동의 전염은 흡연의 경우와 같이, 때로는 부정적이지만, 태양
└ 전지판 설치의 경우와 같이, 때때로 긍정적이라는 것이다.

➡ 두 종류의 전염이 긍정적인지 부정적인지에서도 차이가 발생한다고 설명하고 있다.
  ▶ 주어진 문장이 ⑤에 들어갈 수 없음

P 10 정답 ④ ＊동면의 정의 및 수면과의 차이

> 글의 흐름으로 보아, 주어진 문장이 들어가기에 가장 적절한 곳을
> 고르시오. [3점]

> Real hibernation involves / profound unconsciousness and
> a dramatic fall in body temperature / — often to around 32
> degrees Fahrenheit. // **단서 1** 실제 동면은 무의식과 체온 하락을 포함함
> 실제 동면은 포함하는데 / 깊은 무의식과 체온의 급격한 하락을 / 자주 대략 화씨 32도로
> 떨어진다

Sleep is clearly about more than just resting. //
잠은 분명 단지 휴식하는 것 이상이다 //

One curious fact is / that animals that are hibernating / also have
periods of sleep. //
한 가지 호기심을 끄는 사실은 / 동면하고 있는 동물들은 / 또한 잠자는 기간을 가진다는
점이다 //

It comes as a surprise to most of us, / but hibernation and sleep
are not the same thing at all, / at least not from a neurological
and metabolic perspective. //
그것은 우리 대부분에게 놀라움으로 다가오지만 / 동면과 수면은 전혀 같은 것이 아니다 /
적어도 신경학적이고 신진대사적인 관점에서 볼 때 //

(①) Hibernating is more like being anesthetized: / the subject is
unconscious / but not actually asleep. //
동면은 마취되는 것과 더욱 비슷한데 / 그 대상은 의식이 없지만 / 실제로 잠들어 있지는 않다 //

(②) So a hibernating animal / needs to get a few hours
of conventional sleep each day / within the larger
unconsciousness. //
그래서 동면하고 있는 동물은 / 매일 몇 시간의 전형적인 잠을 잘 필요가 있다 / 더 큰 무의식
속에서 // **단서 2** 겨울잠을 잔다고 알려진 곰도
실제로는 동면하지 않음

(③) A further surprise to most of us / is that bears, the most
famous of wintry sleepers, / don't actually hibernate. //
우리 대부분에게 더욱 놀라운 점은 / 겨울에 잠을 자는 동물 중 가장 유명한 곰도 / 실제로는
동면하지 않는다는 것이다 //

(④) By this definition, / bears don't hibernate, / because their
body temperature stays near normal / and they are easily
awakened. // **단서 3** 이러한 정의는 주어진 문장에서 말한 동면에 대한 정의임
이러한 정의에 따르면 / 곰들은 동면하지 않는다 / 곰의 체온은 정상 근처를
유지하고 / 쉽게 잠에서 깨어나기 때문에 //

(⑤) Their winter sleeps are / more accurately called a state of
torpor. // 그것들의 겨울잠은 / 더 정확하게는 휴면 상태라고 불린다 //

- **profound** ⓐ 깊은　　· **unconsciousness** ⓝ 무의식
- **dramatic** ⓐ 급격한　　· **hibernate** ⓥ 동면하다
- **neurological** ⓐ 신경학적인　　· **metabolic** ⓐ 신진대사의
- **conventional** ⓐ 전형적인　　· **wintry** ⓐ 겨울의
- **awaken** ⓥ 깨우다　　· **accurately** ⓐ 정확하게

잠은 분명 단지 휴식하는 것 이상이다. 한 가지 호기심을 끄는 사실은 동면하고 있는 동물들 또한 잠자는 기간을 가진다는 점이다. 그것은 우리 대부분에게 놀라움으로 다가오지만, 동면과 수면은 적어도 신경학적이고 신진대사적인 관점에서 볼 때 전혀 같은 것이 아니다. (①) 동면은 마취되는 것과 더욱 비슷한데, 그 대상은 의식이 없지만 실제로 잠들어 있지는 않다. (②) 그래서 동면하고 있는 동물은 더 큰 무의식 속에서 매일 몇 시간의 전형적인 잠을 잘 필요가 있다. (③) 우리 대부분에게 더욱 놀라운 점은 겨울에 잠을 자는 동물 중 가장 유명한 곰도 실제로는 동면하지 않는다는 것이다. (④ 실제 동면은 깊은 무의식과 체온의 급격한 하락을 포함하는데, 자주 대략 화씨 32도로 떨어진다.) 이러한 정의에 따르면, 곰의 체온은 정상 근처를 유지하고 쉽게 잠에서 깨어나기 때문에 그것들은 동면하지 않는다. (⑤) 그것들의 겨울잠은 더 정확하게는 휴면 상태라고 불린다.

| 문제 풀이 순서 | ★★☆ [정답률 68%]

1st 주어진 문장을 해석하고, 앞뒤에 어떤 내용이 올지 생각한다.

┌ Real hibernation involves profound unconsciousness and
│ a dramatic fall in body temperature — often to around 32
└ degrees Fahrenheit.
실제 동면은 깊은 무의식과 체온의 급격한 하락을 포함하는데, 자주 대략 화씨 32도로
떨어진다.

➡ 실제 동면이 무엇인지에 관한 정의가 제시되고 있다.
  ▶ 주어진 문장이 들어갈 곳: 지금까지 우리가 동면이라고 잘못 알고 있던 내용이
  앞에 제시되어야 하고, 진짜 동면의 정의에 따른 내용이 이어지는 곳에 들어가야 함

2nd 각 선택지의 앞뒤 흐름이 매끄러운지 확인한다.

- ①의 앞 문장과 뒤 문장

┌ **앞 문장:** 그것은 우리 대부분에게 놀라움으로 다가오지만, 동면과 수면은
│ 적어도 신경학적이고 신진대사적인 관점에서 볼 때 전혀 같은 것이 아니다.
│ **뒤 문장:** 동면은 마취되는 것과 더욱 비슷한데, 그 대상은 의식이 없지만
└ 실제로 잠들어 있지는 않다.

➡ 동면과 수면은 신경학적으로, 신진대사적으로 다르다는 내용 후에, 동면은 의식이
  없지만 수면 상태는 아니라는 점에서 마취와 비슷하다는 설명으로 이어지고 있다.
  ▶ 주어진 문장이 ①에 들어갈 수 없음

- ②의 앞 문장과 뒤 문장

┌ **앞 문장:** ①의 뒤 문장과 같음
│ **뒤 문장:** 그래서 동면하고 있는 동물은 더 큰 무의식 속에서 매일 몇 시간의
└ 전형적인 잠을 잘 필요가 있다.

➡ 동면은 실제로는 잠든 상태가 아니기 때문에 동면하고 있는 동물들은 우리가 흔히
  말하는 잠을 매일 몇 시간씩은 자야 한다는 내용으로 이어지고 있다.
  ▶ 주어진 문장이 ②에 들어갈 수 없음

- ③의 앞 문장과 뒤 문장

┌ **앞 문장:** ②의 뒤 문장과 같음
│ **뒤 문장:** 우리 대부분에게 더욱 놀라운 점은 겨울에 잠을 자는 동물 중 가장
└ 유명한 곰도 실제로는 동면하지 않는다는 것이다.

➡ 우리가 흔히 동면을 수면으로 오해한다는 내용에 이어, 겨울잠으로 유명한 곰도
  실제로는 동면하는 것이 아니라는 내용이 이어진다.
  ▶ 주어진 문장이 ③에 들어갈 수 없음

- ④의 앞 문장과 뒤 문장
- 앞 문장: ③의 뒤 문장과 같음
- 뒤 문장: 이러한 정의(this definition)에 따르면, 곰의 체온은 정상 근처를 유지하고 쉽게 잠에서 깨어나기 때문에 그것들은 동면하지 않는다.
- → 체온이 정상이고, 의식이 있기 때문에 곰이 겨울에 잠자는 것을 동면으로 볼 수 없다고 설명하고 있다.
  - ▶ 동면을 무의식과 체온 하락의 관점에서 정의하고 있는 주어진 문장이 ④에 들어가야 함
- ⑤의 앞 문장과 뒤 문장
- 앞 문장: ④의 뒤 문장과 같음
- 뒤 문장: 그것들의 겨울잠은 더 정확하게는 휴면 상태라고 불린다.
- → 곰은 겨울에 동면을 하고 있는 것이 아니라, 정확하게는 휴면 상태를 유지하는 것이다. ▶ 주어진 문장이 ⑤에 들어갈 수 없음

P 11 정답 ④ *인터넷의 양방향성과 연결성

> 글의 흐름으로 보아, 주어진 문장이 들어가기에 가장 적절한 곳을 고르시오.

But the Net doesn't just connect us with businesses; / it connects us with one another. // **단서 1** 인터넷은 우리와 기업을 연결할 뿐만 아니라 우리끼리 연결하기도 함
하지만 인터넷은 단지 우리를 기업과 연결하는 것만은 아니다 / 그것은 우리를 서로서로 연결한다 //

앞에 목적격 관계대명사 생략
The Net differs from most of the mass media / it replaces / in an obvious and very important way: / it's bidirectional. //
인터넷은 대부분의 대중 매체와 다르다 / 그것이 대체하는 / 분명하고도 매우 중요한 방식으로 / 그것은 두 방향으로 작용한다 //

(①) We can send messages through the network / as well as receive them, / which has made the system all the more useful. //
A as well as B: B뿐만 아니라 A도 / 계속적 용법의 주격 관계대명사 / '더욱 더'
우리는 네트워크를 통해 메시지들을 보낼 수도 있는데 / 그것들을 받을 수 있을 뿐만 아니라 / 이것은 그 시스템을 훨씬 더 유용하게 만들었다 //

(②) The ability / to exchange information online, / to upload as well as download, / has turned the Net into a thoroughfare / for business and commerce. //
A as well as B: B뿐만 아니라 A도 / turn A into B: A를 B로 만들다
능력은 / 온라인에서 정보를 교환하고 / 다운로드할 뿐만 아니라 업로드하는 / 인터넷을 통로로 만들었다 / 비즈니스와 상거래를 위한 //

(③) With a few clicks, / people can search virtual catalogues, / place orders, track shipments, / and update information in corporate databases. // **단서 2** 인터넷은 사람들을 기업의 정보와 연결해 줌
병렬 구조
몇 번의 클릭으로 / 사람들은 가상 카탈로그를 검색하고 / 주문을 하고, 배송을 추적하고 / 그리고 기업의 데이터베이스에 정보를 업데이트할 수 있다 //

(④) It's a personal broadcasting medium / as well as a commercial one. // **단서 3** 인터넷은 개인의 방송 매체가 되기도 함
A as well as B: B뿐만 아니라 A도
그것은 개인 방송 매체이다 / 상업용 매체일 뿐만 아니라 //

(⑤) Millions of people use it / to distribute their own digital creations, / in the form of blogs, videos, photos, songs, and podcasts, /
부사적 용법 (목적)
수백만 명의 사람들이 그것을 사용한다 / 자신의 디지털 창작물을 배포하기 위해서 / 블로그, 동영상, 사진, 노래, 그리고 팟캐스트의 형태로 /

as well as to critique, edit, / or otherwise modify / the creations of others. //
부사적 용법 (목적)
비평하고, 편집할 뿐만 아니라 / 또는 그렇지 않으면 수정하기 위해서 뿐만 아니라 / 다른 사람들의 창작물을 //

- mass media 대중 매체
- replace ⓥ 대체하다
- commerce ⓝ 상업, 상거래
- virtual ⓐ 가상의
- catalogue ⓝ 카탈로그
- track ⓥ 추적하다
- shipment ⓝ 배송

- corporate ⓐ 기업의
- broadcasting ⓝ 방송
- distribute ⓥ 배포하다
- critique ⓥ 비평하다
- modify ⓥ 수정하다

인터넷은 그것이 대체하는 대부분의 대중 매체와 분명하고도 매우 중요한 방식으로 다르다: 그것은 두 방향으로 작용한다. (①) 우리는 네트워크를 통해 메시지들을 받을 수 있을 뿐만 아니라 그것들을 보낼 수도 있는데, 이것은 그 시스템을 훨씬 더 유용하게 만들었다. (②) 온라인에서 정보를 교환하고, 다운로드할 뿐만 아니라 업로드하는 능력은, 인터넷을 비즈니스와 상거래를 위한 통로로 만들었다. (③) 몇 번의 클릭으로, 사람들은 가상 카탈로그를 검색하고, 주문을 하고, 배송을 추적하고, 그리고 기업의 데이터베이스에 정보를 업데이트할 수 있다. (④ 하지만 인터넷은 단지 우리를 기업과 연결하는 것만은 아니다; 그것은 우리를 서로서로 연결한다.) 그것은 상업용 매체일 뿐만 아니라 개인 방송 매체이다. (⑤) 수백만 명의 사람들이 다른 사람들의 창작물을 비평하고, 편집하고, 또는 그렇지 않으면 수정하기 위해서 뿐만 아니라, 블로그, 동영상, 사진, 노래, 그리고 팟캐스트의 형태로 자신의 디지털 창작물을 배포하기 위해서 그것을 사용한다.

| 문제 풀이 순서 | ★★★ [정답률 52%]

1st 주어진 문장을 해석하고, 앞뒤에 어떤 내용이 올지 생각한다.

But the Net doesn't just connect us with businesses; it connects us with one another.
하지만 인터넷은 단지 우리를 기업과 연결하는 것만은 아니다; 그것은 우리를 서로서로 연결한다.

→ 인터넷이 무엇과 무엇을 연결하는지에 관한 내용이 나온다. '하지만'이라는 말 뒤에서 인터넷은 우리를 서로서로 연결해 주기도 한다고 한다.
  - ▶ 주어진 문장이 들어갈 곳: 인터넷이 우리와 기업을 연결해 준다는 내용이 끝나고, 인터넷이 우리를 서로서로 연결해 준다는 내용이 시작되는 곳 사이에 들어갈 수 있다.

2nd 각 선택지의 앞뒤 흐름이 매끄러운지 확인한다.

- ①의 앞 문장과 뒤 문장
- 앞 문장: 인터넷은 그것이 대체하는 대부분의 대중 매체와 분명하고도 매우 중요한 방식으로 다르다: 그것은 두 방향으로 작용한다.
- 뒤 문장: 우리는 네트워크를 통해 메시지들을 받을 수 있을 뿐만 아니라 그것들을 보낼 수도 있는데, 이것은 그 시스템을 훨씬 더 유용하게 만들었다.
- → 인터넷의 양방향성을 설명하며, 네트워크를 통해 메시지를 주고받을 수 있다는 내용이 이어지고 있다. ▶ 주어진 문장이 ①에 들어갈 수 없음
- ②의 앞 문장과 뒤 문장
- 앞 문장: ①의 뒤 문장과 같음
- 뒤 문장: 온라인에서 정보를 교환하고, 다운로드할 뿐만 아니라 업로드하는 능력은, 인터넷을 비즈니스와 상거래를 위한 통로로 만들었다.
- → 인터넷의 양방향성, 즉 정보를 업로드하고 다운로드할 수 있는 능력 덕분에 인터넷은 상거래를 위한 통로가 되었다는 내용으로 이어지고 있다.
  - ▶ 주어진 문장이 ②에 들어갈 수 없음
- ③의 앞 문장과 뒤 문장
- 앞 문장: ②의 뒤 문장과 같음
- 뒤 문장: 몇 번의 클릭으로, 사람들은 가상 카탈로그를 검색하고, 주문을 하고, 배송을 추적하고, 그리고 기업의 데이터베이스에 정보를 업데이트할 수 있다.
- → 인터넷이 비즈니스와 상거래의 통로가 되었으므로 개인이 인터넷을 통해 주문을 하고 기업의 데이터베이스 정보를 업데이트할 수 있다는 내용으로 이어지고 있다.
  - ▶ 주어진 문장이 ③에 들어갈 수 없음
- ④의 앞 문장과 뒤 문장
- 앞 문장: ③의 뒤 문장과 같음
- 뒤 문장: 그것은 상업용 매체일 뿐만 아니라 개인 방송 매체이다.
- → 인터넷의 상업용 매체로서의 기능에서 개인적 기능에 관한 내용으로 전환되었다.
  - ▶ 인터넷이 우리를 기업과 연결해 줄 뿐만 아니라 서로를 연결해 준다는 내용의 주어진 문장은 ④에 들어가야 함

- ⑤의 앞 문장과 뒤 문장
┌ 앞 문장: ④의 뒤 문장과 같음
└ 뒤 문장: 수백만 명의 사람들이 다른 사람들의 창작물을 비평하고, 편집하고, 또는 그렇지 않으면 수정하기 위해서 뿐만 아니라, 블로그, 동영상, 사진, 노래, 그리고 팟캐스트의 형태로 자신의 디지털 창작물을 배포하기 위해서 그것을 사용한다.
➡ 인터넷을 통해 개인이 서로의 창작물을 배포하고 비평한다는 내용이 이어지고 있다. ▶ 주어진 문장이 ⑤에 들어갈 수 없음

P 12 정답 ③ ＊새로운 일자리를 창출해 온 자동화

글의 흐름으로 보아, 주어진 문장이 들어가기에 가장 적절한 곳을 고르시오.

> Instead, automation created / hundreds of millions of jobs / in entirely new fields. // **단서 1** 그 대신 자동화는 완전히 새로운 일자리를 창출함
> 그 대신, 자동화는 창출했다 / 수억 개의 일자리를 / 완전히 새로운 분야에서 //

Imagine / that seven out of ten working Americans / got fired tomorrow. //
상상해 보라 / 미국인 직장인 10명 중 7명이 / 내일 해고된다고 //

What would they all do? //
그들은 모두 무엇을 할까 //

It's hard to believe / you'd have an economy at all / if you gave pink slips / to more than half the labor force. //
믿기 어려울 것이다 / 경제가 유지될 것이라고 / 해고 통지서를 보낸다면 / 노동력의 절반 이상에게 //

But that is what the industrial revolution did / to the workforce of the early 19th century. //
하지만 그것은 산업혁명이 했던 것이다 / 19세기 초 노동력에 //

Two hundred years ago, / 70 percent of American workers lived on the farm. //
200년 전 / 미국 노동자의 70%가 농장에서 살았다 //

(①) Today automation has eliminated / all but 1 percent of their jobs, / replacing them with machines. // **단서 2** 자동화로 일자리를 잃은 노동자들은 가만히 있지 않았음
오늘날 자동화는 제거하였고 / 1%를 제외한 모든 일자리를 / 그것들을 기계로 대체하였다 //

(②) But the displaced workers / did not sit idle. //
하지만 일자리를 잃은 노동자들은 / 한가롭게 앉아 있지 않았다 //

(③) Those who once farmed / were now manning the factories / that manufactured farm equipment, cars, and other industrial products. // **단서 3** 과거에 농사에 종사했던 사람들은 이제 공장에서 일하고 있음
한때 농사를 짓던 사람들은 / 이제 공장에서 일하고 있다 / 농기구, 자동차, 그리고 기타 산업 제품을 제조하는 //

(④) Since then, / wave upon wave of new occupations have arrived / — appliance repair person, food chemist, photographer, web designer — / each building on previous automation. //
그 이후로 / 새로운 직업이 계속해서 등장했다 / 가전제품 수리공, 식품 화학자, 사진작가, 웹 디자이너 등 / 각각 이전의 자동화를 기반으로 한 //

(⑤) Today, / the vast majority of us are doing jobs / that no farmer from the 1800s could have imagined. //
오늘날 / 우리 중 대다수는 일을 하고 있다 / 1800년대의 농부들은 상상도 할 수 없었던 //

- automation ⓝ 자동화 · entirely ⓐⓓ 완전히 · fire ⓥ 해고하다
- industrial revolution 산업혁명 · workforce ⓝ 노동력
- eliminate ⓥ 제거하다 · idle ⓐ 한가로운 · man ⓥ 일하다
- manufacture ⓥ 제조하다 · equipment ⓝ 기구
- occupation ⓝ 직업 · appliance ⓝ 가전제품
- chemist ⓝ 화학자 · vast ⓐ 엄청난

미국인 직장인 10명 중 7명이 내일 해고된다고 상상해 보라. 그들은 모두 무엇을 할까? 노동력의 절반 이상에게 해고 통지서를 보낸다면 경제가 유지될 것이라고 믿기 어려울 것이다. 하지만 그것은 19세기 초 노동력에 산업혁명이 했던 것이다. 200년 전, 미국 노동자의 70%가 농장에서 살았다. (①) 오늘날 자동화는 1%를 제외한 모든 일자리를 제거하였고, 그것들을 기계로 대체하였다. (②) 하지만 일자리를 잃은 노동자들은 한가롭게 앉아 있지 않았다. (③ 그 대신, 자동화는 완전히 새로운 분야에서 수억 개의 일자리를 창출했다.) 한때 농사를 짓던 사람들은 이제 농기구, 자동차, 그리고 기타 산업 제품을 제조하는 공장에서 일하고 있다. (④) 그 이후로, 가전제품 수리공, 식품 화학자, 사진작가, 웹 디자이너 등 각각 이전의 자동화를 기반으로 한 새로운 직업이 계속해서 등장했다. (⑤) 오늘날, 우리 중 대다수는 1800년대의 농부들은 상상도 할 수 없었던 일을 하고 있다.

| 문제 풀이 순서 | ★★★ [정답률 45%]

1st 주어진 문장을 해석하고, 앞뒤에 어떤 내용이 올지 생각한다.

┌ Instead, automation created hundreds of millions of jobs in entirely new fields.
└ 그 대신, 자동화는 완전히 새로운 분야에서 수억 개의 일자리를 창출했다.

➡ '그 대신'이라는 말 뒤에 자동화가 새로운 일자리를 수억 개 창출했다고 했다.
▶ 주어진 문장이 들어갈 곳: 자동화가 일자리를 없앴다는 내용이 끝나고, 그 대신 새로운 일자리를 창출한다는 내용이 시작되는 곳 사이에 들어갈 수 있다.

2nd 각 선택지의 앞뒤 흐름이 매끄러운지 확인한다.

- **①의 앞 문장과 뒤 문장**
┌ 앞 문장: 200년 전, 미국 노동자의 70%가 농장에서 살았다.
└ 뒤 문장: 오늘날 자동화는 1%를 제외한 모든 일자리를 제거하였고, 그것들을 기계로 대체하였다.
➡ 미국 노동자의 대다수가 농장에서 근무했으나, 기계화와 자동화로 대부분 일자리를 잃었다는 내용이 이어지고 있다. ▶ 주어진 문장이 ①에 들어갈 수 없음

- **②의 앞 문장과 뒤 문장**
┌ 앞 문장: ①의 뒤 문장과 같음
└ 뒤 문장: 하지만 일자리를 잃은 노동자들은 한가롭게 앉아 있지 않았다.
➡ 이때 일자리를 잃은 노동자들은 한가롭게 손 놓고 있지만은 않았다고 설명하고 있다. ▶ 주어진 문장이 ②에 들어갈 수 없음

- **③의 앞 문장과 뒤 문장**
┌ 앞 문장: ②의 뒤 문장과 같음
└ 뒤 문장: 한때 농사를 짓던 사람들은 이제 농기구, 자동차, 그리고 기타 산업 제품을 제조하는 공장에서 일하고 있다.
➡ 자동화로 일자리를 잃었던 농장 노동자들이 공장 등 새로운 일자리에서 일을 하고 있다는 내용으로 전환되고 있다. ▶ 자동화로 창출된 새로운 일자리에서 노동하고 있다는 내용이므로, 주어진 문장은 ③에 들어가야 함

- **④의 앞 문장과 뒤 문장**
┌ 앞 문장: ③의 뒤 문장과 같음
└ 뒤 문장: 그 이후로, 가전제품 수리공, 식품 화학자, 사진작가, 웹 디자이너 등 각각 이전의 자동화를 기반으로 한 새로운 직업이 계속해서 등장했다.
➡ 공장에서 일하게 된 노동자뿐만 아니라 자동화를 기반으로 한 새로운 직업이 계속 등장하고 있다는 내용으로 이어지고 있다. ▶ 주어진 문장이 ④에 들어갈 수 없음

- **⑤의 앞 문장과 뒤 문장**
┌ 앞 문장: ④의 뒤 문장과 같음
└ 뒤 문장: 오늘날, 우리 중 대다수는 1800년대의 농부들은 상상도 할 수 없었던 일을 하고 있다.
➡ 오늘날에는 자동화로 인해 예전에는 상상도 할 수 없었던 일들을 하고 있다는 내용으로 이어지고 있다. ▶ 주어진 문장이 ⑤에 들어갈 수 없음

글의 흐름으로 보아, 주어진 문장이 들어가기에 가장 적절한 곳을 고르시오. [3점]

단서 1 무리에서 떨어지는 것이 의미 없는 현상이라는 내용 뒤에 와야 함

However, there are many lines of evidence / to suggest / that vagrancy can, / on rare occasions, / dramatically alter the fate / of populations, species or even whole ecosystems. //

형용사적 용법 (evidence 수식)

하지만 많은 증거가 있다 / 시사하는 / 무리에서 떨어져 헤매는 것이 / 드문 경우에 / 운명을 극적으로 바꿀 수 있다는 것을 / 개체 수, 종, 심지어 생태계 전체의 //

It is a common assumption / that most vagrant birds are ultimately doomed, /

가주어 / 진주어절 접속사

일반적인 가정이다 / 무리에서 떨어져 헤매는 대부분의 새들은 궁극적으로 죽을 운명이라는 것이 /

aside from the rare cases / where individuals are able to reorientate / and return to their normal ranges. //

관계부사

드문 경우를 제외하고 / 개체들이 방향을 다시 잡고 / 그들의 일반적인 (서식) 범위로 돌아갈 수 있는 //

단서 2 무리에서 떨어지는 것은 그다지 중요하지 않은 생물학적 현상으로 여겨짐

(①) In turn, it is also commonly assumed / that vagrancy itself is / a relatively unimportant biological phenomenon. //

가주어 / 진주어절 접속사 / 강조적 용법의 재귀대명사

결국, 일반적으로 여겨지기도 한다 / 무리에서 떨어져 헤매는 것 자체가 / 비교적 중요하지 않은 생물학적 현상이라고 //

(②) This is undoubtedly true for the majority of cases, / as the most likely outcome of any given vagrancy event is /

부사절 접속사 (이유)

이것은 대부분의 경우에 의심할 여지 없이 사실인데 / 무리에서 떨어져 헤매는 어떤 경우든 가장 가능성 있는 결과는 /

that the individual will fail to find enough resources, / and/or be exposed to inhospitable environmental conditions, / and perish. //

주격 보어절 접속사 / 병렬 구조 (will 뒤에 연결)

개체가 충분한 자원을 찾지 못한다 / 그리고/또는 살기 힘든 환경 조건에 노출되어 / 죽기 때문이다 //

단서 3 '이러한 경우'는 주어진 문장을 가리킴

(③) Despite being infrequent, / these events can be extremely important / when viewed at the timescales / over which ecological and evolutionary processes unfold. //

앞에 '주어+be동사' 생략 / 「전치사＋관계대명사」

드물기는 하지만 / 이러한 경우들은 매우 중요할 수 있다 / 시간의 관점에서 볼 때 / 생태학적이고 진화적인 과정이 진행되는 //

(④) The most profound consequences of vagrancy / relate to the establishment / of new breeding sites, / new migration routes and wintering locations. //

무리에서 떨어져 헤매는 것의 가장 중대한 결과는 / 확보와 관련이 있다 / 새로운 번식지 / 새로운 이동 경로 및 월동 장소의 //

(⑤) Each of these can occur / through different mechanisms, / and at different frequencies, / and they each have their own unique importance. //

결과 절을 잇는 등위접속사

이들 각각은 발생할 수 있으며 / 서로 다른 메커니즘을 통해 / 서로 다른 빈도로 / 각각 고유한 중요성을 가지고 있다 //

- fate ⓝ 운명　　• population ⓝ 개체 수
- vagrant ⓐ 부랑하는, 헤매는　　• reorientate ⓥ 방향을 다시 잡다
- range ⓝ 범위　　• phenomenon ⓝ 현상
- undoubtedly ⓐⓓ 의심의 여지 없이　　• perish ⓥ 죽다, 멸망하다
- infrequent ⓐ 드문　　• unfold ⓥ 펼쳐지다
- profound ⓐ 중대한, 심오한　　• breeding ⓝ 번식
- migration ⓝ 이동　　• wintering ⓝ 월동, 겨울나기

무리에서 떨어져 헤매는 대부분의 새들은 방향을 다시 잡고 그들의 일반적인 (서식) 범위로 돌아갈 수 있는 드문 경우의 개체들을 제외하고, 궁극적으로 죽을 운명이라는 것이 일반적인 가정이다. (①) 결국, 무리에서 떨어져 헤매는 것 자체가 비교적 중요하지 않은 생물학적 현상이라고 일반적으로 여겨지기도 한다. (②) 이것은 대부분의 경우에 의심할 여지 없이 사실

인데, 무리에서 떨어져 헤매는 어떤 경우든 가장 가능성 있는 결과는 개체가 충분한 자원을 찾지 못하고/못하거나, 살기 힘든 환경 조건에 노출되어 죽기 때문이다. (③ 하지만, 드문 경우에, 무리에서 떨어져 헤매는 것이 개체 수, 종, 심지어 생태계 전체의 운명을 극적으로 바꿀 수 있다는 것을 시사하는 많은 증거가 있다.) 드물기는 하지만, 이러한 경우들은 생태학적이고 진화적인 과정이 진행되는 시간의 관점에서 볼 때 매우 중요할 수 있다. (④) 무리에서 떨어져 헤매는 것의 가장 중대한 결과는 새로운 번식지, 새로운 이동 경로 및 월동 장소의 확보와 관련이 있다. (⑤) 이들 각각은 서로 다른 메커니즘을 통해, 서로 다른 빈도로 발생할 수 있으며, 각각 고유한 중요성을 가지고 있다.

| 문제 풀이 순서 | ★★❀ [정답률 51%]

1st 주어진 문장을 해석하고, 앞뒤에 어떤 내용이 올지 생각한다.

However, there are many lines of evidence to suggest that vagrancy can, on rare occasions, dramatically alter the fate of populations, species or even whole ecosystems.

하지만, 드문 경우에, 무리에서 떨어져 헤매는 것이 개체 수, 종, 심지어 생태계 전체의 운명을 극적으로 바꿀 수 있다는 것을 시사하는 많은 증거가 있다.

➡ 무리에서 떨어지는 것이 생태계의 운명을 바꿀 수 있다는 점을 설명했다.

▶ 주어진 문장이 들어갈 곳: However로 이어지고 있으므로 무리에서 떨어지는 것이 생태계에 그다지 중요하지 않다고 여겨진다는 내용이 끝나는 곳

2nd 각 선택지의 앞뒤 흐름이 매끄러운지 확인한다.

- ①의 앞 문장과 뒤 문장

앞 문장: 무리에서 떨어져 헤매는 대부분의 새들은 방향을 다시 잡고 그들의 일반적인 (서식) 범위로 돌아갈 수 있는 드문 경우의 개체들을 제외하고, 궁극적으로 죽을 운명이라는 것이 일반적인 가정이다.

뒤 문장: 결국, 무리에서 떨어져 헤매는 것 자체가 비교적 중요하지 않은 생물학적 현상이라고 일반적으로 여겨지기도 한다.

➡ 무리에서 떨어지는 것 자체는 비교적 중요하지 않은 현상으로 여겨진다는 내용이 자연스럽게 이어진다. ▶ 주어진 문장이 ①에 들어갈 수 없음

- ②의 앞 문장과 뒤 문장

앞 문장: ①의 뒤 문장과 같음

뒤 문장: 이것은 대부분의 경우에 의심할 여지 없이 사실인데, 무리에서 떨어져 헤매는 어떤 경우든 가장 가능성 있는 결과는 개체가 충분한 자원을 찾지 못하고/못하거나, 살기 힘든 환경 조건에 노출되어 죽기 때문이다.

➡ 무리에서 떨어지는 경우 대부분 죽게 된다는 내용이므로, 무리에서 떨어지는 것이 그다지 중요하지 않은 현상이라는 점은 사실이라는 내용으로 자연스럽게 이어진다. ▶ 주어진 문장이 ②에 들어갈 수 없음

③의 앞 문장과 뒤 문장

앞 문장: ②의 뒤 문장과 같음

뒤 문장: 드물기는 하지만, 이러한 경우들은 생태학적이고 진화적인 과정이 진행되는 시간의 관점에서 볼 때 매우 중요할 수 있다.

➡ 이러한 경우들이 진화적인 관점에서 매우 중요할 수 있다고 했으므로, 무리에서 떨어지는 것이 그다지 중요하지 않다고 주장했던 앞의 내용과 상반된다.

▶ 주어진 문장은 무리에서 떨어지는 것이 생태계에 엄청난 영향을 미칠 수 있다는 내용이 시작되는 부분이므로, ③에 들어가야 함

- ④의 앞 문장과 뒤 문장

앞 문장: ③의 뒤 문장과 같음

뒤 문장: 무리에서 떨어져 헤매는 것의 가장 중대한 결과는 새로운 번식지, 새로운 이동 경로 및 월동 장소의 확보와 관련이 있다.

➡ 무리에서 떨어지는 것이 종에 미치는 영향을 설명하고 있다.

▶ 주어진 문장이 ④에 들어갈 수 없음

- ⑤의 앞 문장과 뒤 문장

앞 문장: ④의 뒤 문장과 같음

뒤 문장: 이들 각각은 서로 다른 메커니즘을 통해, 서로 다른 빈도로 발생할 수 있으며, 각각 고유한 중요성을 가지고 있다.

➡ 이러한 결과는 다른 메커니즘과 다른 빈도로 발생하며, 각각이 중요한 의미를 지닌다고 설명하고 있다. ▶ 주어진 문장이 ⑤에 들어갈 수 없음

글의 흐름으로 보아, 주어진 문장이 들어가기에 가장 적절한 곳을 고르시오.

We must reexamine this stereotype, / however, / as it doesn't always hold true. //
단서 1 고정 관념이 틀린 경우를 설명하는 곳 앞에 주어진 문장이 들어감
우리는 이 고정 관념을 재검토해야 한다 / 하지만 / 그것이 항상 맞는 것은 아니기 때문에 //

Introverted leaders **do** have to overcome / the strong cultural presumption / **that** extroverts are more effective leaders. //
동사 have 강조 / 동격절 접속사
내향적인 리더들은 극복해야 한다 / 강력한 문화적 억측을 / 외향적인 사람들이 더 유능한 리더라는 //

(①) Although the population splits into almost equal parts / between introverts and extroverts, / more than **96 percent of managers and executives are** extroverted. //
부분 명사의 경우 of 뒤의 명사에 수를 일치시킴
비록 인구는 거의 동등한 비율로 나뉘지만 / 내향적인 사람과 외향적인 사람 사이에서 / 관리자와 임원의 96% 이상이 외향적이다. //

(②) In a study **done in 2006**, / 65 percent of senior corporate executives viewed introversion / as a barrier to leadership. //
과거분사구 (a study 수식)
2006년에 실시된 한 연구에서 / 기업 고위 임원의 65%가 내향성을 간주했다 / 리더십의 장애물로 //

(③) Regent University found / that **a desire** / to be of service to others / and **to empower** them to grow, /
that절의 주어 / 병렬 구조 (형용사적 용법)
Regent 대학교는 발견했다 / 열망이 / 다른 사람들에게 도움이 되고 / 그들이 성장할 수 있도록 힘을 주고자 하는 /
which is more common / among introverts than extroverts, /
계속적 용법의 주격 관계대명사 / **단서 2** 고정 관념을 깨는 연구 결과
그것이 더 일반적인데 / 외향적인 사람들보다 내향적인 사람들 사이에서 /
is a key factor / in **becoming a leader and retaining leadership**. //
that절의 동사 / 동명사구 (전치사의 목적어)
핵심적인 요소라는 것을 (발견했다) / 리더가 되고 리더십을 유지하는 데 //

(④) So-called servant leadership, / dating back to ancient philosophical literature, /
소위 서번트 리더십은 / 고대 철학 문헌으로 거슬러 올라가는 /
adheres to the belief / **that** a company's goals are best achieved / by helping **workers or customers achieve** their goals. //
동격절 접속사 / helping의 목적어와 목적격 보어 (원형부정사)
믿음을 고수한다 / 한 회사의 목표가 가장 잘 달성된다는 / 근로자나 고객이 그들의 목표를 달성하도록 도움으로써 //

(⑤) Such leaders do not seek attention / but rather want to shine a light on others' wins and achievements; /
그런 리더들은 관심을 추구하는 것이 아니라 / 오히려 다른 사람들의 승리와 업적에 빛을 비추고 싶어 하고 /
servant leadership requires humility, / **but** that humility ultimately pays off. //
절과 절을 잇는 등위접속사
서번트 리더십은 겸손을 필요로 하지만 / 그 겸손은 궁극적으로 결실을 맺는다 //

- reexamine ⓥ 재검토하다
- stereotype ⓝ 고정 관념
- hold true 진실이다
- introverted ⓐ 내향적인
- presumption ⓝ 억측
- extrovert ⓝ 외향적인 사람
- split into ~로 분열하다
- introvert ⓝ 내향적인 사람
- executive ⓝ 임원
- extroverted ⓐ 외향적인
- introversion ⓝ 내향성
- be of service to ~에게 도움이 되다
- empower ⓥ 힘을 주다
- servant ⓝ 봉사자
- adhere to ~을 고수하다
- shine a light on ~에 빛을 비추다
- ultimately ⓐⓓ 궁극적으로
- pay off 결실을 맺다

내향적인 리더들은 외향적인 사람들이 더 유능한 리더라는 강력한 문화적 억측을 극복해야 한다. (①) 비록 인구는 내향적인 사람과 외향적인 사람 사이에서 거의 동등한 비율로 나뉘지만, 관리자와 임원의 96% 이상이 외향적이다. (②) 2006년에 실시된 한 연구에서, 기업 고위 임원의 65%가 내향성을 리더십의 장애물로 간주했다. (③ 하지만 그

것이 항상 맞는 것은 아니기 때문에 우리는 이 고정 관념을 재검토해야 한다.) Regent 대학교는 다른 사람들에게 도움이 되고 그들이 성장할 수 있도록 힘을 주고자 하는 열망은 외향적인 사람들보다 내향적인 사람들 사이에서 더 일반적인데, 리더가 되고 리더십을 유지하는 데 핵심적인 요소라는 것을 발견했다. (④) 고대 철학 문헌으로 거슬러 올라가는 소위 서번트 리더십은 한 회사의 목표가 근로자나 고객이 그들의 목표를 달성하도록 도움으로써 가장 잘 달성된다는 믿음을 고수한다. (⑤) 그런 리더들은 관심을 추구하는 것이 아니라 오히려 다른 사람들의 승리와 업적에 빛을 비추고 싶어 하고, 서번트 리더십은 겸손을 필요로 하지만, 그 겸손은 궁극적으로 결실을 맺는다.

| 문제 풀이 순서 | ★★★ [정답률 49%]

1st 주어진 문장을 해석하고, 앞뒤에 어떤 내용이 올지 생각한다.

We must reexamine this stereotype, however, as it doesn't always hold true.
하지만 그것이 항상 맞는 것은 아니기 때문에 우리는 이 고정 관념을 재검토해야 한다.

➡ 고정 관념이 항상 옳지는 않아서 재검토할 필요성이 있다.
▶ 주어진 문장이 들어갈 곳: 고정 관념이 틀린 경우를 설명하는 부분 앞에 들어갈 것이다.

2nd 각 선택지의 앞뒤 흐름이 매끄러운지 확인한다.

- **①의 앞 문장과 뒤 문장**
앞 문장: 내향적인 리더들은 외향적인 사람들이 더 유능한 리더라는 강력한 문화적 억측을 극복해야 한다.
뒤 문장: 비록 인구는 내향적인 사람과 외향적인 사람 사이에서 거의 동등한 비율로 나뉘지만, 관리자와 임원의 96% 이상이 외향적이다.
➡ 외향적인 사람들이 더 유능한 리더라는 고정 관념에 대한 내용이 ①의 앞뒤로 이어진다. ▶ 주어진 문장이 ①에 들어갈 수 없음

- **②의 앞 문장과 뒤 문장**
앞 문장: ①의 뒤 문장과 같음
뒤 문장: 2006년에 실시된 한 연구에서, 기업 고위 임원의 65%가 내향성을 리더십의 장애물로 간주했다.
➡ 내향성을 리더에게 어울리지 않는 특성으로 여겼다는 내용이 자연스럽게 이어진다.
▶ 주어진 문장이 ②에 들어갈 수 없음

- **③의 앞 문장과 뒤 문장**
앞 문장: ②의 뒤 문장과 같음
뒤 문장: Regent 대학교는 다른 사람들에게 도움이 되고 그들이 성장할 수 있도록 힘을 주고자 하는 열망은 외향적인 사람들보다 내향적인 사람들 사이에서 더 일반적인데, 리더가 되고 리더십을 유지하는 데 핵심적인 요소라는 것을 발견했다.
➡ 내향적인 사람들 사이에서 더 일반적인 다른 사람들에게 도움이 되고자 하는 열망이 리더십의 핵심적인 요소라는 것을 발견했다는 연구가 소개되고 있다.
▶ 고정 관념을 깨는 내용이 뒤 문장에 이어지므로 주어진 문장이 ③에 들어가야 함

- **④의 앞 문장과 뒤 문장**
앞 문장: ③의 뒤 문장과 같음
뒤 문장: 고대 철학 문헌으로 거슬러 올라가는 소위 서번트 리더십은 한 회사의 목표가 근로자나 고객이 그들의 목표를 달성하도록 도움으로써 가장 잘 달성된다는 믿음을 고수한다.
➡ 고정 관념을 깨는 연구를 뒷받침해주는 내용이 이어진다.
▶ 주어진 문장이 ④에 들어갈 수 없음

- **⑤의 앞 문장과 뒤 문장**
앞 문장: ④의 뒤 문장과 같음
뒤 문장: 그런 리더들은 관심을 추구하는 것이 아니라 오히려 다른 사람들의 승리와 업적에 빛을 비추고 싶어 하고, 서번트 리더십은 겸손을 필요로 하지만, 그 겸손은 궁극적으로 결실을 맺는다.
➡ 고정 관념을 깨는 연구를 뒷받침해주는 내용이 글의 끝까지 이어진다.
▶ 주어진 문장이 ⑤에 들어갈 수 없음

P 15 정답 ② *물고기들의 전기적 의사소통

글의 흐름으로 보아, 주어진 문장이 들어가기에 가장 적절한 곳을 고르시오.

> In the electric organ / the muscle cells are connected / in larger
> chunks, / **which** makes the total current intensity larger / than
> in ordinary muscles. // **단서 1** 전기 기관에서 만드는 전류의 강도가
> 일반 근육에서보다 더 크다는 내용임
> 전기 기관 안에서 / 근육 세포는 연결되어 있으며 / 더 큰 덩어리로 / 이는 총 전류 강도를
> 더 크게 만든다 / 일반 근육에서보다 //

Electric communication is mainly known / in fish. //
전기적 의사소통은 주로 알려져 있다 / 물고기에서 //
The electric signals are produced / in special electric organs. //
전기 신호는 생성된다 / 특수 전기 기관에서 // **단서 2** 전기 신호는 특수 전기 기관에서 만들어짐
When the signal is discharged / the electric organ will be
negatively loaded / compared to the head / **and** an electric field
is created / around the fish. //
신호가 방출되면 / 전기 기관이 음전하를 띠고 / 머리에 비해 / 전기장이 생긴다 / 물고기
주위에 //
(①) A weak electric current is created / also in ordinary muscle
cells / when they contract. // **단서 3** 일반 근육 세포에서도 약한 전류가 만들어짐
약한 전류가 발생한다 / 일반 근육 세포 안에서도 / 그것이 수축할 때 //
(②) The fish varies the signals / **by changing** / the form of the
electric field / or the frequency of discharging. //
물고기는 신호를 다양하게 한다 / 변화시켜 / 전기장의 형태나 / 방출 주파수를 //
(③) The system is only working / over small distances, / about
one to two meters. //
이 체계는 오직 작동한다 / 짧은 거리에서 / 약 1~2미터 정도의 //
(④) This is an advantage / **since** the species **using the signal
system** often live in large groups / with several other species. //
이것은 이점이다 / 신호 체계를 사용하는 종들은 흔히 큰 무리를 지어 살기 때문에 / 다른 여러
종과 함께 //
(⑤) If many fish send out signals / at the same time, / the short
range decreases / the risk of interference. //
많은 물고기가 신호를 보내면 / 동시에 / 짧은 (도달 가능) 범위는 줄여 준다 / 간섭의 위험을 //

- connect ⓥ 연결하다   - chunk ⓝ 덩어리   - intensity ⓝ 강도, 세기
- ordinary ⓐ 보통의   - discharge ⓥ 해방시키다
- contract ⓥ 줄어들다, 수축하다   - vary ⓥ 변화를 주다
- range ⓝ 범위   - interference ⓝ 간섭

전기적 의사소통은 주로 물고기에서 알려져 있다. 전기 신호는 특수 전기
기관에서 생성된다. 신호가 방출되면 머리에 비해 전기 기관이 음전하를
띠고 물고기 주위에 전기장이 생긴다. (①) 일반 근육 세포가 수축할 때
약한 전류가 그 안에서도 발생한다. (② 전기 기관 안에서 근육 세포는 더
큰 덩어리로 연결되어 있으며, 이는 일반 근육에서보다 총 전류 강도를 더
크게 만든다.) 물고기는 전기장의 형태나 방출 주파수를 변화시켜 신호를
다양하게 한다. (③) 이 체계는 약 1~2미터 정도의 짧은 거리에서만
작동한다. (④) 신호 체계를 사용하는 종들은 흔히 큰 무리를 지어 다른
여러 종과 함께 살기 때문에 이것은 이점이다. (⑤) 많은 물고기가 동시에
신호를 보내면, 짧은 (도달 가능) 범위는 간섭의 위험을 줄여 준다.

1st 주어진 문장을 해석하고, 앞뒤에 어떤 내용이 올지 생각한다.

> In the electric organ the muscle cells are connected in larger
> chunks, which makes the total current intensity larger than
> in ordinary muscles.
> 전기 기관 안에서 근육 세포는 더 큰 덩어리로 연결되어 있으며, 이는 일반 근육에서보다 총
> 전류 강도를 더 크게 만든다.

➡ 전기 기관 안에서의 전류 강도를 일반 근육에서의 전류 강도와 비교하고 있다.
  ▶ 주어진 문장이 들어갈 곳: 일반 근육의 전류를 설명한 곳 다음에 들어갈 수 있다.

2nd 각 선택지의 앞뒤 흐름이 매끄러운지 확인한다.

- **①의 앞 문장과 뒤 문장**
> 앞 문장: 신호가 방출되면 머리에 비해 전기 기관이 음전하를 띠고 물고기
> 주위에 전기장이 생긴다.
> 뒤 문장: 일반 근육 세포가 수축할 때 약한 전류가 그 안에서도 발생한다.

➡ 전기 기관에서 전기 신호가 생성되어 전기장이 생기고 일반 근육 세포에서도
  전류가 발생한다는 내용이 자연스럽게 이어진다.
  ▶ 주어진 문장이 ①에 들어갈 수 없음

- **②의 앞 문장과 뒤 문장**
> 앞 문장: ①의 뒤 문장과 같음
> 뒤 문장: 물고기는 전기장의 형태나 방출 주파수를 변화시켜 신호를
> 다양하게 한다.

➡ 전류 발생, 전기장 발생에 대한 내용에서 전기장의 형태나 방출 주파수의 내용으로
  넘어갔다.
  ▶ 주어진 문장은 전기 기관 안에서의 전류 강도를 일반 근육에서의 전류 강도와
  비교한 내용이므로 다른 내용으로 넘어가기 전인 ②에 들어가야 함

- **③의 앞 문장과 뒤 문장**
> 앞 문장: ②의 뒤 문장과 같음
> 뒤 문장: 이 체계는 약 1~2미터 정도의 짧은 거리에서만 작동한다.

➡ '이 체계'는 전기장의 형태나 방출 주파수를 변화시켜 신호를 다양하게 하는 것을
  가리킨다.
  ▶ 전기장의 형태나 방출 주파수의 변화를 다룬 앞의 내용과 긴밀하게 관련이
  있으므로 주어진 문장은 ③에 들어갈 수 없음

- **④의 앞 문장과 뒤 문장**
> 앞 문장: ③의 뒤 문장과 같음
> 뒤 문장: 신호 체계를 사용하는 종들은 흔히 큰 무리를 지어 다른 여러 종과
> 함께 살기 때문에 이것은 이점이다.

➡ 앞에서 제시된 신호 체계가 짧은 거리에서만 작동한다는 내용과, 무리 지어 살기
  때문에 그 체계에 알맞다는, 이점이 있다는 내용이 자연스럽게 이어진다.
  ▶ 신호 체계에 대한 내용이 계속 이어지고 있으므로 주어진 문장은 ④에 들어갈 수
  없음

- **⑤의 앞 문장과 뒤 문장**
> 앞 문장: ④의 뒤 문장과 같음
> 뒤 문장: 많은 물고기가 동시에 신호를 보내면, 짧은 (도달 가능) 범위는
> 간섭의 위험을 줄여 준다.

➡ 무리를 지어 사는 종이 신호 체계를 사용하는 이점에 대한 앞 내용에 이어 무리의
  많은 물고기가 동시에 신호를 보내는 경우에 일어나는 일에 대해 설명하고 있다.
  ▶ 주어진 문장이 ⑤에 들어갈 수 없음

글의 흐름으로 보아, 주어진 문장이 들어가기에 가장 적절한 곳을 고르시오.

병렬 구조 (don't 뒤에 연결)
You don't sit back and speculate / about the meaning of life / when you are stressed. //
단서 1 우리는 스트레스를 받을 때 가만히 앉아서 사색하지 않음
여러분은 앉아서 사색하지 않는다 / 삶의 의미에 대해 / 스트레스를 받을 때 //

주격 관계대명사
The brain is a high-energy consumer of glucose, / which is its fuel. //
뇌는 포도당의 고에너지 소비자이다 / 그것의 연료인 //

'~을 차지하다'
Although the brain accounts for merely 3 percent of a person's body weight, / it consumes 20 percent of the available fuel. //
= the brain
비록 뇌는 사람 체중의 단지 3퍼센트를 차지하지만 / 사용 가능한 연료의 20퍼센트를 소비한다 //

(①) Your brain can't store fuel, however, / so it has to "pay as it goes." //
그러나 여러분의 뇌는 연료를 저장할 수 없고 / 따라서 '활동하는 대로 대가를 지불'해야 한다 //

부사절 접속사 (이유)
(②) Since your brain is incredibly adaptive, / it economizes its fuel resources. //
여러분의 뇌는 놀라울 정도로 적응력이 뛰어나기 때문에 / 그것의 연료 자원을 경제적으로 사용한다 //

단서 2 스트레스를 받을 때 뇌는 모든 에너지를 그 상황에만 집중함
(③) Thus, during a period of high stress, / it shifts away / from the analysis of the nuances of a situation / to a singular and fixed focus on the stressful situation at hand. //
from A to B: A에서 B까지
따라서, 극심한 스트레스를 받는 기간 동안 / 뇌는 이동한다 / 상황의 미묘한 차이의 분석에서 / 당면한 스트레스 상황에 대한 단일하고 고정된 초점으로 //

devote A to B: A를 B에 헌신하다
(④) Instead, you devote all your energy / to trying to figure out / what action to take. //
의문형용사
단서 3 '대신에'로 앞 문장과 상반되는 내용을 이끌어야 함
대신에, 여러분은 모든 에너지를 쏟는다 / 알아내려고 노력하는 데 / 어떤 행동을 취해야 할지 //

(⑤) Sometimes, however, / this shift / from the higher-thinking parts of the brain / to the automatic and reflexive parts of the brain /
from A to B: A에서 B까지
그러나 때때로 / 이러한 이동은 / 뇌의 고차원적 사고 영역에서 / 뇌의 자동적이고 반사적인 영역으로의 /

can lead you / to do something too quickly, / without thinking. //
여러분을 이끌 수 있다 / 무언가를 너무 빨리하도록 / 생각 없이 //

- speculate ⓥ 사색하다
- merely ⓐd 단지
- consume ⓥ 소비하다
- adaptive ⓐ 적응할 수 있는
- economize ⓥ 절약하다
- resource ⓝ 자원
- shift ⓥ 이동하다
- analysis ⓝ 분석
- nuance ⓝ 미묘한 차이
- at hand 당면한
- higher-thinking 고차원적 사고
- automatic ⓐ 자동적인
- reflexive ⓐ 반사적인

뇌는 그것의 연료인 포도당의 고에너지 소비자이다. 비록 뇌는 사람 체중의 단지 3퍼센트를 차지하지만, 사용 가능한 연료의 20퍼센트를 소비한다. (①) 그러나 여러분의 뇌는 연료를 저장할 수 없고, 따라서 '활동하는 대로 대가를 지불'해야 한다. (②) 여러분의 뇌는 놀라울 정도로 적응력이 뛰어나기 때문에, 그것의 연료 자원을 경제적으로 사용한다. (③) 따라서, 극심한 스트레스를 받는 기간 동안, 뇌는 상황의 미묘한 차이의 분석에서 당면한 스트레스 상황에 대한 단일하고 고정된 초점으로 이동한다. (④ 여러분은 스트레스를 받을 때 앉아서 삶의 의미에 대해 사색하지 않는다.) 대신에, 여러분은 어떤 행동을 취해야 할지 알아내려고 노력하는 데 모든 에너지를 쏟는다. (⑤) 그러나 때때로 뇌의 고차원적 사고 영역에서 자동적이고 반사적인 영역으로의 이러한 이동은 여러분이 무언가를 생각 없이 너무 빨리하도록 이끌 수 있다.

| 문제 풀이 순서 | ✱✱✲ [정답률 57%]

1st 주어진 문장을 해석하고, 앞뒤에 어떤 내용이 올지 생각한다.

You don't sit back and speculate about the meaning of life when you are stressed.
여러분은 스트레스를 받을 때 앉아서 삶의 의미에 대해 사색하지 않는다.

➡ 스트레스를 받는 상황을 가정하며 어떤 행동을 취할지 설명하고 있다.
　▶ 주어진 문장이 들어갈 곳: 스트레스를 받는 상황에서 우리가 어떤 행동을 하게 되는지 설명하는 곳

2nd 각 선택지의 앞뒤 흐름이 매끄러운지 확인한다.

- **①의 앞 문장과 뒤 문장**

앞 문장: 비록 뇌는 사람 체중의 단지 3퍼센트를 차지하지만, 사용 가능한 연료의 20퍼센트를 소비한다.

뒤 문장: 그러나 여러분의 뇌는 연료를 저장할 수 없고, 따라서 '활동하는 대로 대가를 지불'해야 한다.

➡ 뇌는 에너지를 상당히 많이 소비하지만, 연료를 저장할 순 없고 활동하는 대로 에너지를 소비해야 한다고 설명하고 있다.
　▶ 뇌의 에너지 소비 패턴을 설명하고 있으므로 주어진 문장이 ①에 들어갈 수 없음

- **②의 앞 문장과 뒤 문장**

앞 문장: ①의 뒤 문장과 같음

뒤 문장: 여러분의 뇌는 놀라울 정도로 적응력이 뛰어나기 때문에, 그것의 연료 자원을 경제적으로 사용한다.

➡ 뇌는 연료를 저장할 수 없어 활동하는 대로 에너지를 써야 하지만, 그래도 경제적으로 이를 활용한다고 설명하고 있다.
　▶ 뇌가 연료를 저장할 수 없음에도 경제적으로 에너지를 활용한다는 내용이 이어지고 있으므로 주어진 문장이 ②에 들어갈 수 없음

- **③의 앞 문장과 뒤 문장**

앞 문장: ②의 뒤 문장과 같음

뒤 문장: 따라서, 극심한 스트레스를 받는 기간 동안, 뇌는 상황의 미묘한 차이의 분석에서 당면한 스트레스 상황에 대한 단일하고 고정된 초점으로 이동한다.

➡ 뇌는 에너지를 경제적으로 활용하기 위해 스트레스를 받으면 이를 해결하고자 그 상황에만 초점을 맞춘다고 설명하고 있다.
　▶ 뇌가 에너지를 경제적으로 활용하는 방식의 구체적인 예시로 스트레스를 받는 상황을 제시하고 있으므로 주어진 문장은 ③에 들어갈 수 없음

- **④의 앞 문장과 뒤 문장**

앞 문장: ③의 뒤 문장과 같음

뒤 문장: 대신에(Instead), 여러분은 어떤 행동을 취해야 할지 알아내려고 노력하는 데 모든 에너지를 쏟는다.

➡ 스트레스를 받는 상황에서 뇌가 어떻게 반응하는지 설명하고 있다.
　앞 문장에서 스트레스를 받는 경우 그 상황에만 초점을 맞춘다고 했는데, 뒤 문장에서 '대신에'라는 말로 스트레스 상황에 모든 에너지를 쏟는다고 했다. 앞뒤 문장이 같은 내용임에도 '대신에'라고 연결되어 자연스럽지 않다.
　▶ 스트레스를 받을 때 가만히 앉아서 사색하지 않는다는 내용의 주어진 문장이 ④에 들어가야 함

- **⑤의 앞 문장과 뒤 문장**

앞 문장: ④의 뒤 문장과 같음

뒤 문장: 그러나 때때로 뇌의 고차원적 사고 영역에서 자동적이고 반사적인 영역으로의 이러한 이동은 여러분이 무언가를 생각 없이 너무 빨리하도록 이끌 수 있다.

➡ 스트레스 상황에서 모든 에너지를 쏟지만, 뇌의 고차원적 사고에서 자동의 영역으로 넘어가면 생각 없이 일을 빠르게 처리하게 된다고 설명하고 있다.
　▶ 주어진 문장이 ⑤에 들어갈 수 없음

글의 흐름으로 보아, 주어진 문장이 들어가기에 가장 적절한 곳을 고르시오.
[3점]

단서 1 다른 사람에게는 창의성이 작업을 줄이는 해결책이 될 수 있음

For others, / whose creativity is more focused on methods and
technique, / creativity may lead to solutions / that drastically
reduce the work / necessary to solve a problem. //
다른 사람에게는 / 창의성이 방법과 기술에 더 집중된 / 창의성이 해결책으로 이어질 수
있다 / 작업을 극적으로 줄이는 / 문제를 해결하는 데 필요한 //

Creativity can have an effect / on productivity. //
창의성은 영향을 미칠 수 있다 / 생산성에 //
Creativity leads some individuals to recognize problems / that
others do not see, / but which may be very difficult. //
창의성은 어떤 사람이 문제들을 인식하게 하지만 / 다른 사람은 보지 못하는 / 이것은 매우
어려울 수도 있다 //

(①) Charles Darwin's approach / to the speciation problem / is
a good example of this; /
찰스 다윈의 접근은 / 종 분화 문제에 대한 / 이것의 좋은 사례이다 /

he chose a very difficult and tangled problem, / speciation,
/ which led him / into a long period of data collection and
deliberation. // 그는 매우 어렵고 얽힌 문제를 선택했고 / 종 분화를 / 이것은 그를
이끌었다 / 오랜 자료 수집과 심사숙고의 기간으로 //

(②) This choice of problem / did not allow for a quick attack or
a simple experiment. //
이러한 문제의 선택은 / 빠른 착수나 간단한 실험을 허용하지 않았다 //

(③) In such cases / creativity may actually decrease productivity
/ (as measured by publication counts) / because effort is focused
on difficult problems. // **단서 2** 창의성이 생산성을 감소시킬 수 있음
이러한 경우 / 창의성은 실제로 생산성을 감소시킬 수 있다 / (출판물의 수로 측정되듯) /
노력이 어려운 문제에 집중되기 때문에 // **단서 3** 창의성이 생산성을 감소시키는 것에 대한 예시가
아니라 작업을 줄이는 해결책이 되는 것에 대한 예시임

(④) We can see an example / in the development of the
polymerase chain reaction (PCR) / which enables us to amplify
small pieces of DNA / in a short time. //
우리는 한 가지 사례를 볼 수 있다 / 중합 효소 연쇄 반응(PCR)의 개발에서 / 작은 DNA
조각들을 증폭하게 해 주는 / 짧은 시간에 //

(⑤) This type of creativity / might reduce the number of steps
/ or substitute steps / that are less likely to fail, / thus increasing
productivity. //
이러한 유형의 창의성은 / 단계의 수를 줄이거나 / 단계로 대체하고 / 실패할 가능성이 더 낮은
/ 따라서 생산성을 높일 수도 있다 //

- **drastically** ⓐⓓ 급격히, 극적으로 ・ **productivity** ⓝ 생산성
- **tangled** ⓐ 복잡한, 뒤얽힌 ・ **deliberation** ⓝ 숙고
- **attack** ⓝ 착수 ・ **publication** ⓝ 출판 ・ **amplify** ⓥ 증폭시키다
- **substitute** ⓥ 대체하다

창의성은 생산성에 영향을 미칠 수 있다. 창의성은 어떤 사람이 다른
사람은 보지 못하는 문제들을 인식하게 하지만, 이것은 매우 어려울
수도 있다. (①) 종 분화 문제에 대한 찰스 다윈의 접근은 이것의 좋은
사례이다. 그는 매우 어렵고 얽힌 문제인 종 분화를 선택했고, 이것은
그를 오랜 자료 수집과 심사숙고의 기간으로 이끌었다. (②) 이러한
문제의 선택은 빠른 착수나 간단한 실험을 허용하지 않았다. (③) 이러한
경우, 노력이 어려운 문제에 집중되기 때문에 창의성은 (출판물의 수로
측정되듯) 실제로 생산성을 감소시킬 수 있다. (④ 창의성이 방법과
기술에 더 집중된 다른 사람에게는, 창의성이 문제를 해결하는 데 필요한
작업을 극적으로 줄이는 해결책으로 이어질 수 있다.) 우리는 작은 DNA
조각들을 짧은 시간에 증폭하게 해 주는 중합 효소 연쇄 반응(PCR)의

개발에서 한 가지 사례를 볼 수 있다. (⑤) 이러한 유형의 창의성은
단계의 수를 줄이거나 실패할 가능성이 더 낮은 단계로 대체하고 따라서
생산성을 높일 수도 있다.

｜문제 풀이 순서 ｜ ★★★ [정답률 50%]

1st 주어진 문장을 해석하고, 연결어, 지시어 등을 확인한다.

For others, whose creativity is more focused on methods and
technique, creativity may lead to solutions that drastically
reduce the work necessary to solve a problem.
창의성이 방법과 기술에 더 집중된 다른 사람에게는, 창의성이 문제를 해결하는 데 필요한
작업을 극적으로 줄이는 해결책으로 이어질 수 있다.

➡ 창의성이 방법과 기술에 더 집중되어 있는 다른 사람에 대해 창의성이 갖는 이점을
설명했다. **단서**
▶ 주어진 문장이 들어갈 곳: 창의성이 방법과 기술에 더 집중되어 있지 않은
사람에게 창의성이 어떤 역할을 하는지에 대한 내용이 끝나는 자리 **발상**

2nd 각 선택지의 앞뒤 흐름이 매끄러운지 확인한다.

- ①의 앞 문장과 뒤 문장
앞 문장: 창의성은 어떤 사람이 다른 사람은 보지 못하는 문제들을 인식하게
하지만, 이것은 매우 어려울 수도 있다.
뒤 문장: 종 분화 문제에 대한 찰스 다윈의 접근은 이것의 좋은 사례이다.
그는 매우 어렵고 얽힌 문제인 종 분화를 선택했고, 이것은 그를 오랜 자료
수집과 심사숙고의 기간으로 이끌었다.
➡ 창의성으로 문제를 인식할 수 있음이 힘든 과정일 수 있다는 것의 예로 오랜 자료
수집과 심사숙고의 기간을 가졌던 찰스 다윈의 종 분화 문제를 들고 있다.
▶ 주어진 문장이 ①에 들어갈 수 없음

- ②의 앞 문장과 뒤 문장
앞 문장: ①의 뒤 문장과 같음
뒤 문장: 이러한 문제의 선택은 빠른 착수나 간단한 실험을 허용하지
않았다.
➡ 오랜 자료 수집과 심사숙고의 기간이 빠른 착수나 간단한 실험을 허용하지
않았다는 내용으로 자연스럽게 이어진다.
▶ 주어진 문장이 ②에 들어갈 수 없음

- ③의 앞 문장과 뒤 문장
앞 문장: ②의 뒤 문장과 같음
뒤 문장: 이러한 경우, 노력이 어려운 문제에 집중되기 때문에 창의성은
(출판물의 수로 측정되듯) 실제로 생산성을 감소시킬 수 있다.
➡ '이러한 경우'란 창의성이 다른 사람은 보지 못하는 문제들을 인식하게 하지만, 매우
어려울 수도 있는 경우와 그에 대한 예를 말한다. 그러한 경우에 창의성이 생산성을
감소시킬 수 있다는 내용이다.
▶ 주어진 문장이 ③에 들어갈 수 없음

④의 앞 문장과 뒤 문장
앞 문장: ③의 뒤 문장과 같음
뒤 문장: 우리는 작은 DNA 조각들을 짧은 시간에 증폭하게 해 주는 중합
효소 연쇄 반응(PCR)의 개발에서 한 가지 사례를 볼 수 있다.
➡ **1** 노력이 어려운 문제에 집중될 때 창의성이 생산성을 감소시킬 수 있다는 내용은
앞에서 예를 들어 설명하면서 끝났다.
2 DNA 조각들을 짧은 시간에 증폭하게 해 주는 중합 효소 연쇄 반응은 문제
해결에 필요한 작업을 줄이는 예로 제시되었다.
창의성이 문제를 해결하는 데 필요한 작업을 극적으로 줄이는 해결책으로 이어질
수 있다는 것은 창의성이 생산성을 감소시킬 수 있다는 내용과 반대된다. ➡ 글의
내용이 크게 창의성이 어려운 문제에 집중될 때 생산성이 감소된다는 내용과
창의성이 문제 해결에 필요한 작업을 줄이는 해결책이 될 수 있다는 내용으로
나누어지며 주어진 문장은 두 번째 내용이 시작하는 곳에 들어가야 한다.
▶ 주어진 문장이 ④에 들어가야 함

- ⑤의 앞 문장과 뒤 문장

앞 문장: ④의 뒤 문장과 같음

뒤 문장: 이러한 유형의 창의성은 단계의 수를 줄이거나 실패할 가능성이 더 낮은 단계로 대체하고 따라서 생산성을 높일 수도 있다.

➡ 창의성이 문제 해결에 필요한 작업을 줄이는 예시인 중합 효소 연쇄 반응이 제시된 다음 이것이 생산성을 높일 수 있다는 내용으로 이어진다.

▶ 주어진 문장이 ⑤에 들어갈 수 없음

P 18 정답 ⑤ ＊스포츠에서의 고정 공급 일정

글의 흐름으로 보아, 주어진 문장이 들어가기에 가장 적절한 곳을 고르시오. [3점]

Although sport clubs and leagues may have / a fixed supply schedule, / it is possible / to increase the number of consumers / who watch. // **단서 1** 고정 공급 일정을 가지더라도 소비자 수를 늘리는 것이 가능하다고 했음
스포츠 클럽과 리그가 가지고 있을지라도 / 고정 공급 일정을(경기를) / 가능하다 / 소비자의 수를 늘리는 것이 / 보는 /

A supply schedule refers to / the ability of a business / to change their production rates / to meet the demand of consumers. //
공급 일정은 말한다 / 업체의 능력을 / 생산율을 바꿀 수 있는 / 소비자의 수요를 충족하기 위해 //

Some businesses are able to increase / their production level / quickly / in order to meet increased demand. //
몇몇 업체는 늘릴 수 있다 / 조업도를 / 빠르게 / 증가한 수요를 충족하기 위해 //

However, / sporting clubs have / a fixed, or inflexible (inelastic) production capacity. //
그러나 / 스포츠 클럽은 가지고 있다 / 고정된, 혹은 유연하지 못한(비탄력적인) 생산 능력을 //

(①) They have / what is known / as a fixed supply schedule. //
그들은 가지고 있다 / 소위 알려진 것을 / 고정 공급 일정이라고 /

(②) It is worth noting / that this is not the case / for sales of clothing, equipment, memberships and memorabilia. //
주목할 가치가 있다 / 이것은 해당하지 않는다 / 의류, 장비, 회원권, 기념품 판매에는 //

(③) But / clubs and teams can only play / a certain number of times / during their season. //
그러나 / 클럽과 팀은 경기할 수 있다 / 일정 횟수만 / 시즌 동안 //

(④) If fans and members are unable to get into a venue, / that revenue is lost / forever. // **단서 2** 고정 공급 일정 때문에 경기를 보는 소비자들(팬과 회원들)이 없을 경우 손실이 생김
팬과 회원이 경기장에 들어갈 수 없으면 / 그 수익은 손실된다 / 영원히 //

(⑤) For example, / the supply of a sport product can be increased /
예를 들어 / 스포츠 제품의 공급을 늘릴 수 있다 /

by providing more seats, / changing the venue, / extending the playing season / or even through new television, radio or Internet distribution. // **단서 3** 고정 공급 일정이지만 소비자의 수를 늘릴 수 있는 방법을 설명함
더 많은 좌석을 제공하거나 / 경기장을 바꾸거나 / 경기 시즌을 연장하거나 / 심지어 새로운 텔레비전, 라디오, 혹은 인터넷 배급으로 //

- fixed ⓐ 고정된 ・ refer to ~을 지칭하다
- production rate 생산율 ・ meet the demand 요구[수요]를 충족하다
- production level 조업도 ・ inflexible ⓐ 유연하지 못한
- inelastic ⓐ 비탄력적인 ・ it is worth -ing ~할 가치가 있다
- equipment ⓝ 장비 ・ revenue ⓝ 수익, 수입
- extend ⓥ 연장하다 ・ distribution ⓝ 배급, 배포

공급 일정은 소비자의 수요를 충족하기 위해 생산율을 바꿀 수 있는 업체의 능력을 말한다. 몇몇 업체는 증가한 수요를 충족하기 위해 조업도를 빠르게 늘릴 수 있다. 그러나, 스포츠 클럽은 고정된, 혹은 유연하지 못한(비탄력적인) 생산 능력을 가지고 있다. (①) 그들은 소위 고정 공급 일정이라는 것을 가지고 있다. (②) 이것이 의류, 장비, 회원권, 기념품 판매에는 해당하지 않는다는 것에 주목할 가치가 있다. (③) 그러나 클럽과 팀은 시즌 동안 일정 횟수만 경기할 수 있다. (④) 팬과 회원이 경기장에 들어갈 수 없으면, 그 수익은 영원히 손실된다. (⑤ 스포츠 클럽과 리그가 고정 공급 일정을 가지고 있을지라도, (경기를) 보는 소비자의 수를 늘리는 것이 가능하다.) 예를 들어, 더 많은 좌석을 제공하거나, 경기장을 바꾸거나, 경기 시즌을 연장하거나, 심지어 새로운 텔레비전, 라디오, 혹은 인터넷 배급으로 스포츠 제품의 공급을 늘릴 수 있다.

| 문제 풀이 순서 | ★★★ [정답률 40%]

1st 각 선택지의 앞뒤 흐름이 매끄러운지 확인한다.

- ①의 앞 문장과 뒤 문장

앞 문장: 그러나, 스포츠 클럽은 고정된, 혹은 유연하지 못한(비탄력적인) 생산 능력을 가지고 있다.

뒤 문장: 그들은 소위 고정 공급 일정이라는 것을 가지고 있다.

➡ 뒤 문장의 '그들'은 '스포츠 클럽'이고, 그들이 가진 고정된 생산 능력이 고정 공급 일정이라고 설명하고 있다. ▶ 주어진 문장이 ①에 들어갈 수 없음

- ②의 앞 문장과 뒤 문장

앞 문장: ①의 뒤 문장과 같음

뒤 문장: 이것이 의류, 장비, 회원권, 기념품 판매에는 해당하지 않는다는 것에 주목할 가치가 있다.

➡ 뒤 문장의 '이것은'은 '고정 공급 일정'이고, 스포츠 클럽은 이에 속하지만, 해당하지 않는 것들도 있다고 설명하고 있다. ▶ 주어진 문장이 ②에 들어갈 수 없음

- ③의 앞 문장과 뒤 문장

앞 문장: ②의 뒤 문장과 같음

뒤 문장: 그러나(But) 클럽과 팀은 시즌 동안 일정 횟수만 경기할 수 있다.

➡ 앞뒤 문장이 스포츠 클럽의 고정 공급 일정에 해당하지 않는 것과 해당하는 것을 이어서 설명한다. ▶ 주어진 문장이 ③에 들어갈 수 없음

해당하지 않는 것: 의류, 장비, 회원권, 기념품 판매(③ 앞 문장)

해당하는 것: 시즌 동안 경기할 수 있는 횟수(③ 뒤 문장)

- ④의 앞 문장과 뒤 문장

앞 문장: ③의 뒤 문장과 같음

뒤 문장: 팬과 회원이 경기장에 들어갈 수 없으면, 그 수익은 영원히 손실된다. **단서 2**

➡ 앞 문장의 결과가 뒤 문장에 나온다. ▶ 주어진 문장이 ④에 들어갈 수 없음

- ⑤의 앞 문장과 뒤 문장

앞 문장: ④의 뒤 문장과 같음

뒤 문장: 예를 들어(For example), 더 많은 좌석을 제공하거나, 경기장을 바꾸거나, 경기 시즌을 연장하거나, 심지어 새로운 텔레비전, 라디오, 혹은 인터넷 배급으로 스포츠 제품의 공급을 늘릴 수 있다. **단서 3**

➡ 뒤 문장에서 제시하는 예시는 앞 문장의 예시가 아니다. 좌석을 늘리고, 경기장을 바꾸고, 시즌을 연장하는 등 공급을 늘리는 것(⑤ 뒤 문장)은 경기장의 수익이 손실되는 것(⑤ 앞 문장)의 예시가 아니라 그 반대 상황의 예시이다. 소비자의 수를 늘리는 것이 가능하다는 것은 주어진 문장에서 말하고 있다.

▶ 주어진 문장이 ⑤에 들어가야 함

➡ 주어진 문장이 ⑤에 들어가면, <(고정 공급 일정 때문에) 경기장에 관중이 줄어들면 수익은 영원히 손실되는데, 이러한 고정 공급 일정에도 불구하고 좌석을 늘리고, 경기장을 바꾸고, 시즌을 연장하는 등 소비자의 수를 늘리는 것이 가능하다.>라는 자연스러운 흐름이 된다.

글의 흐름으로 보아, 주어진 문장이 들어가기에 가장 적절한 곳을 고르시오.
[3점]

However, / transfer of one kind of risk / often means / inheriting another kind. // 단서 1 하나의 위험을 피하면 다른 위험이 생김
그러나 / 한 종류의 위험의 이전은 / 종종 의미한다 / 다른 종류를 이어받는 것을 //

Risk often arises / from uncertainty / about how to approach / a problem or situation. //
위험은 종종 발생한다 / 불확실성으로부터 / 접근하는 방법에 대한 / 문제나 상황에 //

(①) One way / to avoid such risk / is to contract with a party / who is experienced and knows / how to do it. //
한 가지 방식은 / 그러한 위험을 피할 수 있는 / 당사자와 계약하는 것이다 / 숙련되었으며 알고 있는 / 그것을 하는 방법을 //

(②) For example, / to minimize the financial risk / associated with the capital cost / of tooling and equipment for production / of a large, complex system, /
예를 들어 / 재정적 위험을 최소화하기 위해 / 자본 비용과 관련된 / 생산을 위한 도구 및 장비의 / 크고 복잡한 시스템의 /

a manufacturer might subcontract / the production of the system's major components / to suppliers / familiar with those components. //
제조업자는 하청을 줄지도 모른다 / 시스템의 주요 부품 생산을 / 공급업자들에게 / 그러한 부품들에 정통한 //

(③) This relieves the manufacturer / of the financial risk / associated with the tooling and equipment / to produce these components. // 단서 2 하청을 통해 재정적 위험을 피한다는 내용
이것은 제조업자에게 덜어 준다 / 재정적 위험을 / 도구 및 장비와 관련된 / 이러한 부품을 생산하기 위한 // 단서 3 재정적 위험을 피하기 위해 하청을 주면 외부업자에 의존하는 위험이 생김

(④) For example, / subcontracting work / for the components / puts the manufacturer in the position / of relying on outsiders, /
예를 들어 / 작업을 하청주는 것은 / 부품에 대한 / 제조업자를 위치에 처하게 하고 / 외부 업자들에 의존하는 /

which increases the risks / associated / with quality control, scheduling, and the performance / of the end-item system. //
이는 위험들을 증가시킨다 / 관련된 / 품질 관리, 일정 관리, 성능과 / 완제품 시스템의 //

(⑤) But these risks often can be reduced / through careful management / of the suppliers. //
그러나 이러한 위험들은 종종 줄여질 수 있다 / 신중한 관리를 통해 / 공급업자들의 //

- inherit ⓥ 상속받다, 이어받다 · arise from ~에서 발생하다
- uncertainty ⓝ 불확실성 · party ⓝ (소송 · 계약 등의) 당사자
- minimize ⓥ 최소화하다 · capital cost 자본 비용
- tooling ⓝ 연장을 쓰는 일, 도구 · equipment ⓝ 장비, 용품
- production ⓝ 생산 · complex ⓐ 복잡한
- manufacturer ⓝ (상품을 대량으로 만들어 내는) 제조재[사]
- component ⓝ (구성) 요소, 부품 · supplier ⓝ 공급업자
- relieve A of B A에게서 B를 덜어주다 · rely on ~에 의존하다
- end-item 완제품

위험은 종종 문제나 상황에 접근하는 방법에 대한 불확실성으로부터 발생한다. (①) 그러한 위험을 피할 수 있는 한 가지 방식은 숙련되었으며 그것을 하는 방법을 알고 있는 당사자와 계약하는 것이다. (②) 예를 들어, 크고 복잡한 시스템의 생산을 위한 도구 및 장비의 자본 비용과 관련된 재정적 위험을 최소화하기 위해, 제조업자는 시스템의 주요 부품 생산을 그러한 부품들에 정통한 공급업자들에게 하청을 줄지도 모른다. (③) 이것은 제조업자에게 이러한 부품을 생산하기 위한 도구 및 장비와 관련된 재정적 위험을 덜어 준다. (④ 그러나, 한 종류의 위험의 이전은 종종 다른 종류를 이어받는 것을 의미한다.) 예를 들어, 부품에 대한 작업을 하청주는 것은 제조업자를 외부 업자들에 의존하게 만들고, 이로 인해 품질 관리, 일정 관리,

완제품 시스템의 성능과 관련된 위험들을 증가시킨다. (⑤) 그러나 이러한 위험들은 공급업자들의 신중한 관리를 통해 종종 줄여질 수 있다.

| 문제 풀이 순서 | ✹✹✼ [정답률 70%]

1st 주어진 문장을 해석하고, 연결어, 지시어 등을 확인한다.

주어진 문장: 그러나(However), 한 종류의 위험의 이전은 종종 다른 종류를 이어받는 것을 의미한다. 단서 1

→ 주어진 문장 앞: However는 내용을 반전하는 연결어이다. 앞에는 한 종류의 위험을 다른 곳으로 이전하여 이득이 된 내용이 올 것이다.

주어진 문장 뒤: 위험의 이전으로 인해 새롭게 이어받은 위험에 관해 설명할 것이다.

2nd 각 선택지의 앞뒤 흐름이 매끄러운지 확인한다.

- ①의 앞 문장과 뒤 문장
앞 문장: 위험은 종종 문제나 상황에 접근하는 방법에 대한 불확실성으로부터 발생한다.
뒤 문장: 그러한 위험을 피할 수 있는 한 가지 방식은 숙련되었으며 그것을 하는 방법을 알고 있는 당사자와 계약하는 것이다.
→ 앞 문장에서 위험은 불확실성으로부터 발생한다고 했고, 뒤 문장에서 숙련된 사람과 계약하는 것으로 그것을 피할 수 있다며 방법을 제시하고 있다.
▶ 주어진 문장이 ①에 들어갈 수 없음

- ②의 앞 문장과 뒤 문장
앞 문장: ①의 뒤 문장과 같음
뒤 문장: 예를 들어, 크고 복잡한 시스템의 생산을 위한 도구 및 장비의 자본 비용과 관련된 재정적 위험을 최소화하기 위해, 제조업자는 시스템의 주요 부품 생산을 그러한 부품들에 정통한 공급업자들에게 하청을 줄지도 모른다.
→ 앞 문장에서 위험을 피할 수 있는 방식으로 제시한 숙련된 당사자와 계약하는 것의 예시가 뒤 문장에 이어진다. ▶ 주어진 문장이 ②에 들어갈 수 없음

- ③의 앞 문장과 뒤 문장
앞 문장: ②의 뒤 문장과 같음
뒤 문장: 이것은 제조업자에게 이러한 부품을 생산하기 위한 도구 및 장비와 관련된 재정적 위험을 덜어 준다. 단서 2
→ 앞 문장에서 시작된 예시가 뒤 문장까지 이어진다.
▶ 주어진 문장이 ③에 들어갈 수 없음

- ④의 앞 문장과 뒤 문장
앞 문장: ③의 뒤 문장과 같음
뒤 문장: 예를 들어(For example), 부품에 대한 작업을 하청주는 것은 제조업자를 외부 업자들에 의존하게 만들고, 이로 인해 품질 관리, 일정 관리, 완제품 시스템의 성능과 관련된 위험들을 증가시킨다. 단서 3
→ 뒤 문장이 앞 문장과 반대되는 상황의 예시를 제시한다.
앞 문장: 제조업자는 공급업자에게 하청을 줌으로써 위험을 피할 수 있음
뒤 문장: 위험 이전으로 인해 생겨난 새로운 위험들을 제시함
However로 시작하는 주어진 문장은 위험을 이전시키면 다른 종류의 위험이 생긴다고 말하고 있다. ▶ 주어진 문장이 ④에 들어가야 함
→ 주어진 문장이 ④에 들어가면, 〈공급업자에게 하청을 주는 것은 제조업자의 재정적 위험을 덜어준다. 하지만 한 종류의 위험을 이전하면 다른 종류의 위험을 이어받게 되므로 외부 업자에 의존하게 되고, 품질과 일정 관리, 완제품 시스템의 성능과 관련된 위험이 증가한다.〉라는 자연스러운 흐름이 된다.

- ⑤의 앞 문장과 뒤 문장
앞 문장: ④의 뒤 문장과 같음
뒤 문장: 그러나 이러한 위험들은 공급업자들의 신중한 관리를 통해 종종 줄여질 수 있다.
→ 뒤 문장은 앞 문장을 반박하며 글을 마무리한다.
▶ 주어진 문장이 ⑤에 들어갈 수 없음

글의 흐름으로 보아, 주어진 문장이 들어가기에 가장 적절한 곳을 고르시오.

단서 1 These가 가리키는 식물의 특정 화합물이 앞에 언급되어야 함

These healthful, non-nutritive compounds in plants / provide
color and function to the plant / and add to the health of the
human body. //
병렬 구조 (동사)
식물에 있는 건강에 좋고, 영양가 없는 이 화합물들은 / 식물에 색과 기능을 제공한다 /
그리고 인체의 건강에 보탬이 된다 //

Why do people in the Mediterranean / live longer / and have a
lower incidence of disease? //
병렬 구조 (동사)
왜 지중해 지역의 사람들은 / 더 오래 살고 / 질병 발생률이 더 낮을까 //

Some people say / it's because of what they eat. //
몇몇의 사람들은 말한다 / 그것이 그들이 먹는 것 때문이라고 //

Their diet is full of / fresh fruits, fish, vegetables, whole grains,
and nuts. //
그들의 식단은 ~로 가득하다 / 신선한 과일, 생선, 채소, 통곡물, 견과류 //

Individuals in these cultures drink red wine / and use great
amounts of olive oil. //
병렬 구조 (동사)
이러한 문화권의 사람들은 적포도주를 마시고 / 많은 양의 올리브유를 사용한다 //

Why is that food pattern healthy? //
왜 그러한 음식 패턴이 건강에 좋은가 //

(①) One reason is that they are eating / a palette of colors. //
주격 보어절 접속사
한 가지 이유는 그들이 먹고 있기 때문이다 / 다양한 색깔을 //

(②) More and more research is surfacing / that shows us
선행사   주격 관계대명사
the benefits / of the thousands of colorful "phytochemicals"
(phyto = plant) / that exist in foods. //
주격 관계대명사   단서 2 식품에 존재하는 다채로운
                              생화학 물질의 이점
점점 더 많은 연구가 표면화되고 있다 / 우리에게 이점을 보여주는 / 수천 가지의 다채로운
"생화학 물질"(phyto=식물)의 / 식품에 존재하는 //

(③) Each color connects to a particular compound / that serves
주격 관계대명사
a specific function in the body. // 단서 3 색깔은 몸에서 특정 기능을 하는
                                          특정 화합물과 연결됨
각각의 색깔은 특정 화합물과 연결된다 / 몸에서 특정 기능을 하는 //

(④) For example, if you don't eat purple foods, / you are
probably missing out on / anthocyanins, important brain
'~을 놓치다'
protection compounds. //
예를 들어, 만약 당신이 보라색 음식을 먹지 않는다면 / 당신은 아마도 놓치고 있는 것이다 /
중요한 뇌 보호 화합물인 안토시아닌을 //

(⑤) Similarly, if you avoid green-colored foods, / you may be
lacking / chlorophyll, a plant antioxidant / that guards your cells
guard A from B: B로부터 A를 지키다
from damage. //
그와 유사하게, 만약 당신이 녹색 음식을 피한다면 / 당신은 부족할 수도 있다 / 식물 산화
방지제인 엽록소가 / 당신의 세포를 손상으로부터 막아주는 //

- **healthful** ⓐ 건강에 좋은　　・**non-nutritive** 비영양의
- **compound** ⓝ 화합물, 혼합물　　・**the Mediterranean** 지중해
- **incidence** ⓝ 발생 정도　　・**surface** ⓥ 표면화되다, 드러나다
- **protection** ⓝ 보호　　・**cell** ⓝ 세포

왜 지중해 지역의 사람들은 더 오래 살고 질병 발생률이 더 낮을까?
몇몇의 사람들은 그것이 그들이 먹는 것 때문이라고 말한다. 그들의
식단은 신선한 과일, 생선, 채소, 통곡물, 견과류로 가득하다. 이러한
문화권의 사람들은 적포도주를 마시고 많은 양의 올리브유를 사용한다. 왜
그러한 음식 패턴이 건강에 좋은가?
(①) 한 가지 이유는 그들이 다양한 색깔을 먹고 있기 때문이다. (②)
식품에 존재하는 수천 가지의 다채로운 "생화학 물질"(phyto = 식물)의
이점을 보여주는 점점 더 많은 연구가 표면화되고 있다. (③ 식물에 있는
건강에 좋고, 영양가 없는 이 화합물들은 식물에 색과 기능을 제공하고
인체의 건강에 보탬이 된다.) 각각의 색깔은 몸에서 특정 기능을 하는 특정

화합물과 연결된다. (④) 예를 들어, 만약 당신이 보라색 음식을 먹지
않는다면, 당신은 중요한 뇌 보호 화합물인 안토시아닌을 아마도 놓치고
있는 것이다. (⑤) 그와 유사하게, 만약 당신이 녹색 음식을 피한다면,
세포가 손상되는 것을 막아주는 식물 산화 방지제인 엽록소가 부족할 수도
있다.

| 문제 풀이 순서 | ★★★ [정답률 42%]

1st 주어진 문장을 해석하고, 연결어, 지시어 등을 확인한다.

These healthful, non-nutritive compounds in plants provide
color and function to the plant and add to the health of the
human body.
식물에 있는 건강에 좋고, 영양가 없는 이 화합물들은 식물에 색과 기능을 제공하고 인체의
건강에 보탬이 된다.

➡ 어떤 '특정 화합물들'이 식물에 색과 기능을 제공하고 인체의 건강에 보탬이 된다는
내용이다. 단서

▶ 주어진 문장이 들어갈 곳: '이 화합물들'로 지칭할 만한 것이 앞 문장에 있어야
하며, 뒤에는 인체에 보탬이 되는 구체적인 내용이 이어져야 한다. 발상

2nd 각 선택지의 앞뒤 흐름이 매끄러운지 확인한다.

- ①의 앞 문장과 뒤 문장

앞 문장: 왜 그러한 음식 패턴이 건강에 좋은가?
뒤 문장: 한 가지 이유는 그들이 다양한 색깔을 먹고 있기 때문이다.

➡ 의문을 제기하고 그에 대해 답하는 자연스러운 흐름이다.

▶ 주어진 문장이 ①에 들어갈 수 없음

- ②의 앞 문장과 뒤 문장

앞 문장: ①의 뒤 문장과 같음
뒤 문장: 식품에 존재하는 수천 가지의 다채로운 "생화학 물질"(phyto =
식물)의 이점을 보여주는 점점 더 많은 연구가 표면화되고 있다.

➡ 다양한 색깔의 음식을 섭취하는 것이 이롭다는 근거를 "생화학 물질"
(phyto=식물)의 이점을 보여주는 연구가 점점 더 많아지고 있음을 들어 설명하고
있다.

▶ 주어진 문장이 ②에 들어갈 수 없음

- ③의 앞 문장과 뒤 문장

앞 문장: ②의 뒤 문장과 같음
뒤 문장: 각각의 색깔은 몸에서 특정 기능을 하는 특정 화합물과 연결된다.

➡ 생화학 물질이 식물에 색을 제공한다는 설명이 나온 후에 뒤 문장에서 '각각의
색깔'로 그 점을 받아야 한다. 주어진 문장이 ③에 들어가면

1 주어진 문장의 '이 화합물들'이 앞 문장의 'colorful "phytochemicals"'를
지칭하는 것으로 연결된다.

2 인체에 구체적으로 어떻게 이롭게 작용하는지 부연 설명이 뒤 따른다.

▶ 주어진 문장이 ③에 들어가야 함

- ④의 앞 문장과 뒤 문장

앞 문장: ③의 뒤 문장과 같음
뒤 문장: 예를 들어, 만약 당신이 보라색 음식을 먹지 않는다면, 당신은
중요한 뇌 보호 화합물인 안토시아닌을 아마도 놓치고 있는 것이다.

➡ 뒤 문장은 인체에 특정 색깔 섭취가 결여되는 경우의 부정적 상황을 예로 들었는데,
주어진 문장은 이로운 점에 초점이 맞춰져 있다.

▶ 주어진 문장이 ④에 들어갈 수 없음

- ⑤의 앞 문장과 뒤 문장

앞 문장: ④의 뒤 문장과 같음
뒤 문장: 그와 유사하게(Similarly), 만약 당신이 녹색 음식을 피한다면,
세포가 손상되는 것을 막아주는 식물 산화 방지제인 엽록소가 부족할 수도
있다.

➡ 비슷한 내용의 예시가 Similarly로 자연스럽게 이어진다.

▶ 주어진 문장이 ⑤에 들어갈 수 없음

글의 흐름으로 보아, 주어진 문장이 들어가기에 가장 적절한 곳을 고르시오.

가주어 진주어
It is possible to argue, / for example, / that, today, / the influence of books / is vastly overshadowed / by that of television. // 단서 1 영향력을 갖는 책 이외의 요소로 텔레비전이 등장함
주장하는 것이 가능하다 / 예를 들어 / 오늘날 / 책의 영향력은 / 크게 가려진다고 / 텔레비전의 그것에 의해 //

단수 주어 단수 동사
Interest in ideology / in children's literature / arises from a belief /
이데올로기에 대한 관심은 / 아동 문학에서의 / 믿음에서 비롯된다 /

동격절 접속사
that children's literary texts / are culturally formative, / and of massive importance / educationally, intellectually, and socially. //
아동 문학의 글이 / 문화적으로 형성되고 / 매우 중요하다는 / 교육적, 지적, 사회적으로 //

(①) Perhaps / more than any other texts, / they reflect society /
아마도 / 다른 어떤 글보다도 / 그것들은 사회를 반영한다 /

as it wishes to be, / as it wishes to be seen, / and as it unconsciously reveals itself to be, / at least to writers. //
그것이 바라는 대로 / 보이게 하고 싶은 대로 / 그리고 그것이 무의식적으로 스스로를 드러내는 대로 / 적어도 작가에게는 //

단서 2 문학만이 아이들을 사회화시키는 동인이 아니라고 했음
(②) Clearly, / literature is not the only socialising agent / in the life of children, / even among the media. //
분명히 / 문학만이 유일한 사회화시키는 동인은 아니다 / 아이들의 삶 속에서 / 심지어 매체들 가운데에서도 //

(③) There is, however, a considerable degree of interaction / between the two media. // 단서 3 앞에 두 가지 매체에 대한 언급이 있어야 함
그러나 상당한 수준의 상호 작용이 있다 / 두 매체 사이에는 //

(④) Many so-called children's literary classics / are televised, / and the resultant new book editions / strongly suggest / that
주어 동사 목적어
viewing can encourage / subsequent reading. //
소위 아동 문학 고전이라고 불리는 많은 책이 / TV로 방영되고 있으며 / 그 결과 나온 새로운 판본의 책은 / 강력하게 시사한다 / 시청하는 것이 장려할 수 있음을 / 이어지는 독서를 //

(⑤) Similarly, / some television series for children are published / in book form. //
비슷하게 / 아동을 위한 몇몇 텔레비전 시리즈는 출판되기도 한다 / 책 형태로 //

- vastly ad 대단히, 엄청나게 · overshadow ⓥ 가리다
- ideology ⓝ 이데올로기, 이념 · literature ⓝ 문학
- literary ⓐ 문학의 · formative ⓐ 모양을 만드는, 형성하는
- massive ⓐ 거대한, 엄청난 · intellectually ad 지적으로
- reflect ⓥ 반영하다 · unconsciously ad 무의식적으로
- reveal ⓥ 드러내다 · socialise ⓥ 사회화시키다
- agent ⓝ 중요한 작용을 하는 사람[것], 동인
- considerable ⓐ 상당한, 많은 · televise ⓥ 텔레비전으로 방송하다
- resultant ⓐ 그 결과로 생긴, 그에 따른
- subsequent ⓐ 그다음의, 차후의

아동 문학에서의 이데올로기에 대한 관심은 아동 문학의 글이 문화적으로 형성되고, 교육적, 지적, 사회적으로 매우 중요하다는 믿음에서 비롯된다. (①) 아마도 다른 어떤 글보다도, 적어도 작가에게는, 아동 문학의 글은 사회를 그 사회가 바라는 대로, 보이게 하고 싶은 대로, 그리고 그것이 무의식적으로 스스로를 드러내는 대로 반영한다. (②) 분명히, 문학만이 아이들의 삶 속에서, 또 심지어 매체들 가운데에서도 유일한 사회화시키는 동인은 아니다. (③ 예를 들어, 오늘날 책의 영향력은 텔레비전의 영향력에 의해 크게 가려진다고 주장하는 것이 가능하다.) 그러나 두 매체 사이에는 상당한 수준의 상호 작용이 있다. (④) 소위 아동 문학 고전이라고 불리는 많은 책이 TV로 방영되고 있으며, 그 결과 나온 새로운 판본의 책은 TV를

시청하는 것이 이어지는 독서를 장려할 수 있다는 것을 강력하게 시사한다. (⑤) 비슷하게, 아동을 위한 몇몇 텔레비전 시리즈는 책 형태로 출판되기도 한다.

| 문제 풀이 순서 | ★★★ [정답률 42%]

1st 주어진 문장을 해석하고, 연결어, 지시어 등을 확인한다.

예를 들어(for example), 오늘날 책의 영향력은 텔레비전의 영향력에 의해 크게 가려진다고 주장하는 것이 가능하다. 단서 1
➡ 주어진 문장 앞: 책의 영향력이 줄어들었다는 내용이 올 것이다.

2nd 각 선택지의 앞뒤 흐름이 매끄러운지 확인한다.

- ①의 앞 문장과 뒤 문장
앞 문장: 아동 문학에서의 이데올로기에 대한 관심은 아동 문학의 글이 문화적으로 형성되고, 교육적, 지적, 사회적으로 매우 중요하다는 믿음에서 비롯된다.
뒤 문장: 아마도 다른 어떤 글보다도, 적어도 작가에게는, 아동 문학의 글은 사회를 그 사회가 바라는 대로, 보이게 하고 싶은 대로, 그리고 그것이 무의식적으로 스스로를 드러내는 대로 반영한다.
➡ 뒤 문장은 앞 문장을 자세히 설명한다. 아동 문학은 문화적으로 형성되고, 다방면으로 매우 중요하다고 믿어졌는데(① 앞 문장), 다른 어떤 글보다도 사회가 바라고, 무의식적으로 드러내는 대로 아동 문학은 반영한다(① 뒤 문장).
▶ 주어진 문장이 ①에 들어갈 수 없음

- ②의 앞 문장과 뒤 문장
앞 문장: ①의 뒤 문장과 같음
뒤 문장: 분명히, 문학만이 아이들의 삶 속에서, 또 심지어 매체들 가운데에서도 유일한 사회화시키는 동인은 아니다. 단서 2
➡ 뒤 문장은 앞에 나온 내용에 대한 새로운 의견을 제시한다.
　앞 내용: 사회를 반영하기 때문에 아동 문학은 중요함
　뒤 문장: 문학만이 사회화의 유일한 동인은 아님
▶ 주어진 문장이 ②에 들어갈 수 없음

③의 앞 문장과 뒤 문장
앞 문장: ②의 뒤 문장과 같음
뒤 문장: 그러나 두 매체 사이에는 상당한 수준의 상호 작용이 있다. 단서 3
➡ 뒤 문장에서는 '두 매체'라고 했는데, 앞 문장에는 두 매체라 칭할 것이 없고, 주어진 문장에 텔레비전과 책의 영향력에 대해 말하고 있다.
▶ 주어진 문장이 ③에 들어가야 함
➡ 주어진 문장이 ③에 들어가면, <문학만이 아이들의 유일한 사회화 매체인 것은 아닌데, 예를 들어 오늘날 책의 영향력은 텔레비전에 의해 크게 가려진다. 그러나 두 매체(문학과 텔레비전) 사이에는 상당한 상호 작용이 있다.>라는 자연스러운 흐름이 된다.

- ④의 앞 문장과 뒤 문장
앞 문장: ③의 뒤 문장과 같음
뒤 문장: 소위 아동 문학 고전이라고 불리는 많은 책이 TV로 방영되고 있으며, 그 결과 나온 새로운 판본의 책은 TV를 시청하는 것이 이어지는 독서를 장려할 수 있다는 것을 강력하게 시사한다.
➡ 뒤 문장은 앞 문장을 예시를 통해 설명한다. ▶ 주어진 문장이 ④에 들어갈 수 없음

- ⑤의 앞 문장과 뒤 문장
앞 문장: ④의 뒤 문장과 같음
뒤 문장: 비슷하게, 아동을 위한 몇몇 텔레비전 시리즈는 책 형태로 출판되기도 한다.
➡ 앞 문장과 비슷한 예시로 뒤 문장이 이어진다.
▶ 주어진 문장이 ⑤에 들어갈 수 없음

글의 흐름으로 보아, 주어진 문장이 들어가기에 가장 적절한 곳을 고르시오.

단서 1 몸이 채소들을 아이들로부터 멀리하게 하는 것

It does this / by making your taste buds perceive / these flavors / as bad and even disgusting. //
by -ing: ~함으로써 making의 목적어와 목적격 보어 (원형부정사)
그것은 이를 수행한다 / 여러분의 미뢰(味蕾)로 하여금 인식하게 만듦으로써 / 이러한 맛을 / 나쁘고 심지어 역겨운 것으로 //

In the natural world, / if an animal consumes a plant / with enough antinutrients / to make it feel unwell, / it won't eat that plant again. //
to make의 목적어와 목적격 보어 (원형부정사)
자연계에서 / 만약 동물이 식물을 섭취하면 / 충분한 항영양소가 있는 / 자신의 상태를 안 좋게 하기에 / 그 동물은 그 식물을 다시는 먹지 않을 것이다 //

Intuitively, / animals also know / to stay away from these plants. //
직관적으로 / 동물은 또한 안다 / 이러한 식물을 멀리할 줄 //

Years of evolution / and information being passed down / created this innate intelligence. //
현재분사구 (information 수식)
오랜 시간의 진화와 / 전해 내려오는 정보는 / 이 타고난 지능을 만들어 냈다 //

(①) This "intuition," though, / is not just seen in animals. //
그러나 이 '직관'은 / 동물에게서만 보이는 것은 아니다 //

(②) Have you ever wondered / why most children hate vegetables? //
현재완료(경험) 간접의문문 (의문사+주어+동사)
여러분은 궁금해한 적이 있는가 / 대부분의 아이들이 왜 채소를 싫어하는지 //

(③) Dr. Steven Gundry justifies this / as part of our genetic programming, / our inner intelligence. //
'~로서'
Dr. Steven Gundry는 이것을 정당화한다 / 우리의 유전적 프로그래밍의 일부로서 / 즉 우리의 내적 지능 //

(④) Since many vegetables are full of antinutrients, / your body tries to keep you away from them / while you are still fragile and in development. //
try + to부정사: ~하려고 노력하다 / try + v-ing: ~해보다
단서 2 성장 중인 아이들은 몸에 항영양소로 가득 찬 채소를 멀리하려고 함
많은 채소들이 항영양소로 가득 차 있기에 / 여러분의 몸은 여러분을 그것들로부터 멀리하게 하려고 노력한다 / 여러분이 아직 연약하고 성장 중에 있을 때 //

(⑤) As you grow / and your body becomes stronger enough / to tolerate these antinutrients, / suddenly they no longer taste as bad as before. //
enough to-v: ~할 만큼 충분히
원급 비교 **단서 3** 항영양소를 견딜 정도로 충분히 강해지면 채소들의 맛이 나쁘게 느껴지지 않음
여러분이 성장하고 / 여러분의 신체가 충분히 더 강해지면 / 이러한 항영양소를 견딜 만큼 / 갑자기 그것들은 더 이상 이전만큼 맛이 나쁘게 느껴지지 않는다 //

- flavor ⓝ 맛   • disgusting ⓐ 역겨운
- antinutrient ⓝ 항영양소(다른 영양소의 흡수를 방해하는 성분)
- unwell ⓐ 몸이 아픈   • intuitively ⓐⓓ 직관적으로
- pass down ~을 물려주다   • innate ⓐ 타고난   • intuition ⓝ 직관
- justify ⓥ 정당화하다   • fragile ⓐ 연약한   • tolerate ⓥ 견디다

자연계에서 만약 동물이 자신의 상태를 안 좋게 하기에 충분한 항영양소가 있는 식물을 섭취하면 그 동물은 그 식물을 다시는 먹지 않을 것이다. 직관적으로 동물은 또한 이러한 식물을 멀리할 줄 안다. 오랜 시간의 진화와 전해 내려오는 정보는 이 타고난 지능을 만들어 냈다. (①) 그러나 이 '직관'은 동물에게서만 보이는 것은 아니다. (②) 여러분은 대부분의 아이들이 왜 채소를 싫어하는지 궁금해한 적이 있는가? (③) Dr. Steven Gundry는 이것을 우리의 유전적 프로그래밍, 즉 우리의 내적 지능의 일부로 정당화한다. (④) 많은 채소들이 항영양소로 가득 차 있기 때문에 여러분이 아직 연약하고 성장 중에 있을 때 여러분의 몸은 여러분을 그것들로부터 멀리하게 하려고 노력한다. (⑤ 그것은 여러분의 미뢰(味蕾)로 하여금 이러한 맛을 나쁘고 심지어 역겨운 것으로 인식하게 만듦으로써 이를 수행한다.) 여러분이 성장하고 여러분의 신체가 이러한 항영양소를 견딜 만큼 충분히 더 강해지면 갑자기 그것들은 더 이상 이전만큼 맛이 나쁘게 느껴지지 않는다.

| 문제 풀이 순서 | ★★★ [정답률 42%]

1st 주어진 문장을 해석하고, 앞뒤에 어떤 내용이 올지 생각한다.

It does this by making your taste buds perceive these flavors as bad and even disgusting. **단서 1**
그것은 여러분의 미뢰(味蕾)로 하여금 이러한 맛을 나쁘고 심지어 역겨운 것으로 인식하게 만듦으로써 이를 수행한다.

➡ **주어진 문장 앞**: '이러한 맛(these flavors)'을 나쁘고 역겨운 것으로 인식하게 하는 것이 '이(this)'를 수행하기 위한 방법이다. **단서**
맛이 나쁘고 역겨운 것은 피할 것이므로 '이러한 맛(these flavors)'을 피해야 하는 이유 등이 나오는 문장 뒤에 주어진 문장이 들어갈 것이다. **발상**

2nd 찾은 단서를 생각하며 각 선택지의 앞뒤 흐름이 매끄러운지 확인한다.

- **①의 앞 문장과 뒤 문장**
앞 문장: 오랜 시간의 진화와 전해 내려오는 정보는 이 타고난 지능을 만들어 냈다.
뒤 문장: 그러나 이 '직관'은 동물에게서만 보이는 것은 아니다.
➡ 앞에서 동물에 대한 이야기를 하고 뒤 문장에서 그 범위를 확장하고 있다.
▶ 주어진 문장이 ①에 들어갈 수 없음

- **②의 앞 문장과 뒤 문장**
앞 문장: ①의 뒤 문장과 같음
뒤 문장: 여러분은 대부분의 아이들이 왜 채소를 싫어하는지 궁금해한 적이 있는가?
➡ 앞 문장에 이어 뒤 문장에서 그 범위를 아이들(인간)에 확장했다.
▶ 주어진 문장이 ②에 들어갈 수 없음

- **③의 앞 문장과 뒤 문장**
앞 문장: ②의 뒤 문장과 같음
뒤 문장: Dr. Steven Gundry는 이것을 우리의 유전적 프로그래밍, 즉 우리의 내적 지능의 일부로 정당화한다.
➡ 앞 문장에서 제시한 물음에 대한 답을 뒤 문장에서 제시하고 있다.
직관은 동물에게서만 보이는 것이 아닌데(② 앞 문장), 아이들이 채소를 싫어하는 것의 이유를(③ 앞 문장) 우리의 내적 지능에서 찾을 수 있다(③ 뒤 문장).
▶ 주어진 문장이 ③에 들어갈 수 없음

- **④의 앞 문장과 뒤 문장**
앞 문장: ③의 뒤 문장과 같음
뒤 문장: 많은 채소들이 항영양소로 가득 차 있기 때문에 여러분이 아직 연약하고 성장 중에 있을 때 여러분의 몸은 여러분을 그것들로부터 멀리하게 하려고 노력한다. **단서 2**
➡ 앞 문장에 이어 뒤 문장에서도 질문에 대한 답을 하고 있다.
내적 지능 = 몸이 항영양소로 가득 찬 채소를 우리로부터 멀리하게 하는 것
▶ 주어진 문장이 ④에 들어갈 수 없음

- **⑤의 앞 문장과 뒤 문장**
앞 문장: ④의 뒤 문장과 같음
뒤 문장: 여러분이 성장하고 여러분의 신체가 이러한 항영양소를 견딜 만큼 충분히 더 강해지면 갑자기 그것들은 더 이상 이전만큼 맛이 나쁘게 느껴지지 않는다. **단서 3**
➡ 몸이 그것들(채소들)로부터 멀리하게 하는 것을 this로 받아 그 방법을 설명하는 주어진 문장이 ⑤에 오는 것이 적절하다.
▶ 주어진 문장이 ⑤에 들어가야 함

P 23 정답 ⑤ ＊수명을 다한 인공위성을 수거하는 방법

글의 흐름으로 보아, 주어진 문장이 들어가기에 가장 적절한 곳을 고르시오.
[3점]

There isn't really a way / for us to pick up smaller pieces of
debris / such as bits of paint and metal. //
방법은 정말로 없다 / 우리가 더 작은 잔해물을 집어들 수 있는 / 페인트 조각이나 금속 같은 //

The United Nations asks / that all companies remove their
satellites / from orbit / within 25 years / after the end of their
mission. //
국제연합은 요청한다 / 모든 기업들이 그들의 위성을 제거할 것을 / 궤도에서 / 25년 이내에 / 그들의 인공위성의 임무 종료 후에 //

This is tricky / to enforce, / though, / because satellites can (and
often do) fail. //
이것은 까다롭다 / 시행하기에 / 하지만 / 인공위성이 작동하지 않을 수 있기 (그리고 종종 정말로 작동하지 않기) 때문에 //

(①) To tackle this problem, / several companies around the
world / have come up with novel solutions. //
이 문제를 해결하기 위해 / 전세계의 몇몇 회사들이 / 새로운 해결책을 내놓았다 //

(②) These include / removing dead satellites / from orbit / and
dragging them back / into the atmosphere, / where they will
burn up. //
이것은 포함하는데 / 수명이 다한 인공위성을 제거하고 / 궤도에서 / 그것들을 다시 끌어들이는 것을 / 대기권으로 / 거기에서 그것은 다 타 버릴 것이다 //

(③) Ways / we could do this / include / using a harpoon / to
grab a satellite, / catching it / in a huge net, /
방법은 / 우리가 이것을 할 수 있는 / 포함한다 / 작살을 이용하는 것을 / 위성을 잡기 위해 / 그것을 잡는 것을 / 거대한 그물에 /

using magnets / to grab it, / or even firing lasers / to heat up the
satellite, / increasing its atmospheric drag / so that it falls out of
orbit. //
자석을 이용하는 것을 / 그것을 잡기 위해 / 또는 심지어 레이저를 발사하는 것을 / 위성을 가열하기 위해 / 그것의 대기 항력을 증가시키면서 / 그것이 궤도에서 떨어져 나오도록 //

(④) However, / these methods are only useful / for large
satellites / orbiting Earth. //
하지만 / 이러한 방법은 오직 유용하다 / 큰 위성들에만 / 지구 궤도를 도는 //

(⑤) We just have to wait / for them / to naturally re-enter
Earth's atmosphere. //
우리는 기다려야 할 뿐이다 / 그것들이 / 자연적으로 지구의 대기로 다시 들어오기를 //

- debris ⓝ (무엇이 파괴된 후의) 잔해(물) ・ satellite ⓝ (인공)위성
- orbit ⓝ 궤도 ⓥ 궤도를 돌다 ・ mission ⓝ 임무
- tricky ⓐ 까다로운 ・ enforce ⓥ (법률 등을) 집행[시행/실시]하다
- tackle ⓥ (문제 등을) 다루다 ・ drag ⓥ (힘들여) 끌다
- atmosphere ⓝ (지구의) 대기 ・ magnet ⓝ 자석, 자철

국제연합은 모든 기업들이 인공위성의 임무 종료 후 25년 이내에 위성을 궤도에서 제거할 것을 요청한다. 하지만 인공위성이 작동하지 않을 수 있기(그리고 종종 정말로 작동하지 않기) 때문에 이것은 시행하기에 까다롭다. (①) 이 문제를 해결하기 위해 전세계의 몇몇 회사들이 새로운 해결책을 내놓았다. (②) 이것은 수명이 다한 인공위성을 궤도에서 제거하고, 대기권으로 다시 끌어들이는 것을 포함하는데, 거기에서 그것은 다 타 버릴 것이다. (③) 우리가 이것을 할 수 있는 방법은 위성이 궤도에서 떨어져 나오도록 대기 항력을 증가시키면서 작살을 이용해서 위성을 잡거나, 거대한 그물에 그것을 잡거나, 자석을 이용하여 위성을 잡거나, 레이저를 발사하여 위성을 가열하는 것을 포함한다. (④) 하지만, 이러한 방법은 지구 궤도를 도는 큰 위성들에만 유용하다. (⑤ 우리가 페인트 조각이나 금속 같은 더 작은 잔해물을 집어들 수 있는 방법은 정말로 없다.) 우리는 그것들이 자연적으로 지구의 대기로 다시 들어오기를 기다려야 할 뿐이다.

1st 주어진 문장을 해석하고, 앞뒤에 올 내용을 예상할 수 있는 단서를 찾는다.

주어진 문장: 우리가 페인트 조각이나 금속 같은 더 작은(smaller) 잔해물을 집어들 수 있는 방법은 정말로 없다. 단서 1

➡ 주어진 문장 앞: '더 작은' 잔해물을 수거할 방법이 없다고 했으므로 앞에는 '더 큰' 잔해물은 수거할 수 있다는 내용이 올 것이다.
주어진 문장 뒤: 수거할 수 없는 잔해물에 관해 부연 설명할 것이다.

2nd 각 선택지의 앞뒤 흐름이 매끄러운지 확인한다.

- **①의 앞 문장과 뒤 문장**
앞 문장: 하지만 인공위성이 작동하지 않을 수 있기(그리고 종종 정말로 작동하지 않기) 때문에 이것은 시행하기에 까다롭다.
뒤 문장: 이 문제(this problem)를 해결하기 위해 전세계의 몇몇 회사들이 새로운 해결책을 내놓았다.
➡ 뒤 문장의 '이 문제'는 인공위성을 궤도에서 제거하는 것이 까다롭다는 것이다.
▶ 주어진 문장이 ①에 들어갈 수 없음

- **②의 앞 문장과 뒤 문장**
앞 문장: ①의 뒤 문장과 같음
뒤 문장: 이것은 수명이 다한 인공위성을 궤도에서 제거하고, 대기권으로 다시 끌어들이는 것을 포함하는데, 거기에서 그것은 다 타 버릴 것이다.
➡ 앞 문장에서 말한 새로운 해결책 중 하나를 뒤 문장에서 소개하고 있다.
▶ 주어진 문장이 ②에 들어갈 수 없음

- **③의 앞 문장과 뒤 문장**
앞 문장: ②의 뒤 문장과 같음
뒤 문장: 우리가 이것을 할 수 있는 방법은 위성이 궤도에서 떨어져 나오도록 대기 항력을 증가시키면서 작살을 이용해서 위성을 잡거나, 거대한 그물에 그것을 잡거나, 자석을 이용하여 위성을 잡거나, 레이저를 발사하여 위성을 가열하는 것을 포함한다.
➡ 앞 문장에서 제시한 해결책의 실행 방법을 뒤 문장에서 설명한다.
▶ 주어진 문장이 ③에 들어갈 수 없음

- **④의 앞 문장과 뒤 문장**
앞 문장: ③의 뒤 문장과 같음
뒤 문장: 하지만, 이러한 방법은 지구 궤도를 도는 큰 위성들에만 유용하다. 단서 2
➡ 앞 문장에서 제시한 방법이 큰 위성들에만 유용하다는 한계가 있음을 뒤 문장에서 설명한다. ▶ 주어진 문장이 ④에 들어갈 수 없음

- **⑤의 앞 문장과 뒤 문장**
앞 문장: ④의 뒤 문장과 같음
뒤 문장: 우리는 그것들이 자연적으로 지구의 대기로 다시 들어오기를 기다려야 할 뿐이다. 단서 3
➡ 앞 문장에서는 큰 위성들은 대기권으로 끌어들일 수 있다고 했는데 뒤 문장에서는 그것들이 자연적으로 대기로 돌아오기를 기다려야 한다고 설명한다. 주어진 문장에서 자연적으로 돌아오기를 기다려야 하는, 방법이 없는 더 작은 잔해물들에 대해 언급했다. ▶ 주어진 문장이 ⑤에 들어가야 함
➡ 주어진 문장이 ⑤에 들어가면, 〈인공위성을 대기권으로 끌어 들여와 태우는 것은 큰 위성들에만 유용하므로, 우리가 더 작은 잔해물을 집어들 수 있는 방법은 없고 그것들이 지구의 대기로 자연적으로 들어오기를 기다려야 한다.〉라는 자연스러운 흐름이 된다.

글의 흐름으로 보아, 주어진 문장이 들어가기에 가장 적절한 곳을 고르시오.

This inequality produces / the necessary conditions / for the operation of a huge, global-scale engine / that takes on heat in the tropics / and gives it off in the polar regions. //
이러한 불균형은 만들어낸다 / 필요조건을 / 거대한 지구적 규모의 엔진 작동을 위한 / 열대 지방에서 열을 받아서 / 극지방에서 그 열을 방출하는 //
단서 1 '이러한 불균형'은 열대 지방과 극지방에서 생기는 열 불균형을 가리킴

On any day of the year, / the tropics and the hemisphere that is experiencing its warm season / receive much more solar radiation /
연중 어떤 날에도 / 열대 지방과 따뜻한 계절을 겪고 있는 반구는 / 훨씬 더 많은 태양 복사열을 받는다 /
than do the polar regions and the colder hemisphere. //
극지방과 더 추운 반구가 받는 것보다 //

(①) Averaged over the course of the year, / the tropics and latitudes up to about 40° / receive more total heat / than they lose / by radiation. //
일 년 중 평균적으로 / 열대 지방과 위도 약 40도까지의 지역은 / 더 많은 전체 열을 받는다 / 잃는 열보다 / 복사열에 의해 //
단서 2 열대 지방과 그 주변은 잃는 것보다 더 많은 열을 받음

(②) Latitudes above 40° / receive less total heat / than they lose / by radiation. //
위도 40도 이상의 지역은 / 더 적은 전체 열을 받는다 / 그들이 잃는 것보다 / 복사열에 의해 //
단서 3 극지방과 그 주변은 잃는 것이 전체 열보다 더 많음

(③) Its working fluid is the atmosphere, / especially the moisture it contains. //
그것의 작동유는 대기인데 / 특별히 그것이 품고 있는 수분이다 //
단서 4 무엇에 대한 작동유인지 앞에 설명이 있어야 함

(④) Air is heated / over the warm earth of the tropics, / expands, rises, / and flows away both northward and southward / at high altitudes, / cooling as it goes. //
공기는 데워진다 / 열대 지방의 따뜻한 땅에서 / 확장되고 / 상승한다 / 그리고 북쪽과 남쪽으로 흐른다 / 높은 고도에서 / 그리고 그것은 지나가면서 식는다 //

(⑤) It descends / and flows toward the equator again / from more northerly and southerly latitudes. //
그것은 하강한다 / 그리고 다시 적도를 향해 흐른다 / 더 북쪽과 남쪽의 위도에서부터 //

- inequality ⓝ 불균형
- necessary condition 필요조건
- operation ⓝ 작동
- global-scale 전지구적 규모의
- tropic ⓝ 열대 지방
- polar ⓐ 극지방의
- region ⓝ 지역
- hemisphere ⓝ 반구
- solar radiation 태양 복사열
- fluid ⓝ 유체(流體)
- atmosphere ⓝ 대기
- moisture ⓝ 수분
- contain ⓥ 포함하다
- expand ⓥ 확장하다
- flow ⓥ 흘러가다
- northward ⓐⓓ 북쪽으로
- southward ⓐⓓ 남쪽으로
- altitude ⓝ 고도
- descend ⓥ 내려가다
- equator ⓝ 적도

연중 어떤 날에도 열대 지방과 따뜻한 계절을 겪고 있는 반구는 극지방과 더 추운 반구가 받는 것보다 훨씬 더 많은 태양 복사열을 받는다. (①) 일 년 중 평균적으로 열대 지방과 위도 약 40도까지의 지역은 복사열에 의해 잃는 열보다 더 많은 전체 열을 받는다. (②) 위도 40도 이상의 지역은 복사열에 의해 그들이 잃는 것보다 더 적은 전체 열을 받는다. (③ 이러한 불균형은 열대 지방에서 열을 받아서 극지방에서 그 열을 방출하는 거대한 지구적 규모의 엔진 작동을 위한 필요조건을 만들어낸다.) 그것의 작동유는 대기인데, 특별히 그것이 품고 있는 수분이다. (④) 공기는 열대 지방의 따뜻한 땅에서 데워지고, 확장되고, 상승해서 높은 고도에서 북쪽과 남쪽으로 흐르게 되고, 그것은 지나가면서 식는다. (⑤) 그것은 하강해서 더 북쪽과 남쪽의 위도에서 다시 적도를 향해 흐른다.

| 문제 풀이 순서 | ★★★ [정답률 52%]

1st 주어진 문장을 해석하고, 연결어, 지시어 등을 확인한다.

이러한 불균형(This inequality)은 열대 지방에서 열을 받아서 극지방에서 그 열을 방출하는 거대한 지구적 규모의 엔진 작동을 위한 필요조건을 만들어낸다. **단서 1**
➡ 주어진 문장 앞: '이러한 불균형'이라고 한 것으로 보아, 열대 지방과 극지방에서 생기는 열 불균형에 대한 설명이 와야 한다.

2nd 각 선택지의 앞뒤 흐름이 매끄러운지 확인한다.

- ①의 앞 문장과 뒤 문장
앞 문장: 연중 어떤 날에도 열대 지방과 따뜻한 계절을 겪고 있는 반구는 극지방과 더 추운 반구가 받는 것보다 훨씬 더 많은 태양 복사열을 받는다.
뒤 문장: 일 년 중 평균적으로 열대 지방과 위도 약 40도까지의 지역은 복사열에 의해 잃는 열보다 더 많은 전체 열을 받는다. **단서 2**
➡ 앞 문장의 '열대 지방과 따뜻한 계절을 겪고 있는 반구'를 '열대 지방과 위도 약 40도까지의 지역'으로 다시 받으며, 같은 내용을 부연 설명하고 있다.
▶ 주어진 문장이 ①에 들어갈 수 없음

- ②의 앞 문장과 뒤 문장
앞 문장: ①의 뒤 문장과 같음
뒤 문장: 위도 40도 이상의 지역은 복사열에 의해 그들이 잃는 것보다 더 적은 전체 열을 받는다. **단서 3**
➡ '극지방과 더 추운 반구'를 '위도 40도 이상의 지역'으로 받으며 나머지 지역에 대한 설명을 이어간다.
▶ 주어진 문장이 ②에 들어갈 수 없음

- ③의 앞 문장과 뒤 문장
앞 문장: ②의 뒤 문장과 같음
뒤 문장: 그것의 작동유는 대기인데, 특별히 그것이 품고 있는 수분이다. **단서 4**
➡ 뒤 문장에서 언급한 작동유가 작동시키는 것이 앞 문장에는 나와 있지 않고, 주어진 문장에 '거대한 지구적 규모의 엔진'이 언급되었다.
▶ 주어진 문장이 ③에 들어가야 함
➡ 주어진 문장이 ③에 들어가면, <위도 40도 아래와 위의 지역이 받는 복사열과 전체 열은 서로 다른데, 이러한 불균형은 열대 지방에서 받은 열을 극지방에 방출하는 거대한 지구적 규모의 엔진 작동을 위한 필요조건이다. 이것은 대기 속의 수분으로 작동한다.>라는 자연스러운 흐름이 된다.

- ④의 앞 문장과 뒤 문장
앞 문장: ③의 뒤 문장과 같음
뒤 문장: 공기는 열대 지방의 따뜻한 땅에서 데워지고, 확장되고, 상승해서 높은 고도에서 북쪽과 남쪽으로 흐르게 되고, 그것은 지나가면서 식는다.
➡ 뒤 문장은 앞 문장의 '대기'가 어떻게 작동하는지 설명한다.
▶ 주어진 문장이 ④에 들어갈 수 없음

- ⑤의 앞 문장과 뒤 문장
앞 문장: ④의 뒤 문장과 같음
뒤 문장: 그것(It)은 하강해서 더 북쪽과 남쪽의 위도에서 다시 적도를 향해 흐른다.
➡ 뒤 문장의 그것(It)이 가리키는 것은 앞 문장의 공기이다. 뒤 문장은 앞 문장에 이어 대규모 엔진 작동의 원리에 대해 설명하고 있다.
▶ 주어진 문장이 ⑤에 들어갈 수 없음

P 25 정답 ② **＊특정 영역에만 한정되는 창의성**

글의 흐름으로 보아, 주어진 문장이 들어가기에 가장 적절한 곳을 고르시오.

> But by the 1970s, / psychologists realized / there was no such thing / as a general "creativity quotient." //
> 뒤에 목적어절 접속사 생략
> 단서 1 전반적인 창의성 지수의 개념은 없다는 것을 깨달음
> 그러나 1970년대에, / 심리학자들은 깨달았다 / ~ 같은 것은 없다는 것을 / 전반적인 '창의성 지수'와 //

The holy grail / of the first wave of creativity research / was a personality test / to measure general creativity ability, / in the same way / that IQ measured general intelligence. //
형용사적 용법(test 수식)
관계부사
궁극적 목표는 / 창의성 연구의 첫 번째 물결의 / 성격 검사였다 / 전반적인 창의력을 측정하기 위한 / 같은 방식으로 / IQ가 전반적인 지능을 측정했던 것과 //

(①) A person's creativity score / should tell us his or her creative potential / in any field of endeavor, / just like an IQ score is not limited / to physics, math, or literature. //
간접목적어 직접목적어
한 사람의 창의성 점수는 / 우리에게 그 또는 그녀의 창의적 잠재력을 말해 줄 것이었다 / 노력하는 어떠한 분야에서도 / IQ 점수가 국한되지 않는 것과 마찬가지로 / 물리학, 수학 또는 문학에 //
단서 2 창의성 연구의 목표는 전반적인 창의력을 측정하는 것이었음

(②) Creative people aren't creative / in a general, universal way; / they're creative / in a specific sphere of activity, a particular domain. //
단서 3 창의적인 사람들은 전반적이고 보편적으로 창의적인 것은 아님
창의적인 사람들은 창의적인 것은 아니다 / 전반적이고, 보편적으로 / 그들은 창의적이다 / 활동의 특정 범위, 즉 특정 영역에서 //

(③) We don't expect / a creative scientist to also be a gifted painter. //
don't expect의 목적어와 목적격 보어(to부정사)
단서 4 창의성이 보편적인 것이 아니라는 것에 대한 예시
우리는 기대하지 않는다 / 창의적인 과학자가 또한 재능 있는 화가가 되는 것을 //

(④) A creative violinist may not be a creative conductor, / and a creative conductor may not be very good / at composing new works. //
창의적인 바이올린 연주자는 창의적인 지휘자가 아닐 수도 있고 / 창의적인 지휘자는 매우 뛰어나지 않을 수도 있다 / 새로운 곡을 작곡하는 데 //

(⑤) Psychologists now know / that creativity is domain specific. //
목적어절 접속사
심리학자들은 이제 안다 / 창의성이 특정 영역에만 한정된 것이라는 것을 //

- psychologist ⓝ 심리학자   · general ⓐ 전반적인, 일반적인
- creativity ⓝ 창의성   · wave ⓝ 물결   · personality ⓝ 성격
- intelligence ⓝ 지능   · potential ⓝ 잠재력   · endeavor ⓝ 노력
- literature ⓝ 문학   · universal ⓐ 보편적인   · specific ⓐ 특정한
- sphere ⓝ 범위   · particular ⓐ 특정적인   · domain ⓝ 영역
- gifted ⓐ 재능 있는   · conductor ⓝ 지휘자
- compose ⓥ 작곡하다

창의성 연구의 첫 번째 물결의 궁극적 목표는 IQ가 전반적인 지능을 측정했던 것과 같은 방식으로 전반적인 창의력을 측정하기 위한 성격 검사였다. (①) 한 사람의 창의성 점수는 IQ 점수가 물리학, 수학 또는 문학에 국한되지 않는 것과 마찬가지로, 노력하는 어떠한 분야에서도 우리에게 그 또는 그녀의 창의적 잠재력을 말해 줄 것이었다. (② 그러나 1970년대에, 심리학자들은 전반적인 '창의성 지수'와 같은 것은 없다는 것을 깨달았다.) 창의적인 사람들은 전반적이고, 보편적으로 창의적인 것은 아니다: 그들은 활동의 특정 범위, 즉 특정 영역에서 창의적이다. (③) 우리는 창의적인 과학자가 또한 재능 있는 화가가 되는 것을 기대하지 않는다. (④) 창의적인 바이올린 연주자는 창의적인 지휘자가 아닐 수도 있고, 창의적인 지휘자는 새로운 곡을 작곡하는 데 매우 뛰어나지 않을 수도 있다. (⑤) 심리학자들은 이제 창의성이 특정 영역에만 한정된 것이라는 것을 안다.

| 문제 풀이 순서 | ★★★ [정답률 56%]

1st 주어진 문장을 해석하고, 연결어, 지시어 등을 확인한다.

> 그러나(But) 1970년대에, 심리학자들은 전반적인 '창의성 지수'와 같은 것은 없다는 것을 깨달았다. 단서 1
- ➡ **주어진 문장 앞:** but은 앞뒤로 반대되는 내용이 온다. 단서
  앞에는 전반적인 '창의성 지수'가 있다는 내용이 올 것이다. 발상

2nd 각 선택지의 앞뒤 흐름이 매끄러운지 확인한다.

- ①의 앞 문장과 뒤 문장

> **앞 문장:** 창의성 연구의 첫 번째 물결의 궁극적 목표는 IQ가 전반적인 지능을 측정했던 것과 같은 방식으로 전반적인 창의력을 측정하기 위한 성격 검사였다. 단서 2
> **뒤 문장:** 한 사람의 창의성 점수는 IQ 점수가 물리학, 수학 또는 문학에 국한되지 않는 것과 마찬가지로, 노력하는 어떠한 분야에서도 우리에게 그 또는 그녀의 창의적 잠재력을 말해 줄 것이었다. 단서 3

- ➡ 뒤 문장이 앞 문장을 풀어서 설명하고 있다.
  전반적인 창의력을 측정하였는데(① 앞 문장) IQ 점수처럼 창의성 점수도 특정 분야에 국한되지 않을 것이라 믿었기 때문이다(① 뒤 문장).
  ▶ 주어진 문장이 ①에 들어갈 수 없음

②의 앞 문장과 뒤 문장

> **앞 문장:** ①의 뒤 문장과 같음
> **뒤 문장:** 창의적인 사람들은 전반적이고, 보편적으로 창의적인 것은 아니다: 그들은 활동의 특정 범위, 즉 특정 영역에서 창의적이다.

- ➡ 뒤 문장과 앞 문장이 상반된 이야기를 하고 있다.
  전반적인 창의력을 측정한 이유를 설명하는데(② 앞 문장) 창의적인 사람들이 전반적으로 창의적인 것은 아니라고 말하고 있다.
  ▶ 주어진 문장이 ②에 들어가야 함

- ➡ 주어진 문장이 ②에 들어가면, 〈전반적인 창의력을 측정했지만, 1970년대에 전반적인 '창의성 지수'라는 것은 없다는 걸 깨달았고, 창의적인 사람들은 보편적으로 창의적인 것이 아니라 특정 영역에서만 창의적이다.〉라는 자연스러운 흐름이 된다.

- ③의 앞 문장과 뒤 문장

> **앞 문장:** ②의 뒤 문장과 같음
> **뒤 문장:** 우리는 창의적인 과학자가 또한 재능 있는 화가가 되는 것을 기대하지 않는다.

- ➡ 창의적인 사람들이 전반적으로 창의적인 것은 아니라는 앞 문장의 내용에 대한 예시를 뒤 문장에서 들고 있다. ▶ 주어진 문장이 ③에 들어갈 수 없음

- ④의 앞 문장과 뒤 문장

> **앞 문장:** ③의 뒤 문장과 같음
> **뒤 문장:** 창의적인 바이올린 연주자는 창의적인 지휘자가 아닐 수도 있고, 창의적인 지휘자는 새로운 곡을 작곡하는 데 매우 뛰어나지 않을 수도 있다.

- ➡ 뒤 문장은 앞 문장과 이어지는 예시이다. ▶ 주어진 문장이 ④에 들어갈 수 없음

- ⑤의 앞 문장과 뒤 문장

> **앞 문장:** ④의 뒤 문장과 같음
> **뒤 문장:** 심리학자들은 이제 창의성이 특정 영역에만 한정된 것이라는 것을 안다.

- ➡ 앞 문장까지 이어진 글 전체 내용을 뒤 문장에서 마무리하고 있다.
  ▶ 주어진 문장이 ⑤에 들어갈 수 없음

글의 흐름으로 보아, 주어진 문장이 들어가기에 가장 적절한 곳을 고르시오.

But / the necessary and useful instinct / to generalize / can distort our world view. // **단서 1** 일반화하려는 본능의 단점이 역접의 연결어로 시작됨
형용사적 용법(instinct 수식)
그러나 / 필요하고 유용한 본능은 / 일반화하려는 / 우리의 세계관을 왜곡할 수 있다 //

Everyone automatically categorizes and generalizes / all the time. //
주어   완전자동사 ①   완전자동사 ②
모든 사람들은 자동적으로 분류하고 일반화한다 / 항상 //

Unconsciously. //
무의식적으로 //

It is not a question / of being prejudiced or enlightened. //
그것은 문제가 아니다 / 편견을 갖고 있다거나 계몽되어 있다는 것의 //

Categories are absolutely necessary / for us to function. //
to function의 의미상의 주어
범주는 반드시 필요하다 / 우리가 정상적으로 기능하는 데 //

(①) They give structure / to our thoughts. //
그것들은 체계를 준다 / 우리의 사고에 // 명사절 접속사(Imagine의 목적어절) **단서 2** 일반화하려는 본능이 없다면 제대로 기능할 수 없음

(②) Imagine / if we saw / every item and every scenario / as truly unique / — we would not even have a language / to describe / the world around us. //
형용사적 용법(a language 수식)
상상해 보라 / 만일 우리가 본다고 / 모든 품목과 모든 있을 법한 상황을 / 정말로 유일무이한 것으로 / 우리는 언어조차 갖지 못할 것이다 / 설명할 / 우리 주변의 세계를 //

주어   동사   목적어   목적격 보어(원형부정사)
(③) It can make us mistakenly group together / things, or people, or countries / that are actually very different. //
그것은 우리로 하여금 하나로 잘못 묶게 만들 수 있다 / 사물들이나, 사람들, 혹은 나라들을 / 실제로는 아주 다른 // **단서 3** 일반화하려는 본능의 단점의 구체적인 예시

can make의 목적격 보어로 쓰인 원형부정사
(④) It can make us assume / everything or everyone / in one category / is similar. //
(뒤에 assume의 목적어절 접속사는 생략됨)
그것은 우리로 하여금 가정하게 만들 수 있다 / 모든 것이나 모든 사람이 / 하나의 범주 안에 있는 / 비슷하다고 //

(⑤) And, maybe, most unfortunate of all, / it can make us jump to conclusions /
그리고 어쩌면 모든 것 중에서 가장 유감스러운 것은 / 그것이 우리로 하여금 성급하게 결론을 내리게 만들 수 있다는 것이다 //

about a whole category / based on a few, or even just one, unusual example. //
전체 범주에 대해 / 몇 가지, 또는 심지어 고작 하나의 특이한 사례를 바탕으로 //

- instinct ⓝ 본능
- generalize ⓥ 일반화하다
- distort ⓥ (사실을) 왜곡하다
- categorize ⓥ (개개의 범주로) 분류하다
- unconsciously ⓐⒹ 무의식적으로
- prejudiced ⓐ 편견을 가진
- enlightened ⓐ 계몽된
- function ⓥ (정상적으로) 활동하다
- structure ⓝ 체계
- mistakenly ⓐⒹ 실수로, 잘못하여
- group together ~을 하나로 묶다
- jump to a conclusion 성급하게 결론을 내리다

모든 사람들은 항상 자동적으로 분류하고 일반화한다. 무의식적으로 (그렇게 한다). 그것은 편견을 갖고 있다거나 계몽되어 있다는 것의 문제가 아니다. 범주는 우리가 정상적으로 기능하는 데 반드시 필요하다. (①) 그것들은 우리의 사고에 체계를 준다. (②) 만일 우리가 모든 품목과 모든 있을 법한 상황을 정말로 유일무이한 것으로 본다고 상상해 보라. 그러면 우리는 우리 주변의 세계를 설명할 언어조차 갖지 못할 것이다. (③ 그러나 필요하고 유용한 일반화하려는 본능은 우리의 세계관을 왜곡할 수 있다.) 그것은 우리가 실제로는 아주 다른 사물들이나, 사람들, 혹은 나라들을 하나로 잘못 묶게 만들 수 있다. (④) 그것은 우리가 하나의 범주 안에 있는 모든 것이나 모든 사람이 비슷하다고 가정하게 만들 수 있다. (⑤) 그리고 어쩌면 모든 것 중에서 가장 유감스러운 것은, 그것이 우리로 하여금 몇 가지, 또는 심지어 고작 하나의 특이한 사례를 바탕으로 전체 범주에 대해 성급하게 결론을 내리게 만들 수 있다는 것이다.

| 문제 풀이 순서 | ★★★ [정답률 59%]

1st 주어진 문장을 해석하고, 연결어, 지시어 등을 확인한다.

그러나(But) 필요하고 유용한 일반화하려는 본능은 우리의 세계관을 왜곡할 수 있다. **단서 1**
➡ **주어진 문장 앞:** But 앞뒤로는 반대되는 내용이 오므로 앞에는 일반화의 순기능에 관한 내용이 올 것이다.

2nd 각 선택지의 앞뒤 흐름이 매끄러운지 확인한다.

- **①의 앞 문장과 뒤 문장**
앞 문장: 범주는 우리가 정상적으로 기능하는 데 반드시 필요하다.
뒤 문장: 그것들(They)은 우리의 사고에 체계를 준다.
➡ 뒤 문장의 '그것들(They)'은 앞 문장의 범주이다. 범주가 우리가 정상적으로 기능하는 데 반드시 필요한 이유를 설명하고 있다.
   ▶ 주어진 문장이 ①에 들어갈 수 없음

- **②의 앞 문장과 뒤 문장**
앞 문장: ①의 뒤 문장과 같음
뒤 문장: 만일 우리가 모든 품목과 모든 있을 법한 상황을 정말로 유일무이한 것으로 본다고 상상해 보라. 그러면 우리는 우리 주변의 세계를 설명할 언어조차 갖지 못할 것이다. **단서 2**
➡ 뒤 문장은 앞 문장을 부연 설명하기 위해 가정을 한다. 우리 사고에 체계를 주는 일반화(② 앞 문장)가 없다면, 모든 상황이 유일무이해서 이를 설명할 수조차 없을 것이다(② 뒤 문장). ▶ 주어진 문장이 ②에 들어갈 수 없음

- **③의 앞 문장과 뒤 문장**
앞 문장: ②의 뒤 문장과 같음
뒤 문장: 그것은 우리가 실제로는 아주 다른 사물들이나, 사람들, 혹은 나라들을 하나로 잘못 묶게 만들 수 있다. **단서 3**
➡ 앞 문장과 뒤 문장이 상반된 이야기를 하고 있다.
   앞 문장: 일반화의 순기능(품목과 상황들을 범주화하여 설명할 수 있음)
   뒤 문장: 일반화의 역기능(아주 다른 것들을 잘못 묶을 수 있음)
   주어진 문장은 But과 함께 일반화의 역기능을 말하고 있다.
   ▶ 주어진 문장이 ③에 들어가야 함
➡ 주어진 문장이 ③에 들어가면, <일반화가 없다면 모든 것이 유일무이하여 설명할 언어조차 갖지 못할 것이다. 그러나 일반화가 우리의 세계관을 왜곡하여 실제로 아주 다른 것들을 하나로 잘못 묶게 할 수 있다.>라는 자연스러운 흐름이 된다.

- **④의 앞 문장과 뒤 문장**
앞 문장: ③의 뒤 문장과 같음
뒤 문장: 그것은 우리가 하나의 범주 안에 있는 모든 것이나 모든 사람이 비슷하다고 가정하게 만들 수 있다.
➡ 뒤 문장은 앞 문장에 이어지는 설명이다. ▶ 주어진 문장이 ④에 들어갈 수 없음

- **⑤의 앞 문장과 뒤 문장**
앞 문장: ④의 뒤 문장과 같음
뒤 문장: 그리고 어쩌면 모든 것 중에서 가장 유감스러운 것은, 그것이 우리로 하여금 몇 가지, 또는 심지어 고작 하나의 특이한 사례를 바탕으로 전체 범주에 대해 성급하게 결론을 내리게 만들 수 있다는 것이다.
➡ 뒤 문장은 앞 문장의 내용을 심화하여 글을 마무리한다.
   ▶ 주어진 문장이 ⑤에 들어갈 수 없음

글의 흐름으로 보아, 주어진 문장이 들어가기에 가장 적절한 곳을 고르시오.

But the flowing takes time, / and if your speed of impact is too great, / [단서 1] 흘러나가는 것은 시간이 걸리기 때문에 흐르지 못한 물은 우리를 밀어냄
그러나 흘러나가는 것은 시간이 걸리며 / 만약 여러분의 충돌의 속도가 너무도 엄청나다면 /
can의 미래형 = will be able to
부사+enough
the water won't be able to flow away / fast enough, / and so it pushes back at you. //
그 물이 흘러나가지 못할 것이며 / 충분히 빠르게 / 따라서 그것(그 물)은 여러분을 밀어낸다 //

Liquids are destructive. //
액체는 파괴적이다 //
지각동사+목적어+목적격 보어(원형부정사)
Foams feel soft / because they are easily compressed; / if you jump on to a foam mattress, / you'll feel it give beneath you. //
발포 고무는 부드럽게 느껴진다 / 그것이 쉽게 압축되기 때문에 / 여러분이 발포 고무 매트리스 위로 점프를 한다면 / 여러분은 그것이 여러분의 밑에서 휘어지는 것을 느끼게 될 것이다 //
(①) Liquids don't do this; / instead they flow. //
액체는 이렇게 하지 않고 / 대신에 액체는 흐른다 //
(②) You see this / in a river, / or when you turn on a tap, / or if you use a spoon
부사적 용법(목적)
to stir your coffee. //
여러분은 이것을 보게 된다 / 강에서나 / 여러분이 수도꼭지를 틀 때나 / 혹은 여러분이 스푼을 사용한다면 / 자신의 커피를 젓기 위해 //
병렬 구조
(③) When you jump off a diving board / and hit a body of water, / the water has to flow away from you. //
여러분이 다이빙 도약대에서 뛰어내려 / 많은 양의 물을 치게 될 때 / 그 물은 여러분에게서 비켜나 흘러나가야만 한다 // [단서 2] 다이빙을 할 때, 물은 액체이므로 우리를 비켜나 흘러야 함
It is ~ that 강조 구문
(④) It's that force / that stings your skin / as you belly-flop into a pool, /
바로 그 힘이다 / 여러분의 피부를 쓰리게 하는 것이 / 여러분이 배로 수면을 치며 수영장 물속으로 떨어질 때 /
목적어
목적격 보어
and makes falling into water from a great height / like landing on concrete. // [단서 3] 주어진 문장에서 언급한 흐르지 못하고 우리를 밀어내는 물의 힘을 설명함
그리고 굉장한 높이에서 물속으로 떨어지는 것을 만드는 것이 / 콘크리트 위에 떨어지는 것처럼 //
(⑤) The incompressibility of water is also why waves can have such deadly power, /
명사절을 이끄는 의문사
물의 비압축성이 또한 / 파도가 그러한 치명적인 힘을 가질 수 있는 이유이다 /
명사절을 이끄는 의문사
and in the case of tsunamis, / why they can destroy buildings and cities, tossing cars around easily. //
그리고 해일의 경우 / 그것이 건물과 도시를 부수며 자동차를 쉽게 던져버릴 수 있는 이유인 것이다 //

- flow ⓥ 흐르다
- impact ⓝ 충돌
- push back 밀다
- liquid ⓝ 액체
- destructive ⓐ 파괴적인
- foam ⓝ 발포 고무
- beneath [prep] ~ 밑에서
- tap ⓝ 수도꼭지
- stir ⓥ 젓다
- sting ⓥ 쓰리게 하다
- belly-flop 배로 수면을 치며 뛰어들다
- land ⓥ 착지하다, 떨어지다
- destroy ⓥ 망치다, 부수다, 파괴하다
- incompressibility ⓝ 비압축성
- deadly [ad] 치명적인
- tsunami ⓝ (일본어에서) 쓰나미, 해일
- toss ⓥ 던지다

액체는 파괴적이다. 발포 고무는 그것이 쉽게 압축되기 때문에 부드럽게 느껴지는데, 만약 여러분이 발포 고무 매트리스 위로 점프를 한다면 여러분은 그것이 여러분의 밑에서 휘어지는 것을 느끼게 될 것이다. (①) 액체는 이렇게 하지 않고, 대신에 액체는 흐른다. (②) 강에서나, 여러분이 수도꼭지를 틀 때나, 혹은 여러분이 스푼을 사용하여 자신의 커피를 젓는다면 여러분은 이것을 보게 된다. (③) 여러분이 다이빙 도약대에서 뛰어내려 많은 양의 물을 치게 될 때 그 물은 여러분에게서 비켜나 흘러나가야만 한다. (④ 그러나 흘러나가는 것은 시간이 걸리며, 만약 여러분의 충돌의

속도가 너무나도 엄청나다면 그 물이 충분히 빠르게 흘러나가지 못할 것이며 따라서 그것(그 물)은 여러분을 밀어낸다.) 여러분이 배로 수면을 치며 수영장 물속으로 떨어질 때 여러분의 피부를 쓰리게 하며, 굉장한 높이에서 물속으로 떨어지는 것을 콘크리트 위에 떨어지는 것처럼 만드는 것이 바로 그 힘이다. (⑤) 물의 비압축성이 또한 파도가 그러한 치명적인 힘을 가질 수 있는 이유이고, 해일의 경우 그것이 건물과 도시를 부수며 자동차를 쉽게 던져버릴 수 있는 이유인 것이다.

| 문제 풀이 순서 | ★★★ [정답률 45%]

1st 주어진 문장을 해석하고, 연결어, 지시어 등을 확인한다.

그러나(But) 흘러나가는 것은 시간이 걸리며, 만약 여러분의 충돌의 속도가 너무나도 엄청나다면 그 물이 충분히 빠르게 흘러나가지 못할 것이며 따라서 그것(그 물)은 여러분을 밀어낸다. 단서

➡ 주어진 문장 앞: 시간이 충분하지 않다면 물이 우리를 밀어내게 된다는 내용이 '그러나'로 이어진다. 앞에는 물이 우리와 충돌하지 않고 우리를 피해 흐른다는 내용이 올 것이다. 발상

2nd 각 선택지의 앞뒤 흐름이 매끄러운지 확인한다.

- ①의 앞 문장과 뒤 문장

앞 문장: 발포 고무는 그것이 쉽게 압축되기 때문에 부드럽게 느껴지는데, 만약 여러분이 발포 고무 매트리스 위로 점프를 한다면 여러분은 그것이 여러분의 밑에서 휘어지는 것을 느끼게 될 것이다.

뒤 문장: 액체는 이렇게 하지 않고, 대신에 액체는 흐른다.

➡ 발포 고무, 즉 휘어지는 것이 느껴지는 고체와 달리 액체는 흐른다는 내용이 자연스럽게 이어진다. ▶ 주어진 문장이 ①에 들어갈 수 없음

- ②의 앞 문장과 뒤 문장

앞 문장: ①의 뒤 문장과 같음

뒤 문장: 강에서나, 여러분이 수도꼭지를 틀 때나, 혹은 여러분이 스푼을 사용하여 자신의 커피를 젓는다면 여러분은 이것을 보게 된다.

➡ 흐르는 특징을 가진 액체의 예시를 강, 수도꼭지, 커피를 들어 설명하고 있다. ▶ 주어진 문장이 ②에 들어갈 수 없음

- ③의 앞 문장과 뒤 문장

앞 문장: ②의 뒤 문장과 같음

뒤 문장: 여러분이 다이빙 도약대에서 뛰어내려 많은 양의 물을 치게 될 때 그 물은 여러분에게서 비켜나 흘러나가야만 한다.

➡ 일반적인 경우, 액체는 흐르기 때문에 다이빙 도약대에서 뛰어내릴 때면 물은 우리를 비켜나 흘러가야 함을 설명하고 있다. ▶ 주어진 문장이 ③에 들어갈 수 없음

- ④의 앞 문장과 뒤 문장

앞 문장: ③의 뒤 문장과 같음

뒤 문장: 여러분이 배로 수면을 치며 수영장 물속으로 떨어질 때 여러분의 피부를 쓰리게 하며, 굉장한 높이에서 물속으로 떨어지는 것을 콘크리트 위에 떨어지는 것처럼 만드는 것이 바로 그 힘이다.

➡ 물이 우리를 비켜나 흘러가야 한다는 내용과 물속으로 떨어지는 것이 콘크리트 위에 떨어지는 것처럼 느껴진다는 상반되는 내용이 이어진다. 충돌의 속도가 엄청날 때는 액체가 흐르지 못하고 밀어낸다는 것이 주어진 문장의 내용이므로, ④에 들어가 일반적인 액체의 경우와 속도가 엄청난 경우를 연결하는 것이 적절하다. ▶ 주어진 문장이 ④에 들어가야 함

- ⑤의 앞 문장과 뒤 문장

앞 문장: ④의 뒤 문장과 같음

뒤 문장: 물의 비압축성이 또한 파도가 그러한 치명적인 힘을 가질 수 있는 이유이고, 해일의 경우 그것이 건물과 도시를 부수며 자동차를 쉽게 던져버릴 수 있는 이유인 것이다.

➡ 액체가 파괴적인 힘을 가질 수 있다는 내용이 앞뒤로 나오고 있다. ▶ 주어진 문장이 ⑤에 들어갈 수 없음

글의 흐름으로 보아, 주어진 문장이 들어가기에 가장 적절한 곳을 고르시오.

> **단서 1** 컴퓨터가 인간의 도움을 필요로 한다는 것이 역접으로 연결됨
> 병렬 구조
> A computer cannot make independent decisions, / however, / or formulate steps / for solving problems, / unless programmed to do so / by humans. //
> 조건의 부사절 접속사
> 컴퓨터는 독립적인 결정을 할 수 없다 / 그러나 / 또는 단계들을 만들어 낼 수 없다 / 문제를 해결하기 위해 / 그렇게 하도록 프로그램되지 않는 한 / 인간에 의해서 //

가주어 / 진주어 / to remember의 목적어절 접속사
It is important to remember / that computers can only carry out instructions / that humans give them. //
목적격 관계대명사
기억하는 것이 중요하다 / 컴퓨터들은 우리의 지시 사항들을 단지 수행만 할 수 있다는 것을 / 인간이 그들에게 부여한 //

Computers can process data accurately / at far greater speeds / than people can, / yet they are limited in many respects / — most importantly, / they lack common sense. //
비교급 강조 부사
컴퓨터들은 정확하게 데이터를 처리할 수 있다 / 훨씬 더 빠른 속도로 / 사람들이 할 수 있는 것보다 / 하지만 그것들은 많은 측면에서 제한된다 / 가장 중요하게 / 그것들은 상식이 부족하다 //

동명사 주어
(①) However, combining the strengths of these machines / with human strengths / creates synergy. //
단수 동사
그러나 / 이러한 기계들의 강점을 결합하는 것은 / 인간의 강점과 / 시너지를 생성한다 //

주어 / 시간의 부사절 접속사
(②) Synergy occurs / when combined resources produce output / that exceeds the sum of the outputs / of the same resources / employed separately. //
시너지는 일어난다 / 결합된 자원들이 산출을 생성할 때 / 산출의 합을 초과하는 / 같은 자원들의 / 각각 사용된 //

단서 2 컴퓨터가 인간보다 더 낫다는 내용
(③) A computer works quickly and accurately; / humans work relatively slowly / and make mistakes. //
컴퓨터는 빠르고 정확하게 작동한다 / 인간은 상대적으로 느리게 일한다 / 그리고 실수를 한다 //

선행사 / 주격 관계대명사
(④) Even with sophisticated artificial intelligence, / which enables the computer to learn and then implement / what it learns, / the initial programming must be done / by humans. //
(to) implement의 목적어절
정교한 인공지능조차 / 컴퓨터로 하여금 학습하고 실행하도록 / 하는 / 그것이 학습한 것을 / 초기의 프로그래밍은 수행되어야 한다 / 인간에 의해 //

단서 3 정교한 인공지능조차 인간의 도움을 필요로 함
주어
(⑤) Thus, / a human-computer combination allows the results of human thought / to be translated / into efficient processing / of large amounts of data. //
동사 / 목적어 / 목적격 보어 (to부정사)
따라서 / 인간–컴퓨터 결합은 인간 사고의 결과들이 (~하도록) 한다 / 변환되도록 / 효율적 처리로 / 많은 양의 데이터의 //

- independent ⓐ 독립적인 • formulate ⓥ 만들어 내다
- carry out 수행하다 • instruction ⓝ 지시 사항
- process ⓥ 처리하다 • accurately ⓐⒹ 정확하게
- respect ⓝ 측면, 사항 • lack ⓥ 부족하다 • common sense 상식
- combine ⓥ 결합하다 • strength ⓝ 강점, 장점
- occur ⓥ 일어나다, 발생하다 • output ⓝ 산출
- exceed ⓥ 초과하다 • sum ⓝ 합 • resource ⓝ 자원
- employ ⓥ 이용하다, 쓰다 • separately ⓐⒹ 각각
- relatively ⓐⒹ 상대적으로 • sophisticated ⓐ 정교한
- enable ⓥ ~을 가능하게 하다 • implement ⓥ 시행하다, 실행하다
- initial ⓐ 초기의 • combination ⓝ 결합
- translate ⓥ (다른 형태로) 바꾸다, 고치다

컴퓨터들은 인간이 그들에게 부여한 지시 사항들을 단지 수행만 할 수 있다는 것을 기억하는 것이 중요하다. 컴퓨터들은 사람들이 할 수 있는 것보다 훨씬 더 빠른 속도로 정확하게 데이터를 처리할 수 있지만, 그것들은 많은 측면에서 제한된다. 가장 중요하게, 그것들은 상식이 부족하다. (①) 그러나, 이러한 기계들의 강점과 인간의 강점을 결합하는 것은 시너지를 생성한다. (②) 시너지는 결합된 자원들이 같은 자원들을 각각 사용한 산출의 합을 초과하는 산출을 생성할 때 일어난다. (③) 컴퓨터는 빠르고 정확하게 작동한다. 인간은 상대적으로 느리게 일하고 실수를 한다. (④ 그러나, 컴퓨터는, 인간에 의해서 그렇게 하도록 프로그램되지 않는 한, 독립적인 결정을 하거나 문제를 해결하기 위해 단계들을 만들어 낼 수 없다.) 컴퓨터로 하여금 학습하고 그것이 학습한 것을 실행하도록 하는 정교한 인공지능조차, 초기의 프로그래밍은 인간에 의해 수행되어야 한다. (⑤) 따라서, 인간–컴퓨터 결합은 인간 사고의 결과들이 많은 양의 데이터의 효율적 처리로 변환되도록 한다.

| 문제 풀이 순서 | ★★★ [정답률 58%]

1st 주어진 문장을 해석하고, 연결어, 지시어 등을 확인한다.

> 그러나(however), 컴퓨터는, 인간에 의해서 그렇게 하도록 프로그램되지 않는 한, 독립적인 결정을 하거나 문제를 해결하기 위해 단계들을 만들어 낼 수 없다.

➡ 주어진 문장 앞: 컴퓨터가 인간의 도움을 필요로 한다는 내용이 '그러나'로 연결되려면 앞에는 반대로 컴퓨터가 인간보다 나은 점을 설명해야 한다.

2nd 각 선택지의 앞뒤 흐름이 매끄러운지 확인한다.

- ①의 앞 문장과 뒤 문장
> 앞 문장: 컴퓨터들은 사람들이 할 수 있는 것보다 훨씬 더 빠른 속도로 정확하게 데이터를 처리할 수 있지만, 그것들은 많은 측면에서 제한된다. 가장 중요하게, 그것들은 상식이 부족하다.
> 뒤 문장: 그러나(However), 이러한 기계들의 강점과 인간의 강점을 결합하는 것은 시너지를 생성한다.

➡ 컴퓨터의 단점을 말하는 앞 문장에 '그러나' 인간의 강점과 결합하면 시너지가 생겨날 수 있음을 설명하고 있다. ▶ 주어진 문장이 ①에 들어갈 수 없음

- ②의 앞 문장과 뒤 문장
> 앞 문장: ①의 뒤 문장과 같음
> 뒤 문장: 시너지는 결합된 자원들이 같은 자원들을 각각 사용한 산출의 합을 초과하는 산출을 생성할 때 일어난다.

➡ 앞 문장에서 시너지가 생겨날 수 있음을 언급했고, 시너지의 의의에 대해 설명하는 뒤 문장이 자연스럽게 이어진다. ▶ 주어진 문장이 ②에 들어갈 수 없음

- ③의 앞 문장과 뒤 문장
> 앞 문장: ②의 뒤 문장과 같음
> 뒤 문장: 컴퓨터는 빠르고 정확하게 작동한다. 인간은 상대적으로 느리게 일하고 실수를 한다.

➡ 시너지를 설명하기 위해 각각 자원들, 즉 컴퓨터와 인간의 구체적인 능력을 설명하고 있다. ▶ 주어진 문장이 ③에 들어갈 수 없음

- ④의 앞 문장과 뒤 문장
> 앞 문장: ③의 뒤 문장과 같음
> 뒤 문장: 컴퓨터로 하여금 학습하고 그것이 학습한 것을 실행하도록 하는 정교한 인공 지능조차, 초기의 프로그래밍은 인간에 의해 수행되어야 한다.

➡ 컴퓨터가 인간보다 더 나은 점을 설명하는 앞 문장에 정교한 인공 지능조차 인간에 의해 프로그래밍되어야 한다는 문장이 이어진다. '그러나'로 컴퓨터가 인간의 도움을 필요로 한다고 말하는 주어진 문장이 두 문장을 연결해야 한다. ▶ 주어진 문장이 ④에 들어가야 함

- ⑤의 앞 문장과 뒤 문장
> 앞 문장: ④의 뒤 문장과 같음
> 뒤 문장: 따라서, 인간–컴퓨터 결합은 인간 사고의 결과들이 많은 양의 데이터의 효율적 처리로 변환되도록 한다.

➡ 시너지 효과의 결과를 설명하며 글을 마무리하고 있다.
▶ 주어진 문장이 ⑤에 들어갈 수 없음

글의 흐름으로 보아, 주어진 문장이 들어가기에 가장 적절한 곳을 고르시오.

> Rather, we have to create / a situation / that doesn't actually occur in the real world.
> 단서 1 상반되는 내용이 앞에 와야 함   주격 관계대명사
> 오히려, 우리는 만들어야 한다 / 상황을 / 현실 세계에서 실제로 일어나지 않는 //

The fundamental nature of the experimental method / is manipulation and control. //
실험 방법의 근본적인 본질은 / 조작과 통제이다 //

목적어절 접속사
Scientists manipulate a variable of interest, / and see if there's a difference. //
과학자들은 관심 변인을 조작한다 / 그리고 차이가 있는지 확인한다 //

At the same time, / they attempt to control / for the potential effects of all other variables. //
동시에, / 그들은 통제하려고 시도한다 / 다른 모든 변인의 잠재적 영향을 //

주어
The importance of controlled experiments / in identifying the
동사
underlying causes of events / cannot be overstated. //
통제된 실험의 중요성은 / 사건의 근본적인 원인을 식별하는 데 있어 / 아무리 강조해도 지나치지 않다 //

(①) In the real-uncontrolled-world, / variables are often correlated. //
현실의 통제되지 않은 세계에서, / 변인들은 종종 상관관계가 있다 //

주격 관계대명사
(②) For example, people who take vitamin supplements / may
주격 관계대명사
have different eating and exercise habits / than people who don't take vitamins. //
예를 들어, 비타민 보충제를 섭취하는 사람들은 / 다른 식습관과 운동 습관을 지닐 수 있다 / 비타민을 섭취하지 않는 사람들과는 //

(③) As a result, if we want to study / the health effects of vitamins, /
단서 2 우리는 단순히 현실 세계만 관찰할 수 없음
그 결과, 만약 우리가 / 연구하고 싶다면 / 비타민의 건강에 미치는 효과를 /
we can't merely observe the real world, / since any of these factors / (the vitamins, diet, or exercise) / may affect health. //
우리는 단순히 현실 세계만 관찰할 수 없다 / 왜냐하면 이러한 요소 중 어느 것이든 / (비타민, 식단, 운동) / 건강에 영향을 미칠 수 있기 때문이다 //

(④) That's just what scientific experiments do. //
그것이 바로 과학 실험들이 하는 일이다 / 단서 3 과학 실험의 구체적 역할이 앞에 언급되어야 함

(⑤) They try to separate / the naturally occurring relationship
by -ing: ~함으로써
in the world / by manipulating one specific variable at a time, /
접속사가 생략되지 않은 분사구문
while holding everything else constant. //
그것들은 분리하려고 애쓴다 / 세상에서 자연적으로 발생하는 관계를 / 한 번에 하나의 특정 변인을 조작함으로써 / 그 밖의 다른 모든 것을 일정하게 유지하면서 //

- occur ⓥ 일어나다, 발생하다   · fundamental ⓐ 근본적인
- manipulation ⓝ 조작   · manipulate ⓥ 조작하다, 조종하다
- variable ⓝ 변수, 변인   · potential ⓐ 잠재적인
- overstate ⓥ 과장하다   · correlate ⓥ 상관관계를 보여주다
- supplement ⓝ 보충제   · merely ⓐⓓ 그저, 단순히
- separate ⓥ 분리하다   · constant ⓐ 변함없는

실험 방법의 근본적인 본질은 조작과 통제이다. 과학자들은 관심 변인을 조작하고, 차이가 있는지 확인한다. 동시에, 그들은 다른 모든 변인의 잠재적 영향을 통제하려고 시도한다. 사건의 근본적인 원인을 식별하는 데 있어 통제된 실험의 중요성은 아무리 강조해도 지나치지 않다. (①) 현실의 통제되지 않은 세계에서, 변인들은 종종 상관관계가 있다. (②) 예를 들어, 비타민 보충제를 섭취하는 사람들은 비타민을 섭취하지 않는 사람들과는 다른 식습관과 운동 습관을 지닐 수 있다. (③) 그 결과, 만약 우리가 비타민의 건강에 미치는 효과를 연구하고 싶다면, 우리는 단순히 현실 세계만 관찰할 수는 없는데, 왜냐하면 이러한 요소(비타민, 식단,

---

운동) 중 어느 것이든 건강에 영향을 미칠 수 있기 때문이다. (④ 오히려, 우리는 현실 세계에서 실제로 일어나지 않는 상황을 만들어야 한다.) 그것이 바로 과학 실험들이 하는 일이다. (⑤) 그것들은 그 밖의 다른 모든 것을 일정하게 유지하면서, 한 번에 하나의 특정 변인을 조작하여 세상에서 자연적으로 발생하는 관계를 분리하려고 애쓴다.

| 문제 풀이 순서 | ★★★ [정답률 53%]

1st 주어진 문장을 해석하고, 연결어, 지시어 등을 확인한다.

> Rather, we have to create a situation that doesn't actually occur in the real world.
> 오히려 우리는 현실 세계에서 실제로 일어나지 않는 상황을 만들어야 한다.

➡ rather는 앞서 언급한 내용에 대한 대안이나 상반된 내용을 이어준다. (단서)
  ▶ 주어진 문장이 들어갈 곳: 현실 세계에서 실제로 일어나지 않는 상황을 만드는 것이 대안이 되려면 앞에는 현실 세계에서는 불가능하다는 내용이 와야 한다. (발상)

2nd 각 선택지의 앞뒤 흐름이 매끄러운지 확인한다.

- ①의 앞 문장과 뒤 문장
- **앞 문장:** 사건의 근본적인 원인을 식별하는 데 있어 통제된 실험의 중요성은 아무리 강조해도 지나치지 않다.
- **뒤 문장:** 현실의 통제되지 않은 세계에서, 변인들은 종종 상관관계가 있다.
➡ 통제의 중요성과 변인들의 상관관계에 대한 내용이 자연스럽게 이어진다.
  ▶ 주어진 문장이 ①에 들어갈 수 없음

- ②의 앞 문장과 뒤 문장
- **앞 문장:** ①의 뒤 문장과 같음
- **뒤 문장:** 예를 들어, 비타민 보충제를 섭취하는 사람들은 비타민을 섭취하지 않는 사람들과는 다른 식습관과 운동 습관을 지닐 수 있다.
➡ 앞 문장에서 언급한 변인들의 상관관계에 대한 예시가 뒤 문장에 이어진다.
  ▶ 주어진 문장이 ②에 들어갈 수 없음

- ③의 앞 문장과 뒤 문장
- **앞 문장:** ②의 뒤 문장과 같음
- **뒤 문장:** 그 결과, 만약 우리가 비타민의 건강에 미치는 효과를 연구하고 싶다면, 우리는 단순히 현실 세계만 관찰할 수는 없는데, 왜냐하면 이러한 요소(비타민, 식단, 운동) 중 어느 것이든 건강에 영향을 미칠 수 있기 때문이다.
➡ 변인들의 상관관계를 설명하기 위해 비타민 섭취, 식습관, 운동 습관을 변인들의 예로 들었다. 이러한 다양한 변인들의 상관관계로 인해 비타민이 건강에 미치는 효과를 연구하는 데에 한계가 있음을 자연스럽게 이어서 설명하였다.
  ▶ 주어진 문장이 ③에 들어갈 수 없음

- ④의 앞 문장과 뒤 문장
- **앞 문장:** ③의 뒤 문장과 같음
- **뒤 문장:** 그것이 바로 과학 실험들이 하는 일이다.
➡ **1** 앞 문장에서 단순히 현실 세계만 관찰할 수 없다는 한계점을 제시하였다. ➡ 그래서 어떻게 해야 하는지에 대해 제시할 것을 예상할 수 있다.
  2 뒤 문장의 '그것'이 가리키는 바가 앞 문장에 명확히 제시되지 않았다. ➡ 주어진 문장에서 '현실 세계에서 실제로 일어나지 않는 상황을 만드는 것'을 지칭한다면 흐름이 자연스럽게 이어진다.
  ▶ 주어진 문장이 ④에 들어가야 함

- ⑤의 앞 문장과 뒤 문장
- **앞 문장:** ④의 뒤 문장과 같음
- **뒤 문장:** 그것들(They)은 그 밖의 다른 모든 것을 일정하게 유지하면서, 한 번에 하나의 특정 변인을 조작하여 세상에서 자연적으로 발생하는 관계를 분리하려고 애쓴다.
➡ 앞 문장의 '과학 실험들이 하는 일'이 변인 통제에 대해 하는 노력이라고 설명하며 부연 설명한다. 또한, '그것들'은 '과학 실험들(experiments)'을 지칭한다.
  ▶ 주어진 문장이 ⑤에 들어갈 수 없음

글의 흐름으로 보아, 주어진 문장이 들어가기에 가장 적절한 곳을 고르시오.
[3점]

But this is a short-lived effect, / and in the long run, / people find **such sounds too bright**. //
단서 1 앞과 반대되는 내용이 나오며, 그 효과가 일시적이라고 함
하지만 이것은 일시적인 효과이고 / 장기적으로 / 사람들은 그러한 소리가 너무 밝다는 것을 알게 된다 //

Brightness of sounds means / much energy in higher frequencies,
계속적 용법의 주격 관계대명사
/ **which** can be calculated from the sounds easily. //
소리의 밝기는 의미한다 / 더 높은 주파수에서의 많은 에너지를 / 이는 소리로부터 쉽게 계산될 수 있다 //

A violin **has** many more overtones / compared to a flute / and
병렬 구조
sounds brighter. //
바이올린은 더 많은 상음(上音)을 가지고 있고 / 플루트에 비해 / 더 밝게 들린다 //

(①) An oboe is brighter than a classical guitar, / and **a crash cymbal brighter** than a double bass. //
주어와 주격 보어 사이에 반복된 동사 is 생략
오보에가 클래식 기타보다 더 밝고 / 크래시 심벌이 더블 베이스보다 더 밝다 //

(②) This is obvious, / and indeed people like brightness. //
이것은 명백하고 / 실제로 사람들은 밝음을 좋아한다 //
단서 2 사람들이 더 밝은 소리를 좋아하는 이유를 소개하는 내용이 이어짐

(③) One reason is / that it makes **sound subjectively louder**, /
목적어 목적격 보어
which is part of the loudness war / in modern electronic music, / and in the classical music of the 19th century. //
한 가지 이유는 / 그것이 소리를 주관적으로 더 크게 들리도록 만든다는 것이며 / 이는 소리의 세기 전쟁의 일환이다 / 현대 전자 음악과 / 19세기 클래식 음악에서 //

(④) All sound engineers know / **that** if they play back a track /
목적어절 접속사
to a musician / **that** just has recorded this track / and add some
주격 관계대명사
higher frequencies, /
모든 음향 기사들은 안다 / 만약 그들이 곡을 들어 주고 / 음악가에게 / 방금 이 곡을 녹음한 / 약간의 더 높은 주파수를 더하면 /
단서 3 높은 주파수의 밝은 노래를 좋아할 것이라는 내용이 구체적인 예시로 이어짐

the musician will immediately like the track / much better. //
그 음악가는 곧바로 그 곡을 좋아하게 되리라는 것을 / 훨씬 더 //

(⑤) So **it is wise** / **not to play** back such a track with too much
가주어 진주어
brightness, /
단서 4 너무 밝게 틀지 않는 것이 현명하다고 했으므로 앞에는 밝은 음악의 부정적 효과에 대한 언급이 있어야 함
따라서 ~이 현명한데 / 그러한 곡을 너무 밝게 틀어 주지 않는 것 /

as it normally takes quite some time / to **convince the musician** /
convince A that: A에게 ~을 납득시키다
that less brightness serves his music better in the end. //
왜냐하면 보통 꽤 상당한 시간이 걸리기 때문이다 / 그 음악가에게 납득시키는 데 / 더 적은 밝기가 결국 자신의 음악에 더 도움이 된다는 것을 //

- **short-lived** 오래가지 못하는, 일시적인
- **in the long run** 장기적으로
- **brightness** ⓝ 밝기, 밝음
- **frequency** ⓝ 주파수
- **overtone** ⓝ 상음(上音)
- **subjectively** ⓐⅆ 주관적으로
- **track** ⓝ (음반 테이프에 녹음된 음악) 한 곡

소리의 밝기는 더 높은 주파수에서의 많은 에너지를 의미하며, 이는 소리로부터 쉽게 계산될 수 있다. 바이올린은 플루트에 비해 더 많은 상음(上音)을 가지고 있고 더 밝게 들린다. (①) 오보에가 클래식 기타보다 더 밝고, 크래시 심벌이 더블 베이스보다 더 밝다. (②) 이것은 명백하고 실제로 사람들은 밝음을 좋아한다. (③) 한 가지 이유는 그것이 소리를 주관적으로 더 크게 들리도록 만든다는 것이며, 이는 현대 전자 음악과 19세기 클래식 음악에서 소리의 세기 전쟁의 일환이다. (④) 모든 음향 기사들은 만약 그들이 방금 이 곡을 녹음한 음악가에게 곡을 틀어 주고 약간의 더 높은 주파수를 더하면, 그 음악가는 곧바로 그 곡을 훨씬 더 좋아하게 되리라는 것을 안다. (⑤ 하지만 이것은 일시적인 효과이고 장기적으로 사람들은 그러한 소리가 너무 밝다는 것을 알게 된다.) 따라서 그러한 곡을 너무 밝게 틀어 주지 않는 것이 현명한데 왜냐하면 그 음악가에게 더 적은 밝기가 결국 자신의 음악에 더 도움이 된다는 것을 납득시키는 데 보통 꽤 상당한 시간이 걸리기 때문이다.

| 문제 풀이 순서 | ★★★ [정답률 35%]

1st 주어진 문장을 해석하고, 연결어, 지시어 등을 확인한다.

- **하지만(But)** 이것은 일시적인 효과이고 장기적으로 사람들은 그러한 소리가 너무 밝다는 것을 알게 된다. 단서 1
- → **주어진 문장 앞:** But 앞뒤로는 반대되는 내용이 이어진다. 앞에는 소리가 밝아지면 사람들이 더 좋아하게 된다는 내용이 올 것이다.

2nd 각 선택지의 앞뒤 흐름이 매끄러운지 확인한다.

- **①의 앞 문장과 뒤 문장**

앞 문장: 바이올린은 플루트에 비해 더 많은 상음(上音)을 가지고 있고 더 밝게 들린다.

뒤 문장: 오보에가 클래식 기타보다 더 밝고, 크래시 심벌이 더블 베이스보다 더 밝다.

→ 앞 문장에서 바이올린과 플루트를 비교한 것처럼, 뒤 문장에서도 오보에와 클래식 기타, 크래시 심벌과 더블 베이스를 비교하며 이해를 돕고 있다.
▶ 주어진 문장이 ①에 들어갈 수 없음

- **②의 앞 문장과 뒤 문장**

앞 문장: ①의 뒤 문장과 같음

뒤 문장: 이것은 명백하고 실제로 사람들은 밝음을 좋아한다.

→ 뒤 문장은 앞 문장을 이어서 설명한다. 오보에와 크래시 심벌이 클래식 기타와 더블 베이스보다 밝은 것(② 앞 문장)은 명백하고 사람들은 밝은 것을 좋아한다(② 뒤 문장). ▶ 주어진 문장이 ②에 들어갈 수 없음

- **③의 앞 문장과 뒤 문장**

앞 문장: ②의 뒤 문장과 같음

뒤 문장: 한 가지 이유는 그것이 소리를 주관적으로 더 크게 들리도록 만든다는 것이며, 이는 현대 전자 음악과 19세기 클래식 음악에서 소리의 세기 전쟁의 일환이다. 단서 2

→ 앞 문장의 이유를 뒤 문장에서 설명한다. 사람들이 밝음을 좋아하는(③ 앞 문장) 이유는 그것이 소리를 더 크게 들리도록 만들기 때문이다(③ 뒤 문장).
▶ 주어진 문장이 ③에 들어갈 수 없음

- **④의 앞 문장과 뒤 문장**

앞 문장: ③의 뒤 문장과 같음

뒤 문장: 모든 음향 기사들은 만약 그들이 방금 이 곡을 녹음한 음악가에게 곡을 틀어 주고 약간의 더 높은 주파수를 더하면, 그 음악가는 곧바로 그 곡을 훨씬 더 좋아하게 되리라는 것을 안다. 단서 3

→ 뒤 문장은 앞 문장의 예시이다. 음악에서 소리의 세기 전쟁의 일환(④ 앞 문장)의 예시로 음악가의 곡을 녹음하는 음향 기사를 들었다(④ 뒤 문장).
▶ 주어진 문장이 ④에 들어갈 수 없음

- **⑤의 앞 문장과 뒤 문장**

앞 문장: ④의 뒤 문장과 같음

뒤 문장: **따라서(So)** 그러한 곡을 너무 밝게 틀어 주지 않는 것이 현명한데 왜냐하면 그 음악가에게 더 적은 밝기가 결국 자신의 음악에 더 도움이 된다는 것을 납득시키는 데 보통 꽤 상당한 시간이 걸리기 때문이다. 단서 4

→ 앞 문장과 뒤 문장이 So로 연결되기에는 어색하다. 높은 주파수를 더해 밝아진 음악을 음악가가 더 좋아하게 되는데(⑤ 앞 문장), '따라서' 곡을 너무 밝게 틀어 주지 않는 것이 현명하다(⑤ 뒤 문장)는 것은 어색하다.
주어진 문장은 But과 함께 소리가 너무 밝은 것이 일시적인 효과라고 말하고 있다.
▶ 주어진 문장이 ⑤에 들어가야 함

→ 주어진 문장이 ⑤에 들어가면, 〈높은 주파수로 밝아진 음악을 음악가는 더 좋아하지만, 이것은 일시적인 효과이며 사람들은 그러한 소리가 너무 밝다는 것을 알게 된다. 따라서 곡을 너무 밝게 틀지 않는 것이 현명하다.〉라는 자연스러운 흐름이 된다.

P 31 정답 ③ ＊달의 중력 차이로 발생하는 지구의 조수 ―

글의 흐름으로 보아, 주어진 문장이 들어가기에 가장 적절한 곳을 고르시오.
[3점]

단서 1 우리는 바다의 조수만 알아차린다는 내용이 However로 이어짐

However, the rigidity of rock means / **that** land rises and falls
<목적어절 접속사>
with the tides / by a much smaller amount than water, /
하지만 암석의 단단함은 의미하며 / 땅이 조수와 함께 오르락내리락한다는 것을 /
물보다는 훨씬 적은 양만큼 /
<계속적 용법의 주격 관계대명사>
which is why / we notice only the ocean tides. //
이것이 이유이다 / 우리가 오직 바다의 조수만을 알아차리는 //

<단수 주어>
The difference / in the Moon's gravitational pull / on different
<단수 동사>
parts of our planet / effectively **creates** a "stretching force." //
차이는 / 달 중력의 / 우리 행성의 서로 다른 부분들에 대한 / 효과적으로 '잡아 늘리는 힘'을
만든다 //

<makes의 목적어와 목적격 보어 (과거분사)>
(①) It makes **our planet** slightly **stretched out** / along the line
of sight to the Moon / and slightly **compressed** / along a line
<병렬 구조 (목적격 보어)>
perpendicular to that. //
그것은 우리 행성을 약간 늘어나게 하고 / 달을 보는 방향으로 / 약간 눌리게 된다 / 그것에
직각을 이루는 선을 따라 /
<단수 주어>   <과거분사구>   <단수 동사>
(②) **The tidal stretching** / **caused by the Moon's gravity** / **affects**
our entire planet, / including both land and water, / inside and
out. // **단서 2** 조수의 늘어남은 땅과 물 모두에게 영향을 미침
조수의 늘어남은 / 달의 중력에 의해 발생되는 / 우리의 전체 행성에 영향을 미친다 / 땅과
물을 포함한 / 안팎으로 /

(③) The stretching also explains / **why** there are generally *two*
<목적어절을 이끄는 의문사>
high tides / (and two low tides) / in the ocean each day. //
그 늘어남은 또한 설명한다 / 왜 일반적으로 '두 번의' 만조가 발생하는지 / (그리고 두 번의
간조) / 매일 바다에서 // **단서 3** 바다에서의 설명을 이어감

(④) Because Earth is stretched much like a rubber band, / the
oceans bulge out / **both** on the side facing toward the Moon /
<both A and B: A와 B 둘 다>
and on the side facing away from the Moon. //
지구가 고무줄처럼 늘어나기 때문에 / 바다는 팽창해 나간다 / 달을 향하는 쪽과 / 달에서
멀어지는 쪽 모두에서 //

(⑤) As Earth rotates, / we are carried through both of these
tidal bulges / each day, /
지구가 자전함에 따라 / 우리는 이 두 개의 조수 팽창부를 통과하게 되어서 / 매일 /
<부사절 접속사 (시간)>
so we have high tide / **when** we are in each of the two bulges /
and low tide / at the midpoints in between. //   우리는 만조를 겪고
우리가 각각 두 개의 팽창부에 있을 때 / 간조를 (겪는다) / 그 사이의 중간 지점에 있을 때 //

- tide ⓝ 조수   · gravitational ⓐ 중력의   · stretching ⓐ 늘리는
- slightly ⓐⓓ 약간   · compress ⓥ 누르다   · tidal ⓐ 조수의
- rubber ⓝ 고무   · face ⓥ 향하다, 마주하다   · rotate ⓥ 자전하다
- midpoint ⓝ 중간 지점

우리 행성의 서로 다른 부분들에 대한 달 중력의 차이는 효과적으로
'잡아 늘리는 힘'을 만든다. (①) 그것은 우리 행성을 달을 보는 방향으로
약간 늘어나게 하고 그것에 직각을 이루는 선을 따라 약간 눌리게 된다.
(②) 달의 중력에 의해 발생되는 조수의 늘어남은 땅과 물을 포함한
우리의 전체 행성에 안팎으로 영향을 미친다. (③ 하지만 암석의 단단함은
땅이 물보다는 훨씬 적은 양만큼 조수와 함께 오르락내리락한다는 것을
의미하며, 이것이 우리가 오직 바다의 조수만을 알아차리는 이유이다.)
그 늘어남은 또한 왜 일반적으로 매일 바다에서 '두 번의' 만조 (그리고 두
번의 간조)가 발생하는지 설명한다. (④) 지구가 고무줄처럼 늘어나기
때문에, 바다는 달을 향하는 쪽과 달에서 멀어지는 쪽 모두에서 팽창해
나간다. (⑤) 지구가 자전함에 따라 우리는 매일 이 두 개의 조수
팽창부를 통과하게 되어서 우리가 각각 두 개의 팽창부에 있을 때 만조를
겪고 그 사이의 중간 지점에 있을 때 간조를 겪는다.

1st 주어진 문장을 해석하고, 연결어, 지시어 등을 확인한다.

However, the rigidity of rock means that land rises and falls
with the tides by a much smaller amount than water, which
is why we notice only the ocean tides.
하지만 암석의 단단함은 땅이 물보다는 훨씬 적은 양만큼 조수와 함께 오르락내리락한다는
것을 의미하며, 이것이 우리가 오직 바다의 조수만을 알아차리는 이유이다.

➡ **주어진 문장 앞**: 우리는 바다의 조수만 알아차릴 수 있다는 내용이 '하지만'으로
연결되려면 **단서**
앞에는 땅에도 조수가 있다는 내용이 와야 한다. **발상**

2nd 각 선택지의 앞뒤 흐름이 매끄러운지 확인한다.

- **①의 앞 문장과 뒤 문장**
앞 문장: 우리 행성의 서로 다른 부분들에 대한 달 중력의 차이는 효과적으로
'잡아 늘리는 힘'을 만든다.
뒤 문장: 그것은 우리 행성을 달을 보는 방향으로 약간 늘어나게 하고
그것에 직각을 이루는 선을 따라 약간 눌리게 된다.
➡ 앞 문장과 뒤 문장에 조수가 등장하지 않는다.
▶ 주어진 문장이 ①에 들어갈 수 없음

- **②의 앞 문장과 뒤 문장**
앞 문장: ①의 뒤 문장과 같음
뒤 문장: 달의 중력에 의해 발생되는 조수의 늘어남은 땅과 물을 포함한
우리의 전체 행성에 안팎으로 영향을 미친다.
➡ 뒤 문장에서 조수가 처음 등장한다.
▶ 주어진 문장이 ②에 들어갈 수 없음

- **③의 앞 문장과 뒤 문장**
앞 문장: ②의 뒤 문장과 같음
뒤 문장: 그 늘어남은 또한 왜 일반적으로 매일 바다에서 '두 번의' 만조
(그리고 두 번의 간조)가 발생하는지 설명한다.
➡ 앞 문장에서 조수는 땅과 물(땅과 바다)에 영향을 미친다고 했다.
▶ 주어진 문장이 ③에 들어가야 함

- **④의 앞 문장과 뒤 문장**
앞 문장: ③의 뒤 문장과 같음
뒤 문장: 지구가 고무줄처럼 늘어나기 때문에, 바다는 달을 향하는 쪽과
달에서 멀어지는 쪽 모두에서 팽창해 나간다.
➡ 앞 문장에 대한 결과가 뒤 문장에 이어진다.
늘어남으로 인해 만조와 간조가 매일 두 번 발생하고(④ 앞 문장) 구체적으로
지구는 두 군데서 팽창이 일어난다(④ 뒤 문장).
▶ 주어진 문장이 ④에 들어갈 수 없음

- **⑤의 앞 문장과 뒤 문장**
앞 문장: ④의 뒤 문장과 같음
뒤 문장: 지구가 자전함에 따라 우리는 매일 이 두 개의 조수 팽창부를
통과하게 되어서 우리가 각각 두 개의 팽창부에 있을 때 만조를 겪고 그
사이의 중간 지점에 있을 때 간조를 겪는다.
➡ 두 군데의 팽창부가 만들어지고(⑤ 앞 문장), 두 군데의 팽창부를 통과하여 만조가
두 번씩 일어난다(⑤ 뒤 문장).
▶ 주어진 문장이 ⑤에 들어갈 수 없음

P 32 정답 ① *비언어적인 신호의 중요성

글의 흐름으로 보아, 주어진 문장이 들어가기에 가장 적절한 곳을 고르시오.
[3점]

We have a continual desire / to communicate our feelings / and yet at the same time / the need / to conceal them / for proper social functioning. //
형용사적 용법(desire 수식)
형용사적 용법(the need 수식)
단서 1 우리에게는 감정을 전달하려는 욕망과 감정을 감추려는 욕구가 동시에 존재함
우리는 끊임없는 욕망을 가지고 있다 / 우리의 감정을 전달하고자 하는 / 그러나 동시에 / 욕구를 / 그것들을 감추고자 하는 / 적절한 사회적 기능을 위해 //

For hundreds of thousands of years / our hunter-gatherer ancestors could survive / only by constantly communicating with one another / through nonverbal cues. //
전치사 / 명사구
수십만 년 동안 / 우리의 수렵–채집인 조상들은 생존할 수 있었다 / 서로 끊임없이 의사소통함으로써만 / 비언어적 신호들을 통해서 //

Developed over so much time, / before the invention of language, / that is how the human face became so expressive, / and gestures so elaborate. //
앞에 Having being이 생략된 분사구문
전치사 / 명사구
오랜 시간에 걸쳐 발달되어서 / 언어의 발명 이전에 / 그것은 인간의 얼굴이 매우 표현적이 된 방식이다 / 그리고 몸짓이 매우 정교해진 (방식이다) //

(①) With these counterforces battling inside us, / we cannot completely control / what we communicate. //
'with+(대)명사+분사': ~가 …해진 채로
이 상충하는 힘들이 우리 내면에서 다투면서 / 우리는 완전히 통제할 수 없다 / 우리가 전달하는 것을 //
단서 2 주어진 문장에 언급된 감정을 표현하고자 하는 욕망과 감정을 감추고자 하는 욕구를 가리킴

(②) Our real feelings continually leak out / in the form / of gestures, tones of voice, facial expressions, and posture. //
우리의 진짜 감정은 끊임없이 새어 나온다 / 방식으로 / 몸짓, 목소리의 톤, 얼굴 표정, 그리고 자세의 //

(③) We are not trained, however, / to pay attention / to people's nonverbal cues. //
to부정사
전치사 / 명사구
그러나 우리는 훈련받지 않는다 / 주의를 기울이도록 / 사람들의 비언어적 신호에 //

(④) By sheer habit, / we fixate on the words / people say, / while also thinking / about what we'll say next. //
앞에 목적격 관계대명사가 생략됨
순전한 습관을 통해서 / 우리는 말에 매달린다 / 사람들이 하는 / 동시에 또한 생각한다 / 우리가 다음번에 말할 것에 대해 //

(⑤) What this means is / that we are using only a small percentage / of the potential social skills / we all possess. //
명사절 주어
주격 보어절 접속사
단수 동사
이것이 의미하는 것은 ~이다 / 우리가 오직 작은 부분만을 사용하고 있다는 것 / 잠재적인 사회적 기술 중 / 우리 모두가 소유한 //
앞에 목적격 관계대명사가 생략됨

- continual ⓐ 끊임없는
- desire ⓝ 욕망, 욕구
- communicate ⓥ 전달하다
- feeling ⓝ 감정
- conceal ⓥ 감추다
- proper ⓐ 적절한
- functioning ⓝ 기능
- constantly ⓐⓓ 끊임없이
- nonverbal ⓐ 말을 쓰지 않는, 비언어적인
- cue ⓝ 신호
- elaborate ⓐ 정교한
- battle ⓥ 다투다
- continually ⓐⓓ 끊임없이
- leak out 누설되다, 새어 나오다
- form ⓝ 방식, 형태
- posture ⓝ 자세
- fixate ⓥ 고정시키다, 정착시키다
- potential ⓐ 잠재적인
- possess ⓥ 소유하다

수십만 년 동안 우리의 수렵–채집인 조상들은 비언어적 신호들을 통해서 서로 끊임없이 의사소통함으로써만 생존할 수 있었다. 언어의 발명 이전에, 오랜 시간에 걸쳐 발달되어서, 그것은 인간의 얼굴이 매우 표현적이고, 몸짓이 매우 정교해진 방식이다. (① 우리는 우리의 감정을 전달하고자 하는 끊임없는 욕망과 그러나 동시에 적절한 사회적 기능을 위해 그것들을 감추고자 하는 욕구를 가지고 있다.) 이 상충하는 힘들이 우리 내면에서 다투면서, 우리는 우리가 전달하는 것을 완전히 통제할 수 없다. (②) 우리의 진짜 감정은 몸짓, 목소리의 톤, 얼굴 표정, 그리고 자세의 방식으로 끊임없이 새어 나온다. (③) 그러나 우리는 사람들의 비언어적 신호에 주의

| 문제 풀이 순서 | ★★★ [정답률 60%]

1st 각 선택지의 앞뒤 흐름이 매끄러운지 확인한다.

-①의 앞 문장과 뒤 문장
앞 문장: 언어의 발명 이전에, 오랜 시간에 걸쳐 발달되어서, 그것은 인간의 얼굴이 매우 표현적이고, 몸짓이 매우 정교해진 방식이다.
뒤 문장: 이 상충하는 힘들(these counterforces)이 우리 내면에서 다투면서, 우리는 우리가 전달하는 것을 완전히 통제할 수 없다. 단서 2
➡ 뒤 문장의 '이 상충하는 힘들'이 가리킬 만한 것이 앞 문장에 나와 있지 않다. 주어진 문장에 상반된 욕구(감정을 전달하고자 하는 욕구와 감추고자 하는 욕구)에 대한 언급이 있다. ▶ 주어진 문장이 ①에 들어가야 함
➡ 주어진 문장이 ①에 들어가면, 〈언어의 발명 전부터 발달된 비언어적 신호들로 인간의 표정과 몸짓이 매우 정교해졌다. 우리는 감정을 전달하려는 욕망과 이를 감추려는 욕구를 동시에 가지고 있는데, 이 상충하는 힘들로 인해 우리는 전달하고자 하는 것을 완전히 통제할 수 없다.〉라는 자연스러운 흐름이 된다.

- ②의 앞 문장과 뒤 문장
앞 문장: ①의 뒤 문장과 같음
뒤 문장: 우리의 진짜 감정은 몸짓, 목소리의 톤, 얼굴 표정, 그리고 자세의 방식으로 끊임없이 새어 나온다.
➡ 뒤 문장은 앞 문장의 결과이다.
원인(② 앞 문장): 우리 내면에서 두 개의 욕구가 상충, 완전한 통제 불가능
결과(② 뒤 문장): 진짜 감정이 여러 방식으로 새어 나옴
▶ 주어진 문장이 ②에 들어갈 수 없음

- ③의 앞 문장과 뒤 문장
앞 문장: ②의 뒤 문장과 같음
뒤 문장: 그러나 우리는 사람들의 비언어적 신호에 주의를 기울이도록 훈련받지 않는다.
➡ 앞 문장의 몸짓, 목소리의 톤 등을 뒤 문장에서 비언어적 신호로 칭하며 내용을 반전하여 이어간다. ▶ 주어진 문장이 ③에 들어갈 수 없음

- ④의 앞 문장과 뒤 문장
앞 문장: ③의 뒤 문장과 같음
뒤 문장: 순전한 습관을 통해서 우리는 사람들이 하는 말에 매달리고, 동시에 또한 우리가 다음번에 말할 것에 대해 생각한다.
➡ 앞 문장에서 설명한 '비언어적 신호'에 주의를 기울이지 않는다는 내용을 뒤 문장에서 사람들이 하는 '말'에 매달린다고 부연 설명하고 있다.
▶ 주어진 문장이 ④에 들어갈 수 없음

- ⑤의 앞 문장과 뒤 문장
앞 문장: ④의 뒤 문장과 같음
뒤 문장: 이것(this)이 의미하는 것은 우리 모두가 소유한 잠재적인 사회적 기술들 중 오직 작은 부분만을 우리가 사용하고 있다는 것이다.
➡ 비언어적 신호가 아닌 언어적 신호에만 주의를 기울이는 것을 뒤 문장에서 this로 받으며 글을 마무리한다. ▶ 주어진 문장이 ⑤에 들어갈 수 없음

글의 흐름으로 보아, 주어진 문장이 들어가기에 가장 적절한 곳을 고르시오.
[3점]

However, / the capacity to produce skin pigments / is inherited. // **단서 1** 피부 색소를 생산하는 능력은 유전된다는 내용이 역접으로 연결됨
하지만 / 피부 색소를 생산하는 능력은 / 유전된다 //

Adaptation involves changes in a population, / with characteristics that are passed / from one generation to the next. //
주격 관계대명사
적응은 개체군의 변화를 수반한다 / 전해지는 특성을 가지고 / 한 세대로부터 다음 세대로 //
This is different from acclimation / — an individual organism's changes / in response to an altered environment. //
'~에 반응하여'   과거분사(environment 수식)
이것은 순응과는 다르다 / 즉, 개별 유기체의 변화인 / 변화된 환경에 반응하는 //
(①) For example, / if you spend the summer outside, / you may acclimate to the sunlight: /
부사절 접속사(조건)
예를 들어 / 당신이 여름을 야외에서 보낸다면 / 당신은 햇빛에 순응하게 될 것이다 /
your skin will increase / its concentration of dark pigments / that protect you from the sun. //
주격 관계대명사
당신의 피부는 증가시킬 것이다 / 어두운 색소의 농도를 / 당신을 태양으로부터 보호하는 //
(②) This is a temporary change, / and you won't pass the temporary change / on to future generations. // **단서 2** 일시적인 변화인 '순응'에 대한 설명
pass A on to B: A를 B에(게) 전달하다
이것은 일시적인 변화이고 / 당신은 그 일시적인 변화를 물려주지 않을 것이다 / 미래 세대에 //
(③) For populations / living in intensely sunny environments, /
현재분사구(populations 수식)
사람들의 경우 / 햇빛이 강렬한 환경에 사는 /
individuals with a good ability / to produce skin pigments / are more likely to thrive, or to survive, / than people with a poor ability / to produce pigments, /
복수 주어   형용사적 용법(ability 수식)   복수 동사   비교급 비교   형용사적 용법(ability 수식)
능력이 좋은 사람들이 / 피부 색소를 생산하는 / 더 번영하거나 생존하기 쉽다 / 능력이 좋지 않은 사람들보다 / 색소를 생산하는 /
and that trait becomes increasingly common / in subsequent generations. // **단서 3** 다음 세대로 전달되는 '적응'에 대한 설명
지시형용사
그리고 그 특징은 더욱 흔해진다 / 다음 세대에서 //
(④) If you look around, / you can find / countless examples of adaptation. //
주변을 둘러보면 / 당신은 찾을 수 있다 / 적응의 수많은 사례를 //
(⑤) The distinctive long neck of a giraffe, / for example, / developed / as individuals that happened to have longer necks / had an advantage / in feeding on the leaves of tall trees. //
주어   동사   부사절 접속사(이유)   주격 관계대명사
기린의 특징인 긴 목은 / 예를 들어 / 발달했다 / 우연히 더 긴 목을 갖게 된 개체들이 / 유리해짐에 따라 / 높은 나무의 잎을 먹는데 //

- capacity ⓝ 능력
- inherit ⓥ (성질·특성 따위를) 전하다
- adaptation ⓝ 적응
- population ⓝ 개체군, 집단
- characteristic ⓝ 특징, 성질
- acclimation ⓝ 순응
- organism ⓝ 유기체
- alter ⓥ 바꾸다
- concentration ⓝ 농도
- temporary ⓐ 일시적인
- intensely 〔ad〕 강렬히
- thrive ⓥ 번영하다
- subsequent ⓐ 그 다음의
- countless ⓐ 수많은
- distinctive ⓐ 특색 있는
- advantage ⓝ 유리한 점
- feed on ~을 먹고 살다

적응은 한 세대로부터 다음 세대로 전해지는 특성을 가지고 개체군의 변화를 수반한다. 이것은 순응 — 변화된 환경에 반응하는 개별 유기체의 변화 — 과는 다르다. (①) 예를 들어, 당신이 여름을 야외에서 보낸다면, 당신은 햇빛에 순응하게 될 것이다. 당신의 피부는 당신을 태양으로부터 보호하는 어두운 색소의 농도를 증가시킬 것이다. (②) 이것은 일시적인 변화이고, 당신은 그 일시적인 변화를 미래 세대에 물려주지 않을 것이다. (③ 하지만, 피부 색소를 생산하는 능력은 유전된다.) 햇빛이 강렬한 환경에 사는 사람들의 경우, 피부 색소를 생산하는 능력이 좋은 사람들이

색소 생산 능력이 좋지 않은 사람들보다 더 번영하거나 생존하기 쉽고, 그 특징은 다음 세대에서 더욱 흔해진다. (④) 주변을 둘러보면, 당신은 적응의 수많은 사례를 찾을 수 있다. (⑤) 예를 들어, 기린의 특징인 긴 목은 우연히 더 긴 목을 갖게 된 개체들이 높은 나무의 잎을 먹는데 유리해짐에 따라 발달했다.

| 문제 풀이 순서 | ✿✿❀ [정답률 56%]

1st 주어진 문장을 해석하고, 연결어, 지시어 등을 확인한다.

⌐ 하지만(However), 피부 색소를 생산하는 능력은 유전된다. **단서 1**

➡ **주어진 문장 앞:** However 앞뒤로는 상반되는 내용이 온다. 앞에는 유전되지 않는 특징을 설명할 것이다.
주어진 문장 뒤: 피부 색소를 생산하는 능력은 왜 유전되는지 이유를 설명할 것이다.

2nd 각 선택지의 앞뒤 흐름이 매끄러운지 확인한다.

- ①의 앞 문장과 뒤 문장
⌐ **앞 문장:** 이것은 순응 — 변화된 환경에 반응하는 개별 유기체의 변화 — 과는 다르다.
⌐ **뒤 문장:** 예를 들어, 당신이 여름을 야외에서 보낸다면, 당신은 햇빛에 순응하게 될 것이다. 당신의 피부는 당신을 태양으로부터 보호하는 어두운 색소의 농도를 증가시킬 것이다.
➡ 순응과는 다른 적응을 설명하기 위해 순응에 대한 예시를 먼저 들고 있다.
▶ 주어진 문장이 ①에 들어갈 수 없음

- ②의 앞 문장과 뒤 문장
⌐ **앞 문장:** ①의 뒤 문장과 같음
⌐ **뒤 문장:** 이것은 일시적인 변화이고, 당신은 그 일시적인 변화를 미래 세대에 물려주지 않을 것이다. **단서 2**
➡ 앞 문장의 예시에 이어 뒤 문장에서 순응에 대해 부연 설명하고 있다.
▶ 주어진 문장이 ②에 들어갈 수 없음

- ③의 앞 문장과 뒤 문장
⌐ **앞 문장:** ②의 뒤 문장과 같음
⌐ **뒤 문장:** 햇빛이 강렬한 환경에 사는 사람들의 경우, 피부 색소를 생산하는 능력이 좋은 사람들이 색소 생산 능력이 좋지 않은 사람들보다 더 번영하거나 생존하기 쉽고, 그 특징은 다음 세대에서 더욱 흔해진다. **단서 3**
➡ 앞 문장과 뒤 문장이 상반된 이야기를 하고 있다.
앞 문장: 미래 세대에 물려주지 않을 특징 — 순응(일시적으로 피부 색소의 농도를 증가시킨 것)
뒤 문장: 미래 세대에 물려줘서 더욱 흔해진 특징 — 적응(피부 색소를 생산하는 능력)
However로 시작하는 주어진 문장은 순응에서 적응으로 설명을 전환하고 있다.
▶ 주어진 문장이 ③에 들어가야 함
➡ 주어진 문장이 ③에 들어가면, <여름에 피부 색소의 농도를 증가시키는 것은 일시적인 변화로 미래 세대에 물려주지는 않지만, 피부 색소를 생산하는 능력은 유전돼서 햇빛이 강렬한 환경에서는 그 능력이 좋은 사람들이 더 번영하고, 그다음 세대에서 더 흔한 특징이 된다.>라는 자연스러운 흐름이 된다.

- ④의 앞 문장과 뒤 문장
⌐ **앞 문장:** ③의 뒤 문장과 같음
⌐ **뒤 문장:** 주변을 둘러보면, 당신은 적응의 수많은 사례를 찾을 수 있다.
➡ 앞 문장에서 설명하는 적응의 사례를 주변에서 찾을 수 있다고 뒤 문장에서 덧붙여 설명한다. ▶ 주어진 문장이 ④에 들어갈 수 없음

- ⑤의 앞 문장과 뒤 문장
⌐ **앞 문장:** ④의 뒤 문장과 같음
⌐ **뒤 문장:** 예를 들어, 기린의 특징인 긴 목은 우연히 더 긴 목을 갖게 된 개체들이 높은 나무의 잎을 먹는데 유리해짐에 따라 발달했다.
➡ 뒤 문장은 앞 문장에서 언급한 적응의 수많은 사례 중 하나를 제시하고 있다.
▶ 주어진 문장이 ⑤에 들어갈 수 없음

*철학적 구분에 대한 개념 정의의 필요성

글의 흐름으로 보아, 주어진 문장이 들어가기에 가장 적절한 곳을 고르시오.
[3점]

단서 1 일반 언어로 설명할 수 없는 용어를 예로 듦

For example, / we do not have a term in ordinary language
that describes a memory / that is not necessarily a memory /
of something [the person having it has experienced]. //
예를 들어 / 기억을 설명하는 용어는 일반 언어에 없다 / 반드시 기억이 아닐 수도 있는 /
그것(기억)을 가진 사람이 경험한 무언가에 대한 //

As a general rule, / it's better / if your definition corresponds /
as closely as possible / to the way in which the term is ordinarily
used / in the kinds of debates / to which your claims are
pertinent. //
일반적으로 / 더 좋다 / 당신의 (용어) 정의가 일치하면 / 가능한 한 비슷하게 / 용어가
일반적으로 사용되는 방식에 / 종류의 논의들에서 / 자신의 주장과 관련 있는 //

(①) There will be, however, occasions / where it is appropriate,
even necessary, / to coin special uses / through what philosophers
call *stimulative definition*. //
그러나, 경우도 있을 것이다 / 적절하고, 심지어 필요한 / '특별한 용법'을 만드는 것이 /
철학자들이 '자극하는 정의'라고 부르는 것을 통해 //

(②) This would be the case / where the current lexicon / is not
able to make distinctions / that you think are philosophically
important. // **단서 2** 현재의 어휘만으로 철학적으로 중요한 구분을 하지 못하는 경우가 있음
경우가 이에 해당한다 / 현재의 어휘로는 / 구분을 할 수 없는 / 당신이 철학적으로 중요하다고
생각하는 //

단서 3 예시는 주어진 문장이 구체적으로 어떤 상황에서 발생할 수 있는지에 관한 것임

(③) Such a thing would occur, / for example, / if I could
somehow share your memories: /
그러한 상황이 생길 수 있다 / 예를 들어 / 내가 어떻게든 당신의 기억을 공유할 수 있다면 /

I would have a memory-type experience, / but this would not be
of something / that I had actually experienced. //
즉, 나는 기억 유형의 경험을 갖고 있지만 / 이것이 아닐 수도 있다 / 내가 실제로 경험했던
것이 //

(④) To call this a memory / would be misleading. //
이것을 기억이라고 부르는 것은 / 오해의 소지가 있다 //

(⑤) For this reason, / philosophers have coined the special
term 'quasi-memory' / to refer to these hypothetical memory-
like experiences. //
이러한 이유로 / 철학자들은 '유사 기억'이라는 특별한 용어를 만들어 냈다 / 기억과 유사한
이러한 가상의 경험을 지칭하기 위해 //

- necessarily @ad 반드시   · correspond Ⓥ 일치하다
- occasion Ⓝ 경우   · coin Ⓥ (용어를) 만들다
- stimulative @ 자극하는   · lexicon Ⓝ 어휘
- misleading @ 오해의 소지가 있는   · quasi-memory 유사 기억
- hypothetical @ 가상의

일반적으로, 당신의 (용어) 정의가 자신의 주장과 관련 있는 종류의 논의
들에서 용어가 일반적으로 사용되는 방식에 가능한 한 비슷하게 일치하면
더 좋다. (①) 그러나, 철학자들이 '자극하는 정의'라고 부르는 것을 통해
'특별한 용법'을 만드는 것이 적절하고, 심지어 필요한 경우도 있을 것이다.
(②) 현재의 어휘로는 당신이 철학적으로 중요하다고 생각하는 구분을 할
수 없는 경우가 이에 해당한다. (③ 예를 들어, 그것(기억)을 가진 사람이
경험한 무언가에 대한 기억이 반드시 아닐 수도 있는 기억을 설명하는 용
어는 일반 언어에 없다.) 예를 들어, 내가 어떻게든 당신의 기억을 공유할
수 있다면 그러한 상황이 생길 수 있다. 즉, 나는 기억 유형의 경험을 갖고

있지만, 이것이 내가 실제로 경험했던 것이 아닐 수도 있다. (④) 이것을 기
억이라고 부르는 것은 오해의 소지가 있다. (⑤) 이러한 이유로, 철학자들
은 기억과 유사한 이러한 가상의 경험을 지칭하기 위해 '유사 기억'이라는
특별한 용어를 만들어 냈다.

왜 2등급? 주어진 문장과 지문에 F[f]or example(예를 들어)이라는 접속부사가
두 번 등장한다. 두 예시 문장 중, 어떤 것이 더 일반적인 설명이고, 어떤 것이 구체적인
사례인지 구분하기 어렵기 때문에 주어진 문장의 위치를 헷갈릴 수 있다.

| 문제 풀이 순서 |

1st 주어진 문장을 해석하고, 앞뒤에 어떤 내용이 올지 생각한다.

For example, we do not have a term in ordinary language
that describes a memory that is not necessarily a memory of
something the person having it has experienced.
예를 들어, 그것(기억)을 가진 사람이 경험한 무언가에 대한 기억이 반드시 아닐 수도 있는
기억을 설명하는 용어는 일반 언어에 없다.

➡ 기억을 가진 사람이 경험한 것이 실제로 자신이 경험한 것이 아닐 수 있음을 설명하
는 용어가 일상 언어에는 없다는 예시를 설명하고 있다.
▶ 주어진 문장이 들어갈 곳: 일상 언어에는 특정 용어가 없을 수 있음을 설명한 후,
이에 대한 구체적인 예시로 용어가 없는 사례를 소개하기 시작하는 곳

2nd 각 선택지의 앞뒤 흐름이 매끄러운지 확인한다.

①의 앞 문장과 뒤 문장
앞 문장: 일반적으로, 당신의 (용어) 정의가 자신의 주장과 관련 있는 종류의
논의들에서 용어가 일반적으로 사용되는 방식에 가능한 한 비슷하게 일치
하면 더 좋다.
뒤 문장: 그러나(however), 철학자들이 '자극하는 정의'라고 부르는 것을
통해 '특별한 용법'을 만드는 것이 적절하고, 심지어 필요한 경우도 있을 것
이다.
➡ 앞 문장은 용어는 사람들이 일반적으로 사용하는 방식과 비슷하게 정의되는 것이
좋다는 내용이다. 뒤 문장에서 일상적인 용어로 정의할 수 없는 특수한 개념을 설명
하기 위해 특별한 정의를 만들어야 하는 경우도 있다는 내용이 '그러나'로 자연스럽
게 이어진다. ▶ 주어진 문장이 ①에 들어갈 수 없음

②의 앞 문장과 뒤 문장
앞 문장: ①의 뒤 문장과 같음
뒤 문장: 현재의 어휘로는 당신이 철학적으로 중요하다고 생각하는 구분을 할
수 없는 경우가 이에 해당한다.
➡ 현재의 어휘로는 철학적으로 중요한 차이를 설명할 수 없는 상황이 이에 해당한다
는 내용이므로, 앞 문장에서 소개한 특별한 정의가 필요한 경우와 자연스럽게 이어
진다. ▶ 주어진 문장이 ②에 들어갈 수 없음

③의 앞 문장과 뒤 문장
앞 문장: ②의 뒤 문장과 같음
뒤 문장: 예를 들어(for example), 내가 어떻게든 당신의 기억을 공유할 수
있다면 그러한 상황이 생길 수 있다. 즉, 나는 기억 유형의 경험을 갖고 있지
만, 이것이 내가 실제로 경험했던 것이 아닐 수도 있다.
➡ 뒤 문장에서 내가 상대방과 기억을 공유한다면 나는 기억을 떠올릴 수는 있지만 그
것은 내가 실제로 경험한 것이 아닌 상황이 생길 수 있다는 구체적인 사례를 제시하
고 있으므로, 기억의 예시에 대한 구체적인 예시가 시작되어야 한다.
▶ 주어진 문장은 '기억'을 가진 사람이 실제로 자신이 경험한 것을 기억한 것인지,
아니면 그냥 기억을 떠올린 것인지를 구분할 수 있는 용어가 없다는 내용이므로, 특
별한 정의가 필요한 경우에 대한 직접적인 예시가 시작되는 ③에 들어가야 함

④의 앞 문장과 뒤 문장
앞 문장: ③의 뒤 문장과 같음
뒤 문장: 이것을 기억이라고 부르는 것은 오해의 소지가 있다.
➡ 내가 경험한 기억 유형이 내가 실제로 경험한 것이 아닐 수도 있는데, 이를 기억이라
고 부르는 것은 오해의 소지가 있다는 내용이므로, 이 상황을 나타내는 앞의 내용에
자연스럽게 이어진다. ▶ 주어진 문장이 ④에 들어갈 수 없음

⑤의 앞 문장과 뒤 문장

┌ **앞 문장**: ④의 뒤 문장과 같음
│ **뒤 문장**: 이러한 이유로, 철학자들은 기억과 유사한 이러한 가상의 경험을 지
└ 칭하기 위해 '유사 기억'이라는 특별한 용어를 만들어 냈다.

➡ 기억과 유사한 경험을 나타내기 위해 '유사 기억'이라는 용어를 만들었다는 내용이
   므로, 일상적인 용어로 설명할 수 없는 경우의 예시를 설명한 앞 문장의 내용에서 자
   연스럽게 이어진다. ▶ 주어진 문장이 ⑤에 들어갈 수 없음

P 35 정답 ② ───── ⭐ 2등급 대비 [정답률 27%]

＊직관을 힘들게 얻어야 하는 이유

> 글의 흐름으로 보아, 주어진 문장이 들어가기에 가장 적절한 곳을
> 고르시오.

only 어구가 문두에 나오면서 주어와 동사가 도치됨 / = according to
Only then are they able to act quickly / **in accordance with**
their internalized expertise and evidence-based experience. //
그래야만 그들이 빠르게 행동할 수 있다 / 내재화된 전문 지식과 증거에 기반한 경험에
따라 //
　단서 1 앞에는 전문 지식과 경험에 따라 빠르게 행동할 수 있는 경우가 와야 함

　　　　　　　　　　　= should
Intuition can be great, / but it **ought to** be hard-earned. //
직관은 탁월할 수 있지만 / 힘들여 얻은 것이어야 한다 //

(①) Experts, for example, / are able to think on their feet /
because they**'ve invested** thousands of hours / in learning and
　　　　　　현재완료시제
practice: / their intuition **has become** data-driven. //
예를 들어, 전문가들은 / 즉각적으로 생각할 수 있다 / 수천 시간을 투자하여 / 학습과 경험에 /
데이터로부터 직관이 얻어졌기 때문에 //
　　단서 2 전문가들은 많은 학습과 경험에서 데이터를
　　　　얻었기 때문에 직관을 즉시 발휘할 수 있음

(②) Yet most people are not experts, / though they often think
they are. // 뒤에 experts가 생략됨
그러나 대부분의 사람들은 실제로는 전문가가 아니다 / 종종 스스로를 전문가라고
생각하지만 //
　　단서 3 대부분의 사람들은 전문가가 아님

(③) Most of us, / especially when we interact with others on
social media, / act with expert-like speed and conviction, /
우리 중 대부분은 / 특히 소셜 미디어에서 다른 사람들과 소통할 때 / 전문가와 같은 속도와
확신을 가지고 행동하며 /
분사구문
offering a wide range of opinions / on global crises, / without
the substance of knowledge **that** supports it. //
　　　　　　　　　주격 관계대명사
다양한 의견을 제시한다 / 국제적 위기에 대한 / 이를 뒷받침하는 지식의 실체 없이 //

(④) And thanks to AI, / which ensures that our messages are
delivered to an audience / **more inclined to believing it,** /
　　　　앞에「주격 관계대명사＋be동사」생략
그리고 인공 지능 덕분에 / 우리의 메시지가 독자에게 확실히 전달되도록 하는 / 그것을 더
믿으려는 성향이 있는 /

our delusions of expertise / can be reinforced by our personal
filter bubble. //
전문 지식에 대한 우리의 착각은 / 개인적 필터 버블에 의해 강화될 수 있다 //

　　　　　　　　　　형용사적 용법 (tendency 수식)
(⑤) We have an interesting tendency / **to find** people **more**
　　　　　　　　　　　　　　to find의 목적격 보어 (형용사)
open-minded, rational, and sensible / when they think just like
us. //
우리는 흥미로운 경향을 가지고 있다 / 그들을 더 개방적이고 합리적이며 분별 있다고 여기는
/ 남들이 우리와 똑같이 생각할 때 //

- **internalized** ⓐ 내재화된　　• **expertise** ⓝ 전문 지식
- **evidence-based** 증거에 기초한　　• **hard-earned** 애써서 얻은
- **think on one's feet** 곧 결단을 내리다　　• **conviction** ⓝ 확신
- **crisis** ⓝ 위기 (*pl.* crises)　　• **substance** ⓝ 실체
- **be inclined to** ~의 경향이 있다　　• **reinforce** ⓥ 강화하다
- **tendency** ⓝ 경향　　• **rational** ⓐ 합리적인
- **sensible** ⓐ 분별력 있는

직관은 탁월할 수 있지만, 힘들여 얻은 것이어야 한다. (①) 예를 들어, 전
문가들은 수천 시간을 학습과 경험에 투자하여, 데이터로부터 직관이 얻어
졌기 때문에 즉각적으로 생각할 수 있다. (② 그래야만 그들이 내재화된 전
문 지식과 증거에 기반한 경험에 따라 빠르게 행동할 수 있다.) 그러나 대
부분의 사람들은 종종 스스로를 전문가라고 생각하지만 실제로는 전문가
가 아니다. (③) 우리 중 대부분은, 특히 소셜 미디어에서 다른 사람들과
소통할 때, 전문가와 같은 속도와 확신을 가지고 행동하며, 이를 뒷받침하
는 지식의 실체 없이 국제적 위기에 대한 다양한 의견을 제시한다. (④)
그리고 우리의 메시지가 그것을 더 믿으려는 성향이 있는 독자에게 확실히
전달되도록 하는 인공 지능 덕분에, 전문 지식에 대한 우리의 착각은 개인
적 필터 버블에 의해 강화될 수 있다. (⑤) 우리는 남들이 우리와 똑같이
생각할 때 그들을 더 개방적이고 합리적이며 분별 있다고 여기는 흥미로운
경향을 가지고 있다.

왜 2등급 ? 정답보다 오답 선택지인 ④의 선택률이 더 높았던 고난도 문제이다.
주어진 문장의 '내재화된 전문 지식과 증거에 기반한 경험에 따라 빠르게 행동하는'
사람들을 ④의 앞 문장인 '전문가와 같은 속도와 확신을 가지고 행동하며, 이를
뒷받침하는 지식의 실체 없이 국제적 위기에 대한 다양한 의견을 제시하는 소셜
미디어 속의 우리'로 착각한 것으로 볼 수 있다.

│ 문제 풀이 순서 │

1st 주어진 문장을 해석하고, 앞뒤에 어떤 내용이 올지 생각한다.

┌ Only then are they able to act quickly in accordance with
└ their internalized expertise and evidence-based experience.
　그래야만 그들이 내재화된 전문 지식과 증거에 기반한 경험에 따라 빠르게 행동할 수 있다.

➡ 전문 지식과 경험을 근거로 빠르게 행동할 수 있는 사람들이 언제 이런 능력을
   발휘할 수 있게 되는지를 설명하고 있다.
   ▶ 주어진 문장이 들어갈 곳: 지식과 경험을 토대로 빠르게 행동할 수 있는 사람들에
   관한 설명이 이어지는 곳

2nd 각 선택지의 앞뒤 흐름이 매끄러운지 확인한다.

- ①의 앞 문장과 뒤 문장
앞 문장: 직관은 탁월할 수 있지만, 힘들여 얻은 것이어야 한다.
뒤 문장: 예를 들어, 전문가들은 수천 시간을 학습과 경험에 투자하여,
데이터로부터 직관이 얻어졌기 때문에 즉각적으로 생각할 수 있다.

➡ 직관은 힘들게 얻은 것이어야 한다는 주제문이 나온 뒤에 전문가들은 수천 시간의
   학습과 경험을 통해 직관을 발휘할 수 있다는 구체적인 예시는 자연스럽게
   이어진다. ▶ 주어진 문장이 ①에 들어갈 수 없음

②의 앞 문장과 뒤 문장
앞 문장: ①의 뒤 문장과 같음
뒤 문장: 그러나(Yet) 대부분의 사람들은 종종 스스로를 전문가라고
생각하지만 실제로는 전문가가 아니다.

➡ 대부분의 사람들은 전문가가 아니라고 말하며, 전문가가 직관을 발휘하는 방식과는
   대비되는 설명이 시작되는 부분이다.
   ▶ 주어진 문장은 지식과 경험을 토대로 빠르게 직관적인 행동을 할 수 있는
   사람들에 관한 내용이므로, 전문가에 관한 내용을 마무리하고 일반인에 관한
   설명을 시작하는 ②에 들어가야 함

- ③의 앞 문장과 뒤 문장
앞 문장: ②의 뒤 문장과 같음
뒤 문장: 우리 중 대부분은, 특히 소셜 미디어에서 다른 사람들과 소통할 때,
전문가와 같은 속도와 확신을 가지고 행동하며, 이를 뒷받침하는 지식의
실체 없이 국제적 위기에 대한 다양한 의견을 제시한다.

➡ 우리는 실제로 전문가가 아니지만 특히 소셜 미디어와 같은 곳에서는 전문가와
   같은 직관을 가진 듯 행동한다는 내용이므로, 힘들여 얻지 않은 직관에 관한 설명이
   자연스럽게 이어진다. ▶ 주어진 문장이 ③에 들어갈 수 없음

- ④의 앞 문장과 뒤 문장

┌ **앞 문장:** ③의 뒤 문장과 같음
│ **뒤 문장:** 그리고 우리의 메시지가 그것을 더 믿으려는 성향이 있는 독자에게
│ 확실히 전달되도록 하는 인공 지능 덕분에, 전문 지식에 대한 우리의
└ 착각은 개인적 필터 버블에 의해 강화될 수 있다.

➡ 인공 지능은 우리가 시간을 투자하지 않고도 직관을 얻었다고 착각하게 만들고,
  이는 개인적 필터 버블로 강화된다는 내용이므로, 일반인의 직관에 관한 설명이
  자연스럽게 이어진다. ▶ 주어진 문장이 ④에 들어갈 수 없음

- ⑤의 앞 문장과 뒤 문장

┌ **앞 문장:** ④의 뒤 문장과 같음
│ **뒤 문장:** 우리는 남들이 우리와 똑같이 생각할 때 그들을 더 개방적이고
└ 합리적이며 분별 있다고 여기는 흥미로운 경향을 가지고 있다.

➡ 인공 지능은 필터 버블로 우리의 착각을 강화하는데, 필터 버블을 추구하는
  이유가 우리는 자신과 같은 생각을 더 합리적이라고 판단하기 때문이라는 내용이
  자연스럽게 이어진다. ▶ 주어진 문장이 ⑤에 들어갈 수 없음

P 36 정답 ④　　　★ 2등급 대비 [정답률 49%]

＊몰입의 상황적 원인과 개인적 원인

> 글의 흐름으로 보아, 주어진 문장이 들어가기에 가장 적절한 곳을
> 고르시오. [3점]

단서 1 몰입이 직무 수행의 동기가 되지만 반대로 직무 수행이 몰입의 동기가 되기도 함

It is, however, noteworthy / that although engagement drives
job performance, / job performance also drives engagement. //
그러나 주목할 점은 / 몰입이 직무 수행의 동기가 되지만 / 직무 수행도 몰입의 동기가
된다는 것이다 //

Much research has been carried out / on the causes of
engagement, / an issue that is important / from both a theoretical
and practical standpoint: /
많은 연구가 수행되어왔는데 / 몰입의 원인에 대한 / 이는 중요한 문제이다 / 이론적 그리고
실제적 둘 다의 관점에서 /

identifying the drivers of work engagement / may enable us to
manipulate or influence it. //
업무 몰입의 동기를 알아내는 것은 / 우리가 그것을 조작하거나 그것에 영향을 주는 것을
가능하게 할지도 모른다 //

(①) The causes of engagement fall into two major camps: /
situational and personal. //
몰입의 원인은 두 가지 주요한 분야로 나뉜다 / 상황적인 것과 개인적인 것 //

(②) The most influential situational causes / are job resources,
feedback and leadership, / the latter, of course, being responsible
for job resources and feedback. //
가장 영향력 있는 상황적 원인은 / 직무 자원, 피드백, 그리고 리더십이며 / 후자는 물론 직무
자원과 피드백에 대한 책임이 있다 //

(③) Indeed, leaders influence engagement / by giving
their employees honest and constructive feedback on their
performance, /
실제로 리더들은 몰입에 영향을 미친다 / 직원들에게 그들의 수행에 대한 솔직하고 건설적인
피드백을 제공하고 /

단서 2 몰입이 직무 수행의 동기가 된다는 내용

and by providing them with the necessary resources / that
enable them to perform their job well. //
직원들에게 필요한 자원을 제공함으로써 / 자신의 직무를 잘 수행할 수 있도록 하는 //

단서 3 직무 수행이 몰입의 동기가 된다는 내용이 '즉'으로 연결됨

(④) In other words, / when employees are able to do their
jobs well / — to the point that they match or exceed their own
expectations and ambitions — / 즉 / 직원들이 그들의 직무를 잘 수행할 수
있을 때 / 그들 자신의 기대와 포부에 부합하거나 그것을 능가할 정도로 /

they will engage more, / be proud of their achievements, / and
find work more meaningful. // 직원들은 더 많이 몰입하고 / 그들의 성과를
자랑스러워하며 / 업무를 더 의미 있게 생각할 것이다 //

(⑤) This is especially evident / when people are employed in
jobs / that align with their values. //
이것은 특히 분명하다 / 사람들이 직무에 종사했을 때 / 그들의 가치와 일치하는 //

- noteworthy ⓐ 주목할 만한　　· engagement ⓝ 몰입
- theoretical ⓐ 이론적인　　· standpoint ⓝ 관점
- driver ⓝ 동인(動因)　　· manipulate ⓥ 조작하다, 조종하다
- camp ⓝ 분야, 진영, 견해　　· resource ⓝ 자원
- constructive ⓐ 건설적인　　· exceed ⓥ 넘어서다, 능가하다
- expectation ⓝ 기대, 예상　　· ambition ⓝ 포부
- meaningful ⓐ 의미 있는　　· evident ⓐ 명백한

몰입의 원인에 대한 많은 연구가 수행되어왔는데, 이는 이론적 그리고
실제적 둘 다의 관점에서 중요한 문제이다. 업무 몰입의 동기를 알아내는
것은 우리가 그것을 조작하거나 그것에 영향을 주는 것을 가능하게 할지도
모른다. (①) 몰입의 원인은 상황적인 것과 개인적인 것 두 가지 주요한
분야로 나뉜다. (②) 가장 영향력 있는 상황적 원인은 직무 자원, 피드백,
그리고 리더십이며, 후자는 물론 직무 자원과 피드백에 대한 책임이 있다.
(③) 실제로 리더들은 직원들에게 그들의 수행에 대한 솔직하고 건설적인
피드백을 제공하고 직원들이 자신의 직무를 잘 수행할 수 있도록 하는
필요한 자원을 제공함으로써 몰입에 영향을 미친다. (④ 그러나 주목할
점은 몰입이 직무 수행의 동기가 되지만, 직무 수행도 몰입의 동기가
된다는 것이다.) 즉, 직원들이 그들 자신의 기대와 포부에 부합하거나
그것을 능가할 정도로 그들의 직무를 잘 수행할 수 있을 때 직원들은 더
많이 몰입하고, 그들의 성과를 자랑스러워하며, 업무를 더 의미 있게
생각할 것이다. (⑤) 이것은 사람들이 그들의 가치와 일치하는 직무에
종사했을 때 특히 분명하다.

왜 2등급? 몰입의 개인적 원인을 주어진 문장에서 however로 설명하고 있는데,
직접적으로 개인적 원인이라고 설명하지 않고 직무 수행이 몰입의 동기가 된다고
설명했다. '직무 수행'이 '개인적 원인'임을 알아야 이론적 원인의 설명에서 개인적
원인의 설명으로 넘어가는 곳에 주어진 문장이 들어가야 한다는 것을 쉽게 찾을 수
있다.

| 문제 풀이 순서 |

1st 주어진 문장을 해석하고, 연결어, 지시어 등을 확인한다.

┌ It is, however, noteworthy that although engagement drives
│ job performance, job performance also drives engagement.
│ 그러나 주목할 점은 몰입이 직무 수행의 동기가 되지만, 직무 수행도 몰입의 동기가 된다는
└ 것이다.

➡ 몰입이 직무 수행의 동기가 되지만, 반대로 직무 수행이 몰입의 동기가 되기도 한다.
  ▶ 주어진 문장이 들어갈 곳: 몰입이 직무 수행의 동기가 된다는 내용이 마무리된
  후, 반대로 직무 수행이 몰입의 동기가 된다는 내용이 시작되는 곳

2nd 각 선택지의 앞뒤 흐름이 매끄러운지 확인한다.

- ①의 앞 문장과 뒤 문장

┌ **앞 문장:** 업무 몰입의 동기를 알아내는 것은 우리가 그것을 조작하거나
│ 그것에 영향을 주는 것을 가능하게 할지도 모른다.
│ **뒤 문장:** 몰입의 원인은 상황적인 것과 개인적인 것 두 가지 주요한 분야로
└ 나뉜다.

➡ 업무 몰입의 동기를 알아내면 그것에 영향을 줄 수 있다고 한 뒤, 몰입의 원인은
  상황적인 것과 개인적인 것으로 나뉜다고 설명하고 있다.
  ▶ 주어진 문장이 ①에 들어갈 수 없음

- ②의 앞 문장과 뒤 문장
- 앞 문장: ①의 뒤 문장과 같음
- 뒤 문장: 가장 영향력 있는 상황적 원인은 직무 자원, 피드백, 그리고 리더십이며, 후자는 물론 직무 자원과 피드백에 대한 책임이 있다.
➡ 몰입의 상황적 원인에 대해 부연하고 있고, 그 중 리더십의 중요성을 설명하고 있다.
▶ 주어진 문장이 ②에 들어갈 수 없음

- ③의 앞 문장과 뒤 문장
- 앞 문장: ②의 뒤 문장과 같음
- 뒤 문장: 실제로 리더들은 직원들에게 그들의 수행에 대한 솔직하고 건설적인 피드백을 제공하고 직원들이 자신의 직무를 잘 수행할 수 있도록 하는 필요한 자원을 제공함으로써 몰입에 영향을 미친다.
➡ 리더가 피드백과 자원을 책임짐으로써 직원들이 몰입하도록 도와준다고 설명하고 있다.
▶ 주어진 문장에 ③에 들어갈 수 없음

④의 앞 문장과 뒤 문장
- 앞 문장: ③의 뒤 문장과 같음
- 뒤 문장: 즉(In other words), 직원들이 그들 자신의 기대와 포부에 부합하거나 그것을 능가할 정도로 그들의 직무를 잘 수행할 수 있을 때 직원들은 더 많이 몰입하고, 그들의 성과를 자랑스러워하며, 업무를 더 의미 있게 생각할 것이다.
➡ 1 앞 문장까지 몰입의 상황적 동기를 설명하면서 리더가 직원들에게 피드백과 자원을 제공하는 상황에서 직원들은 몰입할 수 있게 된다고 설명했다.
2 뒤 문장부터 몰입의 개인적 동기를 설명하면서 직무가 직원 자신의 포부에 부합하거나, 스스로 직무 수행이 원활하다면 직원은 몰입할 수 있게 된다고 설명했다. [상황적 동기의 결과] [꿀팁]
앞 문장의 내용과는 다른 주장을 펼치고 있으므로, '즉'으로 연결될 수 없다. ➡ 주어진 문장은 몰입이 직무 수행의 동기가 되기도 하지만, 직무 수행이 몰입의 동기가 되기도 한다는 내용으로, however(그러나)를 사용하여 관점의 전환을 설명하고 있다. [개인적 동기의 결과] [꿀팁]
▶ 주어진 문장이 ④에 들어가야 함

- ⑤의 앞 문장과 뒤 문장
- 앞 문장: ④의 뒤 문장과 같음
- 뒤 문장: 이것은 사람들이 그들의 가치와 일치하는 직무에 종사했을 때 특히 분명하다.
➡ 직무가 자신의 기대와 포부에 부합할 때 직무 수행에 의미를 발견한다고 했던 앞 문장의 내용을 부연하고 있다.
▶ 주어진 문장이 ⑤에 들어갈 수 없음

P 37 정답 ④   ✪ 1등급 대비 [정답률 52%]

*색을 통해 파악하는 별의 온도

글의 흐름으로 보아, 주어진 문장이 들어가기에 가장 적절한 곳을 고르시오. [3점]

[단서 1] 천문학자들이 별의 색을 통해 얻은 온도를 가리킴

This temperature is of the surface of the star, / the part of the
(주격 관계대명사)
star / which is emitting the light / that can be seen. //
(주격 관계대명사)
이 온도는 별 표면의 온도이다 / 별의 부분인 / 빛을 방출하는 / 보여질 수 있는 //

One way of measuring temperature occurs / if an object is hot /
enough to visibly glow, / such as a metal poker / that has been
(주격 관계대명사)
left in a fire. //
온도를 측정하는 한 가지 방법은 생긴다 / 물체가 뜨거울 때 / 눈에 띄게 빛이 날 정도로 /
금속 부지깽이처럼 / 불 속에 놓아둔 //

= a glowing object's
(①) The color of a glowing object / is related to its temperature: /
as the temperature rises, / the object is first red and then orange,
/ and finally it gets white, the "hottest" color. //
빛나는 물체의 색은 / 온도와 관련이 있다 / 온도가 상승함에 따라 / 물체는 먼저 빨간색
그리고 나서 주황색으로 변하고 / 마지막으로 '가장 뜨거운' 색인 흰색이 된다 //

단수 주어
(②) The relation / between temperature and the color of a
단수 동사
glowing object / is useful to astronomers. //
관련성은 / 온도와 빛나는 물체의 색 사이의 / 천문학자들에게 유용하다 //

부사절 접속사(이유)
(③) The color of stars is related to their temperature, / and since
the stars
people cannot as yet / travel the great distances to the stars / and
병렬 구조
measure their temperature / in a more precise way, /
별의 색은 그것들의 온도와 관련이 있고 / 사람들이 아직 할 수 없기 때문에 / 별까지의 먼
거리를 이동하고 / 그것들의 온도를 측정(할 수 없기 때문에) / 더 정확한 방법으로 /
astronomers rely on / their color. // [단서 2] 별의 온도는 직접 다가가서 잴 수 없기 때문에 별의 색깔에 의존해야 함
천문학자들은 / ~에 의존한다 / 그것들의 색 //

비교급 강조 부사
(④) The interior of the star / is at a much higher temperature, /
부사절 접속사(양보)
though it is concealed. // [단서 3] 천문학자들이 색깔을 통해 얻은 별의 표면의 온도보다 별의 내부 온도는 훨씬 더 높음
별의 내부는 / 온도가 훨씬 더 높다 / 비록 숨겨져 있지만 //

(⑤) But the information / obtained from the color of the star /
과거분사구(the information 수식)
is still useful. //
하지만 정보는 / 별의 색깔에서 얻은 / 여전히 유용하다 //

- temperature ⓝ 온도 · surface ⓝ 표면 · emit ⓥ 방출하다
- visibly ⓐⓓ 눈에 띄게 · glow ⓥ 빛나다 · poker ⓝ 부지깽이
- astronomer ⓝ 천문학자 · distance ⓝ 거리 · precise ⓐ 정확한
- interior ⓝ 내부 · conceal ⓥ 숨기다 · obtain ⓥ 얻다

온도를 측정하는 한 가지 방법은 불 속에 놓아둔 금속 부지깽이처럼 눈에 띄게 빛이 날 정도로 물체가 뜨거울 때 생긴다. (①) 빛나는 물체의 색은 온도와 관련이 있다: 온도가 상승함에 따라 물체는 먼저 빨간색 그리고 나서 주황색으로 변하고, 마지막으로 '가장 뜨거운' 색인 흰색이 된다. (②) 온도와 빛나는 물체의 색 사이의 관련성은 천문학자들에게 유용하다. (③) 별의 색은 그것들의 온도와 관련이 있고, 사람들이 아직 별까지의 먼 거리를 이동하고 더 정확한 방법으로 그것들의 온도를 측정할 수 없기 때문에, 천문학자들은 그것들의 색에 의존한다. (④ 이 온도는 보여질 수 있는 빛을 방출하는 별의 부분인, 별 표면의 온도이다.) 별의 내부는 비록 숨겨져 있지만, 온도가 훨씬 더 높다. (⑤) 하지만 별의 색깔에서 얻은 정보는 여전히 유용하다.

왜 1등급? 주어진 문장의 This temperature가 의미하는 것을 찾기 어려웠던 1등급 대비 문제이다. 정답인 위치 이외에서 온도가 언급되는 부분이 많아 헷갈리기 쉬웠던 문제이다. 특정 키워드를 중심으로 문제를 풀기보다는 전체적인 맥락을 이해하며 문제에 접근하도록 한다.

| 문제 풀이 순서 |

1st 주어진 문장을 해석하고, 연결어, 지시어 등을 확인한다.

이 온도(This temperature)는 보여질 수 있는 빛을 방출하는 별의 부분인, 별 표면의 온도이다. **단서 1**

➡ **주어진 문장 앞:** 앞에 This temperature가 가리킬 만한 어떤 온도가 언급됐을 것이다. 별 표면의 온도에 대한 설명 뒤에 주어진 문장을 넣으면 된다.
주어진 문장 뒤: 별 표면의 온도에 대한 설명이 이어질 것이다.

2nd 각 선택지의 앞뒤 흐름이 매끄러운지 확인한다.

- ①의 앞 문장과 뒤 문장

앞 문장: 온도를 측정하는 한 가지 방법은 불 속에 놓아둔 금속 부지깽이처럼 눈에 띄게 빛이 날 정도로 물체가 뜨거울 때 생긴다.

뒤 문장: 빛나는 물체의 색은 온도와 관련이 있다: 온도가 상승함에 따라 물체는 먼저 빨간색 그리고 나서 주황색으로 변하고, 마지막으로 '가장 뜨거운' 색인 흰색이 된다.

➡ 뒤 문장이 앞 문장을 풀어서 설명하고 있다.
빛이 날 정도로 뜨거운 물체의 온도를 측정할 수 있는데(① 앞 문장) 온도에 따라 빨간색, 주황색, 흰색이 된다(① 뒤 문장). ▶ 주어진 문장이 ①에 들어갈 수 없음

- ②의 앞 문장과 뒤 문장

앞 문장: ①의 뒤 문장과 같음

뒤 문장: 온도와 빛나는 물체의 색 사이의 관련성은 천문학자들에게 유용하다.

➡ 앞 문장의 내용을 뒤 문장에서 '온도와 빛나는 물체의 색 사이의 관련성'이라 칭하고 있다. ▶ 주어진 문장이 ②에 들어갈 수 없음

- ③의 앞 문장과 뒤 문장

앞 문장: ②의 뒤 문장과 같음

뒤 문장: 별의 색은 그것들의 온도(their temperature)와 관련이 있고, 사람들이 아직 별까지의 먼 거리를 이동하고 더 정확한 방법으로 그것들의 온도를 측정할 수 없기 때문에, 천문학자들은 그것들의 색에 의존한다. **단서 2**

➡ 뒤 문장이 앞 문장을 부연 설명하고 있다.
별까지 거리가 멀고, 온도를 측정할 다른 방법이 없기 때문에 색에 의존하여 온도를 측정한다며(③ 뒤 문장) 천문학자들에게 온도와 물체의 색 사이의 관련성이 유용한(③ 앞 문장) 이유를 설명하고 있다. ▶ 주어진 문장이 ③에 들어갈 수 없음

- ④의 앞 문장과 뒤 문장

앞 문장: ③의 뒤 문장과 같음

뒤 문장: 별의 내부는 비록 숨겨져 있지만, 온도가 훨씬 더 높다. **단서 3**

➡ 앞 문장에 별의 온도에 대한 언급이 있다. 이 온도를 별 표면의 온도로 볼 수 있다.
▶ 주어진 문장이 ④에 들어가야 함

➡ 주어진 문장이 ④에 들어가면, 〈별의 색은 온도와 관련되어 있고, 천문학자들은 색을 통해 별의 온도를 추정한다. 별의 표면 온도는 보이는 빛을 방출하는 부분이며, 내부 온도는 더 높다.〉라는 자연스러운 흐름이 된다.

- ⑤의 앞 문장과 뒤 문장

앞 문장: ④의 뒤 문장과 같음

뒤 문장: 하지만 별의 색깔에서 얻은 정보는 여전히 유용하다.

➡ 앞 문장에서 설명한 한계에도 불구하고 뒤 문장에서는 유용하다고 설명하고 있다.
▶ 주어진 문장이 ⑤에 들어갈 수 없음

P 38 정답 ⑤ ⭐ **1등급 대비** [정답률 41%]

✱과학적 의사소통의 수단 변화

글의 흐름으로 보아, 주어진 문장이 들어가기에 가장 적절한 곳을 고르시오.

For instance, / the revolutionary ideas / that earned Einstein his Nobel Prize / — concerning the special theory of relativity and the photoelectric effect — /
예를 들어 / 혁명적인 생각들은 / 아인슈타인에게 노벨상을 안겨 준 / 특수 상대성 이론과 광전 효과에 관한 / **단서 1** 아인슈타인에게 노벨상을 안겨준 이론은 책이 아닌 논문으로 등장함
appeared as papers / in the *Annalen der Physik*. //
논문으로 등장했다 / Annalen der Physik에 //

In the early stages of modern science, / scientists communicated / their creative ideas / largely by publishing books. //
현대 과학의 초기 단계에서 / 과학자들은 전달했다 / 자신의 창의적인 생각을 / 주로 책을 출판함으로써 /
(①) This modus operandi is illustrated / not only by Newton's *Principia*, /
이런 작업 방식은 설명된다 / 뉴턴의 Principia로뿐만 아니라 /
not only A but also B: A뿐만 아니라 B도 ✱
but also by Copernicus' *On the Revolutions of the Heavenly Spheres*, / Kepler's *The Harmonies of the World*, / and Galileo's *Dialogues Concerning the Two New Sciences*. //
코페르니쿠스의 On the Revolutions of the Heavenly Spheres와 / 케플러의 The Harmonies of the World / 갈릴레오의 Dialogues Concerning the Two New Sciences로 //
(②) With the advent of scientific periodicals, / such as the *Transactions of the Royal Society of London*, /
과학 정기 간행물의 출현과 함께 / Transactions of the Royal Society of London과 같은 /
books gradually yielded ground / to the technical journal article / as the chief form / of scientific communication. //
책은 점차 자리를 내주었다 / 전문 학술지 논문에 / 주요한 형식으로 / 과학적 의사소통의 //
(③) Of course, / books were not abandoned altogether, / as Darwin's *Origin of Species* shows. //
물론 / 책이 완전히 버려진 것은 아니었다 / 다윈의 Origin of Species가 보여주듯이 //
(④) Even so, / it eventually became possible / for scientists to establish a reputation / for their creative contributions /
그랬다고 하더라도 / 결국 가능하게 되었다 / 과학자들이 명성을 세우는 것이 / 자신의 창의적인 기여로 인한 /
without publishing / a single book-length treatment of their ideas. // **단서 2** 과학자들이 한 권의 책을 출판하지 않고도 명성을 세우는 것이 가능해짐
내지 않고도 / 자기 생각을 다룬 책 한 권 길이의 출간물을 //
(⑤) His status / as one of the greatest scientists of all time / does not depend on / the publication of a single book. //
그의 지위는 / 역사상 가장 위대한 과학자 중 한 명으로서 / 달려 있지는 않다 / 단 한 권의 책의 출간에 // **단서 3** 위대한 과학자로서의 그의 지위가 책 출판에 달려 있지 않음

- revolutionary ⓐ 혁명적인 • concerning prep ~에 관한
- special theory of relativity 특수 상대성 이론
- paper ⓝ 논문 • illustrate ⓥ 설명하다 • advent ⓝ 출현
- periodical ⓝ 정기 간행물 • gradually ad 점진적으로
- journal ⓝ 학술지 • chief ⓐ 주된 • abandon ⓥ 버리다
- altogether ad 완전히 • establish ⓥ 세우다, 확립하다
- reputation ⓝ 명성 • contribution ⓝ 기여, 공헌
- treatment ⓝ (주제·예술 작품 등을) 다룸 • status ⓝ 지위, 상태
- publication ⓝ 출간

현대 과학의 초기 단계에서 과학자들은 주로 책을 출판함으로써
자신의 창의적인 생각을 전달했다. (①) 이런 작업 방식은 뉴턴의
Principia로뿐만 아니라 코페르니쿠스의 On the Revolutions of
the Heavenly Spheres와 케플러의 The Harmonies of the World,
갈릴레오의 Dialogues Concerning the Two New Sciences로도
설명된다. (②) Transactions of the Royal Society of London 같은
과학 정기 간행물의 출현과 함께, 책은 과학적 의사소통의 주요한
형식으로 전문 학술지 논문에 점차 자리를 내주었다. (③) 물론 다윈의
Origin of Species가 보여주듯이 책이 완전히 버려진 것은 아니었다.
(④) 그랬다고 하더라도, 과학자들은 결국, 자기 생각을 다룬 책 한 권
길이의 출간물을 내지 않고도 자신이 창의적으로 기여한 바에 대한 명성을
세우는 것이 가능하게 되었다. (⑤) 예를 들어, 아인슈타인에게 노벨상을
안겨 준, 특수 상대성 이론과 광전 효과에 관한 혁명적인 생각들은
Annalen der Physik에 논문으로 등장했다.) 역사상 가장 위대한 과학자
중 한 명으로서 그의 지위는 단 한 권의 책의 출간에 달려 있지는 않다.

왜 1등급? 주어진 문장이 A의 예시인데 B → A → B → A로 설명이 전환되기
때문에 첫 번째 A 뒤에 들어가야 하는지, 두 번째 A 뒤에 들어가야 하는지 헷갈리는
1등급 대비 문제이다.
주어진 문장의 앞 문장뿐 아니라 뒤 문장의 단서를 통해 정답을 찾아야 했던 문제로,
정답을 찾았더라도 끝까지 확인하는 습관이 중요하다.

| 문제 풀이 순서 |

1st 주어진 문장을 해석하고, 연결어, 지시어 등을 확인한다.

예를 들어(For instance), 아인슈타인에게 노벨상을 안겨 준, 특수 상대성
이론과 광전 효과에 관한 혁명적인 생각들은 Annalen der Physik에
논문으로 등장했다. **단서 1**

➡ **주어진 문장 앞:** 과학자들이 자신의 생각을 논문으로 전한다는 내용 뒤에 주어진
문장이 예시로 올 것이다.
노벨상을 받은 것을 예시로 들었으므로 의미상 주어진 문장 앞은 논문으로 생각을
전하는 것도 크게 인정받을 수 있다는 내용일 것이다.

2nd 각 선택지의 앞뒤 흐름이 매끄러운지 확인한다.

- ①의 앞 문장과 뒤 문장

앞 문장: 현대 과학의 초기 단계에서 과학자들은 주로 책을 출판함으로써
자신의 창의적인 생각을 전달했다.

뒤 문장: 이런 작업 방식은 뉴턴의 Principia로뿐만 아니라 코페르니쿠스의
On the Revolutions of the Heavenly Spheres와 케플러의 The
Harmonies of the World, 갈릴레오의 Dialogues Concerning
the Two New Sciences로도 설명된다.

➡ 앞 문장과 뒤 문장 모두 과학자들이 책으로 생각을 전했다는 내용이다.
▶ 주어진 문장은 논문으로 전한 것의 예시이므로 ①에 들어갈 수 없음

- ②의 앞 문장과 뒤 문장

앞 문장: ①의 뒤 문장과 같음

뒤 문장: Transactions of the Royal Society of London 같은 과학
정기 간행물의 출현과 함께, 책은 과학적 의사소통의 주요한 형식으로 전문
학술지 논문에 점차 자리를 내주었다.

➡ 앞 문장에는 논문에 대한 언급이 없고 뒤 문장에서 처음 언급되었다.
▶ 주어진 문장이 ②에 들어갈 수 없음

- ③의 앞 문장과 뒤 문장

앞 문장: ②의 뒤 문장과 같음

뒤 문장: 물론 다윈의 Origin of Species가 보여주듯이 책이 완전히
버려진 것은 아니었다.

➡ 앞 문장에 논문에 대한 언급이 처음으로 등장했다. 하지만 논문으로 큰 성공을
이뤘다는 내용은 아니다. ▶ 주어진 문장이 ③에 들어갈 가능성은 있으나 낮음

- ④의 앞 문장과 뒤 문장

앞 문장: ③의 뒤 문장과 같음

뒤 문장: 그랬다고 하더라도, 과학자들은 결국, 자기 생각을 다룬 책 한 권
길이의 출간물을 내지 않고도 자신이 창의적으로 기여한 바에 대한 명성을
세우는 것이 가능하게 되었다. **단서 2**

➡ 앞 문장에 다시 책에 관한 이야기가 나온다.
▶ 주어진 문장이 ④에 들어갈 수 없음

⑤의 앞 문장과 뒤 문장

앞 문장: ④의 뒤 문장과 같음

뒤 문장: 역사상 가장 위대한 과학자 중 한 명으로서 **그의(His)** 지위는 단 한
권의 책의 출간에 달려 있지는 않다. **단서 3**

➡ 앞 문장의 '책이 아닌 다른 수단'을 '논문'으로 볼 수 있다. 또, 뒤 문장의 '그'는 주어진
문장의 아인슈타인에 대한 설명으로, 앞 문장에 없다.
▶ 주어진 문장이 ⑤에 들어가야 함

➡ 주어진 문장이 ⑤에 들어가면, 〈과학자들은 책을 출판하지 않아도 창의적인
아이디어를 전달하고 명성을 얻을 수 있게 되었는데, 아인슈타인의 경우, 논문으로
노벨상 수상에 이르렀다. 과학자의 지위는 책 하나의 출간 여부에 달려 있지
않다.〉라는 자연스러운 흐름이 된다.

어법 특강

＊ 상관접속사

both A and B	A와 B 둘 다
neither A nor B	A와 B 둘 다 ~아닌
not A but B	A가 아니라 B인
either A or B	A나 B 둘 중 하나
not only A but (also) B (= B as well as A)	A뿐만 아니라 B도

– 두 개 이상의 단어가 짝을 이루어 쓰이는 접속사로 문법적으로 대등한 성분이 연결
된다.

• Like old songs, clothes can evoke both delightful and painful
memories.
　　memories를 수식하는 형용사
　　delightful과 painful 연결
(오래된 노래처럼 옷은 즐겁고 고통스러운 기억들 모두 불러일으킬 수 있다.)

• The growing season in the Arctic region is short as well as
cool.
　　주격 보어 short와 cool 연결
(북극 지방에서 성장기는 서늘할 뿐만 아니라 짧다.)

P 어휘 Review 정답 ──── 문제편 p. 256

01 혼합물	11 contract with	21 transfer
02 이주민	12 arise from	22 fixate
03 덩어리	13 short-lived	23 manipulate
04 강도	14 relate to	24 misleading
05 도망가다	15 rely on	25 uncertainty
06 contagion	16 endure	26 engagement
07 complex	17 speculate	27 overstated
08 selective	18 continual	28 demonstrated
09 conceal	19 revolutionary	29 domain
10 deliberation	20 advent	30 inequality

Q 요약문 완성하기

Q 01 정답 ⑤ *질투와 부러움의 차이

Many things spark *envy*: / ownership, status, health, youth, talent, popularity, beauty. //
많은 것들은 '부러움'을 불러일으킨다 / 소유권, 지위, 건강, 젊음, 재능, 인기, 아름다움 //

It **is** often **confused with** jealousy / because the physical reactions are identical. //
~와 혼동되다
이것은 종종 질투와 혼동된다 / 신체적 반응이 동일하기 때문에 //

The difference: / the subject of *envy* is a thing (status, money, health etc.). //
차이점 / '부러움'의 대상은 사물(지위, 돈, 건강 등)이다 //
단서 1 부러움의 대상은 사물이고, 질투의 대상은 제3자의 행동임

The subject of jealousy / is the behaviour of a third person. //
질투의 대상은 / 제3자의 행동이다 //

Envy needs two people. //
'부러움'은 두 사람을 필요로 한다 //

Jealousy, on the other hand, / requires three: //
반면, 질투는 / 세 사람을 요구한다 //

Peter is jealous of Sam / because the beautiful girl next door rings **him** / instead. //
= Sam
Peter는 Sam을 질투한다 / 옆집의 예쁜 여자가 Sam에게 전화를 걸기 때문에 / 자기가 아니라 //

단서 2 부러움은 우리와 비슷한 처지인 사람에게 불쾌감이 향함

Paradoxically, / with envy / we direct resentments toward **those** / **who** are most similar to us in age, career and residence. //
~한 사람들
역설적이게도 / 부러움을 가질 때 / 우리는 사람들에게 불쾌감을 향하게 한다 / 나이, 경력, 거주지에 있어서 우리와 가장 비슷한 //

We don't envy businesspeople / from the century before last. //
우리는 사업가들을 부러워하지 않는다 / 지지난 세기의 //

We don't envy millionaires / on the other side of the globe. //
우리는 백만장자를 부러워하지 않는다 / 지구 반대편의 //

As a writer, / I **don't** envy musicians, managers or dentists, / **but** other writers. //
not A but B 구문
작가로서 / 나는 음악가, 매니저 또는 치과 의사가 부럽지 않지만 / 다른 작가들을 부러워한다 //

As a CEO / you envy other, bigger CEOs. //
CEO로서 / 당신은 다른, 더 큰 CEO들을 부러워한다 //

As a supermodel / you envy more successful supermodels. //
슈퍼 모델로서 / 당신은 더 성공한 슈퍼 모델들을 부러워한다 //

Aristotle knew this: / 'Potters envy potters.' //
아리스토텔레스는 이를 알고 있었다 / '도공은 도공을 부러워한다' //

→ Jealousy involves three parties, / **focusing** on the (A) **actions** of a third person, /
분사구문을 이끄는 현재분사
질투는 세 당사자를 포함하며 / 제3자의 행동에 초점을 맞춘다 /

whereas envy involves two individuals / **whose** personal circumstances are most (B) **alike**, / **with one person resenting** the other. //
소유격 관계대명사
with+목적어+분사: ~가 …한 채로
반면 부러움은 두 사람을 포함하고 / 개인적 상황이 가장 비슷한 / 한 사람이 다른 사람을 불쾌하게 여기는 상태이다 //

- spark ⓥ 촉발하다 ・ envy ⓝ 부러움 ・ ownership ⓝ 소유권
- status ⓝ 지위 ・ popularity ⓝ 인기 ・ jealousy ⓝ 질투
- identical ⓐ 동일한 ・ paradoxically ⓐⓓ 역설적이게도
- resentment ⓝ 불쾌감 ・ residence ⓝ 거주지
- potter ⓝ 도공 ・ possession ⓝ 소유물 ・ favorable ⓐ 호의적인

많은 것들은 '부러움'을 불러일으킨다: 소유권, 지위, 건강, 젊음, 재능, 인기, 아름다움. 이것은 신체적 반응이 동일하기 때문에 종종 질투와 혼동된다. 차이점: '부러움'의 대상은 사물(지위, 돈, 건강 등)이다. 질투의 대상은 제3자의 행동이다. '부러움'은 두 사람을 필요로 한다. 반면, 질투는 세 사람을 요구한다: Peter는 옆집의 예쁜 여자가 자기가 아니라 Sam에게 전화를 걸기 때문에 그를 질투한다. 역설적이게도, 부러움을 가질 때 우리는 나이, 경력, 거주지에 있어서 우리와 가장 비슷한 사람들에게 불쾌감을 향하게 한다. 우리는 지지난 세기의 사업가들을 부러워하지 않는다. 우리는 지구 반대편의 백만장자를 부러워하지 않는다. 작가로서, 나는 음악가, 매니저 또는 치과 의사가 부럽지 않지만, 다른 작가들을 부러워한다. CEO로서 당신은 다른, 더 큰 CEO들을 부러워한다. 슈퍼 모델로서 당신은 더 성공한 슈퍼 모델들을 부러워한다. 아리스토텔레스는 이를 알고 있었다: '도공은 도공을 부러워한다.'

→ 질투는 세 당사자를 포함하며, 제3자의 (A) **행동**에 초점을 맞추는 반면, 부러움은 개인적 상황이 가장 (B) **비슷한** 두 사람을 포함하고, 한 사람이 다른 사람을 불쾌하게 여기는 상태이다.

다음 글의 내용을 한 문장으로 요약하고자 한다. 빈칸 (A), (B)에 들어갈 말로 가장 적절한 것은?

	(A)		(B)	
①	actions 행동	—	different 다른	부러움은 나와 상황이 다른 사람에게 느끼는 감정이 아님
②	possessions 소유물	—	unique 독특한	질투의 대상은 행동이지, 소유물이 아님
③	goals 목표	—	ordinary 평범한	부러움은 평범한 사람에게 느끼는 감정이 아님
④	possessions	—	favorable 호의적인	질투의 대상은 행동이지, 소유물이 아님
⑤	actions	—	alike 비슷한	질투의 대상은 제3자의 행동이며, 부러움은 상황이 비슷한 사람에게 느낌

〉왜 정답? ★★★ [정답률 56%]

(A):
⌐ 부러움의 대상은 사물(지위, 돈, 건강 등)이다. 질투의 대상은 제3자의 행동이다. **단서 1**

⇒ 질투의 대상은 제3자의 행동이라고 했으므로, 질투가 초점을 맞추는 것은 '행동(actions)'이라는 표현이 알맞다.

(B):
⌐ 부러움을 가질 때 우리는 나이, 경력, 거주지에 있어서 우리와 가장 비슷한 사람들에게 불쾌감을 향하게 한다. **단서 2**

⇒ 부러움을 가질 때 우리는 우리와 가장 비슷한 처지인 사람들에게 불쾌감을 느낀다고 했으므로, 부러움은 개인적 상황이 '비슷한(alike)' 두 사람을 포함한다는 표현이 알맞다.

▶ 요약문의 빈칸에는 각각 ⑤ '행동'과 '비슷한'이 들어가야 함

〉왜 오답?

① 부러움은 나와 상황이 다른 사람이 아니라 비슷한 사람에게 느끼는 감정이다.
② 질투의 대상은 제3자의 행동이지, 소유물이 아니다.
③ 부러움은 평범한 사람에게 느끼는 감정이 아니다.
④ 질투의 대상은 제3자의 행동이지, 소유물이 아니다.

＊ 글의 흐름

도입	부러움과 질투는 신체적 반응이 유사해서 혼동되기 쉬움
본론	하지만 두 개념은 차이가 있음
대조 ①	부러움의 대상은 사물이고, 두 사람을 필요로 함
대조 ②	질투의 대상은 제3자의 행동이고, 세 사람을 필요로 함

Q 02 정답 ① *공간 지각의 진화 ────────

접속사가 생략되지 않은 분사구문
A young child may be puzzled / **when asked to distinguish** /
between the directions of right and left. //
어린아이는 당황할 수 있다 / 구분하라고 요구받으면 / 오른쪽과 왼쪽의 방향을 //

동명사 (전치사의 목적어)
But that same child may have no difficulty / in **determining** the
directions / of up and down or back and front. //
하지만 그 아이는 전혀 어려움이 없을 것이다 / 방향을 알아내는 데에는 / 위아래나 앞뒤의 //

목적어절 접속사 / 부사절 접속사 (이유) / 부사절 접속사 (양보)
Scientists propose / **that** this occurs **because**, / **although** we
experience three dimensions, / only two had a strong influence
on our evolution: /
과학자들은 주장한다 / 이것이 ~ 때문에 발생한다고 / 비록 우리가 세 가지 차원을 경험하지만
/ 두 가지만이 우리의 진화에 강력한 영향을 미쳤기 (때문이라고) //

the vertical dimension / as defined by gravity / and, in mobile
species, / the front/back dimension / as defined by the positioning
of sensory and feeding mechanisms. // **[단서 1]** 수직적 차원과 앞/뒤 차원만
진화에 영향을 미침
수직적 차원 / 중력에 의해 정의되는 / 그리고 이동하는 종의 / 앞/뒤 차원 / 감각과 먹이 섭취
메커니즘의 배치로 정의되는 //

These influence / **our perception** of vertical versus horizontal,
far versus close, / and **the search** for dangers / from above (such
병렬 구조 (목적어)
as an eagle) / or below (such as a snake). //
이것들은 영향을 미친다 / 수직 대 수평, 원거리 대 근거리에 대한 우리의 지각에 / 그리고
위험 탐색에 / (독수리와 같은) 위로부터의 / 또는 (뱀과 같은) 아래로부터의 //

However, / the left-right axis is not as relevant in nature. //
그러나 / 좌-우 축은 자연에서는 그만큼 중요하지 않다 // **[단서 2]** 자연에서 좌-우 축 중요하지 않음

A bear is equally dangerous / from its left or the right side, / but
= a bear is not equally dangerous
not / if it is upside down. //
곰은 똑같이 위험하지만 / 그것의 왼쪽 편에서든 오른쪽 편에서든 / 그렇지 않다 / 거꾸로
뒤집혀 있다면 //

접속사가 생략되지 않은 분사구문 / 현재분사 (a scene 수식)
In fact, / **when observing a scene** / **containing** plants, animals,
and man-made objects / such as cars or street signs, /
사실 / 장면을 관찰할 때 / 식물, 동물, 그리고 인간이 만든 물체를 포함하는 / 자동차나 도로
표지판과 같은 //

현재완료시제 수동태
we can only tell / when left and right **have been inverted** / if we
observe those artificial items. //
우리는 겨우 구별할 수 있을 뿐이다 / 좌우가 뒤바뀐 것을 / 만약 그 인공적인 물체들을
관찰한다면 //

> 분사구문을 이끄는 현재분사
> → Having affected / the evolution of our (A) **spatial**
> perception, / vertical and front/back dimensions are easily
> perceived, /
> 영향을 미쳤기 때문에 / 우리의 공간 지각의 진화에 / 수직적 차원과 앞/뒤 차원은 쉽게
> 인식된다 /
> 단수 주어
> but **the left-right axis**, / which is not (B) **significant** in nature,
> 단수 동사
> / **doesn't come** instantly to us. //
> 하지만 좌-우 축은 / 자연에서 유의미하지 않은 / 우리에게 즉각 이해되지 않는다 //

- distinguish ⓥ 구별하다, 식별하다 • direction ⓝ 방향
- determine ⓥ 알아내다 • occur ⓥ 발생하다
- dimension ⓝ 차원, 관점 • influence ⓝ 영향
- evolution ⓝ 진화 • vertical ⓐ 수직의 • gravity ⓝ 중력
- mobile ⓐ 이동하는 • positioning ⓝ 배치
- perception ⓝ 지각, 자각 • horizontal ⓐ 수평의
- relevant ⓐ 의미가 있는, 중요한 • upside down 거꾸로
- observe ⓥ 관찰하다 • contain ⓥ 포함하다 • invert ⓥ 바꾸다
- artificial ⓐ 인공적인 • perceive ⓥ 인식하다
- instantly ⓐⓓ 즉각, 즉시 • spatial ⓐ 공간의 • scarce ⓐ 회소한
- auditory ⓐ 청각의 • accessible ⓐ 접근 가능한
- desirable ⓐ 바람직한

오른쪽과 왼쪽의 방향을 구분하라고 요구받으면 어린아이는 당황할 수
있다. 하지만 그 아이는 위아래나 앞뒤의 방향을 알아내는 데에는 전혀
어려움이 없을 것이다. 과학자들은 이것이 발생하는 이유는, 비록 우리가
세 가지 차원을 경험하지만, 두 가지만이 우리의 진화에 강력한 영향을
미쳤기 때문이라고 주장하는데, 그것들은 중력에 의해 정의되는 수직적
차원과 이동하는 종의 감각과 먹이 섭취 메커니즘의 배치로 정의되는
앞/뒤 차원이다. 이것들은 수직 대 수평, 원거리 대 근거리에 대한 우리의
지각과 (독수리와 같은) 위로부터의 또는 (뱀과 같은) 아래로부터의 위험
탐색에 영향을 미친다.
그러나 좌-우 축은 자연에서는 그만큼 중요하지 않다. 곰은 그것의 왼쪽
편에서든 오른쪽 편에서든 똑같이 위험하지만, 거꾸로 뒤집혀 있다면
그렇지 않다. 사실, 우리가 식물, 동물, 그리고 자동차나 도로 표지판과
같은 인간이 만든 물체가 포함된 장면을 관찰할 때, 만약 그 인공적인
물체들을 관찰한다면 좌우가 뒤바뀐 것을 겨우 구별할 수 있을 뿐이다.
→ 우리의 (A) **공간** 지각의 진화에 영향을 미쳤기 때문에, 수직적 차원과
앞/뒤 차원은 쉽게 인식되지만, 자연에서 (B) **유의미하지** 않은 좌-우 축은
우리에게 즉각 이해되지 않는다.

> **다음 글의 내용을 한 문장으로 요약하고자 한다. 빈칸 (A), (B)에 들어갈
> 말로 가장 적절한 것은?**
>
> | | (A) | | (B) | |
> |---|---|---|---|---|
> | ① | spatial
공간의 | — | significant
유의한 | 위아래, 앞뒤는 진화에 영향을 미친 공간적 개념이고
좌-우 축은 자연에서 중요하지 않음 |
> | ② | spatial
공간의 | — | scarce
회소한 | 좌-우 축이 회소하지 않은 것이 아님 |
> | ③ | auditory
청각의 | — | different
서로 다른 | 위아래, 앞뒤는 청각이 아닌 공간적 개념임 |
> | ④ | cultural
문화적인 | — | accessible
접근 가능한 | 좌-우 축이 접근 가능하지 않은지는 알 수 없음 |
> | ⑤ | cultural
문화적인 | — | desirable
바람직한 | 좌-우 축이 바람직하지 않은 것이 아니라
자연에서 중요하지 않은 것임 |

〉왜 정답 ? ✱✱❀ [정답률 59%]

(A) :
중력에 의해 정의되는 수직적 차원과 이동하는 종의 감각과 먹이 섭취 메커니즘의
배치로 정의되는 앞/뒤 차원만이 우리의 진화에 강력한 영향을 미쳤다. **[단서 1]**

➡ 원거리 대 근거리, 위와 아래는 공간에 관한 지각이므로 ①, ② 'spatial(공간의)'이
알맞다.

(B) :
그러나 좌-우 축은 자연에서는 그만큼 중요하지 않다. **[단서 2]**

➡ 좌-우 축은 자연에서 그만큼 '중요하지 않다' = '유의미하지 않다'
▶ 요약문의 빈칸에는 각각 ① '공간의'와 '유의미한'이 들어가야 함

〉왜 오답 ?

② 좌-우 축이 자연에서 회소하지 않은지는 이 글을 통해서는 알 수 없다.

③ 위아래, 앞뒤는 공간적 개념이지 청각적 개념이 아니다.

④ 좌-우 축이 자연에서 접근 가능하지 않은지는 이 글을 통해서는 알 수 없는
정보이다.

⑤ 위아래, 앞뒤는 공간적 개념이지 문화적인 개념은 아니며, 좌-우 축이 바람직하지
않은 것이 아니라 자연에서 중요하지 않은 것이다.

* 글의 흐름

도입	어린이는 오른쪽과 왼쪽 방향 구분은 어려워하지만 위아래나 앞뒤의 방향을 알아내는 데 어려움이 없음
이유	인간이 경험하는 세 가지 차원 중 수직적 차원과 앞/뒤 차원만 진화에 강력한 영향을 미쳤기 때문임
부연	좌-우 축은 자연에서 중요하지 않음
예시	곰의 경우 왼쪽 편이든 오른쪽 편이든 똑같이 위험하고, 인공적인 물체를 관찰할 때 좌우가 바뀐 것은 구별하기 어려움

Quite often / the interaction between groups / is socially unequal, /
종종 / 집단 간의 상호 작용은 / 사회적으로 불평등하며 /

결과 절을 잇는 등위접속사   동격절 접속사
and this is reflected in the fact / that in many cases / borrowing of words or constructions / goes mostly or entirely in one direction, /
이는 사실에 반영된다 / 많은 경우에 / 단어 또는 구조의 차용이 / 대부분 혹은 완전히 한 방향으로 이동한다는 /

from A to B: A에서 B로
from the more powerful or prestigious group / to the less favored one. //
= group
단서 1 집단 간의 상호 작용이 불평등하다는 것은 언어가
지배 집단에서 종속 집단으로 차용된다는 사실로 나타남
즉 더 강하거나 권력을 가진 집단에서 / 혜택을 덜 받는 집단 쪽 //

과거분사구 (groups 수식)
The languages of socially subordinated groups / may from quite an early period of contact provide / terminology for objects or practices /
사회적으로 종속된 집단의 언어가 / (집단 간) 접촉의 상당히 이른 시기부터 제공할 수도 있지만 / 물건이나 관습에 대한 용어를 /

「전치사+관계대명사」
with which speakers of the more powerful group were previously unfamiliar, / but the effects of contact in that direction / may not progress any further than this. //
더 강한 권력을 가진 집단의 화자들이 전에 잘 몰랐던 / 그런 방향으로의 접촉의 결과는 / 이것 이상 진전되지는 않을 수도 있다 //

In some cases, / as with the Dharug language of Sydney, Australia, / the source of some of the earliest loans / from Indigenous Australian languages into English, /
from A (in)to B: A에서 B(내)로
몇몇 경우에는 / 호주 시드니의 Dharug 언어와 같은 / 몇몇 최초의 차용 출처인 / 호주 토착 언어에서 영어로의 /

전치사
the fate of the language system / is extinction / after the obliteration of many of its speakers. //
단서 2 종속 집단의 언어 체계는 화자의
소멸과 함께 멸종하는 운명을 맞이함
그러한 언어 체계(사회적으로 종속된 집단의 언어 체계)의 운명은 / 멸종하는 것이었다 / 화자들 중 다수가 소멸되고 나면 //

동격
The remainder shifted to varieties of English, / the language of the people / who had suppressed them. //
주격 관계대명사   과거완료
남은 사람들은 영어의 다양한 변종으로 전환했다 / 사람들의 언어인 / 그들을 억압했던 //

→ Language borrowing / from dominant to subordinate groups / reflects social (A) **inequality**, /
from A to B 구문
언어 차용은 / 지배 집단으로부터 종속 집단으로의 / 사회적 불평등을 반영하는데 /
계속적 용법의 관계부사   = subordinate groups
where the language systems of the latter / often (B) **vanish**
부사절 접속사 (양보)   may have p.p.: ~이었을지도 모른다
/ even though they may have provided some terms, / as exemplified by Dharug in Australia. //
부사절에서
후자의 언어 체계는 / 종종 사라진다 / 몇몇 용어를 제공하기도 했지만 / 호주의 Dharug 언어의 예시에서 보이듯이 //
「주어 +be동사」 생략

- interaction ⓝ 상호 작용　　・unequal ⓐ 불평등한
- construction ⓝ 구조　　・favored ⓐ 혜택을 받고 있는
- terminology ⓝ (전문) 용어　　・progress ⓥ 진전되다
- loan ⓝ 차용, 빌림　　・indigenous ⓐ 토착의　　・fate ⓝ 운명
- extinction ⓝ 멸종　　・suppress ⓥ 억압하다
- dominant ⓐ 우세한　　・exemplify ⓥ 예로 들다
- vanish ⓥ 사라지다　　・imbalance ⓝ 불균형
- prevail ⓥ 널리 퍼지다　　・integration ⓝ 통합
- prosper ⓥ 번영하다

종종 집단 간의 상호 작용은 사회적으로 불평등하며, 이는 많은 경우에 단어 또는 구조의 차용이 대부분 혹은 완전히 한 방향, 즉 더 강하거나 권력을 가진 집단에서 혜택을 덜 받는 집단 쪽으로 이동한다는 사실에 반영된다. (집단 간) 접촉의 상당히 이른 시기부터 사회적으로 종속된 집단의 언어가 더 강한 권력을 가진 집단의 화자들이 전에 잘 몰랐던 물건이나 관습에 대한 용어를 제공할 수도 있지만, 그런 방향으로의 접촉의 결과는 이것 이상 진전되지는 않을 수도 있다. 호주 토착 언어에서 영어로의 몇몇 최초의 차용 출처인 호주 시드니의 Dharug 언어와 같은 몇몇 경우에는, 화자들 중 다수가 소멸되고 나면 그러한 언어 체계(사회적으로 종속된 집단의 언어 체계)의 운명은 멸종하는 것이었다. 남은 사람들은 그들을 억압했던 사람들의 언어인 영어의 다양한 변종으로 (사용 언어를) 전환했다.
→ 지배 집단으로부터 종속 집단으로의 언어 차용은 사회적 (A) **불평등**을 반영하는데, 호주의 Dharug 언어의 예시에서 보이듯이, 후자의 언어 체계는 몇몇 용어를 제공하기도 했지만 종종 (B) **사라진다**.

> 다음 글의 내용을 한 문장으로 요약하고자 한다. 빈칸 (A), (B)에 들어갈 말로 가장 적절한 것은?
>
> | | (A) | | (B) | |
> |---|---|---|---|---|
> | ① | inequality | — | vanish | 종속 집단의 언어는 결국 사라짐 |
> | | 불평등 | | 사라진다 | |
> | ② | imbalance | — | prevail | 종속 집단의 언어가 널리 퍼지게 되는 것이 아님 |
> | | 불균형 | | 널리 퍼진다 | |
> | ③ | integration | — | prosper | 종속 집단의 언어가 번영하게 되는 것이 아님 |
> | | 통합 | | 번영한다 | |
> | ④ | variety | — | decline | 사회의 다양성을 보여주는 것이 아님 |
> | | 다양성 | | 감소한다 | |
> | ⑤ | coordination | — | disappear | 조화를 보여주는 것이 아님 |
> | | 조화 | | 사라진다 | |

왜 정답? ＊＊＊ [정답률 60%]

(A):
> 집단 간의 상호 작용이 불평등하다는 것은 언어가 지배 집단에서 종속 집단으로 차용된다는 사실로 나타난다. 단서 1

➡ 지배 집단에서 종속 집단으로 언어가 차용된다는 사실을 통해 집단 간의 상호 작용이 불평등하다는 것을 알 수 있다고 했으므로, 언어 차용의 방향은 사회의 '불평등 (inequality)'을 반영한다는 표현이 알맞다.

(B):
> Dharug 언어의 예시에서처럼, 종속 집단의 언어 체계는 화자의 소멸과 함께 멸종하는 운명을 맞이한다. 단서 2

➡ 호주의 종속 집단의 언어였던 Dharug 언어는 호주 영어에 일부 차용되기도 했지만, 화자의 소멸과 함께 멸종되었다고 했으므로, 종속 집단의 언어 체계는 종종 '사라진다(vanish)'는 표현이 알맞다.

▶ 요약문의 빈칸에는 각각 ① '불평등'과 '사라진다'가 들어가야 함

왜 오답?

② 사회 불평등의 예시로 언어 차용의 일방향성을 설명하고 있으며, 종속 집단의 언어가 널리 퍼지게 되는 것이 아니라 결국 소멸하게 된다는 내용이다.
③ 사회 불평등의 예시로 언어 차용의 일방향성을 설명하고 있으며, 종속 집단의 언어가 번영하게 되는 것이 아니라 결국 소멸하게 된다는 내용이다.
④ 언어의 차용은 사회의 다양성이 아니라 불평등을 보여주는 것이다.
⑤ 언어의 차용은 사회의 조화가 아니라 불평등을 보여주는 것이다.

＊ 글의 흐름

주제	집단 간의 상호 작용이 불평등하다는 것은 언어가 지배 집단에서 종속 집단으로 일방적으로 차용된다는 사실로 나타남
부연	종속 집단의 언어가 지배 집단의 언어에 일부 용어를 제공할 수는 있지만, 그 이상의 진전은 일어나지 않음
예시	호주의 Dharug 언어는 호주 영어에 일부 차용되기도 했지만, 대다수 사용자의 소멸과 함께 멸종되었고, 남은 이들도 영어로 전환함

Q 04 정답 ② ＊더 좋은 의사 결정에 도움을 주는 감정

of+형용사+명사 = 부사+형용사 (considerably important)
The study of emotions and decision making / is now of
considerable importance. //
감정과 의사 결정에 관한 연구는 / 이제 상당히 중요하다 //

과거분사구 (tools 수식)
This involves / the application of various tools / afforded by
neuroscience. //
이것은 포함한다 / 다양한 도구의 적용을 / 신경과학에 의해 제공되는 //

One important stream of the literature / examines / people with
brain damage /
문헌의 한 가지 중요한 흐름은 / 고찰하는 것이다 / 뇌 손상이 있는 사람과 /

how 의문사절의 주어와 동사
and how damage to particular parts of the brain / known to
과거분사구 (parts 수식)
be responsible for particular cognitive functions / impacts on
decision making. //
뇌의 특정 부분 손상이 어떻게 ~하는지 / 특정 인지 기능을 담당하는 것으로 알려진 / 의사
결정에 어떻게 영향을 (주는지) //

One example of this research / is the work of Antonio Damasio, /
주격 관계대명사   부사절 접속사   수동태 동사
who finds / that when the emotional part of the brain is damaged,
목적어절 접속사
/ this actually reduces / the efficacy of decision making. //
이러한 연구의 한 예는 / Antonio Damasio의 연구인데 / 그는 발견한다 / 뇌의 감정적인
부분이 손상되면 / 이것이 실제로 감소시킨다는 것을 / 의사 결정의 효율성을 //

working의 의미상 주어
Good decisions are a product / of the emotional part of the brain
/ working in conjunction with the deliberative part. //
좋은 결정은 결과물이다 / 뇌의 감정적인 부분이 / 숙고적인 부분과 함께 작용하는 //
단서 1 좋은 결정은 뇌의 숙고적인(이성적인) 부분과 감정적인 부분이 함께 작용한 결과물임
This contradicts / the assumptions of conventional economics,
관계부사
/ where emotions play a negative role / in the decision-making
process. // 단서 2 이는 감정이 의사 결정에서 부정적인 역할을
한다는 전통적인 경제학의 관점과 반대됨
이것은 모순되는데 / 전통적인 경제학의 가정과 / 그것에서 감정이 부정적인 역할을 한다 /
의사 결정 과정에서 //

가주어   진주어절 접속사
Here it is assumed / that decision making can be modeled / as
being generated in a stoic, unemotional fashion, / and that's
why decisions tend to be optimal. //
여기서는 가정된다 / 의사 결정이 모델링될 수 있고 / 냉정하고, 감정적이지 않은 방식으로
이루어지는 것으로 / 그렇기 때문에 결정이 최적인 경향이 있다고 //

목적어절 접속사
But the evidence suggests / that emotions actually play / an
important and, often, a positive role / in decision making. //
그러나 증거는 시사한다 / 감정은 실제로 한다는 것을 / 중요하고, 종종, 긍정적인 역할을 /
의사 결정에 //

→ The brain's emotional part / working in relation with its
현재분사 (part 수식)   = the brain's
deliberative part / (A) enhances the effectiveness of decision
making, /
뇌의 감정적인 부분이 / 뇌의 숙고적인 부분과 작용하는 / 의사 결정의 효율성을
향상시키며 /
계속적 용법의 주격 관계대명사
which (B) counters the ideas about emotions / in the decision-
making process / of traditional economics. //
이것은 감정에 대한 생각에 반한다 / 의사 결정 과정에서의 / 전통적인 경제학의 //

- considerable ⓐ 상당한 · involve ⓥ 포함하다
- application ⓝ 적용 · afford ⓥ 제공하다
- neuroscience ⓝ 신경과학 · stream ⓝ 흐름
- examine ⓥ 조사하다 · cognitive ⓐ 인지의 · efficacy ⓝ 효율성
- conjunction ⓝ 결합 · deliberative ⓐ 숙고하는, 깊이 생각하는
- contradict ⓥ 모순되다 · conventional ⓐ 전통적인, 관습적인
- stoic ⓐ 냉철한 · fashion ⓝ 방식 · optimal ⓐ 최적의
- hinder ⓥ 막다 · counter ⓥ 반하다 · distort ⓥ 왜곡하다
- approve ⓥ 찬성하다

감정과 의사 결정에 관한 연구는 이제 상당히 중요하다. 이것은 신경과학
에 의해 제공되는 다양한 도구의 적용을 포함한다. 문헌의 한 가지 중요한
흐름은 뇌 손상이 있는 사람과 특정 인지 기능을 담당하는 것으로 알려진
뇌의 특정 부분 손상이 의사 결정에 어떻게 영향을 주는지 고찰하는 것이
다. 이러한 연구의 한 예는 Antonio Damasio의 연구인데, 그는 뇌의 감
정적인 부분이 손상되면, 이것이 실제로 의사 결정의 효율성을 감소시킨다
는 것을 발견한다. 좋은 결정은 뇌의 감정적인 부분이 숙고적인 부분과 함
께 작용하는 결과물이다. 이것은 전통적인 경제학의 가정과 모순되는데,
그것에서는 감정이 의사 결정 과정에서 부정적인 역할을 한다. 여기서는
의사 결정이 냉정하고, 감정적이지 않은 방식으로 이루어지는 것으로 모델
링될 수 있고, 그렇기 때문에 결정이 최적인 경향이 있다고 가정된다. 그러
나 증거는 감정은 실제로 의사 결정에 중요하고, 종종, 긍정적인 역할을 한
다는 것을 시사한다.

→ 뇌의 숙고적인 부분과 함께 작용하는 뇌의 감정적인 부분이 의사 결정
의 효율성을 (A) 향상시키며, 이것은 전통적인 경제학의 의사 결정 과정에
서의 감정에 대한 생각에 (B) 반한다.

다음 글의 내용을 한 문장으로 요약하고자 한다. 빈칸 (A), (B)에 들어갈
말로 가장 적절한 것은? [3점]

	(A)		(B)	
①	hinders 막다	—	denies 부인하다	감정은 이성과 함께 작용하여 의사 결정의 효율성을 향상시킨다고 했으므로, '막는다'는 표현은 적절하지 않음
②	enhances 향상시키다	—	counters 반하다	감정은 효율적인 의사 결정을 촉진하며, 이는 전통적인 경제학에서 바라본 감정과는 상반됨
③	controls 통제하다	—	distorts 왜곡하다	감정은 이성과 함께 작용하여 의사 결정의 효율성을 향상시킨다고 했으므로, '통제한다'는 표현은 적절하지 않음
④	enhances 향상시키다	—	confirms 확인하다	전통적인 관점과 상반되므로, '확인한다'는 표현은 적절하지 않음
⑤	hinders 막다	—	approves 찬성하다	

> 왜 정답 ? ★★★ [정답률 47%]

(A):
좋은 결정은 뇌의 감정적인 부분이 숙고적인 부분과 함께 작용하는 결과물이다.
단서 1

→ 좋은 결정은 뇌의 숙고적인(이성적인) 부분과 감정적인 부분이 함께 작용한 결과물
이라고 했으므로, 뇌의 숙고적인 부분과 함께 작용하는 뇌의 감정적인 부분은 의사
결정의 효율성을 '향상시킨다(enhances)'는 표현이 알맞다.

(B):
이것은 전통적인 경제학의 가정과 모순되는데, 그것에서는 감정이 의사 결정 과정에
서 부정적인 역할을 한다. 단서 2

→ 감정이 의사 결정의 효율성을 향상시킨다는 연구 결과는 감정이 의사 결정에서 배
제되어야 한다는 전통적인 경제학의 관점과 반대된다고 했으므로, 이는 전통적인
경제학의 의사 결정 과정에서의 감정에 대한 생각에 '반한다(counters)'는 표현이
알맞다. ▶ 요약문의 빈칸에는 각각 ② '향상시키다'와 '반하다'가 들어가야 함

> 왜 오답 ?

① 감정은 이성과 함께 작용하여 의사 결정의 효율성을 향상시킨다고 했으므로, '막는
다'는 표현은 적절하지 않다.
③ 감정은 이성과 함께 작용하여 의사 결정의 효율성을 향상시킨다고 했으므로, '통제
한다'는 표현은 적절하지 않다.
④ 감정이 중요하다는 연구 결과는 감정을 부정적으로 여긴 전통적인 경제학의 관점과
상반되므로, '확인한다'는 표현은 적절하지 않다.
⑤ 감정은 이성과 함께 작용하여 의사 결정의 효율성을 향상시킨다고 했으므로, '막는
다'는 표현은 적절하지 않다.

＊ 글의 흐름

연구 내용	뇌의 감정적인 부분이 손상되면 실제로 의사 결정의 효율성이 감소함
연구 결과	좋은 결정은 뇌의 감정적인 부분과 이성적인 부분이 함께 작용한 결과물임
부연	이 관점은 감정을 부정적으로 여겼던 전통적인 경제학과 상반됨
결론	감정은 실제로 의사 결정에 중요하고, 종종 긍정적인 역할을 함

Mother cats can tell / which kittens belong to them / — when
litters are mixed up / they use their kittens' scent / to distinguish
them / from offspring of other mothers. //
어미 고양이는 구별할 수 있는데 / 어느 새끼 고양이가 자신의 것인지를 / 새끼들이 섞여
있으면 / 그것들은 자기 새끼 고양이의 냄새를 사용한다 / 자신의 새끼 고양이를 구별하기
위해 / 다른 어미 고양이의 새끼와 //

Despite this, / when faced with a selection of kittens / who have
wandered from the nest, / her own and others that aren't hers, /
이에도 불구하고 / 새끼 고양이들을 선별하는 상황을 직면했을 때 / 보금자리에서 벗어나
헤매는 / 그녀 자신의 것과 그녀의 것이 아닌 /

a mother cat doesn't appear / to favor her own offspring / when
retrieving them. //
어미 고양이는 보이지 않는다 / 자기 자신의 새끼를 편애하는 것으로 / 새끼들을 되찾아올 때 //
단서 1 어미 고양이들은 자신의 새끼를 선별할 수
있음에도, 자신의 새끼만을 편애하지 않음

The reason for this is uncertain, / 이것에 대한 이유는 불확실하다 /
although distress vocalizations from kittens / that are lost from
their nest / are known to be very powerful, / so it may just be
hard / for the mother to resist retrieving them, /
비록 새끼 고양이의 조난 발성이 / 보금자리에서 길을 잃은 / 매우 강력하다고 알려져 있고 /
그래서 어려울 수 있음에도 불구하고 / 어미가 새끼들을 되찾아오는 것을 거부하는 것이 /

regardless of whether they are hers. //
자신의 새끼인지의 여부와 상관없이 //

In the wild, / a squeaking kitten out in the open / is likely to
attract predators, / which is bad news / for any other kittens
around it. //
야생에서는 / 외부 개방된 곳에서 끽끽하는 소리를 내는 새끼 고양이는 / 포식자를 유인할
가능성이 높은데 / 이는 나쁜 소식이다 / 그것 주변의 다른 어떤 새끼 고양이들에게도 //

A rapid rescue / of any crying kitten / would be a good strategy
/ to prevent them from drawing unwanted attention. //
신속하게 구조하는 것은 / 어떤 울고 있는 새끼 고양이라도 / 좋은 전략일 것이다 / 원치 않는
관심을 끄는 것을 막는 //
단서 2 울고 있는 고양이를 신속하게 구조해야 포식자로부터 안전할 것임

→ Although mother cats can identify their own offspring, /
they are likely to (A) **collect** / any lost crying kittens, / possibly
to reduce the chances / of being (B) **detected** by predators. //
어미 고양이들이 자기 자신의 새끼를 식별할 수 있음에도 불구하고 / 그들은 데려올
가능성이 크다 / 길을 잃고 우는 어떠한 새끼 고양이들이라도 / 아마도 가능성을 줄이기
위해 / 포식자들에 의해 탐지될 //

- kitten ⓝ 새끼 고양이　　- litter ⓝ 한 배에서 난 새끼들　　- scent ⓝ 냄새
- offspring ⓝ 자식, 새끼　　- wander ⓥ 헤매다, 방황하다
- favor ⓥ 편애하다　　- retrieve ⓥ 되찾다　　- distress ⓝ 조난, 곤경
- vocalization ⓝ 발성　　- resist ⓥ 거부하다　　- predator ⓝ 포식자
- rapid ⓐ 신속한　　- rescue ⓝ 구조　　- unwanted ⓐ 원치 않는
- deceive ⓥ 속이다　　- detect ⓥ 탐지하다　　- distract ⓥ 산만하게 하다

어미 고양이는 어느 새끼 고양이가 자신의 것인지를 구별할 수 있는데, 새
끼들이 섞여 있으면 그것들은 자신의 새끼 고양이를 다른 어미 고양이의 새
끼와 구별하기 위해 자기 새끼 고양이의 냄새를 사용한다. 이에도 불구하
고, 보금자리에서 벗어나 헤매는 그녀 자신의 것과 그녀의 것이 아닌 새끼
고양이들을 선별하는 상황을 직면했을 때, 어미 고양이는 새끼들을 되찾아
올 때 자기 자신의 새끼를 편애하는 것으로 보이지 않는다. 비록 보금자리
에서 길을 잃은 새끼 고양이의 조난 발성이 매우 강력하다고 알려져 있고,
그래서 자신의 새끼인지의 여부와 상관없이, 어미가 새끼들을 되찾아오는
것을 거부하는 것이 어려울 수 있음에도 불구하고, 이것에 대한 이유는 불
확실하다. 야생에서는, 외부 개방된 곳에서 끽끽하는 소리를 내는 새끼 고양
이는 포식자를 유인할 가능성이 높은데, 이는 그것 주변의 다른 어떤 새끼
고양이들에게도 나쁜 소식이다. 어떤 울고 있는 새끼 고양이라도 신속하게
구조하는 것은 원치 않는 관심을 끄는 것을 막는 좋은 전략일 것이다.

→ 어미 고양이들이 자기 자신의 새끼를 식별할 수 있음에도 불구하고, 그
들은 아마도 포식자들에 의해 (B) **탐지될** 가능성을 줄이기 위해 길을 잃고
우는 어떠한 새끼 고양이들이라도 (A) **데려올** 가능성이 크다.

**다음 글의 내용을 한 문장으로 요약하고자 한다. 빈칸 (A), (B)에 들어갈
말로 가장 적절한 것은?**

	(A)		(B)	
①	raise	—	deceived	포식자에게 '속지' 않기 위함은 아님
	기르다		속을	
②	collect	—	detected	고양이들은 새끼를 '데려오는데', 그 이유는 포식자들에게 탐지되지 않으려는 것임
	데려오다		탐지될	
③	collect	—	distracted	포식자에게 '산만해지지' 않기 위함은 아님
			산만해질	
④	abandon	—	awakened	고양이는 모든 새끼를 '데려온다'고 했음
	버리다		깨어날	
⑤	abandon	—	chased	고양이는 모든 새끼를 '데려온다'고 했음
			쫓길	

＞왜 정답 ？ ★★★ [정답률 45%]

(A):

> 이에도 불구하고, 보금자리에서 벗어나 헤매는 그녀 자신의 것과 그녀의 것이 아닌
> 새끼 고양이들을 선별하는 상황을 직면했을 때, 어미 고양이는 새끼들을 되찾아올
> 때 자기 자신의 새끼를 편애하는 것으로 보이지 않는다. **단서 1**

→ 어미 고양이들은 자신의 새끼를 선별할 수 있음에도, 새끼를 되찾아올 때 자신의 새
　끼만을 편애하지 않고 어떤 새끼 고양이라도 데려온다고 했으므로, 고양이들은 길
　을 잃고 울고 있는 어떤 새끼 고양이라도 '데려온다(collect)'는 표현이 알맞다.

(B):

> 어떤 울고 있는 새끼 고양이라도 신속하게 구조하는 것은 원치 않는 관심을 끄는 것
> 을 막는 좋은 전략일 것이다. **단서 2**

→ 자기 새끼가 아니더라도 울고 있는 고양이를 신속하게 구조해야 포식자의 관심을
　끌지 않게 된다고 했으므로, 이러한 행동은 포식자들에게 '탐지될(detected)' 가능
　성을 줄이기 위함이라는 표현이 알맞다.

▶ 요약문의 빈칸에는 각각 ② '데려오다'와 '탐지될'이 들어가야 함

＞왜 오답 ？

① 고양이가 울고 있는 아무 새끼나 데려오는 이유는 포식자에게 '탐지되지' 않기 위함
　이지, '속지' 않기 위함이라는 표현은 적절하지 않다.

③ 고양이가 울고 있는 아무 새끼나 데려오는 이유는 포식자에게 '탐지되지' 않기 위함
　이지, '산만해지지' 않기 위함이라는 표현은 적절하지 않다.

④ 고양이는 자신의 새끼를 구별할 수 있음에도 길을 잃고 울고 있는 모든 새끼를 '데려
　온다'고 했으므로, '버린다'는 표현은 적절하지 않다.

⑤ 고양이는 자신의 새끼를 구별할 수 있음에도 길을 잃고 울고 있는 모든 새끼를 '데려
　온다'고 했으므로, '버린다'는 표현은 적절하지 않다.

＊ 글의 흐름

현상	어미 고양이는 냄새를 통해 자신의 새끼와 다른 새끼를 구별할 수 있지만, 보금자리를 잃은 새끼를 다시 데려올 때 이를 구별하지 않고 모두 데려옴
이유 ①	새끼 고양이들의 조난 발성이 강렬해 자신의 새끼가 아니더라도 외면하기 어려울 수 있음
이유 ②	새끼 고양이들의 조난 발성은 포식자를 유인할 수 있기 때문에 재빨리 구조하여 주변의 안전을 지키고자 함

Q 06 정답 ① *인지가 색 지각에 미치는 영향

There is research / that supports the idea / that cognitive factors
influence the phenomenology / of the perceived world. //
연구가 있다 / 생각을 뒷받침하는 / 인지적 요인들이 현상학에 영향을 미친다는 / 지각된
세계의 //

Delk and Fillenbaum asked participants / to match the color of
figures / with the color of their background. //
Delk와 Fillenbaum은 참가자들에게 요청했다 / 형상들의 색상을 맞추도록 / 배경 색상과 //

Some of the figures depicted objects / associated with a
particular color. //
몇몇 형상들은 물체들을 묘사했다 / 특정 색상과 연관된 //

These included / typically red objects / such as an apple, lips,
and a symbolic heart. //
그것들은 포함했다 / 전형적인 빨간색 물체를 / 사과, 입술, 상징적인 하트 모양과 같이 //

Other objects were presented / that are not usually associated
with red, / such as a mushroom or a bell. //
다른 물체들도 제시되었다 / 빨간색과 일반적으로 연관이 되지 않는 / 버섯이나 종과 같은 //

However, all the figures / were made out of the same red-orange
cardboard. //
그러나 모든 형상들은 / 동일한 다홍색 판지로 만들어졌다 //

Participants then had to match the figure / to a background /
varying from dark to light red. //
그리고 나서 참가자들은 그 형상을 맞춰야 했다 / 배경색 / 진한 빨간색에서 연한
빨간색까지 다양한 //

They had to make the background color match / the color of the
figures. //
그들은 배경색이 일치하게 해야 했다 / 형상들의 색과 //

The researchers found / that red-associated objects / required
more red in the background / to be judged a match / than did
the objects / that are not associated with the color red. //
연구자들은 발견했다 / 빨간색과 연관된 물체들이 / 배경에서 더 빨간색을 요구한다는 것을 /
일치한다고 판단되기 위해서 / 물체가 그러한 것보다 / 빨간색과 연관이 없는 //

This implies / that the cognitive association of objects to color /
influences / how we perceive that color. //
이것은 함의한다 / 색과 물체의 인지적 연관성이 / 영향을 미친다는 것을 / 우리가 그 색을
어떻게 지각하는가에 //

> **단서 1** 사람들은 빨간색과 관련 있는 모양일수록 더 진한 빨간 배경에 잘 어울린다고 느낌

> **단서 2** 이는 사물에 대해 평소에 알고 있던 인지가 실제 우리가 색을 인식하는 방식에 영향을 준다는 것을 의미함

→ In one study, / participants chose (A) **greater** redness /
when asked to match the color of objects / that are usually red
/ to a background with the same color, /
한 연구에서 / 참가자들은 더 진한 빨강을 선택했는데 / 물체의 색상과 일치시키도록
요청받았을 때 / 일반적으로 빨간색인 / 같은 색상의 배경을 /
which showed / that their (B) **knowledge** about the colors of
objects / influenced their perceptual judgment. //
이는 보여준다 / 물체들의 색상에 대한 그들의 지식이 / 그들의 지각적 판단에 영향을
미쳤다는 것을 //

- cognitive ⓐ 인지적인
- participant ⓝ 참여자
- symbolic ⓐ 상징적인
- association ⓝ 연관성
- diminished ⓐ 줄어든
- phenomenology ⓝ 현상학
- depict ⓥ 묘사하다
- imply ⓥ 함의하다, 암시하다
- intense ⓐ 강렬한

인지적 요인들이 지각된 세계의 현상학에 영향을 미친다는 생각을 뒷받침
하는 연구가 있다. Delk와 Fillenbaum은 참가자들에게 형상들의 색상을
배경 색상과 맞추도록 요청했다. 몇몇 형상들은 특정 색상과 연관된 물체
들을 묘사했다. 그것들은 사과, 입술, 상징적인 하트 모양과 같이 전형적인
빨간색 물체를 포함했다. 버섯이나 종과 같이 빨간색과 일반적으로 연관이
되지 않는 다른 물체들도 제시되었다. 그러나, 모든 형상들은 동일한 다홍
색 판지로 만들어졌다. 그리고 나서 참가자들은 그 형상을 진한 빨간색에
서 연한 빨간색까지 다양한 배경색과 맞춰야 했다. 그들은 배경색이 형상
들의 색과 일치하게 해야 했다. 연구자들은 빨간색과 연관된 물체들이 빨
간색과 연관이 없는 물체가 그러한 것보다 배경과 일치한다고 판단되기 위
해서 배경에서 더 빨간색을 요구한다는 것을 발견했다. 이것은 색과 물체
의 인지적 연관성이 우리가 그 색을 어떻게 지각하는가에 영향을 미친다는
것을 함의한다.
→ 한 연구에서, 참가자들은 일반적으로 빨간색인 물체의 색상과 같은 색
상의 배경을 일치시키도록 요청받았을 때, (A) **더 진한** 빨강을 선택했는
데, 이는 물체들의 색상에 대한 그들의 (B) **지식**이 그들의 지각적 판단에
영향을 미쳤다는 것을 보여준다.

다음 글의 내용을 한 문장으로 요약하고자 한다. 빈칸 (A), (B)에 들어갈
말로 가장 적절한 것은? [3점]

	(A)		(B)	
①	greater 더 진한	—	knowledge 지식	물체에 대한 지식이 실제 색상 지각에 영향을 미침
②	faded 흐린	—	recognition 인식	'흐린' 빨간색이 아니라 '더 진한' 빨간색을 선택함
③	intense 강렬한	—	indifference 무관심	'무관심'이 아니라, '인식'이 영향을 미친 것임
④	diminished 줄어든	—	experience 경험	'줄어든' 빨간색이 아니라 '더 진한' 빨간색을 선택함
⑤	softer 더 연한	—	feeling 감정	'더 연한' 빨간색이 아니라 '더 진한' 빨간색을 선택함

＞왜 정답 ? ✽✽✽ [정답률 49%]

(A):

> 연구자들은 빨간색과 연관된 물체들이 빨간색과 연관이 없는 물체가 그러한 것보다
> 배경과 일치한다고 판단되기 위해서 배경에서 더 빨간색을 요구한다는 것을 발견했
> 다. **단서 1**

→ 연구 결과, 사람들은 빨간색과 관련 있는 모양일수록 (빨간색과 관련이 없는 물체가
그러한 것보다) 더 진한 빨간 배경에 잘 어울린다고 느꼈다고 했으므로, 그들이 '더
진한(greater)' 빨강을 선택했다는 표현이 알맞다.

(B):

> 이것은 색과 물체의 인지적 연관성이 우리가 그 색을 어떻게 지각하는가에 영향을
> 미친다는 것을 함의한다. **단서 2**

→ 이는 사물에 대해 평소에 알고 있던 인지가 실제 우리가 색을 지각하는 방식에 영향
을 준다는 것을 의미한다고 했으므로, 그들의 지각적 판단에 영향을 미친 것은 물체
들의 색상에 대한 '지식(knowledge)'이라는 표현이 알맞다.

▶ 요약문의 빈칸에는 각각 ① '더 진한'과 '지식'이 들어가야 함

＞왜 오답 ?

② 사람들은 일반적으로 빨간 물체와 어울리는 배경으로 '흐린' 빨간색이 아니라 '더 진
한' 빨간색을 선택한다는 내용이다.

③ 물체에 대한 '무관심'이 아니라, '인식'이 색상 지식에 영향을 미쳤다는 내용이다.

④ 사람들은 일반적으로 빨간 물체와 어울리는 배경으로 '줄어든' 빨간색이 아니라 '더
진한' 빨간색을 선택한다는 내용이다.

⑤ 사람들은 일반적으로 빨간 물체와 어울리는 배경으로 '더 연한' 빨간색이 아니라 '더
진한' 빨간색을 선택한다는 내용이다.

✻ 글의 흐름

도입	인지적 요인들이 지각된 현상에 영향을 미친다는 연구가 있음
연구 내용	전형적인 빨간색 물체와 빨간색과 일반적으로 연관이 없는 물체들의 형상을 배경 색상과 맞추도록 함
연구 결과	피실험자들은 전형적인 빨간색 물체를 일반적으로 빨간색과 연관이 없는 물체들보다 더 진한 빨간색 배경에 일치시킴
결론	색과 물체의 인지적 연관성이 우리가 색을 실제로 어떻게 지각하는가에 영향을 미침

과거분사구 (data 수식)
The fast-growing, tremendous amount of data, / collected and
stored in large and numerous data repositories, /
빠르게 증가하는 엄청난 양의 데이터는 / 크고 많은 데이터 저장소에 수집되고 저장되어 /

has far exceeded our human ability / for understanding without
powerful tools. // 단서 1 데이터는 인간이 도구 없이 이해할 수
있는 능력을 훨씬 능가하여 압도하고 있음
우리 인간의 능력을 훨씬 뛰어넘었다 / 효과적인 도구 없이는 이해할 수 있는 //

과거분사구 (data 수식)
As a result, / data collected in large data repositories / become
"data tombs" / — data archives that are hardly visited. //
주격 관계대명사
결과적으로 / 대규모 데이터 저장소에서 수집된 데이터는 / '데이터 무덤'이 된다 / 즉 찾는
사람이 거의 없는 데이터 보관소 //

Important decisions are often made / based not on the
information-rich data stored in data repositories / but rather on
not A but rather B 구문
a decision maker's instinct, /
중요한 의사 결정이 종종 내려지기도 하는데 / 데이터 저장소에 저장된 정보가 풍부한
데이터가 아닌 / 의사 결정자의 직관에 기반하여 /

형용사적 용법 (tools 수식)
simply because the decision maker does not have the tools / to
extract the valuable knowledge / hidden in the vast amounts of
data. //
과거분사구 (knowledge 수식)
이는 단지 의사 결정자가 도구를 가지고 있지 않기 때문이다 / 가치 있는 지식을 추출할 수
있는 / 방대한 양의 데이터에 숨겨진 //

현재완료의 수동태   형용사적 용법 (efforts 수식)
Efforts have been made / to develop expert system and
knowledge-based technologies, /
노력이 있어 왔는데 / 전문가 시스템과 지식 기반 기술을 개발하려는 /

which typically rely on / users or domain experts / to *manually*
계속적 용법의 주격 관계대명사
input knowledge into knowledge bases. //
이는 일반적으로 의존한다 / 사용자나 분야(별) 전문가가 / 지식을 '수동으로' 지식 기반에
입력하는 것에 //

However, this procedure / is likely to cause biases and errors /
'~하기 쉽다'
and is extremely costly and time consuming. //
그러나 이 방법은 / 편견과 오류를 일으키기 쉽고 / 비용과 시간이 엄청나게 든다 //

The widening gap between data and information / calls for the
주격 관계대명사   turn A into B: A를 B로 바꾸다
systematic development of tools / that can turn data tombs / into
"golden nuggets" of knowledge. // 단서 2 데이터 무덤에서 가치 있는 지식을 얻을
수 있도록 도와주는 도구가 개발되어야 함
점점 더 벌어지는 데이터와 정보 간의 격차로 인해 / 도구의 체계적인 개발이 요구된다 /
데이터 무덤을 바꿀 수 있는 / 지식의 '금괴'로 //

→ As the vast amounts of data / stored in repositories /
(A) **overwhelm** human understanding, /
과거분사구 (data 수식)
방대한 양의 데이터는 / 저장소에 저장된 / 인간의 이해를 압도하기 때문에 /
형용사적 용법 (tools 수식)
effective tools to (B) **obtain** valuable knowledge / are required
/ for better decision-making. //
가치 있는 지식을 얻기 위한 효과적인 도구가 / 요구된다 / 더 나은 의사 결정을 위해 //

- **fast-growing** 빨리 성장하는   · **tremendous** ⓐ 엄청난
- **numerous** ⓐ 수많은   · **exceed** ⓥ 능가하다   · **tomb** ⓝ 무덤
- **archive** ⓝ 보관소   · **extract** ⓥ 추출하다   · **manually** ⓐⓓ 수동으로
- **input** ⓥ 입력하다   · **costly** ⓐ 비용이 드는
- **time consuming** 시간 소모가 큰   · **call for** ~을 요구하다

빠르게 증가하는 엄청난 양의 데이터는, 크고 많은 데이터 저장소에 수집
되고 저장되어, 우리 인간이 효과적인 도구 없이는 이해할 수 있는 능력을
훨씬 뛰어넘었다. 결과적으로, 대규모 데이터 저장소에서 수집된 데이터는
'데이터 무덤', 즉 찾는 사람이 거의 없는 데이터 보관소가 된다. 중요한 의
사 결정이 종종 데이터 저장소에 저장된 정보가 풍부한 데이터가 아닌 의

사 결정자의 직관에 기반하여 내려지기도 하는데, 이는 단지 의사 결정자
가 방대한 양의 데이터에 숨겨진 가치 있는 지식을 추출할 수 있는 도구를
가지고 있지 않기 때문이다. 전문가 시스템과 지식 기반 기술을 개발하려
는 노력이 있어 왔는데, 이는 일반적으로 사용자나 분야(별) 전문가가 지식
을 '수동으로' 지식 기반에 입력하는 것에 의존한다. 그러나 이 방법은 편견
과 오류를 일으키기 쉽고 비용과 시간이 엄청나게 든다. 점점 더 벌어지는
데이터와 정보 간의 격차로 인해 데이터 무덤을 지식의 '금괴'로 바꿀 수 있
는 도구의 체계적인 개발이 요구된다.
→ 저장소에 저장된 방대한 양의 데이터는 인간의 이해를 (A) **압도하기** 때
문에, 더 나은 의사 결정을 위해 가치 있는 지식을 (B) **얻기** 위한 효과적인
도구가 요구된다.

> 다음 글의 내용을 한 문장으로 요약하고자 한다. 빈칸 (A), (B)에 들어갈
> 말로 가장 적절한 것은?
>
> | | (A) | | (B) | |
> |---|---|---|---|---|
> | ① | overwhelm
압도하다 | — | obtain
얻다 | 엄청난 양의 데이터는 인간의 이해를 압도해, 가치 있는
지식을 얻기 위한 도구가 필요함 |
> | ② | overwhelm | — | exchange
교환하다 | 지식을 교환하는 것은 아님 |
> | ③ | enhance
향상하다 | — | apply
적용하다 | 인간의 이해를 향상한다는 것은 아님 |
> | ④ | enhance | — | discover
발견하다 | |
> | ⑤ | fulfill
달성하다 | — | access
접근하다 | 인간의 이해를 달성한다는 것은 아님 |

＞왜 정답 ? ★★❀ [정답률 52%]

(A):
> 빠르게 증가하는 엄청난 양의 데이터는, 크고 많은 데이터 저장소에 수집되고
> 저장되어, 우리 인간이 효과적인 도구 없이는 이해할 수 있는 능력을 훨씬
> 뛰어넘었다. 단서 1

➡ 데이터 저장소에 수집된 방대한 양의 데이터는 인간이 도구 없이 이해할 수 있는
능력을 훨씬 능가했다고 했으므로, 인간의 이해를 '압도했다(overwhelm)'는
표현이 알맞다.

(B):
> 점점 더 벌어지는 데이터와 정보 간의 격차로 인해 데이터 무덤을 지식의 '금괴'로
> 바꿀 수 있는 도구의 체계적인 개발이 요구된다. 단서 2

➡ 데이터 무덤을 지식의 금괴로 바꿀 도구가 개발되어야 한다고 했으므로, 방대한
데이터에서 가치 있는 지식을 '얻는다(obtain)'는 표현이 알맞다.
▶ 요약문의 빈칸에는 각각 ① '압도하다'와 '얻다'가 들어가야 함

＞왜 오답 ?

② 가치 있는 지식을 얻기 위한 도구가 필요할 뿐, 지식을 교환하는 것은 아니다.
③ 인간의 이해를 압도할 정도의 방대한 데이터를 설명하고 있으므로, 인간의 이해를
　 향상한다는 것은 아니고, 가치 있는 지식을 얻기 위한 도구를 설명하고 있으므로,
　 지식을 적용한다는 것은 아니다.
④ 인간의 이해를 압도할 정도의 방대한 데이터를 설명하고 있으므로, 인간의 이해를
　 향상한다는 것은 아니다.
⑤ 인간의 이해를 압도할 정도의 방대한 데이터를 설명하고 있으므로, 인간의 이해를
　 달성한다는 것은 아니다.

＊ 글의 흐름

도입	데이터 저장소에 수집된 방대한 양의 데이터는 인간이 도구 없이 이해할 수 있는 능력을 훨씬 능가함
문제	방대한 데이터에서 가치 있는 지식을 찾도록 도와주는 도구가 없어서 의사 결정은 데이터보다는 결정권자의 직관에 의존하게 됨
해결	더 나은 의사 결정을 위해서는 데이터의 무덤에서 중요한 지식을 얻을 수 있는 도구가 개발되어야 함

단서 1 다른 사람들이 우리를 어떻게 볼지에 대한 걱정과 영향은 나이에 따라 다르게 나타남

The concern about how we appear to others / can be seen in
children, / though work by the psychologist Ervin Staub
suggests / that the effect may vary with age. //
다른 사람들에게 우리가 어떻게 보이는지에 대한 걱정은 / 아이들에게서 보일 수 있다 /
하지만 심리학자 Ervin Staub의 연구는 시사한다 / 그 영향이 나이에 따라 달라질 수도
있다고 //

In a study / where children heard another child in distress, /
한 연구에서 / 아이들이 곤경에 처한 다른 아이의 소리를 들었던 /

young children (kindergarten through second grade) were /
more likely to help the child in distress / when with another
child / than when alone. //
어린아이들(유치원에서 2학년까지)은 / 곤경에 처한 아이를 도울 가능성이 더 높았다 / 다른
아이와 함께 있을 때 / 혼자 있을 때보다 //

But for older children / — in fourth and sixth grade — / the
effect reversed: /
하지만 나이가 더 많은 아이들의 경우에는 / 4학년과 6학년과 같이 / 그 결과가 뒤바뀌었는데 /

they were less likely to help a child in distress / when they were
with a peer / than when they were alone. //
그들은 곤경에 처한 아이를 도울 가능성이 더 낮았다 / 또래와 함께 있을 때 / 혼자 있을
때보다 //

단서 2 나이가 더 많은 아이들은 또래와 함께 있을 때 도울 가능성이 더 낮음

Staub suggested / that younger children might feel more
comfortable acting / when they have the company of a peer, /
Staub은 말했다 / 더 어린아이들은 행동하는 데 더 편안함을 느낄지도 모른다 / 또래와 함께
있을 때 /

단서 3 나이가 더 많은 아이들은 주변의 시선과 판단에 두려움과 창피함을 느낌

whereas older children might feel more concern / about being
judged by their peers / and fear / feeling embarrassed by
overreacting. //
반면 나이가 더 많은 아이들은 더욱 걱정하며 / 자기 또래들에게 판단받는 것을 /
두려워할지도 모른다 / 과잉 반응에 의해 창피함을 느끼는 것을 //

Staub noted / that "older children seemed to discuss the distress
sounds less / and to react to them less openly / than younger
children." //
Staub은 언급했다 / "나이가 더 많은 아이들은 곤경(에 처한 아이들)의 소리에 대해 덜
이야기하고 / 덜 공공연하게 반응하는 것처럼 보였다"라고 / 더 어린 아이들에 비해 //

In other words, / the older children were deliberately putting on
a poker face / in front of their peers. //
다시 말해서 / 나이가 더 많은 아이들은 의도적으로 무표정한 얼굴을 하고 있었다 / 자기
또래들 앞에서 //

→ The study suggests / that, contrary to younger children, /
older children are less likely to help those in distress / in the
(A) presence of others /
연구는 시사한다 / 더 어린아이들과는 반대로 / 나이가 더 많은 아이들은 곤경에 처한
아이들을 도울 가능성이 더 낮으며 / 다른 사람들이 있을 때 /

because they care more about / how they are (B) evaluated. //
그 이유는 그들은 ~에 대해 더 많이 신경 쓰기 때문이다 / 자신이 어떻게 평가받는지에 //

- psychologist ⓝ 심리학자   · vary ⓥ 다르다
- distress ⓝ 곤경   · kindergarten ⓝ 유치원
- reverse ⓥ 뒤바뀌다   · embarrassed ⓐ 창피한, 당황한
- overreact ⓥ 과잉 반응하다   · openly ⓐⓓ 공공연하게
- deliberately ⓐⓓ 의도적으로   · poker face 무표정한 얼굴

다른 사람들에게 우리가 어떻게 보이는지에 대한 걱정은 아이들에게서 보
일 수 있지만, 심리학자 Ervin Staub의 연구는 그 영향이 나이에 따라 달
라질 수도 있다고 시사한다. 아이들이 곤경에 처한 다른 아이의 소리를 들
었던 한 연구에서, 어린아이들(유치원에서 2학년까지)은 혼자 있을 때보다
다른 아이와 함께 있을 때 곤경에 처한 아이를 도울 가능성이 더 높았다.

하지만 4학년과 6학년과 같이 나이가 더 많은 아이들의 경우에는, 그 결과
가 뒤바뀌었는데, 그들은 혼자 있을 때보다 또래와 함께 있을 때 곤경에 처
한 아이를 도울 가능성이 더 낮았다. Staub은 더 어린아이들은 또래와 함
께 있을 때 행동하는 데 더 편안함을 느낄지도 모르는 데 반해, 나이가 더
많은 아이들은 자기 또래들에게 판단받는 것을 더욱 걱정하며 과잉 반응에
의해 창피함을 느끼는 것을 두려워할지도 모른다고 말했다. Staub은 "나이
가 더 많은 아이들은 더 어린 아이들에 비해 곤경(에 처한 아이들)의 소리
에 대해 덜 이야기하고, 덜 공공연하게 반응하는 것처럼 보였다."라고 언급
했다. 다시 말해서, 나이가 더 많은 아이들은 의도적으로 자기 또래들 앞에
서 무표정한 얼굴을 하고 있었다.
→ 연구는 더 어린아이들과는 반대로, 나이가 더 많은 아이들은 다른 사람
들이 (A) 있을 때 곤경에 처한 아이들을 도울 가능성이 더 낮으며, 그 이유
는 그들은 자신이 어떻게 (B) 평가받는지에 대해 더 많이 신경 쓰기 때문이
라고 시사한다.

다음 글의 내용을 한 문장으로 요약하고자 한다. 빈칸 (A), (B)에 들어갈
말로 가장 적절한 것은?

	(A)		(B)	
①	presence	—	evaluated	자신이 어떻게 평가받을지를 신경을 쓰기 때문에 다른 있음 / 평가받다 / 사람들이 있을 때 돕지 않음
②	presence	—	motivated	동기 부여받는 것이 아님
	있음		동기를 부여받다	
③	absence	—	viewed	또래가 있기 때문에 주변의 평가에 신경을 씀
	없음		보이다	
④	absence	—	assisted	또래가 있기 때문에 주변의 평가에 신경을 씀
			도움을 받다	
⑤	audience	—	trained	자신이 어떻게 훈련되는지에 관한 내용은 언급되지 않음
	청중		훈련되다	

왜 정답? ✹✹✹ [정답률 61%]

(A):

하지만 4학년과 6학년과 같이 나이가 더 많은 아이들의 경우에는, 그 결과가
뒤바뀌었는데, 그들은 혼자 있을 때보다 또래와 함께 있을 때 곤경에 처한 아이를
도울 가능성이 더 낮았다. **단서 2**

→ 나이가 더 많은 아이들은 또래와 함께 있을 때 곤경에 처한 친구를 돕지 않으려 할
것이라 했으므로, 다른 사람들이 '있을(presence)' 때라는 표현이 알맞다.

(B):

Staub은 더 어린아이들은 또래와 함께 있을 때 행동하는 데 더 편안함을 느낄지도
모르는 데 반해, 나이가 더 많은 아이들은 자기 또래들에게 판단받는 것을 더욱
걱정하며 과잉 반응에 의해 창피함을 느끼는 것을 두려워할지도 모른다고 말했다.
단서 3

→ 나이가 더 많은 아이들이 주변에 또래가 있을 때 곤경에 처한 친구를 돕지 않는
이유는 주변의 시선과 판단을 걱정하기 때문이라 했으므로, 자신이 어떻게
'평가받을지(evaluated)' 신경 쓰는 것이다.
▶ 요약문의 빈칸에는 각각 ① '있음'과 '평가받는지'가 들어가야 함

왜 오답?

② 나이가 더 많은 아이들은 자신이 어떻게 동기 부여를 받을지를 신경 쓰는 것이
아니다.

③ 나이가 더 많은 아이들이 곤경에 처한 아이들을 돕지 않았던 것은 또래가 없는
환경이 아니다.

④ 나이가 더 많은 아이들이 주변의 평가에 신경을 썼던 환경은 또래가 없는 환경이
아니다.

⑤ 자신이 어떻게 훈련되는지에 관한 내용은 언급되지 않았다.

＊ 글의 흐름

도입	다른 사람들이 우리를 어떻게 볼지에 대한 걱정과 영향은 나이에 따라 달리 나타남
연구 내용	혼자 있는 경우와 다른 아이와 함께 있는 경우, 곤경에 처한 친구가 있을 때 어떻게 반응하는지를 관찰함
연구 결과	더 어린아이들은 주변에 누군가 있을 때 행동하는 것을 편안하게 느꼈지만, 나이가 더 많은 아이들은 주변의 시선과 판단에 두려움과 창피함을 느껴서 덜 도움

Q 09 정답 ① ＊사람 간 거리와 비언어적인 의사소통

Distance is a reliable indicator / of the relationship / between two people. // **단서 1** 거리는 사람 관계의 지표임
거리는 믿을 수 있는 지표이다 / 관계에 관한 / 두 사람 간의 // 비교급 than 뒤의 주어가 일반 명사인 경우, 주어와 동사는 도치 가능

Strangers stand further apart / than do acquaintances, / acquaintances stand further apart / than friends, / and friends stand further apart / than romantic partners. //
모르는 사람들은 더 멀리 떨어져서 있고 / 지인들보다 / 지인들은 더 멀리 떨어져 서 있고 / 친구들보다 / 친구는 더 멀리 떨어져 서 있다 / 연인들보다 //

Sometimes, / of course, / these rules are violated. //
때로는 / 물론 / 이들 규칙은 위반된다 //

Recall the last time / you rode 20 stories / in an elevator / packed with total strangers. // 명사 an elevator를 수식하는 과거분사구
마지막 때를 떠올려 보라 / 여러분이 20개 층을 이동했던 / 엘리베이터를 타고 / 완전히 모르는 사람들로 가득 찬 //

The sardine-like experience / no doubt / made the situation / a bit uncomfortable. // '의심의 여지 없이, 분명히'
승객이 빽빽이 들어찬 경험은 / 분명히 / 그 상황을 만들었을 것이다 / 약간 불편하게 //

「with+(대)명사+분사」: ～가 …한[된] 채로 　 may have p.p.: ～였을지도 모른다
With your physical space violated, / you may have tried to create / "psychological" space / by avoiding eye contact, / focusing instead on the elevator buttons. // 분사구문　**단서 2** 물리적인 공간이 침범되면, 심리적인 공간을 만듦
물리적 공간이 침범된 상태에서 / 여러분은 만들어 내려고 했을 수도 있다 / '심리적' 공간을 / 눈을 마주치지 않고 / 그 대신 엘리베이터 버튼에 집중해서 //

by -ing: ～함으로써
By reducing closeness / in one nonverbal channel (eye contact), / one can compensate for / unwanted closeness / in another channel (proximity). // **단서 3** 비언어적인 채널의 가까움을 줄임으로써 물리적 채널의 가까움을 상쇄하려고 함
가까움을 줄임으로써 / 하나의 비언어적인 채널(눈맞춤)에서의 / 우리는 상쇄할 수 있다 / 원치 않는 가까움을 / 또 다른 채널(근접성)에서의 //

주격 관계대명사
Similarly, / if you are talking with someone / who is seated / several feet away / at a large table, /
마찬가지로 / 여러분이 누군가와 이야기를 하고 있다면 / 앉아 있는 / 몇 피트 떨어져 / 큰 테이블에서 /

you are likely to maintain / constant eye contact / — something you might feel uncomfortable doing / if you were standing next to each other. // 앞에 목적격 관계대명사 생략
여러분은 아마 유지할 것이다 / 지속적인 눈맞춤을 / (그것은) 여러분이 하기에는 불편할 수도 있는 것 / 여러분이 서로 옆에 서 있는 경우에 //

→ Physical distance / between people / is (A) **determined** / by relationship status, /
물리적 거리는 / 사람들 사이의 / 결정된다 / 관계의 상태에 의해 /

but when the distance is not appropriate, / people (B) **adjust** their nonverbal communication / to establish / a comfortable psychological distance. // 부사절 접속사(시간)　부사적 용법(목적)
하지만 그 거리가 적절하지 않을 때 / 사람들은 비언어적 의사소통을 조절한다 / 확립하기 위해 / 편안한 심리적 거리를 //

- distance ⓝ 거리　　• reliable ⓐ 믿을 만한　　• indicator ⓝ 지표
- further ⓐ⓭ 더 멀리　　• apart ⓐ⓭ 떨어져
- acquaintance ⓝ 지인, 아는 사람　　• violate ⓥ 위반하다, 침범하다
- recall ⓥ 떠올리다　　• packed ⓐ 가득 찬
- nonverbal ⓐ 비언어적인　　• channel ⓝ 채널(정보의 전달 경로)
- compensate for ～을 상쇄[보상]하다　　• determine ⓥ 결정하다
- adjust ⓥ 조절하다　　• conceal ⓥ 감추다　　• interpret ⓥ 해석하다
- ignore ⓥ 무시하다　　• predict ⓥ 예측하다　　• decrease ⓥ 줄이다

거리는 두 사람 간의 관계에 관한 믿을 수 있는 지표이다. 모르는 사람들은 지인들보다 더 멀리 떨어져서 있고, 지인들은 친구들보다 더 멀리 떨어져서 있고, 친구는 연인들보다 더 멀리 떨어져 서 있다. 물론 때로는 이들 규칙은 위반된다. 완전히 모르는 사람들로 가득 찬, 엘리베이터를 타고 20개 층을 이동했던 마지막 때를 떠올려 보라. 승객이 빽빽이 들어찬 경험은 분명히 그 상황을 약간 불편하게 만들었을 것이다. 물리적 공간이 침범된 상태에서, 여러분은 눈을 마주치지 않고, 그 대신 엘리베이터 버튼에 집중해서 '심리적' 공간을 만들어 내려고 했을 수도 있다. 하나의 비언어적인 채널(눈 맞춤)에서의 가까움을 줄임으로써, 또 다른 채널(근접성)에서의 원치 않는 가까움을 상쇄할 수 있다. 마찬가지로, 여러분이 큰 테이블에서 몇 피트 떨어져 앉아 있는 누군가와 이야기를 하고 있다면, 아마도 계속 눈을 마주칠 것인데, (그것은) 여러분이 서로 옆에 서 있는 경우에 하기에는 불편해할 수도 있는 것이다.
→ 사람들 사이의 물리적 거리는 관계의 상태에 의해 (A) **결정되**지만, 그 거리가 적절하지 않을 때 사람들은 편안한 심리적 거리를 확립하기 위해 비언어적 의사소통을 (B) **조절한다**.

다음 글의 내용을 한 문장으로 요약하고자 한다. 빈칸 (A), (B)에 들어갈 말로 가장 적절한 것은?

	(A)		(B)	
①	determined 결정된	—	adjust 조절하다	물리적 공간과 심리적 공간을 조절하여 사람 간의 관계의 지표인 거리를 조절함
②	concealed 감춰진	—	interpret 해석하다	물리적인 거리가 감춰지거나 비언어적 의사소통을 해석한다는 내용은 없음
③	influenced 영향을 받는	—	ignore 무시하다	비언어적 의사소통을 무시하거나 그만두는 것이 아님
④	predicted 예측되는	—	stop 그만두다	
⑤	measured 측정되는	—	decrease 줄이다	비언어적 의사소통 자체를 줄이는 것이 아님

> **왜 정답?** ＊＊＊ [정답률 62%]

거리는 사람 간의 관계를 나타내는 지표라고 하였으므로 관계의 상태에 따라 사람 간의 물리적 거리가 결정된다. 하지만 어쩔 수 없이 물리적 공간이 침범되면 눈 맞춤 등 비언어적 의사소통을 줄여 심리적 공간을 만들고, 물리적 공간이 생기면 비언어적인 의사소통을 늘린다는 내용이다.
따라서 요약문의 빈칸에는 각각 ① '결정된'과 '조절하다'가 들어가야 한다.

> **왜 오답?**

② 관계 상태에 따라 물리적 거리를 '감출' 수 있는 것이 아니며, 비언어적 의사소통을 조절하여 편안한 심리적 거리를 확보하는 것이지 상대방의 비언어적 의사소통을 '해석한다'는 것은 아니다.
③, ④ 비언어적 의사소통을 '무시하'거나 '중지하는' 것이 아닌, 조절을 통해 편안한 심리적 거리를 확보하려고 한다는 내용이다.
⑤ 눈 맞춤을 줄이거나 늘이는 경우를 언급하고 있는데, 이를 이용한 함정으로, 비언어적인 의사소통을 '줄이는' 것이 아니라 조절하는 행위를 말한다.

> **＊ 글의 흐름**

도입	거리는 사람 간의 관계를 나타내는 지표인데, 이 규칙이 위반되는 경우에는 심리적 공간을 통해 물리적 공간의 거리를 상쇄함
예시 ①	모르는 사람들로 가득 찬 엘리베이터에서 물리적 공간이 침범되어 불편함을 느낄 때에 우리는 비언어적인 채널(눈 맞춤)에서의 가까움을 줄임으로써 심리적 공간을 확보함
예시 ②	아주 멀리 떨어져 앉아 물리적인 거리가 아주 먼 사람과는 반대로 눈 맞춤을 유지하여 가까움을 확보하고자 함

Q 10 정답 ② *과학자와 운동선수가 증거를 대하는 태도

주격 보어절 접속사
The great irony of performance psychology is / **that** it teaches each sportsman to believe, / **as far as** he is able, / **that** he will win. //
~하는 한 / 목적어절 접속사
퍼포먼스 심리학의 큰 아이러니는 ~이다 / 개개의 운동선수들이 믿도록 가르친다는 것 / 그가 능력이 있는 한 / 이길 것이라고

No man doubts. //
어느 누구도 의심하지 않는다

No man indulges / his inner skepticism. //
어느 누구도 빠지지 않는다 / 내면의 회의에 //

That is the logic of sports psychology. //
그것이 스포츠 심리학의 논리이다 //

But only one man *can* win. //
하지만 오직 한 사람만이 이길 '수 있다' //

That is the logic of sport. //
그것이 스포츠의 논리이다 //

단서 1 과학자와 운동선수의 차이점을 설명하고자 함
Note the difference / between a scientist and an athlete. //
차이점을 주목하라 / 과학자와 운동선수의 //

'일상적인 업무'
Doubt is a scientist's **stock in trade**. //
의심은 과학자의 일상적인 업무이다 //

단서 2 과학자는 이론을 반박하는 증거에 집중하고 이론을 개선하며 발전함
by -ing: ~함으로써
Progress is made / **by focusing** on the evidence / **that** refutes a theory / and **by improving** the theory accordingly. //
주격 관계대명사
진보는 이루어진다 / 증거에 집중함으로써 / 이론을 반박하는 / 그에 따라 이론을 개선함으로써 //

Skepticism is the rocket fuel / of scientific advance. //
회의론은 추진 연료이다 / 과학적 진보의 //

But doubt, / to an athlete, / is poison. //
하지만 의심은 / 운동선수에게 / 독이다 //

단서 3 운동선수는 의심과 불확실성에 영향을 받지 않는 사고방식을 형성하며 발전함
by -ing: ~함으로써
Progress is made / **by ignoring** the evidence; / it is about creating a mindset / **that** is immune to doubt and uncertainty. //
주격 관계대명사
진보는 만들어진다 / 증거를 무시함으로써 / 그것은 사고방식을 만드는 것이다 / 의심과 불확실성에 영향을 받지 않는 //

'다름 아닌'
Just to reiterate: / From a rational perspective, / this is **nothing less than** crazy. //
다시 한 번 되풀이하자면 / 이성적인 시각에서 보면 / 이건 미친 짓이나 다름없다 //

'확신하다'
Why should an athlete **convince himself** / he will win / when he knows / **that** there is every possibility / he will lose? //
목적어절 접속사
왜 운동선수는 확신해야 하는가 / 자신이 이길 것이라고 / 알면서도 / 모든 가능성이 있다는 것을 / 질 거라는 //

단서 4 운동선수는 질 수 있다는 증거가 아니라 자신의 신념을 가져야 함
not A but B: A가 아니라 B
Because, to win, one must proportion one's belief, / **not** to the evidence, / **but** to **whatever** the mind can usefully get away with. //
복합 관계대명사(명사절)
선수는 이기기 위해서 자신의 신념을 할당해야 하기 때문이다 / 증거가 아니라 / 마음이 유용하게 해낼 수 있는 무엇이든지 간에 //

→ Unlike scientists / **whose** (A) **skeptical** attitude is needed / to make scientific progress, /
소유격 관계대명사
과학자들과는 달리 / 회의적 태도가 요구되는 / 과학적 진보를 이루기 위해 /

sports psychology says / that to succeed, / athletes must (B) **eliminate** feelings of uncertainty / about **whether** they can win. //
명사절 접속사
스포츠 심리학은 말한다 / 성공하기 위해서는 / 운동선수들이 불확실한 감정을 없애야 한다고 / 그들이 이길 수 있는지에 대한 //

- irony ⓝ 아이러니, 역설 · doubt ⓥ 의심하다
- indulge ⓥ ~에 빠지다[탐닉하다] · inner ⓐ 내면의
- skepticism ⓝ 회의 · logic ⓝ 논리 · refute ⓥ 반박하다
- accordingly ⓐⓓ 이에 따라 · fuel ⓝ 연료
- mindset ⓝ 사고방식 · immune to ~에 영향을 받지 않는
- uncertainty ⓝ 불확실성 · rational ⓐ 이성적인

326 자이스토리 영어 독해 완성

- perspective ⓝ 시각 · proportion ⓥ 할당하다
- get away with ~을 잘 해내다 · skeptical ⓐ 회의적인
- eliminate ⓥ 없애다 · arrogant ⓐ 거만한 · critical ⓐ 비판적인
- stubborn ⓐ 고집스러운

퍼포먼스 심리학의 큰 아이러니는 개개의 운동선수들이, 그가 능력이 있는 한, 이길 것이라고 믿도록 가르친다는 것이다. 어느 누구도 의심하지 않는다. 어느 누구도 내면의 회의에 빠지지 않는다. 그것이 스포츠 심리학의 논리이다. 하지만 오직 한 사람만이 이길 '수 있다'. 그것이 스포츠의 논리이다. 과학자와 운동선수의 차이점을 주목하라. 의심은 과학자의 일상적인 업무이다. 진보는 이론을 반박하는 증거에 집중하고 그에 따라 이론을 개선함으로써 이루어진다. 회의론은 과학적 진보의 추진 연료이다. 하지만 운동선수에게 의심은 독이다. 진보는 증거를 무시함으로써 만들어진다; 그것은 의심과 불확실성에 영향을 받지 않는 사고방식을 만드는 것이다. 다시 한 번 되풀이하자면: 이성적인 시각에서 보면 이건 미친 짓이나 다름없다. 왜 운동선수는 자신이 질 거라는 모든 가능성이 있다는 것을 알면서도 이길 것이라고 확신해야 하는가? 선수는 이기기 위해서, 증거가 아니라, 마음이 유용하게 해낼 수 있는 무엇이든지 간에 자신의 신념을 할당해야 하기 때문이다.
→ 과학적 진보를 이루기 위해 (A) **회의적인** 태도가 요구되는 과학자들과는 달리, 스포츠 심리학은 성공하기 위해서는 운동선수들이 그들이 이길 수 있는지에 대한 불확실한 감정을 (B) **없애야** 한다고 말한다.

다음 글의 내용을 한 문장으로 요약하고자 한다. 빈칸 (A), (B)에 들어갈 말로 가장 적절한 것은?

	(A)		(B)
①	confident 자신 있는	—	keep 유지하다
②	skeptical 회의적인	—	eliminate 없애다
③	arrogant 거만한	—	express 표현하다
④	critical 비판적인	—	keep 유지하다
⑤	stubborn 고집스러운	—	eliminate

(A) 과학자들이 진보를 이루기 위해서는 이론을 반박하는 증거에 집중하는 등 의심하고 '회의적인' 태도가 요구됨
(B) 운동선수는 패배할 가능성이 있음에도 승리하고 진보하기 위해서는 이런 의심과 불확실성을 '없애야' 함

왜 정답? *** [정답률 58%]

이 글은 과학자와 운동선수의 차이에 주목하고 있다. 과학자는 의심과 회의론을 통해 발전한다고 설명한다. 즉, 과학자는 이론을 반박하는 증거에 집중함으로써 이론을 개선하며 발전한다는 것이다.
반면 운동선수에게 의심은 독이라고 설명한다. 운동선수는 이론을 반박하는 (패배할 가능성이 있다는) 증거를 무시함으로써 의심과 불확실성에 영향을 받지 않는 사고방식(자신이 반드시 승리할 것이라는 신념)을 형성하며 발전한다는 것이다.
따라서 과학자들이 진보를 이루기 위해서는 (A) '회의적인(skeptical)' 태도가 요구되지만, 운동선수는 승리에 대한 의심과 불확실성을 (B) '없애야(eliminate)' 하므로 정답은 ②이다.

왜 오답?

①, ③, ⑤ 과학자들이 진보를 이루기 위해서는 이론을 반박하는 증거에 집중하여 항상 의심하고 회의적인 태도를 지녀야 한다고 설명했기 때문에, '자신 있는(confident)', '거만한(arrogant)', '고집스러운(stubborn)' 태도는 적절하지 않다.
④ 스포츠 심리학에서는 운동선수에게 승리에 대한 의심과 불확실성을 없애주어야 한다고 설명했기 때문에, 불확실한 태도를 '유지하는(keep)' 것은 적절하지 않다.

*** 글의 흐름**

도입	퍼포먼스 심리학은 운동선수들이 이길 것이라고 믿도록 가르침
대조	과학자는 이론을 반박하는 증거에 집중하고 그에 따라 이론을 개선함
부연	회의론은 과학적 진보의 추진 연료임
결론	운동선수에게 의심은 독이고, 이기기 위해서는 증거가 아닌 자신의 신념을 따라야 함

Q 11 정답 ① *관대한 사람에게 주어지는 사회적 혜택

Multiple laboratory studies show / that cooperative people tend to receive social advantages / from others. //
목적어절 접속사
여러 실험실 연구들은 보여 준다 / 협력적인 사람들이 사회적인 혜택들을 받는 경향이 있다는 것을 / 다른 사람들로부터 //

One way to demonstrate this is / to give people the opportunity / to act positively or negatively / toward contributors. //
명사적 용법 (주격 보어)
형용사적 용법
이것을 증명하는 한 가지 방법은 / 사람들에게 기회를 주는 것이다 / 긍정적이거나 부정적으로 행동할 / 기여자들을 향해 //

For example, / Pat Barclay, / a professor at the University of Guelph, / had participants play a cooperative game /
동사 ① had의 목적어와 목적격 보어 (원형부정사)
예를 들어 / Pat Barclay는 / Guelph 대학교의 교수인 / 참가자들로 하여금 협동 게임을 하도록 했다 /

where people could contribute money toward a group fund / which helped all group members, /
관계부사
집단 기금에 사람들이 돈을 기부할 수 있는 / 모든 집단 구성원들을 도와주는 /

and then allowed participants to give money / to other participants / based on their reputations. //
동사 ② allowed의 목적어와 목적격 보어 (to부정사)
그리고 참가자들이 돈을 줄 수 있도록 허락했다 / 다른 참가자들에게 / 그들의 평판을 바탕으로 //

People who contributed more to the group fund / were given responsibility for more money / than people who contributed less. // 단서 1 기부를 많이 한 사람들에겐 더 많은 책임이 주어짐
주격 관계대명사
집단 기금에 더 많이 기부한 사람들은 / 더 많은 돈에 대한 책임이 주어졌다 / 덜 기부한 사람들보다 //

Similar results have been found / by other researchers. //
현재완료수동태
유사한 결과들이 발견되었다 / 다른 연구자들에 의해 //

People who contribute toward their groups / are also chosen more often as interaction partners, / preferred as leaders, / rated as more desirable partners for long-term relationships, /
주격 관계대명사
병렬 구조
그들의 집단에 기여하는 사람들은 / 상호 작용 파트너로서 또한 더 자주 선택되고 / 리더로서 선호되며 / 장기적인 관계를 위한 더 바람직한 파트너들로서 평가되고 /

and are perceived / to be trustworthy and have high social status. // 단서 2 집단에 기여하는 사람들은 사회적으로 더 인정받고 높은 지위를 가진 것으로 인식됨
인식된다 / 신뢰할 수 있고 사회적 지위가 높은 것으로 //

Uncooperative people tend to receive verbal criticism / or even more severe punishment. //
비협조적인 사람들은 언어적인 비판을 받는 경향이 있다 / 심지어 더 심한 벌을 //

→ Studies suggest / that individuals who act with (A) generosity toward their communities / are more likely to be viewed / as deserving of (B) benefit / by members of that community / than those who don't. //
복수 주어
복수 동사
= don't act ~ their communities
연구들은 이야기한다 / 그들의 공동체에 관대함을 가지고 행동하는 사람들이 / 보여질 가능성이 더 크다고 / 혜택을 누릴 만하다고 / 그 공동체의 구성원들에 의해 / 그렇게 하지 않은 사람들보다 //

- laboratory ⓝ 실험실
- demonstrate ⓥ 증명하다
- contributor ⓝ 기여자
- reputation ⓝ 평판
- perceive ⓥ 인식하다
- trustworthy ⓐ 신뢰할 수 있는
- status ⓝ 지위
- uncooperative ⓐ 비협조적인
- verbal ⓐ 언어적인
- generosity ⓝ 관대함
- hostility ⓝ 적개심
- humiliation ⓝ 굴욕
- hospitality ⓝ 환대
- tolerance ⓝ 인내심

여러 실험실 연구들은 협력적인 사람들이 다른 사람들로부터 사회적인 혜택들을 받는 경향이 있다는 것을 보여 준다. 이것을 증명하는 한 가지 방법은 사람들에게 기여자들을 향해 긍정적이거나 부정적으로 행동할 기회를 주는 것이다. 예를 들어, Guelph 대학교의 교수인 Pat Barclay는 참가자들로 하여금 모든 집단 구성원들을 도와주는 집단 기금에 사람들이 돈을 기부할 수 있는 협동 게임을 하도록 한 다음, 참가자들이 그들의 평판을 바탕으로 다른 참가자들에게 돈을 줄 수 있도록 허락했다. 집단 기금에 더 많이 기부한 사람들은 덜 기부한 사람들보다 더 많은 돈에 대한 책임이 주어졌다. 유사한 결과들이 다른 연구자들에 의해 발견되었다. 그들의 집단에 기여하는 사람들은 상호 작용 파트너로서 또한 더 자주 선택되고, 리더로서 선호되며, 장기적인 관계를 위한 더 바람직한 파트너들로서 평가되고, 신뢰할 수 있고 사회적 지위가 높은 것으로 인식된다. 비협조적인 사람들은 언어적인 비판이나 심지어 더 심한 벌을 받는 경향이 있다.
→ 연구들은 그들의 공동체에 (A) 관대함을 가지고 행동하는 사람들이 그렇게 하지 않은 사람들보다 그 공동체의 구성원들에 의해 (B) 혜택을 누릴 만하다고 보여질 가능성이 더 크다고 이야기한다.

다음 글의 내용을 한 문장으로 요약하고자 한다. 빈칸 (A), (B)에 들어갈 말로 가장 적절한 것은?

	(A)		(B)	
①	generosity 관대함	—	benefit 혜택	관대한 태도를 가진 사람들이 사회적으로 혜택을 받음
②	hostility 적개심	—	support 지원	적개심을 가진 사람들에게는 지원이 아닌 불이익이 따름
③	generosity	—	humiliation 굴욕	관대한 사람들에게 굴욕감을 주지는 않음
④	hostility	—	hospitality 환대	적대적인 태도를 가진 사람들은 환대받지 않음
⑤	tolerance 인내심	—	dishonor 불명예	인내심을 갖춘 사람에 대한 사회의 인식은 알 수 없음

> 왜 정답 ? ✿✿✿ [정답률 65%]

(A):
⌜ 집단 기금에 더 많이 기부한 사람들은 덜 기부한 사람들보다 더 많은 돈에 대한 책임이 주어졌다. 단서 1
→ 집단 기금에 더 많이 기부하는 '관대함(generosity)'을 가지고 있는 사람들은 집단의 인정을 받는다.

(B):
⌜ 집단에 기여하는 사람들은 상호 작용 파트너로서 더 자주 선택되고, ~ 신뢰할 수 있고 사회적 지위가 높은 것으로 인식된다. 단서 2
→ 집단에 기여하는 사람들은 '혜택(benefit)'을 누릴 자격이 있다고 여겨진다.
▶ 요약문의 빈칸에는 각각 ① '관대함'과 '혜택'이 들어가야 함

> 왜 오답 ?

② 집단에 비협조적인 사람들은 지원이 아닌 비판 또는 심한 벌을 받는 경향이 있다.
③ 관대하다고 여겨지는 사람들에게는 구성원들이 우호적인 태도를 보였지, 굴욕감을 주지는 않는다.
④ 적개심을 가진 구성원에게 환대하는 태도를 갖는 것은 자연스럽지 않다.
⑤ 인내심을 가진 사람에 대한 인식과 사회의 태도에 대한 정보는 제시되지 않았다.

* 글의 흐름

도입	협력적인 사람들은 사회적인 혜택들을 받는 경향이 있음
예시 ①	집단 기금에 많이 기부한 사람들은 돈에 대해 큰 책임이 주어짐
예시 ②	집단에 기여하는 사람들은 상호 작용 파트너로서 더 자주 선택되고, 리더로서 선호되며, 더 바람직한 파트너들로서 평가되고, 사회적 지위가 높은 것으로 인식됨
부연	비협조적인 사람들은 비판이나 심지어 더 심한 벌을 받음

Some researchers at Sheffield University / recruited 129 hobbyists / to look / at how the time spent on their hobbies / shaped their work life. //
Sheffield 대학교 몇몇 연구자들은 / 129명의 취미에 열정적인 사람들을 모집했다 / 보기 위해 / 어떻게 그들의 취미에 쓴 시간이 / 직장 생활에 영향을 미치는지를 //

To begin with, / the team measured / the seriousness of each participant's hobby, / asking them to rate / their agreement with statements / like "I regularly train / for this activity," /
먼저 / 연구팀은 측정했다 / 각 참가자가 가지고 있는 취미의 진지함을 / 그들에게 평가하도록 요청하며 / 진술에 동의하는 정도를 / "나는 정기적으로 연습을 한다"와 같은 / 이 (취미) 활동을 위해 //

and also assessed / how similar / the demands of their job and hobby were. //
그리고 또한 평가했다 / 얼마나 비슷한지도 / 그들의 일과 취미를 하는 데 필요한 것들이 //

Then, / each month for seven months, / participants recorded / how many hours they had dedicated / to their activity, /
그 뒤 / 7개월 동안 매월 / 참가자들은 기록했다 / 얼마나 많은 시간을 그들이 투자했는지를 / 그들의 취미 활동에 //

and completed a scale / measuring their belief / in their ability / to effectively do their job, / or their "self-efficacy." //
그리고 평가표를 작성했다 / 그들의 믿음을 측정하는 / 그들의 능력에 대한 / 그들의 직업을 효과적으로 수행하는 / 즉 그들의 자기 효능감을 //

The researchers found / that when participants spent longer than normal / doing their leisure activity, / their belief in their ability / to perform their job / increased. //
연구자들은 발견했다 / 참가자들이 보통 수준보다 길게 시간을 썼을 때 / 그들의 취미 활동을 하는 데 / 그들의 능력에 대한 믿음이 / 그들의 직업을 수행하는 / 증가하였다 //

But this was only the case / when they had a serious hobby / that was dissimilar to their job. //
하지만 오직 그 경우에만 그랬다 / 그들이 진지한 취미를 가지고 있는 / 그들의 직업과 다른 //

When their hobby was both serious and similar / to their job, / then spending more time on it / actually decreased their self-efficacy. //
그들의 취미가 진지하면서 유사할 때 / 직업과 / 취미에 시간을 많이 보내는 것이 / 실제로 그들의 자기 효능감을 낮추었다 //

→ Research suggests / that spending more time / on serious hobbies / can boost (A) confidence / at work / if the hobbies and the job are sufficiently (B) different. //
연구는 시사한다 / 더 많은 시간을 보내는 것이 / 진지한 취미에 / 자신감을 높여줄 수 있다고 / 일에 있어서의 / 취미와 직업이 충분히 다른 경우 //

- recruit ⓥ 모집하다, 뽑다
- hobbyist ⓝ 취미에 아주 열심인 사람
- to begin with 먼저, 우선
- measure ⓥ 측정하다
- seriousness ⓝ 심각함, 진지함
- rate ⓥ 평가하다
- agreement ⓝ 동의, 합의
- statement ⓝ 진술, 서술
- assess ⓥ 평가하다
- dedicate ⓥ 전념[헌신]하다
- scale ⓝ 척도
- effectively ⓐⓓ 효과적으로, 실질적으로
- self-efficacy 자기 효능감
- dissimilar ⓐ 같지 않은, 다른
- boost ⓥ 신장시키다, 북돋우다
- sufficiently ⓐⓓ 충분히

Sheffield 대학교 몇몇 연구자들은 취미에 쓴 시간이 어떻게 직장 생활에 영향을 미치는지를 보기 위해 129명의 취미에 열정적인 사람들을 모집했다. 먼저 연구팀은 "나는 이 (취미) 활동을 위해 정기적으로 연습을 한다."와 같은 진술에 동의하는 정도를 평가하도록 요청하며, 각 참가자가 가지고 있는 취미의 진지함을 측정하고, 또한 그들의 일과 취미를 하는 데 필요한 것들이 얼마나 비슷한지도 평가했다. 그 뒤, 7개월 동안 매월, 참가자들은 취미 활동에 몇 시간을 투자했는지를 기록하고 그들의 직업을 효과적으로

로 수행하는 능력에 대한 믿음 즉, '자기 효능감'을 측정하는 평가표를 작성했다. 연구자들은 참가자들이 보통 수준보다 길게 취미 활동에 시간을 썼을 때 그들의 직업 수행 능력에 대한 믿음이 증가하였다는 것을 발견했다. 하지만 이는 그들이 직업과 다른 진지한 취미를 가지고 있을 때만 그러했다. 그들의 취미가 진지하면서 직업과 유사할 때, 취미에 시간을 많이 보내는 것이 실제로 그들의 자기 효능감을 낮추었다.
→ 연구는 취미와 직업이 충분히 (B) 다른 경우 진지한 취미에 더 많은 시간을 보내는 것이 일에 있어서의 (A) 자신감을 높여줄 수 있다고 시사한다.

다음 글의 내용을 한 문장으로 요약하고자 한다. 빈칸 (A), (B)에 들어갈 말로 가장 적절한 것은?

	(A)		(B)
①	confidence 자신감	—	different 다른
②	productivity 생산성	—	connected 연결된
③	relationships 관계	—	balanced 균형 잡힌
④	creativity 창의력	—	separate 분리된
⑤	dedication 헌신	—	similar 비슷한

① 취미와 직업이 다른 경우 취미에 많은 시간을 보낼 때 자기 효능감이 증가함
③ 취미와 직업의 유사한 정도가 창의력이나 관계에 영향을 준다는 언급은 없음
⑤ 취미와 직업이 연결되거나 비슷한 경우 취미에 많은 시간을 보낼 때 오히려 자기 효능감이 감소함

＞왜 정답? ＊＊＊ [정답률 57%]

취미에 쓴 시간이 어떻게 자기 효능감(직업 수행 능력에 대한 믿음)에 영향을 미치는지 알아보는 연구를 설명한 글이다. 참가자들이 진지한 취미에 더 많은 시간을 보내는 것에 있어서 직업과 다른 취미를 가진 경우에 직업을 수행하는 그들의 능력에 대한 믿음이 증가했다는 것을 발견했다. 반면에 그들의 취미가 직업과 유사할 때에는, 취미에 더 많은 시간을 투자하는 것이 그들의 자기 효능감을 감소시켰다. 따라서 요약문의 각 빈칸에는 ① '자신감'과 '다른'이 들어가야 한다.

＞왜 오답?
빈칸 (A) 앞에 있는 동사 boost에 주의할 것 꿀팁

②, ⑤ 취미와 직업이 연결되거나 유사하면 취미에 쓴 시간이 길 때 오히려 자기 효능감이 감소한다고 했다.

③, ④ 취미와 직업이 다르거나 유사할 때 취미에 많은 시간을 보내는 것이 창의성이나 관계에 어떤 영향을 미치는지는 이 글을 통해 알 수 없다.

＊ 글의 흐름

연구 설계	취미의 진지함과 취미와 일의 유사성을 평가한 후 7개월 동안 취미 활동에 투자한 시간과 '자기 효능감'을 측정함
연구 결과 ①	취미가 직업과 다를 경우, 보통 수준보다 길게 취미 활동에 시간을 썼을 때 자기 효능감이 높아짐
연구 결과 ②	취미가 직업과 유사할 경우, 취미에 시간을 많이 보내는 것이 실제로 그들의 자기 효능감을 낮춤

Why do we help? //
우리는 왜 돕는가 //

One widely held view is / that self-interest underlies all human interactions, / that our constant goal is / to maximize rewards and minimize costs. //
하나의 널리 받아들여지는 관점은 ~이다 / 자기 이익이 모든 인간의 상호작용의 기초가 되고 / 우리의 지속적인 목표는 ~라는 것 / 보상을 극대화하고 비용을 최소화하는 것 //

Accountants call it / cost-benefit analysis. //
회계사들은 그것을 부른다 / 비용 - 수익 분석이라고 //

Philosophers call it / utilitarianism. //
철학자들은 그것을 부른다 / 공리주의라고 //

Social psychologists call it / social exchange theory. //
사회 심리학자들은 그것을 부른다 / 사회적 교환 이론이라고 //

If you are considering / **whether to donate blood**, / you may weigh the costs / of doing so / (time, discomfort, and anxiety) /
만약 당신이 생각한다면 / 헌혈할지를 / 당신은 비용들을 측정할지도 모른다 / 그렇게 하는 것의 / (시간, 불편함, 그리고 걱정) /

against the benefits / (reduced guilt, social approval, and good feelings). //
이익들에 대비하여 / (감소된 죄책감, 사회적 인정, 그리고 좋은 감정) //

If the rewards exceed the costs, / you will help. //
만약 그 보상들이 비용들을 초과한다면 / 당신은 도울 것이다 //

Others believe / **that** we help / **because** we have been socialized / to do so, / through norms / **that** prescribe / how we ought to behave. //
다른 사람들은 믿는다 / 우리가 돕는다고 / 우리가 사회화되어 왔기 때문에 / 그렇게 하도록 / 규범들을 통해서 / 규정하는 / 우리가 어떻게 행동해야 하는지를 //

Through socialization, / we learn the reciprocity norm: / the expectation / **that** we should return help, not harm, / to those / **who** have helped us. //
사회화를 통해서 / 우리는 상호성 규범을 배운다 / 기대 / 우리는 해가 아닌 도움을 돌려줘야 한다는 / 사람들에게 / 우리를 도와 왔던 /

In our relations / with others of similar status, / **the reciprocity norm compels us / to give** / (in favors, gifts, or social invitations) / about as much as we receive. //
우리의 관계에서 / 유사한 지위의 타인들과의 / 상호성 규범은 우리로 하여금 ~하도록 강요한다 / 주도록 / (호의, 선물들, 혹은 사회적 초대) / 대략 우리가 받은 만큼 //

> → People help / because helping gives them (A) **advantages**, / but also because they are socially learned / to (B) **repay** / **what others have done for them**. //
> 사람들은 돕는다 / 돕는 것이 그들에게 이익을 주기 때문만이 아니라 / 그들이 사회적으로 학습되기 때문에 / 되갚아야 한다고 / 타인이 그들을 위해 한 것을 //

- widely (ad) 널리 · underlie (v) 기초가 되다, 기저가 되다
- interaction (n) 상호작용 · maximize (v) 극대화하다
- reward (n) 보상 · minimize (v) 최소화하다
- accountant (n) 회계사 · benefit (n) 수익, 이익 · analysis (n) 분석
- philosopher (n) 철학자 · utilitarianism (n) 공리주의
- discomfort (n) 불편함 · anxiety (n) 불안, 걱정 · guilt (n) 죄책감
- approval (n) 인정, 승인 · exceed (v) 초과하다
- prescribe (v) 규정하다 · socialization (n) 사회화
- reciprocity norm 상호성 규범 · expectation (n) 기대
- relation (n) 관계 · status (n) 지위 · compel (v) 강요하다

우리는 왜 돕는가? 하나의 널리 받아들여지는 관점은 자기 이익이 모든 인간의 상호작용의 기초가 되고, 우리의 지속적인 목표는 보상을 극대화하고 비용을 최소화하는 것이라는 것이다. 회계사들은 그것을 비용-수익 분석이라고 부른다. 철학자들은 그것을 공리주의라고 부른다. 사회 심리학자들은 그것을 사회적 교환 이론이라고 부른다. 만약 당신이 헌혈할지를 생각한다면, 당신은 그렇게 하는 것의 이익들(감소된 죄책감, 사회적 인정, 그리고 좋은 감정) 대비 비용들(시간, 불편함, 그리고 걱정)을 측정할지도 모른다. 만약 그 보상들이 비용들을 초과한다면 당신은 도울 것이다. 다른 사람들은 우리가 어떻게 행동해야 하는지를 규정하는 규범들을 통해서, 우리가 그렇게 하도록 사회화되어 왔기 때문에 돕는다고 믿는다. 사회화를 통해서 우리는 상호성 규범을 배운다. 우리는 우리를 도와 왔던 사람들에게 해가 아닌, 도움을 돌려줘야 한다는 기대이다. 유사한 지위의 타인들과의 관계에서, 상호성 규범은 우리로 하여금 대략 우리가 받은 만큼(호의, 선물들, 혹은 사회적 초대) 줘야 한다는 것을 강요한다.

→ 사람들은 돕는 것이 그들에게 (A) **이익**을 주기 때문만이 아니라, 타인이 그들을 위해 한 것을 (B) **되갚아야** 한다고 사회적으로 학습되기 때문에 돕는다.

다음 글의 내용을 한 문장으로 요약하고자 한다. 빈칸 (A), (B)에 들어갈 말로 가장 적절한 것은?

	(A)		(B)
①	advantages (이익)	—	repay (되갚다)
②	patience (인내)	—	evaluate (평가하다)
③	wisdom (지혜)	—	forget (잊다)
④	advantages	—	accept (받아들이다)
⑤	patience	—	appreciate (감사하다)

① 돕는 것이 이득이 되기 때문에, 우리를 도와준 사람을 돕도록 배웠기 때문에 도움
② evaluate 인내나 남을 평가한다는 내용은 없음
③ forget 돕는 것이 지혜를 준다는 내용이 전혀 아님
④ accept 다른 사람의 도움을 받아들이도록 배웠다는 것이 아님
⑤ appreciate 인내에 대한 언급은 없음

>왜 정답? ✱✱✱ [정답률 65%]

우리가 타인을 돕는 두 가지 이유를 설명한 글이다. 전반부에는 도움으로써 얻는 보상이 비용이 초과할 때 돕는다고 했고, 후반부에서는 우리를 도왔던 사람에게 도움을 돌려주라고 배웠기 때문에 돕는다고 했다. 따라서 요약문의 각 빈칸에는 ① '이익'과 '되갚다'가 들어가야 한다.

>왜 오답?

- ②, ⑤ 남을 도움으로써 '인내심(patience)'을 기를 수 있다는 등의 내용은 언급되지 않았다.
- ③, ④ 남의 도움을 도움으로 되갚을 것을 배운다고 했지, 남의 도움을 '잊거나(forget)' '받아들이도록(accept)' 학습된다고 하지 않았다.

✱ 글의 흐름

도입	우리는 왜 돕는가?
이유 ①	우리의 지속적인 목표는 보상을 극대화하고 비용을 최소화하는 것임
부연	돕는 것으로 인한 보상들이 비용을 초과한다면 도울 것임
이유 ②	규범들을 통해 사회화되어 왔기 때문에 도움
부연	우리를 도와준 사람들에게 도움을 주어야 한다는 상호성 규범은 우리가 받은 만큼 주도록 함

Q 14 정답 ④ ✱숙고하는 뇌가 바쁠 때

At the University of Iowa, / students were briefly shown **numbers** / **that** they had to memorize. //
Iowa 대학교에서 / 학생들은 숫자를 잠시 제시받았다 / 그들이 암기해야 하는 //

Then they were offered the choice / of either a fruit salad or a chocolate cake. //
그러고 나서 그들은 선택을 제공받았다 / 과일 샐러드나 초콜릿 케이크 중 하나의 //

When **the number** / **the students memorized** / **was** seven digits long, / 63% of them chose / the cake. //
숫자가 / 학생들이 외운 / 일곱 자리일 때 / 그들 중 63퍼센트가 선택했다 / 케이크를 //

When **the number** / they were asked to remember / had just two digits, / however, / 59% opted / for the fruit salad. //
숫자가 / 그들이 기억하도록 요청받은 / 겨우 두 개의 숫자들이었을 때 / 그러나 / 59퍼센트는 선택했다 / 과일 샐러드를 //

Our reflective brains know / **that** the fruit salad is better / for our health, / but our reflexive brains desire / **that** soft, fattening chocolate cake. //
우리의 숙고하는 뇌는 안다 / 과일 샐러드가 더 좋다는 것을 / 우리의 건강에 / 하지만 우리의 반사적인 뇌는 원한다 / 그 부드럽고 살이 찌는 초콜릿 케이크를 //

If the reflective brain **is busy** / **figuring** something else out / — like trying to remember / a seven-digit number — / then impulse can easily win. //
만약 숙고하는 뇌가 바쁘다면 / 다른 어떤 것을 해결하느라 / 기억하려고 애쓰는 일과 같은 / 일곱 자리 숫자를 / 충동이 쉽게 이길 수 있다 //

On the other hand, / if we're not thinking too hard / about something else / (with only a minor distraction / like memorizing two digits), /
반면에 / 우리가 너무 열심히 생각하고 있지 않다면 / 다른 것에 관해 / (사소하게 주의를 산만하게 하는 일만 있을 때 / 두 개의 숫자를 외우는 것과 같은) /

then the reflective system can deny / the emotional impulse / of the reflexive side. //
숙고하는 (뇌의) 계통은 억제할 수 있다 / 감정적인 충동을 / 반사적인 쪽의 //

> → According to the above experiment, / the (A) **increased** intellective load / on the brain / **leads the reflexive side of the brain / to become** (B) **dominant**. // lead A to-v: A가 ~하게 하다
> 위 실험에 따르면 / 증가된 지적 부담은 / 뇌에 가해지는 / 뇌의 반사적인 부분이 ~하도록 이끈다 / 우세해지도록

- briefly [ad] 잠시, 짧게
- memorize ⓥ 암기하다
- digit ⓝ 자릿수
- opt for ~을 선택하다
- fatten ⓥ 살찌우다
- impulse ⓝ (마음의) 충동
- distraction ⓝ 주의를 산만하게 하는 것
- intellective ⓐ 지적인
- load ⓝ 부담, 무거운 짐

Iowa 대학교에서, 학생들에게 그들이 암기해야 하는 숫자를 잠시 보여주었다. 그러고 나서 그들에게 과일 샐러드나 초콜릿 케이크 중 하나를 선택하게 했다. 학생들이 외운 숫자가 일곱 자리일 때, 그들 중 63퍼센트가 케이크를 선택했다. 그러나 그들이 기억하도록 요청받은 숫자가 겨우 두 개의 숫자들이었을 때, 59퍼센트는 과일 샐러드를 선택했다. 우리의 숙고하는 뇌는 과일 샐러드가 우리의 건강에 더 좋다는 것을 알지만, 우리의 반사적인 뇌는 그 부드럽고 살이 찌는 초콜릿 케이크를 원한다. 만약 숙고하는 뇌가 일곱 자리 숫자를 기억하려고 애쓰는 일과 같은 다른 어떤 것을 해결하느라 바쁘다면, 충동이 쉽게 이길 수 있다. 반면에, 우리가 다른 것에 관해 너무 열심히 생각하고 있지 않다면(두 자리 숫자를 외우는 것과 같은 사소하게 주의를 산만하게 하는 일만 있을 때), 숙고하는 (뇌의) 계통은 반사적인 쪽의 감정적인 충동을 억제할 수 있다.
→ 위 실험에 따르면, 뇌에 가해지는 (A) 증가된 지적 부담은 뇌의 반사적인 부분이 (B) 우세해지게 한다.

> 다음 글의 내용을 한 문장으로 요약하고자 한다. 빈칸 (A), (B)에 들어갈 말로 가장 적절한 것은?
>
> | | (A) | | (B) | |
> | --- | --- | --- | --- | --- |
> | ① | limited 제한된 | — | powerful 강력한 | 지적 부담이 제한된다면 숙고하는 뇌가 이김 |
> | ② | limited | — | divided 분리된 | |
> | ③ | varied 달라지는 | — | passive 수동적인 | 지적 부담이 많고 적음을 대조하는 실험임 |
> | ④ | increased 증가된 | — | dominant 우세한 | 숙고하는 뇌가 처리해야 할 지적 부담이 많아지면 반사적인 뇌가 이김 |
> | ⑤ | increased | — | weakened 약화된 | 반사적인 뇌가 쉽게 이기는 경우임 |

왜 정답? ★★★ [정답률 32%]
일곱 자리 숫자를 외워야 했을 때는 대부분이 케이크를 선택했고, 두 자리 숫자를 외워야 했을 때는 대부분이 과일 샐러드를 선택했다는 실험 결과를 통해, 과일 샐러드를 선택하려는 숙고하는 뇌가 일곱 자리 숫자를 기억하는 것과 같은 지적인 일로 바쁘면, 감정적 충동으로 초콜릿 케이크를 선택하려는 반사적인 뇌가 쉽게 이긴다는 것을 알려주는 글이다. 따라서 요약문에는 ④ '증가된'과 '우세한'이 들어가야 한다.

왜 오답? (A)에 limited가 오는 경우 (B)에 weakened 등이 올 수 있음 [꿀팁]
①, ② 지적 부담이 제한된다면, 즉 숙고하는 뇌에 가해지는 지적 부담이 적으면 숙고하는 뇌가 이긴다.
③ 숙고하는 뇌에 가해지는 지적 부담이 달라지는 경우가 아니라 많은 경우와 적은 경우를 대조하는 글이다.
⑤ 숙고하는 뇌에 가해지는 지적 부담이 증가하면 반사적인 뇌가 쉽게 이긴다고 했다.

실험 구성	학생들에게 암기해야 하는 숫자를 보여주고, 과일 샐러드나 초콜릿 케이크 중 하나를 선택하게 함
실험 결과	암기해야 하는 숫자가 일곱 자리일 때, 63퍼센트가 케이크를 선택했고, 두 자리일 때, 59퍼센트가 과일 샐러드를 선택함
실험 해석	숙고하는 뇌는 과일 샐러드가 건강에 더 좋은 것을 알지만 다른 어떤 것을 해결하느라 바쁘다면(일곱 자리 숫자를 암기하는 것), 반사적인 뇌가 쉽게 이겨 부드럽고 살이 찌는 초콜릿 케이크를 선택하게 됨

Q 15 정답 ② *음악이 협력에 미치는 영향

Music is used / to mold customer experience and behavior. //
음악은 사용된다 / 고객의 경험과 행동을 형성하는 데 //

A study was conducted / that explored / what impact it has / on employees. // = music
연구가 수행되었다 / 탐구했던 / 그것이 어떤 영향을 끼치는지를 / 직원들에게 //
단서 1 리듬감 있는 음악을 들은 참가자가 더 협력하는 경향이 있음

Results from the study indicate / that participants / who listen to rhythmic music / were inclined to cooperate more / irrespective of factors / like age, gender, and academic background, /
연구 결과는 보여준다 / 참가자들이 / 리듬감 있는 음악을 들은 / 더 협력하는 경향이 있다는 것을 / 요인에 관계없이 / 나이, 성별, 학력과 같은 /

compared to those / who listened to less rhythmic music. //
참가자들에 비해 / 리듬감이 덜 있는 음악을 들은 //

This positive boost / in the participants' willingness to cooperate / was induced / regardless of whether they liked the music or not. //
이러한 긍정적인 촉진제는 / 참가자들의 협력하려는 자발성의 / 야기되었다 / 그들이 음악을 좋아하는지 혹은 그렇지 않은지와 상관없이 //

When people are in a more positive state of mind, / they tend to become more agreeable and creative, /
사람들이 좀 더 긍정적인 심리 상태에 있을 때 / 그들은 더 기분이 좋고 창의적이 되는 경향이 있다 /

while those / on the opposite spectrum / tend to focus / on their individual problems / rather than giving attention / to solving group problems. //
부사절 접속사(대조)
사람들은 / 반대 스펙트럼에 있는 / 초점을 두는 경향이 있는 반면에 / 자신의 개별 문제에 / 주의를 기울이기보다는 / 집단 문제 해결에 //

The rhythm of music has a strong pull / on people's behavior. //
음악의 리듬은 강하게 끌어당긴다 / 사람들의 행동을 //
단서 2 사람들이 일정한 박자로 음악을 들으면 자신의 행동을 박자에 맞추는 경향이 있음

This is / because when people listen to music / with a steady pulse, / they tend to match their actions / to the beat. //
이것은 ~이다 / 사람들이 음악을 들을 때 / 일정한 박자가 있는 / 그들은 자신의 행동을 맞추는 경향이 있기 때문(이다) / 박자에 //
단서 3 결정을 내릴 때 모든 사람들이 하나의 박자를 따르고 있다면 더 나은 협동 작업으로 이어짐

This translates / to better teamwork / when making decisions / because everyone is following one tempo. //
이것은 설명된다 / 더 나은 협동 작업으로 / 결정을 내릴 때 / 모든 사람들이 하나의 박자를 따르고 있기 때문에 //

> → According to the study, / the music / **played** in workplaces / can lead employees / to be (A) **cooperative** / because the beat of the music creates / a (B) **shared rhythm** / for working. //
> 앞에 주격 관계대명사+be동사 생략
> 연구에 따르면 / 음악은 / 직장에서 연주되는 / 직원들을 이끌 수 있다 / 협동적이도록 / 음악의 박자가 만들기 때문에 / 공유된 리듬을 / 작업에 있어 //

- mold ⓥ (성격 등을 형성하도록) 만들다
- employee ⓝ 직원
- indicate ⓥ 보여주다
- rhythmic ⓐ 리드미컬한, 리듬감이 있는
- be inclined to ~의 경향이 있다
- irrespective of ~와 관계없이
- academic background 학력
- boost ⓝ 촉진제, 부양책

- willingness ⓝ 기꺼이 하기, 자발성　・induce ⓥ 야기하다, 유발하다
- agreeable ⓐ 기분 좋은, 쾌활한　・spectrum ⓝ 스펙트럼, 빛 띠
- rhythm ⓝ 리듬　・steady ⓐ 고정적인, 한결같은
- pulse ⓝ 리듬, 맥박　・beat ⓝ 박자, 운율　・translate ⓥ 설명하다
- tempo ⓝ 박자, 속도　・workplace ⓝ 직장, 업무 현장
- competitive ⓐ 경쟁적인　・disturbing ⓐ 불안감을 주는

음악은 고객의 경험과 행동을 형성하는 데 사용된다. 그것이 직원들에게 어떤 영향을 끼치는지를 탐구하는 연구가 수행되었다. 연구 결과는 리듬감 있는 음악을 들은 참가자들이 리듬감이 덜 있는 음악을 들은 참가자들에 비해 나이, 성별, 학력과 같은 요인에 관계없이 더 협력하는 경향이 있다는 것을 보여준다. 이러한 참가자들의 협력하려는 자발성의 긍정적인 촉진제는 그들이 음악을 좋아하는지 혹은 그렇지 않은지와 상관없이 야기되었다. 반대 스펙트럼에 있는 사람들은 집단 문제 해결에 주의를 기울이기보다는 자신의 개별 문제에 초점을 두는 경향이 있는 반면에, 사람들이 좀 더 긍정적인 심리 상태에 있을 때, 그들은 더 기분이 좋고 창의적이 되는 경향이 있다. 음악의 리듬은 사람들의 행동을 강하게 끌어당긴다. 이것은 사람들이 일정한 박자가 있는 음악을 들을 때, 자신의 행동을 박자에 맞추는 경향이 있기 때문이다. 이것은 모든 사람들이 하나의 박자를 따르고 있기 때문에 결정을 내릴 때 더 나은 협동 작업으로 설명된다.
→ 연구에 따르면 작업에 있어 음악의 박자가 (B) **공유된 리듬**을 만들기 때문에 직장에서 연주되는 음악은 직원들이 (A) **협동적**이도록 이끌 수 있다.

> 다음 글의 내용을 한 문장으로 요약하고자 한다. 빈칸 (A), (B)에 들어갈 말로 가장 적절한 것은?

	(A)		(B)
①	uncomfortable 불편한	—	competitive mood 경쟁적인 분위기
②	cooperative 협동적인	—	shared rhythm 공유된 리듬
③	distracted 산만한	—	shared rhythm
④	attentive 배려하는	—	competitive mood
⑤	indifferent 무관심한	—	disturbing pattern 불안감을 주는 패턴

(② 옆) 같은 박자의 음악을 들으면 협동을 더 잘함
(③ 옆) 집중력이 아니라 '협동'에 대한 내용임
(④ 옆) 경쟁적인 분위기가 배려로 이어진다는 것은 어색함
(⑤ 옆) 리듬감 있는 음악을 듣는 것의 이점을 설명하는 글임

왜 정답? ✻✻❀ [정답률 81%]

리듬감 있는 음악을 들은 참가자들이 리듬감이 덜한 음악을 들은 참가자들에 비해 더 협력하는 경향이 있었다는 것이 연구 결과이다. 왜 그런 결과가 나왔는지는 글의 후반부에서 설명하는데, 사람들은 일정한 박자가 있는 음악을 들을 때 그 박자에 자신의 행동을 맞추는 경향이 있기 때문에 결정을 내릴 때 모든 사람들이 하나의 박자를 따르고 있으면 더 나은 협동 작업으로 이어지는 것이다. 따라서 요약문에는 각각 ② '협동적인'과 '공유된 리듬'이 들어가야 한다.

왜 오답?

① 동일한 박자의 음악을 함께 듣는 것이 더 나은 협력으로 이어진다는 것을 보여주는 실험이지, 경쟁적인 분위기가 직원들로 하여금 불편함을 느끼게 한다는 것이 아니다.
③ 공유된 리듬을 만드는 음악의 박자를 들으면 직원들은 산만해지는 것이 아니라 더 협력적이 된다는 내용이다.
④ 음악의 박자가 경쟁적인 분위기를 만들기 때문에 직원들이 배려하게 된다는 것은 앞뒤가 맞지 않는다.
⑤ 리듬감 있는 음악을 듣는 것의 이점에 대해 설명하는 글로, 직원들이 무관심해진다는 것은 이점이 아니다.

✱ 글의 흐름

도입	음악은 고객의 경험과 행동을 형성하는 데 사용됨
연구 결과	리듬감 있는 음악을 들은 참가자들은 리듬감이 덜한 음악을 들은 참가자들에 비해 나이, 성별, 학력과 같은 요인에 관계없이 더 협력함
연구 해석	일정한 박자가 있는 음악을 들을 때, 사람들은 자신의 행동을 박자에 맞추는 경향이 있기 때문에 모든 사람들이 하나의 박자를 따르고 있을 때 결정을 내리면 더 나은 협동 작업으로 이어짐

Q 16 정답 ① ✱천연자원에 대한 지나친 의존의 결과

Some natural resource-rich developing countries / tend to create an excessive dependence / on their natural resources, / which generates /
tend to-v: ~하는 경향이 있다　계속적 용법의 주격 관계대명사
천연자원이 풍부한 일부 개발도상국들은 / 지나친 의존을 초래하는 경향이 있으며 / 자국의 천연자원에 대한 / 그것은 만들어 낸다 /
단서 1 풍부한 천연자원에의 지나친 의존은 더 낮은 성장률을 초래함

a lower productive diversification and a lower rate of growth. //
더 낮은 생산적 다양화와 더 낮은 성장률을 //

Resource abundance / in itself / need not do any harm: /
자원의 풍요가 / 그 자체로 / 해가 되어야 하는 것은 아니다 /

manage to-v: 그럭저럭[가까스로] ~하다
many countries have abundant natural resources / and have managed to outgrow / their dependence on them / by diversifying their economic activity. //
단서 2 많은 나라들이 경제 활동을 다양화함으로써 천연자원에 대한 의존에서 벗어남
많은 나라들이 풍부한 천연자원을 가지고 있다 / 그리고 그럭저럭 벗어났다 / 그것에 대한 의존에서 / 자국의 경제 활동을 다양화함으로써 //

That is the case / of Canada, Australia, or the US, / to name the most important ones. //
그것이 경우이다 / 캐나다, 호주, 또는 미국의 / 가장 중요한 나라들을 꼽자면 //

But some developing countries are trapped / in their dependence / on their large natural resources. //
하지만 일부 개발도상국들은 갇혀 있다 / 의존에 / 자국의 많은 천연자원에 대한 //

They suffer / from a series of problems / since a heavy dependence on natural capital tends / to exclude other types of capital / and thereby interfere with economic growth. //
이유의 부사절 접속사　병렬 구조
그들은 겪고 있다 / 일련의 문제를 / 자연 자본에 대한 과도한 의존은 ~하는 경향이 있기 때문에 / 다른 형태의 자본을 배제하는 / 그리고 그로 인해 경제 성장을 저해하는 //

→ Relying on rich natural resources / without (A) **varying** economic activities / can be a (B) **barrier** / to economic growth. //
동명사 주어　동사
풍부한 천연자원에 의존하는 것은 / 경제 활동을 다양화하지 않은 채 / 장애가 될 수 있다 / 경제 성장에 //

- excessive ⓐ 지나친, 과도한　・dependence ⓝ 의존
- generate ⓥ 초래하다, 야기하다　・productive ⓐ 생산적인
- diversification ⓝ 다양화, 다양성　・growth ⓝ 성장
- abundance ⓝ 풍요　・in itself 그 자체로　・abundant ⓐ 풍부한
- outgrow ⓥ (성장하여) ~에서 벗어나다　・diversify ⓥ 다양화하다
- trap ⓥ 가두다　・capital ⓝ 자본(금), 자원　・exclude ⓥ 배제하다
- thereby ⓐⓓ 그것 때문에　・interfere with ~을 저해하다
- rely on ~에 의존하다

천연자원이 풍부한 일부 개발도상국들은 자국의 천연자원에 대한 지나친 의존을 초래하는 경향이 있으며, 그것은 더 낮은 생산적 다양화와 더 낮은 성장률을 만들어 낸다. 자원의 풍요가 그 자체로 해가 되어야 하는 것은 아니다. 많은 나라들이 풍부한 천연자원을 가지고 있으며 자국의 경제 활동을 다양화함으로써 그것에 대한 의존에서 그럭저럭 벗어났다. 가장 중요한 나라들을 꼽자면 캐나다, 호주, 또는 미국의 경우가 그러하다. 하지만 일부 개발도상국들은 자국의 많은 천연자원에 대한 의존에 갇혀 있다. 자연 자본에 대한 과도한 의존은 다른 형태의 자본을 배제하고 그로 인해 경제 성장을 저해하는 경향이 있기 때문에 그들은 일련의 문제를 겪고 있다.
→ 경제 활동을 (A) **다양화하지** 않은 채 풍부한 천연자원에 의존하는 것은 경제 성장에 (B) **장애**가 될 수 있다.

다음 글의 내용을 한 문장으로 요약하고자 한다. 빈칸 (A), (B)에 들어갈 말로 가장 적절한 것은?

	(A)		(B)	
①	varying 다양하지	—	barrier 장애	풍부한 천연자원에의 지나친 의존이 경제 성장을 방해함. 경제 활동을 다양화함으로써 천연자원에의 의존에서 벗어남
②	varying	—	shortcut 지름길	경제 성장을 저해함
③	limiting 제한하지	—	challenge 난제	경제 활동을 제한하는 것이 아니라 다양화해야 함
④	limiting	—	barrier	
⑤	connecting 연결하지	—	shortcut	경제 활동을 연결하려는 내용은 없음

왜 정답? ★★★ [정답률 56%]

첫 문장에서 풍부한 천연자원에 대한 지나친 의존이 더 낮은 성장률을 만들어 낸다고 했고, 다음 문장에서 풍부한 천연자원을 가진 많은 나라들이 경제 활동을 다양화함으로써 천연자원에 대한 의존에서 벗어났다고 했으므로 요약문의 빈칸에는 각각 ① '다양화하지'를 의미하는 varying과 '장애'를 의미하는 barrier가 적절하다.

왜 오답?

② 천연자원에 의존하는 것이 더 낮은 성장률을 초래한다고 했으므로 경제 성장으로의 '지름길(shortcut)'이라고 하는 것은 글의 내용과 전혀 다르다.

③, ④ 경제 활동을 다양화함으로써 천연자원에의 의존에서 벗어났다고 했으므로 경제 활동을 '제한한다(limiting)'고 하는 것은 적절하지 않다.

⑤ 경제 활동을 '연결한다(connecting)'는 내용은 언급되지 않았다.

＊ 글의 흐름

도입(주제)	천연자원이 풍부한 나라들이 그것에 지나치게 의존하는 경향이 있고, 이는 더 낮은 성장률을 만들어 냄
전개	많은 나라가 경제 활동을 다양화함으로써 천연자원에 대한 의존에서 벗어남
예시	캐나다, 호주, 미국이 의존에서 벗어났고, 일부 개발도상국들은 의존에 갇혀 있음
부연	일부 개발도상국들은 다른 자본을 배제하고 자연 자본에 과도하게 의존하면서 경제 성장을 저해해 일련의 문제를 겪고 있음

Q 17 정답 ① ＊음료의 배치를 통한 탄산음료 소비 억제

Anne Thorndike, / a primary care physician in Boston, / had a crazy idea. //
Anne Thorndike는 / Boston의 1차 진료 의사인 / 아주 좋은 생각을 했다 //

She believed / she could improve the eating habits / of thousands of hospital staff and visitors / without changing / their willpower or motivation / in the slightest way. //
그녀는 믿었다 / 자신이 식습관을 개선할 수 있다고 / 수천 명의 병원 직원들과 방문객들의 / 바꾸지 않고 / 그들의 의지력이나 동기를 / 가벼운 방식으로 //

In fact, / she didn't plan / on talking to them / at all. //
사실 / 그녀는 계획을 세우지 않았다 / 그들과 대화할 / 전혀 //

Thorndike designed a study / to alter the "choice architecture" / of the hospital cafeteria. //
Thorndike는 연구를 설계했다 / '선택 구조'를 바꾸는 / 병원 구내식당의 //

She started / by changing / how drinks were arranged / in the room. //
그녀는 시작했다 / 바꿈으로써 / 음료가 놓여 있는 방식을 / 공간 안에 //

Originally, / the refrigerators / located next to the cash registers / in the cafeteria / were filled with only soda. //
원래 / 냉장고들은 / 금전 등록기 옆에 있는 / 구내식당 내의 / 탄산음료로만 채워져 있었다 //

She added water / as an option / to each one. //
그녀는 물을 추가했다 / 선택 사항으로 / 각각의 냉장고에 //

Additionally, / she placed baskets of bottled water / next to the food stations / throughout the room. //
단서 1 물이 든 병을 공간 전체에 있는 음식을 두는 장소 옆에 놓았음
게다가 / 그녀는 병에 든 물이 담긴 바구니들을 놓았다 / 음식을 두는 장소 옆에 / 공간 전체에 있는 //

Soda was still in the primary refrigerators, / but water was now available / at all drink locations. //
단서 2 탄산음료는 냉장고에 있지만 물은 음료를 둔 모든 곳에서 이용 가능했음
탄산음료는 여전히 주요한 냉장고에 있었다 / 하지만 물은 이제 이용 가능했다 / 음료를 둔 모든 곳에서 //

Over the next three months, / the number of soda sales / at the hospital / dropped by 11.4 percent. //
단서 3 탄산음료의 판매가 떨어졌음
다음 3개월 동안 / 탄산음료 판매 숫자는 / 병원에서의 / 11.4퍼센트만큼 떨어졌다 //

Meanwhile, / sales of bottled water increased / by 25.8 percent. //
반면에 / 병에 든 물의 판매는 증가했다 / 25.8퍼센트만큼 //

→ The study / performed by Thorndike / showed / that the (A) **placement** of drinks / at the hospital cafeteria / influenced the choices / people made, /
연구는 / Thorndike에 의해 수행된 / 보여주었다 / 음료의 배치가 / 병원 구내식당에서의 / 선택에 영향을 주어 / 사람들이 하는 /

which (B) **lowered** / the consumption of soda. //
낮추었다는 것을 / 탄산음료의 소비를 //

- primary ⓐ (순서·단계상으로) 최초의
- physician ⓝ (내과) 의사
- willpower ⓝ 의지력
- motivation ⓝ 동기
- slight ⓐ 약간의, 조금의
- alter ⓥ 바꾸다, 고치다
- architecture ⓝ 구조, 구성
- arrange ⓥ 배열하다
- locate ⓥ 위치하고 있다
- cash register 금전 등록기
- meanwhile ⓐⓓ 한편, 반면에
- consumption ⓝ (상품의) 소비

Boston의 1차 진료 의사인 Anne Thorndike는 아주 좋은 생각을 했다. 그녀는 의지력이나 동기를 바꾸지 않고 가벼운 방식으로 수천 명의 병원 직원들과 방문객들의 식습관을 개선할 수 있다고 믿었다. 사실, 그녀는 그들과 대화할 계획을 전혀 세우지 않았다. Thorndike는, 병원 구내식당의 '선택 구조'를 바꾸는 연구를 설계했다. 그녀는 공간 안에 음료가 놓여 있는 방식을 바꾸는 것으로 시작했다. 원래, 구내식당 내의 금전 등록기 옆에 있는 냉장고들은 탄산음료로만 채워져 있었다. 그녀는 각각의 냉장고에 선택 사항으로 물을 추가했다. 게다가, 그녀는 공간 전체에 있는 음식을 두는 장소 옆에 병에 든 물이 담긴 바구니들을 놓았다. 탄산음료는 여전히 주요한 냉장고에 있었지만, 물은 이제 음료를 둔 모든 곳에서 이용 가능했다. 다음 3개월 동안, 병원에서의 탄산음료 판매 숫자는 11.4퍼센트만큼 떨어졌다. 반면에, 병에 든 물의 판매는 25.8퍼센트만큼 증가했다.

→ Thorndike에 의해 수행된 연구는 병원 구내식당에서의 음료의 (A) **배치**가 사람들이 하는 선택에 영향을 주어, 탄산음료의 소비를 (B) **낮추었다**는 것을 보여주었다.

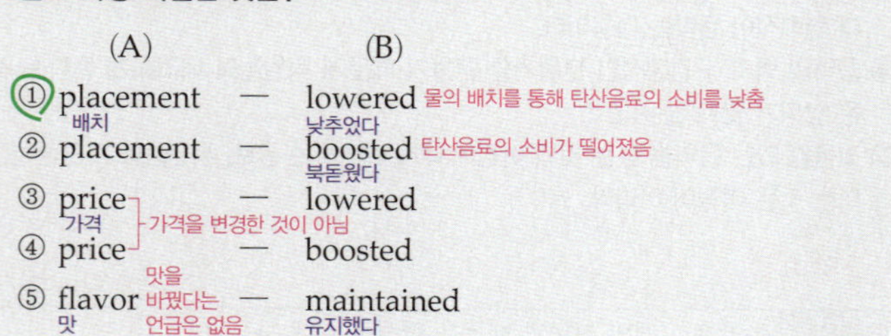

다음 글의 내용을 한 문장으로 요약하고자 한다. 빈칸 (A), (B)에 들어갈 말로 가장 적절한 것은?

	(A)		(B)	
①	placement 배치	—	lowered 낮추었다	물의 배치를 통해 탄산음료의 소비를 낮춤
②	placement	—	boosted 북돋웠다	탄산음료의 소비가 떨어졌음
③	price 가격	—	lowered	가격을 변경한 것이 아님
④	price	—	boosted	
⑤	flavor 맛	—	maintained 유지했다	맛을 바꿨다는 언급은 없음

왜 정답? ★★★❀ [정답률 71%]

탄산음료로만 채워져 있던 냉장고에 물을 추가했고, 공간 전체에 있는 음식을 두는 장소 옆에 물이 든 병이 담긴 바구니를 놓았다. 탄산음료는 여전히 냉장고에 있었지만 음료를 둔 모든 곳에 물을 '배치'했더니 탄산음료의 판매가 11.4퍼센트 '떨어졌다'고 했으므로 요약문의 빈칸에는 각각 ① '배치'와 '낮추었다'가 들어가야 한다.

＊ 글의 흐름

도입	Anne Thorndike는 병원 구내식당의 '선택 구조'를 바꾸어 병원 직원들과 방문객들의 식습관을 개선할 수 있다고 믿음
전개	탄산음료만 있던 냉장고에 물을 채웠고, 음식을 두는 장소 옆에 병에 든 물이 담긴 바구니들을 놓음
결론	탄산음료 판매 숫자는 11.4퍼센트만큼 떨어졌고 물의 판매는 25.8퍼센트만큼 증가함

Q 18 정답 ① ＊행동에 따라 생각하게 되는 경향

People behave in highly predictable ways / **when** they experience certain thoughts. //
부사절 접속사 (시간)
사람들은 매우 예측 가능한 방식으로 행동한다 / 그들이 특정한 생각을 할 때 //

When they agree, / they nod their heads. //
그들은 동의할 때 / 그들은 고개를 끄덕인다 //

So far, no surprise, / but according to an area of research / **known as "proprioceptive psychology,"** / the process also works in reverse. //
과거분사구 (research 수식)
여기까지는, 놀랄 일은 아니다 / 하지만 한 연구 분야에 따르면 / "고유 수용 심리학"으로 알려진 / 그 과정은 역으로도 작용한다 //

Get people to behave in a certain way / **and** you cause them to have certain thoughts. //
명령문 + and: ~해라 그러면 …
사람들이 특정한 방식으로 행동하게 해라 / 그러면 당신은 그들이 특정한 생각을 갖도록 한다 //

The idea was initially controversial, / but fortunately it was supported / by a compelling experiment. //
그 아이디어는 처음에는 논란의 여지가 있었지만 / 다행히도 그것은 뒷받침되었다 / 설득력 있는 실험으로 //

Participants in a study were asked / to **fixate** on various products / **moving across a large computer screen** / and then **indicate** / whether the items appealed to them. //
현재분사구 (various products 수식) 병렬 구조
한 연구에서 참가자들은 요청받았다 / 다양한 제품들에 시선을 고정하도록 / 큰 컴퓨터 화면을 가로질러 움직이는 / 그리고 나서 나타내도록 / 그 제품들이 그들에게 매력적인지 아닌지를 //

Some of the items moved vertically / (causing / the participants to nod their heads / **while watching**), / and others moved horizontally / (resulting in a side-to-side head movement). //
분사구문
일부 제품은 수직으로 움직였고 / (~하게 하면서 / 참가자들이 고개를 끄덕이게 / 보는 동안) / 다른 제품은 수평으로 움직였다 / (좌우로 머리를 움직이게 하면서) //

Participants preferred vertically moving products / without being aware / that their "yes" and "no" head movements / **had played** a key role / in their decisions. //
과거완료시제
참가자들은 수직으로 움직이는 제품을 선호했다 / 인지하지 못한 채 / 자신의 "예"와 "아니요"의 머리 움직임이 / 핵심적인 역할을 했다(는 사실)을 / 그들의 결정에 //

→ In one study, / participants responded (A) **favorably** / to products on a computer screen / when they moved their heads up and down, /
한 연구에서 / 참가자들은 호의적으로 반응했다 / 컴퓨터 화면에 나오는 제품들에 / 그들이 고개를 위아래로 움직일 때 /
계속적 용법의 주격 관계대명사
which showed / that their decisions **were** unconsciously **influenced** / by their (B) **behavior**. //
수동태 동사
이는 보여주었다 / 그들의 결정이 무의식적으로 영향을 받는다는 것을 / 그들의 행동에 의해서 //

- predictable ⓐ 예측 가능한
- nod ⓥ (고개를) 끄덕이다
- proprioceptive ⓐ 자기 수용의
- psychology ⓝ 심리학
- reverse ⓝ 정반대, 역
- initially 〔ad〕 처음에
- controversial ⓐ 논란이 많은
- compelling ⓐ 설득력 있는, 강력한
- fixate ⓥ 고정하다
- vertically 〔ad〕 수직으로
- horizontally 〔ad〕 수평으로
- respond ⓥ 응답하다
- unconsciously 〔ad〕 무의식적으로
- favorably 〔ad〕 호의적으로
- instinct ⓝ 본능
- unfavorably 〔ad〕 비판적으로
- irrationally 〔ad〕 비이성적으로
- prejudice ⓝ 편견

사람들은 특정한 생각을 할 때 매우 예측 가능한 방식으로 행동한다. 그들은 동의할 때, 고개를 끄덕인다. 여기까지는, 놀랄 일은 아니다, 하지만 "고유 수용 심리학"으로 알려진 한 연구 분야에 따르면, 그 과정은 역으로도 작용한다. 사람들을 특정한 방식으로 행동하게 하면 당신은 그들이 특정한 생각을 갖도록 한다. 그 아이디어는 처음에는 논란의 여지가 있었지만, 다행히도 설득력 있는 실험으로 뒷받침되었다. 한 연구에서 참가자들은 큰 컴퓨터 화면을 가로질러 움직이는 다양한 제품들에 시선을 고정하고 그 제품들이 그들에게 매력적인지 아닌지를 나타내도록 요청받았다. 일부 제품은 수직으로 움직였고 (참가자들이 보는 동안 고개를 끄덕이게 하면서), 다른 제품은 수평으로 움직였다 (좌우로 머리를 움직이게 하면서). 참가자들은 자신의 "예"와 "아니요"의 머리 움직임이 결정에 핵심적인 역할을 했다는 사실을 인지하지 못한 채 수직으로 움직이는 제품을 선호했다.

→ 한 연구에서, 참가자들은 그들이 고개를 위아래로 움직일 때 컴퓨터 화면에 나오는 제품들에 (A) **호의적으로** 반응했는데, 이는 그들의 결정이 그들의 (B) **행동**에 의해서 무의식적으로 영향을 받는다는 것을 보여주었다.

다음 글의 내용을 한 문장으로 요약하고자 한다. 빈칸 (A), (B)에 들어갈 말로 가장 적절한 것은?

	(A)		(B)
①	favorably 호의적으로	—	behavior 행동 — 긍정의 행동에 의해 호감을 갖게 됨
②	favorably	—	instinct 본능 — 본능이 아닌 행동에 영향을 받음
③	unfavorably 비판적으로	—	feeling 감정
④	unfavorably	—	gesture 몸짓
⑤	irrationally 비이성적으로	—	prejudice 편견 — 편견이 아닌 행동이 영향을 끼침

고개를 위아래로 움직이는 행동은 긍정을 표하는 행동

> **왜 정답?** ＊＊＊ [정답률 61%]

(A):

참가자들은 자신의 "예"와 "아니요"의 머리 움직임이 결정에 핵심적인 역할을 했다는 사실을 인지하지 못한 채 수직으로 움직이는 제품을 선호했다. **단서 2**

→ 고개를 위아래로 움직일 때 컴퓨터 화면에 나오는 제품을 선호했다.
　→ ①, ② '호의적으로(favorably)' 반응함

(B):

사람들을 특정한 방식으로 행동하게 하면 당신은 그들이 특정한 생각을 갖도록 한다. **단서 1**

→ 사람들을 특정한 방식으로 '행동'하게 하면 당신은 그들이 특정한 생각을 갖도록 한다. → ① '행동(behavior)', 또는 ④ '몸짓(gesture)'이 결정에 영향을 미침
　▶ 요약문의 빈칸에는 각각 ① '호의적으로'와 '행동'이 들어가야 함

> **왜 오답?**

② 결정에 영향을 주는 것은 '본능'이 아닌 행동이다.

③ 결정에 영향을 주는 것은 '감정'이 아닌 행동이다.

④ 실험에 의하면, 참가자들은 자신의 행동에 따라서 특정 제품을 선호했다.

⑤ 머리 움직임이 결정에 핵심적인 역할을 했다는 사실을 인지하지 못했다고 했으므로 '편견'이 선택에 영향을 미친 것은 아니다.

도입	사람들은 특정한 생각을 할 때 매우 예측 가능한 방식으로 행동함
반전	그 과정은 역으로도 작용함
실험 내용	실험에서 참가자들은 화면 속 제품들이 매력적인지 나타내도록 요청받았고, 일부는 수직, 일부는 수평으로 움직였음
실험 결과	참가자들은 "예"의 머리 움직임이 결정에 핵심적인 역할을 했다는 사실을 인지하지 못한 채 수직으로 움직이는 제품을 선호했음

Q 19 정답 ① *다른 사람들의 반응에 의해 수정되는 기억

In 2011, / Micah Edelson and his colleagues conducted an interesting experiment / about external factors of memory manipulation. //

2011년 / Micah Edelson과 그의 동료들이 흥미로운 실험을 했다 / 기억 조작의 외부 요인들에 대한 //

In their experiment, / participants were shown a two minute documentary film / and then asked a series of questions / about the video. //

그들의 실험에서 / 참가자들이 2분짜리 다큐멘터리 영상을 보고 나서 / 일련의 질문을 받았다 / 그 영상에 대한 //

Directly after viewing the videos, / participants made few errors in their responses / and were correctly able to recall the details. //

그 영상을 본 직후 / 참가자들은 응답에서 거의 실수를 하지 않았다 / 그리고 정확하게 세부 사항들을 기억해낼 수 있었다 //

단서 1 잘못된 정보가 주어져도 참가자들은 자신의 기억에 영향을 받지 않았음

Four days later, / they could still remember the details / and didn't allow their memories to be swayed / when they were presented / with any false information about the film. //

4일 후에 / 그들은 여전히 세부 사항들을 기억할 수 있었고 / 자신의 기억이 흔들리게 두지 않았다 / 그들에게 제시되었을 때에도 / 영상에 관한 어떤 잘못된 정보가 //

This changed, however, / when participants were shown / fake responses about the film / made by other participants. //

그러나 이것이 바뀌었다 / 참가자들이 봤을 때 / 그 영상에 관한 거짓 응답을 / 다른 참가자들이 한 //

단서 2 다른 사람들의 올바르지 않은 응답을 보자마자 참가자들은 잘못된 응답을 하게 됨

Upon seeing the incorrect answers of others, / participants were also drawn / toward the wrong answers themselves. //

다른 사람들의 올바르지 않은 응답을 보자마자 / 참가자들 자신 / 또한 이끌려갔다 / 잘못된 응답 쪽으로 //

Even after they found out / that the other answers had been fabricated / and didn't have anything to do with the documentary, / it was too late. //

심지어 그들이 알아낸 뒤에도 / 다른 응답들은 조작되었으며 / 그 다큐멘터리와 아무 상관이 없다는 것을 / 이는 너무 늦어버린 후였다 //

The participants were no longer able to distinguish / between truth and fiction. //

참가자들은 더 이상 구분할 수 없었다 / 진실과 허구를 //

They had already modified their memories / to fit the group. //

그들은 이미 자신의 기억을 수정했다 / 집단에 맞게끔 //

→ According to the experiment, / when participants were given / false information itself, / their memories remained (A) **stable**, /

실험에 따르면 / 참가자들이 제공받았을 때 / 거짓된 정보 자체를 / 그들의 기억은 안정된 상태로 남아있었다 /

but their memories were (B) **falsified** / when they were exposed / to other participants' fake responses. //

하지만 그들의 기억이 왜곡되었다 / 그들이 노출되었을 때 / 다른 참가자들의 거짓 응답에 //

- colleague ⓝ 동료
- conduct ⓥ 수행하다
- experiment ⓝ 실험
- external ⓐ 외부의
- factor ⓝ 요소, 요인
- manipulation ⓝ 조작
- a series of 일련의
- recall ⓥ 떠올리다, 상기하다
- sway ⓥ 흔들리다
- false ⓐ 잘못된
- fake ⓐ 거짓의
- draw ⓥ 끌다, 끌어당기다
- fabricate ⓥ 조작하다, 꾸며내다
- distinguish ⓥ 구분하다
- modify ⓥ 수정하다
- fit ⓥ 꼭 맞추다
- expose ⓥ 노출시키다

2011년 Micah Edelson과 그의 동료들이 기억 조작의 외부 요인들에 대한 흥미로운 실험을 했다. 그들의 실험에서 참가자들이 2분짜리 다큐멘터리 영상을 보고 나서 그 영상에 대한 일련의 질문을 받았다. 그 영상을 본 직후 참가자들은 응답에서 거의 실수를 하지 않았고 정확하게 세부 사항들을 기억해낼 수 있었다. 4일 후에 그들은 여전히 세부 사항들을 기억할 수 있었고 그들이 영상에 관한 어떤 잘못된 정보가 제시되었을 때에도 자신의 기억이 흔들리게 두지 않았다. 그러나 참가자들이 그 영상에 관한 다른 참가자들이 한 거짓 응답을 봤을 때 이것이 바뀌었다. 다른 사람들의 올바르지 않은 응답을 보자마자 참가자들 자신 또한 잘못된 응답 쪽으로 이끌려갔다. 심지어 그들이 다른 응답들은 조작되었으며 그 다큐멘터리와 아무 상관이 없다는 것을 알아낸 뒤에도, 이는 너무 늦어버린 후였다. 참가자들은 더이상 진실과 허구를 구분할 수 없었다. 그들은 이미 자신의 기억을 집단에 맞게끔 수정했다.

→ 실험에 따르면 참가자들이 거짓된 정보 자체를 제공받았을 때 그들의 기억은 (A) **안정된** 상태로 남아있었으나 그들이 다른 참가자들의 거짓 응답에 노출되었을 때 그들의 기억이 (B) **왜곡되었다.**

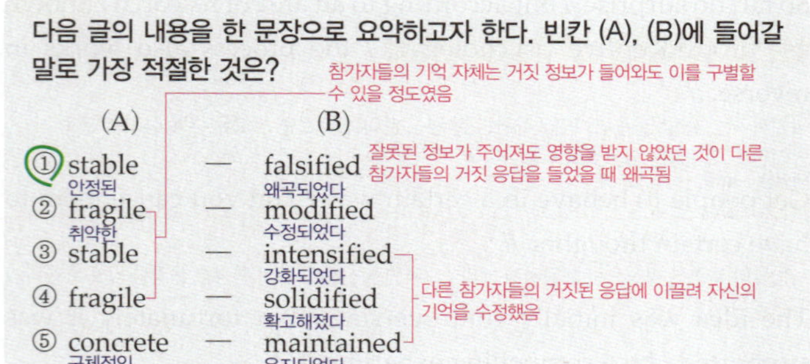

왜 정답 ? ✽✽✽ [정답률 56%]

실험에서 자신들이 본 다큐멘터리에 대해 잘못된 정보가 주어져도, 기억에 영향을 받지 않았던 사람들이 다른 참가자들이 한 올바르지 않은 응답이 주어졌을 때 그들도 잘못된 응답을 했고, 다른 참가자들의 응답이 조작되었음을 알게 되어도 자신의 기억을 왜곡하여 집단에 맞게끔 수정했다는 내용이다. 따라서 요약문의 빈칸에는 거짓된 정보가 제시되어도 기억이 ① '안정된' 상태였으나, 다른 참가자들의 거짓 응답으로 인해 기억이 ① '왜곡되었다'는 내용이 들어가야 한다.

왜 오답 ?

②, ④ 다른 참가자들의 잘못된 응답을 보기 전까지는 거짓 정보가 들어와도 이를 구별할 수 있을 정도였으므로, '취약한' 상태였다는 것은 옳지 않다.

③, ⑤ 다른 참가자들의 거짓된 응답에 이끌려 자신의 기억을 수정했으므로, 기억이 '강화되었다', '유지되었다'는 것은 옳지 않다.

* 글의 흐름

실험 설계 ①	참가자들에게 4일 전에 시청한 다큐멘터리 영상을 잘못된 정보와 함께 제시함
실험 결과 ①	참가자들은 영상에 관한 어떤 잘못된 정보가 제시되었을 때에도 자신의 기억이 흔들리게 두지 않음
실험 설계 ②	참가자들에게 그 영상에 관한 다른 참가자들이 한 거짓 응답을 보여줌
실험 결과 ②	다른 참가자들의 올바르지 않은 응답을 보자마자 참가자들 자신 또한 잘못된 응답 쪽으로 응답을 바꿈

✱자신과 타인에 초점을 맞춘 동기의 지속성

In 2006, / researchers conducted a study / on the motivations for helping / after the September 11th terrorist attacks against the United States. // 2006년에 / 연구자들은 연구를 수행했다 / 도움을 주려는 동기에 대한 / 미국을 향한 9.11 테러 공격 이후에 //

In the study, / they found / **that** individuals **who** gave money, blood, goods, or other forms of assistance / because of other-focused motives / (giving to reduce another's discomfort) / 그 연구에서 / 그들은 발견했다 / 돈, 혈액, 물품, 또는 다른 형태의 도움을 주었던 사람들이 / 타인에게 초점을 맞춘 동기 때문에 / (다른 사람의 곤란을 줄이기 위해 베푸는 것) /

were almost **four times more** likely to still be giving support / one year later / **than** those **whose** original motivation was to reduce personal distress. // 단서1 타인을 위해 베푼 사람이 자신을 위해 베푼 사람보다 더 오랫동안 지원을 제공함
여전히 지원을 제공할 가능성이 거의 네 배 더 높다는 것을 / 일 년 후에 / 자신의 고통을 줄이는 것이 원래 동기였던 사람들보다 //

This effect likely **stems / from** differences in emotional arousal. // 이 결과는 비롯된 것 같다 / 감정적 자극의 차이에서 //

The events of September 11th emotionally affected / people throughout the United States. // 9.11의 사건들은 감정적으로 영향을 미쳤다 / 미국 전역의 사람들에게 //

Those who gave **to reduce** their own distress / reduced their emotional arousal / with their initial gift, / **discharging that emotional distress**. // 단서2 자신의 고통을 줄이기 위해 도움을 베푼 사람들은 감정적 자극이 금방 줄어듦
자기 자신의 고통을 줄이기 위해 베푼 사람들은 / 감정적 자극을 줄였다 / 초기의 베풂을 통해 / 그 감정적 고통을 해소하면서 //

However, **those who** gave **to reduce** others' distress / did not stop **empathizing** / with victims **who** continued to struggle long after the attacks. // 단서3 타인의 고통을 줄이기 위해 도움을 베푼 사람들은 감정적 자극이 오래 지속됨
하지만, 다른 사람들의 고통을 줄이기 위해 베푼 사람들은 / 공감하기를 멈추지 않았다 / 공격 이후 오랫동안 계속해서 고군분투하는 피해자들에게 //

> → A study found / **that** the act of giving was less likely to be
> (A) **sustained** / when driven by self-centered motives / rather than by other-focused motives, /
> 한 연구는 발견했다 / 베푸는 행위가 지속될 가능성이 더 낮았는데 / 자기 중심적 동기에 의해 유도될 때 / 타인에 초점을 맞춘 동기보다는 /
> possibly **because of** the (B) **decline** / in emotional arousal. //
> 아마도 감소 때문이라는 것을 / 감정적 자극의 //

- **motivation** ⓝ 동기 · **terrorist attack** 테러 공격
- **assistance** ⓝ 도움 · **discomfort** ⓝ 불편 · **initial** ⓐ 초기의
- **discharge** ⓥ 해소하다, 해방시키다 · **empathize** ⓥ 공감하다
- **struggle** ⓥ 고군분투하다 · **self-centered** 자기 중심의
- **sustain** ⓥ 지속하다 · **decline** ⓝ 감소
- **maximization** ⓝ 극대화 · **indirect** ⓐ 간접적인
- **variation** ⓝ 변화 · **reduction** ⓝ 감소

2006년에 연구자들은 미국을 향한 9.11 테러 공격 이후에 도움을 주려는 동기에 대한 연구를 수행했다. 그 연구에서, 그들은 타인에게 초점을 맞춘 동기(다른 사람의 곤란을 줄이기 위해 베푸는 것) 때문에 돈, 혈액, 물품, 또는 다른 형태의 도움을 주었던 사람들이 자신의 고통을 줄이는 것이 원래 동기였던 사람들보다 일 년 후에도 여전히 지원을 제공할 가능성이 거의 네 배 더 높다는 것을 발견했다. 이 결과는 감정적 자극의 차이에서 비롯된 것 같다. 9.11의 사건들은 미국 전역의 사람들에게 감정적으로 영향을 미쳤다. 자기 자신의 고통을 줄이기 위해 베푼 사람들은 초기의 베풂을 통해 그 감정적 고통을 해소하면서 감정적 자극을 줄였다. 하지만, 다른 사람들의 고통을 줄이기 위해 베푼 사람들은 공격 이후 오랫동안 계속해서 고군분투하는 피해자들에게 공감하기를 멈추지 않았다.

→ 한 연구는 베푸는 행위가 타인에 초점을 맞춘 동기보다는 자기 중심적 동기에 의해 유도될 때 (A) **지속될** 가능성이 더 낮았는데, 아마도 감정적 자극의 (B) **감소** 때문이라는 것을 발견했다.

> **다음 글의 내용을 한 문장으로 요약하고자 한다. 빈칸 (A), (B)에 들어갈 말로 가장 적절한 것은?**
>
> | | (A) | | (B) |
> |---|---|---|---|
> | ① | sustained 지속될 | — | decline 감소 자기 중심적 동기는 감정적 자극이 빨리 줄어들기 때문에 베푸는 행위가 짧게 지속됨 |
> | ② | sustained | — | maximization 극대화 감정적 자극이 감소하므로 극대화되는 것이 아님 |
> | ③ | indirect 간접적인 | — | variation 변화 간접적인 것과 관련 없음 |
> | ④ | discouraged 좌절될 | — | reduction 감소 덜 좌절되는 것이 아님 |
> | ⑤ | discouraged | — | increase 증가 감정적 자극이 감소하므로 증가하는 것이 아님 |

왜 2등급? 감정적 자극이 '덜 오래 지속되는 것'을 '덜 좌절된다'고 생각한다면 오답 선택지를 정답으로 고를 수 있는 2등급 대비 문제이다.

| 문제 풀이 순서 |

1st 요약문을 통해 글에서 무엇을 찾아야 하는지 확인한다.

요약문	한 연구는 베푸는 행위가 타인에 초점을 맞춘 동기보다는 자기 중심적 동기에 의해 유도될 때 (A) ___________ 가능성이 더 낮았는데, 아마도 감정적 자극의 (B) ___________ 때문이라는 것을 발견했다.

➡ 타인에 초점을 맞춘 동기 vs. 자기 중심적 동기
→ (A) 자기 중심적 동기에 의해 베푼 행위가 어떤 가능성이 더 낮았는지
→ (B) 그 이유가 감정적 자극의 어떤 점 때문인지

2nd 글에서 각각의 동기에 따라 베푼 행위가 어떻게 다른지 살펴본다.

(A):
[타인의 고통을 줄이기 위해 도움을 베푼 사람이 자신의 고통을 줄이기 위해 도움을 베푼 사람보다 더 오랫동안 지원을 제공할 가능성이 네 배 더 높았다. 단서1]
➡ 자기 중심적 동기에 의한 베풂은 타인에 초점을 맞춘 동기에 의한 베풂보다 '지속될' 가능성이 더 낮으므로 ①, ② sustained(지속될)가 알맞다.

(B):
[자신의 고통을 줄이기 위해 도움을 베푼 사람들은 감정적 자극이 금방 줄어들었고, 타인의 고통을 줄이기 위해 도움을 베푼 사람들은 감정적 자극이 오래 지속되었다. 단서2,3]
➡ 자기 중심적 동기에 의한 베풂은 초기의 베풂을 통해 감정적 고통을 해소하면서 금방 감정적 자극을 줄여갔으므로 ① decline(감소), ④ reduction(감소)이 알맞다. ▶ 요약문의 빈칸에는 각각 ① '지속될'과 '감소'가 들어가야 함

| 선택지 분석 |

①자기 중심적 동기에 의한 베풂은 타인에 초점을 맞춘 동기에 의한 베풂보다 덜 오랫동안 지속되는데, 자기 중심적 동기는 감정적 자극이 빨리 줄어들기 때문이다.
② 자기 중심적 동기에 의한 베풂은 감정적 자극이 감소하므로 극대화되는 것이 아니다.
③ 자기 중심적 동기에 의한 베풂은 덜 간접적인 것이 아니다.
④ 자기 중심적 동기에 의한 베풂이 덜 좌절되는 것이 아니다.
⑤ 자기 중심적 동기에 의한 베풂은 덜 좌절되는 것이 아니고, 감정적 자극이 감소하므로 증가하는 것이 아니다.

✱ 글의 흐름

도입	미국을 향한 9.11 테러 공격 이후에 도움을 주려는 동기에 대한 연구를 수행함
연구 결과	타인의 고통을 줄이기 위해 도움을 베푼 사람이 자신의 고통을 줄이기 위해 도움을 베푼 사람보다 더 오랫동안 지원을 제공할 가능성이 네 배 더 높았음
이유	이 결과는 감정적 자극의 차이에서 비롯됨
부연	자신을 위해 도움을 베푼 사람들은 감정적 자극이 금방 줄어든 반면, 타인을 위해 도움을 베푼 사람들은 감정적 자극이 오래 지속됨

*귀여운 공격성

시간의 부사절 접속사

When we see an adorable creature, / we must fight an overwhelming urge / to squeeze that cuteness. //
형용사적 용법(urge 수식)

우리가 귀여운 생명체를 볼 때 / 우리는 압도적인 충동과 싸워야 한다 / 그 귀여운 것을 꽉 쥐고자 하는 //

And pinch it, / and cuddle it, / and maybe even bite it. //

그리고 그것을 꼬집고 / 그것을 꼭 껴안고 / 심지어 그것을 깨물고자 하는 //

This is a perfectly normal psychological tick / — an oxymoron / called "cute aggression" — / and even though it sounds cruel, / it's not about causing harm at all. //
앞에 주격 관계대명사와 be동사가 생략됨   양보의 부사절 접속사

이것은 완전히 정상적인 심리학적 행동이고 / 모순 어법 / '귀여운 공격성'이라 불리는 / 비록 이것이 잔인하게 들리기는 하지만 / 그것은 해를 끼치는 것에 관한 것은 결코 아니다 //

In fact, / strangely enough, / this compulsion may actually make us more caring. // [단서 1] 귀여운 공격성은 실제로 우리가 더 잘 보살피게 함

사실 / 충분히 이상하게도 / 이러한 충동은 실제로 우리로 하여금 더 잘 보살피게 할 수 있다 //

The first study / to look at cute aggression / in the human brain / has now revealed / that this is a complex neurological response, / involving several parts of the brain. //
주어   형용사적 용법(study 수식)   동사

최초의 연구가 / 귀여운 공격성을 살펴본 / 인간 뇌에서 / 이제 드러냈다 / 이것이 복잡한 신경학적인 반응이라는 것을 / 뇌의 여러 부분과 관련된 //

The researchers propose / that cute aggression may stop us / from becoming so emotionally overloaded / that we are unable to look after things / that are super cute. //
stop A from -ing: A가 ~하는 것을 막다
so ~ that S V: 너무 ~해서 …하다

연구원들은 제시한다 / 귀여운 공격성이 우리가 (~하는 것을) 막을지도 모른다고 / 너무 감정적으로 과부하되어서 / 우리가 (~한) 것들을 돌볼 수 없게 되는 것을 / 정말 귀여운 //

"Cute aggression may serve / as a tempering mechanism / that allows us / [단서 2] 우리가 너무 감정적으로 과부하 되어 귀여운 것들을 돌볼 수 없게 되는 것을 막음

to function and actually take care of something / we might first perceive / as overwhelmingly cute," / explains the lead author, Stavropoulos. // [단서 3] 우리가 제대로 기능하도록, 또 압도적으로 귀엽다고 우리가 인지하는 것들을 돌보도록 해줌
allows의 목적격 보어(병렬 구조)

"귀여운 공격성은 기능할지도 모른다 / 조절 기제로 / 우리가 (~하도록) 해주는 / 제대로 기능하고 (~한) 것을 실제로 돌보도록 / 우리가 처음에 인지하는 / 압도적으로 귀엽다고 / 주 저자인 Stavropoulos는 설명한다 //

> → According to research, / cute aggression may act / as a neurological response / to (A) **regulate** excessive emotions / and make us (B) **care** / for cute creatures. //
>
> 연구에 따르면 / 귀여운 공격성은 역할을 할 수도 있다 / 신경학적인 반응으로서 / 과도한 감정을 조절하고 / 우리로 하여금 돌보게 하는 / 귀여운 생명체를 //

- adorable ⓐ 사랑스러운, 귀여운
- overwhelming ⓐ 압도적인
- urge ⓝ 충동
- squeeze ⓥ 짜다, 쥐다
- pinch ⓥ 꼬집다
- cuddle ⓥ 꼭 껴안다
- aggression ⓝ 공격성
- cruel ⓐ 잔인한
- compulsion ⓝ 충동
- complex ⓐ 복잡한
- neurological ⓐ 신경학적인
- overloaded ⓐ 과부하 된
- tempering ⓐ 조절하는

우리가 귀여운 생명체를 볼 때, 우리는 그 귀여운 것을 꽉 쥐고자 하는 압도적인 충동과 싸워야 한다. 그리고 그것을 꼬집고, 꼭 껴안고, 심지어 깨물고 싶을 수도 있다. 이것은 완전히 정상적인 심리학적 행동, 즉 '귀여운 공격성'이라 불리는 모순 어법이며, 비록 이것이 잔인하게 들리기는 하지만, 해를 끼치는 것에 관한 것은 결코 아니다. 사실, 충분히 이상하게도, 이러한 충동은 실제로는 우리로 하여금 남을 더 잘 보살피게 할 수도 있다. 인간 뇌에서 귀여운 공격성을 살펴본 최초의 연구가 이것이 뇌의 여러 부분과 관련된 복잡한 신경학적인 반응이라는 것을 이제 드러냈다. 연구원들은 귀여운 공격성이 우리가 너무 감정적으로 과부하되어서 정말 귀여운 것들을 돌볼 수 없게 되는 것을 막을지도 모른다고 제시한다. "귀여운 공격성은 우리가 제대로 기능하고, 우리가 처음에 압도적으로 귀엽다고 인지하는 것을 실제로 돌보도록 해주는 조절 기제로 기능할지도 모른다."라고 주 저자인 Stavropoulos는 설명한다.

→ 연구에 따르면, 귀여운 공격성은 과도한 감정을 (A) **조절하고** 우리로 하여금 귀여운 생명체를 (B) **돌보게** 하는 신경학적인 반응으로서 역할을 할지 모른다.

다음 글의 내용을 한 문장으로 요약하고자 한다. 빈칸 (A), (B)에 들어갈 말로 가장 적절한 것은?

	(A)		(B)
①	evaluate 평가하다	—	care 돌보다
②	regulate 조절하다	—	care
③	accept 받아들이다	—	search 찾다
④	induce 유도하다	—	search
⑤	display 보여주다	—	speak 말하다

① 과도한 감정을 평가한다는 것은 글에 맞지 않음
③ 과도한 감정을 받아들인다는 것이 아님
④ 과도한 감정을 유발한다는 것은 글의 내용과 반대됨
② 감정적으로 과부하 되어 귀여운 것들을 돌볼 수 없게 되는 것을 막음
⑤ 과도한 감정을 보여주는, 즉 드러내는 것이 아님

🔑 **2등급❓** (A)에 들어갈 수 있는 선택지의 단어가 다 달라 당황할 수 있는 문제였다. 이럴 때는 (B)에 들어갈 수 있는 선택지의 단어를 먼저 찾은 후 (A)에 들어갈 수 있는 단어를 찾도록 한다.

| 문제 풀이 순서 |

1st 요약문을 통해 글에서 무엇을 찾아야 하는지 확인한다.

요약문	연구에 따르면, 귀여운 공격성은 과도한 감정을 (A) ______하고, 우리로 하여금 귀여운 생명체를 (B) ______하게 하는 신경학적인 반응으로서 역할을 할지 모른다.

➡ **(A):** 귀여운 공격성이 이 과도한 감정을 평가하는지, 조절하는지, 받아들이는지, 유도하는지, 보여주는지
(B): 귀여운 공격성이 우리로 하여금 귀여운 생명체를 돌보게, 찾게, 말하게 하는지

2nd 글에서 귀여운 공격성을 무엇이라 설명하는지 확인한다.

⌐ 사실, 충분히 이상하게도, 이러한 충동은 실제로는 우리로 하여금 남을 더 잘 보살피게 할 수도 있다. [단서 1]

➡ 이러한 충동 = 귀여운 것을 꽉 쥐고자 하는 압도적인 충동 = 귀여운 공격성
이러한 충동은 남을 더 잘 '보살피게' 함 ▶ (B)에는 ①, ② care가 들어가야 함

⌐ "귀여운 공격성은 우리가 제대로 기능하고, 우리가 처음에 압도적으로 귀엽다고 인지하는 것을 실제로 돌보도록 해주는 조절 기제로 기능할지도 모른다."라고 주 저자인 Stavropoulos는 설명한다. [단서 3]

➡ 귀여운 공격성은 ~ 조절 기제로 기능함 = 과도한 감정을 조절함
귀여운 공격성은 우리가 압도적으로 귀엽다고 인지하는 것을 실제로 '돌보도록' 해주는 '조절' 기제로 기능함 ▶ (A)에는 ② regulate가 들어가야 함

| 선택지 분석 |

① 과도한 감정을 평가한다는 것은 글과 전혀 동떨어진 내용이다.
② 귀여운 공격성은 우리가 압도적으로 귀엽다고 인지하는 것들을 돌보도록 해주는 조절 기제로 기능한다.
③ 감정이 과부화되는 것을 막는다고 했지, 과도한 감정을 받아들이는 것이 아니다.
④ 귀여운 공격성은 과도한 감정을 유도하는 것이 아니라 오히려 억제하여 조절하는 것이다.
⑤ speak for는 '~를 대변하다'라는 의미로, 귀여운 생명체를 대변한다는 것은 글에 전혀 언급되지 않았다.

＊ 글의 흐름

도입	귀여운 생명체를 볼 때 그것을 꽉 쥐고자 하는 충동인 '귀여운 공격성'은 정상적인 것임
전개	이런 충동은 우리로 하여금 실제로 더 잘 보살피게 할 수 있음
부연	최초의 연구에서 이 행동은 우리가 너무 감정적으로 과부하 되어서 귀여운 것들을 돌볼 수 없게 되는 것을 막아주는 조절 기제로 작용한다고 제시함

＊농부와 제빵사가 밀의 가격을 달리 예측한 이유

In a study, / Guy Mayraz, a behavioral economist, / showed his
experimental subjects / graphs of a price / rising and falling over
time. //
한 연구에서 / 행동 경제학자인 Guy Mayraz는 / 자신의 실험 대상자들에게 보여 주었다 /
가격에 대한 도표들을 / 시간이 지나면서 오르내린 //

The graphs were actually of past changes / in the stock market, /
but Mayraz told people / that the graphs showed recent changes
/ in the price of wheat. //
그 도표들은 사실 과거 변동에 관한 것이었으나 / 주식 시장에서의 / Mayraz는 사람들에게
말했다 / 그 도표들이 최근의 변동을 보여 준다고 / 밀 가격에서의 //

He asked each person to predict / where the price would move
next / — and offered them a reward / if their forecasts came
true. // 단서 1 실험 대상자들에게 가격 변동 도표를 보여 준 후
그는 각각의 사람에게 예측하도록 요청했으며 / 가격이 다음에 어디로 움직일지를 / 그들에게
보상을 제공했다 / 그들의 예측이 실현되면 //
단서 2 또한 실험 대상자들을 밀의 가격에 각각
다른 보상을 받는 농부와 제빵사 두 범주로 나눔

But Mayraz had also divided his participants / into two
categories, / "farmers" and "bakers". //
그러나 Mayraz는 또한 자신의 참가자들을 나누었다 / 두 개의 범주로 / '농부'와 '제빵사'라는 //

Farmers would be paid extra / if wheat prices were high. //
농부들은 추가 보상을 받을 것이었다 / 밀 가격이 높으면 //

Bakers would earn a bonus / if wheat was cheap. //
제빵사들은 보너스를 받을 것이었다 / 밀이 저렴하면 //

So the subjects might earn two separate payments: / one for an
accurate forecast, / and a bonus if the price of wheat moved in
their direction. //
따라서 실험 대상자들은 두 개의 별개의 보상을 받았을지도 모르는데 / 즉 정확한 예측에 대한
보상과 / 밀의 가격이 자신들의 방향으로 움직이게 될 경우의 보너스였다 //

Mayraz found / that the prospect of the bonus / influenced the
forecast itself. // 단서 3 실험 결과, 두 범주의 실험 대상자들이 각각 희망하는 대로 예측함
Mayraz는 발견했다 / 보너스에 대한 기대가 / 예측 자체에 영향을 미쳤음을 //

The farmers hoped and *predicted* / that the price of wheat would
rise. //
농부들은 희망했고 '예측했다' / 밀의 가격이 올라갈 것이라고 //

The bakers hoped for — and predicted — / the opposite. //
제빵사들은 희망했고 '예측했다' / 그 반대를 //
단서 4 결국 각자가 바라는 바가 추론에 영향을 미침

They let their hopes influence their reasoning. //
그들은 자신들의 희망이 추론에 영향을 미치게 했다 //

→ When participants were asked / to predict the price change
of wheat, /
참가자들이 요청받았을 때 / 밀의 가격 변동을 예측하도록 /

their (A) wish for where the price would go, / which was
determined by the group / they belonged to, / (B) affected
their predictions. //
가격이 어디로 이동할 것인가에 대한 그들의 희망은 / 집단에 의해 정해졌고 / 자신들이
속했던 / 그들의 예측에 영향을 미쳤다 //

· stock market 주식 시장 · wheat ⓝ 밀 · reward ⓝ 보상
· forecast ⓝ 예측 · divide ⓥ 나누다, 가르다
· separate ⓐ 별개의, 서로 다른 · payment ⓝ 보답, 보상
· accurate ⓐ 정확한 · prospect ⓝ 기대, 예상
· reasoning ⓝ 추리, 추론 · determine ⓥ 결정하다
· prediction ⓝ 예측 · contradict ⓥ 모순되다
· disregard ⓝ 무시 · assurance ⓝ 보장

한 연구에서 행동 경제학자인 Guy Mayraz는 시간이 지나면서 오르내린
가격에 대한 도표들을 자신의 실험 대상자들에게 보여 주었다. 그
도표들은 사실 주식 시장에서의 과거 변동에 관한 것이었으나 Mayraz는
사람들에게 그 도표들이 밀 가격에서의 최근의 변동을 보여 준다고
말했다. 그는 각각의 사람에게 가격이 다음에 어디로 움직일지를
예측하도록 요청했으며, 그들의 예측이 실현되면 그들에게 보상을
제공했다. 그러나 Mayraz는 또한 자신의 참가자들을 '농부'와 '제빵사'라는
두 개의 범주로 나누었다. 농부들은 밀 가격이 높으면 추가 보상을 받을
것이었다. 제빵사들은 밀이 저렴하면 보너스를 받을 것이었다. 따라서
실험 대상자들은 두 개의 별개의 보상을 받았을지도 모르는데, 즉 정확한
예측에 대한 보상과 밀의 가격이 자신들의 방향으로 움직이게 될 경우의
보너스였다. Mayraz는 보너스에 대한 기대가 예측 자체에 영향을
미쳤음을 발견했다. 농부들은 밀의 가격이 올라갈 것이라고 희망했고
'예측했다'. 제빵사들은 그 반대를 희망했고 '예측했다'. 그들은 자신들의
희망이 추론에 영향을 미치게 했다.
→ 참가자들이 밀의 가격 변동을 예측하도록 요청받았을 때, 가격이
어디로 이동할 것인가에 대한 그들의 (A) 희망은 자신들이 속했던 집단에
의해 정해졌고 그들의 예측에 (B) 영향을 미쳤다.

다음 글의 내용을 한 문장으로 요약하고자 한다. 빈칸 (A), (B)에 들어갈
말로 가장 적절한 것은?

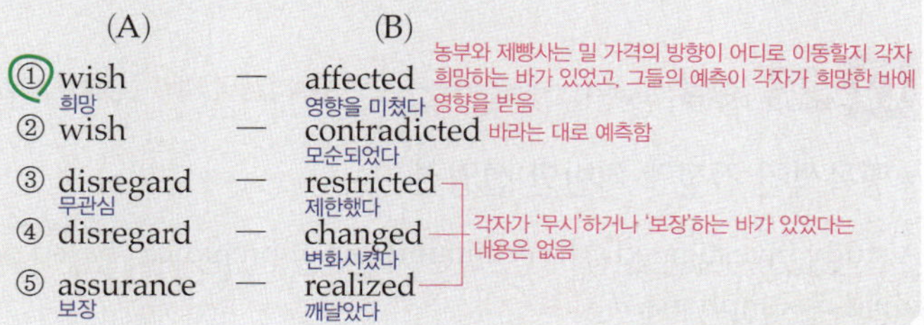

	(A)		(B)
①	wish 희망	—	affected 영향을 미쳤다
②	wish	—	contradicted 모순되었다
③	disregard 무관심	—	restricted 제한했다
④	disregard	—	changed 변화시켰다
⑤	assurance 보장	—	realized 깨달았다

농부와 제빵사는 밀 가격의 방향이 어디로 이동할지 각자
희망하는 바가 있었고, 그들의 예측이 각자가 희망한 바에
영향을 받음

바라는 대로 예측함

각자가 '무시'하거나 '보장'하는 바가 있었다는
내용은 없음

왜 2등급? 지문에는 실험 내용이 제시되어 있고, 요약문에서는 실험 결과를
정리하고 있다. 실험 내용의 한 가지 결과가 아닌 여러 가지를 해석하고 있기 때문에
어려울 수 있는 2등급 대비 문제이다.

| 문제 풀이 순서 |

1st 요약문을 통해 글에서 무엇을 찾아야 하는지 확인한다.

요약문 참가자들이 밀의 가격 변동을 예측하도록 요청받았을 때, 가격이
어디로 이동할 것인가에 대한 그들의 (A) ______ 은 자신들이
속했던 집단에 의해 정해졌고 그들의 예측에 (B) ______.

➡ **(A)**: 가격 변동 예측을 요청받았을 때, 그들의 희망, 무시, 보장 중 무엇이 그들이
속했던 집단에 의해 정해졌는지
(B): 집단에 의해 정해진 것이 그들의 예측에 영향을 미쳤는지, 모순되었는지,
제안했는지, 변화시켰는지, 깨달았는지

2nd 글에서 밀의 가격 변동을 예측하도록 요청받았을 때 상황을 살펴본다.

· 농부들은 밀 가격이 높으면, 제빵사들은 밀이 저렴하면 보너스를 받을 것이었다.
· 농부들은 밀의 가격이 올라갈 것이라고 희망했고 '예측했고', 제빵사들은 그
  반대를 희망했고 '예측했다'.

➡ **농부**: 밀 가격이 높으면 추가 보상을 받을 것 ➡ 밀 가격이 올라갈 것이라고 희망함
제빵사: 밀 가격이 저렴하면 추가 보상을 받을 것 ➡ 밀 가격이 내려갈 것이라고
희망함
그들의 집단에 의해 '희망'이 정해짐 ▶ (A)에는 ①, ② wish가 들어가야 함

· Mayraz는 보너스에 대한 기대가 예측 자체에 영향을 미쳤음을 발견했다. 단서 3
· 그들은 자신들의 희망이 추론에 영향을 미치게 했다. 단서 4

➡ 농부와 제빵사들은 각각 다르게 희망했고, 그 희망대로 추론했다.

▶ (B)에는 ① affected가 들어가야 함

| 선택지 분석 |

① 농부와 제빵사를 대상으로 한 연구 결과를 희망이 추론에 영향을 미치게 했다고
해석하고 있다. 따라서 이는 실험 참가자들의 '희망(wish)'이 그들의 예측에 '영향을
미쳤다(affected)'고 볼 수 있다.
② 각자가 희망한 바대로 예측도 달라졌다는 내용으로, 희망이 예측과 '모순되었다
(contradicted)'는 내용은 적절하지 않다.
③ 각자 자신이 속한 집단의 희망 대로 예측했다. 제한한 것이 아니다.
④ 무관심이 아닌 그들이 희망한 대로 예측했다.
⑤ 실험 참가자들이 각자 희망하는 바가 있다는 내용으로, 그들이 무언가를
'보장(assurance)'한다'는 것은 아니다.

✱ 글의 흐름

실험 구성 ①	가격 변동 도표를 보여주며, 밀 가격이 다음에 어디로 움직일지를 예측하도록 요청함
실험 구성 ②	참가자들을 '농부'와 '제빵사'라는 두 개의 범주로 나누었는데, 농부들은 밀 가격이 높으면 추가 보상을 받을 것이었고, 제빵사들은 밀이 저렴하면 보너스를 받을 것이었음
실험 결과	각자 희망하는 바가 예측 자체에 영향을 미쳤음

Q 23 정답 ① ★ 1등급 대비 [정답률 42%]

✱맹목적인 가정에 기반한 선입견

A study investigated / the economic cost of prejudice / **based on
blind assumptions**. // 단서 1 맹목적인 가정에 근거한 선입견의 경제적 비용에 대한 글
한 연구는 연구했다 / 선입견의 경제적인 비용을 / 맹목적인 가정에 근거한 //

Researchers gave / **a group of Danish teenagers the choice** / of
working with one of two people. // gave의 간접목적어와 직접목적어
연구자들은 주었다 / 한 무리의 덴마크 십 대들에게 선택권을 / 두 사람 중 한 명과 함께
일하는 //

The teenager **had** never **met** either of them. // 과거완료 (대과거)
십 대는 그들 중 어느 한 명과도 만난 적이 없었다 //

One of the people had a name / **that** suggested / they were from
a similar ethnic or religious background / to the teenager. // 주격 관계대명사
그 사람들 중 한 명은 이름을 가지고 있었다 / 암시하는 / 그들이 유사한 인종적 또는 종교적
배경의 출신임을 / 십 대와 //

The other had a name / **that** suggested / they were from a
different ethnic or religious background. // 주격 관계대명사
다른 한 사람은 이름을 가지고 있었다 / 암시하는 / 그들이 다른 인종적 또는 종교적 배경의
출신임을 //

The study showed / **that** the teenagers were prepared / to earn
an average of 8% less / 단서 2 십 대들은 평균 8퍼센트 더 적게 벌 것도 감안함 목적어절 접속사
그 연구는 보여주었다 / 십 대들은 준비가 되어 있다는 것을 / 평균 8퍼센트 더 적게 벌 //

if they could work with someone / **they thought** came from the
same ethnic or religious background. // 삽입절로 인해 앞에 주격 관계대명사가 생략됨
만약 그들이 누군가와 함께 일할 수 있다면 / 자신이 생각하기에 같은 인종적 또는 종교적
배경으로부터 온 //

And this prejudice was evident / among teenagers with ethnic
majority names / **as well as those** with ethnic minority names. // A as well as B: B뿐만 아니라 A도 앞에 나온 복수 명사 (teenagers) 반복
그리고 이러한 선입견은 분명했다 / 다수 인종의 이름을 가진 십 대들 사이에서도 / 소수
인종의 이름을 가진 십 대들뿐만 아니라 //

The teenagers were blindly making assumptions / about the
race of their potential colleagues. //
십 대들은 맹목적으로 가정을 했다 / 자신의 잠재적인 동료의 인종에 대한 //

They then applied prejudice / to those assumptions, / to the
point **where** they actually allowed that prejudice / to reduce
their own potential income. // 단서 3 그 선입견을 자신의 가정에 적용하여 잠재적인 소득을 줄임 관계부사
그들은 그러고 나서 선입견을 적용하였다 / 자신의 가정에 / 그 선입견이 실제로 허용할
정도까지 / '그들 자신의' 잠재적인 소득을 줄이는 것을 //

The job required **the two teenagers** / **to work** together for just
90 minutes. // required의 목적어와 목적격 보어 (to부정사)
그 일은 그 두 명의 십 대들에게 요구했다 / 단지 '90분'간만 함께 일할 것을 //

> → **A study** / **in which** teenagers expressed a(n) (A) **preference**
> / to work with someone of a similar background, / even at a
> financial cost to **themselves**, / 주어 「전치사＋관계대명사」 재귀적 용법의 재귀대명사
> 한 연구는 / 십 대들이 선호를 표현했던 / 비슷한 배경의 누군가와 함께 일하는 것에 /
> 심지어 자신에게 오는 경제적인 손실에도 /
> **suggests** / that an assumption-based prejudice / can (B)
> **outweigh** rational economic behavior. // 동사
> 시사한다 / 가정에 근거한 선입견이 / 이성적인 경제 행위보다 중요할 수 있다는 것을 //

- **investigate** ⓥ 연구하다 ・ **cost** ⓝ 비용, 손실
- **prejudice** ⓝ 선입견 ・ **blind** ⓐ 맹목적인 ・ **assumption** ⓝ 가정
- **Danish** ⓐ 덴마크의 ・ **ethnic** ⓐ 인종적인 ・ **religious** ⓐ 종교적인
- **evident** ⓐ 분명한 ・ **race** ⓝ 인종 ・ **potential** ⓐ 잠재적인
- **colleague** ⓝ 동료 ・ **income** ⓝ 소득 ・ **financial** ⓐ 경제적인
- **rational** ⓐ 이성적인 ・ **hesitation** ⓝ 주저함, 망설임
- **underlie** ⓥ 기저를 이루다

한 연구는 맹목적인 가정에 근거한 선입견의 경제적인 비용을 연구했다.
연구자들은 한 무리의 덴마크 십 대들에게 두 사람 중 한 명과 함께 일하는
선택권을 주었다. 십 대는 그들 중 어느 한 명과도 만난 적이 없었다. 그
사람들 중 한 명은 십 대와 유사한 인종적 또는 종교적 배경의 출신임을
암시하는 이름을 가지고 있었다. 다른 한 사람은 다른 인종적 또는 종교적
배경의 출신임을 암시하는 이름을 가지고 있었다.
그 연구는 만약 십 대들이 자신이 생각하기에 같은 인종적 또는 종교적
배경으로부터 온 누군가와 함께 일할 수 있다면 그들은 평균 8퍼센트 더
적게 벌 준비가 되어 있다는 것을 보여주었다. 그리고 이러한 선입견은
소수 인종의 이름을 가진 십 대들뿐만 아니라 다수 인종의 이름을 가진 십
대들 사이에서도 분명했다.
십 대들은 맹목적으로 자신의 잠재적인 동료의 인종에 대한 가정을 했다.
그들은 그러고 나서 그 선입견이 '그들 자신의' 잠재적인 소득을 줄이는
것을 실제로 허용할 정도까지 선입견을 자신의 가정에 적용하였다. 그
일은 그 두 명의 십 대들에게 단지 '90분'간만 함께 일할 것을 요구했다.
→ 십 대들이 심지어 자신에게 오는 경제적인 손실에도 비슷한 배경의
누군가와 함께 일하는 것에 (A) 선호를 표현했던 한 연구는 가정에 근거한
선입견이 이성적인 경제 행위보다 (B) 중요할 수 있다는 것을 시사한다.

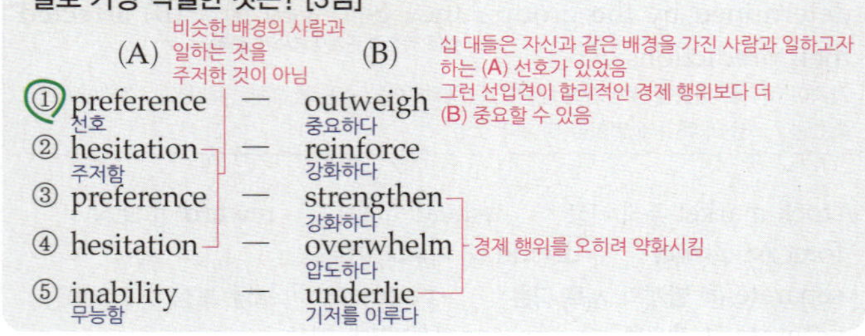

왜 1등급 ? 맹목적인 가정이 잠재적인 소득을 줄어들게 했다는 것을 '이성적인 경제
행위보다 선입견이 중요하다'라고 바꿔 표현했다. outweigh는 '~보다 더 크다'는
뜻으로, 글의 내용을 충분히 이해했더라도 선택지의 어휘를 요약문의 문장 속에
정확하게 대입하지 못한다면 틀릴 수 있는 1등급 대비 문제였다.

1st 요약문을 통해 글에서 무엇을 찾아야 하는지 확인한다.

요약문	십 대들이 심지어 자신에게 오는 경제적인 손실에도 비슷한 배경의 누군가와 함께 일하는 것에 (A) ________를 표현했던 한 연구는 가정에 근거한 선입견이 이성적인 경제 행위보다 (B) ________ 수 있다는 것을 시사한다.

➡ **(A) 연구의 결과:** 경제적 손실에도 불구하고 십 대들이 비슷한 배경의 사람과 일하는 것에 대해 <u>선호</u>했는지, 주저했는지, 무능했는지

(B) 연구의 결과 해석: 이 연구가 가정에 근거한 선입견이 경제 행위보다 <u>중요할</u>, 강화할, 압도할, 기저를 이룰 수 있다는 것을 보여주는지

2nd 연구 결과를 먼저 파악하고(A) 결과를 해석한다(B).

(A):

> 그 연구는 만약 십 대들이 자신이 생각하기에 같은 인종적 또는 종교적 배경으로부터 온 누군가와 함께 일할 수 있다면 그들은 평균 8퍼센트 더 적게 벌 준비가 되어 있다는 것을 보여주었다. **단서 2**

➡ 8퍼센트 더 적게 번다는 것(경제적인 손실)을 알면서도 같은 인종적 또는 종교적 배경에서 온 누군가와 일할 것을 택함

▶ (A)에는 ①, ③ preference가 들어가야 함

(B):

> 그들은 그러고 나서 그 선입견이 '그들 자신의' 잠재적인 소득을 줄이는 것을 실제로 허용할 정도까지 선입견을 자신의 가정에 적용하였다. **단서 3**

➡ 선입견(가정에 근거한 선입견)이 잠재적인 소득(경제 행위)을 줄이는 것을 허용함

▶ (B)에는 ① outweigh, ④ overwhelm이 들어가야 함

| 선택지 분석 |

① 십 대들은 자신과 같은 배경을 가진 사람과 일하고자 하는 선호가 있었는데, 그런 선입견은 합리적인 경제 행위보다 더 중요했다.

② 선입견이 합리적인 경제 행위보다 더 중요하다는 내용이므로, 합리적인 경제 행위를 강화한(reinforce) 것은 아니다.

③ 선입견이 합리적인 경제 행위보다 더 중요하다는 내용이므로, 합리적인 경제 행위를 강화한다(strengthen)는 내용은 적절하지 않다.

④ 십 대들은 자신과 같은 배경을 가진 사람과 일하는 것을 선호하므로, 주저한(hesitation) 것은 아니다.

⑤ 십 대들은 자신과 같은 배경을 가진 사람과 일하는 것을 선호하므로, 무능하다(inability)는 내용은 적절하지 않다.

＊ 글의 흐름

연구 주제	맹목적인 가정에 근거한 선입견의 경제적인 비용을 연구함
연구 내용	한 무리의 덴마크 십 대들에게 만난 적이 없는 두 사람 중 한 명과 함께 일하는 선택권을 줌
연구 결과	평균 8퍼센트 더 적게 벌 것임에도, 유사한 인종적 또는 종교적 배경의 출신임을 암시하는 이름의 사람과 일할 것을 선택함

어법 특강

＊ 관계대명사 vs. 관계부사

– 관계대명사와 관계부사는 형용사절을 이끌며, 둘 다 문장에서 명사를 꾸며주는 역할을 하지만, 관계대명사는 선행사에 따라, 관계대명사 뒤에 어떤 요소가 생략된 문장이 오는지에 따라 그 종류가 달라지고, 관계부사는 시간, 장소, 이유, 방법과 같은 특정 선행사를 수식하는 접속사와 부사의 역할을 한다. 그리고 관계대명사 뒤에는 불완전한 문장이, 관계부사절 뒤에는 완전한 문장이 온다.

• I'm going to meet shareholders who want to attend this seminar.

(나는 이 세미나에 참석하길 원하는 주주들을 만날 예정이다.)

• They are interested in the reason why I made that decision.

(그들은 내가 그러한 결정을 했던 이유에 관심이 있다.)

Q 24 정답 ② ＊ 1등급 대비 [정답률 65%]

＊그린워싱 전략의 실체

Greenwashing involves / misleading a consumer into thinking / a good or service is more environmentally friendly / than it really is. // **단서 1** 그린워싱은 소비자로 하여금 자신이 소비하는 것이 실제보다 더 친환경적이라고 속이는 것임

그린워싱은 포함한다 / 소비자를 생각하도록 현혹시키는 것을 / 재화나 서비스가 더 친환경적이라고 / 실제보다 /

Greenwashing ranges / from making environmental claims required by law, / and therefore irrelevant (CFC-free for example), / to puffery (exaggerating environmental claims) / to fraud. //

그린워싱은 범위를 포함한다 / 법에 의해 요구되는 환경적 주장을 하는 것에서부터 / 그래서 무의미한 것(예를 들어 CFC-free) / 과대광고(환경적 주장을 과장하는 것) / 사기에 이르기까지를 //

Researchers have shown / that claims on products are often too vague or misleading. //

연구자들은 보여 주었다 / 제품에 관한 주장이 종종 지나치게 모호하거나 현혹적이라는 점을 //

Some products are labeled "chemical-free," / when the fact is everything contains chemicals, / including plants and animals. //

몇몇 제품에는 '화학물질 없음'이라고 표기되어 있다 / 실제로 모든 것에 화학물질이 들어있음에도 / 식물과 동물을 포함해서 //

Products / with the highest number of misleading or unverifiable claims / were laundry detergents, household cleaners, and paints. //

제품들은 / 현혹적이고 확인할 수 없는 주장이 가장 많이 포함된 / 세탁 세제, 가정용 세제, 그리고 페인트였다 //

Environmental advocates agree / there is still a long way to go / to ensure shoppers are adequately informed / about the environmental impact / of the products they buy. //

환경 옹호자들은 동의한다 / 여전히 갈 길이 멀다는 점에 / 소비자들이 적절하게 정보를 제공받는 것을 확실하게 하기 위해서는 / 환경적 영향력에 대하여 / 그들이 구매하는 제품의 //

The most common reason for greenwashing is / to attract environmentally conscious consumers. //

그린워싱의 가장 흔한 이유는 ~이다 / 환경적으로 의식 있는 소비자들을 유인하는 것 //

Many consumers do not find out / about the false claims / until after the purchase. //

많은 소비자들은 발견하지 못한다 / 거짓 주장을 / 구매를 완료하기 전까지는 //

Therefore, / greenwashing may increase sales / in the short term. // **단서 2** 그린워싱은 단기적으로 판매량을 증가시킬 수 있음

그러므로 / 그린워싱은 판매량을 증가시킬 수도 있다 / 단기적으로는 //

However, / this strategy can seriously backfire / when consumers find out / they are being deceived. // **단서 3** 그러나 소비자들이 알아챘을 때 심각한 문제를 일으킬 수 있음

하지만 / 이 전략은 심각하게 역화를 일으킬 수 있다 / 소비자들이 알게 될 때 / 그들이 기만당하고 있다는 것을 //

> → While greenwashing might bring a company profits / (A) **temporarily** / by deceiving environmentally conscious consumers, /
>
> 그린워싱이 회사에 이익을 가져다줄 수 있는 반면 / 일시적으로 / 환경적으로 의식 있는 소비자들을 기만함으로써 /
>
> the company will face serious trouble / when the consumers figure out / they were (B) **misinformed**. //
>
> 회사는 심각한 문제에 직면할 것이다 / 소비자들이 파악할 때 / 그들이 잘못된 정보를 받았다고 //

- environmentally friendly 친환경적인 ・ claim ⓝ 주장
- irrelevant ⓐ 무의미한, 무관한 ・ puffery ⓝ 과대광고
- exaggerate ⓥ 과장하다 ・ vague ⓐ 모호한 ・ label ⓥ 표기하다
- contain ⓥ 포함하다 ・ unverifiable ⓐ 확인할 수 없는

· laundry detergent 세탁 세제 · household ⓐ 가정용의
· advocate ⓝ 옹호자 ⓥ 옹호하다 · ensure ⓥ 확실하게 하다
· adequately ⓐⓓ 적절하게 · attract ⓥ 유인하다
· conscious ⓐ 의식 있는 · in the short term 단기적으로
· backfire ⓥ 역효과를 일으키다 · deceive ⓥ 기만하다
· permanently ⓐⓓ 영구적으로 · manipulate ⓥ 조종하다
· temporarily ⓐⓓ 일시적으로 · momentarily ⓐⓓ 잠시 동안
· ultimately ⓐⓓ 궁극적으로 · underestimate ⓥ 과소평가하다
· consistently ⓐⓓ 지속적으로

그린워싱은 소비자가 재화나 서비스를 그것이 실제보다 더 친환경적이라고 생각하도록 현혹시키는 것을 포함한다. 그린워싱은 법에 의해 요구되는 환경적 주장을 하는 것, 그래서 무의미한 것(예를 들어 CFC-free)에서부터 과대광고(환경적 주장을 과장하는 것), 사기에 이르기까지를 포함한다. 연구자들은 제품에 관한 주장이 종종 지나치게 모호하거나 현혹적이라는 점을 보여 주었다. 몇몇 제품들에는 실제로 식물과 동물을 포함해서 모든 것에 화학물질이 들어있음에도 '화학물질 없음'이라고 표기되어 있다. 현혹적이고 확인할 수 없는 주장이 가장 많이 포함된 제품들은 세탁 세제, 가정용 세제, 그리고 페인트였다. 환경 옹호자들은 소비자들이 그들이 구매하는 제품의 환경적 영향력에 대하여 적절하게 정보를 제공받는 것을 확실하게 하기 위해서는 여전히 갈 길이 멀다는 점에 동의한다. 그린워싱의 가장 흔한 이유는 환경적으로 의식 있는 소비자들을 유인하는 것이다. 많은 소비자들은 구매를 완료하기 전까지는 거짓 주장을 발견하지 못한다. 그러므로 그린워싱은 단기적으로는 판매량을 증가시킬 수도 있다. 하지만, 이 전략은 소비자들이 그들이 기만당하고 있다는 것을 알게 될 때 심각하게 역효과를 일으킬 수 있다.

→ 그린워싱은 환경적으로 의식 있는 소비자들을 기만함으로써 (A) 일시적으로 회사에 이익을 가져다줄 수 있는 반면, 소비자들이 그들이 (B) 잘못된 정보를 받았다고 파악할 때 회사는 심각한 문제에 직면할 것이다.

다음 글의 내용을 한 문장으로 요약하고자 한다. 빈칸 (A), (B)에 들어갈 말로 가장 적절한 것은? [3점]

┌ 판매량은 일시적으로만 증가함

        (A)   (B)
① permanently   —   manipulated
  영구적으로   조종당한
② temporarily   —   misinformed
  일시적으로   잘못된 정보를 받은
③ momentarily   —   advocated
  잠시 동안   옹호를 받는
④ ultimately   —   underestimated
  궁극적으로   과소평가된
⑤ consistently   —   analyzed
  지속적으로   분석되든

일시적으로 회사에 이익을 주지만 소비자들이 자신이 속았다는 것을 깨달았을 때 큰 문제가 발생할 수 있음

소비자들은 속임을 당하는 것이지 옹호 받는 것이 아님

왜 1등급? 어려운 어휘들이 많이 등장하여 독해에 어려움을 겪기 쉬운 문제이다. 또한, '그린워싱'이라는 생소한 소재를 다루고 있다. 그러나 보기의 선택지를 살펴보면 의미상 대조를 이루고 있는 단어들로 구성되어 있어 글의 전체적인 맥락을 파악하면 요약문의 내용을 알 수 있다.

| 문제 풀이 순서 |

1st 요약문을 통해 글에서 무엇을 찾아야 하는지 확인한다.

요약문	그린워싱은 환경적으로 의식 있는 소비자들을 기만함으로써 (A) _______ 회사에 이익을 가져다줄 수 있는 반면, 소비자들이 그들이 (B) _______ 다고 파악할 때 회사는 심각한 문제에 직면할 것이다.

→ 그린워싱이 심각한 문제에 직면하게 될 수 있는 과정을 설명한 글일 것이다.
   그린워싱이 회사에 (A) 영구적으로, 일시적으로, 궁극적으로, 지속적으로 이익을 가져다줄 수 있지만, 소비자들이 (B) 조종당했다고, 잘못된 정보를 받았다고, 옹호를 받는다고, 과소평가됐다고, 분석됐다고 파악할 때 회사는 심각한 문제에 직면할 것이다.

2nd 글에서 그린워싱의 문제점을 파악한다.

· 그린워싱은 소비자가 재화나 서비스를 그것이 실제보다 더 친환경적이라고 생각하도록 현혹시키는 것을 포함한다. **단서 1**
· 그러므로 그린워싱은 단기적으로는 판매량을 증가시킬 수도 있다. **단서 2**
→ 재화나 서비스를 실제보다 더 환경적이라고 현혹하는 것 = 소비자들을 기만하는 것
   이러한 소비자 기만이 '단기적으로' 판매량을 증가시킴
   ▶ (A)에는 ② temporarily, ③ momentarily가 들어가야 함

하지만, 이 전략은 소비자들이 그들이 기만당하고 있다는 것을 알게 될 때 심각하게 역효과를 일으킬 수 있다. **단서 3**
→ 이 전략은 심각하게 역효과를 일으킬 수 있음 = 회사는 심각한 문제에 직면할 것임
   소비자들이 '기만당하고' 있다는 것을 알게 될 때임
   ▶ (B)에는 ① manipulated, ② misinformed가 들어가야 함

| 선택지 분석 |

① 소비자들을 기만한 것을 그들을 조종한 것으로 볼 수 있지만, 그것이 영구적으로 회사에 이익을 주는 것은 아니다.
② 구매를 완료하고 나서야 소비자들은 거짓 정보를 알아차리기 때문에 단기적으로 판매량을 증가시킬 수 있으나 이 속임을 알아차리고 나면 역효과를 일으킬 수 있다.
③ 그린워싱은 소비자들을 속이는 것이므로 그들이 옹호를 받는다고 깨닫지 않을 것이다.
④ 그린워싱 전략으로 판매량은 일시적으로만 증가하므로 회사에 궁극적으로 이익을 가져다 주는 것은 아니다.
⑤ 그린워싱은 소비자들을 분석하는 것이 아니므로 '분석됐다고' 깨닫지 않을 것이다.

＊ 글의 흐름

도입	그린워싱 전략은 소비자들에게 잘못된 정보를 주어 실제보다 제품이 더 친환경적이라고 믿게끔 속이는 것을 말함
전개	너무 모호하거나 현혹적인 정보들이 종종 사용되므로 소비자들이 제대로 제품의 환경적 영향을 알 수 있는 것은 여전히 쉽지 않음
부연	그린워싱은 환경 의식이 있는 소비자들을 유인하기 위해서 사용되는데, 이는 단기적으로 판매량을 증가시킬 수는 있지만 나중에 심각한 문제를 일으킬 수 있음

Q 어휘 Review 정답 문제편 p. 273

01 공감하다	11 upside down	21 skepticism
02 심각한	12 compensate for	22 consuming
03 추출하다	13 get away with	23 perception
04 적개심	14 immune to	24 depicted
05 감추다	15 call for	25 neuroscience
06 potter	16 archives	26 apart
07 arrogant	17 refute	27 reversed
08 stubborn	18 reliable	28 prospect
09 indigenous	19 symbolic	29 extinction
10 unfamiliar	20 distress	30 identical

R 01~02 ＊전력 사용이 공장을 바꾼 점과 바꾸지 않은 점

In 1900, / at the close of the first decade / in which electric
systems had become a practical alternative / for manufacturers, /
1900년에 / 첫 10년이 끝날 무렵인 / 전력 체계가 실용적인 대안으로 자리 잡은 / 제조업자를
위한 /

less than 5 percent of the power / used in factories / came from
electricity. //
동력의 5% 미만이 / 공장에서 사용되는 / 전기에서 왔다 //

But the technological advances of suppliers / made electric
systems and electric motors / ever more affordable and reliable, /
그러나 (전력) 공급자의 기술적인 진보가 / 전력 체계와 전기 모터를 만들었고 / 유례없이
저렴하면서도 신뢰할 만하도록 //

and the suppliers' intensive marketing programs / also (a) sped
the adoption / of the new technology. //
공급자의 집중적인 홍보 활동도 / 또한 수용을 촉진시켰다 / 이 새로운 기술의 //

Further accelerating the shift / was the rapid (b) expansion / in
the number of skilled electrical engineers, / who provided the
expertise / needed to install and run / the new systems. //
변화를 더욱 가속화한 것은 / 급격한 증가였는데 / 숙련된 전기 기술자 수의 / 이들은 전문
지식을 제공했다 / 설치하고 운영하는 데 필요한 / 새로운 (전력) 체계를 //

In short order, / electric power had gone / from exotic to
commonplace. //
순식간에 / 전력은 바뀌었다 / 생소한 것에서 일상적인 것으로 //

But one thing didn't change. // 하지만 한 가지는 변하지 않았다 //

Factories continued to build / their own power-supply systems
/ on their own premises. //
공장들은 계속해서 구축했다 / 자체 전력 공급 시스템을 / 공장 부지에 //

(c) Few manufacturers considered / buying electricity / from the
small central stations. //
고려하는 제조업자는 거의 없었다 / 전기를 구매하는 것을 / 소규모 중앙 발전소에서 //

Designed to supply lighting / to local homes and shops, / the
central stations had neither the size nor the skill / to serve the
needs of big factories. //
조명을 공급하기 위해 설계되었기 때문에 / 지역의 가정과 상점에 / 중앙 발전소는 규모도
기술도 갖추지 못했다 / 대규모 공장의 수요를 충족시킬 만한 //

And the factory owners, / having always supplied their own
power, / were (d) willing(→ reluctant) to assign / such a critical
function to an outsider. //
그리고 공장 소유주들은 / 항상 자체적으로 동력을 공급해 왔기 때문에 / 맡기려고 했다
(→ 맡기는 것을 꺼렸다) / 그런 중요한 기능을 외부인에게 //

They knew / that a glitch in power supply / would bring their
operations to a (e) halt / — and that a lot of glitches / might well
mean bankruptcy. //
그들은 알고 있었다 / 전력 공급에서의 결함 하나가 / 운영을 중지시킬 수 있으며 / 많은
결함은 / 반드시 파산을 초래한다는 것을 //

As the new century began, / a survey found / that there
were already 50,000 private electric plants in operation, / far
surpassing the 3,600 central stations. //
새로운 세기가 시작될 때 / 한 조사는 밝혔다 / 이미 50,000개의 민간 발전소가 운영되고
있었으며 / (이는) 중앙 발전소 3,600개를 훨씬 초과한다는 것을 //

- alternative ⓝ 대안 · manufacturer ⓝ 제조업자
- electricity ⓝ 전기 · electric ⓐ 전기의 · affordable ⓐ 저렴한
- intensive ⓐ 집중적인 · speed ⓥ 촉진시키다
- accelerate ⓥ 가속화하다 · shift ⓝ 변화 · rapid ⓐ 빠른
- expertise ⓝ 전문 지식 · exotic ⓐ 이국적인, 생소한
- commonplace ⓐ 일상의 · halt ⓝ 중단 · bankruptcy ⓝ 파산
- plant ⓝ 공장 · surpass ⓥ 능가하다, 초과하다

전력 체계가 제조업자를 위한 실용적인 대안으로 자리 잡은 첫 10년이 끝
날 무렵인 1900년에, 공장에서 사용되는 동력의 5% 미만이 전기에서 왔
다. 그러나 (전력) 공급자의 기술적인 진보가 전력 체계와 전기 모터를 유
례없이 저렴하면서도 신뢰할 만하도록 만들었고, 공급자의 집중적인 홍보
활동 또한 이 새로운 기술의 수용을 (a) 촉진시켰다. 변화를 더욱 가속화한
것은 숙련된 전기 기술자 수의 급격한 (b) 증가였는데, 이들은 새로운 (전
력) 체계를 설치하고 운영하는 데 필요한 전문 지식을 제공했다. 순식간에,
전력은 생소한 것에서 일상적인 것으로 바뀌었다.
하지만 한 가지는 변하지 않았다. 공장들은 계속해서 공장 부지에 자체 전
력 공급 시스템을 구축했다. 소규모 중앙 발전소에서 전기를 구매하는 것
을 고려하는 제조업자는 (c) 거의 없었다. 지역의 가정과 상점에 조명을 공
급하기 위해 설계되었기 때문에, 중앙 발전소는 대규모 공장의 수요를 충
족시킬 만한 규모도 기술도 갖추지 못했다. 그리고 공장 소유주들은, 항상
자체적으로 동력을 공급해 왔기 때문에, 그런 중요한 기능을 외부인에게
(d) 맡기려고 했다(→ 맡기는 것을 꺼렸다). 그들은 전력 공급에서의 결함
하나가 운영을 (e) 중지시킬 수 있으며, 많은 결함은 반드시 파산을 초래한
다는 것을 알고 있었다. 새로운 세기가 시작될 때, 한 조사는 이미 50,000
개의 민간 발전소가 운영되고 있었으며, (이는) 중앙 발전소 3,600개를 훨
씬 초과한다는 것을 밝혔다.

R 01 정답 ②

윗글의 제목으로 가장 적절한 것은?
① How to Avoid Minor Errors in Factory Operation
   공장 운영에서 사소한 오류들을 피하는 방법
② Power Use in Factories: What Changed and What Didn't
   공장에서의 전력 사용: 바뀐 것과 바뀌지 않은 것
③ Technical Advances in Power Supply by Central Stations
   중앙 발전소의 전력 공급의 기술적 발전들
④ Threats from the Increased Use of Electricity in Factories
   공장에서 전력 사용의 증가로부터 오는 위협들
⑤ From Private to Central Power Supply: A Revolutionary
   Change
   민간에서 중앙 전력 공급으로: 혁명적인 변화

＞왜 정답 ? ★★★ [정답률 55%]

- 전력이 공장의 주요 동력으로 빠르게 자리매김하며 공장의 모습을 바꿨음
  01번 단서 1
- 하지만 변하지 않은 것도 있었음 01번 단서 2
⇒ 전력이 빠르게 일상에 파고들면서 공장의 모습을 어떻게 바꾸었고, 그 와중에 바뀌
지 않은 것은 무엇인지에 관한 글이다. 기술적 진보, 홍보, 기술자의 증가 등이 공장
에서의 전력 사용을 일상적인 것으로 바꾸어 놓았으나, 공장이 중앙 전력 공급자에
게 의존하기보다는 여전히 자체 동력 공급을 추구했다는 점은 바뀌지 않았다고 설
명하고 있다. ▶ 따라서 제목으로 적절한 것은 ② '공장에서의 전력 사용: 바뀐 것과
바뀌지 않은 것'이다.

＞왜 오답 ?

① 전력 공급에서의 사소한 오류들이 전체 운영을 중지시킬 수 있다는 내용은 언급되
  었으나, 이를 피하는 방법을 설명한 글이 아니다.
③ 중앙 발전소의 전력 공급 기술이 발전했다는 내용은 언급되었으나, 대부분의 공장
  은 자체 민간 발전을 통해 동력을 얻고 있었다는 내용이다.
④ 전력 사용의 증가에서 오는 위험은 언급되지 않았다.
⑤ 중앙 전력 공급이 발달한 이후에도 여전히 공장들은 민간 발전소를 운영하며 자체
  적으로 전력을 공급하고 있었다는 내용이다.

R 02 정답 ④

밑줄 친 (a)~(e) 중에서 문맥상 낱말의 쓰임이 적절하지 않은 것은?
① (a) 홍보가 전력 기술의 수용을 '촉진시킴' 촉진시켰다
② (b) 숙련된 전기 기술자의 '증가'가 증가
③ (c) 중앙 발전소에서 전력을 구매하려는 거의 없는 공장주는 '거의 없었음'
④ (d) 공장주들은 외부인에게 맡기는 것을 ~하려고 하는 '꺼림'
⑤ (e) 공장주들은 사소한 결함 하나가 전체 중지 운영을 '중지시킨다'는 것을 알았음

왜 정답? ★★★ [정답률 46%]

④ (d) willing ~하려고 하는

그리고 공장 소유주들은, 항상 자체적으로 동력을 공급해 왔기 때문에, 그런 중요한 기능을 외부인에게 (d) 맡기려고 했다.
(맡기는 것을 꺼렸다)

➡ 공장 소유주들은 중앙 발전소에서 전력을 구매할 수 있게 되었음에도, 그렇게 하지 않았는데, 그 이유는 공장주들이 전력 공급과 같은 중요한 기능을 외부인에게 맡기려고 '하지 않았기' 때문이라는 내용이다.

▶ willing을 reluctant와 같은 어휘로 바꾸어야 한다.

왜 오답?

① (a) sped 촉진시켰다

그러나 (전력) 공급자의 기술적인 진보가 전력 체계와 전기 모터를 유례없이 저렴하면서도 신뢰할 만하도록 만들었고, 공급자의 집중적인 홍보 활동 또한 이 새로운 기술의 수용을 (a) 촉진시켰다.

➡ 공장에 전력이 빠르게 자리 잡을 수 있었던 이유를 설명하는 부분이다. 전력의 기술적 진보뿐만 아니라, 공급자의 집중 홍보 또한 전력이 공장에 수용되는 과정을 '촉진시켰을' 것이다. ▶ sped는 문맥에 맞음

② (b) expansion 증가

변화를 더욱 가속화한 것은 숙련된 전기 기술자 수의 급격한 (b) 증가였는데, 이들은 새로운 (전력) 체계를 설치하고 운영하는 데 필요한 전문 지식을 제공했다.

➡ 전력이 빠르게 공장에 자리매김할 수 있었던 이유를 추가로 설명하는 부분이다. 공장에 전력 체계를 설치하고 운영할 수 있도록 전문 지식을 제공하는 숙련된 전기 기술자가 '증가'했기 때문에 전력으로의 변화가 가속화되었다.

▶ expansion은 문맥에 맞음

③ (c) Few 거의 없는

소규모 중앙 발전소에서 전기를 구매하는 것을 고려하는 제조업자는 (c) 거의 없었다.

➡ 전력이 바뀌지 못한 것을 설명하는 부분이다. 공장주들은 중앙 발전소에서 전력을 구매할 수 있게 되었음에도 여전히 자체 동력을 추구했다는 내용으로 이어지고 있으므로, 중앙 발전소에서 전기 구매를 고려한 제조업자는 '거의 없었다'는 내용이다.

▶ Few는 문맥에 맞음

⑤ (e) halt 중지

그들은 전력 공급에서의 결함 하나가 운영을 (e) 중지시킬 수 있으며, 많은 결함은 반드시 파산을 초래한다는 것을 알고 있었다.

➡ 공장주들이 중앙 발전소에서 전기 구매를 꺼린 이유는 전력 공급과 같은 중대한 일을 외부인에게 맡기기를 꺼렸기 때문인데, 전력 공급에서의 결함 하나가 운영을 '중지'시킬 정도로 중대한 사안이기 때문이다. ▶ halt는 문맥에 맞음

R 03~04 *선택지가 많을수록 선택하는 것의 어려움

과거분사구 (Shoppers 수식)
Shoppers / confronted with the choice / of thirty different varieties of gourmet chocolates / are more likely to walk away / without buying any, /
쇼핑객들은 / 선택에 직면한 / 서른 가지 서로 다른 종류의 고급 초콜릿 중의 / 떠날 가능성이 더 높다 / 어떤 것도 사지 않고 /

compared with when they are presented / with only half a dozen choices. //
관계부사 (선행사 생략)
제시받았을 때와 비교했을 때 / 여섯 가지의 선택지만 //

수동태 동사
If employees are given / a free trip to Paris, / they are happy. //
직원들이 제공받으면 / 파리로의 무료 여행을 / 그들은 행복하다 //
give의 간접목적어와 직접목적어
If you give them / a free trip to Hawaii, / they are happy. //
당신이 그들에게 제공하면 / 하와이로의 무료 여행을 / 그들은 행복하다 //
부사절 접속사 (조건)
But if you offer them the choice / between the two destinations,
= whatever
/ they are less happy, / no matter what they choose. //
하지만 당신이 선택권을 준다면 / 두 목적지 중 / 그들은 덜 행복하다 / 무엇을 선택하든 //

Why might choice be so (a) disruptive? //
선택이 왜 그렇게 혼란스러울 수 있을까 //
【03번 단서 1: 선택을 해야 하는 상황은 우리로 하여금 단점을 비교하고 인정하도록 함】
주격 보어절 접속사
The reason is / that choice forces us / to make comparisons / and
forces의 목적격 보어
acknowledge relative (b) disadvantages. //
그 이유는 / 선택이 우리로 하여금 강요하기 때문이다 / 비교를 하고 / 상대적인 단점을 인정하도록 //
주격 관계대명사   목적어절 접속사
People who choose Paris / complain that it doesn't have the
'~한 사람들'   목적어절 접속사
ocean / and those who choose Hawaii / regret that it doesn't have the museums. //
파리를 선택하는 사람들은 / 바다가 없다고 불평하고 / 하와이를 선택하는 사람들은 / 박물관이 없다고 후회한다 //
【03번 단서 2: 선택을 해야 하는 상황은 자유를 제공하기보다는 오히려 의사 결정을 제약함】
calls의 목적어와 목적격 보어
Psychologist Barry Schwartz / calls this the 'tyranny of choice' / because rather than providing freedom, / it actually
(c) constrains / our decision-making. //
동명사구
심리학자 Barry Schwartz는 / 이를 '선택의 횡포'라고 부르는데 / 이는 자유를 제공하기보다는 / 그것은 실제로 제약하기 때문이다 / 우리의 의사 결정을 //
목적어절 접속사
He argues / that (d) narrower(→ wider) choice increases unhappiness /
【03번 단서 3, 04번 단서: 선택지가 '많아지면' 스트레스를 받기 때문에 불행해짐】
그는 주장하는데 / 더 좁아진(→ 더 폭넓은) 선택이 불행을 증가시킨다고 /
because we worry / that we are going to make the wrong decision / and so we get stressed / about trying to process all the comparisons / in an effort to get it right. //
try to-v: ~하려고 노력하다
우리는 걱정할 것이고 / 잘못된 결정을 내릴 것을 / 그래서 우리는 스트레스를 받기 때문이다 / 모든 비교들을 처리하려고 노력하는 것에 / 그것을 올바르게 하려는 노력으로 //
병렬 구조 (동사)
This both increases / our fear of making the wrong choice /
목적격 접속사
and raises expectations / that we should be able to get the best choice. //
이는 증가시키고 / 잘못된 선택을 하는 것에 대한 우리의 두려움을 / 기대를 함께 높인다 / 우리가 최상의 선택을 할 수 있어야 한다는 //
완료형 분사구문
Having made the choice, / we then (e) start to regret, /
분사구문
wondering whether it was the right one. //
선택을 하면 / 그 후 우리는 후회하기 시작하며 / 그것이 옳은 것이었는지 궁금해한다 //

- confront ⓥ 직면하다
- gourmet ⓐ 미식의, 고급 음식의
- walk away 떠나다
- destination ⓝ 목적지
- disruptive ⓐ 혼란스러운
- acknowledge ⓥ 인정하다
- tyranny ⓝ 횡포, 독재
- constrain ⓥ 제약하다
- drown ⓥ 잠식시키다
- expectation ⓝ 기대
- superiority ⓝ 우월성
- irony ⓝ 역설
- trap ⓝ 함정
- flood ⓝ 홍수

서른 가지 서로 다른 종류의 고급 초콜릿 중의 선택에 직면한 쇼핑객들은, 여섯 가지의 선택지만 제시받았을 때와 비교했을 때, 어떤 것도 사지 않고 떠날 가능성이 더 높다. 직원들이 파리로의 무료 여행을 제공받으면, 그들은 행복하다. 당신이 그들에게 하와이로의 무료 여행을 제공하면, 그들은 행복하다. 하지만 당신이 두 목적지 중 선택권을 준다면, 그들은 무엇을 선택하든, 덜 행복하다. 선택이 왜 그렇게 (a) 혼란스러울 수 있을까? 그 이유는 선택이 우리로 하여금 비교를 하고 상대적인 (b) 단점을 인정하도록 강요하기 때문이다. 파리를 선택하는 사람들은 바다가 없다고 불평하고 하와이를 선택하는 사람들은 박물관이 없다고 후회한다. 심리학자 Barry Schwartz는 이를 '선택의 횡포'라고 부르는데 이는 자유를 제공하기보다는, 그것은 실제로 우리의 의사 결정을 (c) 제약하기 때문이다. 그는 (d) 더 좁아진(→ 더 폭넓은) 선택이 불행을 증가시킨다고 주장하는데, 우리는 잘못된 결정을 내릴 것을 걱정할 것이고 그래서 우리는 그것을 올바르게 하

려는 노력으로 모든 비교들을 처리하려고 노력하는 것에 스트레스를 받기 때문이다. 이는 잘못된 선택을 하는 것에 대한 우리의 두려움을 증가시키고 우리가 최상의 선택을 할 수 있어야 한다는 기대를 함께 높인다. 선택을 하면, 그 후 우리는 후회하기 (e) 시작하며, 그것이 옳은 것이었는지 궁금해한다.

R 03 정답 ②

윗글의 제목으로 가장 적절한 것은?
① Superiority Sparked by Comparison Ruins Us
비교에 의해 점화된 우월함이 우리를 망친다   비교로 우월함을 느끼는 내용이 아님
②Irony of Choice as an Unexpected Trap
예상치 못한 함정으로서의 선택의 역설   선택지가 많을수록 오히려 의사 결정을 제약함
③ Don't Get Drowned by the Flood of Regret!
후회의 홍수에 의해 잠식되지 마라!   후회에 잠식되지 말라는 내용이 아님
④ More Choices, More Chances to Be Happy
더 많은 선택지, 행복해질 수 있는 더 많은 기회   글의 주제와 상반됨
⑤ Comparison: The Secret to Making Wise Choices
비교: 현명한 선택을 하는 비결   후회와 불만을 낳는다는 내용임

＞왜 정답？ ★★★ [정답률 55%]

- 선택을 해야 하는 상황은 우리로 하여금 상대적인 단점을 비교하고 인정하도록 강요함 03번 단서 1
- 선택을 해야 하는 상황은 자유를 제공하기보다는 오히려 의사 결정을 제약함 03번 단서 2
- 선택지가 많아지면 잘못된 결정을 내릴까 봐 걱정하고, 잘못된 결정을 하지 않으려고 스트레스를 받기 때문에 불행해짐 03번 단서 3
➡ 선택해야 하는 상황이 되면, 우리는 선택지들의 상대적인 단점을 비교하고, 선택하지 않았던 것의 장점을 선택한 것이 갖고 있지 않아서 불평한다고 했다. 따라서 선택을 해야 하는 상황은 오히려 의사 결정을 하지 않게 만들며, 이는 선택지가 많을수록 잘못된 결정에 대한 두려움이 커져 불행과 후회가 많아지기 때문이라고 설명하고 있다.
▶ 따라서 제목으로 적절한 것은 ② '예상치 못한 함정으로서의 선택의 역설'이다.

＞왜 오답？

① 타인과의 비교로 우월함을 느끼는 내용이 아니라, 선택지 간의 비교가 불행과 후회를 낳는다는 내용이다. 주의
③ 후회에 잠식되지 말라는 내용이 아니라, 선택지가 많을 때 우리는 후회를 많이 하게 된다는 내용이다.
④ 선택지가 많을수록 불행하다는 내용이므로, 글의 주제와 상반된다.
⑤ 선택지 간의 장단점을 상대적으로 비교하는 것이 현명한 선택의 비결이 아니라, 후회와 불만을 낳는다는 내용이다.

R 04 정답 ④

밑줄 친 (a)~(e) 중에서 문맥상 낱말의 쓰임이 적절하지 않은 것은?
① (a) 선택지가 많은 상황에서 사람들은 혼란스러움을 느낌
② (b) 선택할 때 선택지 간의 상대적 비교를 통해 '단점'을 인정해야 함
③ (c) '선택의 횡포'라는 개념에 따르면, 선택은 제약하다 오히려 의사 결정을 '제약함'
④ (d) 선택지가 '더 많아질수록' 잘못된 결정에 대한 두려움으로 불행이 증가함
⑤ (e) 선택하는 순간 우리는 옳은 선택이었는지에 시작하다 대해 후회하기 '시작함'

＞왜 정답？ ★★★ [정답률 66%]

④ (d) narrower 더 좁은
그는 (d) ~~더 좁아진~~ 선택이 불행을 증가시킨다고 주장하는데, 우리는 잘못
더 폭넓은
된 결정을 내릴 것을 걱정할 것이고 그래서 우리는 그것을 올바르게 하려는 노력으로 모든 비교들을 처리하려고 노력하는 것에 스트레스를 받기 때문이다.
➡ 선택을 해야만 하는 상황이 우리를 얼마나 불행하게 만들 수 있는가에 관한 글이다. 선택을 하는 과정에서 상대적인 장단점을 비교하고, 잘못된 결정을 내리지 않기 위해 걱정하며, 선택 후에는 가지지 못한 것의 장점이나 잘못된 선택에 대해 후회하기 때문이라고 했다. 따라서 글의 주제에 따르면, 걱정과 불평, 후회 등을 낳을 수 있는 것은 '더 좁아진' 선택이 아닌 '더 폭넓은' 선택이다.
▶ narrower를 wider와 같은 어휘로 바꾸어야 한다.

＞왜 오답？

① (a) disruptive 혼란스러운
☐ 선택이 왜 그렇게 (a) 혼란스러울 수 있을까?
➡ 선택을 해야 하는 상황에서 선택지가 많을 때 우리는 선택을 하지 않으려 한다는 내용이다. 따라서 선택이 왜 우리에게 '혼란스러울까'라는 질문을 던지며 글의 내용을 이어가고 있다. ▶ disruptive는 문맥에 맞음

② (b) disadvantages 단점
☐ 그 이유는 선택이 우리로 하여금 비교를 하고 상대적인 (b) 단점을 인정하도록 강요하기 때문이다.
➡ 선택이 우리에게 혼란스러운 이유는, 선택을 하기 위해 선택지를 비교하고, 상대적인 '단점'을 찾아야 하기 때문이다. ▶ disadvantages는 문맥에 맞음

③ (c) constrains 제약하다
☐ 심리학자 Barry Schwartz는 이를 '선택의 횡포'라고 부르는데 이는 자유를 제공하기보다는, 그것은 실제로 우리의 의사 결정을 (c) 제약하기 때문이다.
➡ '선택의 횡포'라는 개념에 따르면 선택이 많은 상황은 우리에게 자유를 주는 것이 아니라, 오히려 의사 결정을 '제약한다'는 내용이다. ▶ constrains는 문맥에 맞음

⑤ (e) start 시작하다
☐ 선택을 하면, 그 후 우리는 후회하기 (e) 시작하며, 그것이 옳은 것이었는지 궁금해한다.
➡ 더 폭넓은 선택이 불행을 증가시키는데, 이는 선택을 하는 순간 우리는 그것이 옳은 것이었는지를 궁금해하며 후회를 '시작하기' 때문이다. ▶ start는 문맥에 적절함

R 05~06 *체지방과 식량 에너지 저장의 장단점

Many animals pursue a mixed strategy / of accumulating both body fat and food, / which leads one to ask, / "What are the relative advantages and disadvantages / of these two forms of energy storage?" // 05번 단서 1: 체지방과 식량으로 에너지를 축적하는 전략의 상대적 장단점을 설명함
계속적 용법의 주격 관계대명사
많은 동물은 혼합 전략을 추구하는데 / 체지방과 식량 둘 다 축적하는 / 이는 우리가 질문하게 한다 / "상대적인 장점과 단점은 무엇인가 / 이 두 가지 에너지 저장 형태의"라고 //

Maximum fat deposition / (a) increases with body mass / whereas maximum food storage / is not constrained by body size. //
부사절 접속사 (반면에)   수동태 동사
최대 지방 축적량은 / 체질량에 따라 증가한다 / 반면 최대 식량 저장량은 / 신체 크기에 제한을 받지 않는다 //

This means / that animals, especially small animals, / can accumulate much greater energy reserves / in the form of stored food / than they can / in the form of body fat. //
명사절 접속사 (목적어)   비교급 강조
이는 의미한다 / 동물, 특히 작은 동물은 / 훨씬 더 많은 에너지 비축량을 축적할 수 있다는 것을 / 저장된 식량의 형태로 / 그들이 (축적)할 수 있는 것보다 / 체지방 형태로 //

Further, / stored food is more (b) economical than body fat / because fat contributes to body mass, / and metabolic rate increases with body mass. //
게다가 / 저장된 식량은 체지방보다 더 경제적이다 / 지방은 체질량에 기여하고 / 신진대사율도 체질량에 따라 높아지기 때문에 //

In other words, / there is a metabolic expense / to maintaining fat. //
동명사 (전치사 to의 목적어)
다시 말해 / 신진대사 비용이 존재한다 / 체지방을 유지하는 데 //

Excessive fat accumulations / may also have a (c) negative effect / on an animal's ability to avoid predators. //
형용사적 용법 (ability 수식)
과도한 체지방 축적은 / 또한 부정적인 영향을 미칠지도 모른다 / 포식자를 피하는 동물의 능력에 //

And, if **maintaining** a high body temperature **is** advantageous, / animals might be expected / to accumulate more energy / in the form of a food store / than as body fat. //
그리고, 만약 높은 체온을 유지하는 것이 유리하다면 / 동물은 예상될 수 있다 / 더 많은 에너지를 축적할 것으로 / 저장된 식량의 형태로 / 체지방으로 보다 //

On the other hand, / stored food **may** rot over time, / **may** be removed by robbers, / or **may** simply be lost. //
반면에 / 저장된 식량은 시간이 지남에 따라 상할 수 있고 / 도둑에 의해 제거되거나 / 단순히 분실될 수 있다 //

Many animals must **expend** energy / **managing and protecting** their food stores. // 06번 단서: 식량을 먹어서 체지방으로 전환하면 이 에너지를 '피할' 수 있음
많은 동물은 에너지를 소비해야 한다 / 저장된 식량을 관리하고 보호하는 데 //

Eating food and **converting** it to fat / (d) intensifies(→ avoids) / these types of losses and the energetic costs / of managing stored food. //
식량을 먹고 그것을 지방으로 전환하는 것은 / 강화한다(→ 피한다) / 이러한 유형의 손실과 에너지 비용을 / 저장된 식량을 관리하는 데 드는 //

A large accumulation of body fat / adds to an animal's fasting capacity, / especially large animals, / **permitting** some animals to enter **prolonged** dormancy / in the relative security of a hibernaculum. //
체지방의 많은 축적은 / 동물의 금식 능력을 높여주는데 / 특히 큰 동물에게 그러하며 / 어떤 동물들이 장기간의 휴면 상태에 들게 해 준다 / 동면 장소의 상대적인 안전함 속에서 //

Thus, / **both** fat accumulation **and** food storage / have some **decided** (e) advantages. // 05번 단서 2: 에너지를 체지방으로 축적하는 것과 식량으로 저장하는 것 모두 이점이 있음
따라서 / 지방 축적과 식량 저장 둘 다 / 몇 가지 결정적인 이점이 있다 //

- pursue ⓥ 추구하다
- accumulate ⓥ 축적하다
- storage ⓝ 저장
- deposition ⓝ 축적량
- mass ⓝ 질량
- constrain ⓥ 제한하다
- reserve ⓝ 비축량
- metabolic ⓐ 신진대사의
- expense ⓝ 비용
- accumulation ⓝ 축적
- predator ⓝ 포식자
- rot ⓥ 썩다, 상하다
- robber ⓝ 도둑
- expend ⓥ 소비하다
- convert ⓥ 전환하다
- fast ⓥ 금식하다
- prolong ⓥ 지속하다

많은 동물은 체지방과 식량 둘 다 축적하는 혼합 전략을 추구하는데, 이는 우리가 "이 두 가지 에너지 저장 형태의 상대적인 장점과 단점은 무엇인가?"라고 질문하게 한다. 최대 지방 축적량은 체질량에 따라 (a) 증가하는 반면 최대 식량 저장량은 신체 크기에 제한을 받지 않는다. 이는 동물, 특히 작은 동물은 그들이 체지방 형태로 축적할 수 있는 것보다 훨씬 더 많은 에너지 비축량을 저장된 식량의 형태로 축적할 수 있다는 것을 의미한다. 게다가, 지방은 체질량에 기여하고, 신진대사율도 체질량에 따라 높아지기 때문에 저장된 식량은 체지방보다 더 (b) 경제적이다. 다시 말해, 체지방을 유지하는 데 신진대사 비용이 존재한다. 과도한 체지방 축적은 또한 포식자를 피하는 동물의 능력에 (c) 부정적인 영향을 미칠지도 모른다. 그리고, 만약 높은 체온을 유지하는 것이 유리하다면, 동물은 체지방으로 보다 저장된 식량의 형태로 더 많은 에너지를 축적할 것으로 예상될 수 있다. 반면에 저장된 식량은 시간이 지남에 따라 상할 수 있고, 도둑에 의해 제거되거나, 단순히 분실될 수 있다. 많은 동물은 저장된 식량을 관리하고 보호하는 데 에너지를 소비해야 한다. 식량을 먹고 그것을 지방으로 전환하는 것은 이러한 유형의 손실과 저장된 식량을 관리하는 데 드는 에너지 비용을 (d) 강화한다(→ 피한다). 체지방의 많은 축적은 동물의 금식 능력을 높여주는데, 특히 큰 동물에게 그러하며, 어떤 동물들이 동면 장소의 상대적인 안전함 속에서 장기간의 휴면 상태에 들게 해 준다. 따라서 지방 축적과 식량 저장 둘 다 몇 가지 결정적인 (e) 이점이 있다.

R 05 정답 ⑤

윗글의 제목으로 가장 적절한 것은?
- 에너지를 체지방으로(내부) 축적하거나, 음식으로(외부) 축적하는 방법의 장단점을 설명함
① The Body Sizes of Animals: Is Bigger Better?
동물들의 몸 크기: 더 큰 것이 더 좋은가? — 동물의 몸 크기에 관한 글이 아님
② Fat Storage and Its Impact on Body Temperature
지방 저장과 그것이 체온에 미치는 영향 — 지방 저장이 체온에 미치는 영향에 관한 글이 아님
③ Energy Reserves: The Role of Fat in Animal Sleep
에너지 비축량: 동물의 잠에 대한 지방의 역할 — 지방이 잠에 미치는 영향에 관한 글이 아님
④ How Animals Convert Food into Body Fat for Survival
동물들이 생존을 위해 음식을 체지방으로 전환하는 방법 — 방법에 관한 글이 아님
⑤ Animal Energy Storage: Why Inside and Why Outside?
동물의 에너지 저장: 왜 내부에 하고 왜 외부에 하는가?

> **왜 정답?** ★★★ [정답률 52%]

- 체지방과 식량으로 에너지를 축적하는 전략의 상대적 장단점을 설명하고자 함　　05번 단서 1
- 에너지를 비축할 때 체지방으로 축적하는 것과 식량으로 저장하는 것 모두 결정적인 이점이 있음　05번 단서 2

➡ 동물들은 에너지를 비축할 때 체지방의 형태(내부) 또는 식량의 형태(외부)로 저장하는데, 각각의 형태에는 장단점이 있으며 이를 동물의 유형에 따라 설명하고 있다.
▶ 따라서 제목으로 적절한 것은 ⑤ '동물의 에너지 저장: 왜 내부에 하고 왜 외부에 하는가?'이다.

> **왜 오답?**

① 동물의 몸 크기에 따라 더 유리한 에너지 저장법이 있다는 내용이지, 어느 것이 더 좋은지에 관한 글이 아니다.
② 체온을 어떻게 유지시켜야 하는지에 따라 에너지 저장법이 달라진다는 내용이지, 지방 저장이 체온에 미치는 영향에 관한 글이 아니다.
③ 큰 동물들이 체지방을 비축하면 긴 동면을 할 수 있다는 내용은 언급되었으나, 지방이 잠에 미치는 영향은 언급되지 않았다.
④ 동물들이 생존을 위해 음식 형태로 보관하거나 체지방으로 보관하는 것의 장점이 있다는 내용이지, 음식을 체지방으로 전환하는 방법에 관한 글이 아니다.　주의

R 06 정답 ④

밑줄 친 (a)~(e) 중에서 문맥상 낱말의 쓰임이 적절하지 않은 것은? [3점]
① (a) 지방을 축적할 수 있는 정도는 증가하다 체질량(몸집)에 따라 '증가함'
② (b) 체지방보다 식량의 형태가 더 '경제적임' 경제적인
③ (c) 과도하게 체지방을 저장하면 부정적인 '부정적인' 영향이 발생함
④ (d) 식량을 체지방으로 저장하면 위험성을 강화하다 '피할' 수 있음
⑤ (e) 모두 각각의 '이점'이 있음 이점

> **왜 정답?** ★★★ [정답률 58%]

④ (d) intensifies 강화한다
식량을 먹고 그것을 지방으로 전환하는 것은 이러한 유형의 손실과 저장된 식량을 관리하는 데 드는 에너지 비용을 (d) 강화한다(→ 피한다).

➡ 앞 문장에서 식량의 형태로 에너지를 비축하면, 식량을 관리하고 보호하는 데 많은 에너지가 소비된다고 설명했다. 따라서 식량을 먹어서 체지방의 형태로 전환하면 이러한 손실과 에너지 비용을 '강화하는' 것이 아니라, 오히려 '피하는' 것이다.
▶ intensifies를 avoids(피하다)와 같은 어휘로 바꾸어야 한다.

> **왜 오답?**

① (a) increases 증가하다
최대 지방 축적량은 체질량에 따라 (a) 증가하는 반면 최대 식량 저장량은 신체 크기에 제한을 받지 않는다.

➡ 음식을 직접 먹어서 체지방의 형태로 저장하는 것은 동물의 몸집에 비례한다. 즉, 몸집이 클수록 체지방으로 에너지를 축적하는 양도 증가하므로, 지방 축적량은 체질량에 따라 '증가한다'는 설명은 알맞다. ▶ increases는 문맥에 맞음

② (b) **economical** 경제적인

┌ 게다가, 지방은 체질량에 기여하고, 신진대사율도 체질량에 따라 높아지기
└ 때문에 저장된 식량은 체지방보다 더 (b) 경제적이다.

➡ 체지방이 많이 쌓이면 체질량이 커지고, 체질량이 클수록 몸집을 유지하기 위한 신
진대사 비용도 많이 발생한다고 했다. 따라서 체지방으로 에너지를 저장하는 것보
다 식량의 형태로 저장하는 것이 신진대사에 필요한 에너지를 줄여줄 수 있으므로
더 '경제적이다'라는 표현은 알맞다. ▶ economical은 문맥에 맞음

③ (c) **negative** 부정적인

┌ 과도한 체지방 축적은 또한 포식자를 피하는 동물의 능력에 (c) 부정적인 영
└ 향을 미칠지도 모른다.

➡ 식량의 형태로 저장하는 것의 장점을 설명하는 내용의 일부로, 과도한 체지방 축적
은 동물들의 몸집을 커지게 하여 도망가는 능력에 '부정적인' 영향을 미친다는 표현
은 알맞다. ▶ negative는 문맥에 맞음

⑤ (e) **advantages** 이점

┌ 따라서 지방 축적과 식량 저장 둘 다 몇 가지 결정적인 (e) 이점이 있다.

➡ 에너지를 체지방으로 축적하는 방식과 식량으로 축적하는 방식의 장점을 각각 설명
했으므로, 두 방식이 몇 가지의 결정적인 '이점'이 있다는 표현은 알맞다.

▶ advantages는 문맥에 맞음

R 07~08 *게놈 복제에서 발생하는 유전자 변이와 그 영향

In each round of genome copying / in our body, / there is still
about a 70 percent chance / **that** at least one pair of chromosomes
/ will have an error. //
게놈 복제의 각 과정마다 / 우리 몸속 / 여전히 확률이 약 70%이다 / 적어도 한 쌍의
염색체들이 / 오류를 가질 //

With each round of genome copying, / errors (a) accumulate. //
게놈 복제의 각 과정마다 / 오류들이 쌓인다 //

This is similar to alterations / in medieval books. //
이것은 변화와 유사하다 / 중세 서적에 있어서의 //

Each time a copy **was made** by hand, / some changes **were
introduced** accidentally; / as changes stacked up, / the copies
may have acquired meanings at (b) variance with the original. //
하나의 복사본이 사람 손으로 만들어질 때마다 / 일부 변화들이 우연히 도입되었고 / 변화들이
쌓이면서 / 복사본은 원본과 불일치하는 의미를 축적했을 것이다 // **07번** 단서 1: 복제 과정을 더 많이
거칠수록 더 많은 오류를 축적하게 됨

Similarly, / genomes **that have undergone** more copying
processes / **will have gathered** more mistakes. //
마찬가지로 / 더 많은 복제 과정을 거친 게놈은 / 더 많은 실수들을 축적하게 될 것이다 //

To make things worse, / mutations may damage genes /
responsible for error checking and repair of genomes, / further
(c) accelerating the introduction of mutations. //
설상가상으로 / 변이들은 유전자를 훼손해 / 게놈의 오류 확인과 복구를 책임지는 / 변이들의
도입을 더욱 가속할 수도 있다 // **08번** 단서 1: 유전자 변이의 영향이 뚜렷하지 않은 예시가 이어짐

Most genome mutations / do not have any noticeable effects. //
대부분의 게놈 변이들은 / 어떠한 뚜렷한 영향이 없다 // **08번** 단서 2: 사소한 철자 변경이 해당

It is just like / **changing the *i* for a *y* in "kingdom"** / would not
(d) guarantee(→ distort) the word's readability. //
그것은 마치 / 'kingdom'에서 'i'를 'y'로 변경하는 것이 / 그 단어의 가독성을 보장하지
(→ 왜곡하지) 않는 것과 같다 //

But sometimes a mutation to a human gene / **results in**, for
example, / an eye **whose** iris is of two different colors. //
그러나 때때로 인간 유전자에 대한 변이는 / 예를 들어 초래하기도 한다 / 홍채가 두 가지 다른
색을 띠는 눈을 //

Similarly, almost everyone has birthmarks, / **which** are due to
mutations / that occurred / as our body's cells multiplied / **to
form** skin. // **07번** 단서 2: 하지만 어떤 유전자 변이들은 홍채의
색깔이나 모반과 같이 뚜렷한 차이를 가져옴
마찬가지로 거의 모두가 모반이 있는데 / 이는 변이들 때문이다 / 발생한 / 우리 몸의 세포가
증식하면서 / 피부를 형성하기 위하여 //

If mutations are changes / to the genome of one particular cell, /
만약 변이들이 변화라면 / 하나의 특정 세포의 게놈에 대한 /

how can **a patch of cells in an iris** / **or a whole patch of
skin,** / consisting of many individual cells, / be affected
simultaneously? //
어떻게 홍채의 세포 집단이나 / 피부 전체 세포 집단이 / 많은 개별적인 세포들로 구성된 /
동시에 영향을 받을 수 있을까 //

The answer **lies** in the cell lineage, / the developmental history
of a tissue / from particular cells / through to their fully
differentiated state. // **07번** 단서 3: 특정 세포의 변이가 집단적인 변화를 일으키게 되는 것은
조직 발달 과정에서의 세포 계보로 설명됨
그 대답은 세포 계보에 있다 / 즉 조직 발달 변천에 / 특정 세포에서 / 그들의 완전히 차별화된
상태까지의 //

If the mutation occurred / early on in the lineage of the
developing iris, / then all cells in that patch / **have (e) inherited**
that change. //
만약 변이가 발생했다면 / 발달 중인 홍채의 계보 초기에 / 그렇다면 그 세포 집단의 모든
세포는 / 그 변화를 물려받아 왔을 것이다 //

- genome ⓝ 게놈 (세포나 생명체의 유전자 총체) · accumulate ⓥ 쌓다
- alteration ⓝ 변화 · acquire ⓥ 얻다 · mutation ⓝ 돌연변이
- accelerate ⓥ 가속화하다 · noticeable ⓐ 뚜렷한
- readability ⓝ 가독성 · multiply ⓥ 증식하다
- lineage ⓝ 혈통, 계보 · inherit ⓥ 물려받다 · radical ⓐ 급진적인
- irresolvable ⓐ 해결할 수 없는 · incompetent ⓐ 무능한

우리 몸속 게놈 복제의 각 과정마다, 적어도 한 쌍의 염색체들이 오류를 가
질 확률이 여전히 약 70%이다. 게놈 복제의 각 과정마다, 오류들이 (a) 쌓
인다. 이것은 중세 서적에 있어서의 변화와 유사하다. 하나의 복사본이 사
람 손으로 만들어질 때마다, 일부 변화들이 우연히 도입되었고, 변화들이
쌓이면서, 복사본은 원본과 (b) 불일치하는 의미를 축적했을 것이다. 마찬
가지로, 더 많은 복제 과정들을 거친 게놈은 더 많은 실수들을 축적하게 될
것이다. 설상가상으로, 변이들은 게놈의 오류 확인과 복구를 책임지는 유
전자를 훼손해 변이들의 도입을 더욱 (c) 가속할 수도 있다.
대부분의 게놈 변이들은 어떠한 뚜렷한 영향이 없다. 그것은 마치
'kingdom'에서 'i'를 'y'로 변경하는 것이 그 단어의 가독성을 (d) 보장하지
(→ 왜곡하지) 않는 것과 같다. 그러나 예를 들어, 때때로 인간 유전자에 대
한 변이는 홍채가 두 가지 다른 색을 띠는 눈을 초래하기도 한다. 마찬가
지로, 거의 모두가 모반이 있는데, 이는 우리 몸의 세포가 피부를 형성하
기 위하여 증식하면서 발생한 변이들 때문이다. 만약 변이들이 하나의 특
정 세포의 게놈에 대한 변화라면, 많은 개별적인 세포들로 구성된 홍채의
세포 집단이나 피부 전체 세포 집단이 어떻게 동시에 영향을 받을 수 있을
까? 그 대답은 세포 계보, 즉 특정 세포에서 그들의 완전히 차별화된 상태
까지의 조직 발달 변천에 있다. 만약 발달 중인 홍채의 계보 초기에 변이가
발생했다면, 그렇다면 그 세포 집단의 모든 세포는 그 변화를 (e) 물려받아
왔을 것이다.

R 07 정답 ⑤

윗글의 제목으로 가장 적절한 것은?

① The Later Mutations Are Introduced, the More Radical
Changes Occur
돌연변이가 늦게 시작될수록, 더 극적인 변화가 발생한다 — 발생 시기에 관한 내용이 아님

② Why It Is Impossible for Our Body to Copy Genomes
Perfectly
우리의 몸이 유전자를 완벽하게 복사하는 것이 불가능한 이유 — 그 이유를 설명한 글이 아님

③ Survival of Wrong Cells: The Cause of Irresolvable Diseases
잘못된 세포의 생존: 해결할 수 없는 질병의 원인 — 불치병의 원인이라는 언급은 없음

④ Our Genes, Surprisingly Incompetent at Self-Correction
자기 수정에 놀랍게도 무능한 우리의 유전자 — 오류를 축적한다는 내용으로 만든 오답

⑤ What Happens When Genomic Mutations Pile Up?
유전적 돌연변이가 쌓이면 무슨 일이 일어나는가? — 돌연변이가 축적되면서 생기는 현상을 설명함

왜 정답? ★★★ [정답률 36%]

- 게놈이 복제 과정을 더 많이 거칠수록 더 많은 오류를 축적하게 됨 `07번 단서 1`
- 어떤 유전자 변이들은 뚜렷한 차이를 가져옴 `07번 단서 2`
- 특정 세포의 변이가 집단적인 변화를 일으키게 되는 것은 조직 발달 과정에서의 세포 계보로 설명됨 `07번 단서 3`

→ 게놈이 복제 과정을 거치면서 오류가 발생하고, 그렇게 쌓여가는 유전적 돌연변이가 어떤 영향을 미치는지에 관한 글이다. 대부분의 유전자 변이는 뚜렷한 영향을 나타내지 않지만, 어떤 유전자 변이들은 홍채의 색깔이나 모반과 같이 눈에 띄는 차이를 가져오기도 한다. 한 세포의 변이가 여러 세포로 이루어진 홍채나 모반과 같이 집단적인 변화를 일으키게 되는 과정을 세포 계보의 개념으로 설명하고 있다.

▶ 제목으로 적절한 것은 ⑤ '유전적 돌연변이가 쌓이면 무슨 일이 일어나는가?'이다.

왜 오답?

① 돌연변이의 발생 시기에 따른 변화에 관한 내용이 아니다.
② 유전자를 복사할 때 오류가 발생한다는 것은 맞지만, 그 이유를 설명한 글이 아니다.
③ 세포의 변이가 불치병의 원인이라는 언급은 없다. `함정`
④ 우리의 유전자는 복제 과정에서 오류를 축적한다는 내용이지, 그로 인해 우리의 유전자가 자기 수정을 할 수 없다는 내용이 초점이 아니다.

R 08 정답 ④

> 밑줄 친 (a)~(e) 중에서 문맥상 낱말의 쓰임이 적절하지 않은 것은? [3점]
> ① (a) 게놈이 복제될 때마다 오류와 변화가 '쌓임'
> ② (b) 중세 서적은 사람의 손으로 복사되는 과정에서 원본과 '불일치'가 발생함
> ③ (c) 오류를 감지하고 복구하는 유전자를 훼손해 변이를 더 '가속' (가속하다)
> ④ (d) 뚜렷한 영향을 보이지 않는 것에 대한 예시이므로, 가독성을 '왜곡하지' 않는다는 표현이 적절함 (보장하다)
> ⑤ (e) 계보의 초기에 발생한 오류는 세포 집단의 모든 세포에 '유전이 됨' (물려받다)

왜 정답? ★★★ [정답률 42%]

④ (d) guarantee 보장하다

대부분의 게놈 변이들은 어떠한 뚜렷한 영향이 없다. 그것은 마치 'kingdom'에서 'i'를 'y'로 변경하는 것이 그 단어의 가독성을 (d) 보장하지 [왜곡하지] 않는 것과 같다.

→ 대부분의 게놈 변이가 뚜렷한 영향을 보이지 않는다는 설명에 대한 구체적인 예시 부분이다. kingdom이라는 단어에서 i라는 철자를 y로 고친다고 해도 (철자에 변화가 발생했다고 해도) 우리는 여전히 그 단어를 문제없이 읽을 수 있다는 내용이어야 한다. 즉, 철자의 오류에도 가독성은 보장되며, 따라서 가독성이 '왜곡되지' 않는다는 내용이 와야 한다. ▶ guarantee를 distort와 같은 어휘로 바꾸어야 한다.

`꿀팁` 앞에 would not이 있음에 주의!

왜 오답?

① (a) accumulate 쌓이다

게놈 복제의 각 과정마다, 오류들이 (a) 쌓인다. 이것은 중세 서적에 있어서의 변화와 유사하다. 하나의 복사본이 사람 손으로 만들어질 때마다, 일부 변화들이 우연히 도입되었고, 변화들이 쌓이면서, ~.

→ 이어지는 중세 서적의 비유에서 복사본이 만들어질 때마다 변화들이 쌓여간다고 했으므로, 게놈이 복제되는 과정마다 오류들이 '쌓이게' 된다. ▶ accumulate는 문맥에 맞음

② (b) variance 불일치

하나의 복사본이 사람 손으로 만들어질 때마다, 일부 변화들이 우연히 도입되었고, 변화들이 쌓이면서, 복사본은 원본과 (b) 불일치하는 의미를 축적했을 것이다.

→ 중세 서적은 사람이 손으로 일일이 복사하면서 우연히 원본과의 차이가 발생했을 것이고, 그 차이들이 쌓이면서 복사본은 원본과 점점 '달라졌을' 것이다. ▶ variance는 문맥에 맞음

③ (c) accelerating 가속하다

설상가상으로, 변이들은 게놈의 오류 확인과 복구를 책임지는 유전자를 훼손해 변이들의 도입을 더욱 (c) 가속할 수도 있다.

→ 더 많은 복제 과정을 거치면서 더 많은 실수와 오류를 축적할 것이고, 이러한 변이는 게놈의 오류를 찾아내고 이를 복구하는 유전자까지 훼손하게 되므로, 다른 변이들이 더 '빠르게' 도입될 것이다. ▶ accelerating은 문맥에 맞음

---

⑤ (e) inherited 물려받다

만약 발달 중인 홍채의 계보 초기에 변이가 발생했다면, 그렇다면 그 세포 집단의 모든 세포는 그 변화를 (e) 물려받아 왔을 것이다.

→ 변이가 하나의 특정 세포에서 게놈이 변화한 것이라면, 홍채나 피부의 모반과 같이 여러 세포가 동시에 변화하는 것을 어떻게 설명할 수 있을까? → 그 해답은 세포 계보에 있다. → 계보의 초기에 변이가 발생했다면, 그 세포 집단의 모든 세포도 그 변화에 영향을 비슷하게 '물려받았을' 것이기 때문에 여러 세포에 동시에 변화가 발생했을 것이다. ▶ inherited는 문맥에 적절함

R 09~10 ★멀티태스킹을 하는 동안 뇌에서 일어나는 일들

It's untrue / that teens can focus on two things at once / — what they're doing is / shifting their attention / from one task to another. //
(가주어 / 진주어절 접속사 / 주어 역할을 하는 명사절)
사실이 아니며 / 십 대들이 동시에 두 가지 일에 집중할 수 있다는 것은 / 그들이 하고 있는 것은 / 주의를 전환하는 것이다 / 한 작업에서 다른 작업으로 //

In this digital age, / teens wire their brains / to make these shifts very quickly, / but they are still, like everyone else, / paying attention to one thing at a time, sequentially. //
(현재진행시제)
디지털 시대에 / 십 대의 뇌는 발달하지만 / 매우 빠르게 작업을 전환하도록 / 여전히 십 대들도 다른 모든 사람들과 마찬가지로 / 한 번에 한 가지씩 순차적으로 주의를 기울이고 있다 //

Common sense tells us / multitasking should (a) increase brain activity, / but Carnegie Mellon University scientists / using the latest brain imaging technology / find it doesn't. //
(뒤에 목적어절 접속사 that 생략) `09번 단서 1: 멀티태스킹이 사실 뇌 활동을 증가시키는 것이 아님` (뒤에 increase brain activity 생략)
상식적으로 생각하지만 / 멀티태스킹이 뇌 활동을 증가시킬 것이라고 / Carnegie Mellon 대학의 과학자들은 / 최신 뇌 영상 기술을 사용하여 / 그렇지 않다는 것을 발견했다 //

As a matter of fact, / they discovered / that multitasking actually decreases brain activity. //
(목적어절 접속사) `10번 단서 1: 멀티태스킹이 실제로는 두뇌 활동을 감소시킴`
사실 / 그들은 발견했다 / 멀티태스킹이 실제로는 두뇌 활동을 감소시킨다는 것을 //

Neither task is done / as well as if each were performed (b) individually. //
(as 원급 as 구문 / 가정법의 be동사)
어느 작업도 되지 못한다 / 각각 개별적으로 수행될 때만큼 잘 //

Fractions of a second are lost / every time we make a switch, / and a person's interrupted task / can take 50 percent (c) longer to finish, / with 50 percent more errors. //
(부사절 접속사 (~할 때마다) / 과거분사 (task 수식)) `10번 단서 2: 멀티태스킹은 더 오랜 시간과 더 많은 오류를 발생시킴`
시간이 아주 조금씩 낭비되며 / 우리가 (작업을) 전환할 때마다 / 중단된 작업은 / 완료하기까지 50퍼센트 더 오래 걸리고 / 50퍼센트 더 많은 오류가 발생할 수 있다 //

Turns out / the latest brain research (d) contradicts(→ supports) the old advice / "one thing at a time." //
(앞에 주어 it 생략)
드러났다 / 최신 뇌 연구가 오래된 조언을 반박하는(→ 뒷받침하는) 것으로 / '한 번에 한 가지 일만 하라'는 //

It's not / that kids can't do some tasks simultaneously. //
(다음 문장의 but과 합쳐져서 not A but B 구문)
아니다 / 아이들이 동시에 여러 작업을 할 수 없다는 것은 //

But if two tasks are performed at once, / one of them has to be familiar. //
하지만 동시에 두 가지 작업이 수행된다면 / 그 중 하나는 익숙한 작업이어야 한다 //

Our brains perform a familiar task / on "automatic pilot" / while really paying attention to the other one. //
(부사절에서 「주어＋be동사」 생략 / 둘 중 익숙하지 않은 나머지 하나)
우리의 뇌는 익숙한 작업은 수행하고 / '자동 조종' 상태에서 / 실제로는 다른 작업에 주의를 기울인다 // `09번 단서 2: 익숙한 작업은 '자동 조종' 상태로, 나머지 작업에 실제로 주의를 기울임`

That's why insurance companies consider / talking on a cell phone and driving / to be as (e) dangerous as driving while drunk /
(consider A B: A를 B로 간주하다 / 주어＋be동사 / as 원급 as 구문)
그것이 보험 회사가 간주하는 이유이다 / 휴대전화로 통화하면서 운전하는 것을 / 술에 취한 상태에서 운전하는 것만큼 위험한 것으로 /

— it's the driving / that goes on "automatic pilot" / while the conversation really holds our attention. //

운전이다 / '자동 조종' 상태에서 수행되는 것은 / 대화가 실제로 우리의 주의를 끌고 있는 동안 //

Our kids may be living in the Information Age / but our brains have not been redesigned yet. //

우리 아이들이 정보화 시대에 살고 있을지 모르지만 / 우리의 뇌는 아직 (정보화 시대에 맞게) 재설계되지 않았다 //

- shift ⓥ 전환하다, 이동하다 • wire ⓥ 회로를 연결하다, 발달시키다
- sequentially ⓐⓓ 순차적으로
- multitasking ⓝ 멀티태스킹 (동시에 여러 가지 일을 하는 것)
- fraction ⓝ 일부 • turn out 드러나다
- simultaneously ⓐⓓ 동시에 • insurance ⓝ 보험
- redesign ⓥ 재설계하다 • attention span 주의집중 시간
- automaticity ⓝ 자동성

십 대들이 동시에 두 가지 일에 집중할 수 있다는 것은 사실이 아니며, 그들이 하고 있는 것은 한 작업에서 다른 작업으로 주의를 전환하는 것이다. 디지털 시대에, 십 대의 뇌는 매우 빠르게 작업을 전환하도록 발달하지만, 여전히 다른 모든 사람들과 마찬가지로 십 대들도 한 번에 한 가지씩 순차적으로 주의를 기울이고 있다. 상식적으로 멀티태스킹이 뇌 활동을 (a) 증가시킬 것이라고 생각하지만, Carnegie Mellon 대학의 과학자들은 최신 뇌 영상 기술을 사용하여 그렇지 않다는 것을 발견했다. 사실, 그들은 멀티태스킹이 실제로는 두뇌 활동을 감소시킨다는 것을 발견했다. 어느 작업도 각각 (b) 개별적으로 수행될 때만큼 잘 되지 못한다. 우리가 (작업을) 전환할 때마다 시간이 아주 조금씩 낭비되며, 중단된 작업은 완료하기까지 50퍼센트 (c) 더 오래 걸리고, 50퍼센트 더 많은 오류가 발생할 수 있다. 최신 뇌 연구가 '한 번에 한 가지 일만 하라'는 오래된 조언을 (d) 반박하는(→ 뒷받침하는) 것으로 드러났다.

아이들이 동시에 여러 작업을 할 수 없다는 것은 아니다. 하지만 동시에 두 가지 작업이 수행된다면, 그 중 하나는 익숙한 작업이어야 한다. 우리의 뇌는 익숙한 작업은 '자동 조종' 상태에서 수행하고 실제로는 다른 작업에 주의를 기울인다. 그것이 보험 회사가 휴대전화로 통화하면서 운전하는 것을 술에 취한 상태에서 운전하는 것만큼 (e) 위험한 것으로 간주하는 이유이다. 대화가 실제로 우리의 주의를 끌고 있는 동안 '자동 조종' 상태에서 수행되는 것은 운전이다. 우리 아이들이 정보화 시대에 살고 있을지 모르지만, 우리의 뇌는 아직 (정보화 시대에 맞게) 재설계되지 않았다.

R 09 정답 ①

윗글의 제목으로 가장 적절한 것은?

① Multitasking Unveiled: What Really Happens in Teens' Brains
멀티태스킹이 밝혀지다: 실제로 십 대들의 머리에서 일어나는 일
멀티태스킹이 일어날 때 뇌에서는 작업을 어떻게 수행하는지가 밝혀짐

② Optimal Ways to Expand the Attention Span of Teens
십 대들의 주의집중 시간을 확대하는 최적의 방법들 주의집중 시간을 늘리는 방법이 소개된 글이 아님

③ Unknown Approaches to Enhance Brain Development
뇌 발달을 강화하는 알려지지 않은 방법들 멀티태스킹은 뇌 활동을 감소시킨다는 내용의 글임

④ Multitasking for a Balanced Life in a Busy World
바쁜 세상에서 균형 잡힌 삶을 위한 멀티태스킹 오히려 작업 시간과 오류를 더 늘린다고 했음

⑤ How to Build Automaticity in Performing Tasks
작업을 수행할 때 자동성을 기르는 방법 자동 조종 상태에서 수행된다는 부분을 이용한 오답

⟩왜 정답? ✷✷✸ [정답률 78%]

- 상식적으로 멀티태스킹이 뇌 활동을 증가시킬 것이라고 생각하지만, 그렇지 않다는 것을 발견함 09번 단서 1
- 우리의 뇌는 익숙한 작업은 '자동 조종' 상태에서 수행하고 실제로는 다른 작업에 주의를 기울임 09번 단서 2

➡ 십 대들이 멀티태스킹을 할 때 뇌가 어떻게 작업을 수행하는지를 연구한 글이다. 우리의 상식과는 달리 멀티태스킹은 뇌 활동을 증가시키지 않으며, 익숙한 작업은 '자동 조종' 상태에서 수행하고, 실제로는 다른 작업에 주의를 기울인다는 점을 설명하고 있다.

▶ 따라서 제목으로 적절한 것은 ① '멀티태스킹이 밝혀지다: 실제로 십 대들의 머리에서 일어나는 일'이다.

<hr>

⟩왜 오답?

② 멀티태스킹 중에는 하나의 작업에만 주의집중을 하게 된다는 부분을 이용한 오답이다.

③ 멀티태스킹은 오히려 뇌 활동을 감소시킨다고 했다. 뇌 발달 방법을 소개하는 글이 아니다.

④ 멀티태스킹이 오히려 작업 시간과 오류를 더 늘릴 수 있다고 했으므로 균형 잡힌 삶을 위한 방법으로 멀티태스킹을 소개하는 글이 아니다.

⑤ 멀티태스킹 중 익숙한 작업은 자동화된다는 언급만 있었을 뿐, 자동성을 기르는 방법을 소개한 글이 아니다. 주의

R 10 정답 ④

밑줄 친 (a)~(e) 중에서 문맥상 낱말의 쓰임이 적절하지 않은 것은?

① (a) 상식적으로는 뇌 활동을 증가시킬 것이라 착각함 증가시키다
② (b) 멀티태스킹과 개별 작업의 수행력을 개별적으로 비교함
③ (c) 작업을 전환할 때마다 조금씩 시간 낭비를 더 오래 일으킴
④ (d) 멀티태스킹은 뇌 활동을 감소시킨다는 연구 결과는 '한 번에 한 가지 일만 하라'는 조언을 뒷받침함 반박하다
⑤ (e) 운전 중에 전화를 받는 행동은 음주운전만큼이나 위험함

⟩왜 정답? ✷✷✸ [정답률 51%]

④ (d) contradicts 반박하다

최신 뇌 연구가 '한 번에 한 가지 일만 하라'는 오래된 조언을 (d) 반박하는(뒷받침하는) 것으로 드러났다.

➡ 멀티태스킹이 뇌 활동을 감소시킨다는 연구 결과는 '한 번에 한 가지 일만 하라'는 조언의 내용과 일맥상통하므로, 조언을 '반박하는' 것이 아니라 '뒷받침한다'는 내용이 와야 한다.

▶ contradicts를 supports(뒷받침하다)와 같은 어휘로 바꾸어야 한다.

⟩왜 오답?

① (a) increase 증가시키다

상식적으로 멀티태스킹이 뇌 활동을 (a) 증가시킬 것이라고 생각하지만, Carnegie Mellon 대학의 과학자들은 최신 뇌 영상 기술을 사용하여 그렇지 않다는 것을 발견했다. 사실, 그들은 멀티태스킹이 실제로는 두뇌 활동을 감소시킨다는 것을 발견했다.

➡ 이어지는 문장에서 멀티태스킹이 실제로는 두뇌 활동을 감소시킨다는 것을 발견했다고 했으므로 상식적으로는 멀티태스킹이 뇌 활동을 '증가시킬' 것이라고 생각했을 것이다. ▶ increase는 문맥에 맞음

② (b) individually 개별적으로

사실, 그들은 멀티태스킹이 실제로는 두뇌 활동을 감소시킨다는 것을 발견했다. 어느 작업도 각각 (b) 개별적으로 수행될 때만큼 잘 되지 못한다.

➡ 멀티태스킹은 뇌 활동을 감소시키므로, 두 가지 일을 각각 '개별적으로' 수행할 때보다 수행력이 떨어진다. ▶ individually는 문맥에 맞음

③ (c) longer 더 오래

우리가 (작업을) 전환할 때마다 시간이 아주 조금씩 낭비되며, 중단된 작업은 완료하기까지 50퍼센트 (c) 더 오래 걸리고, 50퍼센트 더 많은 오류가 발생할 수 있다.

➡ 멀티태스킹은 작업을 전환할 때마다 조금씩 시간 낭비를 일으켜 작업 완료까지 '더 오랜' 시간이 걸리는 등 뇌 활동을 감소시킨다. ▶ longer는 문맥에 맞음

⑤ (e) dangerous 위험한

그것이 보험 회사가 휴대전화로 통화하면서 운전하는 것을 술에 취한 상태에서 운전하는 것만큼 (e) 위험한 것으로 간주하는 이유이다.

➡ 멀티태스킹은 한 가지 작업만 집중하고, 익숙한 작업은 자동으로 처리되도록 하므로, 운전 중에 전화를 받는 행동은 음주 운전만큼이나 '위험'하다. ▶ dangerous는 문맥에 맞음

주격 관계대명사
We have biases / that support our biases! //
우리는 편견을 가진다 / 우리의 편견을 뒷받침하는 //

If we're partial to one option / — perhaps because it's more
memorable, / or framed to minimize loss, / or seemingly
병렬 구조
consistent with a promising pattern /
만약 우리가 한 가지 옵션에 편향된다면 / 그것이 아마도 더 잘 기억할 만하거나 / 손실을
최소화하기 위해 짜맞춰졌거나 / 혹은 유망한 패턴과 일치하는 것처럼 보이기 때문에 /

주격 관계대명사
— we tend to search for information / that will (a) justify
choosing that option. // 11번 단서 1: 우리는 기존의 편견을 정당화하는 정보를 찾고자 함
우리는 정보를 찾는 경향이 있다 / 그 옵션을 선택한 것을 정당화할 //

가주어   진주어   목적격 관계대명사
On the one hand, / it's sensible to make choices / that we can
defend / with data and a list of reasons. // 12번 단서 1: 근거로 뒷받침할 수 있는 선택을 함
한편으로는 / 선택을 하는 것이 현명하다 / 우리가 방어할 수 있는 / 데이터와 이유들의
목록으로 //

11번 단서 2, 12번 단서 2: 확증편향의 오류에 빠질 수 있음
On the other hand, / if we're not careful, / we're (b) likely to
분사구문을 이끄는 현재분사
conduct an imbalanced analysis, / falling prey to a cluster of
과거분사구 (a cluster of errors 수식)
errors / collectively known as "confirmation biases."
반면에 / 만약 우리가 주의를 기울이지 않으면 / 우리는 불균형한 분석을 수행할 가능성이
있어서 / 오류 덩어리의 희생양이 된다 / 총체적으로 "확증 편향"으로 알려져 있는 //

For example, / nearly all companies include / classic "tell me
'~로'
about yourself" job interviews / as part of the hiring process, /
예를 들어 / 거의 모든 기업이 실시한다 / 전통적인 "자기소개" 취업 면접을 / 채용 과정의
일부로 /

절과 절을 잇는 등위접속사
and many rely on these interviews alone / to evaluate
applicants. //
그리고 많은 기업이 이러한 면접에만 의존한다 / 지원자를 평가하기 위해서 //

'~인 것으로 밝혀지다'
But it turns out / that traditional interviews are actually one of
the (c) least useful tools / for predicting an employee's future
동명사 (전치사의 목적어)
success. //
하지만 (~이라고) 판명된다 / 전통적인 면접은 실제로 가장 유용하지 않은 도구 중 하나라는
것으로 / 직원의 미래 성공을 예측하는 데 //

'결정하다'
This is because / interviewers often subconsciously make
up their minds about interviewees / based on their first few
'~에 근거하여'
moments of interaction /
이것은 ~ 때문이다 / 면접관들이 종종 잠재의식적으로 면접 대상자에 대한 결정을 내리고 /
처음 몇 순간의 상호작용을 바탕으로 /

spend 시간/돈 (in) -ing: ~하는 데 시간/돈을 소비하다
and spend the rest of the interview / cherry-picking evidence
and phrasing their questions / to (d) confirm that initial
impression: / 12번 단서 3: 전통적 인터뷰에서는 첫인상을 확정하는 근거를 찾고자 함
면접의 나머지 시간을 보내기 때문이다 / 증거를 고르고 질문을 만드는 데 / 그 첫인상을
확인하기 위해 /

"I see here you left a good position / at your previous job. // You
강한 추측
must be pretty ambitious, right?" / versus / "You must not have
강한 추측
been very committed, huh?" //
"당신은 좋은 직책을 두고 나오신 게 보이네요 / 이전 직장에서 / 틀림없이 야망이 꽤
크시겠어요, 그렇죠" 대 / "당신은 그다지 헌신적이지 않았음에 틀림없네요, 그렇죠" //

목적어절 접속사
This means / that interviewers can be prone to / (e) noticing(→
overlooking) significant information /
이것은 의미한다 / 면접관이 ~하기 쉽다는 것을 / 중요한 정보를 알아차리기(→ 간과하기) /

주격 관계대명사
that would clearly indicate / whether this candidate was actually
the best person to hire. //
명확하게 보여줄 수 있는 / 이 지원자가 실제로 채용하기에 가장 좋은 사람인지 여부 //

복수 주어
More structured approaches, / like obtaining samples of a
병렬 구조 (전치사의 목적어)
candidate's work / or asking how he would respond / to difficult
hypothetical situations, /
보다 구조화된 접근 방식은 / 지원자의 업무 샘플을 확보하거나 / 그가 어떻게 대응할지 묻는
것과 같은 / 가정된 어려운 상황에 /

복수 동사
are dramatically better at assessing future success, / with a
nearly threefold advantage / over traditional interviews. //
미래의 성공을 평가하는 데 훨씬 더 낫다 / 거의 세 배의 이점으로 / 전통적인 면접보다 //

- bias ⓝ 편견 · partial ⓐ (~을) 편애하는
- memorable ⓐ 기억할 만한 · frame ⓥ (특정한 방식으로) 표현하다
- consistent ⓐ 한결같은 · justify ⓥ 정당화시키다
- sensible ⓐ 합리적인 · conduct ⓥ (특정한 활동을) 하다
- imbalanced ⓐ 불균형의 · evaluate ⓥ 평가하다
- subconsciously ⓐⓓ 잠재의식적으로 · interaction ⓝ 상호작용
- cherry-pick (최고를) 선별하다 · ambitious ⓐ 야심 있는
- committed ⓐ 헌신적인 · significant ⓐ 중요한
- structured ⓐ 구조가 있는 · hypothetical ⓐ 가상적인, 가설의
- dramatically ⓐⓓ 극적으로 · threefold ⓐ 3배의
- preconception ⓝ 선입견 · mislead ⓥ 오도하다
- add up to 결국 ~이 되다

우리는 우리의 편견을 뒷받침하는 편견을 가진다! 만약 우리가 한 가지 옵션에 편향된다면 — 그것이 아마도 더 잘 기억할 만하거나, 손실을 최소화하기 위해 짜맞춰졌거나, 혹은 유망한 패턴과 일치하는 것처럼 보이기 때문에 — 우리는 그 옵션을 선택한 것을 (a) 정당화할 정보를 찾는 경향이 있다. 한편으로는, 데이터와 이유들의 목록으로 방어할 수 있는 선택을 하는 것이 현명하다. 반면에, 만약 우리가 주의를 기울이지 않으면, 우리는 불균형한 분석을 수행할 (b) 가능성이 있어서, 총체적으로 "확증 편향"으로 알려져 있는 오류 덩어리의 희생양이 된다.

예를 들어, 거의 모든 기업이 채용 과정의 일부로 전통적인 "자기소개" 취업 면접을 실시하며, 많은 기업이 지원자를 평가하기 위해서 이러한 면접에만 의존한다. 하지만 전통적인 면접은 실제로 직원의 미래 성공을 예측하는 데 (c) 가장 유용하지 않은 도구 중 하나라는 것으로 판명된다. 이것은 면접관들이 종종 잠재의식적으로 처음 몇 순간의 상호작용을 바탕으로 면접 대상자에 대한 결정을 내리고, 그 첫인상을 (d) 확인하기 위해 증거를 고르고 질문을 만드는 데 면접의 나머지 시간을 보내기 때문이다: "당신은 이전 직장에서 좋은 직책을 두고 나오신 게 보이네요. 틀림없이 야망이 꽤 크시겠어요, 그렇죠?" 대 "당신은 그다지 헌신적이지 않았음에 틀림없네요, 그렇죠?" 이것은 면접관이 이 지원자가 실제로 채용하기에 가장 좋은 사람인지 여부를 명확하게 보여줄 수 있는 중요한 정보를 (e) 알아차리기 (→ 간과하기) 쉽다는 것을 의미한다. 지원자의 업무 샘플을 확보하거나 가정된 어려운 상황에 어떻게 그가 대응할지 묻는 것과 같은 보다 구조화된 접근 방식은, 전통적인 면접보다, 거의 세 배의 이점으로 미래의 성공을 평가하는 데 훨씬 더 낫다.

R 11 정답 ①

윗글의 제목으로 가장 적절한 것은?

① Bias Trap: How Our Preconceptions Mislead Us
기존의 의견과 관련된 정보만을 찾게 되면서 오류를 범할 수 있음
편견의 함정: 우리의 선입견이 우리를 오도하는 법
② Utilize the Power of Similar Personality Types! 관련 없음
유사한 성격 유형의 힘을 활용하라!
③ More Information Adds Up to Worse Choices
정보가 많고 적음의 문제가 아님
더 많은 정보가 더 나쁜 선택으로 이어진다
④ Why Are You Persuaded by Others' Perspectives? 관련 없음
왜 당신은 타인의 관점에 의해 설득되는가?
⑤ Interviews: The Fairest Judgment for All Applicants
면접: 모든 지원자에게 가장 공정한 판단 기준
가장 공정한 방법이라고 하지 않음

➤ **왜** 정답 ? ★★❈ [정답률 62%]

- 우리는 기존의 편견을 정당화하는 정보를 찾고자 한다. 11번 단서 1
- 만약 우리가 주의를 기울이지 않으면, 우리는 불균형한 분석을 수행할 가능성이 있어서, 총체적으로 "확증 편향"으로 알려져 있는 오류 덩어리의 희생양이 된다. 11번 단서 2

⇒ 우리는 기존의 편견을 정당화하는 정보를 찾고자 하며, 주의를 기울이지 않으면 불균형한 분석을 수행해서 확증 편향의 오류를 범할 수 있다.

▶ 따라서 제목으로 적절한 것은 ① '편견의 함정: 우리의 선입견이 우리를 오도하는 법'이다.

왜 오답?

② 성격 유형에 대한 글이 아니다.

③ 선입견과 관련된 정보를 더 찾게 되면 확증 편향의 오류를 범할 수도 있지만, 무조건 더 나쁜 선택으로 이어진다는 말은 아니다.

④ 타인의 관점에 대한 언급은 없었다.

⑤ 면접이 예시로 나왔으나 글의 주제도 아니고, 가장 공정한 방법이라고도 하지 않았다.

R 12 정답 ⑤

> 밑줄 친 (a)~(e) 중에서 문맥상 낱말의 쓰임이 적절하지 않은 것은? [3점]
> ① (a) 기존 선택을 정당화하는 정보를 찾는 / 정당화하다 경향이 있음
> ② (b) 불균형한 분석을 수행할 가능성이 있음 / ~할 가능성이 있다
> ③ (c) 직원의 미래 성공을 예측하는 데 가장 / 가장 유용하지 않은 도구 중 하나임
> ④ (d) 첫인상을 확인하기 위해 나머지 면접 / 확인하다 시간을 보냄
> ⑤ (e) 중요 정보를 간과하기 쉽게 하는 방법임 / 알아차리다

왜 정답? ★★★ [정답률 45%]

⑤ (e) noticing 알아차리다

이것은 면접관이 이 지원자가 실제로 채용하기에 가장 좋은 사람인지 여부를 명확하게 보여줄 수 있는 중요한 정보를 (e) 알아차리기 (간과하기) 쉽다는 것을 의미한다.

➡ 전통적인 인터뷰 상황에서는 처음 몇 순간의 상호작용으로 결정을 내린 후 첫인상을 지지하는 정보를 수집하는 데 면접의 나머지 시간을 보낸다고 했다. 이와 같은 방법은 실제로 채용하기에 가장 좋은 사람인지를 보여주는 정보를 '알아차리기' 쉬운 방식이 아니다.

▶ 알아차리는 것이 아니라 중요한 정보를 '간과하기' 쉽다는 내용이 나와야 하므로 noticing을 overlooking(간과하다)과 같은 어휘로 바꾸어야 한다.

왜 오답?

① (a) justify 정당화하다

우리는 우리의 편견을 뒷받침하는 편견을 가진다! 만약 우리가 한 가지 옵션에 편향된다면 ~ 우리는 그 옵션을 선택한 것을 (a) 정당화할 정보를 찾는 경향이 있다.

➡ 편견을 뒷받침하는 편견을 가진다 = 옵션을 선택한 것을 '정당화할' 정보를 찾는 경향이 있다. ▶ justify는 문맥에 맞음

② (b) likely ~할 가능성이 있다

반면에, 만약 우리가 주의를 기울이지 않으면, 우리는 불균형한 분석을 수행할 (b) 가능성이 있어서, 총체적으로 "확증 편향"으로 알려져 있는 오류 덩어리의 희생양이 된다.

➡ "확증 편향"의 오류에 빠지는 경우는 불균형한 분석을 수행할 '가능성이 있을' 때임 ▶ likely는 문맥에 맞음

③ (c) least 가장 ~않은

예를 들어, 거의 모든 기업이 채용 과정의 일부로 전통적인 "자기소개" 취업 면접을 실시하며, 많은 기업이 지원자를 평가하기 위해서 이러한 면접에만 의존한다. 하지만(But) 전통적인 면접은 실제로 직원의 미래 성공을 예측하는 데 (c) 가장 유용하지 않은 도구 중 하나라는 것으로 판명된다.

➡ 거의 모든 기업이 채용 과정의 일부로 면접에 의존하지만(But), 그것은 '가장' 유용하지 '않은' 방법 중 하나이다.

▶ But으로 이어지는 문장이므로 least는 문맥에 맞음

④ (d) confirm 확인하다

이것은 면접관들이 종종 잠재의식적으로 처음 몇 순간의 상호작용을 바탕으로 면접 대상자에 대한 결정을 내리고, 그 첫인상을 (d) 확인하기 위해 증거를 고르고 질문을 만드는 데 면접의 나머지 시간을 보내기 때문이다.

➡ 한 가지 선택지에 편향된다면, 그것을 정당화할 정보를 찾는 경향이 있으며, 주의를 기울이지 않으면 확증 편향의 오류를 범할 가능성이 있다고 말했다. 따라서 그 예시로서, 첫인상으로 이미 결정을 내렸다면 이후 시간은 첫인상을 '확인하기' 위해 사용한다는 것은 알맞다. ▶ confirm은 문맥에 맞음

R 13~14 ＊아이들이 권위에 질문하도록 돕는 것의 중요성

makes의 목적어와 목적격 보어 (형용사)
What makes **questioning authority** / so **hard**? //
무엇이 권위에 의문을 제기하는 것을 만들까 / 그토록 어렵게 //

계속적 용법의 관계부사
The (a) difficulties start in childhood, / **when** parents — the first and most powerful authority figures — / show children "the way things are." //
그 어려움은 유년 시절에 시작하는데 / 이는 최초이자 가장 영향력 있는 권위인 부모가 / 아이들에게 '사물이 존재하는 방식'을 제시하는 때이다 //

결과 절을 잇는 등위접속사
This is a necessary element / of learning language and socialization, / **and** certainly most things **learned** in early childhood / are (b) noncontroversial: /
과거분사 (things 수식)
이것은 필수적인 요소이고 / 언어 학습과 사회화의 / 확실히 초기 유년기에 학습되는 것 대부분은 / 논쟁의 여지가 없는데 /

the English alphabet starts with A / and ends with Z, / the numbers 1 through 10 come / before the numbers 11 through 20, / and so on. //
영어 알파벳은 A에서 시작해서 / Z로 끝난다는 것 / 숫자 1부터 10은 나온다는 것 / 숫자 11부터 20보다 이전에 / 등등 //

13번 단서 1, 14번 단서 1: 아이들이 질문하는 내용은 어른에게는 명백해 보이는 것들임
Children, however, / will spontaneously question things / **that** are quite obvious / to adults and even to older kids. //
주격 관계대명사
하지만 아이들은 / 즉흥적으로 의문을 제기할 것이다 / 꽤 명백한 것들에 / 어른들과 심지어 더 나이 많은 아이들에게도 //

The word "why?" becomes a challenge, / as in, "Why is the sky blue?" //
"왜요"라는 말은 도전이 된다 / "왜 하늘은 파랄까요"에서처럼 //

복수 주어
Answers such as / "because it just is" or "because I say so" / 복수 동사 직접목적어절 접속사
tell children / **that** they must unquestioningly (c) accept / what authorities say "just because," /
~와 같은 대답들은 / "그냥 그러니까" 혹은 "내가 그렇다고 하니까" / 아이들에게 말해주며 / 아이들이 의심 없이 받아들여야 한다고 / 권위자들이 "단지 그러니까"라고 말하는 것을 /

재귀 용법의 재귀대명사
and children / who persist in their questioning / are likely to find **themselves** dismissed or yelled at /
아이들은 / 의문을 제기하는 것을 지속하는 / 그들 자신이 쫓겨나거나 고함을 듣는다는 것을 알게 될 가능성이 높다 /

13번 단서 2, 14번 단서 2: 아이들이 질문하는 내용을 어른들은 사소하고 성가신 것으로 치부함
for "bothering" adults / with "meaningless" or "unimportant" questions. //
어른들을 '성가시게 하는 것' 때문에 / '무의미한' 혹은 '중요하지 않은' 질문으로 //

But these questions are in fact / perfectly (d) unreasonable(→ reasonable). //
하지만 이러한 질문들은 실제로 / 완벽하게 비합리적(→ 합리적)이다 //

14번 단서 3: 아이들이 던지는 질문들은 실제로는 완벽하게 합리적인 것임
Why is the sky blue? // 왜 하늘은 파랄까 //
강조 용법의 재귀대명사
Many adults do not **themselves** know the answer. //
많은 어른들은 자신도 그 대답을 알지 못한다 //

to부정사의 수동태
And who says / the sky's color needs **to be called** "blue," / anyway? //
그리고 누가 말하는가 / 하늘의 색깔이 '파란색'으로 불려야 한다고 / 어쨌든 //

목적어절 접속사 주어
How do we know / **that** what one person calls "blue" / is the 목적격 관계대명사
same color / **that** another calls "blue"? //
어떻게 우리가 아는가 / 한 사람이 '파란색'이라고 부르는 것이 / 같은 색깔인지 / 또 다른 사람이 '파란색'이라고 부르는 것과 //

목적격 관계대명사
The scientific answers come from physics, / but those are not the answers / **that** children are seeking. //
과학적인 답은 물리학에서 나오지만 / 그것들은 답은 아니다 / 아이들이 찾고 있는 //

'아무리 ~할지라도'
They are trying to understand the world, / and **no matter how** (e) irritating the repeated questions may become / to stressed and time-pressed parents, /
그들은 세계를 이해하려고 노력하고 있고 / 반복되는 질문들이 아무리 짜증스러울지라도 / 스트레스가 쌓이고 시간에 쫓기는 부모들에게 /

it is important **to take** them seriously / to encourage kids to
                        부사적 용법 (목적)   for oneself: 스스로
question authority / **to think for themselves.** //
그것들을 진지하게 받아들이는 것이 중요하다 / 아이들이 권위에 의문을 제기하도록 독려하여
/ 스스로 생각하도록 //

- **question** ⓥ 의문을 제기하다   **authority** ⓝ 권위, 권한
- **figure** ⓝ 인물   **socialization** ⓝ 사회화
- **noncontroversial** ⓐ 논쟁의 여지가 없는
- **spontaneously** ⓐⓓ 즉흥적으로   **unquestioningly** ⓐⓓ 의심 없이
- **persist** ⓥ 지속하다   **dismiss** ⓥ 해산시키다   **yell** ⓥ 고함치다
- **bothering** ⓐ 성가신   **meaningless** ⓐ 의미 없는
- **irritating** ⓐ 짜증나는   **time-pressed** 시간에 쫓기는
- **morality** ⓝ 도덕성   **crucial** ⓐ 중요한

무엇이 권위에 의문을 제기하는 것을 그토록 어렵게 만들까? 그 (a) 어려움은 유년 시절에 시작하는데, 이는 최초이자 가장 영향력 있는 권위자인 부모가 아이들에게 '사물이 존재하는 방식'을 제시하는 때이다. 이것은 언어 학습과 사회화의 필수적인 요소이고, 확실히 초기 유년기에 학습되는 것 대부분은 (b) 논쟁의 여지가 없는데, 영어 알파벳은 A에서 시작해서 Z로 끝난다는 것, 숫자 1부터 10은 숫자 11부터 20보다 이전에 나온다는 것 등등처럼 말이다. 하지만 아이들은 어른들과 심지어 더 나이 많은 아이들에게도 꽤 명백한 것들에 즉흥적으로 의문을 제기할 것이다. "왜요?"라는 말은 "왜 하늘은 파랄까요?"에서처럼 도전이 된다. "그냥 그러니까" 혹은 "내가 그렇다고 하니까"와 같은 대답들은 권위자들이 "단지 그러니까"라고 말하는 것을 아이들이 의심 없이 (c) 받아들여야 한다고 아이들에게 말해주며, 의문을 제기하는 것을 지속하는 아이들은 '무의미한' 혹은 '중요하지 않은' 질문으로 어른들을 '성가시게 하는 것' 때문에 그들 자신이 쫓겨나거나 고함을 듣는다는 것을 알게 될 가능성이 높다. 하지만 이러한 질문들은 실제로 완벽하게 (d) 비합리적(→ 합리적)이다. 왜 하늘은 파랄까? 많은 어른들은 자신도 그 대답을 알지 못한다. 그리고 어쨌든 누가 하늘의 색깔이 '파란색'으로 불려야 한다고 말하는가? 한 사람이 '파란색'이라고 부르는 것이 또 다른 사람이 '파란색'이라고 부르는 것과 같은 색깔인지 어떻게 우리가 아는가? 과학적인 답은 물리학에서 나오지만, 그것들은 아이들이 찾고 있는 답은 아니다. 그들은 세계를 이해하려고 노력하고 있고, 반복되는 질문들이 스트레스가 쌓이고 시간에 쫓기는 부모들에게 아무리 (e) 짜증스러울지라도, 아이들이 권위에 의문을 제기하도록 독려하여 스스로 생각하도록 그것들을 진지하게 받아들이는 것이 중요하다.

R 13 정답 ①

> 도전이 에너지를 고갈시킨다는 내용은 언급되지 않음
>
> **윗글의 제목으로 가장 적절한 것은?**
>   어른들에게는 명백한 것들도 아이들에게는 질문을 통해 세상을 이해하는 과정이 됨
> ① Things Plain to You Aren't to Children: Let Them Question
>   당신에게는 평범한 것들이 아이들에게는 그렇지 않다: 그들이 질문하도록 해라
> ② Children's Complaints: Should Parents Accept All of Them?
>   아이들의 불만: 부모가 모든 불만을 받아들여야 하는가?   아이들의 불만과 관련된 내용은 언급되지 않음
> ③ Want More Challenges? They'll Make Your Energy Dry Up!
>   더 많은 도전을 원하세요? 당신의 에너지를 고갈시킬 것입니다!
> ④ Authority Has Hidden Power to Nurture Children's Morality
>   권위는 아이들의 도덕성을 길러줄 힘을 숨겨왔다   도덕성과 관련된 내용은 언급되지 않음
> ⑤ Answering Is More Crucial than Questioning for Quick Learning
>   빠른 학습을 위해서는 대답하는 것이 질문하는 것보다 더 중요하다   질문하는 것을 독려하라는 내용임

왜 정답? ✽✽✽ [정답률 65%]

- 아이들은 어른들에게는 명백해 보이는 것들에 의문을 제기할 것이다. **13번 단서 1**
- 아이들의 질문을 무의미하고 성가신 것으로 치부해서 아이들에게 권위자들의 말을 그냥 의심 없이 받아들이라고 하는 것은 바람직하지 않다. **13번 단서 2**
- 아이들은 질문을 통해 세상을 이해하고 있으므로, 부모는 이를 진지하게 받아들여서 아이들이 스스로 생각하도록 도와야 한다. **13번 단서 3**

➡ 아이들은 어른에게는 명백해 보이는 것에도 의문을 제기함으로써 세상을 이해한다. 따라서 어른들은 이 질문들을 성가시게 여기지 않고, 아이들이 권위에 의문을 품도록 독려하여 스스로 생각하도록 도와야 한다.

▶ 따라서 제목으로 적절한 것은 ① '당신에게는 평범한 것들이 아이들에게는 그렇지 않다: 그들이 질문하도록 해라'이다.

왜 오답?

② 아이들의 불만과 관련된 내용은 언급되지 않았다.

③ 도전이 에너지를 고갈시킨다는 내용은 언급되지 않았다.

④ 권위에 도전하는 질문을 독려하라는 내용이지, 도덕성과 관련된 내용은 언급되지 않았다.

⑤ 대답이 질문보다 중요하다는 내용이 아니라, 질문하는 것 자체를 독려하라는 내용이다.

R 14 정답 ④

> **밑줄 친 (a)~(e) 중에서 문맥상 낱말의 쓰임이 적절하지 않은 것은?**
> ① (a) 권위에 의문을 제기하는 것은 어렵다고 했음   ② (b) 알파벳과 숫자의 구성은 논쟁의 여지가 없는 것임
>   어려움   논쟁의 여지가 없는
> ③ (c) "그냥 그러니까"라고 답하는 것은 의심 없이   ④ (d) 아이들의 질문들은 사실 어른들도 알지
>   받아들이다   받아들이도록 하는 것임   비합리적인   못하는 합리적인 질문들임
> ⑤ (e) 반복되는 질문은 짜증스러울 수 있음
>   짜증스러운

왜 정답? ✽✽✽ [정답률 68%]

④ (d) unreasonable 비합리적인

> 하지만(But) 이러한 질문들은 실제로 완벽하게 (d) <del>비합리적</del>(합리적)이다. 왜 하늘은 파랄까? 많은 어른들은 자신도 그 대답을 알지 못한다.

➡ 아이들의 질문을 사소하고 성가신 것으로 치부할 수 있지만, 아이들이 던지는 질문은 어른들도 답을 알지 못하는 것이라는 내용이다. 따라서 이는 '비합리적'인 질문들이 아니다.

▶ 아이들이 질문하는 것은 완벽하게 합리적이라는 내용이 나와야 하므로 unreasonable(비합리적인)을 reasonable(합리적인)과 같은 어휘로 바꾸어야 한다.

왜 오답?

① (a) difficulties 어려움

> 무엇이 권위에 의문을 제기하는 것을 그토록 어렵게 만들까? 그 (a) 어려움은 유년 시절에 시작하는데, 이는 최초이자 가장 영향력 있는 권위자인 부모가 아이들에게 '사물이 존재하는 방식'을 제시하는 때이다.

➡ 앞 문장에서 권위에 의문을 제기하기가 어려운 이유를 물었고, 뒤 문장에서 그 '어려움'에 관한 설명을 이어가고 있다. ▶ difficulties는 문맥에 맞음

② (b) noncontroversial 논쟁의 여지가 없는

> 이것은 언어 학습과 사회화의 필수적인 요소이고, 확실히 초기 유년기에 학습되는 것 대부분은 (b) 논쟁의 여지가 없는데, 영어 알파벳은 A에서 시작해서 Z로 끝난다는 것, 숫자 1부터 10은 숫자 11부터 20보다 이전에 나온다는 것 등등처럼 말이다.

➡ 알파벳이 A~Z로 이루어진다는 것, 숫자 1~10은 11~20보다 이전에 나온다는 것 등 유년기에 학습하는 내용들은 대부분 '논쟁의 여지가 없는' 당연한 것들이다.

▶ noncontroversial은 문맥에 맞음

③ (c) accept 받아들이다

> "그냥 그러니까" 혹은 "내가 그렇다고 하니까"와 같은 대답들은 권위자들이 "단지 그러니까"라고 말하는 것을 아이들이 의심 없이 (c) 받아들여야 한다고 아이들에게 말해주며, ~

➡ 아이들이 당연해 보이는 것들을 질문할 때, "그냥 그러니까" 혹은 "내가 그렇다고 하니까"로 대답하는 것은 이를 그냥 의심 없이 '받아들여야' 한다고 말하는 것이다.

▶ accept는 문맥에 맞음

⑤ (e) irritating 짜증스러운

> 그들은 세계를 이해하려고 노력하고 있고, 반복되는 질문들이 스트레스가 쌓이고 시간에 쫓기는 부모들에게 아무리 (e) 짜증스러울지라도, 아이들이 권위에 의문을 제기하도록 독려하여 스스로 생각하도록 그것들을 진지하게 받아들이는 것이 중요하다.

➡ 아이들은 명백한 것을 질문함으로써 세상을 이해하고자 하므로, 이 과정이 부모에게 아무리 '짜증스러울'지라도 진지하게 받아주어야 한다.

▶ irritating은 문맥에 맞음

In Western society, / many music performance settings make a clear distinction / between performers and audience members: /
서양 사회에서, / 많은 음악 공연 상황은 명확한 구분을 만든다 / 공연자와 청중 사이에 /

the performers are the "doers" / and those in the audience take a decidedly passive role. //
결과 절을 잇는 등위접속사
공연자들은 '행위자들'이고 / 청중 속 사람들은 분명히 수동적인 역할을 맡는다 //

The performance space itself may further (a) reinforce / the distinction with a physical separation / between the stage and audience seating. //
강조 용법의 재귀대명사
15번 단서 1: 청중들은 접근의 기회를 유의미하게 여김
공연 공간 그 자체가 더 강화할 수 있다 / 물리적 분리로 구분을 / 무대와 청중석 사이의 //

Perhaps / because this distinction is so common, / audiences seem to greatly value opportunities / to have special "access" to performers /
형용사적 용법 (opportunities 수식)
아마도 / 이러한 구분이 너무 흔하기 때문에 / 청중들은 기회들에 크게 가치를 부여하는 것처럼 보인다 / 공연자에 대한 특별한 '접근'을 할 /

주격 관계대명사
that affords understanding about performers' style of music. //
공연자의 음악 스타일에 대한 이해를 제공하는 //

15번 단서 2: 청중 참여는 큰 호응을 받음
Some performing musicians have won great approval / by regularly (b) incorporating "audience participation" / into their concerts. //
일부 공연 음악가는 큰 호응을 받아 왔다 / 정기적으로 '청중 참여'를 포함함으로써 / 그들의 콘서트에 //

Whether by leading a sing-along activity / or teaching a rhythm to be clapped at certain points, /
함께 노래 부르기 활동을 하든지 / 지정된 지점에서 박수를 치도록 리듬을 가르치든지 /

동명사구 주어
including audience members in the music making / can (c) boost the level of engagement and enjoyment for all involved. //
음악을 만드는 데 있어서 청중 구성원을 포함하는 것은 / 모든 참여자의 참여와 즐거움의 수준을 높일 수 있다 //

주격 관계대명사
Performers who are uncomfortable leading audience participation / can still connect with the audience / simply by giving a special glimpse of the performer (d) perspective. //
청중 참여를 이끄는 것에 불편함을 느끼는 공연자들은 / 청중과 여전히 이어질 수 있다 / 단순히 그 연주자 관점을 특별히 흘끗 보여줌으로써 /

가주어   진주어
It is quite common in classical music / to provide audiences / with program notes. //
클래식 음악에서는 상당히 흔하다 / 청중에게 제공하는 것이 / 프로그램 해설을 //

Typically, / this text in a program gives background information / about pieces of music being performed /
병렬 구조
전형적으로 / 이러한 프로그램의 텍스트는 배경 정보를 제공한다 / 연주되는 음악 작품에 대한 /

and perhaps biographical information / about historically significant composers. //
아마도 전기(傳記) 정보를 (제공한다) / 역사적으로 중요한 작곡가들에 대한 //

What may be of more interest to audience members is / background information / about the very performers who are onstage, /
주격 관계대명사
청중들에게 더 흥미로울 수도 있는 것은 / 배경 정보이다 / 무대 위에 있는 바로 그 연주가에 관한 /

including an explanation / of why they have chosen the music they are presenting. //
= performers
설명을 포함한 / 공연자들이 그들이 선보이고 있는 음악을 왜 선택했는지에 대한 //

can make의 목적어와 목적격 보어 (원형부정사)
Such insight can make audience members feel (e) distant(→ close) / to the musicians onstage, / both metaphorically and emotionally. //
16번 단서 1: 연주가에 관한 배경 정보를 제공하는 것은
청중들이 '가까이' 느끼게 만들 것임
그러한 통찰력은 청중들이 멀게(→ 가까이) 느끼게 만들 수 있다 / 무대 위에 있는 음악가들에게 / 비유적이고 감정적으로 //

16번 단서 2: 표현적이고 소통적인 경험을 향상시킬 것임
This connection will likely enhance / the expressive and communicative experience. //
이러한 연결은 아마 향상시킬 것이다 / 표현적이고 소통적인 경험을 //

- distinction ⓝ 구분   · doer ⓝ 행위자   · decidedly 🆎 분명히
- passive ⓐ 수동적인   · reinforce ⓥ 강화하다
- afford ⓥ 제공하다   · approval ⓝ 호응
- incorporate ⓥ 포함하다   · sing-along activity 함께 노래 부르기 활동
- clap ⓥ 박수를 치다   · boost ⓥ 높이다   · engagement ⓝ 참여
- glimpse ⓝ 흘끗 봄   · perspective ⓝ 관점
- biographical ⓐ 전기(傳記)의   · significant ⓐ 중요한
- composer ⓝ 작곡가   · insight ⓝ 통찰력
- metaphorically 🆎 비유적으로   · enhance ⓥ 향상시키다
- expressive ⓐ 표현적인   · divide ⓝ 분리   · composition ⓝ 작곡

서양 사회에서, 많은 음악 공연 상황은 공연자와 청중 사이에 명확한 구분을 만든다. 공연자들은 '행위자들'이고, 청중 속 사람들은 분명히 수동적인 역할을 맡는다. 공연 공간 그 자체가 무대와 청중석 사이의 물리적 분리로 구분을 더 (a) 강화할 수 있다. 아마도 이러한 구분이 너무 흔하기 때문에, 청중들은 공연자의 음악 스타일에 대한 이해를 제공하는 공연자에 대한 특별한 '접근'을 할 기회들에 크게 가치를 부여하는 것처럼 보인다. 일부 공연 음악가는 정기적으로 그들의 콘서트에 '청중 참여'를 (b) 포함함으로써 큰 호응을 받아 왔다. 함께 노래 부르기 활동을 하든지 지정된 지점에서 박수를 치도록 리듬을 가르치든지, 음악을 만드는 데 있어서 청중 구성원을 포함하는 것은 모든 참여자의 참여와 즐거움의 수준을 (c) 높일 수 있다. 청중 참여를 이끄는 것에 불편함을 느끼는 공연자들은 단순히 그 공연자 (d) 관점을 특별히 흘끗 보여줌으로써 청중과 여전히 이어질 수 있다. 클래식 음악에서는 청중에게 프로그램 해설을 제공하는 것이 상당히 흔하다. 전형적으로, 이러한 프로그램의 텍스트는 연주되는 음악 작품에 대한 배경 정보와 아마도 역사적으로 중요한 작곡가들에 대한 전기(傳記) 정보를 제공한다. 청중들에게 더 흥미로울 수도 있는 것은 공연자들이 그들이 선보이고 있는 음악을 왜 선택했는지에 대한 설명을 포함한, 무대 위에 있는 바로 그 연주가에 관한 배경 정보이다. 그러한 통찰력은 청중들이 무대 위에 있는 음악가들에게 비유적이고 감정적으로 (e) 멀게(→ 가까이) 느끼게 만들 수 있다. 이러한 연결은 표현적이고 소통적인 경험을 아마 향상시킬 것이다.

R 15 정답 ①

윗글의 제목으로 가장 적절한 것은?

① Bridge the Divide and Get the Audience Involved
분리를 잇고 청중을 참여시켜라   청중과 연주자 간의 간극을 줄이면 호응도가 높아짐
② Musical Composition Reflects the Musician's Experience
음악 작곡은 음악가의 경험을 반영한다   작곡과 관련 없음
③ Why a Performer's Style Changes with Each Performance
연주마다 연주자의 스타일이 변하는 이유   연주자의 스타일은 핵심이 아님
④ Understanding Performers on Stage: An Audience's Responsibility
무대 위의 연주자 이해하기: 청중의 책임   청중의 책임을 말하는 글이 아님
⑤ The Effect of Theater Facilities on the Success of a Performance
공연장의 시설이 연주의 성공에 미치는 영향   공연장의 시설은 관객의 호응과 관련이 없음

왜 정답? ★★★ [정답률 52%]

- ~ 청중들은 공연자의 음악 스타일에 대한 이해를 제공하는 공연자에 대한 특별한 '접근'을 할 기회들에 크게 가치를 부여하는 것처럼 보인다. **15번 단서 1**
- 일부 공연 음악가는 정기적으로 그들의 콘서트에 '청중 참여'를 포함함으로써 큰 호응을 받아 왔다. **15번 단서 2**

→ 공연장에는 연주자와 청중이 물리적으로 명확히 구분되어 있기 때문에 청중이 참여할 수 있는 기회를 제공함으로써 큰 호응을 얻을 수 있다.

▶ 따라서 제목으로 적절한 것은 ① '분리를 잇고 청중을 참여시켜라'이다.

왜 오답?

'연주가에 관한 배경 정보'가 언급되긴 했지만, 작곡에 반영된다는 것이 아닌, 청중들과 이어지기 위한 것임   꿀팁
② 음악가의 경험이 작곡에 반영되는 내용은 언급되지 않았다.
③ 연주자의 스타일이 변하는 이유를 설명하는 글이 아니다.
④ 청중의 책임을 말하는 글이 아니다.
⑤ 공연장의 시설이 연주에 미치는 영향에 대한 글이 아니다.

R 16 정답 ⑤

> 밑줄 친 (a)~(e) 중에서 문맥상 낱말의 쓰임이 적절하지 <u>않은</u> 것은?
>
> ① (a) 물리적 거리를 구분을 강화함   ② (b) 청중의 공연 참여를 유도함으로써
> 강화하다   포함하다 호응을 높임
> ③ (c) 공연에 적극 참여하게 된 청중들의 즐거움   ④ (d) 프로그램 해설을 제공하는 것은
> 높이다 정도는 높아짐   관점 공연자의 '관점'을 보여주는 것임
> ⑤ (e) 청중이 공연에 대한 정보를 접하면 음악가들에게
> 먼   더 가깝게 느끼게 됨

> **왜 정답?** ✱✱✽ [정답률 65%]

⑤ (e) distant 먼

청중들에게 더 흥미로울 수도 있는 것은 공연자들이 그들이 선보이고 있는
음악을 왜 선택했는지에 대한 설명을 포함한, 무대 위에 있는 바로 그
연주가에 관한 배경 정보이다. 그러한 통찰력은 청중들이 무대 위에 있는
음악가들에게 비유적이고 감정적으로 (e) ~~멀게~~ 가깝게 느끼게 만들 수 있다.

→ 청중들에게 연주가에 관한 배경 정보를 제공하면 청중들은 오히려 '가까운' 느낌을
받게 된다. ▶ distant를 close(가까운)와 같은 어휘로 바꾸어야 한다.

> **왜 오답?**

① (a) reinforce 강화하다

공연 공간 그 자체가 무대와 청중석 사이의 물리적 분리로 구분을 더 (a)
강화할 수 있다.

→ 연주자와 청중석 사이에 물리적 거리가 있으면 구분은 더 '강화될' 것이다.
     ▶ reinforce는 문맥에 맞음

② (b) incorporating 포함하다

~ 청중들은 공연자의 음악 스타일에 대한 이해를 제공하는 공연자에 대한
특별한 '접근'을 할 기회들에 크게 가치를 부여하는 것처럼 보인다. 일부
공연 음악가는 정기적으로 그들의 콘서트에 '청중 참여'를 (b) 포함함으로써
큰 호응을 받아 왔다.

→ 공연자에 대한 접근을 큰 가치로 보았기 때문에 청중 참여를 '포함한' 것은 큰 호응을
받았을 것이다. ▶ incorporating은 문맥에 맞음

③ (c) boost 높이다

함께 노래 부르기 활동을 하든지 지정된 지점에서 박수를 치도록 리듬을
가르치든지, 음악을 만드는 데 있어서 청중 구성원을 포함하는 것은 모든
참여자의 참여와 즐거움의 수준을 (c) 높일 수 있다.

→ 마찬가지로, 음악을 만드는 데 청중 구성원을 포함하는 것은 즐거움의 수준을 '높일'
것이다. ▶ boost는 문맥에 맞음

④ (d) perspective 관점

청중 참여를 이끄는 것에 불편함을 느끼는 공연자들은 단순히 그 공연자
(d) 관점을 특별히 흘끗 보여줌으로써 청중과 여전히 이어질 수 있다.
클래식 음악에서는 청중에게 프로그램 해설을 제공하는 것이 상당히
흔하다.

→ 청중에게 프로그램 해설을 제공하는 것은 공연자의 '관점'을 흘끗 보여주는 것이다.
     ▶ perspective는 문맥에 맞음

R 17~18 ✱시험에 대한 마음가짐

Test scores are not a measure / of self-worth; / however, we often
associate / our sense of worthiness / with our performance on
an exam. //
시험 점수는 척도가 아니다 / 자부심의 / 그러나 우리는 흔히 연관시킨다 / 우리의 자부심을 /
우리의 시험 성적과 //

Thoughts / such as "If I don't pass this test, I'm a failure" / are
mental traps / not rooted in truth. //
생각은 / "이 시험에 합격하지 못하면 나는 실패자야"와 같은 / 정신적 함정이다 / 사실에 뿌
리를 두지 않은 //

Failing a test is failing a test, / nothing more. //
시험에 실패하는 것은 시험에 실패하는 것이지 / 그 이상이 아니다 //

It is in no way (a) descriptive / of your value / as a person. //
그것은 결코 설명하지 않는다 / 여러분의 가치를 / 사람으로서의 //

Believing / that test performance is a reflection / of your virtue /
places (b) unreasonable pressure / on your performance. //
믿는 것은 / 시험 성적이 반영이라고 / 여러분의 미덕의 / 부당한 압력을 가한다 / 여러분의 수
행에 //

Not passing the certification test only means / that your
certification status / has been delayed. //
자격 시험을 통과하지 못한 것은 단지 의미한다 / 여러분의 자격 지위가 / 지연되었다는 것을 //

(c) Maintaining a positive attitude / is therefore important. //
긍정적인 태도를 유지하는 것이 / 그러므로 중요하다 //

If you have studied hard, / reaffirm this mentally / and believe /
that you will do well. //
만약 여러분이 열심히 공부했다면 / 마음속으로 이것을 재확인하고 / 믿으라 / 여러분이 잘할
것이라고 //

If, on the other hand, you did not study / as hard / as you should
have / or wanted to, /
다른 한편 만약 여러분이 공부하지 않았다면 / ~만큼 열심히 / 여러분이 했어야 하는 만큼 /
또는 원하는 만큼 /

(d) accept that / as beyond your control / for now / and attend to
the task / of doing the best / you can. //
그것을 받아들이고 / 여러분의 통제를 넘어서는 것으로 / 지금으로서는 / 과제에 주의를 기울
이라 / 최선의 것을 하는 / 여러분이 할 수 있는 //

If things do not go well / this time, / you know / what needs to
be done / in preparation / for the next exam. //
만약 일이 잘 되지 않는다면 / 이번에 / 여러분은 안다 / 무엇이 행해져야 하는지 / 준비에서는
/ 다음 시험을 위한 //

Talk to yourself / in positive terms. //
자신에게 이야기하라 / 긍정적인 말로 //

Avoid rationalizing / past or future test performance / by placing
the blame / on secondary variables. //
합리화하는 것을 피하라 / 과거 또는 미래의 시험 성적 / 책임을 지움으로써 / 부차적인 변
수에 //

Thoughts / such as, "I didn't have enough time," / or "I should
have ...," / (e) relieve(→ compound) the stress / of test-taking. //
생각은 / "나는 시간이 충분하지 않았어"라거나 / "내가 그랬어야 했는데…"와 같은 / 스트레스
를 완화한다(→ 악화시킨다) / 시험을 보는 것의 //

Take control / by affirming / your value, self-worth, and
dedication / to meeting the test challenge head on. //
통제권을 잡으라 / 확인함으로써 / 자신의 가치, 자부심, 그리고 헌신을 / 시험 과제에 정면으
로 맞서는 것에 대한 //

Repeat to yourself / "I can and I will pass this exam." //
자신에게 되풀이해 말하라 / "난 이 시험에 합격할 수 있고 합격할 거야"라고 //

- self-worth 자부심(= self-esteem)
- associate A with B A를 B와 연관시키다   • trap ⓝ 함정
- rooted in ~에 뿌리를 둔   • descriptive ⓐ 설명하는
- reflection ⓝ 반영   • virtue ⓝ 미덕   • unreasonable ⓐ 부당한

• certification ⓝ 증명, 보증　• reaffirm ⓥ 재확인하다
• attend to ~에 주의를 기울이다　• term ⓝ 말
• rationalize ⓥ 합리화하다　• secondary ⓐ 부차적인
• variable ⓝ 변수　• relieve ⓥ 완화하다　• affirm ⓥ 확인하다
• dedication ⓝ 헌신　• meet ~ head on ~에 정면으로 맞서다
• repetition ⓝ 반복　• sound ⓐ 건전한, 건강한

시험 점수는 자부심의 척도가 아니지만, 우리는 흔히 우리의 자부심과 우리의 시험 성적을 연관시킨다. "이 시험에 합격하지 못하면 나는 실패자야."와 같은 생각은 사실에 뿌리를 두지 않은 정신적 함정이다. 시험에 실패하는 것은 시험에 실패하는 것이지, 그 이상이 아니다. 그것은 결코 사람으로서의 여러분의 가치를 (a) 설명하지 않는다. 시험 성적이 여러분의 미덕을 반영한다고 믿는 것은 여러분의 수행에 (b) 부당한 압력을 가한다. 자격 시험을 통과하지 못한 것은 단지 여러분의 자격 지위가 지연되었다는 것을 의미할 따름이다. 그러므로 긍정적인 태도를 (c) 유지하는 것이 중요하다. 만약 여러분이 열심히 공부했다면, 마음속으로 이것을 재확인하고 여러분이 잘할 것이라고 믿으라. 다른 한편, 만약 여러분이 했어야 하거나 원하는 만큼 열심히 공부하지 않았다면, 지금으로서는 여러분의 통제를 넘어서는 것으로 그것을 (d) 받아들이고 여러분이 할 수 있는 최선의 것을 하는 과제에 주의를 기울이라. 만약 이번에 일이 잘 되지 않는다면, 다음 시험을 위한 준비에서는 무엇을 해야 될지 알게 된다. 긍정적인 말로 자신에게 이야기하라. 부차적인 변수에 책임을 지움으로써 과거 또는 미래의 시험 성적을 합리화하는 것을 피하라. "나는 시간이 충분하지 않았어."라거나 "내가 그랬어야 했는데…."와 같은 생각은 시험을 보는 것의 스트레스를 (e) 완화한다(→ 악화시킨다). 자신의 가치, 자부심, 그리고 시험 과제에 정면으로 맞서는 것에 대한 헌신을 확인함으로써 통제권을 잡으라. "난 이 시험에 합격할 수 있고 합격할 거야."라고 자신에게 되풀이해 말하라.

R 17 정답 ①

윗글의 제목으로 가장 적절한 것은?

① Attitude Toward a Test: It's Just a Test 시험 점수는 자부심의 척도가 아님
　시험에 대한 태도: 그것은 단지 시험일 뿐이다
② Some Stress Is Good for Performance 약간의 스트레스가 시험 준비에 도움이 된다는 것이 아님
　약간의 스트레스는 수행에 유익하다
③ Studying Together Works for a Test 공부하는 방법에 대해 조언하지 않았음
　함께 공부하는 것이 시험에 효과적이다
④ Repetition: The Road to Perfection 반복해서 공부하라는 것이 아님
　반복: 완벽에 이르는 길
⑤ Sound Body: The Key to Success '마음가짐'에 대해 이야기하는 글임
　건강한 신체: 성공의 열쇠

❓왜 정답? ✸✸✸ [정답률 79%]

시험에 실패하는 것은 단지 시험에 실패하는 것일 뿐 그것이 사람으로서의 가치에 영향을 미치는 것이 아니라는 내용이다. 이후로 시험 성적이 자신의 미덕을 반영한다고 생각하지 말 것, 과거나 미래의 시험 성적을 부차적인 변수를 탓하며 합리화하지 말 것 등 시험을 대하는 마음가짐에 대해 이야기하고 있으므로 제목은 ① '시험에 대한 태도: 그것은 단지 시험일 뿐이다'가 적절하다.

❓왜 오답?

② pressure, stress 등의 표현이 등장한 것으로 만든 오답이다. 약간의 스트레스는 긍정적인 영향을 미친다는 언급은 없다.

③, ④ 공부하는 방법으로 여럿이 함께 공부하라거나 반복해서 공부하라는 등의 조언을 제시한 글이 아니다.

⑤ 시험을 대하는 마음가짐, 태도가 어떠해야 하는지를 설명한 글로, 신체적 건강함의 중요성을 강조한 것은 아니다.

R 18 정답 ⑤

밑줄 친 (a)~(e) 중에서 문맥상 낱말의 쓰임이 적절하지 않은 것은?

① (a) 시험에 실패했다는 것이 사람으로서의 설명하는 가치를 설명하는 것이 아님
② (b) 시험 성적이 미덕을 반영한다고 믿으면 부당한 안 된다는 내용임
③ (c) 잘할 것이라고 믿으라고 했음 유지하는 것
④ (d) 할 수 있는 과제에 주의를 기울이라고 받아들이다 했음
⑤ (e) 합리화하지 말라고 했으므로 합리화하는 완화하다 생각은 악영향을 미침

❓왜 정답? ✸✸✸ [정답률 50%]

과거나 미래의 시험 성적에 대해 부차적인 변수를 탓하며 합리화하지 말라고 했으므로 "나는 시간이 충분하지 않았어." 또는 "내가 그랬어야 했는데…."와 같은 합리화하는 생각은 악영향을 미친다는 흐름이 되어야 한다. 따라서 스트레스를 완화하는 것이 아니라 가중한다는 의미가 되도록 ⑤ relieve를 compound(악화시키다) 등의 어휘로 바꾸어야 한다.

❓왜 오답?

① 앞 문장에서 시험에 실패하는 것은 단지 시험에 실패하는 것일 뿐이라고 했으므로 그것이 사람으로서의 가치를 '설명하지' 않는다고 한 것은 적절하다.

② 시험 성적이 미덕을 반영한다고 믿지 말아야 한다는 내용이므로 그렇게 믿는 것이 '부당한' 압력을 행사한다는 것은 자연스럽다.

③ 이어지는 문장에서 잘할 것이라고 믿으라고 한 것으로 보아 긍정적인 태도를 '유지하라고' 조언하는 것은 적절하다.

④ 자신이 할 수 있는 최선의 과제에 집중하라는 내용이 and로 이어지므로 그 앞에서 자신의 통제를 넘어서는 것은 그대로 '받아들이라고' 한 것은 자연스럽다.

R 19~20 *JOMO(소외되는 것에 대한 즐거움)의 이점

19번 단서 1: FOMO의 동기는 사회적 압박임
The driver of FOMO (the fear of missing out) / is the social pressure / to be at the right place with the right people, /
FOMO(소외되는 것에 대한 두려움)의 동기는 / 사회적 압박이다 / 적재적소에 있어야 한다는 /
whether it's from a sense of duty / or just trying to get ahead, / we feel (a) obligated to attend certain events / for work, for family and for friends. //
그것이 의무감으로부터 오는 것이든지 / 또는 앞서 나가려는 것(에서 오는 것이든지 간에) / 우리는 어떤 행사에 참석해야만 한다는 의무를 진 것처럼 느낀다 / 직장, 가족, 친구를 위해서 //
This pressure / from society combined with FOMO / can wear us down. //
이러한 압박은 / FOMO와 결합된 사회로부터의 / 우리를 지치게 할 수 있다 //
According to a recent survey, / 70 percent of employees admit / that when they take a vacation, / they still don't (b) disconnect from work. //
최근 연구에 따르면 / 직원들 중 70퍼센트가 인정한다 / 그들이 휴가 중일 때 / 그들은 여전히 직장에서 단절되지는 않는다고 //
Our digital habits, / which include constantly checking emails, and social media timelines, / have become so firmly established, /
우리의 디지털 습관은 / 끊임없이 이메일, 소셜 미디어 타임라인을 확인하는 것을 포함하는데 / 너무 굳게 굳어져서 /
20번 단서 1: FOMO 때문에 항상 그 순간을 즐기지 못함
it is nearly impossible / to simply enjoy the moment, / along with the people / with whom we are sharing these moments. //
거의 불가능하다 / 그저 그 순간을 즐기는 것은 / 사람들과 / 그 순간을 나누고 있는 //
JOMO (the joy of missing out) / is the emotionally intelligent antidote to FOMO / and is essentially about being present / and being (c) content with where you are at in life. //
JOMO(소외되는 것에 대한 즐거움)는 / FOMO에 대한 정서적으로 현명한 해독제이고 / 본질적으로 현재에 있는 것에 관한 것이다 / 그리고 당신이 현재 살고 있는 곳에 만족하는 것(에 관한 것이다) //
19번 단서 2: JOMO는 FOMO와 반대로 현재의 순간에 충실한 것임
You do not need to compare your life / to others /
당신은 자신의 삶을 비교할 필요가 없다 / 다른 사람들과 /
but instead, / practice tuning out the background noise / of the "shoulds" and "wants" / and learn to let go of worrying / whether you are doing something wrong. //
하지만 대신에 / 배경 소음을 없애는 연습을 해라 / '해야 하는 것'과 '원하는 것'의 / 그리고 걱정하는 것을 버리는 법을 배워라 / 당신 행동의 옳고 그름에 대해 //

JOMO allows us / **to live** life in the slow lane, / **to appreciate** human connections, / **to be** (d) intentional with our time, / **to practice** saying "no," /
병렬 구조

JOMO는 우리에게 허락해준다 / 느리게 가는 삶을 살도록 / 인간관계의 연결을 이해하도록 / 당신의 시간에 대해서 의도를 갖도록 / "아니오"라고 말하는 연습을 하도록 /
병렬 구조

to give ourselves "tech-free breaks," / and **to give** ourselves permission / **to acknowledge** where we are and **to feel** emotions. // **19번** 단서 3: JOMO의 이점 나열
병렬 구조

자신에게 '기기에서 벗어나는 시간'을 주도록 / 그리고 우리 스스로 허락하도록 / 당신이 있는 곳을 인식하고 감정을 느낄 수 있게 //

전치사의 목적어 · **20번** 단서 2: JOMO는 현재의 순간을 인식하게 함

Instead of constantly **trying** / to keep up with the rest of society, / JOMO allows us to be who we are / in the present moment. //

끊임없이 애쓰는 대신에 / 나머지 사회를 따라잡으려고 / JOMO는 우리 자신이 될 수 있도록 해 준다 / 현재 이 순간에 //

지시형용사

When you (e) activate(→ free up) / **that** competitive and anxious space in your brain, / you have so **much** more time, energy, and emotion / to conquer your true priorities. //
비교급 강조 부사

당신이 활성화할(→ 벗어날) 때 / 뇌 속 경쟁적이고 걱정스러운 공간을 / 당신은 더욱 더 많은 시간, 에너지와 감정을 가질 수 있다 / 당신의 진정한 우선순위를 얻기 위한 //

- driver ⓝ 동기
- pressure ⓝ 압박
- obligate ⓥ 의무를 지우다
- combine A with B A를 B와 결합시키다
- wear down ~를 지치게 만들다
- disconnect ⓥ 단절되다
- constantly ⓐⓓ 끊임없이
- firmly ⓐⓓ 굳게
- establish ⓥ 확고히 하다
- emotionally ⓐⓓ 정서적으로
- intelligent ⓐ 현명한
- essentially ⓐⓓ 본질적으로
- content with ~에 만족하는
- let go of ~을 놓다
- intentional ⓐ 의도적인
- permission ⓝ 허락
- acknowledge ⓥ 인식하다
- keep up with ~을 따라잡다
- activate ⓥ 활성화하다
- competitive ⓐ 경쟁적인
- anxious ⓐ 걱정스러운
- conquer ⓥ 얻다
- priority ⓝ 우선순위
- self-deception 자기기만
- catch up with ~을 따라잡다
- isolated ⓐ 고립된
- dos and don'ts 행동 수칙

FOMO(소외되는 것에 대한 두려움)의 동기는 적재적소에 있어야 한다는 사회적 압박인데, 그것이 의무감으로부터 오는 것이든지 또는 앞서 나가려는 것에서 오는 것이든지 간에, 우리는 직장, 가족, 친구를 위해서 어떤 행사에 참석해야만 한다는 (a) 의무를 진 것처럼 느낀다. FOMO와 결합된 사회로부터의 이러한 압박은 우리를 지치게 할 수 있다. 최근 연구에 따르면 직원들 중 70퍼센트는 휴가를 가서도 여전히 직장에서 (b) 단절되지는 않는다고 인정한다. 끊임없이 이메일, 소셜 미디어 타임라인을 확인하는 것을 포함한 디지털 습관은 너무 굳게 굳어져서, 그 순간을 나누고 있는 사람들과 그저 즐기는 것은 거의 불가능하다. JOMO(소외되는 것에 대한 즐거움)는 FOMO에 대한 정서적으로 현명한 해독제이고, 본질적으로 현재에 있으면서 당신이 현재 살고 있는 곳에 (c) 만족하는 것에 관한 것이다. 당신은 다른 사람들과 자신의 삶을 비교할 필요가 없다. 대신에, '해야 하는 것'과 '원하는 것'의 배경 소음을 없애는 연습을 하고, 당신 행동의 옳고 그름에 대해 걱정하는 것을 버리는 법을 배워라. JOMO는 느리게 가는 삶을 살도록 해주고, 인간관계의 연결을 이해하며, 당신의 시간에 대해서 (d) 의도를 갖고, "아니오"라고 말하는 연습을 하고, 자신에게 '기기에서 벗어나는 시간'을 주며, 당신이 있는 곳을 인식하고 감정을 느낄 수 있도록 스스로에게 허락해준다. 나머지 사회를 따라잡으려고 끊임없이 애쓰는 대신에, JOMO는 현재 이 순간에 우리 자신이 될 수 있도록 해 준다. 당신이 뇌 속 경쟁적이고 걱정스러운 공간을 (e) 활성화할(→ 벗어날) 때, 당신은 진정한 우선순위를 얻기 위한 더욱 더 많은 시간, 에너지와 감정을 가질 수 있다.

R 19 정답 ①

윗글의 제목으로 가장 적절한 것은?

① Missing Out Has Its Benefits JOMO가 우리에게 큰 이득을 준다는 내용
놓치는 것은 좋은 점이 있다
② JOMO: Another Form of Self-Deception
JOMO: 또 다른 형태의 자기기만　　JOMO는 우리에게 긍정적인 영향을 줌
③ How to Catch up with Digital Technology
디지털 기술을 따라잡는 방법　　디지털 기술을 따라잡는 방법을 설명하는 것이 아님
④ Being Isolated from Others Makes You Lonely
타인으로부터 고립되는 것은 당신을 외롭게 만든다　타인으로부터의 고립과 외로움에 관한 것이 아님
⑤ Using Social Media Wisely: The Dos and Don'ts
소셜 미디어 올바르게 사용하기: 행동 수칙　소셜 미디어의 올바른 사용법에 대한 것이 아님

왜 정답? ✱✱✱ [정답률 44%]

우리는 종종 FOMO(소외되는 것에 대한 두려움) 때문에 현재를 즐기지 못하고 스스로에게 피로감만 만들고 있는데, 이에 대한 해독제로는 JOMO(소외되는 것에 대한 즐거움)가 있음을 설명하고 있다. JOMO는 우리가 현재의 삶에 만족하면서 다른 사람들과 비교하지 않고, 온전히 나의 감정을 느낄 수 있도록 하는 것인데, 이 '소외되는 것'에는 많은 장점이 있다고 말하고 있으므로, 이 글의 제목으로는 ① '놓치는 것은 좋은 점이 있다'가 가장 적절하다.

왜 오답?

② JOMO를 자기기만의 한 형태로 볼 만한 내용은 없다.
③ JOMO는 기기에서 벗어나는 시간을 갖는 것을 포함하므로 디지털 기술을 따라잡는 방법을 설명하는 것은 아니다.
④ JOMO는 오히려 소외되는 것의 이점을 설명하고 있다. 함정
⑤ FOMO가 디지털 습관 중 하나인 소셜 미디어를 끊임없이 확인하는 것을 포함하고 있다는 것으로 만든 함정으로, 소셜 미디어의 현명한 사용을 위해 해야 할 것과 하지 말아야 할 것을 설명하고 있는 글이 아니다.

R 20 정답 ⑤

밑줄 친 (a)~(e) 중에서 문맥상 낱말의 쓰임이 적절하지 않은 것은?

① (a) FOMO의 동기는 적재적소에 있어야 한다는 의무를 진 사회적 압박임
② (b) 많은 사람들이 휴가를 가도 직장과 단절되지 못함
③ (c) JOMO는 자신의 삶에 만족하는 것임
④ (d) JOMO는 자신의 시간을 자신의 의도적인 의도대로 쓰는 것임
⑤ (e) JOMO는 활성화하면 안 되는 것임 활성화하다

왜 정답? ✱✱✱ [정답률 42%]

현재의 순간을 즐기는 것이 불가능한 FOMO의 현명한 해독제인 JOMO는 현재 이 순간에 우리 자신이 될 수 있도록 해 준다고 했다. 뇌 속의 경쟁적이고 걱정스러운 공간은 FOMO(소외되는 것에 대한 두려움)가 발동할 때 생기는 것이므로 이 부정적인 부분을 활성화하는 것이 아니라 해방하거나 없애버려야 우리의 진정한 우선순위를 얻기 위한 시간, 에너지, 감정을 가질 수 있다. 따라서 ⑤ activate를 free up(해방시키다) 등의 어구로 바꾸어야 한다.

왜 오답?

① FOMO의 동기는 적재적소에 있어야 한다는 사회적 압박이므로 우리가 어떤 행사에 꼭 가야만 하는 '의무를 진' 것처럼 느끼는 것은 적절하다.
② FOMO의 영향으로 대부분의 사람들이 휴가를 가서도 직장과 '단절되지' 않는다는 설명은 적절하다.
③ JOMO는 현재를 즐기지 못하는 FOMO에 대한 정서적으로 현명한 해독제이므로, 현재 살고 있는 곳에 '만족하는' 것이라는 내용은 적절하다.
④ JOMO는 우리가 있는 곳을 인식하고 감정을 느끼도록 허락하므로, 우리의 시간에 대해서도 우리 스스로가 '의도를 가지고' 행동하게 된다는 의미는 적절하다.

R 21~22 ＊이메일은 과연 친환경적인가?

In this day and age, / it is difficult to imagine / our lives without email. //
요즘 같은 시대에 / 상상하기는 어렵다 / 이메일이 없는 우리의 삶을 //

But how often do we consider / the environmental impact / of these virtual messages? //
그러나 얼마나 자주 우리는 고려하는가 / 환경적 영향을 / 이러한 가상 메시지의 //

At first glance, / digital messages appear / to (a) save resources. //
얼핏 보면 / 디지털 메시지가 ~처럼 보인다 / 자원을 절약하는 것처럼 //

Unlike traditional letters, / no paper or stamps are needed; / nothing has to be packaged or transported. //
전통적인 편지와는 달리 / 종이나 우표가 필요하지 않다 / 어떤 것도 포장되거나 운송될 필요가 없다 //

Many of us tend to assume / that using email requires / little more than the electricity / used to power our computers. //
우리 중 많은 사람은 추정하는 경향이 있다 / 이메일을 사용하는 것이 필요로 한다고 / 전기에 지나지 않는 것을 / 컴퓨터 전원을 켜는 데 사용되는 //

It's easy to (b) overlook / the invisible energy usage / involved in running the network / — particularly when it comes to sending and storing data. //
간과하기가 쉽다 / 보이지 않는 에너지 사용을 / 네트워크 실행에 수반되는 / 특히 데이터를 전송하고 저장하는 것에 관해 //

Every single email / in every single inbox / in the world / is stored on a server. //
모든 이메일은 / 모든 받은 편지함에 있는 / 세계의 / 서버에 저장된다 //

The incredible quantity of data / requires huge server farms / — gigantic centres / with millions of computers / which store and transmit information. //
엄청난 양의 데이터는 / 거대한 서버 팜을 필요로 한다 / 거대한 센터 / 수백만 대의 컴퓨터가 있는 / 정보를 저장하고 전송하는 //

> **22번** 단서 1: 수백만 대의 컴퓨터가 있는 거대한 센터는 '상당한' 양의 에너지를 소비할 것임

These servers consume / (c) minimum(→ massive) amounts of energy, / 24 hours a day, / and require / countless litres of water, or air conditioning systems, / for cooling. //
이러한 서버는 소비하며 / 최소한의(→ 상당한) 양의 에너지를 / 하루 24시간 / 필요로 한다 / 수많은 리터의 물 또는 에어컨 시스템을 / 냉각을 위해 //

The more messages / we send, receive and store, / the (d) more servers are needed / — which means / more energy consumed, / and more carbon emissions. //
더 많은 메시지를 / 우리가 보내고, 받고, 저장할수록 / 더 많은 서버가 필요하다 / 이는 의미한다 / 더 많은 에너지 소비와 / 더 많은 탄소 배출을 //

> **22번** 단서 2: 더 많은 이메일을 보내고 받고 저장할수록 더 많은 서버가 필요하고 이는 더 많은 에너지 소비를 의미함

Clearly, / sending and receiving electronic messages / in an environmentally conscious manner / is by no means enough / to stop climate change. //
분명히 / 전자 메시지를 보내고 받는 것은 / 환경적 의식이 있는 방식으로 / 결코 충분하지 않다 / 기후 변화를 멈추기에 //

> **21번** 단서 1: 단순히 이메일이 친환경적이라는 의식만으로 이메일을 사용하는 것은 기후 변화를 막기에 충분치 않음
> **21번** 단서 2: 이메일을 주의 깊고 신중하게 사용하면 불필요한 이산화탄소 배출을 막을 수 있음

But with a few careful, mindful changes, / (e) unnecessary CO₂ emissions can easily be avoided. //
그러나 몇몇 주의 깊고 신중한 변화로 / 불필요한 이산화탄소 배출은 쉽게 회피될 수 있다 //

- impact ⓝ 영향　• virtual ⓐ 가상의
- at first glance 언뜻 보기에는　• resource ⓝ 자원, 재원(財源)
- package ⓥ 포장하다　• transport ⓥ 운송하다
- assume ⓥ (사실일 것으로) 추정[가정]하다　• overlook ⓥ 간과하다
- invisible ⓐ 보이지 않는　• particularly ⓐⓓ 특히
- when it comes to ~에 관한 한
- incredible ⓐ (너무 좋거나 커서) 믿어지지 않을 정도인
- quantity ⓝ 양, 분량　• gigantic ⓐ 거대한
- transmit ⓥ 전송하다　• consume ⓥ 소비하다, 소모하다

- minimum ⓐ 최소한의, 최저의　air conditioning 에어컨
- cooling ⓝ 냉각　• carbon ⓝ 탄소
- emission ⓝ (빛·열·가스 등의) 배출　• conscious ⓐ 자각하는
- mindful ⓐ 주의하는, 염두에 두는　• unnecessary ⓐ 불필요한
- record ⓝ 기록　• alternative ⓐ 대체 가능한, 대안이 되는

요즘 같은 시대에 이메일이 없는 우리의 삶을 상상하기 어렵다. 그러나 얼마나 자주 우리는 이러한 가상 메시지의 환경적 영향을 고려하는가? 얼핏 보면 디지털 메시지가 자원을 (a) 절약하는 것처럼 보인다. 전통적인 편지와는 달리, 종이나 우표가 필요하지 않다. 즉, 어떤 것도 포장되거나 운송될 필요가 없다. 우리 중 많은 사람은 이메일을 사용하는 것이 컴퓨터 전원을 켜는 데 사용되는 것에 지나지 않는 전기가 필요하다고 추정하는 경향이 있다. 특히 데이터 전송과 저장에 관해, 네트워크 실행에 수반되는 보이지 않는 에너지 사용을 (b) 간과하기 쉽다.

세계의 모든 받은 편지함에 있는 모든 이메일은 서버에 저장된다. 엄청난 양의 데이터는 거대한 서버 팜을 필요로 한다. 즉, 정보를 저장하고 전송하는 수백만 대의 컴퓨터가 있는 거대한 센터이다. 이러한 서버는 하루 24시간 (c) 최소한의(→ 상당한) 양의 에너지를 소비하며 냉각을 위해 수많은 리터의 물 또는 에어컨 시스템이 필요하다. 우리가 더 많은 메시지를 보내고, 받고, 저장할수록 (d) 더 많은 서버가 필요하다. 이는 더 많은 에너지 소비와 더 많은 탄소 배출을 의미한다. 분명히, 환경적 의식이 있는 방식으로 전자 메시지를 보내고 받는 것은 결코 기후 변화를 멈추기에 충분하지 않다. 그러나 몇몇 주의 깊고 신중한 변화로 (e) 불필요한 이산화탄소 배출은 쉽게 회피될 수 있다.

R 21 정답 ②

윗글의 제목으로 가장 적절한 것은?

① Recycling Makes Your Life Even Better
재활용이 여러분의 삶을 훨씬 더 낫게 만든다　　재활용이 아니라 이메일에 관한 내용임
② Eco-friendly Use of Email Saves the Earth
이메일의 친환경적인 사용이 지구를 구한다　　이메일도 주의 깊고 신중하게 이용해야 함
③ Traditional Letters: The Bridge Between Us
전통적인 편지: 우리들 사이의 다리
④ Email Servers: Records of Past and Present
이메일 서버: 과거와 현재의 기록　　Unlike traditional letters로 만든 오답
⑤ Technicians Looking for Alternative Energy
대체 에너지를 찾는 기술자들　　서버의 에너지 사용을 문제 삼는 글임
대체 에너지에 대한 글이 아님

왜 정답? ★★❀ [정답률 79%]

얼핏 보면 이메일이 친환경적인 것 같지만 이메일을 전송하고 저장하는 데는 수백만 대의 컴퓨터가 있는 거대한 센터가 필요하고, 이러한 센터는 상당한 양의 에너지를 소비하고 탄소를 배출한다고 했다. 그래서 단순히 이메일이 친환경적이라는 의식만으로 이메일을 이용하는 것은 기후 변화를 막는 데 결코 충분치 않고, 이메일 사용에 있어서의 주의 깊고 신중한 변화로 불필요한 이산화탄소 배출이 회피될 수 있다는 내용이므로 제목으로 적절한 것은 ② '이메일의 친환경적인 사용이 지구를 구한다'이다.

> **꿀팁** 이메일은 친환경적이라는 생각으로 막 쓰지 말고, 이메일도 친환경적으로 써야 함

왜 오답?

①, ⑤ 재활용이나 대체 에너지에 대해서는 전혀 언급된 바가 없다.
③ 전통적인 편지와 달리 종이나 우표가 필요하지 않고, 포장되거나 운송될 필요가 없는 이메일이 친환경적이라는 단순한 의식이 틀렸다는 내용이다.
④ 이메일을 전송하고 저장하는 서버가 에너지를 많이 소비하고 이산화탄소를 배출한다고 했다.

R 22 정답 ③

밑줄 친 (a)~(e) 중에서 문맥상 낱말의 쓰임이 적절하지 않은 것은?

① (a) 종이나 우표, 포장이나 운송이 필요하지 않음
절약하다
② (b) 이메일은 전기를 많이 필요로 하지 않는다고 추정한다는 내용에 이어짐
간과하다
③ (c) 엄청난 양의 데이터를 저장하는 수백만 대의 컴퓨터가 있는 센터는 많은 에너지를 소비할 것임
최소한의
④ (d) 이메일은 서버에 저장됨
더 많은
⑤ (e) 필연적인 이산화탄소 배출은 쉽게 회피되기 어려울 것임
불필요한

이메일 전송과 저장에 필요한 에너지 사용이 간과된다고 했음 🍯팁

이메일을 이용하는 것은 컴퓨터의 전원을 켜는 데 사용되는 전기만 있으면 된다는 추정이 틀렸다는 내용이다. 모든 이메일은 서버에 저장되는데, 엄청난 양의 이메일은 수백만 대의 컴퓨터가 있는 거대한 센터인 서버 팜을 필요로 하고, 이러한 서버는 하루 24시간 가동되면서 '최소한의' 에너지가 아니라 많은 양의 에너지를 소비할 것이다. 따라서 ③ minimum을 반의어인 massive 등의 단어로 바꿔야 한다.

① 이메일은 전통적인 편지와 달리 종이나 우표, 포장이나 운송이 필요 없으므로 얼핏 보면 자원을 '절약하는' 것처럼 보인다.

② 대부분의 사람들이 이메일 사용에 에너지가 많이 필요하지 않을 것이라고 추정하지만, 이는 이메일 전송과 저장에 수반되는 에너지 사용을 '간과하는' 것으로, 사실 이메일 전송과 저장에는 많은 에너지가 소비된다는 흐름이다.

④ 모든 이메일은 서버에 저장되므로 더 많은 이메일을 보내고 받고 저장할수록 '더 많은' 서버가 필요할 것이다.

⑤ 몇몇 변화로 쉽게 회피될 수 있는 것은 '불필요한' 이산화탄소 배출일 것이다. 필연적으로 배출되는 이산화탄소는 회피되기가 어려울 것이다.

R 23~24 *사람 관리에서 고려해야 할 점

'같은 부류인'
Creative people aren't all / cut from the same cloth. //
창의적인 사람들이 모두 ~은 아니다 / 같은 부류인 것 //

They have / (a) varying levels of maturity and sensitivity. //
그들은 가진다 / 다양한 수준의 성숙도와 민감성을 //

They have / different approaches / to work. //
그들은 가진다 / 서로 다른 접근법을 / 일에 대한 //

And they're each motivated / by different things. //
그리고 그들은 각자 동기가 부여된다 / 서로 다른 것에 의해 //

동명사구 주어   단수 동사
Managing people is about being aware / of their unique
personalities. // 23번 단서 1: 사람 관리에서 중요한 것은 그들의 개성을 아는 것임
사람들의 관리에서 중요한 것은 아는 것이다 / 그들의 고유한 개성을 //

명사절을 이끄는 의문사
It's also about empathy and adaptability, and knowing / how
앞에 목적격 관계대명사 생략
the things you do and say will be interpreted / and adapting
accordingly. // 23번 단서 2: 사람 관리에서 중요한 다른 요소들
또한 중요한 것은 공감과 적응성 그리고 아는 것이다 / 어떻게 여러분이 하는 일과 하는 말이
해석될지를 / 그에 따라 보조를 맞추는 것이다 //

Who you are and what you say / may not be the (b) same / from
one person to the next. // 24번 단서 1: 사람마다 다를 수 있음
여러분이 누구인지와 무슨 말을 하는지는 / 같지 않을 수 있다 / 사람마다 //

asking의 목적어와 목적격 보어 (to부정사)
For instance, / if you're asking someone / to work a second
병렬 구조   앞에 직접목적어절 접속사 생략
weekend in a row, / or telling them / they aren't getting / that
지시형용사
deserved promotion / just yet, /
예를 들어 / 여러분이 누군가에게 요청하고 있다면 / 2주 연속 주말에 일하라고 / 또는
그들에게 말하고 있다면 / 그들이 받지 못할 것이라고 / 받아 마땅한 그 승진을 / 지금 당장은 /
24번 단서 2: 명심해야 하는 건 개인의 특성임
you need to bear in mind / the (c) group(→ individual). //
여러분은 명심해야 한다 / 그 집단(→ 개인)을 //

Vincent will have a very different reaction / to the news / than
Emily, / and they will each be more receptive to the news / if it's
bundled with different things. //
Vincent은 매우 다른 반응을 보일 것이고 / 그 소식에 대해 / Emily와 / 그들 각자는 그
소식을 더 잘 받아들일 것이다 / 그것이 서로 다른 것과 묶인다면 //

Perhaps that promotion news will land (d) easier / if Vincent
수동태 동사
is given a few extra vacation days / for the holidays, /
아마 그 승진 소식은 더 쉽게 도달할 것이고 / Vincent에게 며칠간의 추가적인 휴무일이
주어진다면 / 명절에 /

부사절 접속사 (대조)
while you can promise Emily / a bigger promotion / a year from
now. //
한편 Emily에게는 약속할 수도 있을 것이다 / 더 큰 승진을 / 지금보다 1년 후에 //

24번 단서 3: 사람 각각의 특징을 고려해야 함
Consider / each person's complex positive and negative
personality traits, / their life circumstances, / and their mindset
접속사가 생략되지 않은 분사구문
in the moment / when deciding what to say and how to say it. //
고려하라 / 사람 각각의 복잡한 긍정적 및 부정적인 개성의 특징 / 그들의 삶의 상황 / 그
순간의 그들의 사고방식 / 무슨 말을 할지와 그 말을 어떻게 할지를 정할 때 //

Personal connection, compassion, / and an individualized
동명사 (전치사의 목적어)
management style / are (e) key / to drawing consistent, rock
star-level work / out of everyone. // 23번 단서 3: 개인적인 연관, 동감, 그리고
개별화된 관리 방식이 중요함
개인적인 연관, 동감 / 그리고 개별화된 관리 방식은 / 핵심이다 / 일관되고 록 스타와 같은
수준의 일을 끌어내는 / 모든 사람으로부터 //

- maturity ⓝ 성숙도, 성숙함
- sensitivity ⓝ 예민함, 민감성
- personality ⓝ 개성, 특성
- empathy ⓝ 공감
- adaptability ⓝ 적응성, 융통성
- interpret ⓥ 해석하다
- adapt ⓥ 맞추다
- accordingly ⓐⓓ 부응해서, 그에 맞춰
- deserve ⓥ ~을 받을 만하다
- bear in mind ~을 명심하다
- receptive ⓐ 수용적인
- bundle ⓥ 묶다
- trait ⓝ 특성
- circumstance ⓝ 상황, 환경
- mindset ⓝ 사고방식
- connection ⓝ 관련성, 연관성
- compassion ⓝ 동감
- individualize ⓥ 개별화하다
- consistent ⓐ 일관된
- guarantee ⓥ 보장하다
- flexible ⓐ 유연한
- appealing ⓐ 매력적인
- recognition ⓝ 인식
- suffer ⓥ 어려움을 겪다

창의적인 사람들이 모두 같은 부류인 것은 아니다. 그들은 (a) 다양한 수준의 성숙도와 민감성을 가진다. 그들은 일에 대한 서로 다른 접근법을 가진다. 그리고 그들은 각자 서로 다른 것에 의해 동기가 부여된다. 사람들의 관리에서 중요한 것은 그들의 고유한 개성을 아는 것이다. 또한 중요한 것은 공감과 적응성, 그리고 여러분이 하는 일과 하는 말이 어떻게 해석될지 알고 그에 따라 보조를 맞추는 것이다. 여러분이 누구인지와 무슨 말을 하는지는 사람마다 (b) 같지 않을 수 있다. 예를 들어, 여러분이 누군가에게 2주 연속 주말에 일하라고 요청하고 있다면, 또는 그들에게 받아 마땅한 그 승진을 지금 당장은 받지 못할 것이라고 말하고 있다면, 그 (c) 집단(→ 개인)을 명심해야 한다. Vincent는 그 소식에 대해 Emily와 매우 다른 반응을 보일 것이고, 그 소식이 서로 다른 것과 묶인다면 그들 각자는 더 잘 받아들일 것이다. 아마 Vincent에게 명절에 며칠간의 추가적인 휴무일이 주어진다면 그 승진 소식은 (d) 더 쉽게 도달할 것이고, 한편 Emily에게는 지금보다 1년 후에 더 큰 승진을 약속할 수도 있을 것이다. 무슨 말을 할지와 그 말을 어떻게 할지를 정할 때 사람 각각의 복잡한 긍정적 및 부정적인 개성의 특징, 그들의 삶의 상황, 그 순간의 그들의 사고방식을 고려하라. 개인적인 연관, 동감, 그리고 개별화된 관리 방식은 모든 사람으로부터 일관되고 록 스타와 같은 수준의 일을 끌어내는 (e) 핵심이다.

R 23 정답 ①

윗글의 제목으로 가장 적절한 것은?
① Know Each Person to Guarantee Best Performance
최고의 성과를 보장하기 위해 사람 각각을 알아라   사람 관리에서 고유한 개성을 아는 것이 중요함
② Flexible Hours: An Appealing Working Condition
유연한 근무 시간: 매력적인 근무 조건   예로 제시된 부분을 이용한 오답
③ Talk to Employees More Often in Hard Times   말의 내용과 방식을
어려운 시기에 직원들과 더 자주 대화하라   정할 때 사람들의 특징을 고려하라는 내용임
④ How Empathy and Recognition Are Different
공감과 인식이 어떻게 다른가   사람 관리에서 공감과 적응성이 중요하다는 내용만 있음
⑤ Why Creativity Suffers in Competition
창의성이 경쟁에서 어려움을 겪는 이유   창의적인 사람이 다 같은 부류가 아니라는 내용만 있음

⑤ (e) key 핵심

개인적인 연관, 동감, 그리고 개별화된 관리 방식은 모든 사람으로부터
일관되고 록 스타와 같은 수준의 일을 끌어내는 (e) **핵심**이다.

➡ Vincent와 Emily의 예로부터 개별화된 관리 방식을 활용하면 어려운 요청을 할
때 도움이 된다는 것을 알 수 있었다. 따라서 개인적인 연관, 동감, 그리고 개별화된
관리 방식이 사람들에게서 성과를 이끌어내는 데 중요한 요소임을 알 수 있다.

  ▶ key는 문맥에 맞음

Ⓡ 25~26 ＊동물의 도주 거리와 공격 거리

Animal studies have dealt with the distances / creatures may
keep / between themselves and members of other species. //
동물 연구는 거리를 다루어 왔다 / 동물들이 유지할 수도 있는 / 그들과 다른 종의 구성원들
사이에 //

These distances determine the functioning / of the so-called
'flight or fight' mechanism. // **25번 단서 1**: 거리가 '도주 또는 공격' 체제의 기능을
결정지음
이러한 거리는 기능을 결정짓는다 / 소위 '도주 또는 공격' 체제의 //

As an animal senses / what it considers to be a predator /
approaching within its 'flight' distance, / it will quite simply
run away. //
동물은 감지하면 / 자기가 포식자라고 여기는 것을 / 자신의 '도주' 거리 내로 접근하는 / 정말
그야말로 도망갈 것이다 //

The distance / at which this happens / is amazingly (a) consistent, /
and Hediger, a Swiss biologist, claimed / to have measured it
remarkably precisely / for some of the species / that he studied. //
거리는 / 이러한 현상이 일어나는 / 놀라울 정도로 일관되며 / 스위스 생물학자 Hediger는
주장했다 / 그것을 놀라울 만큼 정확하게 측정했다고 / 일부 종에 대해 / 자신이 연구하는 //

Naturally, / it varies / from species to species, / and usually the
larger the animal / the (b) shorter(→ longer) its flight distance. //
당연히 그것은 다르며 / 종에 따라 / 보통 동물이 더 클수록 / 그것의 도주 거리는 더 짧다(→
더 길다) //

I have had to use a long focus lens / to take photographs of
giraffes, / which have very large flight distances. //
나는 원거리 초점 렌즈를 사용해야만 했는데 / 기린의 사진을 찍기 위해서는 / 기린은 도주 거
리가 매우 크다 // **26번 단서 1**: 기린은 도주 거리가 매우 큼

By contrast, / I have several times nearly stepped on a squirrel /
in my garden / before it drew attention to itself / by suddenly
escaping! // **25번 단서 2**: 다람쥐는 밟힐 정도로 가까운 거리까지 들어와야 도주함
대조적으로 / 나는 다람쥐를 거의 밟을 뻔한 적이 몇 번 있었다 / 내 정원에서 / 그것이 자신에
게 관심을 갖게 하기 전에 / 갑자기 도망쳐서 //

We can only assume / that this (c) variation in distance matches /
the animal's own assessment of its ability / to accelerate and run. //
우리는 추정할 수 있을 뿐이다 / 거리에서의 이러한 차이가 일치한다고 / 능력에 대한 동물 자
신의 평가와 / 속력을 내서 달릴 수 있는 //

The 'fight' distance is always (d) smaller / than the flight distance. //
'공격' 거리는 항상 더 짧다 / 도주 거리보다 // **26번 단서 2**: 도주 거리 설명에 이어서
공격 거리에 관해 설명함

If a perceived predator approaches / within the flight distance /
but the animal is trapped / by obstacles or other predators / and
cannot (e) flee, / it must stand its ground. //
만약 인식된 포식자가 접근한다면 / 도주 거리 내로 / 하지만 그 동물이 갇혀서 / 장애물이나
다른 포식자들에 의해 / 달아날 수 없다면 / 그것은 물러나지 않고 버텨야 한다 //

Eventually, however, / attack becomes the best form of defence, /
and so the trapped animal will turn and fight. //
하지만 결국에는 / 공격이 가장 좋은 형태의 방어 수단이 되므로 / 그 갇힌 동물은 돌아서서 싸
울 것이다 //

>왜 정답 ? ★★★ [정답률 46%]

• 사람들의 관리에서 중요한 것은 그들의 고유한 개성을 아는 것이다. **23번 단서 1**
• 사람 각각의 복잡한 긍정적 및 부정적인 개성의 특징, 그들의 삶의 상황, 그 순간의
  그들의 사고방식을 고려하라.

➡ 사람 관리에서 중요한 것은 그 사람의 고유한 개성을 아는 것이다. 그 사람에게 할
말의 내용과 방식을 정할 때 그 사람의 특징, 상황, 사고방식 등을 고려한 개별화된
관리 방식을 취해야 한다.

  ▶ 따라서 제목으로 적절한 것은 ① '최고의 성과를 보장하기 위해 사람 각각을
  알아라'이다.

>왜 오답 ?

② 글의 주제를 뒷받침하기 위해 예로 든 내용일 뿐이다.
③ 어려운 시기를 이겨내는 방법을 설명하는 글이 아니다.
④ 공감과 인식의 차이점에 대해서는 전혀 언급되지 않았다.
⑤ 창의성과 경쟁에서 이기는 것의 관련성에 대한 글이 아니다.

Ⓡ 24 정답 ③

> 밑줄 친 (a)~(e) 중에서 문맥상 낱말의 쓰임이 적절하지 않은 것은?
>
> ① (a) 사람들이 모두 같은 부류인 것은 아님 ② (b) 무슨 말을 하는지는 사람마다 다름
> 다양한　　　　　　　　　　　　　　　　　　　　　같은
> ③ (c) 집단이 아닌 개인에 맞게 전달해야 함 ④ (d) 서로 다른 방식을 통해서 더 쉽게
> 집단　　　　　　　　　　　　　　　　더 쉽게 전달할 수 있음
> ⑤ (e) 개별화된 관리 방식이 성과를 이끌어내는 핵심임
> 핵심

>왜 정답 ? ★★★ [정답률 37%]

③ (c) group 집단

예를 들어, 여러분이 누군가에게 2주 연속 주말에 일하라고 요청하고
있다면, 또는 그들에게 받아 마땅한 그 승진을 지금 당장은 받지 못할
것이라고 말하고 있다면, 그 (c) 집단(→ 개인)을 명심해야 한다.

➡ 무슨 말을 하는지는 사람마다 같지 않을 수 있다고 했다. 같은 소식을 들은
Vincent는 그 소식에 대해 Emily와 매우 다른 반응을 보일 것이라고 했다.

  ▶ 집단이 아니라 사람마다 다를 수 있으므로 group을 individual과 같은 어휘로
  바꾸어야 한다.

>왜 오답 ?

① (a) varying 다양한

창의적인 사람들이 모두 같은 부류인 것은 아니다. 그들은 (a) 다양한
수준의 성숙도와 민감성을 가진다. 그들은 일에 대한 서로 다른 접근법을
가진다.

➡ 창의적인 사람들이 모두 같은 부류인 것은 아니라고 했고 그들은 일에 대한 서로
다른 접근법을 가진다고 했다. ▶ varying은 문맥에 맞음

② (b) same 같은

여러분이 누구인지와 무슨 말을 하는지는 사람마다 (b) 같지 않을 수 있다.

➡ 뒤에 이어지는 예에서 같은 말에 대해 Vincent와 Emily가 매우 다른 반응을
보인다고 했다.

  ▶ 부정어 not과 함께 '같지 않음'을 나타내므로 same은 문맥에 맞음

④ (d) easier 더 쉽게

~ 그 소식이 서로 다른 것과 묶인다면 그들 각자는 더 잘 받아들일 것이다.
아마 Vincent에게 명절에 며칠간의 추가적인 휴무일이 주어진다면 그
승진 소식은 (d) 더 쉽게 도달할 것이고, 한편 Emily에게는 지금보다 1년
후에 더 큰 승진을 약속할 수도 있을 것이다.

➡ 같은 소식이라도 그 소식이 서로 다른 것과 묶인다면 그들 각자는 더 잘 받아들일
것이라고 했다. 서로 다른 것을 묶는 예시로 Emily에게는 1년 후에 더 큰 승진을,
Vincent에게는 추가적인 휴무일을 승진 소식과 함께 전하는 것이 이어진다.

  ▶ easier는 문맥에 맞음

- deal with ~을 다루다   • determine ⓥ 결정짓다, 결정하다
- function ⓥ 기능하다, 작용하다   • flight ⓝ 도주, 도망
- fight ⓝ 공격, 싸움
- mechanism ⓝ (목적을 달성하기 위한) 방법, 메커니즘, 체제
- predator ⓝ 포식자, 포식 동물   • consistent ⓐ 일관된
- precisely ⓐⓓ 정확하게   • assume ⓥ 추정하다, 가정하다
- assessment ⓝ 평가   • accelerate ⓥ 속력을 내다, 빨라지다
- perceive ⓥ 인식하다   • trap ⓥ 가두다   • flee ⓥ 달아나다, 도망하다
- stand one's ground 물러나지 않고 버티다
- migrate ⓥ 이동하다, 이주하다   • survival ⓝ 생존
- competition ⓝ 경쟁

동물 연구는 동물들이 그들과 다른 종의 구성원들 사이에 유지할 수도 있는 거리를 다루어 왔다. 이러한 거리는 소위 '도주 또는 공격' 메커니즘의 기능을 결정짓는다. 동물은 자기가 포식자라고 여기는 것이 자신의 '도주' 거리 내로 접근하는 것을 감지하면, 정말 그야말로 도망갈 것이다. 이러한 현상이 일어나는 거리는 놀라울 정도로 (a) 일관되며, 스위스 생물학자 Hediger는 자신이 연구하는 일부 종에 대해 그것을 놀라울 만큼 정확하게 측정했다고 주장했다. 당연히 그것은 종에 따라 다르며, 보통 동물이 더 클수록 그것의 도주 거리는 (b) 더 짧다(→ 더 길다). 나는 기린의 사진을 찍기 위해서는 원거리 초점 렌즈를 사용해야만 했는데, 기린은 도주 거리가 매우 크다. 대조적으로, 다람쥐가 갑자기 도망쳐서 자신에게 관심을 갖게 하기 전에 나는 내 정원에서 다람쥐를 거의 밟을 뻔한 적이 몇 번 있었다! 우리는 거리에서의 이러한 (c) 차이가 속력을 내서 달릴 수 있는 능력에 대한 동물 자신의 평가와 일치한다고 추정할 수 있을 뿐이다.
'공격' 거리는 항상 도주 거리보다 (d) 더 짧다. 인식된 포식자가 도주 거리 내로 접근하지만, 그 동물이 장애물이나 다른 포식자들에 의해 갇혀서 (e) 달아날 수 없다면, 그것(그 동물)은 물러나지 않고 버텨야 한다. 하지만, 결국에는 공격이 가장 좋은 형태의 방어 수단이 되므로, 그 갇힌 동물은 돌아서서 싸울 것이다.

R 25 정답 ④

These distances determine the functioning of the so-called 'flight or fight' mechanism.
윗글의 제목으로 가장 적절한 것은?
① How Animals Migrate Without Getting Lost
동물이 길을 잃지 않고 이동하는 방법   동물의 이동 방법을 설명한 글이 아님
② Flight or Fight Mechanism: Still in Our Brain
도주 또는 공격 메커니즘: 아직도 우리 뇌 속에   인간이 아니라 동물에 관한 내용임
③ Why the Size Matters in the Survival of Animals
동물의 생존에서 크기가 중요한 이유   '거리'가 핵심 내용임
④ Distances: A Determining Factor for Flight or Attack
거리: 도주나 공격의 결정 요인
⑤ Competition for Food Between Large and Small Animals
큰 동물과 작은 동물 사이의 먹이 경쟁   기린과 다람쥐가 경쟁한다는 것이 아님

▷왜 정답 ? ★★❀ [정답률 70%]
두 번째 문장에서 거리가 도주 또는 공격 체제의 기능을 결정짓는다고 한 이후로, 포식자가 도주 거리 내로 접근하면 도망갈 것이고, 도주 거리 내로 접근한 포식자로부터 달아날 수 없어서 포식자와 더 가까워졌다면, 즉 공격 거리가 된다면 돌아서서 싸울 것이라고 했다. 거리에 따라 도주를 할지 공격을 할지를 결정한다는 것이므로 제목은 ④ '거리: 도주나 공격의 결정 요인'이 적절하다.

▷왜 오답 ?
① '거리'에 대한 내용인 것은 맞지만, 이동 방법을 설명한 것은 아니다.
② 우리 인간에 대한 내용이 아니라 동물에 대한 내용이다. 함정
③ 글의 핵심 내용인 '거리'에 대한 언급이 제목에 포함되어야 한다.
⑤ 큰 동물과 작은 동물이 먹이 경쟁을 하는 예시로 기린과 다람쥐가 제시된 것이 아니다.

R 26 정답 ②

밑줄 친 (a)~(e) 중에서 문맥상 낱말의 쓰임이 적절하지 않은 것은?
① (a) 일관되지 않은 거리는 정확하게 측정하기 힘들 것임
일관된
② (b) 기린의 도주 거리는 매우 길고 다람쥐의 도주 거리는 매우 짧음
더 짧은
③ (c) 기린과 다람쥐의 도주 거리에는 차이가 있음
차이
④ (d) 도주 거리 안으로 들어왔는데 도망가지 못했을 때 공격함
더 짧은
⑤ (e) 장애물이나 다른 포식자에 의해 갇혔다면 달아날 수 없을 것임
달아나다

▷왜 정답 ? ★★★ [정답률 51%]
기린은 도주 거리가 매우 길고, 다람쥐는 밟힐 만큼 가까운 거리에 들어와야 도망친다고 한 것으로 보아 큰 동물일수록 도주 거리가 더 길다는 것을 알 수 있으므로 ② (b)는 longer(더 긴)로 바꿔야 한다.

▷왜 오답 ?
① 놀라울 만큼 정확하게 측정했다는 것으로 보아 도주 또는 공격이 일어나는 거리가 '일관적(consistent)'이라는 것은 적절하다. 일관적이지 않다면 정확하게 측정하기가 어려울 것이다.
③ 기린과 다람쥐의 도주 거리에 차이가 있으므로 variation(차이)은 적절하다.
④, ⑤ 포식자가 도주 거리 내로 접근했지만 장애물이나 다른 포식자에 의해 갇힌다면 '달아날(flee)' 수 없을 것이고, 그러면 공격을 시작한다고 했으므로 공격 거리는 도주 거리보다 '더 짧은(smaller)' 것이 맞다.

R 27~28 ★더 쉽게 기억되는 독특한 경험

복수 주어   복수 동사
Events or experiences / that are out of ordinary / tend to be remembered better / 27번 단서: 평범하지 않은 사건, 경험들이 더 잘 기억됨
사건들이나 경험들이 / 평범하지 않은 / 더 잘 기억되는 경향이 있는데 /

because there is nothing competing with them / when your brain tries to access them / from its storehouse of remembered events. //
그 이유는 그것들과 경쟁하는 것이 없기 때문이다 / 당신의 뇌가 그것들에 접근하려고 할 때 / 기억된 사건들의 창고에서 //

뒤에 관계부사 why 생략   가주어   진주어
In other words, the reason / it can be (a) difficult to remember / what you ate for breakfast two Thursdays ago /
다시 말해, 이유는 / 기억하는 것이 어려울 수 있는 / 2주 전 목요일에 아침 식사로 무엇을 먹었는지 /

주격 보어절 접속사
is that there was probably nothing special / about that Thursday or that particular breakfast /
아마도 특별한 것이 없었기 때문이다 / 그 목요일이나 그 특정 아침 식사에 대해 /

— consequently, all your breakfast memories combine together / into a sort of generic impression of a breakfast. //
그 결과, 당신의 모든 아침 식사 기억은 합쳐진다 / 일종의 일반적인 아침 식사에 대한 인상으로 //

Your memory (b) merges similar events / not only because it's more efficient to do so, / but also because this is fundamental / to how we learn things /
=merge   not only A but also B: A뿐만 아니라 B도   명사절 (전치사의 목적어)
여러분의 기억력은 유사한 사건들을 병합한다 / 그것은 그렇게 하는 것이 더 효율적이기 때문만이 아니라 / 이것이 기본이기 때문이기도 하다 / 우리가 어떤 것들을 배우는 방법의 /

— our brains extract abstract rules / that tie experiences together. //
주격 관계대명사
우리의 뇌는 추상적인 규칙들을 추출한다 / 경험을 함께 묶는 //

This is especially true / for things that are (c) routine. //
이것은 특히 해당된다 / 일상적인 것들에 //

If your breakfast is always the same / — cereal with milk, a glass of orange juice, and a cup of coffee for instance — /
만약 당신의 아침 식사가 항상 같다면 / 예를 들어, 우유를 곁들인 시리얼, 오렌지 주스 한 잔, 커피 한 잔 /

there is no easy way / **for your brain** to extract / the details from one particular breakfast. //
to extract의 의미상 주어
쉬운 방법은 없다 / 당신의 뇌가 추출하는 / 특정한 아침 식사에서 그 세부 사항을 //

Ironically, then, for behaviors **that are routinized**, / you can remember / the generic content of the behavior / (such as the things you ate, / since you always eat the same thing), /
주격 관계대명사절
아이러니하게도, 일상화된 행동의 경우 / 당신은 기억할 수 있다 / 그 행동의 일반적인 내용을 / (당신이 먹었던 것과 같은 / 당신이 항상 같은 것을 먹기 때문에) /

but (d) **particulars** to that one instance / **can be** very difficult to call up / (such as the sound / of a garbage truck **going by** / or a bird **that passed by your window**) /
주어 *동사* *주격 관계대명사절* *현재분사구 (a garbage truck 수식)*
그러나 그 한 가지 예의 세부 사항은 / 상기하기가 매우 어려울 수 있다 / (소리와 같은 / 지나가는 쓰레기 트럭의 / 또는 당신의 창문을 지나치는 새의) /

부사절 접속사 (조건)
unless they were especially distinctive. //   **28번** 단서 1: 매우 특이하지 않으면 기억하기 어려움
그것들이 매우 특이하지 '않다면' //   **28번** 단서 2: 특이한 일을 한 경우를 예로 듦

On the other hand, if you did something unique / that broke your routine / — perhaps you **had** leftover pizza / for breakfast / and **spilled** tomato sauce / on your dress shirt — /
병렬 구조 (동사)
반면에, 만약 당신이 특이한 일을 했다면 / 당신의 일상을 깨뜨리는 / 아마도 당신은 남은 피자를 먹고 / 아침 식사로 / 토마토 소스를 쏟았을 것이다 / 드레스 셔츠에 /

you are (e) **less(→ more)** likely to remember it. //
당신은 그것을 덜(→ 더) 기억하기가 쉽다 //

- ordinary ⓐ 보통의, 일상적인   • compete with ~와 겨루다
- storehouse ⓝ 창고   • consequently ⓐⓓ 결과적으로
- combine together 결합하다   • a sort of 일종의 ~
- generic ⓐ 포괄적인, 총칭의   • impression ⓝ 인상
- merge ⓥ 병합하다   • fundamental ⓐ 기본의, 본질적인
- extract ⓥ 추출하다   • abstract ⓐ 추상적인
- routinize ⓥ 일상화하다   • garbage truck 쓰레기 청소차
- distinctive ⓐ 독특한   • leftover ⓐ 남은   • repetition ⓝ 반복
- sharp ⓐ 예리한   • distort ⓥ 왜곡하다   • vivid ⓐ 생생한
- recollection ⓝ 기억

평범하지 않은 사건들이나 경험들이 더 잘 기억되는 경향이 있는데 그 이유는 당신의 뇌가 기억된 사건들의 창고에서 그것들에 접근하려고 할 때 그것들(그 기억들)과 경쟁하는 것이 없기 때문이다. 다시 말해, 2주 전 목요일에 아침 식사로 무엇을 먹었는지 기억하는 것이 (a) 어려울 수 있는 이유는 아마도 그 목요일이나 그 특정 아침 식사에 대해 특별한 것이 없었기 때문이다 — 그 결과, 당신의 모든 아침 식사 기억은 일종의 일반적인 아침 식사에 대한 인상으로 합쳐진다. 여러분의 기억력은 유사한 사건들을 (b) 병합하는데, 그것은 그렇게 하는 것이 더 효율적일 뿐만 아니라, 이것이 우리가 어떤 것들을 배우는 방법의 기본이기 때문이다 — 우리의 뇌는 경험을 함께 묶는 추상적인 규칙들을 추출한다. 이것은 (c) 일상적인 것들에 특히 해당된다. 만약 당신의 아침 식사가 항상 같다면 — 예를 들어, 우유를 곁들인 시리얼, 오렌지 주스 한 잔, 커피 한 잔 — 당신의 뇌가 특정한 한 아침 식사에서 그 세부 사항을 추출하는 것은 쉽지 않다. 아이러니하게도, 일상화된 행동의 경우, 당신은 그 행동의 일반적인 내용(당신이 먹었던 것과 같은, 당신이 항상 같은 것을 먹기 때문에)은 기억할 수 있지만, 그 한 가지 예의 (d) 세부 사항들(쓰레기 트럭이 지나가는 소리 또는 당신의 창문을 지나치는 새소리와 같은)은 그것들이 매우 특이하지 '않다면' 상기하기가 매우 어려울 수 있다. 반면에, 만약 당신이 당신의 일상을 깨뜨리는 특이한 일을 했다면 — 아마도 당신은 아침 식사로 남은 피자를 먹고 드레스 셔츠에 토마토 소스를 쏟았다 — 당신은 그것을 (e) 덜(→ 더) 기억하기가 쉽다.

R 27 정답 ⑤

윗글의 제목으로 가장 적절한 것은?

① Repetition Makes Your Memory Sharp! '반복'이 아닌 '특별함'
반복이 당신의 기억력을 예리하게 만든다!
② How Does Your Memory Get Distorted? 기억의 왜곡과는 관련이 없음
기억이 어떻게 왜곡되는가?
③ What to Consider in Routinizing Your Work 업무의 일상화와 관련 없음
당신의 업무를 일상화할 때 고려할 것
④ Merging Experiences: Key to Remembering Details
경험을 병합하는 것: 세부 사항을 기억하는 비결   기억이 유사한 경험들을 병합한다고만 했음
⑤ The More Unique Events, the More Vivid Recollection
더 독특한 사건일수록, 더 생생한 기억이 된다   특별한 것, 일상을 깨는 경험이 잘 기억됨

왜 정답? ✱✱✱ [정답률 51%]

- 평범하지 않은 사건들이나 경험들이 더 잘 기억되는 경향이 있는데 그 이유는 당신의 뇌가 기억된 사건들의 창고에서 그것들에 접근하려고 할 때 그것들(그 기억들)과 경쟁하는 것이 없기 때문이다. **27번 단서**
- **이것(This)**은 일상적인 것들에 특히 해당된다.

→ 두 번째 문단의 This가 지칭하는 것은 앞 문단의 내용이고, 그 예시를 제시하므로 두 번째 문단은 첫 번째 문단과 같은 맥락으로 이어진다고 볼 수 있다. 즉, 단서가 주제문이며, 이것을 함축적으로 표현한 ⑤ '더 독특한 사건일수록, 더 생생한 기억이 된다'가 제목으로 가장 적절하다.

왜 오답?

① 반복이 아닌 특별한 경험들이 기억이 잘 되는 경향이 있다.
② 왜곡에 대한 내용은 전혀 언급되지 않았다.
③ 일상화된 행동, 경험에 대한 기억력에 대해 설명했지, 업무를 일상화하는 것에 대한 글이 아니다.
④ 유사한 사건들을 병합하는 것이 어떤 것들을 배우는 방법의 기본이라고 했을 뿐, 세부 사항을 기억하는 데 효과적이라는 것이 아니다.   함정

R 28 정답 ⑤

밑줄 친 (a)~(e) 중에서 문맥상 낱말의 쓰임이 적절하지 않은 것은?

① (a) 특별해야 더 잘 기억됨   ② (b) 아침 식사 기억 = 유사한 사건들
어려운   병합하다
③ (c) 항상 같은 아침 식사 = 일상적인 것들   ④ (d) 일반적인 내용 ↔ 세부 사항들
일상적인   세부 사항들
⑤ (e) 일상을 깨는 독특한 경험은 더 잘 기억됨
덜

왜 정답? ✱✱✿ [정답률 74%]

⑤ (e) less 덜

- **반면에(On the other hand)**, 만약 당신이 당신의 일상을 깨뜨리는 특이한 일을 했다면 — 아마도 당신은 아침 식사로 남은 피자를 먹고 드레스 셔츠에 토마토 소스를 쏟았다 — 당신은 그것을 (e) 기억하기가 쉽다.
더

→ 특별한 사건일수록 더 잘 기억된다는 중심 내용으로 전체 맥락이 전개된다. 특히, 바로 앞 문장에, 세부 사항들이 특이하지 않다면 기억하기 어렵다고 진술되어 있고, 연결어 On the other hand로 상반된 가정을 제시한다. 따라서 토마토 소스를 쏟는 것과 같은 특이한 일은 기억하기 더 쉽다는 내용이 적절하다.

▶ 기억하기 더 쉽다는 내용이 되도록 less는 more와 같은 어휘로 바꾸어야 함

왜 오답?

① (a) difficult 어려운

- 평범하지 않은 사건들이나 경험들이 더 잘 기억되는 경향이 있는데 ~. **다시 말해(In other words)**, 2주 전 목요일에 아침 식사로 무엇을 먹었는지 기억하는 것이 (a) 어려울 수 있는 이유는 아마도 그 목요일이나 그 특정 아침 식사에 대해 특별한 것이 없었기 때문이다.

→ In other words는 앞 문장의 내용을 재진술하는 연결어로, 앞 내용과 같은 맥락의 내용이 이어진다. 앞에서 평범하지 않은 사건들이 더 잘 기억된다고 했으므로, 특별할 것 없는 아침 식사는 기억하기 '어려울' 것이다. ▶ difficult는 문맥에 맞음

② (b) merges 병합하다

그 결과, 당신의 모든 아침 식사 기억은 일종의 일반적인 아침 식사에 대한 인상으로 합쳐진다. 여러분의 기억력은 유사한 사건들을
(b) 병합하는데, ~.

➡ 앞 문장에서 아침 식사의 기억들이 합쳐진다고 했으므로 유사한 사건들은 '병합될' 것이다. ▶ merges는 문맥에 맞음

③ (c) routine 일상적인

이것은 (c) 일상적인 것들에 특히 해당된다. 만약 당신의 아침 식사가 항상 같다면 ~ 당신의 뇌가 특정한 한 아침 식사에서 그 세부 사항을 추출하는 것은 쉽지 않다.

➡ 뒤 문장에 매일 아침 식사가 똑같은 경우를 예시로 제시하였다.

▶ 이는 일상적인 것이므로 routine은 문맥에 맞음

④ (d) particulars 세부 사항들

~ 그 한 가지 예의 (d) 세부 사항들(쓰레기 트럭이 지나가는 소리 또는 당신의 창문을 지나치는 새소리와 같은)은 그것들이 매우 특이하지 '않다면' 상기하기가 매우 어려울 수 있다.

➡ 쓰레기 트럭이 지나가는 소리 등은 일반적인 내용의 '세부 사항들'로 지칭할 수 있다.

▶ particulars는 문맥에 맞음

자이 쌤's Follow Me! - 홈페이지에서 제공

R 29~30 ＊건설적인 갈등의 힘

Being able to have a good fight / doesn't just make us more civil; / it also develops / our creative muscles. // 29번 단서 1: 잘 싸우는 것은 창의적 근력을 발달시킴
잘 싸울 수 있다는 것은 / 단지 우리를 더 정중하게 만드는 것이 아니다 / 그것은 또한 발달시킨다 / 우리의 창의적 근력을 29번 단서 2: 매우 창의적인 건축가는 갈등이 많은 가정에서 자랐을 가능성이 크다는 연구 be likely to-v: ~할 가능성이 있다
In a classic study, / highly creative architects / were more likely / than their technically competent but less original peers / to come from homes / with (a) plenty of friction. //
고전적인 연구에 따르면 / 매우 창의적인 건축가는 / 가능성이 더 크다 / 기술적으로 유능하지만 덜 독창적인 그들의 동료보다 / 가정에서 나올 / 충돌이 많은
They often grew up / in households / that were "tense but secure," / as psychologist Robert Albert notes: /
그들은 흔히 자랐다 / 집안에서 / '긴장감이 있지만 안전한' / 심리학자 Robert Albert가 언급하기를 /
"The creative person-to-be comes from a family / that is anything but (b) harmonious." //
"창의적인 사람이 될 사람은 가정에서 나온다 / 전혀 화목하지 않은"이라고 //
The parents weren't physically or verbally abusive, / but they didn't shy away from conflict, either. //
그 부모들이 신체적으로나 언어적으로 학대한 것은 아니었다 / 하지만 갈등을 피하지도 않았다 //
Instead of telling their children / to be seen but not heard, / they (c) encouraged them / to stand up for themselves. // encouraged의 목적어와 목적격 보어(to부정사)
그들의 자녀에게 말하는 대신 / 눈앞에 있되 아무 말도 하지 말라고 / 그들은 자녀에게 권장했다 / 자신의 입장을 내세우라고 //
The kids learned / to dish it out / — and take it. // 명사적 용법(learned의 목적어)
그 자녀들은 배웠다 / 남을 비판하고 / 비판을 받아들이는 것을 //
That's exactly / what happened to Wilbur and Orville Wright, / who invented the airplane. // 주격 관계대명사
그것이 바로 ~이다 / Wilbur와 Orville Wright 형제에게 일어난 일 / 비행기를 발명한 //
When the Wright brothers said / they thought together, / what they really meant is / that they fought together. // 주격 보어절 접속사
Wright 형제가 말했을 때 / 자기들은 함께 생각한다고 / 그 말의 진짜 의미는 ~이다 / 자신들이 함께 싸웠다는 것 //

When they were solving problems, / they had arguments / that 주격 관계대명사
lasted / not just for hours / but for weeks and months / at a time. // not A but B: A가 아니라 B   '한 번에'
그들이 문제를 풀고 있었을 때 / 그들은 논쟁을 했다 / 지속된 / 몇 시간 동안만 아니라 / 몇 주, 몇 달 동안 / 한 번에 //
They didn't have such (d) ceaseless fights / because they were angry. //
그들이 그토록 끊임없이 싸운 것은 아니었다 / 그들이 화가 났기 때문에 //
They kept quarreling / because they enjoyed it / and learned from the experience. // 병렬 구조   29번 단서 3: Wright 형제는 싸우기를 즐겼고, 그로부터 배움을 얻었음
그들은 계속 싸웠다 / 그들은 그것을 즐겼기 때문에 / 그리고 그 경험으로부터 배웠기 (때문에) //
"I like scrapping with Orv," / Wilbur reflected. //
"나는 Orv와 다투는 것을 좋아한다"라고 / Wilbur는 회고했다 //
As you'll see, / it was one of their most passionate and prolonged arguments / that led them to (e) support(→ rethink) / It is ~ that 강조 구문
보다시피 / 그들의 가장 열정적이고 장기적인 논쟁 중 하나였다 / 그들이 지지하도록 (→ 재고하도록) 이끌었던 것은 /   prevent A from -ing: A가 ~하는 것을 막다
a critical assumption / that had prevented / humans from soaring through the skies. // 주격 관계대명사   30번 단서: Wright 형제는 인간이 하늘로 날아오르는 것을 막았던 가정을 '지지한' 것이 아님
결정적인 가정 / 막았던 / 인간이 하늘로 날아오르는 것을 //

- civil ⓐ 정중한, 예의 바른 ・ classic ⓐ 고전적인
- architect ⓝ 건축가 ・ technically ⓐ 기술적으로
- competent ⓐ 유능한 ・ peer ⓝ 동료
- friction ⓝ 충돌, 불화, 마찰 ・ household ⓝ 집안
- tense ⓐ 긴장감 있는 ・ secure ⓐ 안전한
- note ⓥ 언급하다 ・ anything but 전혀 ~이 아닌
- harmonious ⓐ 조화로운 ・ verbally ⓐ 언어적으로
- abusive ⓐ 학대하는 ・ shy away from ~을 피하다
- conflict ⓝ 갈등 ・ stand up for ~의 입장을 내세우다
- invent ⓥ 발명하다 ・ argument ⓝ 논쟁 ・ ceaseless ⓐ 끊임없는
- quarrel ⓥ 싸우다, 말다툼하다 ・ passionate ⓐ 열정적인
- prolonged ⓐ 장기적인 ・ critical ⓐ 결정적인, 중대한
- assumption ⓝ 가정 ・ soar ⓥ 날아오르다
- constructive ⓐ 건설적인 ・ lighten ⓥ 가볍게 하다
- compromise ⓝ 타협 ・ resolve ⓥ 해결하다 ・ crisis ⓝ 위기

잘 싸울 수 있다는 것은 우리를 더 정중하게 만들 뿐만 아니라 우리의 창의적 근력을 발달시킨다. 고전적인 연구에 따르면, 매우 창의적인 건축가는 기술적으로 유능하지만 덜 독창적인 그들의 동료보다 충돌이 (a) 많은 가정에서 나올 가능성이 더 크다. 그들은 흔히 '긴장감이 있지만 안전한' 집안에서 자랐는데, 심리학자 Robert Albert는 "창의적인 사람이 될 사람은 전혀 (b) 화목하지 않은 가정에서 나온다."라고 언급한다. 그 부모들이 신체적으로나 언어적으로 학대한 것은 아니었지만 갈등을 피하지도 않았다. 그들은 자녀에게 눈앞에 있되 아무 말도 하지 말라고 말하는 대신 자신의 입장을 내세우라고 (c) 권장했다. 그 자녀들은 남을 비판하고 비판을 받아들이는 것을 배웠다. 그것이 바로 비행기를 발명한 Wilbur와 Orville Wright 형제에게 일어난 일이었다. Wright 형제가 자기들은 함께 생각한다고 말했을 때 그 말의 진짜 의미는 자신들이 함께 싸웠다는 것이다. 그들이 문제를 풀고 있었을 때 그들은 한 번에 몇 시간 동안뿐만 아니라 몇 주, 몇 달 동안 지속된 논쟁을 했다. 그들이 화가 나서 그토록 (d) 끊임없이 싸운 것은 아니었다. 그들은 그것을 즐기고 그 경험으로부터 배웠기 때문에 계속 싸웠다. "나는 Orv와 다투는 것을 좋아한다."라고 Wilbur는 회고했다. 보다시피, 인간이 하늘로 날아오르지 못하게 막았던 결정적인 가정을 그들이 (e) 지지하도록 (→ 재고하도록) 이끌었던 것은 바로 그들의 가장 열정적이고 장기적인 논쟁 중 하나였다.

윗글의 제목으로 가장 적절한 것은?

① The Power of Constructive Conflict 갈등이 창의성을 발달시킨다는 내용
건설적인 갈등의 힘
② Lighten Tense Moments with Humor
유머로 긴장된 순간을 가볍게 하라 　갈등을 유머로 해결하라는 내용이 아님
③ Strategies to Cope with Family Stress
가족 스트레스에 대처하는 전략 　가족 스트레스 대처에 대한 내용이 아님
④ Compromise: A Key to Resolving Conflict
타협: 갈등 해결의 열쇠 　갈등을 해결하기 위해 타협하라는 내용이 아님
⑤ Rivalry Between Brothers: A Serious Crisis
형제 간의 경쟁: 심각한 위기 　Wright 형제를 예시로 들었을 뿐임

왜 정답? ★★★ [정답률 59%]

잘 싸우는 것(갈등이나 논쟁)이 우리의 창의성을 발달시킨다는 내용이다. 이 주장을 뒷받침하는 근거로 매우 창의적인 건축가는 갈등이 많은 가정에서 자라났을 가능성이 크다는 연구와 Wright 형제의 경우를 들고 있다.
따라서 갈등이 문제 해결이나 창의적인 생각으로 이어진다는 이 글의 제목으로는 ① '건설적인 갈등의 힘'이 적절하다.

왜 오답?

② 유머에 대한 언급은 없으며, 갈등 상황을 완화시키는 방법에 대한 내용이 아니다.
③ 갈등의 좋은 점을 이야기하며 충돌이 많은 가정, 화목하지 않은 과정에서 창의적인 사람이 나올 가능성이 크다고 말하고 있을 뿐, 가족 스트레스 대처에 대한 내용이 아니다.
④ 갈등의 좋은 점을 얘기하고 있는 것이지 그것을 해결하기 위한 내용이 아니다.
⑤ 비행기를 발명한 Wright 형제가 끊임없는 논쟁을 즐겼다는 사실을 통해 갈등의 좋은 점을 말하고 있는 것이지 형제간의 경쟁을 위기로 보는 것이 아니다.

밑줄 친 (a)~(e) 중에서 문맥상 낱말의 쓰임이 적절하지 않은 것은? [3점]

① (a) 잘 싸우는 것은 창의적 근력을 발달시킴　　② (b) 많음　화목함
③ (c) 자녀들에게 아무 말도 하지 말라고 하는 대신　④ (d) 몇 주, 몇 달 동안 논쟁함
권장했다 자신의 입장을 내세우기를 격려함　끊임없는
⑤ (e) 인간이 하늘로 날아오르는 것을 막았던 가정을 지지했다면
지지하다 Wright 형제는 비행기를 발명할 수 없었을 것임

왜 정답? ★★★ [정답률 30%]

갈등은 창의적인 생각을 발달시키는데, Wright 형제 또한 끊임없이 열정적인 논쟁을 하면서 배움을 통해 문제를 해결해 나갔다.
그러므로 Wright 형제가 결국 비행기를 발명할 수 있었던 이유는 인간이 하늘로 날아오르는 것을 막았던 결정적인 가정을 그대로 수용하거나 '지지하지' 않고 '다시 고려했기' 때문이라는 내용이 되어야 하므로 ⑤ support를 rethink(다시 고려하다) 등의 어휘로 바꾸어야 한다.

왜 오답?

①, ② 잘 싸울 수 있다는 것이 우리의 창의적 근력을 발달시킨다고 했으므로, 창의적인 건축가는 그렇지 않은 건축가들보다 갈등이 '많은' 가정에서 올 가능성이 더 크고, 창의적이게 될 사람은 갈등이 있는, 즉 '화목하지' 않은 가정에서 나올 것이다.
③ 눈앞에 있되, 아무 말도 하지 말라는 것과 반대되는 내용이 와야 하므로 (Instead of), 자신의 입장을 내세울 것을 자녀들에게 '권장했을' 것이다.
④ Wright 형제는 몇 주, 몇 달 동안 논쟁했고, 그 '끊임없는' 싸움의 이유는 그들이 화가 났기 때문이 아니라 그것을 즐겼기 때문이라고 했다.

An organization imported / new machinery with the capacity / 형용사적 용법(the capacity, 수식)
to produce quality products / at a lesser price. //
한 조직이 수입했다 / 능력을 가진 새로운 기계를 / 질 좋은 제품을 생산하는 / 더 낮은 가격으로 //

A manager was responsible / for large quantities / in a relatively short span of time. //
한 관리자는 책임이 있었다 / 많은 양에 대한 / 상대적으로 짧은 시간에 //

He started / with the (a) full utilization / of the new machinery. //
그는 시작했다 / 최대한의 사용으로 / 새로운 기계의 //

He operated it 24/7 / at maximum capacity. // 31번 단서 1: 기계를 최대 능력치로 계속해서 작동시킴
그는 그것을 24시간 7일 내내 작동시켰다 / 최대 능력치로 //

He paid the least attention / to downtime, recovery breaks or 전치사 to의 목적어의 병렬 구조
the general maintenance of the machinery. //
그는 최소한의 관심을 기울였다 / 비가동 시간, 회복을 위한 휴기기, 또는 기계의 일반적인 유지 보수에 //
32번 단서 1: 기계에게 휴식을 주지 않음

이유의 분사절 접속사
As the machinery was new, / it continued to produce results / and, therefore, the organization's profitability (b) soared / and the manager was appreciated / for his performance. //
그 기계가 새것이었기 때문에 / 그것은 지속적으로 결과물을 생산했고 / 따라서 그 조직의 수익성은 치솟았다 / 그리고 그 관리자는 인정받았다 / 그의 수행에 대해서 //

Now after some time, / this manager was promoted and transferred / to a different location. //
얼마의 시간이 지난 지금 / 이 관리자는 승진하였고 옮겨졌다 / 다른 지점으로 //

부사적 용법(목적)
A new manager came in his place / to be in charge of running the manufacturing location. //
새로운 관리자가 그의 자리에 왔다 / 제조 지점 운영을 담당하기 위해 //

생략 가능한 명사절(목적어절) 접속사
But this manager realized / that with heavy utilization / and 전치사구의 병렬 구조
without any downtime for maintenance, /
그러나 이 관리자는 (~을) 깨달았다 / 과도한 사용으로 / 그리고 유지 보수를 위한 비가동 시간의 부재로 /

to부정사의 수동형을 완성하는 과거분사의 병렬 구조
a lot of the parts of the machinery / were significantly (c) worn / and needed to be replaced or repaired. //
그 기계의 많은 부품들이 / 상당히 닳았다는 것을 / 그리고 대체되거나 수리될 필요가 있다는 (것을) //
31번 단서 2, 32번 단서 2: 그 기계의 수리, 유지 보수에 많은 시간과 노력을 들여야 했고, 이는 낮은 생산과 이익의 손실을 초래함

The new manager had to put / significant time and effort / into repair and maintenance of the machines, / which resulted in lower production / and thus a loss of profits. // 계속적 용법의 주격 관계대명사
새 관리자는 들여야만 했고 / 상당한 시간과 노력을 / 그 기계의 수리와 유지 보수에 / 그것은 낮은 생산을 초래했다 / 그리고 따라서 이익의 손실을 //

과거완료 시제를 완성하는 과거분사의 병렬 구조
The earlier manager had only taken care / of the goal of production / and (d) ignored the machinery / although he had short-term good results. //
이전의 관리자는 오직 신경 썼다 / 생산 목표만을 / 그리고 기계를 무시했다 / 비록 그가 단기간에 좋은 결과를 얻었을지라도 //

동명사(주어)의 부정
But ultimately / not giving attention / to recovery and maintenance / resulted in long-term (e) positive(→ negative) consequences. // 31번 단서 3: 기계의 회복과 유지 보수에 주의를 기울이지 않은 것이 부정적인 결과를 초래함
그러나 궁극적으로 / 주의를 기울이지 않은 것은 / 회복과 유지 보수에 / 장기간의 긍정적인(→ 부정적인) 결과들을 초래했다 //

- organization ⓝ 조직　　• import ⓥ 수입하다
- machinery ⓝ 기계(류)　　• capacity ⓝ 능력　　• produce ⓥ 생산하다
- be responsible for ~에 책임이 있다　　• quantity ⓝ 양
- relatively ⓐⓓ 상대적으로　　• span ⓝ 기간, 시간
- utilization ⓝ 이용, 활용　　• operate ⓥ 작동시키다
- maximum ⓐ 최대의
- downtime ⓝ (기계, 특히 컴퓨터가) 작동하지 않는 시간
- recovery ⓝ 회복　　• general ⓐ 일반적인
- maintenance ⓝ 유지, 보수 관리　　• profitability ⓝ 수익성

• soar ⓥ 치솟다　• appreciate ⓥ 인정하다　• promote ⓥ 승진시키다
• location ⓝ 장소, 위치　• in charge of ~을 맡아서, 담당해서
• significantly 웹 상당히, 크게　• significant ⓐ 상당한
• production ⓝ 생산　• ignore ⓥ 무시하다
• ultimately 웹 궁극적으로　• overuse ⓝ 과도한 사용, 남용

한 조직이 질 좋은 제품을 더 낮은 가격으로 생산하는 능력을 가진 새로운 기계를 수입했다. 한 관리자는 상대적으로 짧은 시간에 많은 양에 대한 책임이 있었다. 그는 새로운 기계의 (a) 최대한의 사용으로 시작했다. 그는 그것을 최대 능력치로 24시간 7일 내내 작동시켰다. 그는 비가동 시간, 회복을 위한 휴지기, 또는 기계의 일반적인 유지 보수에 최소한의 관심을 기울였다. 그 기계가 새것이었기 때문에, 그것은 지속적으로 결과물을 생산했고, 따라서, 그 조직의 수익성은 (b) 치솟았고 그 관리자는 그의 수행에 대해서 인정받았다. 얼마의 시간이 지난 지금, 이 관리자는 승진하였고 다른 지점으로 옮겼다. 새로운 관리자가 제조 지점 운영을 담당하기 위해 그의 자리에 왔다. 그러나 이 관리자는 과도한 사용으로, 그리고 유지 보수를 위한 비가동 시간의 부재로, 그 기계의 많은 부품들이 상당히 (c) 닳았고 대체되거나 수리될 필요가 있다는 것을 깨달았다. 새 관리자는 상당한 시간과 노력을 그 기계의 수리와 유지 보수에 들여야만 했고, 그것은 낮은 생산과 따라서 이익의 손실을 초래했다. 이전의 관리자는 비록 그가 단기간에 좋은 결과를 얻었을지라도 생산 목표만을 신경 썼고 기계를 (d) 무시했다. 그러나 궁극적으로 회복과 유지 보수에 주의를 기울이지 않은 것은 장기간의 (e) 긍정적인(→ 부정적인) 결과들을 초래했다.

R 31 정답 ②

윗글의 제목으로 가장 적절한 것은?
① Why Are Quality Products Important? 왜 양질의 제품들이 중요한가? 제품의 품질이 좋아야 한다는 내용이 아님
② Give Machines a Break to Avoid Overuse 과도한 사용을 피하기 위해 기계에 휴식을 주어라 기계에 휴식을 주지 않아 장기적으로 부정적인 결과를 초래함
③ Providing Incentives to Maximize Workers' Abilities 노동자의 능력을 최대화하기 위해 장려책을 제공하는 것 노동자에 대한 글이 아님
④ Tip for Managers: The Right Man in the Right Place 관리자를 위한 조언; 적재적소 인재를 적재적소에 배치하라는 조언이 아님
⑤ Wars for High Productivity in a World of Competition 경쟁의 세계에서의 높은 생산성을 위한 전쟁 단기적인 높은 생산성에만 집중한 폐해를 이야기함

＞왜 정답？ ★★★ [정답률 58%]

새로운 기계를 처음 담당했던 관리자는 기계를 24시간 7일 내내 최대 능력치로 작동시키며 조직의 수익성을 높였지만, 기계의 회복과 유지 보수에 주의를 기울이지 않은 이러한 방식이 궁극적으로는 낮은 생산과 이익의 손실을 초래했다는 내용이다. 따라서 이 글의 제목으로 적절한 것은 ② '과도한 사용을 피하기 위해 기계에 휴식을 주어라'이다.

＞왜 오답？

① 제품의 품질이 갖는 중요성에 대해 설명한 글이 아니다.
③, ④ 노동자가 아니라 기계를 작동시키는 방식에 대해 조언하는 글이다.
⑤ 높은 생산성과 수익을 위해 과도하게 기계를 사용한 것이 궁극적으로 갖는 부정적인 결과에 대해 이야기하는 글이다.

R 32 정답 ⑤

밑줄 친 (a)~(e) 중에서 문맥상 낱말의 쓰임이 적절하지 않은 것은?
① (a) 24시간 7일 내내 최대 능력치로 기계를 작동시켰음
② (b) 기계가 지속적으로 결과물을 생산했음
③ (c) 닳았기 때문에 대체될 필요가 있는 것임
④ (d) 기계를 혹사시킨 무시했다 관리자에 대한 설명임
⑤ (e) 낮은 생산과 이익의 손실을 초래했음 긍정적인

＞왜 정답？ ★★★ [정답률 63%]

이전 관리자가 기계를 돌보지 않고 혹사시킨 결과로 낮은 생산과 이익의 손실이 초래됐으므로 이는 긍정적인 결과가 아니라 부정적인 결과이다. 따라서 ⑤ (e) positive를 반의어인 negative 등으로 바꾸어야 한다.

＞왜 오답？

① 기계를 24시간 7일 내내 최대 능력치로 작동시켰다고 했으므로 '최대한의(full)' 사용이라는 표현은 적절하다.
② 기계가 지속적으로 결과물을 생산했고, 관리자는 그의 수행에 대해 인정받아 승진했다는 것으로 보아 수익성이 '치솟았다(soared)'는 것은 적절하다.
③ 대체되거나 수리될 필요가 있었다는 것으로 보아 많은 부품들이 '닳았다(worn)'는 것은 자연스럽다.
④ 기계에게 휴식을 주지 않고 24시간 7일 내내 작동시킨 이전의 관리자에 대한 내용이므로 기계를 '무시했다(ignored)'는 표현은 적절하다.

R 33~34 ⭐ 2등급 대비

*뇌의 진화를 이끄는 사회성

Evolutionary biologists believe / sociability drove / the evolution of our complex brains. //
접속사 that 생략　that절의 주어와 동사
33번 단서 1: 사회성이 복잡한 뇌의 진화를 이끌어냄
진화생물학자들은 믿는다 / 사회성이 이끌었다고 / 우리의 복잡한 뇌의 진화를 //

Fossil evidence shows / that as far back as 130,000 years ago, / it was not (a) unusual / for Homo sapiens to travel more than a hundred and fifty miles / to trade, share food and, no doubt, gossip. //
목적어절 접속사 that
as far back as 시간: 그 시간만큼이나 먼 과거에
가주어 / 의미상의 주어 / 진주어 / 부사적 용법(목적)
화석 증거는 보여 준다 / 13만 년 전 아주 과거에 / 이상한 일이 아니었다는 것을 / 호모사피엔스가 150마일 이상을 이동하는 것이 / 거래하러, 음식을 공유하러, 그리고 의심의 여지없이 잡담을 하러 //

Unlike the Neanderthals, / their social groups extended / far beyond their own families. //
네안데르탈인과는 다르게 / 그들의 사회 집단은 뻗어 있었다 / 그들 자신의 가족을 훨씬 넘어서서 //

Remembering all those (b) connections, / who was related to whom, / and where they lived / required considerable processing power. //
명사절을 이끄는 의문사
33번 단서 2: 사회적인 관계들을 기억해내기 위해서는 상당한 처리력이 필요했음
모든 그런 연결을 기억하는 것은 / 누가 누구와 관련이 있는지 / 그리고 그들이 어디에 사는지의 / 상당한 처리력을 요구했다 //

It also required / wayfinding savvy. //
그것은 또한 요구했다 / 길 찾기 요령을 //

Imagine / trying to (c) maintain a social network / across tens or hundreds of square miles / of Palaeolithic wilderness. //
상상해 보아라 / 사회 관계망을 유지하려고 한다고 / 수십 혹은 수백 제곱 마일을 가로지르는 / 구석기 시대 황야의 //

You couldn't send a text message to your friends / to find out where they were /
명사절을 이끄는 의문사　부사적 용법(목적)
여러분은 친구들에게 문자 메시지를 보낼 수도 없다 / 그들이 어디에 있는지 알아내기 위해 //

— you had to go out and visit them, / remember where you last saw them / or imagine where they might have gone. //
명사절을 이끄는 의문사
여러분은 나가서 그들을 방문하고 / 마지막으로 그들을 어디에서 보았는지 기억하고 / 혹은 그들이 어디로 갔을지 상상해야만 했다 //

To do this, / you needed / navigation skills, spatial awareness, a sense of direction, / the ability to store maps of the landscape in your mind / and the motivation to travel around. //
부사적 용법(목적)　형용사적 용법
형용사적 용법
이것을 하기 위해 / 여러분은 필요로 했다 / 길 찾기 능력, 공간 인식, 방향 감각 / 풍경의 지도를 머릿속에 저장하는 능력 / 그리고 여기저기를 이동할 동기를 //

Canadian anthropologist Ariane Burke believes / that our ancestors (d) developed all these attributes / while trying to keep in touch with their neighbours. //
목적어절 접속사
뒤에 주어+be동사가 생략됨
33번 단서 3: 이웃과 교류하기 위해 다양한 특징을 발달시킴
캐나다 인류학자인 Ariane Burke는 믿는다 / 우리의 조상이 이러한 모든 특징들을 발달시켰다고 / 자신의 이웃과 연락하고 지내려고 하는 동안 //

Eventually, / our brains became primed / for wayfinding. //
마침내 / 우리의 두뇌가 준비를 하게 된 것이다 / 길 찾기를 위한 //

Meanwhile / the Neanderthals, who didn't travel as far, / never fostered a spatial skill set; /
주격 관계대명사
34번 단서: 사냥도 잘하고 추위에 잘 적응했지만 다양한 공간 능력을 발전시키지 못한 네안데르탈인들은 멸종했음
한편 / 네안데르탈인은 그만큼 멀리 이동하지 않았고 / 다양한 공간 능력을 발전시키지 못했다 /

전치사의 목적어

despite **being** sophisticated hunters, / well adapted to the cold and able to see in the dark, / they went extinct. //
수준 높은 사냥꾼이었음에도 불구하고 / 추위에 잘 적응했으며 어둠 속에서도 볼 수 있었음에도 불구하고 / 그들은 멸종하게 되었다 //

In the prehistoric badlands, / nothing was more (e) useless(→ helpful) / than a circle of friends. //
선사 시대의 불모지에서는 / 그 어떤 것도 쓸모없는(→ 도움이 되는) 것은 없었다 / 친구 집단보다 //

- evolutionary ⓐ 진화의, 진화론적인
- biologist ⓝ 생물학자
- sociability ⓝ 사회성
- drive ⓥ 이끌다
- complex ⓐ 복잡한
- fossil ⓝ 화석
- trade ⓥ 거래하다
- gossip ⓥ 잡담하다
- extend ⓥ 뻗어 있다
- considerable ⓐ 상당한
- wayfinding ⓝ 길 찾기
- square ⓐ 제곱의
- wilderness ⓝ 황야, 황무지
- navigation ⓝ 길 찾기
- spatial ⓐ 공간의
- awareness ⓝ 인지, 인식
- store ⓥ 저장하다
- landscape ⓝ 풍경, 배경
- motivation ⓝ 동기
- anthropologist ⓝ 인류학자
- ancestor ⓝ 조상
- attribute ⓝ 특징
- keep in touch ~와 연락하며 지내다
- primed for ~의 준비가 된
- foster ⓥ 기르다, 발전시키다
- sophisticated ⓐ 수준 높은, 정교한
- adapt to ~에 적응하다
- extinct ⓐ 멸종한
- prehistoric ⓐ 선사 시대의
- badland ⓝ 불모지

진화생물학자들은 사회성이 우리의 복잡한 뇌의 진화를 이끌었다고 믿는다. 화석 증거는 13만 년 전 아주 과거에 호모사피엔스가 거래하러, 음식을 공유하러, 그리고 의심의 여지없이 잡담을 하러 150마일 이상을 이동하는 것이 (a) 이상한 일이 아니었다는 것을 보여 준다. 네안데르탈인과는 다르게 그들의 사회 집단은 그들 자신의 가족을 훨씬 넘어서서 뻗어 있었다. 누가 누구와 관련이 있는지 그리고 그들이 어디에 사는지의 모든 그런 (b) 연결을 기억하는 것은 상당한 처리력을 요구했다. 그것은 또한 길 찾기 요령을 요구했다. 구석기 시대 황야의 수십 혹은 수백 제곱 마일을 가로지르는 사회 관계망을 (c) 유지하려고 한다고 상상해 보아라. 여러분은 친구들이 어디에 있는지 알아내기 위해 그들에게 문자 메시지를 보낼 수도 없다. 여러분은 나가서 그들을 방문하고, 마지막으로 그들을 어디에서 보았는지 기억하고 혹은 그들이 어디로 갔을지 상상해야만 했다. 이것을 하기 위해, 여러분은 길 찾기 능력, 공간 인식, 방향 감각, 풍경의 지도를 머릿속에 저장하는 능력, 그리고 여기저기를 이동할 동기를 필요로 했다. 캐나다 인류학자인 Ariane Burke는 우리의 조상이 자신의 이웃과 연락하고 지내려고 하는 동안 이러한 모든 특징들을 (d) 발달시켰다고 믿는다. 마침내 우리의 두뇌가 길 찾기를 위한 준비를 하게 된 것이다. 한편, 네안데르탈인은 그만큼 멀리 이동하지 않았고 다양한 공간 능력을 발전시키지 못했다. 수준 높은 사냥꾼이었고 추위에 잘 적응했으며 어둠 속에서도 볼 수 있었음에도 불구하고, 그들은 멸종하게 되었다. 선사 시대의 불모지에서는 그 어떤 것도 친구 집단보다 (e) 쓸모없는(→ 도움이 되는) 것은 없었다.

R 33 정답 ①

윗글의 제목으로 가장 적절한 것은?

① Social Networks: An Evolutionary Advantage
사회 관계망: 진화적 이점   사회 관계망이 발달된 종이 진화에서 살아남음
② Our Brain Forced Us to Stay Close to Our Family!
우리의 뇌가 가족과 가까이 지내도록 만들었다!   우리의 뇌가 사회 집단을 규정한 것이 아님
③ How We Split from Our Way and Kept Going on My Way
집단의 방식에서 분리되는 내용은 언급되지 않음
우리가 우리의 방식에서 분리되어 자신의 방식대로 나아가는 방법
④ Why Do Some People Have Difficulty in Social Relationships?
넓은 사회적 관계의 구축을 통해 진화의 이점을 획득함
왜 어떤 사람들은 사회적 관계에 어려움을 겪는가?
⑤ Being Connected to Each Other Leads to Communicative Skills
의사소통 능력은 언급되지 않음
서로 연결된 것이 의사소통 능력으로 이끈다

<hr>

왜 **2등급?** 윗글의 제목을 묻고 있지만 세부적인 내용인 '뇌', '사회적 관계' 등의 지문 속에 언급된 세부적 내용들로 선택지를 구성한 2등급 대비 문제이다. 첫 문장과 접속사 등을 조합하여 글의 구조를 파악한 후 내용을 읽어 글의 전체적 맥락을 파악하도록 한다.

| 문제 풀이 순서 | [정답률 50%]

1st 첫 문장을 통해 핵심 소재를 확인하고 글의 내용을 예상한다.

| 첫 문장 | Evolutionary biologists believe sociability drove the evolution of our complex brains. (단서)
진화생물학자들은 사회성이 우리의 복잡한 뇌의 진화를 이끌었다고 믿는다. |

→ 사회성이 어떻게 우리의 뇌를 복잡하게 진화시켰는지, 그 근거는 무엇인지 설명할 것이다. (발상)

2nd **1st**에서 발상한 것을 토대로 글을 읽고, 내용을 파악하여 제목을 고른다.

| 대조 | 호모사피엔스는 가족을 훨씬 넘어서는 사회 집단을 만들었는데, 그것은 사람간의 관계 등을 기억해야 하는 상당한 처리력과 그들을 방문하기 위해 상당한 길 찾기 요령을 요구했다. |
| | 반면 네안데르탈인은 그만큼 멀리 이동하지 않았고 다양한 공간 능력을 발전시키지 못했다. 그 결과 수준 높은 사냥꾼이었음에도 그들은 멸종하게 되었다. |

→ 네안데르탈인과 달리 호모사피엔스는 사회 관계망을 발달시켰는데, 덕분에 뇌가 복잡하게 진화했고 결국 진화에서 살아남게 되었다고 설명하고 있다.
따라서 ① '사회 관계망: 진화적 이점'이 윗글의 제목으로 가장 적절하다.

| 선택지 분석 |

① 호모사피엔스는 넓은 사회적 관계를 형성하였고, 이 과정에서 공간 인식, 방향 감각 등 많은 특징들을 발달시킬 수 있었는데 이것이 호모사피엔스가 진화적으로 유리한 입장에 서게 했다.
② 우리의 뇌가 사회 집단을 규정한 것이 아니라 사회성이 복잡한 뇌의 진화를 이끌었다는 내용의 글이다.
③ 집단의 방식에서 분리되는 내용은 언급되지 않았다.
④ 넓은 사회적 관계의 구축을 통해 진화의 이점을 획득한다는 내용이지, 사회적 관계의 어려움을 겪는 사람들에 대해 설명하는 글이 아니다.
⑤ 사회성이 의사소통 능력을 증진시켰다는 것이 아닌, 진화적으로 유리한 입장에 서게 했다는 내용이다.

R 34 정답 ⑤

밑줄 친 (a)~(e) 중에서 문맥상 낱말의 쓰임이 적절하지 않은 것은? [3점]

① (a) 호모사피엔스의 사회 집단은 가족을 이상과 훨씬 넘어섬
② (b) 호모사피엔스는 다양한 사회적 연결 관계(연결)를 기억해야 했음
③ (c) 호모사피엔스는 넓은 사회적 관계망을 유지하기 위해 먼 거리를 이동함
④ (d) 호모사피엔스는 넓은 사회적 관계망을 발달시켰 위해 다양한 특징을 발달시킴
⑤ (e) 넓은 사회적 관계망을 구축하는 것은 진화에 도움이 되는 것임 쓸모없는

왜 **2등급?** '친구 집단'이 의미하는 것이 호모사피엔스로 하여금 복잡한 뇌를 진화시키도록 한 '사회성'을 의미한다는 것을 이해해야 하는 2등급 대비 문제이다. '길 찾기 능력', '공간 인식', '방향 감각', '머릿속 저장 능력' 등이 언급되며 주제를 놓칠 수 있지만, 예시를 잘 구분하며 지문을 읽도록 한다.

왜 정답? [정답률 52%]

⑤ (e) useless 쓸모없는

도움이 되는
선사 시대의 불모지에서는 그 어떤 것도 친구 집단보다 (e) ~~쓸모없는~~ 것은 없었다.

→ 호모사피엔스는 넓은 사회적 관계를 형성하여 이동량이 많았고, 이 과정에서 공간 인식, 방향 감각 등 많은 특징들을 발달시킬 수 있었다. 이것이 호모사피엔스가 진화적으로 유리한 입장에 선 계기가 되었다.
이를 통해 선사 시대에서는 친구 집단과 같이 가족의 범위를 넘어서는 넓은 사회 집단이 진화의 필수적인 요소임을 알 수 있다.

▶ useless를 helpful 등의 어휘로 바꾸어야 함

왜 오답 ?

① (a) unusual 이상한

화석 증거는 13만 년 전 아주 과거에 호모사피엔스가 거래하러, 음식을 공유하러, 그리고 의심의 여지없이 잡담을 하러 150마일 이상을 이동하는 것이 (a) 이상한 일이 아니었다는 것을 보여 준다. 네안데르탈인과는 다르게 그들의 사회 집단은 그들 자신의 가족을 훨씬 넘어서서 뻗어 있었다.

➡ 이어지는 문장에서 네안데르탈인과는 다르게 호모사피엔스의 사회 집단은 가족을 훨씬 넘어섰다고 했으므로, 그들이 150마일 이상을 이동하는 넓은 생활반경을 가졌다는 것은 '이상할' 것이 없다. ▶ unusual은 문맥에 맞음

② (b) connections 연결

누가 누구와 관련이 있는지 그리고 그들이 어디에 사는지의 모든 그런 (b) 연결을 기억하는 것은 상당한 처리력을 요구했다.

➡ 사회성이 복잡한 뇌의 진화를 이끌었다는 근거로 사회성이 있던 호모사피엔스를 들고 있다.
사회 집단이 가족을 훨씬 넘어 뻗어 있게 되며 누가 누구와 관련 있는지, 어디에 사는지 등의 '연결'을 기억하는 것이 상당한 처리력을 요구했기 때문에 뇌가 진화하게 되었다는 것이다. ▶ connections는 문맥에 맞음

③ (c) maintain 유지하다

그것은 또한 길 찾기 요령을 요구했다. 구석기 시대 황야의 수십 혹은 수백 제곱 마일을 가로지르는 사회 관계망을 (c) 유지하려고 한다고 상상해 보아라.

➡ 앞 문장에서 사회성은 처리력뿐 아니라 길 찾기 요령을 요구했다고 했다. 사회 집단이 가족을 훨씬 넘어 뻗어 있던 호모사피엔스는 광범위한 사회 관계망을 '유지하기' 위해 먼 거리를 이동해 다녔을 것이고, 그렇기 때문에 길 찾기 요령이 요구됐을 것이다. ▶ maintain은 문맥에 맞음

④ (d) developed 발달시켰다

캐나다 인류학자인 Ariane Burke는 우리의 조상이 자신의 이웃과 연락하고 지내려고 하는 동안 이러한 모든 특징들을 (d) 발달시켰다고 믿는다.

➡ 그 당시에는 문자 메시지도 없었기 때문에 그들과 연락하기 위해서는 어디로 갔을지 상상하며 길 찾기 능력, 방향 감각 등을 필요로 했고, 우리의 조상이 그런 능력과 모든 특징들을 '발달시켰을' 것이다. ▶ developed는 문맥에 맞음

Ⓡ 35~36 ★ 2등급 대비

＊이야기를 만들어 내는 우리의 두뇌

A neuropsychologist, Michael Gazzaniga conducted a study /
신경 심리학자 Michael Gazzaniga는 연구를 수행했다 /

that shows that our brains (a) excel / at creating coherent (but not necessarily true) stories / that deceive us. //
우리의 뇌가 탁월하다는 것을 보여주는 / 일관성 있는 (그러나 반드시 사실은 아닌) 이야기를 만들어 내는 데 있어 / 우리를 속이는 //

In the study, / split-brain patients were shown an image / such that it was visible to only their left eye / and asked to select a related card / with their left hand. //
그 연구에서 / 분리 뇌 환자들에게 이미지를 보여주고 / 그들의 왼쪽 눈에만 보이도록 / 관련 있는 카드를 선택하도록 요청했다 / 그들의 왼손으로 //

Left-eye vision and left-side body movement / are controlled by the right hemisphere. //
왼쪽 눈의 시력과 왼쪽 몸의 움직임은 / 우뇌에 의해 제어된다 //

In a split-brain patient, / the connection between the right and left hemispheres / has been broken, / meaning no information can cross / from one hemisphere to the other. //
분리 뇌 환자에게 있어 / 우뇌와 좌뇌 사이의 연결은 / 끊어졌으며 / 이는 정보가 건너갈 수 없다는 것을 의미한다 / 한쪽 뇌에서 다른 쪽 뇌로 //

Therefore, in this experiment, / the right hemisphere was doing all of the work, / and the left hemisphere was (b) aware(→ unaware) / of what was happening. //
따라서 이 실험에서 / 우뇌가 모든 작업을 수행하고 있었고 / 좌뇌는 알고(→ 알지 못하고) 있었다 / 무슨 일이 일어나고 있는지 //

Gazzaniga then asked participants / why they chose the card / that they did. //
Gazzaniga는 그 후 참가자들에게 질문했다 / 그 카드를 왜 선택했는지 / 그들이 선택했던 //

Because language is processed and generated / in the left hemisphere, / the left hemisphere is required to respond. //
언어는 처리되고 생성되기 때문에 / 좌뇌에서 / 좌뇌가 응답하도록 요구된다 //

However, because of the experiment's design, / only the right hemisphere knew / why the participant selected the card. //
그러나 그 실험의 설계 때문에 / 오직 우뇌만이 알고 있었다 / 왜 그 참가자가 그 카드를 선택했는지 //

As a result, / Gazzaniga expected / the participants to be (c) silent / when asked to answer the question. //
결과적으로 / Gazzaniga는 예상했다 / 참가자들이 침묵할 것이라고 / 질문에 답할 것을 요청받았을 때 //

But instead, / every subject fabricated a response. //
하지만 그 대신에 / 모든 피실험자는 응답을 꾸며 냈다 //

The left hemisphere was being asked / to provide a (d) rationalization for a behavior / done by the right hemisphere. //
좌뇌는 요청을 받고 있었다 / 행동에 대한 설명을 제공하라는 / 우뇌에 의해 행해진 //

The left hemisphere didn't know the answer. //
좌뇌는 답을 알지 못했다 //

But that didn't keep / it from fabricating an answer. //
그러나 그것이 막지는 못했다 / 그것(좌뇌)이 답을 꾸며 내는 것을 //

That answer, however, had no basis in reality. //
하지만 그 대답은 사실 근거를 가지고 있지 않았다 //

Now if this study had been limited / to split-brain patients, / it would be interesting / but not very (e) relevant to us. //
자, 만약 이 연구가 제한됐다면 / 분리 뇌 환자에만 / 그것은 흥미롭지만 / 우리와 매우 관련 있는 일은 아닐 것이다 //

It turns out split-brain patients aren't the only ones / who fabricate reasons. //
분리 뇌 환자들이 유일한 사람이 아닌 것으로 드러난다 / 이유를 꾸며 내는 //

We all do it. //
우리 모두 그렇게 한다 //

We all need a coherent story about ourselves, / and when information in that story is missing, / our brains simply fill in the details. //
우리 모두는 자신에 대한 일관성 있는 이야기를 필요로 하고 / 그 이야기에서 정보가 빠져 있을 때 / 우리의 뇌는 단순히 세부 사항을 채운다 //

- neuropsychologist ⓝ 신경 심리학자
- conduct ⓥ 수행하다
- excel ⓥ 탁월하다, 능가하다
- deceive ⓥ 속이다
- visible ⓐ 보이는
- hemisphere ⓝ 반구(半球)
- generate ⓥ 생성하다
- fabricate ⓥ 꾸며내다
- rationalization ⓝ 설명, 합리화
- relevant ⓐ 관련 있는
- deceptive ⓐ 속이는
- dominance ⓝ 우세함

신경 심리학자 Michael Gazzaniga는 우리의 뇌가 우리를 속이는
일관성 있는 (그러나 반드시 사실은 아닌) 이야기를 만들어 내는 데 있어
(a) 탁월하다는 것을 보여주는 연구를 수행했다. 그 연구에서 분리 뇌
환자들에게 그들의 왼쪽 눈에만 보이도록 이미지를 보여주고 그들의
왼손으로 관련 있는 카드를 선택하도록 요청했다. 왼쪽 눈의 시력과 왼쪽
몸의 움직임은 우뇌에 의해 제어된다. 분리 뇌 환자에게 있어 우뇌와
좌뇌 사이의 연결은 끊어졌으며 이는 한쪽 뇌에서 다른 쪽 뇌로 정보가
건너갈 수 없다는 것을 의미한다. 따라서 이 실험에서 우뇌가 모든 작업을
수행하고 있었고, 좌뇌는 무슨 일이 일어나고 있는지 (b) 알고(→ 알지
못하고) 있었다.
Gazzaniga는 그 후 참가자들에게 그들이 선택했던 그 카드를 왜
선택했는지 질문했다. 언어는 좌뇌에서 처리되고 생성되기 때문에 좌뇌가
응답하도록 요구된다. 그러나 그 실험의 설계 때문에 오직 우뇌만이 왜 그
참가자가 그 카드를 선택했는지 알고 있었다. 결과적으로 Gazzaniga는
참가자들이 질문에 답할 것을 요청받았을 때 (c) 침묵할 것이라고
예상했다. 하지만 그 대신에 모든 피실험자는 응답을 꾸며 냈다. 좌뇌는
우뇌에 의해 행해진 행동에 대한 (d) 설명을 제공하라는 요청을 받고
있었다. 좌뇌는 답을 알지 못했다. 그러나 그것이 좌뇌가 답을 꾸며 내는
것을 막지는 못했다. 하지만 그 대답은 사실 근거를 가지고 있지 않았다.
자, 만약 이 연구가 분리 뇌 환자에만 제한됐더라면, 그것은 흥미롭지만
우리와 매우 (e) 관련 있는 일은 아닐 것이다. 분리 뇌 환자들이 이유를
꾸며 내는 유일한 사람이 아닌 것으로 드러난다. 우리 모두 그렇게
한다. 우리 모두는 자신에 대한 일관성 있는 이야기를 필요로 하고 그
이야기에서 정보가 빠져 있을 때, 우리의 뇌는 단순히 세부 사항을 채운다.

R 35 정답 ③

윗글의 제목으로 가장 적절한 것은?

① Which Side of the Brain Do We Tend to Use More?
좌뇌와 우뇌 중
우리는 어느 쪽 뇌를 더 사용하는 경향이 있는가?　어떤 쪽을 더 많이 쓰는지에 관한 내용이 아님
② How Our Brain's Hemispheres Interact in Storytelling
우리 뇌의 반구들이 이야기를 말할 때의 방법　상호작용하지 않음
③ The Deceptive Brain: Insights from a Split-Brain Patient
Study
속이는 두뇌: 분리 뇌 환자의 실험을 통해 인간의 이야기를 만들어 내는 탁월한 능력을 알게 됨
④ To Be Creative, Activate Both Hemispheres of Your Brain!
창의력을 키우려면 뇌의 두 반구를 모두 활성화해라!　창의력과 관련 없음
⑤ The Dominance of the Left Brain in Image Processing
이미지 처리에서 좌뇌의 우세함　알 수 없음

왜 2등급? 정답을 찾는 데 큰 단서가 되는 글의 첫 문장에 어휘 선택지가 있기
때문에 글이 어떤 방향으로 전개될지 예상하기 어려운 2등급 대비 문제이다. 연구에
관한 글이기 때문에 연구 결과가 글의 주제와 밀접한 관련이 있을 것이므로 연구
내용을 정확하게 파악하여 제목을 찾는다.

| 문제 풀이 순서 | [정답률 48%]

1st 첫 문장을 통해 글의 내용을 예상한다.

| 첫 문장 | 신경 심리학자 Michael Gazzaniga는 우리의 뇌가 우리를
속이는 일관성 있는 (그러나 반드시 사실은 아닌) 이야기를 만들어
내는 데 있어 (a) 탁월하다는 것을 보여주는 연구를 수행했다. |

→ 첫 문장에 어휘 문제의 선택지가 있기 때문에 글의 내용을 정확히 예상하기는
어렵다. '뇌가 우리를 속이는 일관성 있는 이야기를 만들어 내는 데 탁월하다/
탁월하지 않다'라는 결과를 낸 연구에 관한 글이라고 가정하고 읽어야 한다.

2nd 1st 에서 발상한 것을 토대로 글을 읽고, 내용을 파악한다.

・분리 뇌 환자들에게 그들의 왼쪽 눈에만 이미지를 보여주고 왼손으로 관련 있는
　카드를 선택하도록 요청했다. → 분리 뇌 환자의 우뇌와 좌뇌는 연결이 끊어졌기
　때문에 한쪽 뇌에서 다른 쪽 뇌로 정보가 건너갈 수 없다.
・언어는 좌뇌에서 처리되기 때문에 그 카드를 왜 선택했는지 질문받은 참가자들은
　답을 알지 못했다. 35번 단서 1
・좌뇌는 답을 꾸며 냈고, 분리 뇌 환자들뿐 아니라 우리 모두도 이야기에서 정보가
　빠져 있을 때, 우리의 뇌는 일관성 있게 세부 사항을 채운다. 35번 단서 2

→ 우뇌와 좌뇌의 연결이 끊어졌기 때문에 우뇌에서 진행된 실험 내용을 좌뇌는
당연히 알지 못하는 상태임에도 모든 피실험자는 좌뇌를 활용해 언어로 응답을
꾸며 냈다. 분리 뇌 환자들만 이야기를 지어내는 것이 아니라 우리 모두 그렇게
한다고 설명하고 있다.

3rd 글의 주제에 알맞은 제목을 고른다.
2nd 에서 파악한 글의 내용과 글의 핵심문장인 마지막 문장을 보면 글의 주제는 '분리
뇌 환자의 실험을 통해 본 인간의 이야기를 만들어 내는 탁월한 능력'이다. 따라서 이
글의 제목은 ③ '속이는 두뇌: 분리 뇌 환자 연구에서 얻은 통찰'이다.

| 선택지 분석 |

① 좌뇌와 우뇌 중 어떤 쪽을 더 많이 쓰는지에 관한 내용은 없다.
② 좌뇌와 우뇌가 연결되지 않았더라도 이야기를 지어내는 분리 뇌 환자 연구에서
　보듯이, 이야기를 말할 때 두 반구가 상호작용한다는 내용은 없다.
③ 분리 뇌 환자 연구를 통해 인간은 일관성 있는 이야기를 만들기 위해 이야기를 꾸며
　낸다는 사실을 발견했다는 내용이다.
④ 창의력을 키우기 위해 뇌를 어떻게 사용하는 것이 좋은지를 설명한 글이 아니다.
⑤ 이미지 처리에 좌뇌가 우세하다는 결과를 보여주는 연구가 아니다.

R 36 정답 ②

밑줄 친 (a)~(e) 중에서 문맥상 낱말의 쓰임이 적절하지 않은 것은? [3점]

① (a) 일관성 있게 세부 사항을 채움　　② (b) 우뇌와 좌뇌는 끊어져 있으므로 우뇌의
　탁월하다　　　　　　　　　　　　　　　알고 있는 작업을 좌뇌는 '알지 못함'
③ (c) 설명(좌뇌 필요)을 요청받으면 '침묵할' 것임　　④ (d) 좌뇌는 우뇌에 의해 행해진 실험 내용에
　침묵하는　　　　　　　　　　　　　　　대한 '설명'을 제공하라고 요청받음
⑤ (e) 실험 내용이 분리 뇌 환자에게만 적용되었다면
　관련 있는　우리에게는 '관련 있는' 내용은 아닐 것임

왜 2등급? split-brain patients, 즉 분리 뇌 환자들을 대상으로 하는 연구의
의미는 그들의 좌뇌와 우뇌는 끊어져 있기 때문에 우뇌에서 행해진 행동들(왼쪽 눈,
왼손)을 좌뇌가 알지 못한다는 것이다. 이것을 이해하지 못한다면 좌뇌가 우뇌에서
행해진 행동들을 아는지(aware), 알지 못하는지(unaware) 판단할 수 없으므로
틀리기 쉬운 2등급 대비 문제이다.

왜 정답? [정답률 48%]

② (b) aware 알고 있는

따라서 이 실험에서 우뇌가 모든 작업을 수행하고 있었고, 좌뇌는 무슨
일이 일어나고 있는지 (b) 알고 있었다.

→ 앞 문장에서 실험 대상인 분리 뇌 환자의 우뇌와 좌뇌는 끊어져 있다고 했다. 또
이것이 한쪽 뇌에서 다른 쪽 뇌로 정보가 건너갈 수 없는 것을 의미한다고 부연
설명했다.
따라서 우뇌에서 수행하고 있는 작업을 좌뇌는 '알고' 있지 않을 것이다.
▶ aware는 unaware(알지 못하는) 등의 어휘로 바꾸어야 함

왜 오답?

① (a) excel 탁월하다

신경 심리학자 Michael Gazzaniga는 우리의 뇌가 우리를 속이는
일관성 있는 (그러나 반드시 사실은 아닌) 이야기를 만들어 내는 데 있어
(a) 탁월하다는 것을 보여주는 연구를 수행했다.

→ 연구의 결론 부분인 글의 마지막을 보면 우리 모두는 자신에 대한 일관성 있는
이야기를 필요로 하고 그 이야기에서 정보가 빠져 있을 때, 우리의 뇌는 단순히 세부
사항을 채운다고 했다. 단서
따라서 신경 심리학자가 보여주는 연구는 우리의 뇌가 일관성 있는 이야기를
만들어 내는 것에 '탁월하다'는 것을 보여줄 것이다. 발상
▶ excel은 문맥에 맞음

③ (c) silent 침묵하는

결과적으로 Gazzaniga는 참가자들이 질문에 답할 것을 요청받았을 때
(c) 침묵할 것이라고 예상했다.

→ 언어는 좌뇌에서 처리되는데 수행은 오직 우뇌에서 행해졌기 때문에 우뇌와 좌뇌가
끊어진 참가자들은 질문에 '침묵할' 것이라고 예상할 수 있다.
▶ silent는 문맥에 맞음

④ (d) rationalization 설명

[좌뇌는 우뇌에 의해 행해진 행동에 대한 (d) 설명을 제공하라는 요청을
 받고 있었다.

➡ 신경 심리학자가 참가자들에게 요구한 것은 카드를 왜 선택했는지, 즉 우뇌에 의해
 행해진 행동에 대한 '설명'을 제공하라는 것이었다. 설명은 언어적 영역이기 때문에
 좌뇌가 요청받게 된다.

▶ rationalization은 문맥에 맞음

⑤ (e) relevant 관련 있는

[자, 만약 이 연구가 분리 뇌 환자에만 제한됐었다면, 그것은 흥미롭지만
 우리와 매우 (e) 관련 있는 일은 아닐 것이다.

➡ 연구의 결과가 분리 뇌 환자에게만 제한됐었다면 우리와 '관련 있는' 일은 아닐
 것이지만, 우리 또한 이야기에 정보가 빠져 있을 때 지어내려 한다는 연구의 결론에
 해당하는 내용이다.

▶ relevant는 문맥에 맞음

R 37~38 ★1등급 대비

*집단 양극화를 이끄는 집단 토론

Common sense suggests / that discussion with others / who
express different opinions / should produce more moderate
attitudes / for everyone in the group. //
상식은 말한다 / 사람들과의 토론이 / 다른 의견을 내는 / 좀 더 온건한 태도를 만들어 낼
것이라고 / 그 집단 내의 모든 사람들에게 // 37번 단서 1: 다른 의견을 내는 사람들과의 토론이
온건한 태도를 만드는 것은 아님
Surprisingly, / this is not always the case. //
놀랍게도 / 이것이 항상 사실은 아니다 // 부분 부정

In group polarization, / a period of discussion / pushes group
members to take more extreme positions / in the direction / that
they were already inclined to prefer. // 37번 단서 2: 집단 토론에서 구성원들은
그들이 이미 선호하는 사고방식을 취함
집단 양극화에서 / 일정 기간의 토론은 / 집단 구성원들이 더 극단적인 입장을 취하도록
압박한다 / 방향으로 / 이미 선호하는 경향이 있던 //

Group polarization does not (a) reverse the direction of
attitudes, / but rather accentuates the attitudes / held at the
beginning. //
집단 양극화는 태도의 방향을 뒤집는 것이 아니라 / 오히려 태도를 강화한다 / 처음에 가졌던 //

Two pressures appear / to push individuals to take more
extreme positions / following a group discussion. //
두 가지 압력들이 보인다 / 개인들이 더 극단적인 입장을 취하도록 압박하는 것으로 / 집단
토론 후에 // 37번 단서 3, 38번 단서 1: 집단 토론 후 집단 양극화의 이유로 두 가지 압력을 제시함

First, / conformity and desire for affiliation / contribute to group
polarization. //
첫째 / 순응과 소속 욕구는 / 집단 양극화에 기여한다 //

If the majority of a group / is leaning in a particular direction, /
만약 어떤 집단의 다수가 / 특정한 방향으로 기울어 있다면 /

what could be a better way of fitting in / than (b) agreeing with
that majority, / and maybe even taking its argument one step
farther? //
더 나은 소속 방법이 무엇이겠는가 / 그 다수에게 동의하고 / 심지어 그 주장에서 한 걸음 더
나아가는 것보다 //

There is also a tendency / for like-minded people to affiliate
with one another, /
또한 경향이 있는데 / 같은 생각을 가진 사람들은 서로 뭉치는 /

---

which can provide (c) reinforcement for existing opinions, /
increase people's confidence in those opinions, /
이는 기존 의견에 대한 강화를 제공하고 / 그러한 의견에 대한 사람들의 확신을 높이고 /
lead to the discovery / of new reasons for those opinions and
counterarguments to opposing views, / and reduce exposure /
to conflicting ideas. //
발견을 야기하며 / 그러한 의견에 대한 새로운 근거 및 상반되는 관점에 대한 반론의 / 노출을
줄일 수 있다 / 상충되는 생각에의 // 38번 단서 2: 양극화의 두 번째 이유이므로, 태도를 바꾸는
것이 아닌 유지하는 새로운 이유를 도입할 것임
Second, / exposure to discussion on a topic / introduces new
reasons / for (d) changing(→ maintaining) an attitude. //
둘째 / 주제에 대한 토론에의 노출은 / 새로운 이유를 도입한다 / 태도를 바꾸는(→ 유지하는)
데 대한 //
If you are already opposed to gun control / and you listen to
additional arguments / supporting your position, / you might
end up more (e) opposed / than you were originally. //
만약 당신이 이미 총기 규제에 반대하고 있으며 / 추가적인 주장을 듣는다면 / 당신의 입장을
지지하는 / 당신은 결국 더 반대하게 될지도 모른다 / 원래보다 //

- common sense 상식
- be the case 사실이다
- extreme ⓐ 극단적인
- reverse ⓥ 뒤집다
- like-minded 같은 생각을 가진
- reinforcement ⓝ 강화
- opposing ⓐ 상반되는
- conflicting ⓐ 상충되는
- companion ⓝ 동지
- weaken ⓥ 약화하다
- moderate ⓐ 온건한
- polarization ⓝ 양극화
- be inclined to ~의 경향이 있다
- pressure ⓝ 압력
- conformity ⓝ 순응
- affiliate ⓥ 뭉치다, 연합하다
- counterargument ⓝ 반론
- exposure ⓝ 노출
- oppose ⓥ 반대하다
- competition ⓝ 경쟁
- identity ⓝ 정체성
- foster ⓥ 기르다

상식은 다른 의견을 내는 사람들과의 토론이 그 집단 내의 모든
사람들에게 좀 더 온건한 태도를 만들어 낼 것이라고 말한다. 놀랍게도,
이것이 항상 사실은 아니다. 집단 양극화에서, 일정 기간의 토론은 집단
구성원들이 이미 선호하는 경향이 있던 방향으로 더 극단적인 입장을
취하도록 압박한다. 집단 양극화는 태도의 방향을 (a) 뒤집는 것이 아니라,
오히려 처음에 가졌던 태도를 강화한다. 두 가지 압력들이 집단 토론 후에
개인들이 더 극단적인 입장을 취하도록 압박하는 것으로 보인다. 첫째,
순응과 소속 욕구는 집단 양극화에 기여한다. 만약 어떤 집단의 다수가
특정한 방향으로 기울어 있다면, 그 다수에게 (b) 동의하고, 심지어 그
주장에서 한 걸음 더 나아가는 것보다 더 나은 소속 방법이 무엇이겠는가?
또한 같은 생각을 가진 사람들은 서로 뭉치는 경향이 있는데, 이는 기존
의견에 대한 (c) 강화를 제공하고, 그러한 의견에 대한 사람들의 확신을
높이고, 그러한 의견에 대한 새로운 근거 및 상반되는 관점에 대한 반론의
발견을 야기하며, 상충되는 생각에의 노출을 줄일 수 있다. 둘째, 주제에
대한 토론에의 노출은 태도를 (d) 바꾸는(→ 유지하는) 데 대한 새로운
이유를 도입한다. 만약 당신이 이미 총기 규제에 반대하고 있으며 당신의
입장을 지지하는 추가적인 주장을 듣는다면, 당신은 결국 원래보다 더
(e) 반대하게 될지도 모른다.

R 37 정답 ⑤

윗글의 제목으로 가장 적절한 것은?

① Have More Companions and Perform Better!
더 많은 동지를 가지고 더 나은 수행을 해라! 동지가 많아지는 것과 더 나은 수행은 언급되지 않음
② Group Competition: Not Necessarily Harmful
집단 경쟁 반드시 해로운 것은 아니다 집단 간의 경쟁을 설명한 것이 아님
③ Exposure to New Ideas Weakens Group Identity
새로운 아이디어에 노출되는 것은 집단 정체성을 약화한다 오히려 집단 양극화가 강화됨
④ Sharing Ideas: The Surest Way to Foster Creativity
아이디어 공유하기: 창의력을 기르는 가장 확실한 방법 기존 생각을 강화한다고 했음
⑤ Black Gets Darker, White Gets Brighter in Group
Discussion 집단 토론을 통해 자신이 원래 갖고 있던 생각이 강화되는 과정을 설명함
집단 토론에서 검은색은 더 어두워지고, 흰색은 더 밝아진다

this is not the case(사실은 그렇지 않다)가 의미하는 바를 이해하지 못한다면
일반적인 믿음에 관한 글이라 생각할 수 있기 때문에 틀리기 쉬운 1등급 대비
문제이다.

| 문제 풀이 순서 | [정답률 48%]

1st 첫 문장을 통해 핵심 소재를 확인하고 글의 내용을 예상한다.

첫 문장과 그 다음 문장	상식은 다른 의견을 내는 사람들과의 토론이 그 집단 내의 모든 사람들에게 좀 더 온건한 태도를 만들어 낼 것이라고 말한다. 놀랍게도, 이것이 항상 사실은 아니다. **37번 단서 1**

➡ 우리는 의견이 다른 사람들과의 토론을 통해 좀 더 온건한 태도를 만들 수 있다고
생각하지만, 사실은 그렇지 않다고 설명한다. **단서**
왜 그렇지 않은지 토론 과정을 보여주며 이유를 설명할 것이다. **발상**

2nd **1st** 에서 발상한 것을 토대로 글을 읽고, 내용을 파악한다.

- 집단 양극화에서, 일정 기간의 토론은 집단 구성원들이 이미 선호하는 경향이
  있던 방향으로 더 극단적인 입장을 취하도록 압박한다. **37번 단서 2**
- 두 가지 압력들이 집단 토론 후에 개인들이 더 극단적인 입장을 취하도록
  압박하는 것으로 보인다. **37번 단서 3**

➡ 집단 양극화, 즉 의견이 다른 집단과 토론할 때 우리는 우리가 이미 선호하는
방향으로 더 극단적인 입장을 취하게 된다.

3rd 글의 주제에 알맞은 제목을 고른다.

다른 의견을 내는 사람들과의 토론이 우리로 하여금 온건한 태도를 갖게 할 것이라는
우리의 상식과 달리, 집단 양극화에서 우리는 우리의 기존 입장을 더욱 극단적으로
취하게 된다는 글이다.
이를 비유적으로 표현한 제목은 ⑤ '집단 토론에서 검은색은 더 어두워지고, 흰색은 더
밝아진다'이다.

| 선택지 분석 |

① 동지가 많아지는 것과 더 나은 수행은 언급되지 않았다.
② 집단 간의 경쟁을 설명한 것이 아니라, 집단 양극화를 초래하는 집단 토론을 설명한
  것이다.
③ 자신과 다른 의견의 새로운 아이디어에 노출됨으로써 오히려 집단 양극화가
  강화된다고 설명했다.
④ 아이디어를 공유하는 것은 창의력이 아닌 자신의 기존 생각을 강화한다고
  설명했다.
⑤ 집단 토론을 통해 기존의 입장을 더욱 고수하게 된다는 내용이다.

R 38 정답 ④

밑줄 친 (a)~(e) 중에서 문맥상 낱말의 쓰임이 적절하지 않은 것은? [3점]

① (a) 이미 선호하는 방향으로 더 극단적인 입장을
  뒤집다 취하도록 압박함
② (b) 다수가 특정 의견을 주장하고 있다면
  소속감을 얻기 위해 그 의견에 동의할
  동의하는 것 것임
③ (c) 같은 생각을 가진 사람들끼리 뭉치면 기존의
  강화 생각이 강화될 것임
④ (d) 이미 선호하던 방향으로 더 극단적인
  바꾸는 것 입장을 취하게 되는 이유가 와야 함
⑤ (e) 추가적인 의견을 들음으로써 더욱 반대하게
  반대하는 될 것임

왜 1등급? 선택지 앞에 부정어 does not이 있기 때문에 reverse가 아닌 does
not reverse가 전체 글의 흐름과 일치하는 주장인지 확인해야 하는 1등급 대비
문제이다.

| 문제 풀이 순서 | [정답률 40%]

1st 각 낱말의 의미를 먼저 확인하고, 반의어를 미리 생각해 놓는다.

- (a) reverse: 뒤집다 ↔ maintain: 유지하다
- (b) agreeing: 동의하는 ↔ disagreeing: 동의하지 않는
- (c) reinforcement: 강화 ↔ reduction: 축소
- (d) changing: 바꾸는 ↔ maintaining: 유지하는
- (e) opposed: 반대하는 ↔ supported: 지지하는

➡ '뒤집다, 동의하다, 바꾸다, 반대의' 등의 어휘가 있는 것으로 보아 유지하고
찬성하는 문맥인지 그렇지 않은지에 초점을 맞춰 글을 읽어야 한다.

2nd 밑줄 친 부분이 포함된 문장을 읽고, 그 의미가 무엇일지 예상한다.

① (a) reverse 뒤집다

집단 양극화는 태도의 방향을 (a) 뒤집는 것이 아니라, 오히려 처음에
가졌던 태도를 강화한다.

➡ 처음에 가졌던 태도를 강화하는 것은 태도의 방향을 '뒤집는' 것이 아니다. 앞에
does not이 있으므로 뒤집는 것이 아니라는, 유지한다는 설명은 적절하다.

  ▶ reverse는 문맥에 맞음

② (b) agreeing 동의하는

만약 어떤 집단의 다수가 특정한 방향으로 기울어 있다면, 그 다수에게
(b) 동의하고, 심지어 그 주장에서 한 걸음 더 나아가는 것보다 더 나은
소속 방법이 무엇이겠는가?

➡ 집단 토론 후 개인들이 더 극단적인 입장을 취하게 되는 두 가지 압력 중 첫 번째에
대해 설명하는 부분이다.
첫 번째 압력은 순응과 소속 욕구이다. 특정 방향으로 기울어져 있는 다수에게
'동의하여' 그 집단에 소속하려 할 것이다. ▶ agreeing은 문맥에 맞음

③ (c) reinforcement 강화

또한 같은 생각을 가진 사람들은 서로 뭉치는 경향이 있는데, 이는 기존
의견에 대한 (c) 강화를 제공하고, 그러한 의견에 대한 사람들의 확신을
높이고, 그러한 의견에 대한 새로운 근거 및 상반되는 관점에 대한 반론의
발견을 야기하며, 상충되는 생각에의 노출을 줄일 수 있다.

➡ 같은 생각을 가진 사람들이 모여 그 의견에 대한 근거와 상반되는 관점에 대한
발견을 서로 나누어 기존 의견에 대한 '강화'를 얻게 된다.

  ▶ reinforcement는 문맥에 맞음

④ (d) changing 바꾸는

둘째, 주제에 대한 토론에의 노출은 태도를 (d) ~~바꾸는~~ 유지하는 데 대한 새로운
이유를 도입한다.

➡ 집단 토론 후 개인들이 더 극단적인 입장을 취하도록 하는 두 가지 압력 중 두
번째에 대해 설명하는 부분이다.
토론에의 노출이 태도를 '바꾸는' 데 새로운 이유를 도입한다면 더 극단적인 입장을
취하지 않을 것이다.

  ▶ 태도를 '유지하는' 것이므로 changing을 maintaining 등의 어휘로 바꾸어야 함

⑤ (e) opposed 반대하는

만약 당신이 이미 총기 규제에 반대하고 있으며 당신의 입장을 지지하는
추가적인 주장을 듣는다면, 당신은 결국 원래보다 더 (e) 반대하게 될지도
모른다.

➡ 두 번째 압력에 대한 예시로, 이미 가지고 있던 입장에 대한 추가적인 주장을
듣는다면 반대하던 입장은 더 '반대하게' 될 것이다. ▶ opposed는 문맥에 맞음

＊나이 듦에 관한 사회적 규범의 진화

In England in the 1680s, / it was unusual / to live to the age of fifty. //
1680년대 영국에서는 / ~은 이례적인 일이었다 / 50세까지 사는 것은 //

This was a period / when knowledge was not spread (a) widely, / there were few books / and most people could not read. //
이것은 시기였다 / 지식이 널리 보급되지 않았고 / 책이 거의 없었으며 / 대부분의 사람들이 읽을 수 없었던 //

As a consequence, / knowledge passed down / through the oral traditions of stories and shared experiences. //
결과적으로 / 지식은 전수되었다 / 이야기와 공유된 경험이라는 구전 전통을 통해 //

And since older people had accumulated more knowledge, / the social norm was that to be over fifty was to be wise. //
그리고 더 나이 든 사람들이 더 많은 지식을 축적했기 때문에 / 사회적 규범은 50세가 넘으면 지혜롭다는 것이었다 //
39번 단서 1: 과거에는 나이가 많다는 것이 지혜롭다는 것을 의미했음

This social perception of age / began to shift / with the advent of new technologies / such as the printing press. //
나이에 대한 이런 사회적 인식은 / 변화하기 시작했다 / 새로운 기술의 출현으로 / 인쇄기와 같은 //
39번 단서 2: 나이에 대한 사회적 인식이 신기술의 출현으로 변화함

Over time, / as more books were printed, / literacy (b) increased, / and the oral traditions of knowledge transfer began to fade. //
시간이 지나면서 / 더 많은 책이 인쇄됨에 따라 / 문해력이 증가했고 / 지식 전달의 구전 전통이 사라지기 시작했다 //
39번 단서 3: 구전 전통이 사라지며 나이가 많다는 것이 더 이상 중요하지 않게 됨

With the fading of oral traditions, / the wisdom of the old became less important / and as a consequence / being over fifty was no longer seen / as (c) signifying wisdom. //
구전 전통이 사라지면서 / 노인들의 지혜는 덜 중요해졌고 / 결과적으로 / 50세가 넘은 것은 / 더 이상 여겨지지 않았다 / 지혜로움을 의미하는 것으로 //

We are living in a period / when the gap between chronological and biological age is changing fast / and where social norms are struggling to (d) adapt. //
우리는 시기에 살고 있다 / 생활 연령과 생물학적 연령 사이의 격차가 빠르게 변하고 / 사회적 규범이 적응하기 위해 분투하는 //
40번 단서 1: 생활 연령과 생물학적 연령 사이의 격차가 빠르게 변하는 세상임

In a video / produced by the AARP (formerly the American Association of Retired Persons), / young people were asked to do various activities / 'just like an old person'. //
영상에서 / AARP(이전의 미국 은퇴자 연합)에 의해 제작된 / 젊은이들은 다양한 활동을 하도록 요청받았다 / '마치 꼭 노인처럼' //
40번 단서 2: 젊은이들에게 노인처럼 행동해 보라고 요청함

When older people joined them in the video, / the gap between the stereotype and the older people's actual behaviour / was (e) unnoticeable(→ striking). //
영상에서 노인들이 그들에 합류했을 때 / 고정 관념과 노인들의 실제 행동 사이의 격차는 / 눈에 띄지 않았다(→ 두드러졌다) //

It is clear / that in today's world / our social norms need to be updated quickly. //
~이 분명하다 / 오늘날의 세상에서 / 우리의 사회적 규범은 신속하게 최신화되어야 한다는 것이 //
40번 단서 3: 사회적 규범이 빨리 최신화되어야 한다고 주장함

- unusual ⓐ 흔치 않은, 드문
- spread ⓥ 퍼지다, 보급되다
- consequence ⓝ 결과
- accumulate ⓥ 축적하다, 모으다
- norm ⓝ 규범, 일반적인 것
- perception ⓝ 인식, 지각
- shift ⓥ 바뀌다
- advent ⓝ 도래, 출현
- printing press 인쇄기
- literacy ⓝ 글을 읽고 쓸 줄 아는 능력
- oral ⓐ 구두의
- fade ⓥ 서서히 사라지다
- signify ⓥ 의미하다, 뜻하다
- chronological ⓐ 연대순의
- biological age 생물학적 연령
- struggle ⓥ 분투하다, 고투하다
- adapt ⓥ 적응하다

- stereotype ⓝ 고정 관념
- unnoticeable ⓐ 눈에 띄지 않는
- ongoing ⓐ 계속 진행 중인
- generational ⓐ 세대 간의
- depend on ~에 달려 있다

1680년대 영국에서는 50세까지 사는 것은 이례적인 일이었다. 이 시기는 지식이 (a) 널리 보급되지 않았고, 책이 거의 없었으며, 대부분의 사람들이 읽을 수 없었던 때였다. 결과적으로, 지식은 이야기와 공유된 경험이라는 구전 전통을 통해 전수되었다. 그리고 더 나이 든 사람들이 더 많은 지식을 축적했기 때문에 사회적 규범은 50세가 넘으면 지혜롭다는 것이었다. 나이에 대한 이런 사회적 인식은 인쇄기와 같은 새로운 기술의 출현으로 변화하기 시작했다. 시간이 지나면서 더 많은 책이 인쇄됨에 따라 문해력이 (b) 증가했고, 지식 전달의 구전 전통이 사라지기 시작했다. 구전 전통이 사라지면서 노인들의 지혜는 덜 중요해졌고, 결과적으로 50세가 넘은 것은 더 이상 지혜로움을 (c) 의미하는 것으로 여겨지지 않았다. 우리는 생활 연령과 생물학적 연령 사이의 격차가 빠르게 변하고 사회적 규범이 (d) 적응하기 위해 분투하는 시기에 살고 있다. AARP(이전의 미국 은퇴자 연합)에 의해 제작된 영상에서 젊은이들은 다양한 활동을 '마치 꼭 노인처럼' 하도록 요청받았다. 영상에서 노인들이 그들에 합류했을 때, 고정 관념과 노인들의 실제 행동 사이의 격차는 (e) 눈에 띄지 않았다 (→ 두드러졌다). 오늘날의 세상에서 우리의 사회적 규범은 신속하게 최신화되어야 한다는 것이 분명하다.

R 39 정답 ①

윗글의 제목으로 가장 적절한 것은?

① Our Social Norms on Aging: An Ongoing Evolution
나이 듦에 대한 우리의 사회적 규범: 계속되는 진화
② The Power of Oral Tradition in the Modern World
현대 세계에서 구전 전통의 힘
③ Generational Differences: Not As Big As You Think
세대 차이: 당신이 생각하는 것만큼 크지 않다
④ There's More to Aging than What the Media Shows
노화에는 미디어가 보여주는 것보다 더 많은 것이 있다
⑤ How Well You Age Depends on Your Views of Aging
당신이 얼마나 잘 나이가 드는가는 노화에 관한 당신의 관점에 달려 있다

오왜 1등급? 나이 듦을 소재로 할 때 흔히 주제로 쓰이는 주제를 활용한 매력적인 오답이 선택지에 많이 있어 틀리기 쉬웠던 문제이다. 사회적 규범 (social norm)이 또 다른 중요한 소재임을 알아야 한다.

| 문제 풀이 순서 | [정답률 58%]

1st 선택지와 첫 문장을 통해 글의 내용을 예상한다.

선택지	나이 듦과 사회적 규범, 구전 전통, 크지 않은 세대 차이, 노화 등의 어구가 등장한다.
첫 문장	1680년대 영국에서는 50세까지 사는 것은 이례적인 일이었다.

➡ 현재는 흔한 일인 50세까지 사는 것이 1680년대에는 이례적인 일이었다는 말로 글을 시작한다. ▶ 선택지와 관련 지어 보면 그 당시의 50대에 대한 인식과 현재 인식의 차이를 중심으로 내용을 이어나갈 것이다.

2nd **1st** 에서 발상한 것을 토대로 글을 읽고, 내용을 파악한다.

- 과거에는 나이가 많다는 것이 지혜롭다는 것을 의미했다. **39번 단서 1**
- 나이에 대한 사회적 인식이 새로운 기술의 출현으로 변화했다. **39번 단서 2**
- 구전 전통이 사라지면서 나이가 많다는 것이 더 이상 중요하지 않게 되었다. **39번 단서 3**

➡ 나이가 많다는 것에 대한 과거의 인식: 지혜롭다는 것
나이가 많다는 것에 대한 현재의 인식: 중요하지 않은 것

3rd 글의 주제에 알맞은 제목을 고른다.

인쇄의 발달에 따라 지혜가 구전되던 전통이 책으로 바뀌기 시작했다. 따라서 이전에는 나이가 드는 것이 지혜롭다는 것을 의미했으나, 현재는 나이가 드는 것과 지혜로움이 연결되지 않는다고 설명한다. ▶ 따라서 제목으로 적절한 것은 ① '나이 듦에 대한 우리의 사회적 규범: 계속되는 진화'이다.

| 선택지 분석 |

① 나이 듦에 대한 인식이 과거와 현재가 다름을 설명하고 있다.
② 현대 세계에서는 구전 전통의 힘이 예전 같지 않다는 내용이다.
③ 세대 차이에 관한 내용이 아니라 나이 듦에 관한 시대별 인식 차이를 설명한 글이다.
④ 미디어에서 보여지는 노화에 관한 언급은 없다.
⑤ 노화에 대한 관점이 중요하다는 것을 설명하는 글이 아니다.

R 40 정답 ⑤

> 밑줄 친 (a)~(e) 중에서 문맥상 낱말의 쓰임이 적절하지 <u>않은</u> 것은? [3점]
> ① (a) 책이 별로 없었음 / 널리
> ② (b) 책이 인쇄되기 시작함 / 증가했다
> ③ (c) 구전 전통이 사라지면서 노인들의 지혜는 의미하는 것 / 덜 중요해짐
> ④ (d) 현대 사회가 빠르게 변화함 / 적응하다
> ⑤ (e) 젊은이들이 생각하는 노인의 행동과 노인들이 실제로 하는 행동의 차이는 두드러졌음 / 눈에 띄지 않는

오H 1등급? 선택지 앞에 not, no longer와 같은 부정어가 있기 때문에 부정어와 함께 해석했을 때 선택지가 옳게 쓰였는지 판단해야 하는 1등급 대비 문제였다.

| 문제 풀이 순서 | [정답률 61%]

1st 각 낱말의 의미를 먼저 확인하고, 반의어를 미리 생각해 놓는다.

① (a) widely 널리 ↔ narrowly 좁게
② (b) increased 증가했다 ↔ decreased 감소했다
③ (c) signifying 의미하는 것 ↔ denying 부인하는 것
④ (d) adapt 적응하다 ↔ resist 저항하다
⑤ (e) unnoticeable 눈에 띄지 않는 ↔ noticeable 눈에 띄는

➡ 문맥에 맞는 낱말을 반의어로 바꿔서 정답 선택지를 만드는 경우가 많다. 그러므로 반의어를 먼저 떠올린 후 문맥이 어색한 부분을 찾는 것이 좋다.

2nd 밑줄 친 부분이 포함된 문장을 읽고, 그 의미가 무엇일지 예상한다.

① (a) widely 널리

이 시기는 지식이 (a) 널리 보급되지 않았고, 책이 거의 없었으며, 대부분의 사람들이 읽을 수 없었던 때였다.

➡ 책이 거의 없었으며 대부분의 사람들이 읽을 수 없었던 때는 지식이 '널리' 보급되지 않았을 것이다.

▶ 부정어 not과 함께 '널리 보급되지 않음'을 나타내므로 widely는 문맥에 맞음

② (b) increased 증가했다

시간이 지나면서 더 많은 책이 인쇄됨에 따라 문해력이 (b) 증가했고, 지식 전달의 구전 전통이 사라지기 시작했다.

➡ 지식 전달의 구전 전통이 사라지기 시작한 시기는 책이 인쇄됨에 따라 문해력이 '증가했던' 시기일 것이다. ▶ increased는 문맥에 맞음

③ (c) signifying 의미하는 것

구전 전통이 사라지면서 노인들의 지혜는 덜 중요해졌고, 결과적으로 50세가 넘은 것은 더 이상 지혜로움을 (c) 의미하는 것으로 여겨지지 않았다.

➡ 사람들이 지혜를 책이나 글로 접하게 되면서 이전과 달리 노인들의 지혜는 덜 중요해졌다. 이는 나이가 드는 것이 더 이상 지혜로움을 '의미하는 것'으로 여겨지지 않게 된 것이다. ▶ signifying은 문맥에 맞음

④ (d) adapt 적응하다

우리는 생활 연령과 생물학적 연령 사이의 격차가 빠르게 변하고 사회적 규범이 (d) 적응하기 위해 분투하는 시기에 살고 있다.

➡ 현대 사회에서는 생활 연령과 생물학적 연령의 격차가 빠르게 변하고 사회적 규범이 이에 발맞춰 따라가기 위해 고군분투하는 과정이라고 했다.

▶ 사회적 규범이 빠른 사회변화에 '적응하는' 것을 나타내므로 adapt는 문맥에 맞음

⑤ (e) unnoticeable 눈에 띄지 않는

영상에서 노인들이 그들에 합류했을 때, 고정 관념과 노인들의 실제 행동 사이의 격차는 (e) 눈에 띄지 않았다(눈에 띄었다). 오늘날의 세상에서 우리의 사회적 규범은 신속하게 최신화되어야 한다는 것이 분명하다.

➡ 사회적 규범이 빠르게 바뀌어 간다는 것을 보여주기 위해 젊은이들에게 노인처럼 행동하라는 실험을 했다. 마지막 문장에서 실험의 결과를 정리하며 사회적 규범이 신속하게 최신화되어야 한다고 주장하고 있으므로, 실험 과정에서 젊은이들이 노인을 따라 한 모습과 노인들의 실제 행동은 차이가 있었음을 알 수 있다.

▶ 젊은이들의 고정 관념과 노인들의 실제 행동의 격차는 '두드러지게' 나타났으므로 unnoticeable을 noticeable, striking과 같은 어휘로 바꿔야 한다.

R 어휘 Review 정답 ──── 문제편 p. 296

01 창고	11 anything but	21 obligated
02 직면하다	12 a sort of	22 maturity
03 독재, 횡포	13 shy away from	23 generic
04 추상적인	14 in a row	24 drowned
05 기억	15 in charge of	25 certain
06 distort	16 spatial	26 exotic
07 trap	17 ongoing	27 ceaseless
08 civil	18 receptive	28 perceived
09 expertise	19 downtime	29 lineage
10 quarrel	20 gourmet	30 intensive

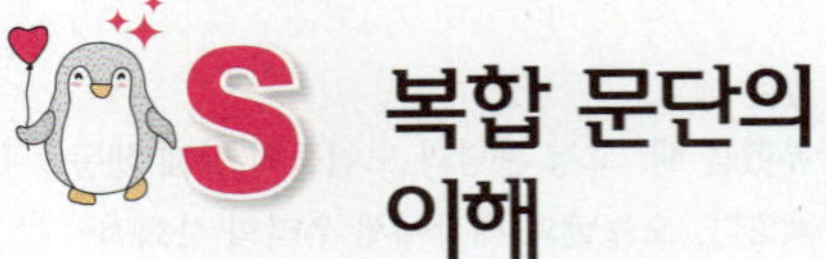

S 복합 문단의 이해

S 01~03 *진정한 도움

(A) On Saturday morning, / Todd and his 5-year-old daughter Ava walked out of the store / with the groceries they had just purchased. //
앞에 목적격 관계대명사 생략
토요일 아침에 / Todd와 그의 다섯 살짜리 딸 Ava는 가게에서 걸어 나왔다 / 그들이 방금 구입한 식료품을 가지고 //

As they pushed their grocery cart / through the parking lot, / they saw a red car pulling into the space / next to their pick-up truck. //
saw의 목적어와 목적격 보어 (현재분사)
그들이 식료품 카트를 밀면서 갈 때 / 주차장에서 / 그들은 빨간 차 한 대가 공간으로 들어오는 것을 보았다 / 그들의 픽업 트럭 옆의 //

과거분사구 (A young man 수식)
A young man named Greg was driving. //
Greg라는 이름의 한 젊은 남자가 운전을 하고 있었다 //

03번 ① Ava는 차가 멋지다고 말했음
"That's a cool car," / Ava said to her dad. //
"저것은 멋진 차네요"라고 / Ava가 그녀의 아빠에게 말했다 //

= Todd
(a) He agreed and looked at Greg, / who finished parking and opened his door. //
계속적 용법의 주격 관계대명사
그는 동의했고 Greg를 보았는데 / 그는 주차를 마치고 그의 문을 열었다 //

*(A) 문단 요약: Todd와 그의 딸 Ava는 Greg가 운전하는 빨간 차를 봄

(B) By this time, Greg had already pulled / one thin wheel out of his car / and attached it to the frame. //
03번 ② Greg는 얇은 바퀴를 프레임에 끼움
그때쯤, Greg는 이미 꺼냈다 / 그의 차에서 얇은 바퀴 하나를 / 그리고 그것을 프레임에 끼웠다 //

He was now pulling a second wheel out / when he looked up and saw Todd / standing near him. //
01번 단서 1: Greg는 Todd가 근처에 서 있는 것을 봄
그는 이제 두 번째 바퀴를 꺼내는 중이었다 / 그가 고개를 들어 Todd를 보았을 때 / 그의 근처에 서 있는 //

Todd said, / "Hi there! // Have a great weekend!" //
Todd는 말했다 / "안녕하세요 // 주말 잘 보내세요" //

= Todd
Greg seemed a bit surprised, / but replied / by wishing (b) him a great weekend too. //
Greg는 약간 놀란 것처럼 보였지만 / 답했다 / 그에게 좋은 주말을 보내라고 //

Then Greg added, / "Thanks for letting me have my independence." //
동명사 (전치사의 목적어)
03번 ③ 독립성을 가질 수 있게 해 줘서(도와주지 않아서) 감사하다 함
그러고 Greg는 덧붙였다 / "내가 독립성을 가질 수 있게 해줘서 고맙습니다"라고 //

"Of course," Todd said. //
"물론이죠"라고 Todd가 말했다 //

*(B) 문단 요약: 휠체어를 조립하는 중인 Greg에게 Todd는 인사를 건넴

(C) As Todd finished loading his groceries, / Greg's door remained open. //
동명사 (finished의 목적어)
주격 보어 (형용사)
01번 단서 2: 식료품을 다 실은 후, 여전히 차에 있는 Greg 발견함
Todd가 식료품을 싣는 것을 끝냈을 때 / Greg의 문은 열린 채로 있었다 //

Todd noticed / Greg didn't get out of his car. //
03번 ④ Todd는 Greg가 차에서 내리지 않은 것을 알아차림
Todd는 알아차렸다 / Greg가 그의 차에서 내리지 않은 것을 //

But he was pulling something / from his car. //
그러나 그는 무엇인가를 꺼내고 있었다 / 그의 차에서 //

He put a metal frame / on the ground / beside his door. //
그는 금속 프레임을 두었다 / 바닥에 / 그의 문 옆 //

분사구문
Remaining in the driver's seat, / he then reached back into (c) his car / to grab something else. //
= Greg's
부사적 용법 (목적)
운전석에 머무른 채 / 그는 그의 차 안 뒤쪽으로 손을 뻗었다 / 무엇인가 다른 것을 잡기 위해 //

명사절을 이끄는 의문사
Todd realized / what he was doing / and considered / whether (d) he should try to help him. //
= Todd
Todd는 깨달았다 / 그가 무엇을 하고 있는지를 / 그리고 생각했다 / 그가 그를 도와야 할지를 //

After a moment, / he decided to approach Greg. //
명사적 용법 (decided의 목적어)
01번 단서 3: Todd는 고민하다 Greg에게 다가가기로 함
잠시 후 / 그는 Greg에게 다가가기로 결심했다 //

*(C) 문단 요약: Todd는 Greg를 도와줄지 고민하다 다가감

(D) After Todd and Ava climbed into their truck, / Ava became curious. //
주격 보어 (형용사)
03번 ⑤ Ava는 트럭에 오른 후 호기심이 생김
Todd와 Ava가 그들의 트럭에 올라탄 후에 / Ava는 호기심이 생겼다 //

명사절을 이끄는 의문사   = Todd   명사적 용법 (offer의 목적어)
So she asked / why (e) he didn't offer to help the man / with his wheelchair. //
01번 단서 4: Ava는 Todd에게 왜 도와주지 않았냐고 질문함
그래서 그녀는 물었다 / 왜 그가 그 남자에게 도움을 제공하지 않았는지를 / 휠체어에 대해 //

Todd said, / "Why do you insist on / brushing your teeth / without my help?" //
Todd는 말했다 / "왜 너는 고집하니 / 너의 이를 닦으려고 / 내 도움 없이"라고 //

She answered, / "Because I know how to!" //
그녀는 답했다 / "왜냐하면 제가 어떻게 하는지를 알기 때문이죠"라고 //

how to-v: ~하는 법
He said, / "And the man knows / how to put together his wheelchair." //
그는 말했다 / "그리고 그 남자는 알고 있어 / 그의 휠체어를 어떻게 조립하는지를"이라고 //

목적어절 접속사
Ava understood / that sometimes the best way to help someone / is to not help at all. //
명사적 용법 (주격 보어)   형용사적 용법 (way 수식)
Ava는 이해했다 / 때때로 누군가를 돕는 가장 좋은 방법은 / 전혀 도와주지 않는 것임을 //

*(D) 문단 요약: Ava는 Greg의 행동을 보고 때때로 돕지 않는 것이 가장 좋은 돕는 방법임을 깨달음

- grocery ⓝ 식료품 및 잡화
- attach ⓥ 붙이다
- independence ⓝ 독립
- load ⓥ 싣다
- frame ⓝ 뼈대
- put together ~을 조립하다

(A) 토요일 아침에, Todd와 그의 다섯 살짜리 딸 Ava는 그들이 방금 구입한 식료품을 가지고 가게에서 걸어 나왔다. 그들이 주차장에서 식료품 카트를 밀면서 갈 때, 그들은 빨간 차 한 대가 그들의 픽업 트럭 옆 공간으로 들어오는 것을 보았다. Greg라는 이름의 한 젊은 남자가 운전을 하고 있었다. "저것은 멋진 차네요."라고 Ava가 그녀의 아빠에게 말했다. (a) 그는 동의했고 Greg를 보았는데, 그는 주차를 마치고 그의 문을 열었다.

(C) Todd가 그의 식료품을 싣는 것을 끝냈을 때, Greg의 문은 열린 채로 있었다. Todd는 Greg가 그의 차에서 내리지 않은 것을 알아차렸다. 그러나 그는 그의 차에서 무엇인가를 꺼내고 있었다. 그는 그의 문 옆 바닥에 금속 프레임을 두었다. 운전석에 머무른 채, 그는 무엇인가 다른 것을 잡기 위해 (c) 그의 차 안 뒤쪽으로 손을 뻗었다. Todd는 그가 무엇을 하고 있는지를 깨닫고 (d) 그가 그를 도와야 할지를 생각했다. 잠시 후, 그는 Greg에게 다가가기로 결심했다.

(B) 그때쯤, Greg는 이미 그의 차에서 얇은 바퀴 하나를 꺼내었고 그것을 프레임에 끼웠다. 그가 고개를 들어 그의 근처에 서 있는 Todd를 보았을 때 그는 이제 두 번째 바퀴를 꺼내는 중이었다. Todd는 "안녕하세요! 주말 잘 보내세요!"라고 말했다. Greg는 약간 놀란 것처럼 보였지만, (b) 그에게 좋은 주말을 보내라고 답했다. 그러자 Greg는 "내가 독립성을 가질 수 있게 해줘서 고맙습니다."라고 덧붙였다. "물론이죠."라고 Todd가 말했다.

(D) Todd와 Ava가 그들의 트럭에 올라탄 후에, Ava는 호기심이 생겼다. 그래서 그녀는 왜 (e) 그가 그 남자에게 휠체어에 대해 도움을 제공하지 않았는지를 물었다. Todd는 "왜 너는 내 도움 없이 너의 이를 닦으려고 고집하니?"라고 말했다. 그녀는 "왜냐하면 제가 어떻게 하는지를 알기 때문이죠!"라고 답했다. 그는 "그리고 그 남자는 그의 휠체어를 어떻게 조립하는지 알고 있어."라고 말했다. Ava는 때때로 누군가를 돕는 가장 좋은 방법은 전혀 도와주지 않는 것임을 이해했다.

(D) 몇 년 후, Victor의 회사는 그의 도시에서 가장 큰 식품 회사가 되었다. 그는 가족의 미래를 계획하기 시작했고, 생명 보험에 가입하기로 결심했다. 그는 보험 중개인을 불렀다. 대화가 끝나자, (e) 그는 그에게 그의 이메일을 물었다. Victor가 대답했다. "저는 이메일이 없어요." 중개인은 의아해하며 "당신은 이메일이 없음에도, 제국을 건설하는 데 성공했습니다. 이메일이 있다면 어땠을지 상상되나요?"라고 대답했다. 그는 잠시 생각하더니 "사무실 청소부요!"라고 대답했다.

S 01 정답 ②

주어진 글 (A)에 이어질 내용을 순서에 맞게 배열한 것으로 가장 적절한 것은?

① (B) — (D) — (C) Todd가 Greg에게 아직 다가가지 않음
② (C) — (B) — (D) [(C) 식료품을 다 실은 후 Greg에게 접근 — (B) Todd와 Greg의 대화 — (C) 둘의 대화에 대한 Ava의 질문]
③ (C) — (D) — (B)
④ (D) — (B) — (C) (D)는 대화가 끝난 상황이므로 마지막에 와야 함
⑤ (D) — (C) — (B)

왜 정답·오답? ✽✽✽ [정답률 77%]

(A): Todd와 그의 딸 Ava가 식료품을 갖고 그들의 픽업 트럭으로 가던 중 옆 공간으로 들어오는 Greg의 차를 봤다.
➡ 앞으로 Greg와 어떤 상호작용이 일어날지를 봐야한다.

(B): 차에서 바퀴를 꺼내는 Greg는 근처에 서 있는 Todd를 봤고, 좋은 주말을 보내라는 대화를 나눈 후 Todd에게 독립성을 가질 수 있게 해서 고맙다고 했다.
➡ Todd가 Greg에게 다가갔다는 내용이 앞에 있어야 한다.

(C): Todd는 트럭에 식료품을 다 싣고 Greg가 차에서 무언가를 계속 꺼내는 모습을 보고 도와줄지 고민하다 Greg에게 다가갔다.
➡ 들고 온 식료품을 다 실었다는 내용이 나오므로 (A)의 바로 뒤에 이어진다.

(D): Todd와 Greg의 대화가 끝난 후 Todd와 Ava는 트럭에 탔고, 왜 도와주지 않았냐는 Ava의 물음에 Todd는 Greg가 휠체어 조립 방법을 이미 알고 있기 때문이라고 답했다.
➡ Todd와 Greg가 대화했다는 내용이 앞에 있어야 한다.

▶ 사건이 진행되는 순서는 ② (C) — (B) — (D)임

S 02 정답 ③

밑줄 친 (a)~(e) 중에서 가리키는 대상이 나머지 넷과 다른 것은?
① (a)= Todd ② (b)= Todd ③ (c)= Greg's ④ (d)= Todd ⑤ (e)= Todd

왜 정답? ✽✽✽ [정답률 73%]

③ (c) his: 차 안 뒤쪽으로 손을 뻗은 사람 ▶ Greg's

왜 오답?

① (a) He: Ava의 말에 동의한 사람 ▶ Todd
② (b) him: Greg가 좋은 주말을 보내라고 말한 사람 ▶ Todd
④ (d) he: Greg를 도와야 할지 고민한 사람 ▶ Todd
⑤ (e) he: Greg의 휠체어에 대해 도움을 제공하지 않은 사람 ▶ Todd

S 03 정답 ③

윗글에 관한 내용으로 적절하지 <u>않은</u> 것은?
① Ava는 차가 멋지다고 말했다. "That's a cool car," Ava said
② Greg는 얇은 바퀴를 프레임에 끼웠다. one thin wheel out of his car and attached it to the frame
③ Greg는 휠체어를 꺼내준 것에 감사하다고 말했다. "Thanks for letting me have my independence."
④ Todd는 Greg가 차에서 내리지 않은 것을 알아차렸다. Todd noticed Greg didn't get out of his car.
⑤ Ava는 트럭에 오른 후 호기심이 생겼다. After Todd and Ava climbed into their truck, Ava became curious.

왜 정답? ✽✽✽ [정답률 81%]

Greg는 Todd가 자신을 돕지 않고 독립성을 가질 수 있게 해줘서 감사하다고 말했으므로 ("Thanks for letting me have my independence.") 적절하지 않은 것은 ③이다.

S 04~06 *완벽함보다 열정이 더 중요함을 깨달은 Eva

(A) Ms. Blake walked / along the edge of the soccer field, / 분사구문 watching Eva pack up her things / after practice. //
Ms. Blake는 걸었다 / 축구장의 가장자리를 따라 / Eva가 그녀의 짐을 싸는 것을 지켜보면서 / 연습 후 //

She paused for a moment, / then called out, / "Hey, Eva! / how about -ing: ~하는 게 어때? (권유) How about staying a little longer? // We can work on some drills / — just the two of us." //
그녀는 잠시 멈춰 섰다가 / 큰 소리로 말했다 / "이봐, Eva // 조금 더 있다가 가는 건 어때 // 우리 연습 좀 해보자 / 우리 둘이서만" //

Eva hesitated. // Eva는 망설였다 //

"I don't know, Coach. // I'm pretty tired." //
"글쎄요, 코치님 // 저 좀 피곤해요" //

Ms. Blake gave her a warm smile. // gave의 간접목적어와 직접목적어
Ms. Blake는 그녀에게 따뜻한 미소를 지었다 //

"Just ten minutes. // It'll be fun. // I promise." //
"딱 10분만 // 재미있을 거야 // 약속해" //

Finally, Eva agreed, / 부사절 접속사 (양보) though (a) she still seemed reluctant. // = Eva 주격 보어 (형용사)
결국 Eva는 수락했다 / 그녀는 여전히 마음이 내키지는 않았지만 //

They practiced / 동명사 (목적어) passing the ball together. // 04번 단서 1, 06번 ① Eva는 Ms. Blake와 함께 공을 패스하는 연습을 함
그들은 연습했다 / 함께 공을 패스하는 것을 //

　*(A) 문단 요약: Ms. Blake는 망설이는 Eva에게 개인 연습을 제안하며 함께 패스를 연습함

(B) The next game, / Ms. Blake watched from the sidelines / as Eva played. //
다음 경기에서 / Ms. Blake는 사이드라인에서 지켜보았다 / Eva가 경기할 때 //

There was a new confidence / 주격 관계대명사 과거완료 that hadn't been there before. //
새로운 자신감이 있었다 / 이전에는 없었던 //

Eva 병렬 구조 (동사) didn't score / but led the team successfully. //
Eva는 비록 득점하지는 못했지만 / 팀을 성공적으로 이끌었다 //

After the game / (b) she ran over, / = Eva 분사구문 saying, "Thanks for believing in me, Coach." //
경기가 끝난 후 / 그녀는 달려왔고 / "저를 믿어 주셔서 감사해요, 코치님"이라고 말했다 //

Ms. Blake smiled back. // Ms. Blake도 미소로 화답했다 //

"You've always had it in you. // 현재완료 I'm just here to remind (c) you of that." // = Eva
"너는 항상 그 능력을 갖고 있었어 // 난 단지 그걸 너에게 상기시켜 주기 위해 여기 있는 거야" //

Eva's face softened, / as she realized / she had been too hard on herself. // 과거완료 재귀 용법의 재귀대명사 06번 ② Eva는 자기 자신에게 너무 엄격했다는 것을 깨달음
Eva의 얼굴이 부드러워졌다 / 깨달으며 / 자기 자신에게 너무 엄격했다는 것을 //

She said to herself, / 재귀 용법의 재귀대명사 "What matters is doing my best, / 주격 보어 (동명사구) not being perfect." // 04번 단서 2: 경기 후 Eva는 완벽함보다는 최선을 다하는 것의 중요함을 되새김
그리고 혼잣말로 말했다 / "중요한 건 최선을 다하는 거야 / 완벽한 것이 아니라" //

　*(B) 문단 요약: Eva는 팀을 성공적으로 이끌었고 자신감과 교훈을 되찾음

(C) Ms. Blake stepped closer / 병렬 구조 (동사) and placed a reassuring hand on Eva's shoulder. //
Ms. Blake는 더 가까이 다가가 / Eva의 어깨에 손을 얹어 안심시켰다 //

She suggested, / "You don't have to be perfect. // Soccer isn't about perfection / — it's about passion. // And you've always had plenty of that."
06번 ③ Ms. Blake는 축구는 완벽함이
아니라 열정에 관한 것이라고 말함
현재완료
그녀가 넌지시 말했다 / "완벽할 필요는 없어 // 축구는 완벽함이 아니라 / 열정에 관한 거야 //
그리고 너는 항상 그것(열정)을 많이 갖고 있었어"

= Ms. Blake's gaze
Eva's gaze met Ms. Blake's. //
= Ms. Blake
Eva의 시선이 Ms. Blake의 시선과 마주쳤다

"Do (d) you really think so?" //   "코치님은 정말 그렇게 생각하세요" //
Ms. Blake said firmly, /   Ms. Blake는 단호하게 말했다
04번 단서 3: Ms. Blake는
Eva만의 특별함을 말해주며
Eva를 격려함
관계부사절   관계대명사절
"Yes. // The way you play, / the energy you bring / — that's what
과거분사 (trophies 수식)
makes you special. // Not the goals scored or the trophies won. //
관계대명사절   과거분사 (goals 수식)
It's the love you have for the game." //
"그럼. // 네가 경기하는 방식 / 네가 주는 에너지 / 그게 너를 특별하게 만드는 거야 // 득점한
골이나 획득한 트로피가 아니고 / 네가 가진 이 경기에 대한 사랑하는 마음 말이야" //

Eva nodded thoughtfully. //   Eva는 깊은 생각에 잠기며 고개를 끄덕였다 //

*(C) 문단 요약: Ms. Blake는 Eva에게 축구에서는 완벽함이 아니라 열정이 중요한
것이라 격려함 06번 ④ Ms. Blake는 Eva의 움직임이 빠르다는 것이 아니라 느리다는 것을 알아차림

(D) Ms. Blake noticed / that Eva's movements were slow / and
병렬 구조 (목적어절 접속사)
that her focus seemed elsewhere. //
Ms. Blake는 알아차렸다 / Eva의 움직임이 느리고 / 정신이 다른 곳에 있다는 것을 //
분사구문
Breaking the silence, / Ms. Blake asked, / "Do you remember the
final game last year?" //
침묵을 깨며 / Ms. Blake가 물었다 / "너 작년 결승전 기억나니" //

"Yeah, I remember." //   "네, 기억나요" //   06번 ⑤ Eva는 한 경기에서
관계부사   세 골을 넣은 적이 있었음
Eva recalled the game / where she scored three goals. //
Eva는 경기를 떠올렸다 / 자신이 세 골을 넣었던 //

= Eva
"(e) I was quite good back then." //   "그땐 제가 꽤 잘했어요" //

"You still are," / replied Ms. Blake. //
"너 아직도 그래"라고 / Ms. Blake가 답했다 //   04번 단서 4: Eva는 경기에서
                                                        잘하지 못할까 봐 걱정하고 두려워함
"Well, now I'm so worried / I can't score a goal / or even pass
병렬 구조 (can't 뒤에 연결)
the ball properly. // I'm afraid of making mistakes," / said Eva. //
"글쎄요, 지금은 너무 걱정돼요 / 골을 못 넣고 / 심지어 패스조차 제대로 못할까 봐 /
실수하는 게 두려워요"라고 / Eva가 말했다 //

*(D) 문단 요약: Ms. Blake는 Eva에게 작년 결승전을 떠올려보라고 함

- pack up 짐을 싸다   - drill ⓝ 연습, 훈련   - hesitate ⓥ 망설이다
- reluctant ⓐ 꺼리는, 내키지 않는   - soften ⓥ 부드러워지다
- hard ⓐ 엄격한   - matter ⓥ 중요하다   - reassuring ⓐ 안심시키는
- perfection ⓝ 완벽함   - firmly ⓐⓓ 단호하게   - recall ⓥ 떠올리다

(A) Ms. Blake는 Eva가 연습 후 그녀의 짐을 싸는 것을 지켜보면서, 축구
장의 가장자리를 따라 걸었다. 그녀는 잠시 멈춰 섰다가 큰 소리로 말했다.
"이봐, Eva! 조금 더 있다가 가는 건 어때? 우리 연습 좀 해보자. 우리 둘
이서만." Eva는 망설였다. "글쎄요, 코치님. 저 좀 피곤해요." Ms. Blake
는 그녀에게 따뜻한 미소를 지었다. "딱 10분만. 재미있을 거야. 약속해."
(a) 그녀는 여전히 마음이 내키지는 않았지만, 결국 Eva는 수락했다. 그들
은 함께 공을 패스하는 것을 연습했다.
(D) Ms. Blake는 Eva의 움직임이 느리고 정신이 다른 곳에 있다는 것을
알아차렸다. 침묵을 깨며, Ms. Blake가 물었다. "너 작년 결승전 기억나
니?" "네, 기억나요." Eva는 자신이 세 골을 넣었던 경기를 떠올렸다. "그
땐 (e) 제가 꽤 잘했어요." "너 아직도 그래,"라고 Ms. Blake가 답했다. "글
쎄요, 지금은 골을 못 넣고 심지어 패스조차 제대로 못할까 봐 너무 걱정돼
요. 실수하는 게 두려워요,"라고 Eva가 말했다.
(C) Ms. Blake는 더 가까이 다가가 Eva의 어깨에 손을 얹어 안심시켰다.
그녀가 넌지시 말했다. "완벽할 필요는 없어. 축구는 완벽함이 아니라 열
정에 관한 거야. 그리고 너는 항상 그것(열정)을 많이 갖고 있었어." Eva
의 시선이 Ms. Blake의 시선과 마주쳤다. "(d) 코치님은 정말 그렇게 생각
하세요?" Ms. Blake는 단호하게 말했다. "그럼. 네가 경기하는 방식, 네가
주는 에너지, 그게 너를 특별하게 만드는 거야. 득점한 골이나 획득한 트로

피가 아니고. 네가 가진 이 경기에 대한 사랑하는 마음 말이야." Eva는 깊
은 생각에 잠기며 고개를 끄덕였다.
(B) 다음 경기에서, Eva가 경기할 때 Ms. Blake는 사이드라인에서 지켜
보았다. 이전에는 없었던 새로운 자신감이 있었다. Eva는 비록 득점하지
는 못했지만, 팀을 성공적으로 이끌었다. 경기가 끝난 후 (b) 그녀는 달려
왔고, "저를 믿어 주셔서 감사해요, 코치님."이라고 말했다. Ms. Blake도
미소로 화답했다. "너는 항상 그 능력을 갖고 있었어. 난 단지 그걸 (c) 너
에게 상기시켜 주기 위해 여기 있는 거야." 자기 자신에게 너무 엄격했다는
것을 깨달으며, Eva의 얼굴이 부드러워졌다. 그리고 혼잣말로 말했다. "중
요한 건 완벽한 것이 아니라, 최선을 다하는 거야."

S 04 정답 ⑤

주어진 글 (A)에 이어질 내용을 순서에 맞게 배열한 것으로 가장 적절한
것은?
① (B) — (D) — (C)   주어진 글에서는 막 연습을 시작함
② (C) — (B) — (D)
③ (C) — (D) — (B)   (D)에서 Eva의 걱정이 나온 후, (C)에서 코치가 이를 안심시킴
④ (D) — (B) — (C)   (C)에서 코치가 Eva를 격려한 후, (B)에서 Eva가 성공적으로 경기를 마무리함
⑤ (D) — (C) — (B)   (D) Eva는 두려움을 고백함 — (C) 코치는 완벽함이 아니라 열정이
                     중요하다고 격려함 — (B) Eva는 경기를 성공적으로 마무리하며
                     교훈을 되새김

왜 정답·오답? ★★❀ [정답률 79%]

ㄴ (A): Blake 코치는 Eva에게 개인 연습을 제안하며 함께 패스를 연습했다.
➡ 개인 연습에서 일어난 일에 대한 내용이 이어질 것이다.
ㄴ (B): Eva는 팀을 성공적으로 이끌었고, 자신감과 교훈을 되찾았다.
➡ Eva가 경기를 마친 후 교훈을 되새겼다는 내용이므로, 글의 마지막 부분이다.
ㄴ (C): Ms. Blake는 Eva에게 완벽함이 아니라 열정이 중요한 것이라 격려했다.
➡ 코치가 Eva를 격려하고 있으므로, Eva가 걱정한다는 내용이 앞에 있어야 한다.
ㄴ (D): 개인 연습 도중 Ms. Blake는 Eva의 걱정과 두려움을 알아차렸다.
➡ 개인 연습 도중 Ms. Blake 코치가 Eva의 마음을 알아차린 내용이므로, (A) 바로
뒤에 이어진다. ▶ 사건이 진행되는 순서는 ⑤ (D) — (C) — (B)임

S 05 정답 ④

밑줄 친 (a)~(e) 중에서 가리키는 대상이 나머지 넷과 다른 것은?
① (a)   ② (b)   ③ (c)   ④(d)   ⑤ (e)
= Eva   = Eva   = Eva   = Ms. Blake   = Eva

왜 정답? ★★❀ [정답률 76%]

④ (d) you: Eva가 항상 축구에 열정을 갖고 있었다고 생각한 사람 ▶ Ms. Blake

왜 오답?

① (a) she: 코치의 연습 제안에 마음이 내키지 않았던 사람 ▶ Eva
② (b) she: 경기가 끝난 후 코치에게 달려간 사람 ▶ Eva
③ (c) you: 코치가 항상 능력을 갖고 있었다는 것을 상기시켜 준 대상 ▶ Eva
⑤ (e) I: 작년 결승전에서 세 골을 넣으며 꽤 잘했던 사람 ▶ Eva

S 06 정답 ④

윗글에 관한 내용으로 적절하지 않은 것은?
① Eva는 Ms. Blake와 함께 공을 패스하는 연습을 했다.
   They practiced passing the ball together.
② Eva는 자기 자신에게 너무 엄격했다는 것을 깨달았다.
   she realized she had been too hard on herself
③ Ms. Blake는 축구는 완벽함이 아니라 열정에 관한 것이라고 말했다.
   Soccer isn't about perfection — it's about passion.
④Ms. Blake는 Eva의 움직임이 빠르다는 것을 알아차렸다.
   Ms. Blake noticed that Eva's movements were slow
⑤ Eva는 한 경기에서 세 골을 넣은 적이 있었다.
   Eva recalled the game where she scored three goals.

Ms. Blake는 Eva의 움직임이 느리다는 것을 알아차렸으므로 (Ms. Blake noticed that Eva's movements were slow) 글에 관한 내용으로 적절하지 않은 것은 ④이다.

➢왜 오답 ?

① Eva는 Ms. Blake와 함께 공을 패스하는 연습을 했다. (They practiced passing the ball together.)

② Eva는 자기 자신에게 너무 엄격했다는 것을 깨달았다. (she realized she had been too hard on herself)

③ Ms. Blake는 축구는 완벽함이 아니라 열정에 관한 것이라고 말했다. (Soccer isn't about perfection — it's about passion.)

⑤ Eva는 한 경기에서 세 골을 넣은 적이 있었다. (Eva recalled ~ three goals.)

S 07~09 ＊기차에서 저혈압이 있는 할머니를 도운 Linda

(A) As the train pulled into a quiet countryside station, / the gentle chatter of passengers filled the air. //
기차가 조용한 시골 역에 정차하자 / 승객들의 부드러운 대화 소리가 공기를 가득 채웠다 //

Linda was excited / to finally visit her grandparents / after two years. // 09번 ① Linda는 조부모님을 방문하게 되어 들떠 있었음
Linda는 들떠 있었다 / 드디어 조부모님을 방문하게 되어 / 2년 만에 //

She watched / people getting onto the train / and hurriedly finding their seats. //
그녀는 보았다 / 사람들이 기차에 올라타고 / 분주히 그들의 좌석을 찾는 것을 //

A moment later, / an elderly woman struggled with a heavy bag, / trying to sit down next to (a) her. // 07번 단서 1: 기차에서 한 노인이 무거운 가방과 씨름하며 Linda 옆에 앉으려 함
잠시 후 / 한 노인이 무거운 가방과 씨름하였고 / 그녀 옆에 앉으려 했다 //

The bag seemed almost too big / for her small body. //
그 가방은 거의 너무 커 보였다 / 그녀의 작은 몸집에 비해 //

＊(A) 문단 요약: Linda는 기차에서 무거운 짐을 들고 자기 옆에 앉으려는 노인을 발견함

(B) As the elderly woman finally calmed down, / she looked at Linda with a smile. // 09번 ② 노인은 미소를 지으며 Linda를 보았음
그 노인이 마침내 안정을 찾자 / 그녀는 미소를 지으며 Linda를 보았다 //

"I'm so sorry," she said. //   "정말 미안해요"라고 그녀가 말했다 //

"I have low blood pressure, / and the sudden movement of the train must have made me feel dizzy. // Thank you so much for helping me." // 07번 단서 2: 노인이 안정을 찾은 후, 자신에게 도움을 준 Linda에 고마움을 표함
"제가 저혈압이 있는데 / 기차가 갑자기 움직여 / 제가 어지러움을 느꼈던 것이 분명해요 / 저를 도와줘서 정말 고마워요" //

Linda nodded gently in response, / then turned her gaze / back to the peaceful countryside scene. //   Linda는 대답으로 부드럽게 고개를 끄덕인 후 / 그녀의 시선을 돌렸다 / 다시 평화로운 시골 풍경으로 //

She thought / that no matter how unsure (b) she might feel, / even the smallest act of help / is much better / for someone in need / than doing nothing. //
그녀는 생각했다 / 아무리 그녀가 확신이 서지 않게 느껴지더라도 / 가장 작은 도움의 행위조차도 / 훨씬 더 나은 일이라고 / 필요한 사람에게는 / 아무것도 하지 않는 것보다는 //

＊(B) 문단 요약: 노인은 Linda에게 감사 인사를 전했고, Linda는 작은 도움이라도 아무것도 하지 않는 것보다 더 낫다고 생각함

(C) Linda carefully tapped the elderly woman's shoulder / to check if she was alright. // 09번 ③ Linda는 조심스럽게 노인의 어깨를 두드렸음
Linda는 그 노인의 어깨를 조심스럽게 두드려 / 그녀가 괜찮은지 확인했다 //

The woman groaned softly, / trying to gather her strength. //
그 여성은 살며시 끙 소리를 내며 / 힘을 내려 노력했다 //

Linda moved closer, / sliding a hand under the woman's back. //
Linda는 가까이 다가가 / 그 여성의 등 아래로 손을 살며시 넣었다 //

As the woman's eyes slowly opened, / (c) she reassured her softly, / "It's okay, / just relax for a moment." //
그 여성의 눈이 천천히 떠지자 / 그녀는 상냥하게 그녀를 안심시켰다 / "괜찮아요 / 잠시만 편하게 계세요"라고 //

Linda helped the woman sit up slowly, / then guided (d) her back to her seat. //
Linda는 그 여성이 천천히 일어나 앉을 수 있도록 도왔고 / 그 후 그녀를 그녀의 자리로 돌아가도록 안내했다 //

As the situation settled, / people around went back to their seats. // 07번 단서 3: 노인이 정신을 차리자, 상황이 진정되며 모두 좌석으로 돌아감
상황이 안정되자 / 주변 사람들이 다시 그들의 좌석으로 돌아갔다 //

＊(C) 문단 요약: Linda는 노인을 안심시켰고 모두 자리로 돌아감

(D) Linda hesitated, / unsure if the elderly woman would want her help. // 09번 ④ Linda는 노인이 도움을 필요로 하는지 확신하지 않았음
Linda는 망설였다 / 그 노인이 자신의 도움을 원할지 확신이 서지 않아 //

But soon, / she chose to assist the woman. //
그러나 곧 / 그녀는 그 여성을 돕기로 했다 //

"Let me help you with your bag," / she said. //
"제가 가방 드는 것을 도와 드릴게요"라고 / 그녀가 말했다 //

Before she could reach the bag, / the elderly woman suddenly lost her balance / and fell down. // 07번 단서 4, 09번 ⑤ 노인은 갑자기 균형을 잃고 쓰러짐
그녀가 그 가방에 (손을) 닿기 전에 / 그 노인은 갑자기 균형을 잃고 / 쓰러졌다 //

She lay on her back, / and her face was pale. //
그녀는 등을 바닥에 대고 누워 있었고 / 그녀의 얼굴은 창백했다 //

Linda froze for a moment, / feeling the urgency of the situation. //
Linda는 순간 얼어붙었다 / 상황의 긴박함을 느끼며 //

(e) She quickly knelt down / beside the fallen woman, / as a few people rushed over. //
그녀는 재빨리 무릎을 꿇었고 / 쓰러진 여성의 곁에 / 그때 몇몇 사람들이 서둘러 달려왔다 //

＊(D) 문단 요약: Linda가 도우려는 순간 노인은 바닥에 쓰러졌고, 사람들이 몰려옴

- countryside ⓝ 시골
- chatter ⓝ 대화, 수다
- hurriedly 〔ad〕 분주하게
- struggle ⓥ 씨름하다, 애쓰다
- blood pressure 혈압
- dizzy ⓐ 어지러운
- nod ⓥ 끄덕이다
- gaze ⓝ 시선
- tap ⓥ 두드리다
- slide ⓥ 밀어넣다
- reassure ⓥ 안심시키다
- unsure ⓐ 확신하지 않는
- hesitate ⓥ 망설이다
- assist ⓥ 돕다
- pale ⓐ 창백한
- urgency ⓝ 긴박함
- kneel down 무릎을 꿇다

(A) 기차가 조용한 시골 역에 정차하자, 승객들의 부드러운 대화 소리가 공기를 가득 채웠다. Linda는 2년 만에 드디어 조부모님을 방문하게 되어 들떠 있었다. 그녀는 사람들이 기차에 올라타고 분주히 그들의 좌석을 찾는 것을 보았다. 잠시 후, 한 노인이 무거운 가방과 씨름하였고, (a) 그녀 옆에 앉으려 했다. 그 가방은 그녀의 작은 몸집에 비해 거의 너무 커 보였다.

(D) Linda는 그 노인이 자신의 도움을 원할지 확신이 서지 않아, 망설였다. 그러나 곧, 그녀는 그 여성을 돕기로 했다. "제가 가방 드는 것을 도와 드릴게요."라고 그녀가 말했다. 그녀가 그 가방에 (손을) 닿기 전에, 그 노인은 갑자기 균형을 잃고 쓰러졌다. 그녀는 등을 바닥에 대고 누워 있었고, 그녀의 얼굴은 창백했다. Linda는 상황의 긴박함을 느끼며, 순간 얼어붙었다. (e) 그녀는 재빨리 쓰러진 여성의 곁에 무릎을 꿇었고, 그때 몇몇 사람들이 서둘러 달려왔다.

(C) Linda는 그 노인의 어깨를 조심스럽게 두드려 그녀가 괜찮은지 확인했다. 그 여성은 살며시 끙 소리를 내며 힘을 내려 노력했다. Linda는 가까이 다가가, 그 여성의 등 아래로 손을 살며시 넣었다. 그 여성의 눈이 천천히 떠지자, (c) 그녀는 "괜찮아요, 잠시만 편하게 계세요."라고 상냥하게 그녀를 안심시켰다. Linda는 그 여성이 천천히 일어나 앉을 수 있도록 도왔고, 그 후 (d) 그녀를 그녀의 자리로 돌아가도록 안내했다. 상황이 안정되자, 주변 사람들이 다시 그들의 좌석으로 돌아갔다.

(B) 그 노인이 마침내 안정을 찾자, 그녀는 미소를 지으며 Linda를 보았다. "정말 미안해요."라고 그녀가 말했다. "제가 저혈압이 있는데, 기차가 갑자기 움직여 제가 어지러움을 느꼈던 것이 분명해요. 저를 도와줘서 정말 고마워요." Linda는 대답으로 부드럽게 고개를 끄덕인 후, 그녀의 시선을 다시 평화로운 시골 풍경으로 돌렸다. 그녀는 아무리 (b) 그녀가 확신이 서지 않게 느껴지더라도, 가장 작은 도움의 행위조차도 필요한 사람에게는 아무것도 하지 않는 것보다는 훨씬 더 나은 일이라고 생각했다.

S 07 정답 ⑤

주어진 글 (A)에 이어질 내용을 순서에 맞게 배열한 것으로 가장 적절한 것은?

① (B) — (D) — (C) 주어진 글에는 할머니가 Linda에게 감사한 내용이 없음
② (C) — (B) — (D)
③ (C) — (D) — (B) (D)에서 할머니가 쓰러진 후, (C)에서 할머니의 의식을 확인함
④ (D) — (B) — (C) (C)에서 할머니가 의식을 차린 후, (B)에서 감사 인사를 전함
⑤ (D) — (C) — (B) (D) 할머니가 바닥에 쓰러짐 — (C) 할머니가 의식을 차리며 상황이 정리됨 — (B) 할머니가 감사 인사를 전함

왜 정답·오답? ✿✿✿ [정답률 85%]

(A): Linda는 기차에서 무거운 짐을 들고 자기 옆에 앉으려는 할머니를 발견했다.
→ Linda가 할머니의 짐에 관하여 생각하는 내용이 이어질 것이다.

(B): 할머니가 Linda에게 감사 인사를 전했고, Linda는 작은 도움이라도 아무것도 하지 않는 것보다 더 낫다고 생각했다.
→ 할머니가 Linda에게 감사 인사를 전했고, Linda는 상황이 마무리된 후 교훈을 깨달았다는 내용이므로, 글의 마지막 부분이다.

(C): Linda는 천천히 정신을 차린 할머니를 안심시켰고 모두 자리로 돌아갔다.
→ Linda가 할머니의 의식을 확인하고, 할머니가 천천히 정신을 차리고 있으므로, 할머니가 쓰러졌다는 내용이 앞에 나와야 한다.

(D): Linda가 할머니를 도우려는 순간, 할머니는 바닥에 쓰러졌고, 사람들이 몰려왔다.
→ Linda가 할머니가 짐 드는 것을 도우려는 내용이므로, (A) 바로 뒤에 이어진다.
▶ 사건이 진행되는 순서는 ⑤ (D) — (C) — (B)임

S 08 정답 ④

밑줄 친 (a)~(e) 중에서 가리키는 대상이 나머지 넷과 다른 것은?

① (a) ② (b) ③ (c) ④ (d) ⑤ (e)
= Linda = Linda = Linda = the elderly woman = Linda

왜 정답? ✿✿✿ [정답률 70%]

④ (d) her: Linda가 천천히 일어나 앉을 수 있도록 도왔고, 그 후 자리로 돌아가도록 안내했던 사람 ▶ the elderly woman

왜 오답?

① (a) her: 무거운 가방과 씨름하던 할머니가 옆에 앉으려 했던 사람 ▶ Linda
② (b) she: 작은 도움도 아무것도 하지 않는 것보다는 훨씬 나은 일이라고 느낀 사람 ▶ Linda
③ (c) she: 할머니를 상냥하게 안심시킨 사람 ▶ Linda
⑤ (e) She: 쓰러진 할머니 곁에 재빨리 무릎을 꿇었던 사람 ▶ Linda

S 09 정답 ④

윗글에 관한 내용으로 적절하지 않은 것은?

① Linda는 조부모님을 방문하게 되어 들떠 있었다.
  Linda was excited to finally visit her grandparents
② 노인은 미소를 지으며 Linda를 보았다.
  she looked at Linda with a smile
③ Linda는 조심스럽게 노인의 어깨를 두드렸다.
  Linda carefully tapped the elderly woman's shoulder
④ 노인이 도움을 필요로 한다고 Linda는 확신했다.
  unsure if the elderly woman would want her help
⑤ 노인은 갑자기 균형을 잃고 쓰러졌다.
  the elderly woman suddenly lost her balance and fell down

왜 정답? ✿✿✿ [정답률 85%]

Linda는 노인이 도움을 필요로 하는지 확신이 서지 않았다고 했으므로 (unsure if the elderly woman would want her help) 글에 관한 내용으로 적절하지 않은 것은 ④이다.

왜 오답?

① Linda는 조부모님을 방문하게 되어 들떠 있었다. (Linda was excited to finally visit her grandparents)
② 노인은 미소를 지으며 Linda를 보았다. (she looked at Linda with a smile)
③ Linda는 조심스럽게 노인의 어깨를 두드렸다. (Linda carefully tapped the elderly woman's shoulder)
⑤ 노인은 갑자기 균형을 잃고 쓰러졌다. (the elderly woman suddenly lost her balance and fell down)

S 10~12 *아버지의 차 구매에 도움을 준 Collin

(A) Collin's dad had a 15-year-old car, / **which** was the same age as Collin. //
계속적 용법의 주격 관계대명사
Collin의 아버지는 15년 된 차를 가지고 있었는데 / 그것은 Collin과 같은 나이였다 //

He decided / **that** it was finally time / to **replace** it **with** a newer model. //
명사절 접속사 (목적어) replace A with B: A를 B로 교체하다
그는 결심했다 / 마침내 때라고 / 그것을 더 새로운 모델로 교체할 //

One evening at dinner, / (a) he shared his plan / **to buy** a new car / with his family. //
= Collin's dad 형용사적 용법 (plan 수식)
어느 날 밤 저녁 식사에서 / 그는 그의 계획을 공유했다 / 새 차를 사려는 / 그의 가족들과 //

Excited by the news, / Collin became determined / to contribute to his dad's big purchase. //
분사구문 [10번 단서 1: Collin은 아버지의 새 차 구매에 기여하겠다고 결심함]
그 소식에 기뻐서 / Collin은 결심하게 되었다 / 그의 아버지의 큰 구매에 기여하겠다고 //

Over the past several years, / Collin **had saved** his allowance money. //
과거완료 [12번 ① Collin은 지난 수년 동안 용돈을 모았음]
지난 수년 동안 / Collin은 그의 용돈을 모아왔다 //

He felt / **that** this was the perfect opportunity / **to do** something special for his dad. //
명사절 접속사 (목적어) 형용사적 용법 (opportunity 수식)
그는 느꼈다 / 이번이 완벽한 기회라고 / 아버지를 위해 특별한 무언가를 할 //

*(A) 문단 요약: Collin의 아버지가 차를 바꾸려고 하자, Collin은 기여하고자 함

(B) That afternoon, / Collin's dad went to the car dealership / and purchased a car **that** was only one year old. //
주격 관계대명사
그날 오후 / Collin의 아버지는 자동차 판매 대리점에 가서 / 1년밖에 안 된 차를 구입했다 //

He picked a red car / because that was Collin's favorite color. //
[12번 ② Collin의 아버지는 빨간색 차를 구입함]
그는 빨간 차를 골랐다 / 그것이 Collin이 가장 좋아하는 색깔이기 때문에 //

The money **that** his son had left for (b) him / was enough **to cover** the remaining cost, / and he even had some funds **left** over! //
목적격 관계대명사 = Collin's dad 부사적 용법 (enough 수식) 과거분사 (had의 목적격 보어)
그의 아들이 그를 위해 놓아두었던 돈은 / 나머지 금액을 충당하기에 충분했고 / 그는 심지어 약간의 돈을 남겼다 //

Collin's dad decided to buy / **his son a small gift** / with the extra money. //
간접목적어 직접목적어 [10번 단서 2, 12번 ③ Collin의 아버지는 Collin에게 선물을 사주기로 결심함]
Collin의 아버지는 사주기로 결심했다 / 그의 아들에게 작은 선물을 / 그 여분의 돈으로 //

That evening, / when Collin came home, / he was amazed **to see** / the new car parked in the driveway. //
부사적 용법 (감정의 원인)
그날 저녁 / Collin이 집에 왔을 때 / 그는 보게 되어 놀랐다 / 진입로에 새로운 차가 주차된 것을 //

*(B) 문단 요약: Collin의 아버지는 차를 샀고, 남은 돈으로 Collin의 선물을 삼

(C) His dad thanked him sincerely, / and told Collin **how** proud (c) he was / of his thoughtful gesture. //
의문사 = Collin's dad
그의 아버지는 그에게 진심으로 고마워했고 / Collin에게 그가 얼마나 자랑스러워하는지 말했다 / Collin의 사려 깊은 행동을 //
[10번 단서 3, 12번 ④ Collin의 아버지는 Collin에게 야구공이 든 상자를 선물함]

Then, he handed **Collin** / **a small box** with a bow on top of it, / and a brand-new baseball was inside. //
간접목적어 직접목적어
그러고 나서 Collin에게 건넸고 / 리본이 위에 달린 작은 상자를 / 새 야구공이 그 안에 있었다 //

Collin loved it! //
Collin은 그것을 좋아했다 //

(d) <u>He</u> beamed with excitement and said, / "Not only do we have a new car, / but I also got an awesome new baseball!" //
그는 기쁨으로 얼굴이 환히 빛났고 말했다 / "우리가 새 차를 가지게 됐을 뿐만 아니라 / 저도 아주 멋진 새 야구공을 받았어요" //

His dad smiled warmly / and hugged him. //
그의 아버지는 따뜻하게 미소 짓고 / 그를 안아 주었다 //

Collin's kind and generous heart / had created a beautiful moment / for his family. //
Collin의 친절하고 너그러운 마음이 / 아름다운 순간을 만들었다 / 그의 가족에게 //

  *(C) 문단 요약: Collin의 아버지는 Collin에게 선물을 전달하며 가족은 아름다운 순간을 보냄

(D) The next morning, / before heading to school, / Collin put an envelope / on the kitchen table. //
다음 날 아침 / 학교로 향하기 전 / Collin은 봉투를 두었다 / 주방 탁자 위에 //

When his dad came into the kitchen, / (e) <u>he</u> noticed the envelope / and asked his wife about it. //
그의 아버지가 주방으로 들어왔을 때 / 그는 그 봉투를 알아차리고 / 그의 아내에게 그것에 관해 물었다 //

She explained / that Collin had left it there / before leaving for school. //
그녀는 설명했다 / Collin이 그것을 거기에 두었다고 / 학교로 떠나기 전에 //

Collin's dad opened the envelope / and saw a thick stack of money. //
Collin의 아버지는 그 봉투를 열었고 / 두꺼운 돈다발을 보았다 //

"There's $1,000 in here!" / he exclaimed, / after counting it. //
"여기 1,000달러가 있어" / 그가 외쳤다 / 그것을 세어 본 후 //

His wife smiled and said, / "Collin wanted to help / you pay for the new car." //
그의 아내는 미소를 지었고 말했다 / "Collin이 돕고 싶어 했어요 / 당신이 새 차를 위한 비용을 내는 것을" //

  *(D) 문단 요약: Collin은 모아둔 용돈 봉투를 주방 탁자 위에 두고 학교에 감

- replace A with B A를 B로 교체하다 · contribute ⓥ 기여하다
- allowance money 용돈 · dealership ⓝ 판매 대리점
- fund ⓝ 돈, 자금 · driveway ⓝ 진입로 · sincerely ⓐⓓ 진심으로
- thoughtful ⓐ 사려 깊은 · bow ⓝ 리본 장식 · beam ⓥ 빛나다
- envelope ⓝ 봉투 · stack ⓝ 다발, 더미 · exclaim ⓥ 외치다

(A) Collin의 아버지는 15년 된 차를 가지고 있었는데, 그것은 Collin과 같은 나이였다. 그는 그것을 마침내 더 새로운 모델로 교체할 때라고 결심했다. 어느 날 밤 저녁 식사에서 (a) 그는 새 차를 사려는 그의 계획을 그의 가족들과 공유했다. 그 소식에 기뻐서, Collin은 그의 아버지의 큰 구매에 기여하겠다고 결심하게 되었다. 지난 수년 동안, Collin은 그의 용돈을 모아왔다. 그는 이번이 아버지를 위해 특별한 무언가를 할 완벽한 기회라고 느꼈다.

(D) 다음 날 아침, 학교로 향하기 전, Collin은 봉투를 주방 탁자 위에 두었다. 그의 아버지가 주방으로 들어왔을 때, (e) 그는 그 봉투를 알아차리고 그의 아내에게 그것에 관해 물었다. 그녀는 Collin이 학교로 떠나기 전에 그것을 거기에 두었다고 설명했다. Collin의 아버지는 그 봉투를 열었고 두꺼운 돈다발을 보았다. "여기 1,000달러가 있어!" 그가 그것을 세어 본 후 외쳤다. 그의 아내는 미소를 지었고, "Collin이 당신이 새 차를 위한 비용을 내는 것을 돕고 싶어 했어요."라고 말했다.

(B) 그날 오후, Collin의 아버지는 자동차 판매 대리점에 가서 1년밖에 안 된 차를 구입했다. 그는 빨간색이 Collin이 가장 좋아하는 색깔이기 때문에 빨간 차를 골랐다. 그의 아들이 (b) 그를 위해 놓아두었던 돈은 나머지 금액을 충당하기에 충분했고, 그는 심지어 약간의 돈을 남겼다! Collin의 아버지는 그 여분의 돈으로 그의 아들에게 작은 선물을 사주기로 결심했다. 그날 저녁, Collin이 집에 왔을 때, 그는 진입로에 새로운 차가 주차된 것을 보게 되어 놀랐다.

(C) 그의 아버지는 그에게 진심으로 고마워했고, (c) 그가 Collin의 사려 깊은 행동을 얼마나 자랑스러워하는지 Collin에게 말했다. 그러고 나서 Collin에게 리본이 위에 달린 작은 상자를 건넸고, 새 야구공이 그 안에 있었다. Collin은 그것을 좋아했다! (d) 그는 기쁨으로 얼굴이 환히 빛났고 "우리가 새 차를 가지게 됐을 뿐만 아니라, 저도 아주 멋진 새 야구공을 받았어요!"라고 말했다. 그의 아버지는 따뜻하게 미소 짓고 그를 안아 주었다. Collin의 친절하고 너그러운 마음이 그의 가족에게 아름다운 순간을 만들었다.

S 10 정답 ④

주어진 글 (A)에 이어질 내용을 순서에 맞게 배열한 것으로 가장 적절한 것은?

① (B) — (D) — (C) 주어진 글에는 Collin이 아버지에게 돈을 드린 내용이 없음
② (C) — (B) — (D)
③ (C) — (D) — (B) (B)에서 Collin의 아버지가 선물을 산 후, (C)에서 이를 전해줌
④ (D) — (B) — (C) (D) Collin이 모아둔 용돈을 탁자 위에 두고 감 — (B) 차를 구입하고 남은 돈으로 Collin의 선물을 구매함 — (C) Collin은 아버지의 선물을 받고 마음이 따뜻해짐
⑤ (D) — (C) — (B)

왜 정답·오답? ✿❀❀ [정답률 86%]

(A): 아버지가 차를 구매하겠다는 말을 듣고, Collin은 아버지의 큰 구매에 기여하겠다고 결심하게 되었다.
➡ Collin이 아버지가 차를 구매하는 데 도움을 주는 내용이 이어질 것이다.

(B): Collin의 아버지는 그 여분의 돈으로 그의 아들에게 작은 선물을 사주기로 결심했다.
➡ Collin의 아버지가 Collin의 돈을 보태 차를 구매하고 남은 돈으로 Collin의 선물을 사는 내용이므로, Collin이 아버지의 차 구매에 돈을 보태주었다는 내용이 앞에 나와야 한다.

(C): Collin의 아버지는 Collin에게 고마워하며 리본이 위에 달린 작은 상자를 건넸고, 새 야구공이 그 안에 있었다.
➡ Collin의 아버지가 Collin에게 선물을 전달했고, 이후 Collin의 친절한 마음으로 가족들이 아름다운 순간을 맞이했다는 내용이므로, 글의 마지막 부분이다.

(D): Collin의 아버지는 Collin이 식탁 위에 둔 봉투를 열었고, 두꺼운 돈다발을 보았다.
➡ Collin이 모아둔 용돈 봉투를 탁자 위에 둔 내용이므로, (A) 바로 뒤에 이어진다.
▶ 사건이 진행되는 순서는 ④ (D) — (B) — (C)임

S 11 정답 ④

밑줄 친 (a)~(e) 중에서 가리키는 대상이 나머지 넷과 다른 것은?

① (a) ② (b) ③ (c) ④ (d) ⑤ (e)
= Collin's dad = Collin's dad = Collin's dad = Collin = Collin's dad

왜 정답? ❀❀❀ [정답률 78%]

④ (d) He: 새 야구공을 받자 기쁨으로 얼굴이 환히 빛난 사람 ▶ Collin

왜 오답?

① (a) he: 새 차를 사려는 계획을 가족들과 공유한 사람 ▶ Collin's dad
② (b) him: 아들이 놓아두었던 돈으로 자동차 구매 금액을 충당한 사람 ▶ Collin's dad
③ (c) he: 아들의 사려 깊은 행동을 자랑스러워했던 사람 ▶ Collin's dad
⑤ (e) he: 주방에 들어와 탁자 위의 봉투를 알아차리고 아내에게 물어본 사람 ▶ Collin's dad

윗글에 관한 내용으로 적절하지 <u>않은</u> 것은?

① Collin은 지난 수년 동안 용돈을 모았다.
　Over the past several years, Collin had saved his allowance money.
② Collin의 아버지는 빨간색 차를 구입했다.
　He picked a red car
③ Collin의 아버지는 Collin에게 선물을 사주기로 결심했다.
　Collin's dad decided to buy his son a small gift
④ 상자 안에는 야구공이 들어 있었다.
　a small box with a bow on top of it, and a brand-new baseball was inside
⑤ Collin은 학교에 다녀온 후 봉투를 탁자 위에 두었다.
　before heading to school, Collin put an envelope on the kitchen table

왜 정답? ✿✿✿ [정답률 88%]

Collin은 학교로 향하기 전에 봉투를 탁자 위에 두었다고 했으므로 (before heading to school, Collin put an envelope on the kitchen table) 글에 관한 내용으로 적절하지 않은 것은 ⑤이다.

왜 오답?

① Collin은 지난 수년 동안 용돈을 모았다. (Over the past several years, Collin had saved his allowance money.)
② Collin의 아버지는 빨간색 차를 구입했다. (He picked a red car)
③ Collin의 아버지는 Collin에게 선물을 사주기로 결심했다. (Collin's dad decided to buy his son a small gift)
④ 상자 안에는 야구공이 들어 있었다. (a small box with a bow on top of it, and a brand-new baseball was inside)

S 13~15 ＊일정을 조정하여 마감을 지킨 Max

(A) Max awoke / to the gentle sunlight / of an autumn day. //
Max는 깨어났다 / 부드러운 햇빛에 / 가을날의 //
Right on schedule, / he swung his legs off the bed / and took a deep, satisfying breath. //
시간에 맞추어 / 그는 다리를 침대 밖으로 휙 내려놓았고 / 깊고 만족스러운 숨을 내쉬었다 //
He began his morning / the same way he usually did, / getting dressed / and going to school. // 15번① Max는 평소와 똑같은 방식으로 아침을 시작함
그는 아침을 시작했다 / 평소와 똑같은 방식으로 / 옷을 입고 / 학교에 가면서 //
Today was going to be another perfect day / until he ran into Mr. Kapoor, / his science teacher. //
오늘은 또 다른 완벽한 날이 될 예정이었다 / 그가 Kapoor 선생님을 만나기 전까지는 / 그의 과학 선생님인 // 13번 단서 1: 과학 프로젝트가 다음 주 수요일까지라는 것을 알게 됨
"Just to remind (a) you. // Science fair projects are due next Wednesday. // Don't forget to submit your final draft on time," / Mr. Kapoor said. //
"그냥 너에게 알려주는 거야 / 과학 박람회 프로젝트가 다음 주 수요일까지야 // 제시간에 최종안을 제출하는 것을 잊지 마"라고 / Kapoor 선생님이 말했다 //
＊(A) 문단 요약: Max는 과학 선생님을 만나 프로젝트의 제출 기한을 듣게 됨

(B) Max thought / for a moment. //
Max는 생각했다 / 잠시 동안 //
"I guess…. // I can do that / by rescheduling tonight's baseball lesson." // 15번② Max는 야구 레슨 일정을 변경하고자 함
"아마… // 저는 그렇게 할 수 있을 것 같아 / 오늘 밤 야구 레슨 일정을 변경함으로써" //
Jeremy beamed. //
Jeremy가 활짝 웃었다 //
"See? // That's you finding a solution." //
"봤지 / 네가 해결책을 찾아낸 거야" //
Max felt / a genuine smile spreading. //
Max는 느꼈다 / 진심 어린 미소가 퍼지는 것을 //
The next Wednesday, / (b) he successfully handed in the final draft on time / with satisfaction. // 13번 단서 2: Max는 성공적으로 마감 기한 내에 프로젝트를 제출함
다음 주 수요일에 / 그는 성공적으로 최종안을 제시간에 제출했다 / 만족하며 //

From then on, / he still loved order and routines, / but also embraced the messy, unpredictable bits of life too. //
그 이후로 / 그는 여전히 순서와 정해진 일과를 좋아했지만 / 또한 어지럽고 예측 불가능한 삶의 부분들도 기꺼이 맞이했다 //
＊(B) 문단 요약: Max는 프로젝트를 제시간에 제출했으며, 그 이후로 예측 불가능한 삶의 부분들도 기꺼이 맞이하게 됨

(C) Max froze. // Max는 얼어붙었다 //
What? // It can't be! // It was due next Friday! //
'뭐라고 / 그럴 순 없어 / 이건 다음 주 금요일이었다고' //
After school, he came home / worrying / that his whole perfectly planned week / was going to be ruined. // 15번③ Max는 학교를 마친 후 걱정하며 집으로 돌아옴
학교를 마친 후에, 그는 집으로 돌아왔다 / 걱정하며 / 그의 완벽히 계획된 일주일이 / 망쳐질 것을 //
Without his usual greeting, / Max headed to his room / in haste. //
그의 일상적인 인사 없이 / Max는 그의 방으로 향했다 / 급하게 //
"What's wrong Max?," / Jeremy, his dad, followed Max, / worrying about him. // 15번④ Jeremy는 걱정하며 Max를 따라감
"무슨 일이니 Max" / 그의 아버지인 Jeremy는 Max를 따라갔다 / 그를 걱정하며 //
Max furiously browsed through his planner / without answering (c) him, / only to find the wrong date written in it. //
Max는 열성적으로 그의 일정표를 뒤적거렸지만 / 그에게 대답하지 않고 / 거기에 잘못 적힌 날짜를 발견할 뿐이었다 // 13번 단서 3: Max는 자신이 날짜를 착각했다는 것을 깨달음
＊(C) 문단 요약: Max는 집으로 돌아와 마감 날짜를 잘못 적은 것을 발견함

(D) Fighting through tears, / Max finally managed to explain / the unending pressure to be perfect / to (d) his dad. //
울음을 참으며 / Max는 마침내 가까스로 설명했다 / 완벽해야 한다는 끝나지 않는 압박에 대해 / 그의 아버지에게 //
To his surprise, / Jeremy laughed. // 놀랍게도 / Jeremy는 웃었다 //
"Max, guess what? // Perfect is a great goal, / but nobody gets there all the time. // What matters is what we do / when things get messy." //
"Max, 있잖아 / 완벽은 훌륭한 목표야 / 그러나 누구도 항상 거기에 도달할 수는 없단다 / 중요한 것은 우리가 무엇을 하는가야 / 일이 엉망이 되었을 때" //
That made him feel / a little better. //
그것이 그의 기분을 만들어 주었다 / 조금 더 나아지게 //
"You are saying / (e) I can fix this?" //
"아빠는 말씀하시는 거예요 / 제가 이것을 해결할 수 있다고" //
"Absolutely, / try to deal with problems in a logical way," / Jeremy said. // 13번 단서 4, 15번⑤ Jeremy는 문제를 논리적으로 처리해 보라고 말함
"물론이지 / 논리적인 방식으로 문제를 처리해봐"라고 / Jeremy가 말했다 //
＊(D) 문단 요약: Jeremy는 일이 엉망이 되었을 때 어떻게 해결하는지가 중요하다고 조언함

- satisfying ⓐ 만족스러운　　• embrace ⓥ 맞이하다
- unpredictable ⓐ 예측 불가의　　• ruin ⓥ 망치다　　• in haste 급하게
- furiously ⓐⓓ 열성적으로　　• browse ⓥ 뒤적거리다

(A) Max는 가을날의 부드러운 햇빛에 깨어났다. 시간에 맞추어 그는 다리를 침대 밖으로 휙 내려놓았고, 깊고 만족스러운 숨을 내쉬었다. 그는 평소와 똑같은 방식으로 아침을 시작했고 옷을 입고 학교에 갔다. 오늘은 과학 선생님인 Kapoor 선생님을 만나기 전까지는 또 다른 완벽한 날이 될 예정이었다. "그냥 (a) 너에게 알려주는 거야. 과학 박람회 프로젝트가 다음 주 수요일까지야. 제시간에 최종안을 제출하는 것을 잊지 마."라고 Kapoor 선생님이 말했다.

(C) Max는 얼어붙었다. '뭐라고? 그럴 순 없어! 이건 다음 주 금요일까지였다고!' 학교를 마친 후에, 그는 그의 완벽히 계획된 일주일이 망쳐질 것을 걱정하며 집으로 돌아왔다. 그의 일상적인 인사 없이, Max는 급하게 그의 방으로 향했다. "무슨 일이니 Max?" 그의 아버지인 Jeremy는 그를 걱정하며 Max를 따라갔다. Max는 (c) 그에게 대답하지 않고 열성적으로 그의 일정표를 뒤적거렸지만, 거기에 잘못 적힌 날짜를 발견할 뿐이었다.

(D) 울음을 참으며, Max는 마침내 가까스로 (d) 그의 아버지에게 완벽해야 한다는 끝나지 않는 압박에 대해 설명했다. 놀랍게도, Jeremy는 웃었다. "Max, 있잖아? 완벽은 훌륭한 목표지만, 누구도 항상 거기에 도달할 수는 없단다. 중요한 것은 일이 엉망이 되었을 때 우리가 무엇을 하는가야." 그것이 그의 기분을 조금 더 나아지게 만들어 주었다. "아빠는 (e) 제가 이것을 해결할 수 있다고 말씀하시는 거예요?" "물론이지, 논리적인 방식으로 문제를 처리해봐."라고 Jeremy가 말했다.
(B) Max는 잠시 동안 생각했다. "아마.... 제가 오늘 밤 야구 레슨 일정을 변경함으로써 그렇게 할 수 있을 것 같아요." Jeremy가 활짝 웃었다. "봤지? 네가 해결책을 찾아낸 거야." Max는 진심 어린 미소가 퍼지는 것을 느꼈다. 다음 주 수요일에 (b) 그는 만족하며 성공적으로 최종안을 제시간에 제출했다. 그 이후로 그는 여전히 순서와 정해진 일과를 좋아했지만, 또한 어지럽고 예측 불가능한 삶의 부분들도 기꺼이 맞이했다.

S 13 정답 ③

주어진 글 (A)에 이어질 내용을 순서에 맞게 배열한 것으로 가장 적절한 것은?

① (B) — (D) — (C)
② (C) — (B) — (D)
③ (C) — (D) — (B)
④ (D) — (B) — (C)
⑤ (D) — (C) — (B)

(B)는 문제를 해결한 내용이므로 글의 마지막에 와야 함
(C) Max는 마감 날짜를 잘못 적음을 확인함 — (D) 아빠는 논리적으로 생각할 것을 조언함 — (B) 일정을 조정하여 마감 기한 내 제출을 완료함
아빠의 조언이 제시된 (D)는 일정을 잘못 기록했음을 깨닫게 된 (C) 이후에 이어져야 함

> **왜** 정답 · 오답 ? ✽✽✽ [정답률 86%]

- **(A):** Max는 아침에 학교에서 과학 선생님을 만나 프로젝트의 제출 기한을 듣게 되었고, 곧 불안에 휩싸인다.
→ 과학 프로젝트의 제출 기한을 듣고 Max의 감정이 급변하는 내용이 이어질 것이다.
- **(B):** Max는 스스로 일정을 조정하며 성공적으로 프로젝트를 제시간에 제출했으며, 그 이후로 예측 불가능한 삶의 부분들도 기꺼이 맞이하게 되었다.
→ Max가 스스로 문제를 해결하고, 이를 통해 교훈을 얻었다는 내용이므로, 글의 마지막에 해당하는 내용이다.
- **(C):** Max는 집으로 돌아와 일정표를 살펴보고는 마감 날짜를 잘못 적은 것을 발견했다.
→ Max가 과학 프로젝트의 마감 기한을 확인할 만한 사건이 앞에 언급되어야 하므로, (A) 바로 뒤에 이어진다.
- **(D):** Max는 아빠에게 완벽해야 한다는 압박에 대해 말하자, 아빠는 항상 완벽할 수 없으며, 일이 엉망이 되었을 때 어떻게 해결하는지가 중요하다고 조언했다.
→ Max가 자신의 잘못을 발견한 내용이 앞에 언급되어야 하며, 아빠의 조언을 통해 문제를 해결하는 내용이 뒤에 이어질 것이다.

▶ 사건이 진행되는 순서는 ③ (C) — (D) — (B)임

S 14 정답 ③

밑줄 친 (a)~(e) 중에서 가리키는 대상이 나머지 넷과 다른 것은?

① (a) ② (b) ③ (c) ④ (d) ⑤ (e)
= Max = Max = Jeremy = Max's = Max

> **왜** 정답 ? ✽✽✽ [정답률 86%]

③ (c) him: 무슨 일이냐고 Max에게 물어본 사람 ▶ Jeremy

> **왜** 오답 ?

① (a) you: 과학 선생님이 과학 프로젝트의 마감 기한을 알려준 사람 ▶ Max
② (b) he: 제시간에 성공적으로 과학 프로젝트를 제출한 사람 ▶ Max
④ (d) his: 완벽에 대한 압박을 자신의 아버지에게 설명한 사람 ▶ Max's
⑤ (e) I: 일이 엉망이 되었을 때 자신이 해결할 수 있을지를 물어본 사람 ▶ Max

S 15 정답 ②

윗글에 관한 내용으로 적절하지 <u>않은</u> 것은?

① Max는 평소와 똑같은 방식으로 아침을 시작했다.
He began his morning the same way he usually did
② Max는 야구 레슨에 예정대로 참여하겠다고 말했다.
I can do that by rescheduling tonight's baseball lesson.
③ Max는 학교를 마친 후 걱정하며 집으로 돌아왔다.
After school, he came home worrying
④ Jeremy는 걱정하며 Max를 따라갔다.
Jeremy ~ followed Max, worrying about him
⑤ Jeremy는 문제를 논리적으로 처리해 보라고 말했다.
try to deal with problems in a logical way," Jeremy said

> **왜** 정답 ? ✽✽✽ [정답률 83%]

Max는 야구 레슨 일정을 변경함으로써 과학 프로젝트를 제시간에 제출하고자 했으므로 (I can do that by rescheduling tonight's baseball lesson.) 글의 내용으로 적절하지 않은 것은 ②이다.

> **왜** 오답 ?

① Max는 평소와 똑같은 방식으로 아침을 시작했다. (He began his morning the same way he usually did)
③ Max는 학교를 마친 후 걱정하며 집으로 돌아왔다. (After school, he came home worrying)
④ Jeremy는 걱정하며 Max를 따라갔다. (Jeremy ~ followed Max, worrying about him)
⑤ Jeremy는 문제를 논리적으로 처리해 보라고 말했다. (try to deal with problems in a logical way," Jeremy said)

S 16~18 ✱감염에서 회복한 고양이 Leo

(A) Christine was a cat owner / **who** loved her furry companion, Leo. //
주격 관계대명사
Christine은 고양이 주인으로 / 그녀의 털북숭이 반려동물인 Leo를 사랑한다 //

One morning, / she noticed / **that** Leo was not feeling well. //
목적어절 접속사
어느 날 아침 / 그녀는 알게 되었다 / Leo의 몸 상태가 좋지 않다는 것을 //

Concerned for her beloved cat, / Christine decided to take him / to the animal hospital. // 16번 단서 1: Christine은 Leo를 동물병원에 데려가기로 함
being이 생략된 분사구문
사랑하는 고양이가 걱정되어서 / Christine은 Leo를 데려가기로 결심했다 / 동물병원에 //

As she always brought Leo to this hospital, / she was certain / that the vet knew well about Leo. // 18번 ① Christine은 수의사가 Leo에 대해 잘 알고 있을 거라고 확신함
그녀가 항상 Leo를 이 병원에 데려왔기 때문에 / 그녀는 확신했다 / 수의사가 Leo에 대해 잘 알고 있을 것이라고 //

(a) **She** desperately hoped / Leo got the necessary care / **as soon as possible.** //
= Christine   '가능한 한 빨리'
그녀는 간절히 바랐다 / Leo가 필요한 보살핌을 받기를 / 가능한 한 빨리 //

✱(A) 문단 요약: Christine은 반려 고양이 Leo의 몸 상태가 좋지 않아 동물병원에 데려감

(B) "I'll call (b) **you** with updates / **as soon as** we know anything," / said the vet. //
= Christine   '~하자마자'
"당신에게 전화로 새로운 소식을 알려 드리겠습니다 / 저희가 뭔가 알게 되는 즉시"라고 / 수의사가 말했다 //

Throughout the day, / Christine anxiously awaited news about Leo. //
그날 내내 / Christine은 초조하게 Leo에 대한 소식을 기다렸다 // 18번 ② 병원을 방문한 날 늦게 수의사의 전화를 받음

Later that day, the phone rang / and it was the vet. //
그날 늦게 전화가 울렸고 / 그것(전화를 건 사람)은 수의사였다 //

"The tests revealed a minor infection. // Leo needs some medication and rest, / but he'll be back to his playful self soon." //
"검사 결과 경미한 감염이 발견되었습니다 // Leo는 약간의 약물 치료와 휴식이 필요하긴 하지만 / 곧 장난기 넘치는 모습으로 돌아올 거예요" //

Relieved to hear the news, / Christine rushed back to the animal
being이 생략된 분사구문
hospital / to pick up Leo. // **16번** 단서 2: 동물병원의 연락을 받고 Christine은
부사적 용법 (목적) Leo를 데리러 병원에 돌아감
그 소식을 듣고 안도하며 / Christine은 동물병원으로 서둘러 되돌아갔다 / Leo를 데리러 //

* **(B) 문단 요약**: Christine은 그날 늦게 동물병원의 연락을 받고 안도하며 Leo를
데리러 감

(C) The vet provided detailed instructions / on how to
how to -v: ~하는 방법
병렬 구조 (동사)
administer the medication / and shared tips for a speedy
recovery. // **18번 ③** 수의사는 Leo의 빠른 회복을 위한 조언을 함
수의사는 자세히 설명해주고 / 약을 투여하는 방법을 / 빠른 회복을 위한 조언을 했다 //

Back at home, / Christine created a comfortable space / for Leo
being이 생략된 분사구문 *의미상 주어*
to rest and heal. //
형용사적 용법 (space 수식)
집으로 돌아와서 / Christine은 편안한 공간을 만들었다 / Leo가 쉬고 회복할 수 있는 //

= Christine
(c) She patted him with love and attention, / ensuring that he
분사구문을 이끄는 현재분사
would recover in no time. //
그녀는 사랑과 관심으로 Leo를 쓰다듬어 주었다 / Leo가 금방 회복할 수 있도록 //

As the days passed, / Leo gradually regained his strength and
playful spirit. // **16번** 단서 3: 병원 방문 며칠 후 Leo는 회복하여 활기를 되찾음
며칠이 지나자 / Leo는 점차 체력과 장난기 넘치는 활기를 되찾았다 //

* **(C) 문단 요약**: 병원에서 집으로 돌아온 Leo는 며칠 후 활기를 되찾음

(D) The waiting room was filled / with other pet owners. //
대기실은 꽉 차 있었다 / 다른 반려동물의 주인들로 // **18번 ④** 대기실은 다른 반려동물의
주인들로 꽉 차 있었음
Finally, it was Leo's turn / to see the vet. //
마침내, Leo가 차례가 되었다 / 수의사를 만날 //

Christine watched / as the vet gently examined him. //
Christine은 지켜보았다 / 수의사가 Leo를 조심스럽게 진찰하는 모습을 //

= The vet
The vet said, / "(d) I think Leo has a minor infection." //
수의사가 말했다 / "저는 Leo에게 경미한 감염이 있다고 생각합니다"라고 //

"Infection? // Will he be okay?" / asked Christine. //
"감염이요 // Leo는 괜찮을까요"라고 / Christine이 물었다 // **18번 ⑤** Leo의 감염 여부를 알기
부사적 용법 (목적) 위해 검사를 할 필요가 있었음
"We need to do some tests / to see if he is infected. // But for the
가주어 *의미상 주어* *진주어*
tests, / it's best for Leo to stay here," / replied the vet. //
"우리는 몇 가지 검사를 할 필요가 있습니다 / 감염 여부를 알기 위해 / 하지만 검사를 위해서
/ Leo가 여기 머무는 것이 가장 좋습니다"라고 / 수의사가 대답했다 //

가주어 *진주어*
It was heartbreaking for Christine / to leave Leo at the animal
= Christine *앞에 목적어절 접속사 that 생략*
hospital, / but (e) she had to accept / it was for the best. //
Christine에게는 가슴 아팠지만 / Leo를 동물병원에 두고 가는 것이 / 그녀는 받아들여야만
했다 / 그것이 최선이라는 것을 // **16번** 단서 4: Christine은 Leo의 검사를 위해
Leo를 병원에 두고 옴

* **(D) 문단 요약**: Christine은 감염 여부를 검사하기 위해 Leo를 동물병원에 두고 감

- furry ⓐ 털이 많은   · companion ⓝ 반려자, 동료
- beloved ⓐ 사랑하는   · vet ⓝ 수의사   · desperately ⓐ𝒹 간절히
- minor ⓐ 경미한, 사소한   · infection ⓝ 감염
- medication ⓝ 약물 치료   · playful ⓐ 장난기 넘치는
- administer ⓥ (약을) 투여하다   · pat ⓥ 쓰다듬다   · spirit ⓝ 활기
- gently ⓐ𝒹 조심스럽게   · heartbreaking ⓐ 가슴 아픈

(A) Christine은 고양이 주인으로 그녀의 털북숭이 반려동물인 Leo를 사
랑한다. 어느 날 아침, 그녀는 Leo의 몸 상태가 좋지 않다는 것을 알게 되
었다. 사랑하는 고양이가 걱정되어서, Christine은 Leo를 동물병원에 데
려가기로 결심했다. 그녀가 항상 Leo를 이 병원에 데려왔기 때문에, 수의
사가 Leo에 대해 잘 알고 있을 것이라고 그녀는 확신했다. Leo가 필요한
보살핌을 가능한 한 빨리 받기를 (a) 그녀는 간절히 바랐다.
(D) 대기실은 다른 반려동물의 주인들로 꽉 차 있었다. 마침내, Leo가
수의사를 만날 차례가 되었다. Christine은 수의사가 Leo를 조심스럽
게 진찰하는 모습을 지켜보았다. "(d) 저는 Leo에게 경미한 감염이 있다
고 생각합니다."라고 수의사가 말했다. "감염이요? Leo는 괜찮을까요?"
라고 Christine이 물었다. "감염 여부를 알기 위해 우리는 몇 가지 검사
를 할 필요가 있습니다. 하지만 검사를 위해서 Leo가 여기 머무는 것이 가
장 좋습니다."라고 수의사가 대답했다. Leo를 동물병원에 두고 가는 것이
Christine에게는 가슴 아팠지만, (e) 그녀는 그것이 최선이라는 것을 받아
들여야만 했다.

(B) "저희가 뭔가 알게 되는 즉시 (b) 당신에게 전화로 새로운 소식을 알
려 드리겠습니다."라고 수의사가 말했다. 그날 내내 Christine은 초조하게
Leo에 대한 소식을 기다렸다. 그날 늦게 전화가 울렸고 그것(전화를 건 사
람)은 수의사였다. "검사 결과 경미한 감염이 발견되었습니다. Leo는 약간
의 약물 치료와 휴식이 필요하긴 하지만 곧 장난기 넘치는 모습으로 돌아
올 거예요." 그 소식을 듣고 안도하며, Christine은 Leo를 데리러 동물병
원으로 서둘러 되돌아갔다.
(C) 수의사는 약을 투여하는 방법을 자세히 설명해주고 빠른 회복을 위한
조언을 했다. 집으로 돌아와서, Christine은 Leo가 쉬고 회복할 수 있는
편안한 공간을 만들었다. (c) 그녀는 Leo가 금방 회복할 수 있도록 사랑과
관심으로 Leo를 쓰다듬어 주었다. 며칠이 지나자, Leo는 점차 체력과 장
난기 넘치는 활기를 되찾았다.

S 16 정답 ④

주어진 글 (A)에 이어질 내용을 순서에 맞게 배열한 것으로 가장 적절한
것은?

① (B) — (D) — (C)   주어진 글에서는 막 동물병원에 가려고 함
② (C) — (B) — (D)
③ (C) — (D) — (B)   주어진 글에서는 Leo가 아직 진료를 받지 않음
④ (D) — (B) — (C)   [(D) 검사를 위해 Leo를 병원에 두고 옴 — (B) 병원의 연락을 받고
Leo를 데리러 감 — (C) 며칠 뒤 Leo는 활기를 되찾음]
⑤ (D) — (C) — (B)   Leo를 병원에 두고 온 (B)는 Leo를 찾으러 가는 (C)보다 먼저 와야 함

왜 정답·오답? ✿❀❀ [정답률 86%]

[**(A)**: Christine은 반려 고양이 Leo의 몸 상태가 좋지 않아 동물병원에 데려갔고,
빨리 진료를 받기를 희망했다.
➡ 동물병원에서 진료를 받고자 하는 내용이 이어질 것이다.

[**(B)**: Christine은 초조하게 동물병원의 연락을 기다리다가 그날 늦게 동물병원의
연락을 받았다. 가벼운 감염이라는 말에 안도하며 Leo를 데리러 동물병원에 갔다.
➡ Christine이 Leo를 동물병원에 두고 집에 왔다는 내용이 앞에 있어야 한다.

[**(C)**: 수의사에게 조언을 들은 후 Leo와 함께 집에 돌아왔고, Leo가 편히 쉴 수 있는
공간을 마련해 주었다. 며칠 후 Leo는 활기를 되찾았다.
➡ 동물병원에서 돌아온 후 Leo가 활기를 되찾았다는 내용이므로, 글의 마지막
내용이다.

[**(D)**: 수의사는 Leo가 감염일지도 모른다고 하며, 자세한 검사를 위해 Leo를
동물병원에 두고 가라고 했다.
➡ 동물병원에서 진료를 받는 내용이므로, (A) 바로 뒤에 이어진다.
▶ 사건이 진행되는 순서는 ④ (D) — (B) — (C)임

S 17 정답 ④

밑줄 친 (a)~(e) 중에서 가리키는 대상이 나머지 넷과 <u>다른</u> 것은?
① (a)   ② (b)   ③ (c)   ④(d)   ⑤ (e)
= Christine   = Christine   = Christine   = The vet   = Christine

왜 정답? ✿❀❀ [정답률 88%]
④ (d) I: Leo에게 경미한 감염이 있다고 생각한 사람 ▶ The vet (수의사)

왜 오답?
① (a) She: Leo가 보살핌을 받기를 바랐던 사람 ▶ Christine
② (b) you: 수의사가 연락을 주겠다고 했던 대상 ▶ Christine
③ (c) She: Leo를 집으로 데려와 쓰다듬어 준 사람 ▶ Christine
⑤ (e) she: Leo를 병원에 두고 오는 것이 최선임을 받아들여야 했던 사람
▶ Christine

S 18 정답 ②

> 윗글에 관한 내용으로 적절하지 <u>않은</u> 것은?
>
> ① Christine은 수의사가 Leo에 대해 잘 알고 있을 거라고 확신했다.
>   she was certain that the vet knew well about Leo
> ② Christine은 병원을 방문한 다음 날 수의사의 전화를 받았다.
>   Later that day, the phone rang and it was the vet.
> ③ 수의사는 Leo의 빠른 회복을 위한 조언을 했다.
>   shared tips for a speedy recovery
> ④ 대기실은 다른 반려동물의 주인들로 꽉 차 있었다.
>   The waiting room was filled with other pet owners.
> ⑤ Leo의 감염 여부를 알기 위해 검사를 할 필요가 있었다.
>   We need to do some tests to see if he is infected.

왜 정답? ✽✽✽ [정답률 74%]

Christine은 병원을 방문한 다음 날이 아니라 그날 늦게 수의사의 전화를 받았다고 했으므로 (Later that day, the phone rang and it was the vet.) 글의 내용으로 적절하지 않은 것은 ②이다.

왜 오답?

① Christine은 수의사가 Leo에 대해 잘 알고 있을 거라고 확신했다. (she was certain that the vet knew well about Leo)

③ 수의사는 Leo의 빠른 회복을 위한 조언을 했다. (shared tips for a speedy recovery)

④ 대기실은 다른 반려동물의 주인들로 꽉 차 있었다. (The waiting room was filled with other pet owners.)

⑤ Leo의 감염 여부를 알기 위해 검사를 할 필요가 있었다. (We need to do some tests to see if he is infected.)

S 19~21 ✽선생님의 돌봄으로 상상력을 펼친 Benjamin

(A) My two girls grew up / without challenges / with respect to development and social interaction. //
나의 두 딸은 성장했다 / 어려움 없이 / 발달과 사회적 상호 작용에 있어서 //

My son Benjamin, however, / was quite delayed. //
하지만, 나의 아들 Benjamin은 / 꽤 더뎠다 //

He struggled through his childhood, / not fitting in with the other children / and wondering what he was doing wrong / at every turn. // 21번 ① Benjamin은 어린 시절 다른 아이들과 잘 어울리지 않았음
그는 어린 시절 동안 고생했다 / 다른 아이들과 잘 어울리지 않고 / 그가 무엇을 잘못했는지 궁금해하며 / 언제나 //

He was teased by the other children / and frowned upon / by a number of unsympathetic adults. //
그는 다른 아이들에게 괴롭힘을 받았고 / 눈살 찌푸림을 받았다 / 인정 없는 많은 어른들의 //

But his Grade 1 teacher was a wonderful, caring person / who took the time to ask / why Benjamin behaved the way (a) he did. // 19번 단서 1: Benjamin은 훌륭한 선생님을 만남
하지만 그의 1학년 선생님은 훌륭하고 친절한 사람이었다 / 물어보는 시간을 갖는 / 왜 Benjamin이 그가 했던 방식으로 행동했는지 //

✽(A) 문단 요약: 발달이 더뎌 주변과 어울리지 못했던 Benjamin은 1학년 때 친절한 선생님을 만남

(B) I suspected / the teacher had paid for it / out of his own pocket. // 19번 단서 2, 21번 ② 'I'는 선생님이 책값을 지불했다고 짐작함
나는 짐작했다 / 선생님이 그것을 지불한 것이 아닐까 / 자비로 //

It was a story-board book / with a place for a photo. //
그것은 스토리보드 책이었다 / 사진을 위한 공간이 있는 //

On each page / there was an outline of an animal and a hole / so that the face in the photo / appeared to be the face of the animal. //
쪽마다 / 동물의 윤곽과 구멍이 있어서 / 사진 속의 얼굴이 / 그 동물의 얼굴인 것처럼 보였다 //

Wondering / if Benjamin would really be interested in the book, / I brought it home. //
궁금해하며 / Benjamin이 그 책에 정말로 흥미가 있을지 / 나는 그것을 집으로 가져왔다 //

He loved it! // 그는 그것을 좋아했다 21번 ③ Benjamin은 'I'가 가져온 책을 좋아함

Through that book, / he saw that (b) he could be anything / he wanted to be: / a cat, an octopus, a dinosaur — even a frog! //
그 책을 통해 / 그는 그가 어떠한 것도 될 수 있음을 알았는데 / 자신이 되길 원하는 / 고양이, 문어, 공룡 그리고 심지어 개구리까지 말이다 //

✽(B) 문단 요약: 선생님이 남겨둔 동물 스토리보드 책을 Benjamin은 좋아함

(C) The teacher was determined / to understand Benjamin / and to accept him as he was. //
그 선생님은 결심했다 / Benjamin을 이해하고 / 그를 있는 그대로 받아들이겠다고 //

One day / he came home with a note / from his teacher. //
어느 날 / 그는 한 쪽지를 가지고 집으로 왔다 / 그의 선생님으로부터 받은 //

He suggested / I go to the school library. // 21번 ④ 선생님은 'I'에게 학교 도서관에 방문할 것을 제안함
그는 제안했다 / 내가 학교 도서관에 방문할 것을 //

They were having a sale, / and (c) he thought / my son would like one of the books. //
그들은 판매를 하고 있었고 / 그는 생각했다 / 나의 아들이 책 중 하나를 좋아할 거라고 //

I couldn't go for a couple of days / and was concerned / I'd missed the opportunity. //
나는 며칠 동안 갈 수 없었고 / 걱정했다 / 기회를 놓쳤을까 봐 //

When I finally went to the school, / his teacher told me / that the sale had ended / but that the library had saved the book / for my little boy. // 19번 단서 3: 며칠이 지났어도 도서관은 Benjamin을 위해 책을 남겨둠
내가 마침내 학교에 갔을 때 / 그의 선생님은 나에게 말했다 / 판매는 끝났지만 / 도서관이 책을 남겨두었다고 / 내 아이를 위해 //

✽(C) 문단 요약: 그 선생님은 'I'에게 학교 도서관에서 책을 사라고 제안했고, 도서관은 그 책을 며칠 동안 남겨둠 19번 단서 4: Benjamin은 그 책을 통해 상상력을 펼치고 미래의 성공 토대를 마련함

(D) Benjamin joyfully embarked on an imaginative journey / through the book, / and little did we know, / it laid the groundwork / for his future successes. //
Benjamin은 상상의 여행을 즐겁게 시작했고 / 그 책을 통해 / 우리가 거의 알지는 못했지만 / 그것은 토대를 마련했다 / 그의 미래 성공을 위한 //

And thankfully, / his teacher had taken the time / to observe and understand (d) him /
그리고 감사하게도 / 그의 선생님은 시간을 가졌고 / 그를 관찰하고 이해하기 위한 /

and had discovered a way to help / him reach out of his own world / and join ours / through a story-board book. //
돕는 방법을 발견했다 / 그가 자신만의 세상을 벗어나 / 우리의 세상에 참여하도록 / 스토리보드 책을 통해 // 21번 ⑤ Benjamin은 아역 배우가 됨

My son later became a child actor / and performed for seven years / with a Toronto casting agency. //
내 아들은 나중에 아역 배우가 되었고 / 7년 동안 공연을 했다 / Toronto에 있는 캐스팅 회사와 함께 //

(e) He is now a published author / who writes fantasy and science-fiction! //
그는 이제 출판 작가이다 / 판타지와 공상과학 소설을 쓰는 //

Who would have guessed? //
누가 짐작이나 했을까 //

✽(D) 문단 요약: 선생님의 이해심과 책이 길러준 상상력을 토대로 Benjamin은 배우와 작가가 됨

- with respect to ~에 관하여
- struggle ⓥ 고생하다
- tease ⓥ 괴롭히다
- frown upon ~에 눈살을 찌푸리다
- unsympathetic ⓐ 인정 없는
- caring ⓐ 친절한, 보살피는
- outline ⓝ 윤곽
- embark on ~을 착수하다[시작하다]
- imaginative ⓐ 상상의
- lay the groundwork 토대를 마련하다
- agency ⓝ 회사, 대행사

(A) 나의 두 딸은 발달과 사회적 상호 작용에 있어서 어려움 없이 성장했다. 하지만, 나의 아들 Benjamin은 꽤 더뎠다. 그는 다른 아이들과 잘 어울리지 않고 언제나 그가 무엇을 잘못했는지 궁금해하며, 어린 시절 동안 고생했다. 그는 다른 아이들에게 괴롭힘을 받았고 인정 없는 많은 어른들의 눈살 찌푸림을 받았다. 하지만 그의 1학년 선생님은 왜 Benjamin이 (a) 그가 했던 방식으로 행동했는지 물어보는 시간을 갖는, 훌륭하고 친절한 사람이었다.

(C) 그 선생님은 Benjamin을 이해하고 그를 있는 그대로 받아들이겠다고 결심했다. 어느 날 그는 그의 선생님으로부터 받은 한 쪽지를 가지고 집으로 왔다. 그는 내가 학교 도서관에 방문할 것을 제안했다. 그들은 판매를 하고 있었고, (c) 그는 나의 아들이 책 중 하나를 좋아할 거라고 생각했다. 나는 며칠 동안 갈 수 없었고, 기회를 놓쳤을까 봐 걱정했다. 내가 마침내 학교에 갔을 때, 그의 선생님은 나에게 판매는 끝났지만 도서관이 내 아이를 위해 책을 남겨두었다고 말했다.

(B) 나는 선생님이 그것을 자비로 지불한 것이 아닌가 짐작했다. 그것은 사진을 위한 공간이 있는 스토리보드 책이었다. 쪽마다 동물의 윤곽과 구멍이 있어서 사진 속의 얼굴이 그 동물의 얼굴인 것처럼 보였다. Benjamin이 그 책에 정말로 흥미가 있을지 궁금해하며 나는 그것을 집으로 가져왔다. 그는 그것을 좋아했다! 그 책을 통해 그는 (b) 그가 자신이 되길 원하는 어떠한 것도 될 수 있음을 알았는데, 고양이, 문어, 공룡 그리고 심지어 개구리까지 말이다!

(D) Benjamin은 그 책을 통해 상상의 여행을 즐겁게 시작했고, 우리가 거의 알지는 못했지만, 그것은 그의 미래 성공을 위한 토대를 마련했다. 그리고 감사하게도, 그의 선생님은 (d) 그를 관찰하고 이해하기 위한 시간을 가졌고, 스토리보드 책을 통해 그가 자신만의 세상을 벗어나 우리의 세상에 참여하도록 돕는 방법을 발견했다. 내 아들은 나중에 아역 배우가 되었고 Toronto에 있는 캐스팅 회사와 함께 7년 동안 공연을 했다. (e) 그는 이제 판타지와 공상과학 소설을 쓰는 출판 작가이다! 누가 짐작이나 했을까?

S 19 정답 ②

주어진 글 (A)에 이어질 내용을 순서에 맞게 배열한 것으로 가장 적절한 것은?

① (B) — (D) — (C) 선생님이 책값을 지불했을 것이라 짐작한 (B)가 (C)의 뒤에 나와야 함
② (C) — (B) — (D) [(C) 도서관에서 Benjamin을 위한 책을 남겨둠 — (B) 선생님이 책값을 지불했을 것이라 짐작함 — (D) 그 책으로 Benjamin은 상상력을 펼치고 성공의 토대를 마련함]
③ (C) — (D) — (B) 책을 집에 가져온 (D)는 (B) 뒤에 이어져야 함
④ (D) — (B) — (C) 선생님이 책값을 지불했을 것이라 짐작한 (B)가 (C)의 뒤에 나와야 함
⑤ (D) — (C) — (B) 책을 집에 가져온 (D)는 (B) 뒤에 이어져야 함

왜 정답·오답? ✿✿✿ [정답률 89%]

⌐ **(A):** Benjamin은 발달이 더디고 주변과 잘 어울리지 못하는 아들이었지만, 1학년 때 훌륭하고 친절한 선생님을 만났다.
⮕ 앞으로 Benjamin이 선생님과의 만남을 통해 어떤 변화를 맞을지를 살펴봐야 한다.

⌐ **(B):** 선생님이 책값을 지불했을 것이라 짐작하며, 동물 스토리보드 책을 집에 가져왔고, Benjamin은 그 책을 좋아했다.
⮕ 책을 사러 갔을 때, 이미 누군가가 책값을 지불한 상태였다는 내용이 앞에 있어야 한다.

⌐ **(C):** 선생님은 I에게 도서관에서 책을 사라고 제안했고, 며칠 뒤 방문했을 때 모든 판매가 끝났지만, 도서관은 Benjamin을 위해 책을 남겨두었다.
⮕ 도서관에서 누군가의 도움으로 Benjamin의 책이 남겨져 있었다는 내용이므로, (C)가 (B) 앞에 나와야 한다.

⌐ **(D):** Benjamin은 책을 통해 상상력을 마음껏 펼치기 시작했고, 선생님의 이해심을 토대로 아역 배우와 작가로 일하게 되었다.
⮕ 책을 토대로 Benjamin이 변화한 내용을 설명하고 있으므로, (D)가 (B) 뒤에 와야 한다.

▶ 사건이 진행되는 순서는 ② (C) — (B) — (D)임

S 20 정답 ③

밑줄 친 (a)~(e) 중에서 가리키는 대상이 나머지 넷과 다른 것은?

① (a)   ② (b)   ③ (c)   ④ (d)   ⑤ (e)
= Benjamin   = Benjamin   = the teacher   = Benjamin   = Benjamin

왜 정답? ✿✿✿ [정답률 87%]

③ (c) he: Benjamin이 책을 좋아할 것이라고 생각했던 사람 ▶ the teacher

왜 오답?

① (a) he: 선생님이 행동의 이유를 물어본 사람 ▶ Benjamin
② (b) he: 책을 통해 어떠한 것도 될 수 있다는 것을 안 사람 ▶ Benjamin
④ (d) him: 선생님이 관찰하고 이해하려 했던 사람 ▶ Benjamin
⑤ (e) He: 판타지와 공상과학 소설 작가가 된 사람 ▶ Benjamin

S 21 정답 ③

윗글에 관한 내용으로 적절하지 않은 것은?

① Benjamin은 어린 시절 다른 아이들과 잘 어울리지 않았다.
  He struggled through his childhood, not fitting in with the other children
② 'I'는 선생님이 책값을 지불했다고 짐작했다.
  I suspected the teacher had paid for it out of his own pocket.
③ Benjamin은 'I'가 가져온 책을 좋아하지 않았다.
  He loved it!
④ 선생님은 'I'에게 학교 도서관에 방문할 것을 제안했다.
  He suggested I go to the school library.
⑤ Benjamin은 아역 배우가 되었다.
  My son later became a child actor

왜 정답? ✿✿✿ [정답률 86%]

Benjamin은 I가 가져온 책을 좋아했다고 했으므로 (He loved it!) 적절하지 않은 것은 ③이다.

왜 오답?

① Benjamin은 어린 시절 다른 아이들과 잘 어울리지 않았다. (He struggled through his childhood, not fitting in with the other children)
② 'I'는 선생님이 책값을 지불했다고 짐작했다. (I suspected the teacher had paid for it out of his own pocket.)
④ 선생님은 'I'에게 학교 도서관에 방문할 것을 제안했다. (He suggested I go to the school library.)
⑤ Benjamin은 아역 배우가 되었다. (My son later became a child actor)

S 22~24 *형제를 화해하게 한 목수의 지혜

(A) Once upon a time, / two brothers, Robert and James, / who lived on neighboring farms / fell into conflict. //
계속적 용법의 주격 관계대명사
옛날 옛적에 / 두 형제인 Robert와 James가 / 가까운 농장에 사는 / 갈등에 빠졌다 //

It was the first serious fight / in 40 years of farming / side by side. //
24번 ① Robert와 James는 40년간 나란히 농사를 지음
그것은 최초의 심각한 싸움이었다 / 농사를 지은 지 40년 만에 / 함께 나란히 //

It began with a small misunderstanding / and it grew into a major argument, / and finally it exploded into an exchange of bitter words / followed by weeks of silence. //
분사구문
그것은 작은 오해로 시작하여 / 보다 중대한 논쟁이 되었고 / 마침내 그것은 독설을 주고받는 것으로 폭발했고 / 몇 주간의 침묵이 뒤따랐다 //

One morning / there was a knock on Robert's door. //
어느 날 아침 / Robert의 문에 노크가 있었다 //

= Robert   부사적 용법 (결과)
(a) He opened it / to find a carpenter with a toolbox. //
그는 그것을 열고 / 공구 상자를 가진 목수를 발견했다 //

*(A) 문단 요약: 농사꾼 형제 Robert와 James가 싸웠고, 목수가 Robert를 방문함

(B) The two brothers stood awkwardly for a moment, / but soon met on the bridge and shook hands. // **22번** 단서 1: 앞에 다리에 대한 언급이 있어야 함
그 두 형제는 잠시 동안 어색하게 서 있었지만 / 곧 다리 위에서 만나 악수를 했다 //

They saw the carpenter / leaving with his toolbox. // *saw의 목적격 보어*
그들은 그 목수를 보았다 / 그의 공구 상자를 가지고 떠나는 것을 //

"No, wait! // Stay a few more days." //
"안 돼요, 기다려 주세요 / 며칠 더 머물러 주세요" //

Robert told him. // Robert가 그에게 말했다 // **24번 ②** Robert는 떠나려는 목수에게 더 머무르라고 말함

= Robert's
"Thank you for (b) your invitation. // But I need to go build more bridges. // Don't forget. // The fence leads to isolation / and *사이에 leads가 생략됨* the bridge to openness," / said carpenter. //
"당신의 초대에 감사드립니다 // 하지만 저는 더 많은 다리들을 만들러 가야 해요 // 잊지 마세요 // 울타리는 고립으로 이끌고 / 다리는 관대함으로 이끕니다"라고 / 목수가 말했다 //

The two brothers nodded / at the carpenter's words. //
그 두 형제는 끄덕여 동의를 표시했다 / 목수의 말에 //

22번 단서 2: Robert의 문을 두드린 목수가 Robert에게 말함

(B) 문단 요약: 목수가 만든 다리가 두 형제를 화해하게 만듦

분사구문
(C) Looking at Robert, / the carpenter said, / "I'm looking for a few days' work. // Do (c) you have anything to repair?" // *= Robert* *형용사적 용법 (anything 수식)*
Robert를 바라보며 / 그 목수는 말했다 / "저는 며칠 동안 할 일을 찾고 있어요 // 당신은 수리할 것이 있나요"라고 //

형용사적 용법 (nothing 수식)
"I have nothing to be repaired, / but I have a job for you. // Look across the creek at that farm. //
"수리될 것은 없지만 / 당신이 해 줄 일이 있어요 // 샛강 저편에 저 농장을 보세요 //

Last week, / my younger brother James took his bulldozer / and put that creek / in the meadow between us. // **24번 ③** James는 불도저로 초원에 샛강을 만들었음
지난주에 / 제 동생 James가 그의 불도저를 가지고 / 샛강을 만들었어요 / 우리 사이의 초원에 //

= Robert
Well, (d) I will do even worse. // I want you to build me an 8-foot tall fence / which will block him from seeing my place," said Robert. // *block A from -ing: A가 ~하는 것을 막다*
음, 제가 훨씬 더 나쁘게 할 거예요 // 저는 당신이 8피트 높이의 울타리를 지어 주기를 원해요 / 그가 제 장소를 보지 못하게 막는"이라고 / Robert가 말했다 //

The carpenter seemed to understand the situation. // **22번** 단서 3, **24번 ④** Robert는 목수가 필요로 하는 재료들을 준비함
목수는 그 상황을 이해한 것처럼 보였다 //

(C) 문단 요약: Robert가 복수를 위해 목수에게 울타리 제작을 요청함

(D) Robert prepared / all the materials the carpenter needed. // *앞에 목적격 관계대명사 생략*
Robert는 준비해 주었다 / 그 목수가 필요로 한 모든 재료들을 //

The next day, / Robert left to work on another farm, / so he couldn't watch the carpenter for some days. //
다음 날 / Robert는 또 다른 농장으로 일하러 떠났고 / 그래서 그는 며칠 동안 그 목수를 볼 수 없었다 //

When Robert returned and saw the carpenter's work, / his jaw dropped. // **24번 ⑤** 목수는 울타리 대신 다리를 설치함
Robert가 돌아와서 그 목수의 작업을 보았을 때 / 그의 입이 쩍 벌어졌다 //

과거완료시제 *주격 관계대명사*
Instead of a fence, / the carpenter had built a bridge / that stretched from one side of the creek to the other. // *= the other side*
울타리 대신에 / 그 목수는 다리 하나를 만들었다 / 샛강의 한쪽에서 다른 쪽까지 펼쳐진 //

= James'
His brother was walking over, / waving (e) his hand in the air. //
그의 동생은 걸어오고 있었다 / 그의 손을 공중에 흔들며 //

Robert laughed and said to the carpenter, / "You really can fix anything." // **22번** 단서 4: 목수가 두 형제의 갈등 상황을 해결함
Robert는 웃었고 그 목수에게 말했다 / "당신은 정말로 어떤 것이든 고칠 수 있군요"라고 //

(D) 문단 요약: 목수가 요청받은 울타리 대신 다리를 만들어 화해를 유도함

- conflict ⓝ 갈등   · argument ⓝ 논쟁   · explode ⓥ 폭발하다
- carpenter ⓝ 목수   · awkwardly ⓐⓓ 어색하게
- isolation ⓝ 고립   · openness ⓝ 관대함   · creek ⓝ 샛강
- bulldozer ⓝ 불도저   · meadow ⓝ 초원   · material ⓝ 재료

(A) 옛날 옛적에, 가까운 농장에 사는 두 형제인 Robert와 James가 갈등에 빠졌다. 그것은 함께 나란히 농사를 지은 지 40년 만에 최초의 심각한 싸움이었다. 그것은 작은 오해로 시작하여 보다 중대한 논쟁이 되었고, 마침내 그것은 독설을 주고받는 것으로 폭발했고 몇 주간의 침묵이 뒤따랐다. 어느 날 아침 Robert의 문에 노크가 있었다. (a) 그는 그것을 열고 공구 상자를 가진 목수를 발견했다.

(C) Robert를 바라보며 그 목수는 말했다. "저는 며칠 동안 할 일을 찾고 있어요. (c) 당신은 수리할 것이 있나요?" "수리될 것은 없지만 당신이 해 줄 일이 있어요. 샛강 저편에 저 농장을 보세요. 지난주에, 제 동생 James가 그의 불도저를 가지고 우리 사이의 초원에 샛강을 만들었어요. 음, (d) 제가 훨씬 더 나쁘게 할 거예요. 저는 당신이 그가 제 장소를 보지 못하게 막는 8피트 높이의 울타리를 지어 주기를 원해요."라고 Robert가 말했다. 목수는 그 상황을 이해한 것처럼 보였다.

(D) Robert는 그 목수가 필요로 하는 모든 재료들을 준비해 주었다. 다음 날, Robert는 또 다른 농장으로 일하러 떠났고, 그래서 그는 며칠 동안 그 목수를 볼 수 없었다. Robert가 돌아와서 그 목수의 작업을 보았을 때, 그의 입이 쩍 벌어졌다. 울타리 대신에, 그 목수는 샛강의 한쪽에서 다른 쪽까지 펼쳐진 다리 하나를 만들었다. 그의 동생은 (e) 그의 손을 공중에 흔들며 걸어오고 있었다. Robert는 웃고 그 목수에게 말했다. "당신은 정말로 어떤 것이든 고칠 수 있군요."

(B) 그 두 형제는 잠시 동안 어색하게 서 있었지만, 곧 다리 위에서 만나 악수를 했다. 그들은 그 목수가 그의 공구 상자를 가지고 떠나는 것을 보았다. "안 돼요, 기다려 주세요! 며칠 더 머물러 주세요." Robert가 그에게 말했다. "(b) 당신의 초대에 감사드립니다. 하지만 저는 더 많은 다리들을 만들러 가야 해요. 잊지 마세요. 울타리는 고립으로 이끌고 다리는 관대함으로 이끕니다."라고 목수가 말했다. 그 두 형제는 목수의 말에 끄덕여 동의를 표시했다.

S 22 정답 ③

주어진 글 (A)에 이어질 내용을 순서에 맞게 배열한 것으로 가장 적절한 것은?

① (B) — (C) — (D) ┐ 두 형제가 화해하게 된 과정이 (B) 앞에 나와야 함
② (C) — (B) — (D) ┘
③ (C) — (D) — (B) [(C) Robert는 목수에게 울타리 제작을 요청함 — (D) 목수는 울타리 대신 다리를 만듦 — (B) 두 형제는 다리를 통해 만나 화해함]
④ (D) — (B) — (C) ┐ 목수가 울타리 제작을 요청받은 내용이 (D) 앞에 나와야 함
⑤ (D) — (C) — (B) ┘

왜 정답·오답? ✿✿✿ [정답률 78%]

(A): 두 형제인 Robert와 James가 심하게 싸웠고, 대화가 단절된 상태로 Robert는 목수를 만났다.
→ 목수를 만난 Robert가 어떤 행동을 했는지 살펴본다.

(B): 두 형제 Robert와 James는 목수가 만든 다리 위에서 만나 화해했다.
→ 두 형제가 화해하게 된 과정이 앞에 있어야 한다.

(C): Robert가 목수에게 높은 울타리를 지어서 동생이 자신을 볼 수 없게 해달라고 요청했다.
→ 울타리 제작을 요청받은 목수가 어떤 일을 했고 어떤 결과를 불러왔는지에 관한 내용이 뒤에 이어져야 한다.

(D): 목수는 요청받은 울타리가 아닌 다리를 지어서 두 형제가 화해할 수 있게 했다.
→ 목수가 부탁받은 울타리 대신 다리를 지었다는 내용이므로 (C)의 바로 뒤에 온다.

▶ 사건이 진행되는 순서는 ③ (C) — (D) — (B)임

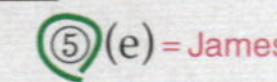

S 23 정답 ⑤

밑줄 친 (a)~(e) 중에서 가리키는 대상이 나머지 넷과 다른 것은?
① (a) = Robert ② (b) = Robert's ③ (c) = Robert ④ (d) = Robert ⑤ (e) = James'

왜 정답? ✱✱✾ [정답률 71%]

⑤ (e) his: Robert를 향해 손을 흔든 사람 ▶ James'

왜 오답?

① (a) He: 노크 소리를 듣고 문을 연 사람 ▶ Robert
② (b) your: 목수에게 며칠 더 머물러 달라고 요청한 사람 ▶ Robert's
③ (c) you: 목수가 방문해서 수리할 것이 있는지 물은 사람 ▶ Robert
④ (d) I: 동생 James보다 더 나쁘게 하려는 사람 ▶ Robert

S 24 정답 ⑤

윗글에 관한 내용으로 적절하지 않은 것은?
① Robert와 James는 40년간 나란히 농사를 지었다.
　　　　　　　　　　　in 40 years of farming side by side
② Robert는 떠나려는 목수에게 더 머무르라고 말했다.
　　　　"No, wait! Stay a few more days." Robert told him.
③ James는 불도저로 초원에 샛강을 만들었다.
　　　my younger brother James ~ put that creek
④ Robert는 목수가 필요로 하는 재료들을 준비해 주었다.
　　　Robert prepared all the materials the carpenter needed.
⑤ 목수는 샛강에 다리 대신 울타리를 설치했다.
　　　Instead of a fence, the carpenter had built a bridge

왜 정답? ✱✾✾ [정답률 83%]

목수는 요청받은 울타리 대신 다리를 설치했으므로 (Instead of a fence, the carpenter had built a bridge) 반대로 말한 ⑤가 윗글의 내용으로 적절하지 않다.

왜 오답?

① Robert와 James는 40년간 나란히 농사를 지었다. (in 40 years of farming side by side)
② Robert는 떠나려는 목수에게 더 머무르라고 말했다. ("No, wait! Stay a few more days." Robert told him.)
③ James는 불도저로 초원에 샛강을 만들었다. (my younger brother James ~ put that creek)
④ Robert는 목수가 필요로 하는 재료들을 준비해 주었다. (Robert prepared all the materials the carpenter needed.)

S 25~27 ✱자신의 재능을 발견한 간지럼에 민감한 소년 —

(A) John / was a sensitive boy. //
John은 / 민감한 소년이었다 //

Even his hair / was ticklish. //
심지어 그의 머리카락도 / 간지럼을 탔다 //

When breeze touched his hair / he would burst out laughing. //
산들바람이 그의 머리카락에 닿으면 / 그는 웃음을 터뜨리곤 했다 //

And when this ticklish laughter started, / no one could make
could make의 목적어와 목적격 보어(원형부정사)
him stop. //
그리고 간지럼으로 인한 웃음이 시작되면 / 아무도 그를 멈추게 할 수 없었다 //

John's laughter was **so** contagious / **that** when John started
so ~ that S V: 너무 …해서 …하다
동명사(started의 목적어)
feeling ticklish, / everyone ended up in endless laughter. //
John의 웃음은 전염성이 매우 강해서 / John이 간지럼을 타기 시작하면 / 모두가 결국
끝없이 웃게 되었다 //

부사적 용법(목적) 27번 ① 간지럼을 타지 않으려고 온갖 노력을 함
He tried everything / to control his ticklishness: /
그는 온갖 노력을 했다 / 자기가 간지럼을 잘 타는 것을 억제하기 위해 /

wearing a thousand different hats, / using ultra strong hairsprays, / and shaving his head. //
수없이 많은 다양한 모자를 써 보기도 했고 / 초강력 헤어스프레이를 사용해 보기도 하며 / 머리를 밀기도 하는 등 //

But nothing worked. //
하지만 아무것도 효과가 없었다 //

One day / he met a clown / in the street. //
어느 날 / 그는 어떤 광대를 만났다 / 거리에서 //

25번 단서 1: 광대와 John이 처음 만났고, 광대는 울고 있는 John을 격려함
The clown was very old / and could hardly walk, / but when he
saw / John in tears, / he went to cheer (a) him up. // (= John)
그 광대는 매우 늙어서 / 걸음도 겨우 걸었지만 / 그가 보았을 때 / John이 울고 있는 것을 / 그를 격려하러 갔다 //

*(A) 문단 요약: 간지럼을 많이 타서 슬퍼하는 John에게 광대가 다가감

주격 관계대명사
(B) All were full of children / **who** were sick, / or orphaned, /
children with very serious problems. // 25번 단서 2: John이 광대를 따라 간 곳에는 아프거나 고아가 된 아이들로 가득했음
아이들로 가득했다 / 아프거나 / 고아가 된 / 매우 심각한 문제를 가진 아이들이었다 //

But **as soon as** they saw the clown, / their faces changed
~ 하자마자
completely / and lit up with a smile. //
하지만 그들은 그 광대를 보자마자 / 그들의 표정은 완전히 바뀌고 / 미소로 밝아졌다 //

That day was even more special, / because in every show /
John's contagious laughter / would end up making **the kids**
making의 목적어와 목적격 보어(원형부정사)
laugh a lot. // 27번 ② 전염성 있는 웃음으로 아이들을 많이 웃게 함
그날은 훨씬 더 특별했다 / 왜냐하면 모든 쇼에서 / John의 전염성 있는 웃음이 / 결국 아이들을 만들곤 했기 때문이다 / 많이 웃게 //

The old clown winked at (b) him and said / "Now do you see / (= John)
간접의문문
what a serious job it is? //
그 늙은 광대는 그에게 윙크하며 말했다 / "이제 알겠니 / 이 일이 얼마나 중요한 일인지 //

That's why I can't retire, / even at my age."//
그래서 나는 은퇴할 수가 없단다 / 내 나이에도"라고 //

*(B) 문단 요약: 광대와 함께 아프거나 고아가 된 아이들로 가득한 곳에 방문한 John이 그들을 더 많이 웃게 함

it takes 시간 + to-v: ~하는 데 (시간이) 걸리다
(C) **It** didn't **take** long / **to make** John laugh, / and they started
to talk. // 25번 단서 3: John이 다시 웃었고, 광대와 John이 이야기를 시작함
오래 걸리지 않았다 / John을 웃게 하는 데 / 그리고 그들은 이야기를 하기 시작했다 //

John told (c) him / about his ticklish problem. // (= the clown)
John은 그에게 말했다 / 간지럼을 타는 자신의 문제에 관해 //

Then he asked the clown / how such an old man could carry on
/ being a clown. // 27번 ③ 광대에게 어떻게 늙어서도 광대 일을 계속할 수 있는지 물음
그러고 나서 그는 광대에게 물었다 / 그렇게 늙어서도 어떻게 계속할 수 있는지 / 광대 일을 //

형용사적 용법(no one 수식)
"I have no one / **to replace** me," / said the clown, / "and I have a
very serious job to do." //
"사람은 없다 / 나를 대신할"이라고 / 그 광대는 말했다 / "그리고 내게는 해야 할 매우 중요한 일이 있다"라고 //

And then / he took John / to many hospitals, shelters, and
schools. // 25번 단서 4, 27번 ④ 광대는 John을 여러 병원과 보호 시설, 학교에 데려감
그러고 나서 / 그는 John을 데려갔다 / 여러 병원과 보호 시설, 학교로 //

*(C) 문단 요약: 늙어서도 광대 일을 하는 이유를 John에게 직접 보여줌

(D) And he added, / "Not everyone could do it. // He or she has
to have / a special gift for laughter."//
그리고 그는 덧붙여 말했다 / "아무나 그 일을 할 수 있는 게 아니다 / 가지고 있는
사람이어야 한다 / 웃음을 줄 수 있는 특별한 재능을"이라고 //

분사구문 this being said에서 being 생략(= As this was said)
This said, / the wind again set off / John's ticklishness and
(d) his laughter. // 25번 단서 5, 27번 ⑤ John은 광대의 뒤를 잇기로 함 (= John's)
이 말을 했을 때 / 바람이 다시 터지게 했다 / John의 간지럼과 그의 웃음을 //

After a while, / John decided / to replace the old clown. //
얼마 후 / John은 결정했다 / 그 늙은 광대의 뒤를 잇기로 //

동격절 접속사
From that day onward, / the fact **that** John was different /
actually / made (e) him happy, / thanks to his special gift. // (= John)
그날 이후로 / John이 남다르다는 사실은 / 실제로 / 그를 행복하게 만들었다 / 자신의 특별한 재능 덕분에 //

*(D) 문단 요약: John은 자신의 특별한 재능을 살려 광대의 뒤를 잇기로 함

- sensitive ⓐ 민감한　· breeze ⓝ 산들바람　· touch ⓥ 닿다
- burst out ~을 터뜨리다　· contagious ⓐ 전염성이 있는
- end up (in) 결국 ~한 상태가 되다　· endless ⓐ 끝없는
- control ⓥ 억제하다, 조절하다　· ticklishness ⓝ 간지럼
- shave ⓥ (몸에 난 털을) 밀다, (수염을) 깎다　· clown ⓝ 광대
- cheer up ~을 격려하다　· orphaned ⓐ 고아가 된
- completely ⓐ 완전히　· light up 밝아지다　· retire ⓥ 은퇴하다
- carry on ~을 계속하다　· replace ⓥ ~의 뒤를 잇다
- shelter ⓝ 보호 시설　· gift ⓝ 재능　· onward ⓐ 앞으로

(A) John은 민감한 소년이었다. 심지어 그의 머리카락도 간지럼을 탔다. 산들바람이 그의 머리카락에 닿으면 그는 웃음을 터뜨리곤 했다. 그리고 간지럼으로 인한 웃음이 시작되면, 아무도 그를 멈추게 할 수 없었다. John의 웃음은 전염성이 매우 강해서 John이 간지럼을 타기 시작하면 모두가 결국 끝없이 웃게 되었다. 자기가 간지럼을 잘 타는 것을 억제하기 위해 수없이 많은 다양한 모자를 써 보기도 했고, 초강력 헤어스프레이를 사용해 보기도 하며, 머리를 밀기도 하는 등 온갖 노력을 했다. 하지만 아무것도 효과가 없었다. 어느 날 그는 거리에서 어떤 광대를 만났다. 그 광대는 매우 늙어서 걸음도 겨우 걸었지만 John이 울고 있는 것을 보았을 때 (a) 그를 격려하러 갔다.
(C) John을 웃게 하는 데 오래 걸리지 않았고, 그들은 이야기를 하기 시작했다. John은 (c) 그에게 간지럼을 타는 자신의 문제에 관해 말했다. 그리고 나서 그는 광대에게 그렇게 늙어서도 어떻게 광대 일을 계속할 수 있는지 물었다. "나를 대신할 사람은 없고, 내게는 해야 할 매우 중요한 일이 있단다."라고 그 광대는 말했다. 그러고 나서 그는 John을 여러 병원과 보호 시설, 학교로 데려갔다.
(B) 가는 곳마다 아프거나 고아가 된 아이들, 매우 심각한 문제를 가진 아이들로 가득했다. 하지만 그들은 그 광대를 보자마자, 그들의 표정은 완전히 바뀌고 미소로 밝아졌다. 그날은 훨씬 더 특별했는데, 모든 쇼에서 John의 전염성 있는 웃음이 결국 아이들을 많이 웃게 만들곤 했기 때문이다. 그 늙은 광대는 (b) 그에게 윙크하며 말했다. "이제 이 일이 얼마나 중요한 일인지 알겠니? 그래서 내 나이에도 나는 은퇴할 수가 없단다."
(D) 그리고 그는 "아무나 그 일을 할 수 있는 게 아니란다. 웃음을 줄 수 있는 특별한 재능이 있는 사람이어야 한단다."라고 덧붙여 말했다. 이 말을 했을 때 바람이 다시 John의 간지럼과 (d) 그의 웃음을 터지게 했다. 얼마 후, John은 그 늙은 광대의 뒤를 잇기로 했다. 그날 이후로 자신의 특별한 재능 덕분에 John이 남다르다는 사실은 실제로 (e) 그를 행복하게 만들었다.

S 25 정답 ②

> 주어진 글 (A)에 이어질 내용을 순서에 맞게 배열한 것으로 가장 적절한 것은?
> ① (B) — (D) — (C)　광대가 울고 있는 John을 격려하려고 다가갔다는 내용의 (A)에서 갑자기 아이들로 가득 찬 공간에 대한 내용으로 이어지는 (B)는 자연스럽지 않은 흐름임
> ②(C) — (B) — (D)　(C) 광대는 John을 아이들이 있는 장소로 데려감 – (B) John의 전염성 있는 웃음이 아이들을 더 많이 웃게 함 – (D) John이 자신에게 특별한 재능이 있음을 깨닫고 광대의 뒤를 잇기로 함
> ③ (C) — (D) — (B)
> ④ (D) — (B) — (C)　John이 광대의 뒤를 이었다는 (D)가 결말이므로 맨 뒤에 와야 함
> ⑤ (D) — (C) — (B)

> **왜 정답?** ✿✿✿ [정답률 79%]

John은 자신의 간지럼과 전염성 있는 웃음에 대한 고민이 있어 길에서 울고 있었는데 어떤 광대가 그를 격려하러 다가갔다는 내용으로 끝난 (A) 뒤에는 둘이 이야기를 시작했다는 내용의 (C)가 와야 자연스럽다.
(C)의 마지막 부분에 광대가 John을 여러 병원과 보호 시설, 학교에 데려간 내용으로 끝나기 때문에 (B)로 이어져서, John의 웃음 때문에 아이들이 더 많이 웃게 되었다는 흐름이 되는 것이 적절하다. 마지막으로 John이 자신에게 특별한 재능이 있음을 깨닫고 광대의 뒤를 잇겠다는 결정을 했다는 내용의 (D)가 결말로 와야 하므로 전체 순서는 ② (C) – (B) – (D)이다.

> **왜 오답?**

① 광대가 John을 여러 병원과 보호 시설, 학교로 데려갔다는 내용의 (C)가 (B) 보다 먼저 나와야 한다.
③, ④, ⑤ John이 광대를 만난 후 자신에게 특별한 재능이 있음을 깨닫고 광대의 뒤를 잇게 되었다는 (D)는 이야기의 결말이므로 맨 뒤에 와야 한다.

S 26 정답 ③

> 밑줄 친 (a)~(e) 중에서 가리키는 대상이 나머지 넷과 다른 것은?
> ① (a) = John　② (b) = John　③ (c) = the clown　④ (d) = John's　⑤ (e) = John

> **왜 정답?** ✿✿✿ [정답률 83%]

John과 광대 중에서 나머지는 모두 John을 가리키지만, John이 자신의 문제점에 관해 말한 (c)는 광대이므로 정답은 ③이다.

> **왜 오답?**

① 광대가 격려하러 다가간 사람은 간지럼을 많이 타서 슬퍼하는 John이다.
② 광대가 윙크를 한 상대는 함께 아이들을 웃게 한 John이다.
④ 바람이 간지럼과 웃음을 터지게 한 사람은 John이다.
⑤ 특별한 재능으로 인해 남들과 다르다는 사실은 John 자신을 행복하게 만들었으므로 John을 가리킨다.

S 27 정답 ⑤

> 윗글의 John에 관한 내용으로 적절하지 않은 것은?
> ① 간지럼을 타지 않으려고 온갖 시도를 했다.　He tried everything to control his ticklishness
> ② 전염성 있는 웃음으로 아이들을 많이 웃게 했다.　John's contagious laughter would end up making the kids laugh a lot
> ③ 광대에게 그렇게 늙어서도 어떻게 계속 일할 수 있는지 물었다.　Then he asked the clown how such an old man could carry on being a clown.
> ④ 광대와 함께 여러 병원과 보호 시설, 학교에 갔다.　he took John to many hospitals, shelters, and schools
> ⑤ 광대의 뒤를 잇지 않기로 했다.　John decided to replace the old clown

> **왜 정답?** ✿✿✿ [정답률 86%]

John은 광대와 함께 여러 병원, 보호 시설, 학교를 방문한 후 그의 뒤를 잇기로 (John decided to replace the old clown) 결정했으므로 ⑤은 글의 내용과 일치하지 않는다.

> **왜 오답?**

① 간지럼을 타지 않으려고 온갖 노력을 했다(He tried everything to control his ticklishness).
② 전염성 있는 웃음으로 아이들을 많이 웃게 했다(John's contagious laughter would end up making the kids laugh a lot).
③ 광대에게 그렇게 늙어서도 어떻게 계속 일할 수 있는지 물었다(Then he asked the clown how such an old man could carry on being a clown.).
④ 광대와 함께 여러 병원과 보호 시설, 학교에 갔다(he took John to many hospitals, shelters, and schools).

(A) Once upon a time / there lived a poor but cheerful shoemaker. //
there is/are 구문에서 be동사 외에 live, remain 등의 동사를 쓸 수 있음
옛날 옛적에 / 가난하지만 쾌활한 구두장이가 살았다 //

He was so happy, / he sang all day long. //
그는 너무 행복해서 / 그는 하루 종일 노래를 불렀다 //

The children loved / to stand around his window / to listen to (a) him. //
= the shoemaker
아이들은 좋아했다 / 그의 창문에 둘러서서 / 그를 듣는 것을 //

Next door to the shoemaker / lived a rich man. //
구두장이 옆집에는 / 부자가 살았다 / 장소의 부사구가 문두에 오면서 주어와 동사가 도치됨

He used to sit up all night / to count his gold. //
그는 밤을 새곤 했다 / 자신의 금화를 세기 위해 //
28번 단서 1, 30번 ① 구두장이의 노래 때문에 부자 이웃이 잠을 못 잠

In the morning, / he went to bed, / but he could not sleep / because of the sound of the shoemaker's singing. //
전치사구   명사구
아침에 / 그는 잠자리에 들었지만 / 그는 잠을 잘 수 없었다 / 구두장이의 노랫소리 때문에 //

*(A) 문단 요약: 옆집에 사는 부자는 행복한 구두장이 노랫소리 때문에 잠을 잘 수 없었음

(B) He could not sleep, or work, or sing / — and, worst of all, / the children no longer came / to see (b) him. //
= the shoemaker
그는 잠을 잘 수도, 일을 할 수도, 노래를 부를 수도 없었고 / 최악은 / 아이들이 더이상 오지 않았다 / 그를 보러 //

At last, / the shoemaker felt so unhappy / that he seized his bag of gold / and ran next door to the rich man. //
so ~ that S V: 너무 ~해서 …하다
마침내 / 구두장이는 너무 불행해져서 / 그는 금화가 든 그의 가방을 움켜쥐고 / 옆집 부자에게 달려갔다 //
28번 단서 2: 금화 때문에 너무 불행해지자 금화를 돌려줌

"Please take back your gold," / he said. //
"제발 당신의 금화를 다시 가져가세요"라고 / 그가 말했다 //

"The worry of it / is making me ill, / and I have lost / all of my friends. //
주어   동사   목적어 목적격 보어
"그것에 대한 걱정이 / 저를 아프게 하고 있고 / 저는 잃었어요 / 제 친구들 모두를 //
30번 ② 예전처럼 가난한 구두장이가 되겠다고 함

I would rather be a poor shoemaker, / as I was before." //
저는 차라리 가난한 구두장이가 되겠어요 / 제가 예전에 그랬던 것처럼" //

And so the shoemaker was happy again / and sang all day at his work. //
그래서 구두장이는 다시 행복해졌고 / 일을 하면서 하루 종일 노래를 불렀다 //

*(B) 문단 요약: 부자에게 금화를 돌려준 구두장이는 다시 행복해졌고 하루 종일 노래를 부름

(C) There was so much there / that the shoemaker was afraid / to let it out of his sight. //
so ~ that S V: 너무 ~해서 …하다
거기엔 너무 많아서 / 구두장이는 겁났다 / 그것이 자신의 시야 밖으로 벗어나게 하기가 //
28번 단서 3: 가방에 금화가 너무 많아서 구두장이가 크게 걱정하게 됨

So he took it to bed / with him. //
그래서 그는 그것을 잠자리에 가져갔다 / 그와 함께 //

But he could not sleep / for worrying about it. //
그러나 그는 잠을 잘 수 없었다 / 그것에 대한 걱정으로 //

Very early in the morning, / he got up / and brought his gold down / from the bedroom. //
매우 이른 아침에 / 그는 일어나서 / 자신의 금화를 가지고 내려왔다 / 침실에서 //

He had decided / to hide it up the chimney / instead. //
목적어로 to부정사를 취하는 decide
그는 결정했다 / 그것을 굴뚝에 숨기기로 / 대신에 //

But he was still uneasy, / and in a little while / he dug a hole / in the garden / and buried his bag of gold / in it. //
prep (시간의 경과를 나타내어) ~ 후에
그러나 그는 여전히 불안했고 / 잠시 후에 / 그는 구멍을 파고 / 정원에 / 금화가 든 그의 가방을 묻었다 / 그 안에 //
30번 ③ 정원에 구멍을 파고 그 안에 금화 가방을 넣음

It was no use / trying to work. //
소용없었다 / 일을 해 보려고 해도 //

= the shoemaker
(c) He was too worried / about the safety of his gold. //
그는 너무나 걱정되었다 / 자신의 금화의 안전에 대해 //

And as for singing, / he was too miserable / to utter a note. //
too ~ to-v: 너무 ~해서 …할 수 없는
그리고 노래에 관해서라면 / 그는 너무 불행해서 / 한 음도 낼 수 없었다 //

*(C) 문단 요약: 구두장이는 금화의 안전에 대한 걱정으로 너무 불행해서 노래를 한 음도 부를 수 없었음

= the rich man
(D) One day, / (d) he thought of a way / of stopping the singing. //
28번 단서 4: 구두장이의 노래 때문에 잠 못 자던 부자 이웃이 노래를 멈출 방법을 생각해 냄
어느 날 / 그는 방법을 생각해 냈다 / 그 노래를 멈추는 //

He wrote a letter / to the shoemaker / asking him to visit. //
그는 편지를 써 보냈다 / 구두장이에게 / 방문해 달라고 그에게 요청하는 //

The shoemaker came at once, / and to his surprise / the rich man gave him / a bag of gold. //
주어
동사 간접목적어 직접목적어
30번 ④ 부자 이웃의 방문해 달라는 편지를 받고 즉시 방문함
구두장이는 즉시 왔고 / 놀랍게도 / 부자는 그에게 주었다 / 금화가 든 가방을 //

When he got home again, / the shoemaker opened the bag. //
그가 집에 다시 돌아왔을 때 / 구두장이는 그 가방을 열었다 //

= the shoemaker 경험을 나타내는 과거완료 시제
(e) He had never seen / so much gold / before! //
28번 단서 5, 30번 ⑤ 금화를 셀 때 아이들이 지켜봄
그는 본 적이 없었다 / 그렇게 많은 금화를 / 이전에 //

When he sat down / at his bench / and began, carefully, to count it, / the children watched / through the window. //
그가 앉아 / 그의 의자에 / 조심스럽게 그것을 세기 시작했을 때 / 아이들이 지켜보았다 / 창문을 통해서 //

*(D) 문단 요약: 부자는 구두장이의 노래를 멈추기 위해 금화가 든 가방을 주었음

- cheerful ⓐ 쾌활한
- shoemaker ⓝ 제화공, 구두장이
- worst of all 무엇보다도 나쁜 것은
- seize ⓥ 움켜쥐다
- ill ⓐ 아픈
- out of one's sight 보이지 않는 곳에
- chimney ⓝ 굴뚝
- uneasy ⓐ 불안한
- in a little while 잠시 후에
- it is no use -ing ~해도 소용없다
- as for ~에 관해서라면
- miserable ⓐ 몹시 불행한, 비참한
- utter ⓥ (목소리를) 내다
- note ⓝ 음, 음표
- at once 즉시, 당장

(A) 옛날 옛적에 가난하지만 쾌활한 구두장이가 살았다. 그는 너무 행복해서 하루 종일 노래를 불렀다. 아이들은 그의 창문에 둘러서서 (a) 그를 듣는 것을 좋아했다. 구두장이 옆집에는 부자가 살았다. 그는 자신의 금화를 세기 위해 밤을 새곤 했다. 아침에 그는 잠자리에 들었지만 구두장이의 노랫소리 때문에 잠을 잘 수 없었다.

(D) 어느 날, (d) 그는 그 노래를 멈추는 방법을 생각해 냈다. 그는 구두장이에게 방문해 달라고 요청하는 편지를 써 보냈다. 구두장이는 즉시 왔고, 놀랍게도 부자는 그에게 금화가 든 가방을 주었다. 집에 다시 돌아왔을 때, 구두장이는 그 가방을 열었다. (e) 그는 이전에는 그렇게 많은 금화를 본 적이 없었다! 그가 의자에 앉아 조심스럽게 그것을 세기 시작했을 때, 아이들이 창문을 통해서 지켜보았다.

(C) 금화가 너무 많아서 구두장이는 그것이 자신의 시야 밖으로 벗어나게 하기가 겁났다. 그래서 그는 그것을 잠자리에 가져갔다. 그러나 그는 그것에 대한 걱정으로 잠을 잘 수 없었다. 매우 이른 아침에, 그는 일어나서 금화를 침실에서 가지고 내려왔다. 대신에 그는 그것을 굴뚝에 숨기기로 결정했다. 그러나 그는 여전히 불안했고, 잠시 후에 정원에 구멍을 파고 그 안에 금화가 든 가방을 묻었다. 일을 해 보려고 해도 소용없었다. (c) 그는 자신의 금화의 안전이 너무나 걱정되었다. 그리고 노래에 관해서라면, 그는 너무 불행해서 한 음도 낼 수 없었다.

(B) 그는 잠을 잘 수도, 일을 할 수도, 노래를 부를 수도 없었고, 최악은, 아이들이 더이상 (b) 그를 보러 오지 않았다. 마침내, 구두장이는 너무 불행해져서 금화가 든 그의 가방을 움켜쥐고 옆집 부자에게 달려갔다. "제발 당신의 금화를 다시 가져가세요."라고 그가 말했다. "그것에 대한 걱정이 저를 아프게 하고 있고, 저는 제 친구들을 모두 잃었어요. 저는 예전처럼 차라리 가난한 구두장이가 되겠어요." 그래서 구두장이는 다시 행복해졌고 일을 하면서 하루 종일 노래를 불렀다.

> 주어진 글 (A)에 이어질 내용을 순서에 맞게 배열한 것으로 가장 적절한 것은?
> ① (B) — (D) — (C) (A)와 (B)의 잠을 잘 수 없었던 사람이 다른 인물이므로 곧바로 연결될 수 없음
> ② (C) — (B) — (D) ┐(C)의 첫 문장에서 말하는 there가 어디인지, 너무 많은 것이 무엇인지
> ③ (C) — (D) — (B) ┘(A)로는 알 수 없음
> ④ (D) — (B) — (C) 금화 때문에 불안했다는 (C)가 금화를 돌려주는 (B)보다 앞에 있어야 함
> ⑤ (D) — (C) — (B) 구두장이의 노랫소리 때문에 부자 이웃이 잠을 못 잠 - 노래를 멈추기 위해 구두장이에게 금화를 줌 - 구두장이는 너무 많은 금화 때문에 걱정되어 아무것도 못하게 됨 - 부자 이웃에게 금화를 돌려주고 다시 행복해짐

✓왜 정답 ? ❋❋❋ [정답률 78%]

가난하지만 쾌활한 구두장이의 노랫소리 때문에 옆집의 부자가 잠을 잘 수 없었다는 내용으로 끝난 (A)에는 부자 이웃이 노랫소리를 멈출 방법을 생각해 냈다는 문장으로 시작한 (D)가 이어져야 한다. 그 방법이란 구두장이에게 많은 금화가 든 가방을 주는 것이었는데, 가방을 받은 구두장이가 금화를 세기 시작했다는 (D) 뒤에는 가방에 금화가 너무 많아서 구두장이가 크게 걱정하게 되었음을 보여주는 (C)가 이어진다. 금화에 대한 걱정이 커져서 아무것도 할 수 없게 된 구두장이가 결국 금화를 부자 이웃에게 돌려주고 다시 행복해졌다는 (B)가 이야기의 결말로서 맨 마지막에 오는 것이 적절하므로 전체 순서는 ⑤ (D) – (C) – (B)가 자연스럽다.

✗왜 오답 ?

① 금화를 돌려주고 난 뒤에 다시 행복해졌다는 내용의 (B)가 이야기의 결말이므로 맨 뒤에 와야 한다.

②, ③ 구두장이를 겁나게 한 것은 가방 안에 든 너무 많은 금화이므로, (C)가 나오기 전에 가방과 금화에 대한 내용이 먼저 나와야 한다.

④ 너무 많은 금화 때문에 불안해하느라 불행해져서 금화를 돌려준 것이므로 (C)–(B)의 순서가 되어야 한다.

> 밑줄 친 (a)~(e) 중에서 가리키는 대상이 나머지 넷과 다른 것은?
> ① (a) = the shoemaker ② (b) = the shoemaker ③ (c) = the shoemaker ④ (d) = the rich man ⑤ (e) = the shoemaker

✓왜 정답 ? ❋❋❋ [정답률 78%]

구두장이와 부자 이웃 중에서, 구두장이의 노랫소리 때문에 잠을 잘 수 없어서 그 노래를 멈출 방법을 생각해 낸 (d)는 부자 이웃을 가리키고 나머지는 모두 구두장이를 가리키므로 정답은 ④이다.

✗왜 오답 ?

① 노래를 부르는 사람이 구두장이이므로 아이들이 들은 것은 구두장이가 노래하는 것이다.

② 아이들이 보러 오곤 했던 사람은 구두장이이므로 아이들이 더이상 보러 오지 않은 사람 역시 구두장이이다.

③ 금화의 안전에 대해 너무 걱정이 되어 한 음도 노래하지 못하게 된 사람은 구두장이이다.

⑤ 가방을 연 사람이 구두장이이므로 그렇게 많은 금화를 전에는 본 적이 없는 사람도 구두장이이다.

> 윗글의 shoemaker에 관한 내용으로 적절하지 않은 것은?
> ① 그의 노래로 인해 옆집 사람이 잠을 잘 수 없었다.
>   he could not sleep because of the sound of the shoemaker's singing
> ② 예전처럼 가난하게 살고 싶지 않다고 말했다.
>   I would rather be a poor shoemaker, as I was before.
> ③ 정원에 구멍을 파고 금화가 든 가방을 묻었다.
>   he dug a hole in the garden and buried his bag of gold in it
> ④ 부자가 보낸 편지에 즉시 그를 만나러 갔다.
>   He wrote a letter to the shoemaker asking him to visit., The shoemaker came at once
> ⑤ 금화를 셀 때 아이들이 그 모습을 봤다.
>   began, carefully, to count it, the children watched through the window

✓왜 정답 ? ❋❋❋ [정답률 77%]

구두장이는 부자 이웃에게 돈을 돌려주며 차라리 예전처럼 가난한 구두장이가 되겠다고(I would rather be a poor shoemaker, as I was before.) 말했으므로 ②은 글과 일치하지 않는다.

✗왜 오답 ?

① 구두장이의 노래 때문에 이웃의 부자가 잠을 잘 수 없었다. (he could not sleep because of the sound of the shoemaker's singing)

③ 정원에 구멍을 파고 그 안에 금화가 든 가방을 넣었다. (he dug a hole in the garden and buried his bag of gold in it)

④ 부자 이웃이 와 달라는 편지를 썼고, 구두장이가 즉시 갔다. (He wrote a letter to the shoemaker asking him to visit., The shoemaker came at once)

⑤ 구두장이가 앉아서 돈을 세기 시작할 때 창문을 통해 아이들이 그 모습을 봤다. (began, carefully, to count it, the children watched through the window)

(A) The basketball felt / like it belonged in Chanel's hands /
부사절 접속사 (양보)
even though it was only a practice game. //
농구공은 느꼈다 / 마치 Chanel의 손에 속한 것처럼 / 단지 연습 경기이기는 했지만 //
명사적 용법 (decided의 목적어)
She decided / not to pass the ball / to her twin sister, Vasha. //
그녀는 결심했다 / 공을 패스하지 않기로 / 그녀의 쌍둥이 자매인 Vasha에게 //
=Chanel 병렬 구조 (동사)
Instead, (a) she stopped, jumped, / and shot the ball toward the basket, / but it bounced off the backboard. //
그 대신에 그녀는 멈추고, 점프하여 / 공을 골대 쪽으로 던졌지만 / 그것은 백보드를 맞고 튕겨 나갔다 //
33번 ① 연습 경기 중에 팀원들의 실망한 모습을 봄
Chanel could see / that her teammates were disappointed. //
Chanel은 볼 수 있었다 / 팀원들이 실망하는 것을 //
지시형용사 (둘 중 나머지 하나)
The other team got the ball / and soon scored, / ending the game. //
분사구문
상대 팀이 공을 가져가서 / 이내 득점했고 / 경기가 끝났다 //

*(A) 문단 요약: Chanel은 연습 경기에서 슛을 실패했고 팀원들은 실망함

(B) The next day, / Chanel played in the championship game / against a rival school. // 31번 단서 1, 33번 ② 슛 연습 다음 날
라이벌 학교와의 챔피언십 경기에 출전함
다음 날 / Chanel은 챔피언십 경기에 출전했다 / 라이벌 학교와의 //

It was an intense game / and the score was tied / when Chanel was passed the ball by Vasha, / with ten seconds left in the game. //
「with+(대)명사+분사」: ~가 …한[된] 채로
그것은 팽팽한 경기였고 / 점수는 동점이었다 / Chanel이 Vasha에게 공을 패스받았을 때 / 경기에서 10초가 남은 상황에서 //
=Chanel
(b) She leaped into the air / and shot the ball. //
그녀는 공중으로 뛰어올라 / 공을 던졌다 //

It went straight into the basket! //
그것은 곧바로 골대 안으로 들어갔다 // 33번 ③ 팀을 우승시키는 마지막 슛을 성공함

Chanel's last shot had made her team / the champions. //
Chanel의 마지막 슛은 그녀의 팀을 만들었다 / 우승팀으로 // made의 목적어와 목적격 보어

Vasha and all her other teammates cheered for her. //
Vasha와 모든 다른 팀원들은 그녀에게 환호를 보냈다 //

*(B) 문단 요약: 다음 날 챔피언십 경기에서 마지막 슛을 넣고 팀을 우승으로 이끈 Chanel 31번 단서 2: 슛 연습 초기의 상황

(C) At first, / Chanel did not like practicing with Vasha / because / every time Vasha shot the ball, / it went in. //
처음에 / Chanel은 Vasha와 연습하는 것을 좋아하지 않았다 / 왜냐하면 / Vasha가 슛을 할 때마다 / 그것이 들어갔기 (때문에) //

But whenever it was Chanel's turn, / she missed. //
하지만 Chanel의 차례마다 / 그녀는 슛을 넣지 못했다 //
=Chanel
(c) She got frustrated / at not making a shot. //
그녀는 좌절했다 / 슛을 넣지 못한 것에 // 동명사의 부정형

"Don't give up!" / Vasha shouted after **each** missed **shot**. //
each + 단수 명사
"포기하지 마" / 각각의 슛이 실패한 후에 Vasha가 외쳤다 //

After twelve misses in a row, / her thirteenth shot went in / and she screamed, "I finally did it!" //
33번 ④ 13번째에 슛이 들어감
12번의 연이은 실패 후에 / 그녀의 13번째 슛이 들어갔고 / 그녀가 "마침내 내가 해냈어"라고 외쳤다 //

Her twin said, / "I knew (d) **you** could! // Now let's keep practicing!" //
= Chanel
그녀의 쌍둥이가 말했다 / "나는 네가 해낼 줄 알았어 // 자, 계속 연습하자"라고 //

*(C) 문단 요약: 연습 중 Vasha의 격려 덕분에 연이은 실패 끝에 슛에 성공한 Chanel

(D) When the practice game ended, / Chanel felt **her eyes sting** with tears. //
felt의 목적어와 목적격 보어 (원형부사)
31번 단서 3: 연습 경기가 끝난 직후의 상황
연습 경기가 끝났을 때 / Chanel은 그녀의 눈이 눈물로 따끔거리는 것을 느꼈다 //

"It's okay," / Vasha said in a comforting voice. //
"괜찮아" / Vasha가 위로하는 목소리로 말했다 //

Chanel appreciated her, / but Vasha wasn't making **her feel** any better. //
making의 목적어와 목적격 보어 (원형부사)
Chanel은 그녀에게 고마움을 느꼈다 / 하지만 Vasha가 그녀의 기분을 더 나아지게 해 주지는 않았다 //

Vasha wanted to help / her twin **improve**. //
help는 목적격 보어로 to부정사나 원형부사를 취함
Vasha는 돕고 싶었다 / 그녀의 쌍둥이가 향상하는 것을 //

She invited her twin / to practice with (e) **her**. //
= Vasha
그녀는 그녀의 쌍둥이에게 권유했다 / 자신과 함께 연습하자고 //

After school, / they **got their basketball** / and **started** practicing their basketball shots. //
병렬 구조 (동사)
33번 ⑤ 방과 후에 농구 슛을 연습하기 시작함
방과 후에 / 그들은 그들의 농구공을 가지고 / 그들의 농구 슛을 연습하기 시작했다 //

*(D) 문단 요약: 연습 경기 후 슬퍼하는 Chanel에게 슛 연습을 제안한 쌍둥이 Vasha

- belong ⓥ 속하다
- shoot ⓥ 던지다, 쏘다
- bounce ⓥ 튕기다
- backboard ⓝ (농구 골대의) 백보드
- score ⓥ 득점하다
- intense ⓐ 팽팽한, 격렬한
- tie ⓥ ~와 동점을 이루다
- leap ⓥ 뛰다
- frustrated ⓐ 좌절한
- in a row 연이어
- scream ⓥ 외치다
- sting ⓥ 따끔거리다
- comforting ⓐ 위로하는
- appreciate ⓥ 고마움을 느끼다

(A) 단지 연습 경기이기는 했지만 농구공은 마치 Chanel의 손에 속한 것처럼 느껴졌다. 그녀는 그녀의 쌍둥이 자매인 Vasha에게 공을 패스하지 않기로 결심했다. 그 대신에 (a) 그녀는 멈추고, 점프하여 공을 골대 쪽으로 던졌지만 그것은 백보드를 맞고 튕겨 나갔다. Chanel은 팀원들이 실망하는 것을 볼 수 있었다. 상대 팀이 공을 가져가서 이내 득점했고 경기가 끝났다.
(D) 연습 경기가 끝났을 때, Chanel은 그녀의 눈이 눈물로 따끔거리는 것을 느꼈다. "괜찮아," Vasha가 위로하는 목소리로 말했다. Chanel은 그녀에게 고마움을 느꼈지만 Vasha가 그녀의 기분을 더 나아지게 해 주지는 않았다. Vasha는 그녀의 쌍둥이가 향상하는 것을 돕고 싶었다. 그녀는 그녀의 쌍둥이에게 (e) 그녀와 함께 연습하자고 권유했다. 방과 후에 그들은 그들의 농구공을 가지고 그들의 농구 슛을 연습하기 시작했다.
(C) 처음에 Chanel은 Vasha가 슛을 할 때마다 그것이 들어갔기 때문에 Vasha와 연습하는 것을 좋아하지 않았다. 하지만 Chanel의 차례마다 그녀는 슛을 넣지 못했다. (c) 그녀는 슛을 넣지 못한 것에 좌절했다. "포기하지 마!" 각각의 슛이 실패한 후에 Vasha가 외쳤다. 12번의 연이은 실패 후에 그녀의 13번째 슛이 들어갔고, 그녀가 "마침내 내가 해냈어!"라고 외쳤다. 그녀의 쌍둥이가 "나는 (d) 네가 해낼 줄 알았어! 자, 계속 연습하자!"라고 말했다.
(B) 다음 날 Chanel은 라이벌 학교와의 챔피언십 경기에 출전했다. 그것은 팽팽한 경기였고 Chanel이 경기에서 10초가 남은 상황에서 Vasha에게 공을 패스받았을 때 점수는 동점이었다. (b) 그녀는 공중으로 뛰어올라 공을 던졌다. 그것은 곧바로 골대 안으로 들어갔다! Chanel의 마지막 슛은 그녀의 팀을 우승팀으로 만들었다. Vasha와 모든 다른 팀원들은 그녀에게 환호를 보냈다.

S 31 정답 ⑤

주어진 글 (A)에 이어질 내용을 순서에 맞게 배열한 것으로 가장 적절한 것은?

① (B) — (D) — (C) 슛 연습을 한 내용이 (B) 앞에 와야 함
② (C) — (B) — (D) 슛 연습을 제안한 내용이 나온 후(D), 연습 상황이 와야 함(C)
③ (C) — (D) — (B)
④ (D) — (B) — (C) 우승한 뒤(B) 연습하는(C) 것은 어색함
⑤ (D) — (C) — (B) (D) Chanel은 슛에 실패해 슬퍼함 — (C) Chanel은 슛 연습 중 Vasha의 격려 덕분에 슛에 성공함 — (B) Chanel은 향상된 실력으로 팀을 승리로 이끎

왜 정답·오답? ✿✿✿ [정답률 84%]

└ **(A):** Chanel은 연습 경기에서 슛을 했지만 실패했고, 팀은 패배를 맞이했다.
➡ Chanel이 자신의 실수에 대해 자책하거나 슬퍼하는 등의 내용이 이어질 것이다.
└ **(B):** Chanel의 마지막 슛은 그녀의 팀을 우승팀으로 만들었다. Vasha와 모든 다른 팀원들은 그녀에게 환호를 보냈다.
➡ 경기에서 이겨 우승팀이 되었다는 글의 결말 부분에 해당하므로 앞에 Chanel이 시련을 어떻게 이겨냈는지에 대한 내용이 와야 한다.
└ **(C):** Chanel은 Vasha와 연습할 때 슛에 실패했지만 Vasha는 계속해서 응원했고, Chanel은 결국 슛을 성공했다.
➡ Chanel과 Vasha가 연습을 하기로 했다는 내용이 앞에 와야 한다.
└ **(D):** 연습 경기가 끝났을 때, Chanel은 눈물을 흘렸고, 그녀의 쌍둥이 동생 Vasha가 위로하며 자신과 함께 연습할 것을 권했다.
➡ (A)의 연습 경기가 끝난 후 슬퍼하는 Chanel의 모습이 이어진다.
▶ 사건이 진행되는 순서는 ⑤ (D) — (C) — (B)임

S 32 정답 ⑤

밑줄 친 (a)~(e) 중에서 가리키는 대상이 나머지 넷과 다른 것은?
① (a) = Chanel ② (b) = Chanel ③ (c) = Chanel ④ (d) = Chanel ⑤ (e) = Vasha

왜 정답? ✿✿✿ [정답률 73%]

⑤ (e) her: Chanel에게 함께 연습하자고 권유한 사람 ▶ Vasha

왜 오답?

① (a) she: 연습 경기 중 공을 패스하지 않고 슛을 했지만 넣지 못한 사람 ▶ Chanel
② (b) She: 챔피언십 경기 중 Vasha에게 패스받은 공을 던진 사람 ▶ Chanel
③ (c) She: 슛 연습을 할 때 연이어 골이 들어가지 않아 좌절한 사람 ▶ Chanel
④ (d) you: Vasha가 격려해준 사람 ▶ Chanel

S 33 정답 ④

윗글의 Chanel에 관한 내용으로 적절하지 않은 것은?
① 연습 경기 중에 팀원들의 실망한 모습을 보았다.
Chanel could see that her teammates were disappointed.
② 라이벌 학교와의 챔피언십 경기에 출전했다.
The next day, Chanel played in the championship game against a rival school.
③ 팀을 우승시키는 마지막 슛을 성공했다.
Chanel's last shot had made her team the champions.
④ 슛 연습에서 연이은 실패 후에 12번째 슛이 들어갔다.
After twelve misses in a row, her thirteenth shot went in
⑤ 방과 후에 농구 슛을 연습하기 시작했다.
After school, ~ started practicing their basketball shots.

왜 정답? ✿✿✿ [정답률 88%]

Chanel은 12번이나 연이어 슛을 실패했고 13번째에 슛에 성공했다고(After twelve misses in a row, her thirteenth shot went in) 했으므로 12번째 슛이 들어갔다는 ④은 글의 내용과 일치하지 않는다.

① 연습 경기 중에 팀원들의 실망한 모습을 보았다. (Chanel could see that her teammates were disappointed.)
② 슛 연습 다음 날 라이벌 학교와의 챔피언십 경기에 출전했다. (The next day, Chanel played in the championship game against a rival school.)
③ 팀을 우승시키는 마지막 슛을 성공했다. (Chanel's last shot had made her team the champions.)
⑤ 방과 후에 농구 슛을 연습하기 시작했다. (After school, ~ started practicing their basketball shots.)

S 34~36 ＊Jack의 용기 있는 삶의 과정

(A) When Jack was a young man / in his early twenties during the 1960s, / he had tried to work in his father's insurance business, / as was expected of him. //
Jack이 청년이었을 때 / 1960년대에 20대 초반의 / 그의 아버지의 보험회사에서 일하려고 노력했다 / 그에게 기대됐던 대로 //

His two older brothers fit in easily / and seemed to enjoy their work. // 36번 ① 두 형은 자신들의 일을 즐기는 것으로 보였음
그의 두 형은 쉽게 적응했고 / 자신들의 일을 즐기는 것처럼 보였다 //

But Jack was bored with the insurance industry. //
그러나 Jack은 보험 업계에 싫증이 났다 //

"It was worse than being bored," / he said. //
"그것은 지루한 것보다 더 나빴다"라고 / 그는 말했다 //

"I felt like I was dying inside." //
"나는 내면이 죽어가는 것 같았다" //

34번 단서 1: Jack은 미용실을 갖는 것을 꿈꿈
Jack felt drawn to hair styling / and dreamed of owning a hair shop / with a lively environment. //
Jack은 미용에 매력을 느꼈고 / 미용실을 갖는 것을 꿈꿨다 / 활기찬 분위기의 //

He was sure / that (a) he would enjoy the creative and social aspects of it / and that he'd be successful. //
그는 확신했다 / 자신이 그것의 창의적이고 사교적인 측면을 즐길 것이고 / 성공할 것이라고 //

＊(A) 문단 요약: Jack은 아버지의 보험회사에서 일하기보다 활기찬 미용실을 갖는 것을 꿈꿈

(B) Jack understood / that his father feared adoption, / in this case / especially because the child was of a different racial background / than their family. //
Jack은 이해했다 / 자신의 아버지가 입양을 두려워한다는 것을 / 이 경우에는 / 특히 그 아이가 다른 인종적 배경을 가지고 있기 때문에 / 그들의 가족과 //

34번 단서 2: 아버지는 Jack의 입양 결정을 두려워함
Jack and Michele risked rejection / and went ahead with the adoption. // 36번 ② 아버지의 반대에도 입양을 진행함
Jack과 Michele은 거부의 위험을 무릅쓰고 / 입양을 진행했다 //

It took years / but eventually Jack's father loved the little girl / and accepted (b) his son's independent choices. //
몇 년이 걸렸지만 / 결국 Jack의 아버지는 그 어린 여자아이를 사랑했고 / 자기 아들의 독립적인 선택을 받아들였다 //

Jack realized / that, although he often felt fear and still does, / he has always had courage. //
Jack은 깨달았다 / 비록 자주 두려움을 느꼈고 여전히 그렇지만 / 자신이 항상 용기가 있다는 것을 //

In fact, / courage was the scaffolding / around which (c) he had built richness into his life. //
사실 / 용기는 발판이었다 / 그가 자신의 삶에 풍요로움을 쌓아온 //

＊(B) 문단 요약: Jack은 아버지의 거부에도 고아를 입양했고, 결국 아버지의 인정을 받음

(C) When he was twenty-six, / Jack approached his father / and expressed his intentions of leaving the business / to become a hairstylist. // 36번 ③ 아버지에게 회사를 떠나겠다는 의사를 밝힘
26세가 되었을 때 / Jack은 아버지에게 가서 / 회사를 떠나겠다는 의사를 밝혔다 / 미용사가 되기 위해 //

As Jack anticipated, / his father raged / and accused Jack of being selfish, ungrateful, and unmanly. //
Jack이 예상했던 대로 / 그의 아버지는 화를 내며 / Jack이 이기적이고, 배은망덕하며 남자답지 못하다고 비난했다 //

In the face of his father's fury, / Jack felt confusion and fear. //
아버지의 분노 앞에서 / Jack은 혼란과 두려움을 느꼈다 //

His resolve became weak. //
그의 결심은 약해졌다 //

But then a force filled (d) his chest / and he stood firm in his decision. //
그러나 그때 어떤 힘이 그의 가슴을 채웠고 / 그는 자신의 결정에 확고했다 //

In following his path, / Jack not only ran three flourishing hair shops, / but also helped his clients experience their inner beauty / 36번 ④ 세 개의 번창하는 미용실을 운영했음
자신의 길을 가면서 / Jack은 세 개의 번창하는 미용실을 운영했을 뿐만 아니라 / 또한 고객들이 그들의 내면의 아름다움을 경험하도록 도왔다 /

by listening and encouraging them / when they faced dark times. // 34번 단서 3: Jack은 원했던 미용실을 운영하며 고객들에게 내면의 아름다움을 선사함
그들의 말을 듣고 격려함으로써 / 그들이 어두운 시기에 직면했을 때 //

＊(C) 문단 요약: Jack은 아버지의 비난에도 회사를 떠나 세 개의 미용실을 운영함

(D) His love for his work / led to donating time and talent at nursing homes, /
그의 일에 대한 사랑은 / 요양원에서 시간과 재능을 기부하는 것으로 이어졌고 /

which in turn led / to becoming a hospice volunteer, / and eventually to starting fundraising efforts / for the hospice program in his community. // 36번 ⑤ 지역사회에서 모금 운동을 시작했음
이는 결과적으로 이어졌다 / 호스피스 자원봉사자가 되고 / 마침내는 기금 모금 운동을 시작하는 것으로 / 그의 지역사회에서 호스피스 프로그램을 위한 //

And all this laid a strong stepping stone / for another courageous move / in his life. // 34번 단서 4: Jack의 일(미용)에 대한 사랑은 용기 있는 움직임(고아 입양)으로 이어짐
그리고 이 모든 것은 견고한 디딤돌을 놓았다 / 또 다른 용기 있는 움직임을 위한 / 그의 삶에서 //

When, after having two healthy children of their own, / Jack and his wife, Michele, decided to bring an orphaned child into their family, / (e) his father threatened to disown them. //
두 명의 건강한 아이를 낳은 후 / Jack과 그의 아내 Michele이 고아가 된 아이를 그들의 가정에 데려오기로 결정했을 때 / 그의 아버지는 그들과 의절하겠다고 위협했다 //

＊(D) 문단 요약: Jack은 지역사회에 재능 기부를 하고 고아를 입양할 결심을 함

- insurance ⓝ 보험
- lively ⓐ 활기찬
- adoption ⓝ 입양
- racial ⓐ 인종의
- rejection ⓝ 거부
- independent ⓐ 독립적인
- richness ⓝ 풍요로움
- intention ⓝ 의도, 의사
- rage ⓥ 몹시 화를 내다
- ungrateful ⓐ 배은망덕한
- unmanly ⓐ 남자답지 못한
- confusion ⓝ 혼란
- resolve ⓝ 단호한 결심
- firm ⓐ 확고한
- flourishing ⓐ 번영하는
- fundraising ⓝ 모금
- stepping stone 디딤돌
- orphan ⓥ 고아가 되게 하다
- disown ⓥ 의절하다

(A) Jack은 1960년대에 20대 초반의 청년이었을 때, 그에게 기대됐던 대로 그의 아버지의 보험회사에서 일하려고 노력했다. 그의 두 형은 쉽게 적응했고 자신들의 일을 즐기는 것처럼 보였다. 그러나 Jack은 보험 업계에 싫증이 났다. "그것은 지루한 것보다 더 나빴다."라고 그는 말했다. "나는 내면이 죽어가는 것 같았다." Jack은 미용에 매력을 느꼈고 활기찬 분위기의 미용실을 갖는 것을 꿈꿨다. 그는 (a) 자신이 그것의 창의적이고 사교적인 측면을 즐길 것이고 성공할 것이라고 확신했다.

(C) 26세가 되었을 때, Jack은 아버지에게 가서 미용사가 되기 위해 회사를 떠나겠다는 의사를 밝혔다. Jack이 예상했던 대로, 그의 아버지는 화를 내며 Jack이 이기적이고, 배은망덕하며 남자답지 못하다고 비난했다. 아버지의 분노 앞에서, Jack은 혼란과 두려움을 느꼈다. 그의 결심은 약해졌다. 그러나 그때 어떤 힘이 (d) 그의 가슴을 채웠고 그는 자신의 결정에 확고했다. 자신의 길을 가면서, Jack은 세 개의 번창하는 미용실을 운영했을 뿐만 아니라, 또한 고객들이 어두운 시기에 직면했을 때 그들의 말을 듣고 격려함으로써 그들이 가진 내면의 아름다움을 경험하도록 도왔다.

(D) 그의 일에 대한 사랑은 요양원에서 시간과 재능을 기부하는 것으로 이어졌고, 이는 결과적으로 호스피스 자원봉사자가 되고, 마침내는 그의 지역사회에서 호스피스 프로그램을 위한 기금 모금 운동을 시작하는 것으로 이어졌다. 그리고 이 모든 것은 그의 삶에서 또 다른 용기 있는 움직임을 위한 견고한 디딤돌을 놓았다. Jack과 그의 아내 Michele이 두 명의 건강한 아이를 낳은 후, 고아가 된 아이를 그들의 가정에 데려오기로 결정했을 때, (e) 그의 아버지는 그들과 의절하겠다고 위협했다.

(B) Jack은 자신의 아버지가 입양을 두려워한다는 것을, 이 경우에는 특히 그 아이가 그들의 가족과 다른 인종적 배경을 가지고 있었기 때문임을 이해했다. Jack과 Michele은 거부의 위험을 무릅쓰고 입양을 진행했다. 몇 년이 걸렸지만, 결국 Jack의 아버지는 그 어린 여자아이를 사랑했고 (b) 자기의 아들의 독립적인 선택을 받아들였다. Jack은 비록 자주 두려움을 느꼈고 여전히 그렇지만, 자신이 항상 용기가 있다는 것을 깨달았다. 사실, 용기는 (c) 그가 자신의 삶에 풍요로움을 쌓아온 발판이었다.

S 34 정답 ③

주어진 글 (A)에 이어질 내용을 순서에 맞게 배열한 것으로 가장 적절한 것은?

① (B) — (D) — (C) · 입양을 두려워한다는 (B)는 입양을 결정했다는 (D)의 뒤에 와야 함
② (C) — (B) — (D)
③ (C) — (D) — (B) · (C) Jack은 아버지의 회사를 떠나 미용실을 운영함 — (D) 지역사회에 재능 기부를 하며 고아 입양을 결심함 — (B) 아버지는 결국 Jack의 선택을 인정함
④ (D) — (B) — (C) · 지역사회에 재능을 기부하게 되었다는 (D)는 미용실을 운영했다는
⑤ (D) — (C) — (B) · (C) 뒤에 와야 함

> 왜 정답·오답? ✿✿✿ [정답률 81%]

- (A): Jack은 형들과 달리 아버지의 보험회사에서 일하는 것에 쉽게 적응하지 못했고, 활기찬 분위기의 미용실을 갖는 것을 꿈꾸었다.
→ Jack이 미용실을 운영하고자 하는 꿈이 어떻게 이어지는지 확인해야 한다.

- (B): Jack의 아버지는 Jack이 인종이 다른 고아를 입양하는 것에 거부감을 표현했지만, 결국 아이를 사랑하게 되고 Jack의 독립적인 선택을 받아들였다.
→ Jack이 고아를 입양하기로 결정했다는 내용이 앞에 있어야 한다.

- (C): Jack은 아버지의 비난과 분노에도 회사를 떠나 세 개의 미용실을 운영했다.
→ Jack이 미용실을 운영하기로 결심했다는 내용이므로 (A) 뒤에 이어진다.

- (D): Jack은 자신이 사랑하는 일을 하며 지역사회에 시간과 재능을 기부하게 되었고, 이는 고아를 입양하겠다는 용기 있는 결심으로 이어졌다.
→ Jack이 미용실을 운영하기로 결정했다는 내용이 앞에 있어야 한다.
▶ 사건이 진행되는 순서는 ③ (C) — (D) — (B)임

S 35 정답 ②

밑줄 친 (a)~(e) 중에서 가리키는 대상이 나머지 넷과 다른 것은?
① (a) = Jack ② (b) = Jack's father's ③ (c) = Jack ④ (d) = Jack's ⑤ (e) = Jack's

> 왜 정답? ✿✿✿ [정답률 75%]

② (b) his: 자기 아들의 독립적인 선택을 받아들인 사람 ▶ Jack's father's

> 왜 오답?

① (a) he: 자신이 창의적이고 사교적인 측면을 즐길 것이라고 확신했던 사람 ▶ Jack
③ (c) he: 용기 있는 선택을 통해 삶에 풍요로움을 쌓아온 사람 ▶ Jack
④ (d) his: 어떤 힘으로 가슴이 채워져 자신의 결정에 확고해진 사람 ▶ Jack's
⑤ (e) his: 고아를 입양하기로 결정했을 때, 아버지가 의절하겠다고 위협했던 사람
▶ Jack's

S 36 정답 ②

윗글의 Jack에 관한 내용으로 적절하지 않은 것은?
① 두 형은 자신들의 일을 즐기는 것으로 보였다.
  His two older brothers fit in easily and seemed to enjoy their work.
② 아버지의 반대로 입양을 포기했다.
  Jack and Michele risked rejection and went ahead with the adoption.
③ 아버지에게 회사를 떠나겠다는 의사를 밝혔다.
  Jack ~ expressed his intentions of leaving the business
④ 세 개의 번창하는 미용실을 운영했다.
  Jack not only ran three flourishing hair shops
⑤ 지역사회에서 모금 운동을 시작했다.
  starting fundraising efforts for the hospice program in his community

> 왜 정답? ✿✿✿ [정답률 84%]

Jack은 아버지의 반대로 입양을 포기했던 것이 아니라 거부의 위험을 무릅쓰고 입양을 진행했다고 했으므로 (Jack and Michele risked rejection and went ahead with the adoption.) 적절하지 않은 것은 ②이다.

> 왜 오답?

① 두 형은 자신들의 일을 즐기는 것으로 보였다. (His two older brothers fit in easily and seemed to enjoy their work.)
③ 아버지에게 회사를 떠나겠다는 의사를 밝혔다. (Jack ~ expressed his intentions of leaving the business)
④ 세 개의 번창하는 미용실을 운영했다. (Jack not only ran three flourishing hair shops)
⑤ 지역사회에서 모금 운동을 시작했다. (starting fundraising efforts for the hospice program in his community)

S 37~39 * 통증을 치료하고자 했던 부자

(A) There was a very wealthy man / who was bothered / by severe eye pain. //
  주격 관계대명사
한 부자가 있었다 / 괴롭히는 / 심한 눈 통증으로 //

He consulted many doctors / and was treated / by several of them. // 39번 ① 부자는 눈 통증 때문에 여러 명의 의사에게 치료받음
그는 많은 의사와 상담을 했고 / 치료받았다 / 그들 중 여러 명에게 //

He did not stop / consulting a galaxy of medical experts; / he was heavily medicated / and underwent hundreds of injections. //
  stop -ing: ~하는 것을 멈추다   병렬 구조
그는 멈추지 않았다 / 수많은 의료 전문가들과 상담하는 것을 / 그는 많은 약물을 복용했고 / 주사를 수백 번 맞았다 //

However, / the pain persisted / and was worse than before. //
하지만 / 통증은 지속되었고 / 전보다 더 심해졌다 //

At last, / (a) he heard about a monk / who was famous for treating patients / with his condition. //
  = the wealthy man   주격 관계대명사
결국 / 그는 한 수도사에 대해 듣게 되었다 / 환자들을 치료하는 것으로 유명한 / 그와 같은 상태의 //

Within a few days, / the monk was called for / by the suffering man. // 37번 단서 1: 눈 통증으로 고통받는 부자가 수도사를 부름
며칠 후 / 수도사는 부름을 받았다 / 그 고통받는 남자에 의해 //

*(A) 문단 요약: 눈 통증으로 고통받는 부자가 그와 같은 상태의 환자를 치료하는 것으로 유명한 수도사를 부름

(B) In a few days / everything around (b) that man / was green. //
37번 단서 2: 부자 주변의 모든 것이 녹색이 됨
며칠 후 / 그 남자 주변의 모든 것은 / 녹색이 되었다 //   = the wealthy man

The wealthy man made sure / that nothing around him could be any other colour. //
39번 ② 수도사는 며칠 뒤 다시 붉은 옷을 입고 부자를 찾아감
부자는 확실히 했다 / 그의 주변의 어떤 것도 다른 색이 되지 않도록 //

When the monk came to visit him / after a few days, / the wealthy man's servants ran / with buckets of green paint / and poured
병렬 구조
them all over him / because he was wearing red clothes. //
수도사가 그를 찾아왔을 때 / 며칠 후 / 부자의 하인들은 달려왔다 / 녹색 페인트통을 들고 /
그의 몸 전체에 부었다 / 그가 붉은 옷을 입고 있었기 때문에 //   직접목적어절
= The monk   간접목적어
(c) He asked the servants / why they did that. //
그는 하인들에게 물었다 / 왜 그들이 그것을 했는지를 //   **37번** 단서 3: 수도사가 하인들에게 자신의
옷에 녹색 페인트를 부은 이유를 물어봄
*(B) 문단 요약: 며칠 후 붉은 옷을 입고 찾아온 수도사에게 부자의 하인들이 녹색 페인트를 부음

let의 목적어와 목적격 보어(원형부정사)
(C) They replied, / "We can't let our master see any other colour." //   **37번** 단서 4: 하인들이 질문에 대답함
그들은 대답했다 / "우리는 주인이 다른 어떤 색도 보게 할 수 없어요"라고 //

Hearing this, / the monk laughed and said /
이것을 듣고 / 수도사는 웃으며 말했다 /
가정법 과거완료
"If only you had purchased / a pair of green glasses / for just a few dollars, /   **39번 ③** 하인들이 녹색 안경을 구입했을 경우를 가정하여 말함
"만약에 당신들이 구매했었다면 / 녹색 안경 하나만 / 단돈 몇 달러로 /

you could have saved / these walls, trees, pots, and everything else / and you could have saved / a large share of (d) his fortune. //
= the wealthy man's
당신들은 지킬 수 있었을 것이고 / 이러한 벽, 나무, 항아리, 그리고 다른 모든 것을 / 또한
아낄 수 있었을 것입니다 / 그의 재산의 많은 부분을 //

You cannot paint / the whole world green." //
당신들은 칠할 수는 없어요 / 온 세상을 녹색으로" //   **37번** 단서 5: 수도사가 부자의 문제를
이해하고 처방을 내림
*(C) 문단 요약: 수도사는 녹색 안경 하나만으로도 해결할 수 있었다는 깨달음을 줌

(D) The monk understood the wealthy man's problem / and said / that for some time (e) he should concentrate only on green
목적어절 접속사   = the wealthy man
colours / and not let his eyes see / any other colours. //
수도사는 그 부자의 문제를 이해하였고 / 말했다 / 일정시간 동안 그는 녹색에만 집중하고 /
그의 눈이 다른 색을 보게 해서는 안 된다고 / 다른 색을 //   **39번 ④** 부자는 수도사의 처방이 이상하다고 생각함
뒤에 목적어절 접속사 that 생략
The wealthy man thought / it was a strange prescription, / but he was desperate / and decided to try it. //
부자는 생각했다 / 그것이 이상한 처방이라고 / 하지만 그는 절박했고 / 그것을 시도하기로 결정했다 //
39번 ⑤ 부자는 주변을 모두 녹색으로 칠하게 함
He got together a group of painters / and purchased barrels of
명령 동사(ordered)의 목적어절 동사에 should가 생략됨   앞에 목적격 관계대명사 생략
green paint / and ordered / that every object he was likely to see / be painted green / just as the monk had suggested. //
그는 페인트공들을 불러 모았고 / 녹색 페인트를 많이 구매했으며 / 지시했다 / 그가 보게 될 /
모든 물체는 / 녹색으로 칠해지도록 / 수도사가 제안한 대로 //
*(D) 문단 요약: 수도사의 처방을 따라 부자는 모든 물체를 녹색으로 칠함

- bother ⓥ 괴롭히다 · severe ⓐ 심한 · consult ⓥ 상담하다
- galaxy ⓝ 기라성 같은 무리 · medicate ⓥ 약을 투여하다
- undergo ⓥ 겪다 · injection ⓝ 주사 · persist ⓥ 지속되다
- call for ~를 부르다 · suffering ⓐ 고통받는 · servant ⓝ 하인
- pour ⓥ 붓다 · purchase ⓥ 구매하다 · fortune ⓝ 재산
- concentrate on ~에 집중하다 · prescription ⓝ 처방
- desperate ⓐ 절박한 · barrel ⓝ 통

(A) 심한 눈 통증으로 괴로워하는 한 부자가 있었다. 그는 많은 의사와 상담을 했고, 그들 중 여러 명에게 치료받았다. 그는 수많은 의료 전문가들과 상담하는 것을 멈추지 않았다. 그는 많은 약물을 복용했고 주사를 수백 번 맞았다. 하지만 통증은 지속되었고 전보다 더 심해졌다. 결국 (a) 그는 그와 같은 상태의 환자들을 치료하는 것으로 유명한 한 수도사에 대해 듣게 되었다. 며칠 후, 그 고통받는 남자는 수도사를 불러들였다.

(D) 수도사는 그 부자의 문제를 이해하였고 일정시간 동안 (e) 그는 녹색에만 집중하고 그의 눈이 다른 색을 보게 해서는 안 된다고 말했다. 부자는 그것이 이상한 처방이라고 생각했지만, 절박해서 그것을 시도하기로 하였다. 그는 페인트공들을 불러 모았고 녹색 페인트를 많이 구매하여 수도사가 제안한 대로 그가 보게 될 모든 물체를 녹색으로 칠하라고 지시했다.

(B) 며칠 후 (b) 그 남자 주변의 모든 것은 녹색이 되었다. 부자는 그의 주변의 어떤 것도 다른 색이 되지 않도록 확실히 했다. 며칠 후 수도사가 그를 찾아왔을 때, 그는 붉은 옷을 입고 있었기 때문에 부자의 하인들은 녹색 페인트통을 들고 달려와서 그의 몸 전체에 부었다. (c) 그는 하인들에게 왜 그들이 그것을 했는지를 물었다.

(C) 그들은 대답했다. "우리는 주인이 다른 어떤 색도 보게 할 수 없어요." 이것을 듣고 수도사는 웃으며 말했다. "만약에 당신들이 단돈 몇 달러밖에 하지 않는 녹색 안경 하나만 구매했었다면, 이러한 벽, 나무, 항아리, 그리고 다른 모든 것을 지킬 수 있었을 것이고 또한 (d) 그의 재산의 많은 부분을 아낄 수 있었을 것입니다. 당신들은 온 세상을 녹색으로 칠할 수는 없어요."

S 37 정답 ④

주어진 글 (A)에 이어질 내용을 순서에 맞게 배열한 것으로 가장 적절한 것은?

① (B) — (D) — (C)   (B)는 수도사가 처방을 내린 후의 상황임
② (C) — (B) — (D)
③ (C) — (D) — (B)   (C)의 하인들의 대답은 (B)의 수도사가 한 질문에 대한 대답임
④ (D) — (B) — (C)   (D) 수도사가 녹색만 보라는 처방을 내림 – (B) 부자의 주변이 온통 녹색 페인트로 칠해짐 – (C) 수도사가 하인들에게 녹색 안경만 샀다면 부자의 재산을 지킬 수 있었을 것이라고 말함
⑤ (D) — (C) — (B)   수도사가 하인에게 질문을 하는 것으로 끝난 (B)와 하인들의 대답으로 시작하는 (C)가 순서대로 연결되어야 함

왜 정답? ✿✿✿ [정답률 86%]

극심한 눈 통증을 가지고 있던 한 부자가 자신과 같은 환자를 치료하기로 유명한 수도사를 불렀다는 내용으로 끝난 (A)에는 그 수도사의 등장과 그의 처방이 소개되는 (D)가 이어져야 한다. 수도사의 처방을 듣고 자신의 주변 모든 것을 녹색으로 칠한 부자의 상황과 붉은 옷을 입고 나타난 수도사에게도 녹색 페인트를 부은 (B)의 이야기가 (D)의 다음에 이어지고, (B)의 마지막에 나온 수도사의 질문에 대한 하인들의 답변이 (C)로 이어진다. 따라서 글의 순서는 ④ (D)-(B)-(C)가 된다.

왜 오답?

① 수도사가 부자에게 내린 녹색만 보라는 처방이 (D)에서 처음 언급되므로, 부자의 주변이 모두 녹색이 된 상황인 (B)가 (D)보다 먼저 올 수 없다.
②, ③, ⑤ (C)의 하인들의 대답은 (B)에서 수도사가 왜 녹색 페인트를 자신에게 부었는지 물은 것에 대한 대답이므로 (B) 앞에 (C)가 올 수 없다.

S 38 정답 ③

밑줄 친 (a)~(e) 중에서 가리키는 대상이 나머지 넷과 다른 것은?
= the wealthy man
① (a)   ② (b)   ③ (c)   ④ (d)   ⑤ (e)
= the wealthy man   = The monk   = the wealthy man's

왜 정답? ✿✿✿ [정답률 73%]

수도사가 붉은 옷을 입고 부자를 찾아갔을 때 부자의 하인들이 녹색 페인트를 부었다. 따라서 왜 그렇게 했는지 물어본 (c)는 수도사를 가리키고 나머지는 모두 부자를 가리키므로 정답은 ③이다.

왜 오답?

① 유명한 수도사에 대해 듣게 된 것은 눈 통증이 심한 부자이다.
② 주변이 모두 녹색이 된 것은 수도사의 처방을 따른 부자이다.
④ 아낄 수 있었던 것은 녹색 페인트로 잃게 된 부자의 재산을 가리킨다.
⑤ 녹색에만 집중하고 다른 색을 보면 안 되는 사람은 눈 통증이 있는 부자이다.

윗글에 관한 내용으로 적절하지 <u>않은</u> 것은?

① 부자는 눈 통증으로 여러 명의 의사에게 치료받았다.
He consulted many doctors and was treated by several of them.
② 수도사는 붉은 옷을 입고 부자를 다시 찾아갔다.
he was wearing red clothes
③ 하인들은 녹색 안경을 구입했다.
If only you had purchased a pair of green glasses
④ 부자는 수도사의 처방이 이상하다고 생각했다.
The wealthy man thought it was a strange prescription
⑤ 부자는 주변을 모두 녹색으로 칠하게 했다.
ordered that every object he was likely to see be painted green

왜 정답? ✹✹✸ [정답률 80%]

수도사가 모든 것을 녹색으로 칠하고 있는 부자의 하인들에게 "당신들이 녹색 안경 하나만 구매했었다면(If only you had purchased a pair of green glasses)"이라고 과거 사실과 반대되는 것을 가정하여 말하고 있으므로 하인들이 녹색 안경을 구매했다는 ③은 글의 내용과 일치하지 않는다.

왜 오답?

① 부자는 눈 통증 때문에 여러 명의 의사에게 치료받았다고(He consulted many doctors and was treated by several of them.) 했다.
🎀 수도사는 며칠 후 붉은 옷을 입고 부자를 다시 찾아갔다고(he was wearing red clothes) 했다.
④ 부자는 수도사의 처방이 이상하다고 생각했다고(The wealthy man thought it was a strange prescription) 했다.
⑤ 부자는 자신의 주변을 모두 녹색으로 칠하게 했다고(ordered that every object he was likely to see be painted green) 했다.

(A) Henrietta is one / of the greatest "queens of song." //
Henrietta는 한 명이다 / 가장 위대한 '노래의 여왕' 중 //

She had to go through a severe struggle / before (a) she attained
= Henrietta
the enviable position / as the greatest singer / Germany had
produced. //
앞에 목적격 관계대명사 생략
그녀는 혹독한 시련을 겪어야 했다 / 부러워할 만한 위치에 그녀가 도달하기 전에 / 가장 위대한 가수로서 / 독일이 배출한 //

At the beginning of her career / she was hissed off a Vienna
stage / by the friends of her rival, Amelia. // **42번 ①** Henrietta와
Amelia는 경쟁자였음
그녀의 경력 초기에 / 그녀는 비엔나 무대에서 야유를 받고 쫓겨났다 / 경쟁자 Amelia의 친구들에 의해 //

But in spite of this defeat, / Henrietta endured / until all Europe
was at her feet. //
그러나 이 좌절에도 불구하고 / Henrietta는 견뎠다 / 모든 유럽이 그녀의 발아래에 있을 때까지 //

*(A) 문단 요약: Henrietta는 시련을 겪고 위대한 가수가 됨

40번 단서 1: 질문에 답함
(B) The answer was, / "That's my mother, Amelia Steininger. //
used to-V: ~하곤 했다
She used to be a great singer, / but she lost her voice, / and she
so ~ that S V: 너무 ~해서 …하다   = Amelia
cried so much about it / that now (b) she can't see anymore." //
대답은 / "저분은 제 어머니, Amelia Steininger입니다 / 그녀는 훌륭한 가수였지만 / 목소리를 잃었고 / 그녀는 그 일로 너무 많이 울어서 / 그녀는 이제 더 이상 앞을 볼 수 없습니다"였다 //

Henrietta inquired their address / and then told the child, /
"Tell your mother / an old acquaintance will call on her / this
afternoon." //
앞에 직접목적어절 접속사 생략
Henrietta는 그들의 주소를 물었다 / 그리고 나서 아이에게 말했다 / "어머니께 말하렴 / 오래된 지인이 그녀를 방문할 것이라고 / 오늘 오후에"라고 //

She searched out their place / and undertook the care of both
mother and daughter. // **42번 ②** 모녀의 거처를 찾아내 돌봄
그녀는 그들의 거처를 찾아내서 / 모녀를 돌보았다 //

At her request, / a skilled doctor tried to restore Amelia's sight,
/ but it was in vain. // **42번 ③** 시력 회복에 실패함
그녀의 요청에 따라 / 숙련된 의사가 Amelia의 시력을 회복시키려 노력했다 / 그러나 허사였다 //

*(B) 문단 요약: Henrietta는 우연히 만난 라이벌이자 옛친구인 Amelia를 도움
= Henrietta's
(C) But Henrietta's kindness to (c) her former rival / did not
stop here. // **40번** 단서 2: Henrietta의 친절이 앞서 언급되어야 함
그러나 그녀의 예전 경쟁자에 대한 Henrietta의 친절은 / 여기서 그치지 않았다 //

The next week she gave a benefit concert / for the poor woman,
/ and it was said / that on that occasion Henrietta sang / as (d) she
과거완료시제 (경험)   = Henrietta
had never sung before. // **42번 ④** 불쌍한 여성을 위한 자선 콘서트를 엶
그 다음 주에 그녀는 자선 콘서트를 열었다 / 그 불쌍한 여성을 위한 / 그리고 전해진다 / 그 자리에서 Henrietta는 불렀다고 / 그녀가 전에 한번도 불러본 적이 없는 방식으로 //

And who can doubt / that with the applause of that vast
수동태 동사
audience / there was mingled / the applause of the angels in
주어
heaven / who rejoice over the good deeds of those below? //
그리고 누가 의심할 수 있겠는가 / 많은 청중의 박수와 함께 / 섞여 있었다는 것을 / 천국에 있는 천사들의 박수가 / 지상 사람들의 선행에 기뻐하는 //

*(C) 문단 요약: Henrietta는 계속해서 Amelia를 도와줌

(D) Many years later, / when Henrietta was at the height of her
fame, / one day she was riding through / the streets of Berlin. //
40번 단서 3: 시간의 흐름 및 일화의 시작
수년 후 / Henrietta의 명성이 절정에 달했을 때 / 어느 날 그녀는 차를 타고 지나가고 있었다 / 베를린의 거리를 //

현재분사구 (a little girl 수식)
Soon she came across / a little girl / leading a blind woman. //
곧 그녀는 마주쳤다 / 여자 아이와 / 눈먼 여성을 데리고 가는 // **42번 ⑤** 눈먼 여성을
데리고 가는 여자 아이와 마주침
She was touched by the woman's helplessness, / and she
= Henrietta
impulsively beckoned the child to (e) her, /
그녀는 여성의 무력함에 마음이 움직였다 / 그리고 충동적으로 아이에게 그녀에게 오라고 손짓했다 /

saying / "Come here, my child. // Who is that you are leading
by the hand?" // **40번** 단서 4: Henrietta가 소녀에게 묻는 질문
그리고 말했다 / "이리 와, 애야 // 네가 손을 잡고 데리고 가는 사람은 누구니?"라고 //

*(D) 문단 요약: 우연히 눈먼 여성을 데리고 가는 소녀를 만난 Henrietta는 눈먼 여성이 누군지 물어봄

- severe ⓐ 가혹한, 혹독한 • struggle ⓝ 투쟁, 시련
- enviable ⓐ 선망의 대상이 되는 • defeat ⓝ 패배
- endure ⓥ 견디다 • inquire ⓥ 문의하다, 묻다
- acquaintance ⓝ 아는 사람, 지인 • undertake ⓥ 맡다
- restore ⓥ 회복시키다 • in vain 허사가 되어, 헛되이
- occasion ⓝ 행사, 때 • applause ⓝ 박수 • mingle ⓥ 섞다
- rejoice ⓥ 크게 기뻐하다 • good deed 선행 • fame ⓝ 명성
- helplessness ⓝ 무력감 • impulsively ⓐⓓ 충동적으로
- beckon ⓥ (오라고) 손짓하다

(A) Henrietta는 가장 위대한 '노래의 여왕' 중 한 명이다. 그녀는 독일이 배출한 가장 위대한 가수로서 부러워할 만한 위치에 (a) 그녀가 도달하기 전에 혹독한 시련을 겪어야 했다. 그녀의 경력 초기에 그녀는 경쟁자 Amelia의 친구들에 의해 비엔나 무대에서 야유를 받고 쫓겨났다. 그러나 이 좌절에도 불구하고, Henrietta는 모든 유럽이 그녀의 발아래에 있을 때까지 견뎠다.

(D) 수년 후, Henrietta의 명성이 절정에 달했을 때, 그녀는 어느 날 베를린의 거리를 차를 타고 지나가고 있었다. 곧 그녀는 눈먼 여성을 데리고 가는 여자 아이와 마주쳤다. 그녀는 여성의 무력함에 마음이 움직였고, 충동적으로 아이를 (e) 그녀에게 오라고 손짓하며, "이리 와, 애야. 네가 손을 잡고 데리고 가는 사람은 누구니?"라고 말했다.

(B) 대답은, "저분은 제 어머니, Amelia Steininger입니다. 그녀는 훌륭한 가수였지만, 목소리를 잃었고, 그 일로 너무 많이 울어서 (b) 그녀는 이제 더 이상 앞을 볼 수 없습니다."였다. Henrietta는 그들의 주소를 묻고 나서 아이에게 "어머니께 오래된 지인이 오늘 오후에 그녀를 방문할 것이라고 말하렴."이라고 말했다. 그녀는 그들의 거처를 찾아내서 모녀를 돌보았다.

그녀의 요청에 따라 숙련된 의사가 Amelia의 시력을 회복시키려 했지만, 허사였다.
(C) 그러나 Henrietta가 (c) 그녀의 예전 경쟁자에게 베푼 친절은 여기서 그치지 않았다. 그 다음 주에 그녀는 그 불쌍한 여성을 위한 자선 콘서트를 열었고, 그 자리에서 Henrietta는 (d) 그녀가 전에 한번도 불러본 적이 없는 방식으로 불렀다고 한다. 그리고 많은 청중의 박수와 함께 지상 사람들의 선행에 기뻐하는 천국에 있는 천사들의 박수가 섞여 있었다는 것을 누가 의심할 수 있겠는가?

S 40 정답 ④

주어진 글 (A)에 이어질 내용을 순서에 맞게 배열한 것으로 가장 적절한 것은?
① (B) — (D) — (C) (B) 앞에는 질문이 있어야 함
② (C) — (B) — (D)
③ (C) — (D) — (B) (C) 앞에는 Henrietta의 선행이 언급되어야 함
④ (D) — (B) — (C) (D) 우연히 눈먼 여성과 그 딸을 만남 — (B) 옛친구 Amelia임을 알게 되어 그들을 돌봄 — (C) 자선 콘서트를 여는 등 계속 친절을 베풂
⑤ (D) — (C) — (B) (D)의 질문에 대한 답이 (C)에 없음

왜 정답·오답? ❋❋❋ [정답률 75%]

(A): Henrietta는 가장 위대한 '노래의 여왕' 중 한 명이다. ~ 그러나 이 좌절에도 불구하고, Henrietta는 모든 유럽이 그녀의 발아래에 있을 때까지 견뎠다.
➡ 어떤 사건이 전개되지 않았으므로 새로운 사건이 시작되는 글이 (A)의 바로 뒤에 올 것이다.

(B): 대답은, "저분은 제 어머니, Amelia Steininger 입니다. 그녀는 훌륭한 가수였지만, 목소리를 잃었고, 그 일로 너무 많이 울어서 그녀는 이제 더 이상 앞을 볼 수 없습니다."였다.
➡ 앞에 그녀가 누구인지 묻는 질문으로 끝나는 글이 와야 한다.

(C): 그러나 Henrietta가 (c) 그녀의 예전 경쟁자에게 베푼 친절은 여기서 그치지 않았다.
➡ Henrietta가 또 다른 친절을 베풀었다는 내용이 왔으므로, 앞에 Henrietta가 친절을 베풀었다는 글이 와야 한다.

(D): 수년 후, Henrietta의 명성이 절정에 달했을 때, 그녀는 어느 날 베를린의 거리를 차를 타고 지나가고 있었다. ~ "이리 와, 얘야. 네가 손을 잡고 데리고 가는 사람은 누구니?"라고 말했다.
➡ '수년 후'라는 말과 함께 새로운 사건이 등장하므로 (D)가 (A)의 바로 뒤에 와야 한다.
▶ 사건이 진행되는 순서는 ④ (D) — (B) — (C)임

S 41 정답 ②

밑줄 친 (a)~(e) 중에서 가리키는 대상이 나머지 넷과 다른 것은?
① (a) = Henrietta ② (b) = Amelia ③ (c) = Henrietta's ④ (d) = Henrietta ⑤ (e) = Henrietta

왜 정답? ❋❋❋ [정답률 65%]
② (b) she: 목소리와 시력을 잃은 사람 ▶ Amelia

왜 오답?
① (a) she: 위대한 가수가 된 사람 ▶ Henrietta
③ (c) her: 예전 경쟁자에게 친절을 베푼 사람 ▶ Henrietta's
④ (d) she: 자선 콘서트에서 노래를 부른 사람 ▶ Henrietta
⑤ (e) her: 여자 아이에게 자신에게 오라고 손짓한 사람 ▶ Henrietta

S 42 정답 ③

윗글에 관한 내용으로 적절하지 않은 것은?
① Amelia와 Henrietta는 라이벌 관계였다. by the friends of her rival, Amelia
② Henrietta는 모녀의 거처를 찾아내서 그들을 돌보았다. She searched ~ both mother and daughter.
③ 숙련된 의사가 Amelia의 시력을 회복시켰다. a skilled doctor ~ but it was in vain
④ 불쌍한 여성을 위해 Henrietta는 자선 콘서트를 열었다. she gave a benefit concert for the poor woman
⑤ Henrietta는 눈먼 여성을 데리고 가는 여자 아이와 마주쳤다. Soon she came across a little girl leading a blind woman.

왜 정답? ❋❋❋ [정답률 80%]
숙련된 의사가 Amelia의 시력을 회복시키려 노력하였으나 실패했다고 했으므로 (a skilled doctor ~ but it was in vain) ③은 글의 내용과 일치하지 않는다.

왜 오답?
① Amelia와 Henrietta는 라이벌 관계였다. (by the friends of her rival, Amelia)
② Henrietta는 모녀의 거처를 찾아내서 그들을 돌보았다. (She searched ~ both mother and daughter.)
④ 불쌍한 여성을 위해 Henrietta는 자선 콘서트를 열었다. (she gave a benefit concert for the poor woman)
⑤ Henrietta는 눈먼 여성을 데리고 가는 여자 아이와 마주쳤다. (Soon she came across a little girl leading a blind woman.)

S 43~45 ⭐ 2등급 대비

*비행기 난기류에도 평온했던 어린 소년

(A) A businessman boarded a flight. //
한 사업가가 비행기에 탑승했다 //
Arriving at his seat, / he greeted his travel companions: / a middle-aged woman sitting at the window, / and a little boy sitting in the aisle seat. //
분사구문 / 현재분사구
그의 자리에 도착한 후 / 그는 여행 동반자들과 인사를 나누었다 / 창가에 앉아 있는 중년 여성과 / 통로 쪽 좌석에 앉아 있는 어린 소년과 //
After putting his bag in the overhead bin, / he took his place between them. // 45번 ① 사업가는 중년 여성과 소년 사이에 앉음
가방을 머리 위 짐칸에 넣은 후 / 그는 그들 사이에 앉았다 //
After the flight took off, / he began a conversation with the little boy. //
비행기가 이륙한 후 / 그는 어린 소년과 대화를 시작했다 //
He appeared to be about the same age / as (a) his son / and was busy with a coloring book. // = a businessman's
그는 나이가 비슷해 보였고 / 그의 아들과 / 색칠 공부 책을 칠하느라 바빴다 //
*(A) 문단 요약: 한 사업가가 비행기에서 중년 여성과 어린 소년 사이에 앉음

(B) As the plane rose and fell several times, / people got nervous and sat up in their seats. // 43번 단서 1, 45번 ② 비행기가 오르락내리락하자 사람들은 긴장함
비행기가 여러 차례 오르락내리락하자 / 사람들은 긴장해 자리에 똑바로 앉았다 //
The man was also nervous / and grabbing (b) his seat as tightly as he could. // = a businessman's as ~ as one can: 가능한 한 ~한[하게]
그 남자도 긴장해서 / 그의 좌석을 최대한 꽉 잡고 있었다 //
Meanwhile, / the little boy was sitting quietly / beside (c) him. // = a businessman
그러는 동안에도 / 어린 소년은 조용히 앉아 있었다 / 그의 옆에 //
His coloring book and crayons were put away / neatly in the seat pocket in front of him, / and his hands were calmly resting / on his legs. // 45번 ③ 소년은 색칠 공부 책과 크레용을 앞 좌석 주머니에 넣음
그의 색칠 공부 책과 크레용은 치워져 있었다 / 앞 좌석 주머니에 가지런히 / 그리고 그의 손은 차분히 놓여 있었다 / 다리에 //

Incredibly, / he didn't seem worried at all. //
놀랍게도 / 그는 전혀 걱정하지 않는 것처럼 보였다 //
*(B) 문단 요약: 비행기가 오르락내리락함에도 어린 소년은 전혀 걱정하지 않는
것처럼 보임
(C) Then, suddenly, / the turbulence ended. // 43번 단서 2: 난기류가 끝남
그러다가, 갑자기 / 난기류가 끝이 났다 //
병렬 구조
The pilot apologized for the bumpy ride / and announced that
they would be landing soon. //
조종사는 험난한 비행에 대해 사과하고 / 그들이 곧 착륙할 것이라고 알렸다 //
As the plane began its descent, / the man said to the little boy,
/ "You are just a little boy, / but (d) I have never met / a braver
person / in all my life! //   = a businessman
비행기가 하강하기 시작했을 때 / 그 남자는 어린 소년에게 말했다 / "너는 어린 소년일
뿐이지만 / 나는 만난 적이 없어 / 더 용감한 사람을 / 평생 동안 //
it is ~ that 강조 구문
Tell me, / how is it that you remained so calm / while all of us
adults were so afraid?" //
말해 주겠니 / 어떻게 그렇게 침착하게 있었는지 / 어른들 모두가 두려워하는데"라고 //
분사구문
Looking him in the eyes, / he said, / "My father is the pilot, / and
he's taking me home." //
                              45번 ④ 소년은 자신의 아버지가 조종사라고 말함
그의 눈을 바라보며 / 그는 말했다 / "저희 아버지께서 조종사이신데 / 아버지께서 저를
집으로 데려가고 있는 중이에요"라고 //
*(C) 문단 요약: 어린 소년은 조종사가 자신의 아버지이기 때문에 난기류에도 용감할
수 있었다고 답함 43번 단서 3: 사업가는 옆자리 소년에게 몇 가지 질문을 함
(D) He asked the boy a few usual questions, / such as his age, his
hobbies, as well as his favorite animal. //
그는 소년에게 몇 가지 일상적인 질문을 했다 / 그의 나이, 취미, 좋아하는 동물과 같은 //
가목적어   진목적어절 접속사
He found it strange / that such a young boy would be traveling
alone, / so he decided to keep an eye on (e) him. / to make sure
he was okay. //   = a young boy 부사적 용법(목적)
그는 이상하다고 생각했다 / 그런 어린 소년이 혼자 여행하는 것이 / 그래서 그를 지켜보기로
했다 / 그가 괜찮은지 확인하기 위해 //
                        43번 단서 4: 비행기가 난기류를 타기 시작함
About an hour into the flight, / the plane suddenly began
experiencing turbulence. //   45번 ⑤ 조종사는
비행 시작 1시간여 만에 / 비행기가 갑자기 난기류를 타기 시작했다 / 사람들에게 안전벨트를 매고
                                침착하라고 말함
과거완료 시제(대과거)
The pilot told everyone / to fasten their seat belts and remain
calm, / as they had encountered rough weather. //
조종사는 모든 사람들에게 말했다 / 안전벨트를 매고 침착하라고 / 악천후를 만났기 때문에 //
*(D) 문단 요약: 사업가는 혼자 여행하는 소년에게 말을 걸었고, 비행기는 난기류를
타기 시작함

- board ⓥ 탑승하다   · greet ⓥ 인사하다   · companion ⓝ 동반자
- middle-aged 중년의   · aisle ⓝ 통로, 복도   · bin ⓝ 칸, 통
- take off 이룩하다   · grab ⓥ 잡다   · put away ~을 치우다
- neatly ⓪ 가지런히   · incredibly ⓪ 놀랍게도
- bumpy ⓐ 험난한   · land ⓥ 착륙하다   · descent ⓝ 하강
- keep an eye on ~을 계속 지켜보다   · fasten ⓥ 매다
- encounter ⓥ (특히 반갑지 않은 일에) 맞닥뜨리다[만나다]
- rough ⓐ 거친

(A) 한 사업가가 비행기에 탑승했다. 그의 자리에 도착한 후, 그는 여행
동반자들과 인사를 나누었다: 창가에 앉아 있는 중년 여성과 통로 쪽
좌석에 앉아 있는 어린 소년. 가방을 머리 위 짐칸에 넣은 후, 그는 그들
사이에 앉았다. 비행기가 이륙한 후, 그는 어린 소년과 대화를 시작했다.
그는 (a) 그의 아들과 나이가 비슷해 보였고 색칠 공부 책을 칠하느라
바빴다.
(D) 그는 소년에게 그의 나이, 취미, 좋아하는 동물과 같은 몇 가지
일상적인 질문을 했다. 그는 그런 어린 소년이 혼자 여행하는 것이
이상하다고 생각해서 그가 괜찮은지 확인하기 위해 (e) 그를 지켜보기로
했다. 비행 시작 1시간여 만에 비행기가 갑자기 난기류를 타기 시작했다.
조종사는 악천후를 만났기 때문에, 안전벨트를 매고 침착하라고 모든
사람들에게 말했다.

(B) 비행기가 여러 차례 오르락내리락하자 사람들은 긴장해 자리에 똑바로
앉았다. 그 남자도 긴장해서 (b) 그의 좌석을 최대한 꽉 잡고 있었다.
그러는 동안에도, 어린 소년은 조용히 (c) 그의 옆에 앉아 있었다. 그의
색칠 공부 책과 크레용은 앞 좌석 주머니에 가지런히 치워져 있었고, 그의
손은 차분히 다리에 놓여 있었다. 놀랍게도, 그는 전혀 걱정하지 않는
것처럼 보였다.
(C) 그러다가, 갑자기, 난기류가 끝이 났다. 조종사는 험난한 비행에 대해
사과하고 그들이 곧 착륙할 것이라고 알렸다. 비행기가 하강하기 시작했을
때, 그 남자는 어린 소년에게 말했다. "너는 어린 소년일 뿐이지만, (d) 나
는 평생 동안 더 용감한 사람을 만난 적이 없어! 어른들 모두가 두려워하는
데 어떻게 그렇게 침착하게 있었는지 말해 주겠니?" 그의 눈을 바라보며,
그는 말했다. "저희 아버지께서 조종사이신데, 아버지께서 저를 집으로 데
려가고 있는 중이에요."

오왜 2등급? turbulence와 같은 어려운 단어가 쓰이고 대명사가 유독 많이 쓰여
헷갈릴 수 있다. 다른 단어로 문맥을 파악하는 것이 중요하다.
지칭 추론 문제를 해결하기 위해서는 등장인물이 누구인지 확인해야 하는데, 밑줄
친 him, his, I의 대상은 a businessman과 a young boy이다.
내용 일치/불일치 문제는 선택지를 먼저 읽고, '① 중년 여성, 소년, ② 비행기,
긴장, ③ 색칠 공부 책, 가방, ④ 아버지가 조종사, ⑤ 안전벨트, 침착'에 표시를 해
놓은 다음에 해당 내용이 글에서 나올 때마다 바로바로 정보를 확인해야 한다.

S 43 정답 ④

주어진 글 (A)에 이어질 내용을 순서에 맞게 배열한 것으로 가장 적절한
것은?
① (B) — (D) — (C)
② (C) — (B) — (D)   (D)에서 난기류가 시작되었다고 했으므로, 비행기가 오르락내리락한다고
③ (C) — (D) — (B)   시작하는 (B)는 (D) 뒤에 이어져야 함
④ (D) — (B) — (C)   (D) 비행기는 난기류를 타기 시작함 – (B) 난기류에 사람들은 긴장함 –
⑤ (D) — (C) — (B)   (C) 난기류가 끝남
                     (D)에서 난기류가 시작되었다고 했으므로, 난기류가 끝난 (C)는 (D)의 뒤에
                     이어져야 함

오왜 정답? [정답률 63%]
한 사업가가 비행기를 타서 중년 여성과 어린 소년 사이 좌석에 앉았다는 내용으로
끝난 (A)에는 옆자리에 앉은 혼자 여행하는 어린 소년에게 말을 걸었다는 내용의
(D)가 이어지는 것이 적절하다.
비행한 지 1시간이 지날 무렵 비행기는 난기류를 타기 시작했다는 내용으로 끝난
(D)에는 비행기가 오르락내리락하자 모든 사람들이 긴장했다는 (B)가 이어지고,
난기류가 끝났다는 내용으로 시작하는 (C)가 마지막에 오는 것이 가장 적절하다.
따라서 정답은 ④ (D) – (B) – (C)이다.

오왜 오답?
①, ② (D)에서 난기류가 시작되었다고 했으므로, 비행기가 오르락내리락한다고
       시작하는 (B)는 (D) 뒤에 이어져야 한다.
③, ⑤ (C)에서 모든 난기류 상황이 끝나고 사업가가 어린 소년에게 난기류 동안
       어떻게 용감할 수 있었는지 묻고 있으므로, (C)는 난기류가 시작된 (D)의
       뒤에 와야 한다.

S 44 정답 ⑤

밑줄 친 (a)~(e) 중에서 가리키는 대상이 나머지 넷과 다른 것은?
                                              = a businessman
① (a)   ② (b)   ③ (c)   ④ (d)   ⑤ (e)
= a businessman's = a businessman's = a businessman   = a young boy

사업가는 어린 소년이 혼자 비행기로 여행하는 것이 이상하다고 생각해서
어린 소년이 괜찮은지 확인하기 위해 그를 지켜보기로 했다. 따라서 사업가가
지켜보기로 한 사람은 어린 소년을 가리키고 나머지는 모두 사업가를 가리키므로
정답은 ⑤이다.

왜 오답 ?

① 사업가 옆에 앉은 어린 소년은 사업가의 아들과 나이가 비슷해 보였다.
② 난기류에 사업가도 긴장해서 그의 좌석을 꽉 붙잡았다.
③ 난기류에도 사업가의 옆에 앉아 있던 어린 소년은 조용히 있었다.
④ 난기류가 끝난 후 사업가는 자신의 인생에서 어린 소년보다 더 용감한 사람을
만난 적이 없다고 말했다.

S 45 정답 ③

> 윗글에 관한 내용으로 적절하지 않은 것은?
> ① 사업가는 중년 여성과 소년 사이에 앉았다.
>   he took his place between them
> ② 비행기가 오르락내리락하자 사람들은 긴장했다.
>   As the plane rose and fell several times, people got nervous
> ③ 소년은 색칠 공부 책과 크레용을 가방에 넣었다.
>   His coloring book and crayons were put away neatly in the seat pocket in front of him
> ④ 소년은 자신의 아버지가 조종사라고 말했다.
>   My father is the pilot
> ⑤ 조종사는 사람들에게 안전벨트를 매고 침착하라고 말했다.
>   The pilot told everyone to fasten their seat belts and remain calm

왜 정답 ? [정답률 75%]

한창 난기류가 발생했을 때, 어린 소년은 하고 있던 색칠 공부 책과 크레용을 앞
좌석 주머니에 넣었다고(His coloring book and crayons were put away
neatly in the seat pocket in front of him) 했으므로, 가방에 넣었다는 ③이
글의 내용과 일치하지 않는다.

왜 오답 ?

① 사업가는 중년 여성과 소년 사이에 앉았다고(he took his place between
them) 했다.
② 비행기가 난기류를 만나 오르락내리락하자, 사람들은 긴장했다고(As the plane
rose and fell several times, people got nervous) 했다.
④ 소년은 자신의 아버지가 조종사라고(My father is the pilot) 말했다.
⑤ 비행기가 악천후를 만나 난기류를 타기 시작해 조종사는 사람들에게
안전벨트를 매고 침착하라고(The pilot told everyone to fasten their seat
belts and remain calm) 말했다.

S 46~48   ⭐ 2등급 대비

*새로운 팀 합류와 코치의 팀원 재배치

(A) It was a hot day / in early fall. //
더운 날이었다 / 초가을의 //

Wylder was heading to the school field / for his first training. //
Wylder는 학교 운동장으로 향하고 있었다 / 첫 번째 훈련을 하러 //

He had just joined the team / with five other students / after a
successful tryout. // 48번 ① Wylder는 다섯 명의 다른 학생과 함께 팀에 막 합류함
그는 팀에 막 합류했다 / 다섯 명의 다른 학생과 함께 / 성공적인 적격 시험 후 //
분사구문 *
Approaching the field, / (a) he saw players getting ready, /
                              = Wylder
pulling up their socks / and strapping on shin guards. //
운동장에 다가가면서 / 그는 선수들이 준비하는 것을 보았다 / 양말을 당겨 올리고 / 정강이
보호대를 착용하면서 //

But / they weren't together. //
그러나 / 그들은 함께가 아니었다 //

부사절 접속사 (대조)
New players were sitting / in the shade by the garage, / while
the others were standing / in the sun by the right pole. //
새 선수들은 앉아 있었고 / 차고 옆의 그늘에 / 반면에 다른 선수들은 서 있었다 / 오른편 골대
옆의 양지에 //   46번 단서 1: 새 선수와 다른 선수들이 서로 떨어져 있음

Then Coach McGraw came / and watched the players. //
그런 다음 McGraw 코치가 도착해서 / 선수들을 보았다 //

*(A) 문단 요약: Wylder는 새 선수들이 다른 선수들과 따로 있는 것을 봄

(B) 'Wow,' / thought Wylder. //
'와' / Wylder는 생각했다 //
                                            48번 ② 잔디 위에서 다리를 쭉 폄
From his new location on the grass, / he stretched out his legs. //
잔디 위에 있는 그의 새로운 자리에서 / 그는 다리를 쭉 폈다 //

He liked / what he was hearing. //
그는 마음에 들었다 / 그가 듣고 있는 말이 //
                                                      = Wylder
A new sense of team spirit came across (b) him, / a deeper sense
                                          동격
of connection. //
그는 새로운 공동체 정신의 감각을 느꼈다 / 더 깊은 연대감을 //

It was encouraging / to hear Coach talk about this, / to see him
face the challenge head-on. //
격려가 되었다 / 코치가 이것에 관해 말하는 것을 듣고 / 그가 그 도전에 정면으로 맞서는 것을
보는 것은 //   46번 단서 2: 코치의 연설이 끝남

Now / his speech was over. //
이제 / 그의 연설이 끝났다 //
            병렬 구조 (동사)   부사적 용법 (목적)
The players got up / and started walking on the field / to warm
up. //
선수들은 일어서서 / 운동장을 걸어 다니기 시작했다 / 워밍업하기 위해 //

"Good job, Coach. / That was good," / Wylder said to McGraw
                                                      = Wylder's
in a low voice / as he walked past him, / keeping (c) his eyes
down out of respect. //   분사구문 *
"잘했습니다, 코치님 / 좋았습니다"라고 Wylder는 McGraw에게 낮은 목소리로 말했다 /
그를 지나쳐 걸어가면서 / 존경의 마음을 담아 그의 시선을 낮추고 //

*(B) 문단 요약: Wylder는 McGraw 코치의 연설이 끝났을 때 존경의 마음을 담은
말을 건넴   46번 단서 3, 48번 ③ 재배열이 마음에 들 때까지 계속 선수들을 불러냄

(C) McGraw continued to point, / calling each player out, / until
he was satisfied with the rearrangement. //   분사구문 *
McGraw는 계속 가리켰다 / 각 선수를 불러내면서 / 재배열이 마음에 들 때까지 //

"Okay, this is how it's going to be," / he began. //
"자, 이렇게 되어갈 거다"라고 그는 말했다 //

"We need to learn / how to trust and work with each other. //
"우리는 배울 필요가 있어 / 서로 신뢰하고 함께 경기하는 방식을 //

This is how a team plays. //
이게 팀이 경기하는 방식이야 //
                         want의 목적어와 목적격 보어 (to부정사)
This is / how I want you to be on and off the field: / together." //
이게 / 내가 경기장 안과 밖에서 너희들에게 바라는 거야 / 함께하는 것이지" //

The players looked at each other. //
선수들은 서로 쳐다보았다 //

Almost immediately, / McGraw noticed a change / in their
postures and faces. //   48번 ④ McGraw는 선수들의 자세와 얼굴 변화를 알아차렸음
거의 즉시 / McGraw는 변화를 알아차렸다 / 그들의 자세와 얼굴의 //
    = McGraw   saw의 목적격 보어 (현재분사구문)
(d) He saw / some of them starting to smile. //
그는 보았다 / 그들 중 몇 명이 미소를 짓기 시작한 것을 //

*(C) 문단 요약: McGraw는 재배열이 마음에 들 때까지 선수들을 불러냄

(D) Coach McGraw, too, saw the pattern / — new kids and
others grouping separately. //   46번 단서 4: 코치도 새로운 아이들과 다른 아이들이
McGraw 코치도 역시 패턴을 보았다 / 새로운 아이들과 다른 아이들이 따로 떨어져서 무리를
짓고 있는 //   따로 있는 패턴을 봄

'This has to change,' / he thought. //   '이건 바꿔야겠군'이라고 / 그는 생각했다 //

He wanted a winning team. //   그는 승리하는 팀을 원했다 //

To do that, / he needed to build relationships. //
그렇게 하려면 / 그는 관계를 형성해야 했다 //

"I want **you guys** / **to come** over here in the middle / and sit," /
he called the players / as he walked over. //
"너희들이 ~하기를 바란다 / 여기 중앙에 와서 / 앉기를"이라며 / 그는 선수들을 불렀다 /
걸어가면서 //
"You!" / McGraw roared, / **pointing at Wylder**. //
"너"라고 / McGraw는 소리치며 / Wylder를 가리켰다 //
"Come here onto the field and sit. / And Jonny! / You sit over
there!" //
"여기 와서 앉아라 / 그리고 Jonny / 너는 저기 앉아라" //
He started pointing, / making sure they mixed together. //
그는 가리키기 시작했고 / 그들이 반드시 서로 섞이도록 했다 // 분사구문
Wylder realized / what Coach was trying to do, / **so** (e) he
hopped onto the field. //
Wylder는 알아차렸고 / 코치가 무엇을 하려는지 / 그래서 그는 운동장 안으로 뛰어 들어갔다 //
*(D) 문단 요약: McGraw 코치도 선수들이 앉아 있는 패턴을 보았고, 그것을 바꾸기로
결심함

- tryout ⓝ (스포츠의) 적격 시험   - shade ⓝ 그늘   - garage ⓝ 차고
- stretch ⓥ 쭉 펴다   - connection ⓝ 연대감
- rearrangement ⓝ 재배열   - immediately ⓐⓓ 즉시
- posture ⓝ 자세   - roar ⓥ 소리치다   - hop ⓥ 급히 움직이다

(A) 초가을의 더운 날이었다. Wylder는 첫 번째 훈련을 하러 학교
운동장으로 향하고 있었다. 그는 성공적인 적격 시험 후 다섯 명의 다른
학생과 함께 팀에 막 합류했다. 운동장에 다가가면서, (a) 그는 선수들이
양말을 당겨 올리고 정강이 보호대를 착용하면서 준비하는 것을 보았다.
그러나 그들은 함께가 아니었다. 새 선수들은 차고 옆의 그늘에 앉아
있었고 반면에 다른 선수들은 오른편 골대 옆의 양지에 서 있었다. 그런
다음 McGraw 코치가 도착해서 선수들을 보았다.
(D) McGraw 코치도 새로운 아이들과 다른 아이들이 따로 떨어져서
무리를 짓고 있는 패턴을 보았다. 그는 '이건 바꿔야겠군.'이라고 생각했다.
그는 승리하는 팀을 원했다. 그렇게 하려면, 그는 관계를 형성해야 했다.
그는 걸어가면서 "너희들이 여기 중앙에 와서 앉기를 바란다."라며
선수들을 불렀다. McGraw는 "너!"라고 소리치며 Wylder를 가리켰다.
"여기 와서 앉아라. 그리고 Jonny! 너는 저기 앉아라!" 그는 가리키기
시작했고, 그들이 반드시 서로 섞이도록 했다. Wylder는 코치가 무엇을
하려는지 알아차렸고, 그래서 (e) 그는 운동장 안으로 뛰어 들어갔다.
(C) 재배열이 마음에 들 때까지 McGraw는 각 선수를 불러내면서 계속
가리켰다. 그는 "자, 이렇게 되어갈 거다. 우리는 서로 신뢰하고 함께
경기하는 방식을 배울 필요가 있어. 이게 팀이 경기하는 방식이야. 이게
내가 경기장 안과 밖에서 너희들에게 바라는 거야. 함께하는 것이지."라고
말했다. 선수들은 서로 쳐다보았다. 거의 즉시, McGraw는 그들의 자세와
얼굴의 변화를 알아차렸다. (d) 그는 그들 중 몇 명이 미소를 짓기 시작한
것을 보았다.
(B) '와,' Wylder는 생각했다. 잔디 위에 있는 그의 새로운 자리에서, 그는
다리를 쭉 폈다. 그는 듣고 있는 말이 마음에 들었다. (b) 그는 새로운
공동체 정신의 감각, 더 깊은 연대감을 느꼈다. 코치가 이것에 관해 말하는
것을 듣고 그가 그 도전에 정면으로 맞서는 것을 보는 것은 격려가 되었다.
이제 그의 연설이 끝났다. 선수들은 일어서서 워밍업하기 위해 운동장을
걸어 다니기 시작했다. 존경의 마음을 담아 (c) 그의 시선을 낮추고 그를
지나쳐 걸어가면서, Wylder는 McGraw에게 "잘하셨습니다. 코치님.
좋았습니다."라고 낮은 목소리로 말했다.

왜 **2등급?** 시공간적 배경이 크게 바뀌지 않기 때문에 순서 배열 문제의 정답률이
낮았다. 새로운 팀에 합류하게 된 Wylder가 운동장에 처음 들어가게 된 것으로
이야기가 시작되고, 본격적인 팀 훈련을 받기 전에 이야기가 마무리된다. 따라서 짧은
시간 동안 벌어진 사건에 집중하여 글의 순서를 찾아야 한다.

S 46 정답 ⑤

주어진 글 (A)에 이어질 내용을 순서에 맞게 배열한 것으로 가장 적절한
것은?
① (B) — (D) — (C)   주어진 글에서 코치는 연설을 시작하지 않음
② (C) — (B) — (D)
③ (C) — (D) — (B)   주어진 글에서 코치가 아직 재배열을 시작하지 않았음
④ (D) — (B) — (C)   (B)에서 끝나는 연설은 (C)에서 시작함
⑤ (D) — (C) — (B)   [(D) 재배열을 시작함 — (C) 재배열을 계속한 후 연설을 시작함 —
(B) 연설이 끝난 후 Wylder는 McGraw 코치에게 존경의 마음을 전함]

왜 정답·오답? [정답률 65%]

(A): Wylder는 첫 번째 훈련을 하러 학교 운동장에 갔는데 새 선수들과 다른
선수들이 서로 따로 있는 것을 보았고, 곧 McGraw 코치가 도착해서 선수들을
보았다.
→ 새 선수들과 다른 선수들이 서로 따로 있는 것을 본 McGraw 코치가 어떤 행동을
취했는지 확인해야 한다.

(B): Wylder는 McGraw 코치의 방식이 마음에 들었으며 코치의 연설이 끝났을 때
존경의 마음을 담은 말을 건네었다.
→ McGraw 코치가 행한 방식이 앞에 있어야 한다.

(C): McGraw는 재배열이 마음에 들 때까지 선수들을 불러냈고 선수들에게 연설을
했으며 선수들 중 일부가 미소를 짓기 시작한 것을 보았다.
→ McGraw 코치가 재배열을 시작했다는 내용이 앞에 있어야 한다.

(D): McGraw 코치도 선수들이 앉아 있는 패턴을 보았고 그것을 바꾸기로 결심했다.
→ 패턴을 바꾸기로 결심했다는 내용이므로 (A)의 바로 뒤에 이어진다.
▶ 사건이 진행되는 순서는 ⑤ (D) — (C) — (B)임

S 47 정답 ④

밑줄 친 (a)~(e) 중에서 가리키는 대상이 나머지 넷과 다른 것은?
① (a) = Wylder ② (b) = Wylder ③ (c) = Wylder's ④ (d) = McGraw ⑤ (e) = Wylder

왜 정답? [정답률 73%]
④ (d) He: 선수들의 변화를 알아차린 사람 ▶ McGraw

왜 오답?
① (a) he: 팀에 막 합류하여 다른 선수들을 보고 있는 사람 ▶ Wylder
② (b) him: 코치의 말이 마음에 들고 그것에서 새로운 공동체 정신의 감각을 느낀
사람 ▶ Wylder
③ (c) his: 존경의 마음을 담아 코치를 본 사람 ▶ Wylder's
⑤ (e) he: 코치가 하려는 일의 의도를 알아차리고 코치의 지시를 따른 사람
▶ Wylder

S 48 정답 ⑤

윗글에 관한 내용으로 적절하지 않은 것은?
① Wylder는 다섯 명의 다른 학생과 팀에 합류했다.
He had just joined the team with five other students
② Wylder는 잔디 위의 새로운 자리에서 다리를 쭉 폈다.
From his new location on the grass, he stretched out his legs.
③ McGraw는 재배열이 마음에 들 때까지 선수들을 불러냈다.
McGraw continued to point, ~ until he was satisfied with the rearrangement.
④ McGraw는 선수들의 자세와 얼굴의 변화를 알아차렸다.
McGraw noticed a change in their postures and faces
⑤ McGraw는 선수들에게 운동장 밖으로 나가라고 말했다.
"I want you guys to come over here in the middle and sit."

> **왜 정답?** [정답률 79%]

McGraw는 선수들에게 운동장 밖으로 나가는 것이 아니라 중앙에 와서 앉기를 바란다고 말했으므로 ("I want you guys to come over here in the middle and sit,") 적절하지 않은 것은 ⑤이다.

> **왜 오답?**

① Wylder는 다섯 명의 다른 학생과 팀에 합류했다. (He had just joined the team with five other students)

② Wylder는 잔디 위의 새로운 자리에서 다리를 쭉 폈다. (From his new location on the grass, he stretched out his legs.)

③ McGraw는 재배열이 마음에 들 때까지 선수들을 불러냈다. (McGraw continued to point, ~ until he was satisfied with the rearrangement.)

④ McGraw는 선수들의 자세와 얼굴의 변화를 알아차렸다. (McGraw noticed a change in their postures and faces)

어법 특강

＊ 분사구문

- 시간, 이유, 조건, 양보, 부대상황 등을 나타내는 부사절을 간략하게 표현하기 위해 분사구문을 활용한다. 주절의 주어와 부사절의 주어가 일치할 때 접속사와 주어를 함께 생략하고, 동사를 분사 형태로 바꾼다. 접속사가 생략되어도 문맥에 맞게 해석하면 되는데, 분사만 사용할 때 의미가 모호해지는 경우 부사절 접속사를 생략하지 않고 분사 앞에 두기도 한다.

  시간: as / when(~할 때), while(~하는 동안에)

  이유: as / because / since (~ 때문에)

  조건: if(만약 ~라면), unless(만약 ~이 아니라면)

  양보: though / although(비록 ~일지라도)

- If I receive payment, I will ship your order.
  → Receiving payment, I will ship your order.
  (대금을 받는다면, 제가 당신의 주문품을 보내드릴게요.)

- While I watched TV, I ran on the treadmill.
  → Watching TV, I ran on the treadmill.
  (TV를 보는 동안, 나는 러닝머신을 뛰었다.)

- As I didn't know your phone number, I couldn't call you yesterday.
  → Not knowing your phone number, I couldn't call you yesterday. 분사 앞에 부정어를 두어 부정의 분사구문을 만듦
  (네 전화번호를 몰랐기 때문에, 나는 어제 너에게 전화를 할 수 없었다.)

S 어휘 Review 정답 ───── 문제편 p. 316

01 산들바람	11 put away	21 aisle
02 소리치다	12 worst of all	22 reassuring
03 자세	13 in haste	23 seized
04 견디다	14 stepping stone	24 bumpy
05 크게 기뻐하다	15 burst out	25 retire
06 embrace	16 rough	26 embarked
07 browse	17 sting	27 disown
08 utter	18 carefully	28 companions
09 hop	19 orphaned	29 restore
10 purchase	20 applause	30 miserable

1회 01 정답 ① ＊과학의 독립적 발전과 철학적 토대의 약화

핵심 주어(단수)
The unity of science and philosophy in the old classical sense /
단수 동사
was perhaps best described / by the famous tree of Descartes: /
이전의 고전적 의미에서 과학과 철학의 통일성은 / 아마도 가장 잘 설명됐다 / 유명한 데카르트의 나무에 의해 /
단서 1 나무의 뿌리는 형이상학(원리를 설명하는 학문)에 해당함
The roots of this tree / corresponded to metaphysics (the intelligible principles), / the trunk to physics (statements of intermediate generality), / and the branches and fruit / to what
= the thing which
we would call applied science. //
이 나무의 뿌리는 / 형이상학에 해당했다 (이해할 수 있는 원리) / (나무) 몸통은 물리적 현상에 (중간 수준의 일반성을 지닌 진술) / 그리고 가지와 열매는 / 우리가 응용 과학이라고 부르는 것에 //

He regarded the whole system of science and philosophy / as we today regard science alone; /
그는 과학과 철학의 전체 체계를 여겼다 / 우리가 오늘날 과학 하나만을 여기는 대로 /
목적어절 접속사
he felt / that the metaphysical principles were ultimately justified / by their "fruits," / not merely by their self-evidence. //
즉 그는 생각했다 / 형이상학적 원리는 궁극적으로 정당화된다고 / 그들의 '열매'에 의해 / 단지 그들의 자명함만이 아니라 //
선행사를 포함하는 관계대명사
What we today call applied science / consisted for him / not only in mechanics / but also in medicine and ethics. //
우리가 오늘날 응용 과학이라고 부르는 것은 / 그에게 있어서 존재했다 / 역학뿐만 아니라 / 의학과 윤리학에도 //
보어절 접속사
The difficulty was / that from the general principles of Cartesian or Aristotelian science-philosophy / no results could be derived /
문제점은 ~이다 / 데카르트 또는 아리스토텔레스의 과학 철학의 일반적 원리로부터 / 결과가 도출될 수 없었다는 것 /
주격 관계대명사
which were precisely in agreement with observation, / but these principles seemed / to be intelligible and plausible. //
관찰과 정확히 일치하는 / 그러나 이러한 원리는 보였다 / 이해할 수 있고 그럴듯하게 //

So the tree was cut / in the middle. //
그래서 그 나무는 잘렸다 / 중간에서 //
가주어
For the derivation of technical results, / it was necessary /
진주어
to start from the physical principles in the trunk. //
기술적 결과의 도출을 위해서는 / 필요가 있었다 / 몸통의 물리적 원리에서 시작할 //
단서 2 새로운 의미의 과학은 뿌리(형이상학)에 대한 고려가 없음
Science in the new sense was / to think only of how the fruits
명사적 용법
would develop from the trunk / without regard to the roots. //
새로운 의미의 과학은 ~이었다 / 어떻게 열매가 몸통에서 자랐는지만 생각하는 것 / 뿌리에 대한 고려 없이 //

- unity ⓝ 통일성 · correspond to ~에 해당하다, ~와 일치하다
- metaphysics ⓝ 형이상학 · intelligible ⓐ 이해할 수 있는
- intermediate ⓐ 중간의 · generality ⓝ 일반성
- justify ⓥ 정당화하다 · self-evidence 자명함
- mechanics ⓝ 역학 · derive ⓥ 도출하다, 유래하다
- precedence ⓝ 우선(함) · consideration ⓝ 관찰

이전의 고전적 의미에서 과학과 철학의 통일성은 아마도 유명한 데카르트의 나무에 의해 가장 잘 설명되어졌는데, 이 나무의 뿌리는 형이상학(이해할 수 있는 원리)에, (나무) 몸통은 물리적 현상(중간 수준의 일반성을 지닌 진술)에, 그리고 가지와 열매는 우리가 응용 과학이라고 부르는 것에 해당했다. 그는 우리가 오늘날 과학 하나만을 여기는 대로 과학과 철학의 전체 체계를 여겼는데, 즉 그는 형이상학적 원리는 단지 그들의 자명함만이 아닌 그들의 '열매'에 의해 궁극적으로 정당화된다고 생각했다. 우리가 오늘날 응용 과학이라고 부르는 것은 그에게 있어서 역학뿐만 아니라 의학과 윤리학에도 존재했다. 문제점은 데카르트

또는 아리스토텔레스의 과학 철학의 일반적 원리에서 관찰과 정확히 일치하는 결과는 도출될 수 없었으나, 이러한 원리는 이해할 수 있고 그럴듯해 보였다. 그래서 그 나무는 중간에서 잘렸다. 기술적 결과의 도출을 위해서는 (나무) 몸통의 물리적 원리에서 시작할 필요가 있었다. 새로운 의미의 과학은 뿌리에 대한 고려 없이 오로지 어떻게 열매가 (나무) 몸통에서 자랐는지만 생각하는 것이었다.

밑줄 친 the tree was cut in the middle이 다음 글에서 의미하는 바로 가장 적절한 것은? [3점]

① Science detached itself from philosophical foundations and shifted to deriving outcomes based on physical principles.
과학은 철학적 기초로부터 분리되어 물리적 원리에 기반한 결과를 도출하는 것으로 이동했다.
과학이 철학적 기초(뿌리)를 고려하지 않고 물리적 원리에 기반한 결과를 도출하게 되었다고 함

② Metaphysics became the first priority above all as practical results took precedence over intelligible theory.
형이상학이 최우선 순위가 되었으며, 실용적인 결과가 이해할 수 있는 이론보다 우위를 차지했다.
형이상학이 최우선 순위가 된 것이 아니라 고려 대상이 아니게 됨

③ Results consistent with the observation were the utmost priority in Cartesian science-philosophy.
관찰과 일치하는 결과가 데카르트 과학 철학의 최우선 순위였다.
관찰과 일치하는 결과가 데카르트 과학 철학에서 최우선 순위였다.
최우선 순위였다는 언급은 없음

④ Applied science moved toward being less reliant on both metaphysical and physical principles.
응용 과학은 형이상학적 원리와 물리적 원리 모두에 덜 의존하는 방향으로 나아갔다.
응용 과학이 형이상학적 원리에 덜 의존하게 된 것은 맞지만 물리적 원리에서 도출되는 것임

⑤ Science de-emphasized ethical considerations in favor of raw observations. 과학이 윤리적 고려보다 날것 그대로의 관찰을 우선시한다는 내용이 아님
과학은 윤리적 고려를 덜 중요하게 여기고, 날것 그대로의 관찰을 우선시했다.

왜 정답? [정답률 53%]

• 데카르트의 과학과 철학에 대한 설명: 나무의 뿌리 – 형이상학(철학), 몸통 – 물리적 현상, 가지와 열매 – 응용 과학 **단서 1**
• 새로운 의미의 과학은 뿌리(형이상학/철학)에 대한 고려 없이 어떻게 열매(응용 과학)가 몸통(물리적 현상)에서 자랐는지에만 관심이 있음 **단서 2**
➡ 새로운 의미의 과학은 데카르트의 나무(뿌리, 몸통, 가지 및 열매)를 몸통에서 자른, 다시 말해 뿌리를 버린 것이다. 즉, 이론에 따른 뿌리(형이상학, 즉 철학)에 대한 고려를 하지 않고 물리적 현상에 기반한 결과를 도출하는 것이다.
▶ '그 나무는 중간에서 잘렸다'가 의미하는 바: ① '과학은 철학적 기초로부터 분리되어 물리적 원리에 기반한 결과를 도출하는 것으로 이동했다.'

왜 오답?

② 형이상학이 최우선 순위가 된 것이 아니라 고려 대상이 아니게 되었다.
③ 관찰과 일치하는 결과가 데카르트 과학 철학의 최우선 순위였다는 내용이 아니다.
④ 응용 과학이 형이상학적 원리에 덜 의존하게 된 것은 맞지만 물리적 원리에서 도출되는 것이다. (함정)
⑤ 과학이 윤리적 고려보다 날것 그대로의 관찰을 우선시한다는 내용이 아니다.

1회 02 정답 ① *현실을 해석하는 데 있어서 언어의 필요성

조건의 부사절 접속사
If you want / to bring something into shared reality / for the purpose of social coordination, / you have to describe it, / or at the very least label it. //
만약 여러분이 원한다면 / 공유된 현실 속으로 무언가를 가져오길 / 사회적 조율의 목적을 위해 / 그것을 말로 설명해야 한다 / 혹은 최소한 명칭을 붙여야 한다 //

Even the ideally objective pursuit of science / is unable to escape / the framing effects of language. // **단서 1** 과학의 객관적 사실도 언어의 틀 효과를 벗어날 수 없음
심지어 과학의 이상적으로 객관적인 추구조차도 / 벗어날 수 없다 / 언어의 틀 효과를 //

Like all collective culture, / science is constructed / on report, reason, debate, negotiation, justification, consensus, / and, most important, coordination. //
모든 집단 문화와 마찬가지로 / 과학은 세워져 있다 / 기록, 논거, 토론, 협상, 정당화, 합의 위에 / 그리고 가장 중요하게는 조율 위에 //

단서 2 모든 것들(과학의 기록부터 조율까지)은 언어에 의존함
And all of these things / depend on language. //
그리고 이 모든 것들은 / 언어에 의존한다 //

원급 비교
Even something as fundamental / as particle physics / depends on language / in a particular way. // **단서 3** 입자 물리학 같은 근본적인 것도 언어에 의존함
심지어 근본적인 무언가조차도 / 입자 물리학처럼 / 언어에 의존한다 / 특정한 방식으로 //

I don't mean / that particle physics wouldn't exist / if we didn't describe it. // 목적어절 접속사
의미는 아니다 / 입자 물리학이 존재하지 않을 것이라는 / 만약 우리가 그것을 말로 설명하지 않는다 하더라도 //

Particle physics is part of brute reality / and so it will carry on / independent of any human agreement or understanding of what it is. //
입자 물리학은 적나라한 현실의 일부이다 / 따라서 계속될 것이다 / 어떤 인간의 합의나 그것이 무엇인지에 대한 이해와 별도로 //

분사구문
But consider this remark by Michael I. Jordan, / referring to the "infinite potential well" model, / which studies /how a single particle behaves / in a small, enclosed space: / 계속적 용법의 관계대명사
하지만 Michael I. Jordan의 이 발언을 고려해 보라 / '무한 퍼텐셜 우물' 모델이라고 언급한 / 이 모델은 연구한다 / 하나의 단일 입자가 어떻게 반응을 나타내는지 / 작은 폐쇄된 공간에서 /

"A particle in a potential well / is optimizing a function / called the Lagrangian function. // 과거분사(function 수식)
"퍼텐셜 우물 속의 입자는 / 함수를 최적화하고 있다 / 라그랑지안 함수라고 불리는 //

The particle doesn't know that. // 그 입자는 그것을 알지 못한다 //

현재분사(algorithm 수식)
There's no algorithm / running / that does that. //
알고리듬도 없다 / 작동 중인 / 그것을 하는 // 주격 관계대명사

It just happens. // 그것은 그저 일어난다 //

it ~ that 강조 구문
It's a description / mathematically of something / that helps us understand as analysts / what's happening." //
helps의 목적격 보어
설명한 것이다 / 무언가를 아주 정확히 / 우리가 분석가로서 이해하도록 돕는 것은 / 무슨 일이 일어나고 있는지" // **단서 4** 분석가로서 이해하도록 돕는 것은 아주 정확히 설명한 것임

• **coordination** ⓝ 조율, 조화 • **label** ⓥ 명칭을 붙이다
• **objective** ⓐ 객관적인 • **pursuit** ⓝ 추구
• **collective** ⓐ 집단적인 • **negotiation** ⓝ 협상
• **consensus** ⓝ 합의 • **fundamental** ⓐ 근본적인
• **exist** ⓥ 존재하다 • **infinite** ⓐ 무한한 • **remark** ⓝ 발언
• **optimize** ⓥ 최적화하다 • **function** ⓝ 함수, 기능
• **mathematically** ⓐⓓ 아주 정확히, 수학적으로 • **interpret** ⓥ 해석하다
• **phenomenon** ⓝ 현상 (pl. phenomena)

만약 여러분이 사회적 조율의 목적을 위해 공유된 현실 속으로 무언가를 가져오길 원한다면 그것을 말로 설명하거나, 혹은 최소한 명칭을 붙여야 한다. 심지어 과학의 이상적으로 객관적인 추구조차도 언어의 틀 효과를 벗어날 수 없다. 모든 집단 문화와 마찬가지로, 과학은 기록, 논거, 토론, 협상, 정당화, 합의, 그리고 가장 중요하게는 조율 위에 세워져 있다. 그리고 이 모든 것들은 언어에 의존한다. 심지어 입자 물리학처럼 근본적인 무언가조차도 특정한 방식으로 언어에 의존한다. 만약 우리가 입자 물리학을 말로 설명하지 않는다 하더라도 그것이 존재하지 않을 것이라는 의미는 아니다. 입자 물리학은 적나라한 현실의 일부이고 따라서 어떤 인간의 합의나 그것이 무엇인지에 대한 이해와 별도로 계속될 것이다. 하지만 Michael I. Jordan이 '무한 퍼텐셜 우물' 모델이라고 언급한 이 발언을 고려해 보는데, 이 모델은 하나의 단일 입자가 작은 폐쇄된 공간에서 어떻게 반응을 나타내는지를 연구한다. "퍼텐셜 우물 속의 입자는 라그랑지안 함수라고 불리는 함수를 최적화하고 있다. 그 입자는 그것을 알지 못한다. 그것을 하는 작동 중인 알고리듬도 없다. 그것은 그저 일어난다. 우리가 분석가로서 무슨 일이 일어나고 있는지 이해하도록 돕는 것은 무언가를 아주 정확히 설명한 것이다."

다음 글의 주제로 가장 적절한 것은? [3점]

입자 물리학을 비롯한 과학의 모든 것을 설명하는 데에 언어가 필수적임
① necessity of language in framing and interpreting reality
현실을 구성하고 해석하는 데 있어서 언어의 필요성
② role of word choices in science to avoid misinterpretation
오해를 피하기 위한 과학에서의 단어 선택의 역할   과학에서 단어 선택이 하는 역할에 대한 글이 아님
③ ways to establish scientific facts without linguistic framing
언어적 틀 구성 없이 과학적 사실을 확립하는 방법
언어적 틀 구성이 없이는 과학적 사실을 확립할 수 없다는 것이 글의 내용임
④ impact of social coordination on setting priorities in science
과학에서 우선순위를 설정하는 데 사회적 협력이 미치는 영향
과학에서 우선순위를 정하는 것에 대해 이야기하는 내용이 아님
⑤ difficulty of naming complex social phenomena with simple terms
복잡한 사회 현상을 단순한 용어로 이름 붙이는 것의 어려움
복잡한 사회 현상을 단순한 용어로 이름 붙이는 것에 대한 언급은 없음

왜 정답? [정답률 71%]

전반부	과학의 모든 것들, 심지어 입자 물리학과 같은 근본적인 것조차도 언어에 의존함 단서 1 ~ 단서 3
후반부	'무한 퍼텐셜 우물' 모델: 입자 스스로 이를 인식하거나 알고리듬을 따르는 것이 아니고 자연 법칙에 따라 현상이 발생하는 것임. 인간이 이를 언어를 통해 설명하고 분석함 단서 4

▶ 따라서 이 글의 주제는 ① '현실을 구성하고 해석하는 데 있어서 언어의 필요성'이 가장 적절하다.

왜 오답?

② 과학에서 단어 선택이 하는 역할에 대한 글이 아니다.
③ 언어적 틀 구성이 없이는 과학적 사실을 확립할 수 없다는 것이 이 글의 내용이다.
④ 과학에서 우선순위를 정하는 것에 대해 이야기하는 글이 아니다.
⑤ 복잡한 사회 현상을 단순한 용어로 이름 붙이는 것에 대한 언급은 없다.

1회 03 정답 ② *인간의 눈에 잘 띄는 공막의 고유함

단서 1 인간은 모든 종 중에 가장 눈에 잘 띄는 공막을 가지고 있음

In fact, / humans are known / to have the largest and most visible sclera / — the "whites" of the eyes — / of any species. //
실제로 / 인간은 알려져 있다 / 가장 크고 가장 눈에 잘 띄는 공막을 가지고 있는 것으로 / 즉 눈의 '흰자위'를 / 모든 종 중 //

This fact intrigues scientists, / because it would seem actually to be a considerable obstacle: /
이 사실은 과학자들의 호기심을 돋운다 / 왜냐하면 그것이 실제로는 상당한 방해물이 될 것 같기 때문이다 /

관계부사
imagine, / for example, / the classic war movie scene / where the soldier dresses in camouflage / and paints his face / with green and brown color / — but can do nothing / about his noticeably white sclera, / 분사구문 beaming bright against the jungle. //
상상해 보라 / 예를 들어 / 고전적인 전쟁 영화 장면을 / 병사가 위장복을 입고 있는 / 그리고 그의 얼굴을 칠한 / 녹색과 갈색으로 / 그러나 아무 것도 할 수 없는 / 눈에 띄게 하얀 공막에 대해 / 정글과 대비되어 밝게 빛나는 //

뒤에 관계부사 why 생략   '~에도 불구하고'(전치사)
There must be *some reason* / humans developed it, / despite its obvious costs. //
'어떤' 이유가 분명히 있음에 틀림없다 / 인간이 그것을 발달시킨 / 그것의 명백한 대가에도 불구하고 //

주어-동사 도치
In fact, / the advantage of visible sclera / — so goes the "cooperative eye hypothesis" / — is precisely 보어절 접속사 that it enables humans / to see clearly, / and from a distance, / which direction other humans are looking. //
단서 2 인간의 공막은 다른 인간이 어느 방향을 보고 있는지를 분명히 멀리서 보도록 해줌
실제로 / 눈에 잘 띄는 공막의 이점은 / '협력적 눈 가설'이 말하듯이 / 인간이 가능하게 한다는 것이다 / 분명하게 보는 것을 / 그리고 멀리서 / 다른 인간이 어느 방향을 보고 있는지를 //

목적어절 접속사
Michael Tomasello showed / in a 2007 study / that chimpanzees, gorillas, and bonobos / — our nearest cousins / — follow the direction of each other's *heads*, / 반면에'(접속사) whereas human infants follow / the direction of each other's *eyes*. //
Michael Tomasello는 증명했다 / 한 2007년의 연구에서 / 침팬지, 고릴라, 그리고 보노보는 / 우리의 가장 가까운 사촌인 / 서로의 '머리' 방향을 따라간다는 것을 / 반면 인간 유아들은 따라간다는 것을 / 서로의 '눈' 방향을 //

So / the value of looking someone in the eye / may in fact be something uniquely human. //
단서 3 (공막을 통해) 누군가의 눈을 바라보는 것은 인간의 고유함
그러므로 / 누군가의 눈을 바라보는 것의 가치는 / 사실 고유하게 인간이기에 갖게 되는 것일 수도 있다 //

- visible ⓐ 눈에 잘 띄는, 눈에 보이는   · intrigue ⓥ 호기심을 돋우다
- considerable ⓐ 상당한   · obstacle ⓝ 방해물, 장애물
- noticeably ⓐ 눈에 띄게, 두드러지게   · cooperative ⓐ 협력적인
- hypothesis ⓝ 가설   · infant ⓝ 유아   · adaptive ⓐ 적응의

실제로 인간은 모든 종 중 가장 크고 가장 눈에 잘 띄는 공막, 즉 눈의 '흰자위'를 가지고 있는 것으로 알려져 있다. 이 사실은 과학자들의 호기심을 돋우는데, 왜냐하면 그것이 실제로는 상당한 방해물이 될 것 같기 때문이다. 예를 들어, 병사가 위장복을 입고 그의 얼굴을 녹색과 갈색으로 칠하지만, 정글과 대비되어 밝게 빛나는 그의 눈에 띄게 하얀 공막에 대해 아무것도 할 수 없는 고전적인 전쟁 영화 장면을 상상해 보라. 그것의 명백한 대가에도 불구하고, 인간이 그것을 발달시킨 '어떤' 이유가 분명히 있음에 틀림없다. 실제로, '협력적 눈 가설'이 말하듯이, 눈에 잘 띄는 공막의 이점은 바로 그것이 인간이 분명하게, 그리고 멀리서, 다른 인간이 어느 방향을 보고 있는지 볼 수 있게 한다는 것이다. Michael Tomasello는 한 2007년의 연구에서 우리의 가장 가까운 사촌들인 침팬지, 고릴라, 그리고 보노보는 서로의 '머리' 방향을 따라가는데, 반면 인간 유아들은 서로의 '눈' 방향을 따라간다는 것을 증명했다. 그러므로 누군가의 눈을 바라보는 것의 가치는 사실 고유하게 인간이기에 갖게 되는 것일 수도 있다.

다음 글의 제목으로 가장 적절한 것은?

① Adaptive Strategies for Animals with Poor Vision
시력이 좋지 않은 동물들을 위한 적응 전략   시력이 좋지 않은 동물들의 적응 전략에 대한 내용이 아님
② The Uniqueness of Human's Visible Sclera
인간의 눈에 잘 띄는 공막의 고유함   인간이 다른 동물과는 달리 눈에 잘 띄는 공막을 고유하게 지니고 있음을 이야기하는 글임
③ The Human Eye: A Window to Our Soul
인간의 눈: 우리의 영혼에 대한 창문   인간의 눈과 관련된 내용으로 만든 함정
④ Why Human Eyes Evolved Various Colors
인간의 눈이 다양한 색으로 진화한 이유   인간의 눈이 다양한 색이라는 내용이 아님
⑤ How Non-human Species Use Sclera in Communication
비인간 종들이 의사소통에서 공막을 사용하는 방법   비인간 종들이 의사소통에서 공막을 사용하는 방법에 대한 글이 아님

왜 정답? [정답률 84%]

전반부	인간이 가진 눈에 잘 띄는 공막은 상당한 방해물이 될 수 있음에도 발달한 이유가 있을 것임 단서 1
후반부	인간의 눈에 잘 띄는 공막은 다른 인간이 어느 방향을 볼 수 있는지 알 수 있게 해주며, 다른 동물과는 달리 인간의 고유한 특성임 단서 2, 단서 3

▶ 인간의 눈에 잘 띄는 공막은 다른 동물과는 달리 인간이 어느 방향을 보는지에 대해 알려주는 인간의 고유한 특성이라는 내용이다. 따라서 ② '인간의 눈에 잘 띄는 공막의 고유함'이 제목으로 적절하다.

왜 오답?

① 시력이 좋지 않은 동물들의 적응 전략에 대한 글이 아니다.
③ 인간의 눈이 영혼을 보여준다는 내용이 아니다.
④ 인간의 눈이 다양한 색으로 진화한 이유를 다룬 글이 아니다.
⑤ 비인간 종들이 의사소통에서 공막을 사용하는 방법에 대한 글이 아니다.

다음 글의 밑줄 친 부분 중, 어법상 틀린 것은? [3점]

We lack a sufficient vocabulary / for ① making sense of the
동명사 (전치사의 목적어)
sources of error. //
우리는 충분한 어휘가 부족하다 / 오류의 원인을 이해하기 위한 /

the 비교급, the 비교급: ~할수록 더 ~하다
The more scientific knowledge we accumulate, / the better we
목적어절의 주어   「전치사 + 관계대명사」
understand / that the ignorance / ② over which the knowledge
목적어절의 동사
enterprise is built / is shockingly deep. //
우리가 더 많은 과학적 지식을 쌓을수록 / 우리는 더 잘 이해한다 / 무지가 / 지식 활동이 쌓여
올려지는 / 몹시 깊다는 것을 //

진주어절 접속사 단서 주어가 단수임
For instance, / it turned out / that psychoanalysis's attempt /
가주어
to delimit the sources of error / by categorizing the kinds
by -ing: ~함으로써
of mistakes / to which humans are subject / in light of the
「전치사 + 관계대명사」
therapeutic situation / in the talking cure /
예를 들어 / 드러났다 / 정신분석의 시도가 / 오류의 원인의 범위를 정하려는 / 실수의 종류를
분류함으로써 / 인간이 빠지기 쉬운 / 치료적 상황에 비추어 / 대화 치료 중의 /

③ draw(→ draws) on misguided assumptions / about the
normalcy conditions for subjects. //
잘못 인식한 가정을 기반으로 한다는 것이 / 피험자의 정상 상태에 대해 //

동명사구 주어
Digging deeper into the structure of the human mind / as well
as into the specific embodiment of human knowers / equipped
with a complex nervous system /
과거분사구 (human knowers 수식)
인간 정신의 구조를 더 깊이 파헤치는 것은 / 인간 인식아(認識我)의 구체적 화신(化身)뿐만
아니라 / 복잡한 신경계를 갖춘
문장의 동사   목적어절 접속사
④ showed / that our mental life is filled with illusions / on all
levels of knowledge acquisition, /
보여 줬다 / 우리의 정신적 삶이 환상으로 가득 차 있다는 것을 / 모든 수준의 지식 습득에
대한 /

from sensation to perception, / from scientific discourse to the
use of technology / based on the latest scientific discovery. //
과거분사구 (technology 수식)
감각에서 지각에 이르기까지 / 과학적 담론에서 기술의 사용에 이르기까지 / 최신의 과학적
발견에 기반한 //

Yet, once again, / we cannot make sense of this picture / of
ourselves as immersed in the area / of ignorance and illusion /
하지만 다시 한번 / 우리는 이 심상을 이해할 수 없다 / 우리 자신이 영역에 깊이 빠져 있다는
/ 무지와 환상의 /

동명사구 (전치사의 목적어)
without at the same time relying on / a huge background
of shared, objective knowledge / that makes our ignorance
makes의 목적격 보어 (형용사)   주격 관계대명사
⑤ available to us. //
동시에 의지하지 않고는 / 공유되고 객관적인 지식의 거대한 배경에 / 우리의 무지를 입수할
수 있게 하는 /

Subjectivity and objectivity are interwoven / with our
fallibility. //
주관성과 객관성은 얽혀 있다 / 우리의 불완전성과 //

- sufficient ⓐ 충분한 · make sense of ~을 이해하다
- accumulate ⓥ 쌓다, 축적하다 · enterprise ⓝ 활동
- delimit ⓥ 범위[한계]를 정하다 · categorize ⓥ 분류하다
- therapeutic ⓐ 치료적인 · normalcy ⓝ 정상(임)
- be equipped with ~을 갖추다 · illusion ⓝ 환상
- acquisition ⓝ 습득 · be interwoven with ~와 얽히다

우리는 오류의 원인을 이해하기 위한 충분한 어휘가 부족하다. 우리가 더
많은 과학적 지식을 쌓을수록, 우리는 지식 활동이 쌓여 올려지는 무지가
몹시 깊다는 것을 더 잘 이해한다. 예를 들어, 대화 치료 중의 치료적 상황
에 비추어 인간이 빠지기 쉬운 실수의 종류를 분류함으로써 오류의 원인의
범위를 정하려는 정신분석의 시도는 피험자의 정상 상태에 대해 잘못 인식
한 가정을 기반으로 한다는 것이 드러났다. 복잡한 신경계를 갖춘 인간 인

식아(認識我)의 구체적 화신(化身)뿐만 아니라 인간 정신의 구조를 더 깊이
파헤치는 것은, 감각에서 지각에 이르기까지, 과학적 담론에서 최신의 과
학적 발견에 기반한 기술의 사용에 이르기까지, 우리의 정신적 삶이 모든
수준의 지식 습득에 대한 환상으로 가득 차 있다는 것을 보여 줬다. 하지만
다시 한번, 우리는 동시에 우리의 무지를 입수할 수 있게 하는 공유되고 객
관적인 지식의 거대한 배경에 의지하지 않고는 우리 자신이 무지와 환상의
영역에 깊이 빠져 있다는 이 심상을 이해할 수 없다. 주관성과 객관성은 우
리의 불완전성과 얽혀 있다.

왜 정답? [정답률 61%]

③ 주어가 단수이면 동사도 단수 동사가 와야 한다!

진주어절 접속사
For instance, / it turned out / that psychoanalysis's attempt /
가주어   진주어절의 주어
to delimit the sources of error / ~ ③ draw(→ draws) on
진주어절의 주어가 단수이므로 동사 또한 단수 동사가 와야 함
misguided assumptions / about the normalcy conditions for
subjects. //

진주어절의 주어는 attempt로 단수이다. 따라서 동사 또한 단수 동사 draws로 와야
한다.

왜 오답?

① 전치사의 목적어로 동사가 올 때 동명사 형태로 온다.

We lack a sufficient vocabulary / for ① making sense of the
전치사   동명사 (전치사의 목적어)
sources of error. //

전치사의 목적어로 동사가 올 때, 동명사 형태로 와야 한다. 따라서 동명사 making이
전치사 for의 목적어 자리에 온 것은 알맞다. 해결

② 「전치사 + 관계대명사」 뒤에는 완전한 절이 이어진다.

The more scientific knowledge we accumulate, / the better we
understand / that the ignorance / ② over which the knowledge
완전한 절이 이어짐   선행사   「전치사 + 관계대명사」
enterprise is built / is shockingly deep. //
be built over는 '~위에 구축되다', 즉 '기반을 두고 형성되다'라는 뜻을 갖는다. 개념
the knowledge enterprise is built over the ignorance에서 the ignorance
를 선행사로 하는 관계대명사 which를 사용한 문장이다. 이때 전치사 over는
관계대명사 which 앞으로 위치를 이동할 수 있다.
따라서 the ignorance 뒤에 over which가 완전한 절을 이끌며 오는 것은 적절하다.

④ 하나의 절 안에는 하나의 주어와 하나의 동사가 있다.

Digging deeper into the structure of the human mind / as well
문장의 핵심 주어
as into the specific embodiment of human knowers / equipped
with a complex nervous system / ④ showed / that our
문장의 동사
mental life is filled with illusions / on all levels of knowledge
acquisition, ~ . //

showed 앞까지가 문장의 주어이다. showed를 제외하고 문장의 동사 역할을 할 수
있는 것이 없으므로 이에 대한 동사로 showed가 온 것은 알맞다.

⑤ make는 목적격 보어로 형용사를 취할 수 있다.

Yet, once again, / we cannot make sense of this picture / of
ourselves as immersed in the area / of ignorance and illusion
/ without at the same time relying on / a huge background
of shared, objective knowledge / that makes our ignorance
makes의 목적격 보어 (형용사)   makes의 목적어
⑤ available to us. //

makes의 목적어로 our ignorance, 목적격 보어로 available이 왔다. make는
형용사를 목적격 보어로 취할 수 있으므로 available이 온 것은 적절하다.

05 정답 ⑤ *기계적 복제와 예술의 아우라 상실

다음 글의 밑줄 친 부분 중, 문맥상 낱말의 쓰임이 적절하지 않은 것은?
[2점]

Surely one reason / that copies have lost their sense of human
connection, abundance, and intimate relation / is that modern
technology has made copying so easy. //
확실히 한 가지 이유는 / 복제물이 인간의 유대, 풍요로움, 그리고 친밀한 관계에 대한 감을
잃어버린 / 현대 기술이 복제를 너무 쉽게 만들어 버렸다는 점이다 //

The methods of copying / available to us / have never been more
powerfully ① abundant. //
복제의 방법이 / 우리가 이용할 수 있는 / (이렇게) 더 영향력 있게 풍부했던 적은 없다 //

This seems true / even as a sense of loss has attended / our ever
more powerful means / to ② reproduce what we care about. //
이는 사실인 것 같다 / 상실감이 수반되고 있는 동안에도 / 우리의 일찍이 없던 더 강력한
수단들에 / 우리가 마음을 쓰는 것을 복제하는 //

Walter Benjamin has famously formulated this loss / as an
"aura": / that which is ③ lost / in mechanical reproduction. //
Walter Benjamin은 이 상실을 유명하게 표현했다 / '아우라'로 / 상실된 것 / 기계적
복제에서 //

The aura of a work of art, / he suggests, / cannot be copied by
mechanical technology. //
예술 작품의 아우라는 / 그는 말한다 / 기계적 기술로 복제될 수 없다고 //

By around 1900, he writes, / "technical reproduction had
reached a standard / that not only permitted it / to reproduce all
transmitted works of art /
대략 1900년쯤에 그는 쓴다 / "기계적 복제가 수준에 도달했다 / 가능하게 하는 것뿐만
아니라 / 모든 전승된 예술 작품을 복제하는 것을 /

and thus to cause the most profound change / in their impact
upon the public." //
따라서 가장 깊은 변화를 일으키는 것을 / 대중에게 미치는 그것의 영향에 있어서"라고 //

The ④ ability to copy mechanically / "substituted a plurality of
copies / for a unique existence," / Benjamin argued. //
기계적으로 복제하는 능력이 / "다수의 복제품으로 대체하였다 / 유일무이한 존재를"이라고 /
Benjamin은 주장했다 //

In addition to transforming art and the public's relation to it, /
예술을, 그리고 대중과 그것의 관계를 탈바꿈시키는 것 이외에도 /

Benjamin asserted / that mechanical reproduction has the power
/ to rend traditions / by interfering with the authority of objects
/ "embedded in the fabric of tradition." //
Benjamin은 주장했다 / 기계적 복제가 힘을 가지고 있다고 / 전통을 분열시킬 / 대상의
위신에 간섭함으로써 / "전통의 기본 구조에 깊이 새겨진" //

This ⑤ devotion(→ threat) to tradition was twofold / and
concerned the presence of objects, / Benjamin believed. //
전통에 대한 이 헌신(→ 위협)은 이중이었고 / 대상의 존재에 영향을 미쳤다고 /
Benjamin은 믿었다 //

- abundance ⓝ 풍요로움, 많음 · intimate ⓐ 친밀한
- formulate ⓥ 표현하다 · reproduction ⓝ 복제
- transmit ⓥ 전승하다, 전달하다 · profound ⓐ 깊은, 심오한
- substitute ⓥ 대체하다 · plurality ⓝ 다수
- transform ⓥ 탈바꿈하다 · assert ⓥ 주장하다
- interfere ⓥ 간섭하다 · authority ⓝ 위신
- fabric ⓝ 기본 구조 · twofold ⓐ 이중적인

확실히 복제물이 인간의 유대, 풍요로움, 그리고 친밀한 관계에 대한 감
을 잃어버린 한 가지 이유는 현대 기술이 복제를 너무 쉽게 만들어 버렸다
는 점이다. 우리가 이용할 수 있는 복제의 방법이 (이렇게) 더 영향력 있게
① 풍부했던 적은 없다. 우리가 마음을 쓰는 것을 ② 복제하는, 우리의 일
찍이 없던 더 강력한 수단들에 상실감이 수반되고 있는 동안에도 이는 사
실인 것 같다. Walter Benjamin은 이 상실을 '아우라'로 유명하게 표현했
다. 기계적 복제에서 ③ 상실된 것. 그는 예술 작품의 아우라는 기계적 기
술로 복제될 수 없다고 말한다. 대략 1900년쯤에 그는 "기계적 복제가 모
든 전승된 예술 작품을 복제하는 것뿐만 아니라, 따라서 대중에게 미치
는 그것의 영향에 있어서 가장 깊은 변화를 일으키는 것을 가능하게 하
는 수준에 도달했다."라고 쓴다. Benjamin은 기계적으로 복제하는 ④ 능
력이 "유일무이한 존재를 다수의 복제품으로 대체하였다"라고 주장했다.
Benjamin은 기계적 복제가 예술을, 그리고 대중과 그것의 관계를 탈바꿈
시키는 것 이외에도 "전통의 구조에 깊이 새겨진" 대상의 위신에 간섭함으
로써 전통을 분열시킬 힘을 가지고 있다고 주장했다. Benjamin은 전통에
대한 이 ⑤ 헌신(→ 위협)은 이중이었고 대상의 존재에 영향을 미쳤다고 믿
었다.

왜 정답? [정답률 46%]

⑤ devotion 헌신

Benjamin은 전통에 대한 이 ⑤ 헌신(위협)은 이중이었고 대상의 존재에 영향을
미쳤다고 믿었다.

➡ 앞 문장에서 기계적 복제 능력이 전통을 분열시킬 힘을 가지고 있다고 했으므로
전통에 대한 '헌신'이라고 하는 것은 적절하지 않다.
▶ devotion을 '위협'을 뜻하는 threat 등으로 바꿔야 함

왜 오답?

① abundant 풍부한

우리가 이용할 수 있는 복제의 방법이 (이렇게) 더 영향력 있게 ① 풍부했던
적은 없다.

➡ 현대 기술이 복제를 너무 쉽게 만들어 버렸다고 했으므로 우리가 이용할 수 있는
복제 방법이 '풍부하다고' 하는 것은 자연스럽다. ▶ abundant는 문맥에 맞음

② reproduce 복제하다

우리가 마음을 쓰는 것을 ② 복제하는, 우리의 일찍이 없던 더 강력한
수단들에 상실감이 수반되고 있는 동안에도 이는 사실인 것 같다.

➡ 앞에서 복제가 쉬워졌으며 우리가 이용할 수 있는 복제의 방법이 풍부하다고
했으므로 우리가 마음을 쓰는 것을 '복제하는' 동안에도 이는 사실인 것 같다고
이야기하는 것은 자연스럽다. ▶ reproduce는 문맥에 맞음

③ lost 상실된

Walter Benjamin은 이 상실을 '아우라'로 유명하게 표현했다. 기계적
복제에서 ③ 상실된 것.

➡ 바로 앞에서 Walter Benjamin이 이 상실을 '아우라'로 표현했다고 했으므로
그것이 기계적 복제에서 '상실된' 것이라는 표현은 자연스럽다. ▶ lost는 문맥에
맞음

④ ability 능력

Benjamin은 기계적으로 복제하는 ④ 능력이 "유일무이한 존재를 다수의
복제품으로 대체하였다"라고 주장했다.

➡ 기계적으로 복제하는 '능력'이 유일무이한 존재를 다수의 복제품으로 대체하였다고
주장했다는 것은 글의 흐름상 자연스럽다. ▶ ability는 문맥에 맞음

1회 06 정답 ② *안정성을 찾으려고 하는 우리의 경향

Life is insecure / and human well-being is fragile. //
삶은 불안정하다 / 그리고 인간의 웰빙은 무너지기 쉽다 //

If we are honest with ourselves, / we realize **that**, / **despite** our
[목적어절 접속사] [전치사(~에도 불구하고)]
best efforts, / we often cannot control / the vicissitudes of human
existence. //
만약 우리가 스스로에게 솔직하다면 / 우리는 깨닫는다 / 최선의 노력에도 불구하고 / 우리가
종종 통제할 수 없다는 것을 / 인간 생활의 우여곡절들을 //

We go through life / in fear and trembling, / **fearing what may**
[분사구문]
happen, / **while hoping for the best**. //
[접속사가 생략되지 않은 분사구문]
우리는 삶을 견디어 낸다 / 두려움과 떨림 속에서 / 일어날지도 모를 일을 두려워하며 / 최선을
바라는 한편 //

Most of us get anxious / in the face of an indeterminate or
ambiguous situation. // **단서 1** 우리 대부분은 막연하거나 애매한 상황의 앞에서 불안해 함
우리 대부분은 불안해진다 / 막연하거나 애매한 상황의 앞에서 //

We don't handle / uncertainty very well. //
우리는 처리하지 않는다 / 불확실성을 별로 잘 //

We are easily tempted / to settle for quick "solutions," / in order
to eliminate our anxiety and doubt, / **even though** these quick
[양보의 부사절을 이끄는 접속사]
fixes may not, / in the long run, / actually be adequate solutions. //
우리는 쉽게 유혹당한다 / 빠른 '해결책'을 받아들이는 것에 / 우리의 불안과 불확실성을
없애기 위해 / 이러한 빠른 해결법이 아닐 수도 있음에도 불구하고 / 장기적으로는 / 실제로
적절한 해결책이 //

It is natural, / therefore, / and even somewhat necessary, / **for us**
[가주어] [의미상의 주어]
to seek **stability** / in a sea of change and indeterminacy. //
[진주어]
자연스럽다 / 따라서 / 심지어 어느 정도 필요하다 / 우리가 안정성을 찾으려는 것은 / 변화와
불확정성의 바닷속에서 //

We want a fixed star / **to guide** us on our journey / through
[형용사적 용법]
hazardous waters. // **단서 2** 위험한 바다(불확실성)를 헤쳐 우리를 안내할 항성을 원함
우리는 항성을 원한다 / 우리의 여정을 안내할 / 위험한 바다를 헤쳐 //

If only we could have knowledge / of what is fixed, unchanging,
and ultimately reliable, / then, / we assume, / *that* would be
knowledge / most worth having. //
만약 우리가 지식을 가질 수만 있다면 / 고정되어 있고, 변하지 않으며, 궁극적으로 신뢰할
수 있는 것에 대한 / 그렇다면 우리는 추정한다 / '그것'이 지식일 것이라고 / 가장 가질 만한
가치가 있는 //
단서 3 고정되어 있고 변하지 않는 지식을 가질 수 있다면
그것이 가장 가질 만한 가치가 있는 지식일 것임

- fragile ⓐ 무너지기 쉬운
- indeterminate ⓐ 막연한
- ambiguous ⓐ 애매한
- settle for ~을 받아들이다
- eliminate ⓥ 없애다
- adequate ⓐ 적절한
- stability ⓝ 안정성
- indeterminacy ⓝ 불확정(성)
- hazardous ⓐ 위험한
- fluidity ⓝ 유동성
- interdependency ⓝ 상호 의존성

삶은 불안정하며 인간의 웰빙은 무너지기 쉽다. 만약 우리가 스스로에게 솔직하
다면, 우리는 최선의 노력에도 불구하고 인간 생활의 우여곡절들을 종종 통제할
수 없다는 것을 깨닫는다. 우리는 두려움과 떨림 속에서 삶을 견디어 내며, 최
선을 바라는 한편 일어날지도 모를 일을 두려워한다. 우리 대부분은 막연하거나
애매한 상황의 앞에서 불안해진다. 우리는 불확실성을 별로 잘 처리하지 않는
다. 우리는 우리의 불안과 불확실성을 없애기 위해, 빠른 '해결책'을 쉽게 받아
들이고 싶어지며, 이러한 빠른 해결법이 장기적으로는 실제로 적절한 해결책이
아닐 수도 있음에도 불구하고 그렇게 한다. 따라서 변화와 불확정성의 바닷속에
서 우리가 **안정성**을 찾으려는 것은 자연스러우며, 심지어 어느 정도 필요하다.
우리는 위험한 바다를 헤쳐 우리의 여정을 안내할 항성을 원한다. 만약 우리가
고정되어 있고, 변하지 않으며, 궁극적으로 신뢰할 수 있는 것에 대한 지식을
가질 수만 있다면, 그렇다면 우리는 '그것'이 가장 가질 만한 가치가 있는 지식
일 것이라고 추정한다.

다음 빈칸에 들어갈 말로 가장 적절한 것을 고르시오.
① reputation 우리가 명성을 찾으려고 한다는 내용의 글이 아님
   명성
②stability 변화와 불확정성 속에서 안정성을 찾고자 한다고 했음
   안정성
③ fluidity 변화와 불확정성을 불안해한다고 했으므로 유동성을 찾는다고 할 수 없음
   유동성
④ challenge 우리가 도전을 찾으려고 한다는 내용의 글이 아님
   도전
⑤ interdependency 우리가 상호 의존성을 찾으려고 한다는 언급은 없음
   상호 의존성

왜 정답? [정답률 70%]

빈칸 문장	따라서 변화와 불확정성의 바닷속에서 우리가 __________을 찾으려는 것은 자연스러우며, 심지어 어느 정도 필요하다.

➡ 빈칸에는 변화와 불확정성 속에서 우리가 '무엇'을 찾으려고 하고 '무엇'을 필요로 하
  는지가 들어가야 한다.

- 우리 대부분은 막연하거나 애매한 상황의 앞에서 불안해진다. **단서 1**
- 우리는 위험한 바다를 헤쳐 우리의 여정을 안내할 항성을 원한다. **단서 2**
- 우리가 고정되어 있고, 변하지 않으며, 궁극적으로 신뢰할 수 있는 것에 대한 지식
  을 가질 수만 있다면, 우리는 '그것'이 가장 가질 만한 가치가 있는 지식일 것이라고
  추정한다. **단서 3**

➡ 우리는 불확실하거나 애매한 상황 앞에서 불안함을 느끼기 때문에 이 위험 속에서
  우리를 안내할 항성을 원하며, 고정되어 있고 변하지 않는 지식을 갖는 것은 가장 가
  질 만한 가치가 있는 지식일 것이라고 생각된다는 내용의 글이다.
  ▶ 변화와 불확정성의 바다 속에서 우리가 찾으려고 하고 필요로 하는 것은 '안정성'
  이라고 하는 것이 자연스러우므로 ②이 정답이다.

왜 오답?

① 우리가 명성을 찾으려고 한다는 내용의 글이 아니다.
③ 변화와 불확정성을 불안해한다고 했으므로 유동성을 찾는다고 할 수 없다.
④ 우리가 도전을 찾으려고 한다는 내용의 글이 아니다.
⑤ 우리가 상호 의존성을 찾으려고 한다는 언급은 없다.

1회 07 정답 ① *예술에서의 규칙의 필요성

In both the arts and the sciences, / an aesthetics of simplicity /
facilitates the precise communication of messages. //
예술과 과학 모두에서 / 단순성의 미학은 / 메시지의 정확한 전달을 용이하게 한다 //

Both are also fairly systematic. // 또한 둘 다 꽤 체계적이다 //
Although many people believe / **that** art is by definition wild and
[목적어절 접속사]
intuitive, / while only science is methodologically disciplined, /
there is a great deal of evidence /
비록 많은 사람이 믿지만 / 예술은 본질적으로 자유분방하고 직관적이라고 / 반면 오직
과학만이 방법론적으로 통제되어 있다고 / 많은 양의 증거가 있다 /

— including from artists / **talking** about their own practices
[현재분사(artists 수식)]
/ — **to suggest** / **that** art is often created methodically and
[형용사적 용법(evidence 수식)] [목적어절 접속사]
systematically, / and **that** frameworks and forms permit
[목적어절 접속사]
creativity to flow. // **단서 1** 예술은 방법론적, 체계적으로 만들어지며 틀과 형식이
창의성이 흐르도록 허용한다는 것을 보여주는 많은 증거가 있음
예술가들로부터의 것을 포함한 / 자신의 작업 방식에 대해 이야기하는 / 시사하는 / 예술은
종종 방법론적이고 체계적으로 만들어진다는 것을 / 그리고 틀과 형식이 창의성이 흐르도록
허용한다는 것을 //

Instead of being liberating, / freedom without limits is almost
paralysing, / because without frameworks / we end up in a
vacuum / **in which** our actions generate no response. //
[전치사+관계대명사 = where]
자유로워지는 것 대신에 / 한계 없는 자유는 거의 마비되는 것과 같다 / 왜냐하면 틀 없이는 /
결국 우리가 진공 상태에 빠지게 되기 때문이다 / 우리의 행동이 아무런 반응도 만들어 내지
않는 //

As the Danish poet and filmmaker Jørgen Leth has put it many
[접속사]
times, / 'the rules of the game' are a prerequisite / for artistic
freedom. // **단서 2** 예술적 자유의 전제 조건은 규칙임
덴마크의 시인이자 영화 제작자인 Jørgen Leth가 여러 차례 말했듯이 / '게임의 규칙들'은
전제 조건이다 / 예술적 자유의 //

They provide a solid form or structure / <u>that</u> [주격 관계대명사] enables the artist / to make use of 'the gifts of chance' / (to use Leth's expression), / and <u>in which</u> [= where] a part of the world can be exhibited / in a non-chaotic manner. //
그것들은 견고한 형태나 구조를 제공한다 / 예술가에게 가능하도록 하는 / '우연의 선물'을 활용하는 것을 / (Leth의 표현을 사용하자면) / 그리고 그 안에서 세계의 일부가 나타날 수 있다 / 혼란스럽지 않은 방식으로 //

In order to create beauty, / **the artist must restrict him- or herself**. //
아름다움을 창조하기 위해서는 / 예술가는 자신을 제한해야만 한다 //

- aesthetics ⓝ 미학
- facilitate ⓥ 용이하게 하다
- intuitive ⓐ 직관적인
- methodologically ⓐⓓ 방법론적으로
- discipline ⓥ 통제하다
- liberate ⓥ 자유롭게 하다
- non-chaotic 혼란스럽지 않은
- restrict ⓥ 제한하다
- originality ⓝ 독창성
- instinct ⓝ 본능
- embrace ⓥ 포용하다
- coincidence ⓝ 우연

예술과 과학 모두에서 단순성의 미학은 메시지의 정확한 전달을 용이하게 한다. 또한 둘 다 꽤 체계적이다. 비록 많은 사람이 예술은 본질적으로 자유분방하고 직관적인 반면, 오직 과학만이 방법론적으로 통제되어 있다고 믿지만, 예술은 종종 방법론적이고 체계적으로 만들어진다는 것과, 틀과 형식이 창의성이 흐르도록 허용한다는 것을 시사하는, 자신의 작업 방식에 관해 이야기하는 예술가들로부터의 것(증거)을 포함한, 많은 양의 증거가 있다. 자유로워지는 것 대신에, 한계 없는 자유는 거의 마비되는 것과 같은데, 틀 없이는 결국 우리가 우리의 행동이 아무런 반응도 만들어 내지 않는 진공 상태에 빠지게 되기 때문이다. 덴마크의 시인이자 영화 제작자인 Jørgen Leth가 여러 차례 말했듯이, '게임의 규칙들'은 예술적 자유의 전제 조건이다. 그것들은 예술가가 (Leth의 표현을 사용하자면) '우연의 선물'을 활용할 수 있도록 하는 견고한 형태나 구조를 제공하며, 그 안에서 세계의 일부가 혼란스럽지 않은 방식으로 나타날 수 있다. 아름다움을 창조하기 위해서는 **예술가는 자신을 제한해야만 한다**.

다음 빈칸에 들어갈 말로 가장 적절한 것을 고르시오.

① the artist must restrict him- or herself
예술가는 자신을 제한해야만 한다 — 예술에도 틀이나 형식, 규칙이 필요하다고 했으므로 자신을 제한해야 한다는 것임
② creative minds must maintain their originality
창의적 정신은 그들의 독창성을 유지해야 한다 — 창의적 정신이 독창성을 유지해야 한다는 내용이 아님
③ the creator must trust his or her own instinct
창조자는 자신의 본능을 믿어야 한다 — 본능을 믿어야 하는 것이 아니라 규칙을 지킬 필요가 있다고 했음
④ one must think outside the predefined framework
우리는 사전에 정의된 틀 밖에서 생각해야 한다 — 사전에 정의된 틀 밖에서 생각해야 한다는 내용이 아님
⑤ the scientist must embrace the role of coincidence
과학자는 우연의 역할을 포용해야 한다 — 과학자에 대한 글이 아님

＞왜 정답? [정답률 48%]

| 빈칸 문장 | 아름다움을 창조하기 위해서는 ___________. |

➡ 빈칸에는 아름다움을 창조하기 위해 필요한 것이 들어가야 한다.

- 예술은 종종 방법론적이고 체계적으로 만들어진다는 것과, 틀과 형식이 창의성이 흐르도록 허용한다는 것을 시사하는, 자신의 작업 방식에 관해 이야기하는 예술가들로부터의 것(증거)을 포함한, 많은 양의 증거가 있다. 단서 1
- 덴마크의 시인이자 영화 제작자인 Jørgen Leth가 말했듯이, '게임의 규칙들'은 예술적 자유의 전제 조건이다. 단서 2

➡ 예술에는 방법론적이고 체계적인 요소가 필요하며 틀과 형식이 창의성이 흐르도록 한다고 했다. 또한 예술적 자유의 전제 조건은 '규칙들'이라고 했다.

▶ 그러므로 아름다움을 창조하기 위해서는 규칙이나 틀, 형식이 필요하다는 의미를 지닌 ① '예술가는 자신을 제한해야만 한다'가 정답으로 가장 적절하다.

＞왜 오답?

② 창의적 정신이 독창성을 유지해야 한다는 내용이 아니다.
③ 창조자는 본능을 믿어야 하는 것이 아니라 규칙을 지킬 필요가 있다고 했다.
④ 사전에 정의된 틀 밖에서 생각해야 한다는 내용이 아니다.
⑤ 과학자에 대한 글이 아니다.

 정답 ④ ＊인간의 언어가 단순화 또는 일반화를 사용하는 이유 ─

What <u>would</u> a language <u>be</u> like / if it <u>didn't make</u> any [가정법 과거] simplifications or generalizations? // 단서 1 단순화나 일반화를 하지 않을 경우에 언어는 어떨지 질문함
언어는 어떠할까 / 만약 단순화 또는 일반화를 '전혀' 하지 않는다면 //

단서 2 (C)에서 말한 언어에 이어지는 내용으로, '그런' 언어를 알 수도 있는 초지능적 종족이 있을 수 있음
(A) There might be some superintelligent race of beings / <u>that</u> could know such a language, / but they would have to know / [주격 관계대명사] virtually everything in the world / <u>to learn</u> all these names. // [부사적 용법(목적)]
어떤 초지능적인 종족이 있을 수도 있다 / 그런 언어를 알 수도 있는 / 그러나 그들은 알아야 할 것이다 / 사실상 세상의 모든 것을 / 이 모든 명칭을 익히기 위해서는 //

Human language has taken a different route / — many fewer names, / with a loss of precision, / but a basic vocabulary / <u>that</u> is readily acquired. // [주격 관계대명사]
인간 언어는 다른 길을 택했다 / 훨씬 더 적은 명칭을 지닌 / 정밀성에서 손해가 있지만 / 그러나 기본 어휘가 있는 / 쉽게 습득할 수 있는 //

However, / this fact is not simply a compromise / with our limited cognitive capacity. //
그러나 / 이 사실은 단순히 타협이 아니다 / 우리의 제한된 인지 능력과의 //

단서 3 서로 다른 대상에 대해 같은 단어를 사용함으로써 정보를 전달함
(B) By using the same word / for different objects, / we're communicating information / about those things. //
같은 단어를 사용함으로써 / 서로 다른 대상에 대해 / 우리는 정보를 전달하고 있다 / 그것들에 대한 //

Calling two different-looking things "spider" / communicates / <u>that</u> they probably have eight legs, / weave nests, / eat insects, / and other noticeable details, / [목적어절 접속사]
두 개의 서로 다르게 생긴 것을 '거미'라고 부르는 것은 / 전달한다 / 그것들이 아마도 여덟 개의 다리를 가졌고 / 둥지를 엮고 / 곤충을 먹는다는 것을 / 그리고 다른 두드러진 세부 사항들을 //

<u>which</u> we would not know / if we gave them all their own separate names. // [계속적 용법의 관계대명사]
이는 우리가 알 수 없는 것이다 / 그들 모두에게 고유한 별개의 명칭을 부여한다면 //

(C) It would be a language / <u>in which</u> every word was a proper noun. // 단서 4 그것은 모든 단어가 고유 명사인 언어일 것임(주어진 글에 대한 답) [= where]
그것은 언어일 것이다 / 모든 단어가 고유 명사인 //

Because you don't want to gloss over / the differences between snakes / <u>that</u> are slightly different in some respect, / every snake must have its own name. // [주격 관계대명사]
여러분은 얼버무리고 넘어가고 싶지 않기 때문에 / 뱀들 사이의 차이점에 대해 / 어떤 면에서 조금 다른 / 모든 뱀은 자기 자신의 명칭을 가져야만 한다 //

Furthermore, / every event must have its own verb, / because <u>not every</u> occasion of thinking or dancing or talking is identical. // [부분 부정]
게다가 / 모든 사건은 자기 자신의 동사를 가져야만 한다 / 왜냐하면 생각하거나 춤추거나 말하는 모든 경우가 똑같지 않기 때문이다 //

- simplification ⓝ 단순화
- generalization ⓝ 일반화
- compromise ⓝ 타협
- cognitive ⓐ 인지의
- noticeable ⓐ 두드러지는
- separate ⓐ 별개의
- proper noun 고유 명사
- identical ⓐ 동일한

만약 언어가 단순화 또는 일반화를 '전혀' 하지 않는다면 어떠할까? (C) 그것은 모든 단어가 고유 명사인 언어일 것이다. 여러분은 어떤 면에서 조금 다른 뱀들 사이의 차이점에 대해 얼버무리고 넘어가고 싶지 않기 때문에, 모든 뱀은 자기 자신의 명칭을 가져야만 한다. 게다가, 모든 사건은 자기 자신의 동사를 가져야만 하는데 생각하거나 춤추거나 말하는 모든 경우가 똑같지 않기 때문이다. (A) 그런 언어를 알 수도 있는 어떤 초지능적인 종족이 있을 수도 있지만, 이 모든 명칭을 익히기 위해서는 사실상 세상의 모든 것을 알아야만 할 것이다. 인간 언어는 훨씬 더 적은 명칭을 지니어 정밀성에서 손해가 있지만, 쉽게 습득할 수 있는 기본 어휘가 있는 다른 길을 택했다. 그러나 이 사실은 단순히 우리의 제

모의고사 1회

한된 인지 능력과의 타협이 아니다. (B) 서로 다른 대상에 대해 같은 단어를 사용함으로써 우리는 그것들에 대한 정보를 전달하고 있다. 두 개의 서로 다르게 생긴 것을 '거미'라고 부르는 것은 그것들이 아마도 여덟 개의 다리를 가졌고, 둥지를 엮고, 곤충을 먹는다는 것, 그리고 다른 두드러진 세부 사항들을 전달하는데, 이는 우리가 그들 모두에게 고유한 별개의 명칭을 부여한다면 알 수 없는 것이다.

주어진 글 다음에 이어질 글의 순서로 가장 적절한 것을 고르시오.

① (A) — (C) — (B)　(A)에 나오는 '그런' 언어로 가리킬 수 있는 것이 주어진 글에 없음
② (B) — (A) — (C)　적절한 글의 흐름과 정반대
③ (B) — (C) — (A)　다른 대상에 같은 단어를 사용한다는 (B)는 마무리 내용임
④ (C) — (A) — (B)　언어가 단순화나 일반화를 전혀 하지 않는다면 어떠할지 가정함 · 모든 단어가 고유 명사이거나 모든 사건이 자기 자신의 동사를 갖게 될 것임 · 모든 명칭을 익히는 것은 불가능하여 기본 어휘를 사용하기로 함 · 다른 대상에 같은 단어를 사용해 정보를 전달하게 됨
⑤ (C) — (B) — (A)　다른 대상에 같은 단어를 사용한다는 (B)보다 기본 어휘를 사용하기로 한다는 (A)가 먼저 나와야 함

| 문제 풀이 순서 | [정답률 46%]

1st 각 문단의 내용을 파악하고, 글의 논리적인 순서를 추론한다.

주어진 글: 만약 언어가 단순화 또는 일반화를 '전혀' 하지 않는다면 어떠할까?

➡ **주어진 글 뒤:** 언어가 단순화나 일반화를 전혀 하지 않는다면 어떠할지 그 상황을 가정해 보자고 했으므로, 단서 언어가 단순화나 일반화를 하지 않는 상황이 이어질 것이다. 발상

(A): 그런 언어(such a language)를 알 수도 있는 어떤 초지능적인 종족이 있을 수도 있지만, 이 모든 명칭(all these names)을 익히기 위해서는 사실상 세상의 모든 것을 알아야만 할 것이다. 인간 언어는 훨씬 더 적은 명칭을 지니어 정밀성에서 손해가 있지만, 쉽게 습득할 수 있는 기본 어휘가 있는 다른 길을 택했다. 그러나 이 사실은 단순히 우리의 제한된 인지 능력과의 타협이 아니다.

➡ **(A) 앞:** '그런 언어(such a language)'의 '이 모든 명칭(all these names)'이 지칭하는 바가 나와야 한다. ▶ 주어진 글이 (A) 앞에 올 수 없음

(A) 뒤: 인간 언어는 쉽게 습득할 수 있는 기본 어휘가 있는 길을 택했다고 했으므로 기본 어휘가 있는 다른 길에 대한 부연 설명이 이어질 것이다.

(B): 서로 다른 대상에 대해 같은 단어를 사용함으로써 우리는 그것들에 대한 정보를 전달하고 있다. 두 개의 서로 다르게 생긴 것을 '거미'라고 부르는 것은 그것들이 아마도 여덟 개의 다리를 가졌고, 둥지를 엮고, 곤충을 먹는다는 것, 그리고 다른 두드러진 세부 사항들을 전달하는데, 이는 우리가 그들 모두에게 고유한 별개의 명칭을 부여한다면 알 수 없는 것이다.

➡ **(B) 앞:** 서로 다른 대상임에도 같은 단어를 사용하는 것의 배경에 대한 설명이 나와야 한다. ▶ (B) 앞에 (A)가 와야 함 (순서: (A) → (B))

(B) 뒤: 고유한 별개의 명칭을 부여한다면 알 수 없는 것에 대한 부연 설명이 나오거나 글의 마무리 내용일 것이다. ▶ (B)가 마지막에 올 확률이 높음

(C): 그것(It)은 모든 단어가 고유 명사인 언어일 것이다. 여러분은 어떤 면에서 조금 다른 뱀들 사이의 차이점에 대해 얼버무리고 넘어가고 싶지 않기 때문에, 모든 뱀은 자기 자신의 명칭을 가져야만 한다. 게다가, 모든 사건은 자기 자신의 동사를 가져야만 하는데 생각하거나 춤추거나 말하는 모든 경우가 똑같지 않기 때문이다.

➡ **(C) 앞:** '그것(It)'이 가리키는 내용이 있어야 하는데, 모든 단어가 고유 명사이고, 모든 뱀이 고유한 명칭을 가져야 한다고 했다. 즉 '그것'은 언어가 단순화나 일반화를 하지 않는 상황을 가리킬 것이다. 따라서 주어진 글이 (C) 앞에 오는 것이 자연스럽다. ▶ 순서: 주어진 글 → (C)

(C) 뒤: 모든 뱀이 고유 명칭을 갖거나 모든 사건이 자기 자신의 동사를 갖는 것에 대한 설명이 이어져야 하므로 (A)가 와야 한다.

▶ 순서: 주어진 글 → (C) → (A) → (B)

2nd 글이 한눈에 들어오도록 정리하여 정답을 확인한다.

주어진 글: 언어가 단순화, 일반화를 전혀 하지 않는다면 어떠할까?

➡ **(C):** 모든 단어가 고유 명사이거나 모든 사건이 자기 자신의 동사를 가져야만 할 것이다.

➡ **(A):** 모든 명칭을 다 아는 것이 어려워서 인간은 기본 어휘가 있는 다른 길을 선택했다.

➡ **(B):** 서로 다른 대상에 같은 명칭을 부여하여 정보를 전달하게 되었다.

▶ 주어진 글 다음에 이어질 글의 순서는 (C) → (A) → (B)이므로 정답은 ④임

1회 09 정답 ③ *감정의 인식과 개념화 과정

글의 흐름으로 보아, 주어진 문장이 들어가기에 가장 적절한 곳을 고르시오.

An alternative view / is that we make sense of / the sensations we feel / and the facial expressions we see / only when we attach words to them
보어절 접속사　앞에 목적격 관계대명사가 생략됨
다른 관점은 / 우리가 이해한다는 것이다 / 우리가 느끼는 감각을 / 그리고 우리가 보는 얼굴 표정을 / 우리가 그것들에 단어를 붙일 때만 /
— we develop rather than inherit / our emotional concepts. //
즉 우리는 물려받기보다는 발달시킨다는 것이다 / 감정 관련 개념을 //
단서 1 다른 관점은 우리가 감각과 얼굴 표정에 단어를 붙일 때만 그것들을 이해하며 감정을 발달시킨다는 것임

We experience emotions / as different bodily sensations, / such as a beating heart and sweaty palms; / we recognize emotions in others / by their facial expressions and behaviour. //
'~와 같은'
우리는 감정을 경험한다 / 다양한 신체적 감각으로서 / 뛰고 있는 심장 혹은 땀이 나는 손바닥과 같은 / 우리는 다른 사람들의 감정을 인식한다 / 그들의 얼굴 표정과 행동에서 //

(①) One prominent idea is / that we are born / with a fixed set of basic emotions / that are universal within our species, / notably happiness, sadness, fear, surprise, disgust and anger. //
보어절 접속사　주격 관계대명사
한 가지 두드러진 견해는 ~이다 / 우리가 타고 났다는 것 / 고정된 일련의 기본적인 감정을 / 우리 종에게 보편적인 / 특히 행복, 슬픔, 두려움, 놀람, 싫증 그리고 분노 //

(②) Just as we attach the word gravity / to our intuitive understanding / about how objects move through space, /
우리가 중력이라는 단어를 붙이는 것과 마찬가지로 / 우리의 직관적인 이해에 / 물체가 공간을 통해 움직이는 방식에 대한 /
단서 2 선천적이고 보편적인 각각의 감정에 간단하게 그 단어를 붙임
we simply attach words / to each of these innate and universal emotions / once those words become available. //
일단 ~하면(접속사)
우리는 간단하게 그 단어를 붙인다 / 이러한 선천적이고 보편적인 각각의 감정에 / 일단 그러한 단어들을 사용할 수 있게 되면 //
단서 3 주어진 글의 내용에 대한 증거가 제시되며, 아이들이 다른 감정을 나타내는 얼굴 표정을 감정에 대한 어휘 목록을 습득하기 전에는 분류할 수 없다고 함

(③) Key evidence is / that children are unable to categorise / facial expressions as representing different emotions / until they have acquired / a lexicon of words for emotions. //
보어절 접속사
핵심적인 증거는 ~이다 / 어린아이들은 분류할 수 없다는 것 / 얼굴 표정들이 다른 감정들을 나타내는 것으로 / 그들이 습득할 때까지 / 감정에 대한 단어의 어휘 목록을 //

(④) Before having such words, / faces that we might view as angry, sad or fearful / are all categorised together / as 'unpleasant'. //
목적격 관계대명사
그런 단어를 지니기 전에는 / 우리가 화나거나, 슬프거나 혹은 두렵다고 볼 수 있는 표정은 / 모두 함께 분류된다 / '불쾌한' 것으로 //

(⑤) By acquiring the words / for different types of emotions / while experiencing sensations or observing their expressions in others, / we develop a set of concepts / into which those feelings can be placed. //
접속사가 생략되지 않은 분사구문　전치사+관계대명사(a set of concepts 수식)
단어를 습득함으로써 / 다른 종류의 감정에 대한 / 감각을 경험하거나 다른 사람의 표현을 관찰하는 동안 / 우리는 일련의 개념을 발달시킨다 / 그 감정들을 위치시킬 수 있는 //

- sensation ⓝ 감각
- facial expression 얼굴 표정
- inherit ⓥ 물려받다
- prominent ⓐ 두드러진

- **disgust** ⓝ 싫증, 혐오감 　• **gravity** ⓝ 중력
- **intuitive** ⓐ 직관적인 　• **innate** ⓐ 선천적인
- **categorise** ⓥ 분류하다

우리는 뛰고 있는 심장 혹은 땀이 나는 손바닥과 같은 다양한 신체적 감각으로서 감정을 경험하며, 다른 사람들의 감정을 그들의 얼굴 표정과 행동에서 인식한다. (①) 한 가지 두드러진 견해는 우리는 우리 종에게 보편적인 고정된 일련의 기본적인 감정, 특히 행복, 슬픔, 두려움, 놀람, 싫음 그리고 분노를 타고났다는 것이다. (②) 물체가 공간을 통해 움직이는 방식에 대한 우리의 직관적인 이해에 중력이라는 단어를 붙이는 것과 마찬가지로, 우리는 일단 그러한 단어들을 사용할 수 있게 되면 이러한 선천적이고 보편적인 각각의 감정에 간단하게 그 단어를 붙인다. (③ 다른 관점은 우리가 느끼는 감각과 우리가 보는 얼굴 표정에 단어를 붙일 때만 그것들을 이해한다는 것, 즉 우리는 감정 관련 개념을 물려받기보다는 발달시킨다는 것이다.) 핵심적인 증거는 어린아이들은 감정에 대한 단어의 어휘 목록을 습득할 때까지는 얼굴 표정들이 다른 감정들을 나타내는 것으로 분류할 수 없다는 점이다. (④) 그런 단어를 지니기 전에는 우리가 화나거나, 슬프거나 혹은 두렵다고 볼 수 있는 표정은 '불쾌한' 것으로 모두 함께 분류된다. (⑤) 감각을 경험하거나 다른 사람의 표현을 관찰하는 동안 다른 종류의 감정에 대한 단어를 습득함으로써, 우리는 그 감정들을 위치시킬 수 있는 일련의 개념을 발달시킨다.

| 문제 풀이 순서 |　[정답률 42%]

1st 주어진 문장을 해석하고, 연결어, 지시어 등을 확인한다.

An alternative view / is that we make sense of / the sensations we feel / and the facial expressions we see / only when we attach words to them / — we develop rather than inherit / our emotional concepts. //

다른 관점은 / 우리가 이해한다는 것이다 / 우리가 느끼는 감각을 / 그리고 우리가 보는 얼굴 표정을 / 우리가 그것들에 단어를 붙일 때만 / 즉 우리는 물려받기보다는 발달시킨다는 것이다 / 감정 관련 개념을 //

➡ '다른 관점(An alternative view)'은 우리가 감각이나 얼굴 표정을 단어를 붙일 때만 이해한다는 것이며, 우리는 감정 관련 개념을 발달시킨다고 했다. (단서)

　▶ **주어진 문장 앞**: 감정에 대해 가지고 있는 주어진 문장과는 다른 관점이 소개되어야 함

　▶ **주어진 문장 뒤**: 감정 관련 개념을 발달시키는 것에 대한 부연 설명이 나올 것임 (발상)

2nd 각 선택지의 앞뒤 흐름이 매끄러운지 확인한다.

①의 앞 문장과 뒤 문장

앞 문장: 우리는 뛰고 있는 심장 혹은 땀이 나는 손바닥과 같은 다양한 신체적 감각으로서 감정을 경험하며, 다른 사람들의 감정을 그들의 얼굴 표정과 행동에서 인식한다.

뒤 문장: 한 가지 두드러진 견해는 우리는 우리 종에게 보편적인 고정된 일련의 기본적인 감정, 특히 행복, 슬픔, 두려움, 놀람, 싫증 그리고 분노를 타고났다는 것이다.

➡ 앞 문장은 우리가 신체적 감각으로 감정을 경험하고 다른 사람들의 감정을 얼굴 표정과 행동에서 인식한다고 했다.
뒤 문장에서는 이에 대한 한 가지 견해로 우리가 감정을 타고났다고 했으므로 두 문장은 자연스럽게 연결된다. ▶ 주어진 문장이 ①에 들어갈 수 없음

②의 앞 문장과 뒤 문장

앞 문장: ①의 뒤 문장과 같음

뒤 문장: 물체가 공간을 통해 움직이는 방식에 대한 우리의 직관적인 이해에 중력이라는 단어를 붙이는 것과 마찬가지로, 우리는 일단 그러한 단어들을 사용할 수 있게 되면 이러한 선천적이고 보편적인 각각의 감정에 간단하게 그 단어를 붙인다.

➡ 앞 문장에서는 우리가 감정을 타고났다고 했고, 뒤 문장에서는 이 내용에 이어 우리가 이러한 선천적인 감정에 단어를 붙인다고 하였으므로 두 문장은 자연스럽게 연결된다. ▶ 주어진 문장이 ②에 들어갈 수 없음

③의 앞 문장과 뒤 문장

앞 문장: ②의 뒤 문장과 같음

뒤 문장: 핵심적인 증거는 어린아이들은 감정에 대한 단어의 어휘 목록을 습득할 때까지는 얼굴 표정들이 다른 감정들을 나타내는 것으로 분류할 수 없다는 점이다.

➡ 앞에서 감정은 선천적이고 보편적이라고 하였고, 뒤에서는 핵심적인 증거가 아이들이 감정에 대한 어휘 목록을 습득할 때까지 얼굴 표정이 다른 감정을 나타내는 것으로 분류할 수 없는 것이라고 했다.
두 문장의 내용이 연결되지 않는데, 주어진 문장은 '감정이 타고 나는 것이라기보다는 발달되는 것'이라는 내용이므로 이 문장이 들어가야 내용이 이어진다.
　▶ 주어진 문장은 ③에 들어가야 함

④의 앞 문장과 뒤 문장

앞 문장: ③의 뒤 문장과 같음

뒤 문장: 그런 단어를 지니기 전에는 우리가 화나거나, 슬프거나 혹은 두렵다고 볼 수 있는 표정은 '불쾌한' 것으로 모두 함께 분류된다.

➡ 앞 문장에서는 아이들이 어휘 목록에 있는 단어를 학습한 뒤에야 얼굴 표정이 다른 감정을 나타내는 것으로 인식한다고 했다.
뒤 문장에서는 그런 단어를 배우기 전에 화나고 슬프고 두려운 표정을 모두 불쾌한 것으로 함께 분류한다고 하였으므로 앞 문장에 대한 예시가 이어지는 흐름이라고 할 수 있다. ▶ 주어진 문장이 ④에 들어갈 수 없음

⑤의 앞 문장과 뒤 문장

앞 문장: ④의 뒤 문장과 같음

뒤 문장: 감각을 경험하거나 다른 사람의 표현을 관찰하는 동안 다른 종류의 감정에 대한 단어를 습득함으로써, 우리는 그 감정들을 위치시킬 수 있는 일련의 개념을 발달시킨다.

➡ 앞 문장에서 어휘를 배우기 전에는 화나고 슬프고 두려운 표정을 모두 불쾌한 것으로 함께 분류한다고 하였고, 뒤 문장에서는 감정에 대한 단어를 습득함으로써 그 감정들을 위치시킬 수 있는 개념을 발달시킨다고 하였으므로 두 문장은 자연스럽게 연결된다. ▶ 주어진 문장이 ⑤에 들어갈 수 없음

1회 10　정답 ①　*알고리듬의 창조성과 소유권 문제

가주어　진주어절을 이끄는 접속사
It may be assumed / that meta-algorithmics, / that is, the
　　　　　　　　　　　　　　주격 관계대명사
creation of algorithms / that generate other algorithms, / is a human creation as well. //

가정할 수도 있다 / 메타 알고리드믹(meta-algorithmics) / 즉, 알고리듬들의 창조 / 다른 알고리듬들을 생성하는 / 또한 인간의 창조물이라고 //

A human programmer must have composed / the first algorithm / that, in turn, generates new algorithms / and as such the initial
주격 관계대명사
programmer must be in control / of the original idea. //

인간 프로그래머가 만들었음에 틀림없다 / 최초의 알고리듬을 / 뒤따라서 새로운 알고리듬들을 생성하는 / 그 자체로 그 최초의 프로그래머가 통제하고 있어야 한다 / 본래의 아이디어를 //

However, / this is not necessarily true. //

하지만 / 이것이 반드시 사실은 아니다 // 단서 1 알고리듬을 프로그래머가 통제하는 것이 반드시 사실은 아님

Unlike humanly conceived ideas, / where the author is the
　　　　　　　　　　　　　　　관계부사
intellectual owner of the idea, / algorithms are processes / that
　　　　　　　　　　　　　　　　　　　　　　　주격 관계대명사
define, describe, and implement a series of actions / that in turn produce other actions. //
　　　　　　　　주격 관계대명사

인간적 능력 내에서 생각해 낸 아이디어와는 달리 / 창시자가 아이디어의 지적 소유자인 / 알고리듬은 과정이다 / 일련의 행동을 정의하고, 설명하며, 실행하는 / 결과적으로 다른 행동을 만들어 내는 //

단서 2 알고리듬을 실행 중에 의도와 실제 결과 간 불일치가 발생할 수 있음
가주어
During the transfer of actions / it is possible for a discrepancy
진주어　　　　　　　between A and B: A와 B 사이
to occur / between the original intention and the actual result. //

행동의 이송 중에 / 불일치가 발생하는 것이 가능하다 / 원래 의도와 실제 결과 간 //

If that happens / then, by definition, / the author of the algorithm is not in control of, / and therefore does not own intellectually / from that point on, / the resulting process. //
만약 그것이 발생한다면 / 그때는, 정의상으로는 / 알고리듬의 창시자는 통제하고 있지 않다 / 그러므로 지적으로 소유하지 않게 된다 / 그 시점부터는 / 결과로 나타난 과정을 //

Theoretically, / ownership of an idea is intrinsically connected / to the predictability of its outcome, / that is, to its intellectual control. //
단서 3 결과를 예측할 수 있어야 아이디어를 지적으로 통제하는 소유권이 있다고 할 수 있음
이론적으로 / 아이디어의 소유권은 본질적으로 연결되어 있다 / 그 결과의 예측 가능성과 / 즉, 그것의 지적 통제와 //

단서 4 알고리듬의 소유권은 컴퓨터의 공으로 인정되어야 함

Therefore, in the absence of human control / the ownership of the algorithmic process / must be instead credited to the device / **that** produced it, that is, to the computer. //
주격 관계대명사
따라서, 인간 통제의 부재 속에서 / 알고리듬 과정의 소유권은 / 대신 장치의 공으로 인정되어야 한다 / 그것을 만들어 냈던, 즉, 컴퓨터의 //

→ The new notion of intellectual ownership / **is created** by meta-algorithmics, / as algorithms can produce outcomes / that are (A) **unpredictable** to human programmers, / potentially (B) **attributing** ownership to the computer itself. //
수동태
지적 소유권의 새로운 개념은 / 메타 알고리드믹에 의해 만들어졌는데 / 알고리듬이 결과물을 만들 수 있어 / 인간 프로그래머에게 예측할 수 없는 / 잠재적으로 소유권을 컴퓨터 그 자체의 덕분으로 돌린다 //

- assume ⓥ 가정하다
- generate ⓥ 생성하다
- compose ⓥ 만들다
- initial ⓐ 최초의
- conceive ⓥ 생각해 내다
- implement ⓥ 실행하다
- intention ⓝ 의도
- theoretically ⓐⓓ 이론적으로
- predictability ⓝ 예측 가능성
- absence ⓝ 부재
- be credited to ~의 공으로 인정되다
- prescribed ⓐ 규정된
- foreseeable ⓐ 예측할 수 있는

메타 알고리드믹(meta-algorithmics), 즉 다른 알고리듬들을 생성하는 알고리듬들의 창조도 인간의 창조물이라고 가정할 수도 있다. 뒤따라서 새로운 알고리듬들을 생성하는 최초의 알고리듬을 인간 프로그래머가 만들어 냈음에 틀림없고, 그 자체로 그 최초의 프로그래머가 본래의 아이디어를 통제하고 있어야 한다. 하지만 이것이 반드시 사실은 아니다. 창시자가 아이디어의 지적 소유인, 인간적 능력 내에서 생각해 낸 아이디어와는 달리, 알고리듬은 결과적으로 다른 행동을 만들어 내는 일련의 행동을 정의하고, 설명하며, 실행하는 과정이다. 행동의 이송 중에 원래 의도와 실제 결과 간 불일치가 발생하는 것이 가능하다. 만약 그것이 발생한다면, 그때는, 정의상으로는 알고리듬의 창시자는 결과로 나타난 과정을 통제하고 있지 않고, 그러므로 그 시점부터는 (그것을) 지적으로 소유하지 않게 된다. 이론적으로, 아이디어의 소유권은 그 결과의 예측 가능성, 즉 그것의 지적 통제와 본질적으로 연결되어 있다. 따라서, 인간 통제의 부재 속에서, 대신 알고리듬 과정의 소유권은 그것을 만들어 냈던 장치, 즉 컴퓨터의 공으로 인정되어야 한다.
→ 지적 소유권의 새로운 개념은 메타 알고리드믹에 의해 만들어졌는데, 알고리듬이 인간 프로그래머에게 (A) 예측할 수 없는 결과물을 만들 수 있어 잠재적으로 소유권을 컴퓨터 그 자체의 덕분으로 (B) 돌린다.

다음 글의 내용을 한 문장으로 요약하고자 한다. 빈칸 (A), (B)에 들어갈 말로 가장 적절한 것은?

	(A)	(B)	
①	unpredictable 예측할 수 없는	attributing 돌린다	알고리듬이 인간 프로그래머가 예측할 수 없는 결과물을 만들기 때문에 소유권을 컴퓨터의 덕분으로 돌린다는 내용
②	prescribed 규정된	attributing 돌린다	알고리듬이 인간 프로그래머에게 규정된 결과물을 만드는 것이 아님
③	unexpected 예상치 못한	denying 부정하는	알고리듬이 인간 프로그래머에게 예상치 못한 결과물을 만드는 것은 맞지만 컴퓨터의 소유권을 부정하는 것은 아님
④	unexplainable 설명할 수 없는	denying 부정하는	알고리듬이 컴퓨터의 소유권을 부정하는 것은 아님
⑤	foreseeable 예측할 수 있는	transferring 전환한다	알고리듬이 인간 프로그래머가 예측할 수 있는 결과물을 만들어 낸다고 하지 않았음

왜 정답? [정답률 66%]

(A):
— 알고리듬은 실행되는 과정에서 의도와 실제 결과 간 불일치가 발생할 수 있음
➡ 인간 프로그래머가 '예측할 수 없는' 결과를 가져올 수 있는 것을 의미한다.

(B):
— 결과의 예측 가능성과 아이디어의 소유권은 연결되어 있음
➡ 따라서 인간이 결과를 예측할 수 없으면 알고리듬의 소유권을 인간이 아니라 컴퓨터의 공으로 '돌리게' 될 것이다.
▶ 요약문의 빈칸에는 각각 '예측할 수 없는'과 '돌린다'가 들어가야 하므로 정답은 ①임

왜 오답?
② 알고리듬이 인간 프로그래머에게 규정된 결과물을 만드는 것이 아니다.
③ 알고리듬이 인간 프로그래머에게 예상치 못한 결과물을 만드는 것은 맞지만 컴퓨터의 소유권을 부정하는 것이 아니다.
④ 알고리듬이 컴퓨터의 소유권을 부정하는 것은 아니다.
⑤ 알고리듬이 인간 프로그래머가 예측할 수 있는 결과물을 만들어 낸다고 하지 않았고 오히려 반대이다.

＊ 글의 흐름

도입	메타 알고리드믹, 즉 다른 알고리듬들을 생성하는 알고리듬들의 창조도 인간의 창조물이라 할 수 있으며 인간이 통제하고 있어야 함
역접	그러나 이것이 반드시 사실은 아님
부연	알고리듬 행동의 이송 중에 원래 의도와 실제 결과 간 불일치가 발생하고, 아이디어의 소유권은 그 결과의 예측 가능성, 즉 그것의 지적 통제와 연결됨
결론	알고리듬 과정의 소유권은 컴퓨터의 공으로 인정됨

1회 11~12 ＊철학 번역에서 의미 전달과 손실·이득의 문제

Translating a literary text is challenging, / and **it**'s often said / **there will be** an inevitable loss in translation. //
가주어
앞에 진주어를 이끄는 접속사 생략
문학 텍스트를 번역하는 것은 어렵다 / 그리고 흔히 말한다 / 번역에서 불가피한 손실이 있을 것이라고 //

But that challenge frequently inspires creative re-renderings / **that** offer the prospect / of a (a) gain in translation as well. //
주격 관계대명사
하지만 그 어려움은 종종 창의적인 재번역을 불러 일으킨다 / 가능성을 제공하는 / 번역에서의 이득 또한 //

A washing-machine manual doesn't present the same challenges, / nor therefore **does it** inspire / the (b) same creativity either. //
부정어구(nor)로 인한 주어 동사 도치
세탁기 설명서는 동일한 어려움을 일으키지 않는다 / 따라서 불러일으키지도 않는다 / 동일한 창의성도 //

But where, / in terms of the opposition between literary and nonliterary language, / might we position philosophy's language? //
그러나 어디에 / 문학 그리고 비문학 언어 사이의 대립 측면에서 / 우리는 철학의 언어를 둘 수 있는가 //

Might philosophy want to avoid a translatory economy / **that** aims for a gain in translation / but risks a loss? //
주격 관계대명사
철학은 번역의 경제를 피하고자 하는가 / 번역에서의 이득을 목표로 하는 / 그러나 손실의 위험을 무릅쓰는 //

11번 12번 단서 1: 철학은 진리를 온전히 전달하기를 바라며, 손실과 이득에 대한 추가적 해명 없이의 진리를 번역해 내놓는 것을 주저함

Philosophy wishes to convey its truths intact, / without loss — and without gain either, /
철학은 그것의 진리를 온전한 채로 전달하기를 바란다 / 손실 없이 그리고 이득 또한 없이 /

or at least it might (c) hesitate / to offer its truths to translation / without further clarification / of **what** a gain, and indeed a gain in *depth*, actually means. //
선행사를 포함하는 관계대명사
또는 최소한 그것은 주저할지도 모른다 / 그 진리를 번역되도록 내놓는 것을 / 추가적 해명 없이는 / 이득이, 더 나아가 '깊이' 있는 이득이 실제로 무엇을 의미하는지에 대한 //

It cannot be a matter / of offsetting "stylistic losses." //
이는 문제가 될 수 없다 / '문체적 손실'을 상쇄하는 //
앞에 목적격 관계대명사가 생략됨
The loss philosophy fears is a loss of meaning, / the compromising
of a truth. // 12번 단서 2: 철학이 두려워하는 손실은 진리의 훼손임
철학이 두려워하는 손실은 의미의 손실이다 / 즉 진리의 훼손이다 //

Thus, / philosophy might (d) refuse(→ prefer) to be placed on
the side of nonliterary language, / and express itself in unstylish
language, / like Badiou's mathematical writing, /
따라서 / 철학은 비문학 언어의 편에 놓이는 것을 거부할(→ 선호할) 수 있다 / 그리고 문체가
없는 언어로 자신을 표현한다 / Badiou의 수학적 글쓰기처럼 /
so that no translator is prompted / to rude and bold acts of
'그래서 ~하다'
creative rewriting. // 12번 단서 3: 철학은 수학과 같은 문체가 없는 언어로 자신을 표현함
그래서 어떠한 번역가도 자극받지 않는다 / 창의적 재작성이라는 무례하고 대담한 행위에 //

If philosophy wishes / to increase its range / and avoid being
restricted / to a national or regional tradition, /
만일 철학이 바란다면 / 그 범위를 넓히는 것을 / 그리고 국한되는 것을 피하고자 한다면 /
국가 혹은 지역의 전통에 /
주격 관계대명사
it (e) needs a translation model / that conveys philosophical
truths to the world / without any "economic" fluctuations of
loss and gain. //
번역 모델이 필요하다 / 철학적 진리를 세상에 전달하는 / 어떠한 손실과 이득의 '경제적'
오르내림 없이 //

- inevitable ⓐ 불가피한, 피할 수 없는 · prospect ⓝ 가능성
- opposition ⓝ 대립, 반대 · literary ⓐ 문학의
- convey ⓥ 전달하다 · clarification ⓝ 해명 · offset ⓥ 상쇄하다
- compromise ⓥ 훼손하다, 타협하다 · prompt ⓥ 자극하다, 촉발하다
- regional ⓐ 지역의

문학 텍스트를 번역하는 것은 어렵고, 번역에서 불가피한 손실이 있을 것이라
고 흔히 말한다. 하지만 그 어려움은 종종 번역에서 (a) 이득의 가능성도 제공
하는 창의적인 재번역을 불러일으킨다. 세탁기 설명서는 동일한 어려움을 일
으키지 않으며, 따라서 (b) 동일한 창의성도 불러일으키지도 않는다. 그렇다
면 문학 그리고 비문학 언어 사이의 대립 측면에서 우리는 철학의 언어를 어
디에 둘 수 있는가? 철학은 번역에서의 이득을 목표로 하지만 손실의 위험을
무릅쓰는 번역의 경제를 피하고자 하는가? 철학은 그것의 진리를 온전한 채
로, 손실 없이 그리고 이득 또한 없이 전달하기를 바라거나, 혹은 최소한 그
것은 이득, 더 나아가 '깊이' 있는 이득이 실제로 무엇을 의미하는지에 대한
추가적 해명 없이는 그 진리를 번역되도록 내놓는 것을 (c) 주저할지도 모른
다. 이는 '문체적 손실'을 상쇄하는 문제가 될 수 없다. 철학이 두려워하는 손
실은 의미의 손실, 즉 진리의 훼손이다. 따라서 철학은 비문학 언어의 편에 놓
이는 것을 (d) 거부할(→ 선호할) 수 있으며, Badiou의 수학적 글쓰기처럼 문
체가 없는 언어로 자신을 표현하고, 그래서 어떠한 번역가도 창의적 재작성
이라는 무례하고 대담한 행위에 자극받지 않는다. 만일 철학이 그 범위를 넓
히고 국가 혹은 지역의 전통에 국한되는 것을 피하고자 한다면, 어떠한 손실
과 이득의 '경제적' 오르내림 없이 철학적 진리를 세상에 전달하는 번역 모델
이 (e) 필요하다.

1회 11 정답 ②

윗글의 제목으로 가장 적절한 것은?
문학 번역에서 창의적 이득이 발생하는 점은 맞지만, 이 글의 초점은 철학 번역에 있음
① Creative Gains Emerging from Literary Translation
문학 번역에서 나타나는 창의적 이득
② Translating Philosophy: In Pursuit of Truth As It Is
철학 번역: 있는 그대로의 진리를 추구하며
철학 번역은 문학 번역과 다르게 창의적 변형을 배제하며, 본래의 진리를 있는 그대로 전달하려 함
③ The Role of Creativity in Conveying Philosophical Truths
철학적 진리를 전달하는 데 있어 창의성의 역할
창의성의 역할보다는 철학 번역이 창의성을 거부할 수 있음을 강조함
④ Factors Leading to Challenges in Literary Translation
문학 번역에서 어려움을 초래하는 요인들   문학 번역의 어려움을 이야기하는 글이 아님
⑤ How Can We Avoid Stylistic Losses in Translation?
번역에서 문체적 손실을 어떻게 피할 수 있을까?
철학 번역의 본질적인 고민(진리의 손실)에 대한 내용을 담은 제목이 아님

> **왜 정답?** [정답률 62%]

도입	· 문학 번역과 철학 번역의 차이점을 논의함 · 철학 번역이 창의적 재번역을 거부하고 있는 그대로의 진리를 전달하려 한다는 점을 강조함
요지	· 문학 번역에서는 창의적 재번역이 이루어짐 · 철학 번역은 진리의 훼손을 우려하여 번역 과정에서 변형을 최소화, 수학적 언어처럼 문체 없는 방식으로 표현하려는 경향이 있음
부연	철학 번역은 진리의 손실을 두려워하며, 원래 의미를 보존하는 데 집중해야 한다고 봄

▶ 철학 번역은 문학 번역과 다르게 창의적 변형을 배제하며, 본래의 진리를 있는 그대
로 전달하려 한다. 따라서 ② '철학 번역: 있는 그대로의 진리를 추구하며'가 가장 적절
한 제목이다.

> **왜 오답?**

① 문학 번역에서 창의적 이득이 발생하는 점은 맞지만, 이 글의 초점은 철학 번역에
있으므로 적절하지 않다.
③ 창의성의 역할보다는 철학 번역이 창의성을 거부할 수 있음을 강조하는 내용이라
맞지 않다.
④ 문학 번역의 어려움보다는 철학 번역의 특수성에 초점을 맞추고 있어 부적절하다.
⑤ 문체적 손실의 문제를 다루긴 하지만, 철학 번역의 본질적인 고민(진리의 손실)을
다루는 내용의 제목은 아니다.

1회 12 정답 ④

밑줄 친 (a)~(e) 중에서 문맥상 낱말의 쓰임이 적절하지 않은 것은?
① (a) 문학 번역에서의 어려움이 창의적인 이득을 만들어 낼 수 있다고 함
② (b) 문학 번역은 어려움을 동반하고 창의적 재번역을 유발하지만, 세탁기 설명서는 그러한 어려움을 일으키지 않으므로 동일한 창의성도 필요 없음
③ (c) 철학은 번역을 통해 의미가 변질되는 것을 주저할 수 있음
④ (d) 철학은 의미의 손실을 두려워하기 때문에 문체가 없는 언어를 선택하려는 경향이 있어 비문학적 언어를 거부하는 것이 아니라 선호함
⑤ (e) 철학적 진리를 온전히 전달할 방법이 필요하다 필요함

> **왜 정답?** [정답률 55%]

④ (d) refuse 거부하다

따라서 철학은 비문학 언어의 편에 놓이는 것을 (d) 거부할(선호할) 수 있으며,
Badiou의 수학적 글쓰기처럼 문체가 없는 언어로 자신을 표현하고, 그래
서 어떠한 번역가도 창의적 재작성이라는 무례하고 대담한 행위에 자극받
지 않는다.

➡ 철학은 의미의 손실을 두려워하기 때문에 문체가 없는 언어를 선택하려는 경향이
있으므로 비문학적 언어를 '거부하는' 것이 아니라, 오히려 '선호한다'고 보는 것이
자연스럽다. ▶ refuse(거부하다)를 prefer(선호하다) 등의 단어로 바꿔야 함

> **왜 오답?**

① (a) gain 이득

하지만(But) 그 어려움은 종종 번역에서 (a) 이득의 가능성도 제공하는 창의
적인 재번역을 불러일으킨다.

➡ '하지만(But)'으로 문장이 시작되고 있으므로 문학 번역에서 어려움이 창의적인 '이
득'을 만들어 낼 수 있음을 설명하는 것이다. ▶ gain은 문맥에 맞음

② (b) same 동일한

세탁기 설명서는 동일한 어려움을 일으키지 않으며, 따라서 (b) 동일한 창의
성도 불러일으키지도 않는다.

➡ 문학 번역은 어려움을 동반하고 창의적 재번역을 유발하지만, 세탁기 설명서는 그러
한 어려움을 일으키지 않는다고 했으므로, '동일한' 창의성도 필요 없다는 의미이다.
▶ same은 문맥에 맞음

③ (c) hesitate 주저하다

철학은 그것의 진리를 온전한 채로, 손실 없이 그리고 이득 또한 없이 전달하기를 바라거나, 혹은 최소한 그것은 이득, 더 나아가 '깊이' 있는 이득이 실제로 무엇을 의미하는지에 대한 추가적 해명 없이는 그 진리를 번역되도록 내놓는 것을 (c) 주저할지도 모른다.

→ 철학이 번역을 통해 의미가 변질되는 것을 꺼릴 수 있으므로 이를 '주저할 수 있을 것'이다. ▶ hesitate는 문맥에 맞음

⑤ (e) needs 필요하다

만일 철학이 그 범위를 넓히고 국가 혹은 지역의 전통에 국한되는 것을 피하고자 한다면, 어떠한 손실과 이득의 '경제적' 오르내림 없이 철학적 진리를 세상에 전달하는 번역 모델이 (e) 필요하다.

→ 철학이 그 범위를 넓히고자 한다면, 철학적 진리를 손실과 이득의 경제적 오르내림 없이 온전히 전달할 방법이 '필요하다'고 해야 할 것이다. ▶ needs는 문맥에 맞음

2회 01 정답 ⑤ *인식된 가치가 주관적 경험에 미치는 영향

주어를 이끄는 명사절 접속사
That perception is a construction / is not true / just of one's perception of sensory input, / such as visual and auditory information. //
인식이 구성이라는 것은 / 해당되는 것이 아니다 / 단지 감각적 투입에 대한 한 사람의 인식에만 / 시각 및 청각 정보와 같은 //

It is true / of your social perceptions **as well** / — your perceptions / of the people you meet, / the food you eat, / and even of the products you buy. //
이것은 해당된다 / 여러분의 사회적 인식에도 / 여러분의 인식 / 여러분이 만나는 사람에 대한 / 여러분이 먹는 음식 / 그리고 심지어 여러분이 사는 제품 //

For example, / in a study of wine, / when wines were tasted blind, / there was little or no correlation / between the ratings of a wine's taste and its cost, /
예를 들어 / 와인에 대한 한 연구에서 / 와인이 조건을 숨긴 상태로 시음되었을 때 / 상관 관계가 거의 없거나 아예 없었다 / 와인의 맛에 대한 평가와 그것의 가격 간의 /

but there *was* a significant correlation / when the wines were labeled by price. // **단서 1** 와인의 가격을 알게 되면 맛과 가격 간의 유의미한 상관 관계가 있었음
그러나 유의미한 상관 관계가 '있었다' / 와인이 가격에 따라 라벨이 붙었을 때는 //

목적어절 접속사
That wasn't because the subjects consciously believed / **that** the higher-priced wines should be the better ones / and thus revised / whatever opinion they had accordingly. //
이는 피험자들이 의식적으로 믿었기 때문은 아니었다 / 가격이 더 비싼 와인이 더 좋은 와인일 것이라고 / 그리고 따라서 수정했다 / 이에 따라 그들이 가졌던 어떠한 의견이든지 //

Or rather, / it wasn't true *just* at the conscious level. //
더 정확히 말하면 / 이것은 '단지' 의식적인 수준에서만 그런 것은 아니었다 //

We know / because **as** the subjects were tasting the wine, / the
접속사
researchers were imaging their brain activity, / and the imaging showed /
우리는 알 수 있다 / 왜냐하면 피험자들이 와인을 시음할 때 / 연구원들이 그들의 뇌 활동을 영상화했다 / 그리고 그 영상은 보여줬다 /

that drinking **what** they believed was an expensive glass of
목적어절 접속사　the thing which
wine / really did activate / their centers of taste for pleasure /
주격 관계대명사(선행사: the same wine)
more than drinking a glass of the same wine / **that** had been labeled as cheaper. // **단서 2** 고가의 와인이라고 인식한 것을 마시는 것이 저렴하다고 인식한 와인을 마시는 것보다 더 만족감을 불러일으켰다고 함
그들이 고가의 와인 한 잔이라고 믿는 것을 마시는 것이 / 실제로 더 활성화했다 / 그들의 만족감을 담당하는 미각 중추를 / 같은 와인 한잔을 마시는 것보다 / 더 저렴하다고 라벨이 붙었던 //

That's related to the placebo effect. //
이는 플라세보 효과와 관련이 있다 //

Like pain, / taste is not just the product of sensory signals; / it depends also on psychological factors: / you don't just taste the wine; / you taste its price. //
통증과 같이 / 미각은 단순히 감각 신호의 산물일 뿐만 아니라 / 그것은 심리적 요인에도 좌우된다 / 여러분은 와인을 단순히 맛보는 것이 아니다 / 여러분은 그것의 가격을 맛보는 것이다 //

- **perception** ⓝ 인식, 지각　　• **input** ⓝ 투입, 입력
- **auditory** ⓐ 청각의　　• **correlation** ⓝ 상관 관계
- **significant** ⓐ 유의미한　　• **label** ⓥ 라벨[표]을 붙이다
- **subject** ⓝ 피험자　　• **revise** ⓥ 수정하다
- **placebo effect** 위약 효과(가짜 약이지만 약을 복용하고 있다는 데 대한 심리효과 따위로 실제 환자의 상태가 좋아지는 것)　　• **psychological** ⓐ 정신적인
- **dismiss** ⓥ 묵살하다

인식이 구성이라는 것은 단지 시각 및 청각 정보와 같은 감각적 투입에 대한 한 사람의 인식에만 해당되는 것이 아니다. 이것은 여러분의 사회적 인식, 즉 여러분이 만나는 사람, 여러분이 먹는 음식, 그리고 심지어 여러분이 사는 제품에 대한 여러분의 인식에도 해당된다. 예를 들어, 와인에 대한 한 연구에서 와인이 조건을 숨긴 상태로 시음되었을 때 와인의 맛에 대한 평가와 그것의 가격 간의 상관 관계가 거의 없거나 아예 없었지만, 와인이 가격에 따라 라벨이 붙었을 때는 유의미한 상관 관계가 '있었다'. 이는 피험자들이 가격이 더 비싼 와인이 더 좋은 와인일 것이라고 의식적으로 믿어서, 이에 따라 그들이 가졌던 어떠한 의견이든지 수정했기 때문은 아니었다. 더 정확히 말하면, 이것은 '단지' 의식적인 수준에서만 그런 것이 아니었다. 우리는 알 수 있는데, 왜냐하면 피험자들이 와인을 시음할 때 연구원들이 그들의 뇌 활동을 영상화했고, 그 영상은 그들이 고가의 와인 한 잔이라고 믿는 것을 마시는 것이 더 저렴하다고 라벨이 붙었던 같은 와인 한잔을 마시는 것보다 그들의 만족감을 담당하는 미각 중추를 실제로 더 활성화했다는 것을 보여줬기 때문이다. 이는 플라세보 효과와 관련이 있다. 통증과 같이 미각은 단순히 감각 신호의 산물일 뿐만 아니라, 그것은 심리적 요인에도 좌우된다. 여러분은 와인을 단순히 맛보는 것이 아니다. <u>여러분은 그것의 가격을 맛보는 것이다.</u>

① Customer ratings determine the price of a product.
고객 평가가 상품의 가격을 결정한다.　　고객 평가가 상품의 가격을 결정한다는 내용이 아님
② We fool ourselves into thinking our unplanned buying was reasonable. 무계획적 소비가 합리적이었다는 생각으로 스스로를 속인다는 언급은 없음
우리는 우리의 무계획적인 소비가 합리적이었다는 생각으로 스스로를 속인다.
③ We immediately dismiss opposing opinions without any consideration. 반대 의견을 즉시 묵살한다는 내용이 아님
우리는 특별한 고려 없이 반대 의견을 즉시 묵살한다.
④ The brain shows consistent response regardless of personal preference. 뇌가 보여주는 지속적인 반응에 대한 내용이 아님
뇌는 개인적 선호에 관계 없이 지속적인 반응을 보여준다.
⑤ The perceived value of a product influences one's subjective experience of it. 상품에 대한 인식된 가치가 그것에 대한 경험을 좌우한다고 함
상품에 대한 인식된 가치가 그것에 대한 주관적 경험에 영향을 미친다.

왜 정답? ★★★ [정답률 65%]

- 와인의 가격을 알게 되었을 때 맛과 가격 간 유의미한 상관 관계가 있음 **단서 1**
- 고가로 인식한 와인을 마셨을 때 저렴하다고 인식한 와인을 마셨을 때보다 만족감이 증가함 **단서 2**

→ 와인이라는 상품에 대한 '인식'된 가치가 그 와인을 접했을 때의 경험(만족감)에 영향을 미침

▶ '여러분은 그것의 가격을 맛보는 것이다.'가 의미하는 바: ⑤ '상품에 대한 인식된 가치가 그것에 대한 주관적 경험에 영향을 미친다.'

왜 오답?

① 고객 평가가 상품의 가격을 결정한다는 내용이 아니다.
② 무계획적인 소비를 합리적인 것이라 생각하면서 스스로를 속인다는 언급은 없다.
③ 특별한 고려 없이 반대 의견을 즉시 묵살한다는 내용이 아니다.
④ 개인적 선호와 관계 없이 뇌가 보여주는 지속적인 반응에 대한 내용이 아니다.

2회 02 정답 ① *동일시하는 집단을 선호하는 경향

Sociologist Brooke Harrington said / if there was an $E=mc^2$ of social science, / it would be SD > PD, / "social death is more frightening than physical death." //
사회학자 Brooke Harrington은 말했다 / 사회 과학의 E=mc²가 있다면 / 그것은 SD > PD 일 것이라고 / 즉 "사회적 죽음이 신체적 죽음보다 더 무섭다" //

This is why / we feel deeply threatened / when a new idea challenges / the ones that have become part of our identity. //
　　　　　　　　　　　　= ideas 주격 관계대명사
이것은 이유이다 / 우리가 매우 위협적으로 느끼는 / 새로운 개념이 도전할 때 / 우리 정체성의 일부가 된 것들에 //

For some ideas, / the ones that identify us as members of a group, / we don't reason as individuals; / we reason as a member of a tribe. //
　　　　　　= ideas 주격 관계대명사(선행사: ones)
몇몇 견해에 대하여 / 우리가 한 집단의 구성원으로 우리를 동일시하는 / 우리는 개인으로서 판단하지 않는다 / 우리는 한 부족의 구성원으로서 판단한다 //

We want to seem trustworthy, / and reputation management as a trustworthy individual / often overrides most other concerns, / even our own mortality. //
우리는 믿음직스럽게 보이고 싶다 / 그리고 믿음직한 개인으로서의 평판 관리는 / 흔히 다른 모든 걱정보다 더 중요하다 / 심지어 우리 자신의 죽음보다 //

This is not entirely irrational. //
이것은 완전히 비이성적인 것이 아니다 //

　　　　　　　　　　　　　　　　　　　　　　동명사구 주어
A human alone in this world / faces a lot of difficulty, / but being alone in the world before modern times / was almost certainly a death sentence. //
　　　　　　　　　　　　　　　　단수 동사
이 세상에 홀로 있는 인간은 / 많은 어려움을 직면한다 / 하지만 근대 이전의 세상에서 혼자 있는 것은 / 거의 확실하게 사형 선고였다 //

　　　　　　　　　　　　　　　　　　형용사적 용법
So we carry with us an innate drive / to form groups, / join groups, / remain in those groups, / and oppose other groups. //
그래서 우리는 타고난 욕구를 가지고 있다 / 집단을 형성하고 / 집단에 합류하고 / 그 집단에 남아 있고 / 다른 집단에 반대하려는 //
단서 1 우리는 집단을 형성해 그곳에 속하려는 욕구를 가지고 있다고 했음
단서 2 '우리(= 집단)'를 편들기 시작한다고 했음

But once you can identify *them*, / you start favoring *us*; / so much so that / given a choice / between an outcome that favors both groups a lot /
= to the extent that　　분사구문을 이끎
하지만 일단 여러분이 '그들'을 인식할 수 있게 되면 / 여러분은 '우리'를 편들기 시작한다 / 매우 그러해서 / 선택이 주어졌을 때 / 양쪽 집단 모두를 크게 유리하게 하는 결과 /
= outcome
or one that favors both much less / but still favors yours more than theirs; / that's the one you will pick. //
　　주격 관계대명사(선행사: one)
또는 양측 모두에게 훨씬 덜 유리한 / 하지만 여전히 여러분의 집단을 그들보다 더 유리하게 하는 것(결과) 사이에 / 그것이 바로 여러분이 고르게 될 것이다 //

- sociologist ⓝ 사회학자　　　· tribe ⓝ 부족　　　· reputation ⓝ 평판
- trustworthy ⓐ 신뢰할 수 있는　　· override ⓥ ~보다 더 중요하다
- mortality ⓝ 죽음　　　· irrational ⓐ 비이성적인
- death sentence 사형 선고　　· drive ⓝ 욕구　　　· oppose ⓥ 반대하다
- favor ⓥ 편들다, 유리하게 하다　　· objective ⓐ 객관적인

사회학자 Brooke Harrington은 사회 과학의 $E=mc^2$가 있다면, 그것은 SD > PD, 즉 "사회적 죽음이 신체적 죽음보다 더 무섭다."일 것이라고 말했다. 이것은 새로운 개념이 우리 정체성의 일부가 된 것들에 도전할 때 우리가 매우 위협적으로 느끼는 이유이다. 우리가 한 집단의 구성원으로 우리를 동일시하는 몇몇 견해에 대하여, 우리는 개인으로서 판단하지 않고, 우리는 한 부족의 구성원으로서 판단한다. 우리는 믿음직스럽게 보이고 싶고, 믿음직한 개인으로서의 평판 관리는 흔히 다른 모든 걱정, 심지어 우리 자신의 죽음보다 더 중요하다. 이것은 완전히 비이성적인 것이 아니다. 이 세상에 홀로 있는 인간은 많은 어려움을 직면하지만, 근대 이전의 세상에서 혼자 있는 것은 거의 확실하게 사형 선고였다. 그래서 우리는 집단을 형성하고, 집단에 합류하고, 그 집단에 남아 있고, 다른 집단에 반대하려는 타고난 욕구를 가지고 있다. 하지만 일단 여러분이 '그들'을 인식할 수 있게 되면, 여러분은 '우리'를 편들기 시작하는데, 매우 그러하므로, 양쪽 집단 모두를 크게 유리하게 하는 결과 또는 양측 모두에게 훨씬 덜 유리하게 하지만 여전히 여러분의 집단을 그들보다 더 유리하게 하는 것(결과) 사이에 선택이 주어졌을 때, 그것이 바로 여러분이 고르게 될 것이다.

① tendency to prefer the group that one identifies with
동일시하는 집단을 선호하는 경향　　우리는 동일시하는 집단을 선호하는 경향이 있다는 내용
② necessity of social isolation to build a reputation
평판을 쌓기 위한 사회적 고립의 필요성　　사회적 고립이 아니라 집단에 속하는 것을 선호한다는 내용임
③ ways to ease one's irrational fear of crowds 군중에 대한 비합리적 공포심
군중에 대한 비합리적 공포심　　완화 방법에 대한 글이 아님
④ importance of forming groups with different interests 다른 관심사를
다른 관심사를 가진 집단을 형성하는 것의 중요성　　가진 집단을 형성하는 것의 중요성에 대한 글이 아님
⑤ tips for staying objective during heated group discussions
과열된 집단 토론에서 객관성을 유지하는 방법　　집단 토론에 대한 언급은 없음

왜 정답? ★★☆ [정답률 78%]

전반부	사회적 죽음을 두려워하고 사회적 평판을 중요시하는 우리의 경향
후반부	집단을 형성하고 집단에 속하기를 원하며 우리가 속한 그 집단을 편들기 시작함

▶ 따라서 이 글의 주제는 ① '동일시하는 집단을 선호하는 경향'이 가장 적절하다.

왜 오답?

② 사회적 고립을 두려워하고 집단에 속하길 바란다는 내용의 글이지, 사회적 고립의 필요성을 역설한 글이 아니다.
③ 군중에 대한 비합리적 공포심을 완화하는 방법에 대한 글이 아니다.
④ 집단에 속하는 것을 선호한다고는 했지만, 다른 관심사를 가진 집단을 형성하는 것의 중요성에 대한 글은 아니다. 함정
⑤ 과열된 집단 토론에서 객관성을 유지하는 방법에 대한 글이 아니다.

2회 03 정답 ⑤ *시간의 경계를 넘어 행동하는 우리

Distance in time is like / distance in space. //
시간 속에서의 거리는 같다 / 공간 속에서의 거리와 //

People matter / even if they live thousands of miles away. //
사람들은 중요하다 / 그들이 수천 마일 떨어져서 살더라도 //

Likewise, / they matter / even if they live thousands of years hence. //
마찬가지로 / 그들은 중요하다 / 그들이 지금부터 수천 년 후에 살더라도 //

In both cases, / it's easy / to mistake distance for unreality, / to treat the limits of what we can see / as the limits of the world. //
(가주어 it / 진주어의 병렬 구조* / what = the thing which)
두 경우 모두 / 쉽다 / 거리를 비현실성으로 착각하는 것이 / 우리가 볼 수 있는 것의 한계를 취급하는 것이 / 세상의 한계로 //

But just as the world does not stop / at our doorstep or our country's borders, / neither does it stop / with our generation, or the next. //
(부정어구에 의한 도치 / 단서 1 시간에 따라 세상이 멈추는 것 아님)
하지만 세상이 멈추지 않는 것처럼 / 우리의 문 앞이나 우리 국가의 경계에서 / 그것은 멈추지 않는다 / 우리의 세대나 다음 세대에서 //

These ideas are common sense. // 이러한 생각들은 상식이다 //

A popular proverb says, / "A society grows great / when old men plant trees / under whose shade they will never sit." //
(소유격 관계대명사)
한 유명한 속담은 말한다 / "사회는 크게 성장한다 / 노인들이 나무를 심을 때 / 그 그늘에 결코 앉지 못할" //

When we dispose of radioactive waste, / we don't say, / "Who cares / if this poisons people centuries from now?" //
우리가 방사성 폐기물을 버릴 때 / 우리는 말하지 않는다 / "누가 상관하겠는가 / 이것이 지금으로부터 수백 년 후의 사람들을 해치든" //

Similarly, / few of us who care about climate change or pollution / do so / solely for the sake of people alive today. //
(주격 관계대명사)
비슷하게 / 기후 변화나 오염에 신경 쓰는 우리들 중 사람은 거의 없다 / 그렇게 하는 / 단지 오늘날 살아 있는 사람들을 위해서 //

We build museums and parks and bridges / that we hope will last for generations; /
(주격 관계대명사(museums and parks and bridges 수식))
우리는 박물관과 공원과 다리를 만든다 / 대대로 지속되기를 바라는 /

we invest in schools and longterm scientific projects; / we preserve paintings, traditions, languages; / we protect beautiful places. //
우리는 학교와 장기적인 과학 프로젝트에 투자한다 / 우리는 그림, 전통, 언어를 보존한다 / 우리는 아름다운 장소를 보호한다 //

In many cases, / we don't draw clear lines / between our concerns for the present and the future / — both are in play. //
(단서 2 우리는 현재와 미래 사이에 명확한 선을 긋지 않고 둘 다 영향을 끼친다고 함)
많은 경우 / 우리는 명확한 선을 긋지 않는다 / 현재와 미래에 대한 우리의 걱정 사이에 / 둘 다 영향을 끼친다 //

- matter ⓥ 중요하다
- hence ⓐⓓ 이런 이유로
- doorstep ⓝ 문간
- proverb ⓝ 속담
- shade ⓝ 그늘
- dispose of ~을 버리다
- solely ⓐⓓ 단지, 오로지
- for the sake of ~을 위해서
- preserve ⓥ 보존하다, 유지하다
- in play 작용하여, 영향을 끼치는
- management ⓝ 관리
- infrastructure ⓝ 사회 기반 시설

시간 속에서의 거리는 공간 속에서의 거리와 같다. 사람들이 수천 마일 떨어져서 살더라도 그들은 중요하다. 마찬가지로, 그들이 지금부터 수천 년 후에 살더라도 그들은 중요하다. 두 경우 모두, 거리를 비현실성으로 착각하고 우리가 볼 수 있는 것의 한계를 세상의 한계로 취급하기 쉽다. 하지만 세상이 우리의 문 앞이나 우리 국가의 경계에서 멈추지 않는 것처럼, 그것은 우리의 세대나 다음 세대에서 멈추지 않는다. 이러한 생각들은 상식이다. 한 유명한 속담은 "사회는 노인들이 그 그늘에 결코 앉지 못할 나무를 심을 때 크게 성장한다."라고 한다. 우리가 방사성 폐기물을 버릴 때, 우리는 "이것이 지금으로부터 수백 년 후의 사람들을 해치든 누가 상관하겠는가?"라고 말하지 않는다. 비슷하게, 기후 변화나 오염에 신경 쓰는 우리들 중 단지 오늘날 살아 있는 사람들을 위해서 그렇게 하는 사람은 거의 없다. 우리는 대대로 지속되기를 바라는 박물관과 공원과 다리를 만들고, 우리는 학교와 장기적인 과학 프로젝트에 투자하고, 우리는 그림, 전통, 언어를 보존하고, 우리는 아름다운 장소를 보호한다. 많은 경우, 우리는 현재와 미래에 대한 우리의 걱정 사이에 명확한 선을 긋지 않는다 — 둘 다 영향을 끼친다.

다음 글의 제목으로 가장 적절한 것은?

① How to Be Present: Discover the Benefits of Here and Now
현재를 사는 방법: 지금 여기의 이점을 발견하라 — 지금 여기의 이점을 발견하라는 내용의 글이 아님
② The Power of Time Management: The Key to Success
시간 관리의 힘: 성공의 열쇠 — 시간 관리의 힘에 대해 언급하고 있지 않음
③ Why Is Green Infrastructure Eventually Cost-Effective?
친환경 기반 시설이 왜 결국 비용 효율적인가? — 친환경 기반 시설에 대한 글이 아님
④ Solving Present-Day Problems from Past Experiences
과거 경험으로부터 현재의 문제 해결하기 — 과거 경험에서 현재 문제를 해결하는 것에 대한 언급은 없음
⑤ How We Act Beyond the Bounds of Time
우리는 어떻게 시간의 경계를 넘어 행동하는가 — 우리가 현재와 미래 사이에 명확한 선을 긋지 않고 시간의 경계를 넘어 행동한다고 함

왜 정답? ✿✿✿ [정답률 68%]

전반부	세상은 우리 세대나 다음 세대에서 멈추는 것이 아님 (시간에 따라 세상이 멈추지 않음) 단서 1
후반부	• 나무 심기, 기후 변화나 오염 문제, 박물관이나 학교 등 기반 시설에 투자하는 것은 모두 오늘만을 위해서가 아님 • 우리는 현재와 미래 사이에 명확한 선을 긋지 않음 단서 2

▶ 우리가 현재와 미래, 즉 시간 사이에 명확한 선을 긋지 않고 그 경계를 넘어 행동한다는 내용이므로 ⑤ '우리는 어떻게 시간의 경계를 넘어 행동하는가'가 제목으로 적절하다.

왜 오답?

① 지금 여기의 이점을 발견하라는 내용의 글이 아니다.
② 시간 관리의 힘에 대해 언급하고 있지 않다.
③ 친환경 기반 시설에 대한 글이 아니다.
④ 과거 경험에서 현재 문제를 해결하는 것에 대한 언급이 없다.

어법 특강

＊ 병렬 구조

– 병렬 구조는 단어와 단어, 구와 구, 절과 절이 등위접속사, 상관접속사, 비교 구문 등으로 연결되어 있는 것을 말한다. 병렬 연결되는 각 어구들은 서로 동일한 문장 성분이어야 한다.

- I told Samantha's manager that she **both** works hard (동사구) **and** behaves politely (동사구).
(나는 Samantha의 매니저에게 그녀가 열심히 일하고 예의 바르게 행동한다고 말했다.)
- Criticizing others (동명사구) is **easier than** praising them (동명사구).
(남을 비난하는 것은 그들을 칭찬하는 것보다 더 쉽다.)

– 주어가 상관접속사를 포함하는 경우에는 수 일치해야 하는 동사에 유의해야 한다. 「not A but B(A가 아니라 B)」, 「either A or B(A 또는 B 둘 중 하나)」, 「neither A nor B(A, B 둘 다 아닌)」 등의 상관접속사가 주어 자리에 쓰이면 동사의 수는 B에 일치시켜야 한다.

- **Not only** the kids **but also** Joshua (단수 주어) wants (단수 동사) to meet the singer.
(아이들뿐만 아니라 Joshua도 그 가수를 만나기를 원한다.)
- **Neither** beverages **nor** a cookie (단수 주어) is (단수 동사) permitted in the laboratory.
(실험실에서는 음료들도 쿠키 하나도 허용되지 않는다.)

 정답 ④ *새로운 문화에 적응하는 과정

다음 글의 밑줄 친 부분 중, 어법상 틀린 것은?

The process of crossing cultures / challenges the very basis / of
who we are as cultural beings. //
의문사절
문화를 넘어가는 과정은 / 바로 그 기반에 도전한다 / 문화적 존재로서 우리가 누구인지에
대한 //

It offers opportunities / for new learning and growth. //
그것은 기회를 제공한다 / 새로운 배움과 성장을 위한 //

Being "uprooted" from our home ① brings us understanding /
동명사구 주어   단수 동사
not only of the people and their culture in our new environment,
not only A but (also) B: A뿐만 아니라 B도
/ but of ourselves and our home culture. //
우리의 고향에서 '뿌리째 뽑히는' 것은 이해를 가져다준다 / 우리의 새로운 환경에 있는
사람들과 그들의 문화(에 대한 이해)뿐만 아니라 / 우리 자신과 우리의 고향 문화에 대한 //
복수 주어   주격 관계대명사
Although the difficulties that can arise from crossing cultures /
복수 동사
are often shocking, / success stories are everywhere. //
비록 문화를 넘어가는 것에서 발생할 수 있는 어려움이 / 흔히 충격적이더라도 / 성공담은
어디에나 있다 //

Despite, or rather because of, / the suffering and ambivalence
앞에 목적격 관계대명사 생략
we undergo / when we cross cultures, /
~에도 불구하고, 혹은 오히려 이것 때문에 / 우리가 겪는 고통, 그리고 상반되는 감정 / 우리가
문화를 넘어갈 때 /
                                    find의 목적격 보어
we gradually find ourselves ② uniquely privileged / to define
ourselves and others anew / with clarity and insight / that we
              목적격 관계대명사
could not have cultivated / without leaving home. //
could have p.p.: ~할 수 있었다
우리는 우리 자신이 특별히 특권을 누리고 있다는 것을 점차 알게 된다 / 우리 자신과 다른
사람들을 새롭게 정의할 수 있는 / 명확성과 통찰력으로 / 기를 수 없었던 / 고향을 떠나지
않고는 //

③ Adapting to a new and unfamiliar culture, / then, / is more
          동명사구 주어   단수 동사
than survival. //
새롭고 낯선 문화에 적응하는 것은 / 그러니까 / 생존 그 이상이다 //

It is a life — changing journey. //
그것은 삶을 바꾸는 여정이다 //

It is a process of "becoming" / — personal reinvention,
transformation, growth, / reaching out beyond the boundaries
of our own existence. //
그것은 '되어가는 것'의 과정이다 / 개인적 재창조, 변화, 성장 / 우리 자신의 존재의 경계
너머로 뻗어가는 //
                          목적어절 접속사
The process does not require / that we abandon our former
personalities / and the cultures ④ which(→ into which) we were
born. // 단서 뒤에 완전한 절이 이어짐
그 과정은 요구하지 않는다 / 우리가 우리 이전의 개성을 버릴 것을 / 그리고 우리가 태어난
문화를 //
                          재귀 용법의 재귀대명사   '마치~처럼'
Rather, / it compels us to find ⑤ ourselves / as if for the first
time, / particularly those "cultural invariants" within us / —
          목적격 관계대명사
aspects that we hold dear and refuse to compromise. //
오히려 / 그것은 우리로 하여금 우리 자신을 발견할 것을 강요한다 / 마치 처음인 것처럼 /
특히 우리 내면의 그 '문화의 불변하는 것들' / 우리가 소중히 여기고 타협하기를 거부하는
측면들을 //

- being ⓝ 존재   • uprooted ⓐ 뿌리째 뽑힌   • undergo ⓥ 겪다
- gradually ⓐd 점차(적으로)   • privilege ⓥ 특권을 주다
- define ⓥ 정의하다   • anew ⓐd 새롭게   • clarity ⓝ 명확성
- cultivate ⓥ 기르다   • reinvention ⓝ 재창조, 재발명
- transformation ⓝ 변화   • boundary ⓝ 경계
- existence ⓝ 존재   • compel ⓥ 강요하다   • invariants ⓝ 불변성

문화를 넘어가는 과정은 문화적 존재로서 우리가 누구인지에 대한 바로 그
기반에 도전한다. 그것은 새로운 배움과 성장을 위한 기회를 제공한다. 우
리의 고향에서 '뿌리째 뽑히는' 것은 우리의 새로운 환경에 있는 사람들과

그들의 문화(에 대한 이해)뿐만 아니라 우리 자신과 우리의 고향 문화에 대
한 이해도 가져다준다. 비록 문화를 넘어가는 것에서 발생할 수 있는 어려
움이 흔히 충격적이더라도, 성공담은 어디에나 있다. 우리가 문화를 넘어
가면서 겪는 고통, 그리고 상반되는 감정에도 불구하고, 혹은 오히려 이것
때문에, 우리는 고향을 떠나지 않고는 기를 수 없었던 명확성과 통찰력으
로 우리 자신과 다른 사람들을 새롭게 정의할 수 있는 특권을 특별히 누리
고 있다는 것을 점차 알게 된다. 새롭고 낯선 문화에 적응하는 것은, 그러
니까, 생존 그 이상이다. 그것은 삶을 바꾸는 여정이다. 그것은 개인적인
재창조, 변화, 성장, 우리 자신의 존재의 경계 너머로 뻗어가는 '되어가는
것'의 과정이다. 그 과정은 우리가 우리 이전의 개성과 우리가 태어난 문화
를 버릴 것을 요구하지 않는다. 오히려, 그것은 우리로 하여금 우리 자신
을, 특히 우리 내면의 그 '문화의 불변하는 것들' — 우리가 소중히 여기고
타협하기를 거부하는 측면들 — 을 마치 처음인 것처럼 발견할 것을 강요
한다.

ᗝ왜 정답? ★★★ [정답률 57%]

④ 관계대명사인데 뒤에 완전한 절이 이어진다!

The process does not require / that we abandon our former
personalities / and the cultures ④ which(→ into which) we
뒤에 완전한 절이 이어짐   앞에 선행사가 있음   앞에 선행사가 있고 완전한 절을 이끌므로
were born. //   관계대명사가 올 수 없음

관계대명사는 이어지는 절에서 주어나 목적어의 역할을 하므로, 이어지는 절은 주어나
목적어가 빠진 불완전한 절이어야 한다. 개념
뒤에 주어 we, 동사 were born의 완전한 절이 이어지고 있으므로 관계대명사
which는 올 수 없다. 해결
선행사를 수식하며 완전한 절을 이끌 수 있는 「전치사+관계대명사」인 into which나
관계부사 where가 와야 한다.

ᗝ왜 오답?

① 주어와 동사는 수 일치되어야 한다.

Being "uprooted" from our home ① brings us understanding
            동명사구 주어   단수 동사
/ not only of the people and their culture in our new
environment, / but of ourselves and our home culture. //

동명사(구)는 단수 취급한다. 개념
수 일치시켜야 하는 문장의 주어는 Being "uprooted" from our home으로,
동명사구이다.
동명사(구)는 단수 취급하므로 동사도 단수 동사 brings가 온 것은 알맞다.

② 분사를 수식할 때는 부사를 사용할 수 있다.
전치사구와 부사절: 제외하고 생각하기
Despite, or rather because of, the suffering and ambivalence
we undergo / when we cross cultures, / we gradually find
                                                        지각동사
ourselves ② uniquely privileged / to define ourselves and
  목적어   목적격 보어
others anew / with clarity and insight / that we could not have
cultivated / without leaving home. //

부사는 분사를 수식할 수 있다. 개념
privileged는 동사 find의 목적격 보어로 쓰였으며 uniquely는 앞에서 이 분사를
수식하고 있다.

③ 동명사는 문장의 주어 역할을 할 수 있다.

③ Adapting to a new and unfamiliar culture, / then, / is more
          동명사구 주어   단수 동사
than survival. //

동명사는 문장의 주어로 쓰일 수 있다. 개념
is가 문장의 동사이므로 그 앞부분까지는 주어일 것이다. 발상
Adapting ~ culture는 주어, is는 동사로 사용되었다.

⑤ 재귀대명사는 주체와 대상이 동일할 때 쓸 수 있다.

Rather, / it compels us to find ⑤ ourselves / as if for the first
　　　　　　　　to find의 주체　　　　to find의 대상
time, / particularly those "cultural invariants" within us / -
aspects that we hold dear and refuse to compromise. //

목적격 보어인 to find의 주체는 목적어인 us이므로, '그것이 우리에게 우리 자신을
찾도록 만드는 행위를 한다'는 의미를 나타내려면 주어와 목적어가 동일해야 한다.
따라서 to find의 목적어로 재귀대명사 ourselves가 온 것은 적절하다. **해결**

2회 05　정답 ③　*기하학과 비기하학적 정보의 결합

다음 글의 밑줄 친 부분 중, 문맥상 낱말의 쓰임이 적절하지 않은 것은?
[3점]

　　　가주어　　　　　　　　진주어절 접속사
While it has been found / that young children rely exclusively
on geometric information / to determine the location of an object
　　　　　　　　　　　과거분사구 (object 수식)　　부사적 용법 (목적)
/ hidden in a small enclosure, /
밝혀졌지만 / 어린아이들은 오로지 기하학적 정보에만 의존하는 것으로 / 물체의 위치를
파악하는 데 / 작은 에워싸인 장소에 숨겨진 /

exclusive use of geometry does not occur / in larger spaces. //
기하학의 단독 사용이 일어나지 않는다 / 더 큰 공간에서는 //

Although, in a small room, / children ① failed to incorporate
information / about nongeometric features (i.e., a blue wall), /
they used both types of information / in a larger room. //
비록 작은 방에서 / 아이들은 정보를 포함하는 데 실패했지만 / 비기하학적 특징(예를 들어,
파란색 벽)에 대한 / 그들은 두 가지 유형의 정보를 모두 사용했다 / 더 큰 방에서 //

These findings suggest / that geometric and nongeometric
　　　　　　　　　　　　목적어절 접속사
information may be combined / in a ② weighted fashion. //
이러한 연구 결과는 시사한다 / 기하학적 그리고 비기하학적 정보가 결합될 수 있음을 / 가중된
방식으로 // **단서** 기하학이 비기하학적 정보보다 안정적이기 때문에 타당하지 않은 것은 아님

Geometry may be ③ invalid(→ privileged) / because it is more
　　　　　　　　　　　　　　　주어와 동사 도치
stable across time / than is nongeometric information. //
기하학은 타당하지 않을(→ 특혜가 주어질) 수도 있다 / 시간이 지나도 안정적이기 때문에 /
비기하학적 정보가 그러한 것보다 //
명사절 주어
Whether or not nongeometric landmark information is
combined with geometry / may depend on / the ecological
validity of nongeometric features; /
비기하학적 랜드마크 정보가 기하학과 결합하는지 또는 아닌지의 여부는 / 달려있을 수 있다 /
비기하학적 특징의 생태학적 타당성에 /

for example, / larger features may be more stable / and hence
more ④ reliable. //
예를 들어 / 더 큰 특징은 더 안정적일 수 있고 / 그래서 더 일관된다 //

Further, / a variety of mobile animals give more weight to
nearer / than to farther landmarks / in estimation, /
게다가 / 다양한 이동하는 동물은 더 가까이 있는 것에 더 많은 가중치를 부여하는데 / 더 멀리
있는 랜드마크보다 / 추정 시 /
　　　　　　　　　　「전치사+관계대명사」
⑤ consistent with Weber's law / in which smaller distances
　　　　　　　비교급
would be coded more accurately / than larger distances. //
(이는) Weber의 법칙과도 모순되지 않는다 / 적은 거리가 더 정확하게 부호화된다는 / 큰
거리보다 //

- exclusive ⓐ 배타적인　　· incorporate ⓥ 포함하다
- combine ⓥ 결합하다　　　· weighted ⓐ 치우친, 편중된
- fashion ⓝ 방식　　　· ecological ⓐ 생태학적인
- validity ⓝ 타당성　　· reliable ⓐ 믿을 수 있는
- estimation ⓝ 추정, (가치·자질에 대한) 판단[평가]
- consistent with ~와 일치하는

어린아이들은 작은 에워싸인 장소에 숨겨진 물체의 위치를 파악하는 데 오
로지 기하학적 정보에만 의존하는 것으로 밝혀졌지만, 더 큰 공간에서는
기하학의 단독 사용이 일어나지 않는다. 비록 작은 방에서 아이들은 비기
하학적 특징(예를 들어, 파란색 벽)에 대한 정보를 포함하는 데 ① 실패했
지만, 그들은 더 큰 방에서 두 가지 유형의 정보를 모두 사용했다. 이러한
연구 결과는 기하학적 그리고 비기하학적 정보가 ② 가중된 방식으로 결합
될 수 있음을 시사한다. 기하학은 비기하학적 정보가 그러한 것보다 시간
이 지나도 안정적이기 때문에 ③ 타당하지 않을(→ 특혜가 주어질) 수도 있
다. 비기하학적 랜드마크 정보가 기하학과 결합하는지 또는 아닌지의 여부
는 비기하학적 특징의 생태학적 타당성에 달려있을 수 있다. 예를 들어, 더
큰 특징은 더 안정적일 수 있고 그래서 더 ④ 일관된다. 게다가, 다양한 이
동하는 동물은 추정 시 더 멀리 있는 랜드마크보다 더 가까이 있는 것에 더
많은 가중치를 부여하는데, (이는) 적은 거리가 큰 거리보다 더 정확하게
부호화된다는 Weber의 법칙과도 ⑤ 모순되지 않는다.

왜 정답? ★★★ [정답률 49%]

③ invalid 타당하지 않은

기하학은 비기하학적 정보가 그러한 것보다 시간이 지나도 안정적이기
때문에 ③ 타당하지 않을(특혜가 주어질) 수도 있다.

➡ 기하학적 정보가 비기하학적 정보보다 시간이 지나도 안정적이라고 했으므로
'타당하지 않다'고 하는 것은 앞뒤가 맞지 않는다.

▶ invalid(타당하지 않은)를 privileged(특혜가 주어지는) 등으로 바꿔야 함

왜 오답?

① failed 실패했다

어린아이들은 작은 에워싸인 장소에 숨겨진 물체의 위치를 파악하는 데
오로지 기하학적 정보에만 의존하는 것으로 밝혀졌지만, ~. 비록 작은
방에서 아이들은 비기하학적 특징(예를 들어, 파란색 벽)에 대한 정보를
포함하는 데 ① 실패했지만, 그들은 더 큰 방에서 두 가지 유형의 정보를
모두 사용했다.

➡ 앞 문장에서 아이들은 작은 장소에서 물체의 위치를 파악할 때는 기하학적 정보만
사용한다고 했으므로, 작은 방에서 비기하학적 정보를 포함하는 데 '실패했다'고
하는 것은 흐름이 자연스럽다. ▶ failed는 문맥에 적절함

② weighted 가중된

이러한 연구 결과는 기하학적 그리고 비기하학적 정보가 ② 가중된
방식으로 결합될 수 있음을 시사한다.

➡ 앞에서 더 큰 공간에서는 기하학적 정보와 비기하학적 정보가 모두 사용되었다고
언급했으므로, 기하학적 그리고 비기하학적 정보가 '가중된' 방식으로 결합될 수
있다고 한 것은 적절하다. ▶ weighted는 문맥에 적절함

④ reliable 일관된

예를 들어, 더 큰 특징은 더 안정적일 수 있고 그래서 더 ④ 일관된다.

➡ 더 큰 특징은 더 안정적일 수 있다고 했으므로 그 결과 더 '일관된다'고 하는 것은
흐름상 자연스럽다. ▶ reliable은 문맥에 적절함

⑤ consistent 모순되지 않는

게다가, 다양한 이동하는 동물은 추정 시 더 멀리 있는 랜드마크보다 더
가까이 있는 것에 더 많은 가중치를 부여하는데, (이는) 적은 거리가 큰
거리보다 더 정확하게 부호화된다는 Weber의 법칙과도 ⑤ 모순되지
않는다.

➡ 더 멀리 있는 랜드마크보다 더 가까이 있는 것에 더 많은 가중치를 부여한다 = 적은
거리(= 가까이 있는 것)가 큰 거리(= 멀리 있는 것)보다 더 정확하다

▶ Weber의 법칙과 '같은 의미'이므로 consistent는 문맥에 적절함

2회 06 정답 ① *언어 기술의 숙달에 따른 변화

From about ages eight through sixteen, / our manual dexterity
has strengthened / through continually improving eye-hand
coordination. //
약 8세부터 16세까지 / 우리의 손재주는 강화되어 왔다 / 눈과 손의 협응을 지속적으로
향상시키면서 //

There is considerable improvement / in handwriting skills. //
상당한 향상이 있다 / 필기 능력에 //

We gain mastery / over the mechanics of language. //
우리는 숙달을 얻는다 / 언어의 기술에 대한 //

We also gradually eliminate / the logical gaps in our stories / —
characteristic of our earlier stage of perception /
우리는 또한 점차적으로 제거한다 / 우리 이야기의 논리적 공백을 / 우리의 초기 지각 단계의
특징인
접속사
— as intense preoccupation with the whole vision / gives way
/ to preoccupation with correctness. // **단서 1** 정확성에 집착하게 되면서 초기
단계의 특징인 논리적 공백을 제거한다고 함
전체 시각에 대한 강렬한 집착이 / 바뀌면서 / 정확성에 대한 집착으로 //

As a result, / our writing and oral storying / become increasingly
conventional and literal, / **단서 2** 글쓰기와 구술이 상투적이며
사실에 충실하게 된다고 함
그 결과 / 우리의 글쓰기와 구술은 / 점점 더 상투적이며 사실에 충실하게 된다 /

with an accompanying **loss** of the spontaneity and originality /
주격 관계대명사(the spontaneity and originality 수식)
that characterized our earlier efforts. //
즉흥성과 독창성의 손실을 수반하면서 / 우리의 초기 노력의 특징이었던 //

At this stage / our vocabulary is firmly grounded. //
이 단계에서 / 우리의 어휘는 확고하게 기반을 갖는다 //
사이에 목적격 관계대명사 생략
We use **words** / **everyone** else uses. //
우리는 단어를 사용한다 / 모든 사람이 사용하는 // **단서 3** 모든 사람이
형용사적 용법   사용하는 단어를 사용함
We have little need / **to invent** metaphors / **to communicate**. //
우리는 필요가 거의 없다 / 은유를 지어낼 / 의사소통하기 위해 //
목적어를 이끄는 접속사   부사적 용법(목적)
mass를 수식하는 분사
By now / we know / **that** a star is "a hot gaseous **mass floating**
in space" / in contrast to our innocent stage, / when we noticed,
/ "Look that star is like a flower without a stem!" //
이제 / 우리는 알고 있다 / 별이 "우주를 떠다니는 뜨거운 기체 덩어리"라는 것을 / 순진한
단계와 대조하여 / 우리가 말했던 / "봐 저 별은 줄기가 없는 꽃과 같아!"라고 //

- continually ⓐd 지속적으로 • coordination ⓝ 협응, 협조
- handwriting ⓝ 필기 • mastery ⓝ 숙달, 통달
- eliminate ⓥ 제거하다 • logical ⓐ 타당한, 논리적인
- characteristic ⓝ 특징 • earlier ⓐ 초기의 • intense ⓐ 강렬한
- preoccupation ⓝ 집착 • whole ⓐ 전체의, 온전한
- give way to ~로 바뀌다 • correctness ⓝ 정확성
- conventional ⓐ 상투적인, 관습적인
- literal ⓐ 사실에 충실한, 글자 그대로의 • accompanying ⓐ 수반하는
- originality ⓝ 독창성 • characterize ⓥ 특징짓다
- firmly ⓐd 단호히, 확고히 • grounded ⓐ 현실에 기반을 둔
- metaphor ⓝ 은유(법) • by now 이제
- gaseous ⓐ 기체의 • mass ⓝ 덩어리 • float ⓥ 떠다니다
- in contrast with[to] ~와 대조를 이루어 • innocent ⓐ 순진한
- stem ⓝ 줄기

약 8세부터 16세까지, 우리의 손재주는 눈과 손의 협응을 지속적으로 향상시키
면서 강화되어 왔다. 필기 능력에 상당한 향상이 있다. 우리는 언어의 기술에
대한 숙달을 얻는다. 우리는 또한 전체 시각에 대한 강렬한 집착이 정확성에 대
한 집착으로 바뀌면서 — 우리의 초기 지각 단계의 특징인 — 우리 이야기의 논
리적 공백을 점차적으로 제거한다. 그 결과, 우리의 글쓰기와 구술은 점점 더
상투적이며 사실에 충실하게 되고, 우리의 초기 노력의 특징이었던 즉흥성과 독
창성의 **손실**을 수반하게 된다. 이 단계에서 우리의 어휘는 확고하게 기반을 갖
는다. 우리는 모든 사람이 사용하는 단어를 사용한다. 우리는 의사소통하기 위
해 은유를 지어낼 필요가 거의 없다. 이제 우리는 "봐 저 별은 줄기가 없는 꽃과
같아!"라고 말했던 순진한 단계와 대조하여, 별이 "우주를 떠다니는 뜨거운 기
체 덩어리"라는 것을 알고 있다.

다음 빈칸에 들어갈 말로 가장 적절한 것을 고르시오.

① **loss** 글쓰기와 구술이 초기의 즉흥성과 독창성을 손실하고 상투적이며 사실에 충실하게 된다고 함
  손실
② **sense** 글쓰기와 구술이 즉흥성과 독창성의 감각을 수반하는 것이 아니라 이를 잃게 된다는 내용임
  감각
③ **increase** 즉흥성과 독창성의 증가를 수반한다는 것과 반대되는 내용임
  증가
④ **recovery** 즉흥성과 독창성을 회복하는 것이 아니라 잃게 됨
  회복
⑤ **demonstration** 글쓰기와 구술이 즉흥성과 독창성을 입증한다는 내용이 아님
  입증

왜 정답? ★★★ [정답률 45%]

빈칸 문장	그 결과, 우리의 글쓰기와 구술은 점점 더 상투적이며 사실에 충실하게 되고, 우리의 초기 노력의 특징이었던 즉흥성과 독창성의 ______ 을 수반하게 된다.

➡ 빈칸에는 글쓰기와 구술에서 초기 노력이었던 즉흥성과 독창성이 어떻게
되었는지가 들어가야 한다.

- 전체 시각에 대한 강렬한 집착이 정확성에 대한 집착으로 바뀌면서, 우리의 초기
  지각 단계의 특징인 이야기의 논리적 공백을 점차적으로 제거하게 된다. **단서 1**
- 우리의 글쓰기와 구술은 점점 더 상투적이며 사실에 충실하게 된다. **단서 2**
- 우리는 모든 사람이 사용하는 단어를 사용한다. **단서 3**

➡ 정확성에 대한 집착이 생겨나면서 초기 지각 단계의 특징인 이야기의 논리적
공백이 제거되며, 글쓰기와 구술은 점점 더 상투적이며 사실에 충실하게 된다고
했다. 또한, 이제는 모든 사람이 사용하는 단어를 사용하게 된다는 내용의 글이다.
▶ 그러므로 글쓰기와 구술에서 사실에 충실하고 다른 사람들이 사용하는 단어를
사용하기 위해 초기 노력이었던 즉흥성과 독창성은 '사라지게' 된다고 하는 것이
적절하므로 ① '손실'이 정답이다.

왜 오답?

② 글쓰기와 구술이 즉흥성과 독창성의 감각을 수반한다는 내용이 아니다.
③ 글쓰기와 구술이 즉흥성과 독창성의 증가를 수반한다는 것과 오히려 반대되는
  내용이다.
④ 글쓰기와 구술이 즉흥성과 독창성의 회복을 수반한다는 언급은 없다.
⑤ 글쓰기와 구술이 즉흥성과 독창성을 입증한다는 내용의 글이 아니다.

2회 07 정답 ① *이타적인 행위를 하는 사람들의 도덕성

The commonsense understanding / of the moral status of
altruistic acts / conforms to / how most of us think about our
responsibilities toward others. //
상식적인 이해는 / 이타적인 행위의 도덕적 상태에 대한 / ~에 따른다 / 우리 대부분이 다른
사람들을 향한 우리의 책임에 대해 어떻게 생각하는지 //

We tend to get offended / when someone else or society
determines for us / how much of what we have should be given
away; / **단서 1** 일반적으로 다른 사람이나 사회가 무언가를 결정해 주는 것을
  불쾌하게 여기는 경향이 있다고 함
우리는 불쾌하게 여기는 경향이 있다 / 다른 누군가 또는 사회가 우리를 대신하여 결정하면 /
우리가 가진 것의 얼마만큼을 나누어줘야 하는지를 /
형용사적 용법
we are adults / and should have the right / **to make** such
decisions for ourselves. //
우리는 성인이다 / 그리고 권리가 있어야 한다 / 스스로 그러한 결정을 내릴 //
접속사가 생략되지 않은 분사구문   altruists를 수식하는 분사
Yet, / **when interviewed**, / altruists **known for making** the largest
sacrifices / — and **bringing** about the greatest benefits to their
동명사의 병렬 구조
recipients / — assert just the opposite. // **단서 2** 이타주의자들은 (앞 내용과)
  정반대의 주장을 함
하지만 / 인터뷰를 하면 / 가장 큰 희생을 한 것으로 알려진 이타주의자들은 / 그리고 그들의
수혜자에게 가장 큰 이익을 가져다주는 것으로 / 정반대의 주장을 한다 //
목적어절 접속사
They insist / **that** they **had absolutely no choice but to act** / as
they did. //
그들은 주장한다 / 그들이 전적으로 (그렇게) 행동할 수밖에 없었다고 / 자신들이 그랬던
것처럼 //

단서 3 이타적인 사람들은 누구나 똑같은 일을 했을 것이며 자신들의 행동이 찬사를 받을 만하다고 일관되게 주장함

Organ donors, and everyday citizens / **who** risk their own lives
to save others in mortal danger / **are** remarkably consistent / in
their explicit denials /
장기 기증자들과 평범한 시민들은 / 치명적인 위험에 처한 다른 사람들을 구하기 위해 자기
자신의 목숨을 거는 / 놀랍게 일관된다 / 그들의 명백한 부인에서 /

that they have done anything deserving of high praise / as well
as in their assurance / **that** anyone in their shoes **should have
done** exactly the same thing. //
자신이 찬사를 받을 만한 어떤 일을 했다는 것에 대한 / 그들의 확신에서뿐만 아니라 / 자신의
입장에 처한 사람이라면 누구나 정확하게 똑같은 것을 했을 것이라는 //

To be sure, / it seems / that **the more** altruistic someone is, /
the more they are likely to insist /
확실히 / 보인다 / 누군가가 '더' 이타적일수록 / 그들은 주장할 가능성이 더 높다 /

that they have done no more than all of us would be expected
to do, / **lest** we shirk our basic moral obligation to humanity. //
우리 모두가 할 것으로 기대되는 만큼만 했을 뿐이라고 / 우리가 인류에 대한 우리의 기본적인
도덕적 의무를 회피하지 않도록 //

- commonsense ⓐ 상식적인 · moral status 도덕적 지위
- conform ⓥ 따르다 · responsibility ⓝ 책임
- offend ⓥ 기분 상하게 하다, 불쾌하게 여겨지다 · determine ⓥ 결정하다
- sacrifice ⓝ 희생 · benefit ⓝ 이익 · recipient ⓝ 수혜자
- assert ⓥ 주장하다 · organ donor 장기 기증자
- mortal ⓐ 치명적인 · remarkably ⓐⓓ 놀랍게도
- explicit ⓐ 명백한 · denial ⓝ 부인, 부정
- deserving ⓐ (도움·보답·칭찬 등을) 받을 만한[자격이 있는]
- assurance ⓝ 확신 · in one's shoes ~의 입장에서
- obligation ⓝ 의무 · humanity ⓝ 인류
- appreciation ⓝ 감탄, 찬사 · in return 대신에, 답례로
- inapplicable ⓐ 적용되지 않는, 사용할 수 없는

이타적인 행위의 도덕적 상태에 대한 상식적인 이해는 우리 대부분이 다른 사람들을 향한 우리의 책임에 대해 어떻게 생각하는지에 따른다. 우리는 다른 누군가 또는 사회가 우리를 대신하여 우리가 가진 것의 얼마만큼을 나누어줘야 하는지를 결정하면 그것을 불쾌하게 여기는 경향이 있다. 우리는 성인이고 스스로 그러한 결정을 내릴 권리가 있어야 한다. 하지만, 인터뷰를 하면, 가장 큰 희생을 하고, 그들의 수혜자에게 가장 큰 이익을 가져다주는 것으로 알려진 이타주의자들은 정반대의 주장을 한다. 그들은 그들이 **자신들이 그랬던 것처럼 전적으로 (그렇게) 행동할 수밖에 없었다**고 주장한다. 치명적인 위험에 처한 다른 사람들을 구하기 위해 자기 자신의 목숨을 거는 장기 기증자들과 평범한 시민들은 자신의 입장에 처한 사람이라면 누구나 정확하게 똑같은 것을 했을 것이라는 그들의 확신에서뿐만 아니라 자신이 찬사를 받을 만한 어떤 일을 했다는 것에 대한 그들의 명백한 부인에서도 놀랍게 일관된다. 확실히, 누군가가 '더' 이타적일수록, 그들은 우리가 인류에 대한 우리의 기본적인 도덕적 의무를 회피하지 않도록, 우리 모두가 할 것으로 기대되는 만큼만 했을 뿐이라고 주장할 가능성이 더 높아 보인다.

다음 빈칸에 들어갈 말로 가장 적절한 것을 고르시오.

① had absolutely no choice but to act as they did
자신들이 그랬던 것처럼 전적으로 (그렇게) 행동할 수밖에 없었다
② should have been rewarded financially
재정적으로 보상을 받았어야 했다
③ regretted making such decisions
이러한 결정을 한 것을 후회했다
④ deserved others' appreciation in return
보답으로 다른 사람들의 인정을 받을 만했다
⑤ found the moral obligations inapplicable in risky situations
위험한 상황에서 도덕적 의무감이 적용되지 않는다는 것을 발견했다

왜 정답? ★★★ [정답률 47%]

- 우리는 다른 누군가 또는 사회가 우리를 대신하여 결정하면 그것을 불쾌하게
여기는 경향이 있다. 단서 1
- 하지만, 이타주의자들은 정반대의 주장을 한다. 단서 2
- 이타주의자들은 자신의 입장에 처한 사람이라면 누구나 정확하게 똑같은 것을
했을 것이며 자신이 찬사를 받을 만한 어떤 일을 했다는 것에 대해 일관되게
부인한다. 단서 3

→ 사람들은 일반적으로 자신이 스스로 결정하지 못하는 상황을 불쾌해하지만
이타주의자들은 이와 정반대의 주장을 하는데, 그 정반대의 주장이란 바로 자신의
입장이라면 누구나 (선택권 없이) 정확하게 똑같은 일을 했으리라는 것이다.

▶ 빈칸에는 그들이(이타주의자들이) 무엇이라고 주장했는지가 들어가야 하므로
① '자신들이 그랬던 것처럼 전적으로 (그렇게) 행동할 수밖에 없었다'고 하는 것이
적절하다.

왜 오답?

② 재정적으로 보상을 받았어야 한다고 하지 않았다.
③ 이러한 결정을 후회한다는 언급은 없다. **주의**
④ 다른 사람들의 인정을 바라는 것이 아니라 오히려 다른 사람들의 찬사를
부인한다고 했다.
⑤ 위험한 상황에서 도덕적 의무감이 적용되지 않는다는 것을 발견했다는 내용이
아니다.

2회 08 정답 ② *무의식적, 의식적 능력의 결합이 요구되는 일

Different creative pursuits / require varying degrees of
unconscious flexible thinking, /
서로 다른 창의적인 일들은 / 다양한 정도의 무의식적이고 유연한 사고를 요구한다 /

in combination with varying degrees of the conscious ability /
to adjust it and shape it / through analytical thinking. //
다양한 정도의 의식적인 능력과 함께 결합하여 / 그것을 조정하고 그것을 형성하는 /
분석적인 사고를 통해서 // 단서 1 창의적인 일에는 무의식적, 의식적 능력의 결합이 요구됨

In music, / for example, / at one end of the creative spectrum /
are improvisational artists, / such as jazz musicians. //
음악에서 / 예를 들어 / 창의적인 스펙트럼의 한끝에는 / 즉흥 연주가들이 있다 / 재즈
음악가와 같은 //

(A) On the other end of the spectrum / are those who compose
complex forms, / such as a symphony or concerto, /
스펙트럼의 다른 끝에는 / 복잡한 형식을 작곡하는 자들이 있다 / 심포니와 콘체르토와 같은 /

that require / **not just** imagination **but also** careful planning and
exacting editing. // 단서 2 스펙트럼의 다른 끝에는 복잡한 형식을 작곡하는 자들이 있음
요구하는 / 상상력뿐만 아니라 신중한 계획과 고된 편집을 //

We know, / for example, / through his letters and the reports of
others, /
우리는 안다 / 예를 들어 / 그의 편지와 다른 이들의 기록을 통해 /

that even Mozart's creations did not appear spontaneously, /
wholly **formed** in his consciousness, / **as** the myths about him
portray. //
심지어 모차르트의 창작물 또한 즉흥적으로 발생한 것이 아니라는 것을 / 그의 의식에서
완전히 만들어졌다는 것을 / 그에 관한 전설이 그려 내듯 //

(B) They have to be particularly talented / at **lowering** their
inhibitions / and **letting** in their unconsciously generated
ideas. // 단서 3 그들은(즉흥 연주가들은) 무의식적 생각을 받아들이는 데 재능이 있음
그들은 특히 재능이 있다 / 그들의 억제를 낮추는 것에 / 그리고 무의식적으로 생성된
생각들을 받아들이는 것에 //

And although the process of learning the fundamentals of
jazz / would require a high degree of analytical thought, / that
thinking style is not as big a factor / during the performance. //
그리고 비록 재즈의 원리를 배우는 과정이 / 높은 정도의 분석적 사고를 요구할지라도 /
그러한 사고방식은 그렇게 큰 요인이 아니다 / 공연 중에 // 단서 4 그(모차르트)는 생각을 분석하고 재작업하는 데 긴 시간을 보냄

(C) Instead, / he spent long, hard hours / analyzing and
reworking the ideas / **that** arose in his unconscious, /
대신 / 그는 길고 힘든 시간을 보냈다 / 생각들을 분석하고 재작업하는 데 / 무의식에 떠오른 /

much as a scientist does / **when producing** a theory / from a
germ of insight. //
과학자가 그러하듯 / 이론을 만들어 낼 때 / 통찰력의 기원으로부터 //

In Mozart's own words: / "I immerse myself in music... / I think about it all day long / — I like experimenting — studying — reflecting..." //

모차르트의 말처럼 / "나는 음악에 몰두한다 / 나는 그것에 대해 하루 종일 생각한다 / 나는 시도하고 — 공부하고 — 성찰하는 것…을 좋아한다" //

- **pursuit** ⓝ 일, 연구
- **varying** ⓐ 다양한
- **flexible** ⓐ 유연한
- **combination** ⓝ 조합
- **adjust** ⓥ 적응하다, 조절하다
- **analytical** ⓐ 분석적인
- **spectrum** ⓝ 범위, 스펙트럼
- **concerto** ⓝ 협주곡
- **exacting** ⓐ 고된
- **spontaneously** ⓐⓓ 자발적으로
- **consciousness** ⓝ 의식
- **myth** ⓝ 전설
- **portray** ⓥ 그리다, 묘사하다
- **inhibition** ⓝ 억제
- **fundamental** ⓝ 원리, 기초
- **theory** ⓝ 이론
- **germ** ⓝ 기원, 싹틈
- **reflect** ⓥ 깊이 생각하다, 심사숙고하다

서로 다른 창의적인 일들은 다양한 정도의 무의식적이고 유연한 사고를 분석적인 사고를 통해서 그것을 조정하고 그것을 형성하는 다양한 정도의 의식적인 능력과 함께 결합하여 요구한다. 예를 들어, 음악에서 창의적인 스펙트럼의 한끝에는 재즈 음악가와 같은 즉흥 연주가들이 있다. (B) 그들은 그들의 억제를 낮추고 무의식적으로 생성된 생각들을 받아들이는 것에 특히 재능이 있다. 그리고 비록 재즈의 원리를 배우는 과정이 높은 정도의 분석적 사고를 요구할지라도, 그러한 사고방식은 공연 중에 그렇게 큰 요인이 아니다. (A) 스펙트럼의 다른 끝에는 심포니와 콘체르토와 같은, 상상력뿐만이 아니라 신중한 계획과 고된 편집을 요구하는 복잡한 형식을 작곡하는 자들이 있다. 예를 들어, 우리는 그의 편지와 다른 이들의 기록을 통해, 심지어 모차르트의 창작물 또한, 그에 관한 전설이 그려 내듯 즉흥적으로 발생한 것이 아니라 그의 의식에서 완전히 만들어졌다는 것을 안다. (C) 대신, 그는 과학자가 통찰력의 기원으로부터 이론을 만들어 낼 때 그러하듯, 그의 무의식에 떠오른 생각들을 분석하고 재작업하는 데 길고 힘든 시간을 보냈다. 모차르트의 말대로, "나는 음악에 몰두한다… 나는 그것에 대해 하루 종일 생각하고, 나는 시도하고 — 공부하고 — 성찰하는 것…을 좋아한다."

주어진 글 다음에 이어질 글의 순서로 가장 적절한 것을 고르시오. [3점]

① (A) — (C) — (B) (A)는 즉흥 연주가들에 대한 설명이 아니라 의식에서 비롯된 복잡한 형식을 작곡하는 자들에 관한 내용이므로 주어진 글에 이어질 수 없음
② (B) — (A) — (C) 창의적인 일은 무의식적 능력과 의식적 능력이 함께 필요함 — 즉흥 연주가들은 무의식적 사고에 재능이 있음 — 반면에 의식에서 비롯된 복잡한 형식을 작곡하는 자들이 있음 – 무의식에서 떠오른 생각들을 분석하고 재작업함
③ (B) — (C) — (A)
④ (C) — (A) — (B) (C)는 (A)에 대한 부연 설명이므로 주어진 글 다음에 올 수 없음
⑤ (C) — (B) — (A)

(C)는 의식을 사용하여 복잡한 형식의 곡을 만드는 작곡가들에 대한 부연 설명이므로 (B)가 아니라 (A) 뒤에 이어져야 함

| 문제 풀이 순서 | ★★★ [정답률 37%]

1st 각 문단의 내용을 파악하고, 글의 논리적인 순서를 추론한다.

주어진 글: 서로 다른 창의적인 일들은 다양한 정도의 무의식적이고 유연한 사고를 분석적인 사고를 통해서 그것을 조정하고 그것을 형성하는 다양한 정도의 의식적인 능력과 함께 결합하여 요구한다. 예를 들어, 음악에서 창의적인 스펙트럼의 한끝에는 재즈 음악가와 같은 즉흥 연주가들이 있다.

➡ 창의적인 일은 무의식적 능력과 의식적 능력이 함께 필요하다고 설명하면서 예시로 재즈 음악가 같은 즉흥 연주가들을 제시하고 있다. 단서

주어진 글 뒤: 재즈 음악가 같은 즉흥 연주가들에 대한 설명이 이어질 것이다. 발상

(A): 스펙트럼의 다른 끝에는 심포니와 콘체르토와 같은, 상상력뿐만이 아니라 신중한 계획과 고된 편집을 요구하는 복잡한 형식을 작곡하는 자들이 있다. 예를 들어, 우리는 그의 편지와 다른 이들의 기록을 통해, 심지어 모차르트의 창작물 또한, 그에 관한 전설이 그려 내듯 즉흥적으로 발생한 것이 아니라 그의 의식에서 완전히 만들어졌다는 것을 안다.

➡ **(A) 앞:** 주어진 글은 재즈 음악가 같은 즉흥 연주가들을 제시했으므로, 즉흥 연주가들에 대한 설명이 이어져야 하는데 (A)는 그런 내용이 아니다.
▶ 주어진 글이 (A) 앞에 올 수 없음
(A) 뒤: 모차르트의 창작물이 의식에서 만들어졌다는 것에 대한 부연 설명이 이어질 것이다.

(B): 그들(They)은 그들의 억제를 낮추고 무의식적으로 생성된 생각들을 받아들이는 것에 특히 재능이 있다. 그리고 비록 재즈의 원리를 배우는 과정이 높은 정도의 분석적 사고를 요구할지라도, 그러한 사고방식은 공연 중에 그렇게 큰 요인이 아니다.

➡ **(B) 앞:** '그들'이 가리키는 내용이 있어야 한다. They는 주어진 글에서 재즈 음악가와 같은 즉흥 연주가들을 가리킨다.
▶ 순서: 주어진 문장 → (B)
(B) 뒤: 무의식적 능력을 사용하는 연주가들의 이야기가 마무리되었으므로 의식적 사고를 사용하는 것에 대한 이야기가 나올 것이다.
▶ (A)가 이어질 확률이 큼

(C): 대신, 그(he)는 과학자가 통찰력의 기원으로부터 이론을 만들어 낼 때 그러하듯, 그의 무의식에 떠오른 생각들을 분석하고 재작업하는 데 길고 힘든 시간을 보냈다. 모차르트의 말대로, "나는 음악에 몰두한다… 나는 그것에 대해 하루 종일 생각하고, 나는 시도하고 — 공부하고 — 성찰하는 것…을 좋아한다."

➡ **(C) 앞:** '그'가 가리키는 내용이 있어야 한다. he는 (A)의 모차르트를 가리키며, 모차르트가 의식을 사용하여 분석한다는 내용이므로 (A) 뒤에 이어지는 것이 자연스럽다.
▶ 순서: (A) → (C)
(C) 뒤: 모차르트에 대한 설명이 이어지거나 (C)가 글의 마지막일 확률이 높다.
▶ 순서: 주어진 글 → (B) → (A) → (C)

2nd 글이 한눈에 들어오도록 정리하여 정답을 확인한다.

주어진 글: 창의적 작업은 무의식적, 의식적 노력의 결합을 요구한다.
➡ **(B):** 재즈 음악가와 같은 즉흥 연주가들은 무의식적 생각을 잘 받아들인다.
➡ **(A):** 반면 복잡한 형식을 작곡하는 자들이 있고, 모차르트의 창작물 또한 의식을 사용한다.
➡ **(C):** 모차르트는 과학자가 이론을 만들어 내는 것처럼 무의식에 떠오른 생각들을 분석하고 음악에 대해 공부한다.
▶ 주어진 글 다음에 이어질 글의 순서는 (B) → (A) → (C)이므로 정답은 ②임

2회 09 정답 ④ *높은 보험료 부과 대상의 변화

글의 흐름으로 보아, 주어진 문장이 들어가기에 가장 적절한 곳을 고르시오.

But in the future, / real-time data collection will enable insurance companies / to charge pay-as-you-drive rates / depending on people's actual behavior on the road, / as opposed to generalized stereotypes / of certain "at-risk" groups. //

~에 따라
그러나 미래에는 / 실시간 데이터 수집이 보험사로 하여금 할 수 있게 할 것이다 / '운전하는 대로 내는' 요금을 부과하는 것을 / 도로에서 사람들의 실제 행동에 따라 /
~와는 대조적으로
단서 1 '위험군'에 대한 고정관념에서 벗어나 실시간 데이터 수집으로 '운전하는 대로 내는 요금'을 부과하는 미래와 반대되는 내용이 앞에 있어야 함
일반화된 고정 관념과는 대조적으로 / 특정 '위험군' 집단에 대한 //

Insurance companies are expected / to err on the safe side. //
보험 회사들은 예상된다 / 너무 만전을 기할 것으로 //

They calculate risks thoroughly, / carefully picking and choosing / the customers they insure. //
분사구문의 병렬 구조
그들은 위험성을 매우 철저하게 계산한다 / 그리고 신중하게 고르고 선택한다 / 그들이 보험을 맡을 고객을 //

They are boring / because their role in the economy / is to shield everyone and everything / from disastrous loss. //
명사적 용법
그들은 따분하다 / 왜냐하면 경제에서 그들의 역할이 / 모든 사람과 모든 것을 보호하는 것이기 때문이다 / 막심한 손실로부터 //

(①) Unlike manufacturing, / nothing truly revolutionary ever happens / in the insurance industry. //
제조업과는 달리 / 진정으로 획기적인 일이 절대 일어나지 않는다 / 보험 산업에서는 //

(②) For centuries, / insurers have charged higher premiums / to people in "high-risk categories" / such as smokers, male drivers under the age of thirty, and extreme-sports enthusiasts. //
단서 2 오랫동안 보험사들은 '고위험군'을 분류해 그들에게 높은 보험료 부과
수 세기 동안 / 보험사들은 더 높은 보험표를 부과해 왔다 / '고위험군'에 속하는 사람들에게 / 흡연자, 30세 미만의 남성 운전자, 그리고 익스트림 스포츠에 열정적인 사람과 같은 //

(③) This type of classification / frequently results in biases and outright discrimination / against disadvantaged groups. //
단서 3 이런 종류의 분류가 편견과 차별을 초래함
이런 종류의 분류는 / 편견과 노골적인 차별을 자주 초래한다 / 불이익을 받는 집단에 대한 //

(④) Bad or high-risk individual drivers / will end up paying more for insurance, / regardless of whether they are men or women, young or old. //
접속사(~이든 아니든)
단서 4 성별이나 연령에 관계없이 운전 습관이 나쁘면 보험표를 더 내게 될 것임
악질의 혹은 고위험 개인 운전자들은 / 결국 보험료를 더 내게 될 것이다 / 그들이 남자든 여자든, 어린지 나이가 많든지에 관계없이 //

(⑤) The Big Brother connotations are threatening, / but many people might agree / to the real-time monitoring of their driving behavior / if it means lower rates. //
= the real-time monitoring of their driving behavior
Big Brother(빅브라더)의 함축된 의미는 위협적이다 / 그러나 많은 사람들이 동의할 수도 있다 / 그들의 운전 행동을 실시간 감시하는 것에 / 그것이 더 낮은 요금을 의미한다면 //

- **real-time** 실시간 · **rate** ⓝ 요금, 비율
- **generalize** ⓥ 일반화하다 · **stereotype** ⓝ 고정 관념
- **calculate** ⓥ 계산하다 · **insure** ⓥ (보험업자가) ~의 보험을 맡다
- **shield** ⓥ 보호하다 · **disastrous** ⓐ 처참한, 형편없는
- **manufacturing** ⓝ 제조업 · **revolutionary** ⓐ 혁명의
- **premium** ⓝ 보험료, 할증금 · **enthusiast** ⓝ 열광적인 팬
- **classification** ⓝ 분류 · **bias** ⓝ 편견 · **outright** ⓐ 노골적인
- **discrimination** ⓝ 차별 · **disadvantaged** ⓐ 불이익을 받는
- **Big Brother** 정보의 독점을 통해 사회를 통제하는 권력 또는 그러한 사회 체계를 일컫는 말 · **connotation** ⓝ 함축(된 의미) · **threaten** ⓥ 협박하다

보험 회사들은 너무 만전을 기할 것으로 예상된다. 그들은 위험성을 매우 철저하게 계산하고, 그들이 보험을 맡을 고객을 신중하게 고르고 선택한다. 그들은 따분한데, 경제에서 그들의 역할이 모든 사람과 모든 것을 막심한 손실로부터 보호하는 것이기 때문이다. (①) 제조업과는 달리, 보험 산업에서는 진정으로 획기적인 일이 절대 일어나지 않는다. (②) 수 세기 동안 보험사들은 흡연자, 30세 미만의 남성 운전자, 그리고 익스트림 스포츠에 열정적인 사람과 같은 '고위험군'에 속한 사람들에게 더 높은 보험료를 부과해 왔다. (③) 이런 종류의 분류는 불이익을 받는 집단에 대한 편견과 노골적인 차별을 자주 초래한다. (④ 그러나 미래에는 실시간 데이터 수집이 보험사로 하여금 특정 '위험군' 집단의 일반화된 고정 관념과는 대조적으로 도로에서 사람들의 실제 행동에 따라 '운전하는 대로 내는' 요금을 부과할 수 있게 할 것이다.) 악질의 혹은 고위험 개인 운전자들은 그들이 남자든 여자든, 어린지 나이가 많든지에 관계없이 결국 보험료를 더 내게 될 것이다. (⑤) Big Brother(빅브라더)의 함축된 의미는 위협적이지만, 그것이 더 낮은 요금을 의미한다면 많은 사람이 그들의 운전 행동을 실시간 감시하는 것에 동의할 수도 있다.

| **문제 풀이 순서** | ★★★ [정답률 47%]

1st 주어진 문장을 해석하고, 연결어, 지시어 등을 확인한다.

But in the future, / real-time data collection will enable insurance companies / to charge pay-as-you-drive rates / depending on people's actual behavior on the road, / as opposed to generalized stereotypes / of certain "at-risk" groups. // **단서 1**
그러나 미래에는 / 실시간 데이터 수집이 보험사로 하여금 할 수 있게 할 것이다 / '운전하는 대로 내는' 요금을 부과하는 것을 / 도로에서 사람들의 실제 행동에 따라 / 일반화된 고정 관념과는 대조적으로 / 특정 '위험군' 집단에 대한 //

→ 미래에는 특정 위험군 집단에 대한 고정 관념과는 대조적으로 실시간 데이터 수집을 통해 운전하는 대로 내는 요금을 부과하게 될 것이라고 했다. **단서**
  ▶ **주어진 문장 앞**: 특정 위험군 집단에 대한 일반적인 고정 관념이 제시되어야 함
  ▶ **주어진 문장 뒤**: 운전하는 대로 내는 요금을 부과하는 것에 대한 추가 설명이 제시될 것임 **발상**

2nd 각 선택지의 앞뒤 흐름이 매끄러운지 확인한다.

- ①의 앞 문장과 뒤 문장

앞 문장: 그들은 따분한데, 경제에서 그들의 역할이 모든 사람과 모든 것을 막심한 손실로부터 보호하는 것이기 때문이다.

뒤 문장: 제조업과는 달리, 보험 산업에서는 진정으로 획기적인 일이 절대 일어나지 않는다.

→ 그들(보험 회사들)이 따분하다고 했고, 보험 산업에서는 획기적인 일이 절대 일어나지 않는다고 했으므로 두 문장은 자연스럽게 연결된다.
  ▶ 주어진 문장이 ①에 들어갈 수 없음

- ②의 앞 문장과 뒤 문장

앞 문장: ①의 뒤 문장과 같음

뒤 문장: 수 세기 동안 보험사들은 흡연자, 30세 미만의 남성 운전자, 그리고 익스트림 스포츠에 열정적인 사람과 같은 '고위험군'에 속한 사람들에게 더 높은 보험료를 부과해 왔다.

→ 보험 산업에서는 획기적인 일이 절대 일어나지 않는다고 한 앞 문장의 내용과, 보험사들이 '고위험군'에 속하는 사람들에게 더 높은 보험료를 부과해 왔다는 뒤 문장의 내용은 자연스럽게 연결된다.
  ▶ 주어진 문장이 ②에 들어갈 수 없음

- ③의 앞 문장과 뒤 문장

앞 문장: ②의 뒤 문장과 같음

뒤 문장: 이런 종류의 분류는 불이익을 받는 집단에 대한 편견과 노골적인 차별을 자주 초래한다.

→ 앞 문장에서 고위험군에 속하는 사람들에게 높은 보험료를 부과하고 있다고 했고, 뒤 문장에서는 이런 종류의 분류가 불이익을 받는 집단에 대한 차별을 초래한다고 했다.
뒤 문장에서 언급한 '이런 종류의 분류'가 바로 고위험군에 속하는 사람들을 분류한 것을 일컫기 때문에 두 문장은 자연스럽게 연결된다.
  ▶ 주어진 문장이 ③에 들어갈 수 없음

④의 앞 문장과 뒤 문장

앞 문장: ③의 뒤 문장과 같음

뒤 문장: 악질의 혹은 고위험 개인 운전자들은 그들이 남자든 여자든, 어리든지 나이가 많든지에 관계없이 결국 보험료를 더 내게 될 것이다.

→ 이런 종류의 분류가 불이익을 받는 집단에게 차별을 초래한다고 한 뒤에, 성별과 연령에 관계없이 악질 운전자들이 보험료를 더 내게 될 것이라고 했다.
주어진 문장은, 미래에는 특정 위험군 집단에 대한 고정 관념과는 대조적으로 '운전하는 대로 내는' 요금을 부과하게 될 것이라고 했다. 따라서 성별과 연령에 관계없이 악질 운전자들이 보험료를 더 내게 될 것이라고 한 뒤 문장으로 방향이 전환되기 전에 들어가야 한다.
  ▶ 주어진 문장이 ④에 들어가야 함

- ⑤의 앞 문장과 뒤 문장

앞 문장: ④의 뒤 문장과 같음

뒤 문장: Big Brother(빅브라더)의 함축된 의미는 위협적이지만, 그것이 더 낮은 요금을 의미한다면 많은 사람이 그들의 운전 행동을 실시간 감시하는 것에 동의할 수도 있다.

→ 앞 문장에서 (실시간 감시의 결과로) 성별과 연령에 관계없이 악질 운전자들이 보험료를 더 내게 될 것이라고 했고, 뒤 문장에서는 사람들이 더 낮은 요금을 의미한다면 운전 행동을 실시간 감시하는 것에 동의할 것이라고 했으므로 두 문장이 자연스럽게 연결된다.
  ▶ 주어진 문장이 ⑤에 들어갈 수 없음

 정답 ① *뇌 '가소성'의 의미

사이에 목적격 관계대명사 that 생략
"Brain plasticity" is a **term / we** use / in neuroscience. //
'뇌 가소성'은 용어이다 / 우리가 사용하는 / 신경 과학에서 //

목적어절 접속사
Whether intentionally or not, / "plasticity" suggests / **that** the
명사적 용법
key idea is / **to mold** something once and keep it that way
명사적 용법(is의 보어)
forever: / **to shape** the plastic toy and never change it again. //
의도적이든 아니든 / '가소성'은 시사한다 / 핵심 개념이 ~이라고 / 무언가를 한 번 성형하고
그것을 그대로 영원히 유지하는 것 / 즉, 플라스틱 장난감의 모양을 만들고 다시는 그것을
바꾸지 않는 것 //
단서 1 '뇌 가소성'은 형태를 영원히 유지하는 것임을 시사함

But that's not what the brain does. //
하지만 그것은 뇌가 하는 것이 아니다 //

It carries on remolding itself / throughout your life. //
뇌는 그 자신을 계속 재성형한다 / 여러분의 생애 내내 **단서 2** 뇌는 그 자신을 계속 재성형함

Think of a developing city, / and note the way / **it grows,**
way를 수식하는 절
improves, and responds to the world around it. //
개발 중인 도시를 생각해 보라 / 그리고 방식에 주목하라 / 그것이 성장하고, 진보하고, 주변
세상에 반응하는 //

Observe / where the city builds its truck stops, / how it crafts its
immigration policies, / and how it modifies its education and
legal systems. //
관찰하라 / 그 도시가 어디에 그것의 트럭 정류장을 짓는지 / 어떻게 그것의 이민 정책을
공들여 만드는지 / 그리고 어떻게 그것의 교육과 법률 체계를 수정하는지 //

A city is always changing. // 도시는 항상 변화하고 있다 //
수동형 동사의 병렬 구조
A city is not **designed** by urban planners / and then **immobilized**
/ like a plastic object. //
도시는 도시 계획자들에 의해 설계되지 않는다 / 그리고 나서 고정되지 않는다 / 플라스틱
물건처럼 //

It continually develops. // 그것은 끊임없이 발전한다 //

Just like cities, / brains never reach an end point. //
도시와 마찬가지로 / 뇌는 결코 종점에 도달하지 않는다 //

We spend our lives / blossoming toward something, / even as
the target moves. //
우리는 삶을 보낸다 / 무언가를 향해 번성하면서 / 심지어 우리는 목표물이 움직이더라도 //

Consider the feeling of encountering a diary / **that** you wrote
목적격 관계대명사(diary 수식)
many years ago. //
일기를 우연히 발견했을 때의 감정을 생각해 보라 / 여러분이 수년 전에 쓴 //

It represents / the thinking, opinions, and viewpoint of someone
/ **who** was a bit different / from who you are now, / and that
주격 관계대명사(someone 수식)
previous person can sometimes border on the unrecognizable. //
그것은 나타낸다 / 누군가의 생각, 의견, 그리고 관점을 / 약간 다른 / 지금의 여러분과는 /
그리고 그 이전의 사람은 때때로 거의 몰라볼 정도의 사람이라고 말할 수 있다 //

Despite having the same name and the same early history, / in
전치사(~에도 불구하고)
the years between inscription and interpretation / the narrator
has altered. //
같은 이름과 같은 초기 역사를 가지고 있음에도 불구하고 / 새겨진 글과 해석 사이의 세월
동안 / 화자가 달라졌다 //

부사적 용법(목적)
The word "plastic" can be stretched / **to fit** this notion of ongoing
change. // **단서 3** '플라스틱'이라는 단어는 변화를 의미할 수 있음
'플라스틱'이라는 단어는 확장될 수 있다 / 이러한 진행 중인 변화의 개념에 맞도록 //

> → While some understand / "brain plasticity" to mean
> (A) **permanence** upon molding, / the brain is actually capable
> of (B) **transformation**. //
> 어떤 사람들은 이해하는 반면 / 성형되자마자 '뇌 가소성'이 영속성을 의미한다고 / 뇌는
> 실제로 변화할 수 있다 //

- **plasticity** ⓝ 적응성, 가소성　　• **neuroscience** ⓝ 신경 과학
- **intentionally** ⓐⓓ 의도적으로　　• **carry on** 계속 가다[움직이다]
- **craft** ⓥ 공들여 만들다　　• **immigration policy** 이민 정책

- **modify** ⓥ 수정하다　　• **immobilize** ⓥ 고정시키다
- **blossom** ⓥ 번성하다　　• **interpretation** ⓝ 해석
- **narrator** ⓝ 화자, 내레이터　　• **stretch** ⓥ 늘이다
- **notion** ⓝ 개념, 생각　　• **ongoing** ⓐ 진행 중인

'뇌 가소성'은 우리가 신경 과학에서 사용하는 용어이다. 의도적이든 아니든, '가소성'은 핵심 개념이 무언가를 한 번 성형하고 그것을 그대로 영원히 유지하는 것이라고 시사한다. 즉, 플라스틱 장난감의 모양을 만들고 다시는 그것을 바꾸지 않는 것이다. 하지만 그것은 뇌가 하는 것이 아니다. 뇌는 여러분의 생애 내내 그 자신을 재성형하는 것을 계속한다. 개발 중인 도시를 생각해 보라. 그리고 그것이 성장하고, 진보하고, 주변 세상에 반응하는 방식에 주목하라. 그 도시가 어디에 그것의 트럭 정류장을 짓고, 어떻게 그것의 이민 정책을 공들여 만들고, 어떻게 그것의 교육과 법률 체계를 수정하는지 관찰하라. 도시는 항상 변화하고 있다. 도시는 도시 계획자들에 의해 설계되고 나서 플라스틱 물건처럼 고정되지 않는다. 그것은 끊임없이 발전한다. 도시와 마찬가지로, 뇌는 결코 종점에 도달하지 않는다. 심지어 우리는 목표물이 움직이더라도, 무언가를 향해 번성하며 삶을 보낸다. 여러분이 수년 전에 쓴 일기를 우연히 발견했을 때의 감정을 생각해 보라. 그것은 지금의 여러분과는 약간 다른 누군가의 생각, 의견, 그리고 관점을 나타내며, 그 이전의 사람은 때때로 거의 몰라볼 정도의 사람이라고 말할 수 있다. 같은 이름과 같은 초기 역사를 가지고 있음에도 불구하고, 새겨진 글과 해석 사이의 세월 동안 화자가 달라졌다. '플라스틱'이라는 단어는 이러한 진행 중인 변화의 개념에 맞도록 확장될 수 있다.
→ 어떤 사람들은 성형되자마자 '뇌 가소성'이 (A) **영속성**을 의미한다고 이해하는 반면, 뇌는 실제로 (B) **변화**할 수 있다.

다음 글의 내용을 한 문장으로 요약하고자 한다. 빈칸 (A), (B)에 들어갈 말로 가장 적절한 것은?

	(A)	(B)	
①	permanence 영속성	transformation 변화	뇌가 한번 성형되면 영속성을 가진 것처럼 이해하는 사람들이 있지만, 실제로 뇌는 변화함
②	flexibility 유연성	sympathizing 동정	뇌가 유연성을 갖는다고 이해하는 사람들이 있다는 내용은 없음
③	adaptability 적응성	restoration 회복	뇌의 적응성이나 회복에 대한 내용이 아님
④	firmness 견고함	sympathizing	뇌가 동정한다고 할 수는 없음
⑤	mobility 이동성	transformation	실제로 뇌가 변화하는 것은 맞지만 뇌가 이동성을 갖는 것은 아님

➤왜 정답? **✷✷✷** [정답률 67%]

뇌 가소성	한 번 성형되면 그대로 영원히 유지하는 것이 아니라 생애 내내 그 자신을 재성형하는 것을 계속하는 것 **단서 1** , **단서 2**
도시와의 비유	도시는 플라스틱 물건처럼 고정되지 않고 끊임없이 발전함
일기와의 비유	새겨진 글과 해석 사이의 세월 동안 화자가 달라짐
'플라스틱'의 의미	진행 중인 변화의 개념에 맞도록 확장 가능 **단서 3**

(A):
'가소성'이라는 말을 뇌는 한 번 성형되면 그대로 영원히 형태를 유지하는 영속성을 가진 것으로 생각하는 경향이 있다고 말하고 있다.
➡ 즉, 어떤 사람들은 성형되자마자 '뇌 가소성'이 '영속성(permanence)'이나 '견고함(firmness)'을 의미한다고 이해한다.

(B):
하지만 도시나 일기와의 비유를 통해 뇌는 한 번 성형되면 영원히 형태를 유지하는 것이 아니라 생애 내내 자신을 재성형하는 것을 계속한다고 했다.
➡ 즉, 뇌는 실제로 '변화(transformation)'하는 것이다.
▶ 요약문의 빈칸에는 각각 '영속성'과 '변화'가 들어가야 하므로 정답은 ①임

➤왜 오답?

② 뇌가 유연성을 갖는다고 이해하는 사람들이 있는 반면, 실제로 뇌는 동정한다는 내용이 아니다.
③ 뇌의 적응성이나 회복에 대한 내용이 아니다.
④ 뇌가 동정한다고 할 수는 없는 내용이다.
⑤ 실제로 뇌가 변화하는 것은 맞지만 뇌가 이동성을 갖는다고 할 수 없다.

주제	'가소성'이라는 단어는 뇌는 한 번 성형되면 영원히 유지되는 것을 시사하지만 실제로 뇌는 계속 재성형됨
예시 ①	도시는 한 번 설계된 후 끊임없이 발전함
예시 ②	오래 전에 쓴 일기를 발견하면 새겨진 글과 해석 사이의 세월 동안 화자가 달라짐
부연	'플라스틱'이라는 단어는 변화의 개념에 맞도록 확장될 수 있음

2회 11~12 *자기 대화 관리를 통한 생각 재구성

You are the narrator / of your own life. //
여러분은 내레이터이다 / 자기 자신의 삶의 //
전치사+관계대명사
The tone and perspective / with which you describe each experience / generates feelings / associated with that narration. //
어조와 관점이 / 각 경험을 묘사하는 / 감정을 만들어 낸다 / 그 내레이션과 관련된 //
find+목적어+목적격 보어
For example, / if you find yourself constantly assuming, /
예를 들어 / 계속해서 가정하는 자신의 모습을 알게 된다면 /
"This is hard," / "I wonder whether I'm going to survive," / or "It looks like this is going to turn out badly," / you'll generate (a) anxious feelings. //   "이건 어려워." / "내가 살아남을 수 있을지 모르겠어." / 또 "일이 안 좋게 되어갈 것 같아."라고 / 여러분은 불안 감정을 만들어 낼 것이다 //
11번 단서 1: 생각을 재구성하라고 함
way를 수식하는 절
It's time to restructure the way / you think. //
이제는 방식을 재구성할 때다 / 여러분이 생각하는 //
주어-동사 도치   동격의 접속사
Underlying this narration / are the beliefs / that (b) frame your experience / and give it meaning. //   11번 단서 2: 내레이션(말)의 기저에는 경험에 틀을 씌우는(경험에 영향을 미치는) 신념이 존재함
이러한 내레이션의 기저에는 / 신념이 존재한다 / 여러분의 경험에 틀을 씌우고 / 그것에 의미를 부여하는 //
think of A as B: A를 B라고 생각하다
Think of your beliefs / as having many layers. //
여러분의 신념을 생각해 보자 / 여러 층이 있다고 //
주어-동사 도치
On the surface / are your automatic thoughts. //
그 표면에 / 바로 '자동적 사고'가 존재한다 //
These are like short tapes / that momentarily flash through your mind. //
주격 관계대명사(tapes 수식)
이것은 짧은 테이프와 같다 / 순간적으로 여러분의 머릿속을 스쳐 가는 //
목적격 관계대명사(self-talk 수식)
Call these automatic thoughts / a form of "self-talk" / that you use as you navigate through the day. //   11번 단서 3: 자동적 사고는 자기 대화의 한 종류임
이 자동적 사고를 부르자 / "자기 대화"의 한 종류로 / 여러분이 하루를 항해해 나가며 사용하는 //
You (c) produce / a wide variety of these automatic thoughts, / some consciously and some unconsciously. //
여러분은 만들어 낸다 / 매우 다양한 자동적 사고를 / 일부는 의식적으로, 일부는 무의식적으로 //
주격 관계대명사(thoughts 수식)
For example, / automatic thoughts that (d) relieve(→ fuel) anxiety / go something like this: /   예를 들어 / 불안감을 완화하는(→ 불안감에 기름을 붓는) 자동적 사고는 / 이런 식으로 흘러간다 /
You walk into a room, / see a few new people, / and say to yourself, / "Oh no, I don't like this. This is not good." //
여러분이 방에 들어가서 / 처음 보는 사람 몇 명을 보고 / 자신에게 말한다 / "이런, 나는 이거 싫어. 이건 좋지 않아." //   12번 단서 1: 싫고 좋지 않다는 말 = 부정적인 말
Or, / "These people will soon find out / that I am full of anxiety / and will reject me." //   12번 단서 2: 불안감이 가득하다는 것을 알고 자신을 거부할 거라는 말
또 / "이 사람들은 곧 알아챌 거야 / 내가 불안감이 가득하다는 것을 / 그리고 날 거부할 거야." //
주격 관계대명사(habits 수식)
Automatic thoughts are bad habits / that (e) cloud fresh and positive experiences. //
자동적 사고는 나쁜 습관이다 / 새롭고 긍정적인 경험을 우울하게 만드는 //

They can turn a potentially good experience / into one fraught with anxiety. //   12번 단서 3: 자동적 사고는 좋은 경험을 불안감으로 가득찬 것으로 바꿈
그것들은 잠재적으로 좋은 경험을 바꿀 수 있다 / 불안감으로 가득찬 것으로 //
목적어절을 이끄는 접속사
If you tell yourself / that you are always stressed or full of anxiety / before doing something new, / that new experience will be tainted / by that anxiety. //
사이에 주어와 동사 생략
만약 여러분이 스스로에게 말한다면 / 항상 스트레스를 받고 불안감으로 가득하다고 / 새로운 무언가를 하기 전에 / 그 새로운 경험은 오염될 것이다 / 그 불안에 의해 //

- tone ⓝ 어조   • perspective ⓝ 관점   • generate ⓥ 만들어 내다
- associate ⓥ 연관 짓다, 연상하다   • assume ⓥ 가정하다
- restructure ⓥ 재구성하다   • underlying ⓐ 기저의
- layer ⓝ 층, 막   • surface ⓝ 표면
- momentarily ⓐⓓ 순간적으로   • automatic ⓐ 무의식의, 반사적인
- navigate ⓥ 항해하다   • anxiety ⓝ 불안감   • reject ⓥ 거부하다
- potentially ⓐⓓ 잠재적으로   • heighten ⓥ 고조되다

여러분은 자기 자신의 삶의 내레이터이다. 각 경험을 묘사하는 어조와 관점이 그 내레이션과 관련된 감정을 만들어 낸다. 예를 들어, "이건 어려워.", "내가 살아남을 수 있을지 모르겠어.", 또 "일이 안 좋게 되어갈 것 같아."라고 계속해서 가정하는 자신의 모습을 알게 된다면, 여러분은 (a) 불안 감정을 만들어 낼 것이다. 이제는 여러분의 사고 방식을 재구성할 때다. 이러한 내레이션의 기저에는 여러분의 경험에 (b) 틀을 씌우고 그것에 의미를 부여하는 신념이 존재한다. 여러분의 신념에 여러 층이 있다고 생각해 보자. 그 표면에 바로 '자동적 사고'가 존재한다. 이것은 순간적으로 여러분의 머릿속을 스쳐 가는 짧은 테이프와 같다. 이 자동적 사고를 여러분이 하루를 항해해 나가며 사용하는 "자기 대화"의 한 종류로 부르자. 여러분은 매우 다양한 자동적 사고를 일부는 의식적으로, 일부는 무의식적으로 (c) 만들어 낸다. 예를 들어, 불안감을 (d) 완화하는(→ 불안감에 기름을 붓는) 자동적 사고는 이런 식으로 흘러간다: 여러분이 방에 들어가서 처음 보는 사람 몇 명을 보고, 자신에게 말한다. "이런, 나는 이거 싫어. 이건 좋지 않아." 또는 "이 사람들은 곧 내가 불안감이 가득하다는 것을 알아채고 날 거부할 거야." 자동적 사고는 새롭고 긍정적인 경험을 (e) 우울하게 만드는 나쁜 습관이다. 그것들은 잠재적으로 좋은 경험을 불안감으로 가득찬 것으로 바꿀 수 있다. 만약 여러분이 새로운 무언가를 하기 전에 항상 스트레스를 받고 불안감으로 가득하다고 스스로에게 말한다면, 그 새로운 경험은 그 불안에 의해 오염될 것이다.

2회 11   정답 ③

윗글의 제목으로 가장 적절한 것은?

① The Role of Automatic Thoughts in Language Learning
언어 학습에서 자동적 사고의 역할   언어 학습에서 자동적 사고가 하는 역할에 대한 글이 아님
② Self-talk: The Best Way to Improve Your Speech   자기 대화가 말하기
자기 대화: 말하기 능력을 향상시키는 최고의 방법   능력을 향상시키는 방법이라고 하지 않았음
③ Reshaping Thoughts: Manage Your Self-talk   자기 대화를 관리하고 생각을
생각 재구성하기: 당신의 자기 대화를 관리하라   바꾸어야 불안감이나 스트레스가 줄어든다는 내용임
④ Heightened Anxiety Leads to Productivity
높은 불안은 생산성으로 이어진다   높은 불안이 생산성으로 이어진다는 내용의 글이 아님
⑤ Ways to Read Others' Inner Thoughts
다른 사람의 내면 생각을 읽는 방법   다른 사람의 내면 생각을 읽는 방법을 제시하지 않았음

왜 정답? ★★❀ [정답률 71%]

도입	• 여러분은 자기 삶의 내레이터 • 각 경험을 묘사하는 어조와 관점이 그 내레이션과 관련된 감정을 만들어 냄(부정적인 말 → 불안 감정)
요지	• 사고 방식을 재구성할 때임 • '자기 대화'의 한 종류인 자동적 사고가 존재하고, 이를 의식적 또는 무의식적으로 만들어 냄
부연	불안감을 만드는 자동적 사고(부정적이거나 싫다고 스스로에게 하는 말)는 새롭고 긍정적인 경험을 우울하게 만드는 나쁜 습관

▶ 불안감을 만드는 자동적 사고를 재구성하고 자기 대화를 관리하라는 내용의 글이므로 ③ '생각 재구성하기: 당신의 자기 대화를 관리하라'가 제목으로 적절하다.

2회 12 정답 ④

밑줄 친 (a)~(e) 중에서 문맥상 낱말의 쓰임이 적절하지 않은 것은? [3점]

① (a) 부정적인 말들이 '불안' 감정을 만들어 냄 — 불안한
② (b) 부정적인 내레이션이 경험에 '틀을 씌우는' — 틀을 씌우다 신념을 부여함
③ (c) 자동적 사고는 스스로 '만들어 내는' 것임 — 만들어 내다 맞음
④ (d) 부정적 말들은 불안감을 완화하는 것이 — 완화하다 아니라 불안감을 '증폭시킴'
⑤ (e) 자동적 사고가 긍정적 경험을 '우울하게 만드는' 것임 — 우울하게 만들다

>왜 정답 ? ★★★ [정답률 51%]

④ (d) relieve 완화하다

예를 들어(For example), 불안감을 (d) 완화하는 자동적 사고는 이런 식으로 흘러간다: 여러분이 방에 들어가서 처음 보는 사람 몇 명을 보고, 자신에게 말한다. "이런, 나는 이거 싫어. 이건 좋지 않아." 또는 "이 사람들은 곧 내가 불안감이 가득하다는 것을 알아채고 날 거부할 거야."

➡ 싫다거나 좋지 않다거나 불안감이 가득하다는 것을 알고 자신을 거부할 거라는 생각은 불안감을 완화하는 것이 아니라 불안감을 자극하거나 '증가시키는' 것임

▶ relieve(완화하다)의 반대 의미를 갖는 fuel(기름을 붓다)로 바꿔야 함

>왜 오답 ?

① (a) anxious 불안한

예를 들어(For example), "이건 어려워.", "내가 살아남을 수 있을지 모르겠어.", 또 "일이 안 좋게 되어갈 것 같아."라고 계속해서 가정하는 자신의 모습을 알게 된다면, 여러분은 (a) 불안 감정을 만들어 낼 것이다.

➡ 어렵다거나 살아남을 수 있을지 모르겠다거나 일이 안 좋게 되어갈 것 같다는 것은 '불안' 감정을 만들어 내는 것이다.

▶ anxious는 문맥에 맞음

② (b) frame 틀을 씌우다

이러한 내레이션(this narration)의 기저에는 여러분의 경험에 (b) 틀을 씌우고 그것에 의미를 부여하는 신념이 존재한다.

➡ '이러한 내레이션(this narration)'은 앞에서 언급한 부정적인 말을 의미하고, 이 말이 불안 감정을 만들어 낸다고 했으므로 이러한 내레이션의 기저에 여러분의 경험에 '틀을 씌우고' 의미를 부여하는 신념이 있다고 하는 것은 적절하다.

▶ frame은 문맥에 맞음

③ (c) produce 만들어 내다

여러분은 매우 다양한 자동적 사고를 일부는 의식적으로, 일부는 무의식적으로 (c) 만들어 낸다.

➡ 자동적 사고는 '자기 대화'의 한 종류로 스스로 '만들어 내는' 것이 맞다.

▶ produce는 문맥에 맞음

⑤ (e) cloud 우울하게 하다

자동적 사고는 새롭고 긍정적인 경험을 (e) 우울하게 만드는 나쁜 습관이다.

➡ 앞에서 자동적 사고의 결과인 부정적인 말들을 나열하고 이것이 불안감에 기름을 붓는다고 했으므로 문맥상 자동적 사고가 긍정적인 경험을 '우울하게 만든다'고 하는 것은 적절하다.

▶ cloud는 문맥에 맞음

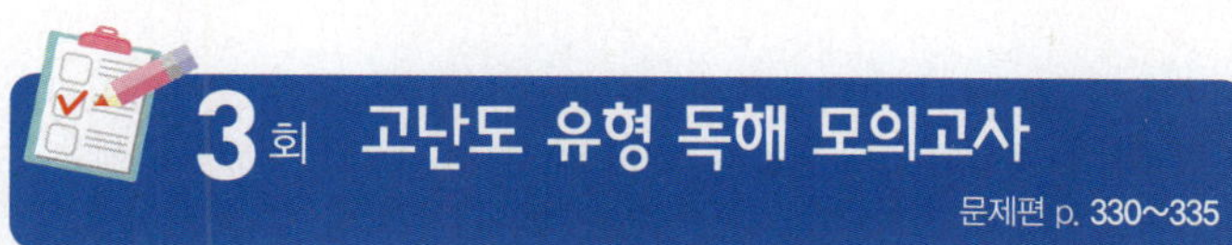

3회 01 정답 ⑤ ＊평판 덕분에 뿌린 대로 거두는 우리

Thanks to the power of reputation, / we help others / without expecting an immediate return. //
단서 1 선하고 관대한 일을 하면 미래에 다른 사람에게 도움을 받을 가능성이 높음
평판의 힘 덕분에 / 우리는 남들을 돕는다 / 즉각적인 보답을 기대하지 않고 //

If, / thanks to endless chat and intrigue, / the world knows / that you are a good, charitable guy, / then you boost your chance / of being helped by someone else / at some future date. //
만일 / 끝없는 잡담과 관심 덕분에 / 세상이 안다면 / 여러분이 선하고 관대한 사람임을 / 여러분은 여러분의 가능성을 높인다 / 다른 누군가에 의해 도움을 받을 / 미래의 어느 날에 //

The converse is also the case. //
그 역 또한 마찬가지이다 //

단서 2 다른 사람에게 도움을 주지 않으면 도움을 받을 가능성이 낮아짐

I am less likely to get my back scratched, / in the form of a favor, / if it becomes known / that I never scratch anybody else's. //
나는 내 등이 긁어지게 할 가능성이 더 적어진다 / 호의의 형태로 / ~이 알려지면 / 내가 다른 누구의 등도 결코 긁어주지 않는다는 것이 //

Indirect reciprocity now means / something like /
간접적인 상호 호혜는 이제 의미한다 / ~와 같은 것을 /

"If I scratch your back, / my good example will encourage others / to do the same / and, with luck, / someone will scratch mine." //
"내가 너의 등을 긁어주면 / 나의 선한 모범이 다른 사람을 장려할 것이며 / 똑같이 하도록 / 운이 좋으면 / 누군가 내 등을 긁어줄 것이다" //
단서 3 다른 사람에게 도움을 주면 나도 도움을 받을 것임

By the same token, / our behavior is endlessly shaped / by the possibility / that somebody else might be watching us / or might find out / what we have done. //
마찬가지로 / 우리의 행동은 끊임없이 형성된다 / 가능성에 의해 / 다른 누군가가 우리를 지켜보고 있거나 / 알아낼 수도 있다는 / 우리가 한 일을 //

We are often troubled / by the thought / of what others may think / of our deeds. //
우리는 흔히 걱정한다 / 생각으로 / 다른 사람이 어떻게 생각할지라는 / 우리의 행동에 대해 //

In this way, / our actions have consequences / that go far beyond any individual act of charity, / or indeed any act of mean-spirited malice. //
이런 식으로 / 우리의 행동은 결과를 초래한다 / 어떤 개별적인 자선 행위를 훨씬 넘어서는 / 또는 정말로 어떠한 비열한 악의의 행동을 //

We all behave differently / when we know / we live / in the shadow of the future. //
우리 모두는 다르게 행동한다 / 우리가 알면 / 우리가 산다는 것을 / 미래의 그늘 아래 //

That shadow is cast / by our actions / because there is always the possibility / that others will find out / what we have done. //
그 그늘은 드리워진다 / 우리의 행동에 의해 / 가능성이 항상 있기 때문에 / 다른 사람이 알아낼 / 우리가 한 일을 //

- reputation ⓝ 평판
- immediate ⓐ 즉각적인, 당면한
- intrigue ⓝ 관심, 흥미
- charitable ⓐ 관대한, 자선의
- boost ⓥ 북돋우다, 높이다
- chance ⓝ 가능성
- converse ⓝ 정반대
- favor ⓝ 호의
- indirect ⓐ 간접적인
- reciprocity ⓝ 호혜(互惠)
- encourage ⓥ 권장[장려]하다, 용기를 북돋우다
- by the same token 마찬가지로
- shape ⓥ 형성하다
- possibility ⓝ 가능성
- trouble ⓥ 괴롭히다, 애 먹이다
- deed ⓝ 행동
- consequence ⓝ 결과
- charity ⓝ 너그러움, 관용
- mean-spirited ⓐ 비열한
- cast ⓥ (빛을) 발하다, (그림자를) 드리우다
- conflict ⓝ 갈등, 충돌
- regardless of ~에 상관없이
- ultimately ⓐⓓ 궁극적으로, 근본적으로
- reap ⓥ 거두다, 수확하다
- sow ⓥ (씨를) 뿌리다[심다]

모의고사 3회

평판의 힘 덕분에, 우리는 즉각적인 보답을 기대하지 않고 남들을 돕는다. 만일 끝없는 잡담과 관심 덕분에 여러분이 선하고 관대한 사람임을 세상 사람들이 안다면, 여러분은 미래의 어느 날에 다른 누군가에 의해 도움을 받을 가능성을 높인다. 그 역 또한 마찬가지이다. 호의의 형태로, 내가 다른 누구의 등도 결코 긁어주지 않는다는 것이 알려지면, (누군가가) 내 등을 긁어줄 가능성은 더 적어진다. 간접적인 상호 호혜는 이제 "내가 너의 등을 긁어주면, 나의 선한 모범이 다른 사람을 똑같이 하도록 장려할 것이며, 운이 좋으면, 누군가 내 등을 긁어줄 것이다."와 같은 것을 의미한다. 마찬가지로, 우리의 행동은 다른 누군가가 우리를 지켜보고 있거나 우리가 한 일을 알아낼 수도 있다는 가능성에 의해 끊임없이 형성된다. 우리는 흔히 다른 사람이 우리의 행동을 어떻게 여길까라는 생각으로 걱정한다. 이런 식으로 우리의 행동은 어떤 개별적인 자선 행위나 정말로 어떠한 비열한 악의의 행동을 훨씬 넘어서는 결과를 초래한다. 우리가 미래의 그늘 아래 산다는 것을 알면 우리 모두는 다르게 행동한다. 다른 사람이 우리가 한 일을 알아낼 가능성이 항상 있기 때문에 그 그늘은 우리의 행동에 의해 드리워진다.

밑줄 친 live in the shadow of the future가 다음 글에서 의미하는 바로 가장 적절한 것은?

① are distracted by inner conflict 도울지 말지를 갈등하는 것이 아님
내면의 갈등에 의해 산만해지다
② fall short of our own expectations 자신이나 타인의 기대에 대한 언급은 없음
우리 자신의 기대에 미치지 못하다
③ seriously compete regardless of the results 타인을 돕는 것에 대한 내용임
결과에 상관없이 진지하게 경쟁하다
④ are under the influence of uncertainty 도움을 받을지가 불확실하다는 것으로
불확실성의 영향 아래에 있다 만든 오답
⑤ ultimately reap what we have sown 남을 도우면 내가 도움을 받을 가능성이
궁극적으로 우리가 씨 뿌린 것을 거두다 높아짐

왜 정답? ★★★ [정답률 35%]

- 선하고 관대한 일을 함 → 선하고 관대한 사람이라는 평판을 얻음 → 미래의 어느
  날에 다른 사람의 도움을 받을 가능성을 높임 **단서 1**
- 남에게 도움을 주지 않음 → 남에게 도움을 주지 않는다는 것이 알려짐(평판) →
  남에게 도움을 받을 가능성이 적어짐 **단서 2**

→ 남을 도우면 미래에 남에게 도움을 받고, 남을 돕지 않으면 미래에 남에게 도움을
  받지 못할 것임

  ▶ 뿌린 대로 거둔다는 것이므로 '미래의 그늘 아래 산다'는 것은 ⑤ '궁극적으로
  우리가 씨 뿌린 것을 거두다'라는 의미이다.

왜 오답?

① 남을 도울지 말지에 대한 내면의 갈등을 다룬 글이 아니다.
② 나의 행동이나 타인의 행동이 어떤 기준에 의해 평가된다는 언급은 없다.
③ 타인과의 경쟁이 아니라 타인을 돕는 것에 대해 이야기하는 글이다.
④ 내가 남을 도우면 남에게 도움을 받을 가능성이 높다고 한 것은 도움을 받을지,
  받지 못할지가 불확실하다는 것을 이야기하기 위한 것이 아니다. (이유: 도움을
  받을 가능성이 높다는 말과 도움을 받을 수 있는지 불확실하다는 말은 전혀 다른
  말임)

배경 지식

★ 결과주의(consequentialism)

영국의 분석철학자 Elizabeth Anscombe이 도입한 용어로, 어떤 행위나
사건을 그것의 과정보다 결과를 중심으로 해석하고 판단하는 경향을 말한다.
결과주의에 따르면 행위의 옳고 그름은 그것이 좋은 결과를 낳았는지 아닌지에
따라 결정된다.

결과주의는 행위의 동기보다 결과를
우선시하기 때문에, 선한 의도로 행한
행위일지라도 나쁜 결과를 초래하였을 경우
그 행위를 옳은 행위라고 간주하지 않는다.
따라서 극단적인 결과주의는 목적이 수단을
정당화한다는 비판을 받는다.

주어와 be동사(we are)가 생략된 부사절
Whenever possible, / we should take measures / to re-socialize
the information / we think about. // **단서 1** 정보를 재사회화해야 함
선행사(목적격 관계대명사 that은 생략됨)
가능할 때마다 / 우리는 조치를 취해야 한다 / 정보를 '재사회화하는' / 우리가 생각하는 //

The continual patter / we carry on in our heads / is in fact a kind
of internalized conversation. //
지속적인 재잘거림은 / 우리가 머릿속에서 계속하는 / 사실 일종의 내면화된 대화이다 //

복수 주어
Likewise, / **many** of the written forms / we encounter at school
and at work / — from exams and evaluations, / to profiles and
case studies, / to essays and proposals — /
마찬가지로 / 서면 형식의 많은 것들이 / 우리가 학교와 직장에서 마주치는 / 시험과 평가에서
/ 개요서와 사례 연구까지 / 에세이와 제안서에 이르기까지 /

복수 동사
are really social exchanges (questions, stories, arguments) /
put on paper / and addressed / to some imagined listener or
interlocutor. //
사실 사회적 교환(질문, 이야기, 논쟁)이다 / 종이에 쓰여 / 건네지는 / 가상의 어떤 청자나
대화자에게 //

전치사 동명사
There are significant advantages / **to turning** such interactions
at a remove back / into actual social encounters. //
상당한 이점이 있다 / 조금 거리를 둔 그런 상호 작용을 다시 되돌리는 것에는 / 실제적인
사회적 만남으로 //

Research demonstrates / that the brain processes the "same"
information differently, / and often more effectively, / when
other human beings are involved / **단서 2** 뇌는 다른 사람들이 관련될 때 똑같은
정보를 더 효과적으로 처리함
연구는 보여준다 / 뇌가 '똑같은' 정보를 다르게 처리한다는 것을 / 그리고 흔히 더 효과적으로
/ 다른 사람들이 관련될 때 /

〈양보〉의 부사절 접속사
— **whether** we're imitating them, / debating them, / exchanging
stories with them, / synchronizing and cooperating with them, /
teaching or being taught by them. //
우리가 그들을 모방하고 있든지 / 그들과 논쟁하고 있든지 / 그들과 이야기를 교환하고 있든지
/ 그들과 동조하면서 협력하고 있든지 / 그들을 가르치거나 그들에게 배우고 있든지 간에 //

We are inherently social creatures, / and our thinking benefits /
from bringing other people / into our train of thought. //
우리는 본래 사회적 존재이고 / 우리의 생각은 이득을 본다 / 다른 사람을 끌어들이는
것으로부터 / 우리가 하는 일련의 생각으로 //

- **measure** ⓝ 조치, 정책　· **continual** ⓐ 거듭[반복]되는
- **carry on** ~을 계속하다　· **internalized** ⓐ 내면화된
- **likewise** ⓐⓓ 똑같이, 또한　· **encounter** ⓥ 마주치다 ⓝ 만남, 접촉
- **evaluation** ⓝ 평가　· **profile** ⓝ 개요(서)
- **argument** ⓝ 논쟁, 언쟁
- **exchange** ⓝ 교환, 교류 ⓥ (이야기를) 주고받다
- **address** ⓥ 건네다, 보내다　· **advantage** ⓝ 유리한 점, 이점
- **demonstrate** ⓥ 입증[실증]하다　· **effectively** ⓐⓓ 효과적으로, 실질적으로
- **imitate** ⓥ 모방하다, 본뜨다　· **debate** ⓥ 논쟁하다
- **synchronize** ⓥ 동시에 발생하다[움직이다]
- **cooperate** ⓥ 협력[협조]하다　· **inherently** ⓐⓓ 본래
- **via** prep ~을 통해, ~을 경유하여[거쳐]　· **cognitive** ⓐ 인식[인지]의
- **trait** ⓝ 특성

가능할 때마다, 우리는 우리가 생각하는 정보를 '재사회화하는' 조치를
취해야 한다. 우리가 머릿속에서 계속하는 지속적인 재잘거림은 사실
일종의 내면화된 대화이다. 마찬가지로 시험과 평가에서, 개요서와 사례
연구, 에세이와 제안서에 이르기까지, 학교와 직장에서 우리가 마주치는
많은 문서가 사실 종이에 쓰여 가상의 어떤 청자나 대화자에게 건네는
사회적 교환(질문, 이야기, 논쟁)이다. 조금 거리를 둔 그런 상호 작용을
다시 실제적인 사회적 만남으로 되돌리는 것에는 상당한 이점이 있다.
다른 사람들이 관련될 때, 즉 우리가 그들을 모방하고 있는지, 그들과
논쟁하고 있는지, 그들과 이야기를 교환하고 있는지, 그들과 동조하면서
협력하고 있는지, 또는 그들을 가르치거나 그들에게 배우고 있는지 간에,
뇌가 '똑같은' 정보를 다르게, 그리고 흔히 더 효과적으로 처리한다는

것을 연구는 보여준다. 우리는 본래 사회적 존재이고 우리의 생각은 다른 사람을 우리가 하는 일련의 생각으로 끌어들이는 것으로부터 이득을 본다.

다음 글의 주제로 가장 적절한 것은? [3점]

① importance of processing information via social interactions
사회적 상호 작용을 통해 정보를 처리하는 것의 중요성   정보를 더 효과적으로 처리함
② ways of improving social skills through physical activities
신체적 활동을 통해 사회적 기술을 향상하는 방법   신체적 활동의 역할은 언급되지 않음
③ necessity of regular evaluations of cognitive functions
인지 기능의 정기적인 평가의 필요성   evaluations로 만든 오답
④ influence of personality traits on social interactions
성격적 특징이 사회적 상호 작용에 미치는 영향   사회적 상호 작용이 정보 처리에 미치는 영향임
⑤ socialization as a form of internalized social control
내면화된 사회적 통제라는 형태로서의 사회화   사회화의 종류를 설명한 것이 아님

왜 정답? ✹✹✿ [정답률 60%]

- 가능할 때마다 정보를 재사회화해야 한다. **단서 1**
- 서면을 통한 상호 작용을 실제적인 사회적 만남으로 되돌리는 것에는 상당한 이점이 있다. **단서 2**
  뇌는 다른 사람들이 관련될 때 똑같은 정보를 더 효과적으로 처리함

➡ **사회화**: '인간의 상호 작용 과정'을 의미함
다른 사람들과 사회적으로 상호 작용할 때 정보를 더 효과적으로 처리한다는 것으로, ① '사회적 상호 작용을 통해 정보를 처리하는 것의 중요성'에 대해 이야기하는 글이다.

왜 오답?

② 신체적 활동이 사회적 기술을 향상한다는 내용이 아니다.
③ 서면 형식의 예시로 시험과 '평가'가 언급된 것으로 만든 오답이다. 인지 기능을 정기적으로 평가해야 한다는 언급은 없다. **주의**
④ 사회적 상호 작용이 정보 처리에 미치는 영향에 대해 설명한 글이다.
⑤ 사회화의 여러 형태 중 한 가지를 설명한 글이 아니다.

[3회] 03 정답 ① ＊작은 것에서 시작하는 에너지 수확

Every day / an enormous amount of energy is created / by the movement of people and animals, / and by interactions of people / with their immediate surroundings. //
└ 전치사구의 병렬 구조 ┘
매일 / 막대한 양의 에너지가 만들어진다 / 사람들과 동물들의 움직임에 의해 / 그리고 사람들의 상호 작용에 의해 / 그들의 인접 환경과의 //

This is usually in very small amounts / or in very dispersed environments. // **단서 1** 매일 막대한 양의 에너지가 매우 적은 양으로 매우 분산된 환경에서 만들어짐
이것은 보통 매우 적은 양으로 일어난다 / 혹은 매우 분산된 환경 속에서 //

Virtually all of that energy is lost / to the local environment, / and historically there have been no efforts / to gather it. //
형용사적 용법(efforts 수식)
사실상 그 에너지 전부가 소실되고 / 주변 환경으로 / 역사적으로 노력이 없었다 / 그것을 모으려는 /
가주어 ＊   명사적 용법(진주어)   형용사적 용법(ways 수식)
It may seem odd / to consider finding ways / to "collect" energy / that is given off all around us /
~이 이상하게 보일지도 모른다 / 방법을 찾는 것을 고려하는 것이 / 에너지를 '모으는' / 우리 주변에서 방출되는 /

— by people simply walking / or by walking upstairs and downstairs / or by riding stationary/exercise bicycles, / for example — /
사람들이 단순히 걸음으로써 / 혹은 계단을 오르내림으로써 / 혹은 고정된/실내 운동용 자전거를 탐으로써 / 예를 들어 /
단서 2 우리 주변에서 발생하는 작은 에너지를 모으는 방법을 찾는 것이 에너지 수확의 본질
but that is the general idea and nature / of energy harvesting. //
하지만 그것이 일반적인 발상이고 본질이다 / 에너지 수확의 //

The broad idea of energy harvesting is / that there are many places / at which small amounts of energy are generated / — and often wasted — /
에너지 수확의 대략적인 발상은 ~이다 / 장소가 많다는 것 / 소량의 에너지가 생성되는 / 그리고 흔히 버려지는 /
단서 3 에너지 수확의 대략적인 발상: 생성되는 소량의 에너지가 수집되면 실용적으로 이용될 수 있음
and when collected, / this can be put to some practical use. //
그리고 수집되면 / 이것이 실용적으로 이용될 수 있다는 것 //

주어   동사(완전자동사)
Current efforts have begun, / aimed at collecting such energy / in smaller devices / which can store it, / such as portable batteries. //
현재의 노력은 시작되었다 / 모으는 것을 목표로 해서 / 더 작은 장치에 / 그것을 저장할 수 있는 / 그러한 에너지를 휴대용 배터리와 같이 //

- **enormous** ⓐ 막대한, 거대한   · **immediate** ⓐ 인접한
- **surroundings** ⓝ 환경   · **dispersed** ⓐ 분산된
- **virtually** ⓐⓓ 사실상, 거의   · **odd** ⓐ 이상한   · **give off** ~을 방출하다
- **stationary** ⓐ 움직이지 않는, 정지된   · **nature** ⓝ 천성, 본성
- **broad** ⓐ (폭이) 넓은, 일반[개괄]적인   · **generate** ⓥ 생성하다
- **put ~ to use** ~을 이용하다   · **store** ⓥ 저장하다
- **portable** ⓐ 휴대[이동]가 쉬운, 휴대용의
- **fulfill** ⓥ (약속·요구 등을) 이행하다[충족시키다]

매일 막대한 양의 에너지가 사람들과 동물들의 움직임에 의해, 그리고 사람들과 그들의 인접 환경의 상호 작용에 의해 만들어진다. 이것은 보통 매우 적은 양으로 혹은 매우 분산된 환경 속에서 일어난다. 사실상 그 에너지 전부가 주변 환경으로 소실되고, 역사적으로 그것을 모으기 위한 노력이 없었다. 예를 들어, 사람들이 단순히 걷거나, 계단을 오르내리거나, 고정된/실내 운동용 자전거를 탐으로써 우리 주변에서 방출되는 에너지를 '모으는' 방법을 찾는 것을 고려하는 것이 이상하게 보일지도 모르지만, 그것이 에너지 수확의 일반적인 발상이고 본질이다. 에너지 수확의 대략적인 발상은 소량의 에너지가 생성되는, 그리고 흔히 버려지는, 장소가 많다는 것이며, 수집되면 이를 실용적으로 이용할 수 있다는 것이다. 현재의 노력은 그러한 에너지를 휴대용 배터리와 같이 그것을 저장할 수 있는 더 작은 장치에 모으는 것을 목표로 해서 시작되었다.

다음 글의 제목으로 가장 적절한 것은?

① Energy Harvesting: Every Little Helps
에너지 수확: 작은 것 하나하나가 도움이 된다   작은 에너지를 모으는 것이 에너지 수확의 본질
② Burning Waste for Energy Is Harmful
에너지를 얻기 위해 쓰레기를 태우는 것은 해롭다   쓰레기를 태워서 에너지를 얻는다는 언급은 없음
③ Is Renewable Energy Really Green?
재생 가능한 에너지가 정말 친환경적인가?   에너지의 친환경성에 대한 내용이 아님
④ Pros and Cons of Energy Harvesting
에너지 수확의 장단점   에너지 수확이란 무엇인가에 대한 내용임
⑤ Can Natural Energy Sources Fulfill the Demand?
천연 에너지 자원이 수요를 충족시킬 수 있는가?   에너지 수요에 대한 언급은 없음

왜 정답? ✹✹✿ [정답률 76%]

1 매일 막대한 양의 에너지가 매우 적은 양으로, 매우 분산된 환경에서 만들어진다. **단서 1**
2 이러한 에너지를 모으는 방법을 찾는 것이 에너지 수확의 본질이다. **단서 2**
3 생성되는 소량의 에너지가 수집되면 실용적으로 이용될 수 있다는 것이 에너지 수확의 대략적인 발상이다. **단서 3**

▶ 작은 에너지를 모으는 것이 에너지 수확의 본질이라는 것이므로 정답은 ① '에너지 수확: 작은 것 하나하나가 도움이 된다'이다.

왜 오답?

② 쓰레기를 태워서 에너지를 얻는 것의 단점을 설명한 것이 아니다.
③ 친환경적인 에너지에 대한 오해를 다룬 글이 아니다.
④ 에너지 수확의 정의, 본질에 대해 설명한 글이다.
⑤ 천연 에너지나 에너지 수요에 대한 언급은 없다.

어법 특강

＊ 가주어 it

– to부정사구, 동명사구, 명사절 등의 주어로 인해 주어 자리가 길어질 때 그 자리에 가주어 it을 쓰고, 진짜 주어를 문장 끝으로 옮긴 구문이다.

- To solve the problem was not easy. (그 문제를 해결하는 것은 쉽지 않았다.)
  → It was not easy to solve the problem.
     가주어   진주어
- As we all know, it is not always easy to get work done at the office.
                     가주어   진주어
  (우리 모두 알다시피 사무실에서 일을 마치는 것이 항상 쉽지만은 않다.)
- It is natural that I am proud of you.
  가주어   진주어절을 이끄는 접속사
  (내가 너를 자랑스러워하는 것은 당연하다.)

다음 글의 밑줄 친 부분 중, 어법상 틀린 것은? [3점]

From the 8th to the 12th century CE, / while Europe suffered / the perhaps overdramatically named Dark Ages, / science on planet Earth could be found / almost ① exclusively in the Islamic world. //

Dark Ages를 수식하는 형용사구
부사구인 in the Islamic world를 수식하는 부사

서기 8세기부터 12세기까지 / 유럽이 겪는 동안 / 아마도 지나치게 극적인 이름이 붙여진 / '암흑시대'를 / 지구상의 과학은 발견될 수 있었다 / 거의 오로지 이슬람 세계에서만 //

This science / was not exactly like our science today, / but it was surely antecedent to ② it / and was nonetheless an activity / aimed at knowing / about the world. //

주격 보어로 쓰인 전치사구   = This science
앞에 주격 관계대명사와 be동사가 생략됨
= our science today

이 과학이 / 오늘날 우리의 과학과 똑같지는 않았지만 / 그것은 확실히 그것에 선행했고 / 그러기는 했지만 활동이었다 / 아는 것을 목표로 한 / 세계에 대해 //

Muslim rulers granted scientific institutions / tremendous resources, / such as libraries, observatories, and hospitals. //

granted의 간접목적어와 직접목적어

무슬림 통치자들은 과학 기관에 주었다 / 엄청난 물자를 / 도서관, 천문대, 병원과 같은 //

Great schools in all the cities / ③ covering the Arabic Near East and Northern Africa (and even into Spain) / trained generations of scholars. //

cover ⓥ 포함하다

모든 도시의 훌륭한 학교는 / 근동 아랍과 북아프리카(와 심지어 스페인까지)를 포함하는 / 여러 세대의 학자들을 훈련시켰다 //

Almost every word / in the modern scientific lexicon / that begins with the prefix "al" / ④ owes its origins to Islamic science / — algorithm, alchemy, alcohol, alkali, algebra. //

every+단수 명사+단수 동사

거의 모든 단어는 / 현대 과학 어휘 목록의 / 접두사 'al'로 시작하는 / 이슬람 과학에 그 기원을 둔다 / 알고리즘, 연금술, 알코올, 알칼리, 대수학 //

And then, / just over 400 years after it started, / it ground to an apparent halt, /

그리고 그때 / 그것이 시작된 후 막 400년이 넘었던 / 그것은 서서히 멈춘 것 같았고 //

and it would be a few hundred years, / give or take, / before ⑤ that(→ what) we would today unmistakably recognize as science / appeared in Europe / — with Galileo, Kepler, and, a bit later, Newton. //

비인칭 주어

단서 recognize의 목적어 역할을 하면서 명사절을 이끄는 관계대명사 what이 필요함

몇 백 년일 것이었다 / 대략 / 우리가 오늘날 과학이라고 확실히 인식하게 될 것이 / 유럽에서 출현하기 전까지 / Galileo, Kepler, 그리고 조금 후에 Newton과 함께 //

- century ⓝ 100년, 세기
- suffer ⓥ 시달리다, 고통받다
- overdramatically 🔤 지나치게 극적으로
- exclusively 🔤 오로지, 배타적으로
- exactly 🔤 정확히, 꼭
- surely 🔤 확실히, 분명히
- nonetheless 🔤 그렇기는 하지만, 그렇더라도
- aim ⓥ 목표하다
- ruler ⓝ 통치자, 지배자
- grant ⓥ 주다, 수여하다
- institution ⓝ 기관
- tremendous ⓐ 엄청난
- observatory ⓝ 천문대
- cover ⓥ (언급된 지역에) 걸치다
- generation ⓝ 세대
- scholar ⓝ 학자, 장학생
- prefix ⓝ 접두사
- owe ⓥ 빚지다, ~(의 존재·성공)은 … 덕분이다
- origin ⓝ 기원, 근원
- alchemy ⓝ 연금술
- algebra ⓝ 대수학
- grind to a halt 서서히 멈추다
- apparent ⓐ ~인 것 같은, ~인 것으로 보이는
- unmistakably 🔤 확실히

서기 8세기부터 12세기까지 유럽이 아마도 지나치게 극적인 이름이 붙여진 '암흑시대'를 겪는 동안 지구상의 과학은 거의 오로지 이슬람 세계에서만 발견될 수 있었다. 이 과학이 오늘날 우리의 과학과 똑같지는 않았지만, 그것은 확실히 그것에 선행했고, 그러기는 했지만 세계에 대해 아는 것을 목표로 한 활동이었다. 무슬림 통치자들은 엄청난 물자를 도서관, 천문대, 병원과 같은 과학 기관에 주었다. 근동 아랍과 북아프리카(와 심지어 스페인까지)에 걸친 모든 도시의 훌륭한 학교는 여러 세대의 학자들을 훈련시켰다. 접두사 'al'로 시작하는 현대 과학 어휘 목록의 거의 모든 단어, 즉 알고리즘, 연금술, 알코올, 알칼리, 대수학은 이슬람 과학에 그

기원을 둔다. 그리고 그것이 시작된 후 막 400년이 넘었던 그때, 그것은 서서히 멈춘 것 같았고, 대략 몇 백 년 후에 우리가 오늘날 과학이라고 확실히 인식하게 될 것이 Galileo, Kepler, 그리고 조금 후에 Newton과 함께 유럽에서 출현했다.

>왜 정답 ? ✽✽✽ [정답률 43%]

⑤ 관계대명사 what 자리에 접속사 that이 왔다!

부사절: 제외하고 생각하기

~ it would be a few hundred years, / give or take, / before ⑤ that(→ what) we would today unmistakably recognize as science / appeared in Europe / — with Galileo, Kepler, and, a bit later, Newton. //

불완전한 절을 이끄는 관계대명사가 와야 함
부사절 접속사
recognize의 목적어가 빠진 불완전한 절

주어나 목적어가 빠진 불완전한 절을 이끄는 것은 관계대명사이다.
recognize의 목적어가 빠진 불완전한 절이 이어지므로 (단서)
접속사 that은 어법상 틀릴 것이다. (발상)
이 문장에는 선행사가 없으므로, 선행사를 포함하는 관계대명사 what이 필요하다.

>왜 오답 ?

① 부사의 쓰임: 부사구 수식

주절의 앞부분: 제외하고 생각하기

From the 8th to the 12th century CE, / while Europe suffered / the perhaps overdramatically named Dark Ages, / science on planet Earth could be found / almost ① exclusively in the Islamic world. //

주어 science
부사구 in the Islamic world 수식
동사 could be found
exclusively 수식

부사는 동사나 형용사, 부사, 또는 문장 전체를 수식한다. (개념)
in the Islamic world는 장소를 나타내는 부사구이다.
부사구를 수식하는 데 부사 exclusively가 쓰였고, 또 다른 부사 almost가 부사 exclusively를 수식하므로 어법상 적절하다.

② 지시대명사는 그것이 가리키는 명사와 수가 일치해야 한다.

This science / was not exactly like our science today, / but it was surely antecedent to ② it / and was nonetheless an activity / aimed at knowing about the world. //

= This science
= science

지시대명사는 그것이 가리키는 명사와 수가 일치해야 한다. (개념)
but 뒤에 나오는 두 개의 it 중 첫 번째는 This science를, 두 번째는 science를 가리킨다.
science는 단수 명사이므로 it은 적절하다. (해결)

③ 능동의 의미를 나타낼 때는 현재분사를 쓴다.

주어

Great schools in all the cities / ③ [covering the Arabic Near East and Northern Africa (and even into Spain)] / trained generations of scholars. //

동사

현재분사는 능동의 의미를 나타낸다. (개념)
현재분사 covering은 '포함하는', 과거분사 covered는 '포함된'을 뜻한다.
the cities가 근동 아랍 등을 '포함하는' 것이므로 현재분사 covering이 쓰였다. (해결)

④ 동사는 주어에 수 일치시켜야 한다.

단수 동사

Almost every word / in the modern scientific lexicon / [that begins with the prefix "al"] / ④ owes its origins to Islamic science ~. //

단수 주어

동사는 주어의 수와 일치해야 한다. (개념)
주어는 every word이다.
every의 수식을 받는 주어는 단수로 취급하므로, 단수 동사 owes가 쓰였다.

 정답 ② *광고가 우리에게 미치는 영향 —————

다음 글의 밑줄 친 부분 중, 문맥상 낱말의 쓰임이 적절하지 <u>않은</u> 것은?
[3점]

In centuries past, / we might learn much about life / from the wisdom of our elders. //
과거 수 세기 동안 / 우리가 삶에 대해 많이 배웠을 수도 있다 / 우리의 어른들의 지혜에서 //

Today, / the majority of the messages / we receive / about how to live a good life /
주어(부분을 나타내는 표현이 쓰였고, of 뒤에 복수 명사가 옴)
오늘날 / 메시지의 대부분은 / 우리가 받는 / 좋은 삶을 사는 방법에 대해 /
not A but B(A가 아니라 B)로 from이 이끄는 전치사구가 연결됨
come not from Granny's long ① experience of the world, / but
복수 동사
from advertising executives / hoping to sell us products. //
할머니의 세상에 대한 오랜 경험에서 나오지 않고 / 광고업 경영자들에게서 (나온다) /
우리에게 제품을 팔기 원하는 //

If we are satisfied with our lives, / we will not feel a burning
형용사적 용법   주어
desire / to purchase anything, / and then the economy may
collapse. //
동사(완전자동사)
우리가 우리 삶에 만족한다면 / 우리는 불타는 욕망을 느끼지 않을 것이고 / 그 어떤 것도
구매하려는 / 그러면 경제가 붕괴할 수도 있다 //
단서 1 구입한 제품이 오래 지속되는 만족감을 가져오는 경우를 가정함

But if we are unsatisfied, / and any of the products / we buy /
앞에 목적격 관계대명사가 생략됨
actually delivers / the promised lasting fulfillment, /
그런데 만약 우리가 만족하지 못하고 / 제품 중 어떤 것이라도 / 우리가 구매하는 / 실제로
가져온다면 / 약속된 오래 지속되는 만족감을 /
단서 2 경제가 붕괴되는 것과 비슷한 경우가 와야 함
subsequent sales figures / may likewise ② rise(→ drop). //
주어
이후의 판매 수치도 / 마찬가지로 상승할(→ 하락할) 수도 있다 //
We exist / in a fog of messaging / designed explicitly / to
동사(완전자동사)
influence our behavior. //
우리는 존재한다 / 메시지의 안개 속에 / 분명하게 계획된 / 우리의 행동에 영향을 미치도록 //

Not surprisingly, / our behavior often shifts / in precisely the
manner ③ intended. //
능동태 문장의 목적격 보어로 쓰인 원형부정사가
수동태 문장에서 to부정사로 바뀜
놀랄 것도 없이 / 우리의 행동은 흔히 변화한다 / 의도된 정확히 그 방식으로 //

If you can be made / to feel sufficiently inferior / due to your
yellowed teeth, / perhaps you will rush to the pharmacy / to
purchase whitening strips. //
여러분이 만들어질 수 있다면 / 충분히 열등하다고 느끼게 / 여러분의 누런 치아 때문에 /
아마도 여러분은 약국으로 달려갈 것이다 / 부착형 (치아) 미백제를 구매하기 위해 //
단수 주어
The ④ lack of any research whatsoever / correlating tooth shade
단수 동사
/ with life satisfaction / is never mentioned. //
어떠한 연구의 부족도 / 치아 색조를 서로 연관 짓는 / 삶의 만족과 / 결코 언급되지 않는다 //

Having been told / one hundred times a day / how to be happy, /
듣고 / 하루에 100번 / 행복해지는 방법을 / 주절의 시제보다 앞선 때를 나타내는 완료형 분사구문
we spend much of our lives / buying the necessary
동명사의 병렬 구조
accoutrements / and feeling ⑤ disappointed / not to discover
life satisfaction / inside the packaging. //
우리는 우리 인생의 많은 부분을 보낸다 / 필수적인 용품을 구매하고 / 실망감을 느끼며 / 삶의
만족을 발견하지 못하는 것에 / 포장재 안에서 //

- **desire** ⓝ 욕구, 갈망 · **collapse** ⓥ 붕괴하다
- **deliver** ⓥ (사람들의 기대대로 결과를) 내놓다[산출하다]
- **last** ⓥ 오래가다, 지속되다 · **fulfillment** ⓝ 만족감
- **subsequent** ⓐ 이후의 · **sale** ⓝ ((pl.)) 매출(량) · **figure** ⓝ 수치
- **likewise** ⓐⓓ 비슷하게, 또한 · **explicitly** ⓐⓓ 명쾌하게, 분명하게
- **manner** ⓝ (일의) 방식, (사람의) 태도 · **sufficiently** ⓐⓓ 충분히
- **inferior** ⓐ 열등한 · **due to** ~ 때문에
- **yellow** ⓥ 노랗게 되다, 노래지다 · **rush** ⓥ 급(속)히 움직이다
- **correlate** ⓥ 연관성[상관관계]을 보여주다 · **shade** ⓝ 색조

과거 수 세기 동안, 우리가 우리의 어른들의 지혜에서 삶에 대해 많이
배웠을 수도 있다. 오늘날에는, 우리가 좋은 삶을 사는 방법에 대해
받는 대부분의 메시지는 할머니의 오랜 세상 ① 경험에서 나오는 것이

아니라, 우리에게 제품을 팔기 원하는 광고업 경영자들에게서 나온다.
우리가 우리 삶에 만족한다면, 우리는 그 어떤 것도 구매하고 싶은 불타는
욕망을 느끼지 않을 것이고, 그러면 경제가 붕괴할 수도 있다. 그런데
우리가 만족하지 못해서 구매하는 제품 중 어떤 것이라도 약속된 오래
지속되는 만족감을 실제로 가져온다면, 이후의 판매 수치도 마찬가지로
② 상승할(→ 하락할) 수도 있다. 우리는 우리의 행동에 영향을 미치도록
분명하게 계획된 메시지의 안개 속에 존재한다. 놀랄 것도 없이, 우리의
행동은 ③ 의도된 정확히 그 방식으로 흔히 변화한다. 여러분이 누런
치아 때문에 충분히 열등하다고 느끼게 만들어질 수 있다면, 아마도
여러분은 부착형 (치아) 미백제를 구매하기 위해 약국으로 달려갈 것이다.
치아 색조와 삶의 만족을 서로 연관 짓는 어떠한 연구의 ④ 부족도 결코
언급되지 않는다. 행복해지는 방법을 하루에 100번 듣고, 우리는 우리
인생의 많은 부분을 필수적인 용품을 구매하고 포장재 안에서 삶의 만족을
발견하지 못하는 것에 ⑤ 실망감을 느끼며 보낸다.

>왜 정답? ★★★ [정답률 50%]
② rise 상승하다

우리가 우리 삶에 만족한다면 우리는 어떤 것도 구매하려는 욕망을 느끼지
않을 것이고, 그러면 경제가 붕괴할 수도 있다. 마찬가지로 구매한 제품 중
앞뒤로 비슷한 문맥을 연결하는 부사임
어떤 것이라도 실제로 약속된 오래 지속되는 만족감을 가져온다면, 이후의
감소함
판매 수치도 ② 상승할 수 있다.

→ 우리 삶에 만족함 → 제품을 구매하려는 욕망을 느끼지 않음 → 경제가 붕괴함 →
구매한 제품이 오래 지속되는 만족감을 줌 → 추가로 제품을 구매하지 않음 →
이후의 판매 수치가 '감소할' 것임

▶ rise를 반의어인 drop(감소하다) 등으로 바꿔야 함

>왜 오답?
① experience 경험

과거에는 어른들의 지혜에서 삶에 대해 배웠다. 오늘날에는 좋은 삶을
사는 방법에 대한 메시지는 할머니의 오랜 세상 ① 경험에서 나오지 않고
우리에게 제품을 팔기를 원하는 광고업 경영자들에게서 나온다.

→ **과거:** 어른들의 지혜, 할머니의 오랜 세상 경험에서 삶에 대해 배웠음
오늘날: 광고업 경영자들에게서 좋은 삶을 사는 방법을 배움

▶ 과거와 오늘날이 자연스럽게 대조되므로 experience는 문맥에 맞음

③ intended 의도된

우리는 우리의 행동에 영향을 미치도록 분명하게 계획된 메시지의 안개
속에 존재한다. 놀랄 것도 없이, 우리의 행동은 ③ 의도된 정확히 그
방식으로 흔히 변화한다.

→ 우리의 행동에 영향을 미치도록 분명하게 계획된 메시지 속에 산다. → 놀랍지 않은
것은 우리의 행동이 의도된 그 방식으로 변화한다는 것이다.

▶ intended는 문맥에 맞음

④ lack 부족

여러분이 누런 치아 때문에 충분히 열등하다고 느끼게 만들어진다면,
여러분은 치아 미백제를 구매할 것이다. 치아 색조와 삶의 만족을 서로
연관 짓는 어떠한 연구의 ④ 부족도 결코 언급되지 않는다.

→ 치아의 색조와 삶의 만족이 연관된다는 연구의 부족이 언급된다면 → 누런 치아
때문에 열등하다고 느끼지 않을 것이고 → 치아 미백제를 구입하지 않을 것이다.

▶ 연구의 부족을 언급하지 않기 때문에 치아 미백제를 구입하는 것이므로 lack은
앞뒤 문맥을 자연스럽게 연결함

⑤ disappointed 실망한

우리는 우리 인생의 많은 부분을 필수적인 용품을 구매하고 포장재 안에서
삶의 만족을 발견하지 못하는 것에 ⑤ 실망감을 느끼며 보낸다.

→ 구입한 제품에서 삶의 만족을 발견하지 못하는 것에 실망한다는 것은 자연스러운
문맥이다. 삶의 만족을 발견한다면 실망하지 않을 것이다.

▶ disappointed는 문맥에 맞음

3회 06 정답 ① ＊사냥 집단의 종교관

Lewis-Williams believes / that the religious view of hunter
groups / was a contract / between the hunter and the hunted. //
Lewis-Williams는 믿는다 / 사냥 집단의 종교관은 / 계약이었다고 / 사냥꾼과 사냥감 간의 //

'The powers of the underworld / allowed people to kill animals,
/ provided people responded / in certain ritual ways, /
'지하 세계의 신들이 / 사람들에게 동물을 살생하도록 허용했다 / 사람들이 반응하는 조건에서 / 특정한 의식의 방식으로 /

such as taking fragments of animals / into the caves / and
inserting them / into the "membrane".' //
동물의 작은 일부를 가져가서 / 동굴로 / 그것을 넣는 것과 같은 / '지하 세계로 통하는 바위 표면'에 //

This is borne out / in the San. //
이것은 유지된다 / San 족에서 //

Like other shamanistic societies, / they have admiring practices
/ between human hunters and their prey, / suffused with taboos
/ derived from extensive natural knowledge. //
다른 무속 사회처럼 / 그들에게는 존중하는 관습이 있는데 / 사냥하는 인간과 그들의 먹이 간의 / 금기로 가득 차 있다 / 광범위한 자연 지식에서 유래한 //

These practices suggest / that honouring may be one method /
of softening the disquiet of killing. //
이런 관습들은 보여 준다 / 경의를 표하는 것이 한 가지 수단일 수도 있다는 것을 / 살생의 불안을 경감하는 //

It should be said / that this disquiet needn't arise / because
there is something fundamentally wrong / with a human killing
another animal, /
~라고 말해질 수 있다 / 이런 불안은 일어날 필요는 없다고 / 근본적으로 잘못된 무언가가 있기 때문에 / 인간이 다른 동물을 죽이는 것에 /

but simply because we are aware / of doing the killing. //
그저 우리가 의식하고 있어서라고 / 살생한다는 것을 //

And perhaps, too, / because in some sense / we 'know' / what
we are killing. //
그리고 또한 어쩌면 / 어떤 의미에서는 / 우리가 '알기' 때문일 수도 있다 / 우리가 무엇을 살생하고 있는지 //

We make sound guesses / that the pain and desire for life / we
feel / — our worlds of experience / have a counterpart in the
animal / we kill. //
우리는 타당한 추측을 한다 / 고통과 살고자 하는 욕망은 / 우리가 느끼는 / 우리의 경험의 세계 / 동물에게 상응하는 것이 있다고 / 우리가 살생하는 //

As predators, / this can create problems for us. //
포식자로서 / 이것은 우리에게 문제를 만들어 낼 수 있다 //

One way / to smooth those edges, / then, / is to view that prey
/ with respect. //
한 가지 방법은 / 그런 문제를 완화하는 / 그렇다면 / 그 먹이를 바라보는 것이다 / 존중하면서 //

- religious ⓐ 종교의, 독실한   · contract ⓝ 계약
- provided (conj) (만약) ~라면   · ritual ⓐ 의식상의, 의식을 위한
- fragment ⓝ 작은 일부, 파편   · bear out ~을 유지하다, ~을 지지하다
- admire ⓥ 존경하다   · practice ⓝ 관습   · taboo ⓝ 금기
- derive from ~에서 유래하다   · extensive ⓐ 광범위한, 폭넓은
- honour ⓥ 존경하다, 경의를 표하다   · method ⓝ 방법
- soften ⓥ 부드럽게 하다, 누그러뜨리다   · disquiet ⓝ 불안
- arise ⓥ 생기다, 일어나다   · fundamentally (ad) 근본[본질]적으로
- aware of ~을 알고 있는   · sound ⓐ 타당한
- counterpart ⓝ 상응하는 것   · predator ⓝ 포식자
- smooth ⓥ 완화하다   · edge ⓝ 문제, 위기
- domesticate ⓥ (동물을) 길들이다[사육하다], (작물을) 재배하다
- supernatural ⓐ 초자연적인   · worship ⓥ 예배하다, 숭배하다

Lewis-Williams는 사냥 집단이 가진 종교관은 사냥꾼과 사냥감 간의 계약이었다고 믿는다. '지하 세계의 신들이 사람들에게 동물을 살생하도록 허용했는데, 사람들이 동물의 작은 일부를 동굴로 가지고 들어가서 그것을 '지하 세계로 통하는 바위 표면' 속에 넣는 것과 같은 특정한 의식의 방식으로 반응하는 조건에서였다.' 이것은 San족에서 유지된다. 다른 무속 사회처럼, 그들에게는 사냥하는 인간과 그들의 먹이 간의 존중하는 관습이 있는데, (그 관습은) 광범위한 자연 지식에서 유래한 금기로 가득 차 있다. 이런 관습들은 경의를 표하는 것이 살생의 불안을 경감하는 한 가지 수단일 수도 있다는 것을 보여 준다. 이런 불안은 인간이 다른 동물을 죽이는 것에 근본적으로 잘못된 무언가가 있기 때문에 일어날 필요는 없고, 그저 우리가 살생한다는 것을 의식하고 있어서라고 말할 수 있다. 그리고 또한 어쩌면 어떤 의미에서는 우리가 무엇을 살생하고 있는지 '알기' 때문일 수도 있다. 우리가 느끼는 고통과 살고자 하는 욕망은, 우리의 경험의 세계는, 우리가 살생하는 동물에게 상응하는 것이 있다고 우리는 타당한 추측을 한다. 포식자로서, 이것은 우리에게 문제를 만들어 낼 수 있다. 그렇다면, 그런 문제를 완화하는 한 가지 방법은 그 먹이를 존중하면서 바라보는 것이다.

다음 빈칸에 들어갈 말로 가장 적절한 것을 고르시오.

① view that prey with respect 경의를 표하는 것이 살생의 불안을 줄이는 방법임
그 먹이를 존중하면서 바라보는
② domesticate those animals 동물 사냥에 대한 내용임
그 동물들을 길들이는
③ develop tools for hunting 사냥 도구에 대한 언급은 없음
사냥을 위한 도구를 개발하는
④ avoid supernatural beliefs The powers of the underworld, membrane 등으로 만든 오답
초자연적인 믿음을 피하는
⑤ worship our ancestors' spirits 조상을 숭배하기 위해 제물을 바치는 것이 아님
우리 조상의 정신을 숭배하는

＞왜 정답? ＊＊＊ [정답률 55%]

San 족(사냥 집단)의 관습: 사냥하는 인간과 그들의 먹이 사이에 존중하는 관습이 있음

→ 존중하는 것, 즉 경의를 표하는 것은 살생의 불안을 줄이는 수단임

→ 살생의 불안: 우리가 살생하는 동물도 우리와 마찬가지로 고통과 살고자 하는 욕망이 있다는 타당한 추측으로 만들어지는 문제

▶ 그러한 문제를 완화하는 한 가지 방법이 ① '그 먹이를 존중하면서 바라보는' 것이다.

＞왜 오답?

② 동물을 사냥하는 것에 대한 내용이지, 동물을 길들이는 것은 아니다.

③ '사냥'이라는 소재로 만든 오답이다.

④ '지하 세계의 신', '지하 세계로 통하는 바위 표면' 등이 언급된 것으로 만든 오답이다. 초자연적인 믿음을 통해 살생의 불안을 경감하는 것이다.

⑤ 조상을 숭배하기 위해 동물을 사냥하여 바치는 것이 아니다.

3회 07 정답 ① ＊각색의 힘

In A Theory of Adaptation, / Linda Hutcheon argues / that "An
adaptation is not vampiric: /
〈A Theory of Adaptation〉에서 / Linda Hutcheon은 주장한다 / "각색 작품은 흡혈귀 같지 않다 /

it does not draw the life-blood / from its source / and leave it
dying or dead, / nor is it paler / than the adapted work. //
그것은 생명의 피를 빨아들여 / 그것의 원전에서 / 그것을 죽어 가게 하거나 죽은 채로 내버려 두지 않고 / 또한 그것은 더 창백하지도 않다 / 각색 당한 작품보다 /

It may, on the contrary, keep that prior work alive, / giving it
an afterlife / it would never have had otherwise." //
오히려 그것은 그 이전 작품을 계속 살아 있게 하면서 / 그것에게 내세를 준다 / 그러지 않았다면 그것이 결코 갖지 못했을"이라고 /

Hutcheon's refusal / to see adaptation as "vampiric" / is
particularly inspiring / for those of us / who do work on
adaptations. //
Hutcheon의 거부는 / 각색을 '흡혈귀 같다'라고 여기는 것을 / 특히 고무적이다 / 우리 같은 사람들에게 / 각색 작품을 쓰는 //

주어
The idea / of an "afterlife" of texts, / of seeing what comes
before / as an inspiration / for what comes now, / is, by its very
definition, keeping works "alive." //
동사
생각은 / 텍스트의 '내세'라는 / 먼저 있는 것을 여기는 / 영감으로 / 현재 생기는 것을 위한 /
바로 그것의 본질상 작품을 계속 '살아 있게' 한다 //

Adaptations for young adults, / in particular, / have the added
benefit / of engaging the young adult reader / with both then
and now, past and present / 단서 3 각색 작품은 청소년으로 하여금 지금,
현재뿐만 아니라 그때, 과거와도 관계를 맺게 함
청소년을 위한 각색 작품은 / 특히 / 추가적인 이점을 가진다 / 청소년 독자를 관계를 맺게 하는 /
그때와 지금, 과거와 현재 둘 다와 /

— functioning / as both "monuments" to history / and the
"flesh" of the reader's lived experience. //
기능하는 / 역사의 '기념비'와 / 독자의 산 경험의 '살로' //

While this is true / for adaptations in general, / it is especially
= adaptations
important / for those / written with young adults in mind. //
이것이 해당하긴 하지만 / 전반적인 각색 작품에 / 그것은 특히 중요하다 / 각색 작품에 /
청소년을 염두에 두고 쓰인 /

주어   동사   목적어   목적격 보어
Such adaptations allow young readers / to make personal
connections / with texts / that might otherwise come across / as
old-fashioned or irrelevant. //
그런 각색 작품은 어린 독자들로 하여금 ~하게 한다 / 개인적인 관계를 맺게 / 텍스트와 /
그러지 않았다면 보일 수 있었던 / 구식이거나 무관하다고 //

- **adaptation** ⓝ 각색   - **vampiric** ⓐ 흡혈귀의
- **draw** ⓥ 끌어내다, 뽑아내다   - **pale** ⓐ 창백한, 핼쑥한
- **prior** ⓐ 사전의, 이전의   - **afterlife** ⓝ 내세
- **otherwise** ⓐⓓ (만약) 그렇지 않으면[않았다면]   - **refusal** ⓝ 거절, 거부
- **inspiring** ⓐ 고무적인   - **engage** ⓥ 사로잡다
- **function** ⓥ 기능하다   - **monument** ⓝ 기념비
- **flesh** ⓝ 살, 고기, 과육   - **in general** 보통, 대개
- **come across** (특정한) 인상을 주다   - **old-fashioned** ⓐ 구식인
- **irrelevant** ⓐ 무관한, 상관없는   - **combination** ⓝ 조합[결합](물)
- **heroic** ⓐ 영웅의, 영웅에 관한   - **spotlight** ⓝ (세간·언론의) 주목[관심]
- **literary** ⓐ 문학의, 문학적인

〈A Theory of Adaptation〉에서 Linda Hutcheon은 "각색 작품은
흡혈귀 같지 않은데, 그것은 그것의 원전에서 생명의 피를 빨아들여
그것을 죽어 가게 하거나 죽은 채로 내버려 두지 않고, 또한 그것은
각색 당한 작품보다 더 창백하지도 않다. 오히려 그것은 그 이전 작품을
계속 살아 있게 하면서, 그러지 않았다면 그것이 결코 갖지 못했을
내세를 그것에게 준다."라고 주장한다. 각색을 '흡혈귀 같다'라고 여기지
않는 Hutcheon의 거부는 각색 작품을 쓰는 우리 같은 사람들에게 특히
고무적이다. 텍스트의 '내세', 즉 먼저 있는 것을 현재 생기는 것을 위한
영감으로 여기는 생각은 바로 그것의 본질상 작품을 계속 '살아 있게'
한다. 특히 청소년을 위한 각색 작품은 청소년 독자에게 그때와 지금,
과거와 현재 둘 다와 관계를 맺게 하는, 즉 역사의 '기념비'와 독자의 산
경험의 '살'로 기능하는 추가적인 이점을 가진다. 이것이 각색 작품 전반에
해당하긴 하지만, 청소년을 염두에 두고 쓰인 각색 작품에 특히 중요하다.
그런 각색 작품은 **어린 독자들이** 그러지 않았다면 구식이거나 무관한
것으로 보일 수 있었던 **텍스트와 개인적인 관계를 맺게 한다.**

다음 빈칸에 들어갈 말로 가장 적절한 것을 고르시오. [3점]

① allow young readers to make personal connections with texts
어린 독자들이 텍스트와 개인적인 관계를 맺게 하다   원전과 관계를 맺게 함
② are nothing more than the combination of different styles
서로 다른 양식의 조합에 불과하다   각색을 높이 평가하는 글임
③ break familiar patterns of the ancient heroic stories
고대의 영웅적 이야기라는 익숙한 형식을 깨다   특정 형식을 이야기하는 것이 아님
④ give a new spotlight to various literary theories
다양한 문학적 이론에 새로운 관심을 부여하다   문학적 이론의 다양성에 대한 글이 아님
⑤ encourage young writers to make plots original
어린 작가들이 줄거리 원본을 만들도록 격려하다   원본과 관계를 맺게 한다는 것임

>왜 정답 ? ✽✽✽ [정답률 39%]

- 각색이 없었다면 이전 작품은 결코 내세를 갖지 못함 → 각색이 이전 작품에게
  내세를 줌 단서 1
- 각색을 통해 과거의 텍스트가 현재의 작품을 위한 영감이 됨 단서 2
- 특히 청소년을 위한 각색 작품은 청소년 독자로 하여금 지금, 현재뿐만 아니라
  그때, 과거와도 관계를 맺게 함 단서 3

➡ 빈칸 문장은 각색 작품이 하는 역할을 설명한다. 각색 작품을 통해 청소년 독자가
현재의 작품뿐만 아니라 과거의 텍스트와도 관계를 맺게 된다.
▶ 각색 작품의 역할: ① '어린 독자들이 (구식이거나 무관하다고 보였을) 텍스트와
개인적인 관계를 맺게 한다.'
과거의 텍스트, 즉 원전

>왜 오답 ?

② 각색의 장점을 설명하는 글이므로, nothing more than(~에 불과한)이라는
구문은 어울리지 않는다.
③ 과거의 텍스트가 영웅적 이야기라는 형식에 얽매여 있다는 언급은 없다.
④ 각색이 청소년에게 다양한 문학적 이론에 대한 관심을 불러일으킨다는 내용이
아니다.
⑤ 원본을 만드는 것이 아니라 각색을 통해 원본과 관계를 맺게 된다는 것이다.

---

③회 08 정답 ⑤ *아리스토텔레스의 eudaimoniā

> Aristotle explains / that the Good for human beings / consists
> in *eudaimoniā* /
> 아리스토텔레스는 설명한다 / 인간을 위한 '선'은 / eudaimoniā에 있다고 /
> (a Greek word / combining eu meaning "good" / with
> a Greek word를 수식하는 현재분사와 과거분사
> *daimon* meaning "spirit," / and most often translated / as
> "happiness"). // (그리스어 단어 / '좋다'라는 의미인 eu를 결합한 / '영혼'이라는
> 의미의 daimon과 / 가장 흔히 번역되는 / '행복'이라고) //

(A) It depends only on knowledge / of human nature and other
worldly and social realities. // 단서 1 신이나 형이상학적이고 보편적인 도덕규범에
관한 지식에 의존하지 않는다는 설명에 이어짐
그것은 오직 지식에만 의존한다 / 인간 본성과 여타의 세속적이고 사회적인 현실에 대한 //
선행사
For him / it is the study / of human nature and worldly existence
주격 관계대명사
/ that will disclose the relevant meaning / of the notion of
eudaimoniā. //
그에게 있어 / 그것은 연구이다 / 인간 본성과 세속적 존재에 대한 / 적절한 의미를 밝힐 /
eudaimoniā라는 개념의 //
부사절 접속사(대조)
(B) Some people say / it is worldly enjoyment / while others say
/ it is eternal salvation. // 단서 2 행복이 무엇인지에 대해 사람마다
서로 다른 견해를 갖는다는 데 대한 부연
어떤 사람들은 말한다 / 그것이 세속적인 쾌락이라고 / 다른 사람들은 말하는 반면 / 그것이
영원한 구원이라고 //

Aristotle's theory / will turn out to be "naturalistic" / in that
it does not depend / on any theological or metaphysical
knowledge. //
아리스토텔레스의 이론은 / '자연적'이라고 판명될 것이다 / 그것이 의존하지 않는다는 점에서
/ 어떤 신학이나 형이상학적 지식에도 //

It does not depend on knowledge / of God / or of metaphysical
and universal moral norms. // 단서 3 그것이 무엇에 의존하는지가 이어져야 함
그것은 지식에 의존하지 않는다 / 신에 관한 / 또는 형이상학적, 보편적 도덕규범에 관한 //
부사절 접속사(대조)   had argued의 목적어절 접속사
(C) Whereas he had argued / in a purely formal way / that the
Good was that / to which we all aim, / he now gives a more
substantive answer: /
그는 주장했지만 / 순전히 형식적으로 / '선'은 그것이라고 / 우리 모두가 목표로 하는 / 그는
이제 더 실질적인 답을 한다 / 단서 4 인간을 위한 선은 eudaimoniā에 있고,
eudaimoniā는 '행복'을 의미한다고 했음
that this universal human goal / is happiness. //
이 보편적인 인간의 목표는 / 행복이라는 것 //

However, / he is quick to point out / that this conclusion is still somewhat formal / **since** different people have different views / about what happiness is. //
_{부사절 접속사(원인)}　**단서 5** 어떤 사람들은 세속적 쾌락이 행복이라고 생각하고, 다른 사람들은 영원한 구원이 행복이라고 생각함

하지만 / 그는 재빨리 지적한다 / 이 결론이 여전히 다소 형식적이라고 / 사람마다 서로 다른 견해를 가지고 있기 때문에 / 행복이 무엇인지에 대해 //

- consist in ~에 있다
- existence ⓝ 존재
- relevant ⓐ 적절한, 타당한
- naturalistic ⓐ 자연주의적인
- point out ~을 지적하다[말하다]
- somewhat ⓐⓓ 어느 정도, 약간
- worldly ⓐ 세속적인, 속세의
- disclose ⓥ 밝히다, 드러내다
- eternal ⓐ 영원한
- metaphysical ⓐ 형이상학의
- conclusion ⓝ 결론, (최종적) 판단

아리스토텔레스는 인간을 위한 '선'은 eudaimoniā('좋다'라는 의미인 eu와 '영혼'이라는 의미의 daimon을 결합하여, '행복'이라고 가장 흔히 번역되는 그리스어 단어)에 있다고 설명한다. (C) 그는 순전히 형식적으로 '선'은 우리 모두가 목표로 하는 것이라고 주장했지만, 그는 이제 이 보편적인 인간의 목표는 행복이라는 더 실질적인 답을 한다. 하지만, 그는 사람마다 행복이 무엇인지에 대해 서로 다른 견해를 가지고 있기 때문에 이 결론이 여전히 다소 형식적이라고 재빨리 지적한다. (B) 어떤 사람들은 그것을 세속적인 쾌락이라고 말하지만, 다른 사람들은 그것을 영원한 구원이라고 말한다. 아리스토텔레스의 이론은 어떤 신학이나 형이상학적 지식에도 의존하지 않는다는 점에서 '자연적'이라고 판명될 것이다. 그것은 신에 대한 지식이나 형이상학적, 보편적 도덕규범에 관한 지식에 의존하지 않는다. (A) 그것은 오직 인간 본성과 여타의 세속적이고 사회적인 현실에 대한 지식에만 의존한다. 그에게 있어 그것은 eudaimoniā라는 개념의 적절한 의미를 밝힐 인간 본성과 세속적 존재에 대한 연구이다.

(C)에는 그것이 의존하지 않는 것에 대한 내용이 없음

주어진 글 다음에 이어질 글의 순서로 가장 적절한 것을 고르시오.

① (A) — (C) — (B)　그것이 의존하지 않는 것에 대한 내용이 (A) 앞에 있어야 함
② (B) — (A) — (C)　(B)의 '그것'이 가리키는 것이 (B) 앞에 있어야 함
③ (B) — (C) — (A)
④ (C) — (A) — (B)
⑤ (C) — (B) — (A)

아리스토텔레스는 인간을 위한 선이 '행복'을 뜻하는 eudaimoniā에 있다고 설명함 - 사람마다 행복에 대한 견해가 서로 다름 - 어떤 사람은 행복이 세속적 쾌락이라고, 다른 사람들은 행복이 영원한 구원이라고 생각함, 아리스토텔레스의 이론은 신학이나 형이상학적 지식에 의존하지 않음 - 그것은 인간 본성과 세속적이고 사회적인 현실에 의존함

| 문제 풀이 순서 | ★★★ [정답률 44%]

1st 각 문단의 내용을 파악하고, 글의 논리적인 순서를 추론한다.

주어진 글: 아리스토텔레스는 인간을 위한 선이 eudaimoniā에 있다고 설명한다. eudaimoniā는 eu(좋다)와 daimon(영혼)을 결합한, '행복'이라고 번역되는 그리스어 단어이다.

➡ **주어진 글 뒤:** 주어진 글은 인간을 위한 선은 곧 행복이라는 의미이므로, **단서** 이에 대한 구체적인 부연이 이어질 것이다. **발상**

(A): 그것(It)은 오직 인간 본성과 여타의 세속적이고 사회적인 현실에 대한 지식에만 의존한다. 그에게 있어 그것은 eudaimoniā라는 개념의 적절한 의미를 밝힐 인간 본성과 세속적 존재에 대한 연구이다.

➡ **(A) 앞:** '그것(It)'이 의존하는 것, 인간 본성과 여타의 세속적이고 사회적인 현실에 대한 지식과 대조되는 것에 대한 설명이 있어야 한다.

▶ 주어진 글에는 그것이 무엇에 의존하는지가 등장하지 않음

(A) 뒤: 아리스토텔레스가 그것이 무엇인지 결론을 내리는 것으로 보아 (A)가 글의 결론이라고 예상할 수 있다.

▶ (A)는 마지막에 올 확률이 큼

(B): 어떤 사람들은 그것이 세속적인 쾌락이라고 말하고, 다른 사람들은 그것이 영원한 구원이라고 말한다. 아리스토텔레스의 이론은 신에 관한 또는 형이상학적이고 보편적인 도덕규범에 관한 지식에 의존하지 않는다.

➡ **(B) 앞:** 그것이 무엇인지에 대한 생각이 사람마다 다르다는 설명이 (B) 앞에 있고, (B)에서 그것을 구체적으로 부연하는 흐름이 되어야 한다.

▶ 주어진 글이나 (A)에는 사람마다 생각이 다르다는 언급이 없음

(B) 뒤: (A)의 '인간 본성과 여타의 세속적이고 사회적인 현실'과 대조되는 것이 (B)의 '신에 관한, 형이상학적이고 보편적인 도덕규범'이다.

▶ (B) 뒤에 (A)가 와야 함 (순서: (B) → (A))

(C): 그는 순전히 형식적으로 선은 우리 모두가 목표로 하는 것이라고 주장했지만, 이제는 보편적인 인간의 목표가 행복이라는 더 실질적인 대답을 한다. 이 결론은 여전히 형식적인데, 사람마다 행복이 무엇인지에 대해 서로 다른 견해를 갖고 있기 때문이다.

➡ **(C) 앞:** 보편적인 인간의 목표가 행복이라고 말하기에 앞서, 인간을 위한 선은 eudaimoniā에 있고, eudaimoniā는 '행복'을 뜻한다는 내용이 있어야 한다.

▶ 주어진 글에 eudaimoniā의 의미에 대한 설명이 제시됨 (순서: 주어진 글 → (C))

(C) 뒤: (B)의 '그것'이 가리키는 것이 바로 '행복'이다.

<(C) 사람마다 행복이 무엇인지에 대한 견해가 다름 → (B) 어떤 사람들은 행복이 세속적 쾌락이라고 말하고, 다른 사람들은 행복이 영원한 구원이라고 말함>

▶ (C) 뒤에 (B)가 있어야 함 (순서: 주어진 글 → (C) → (B) → (A))

2nd 글이 한눈에 들어오도록 정리하여 정답을 확인한다.

주어진 글: 아리스토텔레스는 인간을 위한 '선'은 eudaimoniā에 있다고 설명하는데, eudaimoniā는 '행복'을 뜻하는 그리스어 단어이다.

➡ **(C):** 아리스토텔레스는 이 보편적인 인간의 목표가 행복이라는 답을 하지만, 행복이 무엇인지에 대해 사람마다 견해가 서로 다르므로 이 결론은 여전히 다소 형식적이다.

➡ **(B):** 어떤 사람은 행복이 세속적인 쾌락이라고 말하고, 다른 사람들은 행복이 영원한 구원이라고 말한다. 아리스토텔레스의 이론은 그것이 신에 관한, 형이상학적이고 보편적인 도덕규범에 관한 지식에 의존하지 않는다는 점에서 '자연적'이라고 판명될 것이다.

➡ **(A):** 그것은 오직 인간 본성과 여타의 세속적이고 사회적인 현실에 대한 지식에만 의존한다.

▶ 주어진 글 다음에 이어질 글의 순서는 (C) → (B) → (A)이므로 정답은 ⑤임

3회 09 정답 ④ *언어 자원의 두 가지 특징

글의 흐름으로 보아, 주어진 문장이 들어가기에 가장 적절한 곳을 고르시오.

단서 1 우리의 언어 자원이 역사적으로 정해진 의미를 지닌 채 온다는 내용이 앞에 있어야 함

However, / while our resources come / with histories of meanings, / *how they come to mean* / at a particular communicative moment / **is** always open / to negotiation. //
_{명사절 주어}　_{단수 동사}

하지만 / 우리의 자원들이 오지만 / 의미의 역사를 지닌 채 / '그것들이 어떻게 의미하게 되는가'는 / 특정한 의사소통의 순간에 / 항상 열려 있다 / 협상에 //

The linguistic resources / we choose to use / **do not come** to us / as empty forms / ready to be filled / with our personal intentions; /
_{복수 주어}　_{복수 동사}

언어 자원들은 / 우리가 사용하기로 선택하는 / 우리에게 오지 않는다 / 텅 빈 형태로 / 채워질 준비가 된 / 우리의 개인적인 의도로 /

rather, they come to us / with meanings / **already embedded within them**. //
_{meanings를 수식하는 과거분사구}

오히려 그것들은 우리에게 온다 / 의미들과 함께 / 그것들 안에 이미 뿌리 박힌 //

(①) These meanings, / however, / are not derived / from some universal, logical set of principles; /

이런 의미들은 / 그런데 / 유래하지 않는다 / 어떤 보편적이고 논리적인 일련의 원리들에서 /

rather, as with their shapes, / they are built up / over time / from their past uses / in particular contexts /

오히려 그것들의 형태에서처럼 / 그것들은 만들어진다 / 오랜 시간에 걸쳐 / 그것들의 이전의 사용에서 / 특정한 상황들에서 /

by particular groups of participants / in the accomplishment of particular goals / that, in turn, are shaped / by myriad cultural, historical and institutional forces. //

특정한 참가자 집단에 의해 / 특정한 목적의 달성에의 / 결국 형성되는 / 무수히 많은 문화적, 역사적, 그리고 제도적인 힘들에 의해 //

(②) The linguistic resources / we choose to use / at particular
communicative moments / come to these moments / with their
conventionalized histories of meaning. //
언어 자원들은 / 우리가 사용하기로 선택하는 / 특정한 의사소통의 순간들에 / 이런 순간들에
온다 / 관습화된 의미의 역사를 지니고 //

단서 2 언어 자원의 관습성: 역사적으로 결정된 의미를 지님

(③) It is their conventionality / that binds us / to some degree /
to particular ways / of realizing our collective history. //
그것들의 관습성이 / 우리를 묶는다 / 어느 정도 / 특정한 방식에 / 우리의 집단적인 역사를
실현하는 //

단서 3 언어 자원을 사용할 때 두 가지 행위가 일어나는 근거가 앞에 있어야 함

(④) Thus, / in our individual uses / of our linguistic resources /
we accomplish two actions simultaneously. //
그래서 / 우리의 개별적인 사용에서 / 우리의 언어 자원의 / 우리는 두 가지 행위를 동시에
이룬다 //

(⑤) We create / their typical — historical — contexts of use
/ and at the same time / we position ourselves / in relation to
these contexts. //
우리는 만든다 / 그것들의 전형적인, 역사적인, 사용의 맥락을 / 그리고 동시에 / 우리는 우리
자신의 입장을 취한다 / 이런 맥락과 관련하여 //

- negotiation ⓝ 협상, 교섭, 절충   · linguistic ⓐ 언어(학)의
- be filled with ~으로 가득 차다   · intention ⓝ 의도
- rather ⓐⓓ 오히려, 차라리   · embedded ⓐ 뿌리 박힌
- be derived from ~에서 유래하다   · universal ⓐ 보편적인
- context ⓝ 상황, 맥락   · accomplishment ⓝ 달성, 성취
- in turn 결국   · institutional ⓐ 제도적인   · force ⓝ 물리력, 힘
- conventionalized ⓐ 관습화된   · bind ⓥ 묶다
- to some degree 어느 정도   · simultaneously ⓐⓓ 동시에
- typical ⓐ 전형적인   · position ⓥ (특정한 위치에) 두다[배치하다]
- in relation to ~와 관련하여

우리가 사용하기로 선택하는 언어 자원들은 우리의 개인적인 의도로
채워질 준비가 된 텅 빈 형태로 우리에게 온다기보다는, 그것들 안에 이미
뿌리 박힌 의미들과 함께 우리에게 온다. (①) 그런데 이런 의미들이 어떤
보편적이고 논리적인 일련의 원리들에서 유래한다기보다는, 그것들의
형태에서처럼, 그것들은 결국 무수히 많은 문화적, 역사적, 그리고
제도적인 힘들에 의해 형성되는, 특정한 목적의 달성에 참가하는 특정한
집단에 의해 특정한 상황들에서 그것들의 이전의 사용에서 오랜 시간에
걸쳐 만들어진다.
(②) 특정한 의사소통의 순간들에 우리가 사용하기로 선택하는 언어
자원들은 관습화된 의미의 역사를 지니고 이런 순간들에 온다. (③)
우리의 집단적인 역사를 실현하는 특정한 방식에 우리를 어느 정도 묶는
것은 바로 그것들의 관습성이다. (④ 하지만, 우리의 자원들이 의미의
역사를 지닌 채 오지만 특정한 의사소통의 순간에 '그것들이 어떻게
의미하게 되는가'는 항상 협상의 여지가 있다.) 그래서, 우리의 언어
자원을 우리가 개별적으로 사용할 때 우리는 두 가지 행위를 동시에
이룬다. (⑤) 우리는 그것들의 전형적인, 즉 역사적인 사용의 맥락을
만들면서 동시에 우리는 이런 맥락과 관련하여 우리 자신의 입장을
취한다.

| 문제 풀이 순서 | ★★★ [정답률 41%]

1st 주어진 문장을 해석하고, 연결어, 지시어 등을 확인한다.

However, while our resources come with histories
of meanings, how they come to mean at a particular
communicative moment is always open to negotiation. **단서 1**

하지만 우리의 자원들이 의미의 역사를 지닌 채 오지만, 특정한 의사소통의 순간에
'그것들이 어떻게 의미하게 되는가'는 항상 협상의 여지가 있다.

➡ 자원이 의미의 역사를 지닌 채 온다는 것이 역접의 연결어(However, while)로
이어진다. (단서)

▶ **주어진 문장이 들어갈 곳:** 자원이 역사적으로 정해진 의미를 지닌 채 우리에게
온다는 내용이 완료되고 새로운 것을 설명하기 시작하는 자리

<hr>

2nd 각 선택지의 앞뒤 흐름이 매끄러운지 확인한다.

- ①의 앞 문장과 뒤 문장

앞 문장: 우리가 사용하기로 선택하는 언어 자원들은 우리의 개인적인
의도로 채워질 준비가 된 텅 빈 형태로 우리에게 오지 않고, 그것들 안에
이미 뿌리 박힌 의미들과 함께 온다.

뒤 문장: 그런데 이런 의미들이 어떤 보편적이고 논리적인 일련의
원리들에서 유래한다기보다는, 그것들의 형태에서처럼, 그것들은 결국
무수히 많은 문화적, 역사적, 그리고 제도적인 힘들에 의해 형성되는,
특정한 목적의 달성에 참가하는 특정한 집단에 의해 특정한 상황들에서
그것들의 이전의 사용에서 오랜 시간에 걸쳐 만들어진다.

➡ **앞 문장:** 언어 자원은 그 의미가 이미 만들어진 채 우리에게 온다.
뒤 문장: 의미가 어떻게 만들어지는지에 대한 구체적인 부연
→ 언어 자원은 역사적으로 정해진 의미를 지닌다는 내용이 뒤 문장에도 이어진다.
▶ 주어진 문장이 ①에 들어갈 수 없음

- ②의 앞 문장과 뒤 문장

앞 문장: ①의 뒤 문장과 같음

뒤 문장: 특정한 의사소통의 순간들에 우리가 사용하기로 선택하는 언어
자원들은 관습화된 의미의 역사를 지니고 이런 순간들에 온다.

➡ 언어 자원은 관습화된 의미의 역사를 지니고 온다는 내용이 뒤 문장까지 이어짐
▶ 주어진 문장이 ②에 들어갈 수 없음

- ③의 앞 문장과 뒤 문장

앞 문장: ②의 뒤 문장과 같음

뒤 문장: 우리의 집단적인 역사를 실현하는 특정한 방식에 우리를 어느 정도
묶는 것은 바로 그것들의 관습성이다.

➡ 앞 문장에서 '언어 자원들은 관습화된 의미의 역사를 지닌다'고 한 것을, 뒤 문장에서
'그것들(언어 자원들)의 관습성'이라고 표현했다.
▶ 앞뒤 문장이 자연스럽게 연결되고, 언어 자원은 역사적으로 형성된 의미를
지닌다는 것에 대한 부연이 뒤 문장까지 이어지므로 ③에 주어진 문장이 들어갈
수는 없음

④의 앞 문장과 뒤 문장

앞 문장: ③의 뒤 문장과 같음

뒤 문장: 그래서(Thus) 우리의 언어 자원을 우리가 개별적으로 사용할 때
우리는 두 가지 행위를 동시에 이룬다.

➡ **1** 언어 자원의 의미가 역사적으로 결정된 채 우리에게 온다는 내용이 앞 문장에서
끝난다.
2 Thus는 인과 관계의 연결어로, 결과를 설명하는 문장에 쓰인다.
언어 자원을 사용할 때 두 가지 행위를 동시에 이루는 이유가 앞에 있어야 한다.
그 이유: 언어 자원은 역사적으로 결정된 의미를 지닌 채 오지만, 특정 순간에
어떻게 의미하게 되는지는 협상의 여지가 있음(주어진 문장의 내용)
▶ 주어진 문장이 ④에 들어가야 함

- ⑤의 앞 문장과 뒤 문장

앞 문장: ④의 뒤 문장과 같음

뒤 문장: 우리는 언어 자원의 역사적인 사용의 맥락을 만들면서 동시에
우리는 이런 맥락과 관련하여 우리 자신의 입장을 취한다.

➡ 앞 문장에 등장한 '두 가지 행위'가 무엇인지 뒤 문장에서 구체적으로 부연하는
흐름이다.
▶ 주어진 문장이 ⑤에 들어갈 수 없음

The rise / of large, industrial cities / **has had social consequences**
/ that **are often known** / as urbanism. //
출현은 / 거대한 산업 도시의 / 사회적 결과를 가져왔다 / 흔히 알려진 / 도시화로 //

The city dissolves the informal controls / of the village or small
town. // 단서 1 도시는 마을이나 작은 소도시의 비공식적인 통제를 해체함
도시는 비공식적인 통제를 해체한다 / 마을이나 작은 소도시의 //

Most urban residents are unknown / to one another, / and **most
social interactions** in cities **occur** /
대부분의 도시 거주자는 알지 못하고 / 서로 / 도시에서의 대부분의 사회적 상호 작용은
일어난다 /

between people / who know each other / only in specific roles, /
such as parking attendant, store clerk, or customer. //
사람들 사이에서 / 서로 아는 / 특정한 역할로만 / 주차 안내원, 가게 점원, 혹은 고객 같은 //

Individuals became more free to live / as they wished, / and in
ways / **that** break away from social norms. //
개인들은 더 자유롭게 살 수 있게 되었다 / 자기가 원하는 대로 / 그리고 방식으로 / 사회
규범에서 벗어나는 //

In response, / and because the high density of city living requires
/ the pliant coordination / of many thousands of people, /
이에 대응하여 / 그리고 도시 생활의 높은 밀도가 필요로 하기 때문에 / 유순한 조정을 / 수천
명의 /

urban societies have developed / a wide range of methods / **to
control** urban behavior. // 단서 2 도시 사회는 도시 행동을 통제하는 다양한 방식을 개발함
도시 사회는 개발했다 / 매우 다양한 방식을 / 도시 행동을 통제하기 위한 /

These include **regulations** / **that** control / private land use, /
building construction and maintenance (to minimize fire risk), /
and the production / of pollution and noise. //
이것에는 규제가 포함된다 / 통제하는 / 토지의 사적 사용 / (화재 위험의 최소화를 위한) 건물
건설과 관리 / 발생을 / 오염과 소음의 / 단서 3 위에서 말한 방식에는 토지의
사적 사용 등을 통제하는 규제가 포함됨

→ **The social conditions** / in large, industrial cities / **made
urban societies** (A) **remove** / the informal controls / of the
village or small town, /
사회적 환경은 / 거대 산업 도시의 / 도시 사회가 없애게 만들었고 / 비공식적인 통제를 /
마을이나 작은 소도시의 /

introducing (B) **restrictive** measures / to effectively induce /
coordinated urban behaviors. //
규제 조치를 도입했다 / 효과적으로 유도하기 위해 / 조정된 도시 행동을 //

- rise ⓝ 출현, 발생 · consequence ⓝ 결과 · urbanism ⓝ 도시화
- dissolve ⓥ 해체하다 · informal ⓐ 비공식적인
- resident ⓝ 거주자, 주민 · interaction ⓝ 상호 작용
- occur ⓥ 일어나다, 발생하다 · attendant ⓝ 안내원, 수행원, 종업원
- norm ⓝ ((pl.)) 규범 · density ⓝ 밀도 · coordination ⓝ 조정
- a wide range of 광범위한, 다양한 · regulation ⓝ 규제
- maintenance ⓝ (건물·기계 등을 정기적으로 점검·보수하는) 유지
- minimize ⓥ 최소화하다 · pollution ⓝ 오염
- condition ⓝ ((pl.)) (생활·작업 등의) 환경[상황]
- introduce ⓥ 도입하다, 들여오다 · measure ⓝ 조치, 정책
- induce ⓥ 설득하다, 유도하다

거대한 산업 도시의 출현은 흔히 도시화로 알려진 사회적 결과를
가져왔다. 도시는 마을이나 작은 소도시의 비공식적인 통제를 해체한다.
대부분의 도시 거주자는 서로 알지 못하고, 도시에서의 대부분의 사회적
상호 작용은 주차 안내원, 가게 점원, 혹은 고객 같은 특정한 역할로만
서로 아는 사람들 사이에서 일어난다. 개인들은 자기가 원하는 대로,
그리고 사회 규범에서 벗어나는 방식으로 더 자유롭게 살 수 있게 되었다.
이에 대응하여, 도시 생활의 높은 밀도가 수천 명의 유순한 조정을 필요로

하기 때문에, 도시 사회는 도시 행동을 통제하기 위한 매우 다양한 방식을
개발했다. 이것에는 토지의 사적 사용, (화재 위험의 최소화를 위한) 건물
건설과 관리, 오염과 소음 발생을 통제하는 규제가 포함된다.
→ 거대 산업 도시의 사회적 환경은 도시 사회가 마을이나 작은 소도시의
비공식적인 통제를 (A) 없애고 조정된 도시 행동을 효과적으로 유도하기
위해 (B) 규제 조치를 도입하게 했다.

**다음 글의 내용을 한 문장으로 요약하고자 한다. 빈칸 (A), (B)에 들어갈 말로
가장 적절한 것은?**

	(A)		(B)
①	limit 제한하다	—	permissive 관대한
②	maintain 유지하다	—	restrictive 규제하는
③	evaluate 평가하다	—	indirect 간접적인
④	remove 제거하다	—	restrictive
⑤	reinforce 강화하다	—	permissive

도시 사회는 '규제'를 개발했음
도시가 마을, 작은 소도시의 비공식적 통제를 해체했음
도시화가 진행되면서 마을, 작은 소도시의 비공식적인 통제가
해체되고 도시 행동을 통제하는 방식이 개발됨

왜 정답? ✱✱※ [정답률 38%]

(A):
└ 도시는 마을이나 작은 소도시의 비공식적인 통제를 해체한다. 단서 1
➡ 마을이나 작은 소도시의 비공식적인 통제를
'해체한다(dissolves) = 없앤다(remove)'

(B):
- 도시 생활의 높은 밀도가 수천 명의 유순한 조정을 필요로 하기 때문에 도시
사회는 도시 행동을 통제하기 위한 매우 다양한 방식을 개발했다. 단서 2
- 이것에는 토지의 사적 사용, (화재 위험의 최소화를 위한) 건물 건설과 관리,
오염과 소음 발생을 통제하는 규제가 포함된다. 단서 3

➡ 도시 사회는 도시 행동을 통제하기 위해 토지의 사적 사용 등을 통제하는 규제를
포함하는 다양한 방식을 개발했다. = 도시 사회는 조정된 도시 행동을 효과적으로
유도하기 위해 규제(restrictive) 조치를 '도입했다'.
▶ 요약문의 빈칸에는 각각 ④ '제거하다'와 '규제하는'이 들어가야 함

왜 오답?
① 행동을 통제하기 위해 규제를 개발한 것이므로 비공식적인 통제를 '제한'하거나
'관대한' 조치라는 것은 맞지 않다.
② 도시화로 인해 마을이나 작은 소도시의 비공식적인 통제가 해체되었다. 그러므로
마을이나 작은 소도시의 비공식적인 통제를 '유지한다'는 것은 글과 맞지 않는다.
③ 도시 사회가 기존의 마을이나 작은 소도시의 비공식적인 통제를 '평가한다'는 등의
언급은 없다.
⑤ '규제'는 구성원의 행동을 제한하거나 규제하는 조치이지, '관대한' 조치가 아니다.

＊ 글의 흐름

도입	거대한 산업 도시의 출현은 도시화라는 사회적 결과를 가져왔음
부연 (도시화의 영향)	• 도시는 마을이나 작은 소도시의 비공식적인 통제를 해체함 • 도시는 도시 행동을 통제하기 위해 토지의 사적 사용 등을 통제하는 규제를 포함하여 다양한 방식을 개발했음

Douglas Hofstadter is **a scholar** / **who** writes / about
stereotypical thinking. //
Douglas Hofstadter는 학자이다 / 글을 쓰는 / 고정 관념적 사고에 대해 //

He discusses / what he calls *default assumptions*. //
그는 논의한다 / 자신이 '기본 가정'이라고 일컫는 것에 대해 //

Default assumptions are (a) preconceived notions / about the
likely state of affairs / — what we assume to be true / in the
absence of specific information. //
기본 가정은 선입관이다 / 상황의 있음 직한 상태에 대한 / 우리가 사실이라고 가정하는 것 /
구체적인 정보의 부재 속에서 //

11번 단서 1: 비서는 여성이라는 고정 관념 때문에 '비서'를 언급하면 그 비서가 여성이라고 가정함

Given no other information, / when I mention "secretary," / you are likely to assume / <u>the secretary is a woman</u>, / because "woman" and "secretary" are associated stereotypically. //
앞에 목적어절 접속사 that이 생략됨

다른 정보가 전혀 없다면 / 내가 '비서'를 언급할 때 / 여러분은 아마도 가정할 것이다 / 그 비서가 여성이라고 / '여성'과 '비서'는 고정 관념으로 연관되어 있기 때문에 //

In the absence of specific details, / people rely on the stereotype / as a default assumption / for filling in the (b) blanks. //
구체적인 세부 사항이 없으면 / 사람들은 고정 관념에 의존한다 / 기본 가정으로서의 그 공백을 채우기 위한 //

Default assumptions have a tendency, / in Hofstadter's words, / to "permeate / our mental representations / and channel our thoughts." //
형용사적 용법(a tendency 수식)

기본 가정은 경향이 있다 / Hofstadter의 말에 따르면 / '스며드는 / 우리의 정신적 표현에 / 그리고 우리의 생각을 (특정 방향으로) 돌리는' //

For instance, / given the words "cat," "dog," and "chases," / you are likely to think first / of a dog chasing a cat. //
예를 들어 / '고양이', '개', '쫓다'라는 단어가 주어지면 / 여러분은 아마도 맨 먼저 생각할 것이다 / 고양이를 쫓는 개를 //

This line of thought (c) <u>reflects</u> / a default assumption / that, all else being equal, / the dog is more likely to chase the cat / than the other way around. //
동격절 접속사

이런 사고방식은 반영한다 / 기본 가정을 / 다른 모든 것이 똑같다면 / 개가 고양이를 쫓을 가능성이 더 크다는 / 그 반대보다 //

Default assumptions are rooted / in our socially learned associative clusters and linguistic categories. //
기본 가정은 뿌리박고 있다 / 우리의 사회적으로 학습된 연상 (사고) 무리와 언어 범주에 //

They are (d) useless(→ useful) / in that people cannot always afford the time / it would take / to consider every theoretical possibility / that confronts them. //
12번 단서 1: 기본 가정이 유용하게 쓰일 수 있는 상황임

그것들은 쓸모없다(→ 유용하다) / 사람들이 시간을 항상 감당할 수는 없다는 점에서 / 걸릴 / 모든 이론적 가능성을 고려하는 데 / 자신에게 닥친 //
12번 단서 2: 기본 가정이 틀리는 경우가 많다는 내용이 Nonetheless로 이어짐

Nonetheless, / default assumptions are often wrong. //
그렇기는 하지만 / 기본 가정이 틀리는 경우가 많다 //

Default assumptions are only one type / of language-based categorization. //
기본 가정은 한 가지 유형일 뿐이다 / 언어 기반 분류의 //

Hofstadter is particularly interested / in race-based and gender-based categorization and default assumptions. //
Hofstadter는 특히 관심이 있다 / 인종 기반 및 성별 기반 분류와 기본 가정에 //
미래시제를 나타내는 현재진행형
생략 가능한 명사절 접속사

For instance, / if you hear / that your school basketball team is playing tonight, / do you assume / it's the men's team? //
예를 들어 / 만약 여러분이 듣는다면 / 여러분의 학교 농구팀이 오늘 밤에 경기를 한다고 / 여러분은 가정하는가 / 그것이 남자팀이라고 //
11번 단서 2: '운동-남자'라는 고정 관념 때문에 학교 농구팀이 남자팀이라고 가정함

Most people would assume so / <u>unless</u> a *qualifier* is (e) <u>added</u> / to provide specific information. //
= if not

대부분의 사람은 그렇게 가정할 것이다 / '수식어'가 추가되지 않으면 / 구체적인 정보를 제공하기 위해 //

In this case, / the qualifier would be / "the *women's* basketball team is playing tonight." //
이 경우에 / 그 수식어는 ~일 것이다 / "'여자' 농구팀이 오늘 밤에 경기를 할 것이다" //

- scholar ⓝ 장학생, 학자 · stereotypical ⓐ 고정관념의
- discuss ⓥ 논의하다 · notion ⓝ 개념 · state ⓝ 상태
- affair ⓝ (현재 얘기되거나 다뤄지는) 일[사건] · assume ⓥ 추정하다
- absence ⓝ 부재, 없음 · mention ⓥ 언급하다
- associate ⓥ 결부[연관] 짓다
- stereotype ⓝ 고정 관념, 정형화된 생각[이미지]
- tendency ⓝ 성향, 기질, 경향 · representation ⓝ 표현
- channel ⓥ 특정한 방향으로 돌리다 · chase ⓥ 쫓다
- root ⓥ 뿌리박다 · associative ⓐ 연상의

- linguistic ⓐ 언어(학)의
- afford ⓥ (~을 살·할 금전적·시간적) 여유[형편]가 되다
- theoretical ⓐ 이론적인 · confront ⓥ 직면하다
- nonetheless ⓓ 그렇기는 하지만, 그렇더라도
- categorization ⓝ 범주화

Douglas Hofstadter는 고정 관념적 사고에 대해 글을 쓰는 학자이다. 그는 자신이 '기본 가정'이라고 일컫는 것에 대해 논의한다. 기본 가정은 상황의 있음 직한 상태에 대한 (a) 선입관인데, 구체적인 정보가 없을 때 우리가 사실이라고 가정하는 것이다. 다른 정보가 전혀 없다면, 내가 '비서'를 언급할 때, 여러분은 아마도 그 비서가 여성이라고 가정할 것인데, '여성'과 '비서'는 고정 관념으로 연관되어 있기 때문이다. 구체적인 세부 사항이 없으면, 사람들은 그 (b) 공백을 채우기 위한 기본 가정으로서의 고정 관념에 의존한다. Hofstadter의 말에 따르면, 기본 가정은 '우리의 정신적 표현에 스며들고 우리의 생각을 (특정 방향으로) 돌리는' 경향이 있다. 예를 들어, '고양이', '개', '쫓다'라는 단어가 주어지면, 여러분은 아마도 개가 고양이를 쫓는 것을 맨 먼저 생각할 것이다. 이런 사고방식은 다른 모든 것이 똑같다면 개가 고양이를 쫓을 가능성이 그 반대보다 더 크다는 기본 가정을 (c) 반영한다.

기본 가정은 사회적으로 학습된 연상 (사고) 무리와 언어 범주에 뿌리박고 있다. 그것들은 사람들이 자신이 직면한 모든 이론적 가능성을 고려하는 데 걸릴 시간을 항상 감당할 수는 없다는 점에서 (d) 쓸모없다(→ 유용하다). 그렇기는 하지만, 기본 가정이 틀리는 경우가 많다. 기본 가정은 언어 기반 분류의 한 가지 유형일 뿐이다. Hofstadter는 인종 기반 및 성별 기반 분류와 기본 가정에 특히 관심이 있다. 예를 들어, 만약 여러분의 학교 농구팀이 오늘 밤에 경기를 한다고 듣는다면, 여러분은 그것이 남자팀이라고 가정하는가? 구체적인 정보를 제공하기 위해 '수식어'가 (e) 추가되지 않으면 대부분의 사람은 그렇게 가정할 것이다. 이 경우에 그 수식어는 "'여자' 농구팀이 오늘 밤에 경기를 할 것이다."일 것이다.

③회 11 정답 ③

윗글의 제목으로 가장 적절한 것은?

① Quest for Novelty: Our Survival Instinct 고정 관념, 기본 가정에 대한 내용임
새로움에 대한 추구: 우리의 생존 본능
② Gossip as a Source of Social Information 소문에 영향을 받는다는 것이 아님
사회적 정보의 원천으로서의 소문
③ The Bias Behind Stereotypical Assumptions 고정 관념에 따라 추정함
고정 관념적 추정 이면의 편견
④ The More Information, The More Confusion Given no other information 등으로 만든 오답
더 많은 정보, 더 많은 혼란
⑤ Creativity: Free from the Prison of Our Assumptions 창의성에 대한 내용이 아님
창의성: 우리의 추정이라는 감옥으로부터 자유로운

왜 정답? ❋❋❀ [정답률 76%]

- '여성'과 '비서'는 고정 관념으로 연관되어 있기 때문에, 다른 정보가 전혀 없다면, 비서가 여성이라고 가정한다. **11번 단서 1**
- 여러분의 학교 농구팀이 오늘 밤에 경기를 한다고 들으면, 다른 수식어가 추가되지 않는 한, 그것이 남자팀이라고 가정할 것이다. **11번 단서 2**

➡ 우리는 '비서-여성', '운동-남자'라는 기본 가정, 즉 고정 관념을 반영한 추정을 한다. '편견'이라는 표현이 글에 직접적으로 드러나지는 않지만, '고정 관념에 의한 추정'에서 '편견'을 추론할 수 있다.

▶ 제목으로 적절한 것은 ③ '고정 관념적 추정 이면의 편견'이다.

왜 오답?

① 우리가 생존을 위해 본능적으로 새로운 것을 추구한다는 내용이 아니다.
② 소문에 영향을 받는다는 것이 아니라, 고정 관념, 선입관에 영향을 받아 추정한다는 것이다.
④ 아무런 정보가 주어지지 않을 때 고정 관념이 크게 작용한다는 것이지, 정보가 많을수록 더 혼란해진다는 것이 아니다.
⑤ 창의성과 관련된 내용이 전혀 아니다.

3회 12 정답 ④

밑줄 친 (a)~(e) 중에서 문맥상 낱말의 쓰임이 적절하지 않은 것은?

① (a) 사전에 형성된 — 선입관 = '사전에 형성된' 관념
② (b) 공백 — 구체적인 세부 사항이 '없는' 경우
③ (c) 반영하다 — 개가 고양이를 쫓을 확률이 더 크다는 기본 가정을 반영한 결과가 고양이를 쫓는 개를 맨 먼저 생각하는 것임
④ (d) 쓸모없는 — 기본 가정의 단점이 Nonetheless로 이어짐
⑤ (e) 추가되는 — 수식어 women's가 추가됨

왜 정답? ✿✿❀ [정답률 72%]

④ (d) useless 쓸모없는

기본 가정은 사람들이 자신이 직면한 모든 이론적 가능성을 고려하는 데 걸릴 시간을 항상 감당할 수는 없다는 점에서 (d) ~~쓸모없다~~(유용하다). 그렇기는 하지만(Nonetheless), 기본 가정이 틀리는 경우가 많다.

➡ 기본 가정이 틀리는 경우가 많다는 내용이 Nonetheless로 이어진다.
→ 앞 문장은 기본 가정의 장점을 설명해야 한다.

➡ 사람들이 자신이 직면한 모든 이론적 가능성을 고려할 시간이 항상 있는 것은 아니다.
→ 기본 가정(선입관)을 이용하는 것이 유용한 이유임
▶ useless를 반의어인 useful(유용한)로 바꿔야 함

왜 오답?

① (a) preconceived 사전에 형성된

기본 가정은 상황의 있음 직한 상태에 대한 (a) 선입관인데, 구체적인 정보가 없을 때 우리가 사실이라고 가정하는 것이다.

➡ **선입관:** 어떤 대상에 대하여 이미 마음속에 가지고 있는 고정적인 관념이나 관점
'이미' 마음속에 가지고 있는 생각을 '사전에 형성된(preconceived) 관념(notion)'이라고 표현했다.
▶ preconceived는 문맥에 맞음

② (b) blanks 공백, 여백

구체적인 세부 사항이 없으면, 사람들은 그 (b) 공백을 채우기 위한 기본 가정으로서의 고정 관념에 의존한다.

➡ 구체적인 세부 사항이 '없다'는 것을 '공백'이라고 표현했다.
▶ blanks는 문맥에 맞음

③ (c) reflects 반영하다

'고양이', '개', '쫓다'라는 단어가 주어지면, 여러분은 아마도 고양이를 쫓는 개를 맨 먼저 생각할 것이다. 이런 사고방식은 다른 모든 것이 똑같다면 개가 고양이를 쫓을 가능성이 그 반대보다 더 크다는 기본 가정을 (c) 반영한다.

➡ '고양이', '개', '쫓다'라는 단어가 주어질 때 맨 먼저 고양이를 쫓는 개를 떠올리는 이유: 다른 모든 것이 똑같다면 개가 고양이를 쫓을 가능성이 그 반대보다 더 크다는 기본 가정을 '반영하기' 때문임
▶ reflects는 문맥에 맞음

⑤ (e) added 추가된

만약 여러분의 학교 농구팀이 오늘 밤에 경기를 한다고 듣는다면, 여러분은 그것이 남자팀이라고 가정하는가? 구체적인 정보를 제공하기 위해 '수식어'가 (e) 추가되지 않으면 대부분의 사람은 그렇게 가정할 것이다. 이 경우에 그 수식어는 "'여자' 농구팀이 오늘 밤에 경기를 할 것이다."일 것이다.

➡ your school basketball team is playing tonight을 the women's basketball team is playing tonight으로 바꿨다.
→ women's라는 수식어가 '추가되었음'
▶ added는 문맥에 맞음

memo

memo

memo